문병호

De Persona
et Operibus
Christi Mediatoris

중보자 그리스도의 인격과 사역

기독론

생명의말씀사

기독론 중보자 그리스도의 인격과 사역

ⓒ 생명의말씀사 2016

2016년 4월 27일 1판 1쇄 발행
2024년 9월 25일   5쇄 발행

펴낸이 | 김창영
펴낸곳 | 생명의말씀사

등록 | 1962. 1. 10. No.300-1962-1
주소 | 서울시 종로구 경희궁1길 6 (03176)
전화 | 02)738-6555(본사)・02)3159-7979(영업)
팩스 | 02)739-3824(본사)・080-022-8585(영업)

지은이 | 문병호

기획편집 | 태현주, 이은정
디자인 | 박소정, 조현진
인쇄 | 예원프린팅
제본 | 보경문화사

ISBN 978-89-04-03156-6 (03230)

저작권자의 허락 없이 이 책의 일부 또는 전체를
무단 복제, 전재, 발췌하면 저작권법에 의해 처벌을 받습니다.

기독론

De Persona
et Operibus
Christi Mediatoris

중보자 그리스도의
인격과 사역

정겨운 가족,
장인 서기행 목사님과 아내 성희에게

"여호와께서 그가 기뻐하시는 모든 일을
천지와 바다와 모든 깊은 데서
다 행하셨도다"

시 135:6

"이 비밀은 너희 안에 계신 그리스도시니
곧 영광의 소망이니라"

골 1:27

목차

약어 | 18
저자의 말 | 20

제1부
기독론, 올바른 방법과 신학적 논거 : 성경과 신경과 교리
Christologia, sana methodus et loci theologici :
Scriptura et symbolum et doctrina

제1장 기독론의 대상과 주제 그리고 방법론

1. 서론적 단상 : 과제, 자리, 구속사적-구원론적 관점 | 36
    [구속사적 성취] | 40
    [구원론적 적용] | 44
    [구속사적-구원론적 관점] | 51
2. 기독론의 동향 | 56
3. 상승기독론 비판 | 63
4. 신학적 전제 : 하강기독론과 상승기독론의 경계 | 78

제2장 성경과 기독론

1. 성경의 기독론 | 94
    [고린도전서 8:6] | 94
    [골로새서 1:12-20] | 98
    [빌립보서 2:6-11] | 101

De Persona et Operibus Christi Mediatoris

2. 성경적 기독론 | 112
    2. 1. 기독론과 신학의 원리 | 112
    2. 2. 역사적 예수 연구의 허상 | 114
    2. 3. 성경의 예수와 성경적 예수 | 122
    2. 4. 교리적 전제에 서는 성경신학 | 129
    2. 5. 철학은 신학의 전제나 원리가 될 수 없다 | 135
3. 성경과 신학 : 신학의 원리와 삼위일체론적–기독론적 관점 | 137

제3장 신경적 기독론

1. 성경의 신앙고백 | 152
2. 신앙의 규범(regula fidei) | 154
3. 사도신경과 니케아 신경 | 162
4. 에베소 공의회 : 칼케돈에 이르는 길 | 173
    [키릴이 네스토리우스에게 쓴 두 번째 편지] | 181
    [키릴이 네스토리우스에게 쓴 세 번째 편지] | 184
    [키릴이 안디옥의 요한에게 쓴 편지 : 433년 일치공식] | 189
5. 칼케돈 공의회 | 190
    [레오의 책(Tomus Leonis)] | 190
    [칼케돈 신경(Symbolum Chalcedonense)] | 194
6. 제2차 콘스탄티노플 공의회 | 200
7. 제3차 콘스탄티노플 공의회 | 209
8. 아타나시우스 신경 | 214
9. 루터파 신경들 : 루터파 속성교통론에 주목하여 | 221
    [일치신조(Formula Concordiae)] | 223
10. 개혁파 신경들 : 기독론 중심성 | 236

제2부

언약:
영원한 구원협약의 역사적 성취 경륜

Foedus :
Oeconomia perficendi historica consilium salutis aeternum

제4장 언약과 그리스도

1. '구원협약'(consilium salutis)으로서 구속언약(pactum salutis) | 248
   1. 1. 창세 전의 삼위 하나님의 구원작정 | 248
   1. 2. 타락전예정설(Supralapsarianism)과
         타락후예정설(Infralapsarianism) | 256
2. 언약 : 영원한 구원협약의 역사적 성취 경륜 | 264
   2. 1. 행위언약(foedus operum) : 첫 언약(primum foedus) | 264
   2. 2. 칼빈의 언약관 | 276
   2. 3. 은혜언약(foedus gratiae) :
         실제적 그러나 실체를 바라보는 예표적 언약 | 285
   2. 4. 새언약(foedus novum) : 언약의 통일성 | 295
      ["그리스도"를 믿음 : 새언약의 질료 곧 행위언약적 조건] | 302
      [그리스도를 "믿음" : 새언약의 은총을 받는 도구 곧 은혜언약적 조건] | 307
      [그리스도를 믿음 : 새언약의 성취와 효과] | 310
   2. 5. 결론적 고찰 :
         창세 전 구원협약과 역사적 언약의 역사상 성취와 적용 | 315

제3부

중보자 그리스도의 인격 :
성육신과 신인양성의 위격적 연합

Persona Christi mediatoris :
Incarnatio et unio hypostatica divinitatis et humanitatis

제5장 위격적 연합

1. 위격적 연합 교리의 형성 | 322
   1. 1. 아폴리나리우스 이단 | 324

1. 2. 갑바도기아 교부들 | 327
   [가이사랴의 바실] | 327
   [나지안주스의 그레고리] | 329
   [닛사의 그레고리] | 333
1. 3. 알렉산드리아의 키릴 | 337
1. 4. 어거스틴 | 346
   1. 4. 1. 삼위일체론적 지평: '종속' 그러나 '종속설'이 아닌 | 346
   1. 4. 2. 위격적 연합으로서 성육신: 신인양성의 속성교통 | 353
   1. 4. 3. 위격적 연합 가운데서의 비하와 승귀의 상태와 사역 | 359
2. 위격적 연합의 의미와 존재적, 인식적 의의:
   삼위일체론적-기독론적 관점 | 362
3. 연합 가운데 한 분이심(unitas in unione) | 373
   [영혼과 육체의 연합의 유비의 한계] | 378
4. 취하심(assumptio) | 382
5. 비(非)위격(anhypostasis)과 내(內)위격(enhypostasis) | 395
   5. 1. 신경적 정의 | 395
   5. 2. 비잔티움의 레온티우스의 입장 | 400
   5. 3. 소위 초(超)칼빈주의(the so-called extra Calvinisticum):
        서술과 현존과 임재 | 407
        [하나님의 맞추심(accommodatio divina)] | 416
   5. 4. 구체(concretum)와 추상(abstractum)의 이분법을 넘어서:
        제3의 길의 위험성 | 419
   5. 5. 비(非)위격적이지 않고
        내(內)위격적인 연합의 비밀(mysterium) | 430
6. 본성에 따른 속성들의 배분(distributio):
   신성에 따라서, 인성에 따라서 | 436
7. 신화(神化, deificatio): 교부들의 유비적 혹은 윤리적 개진 | 444
   7. 1. 아타나시우스 | 446
   7. 2. 나지안주스의 그레고리 | 452
   7. 3. 닛사의 그레고리 | 456
   7. 4. 알렉산드리아의 키릴 | 460
   7. 5. 고백자 막시무스 | 465
   7. 6. 결론: 성육신의 구원론적 의미를 추구 | 469
8. 바르트의 오류:
   위격적 연합을 변증법적 인식 과정의 산물로 여김 | 474

제6장 성육신론

1. 성육신론의 형성 : 교부들의 성육신론 | 487
    1. 1. 터툴리안 : 성육신의 초기적 신학화 | 487
        [말씨온 비판 : 그리스도의 육체, "그것이 존재했느냐"(an fuerit)] | 490
        [아펠레 비판 : "그것이 어디에서 왔느냐"(unde fuerit)] | 493
        [발렌티누스 비판 : "그것이 어떠했느냐"(cujusmodi fuerit)] | 496
        [칼케돈 신경의 초기적 맹아] | 501
    1. 2. 아타나시우스 : 성육신을 구원론적 관점에서 신학화 | 506
        [말씀이 사람이 되심 : 신인양성의 위격적 연합] | 508
        [은혜와 진리 : 성육신한 말씀의 사역] | 512
    1. 3. 어거스틴 : 영원히 나신 성자가 역사상 사람으로 나심 | 517
        1. 3. 1. 영원한 나심과 성육신 | 517
        1. 3. 2. 성육신의 의의와 가치 | 522
        1. 3. 3. 동정녀잉태 | 524
        1. 3. 4. 성육신의 목적 | 525
2. 말씀이 육신이 되심 | 531
    2. 1. 하나님의 아들이 사람의 아들이 되심 | 531
    2. 2. 세 가지 관점 : 삼위일체적, 창조적, 계시적 | 533
        [삼위일체적 관점] | 533
        [창조적 관점] | 535
        [계시적 관점] | 536
3. 성육신의 주체 : 제2위 성자 하나님 | 538
4. 성육신의 방식 : 성령잉태 | 542
5. 성육신의 필연성 : 신인양성의 중보를 통한 유일한 대속의 길 | 549
6. 성육신의 비하성(卑下性) | 556
7. 성육신에 관한 성경의 증언 | 560
8. 성육신의 의의와 가치 | 564
9. 성령잉태를 부정함으로 성육신을 부인하는 견해들 | 570
    [판넨베르그의 오류 : 역사적 관념으로서 성육신을 이해] | 574
    [바르트의 오류 : 실존적 인식으로서 성육신을 이해] | 577

제7장 그리스도의 신성

1. 그리스도의 신격(deitas)과 선재(praeexsistentia) | 592
   [칼빈의 이해] | 598
2. 그리스도의 신성(divinitas) :
   영원하신 성자 하나님이 사람의 아들이 되심 | 602
3. 주님의 신성(divinitas)을 통한 신격(deitas) 변증 | 608
   3. 1. 그리스도의 신격의 중심성 | 608
   3. 2. 하나님의 영원하신 아들이심 | 611
   3. 3. 참 하나님이시자 참 사람이신 분의 신성 | 615
      [순수한 지시적 칭호들] | 616
      [일반적 영예적 칭호들] | 619
      [특별한 메시아적 칭호들] | 620
   3. 4. 그리스도의 중보로 계시된 그리스도의 신격 | 623
   3. 5. 결론적 고찰 :
      신격, 신인양성의 위격, 신성, 신인양성의 교통의 상관성 | 626
4. 그리스도의 신성을 부인하는 견해들 | 628
   [초기 이단들] | 629
   [아리우스] | 631
   [세르베투스] | 636
   [쏘키누스주의] | 639
   [기능기독론] | 640
   [판넨베르그의 오류] | 642

제8장 그리스도의 인성

1. 인성에 따라서 우리와 동일본질이심 | 656
2. 우리와 동일한 인성의 속성들을 지니심 | 663
   [인성에 따른 지식의 한계] | 665
3. 그리스도의 인성의 무죄성 | 671
   [세례를 받으심] | 679
4. 그리스도의 참 인성을 부인하는 견해들 | 684
   [케노시스 기독론(Kenotic Christology)] | 686
   [라너의 초월적 기독론] | 696

제9장 위격적 연합에 따른 신인양성의 속성교통

1. 교리사적 배경 | 704
2. 속성교통의 종류와 원리 :
   루터파 속성교통론과 개혁파 속성교통론 | 708
   2. 1. 세 가지 종류의 교통 : 개혁파 | 708
   2. 2. 세 가지 종류의 교통 : 루터파 | 710
   2. 3. 개혁파 속성교통론 | 715
   2. 4. 루터파 속성교통론 비판 | 723
   2. 5. 그릇된 대안 | 727
3. 속성의 교통(Communicatio Idiomatum) | 730
   3. 1. 축자적 그러나 실제적 교통 | 730
   3. 2. 초대교회 교부들의 전개 | 734
   3. 3. 속성교통의 여러 양상들 | 736
4. 사역의 교통(Communicatio Apotelesmatum) | 745
5. 은사의 교통(Communicatio Gratiarum) | 753
6. 결론적 고찰 : 성경적, 축자적–실제적 교통 | 758

제4부

중보자 그리스도의 사역 : 구속주의 직분과 비하와 승귀의 상태

Opera Christi mediatoris :
Officium redemptoris et status humiliationis et exaltationis

제10장 신인양성의 중보자와 삼중적 직분

1. 그리스도의 영원한 중보 :
   천사들과 교회의 머리가 되시는 율법의 중보자 | 768
2. 신인양성적 중보의 필연성 | 777
3. 그리스도의 삼중적 중보(mediatio triplex) | 784
4. 그리스도의 삼중직(munus triplex) | 791
   4. 1. 선지자직(propheticum munus) | 793
   4. 2. 제사장직(sacerdotale munus) | 798
   4. 3. 왕직(regium munus) | 803

제11장 그리스도의 비하와 승귀

1. 이중적 상태(status duplex) | 818
2. 구주의 칭호 | 824
3. 비하의 양상 | 835
   3. 1. 비하의 신분 | 835
   3. 2. 행하신 순종(수법, 守法)과 당하신 순종(수난, 受難) | 837
      3. 2. 1. 모든 율법을 행하신 순종(obedientia activa) | 837
      3. 2. 2. 죽기까지 당하신 순종(obedientia passiva) :
              지옥강하와 더불어 | 850
      [오웬의 삼위일체론적-기독론적 관점] | 853
      [겟세마네와 골고다에서의 고난] | 867
      [지옥강하(地獄降下)] | 884
4. 승귀의 양상 | 898
   4. 1. 부활(resurrectio) | 900
   [사실상 부활을 부인하는 입장] | 919
   4. 2. 승천(ascensio) | 928
   4. 3. 재위(sessio) | 939
   4. 4. 재림(parousia) | 945

제5부

대리적 무름의 값 :
그리스도의 의의 전가 가치

Pretium satisfactionis vicariae :
Meritum imputationis iustitiae Christi

제12장 속죄론 : 대리적 무름

1. 속죄론의 의의와 자리와 역사 : 개혁신학의 입장에서 | 956
2. 어거스틴의 대리적 속죄론 | 967
3. 칼빈의 언약적 이해 : 아버지의 사랑과 아들의 공로의 두 축 | 972
4. 칼빈신학의 계승과 심화 : 개혁신학자들의 이해 | 985
   4. 1. 형벌적 무름(satisfactio poenalis) | 985

4. 2. 신인양성의 중보 가운데 다 이루신 의 : 당하신 순종(obedienia passiva)과
　　　　 행하신 순종(obedientia activa) | 997
　　4. 3. 제사장(sacerdos)이시자
　　　　 제물(sacrificium)이신 구속주(redemptor) | 1003
　　　　 4. 3. 1. 큰 대제사장이신 그리스도 | 1004
　　　　 4. 3. 2. 거룩하고 온전한 제물이신 그리스도 | 1006
　　　　 4. 3. 3. 우리를 위한 구속주이신 그리스도 | 1012
　　　　 4. 3. 4. 속죄(expiatio), 용서(propitiatio), 화목(reconciliatio) | 1015
　5. 안셈의 배상(satisfactio) 이론 : 전개와 한계 | 1019
　　5. 1. 취하심(assumptio) : 신인양성의 위격적 연합 | 1020
　　5. 2. 배상(satisfactio) | 1025
　6. 대리적 무름을 부인하거나 사실상 부인하는 견해들 | 1029
　　6. 1. 사탄배상설과 총괄갱신설 | 1032
　　6. 2. 주관설 | 1036
　　6. 3. 하나님의 뜻에 대한 자의적 해석 : 주의주의와 통치설 | 1046
　　6. 4. 결론적 고찰 | 1052

제6부
정통적 교리의 수호 :
두 신학자의 오류를 반박
Defensio orthodoxae doctrinae :
Adversus errores duorum theologorum

제13장 슐라이어마허의 기독론 비판

　1. 서론 : 슐라이어마허 신학의 기독론적 동기 | 1062
　2. 구속 : 절대의존감정의 공유 | 1065
　3. 모든 사람의 모든 사람을 위한 중보 | 1070
　4. 중보자 그리스도 : 단지 모범으로서 이상적인 중보자가 되심 | 1075
　5. 중보자 그리스도의 인격과 사역 | 1079
　6. 결론 : 객관적 의의 전가를 부인하는 신비주의적–범신론적 견해 | 1085

제14장 칼 바르트의 기독론 비판

1. 서론 : 그리스도의 인격과 사역-역사와 계시의 문제 | 1092
2. 그리스도와 계시 : 인식론적 오류 | 1095
   2. 1. 계시와 실제 | 1095
   2. 2. 계시와 인격 | 1099
3. 성육신과 삼위일체 | 1104
   3. 1. 계시로서의 성육신 | 1104
   3. 2. 성육신 가운데 계시된 세 존재방식으로서의 삼위일체 | 1106
4. 그리스도의 사역과 두 상태 | 1111
   4. 1. 계시적 참여 | 1111
   4. 2. 계시적 분여와 두 상태 | 1115
5. 결론 :
   변증법적 병행으로 정통적인 기독론과 삼위일체론을 대체 | 1118

부록 1 참고문헌 | 1125
부록 2 주제별 색인 | 1183
부록 3 성구 색인 | 1195
부록 4 인명 색인 | 1219

약어

AO Sancti Aurelii Augustini hipponensis episcopi Opera omnia, post lovaniensium theologorum recensionem castigata denuo ad manuscriptos codices gallicos, vaticanos, belgicos, etc., necnon ad editiones antiquiores et castigatiores, opera et studio monachorum Ordinis sancti Benedicti e Congregatione s. Mauri, 12 Vols. in 16 [Patrologia Latina. XXXII–XLVII. Ed. J. P. Migne]. [Paris]: Parisiis, 1864–1877.

CC Richard A. Norris, Jr. (Ed.) *The Christological Controversy*. Philadelphia: Fortress, 1980.

CLF Edward Rochie Hardy. (Ed.) *Christology of the Later Fathers*. Philadelphia: Westminster Press, 1954.

CG Friedrich Schleiermacher. *Der christliche Glaube nach den Grundsätzen der evangelischen Kirche in Zusamenhange dargestellt*. Band 1 und Band 2. Berlin: Georg Reimer, 1821, 1822. 본서는 동명으로 1830년에 제2판이 출판. 여기에서는 제2판에 대한 Walter de Gruyter의 현대본(2008)을 사용.

CM Maximus the Confessor. *On the Cosmic Mystery of Jesus Christ: Selected Writings from St Maximus the Confessor*. Tr. Paul M. Blowers and Robert Louis Wilken. Crestwood, NY: St. Vladimir's Seminary Press, 2003.

CO Ioannis Calvini Opera quae supersunt omnia.

Commentary 칼빈의 주석을 칭함. *The Commentaries of John Calvin*. 46 Vols. Calvin Translation Society Edition(1843–1855). Grand Rapids: Baker, 1979. Rep. 22 Vols.; John Calvin, *New Testament Commentaries*. 12 Vols. Ed. D. W. Torrance and T. F. Torrance. Grand Rapids: Eerdmans, 1960–1972. 구약은 Baker판(Vol. 1–15), 신약은 Eerdmans판을 사용. 본 번역과 CO의 출처를 성경 장·절과 함께 표기.

GC Wolfhart Pannenberg. *Grundzüge der Christologie*. Gütersloh: Gütersloher Verlagshaus Gerd Mohn, 1966, Zweite, veränderte Auflage.

Institutio Institutio christianae religionis, in libros quatuor nunc primum digesta, certisque distincta capitibus, ad aptissimam methodum: aucta etiam tam magna *accessione ut propemodum opus novum haberi possit*, 1559. 이전의 판은 출판연도를 앞에 붙여 표기.

KD Karl Barth. *Die Kirchliche Dogmatik*. 5 Bde. in 13 Teilbänden. Zollikon, Switz.: Verlag der Evangelischen Buchhandlun. 1932-1970.

LCF Henry Bettenson. (Ed.) *The Later Christian Fathers: A Selection from the Writings of the Fathers from St. Cyril of Jerusalem to St. Leo the Great*. Oxford: Oxford University Press, 1973.

NPNFF Philip Schaff. (Ed.) *A Select Library of the Nicene and Post-Nicene Fathers of the Christian Church*. First Series. 14 Vols. Grand Rapids: Eerdmans, 1978-1979, rep.

NPNFS Philip Schaff and Henry Wace. (Ed.) *A Select Library of the Nicene and Post-Nicene Fathers of the Christian Church*. Second Series. 14 Vols. Grand Rapids: Eerdmans, 1997, rep.

PG *Patrologia Graeca*.

PL *Patrologia Latina*.

SC *Supplementa Calviniana*.

Sermon 칼빈의 설교를 칭함. 원문은 *CO*나 *SC*로부터 인용. 영어 번역서가 있는 경우 그 출처를 성경 장·절과 함께 표기.

ÜR Friedrich Schleiermacher. *Über die Religion. Reden an die Gebildeten unter ihren Verächten*, mit einer Einleitung von D. Carl Schwarz. Leipzig: F. A. Brockhaus, 1868.

WBW *The Works of Benjamin B. Warfield*. 10 Vols. New York: Oxford University Press, 1932.

WJO *The Works of John Owen*. Vols. I, II. Edinburgh: Banner of Truth, 1965, rep.

저자의 말

본서의 관점과 주제와 체계, 그리고 감사

　필자는 그동안 신학교 강단에서 가르쳐오면서 목회자 후보생들에게는 성경교리에 대한 전반적 식견과 목양의 기본소양을 함양시키기 위하여 종합적이고 체계적인 지식을 전하는 데 역점을 두었고, 더욱 심화된 이해를 추구하는 신학석사와 박사 과정 학생들에게는 초대교부들로부터 개진되어 칼빈과 그를 잇는 개혁신학자들에 의해서 수립된 참 기독론(Christologia vera)을 전하는 데 역점을 두었다.

　이를 위해 주요한 작품들에 대한 철저한 원문 분석을 통한 교리적 고찰을 수행하고, 교리사적 의의와 가치를 추구하며, 수립된 참 교리를 변증하는 일에 주안점을 두었다. 무엇보다 신학의 근본이자 요체이신 중보자 그리스도의 신인양성의 인격과 대리적 속죄사역에 대한 정통적인 입장을 파악하고, 그 참됨을 논구하며, 그 적실성을 변증하고, 그 의의와 가치를 규명함으로써, 성도의 다시 살아남과 살아감의 의(義)가 어디로부터 기원하며, 성경의 가르침에 따른 참 신앙이 무엇을 지향해야 하며, 그 가운데서

De Persona
et Operibus
Christi Mediatoris

의 경건한 삶이 어찌해야 하는지에 대한 진리를 탐색하는 것이 필자가 신학함에 있어서 주된 관심사였다.

　본서의 집필 동기는 이로부터 비롯되었다. 여기에는 다음 세 가지가 크게 고려되었다.

　첫째, 초대교회로부터 오늘날에 이르는 기독론과 관련된 주요 작품들을 원전 중심으로 파악하였다. 터툴리안, 아타나시우스, 갑바도기아 교부들, 알렉산드리아의 키릴, 어거스틴을 거쳐 고백자 막시무스와 비잔티움의 레온티우스에 이르는 교부들, 객관적 속죄론의 전기(轉機)를 마련한 안셈, 칼빈과 그를 잇는 버미글리, 뚤레틴, 오웬, 헤페를 거쳐 바빙크, 핫지, 워필드에 이르는 개혁신학자들이 저술한 작품들을 헬라어와 라틴어를 비롯한 원어들로 읽고 분석하였다. 이러한 작품들과 더불어 초대교회의 제1차 니케아 공의회로부터 제3차 콘스탄티노플 공의회에 이르는 신경들과 주요한 개혁파 신경들을 모두 원전으로 고찰하였다.

　둘째, 첨예하게 대립되어 있는 여러 학설들을 소개하고, 각각을 비판적으로 고찰한 후, 성경의 가르침에 충실한 참 교리를 수립하고 심화시켰다. 이러한 과정에서 개혁파 언약신학의 고유한 삼위일체론적-기독론적 관점과 구속사적-구원론적 관점을 견지한 바, 이러한 관점을 결여하고 있거나 그것에 배치되는 신화(神化)사상, 루터파 속성교통론, 자유주의 신학자들의 내재주의와 관념주의와 윤리주의, 근대 케노시스 이단, 실존주의의 영향을 받아 변증법적 고양에 침잠한 신정통주의자들의 사상 등의 오류를 지적하였다. 다만 오늘날 다양하게 개진되는 여러 신학자들의 입장을 하나하나 상론하지 않고 슐라이어마허, 바르트, 라너, 판넨베르그 등을 비판하는 데 주력한 것은, 이들의 기독론이 그릇된 현대신학의 제 조류를 대변하기에 부족함이 없다고 여겼기 때문이다.

셋째, 영원하신 하나님의 아들로서 사람의 아들이 되신 참 하나님이시자 참 사람이신 예수 그리스도를 계시하는 성경 진리를 가르치고, 그 진리를 배움으로 내적 고백에 이르게 하며, 그렇게 믿고 확신하는 바대로 그것을 변증하는 데 도움을 주는 한 권의 기독론 교과서로서 구성되었다. 이러한 교훈적, 고백적, 변증적 취지를 구현하기 위해 주요한 성경구절에 대한 석의와 해석에 많은 지면을 할애하였다. 그리하여 날카로운 신학적 논변이 그 자체에 그치지 않고 오히려 독자가 거듭난 생명과 생활의 진리를 깊이 상고하는 동기로서 작용할 수 있도록 의도하였다.

교의신학(theologia dogmatica) 혹은 조직신학(theologia systematica)은 무엇보다 가르치는 순서(ordo docendi, order of teaching)가 중요하다. 왜냐하면 그것의 체계(systema)는 가르치는 순서 가운데 함의된 논리(ratio)에 다름 아니기 때문이다. 본서는 칼빈의 『기독교 강요』에서 추구되었으며 그를 잇는 개혁신학자들에 의해서 계승, 심화된 기독론의 체계에 기본적으로 터 잡고, 그 가운데 각각의 주제들 상호 간의 역동적인 긴밀성을 부각시키고자 교리별, 신학자별 배치에 세심한 주의를 기울였다.

제1장 "기독론의 대상과 주제 그리고 방법론"은 기독론의 취지와 의의와 가치에 대한 서론적 고찰과 더불어 본서의 전체 맥락을 파악하는 데 있어서 일종의 가늠자

역할을 하는 "구속사적-구원론적 관점"에 대해서 다룬 후, 기독론의 전반적인 동향과 사조를 살피고 상승기독론의 오류를 지적하는 데 중점을 둔다. "구속사적-구원론적 관점"은 중보자 그리스도가 자기 자신을 제물로 드리신 제사장으로서 우리를 위한 의를 역사상 단번에 다 이루셨다는 통시적(通時的)인 단회적 성취와 그가 보혜사 성령을 부어주심으로써 다 이루신 그 의를 성도들에게 전가해주시는 공시적(共時的)인 계속적인 적용을 서로 역동적으로 파악할 수 있는 시각을 제공해준다. 이러한 관점을 결여하고 있음이 상승기독론에 대한 비판의 핵심이다.

제2장 "성경과 기독론"은 먼저 고린도전서 8:6, 골로새서 1:12-20, 빌립보서 2:6-11이 전하는 중보자 그리스도의 인격과 사역에 대한 가르침을 고찰함으로써 초대교회 이후 주요하게 거론되는 기독론의 핵심 주제들이 무엇인지를 파악하고, 이어서는 개혁신학자들이 존재의 원리와 인식의 원리로서 개진한 신학의 원리-혹은 계시의 원리-에 대해서 살펴본다. 그리고 이러한 원리를 무시하고 자의(恣意)적인 성경비평을 일삼는 소위 역사적 예수 연구의 허구에 대해서 고찰한 후, 성경의 가르침에 따른 교리적 전제에 서지 않고 철학을 신학의 전제나 원리로 삼는 신학의 위험성에 대해서 논의한다. 특히 여기에서는 "삼위일체론적-기독론적 관점"을 제안함으로써 하나님의 자기계시는 이 땅에 오신 하나님의 아들의 계시를 통해서만 우리에게 온전히 계시됨을 변증한다.

제3장 "신경적 기독론"은 먼저 성경에 기록된 그리스도에 관한 고백들과 초대교회 교부들이 자신들의 작품 가운데서 천명한 신앙의 규범을 다룬 후, 제1차 니케아 공의회로부터 제3차 콘스탄티노플 공의회에 이르기까지 채택된 정통신경들과 어거스틴의 신학을 충실히 계승하여 일목요연하게 서술한 아타나시우스 신경에 고백되고 개진된 기독론 조항들을 고찰하는 바, 한 위격 양성 교리를 확정한 칼케돈 신경의 형성과 가르침과 계승에 주안점을 둔다. 그리고 개혁파 신경들과 루터파 신경들

을 다루는 데 후반부를 할애한다. 여기에서는 개혁파와 루터파의 기독론이 위격적 연합과 속성교통에 있어서 본질적인 차이가 있으며 그로 말미암아 서로 극을 달리는 성찬론을 주장하게 되었음을 자세히 살펴본다.

제4장 "언약과 그리스도"는 먼저 삼위일체 하나님의 창세 전 구원작정인 구속언약에 대해서 고찰한다. 구속언약은 언약의 한 형태가 아니라 영원한 구원협약으로서 역사적인 은혜언약과 새언약의 기초가 됨이 그리스도의 공로의 유일성과 절대성이라는 관점에서 타락전예정설과 타락후예정설과 함께 고찰된다. 이어서 행위언약과 은혜언약과 새언약이 다루어진다. 여기에서는 칼빈의 신학에 기초한 개혁파 언약신학을 중심으로 논의되는 바, 그것은 다음과 같은 세 가지 특징을 지닌다. 첫째, 성부의 사랑과 성자의 공로가 함께 고찰된다. 이는 아들을 주시기까지 하시는 하나님의 사랑에 부합된다. 둘째, 구속사적-구원론적 관점이 언약신학의 근본맥락을 파악하는 시각으로서 제시된다. 이는 단번에, 영원히 다 이루신 그리스도의 의가 보혜사 성령의 임재로 말미암아 성도에게 전가되는 대속의 원리에 상응한다. 셋째, 다 이루신 그리스도의 의는 고난을 당하신 순종과 율법을 행하신 순종을 포함한다. 이러한 의의 전가는 칭의와 성화의 이중적 은혜로 작용한다.

제5장 "위격적 연합"은 먼저 최초의 기독론 이단이라고 알려진 아폴리나리우스에 대한 갑바도기아 교부들의 반박과 알렉산드리아의 키릴과 어거스틴의 입장을 살펴봄으로써 본 교리의 요체와 의의와 가치에 대해서 조망한다. 그리고 이를 다룸에 있어서 "삼위일체론적-기독론적 관점"이 견지되어야 함을 지적한 후, 영원히 신성으로 계신 하나님의 아들이 인성을 취하심이 성육신이며 그것이 위격적 연합이라는 사실과 신성과 인성은 본성으로서 언제나 위격 안에 있으나 위격은 아니라고 하는 내(內)위격성과 비(非)위격성에 대해서 고찰하는 바, 양성의 연합으로 말미암아 신성이 인화(人化)되거나 인성이 신화(神化)되는 것이 아님을 분명히 변증한다.

중보자 그리스도의 위격적 연합에 따른 신인양성의 속성교통에 대한 칼빈과 그를 잇는 개혁신학자들의 입장은 "소위 초(超)칼빈주의"라는 이름으로 인구에 회자되는데, 이에 대해서 또한 상론하고, 이러한 성경적 이해를 벗어나 위격적 연합을 변증법적 인식 과정의 산물 정도로 여기는 바르트의 입장을 비판한다.

제6장 "성육신론"은 영원히 신성으로 계신 하나님의 아들이 영혼과 육체의 인성을 취하셔서 사람의 아들이 되심으로 참 하나님과 참 사람의 인격을 지니심에 대해서 고찰한다. 제5장에서 다룬 "위격적 연합"은 성육신의 어떠함을 말하고 있는 반면, 여기에서는 성육신 '사건' 자체를 다룬다. 먼저 터툴리안과 아타나시우스와 어거스틴의 입장을 통해서 초대교회 교부들에 의해서 성육신 교리가 영혼은 고상하나 육체는 저급하다고 여기는 헬라 철학자들의 이원론과 이에 영향을 받은 영지주의자들의 입장에 맞서서 어떻게 수립되어 왔는지에 대해서 살펴본 후, 성육신의 주체는 제2위 성자 하나님 자신이시며 그가 성령잉태를 통하여 원죄에 속한 마리아의 몸에서 우리와 같으나 죄는 없는 인성을 취하심으로써 우리와 우리의 구원을 위하여 신인양성의 중보자가 되셨음을 논구한다. 그리고 이를 통하여 성육신이 비하의 시작임을 논증한다.

제7장 "그리스도의 신성"은 먼저 성육신하신 중보자 그리스도가 성부와 성령과 동일본질이신 삼위일체 하나님으로서 영원히 선재(先在)하심과 자존성, 완전성, 무한성, 불변성, 편재성, 전지성 등 신성의 고유한 모든 속성을 이전과 다를 바 없이 그대로 지니고 계심을 논한 후, 이러한 속성 각각을 계시하는 지시적, 영예적, 메시아적 칭호들이 성경에 어떻게 나타나는지를 살펴본다. 그리고 신인양성의 위격적 연합 가운데 신성에 따라서 수행되는 그리스도의 중보사역을 전하는 말씀으로서 그의 신격을 증거하는 주요한 전거(典據)가 되는 성경구절에는 무엇이 있는지를 파악하고 삼위일체론적-기독론적 관점에서 그것들을 논구함으로써 내재적 삼위일체

와 경륜적 삼위일체에 대한 역동적 이해를 추구하고, 이를 곡해하거나 부정하는 교부들과 신학자들의 사상을 비판한다.

제8장 "그리스도의 인성"은 영원하신 하나님의 아들이 성육신하심으로 취하신 인성은 영혼과 육체로 이루어진 전인(全人)으로서 우리와 동일본질이라는 점과 그럼에도 불구하고 우리와 달리 죄성(罪性)뿐만 아니라 죄향(罪向)도 없는 무죄한 본성이라는 점에 대해서 고찰한다. 전자와 관련해서는 그리스도가 인성에 따라서는 우리와 다를 바 없는 연약함 가운데 계시면서 우리가 겪는 통상적(通常的) 고난을 겪으셨음에 주목하고, 후자와 관련해서는 그가 죄가 없으실 뿐만 아니라 죄를 알지 못하시는 분으로서 비상적(非常的) 고난을 당하심으로써 아버지의 뜻에 따라 대리적 무름의 의를 이루시기 위한 자격을 갖추시기 위해 우리의 자리에서 세례를 받으셨음을 특별히 다룬다. 그리고 그리스도의 참 인성을 부인하는 견해들을 비판하는 바, 근대 케노시스 기독론과 로마 가톨릭 신학자 라너의 초월적 기독론의 오류에 대해서 상론한다.

제9장 "위격적 연합에 따른 신인양성의 속성교통"은 그것이 신성과 인성 사이에 직접적으로 일어나는 것이 아니라 위격을 주체로, 위격 안에서, 위격을 통하여 일어남을 먼저 논하고, 전자의 오류에 빠져 있는 루터파 속성교통론을 비판한 후, 성경의 가르침에 따라서 축자적이나 실제적인 교통을 강조하는 개혁파의 입장을 변증한다. 그리고 초대교회 이래로 개진되어 온 속성교통에 대한 정통적인 가르침과 속성교통의 세 가지 종류인 속성의 교통, 사역의 교통, 은사의 교통을 교부들과 칼빈, 버미글리, 뚤레틴, 오웬, 바빙크, 핫지 등의 작품들을 중심으로 고찰하고, 교리사적으로 본 교리가 성찬에 있어서의 그리스도의 현존의 문제를 다루는 시금석이 되었을 뿐만 아니라 칼빈과 그를 잇는 개혁신학자들의 문자적, 역사적, 영적 성경해석의 맥락을 파악하는 데 있어서 주요한 논거로 작용함을 또한 거론한다.

제10장 "신인양성의 중보자와 삼중적 직분"은 성육신하신 그리스도가 신인양성의 위격적 연합 가운데 역사상 수행하신 선지자직, 제사장직, 왕직에 대해서 다룬다. 이에 대한 사전(事前)적 고찰로서 먼저 그리스도가 천사들과 교회의 머리가 되시는 율법의 중보자시라는 점이 거론된다. 율법은 언약의 법으로서 명령과 약속을 포함하는 바, 그 약속의 성취가 그리스도시다. 이러한 율법과 그리스도의 관계를 선포한 영감된 하나님의 말씀이 복음이다. 그리스도는 율법에 기록된 하나님의 명령에 불순종한 인류의 죗값을 치르고 율법의 명령에 모두 순종하심으로써 죄사함과 의의 전가를 위한 대속의 역사를 성취하셨다. 이러한 점에 착안하여, 그리스도와 율법의 관계를 좀 더 실체적으로 조명한 "율법의 중보자 그리스도"라는 개념을 여기에서 개진하는 바, 그리스도의 중보가 구속사적으로는 단회적으로 성취되었지만 구원론적으로는 지금도 계속되며 영원하다는 사실에 무엇보다 주목한다.

제11장 "그리스도의 비하와 승귀"는 중보자 그리스도의 "이중적 상태"라고 불리는데, 여기서는 먼저 그 의의를 고찰한 후, 각각의 양상이 어떠한지를 논한다. 영원히 신성으로 계시는 하나님의 아들이 영혼과 육체의 인성을 취하심, 곧 성육신이 비하의 시작이다. 비하는 신성에 따라서는 하나님과 동일본질이신 분이 인성에 따라서는 우리와 동일본질로서 연약함 가운데 계실 뿐만 아니라 우리의 죄와 허물조차 자신의 것으로 여기시고 자신을 낮추시고 비우심을 의미하는 것으로서, 잉태, 나심, 고난당하심, 사심, 죽으심, 장사되심을 포함한다. 이는 당하신 순종과 행하신 순종을 아우른다. 이와 관련하여 지옥강하에 대해서도 일고한다. 승귀는 비하의 상태 가운데 다 이루신 의를 아버지가 인치심으로 아들을 높이신 상태로서 부활, 승천, 재위, 재림을 포함한다. 이는 보혜사 성령을 내려주심으로써 자기 자신을 우리에게 주시고 우리 안과 밖에 계시면서 우리를 위하여 계속적으로 중보하시는 중보자의 은혜에 상응한다. 이와 관련하여 기독론의 구원론적, 교회론적, 종말론적 지평이 환기된다.

제12장 "속죄론 : 대리적 무름"은 그리스도의 의의 '전가가치'를 논한다. 의의 성취가 기독론의 영역에, 의의 전가가 구원론의 영역에 속한다고 볼 때, 속죄론은 기독론과 구원론을 연결시키는 자리에 위치한다. 그리스도의 사역을 주관적 감동을 일으키는 모범 정도에 불과한 것으로 여기는 경우에는 이러한 인식 자체가 결여된다. 여기에서는 객관적 속죄론의 효시가 된다고 볼 수 있는 어거스틴의 대리적 속죄론을 계승하고 심화시켜 구원의 의를 육체로 당하신 순종에 제한시키지 않고 영혼과 육체로 당하시고 행하신 모든 순종을 아우르는 것으로 확정한 칼빈과 그를 잇는 개혁신학자들의 입장을 중심으로 논의를 전개하는 바, 그리스도의 구속이 죄 값을 지불하고 죄와 사망의 멍에로부터 해방시키는 사건으로서 단지 민사적 배상이나 보상이 아니라 형벌적 무름이 됨을 지적하고, 그것이 속죄, 용서, 화목에 모두 미침을 강조한다. 더불어 객관적 속죄론을 체계적으로 개진한 공이 있지만 그 전제와 폭에 있어서 한계를 노정한 안셈의 이론과 그리스도의 대속을 말하기는 하지만 사실상 이를 부인하는 주관설과 통치설 등을 비판한다.

제13장 "슐라이어마허의 기독론 비판"은 신학의 대상을 객관적이고 절대적인 하나님의 계시를 수납하는 지식이 아니라 절대자 혹은 초월자를 향한 인간의 내재적 감정과 신의식으로 삼고, 구원의 본질을 내적 자기고양에서 추구하는 가운데, 신인양성의 위격적 연합 교리를 철학적 사고의 산물로 치부하고 그리스도의 중보의 유일성을 부인함으로써, 대리적 속죄의 의 혹은 공로, 곧 그리스도가 우리의 구원을 위하여 치르신 값 자체를 부인하는 슐라이어마허의 오류를 적시한다. 슐라이어마허의 영향을 받은 자유주의 신학자들은 성육신을 신인양성의 위격적 연합과는 별개인 관념적이거나 신비주의적인 이념이나 사상의 체화(體化)로 받아들이고, 그리스도를 인성이 도달해야 할 최고의 전형(典型)을 제시한 모범 정도로만 여겨 그의 사역을 사실상 선지자 직분에 한정시키고, 그의 신성을 모든 인성에 가능성이 주어진 고양된 영적 자질과 다를 바 없는 것으로 다룬다. 이러한 점에서 슐라이어마허

는 오늘날 거론되는 상승기독론의 그릇된 제 양상을 초래한 사상적 기초를 제공했다고 볼 수 있다. 한 장을 할애하여 슐라이어마허의 기독론을 비판한 것은 이러한 이유에서이다.

제14장 "칼 바르트의 기독론 비판"은 실존주의 철학의 영향을 받아 성경 자체가 계시가 아니라 성경이 실존적 체험을 통해 각자에게 고유한 의미를 갖게 될 때 비로소 계시가 된다고 보는 입장을 견지하는 가운데, 성육신을 하나님의 한 존재방식인 성자의 계시사건이라고 파악하고, 그것으로써 그리스도의 사역과 그로 말미암은 구원의 역사를 설명하고자 한 신정통주의 신학자 칼 바르트의 오류를 적시한다. 바르트는 자신이 신앙의 유비를 지지하고, 칼케돈 신경의 가르침을 기본적으로 수용하며, 계시를 주관적 정서로 대체한 슐라이어마허의 입장을 배격하고 하나님을 아는 지식과 우리 자신을 아는 지식의 상관성에 주안점을 둔 칼빈의 신학에 충실히 서 있다고 주장하지만, 정작 계시사건을 매개로 그리스도와 우리 사이의 연합을 변증법적으로 추구하는 과정에서 존재의 유비를 수용하고, 성부, 성자, 성령 삼위일체 하나님 서로 간의 관계를 말하기는 하나 각각이 고유한 인격을 지닌 위격으로서 위격적 존재가 됨에 대해서는 언급을 회피함으로써 사실상 위격적 연합의 주체가 성자라는 사실 자체를 부인하고, 성육신을 계시사건으로 여기고 그것을 구속사건과 동일시함으로써 십자가의 죽음과 부활을 단지 성육신을 확정하는 후속사건 정도로 여길 뿐이다. 이러한 측면에서 바르트는 자신의 주장과는 달리 오히려 슐라이어마허의 계보에 속해 있으며 칼빈과는 철저히 대척점에 서 있다. 이러한 바르트의 변증법적 방법론에 편승하는 조류가 오늘날 신학계에 팽배한 바, 그 전기를 마련한 바르트의 기독론을 분석하고 비판하는 일은 의의가 적지 않다고 볼 것이다.

본서는 이와 같이 총 14장으로 구성된다. 굳이 이를 대별하면 1-3장은 입론(立論), 4-12장은 본론(本論), 13-14장은 보론(補論)에 해당한다고 할 수 있다. 1-3장의 입론은 단지 서론에 그치지 않으며 상승기독론을 비판함으로써 하강기독론의 당위성을 변증하고 이에 관련된 바람직한 성경해석과 정통신경의 입장을 조망함으로써 바람직한 성경적 기독론이 정초해야 할 기반을 논구하였다. 4-12장의 본론은 언약으로부터 속죄론에 이르기까지 기독론에 관한 전체 주제를 망라하고 있다. 그리고 13-14장의 보론은 단지 부록에 그치는 것이 아니라 본론에서 다룬 기독론에 관한 올바른 가르침이 어떻게 내재적이거나 변증법적으로 곡해되는지를 살펴봄으로써 오히려 우리의 논의를 확정하는 데 도움을 준다.

필자는 조직신학의 요체가 되는 중보자 그리스도의 인격과 사역을 다루는 기독론 교리가 초대교회 이후 오늘날에 이르기까지 어떻게 전개되어 왔는지에 대한 지속적인 관심을 기울여왔으며 개혁신학적 관점에 서서 그것에 대한 다수의 작품도 발표하였다. 본서의 대부분은 새롭게 저술되었지만 그동안 출간된 필자의 글들이 부분적으로 반영된 곳이 적지 않다. 터툴리안의 성육신론 중 주요 변증, 칼빈의 그리스도의 삼중적 중보 개념과 신인양성의 중보의 필연성, 뚤레틴의 언약의 세 가지 의의, 워필드의 그리스도의 신격을 계시하는 칭호, 바빙크의 구원의 세 가지 요소, 속죄론의 서론 등을 다룬 곳에서는 그 글들 가운데 어느 항목이나 단락을 문맥과 논지에 맞게 수정, 첨삭, 보완해서 요소마다 인용했으며 위격적 연합에 따른 신인양성의 속성교통에 대한 어거스틴과 칼빈의 이해를 다룬 곳은 자료를 보강하고 내용을 보충해서 새롭게 저술하였다. 다만 마지막 부분에 실린 슐라이어마허와 바르트의 기독론을 비판하는 두 글은 영어논문을 번역, 편집하여 거의 수정이나 가필 없이 실었다.

본서는 기독교신학의 핵심이 되는 중보자 그리스도의 인격과 사역에 관한 교리 전반을 성경의 가르침에 충실하게 개혁신학적 관점에서 파악하고 있으므로 그리스도를 깊이 알고자 원하는 분들과 신학생들에게는 한 권의 교과서로서 손색이 없을 것이고, 기독론의 지평을 확장하여 그 교회론적, 종말론적인 의의와 가치를 추구하고 그것을 성도의 삶에까지 적용하고자 하는 목회자들에게는 설교와 목양을 위한 좋은 교본이 될 것이며, 교리를 깊이 탐구하고 변증하고자 하는 신학자들에게는 기독론의 요체가 무엇이고 그 방법론이 어떠해야 하며 어떤 왜곡된 견해들이 있는지를 파악하고 비판하는 데 유익한 길잡이가 되리라 여긴다.

  집을 지을 때 한 사람이 상량(上樑)을 할 수 없듯이 책을 쓰는 일도 마찬가지일 것이다. 그 책이 다년간 연구의 결정체인 경우에는 더욱 그러할 것이다. 집필을 한 것은 본인이지만 본인을 다듬어 세운 것은 많은 스승과 가족과 지인과 학생들이었다. 그리스도를 아는 참 지식에 눈뜨게 해주신 은사 서철원 교수님과 지금은 이 땅에 계시지 않지만 원전을 엄밀하게 읽음으로 심오한 교리를 발견하고 그것을 체계적으로 서술하는 법을 가르쳐주신 라이트(David F. Wright) 교수님께 깊이 감사드린다. 졸저가 세상에 상재될 수 있도록 기꺼이 도와주신 생명의말씀사와 여러모로 애쓴 제자 김원진 전도사님에게도 고마운 마음을 전한다. 무엇보다 새벽마다 기도하시며 부족한 종을 위하여 모든 정성을 쏟으시는 장인 서기행 목사님과 모든 것을 내려놓고 내조에만 힘써 온 아내 성희에게 이 책이 작은 보답이라도 되었으면 하는 바람이 있다. 언제나 그렇듯이 주께서 모든 일을 다 이루셨음을 고백하며, 오직 하나님께 감사와 영광과 존귀와 찬송을 올려 드린다.

2016년 3월
우면산 자락에서 **문병호**

제1부

기독론, 올바른 방법과 신학적 논거 : 성경과 신경과 교리

Christologia, sana methodus et loci theologici :
Scriptura et symbolum et doctrina

기독론의 폭은 '구속사적 성취'에 머물지 않고 '구원론적 적용'에까지 미친다. 구속사적으로, 주님은 의를 다 이루심으로 중보를 마치셨다. 구원론적으로, 주님은 그 의를 전가해주심으로 계속적으로 중보하신다. 성취의 중보와 적용의 중보가 동일하신 신인양성의 중보자 예수 그리스도께 돌려진다. 이를 부정하는 경우 오직 성경의 가르침만이 성경적 가르침이라고 믿는 성경적 기독론은 무너지고 만다. 기독론은 그리스도 자신을 아는 지식으로부터 시작된다. 구원의 은혜는 어떤 소유가 아니라 그리스도 자신에 의해서 주어지는 것이기 때문이다. 이에 대한 신학적 전제를 세우는 것은 성경의 가르침을 있는 그대로 조명하는 일로부터 시작되는 바, 그것은 단지 연역적이거나 단지 귀납적이거나 한 철학적 작업과는 구별된다.

제1장

기독론의 대상과 주제 그리고 방법론

1. 서론적 단상 : 과제, 자리, 구속사적-구원론적 관점

　기독론(基督論, Christologia)은 이 땅에 오신 하나님의 아들 예수 그리스도를 대상으로 삼고 그의 인격과 사역을 주제로 다룬다. 인격(persona)은 신인양성(神人兩性)의 위격적 연합(unio hypostatica)을, 사역(officium)은 그가 그 인격 가운데 행하신 일 곧 위격적 사역(opera hypostatica)을 칭한다. 주님은 자신의 일을 비하(卑下, humiliatio)와 승귀(昇貴, exaltatio)의 이중적 상태(duplex status) 가운데 이루셨다. 주님이 이 땅에 오셔서 이루신 대속의 의(iustitia redemptionis)는 당하신 순종(obedientia passiva)과 행하신 순종(obedientia activa)을 포함한다. 그러므로 그 의는 성도 자신뿐만 아니라 성도의 행위도 의롭다고 여김을 받게 하는 대속(代贖)의 공로가 있다. 그 공로의 가치-곧 의의 전가가치(轉嫁價値)-를 다루는 것이 속죄론이다. 이와 같이 기독론은 중보자 그리스도의 인격, 사역, 속죄론의 세 부분으로 논의된다.
　그런데 많은 경우 개혁신학자들은 이러한 세 부분을 다루기에 앞서 삼위일체 하나님의 창세 전 구원협약(救援協約)-이는 구속언약(pactum salutis)이라고 불린다-과 그것의 역사적 성취 경륜(經綸)으로서 언약(foedus, pactum, testamentum)을 먼저 언급한다. 구원협약은 성부, 성자, 성령 하나님이 구속주를 성자로, 구속방식을 대속으로, 구속백성을 선택된 자들로 협약하신 영원한 작정을 의미한다. 이러한 영원한 구원협약에 따라서, 타락 전 아담과 체결된 행위언약과 타락 후 믿음의 조상들과 체결된 은혜언약이 새언약으로 모두 성취되었다. "새언약의 중보자"(διαθήκης καινῆς μεσίτης)로 예수 그리스도가 이 땅에 오셨다(히 9:15; 12:24). 이 부분이 기독론의 서론으로 다루어지는 것은 그것이 중보자 예수 그리스도의 필연성과 필요성을 말하고 있기 때문이다. 이렇게 본다면 기독론은 구원협약, 언약, 그리스도의 인격, 사역, 속죄론의 다섯 부분으로 구성된다.

이러한 가르침의 순서(ordo docendi)의 효시(嚆矢)를 보여주는 대작(opus magnum)이 제네바의 종교개혁자 칼빈(John Calvin, 1509-1564)의 『기독교 강요』이다.[1] 본서는 창조-타락-중보자의 필요성-율법과 복음, 구약과 신약-그리스도의 인격과 사역-속죄론(그리스도의 공로)-구원론-교회론의 순서로 전개된다. 주목할 것은 2권 6장에서 마지막 17장까지 계속되는 기독론 부분의 순서이다. 먼저 6장에서는 중보자의 필연성을 다룬다. 이는 삼위일체 하나님의 구원협약에 해당한다. 이어지는 7장에서 11장까지는 율법과 복음, 구약과 신약에 대해서 다룬다. 이는 언약에 해당한다. 여기에서 칼빈은 율법과 복음, 구약과 신약의 경륜은 서로 다르나 실체는 그리스도로서 동일하다는 사실을 하나의 원칙과 같이 천명한다. 12장에서 14장까지는 참 하나님이시자 참 사람이신 그리스도의 인격을 논하고, 15장과 16장은 그리스도의 삼중직과 비하와 승귀의 상태 가운데서의 사역을 다룬다. 그리고 마지막 17장에서는 그리스도의 의의 가치가 성도의 죄에 대한 대리적 무름(satisfactio vicaria)에 있음을 강조하는데,[2] 이는 속죄론에 해당한다.[3]

---

[1] *Institutio christianae religionis, in libros quatuor nunc primum digesta, certisque distincta capitibus, ad aptissimam methodum: aucta etiam tam magna accessione ut propemodum opus novum haberi possit*, 1559, in *Ioannis Calvini opera quae supersunt omnia*, ed. G. Baum, E. Cunitz, E. Reuss, vol. 2 (Brunswick: C. A. Schwetschke, 1864). 이하 본서는 *Institutio*로, 칼빈의 작품집 *Ioannis Calvini opera quae supersunt omnia*는 *CO*로 표기한다. 본서에 대한 영어 번역은 다음 참조. *Institutes of the Christian Religion*, ed. John T. McNeill, tr. Ford Lewis Battles, *Library of Christian Classics*, vols. 20-21 (Philadelphia: Westminster Press, 1960).

[2] 주로 "satisfactio"를 "만족"으로 번역한다. 그러나 그 일차적 어의는 값에 대한 지불을 뜻한다. 그러므로 배상(賠償), 보상(補償), 속상(贖償) 등으로 번역할 수 있다. 필자는 이를 다 아우르는 개념으로 "무름"이라는 말을 사용한다. 이는 '무르다'의 명사형으로 보아스가 룻을 위하여 기업을 무른 것에 상응한다(룻 2:20; 3:9; 4:4, 14). 한편 로마 가톨릭에서는 이 용어를 그들의 고해성사의 한 요소로 여기는 "보속(補贖)"을 뜻하는 것으로 그릇되게 사용하고 있다.

[3] 이러한 순서는 뚤레틴(Francis Turretin), 바빙크(Herman Bavinck), 핫지(Charles Hodge) 등의 조직신학 체계에도 현저한 영향을 미쳤다. 예컨대, 핫지는 구원의 계획(plan of salvation), 은혜언약(covenant of grace), 그리스도의 인격과 중보직, 속죄론, 그리스도의 비하와 승귀 순으로 기독론을 다룬다. 여기에서 주목되는 것은 속죄론이 삼중직 중 제사장직과 관련하여 논해지기 때문에 비하와 승귀보다 앞서 나온다는 점과 '구원의 계획'이라는 제하에 타락전예

이렇듯 기독론은 이 땅에 사람의 아들로 오신 하나님의 아들이 신인양성의 위격적 연합 가운데 비하와 승귀 상태에서 당하신 순종과 행하신 순종 그리고 그 순종의 가치를 다루는 조직신학의 한 분과라고 말할 수 있다.

기독론은 신론(神論)에 터 잡고 있다. 왜냐하면 위격적 연합의 주체가 영원하신 하나님의 아들 제2위 로고스 하나님이시고, 그것이 삼위 하나님의 협약에 의해서 영원히 작정되었기 때문이다.

기독론은 인간론(人間論)으로부터 그 필연성이 예기된다. 하나님은 뜻하신즉 이루신다. 사람을 창조하신 하나님은 그 완성-영생-을 뜻하신다. 그런데 사람은 타락하여 사망의 죄책에 속하고 전적으로 부패하고, 전적으로 무능하여 스스로 그 자리에 이를 수 없다. 그리하여 하나님의 아들이 하나님의 아들이신 채로 사람의 아들이 되셔서, 인성에 따라서는 죽으시고 신성에 따라서는 죽음을 이기고자 하셨다.

기독론은 구원론(救援論)에서 지향되며 확정된다. 구원론은 보혜사 성령의 임재로 다 이루신 그리스도의 의의 전가를 다룬다. 그러므로 성령론이라고도 부른다. 구원론은 예수 그리스도의 인격과 사역을 믿는 믿음의 도를 대상으로 한다. 그리스도의 의는 구원서정(ordo salutis) 전체 과정에서 역사한다. 오직 은혜, 전적 은혜로 말미암은 구원의 역사(役事)는 그리스도의 유일하고 절대적인 대속의 의를 확정한다.

기독론은 교회론(教會論)의 본질과 당위를 제시한다. 교회는 그리스도를 머리(caput)로 삼는 지체들의 연합체(societas membrorum)로서, 날마다 그에게로 자라가는 유무형(有無形)의 터(處)를 제공한다.

기독론의 마지막 열매는 종말론(終末論)을 이룬다. 종말론의 핵심은 그리스도의 재림과 그에 따른 성도의 부활과 최후의 심판에 있다. 이 모든 과정에 그리스도의 대속의 의가 작용한다.

이러한 제(諸) 조직신학 분과와 관련된 기독론의 위치는 성경에 계시되어 있는 바, 기독론은 또한 예수 그리스도의 성육신이 계시의 정점(culmen revelationis)이라는 사실을 가르친다. "은혜와 진리가 충만하신"("πλήρης χάριτος καὶ ἀληθείας") 독생자의 영광이 각 사람에게 비친다(요 1:9, 14, 17). "진리"(ἀλήθεια)는 아버지의 뜻을 다

정설(supralapsarianism)과 타락후예정설(infralapsarianism)이 거론되고 '은혜언약'이라는 제하에 언약 전반(행위, 구속, 은혜)이 소개된다는 점이다. Charles Hodge, *Systematic Theology*, 3 vols. (Grand Rapids: Eerdmans, 1995, rep.), 2.313-638.

이루신 의이며, "은혜"(χάρις)는 그 다 이루신 의를 우리의 것으로 거저 삼아주심이다. "진리"는 말씀, 약속, 계시, 명령을, "은혜"는 성취, 완성, 전가, 견인을 뜻한다. 주님은 약속하신즉 이루시고, 명령하신즉 친히 행하신다. 주님의 은혜는 진리 너머에 있지 않고 진리 위에 있다. 우리는 주님 안에서 계시와 실체, 약속과 성취를 모두 만나게 된다. 그러므로 기독교 신학의 중심은 기독론적이어야 하며-기독론이어야 하며-기독론적으로 형성된 신학이 기독교 신학이다.[4]

기독론의 주제인 중보자 그리스도의 인격과 사역은 다음 두 가지 사건과 관련해서 다루어진다.

첫째, 영원하신 하나님의 아들이 사람의 아들이 되셔서 사람의 자리에서 죽기까지 복종하심으로 대속의 의를 다 이루심.

둘째, 그가 부활하시고 승천하셔서 하나님의 보좌 우편에서 성령을 부어주심으로 그 의를 우리의 것으로 삼아주심, 즉 전가(轉嫁)해주심.

이 두 가지는 각각 "예수"(Ἰησοῦς)와 "임마누엘"(Ἐμμανουήλ)이라는 주님의 이름에 함의되어 있다(마 1:21, 23). "예수"라는 이름은 주님이 십자가에서 모든 의를 다 이루심으로 성취되었다(요 19:30). 이는 그가 자신을 아버지께 드리심을 뜻한다. "임마누엘"이라는 이름은 주님이-자신이 부어주시는 보혜사 성령의 임재로(행 2:33)-우리 안에 들어와 사심으로 성취되었다(갈 2:20; 빌 1:21; 골 1:27; 요일 4:4). 이는 그가 자신을 우리에게 주심을 뜻한다.

즉, "자기 목숨을 많은 사람의 대속물"로 주심으로 제사장직이 수행되었고(마 20:28), 성령으로 임재하셔서 "세상 끝날까지" 우리와 "항상 함께" 계심으로 왕직이 수행되었다(마 28:20). 그러므로 주님은 아론의 반차가 아니라 멜기세덱의 반차에 따른 '왕-제사장' 혹은 '제사장-왕'으로 일컬어지신다(히 5:10; 7:11; 시 110:4).

이와 같이 기독론의 폭은 사복음서에 한정되지 않고 사도행전에까지, 달리 말하면 '구속사적 성취'(救贖史的 成就)에 머물지 않고 '구원론적 적용'(救援論的 適用)에까지

---

4) 참조. Richard A. Muller, "A Note on 'Christocentrism' and the Imprudent Use of Such Terminology," *Westminster Theological Journal* 68/2 (2006), 253-260, 특히 255-256, 258. 멀러는 여기에서 기독론의 중요성은 그리스도의 의의 전가에 중점을 둔 구원론적 관점, 그리스도의 머리되심에 중점을 둔 언약신학적 관점, 계시의 존재와 인식의 원리, 즉 신학의 원리(principia theologiae)에 중점을 둔 인식론적 관점 등으로 개혁신학자들에 의해서 널리 개진되어 왔다는 점을 강조하고 그들의 입장은 바르트(Karl Barth)에게서 보는 "그리스도중심주의"(Christocentricism)와는 거리가 멀다는 점을 지적한다.

미친다. 구속사적으로, 주님은 의를 다 이루심으로 중보를 마치셨다. 구원론적으로, 주님은 그 의를 전가해주심으로 계속적으로 중보하신다.

칼빈과 그를 잇는 개혁신학자들이 개진해 온 언약신학은 중보자 그리스도의 인격과 사역을 구속사적 성취와 구원론적 적용이라는 측면에서 역동적으로 파악하고 있다. 달리 말하면, 언약신학의 맥락에서 '구속사적-구원론적 관점'으로 기독론이 파악된다.

[구속사적 성취]

창세 전의 구원협약에 따라서 영원하신 '하나님의 아들'(神子)이 '사람의 아들'(人子)이 되셔서 참 하나님(Deus vere)과 참 사람(Homo vere)으로서 모든 의를 다 이루심으로 인류의 죄를 대속하셔서 하나님과 인류를 화해하셨을 뿐만 아니라 타락한 우주를 회복하셨다.

예수 그리스도는 "아브라함과 다윗의 자손"으로 오셨다(마 1:1). 주님의 계보는 두 군데에 나타난다. 누가복음에는 주님으로부터 아담까지 거슬러 올라가는 데 반해(눅 3:23-38), 마태복음에는 아브라함으로부터 다윗을 거쳐 주님께로 내려온다(마 1:1-17). 주님이 "아브라함과 다윗의 자손"으로 특별히 언급된 것은 그가 언약의 후손을 구원하시기 위하여 언약의 후손으로 오신 분이라는 사실을 분명히 드러내기 위함이다. 하나님은 아담의 후손 전부가 아니라 오직 자신의 언약의 백성 곧 마음에 할례를 받은 영적 히브리인만 구원하신다(롬 2:29; 3:30).

주님은 아담과 하와의 죄에 대한 징계를 내리시기(창 3:16-19) 전에 그들과 그들의 후손이 살 길을 내셨다.

> 내가 너로 여자와 원수가 되게 하고 네 후손도 여자의 후손과 원수가 되게 하리니 여자의 후손은 네 머리를 상하게 할 것이요 너는 그의 발꿈치를 상하게 할 것이니라 하시고 (창 3:15).

"여자의 후손"에서 "후손"은 '씨'를 의미하는 히브리어 '제라'(זֶרַע)의 단수형태이다. '여자의 씨'는 여느 사람과 다름없이 여자에게서 날 사람이라는 뜻과 남자 없이 여자에게서 날 사람이라는 뜻을 지니고 있다. 동정녀 마리아의 몸에서 성령으로 잉태되시고 나실 것을 예언한 말씀이다. 이를 우리는 모(母)복음 혹은 원(原)복음이라고 부른다. 창세기 13:15과 17:7-8에서 하나님은 "너와 네 자손[후손]"의 하나님이 되신다고 하셨는데, 이 때 "자손"[후손]에도 '씨'(זֶרַע)가 단수로 쓰였다. 갈라디아서 3:16의 "네 자손" 역시 "씨"를 뜻하는 헬라어 '스페르마'(σπέρμα)가 단수로 나타난다. 아브라함의 할례 언약에 이미 한 분 그리스도가 메시아로 오실 것이 예언되어 있는 것이다.

> 이 약속들은 아브라함과 그 자손에게 말씀하신 것인데 여럿을 가리켜 그 자손들이라 하지 아니하시고 오직 한 사람을 가리켜 네 자손이라(τῷ σπέρματί σου) 하셨으니 곧 그리스도라(갈 3:16).

"생명이 피에 있으므로" "피흘림이 없은즉 사함이 없다"(레 17:11; 히 9:22). 십자가에서 피를 흘리고 죽으심으로, 주님은 우리를 위하여 한 알의 밀알로 썩으셨다. 그 보혈의 공로로 우리가 새생명을 얻고 많은 열매를 맺게 되었다(요 12:24). "세상 죄를 지고 가는 하나님의 어린 양"(요 1:29)으로 오신 주님이 "하나님의 큰 일"을(행 2:11) 다 이루셨다(요 19:30).

주님이 유일한 대속의 "씨"로서 우리를 위하여, 우리를 대신하여, 죄의 값을 치르셨다. 이것이 "새언약"(히 8:8, 13; 9:15), "더 좋은 언약"(히 7:22; 8:6), 곧 신약의 복음이다. 주님은 구약의 언약과 절기와 제사를 다 이루셨다.

성경에 280회 이상 나오는 모든 언약을 주님이 다 이루셨다. 노아, 아브라함, 이삭, 야곱, 모세, 다윗 등과 맺은 구약의 모든 언약이 성취되었다. 그들과 맺은 은혜언약은 모두 새언약을 예표하였다. 그들은 오실 메시아를 통하여 언약이 성취될 것을 믿었을 뿐, 그들에게는 전혀 공로가 없었다. 십자가의 주님이 모든 언약을 다 이루셨다. 그리하여 그를 믿는 자마다 "피로 세운 새언약"의 은혜에 동참하게 하셨다(고전 11:25).

천지 만물을 마지막까지 지키시고 자연의 운행을 멈추지 아니하시며 땅에 있을 동안에는 심음과 거둠과 더위와 추위와 낮과 밤이 쉬지 아니하리라는 노아의 언약과(창 8:21-22) 믿기만 하면 땅과 후손과 복의 근원이 된다는 아브라함의 언약을 이루셨다(창 21:1-3). 이삭의 언약을 성취하셔서서 우리가 가는 곳마다 우물을 터뜨려 주시고, 야곱의 언약을 성취하셔서서 우리가 열두 지파의 반열에 들게 하시며, 모세의 언약을 성취하셔서서 여호와의 율법과 명령과 규례를 지키고 사는 거룩한 백성이 되게 하시고, 다윗의 언약을 성취하셔서서 우리가 우리 자신을 나누어줌으로써 세상의 머리가 되는 진정한 자녀의 권세를 누리게 하셨다.

    주님은 또한 모든 절기를 다 이루셨다. 주님이 "우리의 유월절 양"(고전 5:7), "세상 죄를 지고 가는 하나님의 어린 양"(요 1:29, 36)이 되셨다. 이제는 주님의 피를 집 좌우 문설주와 인방에 발라야 한다(출 12:7). 오직 주님을 믿기만 하면 주님의 보혈이 뿌려져서 헛된 것들, 악한 것들, 정욕에 찬 것들이 출입하지 못하게 된다. 예수 그리스도의 피가 죽음을 지나가게 한다. 그 피로 온갖 더러운 것이 물러가고 우리가 깨끗하게 된다(요일 1:7).

    주님이 피를 뿌려 부활의 "첫 열매"(ἀπαρχή)를 맺으셨다(고전 15:20). 그가 단번에 죽음을 죽이시는 죽음을 죽으셔서 영원한 오순절, 칠칠절, 맥추절의 "첫 열매"가 되셨다. 그리하여 그것을 완성하심으로, 폐하셨다. 그러므로 이제 우리는 그리스도와 함께 한 '열매'로서 우리 "자신을" 하나님께 드리기에 힘써야 한다(딤후 2:15). 모든 소산이 하나님이 베푸신 은혜라는 것을 감사하는 첫 열매의 제사가(출 13:2, 12; 34:19-20; 민 8:16; 신 26:1-11), 그리스도의 한 제사로 성취되었기 때문에 이제 우리는 모든 것이 "그에게서" 창조되되 "그로 말미암고 그를 위하여" 창조되었다고 고백한다(골 1:16; 참조. 롬 11:36; 고전 8:6).

    주님은 또한 초막절의 장막이 되신다. "성전보다 큰 이"가 자기 자신을 깨뜨려 우리가 영원히 거할 처소가 되심으로(마 12:6) 그의 몸과 피를 양식과 음료로 삼아 우리가 광야와 같은 이 땅의 삶을 살아간다. 이제는 나무의 가지를 꺾어 장막을 만들거나 하늘로부터 내리는 만나와 메추라기를 기다릴 필요가 없다. 주님이 우리의 피할 바위시며 신령한 일용의 양식이 되신다. 주님의 찢겨진 살로 지성소의 길이 열리고, 영원한 천국의 알곡으로 우리가 그곳에 저장된다. 지상의 장막이 걷히고 십자가의 지성소가 세워졌다. 지상의 만나는 그쳤지만 십자가의 살과 피로 영원한 생명의 양식이 공급되었다. 십자가는 주님이 육체로 열어놓으신 "새로운 살 길"이다(히 10:20). 우리가 그리로 들어가 죄는 헤아리되 다 용서해주시는 의인의 심판을 통하여 큰 위로를 받고, 그 은혜로 인하여 찬미의 입술을 닫지 못하고, 영원한 하늘

나라 곧 새하늘과 새땅에 들어간다. 그러므로 우리는 이제는 의식(儀式)에 속한 수장절을 지킴으로써가 아니라 그리스도를 믿음으로써 영원한 안식을 누리게 된다(슥 14:16-21).

이렇듯 주님은 절기를 다 이루셨을 뿐만 아니라 제사를 또한 다 이루셨다. 절기의 중심에는 제사가 있었다. 유월절에는 죽음이 지나간 것을, 오순절과 수장절에는 생명을 얻은 것을 기념하는 제사를 드렸다(출 12:43-51; 레 23:1-44; 신 16:1-17). 제사는 이스라엘 백성의 삶 자체였다. 성령으로 잉태되셔서 죄가 있으신 적이 없으실 뿐만 아니라 죄의 성향과 의식(意識)도 없으신 주님이 흠 없고 점 없는 어린 양으로서 일생 동안 자신을 거룩하게 준비하셔서 단번에 영원한 제물로 하나님께 드리셨다(요 17:19; 벧전 1:19; 히 7:26-27; 10:10-14). 멜기세덱의 반차에 따른 영원한 대제사장이시자 왕으로서, 거룩하시고 악과 더러움이 없으시며 죄인에게서 떠나 계시는 주님이 고난의 순종을 통하여 자신을 온전히 준비하셔서 하나님께 드리셨다(히 5:8-9; 7:26). 그리하여 거룩하게 하시는 주님이 우리를 거룩하게 하시고, 우리와 하나가 되셨다(히 2:11).

구약의 제사장들은 짐승의 제물로 반복해서 제사를 드렸지만, 주님은 '자기 자신을'(ἑαυτὸν) 제물로 삼아(엡 5:2; 갈 1:4; 딤전 2:6) "단번에"(ἐφάπαξ, ἅπαξ) "한 영원한 제사"(θυσίαν εἰς τὸ διηνεκὲς)를 드리셨다(히 9:12, 26, 28; 10:10; 롬 6:10; 벧전 3:18). 주님은 성령으로 잉태하신 때부터 죽음의 순간까지 흠 없고 점 없는 제물로서 자신을 거룩하게 준비하셨다(벧전 1:19; 히 9:14; 요 17:19). 그리하여 우리를 "한 번의 제사로 영원히 온전하게 하셨다"(히 10:14). 그가 단번에 다 이루신 그 의로 "우리 기업의 보증"이 되사 우리가 그와 함께 한 "상속자"며 "영원한 기업"으로서(롬 8:17; 엡 3:6; 히 3:6; 엡 1:11) "그 기업의 영광의 풍성함"을 누리게 되었다(엡 1:14, 18).

마지막 때 유대인의 왕으로 오신 예수 그리스도는 자기 자신의 몸을 속죄의 제물로 드리심으로써 세상의 죄를 없애시고 하나님의 보좌 우편에서 우리를 다스리시는 왕이 되셨다. 그는 죄를 사하는 속죄제(贖罪祭)로, 허물을 가리는 속건제(贖愆祭)로, 감사로 되돌리는 감사제(感謝祭)로, 더불어 먹고 마시는 화목제(和睦祭)로 자기 자신을 드리셨다. 자기 자신 전부를 헌신제인 번제(燔祭)로 드리셨다. 허공에 달리셔서 거제(擧祭)로, 몸을 요동치시며 요제(搖祭)로, 살이 짓이겨져 소제(素祭)로, 물과 피를 다 쏟아 전제(奠祭)로 드리셨다(레 1:1-7:38).

주님이 이러한 의식을 폐하심은 소멸시키고자 하심이 아니라 다시 세우고자 하심에 있다.

그 후에 말씀하시기를 보시옵소서 내가 하나님의 뜻을 행하러 왔나이다 하셨으니 그 첫째 것을 폐하심은 둘째 것을 세우려 하심이라(히 10:9).

[구원론적 적용]

주님이 십자가에서 다 이루신 의를 전가해주시는 방식이 보혜사 성령의 임재이다. 주님은 잡히시던 밤에 제자들의 발을 씻기시고 떡과 잔을 나누어 주시면서, 자신이 죽으시고 부활하신 후 하늘에 오르사 내려주실 보혜사 성령에 대해서 가르쳐주셨다. 요한복음 14-16장이 이를 기록하고 있다. 그 요지는 다음과 같다.

첫째, 보혜사 성령은 '임마누엘의 영'이다. 그 임재로 하나님이 우리와 영원히 함께 계신다.

내가 아버지께 구하겠으니 그가 또 다른 보혜사를(ἄλλον παράκλητον) 너희에게 주사 영원토록 너희와 함께 있게(ἵνα μεθ' ὑμῶν εἰς τὸν αἰῶνα ᾖ) 하리니(요 14:16).

"또 다른 보혜사"는 우리가 받은 성령이 원(原) 보혜사이신 "그리스도의 영"(πνεῦμα Χριστοῦ)이시라는 것을 말해준다(롬 8:9). 주님은 우리 안에 들어오시기 위하여 죽으시고, 부활하시고, 승천하셨다(요 16:7). 성령이 임하시면 주님이 우리 안에 사신다(갈 2:20; 빌 1:21; 골 1:27; 요일 4:4). 성령의 임재는 '단회적', '절대적', '인격적'이다. 성령은 두 번 임하시지 않고, 양적으로 임하시지 않고, 물질적으로 임하시지 않는다. 그러므로 성령 충만은 성령을 더 채우는 것이 아니라, 주님이 내 안에 마음껏 사시도록 성경 읽고, 기도하고, 경건하게 살고, 회개하는 것이다(엡 5:18).

'하나님의 아들'이 '사람의 아들'로 오사 사람들 가운데 거하심으로(요 1:14) 그들이 그에게서 듣고, 그를 보고, 자세히 보고, 손으로 만지게 되었다(요일 1:1). 지상의 주님은 사람들과 '함께' 계셨으나 아직 그들 '속에' 들어오시지는 않았다. 그래서 주님이 '함께' 계시지 아니하시면 찾아야 했다(요 7:34). 그러나 이제 보혜사 성령의 임재로 주님이 우리 '속에' 들어오셨으므로 우리가 더 이상 그를 바깥에서 찾을 필요가 없다. 그는 언제나 떠나지 않고 우리와 '함께' 계시기 때문이다. '속에' 계셔야 '함께' 계심이 완전해진다.

그는 너희와 함께(παρ' ὑμῖν) 거하심이요 또 너희 속에(ἐν ὑμῖν) 계시겠음이라(요 14:17).

성령은 한 번 임하시면 떠나가지 아니하신다. 보혜사 성령은 주님이 우리 안에 들어오시는 영이다. 태초에 하나님과 함께 계셨던 그 말씀이(요 1:1), 이제 우리 안에 오셔서 마지막 날까지 영원히 우리와 함께 계신다(마 28:20; 요일 2:24-25).

예수님이 우리 안에 들어오시니 우리가 그의 향기가 된다. 향유가 들어 있으니 향이 나듯이, 주님이 우리 안에 계시니 우리가 빛이요, 향기요, 소금이요, 그리스도의 편지가 된다. 보혜사 성령은 예언된 "임마누엘"이신(사 7:14) "그리스도의 영"이시다. 곧 '임마누엘의 영'이시다(마 1:23).

'임마누엘의 영'의 임재로 우리는 영원토록 주님 안에 거한다. 아버지와 아들이 하나이시듯이(요 10:30), 우리도 그 아들과 함께 아버지와 하나가 된다. 그리하여 우리가 주님과 형제가 되며 함께 상속자가 된다(히 2:11; 롬 8:17; 엡 3:6). 아들과 함께 우리도 아버지의 품 속에 영원히 거하게 된다(요 1:18). 그리고 우리가 그 안에 거하고 그가 우리 안에 거하심을 알게 된다(요일 4:2). 보혜사 성령의 임재로 스스로 계신 하나님이 영원히 우리와 함께 계신다(출 3:12, 14).

아버지여, 아버지께서 내 안에, 내가 아버지 안에 있는 것같이 그들도 다 하나가 되어 우리 안에 있게 하사 세상으로 아버지께서 나를 보내신 것을 믿게 하옵소서(요 17:21).

둘째, 보혜사 성령은 아버지가 아들을 통하여 말씀하시고 가르치신 모든 것을 알리시고 생각나게 하시는 "진리의 영"이시다(요 14:17).

보혜사 곧 아버지께서 내 이름으로 보내실 성령 그가 너희에게 모든 것을 가르치고 내가 너희에게 말한 모든 것을 생각나게 하리라(요 14:26).

그러나 진리의 성령이 오시면 그가 너희를 모든 진리 가운데로 인도하시리니 그가 스스로 말하지 않고 오직 들은 것을 말하며 장래 일을 너희에게 알리시리라(요 16:13).

보혜사 성령은 주님이 "말한 모든 것"뿐만 아니라 주님 자신을 "증언"하신다.

내가 아버지께로부터 너희에게 보낼 보혜사 곧 아버지께로부터 나오시는 진리의 성령이 오실 때에 그가 나를 증언하실 것이요(요 15:26).

보혜사는 하나님을 아버지로 알게 하는 "양자의 영"이시다(롬 8:15; 갈 4:6). 구약의 백성은 하나님을 창조주로는 고백했으되 아버지로는 알지 못했다. 그러나 오늘날 보혜사 성령을 받은 성도는 그리스도와 함께 자녀이자 상속자가 되는 "양자의 영"을 받았으므로 하나님을 아버지로 알고 섬기게 된다.

그 날에는 내가 아버지 안에, 너희가 내 안에, 내가 너희 안에 있는 것을 너희가 알리라(요 14:20).

보혜사 성령의 "기름부음"으로 우리는 모든 것을 알게 된다(요일 2:20, 27). 그러므로 하나님을 모른다거나, 예수님을 모른다고 부인하면 안 된다. 진리의 성령이 임하면 우리의 눈이 밝아져 주님이 못 박히신 십자가가 밝히 보인다(갈 3:1). 진리의 성령이 임하면, 믿게 되고, 믿으면 알게 되고, 알면 보게 된다. 고린도 교회는 사도 바울에게 사도권이 없다고 했다. 그 때 그는 "그리스도의 진리가 내 속에 있으니"라고 담대히 외친다(고후 11:10).
우리는 진리의 영을 받았기 때문에 하나님의 어떠하심을 알고, 우리를 향한 그 분의 뜻을 분별하게 된다. 진리가 우리를 자유하게 한다(요 8:32). 진리가 우리를 거룩하게 한다(요 17:17). 진리의 영이 임했으니, 말씀을 진리로 붙든다. 진리의 영이 임했으니, 우리도 베드로와 같이 "영생의 말씀이 주께 있사오니 우리가 누구에게로 가오리이까"라고 고백한다(요 6:68). 주님이 보혜사 성령을 "또 다른 보혜사"라고도 칭하시고 "진리의 영"이라고도 칭하신 것은(요 14:16-17), 그 영이 임하면 원(原) 보혜사이시며 진리이신 자신이(요일 2:1; 요 14:6) 임하게 됨을 제자들에게 알리

신 것이다.[5]

셋째, 보혜사 성령은 '능력의 영'이다. 이는 '은혜의 영'이라고 부를 수도 있을 것이다. 은혜 외에는 능력이 없기 때문이다. 우리의 능력은 우리 자신의 자질이나 공로가 아니라 우리가 받은 은혜에 달려있다. 하나님께 간구하여 하나님이 친히 우리를 통하여 이루신 은혜의 폭이 우리 능력의 척도이다. 하나님이 귀하게 보시는 유일한 능력은 하나님께 의지하는 능력이다. 우리에게 능력이 있다면 '의지하는 능력' 외에는 없다.

보혜사 성령을 받은 성도가 가진 유일한 능력을 주님은 다음과 같이 말씀하신다.

너희가 내 이름으로 무엇을 구하든지 내가 행하리니(ποιήσω) 이는 아버지로 하여금 아들로 말미암아 영광을 받으시게 하려 함이라(요 14:13).

주님은 바로 앞 구절에서 제자들에게 자신이 하시는 일보다 더 "큰 일"도 하라고 하시고는(요 14:12) 이렇게 말씀하신다. 그리고 바로 이어지는 절에서 또 한 번 같은 말씀을 반복하심으로써 이를 특히 강조하신다. 이번에는 "내가"에 해당하는 대명사 "에고"(ἐγώ)를 첨가하셔서 자신이 친히 행하시겠다는 것을 더욱 부각시키신다.

내 이름으로 무엇이든지 내게 구하면 내가 행하리라(ἐγὼ ποιήσω)(요 14:14).

하나님은 자신을 영화롭게 하지 않는 일을 권념(眷念)치 않으신다. 하나님은 우리가 아들의 이름으로 간구하여 친히 아들이 행하시는 것으로 영광을 받고자 하신다. 하나님은 우리의 순종을 공로로 여겨 우리를 구원하지 않으신다. 오직 아들의 순종 곧 "예"에 대해서 우리는 "아멘"하라고 하신다. "아멘"하여 주님의 의를 우리의 의로 삼으라는 것이다. 하나님이 귀하게 보시는 우리의 순종은 '아멘의 순종'밖에 없다.

---

5) 그러므로 다음과 같은 진술은 모호하며 피상적이고 무모하다. 이종성, 『그리스도론』(서울: 대한기독교출판사, 1984), 279: "성서적 인식론이란 성령론에서부터 시작하여 그리스도론을 통하여 신론에 이르는 인식론을 말한다. '신-그리스도-성령'이 아니라 '성령-그리스도-신'의 순서로 강구해야 한다."

하나님의 약속은 얼마든지 그리스도 안에서 예가 되니 그런즉 그로 말미암아 우리가 아멘하여 하나님께 영광을 돌리게 되느니라(고후 1:20).

하나님은 우리에게 어려운 것을 요구하지 않으신다. 주님의 멍에는 쉽고 그 짐은 가볍다. 주님의 멍에를 메는 것은 오히려 "쉼"이 된다(마 11:29-30). 하나님은 우리의 말이 힘이 센지, 우리의 다리가 억센지, 헤아리지 않으신다. 하나님은 자기를 경외하고 인자하심을 바라는 자를 기뻐하신다(시 147:10-11). "나의 원대로 마시옵고 아버지의 원대로 하옵소서"라는 겟세마네의 주님의 기도가(막 14:36) 우리가 가진 능력이 어디로부터 나오는지를 잘 가르쳐준다. 하나님께 영광되지 않는 일로서 우리에게 의미 있는 일은 없다. 하나님께 영광되지 않는 일로서 우리의 능력이 드러나는 일은 어디에도 없다. 하나님께 영광되지 않는 일로서 최선의 일은 없다.

우리가 가진 능력은 여호와 하나님께 의지하는 능력밖에 없다. 교회의 중심 일꾼은 하나님을 더 잘 의지하는 사람이 되어야 한다. "예"의 순종은 그리스도만이 하신다. 우리에게는 "아멘"의 순종밖에 없다. 우리의 능력은 "아멘"하여 예수님의 순종을 내 순종으로 삼는 데 있다. 그가 찔림으로 우리의 허물이 사해지고, 그가 상함으로 우리의 죄악이 사해지고, 그가 징계받음으로 우리가 화평을 누리고, 그가 채찍에 맞음으로 우리가 나음을 얻는다(사 53:5). 그가 부요하신 자로서 가난하게 되신 것은 우리를 부요하게 하려 하심이다(고후 8:9; 약 2:5). 우리에게 능력이 있다면 '의지하는 능력'밖에 없고, 순종이 있다면 '아멘의 순종'밖에 없다.

하나님은 우리에게 '임마누엘의 영', '진리의 영', '능력의 영'으로 보혜사 성령을 주셨다. 다음 말씀에 이 세 가지 사실이 모두 담겨있다. "내 안에"는 '임마누엘의 영'과 "내 말이"는 '진리의 영'과 "원하는 대로 구하라"는 '능력의 영'과 연결지을 수 있다.

너희가 내 안에 거하고 내 말이 너희 안에 거하면 무엇이든지 원하는 대로 구하라 그리하면 이루리라(요 15:7).

"은혜와 진리가 충만하신" 주님은 우리에게 명령하시면 행할 능력도 주신다.

말씀이 육신이 되어 우리 가운데 거하시매 우리가 그의 영광을 보니 아버지의 독생자의 영광이요 은혜와 진리가 충만하더라(요 1:14).

주님은 진리를 알게 하시면 은혜를 베풀어주신다. 주님은 길이요 진리시며 또한 생명이시다(요 14:6). 주님은 길과 진리만 알려주는 랍비가 아니시다. 주님은 말씀하시고 명령하시면 친히 뜻하시고 이루시는 생명의 구주이시다. 우리가 받은 보혜사 성령은 "은혜와 진리가 충만하신" "예수 그리스도의 성령"이시다.

이것이 너희의 간구와 예수 그리스도의 성령의(τοῦ πνεύματος Ἰησοῦ Χριστοῦ) 도우심으로 나를 구원에 이르게 할 줄 아는 고로(빌 1:19).

보혜사 성령이 임하면, 임마누엘 주님이 우리와 항상 함께 계시며, 자신을 알게 하시며, 자신의 이름으로 무엇이든 구하여 얻게 하신다. 보혜사 성령이 임하면, 그리스도가 하나님의 보좌 우편과 우리 안에 거하시며 우리를 위하여 하나님과 우리 사이를 중보하시기 때문이다. 보혜사 성령의 임재에 따른 그리스도의 의의 전가에는 필히 그리스도의 계속적 중보가 수반된다.[6]

예수는 영원히 계시므로 그 제사장 직분도 갈리지 아니하느니라 그러므로 자기를 힘입어 하나님께 나아가는 자들을 온전히 구원하실 수 있으니 이는 그가 항상 살아 계셔서 그들을 위하여 간구하심이라(히 7:24-25).

그리스도의 계속적 중보는 영원하다. 왜냐하면 성도는 영화(榮化)될 뿐 신화(神化)되는 것이 아니기 때문에, 언제든 아들 안에서, 아들을 통하여, 아들과 함께, 아버지와 하나가 되기 때문이다. 성도는 오직 그리스도와 함께 태어나고(히 2:11), 함께 상속자, 지체, 약속에 참여하는 자며(엡 3:6), 함께 살아나고, 일어나고, 하늘에 앉히

---

6) 다음 글들은 그리스도와 성령의 관계에 대한 개혁신학자들의 입장을 다루고 있으나 이러한 점이 주요하게 여겨지지는 않는다. Otto Weber, *Foundations of Dogmatics*, 2 vols., tr. and annot. Darrell L. Guder (Grand Rapids: Eerdmans, 1981, 1983), 2.132-135; Gordon J. Spykman, *Reformational Theology: A New Paradigm for Doing Dogmatics* (Grand Rapids: Eerdmans, 1992), 418-420.

고(엡 2:5-6), 마지막 날 함께 영광 가운데 나타난다(골 3:4). 그리스도의 계속적 중보가 영원하므로 성도의 견인(堅忍)이 담보된다(롬 8:30). 그리스도의 의를 전가받은 성도가 그 의로써 모든 것을 할 수 있는 것은(빌 4:13) 그의 계속적 중보로 말미암는다. 그의 계속적 중보로 말미암아 성도는 만유의 후사이신(히 1:2) 그와 함께 상속자 된 자로서 그와 함께 영광을 받기 위하여 그와 함께 고난도 받게 되나(롬 8:17; 엡 3:6; 딛 3:7; 벧전 1:4; 히 1:24; 갈 5:21; 빌 1:29), 오히려 그의 멍에를 메고 그에게 배움으로 쉼을 얻게 된다(마 11:28).

그리스도인의 삶의 요체는 미래를 묵상하며 자기를 부인하고 십자가를 지고 주님을 좇는 데 있다(마 16:24). 주님을 마주 보는 소망 가운데 하나님을 사랑하고 이웃을 사랑하면서 나그네의 삶(vita viatoris)을 살아감이(히 11:13; 벧전 1:17) 율법과 선지자의 대강령이요, 주님이 다 이루신 율법의 의요, 복음의 정수이다(고전 13:12; 마 22:37-40). 친구를 위하여 목숨을 버림보다 더 큰 사랑이 없으니 이를 행하는 자마다 주님의 친구라 일컬음을 받는다. 사랑 안에 거하는 자는 하나님 안에 거하고 하나님이 그 안에 거하시므로 무엇이든지 그리스도의 이름으로 구하는 것마다 다 받게 된다(요 15:7-17; 요일 3:13-4:21). 하나님은 하나님의 자녀가 된 자마다 육신을 좇지 않고 영을 좇아 행해서 율법의 요구를 이루게 하신다(롬 8:4). 주님이 율법의 요구를 다 이루시고 완성하셨기 때문에 그와 함께 후사된 하나님의 자녀마다 하나님의 명령을 순종하여 거룩함에 이르게 된다(롬 10:4; 마 5:17). 이는 모든 의를 다 이루신 그리스도의 영이 그들 속에 계시기 때문이다.[7]

기독론은 구속의 의를 다 이루신 그리스도의 역사상 단회적 중보와 다 이루신 의의 전가가 수반되는 그리스도의 영원한 계속적 중보를 다룬다. 이러한 이중적 중보는 구속사적 성취와 구원론적 적용에 각각 상응한다.

중보자 그리스도는 참 하나님과 참 사람으로서 신인양성의 위격적 연합(unio hypostatica, hypostatic union) 가운데 모든 의를 다 이루셨고, 다 이루신 모든 의를—보

---

[7] 웨스트민스터 신앙고백 제16장 3조에서는 성도들의 선행(善行, bona opera)에 대해서 다음과 같이 말한다. "선행을 행하는 그들의 능력은 결코 그들 자신들이 아니라 전적으로 그리스도의 영으로(omnino a spiritu Christi) 말미암는다. 그리고 이를 능력 가운데 행할 수 있으려면 이미 부어진 은혜가 머무는 데 그치지 않고(praeter habitus gratiae iam infusos) 그가 진정 기뻐하시는 것을 그들이 뜻하고 행하도록 하시는 동일한 성령의 실제적인 감동(actualis influentia)이 요구된다." Philip Schaff, *The Creeds of Christendom, vol. 3, The Evangelical Protestant Creeds* (Grand Rapids: Baker, 1996, rep.), 633-634.

혜사 성령의 임재 가운데-하나님의 자녀에게 전가하신다. 성취의 중보와 적용의 중보가 동일하신 신인양성의 중보자 예수 그리스도의 위격에 돌려진다. 이를 부정하는 경우 초대교회 교부들로부터 칼케돈 신경을 거쳐 칼빈과 그를 잇는 개혁신학자들에 의해서 체계화된 오직 성경의 가르침만이 성경적 가르침이라고 믿는 성경적 기독론은[8] 무너지고 만다.

[구속사적-구원론적 관점]

구속사적-구원론적 관점을 네 가지 측면에서 다음과 같이 고찰한다.

1) 인류창조의 목적을 이루심

하나님이 자신의 형상에 따라 사람을 지으심으로 사람이 인격적인 존재가 되게 하신 것은(창 1:26-27) 사람으로부터 인격적인 순종을 받으시기 위함이었다(신 6:4-5; 10:12-13). 그것이 하나님께 마땅히 돌려드려야 할 영적 찬미이자 송영이자 예배였다(창 2:7; 시 150:6; 롬 12:1).

하나님은 자신의 뜻을 이루시고자 최초의 사람인 아담과 에덴동산에서 첫 언약을 맺으셨다. 그것은 순종을 조건으로 영생을 주시기로 약속하신 행위언약이었다(창 2:17). 아담이 순종하였다면 모든 인류는 영생을 누렸을 것이다. 영생은 하나님의 완전한 자녀됨을 뜻한다. 그것은 하나님을 아빠 아버지라고 부르는 자리에서 영원히 사는 것이다. 영생은 오직 언약의 열매로만 주어진다. 하나님은 오직 사람과만 언약을 맺으셨다. 천사조차도 언약의 당사자로 삼지 않으셨다. 그러므로 천사는 하나님의 자녀도 될 수 없으며 상속자도 될 수 없다(히 1:4-14; 2:11).

그러나 아담의 불순종으로 말미암아 죄가 세상에 들어오게 되었다. 모든 인류는 각자에게 전가된 원죄로 말미암아 사망의 죄책 가운데, 전적으로 무능하고 전적으로 부패한 상태로 태어나게 되었다(롬 5:12). 그리하여 인격적인 순종을 통하여 영생에 이를 가능성을 상실하였다. 죄를 짓지 않을 수도 죽지 않을 수도 없게 된 것이

---

8) 많은 경우 이는 '정통기독론'(Christologia orthodoxa)이라고 불린다.

다(non posse non peccare sive mori).

그러나 자신의 뜻을 변개치 아니하시는 하나님은 인류를 지으신 목적을 친히 수행하시기 위하여 자신의 아들을 사람의 아들로 보내셔서 우리를 위하여 대속의 의를 다 이루게 하셨으며, 우리를 그 의를 모두 전가받은 영생의 자녀로 삼으사 인격적 찬미의 도구가 되게 하셨다(엡 1:6, 12, 14).

2) 언약을 통한 창세 전 구원협약의 역사상 성취와 적용

삼위일체 하나님은 창세 전의 구원협약을 통하여 구속주를 성자로, 구속방식을 대속으로, 구속백성을 택한 백성으로 작정하셨다. 즉 자신의 기뻐하시는 뜻에 따라서 전적인 은혜로 그리스도 안에서 일부를 구원하시기로 작정하셨다(엡 1:4; 롬 9:15-16, 27).

언약은 이러한 영원한 구원협약의 역사적 성취 경륜을 뜻한다. 아담과 맺은 첫 언약은 행위언약이었다. 그러나 아담의 타락 후 인류는 하나님 앞에서 선을 행할 자유의지를 상실하였기 때문에 더 이상 행위언약의 당사자가 될 수 없었다. 그럼에도 불구하고 하나님은 인류 창조의 목적을 이루시고자 노아, 아브라함, 야곱, 모세, 다윗 등과 은혜언약을 맺으셨다. 은혜언약은 성취를 기다리는 예표적 언약이었다.

첫 언약의 조건인 행위와 오직 믿음으로 영생에 이르는 은혜언약의 약속이 모두 새언약의 중보자이신 그리스도에 의해서(히 8:6; 9:15) 단번에 영원히 성취되었다(히 10:10, 12). 새언약은 주님이 자신의 몸을 제물로 드리신 피 언약이다(마 26:28; 고전 11:25). 그 한 번의 제사로 거룩하게 된 자들이 영원히 온전하게 되었다(히 10:14). 성도의 온전함은 독생자 예수 그리스도와 함께 아버지의 품 속에 거하는 것이다(요 1:18). 곧 그리스도와 함께 아버지와 하나가 되는 것이다(요 17:23). 그것은 하나님의 완전한 자녀됨으로서 영생을 뜻한다.

3) 율법의 약속의 성취와 적용

하나님의 율법은 언약의 법(lex foederis)인 토라(תּוֹרָה, תֹּרָה)이다. 모세의 율법이 아브라함의 언약을 폐하지 못한다(갈 3:17). 율법은 "경건하고 올바른 삶의 규범"

(regula vivendi pie et iuste)으로서 본질상 거룩하고, 의롭고, 선하고, 신령하다(롬 7:12-14). 언약의 법으로서 율법은 명령(praeceptum)과 함께 약속(promissio)을 담고 있다.

그리스도는 이 땅에 오셔서 율법의 약속을 성취하셨다. 복음은 율법의 약속을 성취하신 그리스도의 인격과 사역에 관한 복된 소식을 뜻한다. 그리스도는 "율법 외에 하나님의 한 의"로서 나타나셨다(롬 3:21). 그는 율법을 폐하러 오신 것이 아니라 "완전하게 하려"(πληρῶσαι) 오셨다(마 5:17). 그가 "율법의 마침"(τέλος νόμου)이 되신다(롬 10:4). 이는 '끝으로서의 마침'이 아니라 '완성으로서의 마침'을 뜻한다. 그리스도가 율법을 완전하게 하시고 완성하셨다는 것은 율법 자체를 그리하셨다는 뜻이 아니라 율법을 지킬 백성을 조성하셨다는 의미이다. 그리스도의 의의 전가는 당하신 순종뿐만 아니라 행하신 순종에도 미치는 바, 행하신 순종은 모든 율법에 순종하신 수법(守法)으로 대변된다.

율법은 본래(originaliter) 삶의 규범으로서 거룩하고, 의롭고, 선하고, 신령하다(롬 7:12, 14). 율법이 정죄의 법(lex accusans)으로 작용하는 것은 죄 때문이다. 죄 때문에 우유(偶有)적으로(accidentaliter)―곧 본질이 아니라 사안(事案)적으로―율법이 저주의 도구가 되는 것이다.[9] 그러므로 율법이 본래의 기능을 회복하기 위해서는 율법을 가감할 것이 아니라 죄를 없애야 한다. 즉 죄 사함의 구원을 받아야 한다. 칼빈이 거듭난 성도에게 작용하는 율법의 용법―제3 용법―을 "주요하고 고유한 목적에 가깝다"(et praecipuus est, et in proprium legis finem propius)고 한 것은 이러한 이유에서이다.[10] 주님은 자신의 의를 전가받은 하나님의 자녀가 마음과 뜻과 정성을 다하여 율법에 계시된 하나님의 뜻에 순종할 수 있도록 대속의 의를 다 이루셨다. 그리하여 하나님이 인류를 지으신 목적을 이루게 하셨다.

'율법은 사람이 할 수 있는 것'(quid homines agere possint)이 아니라 '해야 할 것'(quid debeant)을 명령한다.[11] 하나님은 친히 행하시고자, 우리가 할 수 없는 것조차

---

9) "우유적"이라 함은 철학적 개념을 신학에 도입한 예(例)로서 본질적이나 본래적이지 않으며 주어진 본질이나 본성을 그릇되게 사용함으로써 "사안적"으로 그리함을 뜻한다. 예컨대, 인류의 타락은 본성 자체로 말미암은 것이 아니라 본성에 주어진 자유의지에 따른 선택으로 말미암은 것이었기 때문에 "우유적"이라고 일컫는다. 같은 맥락에서 율법도 "본래" 선한 규범이나 타락 사건으로 말미암아 "우유적으로" 저주의 기능을 한다고 칭하는 것이다.

10) Calvin, Institutio, 2.7.12 (CO 2.261).

11) 그러나 펠라기우스와 펠라기우스주의자들은 하나님은 사람이 행할 수 있는 것만 명령하시므로 율법의 규범은 인간

명령하신다. 하나님은 아들을 보내셔서 우리의 자리에서 그가 모든 율법에 순종하게 하심으로, 그 의를 전가받은 우리가 '하나님의 뜻에 대한 뜻을 다한 순종'(willing obedience to God's will) 곧 자원적(自願的) 순종을 하는 자리에 서게 하셨다. 우리의 의는 서기관과 바리새인과 같이 말씀을 가감하는 데 있지 않고 말씀은 그대로 두고 우리 자신을 쳐서 복종시키는 데 있다. 이것이 서기관과 바리새인보다 더 나은 의이다(마 5:20). 그리스도의 중보는 율법의 수여로부터 작용에 이르기까지 전체 과정에 미친다. 여기에 '율법의 중보자 그리스도'(Christus mediator legis)라는 관점이 자리한다.[12]

4) 삼위일체론과 기독론의 역동적 이해

삼위일체 하나님은 동일한 본질이시며 항상 함께 일하신다(同事). 위격적 특성에 따라서 성부, 성자, 성령 하나님께 각각 고유한 사역이 돌려지지만, 다른 위격을 배제한 어느 특정한 위격의 일로만 일어나는 일은 없다.

구속사적으로 성취된 아들의 의가 우리에게 구원론적으로 적용되는 것, 곧 아들의 의가 우리의 것으로 전가되는 것은 오직 그것을 거저 우리의 것으로 삼아주시는 아버지의 사랑으로 말미암는다(요 3:16; 요일 4:9-10). 아버지는 아들을 죽인 우리를 아들의 자리에 들어서서, 아들과 함께 자신의 품 속에 거하게 하셨다(요일 4:16). 아들은 이러한 아버지의 뜻이 이루어지기를 기도하셨다(요 17:21-26). 아버지는 아들을 통하여, 아들과 함께 보혜사 성령을 우리에게 보내주신다(요 14:17; 15:26). 그리하여 우리가 아들과 함께 아버지 안에 거하는 자녀임을 알게 하신다(요일 4:13; 롬 8:16).

아들은 아버지와 하나이시며 동등하시고(요 5:18; 10:30), 아들은 아버지가 일하심으로 일하신다(요 5:17). 아버지의 뜻 곧 사랑이 아들의 의의 동기가 된다면, 그 효과는 성령의 능력과 작용으로 말미암는다. 성령의 임재가 의의 전가의 유일한 방식이다. 성령의 임재로 말미암은 의의 전가는 그리스도의 내주를 수반한다(갈 2:20).

의 자질의 척도가 된다고 본다.

12) 참조. Byung-Ho Moon, *Christ the Mediator of the Law: Calvin's Christological Understanding of the Law as the Rule of Living and Life-Giving* (Milton Keynes, UK: Paternoster, 2006), 84-122.

그리스도의 내주는 그리스도의 영원한 계속적 중보를 지시한다(딤전 2:5). 그리스도의 대속은 자질의 주입(infusio qualitatis)이 아니라 의의 전가(imputatio iustitiae)로 말미암는다. 우리는 스스로 빛이 될 수 없으며 "참 빛"(τὸ φῶς τὸ ἀληθινόν)이신 그리스도의 "기이한 빛"을 비추어 "빛의 자녀들처럼"(ὡς τέκνα φωτὸς) 살 뿐이다(요 1:9; 벧전 2:9; 엡 5:8). 우리는 거울과 같이 빛을 되비출 뿐, 빛 자체는 될 수 없다. 우리는 항상 주님이 함께 계심으로 빛의 자녀가 될 뿐이다. 주님이 떠나면 우리는 곧 어둠이 된다. 우리가 확신하는 바는 스스로 빛이 됨이 아니라 주님이 영원히 떠나가지 아니하시고 비추어 주심에 있다(엡 5:14).

하나님의 자녀가 되는 것은 빛이 되는 것이 아니라 빛을 영접하는 것이다(요 1:12). 그리하여 가까이 가지 못할 빛에 거하시는 하나님께 가까이 가는 것이다(딤전 6:16). 이 빛이 우리의 생명이 된다(요 1:4). 그러므로 영생은 무엇을 취하는 것이 아니라 빛 되신 그리스도를 영접하는 것이다. 그것은 그리스도를 아는 것이다(요 17:3). 그리고 그를 통하여 하나님을 아는 것이다(요 12:44-45; 14:6, 24). 구원은 무엇을 취하는 것이 아니라 아들을 영접하는 것이다. 그리고 아들을 영접함으로 아버지를 영접하는 것이다(요 13:20). 신학의 순서에 있어서는 성부의 위격으로부터 성자의 위격으로 나아가지만, 구원의 지식에 있어서는 아들을 통하여 아버지를 알고, 아들을 통하여 아버지를 영접하게 된다. 아버지의 아들로서 아들을 믿는 믿음으로써 아들의 아버지로서 아버지를 믿는 믿음이 구원서정(ordo salutis, 救援序程)에 작용한다.

신학의 순서에 있어서는 창조주로부터 구속주로 나아가지만, 구원의 지식에 있어서는 구속주 하나님에 대한 지식이 앞서고 창조주 하나님에 관한 지식이 뒤따른다. 우리는 먼저 구원받지 않고는 결코 하나님을 창조주로 알지 못한다. 그리스도에 대한 지식에 있어서도 마찬가지이다. 그를 구원중보자로 앎이 선행하고, 그를 창조중보자로 앎이 후속한다(골 1:13-20).[13]

이렇듯 삼위일체론과 기독론은 존재와 경륜, 계시와 실체, 창조와 구원, 성취와 적용 등 여러 관점에 비추어 역동적으로 파악되어야 한다. 그리스도의 대속의 구속사적 성취와 구원론적 적용을 다룸에 있어서 이러한 점이 더욱 깊이 각인되어야 한다. 성자의 공로에만 몰입하여 성부의 사랑을 등한시해서는 안 되며, 보혜사 성령

---

13) 골로새서 1:13-20은 구속중보자(13-14절)-창조중보자(15-17절)-구속중보자(18-20절)의 순으로 말씀이 전개된다.

이 그리스도의 영이라는 점을 지나치게 부각시켜 성자와 성령의 고유한 삼위일체론적 관계가 이차적으로 다루어지지 않도록 주의해야 한다. 의의 전가 방식은 보혜사 성령의 임재에 있으며 그리스도의 계속적 중보가 수행됨을 잊지 말아야 한다.

2. 기독론의 동향

기독론은 여러 방면에서 다양한 관점으로 추구되어 왔다.[14]

초대교회 공의회들과 교부들로부터 중세를 거쳐 근대에 이르기까지 예수 그리스도의 인격에 관한 논쟁은 그의 신격(deitas)과 신인양성(divinitas et humanitas)의 위격적 연합(unio hypostatica)에 집중되었다. 그러나 19세기 중반을 넘어서면서 성경에 대해 이성적 비평을 가하는 소위 역사적 예수 연구(the so-called historical-Jesus research)가 기승을 부렸는데, 그 논점은 역사상 실재한 예수와 신앙의 그리스도는 일치하지 않는다는 데 있었다. 이러한 경향은 성경신학의 영역에서 문제가 제기되어 조직신학 전반에 확산되었다.[15] 이러한 경향이 극단화되어 성경 전부를 채색된 옷과 같이 여겨 이를 벗겨내야 한다고 주장하는 급진적인 비신화화(非神話化) 신학(Schubert M. Ogden), 성경을 "신언"(神言, God-talk)이 아니라 인간 실존에 관한 문화적이거나 도덕적인 담론 정도로 여기는 무종교(religionless) 신학(Paul van Buren), 성육신은 신의 죽음을 뜻한다는 사신(死神)신학(John A. T. Robinson, William Hamilton, Thomas J. J. Altizer) 등이 나타나는 데 이르렀다.[16]

---

14) 참조. Wesley J. Wildman, "Basic Christological Distinctions," *Theology Today* 64/3 (2007), 285-304. 여기에서 저자는 기독론을 그 출발점으로서 상승기독론과 하강기독론, 그 구조에 있어서 우주적, 인간론적, 종말론적, 변증법적 기독론, 그 양식에 있어서 역사적, 관념적, 존재적, 기능적 기독론, 그 결과에 있어서 그리스도의 신성을 부인하는 저(低, low), 그것을 인정하는 고(高, high), 문자적 성육신적(literally incarnational), 비유적 성육신적(figuratively incarnational), 절대적(absolute), 절충적(modest) 기독론으로 분류하고 정통기독론은 신인양성의 위격적 연합에 기초한 절대적 기독론이라는 사실로 결론을 맺는다.

15) 로마 가톨릭 교황청에서 발표된 다음 글에서는 기독론의 방법론이 고전적 혹은 전통적 접근, 사색적 접근, 역사적 접근, 종교사적(religionsgeschichtliche) 접근, 유대주의로부터의 접근, 구속사적 접근, 인간론적 접근, 실존주의적 접근, 사회적 접근, 신정통주의, 상승기독론과 하강기독론으로 분류되어 다루어진다. Joseph A. Fitzmyer, "The Biblical Commission and Christology," *Theological Studies* 46/3 (1985), 408-419.

16) Donald G. Dawe, "Christology in Contemporary Systematic Theology," *Interpretation* 26/3 (1972), 260-266.

교리사(敎理史)적으로, 알렉산드리아와 안디옥을 거점으로 한 초대교회의 동방신학자들은 삼위일체론을 수립한 325년과 381년의 니케아-콘스탄티노플 신경을 통하여 영원하신 하나님의 아들의 신격에 대한 교리를, 기독론을 수립한 451년 칼케돈 신경을 통하여 성육신하신 하나님의 아들의 '두 본성 가운데 한 인격'(persona una in duo naturis)에 대한 교리를 확정하였다. 한편, 로마와 카르타고를 거점으로 한 초대교회의 서방신학자들은 그리스도의 신격과 중보자로서의 인격에 대한 이러한 관심을 공유하되, 어거스틴과 펠라기우스의 논쟁(411-431)에서 보듯이 그리스도의 대속의 의의와 가치에 주안점을 두고 그리하였다. 서방 라틴교회에서 일어난 이 논쟁은 '전적 은혜'에 관한 질문에서 시작되어 '전적 타락'에 관한 질문으로 종결되었다. 구원론으로부터 시작해서 인죄론(人罪論)으로 끝난 것이다.[17]

비록 교회의 의로써 그리스도의 의를 대체하고자 한 사제중보주의로 말미암아 이러한 초대교회의 정통적 입장이 한때 단절되기도 하였지만, 종교개혁을 통하여 그것이 다시 면면히 계승되어 오던 차에 칼빈에 의해서 기독론과 구원론 교리가 종합적이며 유기적으로 비로소 고찰되었다. 칼빈은 하나님의 아들의 자존성(αὐτοουσια)과 함께 위격을 통한 신인양성의 속성교통을 강조함으로써 칼케돈 신경의 가르침에 흔들림 없이 서서 비잔티움의 레온티우스(Leontius of Byzantium)가 부각시킨 신성과 인성의 두 본성은 위격은 아니나 언제나 위격 안에 있다는 비(非)위격성(anhypostasia)과 내(內)위격성(enhypostasia) 교리를[18] 충실히 반영했다. 그리하여 연합 가운데 한 분이심(unitas in unione)과 한 분이심 가운데 연합(unio in unitate)이 조화를 이루게 되었다.[19]

칼빈을 기화로 수립된 개혁파 기독론은 초대교회의 제1-4차 공의회에서 정죄된 아리우스(Arius), 아폴리나리우스(Apollinarius), 네스토리우스(Nestorius), 유티케스(Eutyches)가 중보자 그리스도의 신성을 부인하거나, 인성을 부인하거나, 신인양성의 연합을 분할이나 분리로 보거나, 혼합이나 변화로 보거나, 하는 것을 반박하고, 신인양성의 속성교통을 위격에 의해서, 위격 안에서, 위격에로 일어나는 것으로 보지 않고 두 본성 상호 간에 자체적으로 직접 일어나는 것으로 본 루터파 속성교통

---

17) Philip Schaff, *History of the Christian Church*, 8 vols. (Grand Rapids: Eerdmans, 1960, rev.), 3.783.
18) 이에 대해서 후술할 본서 제5장 5. "비(非)위격(anhypostasis)과 내(內)위격(enhypostasis)"에서 자세히 다룬다.
19) 이에 대해서 후술할 본서 제5장 3. "연합 가운데 한 분이심"(unitas in unione)에서 자세히 다룬다.

론을 거부하는 가운데, 신인양성이 혼합 없이(inconfuse), 변화 없이(immutabiliter), 분할 없이(indivise), 분리 없이(inseparabiliter) 한 위격 안에 연합되어 있다는 칼케돈 신경의 가르침에 확고하게 정초해서 성경에 기록되어 있는 성육신의 비밀에 가닿고자 했다. 이러한 입장은 정통개혁신경들에 어김없이 천명되었다.[20]

중보자 그리스도의 인격에 관한 이러한 정통적인 입장에 정면으로 반기를 들고 근대 자유주의의 문을 연 신학자는 슐라이어마허(Friedrich Schleiermacher, 1768-1834)였다. 그는 성경이 하나님의 특별한 사역을 위임받은 한 사람 예수 그 자신과 범인(凡人)과 구별되는 그의 비상(非常)한 신의식(神意識)에 관해서 말하고 있을 뿐이며 그가 하나님의 아들이 사람의 아들이 되신 참 하나님과 참 사람이시라고는 어디에서도 말하고 있지 않다는 점을 들어 성육신을 역사적 사건으로 받아들이는 것을 부인했다. 사실상 주님의 신성을 부인한 것이었다.[21] 이러한 입장에 서게 되면 칼케돈 신경(451)은 가현설(假現說, Docetism)을 가르치는 고대의 문건에 불과한 것으로서 마땅히 폐기되어야 한다.[22]

예수를 단지 한 사람으로 보는 입장은 오늘날 힉(John Hick)에 의하여 극단화되었다. 힉은 예수의 신격에 관한 성경의 표현은 당시 팔레스타인 어법에 따른 것으로서 은유(隱喩)적 혹은 신화(神話)적 표상을 담고 있을 뿐인데, 신학자들에 의해서,[23] "은유적 하나님의 아들이 형이상학적 성자, 곧 삼위일체의 제2인격이 되었다"(A metaphorical son of God had become the metaphysical God the Son, second person of the

---

20) 예컨대, 아우구스부르크 신앙고백서(1530), 제1부 3조; 제1차 헬베틱 신앙고백서(1536), 제11조; 제2차 헬베틱 신앙고백서(1566), 제11조; 하이델베르크 신앙교육서(1563), 제35문답; 벨직 신앙고백서(1561), 제10, 18, 19조; 제1차 스코틀랜드 신앙고백서(1560), 제6조; 영국 성공회 39개조(1563, 1571), 제2조; 웨스트민스터 신앙고백서, 제8장 2조.

21) Friedrich Schleiermacher, *The Christian Faith*, ed. and tr. H. R. Mackintosh and J. S. Stewart (Edinburgh: T. & T. Clark, 1928), 20.2-21.2. 원서. Friedrich Schleiermacher, *Der christliche Glaubeänach den Grundstzen der evangelischen Kirche in Zusamenhange dargestellt*, Band 1 und Band 2 (Berlin: Georg Reimer, 1821, 1822), 1.151-155. 본서는 동명으로 1830년에 제2판이 출판. 이하 제2판에 대한 Walter de Gruyter의 현대본(2008)을 사용. 이하 본서는 *CG*로 표기.

22) 참조. Anthony N. S. Lane, "Christology beyond Chalcedon," in *Christ the Lord* (Leicester, UK: IVP, 1982), 257-281. 슐라이어마허는 성육신을 예수 안에 내재하시는 하나님의 현존의 문제로 다룰 뿐이며 한 인격 양성의 위격적 연합과는 무관한 것으로 여긴다. 참조. Mark S. G. Nestlehutt, "Chalcedonian Christology: Modern Criticism and Contemporary Ecumenism," *Journal of Ecumenical Studies* 35/2 (1998), 179-184.

23) John Hick, *The Metaphor of God Incarnate: Christology in a Pluralistic Age* (Louisville: Westminster John Knox, 2005, 2nd ed.), 27-46.

Trinity)고 주장했다.24) 이러한 입장은 신약신학자 던(James D. G. Dunn)에게서도 그 단초가 발견된다. 던에 의하면, 성육신은 예수 자신도 알지 못했던 것으로서 초대교회 성도들이 그의 사역의 우주적인 의미를 부각시키고 종말에 이루어질 하나님의 뜻에 대한 확신을 표현하기 위해서 이후에 형성시킨 것에 불과하며,25) 그리스도의 신격은 그리스도의 사건(Christ-event, 공관복음서)으로부터 전개된 그리스도 사상(Christ-idea, 요한문헌)일 뿐이다.26)

레이몬드(Robert L. Reymond, 1932-2013)는 그리스도의 인격과 사역에 대한 초대교회 이후의 정통적인 입장을 거부하고 그 성경적 가르침을 곡해하고 변질시켜 온 신학자들을 다음과 같이 일곱 부류로 나누어 상론한다. 이하 이를 간략히 정리해서 소개하고 신학적 의미를 덧붙여 비판한다.

1) 그들은 위로부터의 기독론이 인간 예수의 참 실존을 침해하므로 아래로부터의 기독론을 전개해야 한다고 주장한다. 그들은 마치 요한복음의 서장이 주님의 말구유를 밀어내기라도 하듯이, 위로부터의 기독론이 필히 가현설의 위험을 안고 있다고 논변한다(Raymond E. Brown, Gerald O'Collins). "사람의 대표"(John A. T. Robinson), "새존재의 담지자"(Paul Tillich), "미래의 사람"(Wolfhart Pannenberg), "하나님의 대언자와 대사(大使)"(Hans Küng), "인간의 운명이 완전히 실현된 최고 고유한 사례"(Karl Rahner), "하나님의 현존의 체화(體化)"(Piet Schoonenberg), "모든 인간의 종말론적 국면의 계시"(Edward C. Schillebeeckx), "보편적 운명을 지닌 인간"(Michael Goulder), "아버지에 대한 완전하고 절연(絶緣)되지 않은 최상의 응답의 전형"(Geoffrey Lampe) 등 다양한 정의가 단지 '특별한 한 인간'으로서 예수를 제시하기 위하여 내려진다.27)

2) 그들은 기능기독론(Functional Christology)을 주장한다. 이는 그리스도 자신(in se)이 아니라 그가 우리를 위하여(pro nobis) 무엇을 하셨는가에 대한 고백이 앞서야 한

---

24) Hick, *The Metaphor of God Incarnate*, 44-45.

25) James D. G. Dunn, *Christology in the Making: A New Testament Inquiry into the Origins of the Doctrine of the Incarnation* (London: SCM Press, 1980), 30-32.

26) Dunn, *Christology in the Making*, 255-256. 던 역시 힉과 같이 성자의 인격에 관한 성경의 전승을 동시대인의 용례에서 찾는 경향이 있다. 참조. Hick, *The Metaphor of God Incarnate*, 41.

27) Robert L. Reymond, *Jesus Divine Messiah: The New and Old Testament Witness* (London: Mentor, 2003), 16-21.

다고 보는 입장이다(Oscar Cullman). 이 경우 인격은 사역에 의해서 규정될 뿐, 사역의 전제가 되지 못한다. 칼케돈 신경이 구원론적 취지를 살리기 위해서 작성되었으므로 존재기독론(Ontological Christology)을 획일적으로 추구하는 것은 지양해야 한다고 주장하는 경우도(Anthony N. S. Lane) 기독론과 구원론을 이분법적으로 바라보는 시각으로서 결론적으로 이러한 입장에 동조하고 있다. 이들은 구원이 자질의 주입이 아니라 의의 전가를 의미하기 때문에 구원자의 인격을 떠나서는 이를 논할 수 없다는 점을 간과하고 있다.[28]

3) 그들은 기독론에 관한 정통적인 입장이 바르트(Karl Barth, 1886-1968) 식(式)의 잘못된 성육신 중심의 신학에 기초하고 있다고 비판한다(Wolfhart Pannenberg, Walter Kasper). 바르트는 성육신에 의해 성취된 하나님과 사람 사이의 화해에 구원의 본질이 있다고 여긴다. 그에 따르면, 성육신은 하나님과 사람이 하나가 되는 "사건"(Ereignis)으로서, 주님의 신성과 인성은 단지 그 실존적 의미로부터 유추될 뿐이다. 이렇게 보면, 구원은 존재의 유비(analogia entis)의 산물이 될 수밖에 없다.[29] 이러한 바르트의 입장은 성경의 가르침을 신앙의 유비(analogia fidei)에 따라 가감(加減)없이 받아들이고자 하는 정통기독론과는 정면으로 배치된다.[30] 그러므로 바르트가 마치 정통신학의 대변인이라도 되는 듯이 여기는 전제 혹은 가정 자체가 그릇되다.

4) 그들은 기독론에 관한 정통적인 입장을 헬라화된(Hellenized) 교설 정도로 여긴다(Reginald H. Fuller). 니케아와 칼케돈은 '철학자의 그리스도'를 개진했다고 한다. 그러나 교부들이 철학적 개념과 용어를 사용한 것은 성경의 고유한 가르침을 서술하기 위해서이지 그 사상으로 채색하기 위한 것이 아니었다. 신학은 성경이 전하는 바를 종합적이고 체계적으로 서술하는 과정에서 형성된 것이지 철학에 대한 답으로 주어진 것이 아니었다. 아래로부터의 기독론을 개진하는 학자들이 오히려 철학적 전제에 함몰되어 있다는 사실을 우리는 기억해야 한다. 예컨대, "예수의 본질은 그의 삶의 목적이라는 관점에서 우리의 지식을 위해서 뿐만 아니라 그것의 존재에 있어서도 그의 부활로부터 소급되는(rückwirkend) 방식으로 수립된다"는 판넨베르그

---

28) Reymond, *Jesus Divine Messiah*, 21-26.
29) 이에 대해서 후술할 본서 제14장 "칼 바르트의 기독론 비판"에서 자세히 다룬다.
30) Reymond, *Jesus Divine Messiah*, 26-29.

(Wolfhart Pannenberg)의 주장이 그러하다.31) 그러나 초대교회 이후의 정통적인 입장은 성경적일 뿐, 철학적이지 않다. 신학의 형성은 철학의 수용이 아니라 철학에 대한 변증으로부터 시작되었다. 헬라 철학에 신인양성의 중보 개념이 있는가? 위격적 연합의 개념이 있는가? 대리적 속죄와 위격적 고난의 감수 개념이 있는가?32)

5) 그들은 과학적 신학을 주장해서 비신화화(非神話化) 이론에 이른다. 불트만 (Rudolf Bultmann, 1884-1976)은 이 세상에 일어나는 것은 모두 이 세상에 원인이 있다고 보았다. 그것은 우주의 이성적 질서를 벗어나지 못한다. 자연적 질서는 초자연적인 간섭을 불허한다.33) 하나님이 마지막 때에 사람을 보내셨다는 것은 유대주의 묵시와 영지주의의 밀교(密敎)적 구원관을 혼합한 신화(神話)일 뿐이다. 이러한 고대의 세계관은 오늘날 적실성이 없다. 그것은 전혀 과학적이지 않기 때문이다.34) 이러한 불트만의 입장이야말로 "현대적 신화"(a modern myth)를 보여줄 뿐이다. 완고한 실증적 과학주의야말로 근거 없는 세속적 선험주의에 불과하며, 성경의 가르침을 판단할 수 있는 과학적 잣대는 어디에도 없기 때문이다.35) "대체로 역사에 무관한 실존적 선포"가 "진정한 그리스도"(the real Christ)를 제시한다는 그의 입장이야말로 실로 모호함의 극을 달리고 있다.36) 이러한 불트만의 입장은 이후 오그덴 (Schubert M. Ogden)에 의해서 더욱 급진적으로 추구되었다.37)

6) 그들은 기독론에 관한 정통적인 입장이 승리자 그리스도에 심취하여 신성과 인성의 연합을 철학적이거나 형이상학적으로 추구하는 오류를 범하고 있다고 곡해하고 이를 빌미로 삼아 종교다원주의나 종교혼합주의로 나아가는 길을 모색한다.

---

31) Wolfhart Pannenberg, *Jesus-God and Man*, tr. Lewis L. Wilkins and Duane A. Priebe (Philadelphia: Westminst Press, 1968), 136. 원전은 Wolfhart Pannenberg, *Grundzüge der Christologie* (Gütersloh: Gütersloher Verlagshaus Gerd Mohn, 1966, Zweite, veränderte Auflage), 135. 본서는 이하 GC로 표기.

32) Reymond, *Jesus Divine Messiah*, 29-32.

33) Rudolf Bultmann, *Jesus Christ and Mythology* (New York: Charles Scribner's Sons, 1958), 15-16. Reymond, *Jesus Divine Messiah*, 33에서 재인용.

34) Rudolf Bultmann, "New Testament and Mythology," in *Kerygma and Myth*, ed. Hans Bartsch (New York: Harper, 1961), 2-4. Reymond, *Jesus Divine Messiah*, 34에서 재인용.

35) Reymond, *Jesus Divine Messiah*, 32-36.

36) 이러한 비판에 대해서, Fred H. Klooster, "Jesus Christ: History and Kerygma, Part 2," *Presbyterion* 1/2 (1975), 81-87, 인용은 83.

37) 그의 다음 책 참조. Schubert M. Ogden, *Christ without Myth: A Study Based on the Theology of Rudolf Bultmann* (New York: Harper & Brothers, 1961).

이러한 맥락에서, 예수의 존재가 절대적인 것은 그가 유일하기 때문이 아니라 우리와 다르지 않기 때문이라고 하거나(Don Cupitt), 로고스를 모든 종교가 공유하고 있는 구원의 원리와 동일시한다(John Hick). 우리가 간과하지 말아야 할 것은 이러한 주장이 개진되는 배경에는 성육신을 이교적 신화(神化)와 같이 여기는 아래로부터의 기독론이 자리 잡고 있다는 사실이다.38)

7) 그들은 성경비평을 학문적 무기로 삼고, 초대교회로부터 개진되어 온 정통기독론은 '비평 이전의 기독론'(a pre-critical Christology)으로서 학문적 엄밀성이 떨어진다고 비판한다. 첫째, 공관복음에 대한 자료 비평(Source Criticism of the Synoptic Gospels)을 가하는 학자들은 복음서들 상호 간에 전하는 기사의 내용이나 배열이 다름에 주목하고 마가복음이나 원(原)마가복음(Ur-Markus) 중 하나와 마태복음과 누가복음의 원자료로 사용된 Q(uelle)로 이루어진 두 자료 이론(two-document theory)이나 여기에 마태복음에 독특한 원자료(M)와 누가복음에 독특한 원자료(L)를 더한 네 자료 이론(four-document theory)을 주장한다. 그들은 원자료가 후기의 저작과 판이하게 다르다는 점을 들어서 예수님의 신격이나 성육신에 관한 성경의 가르침을 받아들이지 않는다(E. D. Burton, B. H. Streeter). 둘째, 역사비평(Historical Criticism)을 무기로 삼는 학자들은 신앙을 사실의 적(敵)으로 여기고 이성적으로 받아들일 만한 과학적인 사실들만을 성경으로부터 취해서 신학을 수립하고자 한다(W. Bousset, Paul W. Schmiedel, O. Pfleiderer). 셋째, 양식비평(Form Criticism)은 성경 자료들을 삶의 정황(Sitz im Leben)을 반영하는 다양한 구전(口傳)에 기초해서 파악하고자 한 양식사 학파(Form Historical Criticism)에 의해서 주도되는 바, 이들에 따르면 구전이 말씀의 진위를 결정짓는 잣대의 역할을 하게 된다. 비신화화도 그 한 양태로 제안된다(Martin Dibelius, Rudolf Bultmann). 넷째, 양식 학파와 기본적으로 유사한 방법론이나 성경의 문학적 장르와 신학적 주제를 중시한 편집비평(Redaction Criticism)은 새로운 세대의 학자들에 의해서 광범위하게 전개된다. 이들은 성경에서 예수 자신의 음성(ipsissima vox Iesu)을 들을 수는 있지만 성경이 예수 자신의 말씀(ipsissima verba Iesu)을 기록한 것은 아니라고 본다. 성경은 모든 장르와 전승과 양식이 용해되어진 용광로(melting pot)와 같은 것으로서 계시의 책이 아니라 사람의 해석을 통

---

38) Reymond, *Jesus Divine Messiah*, 36–41.

하여 계시적 의미를 갖게 되는 어느 시대의 자료집과 같이 여겨진다(Willi Marxsen, G. Bornkamm, Hans Conzelmann, E. Käsemann, N. Perrin, Joachim Jeremias, C. H. Dodd, Reginald H. Fuller).[39]

3. 상승기독론 비판

저명한 역사신학자들인 샤프(Schaff) 부자(父子)는 다음 일곱 가지를 올바른 기독론의 근간으로 삼는다.

첫째, 로고스 성자 하나님의 진정한 성육신. 성자 하나님의 위격이 영혼과 육체의 인성을 취하셨다.

둘째, 위격과 본성의 구별. 본성은 속성 혹은 특성의 총합이나 위격은 주체 혹은 자아—기체(基體, suppositum)—를 뜻한다.

셋째, 성육신 후 신인(神人, God-man)이 되심. 두 존재가 아니라 한 위격 안에 신성과 인성이 연합되어 있다.

넷째, 성육신한 그리스도는 신성에 따라서는 하나님과 동일본질이시고 인성에 따라서는 사람과 동일본질이심. 신성과 인성은 성육신 후 어떤 변화나 혼합도 겪지 않고 본래의 속성을 그대로 지닌다.

다섯째, 신성과 인성의 위격적 연합은 실제적이고, 초자연적이고, 인격적임. 그것은 위격 안에서의 연합이므로 독자적으로 혼합, 변화, 분할, 분리되지 않는다.

여섯째, 신성에 따른 사역이든 인성에 따른 사역이든 그리스도의 사역은 모두 위격에 돌려짐. 본성은 사역의 주체가 될 수 없다.

일곱째, 예수 그리스도는 오직 성육신하신 하나님의 아들로 존재하심. 인성이 독자적인 사람의 기체를 이루지 못한다.[40] 이러한 입장은 영원하신 하나님의 아들이 사람의 아들이 되셔서 사람의 자리에서, 사람을 대신해서 모든 대속의 의를 다 이

---

39) Reymond, *Jesus Divine Messiah*, 41-61.

40) Bernard L. Ramm, *An Evangelical Christology: Ecumenic & Historic* (Nashville: Thomas Nelson, 1985), 9-10. Philip Schaff and D. S. Schaff, "Christology," in *The New Schaff-Herzog, Encyclopedia of Religious Knowledge*, vol. 3 (New York: Funk and Wagnalls, 1909), 54-55에서 재인용.

루시고 그 의를 전가해주시는 신인양성의 중보자 예수 그리스도의 인격과 사역을 주제로 삼는 하강기독론을 일목요연하게 대변한다. 이러한 입장은 필자가 개진하는 구속사적-구원론적 관점에 부합한다.

하강기독론(Abstiegschristologie)은 정통적인 방법론으로서 성육신한 그리스도가 영원하신 하나님의 아들 제2위 로고스 하나님이시라는 사실로부터 논의를 시작한다. 그리고 성육신을 통한 신성과 인성의 위격적 연합을 다룬 후, 그 인격 가운데 행해진 대리적 속죄-곧 대속-의 사역에 대해서 순차적인 관심을 쏟는다. 반면 상승기독론(Aufstiegschristologie)은 이것의 역순을 취한다. 하강기독론과는 달리 상승기독론은 그리스도의 사역으로써 그의 인격을 정위(定位)시키고자 한다. 하강기독론이 요한복음 1:1 이하의 말씀을 주요한 근거로 삼는 반면, 상승기독론은 "너희가 십자가에 못 박은 이 예수를 하나님이 주와 그리스도가 되게 하셨느니라"는 사도행전 2:36의 말씀에 터를 잡는다. 하강기독론은 '……이시므로……를 행하셨다'는 구조를 취하는 반면, 상승기독론은 '……를 행하셨으므로……가 되셨다'는 구조를 취한다. 하강기독론은 사역으로 말미암아 인격이 변할 수 없다고 보는 반면, 상승기독론은 전제된 인격이 사역을 제한할 수 없다고 본다.[41] 하강기독론은 주어진 계시로 신학을 하는 반면, 상승기독론은 계시를 수립하는 것을 신학의 과제로 삼는다. 하강기독론은 성경을 계시로 받아들이는 반면, 상승기독론은 성경을 계시의 자료로서 비평한다.[42]

판넨베르그(Wolfhart Pannenberg, 1928-2014)는 아래로부터의 기독론의 당위성을 거론하면서, "우리의 출발점은 사람 예수에 관한 질문에 있다. 그의 신성은 오직 이러한 방식으로 질문되어야 한다"(so muβ unser Ausgangspunkt in der Frage nach dem Menschen Jesus liegen; nur auf diesem Wege kann nach seiner Gottheit gefragt werden)고[43] 단언한다. 초대교회의 여러 신경들과 사도들이 "사람 예수"를 간과한 것은 아니었다.[44] 성경 역시 이를 강조하고 있다. 심지어 위로부터의 기독론을 가장 현저하게 대변하는 것으로 알려진 요한복음에서조차 이 땅에 오신 예수 그리스도가 행하신

---

41) Wildman, "Basic Christological Distinctions," 289.
42) 참조. Fitzmyer, "The Biblical Commission and Christology," 418-419.
43) Pannenberg, *Jesus-God and Man*, 35 (*GC* 29).
44) Klass Runia, *The Present-day Christological Debate* (Leicester, UK: IVP, 1984), 37.

표적들을 통하여 그가 "하나님의 아들 그리스도이심을 믿게 하려" 하였다(요 20:31)고 말씀한다.

그렇다고 해서 '자의적 방법'(methodus arbitrarius)이 실체를 왜곡해서는 안 된다. 성경은 지상의 예수의 계시와 사역에 주목함이 분명하지만, 그 인성을 "출발점"으로 삼아 그의 존재나 복음을 거론하지 않는다. 사마리아 여자를 만난 예수는 "유대인"이셨으며 "사람"이셨다(요 4:9, 29). 그는 여느 사람과 같이 랍비라 불렸다(요 1:38). 그러나 그 여자가 들은 복음은 그가 단지 뛰어난 종교적 식견을 갖춘 한 사람이라는 데 있지 않고, 그가 "태초에 계신 하나님의 말씀", "하나님의 아들", "영원히 아버지의 품 속에 계신 독생하신 하나님"(요 1:1, 18, 49)으로서 기름부음받은 "그리스도" 곧 "메시아"이심에 있었다(요 1:41; 4:25).

같은 맥락에서, 히브리서 기자는 예수도 우리와 같이 혈과 육에 속한 사람으로서 시험을 받아 고난을 당하시고 우리와 다를 바 없는 연약함 가운데 심한 통곡과 눈물로 기도하는 가운데 순종하심으로 온전하게 되셨음을 강조하지만(히 2:14, 18; 4:15; 5:2, 7-9), 그 출발점은 그가 "만유의 상속자"이신 하나님의 "아들"로서 "하나님의 영광의 광채시요 그 본체의 형상이시라"는 사실에 두었다(히 1:2-3).

사도 바울의 복음의 기원은 그가 다메섹의 도상에서 만난 부활하신 주님에 있었다. 그에게 "홀연히 하늘로부터" 임한 "빛"은(행 9:3) 그 속에 생명이 있는 영원하신 말씀이신 "참 빛"이셨다(요 1:4, 9). 사도 바울이 만난 주님은 하나님이 때가 차매 여자에게서 나게 하신 "그 아들"이셨다(갈 1:16; 4:4). 그는 하나님의 아들로서 사람의 아들이 되사 아버지의 뜻을 다 이루시고 지금 하나님의 보좌 우편에서 다스리신다(빌 2:6-11). 그는 "모든 피조물보다 먼저 나신 이"로서(골 1;15), 하나님의 부요하심 가운데 사람의 가난함을 취하셨다(고후 8:9). 이렇듯 "예수 그리스도의 복음의 시작"은 그가 "하나님의 아들"이시라는 사실에 있다(막 1:1).[45]

하강기독론과 상승기독론을 일의적으로 규정하기는 어렵다. 하나님의 아들을 주제로 삼는다고 하더라도 사람의 아들의 존재나 의식(意識)을 "출발점"으로 삼아 이를 접근하는 경우 상승기독론으로 분류해야 한다. 왜냐하면 하강기독론은 주님의 신성을 '존재론적으로'나 '변증법적으로' 도출하는 방식이 아니라 '성경적으로' 전제

---

45) 참조. Donald Macleod, *The Person of Christ* (Downers Grove, IL: IVP, 1998), 21-25.

하는 방식을 취하기 때문이다. 그러므로 다음에서 보듯이, 그의 인성에 터 잡아 신성의 여하함을 추구하는 라너(Karl Rahner, 1904-1984)와 판넨베르그의 '자의적 방법론'을 하강기독론으로 분류할 수는 없다.

> 우리가 위격적 연합(unio hypostatica)으로부터 형이상학적으로 추론해 온 우리 주님의 자기의식은-그 원천에 있어서, 적어도 그 고유함에 있어서-피조(被造)된 그리스도의 마음 깊은 곳에 실체적으로 자리 잡고 있다고 여겨야 할 바, 그 양(量)이 주어져 있다. 그 마음은 지식의 행위를 통하여 자신을 의식하며, 그것이 연합되어 있는 로고스 너머로 자신을 존재론적으로(ontically) 지시한다.[46]
> 예수의 신성은 그의 인성에 더하여진 사람 예수의 두 번째 "실체"(Substanz)가 아니다. 정확하게 말해서, 이 사람으로서 예수는 하나님의 아들이시며 따라서 그 자신이 하나님이시다. 결론적으로, 그는 신성과 인성의 결합체로 여겨져서는 안 된다. ……뿐만 아니라 그 두 가지가 혼합되어 새로운 제3의 것이 형성되는 것도 아니며, 인성이 신성에 흡수되어 사라지게 되는 것도 아니다. 정확하게 말해서, 이 특별한 인성 가운데, 예수는 하나님의 아들이시다. ……예수의 고유한 역사적 상황이 그를 다른 모든 사람으로부터 구별한다. ……이와 같이 예수가 하나님의 아들과 동일시되는 것은 변증법적(dialektische)이다. 이 사람에 대한 이해는, 그 역(逆)으로 변화된 인성 가운데서, 영원한 신성에 대한 고백에 이른다.[47]

하강기독론은 성자의 위격적 존재에 대한 '질문'으로부터 시작하는 것이 아니라, 역사상 사람의 아들이 되신 분이 영원한 제2위 성자 하나님이심에 대한 '고백'으로부터 시작한다. 그러므로 정통 삼위일체론에서 벗어나 삼위의 위격이 각각 독자적인 인격으로 계심을 말하지 않고 그것을 한 인격이 세 가지 존재방식(modus essendi, Seinsweise)으로 계시는 양상 정도로 여기는 바르트는 하강기독론과 전적으로 궤(軌)를 달리한다.

---

46) Karl Rahner, "Current Problems in Christology," in *Theological Investigations*, vol. 1, tr. Cornelius Ernst (London: Darton, Longman & Todd, 1961), 171.

47) Pannenberg, *Jesus-God and Man*, 342-343 (*GC* 354-355).

예수 그리스도의 실제는 인격 가운데 계신 하나님 자신이(Gott selbst in Person) 육체 가운데 활동적으로 현존하신다는 사실에서 비롯된다. 인격 가운데 계신 하나님 자신이 인간적 존재와 행위의 실제 주체가 되신다. 하나님이 주체가 되시기 때문에 이러한 존재와 행위는 실제적이다. 진정 그것들은 인간적인 존재이고 행위이다.[48]

바르트에 따르면, 영원하신 제2위 성자 하나님의 위격적 존재는 전제되지 않고, 한 사람 예수가 드러내고 입증하는 바에 따라 "명백하고, 참되며, 본질적인"(endgültige, eigentliche und wesentliche) 것으로 드러날 뿐이다.[49] 그것은 한 사람 예수의 신의식으로부터 비롯되는 "추론"(Entnehmen)의 산물에 불과할 뿐이다.

하나님이 이 사람이고 이 사람이 하나님이라는 사실에 기초한 예수 그리스도의 실제는 하나님이 자신과 우리 사이의—좀 더 일상적인 용어로 사용한다면, 그 자신의 실존과 그 자신과 동일시될 수 없는 실존 사이의—경계를 가로지르실 수 있다는 사실을 변함없이 주장한다.[50]

바르트에 따르면, 예수는 하나님이 그 안에 계시고, 그 안에서 일하시는 한 사람에 불과하실 뿐이다. 성육신은 "그 자신 가운데"(in sich selber) 계시는 하나님이 경계를 가로질러 "우리 곁에 그리고 우리 가운데"(bei und unter uns) 나타나실 수 있는 "사람됨"(Menschsein)의 시작으로서[51] 그것은 신성의 여하함이 아니라 인성의 "가능성"(Möglichkeit)에 관계될 뿐이다.[52]

이러한 인성의 "가능성"을 라너는 하나님을 향한 "개방성"(openness)으로 표현한다.[53] 라너의 논법은 이러하다. 그리스도 안에서 로고스가 이 땅에 현존하심으로

---

48) Karl Barth, *Church Dogmatics*, ed. Geoffrey Bromiley and Thomas F. Torrance, tr. G. T. Thomson. 5 vols. in 14 parts (Edinburgh: T. & T. Clark, 1936-1977), I/2.151. 다음 원서는 *KD*로 표기. Karl Barth, *Die kirchliche Dogmatik*, 5 Bde. in 13 Teilbänden (Zollikon, Switzerland.: Verlag der Evangelischen Buchhandlun, 1932-1970).

49) Barth, *Church Dogmatics*, I/1.400 (*KD* I/1.420).

50) Barth, *Church Dogmatics*, I/2.31 (*KD* I/2.35).

51) Barth, *Church Dogmatics*, I/2.35-37 (*KD* I/2.39-41).

52) Barth, *Church Dogmatics*, I/1.118 (*KD* I/1.121).

53) 다만 바르트가 기독론 안에 하나님과 세계의 관계를 가두었다면 라너는 하나님과 세계의 관계 안에 기독론을 가두

가장 완전하게 인성이 위를 향하여 열려질 가능성을 얻게 되었다.54) 위격적 연합은 그 가능성을 성취한 실제(reality) 곧 인성의 자기-초월(self-transcendence)을 의미한다.55) 위격적 연합은 하나님의 존재의 교통(communicatio entis)과 피조물의 자기 상승(elevatio)으로 이루어진 사건이다. 그것이 예수에게서 역사상 체화된 것이 하나님의 성육신이다.56) 성육신은 그리스도의 신성을 계시하는 것이 아니라 그의 신성을 인간의 경험에 갇힌 무엇으로서 제한한다.57) 그리스도의 위격적 연합은 인류의 자기-초월의 길을 제시하지만, 그것은 하나님의 은혜를 오히려 우리의 수준으로 제한한다. 그것은 제한된 초월이다. 여기에 라너의 모순이 있다.

라너가 말하는 초월적 기독론(transcendental Christology)은 다음과 같은 논법으로 전개된다.

첫째, 인류는 본질적으로 우리가 하나님이라고 부르는 신비로 이끌린다.

둘째, 인류는 자신의 존재를 하나님의 자기 교통(the self-communication of God)에 열어 놓기를 희망하고 이를 확신하고 있다.

셋째, 하나님의 자기 교통은 반드시 인간의 역사라는 정황 가운데 일어난다.

넷째, 인류는 그 가운데 한 사람에 의해서 실현된 하나님의 자기 교통의 약속을 역사상 추구하는 가운데, 진지하게 소망한다.58)

이러한 입장은 예수의 인성에 작용하는 로고스의 신적 존재를 인정한다는 측면에서 신성 자체를 부인하고 인성에 내재한 신적 소여(所與)를 구현해가는 것을 성육신이라고 여기는 '정도(程度) 기독론'(Degree Christology)과는 구별되지만,59) 그럼에

없다. 참조. Walter Kasper, *Jesus the Christ* (London: Burns & Oates, 1976), 21.

54) Rahner, "Current Problems in Christology," 183.

55) 이에 대한 논의 전반에 대해서, Karl Rahner, *Foundations of Christian Faith: An Introduction to the Idea of Christianity*, tr. William V. Dych (New York: Crossroad, 1978).

56) 참조. Gerald O'Collins, *Christology: A Biblical, Historical, and Systematic Study of Jesus* (Oxford: Oxford University Press, 1995), 214: "라너의 진화적 세계관에 기초한 인간적 자기-초월의 기독론은 성육신을 아들의 인격 안에서의 신적인 자기-교통으로서 뿐만 아니라 절대자를 향하여 역동적으로 열려있는 인성에 가능한 것이 무엇인지에 대한 규정으로서 해석한다."

57) 라너의 이러한 입장에 대해서, Paul D. Molnar, "Can We Know God Directly: Rahner's Solution From Experience," *Theological Studies* 46/2 (1985), 238-240, 260-261.

58) William J. La Due, *Jesus Among the Theologians: Contemporary Interpretations of Christ* (Harrisburg, PA: Trinity Press International, 2001), 13-14.

59) '정도 기독론'에 관하여, Colin E. Gunton, *Yesterday & Today: A Study of Continuities in Christology* (Grand

도 불구하고, 인류의 역사를 영(靈)의 역사로 보고 그 진보를 신화(神化)의 과정으로 여기는, 이러한 부류에 속한 헤겔의 사상이 그에게서 헤아려진다.[60]

철학자 헤겔(G. W. Friedrich Hegel, 1770-1831)은 신학적 신론으로부터 철학적 인간론으로 나아가고자 하는 바, 철학적 이성으로써 신학적 상징이 변증법적으로 구현되는 과정, 곧 "비존재를 통하여 존재[있음]로부터 생성[됨]으로 옮겨감"(transition from Sein through Nicht Sein to Werden)에 역사상 신의 완성이 있다고 여긴다.[61] 이러한 되어감 과정에 있는 신에 대한 이해는 인간이 하나님의 존재 형성에 역사적으로 동참함을 전제로 하는 바, 그것을 하나님에 대한 관념(idea)이 사람의 신화(神化)로써 체화되는 성육신이라고 여긴다.[62] 이러한 관점에서, 절대영(혹은 절대이성)이 변증법적으로 확산되어 궁극적으로 또 다른 인간성을 만들어가는 과정으로서 역사가 규정된다.[63] 결국, 신은 인간의 관념과 다를 바 없다. 인간이 생각하는 신적 존재가 철학적으로 정당성을 갖게 될 때, 신이 비로소 존재하게 된다. 그러므로 신학이 우선적으로 다루어야 할 대상은 신이 아니라 인간의 정신현상, 곧 역사상 신을 만듦으로써 신에 동참하는 인간의 신적 사유 혹은 이성이다. 성육신은 이러한 사유 혹은 이성의 한 특별한 사건일 뿐이다.[64]

이러한 헤겔의 역사철학과 관념주의(idealism)의 자취를 뚜렷이 드러내는 판넨베

Rapids: Eerdmans, 1983), 15-18.

[60] Rahner, *Foundations of Christian Faith*, 177ff.; Gunton, *Yesterday & Today*, 13-14. 영(靈)에 대한 헤겔의 형이상학적 이해에 대해서, Michael Welker, *God the Spirit*, tr. John F. Hoffmeyer (Minneapolis: Fortress Press, 1994), 283-302; Gunton, *Yesterday & Today*, 40-43.

[61] 헤겔에게 있어서 이는 하나님이 자기 자신을 외계적으로 객관화하는 가운데 주관적으로 내재화하므로 전체자로서 일자가 되는, 곧 "Geist für-sich"(대자영, 對自靈)이 "Geist an-sich"(즉자영, 卽自靈)을 통하여 "Geist an-für-sich"(즉자대자영, 卽自對自靈)이 되는 변증법적 과정을 뜻한다. William C. Shepherd, "Hegel as a Theologian," *Harvard Theological Review* 61/4 (1968), 585-589.

[62] William Temple, *Nature, Man and God* (London: Pan MacMillan, 1934), 57-58. 헤겔의 이러한 입장은 신의 관념을 이용하여 신을 죽이는 새로운 형태의 범신론(pantheism)으로서 철학적 신론의 형태를 취한 무신론(atheism)일 뿐이다. 그에게 있어서 하나님은 "그 분"이 아니라 "우리"일 뿐이다. 이에 대해서, Peter C. Hodgson, "Hegel's Christology: Shifting Nuances in the Berlin Lectures," *Journal of the American Academy of Religion* 53/1 (1985), 27, 40.

[63] 참조. Kasper, *Jesus the Christ*, 182-183. 헤겔은 그리스도의 신성을 부인했으며 그의 영향을 지대하게 받은 포이에르바흐(Ludwig Feuerbach, 1804-1872)와 막스(Karl Marx, 1818-1883)는 신 자체를 부정하기에 이르렀다. O'Collins, *Christology*, 219.

[64] 이 점에 대해서 다음 글 참조. Daniel P. Jamros, "Hegel on the Incarnation: Unique or Universal?" *Theological Studies* 56/2 (1995), 277-285.

르그에 따르면,65) 예수의 신성은 그의 지상의 삶으로부터 부활에 이르는 역사적 사건에 정초해서만 계시로서의 역사적 의미를 지닌다. 그 역은 옳지 않다. 성부와 성령과 동일하신 성자 하나님의 영원하신 위격이 아니라 이 땅의 사람 예수가 기독론의 "출발점"이 된다.66) "이 사람으로서 예수는 존재하신다"(als dieser Mensch ist Jesus Gott).67) 그러므로 삼위일체와 그리스도의 선재(先在)와 하나님의 아들이 사람의 아들이 되신 사건으로서의 성육신이 모두 부인된다. 성육신은 마지막에 추론되는 종교적 관념으로서, 그 이후의 역사적 사건을 통하여 확인될 뿐, 그 자체로 역사적 고찰의 대상이 될 수 없다.68) 구속사와 일반사를 구별하지 않는 바, 만약 성육신을 인정한다면 그리스도와 인류의 동질성이 파괴되므로 그리스도의 사건에 대한 보편사적 고찰이 무의미해진다고 여긴다.69)

이러한 입장에 서서 판넨베르그는 기독론을 구원론적 가치에 종속시킨다. 구원에 대한 인류의 대망은 종말론적이다. 그것은 미래의 일에 대한 현재의 예기적 선취(豫期的 先取)를 담고 있다. 사람들은 미래의 소망 가운데 현재의 실제를 역사적 사건으로서 경험한다. 이러한 경험으로써 "미리 드러나는 것"(vorgreifende Enthüllung)이 계시로서 의식(意識)된다.70) 예수의 부활은 이러한 계시의 정점을 이루는 역사적 사건으로서,71) 비로소 그 때, 그의 신성이 "확정"(Bestätigung)되고, 그것이 역사를 거슬러 "소급력"(rückwirkende Kraft)을 미치게 되며, 예수의 부활 이전에 있었던 그에 대한 모든 담론들과 사건들이 그것에 대한 "예기"(Vorgriff)로서 계시적 의미를 지니게 된다.72)

판넨베르그는 예수의 역사를 다룸에 있어서 일반사(Historie) 외에 신학적 역사(Geschichte)나 구속사(Heilsgeschichte)가 따로 존재하듯이 여겨서는 안 될 뿐만 아니

---

65) 참조. Gunton, *Yesterday & Today*, 23, 28–29.
66) 참조. Elizabeth A. Johnson, "The Ongoing Christology of Wolfhart Pannenberg," *Horizons* 9/2 (1982), 242–243.
67) Pannenberg, *Jesus–God and Man*, 283 (GC 291).
68) Pannenberg, *Jesus–God and Man*, 141 (GC 140).
69) Pannenberg, *Jesus–God and Man*, 33–34 (GC 28–29).
70) Pannenberg, *Jesus–God and Man*, 108–114 (GC 106–112).
71) Pannenberg, *Jesus–God and Man*, 74–88 (GC 69–85).
72) Pannenberg, *Jesus–God and Man*, 135, 137 (GC 134, 136).

라 그렇다고 해서 초자연주의를 거부하는 일반사의 전제에 갇혀서도 안 된다는 점을 부각시키는 가운데, 성경적 전승들을 종합적으로-보편사적으로-고찰하고 죽은 자의 부활에 대한 종말론적인 대망을 정황적으로 파악함으로써 부활의 역사성을 확정하고 그 가운데 예수의 신성과 삼위일체를 역사적으로 진술하고자 한다.[73] 이 경우, 인간의 역사적 가치판단에 좌우되는 부활의 역사와 그 역사적 의미에 성경의 모든 계시가 함몰되어, 보편사적 방법이 성경의 고유한 케리그마를 압도할 뿐만 아니라, 규정하기에 이른다.[74] 예컨대, 참 하나님이시자 참 사람이신 그리스도의 인격을 고유하게 계시하는 성경의 말씀이 부활의 보편사적 의미에 종속된다. 그리하여 예수의 부활이, 우리가 간절히 소망할 뿐만 아니라 가장 확실히 그 역사성을 추론할 수 있는 사건이라는 이유로, 성육신의 비밀을 압도할 뿐만 아니라 질식시키는 데 이른다.[75]

판넨베르그는 보편사적 증거력을 과신하여 그것이 마치 계시의 규정자(規定者)라도 되는 듯이 다룬다.[76] 그러나 예수의 주장과 그것에 대한 하나님의 비준(批准) 사이의 인과관계는 일반사적 지평에서 보편적으로 확정되는 것이 아니라 성경의 고유한 계시에 따라서 전적으로 수납되는 것이다. 예수의 부활이 역사로서 진리인 것은 그것이 계시이기 때문이지 그것에 의해서 비로소 계시가 확정되기 때문이 아니다. 그러므로 그 부활의 역사적 의미로써 비로소 예수의 신성과 성육신이 역사로서 확정된다고 여기는 판넨베르그의 가설은 갈대의 논리 위에 바위의 실체를 세우는 것과 다를 바 없다.[77] 역사로서의 계시-계시의 역사성-를 전제하지 않고 계시로서의 역사-역사의 계시성-를 말하고자 하는 이러한 무모함은 헤겔에게서 노정되는 극단적 역사주의의 폐해의 일단을 보여줄 뿐이다. 성경의 진리는 단지 계시된 역사적 행위에 대한 유비적 분석만으로 드러나는 것이 아닐 뿐더러,[78] 계시는 역사적이

---

73) 다음 글은 그리스도의 신성에 대한 이러한 판넨베르그의 우회적 접근을 비판한다. Brian O. McDermott, "Pannenberg's Resurrection Christology: A Critique," *Theological Studies* 35/4 (1974), 717-721.

74) 참조. Gunton, *Yesterday & Today*, 31.

75) 참조. Wolfhart Pannenberg, *Systematic Theology, vol. 2*, tr. Geoffrey W. Bromiley (Grand Rapids: Eerdmans, 1994), 325-363.

76) 참조. La Due, *Jesus Among the Theologians*, 30-39.

77) 참조. Wolfhart Pannenberg, *Systematic Theology, vol. 1*, tr. Geoffrey W. Bromiley (Grand Rapids: Eerdmans, 1991), 259-280.

78) 판넨베르그의 존재론적 취약점을 행위의 유비로 극복해보고자 한 다음 논문은 상승기독론의 또 다른 한 단면을 보여

며 역사를 함의하되, 단지 역사적으로 인간의 가치판단에 유보되어 있는 것은 아니기 때문이다.[79]

상승기독론을 지지하는 신학자들의 명분과 주장은 다양하다. 그들은 예수의 신성이나 영원한 선재를 인정하게 되면 우리와 동일본질인 그의 인성을 제대로 개진하는 데 난점이 있다거나,[80] 예수의 신성을 하나님의 예지(豫知)나 작정 정도로 여기는 데 그치지 않고 또 다른 본성으로 보게 되면 한 사람으로서의 그의 인격과 사역을 역사적으로 온당하게 다룰 수 없게 된다거나,[81] 예수가 하나님의 아들이라고 불리시는 것은 그가 한 사람으로서 지니신 하나님 아버지에 대한 관계 때문이라거나,[82] 하나님이 한 사람 예수 안에서 비로소 역사적인 인격성을 지니신다는 측면에서 그의 신성이 거론될 수 있을 뿐이라거나,[83] 예수의 신성은 가장 고급스러운 인성의 존재를 존재적이 아니라 기능적으로 드러낼 뿐이라거나,[84] 하는 이유를 들면서 각자의 논지를 개진한다. 이런 제(諸) 경우에 있어서, 신인양성의 '위격적 연합'(hypostatic union)은 차치되고 한 사람 예수의 '위격적 정체성'(hypostatic identity)만이 남을 뿐이며,[85] 영원히 신성으로 계시는 하나님의 아들이 자신의 인격 안에 인성을

준다. Tokiyuki Nobuhara, "Analogia Actionis: A New Proposal for Christology 'From Below'," *Union Seminary Quarterly Review* 39/4 (1984), 269-285.

79) 판넨베르그의 "선취적 현존"과 "선취적 계시"의 의미에 대해서, Pannenberg, *Systematic Theology, vol. 1*, 249, 256-257.

80) 참조. Roger Haight, "The Case for Spirit Christology," *Theological Studies* 15/2 (1992), 257-287. 여기에서 저자는 예수의 신성을 인정하게 되면 그가 인성에 따라서 우리와 동일본질이라고 고백한 칼케돈 신경에 배치된다는 점을 지적한다. 그러나 이렇게 보면 똑같은 난점이 예수의 인성을 인정하는 경우에도 생긴다. 그 경우 신성에 따라서 하나님과 동일본질이라는 고백에 배치되기 때문이다. 이러한 딜레마는 위격적 연합의 교리 자체에 대한 오해에서 비롯된다.

81) John Macquarrie, *Jesus Christ in Modern Thought* (London: SCM Press, 1990), 121, 390-392.

82) Edward C. Schillebeeckx, *Jesus: An Experiment in Christology*, tr. Hubert Hoskins (New York: Seabury Press, 1979), 745-746. 쉴레벡스는 예수 그리스도의 부활 전 성도가 고난에 참여하는 경험을 구원의 본질적인 요소로 여긴다. 이와 관련하여, Brian O. McDermott, "Roman Catholic Christology: Two Recurring Themes," *Theological Studies* 41/2 (1980), 347-350. 쉴레벡스는 신인양성의 위격적 연합에 대한 정통적인 입장에 대해서는 불문(不問)하고 성육신의 의미는 하나님의 인격 자체가 인성을 불러 자신의 뜻을 이루신 사건에 있다는 점만을 지적한다. 그는 그리스도의 신성은 우리에 의해서 경험될 뿐 그 자체로 그리스도 안에 존재하는 것이 아니라고 본다. 그의 기독론은 창조론에 집중되어 있으며, 피조물에 대한 우리의 인식을 벗어나지 않는다. 참조. Edward C. Schillebeeckx, "I Believe in Jesus of Nazareth: The Christ, the Son of God the Lord," *Journal of Ecumenical Studies* 17/1 (1980), 18-21.

83) Piet Schoonenberg, *The Christ*, tr. Drella Couling (New York: Herder and Herder, 1971), 58.

84) Hans Küng, *On Being a Christian*, tr. Edward Quinn (New York: Doubleday, 1976).

85) 참조. La Due, *Jesus Among the Theologians*, 98-99, 109-110, 119.

취하여 참 하나님과 참 사람의 중보자가 되신 성육신의 비밀이 부인되고 그것이 새로운 형태의 인간상(人間像)을 공표하는 상징 정도로 여겨지게 될 뿐이다.

한편 그동안 주류를 점해 온 로고스-기독론(Logos Christology)이 지나치게 관념적이어서 기독론의 구원론적 기초를 제대로 조명하는 데 실패했다는 점을 지적하면서 영-기독론(Spirit Christology)을 개진하는 일군의 신학자들이 있다.[86] 그들 역시 상승기독론에 서 있다.

로마 가톨릭 신학자 카스퍼(Walter Kasper, 1933-)는 성육신을 삼위일체 하나님의 내적 자기교통의 가능성이 예수 안에서 성령을 통하여 구현된 사건으로 규정한다.[87] 카스퍼의 논법은 이러하다. 성육신은 성령의 기름부음을 받은 메시아로서 예수가 자기 자신을 고양시켜 신적 존재가 되시는 과정으로서, 이를 통하여 그는 자신 속에 모든 실제를 함의하시고, 완성하시고, 화해시키신다. 이러한 보편성은 성령에 의해서 예수의 인격과 사역에 부여된다. 예수는 성령의 충만을 받아 자기를 완성하셨으며, 자기를 초월하셨다.[88] 그리하여 성령의 파송자가 되심으로써 우리가 그의 영을 받아 그 은혜를 누리게 하셨다.[89] 이러한 이해에 따르면, 예수의 신성은 우리가 동참할 수 있는 그의 영의 고유한 보편성을 지칭할 뿐이다.[90] 그것은 선재하는 것이 아니며 인성의 자기초월 곧 신화(神化)의 역사를 이루는 성령의 작용기제(機制)에 불과하다.[91] 이러한 점에서 카스퍼의 신화 개념은 아타나시우스, 닛사

---

86) 다음 글에서 저자는 중보자 그리스도의 인격에 있어서의 위격적 연합과 신인양성의 속성교통을 성령의 작용과 효과라는 측면에서 접근하고 이러한 입장을 라너(Karl Rahner)에게서도 발견할 수 있다고 주장한다. David Coffey, "The Theandric Nature of Christ," *Theological Studies* 60/3 (1999), 423-430. 이러한 입장을 반박하며 루터파 신학자 젠슨은 영-기독론을 기름부음과 관련된 그리스도의 사역에 한정할 것을 다음 글에서 제안하는 바, 그의 인격을 도외시한 맹점을 노정한다. Robert W. Jenson, "Conceptus……De Spiritu Sancto," *Pro Ecclesia* 15/1 (2006), 101-107.

87) Kasper, *Jesus the Christ*, 183.

88) 이러한 카스퍼의 입장에는 성령의 역사를 통한 인성의 자기초월을 말한 라너(Karl Rahner)의 영향이 감지된다. 참조. David Coffey, "The 'Incarnation' of the Holy Spirit in Christ," *Theological Studies* 45/3 (1984), 469-474.

89) Kasper, *Jesus the Christ*, 252-259.

90) Kasper, *Jesus the Christ*, 266-268.

91) 이러한 맥락에서 카스퍼는 그리스도의 영을 다루면서 "성령을 새로운 존재의 능력"이라고 한 틸리히(Paul Tillich)의 말을 인용한다. Kasper, *Jesus the Christ*, 255. 다음 책은 성령과 그리스도에 관한 정밀한 고찰을 담고는 있으나 단지 이런 식의 현상적인 서술에 그치고 있을 뿐이다. Welker, *God the Spirit*, 183-227, 303-341, 특히 220-221. 카스퍼를 비롯한 현대 신학자들의 이러한 경향에 대해서, Philip J. Rosato, "Spirit Christology: Ambiguity and Promise," *Theological Studies* 38/3 (1977), 423-429.

의 그레고리, 알렉산드리아의 키릴 등에 의해서 개진된 초대교부들의 그것과는 분명히 구별된다.[92]

카스퍼의 이러한 입장은 칼케돈 신경을 거부하고 예수를 순수한 인성으로만 이루어진 한 인격이시라고 주장하는 하이트(Roger Haight, 1936-)에 의해서 더욱 극단적으로 추구되는데,[93] "예수는 변증법적으로 신적이시다. 왜냐하면 성령이라는 하나님의 현존이 예수의 존재와 행위에 침투하시기 때문이다"라는 그의 말이 이를 단적으로 보여준다.[94] 하이트는 '표징'(sign)은 어느 대상을 제3의 무엇으로 지시하는 데 그치지만 '상징'(symbol)은 그 대상이 현존한다는 사실도 함의한다는 점에서 '로고스'보다 '영'이 성부와 성자의 동일본질을 더욱 효과적으로 드러내는 '상징'이라고 지적하면서, 영원하신 하나님의 말씀이신 제2위 성자 하나님의 고유한 위격을 그에게 임한 영의 상징적 의미 정도로 치부한다.[95] 이러한 이해에 따르면, 삼위일체는 영의 세 현존방식 혹은 세 현상태(現象態)를 의미할 뿐이며, 그리스도는 하나님의 아들이 아니라 영을 통하여 신적인 상징을 드러내는 인간적 소여(所與)가 될 뿐이다.

이러한 입장은 예수는 신적인 임재와 작용을 체험한 한 사람에 불과할 뿐이라고 보는 피녹(Clark Pinnock)의 경우나,[96] '신 중심적 기독론'(Theocentric Christology)이라는 이름으로 '포괄적 기독론'(an inclusive Christology)을 표방하는 니터(Paul Knitter)의 경우나,[97] 예수를 "창조적 변형을 위한 성육신한 로고스"로 정의하면서 그의 삶이

---

92) 그럼에도 불구하고 카스퍼는 자신이 교부들의 입장에 서 있다고 주장한다. Kasper, *Jesus the Christ*, 177-179. 이와 관련해서 후술할 본서 제5장 7. "신화(神化, deificatio): 교부들의 유비적 혹은 윤리적 개진"을 참조.

93) Roger Haight, *Jesus Symbol of God* (New York: Orbis, 1999), 461.

94) Haight, *Jesus Symbol of God*, 455, n. 59.

95) Haight, "Case for Spirit Christology," 257-287.

96) 참조. Warren McWilliams, "Spirit Christology and Inclusivism: Clark Pinnock's Evangelical Theology of Religions," *Perspectives in Religious Studies* 24/3 (1997), 325-336.

97) Paul F. Knitter, "Theocentric Christology," *Theology Today* 40/2 (1983), 130-149. 여기에서 저자는 "그리스도에 대한 비규범적 이해"(non-normative understanding of Christ)를 강조하며(143-146) 자신의 입장이 힉(John Hick), 파니카(Raimundo Panikkar), 사마르타(Stanley J. Samartha)의 신학에 정초하고 있음을 강조한다(131-143). 다음 글에서 저자는 니터가 성육신한 주님의 인격을 "과정적-관계적 실재"(a processive-relational reality)로 치부하면서 정통기독론을 배타주의(exclusivism)로 매도하고 있다고 비판하면서, 성육신이 비규범적이어야 할 당위성이 어디에 있는지 묻는다. S. Mark Heim, "Thinking about Theocentric Christology," *Journal of Ecumenical Studies* 24/1 (1987), 14-16. 이러한 비판에 대해서 응수하면서, 니터는 그리스도를 통하여 그리스도 너머를 보자고 제안한 것이 그리스도를 떠난 것이 아니라고 변호한다. Paul F. Knitter, "Theocentric Christology:

보여주는 자기초월의 과정이 미치는 상대적 종교성을 기독론의 핵심 가치로 여기는 콥(John Cobb)의 경우에서 보듯이,98) 필히 종교다원주의(religious pluralism)로 경도(傾倒)된다.

상승기독론은 어떤 양상으로 전개되든 간에 칼케돈 신경으로 수립된 한 위격 양성의 위격적 연합 교리를 부인한다는 데 공통점이 있다.99) 그리스도의 신성을 거론하는 경우에도 그의 영원한 선재가 전제되지 않으므로 그것이 단지 신적 능력이 드러나는 현상으로 치부될 뿐이다.

신약신학자 녹스(John Knox, 1901-1990)는 성경에 세 단계로 나타나는 사도행전 2:36에 따른 가현설(docetism), 빌립보서 2:5-11에 따른 비하설(kenoticism), 요한복음 1:14에 따른 성육신설(incarnationalism)은 모두 한 위격 양성의 위격적 연합 교리와는 무관하게 형성되었다고 지적하면서, 이러한 세 가지 기독론은 모두 그리스도의 사람됨 곧 인성의 여하함을 다각도로 말하고 있을 뿐이라고 주장한다.100)

이러한 입장은 칼케돈 신경이 답을 준 것이 아니라 문제를 야기했을 뿐이라고 한 로빈슨(John A. T. Robinson, 1919-1983)에 의해서도 지지된다.101) 로빈슨은 예수가 취하신 것은 사람의 본성인 인성이지 독자적인 한 사람의 인격이 아니라고 주장하는 칼케돈 신경을 좇는 소위 정통기독론의 입장에 서게 되면 성도가 그리스도와 하나가 되는 것을 말할 수 없게 된다는 자신의 편견을 드러내면서, 그리스도는 신성과 인성을 지니신 하나님의 아들이 아니라 단지 하나님으로 사셨던 사람의 아들로서 종[류]이 아니라 [정]도에 있어서만 우리와 다르실 뿐이므로, 우리는 성경이 형이상학적으로 기술하고 있는 그의 인격을 존재적으로 읽기보다는 기능적으로 읽기에 힘써야 한다고 주장한다.102) 그리하여 특별은총의 성경계시와는 무관한 "자연 기독

Defended and Transcended," *Journal of Ecumenical Studies* 24/1 (1987), 41-52.

98) 참조. Mary T. Rattigan, "The Christology of John Cobb," *Encounter* 47/3 (1986), 205-206, 208-213.

99) 다음에서 저자는 그리스도의 영원한 선재에 대한 칼케돈 신경의 고백이 하강기독론의 결정적인 요소가 된다고 본다. Gregory Havrilak, "Chalcedon and Orthodox Christology Today," *St Vladimir's Theological Quarterly* 33/2 (1989), 134-138.

100) 참조. La Due, *Jesus Among the Theologians*, 69-74, 특히 73. 다음 책 참조. John Knox, *The Humanity and Divinity of Christ* (Cambridge: Cambridge University, 1992, rep.).

101) 라너(Karl Rahner)는 칼케돈 신경 등 초대교회의 신경들이 단지 끝이 아니라 새로운 시작이라는 점을 강조한다. 참조. Havrilak, "Chalcedon and Orthodox Christology Today," 95.

102) 참조. La Due, *Jesus Among the Theologians*, 74-82. 다음 책 참조. John A. T. Robinson, *The Human Face*

론"(natural Christology)을 대변한다.103)

이러한 입장은 몰트만(Jürgen Moltmann, 1926-)에게서도 발견된다. 몰트만은 신인양성의 위격적 연합을 인정하게 되면 그 신성은 오직 성자의 신성에 한정되기 때문에 삼위일체론적 관점에서 그리스도의 십자가를 다룰 수 없게 된다고 주장한다.104) 이는 성육신한 그리스도가 신성에 따라서는 아버지와 동일본질이시고 인성에 따라서는 우리와 동일본질이시라고 하여 삼위일체론을 전제하는 가운데 신인양성의 위격적 연합을 말하고 있는 칼케돈 신경의 근간을 흔드는 것이며, 그 위에 터 잡아 그리스도의 신인양성의 중보사역에 있어서 뿐만 아니라 성육신 자체에 있어서의 삼위일체 하나님의 동사(同事)를 중요하게 여기는 정통적인 입장을 정면으로 부인하는 것이다.105) 삼위일체론과 신인양성의 위격적 연합 교리가 양립할 수 없다고 주장하는 이러한 몰트만의 입장은, 그가 삼위일체 하나님과 한 사람 예수의 외계적 관계에만 착안하여 제2위 성자 하나님의 인격 안에 [삼위일체 하나님의] 신성과 [사람의] 인성이 연합되어 있음에 대한 존재론적 이해를 결여하고 있기 때문에 비롯된 것이다. 이러한 오류의 배경에는 사회적 삼위일체론(a social trinitarianism)을 견지하면서 하나님을 "한 가능한 하나님"(Gott-möglich)으로서 "미완"(未完, not-yet)의 상태에 계신 분이라고 여기는 몰트만의 신학적 전제가 놓여있다.106)

몰트만에게 있어서, 십자가에 달리신 분은 신인양성의 예수가 아니라 삼위일체 하나님과 관계를 맺고 있는 한 사람 예수이실 뿐이다. 인성에 따라서 십자가에 달리시고 죽기까지 고난당하신 '예수가 하나님이시다'는 사실이 부인되고, '예수의 하나님'이 그곳에 함께 계신다고 인정될 뿐이다.107) 예수의 고난과 죽음은 하나님이신

---

of God (Philadelphia: Westminster Press, 1973).

103) 참조. Gunton, *Yesterday & Today*, 53.

104) Cf. Jürgen Moltmann, "The 'Crucified God': A Trinitarian Theology of the Cross," *Interpretation* 26/3 (1972), 288, 294-295.

105) 성육신에 있어서의 삼위일체 하나님의 동사에 대해서 후술할 본서 제5장 4. "취하심"(assumptio), 제9장 2. 3. "개혁파 속성교통론," 제11장 3. 2. 2. "죽기까지 당하신 순종(obedientia passiva): 지옥강하와 더불어" 참조.

106) Randall E. Otto, "Moltmann and the Anti-Monotheism Movement," *International Journal of Systematic Theology* 3/3 (2001), 294, 302.

107) 몰트만이 그리스도를 "십자가에 달리신 하나님"(the crucified God)으로 칭하는 것은 이러한 뜻에서이다. Jürgen Moltmann, "Crucified God," *Theology Today* 31/1 (1974), 10-16.

사람의 일이자 사람이신 하나님의 일이 아니라 "하나님의 실제 안에서 일어나는 현상들"(phenomena within God's reality)에 불과할 뿐이다.[108]

몰트만은 기독론의 핵심을 다음 세 양상으로 기술한다.

첫째, 예수는 하나님의 그리스도로 인식된다.

둘째, 하나님은 예수의 아버지이시며 그를 죽은 자들로부터 일으키신 분으로 공표된다.

셋째, 그리스도의 현존은 생명의 수여자가 되시는 성령 안에서 경험된다.

몰트만은 아버지와 아들의 관계를 통하여 아들의 어떠함을 기술하는 것이 기독론의 과제라고 여길 뿐, 성육신을 신인양성의 위격적 연합으로 다루지는 않는다.[109] 예수의 인격이 종말론적으로는 이스라엘의 메시아로, 신학적으로는 하나님이 그 안에 그가 하나님 안에 사시는 분으로, 사회적으로는 가난한 자와 소외된 자의 형제로 그려지나,[110] 어느 경우에나 예수의 신성은 거론되지 않는다.[111] 예수는 하나님의 부르심과 기름부음을 받으시고, 하나님에 의해서 일으켜지시고, 하나님에 의해서 우리 안에서 경험되는 분이실 뿐이다. 예수는 부활의 소망을 안고 죽으셨으며, 그 소망이 하나님에 의해서 이루어진, 그리하여 우리에게 소망이 되는 한 사람이실 뿐이다.[112] 예수의 신적 현존은 역사적으로 확정되지 않고 오직 소망 가운데 종말론적으로 경험될 뿐이다.[113]

몰트만은 성부, 성자, 성령의 위격적 존재를 전제하지 않고 세 가지 형태의 위격적 관계를 말하는데, 그러한 관계는 관념적으로 유추될 뿐 실제로 존재하는 무엇이 될 수 없다. 관계의 주체가 없는 관계는 단지 헛것에 다름없기 때문이다. 몰트만은 그리스도의 길을 타락한 인류의 본성을 회복하는 것이 아니라 원(原) 인류의 자연적 본성을 완성하는 데 그 목적이 있는 것으로 여기는데, 이는 그리스도의 신인양성의

---

108) Roland D. Zimany, "Meaning of the Crucifixion and the Resurrection in Moltmann's the Crucified God," *Modern Churchman* 21/1 (1977), 10.

109) Jürgen Moltmann, *The Way of Jesus Christ*, tr. Margaret Kohl (London: SCM Press, 1990), 53.

110) 참조. Jerry A. Irish, "Moltmann's Theology of Contradiction," *Theology Today* 32/1 (1975), 21-31.

111) Moltmann, *The Way of Jesus Christ*, 176-177.

112) 참조. Jürgen Moltmann, "The Presence of God's Future: the Risen Christ," *Anglican Theological Review* 89/4 (2007), 579-582.

113) 참조. Jürgen Moltmann, "Resurrection as Hope," *Harvard Theological Review* 61/2 (1968), 135-147.

위격적 연합과 그 가운데서의 중보를 부인하는 그의 입장의 필연적인 귀결이라고 할 수 있다.[114]

4. 신학적 전제 : 하강기독론과 상승기독론의 경계

상승기독론과 하강기독론은 신학적 전제에서 본질적으로 구별된다. 상승기독론자 바이쓰(Johannes Weiss, 1863-1914)는 하나님과 사람이 한 인격으로 연합하여 지상을 걸어 다니는 것을 상상할 수 없다고 하였다.[115] 반면에 하강기독론자 워필드(Benjamin B. Warfield, 1851-1921)는 칼케돈 신경이 고백하는 예수 그리스도의 신인양성의 위격적 연합 교리는 새로운 가르침을 제안한 것이 아니라 성경의 가르침을 확정한 것으로서 예수의 역사 혹은 역사적 예수의 수수께끼를 푸는 열쇠가 된다고 보았다.[116]

바이쓰와 워필드의 전제는 극명하게 다르다. 바이쓰에 따르면, 그리스도의 인격에는 어떤 비밀도 없다. 워필드에 따르면, 기독교는 그리스도의 인격의 비밀 위에 설 때에만 고유한 빛을 발한다. 그리스도의 신성이 부인되고 그가 단지 뭇 사람과 다를 바 없는 한 사람으로 여겨지는 곳에는 "그리스도 없는 기독교"(Christless Christianity)라는 허명(虛名)만이 남을 뿐이다. 기독론의 관심은 예수에 이르는 길을 모색하는 데 있지 않고 예수 자신이 길이라는 사실을 성경의 가르침에 따라서 체계적이고 종합적으로 서술하는 데 있다. "그리스도가 기독교 자체이다." "그가 그 길 자체이다."[117] 이러한 측면에서 신약신학자 무울(C. F. D. Moule, 1908-2007)이-지상

---

114) Jürgen Moltmann, "Reconciliation with Nature," *Word & World* 11/2 (1991), 119–123. 여기에서 몰트만은 성령은 모든 피조물의 영이라는 사실과 하나님의 언약은 사람과 자연의 세계에 정의를 창출한다는 사실과 더불어 땅의 안식으로서 "하나님의 생태학"(divine ecology)을 다룬다. 다음 글은 몰트만의 입장을 '생태기독론'의 관점에서 개진한다. Warren McWilliams, "Christic Paradigm and Cosmic Christ: Ecological Christology in the Theologies of Sallie McFague and Jürgen Moltmann," *Perspectives in Religious Studies* 25/4 (1998), 343–344, 347–349.

115) Johannes Weiss, *Christus: Die Anfänge des Dogmas* (Tübingen: J. C. B. Mohr, 1909), 88.

116) Benjamin B. Warfield, "The 'Two Natures' and Recent Christological Speculation," in *The Person and Work of Christ*, ed. Samuel G. Craig (Phillipsburg, NJ: Presbyterian and Reformed Publishing, 1950), 211–262, 특히 213, 262.

117) Benjamin B. Warfield, "Christless Christianity," in *The Works of Benjamin B. Warfield*, 10 vols. (New

의 예수로부터 출발하는 그의 신학적 전제를 받아들일 수는 없지만-신약의 그리스도를 올바로 설명하기 위해서는 외계적 전통이나 상황이 아니라 유일한 기원인 그리스도 자신에게로 돌아가야 한다고 말한 것은 일리가 있다.[118]

신학적 전제를 세우는 것은 성경의 가르침을 있는 그대로 조명하는 일로부터 시작되는 바, 성경의 가르침에 대해서 비평이나 비판을 가하는 것이 아니라 그 가르침에 대한 내적 고백을 명제적으로 진술하는 것으로서 단지 연역적이거나 단지 귀납적이거나 한 철학적 작업과는 구별된다. 근대 계몽주의 신학자들은 이러한 받아들임(受納)에 대해서 회의적이었다. 그들은 성경의 가르침 자체에 오류가 없지 않다고 여겼다. 초대교회 교부들은 받아들임 자체를 거부하지는 않았지만, '어떻게' 받아들여야 하는지, 곧 '무엇을 무엇으로' 받아들여야 하는지에 대해서는 다양한 이견을 표출하였다.

예컨대, 신인양성의 위격적 연합을 인성의 고양을 수반하는 '신화'(神化, deificatio)나 '수양'(收養, adoptio) 정도로 볼 것인지,[119] 칼케돈 신경에서 신성과 인성이 '혼합 없이', '변화 없이', '분할 없이', '분리 없이' 한 위격 안에 연합한다고 고백하듯이 '-없이'라는 소극적 진술에 머물 것인지 아니면 철학적으로 그 너머의 적극적 진술을 추구할 것인지, 논란이 많았다.

하강기독론은 예수 그리스도가 영원하신 하나님의 아들로서 하나님과 동일본질이시라는 삼위일체론적 전제와 하나님의 아들이 사람의 아들이 되셨다는 기독론적 전제 위에 수립된다. 성경은 이러한 삼위일체론적-기독론적 전제를 제시할 뿐만 아니라 확증한다. 주님이 가르치시고 선포하신 말씀과 행하신 표적들은 일차적으로 주님 자신이 누구신지를, 곧 주님의 인격을 계시한다.[120]

주님은 "너희는 나를 누구라 하느냐"에(마 16:15) 대한 답을 주시기 위하여 이 땅

York: Oxford University Press, 1932), 3.313-367, 특히 367. 이하 본 전집은 *WBW*로 표기. Herman Bavinck, *Our Reasonable Faith*, tr. Henry Zylstra (Grand Rapids: Eerdmans, 1956), 312에서 재인용. 본서는 원서의 이름인 *Magnalia Dei*(하나님의 큰 일)로 인구에 회자된다.

118) C. F. D. Moule, *The Origin of Christology* (Cambridge: Cambridge University Press, 1977), 1-2, 135.

119) 참조. William C. Placher, *Jesus the Savior: The Meaning of Jesus Christ for Christian Faith* (Louisville: Westminster John Knox Press, 2001), 46-51.

120) 참조. Warfield, "The Person of Christ According to the New Testament," in *The Person and Work of Christ*, 37-70.

에 오셨으며, 제자들은 그것을 고백하고 전하기 위하여 세워졌다. 그들이 설교한 그리스도는 기름부음 받은 메시아로 이 땅에 오신 영원하신 하나님의 아들이셨다.[121]

하강기독론은 성경의 그리스도를 성경의 가르침에 따라서 성경적으로 추구한다. 그것은 성경의 방식이며 성경적 방식이다. 그것은 자의적 성경해석이나 비평에 근거하지 않는, 성경이 성경에 대해서 말하도록 하는 방식이다.[122] 칼케돈 신경이 이러한 하강기독론의 전형(典型)을 제시하는 바, 그 주안점은 성경의 가르침을 좇아 예수 그리스도가 신성에 따라서는 하나님과 동일본질이시고 인성에 따라서는 사람과 동일본질이시라는 사실과 신성과 인성이 한 위격 안에 각각의 본성의 속성을 유지한 채로 연합되어 있다는 사실을 성도의 믿음의 조항으로서 확립하는 데 있었을 뿐, 그 연합의 양상을 형이상학적으로-혹은 사변적으로-전개하고자 하지 않았다.[123]

헤겔의 경우에서 보듯이, 신인양성의 위격적 연합에 대한 성경적 전제를 일견 가정하는 듯해도 그 비밀을 세속적 철학으로 풀어내고자 할 때 극단적 관념주의라는 함정이 도사리고 있다. 상승기독론의 가장 무서운 폐해가 여기에 있다. 자의적으로 설정한 방법론이 영원히 불변하는 실체를 잠식하고 함몰시킨다. 인간에 대한 전제가 하나님에 대한 전제를 제한한다. 인간이 스스로 설정한 전제가 하나님의 전제를 제한시키고 침식시킨다. 인간의 초월성이 신성을 대체하고(라너), 인간에 의해서 규정된 인간의 역사가 절대적이고 객관적으로 스스로 존재하는 하나님의 계시를 규정하며(판넨베르그), 성자의 위격적 존재로서의 신격과 신성을 전제함 없이 위격적 연합이 개진되며(바르트), 삼위의 관계가 예수 그리스도의 인격 안에서 체현(體現)된다고 하면서도 그가 제2위 성자 하나님이심을 전제하지 않는다(몰트만, 영-기독론).

양성의 위격적 연합을 말하는 듯하지만, 그 연합에 부수(附隨)된다고 여기는 고양

---

121) 참조. Warfield, "The Christ That Paul Preached," in *The Person and Work of Christ*, 73-90.
122) 참조. Warfield, "The Historical Christ," in *The Person and Work of Christ*, 5-33. 여기에서 저자는 역사상 이 땅에 오신 예수 그리스도가 하나님의 아들이시라는 성경의 계시가 가장 역사적이라고 변증한다.
123) 그러므로 모호성과 제한성을 들먹이며 칼케돈 신경을 획일적으로 비판하는 것은 오히려 그 비판 자체가 안고 있는 한계를 노정할 뿐이다. 참조. O'Collins, *Christology*, 153-183.

된 인성과 신성의 경계를 모호하게 설정하고, 급기야 그 인성으로 신성을 대체하고 마는 해묵은 철학적 신학의 잔상이 상승기독론에 짙은 그늘을 드리운다. 그리스도의 인성의 고유한 포괄성(inclusiveness)을 내세워 '안으로부터의 기독론'(Christology from within)을 전개하거나,[124] 하나님에 대한 환상인 지복직관(至福直觀, visio beatifica)을 그리스도의 인성에 속한 고유한 초월적 능력으로 여기고 이를 신인양성의 위격적 연합의 비밀을 풀어 낼 연결고리로 삼거나,[125] 존재론적으로는 위로부터의 기독론을, 인식론적으로는 아래로부터의 기독론을 추구하거나,[126] 실체적 본질을 도외시하고 현존의 정황적 의미에 따라 그리스도의 인격을 파악하거나,[127] 하는 등의 시도들이 이러한 그늘 아래에 있다.

하강기독론은 그리스도 자신 곧 그가 누구신지를 아는 지식에서 시작된다. 그리스도 자신을 아는 지식은 그것에 대한 성경의 계시에서 비롯된다. 그리스도 자신을 알지 못하고는 그의 은혜를 알 수 없다. 구원의 은혜는 어떤 소유가 아니라 그리스도 자신에 의해서 주어지는 것이기 때문이다. 그러므로 그리스도의 인격을 전제하지 않고 사역에 치중하는 쿨만(Oscar Cullmann, 1902-1999)의 기능기독론(Functional Christology)은 설 자리가 없다.[128]

---

124) 참조. Mark A. McIntosh, *Christology from within: Spirituality and the Incarnation in Hans Urs von Balthasar* (Nortre Dame, IN: University of Nostre Dame Press, 2000), 21-26.

125) 예컨대, 로마 가톨릭 신학자 로너간(Bernard Lonergan)은 성육신한 그리스도는 신인양성의 인격으로서 한 의식(意識)의 주체가 된다고 주장하면서 그의 인성에 따른 지복직관을 거론한다. 비록 그 정도에 있어서는 차이가 있으나 유사한 입장이 라너(Karl Rahner)의 초월적 기독론에도 나타난다. 토마스 아퀴나스(Thomas Aquinas)의 영향을 반영하는 이러한 입장을 극단화하여 로너간의 동료 갈티에(Paul Galtier)는 인간적 의식의 주체는 말씀의 인격이 아니라 인성 자체라고 주장하기에 이르렀다. 참조. La Due, *Jesus Among the Theologians*, 7-8, 10-14, 20. 그리스도의 인격을 의식 혹은 지식의 연합체로서—즉 심리적 일체로서—다루고자 한 로마 가톨릭 신학자 오콜린스(Gerald O'Collins)의 입장도 로너간과 라너와 궤를 달리하지 않는다. 오콜린스는 말씀의 신적(神的) 인격(the divine person)과 함께 영혼과 육체의 인적(人的) 인격(the human person)이 예수 안에서 한 인격을 이룬다고 보았다. 두 인격을 한 인격으로 묶어내고자 하는 이러한 과감한 발상에는—초대교회의 안디옥 학파의 경우에서 보듯이—인성에 따른 지복직관이라는 경계선상의 모호함이 역시 전제되어 있다. 참조. John McIntyre, *The Shape of Christology: Studies in the Doctrine of the Person of Christ* (Edinburgh: T&T Clark, 1998, 2nd ed.), 283-305. 지복직관에 대한 로너간과 라너의 이해와 관련해서, Neil Ormerod, "Two Points or Four? Rahner and Lonergan on Trinity, Incarnation, Grace, and Beatific Vision," *Theological Studies* 68/3 (2007), 666-668.

126) 참조. H. G. Pöhlmann, *Abriß der Dogmatik* (Gütersloh: Gütersloher Verlagshaus Mohn, 1980), 202.

127) 참조. James F. Kay, *Christus Praesens: A Reconsideration of Rudolf Bultmann's Christology* (Grand Rapids: Eerdmans, 1994), 5-36.

128) Oscar Cullmann, *The Christology of the New Testament*, tr. Shirley G. Guthrie and Charles A. M. Hall (London: SCM Press, 1959), 270: "우리는 예수 자신은 말할 것도 없고 초대교회의 기독교인들이 하나님의 아들이라는 지명(指名)으로 그 아들이 아버지와 실체에 있어서 동일하시다는 것에 대해서 뭔가를 말하려는 의도를 지녔다

그리스도의 인격은 그가 행하신 사역, 그 사역의 가치, 그 가치에 따른 은총에 부수(附隨)하지 않으며, 그의 내적인 종교의식이나 감정, 공동체의 윤리적 판단에 따라서 규정되는 것도 아니다. 무엇보다 자질의 주입(infusio)이 아니라 의의 전가(imputatio)를 대속의 핵심으로 여기는 정통적인 입장에서 볼 때, 영생은 빛이 되는 것이 아니라 빛을 비추는 것, 곧 그리스도와 함께 영원히 사는 것을 의미하기 때문에, 그의 인격을 도외시하고는 그를 믿는 믿음이나 구원을 논할 수가 없다.

하강기독론은 예수의 신성을 전제하나 상승기독론은 그것을 본래적이거나 본성적이지 않으며 유래적인 신적 속성으로 규정한다.

슐라이어마허에 의하면, 종교는 외적인 교리(doctrina)나 예배(cultus)나 훈육(disciplina)이 아니라 내적인 신의식(Gottesbewußtsein)이나 감정(Gefühl)에 정초한다. 이러한 내적 요소가 예수 안에서 궁극적으로 고양되어 인류의 종교적 이상이 구현되었다.[129] 예수에 의해서 하나님이 사람 안에 존재하시는 방식(modus existendi)이 계시되었다. 예수의 신성은 이러한 측면에서만 의미를 지닐 뿐이다. 그것은 예수가 한 사람의 예(例, Vorbild)로서 모든 사람의 원형(Urbild)이 되신다는 사실을 지시할 뿐이다.[130]

슐라이어마허는 교리는 인류 보편의 내적 의식이나 성향(habitus)이 어느 역사적 시점에서 진술된 종교적 이념이나 진리 체계이므로 신학을 중생자(重生者)의 학문으로만 치부해서는 안 된다고 보았다.[131] 하나님은 외계적으로 존재하는 객관적 대

고 보지 않도록 주의를 기울여야 한다. 신약성경의 칭호는 그리스도가 아버지로부터 오심과 그리스도의 신격을 지시하는 것은 분명하지만 '실체'와 '본성들'에 관한 이후의 논의와는 맥락을 달리한다." 쿨만은 구속사(Heilsgeschichte)를 자신의 신학의 축으로 삼지만 정작 언약신학에는 무관심하며 그리스도의 영원한 선재(先在)에 대해서도 부정적이다. 그는 로고스의 영원한 존재는 요한복음에만 나오는 것으로서 유대혼합주의의 산물이라고 일축한다. 쿨만의 관심은 예수의 지상생애와 그것을 통하여 교회가 그에게 돌리는 영광에 편향되어 있다. 참조. David Michael Stanley, "Notes: Cullmann's New Testament Christology: An Appraisal," *Theological Studies* 20/3 (1959), 409, 417-418. 이에 대해서는 후술할 본서 제7장 4. "그리스도의 신성을 부인하는 견해들"에서 자세히 다룬다.

129) 참조. Louis Berkhof, *Systematic Theology, New Edition containing the full text of Systematic Theology and the original Introductory Volume to Systematic Theology* (Grand Rapids: Eerdmans, 1996), 309.

130) 참조. Hodge, *Systematic Theology*, 2.441-442. 슐라이어마허를 필두로 하는 중재신학(Vermittelungstheologie)은 하나님과 세계, 하나님과 사람, 나아가서 신학과 철학을 하나로 묶어 범신론적 일치를 이루려는 시도를 한다. 슐라이어마허에게 있어서, 그리스도가 이상적인 혹은 완전한 인간인 한, 그는 신이다. 같은 책, 2.450, 452-454.

131) Schleiermacher, *The Christian Faith*, § 2.1, 19.1-4 (CG 1.15, 1.143-150). 참조. Berkhof, *Introductory Volume to Systematic Theology*, 35; H. R. Mackintosh, *Types of Modern Theology: Schleiermacher to Barth* (London: Nisbet, 1937), 62: "It[Dogmatic] is history, but history of present."

상이 아니라 무한자(無限者), 영원자(永遠者), 전체자(全體者)로서 우리 모두에게 일자(一者)로 의식되는 주관적 대상일 뿐이다.[132] 구원의 본질은 이러한 신의식 가운데 하나님과 하나됨을 느끼는 내적 연합의 체험에 있다.[133] 그것은 유한하고, 일시적이며, 부분적인 개별자가 무한하고, 영원하고, 전체적인 하나님에 참여하여-혹은 하나님에 참여하여 무한하고, 영원하고, 전체적인-일자를 이루는 신비한 내적 경험을 의미한다.[134] 이러한 측면에서 모든 사람은 서로가 서로에게 중보자가 된다.[135] 예수는 유일한 중보자가 아니라 대표적인 중보자가 되실 뿐이다.[136]

슐라이어마허는 예수의 신성을 그가 지니신 "절대적 능력의 신의식"과 동일시한다. 그것은 가장 우월한 종교성을 지닌 한 사람의 "내적 자아"를 지칭할 뿐이며, 그가 "최고 존재"라는 것이 아니라 그에게 "최고 존재의 완전한 내주"가 있었음을 드러낼 뿐이다.[137] 슐라이어마허에 의하면, 예수는 특별한 신의식을 지닌 한 사람으로서 사람들의 마음과 마음을 잇는 보편적인 고리의 역할을 감당할 뿐이다.[138]

리츨(Albrecht Ritschl, 1822-1889)은 슐라이어마허와 다를 바 없이 그리스도의 선재, 성육신, 동정녀 탄생의 교리를 부인한다. 다만 슐라이어마허와는 달리 그리스도의 인격을 단지 내적 의식에 따라서가 아니라 그가 행하신 구속사역에 대한 공동체의 가치판단에 기초해서 윤리적으로 다룬다.[139] "신학적 깨달음의 직접적인 대상은 죄사함에 의해서 본질적으로 조건지어진 관계로 하나님을 향해 서는 공동체의 믿음

---

132) Friedrich Schleiermacher, *On Religion: Speeches to Its Cultured Despisers*, tr. John Oman (Louisville: Westminster/John Knox, 1994, rep.), 36, 71, 93-94, 101. 원서, Friedrich Schleiermacher, *Über die Religion. Reden an die Gebildeten unter ihren Verächten* (Leipzig: F. A. Brockhaus, 1868), 34, 65, 84-85, 91. 이하 본서는 *ÜR*로 표기.

133) Schleiermacher, *On Religion*, 50 (*ÜR*, 46); *The Christian Faith*, §4 (*CG* 1.32-40).

134) Schleiermacher, *On Religion*, 88-90 (*ÜR*, 79-82).

135) Schleiermacher, *On Religion*, 79 (*ÜR*, 72).

136) Schleiermacher, *On Religion*, 248 (*ÜR*, 230).

137) Schleiermacher, *The Christian Faith*, §94.2 (*CG* 2.54-56).

138) 참조. Mackintosh, *Types of Modern Theology*, 35.

139) 참조. Herman Bavinck, *Reformed Dogmatics*, 4 vols., ed. John Bolt, tr. John Vriend (Grand Rapids: Baker, 2003-2008), 1.67: "계시는 사물의 기원, 본질, 끝에 대한 형이상학적인 가르침을 포함하지 않고 지상에 자신의 나라를 이루고자 하시는 하나님의 뜻을 은혜롭게 드러낸다. 따라서, 리츨에 따르면, 종교의 내용은 '가치 판단'에 국한된다. 교리는 이론적이거나 철학적인 어떤 세계관을 함축하고 있지 않으며 단지 교회의 종교적인 필요에 부응할 뿐이다. 이렇듯 교의학은 순수학문이 아니라 믿음과 구원의 교리에 국한되는 실천학문이다. 그것은 설교와 기독교인들 상호 간의 관계 가운데 유용한 무엇에 국한된다. 이 주제를 다루기 위하여 교의학자들은 자신의 위치를 그리스도의 교회 밖이 아니라 그 안에 제한할 필요가 있다."

이다"140)라고 리츨은 말한다.

> 기독교는—구속자며 하나님의 왕국의 설립자로서 그것을 지으신 분이신 그리스도의 생애에 기초하여—하나님의 자녀들의 자유 위에 존재하고, 사랑의 동기로 행하고자 하는 자극을 포함하고, 인류라는 도덕적 기관을 목표로 삼고, 하나님의 왕국뿐만 아니라 아버지에 대한 자녀됨의 관계에 기초하는 단일신론적이며, 완전히 영적이며, 윤리적인 종교이다.141)

이에 따르면, 그리스도가 하나님으로 간주되는 것은 그의 완전한 도덕성 때문이다. 만물이 지향하는 윤리적 목표로서 그는 만물보다 선행(先行)한다.142) 역사학자 니브(J. L. Neve)는 다음과 같이 말한다. "리츨은 그리스도를 하나님의 섭리에 따라 하나님의 사랑을 드러내는 완전한 계시자로서 지음을 받으신 이상적인 인간으로 탈바꿈시키는 데 일조(一助)를 했다."143) 리츨의 가르침은 헤르만(W. Hermann), 카프탄(J. Kaftan), 해링(T. Häring) 등 신(新)리츨 학파로 이어졌다. 이들은 윤리주의를 극단화하여 예수 그리스도의 내적 도덕성을 신성의 증거로 여겼으며 믿음의 대상은 그리스도의 신격이 아니라 그에 의해서 계시된 하나님의 완전함이라고 주장하였다.144)

슐라이어마허와 리츨로 대변되는 내재주의와 윤리주의와 대척점(對蹠點)에 서 있는 하강기독론은 그 방법과 내용이 상승적이지 않을 뿐만 아니라 내재적이거나 윤리적이거나 과정적이지도 않다. 하강기독론은 성육신(incarnatio)을 신인양성의 위격

---

140) Albrecht Ritschl, *The Christian Doctrine of Justification and Reconciliation: The Positive Development of the Doctrine*, ed. H. R. Mackintosh and A. B. Macaulay (Edinburgh: T. & T. Clark, 1900), 3.

141) Ritschl, *The Christian Doctrine of Justification and Reconciliation*, 13.

142) 리츨의 완전주의(perfectionism)는 펠라기우스적인 행위주의와 칸트적인 도덕주의 그리고 근대 심리주의를 자유주의 관점에서 발전시킨 것이다. 참조. Warfield, "Albrecht Ritschl and His Doctrine of Christian Perfectionism. Article I. Ritschl the Rationalist," and "Albrecht Ritschl and His Doctrine of Christian Perfectionism. Article II. Ritschl the Perfectionist," *WBW* 7.3-52, 55-110.

143) J. L. Neve, *History of Christian Doctrine, vol 2, History of Protestant Theology* (Philadelphia: Muhlenberg, 1946), 151.

144) Bavinck, *Reformed Dogmatics*, 3.265-267. 헤르만은 예수의 윤리적 인격이 믿음의 기초일 뿐만 아니라 내용을 구성한다고 보고, 그것이 믿지 않는 사람들에 의해서도 공유된다고 주장한다. 이 경우 예수의 도덕성과 역사성은 동일시된다. 참조. Weber, *Foundations of Dogmatics*, 2.17-18.

적 연합(unio hypostatica)과 동일시한다. 성육신은 성육신하실 분(incarnandus)의 어떠함이 아니라 성육신하신 분(incarnatus)의 인격, 곧 그 자신을 칭한다.145) 성육신은 단지 인식적, 관념적, 계시적 사건이 아니라 역사적 사건이다. 그것은 실존적 가치에 따라서 그 의미가 연역적으로나 귀납적으로 추론되지 않는다. 그 의미는 이미 성경의 계시로서 주어져 있기 때문이다.

브룬너(Emil Brunner, 1889-1966)는 그리스도에 대한 이해의 근거를 예수의 실제가 아니라 그리스도에 관한 교회의 선포인 케리그마에서 찾는다. 그는 마태, 마가, 누가의 공관복음보다 요한복음과 바울의 서신들을 선호하는 가운데, 동정녀탄생을 부인하고 예수는 완전한 사람으로서 다만 그의 의지가 하나님과 완전히 일치했다는 점에서 우리와 구별될 뿐이라고 주장한다. 브룬너에 따르면, 성령잉태에 관한 신약의 기사는 한 사람의 인격의 시작을 고지(告知)할 뿐이다. 예수는 하나님으로서 사람이 되신 것이 아니라 하나님에 의해서 마리아의 태에서 나셨을 뿐이다. 성육신은 하나님의 행위로서, 그 행위로써 하나님은 자기 자신 안에 있는 것을 자신으로서 역사상 나타내셨을 뿐이다.146) 브룬너는 '육체 안의 그리스도'(Christ in the flesh)와 '육체 이후의 그리스도'(Christ after the flesh)를 구별해서 역사와 믿음의 관계를 변증법적으로 다루고자 한다. 그리하여 인간 예수로부터 시작해서 그가 하나님의 아들이라는 사실에 이름으로써 그의 신격을 확정하고자 한다.147) 철저한 아래로부터의 접근이다.

한편, 바르트는 계시자는 계시의 행위 및 계시의 작용과 일치한다는 사실로부터 삼위 하나님의 본질이 동일함을 말하고자 한다. 계시하시는 분과 계시 자체

---

145) 참조. Weber, *Foundations of Dogmatics*, 2.14.

146) Emil Brunner, *The Mediator: A Study of the Central Doctrine of the Christian Faith*, tr. Olive Wyon (Philadelphia: Westminster, 1947), 409-412.

147) Emil Brunner, *Dogmatics II: The Christian Doctrine of Creation and Redemption*, tr. Olive Wyon (Philadelphia: Westminster Press, 1952), 322, 350. 바르트가 지적했듯이 이러한 브룬너의 이해는 "하나님은 본질적(original) 주체이며 사람은 유래적(derived) 주체"라는 "존재의 유비"(analogia entis)에 기초하고 있다. 브룬너는 형상적인 하나님의 형상과 질료적인 하나님의 형상(the formal and the material imago Dei)을 구분하고, 전자에 기초해서 인류가 보편적인 신의식을 가진다는 인식론적 전제를 개진하고 후자에 기초해서 그 대상이 되는 계시에 대한 분석을 수행한다. 참조. Emil Brunner and Karl Barth, *Natural Theology* ("Nature and Grace" by Brunner and the Reply "No" by Barth), tr. P. Fraenkel (London: Centenary, 1946), 23, 55. 브룬너는 자신의 입장을 변호하면서 칼빈이 "인간의 영혼과 양심에 새겨진 자연적인 빛(lumen naturale)을 하나님의 영과 직접적으로 연관시켰음"을 지적한다. 같은 책, 42. 그러나 칼빈이 말하는 영역은 단지 일반계시에 국한된다는 점을 간과하고 있다.

와 계시의 영향은 같은 한 하나님에게 돌려진다고 바르트는 주장한다.148) 바르트에 따르면, 예수 안에서, 예수를 통하여, 하나님은 우리의 존재를 자신의 존재에 동참시키시면서 자신을 계시하신다. 이러한 계시사건(das Ereignis der Offenbarung, Offenbarungsereignis)은 존재와 인식의 영역에서 동시에 일어난다. 존재의 순서(ordo essendi)와 인식의 순서(ordo cognoscendi)가 서로 다르지 않다. 하나님이 자신을 우리에게 계시하심이 하나님의 존재에 대한 우리 존재의 동참을 의미한다. 우리 존재의 동참으로 말미암아 하나님의 존재는 되어가는 존재가 된다. 하나님의 존재는 계시사건을 통하여 "변증법적 초월"(dialectical transcendence)을 경험한다. 하나님의 존재는 세 가지 방식으로 상호 관련되는 바, 성부, 성자, 성령의 위격은 이러한 존재방식(Seinsweise)을 지칭할 뿐이다.149) 이러한 외적 사건을 통한 내적 관련을 통하여, "하나님의 존재는 [종말론적으로] 되어가고 있다"(Gottes Sein ist im Werden).150)

바르트에게 있어서, 예수 그리스도의 성육신과 고난과 부활의 역사는 하나님의 자기계시의 역사이다. 하나님 아버지의 비하와 인자의 승귀는 동시에 일어났다. "먼 나라로 떠났던 분은 하나님이셨다. 집으로 돌아온 분은 사람이다. 이 두 사건 모두 한 분 예수 그리스도 안에서 일어났다."151) 바르트는 이를 한 분 예수 그리스도가 참 하나님이셨으며 참 사람이셨다는 정통적인 위격적 연합 교리의 관점에서 바라보지 않고, "하나님이 예수 안에 계셨다"(Gott war in Christus)는 한마디 말로 특정

---

148) Barth, *Church Dogmatics*, I/1.296, 299 (*KD* I/1.312, 315).

149) 이러한 용례에 관련한 바르트의 양태론이나 가현설에 대한 입장에 대해서, Alan Torrance, "The Trinity," in *Karl Barth*, ed. John Webster (Cambridge: Cambridge University Press, 2000), 81.

150) 참조. Eberhard Jüngel, *God's Being is in Becoming* (Edinburgh: T&T Clark, 2001), 75-79. 바르트에 대한 이러한 융엘의 평가는 융엘 자신의 신학적 특성을 현저히 드러낸다. 융엘은 예수의 인성은 하나님이 그 안에 계심으로써 하나님의 인성으로 특정되는 바, 예수의 죽음은 죽으실 수 없는 하나님의 죽음으로서 부활을 당연히 예기하게 하며, 부활은 예수의 신성을 비로소 계시한다고 여긴다. 따라서 예수의 신성은 그의 선재(先在)가 전제되지 않듯이 전제되는 것이 아니라 그의 인성에 의해서 확정될 뿐이다. 융엘에 있어서, 예수의 신성은 그의 인성에 의해서 [계시]되어가고 있는 인성에 내포된 신성일 뿐이다. 그것은 인성의 인식론적 차원을 고유한 방식으로 드러낼 뿐이다. 이에 대한 최초의 계시가 그리스도의 부활이며 그 완성은 성도의 부활에 의해서 종말론적으로 이루어진다. 이 경우 예수는 하나님이 아니라 하나님께 다가가는 존재이실 뿐이며, 하나님을 더욱 가까이 비추심으로써 하나님을 우리 가운데 [인식론적으로] 완성시켜 가는 하나님의 선포자일 뿐이다. 이와 관련하여, J. B. Webster, "Jesus in the Theology of Eberhard Jüngel," *Calvin Theological Journal* 32/1 (1997), 특히 54-58.

151) Barth, *Church Dogmatics*, IV/2.21, 29 (*KD* IV/2.21, 30).

할 뿐이다.152) 예수는 영원한 하나님을 담지(擔持)한 역사상 한 사람이실 뿐이다. 그가 하나님이라고 불리시는 것은 하나님이 그 안에 계셨기 때문이다. 하나님이 그 안에 계심으로 그 안에서 계시사건이 일어났다. 이로 말미암아 우리도 예수와 같이 하나님을 속에 담은 존재로서 예수와 함께 이러한 사건을 체험한다. 곧 계시사건의 주체가 된다. 그리하여 우리가 존재로나 지식으로 그리스도와 하나가 되고 하나님과 하나가 된다.153) 그리스도는 그의 행위를 통하여 "실제 사람"(der wirkliche Mensch)이 되셨으며,154) 동시에 하나님과 하나가 되셨다. "행위자(Täter)인 그와 그의 행위(Tat)는 불가분리하게 하나이다."155) 그리스도 안에서 인간의 존재는 하나님의 존재와 "즉각적이며 직접적으로" 관계를 맺고 있다.156) "구원"(Heil)은 "하나님의 존재에 참여함에"(in der Teilnahme am göttlichen Sein) 있다.157)

바르트의 신학에는 존재와 인식, 인격과 사역, 계시와 실존 사이에 "변증법적 병

---

152) Barth, *Church Dogmatics*, IV/1.301 (KD IV/1.332). 성육신을 "하나님의 절대적 내재"(the absolute immanence of God)로 여기는 매킨토시의 입장도 이러한 바르트의 입장과 유사한 면이 있다. 다만 매킨토시는 신(新)리츨 학파의 영향을 받아 유한자가 무한자의 윤리적 자기의식(ethical self-consciousness)에 동참하는 것에 주 안점을 둔다는 점에서 계시사건을 통한 연합을 강조하는 바르트와 뚜렷이 구별된다. H. R. Mackintosh, *The Doctrine of the Person of Jesus Christ* (Edinburgh: T. & T. Clark, 1913, 2nd ed.), 431–440.

153) 베일리의 성육신 이해는 이와 같은 바르트의 사상에 기반한다. 베일리는 인간이 되신 하나님이신 예수 그리스도는 오직 아버지의 은혜로 일하셨으며 오직 아버지께만 영광을 돌렸다는 "은혜의 역설"(the paradox of grace)을 통하여 "성육신의 역설"(the paradox of incarnation)을 설명한 후, 만약 동일한 하나님의 은혜가 우리 안에도 작용한다면 우리도 동일한 성육신의 경험을 하게 될 것이라고 말한다. 베일리는 어거스틴(Augustine)의 은혜의 역설("Da quod jubes, et jube quod vis." 곧 "Give what Thou commandest, and command what Thou wilt.")과 이레네우스에 의해서 제기된 하나님과 우리의 존재의 교통의 역설 곧 신화(神化)의 역설("He was made what we are that He might make us what He is Himself.")을 함께 묶어 "성육신의 역설"을 개진한다. 베일리는 오직 이 경우에만 그리스도의 양성론이 알렉산드리아와 안디옥에 치우침 없이 다루어질 수 있다고 본다. Donald M. Baillie, *God Was in Christ: An Essay on Incarnation and Atonement* (New York: Charles Scribner's Sons, 1948), 114–32. 바르트에 의하면 이러한 "은혜의 역설"과 "성육신의 역설"이 계시사건을 통하여 일어난다. 계시사건으로 '그리스도 안에 계신 하나님'(God in Christ)이 '우리 안에 계신 하나님'(God in us)이 되신다. 그리스도는 자신의 공로를 우리에게 전가하시는 것이 아니라 그 자신 안에서 우리가 하나님과 존재적으로 하나가 되게 하심으로 우리를 구원하신다. 이러한 측면에서 바르트의 신학은 이러한 슐라이어마허의 그늘을 벗어나지 못하고 있다. 슐라이어마허의 입장과 관련하여, Hodge, *Systematic Theology*, 2.138–140.

154) Barth, *Church Dogmatics*, III/2.63–64 (KD III/2.73–74).

155) Barth, *Church Dogmatics*, III/2.61 (KD III/2.71).

156) Barth, *Church Dogmatics*, III/2.132–133 (KD III/2.158–159).

157) Barth, *Church Dogmatics*, IV/1.8–9 (KD IV/1.7). 하나님은 사람의 하나님으로서 그리스도 안에 계시므로 순수한 하강기독론은 불가능하다고 보는 베버(Otto Weber)는 이 점에서 바르트와 동일한 입장에 서 있다. Weber, *Foundations of Dogmatics*, 2.25–26.

행"(dialectical juxtaposition)이 나타난다.158) 존재와 지식과 구원이 원을 이루듯 서로 맞물려 있지만, 정작 무엇이 존재와 지식, 지식과 구원, 구원과 존재를 연결시켜주는 고리인지, 어떻게 그것이 주어졌는지, 혹은 만들어졌는지에 대해서는 아무 언급이 없다. 바르트는 성경이 곧 계시라고 여기지 않는다. 계시는 "성경의 언어가 하나님의 말씀이 되는 그 때, 그 곳에서 발생한다."159) 바르트가 전제하는 것은 계시의 존재가 아니라 인간의 계시능력이다. 이러한 측면에서 라너나 판넨베르그와 다를 바 없이 바르트 역시 헤겔의 관념주의에 부수하는 상승기독론의 극단적 폐해를 고스란히 드러낸다.160)

지금까지의 고찰을 통하여 우리는 기독론의 다양한 스펙트럼을 다음과 같이 분류해볼 수 있다.

첫째, 정통 삼위일체론과 기독론에 기초한 '신학적 하강기독론'으로서, 성육신한 그리스도의 한 위격 양성의 위격적 연합에 대한 칼케돈 신경의 조항과, 신성과 인성은 위격 안에서 연합하나 위격은 아니라는 내(內)위격(enhypostasis)과 비(非)위격(anhypostasis) 교리를 주축으로 삼는다. 이를 받아들이는 과정에서 신인양성의 속성교통에 대한 개혁파와 루터파 사이의 첨예한 대립이 있었다.161)

둘째, 형이상학적 관점에서 성자의 신적 기원과 성부와의 관계를 논하되 주님의 성육신과 구원사역에는 큰 의미를 부여하지 않는 '철학적 하강기독론'이다. 주님의 제2위 성자 하나님으로서의 고유한 인격을 전제함 없이 그의 신성을 로고스 개념으로 다루고자 했던 알렉산드리아의 오리겐(Origen, 185-254)이 이러한 입장을 대변한다. 정통신학자들과는 달리 오리겐은 추상(抽象, abstractum)으로부터 구체(具體, concretum)로-즉 통유(通有) 본성으로부터 고유(固有) 인격으로-나아가고자 했다.162) 그리하여 주님이 "보이지 아니하는 하나님의 [보이는] 형상"으로서(골

---

158) George Hunsinger, "Karl Barth's Christology: Its Basic Chalcedonian Character," in *Karl Barth*, 139.
159) Barth, *Church Dogmatics*, I/1.113 (*KD* I/1.116): "Sie findet als Ereignis statt, wenn und wo da Bibelwort Gottes Wort wird."
160) 판넨베르그는 자신의 입장과는 달리 바르트가 하강기독론에 서 있다고 비판하지만 이런 측면에서 양자는 서로 다를 바 없다. Pannenberg, *Jesus-God and Man*, 33-37, 115-133, 307-323 (*GC* 26-31, 113-131, 317-334).
161) 초대교회의 신경들과 교부들의 정통적인 가르침 및 이를 수용하는 데 있어서 뚜렷한 견해 차이를 보이는 개혁파와 루터파의 입장에 대해서, Ramm, *An Evangelical Christology*, 20-38, 60-63.
162) 구체(concretum)는 주체(subjectum)가 되는 기체(基體, suppositum)로서 고유한 반면, 추상(abstractum)은 구체(concretum)의 본성으로서 공유된다. 예컨대, "다윗은 사람이다"라는 말이 있다고 할 때, 다윗은 구체가, 그의 인

1:15) 이 땅에 사람의 아들로 오신 분이시라는 말씀은 등한시하고 그가 성부와 다를 바 없이 보이지 않는 신적인 본성을 지니셨다는 점만 부각시켰다. 오리겐은 성부와 성자의 동일본질과 각각의 위격이 구별된다고 천명하고는 있지만, 성자는 성부로부터 나온 "두 번째 본질"을 지닌 성부의 축소판과 같다는 생각에서 그리하였다.163) 한편, 하나님의 본질을 영(靈)이라고 본 헤겔은 그것이 내재와 초월의 변증법적 고양(高揚)을 통하여 주님의 신성이라는 관념을 형성한다고 여겼는데, 이러한 입장 역시 철학적 하강기독론으로 분류할 수 있을 것이다.164) 영원하신 하나님의 아들의 제2위 성자 하나님으로서의 위격적 존재—곧 위격 혹은 인격—를 인정하지 않고 그가 누구인지와는 무관하게 공유되는 신적 본성과 그것의 발현 혹은 고양에만 관심을 갖는 것이 이들의 공통점이다.

셋째, 신학적이든 철학적이든 주님의 신성을 전제하지 않고, 그것을 주님의 지상의 생애와 말씀 그리고 구속사역으로부터 추론하는 '신학적 상승기독론'이다. 우리가 위에서 살펴본 여러 상승기독론자들의 입장이 대체로 이에 속한다.165) 하나님의 아들이 사람의 아들이 되신(incarnatus) 성육신이 아니라 사람의 아들이 하나님의 아들이 되는(incarnandus) 신화(神化)에 주안점을 두는 방법론으로서, '구원에 관한 질문'(the question of salvation)으로부터 시작해서 '하나님–질문'(the God-question)에 이르고자 한다.166) 신학적 상승기독론은 하나님의 아들로서의 주님의 영원한 신성을 전제하지 않을 뿐만 아니라 주님의 신성 자체를 부인하는 극단적인 입장과 주님의 신성 자체는 인정하는 온건한 입장으로 나눌 수 있으나 양자의 구별이 항상 용이한 것은 아니다. 왜냐하면 신성에 대한 정의 자체가 다양한 관점에 따라서 다양하게 내려지기 때문이다.167) 예컨대, 주님의 인격에는 아래로 사람에게 이르고 위로

성은 추상이 된다. 이에 대해서는 후술할 본서 제5장 5. 4 "구체(concretum)와 추상(abstractum)의 이분법을 넘어서: 제3의 길의 위험성"에서 자세히 다룬다.

163) 참조. Herbert Musurillo, "The Recent Revival of Origen Studies," *Theological Studies* 24/2 (1963), 259–262.

164) 참조. Gunton, *Yesterday & Today*, 35–43.

165) 통상 '상승기독론'이라는 말은 이러한 방법론을 칭한다.

166) 참조. Walter Kasper, *The God of Jesus Christ*, tr. Matthew J. O'Connell (New York: Crossroad, 1997), 158–163.

167) 예컨대 예수를 "계시자"(revealer)로(Karl Rahner, Dorothe Soelle, Roger Haight), "도덕적 모범"(moral exemplar)으로(Rosemary Radford Ruether, Carter Heyward, Mark Lewis Tayler), "궁극적인 희망"(ultimate

하나님께 반응하는 하나님과 사람의 두 가지 움직임(two movements)이 있으며 그것들이 각각 신성과 인성을 지칭한다고 주장하는 과정신학자 피텐저(Norman Pittenger, 1905-1997)는 주님의 영원한 신성은 물론 주님이 신성을 지니고 계시다는 사실 자체를 사실상 부인하고 있다.168)

넷째, 주님의 신성뿐만 아니라 하나님의 신성 자체를 부인하는 무신론자들의 '철학적 상승기독론'이다. 이 경우, 철학적 개념과 방법론이 여과 없이 신학에 도입되어 인간 예수의 신적 의미가 추구될 뿐인 바, 예수는 전형적인 종교적인 인간이거나 초인으로서 그려질 뿐이다. 그리하여 '기독론'(Christo-logy)이라는 이름 자체가 무색하게 된다.169) 바르트, 판넨베르그, 라너 등의 경우에서 보듯이, 신학적 상승기독론은 많은 경우 이러한 철학적 상승기독론에 대한 신학적 응수(應手)로서 전개되는 바, 결과적으로 신학적 변증이 아니라 철학적 변증에 이르게 된다.170)

이상의 방법 중 오직 '신학적 하강기독론'만이 성경의 기독론으로서 성경적 기독론을 추구한다. 그것은 삼위일체론과 기독론에 관한 정통적인 이해를 견지하는 가운데 구속사적 성취와 구원론적 적용을 창세 전 구원협약에 대한 언약의 역사상 성취와 적용으로서 읽어내고자 하는 개혁파 언약신학의 입장으로 대변되는 바, 본서의 기독론은 이러한 삼위일체론적-기독론적, 구속사적-구원론적, 개혁파 언약신학적 관점에서 개진된다.

이와 배치되게, 하강기독론과 상승기독론의 구별에 반대하는 가운데 '위와 아래로부터의 기독론'을 제안하면서, 존재에 있어서는 위로부터의, 지식에 있어서는 아래로부터의 기독론을 주장하거나,171) 이 둘이 "메시아적, 종말론적 관점"에서 통합된다고 주장하면서 "역사적 인간 예수는 이른바 위로부터 내려온 것이 아니라, 하

---

hope)으로(James Cone, Jon Sobrino, Elizabeth Johnson), "고난받는 그리스도"(the suffering Christ)로(Jürgen Moltman, Douglas John Hall, Marilyn McCord Adams), "양허(讓許)된 열림"(bounded openness)으로(Raimon Panikkar, John B. Cobb Jr., Jacques Dupuis) 보는 다양한 경우에 있어서 주님의 '신성의 존재'에 대한 인식 자체가 일의적이지 않다. 심지어 종교다원주의를 주장하면서도 이를 전제하듯이 말하기도 한다. 이에 대해서, Don Schweitzer, *Contemporary Christologies* (Minneapolis: Fortress Press, 2010).

168) 참조. McIntyre, *The Shape of Christology*, 225-255. 다음 두 책 참조. Norman Pittenger, *The Word Incarnate* (London: Nisbet, 1959); *Christology Reconsidered* (London: SCM Press, 1970).

169) 이러한 입장과 관련해서 포이에르바흐(Ludwig Feuerbach, 1804-1872)나 니이체(Friedrich Nietzsche, 1844-1900) 등이 주목된다. 참조. Kasper, *The God of Jesus Christ*, 16-46, 특히 28-31, 39-46.

170) 참조. Kasper, *The God of Jesus Christ*, 47-64.

171) 김광식, 『조직신학(II)』 (서울: 대한기독교서회, 1990), 26-27.

나님의 약속된 미래로부터 오셨고 또 장차 오실 하나님의 아들로 파악된다. 이와 동시에 하나님의 아들 메시아 예수는 땅 위에 살았던 역사적 인간 예수로 파악된다"라고 하거나,[172] 이 둘을 연역적 방법과 귀납적 방법과 동일시하면서 양자의 "상호순환적인 관계성"이 중시되는 "통전적 기독론 방법"을 제안하거나,[173] 하는 것은 사실상 하강기독론을 포기하는 것과 다를 바 없다.[174]

---

[172] 김균진, 『기독교 신학 II: 하나님 나라의 메시아적 신학을 향해』 (서울: 연세대학교 출판부, 2009), 385.

[173] 윤철호, 『예수 그리스도 상』 (서울: 한국장로교출판사, 2008), 51-54, 318-327, 678-688. 저자는 '위로부터'와 '아래로부터'과 함께 '미래로부터'와 '바닥으로부터'가 동시에 고찰되어야 한다고 주장한다.

[174] 다음에서 저자는 '통전적 그리스도론'을 주장하면서 자신이 기본적으로 '하강기독론'에 서 있다고 말한다. 그러나 이 경우 '하강기독론'이라는 개념 자체가 모호해진다. 이종성, 『그리스도론』, 485-493.

기독론은 성경에 기록된 삼위일체 하나님의 자기계시를 들음으로써, 곧 믿음으로 받아들임으로써 수행된다. '성경적 예수'는 '성경의 예수'로 추구되며, '성경의 예수'는 구약과 신약의 말씀을 통하여 종합적이고 체계적으로 파악된다. 신약의 성취는 구약의 약속을 돌아보게 하고 구약의 약속은 신약의 성취를 바라보게 한다. 신구약은 경륜에 있어서는 다르나 실체에 있어서는 동일한 바, 그 실체는 그리스도로서, 모든 성경적 사실들에 의해서 그 인격과 사역이 절대적이며 객관적으로 계시된다. 신학은 이러한 그리스도에 관한 계시와 그 정점이 되는 그리스도 자신의 계시가 하나가 되는 자리에 어김없이 위치할 때에만, 신앙의 유비의 방식에 따라 참되게 개진될 수 있다. 그리스도의 시각이 없이는 하나님의 시야에 미칠 수 없기 때문이다.

제2장

성경과 기독론

1. 성경의 기독론

신약신학자 피(Gordon D. Fee)는 바울의 기독론을 푸는 열쇠를 고린도전서 8:6, 골로새서 1:12-20, 빌립보서 2:6-11에서 찾는다.[175] 이하 이 세 구절을 중심으로 기독론의 본질과 핵심과 가치를 조명함으로써 이후 논의의 성경적 지반을 다진다.

[고린도전서 8:6]

그러나 우리에게는 한 하나님 곧 아버지가 계시니 만물이 그에게서 났고 우리도 그를 위하여 있고 또한 한 주 예수 그리스도께서 계시니 만물이 그로 말미암고 우리도 그로 말미암아 있느니라(ἀλλ' ἡμῖν εἷς θεὸς ὁ πατὴρ ἐξ οὗ τὰ πάντα καὶ ἡμεῖς εἰς αὐτόν, καὶ εἷς κύριος Ἰησοῦς Χριστός δι' οὗ τὰ πάντα καὶ ἡμεῖς δι' αὐτοῦ)(고전 8:6).

본문에는 바울의 기독론의 두 축이 되는 예수 그리스도가 '하나님의 아들'이시라는 사실과 '주'시라는 사실이 기록되어 있다. 전자는 "한 하나님 곧 아버지"가 '주 예

---

175) Gordon D. Fee, *Pauline Christology: An Exegetical-Theological Study* (Peabody: Hendrickson, 2007), 16-20.

수 그리스도의 아버지'를 지칭하므로 문맥상 지시되어 있으며, 후자는 "주 예수 그리스도"로 문자상 명시되어 있다.

본문에서 사도 바울은 '주'를 칭하는 퀴리오스(κύριος)=아돈(אָדוֹן)의 강조형인 아도나이(אֲדֹנָי)=야훼(יהוה)의 70인경(the Septuagint) 번역공식을 예수 그리스도께 사용하고 있다. 여기에서 '소위 바울의 유대주의'(the so-called Paul's Judaism)라고 일컫는 바가 있다면 그것은 성경을 떠난 역사적 유대주의가 아니라 구약에 기초하고 있음을 확인할 수 있다. 사도 바울은 70인경을 통하여 인용한 12구절에서만 '주'(κύριος)로써 여호와 하나님을 지칭하고 있을 뿐, 나머지는 이를 예수님에 대한 전유 칭호(專有稱號)로 사용하고 있다.

반면 사도 바울은 '하나님' 곧 '떼오스'(θέος)라는 칭호는 논란이 되는 로마서 9:5과 디도서 2:13의 경우를 제외하고는 모두 성부 하나님께 돌리고 있다.[176]

조상들도 그들의 것이요 육신으로 하면 그리스도가 그들에게서 나셨으니 그는 만물 위에 계셔서 세세에 찬양을 받으실 하나님이시니라(ὧν οἱ πατέρες, καὶ ἐξ ὧν ὁ Χριστὸς τὸ κατὰ σάρκα, ὁ ὢν ἐπὶ πάντων θεὸς εὐλογητὸς εἰς τοὺς αἰῶνας) 아멘(롬 9:5).

본문에서 관계대명사와 분사로 이루어진 "ὁ ὤν"이 문법상 "그리스도"(ὁ Χριστὸς)를 받는 것은 분명해보인다.[177] 다만 그 술어로 사용된 "만물 위에 계셔서 세세에 찬양을 받으실 하나님"이 "그리스도"를 수식하는지에 대해서는 논란이 많다. 무엇보다 이러한 형태로 그리스도가 하나님이심을 표현하는 말씀이 성경에 나타나지 않는다는 점과 로마서 1:25과 고린도후서 11:31에서 보듯이 영원히 찬송을 받으실 분(εὐλογητός)은 성부 하나님으로만 지칭되고 있다는 점이 지적된다.

---

176) 데살로니가후서 1:12의 "우리 하나님과 주 예수 그리스도의 은혜대로"(κατὰ τὴν χάριν τοῦ θεοῦ ἡμῶν καὶ κυρίου Ἰησοῦ Χριστοῦ)에서 정관사 "τοῦ"가 한 번만 사용되었으므로 "우리 하나님"과 "주 예수 그리스도"를 동격으로 보아야 한다는 입장에서 본문도 이러한 예외에 해당한다고 주장하는 경우가 있다. Fee, *Pauline Christology*, 62, n. 92.

177) 참조. D. A. Carson, *The Gospel According to John* (Grand Rapids: Eerdmans, 1991), 135. 여기에서 저자는 요한복음 1:1과 1:18이 "inclusio"(首尾雙關法, 수미쌍관법)를 이루므로 18절의 "ὁ ὤν"이 1절에 계시된 그리스도의 영원한 선재를 더욱 강조하고 있다고 보아야 한다고 주장한다.

이는 그들이 하나님의 진리를(τὴν ἀλήθειαν τοῦ θεοῦ) 거짓 것으로 바꾸어 피조물을 조물주보다 더 경배하고 섬김이라 주는 곧 영원히 찬송할 이(ὅς ἐστιν εὐλογητὸς εἰς τοὺς αἰῶνας)시로다 아멘(롬 1:25).

주 예수의 아버지(ὁ θεὸς καὶ πατὴρ τοῦ κυρίου Ἰησοῦ) 영원히 찬송할 하나님이(ὁ ὢν εὐλογητὸς εἰς τοὺς αἰῶνας)(고후 11:31).

또한 로마서 9-11장이 그리스도로 말미암아 하나님께 영광을 올려드리는 송영의 내용을 포함하고 있음도 이를 주장하는 한 논지가 된다. 이러한 입장에서 보면, 로마서 9:5은 구약의 조상들의 후손으로서 육신으로 나신 그리스도는 송영을 받으시는 대상이 아니라 하나님께 송영을 올려드리시는 주체 혹은 조건이 되심을 증거하는 구절로 여겨진다. 이 경우 본문의 후반부는 관계절이 아니라 독립절로서 "만물 위에 계신 하나님께 세세에 찬양이 있으리로다"와 같이 번역된다.[178]

이와 거의 유사한 근거에서 디도서 2:13의 "크신 하나님"이 "[우리의] 구주 예수 그리스도"와 동격으로 나타난다고 볼 수 없음이 다루어진다.

복스러운 소망과 우리의 크신 하나님 구주 예수 그리스도의 영광이 나타나심을 (ἐπιφάνειαν τῆς δόξης τοῦ μεγάλου θεοῦ καὶ σωτῆρος ἡμῶν Ἰησοῦ Χριστοῦ) 기다리게 하셨으니(딛 2:13).

본문의 "우리의 크신 하나님 구주 예수 그리스도"에는 정관사 "τοῦ"가 한 번만 나온다. 그러므로 한 대명사가 복수의 명사를 이끌 때, 그것은 한 개체를 지시한다고 보는 "그랜빌 샤프의 법칙"(Granville Sharp's Rule)에 따르면 "크신 하나님"과 "[우리의] 구주 예수 그리스도"는 한 대상을 가리킨다(KJV, NRSV). 그런데 이렇게 볼 때 내용상 몇 가지 난점이 있다고 지적된다. 사도 바울의 서신서들 가운데서 그리스도를 하나님으로 부르는 경우를 사실상 찾을 수 없다는 점, "하나님"을 "그리스도"로 볼 경우 "크신"이라는 형용사가 적절치 못하다는 점, 앞에 나오는 "하나님의 은

---

178) Fee, *Pauline Christology*, 272-277.

혜"(딛 2:11)와 '하나님의 영광'이 적절하게 대구(對句)가 된다는 점, 고린도후서 3:7-4:6에서 무려 열세 번이나 사용된 "영광"(δόξα)이라는 말이 주님이 아니라 하나님 아버지께 돌려지고 있음을 볼 때 주님은 하나님의 영광의 현현(the manifestation of God's glory)일 뿐 그 자체가 아니라는 점, 고린도전서 8:6에서 보듯이 하나님이라는 칭호 "떼오스"(θέος)가 주님께는 돌려지지 않는다는 점 등이 이와 관련하여 거론된다. 이를 고려하여 본문의 "크신 하나님"과 "[우리의] 구주 예수 그리스도"를 각각 성부와 성자를 지시하는 호칭으로서 번역하기도 한다(NRSV, TNIV, ESV).[179]

그러나 이러한 입장은 성육신하신 중보자 그리스도의 신인양성의 위격적 연합과 관련하여 두 가지 측면을 간과하고 있다.

첫째, 주님은 참 하나님이시므로 마땅히 성부와 동일한 영광과 존귀와 찬송이 그에게 돌려진다. 이는 삼위일체론과 관련된다.

둘째, 성육신한 주님은 한 분 위격 안에 참 하나님이시자 참 사람으로 계시므로, 신성에 마땅한 영광과 존귀와 찬송이 인성에도 돌려진다. 이는 신인양성의 위격적 연합에 따른 은사의 교통과 관련된다.

이 두 가지를 고려한다면 로마서 9:5의 "만물 위에 계셔서 세세에 찬양을 받으실 하나님"과 디도서 2:13의 "크신 하나님"은 "그리스도"를 뜻하는 것으로 볼 때 심오함이 더하게 된다.

고린도전서 8:6과 관련해서 우리가 간과하지 말아야 할 것은 비록 명문으로 나타나지는 않지만 지혜기독론(Wisdom Christology)이 여기에 함의되어 있다는 점이다. 고린도전서 1:24, 30에는 주님이 하나님의 지혜(θεοῦ σοφία)로 나타난다. 특히 고린도전서 8:6이 주님을 창조의 중보자로 계시하고 있다는 측면에서 볼 때 주님이 "인격화된 지혜"(personified Wisdom)라는 점이 더욱 부각된다.[180] 이렇게 볼 때, 고린도전서 8:6의 "주"는 잠언 8장에 나오는 지혜(חָכְמָה)와 밀접하게 연관된 칭호로서 그리스도가 이 땅에 오신 영원하신 하나님의 아들이심을 지시하게 된다.[181]

---

179) Fee, *Pauline Christology*, 440-446.
180) 고린도전서 8:6에 대한 이상의 논의와 관련하여, Fee, *Pauline Christology*, 16-17, 89-94.
181) 참조. Leon Morris, *The Gospel According to John* (Grand Rapids: Eerdmans, 1971), 115-126.

[골로새서 1:12-20]

골로새서 1:12-20에는 '퀴리오스'(Κύριος)나 '크리스토스'(Χριστός)라는 칭호는 나오지 않고, 13절의 '그[하나님]의 사랑의 아들'이 문단의 주어로 나타난다.

[12] 우리로 하여금 빛 가운데서 성도의 기업의 부분을(εἰς τὴν μερίδα τοῦ κλήρου τῶν ἁγίων) 얻기에 합당하게 하신 아버지께 감사하게 하시기를 원하노라

[13] 그가 우리를 흑암의 권세에서 건져내사 그의 사랑의 아들의 나라로(εἰς τὴν βασιλείαν τοῦ υἱοῦ τῆς ἀγάπης αὐτοῦ) 옮기셨으니

[14] 그 아들 안에서(ἐν ᾧ) 우리가 속량 곧 죄 사함을 얻었도다

[15] 그는 보이지 아니하는 하나님의 형상(εἰκὼν τοῦ θεοῦ τοῦ ἀοράτου)이시요 모든 피조물보다 먼저 나신 이(πρωτότοκος πάσης κτίσεως)시니

[16] 만물이 그에게서(ἐν αὐτῷ) 창조되되 하늘과 땅에서 보이는 것들과 보이지 않는 것들과 혹은 왕권들이나 주권들이나 통치자들이나 권세들이나 만물이 다 그로 말미암고 그를 위하여(δι' αὐτοῦ καὶ εἰς αὐτὸν) 창조되었고

[17] 또한 그가 만물보다 먼저 계시고(ἐστιν πρὸ πάντων) 만물이 그 안에(ἐν αὐτῷ) 함께 섰느니라

[18] 그는(αὐτός) 몸인 교회의 머리(ἡ κεφαλὴ τοῦ σώματος τῆς ἐκκλησίας)시라 그가 근본이시요 죽은 자들 가운데서 먼저 나신 이(πρωτότοκος)시니 이는 친히 만물의 으뜸이 되려 하심이요

[19] 아버지께서는 모든 충만으로 예수 안에 거하게 하시고

[20] 그의 십자가의 피로 화평을 이루사 만물 곧 땅에 있는 것들이나 하늘에 있는 것들이 그로 말미암아 자기와 화목하게 되기를 기뻐하심이라.

본문에서도 고린도전서 8:6과 같이 그리스도가 "인격화된 지혜"로서, 창조의 중보자로서 나타난다. 초대교회의 찬송시(hymn)라고 알려진 본문 15-18절에서 이러한 사실이 특히 뚜렷이 부각된다. 그러나 본문을 12-20절에 걸쳐서 전체적인 맥락으로 읽을 때 13절에 나오는 '아들'은 아버지의 창조뿐만 아니라 구속도 함께 중보하시는 분으로 곧바로 인식된다. 12절에 감사를 받기에 합당한 "아버지"는 유대인

과 이방인을 포함한 "우리"를 노예의 압제로부터 해방시키시는 구속주 하나님이시다. 여기에서 "성도의 기업"(κλῆρος)은 모세를 통하여 이스라엘 백성에게 "제사장 나라"요 "거룩한 백성"으로(출 19:6) 약속하신 "기업"(מוֹרָשָׁה)을 떠올리게 한다(출 6:6-8). 이러한 '성도'와 '나라' 개념이 골로새서 1:12-13에 함의되어 있는 것이다.

"그의 사랑의 아들"은 사무엘하 7:14, 18의 다윗언약을 떠올리게 한다. 이는 '아들을 통하여 아버지의 사랑이 역사하는 나라'를 뜻한다고 볼 수도 있고(롬 5:5-9), '아버지의 뜻을 이룸으로 사랑받는 아들의 나라'를 뜻한다고 볼 수도 있다. 다윗의 후손으로 오신 주님이(마 1:1) 우리의 자리에서 세례를 받으셨을 때 하늘로부터 들린 "이는 내 사랑하는 아들이요"라는 소리가(마 3:17) 이러한 맥락에 닿아있다. 이렇듯 아들의 아들됨과 왕직이 구속자의 사역으로 나타난다. 이어지는 14절의 "그 아들 안에서 우리가 속량 곧 죄 사함을 얻었도다"라는 말씀이 이를 확정한다.

15-17절의 주어인 "그"는 관계대명사 "호스"(ὅς)로서 앞의 "사랑의 아들"을 받는다. 그러므로 이 세 구절은 우리의 죄를 사하신 하나님의 "사랑의 아들"이 모든 피조물을 지으신, 모든 피조물보다 먼저 계신 창조의 중보자이심을 전하고자 기록되었다. 모든 것이 "그에게서", "그로 말미암고 그를 위하여" 창조되었다. 그리고 모든 것이 "그 안에" 함께 존재한다. 아들을 "보이지 아니하는 하나님의 형상"이자 "모든 피조물보다 먼저 나신 이" 혹은 "만물보다 먼저 계신" 분이라고 함으로 여기에서 우리는 창세기 1:1, 26-27과 관련하여 "보이지 아니하는 하나님의 형상"이신 하나님의 아들"에게서", 그 아들로 "말미암아", 그 아들을 "위하여" 우리가 "하나님의 형상"으로 지음을 받았다는 사실을 돌아보는 동시에 우리를 구원하신 구속중보자가 우리를 지으신 창조중보자가 되심을 고백하게 된다.[182]

18-20절은 "그"(αὐτός)가 "몸인 교회의 머리"시며 "죽은 자들 가운데서 먼저 나신 이"로서, "십자가의 피로" 인류의 화평과 만물의 화목을 이루신 구속주가 되심을 증거한다. 15절의 "모든 피조물보다 먼저 나신 이"와 대구(對句)가 되는 "죽은 자들 가운데서 먼저 나신 이"는 그리스도가 부활의 "첫 열매"(ἀπαρχή)가(고전 15:23) 되심을 계시한다.[183]

---

182) 골로새서 1:12-17에 대한 이상의 논의 전반과 관련하여, Fee, *Pauline Christology*, 17-18, 291-303.
183) 이를 단지 15절의 "모든 피조물보다 먼저 나신 이"로 여겨 시편 89:27의 "장자"와 동일시하는 것은 바람직하지 않다. Fee, *Pauline Christology*, 301.

신약신학자들은 골로새서 1:15-18을 바울 이전의(pre-Pauline) 찬송시(hymn)를 인용한 것으로서 바울신학에서 볼 수 없는 하나님의 아들의 선재와 같은 낯선 요소를 담고 있다거나,[184] 단지 시(poem)라거나,[185] 이야기(story)라거나,[186] 예배 때 드리던 기도에 포함된 고백(confession)이라거나,[187] 지혜기독론(Wisdom Christology)의 요소를 담고 있다거나,[188] 이런 제 요소를 포함하되 사도 바울의 고유한 신학이 가미되었다거나,[189] 하는 여러 의견을 개진한다.

그러나 무엇보다 우리는 골로새서 1:12-20이 구속주(12-14절)-창조주(15-17절)-구속주(18-20절)의 신학적 구조를 취하고 있다는 사실을 염두에 두어야 한다.

첫 부분에는 출애굽으로부터 현재에 이르는 경계를 넘어선 언약백성의 구원주로서 예수 그리스도가 나타난다.

둘째 부분은 그가 영원하신 하나님의 아들로서 창조주가 되심을 전하고 있다. 여기에서 "보이지 아니하는 하나님의 형상"은 성자의 위격을 직접적으로 증거하는 대표적인 구절인 히브리서 1:3의 "영광의 광채시요 본체의 형상"이시라는 말씀과 맥락이 닿아있으며, "모든 피조물보다 먼저 나신 이"는 성자의 선재(先在)에 관한 요한복음의 여러 말씀들(요 1:1; 8:58; 17:24)을 즉시 떠올리게 한다. 이러한 말씀들은 궁극적으로 아버지와 아들의 하나됨을 계시한다(요 10:30). 즉 삼위일체에 관한 주요한 근거 구절들이 된다.

셋째 부분은 그리스도가 교회의 머리시며 부활의 첫 열매이시며 모든 것을 하나가 되게 하시는 화목의 주가 되심을 전하고 있다. 여기에서는 구속주 예수 그리스도 안에서 구원받은 하나님의 자녀와 모든 피조물이 온전히 회복됨을 증거한다. 그리하여 앞의 두 부분을 결론적으로 종합한다.[190]

---

[184] 이 경우 바로 앞의 12-14절을 15-20절의 "문법적인 기원"으로 여길 것인지에 대한 논란이 많다. Fee, *Pauline Christology*, 295, n. 16.

[185] N. T. Wright, *The Climax of the Covenant: Christ and the Law in Pauline Theology* (Minneapolis: Fortress, 1992), 99-106.

[186] Stephen E. Fowl, *The Story of Christ in the Ethics of Paul: An Analysis of the Hymnic Material in the Pauline Corpus* (Scheffield: Scheffield Academic Press, 1990), 31-45.

[187] H. C. G. Moule, *Colossian Studies* (London: Hodder & Stoughton, 1902), 75.

[188] Seyoon Kim, *The Origin of Paul's Gospel* (Tübingen: Mohr Siebeck, 1981), 144.

[189] Fee, *Pauline Christology*, 18.

[190] 참조. Reymond, *Jesus Divine Messiah*, 437. 한편, 다음 글에서 저자는 골로새서 1:15-20의 우주적 기독론의

골로새서 1:12-20은 그 가운데 위치한 15-17절의 기원과 성격의 여하함에 불문하고, 하나의 웅대한 그리스도 서사시(敍事詩)를 우리에게 들려준다. 15-17절은 결코 이질적이지 않으며 오히려 본질적이다. 그것은 주제가 되는 그리스도가 누구신지에 대해서, 곧 그리스도의 인격에 관해서-그의 성자 하나님이심과 영원하심에 관해서-궁극적으로 선포하고 있다. 창세 전부터 작정된 구속의 역사를 다루면서 삼위일체 하나님을 거론하고 성부(3-6절), 성자(7-12절), 성령(13-14절)의 각 위격에 송영을 올리는(6, 12, 14절) 에베소서 1:3-14에서 보듯이, 사도 바울에게 있어서 이러한 어법과 논법은 결코 낯설지 않다. 빌립보서 2:6-11가 그 대표적인 예(例)가 된다.

[빌립보서 2:6-11]

빌립보서 2:6-11은 가장 아름답고, 간결하고, 심오한 "그리스도의 노래"(carmen Christi)이다. 존재와 사역, 그러함과 되어감, 비하와 승귀가 절묘한 화음을 갖추고 있다. 그것은 그리스도에 관한 모든 말씀이 모여들고 숙의되는 "아크로폴리스"(acropolis)와 같다.[191]

[6] ὃς ἐν μορφῇ θεοῦ ὑπάρχων(그는 근본 하나님의 본체시나)

οὐχ ἁρπαγμὸν ἡγήσατο(취할 것으로 여기지 아니하시고)

τὸ εἶναι ἴσα θεῷ(하나님과 동등됨을)

[7] ἀλλὰ ἑαυτὸν ἐκένωσεν(오히려 자기를 비워)

μορφὴν δούλου λαβών(종의 형체를 가지사)

ἐν ὁμοιώματι ἀνθρώπων γενόμενος(사람들과 같이 되셨고)

[8] καὶ σχήματι εὑρεθεὶς ὡς ἄνθρωπος(사람의 모양으로 나타나사)

ἐταπείνωσεν ἑαυτὸν(자기를 낮추시고)

기원이 구속 중보자의 역사(役事)에 있음을 거론하면서 영원한 창조주로서의 그의 선재를 오히려 부정하고 있다. 이러한 입장은 저자에게 미친 불트만(Rudolf Bultmann)과 던(James D. G. Dunn)의 영향을 여실히 드러낸다. Larry R. Helyer, "Cosmic Christology and Col 1:15-20," *Journal of the Evangelical Theological Society* 37/2 (1994), 235-246.

191) Fee, *Pauline Christology*, 19.

γενόμενος ὑπήκοος μέχρι θανάτου(죽기까지 복종하셨으니)

θανάτου δὲ σταυροῦ(곧 십자가에 죽으심이라)

[9] διὸ καὶ ὁ θεὸς αὐτὸν ὑπερύψωσεν(이러므로 하나님이 그를 지극히 높여)

καὶ ἐχαρίσατο αὐτῷ(주사)

τὸ ὄνομα τὸ ὑπὲρ πᾶν ὄνομα(모든 이름 위에 뛰어난 이름을)

[10] ἵνα ἐν τῷ ὀνόματι Ἰησοῦ(예수의 이름에)

πᾶν γόνυ κάμψῃ(모든 무릎을 꿇게 하시고)

ἐπουρανίων καὶ ἐπιγείων καὶ καταχθονίων(하늘에 있는 자들과 땅에 있는 자들과 땅 아래에 있는 자들로)

[11] καὶ πᾶσα γλῶσσα ἐξομολογήσηται(모든 입으로 시인하여)

ὅτι κύριος Ἰησοῦς Χριστὸς(예수 그리스도를 주라)

εἰς δόξαν θεοῦ πατρός(하나님 아버지께 영광을 돌리게 하셨느니라).

학자들은 대체로 빌립보서 2:6-11에 신약 기독론의 왕관을 씌우는 데 길을 연 학자로 에른스트 로흐마이어(Ernst Lohmeyer, 1890-1946)를 손꼽는 데 주저하지 않는다. 그의 작품 『주 예수』(Kyrios Jesus)는 양식비평적인 분석을 통하여 본문이 '바울 이전의 시편'(a pre-Paulin psalm)으로서 구약의 시편에 나오는 인물의 예를 좇아 비하와 승귀를 운율에 맞추어 아름답게 묘사하고 있을 뿐만 아니라 기독교인의 삶의 모범을 전형적으로 제시하고 있다는 점을 처음으로 부각시켰다. 여러 난점을 안고 있지만 본 작품은 본문의 문학적 양식과 신학과 윤리를 골고루 아우른 효시(嚆矢)로 알려져 있다.[192]

로흐마이어는 본 찬송시는 성육신하신 주님의 참 하나님과 참 사람의 인격에 대해서는 전하는 바가 없고 그를 높이셔서 그리스도가 되게 하신 하나님의 행위를 노래하고 있을 뿐이라고 하여,[193] 사도행전 2:36의 "너희가 십자가에 못 박은 이 예수를 하나님이 주와 그리스도가 되게 하셨느니라"는 말씀을 신화(神化)를 주장하는 이

---

192) Ernst Lohmeyer, *Kyrios Jesus: Eine Untersuchung zu Phil. 2,5-11*, Sitzungsberichte der Heidelberger Akademie der Wissenschaften, Philosophisch-historische Klasse, Jahrgang 1927/1928, 4. Abhandlung (Heidelberg: Carl Winter, Universitätsverlag, 2. Auflage 1961).

193) Lohmeyer, *Kyrios Jesus*, 73.

론적 근거로 삼는 상승기독론자들과 궤를 같이하고 있다.[194] 그리하여 존재와 양상, 생성과 소멸, 선과 악의 이원론에 서서 행위를 통하여 존재의 속성을 유추하고자 한 근동의 조로아스터(Zoroaster)의 가르침이, 본 찬송시의 저자라고 여겨지는 히브리어를 모국어로 하는 헬라 시편의 저자에게 영향을 미쳤을 것이라는 가설에 굳게 서서,[195] 본문을 구축(構築)하는 근간이 되는 "하나님의 본체"와 "종의 형체"에 공히 나오는 "μορφή"라는 단어를 선악의 변증법을 드러내는 형상(形狀) 정도로 여기는 철학적, 윤리적 입장의 한계를 분명히 드러내고 있다.[196]

그동안 본문의 성격과 본문의 구조에 대한 다양한 입장이 개진되어 왔으나, 그 성격을 시편(psalm), 찬송(hymn), 수사적 산문(rhetorical prose) 등 그 무엇으로 보든 간에, 그 병행구조(parallelismus membrorum)를 문법, 음운, 음률에 따라 어떤 양식으로 파악하든 간에, 본문이 말하고자 하는 바가 '예수는 주'라는 고백(빌 2:11; 롬 10:9; 고전 12:3)에 있음에 대해서는 이견이 없었다. 초대교회는 예수의 주되심을 영원하신 하나님의 아들이신 그가 사람의 아들로 오셔서 죽으시고 부활하셔서 하늘에 오르사 성령을 부어주시는 다스리심에서 찾았던 바(행 2:23-36), 오직 성육신한 중보자 그리스도의 신인양성의 인격에 대한 고백에 정초하여 그리하였다. 이러한 측면에서 본 찬송시의 중심에 성육신을 전하는 7-8절을 위치시키는 것은 지극히 합당하다.[197]

본문을 다룸에 있어서 "μορφή"에 대한 이해가 무엇보다 중요하다. μορφ-를 포함하는 파생어는 성경에 수차례 나오지만 이런 형태로는 빌립보서 2:6, 7, 그리고 마가복음 16:12에 세 번 나온다. 이 단어를 어떻게 파악하는가에 따라서 본 찬송시가 "예수의 마음"을 가지고 그를 모범으로 좇아(ad imitandum) 그의 "영광의 몸의 형

---

194) 사도행전에 나오는 일련의 구절들은(2:36; 10:36-38; 13:33) 그리스도가 높아지심으로 우리의 주(主, κύριος)로 확정되셨음을 선포하는 것이지 그 때 비로소 하나님의 아들이자 메시아가 되셨음을 전하는 것이 아니다. 그러므로 그것들을 근거로 상승기독론을 개진하는 것은 그릇되다. 참조. I. Howard Marshall, "The Christology of Luke's Gospel and Acts," in *Contours of Christology in the New Testament*, ed. Richard N. Longenecker (Grand Rapids: Eerdmans, 2005), 139-141.

195) Lohmeyer, *Kyrios Jesus*, 17-30.

196) 참조. Colin Brown, "Ernst Lohmeyer's Kyrios Jesus," in *Where Christology Began: Essays on Philippians 2*, ed. Ralph P. Martin and Brian J. Dodd (Louisville: Westminster John Knox, 1998), 10-12, 14-15, 25-26.

197) 참조. Robert H. Gundry, "Style and Substance in 'The Myth of God Incarnate' According to Philippians 2:6-11," in *Crossing the Boundaries: Essays in Biblical Interpretation in Honour of Michael D. Goulder*, ed. Stanley E. Porter, Paul Joyce, and David E. Orton (Leiden: Brill, 1994), 271-273.

체"와 같이 되는(빌 2:5; 3:21) 윤리적 교훈을 전하는 데 머물 것인지[198] 아니면 참 하나님과 참 사람의 중보자의 인격을 고백하는 신경적 의미를 지니는 데까지도 나아갈지에 대한 좌표가 설정된다.

6절의 "ἐν μορφῇ θεοῦ"에서 "μορφή"를 보는 시각이 여럿 있다. 첫째, "μορφή"를 대상의 "형상"(εἰκών)이나 "영광"(δόξα)과 동일시하면서, 대상 자체와는 실체적인 관계가 없는 은유나 상징으로 보는 경우이다. 이는 제3의 '대체된 상(相)'을 의미한다. 둘째, 대상 자체와 실체적인 관계를 지니되, 그 자체가 아니라 '드러난 상(相)'을 의미하는 경우이다. 셋째, 대상의 실체와 드러남을 함께 의미하는 경우이다. 이하에서 이를 상론하는 바, 우리는 마지막 입장을 견지한다.

첫째는 "μορφή"가 구약의 "데무트"(דְּמוּת, 창 5:1)와 "첼렘"(צֶלֶם, 창 1:26-27; 5:3; 9:6; 아람어 형태 צְלֵם, 단 2:31, 32, 34, 35; 3:19)의 용례에서 보듯이 실체 자체나 그 현현을 직접 지칭하지는 않고 그 형상이나 모양을 표현한 제3의 무엇이라고 보는 입장이다.[199] 같은 입장에 서서 제임스 던(James D. G. Dunn, 1939-)은 빌립보서 2:6-11이 히브리서 2:5-9과 더불어 "아담 기독론"(Adam Christology)을 완전히 구현하고 있는 본문이라고 여긴다.[200] 던의 입장은 다음과 같이 정리된다.

1) 6절의 "그는 근본 하나님의 본체시나"는 영원한 하나님의 존재가 아니라 단지 어느 한 존재를 뜻한다. 2) 6절의 "하나님의 본체"는 창세기 1:26의 "하나님의 형상"과 동의어이다. 그것은 단지 아담의 상태를 지시한다. 3) 6절의 "취할 것으로 여기지 아니하시고"는 이미 소유한 것이 아니라 앞으로 얻기를 갈망하는 것을 취하고자 하지 않으셨다는 뜻이다. 4) 그리스도는 아담과 마찬가지로 하나님과 동등됨을 취할 권리가 없으셨다. 차이점은 아담은 그러한 위치를 마지못해 취한 반면에 주님은 자원해서 취하셨다는 데 있을 뿐이다. 5) 7절의 "되셨고"는 "나셨다"(be born)는 것

---

[198] 이러한 접근은 본문이 그리스도의 인격이 아니라 사역에 치중하고 있음에 전제한다. 참조. Ralph P. Martin, "The Christology of the Prison Epistles," in *Contours of Christology in the New Testament*, ed. Longenecker, 193, 195-201.

[199] 참조. Ralph P. Martin, *Carmen Christi: Philippians ii. 5-11 in Recent Interpretation and in the Setting of Early Christian Worship* (Cambridge: Cambridge University Press, 1967), 102-120; Jerome Murphy O'Connor, "Christological Anthropology in Phil. 2.6-11," *Revue Biblique* 83 (1976), 25-50; Kim, *The Origin of Paul's Gospel*, 200-205.

[200] James D. G. Dunn, "Christ, Adam, and Preexistence," in *Where Christology Began: Essays on Philippians 2*, ed. Martin and Dodd, 74-79; *Christology in the Making*, xii-xix, 114-125.

이 아니라 죄의 저주 아래에 있는 인간과 같이 "되심"(becoming)을 뜻한다. 6) 7-8절의 "종의 형체를 가지사 사람들과 같이 되셨고 사람의 모양으로 나타나사"는 그리스도가 죄 있는 본성(sinful humanity)을 지닌 여느 사람과 다름이 없음을 뜻한다. 7) 이러한 행위는 특정한 사건이 아니라 예수의 전체 삶의 특징을 드러낸다.[201] 8) 결론적으로, 본문은 "은유는 메시지이다"(The metaphor is the message)라는 사실을[202] 우리에게 환기시킨다.

던은 빌립보서 2:6-11에서 우리가 기대할 수 있는 것은 하나님의 형상을 지닌 한 사람인 그리스도 예수가 종이 되어 죽기까지 복종하고 아버지의 뜻에 따라 영화롭게 되었다는 "메시지" 외에는 없다고 단언하고,[203] 6절의 "하나님의 본체"는 창세기 1:27의 "하나님의 형상"과 다를 바 없고 7절의 "종의 형체"는 '종 자신'을 의미하는 것으로서 서로 동일한 내용이 점층적으로 부각되어 있을 뿐이라고 주장한다. 전자와 후자가 각각 주님의 신성과 인성을 지시한다고 보지 않는 것이다. 던은 여기에서 말하는 "종"(δοῦλος)은 이사야 42-53장의 '대속의 종'이 아니라 로마서 8:18-21과 갈라디아서 4:3-4의 "썩어짐의 종 노릇"하는 사람의 비참한 상태와 관련된다고 말하는데, 이러한 관점은 예수의 신성은 차치하고 우리와 다를 바 없는 그의 인성에만 주안점을 두는 유대주의적 시각을 제시하는 바,[204] 그리스도의 영원한 존재 자체를 부인하는 데 이른다.[205]

---

201) Lincoln D. Hurst, "Christ, Adam, and Preexistence Revisited," in *Where Christology Began: Essays on Philippians 2*, ed. Martin and Dodd, 85.

202) Dunn, "Christ, Adam, and Preexistence," 79.

203) 초대교회 교부들 중 알렉산드리아의 클레멘트(Clement of Alexandria), 오리겐(Origen), 힐라리(Hilary of Poitiers), 암브로스(Ambrose of Milan), 나지안주스의 그레고리(Gregory of Nazianzus), 닛사의 그레고리(Gregory of Nyssa) 등은 예수를 '둘째 아담' 혹은 '마지막 아담'이라는 관점에서 파악함으로써 기독교 신학을 더욱 부요하게 만들었다. 제임스 던의 경우와는 달리 이들이 추구한 '아담 기독론'은 극단적이지 않았다. 그것은 다음 세 가지 특징을 지닌다. 첫째, 아담과 그리스도를 대척점에 세움으로써 '밖으로부터' 부여되는 하나님의 능력이 아니라 하나님의 아들의 성육신을 통하여 '안으로부터' 구원의 역사(役事)가 일어남을 강조한다. 둘째, 아담과 하와를 청지기 삼아 인류 창조의 경륜을 이루고자 하시는 하나님의 뜻이 마지막 아담을 통하여 최종적으로 수행됨을 부각시킨다. 셋째, 마지막 아담을 통한 인성의 고양이 구원의 핵심으로 제시된다. 이러한 점에 있어서 교부들의 '아담 기독론'은 '신화(神化)와 밀접한 관계를 갖는다. 그들이 말하는 '신화'는 인성이 신성과 연합하고 있으므로 지니는 인성인 채로의 고상함을 뜻할 뿐, 인성이 신성화되는 것을 의미하지 않는다. 참조. Gerald O'Collins, *Jesus Our Redeemer: A Christian Approach to Salvation* (Oxford: Oxford University Press, 2007), 37-42.

204) Hurst, "Christ, Adam, and Preexistence Revisited," 85-90; Fee, *Pauline Christology*, 390-393.

205) 참조. Alan F. Segal, "Pre-Existence and Incarnation: A Response to Dunn and Holladay," *Semeia* 30 (1984), 83-95.

둘째는 비록 "μορφή"를 "εἰκών"과 동일시하지는 않지만, 그것이 대상의 인격이나 실체를 직접 지시하지는 않고 드러남 혹은 의미에 치중하고 있을 뿐이라고 보는 견해이다. 라이트(N. T. Wright, 1948-)의 입장에서 이러한 경향의 일단을 발견할 수 있다. 라이트는 던과 같이 "아담 기독론"에 서서 빌립보서 2:6-11이 그리스도의 순종과 아담의 불순종을 대조하고 있다고 보기는 하지만, 던과는 달리 그리스도의 선재를 부정하지는 않고, 아들은 "하나님과 동등됨"을 가지고 계셨지만 그것을 취할 것으로 여기지 아니하셨다고 6절의 "ἁρπαγμός"를 해석한다.[206] 던은 "은유는 메시지이다"라고 했는데, 라이트의 경우에는 '메시지가 실체이다'라는 말이 더욱 적실할 것이다.

일찍이 이러한 메시지를 구원의 케리그마에서 찾은 신학자는 케제만(Ernst Käsemann, 1906-1998)이었다.[207] 케제만은 불트만(Rudolf Bultmann)을 잇는 "신(新) 연구"(the New Quest)의 대변자로서 급진적인 역사양식비평의 전통에 뿌리를 두고 있었다. 이들은 소위 역사적 예수 연구의 장을 연 "구(舊) 연구"(the Old Quest)라고 부르는 학자들이 예수에 관한 복음서들의 말씀을 신화적으로 여기거나(슈트라우스), 초자연적이고 신비적인 관념으로 재해석하거나(하르낙), 종말론적이라고(슈바이처) 주장한 데 비해서,[208] 역사 자체가 아니라 그 정황적 의미에 집중하였다.[209] 일례로, 그들은 빌립보서 2:6-11에 나타나는 예수의 성육신과 관련된 선재와 승귀를 영지주의의 신화(神話)가 배태된 것이므로 걷어내야 할 무엇이라고 여겼다. 이 점에 있어서 케제만은 불트만과 일치하였다. 다만 불트만과는 달리 주어진 성경의 기록에서 조직신학적 의미를 읽어내고자 하였다.

케제만은 이러한 접근을 다음 두 가지 측면에서 추구했다. 첫째, 문맥 가운데 문단과 문장과 단어의 의미를 추구할 것. 둘째, 성경 전체의 역사적 의미 곧 구속사적 케리그마를 파악할 것. 케제만은 텍스트의 정황적, 역사적 의미를 변증법적으로 추구하는 것은 동의하지만, 바르트(Karl Barth)와는 달리 변증법적 전제 위에 텍스트를

---

206) Wright, *The Climax of the Covenant*, 56-98, 특히 72.
207) Ernst Käsemann, "Kritische Analyse von Phil. 2,5-11," *Zeitschrift für Theologie und Kirche* 47 (1950), 313-360.
208) Fred H. Klooster, "Jesus Christ: History and Kerygma, Part 1," *Presbyterion* 1/1 (1975), 33-34.
209) 참조. Klooster, "Jesus Christ: History and Kerygma, Part 2," 80-81.

정위(定位)시키는 것은 거부한다.[210] 또한 본 찬송시를 교회라는 공동체에 의해서 추구되는 구원의 의미에 집중하여 다루지만, 칼케돈 신경에 고백된 그리스도의 양성론의 관점에서 읽는 것은 거부한다. 여기에 케제만의 모호함이 있다.

케제만의 "μορφή" 이해에는 이러한 그의 입장이 고스란히 담겨있다. 그는 "μορφή"를 어떤 개체적 특성이나 양식 혹은 현현방식으로 보아서는 안 되고, 구체적인 정황 가운데 드러나는 신적 실체와 능력의 "존재방식"(Daseinsweise)으로 여겨야 한다고 주장한다. 케제만에 의하면, 본문의 "하나님의 본체"와 "하나님과 동등됨"은 그리스도의 선재를 분명히 말하고 있다. 그리스도는 이미 "하나님과 동등됨"을 취하셨다. 그것은 "취해져야 할 것"(res rapienda)이 아니라 "취해진 것"(res rapta)이다. 케제만은 여기에서 텍스트 자체가 말하는 객관적 사실은 분명한 바, 그 안에 '최초의 신적인 인간'에 대한 헬라적 신화(神話)가 어느 정도 들어있는 것은 사실이지만 그 신화를 걷어내는 것이 전부를 버리는 것이 되어서는 안 된다고 강조한다. 메시지는 실체를 담고 있기 때문이라는 것이다. 케제만은 본 찬송시의 의도가 종말론적이며 우주론적이라는 점을 감안할 때, 여기에서 그리스도는 우리의 "모범"(Vorbild)이 아니라 우리의 "원형"(Urbild)으로서 노래되고 있다는 점을 분명히 새겨야 한다는 점을 지적하면서, 본 찬송시가 영지주의 신화가 기독교적으로 변형되는 과정에서 점차 수립되어 간 초대교회의 종말론과 구원론을 선포하고 있다고 결론 짓는다.[211]

셋째는 본성과 특성이 체화된 형상이나 양상을 의미하는 어원상[212] "μορφή"는 "οὐσία"와 동의어는 아니지만 그렇다고 해서 그것이 단지 외형적 표상만을 지시하는 데 그치지 않고 대상의 실체와 드러남을 동시에 함의한다고 보는 입장이다.[213] 이 경우 "μορφή"는 단지 "δόξα"(영광)와 동의어로 여겨지는 것도 아니다.[214] 그것은

---

210) Robert Morgan, "Incarnation, Myth, and Theology: Ernst Käsemann's Interpretation of Philippians 2:5-11," in *Where Christology Began: Essays on Philippians 2*, ed. Martin and Dodd, 43-59.

211) Morgan, "Incarnation, Myth, and Theology: Ernst Käsemann's Interpretation of Philippians 2:5-11," 59-63, 67; Robert B. Strimple, "Philippians 2:5-11 in Recent Studies: Some Exegetical Conclusions," *Westminster Theological Journal* 41/2 (1979), 255, 260.

212) P. T. O'Brien, *The Epistle to the Philippians* (Grand Rapids: Eerdmans, 1991), 205.

213) Reymond, *Jesus Divine Messiah*, 447-448.

214) 참조. Strimple, "Philippians 2:5-11 in Recent Studies: Some Exegetical Conclusions," 260-262. 저자는 여기에서 자신의 입장이 칼빈의 입장과 다르지 않음을 지적한다.

존재를 규정하는 특성 전부를 표현하고 있다고 보기 때문이다.215)

μορφή는 "존재에 기초하고 있는, 존재를 참되고 완전하게 드러내는 형상을 의미한다." "하나님의 본체"는 구약과 중간기의 문학이 빚어낸 최고의 빛을 발하는 표현으로서 하나님 자신을 묘사하는 영광을 드러내고자 한 배경 가운데 가장 잘 이해된다. 이 단어는 단지 외적인 현현에 머물지 않고 하나님의 엄위와 광채의 옷을 입으신 선재하시는 그리스도를 묘사한다. 그러므로 "하나님의 본체"는 요한복음 17:5("창세 전에 내가 아버지와 함께 가졌던 영화")과 부합하고 히브리서 1:3("하나님의 영광의 광채시요 그 본체의 형상이시라")을 떠올린다.216)

이러한 입장에서 빌립보서 2:6-11은 다음과 같이 파악된다.

"그는 근본 하나님의 본체시나"(ἐν μορφῇ θεοῦ ὑπάρχων). 여기에서 바울이 부정사가 아니라 현재분사를 쓴 것은 그가 항상 그러하시다는 것을 의미한다.217) 이는 7절의 "종의 형체를 가지사"(μορφὴν δούλου λαβών)와 "사람들과 같이 되셨고"(ἐν ὁμοιώματι ἀνθρώπων γενόμενος)와 8절의 "사람의 모양으로 나타나사"(σχήματι εὑρεθεὶς ὡς ἄνθρωπος)에서 세 번 사용된 부정과거 분사가 어느 시점에서 이미 그러함을 말하는 것과는 비교된다. 이러한 분사들은 예수 그리스도의 영원한 신성과 역사상 나심을 함께 잘 드러내고 있다. 여기에서 "μορφή"는 본질(혹은 실제 혹은 본성)과 드러남(혹은 은유)을 함의하는 개념이다. 이렇게 볼 때 이 단어의 용례 자체로써 정통 삼위일체론이 지지되며 단일신론이 분명히 거부된다.

"하나님과 동등됨을"(τὸ εἶναι ἴσα θεῷ). 부정사구에 정관사 "τὸ"가 사용되었음에 주목해야 한다. 이는 술부의 목적어가 아니라 주부의 주어가 된다.

"취할 것으로 여기지 아니하시고"(οὐχ ἁρπαγμὸν ἡγήσατο). "취할 것"(ἁρπαγμός)은 보통명사가 아니라 추상명사로서 사용되었다. 그러므로 이 부분은 "하나님과 동등

---

215) Warfield, "The Person of Christ According to the New Testament," 39.

216) Gerald F. Hawthorne, "In the Form of God and Equal with God (Philippians 2:6)," in *Where Christology Began: Essays on Philippians 2*, ed. Martin and Dodd, 97-101, 인용, 101.

217) 이와 관련된 제반 논의에 대해서, David J. Macleod, "Imitating the Incarnation of Christ: An Exposition of Philippians 2:5-8," *Bibliotheca Sacra* 158/631 (2001), 311-315.

하게 되는 것이 취할 것이라고 여기지 아니하시고"라고 해석된다. "하나님과 동등됨"은 이미 '취해진 것'(res rapta)으로서 앞으로 '취해져야 할 것'(res rapienda)으로 여기지 아니하신다는 뜻이 여기에 있다.

"오히려 자기를 비워"(ἀλλὰ ἑαυτὸν ἐκένωσεν). 주님은 "취해진 것"을 "취해져야 할 것"으로 여기지 않고 비우셨다. 여기에서 "자기"는 자신의 인격과 관계된다.[218]

"종의 형체를 가지사"(μορφὴν δούλου λαβών). "종의 형체"에서 "μορφή"는 "하나님의 본체"에서와 같은 의미로 사용되었다. 그러므로 가현설은 거부된다. "종의 형체"는 성육신의 비하를 노래하고 있다. 마치 이는 영원하신 하나님의 아들의 존귀하심과 영광을 노래한 6절과 11절이라는 두 봉우리 사이에 놓인 최저점(最低點)의 심곡(深谷)과 같다.

"사람들과 같이 되셨고"(ἐν ὁμοιώματι ἀνθρώπων γενόμενος). 이는 우리와 동일한 인성을 지니셨음을 말한다. 주님이 타락한 우리의 죄성을 지녔다는 뜻은 여기에 없다.

"사람의 모양으로 나타나사"(καὶ σχήματι εὑρεθεὶς ὡς ἄνθρωπος). 이는 새로운 절이 시작되는 부분으로서 이어지는 낮추심과 죽으심에 직접 연결된다.

"자기를 낮추시고 죽기까지 복종하셨으니 곧 십자가에 죽으심이라"(ἐταπείνωσεν ἑαυτὸν γενόμενος ὑπήκοος μέχρι θανάτου, θανάτου δὲ σταυροῦ). 자기를 비우심이 인격에 관계된다면 자기를 낮추심은 사역에 일차적으로 관계된다. 그러나 궁극적으로는 모두 그리스도 자신의 비하에 함께 돌려진다.

"이러므로 하나님이 그를 지극히 높여 모든 이름 위에 뛰어난 이름을 주사"(διὸ καὶ ὁ θεὸς αὐτὸν ὑπερύψωσεν καὶ ἐχαρίσατο αὐτῷ τὸ ὄνομα τὸ ὑπὲρ πᾶν ὄνομα). 아버지는 아들의 사역을 받아들이고 그를 지극히 높였다. 그리하여 그에게 가장 귀한 이름이 돌려졌다. 그것은 퀴리오스(κύριος)=아도나이(אֲדֹנָי)=야훼(יהוה) 곧 하나님(θεός)이라는 이름으로 모든 것 위에 뛰어난 이름이다(출 3:13-15; 신 6:4; 12:5, 11). 이는 그리스도의 비하에 따르는 승귀를 의미한다.[219]

"하늘에 있는 자들과 땅에 있는 자들과 땅 아래에 있는 자들로 모든 무릎을 예수

---

218) 이러한 입장은 개혁신학자들에 의해서 지지된다. 참조. Jac. J. Müller, *The Epistle of Paul to the Philippians* (Grand Rapids: Eerdmans, 1955), 85.

219) 이와 관련된 제반 논의에 대해서, David J. Macleod, "The Exaltation of Christ: An Exposition of Philippians 2:9-11," *Bibliotheca Sacra* 158/632 (2001), 438-441.

의 이름에 꿇게 하시고"(ἵνα ἐν τῷ ὀνόματι Ἰησοῦ πᾶν γόνυ κάμψῃ ἐπουρανίων καὶ ἐπιγείων καὶ καταχθονίων). 그리하여 여호와 하나님께 합당한 경배가 그리스도의 이름에 돌려진다(사 45:18, 23).

"모든 입으로 예수 그리스도를 주라 시인하여 하나님 아버지께 영광을 돌리게 하셨느니라"(καὶ πᾶσα γλῶσσα ἐξομολογήσηται ὅτι κύριος Ἰησοῦς Χριστὸς εἰς δόξαν θεοῦ πατρός). 만국의 만인이 예수 그리스도를 주라 고백하여 하나님 아버지께 영광을 올리게 된다. 아버지가 아들을 통하여 행하신 구속의 경륜이 이러한 송영에 있다.[220]

지금까지 살펴본 빌립보서 2:6-11에 대한 신약신학자들의 논쟁은 크게 다음 세 가지로 정리된다.

첫째, 본문에 대한 성격을 어떻게 규정할 것인가의 문제이다. 대체로 본문이 바울 이전에 형성된 초대교회의 찬송시라는 입장이 신약신학계에서 주류를 점해왔다. 이러한 입장을 견지하는 학자들은 바울신학에 낯선 요소들—예컨대 그리스도의 선재와 성육신, 그리고 비하와 승귀 등—이 본문에 나타난다는 점을 주요한 근거로 제시한다. 그리고 이러한 요소들이 바울신학에 이질적이지 않을 뿐더러 오히려 주요한 신학적 맥락을 이루고 있다는 점에 착안하여, 본문을 "빌립보 찬송시"(the Philippian hymn)가 아니라 "그리스도 이야기"(the Christ story)로 보자는 의견도 신중하게 제기된다.[221]

그러나 본문으로부터 신경적 의미(creedal significance)를 추구하는 입장은 찾아보기 힘들다. 빌립보서는 사도 바울의 후기 서신에 속하는 것이지만 아직 이 시대에는 교회가 자생적으로 수립한 사도신경의 맹아조차 발견되지 않는다는 점 때문일 것이다. 그럼에도 불구하고 이후 교부들의 신앙의 규범(regula fidei)이나 교회의 신앙고백에서 가장 길게 다루어졌던 기독론에 관한 주요한 조목들이—예컨대 신인양성의 위격적 연합, 성육신, 비하, 고난당하심, 죽으심, 승귀 등—본문에 포함되어 있다는 사실을 부인할 수는 없다.

둘째, 본문의 지향점 혹은 취지나 목적을 무엇으로 볼 것인가의 문제이다. 본문 바로 앞 절인 5절에 주목하여 "예수의 마음"을 닮아가는 윤리적인 가치를 강조하거

---

220) Fee, *Pauline Christology*, 372-401.
221) 고든 피는 이러한 입장을 대변한다. Fee, *Pauline Christology*, 373-374.

나, 6-8절에 주목하여 성육신을 통하여 낮아지신 주님이 죽기까지 다 이루신 구원 사역에 핵심이 있다고 보거나, 9-10절에 주목하여 높아지신 주님이 현재 만물과 만인을 다스리고 계심을 주안점으로 삼거나, 11절 전반부에 주목하여 예수 그리스도를 믿고 그를 주라 시인하여 구원에 이르는 도를 가르침에 원래의 취지가 있다고 하거나, 11절 후반부에 주목하여 아들을 주심으로 그와 함께 언약의 백성을 구원하신 하나님께 올려드리는 송영에 모든 것을 넘어서는 상위가치가 있다고 여기거나, 하는 여러 입장이 개진된다.

어떤 입장에 서든간에 본문이 주님 자신을 그 소재와 주제로 삼고 있다는 사실은 아무도 부인할 수 없을 것이다. 그리스도 예수 자신의 인격과 사역의 여하함을 선포함으로써, 왜 우리가 그의 "마음"을 품어야 하고(5절), 그를 주라 시인하여 구원에 이르고(11절), 그것으로 말미암아 하나님께 영광을 올려야 하는지를(11절) 말하고자 함에 본문의 목적이 있음이 자명하기 때문이다. 그러므로 본문과 관련하여 그리스도의 선재, 성육신, 비우심, 낮아지심, 순종, 높아지심, 다스리심 등이 더욱 조직신학적으로 탐구되어야 한다.

셋째, 우리는 "μορφή"의 용례에 터 잡아 빌립보서 2:6-11의 올바른 해석을 추구하였다. 주님이 영원하신 하나님의 아들이시라는 사실, 그가 자기 자신을 비우셔서 사람의 아들이 되셨으며, 자기 자신을 낮추셔서 죽기까지 복종하셨다는 사실, 그리고 그가 존귀하게 되어 우리를 위한 주가 되셨다는 사실을 고찰하였다. 무엇보다 우리는 주님은 참 하나님이시며 참 사람으로서 그 실체와 드러남이 모두 그러하심을 본문이 노래하고 있다는 사실을 파악하였다. 주님은 참 하나님이시나 참 사람이 되셨다. 곧 성육신하셨다. 성육신은 신성의 포기가 아니라 신성과 인성의 연합을 의미한다. 신성은 속성상 자존(自存)하며, 불변(不變)하며, 영원(永遠)하며, 무변(無邊)하기 때문에, 연합으로 인하여 이전과 이후가 전혀 다르지 않다. 인성 역시 신성과의 연합으로 말미암아 인성의 고유한 속성을 잃어버리지 않는다.

그리하여 예수 그리스도는 참 하나님이시자 참 사람으로서 죽으시고, 부활하시고, 승천하시고, 지금 하나님의 보좌 우편에서 다스리신다. 그가 동일하신 하나님이시면서 사람으로서 죽기까지 복종하셨기 때문에 그의 의로 말미암아 "모든 입으로" 그를 "주라 시인하게" 된다. 여기에 하나님께 마땅히 올려드려야 할 송영의 조건이 있다(11절).

이렇듯 한 위격 양성의 연합–곧 신인양성의 위격적 연합–을 통한 양성의 교통을 조직신학적으로 조명하지 않는 한 본문의 취지나 목적은 물론 그 구조조차 올바로 추구할 수 없게 된다. 우리는 빌립보서 2:6-11이 어떤 이름으로 불리든, 어떤 성격으로 규정되든, 어떤 취지로 읽히든, 유일한 구속자이신 예수 그리스도 자신의 인격과 사역에 대한 교리적 고백을 담고 있다는 점을 간과해서는 안 된다. 우리는 '은유는 메시지이다'라거나(던) '메시지가 실체이다'라고 말하기보다(케제만), '실체가 메시지이다'라고 말해야 한다.

2. 성경적 기독론

2. 1. 기독론과 신학의 원리

기독론은 성경의 '은유' 혹은 '메시지'가 아니라, 성경의 '실체'이신 예수 그리스도 자신의 인격과 사역을 다루는 조직신학의 분과이다. 기독론은 예수 그리스도의 인격과 사역에 관한 성경의 계시를 통하여 그 분이 누구신지를 파악하고 서술한다. 성경은 기록된 하나님의 말씀이다. 성경의 계시는 기록된 말씀을 통한 하나님의 자기계시이다. 칼빈은 성경은 "말씀하시는 하나님의 인격에 의해서"(a persona loquentis Dei) 스스로 말하고, 스스로 증거한다고 보았다.[222]

성경은 성부, 성자, 성령 삼위일체 하나님에 관한 말씀을 담고 있다. 삼위일체 하나님은 성자를 통하여 자신을 계시하신다. 성자를 통하여, 성부는 성자의 아버지로서, 성령은 성부 혹은 성자의 의해서 출래하시는 분으로서 계시되신다. 이러한 '성경의 계시의 정점'(culmen revelationis Scripturae)이 그리스도가 자기 자신을 비우셔서 성육신하시고 낮추셔서 죽기까지 복종하시고 하늘에 오르사 성령을 부어주심으로 구원받은 백성의 주가 되심, 곧 복음이다.

'계시의 정점'으로서 그리스도가 복음의 실체가 되신다. 복음은 그리스도의 의가 "믿음으로 말미암아 모든 믿는 자에게 미치는 하나님의 의"가 됨을 선포한다

---

[222] Calvin, *Institutio*, 1.7.4 (*CO* 2.58).

(롬 3:22).

복음은 더 좋은 언약 곧 새언약의 중보자며 보증이신 그리스도가 단번에 영원히 자기 자신을 드려서 다 이루신 의를 우리의 것으로 삼아주시는 전가(轉嫁)의 은혜를 선포한다(히 7:22, 27-28; 8:6, 13; 10:10, 14; 요 19:30). 복음의 질료(materia)가 되시는 그리스도의 의는 하나님의 한 말씀에 불순종한 대가로 치러지는 죽음의 값과 하나님의 모든 말씀에 기꺼이 순종하여 첫 언약의 조건을 충당해야 할 공로가 포함된다(히 9:18-22). 우리가 전가받아 구원에 이르는 "하나님의 의"는 "한 사람 예수 그리스도의 은혜로 말미암은 선물"로서 "일한 것이 없이" 주어지는 것으로서 율법을 폐기하는 것이 아니라 완성하는, "율법 외의 한 의"가 된다(롬 3:21; 4:6; 5:15; 롬 10:4).

기독론은 이러한 대속의 의를 다 이루신 예수 그리스도가 누구신지에 대한 답을 성경에 기록된 하나님의 자기계시 가운데서 추구한다.

"한 사람이 순종하심으로 많은 사람이 의인이 되리라" 한 그 사람(롬 5:19), "하나님은 한 분이시요 또 하나님과 사람 사이에 중보자도 한 분이시니 곧 사람이신 그리스도 예수라" 한 그 사람(딤전 2:5), 하나님과 동등하시며 하나가 되시나 자기를 비우시고 낮추셔서 이 땅에 오시고 죽기까지 복종하신 그 사람(요 10:30; 빌 2:7-8), 아브라함과 세례 요한보다 늦게 나셨으나 먼저 계신 그 사람(요 1:15, 30; 8:58), 모세보다 늦게 나셨으나 모세가 그에 대해 기록한 그 사람(요 5:46), 다윗의 후손으로 오셨으나 다윗이 주라고 부른 그 사람(마 22:43-46), "하나님의 비밀"이신, "그 안에는 지혜와 지식의 모든 보화가 감추어져" 있는 그 사람(골 1:25; 2:2-3), 가시나무로 관을 쓰고 자색 옷을 입고 맞고 조롱을 당하시며 십자가에 넘겨지실 때 "보라 이 사람이로다"라고 빌라도가 지시한 그 사람(요 19:5), 베드로가 "주는 그리스도시요 살아 계신 하나님의 아들이시니이다"라고 고백한 그 사람(마 16:16), 베드로의 고백 전에 "너희는 나를 누구라 하느냐"고 물으신 그 사람(마 16:15)이 누구신지를 그 사람에게 되묻는 것, 그것이 기독론이다.

기독론은 예수 그리스도의 인격과 사역에 관한 교리를 체계적이며 종합적으로 다룬다. 교리는 성경의 계시에 대하여 교회가 신앙고백의 형식으로 진술한 명제를 뜻한다. 성경은 자증성(αὐτοπίστια)이 있으므로, 성경의 진리는 성경으로, 성경 가운데 해석되고 변증된다. 그러므로 기독론은 성경에 기록된 하나님의 자기계시를 들음으로써(ex auditu) 수행되어야 한다.223) 올바른 신학은 하나님의 진리가 객관적이고 절대적으로 스스로 존재하며(존재의 원리, principium essendi), 그것이 기록된 말씀인 성경을 통하여(외적 인식의 원리, principium externum cognoscendi) 성령의 역사로 말미암아 우리에게 믿음으로 수납(受納)된다(내적 인식의 원리, principium internum cognoscendi)는 신학의 원리 혹은 계시의 원리(principia theologiae sive revelationis)에 서서 추구되어야 한다.

따라서 기독론을 올바로 논하기 위해서는 무엇보다 먼저 성경 자체–구약 선지자들의 예언, 신약 사도들의 증거, 예수님의 사역과 가르침을 통한 계시 등–에 주목해야 한다. 우리가 알 수 있는 것은 하나님이 우리에게 알려주신 것 곧 하나님에 의해서 우리에게 알려진 것 외에는 없다. 하나님의 지식의 원천은 '계시된 계시, 모형 계시, 맞추어진 계시'(revelatio revelata, ectypa, accommodata) 외에는 없다. 유대적 배경, 일반 종교사상, 철학적 이론이나 혜안, 문화적 양식이나 전통 등 다른 요소들은 단지 보조적일 뿐 결코 대체적이지 않다.224) 철학적 식견이 성경을 해석하는 관점이 될 수 없고, 일반 종교사상이나 철학적 이론이 성경의 의의와 가치를 규정할 수 없고, 전통이 성경을 첨삭하거나 대체할 수 없다.225)

2. 2. 역사적 예수 연구의 허상

근대 자유주의는 성경을 인문과학적 지식으로 해석하고, 첨삭하고, 급기야 대체하려는 계몽주의적 사상에서 태동되었다. '신약신학'이라는 말 자체가 인본주의적 배경 가운데 개념화되었다. 주로 세 가지 양상으로 거론되는 소위 역사적 예수에

---

223) 그러므로 성경이 전하는 "예수의 죽음의 구원론적 의미"가 유대교 전통의 순교자신학, 예수의 삶과 죽음에 대한 역사적 기억, 최후의 만찬에 대한 역사적 기억으로부터 비롯되었다고 보는 다음 입장은 이와 배치된다. 윤철호, 『예수 그리스도 상』, 298.

224) 무엇보다 최근에는 성경이 기록되기 전의 유대주의(pre-writing Judaism)의 배경에 무게중심을 지나치게 두는 경향이 현저하다. 참조. R. H. Fuller, *The Foundations of New Testament Christology* (New York: Scribner, 1965); Thomas P. Rausch, *Who is Jesus?: An Introduction to Christology* (Collegeville, MN: Liturgical Press, 2003), 41-76.

225) 성경에 미친 헬레니즘(Hellenism)의 영향을 과도하게 평가한 부셋(W. Bousset)의 입장을 조목조목 반박하고 있는 다음 작품은 이러한 경향에 대해서 경종을 울린 한 효시가 된다. A. E. J. Rawlinson, *The New Testament Doctrine of the Christ: The Bampton Lectures for 1926* (London: Longmans Green, 1929).

관한 연구(a quest for the historical Jesus)가 이와 관련하여 주목된다.

첫째 양상은 라이마루스로부터 슈바이처에 이른다. 라이마루스(Hermann Samuel Reimarus, 1694-1768)는 성경에 나타나는 예수의 가르침과 사도들의 저술에는 현격한 차이가 있다고 보았다. 예수의 가르침은 절대적이지 않았으며 로마의 통치로부터 벗어나 이스라엘에 하나님의 나라를 세우고자 한 지상적이며 실제적인 것에 관련된 반면, 스승의 실패를 목도한 사도들은 그의 가르침에 자의적이고 독단적인 종교적 덧칠을 가했다고 여겼다. 예수의 가르침은 유대주의를 배척하고자 한 것이 아니라 갱신하고자 한 것이었는데 사도들이 이를 왜곡하여 삼위일체론과 성육신론과 같은 거짓 교리를 양산했다는 것이다.[226] 슈트라우스(David F. Strauss), 바우어(Bruno Bauer), 르낭(Ernst Renan), 바이쓰(Johannes Weiss) 등 계몽주의 철학에 영향을 받아 정통 교리를 멀리했던 자유주의 신학자들이 라이마루스의 편에 포진했다.[227] 이들은 대체로 그리스도 자신보다는 그리스도의 가르침에 주안점을 두었다.[228]

예수 그리스도는 믿음의 본이 될 뿐 대상이 될 수 없다고 여긴 하르낙(Adolf von Harnack, 1851-1930)의 극단적 사고가 이런 배경에서 나온 것이다. 하르낙은 주님이 선포한 메시지를 세 가지, 하나님의 왕국과 도래, 하나님 아버지와 인간 영혼의 무한한 가치, 고상한 의와 사랑의 계명으로 요약하고,[229] 하나님 아버지, 섭리, 하나님의 자녀로서 사람의 지위, 인간 영혼의 무한한 가치를 하나로 묶어낸 것을 복음이라고 규정한다.[230] "예수가 선포한 복음은 오직 아버지와 관계될 뿐 아들과는 무

---

226) Herman Samuel Reimarus, *The Goal of Jesus and His Disciples*, tr. George W. Buchanan (Leiden: E. J. Brill, 1970). 이와 관련하여, Hans Schwarz, *Christology* (Grand Rapids: Eerdmans, 1998), 8-14.

227) 예컨대, 슈트라우스(1808-1874)는 믿음의 대상으로서의 예수(Christ of faith)와 역사 속의 예수(Christ of history)를 구별하고 부활절과 예수의 치유와 기적들에 대한 기사들을 그의 제자들이 공유한 주관적인 환상들이나 전해 내려오는 설화들 정도로 치부하고 예수는 다만 스스로 메시아라고 믿고 있었으며 하늘로 올라갔다가 하나님의 왕국을 이루기 위해서 다시 올 것이라는 내적인 신념을 가지고 있었을 뿐이라고 주장하며, 르낭(1823-1892)은 예수가 초기에는 그의 부드럽고 박학다식한 가르침으로 본국인들의 인기를 누렸으나 예루살렘에서 배척된 이후로는 그 가르침이 과격해지고 혁명적이 되었으며 다시금 대중적인 호응을 얻기 위해서 많은 경이로운 일들을 행했으나 그 일이 실패하자 절망감에 쌓여서 마지막에는 스스로를 죽음의 자리로 내몰았다고 주장한다. 참조. La Due, *Jesus Among the Theologians*, 57-58.

228) 참조. Klooster, "Jesus Christ: History and Kerygma, Part 1," 27-33; Glenn E. Boyd, "A Brief Background to Recent Christology," *Restoration Quarterly* 26/3 (1983), 130-134.

229) Adolf von Harnack, *What is Christianity*, tr. Thomas Bailey Saunders (Philadelphia: Fortress, 1986), 51.

230) Harnack, *What is Christianity*, 68.

관하다"고[231] 하면서 예수는 당대의 묵시적 종말론을 믿었던 한 사람일 뿐 그 주인공이 아니었다고 주장한다.[232] 이러한 입장에 따르면, 우리는 아들 자신을 믿지 않고 아들의 메시지로부터 교훈을 얻을 뿐이므로 그 교훈 가운데 오늘날 의미 있는 것만 취사선택하면 된다.[233]

성경을 이성적인 잣대로 판별하여 첨삭하는 이러한 합리주의적 전횡에 대한 어느 정도 반성의 소리도 있었으니, 브레데(William Wrede, 1859-1906)는 예수의 역사에 관한 성경의 기록은 그 자체로 초대교회의 종교적이고 신학적인 의미를 내포하고 있으므로 그 의미를 찾아내는 데 해석의 초점을 맞추어야 하며 해석자의 억측으로 접근해서는 안 된다고 경종을 울렸다.[234] 브레데의 입장은 성경에 기록된 예수의 역사를 일차적으로는 기록된 순서대로 읽고 이차적으로는 역사가의 역사적 평가를 가미하여 다시 읽으라는 가블러(J. P. Gabler, 1753-1826)의 입장과 실존적 정황 분석을 내세워 비신화화(demytholization)라는 극단으로 치달은 불트만의 입장과 모두 차별화되나 그 근거와 지향점이 다른 것은 아니다. 브레데가 말하는 성경의 신학적인 의미는 결국 성경의 독자들에 의해서 판단되고 형성되는 것이기 때문이다.[235]

불트만은 당대의 사조와 습속이 혼합되어 "선포자(the proclaimer)가 피선포자(the proclaimed)가 되었다"고 하면서, 예수의 메시지는 신약신학의 일부가 아니라 전제로 다루어져야 한다고 제안하는데,[236] 이는 성경의 사태주해(事態註解, Sachexegese)를 사태비판(事態批判, Sachkritik)에 근거시키고 신학적 의미는 도구적이거나 부수적으로 다루고자 한 브레데의 입장과 큰 틀에서는 다르지 않았다.[237] 불트만과 다를 바 없이 브레데도 역사와 신학을 일치시키려면 두 가지를 함께 펼치고 버무려야 한

---

231) Harnack, *What is Christianity*, 144.
232) Harnack, *What is Christianity*, 54.
233) 참조. Schwarz, *Christology*, 30.
234) 참조. William Wrede, *The Messianic Secret*, tr. J. C. G. Greig (Cambridge: Clarke, 1971); "The Task and Method of New Testament Theology So-Called," in *The Nature of New Testament Theology*, ed. and tr. Robert Morgan (London: SCM Press, 1973), 68-116.
235) Rudolf Bultmann, *Theology of the New Testament*, 2 vols., tr. K. Grobel (London: SCM Press, 1955), 2.251.
236) Bultmann, *Theology of the New Testament*, 1.3, 33.
237) 참조. Robert Morgan, "Christology through Scriptural Interpretation through New Testament Theology," in *Christology and Scripture: Interdisciplinary Perspectives*, ed., Andrew T. Lincoln and Angus Paddison (London: T&T Clark, 2007), 58-75.

다는 가설에 서 있었던 것이다.[238]

이러한 접근에 대한 반성과 회의가 슈바이처(Albert Schweitzer, 1875-1965)에게 있었다. 슈바이처는 성경이 전하는 예수의 역사를 올바로 파악하기 위해서는 그것을 기록한 저자들이 서 있었던 개인적, 문화적 전제를 우선적으로 비판해야 한다고 주장한다.[239] 그는 예수를 묵시론적 설교자로 볼 것을 제안한다. 예수의 가르침은 현재의 시각으로 획일화해서는 안 되며 초대교회의 정황에서 일차적인 의미—즉 종말론적 의미—를 파악하고 그것이 오늘날까지 항구적인 가치를 갖는지와 갖는다면 어떤 의미를 지니는지를 고찰해서 적실성을 논해야 한다고 본다. 성경의 동시대적 의미와 항구적 의미를 분별하는 기준은 계몽된 견자(seer, 見者)에게 돌려진다고 말한다.[240] 이런 측면에서 슈바이처는 하르낙을 벗어나지 못하였다.

슈바이처가 주목한 것은 역사 자체나 교리 자체가 아니라 오늘날 우리에게도 공유될 수 있는 시대를 뛰어넘는 예수의 정신일 뿐이다. 슈바이처는 역사적 예수를 추구하는 것은 그것이 지닌 초(超)시대적 가치를 종말론적 관점에서 파악하는 데 있다고 보는 바, 그것은 예수에 대한 현시대의 가치판단에 좌우될 뿐이다.[241] 이러한 입장은 실존적 의미와 윤리적 가치에서 종말론적 영원성을 추구한 철학자 키엘케골(Søren Kierkegaard)과 리츨(Albrecht Ritschl)의 입장과 궤를 같이 한다.[242]

켈러(Martin Kähler, 1835-1912)는 불트만과 다를 바 없이 성경을 역사적이며 신학적으로 읽어야 한다고 주장하지만, 나사렛 예수에 대한 역사성을 논하기 전에 교회가 무엇을 말하는지에 우선적으로 귀를 기울여야 한다고 봄으로써 불트만과 다른 궤에 선다.[243] 역사적 예수 연구가 칼케돈 기독론에 도움을 줄 수는 있을지언정, 그

---

238) Rudolf Bultmann, "The Problem of a Theological Exegesis of the New Testament," in *The Beginnings of Dialectic Theology*, tr. K. Crim (Richmond: John Knox, 1968), 256.

239) Albert Schweitzer, *The Quest of the Historical Jesus: A Critical Study of Its Progress from Reimarus to Wrede*, tr. W. Montgomery (London: Adam & Charles Balck, 1963, 2nd ed.), 396-401. 슈바이처는 역사적 예수와는 분리된 문화 철학과 윤리학을 정립하고자 성경 기사의 객관적 역사성을 파괴했다. 참조. Weber, *Foundations of Dogmatics*, 2.85.

240) 슈바이처는 예수가 추구한 하나님의 왕국은 실패하였으며 단지 항구적인 교훈만 남겼을 뿐이라고 본다. Albert Schweitzer, *The Mystery of the Kingdom of God: The Secret of Jesus' Messiahship and Passion*, tr. Walter Lowrie (New York: Macmillan, 1950).

241) Schweitzer, *The Quest of the Historical Jesus*, 335ff.

242) 참조. Gunton, *Yesterday & Today*, 81-83.

243) 참조. Boyd, "A Brief Background to Recent Christology," 134-136.

자체로는 "진정한 그리스도"로부터 아주 멀리 떨어져 있다고 여긴 것이다.244) 켈러에 따르면, "진정한 그리스도는 선포된 그리스도이시다."245) "선포된 그리스도"는 획일화된 교리나 모호한 역사에 절대적으로 의존하지 않을 뿐더러, 성경 자체로부터 추구될 수도 없다. 왜냐하면 우리는 성경 때문에 그리스도를 믿는 것이 아니라 그리스도 때문에 성경을 믿기 때문이다.246)

이러한 결론은 켈러가 "역사상(historisch, historical) 예수"와 "역사적(geschichtliche, historic), 성경적 예수"를 나누고 후자를 "믿음의 그리스도"(Christ of faith)와 동일시하는 데서 비롯된다.247) 이러한 이분법적 사고 자체가 켈러가 여전히 자유주의 신학자들의 계보에 속해 있음을 반증한다. 켈러는 믿음의 대상이 되는 '성경'이 아니라 '성경에 대한 믿음'이 진리라고 여긴다. 교리와 역사는 이러한 믿음을 확정하는 데 도움이 될 뿐이다. 켈러는 성경이 '역사상' 예수를 '역사적'으로 계시하고 있다고 말하지 않고 여전히 성경과 역사를 나란히 세움으로써, 성경 외의 '역사상' 예수의 존재에 여지를 남기고 있다.248) 그리하여 역사적으로 기독론을 추구하되 초자연적인 것을 인정하지 않는 부셋(W. Bousset, 1865-1920)의 전제에서 여전히 벗어나지 못하고 있다.249)

둘째 양상은 케제만(Ernst Käsemann)이 "역사적 예수의 문제점"이라는 제목으로 행한 강연에 그 특성이 잘 제시되어 있다. 케제만은 그동안 자유주의 신학자들이 견지해 온 역사적 예수 연구에 대한 합리주의적 전제를 배제하고, 역사에 도움을 받기는 하되 순수한 케리그마 위에 역사적 예수의 상을 정립하고자 하였다. 그는

---

244) Martin Kähler, *The So-Called Historical Jesus and the Historic, Biblical Christ*, tr. C. E. Braaten (Philadelphia: Fortress, 1964), 48.

245) Kähler, *The So-Called Historical Jesus and the Historic, Biblical Christ*, 66.

246) 이에 대해서, Schwarz, *Christology*, 40.

247) Kähler, *The So-Called Historical Jesus and the Historic, Biblical Christ*, 72-73. 참조. Weber, *Foundations of Dogmatics*, 2.19. n. 65; Carl E. Braaten, "Revelation, History, and Faith in Martin Kähler" in Kähler, *The So-called Historical Jesus and the Historic Biblical Christ*, 3.

248) 참조. Morgan, "Christology through Scriptural Interpretation through New Testament Theology," 78-81. 맥그라쓰의 다음 글은 이러한 켈러 신학의 맹점을 간과하고 있다. Alister E. McGrath, "Justification and Christology: the Axiomatic Correlation between the Historical Jesus and the Proclaimed Christ," *Modern Theology* 1/1 (1984), 45-54.

249) 참조. I. Howard Marshall, *The Origins of New Testament Christology* (Leicester, UK; 1990, updated edition), 15-19.

성경 외적인 요소를 걷어내고 성경 자체에 대한 자료비평, 양식비평, 편집비평을 통하여 이러한 취지를 이룰 수 있다고 보았다. 케제만은 복음서들은 그 자체로 역사는 아니지만 역사적 자료를 그 속에 내포하고 있다고 여겼다. 그러므로 그것들을 좇아 지상의 예수와 존귀하게 되신 천상의 예수의 역사적 연속성을 인정해야 하며, 섣불리 신화(神話)나 가현설의 영향을 말해서는 안 된다고 하였다. 그리하여 역사적 탐구와 신학적 추구가 별개의 일이 아니며, 순수한 케리그마는 이미 그 자체로 역사성이 있다는 생각이 대두되었다.250)

케제만은 예수 안에서 일어난 구원사건은 '예수의 사건'이라는 점을 부각시키고, 하나님이 그 안에서 자신의 어떠하심과 뜻을 드러내셨으므로 우리는 예수의 역사와 우리의 역사가 계속성을 지니는지에 대한 신학적 관심을 환기시켜야 함을 역설하였다.251) 이러한 접근은 어느 정도 새로운 것이었지만 해묵은 문제를 해결할 수는 없었다. 여전히 합리주의적 전제는 유지되었다. 이름만 달리했지 여전히 '비평'은 '비평가'의 손아귀에 머물고 있었다. 구속사의 고유함을 말하기는 하지만, 그것이 "보편사와 나란히 달리는"(running parallel to universal history) 무엇으로서 고찰되어야 한다고 주장되었다. 케제만은 신약은 어떤 전통보다 믿을 만하며, 그곳에 기록된 주님의 고난과 부활은 전부는 아니라고 할지라도 그 가운데 가장 시원적 요소들은 신뢰성이 있다고 하였는데,252) 오히려 이로 말미암아 신학계에 총체적인 난맥상이 드러났다.

이 새로운 방법으로 정통적인 조직신학을 대체하려는 움직임이 노골화되었던 것이다. 보른캄(G. Bornkamm), 콘첼만(H. Conzelmann), 맑센(W. Marxsen), 푹스(E. Fuchs), 에벨링(Gerhard Ebeling), 판넨베르그(Wolfhart Pannenberg) 등 개신교 신학자들과 슈네켄베르그(R. Schnackenburg), 큉(H. Küng), 쉴레벡스(Edward C. Schillebeeckx) 등 로마 가톨릭 신학자들이 이런 경향을 대변하였다.253) 이들은 '역사로서의 계시'

---

250) Ernst Käsemann, "The Problem of the Historical Jesus," in *Essays on New Testament Themes*, tr. W. J. Montague (Naperville, IL: Alec R. Allenson, 1964), 15-47.
251) Käsemann, "The Problem of the Historical Jesus," 32, 46.
252) Käsemann, "The Problem of the Historical Jesus," 16-17.
253) 이러한 로마 가톨릭의 경향에 대해서, John P. Galvin, "From the Humanity of Christ to the Jesus of History: A Paradigm Shift in Catholic Christology," *Theological Studies* 55/2 (1994), 252-273. 특히 여기에서는 역사적 예수의 조직신학적 의미를 추구하는 로마 가톨릭의 새로운 경향에 대해서 다룬다.

를 넘어서서 '계시로서의 역사'를 말하는 반(半)자유주의의 성향을 노정하고 있는 바, 예수의 인격에 대한 논의는 도외시하고 그의 '순수한 사역'을 통해서만 구속사(Heilsgeschichte)를 논하고자 했던 쿨만(Oscar Cullmann)이나[254] 한(F. Hahn)도[255] 그리스도의 양성론이나 비하와 승귀를 일차적인 기독론의 주제로 삼지 않았다는 점에서 이러한 성향을 지니고 있었다고 볼 수 있다.[256]

셋째 양상은 예수의 역사를 성경이 기록되기 전의 제2성전기의 유대주의에서 찾으려는 움직임으로 나타났다. 주후 1세기가 아니라 그 전사(前史)를 발판으로 역사상 예수를 역사적으로 그려내겠다는 모색으로서 1980년대부터 강풍과 같이 몰아쳤다.[257] 이 새로운 물결에 동참한 신약신학자들은 성경의 '신학'을 지향하지만 '성경'의 신학에 제한되지 않고 예수의 삶이 놓인 갈릴리의 사회적, 정치적, 문화적, 종교적 구조와 정황에 주된 관심을 쏟았다. 무엇보다 유대 메시아 사상이 헬레니즘의 정황 가운데 어떤 작용을 했는지가 특히 주목되었다. 샌더스(E. P. Sanders), 마이어(J. P. Meier), 라이트(N. T. Wright), 위더링톤(Ben Witherington III) 등이 이에 속한다. 이러한 경향은 성경 외적 요소를 거의 제한 없이 받아들이고 위경도 무분별하게 사용하는 펑크(Robert Funk), 크로쌍(John Dominic Crossan), 보르그(Marcus Borg) 등으로 대변되는 '예수 세미나'(the Jesus Seminar)에 의해서 극단화된다. 이들은 '사실' 너머의 어떤 의미도 받아들이려고 하지 않는다. 예컨대 예수의 고난은 고난일 뿐, 어떤 속죄의 의미도 없다. 이들은 주님을 냉소적 철학자, 마술사, 치료자, 권능 있는 현자 등으로 규정할 뿐, 대속의 주라고 여기지 않는다.[258]

이러한 셋째 양상의 현저한 특성은 '다양성' 혹은 '열림'에 있다. 그러므로 일의적으로 이를 규정하기는 어렵다. 오히려 '모호성'이 마치 고유한 속성이라도 되는 듯이 거론된다.[259] 분명한 것은 그들은 예수의 역사를 가장 많이 입에 올리지만 가장

---

[254] Cullmann, *The Christology of New Testament*.

[255] F. Hahn, *The Titles of Jesus in Christology: Their History in Early Christianity* (London: Lutterworth, 1969).

[256] 참조. Marshall, *The Origins of New Testament Christology*, 22-26.

[257] 참조. Schwarz, *Christology*, 60-71.

[258] 이상의 논의에 대해서, Rausch, *Who is Jesus?* 10-20.

[259] 다음은 이러한 경향을 현저히 보여주고 있다. John P. Meier, *A Marginal Jew: Rethinking the Historical Jesus*, vol. 1, *The Roots of the Problem and the Person*; vol. 2, *Mentor, Message, and Miracles*; vol. 3, *Companions and Competitors* (New York: Doubleday, 1991, 1994, 2001).

적극적으로 예수를 역사 속에 함몰시키고 있다는 점이다. 그들에게는 '예수의 역사'는 없고 '우리의 역사'에 속한 예수만이 있을 뿐이다. 그리하여 역사적 예수 연구의 종점에 예수를 배제한 예수에 관한 역사 연구가 자리하게 된다.

> 예수가 1세기 유대주의의 무대에 등장한 것은 선지자나 현자나 메시아에 대해서 예단하고 있는 사람들의 기대에 부응하려는 것이 아니었으며, 20세기 말을 살고 있는 우리의 기대에 맞추려는 것은 더욱 아니었다. 예수는 날아가는 산(酸)을 담고 있는 용기와 같은 이 세상에 하나님에 관한 무엇, 인류에 관한 무엇, 그리고 하나님과 인류 사이의 관계에 관한 무엇을 알리고자 오셨다. 이 세상은 하나님이 중재하시는 구원의 통치를 선언하는 것이 위험하다고 여기고 한 사람을—그가 하나님 앞에서, 사람을 향하여 가진 권능으로 말미암아—십자가에 못 박을 수도 있었다. 예수가 받아들인 이름들뿐만 아니라 스스로 택한 이름들은—그것들이 하나님을 지칭하든 사람을 지칭하든—메시아를 가장하거나 메시아에 맞서는 유대주의자들의 사회적 지형도(地形圖) 위에 우리가 예수를 올려 놓는 일을 돕기 위하여 주어진다. 그것들은 예수를 동시대의 많은 다른 원고(原告)들과 구별하지만, 동시에 히브리어 성경에서 발아된 기본적인 여러 요소를 갖춘 자로서 예수를 하나님의 백성에게 주어진 한 조각의 소망으로 여기게 한다. 이러한 예수의 사회적 행렬(行列)을 배우면 배울수록 기독론적인 질문들은 더욱 분명하게 그 요점을 우리에게 드러낸다.[260]

여기에 그려진 예수는 단지 구원의 소식을 전하는 사령(使令)에 불과하다. "기독론적인 질문들"은 어떤 기독론적인 주제들에 대해서도 말하고 있지 않다. 하르낙의 경우에서와 같이, 예수는 믿음의 대상이 아니라 믿음의 본이 될 뿐이다. 결국 역사적 예수 연구는 그 양상을 달리해 왔을 뿐, '역사상 예수'와 '믿음의 그리스도'를 대척점에 세우고 '역사상 예수'를 합리주의적으로 추구하는 과정에서 '믿음의 예수'를 잃어버렸다. 예수가 없는 그리스도가 헛되듯이, '믿음의 예수'를 부인하는 가운데 '믿음의 그리스도'를 말하는 것이야말로 탈(脫)역사적이며 비(非)역사적이다. '예수의 역사'는 성경의 계시성과 역사성, 곧 계시의 역사성을 전제할 때 비로소 역사적

---

[260] Ben Witherington III, "The Christology of Jesus," in *Who Do You Say That I Am: Essays on Christology*, ed. Mark Allan Powell and David R. Bauer (Louisville: Westminster John Knox, 1999), 10–11.

으로 참되게 추구될 수 있기 때문이다. 이를 전제하기는커녕 오히려 이에 역행하는 역사적 예수 연구는 예수의 역사를 곡해하거나 부인하는 결론에 이를 수밖에 없다. '예수의 역사'를 말하려다 정작 "그"를 망각하고 마는 것이다(골 1:28).[261]

2. 3. 성경의 예수와 성경적 예수

'예수의 철학'이라는 말을 굳이 사용하지 않더라도, 성경은 다음 네 가지를 우리에게 분명히 계시한다.

첫째, 예수의 존재이다. 예수는 '하나님의 아들'로서 '사람의 아들'이 되셨지만—모태에서 조성되시고 나셨지만—영원히 스스로 존재하신다. 사도 요한의 복음서와 서신서에 빈번히 나타나는 '나는 있다' 혹은 '나는……이다'로 번역되는 'ἐγώ εἰμι'라는 예수의 표현은 그의 자존(自存)을 현저히 드러낸다. 이는 '되다'나 '만들다' 등의 말과는 달리, 그 성격상 정의적이며, 그 기원상 신적이고, 그 내용상 본질적이다. 그것은 "나는 스스로 있는 자이니라"(אֶהְיֶה אֲשֶׁר אֶהְיֶה)고(출 3:14) 자신의 이름을 알리신 야훼(יהוה) 하나님을 계시한다.

둘째, 예수에 대한 인식 혹은 예수를 아는 지식이다. 그리스도를 아는 지식은 그리스도 자신으로부터 나온다. 그리스도는 하나님의 자기계시의 계시이시다. 그리스도가 "하나님의 비밀"이시며, "그 안에는 지혜와 지식의 모든 보화가 감추어져" 있다(골 2:2-3). "내가……진리요"(Ἐγώ εἰμι……ἡ ἀλήθεια)라는(요 14:6) 말씀에 자존하시는 주님 자신이 곧 진리이심이 계시된다.

셋째, 참 하나님이시며 참 사람이신 예수의 인격이다. '인격'이 '사역'을 규정한다. '사역'은 '인격'을 서술하고 증거할 뿐, 규정할 수는 없다. "예수 그리스도의 계시"는

---

261) 헤겔(G. W. Friedrich Hegel)과 슐라이어마허(Friedrich Schleiermacher)는 이러한 계몽주의의 폐해를 심각하게 인식하고 예수 자신을 다시금 논제로 삼고자 하였다. 예수의 신성을, 헤겔은 관념적으로 접근하여 절대이성과 동일시하였으며, 슐라이어마허는 내재적으로 접근하여 절대의존감정 곧 절대적 신의식과 동일시하였다. 헤겔이 좀 더 예수의 인격 자체에 관심을 가졌다고 한다면, 슐라이어마허는 좀 더 예수의 사역—특히 기적—에 주안점을 두었다. 이러한 차이점에도 불구하고 양자는 모두 예수가 제2위 하나님이시라는 사실과 그가 성육신하심으로 신인양성의 위격적 연합 가운데 대속의 사역을 감당하셨음을 부인한다. 그들은 예수의 신성에 대해서 말하기는 하나, 철학적 범신론적 관점에서 그러할 뿐이다. G. W. Friedrich Hegel, *The Christian Religion: Lectures on the Philosophy of Religion*, ed. and tr. Peter Hodgson (Missoula, MT: Scholars, 1979), 3.180ff. 참조. Schwarz, *Christology*, 24-26.

(계 1:1) '예수 그리스도에 관한 계시'이다. 곧 주님은 자신이 자신을 계시하신다. 사도들을 통한 계시도 주님의 자기계시이다. 그리하여 성경적 권위를 획득하는 것이다. 오순절 성령강림 사건 이후 제자들은 주님 자신에 집중하였다. 그들은 자신들이 못 박은 그 분이 "생명의 주"시라고 선포하였다(행 3:15). 빌립보서 2:6-11의 찬송시도 "그"를 노래하고 있다. 우리는 예수 그리스도의 인격과 사역을 통하여 "그"를 선포한다(골 1:28).

넷째, 자신의 의를 전가해주심으로써 우리를 자신과 하나가 되게 하시는 '예수의 윤리'이다. 예수는 "새언약"의 머리가 되셔서 친히 흘리신 자기의 "피"로 "첫 언약"의 약속인 '영생'의 의를 다 이루셨다(히 8:6-8, 13; 고전 11:25). 그리고 그 의를 우리의 것으로 삼아주셔서 우리가 "하나님의 자녀가 되는 권세"를 얻게 하셨다(요 1:12). 영원하신 '하나님의 아들'이 '사람의 아들'로 오신 것은 우리를 그와 함께 하나님의 자녀로 태어나게 하시기 위함이셨다(히 2:11). '예수의 윤리'는 단지 행위나 기질이나 성향에 그치는 것이 아니라 우리 자신의 신분과 관계된다. 예수는 자기 자신을 주심으로 우리 자신을 구원하셨다(엡 5:2; 갈 1:4; 딤전 2:6). 그리하여 우리가 그와 함께 하나님을 "아빠 아버지"라고 부르게 하셨다(막 14:36; 롬 8:15; 갈 4:6). 또한 우리가 그와 함께 난 자녀로서 함께 상속자요, 함께 지체요, 함께 약속에 참여하는 자가 되게 하셨다(롬 8:17; 엡 3:6). 주님의 "아들됨"(υἱοτης, sonship)으로 말미암아 우리가 자녀로서 새생명을 얻고 새로운 자녀의 삶을 살게 되었다. 기독교인의 삶의 교리는 자신의 의를 전가해주심으로써 우리 자신뿐만 아니라 우리의 행위도 의롭다 하시는 '예수의 윤리'에 기초한다. 이런 측면에서 기독교 윤리는 기독론과 구원론을 논외로 다룰 수 없다.[262]

'성경적 예수'는 '성경의 예수'로 논의되어야 한다. 성경은 기록된 하나님의 말씀으로서 다음 네 가지를 계시한다.

첫째, 예수는 스스로 계신 '하나님의 아들', 즉 하나님이시다. '하나님의 아들'이 '사람의 아들'이 되신 것이지, '사람의 아들'이 '하나님의 아들'이 되신 것이 아니다. 성육신(incarnatio)이지 신화(deificatio)가 아니다. 성경은 '위로부터의 기독론'(Christology from Above)을 가르친다. '아래로부터의 기독론'(Christology from Below)은

---

[262] 다음 책에서는 이러한 네 가지 논점을 필자와 전혀 다른 관점에서 접근하고 있다. Peter Kreeft, *The Philosophy of Jesus* (South Bend, IN: St. Augustine's Press, 2007).

이와 양립될 수 없다.

둘째, 예수는 스스로 자신을 계시하신다. 주님을 아는 지식은 우리의 이성이나 감정이나 양심으로부터 비롯되는 것이 아니라 위로부터 절대적이고 객관적으로 주어진다. 성경은 '안으로부터의 기독론'(Christology from Within)이 아니라 '밖으로부터의 기독론'(Christology from Without)을 가르친다.

셋째, 예수를 아는 지식은 그의 인격을 아는 지식으로부터 비롯된다. 그리스도가 참 하나님이시며 참 사람이시라는 위격적 연합에 대한 올바른 인식이 없이는 그의 비하와 승귀의 고유한 특성이나 그가 다 이루신 의의 가치를 논한다는 것 자체가 무의미하다. 인격을 도외시하고 사역을 논하는 것은 그리스도를 대속의 주가 아니라 단지 필적할 수 없는 모범 정도에 머물게 할 뿐이다. 성경의 가르침은 '기능기독론'(Functional Christology)이 아니라 '인격기독론'(Personal Christology)을 출발점과 종착점으로 삼는다.

넷째, 주님은 이 땅에 오셔서 대속의 의를 다 이루시고 하늘로 올라가셔서 보혜사 성령을 부어주심으로써 그 의를 우리의 것으로 삼아주신다. 그리하여 우리가 새 생명으로 거듭나서 거룩한 새삶을 살게 하신다. 그리스도의 사역은 이 땅에 오셔서 죽으심으로 끝이 나는 것이 아니다. 십자가에서 구원의 의를 다 이루신 주님은(요 19:30) 자신의 영을 부어주심으로써(행 2:33) 지금도 우리를 위하여 중보하신다. 성경은 그리스도의 비하(humiliatio)와 함께 승귀(exaltatio)를 증거한다. 부활이 없다면 죽음이 헛되다(고전 15:14). 성경의 가르침은 '저(低)기독론'(Low Christology)에 머물지 않고 '고(高)기독론'(High Christology)을 본질적으로 함의한다.

이러한 네 가지 관점은 함께 추구되어야 한다. 예컨대, '위로부터의 기독론'을 말하기는 하되 '고(高)기독론'을 부인하면 인화(人化) 혹은 신인동형론에 서게 되고, '인격기독론'을 등한시하면 가현설에 동조하게 되며, '밖으로부터의 기독론'을 배제하면 합리주의나 관념주의에 빠지게 된다. '성경적 예수'는 '성경의 예수'로 추구되어야 한다. 이를 위하여 위에 제시한 네 가지 관점에 대한 올바른 인식을 공유해야 한다.

그러나 현실은 판이하다. 일례로, 로마 가톨릭 신약신학자 브라운(Raymond E. Brown, 1928-1998)은 성경신학을 다음과 같이 다섯 가지로 분류하고 있는 바, 이러한 네 가지 관점에 서서 올바로 추구되는 신학이 이미 소수자 혹은 국외자(局外者)

의 신학이 되어버렸다는 것을 반증해주고 있다.

첫째, '비학문적 보수주의'(Nonscholarly Conservatism). 신약의 기독론이 이후에 그대로 유지되어 왔다고 보는 견해이다. 예컨대, 베드로의 고백(마 16:16)과 주님의 선재에 대한 사도 요한의 말씀(요 8:58; 17:5) 자체가 교회가 고백하는 불변하는 진리 곧 교리라고 여긴다.

둘째, '비학문적 자유주의'(Nonscholarly Liberalism). 성경의 기독론을 사실상 부인하는 입장으로서, 성경을 통한 예수의 자기계시와 성경의 자료에 근거한 고양된 신학 사이의 연속성을 부인한다. 영국의 이신론자들과 불란서의 백과전서파(百科全書派)가 여기에 속한다.[263]

셋째, '학문적 자유주의'(Scholarly Liberalism). 성경의 기독론을 부인하지는 않되 면밀한 탐구와 비평을 통하여 예수의 상을 그려나가자는 입장으로서 역사적 예수 비평은 가장 현저한 예(例)가 된다.[264]

넷째, '불트만적 실존주의'(Bultmannian Existentialism). 예수 자신이 아니라 예수를 통한 하나님의 행위의 실존적 의미에 주안점을 두는 입장이다. 실존적 의미는 주어지는 것이 아니라 실존적으로 추구되어야 한다. 그러므로 절대적, 객관적 계시는 부인된다.[265]

다섯째, '학문적 혹은 온건한 보수주의'(Scholarly or Moderate Conservatism). 예수 자신의 사역 가운데 기독론을 위치시키는 입장이다. 이는 다시 두 가지로 나누어진다. '명시적 기독론'(Explicit Christology)은 주님이 자신을 가리켜 말씀하신 여러 칭호와 명칭이 지상에 계실 때 이미 유대인들에게 그렇게 받아들여졌다고 보는 반

---

[263] 주님을 단지 한 현자(賢者), 수사(修士), 냉소적인 유대인 농부, 은사가 많은 선지자나 치유자 등으로 보는 다음 저자와 작품들이 이러한 입장에 속한다. Burton L. Mack, *The Lost Gospel: The Book of Q and Christian Origins* (San Francisco: HarperCollins, 1993); Rheme Perkins, "Jesus before Christianity: Cynic and Sage?" *Christian Century* 110/22 (1993), 749-751; John Dominic Crossan, *The Historical Jesus: The Life of a Mediterranean Jewish Peasant* (San Francisco: HarperCollins, 1991); Geza Vermes, *Jesus the Jew: A Historian's Reading of the Gospels* (Philadelphia: Fortress, 1981); Marcus J. Borg, *Jesus: A New Vision* (San Francisco: Harper & Row, 1987).

[264] 하나님의 나라 사상과 임박한 종말론에 비추어 성경에 기록된 예수를 읽을 것을 제안한 바이쓰(Johannes Weiss)나 슈바이처(Albert Schweitzer)도 이에 속한다고 볼 수 있다.

[265] 하나님의 나라를 임박한 역사적 실제기보다 묵시적 대원원으로 여긴 불트만(Rudolf Bultmann), 디벨리우스(Martin Dibelius), 초기 바르트(Karl Barth), 브룬너(Emil Brunner)가 이에 속한다고 볼 수 있다.

면,266) '암시적 기독론'(Implicit Christology)은 그것들이 그렇게 여겨진 것은 주님이 부활하신 후라고 간주한다.267)

여기에서 우리가 주목할 것은 주님의 인격은 '비학문적 보수주의'의 영역에서 거론될 뿐 '학문적 보수주의'의 영역에서는 논의의 대상으로도 여겨지지 않고 있다는 사실이다. 이렇게 본다면 '학문적 보수주의'를 표방하는 성경신학자가 예수의 인격을 다룬다고 할 때, 조직신학에는 전혀 구애(拘碍)받을 필요가 없게 된다. 이는 사실상 '보수적 조직신학'과 '보수적 성경신학'의 단절을 의미한다. 오늘날 이러한 기류가 만연해 있다. 각각의 입장에 속한 신학자들은 자기편의 논리만을 극단적으로 추구하려고 할 뿐 본연의 자리매김을 깊이 고려하지 않는다. '보수적' 성경신학을 추구하기 위해서 무엇보다 필요한 것은 주님의 인격을 일차적 주제로 삼는 것이다. 그리고 그로부터 주님의 사역으로 접근하는 방법을 취하는 것이다. 오늘날 '성경적 조직신학'이라는 이름을 거론하면서도 '주님의 인격'이라는 정통적인 주제를 아예 도외시하거나, 이를 거론하는 경우에도 '주님의 사역'에 뒤따르는 귀납적 관조나 묵상 정도로 치부하는 학자들이 없지 않다. 그들은 자신들이 가장 성경적인 신학을 한다고 하지만 정작 성경의 진리로부터 멀리 떨어져 있다. 결국 그들은 브라운이 분류한 '학문적 보수주의'와 궤를 같이할 뿐이다.268)

'성경적 예수'는 '성경의 예수'로 추구되어야 하며, '성경의 예수'는 구약과 신약의 말씀을 통하여 종합적이고 체계적으로 파악되어야 한다. 성경은 삼위일체 하나님의 자기계시를 담고 있다. 성경에 기록된 창조와 섭리와 구속에 관한 말씀이 모두 삼위일체 하나님의 존재와 경륜을 증거한다. 신약의 성취는 구약의 약속을 돌아보게 하고 구약의 약속은 신약의 성취를 바라보게 한다. 칼빈이 말한 바와 같이, 구약과 신약은 경륜은 다르나 실체는 같다. 그리스도가 그 실체시다. 성경은 전체적으로 영원하신 삼위일체 하나님의 존재와 경륜과 그리스도가 옛언약과 새언약 곧 구

---

266) 쿨만(Oscar Cullmann), 다드(C. H. Dodd), 예레미아스(J. Jeremias), 테일러(V. Taylor), 그리고 제2차 바티칸 회의 전의 로마 가톨릭 신학자들이 이에 해당한다.

267) 한(F. Hahn), 풀러(R. H. Fuller), 페린(N. Perrin), 그리고 후기 불트만 학자들이 이에 해당한다. 이상의 논의에 대해서, Raymond E. Brown, *An Introduction to New Testament Christology* (Mahwah, NJ: Paulist Press, 1994), 7–15.

268) 이러한 경향에 대한 경종의 일단(一端)으로서 정통 입장에 서되 시대적, 목회적 적응성을 가질 것을 제안하는 다음 참조. Robert L. Reymond, *A New Systematic Theology of the Christian Faith* (Nashville: Thomas Nelson Publishers, 1998, 2nd ed.), xxvi–xxxvi.

약과 신약의 실체가 되심을 증거한다.[269] 신약은 구약과 관계해서 일차적으로 이러한 조직신학적 관점을 전제하는 가운데 파악되어야 한다. 그럼에도 불구하고 이를 무시하고 신약을 유대주의와 관계해서 편향적으로 다루는 경향이 성경신학자들 가운데 팽배하다.

리처드 보캄(Richard Bauckham, 1946-)의 경우를 일례로 살펴보자. 그는 자신의 책을 통하여 유대 단일신론(Jewish monotheism)이 신약에 미친 영향을 부각시켜 왔는데,[270] 최근의 한 논문에서 요한복음은 당시에 현존하던 유대 단일신론의 특성을 유지하면서 그것을 "기독론적 단일신론"(Christological monotheism)으로 재정의(再定義)하고 있다고 결론을 지었다.[271] 보캄은 예수 그리스도의 선재와 삼위일체를 선포하는 구절로서 주요하게 다루어지는 요한복음 1:1-5이 창세기 1:1-4의 재론이거나 재해석으로서 당시의 유대인들에게 그들의 지론인 단일신론에 부합하게끔 기록되어 있다고 주장한다. 무엇보다 요한복음 1:1이 이러한 가설을 가장 확고하게 지지한다고 여긴다.

태초에 말씀이 계시니라(Ἐν ἀρχῇ ἦν ὁ λόγος)
이 말씀이 하나님과 함께 계셨으니(καὶ ὁ λόγος ἦν πρὸς τὸν θεόν)
이 말씀은 곧 하나님이시니라(καὶ θεὸς ἦν ὁ λόγος)

본문은 삼위일체를 가장 간략하면서도 명료하게 증거한다. 첫 소절은 성자 하나님의 위격적 존재를, 둘째 소절은 성자와 성부의 함께 계심을, 즉 삼위를, 셋째 소절은 성자가 성부와 동일한 본질이심을, 즉 일체를 계시한다.[272]

그런데 보캄은 둘째 소절과 셋째 소절의 "하나님"이 유대주의자들이 견지하고 있

---

269) Calvin, Institutio, 2.10.2 (CO 2.313).

270) Richard Bauckham, God Crucified: Monotheism and Christology in the New Testament (Grand Rapids: Eerdmans, 1998).

271) Richard Bauckham, "Monotheism and Christology in the Gospel of John," in Contours of Christology in the New Testament, ed. Longenecker, 165.

272) 다음 글에서는 요한복음 1:1의 세 소절이 "말씀의 영원한 존재"(eternal existence), "말씀의 구별된 인격"(distinct personality), "말씀의 본질적 신격"(essential deity)을 계시한다고 설명한다. David J. Macleod, "The Eternality and Deity of the Word: John 1:1-2," Bibliotheca Sacra 160/637 (2003), 56-59.

는 단일신론적 관점에서 기록되었다고 하면서, 사도 요한이 그들의 신관에 맞게끔 "말씀"을 "하나님"에 편입시키기 위해서 의도적으로 본문을 이렇게 기록했다고 주장한다.[273] 이렇게 본다면 "아버지 품 속에 있는 독생하신 하나님"이신(요 1:18) 성자는 요한복음 1:1의 "하나님"과 동일본질일 수 없게 된다. 이와 같이, 삼위 하나님 각각이 존재와 경륜에 있어서 고유한 특성을 가지신다는 사실 자체가 그들의 동일본질이 아니라 일방적 종속을 의미한다고 보게 되는 경우 사실상 삼위일체 자체가 부인되고 만다.[274]

보캄은 요한복음에 현저하게 나타나는 '나는……이다' 혹은 '나는 있다'로 번역되는 'ἐγώ, εἰμι'라는 표현에 대해서도 자신의 논지를 동일하게 세운다. 보캄은 'ἐγώ, εἰμι'가 보어 없이 절대적으로 사용되는 경우(요 4:26; 6:20; 8:24, 28, 58; 13:19; 18:5, 6, 8)와 명사에 보어를 동반하는 경우(요 6:35, 41, 48; 8:12; 9:5; 10:7, 9, 11, 14; 11:25; 14:6; 15:1)를 고찰하고 결론적으로 이러한 표현법이 유대주의 단일신론의 입장을 대변하고 있다고 주장한다. 예컨대, "아브라함이 나기 전부터 내가 있느니라"는 주님의 말씀과(요 8:58) "나는 세상의 빛이니"라는 주님의 말씀은(요 8:12) 일차적인 목적이 주님의 선재나 신성을 지시하는 데 있지 않고 하나님 자신의 유일하고 고유한 신적 실체성을 드러내는 데 있다고 본다.[275]

이러한 고찰 후 보캄은 다음과 같이 결론을 짓는다.

> 고유하고 배타적인 유일하신 하나님의 신성은—오직 예수만이 고유하고 배타적으로 그 신성에 동참한다는 이유 때문에—오직 예수 안에서만 계시된다.[276]

이렇게 본다면, 예수는 신성에 동참하실 뿐 신성 자체는 아니시게 된다. 사도 요

---

273) Bauckham, "Monotheism and Christology in the Gospel of John," 149-151.
274) 다음 글은 종속설의 입장에서 몇몇 문제가 되는 성경 구절들을 해석하고 있다. John V. Dahms, "The Subordination of the Son," *Journal of the Evangelical Theological Society* 37/3 (1994), 351-364. 여기에서 저자는 아들의 나심과 성령의 출래를 인정하는 이상 종속설을 말하지 않을 수 없다는 극단론을 편다. 같은 맥락에서 아래 저자는 역할(role)뿐만 아니라 관계(relation)에 있어서도 아들은 영원히 아버지께 종속된다고 주장한다. Stephen D. Kovach, "A Defense of the Doctrine of the Eternal Subordination of the Son," *Journal of the Evangelical Theological Society* 42/3 (1999), 461-476.
275) Bauckham, "Monotheism and Christology in the Gospel of John," 153-163.
276) Bauckham, "Monotheism and Christology in the Gospel of John," 165.

한은 요한복음의 기록 목적을 "예수께서 하나님의 아들 그리스도이심을 믿게 하려 함"에 있다고 전하는데(요 20:31), 보캄의 결론에 따르면 이러한 목적이 무색해진다. 사실상 삼위일체나 예수의 [신]위격이 부정되고 있기 때문이다. 결국 유대 단일신론이 단지 저술의 동기로 작용하는 것이 아니라 저술의 목적을 삼켜버린 결과를 초래하고 말았다. 비록 학문의 성향과 접근하는 방식에서 극명하게 다른 점이 있지만 결론에서만 보면 보캄의 입장은 '학문적 자유주의'의 극단에 서 있는 브라운의 입장과 맥이 닿아있다.

브라운은 신약성경이 예수님을 '하나님'이라고 불렀다는 사실에 대해서는 이견이 있을 수 없으나, 그렇다고 해서 그러한 용례가 성경이 기록될 당시의 초대교회가 주님의 신성을 인정하는 삼위일체 신앙을 가졌다고 속단해서는 안 된다고 단언한다. 브라운의 논지는 간단하다. 구약 70인경에서 야훼(יהוה)와 엘로힘(אֱלֹהִים)을 각각 퀴리오스(κύριος)와 떼오스(θεός)로 번역한 용례에 영향을 받아 신약성경이 예수를 '퀴리오스'와 '떼오스'라고 칭하고는 있지만 야훼와 엘로힘이라는 본래의 의미에서는 아니라는 것이다. 브라운은 주님에게 '하나님'이라는 칭호를 돌린 것은 후기의 제의적 관습으로부터 비롯되었으며(딛 2:13; 요일 5:20; 롬 9:5; 벧후 1:1), 주님의 신성을 증거하는 가장 확실한 구절로 여겨지는 도마의 "나의 주님이시요 나의 하나님이시니이다"는 고백도(요 20:28) 다를 바 없다고 보고 있다.[277]

2. 4. 교리적 전제에 서는 성경신학

성경신학은 조직신학의 교리적 전제 가운데 전개되어야 한다. 왜냐하면 조직신학은 성경적 사실들(Biblical facts)에 대한 종합적이며 체계적인 신앙고백적 진술을 수립하는 일을 과제로 삼기 때문이다. 그러므로 주님의 인격에 관한 정통교리의 입장을 도외시한 가운데 성경의 역사가 지닌 조직신학적 의미를 읽어내려고 시도한 케제만(Ernst Käsemann)과 같은 학자를 올바른 하강기독론에 서 있다고 볼 수는 없다.[278]

---

277) Brown, *An Introduction to New Testament Christology*, "Appendix III. Did New Testament Christians Call Jesus God?" 171-195, 특히 193-195.

278) 참조. Reymond, *A New Systematic Theology of the Christian Faith*, "Two Modern Christologies," 1100-1104.

성육신하신 '성경의 예수'는 참 하나님이시자 참 사람이시다. 한 분 하나님은 세 위격으로 계신다. 하나님은 오직 세 위격 가운데 한 분이시며 한 분 가운데 세 위격이시다. 세 위격이 동일본질(ὁμοούσια)이시므로 '한 분 하나님'(Deus unus)이시다.[279] 단일신론(monotheism)의 관점에서 하나님을 보면 삼신(三神)이고, 삼신론(tritheism)의 관점에서 하나님을 보면 일신(一神)이다. 하나님은 삼신도 일신도 아닌 유일하신 삼위일체 하나님이시다. 하나님은 유비할 수 없는 유일한 하나님이시므로 '한 분 하나님'이시다.

그러므로 하나님은 "추상화"(abstraction) 혹은 "일반화"(generalization)의 대상이나 근거가 될 수 없다. 하나님은 본성과 역사에 있어서 모두 고유하시다. 그러므로 과학의 대상도 역사의 대상도 되실 수 없다. 역사주의(historicism)나 상대주의(relativism)의 저울 위에 하나님을 올릴 수는 없다. 하나님은 "한 개체"(das Einmalige)가 아니실 뿐 아니라 "전체"(das Ganz)도 아니신 분으로서, '유일하신 한 분 하나님'이시기 때문이다.

창조주 하나님은 피조물의 잣대로 규정될 수도, 해석될 수도, 평가될 수도 없으시다. 인본주의의 잣대는 외양만 측정할 뿐 실제는 방기(放棄)한다. 하나님은 외양만 측량할 수도 없다. 왜냐하면 하나님은 외양으로만 드러나지 않는 분이시기 때문이다. 하나님의 외양은 언제나 실제적이다. 곧 드러나심이 실체이며 실체가 드러나심이다. 계시는 하나님이 '실제로 드러나심' 곧 하나님의 '실체적 드러나심'을 뜻한다. 그것이 주님이 자신을 지칭하신 "진리"(ἀλήθεια)이다. 라틴어 '베리타스'(veritas)도 이러한 뜻에 부합한다. 사도 바울은 이러한 '실체적 드러나심'을 대상화하여 '모르페'(μορφή)라는 말을 사용하였다(빌 2:6-7). 하나님은 만유시며 만유를 드러내시기 때문에 만유의 무엇으로 규정되거나 한정되지 않으신다. 또한 유추되지도 않으신다. 그러므로 "한 분 하나님"을 전체를 드러내는 한 '개체'로 여기는 일원론(Monismus, monism)에 묶어서는 안 된다. 모든 사물에 본성을 부여하신 하나님은 역사를 본성 너머로 이끌어 가시므로 본성적 과정에 종속되지 않으시기 때문이다. 그

---

279) Philip Schaff, *The Creeds of Christendom, vol. 2, The Greek and Latin Creeds* (Grand Rapids: Baker, 1996, rep.), 68, *Symbolum Quicunque* 27: "So that in all things, as afore said: the Unity in Trinity(*Unitas in Trinitate*), and the Trinity in Unity(*Trinitas in Unitate*), is to be worshipped." 참조. Schaff, *The Creeds of Christendom*, 2,66, *Symbolum Quicunque* 3.

러므로 오직 '성경의 하나님'만이 '성경적 하나님'이시다.[280]

신약을 유대주의 전통이나 제2성전 시대의 문학과 사조와 묵시에 본질적으로 맥이 닿아있는 것으로 여기는 것은 오류이다. 성경은 하나님의 말씀으로서 구약과 신약이 구속사적으로 그리스도 안에서 일치를 이루고 있다. 칼빈이 원칙을 세우고 개혁신학자들이 면면히 계승해 온 '실체는 같으나 경륜이 다양하다'는 원칙은 합리주의적이거나 경험주의적이거나 관념주의적인 독단의 산물이 아니라 성경이 계시하고, 성경이 해석하며, 성경이 가르치는 진리이다. 성육신은 참 하나님이시자 참 사람이신 신인양성의 위격적 연합을 의미하므로, 주님의 선재(preexistence)를 전제한다. 이러한 전제는 성경의 진리에 따른 것이지 인간의 사유나 관념으로부터 나온 것이 아니다.

사도 바울은 이미 그의 초기 서신들에서 유대주의와 당대의 주류 사상과는 무관한 성경적 가르침인 그리스도의 선재와 성육신을 분명히 전하고 있다(고전 1:1-4, 24; 8:6). 즉 성부, 성자, 성령의 동일본질을 말하는 삼위일체론과 주님의 신인양성의 위격적 연합을 말하는 기독론을 뚜렷이 개진하고 있다. 그리스도의 사역은 이를 전제하는 가운데 전개된다.

아브라함과 이삭의 씨로 오신 한 분 그리스도가(갈 3:15-4:7) 새로운 은혜의 시대를 여는(갈 1:4; 5:4) 구속사의 정점(고전 10:11)이 되셨다. 그가 "율법의 마침"($\tau\acute{\epsilon}\lambda o\varsigma$ $\nu\acute{o}\mu o\upsilon$)이 되셨다(롬 10:4). "마침"은 '끝으로서의 끝'이 아니라 '완성으로서의 끝'을 의미한다. 우리를 위하여 그가 "율법 외에 하나님의 한 의"가 되셨다(롬 3:21). 이는 율법의 의를 다 이루시고 그 의를 전가해주시는 복음의 은혜 곧 "믿음의 법"을 선포한다(롬 1:16-17; 3:22-31).

이러한 그리스도의 사역은 그의 인격을 떠나서는 논의될 수 없다. "마지막 아담"($\acute{o}$ $\acute{\epsilon}\sigma\chi\alpha\tau o\varsigma$ $\H{A}\delta\grave{\alpha}\mu$)은 하늘에서 나신, 하나님의 아들이시다(고전 15:45, 47). "첫 사람"($\acute{o}$ $\pi\rho\tilde{\omega}\tau o\varsigma$ $\breve{\alpha}\nu\theta\rho\omega\pi o\varsigma$)으로 사망에 이른 우리가 "둘째 사람"($\acute{o}$ $\delta\epsilon\acute{\upsilon}\tau\epsilon\rho o\varsigma$ $\breve{\alpha}\nu\theta\rho\omega\pi o\varsigma$)으로 말미암아(고전 15:47; 롬 5:12-21) 구원을 얻게 되었다(갈 3:13; 5:11; 고전 1:23). "첫 사람 아담"은 "생령이"($\epsilon\grave{\iota}\varsigma$ $\psi\upsilon\chi\grave{\eta}\nu$ $\zeta\tilde{\omega}\sigma\alpha\nu$) 되었으나 "마지막 아담"은 "살려 주는 영이"($\epsilon\grave{\iota}\varsigma$

---

[280] 여기의 논의는 프린스턴 신학교의 "스톤 강좌"(the Stone Lectures)로 발표되었던 다음 책의 혜안에 빚을 지고 있다. Herman Bavinck, *The Philosophy of Revelation* (London: Longmans, Green, 1909), 83-141, 특히 90-91, 130-141.

πνεῦμα ζῳοποιοῦν) 되셨다(고전 15:45). 이러한 개념은 당대의 사조에 기원을 두는 것이 아니었다. 그것은 유대주의적인 것이 아니라 성경적인 것이었다.[281] 그것은 '성경적 유대주의'로부터 나온 것이라고 볼 수도 없다.[282] 그것은 오직 구약과 신약의 구속사적 맥락에서만 온당히 파악된다. 실체는 같으나 경륜이 다양하다는 칼빈이 주창한 언약신학의 원칙이 여기에서 다시금 상기된다. 사도 바울이 이러한 진리를 알게 된 것은 다메섹으로 가는 도상에서 주님을 만났기 때문이다. 그가 만난 주님은 유대주의 묵시나 헬라 신비주의가 아니라 구약에서 예언된 메시아였다.[283]

오늘날 '영-기독론'(Spirit-Christology)을 근간으로 삼아서 '성경적 유대주의'의 영향을 과신(過信)하는 입장이 두드러지게 개진된다.[284] 그러나 삼위일체론적 관점을 도외시하고 그리스도와 성령의 관계를 현상적으로만 파악하는 것은 전혀 성경적이지 않으므로 바람직하지 않다.[285] 보혜사 성령이 "그리스도의 영"(롬 8:9) 혹은 "예수 그리스도의 성령"(빌 1:19)이라고 불리는 것은 주님이 세례 후 받으신 성령의 충만 때문이라는 점을 편향되게 부각시키면서 전통적인 필리오케(Filioque) 교리에 대한 논의를 무가치하게 여기게 될 때,[286] 결국 양자론(養子論, Adoptionism)으로 경도(傾倒)된다.[287]

---

281) 참조. Douglas J. Moo, "The Christology of the Early Pauline Letters," in *Contours of Christology in the New Testamen*, ed. Longenecker, 171-179. 다음 글에서 저자는 이를 사도 바울이 다메섹에서 부활하신 주님을 만난 사건과 창세기 2:7에 대한 유대주의적 해석에서 그 기원을 찾는다. Stephen J. Hultgren, "The Origin of Paul's Doctrine of the Two Adams in 1 Corinthians 15.45-49," *Journal for the Study of the New Testament* 25/3 (2003), 366-370.

282) '성경적 유대주의'는 구약의 인용은 하되 실체적으로 사용하지는 않는다. 참조. Gunton, *Yesterday & Today*, 77.

283) 참조. Kim, *The Origin of Paul's Gospel*, 162-268.

284) 참조. William Horbury, "Jewish Messianism and Early Christology," in *Contours of Christology in the New Testament*, ed. Longenecker, 17-23; Rosato, "Spirit Christology: Ambiguity and Promise," 433-435.

285) 이러한 피상적 이해를 추구하는 입장에 대해서, O'Collins, *Jesus Our Redeemer*, 200-217. "성령은 그리스도 안에 있는 삶을 실현시키고 인격화하고 내면화한다. 그리스도 안에 있다는 것은 그리스도를 삶의 원리로 삼고 그리스도로부터 그리고 그리스도를 향하여 살아나가는 것을 의미한다"고 말하는 다음의 입장도 이러한 입장에 서 있다. 김광식, 『조직신학(II)』, 590.

286) 참조. Ralph Del Colle, "Reflections on the Filioque," *Journal of Ecumenical Studies* 34/2 (1997), 214-217. 다음 글은 이런 경향을 반영한다. Veli-Matti Kärkkäinen, "Trinity As Communion in the Spirit: Koinonia, Trinity, and Filioque in the Roman Catholic-Pentecostal Dialogue," *Pneuma* 22/2 (2000), 209-230. 한편 동방교회에서는 이러한 로고스와 성령의 관계에 천착해서 지혜기독론을 전개하는 경향을 보인다. 참조. Barbara Newman, "Sergius Bulgakov and the Theology of Divine Wisdom," *St Vladimir's Theological Quarterly* 22/1 (1978), 48-52.

287) 오늘날 WCC가 이러한 경향을 뚜렷이 드러낸다. 참조. 문병호, 『교회의 '하나됨'과 교리의 '하나임': WCC의 '비성경

세계교회협의회(WCC, World Council of Churches)는 필리오케를 부인하고 다음 중 택일하여 고백할 것을 제안한다.

성령이 아들의 아버지로부터 출래한다. 성령이 아들을 통하여 아버지로부터 출래한다. 성령은 아버지로부터 출래하며 아들로부터 받는다. 성령은 아버지로부터 출래하며 아들에 의존한다. 성령은 아버지로부터 출래하며 아들을 통하여 빛난다.[288]

WCC를 비롯하여 필리오케 교리를 받아들이기를 거부하는 신학자들은 굳이 성령의 역사를 그리스도로부터 기인하는 것으로 볼 필요가 없다는 인식을 공유한다.[289] 그리하여 종교다원주의에 대하여 문을 열어놓게 된다. 그러나 그리스도와 성령의 관계에 대해서 서철원이 말하듯이,

성령은 그리스도와 결합되어서만이 성령으로 남고 인간의 영이 되지 않는다. 그러므로 성령 신학은 그리스도 신학으로 개진되어야 한다. 이것은 그리스도와 성령을 일치시키는 것이 아니고 그리스도의 영으로서 성령이어야 함을 뜻한다. 교회가 그리스도의 교회가 되고 성령의 전이 되려면 그리스도의 영을 바르게 전해야 한다.[290]

성경의 계시는 삼위일체 하나님의 자존과 자기계시를 전제한다. 신학의 대상은 계시이며, 계시는 하나님의 자기계시를 전제한다. 우리는 전자를 원형계시(revelatio archetypa), 후자를 모형계시(revelatio ectypa)라고 부른다. 양자는 양상은 다르지만 동일한 진리를 우리에게 계시한다. 하나님은 우리에게 맞추어 자신의 존재와 사역을 알리실 때, 성경 가운데 여러 말씀을 통하여 같은 진리로 알리신다. 동일한 진리가 통시적이며 공시적인 관점에서 전개된다. 전자는 구속사적이며, 후자는 구원론적이다. 양자는 한 진리를 내포하고, 지향하고, 드러낸다. 그 진리는 구속사적-구

적', '반교리적' 에큐메니즘 비판, 정통 개혁주의 조직신학적 관점에서』(서울: 지평서원, 2012), 100-110.

288) Faith and Order, "The Filioque Clause in Ecumenical Perspective (1979)," in *Documentary History of Faith and Order 1963-1993*, ed. Günther Gassman (Geneva: WCC, 1993), 188.

289) 참조. Warren McWilliams, "Why All the Fuss About Filioque? Karl Barth and Jürgen Moltmann on the Procession of the Spirit," *Perspectives in Religious Studies* 22/2 (1995), 177-178.

290) 서철원, 『성령신학』(서울: 총신대학교출판부, 2006, 개정판), 6.

원론적 관점에서 파악된다. 빌립보서 2:6-11에 계시된 주님의 선재, 성육신, 높아지심과 동일한 진리가 히브리서 1-10장에서 계시된다.291) "그리스도의 복음"의 '유일성'은(갈 1:6-10) 문화적, 사회적, 사상적 환경에 의해서 결정되는 것이 아니라, "아버지 품 속에 있는 독생하신 하나님"이신 그리스도도 한 분이시요(요 1:18) "성령도 한 분"이시기(엡 4:4) 때문이며, "진리"이신 그리스도도 한 분이시요(요 14:6) "진리의 영"도 한 분이시기(요 14:17; 15:26; 16:7) 때문이다.

과학의 전제는 '인간의 가정'(assumptio humana)이지만 신학의 전제는 '하나님의 논리'(ratio divina)이다. 조직신학은 '하나님의 논리'를 전제하며, 그것을 종합적이고 체계적으로 진술하고자 시도한다. 성경신학은 그것의 자료를—즉 성경적 사실들을(Biblical facts)—제시한다. 보스(Geerhardus Vos)의 말을 들어보자.

> 사실, 조직신학과 다를 바 없이 성경신학은 자료에 변형을 가한다. 유일한 차이는 변형이 어디에서 유래하는가에 달려있다. 성경신학의 경우, 그것은 역사적이다. 조직신학의 경우, 그것은 논리적 본성에 속한다.292)

여기에서 말하는 "변형"(transformation)은 '변질'이나 '가감'(加減)을 의미하지 않는다. 그것은 "바깥으로부터"(ab extra) 주어지는 계시에 대한 주관적 감화의 질서를 의미한다. 조직신학과 성경신학은 모두 성경의 객관성을 대상으로 한다. 그것은 우리 속에 주어지되 객관적 질서를 갖는다. 그것을 우리는 '성경의 성령 영감'(Biblical inspiration)이라고 부른다.293) 보스는 이러한 객관성을 '언약'에서 찾았다. 그가 말하는 '언약'은 하나님의 옛경륜과 새경륜을 일컫는 구약과 신약 성경에 다름 아니다.294)

---

291) 참조. Donald A. Hagner, "The Son of God as Unique Hight Priest: The Christology of the Epistle to the Hebrews," in *Contours of Christology in the New Testament*, ed. Longenecker, 247-266, 특히 265.

292) Geerhardus Vos, *Biblical Theology: Old and New Testaments* (Edinburgh, UK: Banner of Truth, 1975, rep.), 14.

293) Vos, *Biblical Theology: Old and New Testaments*, 11-14.

294) Vos, *Biblical Theology: Old and New Testaments*, 23-26.

2. 5. 철학은 신학의 전제나 원리가 될 수 없다

기독론에 있어서 하강신학과 상승신학, 곧 하강기독론과 상승기독론은 형이상학과 형이하학의 구별과는 판이하다. 형이상학과 형이하학은 대상의 인식 여하에 따라서 구별된다. 동일한 대상을 두고 인식가능성 여부에 따라서 양자를 나눈다. 칸트(Immanuel Kant, 1724-1804)에 따르면 형이상학과 형이하학은 동일한 대상의 물자체(物自體)와 현상계(現象界)에 대한 인식과 관련된다. 주지하는 바와 같이 칸트는 물자체에 대한 인식가능성을 부인하였다.

반면 하강기독론과 상승기독론은 인식의 대상 여하에 따라서 구별된다. 하강기독론과 상승기독론은 하나님과 사람을 각각 인식의 대상으로 삼는다. 하나님을 인식의 대상으로 삼는 하강기독론은 하나님의 자기계시를 믿음으로 하나님을 아는 신령한 지식을 추구한다. 사람을 인식의 대상으로 삼은 상승기독론은 이성적 추론과 경험을 통하여 사람을 아는 과학적 지식을 추구한다. 하강기독론은 하나님을 아는 지식으로부터 하나님이 사람이 되신 성육신의 지식에 이른다. 상승기독론은 사람을 아는 지식으로부터 사람이 하나님이 되신 신화(神化, deificatio)를 추구한다. 이러한 상승기독론에 있어서는 철학이 전제나 원리로 작용한다. 철학은 '사람 자신'을 대상으로 하는 학문이기 때문이다.

하강기독론은 '하나님 자신'을 대상으로 하기 때문에 하나님의 자기계시 없이는 불가능하다. 하나님의 계시는 절대적이며 객관적으로 주어진다. 하나님의 계시는 계시에 대한 인식과 함께 주어진다. 하나님의 계시는 계시된 계시(revelatio revelata)로 주어지기 때문이다. 하나님의 계시는 우리의 인식에 맞추어진 계시(revelatio accommodata)이다. 그러므로 우리 속에 일어나는 계시의 조명과 감화는 계시 자체를 수반한다. 달리 말하면, 계시의 작용은 계시의 원리에 따른다. 여기에는 철학의 원리가 작용되지 않는다.

하나님의 계시는 계시의 원리로 작용하므로 계시 외에 어떤 것도 전제하지 않는다. 계시는 스스로 계시하므로 오직 계시만 전제한다. 계시의 전제는 계시 자체이다. 계시는 자존한다. 계시는 자존하시는 하나님의 자기계시이다. 삼위일체 하나님이 계시의 전제시다. 하나님은 스스로 자신에게 계시하신다. 그리고 자신의 뜻에 따라 우리에게 계시하신다. 전자를 원형계시(revelatio archetypa), 후자를 모형계시

(revelatio ectypa)라고 일컫는다. 모형계시는 우리에게 알려진 계시로서 신학의 대상이 된다. 신학은 모형계시를 통하여 궁극적인 대상인 원형계시를 추구한다. 그런데 모형계시는 원형계시로부터 나온 것이므로, 원형계시를 전제한다. 신학은 원형계시를 전제하는 가운데 모형계시로 원형계시를 추구한다. 그러므로 철학이 그 전제가 될 수 없을 뿐더러 그 목적이 될 수도 없다.

어찌 하나님도 알 수 없고 사람도 알 수 없다고 하면서 하나님이 사람이 되신 성육신의 논리를 말할 수 있겠는가?[295] 철학은 영원한 하나님과 역사적 인간은 동일자가 될 수 없다는 전제를 벗어나지 못한다.[296] 성육신은 하나님이 범인(凡人, a mere man)이 아니라 예수라는 개별자(individual)가 되셨음을 의미하므로 적실하다고 보는 경우도 이러한 전제 아래에 있다. '종(種)-본성'(a kind-nature)과 '개(個)-본성'(an individual-nature)을 구별하고 주님은 전자에 있어서는 둘이시나 후자에 있어서는 하나라고 하면서 후자를 '개(個)-본질'과 일치시키는 경우도 결국 '이 분'(haecceitas, haecceity, this one 혹은 thisness)을 한 인성으로만 계신다고 여김에는 차이가 없다.[297] 성육신한 주님이 하나님과 사람을 모두 표상하지만-그렇게 나타나지만-하나님도 사람도 아니라고 여기는 경우도 예외는 아니다.[298]

신학적 전제를 떠나서 추구되는 철학적 논변은 궁극적인 진리에 가닿을 수 없다. 토마스 아퀴나스는 철학적 사유를 통하여 성육신한 주님은 영원하신 하나님의 아들의 인격으로 계신 한 기체(基體, suppositum)로서 그 안에 신성과 인성을 지니신다는 결론에 이르게 된다고 하였는데, 그 아들이 성부와 성령과 동일본질이라는 사실을 철학적으로 풀 수는 없었다.[299] 하나님을 사람이라고 전제하거나(人化) 사람

---

295) 이러한 궤변이 다음에 거론된다. John Hick, "Letter to the Editor," *Theology* 80 (1977), 205. Thomas V. Morris, *The Logic of God Incarnate* (Itacha, NY: Cornell University Press, 1986), 73-74에서 재인용.

296) Morris, *The Logic of God Incarnate*, 20.

297) Morris, *The Logic of God Incarnate*, 33-46. 이와 관련하여 다음 논문이 주로 논의된다. Ronald W. Leigh, "Jesus: The One-Natured God-Man," *The Christian Scholar's Review* 11 (1981-1982), 124-137. 'haecceitas'를 형상으로 규정되는 질료라고 보는 입장에 대해서, Richard Swinburne, *The Christian God* (Oxford: Oxford University Press, 1994), 33-50.

298) Morris, *The Logic of God Incarnate*, 46-55. 이와 관련하여 다음 책이 주로 논의된다. R. T. Herbert, *Paradox and Identity in Theology* (Ithaca, NY: Cornell University Press, 1979), 특히 ch. 4, "The Absolute Paradox: The God-Man."

299) Morris, *The Logic of God Incarnate*, 157, 218. 철학적 신학을 추구하는 모리스는 '사회적 삼위일체론'(social trinitarianism)에서 답을 찾으려고 하나 오히려 한계만 노정할 뿐이다.

을 하나님이라고 전제하지(神化) 않는 이상, 철학적으로는 이러한 과제를 풀 수가 없다.

철학적 전제에 서게 될 때 그 신학은 반신학(反神學)에 불과할 뿐이다. 고대의 아리우스주의로부터 발원하여 근대의 이신론을 거쳐 현대의 사신신학(死神神學)에 이르는 인본주의적 조류가 이를 잘 말해준다. 예컨대, 그리스도의 신인양성의 위격적 연합 교리를 아리스토텔레스의 범주론에 영향을 받은 것으로 치부하여 일차적 실체와 이차적 실체가 위격과 본성에 해당한다고 보는 경우, 그것은 그리스도의 신성을 기체가 되기 이전의 원질(原質)로 여기는 철학적 형이상학에 갇힌 형국을 드러낼 뿐이다.[300]

철학의 전제나 원리로 신학을 할 수 없듯이 철학적 개념이 신학적 개념을 정의하거나 규정할 수 없다. 초대교회 이후 삼위일체와 기독론과 관련된 주요한 용어들의 용례를 두고 벌어진 분분한 논쟁은 신학적 개념을 철학적 용어를 차용하여 표현하는 것이 합당한가에 초점이 맞춰져 있었다. 우리가 기억해야 할 것은 정통신학자들이 빌려 사용한 것은 철학적 '개념'이 아니라 철학적 '용어'라는 사실이다. 정통신학은 철학적 용어를 사용함으로 철학에 복속된 것이 아니라 철학을 걷어내고자 하였다. 변증가들과 교부들의 가장 현저한 작업이 여기에 있었다. 예컨대 호머에 나오는 용례나 플라톤의 철학을 들어서 빌립보서 2:6-7의 "하나님의 본체"와 "종의 형체"에 나오는 "μορφή"를 형상이나 본성이나 본질로 해석하는 것은 무리가 있다.[301] 빌립보서 2:6-7의 "μορφή"는 본문의 고유한 의미로 해석되어야 한다. 아무리 철학적 논리가 분명하다 해도 성경의 비밀은 그 가운데 갇히지 않는다.

3. 성경과 신학 : 신학의 원리와 삼위일체론적-기독론적 관점

신학이라는 말은 중세 신학자 아벨라르(Peter Abelard, 1079-1142)가 그의 저서 『기

---

300) 참조. McIntyre, *The Shape of Christology*, 87-90. 플라톤은 개물(個物) 이전(ante res)에 보편적 형상(forma universalis)이 존재한다고 보았고, 아리스토텔레스는 개물 가운데(in rebus) 보편적 형상이 존재한다고 주장했다. 한편, 유명론자들은 개물 이후(post res)에 보편적 형상이 개념적으로 추론된다고 여겼다.

301) 참조. Swinburne, *The Christian God*, 46.

독교 신학』(Theologia Christiana)에서 처음으로 사용하였다. 신학은 뚤레틴(Francis Turretin, 1623-1687)이 말했듯이, "존재로서, 하나님; 인식으로서, 그 분의 말씀" (unum essendi, quod Deus est, alterum cognoscendi. quod est Verbum ipsius)을 포함한다.[302]

신학(θεολογία, theologia)은 θεός(being, esse)와 λόγος(knowing, cognitio)의 합성어이다. 어원상 이 단어는 "하나님에 관한(about) 말씀뿐만 아니라 하나님의(of) 말씀", 즉 "우리가 하나님에 관해서 가진 지식뿐만 아니라 하나님 자신께서 가지신 지식"을 포함한다.[303] 어거스틴(Augustine of Hippo, 354-430)은 신학을 "신성에 관한 이치 혹은 말씀"(de divinitate ratio sive sermo)이라고 정의한다.[304] 아퀴나스가 말했듯이, "신학은 하나님에 의해서 가르쳐지며, 하나님을 가르치고, 하나님께로 이끈다" (Theologia a Deo docetur, Deum docet, et ad Deum ducit).[305]

동방 교부들은 신학을 그리스도의 신성(divinitas)을 다루는 기독교 학문의 한 부분을 칭한다고 좁게 파악하는 경향이 있었다. 특히 갑바도기아 교부들은 그리스도의 신성을 다루는 신학(theologia)과 그리스도의 성육신을 다루는 경륜(oeconomia)을 구분했다. 그러나 서방 라틴 신학자들은 대체로 신학을 삼위일체 하나님의 신비를 계시하는 지식이라고 이해했다.[306]

신학은 하나님의 존재(esse, existentia)-혹은 인격(persona)-와 사역(opera)-혹

---

[302] Francis Turretin, *Institutes of Elenctic Theology*, 3 vols., tr. George Musgrave Giger, ed. James T. Dennison, Jr. (Presbyterian and Reformed Publishing, 1994). 1.1.7. 이에 대한 라틴어 원본 인용은 다음에 의한다. *Institutio Theologiae Elencticae* (New York: University Press, 1847), 1.4. 이하 권·장·절을 표기하고 괄호 안에 라틴어판의 권과 페이지를 제시한다.

[303] Abraham Kuyper, *Principles of Sacred Theology*, tr. J. Hendrik De Vries (Grand Rapids: Eerdmans, 1980), 230.

[304] "The City of God," 8.1 (*NPNFF* 2.144, *AO* 7.309). 여기에서 *NPNFF*는 Philip Schaff, ed., *A Select Library of the Nicene and Post-Nicene Fathers of the Christian Church*, First Series, 14 vols. (Grand Rapids: Eerdmans, 1978-1979, rep.)를, *AO*는 *Sancti Aurelii Augustini hipponensis episcopi Opera omnia, post lovaniensium theologorum recensionem castigata denuo ad manuscriptos codices gallicos, vaticanos, belgicos, etc., necnon ad editiones antiquiores et castigatiores, opera et studio monachorum Ordinis sancti Benedicti e Congregatione s. Mauri*, 12 vols. in 16 ([Paris]: Parisiis, 1864-1877)를 칭함. 본 전집은 J. P. Migne, *Patrologiae Cursus Completus: Series Latina*, XXXII-XLVII에 해당. 이하 본 전집은 *PL*로 표기. 이하 본 서의 어거스틴 인용은 *NPNFF*와 *AO*에 의한다.

[305] Thomas Aquinas, *Summa Theologiae*, vol. 1, *Christian Theology* (London: Eyre & Spottiswoode, 1963), 1a.1.7.

[306] Kuyper, *Principles of Sacred Theology*, 235.

은 경륜(oeconomia, administratio, dispensatio)-에 대한 계시 지식(cognitio sive notitia revelationis)을 종합화, 체계화하는 작업이다.

> 신학은 하나님께서 자신의 영광과 사람들의 구원을 위하여 계시하신 자신과 자신의 사역에 관한 교리의 체계(syntagma) 혹은 그 몸(corpus)이다.[307]

> 신학은 성경의 사실들(facts of the Bible) 혹은 성경적 사실들(Biblical facts)을 대상으로 한다는 점에서 일반학문과는 구별된다.

> 만약 자연과학이 자연의 사실들과 법칙들에 관계된다고 한다면 신학은 성경의 사실들과 원리들에 관계된다. 전자의 목적은 외부적인 사실들을 정리하고 조직화하는 것이며 그것들이 결정되는 법칙들을 확정하는 것이다. 후자의 목적은 성경의 사실들을 조직화하며 그 사실들이 연관된 원리들과 일반적 진리들을 확정하는 것이다.[308]

워필드는 신학을 "하나님에 관한 조직화된 지식"(the systematized knowledge of God)이라고 정의하면서[309] 이를 다음과 같이 하나님, 인간, 계시의 세 가지 측면에서 설명한다.

> 신학이 학문이라는 단언은 하나님이 존재하신다는 사실(that God is)과 그가 그의 피조물들과 관계를 맺고 계신다는 사실(that He has relation to His creatures)에 대한 단언을 전제한다. 만약 하나님이 존재하지 아니하신다면 신학은 존재할 수 없을 것이다. 비록 그가 존재하신다고 하더라도 그가 그의 피조물들과 맺고 있는 관계 밖에 계신다면 신학은 존재할 수 없을 것이다.

> 신학이 학문이라는 단언은 사람에게는 하나님이 존재하신다는 사실뿐만 아니라 그가 누구신지를 어느 한도에서 이해할 수 있는 종교적인 본성과 그가 그의 피조물들과의 관

---

307) Turretin, *Institutio Theologiae Elencticae*, 1.1.8 (1.4).
308) Hodge, *Systematic Theology*, 1.18.
309) Warfield, "The Task and Method of Systematic Theology," *WBW* 9.96.

계들 속에 계신다는 사실뿐만 아니라 그 관계들이 무엇인지를 이해할 수 있는 본성이 있음을 전제한다.

신학이 학문이라는 단언은 하나님과 하나님의 일들이 사람들의 마음 앞에 제시되는 교통의 수단들이(media of communication) 있다는 사실과 그들이 그것들을 인식할 수 있으며, 인식하는 가운데 이해할 수 있다는 것을 전제한다.310)

하나님, 사람, 계시는 신학서론(prolegomena)의 세 가지 핵심 논제이다. 이는 칼빈이 『기독교 강요』 제1권에서 하나님을 아는 지식, 우리 자신을 아는 지식, 그리고 계시(일반계시와 특별계시로서 성경)를 다룬 순서(ordo docendi)와 일맥상통한다. 하나님의 인격과 사역-혹은 존재와 경륜-을 탐구하는 신학이 가능한 것은 스스로 계신 하나님이 인간과 인격적 관계를 맺기를 원하셔서 인간을 인격적 존재로 지으셨고 그 관계의 매체로 계시를 주셨기 때문이다.

신학을 학문이라고 부르면서 우리는 하나님의 존재의 실제(the reality of God's existence), 그를 이해하는 우리의 능력(our capacity so far to understand Him), 그리고 그가 자신을 우리에게 알려지도록 하신다는 사실(that He has made Himself known to us)을 확정함으로써 계시의 객관적 실제(the objective reality of a revelation)를 확정한다.311)

하나님을 아는 지식은 하나님의 자기계시(revelatio Dei ipsius)에 의존한다(마 11:27; 고전 2:10-13). 그것은 대상으로부터 흘러나온, 대상에 관한 지식을 추구한다. 신학의 목표는 대상에 관한 지식과 대상으로부터 주어진 지식을 일치시키는 것이다. 우리는 하나님이 자신을 드러내시는 한도에서 신학을 한다(doing theology). 신학에 있어서 대상과 지식은 단지 수렴될 뿐만 아니라 일치한다. 성육신(incarnatio)이 우리에게 계시된 계시의 정점(culmen)이다. 육신 가운데 나타나신 하나님(Deus manifestatus

---

310) Warfield, "The Idea of Systematic Theology," *WBW* 9.55-56.
311) Warfield, "The Idea of Systematic Theology," *WBW* 9.56.

in carne)이신 주님으로 말미암아 우리가 진리의 영이신 보혜사 성령을 아들의 영으로 받게 되었다(요 14:16-17, 26; 15:26; 16:13-15; 17:17-19; 롬 8:9, 14-16; 갈 2:20; 4:6).

신학의 대상인 하나님에 관한 지식은 하나님으로부터 나온 지식인 계시에 한정된다. 계시를 넘어서서 신학을 할 수 없다. 신학은 계시에 의존하는 학문이다. 계시를 믿음으로 수납함이 신학함의 요체(要諦)이다. 믿음은 "지식의 자료가 아니라 지식의 기관"(not the source but the organ of knowledge)이다. 믿음으로 수납되는 계시는 "선포일 뿐만 아니라 영감이며, 말씀—계시(word-revelation)이자 행위—계시(deed-revelation)이다."312) 그러므로 "신앙의 원리들은(principia fidei) 그 자체로 신앙의 조항들이(articuli fidei) 된다. 그것들은 인간적인 논증과 증거가 아니라 하나님의 권위에 기초해 있다."313)

우리가 하나님을 아는 지식을 믿음으로 수납하게 되는 것은 하나님이 마치 유모가 아이에게 옹알이를 하듯이(balbutire, lisp) 자신을 낮추어 우리에게 맞추어주시기 때문이다.314)

> 하나님은 인격이시다. 하나님은 오직 그가 자신을 계시하시고 드러내시는 한에 있어서만 알려지실 수 있다는 엄격한 필연성에 따라 자신을 계시하신다. ……우리가 사상으로나 추론으로 하나님께 가닿는 것은 오직 그가 자신을 낮추셔서 자신을 우리에게 알려질 만하게 하시고, 말씀의 사역을 통해서 우리에게 이야기하시고, 자신을 계시해주시기 때문이다(only because He condescends to make himself intelligible to us, to speak to us through work of word, to reveal Himself).315)

개혁파 신학자들은 실재의 원인과 기반에 대한 지식뿐만 아니라 그 자체의 근본원리를 의미하는 'principium'이라는 철학적 용어를 신학에 적용해서 그 학문적 기초를 논한다.316) 바빙크(Herman Bavinck, 1854-1921)에게서 보듯이, 신학의 원리는 다

---

312) Bavinck, *Reformed Dogmatics*, 1.41.
313) Bavinck, *Reformed Dogmatics*, 1.109.
314) Calvin, *Institutio*, 1.13.1 (CO 2.90).
315) Warfield, "The Idea of Systematic Theology," *WBW* 9.58.
316) Bavinck, *Reformed Dogmatics*, 1.189, 210ff. 성경은 단지 fons(source, 자료)가 아니라 principium

음과 같이 세 가지(tres principia)로 개진된다.[317]

하나님의 자기지식(自己知識, self-knowledge)과 자기의식(自己意識, self-consciousness)이 우리가 그를 아는 지식의 근원이다. 하나님의 자기의식이 없다면 그에게 지음을 받은 피조물들 가운데 그를 아는 지식이 있을 수 없다. …… 하나님의 자기지식과 하나님을 아는 우리의 지식과 관련하여, 전자는 후자에 대하여 원형적(archetypa)이며 후자는 전자에 대해서 모형적(ectypa)이라고 통상 일컫는다.

우리가 지닌 하나님을 아는 지식은 하나님이 피조물의 수준에서 피조물의 방식으로 스스로 지니고 계신 지식을 각인(刻印)시키신 것이다. 피조물 가운데 현존하는 하나님을 아는 지식은 사람이나 피조물의 의식의 수준에 맞추어주신 하나님의 절대적인 자기의식을 어느 정도 유사하게 그려낸 유한하고 제한된 스케치이다.

신학의 원리(principia theologiae, the principles of theology)는 자신의 피조물을 향한 하나님의 자기계시 혹은 자기 교통(the self-revelation or self-communication of God to his creatures)과 관계된다. …… 이성적인 피조물이 하나님을 아는 것 그리고 그를 앎으로 그를 영화롭게 하는 것이 신학의 목적이다(잠 16:4; 롬 11:36; 고전 8:6; 골 3:17). 사람들에 의해서 알려지시는 것이(마 11:25, 26) 하나님의 선한 기쁨(εὐδοκια)이다. …… 내적인 말씀(verbum internum)이 본래적 말씀(verbum principale)이다. 그것은 하나님을 아는 지식으로 사람들을 이끈다. 내적인 말씀에 대한 지식이 모든 신학의 목적, 참으로 하나님의 자기계시의 전체 목적이다. 성경에 기록된 말씀인 외적인 말씀(verbum externum)은 이러한 견인(牽引)을 위한 수단으로 작용한다. 그것은 도구적인 말씀(verbum instrumentale)으로서 내적인 말씀의 경륜에 따라 일어나는 모든 종류의 이차

(foundation 혹은 principle, 원리)이다. 전자는 성경을 교회의 해석(the interpretation of the church)의 자료로 보는 로마 가톨릭 신학자들의 관점이며 후자는 정통 개혁파 신학자들이 성경의 완전 축자 영감과 성령의 조명으로 말미암은 믿음의 수납을 sola Scriptura 원리로서 전개하는 관점이다. 카이퍼, 바빙크, 워필드 등은 칼빈이 토대를 놓고 이후 폴라누스(Polanus), 유니우스(Junius) 등이 체계화한 principia theologiae로 이를 체계화한다.

317) 바빙크는 실재론의 입장을 견지하면서 그 근거로 토마스 아퀴나스의 주지주의(intellectualism)를 거론하고 종교의 기반을 다루면서 슐라이어마허의 신앙과 경건 개념을 말하는 등 모호함이 있다. 이는 깊이 논의되어야 할 문제이다. 참조. Bavinck, *Reformed Dogmatics*, 1.232, 242-243.

적인 원인들을 드러낸다. 그것은 본성상 예비적이며, 일시적이며, 사건적(provisional, temporary, and incidental)이다.

여기에서 우리는 세 가지 원리들을 발견하게 된다. 첫째, 존재의 원리(principium essendi)로서 하나님은 신학의 근원-혹은 질료-이 되신다. 둘째, 외적 인식의 원리(principium cognoscendi externum)로서 하나님의 자기계시는 그것이 성경에 기록되어 있는 한(限) 도구적이고 일시적인 성격을 띤다. 셋째, 내적 인식의 원리(principium cognoscendi internum)로서 하나님의 영에 의한 사람들의 심령의 조명이다.

이 세 가지는 모두 하나님을 저자로 두고 하나님에 대한 동일한 지식을 다룬다는 점에서 하나이다. 하나님에 대한 원형적 지식은 하나님의 자기의식(self-consciousness)에 있다. 계시에 부여된 하나님에 대한 모형적 지식은 성경에 기록된다. 하나님을 아는 지식의 세 가지 원리들의 주체는-그것이 계시에 의해서 사람의 의식에 계시된다는 측면에서-하나님 자신이시다. 자기지식을 드러내시고, 그것을 계시를 통해서 전달하시고, 그것을 사람들에게 이르게 하시는 분은 하나님 자신이시다. 세 가지 원리들은 또한 질료적 측면에 있어서(materially) 하나이다. 하나님이 스스로 지니시고, 계시 가운데 교통하시며, 사람들의 의식 속으로 이르게 하시는 것은 하나의 동일하고, 순수하며, 참된, 하나님 자신의 지식이다. ……이 세 가지 원리들은 삼위일체 하나님의 존재에 기초를 두고 있기 때문에 서로 구별은 되나 본질상 하나이다. 로고스이신 아들을 통하여 성령 가운데 자신을 자신의 피조물들에게 나누어주시는 분은 아버지시다(It is the Father who, through the Son as Logos, imparts himself to his creatures in the Spirit).[318]

궁극적으로 신학의 원리는 삼위일체 하나님의 자기계시의 역사(役事)를 말해준다. 하나님은 스스로 계시이시며, 스스로 계시하신다. 하나님의 계시는 절대적이며 객관적이다. 그것은 스스로 존재하며, 스스로 뜻한다. 아버지는 아들을 통하여 성령으로 계시하신다. 그 아들이 영원한 말씀으로(요 1:1), 지상의 육체로(요 1:12), 이제는 영으로(요 14:17) 우리에게 아버지를 계시하신다. 모세가 율법으로 증거한 그

---

318) Bavinck, *Reformed Dogmatics*, 1.212-214. 이러한 관점에서 바빙크는 신학의 방법은 종합적-발생적(synthetic-genetic)이 되어야 한다고 주장한다(1.92-95).

아들이(요 5:46) 마지막에는 친히 말씀하신다(히 1:2). 그는 아버지의 "영광의 광채시요 본체의 형상"으로서(히 1:3), 아버지와 하나이시다(요 10:30). 그러므로 그를 보면 아버지를 보고(요 12:45), 그를 믿으면 아버지를 믿고(요 12:44), 그를 영접하면 아버지를 영접한다(요 13:20). 그는 아버지께 들은 것을 다 우리에게 알게 하신다(요 15:15). 그러므로 우리는 그의 말을 들어야 한다(마 17:5).

카위퍼(Abraham Kuyper, 1837-1920)가 강조하듯이, 지상의 신학(theologia stadii)과 본향의 신학(theologia patriae)은 원형신학 혹은 원형계시(theologia seu revelatio archetypa)가 아니라 모형신학 혹은 모형계시(theologia seu revelatio ectypa)를 대상으로 삼는다. 다만 지상의 신학은 본향의 신학과는 달리 영화가 아니라 성화 과정에 부합하는 것이다.[319] 원형신학은 하나님이 자신에 대하여 그리고 자신 안에 가지는 지식을, 모형신학은 하나님에 대한 인간의 지식을 의미한다.[320] 하나님의 지식은 발견되거나 발명되는 것이 아니라 주어지는 것이다. 우리 자신의 존재로부터 하나님의 존재를 유추할 수는 없다.[321] 신학적 고찰의 대상이 되는 것은 하나님 자신이 아니라 하나님이 계시하신 하나님 자신에 관한 지식 곧 모형계시이다. 주님은 원형계시로서 우리에게 오신 모형계시가 되신다.[322]

모형계시의 특성은 다음과 같다.

첫째, 모형계시는 하나님이 자신의 기뻐하신 뜻에 따라 계시하신, 계시된 만큼의 계시이다.

둘째, 모형계시는 우리의 필요에 따라서 주시는 부분적 계시이다. 그러나 부분적이라고 해서 흠결이 있거나 불완전한 것이 아니라 완전하고 완성된 진리(veritas)이다.[323]

셋째, 모형계시는 하나님이 자신을 낮추셔서 우리에게 맞추어주신 계시(revelatio

---

319) Kuyper, *Principles of Sacred Theology*, 244, 248.

320) 참조. Heinrich Heppe, *Reformed Dogmatics: Set out and Illustrated from the Sources*, tr. G. T. Thomson (London: George Allen & Unwin, 1950), 5.

321) Kuyper, *Principles of Sacred Theology*, 250.

322) Kuyper, *Principles of Sacred Theology*, 252.

323) 라틴어 "veritas"는 지식 자체가 아니라 구현된 지식이라는 측면에서 "진리" 혹은 "실제"로 번역된다. 이러한 어의(語義)가 신약성경의 "ἀλήθεια"에 잘 나타난다.

accommodata)이다. 그러므로 부분적이나 우리에게 충족하다.[324]

하나님은 자신의 기뻐하신 뜻에 따라 스스로 자신을 계시하신다. 그러나 우리가 하나님을 아는 지식으로 자신을 우리 안에 제한시키거나 가두기를 원치 않으신다. 모든 피조물은 하나님을 계시하나 하나님이 모든 피조물에 다 계시되시는 것은 아니다. 그러므로 계시를 창조에 국한시키거나 창조를 계시에 선행(先行)시켜서는 안 된다.[325] 하나님은 우리가 계시를 통해서 그 분 자신을 아는 지식에 이르기를 원하신다. 그러나 우리의 지식은 창출된 지식이 아니라 우리가 의식하기 전에 존재하는 지식이다. "하나님이 계시하시는 것은 그것을 계시하시기 전부터 의식하고 계신 자신에 관한 지식이다"(That which God reveals is conscious knowledge of Himself, before He reveals it).[326]

계시는 사람의 창조보다 앞선다. 하나님은 자신을 계시하시기 위하여 우리를 자신의 형상(imago Dei)을 한 사람으로 지으셨다. 그리하여 모든 사람에게 '하나님을 알 만한 지식'(sensus divinitatis)과 '종교의 씨앗'(semen religionis)과 '양심'(conscientia)을 주셨다. '하나님을 알 만한 지식'과 '종교의 씨앗'은 하나님의 어떠하심과 경륜을, '양심'은 하나님의 뜻하심과 법을 알게 하는 일반은총의 계시적 도구들이다. 타락 전의 인류는 이러한 도구들로써 하나님을 알아 영생에 이를 수 있었다. 그러나 타락한 인류에게는 그것들이 단지 죄를 억제하는 기능을 감당할 뿐이다. 특별한 구원의 기름이 부어지지 않으면 사람은 일생동안 그것들에 물을 끼얹어 끝내는 그것들의 불씨들(scintillae)조차 소멸시키고 말기 때문이다.[327]

그러므로 타락한 인류에게는 구원의 은총 외에는 하나님을 아는 지식을 얻을 길이 없다. 구원은 오직 그리스도의 말씀을 들음으로 말미암는다(롬 10:17; 마 17:5). 그리스도의 말씀을 들음으로 하나님을 아는 지식을 얻어 영생에 이르는 길은 오직 믿음 외에는 없다(요 17:3). 믿음으로 말씀을 듣고 심중에 아멘하며 주의 이름을 부르는 자만이 구원에 이른다(롬 10:9-10, 13). 하나님의 말씀은 오직 믿음으로만 듣게 된다. 하나님의 말씀은 오직 믿음에 반응한다. 곧 "믿음의 말씀"(τὸ ῥῆμα τῆς

---

324) Kuyper, *Principles of Sacred Theology*, 253–256.
325) Kuyper, *Principles of Sacred Theology*, 258–260.
326) Kuyper, *Principles of Sacred Theology*, 260–263.
327) 문병호, 『30 주제로 풀어 쓴 기독교 강요: 성경교리정해』(서울: 생명의말씀사, 2013, 수정증보판), 46-48.

πίστεως, ὁ λόγος τῆς πίστεως)이다(롬 10:8; 딤전 4:6).

하나님은 우리가 믿음으로 말씀을 수납할 뿐만 아니라 그 받은 말씀을 체계적으로 이해할 수 있는 '논리적 행위'(the logical action)를 할 거듭난 이성(ratio renata)을 부여하셨다.328) 그리하여 우리 속에서 계시(revelatio)를 신학(theologia)으로, 인식(praeceptio)을 지혜(sapientia)로, 감명(impressio)을 개념(conceptio)으로 삼게 하셨다. '논리적 행위'로 말미암아 모든 하나님의 말씀이 나의 말씀이자 나를 위한 말씀이 되고, 아브라함과 이삭과 야곱과 모세의 하나님이 나의 하나님으로 고백된다.329)

구원에 이르는 '참 믿음'(πίστις)은 그리스도를 믿는 믿음이다. 그리스도를 떠난 '거짓 믿음'(ἀπιστία)은 죽음에 이르는 세속적 신념일 뿐이다. 하나님을 아는 지식은 오직 그리스도를 믿는 믿음으로 말미암는다. 그리스도가 계시의 중심(centrum)이자 정점(culmen)이시다. 하나님께로부터 난 자는 예수 안에 있고 예수는 그에게 지혜가 된다(고전 1:30). 하나님의 말씀이 예수 그리스도의 육체 가운데 우리에게 임하셨으니, 우리가 그 영광을 볼 때 은혜와 진리가 충만하였다(요 1:14). 영생은 진리이신 주님을 오직 은혜로 말미암아 영접하는 것이다. '진리의 영'이신 보혜사 성령이 우리 안에 임하실 때, 그리스도와 함께 그를 아는 지식이 우리 안에 내려온다(요 14:17; 15:26; 16:7; 갈 2:20; 골 2:20; 3:10).

우리에게 맞추어주셔서 자신을 계시하시는 하나님의 계시는 오직 중보자 그리스도에 의해서 중보된 계시이다(revelatio mediata). 아들은 아버지와 "하나"(ἕν)이시다(요 10:30). 아들을 통하여 우리는 아버지와 하나가 되고 아버지를 아는 지식을 얻게 된다(요 16:15; 17:21). 기독론은 이러한 지식을 추구하는 신학의 분과이다. 그것은 그리스도를 대상으로 할 뿐만 아니라 그리스도를 방법으로 삼는다. 오직 이러한 측면에서만 '하나됨의 신학'(Theologia Unionis)을 거론할 수 있을 것이다.

믿음으로 수납되는 하나님을 아는 우리의 지식은 그리스도 안에서, 그리스도에 의해서 중보된 계시이다. 그것은 우리가 측량할 수 없는 지식을 담고 있다. "하나님의 비밀"이신 그리스도 안에는 "지혜와 지식의 모든 보화가 감추어져" 있다(골 2:2-3). 이러한 지식은 아들을 통하여 아버지와 하나가 된 자녀만이 누리는 직관적인 지

---

328) 신학에 있어서의 거듭난 이성의 사용에 대해서, Heppe, *Reformed Dogmatics*, 9-10.

329) Kuyper, *Principles of Sacred Theology*, 263-275.

식으로서 변증적 분석(dialectical analysis)을 통하여 이르게 되는 것이 아니다. 그것은 은혜가 함께하는 지식이다. 그것은 지혜 있는 자나 배운 자에게는 거치는 것이나 젖먹이도 받게 되는 말씀이다. 그것은 우리의 지식(γνῶσις)이나 이해(σύνεις)가 아니라 하나님의 지혜(σοφία)로서 우리에게 들어온다.

> 그리스도는 논쟁하지 아니하시고 선포하신다. 그는 주장하시기보다 보여주시고 예증하신다. 그는 분석하시지 않고 사람을 사로잡는 표로써 진리를 드러내신다.[330]

그리스도의 말씀을 믿음으로 듣는 들음은(마 17:5) 성령의 조명(illuminatio)과 감화(persuasio)에 따른 '논리적 행위'를 통하여 실제적인 우리의 구원의 지식이 된다. '논리적 행위'는 우리 편의 탐구나 모색이 아니라 하나님 편의 은혜의 역사(役事)이다. 성령은 개개인에게 작용하실 뿐만 아니라 "교회의 교사"로서 작용하신다. 성령은 또한 우리가 믿음으로 수납한 하나님의 계시를 예수 그리스도 안에 있는 하나님의 지식에 비춤으로써 교회의 교리(doctrina ecclesiae)가 되게 하신다.[331] 이렇듯 우리에게 주어진 하나님의 계시-모형계시-는 삼위일체 하나님이 아들 안에서 자신을 계시하시는 하나님의 자기계시의 계시이다. 그러므로 우리는 어떤 세속적인 관점이 아니라 삼위일체론적-기독론적 관점에서 이를 접근해야 한다. 신학적 주어에 있어서 뿐만 아니라 신학적 방법론에 있어서도 삼위일체론과 기독론이 전제되어야 하는 것이다.

하나님은 무한하고(Infinitus) 영이신(Spiritus) 삼위일체(Trinitas)시다. 하나님은 영(靈)이시므로 물(物)과 달리 스스로 계시며, 무한하시므로 시간에 있어서 영원하시고 공간에 있어서 무변하시며, 삼위일체시므로 스스로 살아 계시고, 스스로 사랑이시고, 스스로 계시하신다. 하나님은 창조주시며 구속주시다. 창세 전에 창조를 작정하신 하나님은 구속을 또한 작정하셨다. 성부, 성자, 성령 삼위일체 하나님의 창세 전의 작정에 따라, 하나님의 아들이 사람의 아들이 되셨다. 영원하신 말씀이 사람이 되셨다. 구약은 영원히 현존하시는 하나님의 아들이 사람의 아들로 오실 것을

---

330) Kuyper, *Principles of Sacred Theology*, 287.
331) Kuyper, *Principles of Sacred Theology*, 275-299.

예표하는 바, 주님의 몸(corpus)으로 이러한 현존(praesentia)과 예표(repraesentatio)의 실체(substantia)가 드러났다. 모세가 기록한 것이 주님에 대한 것임이 드러났다(요 5:46). 주님이 빛으로 오셔서 아버지의 독생자의 영광을 비추심으로 아버지를 드러내셨으며(요 1:14), 아버지가 아들과 하나시며, 아들과 함께 계시며, 함께 일하시며, 아들과 동등하신 분이심을 드러내셨다(요 5:17-18; 8:29; 10:30). 아버지께 있는 것은 모두 아들의 것이므로 아버지는 아들의 것을 가지고 알리셨다(요 16:15). 아들의 성육신이 계시의 정점(culmen revelationis)이라고 불리는 소이가 여기에 있다. 아들은 아버지에게서 나시고 아버지는 아들을 통하여 계시되시며, 그 가운데 아버지와 아들은 한 분이시니, 아버지와 아들은 삼위일체론적-기독론적 관점에서만 온전히 파악된다.

삼위일체론적-기독론적 관점에서 창조주 하나님과 구속주 하나님에 대한 지식은 교호(交互)한다. 자연적인 순서로는 창조주 하나님에 대한 지식이 앞서나 성도의 믿음에 있어서는 구속주 하나님에 대한 지식이 앞선다. 구속주 하나님을 아는 지식으로 구원에 이른 자만이 그가 창조주 하나님이심을 알게 되기 때문이다. 구원의 지식은 영원한 하나님의 말씀(Logos, Verbum Dei, Sermo Dei)이신 그리스도로 말미암는다. 육신이 되신 그 말씀이 충만한 은혜와 진리의 빛을 비추어, 그 빛을 영접하는 자마다 하나님의 자녀가 되는 권세를 얻게 되었다(요 1:9, 12, 14). "은혜와 진리가 충만"하신 아버지의 독생자는 "은혜와 진리가 충만하신" 아버지를 계시하시는 바, 창세 전부터 가지신 영광 가운데 그리하신다(요 1:14; 17:24). "진리"(ἀλήθεια)는 오직 "은혜"(χάρις) 가운데 역사하므로 진리가 우리를 자유롭게 하고, 거룩하게 한다(요 8:32; 17:17). 오직 은혜 가운데 우리는 진리이신 그리스도를 영접한다. 진리는 은혜 가운데, 은혜로 수여되므로 은혜를 떠난 어떤 관점으로도 진리를 올바로 바라볼 수 없다. 오직 그리스도 안에서 인식론과 구원론은 은혜 가운데 하나로 묶이게 되기 때문이다.

참 신학(theologia vera)은 그리스도의 계시에서 출발해야 한다. 진리이신 그리스도를 믿는 믿음으로 말씀을 받아들이는 신앙의 유비(analogia fidei)에 따라서 신학의 정오(正誤)가 판단되어야 한다. 창조의 계시로부터 시작하는 신학은 하나님을 사람이나 피조물에 가두는 내재신학이나 자연신학에 이르게 된다. 타락한 인류는 먼저 자신의 눈을 성경의 눈으로 교정하지 않고는 하나님의 진리에 이를 수 없다. 그리스도의 시각이 없이는 하나님의 시야에 미칠 수 없다. 자연인의 이성은 하나님을 담을 수 없기 때문에 하나님을 그 속에 가두고 결국 하나님을 죽이는 길에 서게 된다. 우리는 스스로 알지 못하고 하나님이 비추어 주심으로 비춰 안다. 우리의 지식은 유비적 지식이다. 그러나 우리에게 주어지는 하나님의 지식은 절대적이다. 절대적인 진리를 유비로 받는 길은 믿음밖에 없다. 그러므로 신앙의 유비 외에는 하나님을 아는 지식의 길이 없다. 그 믿음의 대상이 그리스도시다.

그러므로 믿음은 들음에서 나며 들음은 그리스도의 말씀으로 말미암았느니라(ἄρα ἡ πίστις ἐξ ἀκοῆς, ἡ δὲ ἀκοὴ διὰ ῥήματος Χριστοῦ)(롬 10:17).

이는 내 사랑하는 아들이요 내 기뻐하는 자니 너희는 그의 말을 들으라(Οὗτός ἐστιν ὁ υἱός μου ὁ ἀγαπητός ἐν ᾧ εὐδόκησα ἀκούετε αὐτοῦ)(마 17:5).

성경이 규범하는 규범이라면, 교리는 성경에 의해서 규범된 규범으로서 교회가 성경의 진리를 신적 권위에 근거하여 신앙고백의 형식으로 표현한 명제를 뜻한다. 교리는 신경의 형태로 그 역사적 맹아가 나타나는 바, 신경은 교부들의 '신앙의 규범'과 교회의 '신앙고백'을 포함한다. 전형적으로, 정통적 신경은 예수 그리스도의 신격에 주안점을 두고 삼위일체론을 개진하는 가운데 그가 동일하신 분으로서 하나님의 아들이시자 사람의 아들이 되신 성육신 사건을 다룸으로써 그의 '영원한 나심'과 '역사상 나심'을 함께 고백한다. 그리고 성육신하신 그가 참 하나님과 참 사람으로서 우리 자신과 우리의 구원을 위하여 낮아지시고 높아지심으로써 대속의 의를 다 이루시고 그 의를 우리의 것으로 삼아주심을 뚜렷이 천명한다. 여기에 기독론의 구원론적 지평이 근거한다.

제3장

신경적 기독론

1. 성경의 신앙고백

샤프(Philip Schaff)는 다음과 같이 말하였다.

성경은 사람에게 주시는 하나님의 말씀이고 신경은 하나님께 되돌리는 사람의 대답이다. 성경은 삶과 사실이라는 일상적 형태로 진리를 드러내고 신경은 교리라는 논리적인 형태로 진리를 서술한다. 성경은 믿고 순종해야 할 무엇이나 신경은 공표하고 가르쳐야 할 무엇이다.[332]

성경은 "규범하는 규범"(norma normans, rule ruling)이나 신경은 "규범된 규범"(norma normata, rule ruled)이다.[333] 성경이 규범하는 교리의 핵심은 하나님은 한 분 여호와시며(출 20:2-3; 신 4:35, 39; 6:4-5; 삼하 7:22; 22:32; 왕상 8:60; 대상 17:20; 시 18:31; 86:10; 사 43:10-12; 44:6, 8; 욜 2:27; 슥 14:9; 막 4:29; 12:29; 요 17:3; 고전 8:4; 갈 3:20; 딤전 2:5) 이 땅에 오신 하나님의 아들은 기름부음받으신 메시아 예수 그리스도시라는 데 있다.

---

332) Philip Schaff, *The Creeds of Christendom, vol. 1, The History of Creeds* (Grand Rapids: Baker, 1996, rep.), 3.
333) Schaff, *The Creeds of Christendom*, 2, 7.

주님을 만난 나다나엘은 "당신은 하나님의 아들이시요 당신은 이스라엘의 임금 이로소이다"(σὺ εἶ ὁ υἱὸς τοῦ θεοῦ, σὺ βασιλεὺς εἶ τοῦ Ἰσραήλ)라고 고백하였다(요 1:49). 베드로는 "너희는 나를 누구라 하느냐"는 주님의 질문에 대해서 "주는 그리스도시요 살아 계신 하나님의 아들이시니이다"(Σὺ εἶ ὁ Χριστὸς ὁ υἱὸς τοῦ θεοῦ τοῦ ζῶντος)라고 대답하였다(마 16:15-16).

그리고 많은 사람들이 주님을 떠나갈 때 베드로는 자신과 다른 제자들이 머무는 까닭을 말하면서, "우리가 주는 하나님의 거룩하신 자이신 줄(ὅτι σὺ εἶ ὁ ἅγιος τοῦ θεοῦ) 믿고 알았사옵나이다"라고 고백하였다(요 6:69). 더러운 귀신 들린 사람이 "나는 당신이 누구인 줄 아노니 하나님의 거룩한 자(ὁ ἅγιος τοῦ θεοῦ)니이다"고 한 곳에도(막 1:24) 유사한 고백이 나타난다. 도마는 주님의 부활을 믿은 후 "나의 주님이시요 나의 하나님이시니이다"(Ὁ κύριός μου καὶ ὁ θεός μου)라고 고백하였다(요 20:28).

삼위일체 하나님으로서 성부, 성자, 성령에 대한 고백은 세례의 거행에 있어서 공식화되었다(마 28:19). 어떤 사본에는 에디오피아의 여왕 간다게의 국고 맡은 내시가 세례를 받으면서 "내가 예수 그리스도께서 하나님의 아들인 줄(τὸν υἱὸν τοῦ θεοῦ) 믿노라"고 고백한 것으로 기록되어 있다(행 8:37-38). 사도 바울은 그리스도가 교회의 머리가 되시는 "살아 계신 하나님"(θεοῦ ζῶντος)으로서(딤전 3:15) "육신으로 나타난 바 되시고 영으로 의롭다 하심을 받으시고 천사들에게 보이시고 만국에서 전파되시고 세상에서 믿은 바 되시고 영광 가운데서 올려지셨느니라"고 고백한다(딤전 3:16).

"하나님의 비밀"이신 그리스도를(골 2:2) 믿는 "경건의 비밀"이 여기에 있다(딤전 3:16). 최초의 기독론적 신앙고백은 '예수가 주시다'는 의미를 담고 있는 "주 예수"(κύριος Ἰησοῦς)라는 칭호에 있다(행 16:31). 초대교회 성도는 세례를 받을 때 "예수를 주로"(κύριον Ἰησοῦν) 믿고 입으로 시인하였다(롬 10:9-10).[334] 이러한 성경의 신앙고백들이 이후 신경들의 원천이 되었다.

---

334) 이상의 논의에 대해서, Schaff, *The Creeds of Christendom*, 2.3-8.

2. 신앙의 규범(regula fidei)

교회의 교리는 신경의 형태로 맹아가 나타났다. 신경은 교부들이 교리의 요체를 간결하게 진술한 "신앙의 규범"(κανών τῆς ἀληθείας, κανών τῆς πίστεως, regula fidei, regula veritatis)과 교회가 공적으로 믿고 고백하는 바를 선포한 "신앙고백"(σύμβολον, symbolum)을 포함한다.335) 교회는 믿고 고백하는-'나는 믿는다. 고로 나는 고백한다'(credo, ergo confiteor)-교리 위에 서 있다. 교리는 교회가 성경의 가르침을 신앙고백의 형식으로 진술한 명제이다. 교리는 '교회의 서고 넘어짐의 조항'(articulus stantis et cadentis ecclesiae)이다. 그러므로 '신앙고백이 없는 곳에 교회는 없다'(ecclesia sine symbolis nulla).336)

신앙의 규범에는 수립된 어떤 전형(典型)이 따로 있지는 않았다. 그것은 교부들이 신학을 전개하는 가운데 자신들의 신앙을 고백하는 형식으로 기록되었으며 이단에 대해서 성경의 참 진리를 변증하는 성격이 강하였다. 그러므로 이를 통하여 우리는 교회가 고백해 온 정통교리의 기원과 단초(端初)에 대해서 일별해 볼 기회를 가지게 된다. 신앙의 규범에는 기독론에 관한 논의가 주를 이루고 있다. 이하 이 부분에 주목해서 주요한 신앙의 규범을 살펴본다.

속사도 이그나티우스(Ignatius of Antioch, 35[50]-98[117])는 영지주의 가현설(Gnostic Docetism)을 반박하면서 "말씀이 육신이 되셨다"는 사실을 다음과 같이 "진실로"(ἀληθῶς)라는 말을 계속 반복하면서 강조하였다. 주님은 "진실로 태어나셨으며", "진실로 몸을 취하셨으며", "진실로 십자가에 달리시고 죽으셨으며", "진실로 죽은 자들 가운데서 일어나셨다." 그리고 "아버지께 받아들여지셔서 그의 오른편에 앉으셨다."337) 이렇듯 그 어조가 지극히 변증적이었다.338)

순교자 저스틴(Justin Martyr, 100-165)의 『변해서』(apologia)는 문체 자체가 신경적(creedal)이다. 그것은 세례문답 때 요구되는 삼위일체 하나님에 대한 고백과 관련

---

335) "symbolum"은 어원상 '표징'(indicium)이라는 성례적인 뜻이 있으며, '권위 있는 기록', '가르침'(τὸ μάθημα), '글 모음(collatio) 등을 지칭한다. 참조. J. N. D. Kelly, *Early Christian Creeds* (London: Longman, 1972, 3rd ed.), 52-61.

336) Schaff, *The Creeds of Christendom*, 1.4, 5, 8.

337) Ignatius of Antioch, "Epistola ad Trallianos," in Schaff, *The Creeds of Christendom*, 2.11-12.

338) 참조. Kelly, *Early Christian Creeds*, 69.

되는 바, 기독론적 선포가 주를 이룬다. 저스틴의 작품에서 우리는 초대교회 신경의 첫 맹아를 만나게 된다. 그곳에는, '주님은 자신을 하나님의 아들이라고 인식하신 분으로서, 남자를 모르는 동정녀에게서 잉태되시고, 고난을 받을 수 있는 사람(a passible man)으로 나셔서, 우리의 선생이 되시고, 본디오 빌라도 아래서 십자가에 죽으시고, 죽은 자 가운데서 살아나시고, 하늘에 오르시고, 모든 사람을 심판하시러 다시 오실 것이다'라는 내용이 간결한 문체로 나타난다. 본 작품에는 정치(精緻)한 교리적 전개가 미흡하고 정제되지 않은 철학적 관념과 어투가 곳곳에 나타나지만 신앙의 핵심 조항을 뚜렷이 고백한 점에서 큰 가치가 있다.[339]

서머나의 폴리캅(Polycarp of Smyrna, 69-156)의 제자였던 이레네우스(Irenaeus of Lyons, 130경-202)는 동방과 서방을 연결하고 사도 이후의 시대와 니케아 이전의 시대를 연결하는 교부로 알려져 있다. 그의 신앙의 규범에는 동방의 니케아 신경과 서방의 사도신경의 영향이 뚜렷이 드러난다. 다음과 같은 몇 가지 특징이 주목된다.

첫째, 이레네우스는 하나님의 아들 예수 그리스도가 "우리의 구원을 위하여 육체가 되신 분"(τὸν σαρκωθέντα ὑπὲρ τῆς ἡμετέρας σωτηρίας)이라고 하여 성육신의 구원론적 의미를 분명히 천명한다.[340]

둘째, 성령을 예수 그리스도의 나심과 죽으심과 부활하심과 아버지께 취해지심과 하늘에 앉으심을 증언하는 영으로 기술한다.[341] 성부와 성자의 경륜을 드러내고 우리가 진리를 아는 지식에 이르도록 하는 성령의 감화가 특히 강조된다.[342]

셋째, 하나님이 성자 예수 그리스도를 통하여 천지를 창조하셨음을 말함으로 주님이 창조중보자이심을 부각시킨다.

넷째, "동정녀로부터 나심을 취하신"(ex Virgine generationem sustinuit) 그리스도 "자신이 자신을 통하여 사람을 하나님과 하나가 되게 하시는 분"(ipse per se hominem

---

339) 여기에 거론된 내용은 "제일 변해서"(Apology I)와 "유대인 트리포와의 대화"(Dialogue with Trypho the Jew)에 기초한 것이다. 텍스트와 해설에 관해서, Kelly, *Early Christian Creeds*, 71-76.

340) 참조. Irwin W. Reist, "The Christology of Irenaeus," *Journal of the Evangelical Theological Society* 13/4 (1970), 243-245, 248-249. 이레네우스는 성육신의 목적이 성부가 성자와 성령을 두 손으로 삼아 구원을 이루시기 위함에 있음을 분명히 하였음에도 불구하고 그것을 우주의 원리인 로고스의 체화라고 보는 철학적 관념을 완전히 벗어나지 못하였다는 점이 여기에서 다루어진다.

341) Irenaeus, "Contra Haereses," in Schaff, *The Creeds of Christendom*, 2.13.

342) Irenaeus, "Adversus Haereses," in Schaff, *The Creeds of Christendom*, 2.16.

adunans Deo)이시라는 점을 강조한다.343)

여기에서 우리는 이레네우스가 성자는 성부의 창조의 중보자시며 성령은 성부와 성자에 관한 지식을 감화하신다고 하여 삼위일체 하나님의 관계에 주목하면서 기독론적 고백을 하고 있음에 주목해야 한다.344)

2세기 말에서 3세기 초에 걸쳐서 기독교 영지주의(Christian Gnosticism)를 중심으로 흥기했던 이단을 반박하는 다수의 글을 통하여 정통 삼위일체론과 기독론의 토대를 놓았던 터툴리안(Tertullian, 150-225경)의 신앙 규범은 후대에 확립되고 공표된 사도신경과 니케아 신경과 유사한 내용을 담고 있다. 주로 서너 가지가 거론되는데345) 그 중에 삼위일체론을 부인하고 성부고난설(Patripassianism)을 주장한 프락세아스(Praxeas)를 반박하는 글에 나오는 마지막 것이 가장 전형적인 신경의 형태를 띠고 있으므로 이를 먼저 살펴본 후 나머지 것으로 보충한다.

Nos vero et semper, et nunc magis, ut instructiores per Paracletum, Deductorem scilicet omnis veritatis, Unicum quidem Deum credimus: sub hac tamen dispensatione, quam oeconomiam dicimus, ut unici Dei sit et Filius, Sermo ipsius, qui ex ipso processerit, per quem omnia facta sunt, et sine quo factum est nihil.(John i.3) Hunc missum a Patre in Virginem, et ex ea natum,	참으로 모든 진리의 인도자이신 보혜사를 통하여 항상, 그리고 지금 더욱, 가르침을 받고 있는, 우리는 분명 한 분 하나님을 믿는다. 그럼에도 불구하고 우리는 우리가 경륜이라고 부르는 이러한 질서 가운데 한 분 하나님의 아들이 계심을 믿는다. 그는 그 분 자신으로부터 나오신 그 분 자신의 말씀으로서, 그로 말미암아 만물이 지은 바 되었고 그가 없이는 된 것이 하나도 없다(요 1:3). 그가 아버지에 의해 동정녀 속으로 보내지셨으며,

---

343) Irenaeus, "Adversus Haereses," in Schaff, *The Creeds of Christendom*, 2.15.
344) 참조. Kelly, *Early Christian Creeds*, 77-81.
345) 샤프는 "De Virginibus Velandis," "Adversus Praxeam," "De Praescriptione"에 나오는 신앙의 규범을 각각 첫 번째, 두 번째, 세 번째 형태로 싣고 있으나, 켈리는 저술 순서대로 200년경에 저술된 "De Praescriptione"에서 두 가지 신앙의 규범을 소개하고 이어서 208-211년경에 저술된 "De Virginibus Velandis"와 213년경에 저술된 "Adversus Praxeam"에 나오는 신앙의 규범을 각각 세 번째와 네 번째 것으로 다룬다. Schaff, *The Creeds of Christendom*, 2.16-20; Kelly, *Early Christian Creeds*, 85-86.

hominem et Deum, Filium hominis et Filium Dei, et cognominatum Jesum Christum: Hunc passum, hunc mortuum et sepultum, secundum Scripturas; et resuscitatum a Patre, et in caelos resumptum, sedere ad dexteram Patris, venturum judicare vivos et mortuos: qui exinde miserit, secundum promissionem suam, a Patre, Spiritum Sanctum, Paracletum, Sanctificatorem fidei eorum qui credunt in Patrem et Filium et Spiritum Sanctum.346)	그녀에게서 나신, 사람이자 하나님, 사람의 아들이자 하나님의 아들로서, 예수 그리스도라 불리셨다. 그가 고난당하셨으며, 그가 성경에 따라 죽으시고 장사되셨으며, 아버지에 의해 다시 일으킴을 받으셨으며, 하늘에 다시 취해지셨으며, 아버지의 우편에 앉아 계시며, 산 자와 죽은 자들을 심판하러 오실 것이다. 그가 그곳에서, 아버지로부터, 그 분 자신의 약속에 따라, 성령, 보혜사, 아버지와 아들과 성령을 믿는 자들의 믿음을 거룩하게 하시는 분을 보내셨다.

몇 가지 주목할 사항은,

첫째, 헬라어 "로고스"(Λόγος)에 해당하는 "말씀"이 라틴어 "Sermo"로 번역되어 있다. 그런데 세 번째 신앙의 규범에는 동일한 단어가 "Verbum"으로 번역되어 있다. 이렇듯 용례에 일관성이 없으므로 이를 특별히 염두에 둘 필요는 없다. 다만 이 당시에도 '로고스'를 'Verbum'으로 뿐만 아니라 'Sermo'로도 번역했다는 사실을 확인할 수 있다.347)

둘째, 제2위 성자 하나님을 "그 분[아버지] 자신으로부터 나오신(processerit) 그 분 자신의 말씀"이라고 칭하여 성자의 '영원한 나심'(eternal generation)을 '나시다'(nasci)가 아니라 '나오시다'(procedere)라는 동사의 현재완료형("processerit")으로 표현하고 있다. 그리하여 "그녀[마리아]에게서 나신(natus)"이라고 칭한 '역사상 나심'인 성육신과 이를 용어상 구별하려는 듯한 의도를 보인다. 그러나 이러한 용례가 전혀 예외적이지는 않다.348)

---

346) 본 텍스트. Tertullian, "Adversus Praxeam," 2, in Schaff, *The Creeds of Christendom*, 2.17-18.

347) 대체로 '로고스'는 'Verbum'으로 번역되었다. 이를 'Sermo'로 번역한 대표적인 경우가 칼빈(John Calvin)과 에라스무스(Desiderius Erasmus, 1466-1536)였다.

348) 성자의 성부로부터 나심, 즉 성자의 위격적 특성을 뜻하는 '영원한 나심'(eternal generation)과 그가 사람의 아들이 되심, 즉 성육신을 뜻하는 '역사상 나심'(historic generation)을 '두 나심'(two generations)이라고 부르기도 한

셋째, 성육신을 "그가 아버지에 의해(a Patre) 동정녀 속으로 보내지셨으며(missum)"이라고 하여, 성령 잉태에 대해서는 어떤 언급도 하지 않고 아버지의 보내심만 부각시키고 있다. 그런데 세 번째 신앙의 규범에서는 "마침내 그가 하나님 아버지의 영과 능력으로 동정녀 마리아 속으로 내려 보내지셨으며"(postremo delatum, ex Spiritu Patris Dei et virtute, in Virginem Mariam)이라고 이 부분을 고백하여 이에 대한 오해를 불식시킨다.

넷째, 보혜사 성령을 "아버지로부터"(a Patre) 아들이 "보내셨다"(miserit)라고 하여 사도신경이나 니케아-콘스탄티노플 신경보다 더욱 적극적으로 성령의 출래를 다루고 있다. 여기에서 우리는 필리오케(Filioque) 교리를 채택하는 서방 라틴신학의 단초를 발견하게 된다.

터툴리안이 가장 먼저 저술한 또 다른 신앙의 규범은 위의 것과 대동소이한데, 아들이 구약의 조상들과 선지자들에게 여러 모양으로 나타나시고 말씀을 들려주신 분이셨다는 사실, 그가 이 땅에 오셔서 새로운 법을 선포하시고 그 법을 지킬 능력을 보내주시는데 아버지의 우편에서 성령을 부어주심으로 그리하신다는 사실, 그리고 주님의 재림과 그 때에 있을 모든 사람의 부활과 심판에 대한 언급이 눈에 띈다.

Regula est autem fidei······illa scilicet qua creditur, Unum omnino Deum esse, nec alium praeter munci conditorem, qui universa de nihilo produxerit, per Verbum suum primo omnium demissum; id Verbum, Filium ejus appellatum,	진정 신앙의 규범은 이러하니······우리가 믿는 바가 바로 이것이다. 모든 것보다 먼저 보냄을 받으신 자신의 말씀을 통하여 무로부터 우주를 만드신 오직 한 분 하나님이 계신다. 그 때는 세상의 창조자 외에는 다른 어떤 것도 존재하지 않았다. 그 말씀이 그 분의 아들이라고 불리셨다.

다. 통상 영원한 성자 하나님의 성부 하나님으로부터 나심과 역사상 마리아로부터 나심인 성육신을 동일하게 '나다'(gignere, nasci)의 과거분사형인 'genitus, natus'로 표현한다. 그러나 위와 같이 'procedere' 동사를 능동형으로 사용하여 성령의 위격뿐만 아니라 성자의 영원한 나심 곧 성자의 위격까지 표현하는 경우는 드물지 않게 나타난다. 초대교회의 교부들과 칼빈에게서도 이러한 용례를 볼 수 있다. 'procedere'를 위격을 구별하는 특성과 무관하게 단지 '오신다' 정도의 약한 의미로 성자의 나심과 성령의 출래에 모두 사용하기 때문이다.

in nomine Dei varie visum a patriarchis, in prophetis semper auditum, postremo delatum, ex Spiritu Patris Dei et virtute, in Virginem Mariam, carnem factum in utero ejus, et ex ea natum, egisse Jesum Christum; exinde praedicasse novam legem et novam promissionem regni caelorum; virtutes fecisse; fixum cruci; tertia die resurrexisse; in caelos ereptum; sedisse ad dexteram Patris; misisse vicariam vim Spiritus Sancti, qui credentes agat; venturum cum claritate ad sumendos sanctos in vitae aeternae et promissorum caelestium fructum, et ad profanos adjudicandos igni perpetuo, facta utriusque partis resuscitatione, cum carnis restitutione.[349]	그는 하나님의 이름으로 다양하게 조상들에게 보이셨으며 항상 선지자들 가운데 들리셨다. 마침내 그가 하나님 아버지의 영과 능력으로 동정녀 마리아 속으로 내려 보내지셨으며 그녀의 몸 안에서 육신이 되시고 그녀에게서 나셨다. 그가 예수 그리스도로 나타나셨다. 그리하여 새로운 법과 하나님 나라의 새로운 약속을 선포하시고, 능력을 행하시고, 십자가에 달리시고, 사흘 만에 다시 살아나시고, 하늘로 들리시고, 아버지의 우편에 앉으셨다. 그리고 믿는 자들을 이끄시기 위해서 성령의 권능을 자기의 편에서 보내셨다.[350] 육체의 회복과 함께 부활이 있게 하신 후에, 그리고 거룩한 자들과 사악한 자들 모두에게 거룩한 자들은 영생과 하늘 약속의 즐거움에 이르게 하시고, 사악한 자들은 영원한 불로 심판하시기 위하여, 영광 가운데 다시 오실 것이다.

터툴리안보다 조금 늦은 시대를 살았던 알렉산드리아의 오리겐은 플라톤 철학에 영향을 받아 영혼선재설을 주장하는 등 정통적인 입장과는 큰 괴리를 보이기도 했지만 당대의 신앙고백을 자신의 신앙의 규범으로 삼는 일에는 주저함이 없었다.

---

349) 본 텍스트. Tertullian, "De Praescriptionibus Haereticorum," 13, in Schaff, *The Creeds of Christendom*, 2.19-20.

350) 여기에 "자기의 편에서"라고 번역된 "vicariam"이라는 단어는 이전에는 성령의 충만을 받으셨던 주님이 이제는 성령을 보내시는 자리에 서신다는 것을 의미한다. 필리오케 교리는 성령이 성부 그리고 성자로부터 영원히 출래하신다는 것을 가르치기 때문에 삼위일체론에서 다루어야 할 주제이다. 그러므로 이 부분에 대한 터툴리안의 고백은 이와 직접적인 관련성이 없어 보이기도 한다. 그러나 보혜사 성령의 파송에 관한 요한복음 15:26과 사도행전 2:33 등의 말씀을 필리오케 교리에 대한 주요한 근거구절로 삼는 서방의 전통에서 보면 이러한 고백이 이 교리와 밀접하게 연관이 된다는 사실을 부인할 수 없다.

Tum deinde, quia Jesus Christus ipse, qui venit, ante omnem creaturam natus ex Patre est. Qui cum in omnium conditione Patri ministrasset (per ipsum enim omnia facta sunt), novissimis temporibus se ipsum exinaniens homo factus incarnatus est, cum Deus esset, et homo factus mansit, quod erat, Deus. Corpus assumsit nostro corpori simile, eo solo differens, quod natum ex Virgine et Spiritu Sancto est. Et quoniam hic Jesus Christus natus et passus est in veritate et non per phantasiam communem hanc mortem sustinuit, vere mortuus; vere enim a mortuis resurrexit et post resurrectionem, conversatus cum discipulis suis, assumtus est.[351]	그리고 둘째로 우리는 예수 그리스도 자신을 믿는다. 그는 오셨으며, 모든 창조 이전에 아버지로부터 나셨다. 만물을 창조할 때 그는 아버지를 섬겼다―그 자신을 통하여 모든 것들이 있게 되었다. 이 마지막 때, 그는 성육신하셔서 사람이 되셨다. 비록 사람이 되셨으나, 이전과 같이 하나님으로 계속 계셨다. 그는 우리의 몸과 같은 몸을 취하셨다. 우리와 다른 유일한 점은 그가 동정녀와 성령으로부터 나셨다는 사실이다. 이 예수 그리스도가 외양이 아니라 진실로 나셨고 고난을 받으셨다. 그리고 또한 함께 죽임을 당하시고 진실로 죽으셨다. 왜냐하면 진실로 그는 죽은 자들로부터 부활하셨으며, 부활하신 후에는 자신의 제자들과 말씀을 나누시고, 취해지셨기 때문이다.

여기에서 보듯이, 오리겐은, 자신이 단일신론(Modalism)을 지지하는 자로 낙인찍히는 것을 두려워하여, 성자가 성부와 하나이심을 고백함에 있어서 니케아-콘스탄티노플 신경에 나오는 아들이 "아버지와 동일본질이시고", "빛으로부터 나신 빛", "참 하나님으로부터 나신 참 하나님"이시라는 표현을 사용하고는 있지 않지만, 주님의 영원한 선재와 성육신이 신인양성의 위격적 연합이라는 사실은 분명히 천명하고 있다.[352]

오리겐의 제자였던 네오가이사랴의 그레고리 타우마투르구스(Gregory Thaumaturgus, 213-270)는 자신의 신앙의 규범에서 중보자 그리스도의 신성을 부인하는 가운데 양자론(Adoptionism)의 초석을 놓은 사모사타의 바울(Paul of Samosata, 200-275)을 비판하면서 예수 그리스도를 "참 아버지로부터 나신 참 아들, 보이지 않는 분으로부터 나신 보이지 않는 분, 썩을 수 없는 분으로부터 나신 썩을 수 없는 분, 불멸하신 분으로부터 나신 불멸하신 분, 영원하신 분으로부터 나신 영원하신 분"(υἱὸς ἀληθινὸς

---

351) 본 텍스트. Origen, "De Principiis," 1.4-6, in Schaff, *The Creeds of Christendom*, 2.23.
352) 참조. Douglas W. Johnson, *The Great Jesus Debates: 4 Early Church Battles about the Person and Work of Jesus* (Saint Louis: Concordia Publishing House, 2005), 84.

ἀληθινοῦ πατρὸς, ἀόρατος ἀοράτου καὶ ἄφθαρτος ἀφθάρτου καὶ ἀθάνατος ἀθανάτου καὶ ἀίδιος ἀιδίου)이라고 고백하였다.353) 이는 니케아 신경 이전에 있었던 가장 니케아 신경에 근접한 고백이었다.354)

한편, 막시무스(Maximus) 황제의 치하에서 순교한 안디옥의 루키안(Lucian of Antioch, 240-312)은 예수 그리스도가 하나님과 사람 사이의 중보자로서 "하나님이신 말씀"(θεὸν λόγον)이시라는 사실을 강조하면서 그가 "하나님으로부터 나신 하나님, 한 분으로부터 나신 한 분, 완전한 분으로부터 나신 완전한 분, 왕으로부터 나신 왕, 주로부터 나신 주"(θεὸν ἐκ θεοῦ, ὅλον ἐξ ὅλου, μόνον ἐκ μόνου, τέλειον ἐκ τελείου, βασιλέα ἐκ βασιλέως, κύριον ἀπὸ [ἐκ] κυρίου)라고 자신의 신앙의 규범에서 고백하였다.355)

아리우스(Arius, 250경-336경)는 니케아 신경(325)이 공표된 이후 328년에 은밀히 저술한 자신의 신앙의 규범에서 이러한 부분을 빼버렸다. 그리하여 동일본질을 반대하는 자신의 입장을 우회적으로 표출하였다.356) 기독교 역사학자이며 성자의 성부에 대한 종속설을 주장하여 그리스도는 '하나님'(θεός)이시나 '그 하나님'(ὁ θεός)은 아니시며 단지 하나님의 신성에 동참하실 뿐이라고 본 가이사랴의 유세비우스(Eusebius of Caesarea, 260[265]-339[340])는 니케아 신경과 아리우스의 중간 입장을 취하여 주님을 "하나님으로부터 나신 하나님, 빛으로부터 나신 빛, 생명으로부터 나신 생명"(θεὸν ἐκ θεοῦ, φῶς ἐκ φωτός, ζωὴν ἐκ ζωῆς)이라는 고백은 하였으나 아들이 아버지와 동일본질이시라는 고백은 하지 않았다.357)

키프로스(Cyprus)의 수도 살라미스의 에피파니우스(Epiphanius of Salamis, 315-403)는 일생 동안 오리겐과 아리우스주의에 반대하였는데 그가 쓴 두 편의 신앙의 규범은 니케아 신경과 거의 동일한 성자에 대한 고백을 담고 있는 바, 주님은 "아버지의 본질로부터"(ἐκ τῆς οὐσίας τοῦ Πατρὸς) 나셨으며 "빛으로부터 나신 빛, 참 하나님으로부터 나신 참 하나님"(φῶς ἐκ φωτὸς Θεὸν ἀληθινὸν ἐκ Θεοῦ ἀληθινοῦ)으로서 "아

---

353) Gregory Thaumaturgus of Neo-Caesarea, "Expositio Fidei," Schaff, *The Creeds of Christendom*, 2.24.
354) Aloys Grillmeier, *Christ in Christian Tradition*, vol. 1, *From the Apostolic Age to Chalcedon (451)*, tr. John Bowden (Atlanta: John Knox Press, 1975), 232-235.
355) Schaff, *The Creeds of Christendom*, 2.26.
356) Schaff, *The Creeds of Christendom*, 2.28.
357) Schaff, *The Creeds of Christendom*, 2.30.

버지와 동일본질이시다"(ὁμοούσιον τῷ Πατρί)는358) 사실이 천명된다. 주목할 것은 보혜사 성령은 "아버지로부터 출래하며 아들로부터 받아들여진다"(ἐκ τοῦ Πατρὸς ἐκπορευόμενον, καὶ ἐκ τοῦ Υἱοῦ λαμβανόμενον)고 하여 381년에 공표된 콘스탄티노플 신경에서와 동일한 입장이 여기에 피력되어 있다는 점이다.359)

3. 사도신경과 니케아 신경

사도신경(Symbolum Apostolicum)에는 성경의 가르침이 일목요연하게 정리되어 있다. 어거스틴이 말한 바, 그것은 "간결하고 장엄한 신앙의 규범이다. 단어의 수에 있어서는 간결하나, 문장의 무게에 있어서는 장엄하다"(regula fidei brevis et grandis; brevis numero verborum, grandis pondere sententiarum).360) 사도신경은 삼위일체 하나님과 교회에 대한 고백을 담고 있다. 기독론에 대한 고백이 그 중심에 위치한다. 마태복음 16:16의 베드로의 신앙고백이 이 고백의 기원이 됨이 분명하다. 니케아 신경이 동방교회 공의회의 산물이라면, 사도신경은 서방교회의 자연발생적인 산물이었다. 그것은 2세기부터 4세기에 걸쳐서 형성되었다. 본래의 형태는 루피누스(Rufinus of Aquileia, 340[345]-410)가 기록한 라틴본(forma latina, 390경)과 안키라의 마르켈루스(Marcellus of Ancyra, ?-374)가 기록한 헬라본(forma graeca, 336-341)으로 남아있는데, 여러 부분이 후에 첨가되어 7-8세기에 채택본의 형태를 띠게 되었다. 기독론과 관련하여 주요하게 첨가된 것은 지옥강하(地獄降下)에 관한 조목이다. 이것은 아퀼레이아의 신경(the Creed of Aquileia)에서 받은 것으로서361) 어거스틴의 글과 아타나시우스 신경에 나타난다. 루피누스는 이 조항이 그리스도의 장사되심과 같은 의미를 지니고 있다고 보았다("vis verbi eadem videtur esse in eo quod sepultus dicitur").362)

---

358) Schaff, *The Creeds of Christendom*, 2.33, 36.
359) Schaff, *The Creeds of Christendom*, 2.37-38.
360) Schaff, *The Creeds of Christendom*, 1.16. n.2.
361) 참조. Kelly, *Early Christian Creeds*, 174.
362) Schaff, *The Creeds of Christendom*, 1.21. n.6.

사도신경의 로마본이 수립된 거의 같은 시기에 동방에서는 콘스탄티노플에서 니케아-콘스탄티노플 신경이 381년에 확정되었다.363) 기독론에 관한 조항은 325년 니케아 공의회 이후 몇몇 단어의 수정이나 첨가 외에 거의 그대로 유지되었다. 다만 성령의 출래와 관련하여 589년 톨레도 제3차 회의를 통하여 필리오케(Filioque) 조항이 첨가된 것이 큰 변화였다. 이하 제2위 성자의 위격에 관한 삼위일체론 조항과 중보자 그리스도의 인격과 사역에 관한 기독론 조항을 중심으로 사도신경과 니케아 신경을 비교 고찰한다.364)

The Apostles' Creed: Received Text (괄호는 후대 첨가)	The Nicene Creed 325	The Nicene Creed 381 enlarged in Constantinople (괄호는 서방교회 첨가)
I believe in God the Father Almighty, [Maker of heaven and earth]	We believe in one God, the Father Almighty, Maker of all things visible and invisible.	We [I] believe in one God the Father Almighty, Maker of heaven and earth, And of all things visible and invisible.
And in Jesus Christ, his only Son, our Lord;	And in one Lord Jesus Christ, the Son of God, begotten of the Father [the only-begotten; that is, of the essence of the Father, God of God], Light of Light, very God of very God, begotten, not made, being of one substance with the Father; by whom all things were made [both in heaven and on earth];	And in one Lord Jesus Christ, the only begotten Son of God, Begotten of the Father before all worlds;[God of God], Light of light. Very God of very God. Begotten, not made, Being of one substance with the Father; By whom all things were made;

---

363) 니케아-콘스탄티노플 신경은 니케아 신경으로 통칭되는 것이 상례이다. 여기에서도 이러한 용례를 따른다.
364) 아래의 표는 Schaff, *The Creeds of Christendom*, 1. 27-29에 기초하여 작성한 것임.

Who was [conceived] by the Holy Ghost, Born of the Virgin Mary;	who for us men, and for our salvation, came down and was incarnate and was made man;	Who, for us men, and for our salvation, came down from heaven, And was incarnate by the Holy Ghost of the Virgin Mary, And was made man;
[Suffered] under Pontius Pilate, was crucified [dead], and buried; [He descended into Hades];	he suffered,	He was crucified for us under Pontius Pilate; And suffered and was buried;
The third day he rose again from the dead;	and the third day he rose again,	And the third day he rose again, According to the Scriptures;
He ascended into heaven, And sitteth on the right hand of [God] the Father [Almighty];	ascended into heaven;	And ascended into heaven, And sitteth on the right hand of the Father;
From thence he shall come to judge the quick and the dead.	from thence he shall come to judge the quick and the dead.	And he shall come again, with glory, to judge the quick and the dead; Whose kingdom shall have no end.
And [I believe] in the Holy Ghost.	And in the Holy Ghost.	And [I believe] in the Holy Ghost, The Lord, and Giver of life; Who proceedeth from the Father [and the Son]; Who with the Father and the Son together is worshipped and glorified; Who spake by the Prophets.

The holy [catholic] Church; [The communion of saints];		And [I believe] in one holy catholic and apostolic Church;
The forgiveness of sins;		We [I] acknowledge one baptism for the remission of sins;
The resurrection of the flesh [body];		And we [I] look for the resurrection of the dead;
[And the life everlasting].		And the life of the world to come.
	[But those who say: There was a time when he was not; and He was not before he was made; and He was made out of nothing, or He is of another substance or essence, or The Son of God is created, or changeable, or alterable they are condemned by the holy catholic and apostolic Church.]	

첫째, 사도신경과 니케아 신경은 모두 예수 그리스도의 영원한 신격(deitas, θεότης)을 인정한다. 다만 사도신경은 "그 외아들"(τὸν μονογενῆ, ejus unigenitum)이라고만 고백하는 반면 니케아 신경은 "영원 전에 아버지로부터 나신 독생자, 빛으로부터 나신 빛, 참 하나님으로부터 나신 참 하나님, 나셨으나 지음을 받지 않으신 분, 아버지와 동일한 본질이신 분, 그로 말미암아 만물이 지음을 받았다" (τὸν μονογενῆ, τὸν ἐκ τοῦ πατρὸς γεννηθέντα πρὸ πάντων τῶν αἰώνων, φῶς ἐκ φωτός, θεὸν ἀληθινὸν ἐκ θεοῦ ἀληθινοῦ, γεννηθέντα, οὐ ποιηθέντα, ὁμοούσιον τῷ πατρι δί οὗ τὰ πάντα ἐγένετο, unigenitum, natum ex Patre ante omnia saecula, lumen de lumine, Deum verum de

Deo vero, natum[genitum], non factum, consubstantialem Patri; per quem omnia facta sunt)
고 하여 이에 대해서 상세하게 다룬다.365) 이는 예수님의 신성을 부인하고 그를 최고의 피조물 정도로 여기며 그에게 시작이 있다고 한 아리우스를 정죄하기 위한 조항이었다. 아리우스는 주님을 하나님과 사람 사이의 중간자(中間者) 정도로 생각했으며, 불변하는 신과 변하는 물질이 함께 존재할 수 없다고 보았다. 이는 그가 아리스토텔레스의 영향을 받았음을 보여주는 증례이다.366) 아리우스는 아들이 고유한 지혜와 능력을 가지신 것은 단지 '동참을 통해서'(per participationem), 곧 '창조를 통해서'(per creationem)일 뿐이라고 보았다. 그러므로 아들을 아버지 '안에' '영원히' 계신 분이 아니라 아버지 '바깥에' '언젠가부터' 계신 분으로 여겨야 한다고 주장했다.367) 아리우스에 따르면, "결코 아들은 자신의 고유한 위격적 존재에 따라(ἴδιον) 하나님의 특성(καθ' ὑπόστασιν ἰδιότητος)을 지니고 계시지 않다. 그는 하나님과 같으시지(ἴδις) 않을 뿐만 아니라, 하나님과 동일본질이시지(ὁμοούσιος) 않다."368) 아리우스는 로고스를 성육신하신 그리스도의 인간 영혼에서 찾았으며, 로고스는 본질상 하나님이 아니며 연합에 의해서 비로소 하나님이 되므로 명목적으로만 하나님이라 불린다고 여겼다. 아리우스에 따르면, 그리스도는 신인양성의 인격이 아니라 영혼과 육체와 로고스로 이루어진 사람일 뿐이다.369) 이러한 아리우스의 입장을 정죄하며 니케아 신경은 이레네우스와 아타나시우스의 입장에 서서 주님이 구속중보자가 되실 뿐만 아니라 창조중보자가 되신다는 점을 천명했다.370)

둘째, 사도신경과 니케아 신경은 성자 하나님의 '영원한 나심'과 함께 '역사상 나심', 즉 성육신을 규정한다. 그러나 사도신경은 "성령으로 잉태되사 동정녀 마리아

---

365) 이하 사도신경과 니케아 신경의 원문 인용은, Schaff, *The Creeds of Christendom*, 2.57-59. 성경에서 하나님 혹은 아버지로부터 나셨다는 표현은 성도에 대해서만 나타난다. 주님의 경우 "독생자"라는 말로 그것이 표현된다(요 1:14, 18; 3:16, 18; 요일 4:9). 이에 대해서, John Breck, "The Relevance of Nicene Christology," *St Vladimir's Theological Quarterly* 31/1 (1987), 45.

366) 아리우스에게 미친 아리스토텔레스의 영향에 대해서, Johnson, *The Great Jesus Debates*, 84-86.

367) Grillmeier, *Christ in Christian Tradition*, 1.227, 230.

368) Arius, Thaleia. Grillmeier, *Christ in Christian Tradition*, 1.269에서 재인용.

369) 이에 대해서, William P. Haugaard, "Arius: Twice A Heretic? Arius and the Human Soul of Jesus Christ," *Church History* 29/3 (1960), 251, 255, 261.

370) 참조. Colin E. Gunton, "And in One Lord, Jesus Christ···Begotten, Not Made," in *Nicene Christianity: The Future for a New Ecumenism*, ed. Christopher Seitz (Grand Rapids: Brazos Press, 2001), 43.

에게서 나시고"(τὸν συλληφθέντα ἐκ πνεύματος ἁγίου, γεννηθέντα ἐκ Μαρίας τῆς παρθένου, qui conceptus est de Spiritu Sancto, natus ex Maria virgine)라고 그 자체만 고백한 반면, 니케아 신경은 그가 "하늘로부터 내려와 성육신하시고"(κατελθόντα ἐκ τῶν οὐρανῶν καὶ σαρκωθέντα, descendit de coelis et incarnatus)[371] "사람이 되신"(ἐνανθρωπήσαντα, humanatus[homo factus] est) "분"(τὸν, qui)이라는 사실을 그것에 덧붙여 고백하였다. 니케아 신경이 '성육신'과 '사람이 되심'을 마치 동어반복을 하듯이 강조한 것은 주님의 참 인성을 인정하지 않은 영지주의자들과 말씨온(Marcion) 등의 이단에 대해서 진리를 변증하기 위함이었다.[372]

셋째, 주님이 성육신한 목적에 대해서 사도신경은 별도로 언급하지 않으나 니케아 신경은 "우리 사람과 우리의 구원을 위하여"(δι᾽ ἡμᾶς τοὺς ἀνθρώπους καὶ διὰ τὴν ἡμετέραν σωτηρίαν, propter nos homines et [propter] salutem nostram)라고 천명한다. 그리하여 이레네우스로부터 아타나시우스에 이르기까지 뜨거운 논쟁의 대상이 되었던 성육신의 구원론적 의미를 확정한다.[373] 본 조항은 이러한 구속사역을 이루신 주님이 참 하나님과 참 사람으로서 신인양성의 위격적 연합 가운데 계심을 반증하고 있다는 사실을 우리는 기억해야 한다.[374] 다만 여기에서는 이에 대한 단초만 발견될 뿐, 구체적이며 심화된 논의는 칼케돈 신경으로부터 속성교통에 관한 루터파와 개혁파의 첨예한 논쟁을 거쳐 오늘날에 이르기까지 계속된다. 이것이 기독론의 핵심주제가 됨은 말할 나위도 없다.[375] 니케아 신경이 사도신경에는 나타나지 않는

---

[371] 주님의 내려오심과 올라가심은 성육신과 승천을 지시할 뿐만 아니라 비하와 승귀의 상태를 가리킨다(요 3:13; 사 52:13; 빌 2:5-11; 행 2:22-24; 3:13-15; 고전 15:3-4; 갈 1:3-4; 롬 1:3-4; 8:32-34; 막 8:31; 9:31; 10:33-34). Breck, "The Relevance of Nicene Christology," 45-47.

[372] 영지주의자들은 인간 영혼의 최상위에는 신성이 깃들어 있다고 보고 주님의 인성을 그것에 한정하려고 하였다. 말씨온(Marcion)도 이러한 점에서는 일치하였다. 이에 대해서 이레네우스(Irenaeus)는 주님이 이 땅에 오셔서 사람과 똑같은 삶을 살고 일을 행하셨다는 것을 부각시키고자 '총괄갱신'(recapitulation)을 말하였다. 참조. Johnson, *The Great Jesus Debates*, 42-53.

[373] 이레네우스가 개진한 '총괄갱신'은 궁극적으로 성육신의 구원론적 의미를 성도가 그리스도와 연합하여 하나님과 하나가 됨에 있음을 변증하기 위한 것이었다. 참조. Johnson, *The Great Jesus Debates*, 53-72; Reist, "The Christology of Irenaeus," 245-247. 니케아 신경에서는 이러한 구원론적 의미가 성도가 그리스도와 하나가 됨으로써 하나님과 하나가 된다는 "신화"(神化)의 개념으로는 나타나지 않는다. 참조. Breck, "The Relevance of Nicene Christology," 47.

[374] 참조. David S. Yeago, "Crucified Also for Us under Pontius Pilate: Six Propositions on the Preaching of the Cross," in *Nicene Christianity: The Future for a New Ecumenism*, 91-93.

[375] Oliver D. Crisp, *Divinity and Humanity: The Incarnation Reconsidered* (Cambridge: Cambridge University Press, 2007), 1-33. 저자는 여기에서 삼위일체론에 있어서 세 위격의 본질적 관계를 다룬 '페리코레시스'

"그[그리스도]의 왕국은 끝이 없다"(οὗ τῆς βασιλείας οὐκ ἔσται τέλος, cujus regni non erit finis)는 조항을 고백한 것도 이러한 그리스도의 신인양성의 위격 가운데서의 중보와 관련된 논쟁에 종지부를 찍기 위해서였다. 말씀(로고스)이 마지막에는 한 단자로 돌아가 인격적 존재임을 그치게 된다고 주장한 안키라의 마르켈루스가 본 조항이 수립되는 과정에서 정죄되었음은 이를 시사한다.[376] 무엇보다 본 조항이 갖는 의의는 하나님의 완전한 자녀됨을 뜻하는 성도의 영생을 그리스도의 영원한 중보라는 관점에서 그리스도의 왕국의 영원성과 함께 천명하고 있다는 점에 있다.[377] 그러므로 그리스도의 왕국이 지상에서 완성되고 끝이 나리라고 보는 헤겔이나 슈바이처의 사상은 그릇되다.[378]

넷째, 사도신경과는 달리 니케아 신경에는 성령의 성부와 성자로부터의 출래가 이후에 첨가되었다. 로마 가톨릭과 개신교를 포함한 서방교회는 채택본(Received Text)에 "그리고 아들로부터"라는 "필리오케"(Filioque)를 넣어서 고백하였다.[379] 그리하여 우리는 "주(主)이시며 살리시는 분, 아버지로부터 [그리고 아들로부터] 출래하신"(τὸ κύριον, [καὶ] τὸ ζωοποιόν, τὸ ἐκ τοῦ πατρὸς ἐκπορευόμενον, Dominum et vivificantem[vivificatorem], et Patre et Filio procendentem) 성령을 믿는다고 고백하였다. 이는 성령의 출래에 있어서도 아버지와 아들이 동일하심을 말하여 아리우스를 반

(περιχώρησις, 상호내주)도 이러한 성육신한 그리스도의 신인양성의 위격적 연합 교리에 기초해서 다루어져야 한다고 주장한다.

376) 참조. 서철원, 『교리사』 (서울: 총신대학교출판부, 2002), 378-379. 안키라의 마르켈루스는 실체(οὐσία)도 위격(ὑπόστασις)도 인격(πρόσωπον)도 하나라고 급진적으로 주장하였다. 이에 대해서. Joseph T. Lienhard, "The 'Arian' Controversy: Some Categories Reconsidered," *Theological Studies* 48/3 (1987), 426-427; Brian E. Daley, "'One Thing and Another': The Persons in God and the Person of Christ in Patristic Theology," *Pro Ecclesia* 15/1 (2006), 33.

377) 참조. J. N. D. Kelly, *Early Christian Doctrines* (London: Adam & Charles Black, 1968, 4th ed.), 485-489.

378) 다음 글도 이러한 필자의 견해에 의해 반박된다. Douglas Farrow, "Confessing Christ Coming," in *Nicene Christianity: The Future for a New Ecumenism*, 148.

379) 개신교와 로마 가톨릭이 사도신경을 사용하듯이 헬라 정교는 니케아 신경을 사용한다. 로마 가톨릭은 필리오케 이론을 포함한 니케아 신경을 예식에 사용하며 루터파와 앵글리칸(성공회)도 그렇게 한다. 앵글리칸을 제외한 개혁파 교단에서는 이 신경을 예식에 사용하지 않는다. 칼빈은 니케아-콘스탄티노플 신경, 제1차 에베소 공의회, 칼케돈 신경을 거부하지는 않았지만(Calvin, *Institutio*, 4.9.8, CO 2.861-862) 다음과 같이 사도신경을 극찬하듯이 하지는 않았다. Calvin, *Institutio*, 2.16.18 (CO 2.385): "논쟁의 여지없이 우리 믿음의 전체 역사(歷史)가 그[사도신경] 안에 간략하고도 분명한 순서로 요약되어 있다. 실로 그것은 성경의 순수한 증거들로써 보증되지 않는 어떤 것도 그 안에 담고 있지 않다." 반면에, 니케아 신경은 "신앙고백의 공식이라기보다 나지막하게 부르기에 합당한 노래"(carmen [esse] magis cantillando aptum quam formulam confessionis)라고 칼빈은 말하였다. "Pro Farello et collegis eius adversus Petri Caroli calumnias defensio Nicolai Gallasii," *CO* 7.316.

박하고자 하는 데 일차적인 목적이 있었다.380) 여기에서 짐작되듯이, 필리오케에 대한 인식은 일찍이 교부들에 의해서 공유되는 바가 없지 않았다. 그것은 갑자기 생긴 교리가 아니었다.381)

필리오케 교리는 삼위일체 하나님의 경륜적 일치는 내재적 혹은 존재적 일치로부터 비롯된다는 전제를 담고 있다.382) 그러므로 이에 대한 고백이 없이는 성자의 신격도 올바로 인정할 수 없게 되고, 성자와 성령의 구별이 모호해질 뿐만 아니라, 성도의 구원에 있어서의 삼위일체 하나님의 동사(同事)도 설명할 수 없게 된다.383) 어거스틴은 필리오케 교리를 최초로 신학적으로 천명한 교부로서, 이를 성령의 출래에 관한 하나의 원리(principium)와 같이 여겼음에도 불구하고,384) 성령을 아버지와 아들로부터 주어진 "은사"라고 자주 칭하였다.385) 이 교리가 로마 가톨릭의 예전에 사용된 것은 동서방 교회가 최종적으로 분리되기 전인 11세기 초반이라고 여겨진다.386) 중세의 안셈(Anselm of Canterbury, 1033-1109)은 어거스틴의 전통에서 이를 신학적으로 체계화하였다. 그 역시 아버지와 아들은 성령에 대한 동일한 원리(principium)가 된다고 보았다.387) 아퀴나스(Thomas Aquinas, 1225-1274)는 더욱 정치하게 안셈의 입장을 논구한 후 필리오케를 인정하지 않는 이상 성령의 신격을 말할 수 없다고 주장하였다.388) 칼빈은 성령의 신격과 성부와 성자로부터의 출래에 대한 가르침을 명백하게 제시했다: "아들은 오직 아버지로부터, 성령은 아버지로부터 그리고 동시에 아들로부터 위격적으로 존재하신다"(……a patre duntaxat exsistere dicitur filius, a patre simul et filio spiritus).389) 칼빈의 신학을 계승한 웨스트민스터 신앙고백서(2.3)도 이를 거

---

380) Kelly, *Early Christian Creeds*, 361.

381) 참조. Marc A. Pugliese, "How Important Is the Filioque for Reformed Orthodoxy?" *Westminster Theological Journal* 66/1 (2004), 163-165.

382) Pugliese, "How Important Is the Filioque for Reformed Orthodoxy?" 168-171.

383) Pugliese, "How Important Is the Filioque for Reformed Orthodoxy?" 171-172, 173-176.

384) 참조. Robert Letham, *The Holy Trinity in Scripture, History, Theology, and Worship* (Phillipsburg, NJ: P&R Publishing, 2004), 205-206.

385) Brian E. Daley, "Revisiting the 'Filioque': Roots and Branches of an Old Debate. Pt. One," *Pro Ecclesia* 10/1 (2001), 40.

386) Daley, "Revisiting the 'Filioque': Roots and Branches of an Old Debate. Pt. One," 45.

387) Daley, "Revisiting the 'Filioque': Roots and Branches of an Old Debate. Pt. One," 47-50.

388) Daley, "Revisiting the 'Filioque': Roots and Branches of an Old Debate. Pt. One," 50-62.

389) Calvin, *Institutio*, 1.13.18 (CO 2.105). 칼빈이 개진한 필리오케 교리에 대해서, Pugliese, "How Important Is

의 그대로 천명하고 있다.[390] 직접적으로 칼빈의 영향을 받은 갈리칸 신앙고백서 (Confessio Fidei Gallicana, 1559)는 "성령이 성부와 성자 둘 모두로부터 영원히 출래한다"(Le Saint-Esprit procédant éternellement de tous deux)고 고백하고 있으며(제6조),[391] 벨직 신앙고백서(The Belgic Confession, 1561, 제8조)와[392] 영국 성공회 39개조(The Thirty-Nine Articles of Religion of The Church of England, 1571, 제5조)[393] 등에서도 거의 동일한 고백이 발견된다.

우리가 주목할 것은 니케아 신경에 첨가된 필리오케에 관한 고백이 성령께서 구원의 영이시라는 사실과 더불어 천명되고 있다는 점이다. 웨스트민스터 신앙고백서에서 분명히 드러나듯이 서방교회가 필리오케 교리를 받은 배경에는 보혜사 성령을 구속사역을 다 이루시고 그 의를 전가해주시는 그리스도의 영으로 파악하고자 하는 구원론적 동기가 강하게 작용하였다.[394] 웨스트민스터 신앙고백서는 필리오케의 가르침에 따라서 성령이 그리스도의 영임을 제시하면서 구원서정, 율법의 용법, 교회론과 성례론, 종말론 등을 역동적으로 규정하고 있으며,[395] 이를 통하여 그리스도의 계속적 중보를 무엇보다 강조하고 있다(8.8).[396] 이렇듯 서방교회가 받는 필리오케 교리는 삼위일체 하나님의 구원경륜에 근간을 두고 있는 '니케아 신앙'(fides Nicaena)의 맥락에서 받아들여져야 한다.[397]

---

the Filioque for Reformed Orthodoxy?" 166–167.

390) Schaff, *The Creeds of Christendom*, 608: "Pater quidem a nullo est, nec genitus nempe nec procedens: Filius autem a Patre est aeterne genitus: Spiritus autem Sanctus aeterne procedens a Patre Filioque."

391) "The French Confession of Faith," in Schaff, *The Creeds of Christendom*, 3.363.

392) Schaff, *The Creeds of Christendom*, 3.389.

393) Schaff, *The Creeds of Christendom*, 3.489.

394) 웨스트민스터 신앙고백서에 영향을 미친 제1차 스코틀랜드 신앙고백서 제12조는 "주 예수의 영이 이미 죽은 자를 살리시고, 우리의 마음으로부터 어둠을 몰아내시고, 우리의 완고한 마음을 꺾어 그의 복된 뜻에 순종하도록 하시지 않는다면" 믿음의 역사가 일어나지 않을 것이라고 공표한다. Schaff, *The Creeds of Christendom*, 3.451. 다만 라틴어판에는 "the Spirit of the Lord Jesus"가 "Dei Spiritus"로만 되어 있어 이러한 점이 덜 부각된다.

395) 이와 관련하여 3.6; 8.8; 13.3; 14.1; 16.3; 19.7; 26.1; 32.3 등 참조.

396) Schaff, *The Creeds of Christendom*, 3.622: "그리스도는 그가 대속의 값을 치르신 모든 사람들에게 분명히 그리고 효과적으로 동일한 것을 적용시키시고 교통시키신다. 그들을 위하여 중재하시면서, 그 말씀 가운데, 그 말씀으로, 구원의 비밀을 그들에게 계시하시면서, 그의 영으로 그들이 믿고 순종하게 하시면서, 그리고 그의 말씀과 영으로 그들의 심령을 다스리시면서, 모든 그의 전능하신 능력과 지혜로 그들의 모든 적을 물리치시면서, 그의 놀랍고 가늠할 수 없는 경륜에 가장 조화되게끔 그리하신다."

397) Grillmeier, *Christ in Christian Tradition*, 1.267.

동방교회는 "필리오케 논쟁에 대한 고(古) 가톨릭의 일치"(The Old Catholic Agreement on the Filioque Controversy, 1875)에서 보듯이 필리오케 교리를 비정상적인 과정을 통해서 들어온 잘못된 조항으로 폄하하면서, 이를 수용하면 삼위일체 하나님 안에 두 시작(ἀρχή), 두 근원(πηγή), 두 원인(αἰτιά)을 인정하는 결과를 낳을 수밖에 없다고 여긴다.[398] 그들은 다메섹의 요한(John of Damascus)의 가르침에 따라서 성령은 아버지의 형상이신 아들의 형상이시며, 아들에게 속하나 아들에게서 나오시진 않으며, 단지 아버지에게서만 나오시는 분으로서, 아버지와 아들 사이의 중보자로서 아들을 통하여 아버지와 연합하신다고 천명한다.[399] 오늘날 동서방교회의 일치를 추구하는 신학자들은 필리오케 교리를 그 걸림돌로 여기고 그것이 채택되기 이전의 니케아 신경으로 돌아가자고 주장한다.[400] 그들은 필리오케 교리에 대한 교리사적 계승에 오해가 많다고 지적하면서, 칼빈에게서조차 이 교리를 발견할 수 없다고 주장하기도 한다.[401] 그들 가운데는 소위 절충안이 자주 거론되는데, 삼위일체론의 차원에서 필리오케 조항을 원리적으로 존치시키려고 하지 말고 이를 폐기하고 그 대

---

398) 갑바도기아 교부들 가운데 바실(Basil of Caesaera)과 닛사의 그레고리(Gregory of Nyssa)는 오직 성부만이 신격의 출발이 됨을 인정하면서도 성령의 출래에 있어서의 성자의 중보를 인정함으로써 사실상 필리오케 교리를 받아들였다. 그러나 그 강조점은 성자로부터의 성령의 출래가 아니라 성자 안의 성령의 내주에 있었다. 이 점에 있어서는 나지안주스의 그레고리(Gregory of Nazianzus)도 다르지 않았다. Boris Bobrinskoy, "The Indwelling of the Spirit in Christ: 'Pneumatic Christology' in the Cappadocian Fathers," St Vladimir's Theological Quarterly 28/1 (1984), 59-65. 이는 "성령이 아들을 통하여 아버지로부터(a Patre per Filium)" 출래하신다고 하여 필리오케 교리를 사실상 부인한 터툴리안(Tertullian)의 입장과는 구별되는 것이었다. 고백자 막시무스(Maximus the Confessor)는 터툴리안의 입장에 서서 필리오케 교리에 대한 부정적인 입장을 공공연히 표명한 첫 번째 신학자였으며, 다메섹의 요한(John of Damascus)도 그와 동일한 입장을 공유하였다. 이후에 좀 더 절충적인 입장이 동방신학자들 가운데 나타나는데, 키프루스의 그레고리(Gregory of Cyprus, 1241-1291)와 그의 영향을 받은 그레고리 팔라마스(Gregory Palamas, 1296-1359)는 성령 자체의 출래와는 무관하게 그 작용(ἐνέργεια)만이 성자의 중보로 말미암는다는 입장을 개진하였다. Breck, "The Relevance of Nicene Christology," 53, 56-58. 현대 동방신학자들 중에는 보브린스코이(Boris Bobrinskoy)와 로스키(Vladimir Lossky)와 같이 성령이 성자에 의해서 보냄을 받은 것과 같이 성자도 성령의 보냄을 받았다고 '이중적 파송'을 주장하는 경우도 있으나, 필리오케와는 무관하고 단지 성도를 구원하기 위한 성자의 사역을 돕는 성령의 작용에 그 시각이 국한되어 있다. 이에 대해서, John Breck, "The Two Hands of God': Christ and the Spirit in Orthodox Theology," St Vladimir's Theological Quarterly 40/4 (1996), 235-238.

399) Schaff, The Creeds of Christendom, 2.552-554; Colle, "Reflections on the Filioque," 203-210.

400) 참조. Serge S. Verkhovskoy, "Procession of the Holy Spirit According to Orthodox Doctrine of the Trinity," tr. Alexander Romanoff, St Vladimir's Seminary Quarterly 2/1 (1953), 12-26; Deno John Geanakoplos, "The Second Ecumenical Synod of Constantinople (381): Proceedings and Theology of the Holy Spirit," Greek Orthodox Theological Review 27/4 (1982): 407-429. 특히 423; George D. Dragas, "The Eighth Ecumenical Council: Constantinople IV (879/880) and the Condemnation of the Filioque Addition and Doctrine," Greek Orthodox Theological Review 44/1-4 (1999), 366.

401) Gerald L. Bray, "The Filioque Clause in History and Theology," Tyndale Bulletin 34 (1983), 139-142.

신 '성령은 예수 그리스도의 영'이라는 사실을 적극적으로 부각시키는 방면으로 나아가자는 것이 그 요지이다.402)

사도신경과 니케아 신경에 대한 지금까지의 고찰을 통하여 우리는 초대교회의 정통적인 신앙고백은 예수 그리스도가 영원하신 하나님의 아들로서 역사상 성육신하심으로 사람의 아들이 되셔서 그 가운데 고난을 당하시고 죽으시고 부활하시고 승천하심으로 하늘에 오르사 성령을 부어주심으로 다스리시고 마지막 때 다시 오셔서 성도의 부활이 있게 하시고 모든 사람을 심판하신다는 조항을 담고 있음을 알 수 있다.

그러므로 사람의 아들이 하나님의 아들로 높아지셔서 비로소 우리의 "주"(κύριος)가 되셨다는 양자론으로 이를 가름해서는 안 된다. 신인양성의 위격적 연합에 대한 직접적인 고백은 칼케돈 신경을 기다려야 하지만, 하나님의 아들이 사람의 아들이 되심으로 모든 의를 다 이루셔서 우리의 주가 되셨다는 신인양성의 위격과 그 안에서의 양성의 연합에 대한 고백은 이미 확정되었다.403)

이렇듯 사도신경과 니케아 신경은 성자 하나님의 '영원한 나심'(generatio aeterna)을 성부와 성자의 위격과 관계되는 것으로-즉 위격적 관계(relatio hypostatica)를 드러내는 것으로-여겼다. 이를 위해서 "빛으로부터 나신 빛, 참 하나님으로부터 나신 참 하나님, 나셨으나 지음을 받지 않으신 분, 아버지와 동일한 본질이신 분"이라는 표현이 니케아 신경에 첨가되었다. 그리하여 이와 관련된 두 가지 오해가 모두 불식되었다.

첫째, 아들의 '영원한 나심'은 하나님의 본질(οὐσία)의 유출이 아니라 성부와 동일 본질이신 성자의 자성(子性, υἱότης)을 가리킨다. 성부 하나님의 본질이 유출하여 성자 하나님의 본질을 이룬다고 보면, 삼신론을 인정하게 된다.

둘째, 아들의 '영원한 나심'은 피조물의 창조와 다르다. 이를 인정하지 않으면, 오직 성부만을 하나님의 위격(ὑπόστασις)으로 여기는 단일신론에 빠지게 되고 만다.

이와 같이, 한 분 하나님의 본질과 삼위 각각의 위격을 구별하는 가운데 영원하

---

402) 참조. Donald L. Berry, "Filioque and the Church," *Journal of Ecumenical Studies* 5/3 (1968), 543-548.

403) 하르낙(Adolf von Harnack)과 그를 따르는 홀(Karl Hall)은 초대교회가 신경에서 예수 그리스도를 "주"라고 부르고 기독론에 관한 조항을 점점 많이 추가한 것은 당시에 횡행하던 양자론의 영향 때문이라는 가설을 제기했다. 그러나 이는 지나친 것으로서, 신경의 형성사와 내용 자체는 오히려 그 반대로 말하고 있다. 참조. Kelly, *Early Christian Creeds*, 119-126, 139-152, 특히 147.

신 하나님의 아들이신 성자 예수 그리스도의 성육신이 함께, 곧 삼위일체 하나님의 본질상 내적-존재적-페리코레시스(περιχώρησις)와 성육신을 통한 신인양성의 위격적 연합이 함께 고백되고 있다.[404]

4. 에베소 공의회 : 칼케돈에 이르는 길

에베소 공의회(431)는, 신성과 인성의 "위격에 따른 연합"(ἕνωσις καθ᾽ ὑπόστασιν) 곧 위격적 연합(unio hypostatica)을 부인하고 위격(ὑπόστασις)과 본성(φύσις)을 혼동하여 양성의 연합을 양 위격의 연합과 같이 여긴 네스토리우스(Nestorius, 386-450)를 정죄한 회의였다. 네스토리우스는 신성과 인성을 본성이 아니라 독자적인 기체(基體, suppositum)를 의미하는 위격 혹은 인격(πρόσωπον)으로 지칭하였다. 그의 오류는 신성과 인성의 한 위격 안에서의 연합으로 말미암는 양성의 속성교통(communicatio idiomatum)을 신성의 위격과 인성의 위격이 병존(竝存)하는 모종의 양상 정도로 여긴 데서 비롯되었다.[405]

네스토리우스는 마리아가 완전한 인성을 지닌 참 사람 곧 독자적인 기체를 지닌 한 사람을 잉태하고 낳았다고 보고, "태어난 [주님의] 인성과 관련하여" 그녀를 "하나님의 말씀의 어머니" 곧 '하나님의 어머니'(Θεοτόκος)라고 불러서는 안 되며 "그리스도의 어머니"(Χριστοτόκος)라고 부를 수 있을 뿐이라고 주장하였다.[406] 이는 "네스토리우스주의의 아버지"라고 불리는 안디옥 학파의 개조(開祖) 몹수에스티아의 테오도레(Theodore of Mopsuestia, 350-428)가 "마리아는 말씀이 아니라 예수를 낳았다. 왜냐하면 말씀은, 태초부터 예수 안에 고유한 방식으로 존재하셨음에도 불구하고, 모든 곳에 계셨으며 모든 곳에 머무셨기 때문이다. 그러므로 마리아는 하나님의 어머니가 아니라 그리스도의 어머니로 부르는 것이 합당하다"라고 한 말에 직접적으

---

404) 참조. William G. T. Shedd, *A History of Christian Doctrine*, vol. 1 (New York: Scribner and Sons, 1864), 315-354.

405) Grillmeier, *Christ in Christian Tradition*, 1.454, 457, 504, 518.

406) "The First Letter of Nestorius to Celestine," in Edward Rochie Hardy, ed., *Christology of the Later Fathers* (Philadelphia: Westminster Press, 1954), 348. 이하 본서는 *CLF*로 표기.

로 영향을 받은 것이라 여겨진다.407) 이러한 입장은 마리아를 '하나님의 어머니'라고 부르되 '사람의 어머니'('Ανθωποτόκος)라고 함께 부르자고 제안한 키루스의 테오도렛(Theodoret of Cyrus, 393-466)의 입장을 더욱 극단화한 것이다.408)

그리스도의 참 신성을 부인했던 사모사타의 바울의 영향권에 있었던 안디옥의 신학자들은 그와 정반대의 극단에 서서 그리스도의 참 인성을 부인했던 아폴리나리우스(Apollinarius of Laodicea, ?-390)를 공격하는 과정에서 안디옥 학파라고 칭하는 하나의 조류를 후대에 형성하게 되었다. 안디옥의 신학자들은 아폴리나리우스에 따르면 성육신하신 중보자 그리스도의 위격을 한 본성으로 이루어진 한 인격으로 보게 되어, 말씀의 신격이 고난과 연약함의 주체가 되므로 신성이 변화와 부패를 겪게 되며 하나님의 말씀이 그 자체로 사람의 본이나 모형이 되기 때문에 그릇된 신화(神化) 사상을 배태하게 되는 두 가지 오류에 빠질 수밖에 없다고 비판하였다.409) 다소의 디오도레(Diodore of Tarsus, ?-390)와 함께 안디옥 기독론의 초석을 놓은 몹수에스티아의 테오도레에게 이러한 아폴리나리우스의 문제점을 해결하는 동시에 사모사타 바울의 오류를 극복해야 하는 과제가 주어졌다.

테오도레는 451년 칼케돈과 552년 콘스탄티노플에서 계속해서 정죄되었지만 그의 사상은 공의회가 알렉산드리아 학파에 편향되지 않도록 제어하는 역할을 한 측면도 분명히 있었다. 테오도레는 최초의 성경적 학자라고 알려져 있다. 그는 하나님의 아들이 "하나님의 형상"을 취하셨다는 말로 성육신을 자주 표현하고는 하였는데, 그가 말하는 "하나님의 형상"이 독자적인 한 사람을 말하는지 아니면 보편적인 사람의 본성 곧 인성을 말하는지에 대한 학자들의 평가는 엇갈린다.410) 대체로 그가 그리스도를 창조주인 하나님이시자 피조물인 사람이신 두 존재로 본 것은 아니었다는 점에 대해서는 학자들 사이에 인식이 공유되고 있다.411) 일례로, 요한복

---

407) Philip Schaff and Henry Wace, ed., *A Select Library of the Nicene and Post-Nicene Fathers of the Christian Church*, Second Series, 14 vols. (Grand Rapids: Eerdmans, 1997, rep.), 14.208의 해제에서 재인용. 본 전집은 이하 *NPNFS*로 표기. 14.208은 권과 페이지를 제시함.

408) Grillmeier, *Christ in Christian Tradition*, 1.489.

409) 참조. Richard A. Norris, Jr., ed., *The Christological Controversy* (Philadelphia: Fortress, 1980), "Introduction," 23-24. 이하 본서는 *CC*로 표기.

410) 참조. Frederick G. McLeod, "Theodore of Mopsuestia Revisited," *Theological Studies* 61/3 (2000), 451, 456-461, 464.

411) 대체로 동방신학자들의 입장은 이에 일치한다. 참조. John S. Romanides, "Highlights in the Debate over

음 10:30의 "나와 아버지는 하나이니라"는 주님의 말씀은 그의 본성이 신성 하나라는 것도 그가 한 사람의 인격으로서 하나님이시라는 것도 아닌 신적 의지와 인적 의지의 합일을 뜻한다고 본 그의 해석이나,[412] 시편 44편의 "주"는 한 인격의 위격으로서 성 육신한 그리스도가 신성과 인성을 지닌 한 분이시라고 본 그의 해석이[413] 그 근거로 거론된다. 어떤 학자들은 이러한 신학적 모호성을 보이는 테오도레의 입장이 "내러티브 기독론"(a narrative Christology)[414] 혹은 "기능 기독론"(a functional Christology)이라는 측면에서[415] 오히려 성경적이라고 치부하기도 한다. 혹자는 "그는 이단이 아니었다. 만약 그렇다고 한다면, 그는 알렉산드리아의 키릴이 단성론자였던 것보다 훨씬 덜 네스토리우스주의자였다"라고[416] 평가하기도 한다.

테오도레는 니케아 신경, 주기도문, 그리고 세례와 성찬에 관한 "신앙교육 설교"(Catechetical Sermons)에서 다음과 같이 자신의 입장을 개진하고 있다.[417] 여기에서 보듯이, 무엇보다 그의 주안점은 그리스도의 참 인성에 있다.

> 그는 완전한 사람이셨다. 그는 인성에 속한 모든 것에 있어서 완전하셨다. 그리하여 죽을 육체와 이성적 영혼을 지니셨다. 왜냐하면 '사람을 위하여 그리고 사람의 구원을 위하여 그는 하늘로부터 오셨기 때문이다.'[418]

테오도레는 "아들이 육체뿐만 아니라 불멸하고 이성적인 영혼을 취하셔야 했던

Theodore of Mopsuestia's Christology and Some Suggestions for a Fresh Approach," *Greek Orthodox Theological Review* 5/2 (1959-1960), 140-185.

412) McLeod, "Theodore of Mopsuestia Revisited," *Theological Studies* 61/3 (2000), 467-468.

413) Harry S. Pappas, "Theodore of Mopsuestia's Commentary of Psalm 44 (Lxx): A Study of Exegesis and Christology," *Greek Orthodox Theological Review* 47/1-4 (2002), 71-73.

414) Pappas, "Theodore of Mopsuestia's Commentary of Psalm 44 (Lxx): A Study of Exegesis and Christology," 70.

415) McLeod, "Theodore of Mopsuestia Revisited," *Theological Studies* 61/3 (2000), 480.

416) Henry Bettenson, *The Later Christian Fathers: A Selection from the Writings of the Fathers from St. Cyril of Jerusalem to St. Leo the Great* (Oxford: Oxford University Press, 1973), "Introduction," 18. 이하 본서는 LCF로 표기.

417) 본서의 시리아(Syrian) 텍스트로는 다음을 참조. A. Mingana, ed., and tr., *Theodore, Catechetical Homilies* (Cambridge: Heffer. 1932).

418) Theodore of Mopsuestia, "Catechetical Sermons," 5.17 (*LCF* 166).

것은 소멸되어야 할 육체의 죽음뿐만 아니라 죄가 되는 영혼의 죽음 때문이다"라고 말한다.[419] 죄를 지으려는 경향은 그 원인이 "영혼의 의지"에 있기 때문에 죄를 사하시려면 그가 영혼을 함께 취하셔야 한다는 것이다.[420]

그는 단지 하나님도 아니시고 단지 사람도 아니신 진정 본성상 하나님이시자 사람이시다. 그는 하나님이신 말씀으로서 취하신 분이시며 또한 취해지신 사람이시다. '하나님의 본체' 가운데 계시는 그가 '종의 형체'를 취하셨다. 종의 형체는 하나님의 본체가 아니다. 하나님의 본체 가운데, 그는 본성상 하나님이시며 종의 형체를 취하신 분이시다. 반면에, 종의 형체 가운데, 그는 본성상 사람이시며 우리의 구원을 위하여 취해지신 분이시다. 취하신 분은 취해지신 분과 동일하지 않다. 취하신 분은 하나님이시며 취해지신 분은 사람이시기 때문이다.[421]

테오도레의 논지는 이러하다. "취하신 분"은 "신성"이며 "취해지신 분"은 "인성"이다. 이 양성이 "영원히 해소되지 않는 놀라운 연합 가운데" 하나가 되었다.[422] 그러므로 "두 주(主) 혹은 두 아들"이 계신 것이 아니다.[423] 그러나 하나가 되었다고 해서 양성의 고유한 특성이 사라진 것은 아니다.

양성의 구별은 그 엄밀한 결합을 무화(無化)시키지 않는다. 또한 엄밀한 결합은 그 구별을 파괴하지 않는다. 양 본성은 각각의 존재 가운데 구별되게 남는다. 그리고 그들의 결합도 필히 남는다. 왜냐하면 취해지신 분은 취하신 분과 영예와 영광에 있어서 함께 결속되어 있기 때문이다.[424]

---

419) Theodore of Mopsuestia, "Catechetical Sermons," 5.10 (*LCF* 166).
420) Theodore of Mopsuestia, "Catechetical Sermons," 5.11 (*LCF* 166). 이는 취함이 없으면 사(赦)함과 속(贖)함이 없다고 천명하면서 그리스도의 완전한 인성을 주장한 나지안주스의 그레고리(Gregory of Nazianzus)의 입장을 상기시킨다.
421) Theodore of Mopsuestia, "Catechetical Sermons," 8.1 (*LCF* 167).
422) Theodore of Mopsuestia, "Catechetical Sermons," 8.10 (*LCF* 167).
423) Theodore of Mopsuestia, "Catechetical Sermons," 8.14 (*LCF* 167).
424) Theodore of Mopsuestia, "Catechetical Sermons," 8.13 (*LCF* 167).

지금까지 우리가 살펴본 바에 따르면 테오도레의 입장은 정통적인 한 인격 양성 교리에서 크게 벗어나 보이지 않는다. 그렇다면 그에 대한 알렉산드리아의 키릴 (Cyril of Alexandria, 376-444)의 날선 공격은 단지 학자적인 편견에서 비롯된 것인가? 1905년에 발견된 테오도레의 "성육신론"(On the Incarnation)은 그의 사상에 어떤 맹점이 있었는지를 알려주는 주요한 책이다. 여기에서도 위에서 말한 입장이 고수된다. 그 요지는 이러하다. "취하신 분"과 "취해지신 분"은 서로 다르다. 그러나 양자는 혼합되지도 분할되지도 않는다. 왜냐하면 "하나의 동일한 인격"(πρόσωπον) 가운데 양자의 "결합"(συνάφεια), 즉 "인격적 결합"이 있기 때문이다.[425] 이러한 결합은 "결혼"과 같다. 부부는 더 이상 둘이 아니라 한 몸, 즉 한 "인격"이 된다. 그러나 부부라고 해서 남녀의 본성이 사라지는 것은 아니다. 몸이 하나가 되었다고 해서 "주체들의 양면성"(the duality of subjects)이 부인되는 것은 아니다.[426]

> 그리스도의 경우 인격적인 결합은 본성들의 구별로 말미암아 파괴되지 않는다. 양성을 구별할 때 우리는 말씀이신 하나님의 본성을 완전하다고, 그리고 그의 인격을 완전하다고 말한다. 왜냐하면 그것의 인격이 없는 한 위격(ὑπόατατις)이 없기 때문이다. 나아가 사람의 본성도 그의 인격과 같이 완전하다. 그러므로 결합을 염두에 둘 때 우리는 한 인격에 대해서 말하는 것이다.[427]

여기에서 테오도레는 성육신한 그리스도에게는 한 인격 가운데 두 본성이 있는데 그 인격 가운데서 각각 고유한 위격을 형성한다는 논조를 이어가고 있다. 즉 한 인격에 양 위격이 있다고 보는 것이다. 이는 결국 인성이 또 다른 인격을 형성한다는 말과 다르지 않다. 이러한 관점에서 다음과 같은 진술이 뒤따른다.

> 같은 방식으로 우리는 말씀이신 하나님의 본질이 그 자신의 것이며 그 사람의 본질도 그 자신의 것이라고 말한다. 왜냐하면 양성은 서로 구별되기 때문이다. 그러나 결합으

---

425) Theodore of Mopsuestia, "On the Incarnation," 5.1 (*CC* 113).
426) 이런 측면에서 이는 키릴의 위격적 연합 교리와 상통한다고 보는 견해가 있다. 참조. Donald Fairbairn, *Grace and Christology in the Early Church* (Oxford: Oxford University Press, 2003), 36-38.
427) Theodore of Mopsuestia, "On the Incarnation," 8.7 (*CC* 120).

로 형성된 그 인격은 하나이다. 이렇듯 우리가 본성들을 구별하려고 할 때, 우리는 그 사람의 인격이 완전하다고, 그 신격의 인격이 완전하다고 말한다. 그러나 결합을 염두에 둘 때 우리는 양성이 한 인격이라고 선포한다. 왜냐하면 인성은 신성으로부터 피조물에 속한 것을 뛰어넘는 영예를 얻고, 신성은 그 사람 안에서 적합한 모든 것을 완전하게 가져오기 때문이다.[428]

테오도레는 이러한 결합의 상태를 "내주"(ἐνοίκησις, indwelling)라고 부르고 다음과 같은 논법으로 이를 설명한다. 하나님은 모든 곳에 계시기 때문에 어느 곳에 머무시려면 그 본성을 제한하셔야 하므로 내주는 그의 "본질"(essence)에 맞지 않다. 하나님은 모든 것을 미리 아시고 다 다스리시기 때문에 어느 일에만 관련시키려면 그의 사역을 제한해야 하므로 내주는 그가 "행하시는 일"(active operation)에도 맞지 않다. 하나님의 "무한하심"이 유한한 육체에 갇히는 것은 어떤 "외부적인 필연성"으로도 불가능하나, 하나님의 "선한 기뻐하심" 곧 "하나님의 최상이며 최고인 뜻"에는 내주가 적합하다. 하나님은 자신의 기뻐하시는 뜻을 아버지가 "한 아들 안에" 두시듯이 그리스도 안에 두시기 때문이다. 그러므로 신성이 인성 안에 내주하는 것은 하나님의 뜻이 사람 안에 내주하는 것과 다를 바 없다. 이와 같이, 테오도레가 말하는 내주는 "실체적이지"(κατ' οὐσίαν) 않으며 단지 "기뻐하심에 따른"(κατ' εὐδοκίαν) 의지적인 것일 뿐이다.[429]

"한 아들 안에"는 무엇을 뜻하는가? 그것은 그가 취하신 것을 그 안에 머물게 하시면서 전체적으로 자신에게 결합시키시고 그것을 준비시켜 그가 본성상 아들로서 참여하시는 모든 영예를 그 자신과 함께 나누게 하심으로써 그것이 그와의 결합으로 말미암아 한 인격으로 헤아려지고, 그와 함께 그의 모든 통치를 나누며, 그 같은 방식으로 그 안에서

---

[428] Theodore of Mopsuestia, "On the Incarnation," 8,8 (*CC* 120–121).

[429] 참조. Mackintosh, *The Person of Jesus Christ*, 202; Herbert M. Relton, *A Study in Christology: The Problem of the Relation of the Two Natures in the Person of Christ* (London: Society for Promoting Christian Knowledge, 1917), 21–22. 곧 이러한 내주는 실체적이지(κατ' οὐσίαν) 않으며, 효과적이지(κατ' ἐνέργειαν) 않으며, 도덕적(κατ' εὐδοκίαν)이다. 특히 εὐδοκια로서의 은혜에 관하여, Fairbairn, *Grace and Christology in the Early Church*, 36–38. 다음 글에서 저자는 이러한 하나님의 기뻐하시는 뜻이 그리스도가 취하신 하나님의 형상과 관련된다고 본다. McLeod, "Theodore of Mopsuestia Revisited," *Theological Studies* 61/3 (2000), 469–471.

모든 것을 성취하도록 해서, 심지어 세상을 감찰하고 심판하는 일조차 그와 그의 오심을 통하여 이루어지게끔 하신다는 것을 의미한다.[430]

"내주"라는 말 자체가 암시하듯이, 테오도레는 그리스도의 한 인격을 서술함에 있어서 그 주체를 "취하신 분"보다 "취해지신 분"으로 삼고 있다. 테오도레는 영원하신 말씀이 육신을 취하셨다는 표현보다 "그가 그의 어머니의 모태에서 조성될 때 바로 그 시작으로부터 말씀과 바로 결합되셨다"라는 표현을 즐겨 사용하는데, 마치 내주가 있기 전에 그리스도가 한 사람으로서 먼저 존재하기라도 하셨듯이 그리한다. "그가 말씀이신 하나님과 결합하여 일상적인 수준을 넘어 더욱 고상한 것들에 대한 성향을 가지게 되었다"라거나, "그가 그 자신의 목적에 따라 말씀이신 하나님의 도움을 받아들여서"라거나, "이후 부활과 승천 후 그가 그 자신의 뜻에 따라서 결합할 가치가 있는 분으로서 자신을 나타내심으로써"라거나, "왜냐하면 그가 하나님이신 말씀의 작용으로부터 아무 것도 분리시키거나 잘라버리지 않고 오히려 하나님이신 말씀이 모든 것을 그 안에서 결합을 통하여 이루도록 하셨다"라거나,[431] 할 때 나오는 "그"는 하나님의 말씀 외에 또 다른 한 인격이 그리스도 안에 인성으로 계심을 테오도레가 전제하고 있음을 추측하게 한다.

테오도레는 한 인격 가운데 신인양성이 있음을 말하기는 하지만, 그가 말하는 양성의 결합에서는 하나님의 뜻에 따른 공존 이상의 의미를 찾기가 어렵다. 인성은 신성의 "완전한 도움"으로—그것은 성령의 은혜로 특징적으로 표현된다—필요한 일을 이루어갈 뿐이다. 성도의 구원도 이러한 차원에서 설명된다.[432] 오직 양성의 결합은 한 인성으로 한 위격 혹은 인격이신 "그"의 사역으로만 인식된다. 다음은 이러한 테오도레의 입장을 잘 적시하고 있다.

인격의 결합은 말씀이 그를 통하여 모든 것을 이루신다는 사실에서 인식된다. 이 결합은 선한 기뻐하심에 따른 내주에 의해서 일어난다. 이러한 이유로 하나님의 아들이 하늘로부터 심판자로 오실 것이라고 선포될 때, 우리는 그것을 단번에 그리고 동시에 사

---

430) Theodore of Mopsuestia, "On the Incarnation," 7.2 (*CC* 114–117).
431) Theodore of Mopsuestia, "On the Incarnation," 7.3 (*CC* 117–118).
432) Theodore of Mopsuestia, "On the Incarnation," 7.5–6 (*CC* 119–120).

람과 하나님이신 말씀의 오심으로 이해한다. 이는 하나님의 말씀이 본성에 있어서 그와 동일하게 격이 떨어지시기 때문이 아니라 선한 뜻에 따라서 그가 계신 곳에서는 어디에 서든지 그와의 결합이 있으므로 그를 통하여 말씀이 모든 것을 이루시기 때문이다.433)

테오도레는 이러한 입장에 서서 마리아를 "사람의 어머니"와 "하나님의 어머니"로—전자는 "본성에 의해서", 후자는 "관계로 인하여"—동시에 불러야 한다고 말한다. 우리가 주목해야 할 것은 이러한 칭호의 용례 자체보다 성육신에 있어서의 신인양성의 위격적 연합에 대한 인식을 결여하고 그것을 하나님의 "뜻의 성향"에 따른 공존을 의미할 뿐인 "내주" 정도로 여기는 테오도레의 관점이다.434) "그"는 누구인가? 그 답은 이미 테오도레에 의하여 주어졌다. 다만 그는 이를 공공연하게 표현하지는 않았다. 네스토리우스는 이러한 테오도레의 모호함을 여전히 지니고 있었지만,435) "그"가 "그 사람"을 의미한다는 사실을 더욱 노골적으로 기술하여, "마리아는 신격의 도구(θεότητος ὄργανον)인 그 사람을 낳았다"고 하거나, "그"를 "하나님이 거주하실 성전, 하나님으로 변형된(θεοφόρος) 그리스도, 하나님의 담지자, 혹은 신격의 소유자(κτήτωρ τῆς θεότητος)이신 분"이라고 부르곤 하였다. 이렇듯 네스토리우스는 결합(συνάφεια)을 연합(ἕνωσις)으로, 내주(ἐνοίκησις)를 성육신(ἐνσάρκωσις)으로 대체하고 있다.436) 그러므로 몹수에스티아의 테오도레를 네스토리우스 이전의 네스토리우스주의자라고 부르는 데 일리가 없지 않다. 이러한 안디옥의 흐름을 간파한 사람이 키릴이었던 것이다.

테오도레는 신인양성의 위격적 연합을 "내주"(ἐνοίκησις)라는 개념을 사용해서 희석시켰지만 양성의 분리에까지는 나아가지 않았다. 반면에 네스토리우스는 테오도레의 입장을 극단화시켜서 마리아를 단지 순수한 인성—단성(單性)—을 지닌 한 사람을 잉태한 '사람의 어머니'로서 여김으로써 예수가 오직 인성의 인격으로만 계신

---

433) Theodore of Mopsuestia, "On the Incarnation," 7.4 (CC 118–119).
434) Theodore of Mopsuestia, "On the Incarnation," 12.11 (CC 121–122).
435) 참조. Carl E. Braaten, "Modern Interpretations of Nestorius," *Church History* 32/3 (1963), 253–266; Richard G. Kyle, "Nestorius: The Partial Rehabilitation of a Heretic," *Journal of the Evangelical Theological Society* 32/1 (1989), 73–83. 이들은 네스토리우스에게 오해의 여지가 없지는 않았지만, 그가 칼케돈 신경의 한 인격 양성론에 배치되지는 않았음을 주장한다.
436) Relton, *A Study in Christology*, 27.

적이 있었음을 그의 스승보다 좀 더 직설적으로 표명하였다. 이러한 입장에 서지 않게 되면 알렉산드리아의 키릴의 경우에서 보듯이 "성육신한 하나님의 말씀의 한 본성"(μία φύσις τοῦ θεοῦ λόγου σεσαρκωμένη)을 말하는 알렉산드리아 학파의 오류에 빠질 수밖에 없다고 네스토리우스는 생각했다.437) 네스토리우스는 성육신의 비밀스러운 경륜을 인정하지 않고 "참 어머니는 그녀로부터 난 것과 동일한 본질에 속하여야 한다"는 입장, 달리 말해서, 마리아가 사람인 이상, 그리스도는 한 사람이어야 한다는 입장을 고수하였다.438)

[키릴이 네스토리우스에게 쓴 두 번째 편지]

알렉산드리아의 키릴은 이러한 네스토리우스의 입장이 니케아 신경과 배치된다는 점을 간파하고 그 사실을 지적하면서 신인양성의 연합에 대한 자신의 입장을 심화시켜갔다.439) 키릴이 네스토리우스에게 쓴 두 번째 편지는440) 에베소 공의회 제1회기에서 처음으로 공표되었으며441) 그가 안디옥의 요한(John of Antioch)에게 쓴 편지와 "레오의 책"(Tome of Leo)과 더불어 칼케돈 공의회 제2회기에서 재차 공표되었다.442) 그 내용은 다음과 같이 몇 가지로 정리된다.443)

첫째, "거룩하고 위대한 공의회"-니케아 공의회-의 가르침이 다시금 천명된

---

437) Grillmeier, *Christ in Christian Tradition*, 1.515. 키릴의 이 말은 안디옥 학파의 주된 표적이 되었다. 그들은 이 말을 빌미로 삼아 키릴을 유티케스주의자로 몰았다. 이에 대해서, Frances M. Young, *From Nicaea to Chalcedon: A Guide to the Literature and Its Background* (Philadelphia: Fortress, 1983), 258-263. 또한 그들은 키릴이 삼위일체를 "위격에 따른 연합"(ἕνωσις καθ' ὑπόστασιν)이라고 부른 것과 히브리서 1:3의 "본체의 형상"을 "비위격적 형상"(ἀνυπόστατος χαρακτήρ)이라고 해석한 것을 빌미 삼아 그를 아리우스주의자로 몰았다. 이에 대해서, Brian E. Daley, "'One Thing and Another': The Persons in God and the Person of Christ in Patristic Theology," *Pro Ecclesia* 15/1 (2006), 40.

438) "The First Letter of Nestorius to Celestine," *CLF* 348.

439) 키릴과 네스토리우스의 논쟁 전반에 관해서, Robert L. Wilken, "Tradition, Exegesis, and the Christological Controversies," *Church History* 34/2 (1965), 129-142.

440) "The [Second] Epistle of Cyril to Nestorius," *NPNFS* 14.197-198.

441) "Extracts from the Acts," *NPNFS* 14.197.

442) "Extracts from the Acts," *NPNFS* 14.253.

443) 이하 인용된 헬라어 텍스트, "EPISTOLH DEUTERA TOU AGIOU KURILLU PROS NESTORION," in T. Herbert Bindley, ed., *The Oecumenical Documents of the Fatih: The Creed of Nicaea. Three Epistles of Cyril The Tome of Leo. The Chalcedonian Definition* (London: Methuen & Co, 1906, 2nd ed.), 104-107.

다. "본성에 있어서"(κατὰ φύσιν) 아버지와 동일하신 하나님의 말씀이 "성육신하셔서 사람이 되셨다"(σαρκωθῆναι, ἐνανθρωπῆσαι). "말씀의 본성"이 "변화되거나"(μεταποιηθεῖσα) "변형되어"(μεταβλήθη) 영혼과 육체의 사람이 되신 것이 아니다.

둘째, 신성과 인성의 연합에 대해서 자세히 다룬다. 말씀이 "이성적인 영혼으로[444] 생기가 불어넣어진 육체를" "형언할 수 없고 상상할 수 없는 방식으로", "위격적으로"(καθ' ὑπόστασιν), 자기 자신에게 연합시키셨다. "자신 자신에 한 인격을 취하신 것이 아니라 두 본성이 진정한 연합을 통하여 하나가 되게 하심으로" 그리하셨다. 그러므로 연합 후, "오직 한 그리스도와 한 아들만이 계신다." "연합으로 양성의 차이가 제거된 것은 아니다"(οὐχ ὡς τῆς τῶν φύσεων διαφορᾶς ἀνῃρημένης διὰ τὴν ἕνωσιν). "한 주 예수 그리스도가 우리를 위하여 신성과 인성을 그들의 형언할 수 없고 표현할 수 없는 연합으로 완전하게 하신다."

셋째, 역사상 사람의 아들로 나신 분이 영원하신 하나님의 아들이심을 강조한다. "하나님의 말씀이 우리와 우리의 구원을 위하여 인간의 육체를 자기 자신에게 위격적으로(καθ' ὑπόστασιν) 연합시키시고 여자에게서 나타나셨다. 이와 같은 방식으로 그는 육체에 따라서 나셨다고 일컫는다. 거룩한 동정녀로부터 먼저 평범한 인간(ἄνθρωπος κοινὸς)으로 나시고 그 후 말씀이 내려오셔서 그 속으로 들어가신 것이 아니라, 바로 그 자궁에서 하나가 됨으로(ἐξ αὐτῆς μήτρασ ἑνωθεις) 그가 육체를 좇아 나셨다고 일컬어지고, 그 육체 자체의 출생이 그 자신에게 돌려진다." 여기에서 성육신의 주체가 영원히 나신 성자 하나님이심과 성육신이 곧 위격적 연합임을 분명히 천명하고 있다.

넷째, 신인양성의 위격적 연합에 따른 그리스도의 중보 사역을 상세히 다루고 있다. 하나님의 말씀은 고난당하실 수 없으나 육체 가운데 채찍에 맞으시고, 십자가에 못 박히시고, 죽으시고, 부활하셨다. "하나님의 말씀은 본성상 불멸하시며 썩을 수 없으시며 생명이시고 생명을 주신다. 그러나 바울이 말하듯이 그 자신의 육체가 하나님의 은혜로 모든 사람을 위하여 죽음을 맛보셨다. 하나님의 말씀 자신이 우리를 위하여 죽임을 당하셨다고 일컫는 것은 이렇듯 그의 육체가 죽음을 맛보았기 때문이다. 그러므로 그가 그 자신의 본성 깊이(εἰς τὴν αὐτοῦ φύσιν) 죽음의 경험을 하시

---

444) 칼케돈 신경 등 초대교회 문건들이나 교부들의 글에서 인간의 영혼을 지칭할 때 "이성적인 영혼"(anima rationalis)이라고 특정하는 경향이 있다.

기라도 했듯이 여겨서는 안 된다. 이를 말하거나 생각하는 자체가 온전치 못하다." 여기에서 키릴은 주님의 고난과 죽음이 참 하나님이시자 참 사람이신 그 분의 인격 가운데 '인성에 따라서' 있었다는 것을 강조하고 있다.

다섯째, 성육신한 주님은 한 분이시며 한 주시며 한 아들이시므로, 마치 두 인격이 있듯이 한 사람이 "말씀과 함께" 예배를 받는다고 해서는 안 된다. 이는 신성과 인성의 "연합"(ἕνωσις)이 "위격적으로"(καθ᾽ ὑπόστασιν) 일어나기 때문이다. 주님을 두 아들로 나눌 수 없다. 주님께 돌려지는 "자성"(子性, υἱότης)은 "이름과 실제"에 있어서 하나이다. 말씀이 육신이 되셨다는 것은 "하나님으로서의 그의 존재와 하나님 아버지로부터의 그의 영원한 나심"을 벗어버리지 않고 우리와 같이 살과 피를 취하고 여자의 몸에서 사람으로 나오셨음을 뜻한다. 그러므로 "거룩한 교부들은 거룩한 동정녀를 하나님의 어머니(Θεοτόκος)라고 담대히 불렀던 것이다. 이는 말씀의 본성 혹은 그의 신성이 거룩한 동정녀로부터 시작되었다는 것이 아니라, 말씀이 인격적으로 연합되어 이성적인 영혼을 지니신 그 거룩한 몸이 마리아에게서 나셨다는 것을 의미한다. 이를 주님이 육체에 따라서 나셨다고 일컫는다."

이렇듯 키릴은 성육신의 주체가 제2위 성자 하나님이시라는 사실과 영원한 나심과 역사상 나심, 즉 성육신이 한 분께 돌려짐을 부각시키면서 네스토리우스를 비판하고 있다. 주님의 나심(γέννησις)은 이중적이나 언제나 한 인격으로 영원히 계신다. 영원하신 하나님의 아들이 사람의 아들이 되었다. 하나님의 아들이 사람의 아들로 변화된 것이 아니라, 하나님의 아들이 사람의 아들이 되셔서 하나님의 아들이시자 사람의 아들이시다. 그리하여 고난을 받으실 수 없는(ἀπαθής) 분이 고난을 받으신다(παθητός).[445] 죽으실 수 없는 분이 죽으신다. 죽음을 이기시는 분이 죽음을 당하신다. 사람으로 나실 수 없으신 분이 여자의 아들로 사람이 되신다. 그러므로 사람의 아들을 낳은 마리아는 하나님의 어머니라고 불림이 합당하다. 하나님의 아들이 아니라 사람의 아들을 잉태하고 낳은 어머니로서 그러하다.

아타나시우스, 가이사랴의 유세비우스, 오리겐을 비롯하여 예루살렘의 키릴(Cyril of Jerusalem, 313-386)과 알렉산드리아의 키릴 등 초대교회 교부들이 마리아를 'Θεοτόκος' 곧 '하나님의 어머니'(μήτηρ τοῦ Θεοῦ, Mater Dei, Dei Genetrix, Deipara)라고

---

445) 참조. Young, *From Nicaea to Chalcedon*, 216-219.

부른 것은 하나님의 아들이 마리아로부터 나왔다는 것이 아니라 성육신한 아들과 영원하신 하나님의 아들의 "관계"를 표현하기 위해서였다.446) 동일한 뜻에서 칼케돈 신경은 "인성에 따라서"(κατὰ τὴν ἀνθρωπότητα)라고 한정하면서 주님이 "하나님의 어머니(τῆς θεοτόκου) 동정녀 마리아에게서 나셨다"고 고백하였다. 위에서 보았듯이 네스토리우스는 "참 어머니는 그녀로부터 난 것과 동일한 본질에 속하여야 한다"고 천명하였다. 그런데 여기에 빠져나올 수 없는 궁지로 모는 결정적인 오류가 도사리고 있다. 마리아에게서 나신 예수 그리스도가 영원하신 하나님의 아들이라는 점을 생각할 때, 이렇게 본다면, 마리아는 '인성에 따라서' 뿐만 아니라 '신성에 따라서'(κατὰ τὴν θεότητα)도 '하나님의 어머니'가 되는 로마 가톨릭의 오류에 빠지게 되기 때문이다.

[키릴이 네스토리우스에게 쓴 세 번째 편지]

키릴이 네스토리우스에게 보낸 세 번째 편지에447) 실린 12가지 저주문은 두 번째 편지와 함께 431년 에베소 회의에서 중심 논제로 다루어졌고 451년 칼케돈 회의에서도 "레오의 책"과 더불어 정통적인 입장을 견지한 문건으로 여겨졌다. 그리고 553년 제2차 콘스탄티노플 회의의 요체를 이루는 저주문에도 그 영향이 뚜렷이 나타난다.

이 편지의 전반부는 두 번째 편지와 그 논조가 대동소이하다. 영원히 나신 하나님의 아들이 역사상 사람의 아들이 되셔서 한 위격 가운데 신성과 인성의 양성이 연합해 있음이 다시금 뚜렷이 천명된다. "말씀이 육체에 위격적으로 연합해 계심으로"(ἡνῶσθαί καθ' ὑπόστασιν) 여자에게서 나신 그리스도를 마치 별개의 인격과 같이 여겨서는 안 된다는 점이 누차 강조된다.448) 마리아에게서 나신 주님은 신성이 육체로 충만히 거하시기 때문에(요 1:14; 골 2:9), 단지 "하나님을 품고 있는 사람"(θεοφόρος ἄνθρωπος)으로서 "보통 사람"(ἄνθρωπος κοινὸς)과 구별된다고 해서는 안 된

---

446) 참조. "The [Second] Epistle of Cyril to Nestorius," *NPNFS* 14.197–198.
447) "The Third Letter of Cyril to Nestorius," *CLF* 353–354.
448) 인용된 헬라어 텍스트. ἘΠΙΣΤΟΛΗ ΤΡΙΠΗ ΤΟΥ ΑΓΙΟΥ ΚΥΡΙΛΛΥ ΠΡΟΣ ΝΕΣΤΟΡΙΟΝ," in Bindley, *The Oecumenical Documents of the Faith*, 124.

다.⁴⁴⁹⁾ 주님의 신성과 인성은 모두 "한 인격에"(ἐνὶ προσώπῳ) 곧 "성육신하신 말씀의 한 위격"(ὑποστάσει μιᾷ τῇ τοῦ Λόγου σεσαρκωμένῃ)에 돌려진다.⁴⁵⁰⁾ 주님은 본성상 하나님의 아들로서 사람의 육체와 이성적인 영혼을 취하셨다. 그는 동일하신 하나님의 아들로서 사람의 아들이 되셨다. 단지 사람의 아들이 "존영(尊榮)의 연합을 통하여"(κατα τὴν ἑνότητα τῆς ἀξίας) 하나님의 아들과 하나가 되시는 것에 그치지 않았다. "본성상"(κατὰ φύσιν) 하나님이신 분이 "자기 자신의 육체"(τὴν ἑαυτοῦ σάρκα)와 "하나"(ἕν)가 되셨다. 그리하여 그 육체는 "진정 생명을 살리는 육체요 말씀 자체의 육체라고"(ὡς ζωοποιὸν ἀληθῶς καὶ ἰδίαν αὐτοῦ τοῦ Λόγου) 불린다.⁴⁵¹⁾

이렇듯 거룩한 동정녀 마리아가 위격적으로 육체와 연합해 계신 하나님을 낳았으므로 우리는 그녀를 하나님의 어머니라고 부른다(Ἐπειδὴ δὲ Θεὸν ἑνωθέντα σαρκὶ καθ' ὑπόστασιν ἡ ἁγία παρθένος ἐκτέτοτε σαρκικῶς ταύτητοι καὶ θεοτόκον εἶναί φαμεν αὐτὴν).⁴⁵²⁾

여기에서 키릴은 성육신을 신인양성의 위격적 연합 교리로 깊이 조망하면서 양성의 교통에 따르는 그리스도의 인성의 존영과 중보 사역 그리고 마리아를 "하나님의 어머니"라고 불러야 하는 이유를 설명하고 있다. 여기에 키릴의 기독론의 요체가 나타난다.

그리고 본 편지의 후반부는 다음과 같은 12가지 저주문에⁴⁵³⁾ 할애된다. 이하 그것을 소개하고 신학적 의미를 덧붙여 설명한다.

  1. "만약 누군가가 임마누엘은 진리 가운데 계신 하나님이시라는 사실과 그러므로 거룩한 동정녀는 하나님의 어머니(θεοτόκον)-왜냐하면 그녀는 육체가 되신 하나님의 말씀을 육체 가운데 낳으셨기 때문에(γερέννηκε γάρ σαρκικῶς σάρκα γεγονότα τὸν ἐκ Θεοῦ Λόγον)-라는 사실을 고백하지 않는다면 그에게 저주가 있을지어다."

---

449) "ΕΠΙΣΤΟΛΗ ΤΡΙΠΗ ΤΟΥ ΑΓΙΟΥ ΚΥΡΙΛΛΥ ΠΡΟΣ ΝΕΣΤΟΡΙΟΝ," 125.
450) "ΕΠΙΣΤΟΛΗ ΤΡΙΠΗ ΤΟΥ ΑΓΙΟΥ ΚΥΡΙΛΛΥ ΠΡΟΣ ΝΕΣΤΟΡΙΟΝ," 128.
451) "ΕΠΙΣΤΟΛΗ ΤΡΙΠΗ ΤΟΥ ΑΓΙΟΥ ΚΥΡΙΛΛΥ ΠΡΟΣ ΝΕΣΤΟΡΙΟΝ," 127.
452) "ΕΠΙΣΤΟΛΗ ΤΡΙΠΗ ΤΟΥ ΑΓΙΟΥ ΚΥΡΙΛΛΥ ΠΡΟΣ ΝΕΣΤΟΡΙΟΝ," 130.
453) "The XII. Anathematisms of St. Cyril against Nestorius," *NPNFS* 14,206-218.

마리아는 육체가 되신 하나님의 말씀을 인성에 따라서 낳은 "하나님의 어머니"라는 사실이 확정된다. 신인양성의 위격적 연합 가운데 마리아에게서 나신 사람의 아들과 하나님의 아들의 관계에 있어서 마리아가 "하나님의 어머니"라고 불림이 합당하다고 천명된 것이다. 이는 마리아가 하나님을 낳았다는 의미가 아니다.

2. "만약 누군가가 하나님 아버지의 말씀이 육체에 위격적으로(καθ' ὑπόστασιν) 연합되셨으며 그 자신의 육체 가운데 계신 한 분 그리스도 곧 하나님이시자 사람이신 동일하신 분이라고 고백하지 않는다면 그에게 저주가 있을지어다."

성육신은 하나님 아버지의 말씀 곧 하나님의 아들이 영혼과 육체로 이루어진 사람의 아들이 되신 사건이다. 그것은 동일한 한 인격 가운데서의 두 본성의 연합을 의미하는 것이지 또 다른 인격을 형성하는 것이 아니다.

3. "만약 누군가가 연합 후의(κατὰ τὴν ἕνωσιν) 한 분 그리스도를 위격들로(ὑποστάσεις) 나누고 그것들을 본성의 연합에 따른 하나됨이(συνόδῳ καθ' ἕνωσιν) 아니라 단지 존영과 권세나 능력의 결속으로(συναφείᾳ) 묶으려고 한다면 그에게 저주가 있을지어다."

신인양성의 위격적 연합을 위격들의 연합으로 여기고 단지 두 위격이 병존하는 정도로 여겨서는 안 된다.

4. "만약 누군가가 두 인격들(προσώποις) 혹은 위격들(ὑποστάσεσι)을 서로 분배해서—이러한 용어들이 복음서 기자들과 사도들의 저작에서 사용되었든지 성도들이나 혹은 그리스도 자신에 의해서 그리스도에 관해서 사용되었든지 간에—어떤 것들은 하나님의 말씀과 별개로 여겨 한 사람에게만 부착시키고 다른 것들은 오직 하나님 아버지의 말씀에만 적합하다고 여긴다면 그에게 저주가 있을지어다."

성육신한 그리스도의 신성과 인성에 속한 속성과 사역은 모두 한 인격 혹은 위격에 돌려진다.

5. "만약 누군가가 그리스도가 진리 가운데 계신 하나님이시며 본성상 한 분 아들로서 말씀이 육신이 되셨고 우리와 같이 혈과 육에 참여하신 분이 되셨다는 사실은 도외시하면서 감히 그가 하나님을 품고 있는 사람(θεοφόρος ἄνθρωπος)이셨다고 말한다면 그에게 저주가 있을지어다."

성육신은 보통의 한 사람이 하나님을 속에 품게 되는 사건이 아니다.

6. "만약 누군가가 하나님 아버지의 말씀이 그리스도의 하나님 혹은 주장자라고 말하면서 정작 동일하신 그가 성경에 따라서 육체가 되신 말씀(γεγονότος σαρκὸς τοῦ

Λόγου)으로서 하나님이시자 사람이시라고 고백하지 않는다면 그에게 저주가 있을지어다."

성육신을 신적 위격과 인적 위격의 병존으로 여기고 후자를 단지 전자에 속하여 다스림을 받는 대상 정도로 생각하면서 신성과 인성이 한 위격 안에서 하나가 됨을 부정하는 것은 그릇되다.

7. "만약 누군가가 예수는 사람으로서 하나님의 말씀에 의해서 능력을 얻고 독생자의 영광으로 옷 입혀진, 하나님의 말씀 외의 또 다른 존재라고 말한다면 그에게 저주가 있을지어다."

성육신은 한 사람 예수가 하나님에 의해서 고양되는 사건이 아니다.

8. "만약 누군가가 취해진 그 사람이 하나님의 말씀과 함께 예배를 받아야 하며(συμπροσκυνεῖσθαι), 그와 함께 영화스럽게 되어야 하며(συνδοξάζεσθαι), 다른 존재인 한 존재로서 그와 함께 하나님으로 형성되어져야 한다고(συγχρηματίζειν Θεὸν) 감히 말하면서—왜냐하면 계속해서 부가되는 '함께'가 우리가 이를 생각하지 않을 수 없도록 하므로—오히려 모든 찬미 가운데 계신 임마누엘을 경외하지 않고 그에게 송영을 올려드리지 않는다면 그에게 저주가 있을지어다."

사람의 아들이신 예수를 또 다른 인격으로 여겨 단지 하나님의 아들과 "함께" 계신 분으로 다룰 수는 없다.

9. "만약 누군가가 한 분 주 예수 그리스도가 성령을 통하여 역사하는 어떤 외계적인 능력을 사용하시는 가운데 성령에 의해서 영화롭게 되셨으며 성령으로부터 더러운 영들을 압도하고 사람들 가운데서 신적인 기적들을 이루는 능력을 받으셨다고 말하면서도 정작 그가 신적인 기적들을 행하신 영이 그 자신의 영(αὐτοῦ τὸ Πνεῦμα)이셨다고 고백하지 않는다면 저주가 있을지어다."

예수 그리스도가 충만을 받고 그 감화에 따라서 능력을 행하신 성령은 그 자신의 영이시다. 제1차 콘스탄티노플 공의회에서 볼 수 없었던 성자와 성령의 삼위일체 내적 관계가 여기에서 규정된다.

10. "하나님의 성경은 그리스도를 대제사장이시며 우리 고백의 사도시라고 말한다. 그리고 그가 우리를 위한 달콤한 맛이 나는 향기로운 희생제물로 자기 자신을 하나님 아버지께 드리셨다고 말한다. 만약 누군가가 우리를 위하여 육체와 사람이 되신 하나님의 말씀 그 자신이 아니라 여자에게서 난 그와 다른 사람이 우리의 대

제사장이시며 사도가 되셨다고 말하거나, 혹은 만약 누군가가 죄를 모르셨으므로 제물이 필요없으신 그가 오직 우리만을 위하여가 아니라 자기 자신을 위하여도 제물을 드리셨다고 말한다면 그에게 저주가 있을지어다."

예수 그리스도의 중보가 신성과 인성이 연합된 한 위격으로 이루어졌음과 그것이 자신을 위한 것이 아니라 오직 우리를 위한 것임을 천명한다. 이 부분은 펠라기우스주의에 대한 반박으로 이루어진 것이다.[454]

11. "만약 누군가가 주의 육체는 생명을 살리는 것(ζωοποιὸν)이며 하나님 아버지의 말씀 그 자신의 육체(αὐτοῦ τοῦ ἐκ Θεοῦ Πατρὸς Λόγου)라고 고백하지 않고, 그와는 별개로서 그의 존영을 함께 나누고 신적인 임재를 속에 받아들일 뿐, 우리가 말한 바와 같이, 모든 것들에게 생명을 부여하는 말씀의 육체 그 자체로서 생명을 살린다고 말하지 않는다면 그에게 저주가 있을지어다."

그리스도의 육체가 하나님 아버지의 말씀 곧 하나님의 아들의 육체로서 생명을 살리는 육체가 됨을 천명한다.

12. "만약 누군가가 하나님의 말씀은 생명이시며 생명을 살리시는 하나님이시지만 육체 가운데(σαρκὶ) 고난을 당하셨고, 육체 가운데 십자가에 못 박히셨고(σαρκὶ), 육체 가운데 죽음을 맛보셨고(σαρκὶ), 죽은 자들의 첫 열매가 되셨다고 고백하지 않는다면 그에게 저주가 있을지어다."[455]

바로 앞의 조항과 계속되는 것으로서, 주님은 성육신한 하나님의 말씀의 육체를 지니시고 그 가운데 구속의 사역을 행하심을 천명한다. 이로써 그리스도의 중보의 주체가 신성과 인성의 연합 가운데 계신 영원하신 성자의 위격임이 확정된다.[456] 이러한 키릴의 저주문과 네스토리우스의 다음 저주문은 극명하게 대조된다.

만약 누군가가 육체의 고난을 고백하면서 그것을 또한 하나님의 말씀—그가 나타나신 육체에 따라서—에 돌리고 본성들의 존영에 차별을 두지 않는다면 그에게 저주가 있을지어다.[457]

---

454) 참조. Cyril of Alexandria, "Excursus on Pelagianism," *NPNFS* 14.229-230.
455) "ΕΠΙΣΤΟΛΗ ΤΡΙΠΗ ΤΟΥ ΑΓΙΟΥ ΚΥΡΙΛΛΥ ΠΡΟΣ ΝΕΣΤΟΡΙΟΝ," 131-133.
456) 참조. Young, *From Nicaea to Chalcedon*, 216-219.
457) "The XII. Anathematisms of St. Cyril against Nestorius," *NPNFS* 14.217. 키릴이 인용한 네스토리우스의 저

[키릴이 안디옥의 요한에게 쓴 편지 : 433년 일치공식]

이 편지는[458] 알렉산드리아의 키릴이 안디옥의 요한(John of Antioch)에게 보낸 것으로 알렉산드리아 학파와 안디옥 학파의 일치를 이루어낸 칼케돈 신경의 초석이 되는 글을 담고 있다. 여기에서 키릴은 자신이 아폴리나리우스와 입장을 달리함을 천명하기 위하여 오해가 되는 표현은 절제하고 있다. 아래에 소개되는 편지의 일부분에서 우리는 18년 후에 수립된 칼케돈 신경의 얼개를 미리 보게 된다.[459]

우리는 우리의 주 예수 그리스도가 하나님의 독생자로서, 완전하신 하나님이시며 이성적인 영혼과 몸으로 이루어진 완전하신 사람, 신성에 따라서(κατὰ τὴν θεότητα) 아버지로부터 창세 전에 나시고 인성에 따라서(κατὰ τὴν ἀνθρωπότητα) 마지막 날 우리와 우리의 구원을 위하여 동정녀 마리아에게서 나신, 두 본성의 연합이(δύο φύσεων ἕνωσις) 일어나 동일하신 분이 신성에 따라서(κατὰ τὴν θεότητα) 성부와 동일본질이시고(ὁμοούσιον) 인성에 따라서(κατὰ τὴν ἀνθρωπότητα) 우리와 동일본질이신(ὁμοούσιον), 그리스도, 한 아들, 한 주라고 고백한다. 이러한 혼합되지 않은 연합에 대한(τῆς ἀσυγχύτον ἑνώσεως) 이해 가운데 우리는 거룩한 동정녀를 하나님의 어머니라고(θεοτόκον) 고백한다. 왜냐하면 하나님의 말씀이 육체가 되셨고 사람으로 사셨으며 바로 그 잉태로부터 그 자신을 그녀로부터 취하신 성전과 연합시키셨기 때문이다. 주님에 관한 복음적이고 사도적인 어구들을 통하여 우리는 신학자들이 하나같이 어떤 것들은 한 인격에 속한 것들로(ὡς ἐφ' ἑνὸς προσώπου), 다른 것들은 두 본성에 속한 것들로(ὡς ἐφὶ δύο φύσεων) 구별하고 하나님께 적합한 것들은 그리스도의 신성에 따라서(κατὰ τὴν θεότητα), 사람에 속한 겸비한 것들은 인성에 따라서(κατὰ τὴν ἀνθρωπότητα) 해석하고 있음을 안다.[460]

주문을 재인용.

458) Cyril of Alexandria, "The Formula of Union of 433," *CLF* 356.
459) W. H. C. Frend, *The Rise of Christianity* (Philadelphia: Fortress Press, 1984), 761-762.
460) 인용된 헬라어 텍스트, "ΕΠΙΣΤΟΛΗ ΤΟΥ ΑΓΙΟΥ ΚΥΡΙΛΛΥ ΠΡΟΣ ΙΩΑΝΝΗΝ ΕΠΙΣΚΟΠΟΝ ΑΝΤΙΟΧΕΙΑΕ," in Bindley, *The Oecumenical Documents of the Faith*, 168.

여기에서 우리는 키릴과 네스토리우스의 논쟁의 핵심이 본성(φύσις) 혹은 본질(οὐσία)과 위격(ὑπόστασις)의 관계에 대한 입장차에 있음을 다시금 확인할 수 있다. 네스토리우스는 출애굽기 3:1-5을 들어 떨기나무와 불꽃이 둘로 나눠질 수 없고 하나로 연합하여 있다고 하면서 자신에 대한 키릴의 비난이 합당하지 않다고 하였다. 그러나 정작 키릴이 문제 삼고자 한 것은 떨기나무와 불꽃이 하나라는 사실 여부가 아니라 그 둘이 어떻게 하나가 되어 있는가에 관한 것이었다. 네스토리우스는 본성이 인격을 형성해야 완전하므로 완전한 인성이 신성과 연합하고 있다고 말하려면 인성의 인격이 최소한 연합 전에는 곧 성육신 전에는 존재했다고 말해야 한다고 주장하는 반면, 키릴은 그러한 연합이 곧 성육신이라고 보는 데 극명한 입장차가 드러난다. 네스토리우스는 신성과 인성이 각각 "개별적 존재"(ens concretum)로서 교통할 때 양성의 속성교통(communicatio idiomatum)이 일어난다고 보는 반면, 키릴은 양성이 한 위격 안에 있다는 자체로 그러함이 있다고 보는 것이다.[461]

5. 칼케돈 공의회

[레오의 책(Tomus Leonis)]

로마는 아타나시우스 이후로 키릴에 이르기까지 알렉산드리아의 든든한 신학적 지지자였다. 그러나 449년 강도(強盜)회의(Latrocinium)를 기화로 그 후견을 철회하였다. 우리가 "레오의 책"이라고 부르는 교황 레오 1세(Leo the Great, 400-461)가 플라비안(Flavian, ?-449)에게 보낸 편지는[462] 키릴이 네스토리우스에게 보낸 두 번째 편지와 433년에 안디옥의 요한에게 보낸 편지와 더불어 칼케돈 신경의 일종의 모판이 되었다.[463]

여기에서 교황 레오 1세는 자신의 입장이 어느 지역의 학파에 치우친 것이 아니

---

461) 참조. Grillmeier, *Christ in Christian Tradition*, 1.516-518.
462) "The Tome of Leo," *CLF* 360-370.
463) 칼케돈 공의회의 제2차 회기에서 이 글들이 읽혔다. 그리고 키릴과 교황 레오 1세가 믿듯이 우리도 믿는다고 선포하였다. "Extracts from the Acts," *NPNFS* 14.253.

라 신구약 성경과 보편 교회가 고백하는 사도신경에 서 있음을 은연중에 강조한다.[464] 사도신경에서 고백되는 하나님의 외아들 예수 그리스도의 영원한 나심과 동정녀 마리아에게서 역사상 나심 곧 성육신을 언급하면서, 주님의 "시간 가운데 나심"(nativitas temporalis)은 "신적인 영원한 나심"(nativitas divina et empiterna)을 "결단코 감하지도, 결단코 더하지도 않았다"고 단언한다.[465] 그리하여 "나는 우리의 주가 연합 전에는 두 본성 가운데 계셨으며 연합 후에는 한 본성이셨다고(ex duabis naturis fuisse Dominum nostrum ante adunationem; post adunationem vero unam naturam) 고백한다"고 한 유티케스(Eutyches, 389-456)에 대하여 일대 경종을 울렸다.[466] 성육신은 영원히 신성으로 계시는 하나님의 말씀이 인성을 취하여 양성의 중보자가 되신 역사적 사건임에도 불구하고, 이를 뒤집어 양성으로 계시던 그리스도가 그 혼합체인 제 3의 단성의 존재 곧 "육화된 한 본성"(μία φύσις σεσαρκωμένη)이 되었다고 주장한 유티케스의 맹점을 공격한 것이었다.[467]

유티케스는 동정녀의 잉태가 지극히 높으신 성령의 능력이 임하신 "신적인 행동"에 의해서 이루어졌기 때문에 그리스도의 육체는 그를 잉태한 그녀로부터 나온 것이 아니라고 보고, "동정녀의 자궁으로부터 나오신 그리스도는 사람의 형상을 가졌으나 그의 어머니의 몸으로부터 나온 몸을 실제로 가지지는 않으셨다"고 주장한다. 이를 반박하며 교황 레오 1세는 다음과 같이 말한다.

> 그는 자신 가운데 죄로 더럽혀지지 않은 종의 형체를, 인간적인 것은 높이고 신적인 것은 감하지 아니하시면서(humana augens, divina non minuens) 취하셨다. 왜냐하면 자기를 비우심은 권세를 감하지 않으신 채 긍휼히 낮추심을 뜻하기 때문이다. 이로써 보이지 않는 분이 자신을 보이게 하셨으며 만물의 창조주시며 주가 되시는 분이 사람들 가운데 하나가 되기를 원하셨다.[468]

---

464) "The Tome of Leo," 1-2 (CLF 361-362).

465) "The Tome of Leo," 2 (CLF 361). 인용된 라틴어 텍스트. "Dilectissimo Fratri Flaviano Leo," in Bindley, *The Oecumenical Documents of the Faith*, 196.

466) "The Tome of Leo," 6 (CLF 368), "Dilectissimo Fratri Flaviano Leo," 203.

467) 참조. Relton, *A Study in Christology*, 30.

468) "The Tome of Leo," 3 (CLF 363-364), "Dilectissimo Fratri Flaviano Leo," 198.

성육신으로 말미암아 신성에는 어떤 변화도 없었다. "하나님의 아들은 하늘 보좌에서 내려오시나 아버지의 영광으로부터 떠나지 않고 이 낮은 세상으로 들어오신다." 그는 우리와 같은 참 인성을 취하시되 죄는 없으시다. "주의 어머니로부터 취해진 것은 본성(natura)이지 죄(culpa)가 아니었다."[469] "전적이고 완전한 참 사람의 본성 가운데 참 하나님이 나셨다. 그 자신에게 속한 것 가운데 전적으로, 우리에게 속한 것 가운데 전적으로(totus in suis, totus in nostris)."[470] 성육신의 비밀은 신성과 인성이 혼합되어 새로운 본성을 형성하는 데 있지 않고 하늘에 계신 아버지보다 못한 우리의 "인성"(humanitas)과 그와 동등하신 아들의 "신성"(divinitas)의 연합에 있다.[471] 그리스도는 죽을 수밖에 없는 연약함에 있어서는 물론이고 부활의 영광에 있어서도 우리의 인성을 하나님의 독생자로서 지니고 계셨다. 이러한 "믿음의 표징"(sacramentum fidei)이 유티케스에 의해 왜곡되고 있음이 여기서 비판된다.[472]

이 가운데 교황 레오 1세는 양성의 연합을 너무 긴밀하게 다루어 '하나님의 말씀의 육체'라는 용어까지 창출해 낸 알렉산드리아 학파나 이를 너무 느슨하게 다루어 신성이 내주하여 인성과 함께 병존하는 것 정도로 여긴 안디옥 학파를 모두 지양하고, 참 신성과 참 인성이 각각의 특성을 지닌 채로 한 인격 가운데 연합되어 있다는 위격적 연합 교리를 시종 견지한다.

> 신성과 인성이 각각의 본성과 실체의 특성이 온전히 유지되는 가운데 한 인격 가운데 만났다(salva proprietate utriusque naturae, et substantiae et in unam coeunte personam). 비천함이 장엄함에 의해서, 연약함이 능력에 의해서, 멸절성이 영원성에 의해서 취해졌다. 그리고 우리의 조건에 따르는 빚을 지불하고자 불가침의 본성이(natura inviolabilis) 수난성에(naturae passibili) 결합되었다. 그리하여 우리의 질병에 대한 적합한 치유책으로, 하나님과 사람 사이의 중보자 곧 사람이신, 한 분 동일하신 예수 그리스도가 한편으로는 죽을 수 있게 또 한편으로는 죽을 수 없게 되셨다.[473]

---

469) "The Tome of Leo," 4 (*CLF* 364), "Dilectissimo Fratri Flaviano Leo," 199.
470) "The Tome of Leo," 3 (*CLF* 363), "Dilectissimo Fratri Flaviano Leo," 198.
471) "The Tome of Leo," 4, 5 (*CLF* 366, 368), "Dilectissimo Fratri Flaviano Leo," 200-201.
472) "The Tome of Leo," 5 (*CLF* 367), "Dilectissimo Fratri Flaviano Leo," 200.
473) "The Tome of Leo," 3 (*CLF* 363), "Dilectissimo Fratri Flaviano Leo," 198.

"한 분 동일하신 분이 참 하나님의 아들이시며 참 사람의 아들이시다"(Unus idemque est vere Dei Filius et vere hominis Filius). 여기에 성육신의 비밀이 있다. 영원하신 말씀으로서 그는 하나님이시다. 그러나 육체가 되셨으므로 그는 사람이시다. 모든 것이 그로 말미암은 그는 하나님이시다. 그러나 율법 아래 여자에게서 나셨으니 그는 사람이시다. 육체로 오셨으니 사람이나, 동정녀에게서 나셨으니 단지 한 사람이 아니시다. 신비한 잉태는 그의 신적 능력을 지시한다. 천사가 지극히 높은 곳에서 영광을 돌렸으니 그는 하나님이시다. 그러나 헤롯이 그를 죽이려고 했으니 그는 사람이시다. 사람으로서 사탄의 유혹을 받으신 분이 하나님으로서 천사의 특별한 호위를 받으셨다. 사람으로서 시장하시고 목마르신 분이 하나님으로서 오병이어의 기적을 행하시고 사마리아 여인에게 생수가 되셨다. 그가 물위로 걸으셨으며, 물을 잠잠하게 하셨다. 사람으로서 죽은 친구를 향해 우신 분이 하나님으로서 무덤의 돌을 옮기셨다. 나무에 달리신 분이 낮을 밤이 되게 하셨다. 아버지는 나와 하나라고 하신 분이 아버지는 나보다 크다고 하셨다(요 10:30; 14:28).[474]

이렇듯 한 분 예수 그리스도가 참 하나님이시자 참 사람이시므로 동일한 사안이 신성과 인성에 함께 돌려진다. 인자가 하늘로부터 오셨다는 말씀(요 3:13), 하나님의 독생자가 십자가에 못 박히셨다는 말씀(고전 2:8) 등이 그 예이다. 주어는 인성에 따르나 술어는 신성에 따르거나 그 역이 모두 가능한 것은 신성과 인성이 모두 한 인격 가운데 있기 때문이다. 이러한 예는 베드로가 "주는 그리스도시요 살아 계신 하나님의 아들이시니이다"라고 한 고백(마 16:16)에 현저히 나타난다.[475] 교황 레오 1세는 이를 구원의 은혜와 관련시켜 논하면서, "성령의 거룩하게 하심"과 "그리스도의 피 뿌림"이 함께 고백됨으로써 성육신의 비밀이 여기에 드러난다고 설명한다(벧전 1:2). 대속함이 흠 없고 점 없는 어린 양의 보배로운 피로 되었거니와 그는 이미 창세 전부터 계신 분이(벧전 1:19-20) 아니신가? 우리를 위하여 물과 피를 쏟으신 분이 하나님의 아들이시니, 성령과 물과 피로 증언하지 않는가(요일 1:7; 5:5-8)?[476]

레오의 '책'은 '서신'으로서 한계를 지니고 있다. 그러나 위격적 연합 교리를 큰 틀에서 확정하고 양성의 속성교통이 한 위격 안에서 일어난다는 원칙을 제시했다는

---

474) "The Tome of Leo," 4 (*CLF* 365-366), "Dilectissimo Fratri Flaviano Leo," 199-200.

475) "The Tome of Leo," 5 (*CLF* 366), "Dilectissimo Fratri Flaviano Leo," 201.

476) "The Tome of Leo," 5 (*CLF* 368), "Dilectissimo Fratri Flaviano Leo," 202-203.

점에서 교리사적 의의가 크다고 할 수 있다. 본서는 교황 레오 1세가 알렉산드리아의 키릴을 충실히 계승하고 있음을 분명히 노정하고 있다.477) 그럼에도 불구하고 한 위격 안에서 양성이 어떻게 연합되어 있는지에 대한 기독론적 고찰은 부족하다. 인자가 하늘로부터 내려오셨다는 말씀과 하나님의 아들이 십자가에 못 박히셨다는 말씀을 통하여 양성의 속성교통을 확인하는 데 그칠 뿐 그것에 대한 적극적인 논의로는 나아가지 않고 있다. 이 점에서 유티케스의 오류를 걷어내려다가 키릴의 장점까지도 버린 것이 아닌지, 그리하여 몹수에스티아의 테오도레의 경향을 보이는 것은 아닌지, 의구심을 갖게도 된다. 우리는 보편 교회의 신학적 일치를 이루기 위하여 키릴을 붙들면서도 키릴을 넘어서야 하는 고심이 교황 레오 1세에게 있었음을 인정해야 한다. 그렇다고 해서 "약한 속성교통"(weak communicatio idiomatum)에 대한 레오의 입장을 신학적 타협의 소산이라고 속단해서는 안 된다. 그것은 칼빈과 그를 잇는 개혁신학자들이 개진한 속성교통론의 일종의 전형(典型)을 보여주고 있기 때문이다.478) 이러한 교황 레오 1세의 면모는 칼케돈 신경의 성격을 가늠하는 데 있어서 주요한 단서가 된다.

[칼케돈 신경(Symbolum Chalcedonense)]

451년 칼케돈 공의회는 당대에 논쟁거리가 되었던 유티케스를 정죄하는 데 그치지 않고 이미 니케아, 제1차 콘스탄티노플, 제1차 에베소 공의회에서 천명되었던 아리우스, 아폴리나리우스, 네스토리우스에 대한 정죄를 확인했다.479) 이는 가히

---

477) 참조. Grillmeier, *Christ in Christian Tradition*, 1.536-537.

478) "약한 속성교통"(weak communicatio idiomatum)은 양성 각각의 속성이 모두 동일한 한 위격에 돌려짐을 말하는 반면에 "강한 속성교통"(strong communicatio idiomatum)은 그뿐만 아니라 실제적으로 양성 서로 간에 속성의 전이가 일어나는 것을 말한다. 참조. Crisp, *Divinity and Humanity*, 1-33, 특히 6-9. 다음 글에서 저자는 교황 레오 1세의 성탄설교를 다루면서 신성에 따라서는 고난을 당하실 수 없는 그리스도가 인성에 따라서 고난을 당하셨다는 사실을 그가 속성교통을 통하여 설명하고 있음을 개진한다. Geoffrey D. Dunn, "Divine Impassibility and Christology in the Christmas Homilies of Leo the Great," *Theological Studies* 62/1 (2001), 73, 76, 79. 여기에서 저자는 레오 1세가 이와 관련해서 "전 신성이 전 육체를 채운다"(totum igitur corpus implet tota divinitas)고 한 말을 상기시킨다(79).

479) 그러므로 칼케돈 신경은 유티케스를 정죄하는 데 일차적인 목적이 있었기 때문에 그리스도의 인격이 하나라는 사실에는 별 관심을 기울이지 않았다는 하르낙(Adolf von Harnack)과 그럼에도 불구하고 단성론의 여지를 많이 남겼다는 도르너(I. A. Dorner)의 상반된 비판은 모두 편향적이다. 참조. G. C. Berkouwer, *The Person of Christ*, tr. John Vriend (Grand Rapids: Eerdmans, 1954), 286-287.

기독론을 확정하는 신경이라고 할 수 있다.[480]

Ἑπόμενοι τοίνυν τοῖς ἁγίοις πατράσιν ἕνα καὶ τὸν αὐτὸν ὁμολογεῖν υἱὸν τὸν κύριον ἡμῶν Ἰησοῦν Χριστὸν συμφώνως ἅπαντες ἐκδιδάσκομεν, τέλειον τὸν αὐτὸν ἐν θεότητι καὶ τέλειον τὸν αὐτὸν ἐν ἀνθρωπότητι, θεὸν ἀληθῶς καὶ ἄνθρωπον ἀληθῶς τὸν αὐτὸν, ἐκ ψυχῆς λογικῆς καὶ σώματος, ὁμοούσιον τῷ πατρὶ κατὰ τὴν θεότητα, καὶ ὁμοούσιον τὸν αὐτὸν ἡμῖν κατὰ τὴν ἀνθρωπότητα, κατὰ πάντα ὅμοιον ἡμῖν χωρὶς ἁμαρτίας πρὸ αἰώνων μὲν ἐκ τοῦ πατρὸς γεννηθέντα κατὰ τὴν θεότητα, ἐπ᾽ ἐσχάτων δὲ τῶν ἡμερῶν τὸν αὐτὸν δι᾽ ἡμᾶς καὶ διὰ τὴν ἡμετέραν σωτηρίαν ἐκ Μαρίας τῆς παρθένου τῆς θεοτόκου κατὰ τὴν ἀνθρωπότητα, ἕνα καὶ τὸν αὐτὸν Χριτόν, υἱόν, κύριον, μονογενῆ, ἐκ δύο φύσεων [ἐν δύο φύσεσιν], ἀσυγχύτως, ἀτρέπτως, ἀδιαιρέτως, ἀχωρίστως γνωριζόμενον οὐδαμοῦ τῆς τῶν φύσεων διαφορᾶς ἀνῃρημένης διὰ δὴν ἕνωσιν, σωζομένης δὲ μᾶλλον τῆς ἰδιότητος ἑκατέρας φύσεως καὶ εἰς ἓν πρόσωπον καὶ μίαν ὑπόστασιν συντρεχούσης, οὐκ εἰς δύο πρόσωπα μεριζόμενον ἢ διαιρούμενον, ἀλλ᾽ ἕνα καὶ τὸν αὐτὸν υἱὸν καὶ μονογενῆ, θεὸν λόγον, κύριον Ἰησοῦν Χριστόν καθάπερ ἄνωθεν οἱ προφῆται περὶ αὐτοῦ καὶ αὐτὸς ἡμᾶς ὁ κύριος Ἰησοῦς Χριστὸς ἐξεπαίδευσε καὶ τὸ τῶν πατέρων ἡμῖν καραδέδωκε σύμβολον.	Sequentes igitur sanctos patres, unum eundemque confiteri Filium et Dominum nostrum Jesum Christum consonanter omnes docemus, eundem perfectum in deitate et eundem perfectum in humanitate; Deum verum et hominem verum eundem ex anima rationali et corpore; consubstantialem Patri secundum deitatem, consubstantialem nobis eundem secundum humanitatem; 'per omnia nobis similem, absque peccato'(Heb. iv): ante secula quidem de Parte genitum secundum deitatem; in novissimis autem diebus eundem propter nos et propter nostram salutem ex Maria virgine, Dei genitrice secundum humanitatem; unum eundemque Christum, Filium, Dominum, unigenitum, in duabus naturis inconfuse, immutabiliter, indivise, inseparabiliter agnoscendum; nusquam sublata differentia naturarum propter unionem, magisque salva proprietate utriusque naturae, et in unam personam atque subsistentiam concurrente: non in duas personas partitum aut divisum, sed unum eundemque Filium de unigenitum, Deum verbum, Dominum Jesum Christum; sicut ante prophetae de eo et ipse nos Jesus Christus erudivit et patrum nobis symbolum tradidit.

---

480) 아래의 헬라어와 라틴어 텍스트는 다음의 자료를 편집. Schaff, *The Creeds of Christendom*, 2.62-63.

우리는 거룩한 교부들의 뒤를 따라 모든 사람들이 한 마음으로 한 동일하신 아들이 우리의 주 예수 그리스도시라고 고백하도록 가르친다. 동일하신 분이 신성에 있어서 완전하시고 동일하신 분이 인성에 있어서 완전하시며, 동일하신 분이 참 하나님이시고 이성적인 영혼과 육체로 이루어진 참 사람이시며, 동일하신 분이 신성에 따라서 성부와 동일본질이시고, 인성에 따라서 우리와 동일본질이시며, 모든 것에 있어서 우리와 같으시되 오히려 죄는 없으시며, 실로 창세 전에 신성에 따라서 아버지에게서 나셨고, 후일에 동일하신 분이 우리와 우리의 구원을 위하여 인성에 따라서 하나님의 어머니 동정녀 마리아에게서 나셨으며, 한 동일하신 그리스도, 아들, 주, 독생하신 분이 두 본성에 있어서 혼합 없이, 변화 없이, 분할 없이, 분리 없이 인식되어야 한다. 연합으로 인하여 양성의 구별이 없어진 것이 아니라, 오히려 각 성의 특성이 온전히 보존되어, 한 인격과 한 위격에로 함께 작용하며, 두 인격으로 나눠지거나 분할되지 않는다. 이전에 선지자들과 예수 그리스도 자신이 그에 관하여 우리에게 가르치시고 교부들의 신경이 우리에게 전하여 준 바와 같이, 한 동일하신 분이 독생하신 아들이시요, 말씀이신 하나님이시요, 주 예수 그리스도이시다.

주목되듯이 여기에는 "한 동일하신 분"(ἕνα καὶ τὸν αὐτὸν, unum eundemque) 혹은 "동일하신 분"(τὸν αὐτὸν, eundem)이라는 말이 무려 여덟 번이나 나온다. 그리하여 신인양성의 위격적 연합의 주체가 하나님의 말씀이시라는 사실을 누차 되새긴다. 신성에 있어서 완전하신 분도, 인성에 있어서 완전하신 분도, 영원히 아버지로부터 나신 분도 우리와 우리의 구원을 위하여 영혼과 육체로 역사상 동정녀 마리아에게서 나신 분도, 변화, 혼합, 분할, 분리 없이 인식되어야 할 분도 모두 동일하신 한 하나님의 말씀이다.[481] 이렇듯 확립된 주님의 기체(基體, suppositum)를 표현하기 위하여 "인격"(πρόσωπον, persona)이 "위격"(ὑπόστασις, hypostasis)과 함께 사용되었으며, 신성과 인성을 지칭하는 "본성"(φύσις, natura)과는 분명히 구별되었다. 여기에 사용된 "신성에 따라서"(κατὰ τὴν θεότητα, secundum deitatem)와 "인성에 따라서"(κατὰ τὴν ἀνθρωπότητα, secundum humanitatem)는 위격적 연합 가운데 있는 양성의 속성교통의 방식을 결정적으로 드러내는 표현으로서 본성은 위격 안에 있으나(ἐνυπόστασις,

---

481) 참조. Donald Fairbairn, "The One Person Who is Jesus Christ: The Patristic Perspective," in *Jesus in Trinitarian Perspective*, ed. Fred Sanders and Klaus Issler (Nashville: B & H Academic, 2007), 105-106.

enhypostasis) 위격은 아니라는(ἀνυπόστασις, anhypostasis) 점을 전제하고 있다. 이는 칼케돈 신경에 선포된 정통기독론의 요체를 심층적으로 제시하고 있으며 이후에 있을 단성론과 단의론 논쟁에 있어서 교리적 진위(眞僞)를 파악하는 시금석으로 작용한다.[482] 이하 칼케돈 신경의 핵심 논제를 몇 가지로 고찰한다.[483]

첫째, 성육신의 주체는 제2위 성자 하나님이시다. 성육신 전후를 통하여 "한 동일하신 분", 곧 영원하신 하나님의 말씀(Λόγος, Verbum 혹은 Sermo)의 위격 혹은 인격이 주체이다. 그리하여 성육신이 '하나님이 사람이 되심'(ἐνανθρώπησις θεοῦ)이나 '말씀이 육신이 되심'(ἐνσάρκωσις τοῦ λόγου)으로 표현된다.

둘째, 신성과 인성의 "연합으로 인하여"(διὰ δὴν ἕνωσιν, propter unitionem) 각 본성에 속한 속성의 교통이 "한 인격과 한 위격에로"(εἰς ἓν πρόσωπον καὶ μίαν ὑπόστασιν, in unam personam atque subsistentiam) 일어난다. 신성의 속성과 인성의 속성, 신성에 따른 사역과 인성에 따른 사역이 모든 한 인격과 위격에 돌려진다. 그리하여 신인양성의 연합이 '위격의 연합'(ἕνωσις καθ' ὑπόστασιν) 혹은 '위격적 연합'(ἕνωσις ὑποστατική)이라고 불린다.

셋째, 성자가 성부와 동일본질이시다. "신성에 따라서 성부와 동일본질이시고"(ὁμοούσιον τῷ πατρὶ κατὰ τὴν θεότητα, consubstantialem Patri secundum deitatem)라고 고백된다. 여기에서 동일본질은 단지 속성의 차원에 그치는 것이 아니라 '수적 하나임'(unitas numeria)을 뜻한다. 이는 '정체성'을 표현한다. 성자는 성부와 동일한 본질을 지녔을 뿐만 아니라 '한 본질'(μονοούσιος)이시다. 이로써 아리우스의 입장이 반박된다.

넷째, 성육신하신 주님은 "인성에 따라서 우리와 동일본질이시며"(ὁμοούσιον ἡμῖν κατὰ τὴν ἀνθρωπότητα, consubstantialem nobis eundem secundum humanitatem)라고 고백된다. 이는 '수적 하나임'을 뜻하는 것이 아니라 그가 우리와 같이 나셨고, 우리와 같은 본성을 지녔음을 의미한다. 주님은 우리와 다를 바 없이 "이성적인 영혼과 육체로 이루어진"(ἐκ ψυχῆς λογικῆς καὶ σώματος, ex anima rationali et corpore) 인성을 지니셨다. 이로써 주님은 비이성적인 '동물적 혼(ψυχή)'과 '육체'(σῶμα)로만 이루어졌다

---

482) 참조. Crisp, *Divinity and Humanity*, 72-89.
483) 이하 칼케돈 신경에 관한 논의를 위하여 특히 다음을 참조. Schaff, *The Creeds of Christendom*, 1.30-32; 2.64-65; Grillmeier, *Christ in Christian Tradition*, 1.546-550.

고 본 아폴리나리우스의 입장이 반박된다.

다섯째, "인성에 따라서 하나님의 어머니 동정녀 마리아에게서"(ἐκ Μαρίας τῆς παρθένου τῆς θεοτόκου κατὰ τὴν ἀνθρωπότητα, ex Maria virgine, Dei genitrice secundum humanitatem) 나셨다고 고백된다. 마리아는 "인성에 따라서" 주님을 낳으셨지만 위격적 연합에 따른 신성과 인성의 속성교통으로 말미암아 "하나님의 어머니"로 불리심이 합당하다. 마리아는 '육체가 되시지 않은 말씀'(λόγος ἄσαρκως)이 아니라 '육체가 되신 말씀'(λόγος ἔνσαρκως)을 낳으셨다. "하나님의 어머니"라는 칭호는 마리아가 하나님을 낳았다는 것이 아니라 그녀가 낳은 사람의 아들이 하나님의 아들이심을 지칭한다.[484] 이로써 본성을 위격과 혼동하여 마리아를 "하나님의 어머니"라고 부를 수 없다고 본 네스토리우스의 입장이 반박된다.

여섯째, "두 본성에 있어서"(ἐκ δύο φύσεων [ἐν δύο φύσεσιν], in duabus naturis)라고 고백함으로 두 본성이 혼합되어 제3의 본성을 이룬다고 주장한 유티케스가 반박된다. 헬라어로는 처음에는 "두 본성으로부터"라는 의미의 "ἐκ δύο φύσεων"로 기록하였으나 그것이 단성론자 유티케스와 디오코루스(Diocorus)의[485] 어법을 연상시킨다는 다수의 반발에 부딪히게 되자 "두 본성에 있어서"라는 의미의 "ἐν δύο φύσεσιν"으로 바꾸어 채택하였다.[486] 이러한 논란과 무관하게 라틴어로는 처음부터 "두 본성에 있어서"라는 의미의 "in duabus naturis"로 채택되었다.

일곱째, 신성과 인성이 "혼합 없이, 변화 없이"(ἀσυγχύτως, ἀτρέπτως, inconfuse, immutabiliter) 연합되어 있다고 고백함으로 두 본성이 '한 복합된 본성'(μία φύσις σύνθετος)을 이룬다는 유티케스를 반박한다. 주님이 "참 하나님과 참 사람"(θεὸν ἀληθῶς καὶ ἄνθρωπον ἀληθῶς τὸν αὐτὸν, Deum verum et hominem verum)이시라는 고백이 이를 확정한다. 이로써 두 본성의 '혼합'(κρᾶσις, σύγχυσις)이 분명히 거부된다.

---

[484] 그러므로 마리아를 "하나님의 어머니"라고 부르면서 그녀가 '신성에 따라서'도 주님을 낳았다고 보는 로마 가톨릭의 입장은 칼케돈 신경의 가르침과는 완전히 상반된다. 이에 기반한 마리아숭배(Mariolatry)도 비성경적인 발상으로 이교적 습속을 재현하고 있을 뿐이다.

[485] 디오코루스는 칼케돈 공의회 제5회기에서 "두 본성으로부터"라는 표현은 받아들일 수 있으나 "두 본성이 있었다"고 여길 수는 없다고 단정적으로 말하였다. *NPNFS* 14.261. 참조. Karam Nazir Khella, "Theological Approach to the Mia-Physis Christology in the Fifth Century," *Greek Orthodox Theological Review* 10/2 (1964–1965), 141–143.

[486] 동방에서는 칼케돈 신경을 헬라어로 기록할 때 "ἐκ δύο φύσεων"이라 하였다. 참조. Bavinck, *Reformed Dogmatics*, 2.255.

여덟째, 신성과 인성이 "분할 없이, 분리 없이"(ἀδιαιρέτως, ἀχωρίστως, indivise, inseparabiliter) 연합되어 있다고 고백함으로 두 본성의 상호 '내주'(ἐνοίκησις, inhabitatio)와 '결합'(συνάφεια, conjunctio)을 인정할 뿐 위격적 연합은 부인하는 네스토리우스를 반박한다. "한 동일하신 분"이 "두 인격으로 나눠지거나 분할되지 않는다"(οὐκ εἰς δύο πρόσωπα μεριζόμονον ἢ διαιρούμενον, non in duas personas partitum aut divisum)고 고백함으로써 이를 확정하고 있다.

아홉째, "연합으로 인하여 양성의 구별이 없어진 것이 아니라, 오히려 각 성의 특성이 온전히 보존되어, 한 인격과 한 위격으로 함께 작용하며"(οὐδαμοῦ τῆς τῶν φύσεων διαφορᾶς ἀνῃρημένης διὰ δὴν ἕνωσιν, σωζομένης δὲ μᾶλλον τῆς ἰδιότητος ἑκατέρας φύσεως καὶ εἰς ἓν πρόσωπον καὶ μίαν ὑπόστασιν συντρεχούσης, nusquam sublata differentia naturarum propter unitionem, magisque salva proprietate utriusque naturae, et in unam personam atque subsistentiam concurrente)라고 고백함으로 신성과 인성의 위격적 연합을 통한 속성교통이 각각의 "특성"(ἰδιότης)을 온전히 보존하는 가운데 일어남을 천명하고 있다. 여기에서 "위격"으로 번역되는 헬라어 "ὑπόστασις"를 "위격적 존재"로 번역되는 라틴어 "subsistentia"로 번역하고 있음이 주목된다.[487]

칼케돈 신경은 키릴의 신학에 근접해 있다. 그럼에도 불구하고 안디옥 학파의 입장을 대변하는 "양성 가운데"(ἐν δύο φύσεσιν)라는 표현이 획기적으로 채택되었다. 이에 대해서 키릴이나 교황 레오 1세가 큰 이의를 제기하지 않은 것은 "연합"(ἕνωσις)이라는 단어가 사용되었으며 전체적인 문맥이나 어조나 표현—특히 네 가지 '없이'라는 표현—이 자신들의 입장을 충실히 반영하고 있다고 여겼기 때문이다. 칼케돈 신경은 한 위격 안에(enhypostasis) 신성과 인성이 연합해 있으나 각각의 성은 위격이 아님을(anhypostasis) 고백했다. '연합 가운데 한 분이심'(unitas in unione)과 '한 분이심 가운데 연합'(unio in unitate)을 분명히 천명한 것이다. 위격 혹은 인격 혹은 위격적 존재는 하나이나 그 가운데 신성과 인성에 "따라서"(κατὰ) 각각의 본성에 고유한 속성이 여러 양상으로 작용한다는 점, 즉 위격적 연합 가운데 신인양성의 속성교통이 있음이 줄곧 개진되고 있다. 이러한 측면에서 칼케돈 신경이 마지막 기독론 고백이라는 평이 무색하지 않다.

---

487) 이러한 입장은 칼빈과 개혁신학자들에 의해서 개진된 '개혁파 속성교통론'과 부합한다.

그러나 몇 가지 사항에 대한 논란도 없지 않다. 신성과 인성의 단순한 공존을 위격적 연합이라고 치부할 뿐 진정한 연합은 도외시하였다는 점,[488] 비록 니케아 신경과 다를 바 없이 "우리와 우리의 구원을 위하여"(δι' ἡμᾶς καὶ διὰ τὴν ἡμετέραν σωτηρίαν, propter nos et propter nostram salutem)라고 고백하고 있지만 지나치게 신격 혹은 신성 중심의 논조에 빠져 주님의 인성을 등한시하고 그 결과 성육신의 구원론적 의미에 특별한 관심을 기울이지 않고 있는 점,[489] 신성과 인성이 단순히 병존함으로 가현설의 여지를 남겼다는 점, 인격과 위격, 그리고 본질과 본성에 대한 철학적 이해가 모호하다는 점, 그리스도의 인격에 대한 접근법이 성경에서와는 다르다는 점[490] 등의 오류와 흠결을 빌미로 오늘날에 이르기까지 후대의 격한 기독론 논쟁이 일어나게 되었다.[491]

6. 제2차 콘스탄티노플 공의회

칼케돈 신경은 '두 본성 가운데 한 인격 혹은 한 위격'(ἓν πρόσωπον, μία ὑπόστασις, ἐν δύο φύσεσιν)의 원칙을 수립하였다. 이는 하나님의 영원한 초월성과 역사상 내재성을 동시에 규정한 것으로서 "정(靜)적-존재적 고리"(a static-ontic ring) 가운데 "성경적 기독론의 구속사적 면모"(the salvation-historical aspect of biblical Christology)를 부각시킨다.[492] 칼케돈 신경이 공표된 이후 그것이 적합하게 성경의 가르침을 구현하

---

[488] 참조. Crisp, *Divinity and Humanity*, 6-11.

[489] 참조. Mackintosh, *The Person of Jesus Christ*, 214-215.

[490] 이 마지막 세 가지 논점에 대해서, George W. Stroup, "Christian Doctrine I: Chalcedon Revisited," *Theology Today* 35/1 (1978), 55-57.

[491] 칼케돈 신경에 대해서 비판적인 학자들은 소극적인 진술만 그곳에 있을 뿐 주요 사안에 대한 흠결이 적지 않다거나 그것이 당대의 보편적인 동의를 이끌어내기 위해서 지나치게 타협적이라거나 하는 이유를 든다. 이에 대한 전반적인 논의에 대해서, Fred Sanders, "Introduction to Christology: Chalcedonian Categories for the Gospel of Narrative," in *Jesus in Trinitarian Perspective*, ed. Sanders and Issler, 1-41; Stroup, "Christian Doctrine I: Chalcedon Revisited," 57-61. 한편 다음 글에서 다루어지듯이, 루터파 신학자들은(Karl Braaten, David Scaer) 속성교통론으로 대변되는 자신들의 고유한 기독론적 관점을 견지하는 가운데 칼케돈 신경을 받아들인다는 점에서 개혁신학자들이 그것 가운데 소위 초(超)칼빈주의를 읽어내는 것과는 분명히 구별된다. Timothy Maschke, "Chalcedon: Renewed, Restored, or Rejected? A Comparative Study of Two Contemporary Lutheran Christologies with Implications for Worship," *Concordia Journal* 17/1 (1991), 51-57.

[492] Grillmeier, *Christ in Christian Tradition*, 1.553-554.

고 있는지, 그렇다면 어떤 측면에서 그것이 성도에게 구속력(拘束力)을 가지는지에 대한 질문이 던져졌다.[493] 그것은 그리스도의 인격에 대한 고백이 어떤 구원론적 의미를 가지는가를 묻는 것이었다. 새로운 시대의 관심은 좀 더 실제적이었다. 교황 레오 1세가 새로운 황제에게 쓴 편지-소위 두 번째 레오의 책(the Second Tome of Leo)이라고 불리는-는 이러한 시대적 경향을 반영하는 '칼케돈 신학자'의 고심어린 답을 담고 있다.[494]

새로운 시대의 관심은 그리스도의 '한 위격 양성'의 인격과 그 인격 가운데서의 사역이 어떤 성경적이거나 신학적인 의의와 가치를 지니는지에 대해서 뿐만 아니라 성도의 신분과 삶에 어떻게 적실성을 갖는가에 쏠렸다.[495] 그것은 두 가지 질문으로 드러났다.

첫 번째 질문. '칼케돈 신경은 한 위격 양성의 위격적 연합을 소극적으로 "-없이"라고만 네 가지를 천명하였는데, 이를 적극적으로 규정할 수는 없는가?' 이에 대한 답을 추구하는 과정에서 두 인격을 주장하는 극단적 양성론자들(Duophysites)과 혼합된 한 본성을 주장하는 극단적 단성론자들(Monophysites)의 분규가 극에 달했다. '한 위격 양성'에 대한 칼케돈 신경의 가르침을 다시금 확인함으로 이러한 분규를 가라앉히기 위하여 제5차 공의회 곧 제2차 콘스탄티노플 공의회(553)가 열렸으며, 저주문(anathema)이 채택되었다. 그런데 그것의 논조가 단성론(Monophysitism)에 기울었으므로 이에 대한 반발이 걷잡을 수 없을 만큼 거세게 일어났으며 심지어 노골적으로 정치적인 양상을 띠기에 이르렀다.

두 번째 질문. '그렇다면 주님의 뜻은 하나인가, 둘인가?' 이에 대한 답을 제시하고자 제6차 공의회 곧 제3차 콘스탄티노플 공의회(680)가 소집되었으며, 신앙의 규정(definitio fidei)이 채택되었다. 여기서는 양성론(Duophysitism)에 대한 칼케돈 신경의 가르침에 더욱 충실하게 서서 단의설(單意說, Monotheletism)을 거부하고 양의

---

493) Aloys Grillmeier, *Christ in Christian Tradition*, vol. 2, part one, *From Chalcedon to Justinian*, tr. Pauline Allen and John Cawte (Atlanta: John Knox Press, 1985), 11.

494) 참조. Grillmeier, *Christ in Christian Tradition*, 2/1,159-166.

495) 다음 글에서 저자는 칼케돈 신경이 로마 가톨릭 교회에 채택되는 과정에서 나타나는 "선포적"(kerigmatic), "영적"(spiritual), "신학적"(theological) 의미에 대해서 다루고 있다. Alois Grillmeier, "The Reception of Chalcedon in the Roman Catholic Church," *Ecumenical Review* 22/4 (1970), 383-411.

설(兩意說, Duotheletism)을 분명히 천명하였다.496)

제2차 콘스탄티노플 공의회(553)는 칼케돈의 전통과 단성론의 화의를 모색하였던 바, 칼케돈 신경을 키릴의 관점에서 읽어낸 것이 그 열매라고 할 것이다. 이러한 측면에서 혹자는 이를 고대 기독론의 완성이라고도 부른다.497) 당시 논쟁의 당사자들이었던 극단적 양성론자들과 극단적 단성론자들은 인격(persona)과 본성(natura) 개념을 엄밀히 구별하지 않았다는 점에서는 공통점이 있었다. 극단적 양성론자들은 완전한 본성은 독자적인 인격성(personality)을 지닐 수밖에 없다는 몹수에스티아의 테오도레의 가르침을 극단화한 네스토리우스의 입장을 지지하였다. 반면 극단적 단성론자들은 본성이 인격을 규정하므로 한 인격에는 한 본성 외에는 존재할 수 없다는 아폴리나리우스로부터 기원한 유티케스의 입장을 지지하였다.498) 본 공의회에서는 이러한 극단을 지양하고 칼케돈 신경의 가르침에 비추어 절충점을 찾고자 노력하였다.499) 비록 알렉산드리아 학파의 논조가 강하게 드러나는 것은 사실이지만 오리겐을 반박하는 저주문을 함께 채택한 경우에서 보듯이500) 지나친 치우침은 없었다.501)

이하 제2차 콘스탄티노플 공의회의 저주문을502) 소개하고 그 신학적 요체를 살펴본다.

"1. 만약 누군가가 동일본질이신(ὁμοούσιον) 삼위일체, 세 위격 혹은 인격 안에서

---

496) 참조. Schaff, *The Creeds of Christendom*, 2.73.

497) 참조. Mackintosh, *The Person of Jesus Christ*, 218.

498) 참조. Mackintosh, *The Person of Jesus Christ*, 215-216.

499) 이러한 신학적 논쟁에 대해서, Grillmeier, "The Reception of Chalcedon in the Roman Catholic Church," 400-403. 당시 신학자들 사이의 핵심적인 논쟁점은 칼케돈 신경이 한 인격 양성을 말할 때 신성과 인성의 본성이 각각 일반적 본성(natura generalis)인가 개별적 본성(natura individua)인가에 달려 있었다. 네스토리우스주의자들은 이를 후자로 보고 '모든 개별적 본성은 인격이다'(omnis natura individua persona est)라는 주장을 펼쳤다. 이러한 생각은 어느 종에 속한 본질적 속성들을 모두 지니고 있는 실체 혹은 본성은 고유한 한 개체로서 한 인격이 된다고 주장하는 아리스토텔레스(Aristotle)의 사상과 궤를 같이한다. 그러나 이는 다음 글에서 저자가 주장하듯이 그 한 인격이 하나님이신 이상 적실성이 없다. James Moulder, "Is a Chalcedonian Christology Coherent," *Modern Theology* 2/4 (1986), 287-293, 304-305.

500) 오리겐에 대한 저주문은 그리스도가 영원 전에 하나님의 말씀과 연합하여 있었으며 그 가운데 역사상 자신을 낮추시고 인성을 취하셨다는 그의 사상에 집중되었다. "The Anathemas against Origen," 특히 7, 8, 9, 12조 (*NPNFS* 14.318-319).

501) 참조. John Meyendorff, "Chalcedonians and Monophysites after Chalcedon," *Greek Orthodox Theological Review* 10/2 (1964-1965), 23-30.

502) "The Anathemas of the Second Council of Constantinople (Fifth Ecumenical)," *CLF* 378-381.

예배를 받으시는 한 신격(μίαν θεότητα)이신 아버지, 아들, 성령의 한 본성 혹은 본질 (μίαν φύσιν ἤτοι οὐσίαν), 한 능력과 권세를 고백하지 않는다면 그에게 저주가 있을지어다. 왜냐하면 그 분은 모든 것이 그로부터 말미암는(ἐξ) 한 아버지 하나님, 모든 것이 그를 위하여 있는(εἰς) 한 주 아들, 모든 것이 그 안에 있는(ἐν) 한 성령으로 계시기 때문이다."503)

여기서는 삼위일체 하나님의 동일본질과 그 존재와 경륜 그리고 예배를 받으심에 있어서 동등하심이 다루어진다.

"2. 만약 누군가가 말씀이신 하나님의 두 나심(δύο γεννήσεις)-하나는 창세 전에 아버지로부터 영원히 그리고 몸이 없이 나심, 다른 하나는 마지막 날 동일하신 분이 하늘로부터 내려오셔서 거룩하고, 영광스러우며, 하나님의 어머니이신, 변함없는 동정녀 마리아에게서 육신을 입으시고 그녀로부터 나셨을 때의 나심—을 고백하지 않는다면 그에게 저주가 있을지어다."504)

여기서는 성자의 하나님의 아들로서의 영원한 나심과 사람의 아들로서의 역사상 나심이 천명된다

"3. 만약 누군가가 기적을 행하신 하나님의 말씀과 고난을 당하신 그리스도가 다른 분(ἄλλον)이라고 말하거나 하나님의 말씀이 여자로부터 오신 그리스도와 더불어 계셨으며 어느 것 안에 있는 다른 것과 같이(ὡς ἄλλον ἐν ἄλλῳ) 계셨다고 말하면서, 한 동일하신(ἕνα καὶ τὸν αὐτὸν) 우리 주 예수 그리스도가 육체를 입으시고 사람이 되신 하나님의 말씀이시며 기적들과 그가 뜻하셔서 육체 가운데서 당하신 고난들이 동일하신 분으로(τοῦ αὐτοῦ) 말미암았다고 말하지 않는다면 그에게 저주가 있을지어다."505)

여기서는 사람의 아들이 되셔서 육체 가운데 고난을 당하신 하나님의 아들—곧 하나님의 말씀—이 한 분 동일하신 예수 그리스도로서 위격적 연합의 주체가 되심을 확정한다.

"4. 만약 누군가가 하나님의 말씀과 사람의 연합(τὴν ἕνωσιν)이 단지 은혜에 따라

---

503) 인용된 헬라어 텍스트. "Anathematisms of the Fifth General Council at Constantinople," in Bindley, *The Oecumenical Documents of the Faith*, 179.

504) "Anathematisms of the Fifth General Council at Constantinople," 179.

505) "Anathematisms of the Fifth General Council at Constantinople," 179.

서(κατὰ χάριν), 혹은 힘에 따라서(κατὰ ἐνέργειαν), 혹은 동등한 가치에 따라서(κατὰ ἰσοτιμίαν), 혹은 권세, 위탁, 관계, 능력에 따라서(κατὰ αὐθεντίαν ἤ ἀναφορὰν ἤ σχέσιν ἤ σύναμιν), 혹은 기뻐하심에 따라서(κατὰ εὐδικιαν), 테오도레가 말하는 바와 같이 [그에게 저주를] 사람이 선하므로 그를 기뻐하고 그에게 만족하시는 하나님의 말씀의 기뻐하심에 따라서, 혹은 [연합과 관련된] 동일한 이름에 따라서(κατὰ ὁμωνυμίαν)— 네스토리우스주의자들은 이 이름을 사용하여 하나님의 말씀을 '예수'와 '그리스도'라고 부르는 반면 사람은 '그리스도'와 '아들'이라고 부르면서 한 칭호, 영예, 존영, 예배로(κατὰ μόνην τὴν προσηγορίαν καὶ τιμὴν καὶ ἀξίαν καὶ προσκύνησιν) 두 인격을(δύο πρόσωπα) 분명히 지칭한다—일어났다고 함으로써 한 인격과 한 그리스도(ἕν πρόσωπον καὶ ἕνα Χριστὸν)를 짐짓 가증스럽게 말하면서,506) 정작 하나님의 말씀과 이성적이고 지성적인 영혼이 불어넣어진 육체의 연합이(τὴν ἕνωσιν) 기체(基體)에 따라서(κατὰ σύνθεσιν), 즉 거룩한 교부들이 가르쳤듯이 위격에 따라서(καθ' ὑπόστασιν) 일어났다고 고백하지 않는다면 그에게 저주가 있을지어다. 왜냐하면 그는 자신의 한 위격으로 (μίαν αὐτοῦ τὴν ὑπόστασιν) 계시는 주 예수 그리스도시며 거룩하신 삼위일체 하나님이시기 때문이다. 다양한 방식의 연합을 생각하는 가운데 어떤 사람들은 아폴리나리우스와 유티케스의 불경건에 편승하여 구성 요소들이 사라진다고 가정해서 뒤섞이는 연합(τὴν ἕνωσιν πρεσβεύουσιν)을 주장하며, 분할을 즐기는 어떤 사람들은 테오도레와 네스토리우스의 사상을 수용하여 관계적 연합(τὴν ἕνωσιν ἐπεισάγουσιν)을 제안한다. 그러나 거룩한 하나님의 교회는 이러한 각 이단의 불경건을 배척하면서 하나님의 말씀과 육체로 이루어진 기체에 따라서(κατὰ σύνθεσιν) 곧 위격에 따라서(καθ' ὑπόστασιν) 연합이 일어남을 고백한다. 왜냐하면 그리스도의 비밀 가운데 일어나는 기체에 따른 연합은(κατὰ σύνθεσιν ἕνωσις) 각 구성 요소들이 혼합되지 않도록 보존하고 어떤 분리도 받아들이지 않기 때문이다."507)

여기서는 본성이 아니라 기체가 위격이며 그 안에서 신성과 인성의 연합이 일어남을 고백함으로 안디옥 학파의 극단적 양성론과 알렉산드리아 학파의 극단적 단성론을 모두 정죄한다.

---

506) 이는 말씀의 인격 외에 성육신하신 그리스도의 인격을 따로 인정하여 두 인격을 말하고 있음을 뜻한다.
507) "Anathematisms of the Fifth General Council at Constantinople," 179–180.

"5"는 "4"를 재확인하고,

"6"은 칼케돈 신경의 "하나님의 어머니"(Θεοτόκος)에 관한 부분을 다시금 고백하고 있다.508)

"7. 만약 '두 본성 안에서'(ἐν δύο φύσεσι)라고 말하는 누군가가 우리의 한 주 예수 그리스도가 신성과 인성 가운데 계신 것으로(ὡς ἐν θεότητι καὶ ἀνθρωπότητι) 알려지신 것이 본성들의 구별을(τὴν διαφορὰν τῶν φύσεων) 지적하기 위함이시라고 고백하지 않고—이 구별에 의해서 형언할 수 없는 연합이(ἡ ἄφραστος ἕνωσις) 혼합 없이 (ἀσυγχύτως), 곧 말씀이 육체의 본성으로 변형되지도(μεταποιηθέντος) 육체가 말씀의 본성으로 전이되지도(μεταχωρησάσης) 않고 일어났으며 각 본성은 심지어 위격에 따른 연합이(τῆς ἑνώσεως καθ' ὑπόστασιν) 일어날 때에도 본성상 존재했던 대로 남게 된다—그 말이 그리스도의 비밀을(ἐπὶ τοῦ κατὰ Χριστὸν μυστηρίου) 여러 부분으로 나누는 것과 관련된다고 받아들인다면 [그에게 저주가 있을지어다]. 혹은 만약 누군가, 성육신하신 하나님의 말씀이신 동일하신 우리 주 예수 그리스도 안에 있는 본성들의 수효를 고백하는 가운데, 연합을 통해서도(διὰ τὴν ἕνωσιν) 제거되지 않는 그를 구성하는 요소들을 이론적으로(τῇ θεωρίᾳ) 구별할 뿐만 아니라—왜냐하면 그는 둘 모두로 이루어진 하나이시며 둘 모두는 하나를 통하여 있기 때문이다(εἶς γὰρ ἐξ ἀμφοῖν καὶ δι' ἑνὸς ἀμφότερα)—그 수효를 그가 마치 분리된 본성들을 그것들 자신의 위격들과 함께 지니고 계시기라도 하듯이 사용한다면 그에게 저주가 있을지어다."509)

여기서는 칼케돈 신경을 작성하는 데 있어서 가장 논란이 많았던 "두 본성 안에서"라는 말이 무엇을 의미하는지를 "4"의 연장선상에서 상세히 설명한다. 위격적 연합으로 신성과 인성은 혼합되거나 변형되거나 전이되지 않을 뿐만 아니라 마치 두 위격을 이루듯이 분리되지도 않는다고 하여 극단적인 단성론과 극단적인 양성론을 모두 정죄한다. 그리고 양성의 구별을 실제적이지 않고 이론적인 것으로 여긴 안디옥의 세베루스(Severus of Antioch, 465-538)를 위시한 일부 온건한 단성론자들의 입장을 받아들인다.510) 본 신경이 극단적이지는 않지만 단성론에 기울고 있음을 보

---

508) NPNFS 14.312-313.

509) "Anathematisms of the Fifth General Council at Constantinople," 181-182.

510) 안디옥의 세베루스는 위격에 연합되어 있는 신성과 인성이 구별된다는 점을 부인하지는 않는다. 그러나 그러한

여주는 대목이다.

"8. 만약 누군가가 연합이 신성과 인성 '두 본성으로부터'(ἐκ δύο φύσεων) 초래되었다고 고백하고 '하나님의 말씀의 성육신한 한 본성'(μίαν φύσιν τοῦ Θεοῦ Λόγου σεσαρκωμένην)에 대해서 말하면서도 이러한 용어들을 거룩한 교부들이 가르쳤듯이 신적인 본성과 인간적인 본성으로부터 위격에 따른 연합이(ἐκ τῆς θείας φύσεως καὶ τῆς ἀνθρωπίνης, τῆς ἑνώσεως καθ' ὑπόστασιν) 일어났을 때 한 그리스도가 형성되셨다는 뜻으로 받지 아니하고, 그것들을 사용하여 '그리스도의 신성과 육체의 한 본성 혹은 본질'(μίαν φύσιν ἤτοι οὐσίαν θεότητος καὶ σαρκὸς τοῦ Χριστοῦ)을 소개하려 든다면 그에게 저주가 있을지어다. 왜냐하면 독생하신 말씀이 위격에 따라서 연합되셨다고 말할 때 우리는 본성들 상호 간의 어떤 혼합이 있었다고 여기지 않으며 오히려 말씀이 육신과 연합되신 채로 각각이 그대로 머문다고 생각하기 때문이다. 그러므로 그리스도는 한 분, 하나님과 사람이시다. 동일하신 분이 신성에 따라서 아버지와 동일본질이시고(ὁμοούσιος τῷ Πατρὶ κατὰ τὴν θεότητα), 동일하신 분이 인성에 따라서 우리와 동일본질이시다(ὁμοούσιος ἡμῖν κατὰ τὴν ἀνθρωπότητα). 그러므로 하나님의 교회는 그리스도의 신적인 경륜의 비밀을 여러 부분으로 나누거나 자르는 사람들과 그것을 혼란하게 하는 사람들을 배척하고 저주한다."511)

칼케돈 신경을 작성하는 데 있어서 "두 본성 안에서(ἐν)"라는 말을 쓸 것인지 "두 본성으로부터(ἐκ)"라는 말을 쓸 것인지는 헬라어 표기와 관련하여 심각한 대립을 보였다. "7"에서는 전자를 "8"에서는 후자를 다룬다. 여기에서 보듯이, "두 본성으로부터"라는 말을 사용하는 것 자체가 거부되지는 않는다. 다만 극단적 단성론자들과 같이 그 연합으로 "한 본성 혹은 본질"이 된다고 말해서는 안 됨을 천명한다. 전치사 "ἐκ"를 유티케스와 같이 사용하지 말라는 것이다. 그러나 키릴의 용례에 따라 "하나님의 말씀의 성육신한 한 본성"(μίαν φύσιν τοῦ Θεοῦ Λόγου σεσαρκωμένην)이라는

구별이 단지 '이론적'이지 않고 '실제적'이라면 실제적 연합이 부인될 수밖에 없고 그렇다면 그리스도의 대속이 구원론적으로 무의미하게 된다고 여긴다. 그리하여 "로고스에 의한 인성의 경륜적 적합성"(the appropriation of the humanity by the Λόγος)을 거론하면서 신성에 의한 인성의 "변형"(變形)이 위격적 연합 가운데 일어남을 강조한다. 신인양성의 구별을 말하되 단순한 "병존"(竝存)이 아니라 이러한 "변형"을 강조한 점으로 미루어 우리는 제2차 콘스탄티노플에 영향을 미친 소위 '온건한 단성론'의 영향을 짐작할 수 있다. 참조. Iain R. Torrance, *Christology after Chalcedon: Severus of Antioch and Sergius the Monophysite* (Eugene, OR: Wipf and Stock Publishers, 1988), 75-79.

511) "Anathematisms of the Fifth General Council at Constantinople," 182.

말을 사용함으로써 온건한 단성론에 편향된 모습을 드러낸다.

"9. 만약 누군가가 그리스도는 두 본성 가운데(ἐν δυσὶ φύσεσι) 예배를 받으셔야 한다고 말하면서 하나님 말씀에 대한 합당한 경배와 사람에 대한 합당한 경배의 두 가지 경배를 소개하거나, 만약 누군가가 혹은 육체의 소멸이나 신성과 인성의 혼합을 빌미로, 혹은 그 두 본성의 요소들로 이루어진 한 본성이나 본질을 얼토당토않게 고안해냄으로써 그리스도를 예배하되 자기 자신의 육체에 따라 성육신한 하나님의 말씀을(τὸν Θεὸν Λόγον σαρκωθέντα μετὰ τῆς ἰδίας αὐτοῦ σαρκὸς) 경배하는, 하나님의 교회가 처음부터 받아들였던, 하나의 예배를 드리지 않는다면 그에게 저주가 있을지어다."512)

여기서는 신인양성의 연합 가운데 한 위격으로 계신 그리스도가 예배의 대상이 되심을 말한다. 신성과 인성이 제3의 본성을 이루어 예배의 대상이 되는 것이 아님을 분명히 하여 극단적 단성론을 거부한다. 다만 예배의 대상을 "자기 자신의 육체에 따라 성육신한 하나님의 말씀"이라는 키릴의 용어를 사용하여 특정함으로써 온건한 단성론의 영향을 드러낸다.

"10. 만약 누군가가 육체 가운데 십자가에 못 박히신 우리 주 예수 그리스도는 참 하나님이시고 영광의 주시며 성 삼위일체 가운데 한 분(ἕνα τῆς ἁγίας τριάδος)이시라고 고백하지 않는다면 그에게 저주가 있을지어다."513)

여기서는 그리스도의 십자가의 죽음을 위격적 연합에 따른 신인양성의 속성교통으로 다루고 있다. 죽음은 인성에 따른 것이지만 참 하나님이시며 참 사람이신 한 분 예수 그리스도께서 죽으신 것이므로 하나님이나 하나님의 아들이나 하나님 가운데 한 분이 고난당하셨다고 말하는 것이 합당하다. 그리하여 소아시아 스키티아의 수사들(Scythian monks)의 "신(神)수난설 신조"(Theopaschite formula)로 알려진 "삼위일체 가운데 한 분이 고난당하셨다"는 의미의 "Unus ex Trinitate passus est"가 채택되었다.514)

"11. 만약 누군가가 아리우스(Arius), 유노미우스(Eunomius), 마케도니우스(Macedonius), 아폴리나리우스(Apollinarius), 네스토리우스(Nestorius), 유티케스(Eutyches), 그리고

---

512) "Anathematisms of the Fifth General Council at Constantinople," 182–183.

513) "Anathematisms of the Fifth General Council at Constantinople," 183.

514) 이는 Patripassism(성부수난설)과는 본질적으로 다르다.

오리겐(Origen)과[515] 그들의 작품들, 그리고 거룩하고 보편적인 사도적 교회와 위에서 언급한 네 공의회에 의해서 정죄되고 저주받은 모든 다른 이단들, 그리고 위에서 언급한 이단들과 유사한 것을 지지했거나 지지하고 그들 자신의 불경건에 끝까지 머물러 있는 사람들을 저주하지 않는다면 그에게 저주가 있을지어다."[516]

"12"에서 "14"는 이단들에 대한 정죄에 할애된다. 무엇보다 여기에서 주요하게 거론되는 인물은 몹수에스티아의 테오도레와 네스토리우스이다. 전자는 하나님의 말씀과 성육신한 그리스도를 각각 한 인격으로 여겨 두 인격을 주장했다는 점이, 후자는 하나님의 말씀의 위격적 연합에 대한 온전한 이해가 없었다는 점이 특히 거론된다. 이렇듯 안디옥 학파에 속한 학자들에 대한 편향적인 비난은 온건한 단성론에 우호적인 본 신경의 특징을 잘 보여준다.[517]

여기서는 그리스도의 신격과 위격적 연합에 대한 그릇된 교리를 가르침으로 이전에 있었던 네 차례 공의회를 통하여 정죄된 자들을 열거하고 있는 바, 신앙고백과 신학적 변증은 항상 궤를 같이 하고 있다는 사실이 확인된다.

제2차 콘스탄티노플 공의회를 통하여 표명된 기독론은 칼케돈 신경의 수호자임을 자처했던 비잔티움의 레온티우스(Leontius of Byzantium 혹은 Leontius of Jerusalem, 485-543)의 영향을 감지하게 한다. 그에 따르면, 그리스도의 본성($\phi\acute{u}\sigma\iota\varsigma$)은 위격($\acute{u}\pi\acute{o}\sigma\tau\alpha\sigma\iota\varsigma$)과 구별되나, 위격 안에 있으며($\acute{\epsilon}\nu\upsilon\pi\acute{o}\sigma\tau\alpha\tau\sigma\varsigma$), 위격적이지 않을 수($\acute{\alpha}\nu\upsilon\pi\acute{o}\sigma\tau\alpha\tau\sigma\varsigma$) 없다. 달리 말하면, 위격적이지 않은 본성($\phi\acute{u}\sigma\iota\varsigma$ $\acute{\alpha}\nu\upsilon\pi\acute{o}\sigma\tau\alpha\tau\sigma\varsigma$)은 존재하지 않는다. 그리스도의 본성은 스스로($\kappa\alpha\theta$' $\acute{\epsilon}\alpha\upsilon\tau\acute{\eta}\nu$) 존재할 수 없다. 그리스도의 본성은 위격이 아니며 말씀 안에서 위격적으로 존재하게 된다($\acute{u}\pi\sigma\sigma\tau\hat{\eta}\nu\alpha\iota$ $\acute{\epsilon}\nu$ $\tau\hat{\omega}$ $\lambda\sigma\gamma\omega$).[518] 이러한 입장은 칼케돈 신경을 충실히 반영하고 있다.[519] 다만 레온티우스는 더 나아가서 위격 안에 본성이 취해짐으로 본성이 위격화하는 것($\acute{\epsilon}\nu\upsilon\pi\acute{o}\sigma\tau\alpha\tau\sigma\nu$ $\epsilon\hat{\iota}\nu\alpha\iota$)을 속성교통이라고 봄으로 이를 통하여 신성과 인성이 혼합되거나 변화될 가

---

[515] 오리겐은 그 순서와 성격 등을 고려할 때 진정성에 의문이 없지 않다고 여기는 경우가 많다.
[516] "Anathematisms of the Fifth General Council at Constantinople," 183.
[517] *NPNFS* 14.315-316. 참조. Meyendorff, "Chalcedonians and Monophysites after Chalcedon," 28-29.
[518] Relton, *A Study in Christology*, 71, 77.
[519] 참조. Silas Rees, "Leontius of Byzantium and His Defence of the Council of Chalcedon," *Harvard Theological Review* 24/2 (1931), 111-119.

능성에 대한 여지를 남겨두었다.520) 이러한 오류는 그가 아리스토텔레스의 철학을 과도하게 수용하여 본성(φύσις)과 위격(ὑπόστασις)을 각각 이차적 본질(δευτέρα οὐσία) 과 원 본질(πρώτη οὐσία)로 여긴 데서 비롯되었다.521) 위격과 본성의 본질적 구별을 부인하고 위격적 연합을 본성의 위격화로 여기게 된다면, 위격적 연합은 필히 본성의 혼합이나 변화에 이를 수밖에 없게 된다. 이러한 난점을 제2차 콘스탄티노플 회의는 고스란히 내포하고 있다.

7. 제3차 콘스탄티노플 공의회

제2차 콘스탄티노플 공의회는 기독론 논쟁의 종결을 고하기는커녕 오히려 더욱 다양한 분파를 양산하고 그들의 신학적 간극을 넓혀 놓았다. 신학적 지형도는 점점 더 복잡해져 갔다. 논쟁은 더욱 과격하고 첨예화되어 갔다. 새로운 논쟁은 성육신한 예수 그리스도의 의지(θέλημα)와 활동(ἐνέργεια)이 신성과 인성에 따라서 둘인가에 관련되었다. 이러한 질문은 안디옥 편에서 긍정적으로 제기된 것이 아니라 극단적 알렉산드리아 편에서 부정적으로 제기되었다. 단성론자들은 이를 빌미로 자신들의 입장을 변호하려고 하였다. 콘스탄티노플 대주교인 세르기우스(Sergius)가 황제 헤라크리우스(Heraclius)에게 권하여 그리스도에게는 "한 신인(神人)의 활동"(μία θεανδρικὴ ἐνέργεια)이 있다고 공표했을 때 이는 그 양상만 다를 뿐 단성론을 선포한 것과 다름이 없었다.522)

사람들은 새롭게 제기된 단의론(Monotheletism)을 단성론(Monophysitism)과 동일시했다. 그러므로 극적인 대치는 불가피했다. 이러한 곤경 가운데 정통적인 양성론의 입장에 서서 양의론(Duotheletism)을 개진함으로써 새로운 공의회로 나아가는 획기적인 전환점을 마련한 교부가 고백자 막시무스(Maximus the Confessor, 580-662)였다.

---

520) Relton, *A Study in Christology*, 81, 82.

521) Relton, *A Study in Christology*, 76. 다음 글에서 저자는 비잔티움의 레온티우스가 무미건조한 아리스토텔레스의 철학적 용례에 따라서 칼케돈 신경을, 위격과 본성에 대한 이해를 추구하는 과정에서 인성의 신성에의 참여 혹은 신화(神化)의 여지를 남기게 되었다고 주장한다. Meyendorff, "Chalcedonians and Monophysites after Chalcedon," 21-23.

522) 참조. Mackintosh, *The Person of Jesus Christ*, 219-220.

막시무스는 칼케돈 신경에 정초해서 알렉산드리아와 갑바도기아의 전통에 두루 심취하였으며, "우주적 신학자"라고 불리는 바, 성육신에 있어서의 그리스도의 인성의 신화(神化, θέωσις, deificatio)에 주안점을 두고 성도의 구속(救贖)적 신화와 더불어 우주(宇宙)적 신화를 함께 개진했다.523)

막시무스는 양의설을 지지하였다. "내 아버지여 만일 할 만하시거든 이 잔을 내게서 지나가게 하옵소서"(마 26:39)라는 주님의 겟세마네 기도를 다루면서, 비록 인간의 의지는 종종 하나님에 맞서고 거역하기도 하지만 주님의 의지는 신화되어 하나님의 의지와 어떤 주저함이나 쟁투심의 여지도 없는 "완전한 조화(concordia, συμφυία)와 일치(consensio, σύννευσις)"에 이른다고 단언한다.524) 주님 안에서 인간의 의지는 하나님의 의지의 도구가 된다고 보는 것이다.525) 이와 관련하여 막시무스는 인간의 영혼이 윤리적으로나 본질상 로고스와 다를 바 없이 이 두 의지 사이를 중재한다는 철학적 견해를 제시한다. 그러나 그것까지 공의회에 반영된 것은 아니었다.526)

만약 당신이 "나의 원대로 마시옵고 아버지의 원대로 하옵소서"라는 말의 주어가 우리와 같은 사람이 아니라 우리가 지금 생각하고 있는 구주시라는 것을 이해한다면, 당신은 인간적 의지와 그의 의지 그리고 아버지의 의지의 궁극적 일치를(summam humanae voluntatis cum ejus ac Patris voluntate consensionem) 고백하게 될 것이다. 그리고 본성들의 이중성과 함께 두 뜻(θελήσεις)이 있으며 두 본성 각각에 두 작용(ἐνεργείαι)이 있다는 사실과 비록 그가 본래 그로 말미암고, 그 안에 있고, 그 자신인 두 본성들 사이의 차이를 줄곧 지지하신다고 하더라도 그것들 사이의 어떤 대립도 허용하지 않으신다는 사실을 입증하게 될 것이다.527)

---

523) Maximus the Confessor, *On the Cosmic Mystery of Jesus Christ: Selected Writings from St Maximus the Confessor*, tr. Paul M. Blowers and Robert Louis Wilken (Crestwood, NY: St. Vladimir's Seminary Press, 2003), "Introduction," 16-21. 이하 본서는 *CM*으로 표기.

524) Maximus the Confessor, "Opusculum 6," *CM* 173, J. P. Migne, *Patrologiae Cursus Completus: Series Graeca*, 91.65-66. 이하 본 전집은 *PG*로 표기.

525) 참조. Thomas Joseph White, "Dyotheletism and the Instrumental Human Consciousness of Jesus," *Pro Ecclesia* 17/4 (2008), 401-402, 420. 저자는 고백자 막시무스의 이러한 입장이 다메섹의 요한과 토마스 아퀴나스에게 영향을 미쳤다고 본다(402-408).

526) 참조. Mackintosh, *The Person of Jesus Christ*, 220.

527) Maximus the Confessor, "Opusculum 6," *CM* 174 (PG 91.67-68).

이렇듯 분명한 입장을 개진하는 데는 다음과 같은 더욱 확고한 신학적 논지가 있었다.

비록 이러한 추지(推知)가 반감을 낳을 수도 있겠으나 분명 "나의 원대로 마시옵고"라는 부정은 어떤 대립의 여지도 남기지 않고 오히려 구주의 인간적 의지와 신적인 의지 그리고 부성적 의지의 궁극적 조화와 필연적 하나됨을(humanae Salvatoris voluntatis cum divina ejus ac paterna voluntate summam concordiam ac necessitudinem) 제시한다. 말씀이 우리의 본성 그 전부를 취하셨으며 그 취함 가운데 그의 인간적 의지를 신화(神化)하셨다는(deificaverit) 전제 가운데 우리는 이를 이해한다. 이로부터 따르는 사실은, "나의 원대로 마시옵고 아버지의 원대로 하옵소서"라고 하실 때, 그는 우리를 위하여 우리와 같이 되셔서 그의 하나님과 아버지를 인간적 방식으로(ἀνθρωποπρεπῶς) 부르고 계셨다는 점이다. 그런 만큼 본성상 하나님으로서 그는 또한 자신의 인성 가운데 아버지의 뜻에 대한 성취를 자신의 인간적 의지로 마음에 담고 계신다. ……그는 우리를 위한 이러한 구원의 경륜의 위대한 업적을 그의 성육신의 비밀을 통하여 성취하셨다.[528]

막시무스는 양성론과 양의설을 견지하는 가운데 그리스도의 인성이 단지 신성의 수단에 불과한 것이 아니며 그 속성에 부합하는 실제적인 자유를 지니고 있다고 보았음에도 불구하고 위격적 연합에 따라 인간적 의지가 신적 의지에 종속되거나 신적 의지로 변화되는 일종의 신화(神化)를 겪는다는 점을 강조함으로써 단의설에도 명분을 주었다.[529] 이러한 측면에서 그의 입장은 절충적이라고 여겨지기도 한다.[530] 막시무스에게서 우리는 신학적 비밀에 대한 철학적 절충을 발견한다. 과연 이것이 심화를 뜻하는지 타협을 뜻하는지 가늠하기는 쉽지 않다. 여하튼 그의 절충설은 동시대인의 거국적 환영을 받지는 못했다. 오히려 그의 고백은 자신을 극단적인 궁지로 몰아갔을 뿐이었다. 그러나 후대에 미친 그의 영향은 뚜렷하다. 분명 막시무스는 다메섹의 요한이 던진 다음 질문에 선구적 답을 주고 있었던 것이다.

---

528) Maximus the Confessor, "Opusculum 6," *CM* 176 (PG 91,67–68).
529) 참조. John Meyendorff, "Christ's Humanity: The Paschal Mystery," *St Vladimir's Theological Quarterly* 31/1 (1987), 29–30.
530) 참조. Mackintosh, *The Person of Jesus Christ*, 220.

우리 주가 나사로를 살릴 때와 그의 고난의 때에 기도를 올려드리신 일이 어찌 일어날 수 있었는가? 그의 거룩한 마음은 말씀이신 하나님과 단번에 위격적으로 하나가 되어 (secundum hypostasim unita) 있었으므로 하나님을 향하여 올라가거나 하나님께 간구할 어떤 필요도 없었지 않았는가?[531]

막시무스의 신학이 배경적 역할을 했다면 로마의 교황 아가토(Agatho, ?-681)의 편지는 "레오의 책"이 칼케돈에서 차지하는 이상으로 결정적인 역할을 하였다. 아가토는 삼위일체 하나님은 한 본질과 의지를 지니시나 성육신한 주님은 두 본성, 두 의지, 두 활동을 분할 없이, 변화 없이, 분리 없이, 혼합 없이 지니심을 천명하였다.[532] "위격적 연합에 따라서" "말씀은 말씀에 고유한 것을 행하시고 육체는 육체에 고유한 것을 행하시는 가운데, 전자가 기적으로 빛날 때 후자는 참상(慘狀) 가운데 무릎을 꿇으셨다"고 편지하여 단성론에 서게 되면 신인양성의 속성교통을 통한 주님의 사역을 올바로 받아들일 수 없음을 역설하였다.[533]

제3차 콘스탄티노플 공의회(680-681)에서 채택한 신경의 전반부는 이전에 있었던 다섯 차례의 공의회에서 정죄되었던 자들의 면면과 그들의 잘못된 주장을 조목조목 개관하는 데 할애된다. 후반부는 칼케돈 신경에 당시 논쟁이 되었던 사안에 대한 고백을 첨가하는 형식으로 구성된다. 새로 추가된 부분은 다음과 같이 시작된다.[534]

우리는 또한 그[예수 그리스도] 안에 두 본성적인 의지 혹은 의지(δύο φυσικὰς θελήσεις ἤτοι θελήματα)와 두 본성적인 활동(δύο φυσικὰς ἐνεργείας)이 분할 없이, 변화 없이, 분리 없이, 혼합 없이(ἀδιαιρέτως, ἀτρέπτως, ἀμερίστως, ἀσυγχύτως) 존재함을 거룩한 교부들을 따라서 선포한다. 두 본성적인 의지는 서로 배치되지 않는다. ……그의 인간적 의지는(τὸ ἀνθρώπινον αὐτοῦ θέλημα) 순종한다. 그것은 거역하거나 반대하지 않고 오히

---

531) John of Damascus, "On the Orthodox Faith," 3.24 (PG 94.1090).
532) "The Letter of Pope Agatho," NPNFS 14.328-339, 특히 332-333.
533) "The Letter of Agatho and of the Roman Synod of 125 Bishops Which Was to Serve as an Instruction to the Legates Sent to Attend the Sixth Synod," NPNFS 14.340-341, 특히 341.
534) "The Definition of Faith," NPNFS 14.344-346.

려 그의 신적이며 전능한 의지에(τῷ θείῳ αὐτοῦ καὶ πανσθενεῖ θελήματι) 복종한다. 지극히 현명한 아타나시우스에 따르면, 마땅히 육체의 의지는(τὸ τῆς σαρκὸς θέλημα) 본성상 감동을 받은 대로 신적인 의지에(τῷ θελήματι τῷ θεϊκῷ) 종속되어야 했다. 그의 육체가 하나님의 말씀의 육체(σὰρξ τοῦ Θεοῦ Λόγου)라고 불리고 또한 그러한 것과 같이, 그의 육체의 본성적 의지도 하나님의 말씀 자신의 의지(ἴδιον τοῦ Θεοῦ Λόγου)라고 불리고 또한 그러하다. 그는 육체가 자신의 것이 되었듯이 육체의 의지를 자신의 것이라고 부르시면서 다음과 같이 말씀하신다. "내가 하늘에서 내려온 것은 내 뜻을 행하려 함이 아니요 나를 보내신 이의 뜻을 행하려 함이니라"(요 6:38). 이와 다를 바 없이, 그의 지극히 거룩하고 흠 없는 살아있는 육체는 신화(神化)되었으나 파괴되지 않았으며(θεωθεῖσα οὐκ ἀνῃρέθη) 그 자체의 법과 원리에(ἰδίῳ αὐτῆς ὅρῳ τε καὶ λόγῳ) 머물렀다. 마찬가지로 그의 인간적 의지는 신화(神化)되었으나 파괴되지 않았으며(θεωθὲν οὐκ ἀνῃρέθη) 오히려 보존되었다. 신학자 그레고리가535) 말하듯이, "그의 의지는 그의 구주로서의 특성 가운데 배태되어 하나님에 배치되지 않고 전적으로 신화(神化)된다(θεωθέν)." 우리는 또한 우리의 참 하나님이신 동일하신 우리 주 예수 그리스도 안에 분할 없이, 변화 없이, 분리 없이, 혼합 없이 존재하는 두 본성적인 활동(δύο φυσικὰς ἐνεργείας), 즉 신적인 활동과 인간적인 활동으로(θείαν ἐνέργειαν καὶ ἀνθρωπίνην ἐνέργειαν) 말미암아 영광을 올린다. 레오가 아주 분명하게 말하듯이, "각각의 형상은(μορφή) 그것에 고유한 것을 다른 형상과 교통하는 가운데 행한다. 즉 말씀은 말씀에 속한 것을 수행하면서, 육체는 육체에 속한 것을 이행하면서." 그러므로 우리는 하나님과 피조물 사이에 하나의 본성적 활동이(μίαν φυσικὴν τὴν ἐνέργειαν Θεοῦ καὶ ποιήματος) 존재한다는 것을 인정하지 않는다. 그리하여 신성 속으로 창조된 것을 끌어올리지 않으며, 만들어진 것들을 위하여 적당한 자리 속으로 신성의 월등함을 끌어내리지 않는다. 능변(能辯)의 키릴이 말했듯이, "우리는 기적들과 고난이, 그 자신이며 그 자신이 그 속에서 존재를 지니시는 본성들의 차이에 따라서, 한 동일하신 분에게 속한다는 것을 인정한다."536)

이렇듯 최초의 네 공의회를 신학적으로 주도했던 교부들을 모두 거론하면서 성

---

535) 나지안주스의 그레고리(Gregory of Nazianzus)를 말한다.
536) 인용된 헬라어 텍스트. "The *Definitio Fidei* of the Sixth General Council at Constantinople," in Bindley, *The Oecumenical Documents of the Faith*, 248-249.

육신한 그리스도에게 신성과 인성에 따른 두 의지와 두 활동이 있음을 천명한다. 칼케돈 신경의 네 공식(ἀσυγχύτως, ἀτρέπτως, ἀδιαιρέτως, ἀχωρίστως)과 순서와 단어 사용에서는 차이가 있지만 내용에서는 다를 바 없이 신성에 따른 의지와 활동과 인성에 따른 의지와 활동이 "분할 없이, 변화 없이, 분리 없이, 혼합 없이"(ἀδιαιρέτως, ἀτρέπτως, ἀμερίστως, ἀσυγχύτως) 존재함을 고백하고 있다는 점과 이러한 가운데 인성의 신화(神化)를 말하고 있다는 점이 주목된다. 여기에서 말하는 신화는 아타나시우스 이래로 사용된 초대교회의 용례에 따른 것으로 위격적 연합에 따른 신인양성의 속성교통으로 인하여 인성에 돌려지는 고귀함을 뜻한다.537)

그리고 계속되는 부분에서 이상의 논의를 간결하게 정리한다. 이후 저주문에 해당하는 부분이 마지막에 나오지만 사실상 신앙고백의 조항은 여기에서 끝이 난다.

> 여하한 경우든 의심할 바 없고 나눌 수 없는 이러한 사실을 새기면서 우리는 다음과 같이 전체 고백을 간략히 표명한다. 우리의 참 하나님이신 우리 주 예수 그리스도는 육체를 취하신 후에도 거룩한 삼위일체의 한 분이시라는 것을 믿으며 그 자신의 한 위격 안에 그 자신의 두 본성이 밝게 빛난다고 선포한다. 그 가운데 그는 전 과정의 경륜을 통하여 행하신 기적들과 당하신 고난을 환영(幻影)이 아니라 실제로 모두 보여주셨다. 동일한 한 위격 가운데 본성의 차이(τῆς φυσικῆς ἐν αὐτῇ τῇ μιᾷ ὑποστάσει διαφορᾶς)가 인식되는 것은 각각의 본성이 다른 본성과 교통하면서 자체에 고유한 것을 의지하고(θέλειν) 행한다는(ἐνεργεῖν) 사실 때문이다. 이러한 원리에 따라서 우리는 인류의 구원을 위해서 서로 결합되어 있는 두 본성적인 의지와 활동으로 말미암아 영광을 올린다.538)

8. 아타나시우스 신경

그 첫 단어를 따서 "Symbolum Quicunque"라고도 불리는 아타나시우스 신경(the Athanasian Creed)은 9세기 이후에 수립된 것으로 제1-4차 공의회의 신경과 삼위일

---

537) 이에 대해서 후술할 본서 제9장 5. "은사의 교통"(Communicatio Gratiarum)에서 자세히 다룬다.
538) "The *Definitio Fidei* of the Sixth General Council at Constantinople," 249.

체와 기독론에 관한 어거스틴의 신학을 일목요연하게 전개하고 있다. 저자는 불명하나 본 신경이 어거스틴의 영향을 받은 서방 교회의 산물인 것은 분명해보인다.539) 샤프(Philip Schaff)는 이를 "음악적 신경이자 교리적 시편"이라고 불렀다.540) 본 신경은 루터파와 많은 개혁파 교회들에 의해서(아우구스부르크 신앙고백서, 일치신조, 영국 성공회 39개조, 제2차 헬베틱 신앙고백서, 벨직 신앙고백서, 보헤미안 신앙고백서) 공식적으로 채택되었다. 루터는 이를 "사도시대 이후 가장 중요하고 영광스러운 작품"이라고 말했다.541)

아타나시우스 신경은 크게 세 부분으로(1-2조, 3-28조, 29-44조) 나누어져 있다. 각 부분은 모두 저주문으로 끝나고 있다. 첫 부분은 "보편신앙"(fides catholica)을 견지하는 것이 구원에 필수적이라는 사실을 말하는 서론에 해당하고, 둘째와 셋째 부분은 본론으로서 각각 삼위일체론과 기독론을 다룬다.542)

Latin Original (괄호는 후대 첨가)	Old Translation 1548 (괄호는 Schaff 수정)
1. Quicunque vult salvus esse: ante omnia opus est, ut teneat catholicam fidem. 2. Quam nisi quisque integram inviolatamque servaverit: absque dubio in aeternum peribit. 3. Fides autem catholica haec est: ut unum Deum in Trinitate, et Trinitatem in Unitate veneremur; 4. Neque confundentes personas: neque substantiam separantes. 5. Alia est enim persona Patris: alia Filii: alia Spiritus Sancti.	1. Whoever will be saved: before all things it is necessary that he hold the Catholic Faith; 2. Which Faith except every one do keep whole and undefiled: without doubt he shall perish everlastingly. 3. And the Catholic Faith is this: That we worship one God in Trinity, and Trinity in Unity; 4. Neither confounding the Persons: nor dividing the Substance [Essence]. 5. For there is one Person of the Father: another of the Son: and another of the Holy Ghost.

---

539) Schaff, *The Creeds of Christendom*, 1.36.
540) Schaff, *The Creeds of Christendom*, 1.37.
541) Schaff, *The Creeds of Christendom*, 1.40-41.
542) 아래는 다음 자료를 편집. Schaff, *The Creeds of Christendom*, 2.66-70. 여기에 실린 라틴본은 공인된 것이며 영어본은 "일반기도서"(the Book of Common Prayer)에 실린 것이다. 동방에서는 이를 받지 않기 때문에 공인된 헬라본은 없다.

6. Sed Patris et Filii et Spiritus Sancti una est divinitas: aequalis gloria, coaeterna majestas.

7. Qualis Pater: talis Filius: talis [et] Spiritus Sanctus.
8. Increatus Pater: increatus Filius: increatus [et] Spiritus Sanctus.

9. Immensus Pater: immensus Filius: immensus [et] Spiritus Sanctus.

10. Aeternus Pater: aeternus Filius: aeternus [et] Spiritus Sanctus.
11. Et tamen non tres aeterni: sed unus aeternus.
12. Sicut non tres increati: nec tres immensi: sed unus increatus: et unus immensus.

13. Similiter omnipotens Pater: omnipotens Filius: omnipotens [et] Spiritus Sanctus.
14. Et tamen non tres omnipotentes: sed unus omnipotens.
15. Ita deus Pater: deus Filius: deus [et] Spiritus Sanctus.

16. Et tamen non tres dii: sed unus est Deus.
17. Ita dominus Pater: dominus Filius: dominus [et] Spiritus Sanctus.

18. Et tamen non tres domini: sed unus [est] Dominus.

6. But the Godhead of the Father, of the Son, and of the Holy Ghost, is all one: the Glory equal, the Majesty coeternal.

7. Such as the Father is: such is the Son: and such is the Holy Spirit.
8. The Father uncreate [uncreated]: the Son uncreate [uncreated]: and the Holy Ghost uncreate [uncreated].

9. The Father incomprehensible [unlimited]: the Son incomprehensible [unlimited]: and the Holy Ghost incomprehensible [unlimited, or infinite].

10. The Father eternal: the Son eternal: and the Holy Ghost eternal.
11. And yet they are not three eternals: but one eternal.
12. As also there are not three uncreated: nor three incomprehensibles [infinites], but one uncreated: and one incomprehensible [infinite].

13. So likewise the Father is Almighty: the Son almighty: and the Holy Ghost Almighty.
14. And yet they are not three Almighties: but one Almighty.
15. So the Father is God: the Son is God(deus): and the Holy Ghost is God.

16. And yet they are not three Gods: but one God.
17. So likewise the Father is the Lord: the Son Lord: and the Holy Ghost Lord.

18. And yet not three Lords: but one Lord.

19. Quia sicut singulatim unamquamque personam Deum ac Dominum confiteri, christiana veritate compellimur:

20. Ita tres deos, aut [tres] dominos dicere, catholica religione prohibemur.

21. Pater a nullo est factus: nec creatus, nec genitus.

22. Filius a Patre solo est: non factus, nec creatus: sed genitus.

23. Spiritus Sanctus a Patre et Filio: non factus, nec creatus, nec genitus: sed prodedens.

24. Unus erge Pater, non tres patres: unus Filius, non tres filii: unus Spiritus Sanctus, non tres spiritus sancti.

25. Et in hac Trinitate nihil prius, aut posterius: nihil majus, aut minus.

26. Sed totae tres personae coaeterae sibi sunt, et coaequales.

27. Ita, ut per omnia, sicut jam supra dictum est: et Unitas in Trinitate, et Trinitas in Unitate, veneranda sit.

28. Qui vult ergo salvus esse, ita de Trinitate sentiat.

29. Sed necessarium est ad aeternam salutem: ut incarnationem quoque Domini nostri Jesu Christi fideliter credat.

30. Est ergo fides recta, ut credamus et confiteamur: quod Dominus noster Jesus Christus Dei Filius, Deus [pariter] et homo est:

31. Deus [est] ex substantia Patris, ante secula genitus: et homo ex substantia matris, in seculo natus.

19. For like as we are compelled by the Christian verity: to acknowledge every Person by himself to be God and Lord:

20. So are we forbidden by the Catholic Religion: to say, There be [are] three Gods, or three Lords.

21. The Father is made of none: neither created, nor begotten.

22. The Son is of the Father alone: not made, nor created: but begotten.

23. The Holy Ghost is of the Father and of the Son: neither made, nor created, not begotten: but proceeding.

24. So there is one Father, not three Fathers: one Son, not three Sons: one Holy Ghost, not three Holy Ghosts.

25. And in this Trinity none is afore, or after another: none is greater, or less than another.

26. But the whole three Persons are coeternal, and coequal.

27. So that in all things, as afore said: the Unity in Trinity, and the Trinity in Unity, is to be worshipped.

28. He therefore that will be saved, must [let him] thus think of the Trinity.

29. Furthermore it is necessary to everlasting salvation: that he also believe rightly [faithfully] the Incarnation of our Lord Jesus Christ.

30. For the right Faith is, that we believe and confess: that our Lord Jesus Christ, the Son of God, is God and Man.

31. God, of the Substance [Essence] of the Father: begotten before the worlds: and Man, of the Substance [Essence] of his Mother, born in the world.

32. Perfectus Deus: perfectus homo, ex anima rationali et humana carne subsistens.
33. Aequalis Patri secundum divinitatem: minor Patre secundum humanitatem.
34. Qui licet Deus sit et homo; non duo tamen, sed unus est Christus.
35. Unus autem, non conversione divinitatis in carnem: sed assumptione humanitatis in Deum.

36. Unus omnino; non confusione substantiae: sed unitate personae.

37. Nam sicut anima rationalis et caro unus est homo: ita Deus et homo unus est Christus.
38. Qui passus est pro nostra salute: descendit ad inferos: tertia die resurrexit a mortuis.

39. Ascendit ad [in] caelos: sedet ad dexteram [Dei] Patris [omnipotentis].

40. Inde venturus [est] judicare vivos et mortuos.

41. Ad cujus adventum omnes homines resurgere habent cum corporibus suis;
42. Et reddituri sunt de factis propriis rationem.
43. Et qui bona agerunt, ibunt in vitam aeternam: qui vero mala, in ignem aeternum.

44. Haec est fides catholica: quam nisi quisque fideliter firmiterque crediderit, salvus esss non poterit.

32. Perfect God: and perfect Man, of a reasonable soul and human flesh subsisting.
33. Equal to the Father, as touching his Godhead: and inferior to the Father as touching his Manhood.
34. Who although he be [is] God and Man; yet he is not two, but one Christ.
35. One; not by conversion of the Godhead into flesh: but by taking [assumption] of the Manhood into God.
36. One altogether; not by confusion of Substance [Essence]: but by unity of Person.
37. For as the reasonable soul and flesh is one man: so God and Man is one Christ.
38. Who suffered for our salvation: descended into hell [Hades, spirit-world]: rose again the third day from the dead.
39. He ascended into heaven, he sitteth on the right hand of the Father God [God the Father] Almighty.
40. From whence [thence] he shall come to judge the quick and the dead.
41. At whose coming all men shall rise again with their bodies;

42. And shall give account for their own works.
43. And they that have done good shall go into life everlasting: and they that have done evil, into everlasting fire.
44. This is the Catholic Faith: which except a man believe faithfully [truly and firmly], he can not be saved.

아타나시우스 신경은 어떤 다른 신경보다 상세하게 삼위일체론을 다루고 있다.

첫째, 삼위일체는 "셋 가운데 하나와 하나 가운데 셋"(Unitas in Trinitate, et Trinitas in Unitate)을 뜻한다(3, 27). "인격"(persona)은 셋이나(5) "신성"(divinitas)은 하나이다(6). 성부, 성자, 성령은 모두 "하나님"(deus)이시며 "주"(dominus)이시나(15, 17), "한 하나님"(unus Deus)이시며 "한 주"(unus Dominus)이시다(16, 18, 19, 20). 그러므로 "[세] 인격들을(personas) 뒤섞거나 [한] 실체(substantia)를 나누어서는 안 된다(4)."543)

둘째, "신성"은 성부, 성자, 성령에게 있어서 동일하다. 성부, 성자, 성령은 영광이 동등하시며, 권세가 영원하시며(6-7), 지음을 받지 아니하셨으며(8), 무한하시며(9), 영원하시며(10), 전능하시다(13). 영원하심이나 무한하심이나 지음을 받지 않으심이나 전능하심은 하나이지 셋이 아니다(12, 14).

셋째, 성부, 성자, 성령은 다음과 같이 구별된다. 그러므로 세 하나님, 세 아들, 세 성령이 계시지 않다(24). 여기에는 필리오케(Filioque, et Filio)에 대한 조항과 더불어 내재적 혹은 존재적 삼위일체에 관한 정통적인 입장이 함께 개진되어 있다. 이는 어거스틴의 영향을 뚜렷이 반영한다.

> 아버지는 무엇에 의해서 되시지 않는다. 만들어지시지도 나시지도 않는다(Pater a nullo est factus: nec creatus, nec genitus)(21). 아들은 오직 아버지로부터시다. 되시지도 않고 만들어지시지도 않고 나신다(Filius a Patre solo est: non factus, nec creatus: sed genitus)(22). 성령은 아버지와 아들로부터시다. 되시지도 않고 만들어지시지도 않고 나시지도 않고 나오신다(Spiritus Sanctus a Patre et Filio: non factus, nec creatus, nec genitus: sed procedens)(23).

넷째, 성부, 성자, 성령은 선후(先後)나 상하(上下)가 없다(25). 각각은 "함께 영원하고"(coaeternae) "함께 동등하다"(coaequales)(26). 그러므로 종속설이 거부된다.

아타나시우스 신경의 후반부에 할애된 기독론은 칼케돈 신경을 충실히 따르고 있으며 특히 다음과 같은 점을 부각시킨다.

---

543) "인격"(persona)을 칭하는 "πρόσωπον"은 "위격"으로 번역되는 "ὑπόστασις"와 동의어로 사용되어 "위격적 존재"(subsistentia)를 의미한다. 그러므로 "본질"(essentia) 혹은 "실체"(substantia)로 번역되는 "οὐσία"와는 구별된다. "οὐσία"는 "본성"(natura)을 뜻하는 "φύσις"와 뜻이 가깝기 때문이다.

첫째, 주님은 "완전한 하나님"(perfectus Deus)이시고 "완전한 사람"(perfectus homo)이시다(32). "하나님으로서 세상이 있기 전에 아버지의 실체로부터 나셨으며, 사람으로서 세상 가운데 어머니의 실체로부터 나셨다"(Deus [est] ex substantia Patris, ante secula genitus: et homo ex substantia matris, in seculo natus)(31). 그는 하나님이시고 사람이시나 둘이 아니라 "한 그리스도"(unus Christus)시다(34). 한 분 그리스도가 "신성에 따라서는 아버지와 동일하시고 인성에 따라서는 아버지보다 못하시다"(Aequalis Patri secundum divinitatem: minor Patre secundum humanitatem)(33). 이렇듯 영원한 나심과 역사상 나심의 두 나심을 한 분 그리스도께 돌리면서 그의 참 신성과 참 인성을 조명하고 있음이 본 신경의 현저한 특징이다.

둘째, 하나님과 사람으로서 주님이 한 분이신 것은 "신성이 육체로 변화됨으로가 아니라 인성이 하나님께 취해짐으로 말미암는다"(non conversione divinitatis in carnem: sed assumptione humanitatis in Deum)(35). 그것은 "실체의 혼합에 의해서가 아니라 인격의 하나됨에 의해서이다"(non confusione substantiae: sed unitate personae)(36). 여기에서 성육신의 주체가 제2위 성자 하나님 곧 그의 인격이시며 성육신은 그가 하나님으로서 인성을 취하시는 것이라는 사실을 분명히 천명한다. 그리하여 성육신의 비밀이 위격적 연합의 비밀 곧 위격의 비밀에 있음을 드러낸다.

셋째, "마치 이성적인 영혼이 육체와 한 사람이듯이 하나님과 사람이 한 그리스도시다"라고 하여(37) 신인양성의 위격적 연합을 영혼과 육체의 연합에 비유하고 있다. 이는 어거스틴이 반복해서 사용하던 논법이다.[544]

넷째, 이러한 그리스도의 인격에 대한 이해에 기초해서 그의 사역을 다루고 있다(38-43). 다만 사역에 있어서의 양성의 속성교통에 대한 구체적인 언급은 나타나지 않는다. 무엇보다 주목할 것은 주님의 십자가 죽음과 장사되심에 대한 고백은 없고 지옥강하("descendit ad inferos")에 대한 고백이 그것들을 대치하듯이 그 자리에 위치하고 있다는 사실이다(38). 이는 지옥강하를 죽음의 영적인 고통이나 장사되심으로

---

[544] 영혼과 육체가 연합하여 사람이 되는 것과 신성과 인성의 위격적 연합은 본질적으로 다르다. 영혼은 인성의 한 구성요소일 뿐 신성을 지시할 수 없기 때문이다. 그러나 어거스틴이나 핫지(Charles Hodge)가 이 비유를 사용하는 것은 위격적 연합이 비밀이라는 사실을 부각시키는 데 있지 연합의 실체나 구조를 구체적으로 유비하는 데 있지 않다는 점을 고려해야 한다. 이에 대해서 후술할 본서 제5장 3. "연합 가운데 한 분이심"(unitas in unione)에서 자세히 다룬다.

보고 있다는 추론을 가능하게 한다.[545]

9. 루터파 신경들 : 루터파 속성교통론에 주목하여

함께 칼케돈 신경을 받아들이지만 중보자 그리스도의 인격과 사역에 대한 루터파와 개혁파의 이해는 엄연히 구별된다. 양자를 대척점에 서게 한 것은 위격적 연합에 따른 신인양성의 속성교통(communicatio idiomatum)의 방법과 효과에 대한 이견 때문이었다.

개혁파는 신성과 인성이 위격 안에 있으므로 양성의 모든 속성이 위격에 돌려지는 것만을 속성교통이라고 본 반면, 루터파는 신성의 속성이 인성에 전달되어 인성이 신적으로 고양되는 것을 그 핵심으로 여겼다. 이러한 루터파의 입장에 서게 되면, 주님이 세례를 통하여 성령의 충만함을 입으신 것이나(눅 4:1) 시간이 흐름에 따라 지혜와 키가 자라가신 것을(눅 2:52) 설명할 수 없게 될 뿐 아니라, 의당(宜當) 가현설에 동조하는 결과를 낳고 만다.

루터파는 칼케돈 신경의 네 가지 공식 가운데 "분할 없이"(indivise)와 "분리 없이"(inseparabiliter)에는 엄격하나 "혼합 없이"(inconfuse)와 "변화 없이"(immutabiliter)에 대해서는 유연하다. 이러한 입장은 루터(Martin Luther, 1483-1546)의 모호함으로부터 기인한다. 루터는 신성과 인성의 연합은 꿀과 물이 섞여 벌꿀주(酒)가 되는 것과는 다르므로 이를 표현하기 위하여 '혼합'(Vermischung) 혹은 '동질화'(Vergleichung)를 뜻하는 'confusio'라는 말을 사용해서는 안 된다고 하면서도 "mixtio"(섞임)라는 말로 이를 표현하는 것에 대해서는 호의를 보였다. 이러한 루터의 모호함이 루터파 내의 기독론 논쟁을 촉발시켰다. 개혁파는 "유한은 무한을 받아들일 수 없다"(finitum non capax infiniti)는 원칙을 고수하는 가운데 이러한 모호함을 원천적으로 차단하였다.[546]

---

545) 이에 대해서 후술할 본서 제11장 3. 2. 2.의 "지옥강하"(地獄降下) 참조.

546) 참조. Berkouwer, *The Person of Christ*, 271-275. 이러한 루터의 모호함은 그가 동방교부들의 신화(神化) 사상에 깊이 침잠하여 주님의 몸을 "하나님의 아들의 몸"이라고 설교한 부분에서도 나타난다. 다음 글에서 저자는 루터의 이신칭의 교리가 이러한 기독론적 배경을 지니고 있음을 강조하고 있다. David S. Yeago, "The Bread of Life: Patristic Christology and Evangelical Soteriology in Martin Luther's Sermons on John 6," *St Vladimir's*

루터의 속성교통론은 성찬에 있어서의 그리스도의 현존 방식, 즉 성례적 연합(unio sacramentalis)을 설명하기 위하여 개진되었다. 루터는 위격적 연합에 따라 그리스도의 인성이 신성의 편재성(遍在, omnipraesentia)에 실제적으로 동참하여 그의 몸의 "무소부재"(ubiquitas)로 말미암아, 성찬을 받을 때 "떡과 잔 안에", "떡과 잔과 함께", "떡과 잔 아래에"("in, cum et, sub pane et vino") 있는 그의 살과 피를 먹고 마시게 된다고 믿었다.[547] 루터의 제자 멜랑흐톤(Philip Melanchthon, 1497-1560)은 초기에는 루터의 견해에 따랐으나 그리스도의 인격적 현존은 항상 육체적 현존을 동반하지는 않는다는 점에 착안하여 오히려 칼빈의 입장에 동조하였다. 이러한 입장의 선회는 그가 작성한 아우구스부르크 신앙고백서(Confessio Augustana, the Augsburg Confession)의 1530년의 원본(invariata)과 1540년의 수정본(variata)에 여실히 드러난다. 이를 다룬 제10조에서, 원본은 "그리스도의 몸과 피가 참으로 존재하며 주의 성찬을 먹는 자들에게 분배된다"(corpus et sanguis Christi vere adsint, et distribuantur vescentibus in Caena Domini)고 하였으나 수정본은 "vere adsint, et distribuantur"(참으로 존재하며 분배된다)를 "vere exhibeantur"(참으로 제시된다)라고 바꾸었다.[548]

루터파 내의 성찬론 논쟁이 기독론 논쟁으로 더욱 격화된 것은 브렌쯔와 켐니쯔의 신학적 대립을 통해서이다. 안드레아(Jakob Andreae, 1528-1590)와 함께 독일 남서부 슈바비아(Swabia) 지역을 거점으로 활동했던 브렌쯔(John Brenz, 1499-1570)는 루터의 입장을 극단화하여 성육신은 영원한 말씀이 인성과 결합하는 인격적 연합에 그치는 것이 아니라 신성의 충만의 주입(infusio)으로 인한 인성의 신화(神化, deificatio)를 수반한다고 보았다. 그에 따르면, 지상의 예수는 전능한 신성의 속성을 아직 사용하지 않았다는 점에서 천상의 예수와 구별될 뿐이다. 그리스도의 몸의 절대적 편재성도 이러한 논법으로 다루어졌다.

이와는 대조적으로 작손(Saxon) 지역을 거점으로 삼은 켐니쯔(Martin Chemnitz, 1522-1586)는 루터와 멜랑흐톤을 중재하는 입장에 서서 그리스도의 몸은 그 자신

Theological Quarterly 39/3 (1995), 271-275.

547) 참조. Schaff, The Creeds of Christendom, 1.217, 285-287. 루터의 다음 작품에 이러한 입장이 잘 나타난다. Grosse Bekenntniss vom Abendmahl, 1528.

548) Schaff, The Creeds of Christendom, 3.13. 샤프는 이러한 수정이 마치 니케아 신경에 "Filioque"라는 말을 첨가하는 것만큼이나 획기적이었다고 평가한다. Schaff, The Creeds of Christendom, 1.240.

의 의지에 따라서 제한된 편재 곧 다중현존(multipraesentia)을 가질 뿐이라고 주장하였다. 그리스도는 성육신하신 하나님이시지 신화(神化)된 사람이 아니시며, 그에게는 신성의 속성이 초자연적으로 인성에 교통되나 그 속성은 덧붙여진 은사(donum superadditum)와 같이 일시적인 것일 뿐이라고 여겼다.[549] 켐니쯔는 그리스도가 인성에 따라서 받아들인 신적인 속성은 신성으로부터 유래한 것이지 인성에 고유하게 내재한 것도 인성에 의해서 조성된 것도 아니었다. 이 점에서 브렌쯔와 분명히 구별되었다.[550]

우리가 주목해야 할 것은 브렌쯔와 켐니쯔의 차이는 절대적 편재주의(absolute ubiquitarianism)냐 가설적 편재주의(hypothetical ubiquitarianism)냐 하는 속성교통의 효과에 치중되었다는 점이다. 그들은 인격을 기체(基體, suppositum)로 삼는 위격적 연합에 머물지 않고 인격을 넘어서는(extra personam) 본성적 연합을 추구했다는 점에서 서로 다르지 않았다. 그들은 인격(persona)의 개별적 존재성(concretum)과 본성(natura)의 추상적 속성(abstractum)을 엄밀히 구별하지 않고 그 경계를 모호하게 설정하였다.[551] 이러한 본질적인 인식을 공유하였기 때문에 루터파는 한때의 격랑을 뒤로 하고 극적인 일치(concordia)에 이르게 되었다.[552]

[일치신조(Formula Concordiae)]

일치신조(1576)는 슈바비아와 작손의 신학자들의 타협의 산물로서 모든 루터파 신학이 흘러들어가고 흘러나오는 분수령이 되었다. 그것은 어떤 신앙고백서나 신앙교육서보다 교리적이고 변증적이다. 각 조문은 "논쟁점"(Status Controversiae), "긍정적 진술들"(Affirmativa), "부정적 진술들"(Negativa)로 구성된다. 필요한 경우 도입부를 두기도 한다. "Affirmativa"는 교리 자체를 담고 있으며, "Negativa"는 니케아 신경이나 아타나시우스 신경 등에 나오는 저주문과 유사하다.

---

549) Schaff, *The Creeds of Christendom*, 1.290-293.
550) 참조. Martin Chemnitz, *The Two Natures in Christ*, tr. J. A. O. Preus (Saint Louis: Concordia Publishing House, 1971), 339, 341-342.
551) 이에 대해서 후술할 본서 제9장 2. 2. "세 가지 종류의 교통: 루터파"에서 자세히 다룬다.
552) Schaff, *The Creeds of Christendom*, 1.293-294.

우리의 주관심사는 "그리스도의 인격"(De Persona Christi)을 다룬 제8조에 있지만 "성찬"(De Caena Domini)을 다룬 제7조도 함께 살펴볼 필요가 있다. 이 두 주제가 나란히 위치하고 있다는 자체가 교리사적으로 시사하는 바가 크다. 여기에서 우리는 초대교회 때부터 논의되어 온 고전적인 주제(locus classicus)인 그리스도의 위격적 연합에 따른 신인양성의 속성교통에 관한 교리 전반을 통찰할 수 있는 기회를 갖게 된다. 무엇보다 이에 대한 루터파 입장을 일고함으로써 그것과 비교되는 개혁파 입장을 조명해보는 유익도 얻게 된다.553)

제8조는 도입부를 두고, 본 사안이 루터파 신학자들과 "칼빈주의자들"(Calvinistas) 사이에 있었던 성례적 연합에 관한 논쟁으로부터 야기된 그리스도의 인격과, 두 본성과, 두 본성의 속성들을 다루는 데 목적이 있음을 밝힌다. 그리고 이어지는 "Status Controversiae"에서는 "인격적 연합으로 인한"(propter unionem personalem) 신성과 인성의 상호교통이 "실제로, 곧 참으로 사실상"(realiter, hoc est, vere et reipsa) 일어나는지 어떤지에 본 사안에 관련된 핵심적 질문이 있다고 지적한 후, 이를 부정하는 "성례주의자들"(the Sacramentarians)의 입장은 루터와 그를 확고하게 지지하는 자들의 입장과 대척점에 서 있음을 밝히고 있다. "성례주의자들"에 따르면 "기껏 하나님이 사람으로 불리고, 사람이 하나님으로 칭해지며"(videlicet Deus dicatur homo, et homo Deus appelletur), "단지 이름들만 공유되고"(tantum nomina communia), "단지 공허한 이름들만 교통될 뿐"(nomina tantum nuda communicari), 인성이 신성과 공유하는 "엄위와 속성들은"(majestatem et proprietates) 아무 것도 없다("nihil commune")고 비판된다.554) 여기에서 "성례주의자들"이란 도입부에서 말한 "칼빈주의자들"을 뜻함이 분명한데, 츠빙글리(Ulrich Zwingli, 1484-1531)와 불링거(Heinrich Bullinger, 1504-1575)에 의해서 개진된 상징설—혹은 기념설—을 따르는 자들을 지칭하던 "성례주의자들"이라는 칭호를 "칼빈주의자들"에게 부여하는 것은 무모하다.555)

---

553) 이하 라틴어와 영어본은 다음 텍스트 사용. Schaff, *The Creeds of Christendom*, 3.93-180. 특히 제7조, 137-146, 제8조, 147-159.

554) Schaff, *The Creeds of Christendom*, 3.147-148.

555) 샤프는 멜랑흐톤의 성찬론을 다루면서 그가 칼빈과 다름없이 "변증법적이거나 축자적인 교통만을"(only a dialectic or verbal communication) 인정했다고 소개한다. 그러나 이러한 종류의 교통을 주장한 것은 칼빈이 아니라 츠빙글리였다. 칼빈은 루터파 속성교통론은 분명히 거부했으나 위격을 통한 교통을 부정하지는 않았다. 성찬론을 전개함에 있어서 칼빈이 루터파의 공재설과 츠빙글리의 상징설을 모두 배척하고 '영적 그러나 실재적 임재'를 주장한 것을 상기할 필요가 있다. 샤프는 "칼빈주의자들"과 "성례주의자들"을 동일시하는 일치신조의 오류를 함께 범하고 있

여기에서 두 가지를 유념할 필요가 있다. 첫째, 일치신조는 "칼빈주의자들"이 신인양성의 연합이 "실제적으로"(realiter) 일어난다고 여기지 않고 명목적인 연합만을 주장한다고 오해하고 있다. 그러나 "칼빈주의자들"은 그것이 직접적으로(directe) 일어나지 않고 위격에 따라서(καθ' ὑπόστασιν) 간접적으로(indirecte)-즉 위격적으로(hypostatice)-일어난다고 여길 뿐, 그것을 단지 명목적이라고 치부하지는 않는다. 이는 그들이 성찬에 있어서 그리스도의 "영적 그러나 실제적 임재"(praesentia spiritualis sed realis)를 주장하는 것과 같은 맥락이다. "칼빈주의자들"은 이러한 자신들의 입장을 칼케돈 신경에 근거해서 추구한다. 둘째, 일치신조는 "칼빈주의자들"에 의하면 신성과 인성 사이에 "공통된 것"(commune)이 아무 것도 없게 된다고 비판한다. 그러나 루터파 신학자들이 말하는 종류의 "공통된 것"-유티케스가 주장한 제3의 것(quid tertium)과 같은 것-을 "칼빈주의자들"이 인정하지 않는 것은 분명하다. 그렇다고 해서 "칼빈주의자들"이 마치 위격적 연합을 통한 양성의 속성교통 자체를 부정하듯이 다루는 것은 그릇되다.[556]

이어지는 "Affirmativa"에서는 본 교리를 "신앙의 유비에 따라서"(juxta analogia fidei) 다루고 있음을 천명한 후 항목별로 다룬다.

1. 신성과 인성은 "완전히"(prorsus) "인격적으로 연합되어"(personaliter unitae) 있다. 그러므로 두 그리스도가 계시지 않으며 "한 동일하신 분"(unus et idem)이 하나님의 아들이시고 사람의 아들이시다. 칼케돈 신경에서와 같이 여기에서는 성육신한 그리스도가 "한 동일하신 분"으로서 "하나님의 아들"(Filius Dei)이시자 "사람의 아들"(Filius hominis)이심을 천명하고 있다.

2. 신성과 인성은 "혼합되어 한 실체가 되는 것도 한 성이 다른 성으로 변화되는 것도 아니다"(non in unam substantiam commixtas, nec unam in alteram mutatam). "각 본성은 자신의 본질적인 속성들을 지니며, 한 본성에 속한 속성들이 다른 본성에 속한 속성들이 될 수 없다"(utramque naturam retinere suas proprietates essentiales, ut quae alterius naturae proprietates fieri nequeant). 유티케스를 정죄한 칼케돈 신경에서와 같이 여기에서는 신인양성의 혼합과 변화를 부인하고 속성교통 이후에도 양성에 속

는 것이다. Schaff, *The Creeds of Christendom*, 1, 288.

556) 그리하여 루터파 신학자들은 "성례주의자들"뿐만 아니라 "칼빈주의자들"을 지칭하여 네스토리우스주의자들이라고 불렀다. 참조. Berkouwer, *The Person of Christ*, 280-281.

한 "본질적인 속성들"이 유지됨을 천명하고 있다.

3. 신성의 속성들은 전능함, 영원함, 무한함, 편재(遍在)성, 전지함 등이 있다. 이러한 속성들은 인성의 속성들이 아니며 결코 그렇게 되지도 않는다.

4. 인성의 속성들은 영혼과 육체로 이루어진 피조성, 유한성, 제한성, 수난(受難)성, 올라가심, 내려가심, 이동(移動)성, 배고프심, 목마르심, 추위나 더위로 고난당하심 등이 있다. 이러한 속성들은 신성의 속성들이 아니며 결코 그렇게 되지도 않는다. 3과 4는 2에 대한 구체적인 설명을 담고 있다.

5. 신성과 인성은 "인격적으로"(personaliter) "한 위격"(unum ὑφιστάμενον)[557]을 이룬다. 이러한 "위격적 연합"(unionem hypostaticam)은 "두 막대기가 하나로 붙어 있듯이 하는" "결합이나 조합"(copulationem aut combinationem)에 불과한 것이 아니다. "인격적 연합으로부터, 그리고 가장 고상하면서도 불가해한 교제에 의해서"(ex personali unione, et summa ac ineffabili communione) 신성과 인성 사이에는 "최고의 교제"(summa communio)가 있다. 그리하여 "인성에 속한 모든 것이 하나님으로부터라고, 그리고 신성에 속한 모든 것이 사람이신 그리스도로부터라고 말하고 믿게 된다"(totum illud, quicquid humani de Deo, et quicquid divini de homine Christo dicitur et creditur). 여기서는 속성교통 자체를 인정하지 않는 네스토리우스를 반박하면서, 한 위격 안에 양성이 있음으로 각각의 본성에 속한 모든 속성들이 서로에게 돌려진다는, 소위 '약한 속성교통' 곧 '축자적(逐字的) 교통'(communicatio verbalis)에 대해서 천명한다.[558] 그리고 교회의 교부들이 비유로 든 "작열(灼熱)하는 쇠"(ferri candentis)와 "사람의 영혼과 육체의 연합"(unione corporis et animae in homine)을 예시하며 이를 논증한다. 1-5는 칼케돈 신경에서와 같이 한 인격 양성의 위격적 연합에 대해서 천명하고 있다.

---

557) 이 단어가 "위격"으로 사용된 일례로서, Chemnitz, *The Two Natures in Christ*, 209.

558) 유념할 것은 '축자적 교통'은 '단지(tantum) 축자적 교통'을 뜻하는 것이 아니라는 사실이다. '축자적 교통'은 속성교통을 단지 말로만 인정한다는 소극적인 뜻이 아니라 신인양성의 위격적 연합을 성경의 말씀에 따라 그대로 서술한다는 적극적인 의미를 지니고 있다. 성경은 태초에 계신 독생하신 하나님의 아들이(요 1:1, 18) 육신이 되셨다고(요 1:14) 전한다. 그러므로 우리는 성육신한 주님이 신성에 따라서는 하나님의 아들이시고 인성에 따라서는 사람의 아들이시라고 믿고, 고백하고, 가르친다. 인성에 따라서 주님은 사람의 아들이시나, 그는 또한 하나님의 아들이시다. 신성에 따라서 주님은 하나님의 아들이시나, 성육신한 그는 또한 사람의 아들이시다. 이러한 점에서 신성과 인성은 인격 안에 있다는 자체로 교통한다. 성경은 여기까지만 전한다. '축자적 교통'은 성경이 전하는 바를 그대로 서술하는 데 머물 뿐, 단지 명목적이거나 헛되지 않다. 이러한 의미의 '축자적 교통'은 츠빙글리에게서는 찾아 볼 수 없다. 이를 체계적으로 전개한 효시(嚆矢)는 칼빈이라고 볼 수 있다. Calvin, *Institutio*, 2.14.2-3 (CO 2.353-355).

6. 신성과 인성이 "실제로, 곧 참으로 사실상"(realiter, hoc est, vere et reipsa) "인격적으로 하나가 되셨으므로"(personaliter unita) "하나님은 사람이시며 사람은 하나님이시라고"(quod Deus sit homo, et homo sit Deus) 일컫고, 믿고, 고백된다.

7. 같은 이유로, "동정녀 마리아는 단지 사람 자신뿐만 아니라 참 하나님의 아들을 잉태하고 낳았다"(virgo Maria non nudum aut merum hominem duntaxat, sed verum Dei Filium conceperit et genuerit)고 가르치고 고백되며, "하나님의 어머니"(Mater Dei)라고 칭해진다.

8. 우리를 위하여 고난당하시고, 죽으시고, 장사되시고, 지옥에 내려가시고, 죽은 자들 가운데 다시 일어나시고, 하늘에 오르시고, 하나님의 엄위와 전능하신 능력으로 높아지신 분은 "단지 한 사람"(nudus homo tantum)이 아니라 "그의 인성이 하나님의 아들과 아주 긴밀하고 비밀스러운 연합과 교통을 함으로써 그와 한 인격이 된 그러한 사람"(talis homo, cujus humana natura Filio Dei tam arctam in effabilemque unionem et communicationem habet, ut cum eo una sit facta persona)이시다. 여기에서는 단지 한 사람이 아니라 하나님의 아들과 하나가 된 사람의 아들 예수 그리스도가 그 인격 가운데 비하와 승귀의 상태로 계셨으며 그 상태 가운데서 중보사역을 행하셨음을 천명하고 있다.

9. "이로 인하여 하나님의 아들이 우리를 위하여 참으로 고난을 당하셨다(vere Filius Dei pro nobis est passus). 그러나 그가 자신의 신적 인격에 취하여 그것과 하나가 되게 하시고 자기 자신에게 고유한 것이 되게 하신 인성의 속성에 따라서(secundum proprietatem humanae naturae) 그리하셨다. 그리하여 고난을 받고 우리의 큰 대제사장으로서 하나님과 우리의 화목의 원인이 되실 수 있으시고자 하셨다." 이를 논증하기 위하여 가장 많이 회자되는 영광의 주가 십자가에 못 박히셨다는 말씀과(고전 2:8) 우리가 하나님의 피로 구속을 받았다는 말씀이(행 20:28) 인용된다. 여기서는 주님의 수난이 인성에 따른 것이나 그 주체는 하나님의 아들의 인격이심을 천명하여 위격적 연합을 통한 신인양성의 교통방식을 분명히 드러내고 있다. 6-9는 신성과 인성에 속한 속성들이 모두 한 인격에 속하므로 서로 간에 돌려진다는 루터파에서 말하는 속성적 교통(genus idiomaticum)을 개진하고 있으며, 그 가운데 8-9에서는 사역적 교통(genus apotelesmaticum)이 함께 다루어진다.

10. "동일한 기초 위에 사람의 아들(Filium hominis)이 실제로, 곧 참으로 사실상 자

신의 인성에 따라서(secundum humanam suam naturam) 하나님의 전능하신 엄위와 능력의 우편으로 높아지셨다. 왜냐하면 그 사람은 그의 어머니의 몸 안에서 성령으로 잉태되셨을 때 하나님께 취해지셨으며 그의 인성은 가장 존귀하신 하나님의 아들과 인격적으로 하나가 되었기(personaliter unita) 때문이다." 9와 다를 바 없이 여기에서도 주님의 높아지심이 위격적 연합에 따른 속성교통으로 말미암는다는 것을 말하고 있다. 다만 이러한 높아지심의 원인을 성령잉태 곧 성육신에서 찾음으로 양성의 속성교통으로 인한 인성의 고양이 이미 성육신 때 일어났음을 말하는, 루터파에서 말하는 엄위적 교통(genus majestaticum)에서 찾고 있다. 소위 강한 속성교통이 거론되고 있는 것이다. 위에서 우리는 비록 정도에 있어서는 브렌쯔와 이견을 보이지만 켐니쯔도 이러한 종류의 속성교통을 부인하지는 않는다는 사실을 살펴보았다.

11. 10에 대한 구체적인 설명이 다음과 같이 본 항에서 주어진다. "인격적 연합으로 인하여(ratione unionis personalis) 그리스도는 항상(semper) 하나님의 엄위(majestas divina)를 지니고 계셨다. 그렇지만 자신의 비하의 상태에서는 그것을 비우셨다(in statu suae humiliationis sese exinanivit)." 주님은 이러한 비우심 가운데 지혜가 자라가셨고 하나님과 사람에게 더욱 아름답게 되셨다. 부활 때까지 주님은 그 엄위를 필요한 경우에만 "사용하셨다"(execruit). 그러나 부활 후에는 "종의 형체를"(formam servi) "완전히 그리고 절대적으로 내려놓으셨다"(plene et prorsus doponeret). 그렇다고 "인성"(naturam humanum)을 내려놓으신 것은 아니었다. 승귀하신 주님은 인성을 지니신 채 그 엄위를 전부 드러내시고 자신의 영광으로 들어가셨다(빌 2:6-11). 그리하여 "이제 하나님으로서 뿐만 아니라 사람으로서 모든 것을 알고, 모든 것을 할 수 있고, 모든 피조물에 현존하시며, 하늘과 땅과 땅 아래의 모든 것을 그의 발 아래와 수중(手中)에 두신다"(jam non tantum ut Deus, verum etiam ut homo, omnia novit, omnia potest, omnibus creturis praesens est, et omina, quae in caelis, in terris, et sub terra sunt, sub pedibus suis, et in manu sua habet).

초대교회로부터 칼빈을 잇는 정통적인 입장을 견지하는 개혁파와 양립할 수 없는 루터파 속성교통론의 특징이 여기에 뚜렷이 노정된다. 10에서 보았듯이 루터파에 따르면, 성육신 때 인성은 신성의 속성들을 "실제로, 곧 참으로 사실상" 취하였다. 주님의 인성은 그 시작에서부터, 곧 형성될 때부터, 신성의 전지성, 전능성, 편재(遍在)성과 그에 따른 엄위를 지니셨다. 그러므로 성육신 자체는 비하(卑下, humiliatio)가 아니다. 비하는 성육신 후에, 인성이 성육신 때 취한 신성의 속성들을 비우거나 그것들에 대한 사용을 제한할 때부터 비로소 시작된다. 17세기에 격렬하게 일어났던 튀빙겐(Tübingen) 신학자들과 기센(Giessen) 신학자들 사이의 논쟁은 이러한 성육신 후의 비하에 대한 입장차로 말미암았다. 그들은 성육신 때 인성이 신성의 모든 속성들을 지니게 되었다는 점에 대해서는 일치된 견해를 가졌다. 그들 사이의 논쟁이 촉발된 것은 그러한 "소유"(κτῆσις)를 주님이 이후 포기하셨는지 아니면 필요한 경우에만 제한적으로 사용하셨는지에 대한 이견 때문이었다. 튀빙겐 학파는 브렌쯔를 추종하여 주님의 인성의 편재성을 옹호하기 위하여 "은밀한 사용"(κρύψις, occulta usurpatio)을 주장한 반면, 그것의 제한적 편재성을 주장한 켐니쯔를 추종한 기센 학파는 "비움"(κένωσις, evacuatio, exinanitio)을 주장하였다.559) 여하한 경우든 이러한 견해는 칼케돈 신경에 그 요체가 제시된 성경적 가르침과는 정면으로 배치된다. 이러한 입장에 서서 마리아를 "하나님의 어머니"라고 부를 때, 그것은 지극히 이교적 발상이 될 수밖에 없다. '인성에 따라서' 뿐만 아니라 '신성에 따라서'도 이를 인정하는 것이 되기 때문이다.

12. 본 항을 다루기 전에 먼저 제7조를 살펴볼 필요가 있다. 제7조의 "Status Controversiae"에서는 성찬에서 그리스도는 "참되게 그리고 실체적으로 현존하시며"(vere et substantialiter praesentia) 그의 살과 피가 "떡과 잔과 함께 분배된다"(cum pane et vino distribuantur)고 천명함으로써 아우구스부르크 신앙고백서의 원본으로(invariata) 다시금 회귀하고 있다. 루터파 공재설(共在說)이560) 확정되는 대목이다. "Affirmativa"는 그 서두에서 이를 다시 확인하고(1), 하나님 우편은 "모든 곳에"(ubique) 있으므로 그리스도는 "자신의 인성으로써"(ratione humanitatis suae) 모든 곳에 "현존하신다"(praesens)고 인성의 편재(遍在)를 거론한 후(5), "그리스도의 몸과 피는 떡과 잔과 함께(cum pane et vino) 믿음을 통하여 영적으로 뿐만 아니라 입으로(non tantum spiritualiter per fidem, sed etiam ore), 그렇다고 해서 가버나움의 사람들이 하듯이 하는 것이 아니라, 초자연적이고 천상적인 방식에 따라 성례적 연합에

---

559) 참조. Schaff, *The Creeds of Christendom*, 1.294-295.
560) 특히 "함께"(cum)라는 단어에 주목.

의해서(non tamen Capernaitice,561) sed supernaturali et caelesti modo, ratione sacramentalis unionis) 취해진다"(6)고 선포한다.

제8조의 12는 이러한 제7조의 논의를 좀 더 기독론적으로 다루고 있다. 먼저 다음과 같이 천명한다. "성찬 가운데 현존하는 그 분은 실로 유익하게 자신의 참 몸과 피를(quidem facillime, corpus suum verum et sanguinem suum) 나누어 주실 수 있다. 그러나 이는 인성의 방식과 속성에 따른 것이 아니라 하나님의 우편의 방식과 속성에 따른 것이다(non fit secundum modum et proprietatem humanae naturae, sed secundum modum et proprietatem dextrae Dei)." 하나님은 모든 곳에 계시니 하나님의 우편도 모든 곳에 있으므로 인성에 따라서 그곳에 계신 주님도 모든 곳에 계신다는 논법이 다시금 나타난다. "인성의 방식과 속성"과 "하나님의 우편의 방식과 속성"을 대조하고 있는 듯하지만, 제7조에서와 같이 "자신의 인성으로써" 모든 곳에 "현존하신다"는 인성의 편재를 거론하고 있는 것이다. 이를 "신앙의 유비"(analogia fidei)에 충실한 루터의 입장이라고 첨언하고 있지만 설득력이 약하다.

그리고 성례적 연합에 대해서 말한다. "성찬에 있어서의 이러한 그리스도의 현존은 물질적이거나 지상적이지 아니하며 가버나움적이지도 않다. 그럼에도 불구하고 그것은 가장 참되며 실로 실체적이다. 그리하여 그리스도의 언약의 말씀이 이렇듯 되울린다. '이것이 내 몸이다, 이다, 이다'라는 듯이"(Et haec Christi in Sacra Coena praesentia neque physica aut terrena est, neque Capernaitica: interim tamen verissima et quidem substantialis est. Sic enim verba Testamenti Christi sonant: Hoc est, est, est corpus meum, etc.). 성찬에 있어서의 그리스도의 임재가 '물질적이고 지상적'이지는 않으나 '참되고 실체적'이라는 선포는 비록 양성이 "뒤섞이거나"(confunduntur) "혼합되어"(commiscentur) 또 다른 본질을 만들어 내지는 않는다고 하더라도-유티케스 비판-그 연합은 "진정한 속성교통을"(veram communicationem idiomatum) 부정하는 것은 아니라는 것을-네스토리우스 비판-말하고자 함인 듯하다. 그러나 인성이 처음부터 신성의 속성으로 신적인 엄위를 지녔다고 인정하는 한 일치신조는 유티케스와 네스토리우스를 넘어설 수 없다. 그러한 속성교통은 양성의 혼합과 변화를 말하고 있다는 점에서 유티케스적이며, 신성의 속성을 받아들이는 인성의 독자적 인격성을

---

561) "Capernaitica" 곧 "Capernaitic"은 화체설을 믿거나, 특히 예수님의 가버나움에서의 가르침(요 6:26-58)을 문자적으로 믿는 사람을 뜻한다. 특히 53-56절에 주목하라.

전제할 수밖에 없다는 측면에서 네스토리우스적이기 때문이다.

"Negativa"에서는 부정적 서술을 통하여 지금까지 개진한 입장을 확정하고 있다. 이를 주제별로 다음과 같이 정리할 수 있다.

첫째, 성육신한 그리스도에게 "하나님의 아들"과 "사람의 아들"의 인격이 따로 있다고 보는 네스토리우스(1), 신성과 인성이 "혼합되어 한 본질이"(in unam essentiam commixtae) 되고 인성이 "변화되어 신격이"(in Deitatem mutata) 된다고 보는 유티케스(2), 그리스도의 참 신성을 부인하는 아리우스(3), 그리스도의 참 인성을 부인하는 말씨온이(4) 정죄된다.

둘째, "인격적 연합"(unio personalis)을 "사실 자체가 결여된 단지 축자적 속성교통"(tantum verbalis, sine re ipsa, idiomatum communicatio)에 불과하다고 여기는 자들이 정죄된다(5-7). "칼빈주의자들" 혹은 "성례주의자들"이 여기에 해당한다고 보았다. 그러나 위에서 지적한 바와 같이, "칼빈주의자들"과 "성례주의자들"은 구별되어야 하며, "칼빈주의자들"이 말하는 "축자적 속성교통"은 "단지(tantum) 축자적 속성교통"에 불과한 것이 아니다.

셋째, 신성이 속으로 "퍼져"(effusa) "무한한 어떤 본질"(essentia quaedam infinita)이 된 그리스도의 인성은 "신성과 동일한 방식으로 모든 곳에 현존한다거나"(eo modo, quo divina natura, ubique praesens)(8), "그 자체의 실체나 본질이나 본질적인 신적인 속성들에 있어서"(ratione substantiae atque essentiae suae, vel proprietatum divinarum essentialium) 신성과 동일하게 된다거나 하는 입장이(9) 정죄된다. 여기서는 위격적 연합을 통한 속성교통으로 말미암아 인성이 신성의 속성에 참여한다고 해서 그 실체, 본질, 속성, 존재방식에 있어서 신성과 동일하지는 않음을 천명하고 있다.

넷째, 그리스도의 인성은 하늘과 땅의 모든 곳에 현존하나 "지역적으로 확산되어 있으므로"(localiter expansa) 신성에 돌릴 수 없는 무엇이라고 보거나(10), 그의 몸은 인성의 속성 때문에 모든 곳은 물론 두 곳 이상에도 계실 수 없다고 보거나(11), 그는 신성과 어떤 교통도 없이 인성으로만 우리를 위하여 고난당하심으로 죄의 값을 치렀다고 보거나(12), 그는 고난과 죽음으로 우리를 구속하셨으므로 오직 신성에 따라서만 말씀과 성례 등에 현존한다고 보거나(13), 그가 "종의 형체를 버린 후에는(post depositam servi formam) 모든 일이 아니라 일부만 "자신의 인성 안에서, 자신의 인성으로(in et cum humanitate sua)"-인성이 "지역적으로"(localiter) 존재하는 장소에서—수행하신다고 보는 입장이(14) 정죄된다.

같은 맥락에서, 어떤 천사와 피조물보다 더욱 크고 위대한 능력이 "인성에 따라서"(secundum humanitatem) 그리스도께 주어졌지만 결코 신성의 전능함은 부여되지 않았을 뿐만 아니라 그것과의 어떤 교통도 없었으므로 "승귀(昇貴)를 통하여"(per exaltationem) 비로소 하나님과 모든 피조물의 중간이 되는 능력이 나타났다고 보거나(15-16), "자신의 인간 영혼에 따라서"(secundum spiritum suum humanum) 그리스도께는 자신에게 합당한 제한된 지식이 심판자로서의 사역을 수행하기 위하여 필수불가결하게 존재할 뿐(17) 하나님 자신과 그의 모든 사역 그리고 영원부터 지금까지 되어 온 일과 앞으로 될 일에 대한 완전한 지식은 지금도 존재하지 않는다거나(18-19) 하는 입장이 정죄된다. 왜냐하면 이 모든 경우에 있어서 신성과 인성의 상호교통이 "실제로, 곧 참으로 사실상" 일어난다는 것이 부정되기 때문이다.

다섯째, "비하의 상태에서"(in statu humiliationis) 그리스도는 "심지어 신성에 따라서도"(etiam secundum Divinitatem) 하늘과 땅의 모든 권세를 "내려놓고 벗어버렸다"(deposuisset et exuisset)고 여기고 그 권세를 "부활과 승천 후 자신의 신성에 따라서"(secundum divinam suam naturam) 회복한다고 보는 입장이 정죄된다(20). 이렇게 보면 결국 아리우스에서와 같이 그리스도의 영원한 신성을 부인하게 되며 구원 자체가 부인된다고 지적한다. 비하를 신성 자체를 포기하는 것으로 보는 이러한 입장은 19세기의 케노시스주의자들에 의해서 극단적으로 개진된다. 여기에서는 간접적으로 다음 사실을 확정하고 있다. 첫째, 성육신 때 인성에 신성의 속성이 "실제로, 곧 참으로 사실상" 교통되었다. 이는 위에서 말하는 "소유"(κτῆσις)에 관계된다. 둘째, 그리스도는 비하의 상태에서 '신성에 따라서' 신성의 속성들은 그대로 유지하지만 '인성에 따라서' 인성에 교통된 신성의 속성들은 "내려놓고 벗어버렸다." 이는 위에서 말한 튀빙겐 학파가 강조한 "은밀한 사용"(κρύψις)과 기센 학파가 강조한 "비움"(κένωσις)에 관계된다.

이렇듯 네스토리우스주의라고 오해받는 개혁파가 네스토리우스주의를 정죄하듯이 유티케스주의라고 오해받는 루터파도 유티케스주의를 정죄한다. 일치신조에서 반복해서 사용되는 "실제로"(realiter), "참으로"(vere), "사실상"(reipsa), "진정"(revera) 등의 부사는 "혼합"(confusio)을 지칭하지는 않는다. 그렇다고 해서 "섞임"(mixtio)을 부정하는 것은 아니다. 우리가 주목할 것은 일치신조에 표명된 루터파의 주안점은 신성 자체의 엄위, 능력(전능), 지식(전지), 현존(편재)이 아니라 위격적 연합에 따른 속성교통으로 인성과 섞인 그것들 곧 "인성에 따라서" 존재하는 그것들에 있다는 사실이다. 신성에 속한 속성들이 단지 인성과 "함께" 존재할 뿐만 아니라 인성에 "따라서" 존재한다는 점에 루터파 속성교통론의 모호함을 넘어서 딜레마가 있다. 이러한 딜레마가 루터파 성찬론에 현저함을 일치신조를 통하여 살펴보았다. 그것은 다음과 같이 정리된다. 지역성(localitas)은 인성에 고유한 속성이고 편재성(ubiquitas)은 신성에 고유한 속성이므로, 서로 호환 곧 변화되거나 혼합되지는 않는다. 그렇다고 해서 단지 병존하는 것은 아니며 서로 섞인다. 그리하여 신성의 속성인 편재성이 인성에 따라서 존재하게 된다. 그리하여 성찬으로 성도는 모든 곳에 현존하는 그리스도의 살과 피를 실체적으로(substantialiter) 받게 된다. 칼케돈 신경에서 보듯이, "-에 따라서"(κατὰ, secundum)는 어느 본성에 속한 속성을 고유하게 지정한다. "인성에 따라서"는 어느 특성이 인성에 속함을 표현한다. 그러므로 '인성에 따른 편재'를 말하는 것은 불가능하다. 그것은 참 인성이 아니거나 진정한 편재가 아니거나 하다. 인성에 속한 육체가 실체적으로 편재한다는 발상 또한 마찬가지이다.562)

지금까지 우리는 일치신조를 중심으로 그리스도의 인격에 관한 루터파의 입장을 살펴보았다. 이를 통하여 다음과 같은 몇 가지 점을 주목하게 되었다.

첫째, 루터파는 성찬론의 잘못된 전제를 신학적으로 변호하기 위하여 기독론을 위험으로 빠뜨리는 우를 범하고 있다. 루터파의 기독론은 성례론을 다룬 일치신조 제7조와 Affirmativa 12 사이에 갇혀있는 형국이다. 반대로 칼빈의 경우, 기독론이 성찬론을 압도한다. 칼빈은 위격적 연합에 따른 속성교통을 초대교회 이후의 정통적인 입장에서 개진하고 그 가운데 성찬에 있어서의 그리스도의 현존—곧 성례적 연합—을 설명하는 과정에서 영적 임재설을 수립하였다.

---

562) 초대교회 신경들 특히 칼케돈 신경에서 보듯이 신성 혹은 인성에 "따라서"라는 전치사를 붙이는 것은 그 본성에 속한 속성이 어디에 속한 것인지를 특정하기 위한 것이다. 그러므로 신성에 따라서 편재성(ubiquitas)을, 인성에 따라서 지역성(localitas)을 가진다는 서술 외에는 어떤 서술도 가능하지 않다. 하나님의 아들이 이 땅에 오셨다고 해서 신성에 따라서 그가 지역성을 지니신다고 말할 수 없는 것과 마찬가지로, 그리스도의 몸의 영적인 현존이 모든 곳에 있다고 해서 인성에 따라서 편재성을 지니신다고 말할 수 없다. "실체적으로"(substantialiter), 육체적인 현존은 편재성과 결코 양립할 수 없다. 성찬에 있어서의 그리스도의 현존(praesentia)이 단지 딜레마가 아니라 비밀(μυστήριον)인 것은 그것이 "실체적 그리고 실제적"(substantialis et realis)이 아니라 "영적 그러나 실제적"(spiritualis sed realis)이기 때문이다.

둘째, 루터파는 일치신조의 전반부에서 보듯이 칼케돈 신경에 충실한 듯하지만 정작 위격적 연합의 주체가 그리스도의 인격이라는 점에 대한 인식이 약하며, 한 인격 안에 양성이 존재한다는 사실 자체로 각각의 본성에 속한 고유한 속성이 서로 다른 본성에 돌려지는 속성교통이 일어난다는 사실을 인정하려 들지 않는다. 이러한 '축자적 교통'(communicatio verbalis)을 '단지(tantum) 축자적 교통'이라고 칭하면서 실체가 없는 명목적인 교통일 뿐이라고 여긴다. 그렇다면 일치신조에서 반복해서 언급되는 "실제로, 곧 참으로 사실상"이라는 말은 유티케스적인 혼합을 뜻하는 것이 아니고 무엇이겠는가?[563] 칼빈과 개혁신학자들은 '축자적 교통'을 단지 소극적이거나 부정적이거나 명목적인 것으로 여기지 않고, 성경이 전하는 유일한 실제적 속성교통으로 여긴다.

셋째, 루터파는 내(內)위격(enhypostasis)과 비(非)위격(anhypostasis)에 대한 정통적인 입장에 대한 인식이 결여되어 있다. 성육신을 다루면서, 영원하신 하나님의 아들이 인성을 취하신 위격적 연합으로 말미암아 신인양성의 교통이 일어나는 것은 차치하고 인성이 신성의 속성들을 받아들여 고양되는 양성의 직접적 교통에 일차적인 관심을 기울인다. 영원하신 성자의 인격이 아니라 인성이 성육신의 주체로 여겨진다. 하나님의 아들이 인성을 취함(assumptio)보다 인성에 미치는 신성의 속성들의 교통(communicatio)에 중점을 둔다. 그리하여 루터파에 따르면, 성육신 자체는 인성이 신성의 속성들을 취한 "소유"(κτῆσις)로서 승귀(昇貴, exaltatio)이며, 낮아짐 곧 비하는 취한 그 속성들에 대한 "은밀한 사용"(κρύψις)과 "비움"(κένωσις)이 된다. 이는 성육신을 비하의 시작으로 보는 칼빈과 개혁신학자들의 입장과는 결코 양립될 수 없다.

넷째, 이와 같이 루터파는 성육신과 비하의 주체를 영원하신 말씀(Λόγος ἄσαρκος)으로 보지 않고 인성으로 보는 경향이 강하기 때문에 그리스도의 비하와 구원의 공로에 대한 올바른 인식을 결여하고 있다. 주님의 비하는 성육신 때 취한 신성의 속성을 인성이 사용하지 않거나 비우거나 하는 데 있지 않고, 한 인격 안에 있는 신성과 인성의 모든 속성과 신성과 인성에 따른 모든 사역을 그 인격에 돌리는 데 있다. 신

---

563) 다음 글은 루터파의 입장에서 그리스도가 부활 이후 영광스러운 육체를 가지고 성부 하나님의 편재(遍在)성을 공유하는 가운데 성찬에 있어서 실제적으로 현존한다고 주장한다. Regin Prenter, "Doctrine of the Real Presence," *Lutheran Quarterly* 3/2 (1951), 156-166, 특히 156-159.

성에 따라서는 만물이 "그를 위하여" 있는 그 분이(골 1:16) 인성에 따라서는 한 모금 물이 없으셔서 "내가 목마르다" 하시는(요 19:28), 신성에 따라서는 죽음을 죽이시는 분이 인성에 따라서는 죽임을 당하시는, 신성에 따라서는 언제나 모든 곳에 계시는 분이 인성에 따라서는 어느 때에는 어느 곳에만 계시는, 이러한 상태(status)가 비하이다. 이렇듯 참 하나님이시자 참 사람이신 한 분 주님이(인격) 영광의 주로서(신성) 십자가에 못 박히셔서(인성)(고전 2:8), 하나님으로서(신성) 자기 피로 교회를 사셨기 때문에(인성)(행 20:28), 그 공로는 만대의 만인을 살리고도 남음이 있는 것이다.

위격적 연합에 따른 속성교통이 실제적이 되려면 양성의 교통이 아니라 신성과 인성 자체가 실제적이라는 인식이 앞서야 한다. 한 분 그리스도(인격)가 참 하나님이시자(신성) 참 사람이시라는(인성) 고백 자체가 양성의 속성교통을 함의하고 있다. 성경에 기록된 대로 신성과 인성에 관한 말씀을 모두 한 인격에 돌리는 '축자적 교통' 자체가 참되고 실제적이다. 그 외에 어떤 다른 교통도 없다. 루터파는 양성의 교통이 "실제로, 곧 참으로 사실상" 일어난다고 말하기 전에 먼저 신성과 인성이 한 인격 안에서 "실제로, 곧 참으로 사실상" 존재한다고 믿고 있는지 자문해보아야 한다. 루터파의 공재설은 전자를 위하여 후자를 희생하고 있다. 이 점에서 루터파와 개혁파는 정반대에 선다. 루터는 속성교통의 실제를 말하려다 본성의 실제를 파기하는 데 이르렀다. 과연 본성의 실제가 부인되는데 본성의 속성의 교통이 실제적일 수 있겠는가? 칼빈은 보좌 우편에 계신 주님의 신성과 인성의 실제를 견지하는 가운데 성찬에서의 그리스도의 영적 임재를 말하였다. 칼빈은 그것이 영적인 경우 진정 실제적임을 간파하였다. 성찬에 있어서 그리스도의 임재가 실제적인 것은 그가 신적인 사람으로서가 아니라, 하나님이시자 사람이신 그리스도로서 인성에 따라서 살과 피로 현존하시기 때문이다. 루터는 칼빈이 츠빙글리와 다름없이 성찬에 있어서의 그리스도의 현존을 단지 영적으로만 이해하고 그 실제성은 부인하였다고 보았으나, 정작 칼빈은 "유한은 무한을 받아들일 수 없다"(finitum non capax infiniti)는 원리에 따라서 영적인 현존을 말했지만 그것은 단지 관념이거나, 주관이거나, 상징에 그치지 아니하고 실제적이라고 보았다. 칼빈은 "영적 그러나 실제적 현존"(praesentia spiritualis sed realis)을 말했다.[564] 그의 성찬론이 영적이나 단지 주관

---

564) 이러한 칼빈의 입장은 그의 초기 작품에서도 이미 드러난다. 그는 루터파 혹은 로마 가톨릭과 츠빙글리의 양극단을 묶는 정도에("complexio oppositorum") 그친 것이 아니라 영적이나 단지 영적이지 않고 실제적인 성찬에 있어

적이지 않으며 실제적이나 단지 물질적 곧 유물(唯物)적이지 않은 이유가 여기에 있다.[565]

10. 개혁파 신경들 : 기독론 중심성

개혁파 신경들은 츠빙글리와 그의 맥을 잇는 불링거의 영향권에 놓인 헬베틱 신앙고백서와 칼빈과 그의 신학을 계승한 개혁신학자들에 의해서 작성된 갈리칸 신앙고백서, 벨직 신앙고백서, 도르트 신경, 하이델베르크 신앙교육서, 스코틀랜드 신앙고백서, 웨스트민스터 신앙고백서 등으로 대표된다. 루터파 신경들이 신인양성의 속성교통에 주안점을 둔 반면에 이러한 개혁파 신경들은 그리스도의 비하와 승귀의 두 상태 가운데 모든 의를 다 이루신 구속사적 성취, 그리고 그 의를 성도에게 전가하시는 구원론적 적용에 더욱 많은 관심을 쏟고 있다. 이러한 배경에서 개혁파 언약신학이 자리 잡고 있는 바, 그 특성이 가장 현저하게 드러나는 곳이 웨스트민스터 신앙고백서이다.

제1차 헬베틱 신앙고백서(Confessio Helvetica Prior, the First Helvetic Confession, 1536)는 총 28조로 구성된다. 제11조에서 그리스도의 인격과 사역을 다루면서 오직 그리스도의 의만이 속죄와 구속과 성화의 공로가 됨을 천명하고 있다.[566] 성찬을 다룬 제23조에서는 떡과 잔은 그리스도의 살과 피가 "본성적으로 연합된"(naturaliter) 것도, "지역적으로 내포된"(localiter includantur) 것도, "육체적으로 현존하는"(carnali praesentia) 것도 아닌 "상징들"(symbola)로서 "영원한 생명의 자양분을 제시한다"(in aeternae vitae alimoniam exhibeatur)고 하여 츠빙글리의 상징설의 영향을 뚜렷이 나타

서의 그리스도의 현존을 주장했다. 참조. Boniface Meyer, "Calvin's Eucharistic Doctrine, 1536-39," *Journal of Ecumenical Studies* 4/1 (1967), 64.

565) 이와 같이 루터파와 개혁파 사이의 성찬에 있어서의 그리스도의 현존에 대한 이해의 차이는 그리스도의 인격에 관련된 본질적인 문제이므로 그 공통기반을 찾는 것은 불가하다고 볼 것이다. 이는 로마 가톨릭의 경우에도 다르지 않다. 다음 글은 이러한 시도를 긍정적으로 보는 관점을 견지한다. Richard Cross, "Catholic, Calvinist, and Lutheran Doctrines of Eucharistic Presence: A Brief Note towards a Rapprochement," *International Journal of Systematic Theology* 4/3 (2002), 301-318.

566) Schaff, *The Creeds of Christendom*, 3.215-217, 특히 217.

낸다.567) 총 30조로 이루어진 제2차 헬베틱 신앙고백서(Confessio Helvetica Posterior, the Second Helvetic Confession, 1566)는 제11조에서 그리스도의 인격과 구주되심을 다루면서, 아리우스로부터 당대의 세르베투스(Michael Servetus)에 이르는 이단을 지목하여 정죄하고 니케아, 콘스탄티노플, 에베소, 칼케돈, 아타나시우스 신경을 받아들인다고 천명하고, 그리스도는 "자신의 참 육체 가운데"(sua vera carne) 고난당하시고, 죽으시고, 장사되셨을 뿐만 아니라 그 가운데 부활하시고, 승천하시고, 하나님의 보좌 우편에 계심으로, 그의 육체로는 "모든 곳에"(ubique) 계시지 아니하고 "어느 곳에"(pro loco certo) 계심을 고백한다.568) 성찬을 다룬 제21조에서는 본 신앙고백서를 작성한 불링거에게 미친 칼빈의 영향이 뚜렷이 드러난다. 성찬에 있어서 성도는 그리스도의 살과 피에 "육체적이지 않고 믿음을 통하여 영적으로" (non corporaliter, sed spiritualiter per fidem) 참여한다고 해서, 그러한 "영적인 먹음" (manducatio spiritualis)은 "단지 표징을 받을 뿐만 아니라 또한, 우리가 일컫는 바대로, 누린다"(non signum duntaxat percipit, sed re ipsa quoque, ut diximus, fruiter)고 고백한다.569)

칼빈이 기초하고 그의 제자 샹디우(Antoine de la Roche Chandieu)가 작성한 갈리칸 신앙고백서(Confessio Fidei Gallicana, the French Confession, 1559)는 총 40조로 구성된다. 제5조에서는 사도신경, 니케아 신경, 아타나시우스 신경을 하나님의 말씀에 부합하는 것으로서 받아들인다고 천명하며,570) 제14조에서는 주님을 "인격적이고 형상적인 하나님의 아들"(Fils personnel ou figuratif de Dieu)이라고 부르면서 "허구적인 신성"(une divinité fantastique)을 그에게 돌리고 있는 세르베투스를 비판한다. 제15조에서는 한 인격 가운데 두 본성이 연합하여 있으나 각각의 "특성"(propriété)은 비하와 승귀의 과정을 통하여 언제나 불변하다는 사실을 강조한다.571) 그리고 성례 일반을 다루는 제34조에서는 성령의 역사로 말미암아 외적인 표징이 그 "실체와 진리" (substance et vérité)가 되시는 그리스도를 제시할 때 단지 "연기와 그림자"와 같이 "헛

---

567) Schaff, *The Creeds of Christendom*, 3.225.
568) Schaff, *The Creeds of Christendom*, 3.254-258 (850-854).
569) Schaff, *The Creeds of Christendom*, 3.293-294 (893-894).
570) Schaff, *The Creeds of Christendom*, 3.362.
571) Schaff, *The Creeds of Christendom*, 3.367-369.

되이"(en vain) 하지 않는다는 점을 지적하고,572) 제36-38조의 성찬론에서는 "성령의 은밀하고 불가해한 능력으로"(per la vertu secrète et incompréhensible de son Esprit) 그리스도의 육체가 "영적으로"(spirituellement) 그러나 "실제적"(réellement)으로 현존한다고 말함으로써 칼빈의 영적 임재설을 견지하는 가운데 "열광주의자들과 성례주의자들"(les Fantastiques et Sacrementaires)을 반박하고 있다.573)

1561년에 작성되고 1619년에 수정된 벨직 신앙고백서(Confessio Belgica, the Belgic Confession)는 총 39조로 구성된다. 제9조에서 갈리칸 신앙고백서와 마찬가지로 사도신경, 니케아 신경, 아타나시우스 신경을 받아들임을 천명하고,574) 제18조와 19조는 중보자 그리스도의 성육신과 위격적 연합을 다루고 있다. 제18조에서는 그리스도의 성육신이 언약의 성취라는 사실이 구속사적 관점에서 강조된다. 여기에서는 "[영혼과 육체] 둘 모두를 구원하시기 위하여 둘 모두를 취하여야 하셨다"(necesse fuit illum utrumque assumere, ut utrumque simul servaret)는 대속의 원리가 다음과 같이 전면에 부각된다.

> [그리스도는] 육체와 관련하여 인성을 취하셨을 뿐만 아니라 사람의 참 영혼(une vraie âme humaine)을 취하셨다. 그리하여 참 사람(vrai homme)이 되셨다. 왜냐하면 육체뿐만 아니라 영혼이 타락하여 둘 모두를 구원하시기 위하여 둘 모두를 취하셔야 하셨기 때문이다.575)

제19조에서는 그리스도의 "인성의 실제"(la vérité)는 부활 이후에도 변함이 없다는 사실을 부각시키면서 위격적 연합에 따른 속성교통을 강조한 후, "우리가 그를 참 하나님이시자 참 사람이라고 고백하는 것은, 그가 죽음을 이기시는 능력으로는 참 하나님, 자신의 육체의 연약함에 따라서는 우리를 위하여 죽으신 참 사람이시기 때문이다"고 천명한다.576) 이렇듯 벨직 신앙고백서는 양성의 연합이 신화(神化, deification,

---

572) Schaff, *The Creeds of Christendom*, 3.378-379.
573) Schaff, *The Creeds of Christendom*, 3.380-381.
574) Schaff, *The Creeds of Christendom*, 3.393.
575) Schaff, *The Creeds of Christendom*, 3.403. 이는 나지안주스의 그레고리(Gregory of Nazianzus)가 그리스도의 완전한 인성을 부인한 아폴리나리우스를 반박하면서 취(取)함이 없으면 사(赦)함이 없다고 말한 것을 상기시킨다.
576) Schaff, *The Creeds of Christendom*, 3.404-405.

divinization)도 인화(人化, humanization)도 아니라는 사실을 지적하면서 성육신의 구원론적 의미를 부각시키는 데 현저한 특징이 있다. 성찬론을 다룬 제35조에서는 성령의 역사로 말미암아 성찬의 떡과 잔이 그리스도를 "영적이고 천상적인 떡으로 제시한다"(figurer ce pain spirituel et céleste)는 사실과 그럼에도 불구하고 성도가 믿음으로 받는 것은 "그리스도의 참 몸과 참 피"(le vrai corps et le vrai sang de Christ)라는 사실을 함께 고백한다.577) 이러한 점에 있어서 벨직 신앙고백서와 갈리칸 신앙고백서는 매우 유사하다.

총 129문답으로 이루어진 하이델베르크 신앙교육서(the Heidelberg Catechism, 1563)에는 그리스도가 참 하나님이시자 참 사람으로서 타락한 인류를 위하여 자신을 제물로 드리신, 우리의 삶과 죽음에 있어서 유일한 위로자가 되심을 제1문답에서 선포하고 있다. 이는 본 신앙고백서의 전반에 면면히 흐르는 정서다.578) 주목할 것은 그리스도의 인격이 그의 비하와 승귀를 통한 대속 사역을 논하는 가운데 그 일부로서 다루어진다는 점이다. 예컨대 그리스도의 참 인성이 그의 죽음을 다룬 제35-36문답에서 가르쳐지는 바, 영원하신 하나님의 아들이 완전한 사람으로 오신 것은 우리의 영혼과 육체를 구속하기 위하심이라는 사실이 지적된다.579) 그리스도의 인격과 관련하여 제47문답에서는 소위 초(超)칼빈주의(the so-called extra Calvinisticum)가 다음과 같이 천명된다.

> 그리스도는 참 사람이시자 참 하나님이시다. 인성에 따라서(nach seiner menschlichen Natur) 그는 지금 지상에 계시지 않는다. 그러나 그의 신격, 엄위, 은혜, 그리고 영에 따라서(nach seiner Gottheit, Majestät, Gnade und Geist) 그는 우리와 함께 계시지 않은 적이 없다(Christus est verus Deus et verus homo, itaque secundum naturam humanam, jam non est in terra; at secundum divinitatem suam, majestatem, gratiam et Spiritum, nullo unquam tempore a nobis abest).580)

---

577) Schaff, *The Creeds of Christendom*, 3.420.
578) Schaff, *The Creeds of Christendom*, 3.307-308.
579) Schaff, *The Creeds of Christendom*, 3.319.
580) Schaff, *The Creeds of Christendom*, 3.322.

제48문답에서는 그리스도의 신성은 불가해하고 모든 곳에 계시므로 그가 취하신 인성의 한계를 넘어서나 그렇다고 해서 인성과 분리되지 않고 "인격적으로"(persönlich) 연합되어 있음을 천명한다.581) 그리고 성찬을 다루는 제79문답에서는 성령의 작용으로 그리스도의 참된 몸과 피에 참여한다고 하여 칼빈의 입장에 서 있음을 분명히 드러낸다.582)

도르트 신경(Canones Synodi Dordrechtanae, the Canons of the Synod of Dort, 1618-1619)에서는 제한속죄를 다룬 제2장에서 그리스도의 위격적 연합에 따른 속성교통으로 말미암아 그의 공로가 모든 사람을 구원하기에 족하나 다만 영원한 경륜에 따라서 택함받은 사람들에게만 그 효과가 나타남이 다음과 같이 천명된다. 이로써 오직 그리스도의 인격에 대한 정통적인 입장에 서는 경우에만 그가 수행한 대리적 속죄의 실제적 가치를 논할 수 있음이 반증된다.

> 하나님의 아들의 죽음은 죄에 대한 유일하고 가장 완전한 희생이며 무름이다. 그것은 무한히 값지고 가치가 있으며, 세상의 죄를 속하기에 충분하리 만큼 넘친다(unica et perfectissima pro peccatis victima et satisfactio, infiniti valoris et pretii, abunde sufficiens ad totius mundi peccata expianda). 이 죽음이 무한한 가치와 고귀함을 지니는 것은, 그것에 자신을 바치신 인격은 참 사람이실 뿐만 아니라 완전히 거룩하시고, 아버지와 성령과 함께 동일한 영원하고 무한한 본질을 지니신 하나님의 독생자이셨기 때문이다. 이러한 자격은 그가 우리를 위한 구세주가 되시기 위하여 없어서는 안 될 것이었다. 왜냐하면 그의 죽음은 죄로 말미암아 우리에게 부과된 진노와 저주를 느끼시는 가운데 드려져야 했기 때문이다.583)

총 25조로 이루어진 제1차 스코틀랜드 신앙고백서(Confessio Fidei Scoticana I, the Scotch Confession of Faith, 1560)는 제7조에서 신인양성의 연합이 영원한 작정에 따른 것임을, 제8조에서 신인양성의 중보의 필연성이 인성에 따라서 죄의 삯인 죽음의 형벌을 치르시고 신성에 따라서 죽음을 이기시려 하심을, 제9조에서 우리에게 부과

---

581) Schaff, *The Creeds of Christendom*, 3.322.
582) Schaff, *The Creeds of Christendom*, 3.334-335.
583) Schaff, *The Creeds of Christendom*, 3.561, 586.

된 죄의 값을 다 치르시기 위하여 영혼과 육체의 사람으로 오심을 말하고 있다.584) 주목되는 것은 보혜사 성령이 주 예수 그리스도의 영이시라는 사실을 들어 성도 안에 역사하는 믿음과 그에 따른 선행(善行)을 다루고 있다는 점이다.585) 또한 성찬론을 다루면서 그리스도의 육체에 신성의 "생명"(vita)과 "불멸"(immortalitas)이 부여되듯이 우리가 그리스도의 몸과 피에 참여할 때 그러한 "대권들로써"(praerogativis) 동일한 역사가 일어난다고 고백하고 있음도 주목된다.586)

총 33장으로 구성된 웨스트민스터 신앙고백서(Confessio Fidei Westmonasteriensis, the Westminster Confession of Faith, 1647)에는 삼위일체와 기독론 교리가 역동적으로 다루어지고 성도의 구원서정(救援序程)과 삶이 함께 강조된다. 웨스트민스터 신앙고백서의 근저에는 오직 예수 그리스도가 구속의 모든 의를 다 이루시고 그 의를 전가해주심으로 성도를 구원하시고 그들의 거룩한 삶을 주장하신다는 언약신학이 자리 잡고 있으며,587) 그 가운데 복음과 함께 율법의 규범적 용법이 부각되며, 하나님의 주권과 성도의 책임이 함께 논의된다.588)

그리스도는 우리를 위하여 온갖 고난을 당하시고 율법에 전적으로 순종하셨다. 그 의로 인류의 죗값을 다 치르심으로 성도들을 의롭다 하시고, 거룩하게 하시고, 영화롭게 하신다(8.1). 성도는 믿음으로 의롭다 여김을 받는데, 그 믿음은 성도의 삶으로 열매를 맺는 사랑으로 역사하는 믿음이다(11.1-3). 성도는 그리스도에 의해서 완성된 율법을 은혜 가운데 지키는 삶을 산다(19.6-7).589) 그것은 "그리스도의 영"(롬 8:9)을 부음받았기 때문이다. 칭의는 "그리스도의 영"의 내주로 인한 인침이며(11.4) 성화는 그 영으로 율법에 순종하고, 선행을 행함으로, 성도가 자라가는

---

584) Schaff, *The Creeds of Christendom*, 3.444-447.

585) Schaff, *The Creeds of Christendom*, 3.450-453.

586) Schaff, *The Creeds of Christendom*, 3.468-469.

587) 참조. David B. McWilliams, "The Covenant Theology of the Westminster Confession of Faith and Recent Criticism," *Westminster Theological Journal* 53/1 (1991), 121-124.

588) 참조. Benjamin B. Warfield, *The Westminster Confession and Its Work* (New York: Oxford University Press, 1931); Homes Rolston III, *John Calvin versus the Westminster Confession* (Richmond: John Knox, 1972).

589) 칼빈은 성도가 율법을 지키는 삶을 살게 되는 것은 우리의 인격뿐만 아니라 행위도 의롭다 여기시는 하나님의 은혜에 따른 것이라는 점을 강조한다. 참조. 문병호, 『30 주제로 풀어 쓴 기독교 강요』, 112-113, 218-221. 웨스트민스터 신앙고백서는 여기에서 이러한 칼빈의 입장과 유사함을 보인다.

것이다(13.3; 16.3; 19.7). 주님은 모든 의를 다 이루시고 그 의를 하나님의 자녀에게 전가해주신다. 그것은 "그리스도의 영"이 "양자의 영"이기(롬 8:15) 때문이다(12.1; 18.2). 웨스트민스터 신앙고백서가 보혜사 성령을 "그리스도의 영"이라고 특정해서 부르는 것은 역사상 단번에 다 이루신 의를 성도에게 전가해주시는 은혜를 부각시키기 위함이다(7.1-5). "그러므로 본질에 있어서 차이가 나는 두 종류의 은혜언약이 있는 것이 아니고, 여러 세대에 걸쳐 있기는 하지만 하나의 동일한 언약이 있을 뿐이다"(7.6). 이로써 구약과 신약이 "경륜"(administratio)에 있어서는 다양하나 "실체"(substantia)에 있어서는 하나라는 칼빈의 원칙이 환기된다.[590]

인류는 타락으로 말미암아 죄책이 전가되어 사망의 형벌에 놓이고 오염이 들어와 모든 것이 부패하고 무능하게 되었다. 이로 말미암아 인류는 율법의 저주 아래 매여 진노 가운데 산다(6.2-6). 이제는 하나님 앞에서 선을 행할 자유의지를 상실하였으므로(9.3) 오직 그리스도를 믿음으로 말미암은 은혜가 아니면 언약의 당사자가 될 수 없게 되었다(7.3). 이러한 점에서 신구약의 "경륜"(dispensatum)은 다양하나 "실체"(substantia)는 그리스도로서 동일하다(7.6). 그리스도가 이 땅에 오셔서 고난을 받았을 뿐만 아니라 율법을 완전히 수행하셨기 때문에 그 공로가 신구약의 택함 받은 모든 자녀들의 구원을 위하여 전체적으로 충족하다(8.4).

그리스도는 참 하나님이시자 참 사람으로서 우리를 위하여 모든 의를 다 이루셨다(8.2). 동일한 한 분 위격 가운데 신성과 인성에 고유한 것들이 모두 속하게 되므로, 그리스도의 고난과 순종의 의가 우리 죄의 값을 치르고 우리를 영생의 자녀로 삼으시기에 충분한 값이 된다(11.3). 이러한 논의에 있어서 위격적 연합에 따른 속성교통이 그리스도의 중보사역과 관련하여 다음과 같이 강조된다.

> 그리스도는 중보의 사역에 있어서 두 본성 모두에 따라서 행하신다. 각각의 본성을 통하여 각각에 고유한 것을 행하심에도 불구하고, 인격의 하나됨으로 그리하신다. 그러므로 때때로 성경에서는 한 본성에 속한 것이 다른 본성에 의해서 지시된 인격에 돌려진다(Christus in opere Mediatorio agit secundum utramque naturam, id agens per utramvis,

---

590) Calvin, *Institutio*, 2.10.1 (CO 2.313). 이러한 필자의 시각은 다음 글에서도 공유된다. Robert Letham, *The Westminster Assembly: Reading Its Theology in Historical Context* (Phillipsburg, NJ: P&R, 2009), 224–241.

quod eidem proprium est, nonnunquam tamen fit propter personae unitatem ut quod uni naturae proprium est, personae ab altera natura denominatae in Scriptura tribuatur) (8.7).591)

언약의 두 기둥은 하나님의 주권적 사랑과 그리스도의 공로이다. 아버지는 아들을 주시기까지 사랑하셨다. 아들은 아버지의 원대로, 아버지의 뜻을 이루셨다. 그리하여 아버지는 약속대로 아들의 의를 우리의 것으로 삼아주심으로, 형벌을 제함과 더불어 용서를 베푸신다(11.3). 오직 "양자의 영"–"그리스도의 영"–을 받은 사람에게 이러한 은총이 임한다. 이 영을 받은 사람은 아버지의 법을 즐겁게 순종하며(19.5-6), 그 가운데 자유를 누린다. 성도의 자유는 뜻을 다하여 하나님의 뜻에 순종하는 것이다(20.1, 3).

이렇듯 웨스트민스터 신앙고백서는 한 분 예수 그리스도가 신인양성의 위격적 연합 가운데 양성의 교통에 따른 중보사역을 다 이루신 의를 전가해주시는 '구속사적 성취–구원론적 적용'이라는 은총의 도식 가운데 개혁파 언약신학의 정수를 드러내고 있다.

---

591) Schaff, *The Creeds of Christendom*, 3.622.

제2부

언약 :
영원한 구원협약의 역사적 성취 경륜

Foedus :

Oeconomia perficendi historica consilium salutis aeternum

삼위일체 하나님이 자신의 영원한 구원협약에 따라 작정하신 언약의 은혜는 성령잉태로부터 십자가의 죽음에 이르는 그리스도의 전 생애의 순종에 미치는 바, 그의 비하 상태에서의 의의 성취와 승귀 상태에서의 의의 전가를 아우른다. 주님은 새언약의 중보자로서 이러한 은혜의 질료가 되셨다. 그는 위로 하나님과의 관계에서는 당하신 순종과 행하신 순종을 통하여 모든 의를 다 이루심으로써 행위언약을 성취하셨고, 아래로 우리와의 관계에서는 우리가 그 의를 믿기만 하면 거저 그것을 우리에게 전가해주심으로써 은혜언약을 성취하셨다. 주님은 십자가에서 제물로 삼아 단번에 영원한 제사를 드리신 그 자기 자신을, 하늘에 오르사 하나님의 보좌 우편에서 보혜사 성령을 부어주심으로써 우리에게 주신다. 영원한 구원협약에 따른 아버지의 사랑은 이렇듯 아들의 언약을 통하여, 아들과 우리의 하나됨으로 구현된다.

제4장

언약과 그리스도

1. '구원협약'(consilium salutis)으로서 구속언약(pactum salutis)

1. 1. 창세 전의 삼위 하나님의 구원작정

개혁신학자들은 대체로 칼빈이 『기독교 강요』에서 전개한 가르침의 순서(ordo docendi)에 영향을 받아서 기독론을 은혜언약–그리스도의 인격–그리스도의 사역–속죄론의 순서로 다룬다.592) 이러한 순서는 하나님이 타락한 인류와 맺은 모든 언약은 그리스도를 유일한 실체(substantia singularis)로 삼고 있음을 전제함을 알려준다.593) 개혁신학자들은 다양한 은혜언약이 삼위일체 하나님의 영원한 구원작정을 역사상 성취하는 경륜으로서 체결된 것으로 여겼으며,594) 그 구원작정을 화란의 언

---

592) 참조. Turretin, *Institutio Theologiae Elencticae*, 12.1.1–14.18.19 (2.151–438); Hodge, *Systematic Theology*, 2.313–638; Bavinck, *Reformed Dogmatics*, 3.193–482. 바빙크는 *Magnalia Dei*(하나님의 큰 일)에서 이를 다섯 부분으로 나눈다. Bavinck, *Our Reasonable Faith*, XIV. "The Covenant of Grace"(260–279); XV. "The Mediator of the Covenant"(280–307); XVI. "The Divine and Human Nature of Christ"(308–329); XVII. "The Work of Christ in His Humiliation"(330–356); XVIII. "The Work of Christ in His Exaltation"(357–385).

593) 칼빈은 『기독교 강요』의 기독론 부분에서 중보자의 필연성(2.6)을 다룬 후 율법을 논하고(2.7–8) 이어서 그리스도의 인격(2.12–14)과 사역(2.15–16) 그리고 속죄론(2.17)을 다루기 전에 율법/복음 그리고 구약/신약의 일체성과 차이성에 대해서 다룬다(2.9–11). 이 부분이 '칼빈의 언약신학'에 해당한다.

594) 개혁파 정통주의(Reformed Orthodoxy) 신학자들은 그리스도를 "은혜언약의 중보자"(mediator foederis

약신학자 콕체우스(Johannes Cocceius, 1603-1669) 때부터 구속언약(pactum salutis)이라고 불렀다. 이로써 '구속자'로서 그리스도, '구속방식'으로서 신인양성의 중보를 통한 대속, '구속백성'으로서 택함받은 성도가 영원히 작정되었다.[595] 이 세 가지는 기독론의 핵심 주제인 그리스도의 인격, 사역, 그리고 제한속죄론에 상응한다.

콕체우스는 성부와 성자 사이에 체결된 구속언약(pactum salutis)과 이 언약에 근거해서 하나님과 그의 백성 사이에 맺어진 은혜언약(pactum gratiae)을 나누고 이 두 언약이 자연언약(foedus naturae)이라고도 불리는 행위언약(pactum operis)과[596] 대립된다고 주장하였던 바, 구속언약과 은혜언약은 구별되기는 하나 서로 분리될 수 없으며 전자는 후자의 전단계가 된다고 보았다. 언약신학을 신학의 중심 주제로 부각시킨 신학자는 콕체우스라고 할 것이나, 그에게는 세대주의적 편견이라고 불릴 만한 것이 발견된다.

콕체우스에 따르면, 구약시대의 언약은 죄사함(ἄφεσις)이 아니라 죄를 옆으로 밀쳐두는 것(πάρεσις)을 약속으로 삼는 바, 이런 측면에서 구약의 역사는 은혜언약으로 행위언약을 폐지해 가는 과정을 보여줄 뿐이다. 구약의 칭의는 불안전하므로 성도들에게 평강을 주지 못한다. 구약의 은혜는 임시적이고 단지 모형과 표상으로서만 작용하므로 그것은 실체에 있어서조차 신약의 은혜와 구별된다. 그리스도의 피로 세운 새언약은 첫 언약의 완전한 폐지를 의미할 뿐 그 성취라고 여기지 않았던 것이다. 콕체우스는 이렇듯 삼위일체 하나님의 영원한 구원협약을 구속언약(pactum salutis)으로 칭할 만큼 언약적 이해를 극단화했지만, 정작 언약의 실체이자 완성이

---

gratiae)로 여기고 은혜언약의 연속성이라는 측면에서 그리스도의 인격에 있어서의 양성의 은사와 속성과 사역의 교통을 다루었다. 참조. Heppe, *Reformed Dogmatics*, 448-509. 원문. Heinrich Heppe, *Schriften für reformirten Theologie*, Bd. 2. *Die Dogmatik der evangelisch-reformirten Kirche* (Elberfeld: Verlag von R. L. Friderichs, 1861), 293-351. 이하 본 원서로부터 원문을 참조하여 인용함.

595) 참조. J. van Genderen and W. H. Velema, *Concise Reformed Dogmatics*, tr. Gerrit Bilkes and Ed M. van der Mass (Phillipsburg, NJ: P&R Publishing, 2008), 205-208.

596) 콕체우스는 행위언약을 최초의 인류에게 하나님의 형상과 함께 부여된 무엇으로 여긴다. "하나님의 형상으로 세상의 무대에 나타난 사람은 율법과 언약 곧 자연언약 아래에 존재한다"(Homo, qui in mundi proscenium prodiit cum imagine Dei, sub lege et foedere et quidem foedere operum exstitit). "행위언약이 자연법에 의존하는 이상, 그것은 자연언약이라고 불릴 수 있다"(Foedus operum, quatenus lege naturae nititur, foedus naturae appellari potest). Heppe, *Schriften für reformirten Theologie*, 2.207, 208에서 재인용. 콕체우스의 생애와 신학에 관하여, Charles S. McCoy and J. Wayne Baker, "The Zenith of Federal Theology: Johannes Cocceius," in *Fountainhead of Federalism: Heinrich Bullinger and the Covenant Tradition with a Translation of De testamento seu foedere Dei unico et aeterno (1534) by Heinrich Bullinger* (Louisville: Westminster/John Knox, 1991), 63-79.

신 그리스도와 그의 다 이루신 사역에 대한 구속사적 의미를 온전히 파악하지는 못했다.597)

콕체우스가 말한 구속언약을 또 다른 언약으로 보아야 하는가? 그렇다면 성부와 성자가 서로 언약의 당사자가 될 수 있는가? 그렇지 않다면 그것은 무엇인가? 이러한 질문에 대한 다양한 답이 주어졌지만, 대부분 개혁신학자들은 비록 구속언약(pactum salutis)이라는 말을 사용하기는 하지만 그것을 또 다른 언약(foedus)이 아니라 협약(consilium)으로 여긴다.598) 툴레틴의 경우에서 보듯이, 그들은 구속언약과 은혜언약을 동일한 하나의 언약으로 여기는 경향이 있다.

여기에 이중적 언약 혹은 두 부분과 두 영역을 지닌 동일한 하나의 언약이 요구됨이 분명하다. 전자는 구원의 사역을 수행하기 위한 성부와 성자 사이의 협정이다. 후자는 하나님이 그리스도로 말미암아 택함받은 자들을 그들의 믿음과 회개를 조건으로 구원하시고자 그들과 맺은 것이다. 전자는 지체들의 구원을 위하여 그들의 보증이자 머리와 맺은 것이고 후자는 그 머리이자 보증 안에서 지체들과 맺은 것이다.599)

윗시우스(Herman Witsius, 1636-1708)에 따르면, "은혜언약의 본질을 더욱 깊이 파악해 볼 때, 두 가지가 분명히 우리 안에 새겨진다. 첫째, 성부 하나님과 중보자 그리스도 사이를 중재하는 언약이다. 둘째, 하나님이 택함받은 자들에게 영생을 주시기 위하여 모든 것이 적합할 때 불변하는 언약에 더하여 주신 유언의 경륜이다. 전자에는 하나님과 중보자 사이의 약정이 있고, 후자에는 하나님과 택함받은 자들 사

---

597) Bavinck, *Reformed Dogmatics*, 3.210-211.

598) 대부분 개혁신학자들은(Francis Turretin, Heinrich Heppe, Herman Witsius, Herman Bavinck, Charles Hodge, A. A. Hodge, William G. T. Shedd, Geerhardus Vos 등) 이러한 입장을 취한다. 웨스트민스터 신앙고백서 제3장 1조에서는 하나님의 영원한 작정이 "가장 지혜롭고 거룩한 그[하나님] 자신의 뜻의 경륜에서부터"(esapientissimo sanctissimoque consilio voluntatis suae) 비롯된다고 하고 제6장 1조에서는 하나님이 죄를 기꺼이 허용하신 것은 "그 자신의 지혜롭고 거룩한 뜻에 따라서"(secundum sapiens suum sanctumque consilium) 그리하셨다고 한다. 이 경우 "consilium"이라는 단어가 각각 사용된다. Schaff, *The Creeds of Christendom*, 3.608, 615.

599) Turretin, *Institutio Theologiae Elencticae*, 12.2.12 (2.158): "Et certum est duplex hic pactum necessario attendendum esse, vel unius ejusdemque pacti duas partes et gradus. Prius pactum est, quod inter Patrem et Filium intercedit, ad opus Redemptionis exequendum. Posterius est, quod Deus cum Electis in Christo contrahit, de illis per et propter Christum salvandis sub conditione fidei et resipiscentiae. Prius fit cum Sponsore et capite ad salutem Membrorum: Posterius fit cum Membris in Capite et Sponsore."

이의 약정이 있다. 후자는 전자를 전제하고, 전자에 기초한다."600) 웨스트민스터 대요리문답 제31문답은 은혜언약을 하나님이 그리스도와 맺은 구속언약을 포괄하는 개념으로 사용하고 있다. "누구와 은혜언약이 체결되었는가(With whom was the covenant of grace made)? 은혜언약은 둘째 아담인 그리스도와, 그리고 그 안에서 그의 씨로서 택함받은 모든 사람들과 체결되었다(The covenant of grace was made with Christ as the second Adam, and in Him with all the elect as his seed)."601)

구속언약을 또 다른 언약으로 여기는 학자들은 "그가 여호와의 전을 건축하고 영광도 얻고 그 자리에 앉아서 다스릴 것이요 또 제사장이 자기 자리에 있으리니 이 둘 사이에 평화의 의논이 있으리라"는 스가랴 6:13을 증거구절로 삼는다. 그들에 따르면, 성자는 창세 전에 성부와 언약을 맺으시고 그 조건으로 제시된 보증금을 미리 지불하신 보증인(保證人, fideiussor)이자 지불인(支拂人, expromissor)이셨으므로, 그 보증금으로 구약백성이 구원의 자격을 얻게 되었다. 이 경우, 하나님의 구속경륜이 일반적 법률절차와 동일시된다. 그러나 구약백성에게 미치는 구원의 은총은 성자의 보증금에 따른 조건적 청산이 아니라 그리스도를 이 땅에 보내셔서 모든 의를 다 이루신 때가 찬 하나님의 경륜으로 말미암은 것이다.602)

스가랴 6:13은 영원하신 하나님의 아들이 메시아로 오셔서 왕직과 제사장직을 수행하실 것을 예언하는 말씀이다(롬 5:19; 빌 2:8; 히 5:8). 이는 성부와 성자를 두 당사자로 하는 언약을 지칭하는 말씀으로 받는 것은 과하다.603) 이는 문맥상 의심의 여지가 없다. 은혜언약을 체계적으로 설명하기 위해서 삼위일체 하나님의 영원한 작정으로서 구속언약이라는 개념이 필요한 것은 사실이지만, 그것을 또 다른 언약으로 오해해서는 안 된다. 삼위일체 하나님의 영원한 구원작정을 뜻하는 구속언약은

---

600) Witsius, *De Oeconomia Foederum*, 2.2.1: "Ut foederis gratiae natura penitius perspecta sit, duo imprimis distincte consideranda sunt. (1.) Pactum, quod inter Deum Patrem et mediatorem Christum intercedit. (2.) Testamentaria illa dispositio, qua Deus electis salutem aeternam, et omnia eo pertinentia, immutabili foedere addicit. Prior convention Dei cum mediatore est: posterior Dei cum electis. Haec illam supponit, et in illa fundatur." Hodge, *Systematic Theology*, 2.359에서 재인용. 마지막 문장 가운데 "et in illa fundatur"가 "and in illa fundatur"로 잘못 인용되어 있어서 바로잡는다.

601) Free Presbyterian Publicaions, ed., *Westminster Confession of Faith* (Glasgow: Free Presbyterian Publications, 1994), 142-143. 바로 이어지는 제33문답은 이러한 '은혜언약'이 구약과 신약으로 각각의 경륜에 따라 역사함을 천명하고 있다.

602) 참조. Bavinck, *Reformed Dogmatics*, 3.213-214.

603) 참조. Van Genderen and Velema, *Concise Reformed Dogmatics*, 203.

다음과 같은 이유에서 언약이라고 여겨질 수 없다.

첫째, 언약은 하나님과 사람을 당사자로 하는 반면 구속언약은 그렇지 않다. 구속언약은 삼위 서로 간에 혹은 성부와 성자 서로 간에 체결된 것이므로 하나님이 외계의 사람과 맺는 언약의 상호성(mutuality)이 없다.

둘째, 언약은 역사상 체결된 것인 반면 구속언약은 역사 이전-창세 전-의 작정이다.

셋째, 언약은 지음을 받은 사람의 지으신 하나님에 대한 순종이 요구되는 반면 구속언약은 그렇지 않다. 구속언약에는 경륜이 있을 뿐 조건(conditio)은 없다.

넷째, 언약에는 조건의 불이행, 즉 죄에 따른 형벌이 규정되나 구속언약에는 그렇지 않다.

다섯째, 언약에는 머리가 있으며 그에 따른 전가가 있으나 구속언약에는 그렇지 않다. 곧 구속언약에는 대표의 원리가 적용되지 않는다. 그러므로 언약에는 하나님이 인류와 맺은 행위언약과 은혜언약,[604] 그리고 주님이 인류의 자리에서 친히 언약의 당사자가 되신 새언약이 있을 뿐이다.

구속언약은 삼위일체 하나님의 내적 구원협약(the intratrinitarian counsel of salvation)으로서, 주권적인 일방적 베푸심(διαθήκη)에 대한 삼위의 협약(συνθήκη), 곧 구원협약으로 이해할 바이다.[605] 구속언약은 타락이 전제되지만 영원한 협약이다. 하나님은 창세 전에 창조를 협약하셨듯이(창 1:26) 구원도 협약하셨다(엡 1:3-14; 3:11; 살후 2:13; 딤후 1:9; 약 2:5; 벧전 1:2, 20). 그리하여 구원의 계획을 영원히 수립하셨다.[606] 그러므로 우리는 구속언약을 또 다른 언약으로 볼 것이 아니라 역사적인

---

604) 다음에서 저자는 하갈과 사라를 "두 언약"이라고 부르는 것이 이를 지칭한다고 본다. G. H. Kersten, *Reformed Dogmatics: A Systematic Treatment of Reformed Doctrine* (Grand Rapids: Netherlands Reformed Book and Publishing Committee, 1980), 1.233.

605) Bavinck, *Reformed Dogmatics*, 3.214-215.

606) 구속언약이 삼위 하나님 사이의 구원의 작정이라면 구원의 계획(the plan of salvation)은 하나님의 구속의 경륜(an economy of redemption)이라고 불린다. 이를 성경은 "때가 찬 경륜"(οἰκονομία τοῦ πληρώματος τῶν καιρῶν)(엡 1:9) 혹은 "비밀의 경륜"(οἰκονομία τοῦ μυστηρίου)(엡 3:9)이라고 하며 하늘에 있는 것이나 땅에 있는 것이나 그리스도 안에서 다 통일하게 하려는 계획(엡 1:10)으로 설명된다. 핫지(Charles Hodge)는 전택설(supralapasarianism)과 후택설(infralapsarianism)의 논쟁을 구원의 계획이라는 제하에서 기독론을 다루기 직전에 다루고 있는 반면에(*Systematic Theology*, 2.313-324) 벌코프(Louis Berkhof)는 이를 예정론에서 다룬다(*Systematic Theology*, 118-125). 구원의 계획에 관해서 워필드는 먼저 인간이 스스로 구원할 수 있도록 하나님이 방치했는가 아니면 하나님 자신이 이에 개입해서 그들을 구원하도록 계획하셨는가에 따라서 초자연주의와 자연주의(알미니우스, 펠라기우스)로 나눈다. 그리고 초자연주의는 하나님이 인간 개개인을 직접 구원하시는가 아니면 세상에

은혜언약의 영원한 기초라고 여겨야 한다.607) 칼빈이 다음과 같이 말했을 때, 그것은 구속언약이 창세 전의 하나님의 작정을 지칭함을 제시한다.

분명 여기에서 시간상 아담의 타락이 하나님의 작정보다 앞서듯이 전제되지 않는다. 나타나는 것은 창세 전에 하나님이 결정하신 것이다. 그 때 하나님은 인류의 비참함을 고쳐주시길 원하셨다(Hic certe non praesupponitur Adae lapsus quasi tempore superior; sed quid ante saecula statuerit Deus ostenditur, quum mederi vellet humani generis meseriae).608)

초자연적인 도구를 세우심으로써 구원하시는가에 따라서 복음주의와 사제주의(성공회, 로마교회, 희랍정교회)로 나눈다. 그리고 복음주의는 하나님이 구원을 위해서 베푸시는 은혜는 모든 사람에게 차별이 없다고 하는 보편구원론(루터주의, 웨슬레주의, 순수보편구원론)과 제한구원론으로 나뉜다. 그리고 제한구원론은 전택설과 후택설을 주장하는 철저한 제한적 구원론과 아미랄주의로 대변되는 불철저한 제한구원론으로 나누어진다. 아미랄주의는 가정적 구원론 혹은 가정적 보편구원론 혹은 구속 후 선택설로 불리는데, 이는 믿는다는 조건으로 그리스도께서는 모든 사람들의 죄를 구속하시기 위해서 죽으셨으나 하나님은 아무도 믿지 않을 것을 예견하시고 성령의 유효한 사역을 통해서 믿음을 주실 일부를 택하셨다는 주장이다. 원래 칼빈주의는 전택설에 근거한다. 그러나 전택설을 공식적으로 천명한 개혁신경은 없었으며 후택설이 사실 미국 개혁파를 압도했다. 워필드는 핫지와 같은 명백한 입장을 표현하지는 않으나 사실 후택설을 취하고 있다. Benjamin B. Warfield, *The Plan of Salvation: A Classical Study of the Basic and Essential Differences between Various Interpretations of the Christian Religion* (Grand Rapids: Eerdmans, 1977).

607) 언약에는 크게 두 조류가 있다. 툴레틴(Francis Turretin)과 윗시우스(Herman Witsius)와 같은 유럽 대륙의 개혁파 정통주의 신학자들은 콕체우스의 행위언약과 은혜언약의 개념에 기초해서 자신들의 언약신학을 개진한다. 한편 퍼킨스(William Perkins)와 볼(John Ball)과 같은 청교도신학자들과 러드포드(Samuel Rutherford)와 같은 스코틀랜드 언약신학자들은 삶의 영역에서 그들의 종교개혁의 이상을 성취하기 위하여 율법의 기원과 규범적인 유용성에 특히 주안점을 둔다. 헤페(Heinrich Heppe)와 에임스(William Ames)는 두 조류의 언약신학의 정수(marrow)를 모은 다음 책을 집필하였다. Heppe, *Reformed Dogmatics*; William Ames, *The Marrow of Theology*, tr. John D. Eusden (Durham, NC: Labyrinth Press, 1983). 볼레비우스(J. Wollebius)와 푸치우스(G. Voetius)와 툴레틴(Francis Turretin)의 글을 모아놓은 다음 책은 도르트 신경(1619)과 웨스트민스터 신앙고백서(1647) 이후의 개혁파 언약신학을 조명하는 데 유익하다. John W. Beardslee III, ed., and tr., *Reformed Dogmatics* (New York: Oxford University Press, 1965). 영국과 스코틀랜드의 언약신학을 개관하기 위해서, R. T. Kendall, *Calvin and English Calvinism to 1649* (New York: HarperSanFrancisco, 1978); Michael McGiffert, "Grace and Works: The Rise and Division of Covenant Divinity in Elizabethan Puritanism," *Harvard Theological Review* 75 (1982), 463-502, and "From Moses to Adam: The Making of the Covenant of Works," *Sixteenth Century Journal* 19/2 (1988), 129-155; Ernest F. Kevan, *The Grace of Law: A Study in Puritan Theology* (London: Carey Kingsgate Press, 1964). 언약신학의 기원과 발전에 관해서, David A. Weir, *The Origins of the Federal Theology in Sixteenth-Century Reformation Thought* (Oxford: Clarendon Press, 1990); Richard A. Muller, "The Covenant of Works and the Stability of Divine Law in Seventeenth-Century Reformed Orthodoxy: A Study in the Theology of Herman Witsius and Wilhelmus à Brakel," *Calvin Theological Journal* 29 (1994): 75-100; Stephen R. Spencer, "Francis Turretin's Concept of the Covenant of Nature," in *Later Calvinism: International Perspectives*, ed. W. Fred Graham (Kirksville, MO: Sixteenth Century Essays & Studies, 1994), 71-91.

608) Calvin, *Institutio*, 2.12.5 (CO 2.344). 본문은 칼빈이 전택설을 주장했다는 사실을 밝히는 가장 직접적인 표현을

구속언약은 은혜언약의 영원한 기초(fundamentum)와 논리적 명분(ratio)이 된다. 구속언약은 아들을 언약의 머리(κεφαλή, caput)와 보증(ἔγγυος, sponsor)으로(롬 5:12-21; 고전 15:22) 내주셔서 대속의 주로 삼으시는 성부와, 성부의 뜻을 자원해서 이루시는 성자 사이에 맺어진 영원한 협약이다. 이로써 성부는 성자에게 행할 일을 맡기셨고(눅 2:49; 요 17:4), 그 일이 수행되도록 그를 세상에 보내셨으며(요 17:18; 갈 4:4; 요일 4:9-10), 그 일이 이루어졌을 때 큰 상급을 약속하셨다(롬 5:15-21; 히 10:10). 그것은 당하신 순종(obedientia passava)과 행하신 순종(obedientia activa)을 포함한다.[609]

바빙크는 "은혜언약은 삼위 하나님의 구속언약에 의해서 영원 전에 이미 작정되었다. 그리고 타락이 일어난 순간부터 그리스도에 의해서 실현되었다"라고 주장한다.[610] 바빙크에 따르면, 하나님은 창세 전의 구속언약을 통하여 작정한 일을 타락한 인류와 맺은 은혜언약에 따라 이루심으로 자신의 공의와 사랑을 동시에 계시하셨다. 구속언약은 은혜언약의 약속을 계시할 뿐, 그 자체로 어떤 공로나 은혜도 선취(先取)되지 않는다. 구속언약이 계시하는 은혜언약의 약속은 성령잉태로부터 십자가의 죽음에 이르는 그리스도의 전(全) 생애의 순종에 미치며, 그의 비하 상태에서의 의의 성취와 승귀 상태에서의 의의 전가를 포함한다.[611] 이러한 의는 속죄(expiatio), 용서(propitiatio), 화목(reconciliatio)을 위한 대리적 무릎의 공로를 제시한다.[612]

핫지(Charles Hodge, 1797-1878)는 "구원의 계획이 언약의 형태로 성경에 제시되어 있다"고 보았다.[613] 핫지는 세 가지 종류의 언약을 말한다. 타락 전 하나님과 아담

담고 있는 것으로 여겨진다. 전택설은 칼빈이 주장했으며 베자(Theodore Beza)가 체계화했다는 것을 대체로 정설로 받아들인다. 참조. Joel R. Beeke, "Theodore Beza's Supralapsarian Predestination," *Reformation and Revival Journal* 12/2 (2003), 68-84. 그러나 핫지는 칼빈의 입장이 이 부분에 있어서 모호하다고 말한다(*Systematic Theology*, 2.316).

609) Turretin, *Institutio Theologiae Elencticae*, 12.2.16 (2.159-160); Hodge, *Systematic Theology*, 2.361-362. 은혜언약의 공로와 관련해서는 후술할 본서 제11장 3. 2. "행하신 순종(수법, 守法)과 당하신 순종(수난, 受難)"에서 상세히 다룬다.

610) Bavinck, *Reformed Dogmatics*, 3.215.
611) Bavinck, *Reformed Dogmatics*, 3.434.
612) Bavinck, *Our Reasonable Faith*, 357-359.
613) Hodge, *Systematic Theology*, 2.355.

사이에 맺은 언약, 타락한 인류의 구속을 성취하기 위해서 하나님과 그리스도 사이에 맺은 언약, 그리스도의 구속의 의를 전가해주시기 위해서 하나님과 사람 사이에 맺은 언약이 그것들이다.[614]

첫째, 하나님이 타락 전 아담과 맺은 언약은 그 조건에 있어서 "행위언약"이라고 부르고, 그 열매에 있어서 "생명언약"이라고 부른다. 왜냐하면 그것은 완전한 순종을 조건으로 영생을 주시겠다는 하나님의 약속을 담고 있었기 때문이다.[615]

둘째, 타락한 인류를 구속하기 위하여 하나님과 그리스도 사이에 맺은 언약은 로마서 5:12-21, 고린도전서 15:21, 22, 47-49 등의 말씀에 기초한다. 이는 "영원히 체결되었으나 역사상 계시되는"(formed in eternity, and revealed in time) "구속언약"(pactum salutis)을 칭한다. 아담이 그의 후손의 머리와 대표가 되듯이 그리스도가 그의 백성의 머리와 대표가 되는 언약으로서, 사실상 언약이 아니라 협약을 뜻한다. 성부, 성자, 성령 삼위일체 하나님은 구속의 역사를 함께 이루시나, 그 경륜에 있어서 아들은 아버지의 보내심을 받아 아버지의 뜻을 이루시는 자리에 서신다(요 17:4, 18; 눅 2:49; 갈 4:4; 요일 4:9-10).[616]

셋째, 그리스도의 대속의 의를 전가해주시기 위해서 하나님이 타락한 인류와 맺은 은혜언약은 구속언약의 역사적 성취와 적용을 내용으로 한다.[617] 은혜언약은 그리스도를 중재하시는 "중보자"(Μεσίτης)로서 뿐만 아니라 죄 값을 지불하신 "보증인"(Ἔγγυος)으로서 계시한다.[618] 이는 시대에 따라서 다양한 형태로 갱신되어 왔으나 그 실체는 동일하다. 핫지는 이러한 경륜을 타락한 아담에서 아브라함 이전, 아브라함에서 모세 이전, 모세에서 그리스도 이전, 그리스도와 그 이후의 시기로 구별한다.[619] 제1기는 그리스도를 인류의 대속자로 삼는 시원적 은혜언약의 시기이다. 이는 창세기 3:15의 말씀에 기록되었다. 제2기는 구속백성의 선택과 관련된다. 오직 아브라함과 이삭에 속한 언약의 씨라야 영생의 자녀가 된다. 제3기의 언약은

---

614) 이하 핫지의 언약관에 대해서 다음에 기초해서 작성. 문병호, "차알스 핫지의 그리스도의 양성의 위격적 연합 교리 I: 영원한 작정과 역사적 언약에 관한 성경적 사실들", 『신학지남』 80/1 (2013), 99-103.

615) Hodge, *Systematic Theology*, 2.117-122.

616) Hodge, *Systematic Theology*, 2.359-361.

617) Hodge, *Systematic Theology*, 2.358.

618) Hodge, *Systematic Theology*, 2.364.

619) 참조. Turretin, *Institutio Theologiae Elencticae*, 12.7.7-27 (2.218-226).

율법을 범한 죄 값을 치르는 데 그치지 않고 율법의 요구를 만족시키는 데 이르는 그리스도의 대리적 무름을 내용으로 한다.[620] 제4기는 오순절 성령강림으로 인하여 "복음의 경륜"(the gospel dispensation)이 역사하는 시기로서, 그리스도가 모든 의를 다 이루시고 부활, 승천하셔서 하나님의 보좌 우편에서 자신의 영을 내려주시므로 그 의의 전가로 말미암아 성도가 그와 하나가 되게 하심으로 구속언약이 성취되게 하신다.[621]

바빙크와 핫지는 그 핵심 논제에 있어서 툴레틴의 언약신학을 충실히 따르고 있다는 점에서는 공통되다.[622] 다만 바빙크는 구속언약이 성부와 성자의 창세 전 구원협약으로서 역사상 체결된 다양한 은혜언약의 기초가 된다는 점을 부각시키고 있는 반면, 핫지는 다양한 은혜언약을 통하여 역사상 계시된 구속언약이 성육신한 그리스도의 대속으로 다 이루어졌다는 사실에 주안점을 둔다. 달리 말하면, 바빙크는 '계시'에, 핫지는 '성취'에 더욱 많은 관심을 쏟고 있다. 구속언약은 '계시'나 '성취'에 편향된 것이 아니라 '계시의 성취 경륜'을 말하므로 양자를 동시에 함께 고려해야 한다.

1. 2. 타락전예정설(Supralapsarianism)과 타락후예정설(Infralapsarianism)

구속언약은 구속자, 구속방법, 구속백성에 대한 삼위 하나님의 영원한 작정을 뜻한다. 구속백성과 관련하여 선택(electio)과 유기(reprobatio)의 예정(praedestinatio)이 타락에 선행(先行)하는지 혹은 후속(後續)하는지에 관한 여러 입장이 개혁신학자들 가운데 전택설(前擇說)과 후택설(後擇說)이라는 이름으로 강온(强穩)을 달리하며 개진되었다.[623] 양설의 대척점은 선택의 시간(tempus)이 아니라 선택의 논리(ratio)에 관계된다. 하나님은, 무조건, 일부는 선택하시고 일부는 유기하실 작정에 따라 사람을 창조하셨는가? 아니면 사람의 타락을 예지하시고 조건적으로 그리하셨는가?

---

620) Hodge, *Systematic Theology*, 2.373–376.
621) Hodge, *Systematic Theology*, 2.376–377.
622) Turretin, *Institutio Theologiae Elencticae*, 12.3.11–13 (2.166–167); 15.12.6 (2.508); 15.16.16–18 (2.527–528).
623) 참조. Bavinck, *Reformed Dogmatics*, 2.388–405; Berkhof, *Systematic Theology*, 118–125.

작정이냐? 단순한 예지냐? 이것이 핵심 논쟁점이다. 전택설에 따르면 창조는 구속을 전제한다. 하나님은 타락-전(前)-인류를 "창조될 수 있고 타락할 수 있는 존재"(creabilis et labilis)로 삼으시고, 창조와 동시에-사실상 창조 전에-구속주와 함께 선택과 유기를 작정하셨다. 반면에 후택설에 따르면 구속은 창조를 뒤따를 뿐이다. 하나님은 "창조되고 타락된 존재"(creatus et lapsus), 즉 타락-후(後)-인류의 선택과 유기를 예지하셨다. 그리고 그 예지에 따라 구속주와 함께 선택과 유기를 작정하셨다.624)

후택설은 '존재하지 않는 것(non-ens)은 결정될 수 없다'거나 '미리 아는 것(πρόγνωσις)이 미리 뜻하는 것(προορισμός)보다 선행(先行)한다'거나 하는 역사적, 실제적 논리를 강조한다.625) 반면 전택설은 '하나님의 마음은 목적에서 수단으로 역행(逆行)하며 우리에게는 마지막인 것이 그 분에게는 처음이 된다'는 이상적, 관념적 논리를 강조한다.626) 전택설의 논법은 다음과 같이 정리해볼 수 있다. '하나님은 모든 것을 미리 아시고 정하시나 인과관계에 매이지 않으신다. 선택이 어떠한 조건을 성취함으로 영광의 도구가 되는 것이 아니라면, 유기가 어떠한 조건을 성취하지 못하므로 영광의 도구가 되지 않는 것은 아니다. 유기는 무조건적 선택을 받는 것은 아니라는 측면에서는 무조건적이나, 타락에 뒤따른다는 측면에서는 조건적이기 때문이다.'

이와 같이 전택설과 후택설의 입장차는 첨예하다. 극단적 전택설에 의하면 선택과 유기를 전제한 인류창조를 하신 하나님이 죄의 조성자로 남게 된다. 극단적 후택설에 의하면 하나님은 단지 타락을 예지하실 뿐이어서, 구속의 전적 은혜가 부인되고 신인합력을 주장하는 알미니우스주의나627) 사실상 유기를 부정하는 가설적 구원론에 이르게 될 소지가 없지 않다.628) 극단적 전택설은 타락에 대한 하나님의

---

624) Hodge, *Systematic Theology*, 2.316-321. 다음 논의는 이와 거의 유사하다. 박형룡, 『박형룡박사 저작전집 II. 교의신학 신론』 (서울: 한국기독교교육연구원, 1981), 306-316.

625) Hodge, *Systematic Theology*, 2.318-319.

626) Hodge, *Systematic Theology*, 2.316-317.

627) Hodge, *Systematic Theology*, 2.321-324.

628) Hodge, *Systematic Theology*, 2.324-331. 이하 전택설과 후택설에 관한 핫지의 논의는 다음 논문을 기초해서 작성됨. 문병호, "차알스 핫지의 그리스도의 양성의 위격적 연합 교리 I: 영원한 작정과 역사적 언약에 관한 성경적 사실들," 『신학지남』 80/1 (2013), 91-98.

허용을 적극적 작정으로 받아들이고, 극단적 후택설은 하나님의 역사적 경륜을 단지 예지적 방임에 불과한 것으로 여긴다. 이러한 오류는 어느 한 극단을 고집하는 한 피하기가 어렵다. 그렇다고 해서 이를 이성적으로 절충하고자 하는 루터파와 웨슬리안의 입장은 바람직하지 않다.629)

전택설과 후택설에 관한 개혁신학자들의 논의는 어느 편도 이러한 극단에 치우치지 않는다. 전택설을 주장하는 학자들도 하나님이 타락을 적극적으로 작정하신 것이 아니라 단지 이를 예지하시고 허용하셨으며, 이러한 허용적 작정 가운데 타락에 따른 유기가 포함된다고 본다. 그리고 후택설을 주장하는 학자들도 하나님이 단지 타락을 예지하시는 데 그친 것이 아니라고 본다. 그리하여 그들도 허용적 작정을 말한다. 다만 이 경우 허용이 타락에 논리상 후속할 뿐이다. 즉 하나님의 마음은 '창조 전(前) 허용적 작정'이 아니라 '타락 후(後) 허용적 작정'에 있다고 여긴다.630)

베자(Theodore Beza, 1519-1605) 이후에 구원의 계획에 관한 다양한 이견들을 표출했던 개혁파 정통주의(Reformed Orthodoxy) 신경들과 신학자들은 선택은 무조건적이나 유기는 타락에 따르는 형벌이라고 본 점에서는 모두 일치한다. 이는 선택은 "값없는 은혜"(gratia immerita)로 베풀어지는 반면 유기는 "합당한 형벌"(poena debita)을 치르는 것이라고 본 칼빈의 입장을 그들이 계승하였기 때문이다.631) 칼빈은 다음과 같이 이중예정(praedestinatio duplex)을 말한다.

> 우리는 예정을 하나님이 각 사람이 어떻게 되기를 원하시는 것을 자기 자신 가운데 결정하신 영원한 작정이라고 부른다. 왜냐하면 모든 사람이 동일한 조건하에 창조된 것은 아니기 때문이다. 실로 어떤 사람에게는 영원한 생명이 정해져 있고, 다른 사람에게는 영원한 저주가 정해져 있다.632)

---

629) Hodge, *Systematic Theology*, 2.324-327, 329-331.
630) Heppe, *Reformed Dogmatics*, 146-149, 157-162. 미국 남장로교를 대표하는 신학자 댑니는 이와 관련하여 하나님의 주권성과 의를 함께 고찰하고 있다. Robert L. Dabney, *Lectures in Systematic Theology* (Grand Rapids: Zondervan, 1972, rep.), 232-246.
631) Calvin, *Institutio*, 3.23.11 (*CO* 2.707).
632) Calvin, *Institutio*, 3.21.5 (*CO* 2.683): "Praedestinationem vocamus aeternum Dei decretum, quo apud se constitutum habuit, quid de unoquoque homine fieri vellet. Non enim pari conditione creantur omnes; sed aliis vita aeterna, aliis damnatio aeterna praeordinatur."

우리가 하나님의 영원한 선택을 알게 되기 전에는 "우리의 구원이 하나님의 값없는 자비의 샘에서 나온다"(ex fonte gratuitae misercordiae Dei fluere)는 사실을 믿지 못한다. 이 원리를 모르는 사람들은 하나님의 영광으로부터 멀어지고 자신의 겸손을 잃어버린다.[633] 선택의 동기는 하나님의 그저 주시는 사랑, 자유롭게 베푸시는 언약, 단지 즐거워하시는 뜻에 의한다.[634] 그러므로 하나님은 각 사람의 공로를 미리 헤아려서 그의 자비에 가치가 있는 사람을 선택하셨다는 예지예정론(豫知豫定論)은 거부된다.[635] "하나님은 그가 그렇게 원하시기 때문에 택자들에게 호의를 베푸시고, 그가 그렇게 원하시기 때문에 그들에게 자비를 베푸신다"(ideo suis electis favere Deum, quia velit; ideo misereri, quia velit).[636] 하나님은 그가 저주하는 사람들에게 "마땅한 벌을"(debitam poenam) 내리시고 그가 부른 사람들에게는 "값없는 은혜를"(immeritam gratiam) 베푸신다.[637] 모든 귀책(歸責)은 사람을 향해야 한다. "하나님이 정하신 대로 사람은 타락하나, 그는 자신의 잘못으로 타락한다"(Cadit [igitur] homo, Dei providentia sic ordinante; sed suo vitio cadit).[638] 예수 그리스도는 우리가 온전하게 선택을 바라보는 "거울"(speculum)이다.[639] 하나님의 부르심(vocatio)은 "말씀의 선포"(verbi praedicatione)와 "성령의 조명"(spiritus illuminatione)으로 이루어져 있다.[640] 이 둘은 모두 그리스도를 대상으로 하고 그리스도 안에서 일어난다. 이 소명을 통해서 성도는 그리스도를 향한 믿음으로 나아간다. 그러므로 믿음은 선택으로부터 나오나 선택이 믿음에 의지하는 것은 아니다.[641]

이러한 칼빈의 입장을 여러모로 평가하여 혹자는 이를 절충설이라고도 하고 모호하다고도 한다.[642] 그러나 전택설이든 후택설이든 사변적 독단이나 역사적 논리

---

633) Calvin, *Institutio*, 3.21.1 (*CO* 2.679).
634) Calvin, *Institutio*, 3.21.5 (*CO* 2.682-684).
635) Calvin, *Institutio*, 3.22.1 (*CO* 2.687-688).
636) Calvin, *Institutio*, 3.22.8 (*CO* 2.695).
637) Calvin, *Institutio*, 3.23.11 (*CO* 2.707).
638) Calvin, *Institutio*, 3.23.8 (*CO* 2.705).
639) Calvin, *Institutio*, 3.24.5 (*CO* 2.716).
640) Calvin, *Institutio*, 3.24.2 (*CO* 2.713).
641) Calvin, *Institutio*, 3.24.3 (*CO* 2.713-714). 이 부분은 멜랑흐톤에 대한 비판에 할애됨.
642) 참조. Bavinck, *Reformed Dogmatics*, 2.364-365; Berkhof, *Systematic Theology*, 115-116. 대체로 학자들은 전택설이 칼빈에 의해서 주장되었으며 베자(Theodore Beza)에 의해서 체계화된 것으로 받아들인다. 참조. Joel

에 극단적으로 매몰되지 않고 정통입장에 서서 성경적으로 추구된다면, 그것은 필히 칼빈과 같은 입장에 이를 수밖에 없게 될 것이다.

핫지는 칼빈의 입장을 확실히 말할 수는 없으나, 칼빈을 따르는 개혁파 정통주의 신경들이나 신학자들이 대다수 후택설에 서 있다는 점을 고려할 때 칼빈도 그렇게 보아도 무방할 것이라고 여긴다.643) 그리고 핫지 자신이 서 있는 입장도 이러하며, 이는 어거스틴주의에 충실한 것이라고 말한다.644) 핫지가 어거스틴과 칼빈이 이 부분에서 같은 견해를 가지고 있다고 본 것은 합당하다. 칼빈은 예정론에 관한 한 어느 곳에서보다 충실히 어거스틴을 '우리들의 교부'(pater noster)로 따르고 있기 때문이다.645) 그러므로 어거스틴이 후택설을 지지해서 '창조-타락-선택-그리스도의 대속'의 순서를 견지했다는 핫지의 주장은 앞뒤가 맞지 않다. 어거스틴은 이러한 극단적 후택설에 서 있지 않으며, 그의 예정론은 구속사적 관점에서 본다면 오히려 전택설에 가깝기 때문이다.646) 칼빈이 어거스틴의 예정론을 지지하는 것은 이러한 점에서이다.

핫지는 자신이 바울-어거스틴-칼빈의 입장에 서 있으며 이는 "어거스틴주의가 성경의 사실들(the facts of the Bible)에 일치하는 유일한 체계"이기 때문이라고 단언하면서,647) 하나님의 주권과 섭리, 성령의 감화를 통한 구원의 지식, 말씀에 기초한 경건한 경험 등을 부문별로 성경 구절들을 인용하면서 어거스틴주의를 상세하게 다룬다.648)

그런데 핫지가 거론하는 많은 성경적 사실들은 그가 서 있다고 주장하는 후택설이 아니라 오히려 전택설을 지지하고 있다. 일례로 에베소서 1:3-6에 대한 핫지의 설명은 분명 전택설에 가깝다.

R. Beeke, "Did Beza's Supralapsarianism Spoil Calvin's Theology?" *Reformed Theological Journal* 13 (1997), 58-60.

643) Hodge, *Systematic Theology*, 2.316-317.

644) Hodge, *Systematic Theology*, 2.331-334.

645) Calvin, *Institutio*, 3.21.1-3.24.17 (CO 2.678-728). 참조. 문병호, 『30 주제로 풀어 쓴 기독교 강요: 성경교리정해』, 246-254.

646) 참조. Bavinck, *Reformed Dogmatics*, 2.361-363.

647) Hodge, *Systematic Theology*, 2.333, 339.

648) Hodge, *Systematic Theology*, 2.334-348.

사도 바울은 가르친다. (1) 구원의 전체 계획의 목적 혹은 구도는 하나님의 은혜의 영광에 대하여 올리는 찬미에 있다. 즉 지적인 피조물들이 하나님을 경외하도록, 그 분의 은혜를 드리우는 영화로운 속성과 사악하고 오염된 죄인들을 향해서 베푸시는 무한히 거룩하고 의로우신 사랑을 제시하는 데 있다. (2) 이 목적을 위하여 오직 그 분의 선한 기뻐하심으로 하나님의 자녀가 되는 지고한 존귀함에 이르도록 그 사랑의 대상으로 사람들을 예정하셨다. (3) 이토록 고상한 그들의 상태를 준비하시려고, 하나님은 세상의 기초가 놓이기 전에 그들을 거룩하고 사랑 안에서 저주가 없도록 선택하셨다. (4) 그의 선택의 결과 혹은 그의 목적을 수행하심에 있어서, 하나님은 그들에게 영적인 은총들, 중생, 믿음, 회개, 그리고 성령의 내주를 부여하신다.[649]

여기에서 우리는 핫지가 극단적 전택설을 지지하는 것은 아니라는 사실을 분명히 알 수 있다. 유기를 무조건적이라고 보지 않고 타락에 따른 저주로 여기고 있기 때문이다. 핫지는 유기에 대해서 다음과 같이 말함으로써 자신이 칼빈과 같은 입장에 서 있음을 천명하고 있다.

> 저주에 대한 미리 정하심(foreordination)은 로마서 9:22에서 가르치듯이 실로 사법적 행위이다. 하나님은 어떤 사람도 그의 죄를 헤아림 없이 저주하거나 저주하도록 미리 정하지 않으신다. 그러나 그러한 사람들의 파멸은—동일하게 죄가 있는 다른 사람들은 그냥 두시고 그들만이 그들의 죄에 대한 형벌로 고생하도록 내버려두시는 것은—분명 하나의 주권적 행위라고 선포된다.[650]

핫지는 전택설과 후택설에 대한 논의가 논리적 사변이나 성경적 독단론에 매여서는 안 되며 철저히 성경적 사실들에 기초해야 한다는 점을 강조하고 있다. 결국 그것은 이 땅에 오신 중보자 그리스도의 계시에 의존할 수밖에 없다. '그리스도 안에서'—이는 구속의 작정과 약속과 성취가 모두 이 땅에 오신 중보자 그리스도의 계시에 따르고 있음을 뜻한다. 전택설과 후택설에 관한 논의는 신학의 영역에 있어서

---

649) Hodge, *Systematic Theology*, 2.341–342.
650) Hodge, *Systematic Theology*, 2.346.

가장 사변적이거나 관념적 혹은 독단적이라고 알려져 있다. 그런데 정작 핫지는 이를 성경적 사실들에 기초하여 다루며 복음서에 나오는 그리스도의 말씀을 그 최종 권위로 삼는다. 그리고 다음과 같이 결론을 짓는다.651)

일반적으로 그렇다고 여겨지듯이, 신학자의 직분은 과학을 하는 사람이 자연의 사실들을 취하듯이 성경의 사실들을 취하여 그것들 위에 자신의 교리들을 기초시키는 것이다. 그것은 자신이 견지하고 있는 철학의 일반적 원리들이나 주요한 진리들로부터 교리들을 추론하는 것이 아니다. 사실이 이러하므로, 어거스틴의 교리는 성경의 교리라는 사실을 부인하기는 불가능하다. 이 교리에 의하면 하나님은 절대적 주권자시다. 그는 자신이 보시기에 선한 것을 행하신다. 그는 한 나라에는 진리를 보내시고, 다른 나라에는 그리하지 아니하신다. 그는 한 사람의 마음에는 그 진리 가운데 구원의 능력을 주시고 다른 사람의 마음에는 그리하지 아니하신다. 어떤 사람이 그리스도 예수 안에 있고 영생의 상속자가 되는 것은 우리 자신이 아니라 그 분으로부터이다.652)

어거스틴주의의 핵심은 하나님이 영광을 취하시기 위하여 전적인 주권 가운데 창조와 구속의 작정을 하시고 그것을 역사상 다 이루셨다는 데 있다. 하나님은 창조와 구속을 별개로 여기지 아니하시고 창조의 중보자로 아들을 세우시고 그의 중보로 구속을 이루셨다. 아들의 구속방식은 대속이므로, 아들을 사람이 되게 하시고자 창세 전에 정하셨다. 개혁신학자들은 전택설을 주장하든 후택설을 주장하든 이 부분에 있어서는 이견이 없다. 그렇다면 양설의 괴리는 궁극적으로 어디로부터 기인하는가? 우리가 위에서 고찰했듯이, 그 소지는 그리스도의 대속적 공로가 창조 완성의 본질이 되느냐, 아니면 단지 그 조건이 되느냐는 문제에 있다. 그러나 하나님의 일에 있어서 조건은 단지 결과를 낳는 원인에 그치지 아니하고 결과 자체 곧 본질을 이룬다는 측면에서, 이러한 논쟁점도 그 가치가 무색해진다. 그럼에도 불구하고 전택설과 후택설에 관한 논의가 무익하지 않은 것은, 그것이 계시의 정점인 이 땅에 오신 중보자 그리스도의 인격과 사역과 그 약속인 언약에 우리가 합당한

---

651) Hodge, *Systematic Theology*, 2.346-347.
652) Hodge, *Systematic Theology*, 2.347.

관심을 쏟도록 동기를 제공하기 때문이다. 결국 이러한 동기도 성경적 사실들로부터 모색될 수밖에 없다는 사실을 우리는 핫지로부터 배우게 된다. 우리에게 동기로 작용하는 그것이 하나님에게는 영원한 작정이 된다. 구원의 계획에 대한 믿음의 수용 없이는 칭의가 없다. 칭의는 그리스도의 대리적 무름이 우리의 의가 되는 지식에 대한 감화를 수반한다. 이러한 관점에서 핫지는 그리스도의 대속에 대한 성경적 사실들에 기초하여 영원한 예정을 다루고 이에 대한 지식을 칭의의 법정적 요소로 중요하게 여기고 있는 것이다.[653]

핫지의 신학을 계승한 워필드는 예정을 다루면서 전택설과 후택설에 관한 어떤 언급도 하지 않고 단지 구약과 신약의 관련구절들만 길게 다루고 있다. 그가 유기에 관해서 말하거나 에베소서 1장을 해석하는 입장은 그의 스승과 거의 유사하다.[654] 워필드는 예정에 있어서 하나님의 마음은 그가 이 땅에 오신 그리스도의 아버지라는 사실에서만 읽힐 수 있음을 다음과 같이 말하고 있다.

> 작정의 주체는 자신의 도덕적 인격 가운데 충만하신 하나님이시라는 점에 이견이 없다. 그것은 우연에 있지도 필연에 있지도 않고, 추상적이거나 자의적인 뜻에 있지도 않다. 그것은 부주의하게, 사려 없이, 혹은 본성의 어떤 필연성에 따라서 행하시는 하나님에 있지 않다. 그것은 특별히 전능하시고, 전적으로 지혜로우시며, 전적으로 거룩하시고, 전적으로 의로우시며, 신실하시며, 사랑하시는 하나님―우리 주 예수 그리스도의 아버지에게 있다. 그리스도는 모든 사람들의 길을 알리는 미리 정하심이 된다.[655]

이상의 논의를 통하여 우리는 구속언약이라고 불리는 창세 전의 구원협약에 대한 이해는 결국 역사상 이 땅에 오신 그리스도의 계시를 통해서만 가능하다는 사실을 확인하게 되었다. 역사상 다양하게 체결된 은혜언약은 이러한 구속언약에 기초하고 있으므로, 그 실체와 본질과 실제 역시 성육신한 그리스도의 계시에 의존해서

---

653) 참조. Charles Hodge, *Justification by Faith Alone* (Hobbs, NM: The Trinity Foundation, 1995), 12-35, 특히 31. 이상과 같이 핫지가 성경적 사실들을 강조한 바에 대해서는 다음을 참조. 문병호, "그리스도의 무름(satisfactio Christi) I: 개혁주의 속죄론의 형성," 『신학지남』 73/4 (2006), 82-83, 87, 90-91.

654) Warfield, "Predestination," *WBW* 2.21, 55-60.

655) Warfield, "Predestination," *WBW* 2.61.

만 합당하게 추구될 수 있다. 우리가 첫 언약인 행위언약과 은혜언약의 성취로서 그리스도가 친히 당사자이시자 보증이 되신 새언약에 관심을 갖게 되는 것은 이러한 이유에서이다.

2. 언약 : 영원한 구원협약의 역사적 성취 경륜

2. 1. 행위언약(foedus operum) : 첫 언약(primum foedus)

웨스트민스터 신앙고백서(7.2; 19.1)와 소요리문답(12)에서는 행위언약을 다음과 같이 천명하고 있다.

> 사람과 맺은 첫 언약(primum foedus)은 행위언약(foedus operum)이었다. 그 가운데 완전하고 인격적인 순종을 조건으로 아담과 그 안에 있는 후손에게 생명이(vita) 약속되었다.[656]

> 하나님은 아담에게 행위의 언약으로서 율법을(legem ut foedus operum) 주심으로, 그 가운데 그와 그의 모든 후손들이 인격적이고, 전체적이고, 적합하고, 영구한 순종에 매이게 하셨으며, 이를 수행하는 경우에는 생명을 약속하셨으나 이를 어기는 경우에는 죽음을 경고하셨으며, 그것을 지킬 권세와 능력을 그에게 부여하셨다.[657]

> 문 : 하나님은 지음을 받은 상태로 있는 사람에게 어떤 특별한 일을 섭리로 행하셨는가?
> 답 : 하나님은 사람을 창조하셨을 때 완전한 순종을 조건으로 그와 생명의 언약을

---

[656] Schaff, *The Creeds of Christendom*, 3.616-617. 웨스트민스터 신앙고백서 7.2: "The First covenant made with man was a covenant of works, wherein life was promised to Adam, and in him to his posterity, upon condition of perfect and personal obedience."

[657] Schaff, *The Creeds of Christendom*, 3.640. 웨스트민스터 신앙고백서 19.1: "God gave to Adam a law, as a covenant of works, by which he bound him and all his posterity to personal, entire, exact, and perpetual obedience; promised life upon the fulfilling, and threatened death upon the breach of it; and endued him with power and ability to keep it."

(foedus vitae) 맺으셨다. 그가 선악을 알게 하는 나무로부터 취하여 먹는 것을 죽음의 형벌로(sub paena mortis) 금하시면서 그리하셨다.[658]

하나님은 아담을 인류의 머리로 삼아 에덴동산에서 처음으로 언약을 맺으셨다(창 2:15-17). 그러므로 이를 "첫 언약"이라고 부른다.[659] 이는 순종을 조건으로 영생을 주시고자 한 언약이므로 "행위언약" 혹은 "생명의 언약"[660]이라고도 불린다. 그리고 타락 전의 자연 상태에서 맺은 언약이므로 "자연언약"이라고도 불린다.[661] 개혁신학자들은 행위언약을 은혜언약과 대조시킨다. 은혜언약은 타락하여 순종의 행위로써 하나님의 의를 만족시킬 수 없는 사람들이 오직 믿음으로 구원에 이르게 되는 언약이다. 아담의 타락 이후 역사상 체결된 모든 언약은 은혜언약이다. 왜냐하면 타락하여 사망에 속하고 전적으로 무능하고 전적으로 부패한 인류는 하나님 보시기에 선을 행할 의지, 즉 자유의지를 상실하여 아무도 행위의 조건을 충족시킬 수 없기 때문이다. "예"는 오직 그리스도께 속한 것이며, 사람은 단지 "아멘"할 뿐이기 때문이다(고후 1:20).

쏘키누스주의자들(Socinians)에 의해서 대변되는 주관적 속죄론을 주장하는 사람들은 하나님은 자신의 뜻만으로도 인류를 구원하실 수 있기 때문에 행위를 조건으로 하는 언약 개념은 있을 수 없다고 보았다. 하나님은 사랑이시므로 행위를 요구하신다는 것 자체가 그의 속성에 배치된다는 것이다. 그들은 행위언약은 유대주의에서 나온 잘못된 개념이라고 주장한다. 하나님은 인류를 지으시고 그들이 지음을 받은 그대로 살아가기를 원하셨으므로 상황에 따라서 은혜를 베풀어주셨을 뿐이지 어떤 조건하에 어떤 약속을 성취하시겠다는 언약을 미리 체결하지 않으셨다고 단

---

658) Schaff, *The Creeds of Christendom*, 3.678. 웨스트민스터 소요리문답 12: "Ques. What special act of providence did God exercise towards man, in the estate wherein he was created? Ans. When God had created man, he entered into a covenant of life with him, upon condition of perfect obedience; forbidding him to eat of the tree of knowledge of good and evil, upon pain of death." 웨스트민스터 대요리문답 20에도 거의 동일한 내용이 나타난다. Free Presbyterian Publications, ed., *Westminster Confession of Faith*, 138.

659) 웨스트민스터 신앙고백서 제7장 3조는 이런 의미에서 "은혜언약"(foedus gratiae)을 "두 번째"(secundum) 언약이라고 부른다. Schaff, *The Creeds of Christendom*, 3.617.

660) 웨스트민스터 대요리문답 20 및 소요리문답 12 참조.

661) 콕체우스 이래로 "자연언약"(pactum naturae)이라고도 칭하는 것은 그것이 최초의 하나님의 형상을 지닌 아담과 맺은 언약이라는 측면에서 그러하다. 참조. Turretin, *Institutio Theologiae Elencticae*, 8.3.5 (1.518).

언한다. 이러한 견해에 따르면 그리스도의 대속도, 중보도, 의의 전가도 무의미하게 되며 오직 성부 하나님의 뜻만이 남을 뿐이다. 그리하여 구원에 있어서의 삼위일체 하나님의 동사(同事)가 부정되는 데 이른다.662)

행위언약은 하나님의 형상을 지닌 인류를 자신의 자녀로 삼고자 하나님이 주권적으로 베푸신 약정이었다. 이로써 하나님은 창조주(creator)이시자 아버지(pater)가 되시고자 하셨다. 그리하여 우리를 피조물(creatura)이자 아들(filius)로 삼고자 하셨다. 인류는 순수하고 완전하게 지음을 받아 순전성(integritas)을 지녔으나, 그 자체로 아직 목표에 도달하지는 못하였다. 죽지 않는 불사(不死)의 존재였으나 하나님의 자녀로서 영원히 사는 영생(vita aeterna)에는 이르지 못하였다. 지식과 의와 거룩을 지녔으나(엡 4:24) 완전히 그렇게 고착되지는 못하였다. 인류의 목표는 영생이며, 영생은 "둘째 사람"(ὁ δεύτερος ἄνθρωπος)이신 그리스도의 형상 곧 "하늘에 속한 이의 형상을 입는" 것("φορέσομεν καὶ τὴν εἰκόνα τοῦ ἐπουρανίου," 고전 15:49), "그 아들의 형상을 본받는" 것("συμμόρφους τῆς εἰκόνος τοῦ υἱοῦ αὐτοῦ," 롬 8:29)을 의미한다. 하나님은 인류창조의 목표에 이르는 일을 아담과 하와의 자유의지에 따른 선택에 맡기셨다. 하나님은 이 언약을 통하여 자신의 형상을 지닌 인격적 피조물인 사람으로부터 뜻을 다한 순종 곧 자원적 순종을 받기를 원하셨다. 그것이 다름 아닌 인격적 찬미였다. 하나님이 생기를 불어넣어 사람이 생령이 되게 하신 것은 생기가 있는 자마다 여호와를 찬양하게 하시기 위함이셨다(창 2:7; 시 150:6).663) 사람이 하나님의 명령에 순종하는 것이 마땅하나(눅 17:10), 하나님은 은총을 베푸셔서 순종을 조건으로 영생을 주시기로 작정하셨다. 이러한 측면에서, 행위언약은 하나님의 주권적 조치에 의한 일방적 언약으로서 "절대(絶對)한 신적 은총의 선물"이었다.664)

첫 언약은 "첫 사람"(ὁ πρῶτος ἄνθρωπος)이(고전 15:47) 완전하게 창조되지 못하였기

---

662) 참조. Hodge. *Systematic Theology*, 2.418-421, 527-543.

663) 창세기 2:7의 "여호와 하나님이 땅의 흙으로 사람을 지으시고 생기를 그 코에 불어넣으시니 사람이 생령이 되니라"(וַיִּיצֶר יְהוָה אֱלֹהִים אֶת־הָאָדָם עָפָר מִן־הָאֲדָמָה וַיִּפַּח בְּאַפָּיו נִשְׁמַת חַיִּים וַיְהִי הָאָדָם לְנֶפֶשׁ חַיָּה)는 말씀에서 "생기"는 '하나님의 형상의 주요한 좌소'(primaria sedes imaginis Dei)라고 일컫는 영혼을 뜻한다. 시편 150:6의 "호흡이 있는 자마다 여호와를 찬양할지어다"(כֹּל הַנְּשָׁמָה תְּהַלֵּל יָהּ הַלְלוּיָהּ)는 말씀에서 "생기"를 뜻하는 "נְשָׁמָה"가 "호흡"이라고 번역되었다. 이로부터 우리는 하나님이 인류에게 "생기"를 불어넣어 주신 목적은 찬양에 있음을 알게 된다.

664) 박형룡, 『박형룡박사 저작전집 III. 교의신학 인죄론』(서울: 한국기독교교육연구원, 1983), 116-117, 127. 여기서 "일방적"이라는 말은 조건이 없는 언약이라는 뜻이 아니라 언약의 체결과정이 그러하다는 뜻이다. 하나님은 노아와 아브라함과 언약을 맺으실 때도 일방적으로 그렇게 하셨다.

때문에 더 높은 수준으로 끌어올리고자 하심이 아니었다.665) 행위언약은 불완전한 사람이 완전하게 되는 약속이 아니라 순전함 가운데 지어진 사람이 그 순전함 가운데 완성에 이르도록 베푸신 약속이다. "첫 언약은 하나님의 백성이 되어 창조주를 자기들의 하나님으로 섬기기로 한 약정이다." 그 약속은 하나님의 임재로 이루어진다. "하나님의 임재가 하나님의 백성됨의 표이고 인장이다."666)

첫 언약은 "네가 먹는 날에는 반드시 죽으리라"는 말씀이 약속으로 체결되었다. 비록 소극적으로 규정되었지만 먹지 않는 날에는 영원히 죽지 않고 살리라는 약속이 분명히 계시되었다. 하나님의 법을 지키면 영생을 얻으리라는 약속은 성경에서 반복되는 가르침이었다. 하나님은 자신의 말씀을 지키는 것이 자신의 백성의 표가 됨을 누누이 말씀하신다.

너희는 내 법도를 따르며 내 규례를 지켜 그대로 행하라 나는 너희의 하나님 여호와이니라 (אֶת־מִשְׁפָּטַי תַּעֲשׂוּ וְאֶת־חֻקֹּתַי תִּשְׁמְרוּ לָלֶכֶת בָּהֶם אֲנִי יְהוָה אֱלֹהֵיכֶם) 너희는 내 규례와 법도를 지키라 사람이 이를 행하면 그로 말미암아 살리라 나는 여호와이니라(וּשְׁמַרְתֶּם אֶת־חֻקֹּתַי וְאֶת־מִשְׁפָּטַי אֲשֶׁר יַעֲשֶׂה אֹתָם הָאָדָם וָחַי בָּהֶם אֲנִי יְהוָה) (레 18:4-5 참조. 신 30:15; 겔 20:11; 마 19:17; 롬 2:6-7; 7:10; 10:5; 갈 3:12).

하나님은 자신의 백성에게 호의(favor)를 베푸시되, 자신의 법도와 율례와 규범을 충실히 지키는 자를 더욱 사랑하신다. 하나님은 사랑을 베푸시되, 자의가 아니라 진리와 공의 위에 그리하신다.

우리가 그 명령하신 대로 이 모든 명령을 우리 하나님 여호와 앞에서 삼가 지키면 그것이 곧 우리의 의로움이니라 할지니라(וּצְדָקָה תִּהְיֶה־לָּנוּ כִּי־נִשְׁמֹר לַעֲשׂוֹת אֶת־כָּל־הַמִּצְוָה הַזֹּאת לִפְנֵי יְהוָה אֱלֹהֵינוּ כַּאֲשֶׁר צִוָּנוּ) (신 6:25).

---

665) 서철원, 『인간, 하나님의 형상』(서울: 총신대학교 출판부, 2007), 155, 158, 160, 170.
666) 서철원, 『인간, 하나님의 형상』, 154, 167-168. 서철원 교수는 아담을 향한 선악과의 명령을 언약이 아니라 하나님의 백성됨의 규례라고 본다. 아담과 하와를 하나님의 백성 삼으심이 곧 영생이므로 이러한 견해가 필연적으로 행위언약이라는 개념을 부정하는 데 이르지는 않는다.

행위언약은 하나님이 자신의 형상으로 지음받은 사람을 자기 백성 삼으시기 위한 약속이셨다. 구약에서 말하는 하나님의 백성됨은 신약에서 말하는 하나님의 자녀됨과 같다. 그것은 영생을 의미한다. 구약에서 하나님의 백성됨을 가장 뚜렷하게 표상하는 개념이 거룩함이다. 하나님은 자신과 같이 자신의 백성이 거룩해지기를 원하셨다. 이스라엘 백성을 애굽으로부터 구출해내신 것은 자신은 그들의 하나님이 되시고 그들은 자신의 "거룩한 백성"이 되게 하고자 하심이셨다(출 19:6; 레 11:45). 거룩함은 하나님의 백성으로서의 온전함을 뜻한다. 거룩함이 하나님의 백성의 표이다.

너희는 나에게 거룩할지어다 이는 나 여호와가 거룩하고 내가 또 너희를 나의 소유로 삼으려고 너희를 만민 중에서 구별하였음이니라(וִהְיִיתֶם לִי קְדֹשִׁים כִּי קָדוֹשׁ אֲנִי יְהוָה וָאַבְדִּל אֶתְכֶם מִן־הָעַמִּים לִהְיוֹת לִי)(레 20:26).

우리를 자신과 함께 자녀이자 상속자 삼기 위해서 오신 그리스도가(롬 8:17) "하나님의 거룩하신 자"로서 불리심은 우리의 언약의 머리가 되심을 뜻한다. 우리의 대제사장은 "우리에게 합당하니 거룩하시다"(히 7:26). 그는 "거룩하고 악이 없고 더러움이 없고 죄인에게서 떠나 계시고 하늘보다 높이 되신 이시다"(히 7:26). 그는 "받으신 고난으로 순종함을 배워서 온전하게 되셨다"(히 5:8-9). 그가 우리를 위하여 자신을 거룩하게 하셨다(요 17:19).

첫 언약의 약속은 영생이었다. 영생은 영혼과 육체 모두가 거룩하고, 완전하며, 불멸하는 영원한 부활의 삶으로서, 육체적 죽음, 영적 죽음, 영원한 죽음, 그 어떤 죽음에도 종속되지 않는다. 영생은 도덕적이며 지적인 완전함과 미적인 지고함을 포함한다. 영생은 하나님의 영광과 영예와 존귀에 참여하고, 누리고, 드러내며 영원히 그 분의 품 속에서 그 분과 하나가 되어 살아가는 삶을 뜻한다.

첫 언약의 조건은 완전한 순종이었다. 하나님은 자신의 뜻에 대한 마음과 행실을 다한 순종을 받기를 원하신다(신 27:26; 갈 3:10; 약 2:10). 죄는 율법에 계시된 하나님의 뜻을 거역하는 행위로서 하나님의 영광을 가린다. 범죄자는 어둠에 거하므로 빛 되신 하나님 앞에 설 수 없고, 본성적으로 하나님을 피한다. 오직 믿음을 통하여 은혜로 의롭다 함을 받는다는 이신칭의의 원리는 모든 것을 다 지켜 영생에 이르는 행위언약을 폐기하는 것이 아니다. 주님의 "예"가 없이는 우리의 "아멘"이 헛되기 때문이다. 곧 주님의 "예"가 우리의 "아멘"에 대한 유일한 질료가 되기 때문이다(고후 1:20). 하나님이 우리에게 원하시는 것을 아들이 대신 다 이루셨다. 하나님이 원하는 것은 인격적 순종이다. 그것은 하나님이 자신의 형상으로 인류를 지으신 목적에 부합한다.

이스라엘아 네 하나님 여호와께서 네게 요구하시는 것이 무엇이냐 곧 네 하나님 여호와를 경외하여 그의 모든 도를 행하고 그를 사랑하며 마음을 다하고 뜻을 다하여 네 하나님 여호와를 섬기고(וְעַתָּה יִשְׂרָאֵל מָה יְהוָה אֱלֹהֶיךָ שֹׁאֵל מֵעִמָּךְ כִּי אִם־לְיִרְאָה אֶת־יְהוָה אֱלֹהֶיךָ) 내가 오늘 네 행복을 위하여 네게 명하는 여호와의 명령과 규례를 지킬 것이 아니냐(לָלֶכֶת בְּכָל־דְּרָכָיו וּלְאַהֲבָה אֹתוֹ וְלַעֲבֹד אֶת־יְהוָה אֱלֹהֶיךָ בְּכָל־לְבָבְךָ וּבְכָל־נַפְשֶׁךָ אֶת־מִצְוֺת יְהוָה וְאֶת־חֻקֹּתָיו אֲשֶׁר אָנֹכִי מְצַוְּךָ הַיּוֹם לְטוֹב לָךְ לִשְׁמֹר) (신 10:12-13).

선악과에 대한 규례를 통해서 하나님은 사람이 자유의지를 지니고 죄를 지을 수도 짓지 않을 수도 있는(sive posse peccare sive non peccare) 상태에서 자원적으로 자신의 명령에 순종함으로써 영광 돌리기를 원하셨다. 선악과 자체가 죽음에 이르는 맹독을 가진 것이 아니었다. 하나님은 무조건적인 순종을 시험하시기 위하여 선악과를 두신 것이었다. 그러므로 아담이 하나님의 말씀에 순종하였더라면 인류는 순전함 가운데 영생의 삶을 살았을 것이다. '아담이 순전했더라면'(si Adam stetisset integer) 죄가 세상에 들어오지 않았을 것이다.

아담은 죄를 짓지 않을 수 있었음에도 불구하고 자유의지로 죄를 지었다.[667] 아담이 가진 자유의지는 가능성뿐만 아니라 실현성이 있었다.

하나님은 창세 전부터 자신의 뜻의 가장 지혜롭고 거룩한 경륜에 따라서 일어나는 어떤 일도 자유롭고 불변하게 정하신다. 그렇다고 해서 하나님이 죄의 조성자이신 것도 아니

---

667) 참조. Schaff, *The Creeds of Christendom*, 3.678. 웨스트민스터 소요리문답 13: "문: 우리의 조상들은 그들이 창조된 상태로 계속 머무는가? 답: 우리의 첫 번째 조상들은 그들 자신의 의지의 자유 가운데 놓여 있었으나 하나님을 거역하여 죄를 지음으로써 그들이 창조된 상태로부터 타락하였다"(Ques. Did our parents continue in the estate wherein they were created? Ans. Our first parents, being left to the freedom of their own will, fell from the estate wherein they were created, by sinning against God).

고, 피조물의 의지에 범법(犯法)의 능력이 부여되는 것도(vis illata) 아니다. 또한 이차적 원인의 자유 혹은 우유(偶有)성이(libertas aut contingentia) 제거되는 것도 아니다. 오히려 그것은 수립된다.[668]

아담은 순종할 수 있었음에도 불구하고 불순종하여 죄를 지었다. 죄로 말미암아 사망이 들어왔다. "죄의 삯은 사망"이었다. 그것은 "그리스도 예수 우리 주 안에 있는 영생"의 "은사"로 그 값이 지불되어야 할 형벌이었다(롬 6:23). 사망은 단지 영혼과 육체가 분리되는 '일시적인 죽음'(mors temporalis)만을(전 12:7) 의미하지 않고 하나님으로부터 멀어지는 '영적인 죽음'(mors spiritualis)과(마 8:22; 엡 2:1; 딤전 5:6; 계 3:1) 영원한 형벌 가운데 처해지는 '영원한 죽음'(mors aeterna)을(계 20:6-14) 포함한다.[669] 영혼과 육체의 모든 비참함이 사망에 함의된다. 사망은 하나님과의 교제가 단절됨을 의미한다. 하나님과의 교제를 통해서 그 분의 호의를 얻지 못하면 모든 것이 온전치 못하게 된다. 사람은 하나님의 형상으로 지음받았기 때문에 그 분으로부터 멀어짐은 본성의 오염과 부패를 수반한다.

아담의 불순종의 결과는 바로 나타났다. 죄책과 수치심이 즉시 들어왔다. 하나님의 얼굴로부터 자신을 감추려는 마음이 생겼고 그러하고자 했다. 뱀과 여자와 남자에게 즉시 저주가 임했다. 에덴동산으로부터 추방되고 생명나무의 열매를 취할 수 없게 되었다(창 3:6-27; 참조. 계 2:7; 22:2, 4). 이러한 타락 기사는 단지 신화이거나 설화가 아니라 진실한 역사이다. 그것은 성경 전체 구속사의 한 부분을 차지한다. 사탄은 사람을 타락에 이르게 하여 사람의 머리가 되고자 하였다. 사망의 권세 잡은 영으로서(엡 6:12; 요 12:31; 히 2:14-15) 아담의 후손 모두를 통치하고자 하였다. 그리하여 사술을 사용하여 하와를 유혹하였다(창 3:1-5; 딤전 2:13). 타락 후 모든 사람은

---

668) Schaff, *The Creeds of Christendom*, 3.608. 웨스트민스터 신앙고백서 3.1: "God from all eternity did, by the most wise and holy counsel of his own will, freely and unchangeably ordain whatsoever comes to pass; yet so as thereby neither is God the author of sin, nor is violence offered to the will of the creatures, nor is the liberty or contingency of second causes taken away, but rather established."

669) Schaff, *The Creeds of Christendom*, 3.608. 웨스트민스터 신앙고백서 6.6: "Every sin, both original and actual, being a transgression of the righteous law of God, and contrary thereunto, doth, in its own nature, bring guilt upon the sinner, whereby he is bound over to the wrath of God and curse of the law, and so made subject to death, with all miseries spiritual, temporal, and eternal(spiritualibus, temporalibus, ac aeternis."

죽기를 무서워하므로 한평생 마귀에 매여 종노릇하게 되었다. 그리스도께서 이 매임을 풀어주시려고 오셨다(히 2:14-15).

첫 언약은 하나님이 아담을 인류의 머리로 삼아서 체결하셨다. 그리하여 대표의 원리에 따라서 아담의 죄가 모든 인류에게 전가되었다.

> 이 죄로 그들[아담과 하와]은 그들의 원의와 하나님과의 교제를 상실하였으며, 죄 가운데 죽게 되었으며, 영혼과 육체의 모든 능력과 영역이 오염되었다. 그들이 모든 인류의 뿌리가 되어, 이 죄의 죄책이 전가되었으며(reatus imputatus), 부패한 본성이 통상적인 출생으로 그들의 대를 잇는 그들의 모든 후손들에게 퍼져가게 되었다(propagata).[670]

아담의 후손들은 그의 행위에 실제로 참여하지는 않았지만 그 행위를 자신들의 행위로 삼게 되었다. 아담에게 내려진 형벌은 전 인류의 공동 몫이었다. 한 사람의 범죄로 모든 사람이 죄인이 되었다. "모든 사람이 죄를 지었으므로 사망이 모든 사람에게 이르렀다"(롬 5:12). 죄로 말미암아 영적, 사법적, 육체적 죽음이 들어왔다. 죄로 인한 모든 현상은 모두 죽음에 이르는 고통과 수치를 수반하였다. 죄를 지으니 자신의 모습으로 말미암아("벗었으므로") 하나님의 소리를 두려워하게 되었다(창 3:10). 죄로 말미암아 수고가 들어왔다(창 3:16-17). 죄로 인하여 하나님은 사람에게 사람을 빚은 흙을 "갈게" 하셨다(창 3:23). 죄의 형벌은 또한 다른 피조물에도 미쳤다. 땅이 저주를 받았다(창 3:17). 모든 피조물이 허무한 데 굴복하고 탄식하며 고통을 당하게 되었다(롬 8:20, 22). 한 사람의 죄로 말미암아 죄악이 세상에 가득하게 되었다(창 6:5).

아담 안에서 모든 사람이 죄를 범하였으므로 죄를 구속하실 이는 모든 인류를 대표하시되 죄가 없으셔야 했다. 그 분은 우리와 같은 연약함을 지니셨으나 죽음에 매일 수 없는 분이셔야 했다(히 4:15). 모든 인류가 범죄하여 죽음이 들어왔으므로 그 죽음을 죽음으로 이기기 위하여 주님께서 "혈과 육"으로 오셨다(히 2:14). 그리하

---

670) Schaff, *The Creeds of Christendom*, 3.608. 웨스트민스터 신앙고백서 6.2-3: "By this sin they fell from their original righteousness and communion with God, and so became dead in sin, and wholly defiled in all the faculties and parts of soul and body. They being the root of all mankind, the guilt of this sin was imputed, and the same death in sin and corrupted natures conveyed to all their posterity descending from them by ordinary generation."

여서 "죽기를 무서워하므로 한평생 매여 종 노릇 하는 모든 자들을 놓아 주려 하셨다"(히 2:15).

콕체우스(Johannes Cocceius) 이후로 개혁신학자들은 대체로 하나님이 에덴동산에서 아담에게 하신 선악과에 대한 명령을 행위언약으로 보았다. 비록 언약이라는 말이 창세기 3장에 나오지는 않지만 실제로 하나님과 아담 사이에 행위를 조건하는 언약이 있었다고 본다.671) 행위언약 교리는 아담을 언약의 머리로 여기고 그의 죄책과 오염이 전체적이며 전인격적으로 인류에게 전가되었다고 보는 원죄에 대한 올바른 이해에 기초해서만 합당하게 주장될 수 있기 때문에 실재설(로마 가톨릭, 후기 루터파)과 간접 전가설(뉴잉글랜드 신학이 받아들인 합리주의)을 지지하는 신학자들은672) 이를 받아들이지 않는다. 그런데 개혁신학자들 가운데서도 아담의 대표성과 그의 죄의 전가를 인정하면서도 행위언약이라는 개념은 인정하지 않는 경우가 있다.673)

머레이(John Murray, 1898-1975)는 행위언약의 개념을 부정한다. "행위"라는 용어는 선과 악을 알게 하는 나무의 실과를 따먹지 말라는 명령에 내포되어 있는 하나님의 경륜을 제대로 표현할 수 없다는 이유에서이다. 이와 관련된 호세아 6:7의 말씀 역시 굳이 행위언약을 지칭한다고 볼 필요가 없다고 여긴다. 그 반증으로 히브리서에 나오는 "첫 언약"은(히 8:7, 13; 9:18) 하나님이 모세를 대표로 삼아 구약 이스라엘 백성과 맺은 시내산 언약을 지칭함을 거론한다(렘 31:31-34; 고후 3:14). 그렇다고 해서 머레이가 아담이 인류의 대표였으며 그의 죄가 모든 사람에게 전가되었다는 사실, 곧 원죄를 부인하는 것은 아니다. 그런데 여기에 난점이 있다. 언약을 인

---

671) 행위언약의 교리는 교리사에 있어서 비교적 늦게 나타났다. 어거스틴은 『신국론』(De Civitas Dei)에서 아담이 하나님에 대하여 가졌던 본래의 관계를 언약(testamentum, pactum)으로 말하였고 호세아 6:7로부터 행위언약의 존재를 증거하였다. 루터파 신학자들도 행위언약의 개념을 인정하였다. 멜랑흐톤은 아담의 죄책과 오염을 그들의 후손이 부여받게 된 것은 아담이 전 인류를 대표하였기 때문이라고 말하였다. 언약교리가 신학의 중심으로 여겨지게 된 것은 불링거와 칼빈의 공로가 크다. 17세기와 18세기를 통하여 언약신학이 흥기하였을 때에는 행위언약을 부정하는 것은 마치 이단과 같이 취급되었다. 참조. Bavinck, *Reformed Dogmatics*, 3.193, 225; Hodge, *Systematic Theology*, 2.117-122; Dabney, *Lectures in Systematic Theology*, 302-305; William G. T. Shedd, *Dogmatic Theology*, ed. Alan W. Gomes (Phillipsburg, NJ: Presbyterian and Reformed Publishing, 2003, 3rd ed. rep.), 2.152ff.; Vos, *Biblical Theology*, 23, 27-40; Berkhof, *Systematic Theology*, 211-218; Meredith G. Kline, *By Oath Consigned: A Reinterpretation of the Covenant Signs of Circumcision and Baptism* (Grand Rapids: Eerdmans, 1968), 27-29, 32, 37.

672) 참조. Hodge, *Systematic Theology*, 2.137-139.

673) 참조. Herman Hoeksema, *Reformed Dogmatics* (Grand Rapids: Reformed Free Publishing Association, 1966), 217-220; Anthony A. Hoekema, *Created in God's Image* (Grand Rapids: Eerdmans, 1986), 117-123; G. C. Berkouwer, *Sin*, tr. Philip C. Holtrop (Grand Rapids: Eerdmans,1971), 207-208.

정하지 않는 이상 대표의 원리에 따르는 전가(轉嫁)를 말할 수 없기 때문이다. 머레이는 이 점을 명쾌하게 설명하지 못하고 있다. 머레이는 히브리서에 나오는 "첫 언약"이 모세의 언약을 지칭함이 분명하다는 사실을 자신의 입장을 변호하는 논거로 삼지만,[674] 이 역시 아담과 맺은 언약을 "첫 언약"으로 보는 것이 그릇됨을 단정하는 결정적 근거는 되지 못한다. 여기에 나오는 "첫 언약"(הָראשׁוֹן הַבְּרִית)은 "새언약"(הַחֲדָשָׁה הַבְּרִית)에 대한 반대개념으로 사용된 것으로서 '첫 번째 언약'이라는 의미보다는 '이전의 언약'이라는 의미가 강하기 때문이다. 머레이는 아담과 맺은 언약을 "행위언약"이라고 칭한 웨스트민스터 신앙고백서는 그릇되며 굳이 이름을 붙이자면 "생명언약"(covenant of life)이라고 해야 한다고 하나,[675] 아담의 언약이 은혜언약과 구별되고 그 언약의 조건이 순종에 있다는 점을 부각시킨다는 측면에서 "행위언약"이라고 부름이 합당하다고 볼 것이다.[676]

이러한 머레이의 입장에 동의하지 않는 학자들은 복음과 율법을 상반되게 바라보지 아니하고 복음을 율법의 약속에 대한 성취로 여기면서, 머레이의 전제 자체가 행위언약을 구속사의 일부로 다루는 칼빈과 개혁신학자들의 입장으로부터 일탈하고 있다는 점을 지적한다. 그리스도를 언약의 머리로 삼아 율법과 복음을 총체적이고 역동적으로 파악해야 함에도 불구하고 그가 그렇게 하지 못하고 있다는 것이다.[677] 이에 대해서 로벗슨(O. Palmer Robertson)은 은혜가 율법에 계시된 약속의 구조 위에 세워진다는 점에 대한 인식을 공유하고 있는 이상 행위언약을 인정하는지의 여부는 그리 중요하지 않다는 모호한 입장을 취한다.[678] 행위언약 개념을 인정

---

[674] John Murray, "The Adamic Administration," in *Collected Writings of John Murray*, vol. 2, *Select Lectures in Systematic Theology* (Edinburgh: Banner of Truth, 1977), 49–50.

[675] John Murray, "The Theology of the Westminster Confession of Faith," in *Collected Writings of John Murray*, vol. 4, *Studies in Theology* (Edinburgh: Banner of Truth, 1982), 262.

[676] 참조. McWilliams, "The Covenant Theology of the Westminster Confession of Faith and Recent Criticism," 118.

[677] Michael S. Horton, "Law, Gospel, and Covenant: Reassessing Some Emerging Antitheses," *Westminster Theological Journal* 64/2 (2002), 279–287, 특히 281–283. 한편, 다음 글은 교리적으로 머레이의 입장에 서면서도 복음과 율법의 이분법적 사고를 넘어서서 율법관을 개진할 수 있음을 제시한다. Tim Trumper, "Covenant Theology and Constructive Calvinism," *Westminster Theological Journal* 64/2 (2002), 387–404, 특히 398–404. 이 글은 다음 책이 개혁신학자들의 언약관을 너무 양단(兩端)하고 있다는 비판에서 저술되었다. Jeong Koo Jeon, *Covenant Theology: John Murray's and Meredith Kline's Response to the Historical Development of Federal Theology in Reformed Thought* (Lanham, MD: University Press of America, 1999).

[678] O. Palmer Robertson, "Current Reformed Thinking on the Nature of the Divine Covenants," *Westmin-*

하면서도 정작 자신의 언약관을 머레이에 정초시키고 있는 레이몬드도 동일한 맥락에서 자신의 입장을 개진한다.[679]

그러나 우리는 다음과 같은 이유에서 아담에게 주신 선악과 규례를 행위언약으로 보아야 한다.

첫째, 언약(בְּרִית)이라는 단어가 없다고 해서 유효한 언약이 존재하지 않는 것은 아니다. 이는 사무엘하 7장의 다윗언약과 시편 89:19-37의 언약의 예(例)를 보아 분명하다.

둘째, 언약에 필요한 요소(당사자, 조건, 축복과 저주)가 모두 갖추어져 있다.

셋째, 호세아 6:7, "그들은 아담처럼 언약을 어기고"(וְהֵמָּה כְּאָדָם עָבְרוּ בְרִית)에서 말씀된 바와 같이 아담의 죄가 언약을 범하는 것이었음이 분명하다. 여기에서 "아담처럼"을 통칭으로 보아 "사람처럼"이라고 번역해야 한다는 주장이 있으나 이는 문맥상 맞지 않는다. 그리고 이를 여호수아 3:16에 나오는 도시 이름으로 보기에도 분명 무리가 있다. 그러므로 이를 문자 그대로 해석함이 타당하다.[680]

넷째, 성경이 전하는 아담과 그리스도 간의 유비를 통해서(롬 5:12-19; 고전 15:22, 45-49) 그리스도가 새언약의 언약적 대표인 것처럼(눅 22:20; 히 9:15) 아담 또한 언약의 대표로서 행하였음을 알 수 있다.[681]

행위언약은 순종을 통하여 아담과 그 후손들에게 영생과 최고의 특권을 수여하기 위해서 하나님께서 은혜로 세우신 것으로서[682] 이를 어긴 사람은 죽음의 형벌을 받게 하신 것이었다. 행위언약은 계명에 대한 무조건적인 절대적 순종을 요구하는데 만약 아담이 타락하지 않았다면 이 계명은 살리는 법이 되었을 것이다(롬 7:10; 롬 10:5; 갈 3:13). 행위언약에 관해서, 율법의 요구가 있고 조건적인 약속이 있는 한 여전히 유효하다는 입장과(레 18:5; 롬 10:5; 갈 3:12) 타락한 이후에는 영생을 얻는 수단

---

ster *Theological Journal* 40/1 (1977), 74-76.

679) Reymond, *A New Systematic Theology of the Christian Faith*, 434-436.

680) 참조. Benjamin B. Warfield, "Hosea vi:7: Adam or Man?" in *Selected Short Writings of Benjamin B. Warfield*, vol. 1, ed. John E. Meeter (Phillipsburg, NJ: Presbyterian and Reformed Publishing, 1970), 116-129. 한편 후크마는 이런 모호한 단어를 근거로 창세기 2장의 선악과 규례를 행위언약으로 봄은 현명하지 않다고 말한다. 『개혁주의 인간론』, 206-207.

681) 참조. Reymond, *A New Systematic Theology of the Christian Faith*, 431-433.

682) 참조. Bavinck, *Reformed Dogmatics*, 3.225.

으로서 그 효력을 상실했다거나 중보자 그리스도가 첫 언약의 요구 조건을 충족시켰기 때문에 이제는 더 이상 효력이 없다는 입장이 있다.683) 그러나 여하한 경우이든 우리가 견지해야 할 확고한 진리는 하나님은 순종을 조건으로 영생을 주시기로 하신 약속을 한 번도 폐기하신 적이 없다는 점이다. 은혜언약은 행위언약을 은혜로 이루심에 대한 약속이었다. 이 땅에 오신 그리스도가 그 약속을 새언약의 피로써 성취하셨다(마 26:28; 고전 11:25; 요 19:30).

"범죄하는 그 영혼은 죽을지라"(겔 18:20); "행하라 그리하면 살리라", "이기는 그에게는 내가 하나님의 낙원에 있는 생명나무의 열매를 주어 먹게 하리라"(계 2:7; 창 18:5; 롬 10:5; 갈 3:13)는 행위언약의 원칙은 하나님의 공의를 드러내는 영원한 법칙이다. 그러나 이러한 행위언약의 조건을 타락한 인류는 스스로 이행할 수 없다. 타락한 인류는 오직 율법의 의를 다 이루신 예수 그리스도의 의를 전가받음으로써만 행위언약의 약속인 영생의 열매를 얻게 된다. 이러한 원칙은 성도의 삶에도 적용된다. 그리스도의 의를 전가받아서 구원받은 사람은 이제 율법의 속박으로부터 자유함을 얻어서 오히려 율법의 규범을 자원하여(libenter, willingly) 순종하며 살게 된다. 성도가 율법에 순종하여 하나님의 뜻인 거룩함을 이루는 것은(고후 7:1; 살전 4:3) 오직 모든 율법에 순종하신 그리스도의 의를(롬 5:18-19) 전가받음으로써만 가능하다.

죄인이 영생을 얻는 방법으로서의 행위언약은 폐지되었다. 그러나 하나님의 공의를 계시하고 의의 전가로 말미암은 구원의 길을 간접적으로 제시하는 역할을 행위언약은 여전히 감당한다. 대속의 원리는 행위언약을 성취할 수 없는 불능 가운데서의 유일한 가능태이다. 이런 측면에서, 행위언약은 성도의 삶에 있어서 계속적으로 역사한다. 거듭난 사람이 자신의 본죄(本罪)-곧 자범죄(自犯罪)-를 하나님 앞에 자복하고 통회하는 계속적 회개(poenitentia continua)가 이를 잘 말해준다. 역사적으

---

683) 행위언약의 계속성에 대해서 다음과 같은 입장들이 개진된다. 율법폐지론(Antinomianism)은 신앙과 행위를 양립할 수 없는 것으로 보고 죄에 대해서 죽은 우리는 더 이상 율법 가운데 살지 않는다고 주장한다. 완전주의(Perfectionism)는 로마 가톨릭 교회의 경우에서 보듯이 이제는 죄가 다 도말되었고 단지 욕정(concupiscence)만이 남아 있으므로 거듭난 사람의 행위는 온전하며 독신 등 특별한 순종은 의무 이상의 공로(supererogation)를 얻는다고 한다. 세대주의(Dispensationalism)는 약속, 율법, 은혜의 시대를 나누어서 행위언약은 율법의 시대에 국한된다고 본다. 실존주의(Existentialism)는 모든 외부적인-초자연적인-권위들을 무시하고 과학적인 현대인이 주관적으로 파악하여 옳다고 여기는 것으로만 행위의 규범을 삼는다. 이러한 입장은 불트만(Rudolf Bultmann)에 의해서 부각되었다. Oswald T. Allis, "The Covenant of Works," in *Basic Christian Doctrines*, ed. Carl F. H. Henry (Grand Rapids: Baker, 1971), 96-102.

로 행위언약은 단회적 불순종으로 폐지되었다. 그러나 행위언약의 원리와 교훈은 여전히 역사한다.

2. 2. 칼빈의 언약관[684]

초대교회의 교부들과 중세 신학자들은 언약을 하나의 교리로 발전시키지는 않았으나 언약의 제 요소인 시험적 명령, 선택의 자유, 죄와 죽음의 가능성에 대해서는 관심을 공유하고 있었다. 특히 중세 말기의 신사조(via moderna)에 속한 유명론자들은 둔스 스코투스(Duns Scotus, 1225-1274)의 주의주의(主意主義)에 영향을 받아서 언약(pactum)이라는 개념을 하나님의 의지(potentia Dei, voluntas Dei)의 주권성을 설명하는 도구로서 다루었다. 그러나 그들은 '하나님은 자신에게 속한 것으로 행하는 자들에게 은혜를 거부하지 않으신다'(facientibus quod in se est Deus non denegat gratiam)는 원리를 붙들고 신인합력설(synergism)을 추구했기 때문에 그리스도의 공로(meritum Christi)와 언약이 요구하는 율법의 규범(praeceptum legis)을 합당하게 연결시키지 못했다. 그들은 하나님의 주권적인 뜻에 따른 은혜를 강조했으나, 그것이 그리스도의 대리적 무름의 의로 말미암는다는 사실에는 미치지 못했다.[685]

언약이라는 관점에서 구원의 방법을 다룬 최초의 신학자는 츠빙글리와 그의 영향을 받은 불링거였으며, 나아가서 언약신학의 체계를 최초로 세운 신학자는 칼빈의 영향을 받은 독일 개혁신학자 올리비아누스(Caspar Olevianus, 1536-1587)였다.[686]

개혁신학자들은 자신들의 언약신학을 세우는 기초로서 칼빈의 율법관에 주목

---

684) 칼빈의 언약관의 형성과 발전에 대해서, Peter A. Lillback, *The Binding of God: Calvin's Role in the Development of Covenant Theology* (Grand Rapids: Baker, 2001); James B. Torrance, "The Concept of Federal Theology—Was Calvin a Federal Theologian?" in *Calvinus Sacrae Scripturae Professor: Calvin as Confessor of Holy Scripture*, ed. Wilhelm H. Neuser (Grand Rapids: Eerdmans, 1994), 15-40; Anthony A. Hoekema, "The Covenant of Grace in Calvin's Teaching," *Calvin Theological Journal* 2/2 (1967), 133-161; Heppe, *Reformed Dogmatics*, 281-300, 371-409.

685) 하나님의 거저 용납하심과 언약의 은혜의 상관관계에 대하여, Heiko A. Oberman, "Wir Sein Pettler. Hoc Est Verum. Covenant and Grace in the Theology of the Middle Ages and Reformation," in *The Reformation: Roots and Ramifications*, tr. Andrew Colin Gow (Grand Rapids: Eerdmans, 1994), 91-115; Alister E. McGrath, *The Intellectual Origins of the European Reformation* (Grand Rapids: Baker, 1987), 75-85. 참조. Moon, "Lex Dei Regula Vivendi et Vivificandi."

686) 참조. Lyle D. Bierma, *German Calvinism in the Confessional Age: The Covenant Theology of Caspar Olevianus* (Grand Rapids: Baker, 1996).

하였다. 그들은 율법의 사법적(judicial) 혹은 법정적(forensic) 성격과 더불어 규범적(normative) 성격을 강조함으로써 하나님의 은혜와 인간의 책임이라는 언약신학의 요체를 설명하려고 했다. 그들의 관심사는 어떻게 행위언약과 은혜언약을 영원한 하나님의 구원작정(decretum salvificum)과 연결시켜 설명할 수 있는가, 어떻게 그리스도의 완전한 속죄와 성도를 위한 율법의 계속적인 사역을 모순 없이 다룰 것인가, 어떻게 율법에 따른 선행(bona opera legis)의 가치를 구원서정(ordo salutis)의 관점에서 신학적으로 조명할 것인지에 쏠려있었다. 개혁신학자들을 통하여 면면히 계승되어 온 언약관이 칼빈의 유일전통(one tradition)에 따른 것인지 아니면 칼빈과 불링거의 두 전통(two traditions)에 따른 것인지에 대한 논쟁도 이러한 관심사에 비추어 일어났다.[687]

두 전통을 부인하는 학자들은 칼빈의 계대를 이은 대륙의 언약신학자들(federal theologians)이 구약의 법률적 언약(foedus legale)을 은혜언약(foedus gratiae)을 통한 구약적인 법치(法治, legal administration)로 여기고 있음에 착안해서 언약의 편무계약(片務契約)적 특성(the unilateral feature of the covenant)을 부각시키고,[688] 청교도들과 조나단 에드워즈(Jonathan Edwards)가 언약을 성도가 하나님과 하나가 되는 삶의 원리로 여기고 하나님의 명령에는 이미 그 아들을 통하여 다 이루신 은혜가 수반됨을 강조하고 있음에 주목한다.[689] 한편 두 전통을 주장하는 학자들은 칼빈의 사상을 곡해하여 그가 언약의 상호성(mutuality)은 알았으나 조건성(conditionality)에 대해

---

687) "두 개혁파 전통"(the two Reformed traditions)에 대한 주장은 다음 저술들을 통하여 본격적으로 제기되었다. J. Wayne Baker, *Heinrich Bullinger and the Covenant: The Other Reformed Tradition* (Athens, OH: Ohio University Press, 1980), and "Heinrich Bullinger, the Covenant, and the Reformed Tradition in Retrospect," *Sixteenth Century Journal* 29/2 (1998), 359-376. 이를 정면으로 반박하는 입장은 다음 글을 참조. Lyle D. Bierma, "Federal Theology in the Sixteenth Century: Two Traditions?" *Westminster Theological Journal* 45 (1983), 304-321.

688) 참조. Lyle D. Bierma, *German Calvinism in the Confessional Age*, 150-153; Muller, "The Covenant of Works and the Stability of Divine Law in Seventeenth-Century Reformed Orthodoxy," 97.

689) 참조. Conrad Cherry, "The Puritan Notion of the Covenant in Jonathan Edwards' Doctrine of Faith," *Church History* 34/3 (1965), 328-341; John R. Von Rohr, "Covenant and Assurance in Early English Puritanism," *Church History* 34/2 (1965), 195-203. 칼빈은 언약이라는 개념으로써 하나님께 영광을 올려드림을 강조하고 영국의 언약신학자들은 성도의 구원을—하나님의 주권적 은혜와 성도의 책임을—강조하였다는 차이점에 주목하면서 칼빈은 언약에 '관한' 여러 말들을 했지만 정작 언약신학자는 아니었다고 한 다음 글 참조. Everett H. Emerson, "Calvin and Covenant Theology," *Church History* 25/2 (1956), 141-142. 이러한 입장은 칼빈이 언약의 조건을 강조하지 않은 것이 아니라 그 조건을 그리스도가 성취하셨음을 강조하고 있을 뿐이라는 사실에 대한 올바른 이해가 결여된 데서 비롯된다.

서는 무지하여 불링거와는 달리 은혜언약 외에 행위언약이라는 개념을 독립적으로 발전시키지 않았으며 언약의 법정적 은혜만 강조하고 그것이 삶의 규범으로서 갖는 의미를 등한시했다고 주장한다.[690]

칼빈은 그리스도의 대속을 다루면서 그가 이 땅에 오셔서 율법에 계시된 하나님의 약속을 성취하셨음에 무엇보다 부착한다. 하나님의 법은 "경건하고 올바른 삶의 규범"(pie iusteque vivendi regula)과 모세법이 기반하고 있는 "종교의 양식"(forma religionis), 즉 아브라함의 씨앗들과 맺은 "은혜언약"(foedus gratuitum)을 포함한다.[691] 율법 안에는 "경건과 사랑에 관한 모든 의무"(omnia pietatis et dilectionis officia)가 규정되어 있다.[692] 하나님은 에덴동산의 아담과 하와에게 자신에게 무조건 순종하는 것이 "올바르고 조리 있게 살아가는 유일한 삶의 규범"(unica bene et cum ratione vivendi regula)이라는 것을 가르쳐주심으로 율법을 베푸시는 자신의 뜻이 어디에 있는지를 알리셨다.[693]

아담의 범죄 이후 인류는 타락하여 사망의 형벌에 속하고 전적으로 부패하여 하

---

690) 참조. Baker, *Heinrich Bullinger and the Covenant*, 34-39, 193-215; Robert Letham, "Faith and Assurance in Early Calvinism: A Model of Continuity and Diversity," in *Later Calvinism*, 355-384. 리담은 베이커의 입장에 동조하며 다음과 같이 말한다. "조건적 은혜언약은 믿음과 확신 사이의 분리를 재촉하는 유일하게 주된 요소가 될 것이다. 이러한 사조는 불링거로부터 무스쿨루스(Musculus)와 얼시누스(Ursinus)를 거쳐 롤록(Rollock)과 퍼킨스(Perkins)에 이른다"(383). 멀러는 베이커가 이 주제를 다룸에 있어서 칼빈의 주석 작품들을 제대로 고찰하지 않았다고 비판한다. Richard A. Muller, *The Unaccommodated Calvin* (Oxford: Oxford University Press, 2000), 155. 한편, 헬름은 "윌리엄 퍼킨스(William Perkins)와 윌리엄 에임스(William Ames)와 같은 청교도주의를 대표하는 신학자들은 그들의 신학을 칼빈이 아니라 테오도르 베자(Theodore Beza)에 정초시켰다"고 주장하는 켄달(R. T. Kendall)의 입장을 정면으로 반박한다. 헬름에 의하면, 켄달의 오류는 청교도 신학자들은 언약을 다룸에 있어서 "복음 전(前)의 율법"(the law before the gospel)을 강조한 반면에 칼빈은 "율법 전(前)의 복음"(the gospel before the law)을 강조했다고 보는 잘못된 이분법에서 기인한다고 지적한다. Paul Helm, *Calvin and the Calvinists* (Edinburgh: Banner of Truth, 1982), 5-6, 9, 61-70; "Calvin and the Covenant: Unity and Continuity," *Evangelical Quarterly* 55/2 (1983), 65-81.

691) Calvin, *Institutio*, 2.7.1 (*CO* 2.252). 이러한 정의는 칼빈의 다음 작품에도 나온다. *Confession of Faith* (1536), in *Calvin: Theological Treatises*, tr. and annot. J. K. S. Reid (Philadelphia: Westminster, 1954), 26-27 (*CO* 9.694, 22.86); *The Catechism of the Church of Geneva* (1542/1545), in *Calvin: Theological Treatises*, 107 (*CO* 6.51-52); "The Preface," in *Calvin's Old Testament Commentaries*, Calvin Translation Society Edition, 2/1.xvi, xvii (*CO* 24.5-6); *Commentary*, 출 19:1-2 (1.313, *CO* 24.192); 마 5:19 (1.181, *CO* 45.172-173); 롬 7:11 (145, *CO* 49.126). 이하 칼빈의 구약 주석은 *The Commentaries of John Calvin*, 22 vols. (Grand Rapids: Baker, 1979, rep. of Calvin Translation Society Edition, 46 vols, 1843-1855) 가운데 vols. 1-15 사용. 그리고 신약 주석은 John Calvin, *New Testament Commentaries*, 12 vols. ed. D. W. Torrance and T. F. Torrance (Grand Rapids: Eerdmans, 1960-1972)을 사용. 이하 본 작품은 여기에서와 같이 *Commentary*로 성경 장·절을 원서 출처와 함께 표기.

692) Calvin, *Institutio*, 2.8.51 (*CO* 2.304).

693) Calvin, *Commentary*, 창 2:16 (125, *CO* 23.44).

나님 앞에서 선을 행함에 있어서 전적으로 무능하게 되었다. 하나님의 어떠하심과 뜻을 계시하는 율법의 규범(praeceptum)은 영원하나, 인류는 이제 그것에 순종하며 살아갈 능력을 상실하였다. "본래"(originaliter) 율법은 하나님의 뜻을 좇는 올바른 삶의 길을 알리기 위한 것이었으나 범죄로 말미암아 "우유(偶有)적으로(accidentale) 죽음의 사자(ministram mortis)가 되고 말았다."[694] 거룩하고, 의롭고, 선하고, 신령한 율법의 본질(natura)은 불변하나(롬 7:7, 12, 14, 16), 그 사역(officium)이 변하여 본연의 규범적인 기능뿐만 아니라 정죄적인 기능까지 감당하게 되었다(롬 3:15, 20; 5:13, 20; 7:7-11). 타락한 인류에게 있어서, 율법이 본래의 규범적인 기능을 다하려면 먼저 그들이 율법으로 말미암아 죄를 깨닫고 그리스도에게로 돌이키는 은혜가 앞서야 한다.[695] 칭의가 성화에 앞서야 하는 것과 같은 이치이다. 그리고 성화의 과정에서 율법이 성도의 삶에서 온전히 제 기능을 다하기 위해서는 율법을 다 이루신 그리스도의 의의 전가가 그 삶에까지 미쳐야 한다.[696]

칼빈과 그를 잇는 개혁신학자들이 언약신학을 전개함에 있어서 주목한 것이 이 부분이었다. 그것은 다름 아닌 초대교회 이후 신학의 중심주제로 여겨져 온 'λόγος' 와 'νόμος'의 문제, 즉 '그리스도'와 '율법'의 문제였다. 칼빈은 그리스도와 율법의 관계를 올바로 말하는 것이 복음의 본질이라고 여기고, 그리스도가 율법의 "영"(anima), "생명"(vita), "실체"(substantia), "진리"(veritas), "빛"(lux), "해석자"(interpres), "완성"(finis, completum)이라는 사실이 그 요체가 된다고 믿었다. 그리하여 그리스도와 율법의 관계를 하나님의 전(全) 경륜과 관련시켰다.[697] 반면에 루터파 신학자들

---

[694] Calvin, Commentary, 창 2:16 (126, CO 23.45); 창 3:8 (161, CO 23.65).

[695] 이는 성도의 칭의 과정에 작용하는 율법의 용법으로서 흔히 '정죄적 용법'이라고 칭한다. 이는 제1용법에 해당한다. Calvin, Institutio, 2.7.6-8 (CO 2.257-259). 참조. John Calvin, Sermons on the Epistle to the Ephesians, tr. Arthur Golding (London, 1577), rev. tr. Leslie Rawlinson, S. M. Houghton (Edinburgh: Banner of Truth, 1973), 1:15 (84-87, CO 51.312-315); John Calvin's Sermons on the Deity of Christ, tr. Leroy Nixon (Audubon, NJ: Old Paths Publications, 1997, rep.), 눅 1:75 (CO 46.189-190); John Calvin's Sermons on Isaiah's Prophecy of the Death and Passion of Jesus Christ, tr. T. H. L. Parker (London: James Clake, 1956), 32:6, Supplementa Calviniana. Sermons inédits, ed. Erwin Mühlhaupt 등 (Neukirchen: Neukirchener Verlag, 1936-), 3.120-122. 이하 Supplementa Calviniana는 SC로 표기. SC 가운데 다음 작품도 본서에 인용됨. Vol. 11/2, Sermons sur la Genèse chapitres 11,5-20,7.

[696] 이는 '성도들을 위한 용법'(usus renatis)으로서 흔히 율법의 제3용법이라고 칭해지며 성화 단계에서의 율법의 작용을 일컫는다. Calvin, Institutio, 2.7.6-8 (CO 2.257-259). 칼빈은 이를 "율법의 주요하고 고유한 목적에 가깝다"(et praecipuus, et in proprium legis finem propius)고 하였다. Institutio, 2.7.12 (CO 2.261).

[697] 참조. Calvin, Commentary, 출 28:42 (2.205-206, CO 24.435-436); 사 29:11-12 (2.322, CO 36.492); 겔

은 복음의 전(前) 과정으로서 작용하는 율법의 예비적, 정죄적 기능에 머물고 말았다.[698] 그들은 칼빈과는 달리 율법은 본질적으로 저주한다고 봄으로써 거듭난 성도들에게 작용하는 율법의 규범적 용법을 설명하기가 궁색하게 되었다.

칼빈이 전개한 언약신학의 핵심은 신구약의 실체(substantia)가 동일하게 그리스도시라는 사실에 있다. 칼빈의 『기독교 강요』는 1539년에 출판된 제2차 본(本)에서 비로소 조직신학적인 체계를 갖추게 되는데 그 때 "신약과 구약의 일체성과 차이성" (De similitudine ac differentia veteris ac novi testamenti)을 다룬 장이 신설되었다. 여기에서 칼빈은 후대에 체계화된 개혁파 언약신학의 전형을 다음과 같이 제시한다. 구약과 신약의 교회가 단일성(unitas)과 연속성(continuitas)을 갖는 것은 "언약을 맺은 자들"(foederatos)에게 미치는 "동일한 중보자의 은혜"(eiusdem mediatoris gratia) 때문이다.[699] "그리스도의 중재로"(Christi intercessione) 말미암은 "거저 베푸시는 하나님의 자비"(gratuita Dei misericordia)가 구약백성에게도 있었다.[700] 그들에게 미친 "언약의 은혜"(gratia forderis)와 그들에게 제시된 "성례들의 의미"(significatio sacramentorum)는 우리와 "동등했다"(pares).[701] 그들에게도 그리스도는 생수의 반석이시자 하늘로부터 내린 만나이셨다. 이러한 가시적 표상들은 "영적인 살리심"(spiritualis vivificatio)이라는 성례적 의미를 지녔다.[702] 그들 역시 그리스도를 "언약의 보증"(foederis pignus)

16:61 (2.176-178, CO 40.395-396); 고후 3:17 (48-49, CO 50.45-46); *Épitre à tous amateurs de Jésus-Christ: Préface à la traduction française du Nouveau Testament par Robert Olivetan (1535)······avec Introduction sur une édition française de l'Institution dès 1537?* ed. Jacques Pannier (Paris: Fishbacher, 1929), CO 9.801-802.

698) 참조. Thomas A. McDonough, *The Law and the Gospel in Luther: A Study of Martin Luther's Confessional Writings* (Oxford: Oxford University Press, 1963), 26-38; Wilfred Joest, *Gesetz und Freiheit: Das Problem des 'tertius usus legis' bei Luther und in der neutestamentlichen Paranese* (Göttingen: Vandenhoeck & Ruprecht, 1968, 4th ed.), 45-55; Gerhard Ebeling, "On the Doctrine of the *Triplex Usus Legis* in the Theology of the Reformation," in *Word and Faith*, tr. James W. Leitch (London: SCM Press, 1963), 62-78; Timothy J. Wengert, *Law and Gospel: Philip Melanchthon's Debate with John Agricola of Eisleben over Poenitentia* (Grand Rapids: Baker, 1997), 177-210.

699) Calvin, *Institutio*, 2.10.1 (CO 2.313).

700) Calvin, *Institutio*, 2.10.4 (CO 2.315).

701) Calvin, *Institutio*, 2.10.5 (CO 2.315). 칼빈은 신구약의 일체를 다루면서 성례의 표징들이 제시하는 언약적 의미를 추구하여 그리스도 자신에 집중하였다. 반면에 다음 작품에서 보듯이 이를 다루면서 성례의 상징이나 예전(禮典)에 머물고 그 예표적 의미를 해석학적으로 접근하는 데 그치는 경우가 많다. 참조. Peter J. Leithart, "Old Covenant and New in Sacramental Theology New and Old," *Pro Ecclesia* 14/2 (2005), 74-190.

702) Calvin, *Institutio*, 2.10.6 (CO 2.316-317). 다음 글에서 저자는 칼빈이 언약의 교회론적 의미를 성례적 연합에서 찾고 이로부터 신구약 교회의 하나됨과 연속성을 추구했음을 강조하고 있다. 그러나 신구약 언약의 실체는 그리스

으로 여겼다. 하나님이 그들과 맺은 언약에는 "영원하고 영적인 생명에 대한 약속"(spiritualis aeternaque vitae promissio)이 포함되었다.[703] 그러므로 신약과 구약은 "실체와 그 자체에 있어서"(substantia et re ipsa) 동일하다. 다만 "경륜에 있어서"(administratio) 양자는 차이가 날 뿐이다.[704]

칼빈은 "창세로부터"(ab initio mundi) 하나님은 "우리를 매고 있는 동일한 율법과 동일한 교리의 띠로 [그의 자녀들과] 언약을 맺으셨다"(eadem lege atque doctrinae eiusdem quae inter nos viget vinculo fuisse ei foederatos)는 사실을 설명하기 위해서 "동일한 중보자의 은혜"(eiusdem mediatoris gratia)를 강조한다.[705] 신약과 구약의 백성 모두 영생의 소망 가운데서 살았으며, 그들의 공로가 아니라 "오직 그들을 부르신 하나님의 자비에 의한"(sola Dei vocantis misericordia) "언약"(foedus)을 믿었으며, 그 실체가 되시는 그리스도를 중보자로 알았다.[706] 아브라함이 이미 그리스도의 때를 바라보고 기뻐했다는 사실과(요 8:56) 그리스도는 어제나 오늘이나 영원토록 동일하다는 사실을(히 13:8) 언급하면서, 칼빈은 "구약이 하나님의 자비 위에 세워졌으며 그리스도의 중재로 확증되었다"(gratuita Dei misericordia constitisse et Christi intercessione fuisse confirmatum)고 말하고, 구약백성을 "복음의 언약"(evangelii foedus)을 세우신 그리스도로부터 분리할 수 없다고 단언한다.[707] 릴벡(Peter A. Lillback)이 말하듯이, "우리는 아브라함의 할례를 예기적 의미에서(in a proleptic sense) 율법 언약(a covenant of law)이라고 부를 수 있다. 칼빈에게 있어서 언약이 율법 가운데 행

도의 [성례적] 현존이 아니라—또한 성도의 그리스도와의 연합이 아니라—그리스도 자신임을 간과하고 있다. Iain R. Torrance, "Mysterium Christi and Mysterium Ecclesiae: The Christological Ecclesiology of John Calvin," *Greek Orthodox Theological Review* 43/1–4 (1998), 459–467.

703) Calvin, *Institutio*, 2.10.23 (CO 2.328).

704) Calvin, *Institutio*, 2.10.2 (CO 2.313); 2.11.1 (CO 2.329). Edmond Grin, "L'unité des deux Testaments selon Calvin," *Theologische Zeitschrift* 17 (1961), 175–186; John H. Leith, "Creation and Redemption: Law and Gospel in the Theology of John Calvin," in *Marburg Revisited: A Re-examination of Lutheran and Reformed Traditions*, ed. Paul C. Empie and James I. McCord (Minneapolis: Augsburg Publication, 1966), 141–152.

705) Calvin, *Institutio*, 2.10.1 (CO 2.313).

706) Calvin, *Institutio*, 2.10.2 (CO 2.314).

707) Calvin, *Institutio*, 2.10.4 (CO 2.315). 이러한 칼빈의 입장과는 달리 모세의 법과 그리스도의 십자가 사이에는 어떤 실체적 일치가 있을 수 없으며 구약의 언약을 통하여 발견할 수 있는 것은 새로운 시대에 주어질 은혜의 동기와 모형일 뿐이라고 보는 입장에 대해서, Walther Eichrodt, "Covenant and Law," *Interpretation* 20/3 (1966), 314–321.

해지는 공로적 선행 개념은 시내산 언약에 갇히지 않는 일반적인 원리이다."708) 이러한 측면에서 신구약 언약은 연속성과 일체성뿐만 아니라 영원성을 갖는다. "새언약"(בְּרִית חֲדָשָׁה, καινή διαθήκη)은 그리스도가 모든 의를 다 이루시고 그 의를 전가해주시는 은혜의 언약으로서 유일하며 불변하는 "영원한 언약"(בְּרִית עוֹלָם)이기 때문이다(렘 31:31; 32:40 사 61:8; 겔 16:60; 히 8:8, 13; 9:15).709)

비록 구약백성이 그리스도를 "형상"(figura)과 "그림자"(umbra)로 알았다고 하더라도, 그들 역시 그의 "현존하는 실제"(veritas praesens)를 믿었다. 성육신으로 그리스도가 더 좋은 언약의 보증이자 중재자로서 나타나셨을 때 그림자는 몸에, 일시적인 것은 영원한 것에 자리를 내주었다.710) '오실 그리스도'와 '오신 그리스도'에 대한 "표징들"(signa)이 서로 달랐다. 구약의 많은 표징들은 신약의 표징들인 물과 살과 피를 예표하였다. 하나님은 시대에 맞게끔 "사람들의 구원을 위하여 경륜하셨다"(pro hominum salute dispensasse). 그리하여 구약은 청년의 때와 같이, 신약은 더 성숙한 때와 같이 여기셨다.711) 하나님은 율법에 규정된 "법적 형상들"(legales figurae)과 "그림자들"(umbrae)을 "예표들"(typi)로 삼아 구약의 백성이 "그들의 마음을 더 높이 들어올려"(allius erigeret eorum mentes) 그리스도를 바라보게끔 하셨다. 그러므로 그것들을 그 "실체"(substantia)나 "목적"(scopus)으로부터 분리시키는 것은 지극히 허망하다. 율법은 하나님을 섬기는 "종교의 양식"(forma religionis)으로서 구약백성이 그리스도를 "앙망하면서"(in exspectatione) 이 땅의 삶을 살아가야 할 규범을 알려준다. 구약백성이 이렇듯 소망 가운데 오실 그리스도를 바라보았다면, 신약백성은 "중보자를 믿고 의지함으로써 하나님의 면전에 자유롭게 담대히 나갈 수 있게"(mediatore suo freti, libere in Dei conspectum prodire audeant) 되었다.712) 이와 같이 칼빈은 신구약 성경을 언약개념으로 함께 파악하고 그 가운데 계시된 하나님의 계시의

---

708) Peter A. Lillback, "Ursinus' Development of the Covenant of Creation: A Debt to Melanchthon or Calvin?" *Westminster Theological Journal* 43/2 (1981), 284.

709) 옛언약은 옛 것이나 사라지지 않고 새언약을 통하여 완성된다는 측면에서 구약에도 비록 방식과 양식은 다를지라도 "영원한 언약"이 이미 계시되었다는 것과 관련하여, David F. Payne, "The Everlasting Covenant," *Tyndale House Bulletin* 7-8 (1961), 16.

710) Calvin, *Institutio*, 2.11.4 (CO 2.331-333).

711) Calvin, *Institutio*, 2.11.14 (CO 2.339).

712) Calvin, *Institutio*, 2.7.1 (CO 2.252-254).

일체성과 점진성을 다룬다. 이로부터 신구약의 실체를 그리스도로 삼는 구속사적 관점이 형성되는 것이다.[713]

칼빈은 율법이 단지 레위지파의 규율에 머물지 아니하며 다윗 왕가의 통치 질서라고 본다. 구약백성은 그리스도를 "친숙하게"(familiariter) 알지는 못했지만 그가 오셔서 이루실 온전한 구원을 바라보았다. 그리스도가 이 땅에 오셔서 율법을 완성하셨으므로(마 5:17) 율법은 더 이상 "죽이는 의문 그대로"(litera per se mortifera) 작용하지 아니하고 그리스도의 영의 역사로 말미암아 살리는 일에 사용된다(고후 3:6-7). 칼빈은 그리스도가 율법의 "마침"(finis) 혹은 "완성"(complectum)이 되는 것은 율법 자체가 아니라 율법을 지킬 백성에 관계된다고 본다. 그리스도가 율법에 온전히 순종하신 자신의 의를 우리에게 전가해주심으로 우리 안에서 율법이 본연의 기능을 할 수 있게 되었다는 측면에서 이를 바라보는 것이다. 그리스도가 "값없는 전가와 중생의 영으로"(gratuita imputatione et spiritu regenerationis) 자신의 "의를"(iustitiam) 우리에게 베푸시지 않는다면 율법의 "교훈들은"(praecepta) 그저 무익할 뿐이다. 율법은 "벌거벗은 법"(nuda lex)이 아니라 본질적으로 "양자삼음의 은혜의 언약에 의해서"(gratiae adoptionis foedere) "옷 입혀진"(vestitia) 법이기 때문이다.[714]

칼빈은 복음을 "그리스도 안에 제시된 은혜의 선포"(promulgatio exhibitae in Christo gratiae)라고 정의한다. 복음은 구약백성에게 베푸신 하나님의 "자비"(misericordia)와 "부성적인 사랑"(favor paternus)에 대한 "증언들"(testimonia)을 함의한다. 그리스도가 "우리의 구원을 위한 모든 조목들을 그 자신의 육체 가운데서 다 이루셨다"(omnes nostrae salutis numeros in carne sua implevit). 복음은 그 다 이루심에 대한 "생생한 전시(展示) 자체"(viva ipsa exhibitio)이다.[715] 그러므로 "율법 외에 하나님의 한 의"로서(롬 3:21) 복음을 다루는 것은 마땅하나, 율법이 약속한 것 외에 다른 것을 이룰 만큼 복음이 율법을 폐지한 것으로 여겨서는 안 된다. 이러한 맥락에서 칼빈은 복음은 "율법이 약속한 것은 무엇이든지 확고한 것으로서 확증하고 그 그림자에 몸을 부착시켰다"(sanciret ratumque esse probaret quidquid illa promiserat et corpus umbris

---

713) Anthony A. Hoekema, "Covenant of Grace in Calvin's Teaching," *Calvin Theological Journal* 2/2 (1967), 138-139.

714) Calvin, *Institutio*, 2.7.2 (CO 2.254).

715) Calvin, *Institutio*, 2.9.2 (CO 2.310-311).

adiungeret)고[716] 말한다.

칼빈은 아담에게 주어진 "구원의 첫 약속"(prima salutis promissio)은 연약한 불꽃같이 희미했지만 아브라함, 이삭, 야곱 등과 맺은 언약들과 선지자들의 예언을 통해서 주어진 "자비의 언약"(misercordiae foedere)은 그리스도에 의한 은혜의 충만한 계시의 때가 다가옴에 따라서 점점 더 명료하게 드러났다는 점을 강조함으로써 언약의 시대적 경륜이 다양함을 부각시킨다.[717] 구약시대에도 그리스도는 하나님의 백성의 지도자셨다(고전 10:4). 그러나 당시에는 "희미한 그림자로"(obscura et umbratilis) 계시되셨다. 그가 이제 "빛"(lux)으로 오셔서 "충만한 광휘로"(pleno fulgore) 드러나게 되셨다.[718] 칼빈은 신약과 구약의 일치를 언약의 일치라는 관점에서 파악하는 바, 구약 백성들도 그리스도를 "그들의 언약의 보증"(foederis sui pignus)으로 믿었으며 그리스도 안에서 영생에 대한 모든 소망을 가지고 있었음을 확증한다.[719] 적용의 대상과 범위와 경륜과 관련해서 "율법적인 언약"(foedus legale)과 "복음적인 언약"(foedus evangelicum)에는 큰 차이가 있지만, 모세에 의해서 수립된 "영원하고 결코 소멸되지 않을 언약"(foedus aeternum et nuquam interiturum) 역시 그 실체와 완성으로서 그리스도를 지시하고 있음을 강조한다.[720]

지금까지 살펴본 바와 같이, 칼빈은 복음과 율법, 신약과 구약의 관계를 다루면서 신구약 언약의 일체성과 연속성에 주목한다. 칼빈은 하나님이 타락한 인류와 맺은 언약을 "자비의 언약"(foedus misercordiae)[721] 혹은 "은혜의 언약"(foedus gratiae)이라고[722] 부른다. 언약은 하나님의 영원한 구원협약이 역사상 성취되는 경륜을 뜻한다. 첫 언약은 행위언약으로서 율법에 계시된 하나님의 뜻에 대한 순종을 조건으로 하나, 새언약은 그 조건을 다 만족시킨 그리스도를 믿는 믿음을 조건으로 한다.

---

716) Calvin, *Institutio*, 2.9.4 (*CO* 2.312). 참조. 그림자와 몸의 유비(골 2:17)에 대해서, *Institutio*, 2.7.16; 2.8.28-29 (*CO* 2.264-265, 287-288).

717) Calvin, *Institutio*, 2.10.20 (*CO* 2.326).

718) Calvin, *Institutio*, 2.9.1 (*CO* 2.309-310).

719) Calvin, *Institutio*, 2.10.23 (*CO* 2.328).

720) Calvin, *Institutio*, 2.11.4 (*CO* 2.332): "Foedus ergo quod aeternum et nunquam interiturum semel sancivit, in medio statuamus. Illius complementum, unde tandem habet ut statum ratumque sit, Christus est."

721) Calvin, *Institutio*, 2.10.20 (*CO* 2.326).

722) Calvin, *Institutio*, 2.11.11 (*CO* 2.337).

그리스도의 순종이 유일한 질료인(causa materialis)이며 성도의 믿음은 형상인(causa formalis) 혹은 도구인(causa instrumentalis)에 불과할 뿐이다.[723] 새언약은 그리스도가 친히 당사자가 되어—즉 대리인(vicar)으로서—우리의 자리에서 모든 의를 다 이루심으로 우리의 보증인(sponsor)이 되시는 성취의 언약이다.[724] 구약의 숱한 은혜언약은 모두 이러한 새언약을 예표한다. 그리스도는 율법의 그림자에 대한 실체로서 율법의 약속을 다 이루셨다. 우리는 전체 구속사 곧 신구약의 언약을 '그림자-실체의 유비'(umbra-substantia analogia)와 '약속-성취의 유비'(promissio-perfectio analogia)로 접근해야 한다.[725] 칼빈은, 모세의 율법이 은혜를 제하는 것이 아니라 아브라함 및 조상들과 맺은 "값없이 주신 언약"(gratuitum foedus)을 기억나게 하는 것임을 우리에게 상기시켜준다.[726] 이러한 측면에서 후크마(Anthony A. Hoekema)가 칼빈에게 있어서 신구약 성경을 하나로 묶는 신학의 원리는 언약이라고 한 것은 적절하다.[727]

2. 3. 은혜언약(foedus gratiae) : 실제적 그러나 실체를 바라보는 예표적 언약

지금까지 우리는 구속언약과 행위언약에 대해서 고찰하였다. 구속언약은 또 다른 언약으로 볼 것이 아니라 삼위 하나님—혹은 성부와 성자—의 창세 전의 구원협약으로 보아야 함을 알게 되었고, 비록 논란은 있으나 행위언약을 인정해야 함을 논의하였다. 하나님은 변개치 아니하시므로 행위를 조건으로 영생을 주시겠다는 언약의 약속을 파기하지 않으신다. 그렇기 때문에 주님이 그 의를 이루시기 위해서 이 땅에 오신 것이다. 행위언약을 인정하지 않게 되면 은혜언약과 그것에 대한 성취로서의 새언약을 구별할 실익도 없어진다. 그렇게 되면 자칫 스코투스의 주의주의(主意主義)나 쏘키누스의 이성주의(理性主義)로 호도될 여지가 생기게 된다.

---

723) 이와 관련된 구원의 네 가지 원인에 대해서 본서 제12장 3. 참조.

724) 참조. Eugene M. Osterhaven, "Calvin and Federal Theology," in *Readings in Calvin's Theology*, ed. Donald K. McKim (Grand Rapids: Baker, 1984), 89-90, 98-106; Hoekema, "The Covenant of Grace in Calvin's Teaching," 136.

725) 이와 관련해서 다음을 참조. 문병호, "그리스도와 율법: 칼빈의 기독론적 율법관", 『칼빈신학: 근본 성경교리 해석』 (서울: 지평서원, 2015), 203-204.

726) Calvin, *Institutio*, 2.7.1 (CO 2.253).

727) Hoekema, "Covenant of Grace in Calvin's Teaching," 135-136.

타락한 인류는 사망의 형벌 가운데 처하고 전적으로 무능하고 전적으로 부패해서 아무도 하나님 앞에서 선을 행함으로 영생에 이르는 언약의 당사자가 될 수 없게 되었다. 선행은커녕 아는 것과 뜻하는 것이 모두 더러워졌다. 그리하여 하나님은 이제 행위가 아니라 믿음을 조건으로 하는 은혜언약을 체결하시고, 궁극적인 언약의 조건인 모든 순종을 다 행하실 그리스도를 바라보게 하셨다. 그러므로 타락 이후 맺은 모든 언약은-시내산 언약을 포함하여-은혜언약이라고 부른다.[728]

웨스트민스터 신앙고백서와 소요리문답은 이를 다음과 같이 천명하고 있다.

타락으로 말미암아 사람은 그 언약[행위언약]으로 생명을 얻기에는 무능하게 되었다. 그리하여 주님은 통상 은혜언약(Foedus Gratiae)이라고 불리는 두 번째(secundum) 언약을 기꺼이 수립하시고, 그를 믿는 믿음을 그 가운데 요구하시면서 예수 그리스도로 말미암은 생명과 구원을 거저 부여하셔서 죄인들이 구원받게 하셨다. 생명에 이르도록 작정된 모든 사람들에게 자신의 영을 부어주심으로 그들이 뜻을 다하여, 능히, 믿게 하시면서 그리하셨다.[729]

하나님은 단지 자신의 기뻐하심에 따라 창세 전에 얼마를(nonnullos) 선택하셔서 은혜언약에(foedus gratiae) 들어가게 하셨다. 그리하여 그들을 죄와 비참함의 상태에서 구해내시고 대속자로 인한 구원의 상태로 이끌고자 하셨다.[730]

언약은 영원한 구원협약의 역사적 성취에 대한 약속이다.[731] 언약에는 머리(caput)가 있고, 그를 통한 전가(轉嫁, imputatio)가 있으며, 그에 따른 열매(fructus)가

---

728) Bavinck, *Reformed Dogmatics*, 3.220-222.
729) Schaff, *The Creeds of Christendom*, 3.617. 웨스트민스터 신앙고백서 7.3: "Man, by his fall, having made himself incapable of life by that covenant [i.e., by the covenant of works], the Lord was pleased to make a second, commonly called the covenant of grace; wherein He freely offereth unto sinners life and salvation by Jesus Christ, requiring of them faith in Him, that they may be saved, and promising to give unto all those that are ordained unto life, his Holy Spirit, to make them willing and able to believe."
730) Schaff, *The Creeds of Christendom*, 3.680. 소요리문답 20: "God having out of his mere good pleasure, from all eternity, elected some to everlasting life, did enter into a covenant of grace, to deliver them out of the estate of sin and misery, and to bring them into an estate of salvation by a Redeemer."
731) 언약신학의 핵심적 논제에 관하여, Lillback, *The Binding of God*, 13-28.

있다. 언약은 하나님과 사람을 당사자로 한다. 그러므로 삼위 하나님 서로 간의 구원협약과는 다르다. 언약은 본질상 행위를 조건(conditio)으로 한다. 에덴동산에서의 첫 언약은 행위를 조건으로 삼았으므로 행위언약이라고 불린다. 그러나 이제는 더 이상 행위로 조건을 충족시킬 수 없으므로 인류와 맺은 모든 언약은 은혜언약이라고 불린다. 은혜언약은 그 자체로 영생에 이르는 공로가 없다. 노아나 아브라함이나 이삭 등이 공로의 주체가 되지 못한다. 그들의 의로 후손들이 복을 받는 것은 아니다. 성경에 나오는 언약이라는 말은 에덴동산에서의 첫 언약과 주님이 수행하신 새언약을 지칭하는 경우를 제외하고는 모두 은혜언약에 관계된다.[732]

언약의 중보자로서 그리스도의 사역은 성육신 이전 창조의 때까지 거슬러 올라간다. 그의 중보가 대리적 속죄를 이루는 은혜언약 가운데 작용하게 된 것은 인류의 타락으로 말미암았다.[733] 언약은 하나님과 그의 백성 사이의 관계 자체에 머물지 않고 그것에 부수되는 모든 양상을 아우르는 총체적인 개념이다. 그것은 단지 특정한 사안적 계약이 아니라, 구속사 자체의 본질과 근간이 된다.[734]

구약에서 언약을 표현하는 'בְּרִית'라는 단어는 280여 차례 나오며 때때로 '율법', '성향', '협정'을 의미하기도 하지만 둘 혹은 그 이상 다수 간의 '상호 계약'이라는 뜻으로 주로 사용된다(창 21:27; 수 24:25; 삼상 18:3; 20:16; 왕상 20:34 등). 동일한 의미로 하나님과 사람 사이의 약속에 이 단어가 사용되며(창 15:18; 17:13; 19:1-6; 28:15; 35:9-15),[735] 예레미야 33장과 호세아 6:7에서는 창조의 질서에도 적용된다.[736] 특히 율법서, 예언서, 시가서를 통해서 반복해서 사용되는 문구인 '언약을 자른다'(בְּרִית כָּרַת, ὅρκια τέμνειν, foedus ferire)는 표현은 아브라함과의 언약에서 효시(嚆矢)된 바(창 15:8-11; 렘 34:18) 언약이 피로 세운 생명의 약정(레 17:11; 히 9:22)임을 특징적으로 보여주고 있다.[737] 창세기 21:22-34, 26:26-33, 31:44-54 등에서 보는 바와 같이

---

732) 참조. Bavinck, *Reformed Dogmatics*, 2.212-216, 227; Heppe, *Reformed Dogmatics*, 371-409.

733) 참조. Bavinck, *Our Reasonable Faith*, 280-307.

734) 참조. Bavinck, *Reformed Dogmatics*, 3.196-200.

735) O. Palmer Robertson, *The Christ of the Covenants* (Phillipsburgh, NJ: Presbyterian and Reformed Publishing, 1980), *The Christ of the Covenants*, 13, n. 3, 4.

736) 참조. Robertson, *The Christ of the Covenants*, 25-34.

737) 참조. Robertson, *The Christ of the Covenants*, 11-24. 'בְּרִית'의 어원을 '자르다'(כָּרָה)라는 동사에서 찾는 언어학자도 있다. 참조. Bavinck, *Reformed Dogmatics*, 3.203.

'כָּרַת בְּרִית'에서 'בְּרִית'는 어원상 쌍방의 의무에 대한 맹세 혹은 약속, 이를 어겼을 때 내려지는 형벌을 환기시키는 저주, 그리고 이러한 저주를 상징적으로 표상하는 의식(儀式)을 세 요소로 한다.738) 은혜언약은 그것이 하나님과 사람의 대표와의 계약이라는 측면에서 이미 일방적이다. 왜냐하면 타락한 인류는 일방적 긍휼이 없이는 하나님과 도무지 어떤 관계를 맺을 수 없기 때문이다.739) 하나님이 모세와 맺은 언약도 은혜언약으로서, 타락 전 아담과 맺었던 행위언약이 단지 갱신된 것이 아니었다. 그것은 하나님의 백성이 율법을 다 지킴으로써만 의를 이루어 구원에 이를 수 있다는 사실을 다시금 환기시켜 그렇게 할 수 없는 인류가 그리스도의 전적인 은혜를 갈구하게 하는 길을 제시한다. 그리하여 주님은 모세가 자신에 대하여 기록했다고 말씀하셨다(요 5:41).740)

언약은 상호합의에 기초하나 약자를 향한 은혜로운 수여의 경우에는 베푸는 자의 일방적인 규율(חק)을 의미한다(출 34:10; 사 59:21; 렘 33:20 [참조. 31:36]; 34:13). 하나님은 스스로 언약에 자신을 묶으신다.741) 언약의 시행에 신실하신 분이 전능하신 하나님이시므로 그 약속은 변개되지 않고 항상 성취된다. 은혜언약에 있어서 쌍방적(bilateral) 약속은 일방적(unilateral) 은혜에 기초한다. 그것은 하나님과 사람이 '함께'(עִם) 혹은 하나님과 사람 '사이에'(בֵּין) 맺어진 것일 뿐 아니라 하나님께서 사람을 '위하여'(לְ) 맺으신 것이다.

은혜언약의 인간 당사자는 그 약속의 수혜자로 선다. 그는 조건을 성취함으로써 은혜의 자리에 이르는 것이 아니라 은혜 가운데 조건의 성취를 맛본다(창 17:1-2; 출 19:5-6, 8; 24:3, 7; 레 26:14-20; 신 5:29; 27:9-30:20 등). 은혜언약이 닻을 내리는 곳은 오직 하나님의 긍휼에 있다(레 26:40-44; 신 4:31; 30:1-20; 32:36-40; 삿 2:1; 왕하 13:23; 시 81:8, 11; 89:1-5; 105:8-10; 106:45; 111:5; 사 1:3; 5:13; 54:10; 렘 18:5-10; 겔 33:10-16; 호 6:1-3; 11:7-9; 14:2-9; 욜 2:12-14). "하나님은 약속을 기업으로 받는 자들에게 그 뜻이 변하지 아니함을 충분히 나타내시려고 그 일을 맹세로 보증하셨나니"(히

---

738) Bavinck, *Reformed Dogmatics*, 3.203.
739) Bavinck, *Reformed Dogmatics*, 3.203-206.
740) Bavinck, *Reformed Dogmatics*, 3.220-222.
741) בְּרִית'에 해당하는 앗수르어의 어간은 '묶는다'는 뜻이 있다.

6:17), 자기 자신과 목숨을 두고 그렇게 하셨다(창 22:16; 렘 51:14; 암 6:8).[742]

70인경에서는 구약의 'בְּרִית'에 해당하는 단어로서 'συνθήκη' 대신에 'διαθήκη'를 33번 사용한다. 'διαθήκη'는 '협정하다'는 의미의 동사 'διατίθημι'에서 나온 명사로서 어원상 '협약' 혹은 '협정'이라는 뜻을 가지고 있다. 어의(語義)에 있어서 'συνθήκη'는 쌍방적, 상호적 계약이라는 뜻이 강한 반면에 'διαθήκη'는 일방적, 주권적 계약이라는 뜻이 강하다. 70인경 번역에서는 하나님과 믿음의 조상들의 언약을 표현하는 단어로서 예외 없이 'διαθήκη'를 사용하였다(창 15:18; 17:13; 21:7; 수 24:25; 삼상 18:3; 20:16; 왕상 20:34). 이 단어의 고전적 의미는 단순한 언약(foedus, pactum)이 아니라 죽음으로 효력이 발휘되는 유언적 언약(testamentum)이라는 뜻을 지니고 있다. 70인경 번역자들은 은혜언약에 나타난 하나님의 주권성을 강조하기 위해서, 그리고 유언자가 죽어야 유언의 효력이 발하듯이 그리스도가 죽어야 그 언약이 성취된다는 의미에서, 그리고 그리스도의 의의 전가와 그 안에서의 충만한 은사를 강조하기 위해서 'בְּרִית'의 문자적 의미에 부합하는 'συνθήκη' 대신에 구속사적 의미에 부합하는 'διαθήκη'를 사용한 것으로 보인다. 'διαθήκη'가 'testamentum'으로서 사용되는 용례는 오직 히브리서 9:16-17에서만 발견된다. 갈라디아서 3:17-18에도 이러한 뜻이 들어있으나 문맥상 유언을 뜻한다고 보기는 어렵다. 그럼에도 불구하고 'διαθήκη'의 뜻이 언약의 일방성을 가장 현저히 드러내는 'testamentum'에 의해서 가장 잘 부각되는 것은 사실이다. 이러한 일방성이 강조되므로 성경 어디에서도 'διαθήκη'가 삼위 하나님의 구원협약을 뜻하는 구속언약(pactum salutis)의 개념으로는 사용되지 않고 있다.[743] "언약"이라는 말을 이와 같이 하나님의 주권적인 섭리로 이해하는 가운데 초대교회에서는 이를 "경륜"(οἰκονομία)과 동일시하는 경향이 현저했다.[744]

행위의 공로를 구원의 요소로 보는 펠라기우스주의자들은 은혜언약을 아담과 맺은 행위언약과 본질적으로 다른 것으로 보지 않는다. 그들은 은혜언약에서조차 순종이 영생의 조건이 된다고 주장한다. 이와 같은 견해를 알미니우스주의자들도 공

---

742) Bavinck, *Reformed Dogmatics*, 3.203-204.

743) 참조. Hodge, *Systematic Theology*, 2.354-355.

744) 참조. John H. P. Reumann, "Oikonomia = 'Covenant'; Terms for Heilsgeschichte in Early Christian Usage," *Novum Testamentum* 3/4 (1959), 282-292.

유한다. 다만 알미니우스주의자들은 타락한 인류에게는 초자연적인 은혜가 필요하기 때문에 각자에게 공로가 돌려지는 순종하는 믿음(fides obsequiosa)이 조건이 된다고 하여 절충적인 입장을 취한다. 이러한 견해들은 모두 언약에 있어서 하나님은 인간편에 어떤 것을 요구한다는 조건성(conditionality)을 전제한다.

반면에 어거스틴과 칼빈과 그를 잇는 개혁신학자들은 은혜언약이 하나님과 사람 사이에 체결된 것이라는 상호성(mutuality)은 인정하나 등가성(等價性)으로서의 조건성(conditionality)은 인정하지 않는다. 그렇다고 해서 예수 그리스도에 대한 믿음이 언약의 조건(conditio)이 됨을 부정하는 것은 아니다.[745] 믿음은 하나님의 자녀가 값없이 영생을 얻는 유일한 조건이지만, 그것조차도 하나님이 거저 베푸시는 은혜의 선물이므로(엡 2:8) 은혜언약을 쌍무계약(雙務契約)으로 만드는 것은 아니라고 여기기 때문이다.[746]

개혁신학자들은 칼빈을 좇아 신구약이 경륜에 있어서는 서로 다르나 그 실체가 그리스도이시라는 점에서는 하나라는 입장을 견지하는 가운데 신구약의 하나됨과 연속됨(unitas et continuitas)을 주장한다. 바빙크는 다음과 같이 말한다.

> 구약과 신약은 본질에 있어서 한 언약이다(눅 1:68-79; 행 2:39; 3:25). 그것들은 한 복음을(롬 1:2; 갈 3:8; 히 4:2; 6:2; 딤후 3:15), 한 중보자를, 즉 구약시대에도 또한 존재하셨고(요 1:1, 14; 8:58; 롬 8:3; 고후 8:9; 갈 4:4; 빌 2:6 등), 자신의 중보자의 직분을 수행하셨으며(요 8:56; 고전 10:4; 벧전 1:11; 3:19; 히 13:8), 모든 인류를 위하여 언제나 유일하신 중보자를(요 14:6; 행 4:12; 딤전 2:5) 지니고 있다. 그것은 구원의 길로서 한 믿음(마 13:17; 행 10:43; 15:11; 롬 4:11; 갈 3:6-7; 히 11), 하나님과의 교제에 대한 동일한 약속과 은총(고후 6:16; 계 21:3), 용서, 칭의(행 10:43; 롬 4:22), 영생(마 22:32; 갈 3:18; 히 9:15; 11:10, 등)에 속한다. 구약과 신약의 성도들이 걸었던 길은 같았다. 그러나 그들의 걸음을 비추었던 빛은 달랐다.

구약과 신약은 그림자와 실체로서(골 2:17), 죽이는 문자와 살리는 영으로서(고후 3:6-

---

745) 이와 관련하여, Hoekema, "Covenant of Grace in Calvin's Teaching," 145-146, 155-161.
746) Hodge, *Systematic Theology*, 2.355-356.

11), 예속과 자유로서(롬 8:15; 갈 4:1-7, 22-31; 골 2:20; 히 12:18-24), 특별한 것들과 우주적인 것들로서(요 4:21; 행 10:35; 14:16; 갈 4:4-5; 6:15; 엡 2:14; 3:6) 관련되는 바와 같이, 동일한 은혜언약이나 경륜이 다르다(행 13:32; 롬 1:2).[747]

개혁신학자들은 신구약을 분리하는 영지주의자들과 신구약을 한 전통으로 묶어 동일하게 다루고자 하는 유대주의자들의 양극단을 거부한다. 구약의 언약은 지상의 복을 추구하나 신약의 언약은 천상의 복을 추구한다거나(롬바르드) 구약의 언약은 성도들이 조상림보(limbus patrum)에 이르는 복을 약속할 뿐이라는(아퀴나스) 로마 가톨릭의 주장 역시 받아들이지 않는다. 또한 모세의 언약을 법률적 언약으로 보고 그것이 신약 시대에는 폐지되었다고 보는 루터파의 입장에도 동의하지 않는다.[748]

은혜언약은 진노하신 하나님과 죄를 범했으나 택함을 받은 죄인 사이에(갈 3:15-18) 맺어진 은혜로운 협정으로서, 이 언약 안에서 하나님은 그리스도를 믿는 믿음을 통한 구원을 약속하시며 죄인은 믿음으로써 이 약속을 받아들이고 신앙과 순종의 삶을 살 것을 약속한 것이다. 은혜언약은 무조건적이다. 다만 믿음이 그리스도와 생명의 교제를 나눔에 있어서 필요 불가결한 조건이다(conditio sine qua non). 은혜언약은 조건적인 언약이 아니며 오직 하나님의 신실성에만 의지한다는 측면에서 행위언약과 다르다. 행위언약에서는 율법을 지키는 것이 생명의 길이라면 은혜언약에서는 예수 그리스도를 믿는 것이 그것이다. 행위언약의 당사자는 하나님과 바른 관계를 맺고 있는 원피조물로서의 인간인 반면, 은혜언약의 당사자는 새언약의 머리로서 구원의 보증이 되시는 중보자 예수 그리스도 안에서만 언약의 당사자가 될 수 있는 죄인으로서의 인간이다. 하나님의 은혜는 죄를 지은 후 즉시 나타났다. 죄를 지은 아담과 하와가 죄의식과 부끄러움과 공포를 느끼게 되었다는 사실은 그들 가운데 성령이 역사하여 그들이 자신의 무능과 부패를 바라보게 했을 뿐 아니라 동시에 하나님 앞에서의 윤리적인 삶에 대한 열망을 여전히 속에 품게 하셨다는 사실, 즉 하나님의 진노와 더불어서 은혜가 동시에 작용하였다는 사실을 말해준다. 육체적 사망의 형벌도 은혜가 없지 아니하니, 비록 일시적 사망이 형벌로 주어졌지

---

747) Bavinck, *Reformed Dogmatics*, 3.223.
748) Bavinck, *Reformed Dogmatics*, 3.207-209.

만 이는 영생에 이를 자로 영원히 죄의 지배에 있게 하지 않도록 하심이었다.[749]

은혜언약은 하나님이 그리스도 안에 있는 자들과 맺은 언약이다. "너희가 그리스도의 것이면(Χριστοῦ) 곧 아브라함의 자손이요 약속대로 유업을 이을 자니라"고(갈 3:29) 성경은 전한다. 은혜언약에 있어서도 그리스도는 하나님과 사람 사이의 중보자(μεσίτης)가 되신다.[750] 은혜언약의 핵심은 구약과 신약을 막론하고 동일하다. 그것은 하나님이 우리의 하나님이 되신다는 약속에 있다. 아브라함의 언약(창 17:1), 시내산 언약(출 19:5-6; 20:2), 모압 광야에서의 언약(신 29:13), 여호수아가 체결한 언약(수 24:21-25), 다윗 언약(삼하 7:14), 여호야다의 언약(왕하 11:17-18; 대하 23:16-17), 요시야의 언약(왕하 23:2-3; 대하 34:30-32), 그리고 새언약(렘 31:33; 히 8:10)의 본질이 여기에 있다. 언약의 중보자는 어제나 오늘이나 영원히 동일하시다(히 13:8). 아브라함에게 약속된 "씨"(זֶרַע, σπέρμα)는 복수가 아니라 단수로서 그리스도시다(갈 3:16; 창 13:15; 17:8). 오직 그리스도 안에서 자녀된 자들만이 그리스도와 함께 하나님 나라의 상속자가 된다(롬 8:17; 갈 3:29; 4:1, 7; 딛 3:7; 히 6:17; 11:7; 약 2:5).

첫 언약 이후의 모든 언약들은 오실 그리스도에 의해서 성취될 구속의 역사를 믿음으로 구원에 이르는 은혜언약이다. 주님은 구약의 모든 언약들을 다 이루셨다. 주님은 완전한 순종으로 언약의 조건을 다 이루셨다. 모든 은혜언약은 모든 고난을 다 당하시고 모든 율법을 다 행하신 주님의 공로를 유일한 질료인(causa materialis)으로 삼는다. 은혜언약의 당사자인 믿음의 조상들은 자신들의 순종의 공로가 아니라 그리스도의 순종을 믿는 은혜로 약속에 참여하였다. 그리고 그들로 말미암아 그들이 속한 이스라엘에게 동일한 언약의 복이 임하였다. 은혜언약의 조건과 약속은 그 종류 여하를 막론하고 모두 그리스도의 성취와 그로 말미암은 은혜를 제시할 뿐, 그 자체로 종결되는 것이 아니었다.

노아의 언약(창 9:8-11)은 하나님-세상의 관계(the God-world relation) 곧 창조주와 피조물의 관계(the Creator-creature relation)가 은혜 가운데 보존되고 통치됨을 확정한다. 비이성적인 피조물도 모두 하나님의 언약에 따른 은혜의 규율대로 생멸하고

---

749) 참조. Bavinck, *Reformed Dogmatics*, 3.198, 200. Irenaeus, *Against Heresies*, III.23.6. "하나님은 죄가 불멸하지 않도록 죽음을 제정하셨다." 본서에서(200) 재인용.

750) 70인경에서 "μεσίτης"는 욥기 9:33의 "양측 사이에 손을 얹을 판결자"(בֵּינֵינוּ מוֹכִיחַ יָשֵׁת יָדוֹ עַל־שְׁנֵינוּ)에 한 번 나온다.

운행하며 자라간다. 구름 가운데 드리운 무지개가 그 언약의 표징이다(창 8:21-22; 9:9-17).

아브라함의 언약(창 12:1-3; 17:2, 4-8)은 하나님으로부터 오는 은혜의 절대성을 제시한다. 이삭의 출생과 모리아에 있는 땅에서의 제사는 하나님의 창조주(Creator)되심과 재창조주(Re-creator)되심을 함께 계시한다. 아브라함의 언약은 땅, 후손, 복의 근원이 되는 복이 오직 믿음으로 말미암음을(창 15:6) 알려준다.

모세와 맺은 시내산 언약(출 19:5-6; 레 26:9)을 통하여 하나님은 전적인 은혜로 홍해의 물을 걸어서 건넌 이스라엘 백성이 이제는 애굽의 종살이에서 해방되어 하나님을 주(主)로 섬기며 살아가게 되는 '경건하고 올바른 삶의 규범'(regula vivendi pie et iuste)으로서 율법을 수여하신 것이다. 율법의 수여자(largitor leigs)는 "나는 너를 애굽 땅, 종 되었던 집에서 인도하여 낸 네 하나님 여호와니라"(출 20:2)고 자신을 계시하셨다. 그리하여 율법이 아브라함의 약속에 기초한 언약의 법(lex foederis) 곧 토라(תּוֹרָה, תֹּרָה)라는(갈 3:15-17) 사실을 알게 하셨다. 그러므로 율법에는 명령(praeceptum)과 함께 약속(promissio)이 있다. 하나님이 자신과 같이 거룩하라고 명령하셨을 때, 이미 거룩의 길로서 거룩하신 주님을 예비하고 계셨다(히 7:26). 율법은 은혜의 법(lex gratiae)으로 부여되었다. 그러므로 율법을 준수하는 것조차 불가항력적인 은혜에 기초한다. 따라서 이스라엘의 죄와 불순종에도 불구하고 이 영원한 언약은 깨어지지 않는다(신 4:31; 32:26-43; 시 89:1-5; 105:8-10; 111:5; 사 54:10; 롬 11:1-2; 고후 1:20). 이러한 시내산 언약은 행위언약이 아니라 은혜언약으로서, 그 약속은 생명에만 관계되는 것이 아니라 거룩한 생활에도 미친다. 바빙크의 다음 말을 주목하자.

> 모세의 율법은 은혜에 배치되는 것이 아니라 은혜를 섬긴다. 이는 이스라엘의 경건한 남녀에 의해서 모든 세대를 통하여 인정되고 찬미되어 온 바이다. ……율법은 은혜언약을 섬겨왔다. 그것은 변장한 행위언약이 아니었으며, 사람들이 자신들의 행위로 칭의를 획득하는 것을 의도하지 않았다.[751]

---

[751] Bavinck, *Reformed Dogmatics*, 3.222. 바빙크는 이러한 입장을 언약신학적 관점에서 그리스도와 율법의 관계로부터 개진한다. 참조. John Bolt, "Christ and the Law in the Ethics of Herman Bavinck," *Calvin Theological Journal* 28/1 (1993), 55-73.

언약 체결로 형성된 하나님의 백성은 하나님의 뜻을 행하고 그의 말씀을 생명의 법으로 삼고 살아야 한다. 비록 순종함으로 언약을 이룰 수는 없지만 은혜언약을 통해서 하나님은 자신의 뜻이 말씀에 대한 순종에 있음을 드러내셨다(창 18:19; 출 19:4-6; 삼하 7:8-16; 대상 17:7-14; 왕상 9:3-5; 렘 31:31-33). 은혜언약은 "사랑의 시작은 의이다"라고 한 칼빈의 말을 벗어나지 않는다.[752] 구약시대에 하나님이 그의 백성과 맺은 은혜언약은 고대 근동에서 군신의 계약법에 따라 왕의 하사(下賜)를 보증하는 충성서약을 맺는 경우와는 달리,[753] 하나님이 에덴에서 아담과 맺은 언약의 약속인 영생이 이후에 그리스도에 의해서 완성될 것이며 그것이 은혜로 주어질 것이라는 사실을 예표하는 의미가 있다.[754] 개혁신학자들은 알미니우스주의자들과는 달리 창조언약 혹은 자연언약을 중심에 두고 은혜언약을 논하지 않는다. 자연은 구원의 회복이 될 수 없을 뿐더러, 오직 은혜만이 자연을 완성하기 때문이다.[755]

개혁신학자들이 예수 그리스도가 당하신 순종과 행하신 순종을 통해서 행위언약의 조건을 다 이루심으로써 택한 백성들을 의롭게 하신다는 새언약을 믿는 조건으로 은혜를 약속하신다는 측면에서 구약의 모든 언약들을 은혜언약이라고 부르는 것은 지극히 합당하다. 그것들은 새언약을 예표하는 것이다. 예컨대, 노아 언약에 나타난 자연적 축복(창 8:20-9:17)은 예수 그리스도의 구원으로 말미암은 창조물의

---

752) Calvin, *Institutio*, 2.17.2 (*CO* 2.387-388).

753) 이러한 점에 착안해서 스텍은 다음 글에서 하나님이 노아와 그 이후의 아브라함과 모세 등과 맺은 약속은 비록 성경에 "언약"이라고 기록되어 있지만 첫 아담과 마지막 아담을 잇는 또 다른 '영생의 언약'이라고 파악해서는 안 된다고 주장한다. 참조. John H. Stek, "'Covenant' Overload in Reformed Theology," *Calvin Theological Journal* 29/1 (1994), 12-41. 이러한 스텍의 입장은 창세기 1-2장의 창조 기사에 벌써 언약의 은혜가 내포되어 있다고 여기고 이러한 은혜가 구약의 언약들에 의하여 확정되는 동시에 그 완성이 예표되고 신약의 그리스도의 구속사건으로 성취된다고 보는 클라인의 입장을 반박하면서 주로 개진되었다. 클라인은 이러한 언약의 연속성과 통일성을 강조하면서 "율법언약"(law covenant)이라는 개념을 부각시킨다. 참조. Meredith G. Kline, "Law Covenant," *Westminster Theological Journal* 27/1 (1964), 11-20. 복음서들의 양식을 출애굽기의 언약개념으로 파악하고자 하는 다음 글도 같은 맥락에서 있다. Meredith G. Kline, "Old Testament Origins of the Gospel Genre," *Westminster Theological Journal* 38/1 (1975), 1-27.

754) Craig G. Bartholomew, "Covenant and Creation: Covenant Overload or Covenantal Deconstruction," *Calvin Theological Journal* 30/1 (1995), 11-33. 여기에서 저자는 스텍(John H. Stek)의 입장을 반박하면서 성경에서 말하는 "언약"은 창조와 하나님의 백성의 구속에 모두 미치는 다의적이고 역동적인 개념으로서 그것은 '하나님의 경륜' 가운데 이해되어야 함을 강조한다(특히 20-27).

755) 참조. Raymond A. Blacketer, "Arminius' Concept of Covenant in Its Historical Context," *Nederlands Archief Voor Kerkgeschiedenis* 80/2 (2000), 195-203. 여기에서 저자는 이러한 알미니우스의 입장이 아퀴나스(Thomas Aquinas)와 유사한 점이 많음을 상기하면서, 그들은 율법에 하나님의 사랑을 예속시켰다고 지적한다.

회복을 예표한다.[756] 아브라함 언약에 나타난 하나님의 백성의 구원과 그 흥왕함과 그들의 기업에 대한 약속은 오직 믿음으로 구원받은 백성의 영생의 복을 예표한다. 시내산의 언약도 엄격한 율법준수에 기반하고 있지만(레 18:5; 신 27:26; 고후 3:7-8), 죄와 사망의 속박에서 구출된 백성이[칭의] 마땅히 살아가야 할 바를[성화] 규정한 것으로 그리스도의 공로가 살아남과 살아감에 모두 미치는 전적인 은혜(tota gratia)임을 예표한다. 이와 같이 모든 은혜언약은, 아담의 죄로 타락한 인류가 주님의 의로 구원에 이르는, 죄와 의의 전가(חָשַׁב, λογίζομαι)를 잇는 길목에서(롬 5:12-21), 단지 소망하고 추론하는 것이 아니라 "바라는 것들의 실상이요 보이지 않는 것들의 증거"(ἐλπιζομένων ὑπόστασις, πραγμάτων ἔλεγχος οὐ βλεπομένων)인 "믿음"(πίστις)으로(히 11:1) 영생의 은혜를 미리 맛보는 언약 백성의 복을 인치고 있다. 다음 말씀에 이러한 은혜언약의 특성이 잘 드러난다.

> 내 종 다윗이 그들의 왕이 되리니 그들 모두에게 한 목자가 있을 것이라 그들이 내 규례를 준수하고 내 율례를 지켜 행하며 내가 내 종 야곱에게 준 땅 곧 그의 조상들이 거주하던 땅에 그들이 거주하되 그들과 그들의 자자손손이 영원히 거기에 거주할 것이요 내 종 다윗이 영원히 그들의 왕이 되리라 내가 그들과 화평의 언약을 세워서 영원한 언약이 되게 하고 또 그들을 견고하고 번성하게 하며 내 성소를 그 가운데에 세워서 영원히 이르게 하리니 내 처소가 그들 가운데에 있을 것이며 나는 그들의 하나님이 되고 그들은 내 백성이 되리라 내 성소가 영원토록 그들 가운데에 있으리니 내가 이스라엘을 거룩하게 하는 여호와인 줄을 열국이 알리라 하셨다 하라(겔 37:24-28).

2. 4. 새언약(foedus novum) : 언약의 통일성

삼위 하나님의 영원한 구원협약에 기초하여 역사상 체결된 다양한 은혜언약들은 주님이 피로 세운 새언약에 의하여 성취되었다. 이 언약에 의해서 아버지는 아들의 피 제사를 속전으로 받으시고 택한 백성들과 화해하셨다. 우리의 중보자는 멜기세덱의 반차에 따른 대제사장으로서 자신을 제물로 삼아 제사를 드리심으로써 "더 좋

---

756) Bavinck, *Reformed Dogmatics*, 3.225.

은 언약의 보증이 되셨다"("κρείττονος διαθήκης γέγονεν ἔγγυος", 히 7:22). 대속의 역사를 다 이루신 주님은 "성결의 영으로는 죽은 자들 가운데서 부활하사 능력으로 하나님의 아들로 선포되시고"(롬 1:4), 승천하셔서 하나님 보좌의 우편에 재위하심으로써 "아버지께서 약속하신 것"(ἐπαγγελίαν τοῦ πατρὸς)(행 1:4; 눅 24:49)인 보혜사 성령(παράκλητος)을 자신의 이름으로 보내주신다(요 14:16; 14:26; 16:7).

> 하나님이 오른손으로 예수를 높이시매 그가 약속하신 성령을 아버지께 받아서 너희가 보고 듣는 이것을 부어 주셨느니라(τῇ δεξιᾷ οὖν τοῦ θεοῦ ὑψωθείς, τήν τε ἐπαγγελίαν τοῦ πνεύματος τοῦ ἁγίου λαβὼν παρὰ τοῦ πατρὸς, ἐξέχεεν τοῦτο ὃ ὑμεῖς [καὶ] βλέπετε καὶ ἀκούετε)(행 2:33).

그리스도에 대해서 증거하는 보혜사 성령(요 15:26)을 받은 성도들은 그리스도의 "것"을(요 16:14-15) 받게 된다. 그리하여 그 영을 "그리스도의 영"(πνεῦμα Χριστοῦ) 혹은 "주의 영"(τὸ πνεῦμα κυρίου)이라고 부른다(롬 8:9; 빌 1:19; 고후 3:17-18).[757]

예레미야 선지자가 예언한 "새언약"(בְּרִית חֲדָשָׁה)은(렘 31:31-33) 첫 언약과 모든 은혜언약의 성취로서 성찬을 제정하시면서 그리스도가 제자들에게 공표한 언약("ἡ καινὴ διαθήκη")이다(마 26:26-28; 막 14:22-24; 눅 22:15-20; 고전 11:23-25). 주님은 새 언약의 "중보자"(μεσίτης)시며 "보증"(ἔγγυος)이시다(히 7:22; 8:6; 9:15; 12:24). "새언약"은(히 8:8, 13; 9:15; 12:24) "더 좋은 언약"이며(히 7:22; 8:6) "영원한 언약"이다(히 13:20). 모든 은혜언약은 새언약을 예표한다. 그리스도가 하나님과 우리 사이에서 언약의 당사자가 되심으로써 하나님과의 관계에서는 당하신 순종과 행하신 순종을 통하여 의를 다 이루심으로 행위언약을 성취하셨고, 우리와의 관계에서는 그 이루신 의를 믿기만 하면 전가해주심으로써 은혜언약을 성취하셨다. 이와 같이 새언약은 그리스도의 "피흘림"(αἱματεκχυσία)으로 모든 언약을 성취한 언약이었다(히 9:14, 22; 10:10-18; 12:24; 13:20). 그리하여 그 공로로 구약의 언약 백성도 온전하게 되

---

757) 그러므로 고린도후서 3:17의 "주는 영이시니"라는 말씀을 두고 그리스도와 성령을 동일시해선 안 된다는 명분을 내세워 이 경우 "영"은 "성령"(Spirit)이 아니라 일반적인 "영"(spirit)을 지칭한다고 보는 것은 그릇되다. 이러한 입장을 취하는 글로서, David Greenwood, "The Lord Is the Spirit: Some Considerations of 2 Cor 3:17," *Catholic Biblical Quarterly* 34/4 (1972), 467-472, 특히 472.

었다(히 11:40). 새언약의 약속인 영생은 보혜사 성령의 임재로 부여되었다. 그것은 그리스도의 의를 전가받아 그와 하나가 되는 연합의 은혜의 열매였다(요 14:16-17; 15:26; 롬 8:17; 엡 2:5-6; 3:6; 골 3:1-4; 행 2:33; 고후 5:5; 갈 2:20; 엡 1:13-14). 주님은 우리의 머리가 되실 뿐만 아니라 우리 밖과(extra nos) 우리 안에(in nobis) 계시면서 우리를 위한 계속적 중보를 감당하신다.[758] 새언약은 창세 전에 작정되고 은혜언약에 의하여 예표된 구속경륜을 다 이루신 주님이 친히 자신의 피로 세우신 언약이다("ἡ καινὴ διαθήκη ἐν τῷ αἵματί μου," 눅 22:20).

구속에 있어서의 중보자 그리스도의 필연성은 은혜언약의 무조건성에 기인한다. 여기에서 무조건성은 두 가지를 함의한다.

첫째, 사람은 하나님 앞에서 의무를 다할 때, 곧 언약의 조건에 순종할 때, 그 약속인 영생을 누릴 수 있다.

둘째, 타락 후 사람은 아무도 스스로 이러한 의무를 수행할 수 없다. 곧 순종할 수 없다. 대속의 의는 죄사함(remissio peccatorum)과 그리스도의 의의 전가(imputatio iustitiae Christi)에 모두 미친다. 죄사함은 옛사람이 죽는 것(mortificatio)이며, 의의 전가는 새사람이 사는 것(vivificatio)이다. 그리스도의 대속적 공로는 단지 그 분의 행하심과 죽음 자체가 아니라 창세 전 삼위 하나님의 영원한 작정에 기인한다. 이러한 작정이 역사상 성취되는 경륜으로서 은혜언약이 있으며 그것의 성취가 새언약이다.

칼빈을 이어 개혁파 언약신학의 체제를 세운 뚤레틴(Francis Turretin)이 "은혜언약"(foedus gratiae)을 "그리스도 안에서 범법함을 당한 하나님과 범법한 사람 사이에 도입된 값없는 계약"(pactum gratuitum inter Deum offensum et hominem offendentem in Christo initum)이라고 정의할 때, 그것은 사실상 새언약을 지칭하고 있다.[759] 개혁신학자들은 대체로 뚤레틴과 같이 은혜언약이라는 이름으로 새언약을 다루고 있다.[760]

---

758) Bavinck, *Reformed Dogmatics*, 3.226-227. 개핀도 이러한 점에 주목하면서 보혜사 성령이 그리스도의 영이시자 주의 영이시라는 말씀을 해석한다. Richard B. Gaffin, "The Holy Spirit," *Westminster Theological Journal* 43/1 (1980), 58-78, 특히 70-78. 이에 대한 칼빈의 입장에 대해서 다음 글 참조. 문병호, "보혜사 성령의 구원 역사: 칼빈의 '중보자 그리스도의 영' 이해를 중심으로," 『칼빈신학: 근본 성경교리 해석』 519-529.

759) Turretin, *Institutio Theologiae Elencticae*, 12.2.5 (2.156).

760) 서철원 교수는 은혜언약을 구원협약에 근거하여 하나님과 모든 택자들의 대표인 "성육신하실 그리스도"(Christus

언약의 목적은 영생에 있으며, 그것은 하나님의 완전한 자녀됨을 뜻한다. 자신의 형상과 모양으로 사람을 지으신 하나님은 사람을 자신의 자녀로 삼고자 에덴동산에서 처음으로 언약을 체결하셨다. 그러나 사람의 불순종으로 말미암아 이제 사람으로서는 스스로 영생에 이를 수 있는 길이 차단되었다. 상황은 절대적으로 비참해져서, 죄는 영생의 가능성마저 앗아갔다. 그리하여 죄를 사함받을 뿐만 아니라 동시에 자녀가 되는 길이 모색되어야 했다. 그 길은 오직 영원하신 아들이신 구주 예수 그리스도께서 사람의 자리에서 모든 것을 순종하심으로써 우리를 자신과 함께 자녀로 삼는 것 외에는 없었다.[761] 자기 자신을 제물로 드리신 그리스도의 공로로써만 죄에 대한 벌로 값을 치름과 동시에 인격 자체를 법정적으로 변화시키는 길이 열리게 되었다(요 14:6; 히 10:20).[762]

이 땅에 오신 중보자 그리스도는 구원의 모든 의를 다 이루셨다. 그것은 단지 고난을 당하는 순종에 머물지 아니하고 율법에 기록된 하나님의 모든 명령을 행하는 순종을 포함하는 것이었다. 뚤레틴은 이를 그리스도가 다 이루신 "무죄함의 의"(iustitia innocentiae)와 "견인의 의"(iustitia perseverantiae)라고 부른다.[763] 중보자 그리스도의 순종은 전체적, 인격적이었다. 곧 전인격적이었다. 그것은 생명이시며, 생명의 말씀이시며, 생명의 빛이신 주님이 "자기 자신을"(ἑαυτὸν) 아버지께 드리심으로써 우리에게 주시는 일이었다. 그리하여 뚤레틴은 주님 자신을 언약의 "정체성"(identitas, 正體性)이라고 부른다.[764] 이 언약의 정체성이 신약과 구약의 실체이며, 성례의 실체가 된다. 이로부터 언약신학의 지평이 열린다. 그것은 그리스도의 신인양성의 위격 가운데 구속의 역사와 구원의 서정과 성례적 임재를 파악하는 것으로서

---

incarnandus) 사이에 체결된 언약이라고 보고 이러한 은혜언약은 구원협약과 같은 내용을 담고 있으나 언약이라는 점에서 단지 구속작정을 의미하는 구원협약과는 다르다고 말한다. 그리고 새언약은 개혁신학자들이 은혜언약이라고 부르는 것으로서 성육신하신 그리스도(Christus incarnatus)가 제자들과 세운 언약을 지칭한다고 여긴다. 그리고 새언약을 창세 전 구원협약이 역사상 성취된 사건으로서 뚜렷이 부각시킨다. 참조. 서철원, 『기독론』 (서울: 총신대학교출판부, 2000), 110-119; Suh Chul-won, "A New Thought on Covenant Doctrine," *Chongshin Theological Journal* 1 (1997), 98-127.

761) Turretin, *Institutio Theologiae Elencticae*, 12.2.11 (2.157); 14.13.10-11 (2.393-394).
762) Turretin, *Institutio Theologiae Elencticae*, 14.10.6-12 (2.368-371); 14.11.13 (2.379).
763) Turretin, *Institutio Theologiae Elencticae*, 14.13.28-29, 32 (2.398-399).
764) Turretin, *Institutio Theologiae Elencticae*, 12.5.7-13 (2.173-175).

현저한 특징을 드러낸다.765)

칼빈을 계승하여 뚤레틴은 율법과 복음에 대한 기독론적 이해를 추구한다. 그는 율법의 수여에 관한 시내산 언약과 한 씨(יֶרַע, σπέρμα)를 통한 그것의 성취에 관한 아브라함의 언약이 경륜에 있어서는 구별이 되지만 그 실체는 동일하다고 강조한다. 율법은 그리스도를 계시하고, 그리스도의 영을 본질로 삼으며, 그리스도의 성취를 목표로 제시한다.766) 그러므로 언약의 성취는 율법의 약속의 성취에 다름 아니며, 그것이 곧 복음을 제시한다고 뚤레틴은 여긴다. 그리스도 안에서, 그리스도 자신으로 말미암아, 율법과 복음은 언약 가운데 동일한 실체를 구속사적 경륜으로 계시하고, 그 계시를 성취한다.767)

뚤레틴은 "그리스도의 공로"(meritum Christi)가 성도들의 의가 되어 그들이 그와 함께 자녀가 되며 또한 상속자가 되는 것을 그의 성자로서의 위격적 특성에서 찾는다.768) 성도들은 그와 연합하여 교제하고 교통하므로 고유한 영생의 특권을 누리게 된다.769) 중보자 그리스도는 자신의 구속사역을 다 성취하시고 지금도 그 의를 전가하심으로 성도의 구원에 있어서 여전히 중보하신다. 이러한 구속사적-구원론적 이해의 근저에 중보자 그리스도의 신인양성의 위격적 연합 교리가 놓여있다.770)

신약 신학자 제임스 던(James D. G. Dunn)은 한 강좌에서 은혜언약의 일체성에 관한 "하나의 새로운 관점"(a new perspective)을 제시하고 있다. 던은 이전 학자들이 구약과 신약을 율법 대 복음으로서 파악함으로써 옛언약과 새언약을 단절시켰음을 지적하고 유대주의적 관점에서 구약을 읽고 또한 그 관점에서 신약 시대의 언약의 성취를 파악함으로써 구약과 신약의 연속성을 고찰해야 한다고 주장하면서, 이러한 측면에서 신약을 구약의 "더욱 효과적인 판"(a more effective version)이라고 부른다.771) 던이 전제하고 또한 그 전제에 따라서 결론에 이른 논지를 정리하면 다음과

---

765) Turretin, *Institutio Theologiae Elencticae*, 12.5.14, 21-22 (2.175, 177-178).

766) Turretin, *Institutio Theologiae Elencticae*, 12.12.5, 18-21 (2.232, 235-236).

767) Turretin, *Institutio Theologiae Elencticae*, 12.7.30-32 (2.200-201).

768) Turretin, *Institutio Theologiae Elencticae*, 15.12.6 (2.508).

769) Turretin, *Institutio Theologiae Elencticae*, 12.3.11-13 (2.166-167); 15.16.16-18 (2.527-528).

770) 이하 뚤레틴의 입장은 다음 논문을 첨삭, 수정, 가필하여 수록. 문병호, "언약의 실체 그리스도(Christus Substantia Foederis): 프란시스 뚤레틴의 은혜언약의 일체성 이해", 『개혁논총』 9 (2008), 119-143.

771) James D. G. Dunn, "Judaism and Christianity: One Covenant or Two?" in *Covenant Theology: Contem-*

같다. 아브라함의 언약을 비롯한 구약의 모든 언약은 율법의 이행을 조건으로 하고 있다; 예레미야가 말한 새언약은 이러한 율법의 이행이 이제 내적으로 일어날 것임을 예언했음에 불과하다; 이는 유대주의의 가르침으로 발전되었으며 궁극적으로 신약의 새언약 사상으로 나타났다. 이러한 던의 입장은 유대주의의 언약적 단일신론(covenantal monism)에 기초하여 바울의 신학을-특히 구원론과 관련하여-세우고자 했던 샌더스(E. P. Sanders) 이후의 소위 바울신학의 새관점을 충실히 반영하고 있다.[772] 샌더스는 그리스도의 구원이 유대인들만을 대상으로 하고 있으며 새로운 언약은 없고 모세의 언약에 대한 확정 곧 "언약적 신율주의"(covenantal nomism)가 있을 뿐이라고 주장하면서 그리스도를 "언약적 신율주의자"(covenantal nomist)라고 부른다.[773]

신학자들이 율법과 복음을 대립시킴으로써 구약과 신약을 분리해서 다루어 왔다고 지적하는 던의 비판은 최소한 개혁신학자들에게는 적실하지 않다. 왜냐하면 개혁신학자들은 율법과 복음, 그리고 구약과 신약의 경륜적 다양성이 실체적 일체성-그리스도-에 기초하고 있다고 보는 칼빈의 입장을 그들의 언약신학의 확고한 기초로 삼고 있기 때문이다. 던의 비판은 오히려 던 자신에게 돌려져야 한다. 던이야말로 비성경적인 유대주의에 신학을 정초시킴으로써 구약과 율법의 실체를 그리스도로 파악하는 길을 스스로 차단하고 있기 때문이다. 던이야말로 유대주의의 다리가 없이는 구약과 신약의 간극을 넘나들 수 없다고 주장하며 세대주의적 편향성을 노골적으로 드러내고 있다. 칼빈과 이후 개혁신학자들이 그리스도가 은혜언약의 실체이심을 오직 그 조건이 그리스도를 믿은 믿음에 있다는 인식 가운데서 주장함을 고려해 볼 때, 은혜언약의 실체적 일체성을 그리스도에게서가 아니라 율법의

---

porary Approaches, ed. Mark J. Cartledge and David Mills (Carlisle, UK: Paternoster, 2001), 33-55, 인용 53.

772) 샌더스에 기초하여 던이 전개한 소위 바울신학의 새관점에 의하면, 바울은 유대주의 율법관을 견지했으며 그가 갈라디아서(특히 2장)에서 이신칭의를 강조한 것은 회심 직후 교리적 정립 없이 단지 이방인의 전도를 위해서 그렇게 했을 뿐이며 그가 행위 없이 오직 믿음으로만 구원에 이른다고 한 것은 전체 율법의 행위가 아니라 단지 언약의 백성 이스라엘 사람들이 지켜 온 할례, 음식 규례들, 안식일 등만을 지칭했다. 던은 이러한 입장에 기초하여 유대주의적 관점에서 은혜언약의 일체성을 주장하고 있다. 이에 대한 비판과 관련하여, Seyoon Kim, *Paul and the New Perspective: Second Thoughts on the Origin of Paul's Gospel* (Grand Rapids: Eerdmans, 2002), 1-84, 특히 3, 34-35.

773) Dale C. Allison Jr., "Jesus and the Covenant: A Response to E. P. Sanders," *Journal for the Study of the New Testament* 29 (1987), 61-66, 72-73.

규범과 그 이행이라는 관점에서 찾고자 하는 던을 위시한 소위 새로운 관점을 추구하는 신학자들이 이신칭의의 교리를 곡해하게 됨은 어떻게 보면 정해진 수순이라고 할 것이다.[774]

여기에서 우리는 구약과 신약의 일체성을 은혜언약의 일체성이라는 관점에서 개진한 뚤레틴의 입장에 특히 주목하게 된다.[775] 뚤레틴은 칼빈의 신학을 체계적이며 학문적(scholastic)으로 정리한 제네바의 마지막 개혁신학자로서 알려져 있다.[776] 그의 신학의 결정체(結晶體) 『변증신학 강요』(Institutio theologiae elencticae)는 차알스 핫지의 조직신학 책이 나오기까지 프린스턴 신학교의 교재였으며, 그 책에 지대한 영향을 미쳤다.[777] 본서에서 뚤레틴은 당시 흥기했던 자연신학의 단초를 잘라내고 그리스도와 율법의 관계를 정립하고자 하였다.[778] 뚤레틴은 당대 싹트기 시작한 성경비평학적 방법을 지양하고 성경의 문자적 영감을 지지했다.[779] 그 과정에서 개혁파 인식론의 폭을 넓혔는데 그 중심 주제(locus)로서 언약을 다루었다.[780] 뚤레틴 신학의 중심 교리는 그가 일생을 통해서 정치하게 수립한 속죄론에 있다고 보아도 과언이 아닐 것이다.[781] 그의 속죄론의 기독론적 기초를 제공하고 그 부요함과 심오함을

---

774) 어거스틴, 루터, 칼빈을 잇는 신학자들이 믿음이나 의에 대한 이해에 있어서 행위를 배제하는 것은 당시 팔레스틴의 유대주의의 가르침과 다르고 이 가르침이 예수의 제자 바울의 교리에도 배치된다고 주장한 아래의 책 참조. Stephen Westerholm, *Perspectives Old and New on Paul: The "Lutheran" Paul and His Critics* (Grand Rapids: Eerdmans, 2004).

775) 은혜언약의 일체성에 대한 최근의 논의에 대해서, Reymond, *A New Systematic Theology of the Christian Faith*, 503-544.

776) Richard C. Gamble, "Switzerland: Triumph and Decline," in *John Calvin: His Influence in the Western World*, ed. W. Stanford Reid (Grand Rapids: Zondervan, 1982), 70.

777) 특히 이와 관련해서, Earl W. Kennedy, "An Historical Analysis of Charles Hodge's Doctrines of Sin and Particular Grace," Ph. D. dissertation, Princeton Seminary, 1969; John Walter Beardslee III, "Theological Development at Geneva under Francis and Jean-Alphonse Turretin (1648-1737)," Ph. D. dissertation, Vanderbilt University, 1986.

778) Spencer, "Francis Turretin's Concept of the Covenant of Nature," 71-91; Stephen J. Grabill, *Rediscovering the Natural Law in Reformed Theological Ethics* (Grand Rapids: Eerdmans, 2006), 151-174.

779) Martin I. Klauber, *Between Reformed Scholasticism and Pan-Protestantism: Jean-Alphonse Turretin(1671-1737) and Enlightened Orthodoxy at the Academy of Geneva* (London: Associated University Presses, 1994), 25-28.

780) Stephen Strehle, *Calvinism, Federalism, and Scholasticism: A Study of the Reformed Doctrine of Covenant* (New York: Peter Lang, 1988), 301-314.

781) 뚤레틴의 속죄론에 관한 글은 다음에 광범위하게 수록되어 있다. Francisci Turrettini, *De satisfactione Christi disputationes*, Genevae, 1667. 이 책은 다음 세 부분으로 구성된다. "De satisfactionis Christi necessitate," pars i-ii, 1-59; "De satisfactionis Christi veritate," pars i-ix, 60-303; "De satisfactionis Christi perfectione,"

더하게 한 것이 바로 그의 언약사상이었다.

뚤레틴과 동시대인으로서 화란의 언약신학을 대표하며 불후의 명저 『하나님이 사람들과 맺은 언약의 경륜』(De oeconomia foederum Dei cum hominibus)을 저술한 윗시우스(Herman Witsius, 1636-1708)는 언약의 통일성을 다음 세 가지로 지적한다.

첫째, 하나이며 동일한 영생이 약속되었다.

둘째, 그리스도께서 구원의 저자시며 수여자시다.

셋째, 오직 참되고 살아 있는 믿음으로만 구원에 이른다.[782]

이로부터 윗시우스는 그리스도가 언약의 약속이라는 사실, 그가 언약의 조건인 믿음의 대상이라는 사실, 그리고 그가 언약의 완성이라는 사실을 도출하여 언약을 기독론적으로 파악한다. 여기에 제시된 세 가지는 새언약의 본질에 정확히 부합한다.

뚤레틴은 이러한 윗시우스의 입장을 공유하고 있다. 이하 우리는 뚤레틴의 이해를 통해서 새언약의 본질적 특성을 다음과 같이 세 가지 관점에서 고찰한다. 첫째, "그리스도를" 믿음. 이는 새언약의 질료(materia)에 관계된다. 둘째, 그리스도를 "믿음." 이는 그 질료를 받아들이는 도구(instrumentum)에 관계된다. 셋째, "그리스도를 믿음." 이는 새언약의 작용(efficacia) 혹은 감화(persuasio, affectus)에 관계된다.[783]

["그리스도"를 믿음 : 새언약의 질료 곧 행위언약적 조건]

이미 언급했듯이, 뚤레틴에게 있어서 은혜언약은 주님이 언약의 중보자며 보증이 되시는 새언약을 의미한다. 이는 다음 정의에서도 뚜렷이 나타난다. "은혜언약 가운데서 하나님은 그리스도로 말미암아 값없이 죄사함과 구원을 사람에게 약속하신다. 그러나 사람은, 동일한 은혜에 의지하여 믿음과 순종을 약속한다."[784] 그리스

305-361.

782) Herman Witsius, *The Economy of the Covenants between God and Man: Comprehending A Complete Body of Divinity*, 2 vols., tr. William Crookshank (London: R. Baynes, 1990), 3.2.1-2.

783) 뚤레틴의 언약 신학을 다룬 다음 작품에서 저자는 은혜언약의 일체성을 그리스도가 믿음의 대상이라는 측면에 집중해서 다루는 경향이 있다. J. Mark Beach, *Christ and the Covenant: Francis Turretin's Federal Theology as a Defense of the Doctrine of Grace* (Göttingen: Vandenhoeck & Ruprecht, 2007), 216-224.

784) Turretin, *Institutio Theologiae Elencticae*, 12.2.5 (2.156): "in quo[foedere gratiae] Deus homini gratis

도는 하나님이 그것으로 말미암아 은총을 베푸시고 사람이 그것으로 말미암아 은혜를 입는 은혜언약의 "질료"(materia)시다.[785] 은혜언약의 질료가 되시는 그리스도가 친히 중보자로서 하나님과 사람 사이를 중보하지 않으면 언약은 유효하게 체결될 수 없다. 첫 언약은 아담이 자유의지를 좇아서 언약의 조건을 성취할 수 있었으므로 자신이 실체적 당사자가 되었지만, 은혜언약의 성취는 그 실체가 되시는 중보자가 없이는 불가능하였다. 아들의 중보만이 하나님에게는 무름이 되었으며, 사람에게는 속죄가 되었기 때문이다.[786]

뚤레틴은 그리스도를 은혜언약의 유일한 실체로 파악함으로써 신약과 구약의 연속성과 일체성을 추구한다. 그리스도가 은혜언약의 실체(substantia foederis gratiae)가 됨은 은혜언약을 행위언약(foedus operum)과 구별하는 표지가 된다. 은혜언약은 그 당사자로서 중보자 그리스도를 필연적으로 요구하며, 그의 인격과 순종에 기반하며, 그의 은혜를 약속으로, 그를 믿는 믿음을 조건으로, 그에게 속한 선택된 사람들에게 작용한다.[787] "언약적 실체"(substantia federalis)는 동일하다. 다만 그 "경륜의 방식"(modus dispensationis)이 다양할 뿐이다.[788] 새언약과 옛언약의 실체적 하나됨을 설명하면서 뚤레틴은 중보자가 유일하다는 사실, 그리스도를 믿는 믿음, 영적이며 천상적인 은총에 대한 약속, 화목과 구속의 방식이 동일하다는 사실을 "언약의 핵심 부분들"(partes essentiales foederis)이라고 부르며 거론한다.[789]

뚤레틴은 은혜언약의 실체가 중보자 그리스도의 인격과 사역과 더불어 그가 다 이루신 공로 자체와 그 가치 그리고 그것의 전가에까지 미침을 천명하고 있다. 뚤레틴이 구약의 성도들에게도 그리스도의 은혜가 "단지 기술되었을 뿐만 아니라 약속되었다"는 사실을 적시하면서 그 약속에 기초하여 그들이 오실 그리스도를 믿었으며 그 믿음으로 말미암아 그의 은혜를 받게 되었다고 단언하는 것은 이러한 이

---

propter Christum remissionem peccatorum et salutem pollicetur, homo vero eadem gratia fretus pollicetur fidem et obedientiam."

785) Turretin, *Institutio Theologiae Elencticae*, 12.2.7 (2.156).
786) Turretin, *Institutio Theologiae Elencticae*, 12.2.11 (2.157).
787) Turretin, *Institutio Theologiae Elencticae*, 12.4.2-10 (2.169-179).
788) Turretin, *Institutio Theologiae Elencticae*, 12.5.26 (2.178-179).
789) Turretin, *Institutio Theologiae Elencticae*, 12.5.5 (2.172).

해에 기초해서이다.790) 그들이 육체 가운데 오신 그리스도를 보지 못했다고 해서 그의 은총을 맛보고 누리지 못했다고 여겨서는 안 된다는 것이다. 비록 그들은 그리스도의 성육신을 보지는 못했지만 그의 죽음의 능력은 그들의 죄를 사하고 그들이 하나님과 화목하게 하는 "작용을"(efficaciam) 했다.791) 구약백성의 구원은 그들이 신약백성과 동일한 언약의 실체를 믿고 있었기 때문이었다.792) 이와 같이 뚤레틴은 신약과 구약의 실체에 있어서의 일체성을 중보자 그리스도의 한 분이심(unitas)과 동일하심(continuitas)에 문의하면서 전개하고 있다.793)

이하 뚤레틴이 논하는 언약의 "정체성"(identitas, 正體性)에 관한 다양한 관점들은 모두 그 실체인 그리스도의 인격과 사역과 공로에 연관되어 있다.

첫째, 성경이 전하는 아브라함 이후의 모든 언약들은 그 실체가 사람의 아들로 오실 하나님의 아들 곧 예수 그리스도이심을 계시한다. 갈라디아서 3:17을 인용하면서, 뚤레틴은 아브라함의 언약을 "하나님에 의해서 그리스도를 향하여 확정된 이전의 언약"(διαθήκην προχεχυρωμένην ὑπὸ τοῦ Θεοῦ εἰς Κριστὸν)이라고 부른다.794)

둘째, 하나님이 우리와 우리 후손의 하나님이 되신다는 언약의 은혜가 신약과 구약을 통해서 동일하게 선포되었다. 주님이 죽은 자의 부활을 논하실 때, 모세에게 나타나신 하나님이 자신을 아브라함과 이삭과 야곱의 하나님, 살아 계신 하나님이시라고 계시하신 말씀을(출 3:6) 인용하신 것은(마 22:32) 주님의 부활의 권능이 곧 우리 각자에게 미침을 전하시기 위함이라고 하면서, 뚤레틴은 성도에게 미치는 신구약의 은혜가 그 실체에 있어서 동일함을 강조한다.795)

셋째, "중보자의 정체성(identitas)"과 관련하여, 그리스도는 예언된 여자의 후손이자 아브라함의 씨로 오신 복의 근원으로서 구약시대에도 현존하셨다. 새언약의 중보자이신 그리스도는 본질(essentia)에 있어서 뿐만 아니라 현존(praesentia)에 있어서도 어제나 오늘이나 영원토록 동일하시다. 그러므로 "창세 이후로" 그 이름이 생명

---

790) Turretin, *Institutio Theologiae Elencticae*, 12.5.6 (2.172–173).
791) Turretin, *Institutio Theologiae Elencticae*, 12.5.28 (2.179).
792) Turretin, *Institutio Theologiae Elencticae*, 12.5.5 (2.179).
793) 참조. Turretin, *Institutio Theologiae Elencticae*, 12.5.5 (2.172), 12.5.26 (2.178–179).
794) Turretin, *Institutio Theologiae Elencticae*, 12.5.7 (2.173): "foedus primo ratificatum a Deo in Christo."
795) Turretin, *Institutio Theologiae Elencticae*, 12.5.8 (2.174).

책에 기록된 신구약의 모든 백성이 구원받을 유일한 이름은 예수 그리스도시다(행 4:12).[796]

넷째, 중보자가 유일하시므로 믿음도 유일하다. 이신칭의 교리는 의의 전가에 기초하는 바, 의의 전가는 오직 그리스도의 대속의 공로로 말미암는다. 신구약 백성은 모두 그리스도의 의의 전가로 값없이 구원에 이르므로, 영생의 은혜가 서로 다르지 않다.[797]

다섯째, 언약의 약속이 동일하다. "조상들에게 주신 약속"(행 13:32)이 새언약으로 전부 성취되었다. 아브라함 이후 체결된 모든 언약의 약속들은 다 이루신 그리스도의 의를 예표한다. 구약시대에도 중보자 그리스도로 말미암아 하나님을 아는 지식의 부요함이 있었으며 그의 의의 전가로 말미암은 구원과 중생과 성화가 계시되었다. 욥은 구속주가 살아 계심을 노래했으며(욥 19:25) 다윗과 다니엘은 부활과 영생의 가르침에 감화받아서 말씀을 기록했다.[798]

여섯째, 신약과 구약의 성례들은 각각 그 실체(substantia)에 있어서 동일하다. 신약은 물론 구약의 성례들도 그리스도 자신과 그의 은혜를 제시한다. 이러한 의미에서 그것들은 "언약의 징표들"(sigilla foederis)이라고 불린다. 각각의 성례는 "믿음의 의의 징표"(sigillum iustitiae fidei)로 주어졌다. 징표가 앞서는 것이 아니라 믿음이 앞선다. 할례는 무할례시의 믿음을 인친 것이다(롬 4:11). 광야시대의 만나와 반석의 물은 모두 그리스도를 그 실체로서 예표한다는 점에서 동일한 의미(significatio)를 지니고 있다.[799]

일곱째, 모세의 율법은 은혜의 법으로서 은혜언약을 지시했을 뿐만 아니라 그 은혜를 누리도록 준비시키고 자극했다. 이와 관련하여, 율법이 그리스도에게 이르는 "초등교사"라는 말씀과(갈 3:24) 그리스도가 "율법의 마침"이라는 말씀이(롬 10:4) 세 가지 관점에서 논의된다. "도덕적 관점에서"(ex morali), 율법은 죄로 말미암은 하나님의 저주를 깨닫게 했으며 그리하여 그리스도 안에서 죄사함과 용서를 구하게 했다. "법정적 관점에서"(ex forensi), 율법은 이스라엘 국가를 예수가 오실 때까지 무

---

796) Turretin, *Institutio Theologiae Elencticae*, 12.5.9–13 (2.173–175).
797) Turretin, *Institutio Theologiae Elencticae*, 12.5.14 (2.175).
798) Turretin, *Institutio Theologiae Elencticae*, 12.5.15–20 (2.175–177).
799) Turretin, *Institutio Theologiae Elencticae*, 12.5.21–22 (2.177–178).

질서로부터 지켰다. 그리하여 그가 오실 준비를 하게 했다. "의식(儀式)적 관점에서"(ex coeremoniali), 율법은 그리스도의 모범(typus)이자 형상(forma)으로서 그의 십자가 제사를 예표했다.800)

툴레틴은 칼빈을 좇아 하나님이 모세와 맺은 시내산 언약이 아브라함과 맺은 언약과 경륜(oeconomia, dispensatio, administratio)에 있어서는 다르나 실체(substantia)-혹은 본질(essentia)-에 있어서는 동일했다고 간파한다.801) 시내산 언약은 그리스도를 예표할 뿐만 아니라 그 분의 현존을 증거한다. 그것은 그리스도의 피 위에 세워졌으며 그 피로 인증되었다. 그리스도가 시내산 언약으로 수여된 율법의 "주요한 목표이자 영"(scopus praecipuus et anima)이 되신다.802) 시내산 언약은 그리스도를 "대상"(objectum)으로 체결된 것이다. 그러므로 시내산 언약으로 부여된 율법은 죄를 깨닫게 할 뿐만 아니라 믿음으로 그리스도를 찾도록 하는 작용을 한다.803) 하나님은 은혜언약에 기초하여 율법-그 요약으로서 십계명-을 통해 자신의 백성에게 순종과 거룩함을 명령하신다.804) 은혜언약 가운데 율법은 법적인(legalis) 명령과 "더욱 달콤한"(suavior) 복음적인(evangelica) 약속을 포함한다.805) 구약의 언약은 외부적으로 "법적인 가르침의 경륜을"(oeconomiam paedagogiae legalis), 내부적으로 "복음적인 약속의 진리를"(veratatem promissionis Evangelicae) 포함한다.806) 언약의 율법은 그 안에 그리스도의 대속에 대한 약속을 포함한다.807)

따라서 행위언약에서 우리에게 요구되었던 것들이 무엇이든지 은혜언약 가운데 그리스도에 의해서 성취되었다. 이러한 방식으로 칭의가 행위와 믿음에 의해서 일어난다고- 그리스도의 행위에 의해서 그리고 우리의 믿음에 의해서-말하는 것은 불합리하지 않

---

800) Turretin, *Institutio Theologiae Elencticae*, 12.5.23 (2.178).
801) Turretin, *Institutio Theologiae Elencticae*, 12.12.5 (2.232); 12.12.18-19 (2.235). 참조. Calvin, *Institutio*, 2.10.1 (CO 2.313).
802) Turretin, *Institutio Theologiae Elencticae*, 12.12.20 (2.235-236).
803) Turretin, *Institutio Theologiae Elencticae*, 12.12.21 (2.236).
804) Turretin, *Institutio Theologiae Elencticae*, 12.7.30 (2.200-201).
805) Turretin, *Institutio Theologiae Elencticae*, 12.7.31 (2.201).
806) Turretin, *Institutio Theologiae Elencticae*, 12.7.32 (2.201).
807) Turretin, *Institutio Theologiae Elencticae*, 12.12.25 (2.237).

다. 이렇듯 율법과 복음이 달콤한 조화를 이루어 이 언약 가운데 만난다. 율법은 복음 없이 역사하지 않는다; 복음도 율법 없이 역사하지 않는다. 마치 그것은 율법적 복음 그리고 복음적 율법-순종으로 가득한 복음 그리고 믿음으로 가득한 율법-이 만나는 것과 같다. 그러므로 복음은 율법을 파괴하지 않는다; 오히려, 우리에게 완전히 성취하신 그리스도를 내줌으로써, 그것을 세운다(롬 3:31). 율법은 복음과 배치되지 않는다. 왜냐하면 그것은 복음을 자체의 목적으로 삼으며 우리를 그것으로 이끌기 때문이다.808)

[그리스도를 "믿음" : 새언약의 은총을 받는 도구 곧 은혜언약적 조건]

지금까지 우리는 새언약(신약)과 옛언약(구약)의 일체성이 중보자 그리스도가 은혜언약의 실체로서 동일하신 분이시라는 사실로부터 개진됨을 살펴보았다. 복음은 그리스도가 은혜언약의 질료(materia)가 되는 조건을 다 이루심으로써 이제는 그를 믿기만 하면 그의 의를 전가받아서 구원에 이르게 된다는 복된 소식이다. 은혜언약이 복음으로 역사함은 그리스도의 공로가 믿음으로 말미암아 성도에게 전가됨에 있다. 그러므로 그리스도가 은혜언약의 실체임은 오직 그를 구주로서 믿는 믿음으로만 구원에 이른다는 약속을 전제한다. 새언약과 옛언약이 모두 그리스도를 실체로 함은 둘 다 그를 믿는 믿음에 기초하고 있기 때문이다. 복음의 정체성(identitas)은 그 "대상"(objectum)이 중보자 그리스도이심에 있다.809) 구약시대에도 그리스도를 믿는 믿음으로만 언약의 은혜가 역사함이 구체적으로 증거되었다(출 23:20, 21; 신 18:18, 19; 시 2:12; 사 5:1, 5). 신약시대 백성들에게는 이러한 구약시대 백성들의 믿음이 따라야 할 본(本)으로 제시되었다(히 12:1, 2; 롬 4:12).810) 복음의 영원성

---

808) Turretin, *Institutio Theologiae Elencticae*, 12.12.22 (2.236): "······atque ita quod exigebatur a nobis in foedere operum, impletur per Christum in foedere gratiae. Nec absurdum est hoc pacto iustificationem fieri per opera et per fidem, per opera Christi, et per fidem nostram. Atque ita suavi harmonia Lex et Evangelium simul concurrunt in hoc foedere; Lex non administratur sine Evangelio, nec Evangelium sine Lege, ut sit veluti Legale Evangelium, et Lex Evangelica Evangelium plenum obedientia, et Lex plena fide. Sic Evangelium non destruit Legem, sed eam stabilit, Rom. Iii. 31, dando nobis Christum, qui perfecte eam implevit. Et Lex non est contra Evangelium, cum ad illud ut ad fidem suum respiciat et nos manuducat."

809) Turretin, *Institutio Theologiae Elencticae*, 12.5.10 (2.174).

810) Turretin, *Institutio Theologiae Elencticae*, 12.5.14 (2.175).

(perpetuitas)은 그리스도를 믿는 "믿음의 항구성"(fidei constantiam)을 담보한다.[811]

뚤레틴은 믿음의 작용을 삼중적으로 파악한다.

첫째, 그리스도를 믿는 자마다 죄사함을 받게 되리라는 믿음의 "보장(寶藏)적 작용"(actus dispositorius)이 있다.

둘째, 믿는 자에게 죄사함이 실제로 부여되는 믿음의 "칭의적 작용"([actus] iustificatorius)이 있다.

셋째, 그리스도의 은혜가 현재 역사함에 대한 확신을 갖게 하는 믿음의 "위로적 작용"([actus] consolatorius)이 있다.

이러한 삼중적 작용은 그리스도의 중보로 말미암은 의의 성취, 적용, 계속적 작용에 각각 상응한다. 이렇듯 뚤레틴은 믿음의 작용을 중보자 그리스도의 계속적 중보의 역동성에 기초하여 파악하고 있다.[812] 믿음은 칭의의 "도구인"(causa instrumentalis)이다. 믿음은 언약의 백성이 그 실체인 "그리스도의 공로"(meritum Christi)를 수납하는 유일한 도구이다. 믿음의 요소로서 "확신"(fiducia)은 "완전히 충만한 그리스도의 무릎에 대한 감화에"(in persuasione de satisfactione plenissima Christi) 있다. 그리스도의 무릎이 믿음을 도구인으로 삼는 구원의 질료인이 되기 때문이다.[813]

믿음은 그리스도의 의를 받는 도구가 될 뿐만 아니라 경건에 대한 열망을 갖게 하고 거룩해지는 훈련을 받도록 성도를 이끈다.[814] 성령은 양자의 영과 성화의 영으로서 작용하신다.[815] 성령의 역사로 말미암은 믿음의 역사는 그리스도가 "보증"(vas)과 "머리"(caput)로서 성도의 구원을 위하여 중보하심에 따른 것이다. "[그리스도는] 보증으로서 우리를 의롭게 하시고, 머리로서 거룩하게 하신다." 그리스도로 말미암아 우리의 옛사람이 죽고 새사람이 살게 되지 않는다면 그의 사심과 죽으심의 공로는 무익하다. 믿음은 객관적인 주님의 공로가 나의 것으로 여겨지는 유일한

---

811) Turretin, *Institutio Theologiae Elencticae*, 12.5.10 (2.174).

812) Turretin, *Institutio Theologiae Elencticae*, 15.12.4 (2.507).

813) Turretin, *Institutio Theologiae Elencticae*, 15.12.6 (2.508).

814) Turretin, *Institutio Theologiae Elencticae*, 17.1.19 (2.612).

815) Turretin, *Institutio Theologiae Elencticae*, 17.1.18 (2.612).

도구가 된다.816) 성부는, 오직 믿음을 조건으로, 이러한 성자의 공로를 성령의 역사로 말미암아 칭의와 성화 과정에 적용하신다.817) 믿음을 도구로 그리스도의 의를 받는 칭의가 성화의 "뿌리이며 원리"(radix et principium)가 된다. 칭의는 성화와 관련해서, "목적에 이르는 수단"(medium ad finem)이 된다. 그러므로 "은혜의 전체 경륜"(tota oeconomia gratiae)이 믿음에 놓여 있다.818) 비록 의롭다 함을 받은 백성도 여전히 죄를 짓지만 성화는 칭의와 분리되지 않는다. 언약의 실체이신 그리스도의 공로가 구원의 전체 과정을 통해서 역사함에 있어서 "믿음의 견인"(perseverantia fidei)이 작용한다.819) 이와 같이 뚤레틴은 믿음을 그 대상이 되는 그리스도 안에서 파악하고 있다. 믿음 자체가 그리스도의 은혜의 선물이므로, 그의 대리적 무릎을 전제하지 않는 믿음은 헛되다고 여기기 때문이다.

언약의 실체이신 그리스도가 어제나 오늘이나 영원토록 동일하시듯이 그를 믿는 믿음으로 구원에 이르는 은혜도 신약이나 구약을 통해서 언제나 동일하다.820) 믿음으로 말미암는 은혜는 그 "정도와 지각(知覺)에 있어서는"(quoad gradum et sensum) 다양하나 "실체에 있어서는"(quoad substantiam) 동일하다.821) 실체에 있어서는, 그리스도를 믿는 믿음이 구약백성에게도 동일하게 역사한다.822) 믿음은 은혜언약의 조건(conditio)으로서 그 의를 사전에(a priori) 이루는 공로로서 역사하는 것이 아니라 사후적으로(a posteriori), 곧 "부수적이자 결과적으로"(concomitanter et consequenter) 역사한다. 은혜언약이 "조건지어진"(conditionatum) 무엇으로 여겨지는 것은, 이러한 믿음을 조건으로 삼기 때문이다. 질료와 관련해서, 믿음은 아무 조건이 되지 못하므로, 은혜언약은 무조건적 언약이라고 여겨진다.823)

믿음은 중보자 그리스도의 은혜를 성도의 의로 여기시는 하나님의 약속에 기초하여 역사한다. 은혜언약의 조건인 믿음은 행위언약의 조건인 순종과는 달리 사전

---

816) Turretin, *Institutio Theologiae Elencticae*, 17.1.17 (2.612).
817) Turretin, *Institutio Theologiae Elencticae*, 17.1.16 (2.611-612).
818) Turretin, *Institutio Theologiae Elencticae*, 17.1.19 (2.612).
819) Turretin, *Institutio Theologiae Elencticae*, 17.1.21 (2.612).
820) Turretin, *Institutio Theologiae Elencticae*, 16.10.2 (2.603).
821) Turretin, *Institutio Theologiae Elencticae*, 17.10.4 (2.603).
822) Turretin, *Institutio Theologiae Elencticae*, 15.2.19 (2.447).
823) Turretin, *Institutio Theologiae Elencticae*, 12.3.2 (2.165).

적이 아니라 사후적으로서, 원인으로서가 아니라 결과로서 작용한다. 믿음은 행위가 아니라 하나님의 사랑에 대한 감화(persuasio)로서 그 복음 자체의 약속 가운데 수여된다. 믿음은 중보자 그리스도가 다 이루신 무름의 의를 전가받게 되는 도구로서 작용한다. 오직 그리스도와 연합한 사람만이 그의 의를 믿음으로써 전가받게 된다. 그러므로 믿음은 그리스도와 연합에 이르는 사후적 도구로서 역사한다. 그러므로 그것은 "연합의 믿음"(fides unionis)이라고 불린다.[824] 그리스도와의 교제(communio)와 교통(communicatio)에 이르는 이러한 믿음의 작용은 칭의와 성화의 전체 과정에 미친다.[825] 은혜언약의 약속은 칭의에 머물지 않는다. 그것은 그리스도의 공로 전체를 전가받음에 미친다. 그것은 필히 성도의 선행이라는 열매를 맺는다. 이런 의미에서, "믿음은 사랑을 통해서 작용해야 한다"(fides debet esse per charitatem efficax)(갈 5:6).[826]

["그리스도를 믿음" : 새언약의 성취와 효과]

지금까지 우리는 은혜언약의 조건인 믿음이 그리스도를 믿음이며 그 조건에 대한 약속이 그의 공로로 말미암은 의라는 것을 살펴보았다. 기독론적으로, "그리스도를 믿음"은 성육신한 그리스도의 전체 공로에 미침이 파악된다. 그것은 그의 고난과 순종을 함께 아우른다. 그리스도는 하나님이 택하신 자들에게 자신의 다 이루신 의를 전가하시기 위하여 이 땅에 오셨다. 구원론적으로, "그리스도를 믿음"은 칭의와 성화를 포함한 구원의 전 과정에 역사함이 파악된다. 성도의 믿음은 그리스도의 계속적 중보로 말미암은 의의 전가로써 열매를 맺게 된다. 따라서 "그리스도를 믿음"은 단지 "그리스도를" "믿음" 그 이상의 의미가 있다. "그리스도를 믿음"은 그가 중보자로서 대속의 의를 역사상 다 이루심을 믿는 것과 그 다 이루신 의를 우리에게 전가해주시기 위하여 지금도 중보하심을 믿는 믿음을 포함하기 때문이다. 그리스도를 믿음은 주관적이지만 그리스도와의 객관적 연합을 통해 구원의 전 과정에서 그의 의를 전가받음을 전제한다. 여기에서 우리는 뚤레틴이 말하는 은혜언약

---

824) Turretin, *Institutio Theologiae Elencticae*, 12.3.11–13 (2.166–167), 인용 12.3.13 (2.167).
825) Turretin, *Institutio Theologiae Elencticae*, 12.3.14 (2.167–168).
826) Turretin, *Institutio Theologiae Elencticae*, 12.3.15–17 (2.168–169).

이 사실상 새언약으로서 그리스도의 구속사적 성취와 구원론적 적용을 아우르는 개념이라는 것을 확정하게 된다.

툴레틴과 마찬가지로 개혁신학자들은 은혜언약의 성취로서 새언약의 경륜이 신약과 구약에 모두 역사함을 강조한다.[827] 툴레틴은 구약을 "약속된 복음으로서"(pro Evangelio promissio), 신약을 "성취된 복음으로서"(pro Evangelio completo) 여긴다. 우리가 ἐπαγγελία(약속)라고 부를 때 이는 전자를, εὐαγγέλιον(복음)이라고 부를 때 이는 후자를 의미하는 것으로 본다. 이러한 맥락에서, 세례 요한과 예수의 사역을 복음의 시작이라고 부를 때,[828] 그것은 "그리스도 안에서의 하나님의 은혜에 대한 교리의 시작"(principium doctrinae de gratia Dei in Christo)을 의미하는 것은 아니라고 한다.[829] 이러한 은혜의 시작은 이미 구약시대에 시작되었다는 것이다.

툴레틴은, 신약시대의 예수 그리스도를 새언약의 "보증"(ἔγγυος)이라고 부를 때와(히 7:22) 마찬가지로,[830] 구약시대의 예수 그리스도의 보증(sponsio)은 그가 단지 보증인(fideiussor)이 된다는 사실에 그치는 것이 아니라 지불자(expromissor)가 된다는 사실에 미친다고 강조하면서도, 그리스도의 대속은 보증(fideiussio)과 지불(expromissio)의 수준을 넘어선다고 지적한다.[831] 구약 시대의 할례가 "믿음으로 된 의를 인친 것"으로(롬 4:11), 그 시대의 조상들이 마신 음료가 "신령한 반석"이신 그리스도로부터 온 것으로 말씀되는 것은(고전 10:4) 그 당시에도 주님은 그들의 구원의 담보자가 될 뿐만 아니라 전체 약속을 수행하는 대리인이 되셨음을 보여주셨기 때문이라고 논증한다.[832] 구약시대에는 아직 그 약속이 성취되지 않았지만 그 요구는 마찬가지였으며 그들 역시 우리와 마찬가지로 그리스도가 대신 죽으심으로 그들이 살게 될 것을(고후 5:15, 21) 믿었다는 사실이 여기에서 또한 적시된다.[833] 툴레틴은 신약과 구약에 있어서 중보자 그리스도에 대한 약속이 동일했음을 설명함에 있어서 창세 전에 있었던 성부와 성자 사이의 구원협약에서 그 근거를 찾는다. 그

---

827) 참조. Strehle, *Calvinism, Federalism, and Scholasticism*, 310-313.
828) Turretin, *Institutio Theologiae Elencticae*, 12.5.24 (2.178).
829) Turretin, *Institutio Theologiae Elencticae*, 12.5.25 (2.178).
830) Turretin, *Institutio Theologiae Elencticae*, 12.9.18 (2.218).
831) Turretin, *Institutio Theologiae Elencticae*, 12.9.4 (2.213).
832) Turretin, *Institutio Theologiae Elencticae*, 12.9.20 (2.218).
833) Turretin, *Institutio Theologiae Elencticae*, 12.9.14 (2.216-217).

가운데 예수 그리스도께 우리의 죄가 전가될 작정이 없었다면 아담의 죄가 인류에게 전가되지 않았으리라고 말한다.[834]

지금까지 살펴본 바와 같이, 툴레틴은 구약시대의 그리스도의 현존은 몸(corpus)이 아니라 그림자(umbra)로서 계시되었을 뿐이었지만, 그의 중재(intercessio)는 단지 예표되었을 뿐만 아니라 이미 역사했음을 강조한다. 툴레틴은 성육신 전에도 영원하신 하나님의 말씀이신 제2위 로고스 하나님은 중보자의 사역을 감당하셨음을 강조하지만 아직 보혜사 성령의 임재를 통한 다 이루신 그의 의의 전가가 내적이며 인격적으로 일어나지는 않았음을 동시에 부각시킴으로써 옛언약과 새언약은 그리스도를 실체로 삼는다는 측면에서는 동일하나 그것이 역사하는 경륜상 차이가 있다는 점을 분명히 지적한다. 그리스도는 새언약의 백성들에게 자신의 영을 부어주심으로 친히 그들 안과 하늘 보좌에 동시에 계시면서 신인양성의 중보를 계속하시는 바, 이러한 은혜가 구약시대 백성에게는 결여되어 있다고 보는 것이다. 그러므로 이러한 측면을 무시하고 구약과 신약의 차이를 율법과 복음의 본질적 차이로 치부하는 던(Dunn)의 입장은 전적으로 그릇되다.

학자들 가운데는 개혁신학의 연속성을 다룸에 있어서 칼빈의 언약관이 16세기와 17세기의 언약 신학자들에 의해서 순수하게 보존된 가운데 교리적으로 체계화되고 심화되었다고 보는 경우가 대다수지만 역으로 그들이 그것을 왜곡시켰다거나 부패시켰다고 보는 견해도 없지 않다. 불연속성을 주장하는 신학자들은 칼빈의 언약관에는 조건성이 없으나 후에 칼빈주의자들에 의해서 그것이 강조되었다고 보거나,[835] 칼빈은 하나님의 의지에 따른 행위를 강조한 반면 이후의 언약신학자들은 웨스트민스터 신앙고백서에서와 같이 인간의 의지에 따른 행위에 중점을 두어서 회개가 믿음에 앞선다고 보았다고 하거나,[836] 이와는 반대로 칼빈과는 달리 언약신학자들이 중세의 실재론과 유명론을 혼합해서 현상적(유명론적)이며 주의주의적인 언약관을 전개했다고 보기도 한다.[837] 그러나 우리가 윗시우스와 툴레틴의 경우를

---

834) Turretin, *Institutio Theologiae Elencticae*, 12.9.5-11 (2.214-216). 특히 콕체우스의 인용, 12.9.9 (2.215).

835) 참조. Torrance, "The Concept of Federal Theology-Was Calvin a Federal Theologian?" 15-40.

836) Kendall, *Calvin and English Calvinism to 1649*, 201-204.

837) Stephen Strehle, "Calvinism, Augustinianism, and the Will of God," *Theologische Zeitschrift* 48/2 (1992), 221-237; Helm, "Calvin and the Covenant: Unity and Continuity," 65-81.

통해서 보았듯이, 은혜언약의 조건이 되는 믿음조차도 은혜로 말미암은 것이라고 여기는 가운데 그리스도의 대속적 공로의 절대성을 강조하는 칼빈의 입장은 이후의 개혁신학자들에게도 기본적으로 계승되었으며 오히려 더욱 심화되었다.[838]

개혁신학을 언약의 토대 위에 세우고자 하는 노력은 최근에도 계속되고 있다. 마이클 홀튼(Michael S. Horton)의 저작들은 특히 주목할 만하다. 그는 종말론적 관점에서 언약의 궁극적 성취를, 삼위일체론과 기독론적 관점에서 언약의 구속사적 성취를, 구원론적 관점에서 그 성취된 의의 적용을 다룬다. 그는 개혁신학적 전통에 서서 원형계시와 모형계시를 구별하고 모형계시를 통하여 하나님을 친근하게 만나는데 언약의 본질이 있다고 지적하면서, 언약의 존재론적 의미는 우리를 만나시는 그분 자신의(in se 혹은 per se) 존재 자체가 아니라 그 분이 우리를 향하시고(ad nos), 우리를 위하시는(pro nobis) 존재이시라는 측면에서 추구된다고 주장한다.[839] 이러한 관점에서 홀튼은 그리스도와의 연합 교리를 언약 교리의 핵심으로 제시하면서, 그것이 의의 전가에 기초함을 논증하고자 한다.[840] 다만 홀튼은 칼빈의 신학을 수시로 인용했음에도 불구하고, 그리스도와의 연합을 단지 개인 구원 과정으로만 강조했을 뿐 그가 언약의 유일한 실체가 되심과 그 가운데 신약과 구약의 하나됨과 연속성이 담보됨에까지는 생각이 미치지 못하였다.[841]

소위 바울신학의 새관점을 주장하는 신약 신학자들은 언약의 일체성을 다룸에 있어서 신약과 구약의 연속성에 대한 문제의식을 새롭게 환기시켰다. 그러나 그들의 결론은 물론 전제 자체가 잘못되었다. 우리가 위에서 고찰하였듯이, 칼빈과 개혁신학자들은 은혜언약의 하나됨(unitas)과 연속됨(continuitas)을 그 실체가 되신 중보자 그리스도에게서 찾고 그 가운데 이신칭의 교리를 수립했다. 이러한 은혜언약

---

838) 참조. Bierma, "Federal Theology in the Sixteenth Century: Two Traditions?" 317-321. 언약의 일체성의 교리에 대한 칼빈과 이전 신학자들의 견해에 대해서, 김영규, "칼빈에게 있어서 신구약 실체의 통일성", 개혁주의 학술원 편, 『칼빈과 성경』(부산: 고신대학교 출판부, 2008), 89-126.

839) Michael S. Horton, *Lord and Servant: A Covenant Christology* (Louisville: Westminster John Konx, 2005), 3-13, 16-17.

840) Michael S. Horton, *Covenant and Salvation: Union with Christ* (Louisville: Westminster John Konx, 2007), 특히 143ff., 183ff., 267ff.

841) Michael S. Horton, *Covenant and Eschatology: The Divine Drama* (Louisville: Westminster John Konx, 2002), 특히 181-219. 여기서는 신약과 구약을 언약이라는 관점에서 파악은 하되 단지 그 역사성을 강조하는 데 그치는 보스의 영향이 느껴진다. 참조. Vos, *Biblical Theology*, 14, 16, 19-26.

에 대한 기독론적이며 구원론적인 이해의 근저에는 의의 전가로 말미암은 성도의 그리스도와의 연합 교리가 놓여있다. 칼빈은 오직 보혜사 성령의 은밀한 내적 감화로 말미암은 믿음으로 의의 전가를 받아 성도가 그리스도와 연합하여[842] 그의 몸에 접붙임되고, 그가 다 이루신 모든 의를 자기의 것으로 누리며, 그 가운데 그에게로 자라감을 강조한다. 윗시우스는 말씀과 성령의 역사로 그리스도를 받아들임이 믿음이라고 간파했다.[843] 웨스트민스터 신앙고백서는 은혜언약이 실체에 있어서는 하나이나 경륜에 있어서는 다양함을 분명히 선포하고 있다.[844] 그리고 구약시대의 성도의 칭의도 신약 시대의 성도와 하나며 동일함을 천명하고 있다.[845] 그러므로 칼빈과 그의 신학을 체계적으로 심화시킨 개혁신학자들이 복음보다 율법의 우위를 강조하는 가운데 언약신학을 발전시켰다고 비판하는 것은 아무 근거도 없는 억지에 불과하다.[846] 뚤레틴은 칼빈의 신학을 철학화한 것이 아니라 신학의 원리에 따라 신학적으로 그것을 정치하게 기술했다.[847] 뚤레틴은 언약을 옛언약과 새언약으로 파악하고 그것의 실체로서 중보자 그리스도의 인격과 사역을 체계적으로 고찰함으로써 객관적 속죄론의 이해에 이르고 그 기초 위에 구원론과 교회론를 전개했다는 측면에서 칼빈의 언약관을 체계화하는 동시에 심화시키고 역동적으로 그 영역을 확산시켰다.[848]

---

842) Calvin, *Institutio*, 3.11.5 (CO 2.536-537); 3.17.12 (CO 2.600).

843) Witsius, *The Economy of the Covenants between God and Man*, 3.7.25-26.

844) Schaff, *The Creeds of Christendom*, 3.618. 웨스트민스터 신앙고백서 7.6: "복음 아래에 그 실체가 되시는 그리스도가 제시되었다. ······그러므로 실체가 다른 두 은혜언약이 있지 않고 하나의 동일한 언약이 다양한 경륜 아래 있다"(Under the Gospel, when Christ the substance was exhibited, ······There are not, therefore, two covenants of grace differing in substance, but one and the same under various dispensations).

845) Schaff, *The Creeds of Christendom*, 3.628. 웨스트민스터 신앙고백서 11.6: "구약 가운데 신자들의 칭의는 모든 면에서 신약 가운데 신자들의 칭의와 하나이며 동일하다"(The justification of believers under the Old Testament was, in all these respects, one the same with the justification of believers under the New Testament).

846) 이러한 입장을 주장하는 견해에 대해서, James B. Torrence, "Strengths and Weaknesses of the Westminster Theology," in *The Westminster Confession in the Church Today*, ed. Alasdair I. C. Heron (Edinburgh: Saint Andrew Press, 1982), 49.

847) Richard Muller, "Scholasticism Protestant and Catholic: Francis Turretin on the Object and Principles of Theology," in *After Calvin: Studies in the Development of a Theological Tradition* (Oxford: Oxford University Press, 2003), 144.

848) 참조. Beach, *Christ and the Covenant*, 332-333.

2. 5. 결론적 고찰 : 창세 전 구원협약과 역사적 언약의 역사상 성취와 적용

이상의 고찰에서 우리는 개혁신학자들이 구속언약이라고 칭하는 것은 창세 전에 삼위 하나님이 협약하신 구원작정으로 보아야지 또 다른 언약으로 여겨서는 안 된다는 점을 지적한 후, 행위언약, 은혜언약, 새언약에 대해서 살펴보았다. 이를 정리하면 다음과 같다.

첫째, 구속언약은 구속자를 그리스도로, 구속방식을 대속으로, 구속백성을 택함 받은 자들로 작정하신 삼위일체 하나님의 창세 전 구원협약으로서, 또 다른 언약과 같이 여겨서는 안 된다.

둘째, 첫 언약 혹은 행위언약은 아담과 맺은 에덴동산에서의 언약으로서 자연언약이라고도 불린다. 하나님이 인류와 언약을 맺으신 자체가 은혜였다. 이로써 하나님은 자신이 아버지가 되심으로 인류를 자녀 삼고자 하셨다. 그 조건으로 선악을 알게 하는 나무의 열매를 먹지 말라는 소극적 명령에 대한 순종을 요구하셨다. 실과를 따먹지 않는 미약한 순종에 하나님의 자녀로서의 신분을 얻게 되는 영생이라는 헤아릴 수 없는 열매를 허락하셨으니, 순종의 조건이 있고 그것에 대한 상급도 있으나 조건과 열매 사이에 등가성(等價性)이 있다고 말할 수는 없다. 사람은 그 작은 요구조차도 거역했으니, 그 불순종은 오히려 컸다. 하나님은 에덴동산에 먹을 것을 풍족하게 주시고 선악을 알게 하는 나무의 열매만 따먹지 말라고 했다. 그러므로 아담에게는 배고픔이 없었다. 또한 들짐승이나 새의 이름을 짓게 하셨으니 지혜와 지식도 충분했다. 그러므로 하나님이 금하신 선악을 알게 하는 열매를 아담이 먹은 것은 배가 고파서도 아니고 지식이 모자라서도 아니었다. 그것은 무조건적 불순종이었다. 그리하여 인류는 영생인(永生人)이 되기는커녕 오히려 사망의 형벌과 전적 무능과 전적 부패의 오염이 전가되어 하나님이 원하시는 마음과 뜻과 정성을 다하는—중심이 합한—순종을 할 수 있는 능력조차 상실하고 말았다. 무엇보다 하나님은 인류를 창조하실 때 자유의지를 주셔서 '하나님의 뜻에 대한 뜻을 다한 순종'(willing obedience to God's will)을 통하여 영광받기를 원하셨는데, 인류는 이제 그것을 상실하고 죽음에 예속된 노예의지만 갖게 되었다.

셋째, 은혜언약은 하나님이 타락한 인류 가운데 몇몇을 대표로 세우셔서 그들의 믿음을 조건으로 영생을 베푸시겠다는 구약시대의 언약을 지칭한다. 노아와 맺은 창조에 관한 언약, 아브라함과 맺은 믿음으로 구원에 이르는 은혜와 언약의 복에 관한 언약, 야곱과 맺은 열두 지파 곧 열두 교회를 이루는 언약, 모세와 맺은 하나님의 백성이 율법으로 거룩해지는 언약, 다윗과 맺은 왕조의 언약 등이 여기에 속한다. 신구약에 나오는 언약이라는 말은 몇몇 예외를 제하고 모두 은혜언약을 지칭한다. 은혜언약은 여러 가지로 하나님과 사람들 사이에 체결되었다. 그렇다고 해서 은혜언약의 성취가 사람들의 공로에 있는 것은 아니었다. 예컨대, 노아의 의로써 천지만물의 운행이 계속되는 것도 아니고, 아브라함의 의로써 우리가 오직 믿음으로 구원을 얻게 되는 것도 아니며, 모세의 의로써 우리가 율법을 지켜 거룩하게 되는 것도 아니다. 은혜언약의 당사자인 이들은 참 하나님이시자 참 사람으로서 모든 구원의 의를 다 이루시고 그것을 전가해주실 그리스도 예수를 믿고 대망하였을 뿐, 자신들의 의를 내세울 것이 전혀 없었다. 그러므로 은혜언약에는 대표의 원리가 직접적으로 적용되지 않는다. 은혜언약은 예표적 언약일 뿐, 그 자체로 구원의 역사를 이룰 수 없기 때문이다.[849]

넷째, 새언약은 그리스도가 언약의 중보자시며 보증으로서 자기 자신을 제물로 삼아 단번에 영원한 제사를 드려 구원의 의를 다 이루시고 그 의를 전가해주시는, 창세 전의 구속언약(구원협약), 에덴동산에서의 첫 언약(행위언약), 타락한 인류의 대표와 맺은 다양한 은혜언약에 대한 성취와 완성이 된다. 그리스도는 창세 전에 작정된 구속주로서, 택한 백성들을 대속하기 위해서 참 하나님과 참 사람으로서 중보자의 직분을 감당하셨다. 주님은 이 땅에 은혜를 받으러 오신 것이 아니라 은혜를 베푸시기 위해서 오셨다. 그리하여 하나님의 뜻에 따라 모든 의를 다 이루셨다. 처음 아담은 선악을 알게 하는 열매를 먹지 않기만 하면 되었지만, 둘째 아담은 모든 율법에 순종하심과 동시에 인류의 죄 값을 모두 치러야 하셨다. 왜냐하면 사람이 "물과 성령으로" 거듭나려면(요 3:5) 죄사함과 의의 전가를 함께 받아야 하기 때문이다. 이를 위하여 주님은 영혼과 육체 모두에 있어서 전인(全人)적으로 당하신 순종과 행하신 순종을 감당하셨다. 그리하여 칭의와 성화의 이중적 은혜의 의가 모두 충족되었다. 이와 같이 주님은 행위언약의 조건을 성취하셨다. 그리고 그 다 이루신 의를 믿는 성도에게 전가해주심으로써 은혜언약의 약속을 또한 성취하셨다. 성

---

849) 죽산 박형룡은 이러한 은혜언약의 예표적 성격에 주목하여 그것을 "구원의 계획"이라고 부르기도 한다. 문병호, "죽산 박형룡의 언약신학", 「신학지남」 80/2 (2013), 93-98. 특히, 93.

도에게 전가된 의는 그리스도 자신을 드리신 의이므로, 그리스도의 의의 전가는 곧 그리스도와의 연합을 의미한다. 새언약이 이러하므로, 성도는 거저 받은 구원의 은총이 그저 값싼 은혜가 아니라 하나님의 아들이 사람의 아들이 되셔서 참 하나님이시자 참 사람으로서 베푸신 값을 헤아릴 수 없을 만큼 값진 은혜라는 것을 깨닫게 된다.

필자가 견지하는 이러한 입장에 서게 될 때, 우리는 다음과 같은 몇 가지 결론에 이르게 된다.

첫째, 에덴동산에서 아담과 맺은 행위언약은 그 자체로는 폐기되었지만 그 규범은 불변하다.

둘째, 행위언약이 창세 전의 구원작정에 따른 것으로 받아들여진다. 왜냐하면 행위언약 없이는 새언약의 성취가 있을 수 없기 때문이다.

셋째, 은혜언약은 예표적 성격을 지니지만 실제적 언약이다. 그렇지 않다면 구약 백성의 구원을 다루는 데 난점을 안게 된다.

넷째, 새언약은 행위언약과 은혜언약의 성취이다. 이로써 창세 전의 구원작정이 이루어졌다.

여기에서 우리는 하나님의 사랑과 그리스도의 의가 언약의 두 요소가 된다는 사실을 칼빈의 말과 함께 다시금 상기하게 된다. "사랑의 시작은 의이다"(principium amoris est iustitia).[850]

---

850) Calvin, *Institutio*, 2.17.2 (*CO* 2.387-388).

제3부

중보자 그리스도의 인격 :
성육신과 신인양성의 위격적 연합

Persona Christi mediatoris :
Incarnatio et unio hypostatica divinitatis et humanitatis

성육신으로 성자 하나님의 인격에 영혼과 육신으로 이루어진 인성이 취해졌다. 영원하신 하나님의 아들이 인성을 취하심으로써 본래의 신성과 새롭게 취해진 인성이 즉시 연합되어 신인양성의 위격을 이루었다. 그렇다고 해서 그 신성에는 어떤 가감도 없었다. 이러한 위격적 연합의 비밀은 그 주체가 되시는, 하나님의 비밀이신 예수 그리스도 자신에 기원하며 또한 기인한다. 본성은 추상적인 속성을 담지하며 그 속성은 그 본성으로 이루어진 구체적인 인격 곧 위격 안에서만 고유하게 실재하는 바, 서로 양립할 수 없는 속성을 지닌 신성과 인성의 두 본성이 실제적으로 양립할 뿐만 아니라 하나가 되는 유일한 방식은 그 각각이 속성에 있어서의 어떤 혼합이나 변화나 분할이나 분리도 없이 한 위격적 존재가 되는 데 있다. 이러한 연합은 그리스도의 성육신에 고유한 것으로서, 어떤 유비도 불가하다. 그것은 문자 그대로 하나님이 사람이 되는 인화(人化)나 사람이 하나님이 되는 신화(神化)가 아니다.

제5장

위격적 연합

1. 위격적 연합 교리의 형성

위격적 연합(unio hypostatica) 혹은 인격적 연합(unio personalis)은 영원하신 제2위 성자 하나님이 성육신하심으로 신성(divinitas)과 인성(humanitas)의 연합 가운데 한 위격(hypostasis) 혹은 인격(persona)으로 위격적으로 존재하시는 것(subsistentia)을 의미한다. 칼빈은 위격적 연합을 다음과 같이 정의한다.

> 진정 교회의 정의는 확고하게 서 있다. 그리스도는 창세 전에 아버지로부터 나신 말씀으로서 위격적 연합 가운데 인성을 취하셨으므로 하나님의 아들이라고 여겨진다. 그리하여 옛사람들에 의해서 위격적 연합이 두 본성으로부터 한 인격을 형성하는 것이라고 일컬어졌다.[851]

여기에서 보듯이, "위격적 연합"은 "두 본성으로부터 한 인격을 형성하는 것" (quae personam unam constituit ex naturis duabus)을 의미한다. 위격적 연합은 성육신 (incarnatio)이라는 역사적 사건으로부터 비롯된다. 성육신은 동일한 인격 가운데 인

---

[851] Calvin, *Institutio*, 2.14.5 (CO 2.357).

성을 취하심(assumptio)이므로 또 다른 한 위격의 시작을 의미하지 않는다. 성육신으로, "위격이 아닌"(ἀνυπόστατος) 인성이 "위격 안에"(ἐνυπόστατος) 부착되어 신성과 연합한다. 그리하여 고대인들은 이러한 인성을 "인간적인 기관"(ἀνθρώπινον ὄργανον) 혹은 "부속물 혹은 부가물"(πρόσλημμα)이라고 부르기도 했다.852) 성육신은 영원한 한 인격 안에서, 그 한 인격에 의해서, 일어난 역사적 사건으로, 그 주체는 "창세 전에 아버지로부터 나신 말씀"(sermo ante saecula ex patre genitus)이시다. 그러므로 그리스도의 "영원한 나심으로부터"(ab aeterna genitura) 비롯되지 않는다면 성육신이 있을 수 없다.853)

교황 레오 1세가 플라비안에게 보낸 편지에서 강조하듯이, 인성은 형성되고 난 후가 아니라 형성되면서 신성과 연합한다. 그러므로 성육신과 위격적 연합은 동시에 일어난다.854) 위격적 연합이 성육신이다. 성육신이 위격적 연합의 시작을 뜻한다면, 위격적 연합은 성육신의 상태를 의미한다. 성육신을 위격적 연합의 사건으로 이해하지 않고 관념적으로나 윤리적으로 파악하는 가운데 성육신을 위격적 연합보다 넓은 개념으로 이해하려고 하는 경향이 없지 않지만,855) 이는 성경의 가르침과 부합하지 않는다.

칼빈이 말하듯이, 성육신으로 영원한 말씀이신 제2위 성자 하나님의 인격에 영혼과 육신의 인성이 취해졌다. 이는 신성이 인성으로 "변했다거나"(versum) "섞여서 혼합되었음"(confuse permixtum)을 의미하지 않는다. 성육신의 비밀은 "실체의 혼합이 아니라 인격의 하나됨에 따른"(non confusione substantiae, sed unitate personae) 것이다. 달리 말해서, 성육신의 비밀은 신성(divinitas)과 인성(humanitas)이 한 인격을 이루나 각 "본성에 고유한 속성"(proprietas suae naturae)은 손상되지 않고 그대로 유지되는 위격적 연합의 비밀에 있다. 이는 "하나님의 비밀"이신(골 2:2) 성자 예수 그리스도 자신께 있다.856)

---

852) Heppe, *Reformed Dogmatics*, 427-428.
853) Calvin, *Institutio*, 2.14.5 (CO 2.357).
854) 이에 대해서 전술한 본서 제3장 5. "칼케돈 공의회" 참조.
855) 이러한 입장을 취하는 경우로서, Charle Lee Feinberg, "The Hypostatic Union," *Bibliotheca Sacra* 92/367 (Jul. 1935), 262.
856) Calvin, *Institutio*, 2.14.1 (CO 2.353).

이러한 중보자 그리스도의 신인양성의 위격적 연합 교리는 에베소 공의회를 거쳐 칼케돈 신경에서 확정되었지만, 그 단초가 되는 논쟁은 최초의 기독론 이단이라고 일컬어지는 아폴리나리우스에게까지 거슬러 올라간다. 그러므로 위격적 연합 교리를 다루기 전에 그 형성에 대하여 먼저 일고하는 바, 위격적 연합을 말하기는 하나 이를 곡해한 아폴리나리우스, 이를 반박하는 과정에서 기독론에 관한 자신들의 입장을 수립해간 동방의 갑바도기아 교부들, 네스토리우스와의 논쟁을 통하여 신인양성의 위격적 연합 교리를 처음으로 체계적으로 신학화한 알렉산드리아의 키릴, 이러한 논의들을 특히 삼위일체론적-기독론적 관점에서 종합적으로 개진한 어거스틴의 입장을 살펴본다. 이는 본 교리의 요체와 요지를 파악하는 데 크게 도움이 될 것이다. 위격적 연합과 관련해서 터툴리안과 아타나시우스의 입장도 함께 다루는 것이 좋으나, 이들의 입장은 성육신 자체에 집중되어 있으므로 해당 부분에서 논의하도록 한다.

1. 1. 아폴리나리우스 이단

아타나시우스에 의해서 전개된 성육신한 그리스도의 신인양성의 위격적 연합과 성도의 신화(神化)에 관한 논의는 그의 친구이자 아리우스주의의 확고한 반대자였던 아폴리나리우스에 의해서 새로운 국면을 맞게 되었다. 아폴리나리우스는 성육신한 말씀이신 그리스도의 신격에 대해서는 추호의 의심도 갖지 않았으나, 그가 우리와 동일한 인성을 가졌다는 점에 대해서는 부정적이었다. 그리스도는 인성의 일부를 취하여 사람이 되기는 하셨으나 우리와 같은 사람은 아니셨으며, "성육신한 하나님의 말씀이라는 한 본성"(one incarnate nature of the divine Logos)만을 지니셨다고 주장하였다.[857] 그리스도를 참 하나님이실 뿐만 아니라 참 사람이라고 인정하는 경우 영광을 그에게 돌리라고 한 성경구절을 합당하게 받아들일 수 없게 된다는 점이 주요한 논지로 제기되었다.[858]

---

857) *CC*, "Introduction," 21에서 재인용. 아폴리나리우스는 이러한 개념이 아타나시우스로부터 나온 것이라고 여겼다. 참조. *LCF*, "Introduction," 12.

858) Apollinarius, "On the Union in Christ of the Body with the Godhead," 3 (*CC* 103-104); "Fragments," 9 (*CC* 107-108). 이에 대한 원문. Hans Lietzmann, *Apollinaris von Laodicea und seine Schule: Texte und Untersuchungen* (Tübingen: J. C. B. Mohr (Paul Siebeck), 1904), 206-207. 이하 본서는 *AP*로 표기.

아폴리나리우스는 이 땅에 오신 하나님의 말씀으로서 그리스도는 우리가 지닌 영(πνεῦμα), 혼(ψυχή), 육(σῶμα)을 지니고 계시다고 주장한다. 이 경우 영은 지성(νοῦς)과 동일시된다.

인간이 세 부분으로 이루어진 것같이, 주님도 또한 인간으로서 그러하시다. 왜냐하면 그 역시 분명 영과 혼과 육의 세 부분으로 이루어지시기 때문이다. 그러나 그는 천상의 사람이며 생명을 살리는 영(καὶ ἐπουράνιος ἄνθρωφος καὶ πνεῦμα ζωοποιοῦν)이시다.[859)]

한편, 우리가 세 부분으로 이루어지고 그가 네 부분으로 이루어진다면 그는 사람이 아니라 인신(人神, οὐκ ἄνθρωπος ἀλλὰ ἀνθρωπόθεος)이시다.[860)]

그런데 아폴리나리우스는 성육신을 하나님의 말씀이 이러한 구조의 인성을 취하신 것으로 보지 않고 인성의 가장 고상한 부분을 이루는 "영"을 대체한 것으로 여긴다.

혼과 육과 함께 자신의 영, 즉 자신의 지성으로서 하나님을 지니신 그리스도는 하늘로부터 오신 사람(ἄνθρωπος ἐξ οὐρανοῦ)이라고 불림이 합당하다.[861)]

그는 사람이 아니라 사람과 유사하다. 왜냐하면 그의 가장 고상한 부분에 있어서 사람과 동일본질이 아니시기 때문이다(οὐκ ἄνθρωπός [ψησιν], ἀλλ' ὡς ἄνθρωπος, διότι ἄδοξον τῶν ἀνθρώπων ὑπελγλυθέναι μορψήν).[862)]

그러므로 그는 사람이 하나님과 연합한 것이 아니었다(οὐκ ἄρα ἐνοῦται ὁ ἄνθρωπος θεῷ).[863)]

---

859) Apollinarius, "Fragments," 89 (CC 110, AP 227).
860) Apollinarius, "Fragments," 91 (CC 110, AP 228).
861) Apollinarius, "Fragments," 25 (CC 108, AP 210).
862) Apollinarius, "Fragments," 45 (CC 109, AP 214).
863) Apollinarius, "Fragments," 87 (CC 110, AP 226).

아폴리나리우스에 있어서, 그리스도는 신인양성의 연합에 따라 참 하나님과 참 사람으로 계시는 것이 아니다. 그에게는 육화된 신성이 있을 뿐이다.

> 동일한 인격이 하나님이시며 완전한 사람이라고는 생각할 수도 없다(ἀδύνατον ἄρα τὸν αὐτὸν εἶναι θεόν τε καὶ ἄνθρωπον ἐξ ὁλοκλήρου).[864]

> 오 새로운 피조물, 신적인 혼합이여! 하나님과 육체가 하나이며 동일한 본성을 이루었도다(ὦ καινὴ κτίσις καὶ μίξις θεσπεσία θεὸς καὶ σὰρξ μίαν [καὶ τὴν αὐτὴν] ἀπετέλεσαν φύσιν)![865]

> 그는 육화(肉化)된 영에 의하여 하나님이시며 하나님에 의해서 취해진 육체에 의하여 사람이시다(ἀλλὰ θεὸς μέν [φησι] τῷ πνεύματι τῳ σαρκωθέντι, ἄνθρωπος δὲ τῇ ὑπὸ τοῦ θεοῦ προσληφθείσῃ σαρκὶ).[866]

이와 같이 아폴리나리우스는 성육신한 그리스도를 "육화된 지성"(ἄνθρωπος νοῦς ἔνσαρκος ὤν), "육체 가운데 있는 지성"(ἄνθρωπος νοῦς ἐν σαρκὶ), "인간적 지성"(ἀνθρώπινος νοῦς)이라고 불리는 신성으로 대체된, 우리와는 다른 영을 지니신 "하늘로부터 오신 사람"으로 보았다.[867] 그리하여 "살아있는 한 인격의 존재"로서 그의 육체도 예배의 대상이 된다고 여겼다.[868]

아폴리나리우스는 성육신한 그리스도가 하나님과 동일본질이고 또한 사람과 동일본질이라고 주장하지만,[869] 그에게는 "육체로 변형된 보이지 않는 하나님"

---

864) Apollinarius, "Fragments," 9 (CC 108, AP 206).
865) Apollinarius, "Fragments," 10 (CC 108, AP 207).
866) Apollinarius, "Fragments," 19 (CC 108, AP 209).
867) Apollinarius, "Fragments," 69, 72, 74 (CC 109, AP 220, 221, 222).
868) Apollinarius, "Fragments," 85 (CC 109, AP 225): "ἡ σὰρξ τοῦ κυρίου (φησὶ) προσκυνεῖται, καθὸ ἐστι πρόσωπον καὶ ἓν ζῷον μετ᾽ αὐτοῦ." 아폴리나리우스의 단성론적 이해의 배경에는 예배의 대상으로서 그리스도가 둘이 될 수 없다는 그의 신념이 놓여있다고 보는 다음 글 참조. Kelley M. Spoerl, "The Liturgical Argument in Apollinarius: Help and Hindrance on the Way to Orthodoxy," *Harvard Theological Review* 91/2 (1998), 135-149.
869) Apollinarius, "On the Union in Christ of the Body with the Godhead," 7 (CC 105, AP 188).

(ἀόρατος θεὸς ὁπατῷ σώματι μεταμορφούμενος) 혹은 "창조된 옷을 입고 드러나신 창조되지 않으신 하나님"(ἄκτιστος θεὸς κτιστῇ περιβολῇ φανερούμενος)이라고 불리는 사람의 일부가 된 하나님과 자신의 일부가 하나님인 사람이 남을 뿐이다.[870]

1. 2. 갑바도기아 교부들

아폴리나리우스는 해박한 성경 지식으로 명망이 높았지만 그의 입장은 모호함의 극을 달렸다. 아폴리나리우스는 기본적으로 오리겐을 필두로 하는 알렉산드리아 학파의 말씀-육신 기독론(Word-flesh Christology)에 서 있었다. 그는 아리우스를 극구 반박하면서 말씀의 신격을 강조하였지만, 자신의 잘못된 전제에 매몰되어 성육신한 그리스도의 인격을 신적인 육체 정도로 여김으로써 자신도 아리우스의 오류에 깊이 빠져들고 말았다. 아폴리나리우스가 그리스도의 신격을 강조하면 할수록 갑바도기아 교부들의 눈에는 그 주장이 가현설의 재판(再版)과 같이 여겨졌다. 뿐만 아니라 인성 가운데 가장 고상한 부분인 영이 신성에 의해 대체되었다는 아폴리나리우스의 주장은 사모사타의 바울과 무두장이 테오도투스(Theodotus the Tanner)에 의해서 추구된 양자론이나 동력적 단일신론(Dynamic Monarchianism)과 치명적인 오류를 공유하는 것으로 여겨졌다. 갑바도기아 교부들은 아폴리나리우스에 의하면 이 땅에 오신 성육신한 그리스도의 신성과 인성이 모두 부인될 수밖에 없다는 점을 간파하고 우리와 우리의 구원을 위하여 참 하나님이 참 사람이 되셨다는 니케아 신경의 고백을 신성과 인성의 연합이라는 관점에서 풀어내고자 하였다.[871]

[가이사랴의 바실]

가이사랴의 바실(Basil of Caesarea, Basil the Great, 330-379)은 아폴리나리우스에게 보낸 편지에서 그리스도가 성부와 한 실체(οὐσία)이심을 강조한다. 다만 아들은 아버지와 동등하시되 아버지께 속하여 있다고 하여 종속설의 여지를 남긴다. 성부와

---

870) Apollinarius, "On the Union in Christ of the Body with the Godhead," 6 (CC 104, AP 187-188).
871) 참조. LCF, "Introduction," 11-12; CLF, "Introduction," 29-31.

성자는 각각의 위격(ὑπόστασις)으로 계시면서 한 분이시므로, "다름 가운데 동일하시며, 동일함 가운데 다르시다"(idem in diversitate, et diversum in identitate)고 주장한다. "οὐσία" 곧 "실체"(substantia)가 하나인 것은 단지 "수(數)에 있어서"(numero)가 아니라 "정체"(identitas) 혹은 "개체"(determinatio)에 있어서 그러하다고 지적하면서, 성부와 성자의 동일본질이심(ὁμοούσιος, consubstantialis)과 아버지가 "동등함 가운데 [아들보다] 더욱 크심"(in aequalitate majorem)을 함께 말한다.[872]

바실은 아들이 아버지만 "선하다고"(bonus) 하신 것이나 마지막 때에 있어서 그 날과 그 시는 아버지만 아신다고 하신 것은 아버지가 "첫째"(primus) 혹은 "첫 번째 원인"(prima causa)이 되심을 뜻한다고 여긴다.[873] 이러한 측면에서 성부와 성자가 '유사하다'(ὁμοιούσιος)는 말도 '전혀 다르지는 않다'라는 말을 같이 쓴다면 받아들일 수 있다고 말한다.[874]

바실은 이러한 삼위일체론적 이해 가운데 아들이 아버지의 뜻에 따라 육체를 취하심이 아들과 아버지의 동일본질이나 동등함에 배치되지 않는다는 점을 강조한다. 구속의 역사를 이루시기 위한 아들의 아버지의 뜻에 대한 종속(從屬)은 있지만 그것은 경륜과 관계되는 것이지 존재와 관계되는 것은 아니라고 보는 것이다.

바실은 그리스도가 신성과 인성에 따라서 지니신 "정서"(affectus)는 "환영(幻影)과 같은 성육신이 아니라 실제적인 성육신을 확정하는 데"(ad confirmationem verae, nec phantasticae Incarnationis) 이르게 한다는 점에 착안하여, 아담을 통하여 우리에게 퍼진 죄가 성육신으로 신성에 삼켜지고, 부활의 때에 다시 돌아오는 육체는 "죽음에 매이지도 죄에 속하지도 않게"(nec obnoxiam morti, neque subjectam peccato) 된다는 점을 부각시킨다.[875]

---

872) Basil of Caesarea, "Letters," 361-362 (LCF 65-66, PG 32.1099, 1102-1103, 1106).

873) Basil of Caesarea, "Letters," 236.1 (LCF 69, PG 32.875, 878).

874) Basil of Caesarea, "Letters," 9.3; 361 (LCF 62-63, 65, PG 32.270-271). 바실은 이러한 '유사함'을 아들이 "아버지의 형상(Imago)"이라는 사실에 주안점을 두고 설명한다. 참조. Maximos Aghiorgoussis, "Applications of the Theme 'Eikon Theou'(Image of God) according to Saint Basil the Great," *Greek Orthodox Theological Review* 21/3 (1976), 265-266. 이러한 입장은 나지안주스의 그레고리(Gregory of Nazianzus)에 의해서도 뚜렷이 개진된다. 참조. Kenneth P. Wesche, "'Mind' and 'Self' in the Christology of Saint Gregory the Theologian: Saint Gregory's Contribution to Christology and Christian Anthropology," *Greek Orthodox Theological Review* 39/1-2 (1994), 54-58.

875) Basil of Caesarea, "Letters," 261.3 (LCF 69-70, PG 32.971).

그 가운데 말씀이 영혼과 육체를 지닌 완전한 사람이 되심이 결코 신성의 제한을 의미하는 것이 아님을 들어 아폴리나리우스의 주장을 일축하고 있다.

[나지안주스의 그레고리]

바실의 기독론 논의가 삼위일체론의 연장선에 머물고 있었던 반면, 그의 친구였던 나지안주스의 그레고리(Gregory of Nazianzus, 329-390)는 성육신한 그리스도의 인격 가운데서 일어나는 신인양성의 연합에 대하여 더욱 구체적인 관심을 가졌다.

> 오, 알 수 없는 혼합이여! 오, 놀라운 결합이여! 존재하시는 분이 존재하기 시작하신다(Qui est, fit). 신성과 둔감한 육체를 잇는 지성적인 영의 중보를 통하여 창조되지 않으신 분이 창조되시며(qui creatus non est, creatur), 어디에도 제한될 수 없는 분이 제한되신다(qui nullo loco contineri potest……continetur). 다른 사람을 부요하게 하시는 분이 가난을 겪으신다(Qui locupletes alios ditat, paupertate afficitur). 우리가 신성의 부요함을 받도록 하시려고 자신 가운데 육체의 빈곤함을 취하신다. 충만하신 분이 비우신다(Qui plenus est, exinanitur). 그가 잠시 자신의 영광을 비우심은 내가 그의 충만함을 함께 누리도록 하심이다. 얼마나 그의 선하심이 넘치는가? 이것이 곧 나를 위한 비밀이 아닌가?[876]

여기에는 여러 신학적 관점들이 발견된다. 영을 통한 말씀과 육체 사이의 중보는 오리겐 이후 알렉산드리아 학파에서 공유되었던 사상이며, 그리스도의 비우심이 성도의 신화(神化)와 함께 다루어지는 것은 아타나시우스의 후기 작품에 뚜렷하게 나타나는 경향이다. 이러한 점들에 주목하되 그것들을 오해하거나 극단화하여 아폴리나리우스 이단이 형성되었다. 나지안주스의 그레고리는 동일한 관심사를 공유하기는 하되 아폴리나리우스와는 다른 입장을 취하였다. 다음 편지에는 그것이 잘 드러난다.

---

876) Gregory of Nazianzus, "Theological Orations," 38.13 (*LCF* 106, *PG* 36.326).

그를 좇는 자들[아폴리나리우스주의자들]이 그[그리스도]를 주(主)요 하나님이시라고 부르면서도 주가 되신 사람(κυριακός ἄνθρωπος)[주님의 인성]에게는[877] 인간의 지성이 없다고 자신들과 남을 속이는 일을 그치게 하라. 왜냐하면 우리는 그 사람을 신성으로부터 분리하지 않고, 그가 한 분으로서 동일하시다고 가르치기 때문이다. 이전에 그는 사람이 아니라 하나님, 몸이나 어떤 물질적인 것과도 섞이지 않은 창세 전부터 유일하신 하나님의 아들이셨으나, 이 마지막 때에 우리의 구원을 위하여 인성을 취하시고 사람이 되셨다. 그는 육체로는 고난을 당하실 수 있으나 신성으로는 고난을 당하실 수 없으며, 몸으로는 제한되시나 영으로는 제한되시지 않으며, 동시에 지상적이고 천상적이시며, 만질 수 있고 만질 수 없으며, 이해할 수 있고 이해할 수 없는 분이시다(carne passibilem, divinitate impassbilem, corpore circumscriptum, spiritu incircumscriptum, terrenum eumdem et coelestem, visibilem et intelligibilem, comprehensibilem et incomprehensibilem). 그리하여 전인(全人)이시며 하나님이신(totum hominem simul ac Deum) 한 분 동일한 인격에 의해서 죄로 말미암아 타락한 전체 인류가 새롭게 조성될 수 있었다.[878]

이와 같이 나지안주스의 그레고리는 알렉산드리아를 중심으로 한 아폴리나리우스주의자들의 로고스-육신 기독론에 대하여 포문을 여는 동시에 다음과 같이 안디옥 신학자들도 공격하고 있다.

만약 누군가가 거룩한 마리아를 하나님의 어머니라고(Deiparam) 믿지 않는다면 그는 하나님으로부터 끊어질 것이다. 만약 누군가가 그가 동정녀를 마치 도관(導管)을 통하듯이 지나가셨다거나(per canalem fluxisse), 동시에 그녀 안에서 신적이며 인간적으로 형성되신 것은-남자의 개입이 없었기 때문에 신적이며 일반적인 잉태의 과정에 따른 것이므로 인간적이다-아니라고 주장한다면 그는 마찬가지로 하나님으로부터 멀리 내쳐질 것이다. 만약 누군가가 사람이 먼저 형성되고 이후에 신성이 옷 입혀졌다고 말한다면 그는 저주 아래 있게 될 것이다. 이러한 발상은 하나님의 나심(Dei generatio)이 아

---

877) 이러한 표현은 아타나시우스(Athanasius)에서 비롯되었다. *CLF* 216, 각주 4.
878) Gregory of Nazianzus, "Letters," 101 (*CLF* 216, *PG* 37.178).

니라 그 나심을 교묘히 회피하는 수작일 뿐이다. 만약 누군가가 하나님 아버지로부터 난 한 아들과 그의 어머니로부터 난 다른 아들, 이렇게 두 아들이 있다고 소개하면서 그가 한 분이시며 동일하신 분이시라는 사실을 불신한다면 그는 올바로 믿는 자들에게 약속된 그의 아들이 되는 자리에 설 수 없게 될 것이다. 진정 그에게는 하나님과 사람의 두 본성이 있다. 실로 그에게는 영혼과 육체가 있다. 그러나 두 사람이 있는 것은 아니다. 이는 사도 바울이 사람에게는 속 부분과 겉 부분이 있다고 말하는 것과 같은 방식이다.[879]

여기에서 나지안주스의 그레고리는 가현설주의자들과 네스토리우스주의자들을 반박하면서, 신인양성의 위격적 연합이 곧 성육신이라는 사실을 분명히 지적하는 가운데, 성육신하신 주님 안에는 볼 수 없는 것과 보이는 것, 시간을 초월한 것과 시간에 속한 것이 함께 있으나, 그가 두 존재로 분리되는 것은 아님을 천명하면서, 삼위일체 하나님은 한 본성(aliud unum)에 인격이 셋으로 계시나("alius et alius"), 주님에게는 한 인격(alius unus)에 두 본성이 계심을("aliud et aliud") 분명히 천명한다.[880]

참 신성과 참 인성은 오직 동일하신 한 분 예수 그리스도께 속함을 지적하면서, 나지안주스의 그레고리는 다수의 신들의 계급을 논하는 헬라 철학자들과 천상의 인성을 운운하면서 예수가 우리와 본성에 있어서 다르다고 주장하는 마니주의자들에게 모두 저주가 있을 것이라고 맹공을 퍼붓는다.[881] 그 가운데 참 하나님이 완전한 참 사람이 되셔야만 우리를 구원하시는 대속 사역을 이루실 수 있다는 그 유명한 원칙을 다음과 같이 제시한다. 이 부분은 아폴리나리우스에 대한 변증의 정점을 이룬다.[882]

---

879) Gregory of Nazianzus, "Letters," 101 (*CLF* 216-217, *PG* 37.178-179).

880) Gregory of Nazianzus, "Letters," 101 (*CLF* 217, *PG* 37.179). 참조. Peter Bouteneff, "St Gregory Nazianzen and Two-Nature Christology," *St Vladimir's Theological Quarterly* 38/3 (1994), 263-265.

881) 참조. Wesche, "'Mind' and 'Self' in the Christology of Saint Gregory the Theologian: Saint Gregory's Contribution to Christology and Christian Anthropology," 51-54.

882) 참조. Kenneth P. Wesche, "The Union of God and Man in Jesus Christ in the Thought of Gregory of Nazianzus," *St Vladimir's Theological Quarterly* 28/2 (1984), 88-97. 여기에서 저자는 나지안주스의 그레고리가 성육신을 육체의 신화(神化)로 본 아폴리나리우스의 입장과 신인양성이 아니라 신적 의지와 인적 의지의 연합으로 본 안디옥의 신학자들의 입장을 모두 거부하고 한 인격 양성론을 주장하나 영(νοῦς)을 육체와 신성의 중보자로 여기고 있는 점 등에 있어서 모호함을 보이고 있음을 지적한다.

누군가가 소망을 인간의 지성이 결여된 사람에게 두고 있다면 그는 실로 허망할 것이며 완전한 구원을 받을 가치가 없을 것이다. 취해지지 않은 것은 치유되지 않았다. 하나님께 연합된 바로 그것이 또한 구원을 받는다(Nam quod assumptum non est, curationis est expers: quod autem Deo unitum est, hoc quoque salutem consequitur).[883] 만약 아담이 절반만 타락했다면 그리스도가 취하시고 구원하시는 것은 또한 절반이 될 것이다. 그러나 만약 그가 전적으로 타락했다면 그 전체로 구원받기 위해서는 사람으로 나신 그의 전체 본성과 그것이 연합되어야 할 것이다(Si dimidia tantum ex parte Adamus lapsus est, dimidiatum quoque sit quod assumptum est, et quod salutem accipit; si autem totus peccavit, toti quoque genito unitus est, atque omni ex parte salutem consequitur).[884]

나지안주스의 그레고리는 아폴리나리우스와 같이 신성을 예수의 인성의 일부로 여기게 되면 결국 그의 고난이 인성이 아니라 신성에 돌려지게 된다는 점을 지적하면서, 영원하신 말씀이 육체가 되셨다는 말씀은 단지 인성의 저급한 부분이 아니라 전(全) 인성을 취하셨음을 뜻한다고 강조한다.[885] 이점을 들어 아폴리나리우스주의자들은 그를 "인간숭배자"(anthropolatra)라고 비난했는데, 그렇다면 그는 그들을 "육체숭배자"(sarcolatra)라고 부르겠다고 응수했다.[886] 그리고 영원하신 하나님의 말씀이 인간의 고상한 부분인 영을 차지하는 것으로 여기는 아폴리나리우스에 따르면 그리스도의 대속은 그가 우리를 위하여 자기 자신을 주심이 아니라 "우리의 본성을 갱신하시기 위함"(ob naturae nostrae instaurationem)일 뿐이므로[887] 그가 주된 명분으로 삼았던 예배도 참 하나님과 참 사람이신 제2위 성자 하나님이 아니라 단지 신적인 육체에 드려지는 것이 되고 말 것이라고 비판한다.

---

883) 이에 대해서, Verna Harrison, "Some Aspects of Saint Gregory the Theologian's Soteriology," *Greek Orthodox Theological Review* 34/1 (1989), 11-18.

884) Gregory of Nazianzus, "Letters," 101 (*CLF* 218-219, *PG* 37.182-183). 여기에서 "τὸ γὰρ ἀπροσλήπτον, ἀθεράπευτον"가 "quod assumptum non est, curationis est expers"로 번역된 바, 라틴어를 직역하면 "취해지지 않은 것은 치유와 무관하다"가 된다.

885) 참조. Bouteneff, "St Gregory Nazianzen and Two-Nature Christology," 266-269; Wesche, "'Mind' and 'Self' in the Christology of Saint Gregory the Theologian: Saint Gregory's Contribution to Christology and Christian Anthropology," 36-38.

886) Gregory of Nazianzus, "Letters," 101 (*CLF* 220, *PG* 37.186-187).

887) Gregory of Nazianzus, "Letters," 202 (*CLF* 231, *PG* 37.331).

[닛사의 그레고리]

가이사랴의 바실의 동생 닛사의 그레고리(Gregory of Nyssa, 335-395)는 더욱 날카로운 철학적 사고를 가졌다. 그러나 오리겐에 있어서는 많은 경우 철학이 신학을 압도한 반면에, 닛사의 그레고리는 철학을 신앙의 도구로 여겼다. 그는 오리겐 이후 신학을 집대성한 첫 번째 조직신학자로 불리며 여러 가지로 명망이 높았다. 그는 콘스탄티노플 공의회를 주도한 신학자였다. 그리고 여러 작품들로 동방 신비주의의 토대를 놓았다.[888]

삼위일체 하나님을 한 본질(οὐσία) 세 위격(ὑπόστασις)으로 정립한 것은 갑바도기아 교부들의 공이다. 닛사의 그레고리는 본질과 위격과의 관계를 다루면서 페리코레시스(περιχώρησις, circuminsessio 혹은 circumincessio, 상호내주) 개념을 수립한다. 그 요지는 이러하다. 세 위격의 고유한 정체와 속성 가운데서도 각각의 신격(θεότης)은 하나이며 동일하다.[889] 삼위가 동일한 본질 가운데 동일한 본성(φύσις)을 지니므로 신격과 관련하여 삼위의 고유함을 말할 때 이는 "본성이 아니라 사역에"(non naturae, sed efficientiae) 관련된다.[890] 본성이 동일한 가운데 삼위의 고유한 사역이 일어나므로 그 고유한 사역은 모두 한 분 하나님께 돌려진다.

> 거룩한 삼위일체는 모든 사역을 동일한 방식으로 행하신다. 그것은 인격들의 수만큼의 분리된 행위로 말미암지 않는다. 아버지로부터, 아들을 통하여, 성령으로 나아가고 이 끌리는 선한 뜻을 이루는 한 움직임과 성향(unus quidem bonae voluntatis motus, una dispositio)이 있을 뿐이다.[891]

우리가 이미 말했듯이, 아버지, 아들, 성령에게는 하나의 감찰하고 주시하는 능력의 질서(una inspectricis et spectatricis virtutis ratio)가 있다. 그것은 마치 샘과 같이 아버지로

---

888) *CLF*, "Introduction," 235-239; *LCF*, "Introduction," 6.
889) "신격"(θεότης)이라는 말은 "보는 자"(θεάτης)로부터 나온 말이다. "보는 것"(θέα)에서 "보는 자"가 나오고 이로부터 "신"(θέος)이라는 말이 나왔다. Gregory of Nyssa, "On not Three Gods," *CLF* 260 (*PG* 45.123).
890) Gregory of Nyssa, "On not Three Gods," *CLF* 261 (*PG* 45.126).
891) Gregory of Nyssa, "On not Three Gods," *CLF* 262 (*PG* 45.126-127).

부터 흘러나온다. 그것은 아들에 의해서 실현된다. 그리고 그것의 은혜는 성령의 능력으로 완성된다. 인격들 가운데서는 그 어떤 행위도 마치 그 각각이 서로 간에 돌아봄도 없이 따로 이루어지듯이 일어나지는 않는다. 모든 것들에 대한 모든 섭리, 돌봄, 지도는 그것이 지각되는 창조의 세계에서 일어나든 하늘의 본성에 속한 것이든 무관하게 하나이며 셋이 아니다.[892]

삼위의 고유함이 있지만 하나님의 한 신격 안에서는 본성과 사역이 모두 하나이다. 삼위가 구별되는 것은 그 "원인에 있어서"(causae ratio)이다.[893] 이를 성령의 관점에서 표현해보면 다음과 같이 전형적으로 제시된다. "성령은 하나님으로부터 나오시고 아들로부터 받으신다. 아버지는 원인이시다. 아들은 직접적으로 원인이 되신다. 성령은 아들의 중재를 통하여 원인이 되신다."[894] 성령에는 고유한 위격적 속성이 있다. 그것은 아들의 나심과도 다르고 아버지의 나시지 않음과도 다르다.[895] 그러나 성령의 사역과 성자의 사역은 동일하다.[896]

성령의 위격이 이렇듯 페리코레시스로 설명되듯이, 성자의 위격 역시 그러한 방식으로 확정된다. 닛사의 그레고리는 성자가 영원한 생명이며 그 뜻과 능력과 지혜와 선하심 그리고 고귀함에 있어서 성부와 전혀 다를 바 없다는 점을 강조한 후 다음과 같이 말한다.

> 하나님의 말씀이 있게 하신 분과 하나님의 말씀은 구별되지만, 하나님의 말씀은 하나님 안에서 볼 수 있는 속성들을 스스로 드러내시는 바, 그 동일한 표징들을 통하여(per eadem signa) 인식되는 하나님과 본성에 있어서(secundum naturam) 동일하시다. 아버지의 개념을 선하심, 능력, 지혜, 영원한 존재, 허물과 죄와 부패가 없으심, 전적인 완전함 등 그 무엇으로 제시하든 간에, 우리는 그 아버지로부터 있게 되신 말씀을 그 동일한

---

892) Gregory of Nyssa, "On not Three Gods," *CLF* 263 (*PG* 45.127).
893) Gregory of Nyssa, "On not Three Gods," *CLF* 266-267 (*PG* 45.135-136).
894) *LCF*, "Introduction," 14에서 재인용: "……the Spirit proceeds from God, and receives from the Son: the Father is the cause, the Son is caused directly, the Spirit is caused through the Son's intermediation."
895) Gregory of Nyssa, "Against the Macedonians," 2 (*LCF* 150, *PG* 45.1303).
896) Gregory of Nyssa, "On the Lord's Prayer," 3 (*LCF* 149-150, *PG* 44.1159).

표징들을 통하여(per eadem signa) 그 아버지와 함께 이해하게 될 것이다.[897]

이러한 페리코레시스는 성육신으로 인하여 변함이 없다. 아폴리나리우스를 반박하는 글에서 닛사의 그레고리는 하나님이 창세 전부터 육체를 입고 계시다가 여자에게서 나심으로써 인성을 취하셨다고 주장하는 아폴리나리우스를 반박하며 말씀이 한 사람이 되신 것이지 단지 인성에 참여한 것이 아니라는 점을 부각시킨다.[898] 말씀이 사람이 되셨다. 그럼에도 불구하고 "육체의 출생으로 말미암아 그가 존재하기 시작하신 것은 아니다"(per carnis nativitatem non coepit esse).[899] 그렇다면 영원하신 말씀이 동일한 위격(ὑπόστασις)으로 사람이 되신 모습은 어떠한가? 어떻게 신인양성은 한 위격 가운데 연합되어 있는가?

참으로 그리스도는 성육신의 경륜 이전과 이후에 항상 존재하신다. 그러나 인성은 이전도 이후도 아니고 오직 경륜의 때에만 존재한다(semper quidem est Christus, tum ante tum post incarnationis dispensationem; homo vero neque ante illam, neque postea, sed in solo dispensationis tempore). 왜냐하면 인성은 성령으로 출생하시기 전에는 없었으며 승천으로 돌아가신 후에는 육체가 그 자체의 속성으로(suis in proprietatibus) 머물러있지 않았기 때문이다. ……인성은 변화에 종속한다. 신성은 변화할 수 없다. 그러므로 신성은 모든 변화에도 불구하고 동요 없이 머물러 계신다. 그것은 더 나쁘게 변하지 않으신다. 그것은 악화되는 것을 허용하지 않을 뿐만 아니라 개선되는 것을 받아들이지도 않으신다. 그러나 그리스도의 인성은 썩을 것이 썩지 않을 것으로, 흘러가는 덧없는 것이 떠나지 않는 영원한 것으로, 일시적인 것이 불멸하는 것으로, 육체적인 것이 육체적 외양의 한계로부터 자유로워져서 비육체적인 것으로 더 좋게 변화되는 것을(mutationem in melius) 경험한다. ……진정 우리는 고난당하신 그리스도 안에 신성

---

897) Gregory of Nyssa, "Address on Religious Instruction," 1 (*CLF* 272, *PG* 45.15).

898) Gregory of Nyssa, "A Refutation of Apollinaris," 25 (*LCF* 135, *PG* 45.1178). 참조. George D. Dragas, "The Anti-Apollinarist Christology of St Gregory of Nyssa: A First Analysis," *Greek Orthodox Theological Review* 42/3-4 (1997), 308-310. 여기에서 저자는 닛사의 그레고리가 신인양성의 "완전한 섞임"(ἀνάκρασις, κατάκρασις)을 말하는 가운데서도 동일한 인격 가운데 각각의 속성을 변함없이 지닌 신성과 인성의 연합(ἕνωσις)을 견지하고 있다고 지적한다.

899) Gregory of Nyssa, "A Refutation of Apollinaris," 9 (*LCF* 134, *PG* 45.1142).

이 계셨다는 것을 고백한다. 그러나 비수난적 본성이 고난을 받을 수 있게 되었다고는 고백하지 않는다(divinitatem quidem in eo qui passus est inesse fatemur, non vero impatibilem naturam evasisse patibilem).[900]

이러한 논의 가운데 닛사의 그레고리는 비록 "신성에 따른 뜻"(voluntas divina)과 "인성에 따른 뜻"(voluntas humana)이 구별되지만 "본성의 교통으로 인하여"(ob communionem naturae) 그 둘의 "차이가"(differentia) 해소된다고 한다.[901] 이러한 논조는 극단적인 아리우스주의자 유노미우스를 반박하는 글에도 나타난다. 여기에서는 양성의 연합을 신화(神化) 개념을 중심으로 파악하고자 하는 그의 입장이 더욱 노골적으로 표현되어 있다.[902]

참으로 우리는 그가 고난을 받아들인 몸이 신성과 섞여 있으며 이 섞임을 통하여 그 몸은 그것을 취한 본성 가운데 있다고 말한다(Nos quidem etiam corpus, quo passionem suscepit, divinae naturae contemperatum, illud factum esse per temperationem dicimus, quod quidem est natura quae assumpsit). ……우리는 우리의 연약한 본성 가운데 취해진 것이 무엇이든지 간에, 인류를 사랑하시는 그의 신적인 경륜을 이루는 과정에서, 그것이 신적이고 불멸한 것으로 변화되었다는(transformata) 사실을 믿는다. ……사도 베드로는 "너희가 십자가에 못 박은 이 예수를 하나님이 주와 그리스도가 되게 하셨느니라"(행 2:36)고 말한다. 이 성경 말씀은 한 인격 가운데 두 가지 일, 즉 유대인들의 손으로 고난당하시고 하나님으로부터 영예를 얻으신 일이 일어났음을 선언하고 있다. ……육체는 그것이 또한 신성으로 변화되기까지는 신성과 동일하지 않았다(Caro autem non eadem est cum divinitate: priusquam haec ad divinitatem transiret). ……우리가 이렇게 말하는 것은 우리가 배운 바대로 신성은 항상 동일하고 계속되는 반면에 육체는 그 자체로 이성과 지각이 그렇다고 이해하는 바로 그것이기 때문이다. 그러나 육체는 그것이 신성과 섞일 때 더 이상 그것 자체의 본성적 속성들에 제한되지 아니하고 우월하고 초월적인 수준으로 높이 취해진다(cum divinitate temperata non amplius in suis terminis

---

900) Gregory of Nyssa, "A Refutation of Apollinaris," 53-54 (*LCF* 136-137, *PG* 45.1254, 1255).
901) Gregory of Nyssa, "A Refutation of Apollinaris," 32 (*LCF* 140-141, *PG* 45.1194-1195).
902) 이에 대해서 후술할 본서 제5장 7. "신화(神化, deificatio): 교부들의 유비적 혹은 윤리적 개진" 참조.

et proprietatibus manet, sed ad id quod praevalet et supereminet assumitur). 그럼에도 불구하고 육체와 신성은 이 두 가지 자체를 고려하는 한, 그 속성들의 섞임은 계속되나 혼합되지 않은 채 그러하다(Carnis tamen et divinitatis proprietatum inconfusa permanet contemplatio).[903]

여기에서 닛사의 그레고리는 성육신이 신성과 영혼과 육체를 포함하는 인성 전체의 연합이라는 사실을 분명히 말하고 있다. 철이 불에 달구어지나 하나인 것과 영혼과 육체가 사람을 이루나 하나인 것으로 이에 대한 비유를 든다.[904] 이로부터 그리스도의 사역과 그가 영광받으실 주가 되심이 설명된다.

신성은 인성을 그 속에 담기 위하여 자신을 비운다. 그리하여 인간적인 것이 신성과 섞이어 신적인 것으로 새롭게 된다(Exinanitur enim divinitas, ut capi possit in humana natura: renovatur vero quod humanum est, cum fit divinum per temperationem cum divinitate). ……썩어질 본성이 그것을 압도하는 신성과 섞임으로 재창조된다(cum divinitate temperatione, secundum id quod praepotentius est recreata corruptibilis natura). 그리하여 그것은 신격의 권세에 동참하게 된다. 마치 한 방울의 식초가(aceti guttam) 대양에 떨어져 섞여 바다가 되는 것과 같다. 그 액체의 자연적인 특성들은 압도하는 요소를 지닌 바다의 무한함에 그대로 유지될 수 없기 때문이다. ……연약함으로 십자가에 못 박힌 그것 자체가 내주하는 압도적인 능력을 통하여 내주자 곧 그리스도와 주로 칭해지고 존재한다고(quod ex imbecillitate crucifixum est, et ipsum propter praevalentem inhabitantis potentiam illud factum est, quod ille qui inhabitavit est et nominatur) 우리는 말한다.[905]

1. 3. 알렉산드리아의 키릴

"위격적 연합"이라는 용어가 신학적으로 개념화된 것은 알렉산드리아의 키릴이

---

903) Gregory of Nyssa, "Against Eunomius," 5.5 (LCF 137-138, PG 45.694-695, 698, 706).
904) Gregory of Nyssa, "Address on Religious Instruction," 10-11 (CLF 288, PG 45.42-43).
905) Gregory of Nyssa, "Against Eunomius," 5.5 (LCF 138-139, PG 45.706-707).

네스토리우스에게 보내는 두 번째 편지에서 "하나님의 말씀이 우리와 우리의 구원을 위하여 인간의 육체를 자기 자신에게 위격적으로(καθ' ὑπόστασιν) 연합시키시고 여자에게서 나타나셨다"라고 한 말로부터 비롯된다. 키릴은 이어지는 세 번째 편지에서도 신성과 인성의 "연합"(ἕνωσις)이 "위격적으로"(καθ' ὑπόστασιν) 이루어졌음을 말하였다.906)

키릴과 관련하여 우리는 그가 평생 동안 대적했던 네스토리우스와 431년 에베소 공의회, 그리고 451년 칼케돈 공의회를 먼저 떠올린다. 에베소 공의회는 키릴의 사상이 네스토리우스로 대변되는 극단적인 안디옥 학파의 입장과 대척점에 서 있었다는 사실을, 칼케돈 공의회는 그것이 유티케스로 대변되는 극단적인 알렉산드리아 학파의 입장과도 분명히 차별화되었다는 사실을 말해준다. 네스토리우스는 키릴이 극단적인 알렉산드리아 학파의 입장을 정치적으로 지지하고 있다고 오해하였다. 이를 반박하면서 키릴은 자신이 신인양성의 분리를 반대할 뿐더러 그렇다고 해서 혼합을 지지하지는 않는다고 자신의 입장을 변호한다. 키릴의 이러한 입장이 칼케돈 신경에 고스란히 반영되었다.907)

키릴은 아타나시우스 이후로 동방신학자들이 성육신을 다루면서 개진해 온 "구속적 신화"(redemptive deification)라는 개념에908) 초점을 두고 중보자 그리스도의 신인양성의 위격적 연합에 있어서의 신성의 비하(卑下)와 인성의 신화(神化)를 논하였다. 이 점을 들어 네스토리우스주의자 키루스의 데오도렛(Theodoret of Cyrus)은 키릴의 저주문 제2문을 거론하면서 키릴이 성경과 교부들에게 낯선 "위격적 연합"을 주장하였다고 비판하였으며,909) 네스토리우스는 키릴에 의해서 "신격과 연합된 육체가 신화된 말씀에 의해서(ipso verbo deificationis) 신격으로 변화되고 말았다"고 그

---

906) 이에 대해서 후술할 본서 제5장 7. "신화(神化, deificatio): 교부들의 유비적 혹은 윤리적 개진" 참조.

907) 칼케돈이 이러한 키릴의 입장을 제대로 반영하지 않고 유티케스를 반대하는 입장에서 오히려 지나치게 안디옥의 경향을 띠게 되었다고 비판하는 경우도 있다. 참조. Fairbairn, "The One Person Who Is Jesus Christ: The Patristic Perspective," 80ff.

908) Cyril of Alexandria, *On the Unity of Christ*, tr. and intro. John Anthony McGuckin (Crestwood, NY: St. Vladimir's Seminary Press, 1995), "Introduction," 16. 이하에서 본서에 수록된 키릴의 텍스트는 "On the Unity of Christ"로 인용.

909) Theodoret of Cyrus, "A Refutation of the Twelve Chapters of Anathemas of Cyril," 2 (*LCF* 270, *PG* 76.390; 83.1493).

비판의 논조를 더욱 강화하였다.[910]

네스토리우스는 자기를 비난하고 있는 키릴 역시 자기와 다를 바 없이 양성의 "결합"(συνάφεια)을 말하고 있다고 하면서 만약 자기에 대한 키릴의 비난이 적실하다고 친다면 키릴은 먼저 자기 자신부터 비난해야 한다고 힐난했다. 이에 대해서 키릴은 교부들의 용례나 교회가 견지해온 정통적인 관점에서 볼 때 양성의 "결합"이 아니라 "연합"(ἕνωσις)을 말함이 합당하다고 반박하면서, 다음과 같은 점을 지적하였다.

> 연합(unitas)은 결코 관계된 것들을 혼합시키지(confundit) 않는다. 그것은 하나가 되어 있다고 여겨지는 것들의 일치를(concursum in unum eorum quae unita esse intelliguntur) 의미한다.[911]

> 확실히, 본성상 하나님이신 독생하신 아들이, 그[네스토리우스]가 주장하듯이, 단순히 외부적이거나 정서적으로 인식되는 결속이 아니라 설명할 수도 인식할 수도 없는 진정한 연합으로(non simplici conjunctione, ut ille asserit, extrinsecus excogitata, aut affectiva, sed vera unione, ineffabili modo simul et inexcogitabili) 사람이 되셨다.[912]

신인양성의 "연합"에 대한 키릴의 입장은 다음과 같이 세 가지로 정리된다.

첫째, 키릴에 따르면, "연합"은 다수가 다수로 병존하는 것이 아니라 하나로 존재함을 뜻하는 바, "[서로] 다름이 무시되어서는 안 되지만 분할은 배제되어야 한다." "연합"은 두 인격이 이중적으로 병존(竝存)하는 것이나 하나가 되어 새로운 제3의 인격을 이루는 것이 아니며 영원히 동일하신 성자의 한 인격 가운데 신성과 인성이 하나가 되는 것을 의미한다. 이런 취지에서, "성부 하나님으로부터 나온 그 말씀은 육체가 없지 않은(οὐ δίχα σαρχός, non sine carne) 한 분 유일하신 주시며 아들이시다"

---

910) "The First Letter of Nestorius to Celestine," *CLF* 347-348.
911) Cyril of Alexandria, "On the Unity of Christ," 73 (*PG* 75.1286).
912) Cyril of Alexandria, "Against the Blasphemies of Nestorius," 2. pref. (*LCF* 254, *PG* 76.59). 여기에서 "vera unione"는 "ἕνωσιν ἀληθῆ"에 대한 번역이다. 이렇듯 "ἕνωσις"가 "unitas"로도 "unio"로도 번역된다. 그러나 엄밀하게는 "unitas"는 "하나됨" 혹은 "하나임"으로, "unio"는 "연합"으로 구별해서 사용해야 한다.

라고 언급되며,913) 성육신은 한 사람이 하나님의 고상함이나 권위에 참여하는 것이나 그와 일상적인 친교를 맺는 정도의 "결속"(σχετικῶς, conjuctum)과는 다름이 분명히 천명된다.914)

키릴은 성육신이 한 인격 안에서 일어나는 양성의 연합을 뜻하는 것이지 두 인격이 상존하거나 다른 인격으로 변화되는 것이 아님을 지적하면서, "어떤 사람들은 인격들의 연합이 있다고 주장한다. 그러나 성경은 말씀이 그 자신에 사람의 인격을 연합시키셨다고 하지 않고 말씀이 육신이 되셨다고 말한다"고 주위를 환기시킴으로써915) 자신의 입장을 부각시키고 있다. 그리고 신인양성의 연합이 단순히 "결속"이 아님을 뚜렷이 천명하기 위해서, 성경에서 말하는 바와 같이, 그의 고난이 "사람의 본성에"(humanitatis natura) 있다고 하지 말고 "육체에"(carne) 있다고 하자고 제안한다.916)

네스토리우스는 이러한 키릴의 비판을 반박하는 글에서 "그리스도가 우리와 동일한 본성의 인격을 취하셨으며,"917) 그 "취택된 사람"이 육체를 사용하여 구원의 일을 행하셨으며,918) "취택된 자 안에 하나님이 계시므로 취택된 자는 그를 취택한 자 때문에 하나님과 같은 모습을 지니고 있다"고 주장하였는데,919) 이로써 성육신을 '인성'이 아니라 '인성의 인격'을 취함이라고 여기고 있다는 점을 들어 네스토리우스를 비판한 키릴의 입장이 그릇되지 않음을 확정해주는 결과를 낳고 말았다. 키릴이 말하는 바, 이러한 네스토리우스의 견해에 따르게 되면 위격적 연합의 어떤 비밀이나 경륜도 말할 수 없게 된다.920)

---

913) Cyril of Alexandria, "Against the Blasphemies of Nestorius," 2.6 (*LCF* 253, *PG* 76.85–86).

914) "The Third Letter of Cyril to Nestorius," *CLF* 351. 인용된 헬라어 텍스트. ἘΠΙΣΤΟΛΗ ΤΡΙΠΗ ΤΟΥ ΑΓΙΟΥ ΚΥΡΙΛΛΥ ΠΡΟΣ ΝΕΣΤΟΡΙΟΝ," in Bindley, *The Oecumenical Documents of the Faith*, 125. 또한 다음을 볼 것. Cyril of Alexandria, "Letters," 40 (*LCF* 260, *PG* 77.193–194).

915) "Cyril of Alexandria's Second Letter to Nestorius," *CC* 134, "ἘΠΙΣΤΟΛΗ ΤΡΙΠΗ ΤΟΥ ΑΓΙΟΥ ΚΥΡΙΛΛΥ ΠΡΟΣ ΝΕΣΤΟΡΙΟΝ," 107: "⋯⋯κἂν εἰ προσώπων ἕνωσιν ἐπιθημίξωσί τινες· οὐ γὰρ εἴρηκεν ἡ γραφὴ ὅτι ὁ Λόγος ἀνθρώπου πρόσωπον ἥνωσεν ἑαυτῷ, ἀλλ ὅτι γέγονε σαρξ."

916) Cyril of Alexandria, "Letters," 46 (*LCF* 262, *PG* 77.246).

917) "Nestorius's First Sermon against the Theotokos," *CC* 126, 127.

918) "Nestorius's First Sermon against the Theotokos," *CC* 128.

919) "Nestorius's First Sermon against the Theotokos," *CC* 130.

920) Cyril of Alexandria, "On the Unity of Christ," 69–74 (*PG* 75.1279–1286).

둘째, 키릴에 따르면, '위격에 따른 하나됨'(unitas secundum hypostasim, ἕνωσις κατ' ὑπόστασιν)이 양성의 변화나 혼합을 초래하지 않는다.[921]

내가 말했던 바, 성육신의 방식을 고려할 때, 우리는 두 본성이 끊을 수 없는 연합 가운데 전혀 혼합 없이 변화 없이 함께 어우러졌다는 것을(duas inter se indissolubili unione convenisse naturas, citra confusionem atque immutationem ullam) 발견한다. 육체는 육체이지 신성이 아니다. 비록 그것이 하나님의 육체가 되었다고 하더라도 그러하다. 마찬가지로 말씀은 하나님이시지 육체가 아니다. 비록 그가 경륜을 이루시기 위하여 육체를 자신의 것으로 삼으셨다고 하더라도 그러하다(caro enim caro est, et non divinitas, etiamsi Dei caro facta est: itemque Verbum Deus est, et non caro, quamvis dispensatoria ratione propriam sibi fecerit carnem).[922]

여기에서 키릴은 아폴리나리우스와 그를 잇는 동방의 극단주의자들과 분명한 선을 긋고, 하나님은 이성적인 영혼을 포함한 완전한 인성을 취하심으로 하나님이시자 사람이시며, 불이 붙었으나 떨기나무가 타지 않았듯이 신성과 연합한 인성은 소멸되지 않는다고 역설한다.[923] 신성과 인성은 그것들이 "각각에 내재적으로 존재하는 것"(quod cuique inest)이라는 점에서는 서로 다른 본성이나 그리스도 안에서 어떤 혼합이나 변화 없이 우리가 생각할 수 없는 신비하고 불가해한 연합으로 함께 어우러졌다고 말한다.[924]

여기에 나타나는 "하나님의 육체", "말씀 자체의 육신",[925] "성육신하신 분의 한 본성"(unam……naturam incarnati),[926] 등과 같은 표현은 그 자체로만 보면 키릴이 아폴리나리우스주의자나 유티케스주의자가 아닌가, 혹은 가현설에 빠져있지 않은가 하는 오해를 불러일으킬 소지가 없지 않다. 그러나 성육신한 그리스도의 인성의 완전

---

921) Cyril of Alexandria, "Against the Blasphemies of Nestorius," 2.6 (*LCF* 253, *PG* 76.83-84).

922) Cyril of Alexandria, "Letters," 45 (*LCF* 261, *PG* 77.231).

923) Cyril of Alexandria, "On the Unity of Christ," 77, 79 (*PG* 75.1290, 1294).

924) Cyril of Alexandria, "On the Unity of Christ," 77 (*PG* 75.1291).

925) "The Third Letter of Cyril to Nestorius," *CLF* 352, "ἘΠΙΣΤΟΛΗ ΤΡΙΠΗ ΤΟΥ ΑΓΙΟΥ ΚΥΡΙΛΛΥ ΠΡΟΣ ΝΕΣΤΟΡΙΟΝ," 127; Cyril of Alexandria, "On Right Belief," 2.7 (*LCF* 265, *PG* 76.1343).

926) Cyril of Alexandria, "On the Unity of Christ," 79 (*PG* 75.1291).

함과 성육신에 있어서 신성과 인성은 모두 본래의 속성을 그대로 유지한다는 키릴의 입장은 확고하다. 일례로, "말씀이 육신이 되어"라는 요한복음 1:14의 말씀에 대한 키릴의 해석은 이러한 그의 입장을 분명히 보여준다. 키릴은 여기에서 "말씀"은 불변하시는 하나님이시며 육신은 이성적 영혼을 포함하는 완전한 사람을 뜻한다는 사실을 적시하면서, "성육신"(incarnation)은 "사람이 되는 것"(enmanment)을 의미한다고 강조한다. 그리고 이에 근거해서, 말씀이 어떤 변화나 수정도 없이 육신이 되셨음에 한 인격 양성의 위격적 연합의 비밀이 있음을 부각시킨다. 키릴이 마리아를 하나님의 어머니(Θεοτόκος)라고 불러야 한다고 주장하고 성육신에 있어서 그리스도의 인성의 신화와 성도의 구원에 있어서의 신화를 유비하는 근거는 이러한 입장에 기인한다.[927]

셋째, 키릴에 따르면, 성육신은 한 위격(ὑπόστασις) 혹은 인격(πρόσωπον) 가운데 양성이 하나가 되는 "본성적 연합"(ἕνωσις φυσική)이다. 키릴은 복음서가 이 땅에 오신 그리스도가 "성육신한 말씀의 한 위격으로서 한 인격 가운데"(ἐνὶ ……προσώπῳ……ὑποστάσει μιᾷ τῇ τοῦ Λόγου σεσαρκωμένῃ) 계셨다는 사실을 선포하는 바,[928] 이를 통하여 우리는 "연합"을 생각할 때마다 "성육신한 말씀 자신의 본성"(φύσις μετὰ τὴν ἕνωσιν, ἡ αὐτοῦ τοῦ Λόγου σεσαρχωμένη), 바로 그 "한 인격"(ἑνὸς προσώπου)을 떠올리게 된다고 말한다.[929] 이러한 이해가 단성론의 오해를 낳을 수 있으므로, "거룩한 동정녀 마리아가 위격에 의해서 육체와 연합된 하나님을 육체에 따라 낳았으므로 우리는 그녀를 하나님의 어머니라고 불러야 한다. 그렇다고 해서 하나님의 본성이 육체로부터 그 존재가 시작되는 것은 아니다"고 하여 그 소지를 불식시킨다.[930] 성육

---

[927] Cyril of Alexandria, "On the Unity of Christ," 53-74 (*PG* 75.1259-1267), 특히 인용, 53-54, 58-59 (*PG* 75.1259, 1267).

[928] "The Third Letter of Cyril to Nestorius," *CLF* 352, "ΕΠΙΣΤΟΛΗ ΤΡΙΠΗ ΤΟΥ ΑΓΙΟΥ ΚΥΡΙΛΛΥ ΠΡΟΣ ΝΕΣΤΟΡΙΟΝ," 128.

[929] Cyril of Alexandria, "Against the Blasphemies of Nestorius," 2. pref. (*LCF* 254, *PG* 76.59-61): "Ita et unus simul et solus intelligetur, et omnia ei dicta convenient, et omnia tanquam ab una persona dicta censebuntur. Nam post unionem una jam intelligitur natura illa ipsius Verbi incarnata, ut procul dubio in nobis ipsis etiam convenienter intelligitur."

[930] "The Third Letter of Cyril to Nestorius," *CLF* 352-353, "ΕΠΙΣΤΟΛΗ ΤΡΙΠΗ ΤΟΥ ΑΓΙΟΥ ΚΥΡΙΛΛΥ ΠΡΟΣ ΝΕΣΤΟΡΙΟΝ," 130: "Ἐπειδὴ δὲ Θεὸν ἑνωθέντα σαρκὶ καθ' ὑπόστασιν ἡ ἁγία παρθένος ἐκτέτοκε σαρκικῶς, ταύτῃτοι καὶ θεοτόκον εἶναί φαμεν αὐτήν, οὐχ ὡς τῆς τοῦ Λόγου φύσεως τῆς ὑπάρξεως τὴν ἀρχὴν ἐχούσης ἀπὸ σαρκός."

신이 신성과 인성의 연합에 있으므로, 만약 네스토리우스와 같이 마리아를 하나님의 어머니라고 부르지 않고 사람의 어머니라거나[931] 그리스도의 어머니라고만 부르면[932] 우리에게 오신 주가 하나님이시라는 사실과 "임마누엘"이시라는 사실이 모두 무색해진다는 점을 키릴은 반복해서 강조한다.[933] 키릴의 논법은 다음과 같이 단순하다. "진정, 만약 우리의 주가 하나님이시라면 분명 그를 낳으신 거룩한 동정녀는 하나님의 어머니여야 하지 않겠는가?"[934]

한 위격 가운데서 양성의 연합이 일어난다는 사실은 키릴이 네스토리우스를 반박하면서 강조한 교리적 요체였다. 키릴에 따르면, 그리스도가 우리를 위하여 나시고, 고난당하시고, 죽으시고, 부활하시고, 이제 예배를 받으시는 것은 "위격에 따른 연합을"(τὴν καθ' ὑπόστασιν ἕνωσιν) 차치하고는 올바로 논의할 수 없다.[935] 우리가 마리아를 하나님의 어머니라고 불러야 하는 것은 하나님의 말씀이 "그 자신에게 인간적 실체를 위격에 따라서 연합시키셨기"(ἑνώσας ἑαυτῷ ὁ Λόγος καθ' ὑπόστασιν τὸ ἀνθρώπινον) 때문이다.[936]

말할 수도 이해할 수도 없는 방식으로 말씀은 자신의 위격에 따라서 이성적인 영혼으로 살아있는 육체를 자신에게 연합시키셨다(σάρκα ἐψυχωμένην ψυχῇ λογικῇ ἑνώσας ὁ Λόγος ἑαυτῷ καθ' ὑπόστασιν ἀφράστως τε καὶ ἀπερινοήτως). 그리고 이러한 방식으로 사람이 되셨다. 그리고 '인자'로 지목되셨다.[937]

---

931) "Nestorius's First Sermon against the Theotokos," *CC* 124.

932) "The First Letter of Nestorius to Celestine," *CLF* 348. 이는 성경에서 마리아를 예수의 어머니라고 칭하는 구절들을(눅 1:31; 요 2:1; 행 1:14) 염두에 둔 것이다.

933) Cyril of Alexandria, "Against the Blasphemies of Nestorius," 2.10 (*LCF* 254, *PG* 76.97–98); "On the Unity of Christ," 52, 64 (*PG* 75.1258, 1274).

934) Cyril of Alexandria, "Letters," 1 (*LCF* 252, *PG* 77.14): "Etenim, si Dominus noster Jesus Christus Deus erat, quo tandem modo sacra Virgo, quae illum edidit, Deipara non dicatur?"

935) "Cyril of Alexandria's Second Letter to Nestorius," *CC* 133–134, "ΕΠΙΣΤΟΛΗ ΤΡΙΠΗ ΤΟΥ ΑΓΙΟΥ ΚΥΡΙΛΛΥ ΠΡΟΣ ΝΕΣΤΟΡΙΟΝ," 106–107.

936) "Cyril of Alexandria's Second Letter to Nestorius," *CC* 133, 135, "ΕΠΙΣΤΟΛΗ ΤΡΙΠΗ ΤΟΥ ΑΓΙΟΥ ΚΥΡΙΛΛΥ ΠΡΟΣ ΝΕΣΤΟΡΙΟΝ," 106–107.

937) "Cyril of Alexandria's Second Letter to Nestorius," *CC* 133, "ΕΠΙΣΤΟΛΗ ΤΡΙΠΗ ΤΟΥ ΑΓΙΟΥ ΚΥΡΙΛΛΥ ΠΡΟΣ ΝΕΣΤΟΡΙΟΝ," 105.

한 위격 가운데 양성이 연합되었으므로, "인성으로 말미암아 나중의 것이, 신성으로 말미암아 영원한 것이"(et recentem······ratione humanae naturae, et aeternum, ratione divinae) 그에게 돌려진다.938) "그 자신에게 속한 모든 것들, 그 모든 음성, 신적인 것들과 인간적인 것들이 동시에"(omnia······ipsius, voces nimirum et res, divinaque simul et humana) 그에게 돌려진다.939) "성육신의 사귐을 통하여"(per consortium incarnationis) 한 위격 안에 양성이 고유한 특성을 지니고 연합된 가운데 한 주체인 영원하신 하나님의 아들 우리 주 그리스도께 그 모든 속성이 돌려진다.940) 인성의 연약함과 한계와 그것을 초월하는 신성의 무한한 속성이 모두 그에게 돌려진다.941) "우리와 동일한 연약함 가운데"(in infirmitate nostrae simili) 죽으신 분이 부활로써 "신성의 능력을"(divinam potentiam) 보이셨다.942)

그리스도의 육체가 휘장이었다. 그것이 그 육체를 초월하는 능력으로 찢어졌다. 그리하여 말씀의 영광이 나타났다. 그 육체의 길이 이제 지성소가 되었다. 그리하여 "놀랍고 무한한 하나님의 말씀의 고상함과 영광이 육체와 하나가 되었다"(eximia atque immensa excellentia et gloria Dei Verbi quod carni unitum est).943) 그가 "아버지와 동일하심 가운데"(aequalitate Patris) "비우심"(exinanitio)으로 우리가 그의 피와 살에 동참하게 하셨다. 이것이 성육신의 "경륜"(administratio, oeconomia)이자 "비밀"(mysterium)이다.944)

이것이 우리가 우리의 주 예수 그리스도를 한 인격 가운데(in una persona) 이해해야 하는 이유이다. 말씀이 모든 세대와 시대 이전에 신적으로(divinitus) 나신 바, 이제 이 시대의 마지막 때에 동일하신 분이 한 여자에게서 육체가 되셨다. 우리는 그 자신에

---

938) Cyril of Alexandria, "On the Unity of Christ," 94 (PG 75.1311). 다음 글에서 저자는 키릴이 이러한 위격적 연합에 따른 양성의 교통에 기초해서 고난당하실 수 없는 하나님의 아들이 육신 가운데 우리를 위하여 고난을 당하셨다고 주장하고 있음을 강조한다. J. Warren Smith, "Suffering Impassibly: Christ's Passion in Cyril of Alexandria's Soteriology," Pro Ecclesia 11/4 (2002), 465-476.

939) Cyril of Alexandria, "On the Unity of Christ," 107 (PG 75.1327).

940) Cyril of Alexandria, "On the Unity of Christ," 107, 110 (PG 75.1327, 1331).

941) Cyril of Alexandria, "On the Unity of Christ," 129 (PG 75.1355).

942) Cyril of Alexandria, "On the Unity of Christ," 130 (PG 75.1358).

943) Cyril of Alexandria, "On the Unity of Christ," 111 (PG 75.1334).

944) Cyril of Alexandria, "On the Unity of Christ," 132 (PG 75.1559); 110 (PG 75.1331).

게 신적이고 인간적인 특성들을 돌려드린다(ipsique tribuimus et divinas et humanas proprietes). 우리는 또한 동일하신 분에게 출생과 십자가에서의 고난이 속한다고 말한다. 왜냐하면 그는 신격의 본성 가운데 고난당하실 수 없는 분으로 계시면서도 그의 육체에 속한 모든 것을 자신에게 맞추셨기(sibi adaptarit) 때문이다. 이것이 "모든 무릎을 예수의 이름에 꿇게 하시고 모든 입으로 예수 그리스도를 주라 시인하여 하나님 아버지께 영광을 돌리게 하신"(빌 2:10-11) 이유이다. 아멘.945)

키릴은 동일하신 한 분 그리스도의 인격과 사역이 신성과 인성의 속성에 따른 것임을 지칭하는 "귀속"(歸屬, appropriatio)을 "ἰδιοποίησις"나 "οἰκείωσις"라고 표현한다.946) 이 두 단어는 ἰδιοποιέω와 οἰκειοποιέω에서 나온 동사적 명사형이다. 그 실체를 뜻할 때는 ἰδιότης와 οἰκειότης로 쓰인다. ἰδιοποίησις와 οἰκείωσις는 모두 무엇을 자신의 것으로 삼거나 주장한다는 의미를 가지고 있다. 다만 후자는 무엇을 자신의 가족이나 혈연으로 삼아서 집에 들인다는 의미가 내포되어 있다. 키릴은 이 개념을 한 개체(ἕνας, entity)에 속한 여러 주체들의 밀접한 관계를 뜻하는 것으로 사용한다. 이는 아타나시우스가 성부와 성자의 관계를 논하며 사용한 ἴδιος 개념과 통한다. 특히 양성의 연합과 관련하여 οἰκείωσις φυσική로 키릴의 초기 작품에서부터 나타난다.947)

이로부터 우리는 그리스도의 인성의 신화와 신성의 케노시스에 대한 키릴의 입장을 이해할 수 있는 결정적 단서를 얻게 된다. 그리고 그가 Θεοτόκος 논쟁에서 네스토리우스를 거부했던 것이 단지 정치적 계기로 말미암은 것이 아니라 시종 신학적 문제 때문이었다는 사실을 뚜렷하게 확인하게 된다.948)

---

945) Cyril of Alexandria, "On the Unity of Christ," 133 (PG 75.1362).
946) 그러므로 이러한 개념을 단지 철학적 영향의 산물로 여겨서는 안 된다. 참조. Roy Kearsley, "The Impact of Greek Concepts of God on the Christology of Cyril of Alexandria," *Tyndale Bulletin* 43/2 (1992), 321-327.
947) 참조. Lawrence J. Welch, "Logos-Sarx? Sarx and the Soul of Christ in the Early Thought of Cyril of Alexandria," *St Vladimir's Theological Quarterly* 38/3 (1994), 271-292. 여기에서 저자는 네스토리우스와의 논쟁이 있기 전에는 키릴이 로고스-육체 기독론을 취하고 영혼은 단지 수동적이라고 본 아폴리나리우스의 입장을 따르고 있었다고 주장하는 그릴마이어(Aloys Grillmeier)를 비판하고 있다.
948) 이에 관하여, Paul L. Gavrilyuk, *The Suffering of the Impassible God: The Dialectics of Patristic Thought* (Oxford: Oxford University Press, 2004), 161-171; Fairbairn, *Grace and Christology in the Early Church*, 83-132.

1. 4. 어거스틴

1. 4. 1. 삼위일체론적 지평 : '종속' 그러나 '종속설'이 아닌

어거스틴의 『삼위일체론』(De Trinitate)은 그가 가장 성숙한 시기의 거의 30년을 바친 작품이었다. 본서는 전체 15권으로 이루어졌다. 제1-7권은 삼위일체에 관한 성경적 가르침을, 제8-15권은 이론적 가르침을 담고 있다. 교리에 관한 심오한 고찰은 주로 전반부에서 전개된다. 하나님은 한 본질 가운데 세 위격으로 계시며 각각의 위격은 동일본질이시라는 니케아 신경의 가르침과 더불어 어거스틴 사후 130여년이 지나 589년 톨레도 제3차 회의에서 확정되는 성령의 이중출래에 관한 가르침 곧 필리오케(Filioque) 교리가 본서에서 분명히 천명된다.

어거스틴은 성부를 신성의 기원(ἀρχή, principium)이라고 부른다. 성부와 성자가 성령의 기원이지만 성부가 성자의 기원이므로 두 기원이 있는 것은 아니라고 말한다.[949] 이러한 관계는 위격에 관한 것이며 본질에는 무관하다. 본질에 관한 한 삼위는 동일하기 때문이다. 아들의 나심(γέννησις, generatio)과 성령의 나오심(ἐκπορεύσις, spiratio)은 성부와 성자, 성부와 성령, 성자와 성령의 관계를 칭할 뿐 성부와 성자와 성령은 동일본질(ὁμοούσια)이시다. 성자의 성부에의, 성령의 성부와 성자에의 종속(subjectio)은 아리우스가 말하는 본질에 있어서의 종속이 아니라 위격에 있어서의 관계를 칭할 뿐이다. 주목할 만하게도 본서는 삼위일체론에 관한 이러한 정통적 입장을 견지하는 가운데 성자의 두 나심(duplex generatio)이라고도 불리는 영원한 나심(generatio aeterna)-'Filius est genitus a Patre'(아들은 아버지로부터 나셨다)-과 역사적 나심 곧 성육신(incarnatio)-'Deus manifestatus in carne'(육신 가운데 나타나신 하나님)-을 함께 논의하고 있다. 『삼위일체론』이라는 제명으로 기독론의 핵심 교리인 성자의 성육신에 있어서의 신인양성의 위격적 연합을 많은 지면을 할애하여 다루고 있는 것이다.[950]

---

[949] 성부가 "기원"이라는 사실과 필리오케에 대해서 특히 다음을 볼 것. Augustine, "On the Trinity," 4.20.29; 5.14.15; 15.26.45-47 (*NPNFF* 3.84-85, 94-95, 223-225, *AO* 8.1268-1270, 1285-1286, 1508-1512).

[950] 어거스틴의 신학에 있어서의 삼위일체론과 기독론의 관련성에 대해서, Albert C. Outler, "The Person and Work of Christ," in *A Companion to the Study of St. Augustine*, ed. Roy W. Battenhouse (New York: Oxford University Press, 1955), 348.

어거스틴은 빌립보서 2:6의 "그는 근본 하나님의 본체(ἐν μορφῇ θεοῦ, in Dei forma) 시나"에서 "하나님"이라는 말은 성부를 지칭한다고 하면서 비슷한 용례로 "그리스도의 머리는 하나님이시라"는 고린도전서 11:3을 제시한다.[951] 그리고 빌립보서 2:6에 비추어 성부와 성자의 동등함에 주목하고,[952] 빌립보서 2:7의 "자기를 비워 종의 형체를(μορφὴν δούλου, formam servi) 가지사"라는 말씀을 해석한다. 어거스틴에 따르면, 여기에서 말하는 "자기"(ἑαυτόν, semetipsum)는 "사람이 되신 하나님과 사람 사이의 중보자 그리스도 예수" 곧 성자를 뜻한다. "그 자신은 하나님의 본체로는 자기보다 크시나 종의 형체로는 자기보다 작으시다"(in forma Dei etiam ipse se ipso major est, in forma autem servi etiam se ipso minor est). 성육신하신 하나님의 아들은 자기보다 크신 아버지와 동일하신 분으로서 자기보다 작은 사람이 되셨다. "이렇듯 그는 하나님의 본체로 사람을 지으셨고, 종의 형체로 사람이 되셨다"(Proinde in forma Dei fecit hominem; in forma servi factus est homo).

따라서 하나님의 본체가 종의 형체를 취하셨으므로 이 둘 중 어느 것이나 하나님이며 이 둘 중 어느 것이나 사람이다. 분명 그는 취하시는 하나님이시기 때문에(propter accipientem Deum) 이 둘 중 어느 것이나 하나님이다. 또한 취해진 사람이시기 때문에(propter acceptum hominem) 이 둘 중 어느 것이나 사람이다. 이러한 취함으로 말미암아 이 둘 중 하나가 다른 하나로 바뀌거나 변화되지 않았을 뿐만 아니라, 신성이 피조물로 변해서 신성으로 존재함을 그치게 되거나 피조물이 신성으로 변해서 피조물로 존재함을 그치게 되지도 않았다.[953]

성부는 성자보다 크시나(요 14:28) 성자와 동일하시다. 성부가 성자의 시작이 되

---

951) Augustine, "On the Trinity," 1.6.12 (*NPNFF* 3.23, *AO* 8.1164).
952) 그러나 빌립보서 2:6의 "하나님의 본체"에서 "하나님"은 성부가 아니라 삼위일체 하나님을 뜻하는 것으로 보아, "하나님의 본체(μορφή)"는 성부의 위격적 특성이 아니라 하나님의 본질, 즉 신성을 뜻하는 것으로 여겨야 한다. 그러므로 "그는 근본 하나님의 본체시나"라는 말씀이 일차적으로 전하고자 하는 바는 성자가 성부와 동등하시다는 사실이 아니라 성자가 하나님의 본질을 지니신 하나님이시라는 사실이라고 봄이 합당하다.
953) Augustine, "On the Trinity," 1.7.14 (*NPNFF* 3.24, *AO* 8.1165-1166): "Ergo quia forma Dei accepit formam servi, utrumque Deus et utrumque homo: sed utrumque Deus propter accipientem Deum, utrumque autem homo propter acceptum hominem. Neque enim illa susceptione alterum eorum in alterum conversum atque mutatum est; nec divinitas quippe in creaturam mutata est, ut desisteret esse divinitas; nec creatura in divinitatem, ut desisteret esse creatura."

시며 성자가 성부에 종속되시는 것은 오직 위격의 관계에 관한 것이지 본질에 관한 것이 아니다. 성부와 동일하시나 성부보다 작으신 성자가 그 자신보다 작으신 사람이 되셨다. 이렇듯 삼위일체에 관한 진술이 기독론에 관한 진술과 함께 나타난다. 같은 맥락에서 어거스틴은 다음과 같이 말한다. "실로 [아들은] 아버지보다 작으시므로 간구하시지만 아버지와 동등하시므로 아버지와 함께 들으신다"(rogat, quo minor est Patre: quo vero aequalis est, exaudit cum Patre).[954] "그가 하나님이신 한, 하나님과 함께 그는 우리를 복종시키신다. 그가 제사장이신 한, 그는 우리와 함께 하나님께 복종하신다"(in quantum Deus est, cum illo nos subjectos habeat, in quantum sacerdos, nobiscum illi subjectus sit).[955]

아래에서 어거스틴은 "하나님의 본체에 따라서"(secundum formam Dei)와 "종의 형체에 따라서"(secundum formam servi)라는 말을 수사학적으로 반복함으로써 신인양성의 위격적 연합을 부각시키고 있다.

> 하나님의 본체에 따라서, 만물이 그로 말미암아 지어졌다(요 1:3). 종의 형체에 따라서, 그 자신이 여자에게서 나셨다(갈 4:4). 하나님의 본체에 따라서, 그 자신과 성부는 하나이시다(요 10:30). 종의 형체에 따라서, 그가 오신 것은 자신의 뜻이 아니라 그를 보내신 이의 뜻을 행하려 하심이었다(요 6:38-39). 하나님의 본체에 따라서, "아버지께서 자기 속에 생명이 있음같이 아들에게도 생명을 주어 그 속에 있게 하셨다"(요 5:26). 종의 형체에 따라서, 그는 "마음이 매우 고민하여 죽게 되었고" "내 아버지여 만일 할 만하시거든 이 잔을 내게서 지나가게 하옵소서"라고 말씀하신다(마 26:38-39). 하나님의 본체에 따라서, "그는 참 하나님이시요 영생이시다"(요일 5:20). 종의 형체에 따라서, 그는 "죽기까지 복종하셨으니 곧 십자가에 죽으심이라"(빌 2:8).[956]
>
> 하나님의 본체에 따라서, 성부께 있는 것은 다 그의 것이며(요 16:15), "내 것은 다 아버

---

954) Augustine, "On the Trinity," 1.10.21 (NPNFF 3.29, AO 8.1174).

955) Augustine, "On the Trinity," 1.10.20 (NPNFF 3.28, AO 8.1173). 어거스틴은 그리스도의 이러한 중보가 하나님께 그의 왕국을 바칠 때 끝이 난다고 말한다. "On the Trinity," 1.10.20-21 (NPNFF 3.28-29, AO 8.1172-1175).

956) Augustine, "On the Trinity," 1.11.22 (NPNFF 3.30, AO 8.1175).

지의 것이요 아버지의 것은 내 것이라" 말씀하신다(요 17:10). 종의 형체에 따라서, 그의 교훈은 그의 것이 아니요 그를 보내신 이의 것이다(요 7:16).[957]

하나님의 본체에 따라서, "모든 언덕이 있기 전에 그가 나를 낳았다"(잠 8:25, 70인경)고 한다. 즉 모든 높은 피조물보다 그가 먼저 계셨다. "아침별이 돋기 전에 내가 너를 낳았다"(시 110:3, 불가타). 즉 모든 시간과 세대가 있기 전에 그가 계셨다. 종의 형체에 따라서, "여호와께서 그 조화의 시작 곧 태초에 일하시기 전에 나를 가지셨으며"(잠 8:22)라고 일컫는다.[958] 하나님의 본체에 따라서, "나는 진리요"라고 하시고, 종의 형체에 따라서, "나는 길이요"라고 하신다(요 14:6). 이는 그가 "죽은 자들 가운데에서 먼저 나신" 분으로서(계 1:5) 자신의 교회가 하나님의 왕국에 이르는—즉 머리가 되시는 그 분의 불멸의 몸으로서 영생에 이르는—길을 놓으셨기 때문이다. 그러므로 그는 하나님의 조화의 시작의 때에 그의 작품으로 창조되셨다.[959] 하나님의 본체에 따라서, 그는 우리에게 말씀하시는 "처음"이시며(요 8:25, 불가타), 이 처음에 하나님이 천지를 만드셨다(창 1:1). 그러나 종의 형체에 따라서, 그는 "그의 신방에서 나오는 신랑과 같다"(시 19:5). 하나님의 본체에 따라서, 그는 "모든 피조물보다 먼저 나신 이시니……또한 그가 만물보다 먼저 계시고 만물이 그 안에 함께 섰느니라"(골 1:15, 17). 종의 형체에 따라서, "그는 몸인 교회의 머리시라"(골 1:18). 하나님의 본체에 따라서, 그는 영광의 주시며(고전 2:8), 분명 그 자신이 성도들을 영화롭게 하신다. "또 미리 정하신 그들을 또한 부르시고 부르신 그들을 또한 의롭다 하시고 의롭다 하신 그들을 또한 영화롭게 하셨느니라"(롬 8:30). 그에 대해서 말하기를, 그는 "경건하지 아니한 자를 의롭다 하시는 이"라고 했으며(롬 4:5), 그에 대해서 말하기를, 그는 의로우시며 의롭다 하시는 분이라고 했다(롬 3:26). 따라서 그가 의롭다 하신 자들을 또한 영화롭게 하셨다면, 의롭다 하고 영화롭게 하는 것은 그 자신이며, 그는 내가 말한 바 영광의 주시다. 그러나 그는 자신들이 영화롭게 되는 것에 대해서 묻는 제자들에게 종의 형체에 따라서 다음과 같이 대답

---

957) Augustine, "On the Trinity," 1.11.23 (NPNFF 3.30, AO 8.1175-1176).

958) 잠언 8:22, "여호와께서 그 조화의 시작 곧 태초에 일하시기 전에 나를 가지셨으며," 이 말씀은 성자 하나님의 영원하심을 말씀하는 구절이다. 그러나 어거스틴은 그 일부분을 위의 본문과 같이 번역하여 성자의 인성을 뜻하는 구절로 보았다. 이 부분에 대한 라틴어 원문: "Dominus creavit me in principio viarum suarum."

959) 이 부분에 모호함이 없지 않다. 어거스틴의 이러한 해석은 그가 잠언 8:22을 영원한 성자의 존재가 아니라 성육신을 뜻하는 구절로 읽는 데서 비롯된다. 그러나 여하한 경우에도 어거스틴이 성자의 영원성을 부인한다고 볼 수는 없다.

하셨다. "내 좌우편에 앉는 것은 내가 주는 것이 아니라 내 아버지께서 누구를 위하여 예비하셨든지 그들이 얻을 것이니라"(마 20:23).[960]

이렇듯 어거스틴은 "하나님의 본체"와 "사람의 형체"로 신인양성의 위격적 연합을 표현하지만, "하나님의 본체"와 "종의 형체"로 신성과 인성을 항상 갈음하는 것이 아니라, 전자는 성부와 성자의 동등함에, 후자는 성자가 성부에 위격적으로 종속됨에 중점을 둔다. 예컨대, 지혜의 영원함에 관한 잠언 8:22을 인용하면서 "종의 형체에 따라서"를 반복하는 것은 이러한 취지에서이다. 어거스틴은 이러한 자신의 입장이 정통적인 가르침에 부합한다는 것을 강조하면서, 하나님의 아들이 "하나님의 본체에 따라서" 성부과 동등하며 "종의 형체에 따라서" 성부보다, 성령보다, 심지어 자기 자신보다 작으시다는 것이 "정칙 규범"(canonicam regulam)이라고 일컫는다.[961]

이러한 경향이 있음에도 불구하고, 어거스틴에게 있어서, "하나님의 본체"의 핵심은 삼위의 동일본질에, "종의 형체"의 핵심은 성육신한 신인양성의 그리스도의 위격에 있음이 분명하다. 이러한 맥락에서, "하나님의 아들"(Filius Dei)이 "종의 형체"를 취하신 "인자"(Filius hominis)가 아니시라면 영광의 주가 십자가에 못 박히셨다는 말씀이(고전 2:8) 불가하다고 역설되며, "실로 그는 종의 형체로 못 박히셨지만, 그럼에도 불구하고 영광의 주가 못 박히셨다"(Ex forma enim servi crucifixus est, et tamen Dominus gloriae crucifixus est)고 뚜렷이 천명된다.[962] "종의 형체"를 "인자의 형체"(forma filii hominis)로 특정하는 가운데 그 주체가 성자의 인격이라는 사실을 역설하고 있는 것이다.[963]

결론적으로, 어거스틴은 "종의 형체에 따라서"가 삼위일체에 있어서의 성부에 대한 성자의 종속과 성육신한 그리스도의 종속을 모두 포함하는 것으로 본다. 다만 전자는 성자가 성부에게서 나셨지만 성부와 동일하시다는 성부와 성자의 관계를, 후자는 성육신하신 성자가 우리의 구속을 위하여 스스로 자신을 낮추신 비하(卑下)

---

960) Augustine, "On the Trinity," 1.12.24 (NPNFF 3.31, AO 8.1176-1177).
961) Augustine, "On the Trinity," 2.1.2 (NPNFF 3.37, AO 8.1188).
962) Augustine, "On the Trinity," 1.13.28 (NPNFF 3.33, AO 8.1180).
963) Augustine, "On the Trinity," 1.12.29 (NPNFF 3.33, AO 8.1181).

를 뜻한다. 이렇듯 어거스틴은 "종의 형체"를 단지 "인자의 형체"에 국한시키지 않고 영원한 성자의 위격적 특성, 즉 "성자의 형체"에도 관계되는 것으로 여기고 있다. 이것이 그의 삼위일체론과 기독론을 잇는 연결점이 된다. 여기에서 우리는 어거스틴이 빌립보서 2:6의 "그는 근본 하나님의 본체시나"라는 말씀에서 "하나님"이 성부를 지칭한다고 주장하는 이유를 알 수 있다. 이상의 고찰을 통하여 우리는 어거스틴이 말하는 두 가지 종속은 성부와 성자의 동등함 가운데서의 구별과 성자의 비하를 뜻하기 위한 표현일 뿐, 성부와 성자의 동일본질을 부인하는 극단적 종속설의 입장에서 삼위일체론을 개진하는 것은 아님을 발견하게 된다.[964]

이러한 삼위일체와 성육신의 긴밀성을 다루면서 어거스틴은 성부와 성자의 관계를 표현하는 세 가지 종류의 하나님의 말씀에 주목한다.

첫째, 성자가 성부와 성령과 동일본질이심을 증거하는 말씀이다. 주님이 자신과 아버지가 하나라고 하신 경우나(요 10:30), 바울이 그리스도가 근본 하나님의 본체라고 한 경우가(빌 2:6-7) 이에 해당한다.

둘째, 성자가 취하신 종의 형체 때문에 아버지보다 작다고 증거하는 말씀이다. 이는 다시 삼위일체에 있어서의 종속과 성육신한 그리스도의 종속을 포함한다. 전자에는 아버지는 나보다 크다는 주님의 말씀이나(요 14:28), 주님이 인자에게 심판하는 권세를 주셨다는 말씀이(요 5:22, 27) 포함된다. 후자에는 주님이 인성에 따라서 고난을 당하시고 모든 율법에 복종하신 수법(守法)에 관한 말씀이 포함된다.

셋째, 성부와 성자의 동등하나 구별되는 위격 상호 간의 관계를 전하는 말씀으로서 아들이 아버지로부터 영원히 나심이 무엇을 의미하는지를 알려준다. 이러한 말씀은 성육신하신 주님이 취하신 종의 형체와는 무관하다. 아버지가 자기 속에 생명이 있듯이 아들에게도 이를 부어주셨다거나(요 5:26), 아들은 아버지가 하는 일을 보지 않고는 아무 일도 하지 않으신다거나(요 5:19), 아들의 교훈은 아들의 것이 아니요 아버지의 것이라고 하거나(요 7:16), 하는 말씀이 이에 해당한다.[965] 이 경우, "성부와 성자의 사역은 분리되지 않고 동등하다. 그러나 아버지로부터 아들에게로

---

964) 참조. Linda Darwish, "The Concept of the Mediator in Augustine's Understanding of the Trinity," *Didaskalia* 13/1 (2001), 67-74.

965) 특히 셋째 종류의 말씀에 관련하여, Augustine, "On the Trinity," 1.12.25-27, 2.2.4 (*NPNFF* 3.31-33, *AO* 8.1177-1180).

일어난다"(inseparabilis et par est operatio Patri et Filio, sed a Patre est Filio).⁹⁶⁶⁾

말씀은 "시간 없이"(sine tempore) 존재하시나 "그 속에"(in quo) 시간이 있다. 성육신은 성부와 성자 사이에 창세 전에 작정되었다. 그리하여 "육신으로 나타나신 분이 보냄을 받았다"(est missus ille qui in ea carne apparuit)는 말과 "육신으로 나타나지 않으신 분이 보내셨다"(misisse ille qui in ea non apparuit)는 말이 모두 합당하다. 그리고 이로부터 다음과 같은 결론이 도출된다. "그러므로 그리스도가 취하신 사람의 형체는 성부의 인격이 아니라 성자의 인격이다"(Forma porro illa suscepti hominis, Filii persona est, non etiam Patris).⁹⁶⁷⁾

"삼위일체 하나님이 동정녀 마리아에게서 사람의 형체를 조성하셨으나 그 형체는 오직 아들의 인격이었다"(sicut humanam illam formam ex virgine Maria Trinitas operata est, sed solius Filii persona est). 이는 주님이 세례받으실 때와 변화산에서 하늘로부터 울린 음성이 "삼위일체의 인격"(persona Trinitatis)으로서 "성부의 인격"(persona Patris)에 돌려지는 것과 다를 바 없다.⁹⁶⁸⁾ 그리스도는 하나님과 사람 사이의 중보자로서(딤전 2:5) "신성의 하나됨을 통해서는 아버지와 동등하시고 인성을 취하심으로 우리의 동참자"(aequalis Patri per divinitatis unitatem, et particeps noster per humanitatis susceptionem)가 되신다. 그가 아버지와 하나가 되신 것과 같이 우리도 하나가 되게 해달라는 기도는 이러한 의미를 지니고 있다(요 10:30, 17:20-22).⁹⁶⁹⁾ 이러한 측면에서 어거스틴은 그리스도가 "생명의 중보자"(mediator vitae)로서 "우리를 고치는 치료약"(noster medicina emendationis)이 되신다고 역설한다.⁹⁷⁰⁾

지금까지 고찰한 어거스틴의 위격적 연합에 대한 이해는 다음과 같이 정리된다.

첫째, 정통 삼위일체론과 서방의 필리오케 교리를 받는다.

둘째, 본질의 하나됨과 위격의 관계를 뚜렷이 구별한다.

---

966) Augustine, "On the Trinity," 2.1.3 (3.38-39, AO 8.1189-1190). 인용은 2.1.3 (NPNFF 3.38, AO 8.1190)에서.
967) Augustine, "On the Trinity," 2.5.9 (NPNFF 3.41, AO 8.1195).
968) Augustine, "On the Trinity," 2.10.18 (NPNFF 3.46, AO 8.1203).
969) Augustine, "On the Trinity," 4.8.12 (NPNFF 3.75-76, AO 8.1253-1254). 이와 관련하여 어거스틴은 주님께서 자신이 아버지와 하나라고 하셨지 우리와 하나라고 하시지는 않았다는 점을 거론한다. 이는 위격의 주체인 성자가 성부와 동일본질이시라는 사실과 함께 위격의 영원성과 고유함이 인성이 아니라 신성에 있음을 강조하기 위함이다.
970) Augustine, "On the Trinity," 4.10.13-4.13.18 (NPNFF 3.76-79, AO 8.1254-1260). "우리를 고치는 치료약"에 대해서, "On the Trinity," 2.12.15 (3.46, AO 8.1256).

셋째, 그리스도의 신인양성의 위격적 연합을 다루면서, 그리스도의 신성이 성부와 동일한 본질이면서 성부에 종속됨을 부각시킨다. 이 경우 종속은 성부와 성자의 본질이 아니라 위격의 관계에 대한 것이다.

넷째, 하나님의 아들이 "종의 형체"를 취하셨다는 빌립보서의 말씀을 다루면서, "종의 형체"를 "사람의 형체"로 보는 것을 넘어서서 성부에 대한 성자의 위격적 관계에도 적용시키는 경향이 나타난다.

다섯째, 성육신은 삼위일체 하나님의 사역이나 그 주체는 오직 성자의 인격임을 강조한다. 성자는 성부와 동일한 본질이신 가운데 인성에 동참하심으로써 신인양성의 한 위격을 이루시지만, 그 위격의 영원함과 고유함은 신성에 있음을 부각시킨다.

여섯째, 성자가 성부께 본질적으로 종속됨을 부인하는 가운데 칼케돈 신경의 가르침에 서서 신인양성의 위격적 연합을 논함으로써 삼위일체론과 기독론을 역동적으로 이해하고 있다.

1. 4. 2. 위격적 연합으로서 성육신 : 신인양성의 속성교통

어거스틴은 힐라리(Hilary of Poitiers, 310-367)를 이어 서방의 기독론을 한 단계 격상시킨 "가장 창의적인 해석자"로서[971] 정통적인 입장에 서서 중보자 그리스도의 한 인격 양성의 위격과 대리적 속죄를 상세하고 명료하게 개진하였다.[972] 종교개혁을 어거스틴주의(Augustinianism)의 부활이라고 부를 때, 이러한 점이 우선적으로 고려되어야 한다.[973]

우리는 위에서 어거스틴이 위격적 연합을 삼위일체론적-기독론적 관점에서 개진하고 있음을 그의 책 『삼위일체론』을 통하여 고찰하였다. 여기에서는 그가 어떻게 그리스도의 성육신을 위격적 연합으로서 다루고 있는지를 그의 작품 전반을 통

---

971) Jaroslav Pelikan, *The Christian Tradition: A History of the Development of Doctrine I. The Emergence of the Catholic Tradition (100-600)* (Chicago: University of Chicago Press, 1971), 256.

972) Pelikan, *The Emergence of the Catholic Tradition (100-600)*, 258.

973) Benjamin. B. Warfield, *Calvin and Augustine* (Philadelphia: The Presbyterian and Reformed Publishing Company, 1956), 323.

하여 살펴본다. 먼저 주목할 것은 하나님의 아들이 외부로부터 주어진 것이 아니라 자신에게 고유한 능력으로 동정녀의 몸에서 사람의 아들로 잉태되셨음을 어거스틴이 강조하고 있다는 사실이다.

그리스도 자신으로 말하면, 그 광대한 능력으로 이성적인 영혼과 그 영혼을 통하여 인간의 몸이 그 가운데 잉태됨으로 영혼과 몸으로 이루어진 전인(全人)이 전체적으로 더욱 고상하게 변화될 것이었으나(in melius mutandum) 그럼에도 불구하고 자신을 낮추어 보다 못한 것들로 변화되신(in deterius mutata) 것이 결코 아니다. 그는 이 일로 인성이라는 이름을 합당하게 취하시고 신성의 이름을 그것에 후히 부여하셨던 것이다.[974]

이제 그는 하나의 인격 가운데 두 본성을 결합시키시며(in unitate personae copulans utramque) 하나님과 사람 사이의 중보자로 나타나셨다. 그리하여 비범한 것으로 평범한 것을 고양시키시고 자신 안의 평범한 것으로 비범한 것을 조절하셨다(solita sublimaret insolitis, et insolita solitis temperaret).[975]

여기에서 어거스틴은 성육신을 신성과 인성이 연합하여 인성의 두 요소인 영혼과 육체가 모두 고귀하게 되고 신성은 그 고유한 속성을 이에 맞추고 있음을 강조하고 있다. 동일한 맥락에서 성육신이 또한 다음과 같이 묘사된다.

하나인 인격 가운데(in unitate personae), 영혼과 육체가 그러하듯이 하나님과 사람이 하나가 되신다(unitur). ……사람의 인격 가운데 있는 영혼과 육체가 그러하듯이 그리스도의 인격 가운데 하나님과 사람 사이의 섞임(mixtura)이 있다.[976]

하나님의 아들이시며, 아버지와 함께 영원하시고, 하나님과 동일한 능력과 지혜를 지니신 하나님의 말씀—드러나 계시거나 숨기시거나 간에 가장 고상한 지적인 것으로부터

---

974) "Letters of St. Augustine," 87.8 (NPNFF 1.476, AO 2.604).
975) "Letters of St. Augustine," 87.9 (NPNFF 1.477, AO 2.605).
976) "Letters of St. Augustine," 87.11 (NPNFF 1.477, AO 2.605-606). 여기에서 어거스틴이 말하는 "섞임"(mixtura)은 "혼합"(confusio)으로 보아서는 안 된다. 그것은 두 본성이 한 인격 속에 함께 있음을 뜻할 뿐이다.

가장 낮은 물질의 한계에 이르기까지 모든 것들에 조화롭게 질서를 부여하시며, 어디에도 갇히지 아니하시고, 어느 곳에서도 나눠지지 아니하시며, 어느 곳으로도 팽창되시지 아니하시는 가운데, 전체로 모든 곳에 현존하시는—은 다른 피조물에 현존하시는 방식과는 전적으로 다르게, 자기 자신 가운데 사람을 취하심으로 한 분 예수 그리스도, 하나님과 사람들 사이의 중보자, 그의 신성에 있어서는 하나님과 동일하시며, 그의 육체, 곧 그의 인성에 있어서는 아버지보다 열등하신, 신성에 따라서는 아버지와 동일하심으로 변함 없이 불멸하시며, 우리의 인성에 참여하여 지니신 연약함으로는 변화되시며 죽어야 하실 분으로(aequalem Patri secundum divinitatem, minorem autem Patre secundum carnem, hoc est secundum hominem; incommutabiliter immortalem secundum aequalem Patri divinitatem, eundemque mutabilem atque mortalem secundum cognatam nobis infirmitatem) 인식되신다. 977)

여기에서 어거스틴은 신성에 따라서는 영원하신 하나님의 말씀이 인성에 따라서 영혼과 육체의 사람이 되셨음을 말하고 있는 바, 이는 성육신을 위격적 연합에 따른 신인양성의 속성교통으로 설명하는 전형적인 방식이 된다. 그는 말씀의 신성을 약화시키지 않는 가운데 인성을 취하시고 죽으셨다. 그리고 죽음을 통하여 영원히 죽지 않는 부활의 첫 열매가 되셨다. 그리하여 죽어야 할 우리가 영원히 죽지 않는 생명으로 살게 하셨다. 어거스틴은 이러한 구원의 은혜를 성도의 신화(神化)로 종종 표현한다. 우리가 위에서 인용한 부분에서도 나타나듯이, 이는 성육신에 있어서 그리스도의 인성이 고양되듯이 성도에게도 그러한 은혜가 부여된다는 생각이다. 다만 이는 성도가 그리스도와 하나가 됨으로써 하나님과 하나가 되는 은혜를 표현하기 위한 것이지 사람이 신이 된다는 이교적 신화(異敎的 神化)를 말하는 것이 아님은 문맥상 분명하다. 978)

복되고 복되신 하나님이 우리 인성의 동참자가 되심으로써 우리가 그의 신성에 참여

---

977) "Letters of St. Augustine," 87.12 (*NPNFF* 1.477-478, *AO* 2.606-607). 참조. Augustine, "On the Gospel of St. John," 8.3 (*NPNFF* 7.58, *AO* 3-2.1772).

978) 참조. Darwish, "The Concept of the Mediator in Augustine's Understanding of the Trinity," 81-85. 이러한 어거스틴의 입장은 아타나시우스 및 그의 영향을 받은 초대교회 교부들의 신화(神化) 사상과 일맥상통한다. 이에 대해서 후술할 본서 제5장 7. "신화(神化, deificatio): 교부들의 유비적 혹은 윤리적 개진" 참조.

하는 혜택을 부여하셨다(beatus et beatificus Deus factus particeps humanitatis nostrae compendium praebuit participandae divinitatis suae).[979]

그리스도는 인성의 연약함을 지니셨다. 그는 참 육체와 참 영혼, 그 가운데 참 감정을 지니셨다. 다만, "우리 안에는 이러한 정서가 인간의 연약한 조건으로 말미암아(ex humanae conditionis infirmitate) 솟아나는 데 비해서 주 예수의 연약함(infirmitas)은 그의 권세로 말미암은(ex potestate) 것이었다."[980] 어거스틴이 말하는 성육신에 있어서의 인성의 고양은 인성 자체의 변화를 말하기보다는 인성이 신성과 연합하여 있음 자체의 고귀함을 말한다. 이는 칼빈과 개혁신학자들이 말하는 은사의 교통(communicatio gratiarum)에 다름 아니다. 어거스틴이 예수는 "심지어, 사람들의 아들들보다 먼저 계신 사람. 심지어, 사람들의 아들들 가운데 계시나 사람들의 아들들보다 먼저 계신 사람. 심지어, 사람들의 아들들 가운데로부터시나 사람들의 아들들보다 먼저 계신 사람이셨다"고[981] 말하는 것은 이러한 뜻에서이다.

결론적으로 어거스틴이 말하는 인성의 고양은 신인양성이 한 인격 안에서 위격적 연합 가운데 있는 상태 외의 다른 것을 말하는 것이 아니다. 그것은 신성과 인성이 혼합된다거나 변화된다거나 하는 것이 아니라, 한 인격 안에 있으므로, 그 인격을 통하여, 인격에 의해서 서로 교통하고 있는 양상을 전하고 있을 뿐이다. 어거스틴이 다음과 같이 성육신이 하나님의 은혜로 말미암은 것이라는 점을 반복해서 강조하는 것은 이를 시사한다.

진정, 하나님의 아들이신 그리스도 예수는 하나님이시며 사람이시다: 세상이 있기 전에 하나님, 우리 세상 가운데 사람(Deus ante omnia saecula, homo in nostro saeculo); 하나님의 말씀이시므로 하나님(말씀은 하나님이셨다. 요 1:1), 자신의 한 인격 가운데 말씀이 육체와 이성적 영혼과 결합되셨으므로 사람. 실로, 그가 하나님이신 한 그와 아버지는 하나이시며, 그가 사람이신 한 아버지는 그보다 크시다(in quantum Deus est, ipse

---

979) Augustine, "The City of God," 9.15 (NPNFF 2.173–174, AO 7.368–369).

980) Augustine, "The City of God," 14.9 (NPNFF 2.269, AO 7.575–576).

981) Augustine, "On the Psalms," 45.7 (NPNFF 8.148, AO 4–1.545): "Etiam homo prae filiis hominum; etiam inter filios hominum, prae filiis hominum; etiam ex filiis hominum, prae filiis hominum."

et Pater unum sunt: in quantum autem homo est, Pater major est illo). 왜냐하면 그는 은혜에 의해서가 아니라 본성상(non gratia, sed natura) 하나님의 유일한 아들이셨는데 또한 은혜로 충만하시고자(plenus gratia) 사람의 아들이 되셨기 때문이다. 그리고 그가 친히 두 본성을 자기 자신 안에서 연합시키셨으며 두 본성의 한 그리스도를 이루셨다. 그는 하나님의 본체시면서 근본 하나님과 동등됨을 취할 것으로 여기지 아니하셨다. 그는 자신을 무명(無名)한 자와 같이 만드셨고 종의 형체를 취하셨다. 그럼에도 불구하고 하나님의 본체를 잃어버리거나 감하지 않으셨다. 그리하여 그는 그만 못하게 되셨으며 동시에 동등하게 남으셨다. 일컫는 바, 이 둘이 하나였다(et minor est factus, et mansit aequalis, utrumque unus). 그러나 둘 중 하나는 말씀으로서, 나머지 하나는 사람으로서 그리하셨다. 말씀으로서 그는 하나님과 동등하시며, 사람으로서 그는 아버지보다 작으시다(propter Verbum aequalis Patri, propter hominem minor). 한 하나님의 아들이시자 동시에 사람의 아들이시고, 한 사람의 아들이시자 동시에 하나님의 아들이시다. 하나님의 두 아들이 아니라 하나님과 사람으로서 한 하나님의 아들이시다. 우리 주 예수 그리스도는 시작이 없으신 하나님이시며 특정한 시작과 함께하는 사람(Deus sine initio, homo a certo initio)이시다.[982]

은혜가 아니라 본성상(non gratia, sed natura) 아버지의 독생하신 진리 자신이 은혜로(gratia) 자신 가운데 인성을 취하셔서 그것을 그 자신의 인격과 하나가 되게 하심으로써 또한 그 동일한 자신이 사람의 아들이셨다.[983]

한 사람이 이전의 어떤 공로도 없이 사람으로서 존재하기 시작하는 그 순간부터(in ipso exordio) 하나님의 말씀과 함께 한 인격 가운데 연합되었다. 사람의 아들이셨던 바로 그 인격이 동시에 하나님의 아들이셨으며, 하나님의 아들이셨던 바로 그 인격이 동시에 사람의 아들이셨다. 그의 인성을 신성에 받아들이는 가운데 역사하는 은혜는 그 자체로(ipsa gratia) 그 사람에게 아주 본성적인(naturalis) 것이어서 죄가 들어 올 어떤 여지도

---

982) Augustine, "Enchiridion," 35 (*NPNFF* 3.249, *AO* 6.364–365). 참조. "Reply to Faustus The Manichaean," 3.6 (*NPNFF* 4.161, *AO* 8.326–328).

983) Augustine, "Enchiridion," 36 (*NPNFF* 3.250, *AO* 6.365).

남기지 않았다.[984]

그리스도는 취하신 하나님이시자 취해지신 사람(susceptor Deus, susceptus homo)이셨다. 그는 하나님과 사람으로서 한 분 그리스도셨다.[985]

어거스틴은 성육신에 있어서의 신인양성의 위격적 연합을 다룸에 있어서 칼케돈 신경에 충실하게 서 있다. 그는 양성의 혼합, 변화, 분할, 분리를 모두 거부한다. 신성과 인성은 한 인격 안에서 각각의 고유한 속성을 그대로 지닌 채 있으며, 그렇게 있음 자체가 교통이다. 그것은 성경 말씀에 따른 것이며, 그러므로 실제적인 것이다. 곧 축자적(逐字的)이며 실제적(實際的)인 것이다. 요한복음 1:1을 설교하면서 어거스틴은 우리 주 예수 그리스도는 그의 신성에 따라서 모든 만물을 창조하시고 그의 인성에 따라서 타락한 피조물을 회복시킨다는 점을 강조하면서 사람을 지으신 분이 사람이 되셨다고 한 것이나,[986] "그 자신이 자신의 어머니를 지으셨다"(ipse creavit matrem suam)고 한 것이[987] 모두 이러한 입장을 대변한다.[988]

어거스틴의 이러한 입장은 그가 주님이 성령을 받으신 사건을 필리오케 교리를 들어 설명하는 데서도 잘 나타난다.[989] 성령은 영원히 성부 그리고 성자로부터 출래하신다. 요한복음 15:26; 14:26; 20:23 등을 인용하면서 어거스틴은 이를 분명히 못 박고 있다.[990] "시간의 간격 없이"(sine tempore), 성자가 성부로부터 나신 것과

---

[984] Augustine, "Enchiridion," 40 (*NPNFF* 3.251, *AO* 6.367).

[985] Augustine, "On the Creed," 8 (*NPNFF* 3.372, *AO* 6.923).

[986] Augustine, "Sermons on New Testament Lessons," 67.1 (*NPNFF* 6.458-459, *AO* 5-1.835); "On the Gospel of St. John," 8.1 (*NPNFF* 7.57, *AO* 3-2.1770).

[987] Augustine, "Sermons on New Testament Lessons," 69.6 (*NPNFF* 6.467, *AO* 5-1.852).

[988] 다음 글에서 저자는 이러한 요한복음 1:1에 대한 해석을 근거로 어거스틴이 니케아 신경 이전의 기독론을 견지하고 있었다고 주장한다. 여기에서 어거스틴은 아들이 아버지로부터 오셨다는 점, 성육신한 그리스도는 아버지와 동등하시나 아버지보다 못하시다는 점, 성령의 역사로 말미암은 사랑의 연합으로 성부와 성자가 하나됨이 완성되었다는 점 세 가지를 거론하고 있음이 그 근거로 제시된다. 그러나 이는 요한복음 1:1 자체와 그것에 대한 어거스틴의 해석을 모두 곡해한 데서 비롯된 것이다. Evan F. Kuehn, "The Johannine Logic of Augustine's Trinity: A Dogmatic Sketch," *Theological Studies* 68/3 (2007), 576.

[989] 참조. Pelikan, *The Emergence of the Catholic Tradition (100-600)*, 293.

[990] Augustine, "On the Trinity," 15.26.45 (*NPNFF* 3.223-224, *AO* 8.1508-1509).

같이, 성령은 성부와 성자 모두로부터 출래하신다.991) 필리오케에 대한 이러한 이해는 위격적 연합 교리와 함께 추구된다. "그리하여 주 예수 그리스도 자신이 하나님으로서 성령을 주셨을 뿐만 아니라 사람으로서 그것을 받으셨다(non solum dedit ut Deus, sed etiam accepit ut homo). 그리하여 은혜와 성령이 충만하셨다고 불리신다." "그는 아버지로부터 성령의 약속을 받으셨다. 그리고 성령을 부어주셨다. 진정 그는 사람으로서 받으셨고 하나님으로서 부어주셨다(accepit quippe ut homo, effudit ut Deus)."992)

1. 4. 3. 위격적 연합 가운데서의 비하와 승귀의 상태와 사역

어거스틴은 성육신을 신인양성의 위격적 연합으로 이해하는 가운데 중보자 그리스도의 인격과 함께 사역을 다룬다. 그리스도가 기름부음을 받으심으로 자신의 사역을 감당하셨음을 설명하면서 어거스틴은 다음과 같이 말한다.

> 그는 아버지와 동일하시며 동시에 아버지는 그보다 크시다(et unde aequalis est Patri, et unde illo major est Pater). 그는 말씀이시며 동시에 육체시다. 그는 하나님이시며 동시에 사람이시다. 그러나 기름부음받으신 한 분 하나님이시자 사람이시다.993)

어거스틴은 그리스도의 비하는 오직 이러한 위격적 연합에 대한 올바른 이해 가운데서만 제대로 받아들여질 수 있음을 강조한다. 그리스도의 낮아지심이 그가 하나님의 아들로서 메시아가 되심의 가장 큰 표적이라는 사실을 말하면서, 어거스틴은 그가 율법 아래에 오셨다는 점을 부각시킨다.

> 은혜를 주신 분이 율법을 주셨다. 그 분이 종을 통하여 율법을 보내셨다. 그리하여 그

---

991) Augustine, "On the Trinity," 15.26.47 (*NPNFF* 3.225, *AO* 8.1511): "Quapropter, qui potest intelligere sine tempore generationem Filii De Patre, intelligat sine tempore processionem Spiritus sancti de utroque." 참조. "On the Gospel of St. John," 94.5 (*NPNFF* 7.368, *AO* 3-2.2330).

992) Augustine, "On the Trinity," 15.26.46 (*NPNFF* 3.224-225, *AO* 8.1510).

993) Augustine, "On the Gospel of St. John," 37.10 (*NPNFF* 7.217, *AO* 3-2.2068).

자신이 은혜와 함께(cum gratia) 내려오셨다. ……율법을 성취하신 분은 율법 아래에 계시지 않고 율법과 함께 계신다(non est sub lege, sed cum lege).[994]

어거스틴은 그리스도의 죽음으로 성육신 때 취해진 영혼과 육체가 분리되었음에도 불구하고 신인양성의 위격적 연합은 계속되며 그 가운데 부활이 있었음을 분명히 천명한다.

그러나 그는 영혼을 말씀으로부터 분리시키지 않으셨다(Animam vero a Verbo non separavit). ……주님은 우리를 위하여 십자가에서 죽으셨다. 의심할 바 없이, 그의 육체는 영혼을 밖으로 내쉬었다. 그리하여 한동안 영혼은 육체를 버려 떨어져 있게 했다. 그러나 영혼이 되돌아올 때, 그 육체는 부활될 것이다. 진정, 영혼이 말씀으로부터 분리되었다고 나는 말하지 않는다(A Verbo autem animam separatam esse non dico).[995]

육체가 죽임을 당했음에도 불구하고 그리스도가 죽임을 당하셨다. 마찬가지로 육체가 영혼을 취하였을 때 그리스도가 영혼을 취하셨다. 그리고 육체가 부활하기 위하여 영혼을 취하였을 때 그리스도가 영혼을 취하셨다. 그러므로 육체의 권세가 아니라 영혼과 육체 모두를 그 충만한 가운데 취하신 그의 권세로 이 일이 일어났다.[996]

어거스틴은 그리스도의 승귀 역시 위격적 연합 가운데서의 중보자의 인격과 사역이라는 측면에서 바라본다. 그리스도는 동정녀의 몸에서 나셨듯이 새무덤에 장사되심으로 그곳에서 "새로운 생명으로"(ad vitae novitatem) 부활하셨다.[997] 창조되었을 때 인류의 몸은 죽을 수 있었다(mortale). 그러나 죽도록 정해진 것은(moriturum)

---

994) Augustine, "On the Gospel of St. John," 3.2 (NPNFF 7.19, AO 3-2.1700). 참조. "On the Psalms," 1.2 (NPNFF 8.1, AO 4-1.2).

995) Augustine, "On the Gospel of St. John," 47.10 (NPNFF 7.264, AO 3-2.2152).

996) Augustine, "On the Gospel of St. John," 47.13 (NPNFF 7.265, AO 3-2.2155): "Et tamen carne occisa Christus occisus est. Ita cum caro animam posuit, Christus animam posuit; et cum caro, ut resurgeret, animam sumpsit, Christus animam sumpsit. Nec tamen potestate carnis hoc factum est; sed ejus qui et animam et carnem, ubi haec adimplerentur, assumpsit."

997) Augustine, "On Faith and the Creed," 5.11 (NPNFF 3.326, AO 6.268-269).

아니었다. 인류는 죄로 말미암아 죽게 되었다(mortuum). "몸은 죄로 말미암아 죽은 것(mortuum)"이 되었다(롬 8:10). 이제, "그리스도 예수를 죽은 자 가운데서 살리신 이가 너희 안에 거하시는 그의 영으로 말미암아 너희 죽을(mortale) 몸도 살리시리라"(롬 8:11). 그리스도의 부활의 권능으로 다시 산 자는 죽은(mortuum) 자도 죽을(mortale) 자도 아니다. 왜냐하면 썩을 것이 썩지 아니함을 입고 죽을 것이 죽지 아니할 것을 입어 "신령한 몸" "영의 몸"이 되기 때문이다. 즉 사망이 생명에 삼켜지기 때문이다(고전 15:44, 53, 55).[998]

승천하신 주님의 몸은 "하늘의 처소에"(coelesti habitationi) 적합하게 변화되었다. 더 이상 세상의 연약함과 지상의 결핍에 속하지 아니하고 하늘의 순수함과 온전함을 지닌 "영적인 몸"(spirituale corpus)이었다.[999] 그리스도는 죽으시고 하늘에 오르신 후 성령으로 제자들의 마음에 확신을 주사 다스리기 시작하셨다. 그가 죽으심으로 죽음에 대한 두려움을 이기게 하셨다. 그가 생명의 왕이 되신 것이다.[1000]

그리스도가 육체로 동정녀의 몸으로 오셔서 희생제물이 되셨기 때문에 멜기세덱의 반차에 따른 영원한 제사장으로서 보좌 우편의 하늘 지성소에서 우리를 위하여 중재하신다.[1001] 이렇듯 보좌 우편에 앉으심은 어떤 몸의 자세를 뜻하는 것이 아니라 "사법적 권세를"(judiciariam potestatem) 행사하심을 뜻한다.[1002]

그리스도의 승귀의 마지막 양상으로 다루어지는 그리스도의 재림도 위격적 연합에 따른 속성교통의 차원에서 다루어지고 있다. 이와 관련하여, 하나님의 자녀들은 "그리스도의 학교"(schola Christi)에서 "하나님의 말씀"(verba Dei)과 "하나님의 큰 일"(magnalia Dei)을 배우게 되는 바, 그는 "처음에는 겸손하게 오셨으며"(primo humilis venit) "이후에는 하늘에서 오실 것이다"(postea venturus excelsus)라고 말한다.[1003]

이렇듯 어거스틴이 그리스도의 성육신을 위격적 연합으로 다루고 그 비밀을 그 연합에 따른 신인양성의 교통에서 찾는 것은 그것이 복음서에 기록된 진리라고 믿

---

998) Augustine, "On Forgiveness of Sins, and Baptism," 5 (*NPNFF* 5.16-17, *AO* 10-1.193).
999) Augustine, "On Faith and the Creed," 6.13 (*NPNFF* 3.326, *AO* 6.269).
1000) Augustine, "On the Psalms," 99.2 (*NPNFF* 8.483, *AO* 4-2.1513).
1001) Augustine, "On the Psalms," 110.11-14 (*NPNFF* 8.543-544, *AO* 4-2.1769-1773).
1002) Augustine, "On Faith and the Creed," 7.14 (*NPNFF* 3.327, *AO* 6.270).
1003) Augustine, "On the Psalms," 99.1 (*NPNFF* 8.483, *AO* 4-2.1512-1513).

었기 때문이다. 다음은 이러한 어거스틴의 입장이 어디로부터 기인한 것인지를 가장 일목요연하게 보여준다. 여기에서 우리는 그가 "칼케돈 이전의 칼케돈주의자"(a Chalcedonian before Chaldedon)로서[1004] 신인양성의 축자적, 실제적 교통을 개진하였음에 대한 지금까지의 논의를 다시금 확정하게 된다.

> 그리스도가 동정녀 마리아에게서 나셨음을 믿는다. 왜냐하면 복음에 그렇게 기록되어 있으므로(quia sic scriptum est in Evangelio). 우리는 그가 십자가에서 죽으셨음을 믿는다. 왜냐하면 복음에 그렇게 기록되어 있으므로(quia sic scriptum est in Evangelio). 우리는 그의 나심과 죽으심이 실제라고 믿는다. 왜냐하면 복음은 진리이므로(quia veritas est Evangelium).[1005]

2. 위격적 연합의 의미와 존재적, 인식적 의의 : 삼위일체론적-기독론적 관점

중보자 그리스도의 위격적 연합은 다음 세 가지를 함의한다.
첫째, 그리스도는 하나님의 아들로서 한 인격이시다.
둘째, 신성과 인성은 그 한 인격에 속하므로 연합한다.
셋째, 그 한 인격이 하나님의 아들의 모든 행위와 말씀과 경험의 주체(subiectum)이다.[1006]

위격적 연합은 '두 본성 가운데 한 인격'(una persona in duo naturis)으로 계신 중보자 그리스도가 누구신지를 지칭하기 때문에 '세 인격 가운데 한 본성[신성]'(una natura[divinitas] in tribus personis)으로 계신 삼위일체 하나님의 어떠하심이나 보혜사 성령의 임재로 말미암은 성도의 그리스도와의 연합(unio sanctorum cum Christo)과는 구별된다. 이는 성도가 그리스도와 하나가 되는 은혜를 뜻할 뿐, '한 본성[인성] 가운데 한 인격'(una persona in natura[humanitate])의 성도의 신분에는 변함이 없

1004) 참조. Outler, "The Person and Work of Christ," 345.
1005) Augustine, "Reply to Faustus The Manichaean," 26.7 (NPNFF 4.323, AO 8.672).
1006) 참조. MacLeod, The Person of Christ, 189.

기 때문이다.

칼빈은 제2위 성자 하나님의 인격 자체가 성육신의 비밀의 원천이 됨을 강조한다. 하나님의 아들이 인성을 취하심의 "형언할 수 없는 은밀함"(ineffabile arcanum)은 "하나님의 본질로 계신 진정한 위격"(veram in essentia Dei hypostasin)에 있다. "말씀이 육신이 되어"라고 할 때(요 1:14), 그 "자명한 의미"(clara sententia)는 "창세 전에 나신 하나님의 말씀이 언제나 아버지와 함께 거하시면서 사람이 되셨다"는 데 있다. 성육신은 하나님의 말씀이 "부패한 본성"(pro corrupta natura)을 취하셨음이 아니라 "사람"(pro homine mortali)이 되셨음을 의미한다. 여기에서 "육신"으로 "인생의 사람"을 표현한 것은 "수사적 제유법"(修辭的 提喻法, synecdochicam loquutionem)에 해당한다. 칼빈은 본문이 크게 두 가지 의미를 지니고 있다고 본다.

첫째, 두 본성이 한 인격에 연합되어 한 분 동일하신 그리스도가 참 하나님이시자 참 사람이시다.

둘째, 그럼에도 불구하고 두 본성의 구별이 없어지지 않는다. 신성은 그 고유함을 유지하고 인성 역시 그 고유함을 따로 지닌다.

이와 관련하여 각각 양성의 분리와 혼합을 말한 고대의 네스토리우스와 유티케스, 그리고 칼빈과 동시대인들로서 마치 성육신이 양성이 섞여서 "신적인 인간"(homo divinus)이 되는 사건인 양 여긴 세르베투스(Michael Servetus)와 재세례파들이 비판된다. 이를 통하여 그리스도는 하나님의 아들로서 본질상 어떤 변함도 없이 사람이 되셨음이 뚜렷이 부각된다.[1007]

"그는 육신으로 나타난 바 되시고 영으로 의롭다 하심을 받으시고"라는 말씀(딤전 3:16)을 주석하면서, 칼빈은 그리스도의 인격을 "무엇보다도 적절히"(magis proprie) 표현한 말이 "육체로 나타나신 하나님"(Deus manifestatus in carne)이라고 피력한 후 이를 세 가지 측면에서 조명한다.

첫째, 신인양성의 위격적 존재에 대한 분명한 확정이다. 그리스도가 참 하나님이시며 참 사람이시라고 불리는 소이이다.

둘째, 신인양성의 "구별"(distinctio)에 주목한다. 하나님이라고 먼저 불리고 이어서 그가 육체로 나타나셨다고 불리는 소이이다.

1007) Calvin, *Commentary*, 요 1:14 (1.19-20, *CO* 47.13-14).

셋째, 참 하나님과 참 사람의 "한 분 되심"(unitas)을 환기시킨다. 하나님으로 계시는 분과 육체가 되신 분이 동일하시다. 칼빈은 여기에서 로마서 1:3에서와 같이 "육체"를 인성, "영"을 신성으로 주석하고 있다.1008)

또한, "내가 아버지로 말미암아 사는 것같이"라는 주님의 말씀에(요 6:57) 대해서, 칼빈은 본문이 "단지 [인성과 연합되어 있지 않은] 그의 신성을(in nudam divinitatem)" 말하고자 함이 아니라 "육체 가운데 나타나신 하나님의 아들에 대한 찬사"(elogium filii Dei in carne manifestati)를 그 가운데 담고 있다고 주석한다. 여기에서도 칼빈은 성육신한 그리스도의 인격을 위격적 연합의 관점에서 파악하고 있다.1009) 성경이 "아들을 부인하는 자"를 "적그리스도"라고 했을 때(요일 2:22-23), 이는 그리스도에게서 "단지 하나님의 엄위"만 찾고 그가 참 하나님이시자 참 사람이심을 부인하는 자들을 지칭한다고 주석한 것도 이러한 경향을 잘 보여준다.1010)

이와 같이, 칼빈은 성육신을 위격적 연합이라는 관점에서 다루면서 그리스도의 신격의 영원함과 성육신 전후를 불문하고 그의 인격의 동일함을 강조한다. 그렇다고 해서 성육신을 단지 존재적인 측면에서만 파악하지 않을 뿐만 아니라, 오히려 경륜적인 측면에 더 큰 비중을 두는 경우도 많다. 대체로 "아브라함이 나기 전부터 내가 있느니라"는 말씀은(요 8:58) "나는 스스로 있는 자니라"는 말씀과(출 3:14) 더불어 성자의 신격을 증거하는 결정적인 구절로 거론된다. 그런데 칼빈은 이에 그치지 않고 더 나아가서 본문이 또한 언제나 동일하신 하나님의 아들의 "중보자의 은혜"가 영원함을 증거하고 있다고 주석한다. "예수 그리스도는 어제나 오늘이나 영원토록 동일하시니라"는 말씀도(히 13:8) 동일한 관점에서 다루어진다.1011) 칼빈은 고대 교부들이 "나와 아버지는 하나이니라"는 주님의 말씀이(요 10:30) 단지 아버지와 아들의 "동일본질"(ὁμοούσιος)을 칭하고 있다고 편협하게 여긴 것은 오해라고 지적하면서, "그리스도의 본질의 하나됨이 아니라 그와 아버지 사이의 일치를 논하고 있다"는 점을 놓쳐서는 안 된다고 본문에 대한 주석에서 언급한다. '일체'가 아니라 '삼위'의 관계와 그 가운데서의 경륜에 본문의 일차적인 강조점이 있다는 것이

1008) Calvin, *Commentary*, 딤전 3:16 (233-234, CO 52.289-290).
1009) Calvin, *Commentary*, 요 6:57 (1.171-172, CO 47.156). 참조. *Commentary*, 요 17:24 (2.151, CO 47.390).
1010) Calvin, *Commentary*, 요일 2:22-23 (259-261, CO 55.324-326).
1011) Calvin, *Commentary*, 요 8:58 (1.235-236, CO 47.215-216).

다.1012) 같은 맥락에서, 주님이 말씀하신 "아버지께서 내 안에 계시고 내가 아버지 안에 있음"도(요 10:38) "본질의 하나됨"이 아니라 "그리스도의 인격 가운데 있는 신적 능력의 현현"을 제시하고 있다고 설명된다.1013) "아버지는 나보다 크심이라"는 주님의 말씀(요 14:28) 역시 인성이나 신성을 특정하기 위함이 아니라 "육체 가운데 나타나신 하나님"(Deus manifestatus in carne)으로서 대속의 중보를 행하시는 주님의 인격을 드러낸다고 하면서, 여기에서 비교가 되는 것은 성부의 위격과 성자의 위격도 아니고 하나님의 본질과 성자의 인성도 아닌 아들의 현재의 상태와 영광 가운데 높아진 상태라고 주석하므로, 본문이 말하고자 하는 바는 그리스도의 위격적 연합에 따른 비하와 승귀의 상태에 있다는 점을 뚜렷이 부각시키고 있다.1014)

이러한 칼빈의 입장은 개혁신학자들에 의해서 면면히 계승되었다. 당대 영국에 영향력을 더해가던 알미니안주의를 탁월한 교리적 식견과 정치(精緻)한 문장으로 통렬하게 비판하고 칼빈주의의 근간을 세우려고 필생의 노력을 다했던 청교도 신학자 오웬(John Owen, 1616-1683)은 위격적 연합을, "하나님의 아들의 인격 가운데서의-인성이 그 자체의 인격성과 위격적 존재를 지님이 없이-신성과 인성의 연합"(the union of the divine and human nature in the person of the Son of God, the human nature having no personality nor subsistence of its own)이라고 정의를 내린다.1015) 그리고 이와 다른 형태의 연합을 다섯 가지로 비판함으로써 위격적 연합과 관련된 논쟁점이 무엇인지를 일목요연하게 부각시킨다.

첫째, 위격적 연합은 삼위일체와는 다르다. 전자는 "동일한 인격 가운데 있는 본성들의 연합"이나, 후자는 "동일한 본성 가운데" 일어나는 "본성적, 실체적, 본질적" 연합이다. 위격적 연합은 두 본성이 하나의 동일한 인격 가운데 "그들의 본질과 실체를 유지하는 가운데" 일어난다. 그러므로 "위격적이거나 인격적"(hypostatical or

---

1012) Calvin, *Commentary*, 요 10:30 (1.273, *CO* 47.250). 이와 관련하여 다음 참조. 문병호, "성경, 교리, 교리적 주석: 칼빈의 중보자 그리스도의 위격적 연합 교리에 비추어", 『칼빈신학: 근본 성경교리 해석』, 330.

1013) Calvin, *Commentary*, 요 10:38 (1.277, *CO* 47.253-254). 참조. *Commentary*, 요 14:10, 20 (2.78-79, 84, *CO* 47.326, 331).

1014) Calvin, *Commentary*, 요 14:28 (2.89-90, *CO* 47.335-336).

1015) John Owen, "Χριστολογια: or, A Declaration of the Glorious Mystery of the Person of Christ—God and Man," in *The Works of John Owen*, vol. 1. *The Glory of Christ* (Edinburgh: Banner of Truth Trust, 1965, rep.), 228. 이하 본 글은 "The Person of Christ"로, 본 전집은 *WJO*로 표기함.

personal)이다. 위격적 연합은 "사람이 아들 안에 있다"고 표현되는 반면, 삼위일체는 "아들이 아버지 안에 계시다"고 표현된다.

둘째, 영혼과 육체가 한 사람을 이루는 것으로 위격적 연합을 유비하는 경우가 많은데, 영혼과 육체로 이루어진 인간의 구조와 신인(神人)의 그리스도의 인격은 다음과 같은 점에서 분명히 다르다.

1) 영혼과 육체는 연합하여 인성이라는 새로운 본성을 형성하는 데 반해서, 위격적 연합은 신성과 인성이 연합하여 새로운 본성을 이루지 않을 뿐만 아니라 그것으로 인하여 각각의 본성이 변하는 것도 아니다.

2) 영혼과 육체는 결합되어 "새로운 개별적 인격"을 형성하는 데 반해서, 위격적 연합으로 인하여 그리스도의 인격이 인성을 취했다고 해서 그 절대적인 인격적 존재가 새롭게 되는 것은 아니다.

3) 영혼과 육체는 하나님의 능력이라는 외계적인 원인으로 말미암아 연합하는 데 반해서, 위격적 연합에 있어서는 그리스도의 신성 자체가 그 인격에 부착된 인성에 작용한다.

4) 영혼과 육체는 연합 전에는 어떤 인격적 존재도 개별적으로 취하지 못하는 반면에, 영원하신 하나님의 아들은 인성을 취하시기 전에도 스스로 존재하시는 인격이시다.[1016]

셋째, 그리스도는 위격적 연합으로 인하여 참 하나님과 참 사람으로 남으실 뿐, 제3의 새로운 존재가 되시는 것이 아니다. 그러므로 물이 포도주로 변하듯 신성과 인성이 섞여 제3의 본성이 새롭게 형성된다고 보는 견해는 받을 수 없다. 유티케스는 신성과 인성이 한 인격 안에 연합됨으로 말미암아 최소한 인성의 속성은 모두 소실되어 어떠한 지성이나 이성도 갖지 못할 만큼 되었다고 여기며, 아리우스주의자들(Arians)은 마치 창조된 신적 본성이 존재하기라도 하듯이 그것을 가정하고 그것이 인성과 결합하여 예수의 인격이라는 특이한 존재를 형성하게 되었다고 주장한다.[1017]

넷째, 한 자루의 칼에 열과 철이 결합되어 있다는 사실과 위격적 연합은 다르다.

1016) Owen, "The Person of Christ," *WJO* 1.228-229.
1017) Owen, "The Person of Christ," *WJO* 1.230.

열이 철에 가해지는 것은 본질적이지 않으며 우연하다. 열과 철은 독립적으로 존재할 수 있다. 비록 칼이라는 한 주체에 철과 불이라는 두 속성이 있는 듯하나 철은 자르고 불은 태우는 속성을 가짐으로 한 주체에 동일하게 귀속되지 않는다. 그러므로 이러한 비유는 위격적 연합의 신비를 표현하지 못한다.1018)

다섯째, 성도의 그리스도와의 연합과 중보자 그리스도의 인격에 있어서의 신인 양성의 위격적 연합과는 단지 정도에 있어서만 다르다고 보는 견해가 있다. 위격적 연합이 하나님의 아들과 사람의 아들의 물리적 결합이라고 보는 네스토리우스의 입장이 이를 대변한다. 이는 다음과 같이 비판된다.

1) 네스토리우스는 마치 사람이 집에 거하거나 배(船) 안에 머물 듯이 하나님은 "내주(內住)하심으로"(κατὰ παράστασιν) 그리스도 안에 현존하신다고 본다.1019) 그러나 영원하신 하나님의 아들은 인성을 자신의 것으로 취하심 없이는 그 속에 계시지 않으신다.

2) 네스토리우스는 마치 친구 간에 그러하듯이 하나님은 "사랑하심으로"(κατὰ σχέσιν) 사람이신 그리스도 안에 함께 계신다고 본다. 그러나 하나님의 사랑이 그리스도 안에서 역사하는 것은 오직 영원하신 아들의 인격 가운데 그러하다.

3) 네스토리우스는 "존영(尊榮)으로"(κατ᾽ ἀξίαν) 하나님의 아들과 사람의 아들이 하나로 결합되어 있다고 본다. 그러나 "하나님의 아들의 인격 안에서의 그[그리스도]의 인성의 위격적 존재"(the subsistence of his human nature in the person of the Son of God)를 부인한다면 그를 예배하는 것이 우상숭배가 될 것이다. 그것은 하나님과 사람 두 대상을 섬기는 것이 되기 때문이다.

4) 네스토리우스는 "동일한 원(願)함으로"(κατὰ ταυτοβουλίαν) 하나님의 뜻과 사람이신 그리스도의 뜻이 일치한다는 점을 들어 연합을 말한다. 이렇게 본다면 그것은 하나님과 모든 천사의 관계를 지칭하는 것과 다르지 않다. 천사는 하나님의 뜻을 자기의 뜻으로 받들기 때문이다. 위격적 연합은 참 하나님과 참 사람의 연합이지 단지 뜻의 연합이 아니다.

5) 네스토리우스는 이러한 연합의 방식으로 하나님의 아들과 사람의 아들이 "모

1018) Owen, "The Person of Christ," *WJO* 1.230. 이 비유는 갑바도기아 교부, 알렉산드리아의 키릴, 고백자 막시무스 등 알렉산드리아 전통에 서 있는 사람들에 의해서 사용되었다.
1019) 이는 안디옥 학파의 거두 몹수에스티아의 테오도레가 말하는 내주(ἐνοίκησις) 개념과 유사하다.

호한 이름으로"(καθ᾽ ὁμωνυμίαν) 서로 맞추어진다고 본다. 이는 그가 참된 실체적 연합을 알지 못하고 단지 그것을 "분리할 수 있는 우연한 연합"(a separable accidental union)으로 보기 때문이다.1020)

결론적으로, 오웬에 의하면, 위격적 연합은 "구별되는 본성들의 교제 혹은 상호교통"(the communion or mutual communication of the distinct natures)이 한 동일한 인격 가운데 일어남을 뜻한다.

> 우리의 본성을 자신의 것으로 삼으신 아들의 인격과 그 인성을 자신의 인격적 존재 안으로 취하신 분의 인격은 동일하다(the person of the Son took our nature to be his own, is the same with that of the assumption of the human nature into personal subsistence with himself).

이것이 말씀이 육신이 되셨다는 의미이다. 위격적 연합은 영원히 동일한 한 인격으로 두 본성이 연합되어 있음을 뜻한다. 그러므로 그것은 "우유(偶有)적인 은유적 연합"(the accidental metaphorical union)이 아니다.1021)

이러한 오웬의 입장은 위격적 연합에 관한 칼케돈 신경의 고백을 충실히 반영한다.

> 동일하신 분이 신성에 있어서 완전하시고 동일하신 분이 인성에 있어서 완전하시며, 동일하신 분이 참 하나님이시고 이성적인 영혼과 육체로 이루어진 참 사람이시며, 신성에 따라서 성부와 동일본질이시고, 인성에 따라서 우리와 동일본질이시며, 모든 것에 있어서 우리와 같으시되 오히려 죄는 없으시며, 실로 창세 전에 신성에 따라서 아버지에게서 나셨고, 후일에 동일하신 분이 우리와 우리의 구원을 위하여 인성에 따라서 하나님의 어머니 동정녀 마리아에게서 나셨으며, 한 동일하신 그리스도, 아들, 주, 독생하신 분이 두 본성에 있어서(ἐκ δύο φύσεων [ἐν δύο φύσεσιν]) 혼합 없이(ἀσυγχυτος, inconfuse), 변화 없이(ἀτρεπτος, immutabiliter), 분할 없이(ἀδιαιρετος, indivise), 분리 없이(ἀχωριστος, inseparabiliter) 인식되어야 한다. 연합으로 인하여 양성의 구별이 없어진

1020) Owen, "The Person of Christ," WJO 1.230-232.
1021) Owen, "The Person of Christ," WJO 1.232-233.

것이 아니라, 오히려 각 성의 특성이 온전히 보존되어, 한 인격과 한 위격으로 함께 작용하며, 두 인격으로 나눠지거나 분할되지 않는다. 선지자들이 처음부터 그에 관하여 가르치고 예수 그리스도 자신이 우리에게 가르치신 바와 같이 그리고 교부들의 신경이 우리에게 전하여 준 바와 같이, 한 동일하신 분이 독생하신 아들이시요, 말씀이신 하나님이시요, 주 예수 그리스도이시다.[1022]

칼케돈 신경은 처음에 라틴어로 기록되었다가 헬라어로 번역되었다. 논란이 되었던 "두 본성에 있어서"는 그 뜻에 맞게 라틴어 "in duabus naturis"로 기록되었다. 그러나 이를 헬라어로 기록하는 과정에서 처음에는 "두 본성으로부터"(ἐκ δύο φύσεων)로 번역하였다가 서방신학자들의 반발이 있자 그 뜻에 맞게 "ἐν δύο φύσειν"으로 바로잡았다. 처음에 "ἐν" 대신에 "ἐκ"를 사용한 것은 신화(神化, θέωσις)를 강조하는 동방신학자들의 입김이 작용했을 것이라고 여겨진다.[1023] 칼케돈 신경은 '양성 가운데서의 한 인격'(una persona in duabus naturis)과 '한 인격 가운데서의 양성'(duo naturae in una persona)의 비밀, 즉 '연합 가운데의 하나됨'(unitas in unio)과 '하나됨 가운데서의 연합'(unio in unitate)의 비밀을 천명한다. 웨스트민스터 신앙고백서(8.2)는 이를 다음과 같이 규정한다.

이렇듯 신성과 인성이라는 두 전체적이고 완전하고 구별되는 본성들은 한 인격 안에 불가분리(不可分離)하게(indissolubili), 변화 없이, 섞임 없이, 혼합 없이(sine conversione, compositione, aut confusione) 연합되었다. 그 인격은 참 하나님이시자 참 사람이시나, 한 그리스도, 하나님과 사람 사이의 유일한 중보자시다.[1024]

위격적 연합의 비밀은 철학적으로 추구될 수 없다.[1025] 그것은 오직 성경적이

1022) Schaff, *The Creeds of Christendom*, 2.62-63.
1023) Bavinck, *Reformed Dogmatics*, 3.255.
1024) "So that two whole, perfect, and distinct natures, the Godhead and the manhood, were inseparably joined together in one person, without conversion, composition, or confusion. Which person is very God and very man, yet one Christ, the only mediator between God and man." Schaff, *The Creeds of Christendom with a History and Critical Notes*, 3.619-620.
1025) 이러한 입장에 대해서, McIntyre, *The Shape of Christology*, 87-89.

며, 소극적으로만(ἀ-, in-) 진술될 수 있다. 엄밀히 말해서, 성육신에 있어서 인성은 인격 '안에서'가 아니라 인격 '에로' 취해졌다. 왜냐하면 성자의 본성(φύσις) 혹은 본질(οὐσία)-곧 실체(substantia)-이 아니라 성자의 위격(ὑπόστασις) 혹은 인격(πρόσωπον)-곧 위격적 존재(subsistentia)-이 본성을 취했기 때문이다. 그러므로 연합으로 '하나'가 되었다고 할 때 중성 "ἕν"이 아니라 남성 "εἷς"을 사용해야 한다.1026) 개혁파는 이러한 입장을 철저하게 고수하였다.1027)

위격적 연합은 "아들의 인격과 인격이 아닌 인성의 연합이다." 그것은 "아들의 인격 가운데 있는 본성들의 연합이다." "그것은 인격들의 연합이 아니다. 그것은 본성적이 아니라 인격적인 연합이다."1028) "아들의 인격"(persona Filii)이 "인격이 아닌 인성"(humanitas impersonalis)을 취하셨다. 인격은 "개물(個物)을 그것이 되게 하는 기체(基體, suppositum)이다." 본성은 그 인격 안에서, 그 인격에 의해서 존재하므로, "실체적"(substantialis)이다.1029) 그리스도의 인성은 구체적인 주체(subiectum concretum)가 아니라 오직 영원하신 하나님의 아들의 인격 안에서만 신성과 연합하는 추상적인 실체(substantia abstracta)이다.1030)

그리스도의 인성은 그 자체로 "독립적인 자아"가 아니다. 그것은 "처음부터 로고스 안에서 인격적이었다." "로고스가 주체로서-자신 안에서, 자신을 통하여, 모든 요소, 능력, 작용으로써-사셨고, 생각하셨고, 뜻하셨고, 행하셨고, 고난당하셨고, 죽으셨다." 인성은 "그 자체의 인격성을 형성하지 못하고 로고스에 종속될 뿐이다." 인성은 "비인격적"(impersonalis)이나, 인격 안에서 "인격적"(personalis)이 된다. 인성은 그 자체로 "인격성"(personalitas)을 이루지 못한다. 요약해서 위격적 연합은 "인격과 인격"(ἄλλος καὶ ἄλλος, one person and another)이 아니라 "본성과 본성"(ἄλλο καὶ ἄλλο, one thing and another) 사이에 위격적으로(hypostatice) 일어난다. 이러

1026) Bavinck, *Reformed Dogmatics*, 3.254.
1027) Bavinck, *Reformed Dogmatics*, 3.259. 여기에서 "실체"(substantia)는 "근저의 실제"를, "위격적 존재"(subsistentia)는 "개별적 존재"를 뜻한다.
1028) Bavinck, *Reformed Dogmatics*, 3.305-306.
1029) Bavinck, *Reformed Dogmatics*, 3.306. 참조. Hodge, *Systematic Theology*, 2.387, 391.
1030) 참조. Peter Martyr Vermigli, *Dialogue on the Two Natures in Christ*, tr. and ed. John Patrick Donnelly, S. J. (Kirksville, MO: Sixteenth Century Essays & Studies, 1995), 50-51, 74-75; Heppe, *Reformed Dogmatics*, 441-445; Turretin, *Institutio Theologiae Elencticae*, 13.6.18-23; 13.7.17 (2.278-279, 283).

한 위격적 연합에 성도가 그리스도와 하나가 되는 "경건의 비밀"(τὸ τῆς εὐσεβείας μυστήριον)이(딤전 3:16) 있다.[1031] "위격이 아닌"(ἀνυπόστατος) 인성을 "위격 안에 있는"(ἐνυπόστατος) 인성으로서 취하신 영원하신 성자 하나님의 성육신의 비밀이 이렇듯 드러난다.[1032]

이러한 위격적 연합의 비밀에 개혁신학자들이 개진한 신학의 원리(principium theologiae 혹은 계시의 원리(principium revelationis)가 정초한다.[1033] 핫지(Charles Hodge)는 신학의 원리가 이 땅에 오신 중보자 그리스도 자신의 계시가 아니라 단지 사변적 인식을 기초로 하게 될 때 우리가 계시의 전제로 삼는 삼위일체 하나님도 하나의 독단적 관념에 머물 수밖에 없다고 생각했다. 하나님은 "속(屬)적인 한 분"(generic one)이 아니라 "수적인 한 분"(numerical one)으로 계시고, 그렇게 자신을 계시하신다.[1034] 성육신이 그러한 계시의 정점(頂點, culmen revelationis)이다. 영원하신 아들이 육체로 오셔서, 육체 가운데, 자신과 함께 아버지를 계시하신다. 성육신하신 아들을 통하여 우리는 아버지를 안다. 그리하여 우리는 아들을 아버지의 아들로—곧 아들의 "영원한 나심"(eternal generation)을— 안다. 이로써 우리는 아들은 아버지와 하나이시나 영원히 아버지의 품 속에 계신 독생하신 하나님이심을 안다(요 1:18; 10:30). 곧 삼위일체 하나님을 안다. 우리가 신학의 원리를 다루면서 삼위일체 하나님의 자기계시를 전제하는 것은 이러한 뜻에서이다. 그러므로 '전제'를 '사변'과 동일시해서는 안 된다. '전제'는 성육신으로 정점에 이르는 삼위일체 하나님의 자기계시인 반면에 '사변'은 단지 하나님에 관한 우리 자신의 지식에 머물 뿐이기 때문이다. 핫지는 성경적 사실들(biblical facts)에 기초하여 그것들을 귀납적으로 파악한 후 종합화, 체계화하는 신학방법론을 주장하였다. 그러나 그가 말하는 귀납적 방법(the inductive method)은 과학적-귀납적 방법이 아니라 성경적-귀납적 방법을 말한

[1031] Bavinck, *Reformed Dogmatics*, 3,307.

[1032] 인격과 본성의 관계에 관한 여기에서의 논의는 다음을 첨삭, 수정, 가필하여 일부 수록. Byung-Ho Moon, "Bavinck's Understanding of Christ the Mediator's Hypostatic Union," *Chongshin Review* 18 (2013), 183-187. 참조. Heppe, *Reformed Dogmatics*, 416-419, 427-429; Turretin, *Institutio Theologiae Elencticae*, 13.8.24 (2,288); Relton, *A Study in Christology*, 226-235. 이와 같은 개혁신학자들의 입장은 죽산 박형룡에 의해서도 계승된다. 문병호, "박형룡의 그리스도의 위격적 연합 교리 이해: 구속사적-구원론적 관점에서", 『신학지남』 80/4 (2013), 115-117.

[1033] 이에 대해서 전술한 본서 제2장 3. "성경과 신학: 신학의 원리와 삼위일체론적-기독론적 관점" 참조.

[1034] Hodge, *Systematic Theology*, 1,463-467.

다. 그것은 과학적 탐구가 아니라 성경 사실들을 믿음으로 받아들이는 것으로부터 비롯된다. 그렇다면 신학의 대상이 되는 성경적 사실들은 어떻게 주어지는가? 핫지는 그 답은 성육신에 따른 위격적 연합에 있다고 여긴다. 하나님이 우리에게 맞추어주신, 우리에게 계시된 모형계시(revelatio ectypa, accommodata, revelata)는 영원하신 말씀이신 성자 하나님에 의해서 중보된(mediata) 계시이며, 그 정점에 성육신이 있다고 여겨서이다. 하나님의 아들의 "자성"(子性, υἱότης, sonship)은 하나님의 아들이심과 사람의 아들이심으로 이중적으로 계시된다. 이 땅에 오신 아들은 이 두 지식을 동시에 계시하시고 그 은혜 가운데 우리가 아들과 하나가 되어 아버지와 하나가 되는 데 이르게 하신다. 이 땅에 사람의 아들로 오신 주님은 은혜와 진리가 충만하신 영원하신 하나님의 아들이시기 때문이다(요 1:14, 17).[1035]

이러한 맥락에서 핫지는 니케아(325)의 삼위일체론을 다루면서 칼케돈(451)의 기독론을 언급한다. 칼케돈 없이 니케아가 있을 수 없다고 보는 것이다.

> 니케아 회의는 "아들"이라는 말을 직분이 아니라 본성을 지칭하는 단어로 그리스도에게 적용한다. 그 말은 삼위일체 가운데 제2위 하나님과 제1위 하나님의 영원한 관계를 표현한다. 이 관계가 본성의 동일함으로 제시된다. 그리스도가 하나님의 아들이심은 그가 하나님과 동등하심을 함의한다. 달리 말하면, 하나님은 아들과 동등하심 가운데 아버지시다. 실로 성경은 예수를 하나님의 아들이라고 부를 때마다 그의 참되고 고유한 신성을 드러낸다. 그렇다고 해서 그를 하나님의 아들이라고 부르는 말이 모두 신성을 뜻하지는 않는다. 우리 주님의 인격이 각 본성으로 지정될 수 있음이 분명하기 때문이다. 그는 다윗의 아들과 하나님의 아들이라 불릴 수 있을 것이다. 또한 그가 어느 한 본성에 따라서 서술될 때, 그의 인격은 다른 본성으로 지칭될 수도 있을 것이다. 그리하여 한편으로는, 영광의 주가[신성] 십자가에 못 박히셨다고도[인성], 하나님이[신성] 교회를 그의 피로 사셨다고도[인성], 아들이[신성] 무지하다고도[인성] 일컬어지고, 다른 한편으로는, 인자는 그가 땅에 계시는 동안에도[인성] 하늘에 또한 계신다고[신성] 일컬어진다. 이러함에도 불구하고, 그리스도가 하나님의 아들이라고 불리시는 것은 그의 신성에 따른 것이다. 삼위일체 하나님의 제2인격이신 로고스는 이렇듯 신성에 있어서 그리고

[1035] Hodge, *Systematic Theology*, 1, 468–477.

제1인격과의 관계에 있어서 하나님의 아들이시다.[1036]

핫지는 여기에서 성자의 신격(神格, θεότης, deitas, deity)을 다루면서 신성과 인성의 위격적 연합을 가장 전형적으로 계시하고 있는 성경 구절들을 인용한다. 그리하여 기독론에 관한 성경적 사실들로 삼위일체론을 확정하고 있다. 달리 말하면, 아들의 "영원한 나심" 곧 "하나님의 아들이심"을 "역사상 나심" 곧 "사람의 아들이심"에 관한 증거 구절들로 확정하고 있다. 삼위일체의 신비를 단지 사변적이거나 관념적으로 전제하는 데 그치지 않고 "성경적 사실들"을 통하여 귀납적으로 설명하고 있다. 이러한 방법론이 생소한 것은 아니다. 그것은 오히려 교리사상(敎理史上) 시원적(始原的)인 방법 중 하나이다. 예컨대, 아타나시우스는 '성육신하신 말씀'(logos incarnatus) 곧 '이 땅에 오신 말씀'에 대한 성경의 가르침을 들어 '성육신하실 말씀'(logos incarnandus) 곧 '이 땅에 오실 영원한 말씀'의 신성을 변증하고 있다. 그리하여 이방 창조론에 경도된 철학적 신관에 기초해서 성육신을 다루고자 했던 당대 아리우스주의자들이나 영지주의자들과는 그 방법론에서부터 확연하게 다른 입장을 견지했다.[1037]

3. 연합 가운데 한 분이심(unitas in unione)

성육신한 그리스도는 신인양성의 한 인격으로 구속사역을 감당하신다. 그의 중보는 신인(Θεάνθρωπος)의 인격의 일이다. 그 인격 안에서, 그 인격에 의해서, 그 인격을 통하여, 그 인격에로, 각각의 본성은 고유한 속성에 따라 고유한 질서로 작용한다. 인격(persona)은 더 이상 개별 존재로 나눠질 수 없는, 즉 유(類)나 종(種)으로 더 이상 세분될 수 없는 개체를 말한다.[1038]

위격적 연합은 다음과 같이 네 가지로 파악된다.

첫째, 행위자(ὁ ἐνεργῶν, agens, principium quod agit)는 그리스도의 기체(基體) 혹은

1036) Hodge, *Systematic Theology*, 1. 471. [신성]과 [인성]은 필자의 첨가.
1037) 참조. Athanasius, "On the Incarnation," 1–19 (*CLF* 55–73, *PG* 25. 97–129).
1038) Vermigli, *Dialogue on the Two Natures in Christ*, 33–34.

인격(suppositum sive persona)이다.

둘째, 작용소(作用素, το ἐνεργητικον)는 형상인(形相因, principium formale quo agit)으로서 신성과 인성이다.

셋째, 작용(ἐνεργεια, operatio)은 동작인(動作因, principium quo)으로서 신성에 따른 신적 작용(operatio divina)과 인성에 따른 인적 작용(operatio humana)이다.

넷째, 사역(ἐνεργυμα, ἀποτελεσμα)은 외부적 행위(opus externum)로서 중보이다.[1039] 예수 그리스도의 모든 사역은 그의 인격에 돌려진다. 우리를 위하여 자신을 드리신 분은 하나님의 아들이시다. 영광의 주님이 고난당하셨다. "성경은 중보자 그리스도의 행위의 작용과 능력, 그의 말씀의 진리와 지혜, 그의 고난의 가치를 그것들이 육체로 오신 하나님의 행위, 말씀, 고난이라는 사실에 돌린다." 만약 그리스도의 중보 사역이 오직 인성에만 돌려진다면 우리는 단지 한 사람을 중보자로 가질 뿐이며 이 경우 복음의 능력은 사라질 것이다. 타락한 인류의 구속을 위하여 그리스도는 지혜와 지식의 모든 보화를 지녀야 하며 그의 제사장직은 하나님의 아들의 존귀를 요구한다. 그는 인성에 따라서는 "거룩하고 악이 없고 더러움이 없고 죄인에게서 떠나 계시고", 신성에 따라서는 "하늘보다 높이 되신 이시다"(히 7:26).[1040]

뚤레틴이 말하는 바와 같이,

연합은 인격적이다. 그러나 인격들의 연합은 아니다. 그것은 본성들의 연합이다. 그러나 본성적이지는 않다(Ita Unio personalis est, sed non Personarum, ut Unio naturarum, sed non naturalis).[1041]

영원하신 하나님의 아들이신 성자 그리스도는 성부, 성령과 함께 동일한 본질-신성-을 지니신다. 그러하신 성자가 인성을 취하심으로 그의 신성과 인성이 연합되었다. 한 분 말씀의 인격이 인성을 취하심으로 그의 신성과 인성의 위격적 연

1039) Hodge, *Systematic Theology*, 2.458; Turretin, *Institutio Theologiae Elencticae* 14.2.3 (2.335). 이 부분은 뚤레틴이 교황 레오 1세가 플라비안(Flavian)에게 보낸 열 번째 편지와 다메섹의 요한의 글을 중심으로 전개한 내용이다.

1040) Hodge, *Systematic Theology*, 2.459.

1041) Turretin, *Institutio Theologiae Elencticae*, 13.6.3 (2.274).

합(unio hypostatica)이 일어났다. 위격적 연합의 주체는 삼위일체 하나님의 신성(divinitas)이 아니라 제2위 성자 하나님의 인격(persona)이다. 그의 인격이 "우유(偶有)적으로가 아니라 본질적으로"(non accidentaliter, sed essentialiter) 인성을 취하셨다. 이러한 위격적 연합의 비밀은 양성의 연합(unio) 그 자체가 아니라 그 주체인 인격에 있다. 엄밀히 말해서, 양성의 연합 가운데 계신 인격의 한 분이심(unitas)에 그 비밀이 있다.1042) 그러므로 그 주체인 성자의 인격에 관한 교리를 삼위일체론적 관점에서 수립함 없이 위격적 연합 교리를 다룬다는 것은 사상누각일 뿐이다. 이런 측면에서, 삼위일체 교리는 위격적 연합 교리의 전제가 되며, 위격적 연합 교리에서 다루어지는 성자의 인격과1043) 사역을 통하여1044) 삼위일체 교리가 확정된다. 이는 신성의 인격이 인성을 취하심을 뜻하는 것이지 인성이 신성의 속성을 받아 고양됨으로 하나님과 하나가 됨을 통하여 삼위일체와 성육신을 유비하는 것이 아니다.1045)

신성이 그러하듯이 인성 역시 위격(hypostasis)이 아니다(ἀνυπόστατος). 오직 그리스도의 인격만이 위격으로서 위격적 존재(subsistentia)가 된다. 그리스도의 인성은 "본질적인 것으로서"(essentialis), "본질적으로"(essentialiter) 그의 [신]인격(persona [divina])에 취해져 그 안의 신성과 함께 신인(神人, Θεάνθρωπος)의 인격(persona divina-humana)을 이룬다. 이로써 그리스도의 인격이 비로소 존재하는 것도, 비로소 완성되는 것도 아니다. 아들의 인격은 영원히 완전하며 동일하기 때문이다. 성육신은

1042) Turretin, *Institutio Theologiae Elencticae*, 13.6.1-4, 6 (2.274-275).

1043) 참조. Colin Brown, "Trinity and Incarnation: In Search of Contemporary Orthodoxy," *Ex Auditu* 7 (1991), 83-100. 저자는 여기에서 근대 케노시스주의자들이 루터파 기독론의 입장을 극단적으로 추구하여 삼위일체론과 성육신의 관계를 관념적이고 이성적으로 개진한 것은 그들이 소위 초(超)칼빈주의(the so-called extra Calvinisticum)를 알지 못했기 때문이라고 정곡을 찌른다(90).

1044) 참조. Christopher B. Kaiser, "The Incarnation and the Trinity: Two Doctrines Rooted in the Offices of Christ," *Greek Orthodox Theological Review* 43/1-4 (1998), 226-243. 저자는 "오직 예수의 삶, 죽음, 부활을 통하여 우리는 신적 인격들의 삼위일체가 있다는 것을 이해하게 된다"고 결론짓는다(243). 그러나 이러한 입장이 편향성을 띠게 되면 기능기독론의 폐단이 나타나는데, 여기에서도 이를 발견할 수 있다.

1045) 이러한 경향은 동방신학에 강하게 나타난다. 참조. George D. Dragas, "The Incarnation and the Holy Trinity: An Introduction to the Theme," *Greek Orthodox Theological Review* 43/1-4 (1998), 257-280, 특히 272. 일부 학자들은 성육신을 "말씀과 성령을 통한"(per Verbum et Spiritum) 성부의 새로운 창조행위로 보고 이를 통하여 피조물이 하나님과 같이 되었다는 점을 들어서 삼위일체와 성육신을 유비시키고자 한다. Christos S. Voulgaris, "The Holy Trinity in Creation and Incarnation," *Greek Orthodox Theological Review* 42/3-4 (1997), 245-258, 특히 250-251. 다음 글은 이러한 관점을 특히 세계 혹은 사회와 관련하여 다룬다. Christian Link, "Incarnation and Creation: Interpreting the World through the Theology of the Trinity," tr. Christoph W. Stenschke, *Greek Orthodox Theological Review* 43/1-4 (1998): 327-338.

신성 외에 또 다른 작용소 혹은 형상인으로서 인성을 취하는 것일 뿐, 여하한 인격의 변화도 초래하지 않는다. 성육신으로 신성과 인성은 각각 그러나 함께 "본질적인 것으로서", "본질적으로" 위격 안에(ἐνυπόστατος) 있게 된다. 그리하여 "본질적으로가 아니라 인격적으로"(non essentialiter, sed personaliter) 서로 연합하게 된다.1046)

위격적 연합으로 말미암아 위격이 비로소 "효과적으로"(effective) 형성되는 것도 아니며, 영원한 위격을 이루는 신성이 인성으로 "일시적으로"(transitive) 전이되는 것도 아니다. 위격적 연합은 영원한 위격이 인성을 "취함으로써"(assumptive) 일어나는 성육신 사건으로 비롯된다. 성자의 위격적 존재는 영원히 동일하다. 인성은 독자적인 위격을 형성하지 않으며 성자의 "위격 안에"(ἐνυπόστατος) 취해짐으로 "실체적"(substantialis)이며 "실제적"(realis)이 된다. 성육신은 영원한 "말씀에 의해서"(Λόγῳ), "말씀의 인격 안에서"(in persona Λόγου) 일어난 신성과 인성의 연합을 뜻한다.1047)

성자의 인격은 "고유한 위격적 존재"(propria subsistentia)이나, 신성과 인성은 본성으로서 "본질"(essentia) 혹은 "실체"(substantia)일 뿐,1048) 그 자체로 "인격성"(personalitas)이나 "종국성"(terminus)은 없다.1049) 본성은 공유되는 것이며 어떤 개체(個體) 혹은 개물(個物)에 고유한 것이 아니기 때문에 "불가교통성"(incommunicatio)이 없다.1050) 신성과 인성은 모두 [구체적] 기체(基體, suppositum)가 아니라 [추상적] 본성이므로, 그것들을 지니고 그것들에 따라서 존재하고, 계시하고, 행하는 주체(subiectum)인 인격과는 구별된다. 인격과는 달리 본성은 그 자체로 위격이 될 수 없을 뿐더러 위격적으로 존재할 수도 없다. 즉 독자적인 위격적 존재가 될 수 없다. 신성과 인성은 자체로, 추상적으로(in abstracto, abstracte) 교통할 수 없고, 오직 위격에 의해서, 위격 안에서, 위격에로 구체적으로(in concreto, concrete) 교통한다. 왜냐하면 신성과 인성은 기체가 아니므로 위격적 교통이 아니라면 기체적으로

1046) Turretin, *Institutio Theologiae Elencticae*, 13.6.5, 7-8 (2.275).

1047) Turretin, *Institutio Theologiae Elencticae*, 13.6.22, 26 (2.279).

1048) 그리하여 교부들은 신성과 인성을 표현할 때 본성을 뜻하는 φύσις와 본질 혹은 실체로 번역되는 οὐσία를 함께 사용하였다. 참조. Hodge, *Systematic Theology*, 2.387.

1049) "terminus"는 목적, 한계, 끝 등의 의미를 지니는 바, 이는 공유되지 않는 개체성을 뜻한다고 볼 것이다.

1050) Turretin, *Institutio Theologiae Elencticae*, 13.6.18-19 (2.278).

(suppositaliter) 교통할 수 없기 때문이다. 본질상 하나님과 동일하고 본질상 사람과 동일한 그리스도의 신성과 인성은 그 두 본성으로 이루어진 그의 인격의 위격 안에 (ἐνυπόστατος) 구체적으로 연합되어 있으므로,1051) 인성의 속성에 따른 것이든 신성의 속성에 따른 것이든 그리스도에 관한 모든 말씀은 그의 인격을 지시하고, 표현한다. 그리하여 그를 하나님이라고 지칭하면서 사람으로서 서술할 수도 있고, 역으로 사람이라고 지칭하면서 하나님으로서 서술할 수도 있다. 일례로, 영원하신 하나님의 아들이 십자가에 못 박히셨다는 말씀이나 인자가 하늘로부터 내려오셨다는 말씀이 그러하다(행 20:28; 요 6:62). 그것은 한 인격 안에서 "양성에 따른"(κατ' ἄλλο καὶ ἄλλο) 연합이 일어나기 때문이다. 뚤레틴은 이를 "동어적"(synonymicae)이며 "비유적"(tropicae)이라고 부른다.1052)

성경은 보이지 않는 영원한 말씀의 인격으로 계신 그리스도가 참 육체와 이성적인 영혼을 지닌 우리의 본성을 취하셨다는 사실을 분명히 증언한다(요 1:1-14; 요일 1:1-3; 롬 1:2-5; 딤전 3:16; 빌 2:6-11; 히 2:14).1053) 한 분 동일하신 그리스도가 신성과 인성에 따라서 인격으로 존재하시고 활동하시나 그 두 본성은 주체가 아니라 작용소 곧 형상일 뿐이므로 "이중적인 인격성"(a twofold personality)을 인정할 여지는 없다. 본성에는 "객관적 존재성"(an objective entity)이 없다. 그러므로 신성과 인성은 개별적 존재자(存在者)가 아니다. 이와 같이 신성과 인성의 독자적인 인격성(personalitas)과 존재성(entitas)이 부인되므로, 그리스도는 오직 한 분 동일하신 인격으로 계신다. 고유한 속성을 담지(擔持)하는 본성은 오직 인격 안에서만 본질 혹은 실체로서 실재한다. 곧 "실제"(a reality)가 된다. 각각의 본성에 속한 속성이 서로 양립할 수 없을 때 각각의 본성도 서로 양립할 수 없다. 예컨대, "유한한 것이 무한한 것일 수 없다." 또한 한 본성에 속한 속성이 다른 본성에 전이될 수도 없다. 예컨대, "유한함이 무한할 수 없다." 서로 양립할 수 없는 속성을 지닌 두 본성이 양립하는 유일한 길은 각각의 본성이 "혼합 없이, 변화 없이, 분할 없이, 분리 없이" 한 인격

1051) 다음 글에서 저자는 영원하신 하나님의 아들의 "인격적 존재"(personal existence)를 의미하는 성자의 위격은 "계속되는 정체성과 존재적 변화에 대한 열림"(continuous identity and openness to existential change)이라는 두 가지 특성을 지님을 지적하면서, 성육신으로 인성을 취함이 인격의 주체성, 개체성, 정체성에 어떤 변화도 초래하지 않음을 설명한다. Meyendorff, "Christ's Humanity: The Paschal Mystery," 13.

1052) Turretin, Institutio Theologiae Elencticae, 13.6.20-21, 23 (2.279).

1053) Hodge, Systematic Theology, 2.380-387.

을 이루는 것이다. 오직 그 때에만 한 "인격성"과 "존재성"을 지닌 "객관적 존재"로서 한 인격이 각각의 본성에 따른 속성대로 존재하고, 드러내고, 행하게 된다. 속성교통의 다양한 양상은 이로부터 기인한다.1054)

동일하신 한 분 그리스도가 참 하나님이시고 참 사람이시다. 참 하나님으로서 그는 영원히 성부에게서 나셨고, 참 사람으로서 그는 우리와 동일한 영혼과 육체를 지니셨으나 죄는 없으신 사람으로 동정녀 마리아에게서 나셨다. 이러한 한 인격 양성의 교리는 초대교회의 여러 신경과 신앙의 규범에 현저하게 나타나는 바, 칼케돈 신경은 이를 다음과 같이 "동일하신 분"이라는 말을 반복하고 각각의 속성에 따라서 신성과 인성을 특정하는 부사구를 대구(對句)시킴으로써 극적인 어조로 표명하고 있다. 여기에서 우리는 신성과 인성은 위격은 아니나 위격 안에 있다는 내(內)위격(enhypostasis)과 비(非)위격(anhypostasis) 교리의 맹아를 발견할 수 있다.

> 동일하신 분이(τὸν αὐτὸν) 신성에 있어서(ἐν θεότητι) 완전하시고 동일하신 분이(τὸν αὐτὸν) 인성에 있어서(ἐν ἀνθρωπότητι) 완전하시며, 동일하신 분이(τὸν αὐτὸν) 참 하나님이시고 이성적인 영혼과 육체로 이루어진 참 사람이시며, 동일하신 분이(τὸν αὐτὸν) 신성에 따라서(κατὰ τήν θεότητα) 성부와 동일본질이시고, 인성에 따라서(κατὰ τὴν ἀνθρωπότητα) 우리와 동일본질이시며, 모든 것에 있어서 우리와 같으시되 오히려 죄는 없으시며, 실로 창세 전에 신성에 따라서(κατὰ τήν θεότητα) 아버지에게서 나셨고, 후일에 동일하신 분이(τὸν αὐτὸν) 우리와 우리의 구원을 위하여 인성에 따라서(κατὰ τὴν ἀνθρωπότητα) 하나님의 어머니 동정녀 마리아에게서 나셨으며……1055)

[영혼과 육체의 연합의 유비의 한계]

이러한 신인양성의 위격적 연합을 표현하기 위하여 초대교회로부터 여러 비유가 사용되었다. 그 가운데 철에 열이 가해져 달구어지는 것, 향체(香體)가 향기를 내는 것, 태양이 빛을 내는 것, 식초가 물에 떨어져 퍼지는 것, 영혼과 육체가 연합하여

1054) 참조. Hodge, *Systematic Theology*, 2.387.
1055) Schaff, *The Creeds of Christendom*, 2.62-63.

한 사람이 되는 것 등이 가장 많이 거론되었다.1056) 무엇보다 영혼과 육체를 신성과 인성에, 그것들로 형성되는 사람을 그리스도의 인격에 유비하는 경우가 논란의 중심이 되었다. 이는 영혼이 중보자(mediatrix)로서 하나님과 육체 사이를 중보한다는 ('anima mediante') 오리겐의 사상과 관련하여 특히 문제시되었다.1057) 어거스틴은 영혼과 육체의 간격이 신성과 영혼의 간격보다 더 크다고 여기고, 이 유비를, 성육신하신 그리스도의 인격 안에서 신성과 육체 사이에 일어나는 영혼의 중보뿐만 아니라 성부, 성자, 성령 하나님 서로 간의 관계를 설명하는 수사학적 도구로 활용하였다.1058) 한편, 중세의 신학자 버나드(Bernard of Clairvaux, 1090-1153)는 신성과 인성의 본성적 연합(unio naturalis)이 영혼과 육체의 연합 외에 별도로 논의될 수 없다고 보았다.1059) 버나드는 그리스도의 인성에 따른 지상의 삶과 고난이 그 인성과 연합한 신성에 돌려짐을 부각시키면서, 그리스도와 동일한 인성을 나누어 가진 성도가 양과 같이 목자가 되신 그의 인도하심을 받아 하나님과 신비적 연합을 이루게 된다는 점을 강조하였다. 버나드에게 있어서, 영혼과 육체의 유비는 단지 수사학적인 비유에 머물지 않고 실체적 의미를 지니는 것이었다.1060) 루터는 육체의 어느 작은 부분이라도 치게 되면 영혼 전체가 반응한다는 점을 예로 드나, 이로써 신인양성의 인격적 연합의 비밀에 다 미칠 수는 없다고 보았다.1061) 칼빈은 영혼과 육체라는 전혀 다른 두 실체가 어떻게 한 사람을 이루는가에 주목하면서 다음과 같이 논지를 펼쳤다. 영혼에 속한 속성은 육체에 적용할 수 없고, 육체에 속한 속성은 영혼에 적용할 수 없다. 그럼에도 불구하고, 영혼에 속한 속성들이 육체에, 육체에 속한 속성들이 영혼에 돌려지기도 한다. 그렇다고 해서, 영혼과 육체가 두 인격을 이루는 것은 아니다. 이러한 측면에서, 영혼과 육체의 연합은 신인양성의 위격적 연합과 "가장 그럴 듯한 유사점"(similitudo appositissima)이 있다.1062)

1056) Chemnitz, *The Two Natures in Christ*, 107, 217, 289-297.
1057) Grillmeier, *Christ in Christian Tradition*, 1.153, 379-380, 410-412.
1058) Grillmeier, *Christ in Christian Tradition*, 1.410-412.
1059) Chemnitz, *The Two Natures in Christ*, 107.
1060) 참조. George H. Tavard, "The Christology of the Mystics," *Theological Studies* 42/4 (1981), 564-565.
1061) Chemnitz, *The Two Natures in Christ*, 193. 켐니쯔는 루터의 이러한 접근은 초대교회에서부터 있어온 "제유법"(synechdochae)을 사용한 것이라고 본다.
1062) Calvin, *Institutio*, 2.14.1 (CO 2.353).

무엇보다 이 비유를 교리적으로 부각시킨 신학자는 핫지였다. 핫지는 중보자 그리스도의 인격을 다루면서 신인양성의 연합이 거론되는 곳에서는 거의 예외 없이 이 비유를 사용하였다.1063) 핫지에 따르면, 사람은 영혼과 육체의 두 실체로 구성된다. 실체(substance)는 "존재하는 것"(that which is)으로서 속성들을(properties, attributes, qualities) 내포하며 드러내는 "존재"(entity)이다. 영혼은 영적 실체이며 육체는 물질적 실체이다. 영혼과 육체의 연합은 가장 익숙하면서도 신비로운 것으로서,1064) 양자의 섞임이나 혼합 없이 각각의 고유한 속성을 유지하면서도 단지 내주에 그치는 명목적인 연합이 아니라 한 인간의 인격을 형성하는 실제적인 연합이다.1065)

핫지는 이러한 영혼과 육체의 연합에는 속성교통(κοινωνία ἰδιωμάτων, communicatio idiomatum)이 있다고 하면서 그 특징을 다음과 같이 말한다.

첫째, 인격이 연합의 주체이다. 그것은 영혼과 육체의 모든 속성을 소유한다.

둘째, 같은 인격에 상호 충돌되고 모순되는 진술이 돌려진다. 사람이 사멸하고 불멸한다고 말해지기도 하고, 영이며 흙이자 티끌이라고 말해지기도 한다.

셋째, 인격이 한 본성에 의해서 지정되는 가운데 그 술어가 다른 본성을 칭할 수도 있다. 영혼을 지닌 사람이 배고프고 목마르다고 말해진다.

넷째, 영혼과 육체의 모든 속성들이 그러하듯이 모든 행위들이 한 인격에 돌려진다. 사람은 생각하고 음식을 소화시킨다고 말해진다.

다섯째, 이러한 "위격적 연합"(hypostatic union)으로 말미암아 육체의 고양이 일어난다. 영혼은 육체와 연합한다고 해서 저급해지지 않는다. 그러나 육체는 영혼과 연합함으로 말미암아 고상해진다.1066)

이와 같이 핫지는 그리스도의 인격에 있어서의 신인양성의 위격적 연합이 사람에 있어서의 영혼과 육체의 연합과 다를 바 없다는 점을 주시할 뿐, 어떤 상이점도

1063) Hodge, *Systematic Theology*, 2.458, 378, 380, 390, 391, 392, 395, 397, 447, 458.

1064) Hodge, *Systematic Theology*, 2.378.

1065) Hodge, *Systematic Theology*, 2.378-379. 영혼과 육체의 연합을 거론하면서 켐니쯔는 이를 네 가지로 소개한다. 첫째, 진정한 인격적 교제이다. 둘째, 두 본성이 혼합되거나, 변화되거나, 서로 배제하거나, 같아지거나, 하지 않는다. 셋째, 양성의 교통은 본질이나 본성에 속한 것이 아니다. 그럼에도 불구하고 실제적이다. 넷째, 본성들의 고유한 특성은 손상되지 않고 유지된다. Chemnitz, *The Two Natures in Christ*, 297.

1066) Hodge, *Systematic Theology*, 2.379-380.

거론하지 않는다. 그렇다면 핫지는 진정 이 둘을 교리적으로 동일시했는가? 우리는 이에 대한 답에 이르는 실마리를 아타나시우스 신경에서 찾을 수 있다.

34. 비록 그는 하나님과 사람이시지만 둘이 아니라 한 그리스도시다.
35. 그가 한 분이신 것은 신성이 육체로 바뀌는 변화가 아니라 인성을 하나님께로 취하심으로 말미암는다.
36. 그가 전체로 한 분이신 것은 실체의 혼합이 아니라 인격의 하나됨으로 말미암는다.
37. 이성적인 영혼과 육체가 한 사람이듯이 하나님과 사람은 한 그리스도시다.[1067]

여기에서는 다음 두 가지를 말하고자 한다. 첫째, 성육신은 신성이 육체로 변하는 것이 아니라 하나님이 인성을 취하시는 것이라는 사실. 둘째, 성육신으로 두 본성이 실체의 혼합 없이 한 인격을 이룬다는 사실. 신성에는 자존성이 있으나 인성에는 피조성이 있다. 그러므로 신인양성의 연합과 영혼과 육체의 연합은 다르다. 성육신은 신성으로 영원히 계신 인격이 역사상 인성을 취하는 것이지만, 사람의 구성은 선재하는 영혼이 육체를 취하는 것으로 볼 수 없다. 영혼은 육체와 결합하는 그 순간 창조되는 것이기 때문이다. 무엇보다 영혼에는 자존성이 없으므로 이를 신성과 동일시할 수는 없다.[1068]

비유는 비유일 뿐, 비유를 통한 유비가 실체적 진리를 양산하거나 관념이나 사변을 실제로 존재하는 무엇이 되게 할 수는 없다. 그것은 어느 부분을 부각시켜 그것에 대한 이해를 돕는 데 유용할 뿐, 전체를—혹은 그 자체를—완전하게 드러낼 수는 없다. 그것은 교리적 의의를 갖기는 하지만, 교리를 대체하거나, 자체로 교리를 형성하지는 못하며 성경의 가르침에 따라 교리를 유지하는 데 도움을 줄 뿐이다.[1069] 위격적 연합과 영혼과 육체의 관계 사이에는 유사함이 없지 않으나 근본적인 차이가 엄연히 존재한다. 한 사람의 인격은 영혼과 육체의 결합이 있기 전에는 존재하

[1067] Schaff, *The Creeds of Christendom*, 2.69: "34. Qui licet Deus sit et homo; non duo tamen, sed unus est Christus. 35. Unus autem, non conversione divinitatis in carnem: sed assumptione humanitatis in Deum. 36. Unus omnino; non confusione substantiae: sed unitate personae. 37. Nam sicut anima rationalis et caro unus est homo: ita Deus et homo unus est Christus."

[1068] 우리는 영혼창조설에 서서 이렇게 논한다.

[1069] Berkouwer, *The Person of Christ*, 287-301.

지 않는 반면, 그리스도는 성육신 전에도 영원하신 하나님의 아들의 인격이셨다. 신성은 그 자체로 전부이며 완전한 반면, 육체와 함께 사람을 형성하는 영혼은 그렇지 않다. 사람의 영혼은 육체와 함께 존재하기 시작하며, 죽음 후 부활 때에 이르기까지는 육체 없이 존재하나, 마지막 때 다시금 육체와 연합하여 최후로 완성되는 반면, 신성은 시작과 끝이 없으며 가능태, 현실태, 완성태가 다르지 않다. 영혼과 육체는 결합하여 인성이라는 제3의 것을 형성하지만 성육신에 있어서 신인양성의 연합은 그러하지 않다. 신인양성의 위격적 연합은 그 자체로 영혼과 육체의 연합보다 더욱 긴밀하기 때문이다. 인성이 "말씀의 기관"(ὄργανον τοῦ λόγου) 혹은 "성전"(templum)이라고 불리는 까닭이 여기에 있다.[1070] 그리스도의 인격에 관한 핫지의 입장 전체를 염두에 두고 볼 때, 그가 이러한 차이를 간과했다고 보기는 어렵다. 그럼에도 불구하고 위격적 연합에 따른 속성교통의 여러 양상을 언급하면서, 이를 영혼과 육체의 관계에 그저 아무 단서 없이 유비하는 것은 과도하다고 볼 것이다. 비유가 여과 없이 사용될 때, 사람들은 비유를 오히려 실체로 여기는 경향이 있기 때문이다.[1071]

4. 취하심(assumptio)

영원하신 하나님의 아들이 사람의 아들이 되심으로 우리가 그의 은혜로 말미암아 그와 함께 하나님의 자녀가 되는 길을 여셨다. 성자가 인성을 취하심(assumptio)이 없었다면 우리가 그와 함께 자녀가 됨(adoptio)이 없었을 것이다. 우리가 받은 "양자의 영"(πνεῦμα υἱοθεσίας)은(롬 8:15) 영혼과 육체의 인성을 취하시고 이 땅에 오셔서 모든 구속의 사역을 다 이루신 "그리스도의 영"(πνεῦμα Χριστοῦ)이시다(롬 8:9). 참 빛이 되시며 생명이신(요 1:4, 8) 하나님의 말씀이 육신을 취하심이(요 1:14) 없었다면 우리는 여전히 "종의 영"(πνεῦμα δουλείας)을 지니고(롬 8:15) "죄의 종"(δοῦλοι ἁμαρτίας)으로 "사망"의 사슬에 묶여(롬 6:16, 20, 23) 살았을 것이다. 그러나 우리가

[1070] Heppe, *Reformed Dogmatics*, 429–431.
[1071] 위격적 연합에 대한 그릇된 유비에 대해서, Vermigli, *Dialogue on the Two Natures in Christ*, 65–72.

"의에게 종"(δοῦλοι τῇ δικαιοσύνῃ)이 되어 "영생"에 속하여 사는 것은(롬 6:20, 22), 그리스도가 우리를 위하여 "모든 의"(πᾶσαν δικαιοσύνην)를 다 이루셨기 때문이다(마 3:15; 요 10:30). 주님이 우리와 같이 "혈과 육"을 취하신 것은 한평생 죽음에 매여 종노릇하는 우리를 놓아주기 위함이셨다(히 2:14-15).

아타나시우스 신경은 그리스도가 참 하나님이시자 참 사람이시나 "그가 한 분이신 것은 신성이 육체로 바뀌는 변화가 아니라 인성을 하나님께로 취하심으로 말미암는다"(Unus autem, non conversione divinitatis in carnem: sed assumptione humanitatis in Deum)고 천명한다(35조).[1072] 성육신은 철학자 헤겔이 말하는 "신적 형성"(a divine becoming)이 아니라 "육신을 취하심"(assumptio carnis)이다.[1073] 성육신의 비밀인 위격적 연합은 "취하심"에 따른 것이다. "취하심"은 영원히 신성으로 계신 한 분 동일하신(unus idem) 그리스도가 인성을 더하셔서 그것에 속한 속성들을 인격 가운데 지니시되 그 신성에 따른 불변성에 어떤 변화도 초래하지 않는 역사적 사건을 뜻한다.[1074] "말씀이 육신이 되어"(ὁ λόγος σὰρξ ἐγένετο)는(요 1:14) 성자 하나님이 영혼과 육체로 이루어진 인성을 취하셨음을 뜻하므로, 이로써 성육신의 주체가 요한복음 1:1의 "말씀"이시라는 사실과 당대의 가현설이 그릇됨이 동시에 천명된다.[1075]

영원하신 하나님의 아들이 인성을 취하셨다. 취하심의 주체는 하나님의 아들 자신 곧 성자의 인격이다. 그러므로 그리스도의 신성을 부인하는 자들은 이를 합당하게 다룰 수 없다. 쏘키누스주의자들(Socinians)은 그리스도는 오직 인성만 지니고 계시며-그리하여 순수한 사람이며-그가 뛰어난 점은 본성 자체에 있는 것이 아니라 그것의 속성이나 사역에 있다고 주장한다.[1076] 그들은 "말씀이 육신이 되어"라는 구절은(요 1:14) 말씀이 육신을 "취함"(assumptio)이 아니라 말씀이 육신이었다는 사실을 확인시켜 줄 뿐이라고 여긴다. 그리고 빌립보서 2:6-7의 "하나님의 본체"(ἐν

[1072] Schaff, *The Creeds of Christendom*, 2.69.

[1073] 참조. Richard A. Muller, "Incarnation, Immutability, and the Case for Classical Theism," *Westminster Theological Journal* 45/1 (1983), 35.

[1074] Muller, "Incarnation, Immutability, and the Case for Classical Theism," 22-40. 여기에서 멀러는 구원을 신적 가변성의 동참으로 여기는 피녹(Clark Pinnock)을 비판하면서 성육신으로 하나님의 불변성이 변화되지 않는다는 점을 강조하고, 이러한 입장이 초대교회의 정통교부들과 개혁신학자들이 견지한 입장이었음을 밝힌다.

[1075] 참조. David J. Macleod, "The Incarnation of the Word: John 1:14," *Bibliotheca Sacra* 161/641 (2004), 73-76.

[1076] Turretin, *Institutio Theologiae Elencticae*, 13.6.11 (2.276).

μορφῇ θεοῦ)와 "종의 형체"(μορφὴν δούλου)에 나오는 명사인 "μορφή"를 성육신하신 그리스도의 신성과 인성의 "본성"(natura)을 뜻하는 것으로 여기지 않고 전자의 경우 인성의 우월함과 고귀함, 후자의 경우 인성의 비참한 상태를 뜻한다고 해석한다. 같은 맥락에서 그들은 "그는 육신으로 나타난 바 되시고"라는 말씀과(딤전 3:16) "육신으로는 다윗의 혈통에서 나셨고 성결의 영으로는 죽은 자들 가운데서 부활하사 능력으로 하나님의 아들로 선포되셨으니"라는 말씀도 (롬 1:3-4) 단지 인성의 어떠함을 보여줄 뿐 신인양성의 위격적 연합을 증거하는 구절로 여기지도 않는다.[1077]

뿐만 아니라 취하심의 대상이 인성이라고 보지 않고 또 다른 인격이라고 여기는 경우 역시 이를 합당하게 다룰 수 없다. 로마 가톨릭 신학자들은 개혁신학자들이 마리아를 "하나님의 어머니"(Θεοτόκος)라고 부르기보다 "그리스도의 어머니"(Χριστοτόκος)라고 부르기를 더 선호했다고 매도하면서 그들이 네스토리우스의 오류에 빠져있다고 비난하였다. 로마 가톨릭은 마리아의 무흠잉태(conceptio immaculata, 1854)와 성모승천(聖母昇天, assumptio virginis, 1950)을 공표하여 피조성의 한계를 뛰어넘는 자리에 그녀를 세웠다. 에베소 공의회에서 네스토리우스를 반박하며 수립된 Θεοτόκος 교리가 칼케돈과 콘스탄티노플 제2차와 제3차 회의에서 재차 확정된 것은 마리아가 이 땅에 사람으로 오신 영원하신 하나님의 아들 예수 그리스도의 어머니라는 사실, 곧 "인성에 따라서"(κατὰ τὴν ἀνθρωπότητα) 주님이 성령으로 잉태되어 동정녀 마리아에게서 나셨음을 천명하기 위함이었다. 마리아가 Θεοτόκος라고 불림이 합당한 것은 주님이 "신성에 따라서"(κατὰ τὴν θεότητα) 마리아에게서 나셨기 때문이 아니라 "인성에 따라서" 나신 그가 항상 신성으로 계시기 때문이다. 그리하여 칼케돈 신경은 "실로 창세 전에 신성에 따라서 아버지에게서 나셨고, 후일에 동일하신 분이 우리와 우리의 구원을 위하여 인성에 따라서 하나님의 어머니 동정녀 마리아에게서 나셨으며"(πρὸ αἰώνων μὲν ἐκ τοῦ πατρὸς γεννηθέντα κατὰ τὴν θεότητα, ἐπ' ἐσχάτων δὲ τῶν ἡμετέραν τὸν αὐτὸν δι' ἡμᾶς καὶ διὰ τὴν ἡμετέραν σωτηρίαν ἐκ Μαρίας τῆς παρθένου τῆς θεοτόκου κατὰ τὴν ἀνθρωπότητα)라고 고백하였다. 성육신은 하나님의 아들이 한 사람(a human being)을 취한 것이 아니라 인성(the human nature, humanity)을 취한 것이었다. 초대교회 공의회는 마리아를 Θεοτόκος라고 부르게 함으로써

1077) Turretin, *Institutio Theologiae Elencticae*, 13.6.12-16 (2.276-278).

신인양성의 위격적 연합의 비밀을 부인하는 네스토리우스주의와 양자론을 분명히 배격하였다. 그것은 마리아의 후광(halo)을 더하고 마리아론적인 경배(Mariological adoration)의 근간을 제시하기 위한 것이 아니었다. 로마 가톨릭이야말로 네스토리우스가 무엇이 잘못되었는지에 대한 인식을 결여한 가운데 마리아가 "신성에 따라서"도 Θεοτόκος라고 불린다고 여김으로 이교적 신화(異敎的 神化) 사상에 빠져 헤어나오지 못하고 있는 것이다.1078)

하나님의 아들의 인격이 인성을 "취하심"에 위격적 연합의 비밀이 있다. 하나님의 아들의 영원한 인격이 아닌 인성을 취하여 이전과 동일하나 그것을 더한 새로운 신인(神人)의 인격이 되셨다. 그리하여 두 본성에 속한 모든 속성을 자신 가운데 모두 지니셨다.1079) 이러한 취하심을 통한 인성과 로고스의 인격 사이의 "직접적 연합"(unio immediata)과 양성의 "간접적 연합"(unio mediata)은 구별되어야 한다. 간접적 연합은 움직이는 배 안에 있는 선원과 같은 "보조적 연합"(unio παραστατική) 혹은 "단지 도움을 주는 연합"(unio per meram assistentiam)이나, 삼위일체 하나님에 있어서 한 본질 안의 세 위격들 사이의 "동일본질적 연합"(unio coessentialis)이나, 모든 만물에 로고스의 본성이나 능력이 현존하는 것과 같은 "본질적 연합"(unio essentialis et δραστική)이나, 형상과 질료가 하나가 되는 "물리적 연합"(unio physica)이나, 친구들이 하나가 되는 "합의적 연합"(unio σχετική) 혹은 "동의"(consensus)나, "신비적 연합"(unio mystica) 혹은 "단지 은혜의 현존"(praesentia gratiae tantum)이나, "성례적 연합"(unio sacramentalis)이 아니다. 반면에, 그것은 "인격적 연합"(unio personalis) 곧 "위격적 연합"(unio ὑποστατική)이다. 그것은 "동질적"(συνουσιαδῶς)이거나, "본질적"(ουσιαδῶς καὶ δραστικῶς)이거나, "보조적"(παραστατικῶς)이거나, "물질적"(φυσικῶς)이거나, "합의적"(σχετικῶς)이거나, "신비적"(μυστικῶς)이지 않고, "위격적"(ὑποστατικῶς)이다.1080)

칼케돈 신경은 "간접적 연합"에 대해서 양성이 "혼합 없이, 변화 없이, 분할 없

1078) Berkouwer, *The Person of Christ*, 291-292.

1079) Heppe, *Reformed Dogmatics*, 429-431.

1080) Heppe, *Reformed Dogmatics*, 431-432. 이는 "성례적 연합"에 대한 칼빈의 이해로부터 기인한다. 이에 대해서, Ronald N. Gleason, "Calvin and Bavinck on the Lord's Supper," *Westminster Theological Journal* 45/2 (1983), 300-302.

이, 분리 없이"(ἀσυγχύτως, ἀτρέπτως, ἀδιαιρέτως, ἀχωρίστως) 한 위격에 속한다고 고백한다. 신성과 인성은 각각의 본성을 그대로 유지한다. 신성은 변할 수 없는 속성상, 인성은 "유한은 무한을 받아들일 수 없다"(finitum non capax infiniti)는 속성상, 그러하다. 이에 대하여 양극단의 이단이 있으니, 네스토리우스는 그리스도가 "하나님"(Θεὸς)이 아니라 "하나님과 같이 된 사람"(ἄνθρωπος θεόφορος, homo Deifer)이라고 주장하였다. 그러므로 마리아는 "그리스도의 어머니"(Χριστοτόκος)라고 불릴 수 있을 뿐 "하나님의 어머니"(Θεοτόκος, Deipara)라고는 칭할 수 없다고 하였다. 이러한 입장에 따르면, 말씀은 인간 안에 단지 은혜와 호의에 따라 보조적으로 임할 뿐이다. 이 경우 양성의 연합은 그리스도가 우연한 의지의 일치로 하나님의 도구로 사용되는 가운데 부여받는 신적 권위와 가치에 부합될 뿐이다. 이러한 입장은 에베소 회의(431)에서 정죄되었다. 반대로 유티케스는 두 본성이 또 다른 하나의 본성이 된다고 보아 칼케돈 회의(451)에서 정죄되었다. 이러한 양극단의 오류는 성자의 인격이 인성을 취하심에 배치된다. 네스토리우스는 술어에 대한 오류에 빠졌다. 그는 인격이 인격을 취한 것으로 여겼다. 그리하여 여하한 제3의 인격이 되었다고 보았다. 유티케스는 주어에 대한 오류에 빠졌다. 그는 신성이 인성을 취한 것으로 여겼다. 그리하여 여하한 제3의 본성이 되었다고 보았다. 네스토리우스에 따르면 예수의 존재는 그리스도 밖에서 시작된다. 유티케스에 따르면 그리스도의 존재는 예수 안에서-예수와 함께-비로소 시작된다. 그러나 성경은 오직 영원하신 하나님의 아들이-그 자신 곧 그의 인격이-인성을 취하심으로, 그의 신성과 인성은 장소적으로는 분할할 수 없게(ἀδιαιρέτως, indivisibiliter), 시간적으로는 분리할 수 없게(ἀχωρίστως, inseparabiliter), 상호 간에 변화 없이(ἀτρέπτως, sine mutatione), 혼합 없이(ἀσυγχύτως, sine confusione) 연합되었다고 가르친다.[1081]

로마 가톨릭과 루터파는 나름대로의 명분을 내세워 칼빈을 네스토리우스주의자라고 몰아세웠다. 그러나 정작 칼빈은 참 하나님과 참 사람이신 그리스도의 인격만이 유일한 기체(suppositum)로서 주체(subiectum)가 된다는 점을 분명히 하면서 "이중적 그리스도"(duplex Christus)를 공상한 네스토리우스를 분명한 어조로 반박한

[1081] Heppe, *Reformed Dogmatics*, 432-434.

다.1082) 칼빈은 기독론을 개진하면서 그리스도의 인격의 하나됨(unitas)과 양성의 연합(unio)을 함께 고려한다. 하나됨을 말할 때는 연합을, 연합을 말할 때는 하나됨을 염두에 둔다. 그 가운데 신성과 인성이 각각의 속성들에 있어서 구별됨(distinctio)을 부각시킨다. 이와 관련해서 "유한은 무한을 받아들일 수 없다"(finitum non est capax infiniti)는 말이 자주 논의된다. 칼빈에게는 신성과 인성의 속성을 대변하는 infinitum과 finitum을 철학적으로 논의하고자 하는 의도가 없었다. 그는 다만 하나님의 아들이신 그리스도가 우리와 같은 사람으로서 우리를 구속하셨다는 사실을 부각시키려고 했을 뿐이다. 이로써 어떤 철학적인 비평을 가하려고 한 것이 아니라 위격적 연합의 비밀을 드러내고자 했다. 이 땅에 오신 하나님의 아들은 인성에 따라서는 피조물의 한계를 넘어서지 않으셨다는 것을 말하고자 한 것이지 인성에 독자적인 인격을 부여하고자 하는 의도는 추호도 없었다.

루터파 신학자들은 칼빈주의 기독론이 이원론(dualism)에 빠져 있다고 비난한다. 그들은 사실 이로써 자신들의 치부를 드러내고 있다. 왜냐하면 칼빈을 그리스도의 신성과 인성의 독자성을 강조하고 있다고 비판하는 그들이 들고 있는 잣대는 유티케스적인 것이기 때문이다. 그들은 하나님의 말씀이 유한한 인성에 제한되지 않는다고 보는 한 이원론을 벗어날 수 없다고 지적하면서, 칼빈이 "유한은 무한을 받아들일 수 없다"(finitum non capax infiniti)는 원리와 소위 초(超)칼빈주의(the so-called extra Calvinisticum)를1083) 견지한다는 측면에서 네스토리우스주의적인 경향을 읽을 수 있다고 한다. 그러나 칼빈은 칼케돈 신경에서 네스토리우스주의자들을 겨냥한 "분할 없이"와 "분리 없이"를 자신이 굳게 견지하고 있음을 분명히 한다.1084) 또한 자신이 양성의 구별(distinctio)을 강조하는 것은 성경의 증언에 따른 것이지 어떤 철학적이나 사변적인 동기로 말미암지 않는다는 점을 뚜렷이 천명한다.1085)

그리스도의 신성과 인성의 관계를 유한(finitum)과 무한(infinitum)의 개념으로 다룬 것은 안디옥 학파의 몹수에스티아의 테오도레가 처음이었다. 네스토리우스는 기

1082) Calvin, *Institutio*, 2.14.7 (CO 2.359).
1083) 이에 대해서 후술할 본서 제5장 5. 3. "소위 초(超)칼빈주의(the so-called extra Calvinisticum): 서술과 현존과 임재"에서 자세히 다룬다.
1084) 칼빈은 네스토리우스가 에베소 공의회(431)에서 정죄된 사실을 지적하고 그의 "불경건"(impietas)에 대해서 질책한다. Calvin, *Institutio*, 1.14.4; 4.9.13 (CO 2.356, 866).
1085) Calvin, *Institutio*, 2.14.2 (CO 2.354).

독론을 "선험적 세계관"(a weltanschaulich a priori)으로 더욱 분명하게 다루기 위하여 이 모토를 사용하였다. 개혁신학자들이 이 모토를 사용한 것은 단지 그리스도의 인성이 그 고유한 속성들을 지닌 실제적인 것임을 말하기 위한 것이었지 이러한 철학적 목적이 있었던 것은 아니다. 네스토리우스는 취하심의 대상을 infinitum을 받아들인 finitum으로서 신성과 인성의 중간자쯤 되는 무엇으로 여겼다. 이러한 입장에 서게 되면 그리스도의 신인양성의 연합에 따른 대리적 속죄를 온전하게 개진할 수 없게 된다. 칼빈과 개혁신학자들이 유한과 무한을 대조함으로써 인간의 피조성(被造性)과 하나님의 조물성(造物性)을 극명하게 구별하고자 한 것은 구속사적이며 구원론적인 취지에서였다. 그들은 칼케돈 신경을 넘어서는 관심을 갖지 않았다. 그들이 "finitum non capax infiniti"라고 한 것은 신성과 인성을 바깥에 따로 세우고자 한 것이 아니라, 그것들을 "혼합 없이, 변화 없이" 뿐만 아니라 "분할 없이, 분리 없이" '한 인격 안에' 함께 두고자 한 것이다.1086)

본성(natura)은 사물의 실체이다. 신성은 신적인 실체이며, 인성은 인적인 실체이다. 위격적 연합으로 신성과 인성은 위격에 의해서, 위격 안에서, 위격에로 간접적으로 교통한다. 루터파 신학자 브렌쯔(John Brenz)는 "본성상 하나님의 아들에게 속한 것이 은혜로 사람의 아들에게 부여된다"고 하면서 양성의 직접적 교통을 통한 섞임(μίξις)을 말했으나, 자체로(per se) 신성에 속한 속성이 우연히(per accidens) 인성에 교통되는 경우에도 그것을 인성에 속한 속성으로 여길 수는 없다. 버미글리(Peter Martyr Vermigli, 1499-1562)가 말하듯이, "유한하고 끝이 있는 것은 무한한 것들을 담을 수 없다"(finitum ac terminatum est, infinita non capit). "만약 신성이 사람의 아들을 취한다고 하더라도 그는 진실로 사람으로 남는다. 만약 그가 사람이라면 그는 한계들을 지닌다. 만약 그가 한계들을 지닌다면 그는 무한하지도 제한이 없지도 않다."1087)

이러한 논의와 관련하여 한 가지 주목되는 것은 성육신에 따른 신인양성의 위격적 연합의 비밀을 그 주체가 되는 성자의 인격이 아니라 그 과정에서 역사하는 성령의 작용에서 찾고자 하는 입장이 최근에 개진되고 있다는 점이다. 알란 스펜스

1086) Berkouwer, *The Person of Christ*, 287-289.

1087) Vermigli, *Dialogue on the Two Natures in Christ*, 36-39.

(Alan Spence)는 그동안 대부분의 학자들이 알렉산드리아 학파와 안디옥 학파의 기독론을 대척점에 세우거나 그 유사성을 피상적으로 주장하는 수준에서 칼케돈 신경을 그릇되게 다루어 온 반면에,1088) 존 오웬은 기독론과 성령론을 역동적으로 파악하는 입장에 서서 양 학파의 내적인 일치성을 추구함으로써 칼케돈 신경을 올바로 해석하고 있다고 주장한다.1089) 스펜스는 이에 대한 가장 중요한 논거를 오웬이 중보자 그리스도의 신인양성의 위격적 연합 자체에 대해서는 알렉산드리아의 키릴의 때에 정점(頂點)에 달한 알렉산드리아 학파의 입장을 견지하면서도 그리스도의 인성에 미친 성령의 역사를 현저히 강조함으로써 안디옥 학파의 정서를 또한 부각시키고 있다는 점에서 찾는다. 즉 성육신(Incarnation)과 영감(inspiration)이 함께 강조되고 있다는 점에 주목해야 한다는 것이다.1090) 이러한 고찰이 성도의 그리스도와의 연합을 통한 하나님과의 연합을 강조하는 오웬의 신학을 풀어내는 하나의 실마리를 제공할 수는 있을지 모른다.1091) 또한 '그리스도 안에 계신 하나님'과 '우리 안에 계신 하나님'을 유비하고자 하는 담론에 어떤 면으로든 기여하는 측면이 없지 않을 것이다.1092)

그러나 다음과 같은 점에 비추어 스펜스의 발상은 자체로 모순된다. 첫째, 아들의 인격이 인성을 취하심에 따른 인격과 인성 사이의 직접적 교통은 신성과 인성 사이의 인격에 의한, 인격을 통한, 인격 안에서의, 인격에로의 간접적 교통과는 구별되어야 함에도 이를 동일시하고 있다. 둘째, 이러한 간접적 교통에 대해서는 거론조차 하지 않고 성령의 작용으로 신성과 인성이 직접적으로 교통한다고 보고 있다.1093) 이는 개혁파 위격적 연합 교리와는 정면으로 배치된다. 과연 오웬은 이러한

1088) 참조. Robert V. Sellers, *Two Ancient Christologies: A Study in the Christological Thought of the Schools of Alexandria and Antioch in the Early History of Christian Doctrine* (London: SPCK, 1954), 202, 104ff., 137ff.

1089) Alan Spence, *Incarnation and Inspiration: John Owen and the Coherence of Christology* (London: T&T Clark, 2007), 144-149.

1090) Spence, *Incarnation and Inspiration*, 1-16.

1091) 특히 이와 관련하여 다음 글 참조. John Owen, "Of Communion with God the Father, Son, and Holy Ghost, Each Person Distinctly," in *The Works of John Owen*, vol. 2. *Communion With God* (Edinburgh: Banner of Truth, 1965, rep.), 40-222.

1092) Spence, *Incarnation and Inspiration*, 149ff. 저자는 이러한 측면이 바르트와 그의 영향을 받은 스코틀랜드의 조직신학자 도널드 베일리(Donald M. Baillie)에 의해서 첨예하게 부각되었다고 지적한다.

1093) Spence, *Incarnation and Inspiration*, 60-61.

입장을 견지하고 있는가? 스펜스는 오웬을 제대로 소개하고 있는가? 오웬은 위격적 연합에 대해서 다음과 같이 말하고 있다.

1) 인성에 대한 아들의 인격의 유일하고 특별한 즉각적 행위는 그것을 자신과 함께 위격적 존재(subsistence) 안으로 취하심(assumption)이었다. ……
2) 이러한 인성을 취하심 혹은 하나님의 아들의 성육신의 유일하고 필연적인 결과가 그리스도의 인격적 연합(personal union) 혹은 아들의 인격 가운데 취해진 인성의 분리할 수 없는 위격적 존재이다. ……
3) 인성을 향한 아들의 인격 가운데 계신 하나님의 모든 다른 역사는 자발적이며 위에서 언급한 연합이 필연적으로 뒤따르는 것은 아니었다. 왜냐하면 결코 한 본성과 다른 본성 사이의 속성들의 뒤섞임도 없으며 신적이며 본질적인 월등함이 인성이 되는 실제적이며 육체적인 교통도 없기 때문이다. ……
4) 성령은 모든 신적인 작용들에 있어서 즉각적이고, 고유하며, 효과적인 원인(the immediate, peculiar, efficient cause)이시다. ……
5) 성령은 아버지의 영이신 만큼 아들의 영이시다. ……그리하여 아들 자신의 모든 신적인 행위들에 대한 즉각적인 작용자(the immediate operator)이시다. 이는 그 자신의 인성에 대해서도 그러하다.
6) ……성령의 즉각적인 사역들은 그 분과 관련해서만 절대적으로 칭해지지 않으며, 그 분에게만 배타적으로 돌려지지도 않는다. 이는 다른 인격들과 함께 내적으로 하나가 되기 때문이다.[1094]

여기에서 우리는 인격이 인성을 취하심을 통한 위격적 연합을 분명히 인지하고, 성령의 내적(ad intra), 외적(ad extra) 사역에 주목하면서, 그리스도의 신인양성의 속성의 교통을 삼위일체론적 관점에서 파악하고 있는 오웬의 입장을 발견할 수 있다.[1095] 이러한 입장은 정통적인 삼위일체론적-기독론적 관점을 드러낼 뿐이므로,

---

[1094] John Owen, *The Works of John Owen*, vol. 3. *Discourse on the Holy Spirit* (Edinburgh: Banner of Truth, 1965, rep.), 160-161. Spence, *Incarnation and Inspiration*, 61에서 재인용.
[1095] 이러한 입장에 관해서, Carl R. Trueman, *The Claims of Truth: John Owen's Trinitarian Theology* (Carlisle, UK: Paternoster, 1998), 169-179. 저자는 이를 특히 그리스도의 제사장 직분과 관련하여 논한다.

이를 너무 과도하게 다루어서 그것이 곧 오웬의 기독론이 지닌 안디옥적 성격이라는 식으로 규정하는 것은 바람직하지 않다.1096)

이와 관련하여 우리는 오웬이 자신의 명저 『기독론』(Χριστολογια)에서 "그리스도의 인격의 본성, 그리고 그의 본성들의 위격적 연합"이라는 제목으로 다루고 있는 부분에 주목할 필요가 있다. 본서의 서론에서 오웬은 초대 교부들을 개관하면서 기독론에 관한 핵심 교리와 신학 용어들을 살펴본 후, 본서의 내용을 간략하게 소개하고 있다. 그 가운데 다음과 같이 자신의 기독론의 요체를 말하고 있다. 그것은 다름 아닌 영원한 하나님의 아들의 인격이 인성을 "취하심"에 있다.

> 나는 그리스도의 인격이 인성이라는 실체적인 부가물(附加物)을 그의 인격을 구성하는 한 부분으로서가 아니라 실체적인 연합을 통하여 그것의 위격적 존재가 되도록 취하심(assumption)에 대해서 말하고 있다. ……하나님의 아들은 그의 성육신 전에 완전한 인격이셨다. 성육신 가운데 그는 이전의 그로 머무셨다. 그리고 이전의 그가 아닌 분이 되셨다. ……그 연합은 한 실체적인 부가물을 취함 혹은 인성이 하나님의 아들과 인격적인 위격적 존재가 되심으로 더욱 합당하게 표현된다.1097)

오웬은 기독교를 기독교답게 하는 경건과 믿음의 비밀이 영원하신 하나님의 말씀이 사람이 되신 그리스도의 인격에 있음을 누누이 강조한다. 하나님의 경륜과 뜻과 거룩한 지식이 그 가운데 계시되며, 교회와 성도의 구원이 그 가운데 성취되며, 예배가 그를 향하여 드려지며, 그를 닮아가는 순종이 은혜롭게 요구된다.1098) 구원의 자비와 의의 진리가 배치되지 않으니, 이는 그리스도 안에서 하나님의 사랑과 지혜가 하나가 되기 때문이다.1099) 이러한 비밀이 그리스도의 성육신에 있다. 영원하신 하나님의 아들이 사람이 되셔서 인류와 만물을 구원하셨다. 그렇다고 해서 신인양성의 위격적 연합을 하나님과 인류의 관계나 하나님과 피조물과의 관계로 환원하거나 유비해서는 안 된다. 왜냐하면 성육신의 비밀은 무엇으로도 유추되거나

1096) 참조. Spence, *Incarnation and Inspiration*, 43-64.
1097) Owen, "The Person of Christ," "The Preface," *WJO* 1.15.
1098) Owen, "The Person of Christ," *WJO* 1.44-150.
1099) Owen, "The Person of Christ," *WJO* 1.150-223.

비교될 수 없기 때문이다. 위격적 연합과 관련하여 오웬은 다음 네 가지 사실에 주목한다. "첫째, 우리의 본성을 하나님의 아들의 인격적, 위격적 존재 속으로 취하심. 둘째, 그 결과 일어나는 한 인격 가운데 양성의 연합. 셋째, 구별된 본성들인 신성과 인성의 상호 교통. 넷째, 연합과 교제에 따르는 그리스도의 인격에 관한 설명과 서술."1100) 여기에는 기독론의 요체가 되는 주제들(loci)이 전형적인 가르침의 순서(ordo docendi)에 따라 배열되어 있다.

그리스도는 우리와 같은 본성을 취하셔서 한 위격적 존재가 되셨다. 그리스도의 인격은 "능동적으로" "취하신 본성"(the nature assuming)과 "수동적으로" "취해지신 본성"(the nature assumed), 곧 신성과 인성으로 구성된다.1101) 영원하신 하나님의 말씀이 여자의 몸에서 다윗의 씨로 나신 것은 그의 실체나 신성이 육체로 변했다는 것을 의미하지 않는다.

> 우리의 인성을 자신의 것으로 삼으시는 취하심(assumption)은 놀라운 그의 능력과 은혜의 작용으로 말미암아 분명하게 드러난다. 그 인성을 자신의 것으로, 곧 자신의 본성으로 삼으시는 유일한 길은 그 자신의 인격 가운데 그것에게 한 위격적 존재(subsistence)를 부여하는 것이다. 그렇지 않다면 그것은 그 자신의 본성이 아니며, 그렇게 될 수도 없을 것이다.1102)

우리는 여기에서 오웬이 그리스도의 인격이 인성을 취하심을 인성에게 한 위격적 존재를 부여하는 것으로 설명하고 있다는 점에 주목해야 한다. 분명한 것은 이로써 오웬이 네스토리우스와 같이 인성에 독자적인 존재성을 부여했다고 보아서는 안 된다는 점이다. 이는 통상 내(內)위격(enhypostasis)과 비(非)위격(anhypostasis)을 표현하는 어법이기 때문이다. 이러한 맥락에서 신성과 인성은 오직 위격 안에서만 인격성(personalitas)을 지닌다고 일컬어지기도 한다. 오웬은 이를 다음 세 가지로 설명한다.

첫째, 이러한 취하심은 신성의 "본래적 효과"(original efficiency)로서 삼위일체 하

1100) Owen, "The Person of Christ," *WJO* 1.223-224.
1101) Owen, "The Person of Christ," *WJO* 1.224.
1102) Owen, "The Person of Christ," *WJO* 1.224-225.

나님께 함께 돌려진다. 성자의 인격에 "취하심"이, 성부에게는 "엄위스러운 지정"이, 성령에게는 "인성의 형성"이 각각 고유하게 돌려진다.

둘째, 이러한 취하심은 "아들의 인격 가운데서 신성이 인성에 미치는 유일한 직접적 작용"(the only immediate act of the divine nature on the human in the person of the Son)이다.

셋째, 취하심은 그 형상적 질서(formal reason)에 있어서 위격적 연합(hypostatical union)과 구별된다. 취하심은 "직접적인"(immediate) 반면에, 위격적 연합은 "취하심에 따라 간접적(mediate)"이다. 취하심이 "하나님의 아들과 우리의 본성이 한 인격이 되는 작용", 곧 "인격성에 이르는 것"(unto personality)이라고 한다면,[1103] 위격적 연합은 "한 인격 가운데 위격적으로 존재하는 본성들의 작용 혹은 관계"이다. 취하심이 "신성의 역사와 인성의 받아들임, 곧 취하신 본성과 취해지신 본성"(the one assumeth, the other is assumed)에 관계된다면, 위격적 연합은 "본성들 상호 간의 관계"에 관계된다.[1104]

이렇듯 취하심은 그 형상적 질서에 있어서는 위격적 연합과 구별되나 영원히 신성으로 계신 인격이 인성을 취하여 그 신성에 그 인성을 더하게 된다는 점에 있어서는 결과상 양자가 동일하다. 아들은 아들이신 채로 인성을 취하셨다. 그리하여 양성이 "변화 없이"(ἀτρεπτῶς), "분할 없이"(ἀδιαιρετῶς), "혼합 없이"(ἀσυγχυτῶς), "분리 없이"(ἀχωρίστως), "실체적으로"(οὐσιωδῶς) 연합한다. 앞의 네 부사는 칼케돈 신경에서 천명되었다. 특히 마지막 부사를 더한 것은 위격적 연합이 "동일한 인격 가운데 두 실체 혹은 본질들 사이에"(of two substances or essences in the same person) 일어났음을 알리기 위함이라고 오웬은 말한다.[1105]

여기에서 오웬은 위격적 연합이 고대 교부들에 의해서 "연합의 은혜"(χάρις ἑνώσεως, gratia unionis)라고 불린다는 점에 특별히 주목하고 이를 세 가지 점에서 상론한다.

첫째, 이러한 연합의 "원인"(cause)은 "사람이신 그리스도 예수를 향한 하나님의

[1103] 우리는 여기에서 "person"은 "인격," "hypostasis"는 "위격," "subsistence"는 "위격적 존재," "personality"는 "인격성"으로 번역한다.

[1104] Owen, "The Person of Christ," WJO 1.225-226.

[1105] Owen, "The Person of Christ," WJO 1.226-227.

거저 베푸시는 은혜와 호의"에 있다. 영원한 그리스도의 인격이나 인성 자체에 고유한 은혜가 있어서 연합이 일어난 것이 아니라 연합으로 말미암아 이러한 은혜가 비로소 고유하게 나타났다. 즉 어떤 선행(先行)하는 공로도 없이 연합이 일어났으며 이로부터 본래적인 은혜가 나타났다. 이러한 "연합의 은혜"는 창세 전에 정해진 것이었다(벧전 1:21). 어거스틴이 말한 바와 같이 여기에 영원히 작정된 그리스도인의 무조건적인 은혜의 기원이 있다.

둘째, 그리스도의 인성이 지닌 고유한 고상함은 이 연합에서 비롯된다. 어떤 피조물도, 심지어 그것이 영화의 상태에 있다고 하더라도, 이러한 고상함에는 동참할 수 없다.

셋째, 이 연합으로 인하여 그리스도는 자신의 중보 사역을 감당하기 위한 "영광스러운 자질과 능력"을 갖추게 되신다. 그 사역은 그 자신의 은혜를 우리와 나누는 데 있다.[1106]

지금까지 우리는 알란 스펜스의 논지가 그릇됨을 고찰하면서 오웬의 기독론을 통하여 몇 가지 점을 파악하게 되었다.

첫째, 취하심의 주체는 영원하신 하나님의 아들 자신 곧 그의 인격이다.

둘째, 취하심의 대상은 그리스도의 인성이다.

셋째, 취하심의 직접적 교통은 위격적 연합에 따른 신인양성의 간접적 교통과 구별된다.

넷째, 그러나 이러한 직접적 교통과 간접적 교통이 별개로 일어나지 않는다.

다섯째, 이러한 측면에서 신성은 취하는 본성, 인성은 취해진 본성이라고 일컬어진다.

여섯째, 그리고 신성과 마찬가지로 인성에도 위격적 존재가 부여된다고 일컬어진다.

일곱째, 이러한 일컬음은 신성과 인성이 위격 안에 있음에 대한 서술에 불과할 뿐, 신성과 인성이 독자적으로 취함과 취해짐의 주체가 된다거나, 자체로 위격을 지닌다고 보아서는 안 된다.

여덟째, 취하심의 주체는 성자시나 취하심은 삼위 하나님의 사역이다.

1106) Owen, "The Person of Christ," *WJO* 1, 227-228.

아홉째, 성자의 인격에 취해짐에 있어서 그리스도의 인성은 성부 하나님의 뜻과 성령 하나님의 작용에 의해서 은혜를 입는다.

열째, 그리하여 우리의 인성이 은혜를 입어 그리스도와 함께 하나님과의 연합에 참여하게 된다.

5. 비(非)위격(anhypostasis)과 내(內)위격(enhypostasis)

5. 1. 신경적 정의

성육신한 그리스도의 인격은 신성과 인성으로 이루어진다. 각각의 본성(φύσις)은 구별된 본질(essentia) 혹은 실체(substantia)-곧 οὐσία-로서, 혼합되어 제3의 본성을 형성하지 않는다. 그리하여 연장되지 않는(신성) 연장(인성), 만져지는(인성) 불가촉성(不可觸性, 신성), 가시적(인성) 비가시성(신성)에 이른다. "그리스도의 인격은 신인적(神人的, theanthropic)이다. 그러나 그의 본성은 그러하지 아니하다. 유한은 무한이 될 수 없으며, 무한 역시 유한이 될 수 없기 때문이다." 성육신하신 그리스도는 신인적 인격 혹은 신인의 인격 가운데 신성과 인성을 지니시고 두 본성에 속한 모든 속성들 가운데 계시므로, 성경은 그를 하나님이시자 사람이시라고 일컬으며, 초대교회 이후 여러 신경과 신앙의 규범은 참 하나님이시자 참 사람이시라고(et Deus verus et Homo verus, Deus vere et Homo vere) 고백한다. 그에게는 무한하고 유한한 지성과 의지가 함께 있으며, 혹은 신성에 따른, 혹은 인성에 따른 활동(ἐνέργεια)이 함께 돌려진다. 신인적 인격으로 계신 성육신한 그리스도는 신성과 인성을 지니고 계신다. 그에게는 제3의 신인적 본성이 따로 있지 않다. 만약 그렇다면 그는 하나님도 아니시고 사람도 아니시게 될 것이다.[1107] 한 본성에 속한 속성들은 그 본성의 본질 혹은 실체를 형성하므로, 그것들이 다른 본성에 속한 속성들과 섞이거나, 변화되거나, 가감되거나 하게 된다면, 그 본성은 더 이상 그 본성이 아니게 될 것이다. 성육신으로 신성과 인성은 영원하신 성자의 인격에 의해서, 그 인격을 통하여, 그

1107) Hodge, *Systematic Theology*, 2.389-390.

인격에로 연합하되, 신성과 인성으로 "혼합 없이, 변화 없이, 분할 없이, 분리 없이" 그 인격 안에 있다.[1108]

아퀴나스, 둔스 스코투스, 오컴의 윌리엄(William of Ockham, [1285]-1349) 등으로 대변되는 중세 신학자들은 두 본성 가운데 계신 한 인격을 설명하기 위하여 기체(基體, suppositum)라는 철학적 개념을 채택했다. 이는 아리스토텔레스(Aristotle)가 말한 원질(原質) 혹은 첫 번째 실체(substantia primaria)와 의미가 유사하다. 중세신학의 정점에 있었던 아퀴나스는 모든 실체는 기체로서 각각 고유하게 존재한다고 여겼다. 이에 비추어 당시 신학자들은 성육신에 있어서 인성은 한 실체지만 그 자체로 기체가 되지 못하고 로고스의 기체에 의해서만 존재한다는 사실을—인성의 속성들은 궁극적으로 로고스의 기체에 속한다는 사실을—예외적인 것으로 치부하였다. 그러나 이에 대한 정치한 교리는 개진되지 않았다.[1109]

무엇보다 그들은 제3차 콘스탄티노플 공의회(680)에서 채택된 양의설(兩意說, Duotheletism)을 설명하는 데 큰 난맥상을 드러내었다. 한 기체 가운데 있는 두 뜻을 어떻게 설명할 것인가? 이는 위격적 연합의 고유한 것(sui generis)이므로 설명이 불가하다거나, 하나님의 주권적인 뜻에 맡겨진 것이라거나, 인성은 우유(偶有)적으로 취해진 것이므로 버릴 수도 있다거나, 네스토리우스와 같이 두 기체를 인정하되 기체라는 말을 형이상학적으로 접근하여 존재적이거나 본질적인 개념으로 다루지 말고 그 개념을 축소하여 사역적이고 자질적인 관점에서 바라보자거나, 하는 등의 다양한 입장들이 개진되었다.[1110] 오늘날 두 뜻을 인정하기는 하되 사람의 뜻은 하나님의 뜻에 "위요(圍繞)되고 흡수된 것"으로서 일종의 "심리학적 유비"가 이 가운데 있다고 여기거나,[1111] 사람의 뜻을 영원한 말씀이 지닌 "피조적 국면들"(creaturely faces)로 보는,[1112] 유사 네스토리우스주의(quasi-Nestorian)의 경향을 띠거나, 인격을 "별도로 존재하는 본성"이라고 정의하면서 두 인격이 부인되므로 두 뜻도 부인되어

1108) Hodge, *Systematic Theology*, 2.390.

1109) Garrett J. DeWeese, "One Person, Two Natures: Two Metaphysical Models of the Incarnation," in *Jesus in Trinitarian Perspective*, ed. Sanders and Issler, 126.

1110) DeWeese, "One Person, Two Natures: Two Metaphysical Models of the Incarnation," 127-131.

1111) A. T. Hanson, "Two Consciousness: The Modern Version of Chalcedon," *Scottish Journal of Theology* 37 (1984), 474.

1112) Rahner, "Current Problems in Christology," 157-158.

야 한다고 하거나,[1113] 두 뜻에 관한 공의회의 결정은 "문자적이지 않고 단지 수사적일 뿐"이라고 보는 견해가[1114] 주장된다. 심지어 두 뜻이 한 인격 안에 있다는 것은 병적인 상태를 의미하므로 한 인격 안에 두 뜻은 있을 수 없으며 단지 여러 모양의 정서적 갈등이 있을 뿐이라고 보는 견해도 제시된다.[1115]

초대교회에서 한 인격 양성의 구조를 설명함에 있어서 첨예한 대립을 보인 알렉산드리아 학파와 안디옥 학파의 입장차는 주로 구원론적인 동기에서 비롯되었다. 몹수에스티아의 테오도레와 네스토리우스를 위시한 그의 제자들은 구원을 하나님이 협력적인 은혜를 베푸시기는 하되 불완전한 인간이 자기고양을 통하여 스스로 완전해지는 인간적인 일로 여겨서 하나님이 인성에 인격적으로 개입하실 필요가 없다고 생각하였다. 이와는 대조적으로 알렉산드리아 학파를 대표하는 키릴은 보편교회의 입장을 대변하여 구원은 신적인 일로서 하나님이 인격적으로 인간의 역사 속으로 들어오셔서 인간이 삼위일체 하나님의 교제 가운데 참여할 수 있게 한다고 여겼다.[1116] 알렉산드리아 학파에서 신화(神化)가 더욱 본질적으로 추구된 것은 이러한 구원론적인 동기에서였다.

이러한 두 학파의 논쟁의 요점은 그리스도의 대속의 의를 그의 인성이 한 실체로서 신성에 동참함으로 양성의 속성교통을 통하여 누리게 되는 존귀함에서 찾을 것인지 아니면 그의 인성이 한 기체로서—곧 한 사람으로서—또 다른 기체인 신성으로부터—곧 하나님으로부터—받게 되는 은혜에서 찾을 것인지에 있었다. 알렉산드리아 학파가 서 있는 전자의 입장에 따르면 성육신하신 그리스도가 참 하나님이시며 참 사람이시라는 사실을 설명하기가 어렵고, 안디옥 학파가 서 있는 후자의 입장에 따르면 그가 한 분 동일하신 인격이시라는 것을 설명하기가 어렵다. 칼케돈 신경은 "한 동일하신 분"(ἕνα καὶ τὸν αὐτὸν, unum eundemque)이 "참 하나님이시며 참 사람"(θεὸν ἀληθῶς καὶ ἄνθρωπον ἀληθῶς, Deum verum et hominem verum)으로서 "연합으로 인하여 양성의 구별이 없어진 것이 아니라, 오히려 각 성의 특성이 온전히 보존

1113) Augustus H. Strong, *Systematic Theology, A Compendium Designed for the Use of Theological Students*, 3 vols. in 1 (Old Tappan, NJ: Fleming H. Revell, 1907), 694–695.

1114) James Oliver Buswell Jr., *Systematic Theology* (Grand Rapids: Zondervan, 1962), 2.53–54.

1115) Macquarrie, *Jesus Christ in Modern Thought*, 166–167. 이상 DeWeese, "One Person, Two Natures: Two Metaphysical Models of the Incarnation," 131–136. 학자들의 견해는 이 가운데서 재인용.

1116) Fairbairn, "The One Person Who is Jesus Christ: The Patristic Perspective," 96.

되어, 한 인격과 한 위격으로 함께 작용하며, 두 인격으로 나눠지거나 분할되지 않는다"(οὐδαμοῦ τῆς τῶν φύσεων διαφορᾶς ἀνῃρημένης διὰ δὴν ἕνωσιν, σωζομένης δὲ μᾶλλον τῆς ἰδιότητος ἑκατέρας φύσεως καὶ εἰς ἕν πρόσωπον καὶ μίαν ὑπόστασιν συντρεχούσης, οὐκ εἰς δύο πρόσωπα μεριζόμονον ἢ διαιρούμενον, nusquam sublata differentia naturarum propter unitionem, magisque salva proprietate utriusque naturae, et in unam personam atque susbistentiam concurrente: non in duas personas partitum aut divisum)고 하여[1117] 이러한 논란을 일단락지었다.

그렇다면 신성과 인성은 어떻게 연합되어 있는가? 신성과 인성이 연합되어 있는 양상은 어떠한가? 칼케돈 신경은 "혼합 없이, 변화 없이"라고 양성의 연합이 화학적 결합이 아니라는 사실과 "분할 없이, 분리 없이"라고 하여 그것이 물리적 결합이 아니라는 사실을 천명한다. 위격적 연합은 고유하고 신비한 연합이기 때문에 그 어떠함을 적극적으로 진술할 수 없다. 그것은 신비한 삼위일체 하나님의 본질과 성자 하나님의 고유한 위격적 특성을 논외로 다루어질 수 없으며, 자증하는 성경의 절대적 진리에만 의존하기 때문이다. 네스토리우스는 신성과 인성을 개별적인 두 인격과 같이 여겨서 양자의 분할과 분리를 말함으로써 정죄되었다. 네스토리우스에 따르면, 그리스도는 "하나님께 사로잡힌 사람"(ἄνθρωπον Θεοφόρον)이었다. 그에게는 하나님의 말씀이 함께하거나 머물렀으며, 하나님의 선한 뜻에 따라서 은혜가 임했고, 하나님의 아들의 역사로 능력이 작용했으며, 그 영예와 가치가 고귀하게 부여되었을 뿐이다. 그러므로 성육신한 그리스도는 참 하나님과 참 사람으로 불릴 수 없으며, 그의 어머니 마리아 역시 참 하나님과 참 사람의 어머니로 불릴 수 없다. 네스토리우스가 이러한 결론에 이르게 된 것은 위격적 연합에 대해서 무지해서 인성에 속한 것도 신성에 속한 것과 마찬가지로 동일한 인격에 돌려야 함을 알지 못했기 때문이다.[1118]

성육신은 위격이 인성을 취한 역사적 사건이다. 성육신의 주체는 위격이다. 인성을 취하심이 곧 위격적 연합이다. 성육신은 단지 한 사람이 하나님 안에서 출생한 것이 아니라, 하나님의 아들이 인성을 취하신 것이다. 그리하여 나신 분은 "하나님

1117) Schaff, *The Creeds of Christendom*, 2.62-63.
1118) Turretin, *Institutio Theologiae Elencticae*, 13.7.1-4 (2.280-281).

의 아들"(눅 1:35)이라고 칭함을 받고 "하나님이 그 아들을 보내사 여자에게서 나게 하시고"(갈 4:4)라고 성경은 전하고 있다. 그는 "다윗의 혈통"에서 나셨으나 "하나님의 아들"로 선포되셨다(롬 1:3-4). 그는 하나님으로서 자신을 비우시고, 낮추셔서 죽기까지 복종하셨다(빌 2:7-9). 그는 하늘로부터 오셨고(요 3:13), 십자가에 못 박히셨으며(고전 2:8), 자신의 피로 교회를 사셨다(행 20:28).[1119]

네스토리우스는 인격과 본성을 제대로 구별하지 못하였다. 속성에 있어서 신성 혹은 인성에 속한 일이라고 해서 그것이 곧 신성 혹은 인성의 일은 아니라는 사실을 네스토리우스는 몰랐던 것이다. 주님의 나심과 수난과 죽으심은 "고유하게 그리고 형식적으로는"(proprie et formaliter) 인성에 따른 것이지만, "지시적으로는"(denomitive) 그 주체(subiectum)가 되는 기체(suppositum)인 위격 혹은 인격에 따른 것이다. 그러므로 마리아는 하나님의 어머니(Θεοτόκος)로 불리되, 칼케돈 신경에서 천명하듯이, "인성에 따라서"(κατὰ τὴν ἀνθρωπότητα) 그러하다. 로마 가톨릭은 이를 '신성에 따라서도' 그러한 것으로 곡해하여 이방의 습속에서 벗어나지 못하고 있다.[1120]

루터파 신학자들은 위격적 연합에 의해서 하나님의 말씀이 인성과 동일한 방식으로 고난당하시고 죽으셨다고 주장하면서, 개혁신학자들은 이를 인정하지 않으므로 새로운 네스토리우스주의자들이라고 불리는 것이 마땅하다고 몰아붙였다. 그러나 개혁신학자들은 비록 루터파 신학자들과 같이 신인양성의 직접적 교통은 인정하지 않았으나 그리스도의 인성은 신성과 연합됨 없이 존재한 적이 없음을 분명히 하였다. 마리아는 인성에 따라서 예수님의 어머니가 되셨다. 그런데 그 인성은 잉태로부터 항상 신성과 함께 연합하여 있었다. 그러므로 위격적 연합에 따라서 마리아는 하나님의 어머니(Θεοτόκος)라고 불림이 합당하다는 키릴의 입장을 개혁신학자들은 지지하였다.[1121]

네스토리우스는 양성의 분리에 집착하여, 마리아는 단지 한 사람인 예수를 먼저 잉태하였으며 신성은 그가 내주하신 오두막과 같았다고 주장하면서, 신성이 인성

[1119] Turretin, *Institutio Theologiae Elencticae*, 13.7.5-7 (2.281).

[1120] Turretin, *Institutio Theologiae Elencticae*, 13.7.9-12 (2.282).

[1121] 키릴은 하나님의 말씀이 고난당하신다고 해서 유티케스를 추종한다고 오해를 받았으나 그것이 "속성의 분배"—속성의 교통—에 따른 것임을 해명하였다. Vermigli, *Dialogue on the Two Natures in Christ*, 67.

과 교통함은 오직 "공로"(meritum)에 있어서만 그러하다고 항변하였다. 네스토리우스와는 정반대의 극단에 서 있었던 유티케스는 신인양성의 변화와 혼합을 말하였다.1122) 유티케스의 입장은 신성과 인성을 분명히 구별하고 있는 성경에 의해서 여지없이 반박된다(롬 1:3; 벧전 3:18; 빌 2:6-7, 11). 주님의 겟세마네의 기도 중 "내 원대로 마시옵고 아버지의 원대로 되기를 원하나이다"라는 말씀(눅 22:42)은 가장 중요한 증거구절이 된다.

성육신 이후 중보자 그리스도는 언제든 신성과 인성의 연합 가운데 계셨고, 그렇게 일하셨다. 위격적 연합과 관련하여 뚤레틴은 다음과 같이 말한다.

> 전(全) 그리스도를 말하는 것과 그리스도 전부(全部)를 말하는 것은 별개다. 전 그리스도(totus Christus)는 하나님과 사람이시다. 그러나 그리스도 전부(totum Christi)가 그러한 것은 아니다. 남성으로 표현된 totus는 구체적인 인격을 지시한다. 그러나 중성으로 표현된 totum은 추상적인 본성을 지시한다.1123)

이와 관련하여 "구체적" 연합과 "추상적" 연합이 거론된다. 전자는 인격의 하나됨(unitas)과, 후자는 그 안에서의 양성의 연합(unio)과 관계된다.1124) 전자는 비(非)위격(anhypostasis)의 관점에서, 후자는 내(內)위격(enhypostasis)의 관점에서 논의된다.

5. 2. 비잔티움의 레온티우스의 입장

칼케돈 신경은 한 인격 양성의 위격적 연합의 원칙을 분명히 수립하였다. 그럼에도 불구하고 두 인격을 주장하는 극단적 양성론자들(Duophysites)과 한 본성을 주장하는 극단적 단성론자들(Monophysites)의 분규가 극에 달했다. 그들은 인격과 본성을 엄밀히 나누지 않고 인격이나 본성 중 어느 하나에 쏠렸다는 점에서는 동일한

1122) Vermigli, *Dialogue on the Two Natures in Christ*, 26, 59.

1123) Turretin, *Institutio Theologiae Elencticae*, 13.7.17 (2.283): "Aliud est loqui de Toto Christo, Aliud de Toto Christi. Totus Christus est Deus et homo, sed non Totum Christi. Totus denotat personam in concreto, sed Totum naturam in abstracto."

1124) Turretin, *Institutio Theologiae Elencticae*, 13.7.15-17 (2.282-283).

한계를 보여주었다. 극단적 양성론자들은 두 본성을 인정하는 이상 각각에 고유한 인격성(personalitas) 혹은 인격(persona)이 있다는 사실을 부정할 수 없다고 보았다. 극단적 단성론자들은 한 인격이 있음이 분명하다면 그것에 고유한 본성도 하나여야 한다고 보았다. 본성은 단지 주체가 없는 추상적 개념에 불과한 것이 아니라는 명분을 내세우며 이를 주장하였다.[1125]

이러한 격랑 가운데 칼케돈 신경에 대한 열정적인 수호자였던 비잔티움의 레온티우스가 나타났다. 그는 위격과 본성에 대한 관계를 다룸에 있어서 아리스토텔레스의 철학을 신학에 끌어들인 첫 번째 학자(scholasticus)로 여겨진다.[1126] 레온티우스는 칼케돈 신경의 근간을 마련한 알렉산드리아의 키릴의 사상을 토대로 삼아 자신의 신학을 구축하였다.[1127] 과연 참 하나님이시자 참 사람이신 그리스도 예수가 어떻게 한 분이실 수 있는가? 이러한 시대적 질문에 답을 하는 과정에서 개진된 레온티우스의 입장은 다음과 같이 정리된다. 첫째, 본성(φύσις)은 위격(ὑπόστασις)이 아니다. 둘째, 본성은 "위격적이지 않을 수"(ἀνυπόστατος) 없다. 셋째, 본성은 "위격 안에 있는"(ἐνυπόστατος) 실체이다.[1128]

당시 극단적 단성론자들은 "위격적이지 않은 본성"(φύσις ἀνυπόστατος)은 있을 수 없다고 하면서 위격이 하나이면 본성도 하나라고 주장했던 반면, 극단적 양성론자들은 오직 "위격 안에 있는 본성"(φύσις ἐνυπόστατος)만이 존재한다고 하면서 본성은 외계에서 위격을 부여받기 때문에 본성의 수만큼 위격이 존재한다고 주장하였다. 레온티우스는 이 두 가지 입장을 모두 반박하는 바, 우리는 그의 견해를 다음과 같이 정리해볼 수 있다.

1125) 참조. Mackintosh, *The Person of Jesus Christ*, 215–216.

1126) 참조. Relton, *A Study in Christology*, 70; Rees, "Leontius of Byzantium and His Defence of the Council of Chalcedon," 111.

1127) 참조. John J. Lynch, "Leontius of Byzantium: A Cyrillian Christology," *Theological Studies* 36/3 (1975), 468–471.

1128) 그릴마이어(Aloys Grillmeier)는 이러한 레온티우스의 용례 자체가 잘못되었다고 비판한다. 그는 "enhypostasis"의 "en"은 "an"과 다를 바 없이 사용되기 때문에 이를 "anhypostasis"와 구별해서 사용하는 것은 옳지 않다고 지적한다. Aloys Grillmeier, "The Understanding of the Christological Definition of Both (Oriental Orthodox and Roman Catholic) Traditions in the Light of the Post-Chalcedonian Theology (Analysis of Terminologies in a Conceptual Framework)," in *Christ in East and West*, ed. Paul Fries and Tiran Nersoyan (Macon, GA: Mercer University, 1987), 68–69. F. Leron Shults, "A Dubious Christological Formula From Leontius of Byzantium to Karl Barth," *Theological Studies* 57/3 (1996), 438에서 재인용.

"위격적이지 않은 본성"(φύσις ἀνυπόστατος)은 없다. 그렇다고 해서 본성은 위격이 아니다(ἀνυπόστασις). 그러므로 본성은 하나가 아니다. "위격 안에 있는 본성"(φύσις ἐνυπόστατος)만이 존재한다. 그렇다고 해서 위격은 본성이 아니다. 그러므로 위격은 둘이 아니다.[1129]

레온티우스는 위격과 본성과 속성을 구별한다. 본성은 고유한 속성을 지닌 채 위격 안에서 위격적으로 존재한다. 그 가운데 그 위격 안에서 위격적으로 존재하는 다른 본성과 연합한다. 이 연합을 통하여 각각의 본성에 속한 고유한 속성이 서로 교통한다. 이러한 교통을 통하여 각각의 속성은 그 고유함이 훼손되거나 상실되지 않는다. 그리하여 신인양성의 연합 가운데 참 하나님이시며 참 사람이신 중보자 그리스도의 위격이 고유하게 존재한다.[1130] 그리스도의 본성은 위격이 아니므로 스스로(καθ' ἑαυτήν) 존재할 수 없으며 말씀 안에서 위격적으로 존재한다(ὑποστῆναι ἐν τῷ λογῳ).[1131] 신인양성의 속성교통은 신성과 인성이 한 위격 안에 있는 것(ἐνυπόστατον εἶναι) 자체를 의미하는 것이지 그 이상의 실체적 혼합이나 변화를 의미하는 것이 아니다.[1132]

만약 신성과 인성이 연합하여 각각의 본성적 속성을 보유하지 못할 만큼 실체적으로 하나가 된다면 서로 섞여 신성이나 인성 아무 것도 남지 않게 될 것이며 그것들로부터 형성되나 동일하지는 않은 다른 종류의 실체가 산출될 것이다.[1133]

1129) 여기에서 필자가 정리한 바와 같이 레온티우스에게 있어서 명사형 "ἀνυπόστασις"와 형용사형 "ἀνυπόστατος"는 용례에 있어서 뚜렷이 구분된다. 전자는 본성을 '위격이 아닌 것'이라는 부정적 의미로 사용되는 반면에 후자는 부정어를 대동하여 본성은 위격적이지 '않지 않다'는 긍정의 의미로 사용되기 때문이다.

1130) 이와 관련된 논의로서, Kenneth P. Wesche, "The Christology of Leontius of Jerusalem Monophysite or Chalcedonian?," *St Vladimir's Theological Quarterly* 31/1 (1987), 69-92.

1131) Relton, *A Study in Christology*, 71, 77.

1132) Relton, *A Study in Christology*, 81-82; Shults, "A Dubious Christological Formula From Leontius of Byzantium to Karl Barth," 431-432.

1133) "Extracts from Leontius of Byzantium," *CLF* 377 (*PG* 86.1306): "Si igitur divinitas et humanitas secundum substantiam unitae, non servant in unione suam naturalem proprietatem, confuse sunt; et neque divinitas mansit, neque humanitas, sed alia species substantiae ex his, quae non est ista quae unita sunt, confecta est."

신인양성의 혼합과 변화를 반대하는 이러한 레온티우스의 입장에는 그것들의 분할과 분리에 대한 반대를 이미 내포하고 있다. 그리하여 다음 문단이 위의 문단에 뒤따른다.

엄위나 권세나 서로 나뉘어 내재하는 것들의 관계를 거론하면서 그것들이 두 본성을 나누어 분할된 위격들이 되게 한다거나 두 본성 상호 간에는 어떤 교통이나 나눔도 없다는 점을 들어서 두 본성을 분리시키는 사람들의 주장은 바로 앞서 이미 논박되었다.[1134]

레온티우스는 본성은 위격은 아니지만(ἀνυπόστασις) 위격 안에서(ἐνυπόστατος) 위격적이지 않을 수(ἀνυπόστατος) 없다는 점을 뚜렷이 논증하였다. 이로부터 그는 본성은 인격 안에서만 인격성(personalitas)을 갖는다는 사실을 환기시키고, 추상적 본성(natura abstracta)과 구체적 인격(persona concreta)을 구분하는 가운데 위격적 연합과 속성교통을 함께 설명한 공이 있다. 레온티우스는 신인양성의 연합이 "실체적 연합"(unio substantialis) 가운데 "한 존재"(una entitas)—곧 "[한] 인격, 위격, 개별자, 기저(基底, substratum)"—를 이룸을 철학적으로 논증하려고 하였다. 그의 변증의 핵심은 그 "한 존재"가 칼케돈 신경에서 말하는 "한 동일하신 분"(unum eundemque)이시라는 사실을 밝히는 데 있었다. 그 과정에서 그는 그동안 기독론의 핵심 논제가 되어 온 인격의 페리코레시스와 본성의 페리코레시스, [간접적인] 약한 속성교통과 [직접적인] 강한 속성교통, 신화(神化)와 내주 등에 관한 자신의 입장을 개진하였다.[1135]

이러한 레온티우스의 입장에는 흠결이 없지 않으니, 그것은 그가 아리스토텔레스의 철학을 과도하게 수용하여 위격(ὑπόστασις)과 본성(φύσις)을 명확히 구별하지

[1134] "Extracts from Leontius of Byzantium," CLF 377 (PG 86.1306): "Eos enim, qui dignitate, vel auctoritate, aut aliqua hujusmodi habitudine dividente copulando separant, paulo ante disputatio nostra refutavit, et convicit naturas dividere hypostasibus, nullamque communionem vel inter se accipiendi vel reddendi habere."

[1135] 비잔티움의 레온티우스가 아리스토텔레스의 철학과 아타나시우스의 신화 사상을 접목시켜 이러한 주장을 펼치는 근거로 삼았다고 보는 입장에 대해서, Rees, "Leontius of Byzantium and His Defence of the Council of Chalcedon," 111-112. 그러나 다음 글에서 저자는 비잔티움의 레온티우스가 개진한 것은 이전의 신화(deification)의 개념과는 구별되는 것으로서 그것은 위격과 본성의 "영원한 교제"(eternal communion)를 의미한다고 지적한다. Wesche, "The Christology of Leontius of Jerusalem Monophysite or Chalcedonian?" 95.

않고 그것들을 원 본질(πρώτη οὐσία)과 이차적 본질(δευτέρα οὐσία)로 여기는 우(愚)를 범하고 있을 뿐만 아니라[1136] 본성을 "피조성"(ποιότης)에 국한함으로 신성을 설명하기에 궁한 한계를 노정하고 있기 때문이다.[1137] 우리는 그가 이러한 일로 "한 세련된 아폴리나리우스주의"를 제시했다는 비난도 받고 있다는 점을 염두에 두어야 한다.[1138]

이러한 레온티우스의 입장은 마지막 교부라고 알려진 『정통신앙』(περὶ ὀρθοδόξου πίστεως, De fide orthodoxa)의 저자 다메섹의 요한(John of Damascus, 676-750?)에게 큰 영향을 미치게 된다. 그는 내(內)위격성(enhypostasia)에 관한 레온티우스의 입장을 소개하면서 신인양성의 페리코레시스에 관한 자신의 입장을 다음과 같이 개진한다.

> 그러므로 우리는 두 완전한 본성인 신성과 인성의 연합이 무질서 혹은 혼합, 뒤섞임, 뒤얽힘이 아니라……사사롭거나 상대적인 방식 혹은 범위의 문제로나 의지의 일치로나, 영예의 동등함이나, 이름의 동일함이나, 선한 뜻으로가 아니라……위격에 따라서 어떤 변화나 혼합이나 변경이나 분할이나 분리도 없이(secundum hypostasim, sine ulla conversione, nec confusione, nec mutatione, nec divisione, nec distantia) 계속되어 왔음을 주장한다. 이와 같이 우리는 두 완전한 본성이 성육신하신 하나님의 아들의 한 인격 가운데 있음을(inque duabus perfectis naturis unam Filli Dei et incarnati personam) 고백한다. 이는 그 자신의 신성과 인성으로 이루어진 한 위격을(unam……divinitatis ipsius et humanitatis hypostasim) 칭한다. ……그러나 우리는 두 본성이 서로 분리되거나 자체로 존재하는 것이 아니라 [신인양성이] 함께 한 인격 안에(in una composita persona) 서로 결합되어 있다고 주장한다. 왜냐하면 이 연합은 실체적(substantialem)이기 때문이다. 즉 참되며 상상적이지 않기(veram et non imaginariam) 때문이다.[1139]

1136) Relton, *A Study in Christology*, 76.
1137) 참조. Relton, *A Study in Christology*, 70-83, 특히 76.
1138) 참조. Mackintosh, *The Person of Jesus Christ*, 218.
1139) John of Damascus, "On the Orthodox Faith," 3.3. Relton, *A Study in Christology*, 84에서 재인용(PG 94.994).

위격적 연합으로 신인양성의 "본질적 연합"이 한 "위격" 안에서 일어남을 여기서 말하고 있다. 그것은 혼합도 아니며 단지 추상적 병존(並存) 혹은 공존에 불과하지도 않다.

비록 위격이 없는 본성은 존재하지 않고 인격을 떠나서는 실체가 존재하지 않지만-사실 실체와 본성을 생각하는 것은 위격과 인격 안에서이다-위격에 따라서 서로 연합되어 있는 본성들 각각이 고유한 위격을 가지고 있다(naturae illae, secundum hypostasim inter se unitae sunt, suam singulae hypostasim habeant)는 결론이 뒤따르는 것은 아니다. 함께 모여 한 인격을 이루는 그것들은 실체가 없지 않은 반면 분리된 고유한 위격을 지니지는 않고 모두 한 동일한 위격을 지닌다(in unam personam convenientes, nec substantia careant, nec rursus separatam ac propriam subsistentiam habeant, sed ambae unam et eamdem). 한 동일한 말씀의 위격이 본성들의 위격이 되었으므로 그것들 중 어느 하나도 위격이 없이는 존재할 수 없으며 서로가 다른 위격을 가지는 것이나 이 위격 저 위격을 번갈아 가지는 것도 허용되지 않는다. 왜냐하면 두 본성은 모두 분할이나 분리 없이 항상 동일한 위격을 가져야 하기 때문이다. 이 위격은 여러 부분으로 쪼개어지거나 나누어지지 않으며, 한 부분은 여기에 다른 부분은 저기에 속하지 않는다. 두 본성은 분할 없이 이것 전체와 저것 전체로, 전체적으로(tota hujus, ac tota illius indivise, atque in totum), 존재한다. 왜냐하면 하나님의 말씀의 육체는 독자적인 인격으로 존재하지도 않았으며 하나님의 말씀의 인격 외에 또 다른 인격으로 형성되지도 않았기 때문이다. 그것은 그 자체의 독자적인 인격으로 존재하는 것이 아니라 다른 위격 안에 (ἐνυπόστατος) 존재한다. 그러므로 말씀의 위격이 존재하지 않게 되거나 삼위일체에 또 다른 위격이 도입되는 일은 결코 없다.[1140]

여기에서 다메섹의 요한은 본성은 그것이 속한 인격 외에 또 다른 인격이 될 수는 없지만 그것 안에 위격적으로 존재하는 한에 있어서 인격성(personalitas)을 지닌다는 레온티우스의 입장을 되풀이하고 있다. 이러한 입장은 아리스토텔레스가 범

[1140] John of Damascus, "On the Orthodox Faith," 3.9. Relton, *A Study in Christology*, 84-85에서 재인용(*PG* 94.1015-1017). 여기에서 보듯이, 다메섹의 요한은 위격적 존재(subsistentia)와 위격(hypostasis)을 동일한 의미로 사용하고 있다.

주를 논하면서 피조성을 "원 실체"와 "이차적 실체"로 나눈 것으로부터 영향을 받은 것이라고 우리는 이미 고찰한 바 있다.[1141]

> 그리스도는 우리에게 속한 속성들을 지닌 본성을 그 자체로 달리 그리고 이미 개별적으로 존재하는 것(quae seorsim in se et individuum prius fuerit)으로서가 아니라 그 자신의 인격 안에 존재하는 것(quae in ipsius persona exstiterit)으로서 취하셨다. 실로, 어떤 변화도 없이 말씀이 육신이 되셨으며, 어떤 변경도 없이, 육신이 변화 없이 말씀이 되셨고 하나님이 사람이 되셨다(Verbum caro factum est, sine ulla conversione; caroque item, Verbum citra mutationem, et Deus, homo).[1142]

이렇듯 다메섹의 요한은 인성의 [신(神)]인격화를 부각시키는 가운데 내(內)위격성(enhypostasia)을 본성의 상호내주(nature-perichoresis)로 다루고 있다. "혼합 없이"와 "변화 없이"를 공표한 칼케돈 신경을 넘어서지는 않지만 동방신학자들이 강조해 온 신화(神化, deification, divinization)의 맥락이 여기에 흐르고 있다. 인성의 [신(神)]인격화를 어떻게 볼 것인가에 관련해서 실재론과 유명론의 첨예한 대립이 중세에 있었다. 신화화와 관련된 이러한 논의에는 성자의 영원한 [신(神)]인격의 인화(人化, humanization)에 관한 논의가 필히 따르는데, 그것이 근대 케노시스주의자들에 의해서 극단적으로 왜곡된 형태로 나타났다.[1143]

내(內)위격성(enhypostasia) 교리는─최소한 그 전제와 조건에 관한 인식에 있어서─신인양성의 위격적 연합을 다루는 데 필히 요청된다.[1144] 다만 그것을 그릇되게 추구하여 왜곡된 신화나 인화로 나아가는 것은 지양해야 한다. 우리가 개혁파 속성교통론 특히 소위 초(超)칼빈주의(the so-called extra Calvinisticum)에 주목하는 이유가 여기에 있다.

1141) 참조. Mackintosh, *The Person of Jesus Christ*, 222.
1142) John of Damascus, "On the Orthodox Faith," 3.11. Relton, *A Study in Christology*, 85에서 재인용 (PG 94.1023).
1143) 참조. Relton, *A Study in Christology*, 85ff. 210ff.
1144) 참조. Relton, *A Study in Christology*, 226ff.

5. 3. 소위 초(超)칼빈주의(the so-called extra Calvinisticum) : 서술과 현존과 임재

소위 초칼빈주의는 개혁파와 루터파의 성찬 교리에 대한 논쟁으로부터 생겨난 개념이다. 루터파 신학자들은 칼빈의 성찬 교리가 그리스도의 영적인 임재를 육체적인 임재와 동일시하기 때문에 자신들의 속성교통에 관한 이론과 배치(背馳)된다고 지적하면서 이를 "extra Calvinisticum"이라는 이름으로 폄하하였다. 그런데 칼빈을 잇는 개혁신학자들은 이 이름이 성경의 가르침을 그대로 따르는 칼빈신학의 특성을 잘 드러내는 오히려 영예로운 호칭이 된다고 여겼다. 그리하여 "소위"(the so-called)라는 말을 그 앞에 붙여 자신들의 입장을 대변하는 이름으로 사용하게 되었다.[1145]

"나는 생명의 떡이니"라는 주님의 말씀을 주석하면서(요 6:35) 칼빈은 "[그리스도를] 먹음은 믿음 자체가 아니라 믿음의 효과와 열매이다"(manducatio ipsa effectus est ac fructus fidei potius quam fides)라고 함으로써 먹음과 믿음을 동일시하는 츠빙글리를 좇는 성례주의자들의 상징설을 거부할 뿐만 아니라 성찬을 받음에 있어서 믿음을 도외시하는 로마 가톨릭의 화체설도 거부하고 있다. 그리고 다음과 같이 루터파 공재설과도 분명히 선을 긋고 있다.

> 그것[먹음]은 우리가 그[그리스도]의 몸에 연합하고, 그와 생명을 공유하며, 달리 말해서, 그와 하나가 되게 한다. 그러므로 우리가 믿음으로써 우리를 그와 하나가 되게 하는 이상 우리는 오직 믿음으로 그리스도를 먹는다는 것(sola fide manducari Christum)이 사실이다.[1146]

칼빈은 성례를 제정하신 복음서의 말씀을 주석하면서 "성례적 연합"(sacramentalis unio)은 "실체의 변화"(substantiae mutatio)가 아니라 "새로운 용법"(usus novitas)이며

[1145] 참조. Moon, *Christ the Mediator of the Law*, 105-111. 필자가 여기서 "extra"를 "초"(超)라고 번역하는 것은 그것이 단지 성찬에 있어서의 그리스도의 현존을 지칭하는 경우에서와 같이 공간적인 의미로만 사용되는 것이 아니라 문자적이면서도 역사적 동시에 영적인—혹은 신학적인—칼빈의 성경해석 전반과 원리적으로 관계되는 측면이 있기 때문이다.

[1146] Calvin, *Commentary*, 요 6:35 (1.159, CO 47.145). 여기에 설명된 부분 중 로마 가톨릭에 관해서는, *Commentary*, 요 6:47 (1.166, CO 47.151).

표징이 의미하는 바의 "실제"(veritas)를 제시하는 것이지 "그것의 아래에 그리고 그것과 함께"(sub illo et cum illo) 있는 것을 먹고 마시는 것은 아니라고 하여 로마 가톨릭의 화체설과 루터파의 공재설을 모두 비판하고 있다. 그리고 그리스도의 육체가 "영적인 음식"(spirituale alimentum)으로서 살리는 역할을 하는 것은 "성령의 은밀한 능력으로"(arcana spiritus virtute) 말미암는다고 하여 자신의 영적 임재설을 확정하고 있다. 이런 점에서 성찬을 "하늘의 비밀"(coeleste mysterium)이라고 부른다.[1147]

칼빈은 "영적 그러나 실제적 현존"을 말하는, '영적 임재설'이라고 일컫는 자신의 성찬론을 주님의 현존을 설명하기 위하여 광범위하게 적용한다. 일례로, 승천하시면서 주님이 하신 말씀인 "내가 세상 끝날까지 너희와 항상 함께 있으리라"를 (마 28:20) 주석하면서, 칼빈은 다음을 강조한다. 주님의 "현존의 방식"(modus praesentiae)은 "영적으로"(spiritualiter) 이해되어야 한다. 그는 땅에 가시적으로-곧 인성에 따라서-내려오지 않으시더라도 자신의 영의 은혜로 모든 곳에 미치지 않으시는 곳이 없다. 그리하여 그는 우리 안에 "실제로 내주하신다"(vere habitat).[1148]

소위 초칼빈주의는 칼빈이 성찬 교리뿐만 아니라 승천 후에도 계속되는 그리스도의 양성적 중보를 설명하면서 그리스도가 그 자신이 육체적으로 거하시는 자리를 떠나시지 아니하시고도 순전히 초(超)육체적인(etiam extra carnem) 방법으로 영적 그러나 실제적인 현존(praesentia spiritualis sed realis)을 하신다는 것을 주장하는 데 미친다. 이는 그리스도의 '어디에나 전적(全的)으로 그러나 전부(全部)로는 아닌 현존' (totus ubique sed non totum, the presence of the whole Christ but not wholly)의 원리에 기반한다.[1149] 칼빈은 이러한 현존을 다룸에 있어서 보혜사 성령의 임재를 통한 성도의 그리스도와의 연합에 주목한다.

1147) Calvin, *Commentary*, 마 26:26-28 (3.133-136, *CO* 45.706-708).

1148) *Commentary*, 마 28:20 (3.255, *CO* 45.826).

1149) David E. Willis, *Calvin's Catholic Christology: The Function of the So-Called Extra Calvinisticum in Calvin's Theology* (Leiden: E. J. Brill, 1966), 29-33, 44-49. 성찬에 있어서의 그리스도의 현존과 관련된 "totus [sed] non totum"은 어거스틴(Augustine)과 롬바르드(Lombard)와 아퀴나스(Aquinas)에 의해서 주장되었다. 다음에서 칼빈은 이를 분명하게 개진한다. Calvin, *Institutio*, 4.17.30 (*CO* 2.1032): "Mediator [ergo] noster quum totus ubique sit, suis semper adest; et in coena speciali modo praesentem se exhibit, sic tamen ut totus adsit, non totum." 참조. John Calvin, *Last Admonition to Joachim Westphal, in Tracts and Treatises on the Doctrine and Worship of the Church*, tr. Henry Beveridge (Grand Rapids: Eerdmans, 1958, rep.), 2.418, 457 (*CO* 9.195, 223). 이 부분은 다음에 기초하여 작성. 문병호, "성경, 교리, 교리적 주석: 칼빈의 중보자 그리스도의 위격적 연합 교리에 비추어," 325.

칼빈은 하나님의 보좌 우편에 계신 주님의 신인양성의 위격을 다루면서 자주 "그리스도의 영"(spiritus Christi)이라는 말로 신성을 표현한다. 주님이 "생명의 빛"이라는 말씀을 주석하면서(요 8:12), 칼빈은 비록 그리스도는 "몸으로는"(corporis adspectu) 우리를 떠나 계시지만 "그의 영의 비밀스러운 능력은 날마다 우리 가운데 조명된다"고 강조한다.[1150] 아들이 아버지가 자신에게 주신 모든 충만한 축복을 우리에게 베푸시는 것은 그의 영을 통해서이다. 아들은 인성에 따라서 죽으시고 신성에 따라서 그 생명을 부여하신다. 그리하여 "우리의 생명의 저자이자 원인"(vitae autorem et causam)이 되신다. 이는 오직 "그의 영의 작용"(spiritus sui efficacia)으로 말미암는다.[1151] "그러므로 성령은 그리스도와 무관히 어떤 것도 우리에게 부여하지 않으신다. 그는 그가 우리에게 비추시는 것을 그리스도로부터 취하신다."[1152]

칼빈에 따르면, 사도 바울이 "하나님 아버지의 영"을 "그리스도의 영"으로 특정하여 부르는 것은(롬 8:9), 그 "충만함"(plenitudo)이 우리의 중보자시며 머리이신 그리스도께 부어지셨으므로 그에게서 우리가 "우리의 몫"(nostrum portio)을 받아 누리게 된다는 점을 부각시키기 위함이자 아버지로부터 아들로 내려가셔서 아들을 통하여 우리를 아버지께 이끌고자 하시는 보혜사 성령의 역사를 강조하기 위함이다.[1153]

> 영이 모든 인간의 주요한 기능이 발생하는 근원이듯이, 우리를 거듭나게 하심에 있어서 그리스도는 율법에 생명을 주시고 자신을 생명의 근원으로 나타내신다. ……그러므로 그리스도는 그의 본질이 아니라 그의 은혜와 관련해서 이른바 모든 사람들을 위한 우주적인 영이 되신다. 그리스도가 바로 그 영이시다. 왜냐하면 그리스도의 영은 생명을 살리는 능력이 있어서 우리에게 생기를 주기 때문이다.[1154]

1150) Calvin, *Commentary*, 요 8:12 (1.210, CO 47.192).

1151) Calvin, *Commentary*, 요 14:20 (2.84, CO 47.331).

1152) Calvin, *Commentary*, 요 16:14 (2.122, CO 47.364): "Ergo nihil seorsum a Christo spiritus nobis confert, sed a Christo sumit quod in nos transfundat."

1153) Calvin, *Commentary*, 롬 8:9 (164-165, CO 49.145).

1154) Calvin, *Commentary*, 고후 3:17 (48-49, CO 50.45-46): "Verum Christus nos regenerando legem vivificate, et se fontem vitae esse ostendit; sicut ab hominis anima proficiscuntur omnes vitales motus. Est igitur Christus universalis (ut ita dicam) omnium anima, non quod ad essentiam, sed quod ad gratiam. Vel si mavis, Christus spiritus est, quia vivifica spiritus sui virtute nos animat."

보혜사 성령의 임재로 말미암아, '우리 밖에'(extra nos) 계신 그리스도가 '우리 안에'(in nobis) 계신다.[1155] 그리하여 우리를 위하여 계속적으로 중보하신다. 이러한 중보는 성도의 구원에 뿐만 아니라 성도가 하나님을 아는 지식에도 미친다. 이러한 측면에서 보혜사 성령은 "그리스도의 영"이자 "진리의 영"이라 일컫는다(롬 14:17, 26; 15:26; 16:12).[1156] 여기에서 우리는 나를 초월한 말씀이 내 속에서 말씀된다는 소위 초칼빈주의의 인식론적 차원을 발견한다.[1157] 이는 위격적 연합 교리의 지평이 하나님을 아는 지식에도 미침을 말해준다.

칼빈이 개진한 소위 초칼빈주의는 그리스도의 신인양성의 위격적 연합의 관점에서 파악되어야 한다.[1158] "말씀이 육신이 되어"라는 말씀을(요 1:14) 주석하면서, 칼빈은 다음과 같은 전형적인 표현들로 소위 초칼빈주의의 일단을 드러낸다. "하나님의 아들은 시간적인 시작을(temporis initium) 지니지 않으신 영원한 말씀이신 채로 여전히 계시면서 어느 시점에 사람이 되셨다(homo esse coepit)." 그리스도는 "하나님의 아들에 부합하는 영광을 보이시고 그의 신성을 분명히 드러내시면서" "육신을 입으셨다." "하나님의 엄위"가 "실로 육신의 비천함 가운데 감추어져"(latuit quidem sub carnis humilitate) 있으나 그 영광은 여전히 광채를 더한다.[1159] 그리스도가 인성 가운데 취하신 "신적인 엄위"(divina maiestas)는 이 땅에서는 "감추어지나"(abscondita) 그가 "종의 형체"(forma servi)를 벗고 존귀하게 되셨을 때 더욱 빛나며 다시 오실 때 그 최고의 권위 가운데 완전히 빛난다.[1160]

소위 초칼빈주의는 초대교회의 그리스도 찬송시라고 알려진 빌립보서 2:5-11에 대한 칼빈의 주석에도 나타난다. 그리스도는 "하나님의 본체"(forma Dei)로서(빌 2:6)

1155) Willem van't Spijker, "Extra Nos' and 'In Nobis' by Calvin in a Pneumatological Light," in *Calvin and the Holy Spirit*, ed. Peter De Klerk (Grand Rapids: Calvin Studies Society, 1989), 44-46.

1156) W. Balke, "Calvin's Concept of Freedom," in *Freedom*, ed. A. van Egmond and D. van Keulen (Verspreiding, Belgium: Uitgeverij Callenbach, 1996), 36.

1157) 참조. Heiko A. Oberman, "The 'Extra' Dimension in the Theology of Calvin," in *The Dawn of the Reformation: Essays in Late Medieval and Early Reformation Thought* (Grand Rapids: Eerdmans, 1986), 239-258. 이 부분은 다음에 기초하여 작성. 문병호, "성경, 교리, 교리적 주석: 칼빈의 중보자 그리스도의 위격적 연합 교리에 비추어," 336-337.

1158) Willis, *Calvin's Catholic Christology*, 82-83, 128-129; Alexandre Ganoczy, *Ecclesia Ministrans: dienende Kirche und kirchlicher Dienst bei Calvin* (Freiburg: Herder, 1968), 45-61.

1159) Calvin, *Commentary*, 요 1:14 (1.20-21, CO 47.14-15).

1160) Calvin, *Commentary*, 마 25:31 (3.113, CO 45.686).

영원한 "엄위"(maiestas)를 지니신다. 이러한 "엄위"로 그리스도의 "본질"(essentia)-곧 신성-이 증거된다. 성육신한 주님이 자기를 비우심은(빌 2:7) 신성의 포기가 아니라 한 인격 안에서 인성을 취하심으로 신성이 인성과 연합함을 뜻한다. 칼빈은 이를 "하나님의 아들이신 분이 실제로 아버지와 동일하시며, 자신의 영광을 제한하심이 없이, 종의 모양으로 육체 가운데 자신을 드러내셨다"라고[1161] 기술한다. 같은 맥락에서, "하늘에서 내려온 자 곧 인자 외에는 하늘에 올라간 자가 없느니라"는 말씀을(요 3:13) 주석하면서, 칼빈은 "그리스도는 땅에 거하시는 동안에도 하늘에 계신다"라고 표현한다.[1162] 또한, 주님을 "위로부터 오시는 이" 혹은 "하늘로부터 오시는 이"라고 한 말씀을(요 3:31), "땅에 속하신 분은 자신의 근본이 무엇인지 그 기미를 드러내시는 가운데(sapit) 그의 본성(인성)의 상태에 맞게끔 지상의 수준에 머무신다"라고[1163] 주석한다. 그리고 동일한 관점에서 다음과 같이 말한다. "그가 자신을 하나님의 아들로 증거하는 능력은 그의 육체적인 현존에 결코 매이지 않는다. 그 능력은 그가 떠나신 지금 더욱 풍부하고 뛰어난 예들을 통하여 빛난다." 이로써 이 땅에 육체로 계시는 동안에도 신성은 그 육체에 제한되지 않음과 육체가 떠난 지금도 신성은 인성과 연합해 있음을 동시에 밝힌다.[1164]

소위 초칼빈주의는 성육신 전의 중보자 그리스도의 현존을 설명하기 위한 신학적인 기반을 제공하기도 한다. 야곱의 사닥다리 위에 나타난 여호와의 사자를 주석하면서, 칼빈은 "그리스도의 몸이 유한하다는 사실은 그가 땅과 하늘을 가득 채우시는 것을 제한하지 못한다. 왜냐하면 그의 은혜와 능력이 모든 곳에 퍼져 있기 때문이다"라고 말한다.[1165] 같은 맥락에서, "고대에 그리스도가 사람의 형상(forma hominis)으로 나타나셨을 때, 그것은 이후에 하나님이 육체 가운데 오셨을 때 보여주셨던 신비의 서곡(praeludium mysterii)이었다"고 주장한다.[1166] 비록 그리스도는 아직 육신 가운데 나타나시지는 않았지만, "언제든지 그가 자신을 조상들에게 나타내

[1161] Calvin, *Commentary*, 빌 2:6-7 (247-248, CO 52.25-26): "······eum qui filius erat Dei, re ipsa Deo aequalis, abstinuisse tamen sua gloria, quum in carne speciem servi prae se tulit."

[1162] Calvin, *Commentary*, 요 3:13 (1.72, CO 47.62).

[1163] Calvin, *Commentary*, 요 3:31 (1.82, CO 47.72).

[1164] Calvin, *Commentary*, 요 14:12 (2.80, CO 47.327).

[1165] Calvin, *Commentary*, 창 28:12 (2.113, CO 23.391).

[1166] Calvin, *Commentary*, 수 5: 14 (87-88, CO 45.464).

셨을 때 하나님과 그들 사이의 중보자로서 그리하셨으며"1167) "미래의 그의 사역의 실례(specimen)"를 미리 계시하시기 위함이라고 보는 것도 같은 경우이다.1168) 성육신 전의 그리스도의 중보를 특별히 강조하는 이러한 칼빈의 입장에 비추어 우리는 그가 그리스도의 영적이나 실제적인 현존이 역사상 시종 구현되고 있음을—비록 구약에서는 예표적이나—통하여 신구약의 실체적 일치성과 연속성을 견지하고 있음을 추론하게 된다.1169)

칼빈의 다음 말은 그가 개진한 소위 초칼빈주의의 요체를 일목요연하게 제시한다. 위격적 연합에 따른 속성교통의 교리적 핵심이 여기에 있다. 이는 다음과 같은 논법을 취한다. 신성에 따라서 동시에 모든 곳에 계시므로 옮겨다니실 수 없는 분이 인성에 따라서 내려오셨으니, 그는 떠나지 아니하시고 내려오셨다. 이는 철학적 혹은 논리적 귀결이 아니라 신앙의 유비에 따라 받아들인 성경의 가르침에 대한 축자적 진술이다.

> 무한한 본질의 말씀이 인간의 본성과 연합하여 한 인격을 이룬다고 해서 우리는 그가 그 속에 갇혀 계신다고 공상하지 않는다. 놀랍도다, 하나님의 아들이 하늘에서 내려 오셨지만 하늘을 떠나지 않으셨도다! 놀랍도다, 그가 처녀의 태중에 계셨으며, 지상에 다니셨으며, 십자가에 달리고자 하셨으며, 처음과 같이 항상 우주에 편만하셨도다!1170)

이러한 서술은 초대교부들에게도 낯설지 않다. 아타나시우스(Athanasius, 296[298]-373)는 성육신을 위격적 연합으로 파악하는 가운데 다음과 같이 말한다.

1167) Calvin, *Commentary*, 창 18:13 (1.475, *CO* 23.13).

1168) Calvin, *Commentary*, 출 23:20 (1.404, *CO* 24.252). 참조. *Commentary*, 출 3:2 (1.61, *CO* 24.35–36); Ps 132:10 (5.153, *CO* 32.347); 사 19:20 (2.75, *CO* 36.344); 단 7:13 (2.40–44, *CO* 41.59–62); 단 8:15 (2.111–112, *CO* 41.109–110); 마 28:18 (3.250, *CO* 45.821); 딤후 1:5 (292, *CO* 52.348); 히 8:5 (107, *CO* 55.99); 히 8:6 (108, *CO* 55.99–100).

1169) 다음은 이러한 경향을 언약, 율법, 왕국이라는 세 가지 관점에서 고찰하고 있다. T. H. L. Parker, *Calvin's Old Testament Commentaries* (Edinburgh: T.&T. Clark, 1986, 2nd ed.), 194–205.

1170) Calvin, *Institutio*, 2.13.4 (*CO* 2.352): "etsi in unam personam coaluit immensa verbi essentia cum natura hominis, nullam tamen inclusionem fingimus. Mirabiliter enim e coelo descendit filius Dei, ut coelum tamen non relinqueret; mirabiliter in utero virginis gestari, in terris versari, et in cruce pendere voluit, ut semper mundum impleret, sicut ab initio."

사람들의 상상과는 달리 그는 육체에 제한되지 아니하셨다. 육체로 어느 곳에 현존하시는 동안에도 그는 어느 다른 곳에도 부재하지 않으셨다. 그가 육체로 옮겨다니시는 동안에도 그가 일하시고 섭리하시는 우주를 버려두지 않으셨다(Οὐ γὰρ δὴ περικεκλεισμένος ἦν ἐν τῷ σώματι οὐδὲ ἐν σώματι μὲν ἦν, ἀλλαχόσε δὲ οὐκ ἦν. Οὐδὲ ἐκεῖνο μὲν ἐκίνει, τὰ ὅλα δὲ τῆς τούτου ἐνεργείας καὶ προνοίας κεκένωτο ἀλλὰ τὸ παραδοξότατον). 아주 놀랍게도 말씀으로서 그는 어떤 것에도 포함되지 않으시고 오히려 모든 것을 자신 속에 포함시키셨다. 모든 피조물 가운데 현존하시는 가운데서도 그는 우주로부터 자신의 존재를 구별하셨다. 그는 자신의 능력으로 모든 것 가운데 현존하셨다. 모든 것에 질서를 부여하시고, 모든 것 위에와 모든 것 가운데 자신의 섭리를 드러내시고, 모든 것 각각에게 생명을 부여하시고, 전체를 포괄하시되 그것에 포함되지는 않으시고, 오직 자신의 아버지 안에만 전체적으로 그리고 모든 부분으로 존재하셨다. 그리하여 심지어 인간의 몸으로 현존하시면서 스스로 그 몸을 살게 하시면서 우주도 또한 어김없이 살리셨다. 그는 자연의 모든 과정에 계시되 전체의 바깥에 계셨다(ἐν τῷ ἀνθρωπίνῳ σώματι ὤν, καὶ αὐτὸς αὐτὸ ζωοποιῶν, εἰκότως ἐζωοποίει καὶ τὰ ὅλα καὶ ἐν τοῖς πᾶσιν ἐγίνετο, καὶ ἔξω τῶν ὅλων ἦν). 그는 자신의 일을 통하여 육체로 알려지시면서 또한 우주의 작용으로 드러나셨다. ……하나님의 말씀은 사람의 본성으로 오셨으나 그것과 같지 않으셨다. 그는 육체에 매이지 아니하셨다. 오히려 육체를 주장하셨다. 그는 단지 육체 안이 아니라 실제로 모든 것 가운데 계셨다. 그는 우주 바깥에 계시는 가운데서도 그의 유일하신 아버지 안에 머무셨다(οὐ γὰρ συνεδέδετο τῷ σώματι, ἀλλὰ μᾶλλον αὐτὸς ἐκράτει τοῦτο, ὥστε καὶ ἐν τούτῳ ἦν καὶ ἐν τοῖς πᾶσιν ἐτύγχανε, καὶ ἔξω τῶν ὄντων ἦν, καὶ ἐν μόνῳ τῷ Πατρὶ ἀνεπαύετο). 놀라운 일은 그가 사람으로서 걷는 동시에 말씀으로서 모든 것을 살리시고 아들로서 그의 아버지와 함께 거하고 계셨다는 사실이다. 심지어 동정녀가 그를 출산하셨을 때도 그는 변화를 겪지 않으셨다(ὅτι καὶ ὡς ἄνθρωπος ἐπολιτεύετο, καὶ ὡς Λόγος τὰ πάντα ἐζωογόνει, καὶ ὡς Υἱὸς τῷ Πατρὶ συνῆν. Ὅθεν οὐδὲ τῆς Παρθένου τικτούσης ἔπασχεν αὐτός). 그가 육체 가운데 계신다고 해서 영광이 희미해지지 않으셨다. 오히려 그는 자신의 몸을 거룩하게 하셨다. 비록 우주 안에서 그것의 본성을 나누어 갖지는 않으시지만, 그에 의해서 그것은 살아나고 보존된다.[1171]

1171) Athanasius, "On the Incarnation," 17 (CLF 70-71, PG 25.125).

어거스틴은 다음과 같이 말한다.

그[그리스도]는 전적으로 모든 곳에 계시며 어떤 곳에도 제한되지 않으심을 아셨다. 그는 계셨던 곳을 떠나지 않으시고 오심을 아셨다. 그는 오셨던 곳을 버리지 않으시고 떠나심을 아셨다(Novit ubique totus esse, et nullo contineri loco; novit venire non recedendo ubi erat; novit abire non deserendo quo venerat).1172)

그는 드러나시기 위하여 오시고 감추시기 위하여 떠나신다. 그러나 드러나시든 감추시든 그는 우리와 함께 현존하신다(Adest tamen sive occultum sive manifestum). 마치 빛이 보는 자와 눈먼 자의 눈에 존재하나, 보는 자에게는 현존하고 눈먼 자에게는 현존하지 않듯이.1173)

여기에서 우리는 소위 초칼빈주의에 대한 기원적 진술들을 만날 수 있다. 마니주의자들(Manichaens)을 비판하면서, 어거스틴은 하나님의 아들은 동정녀 마리아의 몸에서 잉태되셨지만 그 이상의 존재로서 여전히 천지의 통치권을 행사하시며 아버지의 현존을 떠나 아니하셨다는 사실을 강조한다. 그리고 마니주의자들은 단지 물질적으로만 동정녀잉태를 이해하지만, 잉태 가운데서도 "하나님의 능력이시며 지혜이신 하나님의 말씀은 그 자신 속에 그리고 아버지와 함께 머무시면서(in se manens et apud Patrem) 우주의 끝에서부터 끝까지 힘과 모든 사물에 대한 달콤한 율례로 다스리신다"는 사실을1174) 자신은 확신한다고 말한다.

그 말씀이 우리의 지각에 드러나셨으나 그의 아버지를 떠나지 않으셨다(prolatum est sensui nostro, nec recessit a Patre suo).1175)

1172) "Letters of St. Augustine," 87.4 (*NPNFF* 1.474, *AO* 2.602).
1173) "Letters of St. Augustine," 87.7 (*NPNFF* 1.475, *AO* 2.603-604).
1174) Augustine, "Reply to Faustus The Manichaean," 23.10 (*NPNFF* 4.316, *AO* 8.658). 참조. "On the Gospel of St. John," 96.3 (*NPNFF* 7.372, *AO* 3-2.2338).
1175) Augustine, "Sermons on New Testament Lessons," 69.7 (*NPNFF* 6.467, *AO* 5-1.852).

보라 그는 여기에 그리고 동시에 하늘에 계셨다. 그의 육체로 여기에, 그의 신성에 의해서 하늘에 곧 모든 곳에 계셨다. 어머니에게서 나실 때 아버지를 떠나지 아니하셨다(Ecce hic erat, et in coelo erat: hic erat carne, in coelo erat divinitate; imo ubique divinitate. Natus de matre, non recedens a Patre).[1176]

이와 같은 표현은 그리스도의 사역 전반에 대한 어거스틴의 설명에도 반복해서 나타난다. 일례로, 그는 "말씀, 행하심, 죽음, 삶, [지옥에] 내려가심, [하늘에] 올라가심으로"(dictis, factis, morte, vita, descensu, ascensu) 우리에게 돌아오신다고 일컫는다.

그는 우리의 마음에 돌아오심으로 우리가 그를 발견하게끔 우리에게서 사라지셨다. 그는 떠나셨다. 그러나 보라 여기에 계신다(Abscessit enim, et ecce hic est). 그는 오랫동안 우리와 함께 계시기를 원치 않으셨다. 그러나 그는 우리를 두고 떠나지 아니하셨다. 그는 그곳으로 떠나셨으며 결코 그곳에서 돌아오지 아니하셨다. 왜냐하면 세상이 그를 통하여 지어졌기 때문이다.[1177]

이와 같이 소위 초칼빈주의와 관련된 어거스틴의 진술을 통하여 우리는 그가 성육신의 비밀을 이해의 대상이 아니라 믿음의 대상으로 여기고 있다는 점을 주목해야 한다. 그가 말한 바, "믿음은 이해에 이르는 과정이다. 그리고 이해는 믿음의 대가이다"(Fides enim gradus est intelligendi : intellectus autem meritum fidei).[1178] "믿음이 이해보다 앞서야 하므로 이해는 믿음의 보상이다"(Fides enim debet praecedere intellectum, ut sit intellectus fidei praemium).[1179] "우리는 알기 위해서 믿는다. 우리는 믿기 위해서 알지 않는다"(Credimus enim ut cognoscamus, non cognoscimus ut credamus).[1180]

1176) Augustine, "On the Gospel of St. John," 12.8 (*NPNFF* 7.84, *AO* 3-2.1820).
1177) Augustine, "The Confessions of St. Augustin," 4.12.19 (*NPNFF* 1.74-75, *AO* 1.186).
1178) Augustine, "Sermons on New Testament Lessons," 76.1 (*NPNFF* 6.481, *AO* 5-1.883).
1179) Augustine, "Sermons on New Testament Lessons," 89.1 (*NPNFF* 6.527, *AO* 5-1.976).
1180) Augustine, "On the Gospel of St. John," 40.9 (*NPNFF* 7.228, *AO* 3-2.2088). 이와 관련하여, Darwish, "The

[하나님의 맞추심(accommodatio divina)]

성육신하신 주님에게는 신성과 인성에 속한 속성들이 언제나 함께 돌려진다. 주님은 신성에 따라서는 아브라함과 다윗이 나시기 전에 영원히 계시나 인성에 따라서는 그들의 후손 곧 씨로 오셨다. 마지막 날과 때를 모른다고 하신 주님은 신성에 따라서는 언제나 전지(全知)하시다. 그러나 성경은 주님이 그것을 모르신다고만 전하고 있다. 이는 그의 백성이 알아들을 만하게 하시기 위함이다.

나사로를 살리신 후 주님이 하신 "아버지여 내 말을 들으신 것을 감사하나이다"라는 말씀을(요 11:41) 주석하면서 칼빈은 다음과 같이 말한다. "그는 사람의 능력에 자신을 맞추어주셔서 어떤 때는 자신의 신성을 숨김없이 내세우시면서 하나님께 속한 모든 것을 자신의 것이라고 주장하시기도 하고 어떤 때는 사람의 특성을 지니심에 만족하시면서 신성의 모든 영광을 아버지께 돌리시기도 한다."[1181]

칼빈은 『기독교 강요』와 신학적 작품들, 그리고 주석과 설교 등에서 하나님의 맞추심에 대해서 누차 언급하고 있다. 그동안 신학자들은 주로 수사학적인 관점에서 그 기원과 용례를 접근해왔다. 그러나 칼빈에게 있어서 이 개념은 그 이상의 신학적 의미를 갖는다.[1182] 신구약이 실체에 있어서는 하나이나 경륜에 있어서는 다양하다고 지적하면서 그 다양함을 설명하거나,[1183] 아래에서 보듯이, 위격적 연합에 따른 신인양성의 속성교통을 다룰 때 하나님의 맞추심이라는 개념이 현저히 나타난다.

칼빈은 하나님의 맞추심을 다음과 같이 전형적으로 표현한다. "성경의 정수와 숨겨진 의미"(medullam scripturae et arcanum sensum)는 "그리스도의 학교에서"(in

---

Concept of the Mediator in Augustine's Understanding of the Trinity," 61–62.

1181) Calvin, *Commentary*, 요 11:41 (2.16, *CO* 47.269): "Nam prout se ad hominem captum attemperat, nunc palam divinitatem suam asserens sibi vindicat quidquid est Dei, nunc sustinere hominis personam contentus totam divinitatis gloriam patri concedit."

1182) 참조. Ford Lewis Battles, "God was Accommodating Himself to Human Capacity," *Interpretation*, 31/1 (1977), 19–38; David F. Wright, "Calvin's Accommodation Revisited," in *Calvin as Exegete*, ed. Peter De Klerk (Grand Rapids: Calvin Studies Society, 1995), 171–193; Parker, *Calvin's Old Testament Commentaries*, 98–101.

1183) Calvin, *Institutio*, 2.11.13–14 (*CO* 2.338–340). 참조. David L. Puckett, *John Calvin's Exegesis of the Old Testament* (Louisville: Westminster John Knox Press, 1995), 43, 112; Parker, *Calvin's Old Testament Commentaries*, 69–82.

scholam Christi) 가르쳐진다.[1184] "평범한 단순성"(plebeia simplicitas)이 그리스도의 "교수방법"(ratio docendi)이다.[1185] 그러므로 사적인 주견이나 관념을 일체 다 버리고 "겸양의 법"(legem modestiae)을 갖추어 말씀을 받을 때, "교리의 확실성"(certitudo doctrinae)이 심령에 새겨진다.[1186] 그리스도는 "아버지의 유일하신 해석자"(unus patris consiliarius)로서 감추어진 비밀을 우리에게 맞추어 알려주시기 때문이다.[1187]

칼빈은 이 땅에 사람으로 오신 독생자에게 "은혜와 진리가 충만"하다고 전하는 말씀은(요 1:14) 우리에게 "그에 대한 사변적인 지식이 아니라 실제적인 지식을 제공한다"고 하면서 "은혜와 진리"라는 용어는 일종의 "치환"(per hypallagen)으로서 모든 일에 있어서 그리스도가 우리의 구세주시며 메시아라는 사실을 가장 주목할 만하게 부각시키기 위하여 사용된 것이라고 설명한다. 곧 우리에게 맞추어주신 말이라는 것이다.[1188]

주님은 자신의 뜻이 아니라 아버지의 뜻을 이루기 위해서 이 땅에 오셨다. 아들의 뜻은 아버지의 뜻을 이루는 데 있다. 성부와 성자는 동일본질이시지만 존재에 있어서와 마찬가지로 경륜 곧 사역에 있어서도 고유한 특성으로 구별된다. 경륜에 있어서 성부는 "일하심의 시작"(principium agendi), 성자는 "지혜"(sapientia)로 특징지어진다.[1189] 성부와 성자는 이러한 고유한 특성에 걸맞은 고유한 뜻을 가지고 계신다. 그럼에도 불구하고 성부와 성자의 뜻은 서로 배치되지 않는다. 왜냐하면 창세 전에 인류 구원의 작정이 삼위 하나님 사이에 협약되었기 때문이다. 성경이 마치 아버지의 뜻과 아들의 뜻이 구별되듯이 전하는 것은 듣는 우리에게 맞추어주시기 위함이다. 칼빈은 하나님의 맞추심을 말함으로 성부의 계획하심과 성자의 이루심을 부각시키고 궁극적으로 사람으로서 구원을 이루시는 주님이 성부와 동일하신 하나님이시라는 사실을 상기시키고 있다.[1190]

1184) Calvin, *Commentary*, 요 3:1 (1.60-61, CO 47.52).
1185) Calvin, *Commentary*, 요 3:12 (1.71, CO 47.61).
1186) Calvin, *Commentary*, 요 3:11 (1.69, CO 47.60).
1187) Calvin, *Commentary*, 요 3:13 (1.22, CO 47.62). 이 부분은 다음에 기초하여 작성. 문병호, "성경, 교리, 교리적 주석: 칼빈의 중보자 그리스도의 위격적 연합 교리에 비추어," 337-338.
1188) Calvin, *Commentary*, 요 1:14 (1.22, CO 47.15).
1189) Calvin, *Institutio*, 1.13.18 (CO 2.105).
1190) Calvin, *Commentary*, 요 6:38 (1.161, CO 47.146).

주님이 자신을 "생명의 떡"이라고 하신 것은 오직 보이는 것으로만 채우고 위를 바라보지 않는 "청자(廳者)들에게 맞추어주셔서 하신 말씀"(auditoribus sermonem suum attemperare)이다.[1191] "살아 계신 아버지께서 나를 보내시매 내가 아버지로 말미암아 사는 것같이 나를 먹는 그 사람도 나로 말미암아 살리라"는 말씀을(요 6:57) 주석하면서, 칼빈은 여기에는 그리스도의 "말씀이"(orationem) 듣는 자들에게 "맞추어져 있다"(accommodari)는 점을 지적한다. 신성에 따라서 아들은 아버지와 동일한 생명이시다. 그러므로 본문을 신성에 따른 서술이라고 보기에는 난점이 있다. 그렇다고 해서 인성에 따른 서술이라고 하기에도 여의치 않다. 왜냐하면 아들은 단지 우리와 같이 생명을 누리시는 분이 아니라 우리에게 생명을 주시는 분이시기 때문이다. 그러므로 칼빈은 본문이 신성에 따른 서술이나 우리에게 맞추어주셔서 기록된 것이라고 여기는 것이다.[1192]

"율법에는 두 사람의 증언이 참되다"고 하신 주님의 말씀을(요 8:17) 주석하면서, 칼빈은 여기에서 주님은 성부와 성자를 구별하심으로써 우리가 인식할 수 있게끔 맞추어주셨다는 점을 환기시킨다. 성부와 다름없이 성자는 스스로 자신을 증언하신다. 신성에 따라서는 아버지와 아들이 동일하시기 때문이다. 그럼에도 불구하고 성자는 성부와 동일본질이시되 성부와는 구별되는 자신의 고유한 위격적 특성을 지니시는 바, 그의 "직분"은 "자신에 관한 모든 교리의 저자이신" "아버지의 일꾼"이 되는 것이다. 그러므로 본문을 "그리스도는 자신을 아버지와 구별함으로써 그의 청자들의 능력에 자신을 맞추어주신다"(se diversum a patre facit, in eo se auditorum captui accommodat)라고 칼빈이 주석한 것은 사실상 삼위일체 하나님에 대한 교리적 진술을 하고 있는 것이다. 이렇듯 칼빈에게 있어서 하나님의 맞추심이 신학적인 의의를 지니게 된다는 점을 우리는 주목해야 한다.[1193] 같은 맥락에서, "너희가 듣는 말은 내 말이 아니요 나를 보내신 아버지의 말씀이니라"는 말씀을(요 14:24) 주석하면서, 칼빈은 아들은 "하나님의 영원한 지혜"시며 "모든 교리의 유일하신 원천"(unicum omnis doctrinae fontem)이시고 처음부터 선지자들은 "그의 영"으로 말했다는 사실을 환기시키면서, 그가 마치 자신의 말이 자신의 것이 아닌 듯이 한 것은 실상

1191) Calvin, *Commentary*, 요 6:48 (1.166, *CO* 47.151).
1192) Calvin, *Commentary*, 요 6:57 (1.171, *CO* 47.156).
1193) Calvin, *Commentary*, 요 8:17 (1.212-213, *CO* 47.194).

이 그렇다는 것이 아니라 주님이 제자들의 수준에 맞추어주셨기 때문이라고 설명한다.[1194]

5. 4. 구체(concretum)와 추상(abstractum)의 이분법을 넘어서 : 제3의 길의 위험성

중세의 신학자들은 성육신한 그리스도의 두 본성의 상호내주(nature-perichoresis)와 관련하여 초대교회 교부들보다 더욱 존재적이고 본질적인-더욱 형이상학적인-고찰을 시도하였다. 그들은 성육신을 다루면서 양 본성에 속한 속성들이 보편적인 실재성이 있는지 아니면 단지 명목적일 뿐인지에 대해서 첨예한 대립을 보였다. 실재론은 그리스도가 취한 인성은 어느 한 사람에 속한 구체적인 것(concreta)이 아니며 그것이 표상하는 인류전체에 속한 추상적인 것(abstracta)이라고 보았다. 반면에 유명론은 보편적인 실재는 단지 이름일 뿐이며 개별자는 보편자를 지시하거나 예시할 수 없다고 여겼다. 어느 개별자가 지닌 속성은 그 개별자에게 고유한 것으로서 타자와의 관계에서는 단지 비유(trope)가 될 뿐이라고 보는 극단적인 입장이 이로부터 비롯되었다.[1195] 이러한 입장에서 오캄은 예수는 굳이 사람으로 오실 필요가 없었으며 당나귀(asinus)로 오셔도 무방했으리라고 하여 소위 당나귀-기독론을 개진했다.[1196]

레온티우스에게서 보았듯이, 비(非)위격(anhypostasis)과 내(內)위격(enhypostasis) 교리는 단지 본성은 위격이 아니라는(ἀνυπόστασις) 부정적인 진술에 머무는 것이 아니라 본성은 위격 안에서(ἐνυπόστατος) 위격적이지 않을 수(ἀνυπόστατος) 없다는 적극적인 진술을 담고 있다. 그것은 구체적인 인격(persona concreta)과 추상적인 본성(natura abstracta)을 이분법적으로 나누는 것이 아니라 구체 안에서 추상을 보고 추상 안에서 구체를 보고자 한다. 즉 위격 안에서, 위격에 의하여, 위격을 통하여 일어나는 신성과 인성의 간접적 교통—곧 구체적 교통—가운데서 위격 안에서 신성과 인성 사이에 일어나는 직접적 교통—곧 추상적 교통—을 실제적인 것이 아니라 파생적인

1194) Calvin, *Commentary*, 요 14:24 (2.87, *CO* 47.15).

1195) Crisp, *Divinity and Humanity*, 43.

1196) 참조. Heiko A. Oberman, *The Harvest of Medieval Theology* (Grand Rapids: Baker, 2000, 3rd ed.), 250ff.

것으로서 파악하고자 한다. 오직 위격이 주체가 되는 위격 안에서의 위격을 통한 신인양성의 교통만이 성경말씀에 따른 축자적인 것이며, 실제적인 것이다. 이런 측면에서 실재론과 유명론의 한 극단에 처하여서 신인양성의 변화 혹은 혼합이냐 분할 혹은 분리냐를 두고 어느 하나를 취사선택하듯이 해서는 안 된다.[1197] 그렇다고 해서 이 둘을 동시에 고려한다는 명분으로 신화(神化)나 인화(人化)의 제3의 길을 추구해서도 안 된다. 그 순간 비(非)위격성(anhypostasia)과 내(內)위격성(enhypostasia)이 모두 부인되기 때문이다.

인성을 영(πνεῦμα), 혼(ψυχή), 육(σῶμα)으로 삼분하여 지상의 소원이나 물질적인 간구로 하나님의 법에 예속되는 혼과는 구별된다고 본 초대교회의 아폴리나리우스는 "사람 안에 내주하시는 하나님은 사람이 아니시다. 육체에 연합한 영이 사람이다. 그리스도는 육체에 연합한 하나님의 영이시므로 이름에 있어서 사람으로 일컬어졌다"고[1198] 하여 성육신한 그리스도의 경우에는 인성을 구성하는 영이 하나님의 영—곧 로고스—에 의해서 대체되었다고 보았다.[1199] 그리하여 그리스도 안의 참 인성과 참 신성이 사실상 모두 부인되어 위격적 연합을 말하는 자체가 무색하게 되었다. 오늘날 개혁인식론(Reformed Epistemology)을 주창하는 알빈 플란틴가(Alvin Plantinga)는, 어떤 것에 의해서 본질적으로 소유되는 속성은 그것을 가지고 있는 모든 것에 의해서 본질적으로 소유된다고 봄으로써, 어느 본성에 속한 고유한 속성은 단지 추상적일 뿐만 아니라 그 본성을 지닌 인격에 구체적으로 고유하게 속한다는 사실을 간과하고 있다.[1200] 플란틴가의 논법을 좇는다면, 위격적 연합에 따라서 신성의 속성들이 인성에 돌려지는 경우, 인성도 본질적으로 신성의 속성들을 지니게 된다고 말해야 한다. 하나님은 신성을 포기하거나 인성을 신성으로 변화시키는 일 없이 인성에 관한 술어를 지닐 수 없다고 보기 때문이다. 이는 성경에 철저히 배치되는 이론으로서, 오히려 아폴리나리우스의 입장에 가까우며,[1201] 루터파가 개진하

1197) 참조. Crisp, *Divinity and Humanity*, 75-83.
1198) Charles Raven, *Apollinarianism: An Essay on the Christology of the Early Church* (Cambridge: Cambridge University Press, 1923), 188.
1199) Raven, *Apollinarianism*, 196-197.
1200) Alvin Plantinga, *The Nature of Necessity* (Oxford: Oxford University Press, 1974), 68.
1201) Crisp, *Divinity and Humanity*, 11-18.

는 엄위적 교통(communicatio maiestica)이 빠져있는 오류를 답습한다.[1202]

이러한 문제점을 인식하면서 크리스프(Oliver D. Crisp)는 다음 두 가지를 과제로 삼는 제3의 길을 제시한다.

첫째, 한 위격 양성에 관한 칼케돈 신경의 정통입장을 견지하는 가운데 비(非)위격성(anhypostasia)과 내(內)위격성(enhypostasia)을 함께 고찰하되 단지 부정적으로만 다루지 말고 적극적으로 개진할 것.

둘째, 예수의 인성을 영혼과 육체로 구별해서 보고 신성과 영혼의 관계를 위격적 연합의 관점에서 다루며 단지 구체와 추상의 이분법에 빠져 있을 것이 아니라 그것을 넘어설 것.

크리스프는 자신의 입장을 "구체적 본성의 관점"(a concrete-nature view)이라고 불렀다. 우리는 이러한 입장의 일단(一端)을 비잔티움의 레온티우스를 통해서 이미 살펴보았다. 레온티우스는 이 문제를 아리스토텔레스의 철학을 빌려 풀어내고자 하였다. 크리스프는 아폴리나리우스가 영을 신성으로 대체하면서 성령을 도외시한 점을 경계하면서도 아폴리나리우스의 논법을 좇아 성령이 "구체적 본성"—곧 인격화된 본성—을 그리스도의 인격 안에서 창조한다고 강조하였다.[1203] 이는 알렉산드리아의 키릴이 아폴리나리우스의 입장을 거부하면서도 "하나님의 말씀의 육체"(caro Verbi Dei)라는 자신의 말에 쏟아진 끊임없는 비판에 대해서 응수하는 과정에서 사용하였던 논법이기도 하였다.[1204]

실재론과 유명론의 문제는 영원하신 하나님의 아들이 '사람'(man)—곧 보편적인 인성—을 취하셨는가 아니면 '한 사람'(a man)—곧 인격화된 인성—을 취하셨는가에 귀결되었다. '한 사람'을 취하셨다고 보는 경우 그는 '단지 한 사람'(tantum a man)인지 '하나님이신 사람(the Man)'을 의미하는지도 문제가 되었다. 이 문제를 학계에 가장 뚜렷하게 부각시킨 신학자는 베일리(Donald M. Baillie, 1887-1954)였다. 베일리는 레온티우스와 다를 바 없이 본성은 위격이 아니지만 위격 안에서 위격적이지 않을 수 없다는 점을 강조하면서, 영원하신 하나님의 아들이 '한 사람'(a man)이 되셨다는

[1202] 이에 대해서 후술할 본서 제9장 2. 2. "세 가지 종류의 교통: 루터파"에서 자세히 다룬다.

[1203] Crisp, *Divinity and Humanity*, 86–87.

[1204] 참조. Norman Russell, *The Doctrine of Deification in the Greek Patristic Tradition* (Oxford: Oxford University Press, 2004), 200.

사실을 부각시킨다.1205) 인격적이 아닌 인성은 인성이 아니라고 하면서도 인성을 추상적인 속성으로만 파악하거나,1206) 인간의 본질을 의식(νοῦς)의 주체인 영에서 찾고 인성을 실체가 아니라 자아라고 여기거나,1207) 역사적인 현상으로써 파악되는 예수의 인격성(personality)을 인성이라고 보고 그것이 초역사적인 비밀인 그의 인격(person)을 대체했다고 여기거나,1208) 하는 학자들을 비판하면서,1209) 베일리는 예수를 "경계를 지을 수 없는"(ἀχωρίστως) 하나님과 사람 곧 신인(神人)으로 파악하는 정통적인 입장에 자신이 서 있다고 주장한다.1210) 베일리의 입장에는 심각한 문제점이 노정되는 바, 그는 성육신을 하나님이 하신 일로 여기고 그 주체가 되는 성자의 인격에 대해서는 특별한 관심을 갖지 않았다. "예수 그리스도 안에서 사람이 되신 분은 하나님이셨다"는 바르트(Karl Barth)의 말을 상기시키면서,1211) 주님은 하나님이 그의 속에서 부여해주신 성향적 은혜(gratia habitualis)와 연합의 은혜(gratia unionis)를1212) 사전적 은혜(prevenient grace)로 받아서 하나님의 참 사람이 되셨다는 점과 이러한 은혜로 말미암아 성도는 그와 연합하여 하나님과 연합하는 데 이르게 된다는 점만을 부각시키고, 이를 뒷받침하기 위하여 "그가 우리와 같이 되신 것은 우리를 그와 같이 삼으시기 위함이셨다"는 초대교부 이레네우스의 말을 인용한다.1213) 이와 같이, 베일리는 그리스도의 신인양성의 위격이나 인격이 아니라 신성을 담지하는 그의 완전한 인성에 주안점을 둔다. 신성은 인성에 따른 계시와 행위에 역동성을

1205) Baillie, *God Was in Christ*, 90-93.
1206) 매킨토시(H. R. Mackintosh)와 모벌리(R. C. Moberly)에 대한 비판은 다음을 참조. Cf. MacLeod, *The Person of Christ*, 200.
1207) 여기에서 핫지슨(Leonard Hodgson)을 거론하면서 그가 새로운 형태의 아폴리나리우스주의를 주장하고 있다고 반박한다.
1208) 여기에서 브룬너(Emil Brunner)를 거론하면서 그에 따르면 "초월적 자아"와 "경험적 자아"가 남을 뿐이라고 반박된다.
1209) Baillie, *God Was in Christ*, 86-90.
1210) Baillie, *God Was in Christ*, 81.
1211) Baillie, *God Was in Christ*, 124. Karl Barth, *The Knowledge of God and the Service of God According to the Teaching of the Reformation*, tr. J. L. Haire and Ian Henderson (London: Hodder and Stoughton, 1938), 72에서 재인용.
1212) 이는 아퀴나스(Thomas Aquinas)에 의해서 개진된 것으로서 루터파 개혁파 속성교통론에 있어서 은사적 교통 혹은 은사의 교통과 관련된다. 이에 대해서 후술할 본서 제9장 2. "속성교통의 종류와 원리: 루터파 속성교통론과 개혁파 속성교통론" 참조.
1213) Baillie, *God Was in Christ*, 125-132.

부여하는 어떤 힘이나 원리로 나타날 뿐이다. 그의 질문은 "그리스도가 하나님이신가?"에 있지 않고 "[그리스도 안의] 하나님은 어떠하신가?"에 있다.[1214]

이러한 베일리의 입장은 성육신을 "계시사건"(das Ereignis der Offenbarung)으로 여기는 바르트 신학의 틀을 벗어나지 못하고 있다. 바르트는 위격적 연합을 그리스도의 인격 안에서의 신인양성의 연합이 아니라 그 안에서의 하나님과 사람 사이의 교통으로 여기는 바, 그 교통을 "아들의 존재방식으로 계신 하나님 자신"(Gott selber in der Existenzweise des Sohnes)이 "행하시는 주체"(das handelnde Subjekt)로서 사람의 아들이 되신 사건과 동일시한다.[1215] 이렇게 본다면, 성육신과 성도의 그리스도와의 연합의 경계가 모호해진다. 바르트는 성육신을 다음과 같이 기술하고 있다. "예수 그리스도의 인성에 현존하시는 분은 하나님의 아들이시다. 이 사람이 현존하시므로 그 아들이 현존하신다. 이 사람은 다름 아닌 그 아들이시다."[1216] 이는 하나님의 아들의 현존이 예수의 인성에 있으므로 그 인성이 하나님의 아들이라는 사람이 됨을 의미한다. 여기에 바르트식의 내(內)위격(enhypostasis)과 비(非)위격(anhypostasis) 개념이 나타난다. 그것은 하나님의 은혜로 인성이 [신(神)]인격화된다는 것을 말한다. 바르트는 이러한 점에서 자신의 입장이 비잔티움의 레온티우스의 입장과 구별된다고 여긴다.[1217]

이와 관련된 바르트의 논법은 다음과 같이 변증법적이다. 하나님은 행하시는 인격으로서 성육신의 주체가 되신다. 성육신의 주체는 "하나님 자신"이다. 그가 "아들의 존재방식으로" 행하신다. "아들의 존재방식으로 계신 하나님 자신" 곧 "[인성에 현존하시는] 하나님의 아들"이 성육신의 주체가 된다. 곧 "하나님의 아들"이라는 "이 사람"이 성육신의 주체가 된다. 달리 말하면, 하나님의 아들이라고 불리는 사람의 아들이 성육신의 주체가 된다. 바르트는 이러한 자신의 입장이 고대 공의회 신학과 루터파 신학자들과 칼빈주의자들의 비(非)위격성(anhypostasia)과 내(內)위격성(enhypostasia)의 개념과 일맥상통하다고 여긴다. 바르트에 따르면, 비위격성은 그

1214) 참조. Arthur W. Klem, "D. M. Baillie on the Person of Christ," *Bulletin of the Evangelical Theological Society* 7/2 (1964), 46-48, 템플(William Temple)로부터 재인용은 48.

1215) Barth, *Church Dogmatics*, IV/2.84 (KD IV/2.91-92).

1216) Barth, *Church Dogmatics*, IV/2.91 (KD IV/2.100).

1217) Barth, *Church Dogmatics*, I/2.163ff. (KD I/2.178ff.). 참조. Crisp, *Divinity and Humanity*, 73-74; Shults, "A Dubious Christological Formula From Leontius of Byzantium to Karl Barth," 443-446.

리스도의 인성이 한순간이라도 하나님의 말씀 밖에 존재할 수 없다는 것을 뜻하며, 내위격성은 그리스도의 인성이 구체적으로 행하시는 주님의 실제로서 실제적으로 존재한다는 것을 뜻한다. 여기에서 바르트는 고대 교부들이 그리스도의 인성의 비인격성(impersonalitas)을 말하면서 그것을 인격성(personality)의 부재가 아니라 존재(Dasein)의 부재로 오해함으로써 가현설에 노출되었다고 지적한다. 바르트는 비위격성과 내위격성을 영원하신 하나님의 아들의 실존적 행위나 사건과 연관시킴으로써 양자론과 에비온주의자들(Ebionites)이 주장하는 인성의 신화(神化, apotheosis) 개념에 거리를 두고자 하지만,[1218] 성육신을 하나님의 은혜의 행동—곧 계시사건—에 의한 인성의 우유(偶有)적 고양으로 여김으로써 사실상 가장 이에 근접하다.[1219] 이러한 입장에서 보게 되니 위격적 연합에 대한 정통적 이해가 가현설과 같이 여겨지는 것이다.

판넨베르그는 이러한 바르트의 입장이 성경이 증거하는 예수의 실제와 그의 신적 주권을 잘 드러내고 있다고 옹호한다. 무엇보다 판넨베르그는 바르트의 내(內)위격성(enhypostatia) 개념에 주목하는데, 그곳에는 다음과 같은 일종의 삼단논법이 발견된다고 말한다. 성육신은 "은혜로운 하나님에 의한 예수의 인간 존재에 대한 전체적인 결단"이다. 그것은 연합이라는 역사적 사건이다; 이 사건으로 말미암아 비로소 그리스도의 "[사람]존재"(Dasein)가 획득된다; 그리하여 하나님이 그 속에 계신 사람, 곧 하나님이신 사람, 곧 사람이신 하나님으로 그가 비로소 존재하신다. 판넨베르그는 신적인 주권이 세상 속으로 들어오는 경이로운 침투가 여기에 있다고 하면서, 이 점을 들어 바르트가 비잔티움의 레온티우스를 극복하였다고 평가한다. 그러나 후기로 갈수록 바르트도 레온티우스와 다를 바 없이 "관계"(Verhältnis)라는 함정에 함몰되어 버렸다는 점을 강하게 비판한다.[1220]

판넨베르그는 그리스도의 인격에 관한 논의는 역사적이며 변증법적이어야 함을 주장한다.

1218) Berkouwer, *The Person of Christ*, 308-309.
1219) 참조. Barth, *Church Dogmatics*, I/2.165, 167 (KD I/2.181, 183). 이에 대해서 후술할 본서 제14장 2. "그리스도와 계시: 인식론적 오류"에서 자세히 다룬다.
1220) Pannenberg, *Jesus-God and Man*, 342 (GC 354).

예수를 모든 사람으로부터 구별하고 그의 헌신을 모든 사람의 헌신으로부터 구별하는 것은 다름 아닌 그가 처한 이 고유한 역사적 정황(diese geschichtliche Einmaligkeit der Situation Jesu)이었다. ······이와 같이 예수가 하나님의 아들과 동일시되는 것은 변증법적(dialektische)이다. ······영원하신 하나님의 아들에 관한 진술은 오직 이 사람의 고유함에—곧 이 사람과 하나님의 연합에—문의(問議)할 때에만 충분히 수립될 수 있다. 이러한 변증법의 종합(die Synthese dieser Dialektik)—곧 그리스도 안에서 하나님과 사람의 하나됨—은 오직 그의 실존의 역사 가운데서만 충분히 계시된다. 이것은 소외된 개별자로서 살아가는 역사적이며 지상적인 실존 가운데 일어나는 데 그치지 않고, 그의 역사적 고유함에 비추어 모든 실제를 포괄할 정도에 이르는 전(全) 실존의 역사 가운데 일어난다.[1221]

여기에서 우리는 판넨베르그의 입장을 몇 가지로 정리해볼 수 있다.

첫째, 신인양성의 연합을 참 하나님과 참 사람으로 계신 한 분 그리스도의 인격이라는 측면에서 파악하지 않는다.

둘째, 위격적 연합을 성육신으로부터 비롯된 것이 아니라 인성이 신성과 즉자대자(卽者對者)의 관계에서 자아를 실현하는 변증법적 과정의 산물로 여긴다.

셋째, 이러한 과정은 사람의 아들이 하나님의 아들이 되는 실존의 역사를 말하는 것으로서 본질적이거나 본성적이지 않다고 본다.

넷째, 그리스도의 인격은 이러한 과정을 통하여 인성에 속한 고유한 속성들이—즉 가능태(可能態)가—역사적, 실존적, 변증법적으로 구현된 현실태(現實態)라고 본다.

다섯째, 그리하여 하나님의 아들의 인격이 인성을 취했다고 말하지 않고 그의 인성 안에서 예수는 하나님의 아들로 계신다고 말한다.

판넨베르그는 비잔티움의 레온티우스가 알렉산드리아 학파의 로고스—육체 기독론에 편향(偏向)되어 안디옥 학파의 로고스—사람 기독론을 도외시하는 오류에 빠져, 예수의 사람으로서의 인격을 아버지에 대한 아들의 헌신이라는 측면에서 역사적으로 도출해내려고 하지 않고, 로고스의 인격 안에 있는 사람 예수의 인격성에

[1221] Pannenberg, *Jesus-God and Man*, 342-343 (GC 354-355).

대한 존재론적인 관심만을 표출했을 뿐이라고 비판한다.[1222] 단의론에 맞서서 양의론을 개진하기는 하였지만 레온티우스가 알렉산드리아 학파를 대변하는 이러한 키릴의 입장에서 벗어나지 못하고 있었다는 것이다.[1223]

판넨베르그는 인격성(personality)은 관계성(relationship)을 함의하는 개념이기 때문에 단지 개별성(individuality)으로만 논할 수 없다고 본다. 그리하여 "인격은 이성적인 본성으로 이루어진 개별적 실체이다"(Persona est rationalis naturae individua substantia)라고 한 보에티우스(A. Boethius, 475경-525경)의 말을 받아들이지 않는 반면에, "인격"(persona)을 다른 것으로부터(ex-) 나와서 존재하는 것(sistere)으로—곧 "ex-sistentia"로—정의한 성(聖) 빅터의 리차드(Richard of St. Victor, ?-1173)의 견해에는 공감을 표한다. 판넨베르그는 인격성을 이루는 관계성은 한 존재의 시원, 생성, 소멸, 고양, 완성과 관련하여 역사적, 실존적, 변증법적 관점에서 파악되어야 한다고 주장하면서, 초대교회 이후 신학자들은 이러한 관계성을 예수의 인격과 인성 사이나 그의 신성과 인성 사이 가운데서 존재적으로 추구하는 데 몰두한 나머지 예수의 인격과 그가 순종하고 헌신한 아버지의 인격 사이에—한 존재와 그것이 비롯된 존재 사이에—역사적으로 추구하는 것을 차치했다고 비판한다. 그리고 아들의 뜻을 아버지께 순종하고자 하는 뜻과 스스로 행하고자 하는 뜻으로 이중적으로 파악하는 가운데 이러한 관계성을 논한 주의주의자(主意主義者) 둔스 스코투스에 주목한다.[1224]

이러한 입장에 서서 판넨베르그는 슐라이어마허, 도르너(I. A. Dorner), 하르낙, 알트하우스(Paul Althaus) 등이 예수의 내적이나 외적인 삶의 개별성을 강조하기는 하였으나 하나님과의 관계성을 제대로 파악하는 데는 실패했다고 비판한다. 이들이 인류가 공유하는 본성을 개별자가 구현하는 한에 있어서 진정한 자아를 획득하게 된다는 점에 주목한 것은 옳았지만 그러한 과정이 하나님과의 관계 안에서 이루어진다는 점에 대해서는 별 관심을 쏟지 않으므로 구(舊) 안디옥 학파의 수장(首長)으로 여겨지는 몹수에스티아의 테오도레와 유사한 입장을 취했다는 점을 근거로 든다.[1225]

[1222] Pannenberg, *Jesus-God and Man*, 338–339 (*GC* 350–351).
[1223] 이 부분에 대한 학자들의 의견은 분분하다. 참고, 본서 338, n. 29 (*GC* 350, n. 29) 참조.
[1224] Pannenberg, *Jesus-God and Man*, 340–341 (*GC* 352–353).
[1225] Pannenberg, *Jesus-God and Man*, 341, 343–344 (*GC* 353, 355–356).

또 한편으로, 판넨베르그는 부버(Martin Buber)나 에브너(Ferdinand Ebner) 등이 철학자 헤겔의 영향을 받아 관계성에 주목하기는 하되 그것을 수평적인 나와 너의 수준에서만 파악하려고 들었다고 비판한다. 이들이 예수를 역사적인 개별자가 아니라 개별적인 관념으로 여기거나 관념화를 위한 이상적인 대화의 상대로 추구하는 데 머물고 말았다는 점이 무엇보다 지적된다.[1226]

위에서 다섯 가지로 정리하였듯이, 그리스도의 인격에 대한 판넨베르그의 견해는 칼케돈 신경으로 공식화된 정통적인 입장을 벗어나 있다. 그는 일견 상반되게 보이는 개별성과 관계성이라는 두 개념을 "변증법적"으로 끌어올려 그리스도의 인격성을 파악하고자 하였다. 오늘날 어떤 학자들은 이러한 판넨베르그의 입장이 존재와 역사의 문제를 동시에 풀어낸 쾌거로서 일종의 통일이론을 신학계에 제시하고 있다고 말하면서, 이로써 비(非)위격(anhypostasis)과 내(內)위격(enhypostasis)의 수수께끼가 풀렸다고 과찬하기도 한다. 그러나 정작 판넨베르그는 아무 말도 하고 있지 않다. 그가 말하는 그리스도의 인격성은 실체도 아니고 실재도 아닌—실제로 실재하지 않는—개별성과 관계성이 서로에 대해서 숨을 장소를 제공해줄 뿐이다.

판넨베르그의 논법은 이러하다. 예수의 인격성은 아버지에 대하여 열려있음 곧 헌신을 의미한다. 예수의 헌신으로 말미암아 우리는 그가 아들의 인격을 지니고 계심을 인식한다. 예수의 아들됨은 모든 인류가 서 있는 운명이다. 그것은 미래에 이루어질 무엇이다. 만약 예수의 인격을 신인(神人)으로 고착시킨다면 그의 하나님의 아들됨이 인류와는 무관한 일이 될 것이다. 예수는 우리와 같은 역사적인 존재로서 예수는 자신의 삶과 운명을 하나님께 헌신했다. 바울도 예수의 인격성이 지닌 우주적인 의미에 천착했다(갈 4:5-6; 롬 8:15). 새로운 인간은 하나님과의 새로운 관계 속에서 새로운 삶을 산다. 기독교인들은 예수를 통하여 그의 자격(子格)을 공유한다. 이와 같이, 판넨베르그는 사람 예수가 수행한 하나님을 향한 헌신으로부터 그의 인격을 유추한다. 이는 영원하신 하나님의 아들의 인격을 전제하는 가운데 그것이 인성을 취하심—곧 성육신—을 다루고 그로부터 신인양성의 중보사역을 논하는 정통적인 방법과는 정면으로 배치된다. 다음은 판넨베르그의 이러한 입장을 선명하게 보여준다.

[1226] Pannenberg, *Jesus-God and Man*, 341 (GC 353).

개별적인 사람으로서 오직 예수만이 하나님의 아들이시다. 오직 그 안에서 하나님의 아들은 개별적인 사람이 되었다. 기독교인들은 오직 예수의 아들됨에 참여하는 정도만큼 하나님의 자녀들이 된다. 그들은 사람으로서 하나님의 아들이신 이 한 사람과 함께 연합체를 이루는 정도만큼 예수의 아들됨을 나눈다. 이러한 특별한 간접성(besondere Mittelbarkeit)이 기독교인들의 아들됨을 예수 자신의 아들됨과 구별한다.[1227]

여기에서 말하는 "간접성"은 문맥상 그리스도의 인성의 신(神)인격화를 통한 성도의 신화(神化)를 의미하고 있다. 판넨베르그는 이러한 통찰이 고백자 막시무스까지 거슬러 올라가며 고가르텐(Friedrich Gogarten, 1887-1967)을 거쳐 바르트(Karl Barth)로 주목할 만하게 계승되었다고 여긴다.

막시무스는 하나님과 사람의 하나됨은 양자의 차이를 부정하는 것이 아니라 오히려 그 차이를 확대하는 가운데 더욱 강렬한 연합과 일치를 이루는 것이라고 봄으로써 신화를 변증법적으로 파악하고 있다는 점에서 거론된다.

고가르텐은 예수의 아들됨을 추상적으로 고찰한 약점은 있지만 예수의 아들됨에 동참하는 성도의 어떠함을 지향점으로 삼고 기독론을 전개한 측면에서 성도의 그리스도와의 연합에 대한 새로운 혜안을 제시한 점이 부각된다.

바르트는 위로부터 아래로의 신학을 추구하면서 알렉산드리아 학파의 경우에서와 같이 성육신이 취함 그 자체라고 본 약점이 있지만, "예수 그리스도 안에서 단지 한 사람뿐만 아니라 모든 사람의 인성이 그와 같이 높아졌으며 하나님과 하나가 되는 자리에 서게 되었다"고 말함으로써[1228] 이 부분에 대한 교리화를 성공적으로 수행했다고 평가된다. 그리고 만약 바르트가 성육신으로부터 부활로 나아가지 않고 부활로 확정되는 역사로부터 성육신을 바라보았더라면 그의 기독론 중심 사상(Christocentric thought)은 더욱 빛을 발했을 것이라는 말을 덧붙인다.[1229]

이와 같이 변증법적으로 신화를 파악함으로써 비위격과 내위격의 비밀을 풀어보려고 했던 판넨베르그는 예수의 자유는 하나님으로부터 독립하는 것이 아

1227) Pannenberg, *Jesus-God and Man*, 347 (*GC* 360).

1228) Barth, *Church Dogmatics*, IV/2,51 (*KD* IV/2,52): "In Jesus Christus ist nicht nur ein Mensch, ist vielmehr das Menschliche aller Menschen als solches in die Einheit mit Gott versetzt und erhoben."

1229) Pannenberg, *Jesus-God and Man*, 334-349 (*GC* 345-361).

니라 그와 하나됨에 있다는 점에 천착하면서 라너(Karl Rahner)의 초월적 기독론(Transcendental Christology)에 주목한다. 위격적 연합을 창조주와 피조물이 자유롭게 하나가 되어 있는 최상의 모습이라고 상정하고 그 가운데 사람은 절대적인 존재인 하나님을 향한 무한한 자기 초월(the infinite self-transcendence)을 경험하게 된다고 보는 라너의 입장이 이와 관련하여 소개된다. 판넨베르그는 이를 미래를 향한 종말론적인 열림(openness)과 연관시키면서, 예수의 사역과 메시지는 이러한 열림이 자유이자 일종의 예기적 구속(豫期的 拘束)임을 보여주고 있다고 주장한다.[1230]

위격적 연합에 대한 정통적인 입장을 견지하는 신학자들은 예수 그리스도의 인격성은—그가 인성을 취하신 영원하신 하나님의 아들의 인격이라는 측면에서—그 자체로 개별성과 관계성을 지니고 있다고 본다.[1231]

그러나 이와는 반대로 개별성과 관계성에 대한 역사적 변증법으로부터 예수의 인격을 수립하려고 한 판넨베르그는 신화를 극점으로 이 두 가지를 모두 부인하는 데 이르고 말았다. 판넨베르그는 성부와 성자의 삼위일체내적 관계와 성육신한 그리스도의 신인양성의 위격적 연합을 혼동하고 있다.

삼위일체 하나님을 전제하지 않는 기독론은 있을 수 없다. 역사상 나심인 성육신에 따른 신인양성의 위격적 연합은 영원히 나심에 따른 성자 하나님의 인격을 전제하기 때문이다. 그렇다고 해서 성부와 성자의 관계를 성자 내의 신인양성의 관계와 동일시해서는 안 된다. 그렇게 하게 되면 성부를 신성으로, 성자를 인성으로 여기게 되어, 성육신을 인성이 신성이 되는 신화의 과정과 동일시할 수밖에 없게 되거나 인성을 인격과 같이 여겨 일종의 변형된 네스토리우스주의에 빠질 수밖에 없게 된다. 판넨베르그의 기독론은 이러한 측면에서 신화라는 알렉산드리아 학파의 폐해와 위격과 본성을 혼동하는 안디옥 학파의 폐해를 모두 안고 있다고 결론지을 수 있다.[1232]

1230) Pannenberg, *Jesus-God and Man*, 349-354 (GC 361-368).

1231) 인격을 부인하는 가운데 인격성을 말하는 것은 무의미하다. 인격성은 한 인격을 다른 인격으로부터 구별하는 속성들을 지칭하는 것이 아니라 인격의 존재성을 말하는 것이기 때문이다. 다음 글은 이러한 오해를 여실히 드러낸다. Lane, "Christology beyond Chalcedon," 272ff.

1232) 참조. Pannenberg, *Systematic Theology*, vol. 2, 379-396.

5. 5. 비(非)위격적이지 않고 내(內)위격적인 연합의 비밀(mysterium)

이상에서 고찰하였듯이, 본성은 위격이 아니나(anhypostasis) 위격 안에 있으므로(enhypostatos) 비위격적이지 않다(non anhypostatos). 본성은 위격(hypostasis)의 기체(suppositum)를 지닌 인격(persona)이 아니라 위격 안에서(enhypostasis) 인격성(personalitas)에 속하게 된다. 칼케돈 신경은 예수 그리스도의 위격이 성자 하나님의 인격으로서 고유하게 현존함을 선포했다. 예수의 인성은 자의식적인 인격성(self-conscious personality)이 결여되어 있으므로 그 자체로는 구체적인 존재가 되지 못한다. 예수는 자신의 존재의 근거를 자기 자신 안이 아니라 로고스의 위격 안에 두고 있다. 달리 말하면 예수의 인성은 오직 그의 위격으로부터 추상(抽象)됨으로써 존재된다.

중보자 그리스도 안에서의 신인양성의 연합은 위격적 혹은 인격적 연합(unio hypostatica sive personalis)이다. 이러한 연합으로 한 인격을 이루기 때문에, 그것은 단지 성령이 하나님의 백성 가운데 내주하는 것과는 다르다. 위격적 연합의 주체는 신성이 아니라 성부와 성령과 동일하신 신격(deitas)이신 성자의 인격이다. 사람의 인성에는 이성(ratio)-혹은 오성(intellectus)-과 의지(voluntas)가 있기 때문에 그 자체로 인격성(personalitas)을 지닌다고 주장하는 경우가 없지 않으나, "지적인 기체"(suppositum intelligens)는 인성을 지닌 인격이지 인성 자체가 될 수 없다. 이는 인성 자체가 위격적 존재(subsistentia)가 될 수 없는 것과 마찬가지이다. 핫지가 말하듯이, 본질상 "인격성"(personality)은 "이성적인 실체"(rational substance)와 "특징적인 위격적 존재"(distinctive subsistence)를 구성요소로 한다. 인성에는 전자는 있으나 후자가 없다. 그러므로 그것은 "비인격적"(impersonal)이다.

> 하나님의 아들은 자신을 인적 인격이 아니라 인적 본성과 연합시키셨다. ……그러므로 인성은 비록 지성과 의지가 부여되었다고는 하나 그리스도의 인격 안에서 비인격적일 것이며, 그러할 것이며, 사실상 그러하다.[1233]

[1233] Hodge, *Systematic Theology*, 2,391: "The Son of God did not unite Himself with a human person, but with a human nature. ……Human nature, therefore, although endowed with intelligence and will, may be, and in fact is, in the person of Christ impersonal." 핫지는 영혼과 육체의 연합을 신인양성의 연합에 유비

동일하신 그리스도가 한 분으로서 참 하나님이시자 참 사람이시라는 가르침은 본성과 위격의 관계와 관련하여 비(非)위격(anhypostasis)과 내(內)위격(enhypostasis)의 논쟁을 낳았다. 본성은 인격이 아니다. 그러나 본성은 인격 안에 있다.[1234] 이를 반대하는 학자들은 인격성은 인성의 본질적인 요소이므로 비(非)위격성(anhypostasia)을 말하는 것은 인성 자체를 부인하는 것과 다르지 않다고 주장하면서, 인성의 비인격성을 그리스도가 참 하나님(vere Deus)이시자 참 사람(vere Homo)이심을 선포한 칼케돈 신경에 터 잡아 주장하는 것은 모순이라고 반박한다.[1235] 어떤 학자들은 이러한 개념들이 인성의 비인격성이나 인격 내의 존재를 말하는 것이 아니라 '사람'이신 예수가 하나님과 세상에 대해서 갖는 '관계'(relation)의 양상을 뜻할 뿐이라고 여긴다. 바르트(Karl Barth)와 그에게서 배운 토랜스(T. F. Torrance)가 예수는 우리와 동일한 사람이나 '하나님의 아들의 인성' 곧 '인적(人的)인 신성'을 지니셨다고 여기거나, 라너(Karl Rahner)가 예수는 우리와 동일한 사람이나 '하나님의 아들이 되실 인성,' 곧 '신적(神的)인 인성'을 지니셨다고 보는 경우가 이러하다.[1236]

내(內)위격성(enhypostasia)은 그리스도 안에서의 신성과 인성의 연합을 설명하기 위한 개념이다. 인성은 독자적인 인격이 아니며, 인격 안에서 신성과 연합된다. 아리스토텔레스(Aristotle)의 철학의 영향을 받은 비잔티움의 레온티우스는 신성을 인성의 형상(idea)으로 보아 오해의 여지를 남겼다. 그렇게 본다면, 신성과 인성이 연합하여 그리스도의 인격을 이루지만 그 인격성은 질료가 되는 인성에 있다는 결론에 이르게 된다. 이는 칼케돈 신경에서 선포된 "한 인격과 한 위격 안에서"(ἓν πρόσωπον καὶ μίαν ὑπόστασιν)에 대한 정통적인 이해와 배치된다. 내위격성은 철학적 존재론을 기술하는 개념이 아니다. 그것은 영원하신 하나님의 아들이 인성을 취하여 그 인격 가운데 신인양성으로 계심을 뜻할 뿐이다.[1237]

시키는 자신의 입장을 고수하면서, "사람 안의 인격성이 몸이 아니라 영혼에 있듯이 그리스도의 인격성은 그의 신성에 있다"(as in man the personality is in the soul and not in the body, so the personality of Christ is in the divine nature)라고 한다. 그러나 인격성은 인격에 있다고 해야 한다. 신성이든 인성이든 본성은 인격 안에서 인격을 이룰 뿐이다. 인격성은 본성의 특성이 아니라 인격 자체에 의해서 규정된다.

[1234] 여기에서 보듯이, 인격(persona)은 삼위 하나님의 위격적 존재(subsistentia)를 표현하기 위하여 위격(hypostasis)과 함께 사용된다.

[1235] Berkouwer, *The Person of Christ*, 305-307.

[1236] 참조. Colin E. Gunton, *Christ and Creation* (Grand Rapids: Eerdmans, 1992), 47-49.

[1237] 참조. Berkouwer, *The Person of Christ*, 310.

아퀴나스에게서도 이러한 철학적 이해의 흔적이 나타나는 바, 그 요지는 다음과 같다. 위격성 혹은 인격성은 한 존재를 이루는 실체의 완전함에 있다. 곧 [형상과 질료로 이루어진] 완전한 실체가 위격 혹은 인격이다. 성육신 전에는 그리스도의 신성이, 성육신으로 그리스도의 신성과 인성이 그 기체(基體)가 된다. 그것은 인성의 질료가 신성의 형상으로 구현된 존재의 기저(基底)를 의미한다.

> 위격은 여하한 형태가 아니라 그 자체의 완전함에 있어서 특별한 실체를 의미한다. 그러나 어떤 더 완전한 것과의 연합으로 나아가는 손과 발과 같은 것은 위격이라고 불리지 않는다. 그리고 마찬가지로 인성은 위격 혹은 기체(基體)라고 불리지 않는다. 인성은 특별한 실체이기는 하지만 그것의 완전한 연합, 곧 하나님과 사람이신 전(全) 그리스도와의 연합으로 나아간다. 그것과 하나가 되는 그 완전한 것이 위격 혹은 기체라고 불린다.[1238]

바빙크는 성육신을 "하나님의 아들의 인격과 비인격적인 인성과의 연합"이라고 보고, 만약 인성이 그 자체의 인격을 가지게 된다면 그리스도는 하나님과 긴밀히 교제하고 있는 한 인간에 불과하게 될 것이라고 단언한다. "말씀이 육신이 되어"(ὁ λόγος σὰρξ ἐγένετο)라는 말씀은(요 1:14) 말씀이 사람의 인격이 아니라 인성을 취하셨다는 것이다.[1239] 그리스도의 인격은 자존(自存, self-existent)하나 그의 본성은 인격에 의해서 자존한다.[1240] 그러므로 주님이 취하신 인성은 비인격적(impersonalis)이나 플라톤이 말하는 이데아(idea)와 같이 보편적(generalis)이지 않다. 그것은 형성되면서 하나님의 아들의 인격에 취해진 '개별적 인성'(humanitas individua)이나, '하나의 개별자'(unum individuum)는 아니다. 만약 그렇다면, 그리스도는 두 존재가 될 것이

1238) Thomas Aquinas, *Summa Theologiae*, vol. 48, *The Incarnate Word* (London: Eyre & Spottiswoode, 1975), 3a.2.3: "[Ad secundum dicendum quod] hypostasis significat substantiam particularem non quocumque modo, sed prout est in suo complemento. Secundum vero quod venit in unionem alicujus magis completi, non dicitur hypostasis, sicut manus aut pes. Et similiter humana natura in Christo quamvis sit substantia particularis: qui tamen venit in unionem cujusdam completi, scilicet totius Christi, prout est Deus et homo, non potest dici hypostasis vel suppositum: Sed illum completum ad quod concurrit, dicitur esse hypostasis vel suppositum."

1239) Bavinck, *Reformed Dogmatics*, 3.302.

1240) Bavinck, *Reformed Dogmatics*, 3.306.

기 때문이다. 그러므로 내위격성은 필히 비(非)위격성(anhypostasia)과 함께 논의되어야 한다. 이로부터 다음이 확정된다. "인성은 위격이 아니나 위격 안에 [위격적으로] 존재한다." 여기에서의 관심은 인성을 잘라내는 것이 아니라 인성을 인성인 채로 위격에 연합시킴으로 그 위격 안의 신성과 인성을 연합시키는 데 있다. 그러므로 이는 가현설이나 단성론을 조장하는 것이 아니라 오히려 단호히 배척한다. 여기에서의 관심은 두 본성이 연합하여 어떻게 한 인격을 이루는가에 있지 않고 영원하신 하나님의 아들의 인격이 인성을 취하심으로 신인양성의 인격을 지니심에 있다. 그러므로 이러한 취하심이 아니라 신성에 의한 인성의 대체(代替)를 궁구한 아폴리나리우스나 인성에 의한 신성의 취택(取擇)을 궁구한 에비온주의들이나 네스토리우스주의자들과는 전적으로 궤를 달리한다.[1241]

내위격성은 비위격성을 전제하는가에 대한 첨예한 논란이 화란의 신학자들인 볼렌호벤(D. H. Th. Vollenhoven, 1892-1978)과 헵(Valentijn Hepp, 1879-1950) 사이에 있었다. 볼렌호벤은 비위격성을 칭하는 "anhypostasia"가 부존재를 뜻하는 철학적인 용어라는 점을 지적하면서, 신성이 하나님의 인격을 이루며 존재하듯이 인성도 사람의 인격을 이루는 한에 있어서만 존재한다는 점을 들어서, 인성의 자체적인 인격성을 부정하는 "anhypostasia"는 결국 인성을 부정하는 가현설이나 단성론에 이를 수밖에 없다고 주장한다. 이러한 입장을 반박하면서, 헵은 "anhypostasia"는 철학적인 용어가 아니라 교리와 관계되는 신학적인 용어라는 점을 아래의 벨직 신앙고백서 제19조를 인용하면서 지적한다.

> 우리는 이러한 잉태로 말미암아 아들의 인격이 불가분리하게 인성과 연합되고 연결되셨다고 해서 하나님의 두 아들이나 두 인격으로 계시게 되신 것이 아니라 유일한 한 인격 가운데(en une seule personne) 두 본성이 각각 그 자체의 구별된 속성들을(ses propriétés distinctes) 지닌 채로 연합되어 있음을 고백한다.[1242]

헵은 인성은 실체를 의미하는 반면 인격은 존재의 방식을 뜻하므로 그 존부(存否)

1241) Berkouwer, *The Person of Christ*, 305-313.
1242) Schaff, *The Creeds of Christendom*, 3.404.

를 같은 선상에서 논할 수는 없으므로, 인성이 자체적으로 인격성을 지니지 못한다는 사실이 인성 자체에 대한 어떤 위협도 되지 않는다고 결론을 내린다. 이를 논증하기 위하여 헵은 사람의 인적(人的) 인격(persona humana)은 자체의 속성상 인성만으로 형성되나 성육신한 그리스도의 신적(神的) 인격(persona divina)은 그렇지 않으므로 그 안에 신성과 인성을 함께 지녀 그 각각에 속한 속성들을 모두 자신에게 돌린다는 점을 부각시킨다. 그리고 볼렌호벤이 "anhypostasia"를 가현설과 단성론의 단초라도 되는 듯이 여기는 것은 그가 반(半)네스토리우스주의자(semi-Nestorian)의 관점에서 이를 바라보기 때문이라고 신랄한 비판을 퍼붓는다.[1243)

헵의 결론은 그릇되지 않다. 그러나 헵 역시 볼렌호벤과 다를 바 없이 위격적 연합을 영원하신 하나님의 아들이 인성을 취하심으로 사람의 아들이 되셨다는 신학적 관점보다 두 본성의 연합을 통한 한 인격의 형성이라는 철학적 관점에 더욱 치중하고 있으며 그리하여 위격적 연합의 비밀이 '연합' 자체가 아니라 그 '주체'인 성자의 인격에 있음을 간과하고 있다는 사실을 우리는 간과하지 말아야 한다. 위에서 보았듯이 헵이 위격적 연합의 시작을 다룬 벨직 신앙고백서 제19조의 전반부만 인용하고 그것이 그리스도의 죽음과 장사되심과 부활과 그 이후에 계속된다는 사실을 천명한 후반부에 대해서는 별도로 언급하지 않는 것도 이를 뒷받침한다. 이러한 입장과는 달리, 카위퍼(Abraham Kuyper)는 "anhypostasia"가 신인양성의 인격적 연합의 비밀을 담고 있는 성경적 개념으로서 어의(語義)상 양자론(Adoptionism)의 근거가 되거나 그것을 옹호하기는커녕 오히려 배척한다고 단언하는 바, 그의 입장은 볼렌호벤은 물론 헵의 그것과도 분명히 구별된다.[1244)

한편, 하르낙(Adolf von Harnack)은 어거스틴의 기독론과 칼케돈 신경은 네스토리우스주의적이었으며 그 핵심에 양자론이 자리 잡고 있으나 후대의 서구신학자들이 이러한 네스토리우스주의적 양자론을 멀리하는 과정에서 오히려 단성론적 가현설로 빠져들어 갔다는 기상천외한 주장을 펼친다.[1245) 하르낙이 말하는 네스토리우스적 양자론은 양성론적 가현설과 다를 바 없으며 그곳에는 신성의 이상(理想)과 인성의 허상(虛想)이 있을 뿐이기 때문이다. 이와 관련하여 뻘카우어(G. C. Berkouwer,

---

1243) Berkouwer, *The Person of Christ*, 313–317.
1244) Berkouwer, *The Person of Christ*, 321.
1245) Berkouwer, *The Person of Christ*, 322–324.

1903-1996)는 다음과 같이 결론을 짓는다. "성육신은 말씀의 한 행위이다. 이 행위가 없다면 인성은 잠시라도 존재할 수 없을 뿐만 아니라 심지어 잉태될 수도 없다. 그러므로 양자론이 거부되고, 또한 가현설이 거부된다."1246)

성경을 비평적으로 고찰하는 신학자들은 칼케돈 신경의 위격적 연합 교리가 역사적 예수로 돌아갈 수 있는 가능성을 차단해버렸다고 비판하지만, 칼케돈 기독론은 성경의 자료(the biblical data)를 체계적으로 수납, 정리하고 그 가르침을 교리적으로 진술한 신학적 명제를 담고 있을 뿐이다. 그렇다고 해서 그 교리는 단지 귀납적으로 파악된 경험적 산물에 그치는 것이 아니라 보편교회가 서 있는 전제가 된다.1247) 레씽(G. E. Lessing, 1729-1781)은 기독교의 본질은 이타심(利他心, altruism)에 있다고 보고 그리스도의 사역이 지닌 윤리적 의미를 부각시키는 데 관심을 지녔을 뿐 그의 인격에는 무관심하였다. 윤리적 가치가 역사의 유일한 의미라고 본 것이다. 그러나 행위자의 인격을 떠나 행위만을 파악하고 그 가치를 논하는 것이야말로 비역사적인 신화(神話)에 불과할 뿐이다.1248) 위격적 연합에 대한 신약성경의 가르침은 일치한다. 성경이 그리스도를 주라고 계시하는 것은 그가 참 하나님이시고 참 사람의 인격 가운데 우리를 위하여 대속의 사역을 다 수행하시고 그 의를 우리의 것으로 전가해주시기 때문이다. 바이쓰(Johannes Weiss, 1863-1914)와 같이 사람을 하나님과 동일시하는 이방의 습속이 초대교회에 영향을 미쳐 이러한 교리가 생겼다고 보거나, 슈미델(Paul W. Schmiedel, 1851-1935)과 같이 그것의 기원이 신약성경 이전의 전통에 있다고 보고 그것을 삭제해버릴 것을 제안하거나, 하는 것은 모두 헛되다.1249) 워필드가 말하듯이, "두 본성 교리는 역사적 예수의 삶의 수수께끼에 대한 유일한 답을 제공한다." 우리는 "두 본성의 역사상 예수"(the two-natured Christ of history)를 선택하든지 "강력한 기만"(欺瞞, a strong delusion)을 선택하든지 하나를 해야 한다.1250) "anhypostasia"와 더불어 "enhypostasia"로 대변되는 신인양성의 위격적 연합 교리는 모순도 역설도 변증법적 해석을 기다리는 가설도 아닌 성

1246) Berkouwer, *The Person of Christ*, 326.
1247) Warfield, "The 'Two Natures' and Recent Christological Speculation," 211-215, 237-238.
1248) Warfield, "Christless Christianity," *WBW* 3.318-326.
1249) Warfield, "The 'Two Natures' and Recent Christological Speculation," 220ff., 245ff.
1250) Warfield, "The 'Two Natures' and Recent Christological Speculation," 262.

경이 전하는 절대적이고 객관적인 진리, 곧 "하나님의 비밀인"(골 2:2) "그리스도의 비밀"(골 4:3)을 증거하고 있기 때문이다.

6. 본성에 따른 속성들의 배분(distributio) : 신성에 따라서, 인성에 따라서

성육신하신 그리스도는 동일하신 한 분 하나님의 아들로서 언제나 신성과 인성으로 계시고 그 가운데 일하신다. 육체로 현현하신 하나님(Deus manifestatus in carne)은 신성과 인성에 속한 모든 속성들을 지니신다. 한 분 인격에 두 본성에 속한 모든 속성들이 돌려진다. 여러 양상의 신인양성의 속성교통—은사의 교통, 속성의 교통, 사역의 교통—이 논해지지만 어느 경우에라도 이 점에 있어서는 서로 다르지 않다고 칼빈과 개혁신학자들은 보고 있다. 성육신은 신성의 인화(人化, humanization)도 인성의 신화(神化, divinization)도 아닌, 신성과 인성의 축자적인 교통(communicatio verbalis)을 뜻한다. 이는 성경의 말씀에 따른 축자적인 서술(praedicatio verbalis)에 다름 아니다. 그것은 한 인격을 주어로 삼아 서술되는 두 본성에 속한 모든 속성들의 공존에 다름 아니다. 루터파 신학자들은 이러한 교통을 '단지 언술의 방식'(tantum modus loquendi)에 불과한 것으로 여기나, 오직 이러한 축자적 교통 가운데 양성이 한 인격 안에 공존할 때에만 그 교통이 실제적으로(realiter) 일어난다.[1251]

이러한 입장은 교부들에게서 기원한다. 키루스의 데오도렛(Theodoret of Cyrus, 393-458)은 양성의 속성교통은 축자적(逐字的)이며 그것의 확고한 뿌리이자 근본은 위격적 연합이라고 단정하면서, 영원하신 말씀 자체가 고난당하거나 죽지는 않으셨으나 위격적 연합에 따라서 인성이 신성과 함께 연합되어 있으므로 그렇게 말하는 것이 단지 공허하지는 않다고 하였다. 그러므로 우리는 성육신한 말씀인 그리스도가 육체의 고난을 받으셨다고 말할 수 있다(참조. 벧전 4:1). 풀겐티우스(Fabius Planciades Fulgentius, 5세기말-533)가 말하듯이, "하나님이 사람 안에서 고난당하셨다. 왜냐하면 하나님과 사람이 한 인격이시기 때문이다. 하나님은 사람과 함께 고난당

1251) 이 부분은 본서의 속성교통론 참조. 이와 관련해서, Bavinck, *Reformed Dogmatics*, 3.308-309, 426-427, 430-431.

하지 않으셨다. 왜냐하면 한 분 그리스도 안에서 하나님과 사람의 실체는 섞일 수 없기 때문이다."[1252]

신성과 인성은 성자의 인격 가운데 함께 존재한다는 측면에서만 서로 교통하고 있다. 두 본성의 속성들은 한 분 동일하신 주체의 서술어로 모두 그 주체에게 돌려진다. 이러한 교통은 본성적이지 않으며 위격적이다. 즉 본성과 본성 사이에 직접적으로(directe) 일어나는 것이 아니라 위격에 의해서, 위격 안에서, 위격에로 간접적으로(indirecte) 일어난다. 이러한 위격적 연합의 비밀은 연합이나 교통에 있는 것이 아니라 성자의 위격 자체에 있다. 그는 인성을 취하신 하나님의 아들로서 '신-인'(God-man, Θεάνθρωπος)이시므로, 엄밀히 말해서, '하나님과 사람'(God and man, Θεός καὶ ἄνθρωπος)이라고 표기해서 마치 두 주체와 같이 여겨지도록 해서는 안 된다.[1253]

한 분 주님은 신성에 따라서 무한하시며 인성에 따라서 유한하시다. 신성에 따라서 아버지의 영원하신 독생자로서 영원하시며 인성에 따라서 정한 때에 잉태되셨고, 나셨고, 자라셨다. 성경은 신성과 인성에 속한 속성들을 성육신하신 하나님의 아들이신 유일하신 주 예수 그리스도께 모두 돌린다. 하나님이신 영원하신 하나님의 말씀이 육신이 되셨다(요 1:14). 영광의 하나님이 우리와 동등한 혈육으로 나셨다(히 1:3; 2:14). 하나님이 종의 형체를 취하시고 자신의 피로 성도를 깨끗하게 하시고 교회를 사셨다(빌 2:7; 행 20:28; 요일 1:7). 만물을 있게 하신 창조주가 먼저 죽음과 부활을 경험하셨다(골 1:13-18). 하나님의 신성이 육체로 충만히 거했다(골 2:9). 이러한 표현들은 신성에 관련된 주어에 인성에 관련된 술어가 사용되었다. 그 역도 가능하니, 그가 육신으로 오셨으나 영원히 아버지의 품 속에 계시고(요 1:18), 하늘에 계시고(요 3:13), 아브라함이 나기 전에 계시고(요 5:58), 다윗의 자손일지라도 다윗의 주가 되시며(마 22:43), 세세에 찬양을 받으실 하나님이시라는(롬 9:5) 말씀들이 있다.[1254]

나지안주스의 그레고리는 다음과 같이 말한다.

[1252] Vermigli, *Dialogue on the Two Natures in Christ*, 59-65.

[1253] 참조. John Murray, "The Person of Christ," in *Collected Writings of John Murray*, 2.138.

[1254] Bavinck, *Reformed Dogmatics*, 3.298, 308. 이 부분은 다음에 기초하여 작성. Moon, "Bavinck's Understanding of Christ the Mediator's Hypostatic Union," 188.

오, 알 수 없는 결합이여! 오, 놀라운 결속이여! 존재하시는 분이 존재하기 시작하신다. 신성과 둔감한 육체를 잇는 지성적인 영의 중보를 통하여 창조되지 않으신 분이 창조되시며, 제한될 수 없는 분이 제한되신다. 부요하게 하시는 분이 가난해지신다. 우리가 신성의 부요함을 받도록 하시려고 자신 가운데 육체의 빈곤함을 취하신다. 충만하신 분이 비우신다. 그가 잠시 자신의 영광을 비우심은 내가 그의 충만함을 함께 누리도록 하심이다. 얼마나 그의 선하심이 넘치는가! 이것이 곧 나를 위한 비밀이 아닌가![1255]

신성과 인성은 위격은 아니지만(anhypostasis) 위격적으로(hypostatos 혹은 non anhypostatos) 위격 안에(enhypostasis) "혼합 없이, 변화 없이, 분할 없이, 분리 없이" 연합해 있으므로, 각각의 속성들이 한 분 동일하신 인격이신 그리스도께 돌려진다. 그리하여 그 사역이 헤아릴 수 없이 큰 실제적 가치를 지니게 된다. 칼빈이 말한 바와 같이 "하나님으로서 홀로 죽음을 느낄 수 없고, 사람으로서 홀로 그것을 이길 수 없기 때문에"(mortem nec solus Deus sentire, nec solus homo superare posset) 주님은 신인으로서 우리를 위하여 중보하시기 위하여 성육신하셨다.[1256] 그리하여 죽음을 죽으실 수 없는 분이 죽으시고 죽음을 이기실 수 없는 분이 죽음을 이기셨다. 곧 죽음을 이기실 수 있는 분이 죽으셨다. 여기에 대리적 무름의 값(pretium satisfactionis vicariae)이 있다. 원하기만 하시면 "열두 군단 더 되는 천사"를 부르시고 호령하셔서(마 26:53) 모든 무리를 일거에 십자가에 매달고 자신은 그곳에서 내려오실 수 있으신 분이 "네가 만일 하나님의 아들이어든 자기를 구원하고 십자가에서 내려오라"는 지나가는 자들의 모욕을 참고 계신다(마 27:40). 천지 만물을 지으시고 바다와 강과 지상과 지하와 하늘의 모든 물(水)을 지으시고, 내리시고, 흐르게 하시는 분이 한 방울 물이 없어 "내가 목마르다" 하고 계신다(요 19:28). 신성에 따라서 모든 만물의 갈함을 채우시는 주님이 인성에 따라서 목말라 하신다. 만물이 그에게서 나오고, 그로 말미암고, 그를 위하여 있음에도(롬 11:36; 골 1:16), 그 신성 가운데 인성에 따라 목마름을 호소하고 계신다. 그러니 그 낮아지심이 만대의 인류를 높이고도 남음이 있는 것이다. 모든 실과를 맺게 하시는 주님이 무화과나무의 열매가 없어 시장

[1255] Gregory of Nazianzus, "Theological Orations," 38.13 (*LCF* 106, *PG* 36.326).

[1256] Calvin, *Institutio*, 2.12.3 (*CO* 2.342).

함을 느끼신다(막 11:12-14, 20-21). 그가 주리시고 가난해지셨으므로 그 부요하심으로 창세 전에 택함받은 모든 무리를 채우시고 부요하게 하신다(마 4:2; 고후 8:9).

우리를 구원하시는 값은 하나님의 전능하심도 아니요 사람의 연약함도 아닌 하나님-사람 곧 신인(神人)의 전능하심 가운데서의 연약하심에 있다. 신성에 따라서는 모든 곳에 계신 분이 인성에 따라서는 나사렛에서 요단으로 요단에서 예루살렘으로 다니셨기 때문에, 그의 걸어다니심도 비하이다. 그리하여 나심도 사심도 죽으심도 장사되심도 비하라고 하는 것이다. 니케아 신경과 칼케돈 신경에서는 그리스도가 "우리와 우리의 구원을 위하여"(δι' ἡμᾶς καὶ διὰ τὴν ἡμετέραν σωτηρίαν, propter nos et propter nostram salutem) 동정녀 마리아의 몸에서 나셨다고 고백하고 있는 바,[1257] 이는 신인양성의 위격적 연합에 따른 속성들의 배분을 통해서 만대의 언약 백성을 살리는 구원의 의를 이루시고 그 의를 우리의 것으로 전가해주시는 대리적 무릎의 은혜가 속죄론의 본질이 됨을 우리에게 상기시킨다.[1258]

신성과 인성에 속한 속성들이 한 분 동일한 인격에게 동시에 돌려질 때에만 비하도 승귀도 의도 의의 전가도 있게 된다. 내(內)위격(enhypostasis)을 말하되 비(非)위격(anhypostasis)을 전제해야 하는 필연성이 여기에 있다. 위격적 연합으로 말미암아 피조되지 않은 영이신 하나님이 피조된 몸이 되지는 않으시며 인성이 하나님으로 변하지도 않는다. 연합 이후에도 신성과 인성은 각각에 돌려지는 고유한 속성들을 지니고 있다. 하나님과 동등하심은 신성에, 피조성은 인성에 돌려진다. 편재성(ubiquitas)은 신성에, 국지성(localitas)은 인성에 돌려진다. 신성에 따라서 언제나 모든 곳에 계시는 주님은 인성에 따라서 동시에 여러 곳에 계실 수 없다. 신성에 따라서 모든 곳에서 모든 것을 다 채우시는 주님은 인성에 따라서 자신이 현존하는 자리에 한정되신다. 양성의 연합은 양성이 동등해짐을 의미하지 않는다. 각각의 본성은 각각 고유한 방식과 고유한 정도로 한 인격 안에 있다. 신인양성은 각각의 고유함을 고스란히, 전체적으로 보유하면서 연합되어 속한다. 어떤 양태나 양상이나 현

[1257] Schaff, *The Creeds of Christendom*, 2.62–63.

[1258] 참조. Bruce L. McCormack, "For Us and Our Salvation: Incarnation and Atonement in the Reformed Tradition," *Greek Orthodox Theological Review* 43/1-4 (1998), 281–316. 저자는 여기에서 칼빈은 위격적 연합에 대한 엄밀한 이해가 결여되어 있었으며 이를 "하나님의 맞추심"(accommodatio divina)으로 해소하려고 했다고 본다(301–303). 그러나 칼빈에게 있어서 "하나님의 맞추심"이 신학적 의미를 가지는 것은 사실이나, 이는 우리의 연약함도 받으시는 은혜와 관계되는 것이지 그가 이루신 의와 관계되는 것이 아니다.

상으로 연합이 해소되지 않는다. 성육신으로 시작된 신인양성의 위격적 연합은 나심과 사심과 죽으심과 부활과 승천 등을 통하여 계속된다.[1259]

취택된 인성은 독립적인 자아나 인격성이 없다. 그것은 그리스도의 인격에 연합하여 위격적으로(personally), 실체적으로(substantially) 작용한다.[1260] 복음서의 많은 본문들은 그리스도의 인성을 증언하고 있다. 신성에 따라서 만유에 충만하신 주님은 인성에 따라서 세상을 떠나심으로 지금 이곳에 계시지 않으신다(요 16:28; 눅 24:6). 주님은 신성에 따라서 전능하시지만, 오직 그에게만 절대적인 불가능이 있다. 예컨대, 주님은 식언하실 수 없으시며, 배치되는 두 가지 뜻을 지닐 수 없으시며, 죄를 지으실 수 없으시다. 이러한 의미로, 어거스틴은 "주님은 전능하시므로 어떤 일들은 행하실 수 없다"라고 했다. 그리고 키루스의 데오도렛은 신성에 있어서의 불가능함은 그리스도의 연약함이 아니라 무한한 권능을 드러내는 표라고 했다. 그리스도가 우리를 위하여 우리와 같이 되셔서 "모든 의를 이루는 것이 합당하다"(마 3:15). 그러므로 그는 신성의 전능하심으로 인성 자체는 물론 그 속성도 변화시킬 수 없으시다. 그것은 자신이 "하나님과 사람 사이의 중보자"로서 참 하나님이시자 참 "사람"이심을 부인하는 것이기 때문이다(딤전 2:5). 모든 것이 가능하다는 것은 모든 것이 필히 그렇게 된다는 것을 의미하지는 않는다.[1261]

벨직 신앙고백서 제19조는 제목이 말하듯이 "그리스도의 인격에 속한 두 본성의 연합과 구별"을 다루고 있다. 마지막 부분에서는 그 "이유"(pourquoi)가 다음과 같이 속성의 배분에 있음을 천명하고 있다.

> 그리하여 우리는 그가 참 하나님이시고 참 사람이심을 고백한다. 죽음을 정복하시는 능력에 있어서 그는 참 하나님이시다. 그리고 그의 육신의 연약함에 따라서 우리를 위하여 죽으심에 있어서 그는 참 사람이시다.[1262]

1259) 참조. Vermigli, *Dialogue on the Two Natures in Christ*, 23-27.
1260) 참조. Heppe, *Reformed Dogmatics*, 434-447; Hodge, *Systematic Theology*, 2.392-397; Turretin, *Institutio Theologiae Elencticae*, 13.8.1-5 (2.283-284).
1261) Vermigli, *Dialogue on the Two Natures in Christ*, 14-18.
1262) Schaff, *The Creeds of Christendom*, 3.405.

여기에서 보듯이, 인성에 따라서(κατὰ τὴν ἀνθρωπότητα, secundum humanitatem) 연약함 가운데 죽음에 복종하시는 분과 신성에 따라서(κατὰ τήν θεότητα, secundum divinitatem) 그 죽음을 이기시는 분이 한 분 동일하신 그리스도시다(히 2:14-15; 5:7-9; 고전 15:53-57; 롬 5:14-21). 그러므로 "따라서"(κατὰ)로 본성을 지정하는 것은 각각의 본성에 속한 속성들을 서로 혼합시키거나, 변화시키거나, 분할시키거나, 분리시키고자 함도 아니고 어느 하나로 어느 하나를 배제시키고자 함도 아닌 한 인격 안에서의 교통을 드러내기 위함이다. 같은 맥락에서 웨스트민스터 신앙고백서(8.7)는 "그리스도는 각각의 본성을 통하여 각각에 고유한 것을 행하심에도 불구하고, 인격의 하나됨으로 말미암아, 한 본성에 속한 것이 다른 본성에 의해서 지시된 인격에 돌려진다"(Christus……secundum utramque naturam, id agens per utramvis, quod eidem proprium est, nonnunquam tamen fit propter personae unitatem ut quod uni naturae proprium est, personae ab altera natura denominatae……tribuatur)라고 규정한다. 여기에서 우리가 간과하지 말아야 할 것은 이러한 속성교통 혹은 본성에 따른 속성의 분배가 "성경 안에서"(in Scriptura) 일어난다고 하여 오직 말씀에 따른 축자적 교통만이 실제적임을 분명히 못 박고 있다는 점이다.[1263]

이렇듯, 신인양성의 교통은 신성과 인성의 속성들이 인격에 돌려짐으로써 간접적으로(indirecte) 일어난다. 성육신의 비밀은 이러한 위격적 연합에 있으며, 위격적 연합의 비밀은 성자 하나님의 인격 자체에 있다. 버미글리(Peter Martyr Vermigli)는 이를 간파하고 다음과 같이 세 가지로 성육신을 고찰한다.

첫째, 전(全) 사람 예수가 하나님이라고 불리시는 것은 영혼과 육체가 모두 하나님의 아들의 인격에 취해졌기 때문이다. 전(全) 하나님의 말씀이 사람이라고 불리시는 것은 인성을 취하신 하나님의 아들의 인격 안에 하나님의 본질과 본성 곧 신성이 완전하고 절대적으로 존재하기 때문이다. 그렇다고 해서, 신성의 전부가 인성에 갇히는 것이 아니다. 그러므로 인성이 특정한 곳에 있다고 해서 신성이 그곳에 제한되는 것은 아니다.

둘째, 전(全) 하나님은 한 사람 전부로 계속해서 존재하신다. 그렇다고 해서, 전(全) 하나님이 그 사람 안에 갇혀서 벗어나지 못하는 것은 아니다.

1263) Schaff, *The Creeds of Christendom*, 3.622.

셋째, 인성이 없는 곳에 신성이 있는 경우에도 신성과 인성은 분리되지 않는다. 이러한 위격적 연합의 맥락에서 교황 겔라시우스 1세(Gelasius I, ?-496)의 다음 말을 받아들일 수 있다. "하나님께 속한 모든 것을 하나님이시자 사람이신 주님이 소유하신다. 왜냐하면 전체적이고, 완전하고, 완성된 하나님의 본질과 본성이 그리스도의 인성에 연합되어 있기 때문이다."[1264]

위격적 연합에 있어서의 이러한 속성들의 배분은 바르트가 말하는 분여(Mitteilung, impartatio)와는 상이하다. 바르트는 성육신을 다룸에 있어서 존재의 논리(ratio essendi)와 인식의 논리(ratio cognoscendi)를 함께 고려할 뿐만 아니라 동일시한다. 그리하여, 그리스도의 새로운 존재와 새로운 사건을 인식하기 위해서 "그의 존재의 새로움(der Neuheit seines Seins)을 공유하여야(teilnehmende)" 한다고 말한다. 그를 아는 것이 새로운 사건의 주체가 되는 그의 새로운 존재에 참여하는 것이기 때문이라는 것이다.[1265] 바르트는 그리스도가 육신을 취하심(assumptio carnis)을 창조자와 피조물이 함께 공존하는 것 곧 창조의 완성을 목적으로 하는 것으로 여겨서, "성육신에 있어서 활동하시는 하나님은 아들의 존재방식으로 계신 하나님이시다. 그는 사람-인류-을 자기 자신의 신적 존재와 하나가 되도록 받아들이고 취하는 분이시다"라고[1266] 말한다. 그리고 다음과 같이 부연한다. "그것[성육신]은 하나님의 행위라는 사건 가운데 완성된다. 하나님은 '되심'으로 자신의 '이심'을 그치지 않으신다. 그리고 사람이 되셨다(et homo factus est)." 바르트에 따르면, 신인양성의 "연합"(ἕνωσις, unitio, unio)의 실체는 "인간의 본질 가운데 하나님의 아들이 되심과 이심"(das Werden und Sein Gottes des Sohnes in menschlichen Wesen)에 있다.[1267] 이는 "한 인간"(ein Mensch)의 "구체적인 가능성"(konkreten Möglichkeit)으로서 알려진다.[1268]

여기에서 바르트는 성육신의 목적을 대속의 의를 이루는 것이 아니라 창조를 완성하는 것으로 파악한다. 구원은 우리가 창조의 완성에 참여하는 것이고, 그것은 아는 것과 존재하는 것의 변증법적 유비로 추구된다. 아는 것이 존재의 '임'(Sein)과

1264) Vermigli, *Dialogue on the Two Natures in Christ*, 27-29.
1265) Barth, *Church Dogmatics*, IV/2.38-39 (*KD* IV/2.41).
1266) Barth, *Church Dogmatics*, IV/2.42-43 (*KD* IV/2.45-46). 인용. IV/2.43 (*KD* IV/2.46).
1267) Barth, *Church Dogmatics*, IV/2.46 (*KD* IV/2.49).
1268) Barth, *Church Dogmatics*, IV/2.47-49 (*KD* IV/2.51-52).

'됨'(Werden)의 변증법적 상승에 있어서 즉자(卽者) 혹은 대자(對者)의 역할을 한다. 이러한 측면에서, 성육신이 신인양성의 위격적 연합으로 이해되지 않고 하나님과 사람 사이의 변증법적 고양의 "구체적인 가능성"(konkreten Möglichkeit)이 한 사람에게 돌려지는 사건으로 여겨진다. 바르트는 성육신의 주체를 아들이 아니라 아들의 존재방식으로 계신 '하나님'으로 여긴다. 하나님이 한 인간을 취하여 그에게 하나님과 하나가 될 가능성을 부여하는 사건이 성육신으로 여겨진다. 그것은 단지 가능성에 대한 인식 혹은 인식을 통한 가능성의 부여에 불과하다. 성육신은 사람 예수가 인간의 본질 곧 인성 가운데 하나님의 아들이 됨으로써 하나님의 아들로 존재하게 되는 길을 열어준 사건으로서, 오직 한 사람, 그의 변증법적 고양의 가능성, 그 성취만이 남는다.[1269]

바르트는 이러한 입장에 서서 분여를 논한다. 이는 인적 본질인 인성을 신성에 분여하는 것, 신적 본질인 신성을 인성에 분여하는 것, 분여에 따른 인적 본질과 신적 본질의 "공동실제화"(gemeinsame Verwirklichung) 세 가지 개념으로 다루어진다.[1270] 분여는 신성의 인성에로의 "특화, 조명, 침투"(Aneignung, Durchleuchtung, Durchdringung)를 뜻한다.[1271] 그것은 그리스도 안에서 "구체적으로"(konkret) 일어난다. 그것이 없다면 믿음과 소망과 사랑이 없을 것이다. 하나님의 은혜는 그것의 은혜로 나타난다. 속성교통(communicatio idiomatum)은 그것에 의해서 실제적이 된다.[1272] 바르트가 말하는 이러한 분여는 루터파 속성교통론의 핵심이 되는 엄위적 교통(communicatio maiestica)과 다를 바 없다. 바르트의 입장은 인성의 신성에로의 일방적 교통만을 인정하고 이를 신화(神化)와 다를 바 없이 다룬 루터파 신학자 브렌쯔(John Brenz)의 입장과 유사하다. 다만 바르트가 말하는 분여는 성육신 자체가 아니라 성육신으로부터 비롯되는 일종의 변증법적 종합(綜合, synthesis)을 중심 논제로 삼는다는 점에서 성격을 달리한다. 그러나 "공동실제화"를 분여의 목적으로 여기고 있다는 점을 고려할 때, 굳이 양자를 구별할 실익은 없어 보인다. 바르트의 분여에는 "신성에 따라서" 혹은 "인성에 따라서" 각각의 본성에 속한 고유한

1269) 참조. Barth, *Church Dogmatics*, IV/2.49ff. (KD IV/2.54ff.).
1270) Barth, *Church Dogmatics*, IV/2.73 (KD IV/2.79).
1271) Barth, *Church Dogmatics*, IV/2.77 (KD IV/2.84).
1272) Barth, *Church Dogmatics*, IV/2.73-75 (KD IV/2.79-82).

속성들이 한 인격에 돌려지는 배분(distributio)은 없고, 인성의 고양만이 있을 뿐이다. 그러므로 성육신의 비밀이 모두 사라지게 된다. 바르트는 루터파의 엄위적 교통에 해당하는 은사의 교통(communicatio gratiarum)을 다루면서도 "행위하시는 주체"(das handelnde Subjekt)를 "아들의 존재방식으로 계신 하나님 자신"(Gott selber in der Existenzweise des Sohnes)이라고 함으로써 위와 동일한 오류를 드러내고 있다.[1273]

7. 신화(神化, deificatio) : 교부들의 유비적 혹은 윤리적 개진

성육신은 영원하신 하나님의 아들이 인성을 취하신 것이지, "원형적 인성"(prototypical humanity)과 "모형적 신성"(ectypical divinity)이 하나가 된 것이 아니다.[1274] 신화(神化, θέωσις, ἀποθέωσις)는 성육신에 있어서 인성이 고양되어 하나님과 하나가 된다거나, 하나님이 된다거나 하는 사상으로서, 우선적으로 그리스도의 인격과 관련하여 다루어지고, 나아가서 이를 그리스도와의 연합을 통한 성도의 하나님과의 연합에 적용하는 데 이른다. 이러한 사상은 비록 양상은 다르나 초대교회의 말씀-육신 기독론(λόγος-σάρξ Christology)과 말씀-사람 기독론(λόγος-ἄνθρωπος Christology)에 의해서 모두 개진된다. 전자는 성육신에 있어서 말씀과 육신 사이를 영혼이 중보하는('anima mediante') 과정에서 영혼이 신성과 하나로 신화된다는 오리겐을 기원으로 삼는 알렉산드리아 학파의 입장으로서,[1275] 아폴리나리우스의 사상에서 극단화된다. 후자는 몹수에스티아의 테오도레를 수장으로 삼는 안디옥 학파의 입장으로서, 성육신에 있어서 하나님이 은혜를 베푸심으로 사람 예수를 자신과 하나가 되게 하시는 "연합의 은혜"(χάρις ἑνώσεως, gratia unionis)를 신화로 보는 경향을 띤다.[1276] 이러한 입장은 그리스도의 인격을 형성하는 신인양성의 연합을 그리스도와의 연합을 통한 성도의 하나님과의 연합과 유비적으로 다룸으로써 성도의 구원의

1273) Barth, *Church Dogmatics*, IV/2.84 (KD IV/2.91-92).
1274) Bavinck, *Reformed Dogmatics*, 3.299.
1275) 참조. 창조주와 피조물의 간격을 잇는 인간의 영혼의 중보에 관한 오리겐의 사상에 관하여, Kelly, *Early Christian Doctrines*, 155-158.
1276) 성육신에 따른 "연합의 은혜"에 대해서 전술한 본서 제5장 4. "취하심"(assumptio) 참조.

기독론적인 기초를 이해하는 데 있어서 유익한 점이 전혀 없지는 않으나, 그리스도의 성육신을 구원받은 성도의 신분의 고양과 같이 여김으로써 그 고유함이 무색(無色)해지고 신인양성의 위격적 연합 자체의 근간(根幹)이 불명(不明)해지는 맹점에 노출된다.

여하한 경우이든 신화를 신성과 인성 서로 간의 직접적 교통을 통한 속성들의 섞임(mixtio)-전이(transfusio), 주입(infusio), 혼합(confusio)-이라고 보는 이상, 이는 성경의 가르침과 양립될 수 없다. 신화에 대한 논의가 최근에 주목되지만 그 정의에 대한 이견은 물론 무엇을 대상으로 할 것인지에 대해서조차 합일점에 이르지 못하고 있다. 초대교회에서 신화라는 말이 처음 거론된 것은 성육신한 그리스도의 인성의 고양을 표현하기 위함이었으나 점차 그리스도와 연합하여 고양된 성도의 신분을 이와 관련시키는 경우가 많아졌다. 심지어 마네르마 학파(the Mannermaa School)라고 불리는 일군의 신학자들을 대변하는 루터파 신학자 마네르마(Tuomo Mannermaa, 1937-2015)는 하나님이 성도 안에 내주하시는 것(inhabitatio Dei)을 신화로 여기고 루터가 말하는 칭의는 이러한 신화를 뜻한다고 주장하는 데까지 이른다.[1277] 하나님의 "외계적 자기표현"(self-expression ad extra)은 "내향적 자기표현"(self-expression ad intra)으로부터 비롯된다고 전제하면서 그리스도의 자기성화와 성도의 성화는 같은 방식으로 일어난다고 주장하는 견해는 이러한 경향과 같은 맥락에 있다. 이 경우 하나님의 말씀인 로고스는 대리적 속죄를 감당하신 구주가 아니라 단지 한 모범으로서 등장할 뿐이며, 의의 전가가 아니라 하나님과의 대화가 구원의 핵심 논제로 여겨진다.[1278]

신화를 다룸에 있어서 이를 인격(persona)과 관련시켜서 본질적인 논의를 하는 경우가 있는가 하면 사역(officium)과 경륜(oeconomia)이라는 측면에서 보충적으로 다루는 경우가 있는데, 전자는 좀 더 기독론적이고 후자는 좀 더 구원론적이라고 할 수 있다. 전자는 좀 더 조건적이라는 측면에서 극단적이며, 후자는 좀 더 결과적이라는 측면에서 파생적이며 지엽적이라고 할 수 있다. 대체로 아타나시우스, 키릴,

---

[1277] 참조. Veli-Matti Kärkkäinen, *One with God: Salvation as Deification and Justification* (Collegeville, MN: Liturgical Press, 2004), 45-51.

[1278] 다음 글은 이러한 입장에서 로고스 기독론을 재해석하고자 시도하고 있다. Seely J. Beggiani, "Case for Logocentric Theology," *Theological Studies* 32/3 (1971), 378, 392-393. 여기에서는 위격적 연합조차 그리스도의 인성의 성화라는 관점에서 다루고 있다(380-385).

어거스틴 등 정통교부들이 신화를 다룰 때에는 그리스도의 인격과 관련된 논의를 하는 경우에서조차도 그 지향점은 후자에 있다. 신화를 마치 제3의 길과 같이 여겨 성령의 작용에 따른 신성과 영혼의 연합을 강조하거나 신성과 인성의 변증법을 내재적이거나, 인식적이거나, 존재적이거나, 역사적으로 추구하는 베일리(Donald M. Baillie), 슐라이어마허, 바르트, 라너, 판넨베르그 등은 전자에 속한다고 볼 것이다.

교부들은 신화를 성육신의 결과물로 여기는 경향이 있었다. 이레네우스는 성육신을 인간이 하나님의 영원한 불멸(不滅)과 불후(不朽)에 참여하는 길의 일부라고 보았다. 피조물은 필히 창조주보다 열등한데 그리스도 안에서 피조된 것과 자존하는 것이 하나가 되어 피조물이 창조주에 동참하는 피조물의 목적(τέλος)을 이루게 되었다는 것이다.[1279] 이레네우스는 이단을 반박하며 "그는 우리를 그 자신이 되게 하시려고 우리 자신이 되셨다"(factus est quod sumus nos, uti nos perficeret esse quod et ipse)는 소위 '교환 공식'(exchange formula)을 수립하였다.[1280] 신화에 대한 이러한 이레네우스의 관심은 신인합일의 인격 자체가 아니라 성도의 구원에 더욱 관련되어 있었다.[1281] 이러한 입장이 아타나시우스에 이르러 더욱 체계화되었다.

7. 1. 아타나시우스

스토아 학파의 영향을 받은 아타나시우스는 로고스의 능력이 사람들은 말할 나위도 없고 개개 만물에 농축되어 들어가 있다고 보았다. 그러한 농축이 최고조로 일어난 것이 로고스가 그리스도 안에서 인성을 취하신 사건 곧 성육신이라고 여겼다. 아타나시우스에 따르면, 사람은 본래 그 속에 심겨진 로고스의 씨앗으로 말미암아 이성적인 존재로 피조되었으나 죄로 말미암아 그러한 지위를 상실하였다. 그러나 하나님은 아들의 성육신을 통하여 속죄의 사역을 다 이루시고 그 의로 말미암아 이성적인 본질이 분여되게 하셨다. 그리하여 그 의를 전가받은 사람마다 하나님과 같이 되게 하셨다. 아타나시우스는 이러한 성도의 신화를 그리스도의 신성을 부

[1279] Russell, *The Doctrine of Deification in the Greek Patristic Tradition*, 113.
[1280] Irenaeus, "Against Heresies" 5, 서론. Russell, *The Doctrine of Deification in the Greek Patristic Tradition*, 169에서 재인용.
[1281] Kelly, *Early Christian Doctrines*, 147.

인하는 아리우스에 맞서는 주요한 무기로 삼았다. 구원은 하나님과 같이 되는 것이므로 그리스도가 하나님이 아니시라면 아무도 구원에 이를 수 없다는 것이 그의 논지였다. 아타나시우스는 그리스도 자신의 신화가 아니라 그리스도인의 신화—곧 성도의 은혜와 영광스러운 상태—를 표현하기 위하여 "θεοποιέω"라는 단어를 다음과 같이 사용하였다. 여기에서 우리는 이레네우스의 '공식'을 만나게 된다.[1282]

만약 본성상 보이지 않고 볼 수도 없는 하나님을 보기 원하는 사람이 있다면 그의 사역을 통하여 그를 이해할 수 있는 길이 모색될 수 있을 것이다. 그러므로 자신의 헤아림으로는 그리스도를 볼 수 없는 사람으로 하여금 최소한 그가 육체 가운데 행하신 일로 그를 이해하게 하라. 그리고 그것이 하나님의 일인지 사람의 일인지 시험하게 하라. 만약 그것이 사람의 일이라면 그로 하여금 비웃게 하라. 만약 그것이 사람의 일이 아니고 하나님의 일이라면 그로 하여금 그것을 인정하고 전혀 조소거리가 되지 않는 것에 대해서 비웃지 말게 하라. 오히려 그가 그렇게 평범한 방식으로 신적인 일을 우리에게 드러내신 것을 경탄하게 하라. 죽음에 의해서 불멸이 모든 사람에게 임하였다. 말씀이 사람이 되심으로써 우주적 섭리가 알려졌다. 그것의 수여자와 조성자는 바로 하나님의 말씀이시다. 그가 사람이 되신 것은 우리가 하나님이 되도록 하시기 위해서였다(Αὐτὸς γὰρ ἐνηνθρώπησεν, ἵνα ἡμεῖς θεοποιηθῶμεν). 그가 육체로 자신을 드러내신 것은 우리가 보이지 않는 하나님의 형상을 받아들이도록 하시기 위해서였다. 그가 모욕을 참아내신 것은 우리가 불멸의 기업을 얻도록 하시기 위해서였다. 그는 결코 상처를 입지 않으시며, 수난을 당하실 수 없으시며, 부패할 수 없는 말씀 자체이신데, 하나님으로서 자기 자신의 비수난성(非受難性)을 지키시고 유지하시는 가운데 고통을 당하고 있는 사람들을 위하여 이 모든 것을 참으셨다. 한마디로 말하면, 구주가 사람이 되셔서 성취하신 것을 다 헤아리려면 광활한 바다를 보고 그 물결의 수를 헤아리는 것만큼이나 될 것이다. 사람이 자신의 눈에 전체 물결을 담는 것이 불가능한 것처럼 그리스도가 육체 가운데 행하신 일을 다 헤아릴 수 없을 뿐만 아니라 그것을 생각할 수조차 없다. 전체는 고사하고 심지어 한 부분을 말하는 것도 불가능할 것이다. 왜냐하면 경이로운 그 전체로부터 한

[1282] Russell, *The Doctrine of Deification in the Greek Patristic Tradition*, 167-169. 이 경우 그리스도의 신화가 거론되는 대신에 비하와 승귀의 두 상태가 다루어진다. 참조. Breck, "The Relevance of Nicene Christology," 46-47.

부분을 떼어낸다는 것 자체가 불가능하기 때문이다. 모든 것이 똑같이 놀라울 뿐이다. 어느 곳으로 눈을 돌리더라도 사람은 그곳에서 말씀의 신성을 보게 될 것이다. 그리고 형언할 수 없이 큰 경외감에 사로잡히게 될 것이다.[1283]

"신화"(神化)와 관련하여 가장 빈번히 인구에 회자되는 본문의 "그가 사람이 되신 것은 우리가 하나님이 되도록 하시기 위해서였다"는 말은 문자적으로나 형이상학적으로가 아니라 수사적으로나 신학적으로 이해되어야 하는 바, 성도가 하나님이 된다는 것은 전가된 그리스도의 의로 말미암아 성도가 구원의 은총을 누린다는 것이지 그리스도를 통하여 신적 로고스가 성도에게 실체적으로 분여된다는 것을 뜻하지 않는다.[1284] 위격적 연합으로 말미암아 그리스도의 인성이 신성으로 변화되거나 신성과 혼합되지 않는 것과 마찬가지로 성도가 그리스도와 연합한다고 해서 하나님이 되는 것은 아니라는 사실이 본문의 문맥상 분명히 천명되고 있음을 감안할 때 이는 의심의 여지가 없다. 다음에서 보듯이, 이 말로써 아타나시우스는 그리스도의 인성이 신성과 연합하여 고귀함을 누리듯이 성도도 그리스도와 함께 그 고귀함에 참여하게 됨을 강조하고 있다.

하나님의 말씀은 변화됨이 없이 동일하게 계시면서 인류의 구원과 복락을 위하여 사람의 몸을 취하셨다. 사람의 출생에 함께 함으로써 그는 사람이 신적이고 이성적인 본성에 동참하게 하셨다.[1285]

만약 말씀의 신격에 속한 일들이 그 몸에 의해서 행해지지 않았더라면 인성은 신화(神化)되지(θεοποιούμεθα) 않았을 것이다. 나아가, 만약 육체의 속성들이 말씀에 돌려지지 않았다면 인성은 완전히 그것들로부터 자유로울 수 없었을 것이다. ……이제 말씀이 사람이 되셔서 육체를 그 자신의 것으로 삼으셨으므로 이러한 고난은 더 이상 육체에 영향을 미치지 못한다. 왜냐하면 말씀이 그것 안에 사시기 때문이다. 오히려, 파괴된 것은 고난이었다. 그리하여 이제 사람은 더 이상 죄인으로 머물지 않고 각자에게 부과된 고

1283) Athanasius, "On the Incarnation," 54 (*CLF* 107-108, *PG* 25.192-193).
1284) 참조. Grillmeier, *Christ in Christian Tradition*, 322-323.
1285) Athanasius, "Vita Antonii," 74 (*PG* 26.945). Grillmeier, *Christ in Christian Tradition*, 1.322에서 재인용.

난 때문에 죽음에 속하게 되지는 않는다. ……이것은 다른 사람들의 존재의 기원이 되시는 그가 태어나신 이유를 설명한다. 그의 육체는 하나님의 어머니이신 마리아로부터 (ἐκ τῆς Θεότοκου Μαρίας) 나셨다. 그 목적은 우리가 그 안에 다시금 기원을 두고 더 이상 우리가 속한 땅으로 돌아가지 않도록 하고, 하늘로부터 오신 말씀에 결합되어 그에 의해서 하늘로 이끌림을 받도록 하는 데 있다. ……육체는 더 이상 땅에 속하지 않는다. 이제 그것은 우리를 위하여 육신이 되신 하나님의 말씀의 사역에 의해서 '말씀이 되었다'(λογωθεισής).[1286]

여기서 성도의 '신화'와 성도의 '말씀화'가 같은 선상에서 논의되고 있다는 점과 그리스도의 위격적 연합에 대한 정통적인 입장에 기초해서 마리아가 "하나님의 어머니"로 불리고 있다는 점이 특히 주목된다. 이는 431년 에베소 공의회 이전의 자료로서 본 이름을 확정하는 주요한 전거(典據)가 된다.

말씀 자체는 본성상 고난을 당하실 수 없다. 그럼에도 불구하고 고난이 그에게 돌려지는 것은 그가 육체를 취하셨기 때문이다. 사람들이 이를 깨닫게 하라. 고난이 육체에만 고유하듯이 몸 자체는 구주께만 고유하다. 나아가, 그는 그 자신이신 채로 고난을 당하실 수 없는 상태로 여전히 계신다. 그는 이 고난으로 말미암아 상처를 입지 않으시며 오히려 그것을 파괴하시고 없애버리신다. 인류는 고난을 당하실 수 없고 고난에 의해서 파괴될 수 없으신 분에게 넘겨짐으로써 고난을 받을 수 없게 되고 그것으로부터 영원히 자유롭게 된다. ……주께서 몸을 입으실 때 사람이 되신 것과 같이 우리는 그의 육체를 통하여 그와 결합됨으로써 말씀에 의해서 신화된다(θεοποιούμηθα). 이러한 점에서 우리는 영생의 상속자이다.[1287]

그리스도의 위격적 연합과 신화를 함께 조망하는 이러한 입장은 양성의 주체가 한 위격에 있다는 사실을 견지하는 가운데 주장된다.

1286) Athanasius, "Orations against the Arians." 3.33 (CC 91-92, PG 26.393).
1287) Athanasius, "Orations against the Arians." 3.34 (CC 93-94, PG 26.396-397).

우리는 이러한 사실들을 면밀히 고찰해봄으로써 그리스도가 그 자신의 몸을 도구로 삼아서 신적인 방식으로 행하시고 말씀하신다는 것을 발견할 수 있다. 우리는 그가 하나님이시기 때문에 이러한 일들을 행하신다는 사실을 안다. 그리고 그가 사람의 방식으로 말하고 고난당하는 것을 볼 때 우리는 그가 육체를 지닌 사람이 되셨다는 사실을 이해하게 된다. 이것이 그가 사람의 일을 행하신 방법이다. 만약 우리가 각각에 고유하고 특별한 것을 인정하게 된다면 우리는 동시에 양쪽에 속한 일들이 동시에 한 분으로부터 비롯되었다는 것을 인식하고 이해하게 될 것이다(Ἑκάστου γὰρ τὸ ἴδιον γινώσκοντες, καὶ ἀμφότερα ἐξ ἑνὸς πραττόμενα βλέποντες καὶ νοοῦντες). 그리고 우리는 제대로 믿게 될 것이며 결코 방황하지 않을 것이다.[1288]

그는 사람이 되심으로 하나님이심을 그치지 아니하셨다. 결코 그렇지 않다. 오히려 그 반대이다. 육체를 취하신 분은 하나님이신 분이시다. 그는 육체 가운데 육체를 신화시키신 분(ἐν σαρκὶ ὢν ἐθεοποίει τὴν σάρκα)이시다. 육체 가운데 질문(質問)을 던지신 분이 육체 가운데 죽은 자를 일으키신 분이시다.[1289]

그리고 아타나시우스는 그리스도의 신인양성의 위격적 연합의 목적을 궁극적으로 신화와 연결시키고 있다.

인류의 지체들을 구원하고자 말씀이 그들 가운데 거하셨으며, 그들을 거룩하게 하시고 신화시키시고자(ἁγιάσῃ καὶ θεοποιήσῃ) 말씀이 육체가 되셨다. 이것이 그가 말씀이 되신 이유였다. ……그는 육체 가운데 말씀하셨다. 말씀을 통하여 아버지가 부여한 선물들은 육체에 속했다.[1290]

또한 같은 맥락에서 다음과 같이 성육신이 부활과 연결된다.

나아가, 주님이 부활 후에 받으셨다고 주장하는 권능은 그가 그것을 받기 전에, 즉 부활

[1288] Athanasius, "Orations against the Arians," 3.35 (CC 94, PG 26.397).
[1289] Athanasius, "Orations against the Arians," 3.38 (CC 97–98, PG 26.404–405).
[1290] Athanasius, "Orations against the Arians," 3.39 (CC 99, PG 26.408).

전에 지니셨던 권능이다. ……그가 사람이 되신 후와 부활하신 후에 사람으로서 받으신 것은 이전에 이미 그가 말씀으로서 지니고 계셨던 것임이 분명하다. 그 목적과 취지는 다음과 같다. 이제부터 그의 중보를 통하여 사람은 '신성한 성품에 참여하는 자'가 되고(딤후 1:4), 지상의 마귀를 물리치는 권능을 행하며, '썩어짐으로부터 해방되어'(롬 8:21), 영원히 다스리게 된다.1291)

이상의 논의를 통하여 아타나시우스는 다음과 같은 결론에 이른다.

말씀이 육신이 되셨다. 비록 고난이 육신에 고유한 것이라고 하더라도, 비록 말씀 가운데서 육신이 신성의 담지자가 된다고 하더라도, 은혜와 능력은 말씀으로부터 나온다. ……그는 육체 가운데 참 하나님이셨고 말씀 가운데 참 육체셨다. 이것이 그가 자신의 사역으로 그가 하나님의 아들이시자 그 자신의 아버지시라는 사실을, 그의 육체의 고난으로 그가 참 몸을 지녔으며 그 몸은 바로 그 자신의 것이라는 사실을 드러내신 이유이다.1292)

아타나시우스의 입장은 다음과 같이 정리된다. 그리스도의 몸은 우리의 몸과 다르지 않다. 그럼에도 불구하고 그것은 그에게만 고유하다. 그 고유성에 그리스도의 위격적 연합의 비밀과 그 은혜로 말미암은 성도의 구원의 비밀이 있다. 그 몸 가운데 은혜와 진리가 충만한 독생자의 영광이 나타난다. 그는 그 몸으로 구원을 이루셨으며, 자신이 하나님의 아들이시며 또한 그 자신의 아버지라는 사실을 계시하셨다. 여기에서 우리는 그리스도의 독자적 인격을 강조하면서도 그의 신성에 있어서의 페리코레시스와—이러한 개념을 구체적으로 전개하지는 않았지만—그의 인성에 있어서의 신화를 동시에 파악하고자 시도했던, 페리코레시스라는 개념으로 삼위일체론과 기독론을 연결시키고 신화 개념으로 기독론과 구원론을 연결시키고자 했던, 아타나시우스의 의도를 엿볼 수 있다. 이것이 삼위일체론과 기독론과 구원론을 함께 살핀 그의 신학적 지평이자 지경이다.1293)

1291) Athanasius, "Orations against the Arians." 3.40 (CC 100, PG 26.408-409).

1292) Athanasius, "Orations against the Arians." 3.41 (CC 101, PG 26.409, 412).

1293) 필자의 이러한 결론과 관련하여 특히 다음을 참조할 것. T. F. Torrance, *Theology in Reconciliation* (Grand

아폴리나리우스는 이러한 아타나시우스의 입장을 정면으로 반박하며 "은혜로 말미암아 신화되는 것"(χάριτι θεοποιεῖσθαι)이 아니라 아버지와 아들이 "하나가 되어 신화되는 것"(ἑνωθῆναι καὶ ἀποθεωθῆναι)이 성육신이라고 주장한다. "나와 아버지는 하나이니라"는 말씀이(요 10:30) 그 근거로 제시된다. 아폴리나리우스는 인성을 영(πνεῦμα), 혼(ψυχή), 육(σῶμα)으로 삼분하고, 성육신으로 말씀(λόγος)의 지성(νοῦς)이 영을 대체하면서 혼과 육의 몸이 신화된다고 본다. 이 경우 성령의 "성화와 신화"(ἁγιαστοκὸν καὶ θεοποιόν) 작용이 주목된다. 이러한 성육신이 "육화된 하나님"(θεὸς ἔνσαρκος, θεὸς σεσωματωμένος), "신화된 몸"(σῶμα τεθεωμένον), "육체를 담지한 하나님"(θεὸς σαρκοφόρος)이라는 말로 대변된다.1294) 아폴리나리우스는 이렇듯 로고스의 신성을 인정하면서도 순교자 저스틴에 기원을 둔 로고스-육신의 기조를 유지하고자,1295) 몸의 신화를 개진하는 이단의 길을 택하고 말았다. 그리하여 성육신한 주님에게는 "사람의 형상을 한 하나의 혼합체"(σύνθεσις ἀνθρωποειδής) 곧 "고난당할 수 없는 신성과 고난당하는 육체가 섞인 한 본성(μίαν φύσιν)"만 남게 되었다.1296) 같은 맥락에서 성도의 구원이 그리스도와 유사하게 우리가 "신화되는 것"(θεοποιηθῶμεν)이라고 여겨졌다.1297) 이러한 아폴리나리우스의 오류는 갑바도기아 교부들의 비판의 표적이 되었다.

7. 2. 나지안주스의 그레고리

나지안주스의 그레고리는 "취해지지 않은 것은 치유되지 않았다"(τὸ γὰρ ἀπροσλήπτον, ἀθεράπευτον)는 공식을 제시하면서1298) 주님의 인성을 불완전한 것으로 본 아폴리나리우스를 반박하는 가운데-간혹 '육체' 혹은 '몸' 혹은 '의지'의 신

Rapids: Eerdmans, 1975), 215-266; Fairbairn, "The One Person Who Is Jesus Christ: The Patristic Perspective," 80-111. 삼위의 관계에 관계되는 person-perichoresis와 그리스도의 양성의 관계에 관계되는 nature-perichoresis에 관하여, Crisp, *Divinity and Humanity*, 19-33.

1294) Kelly, *Early Christian Doctrines*, 291.
1295) 순교자 저스틴은 성육신하신 주님을 "몸과 로고스와 혼"(καὶ σῶμα καὶ λόγον καὶ ψυχήν)으로 삼분하는 가운데 로고스-육신 기독론을 전개한다. 참조, Kelly, *Early Christian Doctrines*, 146.
1296) Kelly, *Early Christian Doctrines*, 291.
1297) Russell, *The Doctrine of Deification in the Greek Patristic Tradition*, 189-190.
1298) Gregory of Nazianzus, "Letters," 101 (*CLF* 218-219, *PG* 37.182-183).

화를 말하기도 하지만—'사람'이 지성(νοῦς)의 중보로 "신성에 의해서 신화되었다" (θεωθεῖσα διὰ τῆς θεότητος)고 주장한다. 이러한 입장에 서서, 네스토리우스가 선호했던 '병존'(μετουσία)이나 '공존'(μέθεξις)이 아니라 '혼합'(σύγκρασις)이나 '섞임'(μίξις)이라는 개념으로 신인양성의 연합을 규정한다.[1299] 그러한 가운데, 신성과 인성이 한 본성을 이룬다는 의미에서가 아니라 "이중적"(διπλοῦς)이라는 의미에서 "하나"(ἕν)가 된다고 하여, 아폴리나리우스와 자신의 입장을 분명히 구별한다.[1300]

나지안주스의 그레고리에 따르면, 성부와 성자는 본질에 있어서는 동등하지만 "관계"(relatio)에 있어서는 아버지는 영원히 아들을 낳으시고 아들은 영원히 아버지에게서 나신다. 아버지와 아들은 동일한 본성을 공유하신다.[1301] 그러므로 아버지의 낳으시려는 뜻은 아들의 나심과 다르지 않다.[1302] 삼위 각각은 본성상 모두 기원이 없으시다. 그러나 관계에 있어서 낳으시고 나시고 출래하신다.[1303] 말씀은 말씀이 아닌 적이 없으시다. 그러므로 시작이 없으시다. 시작이 없으시니 스스로 시작이시다. "태초에 계셨던 분이 태초와 함께 계셨고 태초셨다"(in principio erat, et cum principio, et principium).[1304] 아들은 영원히 아버지로부터 나시나 스스로 계시고 아무 원인 없이 계신다. 그런데 그가 어떤 원인으로 말미암아 사람으로 나셨다.

> 그는 이전의 그로서 계속 존재하시면서 이전의 그가 아닌 것을 자신 가운데 취하셨다 (Quod erat, permansit: quod non erat, assumpsit). 아무 원인 없이, 태초에 그가 계셨다. 하나님의 원인이 어디 있겠는가? 그러나 이후 한 원인으로 그가 나셨다. 그 원인은 그를 비웃고 그의 신성을 경멸하는 당신을 구원하기 위해서이다. 이를 위하여 그가 당신의 우둔함을 취하셨다. 그리고 자신의 영의 중재로 육체와 결합하셨다. 그리하여 이 저급한 사람이 하나님과 연합됨으로 하나님이 되셨으며, 더 고상한 부분이 우세

1299) Russell, *The Doctrine of Deification in the Greek Patristic Tradition*, 223.

1300) Kelly, *Early Christian Doctrines*, 297.

1301) Gregory of Nazianzus, "The Theological Orations," 29.10, 14, 16 (*CLF* 166–167, 169–170, 171, *PG* 36.86–87, 91–94, 94–95).

1302) Gregory of Nazianzus, "The Theological Orations," 29.6 (*CLF* 164, *PG* 36.79, 82): "Deus esse potest? Si autem volens, ergo Filius, voluntatis est Filius."

1303) Gregory of Nazianzus, "The Theological Orations," 29.2–5 (*CLF* 160–163); 30.1932 (*CLF* 190, *PG* 36.75–79).

1304) Gregory of Nazianzus, "The Theological Orations," 29.17 (*CLF* 171–172, *PG* 36.95).

한, 한 분이 되셨다. 이는 그 자신이 하나님이 되신 바와 같이 그 사람이 하나님이 되도록 하시기 위함이셨다(inferior hic homo Deus effectus, posteaquam cum Deo coaluit, praestantiorique parte superante, unus factus est, ut ipse quoque tantum deus efficiar, quantum ille homo). ······사람으로서, 그는 아버지가 없으셨다. 하나님으로서, 그는 어머니가 없으셨다. 그러나 이 두 가지가 모두 신성에 속한다(Patris expers hic, matris expers illic. Utrumque horum divinitatis est).[1305]

그는 서로 상반된 육체와 영이 하나로 연합되어 있는 인성을 취하신 가운데 하나님으로서 자신의 모습을 드러내셨다. 육체는 그가 신화시키셨으며, 영은 신화되어 있었다 (quorum alterum[carnem] deificavit, alterum[Spiritus] deficatum est).[1306]

아들이 아버지께 속한 것(subjectio)은 아버지의 뜻을 이루기 위해서였다. "실로 아들이 아버지께 속하시듯이, 아버지도 아들에게 속하신다. 다만 아들은 그의 일로, 아버지는 그의 기뻐하심으로"(Subjicit autem, et Filius Patri, et vicissim Filio Pater: ille opera sua, hic beneplacito).[1307] 이렇듯 구속은 삼위일체 하나님의 사역이다. "하나님의 말씀은 그 성격상 복종도 불복종도 하지 않으신다(nec obediens erat, nec inobediens)." 다만 그가 우리와 같이 되셔서 복종하시는 것은 우리가 그의 본성에 동참하도록 하시기 위함이시다.[1308] 우리에게는 하나님이라는 이름이 고유하지만 아들에게는 아버지라는 이름이 고유하다. 그가 우리와 같이 되신 것은 우리가 하나님을 아버지라 부르도록 하시기 위함이다.[1309] 하나님께는 가장 비천한 일이 우리에게는 가장 고상한 일이 되었다. 하나님의 말씀이 우리의 몸을 취하심으로 우리가 그와 섞이고 그 가운데 "하나님이 되게"(Deum effici) 되었다.[1310] 이러한 신화는 의의 전가에 따른 구원의 과정 혹은 열매와 상통한다. 이를 위하여 성육신 곧 신인양성

1305) Gregory of Nazianzus, "The Theological Orations," 29.19 (*CLF* 173-174, *PG* 36.99).
1306) Gregory of Nazianzus, "The Theological Orations," 38.13 (*LCF* 106, *PG* 36.326).
1307) Gregory of Nazianzus, "The Theological Orations," 30.5 (*CLF* 180, *PG* 36.110).
1308) Gregory of Nazianzus, "The Theological Orations," 30.6 (*CLF* 180, *PG* 36.110).
1309) Gregory of Nazianzus, "The Theological Orations," 30.8 (*CLF* 182, *PG* 36.114).
1310) Gregory of Nazianzus, "The Theological Orations," 30.3 (*CLF* 178, *PG* 36.106-107).

의 연합이 있다. 이러한 입장에서 보면 그리스도의 신인양성의 계속적 중보는 성도의 계속적 신화에 부응한다.

> 그는 여전히 오늘도 사람으로서 우리의 구원을 위하여 간구하신다. 왜냐하면 그가 취해진 인성의 능력으로 나를 하나님이 되게 하기까지 그는 그가 취하신 몸으로 계시기 때문이다(quoniam cum eo corpore est, quo assumpsit, donec me, assumptae humanitatis virtute, Deum effecerit).[1311]

이와 같이 나지안주스의 그레고리는 영원하신 하나님의 아들이 성육신하심으로써 완전한 인성을 취하셨고 취하신 전(全) 인성이 전부–영혼은 사전적(事前的)으로, 육체는 사후적(事後的)으로–신화되었다고 본다. 이러한 신화는 사람이 변하여 하나님이 된다는 실제적 의미를 지니지 않는다. 그것은 유비적이거나 윤리적이다. 유비적이라 함은 서로 하나가 되는 완전한 사랑을 뜻한다. 윤리적이라 함은 속박으로부터 자유로, 낮은 곳으로부터 높은 곳으로, 불완전함으로부터 완전함으로 나아가는 고양(高揚, elevatio)을 뜻한다.[1312] 나지안주스의 그레고리는 영혼 곧 지성이 "하나님과 육체 사이의 중보자"(inter divinitatem et carnis molem, intervenientem)라는 오리겐의 입장을 거부하지는 않는다. 그러나 영원하신 하나님의 아들이 영혼과 육체의 완전한 인성을 취하셨음을 전제하는 가운데 그리한다.[1313]

아폴리나리우스는 우리가 예배를 드려야 할 대상은 "하나님을 담지한 사람"(ἄνθρωπὸς θεοφόρος, hominem deiferum)이 아니라 "육체를 담지한 하나님"(θεὸς σαρκοφόρος, Deum carniferum)이라고 하였다. 이를 비판하면서 나지안주스의 그레고리는 우리가 예배를 드려야 할 대상은 "하나님을 담지한 육체"(σὰρξ θεοφόρη, carnem deiferam)가 아니라 "사람을 담지한 하나님"(θεὸς ἀνθρωποφόρος, Deum hominiferum)이라고 하였다.[1314] 여기에서 말하는 "사람"은 독자적인 인격이 아니라 인격에 속한 영혼과 육체로 이루어진 인성을 지칭한다고 보아야 할 것이다. 이렇

1311) Gregory of Nazianzus, "The Theological Orations," 30.14 (CLF 187, PG 36.122).
1312) Russell, The Doctrine of Deification in the Greek Patristic Tradition, 224.
1313) Gregory of Nazianzus, "Letters," 101 (CLF 220–221, PG 37.187).
1314) Gregory of Nazianzus, "Letters," 102 (CLF 227–228, PG 37.199).

듯 그리스도의 인격에 관한 정통적인 입장이 전제되는 가운데 신화가 거론되고 있다.

7. 3. 닛사의 그레고리

신화를 다루면서, 나지안주스의 그레고리가 취해진 것—곧 인성—자체의 고양에 더욱 많은 관심을 쏟았다면, 닛사의 그레고리는 그것의 구원작용에 더욱 집중하였다. "그가 우리와 같이 되심으로 우리를 그와 같이 삼고자 하신다"(ἵνα ἐκ τοῦ γενέσθαι οἷος ἡμεῖς ἡμᾶς ποιήσῃ οἷος ἐκεῖνος)고 함으로써 이레네우스와 아타나시우스의 '교환 공식'이 다시금 천명된다. 닛사의 그레고리는 신성이 인성과 "혼합되었다"(κατεμίχθη)거나 그리스도가 자신을 우리의 본성에 "주입시키셨다"(ἀνακιρναμένον)거나, 하는 표현을 사용하지만 "육화된 하나님"과 "신화된 몸"과 같은 아폴리나리우스의 용어들에 대해서는 거부한다. 닛사의 그레고리가 성육신한 주님을 "하나님을 받아들이는 사람"(θεοδόχος ἄνθρωπος)이라고 칭하거나 영혼과 육체를 신성을 받아들이는 "특별한 용기"(用器, οἰκεῖον σκεῦος)라고 부르는 것은 이러한 뜻에서이다.[1315]

> 인성의 연약함 가운데 그것 안에 있는 썩지 않는 것과의 교제를 통하여 그것은 더욱 좋은 것으로 변화되었다(humana infirmitate per communionem cum incorruptibili in id quod melius est transmutata). 그것을 통하여 신성의 권세는 그 고유한 고귀함을 소멸함 없이 천한 것과 결합된다. ……그는 인간적인 요소를 고난에 맡기신 가운데 그 고난 당한 요소에 대한 부활을 자신의 신적인 능력을 통하여 이루신다. 그리하여 그가 인성과 연합하심으로써 경험하신 죽음이 우리의 고난받는 본성에 동참하신 그 자신에게 돌려진다(mortis experimentum ad cum qui particeps factus est naturae patibilis refertur, propter hominis secum unionem). 그리하여 십자가 위에서 자신을 보이셨던 그가 '영광의 주'라고 불리신다. 그의 신성이 저급한 요소와 섞임으로 인하여 이러한 이름들의 은혜가 신성으로부터 인성으로 옮겨진다(propter temperationem naturae ipsius cum eo quod est humile, et quod gratia nominum ex divino ad humanum transeat). ……이렇듯

1315) Russell, *The Doctrine of Deification in the Greek Patristic Tradition*, 229.

인간적인 미소(微少)함과 신적인 광대함이 어우러져 표현할 수 없는 섞임과 하나됨으로, 크고 높으신 하나님께 돌려지는 이름들이 인성에 고유하게 맞추어지고, 역으로 신성이 사람의 이름들로 일컬어진다.[1316]

우리는 여기에서 닛사의 그레고리가 강조하는 삼위일체에 있어서의 페리코레시스 개념이 신인양성의 연합에 대한 그의 이해에도 그 흔적을 나타내고 있다는 사실을 발견하게 된다.[1317] 이러한 경향은 그가 그리스도의 양성의 연합을 인성의 신화에 주목하면서 다루고 있다는 점에서도 현저히 드러난다.[1318] 닛사의 그레고리는 이러한 그리스도의 인성의 신화와 관련지어 성도의 신화―구속적 신화―를 설명한다. 여기에서 기독론과 구원론이 역동적으로 연계된다. 이러한 닛사의 그레고리의 기독론이 삼위일체의 페리코레시스에 대한 이해에 기초하고 있다는 점을 감안하면, 삼위일체론-기독론-구원론의 큰 그림이 그려진다.

이러한 은총들은 인성을 취하신 하나님의 놀라운 비밀(magnum mysterium)에 의해서 부여된다. 그는 인성과 혼합되셔서(mistus) 우리 본성에 속한 출생, 양육, 성장이라는 모든 특성들을 공유하시고 거침없이 죽음을 죽는 길로 나아가심으로써 사람을 사악함으로부터 해방시키셨을 뿐만 아니라 사악함을 조장하는 사람 자신을 치유하시기에 이르렀다.[1319]

그가 우리의 본성과 혼합되신 것은 그것의 모든 속성들을 취하셔서 우리와 섞여 하나가 되시기 위함이셨다(qui nostrae admiscebatur naturae, per omnes ejus proprietates susciperet eam quae nobiscum fiebat contemperationem). ……그는 시작과 끝이 모두 죄로 물들어 있는 우리와 동일한 삶을 사셨다. 그러므로 정결하게 하는 능력이 그의 삶 전체를 관통해야 했었다. ……그것의 역사는 처음과 마지막의 사이에 가로놓인

1316) Gregory of Nyssa, "Against Eunomius," 6.1, 2, 4 (*LCF* 139-140, *PG* 45.715, 738).

1317) 참조. David B. Hart, "The Mirror of the Infinite: Gregory of Nyssa on the Vestigia Trinitatis," *Modern Theology* 18/4 (2002), 541-561.

1318) 참조. Brian E. Daley, "Divine Transcendence and Human Transformation: Gregory of Nyssa's Anti-Apollinarian Christology," *Modern Theology* 18/4 (2002), 497-506.

1319) Gregory of Nyssa, "Address on Religious Instruction," 26 (*CLF* 304, *PG* 45.70).

모든 것들을 아울러야 했었다.[1320]

닛사의 그레고리에 의하면, 우리에게 전인적이며 전체적인 구원의 은총이 부여되는 것은 그리스도의 전(全) 인성이 신성에 혼합되어 있기 때문이다. 그러므로 구원은 하나님의 은총을 받는 것에 머물지 않고 "사람에 대한 그의 사랑이 신성의 고유한 지표이며 표지"(divinae naturae indicjum et signum proprium est benevolentia in homines)라는 사실을 확신하는 데 이른다. 이는 오직 우리 안의 하나님의 "현존"(praesentia)으로 이루어진다. 결국 구원의 은총은 우리의 연약한 본성이 하나님의 본성에 참여하는 것이다.[1321] 인성은 연약하나 신성은 연약함을 넘어선다. 인성의 연약함으로 인하여 죽음으로 말미암아 영혼과 육체가 분리된다. 그러나 신성의 능력으로 인하여 부활로 말미암아 영혼과 육체가 다시 연합된다. 부활은 단지 영혼과 육체의 연합에 그치지 않는다. 그것은 "인성을 우주로 퍼지게 하는 것"(ad universam pervasit humanam naturam)을 의미한다. 그것은 신성과 온전히 혼합되는 인성의 회복, 곧 인성의 신화의 완성이다.[1322] 죽음이 인성에 따른 것이듯, 부활은 신성에 따른 것이다. 십자가는 지상과 천상을 가로지르는 막대이다. 그것은 신성과 인성이 완전히 연합되는 부활에 이르는 가교이다. "십자가의 비밀"(mysterium crucis)이 여기에 있다.[1323]

모든 것은 스스로 계신 그에게 의지한다. 어떤 것도 스스로 계신 그 안에 본질을 지니고 있지 않으면 존재할 수 없다. ……비록 하나님이 성육신 때 그리하셨던 방식과 동일하게 우리에게 현존하지 않으신다고 하더라도 그는 다음 두 경우로 동등하게 존재하신다고 인정되어야 한다. 첫째, 본질 속에 본성을 지니신 그 분이 우리와 섞이신다(in nobis contemperatus, qui naturam continet in essentia). 둘째, 신성이 우리의 본성과 함께 섞여 그 가운데 우리의 본성이 신성에 혼합되어서 우리의 본성이 신성이 되게 하심으로(cum nostra natura immista fuit Divinitas; et in ea nostrae naturae cum divina commistione,

---

1320) Gregory of Nyssa, "Address on Religious Instruction," 27 (*CLF* 304, *PG* 45.70).
1321) Gregory of Nyssa, "Address on Religious Instruction," 15 (*CLF* 290-291, *PG* 45.47).
1322) Gregory of Nyssa, "Address on Religious Instruction," 16 (*CLF* 292-294, *PG* 45.50-51).
1323) Gregory of Nyssa, "Address on Religious Instruction," 32 (*CLF* 310-312, *PG* 45.79, 82).

nostra effecta est divina), 죽음으로부터 구출되고 적의 독재로부터 해방되게 하신다. 그가 죽음으로부터 다시 돌아오심으로써 우리의 죽을 인류는 불멸의 삶으로 회귀를 시작한다.[1324]

세례는 이러한 신화의 시작이며 성찬은 그 계속을 제시하는 표라고 여겨진다. 세례의 비밀이 다음과 같이 논해진다.

우리의 구원 방식은 가르침의 교훈보다 사람과 교제하시기 위하여 들어오신 그가 실제로 행하셨던 일 때문에 더욱 효력을 발하게 된다. 그 안에서 생명은 실제가 되었다. 그리하여 그가 취하시고 또한 동시에 신화시키신 육체를 통하여(per carnem rursus assumptam et simul deificatam) 구원이 그것을 지닌 모든 사람에게 임하게 되었다.[1325]

성찬은 "하나님이 죽음에 놓이도록 하신 몸이 우리 안에 들어오는 것"(ita corpus a Deo morte affectum cum fuerit intra nostrum)을 의미한다. 성령의 역사로 "떡의 자양분"(panis alimentum)이 우리 안에 임하여 "하나님의 말씀의 몸이 거주하게 되어 우리가 신적인 고귀함으로 변화된다"(Corpus autem Dei Verbi inhabitatione ad divinam transmutatum est dignitatem). 그러므로 성찬은 성도의 신화의 표지가 된다. 이로써 "신성에의 연합을 통하여 동시에 인성이 신화되도록 하시려고"(ut communione divinitatis simul etiam deificetur humanitas) 말씀이 육신이 되셨음이 분명하게 천명된다.[1326]

닛사의 그레고리에 따르면, 그리스도의 인성이 모두 신성에 혼합되어 있기 때문에 우리에게 전인적이며 전체적인 구원의 은총이 부여된다. 구원은 하나님의 은총을 받는 것에 머물지 않고 우리의 연약한 본성이 하나님의 본성에 참여하는 것에 미친다. 인성은 연약하지만 신성은 그 연약함을 넘어선다. 인성의 연약함 때문에 죽음의 때에 영혼과 육체가 분리된다. 그렇지만 신성의 능력으로 인하여 부활로 말미암아 영혼과 육체가 다시 연합한다. 부활은 단지 영혼과 육체의 연합에 그치지

1324) Gregory of Nyssa, "Address on Religious Instruction," 25 (CLF 302, PG 45.66-67).
1325) Gregory of Nyssa, "Address on Religious Instruction," 35 (CLF 314, PG 45.86-87).
1326) Gregory of Nyssa, "Address on Religious Instruction," 37 (CLF 320-321, PG 45.94-95, 98).

않으며 신성과 온전히 혼합되는 인성의 회복, 곧 인성의 신화의 완성인 것이다. 신화와 관련하여, 닛사의 그레고리가 말하는 '혼합'이나 '주입'은 위격적 연합에 따른 신인양성의 페리코레시스라는 관점에서 파악되어야 하는 바, 실제적 혹은 존재적이 아니라 경험적이거나 은유적이거나 성례적인 의미를 지닌다.[1327] 그것은 한 본성에 속한 것이 위격을 통하여 다른 본성에 돌려지는 다양한 양상을 다분히 철학적으로 표현하고 있을 뿐이다.[1328] 그렇다고 해서 신화를 단지 윤리적이며 풍유적이라고 보는 경향이 있었던 가이사랴의 바실의 입장과는 구별해야 한다. 왜냐하면 닛사의 그레고리와는 달리 바실은 신화를 양성의 위격적 연합이 아니라 성령의 작용과 효과라는 측면에서 편향적으로 접근하는 경향을 보이기 때문이다.[1329]

7. 4. 알렉산드리아의 키릴

'신화'라는 말을 안디옥 학파의 신학자들은 결코 사용하지 않았다. 알렉산드리아 학파가 신화의 구원론적인 의미를 추구하지 않았다면, 신화는 먼 훗날에 있을 종말론적인 사건 정도로 치부되었을 것이다. '신화'라는 말은 알렉산드리아의 키릴의 사후 일단 사람들의 뇌리에서 사라졌다. 이후 비잔티움의 레온티우스나 고백자 막시무스가 이로써 단성론자들을 설득할 실마리를 찾고자 한 것 정도가 기억할 만하나 이전과 같이 인구에 회자되지는 않았다.

양성은 혼합되거나 변화되지 않고 분리되지도 않는다는 키릴의 입장은 확고하다. 그럼에도 불구하고 당대의 안디옥 학파에 속한 신학자들과 이후 오늘날 일부 신학자들로부터 그가 알렉산드리아 학파의 치명적 한계를 넘어서지 못했다고 비난받는 이유는 그가 동방신학의 요체라고 불릴 만한 신화를 추구함에 있어서 신인양성의 혼합을 사실상 개진하지 않았는가에 대한 의구심, 곧 그리스도는 "두 본성으로부터 [나오신] 한 분"(ἐκ δύο φύσεων εἷς)이시라는 전형적인 키릴의 표현이 "하나님의 말씀의 육화된 한 본성"(μία φύσις τοῦ θεοῦ λόγου σεσαρκωμένη)이라는 아폴리나

1327) Russell, *The Doctrine of Deification in the Greek Patristic Tradition*, 230-232.
1328) 이러한 가운데 마리아가 "하나님의 어머니"(Θεοτόκος)라고 불려야 한다고 닛사의 그레고리는 말한다. Kelly, *Early Christian Doctrines*, 299-300.
1329) Russell, *The Doctrine of Deification in the Greek Patristic Tradition*, 208-212.

리우스의 공식을 벗어나지 못하고 있다는 의구심에서 비롯된다.[1330] 키릴의 기독론에 대한 오해와 비난은 많은 경우 그가 사용한 용어들로 말미암았다. 그는 주님의 인성이 구체적인 말씀의 본성 혹은 위격 안에서 구체적인 본성 혹은 위격이 된다고 주장하였다. 이러한 진술은 인성의 독자적 인격성을 부인한다는 측면에서, 일면 안디옥 학파에서 보기에는 지나치게 알렉산드리아적으로 여겨졌으며, 조건에 따라서 독자적 인격성이 인정된다는 측면에서, 일면 알렉산드리아 학파에서 보기에는 어느 정도 안디옥적으로 여겨졌다.[1331]

키릴은 "그리스도는 우리를 그 자신이 되게 하시려고 우리 자신이 되셨다"는 소위 '교환 공식'을, 말씀이 본성상 지니신 것을 우리는 은혜로 누리게 된다든지, 은혜로 말미암아 우리가 그리스도와 같이 된다는 식의 표현을 사용하여 우회적으로 표현한다.[1332] 키릴이 이와 같이 신화에 대해서 소극적이었던 것을 그가 네스토리우스주의자들의 비난을 염두에 두고 자신을 아폴리나리우스와 구별하기 위하여 그리했다고 여길 수만은 없다. 네스토리우스와의 논쟁이 있기 수년 전에 키릴이 그리스도는 "사람이 되신 하나님이셨지 결코 신화된 한 사람이 아니셨음"(θεὸς οὖν ἄρα ὑπάρχων γέγονεν ἄνθρωπος, τεθεοποίηται γὰρ αὐδαμῶς ἄνθρωπος ὤν)을 천명하고 있음이 이를 반증한다.[1333] 아타나시우스와 마찬가지로 키릴도 구속의 은총이 죄사함과 의의 전가를 포함하는 구원의 전 과정에 모두 미침을 강조한다. 그리스도의 대속의 의가 "죽음"을 파괴하고 "부패"를 몰아내어 영생과 거룩함을 회복한다는 점이 그에게서 부각된다.[1334] 같은 맥락에서 "말씀의 육체"가 생명을 주실 뿐만 아니라 우리를 위한 "본"(exemplum)이 되신다는 점이 뚜렷이 지적된다.[1335]

키릴은 그리스도가 모든 일에 우리와 "똑같이" 시험은 받으셨으나 "죄"는 없으시다는 말씀과(히 4:15) 그가 우리를 위하여 "죄"와 "저주"가 되셨다는 말씀을(고

1330) 참조. Kelly, *Early Christian Doctrines*, 319; Mackintosh, *The Person of Jesus Christ*, 206.

1331) 참조. Kelly, *Early Christian Doctrines*, 320.

1332) 참조. Cyril of Alexandria, *On the Unity of Christ*, "Introduction," 35.

1333) Russell, *The Doctrine of Deification in the Greek Patristic Tradition*, 193.

1334) Cyril of Alexandria, "Easter Sermons," 17 (*LCF* 264, *PG* 77.786-787); "On the Unity of Christ," 125 (*PG* 75.1331).

1335) Cyril of Alexandria, "Easter Sermons," 17 (*LCF* 265, *PG* 76.1343): "On the Unity of Christ," 103 (*PG* 75.1323).

후 5:21; 갈 3:13) 다루면서, 말씀이 육신이 되셨으나(요 1:14) 여전히 동일한 말씀이신 것과 같이, 그는 "죄"와 "저주"가 되셨으나 여전히 죄는 없으신 분이라고 주장한다.1336) 같은 맥락에서 하나님의 말씀이 고난을 당하실 수 없으나 "아주 지혜로운 비밀의 경륜"(πανσόφως αὐτὸς οἰκονομῶν τὸ μυστήριον)으로 자기 자신에게 육체의 고난을 돌리고 계심을 상기시킨다.1337) 그리하여 하나님의 말씀이 변함없이 그대로 계시면서 육체가 되시는 성육신의 비하가 인성의 신화가 됨을 설명하려고 한다.

네스토리우스에게 보내는 세 번째 편지에서 키릴은 우리가 예배를 드려야 할 대상은 '하나님을 담지한 육체'(σὰρξ θεοφόρη, a God-bearing flesh)가 아니라고 하였다. 키릴은 나지안주스의 그레고리와 다름없이 성육신의 본질이 아폴리나리우스가 말하는 '육체를 담지한 하나님'(θεὸς σαρκοφόρος, a flesh-bearing God)이나 양자론을 주장하는 자들이 내세우는 '하나님을 담지한 사람'(ἄνθρωπὸς θεοφόρος, a God-bearing man)이 아니라 '사람을 담지한 하나님'(θεὸς ἀνθρωποφόρος, a man-bearing God)이라는 사실을 확인함으로써,1338) 그가 말하는 신화가 자구(字句) 그대로 사람이 하나님이 되는 것을 의미하지 않고 성육신에 있어서의 신인양성의 위격적 연합의 양상을 지시하는 것임을 분명히 밝힌다.

키릴이 만년에 저술한 가장 성숙하며 포괄적으로 본 주제를 다룬 작품인 『그리스도의 한 분이심에 관하여』(Quod Unus Sit Christus)에서는 신화에 대한 입장이 거침없이 개진되고 있다.1339) 본서에서 키릴은 "성육신"(incarnatio)은 "사람이 되는 것"(humaninatio)이라고 정의함으로써 자신을 아폴리나리우스와 연루시키는 네스토리우스주의자들의 오해를 불식시킨 후, "그는 우리의 것을 바로 자신의 것으로 취하셨다. 그리하여 우리가 그에게 속한 모든 것을 가지게 하셨다"(qui, quae nostra sunt, propria sibi fecerit, et sua nobis)고 말함으로써1340) 신화를 천명하는 동시에 가현설과

1336) Cyril of Alexandria, "On the Unity of Christ," 55–58 (*PG* 75.1262–1266).

1337) Cyril of Alexandria, "The Formula of Union of 433," *CLF* 357–358, ΕΠΙΣΤΟΛΗ ΤΟΥ ΑΓΙΟΥ ΚΥΡΙΛΛΥ ΠΡΟΣ ΙΩΑΝΝΗΝ ΕΠΙΣΚΟΠΟΝ ΑΝΤΙΟΧΕΙΑΕ, 170.

1338) "The Third Letter of Cyril to Nestorius," *CLF* 350, 353, ΈΠΙΣΤΟΛΗ ΤΡΙΠΗ ΤΟΥ ΑΓΙΟΥ ΚΥΡΙΛΛΥ ΠΡΟΣ ΝΕΣΤΟΠΙΟΝ," 125, 131: "ἵνα μὴ θεοφόρος ἄνθρωπος νοοῖτο Χριστός. εἰ γὰρ καὶ ἐσκήνωσεν ἐν ἡμῖν ὁ Λόγος," 이는 키릴의 네스토리우스를 향한 다섯 번째 저주에 해당한다. 이와 유사한 내용이 나지안주스의 그레고리(Gregory of Nazianzus)의 다음 글에도 나타난다, "Letters," 102 (*CLF* 227–228).

1339) 이는 그가 자신의 기독론에 대한 오해로부터 어느 정도 자유로워졌음을 반증한다.

1340) Cyril of Alexandria, "On the Unity of Christ," 59 (*PG* 75.1267).

도 분명히 선을 그었다. 그리고 다음과 같은 논법을 편다. "그리스도의 비밀"(Christi mysterium)은 그가 위로부터 육체를 가지고 내려오신 것이 아니라 이전과 동일하신 하나님으로 계시면서 여자에게서 육체를 취하심으로써 "심지어 육체에 있어서도 하나님으로서 모든 것들보다 뛰어나시다"(supra omnes ut Deus, etiam cum carne)는 사실에 있다. 이런 측면에서 그를 "천상의 사람"(coelestis homo)이라고 부를 수도 있다. "왜냐하면 하나님이 인성 안에 계셨기 때문이다."[1341]

[그리스도는] 우리가 성령을 통하여 하나님에 의해서 지성적인 거듭남에(regenerationem intellectualem) 이름으로써 본성에 있어서 참된 아들인 자신과 영적인 동화에 이르러 (conformitatem spiritualem) 하나님을 우리 아버지라 부를 수 있기를 원하셨다. ……그가 내려오셔서 우리의 조건을 취하신 유일한 목적은 우리를 그 자신에게 고유한 신적인 고귀함에 이르게 하시려는 데 있었으므로(transferat ad propriam suam ac divinam dignitatem), "내가 내 아버지 곧 너희 아버지, 내 하나님 곧 너희 하나님께로 올라간다"(요 20:17)고 말씀하셨다. 본성상(natura) 그에게는 하늘에 계신 분이 아버지시나 우리에게 그 분은 하나님이시다. 그러나 실로 본성상(natura) 참된 아들이 우리와 같이 되사, 자신의 비우심에 합당하게, 그 분 자신을 아버지로 두셨다고 말씀하신다.[1342]

요지는 이렇다. 본성상 하나님을 아버지로 두신 그리스도가 그를 하나님이라고 부르시는 것은 본성상 그를 하나님으로 둔 우리가 은혜로 그를 아버지라 부를 수 있게끔 하시기 위해서이다. 키릴은 구원의 은혜를 말하면서 그리스도의 의의 전가 자체에 머물지 않고 우리가 "그리스도와 같이" 되는 것에 방점을 찍는다. 예컨대, 구원의 은혜는 "우리가 그 자신으로부터 그 자신 안에 거룩함과 썩지 않음 가운데 머물도록(sancti atque incorruptibiles etiam nos in ipso maneamus ex ipso) 하는 데 있다"라고 말한다.[1343]

이렇듯 키릴은 성도가 구원의 은총으로 말미암아 그리스도와의 연합을 통하여 하나님과의 연합에 이르는 것을 신화라는 개념에서 접근하고 있다. 이와 관련하

1341) Cyril of Alexandria, "On the Unity of Christ," 61 (PG 75.1270).

1342) Cyril of Alexandria, "On the Unity of Christ," 62-63 (PG 75.1271).

1343) Cyril of Alexandria, "On the Unity of Christ," 64 (PG 75.1274).

여 "οἰκειότης"(수취, 受取)는 어원상 '가족의 일원으로 받아들이다'라는 의미를 지닌 동사 "οἰκειόω"나 "οἰκειοποιέω"의 명사형이 자주 사용된다. 이러한 동사들은 '자신의 것으로 삼는다'는 의미를 지닌 동사 "ἰδιοποιέω"보다 더욱 본질적인 관계를 표현한다.1344) 네스토리우스는 그리스도의 인격을 다루면서 신인양성의 연합을 "οἰκειότης"로 표현하면서 이를 "결합"(συνάφεια)과 동일시하고 있다. 그러나 키릴은 "οἰκειότης"를 신인양성의 연합에 있어서의 "οἰκειότης φυσική"(본성적 수취)가 아니라 성도가 은혜로 말미암아 그리스도와 연합하는 상태를 표현하기 위하여 사용한다.1345) 키릴은 "οἰκειότης"를 성육신한 그리스도가 동일하신 한 분이심을 뜻하는 "ἴδιος"와는 뚜렷이 구별하여 사용하고 있다.1346) 키릴에게 있어서 그리스도의 인격과 관련한 신화의 문제는 그가 한 편지에서 했던 "만약 우리 주 예수 그리스도가 하나님이시라면 어떻게 그를 낳은 동정녀는 하나님의 어머니(Θεοτόκος)가 아니었겠는가?"라는 질문에 대한 답으로만 다루어졌다.1347)

과연 우리가 "그리스도와 같이" 된다는 것이 무엇을 의미하는가? 신인양성의 위격적 연합 가운데 본성상 일어나는 신화라는 개념을 단지 은혜로 그 열매를 누릴 뿐인 우리에게 사용할 수 있는가? 키릴이 말하는 신화를 양성의 속성교통의 한 양상—곧 은사의 교통—을 뜻하는 것으로 여긴다고 치더라도 과연 이러한 교통이 우리 가운데 일어날 여지가 있는가? 아폴리나리우스와는 달리 우리가 지닌 인성은 그 영혼에 있어서조차 신성과 혼합되어 있지 않다는 키릴의 입장은 분명해보인다. 그렇다면 키릴은 아폴리나리우스를 버릴 때 그로부터 연원하는 신화 개념도 버렸어야 하는 것 아닌가? 그리하여 섣불리 그리스도의 신인양성의 위격적 교통을 성도에게 유비시키는 우를 피해야 하지 않았겠는가? 과연 은혜에 의한 신화라는 개념 자체가 모순 아닌가? 하르낙은, "키릴의 이론은 순수하나 의도하지 않은 단성론이다"라고 했는데,1348) 이러한 오해에 이를 소지를 키릴이 제공한 것은 분명해보인다. 그렇다고 해서 신화에 대한 키릴의 입장을 엄위적 교통이라는 명목으로 사실상 양성

1344) Fairbairn, *Grace and Christology in the Early Church*, 84.
1345) Fairbairn, *Grace and Christology in the Early Church*, 95–103, 106–112.
1346) Fairbairn, *Grace and Christology in the Early Church*, 121–124.
1347) Fairbairn, *Grace and Christology in the Early Church*, 124–129.
1348) 참조. Mackintosh, *The Person of Jesus Christ*, 208.

의 혼합을 인정하는 루터파의 속성교통론이나, 바르트의 인식론적 변증법이나, 판넨베르그의 역사적 변증법이나, 라너의 초월적 기독론의 기원으로 삼을 수는 없다. 키릴은 비록 시기에 따라 강온(强穩)의 차이는 있지만 그리스도의 위격적 연합에 따른 신인양성의 교통과 성도의 신화가 본질적이거나 본성적이거나 인격적인 차원에서 실체적으로 관계되는 것으로 여기지 않았다. 이레네우스, 아타나시우스, 나지안주스의 그레고리 등에 의하여 개진된 "그는 우리를 그 자신이 되게 하시려고 우리 자신이 되셨다"는 소위 '교환 공식'을 성도의 구원에 주안점을 두고 제한적으로 사용하였다.1349) 그럼에도 불구하고 키릴은 성도의 구원이 본질상 십자가에서 다 이루신 그리스도의 의를 전가받아 그와 함께 하나님의 자녀와 상속자가 되는 것에 있는 것이 아니라 '그리스도와 같이' 되는 것에 있다고 보고 있는 바, 그 역시 '교환 공식'을 천명하는 다른 교부들과 다를 바 없이 신화의 난점에 봉착해 있었다.

7. 5. 고백자 막시무스

고백자 막시무스(Maximus the Confessor)는 그리스도의 인성의 신화를 통한 성도의 구속적 신화(救贖的 神化)를 넘어서서 우주적 신화(宇宙的 神化)를 추구함으로써 이러한 문제에 대해서 정면으로 대응하였다.1350) 막시무스는 영원하신 하나님의 말씀이신 로고스(λόγος)가 만물이 무로부터 생성된 "지성적인 본(本)"으로서 만물의 원리들(λόγοι)이 된다고 여긴다. 로고스가 한 분이시므로 모든 원리들이 하나이다. 로고스가 창세 전에 선재(先在)하셨으므로 모든 원리들도 그러했다. 로고스가 하나님이시므로 모든 만물은 "하나님의 한 부분"이 된다.1351) 로고스는 만물을 "존재하도록"(τὸ εἶναι, in exsistentiam) 하시고, "복되게 존재하도록"(τὸ εὖ εἶναι, in bonam exsistentiam) 하시며, "영원히 복되게 존재하도록"(το ἀεὶ εὖ εἶναι, in aeternam bonam exsistentiam) 하신다. 하나님의 말씀이 사람이 되셔서 아버지의 일을 다 행하셨으

1349) 이 점에 있어서 키릴의 입장은 그리스도를 성도의 신화의 한 모범으로서 바라보고자 한 네스토리우스의 입장과 궤를 같이 하는 측면이 없지 않다. 이러한 경향이 극대화되어 나타난 것이 카시안(John Cassian, 360-435)에 의해 주도된 수도원주의였다. 참조. Fairbairn, *Grace and Christology in the Early Church*, 169ff.

1350) 참조. David S. Yeago, "Jesus of Nazareth and Cosmic Redemption: the Relevance of St Maximus the Confessor," *Modern Theology* 12/2 (1996), 177-187.

1351) Maximus the Confessor, "Ambiguum 7," *CM* 54-58 (*PG* 91.1078-1082).

므로 그 은혜로 만물이 신화된다. 이는 그가 만유 안에 만유가 되심으로 말미암는다.[1352] 막시무스는 이레네우스의 우주적 총괄갱신의 원리를 다음과 같이 만물의 신화와 관련짓는다.

> 로고스는 그 자신 안에 있는 모든 것들 각각을 유비로써 선하고 아름답게 드러내시고 더해 가신다. 그는 각각의 존재에 적합한 아름다움의 도를 조절하시고 만물을 그 자신 안에서 갱신하신다(recapitulans). 그를 통하여, 만물이 존재하고 영속되며, 그로부터, 생성된 것들이 하나님과 연합하여(participant) 유지되고 작동된다.[1353]

다른 피조물들과 다름없이 하나님의 말씀은 사람의 원리들(λόγοι)이다. "의심의 여지없이 하나님의 유일하신 말씀이 각 사람 안에 있는 덕성의 본질로서(essentiam unicuique virtutis) 존재하신다. 실로 우리 주시자 하나님이신 예수 그리스도 자신이 모든 덕성의 본질(essentia omnium virtutum)이시다."[1354] 그 말씀이 하나님이시므로 우리 안에 하나님이 살며 기동하신다(행 17:28). 그 말씀으로 인하여 우리는 "하나님의 한 부분"(pars Dei)이 된다.[1355] 그 말씀이 육체로 나시고, 세례로 나시고, 부활로 나심으로, 우리를 "존재하도록", "복되게 존재하도록", "영원히 복되게 존재하도록" 하신다.[1356] 성육신의 비밀이 여기에 있다.

그리스도의 은혜로운 낮아지심을 통하여 하나님은 사람이 되셨고 우리를 위하여 사람이라고 불리신다. 그리고 이러한 상호작용 가운데 하나님을 향한 자신의 사랑을 통하여 우리가 하나님이 되게 하시고(deificat) 사람을 향한 자신의 사랑 때문에 하나님을 사람이 되게 하시는(inhumanat) 능력을 드러내셨다. 이러한 은혜로운 변화 가운데 사람의 신화를 통하여 사람이 하나님이 되고 하나님의 인화를 통하여 하나님이 사람이 되신다(facit per bonam conversionem Deum quidem hominem per hominis deificationem, et

---

1352) Maximus the Confessor, "Ad Thalassium 2," *CM* 99–101; "Ad Thalassium 60," *CM* 128. 이는 *PG*에는 수록되어 있지 않음.

1353) Maximus the Confessor, "Ambiguum 7," *CM* 55 (*PG* 91.1079–1080).

1354) Maximus the Confessor, "Ambiguum 7," *CM* 58 (*PG* 91.1082).

1355) Maximus the Confessor, "Ambiguum 7," *CM* 59–60 (*PG* 91.1083).

1356) Maximus the Confessor, "Ambiguum 42," *CM* 79, 88 (*PG* 91.1315, 1325–1326).

hominem Deum per Dei inhumanationem).[1357]

막시무스는 인간의 구조를 설명하면서 우주적 신화와 구속적 신화를 연결시키고 있다. 그리스도가 영혼과 육체로 오셔서 구속의 의를 이루셨으므로 신화의 대상은 영혼과 육체의 전인(全人)이 된다. 여기서 그리스도의 참 인성을 부인하는 아폴리나리우스의 문제점이 해소된다.

신적 행위의 대상으로서 전인은 인화된 하나님의 신화의 은혜에 의해서 신화된다 (deficicetur per inhumanati Dei gratiam deificantis). 본성상 그는 영혼과 육체에 있어서 전체적으로 사람으로 남으신다. 그리고 은혜와 그에게 적합한 비교할 수 없는 은혜로운 영광의 신적인 광채에 의해서 그는 영혼과 육체에 있어서 전체적으로 하나님이 되신다 (factus Deus). 이것보다 더 빛나고 고귀한 것은 상상할 수도 없다.[1358]

위격적 연합에 의해서 그리스도의 인성은 본성상 신화되나 우리는 은혜에 의해서 신화된다는 키릴의 입장이 여기서 반복되고 있다. 그러나 그 논조는 훨씬 더 강하다. 막시무스에 의하면, 로고스가 사람의 원리들이므로 그것들은 만세 전에 하나님 안에 이미 존재했었다. 이제 그 로고스가 우리의 본성을 취하셔서 한 위격이 되심으로써 그 감추었던 비밀이(골 1:26) 드러났다. 그가 거룩한 육체와 이성적인 영혼으로 오셔서, "우리가 그의 인성에 따라서 그와 하나며 동일하게 될 가치가 있게 하셨다"(et unum et id ipsum sibimet esse per suam humanitatem dignatus est). 그 속에 감춰진 영혼과 육체의 모든 원리들이(λόγοι) 그가 이 땅에 오심으로 발현되고 구현되었으며 우리가 그 선한 모든 특성들에 동참하게 되었다.[1359] 그러므로 우리는 그리스도의 성육신 곧 위격적 연합의 비밀을 맛보기 전에는 우리 자신의 처음과 끝인 인류의 창조와 구속에 대해서 도무지 알 길이 없다.

성경 본문은 그리스도의 비밀을 '그리스도'라고 부른다. 저 위대한 사도는 만세 전에 감

1357) Maximus the Confessor, "Ambiguum 7," *CM* 60 (*PG* 91.1083).
1358) Maximus the Confessor, "Ambiguum 7," *CM* 63 (*PG* 91.1087).
1359) Maximus the Confessor, "Ambiguum 7," *CM* 69-74 (*PG* 91.1095-1102). 인용. 70 (*PG* 91.1098).

추어졌던 비밀이 이제 나타났다고 말하면서(골 1:26) 이를 증언한다. 물론 사도는 그리스도의 전체 비밀을 '그리스도'에게 돌리고 있다. 이 비밀은 표현할 수 없고 이해할 수 없는 그리스도의 신성과 인성의 위격적 연합임이 분명하다. 위격(ὑπόστασις)의 원리를 통하여 이 연합이 그의 인성을 모든 면에서 그의 신성과 완전히 하나가 되게 한다. 그것은 두 본성으로 구성된(σύνθετος) 한 인격을 실현하는 연합이다. 그런만큼 그것은 결코 양성 사이의 본질적인 차이를 감소시키지 않는다.[1360]

막시무스에 따르면, 이러한 "그리스도의 비밀"을 통하여 우리는 "하나님의 섭리의 목적"과 "하나님의 장엄한 계획"이 "하나님이 만드신 모든 것들의 갱신(ἀνακεφαλαίωσις)"에 있음을 발견하게 된다. 하나님의 아들이 육신이 되심으로 이 비밀이 드러났다. 이 계시는 단지 관념적이거나 추상적인 지식이 아니라 "경험"(πεῖρα)을 통한 "인식"(αἴσθησις)에 따른 "지식"(νόησις)인 "진정 참된 지식"이다. 즉 삼위일체 하나님의 성취가 전제되는 지식이다. 아버지는 뜻하시고(εὐδοκία), 아들은 행하시고(αὐτουργία), 성령은 도우신다(συνέργεια). 만물은 이러한 계시와 성취에 "은혜로 참여함(μέθεξις)으로써" "초자연적인 신화(θέωσις)"에 이르게 된다. "구원의 경륜"은 이러한 모든 피조물의 갱신과 궤를 달리하지 않는다. 왜냐하면 위격적 연합의 비밀은 창조와 구원에 공히 역사하기 때문이다.[1361]

막시무스는 인류 구원의 경륜을 영원하신 말씀의 성육신에서 찾는다. 말씀(λόγος)은 이미 창세 전에 하나님 안에서 사람의 원리들(λόγοι)이셨다. 사람의 원리들을 이루기 위하여 영혼이 불어넣어진 육신인 완전한 인성을 말씀이 취하셨다. 아담의 죄는 인성에 대한 저주였으나, 이제 그리스도 안에서 우리 인성은 죄에 대한 저주가 되었다. 그리하여 죄를 물리치게 되었다.[1362] 이 일은 오직 "완전한 신화의 은혜"로 말미암는다.

나에게는 이것이 하나님의 복음과 같이 여겨진다. 성육신한 아들은 인성을 위한 하나님의 대사(大使)이시며 변호자이시다. 그가 아버지와 화목하게 되신 것은 자신에게 복종

1360) Maximus the Confessor, "Ad Thalassium 60," *CM* 123.
1361) Maximus the Confessor, "Ad Thalassium 60," *CM* 124-127.
1362) Maximus the Confessor, "Ad Thalassium 61," *CM* 138.

하는 자들을 위한 조건 없는 신화(ἀγένητος θέωσις)를 위해서였다.[1363]

그는 자신의 고난을 통하여 우리의 인성에 비수난성(非受難性)을, 자신의 수고를 통하여 사함을, 자신의 죽음을 통하여 영생을 수여하셨다. 그는 스스로 육체 가운데 빈곤을 겪으심으로써 인성의 습관을 새롭게 하시고 자기 자신의 성육신을 통하여 인성에 초자연적인 신화의 은혜를 부여함으로써 그 본성을 다시 회복시키셨다.[1364]

이상에서 보듯이 고백자 막시무스는 그리스도 안에서의 인성의 신화와 창조와 구속의 신화를 총괄갱신이라는 측면에서 논함에 있어서, 경험적, 철학적, 윤리적, 우주적, 귀납적 접근을 통한 창조적, 구속적 신화를 먼저 다룬 후 그러한 통찰에 기반하여 그리스도의 위격적 연합에 있어서의 신화를 유비적으로 전개하고 있다. 그리하여 위격적 연합의 비밀을 신화에 종속시키는 우를 범하고 만다. 이는 위격적 연합 교리의 퇴행을 의미한다. 이를 염두에 두고 키릴은 신화를 그리스도의 인격과는 직접적으로 관계가 없는 성도의 은혜의 영역에서 다루어져야 할 하나의 논제로 여겼던 것이다.

7. 6. 결론 : 성육신의 구원적 의미를 추구

초대교회에서 신화의 개념은 알렉산드리아 학파와 안디옥 학파로 대변되는 동방 신학자들을 중심으로 많이 거론되었으나 서방신학자들도 이에 무관심하지는 않았다. 다만 서방신학자들은 사람의 아들이 하나님이 되게 하시려고 하나님의 아들이 사람이 되셨다는 식의 표현을 사용하는 경우에도 그것을 그리스도의 인격이나 성도의 신분 자체보다는 성도가 누리는 구원의 은혜와 열매에 관련시키는 경향이 강하였다. 예컨대, 그리스도의 부활을 다루면서 어거스틴은 다음과 같은 논지를 전개한다. 그리스도는 말씀의 신성을 약화시키지 않고 죽어야 할 인성을 취하심으로 육체 가운데 죽으시고 죽음으로부터 영원히 죽지 않는 부활의 첫 열매가 되셨다. 그

[1363] Maximus the Confessor, "Ad Thalassium 61," *CM* 141.
[1364] Maximus the Confessor, "Ad Thalassium 61," *CM* 135.

리하여 죽어야 할 우리가 영원히 죽지 않는 생명으로 살게 하신 바, 하나님의 아들이 인성의 동참자가 되셔서 우리가 "그의 신성에 동참하게 하심으로"(participandae divinitatis suae) 그리하셨다. 이러한 은혜로 우리는 "삼위일체 하나님께로 바로 나아가게끔 인도함을 받는다."[1365] 여기에서 신성에 동참한다는 것은 문자 그대로의 신화가 아니라 성도의 성화와 그 완성으로서의 영화를 지시하고 있다. 그러므로 이를 그리스도의 인성이 신성의 속성들을 받아들여 신과 같이 되듯이 성도도 그렇게 고양된다는 의미로 해석해서는 안 된다. 우리는 위의 고찰을 통하여 아타나시우스로부터 고백자 막시무스에 이르는 동방의 교부들조차도 - 그들은 서방의 교부들보다 위격적 연합에 있어서의 신인양성의 속성교통에 더욱 치중하여 이를 다루지만 - 이러한 입장에서 벗어나지 않고 있음을 확인했으며, 신인양성의 속성교통이 오직 위격에 의해서, 위격 안에서, 위격에로, 구체적으로, 축자적으로만 일어난다는 정통적인 기독론의 입장을 견지하는 이상, 신화를 문자적으로 받아들이는 것은 불가하다는 사실을 분명히 인식하게 되었다. 이러한 정통적인 이해는 칼빈과 그를 잇는 개혁신학자들에 의해서 계승된 바, 그들은 신인양성의 속성의 교통을 실제적이라고는 여겼으나 그것이 성경말씀에 따른 축자적 진술(praedicatio verbalis)인 한에 있어서만 그러하다는 입장에 확고하게 서 있었다.[1366]

이레네우스와 오리겐 등을 비롯한 초기 교부들이 성육신을 다루면서 인성의 신화(神化)에 주안점을 둔 것은 로고스는 한 사람이 아니라 일반적인 인성을 취했으므로 예수에 관하여 말씀된 것이 다른 모든 사람들에게도 잠재적으로 적용된다는 사실에 천착해 있었기 때문이었다. 이러한 사상의 배경에는 윤리적 이상주의를 추구했던 2세기에 흥기했던 중기 플라톤주의의 영향이 없지 않았다. 그들은 지고한 선을 이루는 것이 신성에 참여하는 것이라고 여겼다. 그리하여 예수를 가장 위대한 윤리적 전형으로 삼고 그를 닮아감으로써 신성에 동참하게 된다는 취지에서 신화 개념을 개진하였다. 알렉산드리아 학파의 신학적 근거를 제시했던 오리겐에 따르면, 선재하는 예수의 영혼은 사람의 영혼과는 달리 사람의 몸에 갇히기 전에 로고스와 완전한 연합을 이루었다. 이로써 하나님과 사람이 처음으로 우주적으로 하

1365) Augustine, "The City of God," 9.15 (*NPNFF* 2.173–174, *AO* 7.369).
1366) 이에 대해서 후술할 본서 제6장 1. 3. "어거스틴: 영원히 나신 성자가 역사상 사람으로 나심"과 제9장 3. "속성의 교통"(Communicatio Idiomatum) 참조.

나가 되었다. 그리하여 누구라도 영혼과 육체의 사람으로 오신 예수를 믿는 믿음을 가지면 자신의 육체에 속한 모든 것을 통하여 순수한 로고스의 원리로 끌어올려지게 되었다. 이러한 오리겐의 사상은 아리우스의 스승이라고 불리는 안디옥의 루키안(Lucian of Antioch)에 의해서 더욱 극단화되었다. 루키안은 로고스를 불변하는 덕성(德性)으로 규정하면서, 그리스도가 하나님과 유사함을 지니신 것은 여러 시련을 이겨내고 이러한 덕성을 온전히 이루었기 때문이라고 주장하였다.

후대의 교부들에게서도 윤리적으로 "하나님을 닮아감"(ὁμοιώσις θεόι)을 신화(神化)로 여기는 이러한 경향이 발견된다. 몹수에스티아의 테오도레는 이러한 과정이 예수가 높아지셔서 하나님과 함께 만물을 다스리게 되실 때까지 계속된다고 보았다. 육체와 함께 인성을 형성하는 한 부분인 영혼은 그 안에 내주하는 로고스로 말미암아 점차적으로 완전해져서 마지막에는 하나님과 같이 된다고 여겼다. 그리하여 구원의 의를 성도가 그리스도의 윤리적 성취의 본을 따르는 데서 찾게 되었다. 이러한 입장은 근대에 도르너(I. A. Dorner) 등에 의해서 개진된 점진적 성육신론과 일맥상통하는 점이 없지 않다.[1367] 알렉산드리아의 키릴은 알렉산드리아 학파와 안디옥 학파에 의해서 개진된 이러한 신화의 개념을 성도의 구원의 은총과 관련시켜 제한적으로 보고자 한 반면에, 고백자 막시무스는 이를 다시금 기독론의 핵심 논제로 다루고자 하였다. 대체로 다메섹의 요한과 중세 로마 가톨릭 신학자들은 위격적 연합에 있어서의 신성과 인성의 페리코레시스(περιχώρησις)와 인성의 신성에로의 신화(θέωσις)를 함께 거론함으로써 연합(ἕνωσις)을 광범위하게 파악하고자 하는 고백자 막시무스의 관심을 공유한 측면이 없지 않았다. 이 경우 신화는 예전과 성례와 성도의 신비한 경험과 관련하여 주로 논의되었다.[1368]

지금까지 살펴본 바와 같이 아타나시우스 이후 정통적인 입장에서 기독론을 개진한 신학자들은 신화 개념을 여러 방면으로 언급하지만 그것을 문자 그대로 신이 된다는 것이 아니라, 기독론적인 측면에서는 성육신으로 성자의 인격에 취해진 인성이 신성과 혼합하거나 신성으로 변화되어서가 아니라 신성과 연합하여 있는 그 자체로 누리는 고상함을, 구원론적인 측면에서는 그리스도의 의를 전가받아 그와

[1367] 참조. Pannenberg, *Jesus-God and Man*, 39–42 (GC 33–35).
[1368] Bavinck, *Reformed Dogmatics*, 3.256–257.

연합한 성도가 그와 함께 함으로 하나님과 하나가 되어 누리는 은혜를 지칭한다. "하나님이 우리 인성의 동참자가 되심으로써 우리가 그의 신성에 참여하는 혜택을 부여하셨다"는 어거스틴의 말은 이러한 뜻을 담고 있다.[1369] 같은 맥락에서, 칼빈은 다음과 같이 말한다.

> 하나님의 아들이 우리를 위해서 임마누엘—즉 하나님이 우리와 함께 계시다—이 되신 것은 그의 신성과 우리의 인성이 그 자신 안에서 연결되므로 하나가 되도록 하시기 위함이다(ut mutua coniuctione eius divinitas et hominum natura inter se coalescerent).[1370]

> 그는 기꺼이 인류에게 고유한 특성을 취하셔서 그가 가진 고유한 것을 우리에게 속하게 하심으로써 자신이 우리와 함께 하나님의 아들이자 사람의 아들이 되고자 하셨다(Quod nobis proprium erat suscipere gravatus non est, ut vicissim ad nos pertineret quod proprium ipse habebat; atque ita in commune ipse nobiscum et filius Dei esset et filius hominis).[1371]

신화를 문자 그대로 실체적으로 인정하게 되면 그것은 신인양성의 위격적 연합 교리와 칭의의 법정성을 기독론과 구원론의 핵심으로 여기는 정통적인 입장과 양립할 수 없다.[1372] 신화를 정통교부들의 경우에서와 같이 실체적이지 않고 유비적이거나 윤리적으로 받아들이는 경우 성도의 그리스도와의 연합과 그리스도의 공로의 절대성과 전적 은혜의 성도의 삶을 조명하는 데 있어서는 도움이 없지 않을 것

[1369] Augustine, "The City of God," 9.15 (*NPNFF* 2.173-174, *AO* 7.368-369).

[1370] Calvin, *Institutio*, 2.12.1 (*CO* 2.340).

[1371] Calvin, *Institutio*, 2.12.2 (*CO* 2.341).

[1372] 그러므로 이 둘을 하나로 묶음으로써 루터파와 동방교회가 하나가 되는 활로를 모색하고자 하는 다음 글은 명분이 없다. Paul R. Hinlicky, "Theological Anthropology: Toward Integrating Theosis and Justification by Faith," *Journal of Ecumenical Studies* 34/1 (1997), 38-73. 루터파 속성교통론에는 신화적 요소가 내포되어 있기 때문에 그리스도의 의의 객관적 전가가 부인되고 이신칭의의 법정성에 대한 올바른 인식이 결여된다. 동방교회도 이러한 입장을 공유하고 있기 때문에 루터파와 동방교회의 '대화'가 개연성이 없지 않는 것으로 여겨지고는 한다. 다음 글은 신인양성의 속성교통을 신화로 보는 동방교회의 이해가 칼케돈 신경의 "혼합 없이"와 "변화 없이"의 원칙에 배치되지 않음을 항변하고 있다. George D. Dragas, "Exchange or Communication of Properties and Deification: Antidosis or Communicatio Idiomatum and Theosis," *Greek Orthodox Theological Review* 43/1-4 (1998), 377-399. 저자는 심지어 개혁신학과 루터파 신학도 여기에서 접점을 찾을 수 있을 것이라고 제안하나, 전혀 적실성이 없다.

이다. 그렇다고 하더라도 이 경우에도 신화의 교리적 필연성을 말할 성경적 근거를 찾기는 어렵다. 그리스도의 인격은 칼케돈 신경에 의해서 수립된 위격적 연합 교리에, 위격적 연합에 따른 신인양성의 속성교통은 축자적이나 실제적인 교통을 말하는 개혁파 속성교통론에, 구원서정에 있어서 성도가 누리는 하나됨의 은혜는 당하신 순종과 행하신 순종의 공로를 다 우리의 것으로 삼아주시는 의의 전가 교리에, 성도가 하나님과 하나됨은 성도의 그리스도와의 연합 교리에,[1373] 성례적 연합은 영적이나 실제적인 임재를 말하는 칼빈과 개혁신학자들의 성례론에 따르면 될 것이기 때문이다.[1374]

초대교회의 정통교부들은 신화에 대해서 말하기는 했으나 사실상 성화와 그 완성으로서의 영화에 가까운 개념으로 사용했다. 그러므로 그들을 언급하면서 문자 그대로 신화로서의 신화를 추구하는 것은 그릇되다.

틸리히(Paul Tillich, 1886-1965)의 신학은 이러한 함정에 깊이 빠져 있다. 틸리히는 구원은 법정적 선포로 말미암는 것이 아니라 그리스도와 함께 하나님과 하나가 되는 것 곧 새존재가 되는 것을 의미한다고 여기면서 죄의 본질을 소외로 보고 구원은 죄의 값을 치르는 것이 아니라 소외에 동참하는 데 있기 때문에 이신칭의 교리

[1373] 칼빈과 그를 잇는 개혁신학자들은 성도의 그리스도와의 연합이 자질의 주입(infusio)이 아니라 의의 전가(imputatio)에 따라서 법정적으로 일어난다고 보고 그것을 신화(神化)가 아니라 경건의 영역에서 다루어야 한다고 주장한다. Gannon Murphy, "Reformed Theosis?" *Theology Today* 65/2 (2008), 192-199, 211-212. 그러므로 성도가 그리스도와 하나가 되는 연합의 비밀은 그것을 현상적으로나 윤리적으로 볼 것인지 아니면 형이상학적이거나 존재론적으로 볼 것인지의 방법론에 달린 것이 아니라, 그 비밀의 주체가 되는 제2위 성자 하나님의 인격 자체에서 찾아야 한다. 다음 글은 이를 잘 조명해준다. Julie Canlis, "Calvin, Osiander, and Participation in God," *International Journal of Systematic Theology* 6/2 (2004), 172-177, 182-183. 이러한 입장에 대해서 다음 글은 성도의 그리스도와의 연합이 "형이상학적 연합"(a metaphysical union)은 아니라고 하더라도 "존재론적 연합"(a ontological union)으로 다루어야 한다고 반론을 제기한다. Myk Habets, "'Reformed Theosis?': A Response to Gannon Murphy," *Theology Today* 65/4 (2009), 494. 결론적으로, 다음 글에서 주장되듯이 성도의 그리스도와의 연합은 실체적 연합이 아니라 의의 전가의 측면에서 이해되어야 한다. 오늘날 소위 바울신학의 새관점을 주장하는 신학자들은 이 점을 간과하고 있다. Mark A. Garcia, "Imputation and the Christology of Union with Christ: Calvin, Osiander, and the Contemporary Quest for A Reformed Model," *Westminster Theological Journal* 68/2 (2006), 219-251, 특히 222-226. 이러한 입장은 칼빈의 트렌트회의 반박문에도 핵심 논제로 제시된다. 참조. Craig B. Carpenter, "A Question of Union with Christ? Calvin and Trent on Justification," *Westminster Theological Journal* 64/2 (2002), 374-380.

[1374] Bavinck, *Reformed Dogmatics*, 3.304-305. 다음 글은 개혁파 속성교통론이 네스토리우스(Nestorius)의 흔적을 지녀 중보자 그리스도의 신성과 인성의 병존을 말할 뿐이며 양성의 연합에 대한 진정한 답을 주지 못하기 때문에 그를 "선택하시는 하나님"(electing God)과 "선택된 사람"(elected man)이시라고 여기는 바르트(Karl Barth)식의 대안이 제기되었다고 주장한다. 그러나 칼케돈 신경에 정초한 개혁파 속성교통론을 네스토리우스적이라고 말하는 자체가 그릇되다. Alasdair I. C. Heron, "Communicatio Idiomatum and Deificatio of Human Nature: A Reformed Perspective," *Greek Orthodox Theological Review* 43/1-4 (1998), 375-376.

는 부적절하다고 주장한다.[1375] 여기에서 소외에 동참한다는 것은 그리스도의 새존재에 본질적으로 동참함으로써 그와 함께 신화되는 것을 의미한다. 이러한 틸리히의 입장은 신화를 빌미로 의의 전가 개념을 부정하거나 희석시키는 가운데, 그리스도도 우리와 다를 바 없는 성령의 은사의 수혜자일 뿐이라고 여기면서, 의의 전가에 따른 그리스도와의 신비한 연합이 아니라 자질의 주입을 통한 실체적 신비주의적 연합을 내세우는 동방정교회의 팔라마스(Gregory Palamas, 1296-1359)의 입장과 일맥상통한다.[1376] 이들이야말로 하나님과 하나가 되는 유일한 사닥다리를(창 28:12; 요 14:6; 17:21) 오히려 걷어내고 있는 것이다.[1377]

의롭다고 여겨주시는 하나님의 인침이 없이는 하나님과 하나가 되는—그의 품 속에 거하는—영화를 누릴 길이 없기 때문이다(롬 8:30; 고후 5:21; 엡 1:13). 그리스도는 죄로 말미암은 우리의 소외에 동참하신 것이 아니라 그 죄의 값을 대신 치르셨다. 성도의 구원은 의롭다 함을 받아 그리스도와 "함께" 자녀와 상속자가 되는 데 있는 것이지(롬 8:17), "그리스도화"(Christification)에 있는 것이 아니다.[1378]

8. 바르트의 오류 : 위격적 연합을 변증법적 인식 과정의 산물로 여김

바르트는 성육신과 위격적 연합에 대한 자신의 입장이 초대교회 이래의 정통기독론에 부합한다고 여긴다. 그러나 아래에서 보듯이 그에게는 아버지로부터 영원히 나신 하나님의 아들이 역사상 사람의 아들이 되심에 대한 이해가 철저히 왜곡되어 있다. 이하 바르트의 입장을 그의 주저 『교회 교의학』을 통하여 조목별로 제시하

1375) Paul Tillich, *Systematic Theology*, Three volumes in one (Chicago: Chicago University Press, 1967), 3.227ff.

1376) 팔라마스는 성도가 하나님에 참여하는 것은 본질적(essentialis)이지는 않지만 실제적(realis)이라고 주장한다. 이와 관련하여 그리스도의 의의 전가보다 성령의 신비한 역사를 통한 신적 작용(energia)을 강조한다. 참조. Norman Russell, "Theosis and Gregory Palamas: Continuity or Doctrinal Change?" *St Vladimir's Theological Quarterly* 50/4 (2006), 368–375.

1377) 이러한 입장에 관해서, Kärkkäinen, *One with God*, 27–29, 51–58.

1378) 참조. Kärkkäinen, *One with God*, 25. 필자는 "신화"를 "그리스도화"와 동일시하면서 이를 개진한다.

고 각각의 맹점을 들어 비판한다.1379)

[바르트] 바르트는 성육신의 비밀을 다음과 같이 기술한다.

예수 그리스도 안에 계시된 하나님의 계시의 비밀은 영원하신 하나님의 말씀이 인간적 본성과 존재를 택하시고, 거룩하게 하시고, 취하셔서 자신과 하나가 되게 하심으로써, 참 하나님과 참 사람으로서(wahrer Gott und wahrer Mensch) 하나님에 의해서 사람에게 말씀된 화해의 말씀이 되고자 하심에 있다. 예수 그리스도의 부활에 계시된 이 비밀의 노래가 그가 성령으로 잉태되셔서 동정녀 마리아에게서 나셨다(conceptus de Spiritu sancto, natus ex Maria virgine)라고 하는 그의 탄생의 기적이다.1380)

성경을 통하여 교회에 의해서 입증되는 하나님의 말씀의 성취의 계시는 "부활절 역사"(Ostergeschichte)1381)와 "부활절 사건"(Osterbotschaft)1382)으로 나타난다. 이 두 가지가 교회의 교의가 서고 넘어지는 조항들이다. 예수 그리스도의 숨겨진 삶과 고난이 부활로 드러난다. 성경의 입증과 교회의 선포와 계시로 드러나는 하나님의 말씀은 궁극적으로 그 자체를 예수 그리스도와 일치시킨다.1383)

[비판] 바르트는 성육신한 그리스도를 "하나님에 의해서 사람에게 말씀된 화해의 말씀"으로, 그 비밀을 "예수 그리스도 안에 계시된 하나님의 계시의 비밀"로 규정하고, "인간적 본성과 존재"를 지니신 분으로서 "영원하신 하나님의 말씀"이 임하여 "[그] 자신과 하나가 되게 하심으로써" 그가 "참 하나님과 참 사람"이 되셨다고 말한다. 여기에는 영원하신 하나님의 아들이 영혼과 육체의 인성을 취하여 참 하나님과 참 사람이 되심을 견지하는 정통적인 위격적 연합 교리는 자리할 곳이 없다. 그리스도는 하나님의 말씀을 담지하는 한 사람으로서 하나님이라고 여

1379) 본제와 관련해서 후술할 본서 제6장 9.의 한 부분으로 다루어지는 "바르트의 오류: 실존적 인식으로서 성육신을 이해"와 제14장 "칼 바르트의 기독론 비판"을 함께 읽을 것.

1380) Barth, *Church Dogmatics*, I/2.122 (*KD* I/2.134).

1381) 영어 번역은 이를 "the Easter story"로 한다. 이는 지나친 의역이다.

1382) 영어 번역은 이를 "the Easter message"로 한다. 이는 지나친 의역이다.

1383) Barth, *Church Dogmatics*, I/2.122-123 (*KD* I/2.134-135).

겨질 뿐이며, 부활은 그가 그러한 존재라는 것을 드러내는 사건으로서 그려질 뿐이다. 성육신은 하나님의 말씀의 체화에 다름 아닌 것으로서, 역사상 성육신이 존재하는 것이 아니라, 지식으로서의 성육신과 성육신에 관한 지식만이 존재한다. 그것은 하나님의 말씀이 사람에게 임하여 사람이 그 "비밀의 노래"를 듣게 되었다는 점에서, 하나님의 말씀이 그리스도 안에서 "화해의 말씀"이 되신 사건으로 치부되는 바, 성육신한 주님은 참 하나님이시자 참 사람이시라는 사실 자체보다, 우리의 변증법적 인식 과정을 통하여 그가 그렇게 알려지신다는 것이 거론될 뿐이다.

[바르트] 첫째, "말씀이." 바르트는 예수 그리스도의 인격을 다루면서 요한복음 1:14의 "말씀이 육신이 되어"(Das Wort ward Fleisch)에 대한 해석에 많은 지면을 할애한다. "말씀"(ὁ λόγος)은 "신적이며, 창조적이며, 화해적이며, 구속적인 말씀"으로서 제한 없이 신적 본성과 존재에 참여하시는 하나님의 영원한 아들, 곧 "한, 유일한, 참, 영원한 하나님"이시다. 하나님의 본질 곧 "신격"(Gottheit)이 육체가 되셨다. "육신이 되신 분은 아들 혹은 하나님의 말씀이셨다. 그러나 성부와 성령과 다를 바 없는 신격의 전적인 충만 가운데, 육신이 되셨다."[1384]

"말씀"이 "되심"(Werden)의 주체이다. 그것은 창조와 마찬가지로 하나님의 주권적인 행위를 통한 "새로운 창조"(eine neue Schöpfung)이다.[1385] "되심"은 말씀의 신적인 자유 가운데 일어났다. 마치 창조와 무관하게 삼위 하나님이 영원히 삼위 하나님이시듯, 하나님의 말씀은 이러한 "되심"에 무관하게 여전히 하나님의 말씀이시다. "되심"을 통한 하나님의 인류를 향한 사랑―하나님과 인류의 관계(Verhältnis)―은 아버지와 아들의 영원한 관계가 실제화된 것이다.[1386] "되심"의 상태에서도 말씀은 여전히 자유롭고, 주권적인 하나님의 말씀이다. "참 하나님과 참 사람"은 "동일함"(Gleichung)을 지칭하지만, 말씀이 육신이 되실 뿐 그 역은 아니다.[1387]

[비판] 바르트는 "말씀"을 "되심"의 주체라고 여긴다. 여기에서, "말씀"은 하나님이 아니라 "신적이며" "제한 없이 신적 본성과 존재에 참여하시는", 하나님이라

1384) Barth, *Church Dogmatics*, I/2.132-133 (*KD* I/2.145-146).
1385) Barth, *Church Dogmatics*, I/2.134 (*KD* I/2.147).
1386) Barth, *Church Dogmatics*, I/2.135 (*KD* I/2.148).
1387) Barth, *Church Dogmatics*, I/2.136 (*KD* I/2.149-150).

고 불리는 분으로서, "되심"은 영원하신 하나님의 아들이 사람의 아들이 되심이 아니라 사람의 아들이 하나님이 되심, 곧 신적인 존재가 신이 되는 신에의 참여를 의미하는 것으로서 기술된다. 그것은 상정된 성부와 성자의 관계가 인간 예수 안에서 구현되는-인식되는-사건을 뜻한다. 이 경우, 예수는 그리스도로서 영원하신 하나님의 아들이신 하나님이 아니라 하나님이 존재하시는 한 방식, 양식, 양상으로서 남게 되며, 성육신의 주체는 제2위 성자 하나님이 아니라 예수 안에서 들려지는 말씀, 곧 하나님의 본질(Wesen)인 "신격"의 한 존재방식(Seinsweise)으로 치부된다. 그것은 인간 예수에게 반응하는-인간 예수가 반응하는-하나님의 말씀을 지시할 뿐이다. 바르트가 성육신을 "영원하신 하나님의 말씀"이 예수 안에서 "참 하나님과 참 사람"이 되신 사건이라고 할 때, 그것은 사람과 관계를 맺는 신격 혹은 신성의 양식과 그것을 충만하게 누리는 인성의 양식을 지칭할 따름이다.

[바르트] 둘째, "육신이." 말씀이 육신이 되심은 그가 사람이 되심을 의미한다. 그가 우리와 동일한 사람의 본질(Wesen)과 존재(Dasein), 동일한 본성(Natur)과 형상(Gestalt), 그리고 동일한 역사성(Geschichtlichkeit)에 동참하셨다. 하나님의 계시는 우리에게 돌려질 것들을 영원한 하나님의 아들에게도 돌린다. 특별히 "최고의 계시사건"(der eigentliche Akt der Offenbarung)인 부활에서 현저히 그리한다. 부활은 처음으로는 동정녀탄생의 표징이, 마지막으로 빈 무덤의 표징이 실현된 사건이다.[1388]

성육신으로 하나님의 말씀은 "오직" 하나님의 말씀이심을 그만 두고 육신이 되셨다. 육신은 사람을 뜻하지 않고 "인간의 본질과 존재, 인간의 행위와 본성, 인성(Menschheit)"을 뜻한다. 말씀이 육신이 되어 인간의 본성이나 존재에 동참하기 위해서는 "한 사람의 구체적인 실제 가운데"(in der konkreten Wirklichkeit eines Menschen) 계셔야 했다. 그렇다고 해서 한 사람이 이미 그 곳에 있었고 하나님의 아들이 그 사람이 되신 것이 아니었다. 그 곳에 있었던 것은 인간의 육신의 "잠재성"(Potentialität)만이었다. 그것은 모든 사람이 고유한 인적 본질과 존재를 구현하는 "가능성"(possibility, Möglichkeit)이었다. 말씀은 처음으로 이 가능성을 육신 가운데 실현하였다. 그리하여 이전의 것을 버리지 않으면서 이전에 아니었던 사람이 되었다.[1389]

1388) Barth, *Church Dogmatics*, I/2.147 (*KD* I/2.161).
1389) Barth, *Church Dogmatics*, I/2.149 (*KD* I/2.163-164).

[비판] 바르트는 하나님의 아들이 말씀으로써-그리하여 말씀으로서-사람의 아들의 가능성을 구현한 사건을 성육신이라고 여긴다. 이러한 관점에서 성육신을 "계시사건"으로, 부활을 "최고의 계시사건"으로 칭한다. 부활을 우리와 동일한 "인성"을 공유하는 예수 안의 "잠재성"이 발현되고 "가능성"이 구현된, "한 사람의 구체적인 실제 가운데" 일어난 최고의 실제 혹은 실현으로 여기기 때문이다. 바르트는 부활을 최고의 "계시사건"이라고 명명하는 바, 그에게 있어서 부활은 예수의 사건이라기보다 예수에 관한 사건 혹은 예수를 드러내는, 성육신에 관한 지식을 확정하는 사건으로 간주된다. 성육신은 말씀이 사람에게 임한 사건으로서 성도가 그것으로써 자기 안에 잠재된 인성의 가능성과 그것이 이루어지는 실제성을 깨달을 기회를 갖게 된다는 측면에서 주요하게 다루어진다. 바르트에게 있어서 계시사건의 주체는 영원하신 하나님의 아들일 수가 없으며, 하나님의 "존재방식"으로서의 말씀, 곧 하나님 자신으로 나타난다. 예수는 한 사람으로서 이에 반응하는 주체에 머문다. 다만 그 반응이 신적이라고 불린다. 여기에서 우리는 하나님의 아들과 사람의 아들 사이에서 전개되는 변증법적 말놀이를 듣게 될 따름이다. 하나님의 아들이 사람의 아들이 되신 역사적 사건 자체는 유비되거나, 유추되거나, 숨어버린다. 곧 부인된다.

[바르트] 하나님의 아들이 이러한 인간의 존재와 본질의 특정한 가능성을 실제 되게 하셨다. 그리하여 "이 사람"(dieser Mensch)이 되셨다. "이 사람"은 결코 스스로 실제가 될 수 없었다. "이 사람"은 하나님의 아들이신 예수 그리스도 외에 다른 존재가 아니셨다. "이 사람"은 하나님의 아들이 "한 사람으로서의 가능성"(Möglichkeit als Mensch)을 특점(特占)하고 실현했기 때문에 존재한다.[1390] "예수 그리스도의 실제는 인격으로 계신 하나님 자신(Gott selbst in Person)이 육신 가운데 활동적으로 현존하신다는 사실로부터 추구된다. 인격으로 계신 하나님 자신이 실제적인 사람의 존재와 행위이다. 하나님이 그 인격의 주체이시므로, 이 존재와 행위는 실제적이다. 참 사람의 존재와 행위이다." 이러한 "인격으로 계신 하나님 자신"으로서 예수 그리스도는 하나님을 우리에게 제시하시고 우리를 하나님께

1390) Barth, *Church Dogmatics*, I/2, 150 (KD I/2, 164).

제시하신다.[1391]

[비판] 여기에서 성육신의 주체로 거론되는 "인격으로 계신 하나님"은 제2위 성자 하나님의 위격이나 인격을 지칭하지 않고, 한 분 하나님의 "존재방식"을 뜻한다. 바르트에게 있어서, 성육신은 영원하신 하나님의 아들이 인성을 취하셔서 사람의 아들이 되신 사건이 아니라 신성—혹은 신적 본질 혹은 신격—이 인성의 양상으로 드러나는 한 인식에 그칠 따름이다. 하나님의 아들이 "이 사람"이 되심은 "이 사람" 안에서 하나님의 아들이 되는 "한 사람으로서의 가능성"이 최초로 성취되었음을 뜻한다. 그리하여 "이 사람"이 하나님의 아들로 불리며, "이 사람" 외에는 하나님의 아들이 없다고 일컫는다. 성육신은 "이 사람"의 "영원하신 하나님의 말씀"에 대한 인식 가운데서만, 그 인식으로써만 논의될 뿐이다.

[바르트] 하나님의 말씀이 사람이 되지 않으셨다면 그는 계시가 아니셨을 것이다. 그리고 그가 육신이 되지 않으셨다면 그는 사람이 아니셨을 것이다. 하나님이 사람이 되신 "불가해성"(Unbegreiflichkeit)은 하나님의 엄위와 인간의 어두움을 함께 모은 불가해성보다 더욱 크다. 이것이 하나님의 말씀의 계시이다.[1392]

[비판] 성육신이 없었다면 하나님의 말씀은 계시가 아니었다고 말하는 것은 계시를 말씀에 대한 실존적 체험으로 국한시키는 데서 기인하는 발상이다. 말씀이 계시사건을 통하여 계시가 "되심"을 성육신으로 보는 한, 계시는 성육신을 통하여 그 "불가해성"을 더욱 드러낼 뿐이다. 계시는 우리에게 들려지는 것이 아니라 우리가 말하는 것—혹은 반응하는 것—이 되기 때문이다. 이러한 입장에 따르면, 하나님의 자기계시(revelatio Dei ipsius)가 부인된다. 그리고 성경은 성육신의 계시를 기록한 하나님의 말씀이 아니라 계시에 따른 성육신 혹은 계시의 성육신을 전망하는 자료가 될 뿐이다.

[바르트] 우리와 같이 되심으로 그리스도는 죄인의 저주와 형벌 가운데 존재하신다. 그렇지 않다면 그는 계시행위나 화해의 행위를 하실 수 없으실 것이다. "우리의 거룩하지 않은 인간 존재가 하나님의 말씀에 의해서 취해지고 입양됨으로, 거룩하고 죄 없는 인간 존재가 되었다."[1393] 예수의 "무죄성"(Sündlosigkeit)은 성육신에 직

1391) Barth, *Church Dogmatics*, I/2.151 (*KD* I/2.165).
1392) Barth, *Church Dogmatics*, I/2.151–152 (*KD* I/2.166).
1393) Barth, *Church Dogmatics*, I/2.155–156 (*KD* I/2.170).

접적으로 연관된다. 그는 아담과 달리 하나님이 되고자 하지 아니하셨다. 그는 아담의 존재 곧 타락한 사람의 상태와 위치를 인정하셨다. 오직 신인(神人)이신 예수 그리스도만이 사람의 타락한 상태를 인정하고 전적으로 하나님의 자비 가운데 살고자 하셨다. 여기에 하나님과의 화해가 있다.1394)

[비판] 바르트는 성육신을 우리와 다름없이 죄와 형벌의 저주 가운데 계신 예수가 하나님의 말씀을 충만히 수용하여 거룩해지는 자기구원의 사건으로 그려낸다. 예수의 "무죄성"은 단지 이러한 수용성과 관계될 뿐이다. 이러한 논법으로 바르트는 성육신 자체를 구원과 동일시한다. 성육신을 통하여 우리와 다름없는 예수의 타락한 인성이 거룩해졌다는 것이다. 이 경우, 예수는 죄가 없으신 적이 없지 않게 되며, 성령잉태로 말미암아 무죄한 인성을 취하심이 부인될 수밖에 없다.

[바르트] 셋째, "되어"(ἐγένετο). 이는 계시의 비밀과 하나님이 우리 가운데, 우리와 함께 거하심에 대한 본질적인 답을 제시한다.1395) "하나님의 말씀이 육신을 취하심으로 그는 인간 존재를 하나님의 존재와 하나가 되게끔 취하거나, 입양하거나, 결속시키신다. 그리하여 이 사람은 존재하기 시작하면서, 사람 존재로서 하나님의 말씀의 존재가 되신다."1396) 성육신은 이해할 수 없으나 불합리하지는 않다. 하나님의 말씀이 하나님의 말씀이신 채로 "인간 존재"(menschliches Sein)를 취하셨다. 그리하여 그 자신에게 고유한 신성의 "술어"(Prädikat)와 함께 인성의 술어를 가지게 되셨다. 하나님의 말씀이 "인간의 존재"와 하나가 되신 것이다. "중보자로서 예수 그리스도는 둘 사이의 제삼의 것, 중간의 것이 되신 것이 아니다. ······예수는 하나님 그리고 사람으로서 신인(神人)의 중보자시다. 여기의 '그리고'는 성육신의 불가해한 '되심'의 행위를 뜻한다."1397)

"그리스도 안에서의 하나님과 사람의 하나됨은 사람을 취하시는 로고스의 행위(Tat)이다. 그의 되심(Werden)은 사람이 로고스를 만나는 것으로서, 곧 말씀의 인격

1394) Barth, *Church Dogmatics*, I/2.157-158 (KD I/2.172).
1395) Barth, *Church Dogmatics*, I/2.159 (KD I/2.174).
1396) Barth, *Church Dogmatics*, I/2.160 (KD I/2.175).
1397) Barth, *Church Dogmatics*, I/2.161-162 (KD I/2.175-176).

으로 계신 하나님의 행위(ein Handeln Gottes in der Person des Wortes)를 뜻한다."[1398]
"그[사람이신 예수]의 실제, 실존, 존재는 절대적으로 하나님 자신-자신의 말씀 가운데 행하시는 하나님(des in seinem Wort handelnden Gottes)-에 속한다. 그의 인성은 단지 그의 신격의 술어일 뿐이다. 좀 더 알기 쉽게 구체적으로 말하면, 그것은 우리 가운데 작용하시는 말씀, 곧 주(主)가 되시는 말씀의 술어로서 불가해한 낮아지심 가운데 취해진 것일 뿐이다."[1399]

[비판] 바르트에 따르면, 신인양성의 연합은-말씀이 육신이 되심은-하나님의 말씀이 인성의 술어로, 인간에게 작용하는 것, 곧 "사람이 로고스를 만나는 것"을 의미한다. 그것은 인성이 신성의 술어가 됨을 의미할 뿐, 한 인격 안에 신성과 인성이 고유한 특성들을 그대로 지닌 채 연합함을 뜻하지 않는다. 이 경우, 인성은 신성의 작용방식-그것이 계시든, 행위든, 계시행위든-에 그치고 만다. 왜냐하면 "이 사람"이 존재하기 시작하면서부터 "하나님의 말씀"이 "사람 존재로서" 존재하기 시작하기 때문이다. 이 부분을 두고 판넨베르그는 바르트를 하강기독론자로 신랄하게 몰아세운다. 그러나 이는 극단적인 상승기독론자의 시각일 뿐,[1400] 이 부분이야말로 바르트를 상승기독론자로 확정하고 있다.

[바르트] "성육신 사건"(das Ereignis der Fleischwerdung)은 "위격적 연합"(unio hypostatica) 사건이다. 그것은 "완성된 사건"(ein vollendetes Geschehen)이다. 때가 차매 하나님이 사람이 되셨다. 곧 그의 말씀이 사람들의 귀에 임했다. 곧 사람들이 하나님과 화목하게 되었다. 예수 그리스도의 "실제"(Wirklichkeit)는 "객관적인 사실"(ein objektiver Sachverhalt)이다. 이것이 우리가 "존재론적 관심"(ontisches Interesse)을 갖는 부분이다. 성육신의 기적인 위격적 연합은 하나님의 말씀이 우리와 같이 되셔서 우리에게 오신 것에서, 곧 우리 가운데서 발견된다. 그것은 말구유에서, 십자가에서 발견된다.[1401]

[비판] 바르트는 인격을 통하여 사역을 말하지 않고 역순을 취한다. 역사적 사건을 통하여 실제를 유추함으로 위격적 연합을 도출하고 그것에 존재론적 의의를 부

1398) Barth, *Church Dogmatics*, I/2.162 (*KD* I/2.177).
1399) Barth, *Church Dogmatics*, I/2.162 (*KD* I/2.178).
1400) 이에 대해서 본장에서 판넨베르그를 비판한 부분을 참조할 것.
1401) Barth, *Church Dogmatics*, I/2.165 (*KD* I/2.181).

여한다. 이러한 인식론적 작업으로는-"귀에 임했다"는 사실만으로는-위격 자체에 대해서 아무 것도 말할 수 없다. 위격은 부인되고 위격적 진술만이 남을 뿐이다. 바르트는 단지 귀에 들림에 대한 "존재론적 관심"을 쏟고, 그 들림을 예수의 "실제"라 여기며, 그것을 "객관적인 사실"이라고 규정한다. 여기에 주관과 객관의 인식론적 변증법이 전형적으로 나타난다.

[바르트] 말씀이 육신이 "되심"은 "완성된 사건으로서, 완성된 행위로서(als ein vollendetes Geschehen, als einen perfekten Tatbestand), 그리스도의 실제"를 의미한다. 이는 성경의 "증거"(Zeugnis) 가운데 하나님의 말씀이 우리에게 구현되었음-곧 알려지고 이루어졌음-을 의미한다. 이러한 점에서 성육신은 "인식론적 성격"(einen noetischen Charakter)을 지닌다.[1402]

[비판] 이렇듯 바르트에 따르면, 성육신은 성육신에 대한 인식 혹은 지식일 뿐이다. 성경이 증거하는 성육신 사건과 죽음과 부활 사건은 이러한 인식 혹은 지식을 확정하는 준비가 될 뿐이다. 성경은 계시가 아니라 계시사건의 객관적 단초(端初)에 불과하다. "되심"에 대한 성경의 "증거"는 "인식론적 성격"을 띨 뿐이다. 그것은 사건에 대한 앎이 아니라 앎의 사건과 관계된다.

[바르트] 전체적으로 정리하면, "되심"은 완전한 사건이자 행위로서 "정태(靜態)적-존재적 측면"과 "동태(動態)적-인식적 측면"을 함께 지닌다. 전자는 루터파의 입장을, 후자는 칼빈의 입장을 대변한다. 우리는 예수 그리스도의 실제에 대한 진리를 다루면서 이 둘을 함께 파악한다. 이로부터 "이중적 신학"(einer zweifachen Theologie)이 제안된다.

[비판] 루터파와 칼빈에 대한 여기에서의 비판은 속성교통에 대한 양자의 견해차를 염두에 두고 있는 듯하다. 그러나 루터파는 논외로 하더라도 칼빈에 대한 평가는 아주 그릇되다. 칼빈에게는 정태적 '이심'이나 '존재'가 결여된 동태적 '되심'이나 '인식'만 있는 것이 아니기 때문이다. 여기에서 바르트는 비(非)위격(anhypostasis)과 내(內)위격(enhypostasis)을 함께 바라보지 못하고 양단(兩斷)하는 자신의 치부를 스스로 드러내고 있다. 바르트가 말하는 "이중적 신학"은 어디에도 존재하지 않는다. 그것은 존재와 인식 사이를 오가며 숨바꼭질하는 변증법적 병존

1402) Barth, *Church Dogmatics*, I/2.167 (*KD* I/2.183).

혹은 변증법적 고양의 여하한 양상을 지시할 뿐이다. 어디에서도 바르트는 성육신의 주체가 제2위 성자 하나님의 인격이라고 분명히—실제로 그렇게—천명하고 있지 않다. 바르트는 한 분 하나님이 세 인격으로 계심을 말하지 않는다. 성자는 인격이 아니라 "인격으로 계신 하나님 자신"(Gott selbst in Person)의 [인식론적] 존재방식(modus essendi, Seinsweise)일 뿐이다.

성육신은 말씀이 육신이 되신, 아버지가 보낸 아들이 여자에게서 나신 사건이다. 영원하신 하나님의 아들이 인성을 취하신 바, 그 때 그 인격을 이루던 신성이 그 인성과 연합하였다. 그리하여 신성의 모든 충만이 육체로 거하게 되었다. 그리스도 안에서의 인성의 형성은 성령의 역사로 말미암았다. 그리스도의 인성은 마리아의 몸에서 잉태되면서 동시에 그의 영원한 인격에 취해져 신성과 연합되었다. 성령이 인간의 타락한 본성을 지닌 마리아에게서 나온 인성을 즉시 거룩하게 하셔서 어떤 죄책과 오염과 부패도 없이 그것이 성자의 인격에 취함을 받게 되었다. 그러므로 성육신하신 그리스도는 처음부터 거룩하지 않으신 적이 없으셨다. 성육신으로 영원하신 말씀이 혈과 육의 새로운 존재방식을 취하게 되셨지만, 그 가운데 계시되는 하나님의 독생자로서의 영광은 영원하며 그 은혜와 진리는 언제나 충만하다.

제6장

성육신론

성육신은 이 땅에 오신 중보자 예수 그리스도의 신성과 인성이 한 위격 안에 연합되는 역사적 사건이다. 영원하신 하나님의 말씀이신 제2위 성자 하나님이 동일하신 참 하나님으로서 참 사람이 되셨다. 중보자 그리스도의 인성은 형성되면서 신성과 연합되므로, 주님의 인성은 신성과 함께 있지 아니한 적이 없다. 그러므로 성육신이 위격적 연합의 시작이며 위격적 연합이 성육신의 상태를 칭한다. 우리는 지금까지 위격적 연합에 대해서 상론했다. 여기서는 위격적 연합의-혹은 위격적 연합에 이르는-사건으로서 성육신 자체에 대해서 고찰한다. 지금까지 다룬 위격적 연합에 대한 논의가 성육신의 당위성에 주로 관계된다면 여기에서는 그 사건성에 좀 더 집중한다. 학자들은 대체로 성육신을 구원론과 관련하여 논의한 효시로서 아타나시우스를 든다. 그러나 우리가 기억할 것은 아타나시우스 이전에 터툴리안에 의해서 그것이 이미 간파되고 있다는 점이다. 터툴리안은 교리사적으로 삼위일체론과 관련하여 주로 논의되지만 그가 변증에 힘쓴 부분은 오히려 그리스도의 성육신과 부활 등 기독론 주제들이었다. 우리는 그의 삼위일체론이 기독론을 도외시하고 거론할 수 없다는 점을 간과해서는 안 된다. 그러므로 우리는 먼저 터툴리안을 다룬 후 아타나시우스를 살펴본다. 그리고 이어서 마니와 펠라기우스와의 논쟁을 통하여 전적 은혜와 전적 타락을 변증하는 가운데 중보자 그리스도의 대리적 속죄의 공로의 절대성을 주장한 어거스틴을 고찰한다. 이를 통하여 우리는 성육신의 구속사적이며 구원론적인 필연성과 그 의의와 가치에 대해서 숙고하고 이후 논의할 과제와 그 동기에 대해서 살펴볼 기회를 갖게 된다.

1. 성육신론의 형성 : 교부들의 성육신론

1. 1. 터툴리안 : 성육신의 초기적 신학화[1403]

북아프리카 출신의 터툴리안(Tertullian, 155-240)은 힐라리와 어거스틴의 저작들로 대표되는 초대교회 삼위일체론의 신학적 토대를 놓은 교부로서 무엇보다도 그의 체계적인 변증으로 인구에 회자된다.[1404] 터툴리안이 살았던 시기는 이후 니케아-콘스탄티노플 신경으로 확정되는 삼위일체론에 대한 논쟁의 불씨가 서서히 지펴지고 있었다. 무엇보다도 헬라철학의 영향을 받은 영지주의자들을 통해서 기독교의 진리와 양립할 수 없는 다신론과 단일신론(Monarchianism)이 무분별하게 주장되었으며, 교회 안에서도 성자를 성부에 종속된 또 다른 신으로 보는 다신론적 경향과 양태론과 성부고난설의 형태로 표출된 단일신론적 경향이 함께 흥기하던 시기였다.[1405]

터툴리안은 하나님의 경륜 가운데 계시된 위격의 셋임(tritas)이 그 본질의 하나임(unitas)과 배치되지 않음을 확신하였다. 그는 성부, 성자, 성령은 한 실체라는 사실을 변증하는 과정에서 "삼위일체"(trinitas), "실체"(substantia), "인격"(persona) 등과 같은 용어들을 신학적으로 정립하였다. 터툴리안은 자신의 삼위일체론을 전개하면

[1403] 여기서는 다음 논문을 첨작, 수정, 가필하여 수록. 문병호, "터툴리안의 기독론적 변증: 『그리스도의 육체론』을 중심으로", 『신학지남』 78/4 (2011), 94–119.

[1404] 터툴리안의 대표적인 변증적 작품으로는 『변증론』(Apologeticum, 50장), 『유대인 반박』(Adversus Iudaeos, 14장), 『이단 규정』(De praescriptionibus haereticorum, 44장), 『말씨온 반박』(Adversus Marcionem, 5권), 『발렌티누스주의자들 반박』(Adversus Valentinianos, 39장), 『헤르모게네스 반박』(Adversus Hermogenem, 45장), 『영혼론』(De anima, 58장), 『그리스도의 육체론』(De carne Christi, 25장), 『육체의 부활론』(De resurrectione carnis, 63장), 『프락세아스 반박』(Adversus Praxeam, 31장) 등이 있다.

[1405] 참조. Henry Chadwick, *The Early Church: The Story of Emergent Christianity from the Apostolic Age to the Dividing of the Ways between the Greek East and the Latin West* (London: Penguin Books, 1993, rev.), 85–93.

서 영원하신 하나님의 말씀이신 로고스가 예수 그리스도 안에서 나타나셨다는 사실을 시종일관 주목하였다.[1406]

터툴리안은 영지주의 다신론과 유대 단일신론이 철학적 형이상학과 뒤섞여 무분별하게 난무하던 시대를 살았다. 터툴리안은 그의 작품들을 통하여 일차적으로 소위 기독교 영지주의라고 불리던 당대의 시대적 사조를 비판하였다. 기독교 영지주의자들(Christian Gnostics)은 자신들이 고안한 에온(aeon) 사상에 기초하여 신들의 계보를 정리했으며, 헬라 이원론에 기초하여 천상적인 것과 지상적인 것을 극단적으로 차별하는 입장에 서 있었다. 전자의 경향은 성경적 삼위일체론과 맞부딪혔으며, 후자의 경향은 당시 기독론 논쟁의 핵심이 되었던 성육신 교리와 정면으로 배치되었다. 터툴리안의 예봉(銳鋒)은 또한 당대의 유대주의자들을 겨냥하였으니, 그들은 에비온주의자들의 경우에서 보듯이 예수의 신성을 부인하는 이단으로 나아갔다. 이러한 양 조류는 서로 간에 배치되는 점이 많았으나 그리스도의 신인양성의 위격을 부인하는 데는 일치하였다. 터툴리안은 독특한 문체와 화려한 예증들, 그리고 불굴의 정열을 쏟아서 이러한 이단들에 대항해서 그리스도의 인격과 사역에 대한 성경의 진리를 변증하였다.[1407]

동방에서 니케아 신경이 형성되기 전에 로마와 카르타고를 축으로 삼는 서방은 더욱 성숙한 기독론을 일찌감치 수립하고 있었다. 이레네우스를 이어서 사도 요한의 신학을 심화시킨 히폴리투스(Hippolytus of Rome, 170-235)는 무엇보다 성육신 교리를 강조함으로써, 라틴 신학의 한 맥을 형성하였다. 이러한 전통에 서서 터툴리안은 "말씀이 육신이 되셨다"(verbum caro factum)는 요한복음 1:4의 말씀을 신성과 인성의 연합으로 분명하게 이해하였다.[1408] 그러므로 히폴리투스와 터툴리안을 비롯한 라틴 신학자들이 영지주의자 발렌티누스와 함께 영지주의자들의 신관을 이성

1406) 참조. Adolf von Harnack, *History of Dogma*, 7 vols. tr. Neil Buchanan (New York: Dover Publications, 1961), 2.256ff.

1407) 참조. Hans Lietzmann, *A History of the Early Church*, tr. Betram Lee Woolf (New York: Meridian Books, 1961), 219-225.

1408) 터툴리안은 성육신을 영이 마리아로부터 육체를 받은 것으로 묘사하는 경우가 적지 않은데 이러한 영-기독론(Spirit-Christology)의 흔적은 히폴리투스가 터툴리안에게 미친 부정적인 영향이라고 볼 수 있다. 참조. Kelly, *Early Christian Doctrines*, 149-152; Daley, "One Thing and Another': The Persons in God and the Person of Christ in Patristic Theology," 25-26.

적으로 완성한 공로가 있다고 보는 하르낙의 입장은 적절하지 않다.[1409]

터툴리안의 『그리스도의 육체론』(De carne Christi)은 이러한 질문들에 대한 최선의 답을 간결하면서도 심오하게 제시한 작품이다. 여기에서 터툴리안은 신학적 변증을 통하여 성육신에 있어서의 신성과 인성의 연합에 대한 자신의 입장을 개진하는 바, 삼위일체론의 기독론적 근거가 뚜렷이 조명된다.[1410] 터툴리안의 신학은 라틴 교부들이 그러하듯이 체계적이면서도 실제적이다. 그런 가운데서도 그의 문체는 매우 엄격하며 함축적이다.[1411] 그의 신학은 "조직적"이면서도 "본질적이고 현실적"이었다.[1412] 『그리스도의 육체론』은 이러한 터툴리안의 성격을 현저히 드러내는 작품으로서,[1413] 아타나시우스의 『말씀의 성육신에 관한 논설』(Oratio de incarnatione Verbi)과 『[하나님의 말씀의] 성육신론』(De incarnatione Verbi Dei)과 더불어서 성육신을 다룬 초대교회의 대표적인 작품들로 손꼽힌다.

터툴리안은 『그리스도의 육체론』에서 먼저 본제(本題)가 "부활의 신앙"(fides resurrectionis)에 필수적이라는 사실을 강조한 후,[1414] 육신의 "실제와 성질"(veritas et qualitas)과 관련하여 세 가지 질문을 던진다. 첫째, "그것이 존재했느냐"(an fuerit). 둘째, "그것이 어디에서 왔느냐"(unde [fuerit]). 셋째, "그것이 어떠했느냐"(cujusmodi fuerit). 터툴리안은 이러한 세 가지 질문이 "우리의 부활을 위한 준칙"(lex nostrae resurrectioni)이 된다고 여겼으며,[1415] 그것에 답하기 위하여 각각의 질문에 관련된 대표적인 이단으로서 말씨온(Marcion, 85-160), 아펠레(Apelles, 2세기 중엽), 발렌티누

[1409] Harnack, *History of Dogma*, 2.257-258.

[1410] Gerald L. Bray, "Tertullian," in *Shapes of Christian Orthodoxy: Engaging with Early and Medieval Theologians*, ed. Bradley G. Green (Downers Grove, IL: IVP, 2010), 81-87.

[1411] 중세 초입의 신학자 르랭의 빈센트(Vincent of Lérins)는 "말 한마디가 곧 문장이다"(Quot paene verba, tot sententiae)고 터툴리안의 문체를 평하였다. 터툴리안은 또한 982개의 라틴어 신조어를 만들 만큼 창의적인 신학자였다. 무엇보다도 그는 진리(veritas)에 대한 불굴의 열정을 가진 신학자였다. 참조. 떼르뚤리아누스, 『그리스도의 육신론』, 이형우 역 (왜관: 분도출판사, 1975), "해제," 17, 21-23.

[1412] Jean Daniélou, *The Origins of Latin Christianity. A History of Early Christian Doctrine before the Council of Nicaea*, vol. 3, tr. David Smith and John Austin Baker (London: Darton, Longan & Todd, 1977), 343-344.

[1413] Lietzmann, *A History of the Early Church*, 219; P. B. 슈미트, 『교부학 개론』, 정기환 역 (서울: 컨콜디아사, 1987), 112-118.

[1414] Tertullian, "On the Flesh of Christ," 1 (*NPNFS* 3.521, *PL* 2.754).

[1415] Tertullian, "On the Flesh of Christ," 1 (*NPNFS* 3.521, *PL* 2.754).

스(Valentinus, 100-160[180])를 거론한다.

[말씨온 비판 : 그리스도의 육체, "그것이 존재했느냐"(an fuerit)]

첫째 부분은 말씨온 비판에 할애된다. 말씨온에 대한 신학적 논의는 주로 하르낙의 획기적인 연구 이후 그의 정경에 대한 입장과 신론과 기독론과 관련하여 전개되어 왔다.[1416] 터툴리안은 『이단 규정』에서 말씨온이 신약을 구약과 분리하고,[1417] 펜이 아니라 칼을 가지고 자신의 입맛대로 성경을 난도질했다고 비난했다.[1418] 그리고 『말씨온 반박』에서는 이러한 점을 들어 그리스도의 성육신에 대한 말씨온의 오류를 반박한다.[1419] 터툴리안은 『이단 규정』에서 "신앙의 전통"(tradux fidei)을 "사도들의 전통"과 동일시하면서 기독론에 관한 사도들의 신앙을 다음과 같이 요약한다.

우리 주 그리스도 예수는……그가 누구이시든, 어떤 하나님이시든 아들이시며, 어떤 실체이시든 사람과 하나님이시며, 어떤 믿음으로든 선생이시며, 어떤 보상으로든 언약의 주이시며, 지상에 사실 동안에 자신이 누구시며 누구이셨다는 것과 자신이 행하시는 아버지의 뜻이 무엇이며 아버지가 명령하신 사람의 의무가 무엇인지를 선포하셨다.[1420]

말씨온은 구약의 하나님은 신약의 하나님이 될 수 없을 뿐만 아니라 구약의 하나님의 아들이 신약의 그리스도일 수 없다고 항변한다. 말씨온의 신학은 기본적으로 이러한 "대립논설"(antitheses)에 기초해 있다.[1421] 이를 반박하면서, 터툴리안은 신약

1416) 참조. Adolf von Harnack, *Marcion: Das Evangelium vom fremden Gott. Eine Monographie zur Geschichte der Grundlegung der katholischen Kirche. Neue Studien zu Marcion* (Darmstadt: Wissenschaftliche Buchgesellschaft, 1996).

1417) Tertullian, "The Prescription against Heretics," 30 (*NPNFS* 3.257, *PL* 2.43).

1418) Tertullian, "The Prescription against Heretics," 38 (*NPNFS* 3.262, *PL* 2.52).

1419) 말씨온은 사복음서 중에서 누가복음만을 인정했으며 그것도 처음 두 장과 3장 앞부분은 아예 삭제했다. 그리고 바울의 신학만을 정통으로 여겨 복음서의 정경성조차도 바울의 권위에 의지해서 논하였다. Tertullian, "Against Marcion," 3.2ff. (*NPNFS* 3.321ff., *PL* 2.322ff.).

1420) Tertullian, "The Prescription against Heretics," 20-21 (*NPNFS* 3.252, *PL* 2.31-32).

1421) 말씨온의 정경론에 기초하여 그의 신학을 전체적으로 조망한 다음 글 참조. Heikki Räisänen, "Marcion," in *A Companion to Second-Century Christian "Heretics,"* ed. Antti Marjanen and Petri Luomannen (Leiden: Brill, 2005), 100-122.

은 구약의 창조주 하나님을 부인하는 것이 아니라 그리스도에 의해서 만물이 새롭게 회복되었음을 전한다는 점을 강조한다.1422) 그리고 예수의 구속사역으로 성취된 신약의 경륜(dispensatio)은 구약의 창조를 총괄갱신(ἀνακεφαλάιωσις, recapitulatio)하는 데 있음을 부각시킨다.1423)

『그리스도의 육체론』에서도 터툴리안은 먼저 말씨온의 성경론을 문제 삼는다. 그리고 그의 주장이 사도적 전통에도 어긋남을 강조한다. 말씨온이 "그리스도에 관한 본래의 자료들"(originalia instrumenta Christi)을 받아들이지 않고 복음서를 삭제하거나 조작한 것은 그가 구약의 이사야와 예레미야의 예언의 성취로서 일어난 신약의 사건들과 주님의 잉태를 알린 천사 가브리엘이 구약의 창조주 하나님의 사자였다는 사실을 부인하였기 때문이라는 점을 지적하고,1424) 그가 "그리스도인들에게 전해야 할 것을 믿지 않으므로"(non credendo quod traditum christianos facit) 이러한 오류에 빠졌음을 거론한다.1425)

터툴리안은 이러한 서론적 언급 이후에 말씨온이 가현설(docetismus)에 빠져서 그리스도의 나심(nativitas)이 "불가능하고"(impossibilis) "부당하다고"(inconveniens) 전제하는 가운데 동정녀잉태와 출생은 "가상"(τό δοκεῖν)일 따름이며 그의 몸은 단지 "환영"(phantasma)에 불과한 "가상적인 육체"(caro putativa)였을 뿐이라고 주장하고 있음을 비판하고,1426) "하나님은 자신이 원하시지 않는 것을 제외하고는 불가능한 것이 없다"(deo nihil impossibile nisi quod non vult)는 사실을 환기시키면서 "만약 그가 원하셨다면 하실 수 있으셨으므로, 그는 나셨다"(si voluit, et potuit et natus est)고 단언한다.1427)

터툴리안은 성육신이 불가함을 말하는 말씨온을 반박하면서 하나님은 태어나기를 원하지 않으셨다면 사람이 되시지 않았을 것이므로 단지 사람이 아니라 사람의

1422) Tertullian, "Against Marcion," 2.29 (NPNFS 3.320, PL 2.319-320).

1423) Tertullian, "Against Marcion," 5.17 (NPNFS 3.465, PL 2.511). 이는 이레네우스의 영향을 반영한다. 참조. Harnack, *History of Dogma*, 2.288ff.; Kelly, *Early Christian Doctrines*, 170-174.

1424) Tertullian, "On the Flesh of Christ," 2 (NPNFS 3.522, PL 2.755).

1425) Tertullian, "On the Flesh of Christ," 2 (NPNFS 3.522, PL 2.755). 터툴리안이 말하는 "전통"은 "신앙의 규범"(regula fidei)과 의미가 상통하다. 참조. Tertullian, "The Prescription against Heretics," 13 (NPNFS 3.249, PL 2.26).

1426) Tertullian, "On the Flesh of Christ," 1 (NPNFS 3.521, PL 2.754).

1427) Tertullian, "On the Flesh of Christ," 3 (NPNFS 3.522, PL 2.756).

환상으로만 왔다고 보는 것은 "그 분 자신의 양심"(sua conscientia)에 배치된다는 점과 하나님은 자신의 "상태"(status)를 그대로 지니신 채 육체를 입으셨다는 점을 부각시킨다. 말씨온은 변화될 수 있는 본성은 변화된 것 안에 계속 존재할 수 없으므로 신성을 버리지 않고 인성을 취하는 것이 불가하다고 주장한다. 이에 대해서 터툴리안은 하나님이 모든 피조물과 다르시고 "변화된 다음에도"(in exitu conversionis) 그러하시기 때문에, 변화되시나 동일하시다는 점을 지적하고, 이를 변증하기 위해서 아브라함에게 나타난 천사들이 육체를 입었으나 여전히 천사였다는 점과 성령이 비둘기같이 임했으나 "다른 실체를 더하여 취하였다고 해서 고유한 실체를 버리지 않았다"(nec interfecerat substantiam propriam assumpta substantia extranea)는 사실을 거론한다. 그리고 "기록된 것은 존재하지 않을 수 없다"(Non potest non fuisse quod scriptum est)라고,1428) 자신의 이러한 입장이 성경의 가르침에 따른 것임을 에둘러 표현한다.

터툴리안은 계속해서 성육신을 부당하다고 보는 말씨온을 두 가지로 반박한다. 첫째, "몸을 가지는 것"(corporatio)이 저급한 것이 아님을 지적한다. 사람의 출생은 더러운 것이 아니라 오히려 "공경해야 할 자연"(veneratio naturae)이다. 사람의 출생을 폄하하면서 어떻게 사람이 다른 사람이나 자기 자신을 사랑할 수 있는가? 여기서 터툴리안은 그리스도가 창조주 하나님의 아들임을 지적하면서 그 분의 사랑은 창조주의 사랑과 연결되어 있음을 강조한다.

> 그리스도는 사람을 위하여 내려오셨고, 사람을 위하여 선포하셨고, 사람을 위하여 지극한 비천함 가운데 죽기까지-십자가에 죽기까지-자신을 내던지셨다. 그는 많은 값을 치르고 자신이 친히 구속한 사람을 사랑하셨다. ……그는 사람을 사랑하셨으며, 사람의 태어남과 육체도 사랑하셨다. 존재하는 것이 존재하게끔 하는 분이 없다면 어떤 것도 사랑받을 수 없다(Nihil amari potest sine eo per quod est id quod est).1429)

여기에서 터툴리안은 자기 자신을 중심으로써 하나님의 백성을 마지막까지 사랑

1428) Tertullian, "On the Flesh of Christ," 3 (NPNFS 3.522-523, PL 2.757-758).
1429) Tertullian, "On the Flesh of Christ," 4 (NPNFS 3.524, PL 2.759).

하신 주님이 하나님으로부터 오신 하나님으로서 사람이 아니셨다면 그 백성은 하나님의 백성일 수가 없었을 것이라는 점을 들어 말씨온이 자기모순에 빠져 있음을 역설적으로 반박한다.

둘째, 터툴리안은 말씨온이 정작 주님의 나심은 부인하면서 십자가의 고난과 부활을 인정하는 모순에 빠져있다는 점을 비판한다. 그리고 나심을 믿지 않는 것이 지혜롭다면 죽으심을 믿지 않는 것은 더욱 지혜로운 것이 아니겠냐고 역설적으로 반문한다. 그리스도가 단지 "환상"(phantasma)에 불과하시다면 죽음도 거짓일 것이다. 그러나 사도 바울은 십자가만을 자랑한다고 하지 않았는가? 십자가의 수치는 우리에게 유익한 것이며 그것을 부인하는 것은 우리의 죄를 미화하는 것과 다르지 않을 것이니, 만일 고통당함이 없었다면 십자가는 아무 구원의 수단도 될 수 없었을 것이 아닌가?

> 하나님의 아들이 나셨다. 이는 부끄러워해야 할 일이므로 부끄럽지 않다(non pudet quia pudendum est). 하나님의 아들이 죽으셨다. 이는 어리석기 때문에 믿을 만하다. 묻히신 분으로서 부활하셨다. 이는 불가능하기 때문에 확실하다(certum est quia impossibile).[1430]

이와 같은 방식으로 터툴리안은 성경의 가르침은 그 자체로 진리라는 사실을 변증한다. 그리하여 그리스도의 성육신을 이성적으로 받아들이는 것이 불가능한 것보다 그것을 신앙적으로 부인하는 것은 더더욱 불가능함을 역설하고 있다. 이렇듯 터툴리안은 말씨온의 왜곡된 성경론과 그의 신학적 이론을 동시에 반박하고 있다.

[아펠레 비판 : "그것이 어디에서 왔느냐"(unde fuerit)]

터툴리안은 『그리스도의 육체론』에서 이전에 그가 『아펠레 반박』(Adversus Apelleiacos)이라고 명명한 책을 저술했음을 언급하고 있으나,[1431] 아펠레에 대한 논

1430) Tertullian, "On the Flesh of Christ," 5 (*NPNFS* 3.525, *PL* 2.761).
1431) Tertullian, "On the Flesh of Christ," 8 (*NPNFS* 3.529, *PL* 2.769).

의는 『그리스도의 육체론』 이외에는 『이단 규정』 30장에 일부 남아 있을 뿐이다.[1432] 아펠레는 말씨온의 제자지만 그를 떠났다. 신학적으로 말씨온의 이원론을 떠나서 하나의 신을 주장하였으며 창조주 데미우르구스(Demiurgus)는 신이 아니라 천사라고 보았다. 그리고 스승의 신비적 금욕주의를 버렸다. 터툴리안은 말씨온을 "석회덩이"로, 아펠레를 "석탄덩이"로 부르면서,[1433] 양자의 공통점은 그들이 모두 "완전하고 부패하지 않은 복음서의 진리"(veritas integri et incorrupti evangelii)를 떠나서[1434] "다른 복음"을 전한 점에 있다고 비판한다.[1435]

말씨온과는 달리 아펠레는 예수의 육체 자체를 부인하지는 않았으나, 그 기원과 성질에 대해서는 자의적인 해석을 가하였다. 여러 사료들은 아펠레가 이중적인 신을 부인하고 오직 한 신과 나머지 유사한 신들을 천사들로 인정했을 뿐이라고 알려준다. 그러나 말씨온과 같이 다양한 신들의 계보를 직접 논하지는 않았지만 아펠레 역시 다양한 신들의 이름만을 박탈했을 뿐 존재는 인정하였다.[1436] 이러한 절충적 입장은 아펠레가 말씨온과 영지주의자 발렌티우스의 중간 지점에 위치하고 있음을 말해준다.

터툴리안은 아펠레가 그리스도의 육체는 인정하나 그것이 "태어난 육체"(caro nata)라는 것을 부인한다는 사실을 먼저 지적한다. 그렇다면 그것은 어디서 온 것인가? 출생한 육체가 아니라면, 그 "성질"(qualitas)과 "질료"(materia)가 일반 육체와 다르다면, 그것을 육체라고 할 수 있는가? 이에 대해서 아펠레는 그리스도의 육체는 '태어난 것'(nata)이 아니라 "별들과 상위 세상의 실체로부터" "빌려온 것"(mutuata)이라고 궁색한 변명을 한다.[1437]

아펠레는 그리스도의 육체를 모태의 어떤 영향도 받지 않은 천사들의 육체와 같

1432) Tertullian, "The Prescription against Heretics," 30 (*NPNFS* 3.257, *PL* 2.42–43).

1433) Tertullian, "On the Flesh of Christ," 6 (*NPNFS* 3.526, *PL* 2.763).

1434) Tertullian, "On the Flesh of Christ," 8 (*NPNFS* 3.528, *PL* 2.769).

1435) Tertullian, "On the Flesh of Christ," (*NPNFS* 3.526, *PL* 2.763).

1436) 참조. 떼르뚤리아누스, 『그리스도의 육신론』, "해제," 61–64. 특히 필라스트리우스(Philastrius)로부터의 다음 인용(61–62)에 주목할 것: "Non mihi opus est discere a Marcione ut duo principia adseram coaeterna: ego enim unum principium esse praedico, quem deum cognosco"(아펠레가 말하기를, "동일한 두 개의 원리[기원]가 존재한다고 보는 말씨온으로부터 배우는 것은 나에게 무익하다: 참으로 나는 하나의 원리, 즉 하나님만이 있음을 인정한다.").

1437) Tertullian, "On the Flesh of Christ," 6 (*NPNFS* 3.526, *PL* 2.763).

다고 주장한다. 터툴리안은 이를 반박하면서 "그들은 죽으러 온 것이 아니기 때문에 태어나지 않았으나"(non venerant mori ideo nec nasci) 그리스도는 죽기 위해서 태어나셨다는 점을 강조한다.

> 참으로 그리스도는 죽으러 보냄을 받으셨으므로 죽을 수 있도록 나실 필요가 있었다. 통상 태어나지 않고는 죽지 않는다. 태어남과 죽음은 서로 함께 있어야 한다. 죽음의 형상(形狀)이 태어남의 원인이다(Forma moriendi causa nascendi est). 그리스도는 죽어야 할 것 때문에 죽으셨다. 태어난 것은 죽는다. 결과적으로 이미 말한 대로, 태어나는 것은 죽어야 하므로, 그리스도는 태어나는 것 때문에 죽기 위해서 태어나셨다.[1438]

출생의 필연성을 십자가의 죽음을 통한 대속의 필연성에서 찾은 터툴리안은 그 출생이 하나님의 아들에게 고유함을 지적한다. 다음과 같이 자신의 본성을 변화시킬 수 있는 분은 그 자체를 육체로 변화시킬 수 있다는 사실을 그 근거로 든다.

> 무로부터 나왔던 것은 무로 돌아갔다. 자신을 육체로 변화시킬 수 있는 자들은 무 자체를 육체로 변화시킬 수 있었다. 물질을 만드는 것보다 본성을 변화시키는 것이 더욱 어렵다.[1439]

그러므로 그리스도가 육체로 나신 것을 부정하게 되면 그의 죽음을 그 자신의 것이 아닌 외계의 것으로 만드는 결과를 낳게 된다. 터툴리안은 주님에게 동생들이 있었음을 증거하는 마태복음 12:48을 왜곡해서 주님의 육체적 탄생을 부인하는 아펠레를 비판하면서, 오히려 이 구절이 성육신의 확실한 근거가 됨을 역설한다.[1440] 아펠레는 그리스도의 육체를 인정한다고는 했으나 그것은 "저 악의 주재자 불[의 천사]"(ab igneo illo praeside mali)에 의해서 만들어진 사람의 육체와는 달리 하늘로부터 왔다고 보았다. 여기에서 "불의 천사"는 "숭고한 천사"(angelus inclitus)로서 물질

1438) Tertullian, "On the Flesh of Christ," 6 (NPNFS 3.526-527, PL 2.764).
1439) Tertullian, "On the Flesh of Christ," 6 (NPNFS 3.527, PL 2.765). 여기서는 삼위일체 하나님의 창조사역으로부터 성육신을 변증한다. 여기의 복수형은 삼위일체를 뜻한다고 볼 수 있다.
1440) Tertullian, "On the Flesh of Christ," 7 (NPNFS 3.527, PL 2.766).

의 창조주인 데미우르구스를 뜻한다. 이와 같이 아펠레는 그리스도의 육체가 하늘로부터 왔기 때문에 사람의 육체와는 구별된다고 주장한다. 이에 대해서 터툴리안은 다음과 같이 반문한다. 땅을 지은 창조주가 하늘도 지었다고 한다면 "하늘의 별로부터"(de sideribus) 온 육체도 마찬가지로 저급한 것 아닌가?[1441]

터툴리안은 예수님 당시의 사람들이 그에게 놀란 것은 그의 육체 때문이 아니라 그의 가르침이나 그가 행하신 기이한 일 때문이었다는 점을 마지막으로 지적한다. 주님의 인성은 그 본성이 우리와 전혀 다를 정도로 다르지 않았으며 우리와 같았으나 죄는 없으셨다는 점을 환기시키면서, 터툴리안은 다음과 같이 논지를 편다. "땅에 기원을 둔 모든 표징들"(omnia terrenae originis signa)이 주님께 있었다. 주님은 목마르시고, 눈물을 흘리시고, 굶주리셨다. "이것들을 천상의 표징들(signa caelestia)이라고 할 수 있겠는가?" "그의 고난은 육체가 인간의 것이었음을, 능욕은 그것이 참으로 비천했음"(passiones quidem humanam carnem, contumeliae vero inhonestam)을 말해주지 않는가!"[1442]

[발렌티누스 비판 : "그것이 어떠했느냐"(cujusmodi fuerit)]

아펠레는 그리스도의 육체는 인정했으나 그가 육체로 잉태되고 나심은 부인한다. 그리스도의 육체에 대하여, 그것이 "하늘의 별로부터" 빌려온 것이라는 사실만을 되풀이한다. 발렌티누스는 아펠레의 이러한 소극적 입장과는 달리 그리스도의 육체를 적극적으로 규정하여 그것이 무엇으로 이루어져 있는지에 관한 질문을 던진다.

발렌티누스의 생애에 대한 언급은 터툴리안의 작품들 여기저기에 흩어져 있다. 발렌티누스는 한때 말씨온의 제자였다가 배반한 자로서 한때 신비주의에 몰입했으며 재능과 언변에 뛰어났으나 종교적 야망이 컸던 사람으로 그려진다.[1443] 터툴리안의 『발렌티누스주의자들 반박』(Adversus Valentinianos)은 『그리스도의 육체론』 이후

1441) Tertullian, "On the Flesh of Christ," 8 (NPNFS 3.529, PL 2.769).

1442) Tertullian, "On the Flesh of Christ," 9 (NPNFS 3.530, PL 2.772).

1443) Tertullian, "On the Flesh of Christ," 1 (NPNFS 3.521, PL 2.754); "Against the Valentinians," 1, 4 (NPNFS 3.503-505, PL 2.538-547).

에 저술된 책으로서 "어떤 오래된 사상의 씨앗"(cujusdam veteris opionis semen)이라고 칭한 영지주의 이단에 대한 반박을 담고 있다.[1444]

영지주의 이단의 문제는 기독교의 주제를 이원론적 철학으로 해석하는 과정에서 창조주와 구속주 하나님을 분리시키고, 그리스도가 참 하나님과 참 사람이심을 부인하며, 이방 구원론을 기독교에 들여왔다는 점에 있다. 영지주의는 사람 안에 들어와 감금되어 있는 신적인 불씨를 다시금 태우기 위한 영적인 지혜를 발견하거나 개발하는 데 신학의 목적을 두었다. 이러한 사상은 신적인 존재들을 칭하는 에온(aeon)의 계보인 플레로마(pleroma) 사상에 기초하여 개진되었다.[1445]

터툴리안은 『발렌티누스주의자들 반박』에서 그들이 주장하는 에온들의 서열을 제시하고 있다. 1) 완전한 에온으로서 "시작" 혹은 "심연"이라고 불리는 최고의 신. 2) 심연의 짝으로서 "은혜" 혹은 "침묵"이라고도 불리는 "생각." 3) 심연과 생각으로부터 나온 세 쌍으로서 이성과 진리, 말씀과 생명, 교회와 사람.[1446] 4) 말씀과 생명으로부터 나온 10개의 에온과 사람과 교회로부터 나온 12개의 에온.[1447] 이러한 30개의 에온이 속한 천상계는 "한계"(限界)와 "십자가"로 불리는 경륜 가운데 운행한다.[1448] 이러한 에온의 마지막이 "지혜"(Sophia)이다. "지혜"가 그 근원인 "말씀"을 떠나서 최고의 에온인 "시작"을 직접 만나려고 한 것이 "한계"에게 발각되어 플레로마에서 물질세계로 쫓겨나게 된다. 이렇게 쫓겨난 "지혜"는 "아카모쓰"(Achamoth)라고 불리는 저급한 지혜가 되어서 데미우르구스를 조성자로 삼아서 모든 물질을 배태한다. 이를 우려한 "시작"은 "이성"과 함께 "그리스도"와 "성령"을 생성하게 된다. 그리고 아카모쓰는 데미우르구스를 통하여 물질로 이루어진 육체(caro)를 조성하고 영혼(anima)에 그것을 결합시킨다. 이러한 육체와 영혼의 결합체가 저급함을 측은히 보고 영(spiritus)이신 그리스도가 내려와 결합한 것이 이 땅에 오신 주님의 인격이다.[1449] 이와 같이 발렌티누스와 그를 따르는 영지주의자들은 이원론적 우주관

1444) Tertullian, "Against the Valentinians," 4 (*NPNFS* 3.505, *PL* 2.546).

1445) 참조. Simone Pétrement, *A Separate God: The Origins and Teachings of Gnosticism*, tr. Carol Harrison (New York: HarperSanFrancisco, 1984), 1–26.

1446) Tertullian, "Against the Valentinians," 7 (*NPNFS* 3.506–507, *PL* 2.550–552).

1447) Tertullian, "Against the Valentinians," 8 (*NPNFS* 3.507–508, *PL* 2.553–554).

1448) Tertullian, "Against the Valentinians," 9 (*NPNFS* 3.508, *PL* 2.556).

1449) Tertullian, "Against the Valentinians," 9–24 (*NPNFS* 3.508–515, *PL* 2.555–578). 영지주의에 대한 이

에 기초한 신관에 따라서 그리스도의 성육신과 사람의 구원을 파악한다. 그들은 그리스도의 몸을 독특한 것으로 여긴다. 그리스도는 먹고 마셨으나 배설은 하지 않았다고 한다. 그리스도의 구원은 오직 고상한 영의 영역, 즉 모든 사람에게 그 섬광이 들어와 있는 신적 영역에만 속한다고 본다.[1450]

발렌티누스는 다른 영지주의자들과 마찬가지로 구약의 하나님을 진정한 하나님이라고 보지 않는다. 그러나 말씨온과는 달리 구약의 백성들도 하나님을 알고 있었다고 믿는다. 비록 저급한 지혜였으나 "아카모쓰"도 그 안에 성령이 있으며 저급한 물질의 창조주인 데미우르구스에게도 비록 완전하지는 않지만 하나님의 형상이 있다고 여긴다.[1451] 터툴리안은 말씨온과 발렌티누스의 신학적 차이가 그들의 성경관과 연관되어 있음에 주목한다. 터툴리안은 말씨온이 성경 자체를 난도질했다면 발렌티누스는 그렇게까지는 아니했다 하더라도 용어들을 자의대로 해석하고 마음대로 적용했다고 비판한다.[1452]

터툴리안은 먼저 발렌티누스가 성육신을 "영혼이 육신이 되었다"(anima caro sit facta)라는 개념에 착안해서 그리스도의 육체는 "영혼적이며"(animalis) 그리스도의 영혼은 "육체적"(carnalis)이라고 여기고 있음을 주요 논제로 삼는다. "만일 그가 육체적인(carneam) 영혼을 지녔다면 우리의 영혼을 구원할 수 없었을 것이다. 왜냐하면 우리의 영혼은 육체적이지 않기 때문이다"라고 이를 단호히 비판한다. 여기에서 주목되는 것은 터툴리안이 그리스도의 성육신을 다루면서 그 구원론적인 의미에 초점을 맞추어 인간의 구조를 논하고 있다는 사실이다.[1453]

발렌티누스는 영지주의자들과 마찬가지로 영혼의 구원만을 주장한다. 그렇다면 영혼의 구원을 위하여 "육체적인 영혼"(anima carnalis)이 필요한 이유가 무엇인가? 발렌티누스는 비가시적인 영혼을 가시적으로 드러내기 위하여 육체가 필요하다고 여긴다. 그렇다면 고급스러운 영혼이 저급한 육체에 갇혀서 자신을 드러낼 필요가

러한 터툴리안의 반론은 이레네우스의 "Against Heresies," 1.1-8, 11-21에서와 논조가 유사하다. 참조. Ismo Dunderberg, "The School of Valentinus," in *A Companion to Second-Century Christian "Heretics*," ed. Marjanen and Luomannen, 65-72.

1450) 참조. Pétrement, *A Separate God*, 364-370; Dunderberg, "The School of Valentinus," 73-76.

1451) 참조. Pétrement, *A Separate God*, 370-371.

1452) Tertullian, "The Prescription against Heretics," 38 (*NPNFS* 3.527-529, *PL* 2.592).

1453) Tertullian, "On the Flesh of Christ," 10 (*NPNFS* 3.530-531, *PL* 2.773).

어디에 있는가? 영혼은 고유한 자신의 "본체"(corpus)를 가지고 있으며 속성상 비가시적이므로 그것이 가시적이 된다고 해서 어떤 고유한 속성을 새롭게 부여받는 것은 아니다. 따라서 영혼의 구원을 위하여 영혼이 육체가 된다는 것은 모순이다. 만약 영혼이 육체의 가시성을 통해서 무슨 기능을 한다면 그것은 하나님의 "거짓"(mendacium)을 드러낼 뿐이며, 만약 영혼이 그 자체로 영혼을 구원할 수 없다면 그것은 하나님의 "무능"(infirmitas)을 드러낼 뿐이다. 그렇게 하시려면 하나님이 하나님의 아들이 아니라 그저 한 사람의 영혼에 육체를 "입게"(induens) 하지 않으셨겠는가? 이러한 논법으로 터툴리안은 그리스도의 영혼이 육체와 함께 완전한 인성을 형성함을 우회적으로 변증하고 있다.[1454]

터툴리안의 입장은 확고하다. 영혼은 외계로부터 육체에 들어온 무엇이 아니다. 육체의 감각은 육체로부터 오는 것이 아니다. 영혼의 작용이다. 육체가 영혼을 인식하는 것 자체가 영혼의 작용이다. 인간은 영혼과 육체로 구성되어 "이성적인 동물"(animal rationale)이라고 불린다. 영혼의 감각은 육체적(carnalis)이지 않으며 영혼적(animalis)이다. 그러므로 "감각은 영혼의 영혼이다"(animae anima sensus est). 육체에 감각이 있으며 그것이 영혼이다. 그러므로 육체는 영혼과 함께 있다. 성육신은 영혼이 육체가 된 것이 아니라, 하나님의 아들이 영혼과 육체로 오신 것이다. 그리하여 그 가운데 죽으심으로 영혼과 육체가 함께 부활하리라는 것을 가르치셨다. 영혼과 육체는 서로가 서로에게 기원이 될 수 없다.[1455] 그리스도가 사람이 되신 것은 영혼이 아니라 영혼과 육체로 이루어진 사람의 구원을 위해서였다.[1456]

터툴리안은 사람이 신적인 요소인 영, 정신적인 요소인 영혼, 물질적인 요소인 육체로 이루어졌다고 보는 영지주의의 관점을 정면으로 반박하면서, "사람의 육체"(caro hominis)는 "사람으로부터 취한 것"(homine sumpta)이지 "영으로부터도, 영혼으로부터도, 별로부터도, 가상으로부터도 아니다"(non spiritualis, nec animalis nec siderae nec imaginariae)라고 말한다.[1457] 영혼과 육체는 두 실체이나 한 몸을 이룬다. 사람의 몸이 그러하고 그리스도의 인성이 그러하다.

1454) Tertullian, "On the Flesh of Christ," 11 (*NPNFS* 3.531-532, *PL* 2.773-774).
1455) Tertullian, "On the Flesh of Christ," 12 (*NPNFS* 3.532, *PL* 2.775-776).
1456) Tertullian, "On the Flesh of Christ," 14 (*NPNFS* 3.533, *PL* 2.777-778).
1457) Tertullian, "On the Flesh of Christ," 15 (*NPNFS* 3.534, *PL* 2.779).

만약 둘이라면 더 이상 하나가 아니다. 만약 하나가 아니라면 그것은 육체적 영혼도 아니며 영혼적 육체도 아니다. 진정 영혼-육체 혹은 육체-영혼은 하나이다. 그리스도가 육체였던 것 외에 다른 영혼을 입고 다니셨거나, 영혼이었던 것 외에 다른 육체를 입고 다니셨다는 가정은 가당치 않다(Nisi si et seorsum aliam gestabat animam praeter eam quae caro erat, et aliam circumferebat carnem praeter illam quae anima erat).[1458]

터툴리안은 부활하신 주님의 "영적인 육체"(caro spiritualis)는 이전과 동일한 "질료"(materia)와 "실체"(substantia)를 가졌음을 강조한다. 주님은 육체가 아니라 육체의 죄를 없애셨다. 죄성이 육체와 영혼에 함께 퍼져 있기 때문에, 주님은 육체와 영혼의 사람으로 오셔서 그것을 사람으로부터 가져가고자 하셨다.

> 설명할 수 있는 뜻을 곡해하지 말라. 그는 우리의 육체를 자신의 것으로 입으시고, 그것을 자신의 것으로 만드심으로써 죄가 없게 만드셨다.[1459]

터툴리안은 발렌티누스를 반박하면서 그리스도의 성육신이 그리스도의 신성과 인성이 연합하여 하나가 되는 사건이라는 사실을 동정녀탄생을 부각시키면서 강조한다. 그리스도는 "동정녀 마리아로부터"(ex virgine) "실체"(substantia)를 받으셨다. 그는 "인간 어머니로부터"(ex humana matrice) 나셨다. 그는 인간의 씨 없이 "영적인 새로운 씨"(semen spiritualis, novus)로 잉태되셨다. 무로부터 사람이 창조되었듯이, 주님이 동정녀에게서 나셨다. 첫째 아담이 생령으로 났다면, 둘째 아담은 "생명을 주는 영"(spiritus vivificans)으로 나셨다. 하와에게 뱀의 말이 작용하였다면, 이제 하나님의 말씀이 여자 안에 들어가셔서 인류를 구원하시는 사람이 되셨다.[1460] 사람이 사람의 어머니 없이 처음 창조되었듯이, 하나님의 아들은 하나님만을 아버지로 모시고 동정녀에게서 나셨다.[1461] 말씀이 육신이 되셨다는 것은 말씀이 다른 것으로

1458) Tertullian, "On the Flesh of Christ," 13 (NPNFS 3.533, PL 2.777): "Si duo, jam non unum; si non unum, jam nec anima carnalis nec caro animalis. Unum enim est anima caro aut caro anima."
1459) Tertullian, "On the Flesh of Christ," 16 (NPNFS 3.536, PL 2.781).
1460) Tertullian, "On the Flesh of Christ," 17 (NPNFS 3.536, PL 2.781-782).
1461) Tertullian, "On the Flesh of Christ," 18 (NPNFS 3.537, PL 2.782-783).

부터 무엇을 취하여 육신이 되셨다는 의미이다. 그것은 말씀이 그 자체로 육신으로 변했다는 것을 의미하는 것은 아니다.

> 하나님으로부터 나신 분으로서 그는 하나님의 영으로부터 나신 영이시며, 사람의 육체로부터 사람으로서 육체 가운데 나셨다(cum sit ipse de spiritu dei spiritus, ex deo natus, ipse et ex carne hominis homo in carne generatus).[1462]

주님은 하나님으로부터 나셨다(요 1:13). 그는 하나님이시며 하나님에 속한 모든 것을 가지고 계신다. 그러므로 그는 하나님으로서 하나님으로부터 나실 것이 없으시다. 그가 하나님으로부터 나셨다는 것은 하나님으로서 사람이 되셨다는 것을 뜻한다. 하나님의 아들로서 하나님이신 말씀이 성육신의 주체가 된다.[1463] 주님은 동정녀 마리아 "안에서"(in), 마리아 "에게서"(ex) 나신 것이지, 단지 그녀의 본성과 무관하게 그녀를 "통하여"(per) 지나가듯이 나신 것이 아니다. 그러므로 "육체의 실제"(carnis veritas)를 부인해서는 안 된다.[1464] 이러한 입장을 견지하는 가운데, 터툴리안은 다음과 같이 말한다.

> 영혼은 불리는 것과 다른 것일 수 없으며 육체는 보이는 것과 다른 것일 수 없다. 하나님은 선포된 분과 다를 수 없다.[1465]

[칼케돈 신경의 초기적 맹아]

터툴리안은 성육신을 변화(conversus)나 변형(transfiguratio)으로 보지 않는다. 왜냐하면 그것은 이전의 존재가 끝나고 새로운 존재가 시작되는 것을 의미하기 때문이

1462) Tertullian, "On the Flesh of Christ," 18 (*NPNFS* 3.537, *PL* 2.782-784).
1463) Tertullian, "On the Flesh of Christ," 19 (*NPNFS* 3.537-538, *PL* 2.784-785).
1464) Tertullian, "On the Flesh of Christ," 20 (*NPNFS* 3.538-539, *PL* 2.785-787).
1465) Tertullian, "On the Flesh of Christ," 24 (*NPNFS* 3.541, *PL* 2.791): "anima non alia sit quam quae vocatur et caro non alia quam quae videtur et deus non alius quam qui praedicatur."

다. 터툴리안은 성육신을 한 실체가 다른 실체를 취하는 것(assumptio)으로 본다.1466) 『프락세아스 반박』(Adversus Praxeam)에서 터툴리안은 이를 말씀이 "자신의 진정한 옷을 입는 것(vestitus)"이라고 표현하면서, 말씀이 육체가 된 것이 실체의 변화를 의미한다면 그것은 두 실체가 혼합된 것과 다르지 않을 것이나, 성육신한 하나님은 참 하나님이시자 참 사람으로서 각각의 실체에 따라서 고유한 속성을 유지한다고 분명히 천명한다.1467)

터툴리안은 스토아 학파의 영향을 받아서 그리스도의 몸이 "영"(spiritus)과 "영혼"(anima)과 "육체"(caro)로 이루어졌다고 본다.1468) "영"은 그리스도의 신성을, "영혼"과 "육체"는 사람을 구성하는 두 요소를 뜻한다.1469) "영"이라는 말은 성령을 뜻하거나 하나님의 영적 실체인 신성을 뜻하기 위하여 사용되는 것으로서 인성의 구성요소가 되는 "영혼"과는 구별된다. 터툴리안은 "말씀은 영에 의해서 형성되며 ……영은 말씀의 몸이다"라고 함으로써, 성육신을 영이 영혼과 육체의 사람과 연합하는 것으로 여기는 자신의 입장이 양태론(樣態論, Modalism)의 선구자 프락세아스(Praxeas)의 입장과는 양립할 수 없음을 분명히 개진한다.1470)

> 이곳에서(눅 1:35) 하나님의 영은 분명 말씀과 같다. 왜냐하면 요한이 "말씀이 육신이 되셨다"고 했을 때 우리는 말씀에 대한 언급 가운데서 영을 이해하기 때문이다. 마찬가지로 이제 또한 우리는 영의 이름으로 말씀을 인정한다. 왜냐하면 영은 말씀의 실체이고 말씀은 영의 작용이며, 둘은 하나이며 같기 때문이다.1471)

터툴리안은 영원한 말씀의 존재를 영과 동일시하고 성육신을 그 영이 사람이 되는 것을 뜻한다고 보며 승천하신 주님이 보혜사 성령을 부어주시는 것도 그가 영이

1466) Tertullian, "On the Flesh of Christ," 3 (*NPNFS* 3.523, *PL* 2.756–757).
1467) Tertullian, "Against Praxeas," 27 (*NPNFS* 3.623–624, *PL* 2.190–191).
1468) Tertullian, "Against Marcion," 5.15 (*NPNFS* 3.461–463, *PL* 2.508–510).
1469) 참조. Daniélou, *The Origins of Latin Christianity*, 215–216.
1470) Tertullian, "Against Praxeas," 8 (*NPNFS* 3.603, *PL* 2.163). 이에 대해서, Daley, "'One Thing and Another': The Persons in God and the Person of Christ in Patristic Theology," 26–29.
1471) Tertullian, "Against Praxeas," 26 (*NPNFS* 3.622, *PL* 2.189).

시라는 사실로써 논증하고자 한다.[1472] 터툴리안에 따르면, 첫째 아담은 흙으로부터 나왔으나 둘째 아담은 하늘로부터 왔다는 구절(고전 15:47)은 육체의 질료(materia)가 아니라 그 실체의 기원이 상이함을 드러낼 뿐이다. 그리스도는 우리와 동일한 육체를 가졌으나 영원한 영이시기 때문이다.[1473]

터툴리안의 기독론은 그가 『프락세아스 반박』에서 개진한 삼위일체론과 같은 정교함과 엄밀함을 가지고 있지는 않다. 예컨대, 터툴리안은 그리스도의 영을 신성으로 보고 영혼과 육체를 인성으로 보는 데 머물러 두 본성이 한 인격을 이루는 위격적 연합 교리로까지는 나아가지 못하고 있다. 그러나 터툴리안에게도 신성과 인성의 양 실체에 속한 고유한 속성들과 사역들이 모두 한 인격에 돌려진다는 속성교통(communicatio idiomatum)에 관한 인식은 나타난다. 성육신이 이치에 맞지 않다고 비판한 말씨온을 반박하는 다음 글에서 터툴리안은 이를 피력한다.

> 이러한 두 실체의 기원은 그가 사람이며 하나님이시라는 것을 보여준다. 한편으로는 나셨으나 한편으로는 나시지 않으셨으며, 한편으로는 육적이나 한편으로는 영적이며, 한편으로는 연약하나 한편으로는 전능하며, 한편으로는 죽어가는 것이나 한편으로는 살아있는 것이다(hinc natum, inde non natum, hinc carneum, inde spiritalem, hinc infirnum, inde praefortem, hinc morientem, inde viventem). 이러한 신적이며 인간적인 두 상태의 속성은 두 본성에 동등하게 적용되는 진리에 비추어 영과 육체에 관한 동일한 믿음 가운데 분명하게 주장된다. 성령의 능력은 그가 하나님이심을, 그의 고난은 그가 지니신 사람의 육체를 입증한다.[1474]

만물의 "기원"(census)은 하나님이시다.[1475] 하나님이 그로부터 기원하는 육체를 입고 이 땅에 오셨다. 이러한 측면에서 우리는 초대교회의 창조론과 신론의 배경 가운데서 기독론을 전개한 터툴리안의 자리를 찾을 수 있다.

1472) Tertullian, "Against Marcion," 5.8 (*NPNFS* 3.445-446, *PL* 2.489).
1473) Tertullian, "On the Flesh of Christ," 8 (*NPNFS* 3.529, *PL* 2.770).
1474) Tertullian, "On the Flesh of Christ," 5 (*NPNFS* 3.525, *PL* 2.761-762).
1475) "기원"(census)은 "실체"(substantia)와 더불어 터툴리안 삼위일체론의 핵심 개념이 된다. 참조. Daniélou, *The Origins of Latin Christianity*, 348-352.

이그나티우스로 대표되는 초대교회의 속사도 교부들은 영지주의를 반박하면서도 그 영향권에 있었다. 그들은 선재하는 그리스도의 영이 인성과 연합되었다는 영-기독론(Spirit-Christology)의 입장을 견지했다.1476) 이들 이후의 세대인 순교자 저스틴과 이레네우스 등을 포함한 변증가들은 영원한 말씀이 육신이 되셨다는 말씀-육신 기독론을 주창한다.1477) 그리하여 순교자 저스틴이 그리했듯이 성육신한 그리스도는 "몸과 말씀과 영혼"(καὶ σῶμα καὶ λόγον καὶ ψυχήν)으로 이루어졌다고 보았다.1478) 히폴리투스로부터 발원하고 터툴리안에 의해서 풍성해진 서방 라틴 신학자들의 기독론에서도 이러한 초기 기독론의 영향이 나타난다. 그들은 특히 이레네우스로부터 많은 영향을 받았다. 터툴리안은 신성과 인성을 각각 실체(substantia)로 파악하고 그로부터 한 인격(persona)을 설명함으로써 이러한 논의를 신학적으로 체계화한 공이 있다.1479)

위에서 보았듯이, 터툴리안은 영원하신 하나님의 말씀을 영과 동일시하여 영-기독론과 말씀-육신 기독론을 결합시킨다. 영혼과 육체의 인성과 그 인성과 연합한 영이 각각 독립된 실체로서 고유한 속성을 유지한다고 보았다. 『그리스도의 육체론』은 이러한 연합에 있어서의 인성 부분에 주목한 책이었다. 『프락세아스 반박』은 삼위일체론을 "출래"(προβολή, prolatio, prolation)라는 개념으로 전개하면서 『그리스도의 육체론』에서 파악한 영과 말씀의 관계에 주목한다. 그리하여 영의 실체가 곧 말씀이라는 결론을 도출한다.1480)

터툴리안이 『프락세아스 반박』에서 보여준 삼위일체론은 그의 기독론, 특히 성육신론에 정초하고 있다. 터툴리안은 『그리스도의 육체론』에서 말씨온과 아펠레 그리고 발렌티누스의 입장을 반박하면서 자신이 영과 말씀을 동일시한다는 사실과 그 말씀이 진정한 인성과 연합했다는 사실을 성경적으로 믿고 있음을 확실하게 드러

1476) Kelly, *Early Christian Doctrines*, 142-145.
1477) 그럼에도 불구하고 이레네우스의 기독론은 "성령의 기독론"이라고 할 만큼 그리스도의 성육신, 기름부음, 사역, 성도와 연합 등을 설명함에 있어서 성령의 작용을 강조하였다. 참조. Bobrinskoy, "The Indwelling of the Spirit in Christ: 'Pneumatic Christology' in the Cappadocian Fathers," 51.
1478) Kelly, *Early Christian Doctrines*, 145-149. 터툴리안은 인간이 영혼과 육체로 이루어져 있다는 이분설의 입장에 서 있다. 참조. Tertullian, "On the Resurrection of the Flesh," 49ff. (*NPNFS* 3.582ff., *PL* 2.865ff.).
1479) Kelly, *Early Christian Doctrines*, 149-153.
1480) Tertullian, "Against Praxeas," 8 (*NPNFS* 3.603, *PL* 2.163).

내었다. 우리가 『프락세아스 반박』에서 볼 수 있는 더욱 체계화된 그리스도의 인격에 대한 논의는 이렇듯 그의 기독론에 의해 영향을 받은 삼위일체론으로부터 재(再)투영되어 전개된 것이었다. 『프락세아스 반박』에서 터툴리안은 성육신으로 신성과 인성은 그리스도의 인격 안에서 하나로 연합된다고 천명함으로써 자신의 신앙의 규범(regula fidei)을 확정하고 있다.1481) 그리고 그리스도의 중보직의 본질이 신인양성의 연합에 있다는 사실도 분명하게 지적한다.1482)

> 비록 신성과 인성의 두 실체가 그리스도 안에 있는 것으로 주장되더라도 신성은 불멸하다는 사실과 인성은 사멸한다는 사실이 분명히 뒤따른다. 어떤 의미에서 "그리스도가 죽었다"고 선언되는지는 분명하다. 그리스도는 영, 말씀, 하나님의 아들로서가 아니라 육체, 사람, 사람의 아들로서 죽었다. 요약하면, 죽으신 분은 기름부음받은 그리스도라고 할 때 이는 죽은 것이 기름부음받은 것, 곧 육체라는 사실을 보여준다.1483)

여기에서 터툴리안은 신성과 인성이 연합되어 있음에도 불구하고 양성 각각에 고유한 속성들은 모두 한 위격에 돌려진다는 위격적 연합에 따른 속성교통 교리를 개진하고 있다.

『그리스도의 육체론』을 통해서 터툴리안은 성육신의 사건성과 영원하신 하나님의 말씀의 영과 연합한 인성의 실체성을 두 축으로 삼아 그리스도의 위격적 연합을 다루었다. 신성과 인성은 연합을 통해서 제3의 무엇이 되거나, 변화되거나, 소멸되거나, 하지 않는다는 것을 강조하는 측면에서 실체(substantia)라는 개념이 중요하게 여겨졌다.1484) 여기에서 터툴리안은 신성과 인성이 각각 독립적인 실체성을 지니지만 그것들이 연합하여 이루는 한 인격(persona)과는 분명히 구별됨을 강조하는 가운데, 우리가 이레네우스에게서 보게 되는 총괄갱신을 통한 성육신의 구원론적 의미

1481) 터툴리안은 자신의 "신앙의 규범"에서 창조주 하나님은 한 분이시며 그 분의 말씀이 보내져 그 분의 능력과 성령으로 육체가 되셨다는 사실을 줄곧 강조한다. Tertullian, "The Prescription against Heretics," 13 (*NPNFS* 3.249, *PL* 2.26); "Against Praxeas," 2 (*NPNFS* 3.598, *PL* 2.156-157).

1482) Tertullian, "Against Praxeas," 27 (*NPNFS* 3.624, *PL* 2.192).

1483) Tertullian, "Against Praxeas," 29 (*NPNFS* 3.625-626, *PL* 2.194).

1484) Daniélou, *The Origins of Latin Christianity*, 345-348.

를 추구하고 창조와 구원을 이원론적으로 보는 영지주의를 반박한다.[1485] 이런 점에서 우리는 비록 정교하고 엄밀한 전개는 부족하다고 하더라도 터툴리안에게서 칼케돈 신경의 초기적 맹아를 발견하게 된다.[1486] 그러므로 터툴리안은 단지 영지주의적 이원론을 신학적으로 정리한 공이 있을 뿐이라고 폄하한 하르낙의 이론은 수정되어야 한다.[1487]

1. 2. 아타나시우스 : 성육신을 구원론적 관점에서 신학화

아타나시우스를 생각하면 우리는 먼저 아리우스와의 삼위일체 논쟁과 그 열매로서 니케아 신경을 떠올린다. 그런데 아타나시우스 신학의 백미는 이러한 신론에 머물지 않고 성자 하나님이 사람이 되셔서 우리의 구원을 위하여 고유한 사역을 감당하셨다는 기독론에서 정점에 이른다. 주목할 것은 아타나시우스는 그리스도의 신인양성의 연합을 다루면서 그 연장선상에서 성도의 구원을 논함으로 기독론의 구원론적 의미를 개진하고 있다는 사실이다. 이러한 관심은 그의 초기 작품인 『성육신론』(De Incarnatione Verbi Dei)에서 벌써 현격하게 드러난다. 제롬이 『이교반박』(Contra Gentes)과 함께 "이방에 대항하는 두 작품"(Adversus Gentes libri duo)이라고 명명한 이 작품은 대략 316-318년경에 저술된 것으로서 초대 변증가들과 공의회 신학자들을 연결시키는 분수령이 된다.[1488]

『성육신론』에서, "아타나시우스는 우리가 그리스도와 함께 나누는 새로운 삶의 능력에 관심을 쏟았다. 그리스도의 신성은 그 자신의 삶을 능하게 하는 반면에 그의 인성은 그것이 우리의 것이 되게 한다는 점에 아타나시우스는 착념하였다."[1489] 아타나시우스에게는 아직 양성의 위격적 연합에 대한 후대의 정치(精緻)한 전개는 나타나지 않지만, 대체로 동시대 교부들이 당대의 철학적 식견을 전면에 내세워 그

[1485] 참조. W. Brian Shelton, "Irenaeus," in *Shapes of Christian Orthodoxy*, ed. Green, 46-48. 이에 대해서 후술할 본서 제12장 6. 1. "사탄배상설과 총괄갱신설"에서 자세히 다룬다.

[1486] 본고에서 논의된 주제들은 이후 아리우스 논쟁에서도 주요하게 다루어진다. 참조. R. P. C. Hanson, *The Search for the Christian Doctrine of God: The Arian Controversy, 318-381* (Edinburgh: T&T Clark, 1988), 20-23.

[1487] Harnack, *History of Dogma*, 2.258, 286.

[1488] *CLF*, "Introduction to Athanasius," 44.

[1489] *CLF*, "General Introduction: Faith in Christ, Theology and Creeds," 18.

리스도의 비밀을 논하고자 한 반면에, 성경적 사실을 그대로 진술함으로써 그리스도의 참 신성과 참 인성을 조명하고자 했다는 점에서 교리사적으로 의의가 크다. 이러한 아타나시우스의 입장은 그리스도의 신성은 자체의 속성상 인성과 연합할 수 없다는 철학적 딜레마에 빠져 결국 그것을 부인하기에 이른 아리우스의 입장과는 대조된다.[1490]

아타나시우스와 아리우스의 갈등은 알렉산드리아의 오리겐을 바라보는 시각의 차이에서 비롯되었다. 오리겐은 "하나님과 육체 사이를 중보하는 영혼의 실재(實在)"를 가정하고 신인양성의 연합을 설명하려고 하였다.[1491] 오리겐은 철에 열이 가해지면 뜨거워지듯이 영혼에 신성이 임하면 변화가 일어난다고 보았다.[1492] 그리스도의 영혼에는 "덕성의 공로"가 있으며 그것에 하나님의 말씀의 "사랑과 순전함"이 결합하여 기름부음받은 자의 인격을 이룬다고 여겼다.[1493] 이러한 입장에 따르면, 성육신은 하나님의 전(全) 본성과 사람의 전(全) 본성, 곧 신성과 인성의 연합이 아니라, 신적 감화를 통한 영혼의 고양(高揚)에 불과하게 된다. 아리우스는 이러한 오리겐의 입장을 받아들여 예수를 가장 뛰어난 피조물이기는 하나 시작을 가진 존재로서 성부와 동일본질은 아니라고 본 반면에, 아타나시우스는 이러한 아리우스의 전제를 따를 경우, 하나님의 말씀은 인격이 될 수 없으며 예수는 자신의 자질을 끌어올려 신성을 갖게 된 사람일 뿐이라고 주장한 사모사타의 바울과 동류에 불과하게 된다고 비판하였다.

아타나시우스의 『성육신론』은 단지 성육신 사건 자체에 머물지 않고 그리스도의 인격과 사역에 관한 주요한 당대의 신학적 주제들을 거의 망라하고 있다. 본서는 특히 철학자들과 영지주의자들 그리고 이러한 조류에 영향을 받은 저술가들이나 학자들이 빠져 있었던 당대의 이원론적 세계관에 대한 비판적 고찰을 통해서 성육신의 실체와 의의와 가치를 조명할 뿐만 아니라 그 논의를 확장시켜 구원론적 차원에까지 이르고 있다. 이러한 측면에서 본서는 분명 후기 교부들의 기독론에 맥이

1490) 참조. *CC*, "Introduction," 17-18.
1491) Origen, "On First Principles," 2.3 (*CC* 76). 원문. *De Principiis* (Leipzig: Dyk, 1836), 9.
1492) Origen, "On First Principles," 2.6 (*CC* 78-79, *De Principiis*, 10-11).
1493) Origen, "On First Principles," 2.4 (*CC* 77, *De Principiis*, 10).

닿는 효시(嚆矢)가 되는 작품이라고 할 것이다.[1494]

『성육신론』에 개진된 신학적 주제들은 『아리우스주의자들에 대한 반박문』(Oratio adversus Arianos)에 더욱 일목요연하면서도 체계적으로 개진되어 있다. 여기에는 『성육신론』에 펼쳐진 신학적 담론들이 명제적으로 진술되어 있을 뿐만 아니라 니케아—콘스탄티노플 신경 이후 첨예하게 제기되었던 그리스도의 인격과 사역에 관한 주요 논점들이 뚜렷이 부각되어 있다. 이로부터 우리는 451년 칼케돈 신경에서 답이 주어지는 일련의 신학적 질문들을 미리 대할 수 있다. 여기에서 우리는 아타나시우스가 정통적인 삼위일체론에 기초해서 중보자 그리스도의 인격과 사역에 대한 어떤 성숙한 견해를 개진하는지 파악할 수 있다.

[말씀이 사람이 되심 : 신인양성의 위격적 연합]

아타나시우스는 성육신한 예수 그리스도의 신인양성의 위격적 연합에 대해서 다루기는 하지만 그 연합의 양상이나 속성의 교통 등에 대한 구체적인 언급은 하지 않는다. 아타나시우스는 성육신 전후의 예수의 신성에는 그 존재나 사역에 어떤 변화도 없다는 사실을 부각시키면서 신인양성의 연합의 주체는 하나님의 말씀이신 주 예수 그리스도시라는 사실을 강조한다.

> 성령으로 감동된 저자들은 그가 먹기도 하시고 태어나기도 하셨다는 사실로부터 몸은 몸으로서 그 본성에 따라서 태어나고 음식으로 지탱되지만 그 몸과 연합된 말씀이신 하나님 자신은 모든 것을 명령하시며 그가 육체 가운데 행하신 일 가운데서도 자신을 사람이 아니라 말씀이신 하나님으로 드러내셨다고(δι' ὧν εἰργάζετο ἐν τῷ σώματι οὐκ ἄνθρωπον ἑαυτόν, ἀλλὰ θεὸν Λόγον ἐγνώριζεν) 전한다. 여하한 경우든 이러한 것들은 그 자신에 관해서(περὶ αὐτοῦ) 일컫고 있다. 왜냐하면 먹고, 나시고, 고난당하신 실제적인 몸은 다름 아닌 주님께(οὐχ ἑτέρου τινός, ἀλλὰ τοῦ Κυρίου) 속한 것이기 때문이다. 그가 사람이 되셨으므로 이러한 일들이 그를 사람으로 묘사하고, 그를 단지 외양이 아니라 참으로 몸을 지니신 분으로 나타내는 것은 합당했다. 그러나 그의 육체적인 현존이 이

1494) *CLF*, "Introduction to Athanasius," 48–49.

러한 것들을 통하여 우리에게 알려진 바와 같이, 그가 하나님의 아들이라는 사실이 그가 몸을 지니고 행하신 일들을 통하여 우리에게 알려지게 되었다.[1495]

이러한 이해 가운데 아타나시우스는 배고픔을 당하신 분도, 십자가에 달리신 분도 단지 사람이 아니라 사람이자 하나님이신 "그 자신" 곧 "주님"이시라는 사실을 환기시킨다. 본성이 신성과 인성 중 무엇으로 지정되든지 간에 위격이 기체(基體, suppositum)로서 주체(subiectum)가 됨을 천명하는 것이다.[1496]

그는 그의 몸의 속성에 맞게 배고프셨다. 그러나 그는 배고픔 때문에 파멸당하지 않으셨다. 왜냐하면 그 몸을 입고 계신 분은 주님이시기(διὰ τὸν φοροῦντα αὐτὸ Κύριον) 때문이었다. 비록 그가 모든 사람을 위한 속전으로 죽으셨지만 그는 부패를 보지 않으셨다. 왜냐하면 그의 몸은 완전한 상태로 일어났기 때문이다. 그의 몸은 다름 아니라 바로 그 생명에 속한 것이었다.[1497]

그는 심지어 피조물을 소리 없이 갈라지게 하셨다. 놀랍게도 그의 죽음과 사실상 그 죽음을 이긴 우승패(優勝牌)인 십자가를 통하여 모든 피조물은 그가 몸으로 드러내시고 고난당하신 것은 단지 사람으로서만이 아니라 하나님의 아들이시며 모든 것의 구주이신 분으로서 그리하셨다는 고백을 하고 있었다. 왜냐하면 해는 그 얼굴을 가리고, 지구는 흔들렸으며, 산은 갈라졌고, 모든 사람들은 두려워했기 때문이다. 이러한 현상들은 십자가 위의 그리스도가 하나님이셨다는 사실과 모든 피조물은 그의 종복이었으며 그의 통치자의 현존에 떨고 있었다는 사실을 보여주었다."[1498]

아타나시우스는 아들이 아버지와 같은 신성을 가질 수 없다고 주장하는 사모사타의 바울을 좇는 무리들과[1499] 만약 그리스도가 참 하나님으로부터 나온 참 하나

1495) Athanasius, "On the Incarnation," 18 (CLF 72, PG 25.128).
1496) 참조. Kelly, Early Christian Doctrines, 286-287.
1497) Athanasius, "On the Incarnation," 21 (CLF 76, PG 25.133).
1498) Athanasius, "On the Incarnation," 19 (CLF 73, PG 25.129).
1499) Athanasius, "Orations against the Arians," 3.26 (CC 83-85, PG 26.377).

님이라면 그는 사람이 될 수 없었을 것이라고 궤변을 일삼는 아리우스를 좇는 무리들을 반박하면서,1500) "아들로서 그는 아버지와 분리될 수 없으시다. '그가 존재하지 않으신 적이'(ἦν ὅτε οὐκ ἦν) 없이, 항상 존재하셨다. 더욱이 그는 아버지의 형상이며 광채이시므로 항상 아버지의 영원을 소유하고 계신다"라고 말한다.1501)

성경의 기본 뜻과 취지는 무엇인가? 널리 알려져 있듯이 성경은 구주에 대하여 두 가지로 설명한다. 그것은 그가 아버지의 말씀, 비췸, 지혜이시므로 항상 하나님이시며 아들이시라고 말한다. 나아가, 그것은 마지막에 그가 사람이 되셨으며 우리를 위하여 하나님을 낳은 분이신 동정녀 마리아로부터(ἐχ παρθένου τῆς Θεότοκου Μαρίας) 육체를 취하셨다고 말한다.1502)

성육신은 구약시대의 하나님의 현현과는 다르다. 말씀이 육신이 되셨다는 말씀은 사람이 되셨다는 뜻이다. "그는 사람이 되셨다. 그는 사람 속으로 들어오시지 않으셨다"(Ἄνθρωπος δὲ γέγονε, χαὶ οὐκ εἰς ἄνθρωπον ἦλθε).1503)

그리스도는 하나님이시면서 자기 자신의 몸을 지니셨다. 그것을 도구로 사용하셔서 그는 우리를 위한 사람이 되셨다. 육체가 그에게 속한 것으로 일컬어지는 이유는 그가 그 가운데 계셨기 때문이다. 육체는 배고프거나, 목마르거나, 고난당하거나, 지치거나 하는 일을 겪는다. 죽은 자를 일으키시고, 눈먼 자를 보게 하시고, 혈루병 걸린 여인을 고치시는 등, 말씀 자체에 고유한 사역을 그는 자신의 몸을 도구로 삼아서 이루셨다. 말씀이 육신의 연약함을 자신의 것으로 지니신 것은 육신이 말씀에 속하였기 때문이다. 육신이 하나님의 일에 도움이 된 것은 하나님이 그 속으로 들어오셨기 때문이다. 그것은 하나님의 육신이었다(Θεοῦ γὰρ ἦν σῶμα).1504)

1500) Athanasius, "Orations against the Arians," 3.27 (CC 85–86, PG 26.381).
1501) Athanasius, "Orations against the Arians," 3.28 (CC 87, PG 26.384).
1502) Athanasius, "Orations against the Arians," 3.29 (CC 87, PG 26.385).
1503) Athanasius, "Orations against the Arians," 3.30 (CC 88–89, PG 26.383). 참조. Torrance, *Theology in Reconciliation*, 227–228.
1504) Athanasius, "Orations against the Arians," 3.31 (CC 89, PG 26.389).

아타나시우스는 죄로 말미암아 외부적으로 몸에 부패와 죽음이 부착되었던 것과 같이 이제 몸에 외부적으로 생명이 부착되었다고 말한다. 여기서 생명은 하나님의 말씀 곧 신성에 속한 것이다. 그리하여 인성에 따라 죽고 신성의 능력으로 살게 된다. 인성이 죽음과 부패를 벗어버리고 불멸의 영생을 입는 것은 이러한 육체가 되신 하나님의 말씀으로 말미암는다. 이렇듯 육체는 "인간적 도구로"(ἀνθρωπίνῳ ὀργάνῳ) 사용되었다. 그 주체는 하나님의 말씀 바로 그 자신이셨다. 그러므로 그리스도는 "육체가 없는 하나님의 말씀"(τὸν ἀσώματον τοῦ Θεοῦ Λόγον)으로서 어떤 두려움도 지니지 않으셨으며 죽음에도 속하지 않으시고 썩지도 않으셨다고 보는 것은 그릇되다.[1505]

이와 같이 신인양성의 연합에 주목하면서, 아타나시우스는 성경이 그리스도가 우리의 연약한 것을 "낮게" 하셨다고 하지 않고 "담당"하셨다고 한 이유를 설명한다. 그리스도가 우리의 질고를 "지고"(사 53:4) 우리 죄를 "담당"하신 것은 "사람인 우리가 우리에게 속한 고난으로부터 자유롭게 되어서 말씀의 의로 채워지게 하려 하심이었다."[1506] "요컨대 육체가 고난을 당할 때 말씀은 그것과 따로 떨어져 있지 않으셨다. 이것이 고난이 또한 그에게 속하였다고 일컬어지는 이유이다. 그가 아버지의 일을 신적인 방식으로 수행하실 때, 그의 육체는 그의 바깥에 있지 않았다" (Ὅθεν τῆς σαρκὸς πασχούσης, οὐχ ἦν ἐκτὸς ταυτῆς, ὁ Λόγος διὰ τοῦτο γὰρ αὐτοῦ λέγεται καὶ τὸ πάθος χαὶ θεῖκῶς δὲ ποιοῦντος αὐτοῦ τὰ ἔργα τοῦ Πατρὸς, οὐχ ἦν ἔξωθεν αὐτοῦ ἡ σάρξ ἀλλ᾽ ἐν αὐτῷ τῷ σώματι ταῦτα πάλιν ὁ Κύριος ἐποίει). 이와 같이 아타나시우스는 주님의 사역이 신인양성의 한 인격 가운데 이루어졌음을 신성과 인성의 긴밀성을 부각시키면서 강조하고 있다. 베드로의 장모를 낫게 하신 사건을 다루면서, 아타나시우스는 "그가 그의 손을 내민 것은 사람의 행위였다. 그러나 그가 질병이 멎도록 한 것은 하나님의 행위였다"고 말하고 다음과 같이 이를 확정하는 바, 이러한 점이 현저히 부각된다.

1505) Athanasius, "On the Incarnation," 44 (CLF 98–99, PG 25.173, 175). 그러므로 아타나시우스가 예수의 영혼을 성육신의 주체로 여기고 그것을 하나님의 아들이신 로고스와 동일시했다고 보는 것은 무리이다. 참조. Moulder, "Is a Chalcedonian Christology Coherent," 291–292.

1506) Athanasius, "Orations against the Arians," 3.31 (CC 89–90, PG 26.389).

이것이 주님께 합당하였다. 그는 인간의 육신을 입으시고, 그 전부를 취하셔서, 그것에 마땅히 따르는 모든 고난을 받으셨으므로 우리는 몸이 그에게 고유하게 존재했다고 말한다. 또한 몸으로 겪는 모든 고난이 비록 그의 신격에 가해지지는 않았다고 하더라도 그에게 홀로 속하였다고 일컬어진다. ……그러므로 이러한 종류의 고난이 다름 아닌 주님께 속하는 것으로 기술됨은 논리적이고 합당하다.[1507]

[은혜와 진리 : 성육신한 말씀의 사역]

『성육신론』에서 칼케돈 신경과 같이 정치한 고백을 기대할 수는 없다. 그러나 그리스도의 한 인격이 신인양성의 위격적 연합의 주체라는 사실과 참 신성과 참 인성에 대한 명료한 변증을 담고 있다는 점에는 이견이 있을 수 없다. 이러한 입장에 서서 아타나시우스는 십자가의 죽음과 부활의 대속적 의의를 개진한다. 『성육신론』에서 아타나시우스는 중보자 그리스도의 인격과 사역을 다루기 전에 먼저 다음 두 가지에 주목한다.

첫째, 말씀으로 천지를 지으신 하나님은 그 말씀으로 세상을 구원하셨다. 말씀의 구속사역으로 모든 피조물이 새롭게 되었다.[1508] 태초에 말씀이 있었고, 그 말씀으로 말미암아 만물이 "부존재로부터 존재에 이르게"(ἐκ τοῦ μὴ ὄντος εἰς τὸ εἶναι) 되었다.[1509] 그러므로 모든 것은 "미리 정한 바가 없이"(χωρὶς προνοίας) 스스로 시작되었다고 여기는 에피쿠로스주의자들, 하나님은 이미 존재하고 있는 물질로 세상을 창조하셨다고 보는 플라톤과 헬라 철학자들, 주 예수 그리스도의 아버지 외에 다른 창조자가 있다고 인정하는 분파주의자들은 마땅히 비판받아야 한다.[1510] 창조에 대한 그릇된 견해를 가진 이들은 필히 성육신을 비웃거나 폄하하는 데 이를 수밖에 없다.[1511]

둘째, 영원하신 말씀이신 우리 주 예수 그리스도는 "하나님의 형상 그 자체"(αὐτῆς

1507) Athanasius, "Orations against the Arians." 3.32 (CC 90–91, PG 26.389, 392).
1508) Athanasius, "On the Incarnation," 1 (CLF 56, PG 25.97).
1509) Athanasius, "On the Incarnation," 3 (CLF 58, PG 25.101).
1510) Athanasius, "On the Incarnation," 2 (CLF 56–57, PG 25.97).
1511) Athanasius, "On the Incarnation," 1 (CLF 55, PG 25.97).

τῆς τοῦ θεοῦ εἰκόνος)이시다.1512) 하나님은 자신의 말씀의 능력으로, 자신의 형상에 따라, 부존재로부터, 인류를 "이성적인"(λογικοὶ) 피조물로 창조하셨다.1513) 그런데 인류는 죄로 말미암은 "오염으로 인하여 다시금 부존재가 되었다"(πάλιν εἰς τὸ μὴ εἶναι διὰ τῆς φθορᾶς ἐπιστρέφειν). 그리하여 하나님의 형상을 잃어버렸다.1514) 이러한 무로부터 "모든 것을 다시 창조하는 것"(ἀνακτίσαι τὰ ὅλα)이 구원이다.1515) 창조와 구원이 모두 하나님의 말씀으로 말미암는다. 구원은 "실로 말씀에 참여하는 은혜로" (χάριτι δὲ τῆς τοῦ Λόγου μετουσίας) 말미암는다.1516) 그것은 우리가 예수 그리스도와 하나님의 형상을 나누어 가지는 것을 의미한다.1517) 이러한 은혜가 성육신으로 말미암는다.1518)

하나님의 형상 그 자체이신 우리 주 예수 그리스도가 현존하지 않으신다면 어떻게 이일이 일어날 수 있겠는가? 이는 사람의 방법으로는 불가능하다. 왜냐하면 사람은 그 형상에 따라서 단지 지음을 받았기 때문이다. 천사에 의해서도 불가능하다. 왜냐하면 천사는 심지어 하나님의 형상도 아니기 때문이다. 그리하여 하나님의 말씀이 자신의 인격 가운데 아버지의 형상이신 분으로 오셔서 사람이 그 형상에 따라서 새롭게 되는 길을 여셨다. 죽음과 부패를 제거하지 않고서는 이 일이 일어날 수 없었기 때문이다.1519)

아타나시우스는 성육신의 목적이 죄로부터의 구속과 창조의 회복 모두에 있음을 지적하면서, 그 은혜를 말씀에서 찾는다.1520)

말씀은 단지 체현(體現)되거나 드러나는 데 그치기를 원하지 않으셨다. 그저 드러나기

1512) Athanasius, "On the Incarnation," 13 (*CLF* 67, *PG* 25.120).
1513) Athanasius, "On the Incarnation," 3 (*CLF* 58, *PG* 25.101).
1514) Athanasius, "On the Incarnation," 4, 6 (*CLF* 59, 61, *PG* 25.103, 105, 107).
1515) Athanasius, "On the Incarnation," 7 (*CLF* 62, *PG* 25.109).
1516) Athanasius, "On the Incarnation," 5 (*CLF* 59-60, *PG* 25.105).
1517) Athanasius, "On the Incarnation," 11 (*CLF* 65, *PG* 25.116).
1518) 이런 점에서 아타나시우스는 철저히 말씀-사람 기독론에 서 있었다. 참조. Kelly, *Early Christian Doctrines*, 284-285; Grillmeier, *Christ in Christian Tradition*, 1.326-328.
1519) Athanasius, "On the Incarnation," 13 (*CLF* 67-68, *PG* 25.120).
1520) Athanasius, "On the Incarnation," 4-5 (*CLF* 59, *PG* 25.104, 106).

를 원하셨다면 어떤 다른 더욱 고상한 방법으로 자신의 신적인 현현을 보이실 수 있었을 것이다. 그러나 그는 우리와 같은 종류의 몸을 취하셨다. ……스스로 능력이 있으시며 모든 것의 창조주이신 그가 동정녀 안에서 몸을 준비하셔서 그것을 자신의 성전으로 삼으셨다. 그리고 그것을 도구로 삼아서 그 속에 자신을 드러내시고 그 안에 거하셨다. 그는 우리와 같은 본성에 속한 몸을 취하셔서 죄로 말미암아 부패의 형벌 아래에 있는 모든 사람을 대신하여 죽음에 내어주고 성부께 바치셨다. 이러한 자상한 사랑을 행하시는 목적은 다음 두 가지이다. 첫째, 그는 자신 안에서 모든 사람들이 죽도록 하셨으며 인류의 파멸을 가져오는 율법의 고리를 끊으셨다. 주님의 몸으로 말미암아 율법의 권세는 완전히 소진(消盡)되었다. 그렇기 때문에 그와 함께 하는 사람들은 더 이상 이전과 같이 그것에 매여 있지 않게 되었다. 둘째, 그는 부패에 빠진 사람들을 다시 부패하지 않은 상태로 돌이키셨으며, 그들이 그가 몸 가운데 이루신 것과 부활의 은혜를 받게 하심으로써 불에서 짚을 꺼내듯 그들 밖으로 죽음을 몰아내셨다.[1521]

이와 같이 아타나시우스는 하나님의 형상의 회복이라는 관점에서 성육신의 목적을 파악한다. 그것은 그리스도의 죽음과 부활의 은혜로 말미암은 옛사람의 죽음과 새사람의 삶을 포함한다. 이는 칭의와 회개의 두 요소인 죄사함과 의의 전가에 상응한다.[1522]

그 자신의 몸을 희생제물로 드림으로써(τῇ τοῦ ἰδίου σώματος θυσίᾳ) 그는 우리를 거역하는 율법의 마침이 되시고 우리를 위하여 새로운 삶을 시작하셨다. 이는 그가 우리에게 주신 부활의 소망으로 인한 것이었다.[1523]

본성상 모든 것 위에 계시는 하나님의 말씀은 모든 사람의 생명을 위하여 자기 자신의

1521) Athanasius, "On the Incarnation," 8 (*CLF* 62–63, *PG* 25.109).

1522) 다음 글은 아타나시우스가 성육신의 의의를 주님의 대속이 아니라 그가 우리와 같이 되셔서 우리 속으로 들어오심으로 우리와 하나가 되심—곧 인화(人化, ἐνανθρώπησις)—에서 추구함으로써 성도의 신화(神化, θέωσις)를 주장할 명분을 얻고자 했다는 논지를 펴는데, 이는 아타나시우스의 사상이 헬라 철학의 영향을 받았다는 사실을 편향되게 강조하는 가운데 성육신의 우주적 의의에 지나치게 몰두하는 데서 비롯된 결과이다. Torrance, *Theology in Reconciliation*, 229–231.

1523) Athanasius, "On the Incarnation," 10 (*CLF* 64, *PG* 25.113).

성전과 육체적인 도구를 드리셨다. 그리하여 자신의 죽음으로 빚을 갚으셨다(ἐπλήρου τὸ ὀφειλόμενον ἐν τῷ θανάτῳ). 그리고 본성상 부패할 수 없는 하나님의 아들이 우리와 같은 본성과 결합하신 상태에서 부활의 약속으로써 모든 사람들을 부패하지 않는 상태로 옷을 입히셨다. 이제 사람들은 자신의 몸으로 그들 속에 거하시는 말씀으로 인하여 현실적인 죽음의 부패에 맞부딪혀 아무 것도 할 수 없는 그런 상태에 더 이상 놓이지 않게 되었다.[1524]

요한복음 1:14, 17에서 전하듯이 이 땅에 참 빛으로 오신 독생하신 하나님은 은혜와 진리가 충만하셨다. 아타나시우스는 성육신의 목적을 단지 옛사람이 죽고 새사람이 사는 구속적 은혜에만 두지 않고 그것이 하나님이 진리를 계시하는 길이었음을 강조한다.

> 사람으로 오심으로써 구주는 두 가지 사랑의 사역을 모두 완성하셨다. 첫째, 그는 우리로부터 죽음을 몰아내고 우리를 다시 새롭게 하셨다. 둘째, 보이지 않고 볼 수 없는 분이신 그가 자신의 일을 통하여 아버지의 말씀이자 우주의 통치자요 왕으로서 자신을 드러내시고 알리셨다.[1525]

아들이 이 땅에 오신 것은 자신을 아버지의 형상으로 계시하심으로써 우리가 아버지를 알고 아버지가 원하시는 복되고 진실한 삶이 무엇인지를 깨닫게 하시기 위함이셨다.[1526] 하나님의 말씀이 우리 가운데 몸으로 현존하심으로 사람들은 피조물과 사람들 그리고 하나님의 법을 통하여 하나님을 아는 지식을 더욱 풍요하고 조화롭게 가지게 되었다.[1527] 이와 관련하여 하나님의 말씀이 "친절한 선생이 제자들을 돌보듯이 그들의 수준까지 내려오시듯"(Ὡς γὰρ ἀγαθὸς διδάσκαλος κηδόμενος τῶν ἑαυτοῦ μαθητῶν) 하셨다는 점이 강조된다.[1528] 하나님은 타락한 인류를 가르치시기 위하

[1524] Athanasius, "On the Incarnation," 9 (CLF 63, PG 25.112).
[1525] Athanasius, "On the Incarnation," 16 (CLF 70, PG 25.125).
[1526] Athanasius, "On the Incarnation," 11 (CLF 65, PG 25.114, 116).
[1527] Athanasius, "On the Incarnation," 12 (CLF 66–67, PG 25.116–117).
[1528] Athanasius, "On the Incarnation," 15 (CLF 69, PG 25.121).

여 창조라는 방식을 재차 사용하신 것이 아니었다. 그리해도 사람들은 여전히 아래로 피조물만 내려다볼 뿐 위로 하나님을 바라보지 않을 것이라고 여기셨기 때문이다. 그리하여 친히 자신의 형상이신 말씀을 피조물인 사람으로 보내심으로 사람들이 그 사람을 통하여 하나님을 바라보게 하셨다.[1529]

이렇듯 이 땅에 내려오신 하나님의 말씀은 우리를 아버지께로 이끌어 가시려고 우리에게 자신을 맞추어주셨다.

> 사람들은 하나님을 묵상하기를 거절하고 그들의 눈을 아래로만 향하여 마치 깊은 심연에 있듯이 하나님을 자연과 감각 세계에서만 찾는다. 그들은 죽을 사람들과 마귀들을 신들이라고 가장(假裝)한다. 하나님의 말씀이 모든 사람을 위한 한 분 자비로우신 구주로서 육체를 취하시고, 사람들과 함께 거니시고, 그들 모두의 지각에 맞추어주신 목적은 하나님이 육체적이라고 오해하는 사람들이 주가 자신의 육체로 이루시는 것을 통하여 진리를 인식하고 그를 통하여 아버지를 인정하게 하려 하심이다.[1530]

『성육신론』의 결론부에서 언급하듯이 아타나시우스의 변증은 유대인들과 이방인들을 모두 겨냥한다.[1531] 유대인들에 대해서는 구약에서 이미 그리스도의 성육신, 죽음, 십자가가 예언되었음을 지적하고,[1532] 그가 만물을 다스리시는 하나님의 말씀으로서 생명이 되신다는 사실을 강조한다.[1533] 무엇보다 이 땅에 오신 하나님의 말씀은 단순히 사람이 아니고 지성소가 되심으로 예언된 구원을 성취하시고 우리 가운데 현존하신다는 사실을 부각시킨다.[1534] 이방인들, 특히 헬라 철학자들에 대한 반박은 그들이 하나님의 말씀을 우주의 일부라고 보는 것이 전혀 불합리하다고 보는 데 집중된다. 그렇게 본다면 그리스도는 사람과 더불어 우주의 한 부분에 불과할 뿐이지 사람과 연합하실 수 없다고 그 논거를 제시한다.[1535] 만물에 생명을 주

1529) Athanasius, "On the Incarnation," 14 (*CLF* 68–69, *PG* 25.120–121).
1530) Athanasius, "On the Incarnation," 15 (*CLF* 69, *PG* 25.122).
1531) Athanasius, "On the Incarnation," 33 (*CLF* 87, *PG* 25.152, 154).
1532) Athanasius, "On the Incarnation," 33–36 (*CLF* 87–90, *PG* 25.151, 152–153, 156–157, 160).
1533) Athanasius, "On the Incarnation," 37–38 (*CLF* 90–93, *PG* 25.160–161, 164).
1534) Athanasius, "On the Incarnation," 39–40 (*CLF* 93–95, *PG* 25.164–165, 168).
1535) Athanasius, "On the Incarnation," 41 (*CLF* 95–96, *PG* 25.168–169).

신 분이 어찌 그 일부가 될 수 있겠는가?[1536] 특히 플라톤을 지적하면서 하나님의 말씀은 몸을 취하셨을 뿐만 아니라 그것을 거룩하게 하신 분이셨으므로 그 몸과 함께 우주의 일부를 구성할 수 없다고 반박한다.[1537] 여기에서 성육신의 목적이 은혜와 진리의 두 측면에서 다시금 조명된다.[1538]

정리하면, 성육신에 대한 아타나시우스의 변증은 다음에 주안점이 있다.

첫째, 성육신한 그리스도는 참 하나님과 참 사람이시다.

둘째, 영원하신 하나님의 말씀이 사람이 되셨다.

셋째, 그 사람이 죽으시고 부활하셨다. 그 사람은 영원하신 하나님의 말씀이신 우리 주 예수 그리스도시다.

넷째, 사람은 하나님의 형상 그 자체이신 말씀에 따라서 창조되었으므로 그 말씀에 의해서 그 형상이 회복된다.

이러한 입장을 개진함에 있어서 아타나시우스는 자신이 개진하는 교리가 성경의 가르침에 따른 것일 뿐 세속 사상이나 관념과는 무관함을 반복해서 강조한다.[1539]

1. 3. 어거스틴 : 영원히 나신 성자가 역사상 사람으로 나심

1. 3. 1. 영원한 나심과 성육신

어거스틴은 성육신을 다루면서 아버지로부터 영원히 나신 아들이 동정녀 마리아의 몸에서 사람의 몸으로 나셨다는 사실을 강조한다. 즉 아들의 영원한 나심(generatio aeterna)과 역사상 나심인 성육신(incarnatio), 이 두 나심(generatio duplex)을 긴밀하게 다룬다.

"아들을 통하여 성령 안에 계신 아버지. 이것이 삼위일체이다. 진정 한 역사, 한 엄위, 한 영원성, 한 공(共)영원성, 동일한 일이 삼위일체에 속한다."[1540] 아버지는

[1536] Athanasius, "On the Incarnation," 42 (CLF 96-97, PG 25.169, 172).

[1537] Athanasius, "On the Incarnation," 43 (CLF 98, PG 25.174).

[1538] Athanasius, "On the Incarnation," 44-54 (CLF 98-108, PG 25.173-194).

[1539] Athanasius, "On the Incarnation," 55-57 (CLF 108-110, PG 25.193-198).

[1540] Augustine, "Sermons on New Testament Lessons," 76.10 (NPNFF 6.484-485, AO 5-1.889): "Pater per

아들의 손을 통하여 만물을 채우신다. 그러나 아버지와 아들은 "나는 스스로 있는 자"(Ego sum qui sum)라고 하신 하나님이시다.1541) 말씀은 이전에도 이후에도 영원히 말씀이시다. 아들은 스스로 계시나 아버지의 영원한 형상이시며 지혜이시다. 그러므로 아들은 영원히 아버지를 계시하시고 아버지가 행하시는 것을 본 것만 행하신다(요 5:19).1542) 아버지는 아들에게 "바깥으로부터"(extrinsecus)가 아니라 "안으로부터"(intus)의 것을 보이신다. 아들은 아버지가 보시는 것을 보신다. "아버지가 보이신 해야 될 일이 아들이 보신 해야 될 일이다"(faciendam Pater monstravit, faciendam Filius vidit). 이 둘은 구별되지만 하나이다.1543) "아버지의 말씀"(Verbum Patris)은 "아버지의 가르침"(doctrina Patris),1544) "빛"(lumen),1545) "진리"(veritas),1546) "영생"(vita aeterna)이시다.1547) 그러므로 아버지가 계시지 않으면 아들이 계시지 않고, 아들이 계시지 않으면 아버지가 계시지 않는다.1548) 예수의 신성을 인정한다고 하면서도 그의 신격을 부정하는 사벨리우스주의, 성부고난설주의, 아리우스주의, 그리고 그 신성을 아예 거론조차 하지 않는 포티누스(Photinus of Sirmium, ?-376)주의자들이 이러한 점에서 비판된다.1549)

독생하신 하나님의 아들은 아버지에 의해서 창조되신 것도 아니고 일시적으로 나신 것도 아니시다. 그는 영원히 하나님으로부터 나신 지혜이시다. 그러므로 과거

Filium in Spiritu sancto. Trinitas est: sed una operatio, una majestas, una aeternitas, una coaeternitas, et opera eadem Trinitatis." 참조. "On the Gospel of St. John," 110.3 (*NPNFF* 7.409-410, *AO* 3-2.2400-2401).

1541) Augustine, "On the Psalms," 102.29 (*NPNFF* 8.502, *AO* 4-2.1582).

1542) Augustine, "Sermons on New Testament Lessons," 76.8-15 (*NPNFF* 6.483-486, *AO* 5-1.887-892). 특히 76.15 (*NPNFF* 6.486, *AO* 5-1.892): "……ut videas videre Verbi, non aliud esse Verbum, et aliud videre ipsius." 참조. "On the Gospel of St. John," 23.5 (*NPNFF* 7.152, *AO* 3-2.1947-1948).

1543) Augustine, "On the Gospel of St. John," 23.10-11 (*NPNFF* 7.155-156, *AO* 3-2.1954-1955).

1544) Augustine, "On the Gospel of St. John," 29.3 (*NPNFF* 7.184, *AO* 3-2.2006).

1545) Augustine, "On the Gospel of St. John," 29.5 (*NPNFF* 7.184, *AO* 3-2.2007).

1546) Augustine, "On the Gospel of St. John," 41.1 (*NPNFF* 7.229-230, *AO* 3-2.2091).

1547) Augustine, "On the Gospel of St. John," 47.14 (*NPNFF* 7.265, *AO* 3-2.2155).

1548) Augustine, "On the Gospel of St. John," 29.5 (*NPNFF* 7.184, *AO* 3-2.2007): "Pater autem non est, si non habeat Filium; et Filius non est, si non habeat Filium; et Filius non est, si non habeat Patrem: sed tamen Filius Deus de Patre; Pater autem Deus, sed non de Filio. Pater Filii, non Deus de Filio: ille autem Filius Patris, et Deus de Patre."

1549) Augustine, "On the Gospel of St. John," 37.6 (*NPNFF* 7.215, *AO* 3-2.2064); 40.3 (*NPNFF* 7.225-226, *AO* 3-2.2083); 40.7 (*NPNFF* 7.227, *AO* 3-2.2087); 47.9 (*NPNFF* 7.263, *AO* 3-2.2151); 70.2 (*NPNFF* 7.327, *AO* 3-2.2261); 71.1 (*NPNFF* 7.328-329, *AO* 3-2.2263); 96.3 (*NPNFF* 7.372, *AO* 3-2.2338).

형이나 미래형으로 말하지 않고 현재형으로, "스스로 있는 자"(Qui est)라고 일컫는다.[1550] 성자는 오직 성부로부터 나시고(est genitus solo a Patre), 영원히 함께 계신다. 그러므로 그는 "아버지의 형상"(imago Patris)이라고 일컫는다.[1551] 영원하신 하나님의 아들을 "지혜"(sapientia)라고 부를 때, 이는 목수가 만든 상자(箱子)가 아니라 그것을 지은 "솜씨"(ars)를 칭한다. 상자가 사람의 "몸"이라고 한다면, 그 "솜씨"는 사람의 "생명"이며 "빛"이다.[1552] 사람을 하나님의 형상이라고 일컫는 것은 이러한 "생명"과 "빛"이 사람의 "마음에"(in mente) 그리고 사람의 "지성에"(intellectu) 있기 때문이다.[1553]

아들의 나심은 영원한 현재(現在)이다. 만물이 그로 말미암음으로 그는 만들어지지 않으셨다. 그는 스스로 계시며 만물을 지으셨다. 그의 영원한 나심은 스스로 계심과 배치되지 않는다.[1554] 요한복음 1:1을 설교하면서 어거스틴은 다음과 같이 말한다.

> 말씀은 형성되지 않은 형상이나 모든 형성된 것들의 형상(forma non formata, sed forma omnium formatorum)이시다. ……그리하여 그 안에 모든 것들이 있다. 하나님이 계시므로, 그 아래에 모든 것이 있다.[1555]

어거스틴은 "하나님의 말씀이 비육체적이고, 불가침하고, 불가변하며, 일시적 출생에 속하지 않게, 하나님으로부터 나셨음"(Verbum Dei……incorporaliter, inviolabiliter, incommutabiliter, sine temporali nativitate, natum tamen intelligamus a Deo)을 들어, 이 땅에 오신 그리스도가 "영원한 축복"(beatitudo perpetua), "영생"(vita perpetua), "완전한 지혜"(sapientia perfecta), "영원한 빛"(lumen sempiternum), "전체"(integer)가 되신다는

1550) Augustine, "On Faith and the Creed," 4.5-6 (NPNFF 3.323-324, AO 6.265-266).

1551) Augustine, "Sermons on New Testament Lessons," 67.9-12 (NPNFF 6.461-463, AO 5-1.840-842).

1552) Augustine, "On the Gospel of St. John," 1.16-18 (NPNFF 7.12-13, AO 3-2.1687-1688). 참조. "On the Psalms," 45.5 (NPNFF 8.147, AO 4-1.544).

1553) Augustine, "On the Gospel of St. John," 3.4 (NPNFF 7.20, AO 3-2.1701).

1554) Augustine, "Sermons on New Testament Lessons," 67.1 (NPNFF 6.458-459, AO 5-1.835-836).

1555) Augustine, "Sermons on New Testament Lessons," 67.3 (NPNFF 6.459, AO 5-1.836).

점을 설명한다.[1556] 모든 것은 그에 의해서 만들어졌다. "다만 죄는 그를 통하여 만들어지지 않았으며 나타나지 않았다. 죄는 아무 것도 아닌 것(nihil)이다. 사람은 죄를 지었을 때 아무 것도 아닌 것이 되었다."[1557] 이러한 관점에서 성자도 지음을 받았다고 본 아리우스가 비판된다.[1558]

아들은 아버지와 동등하시다. 아들은 "자람에 있어서"(crescendo)가 아니라 "출생에 있어서"(nascendo) 아버지와 등등하시다. 아들의 나심은 아버지와 함께 영원하기 때문이다.[1559] 어거스틴은 "오늘 내가 너를 낳았도다"는(시 2:7) 말씀은 영원히 나신 하나님의 아들의 "현존"(praesentia)을 뜻하는 바, 그것은 "소멸된 것"(praeteritum)도 "미래의 것"(futurum)도 아니라 "영원한 것"(aeternum)을 지칭한다고 말한다. 그것은 영원한 현재의 현존이므로 두 나심을 전제한다.[1560] 어거스틴은 성탄절 설교 가운데 다음과 같이 그리스도의 영원한 출생과 이 땅에 사람으로 나심을 함께 설명한다.

여기에 확실하고 흔들림 없이 견지할 바가 있으니, 만약 보편적인 신앙에 머물고자 한다면 다음을 확고하고 어김없이 붙들고 있어야 한다. 성부 하나님은 성자 하나님을 시간이 없는 가운데(sine tempore) 낳으셨고 시간 가운데(in tempore) 동정녀로부터 조성하셨다. 이 두 나심은 놀랍다. 하나는 어머니 없이(sine matre), 다른 하나는 아버지 없이(sine patre). 하나님이 아들을 낳으셨을 때 그는 어머니 없이 그리하셨다. 어머니가 아들을 낳으셨을 때 그녀는 동정녀로서 남자에 의하지 않고 그리하셨다. 그는 시간 이전에 아버지로부터 나셨다. 오늘날 그는 지정된 시간에 어머니로부터 나셨다. 아버지로부터 나셔서 그는 우리를 조성하셨다. 어머니로부터 나셔서 그는 우리를 다시 조성하셨다(De Patre natus fecit nos: de matre natus refecit nos). 아버지로터 나셔서 그는 우리가 존재하게 하셨다. 어머니로부터 나셔서 그는 우리가 버려지지 않도록 하셨다. 그러나 아버지는 그를 자신과 동등하게 낳으셨다. 아들이 지니신 모든 것은 아버지로부터

1556) Augustine, "Sermons on New Testament Lessons," 67.5–6 (*NPNFF* 6.459–460, *AO* 5–1.838).

1557) Augustine, "On the Gospel of St. John," 1.13 (*NPNFF* 7.11, *AO* 3–2.1685): "Peccatum quidem non per ipsum factum est : et manifestum est, quia peccatum nihil est, et nihil fiunt homines cum peccant."

1558) 참조. Augustine, "On the Gospel of St. John," 1.11 (*NPNFF* 7.10, *AO* 3–2.1684).

1559) Augustine, "On the Gospel of St. John," 48.6 (*NPNFF* 7.267, *AO* 3–2.2159).

1560) Augustine, "On the Psalms," 2.6 (*NPNFF* 8.3, *AO* 4–1.6).

말미암는다. 그러나 아버지가 가지신 것은 아들로부터 말미암지 않는다. 따라서 우리는 아버지는 어떤 것으로부터도 아닌 하나님이라고, 아들은 하나님으로부터의 하나님이라고(Patrem Deum de nullo, Filium Deum de Deo) 부른다.[1561]

그리스도의 두 나심이 있으니 하나는 신적(divina)이며 하나는 인간적(humana)이다. 전자로 말미암아 우리가 지음을 받았고(efficeremur) 후자로 말미암아 우리가 새롭게 되었다(reficeremur). 모두 놀라운 것이니, 전자는 어머니 없이(sine matre) 후자는 아버지 없이(sine patre) 되었다.[1562]

"진정 그리스도 안에 두 실체—곧 신성과 인성—가 있으나 그는 한 인격이시다. 그러므로 삼위일체는 그대로 남으며 인성이 첨가되었다고 해서 사위일체가 되는 것이 아니다."[1563] 하나님의 세 인격은 동등하며 서로 분리되지 않는다. 그러나 "성육신의 비밀"은 오직 영원하신 하나님의 아들에게만 속하며,[1564] "형상"(species)은 아들에게만 고유하게 돌려진다(히 1:3).[1565] 어거스틴은 "본성"(natura) 혹은 "실체"(substantia)는 그 자체로 세 가지를 담고 있다고 여긴다. 첫째, 그것이 존재한다는 사실. 둘째, 그것이 이것 혹은 저것이라는 사실. 셋째, 그것이 어떻게 존재하는가 하는 사실. 첫째는 "원인"(causa), 둘째는 "형상"(species), 셋째는 "자질"(manentia)을 뜻한다. 이 셋은 "an sit(그것이 존재하는지), quid sit(그것이 무엇인지), quale sit(그것이 어떻게 존재하는지)"에 부합하는 것으로서, 성부, 성자, 성령의 위격적 특성을 드러낸다. 이러한 삼위일체에 대한 이해 가운데 어거스틴은 성육신의 주체가 오직 성자시라는 사실을 말한다.[1566]

1561) Augustine, "Sermons on New Testament Lessons," 90.2 (NPNFF 6.529, AO 5-1.981).

1562) Augustine, "On the Gospel of St. John," 12.8 (NPNFF 7.84, AO 3-2.1820).

1563) Augustine, "Sermons on New Testament Lessons," 80.3 (NPNFF 6.499, AO 5-1.920): "In Christo duae sunt quidem substantiae, Deus et homo: sed una persona, ut Trinitas maneat, non accedente homine quaternitas fiat."

1564) "Letters of St. Augustine," 11.2 (NPNFF 1.229, AO 2.19-20).

1565) "Letters of St. Augustine," 11.4 (NPNFF 1.229, AO. 2.21).

1566) "Letters of St. Augustine," 11.3-4 (NPNFF 1.229-300, AO 2.20-21). "manentia"의 원뜻은 '머묾' 혹은 '체제'를 뜻하지만 여기서는 존재에 고유하게 지속되는 자질 혹은 성상(性狀)을 가리킨다.

1.3.2. 성육신의 의의와 가치

어거스틴은 삼위일체의 존재와 경륜에 대한 인식으로부터 성육신으로 나아간다. 그는 이러한 지식과 관련하여 이를 "즐기는 것"(frui)과 "사용하는 것"(uti)으로 구별한다. 전자는 본질 그 자체를 누리는 것이며, 후자는 그것을 욕망대로 처리하는 것이다. 전자는 다음과 같은 삼위일체의 비밀 가운데 속하는 즐거움이다. "아버지 안에 한 분이심이, 아들 안에 동등하심이, 성령 안에 한 분이심과 동등하심의 조화로우심이(in patre unitas, in Filio aequalitas, in Spiritu sancto unitatis aequalitatisque concordia) 있다. 이 세 가지 속성은 아버지로 말미암아 모두 하나이며, 아들로 말미암아 모두 동등하며, 성령으로 말미암아 모두 조화롭다."[1567]

성육신에는 "교훈과 도움"(magisterium et adjutorim)의 요소가 있다. "교훈"은 영원하신 하나님의 아들이 이 땅에 오심으로 계시하시는 진리를, "도움"은 인류의 구원을 위한 그것의 작용을 뜻한다.[1568] 어거스틴은 성육신을 통하여 그리스도가 만물을 창조하신 영원하신 말씀이시라는 것을 우리가 알게 된다는 점과 마치 새로운 창조행위와 같이 신인양성의 인격이라는 이전에 없었던 것이 형성된다는 점을 강조한다.[1569] 성육신은 이러한 진리의 계시이며 성취의 사건이다.

이러한 성육신에 대해서 어거스틴은 다음과 같이 경탄을 아끼지 않는다. "당신이 보기에 하찮게 여겨질지 모르나, 그가 영원하신 하나님의 아들로서 동정녀의 몸에서 나셨다는 것이 얼마나 위대한가?"[1570] 천사들의 머리가 되시는 주님이 사람이 되심으로 사람이 천상의 기쁨을 누리고 하늘 양식을 먹게 하신다. "사람이 천상의 떡을 먹게끔 천사들의 주가 사람이 되셨다. 이것이 우리의 구원, 연약한 자의 약(藥), 온전한 자들의 양식(salus nostra : medicina infirmorum, cibus sanorum)이다."[1571]

영원하신 하나님의 아들이 동정녀의 몸으로 들어오심으로 우리가 그와 결혼하게

1567) Augustine, "On Christian Doctrine," 1.5.5; 1.8.8; 1.11.11–1.13.13; 1.22.20 (NPNFF 2.524–526, 527–528 AO 3–1.22–26, 28).
1568) "Letters of St. Augustine," 87.12 (NPNFF 1.478, AO 2.607).
1569) "Letters of St. Augustine," 87.14 (NPNFF 1.479, AO 2.608).
1570) Augustine, "Sermons on New Testament Lessons," 76.5 (NPNFF 6.483, AO 5–1.886).
1571) Augustine, "Sermons on New Testament Lessons," 76.6 (NPNFF 6.483, AO 5–1.887).

되었다. 그 몸은 마치 "신방"(新房, thalamus)과 같아, 우리가 그 속에서 그와 하나가 되었다(시 19:5).1572) 성육신은 이러한 "결혼의 연합"(conjunctio nuptialis)이며, 동정녀의 몸은 "연합의 신방"(sonjunctionis thalamus)이다. 말씀이 육신과 그 몸에서 하나가 되셨듯이 이제 교회가 그리스도와 하나가 된다. 성육신은 그 혼인잔치이다.1573) 하나님은 동정녀의 몸 안에서 그리스도의 몸을 "형성하셨다"(formavit). "조성하셨다"(finxit). "세우셨다"(aedificavit). "그리스도의 몸을 세우는 것"(aedificatio corporis Christi)이 성육신이며, 교회의 수립이다.1574) 교회는 하나님의 왕국이다. 하나님이신 아들이 지체들을 모으셔서 이루신 한 몸이다.1575) 그리스도와 교회는 한 인격이다. 그리스도와 교회는 "머리와 몸"(caput et corpus)으로서, "신랑과 신부"(sponsus et sponsa)로서 하나이다. 그러므로 그가 "우리 안에서"(in nobis), "우리와 함께"(nobiscum), "우리를 위하여"(propter nos) 친히 간구하신다.1576)

어거스틴에 따르면, 이러한 주님의 성육신의 의의와 가치가 구현되는 것은 그가 성령을 부어주심으로 말미암는다. 성령의 임재는 "그의 나심, 삶, 말씀, 일, 고난, 죽음, 부활, 승천"(in ejus ortu, vita, dictis, factis, passionibus, morte, resurrectione, ascensione)에 우리를 속하게 한다. 여기에 "선지자들의 모든 선견"(omnia praeconia Prophetarum)과 "경건과 구원의 길"(viam pietatis salutisque)이 있다.1577) 그리스도는 자신의 영을 부어주시기 위하여 부활하시고 승천하셨다.1578) 이렇듯 성육신은 그리스도의 "긍휼"(misericordia)과 "은혜"(gratia)가 우리에게 "분여되는"(impartita) 길이 된다.1579)

이러한 성육신은 구약에 예언된 말씀의 성취였다. 그리스도가 아브라함의 씨앗으로 오셔서(갈 3:16) 부활하심으로(시 57:11) 교회의 머리가 되실 것은 구약에 미리

1572) "The Confessions of St. Augustin," 4.12.19 (*NPNFF* 1.74, *AO* 1.186). 참조. Augustine, "On the Gospel of St. John," 8.3 (*NPNFF* 7.58, *AO* 3-2.1772).

1573) Augustine, "On the Psalms," 45.3 (*NPNFF* 8.146, *AO* 4-1.541).

1574) Augustine, "The City of God," 22.17-18 (*NPNFF* 2.496, *AO* 7.1083-1084).

1575) Augustine, "On the Psalms," 45.27-29 (*NPNFF* 8.154, *AO* 4-1.561-563); 102.24 (*NPNFF* 8.501, *AO* 4-1.1576).

1576) Augustine, "On the Psalms," 102.2 (*NPNFF* 8.495, *AO* 4-2.1559).

1577) Letters of St. Augustine," 87.16-17 (*NPNFF* 1.479-480, *AO* 2.609-611).

1578) Augustine, "On Christian Doctrine," 1.15.14 (*NPNFF* 2.526, *AO* 3-1.26-27).

1579) Letters of St. Augustine," 87.20 (*NPNFF* 1.481, *AO* 2.612).

예언되었다.1580) "마치 실과가 껍질 속에 들어있듯이, 구약 율법의 비밀은 그리스도 안에 감추어져 있다."1581) 구름 기둥 가운데서 말씀하시던 그리스도 자신이 자신을 우리에게 알리셨다. 그리하여 우리가 그를 경배하게 되었다. 육신을 취하신 그 자신이 말씀하시고 다스리셨다.1582)

1.3.3. 동정녀잉태

말씀이 육신이 되셨다는 것은(요 1:14) "신성이 육신으로 변화되었다는 것이 아니라 신성에 의해서 육신이 취해졌다는 것"(a divinitate carne suscepta, non in carnem divinitate mutata)을 뜻한다. 여기서 육신은 "사람"을 뜻한다. 여자의 "정욕"(libido)이 아니라 "어머니의 믿음"(fides mater) 가운데 동정녀에게서 잉태되셨다.1583) 하나님의 아들이 영혼과 육체로 이루어진 "전(全) 인간을"(totum hominem) 동정녀의 몸에서 성령으로 취하심으로써 "순전하셨다"(integrum).1584) 성육신 가운데 하나님의 말씀은 물론 인간의 영혼 역시 육체 때문에 "더럽혀지지"(maculata) 않았다.1585) 어거스틴은 성육신 때, 전능하시고 만물을 지으신 아버지가1586) 아들을 거룩하게 하셨다는 점을 강조한다. 이는 거룩하게 잉태하시고 낳으셨음을 뜻한다. "그는 아들을 낳으시는 방식으로 거룩하게 하셨다. 그가 거룩하도록, 나심을 부여하셨다. 그를 거룩하게 낳으셨기 때문이다"(Sic sanctificavit, quomodo genuit. Ut enim sanctus esset, gignendo ei dedit, quia sanctum eum genuit). 그러므로 아들은 거룩하지 않으신 적이 없으셨다.1587)

성육신의 주체는 오직 제2위 하나님, 영원하신 말씀이시다. 그러므로 가현설을

1580) Augustine, "Sermons on New Testament Lessons," 79.5 (*NPNFF* 6.497, *AO* 5-1.914-915).
1581) Augustine, "Sermons on New Testament Lessons," 80.1 (*NPNFF* 6.499, *AO* 5-1.918): "Sed quomodo in hordeo medulla sub palea latet; sic in velamento mysteriorum Legis latet Christus."
1582) Augustine, "On the Psalms," 99.9 (*NPNFF* 8.486, *AO* 4-1.1523).
1583) Augustine, "Enchiridion," 34 (*NPNFF* 3.249, *AO* 6.364).
1584) Augustine, "On Faith and the Creed," 4.8 (*NPNFF* 3.325, *AO* 6.267).
1585) Augustine, "On Faith and the Creed," 4.10 (*NPNFF* 3.326, *AO* 6.268).
1586) Augustine, "Reply to Faustus The Manichaean," 26.5 (*NPNFF* 4.322, *AO* 8.670).
1587) Augustine, "On the Gospel of St. John," 48.9 (*NPNFF* 7.269, *AO* 3-2.2161).

말하는 사벨리우스주의자들과 복수(複數)의 원리를 말하는 폴피리(Porphyry, 234-305)를 위시한 헬라 철학자들의 영향을 받은 자들의 입장은 배척된다. "원리 혹은 시작"(ἀρχή, principium)은(요 8:25) 육체도 영혼도 아니라 오직 말씀이다(요 1:14).[1588] 구원의 길은 오직 하나 그리스도의 공로로 말미암은 대속에 있다. 그의 성육신이 그 길이 되었다. 오직 그 안에 "가장 영화로운 하나님의 성에 있는 영원한 왕국"에 이르는 길, "하나님에 대한 환상과 하나님과의 영원한 교제에 곧바로 이르는 길"이 있다.[1589]

그리스도는 마리아의 주시며 마리아의 아들이시다. 그는 마리아의 창조주시며 마리아로부터 지음을 받으셨다. 그가 동시에 아들이시며 주시라는 것은 놀랄 일이 아니다. 그는 마리아의 아들이라고 불리시는 것과 같이 다윗의 아들이라고 불리시기 때문이다. 그는 마리아의 아들이시기 때문에 다윗의 아들이시다. ······어찌 다윗의 아들이 다윗의 주가 되시는가? 그는 육체에 따라서는 다윗의 아들이시나 그의 신성에 따라서는 다윗의 주가 되신다. 또한 육체에 따라서는 마리아의 아들이시나 엄위에 있어서는 마리아의 주가 되신다.[1590]

1. 3. 4. 성육신의 목적

첫 사람이 타락하여 정욕이 들어왔다. 또 다른 사람이 들어와서 그 정욕을 가져가야 했다. "한 사람과 한 사람: 한 사람은 죽음으로 한 사람은 생명으로." "한 사람과 한 사람: 한 사람은 단지 사람으로(nonnisi homo) 한 사람은 신인(神人, Deus homo)으로." 아담으로부터 난 사람은 "필연적으로(necessitatis) 정죄 가운데" 있다. 그러나 그리스도로부터 난 사람은 "의지와 은혜로"(voluntatis et gratiae) 생명에 속한다.[1591]

1588) Augustine, "The City of God," 10.24 (NPNFF 2.194-195, AO 7.415-416).

1589) Augustine, "The City of God," 10.32 (NPNFF 2.202-204, AO 7.430-431). 이곳에서 어거스틴은 폴피리의 입장을 반박한다. 폴피리에 따르면 구원은 복수의 원리들이 교호적으로 작용하여 영혼을 건져내는 자연적인 방법에 따를 뿐이다. 여기에는 대속을 위한 성육신의 개념이 자리할 여지가 없다.

1590) Augustine, "On the Gospel of St. John," 8.9 (NPNFF 7.61, AO 3-2.1777).

1591) Augustine, "On the Gospel of St. John," 3.12-13 (NPNFF 7.22-23, AO 3-2.1705-1706).

말씀이 육신이 되신 그리스도는 "그가 아니셨던 것"(qoud non erat)을 받아들이시되 "그가 그러하셨던 것"(quod erat)을 잃어버리지 아니하시고 사람이 되셨다. 말씀이 육신이 되셨으므로(요 1:14) 그리스도는 말씀이자 육신이셨다. "영혼은 하나님과 육체 사이의 일종의 중재(quamdam medietatem)였다." 죄로 말미암아 "육체는 연약함으로(infirmitate) 죽고 영혼은 사악함으로(iniquitate) 죽었다." 그리스도의 영혼은 "전 영혼"(tota anima)을 말한다. 그 영혼은 "비이성적인 부분과 이성적인 부분"(irrationale et rationale)을 포괄한다. 이러한 입장은 아폴리나리우스와 배치된다. 그리스도의 부활의 목적은 영혼을 "사악함으로부터"(iniquitate) 육체를 "부패로부터"(corruptione) 살리시기 위한 것이었다. 영혼은 "하나님의 실체 그 자체에 의해서"(per ipsam substantiam Dei), 육체는 "인간의 경륜에 의해서"(per dispensationem humanam) 그리하셨다.[1592] "아버지는 그와 동등하신 아들의 실체를 통하여 자신의 실체로 영혼을 소생시키신다(resuscitationem animarum ex substantia sua Pater facit per substantiam Filii). 몸이 아니라 영혼은 실로 그들의 변함없는 빛에 동참한다. 그러나 아버지는 사람의 아들을 통하여 몸을 소생시키신다."[1593] 여기에서 어거스틴은 인간의 영혼과 육체의 구원을 분리시키고 전자는 하나님의 아들과의 연합을 통하여, 후자는 사람의 아들과의 연합을 통하여 일어나듯이 설명하고 있다. 이는 동방신학의 영향이라고 사료되는 바, 이런 점에 어거스틴의 모호함이 있다.

영원하신 하나님의 아들이 참 사람이 되셨다. 그는 사람의 육체와 이성적인 영혼을 지닌 완전한 사람이셨다. 그러므로 그는 단지 사람의 육체를 취하셨을 뿐 신성이 영혼의 자리를 차지하였다고 본 아폴리나리우스주의(Alypius)와 신플라톤주의(Photinus of Sirmium)를 비판하였다.[1594] 사람은 화내거나 슬퍼하거나 자거나 배고프거나 할 때 자발적이지 않은 경우가 많다. 그러나 주님은 "조건에 따른 필연성이 아니라 통치자의 뜻, 그리고 심지어 하나님의 권세로"(non necessitate conditionis, sed magisterii voluntate, et divina etiam potestate) 그리하셨다. 사람은 자신의 뜻으로 태어

1592) Augustine, "On the Gospel of St. John," 23.6 (NPNFF 7.152-153, AO 3-2.1948-1949).

1593) Augustine, "On the Gospel of St. John," 23.13, 15 (NPNFF 7.156-157, AO 3-2.1956-1957).

1594) "The Confessions of St. Augustin," 7.18.25 (NPNFF 1.113, AO 1.247). 참조. Augustine, "On the Gospel of St. John," 47.9 (NPNFF 7.263-264, AO 3-2.2151).

나거나 고난당하지 않는다. 그러나 주님은 그리하셨다.1595) 그는 잉태되고 나심으로 고난당하고 죽고자 뜻하셨다.1596) 그리스도는 영혼과 육체에 모두 죄가 없으셨다. 그가 죄 있는 육체의 모양을 취하신 것은 죄를 정죄하기 위함이셨다. 우리의 죄를 위한 희생제물이 되시기 위하여 하나님은 그리스도를 죄로 삼으셨다.1597) "종의 형체"(forma servi)로 오신 말씀이 영혼과 육신 가운데, 자라시고, 배고프시고, 걸어다니시고, 고난당하시고, 죽으시고, 장사되시고, 부활하시고, 승천하시고, 그곳에서 다스리시고, 다시 오신다.1598) 그가 "외로운 참새"와 같이(시 102:7) 이 땅에 오셔서 모든 고초를 겪으시고 이제 높은 곳에서 우리를 위하여 중재하신다.1599)

> 그리스도는 자신 가운데 육체를 취하셨다. 그는 육체 가운데 죽으셨다. 동일한 육체 가운데 다시 일어나셨다. 같은 모습으로 하늘에 올라가셨고, 그의 아버지의 우편에 앉으셨다. 그는 같은 육체 가운데 많은 영광을 얻으시고, 빛나시고, 천상의 의상(衣裳)으로 변화되셨다. 그는 다윗의 아들이시며 동시에 다윗의 주(主)이시다(et filius est David, et Dominus est David).1600)

어거스틴은 디모데전서 2:5의 "하나님은 한 분이시요 또 하나님과 사람 사이에 중보자도 한 분이시니 곧 사람이신 그리스도 예수라"가 성육신하신 그리스도가 참 하나님과 참 사람으로서 "죽을 죄인들과 죽지 않는 의로운 존재 사이에서 사람들과 함께 죽으실 분이시자 하나님과 함께 의로우신 분으로 나타나셨다"는 사실을 의미한다고 해석함으로써 그리스도가 사망에 속하지 않는 의인으로서 죄인의 죽음을 죽으셨다는 사실을 강조하였다.1601) 어거스틴이 그리스도를 "승리자시며 패배자"(victor et victima)시고, "제사장이시며 제물"(sacerdos et sacrificium)이시라고 부르

1595) Augustine, "Reply to Faustus The Manichaean," 26.8 (*NPNFF* 4.324, *AO* 8.673-674).
1596) Augustine, "Reply to Faustus The Manichaean," 27.1 (*NPNFF* 4.324, *AO* 8.674).
1597) Augustine, "Against Two Letters of the Pelagians," 16 (*NPNFF* 5.409-410, *AO* 10-1.860).
1598) Augustine, "On the Gospel of St. John," 40.4 (*NPNFF* 7.226, *AO* 3-2.2084).
1599) Augustine, "On the Psalms," 102.8 (*NPNFF* 8.497, *AO* 4-2.1565).
1600) Augustine, "On the Psalms," 110.3 (*NPNFF* 8.542, *AO* 4-2.1757-1758).
1601) Augustine, "The Confessions of St. Augustin," 10.43.68 (*NPNFF* 1.162, *AO* 1.327-328).

는 까닭이 여기에 있다.1602) "그는 분리시키는 중간자(medium separans)가 아니라 화목하게 하시는 중보자(mediator reconcilians)시다. 분리시키는 중보자는 죄이다. 화목하게 하시는 중보자는 주 예수 그리스도시다."1603) 그리스도는 신인양성의 중보자로서 "문"(門, ostium)이시자 "목자"(pastor)시다. 그는 자신을 드러내시는 문이시다. 그리고 자신을 통하여 들어가게 하시는 문이시다.1604) 그리스도는 바위, 문, 모퉁잇돌, 목자, 양, 사자 등 여러 "비유를 통하여"(per similitudinem) 자기 자신을 "고유하게"(proprie) 드러내신다.1605) 그 가운데 중보자의 인격을 지니시고 우리를 하나님과 화목하게 하심으로써 우리가 "완전한 복을(perfecta beatitudine) 충만히 누리도록(perfruamur) 하신다."1606)

그리스도는 영원하신 하나님으로서 사람이 되셔서 자신을 제물로 드리신 제사장으로서 영원히 다스리시므로 그의 왕국도 보좌도 영원하다.1607) 기름부음을 받으신 분은 하나님이시자 사람이셨다. 그가 하나님으로서 기름부음을 받으셨다고 일컫는 소이이다(시 45:7). 신인양성 가운데 그가 그리스도가 되셨다.1608) 그리스도는 육체의 중보를 통하여 우리를 영원한 왕국으로 이끄신다. 그의 다스리심은 끝이 없다. 그의 말씀과 능력과 지혜가 영원하듯이 그의 왕국도 영원하다.1609) 여기서 어거스틴은 그리스도의 중보적 왕권을 본래적 왕권과 엄밀히 구분하고 있지는 않지만, 그리스도의 왕국과 왕권이 영원함을 분명히 천명하고 있다.

어거스틴은 '본성상' 영원하신 하나님의 아들이 '은혜로' 사람이 되셨듯이 성도 역시 그 아들을 믿는 믿음을 통하여 그 아들과 함께 그러한 은혜에 동참함을 강조한다.1610) 성육신이 성도가 성경을 믿음으로써 구원의 지식을 얻는 인식론적 기초가

1602) Augustine, "The Confessions of St. Augustin," 10.43.69 (*NPNFF* 1.162, *AO* 1.328).

1603) Augustine, "On the Gospel of St. John," 41.5 (*NPNFF* 7.231, *AO* 3–2.2094).

1604) Augustine, "On the Gospel of St. John," 47.3 (*NPNFF* 7.261, *AO* 3–2.2147).

1605) Augustine, "On the Gospel of St. John," 47.6–7 (*NPNFF* 7.262–263, *AO* 3–2.2148–2150). 특히 포도나무 비유와 관련해서, "On the Gospel of St. John," 80.1–3 (*NPNFF* 7.343–345, *AO* 3–2.2288–2290).

1606) Augustine, "On the Gospel of St. John," 110.4 (*NPNFF* 7.410, *AO* 3–2.2401).

1607) Augustine, "On the Psalms," 45.15 (*NPNFF* 8.150, *AO* 4–1.552–553).

1608) Augustine, "On the Psalms," 45.17, 19 (*NPNFF* 8.151, *AO* 4–1.554–557).

1609) Augustine, "On the Psalms," 110.5 (*NPNFF* 8.542, *AO* 4–2.1761).

1610) 이는 신화(神化, deificatio)의 개념으로 다루어지기도 한다. 참조. Russell, *The Doctrine of Deification in the Greek Patristic Tradition*, 329–332.

될 뿐만 아니라 그 자체로 신인양성의 중보자의 인격이 형성되는 사건인 동시에 구속사건이 됨을 그가 특히 주목하는 것은 이러한 뜻에서이다.[1611] 어거스틴은 성육신이 제2위 성자 하나님을 주체로 하나 삼위일체 하나님의 동사(同事)로 말미암은 사건이었다는 점을 부각시키는 과정에서, 성육신에 있어서 그리스도의 몸을 형성하는 데 작용하는 성령의 역사와 우리를 위한 성령의 구원의 역사를 유비적으로 다루기도 하지만,[1612] 그리스도가 단지 한 인간으로서 성령의 충만을 받아서 하나님과 같이 되었다는 그릇된 영-기독론에 서 있지는 않았다. 그가 추구한 삼위일체론적-기독론적 관점은 이러한 경향을 철저히 배척하고 있다.

어거스틴은 무조건적 예정과 절대적 사랑과 전적 은혜를 함께 논하면서, 하나님의 전적 주권이 그의 사랑에 있으며 그 사랑은 오직 그리스도의 공로로 말미암아 역사한다는 사실을 강조한다.[1613] 그 과정에서 무엇보다 성육신한 그리스도의 신비한 몸이 우선적으로 고려된다. 성육신이 마리아의 몸이라는 신방에서 신랑과 신부가 하나가 되어 우리를 위하여 대리적 속죄의 의를 이루는 신분을 획득하는 사건으로 그려진다. 이와 관련하여 영원하신 하나님의 아들의 인격과 성육신한 성자의 신인양성의 인격이 하나(una)이며 동일(eadem)하다는 사실, 성육신이 신인양성의 위격적 연합이라는 사실, 신인양성의 교통이 한 인격 안에서 '혼합 없이, 변화 없이, 분할 없이, 분리 없이' 일어난다는 사실에 뚜렷한 방점이 찍힌다. 이러한 경향은 어거스틴의 신학의 전(全) 체계를 지지(支持)하는 골격이 된다.[1614]

어거스틴에게서 정치한 기독론적 전개와 진술을 찾기는 어렵다. 구체와 추상, 인격과 본성, 비하와 승귀에 대한 면밀한 구별이 없다. 인격이 아닌 신성이 인성을 취하셨다는 표현이 나타나기도 하고, 영혼(anima)을 인성과 동일시하기도 하며, 성육신한 그리스도가 사람을 취하셨다는 표현을 직설적으로 하여 마치 한 인격이 또 다

1611) 참조. Khaled Anatolios, "Oppositional Pairs and Christological Synthesis: Rereading Augustine's *De Trinitate*," *Theological Studies* 68 (2007), 234-239; Michel R. Barnes, "The Visible Christ and the Invisible Trinity: Mt. 5:8 in Augustine's Trinitarian Theology of 400," *Modern Theology* 19 (2000), 346-347.

1612) 참조. Stanislaus J. Grabowski, "The Holy Ghost in the Mystical Body of Christ According to St. Augustine Part I," *Theological Studies* 5/4 (1944), 456-458; "The Holy Ghost in the Mystical Body of Christ According to St. Augustine Part II," *Theological Studies* 6/1 (1945), 67-70.

1613) 참조. J. B. Mozley, *A Treatise on the Augustinian Doctrine of Predestination* (London: John Murray, 1855), 157-190.

1614) 참조. Kelly, *Early Christian Doctrines*, 412-417.

른 인격을 취한 것과 같은 오해의 소지를 남기기도 한다. 그러나 이러한 표현에도 불구하고 어거스틴은 칼케돈 신경의 한 인격 양성의 위격적 연합 교리에서 벗어나지 않았다. 그는 비하와 승귀의 양상에 대해서 면밀히 다루지는 않았지만 그 주체가 신인양성의 위격적 연합 가운데 계신 한 분 그리스도로서 그 인격이 영원하신 하나님의 인격과 동일함을 분명히 적시함으로써 자신이 정통적인 입장에 서 있음을 분명히 드러내었다.

중보자 그리스도의 사역과 관련해서도 어거스틴은 포괄적인 진술에 머물 뿐 체계적이고 세부적인 고찰은 피한다. 또한 당하신 순종(obedientia passiva)과 행하신 순종(obedientia activa)에 대한 면밀한 고찰을 찾아볼 수도 없다. 성도의 성화와 관련해서도 그리스도의 피만이 강조될 뿐 그가 모든 율법에 순종하신 의가 특별히 거론되지 않는다.

그럼에도 불구하고 성도의 거듭난 생명뿐만 아니라 거룩한 삶도 그리스도의 공로로 말미암는다는 사실과 오직 그리스도의 의만이 전체 구원과정에 역사하는 유일한 의가 된다는 사실을 함께 강조하고 있다는 점을 고려할 때, 이에 관한 어거스틴의 식견이 전혀 결여되어 있지는 않았다고 말할 수 있다. 이러한 여러 측면에 비추어, 우리는 어거스틴이 "칼케돈 이전의 칼케돈주의자"였다고 말할 수 있을 뿐만 아니라,1615) 그 이상으로, 그리스도의 대속의 구원론적 의미를 삼위일체론적–기독론적 관점에서 추구한 신학자였다고 칭할 수 있을 것이다. 그러므로 어거스틴이 내재적 삼위일체와 경륜적 삼위일체를 분리했다고 비판하는 라너(Karl Rahner)의 주장이나1616) 어거스틴이 영원하신 하나님의 존재를 철학적으로 논구하는 과정에서 삼위의 인격에 대한 분명한 입장을 정립하는 데 실패했다는 군톤(Colin E. Gunton)의 주장은 근거가 없다.1617)

1615) Outler, "The Person and Work of Christ," 345.

1616) Drayton C. Benner, "Augustine and Karl Rahner on the Relationship between the Immanent Trinity and the Economic Trinity," *International Journal of Systematic Theology* 9/1 (2007), 35-38.

1617) Brad Green, "The Protomodern Augustine? Colin Gunton and the Failure of Augustine," *International Journal of Systematic Theology* 9/3 (2007), 335-340.

2. 말씀이 육신이 되심

2. 1. 하나님의 아들이 사람의 아들이 되심

성육신은 신성과 인성의 본질(οὐσία, essentia) 혹은 본성(φύσις, natura)이 아니라 영원하신 말씀이신 제2위 성자 하나님의 인격(πρόσωπον, persona)을 주체로 한다. 말씀이 육신이 되셨다("ὁ λόγος σὰρξ ἐγένετο", 요 1:14). 아버지 품 속에 있는 독생하신 하나님이("μονογενὴς θεὸς ὁ ὢν εἰς τὸν κόλπον τοῦ πατρὸς", 요 1:18) 육체로 오셨다("ἐν σαρκὶ ἐληλυθότα", 요일 4:2). 말씀은 "태초에"(ἐν ἀρχῇ) 하나님과 함께 계셨던("ἦν")–태초 이전에 계셨던–하나님이시다(요 1:1). 영원하신 말씀이 혈과 육의("αἵματος καὶ σαρκός", 히 2:14) 새로운 존재방식(modus existendi novus)을 취하셨다. 하나님과 동일본질이신(consubstantialis) 하나님의 아들이 사람이 되셨다. 참 하나님께서 참 하나님으로서 참 사람이 되셨다. 독생자의 영광 가운데 은혜와 진리가 충만하신 분이 육체로 오셨다(요 1:14). 그리하여 그를 통하여 우리가 아버지를 보게 되었다(요 12:45; 14:9). 성육신하신 성자는 성부와 동일한 한 분 하나님으로서 영원히 불변하신 가운데 육체를 취하셨으므로, 그를 만지고, 보고, 그의 말을 들음이(요일 1:1) 하나님께 한 것이 된다.[1618] 성육신하신 그리스도는 참 하나님이시고 참 사람이시므로 영원히 죽을 수 없으신 분이시며 역사상 죽으신 분이시다. 그리하여 도마는 못 박힌 손과 창에 찔린 몸을 지니신 '사람'인 그를 "나의 하나님"(ὁ θεός μου)이라고 고백하였다(요 20:28).[1619]

이러한 성육신 교리에 터 잡는 기독론이 모든 신학의 중심이 된다.[1620] 바빙크는 다음과 같이 말한다.

그리스도의 교리는 출발점이 아니다. 그러나 분명 그것은 전체 교리 체계의 중심이다.

1618) Warfield, "The Person of Christ," *WBW* 2.189–194.

1619) Warfield, "The Person of Christ," *WBW* 2.194–195.

1620) 참조. Berkouwer, *The Person of Christ*, 21–56; Donald G. Bloesch, *Jesus Christ: Savior and Lord* (Downers Grove, IL: IVP, 1997), 11–24; Macleod, *The Person of Christ*, 181–203; Chirley C. Guthrie, Jr., *Christian Doctrine* (Atlanta: John Knox, 1986), 223–225; Ramm, *An Evangelical Christology*, 15–27.

모든 다른 교리들은 그것을 준비하거나 그것으로부터 추론된다. 교리의 심장인 그것 안에서, 기독교의 종교-윤리적인 삶 전체의 맥박이 뛴다. 그것은 "경건의 비밀"이다(딤전 3:16). 이 비밀로부터 모든 기독론이 추구된다. 그리스도가 성육신하신 말씀이시므로, 성육신은 전 세계 역사의 중심 사건이 된다. 그것은 역사가 시작되기 전에 준비되어 왔음이 분명하며 그 영향을 영원히 미치게 될 것이다.[1621]

성육신을 다룸에 있어서, 우리는 쓸데없는 철학적 사변을 버리고 성경의 사실들(biblical facts)에 충실해야 한다. 성육신하시고 고난당하시고 죽으시고 장사되신 예수 그리스도는 영원하신 하나님의 아들이시다. 하나님과 동등하신 그가 사람이 되셨다(빌 2:7-8). 그가 율법 아래에 여자에게서 나셨다(갈 4:4). 인성을 구성하는 영혼과 육체는 로고스의 신성과 위격적 혹은 인격적으로 연합되면서(in unione personali sive hypostatica) 존재하기 시작하였다. 곧 형성되면서 연합되고, 연합되면서 형성되었다. 성육신은 "하나가 되어가는 과정"(a process of coming together)이 아니라,[1622] 하나님의 아들이 하나님의 아들이시자 사람의 아들이 되신 사건이다. 성육신은 '행하심'(act 혹은 activity)이 아니라 '되심'(becoming)을 통한 '이심'(being)을 선포한다.[1623] 성육신은 하나님과 사람이 서로 주고받음을 통하여 하나가 되는 합일의 과정이 아니며,[1624] 하나님이 사람의 삶을 사는 것도 아니며,[1625] 창조주가 피조물 안에 들어와 창조의 후속행위를 계속하는 한 양상에 불과한 것도 아니며,[1626] 한 존재가 "자신을 뛰어 넘는 존재"(beyond being, ἐπέκεινα τῆς οὐσίας)가 되는 것도 아니며,[1627] [우

[1621] Bavinck, *Reformed Dogmatics*, 3.274.

[1622] John Macquarrie, *Principles of Christian Theology* (New York: Charles Scribner's Sons, 1966), 276.

[1623] 성육신은 창조주가 피조물의 영역에서 겪는 피조물의 완성 행위가 아니다. 그렇게 보는 경우 필히 그것을 단번에 일어난 위격적 연합의 사건이 아니라 계속되는 과정으로 여기게 된다. Iain R. Torrance, "Creation and Incarnation," *Greek Orthodox Theological Review* 43/1-4 (1998), 358-359.

[1624] 과정신학자들의 시각에서 이러한 입장을 다룬 다음 글 참조. Donald P. Gray, "Incarnation: God's Giving and Man's Receiving," *Horizons* 1/1 (1974), 1-13.

[1625] 다음 글에서는 이런 입장이 라너(Karl Rahner), 쉴레벡스(Edward C. Schillebeeckx), 판넨베르그(Wolfhart Pannenberg), 오그덴(Schubert Ogden), 트레쉬(David Tracy)에게서 발견된다고 본다. Anne E. Carr, "The God Who Is Involved," *Theology Today* 38/3 (1981), 315-319.

[1626] 다음에서 보듯이 이러한 입장은 결국 은총이 자연에 함몰되고 만다. David B. Burrell, "Incarnation and Creation: The Hidden Dimension," *Modern Theology* 12/2 (1996), 211-220.

[1627] 철학적 접근을 하는 신학자들은 주로 이러한 관점에서 성육신을 바라본다. 참조. John Laird, "The Philosophy

리가 알지 못하는 하나님은 하나님이 아니시므로] 하나님이 비로소 사람 안에서 완전한 존재성을 갖게 되는 것도 아니다.[1628] 성육신은 동일한 존재로서 다른 본성을 취함(assumptio)을 뜻한다. 하나님의 아들이 진정한 사람의 몸을 지니셨다. 그는 천상적인 육체나 선재하는 영혼을 받지 아니하셨다. 그리하여 아타나시우스 신경에서와 같이(31조), 그가 동정녀 "마리아의 실체로부터"(ex substantia matris) 나셨다고 천명된다.[1629]

2. 2. 세 가지 관점 : 삼위일체적, 창조적, 계시적

성육신은 잉태(conceptio, συλλέπσις, 눅 1:31)와 출생(nativitas, γένεσις, 마 1:21) 두 부분으로 고찰된다. 이는 비하의 첫 단계에 해당한다.[1630] 우리가 진정 "성경적"이고 "기독교적"이기 위해서는 성육신의 신비를 붙들어야 하며, 이를 놓치게 되면 "성경의 부요함과 그리스도의 영예"를 잃어버리게 된다.[1631] 바빙크는 성육신을 다음과 같이 삼위일체, 창조, 계시의 세 가지 관점에서 파악한다.[1632]

[삼위일체적 관점]

성육신의 비밀은 그것이 삼위일체 하나님의 영원한 작정이 역사적으로 성취된 사건이라는 점에 있다.

---

of Incarnation," *Harvard Theological Review* 33/2 (1940), 141–142.

[1628] 참조. Robert Grady North, "Soul–Body Unity and God–Man Unity," *Theological Studies* 30/1 (1969), 31–34, 36–38, 57. 하나님이 사람 안에서 완성된다고 보는 입장에 대해서 다음 글 참조. A. Hulsbosch, "Jesus Christus, gekend als mens, beleden als Zoon Gods," *Tijdschrift voor Theologie* 6 (1966), 250–273. 이에 관련된 전반적인 논의에 대해서 다음 글 참조.

[1629] Schaff, *The Creeds of Christendom*, 2.68.

[1630] Turretin, *Institutio Theologiae Elencticae*, 13.11.1 (2.298).

[1631] Bavinck, *Reformed Dogmatics*, 3.304. 참조. Warfield, "The 'Two Natures' and Recent Christological Speculation," 259: "성육신 교리는 기독교 체제가 돌아가는 축(the hinge on which the Christian system turns)이다."

[1632] 이하 세 가지 관점에 관한 논의는 다음 논문을 번역하고 첨삭, 수정, 가필하여 작성함. Moon, "Bavinck's Understanding of Christ the Mediator's Hypostatic Union," 174–179.

그리스도는, '나'라는 주어로서, 아담으로부터 내려오시지 않으신, 영원히 새언약의 머리로서 선택되신, 성부의 성자셨다. 아담이 아니라 하나님이 그의 아버지셨다. '한 인격'으로서, 그는 인류의 소생이 아니라 바깥으로부터 인류의 반열 속으로 스스로 들어오신 분이셨다.[1633]

"성육신의 전제와 근간"은 하나님의 삼위일체 존재에 있다.[1634] 성육신의 주체는 제2위 성자 하나님이시다. 영원하신 하나님의 아들이 사람의 아들이 되셔서 대속의 의를 다 이루셨다. 이러한 성자의 중보로 말미암아 성부는 언약의 자녀들의 아버지가 되시고 성령은 보혜사가 되셨다. 이는 삼위 하나님의 영원한 경륜(consilium aeternum)인 구속언약(pactum salutis)—곧 삼위일체 하나님의 창세 전의 구원협약—에 따른 것이었다.[1635] 성육신은 삼위일체 하나님의 "경륜적 사역"(opus oeconomicum)이다. 성부는 그 "원천"(fons), 성자는 "매개"(medium), 성령은 "완성"(terminus)이시다.[1636]

성육신의 비밀은 하나님이 자신을 더하거나(범신론) 뺌(이신론) 없이 사람이 되셨다는 점에 있다. 성육신은 삼위일체 하나님의 비밀을 계시한다. 하나님은 한 분으로 계시며(esse) 또한 세 인격(persona)으로 위격적으로 계신다(subsistere). 세 위격(hypostasis)은 그 특성(proprietas)에 있어서 서로 구별되나, 그 본질 혹은 본성—곧 신성—에 있어서는 항상 동일하다. 그러므로 성자는 하나님이시며 동시에 하나님과 우리 사이의 중보자가 되신다. 성육신의 비밀은 성자의 위격에 있으며 삼위일체 하나님의 본질로부터 기원한다. 성육신의 주체는 성자시나, 오직 삼위일체 하나님의 기뻐하시는 뜻으로 말미암는다. 그것은 범신론(汎神論)에 있어서의 필연적이라고 하는 것과 이신론(理神論)에 있어서의 우연적이라고 하는 것과는 무관하다.[1637]

성육신은 제2위 성자 하나님께 고유하게 일어나나, 언제나 그러하듯이 삼위 하나님의 공동사역이다. "주체와 목적에 있어서 성육신은 성자에게 고유하다. 그럼에도

[1633] Bavinck, *Reformed Dogmatics*, 3.294.

[1634] Bavinck, *Reformed Dogmatics*, 3.274.

[1635] Bavinck, *Reformed Dogmatics*, 3.276.

[1636] Heppe, *Reformed Dogmatics*, 413.

[1637] Bavinck, *Reformed Dogmatics*, 3.274-275, 277.

불구하고 기원, 시작, 효과에 있어서 그것은 전체 삼위일체의 사역이다."[1638] 이는 "하나님의 모든 외적 사역은 [삼위 하나님 모두에게 돌려진다는 측면에서] 공통되며 분할할 수 없다"(opera ad extra communia et indivisa)는 경륜적 삼위일체론의 원리에 부합한다.[1639]

[창조적 관점]

제2위 성자 하나님의 성부 하나님으로부터의 영원한 나심(generatio aeterna)을 통하여 우리는 궁극적으로 하나님의 인간 창조의 목적이 자신의 자녀를 낳으시기 위한 것임을(히 1:5; 2:11; 시 2:7) 유추할 수 있으며 그 가운데 성육신의 필연성을 가늠할 수 있다. 나심(generatio)과 나오심(processio)으로 대변되는 삼위 하나님의 내적 사역(opus ad intra)은 창조의 외적 사역(opus ad extra)에 반영되어 나타난다. 무엇보다 "삼위일체의 흔적들"(vestigia trinitatis)을 가장 잘 보여주는 것이 "삼위일체의 형상"(imago trinitatis)으로 불리는 영혼과 육체로 이루어진 사람이다.[1640]

인간의 창조는 하나님의 성육신을 바라보고 작정된 것이었다. 아담은 "그리스도의 모형"이었다.[1641] 그리스도의 구원의 중보와 창조의 중보는 긴밀하게 연결된다. 성육신은 인간의 창조를 반영한다. 이로부터 그리스도의 구원의 중보가 논해지는 것은 그것이 인간의 회복(restitutio) 곧 재창조(re-creatio)를 의미하기 때문이다. 그리스도가 "모든 피조물보다 먼저 나신 이시며"(πρωτότοκος πάσης κτίσεως)(골 1:15) "하나님의 창조의 근본"(ἀρχὴ τῆς κτίσεως τοῦ θεοῦ)(계 3:14)이시라는 말씀은 이러한 맥락에서 이해된다.[1642] 그렇다고 해서 타락이 없어도 성육신이 있었을 것이라고 한 오시안더(Andreas Osiander, 1498-1552)의 입장은 지지될 수 없다.[1643] 삼위 하나님이 세상과 아담을 창조하시기 전에 그리스도를 구속주로 작정하신 것은 그를 통하여

[1638] Bavinck, *Reformed Dogmatics*, 3.276.

[1639] Bavinck, *Reformed Dogmatics*, 2.318.

[1640] Bavinck, *Reformed Dogmatics*, 2.332-333, 420-423.

[1641] Bavinck, *Reformed Dogmatics*, 3.277-278.

[1642] Bavinck, *Reformed Dogmatics*, 2.423.

[1643] 이러한 입장에 호의를 보이는 경우로, Gunton, *Christ and Creation*, 71-79.

타락 후 전적으로 부패하고 전적으로 무능해진 인류를 거저 값주고 사시기 위한 은혜언약을 수행하시기 위함이었기 때문이다.[1644]

성육신은 창조에 필연적으로 부수(附隨)하는 것이 아니라 하나님이 자기의 기뻐하신 뜻에 따라 타락한 인류를 구원하시기 위하여 창세 전에 작정한 사건이었다.[1645] 그리스도는 "연합의 중보자"(mediator unionis)로서 성부와 함께, 성령의 역사로, 창조와 구속의 사역을 수행하셨다. 창조를 통하여, 인간은 삼위 하나님의 형상을 지니고 하나님과 함께 안식하였다. 재창조를 통하여, 인간은 그리스도와 연합하여 하나님과 하나가 되었다.[1646] 이와 같이 성육신에 따른 대속의 구원은 인격적일 뿐만 아니라 우주적인 의미를 함께 지니게 된다.[1647] 전택설(supralapsarianism)과 후택설(infralapsarianism)은 이런 측면에서 상호보완적으로 다루어져야 한다. 하나님은 죄를 적극적으로 작정하지 않으셨다는 점에서는 후택설이 지지된다. 하나님은 창조 전에 대속의 방식으로 성육신을 통한 그리스도의 중보를 작정하셨다는 점에서는 전택설이 지지된다.[1648]

[계시적 관점]

성육신으로 이 땅에 오신 주님은 사람들에게 생명과 빛으로 자신을 계시하신다. 요한복음은 그 서두에서부터 이를 확정하고 있다(요 1:1, 5, 9). 성육신이 없다면 창조와 구원의 계시가 모두 쓰러진다. 왜냐하면 이 땅에 오신 영원하신 하나님의 말씀이신 아들로 말미암아 만물이 지어졌기 때문이다(요 1:4).[1649]

성육신은 일반계시와 특별계시를 모두 아우르는 선행(先行)적 계시와 연결되어 있다. 그것은 그것들과 함께 서고 넘어진다. 만약 성경이 이방과 이스라엘 모두에 관해서 증

1644) Bavinck, *Reformed Dogmatics*, 3.278.
1645) Bavinck, *Reformed Dogmatics*, 3.279.
1646) Bavinck, *Reformed Dogmatics*, 3.332-333.
1647) 참조. Calvin, *Institutio*, 2.12.4-6 (CO 2.342-345).
1648) 참조. J. Mark Beach, "Introductory Essay," in Herman Bavinck, *The Holy Spirit's Work in Calling and Regeneration*, tr. Nelson D. Kloosterman (Grand Rapids: Reformation Heritage, 2008), xvi-xx.
1649) Bavinck, *Reformed Dogmatics*, 3.280.

거하는 방식으로 하나님이 자신을 계시할 수 있으셨다면, 성육신의 가능성은 원천적으로 그 계시 안에 포함되어 있었을 것이다. 만약 성육신이 불가능했다면, 계시 역시 보존될 수 없었을 것이다. 결론적으로 계시는 성육신과 동일한 개념에-아들에 대한 자신의 [내재적] 존재와 피조물에 대한 자신의 외향적 존재에 따른 하나님의 교통 가능성에-기초한다.[1650]

이러한 관점에서 성육신은 성경 전체의 계시와 관련된다. 성육신 가운데서의 신인양성의 연합은 태초의 창조가 범신론적 유출이 아니라 무로부터의 창조라는 것을 말해준다. 그리고 구원의 중보자는 제3의 존재가 아니라 참 하나님이시자 참 사람이신 유일하신 그리스도시라는 사실도 계시한다.[1651] 성육신을 통하여 그리스도 자신이 "기독교의 내용"이라는 사실과[1652] 창조 안의 하나님의 계시가 그리스도 안의 하나님의 사랑을 포함함을 알게 된다.[1653]

하나님의 자기계시인 원형계시(revelatio archetypa)가 계시된 계시(revelatio revelata)인 모형계시(revelatio ectypa)로서 수납되는 과정에서, 그리스도의 영 곧 보혜사 성령을 받아 그리스도와 하나가 된 성도만이 믿음으로 말씀을 받아들이게 된다는 "연합의 신학"(theologia unionis)이 성육신과 관련하여 고려된다.[1654] 같은 맥락에서, 성경기록에 있어서 인간 저자의 유기적 영감이 성육신의 의의와 가치에 비추어 개진된다.[1655] 또한 그리스도가 성육신 가운데 구속을 이루신 사건이 "마지막이며 최고의 계시"라는 점에서 성경의 충족성이 변증된다.[1656]

하나님의 존재와 경륜이 그러하듯이 계시도 비밀이다. 이 땅에 오신 그리스도는 육체로 계시된 "하나님의 비밀"이시다(골 2:2). 곧 계시된 하나님의 비밀이 "그리스도의 비밀"이다(골 4:3). 그리스도는 스스로 비밀이시며 계시이시다. 계시의 "정점, 왕관, 그리고 완성"이 성육신이다. "모든 계시는 가장 고상하고, 풍부하며, 가장 완

1650) Bavinck, *Reformed Dogmatics*, 3.280-281.
1651) Bavinck, *Reformed Dogmatics*, 3.282-286.
1652) Bavinck, *Reformed Dogmatics*, 3.284.
1653) 참조. Herman Bavinck, *The Philosophy of Revelation* (New York: Longmans, 1909), 170-202.
1654) Bavinck, *Reformed Dogmatics*, 1.210-214.
1655) Bavinck, *Reformed Dogmatics*, 1.434-435, 442-443.
1656) Bavinck, *Reformed Dogmatics*, 1.490-491.

전한 자기계시의 행위인 성육신을 지향하고 그 주위로 모여든다."[1657]

계시의 중심은 그리스도의 인격이다. 그리스도는 역사적인 인격이다. 그의 성육신, 고난과 죽음, 부활과 승천은 반복되는 성향을 보이지 않는다. 참으로 그가 역사 속으로 들어와 시간의 양식 가운데 사심은 순수하게 성육신에 부합한다.[1658]

이렇듯 성육신이 계시의 정점(culmen revelationis)으로 파악된다.[1659]

3. 성육신의 주체 : 제2위 성자 하나님

성육신의 주체는 삼위일체 하나님이 아니라 제2위격이신 로고스(ὁ λόγος, Verbum Dei, 요 1:1) 성자 하나님이시다. "아버지 품 속에 있는 독생하신 하나님"(μονογενὴς θεὸς ὁ ὢν εἰς τὸν κόλπον τοῦ πατρὸς)이(요 1:18) 인간의 전 본성(tota natura hominis)인 영혼과 육체를 취하셨다.

육신으로 오신 성자는 참 하나님이시고(롬 9:5, "만물 위에 계셔서 세세에 찬양을 받으실 하나님"[ὁ ὢν ἐπὶ πάντων θεὸς εὐλογητὸς εἰς τοὺς αἰῶνας]; 요일 5:20, "참 하나님이시요 영생"[ὁ ἀληθινὸς θεὸς καὶ ζωὴ αἰώνιος]; 요 20:28, "나의 주님이시요 나의 하나님"[ὁ κύριός μου καὶ ὁ θεός μου]; 행 20:28, "하나님이 자기 피로 사신 교회"[τὴν ἐκκλησίαν τοῦ θεοῦ, ἣν περιεποιήσατο διὰ τοῦ αἵματος τοῦ ἰδίου]; 딛 2:13, "우리의 크신 하나님 구주 예수 그리스도" [τοῦ μεγάλου θεοῦ καὶ σωτῆρος ἡμῶν Ἰησοῦ Χριστοῦ]), 창조주시며(요 1:3, "만물이 그로 말미암아 지은 바 되었으니"[πάντα δι᾽ αὐτοῦ ἐγένετο]; 히 1:2, "이 아들을 만유의 상속자로 세우시고 또 그로 말미암아 모든 세계를 지으셨느니라"[ἐν υἱῷ, ὃν ἔθηκεν κληρονόμον πάντων, δι᾽ οὗ καὶ ἐποίησεν τοὺς αἰῶνας]; 골 1:16, "만물이 다 그로 말미암고 그를 위하여 창조되었고"[τὰ πάντα δι᾽ αὐτοῦ καὶ εἰς αὐτὸν ἔκτισται]), 창조중보자이시다(롬 11:36, "만물이 주에게서 나

1657) Bavinck, *Reformed Dogmatics*, 3.278.
1658) Bavinck, *Reformed Dogmatics*, 1.379-80.
1659) 이러한 세 가지 관점에 대해서 핫지는 별도의 항목을 두고 따로 다루지는 않지만 기독론 전반에 걸쳐서 조명하고 있다. 참조. Hodge, *Systematic Theology*, 2.378ff., 610ff.

오고 주로 말미암고 주에게로 돌아감이라[ὅτι ἐξ αὐτοῦ καὶ δι' αὐτοῦ καὶ εἰς αὐτὸν τὰ πάντα αὐτῷ ἡ δόξα εἰς τοὺς αἰῶνας]; 고전 8:6, "우리에게는 한 하나님 곧 아버지가 계시니 만물이 그에게서 났고 우리도 그를 위하여 또한 한 주 예수 그리스도께서 계시니 만물이 그로 말미암고 우리도 그로 말미암아 있느니라"[ἀλλ' ἡμῖν εἷς θεὸς ὁ πατὴρ ἐξ οὗ τὰ πάντα καὶ ἡμεῖς εἰς αὐτόν, καὶ εἷς κύριος Ἰησοῦς Χριστὸς δι' οὗ τὰ πάντα καὶ ἡμεῖς δι' αὐτοῦ]).

성육신의 주체는 신성이 아니라 영원 전부터 변함없이 존재하시는 "말씀의 인격 혹은 위격적 존재"이다. 취함의 주체는 신성이 아니라 인격이다. 성자의 본성이 아니라 "말씀"(λόγος) 자체시다. "성자의 인격" 곧 "말씀의 인격"이 인성을 형성하시면서 취하셨다. 구체적인 인격이 추상적인 본성을 취하셨다. 연합된 신성이 아들에게 고유한 것이듯이, 연합된 인성도 아들에게 고유한 것이다. 삼위 하나님은 동일한 신성을 지니시되, 성부는 "나시지 않으셨고"(ἀγεννήτως), 성자는 "나셨고"(γεννήτως), 성령은 "출래하셨다"(ἐκπορεύτως). 그러므로 성육신에 있어서 인성과 연합되는 신성은 아들에게만 고유한 위격적 존재방식을 따른다.[1660] 성부도 성령도 아닌 성자가 구속주로 작정된 소이가 여기에 있다.[1661] 성육신은 삼위 하나님의 공동사역이지만 그 주체는 성자에게만 돌려진다. 이러한 측면에서, 그것은 "본성적 사역"(opus naturale)이 아니라 "인격적 사역"(opus personale)이라고 불림이 마땅하다. 성육신의 비밀은 신성이 인성을 "직접적으로"(directe) 취하는 데 있지 않고, 양성이 "간접적으로"(indirecte) 인격에 의해서, 인격 가운데 연합을 이루는 데 있다.[1662]

성육신은 제2위 성자 하나님께 고유한 사역이다. 제6차 톨레도 회의(the sixth Synod of Toledo, 638)는 다음과 같이 이를 선언하였다.

> 오직 성자만이, 신성의 하나됨이 아니라 인격의 개별성 가운데, 삼위일체에 공통된 것이 아니라 아들에게 고유한 것 가운데, 인성을 취하셨다.[1663]

성육신의 주체는 제2위 성자 하나님이시다. "성자의 인격이 비매개적(非媒介的)

1660) Heppe, *Reformed Dogmatics*, 414-415.
1661) Heppe, *Reformed Dogmatics*, 373-378.
1662) Heppe, *Reformed Dogmatics*, 416.
1663) Bavinck, *Reformed Dogmatics*, 3.276.

으로(immediate) 인성과 연합됨에 따라 그 신성이 매개적(媒介的)으로(mediate) 인성에 연합되었다." 아들의 인격이 그 속으로 인성을 취함(assumptio)은 "비매개적"(immediata)이나 이를 통한 신성과 인성 서로 간의 연합은 "매개적"(mediata)이다. "비매개적"이라 함은 인격이 기체(基體, suppositum)가 되어 인성을 직접적으로(directe) 취하는 것을, "매개적"이라 함은 신성과 인성이 인격 안에서, 인격을 통하여, 인격에로, 간접적으로(indirecte) 교통하는 것을 의미한다. 그러므로 "아들의 인격 속에 있는 신성이 인성이 되었다"고 보는 루터파의 입장은 받아들일 수 없다. 성육신은 삼위일체 하나님의 본질(οὐσία)이나 본성(φύσις)—곧 신성—이 흘러나와서 피조물을 형성하는 범신론적 유출이 아니다. 그것은 제2위 성자 하나님의 "인격적인 일"(opus personale)이다.[1664] 그것은 영원히 나셨으나 지음은 받지 않으신("γεννηθέντα, οὐ ποιηθέντα, natum[genitum], non factum") 분으로서 아버지와 동일한 본질을 지니신("ὁμοούσιον τῷ πατρι, consubstantialem Patri") 유일하신 아들의 일이다.[1665]

성육신은 인성이 고양되어 신성을 계시하거나 형성하는 것을 말하지 않는다. 성육신은 창조주가 피조물과 교제하고 교통하는 방식의 절정을 보여준다. 조물주의 자존성(independentia)과 피조물의 의존성(dependentia)이 동일한 인격적 주체인 성자의 위격에 돌려진다. 말씀이 육신이 되시므로(요 1:14), 신성의 충만이 육체로(σωματικῶς) 거하게 되었다(골 2:9).[1666] 말씀이 말씀인 채로 육체가 되셨으므로 하나님의 신성이 '충만히', '육체적으로' 임하게 되었다. 이 두 단어는 서로 배치되거나, 서로 제한하지 않는다. 두 부사가 모두 한 주체이신 영원하신 하나님의 아들에 관계되기 때문이다.

성육신의 비밀은 그 주체가 성자시라는 사실에 있다. 그리하여 그것은 삼위일체 하나님의 존재와 경륜의 비밀을 비추어 준다. 바빙크는 이를 다음과 같이 설명한다.

1664) Bavinck, *Reformed Dogmatics*, 3.276.

1665) Schaff, *The Creeds of Christendom*, 2.57-59. 이러한 규정은 그리스도의 하나님이심과 영원한 선재를 동시에 계시한다. 이와 관련된 글로서, Colin E. Gunton, "And in One Lord Jesus Christ……Begotten Not Made," *Pro Ecclesia* 10/3 (2001), 271-273. 군론은 성자의 위격적 존재의 특성을 'being'이 아니라 'becoming'으로 파악하고자 하는 바르트(Karl Barth)와 같은 오류에 빠져있음을 염두에 두어야 한다.

1666) 참조. Bavinck, *Reformed Dogmatics*, 3.298-299.

성경은 모든 종류의 매우 다른 술어들을 그리스도께 돌리지만, 항상 한 분 동일한 주체 곧 그 안에 거하시는 한 분할되지 않는 "나"에게 그리한다. 그 "나"가 그에 대해서 말씀하신다. 성경은 말씀이 사람 안에 거했다고 하지 않고 말씀이 육신이 되었다고(요 1:14) 특정해서 말한다. 인격은 그 혹은 그녀가 된 무엇이다. 하나님의 아들이 사람이 되셨으므로, 그 자신이 사람이다. 많은 것들이 한 인격에 관한 것으로서 서술될 수 있으나 결코 다른 인격에 관한 것으로서 그리될 수는 없다. 남편과 아내는 한 몸이나 남편은 결코 아내가 될 수 없고, 아내는 남편이 될 수 없다. 그러므로 만약 그리스도 안의 인간 주체가 말씀과 다른 주체였다면, 성경은 결코 말씀이 육체가 되셨으므로 육체이셨다고 전할 수 없었을 것이다.[1667]

주체는 다양한 본성들을 지닌다. 성육신의 비밀은 하나님의 본성으로 계신 성자가 사람의 본성을 취하심에 있다. 사람은 신성을 취할 수 없으나 성자는 인성을 취하실 수 있다. 성자가 인성을 취하심은 삼위 하나님의 창세 전의 작정에 따른 것이었다. 영원한 작정에 따라서 오직 성자가 성육신하셨다. 본질에 있어서 동일하신 삼위 하나님은 본성상(naturaliter) 인성을 취하실 수 없다. 그러므로 신성과 인성은 위격적으로(personaliter) 오직 성자 안에서만 연합될 수 있으며, 연합되어야 했다.

하나님 안에는 한 본성과 세 인격이 있다. 그리스도 안에는 한 인격과 두 본성이 있다. 하나님의 존재 안에서 세 인격의 하나됨은 순수한 의미에서 본성적(naturalis), 동일본질적(συνουσιώδης)이다. 반면에, 그리스도 안에서 두 본성의 하나됨은 인격적(personalis)이다.[1668]

오직 생명의 빛이신 하나님의 아들 자신이 사람이 되셔서 신인(θεανθρωπος)을 이루셔야 하므로, 두 개의 완전한 본성이 "혼합이나 변화 없이"(ἀτρεπτως και ἀσυγχυτως), "분할이나 분리 없이"(ἀδιαιρετως και ἀχωριστως) 연합되었다.[1669] 성육신은 말씀이 육신으로 변화되거나 변질되는 것이 아니다. 칼빈이 말하듯이, 성육신의

[1667] Bavinck, *Reformed Dogmatics*, 3.302.

[1668] Bavinck, *Reformed Dogmatics*, 3.306.

[1669] Heppe, *Reformed Dogmatics*, 413.

비밀은 "실체의 혼합이 아니라 인격의 하나됨"에 따른다.[1670] 아타나시우스가 말하듯이, 성육신은 이전의 본성을 감하는 것이 아니라 더하는 것이다. 그것은 이전의 본성의 변화가 수반되지 않는 새로운 본성을 "취함"(assumptio)이다.[1671]

4. 성육신의 방식 : 성령잉태[1672]

성육신은 삼위 하나님의 사역이다. 아버지는 아들을 보내셨다. 성령은 아들의 인성을 조성하셨다. 마리아의 잉태는 성령의 초자연적인 잉태로 말미암았다. 성령잉태로 거룩한 인성이 영원하신 하나님의 아들의 신성과 연합하게 되었다. 성육신은 사람이 되신 성자 하나님 자신의 사역이다. 그리스도는 아버지에 의해서 보내지셨지만 자기 자신의 뜻과 행위로 오셨다.[1673] "그리스도 자신이 스스로 성령에 의해서 마리아의 몸에서 한 몸을 마련하신 활동의 주체셨다."[1674]

로고스의 인격과 인성의 연합은 잉태에서 이루어졌다. 그는 아버지의 개입 없이 "처녀"(עַלְמָה, παρθένος)(사 7:14; 마 1:23)에게서 나셨다.[1675] 사람으로서, 그는 아버지 없이(ἀπάτωρ) 신비스럽게 잉태되셨다. 하나님으로서, 그는 어머니 없이(ἀμήτωρ) 신비스럽게 나셨다.[1676] 초자연적인 잉태는 "생식"(generatio)이 아니라 "명령"(iussio)과 "축복"(benedictio)에 의한 것이었다. 여기에서 성령은 "효과적인 원인"(causa efficiens)으로 작용하였으나 "질료적인 원인"(causa materialis)은 아니었다. 그러므로 성령이 아버지라고 불릴 수는 없다. 성령의 작용 방식은 "씨에 의한 것"

[1670] Calvin, *Institutio*, 2.14.1 (CO 2.353).

[1671] Heppe, *Reformed Dogmatics*, 414.

[1672] 동정녀탄생은 동정녀잉태 혹은 성령잉태와 같은 뜻으로 사용된다. 동정녀탄생을 성육신으로 볼 때, 이는 출생이 아니라 잉태를 말한다고 볼 것이기 때문이다. 마리아 무흠설을 주장하는 로마 가톨릭에서는 동정녀잉태와 성령잉태가 의미상 뚜렷이 구별되지만, 성경은 성령잉태가 곧 동정녀잉태이므로 양자는 표현만 다를 뿐 동일하다고 가르친다.

[1673] Bavinck, *Reformed Dogmatics*, 3.290.

[1674] Bavinck, *Reformed Dogmatics*, 3.293.

[1675] Edward J. Young, "The Immanuel Prophecy: Isaiah 7:14-16, [Part I]," *Westminster Theological Journal* 15/2 (May 1953), 117-118; "The Immanuel Prophecy: Isaiah 7:14-16, [Part II]," *Westminster Theological Journal* 16/1 (Nov. 1953), 29, 32, 35, 46.

[1676] Heppe, *Reformed Dogmatics*, 422.

(σπερματικὸς)이 아니라 "창조적"(δημιουργικὸς)이었다. 이에 전치사 "ἐκ"가 사용된다.[1677]

신인양성의 위격적 연합의 비밀은 성령으로 말미암은 초자연적인 잉태에 있다. 성령은 단지 도구적인 원인(causa instrumentalis)에 그치는 것이 아니라 효과적인 원인으로서 작용한다. 창조와 구원의 영이신 성령의 능력으로[1678] 때가 차매 마리아의 몸에서 그리스도의 인성이 거룩하게 조성되었다. "그에게 잉태된 자는 성령으로 된 것이라"(τὸ γὰρ ἐν αὐτῇ γεννηθὲν ἐκ πνεύματός ἐστιν ἁγίου)는 말씀에서(마 1:20) 성령의 역사는 능동태로, 마리아의 잉태는 수동태로 기록되어 있음이 이와 관련하여 주목된다.

여기에서 성령은 질료적으로(materialiter)가 아니라 단지 효과적으로(efficienter)-씨가 아니라 권능으로, 육체적 결합이 아니라 권세로-작용한다. 그는 성령의 실체가 아니라 성령의 능력으로-교부들이 말하듯이, 생식이 아니라 은총과 성별로-잉태되셨다.[1679]

"성령이 네게 임하시고 지극히 높으신 이의 능력이 너를 덮으시리니"(Πνεῦμα ἅγιον ἐπελεύσεται ἐπὶ σὲ καὶ δύναμις ὑψίστου ἐπισκιάσει σοι)라는 말씀에서(눅 1:35) 보듯이 성령의 효과적인 작용은 임재(ἐπέλευσις)와 덮음(ἐπισκίασις)으로 나타난다.[1680] 동정녀잉태에 있어서 성령의 작용(operatio)은 이중적이다. 첫째, "질료의 준비"(materiae praeparatio). 둘째, "준비된 질료로부터 그리스도의 몸의 형성"(ex materia praeparata corporis Christi formatio). 전자는 마리아의 "실체"(substantia)로부터 질료를 준비하는 과정에서 성령이 그것을 "합당하게 거룩하게 하심"(idonea sanctificatio)을 의미한다. 마리아가 원죄에 속하지 않고 본죄도 없이 완전했기 때문이 아니라 성령의 능력으로 거룩하게 된 인성을 취하셨으므로 그리스도는 "죄 없이 순전하게"

1677) Heppe, *Reformed Dogmatics*, 423-424.

1678) Bavinck, *Reformed Dogmatics*, 2.261-264.

1679) Turretin, *Institutio Theologiae Elencticae*, 13.11.4 (2.299): "Spiritus autem hic se habuit, non materialiter, sed efficienter tatntum, δημιουργικῶς non σπερματικῶς κατ' εξουσίαν non κατὰ συνουσίαν, ut conceptus sit et Spiritus potentia, non ex substantia, non generatione, sed benedictione et consecratione, ut loquebantur Veteres."

1680) Turretin, *Institutio Theologiae Elencticae*, 13.11.9 (2.300).

(ἄκακος et ἀμίαντος) 잉태되셨다. 그러므로 로마 가톨릭이 내세우는 마리아 무흠잉태(immaculata Mariae conceptio)가 자리할 곳은 어디에도 없으며,1681) 이를 내세워 성령잉태의 공로가 마리아에게 있다고 주장하고자 하는 것은 부질없다.1682) 그리스도는 죄가 있으신 적이 없으시다. 그에게는 "절대적인 거룩"(omnimoda sanctitas)과 "모든 전가된 죄와 내재된 죄의 부재"(不在, exemptio ab omni peccato, tum imputato, tum inhaerente)가 있었다.1683) 후자는 "한 몸을 예비하셨도다"(σῶμα κατηρτίσω μοι)는 말씀과 (히 10:5) 관련된다. 성령의 역사로 말미암은 "예비"(καταρτισμὸν)는 영혼과 육체가 "위격적으로"(hypostatice) 말씀의 인격에 취해짐을 뜻한다.1684)

주님은 성령으로 잉태되셨기 때문에 처음부터 "악이나 부패"(vitio et corruptela)가 없으셨다. "그리스도는 동정녀 마리아를 통해서(per eam) 다윗의 씨로부터(ex semine Davidis) 나셨다."1685) 그 나심은 아담의 타락 전의 출생과 같이 순결하고 오염이 없었다. 이러한 "순수한 나심"(generatio pura)은 성령의 거룩하게 하심으로 말미암았다(요 17:19). 성령으로 잉태되심은 성령에 의한 형성(formatio)과 "성령으로 거룩하게 되셨음"(sanctificatus est a spiritu)을 포함한다. 주님은 원죄에 속한 마리아로부터 인성을 취하셨으나 성령의 역사로 거룩해진 그것을 받으셨다. 이는 마리아의 인성이 성육신 때 원죄로부터 자유롭게 되었다는 의미도 아니며 주님이 받으신 인성이 성육신 이후에 거룩해졌다는 의미도 아니다. 주님은 마리아로부터, 성령으로 말미암아 그 시초부터 거룩하게 된 인성을 받으셨다.1686) 그러므로 인성에 따라서도 거룩하지 않으신 적이 없으셨다. 마리아가 거룩해서가 아니라 성령잉태로 말미암아 그러했다.1687)

1681) Turretin, *Institutio Theologiae Elencticae*, 13.11.10 (2.300).
1682) 루터는 시편에 대한 초창기 강의에서 이 점을 특히 강조하였다. 참조. Beth Kreitzer, "Luther Regarding the Virgin Mary," *Lutheran Quarterly* 17/3 (2003), 252–256.
1683) Turretin, *Institutio Theologiae Elencticae*, 13.11.15 (2.301).
1684) Turretin, *Institutio Theologiae Elencticae*, 13.11.11, 14 (2.300, 301).
1685) Calvin, *Institutio*, 2.13.3 (CO 2.351–352). 칼빈은 "per eam"에서 "per"를 헬라어 "διά"가 아니라 "ἐκ"의 의미로 사용하고 있다. 이로써 칼빈은 마리아의 몸을 "마치 수로"(quasi canalem)와 같이 여겨 마리아 도관(導管)설을 주장한 초대교회의 영지주의 이단들을 비판하고 있다.
1686) 『박형룡박사 저작전집 IV. 교의신학 기독론』(서울: 한국기독교교육연구원, 1983), 146.
1687) Calvin, *Institutio*, 2.14.4 (CO 2.352). 이 부분은 문병호, 『30 주제로 풀어 쓴 기독교 강요』, 142에서 일부분을 첨삭, 수정, 가필하고 라틴어를 첨가하여 인용.

하나님의 영원하신 아들이 성령의 역사로 그 자신에 인성을 형성하셨다. 인성의 로고스 위격에의 부착은 출생 때가 아니라 잉태 때에 일어났다. 성령이 인간의 타락한 본성을 지닌 마리아로부터 인출된 인성을 거룩하게 하여 죄의 죄책(reatus)과 오염(pollutio)과 부패(corruptio)로부터 자유롭게 하였다. 로마 가톨릭은 이에 대해서 마리아의 무오를 주장하나, 우리는 성령의 거룩하게 하시는 작용을 말한다.[1688] 그는 성령으로 잉태되셔서(마 1:18, 20) "지극히 높으신 이의 능력"으로(눅 1:35) 조성되시면서 거룩하셨다. 성령으로 잉태되심은 천상의 육체가 임하거나 하나님의 본질이 주입되는 것이 아니라 성령의 권능이 구름과 같이 덮여서(출 40:34; 민 9:15; 눅 9:34; 행 1:8) 마리아의 태가 열렸다는 것을 의미한다. 그것은 남자의 씨와 무관하게 여자의 몸에만 관계된다. "주의 어머니"(ἡ μήτηρ τοῦ κυρίου)이신(눅 1:43) 마리아의 실체 곧 피(דָּם, αἷμα)에서 모든 인성을 다 취하셨다. 동정녀 마리아가 제공한 피와 실체는 통상적(ordinaria)이었으나 이로써 태아를 조성한 성령의 형성력은 비상적(extraordinaria)이었다. 그리스도가 어떤 오염도 없으신 것은 단지 그가 남자의 개입 없이 마리아로부터 조성되셨기 때문만이 아니라 성령의 거룩하게 하심으로 말미암는다. 마리아의 무흠(無欠)이 아니라 성령의 역사로 말미암아 아담의 원죄가 전가되지 않았던 것이다.[1689]

주님의 잉태에 관해서 성경이 전하는 바는 그것이 마리아의 무흠한 품성이나 자질로 말미암은 것이 아니라, 하나님께 은혜를 받아 주께서 함께 하시는 마리아에게(눅 1:28, 30) 성령이 임하셔서 지극히 높으신 이의 능력이 그 위를 덮음으로(눅 1:35), "큰 자"시며 "지극히 높으신 이의 아들"로서(눅 1:32) "하나님의 아들"(눅 1:35), "예수"(마 1:21), "임마누엘"로(마 1:23) 일컬어질 "거룩한 이"가(눅 1:35) 나실 "복"(눅 1:45)으로 말미암은 것이라는 사실이다. 성육신은 마리아의 일이 아니라 "능하신 이가 큰 일을" 그녀에게 행하신 것이다(눅 1:49). 마리아는 "비천한 자"로서(눅 1:48, 52) "하나님의 모든 말씀은 능하지 못하심이 없다"고 고백하고 그 "말씀대로 내게 이루어지기를" 구하였을 뿐이다(눅 1:37-38). 이러한 관점에서 우리는 마리아의 경건

[1688] 로마 가톨릭의 무흠잉태설에 대한 배경과 역사에 관해서, W. H. C. Frend, "Immaculate Conception: A Centenary Retrospect," *Modern Churchman* 44/2 (1954): 107–119.

[1689] Heppe, *Reformed Dogmatics*, 424–427.

과1690) 증인됨에1691) 주목하여야 한다. 마리아가 참 하나님이시자 참 사람이신 "주의 어머니"로서 Θεοτόκος(Mater Dei 곧 Deipara)라고 불리는 것이 합당하다. 칼케돈 신경은 이와 관련하여 주님이 "인성에 따라서 하나님의 어머니 동정녀 마리아에게서" (ἐκ Μαρίας τῆς παρθένου τῆς θεοτόκου κατὰ τὴν ἀνθρωπότητα, ex Maria virgine, Dei genitrice secundum humanitatem) 나셨다고 고백한다.1692) 로마 가톨릭은 이를 넘어서서 지상의 마리아를 천상의 마리아로 끌어올리고자 했으며1693) 마리아를 '신성에 따라서'도 하나님의 어머니라고 부르기를 원했던 것이다.1694)

그리스도의 잉태에 있어서 성령의 작용으로 인성이 거룩해지고 형성되는 동시에 로고스의 위격(ὑπόστασις)에로 취함이 있었다. 이를 통하여, 아들의 인격이 인성에 존재하게 된 것이 아니라 인성이 아들의 인격에 존재하게 되었다. 이런 취함을 성경은 가지는 것(λαβή, 빌 2:7), 붙드는 것(ἐπίληψις, 히 2:16)으로 표현하고 있다. 성육신으로 인성은 그 자체로 "위격이 아닌"(ἀνυπόστατος) 것으로서 말씀의 "위격 안에" (ἐνυπόστατος) 있게 되었다. 고대인들은 이러한 인성을 "인간적인 기관"(ἀνθρώπινον ὄργανον) 혹은 "부속물 혹은 부가물"(πρόσλημμα)이라고 부르기도 했다.1695)

그리스도의 인성은 성령으로 조성되어 그리스도의 인격에 취해지므로 신성과 연합하게 되었다. 그리하여 신인양성의 중보자의 인격이 형성되고 그 가운데 중보가 수행되었으며 그리스도 안에서 하나님과 사람의 연합과 교제(union and communion)가 가능하게 되었다. 이로 말미암아 그리스도 안에서 사람의 일이 하나님의 일로 돌려지게 되었다. 이러한 역사가 비하와 승귀의 상태를 포함한 예수의 전 생애를

1690) 참조. David Parker, "Evangelicals and Mary: Recent Theological Evaluations," *Evangelical Review of Theology* 30/2 (2006), 121-140.

1691) 참조. Tim Perry, "Evangelicals and Mary," *Theology Today* 65/2 (2008), 236-237.

1692) Schaff, *The Creeds of Christendom*, 2.62-63.

1693) 참조. Jim Ernest Hunter, "Blessed Art Thou among Women: Mary in the History of Christian Thought," *Review & Expositor* 83/1 (1986), 37-38.

1694) 오버만은 "떼오토코스"(Θεοτόκος)에 관한 키릴과 네스토리우스의 논쟁점도 여기에 있었다고 본다. Heiko A. Oberman, "Virgin Mary in Evangelical Perspective," *Journal of Ecumenical Studies* 1/2 (1964), 283-284. "신성에 따라서"로 마리아의 "떼오토코스"를 거론하고자 하는 것은 이방 다신교적 발상으로서 살라미스의 에피파니우스 (Epiphanius of Salamis, 310[혹은 320]-403)에게서도 이러한 경향이 나타난다. 이에 대해서, Timothy George, "Evangelicals and the Mother of God," *First Things* 170 (2007), 23.

1695) Heppe, *Reformed Dogmatics*, 427-428.

통하여 계속되었다. 이는 오직 성령의 초자연적인 잉태로부터 비롯되었다.1696)

성육신은 제3위 성령 하나님의 삼위일체 내적인 경륜에 따른 것이었다. 무엇보다 이는 연합과 교제라는 관점에서 부각된다.1697)

성령의 인격과 신격이 없다면 성부와 성자 사이의 진정한 하나됨도 있을 수 없다. 성령의 신격을 부인하는 자는 성자의 신격을 주장할 수 없다. 삼위일체는 오직 성령의 신(神) 인격 안에서 자신을 완성하신다. 오직 그 인격을 통하여 인격의 셋임 가운데 존재의 하나됨과 존재의 하나됨 가운데 인격의 셋임이 존재한다. 삼위일체의 전(全) 교리, 기독교의 비밀, 종교의 심장부, 우리 영혼과 하나님의 참되고 순전한 교제, 이것들은 모두 성령의 신격으로 말미암아 서거나 넘어진다.1698)

성육신은 아버지의 뜻에 따라 아들 안에서 성령의 능력으로 일어났다. 성육신은 아들 안에서 뿐만 아니라, 아들에 의해서 일어났다. 성육신은 아들의 사역이었다. 창조에 있어서 하나님과 사람 사이에서 중보의 사역을 감당하셨던 아들이 친히 사람이 되심으로 구속의 중보를 행하셨다. 아들의 인성은 조성되면서 그리스도의 위격에 취해졌다. 그리하여 동시에 그의 신성과 연합되었다. 이러한 신비는 "성령의 매우 특별한 사역"으로 말미암은 것이었다.1699) 초자연적인 잉태에 있어서의 성령의 사역은 단지 외적 창조의 연장으로만 볼 수 없다. 그것은 삼위일체의 내적 경륜 가운데 일어났다. 아들의 인성을 조성하신 성령은 영원한 아들의 영이시다. 성육신에 있어서 성령은 아들 안에서 역사하지만 그것은 곧 아들의 일이다.1700) 아들의 인격(persona)은 자신의 일로 말미암아 어떤 변화도 겪지 않는다. 이렇듯 삼위일체의 경륜으로부터 성육신의 비밀을 읽어야 한다.

1696) Bavinck, *Reformed Dogmatics*, 3.291-292.
1697) 그리스도의 성육신을 통한 신인양성의 연합에 기초해서 우리의 그리스도와의 연합을 다룬 다음 작품 참조. Robert Letham, *The Work of Christ* (Downers Grove, IL: IVP, 1993), 77-87, 184-186.
1698) Bavinck, *Reformed Dogmatics*, 2.312.
1699) Bavinck, *Reformed Dogmatics*, 3.292.
1700) 이러한 측면에서 다음 작품들에서 개진되는 영-기독론(Spirit-Christology)은 받을 수 없다. Haight, "The Case for Spirit Christology," 257-287; Ralph Del Colle, *Christ and the Spirit: Spirit-Christology in a Trinitarian Perspective* (Oxford: Oxford University, 1994); Moltmann, *The Way of Christ*.

많은 신학자들이 말하는 바와는 달리 성령잉태는 예수의 무죄성에 대한 가장 심오한 근거도 그 마지막 원인도 아니었다. 그것은 이미 한 인격으로 존재하시며 새언약의 머리로 정해지신 분이 이전 그대로 그리스도시며 가장 높으신 하나님의 아들이시면서도 이제는 육체 가운데 인간의 방식으로 존재하시며 살아가시는 유일한 길이었다.[1701]

성령은 고난과 순종에서 뿐만 아니라 부활과 승천과 재위 등 주님의 중보 전 과정에 있어서 효과적으로 작용하신다. 부활로 인하여 주님이 "신령한 몸"(σῶμα πνευματικόν)을 지니시고(고전 15:44) 그 자신이 "생명의 영"(πνεῦμα ζωῆς)으로서(롬 8:11) "살려주는 영"(πνεῦμα ζῳοποιοῦν)(고전 15:45)이 되심도 같은 맥락에서 이해된다. 성령을 그리스도의 영, 예수의 영, 주의 영으로 특징적으로 표현하는 것도 이러한 까닭에서이다(롬 8:9; 빌 1:19; 고후 3:17-18). 틸리히(Paul Tillich)는 그리스도가 "하나님의 영의 피조물"(a creature of the divine Spirit)로서 새로운 실존적 가치와 조건을 지니고 계신 "새로운 존재"(the New Being)라고 칭하면서,[1702] 그를 "존재의 힘"과 동일시하는데,[1703] 이는 성령잉태에 대한 정통적인 입장과는 완전히 배치된다.[1704]

성령은 그리스도 자신 안에 거하시고 성령을 통하여 그리스도가 자신을 자신의 백성과 교통시키기 때문에 그리스도의 영이시다(고후 3:18). 그리하여 그리스도 안에는 이제 "신성의 모든 충만이 육체로 거한다"(골 2:9; 1:19). 그는 "보이지 아니하는 하나님의 [보이는] 형상"이시다(골 1:15). 하나님의 영광이 이제 그의 인성 가운데 드러나고 그의 얼굴로부터 비친다(고후 3:18; 4:4, 6).[1705]

1701) Bavinck, *Reformed Dogmatics*, 3.294-295. 이 부분의 논의는 다음 논문을 첨삭, 수정, 가필하여 수록. Moon, "Bavinck's Understanding of Christ the Mediator's Hypostatic Union," 181-183.

1702) Tillich, *Systematic Theology*, 2.119.

1703) Tillich, *Systematic Theology*, 2.125.

1704) 틸리히는 하나님을 "그 존재"(the being)나 "존재"(a being)가 아니라 "존재의 기반"(the ground of being)으로 정의하면서 예수를 한 사람으로서 그 하나님의 실제에 실존적으로 동참하신 "상징"으로 여긴다. 틸리히는 성육신을 존재론적으로 접근하는 것은 불가능할 뿐만 아니라 무의미할 뿐이라고 여기며, 예수에게 인성을 돌리는 것은 그의 "실존 이하"를 말하는 것이고 신성을 돌리는 것은 그의 "실존 이상"을 말하는 것이 되므로 인성도 신성도 아닌 "제3의 무엇"(tertium quid)으로 그의 실존을 실존적으로 파악해야 한다고 주장한다. 참조. Jerome L. Ficek, "The Christology of Paul Tillich: The New Being in Jesus as the Christ," *Bulletin of the Evangelical Theological Society* 1/2 (1958), 15-23.

1705) Bavinck, *Reformed Dogmatics*, 3.436.

주님은 초자연적인 방식으로 잉태되셨어도 출생은 자연적인 방식을 따랐다. 로마 가톨릭은 마리아의 자궁이 닫힌 채로(utero clauso) 아들이 나셨다고 한다. 그리고 마리아가 다른 예수의 형제를 낳은 적이 없으므로-이는 마태복음 13:55에 배치-영원한 동정녀(ἀπειπαρθένος, semper virgo)라고 한다(649년 라테란 회의).1706)

5. 성육신의 필연성 : 신인양성의 중보를 통한 유일한 대속의 길

성육신은 성자의 자발적인 낮아지심이었다. 타락이 없었으면 성육신도 없었을 것이다. 의를 구할 다른 길이 있었다면 그리스도의 죽음이 헛되었을 것이다(갈 2:21). 율법이 생명을 줄 수 있었다면 의가 율법으로 말미암았을 것이다(갈 3:21). 성육신의 목적이 하나님과 사람 사이의 화목에 있으므로, 그리스도가 십자가에서 참 하나님과 참 사람으로서 육체 가운데 죽으셨다(엡 2:16). 성육신이 없었다면 십자가의 대속이 있을 수 없었다.1707) 특히, 히브리서는 영원하신 하나님의 아들이 마지막 날에 나타나신 성육신과(히 1:1-3) 우리의 죄를 위하여 자기 자신을 제물로 삼아 영원한 제사를 하나님께 드리심으로(히 9:14, 26-27; 10:12) 우리의 "구원의 창시자"며 "구원의 근원"이 되시사(히 2:10; 5:9) 우리를 영원히 온전하게 하시는(히 10:14) 대리적 속죄를 긴밀하게 다루고 있다.1708)

성육신의 영원한 경륜은 구속에 있다. 따라서 인간의 타락에 기인한다. 하나님의 의는 인류에 의해서 죄책이 치러질 것을 요구한다. 오직 성자만이 하나님과 사람 사이의 유일하신 중보자로서 그와 함께 우리를 상속자 삼기에 족하시며, 성부의

1706) 참조. Bavinck, *Reformed Dogmatics*, 3.291. 마리아 무흠잉태와 영원한 동정녀 사상은 동전의 양면과 같이 함께 전개되었다. 참조. Lawrence S. Cunningham, "Mary in Catholic Doctrine and Practice," *Theology Today* 56/3 (1999), 313-316. 이렇듯 서방의 로마 가톨릭이 마리아숭배를 교리적으로나 예전적으로 발전시켜 온 한편, 동방교회는 "성령으로 잉태하사 동정녀 마리아에게 나시고"(incarnatus est de Spiritu Sancto ex Maria virgine)를 "σαρκωθέντα ἐκ πνεύματος ἁγίου καὶ Μαρίας τῆς παρθένου"로 기록하여 성령과 마리아를 동일한 자리에 둠으로 마리아를 높였다. 참조. John Moorhead, "Mary and the Incarnation," *Greek Orthodox Theological Review* 34/4 (1989), 347-350.

1707) Hodge, *Systematic Theology*, 2.455-456.

1708) 참조. John C. Campbell, "In a Son: The Doctrine of Incarnation in the Epistle to the Hebrews," *Interpretation* 10/1 (1956), 32-38.

사랑을 받는(ἀγαπητὸς) 아들이자 그를 기쁘게 하는(εὐδόκησεν) 분으로서 구속 사역을 성취하시기에 합당하시다. 왜냐하면 처음 창조에서 모든 것을 창조하신 말씀이 인류를 자신의 형상으로 "재창조하는 것"(ἀνακτίζειν)이 마땅하기 때문이다.1709)

하나님의 아들이 사람으로 오신 것은 타락한 인류를 구원하고자 함이었다. 최초의 인류는 그리스도의 창조중보로 말미암아 하나님의 형상으로 지음을 받았다(골 1:15-16). 이제 타락한 인류는 그리스도의 구속중보로 말미암아 그 분의 생명으로 거듭나게 되었다(골 1:18). 그러므로 타락이 없었다면 그리스도의 성육신도 없었을 것이다.1710) 이러한 진리에 반하여, 하나님의 형상을 신성이 "본질적으로 내주하는 것"(habitare essentialiter)이라고 여기고 구원을 자연적으로 주어진 "본질적인 의"(iustitia essentialis)를 끌어올려 완성하는 것으로 본 오시안더(Andrea Osiander)는 사람이 창조된 것은 처음부터 "그리스도의 모형에 따른"(ad exemplar Christi) 것이므로 그것을 제시하기 위하여 타락이 없었더라도 성육신이 있었을 것이라고 주장하였다.1711)

이러한 오시안더의 입장을 공유하는 학자들은(Duns Scotus, Pighius, Socinus, Rothe, Ebrard 등) 창조는 성육신을 준비하고 성육신을 향하여 나아가고 있으므로 비록 타락이 없었더라도 성육신은 있었을 것이나 결과적으로 타락이 있었으므로 성육신은 죄의 구속을 위하여 작용하게 되었다고 주장한다. 이렇게 본다면, 초대교회 알렉산드리아의 오리겐이 주장하였듯이, 구속은 만유의 회복의(엡 4:6) 한 과정에 불과하게 된다. 성육신은 불완전한 창조가 향하여 가는 초자연적인 완성을 뜻하는 것이 아니다. 그것은 첫 언약의 머리로서 인류를 대표했던 아담의 죄로 말미암은 죄책과 오염을 대속하시기 위하여 새언약의 머리이신 예수 그리스도가 사람이 되심이다.

1709) Heppe, *Reformed Dogmatics*, 411.

1710) 참조. Calvin, *Institutio*, 2.12.6-7 (CO 2.344-347).

1711) Calvin, *Institutio*, 2.12.6; 3.11.5-12 (CO 2.344-345, 536-545). 오시안더는 "An filius Dei fuerit incarnandus……"(만약 타락이 없었더라도 성육신이 있었을까)라는 작품에서 그리스도의 형상(imago Christi)으로 창조된 인류는 본질적인 의(iustitia essentialis)를 지녔으며 하나님의 본질을 주입받음으로써(infusa) 그리스도를 닮아간다고 말하면서, 비록 사람이 타락하지 않았더라도 그리스도는 육신을 입었을 것이라고 주장한다. 하나님의 형상에 대한 칼빈과 오시안더의 논쟁에 대해서, J. Faber, "Imago Dei in Calvin: Calvin's Doctrine of Man as the Image of God by Virtue of Creation," tr. J. D. Wielenga, in *Essays in Reformed Doctrine* (Alberta, Canada: Inheritance Publications, 1990), 234-239; Peter Wyatt, *Jesus Christ and Creation in the Theology of John Calvin* (Allison Park, PA: Pickwick Publications, 1996), 39.

성육신은 자연신학자들이 말하는 자연 진화의 끝을 목적으로 하는 것이 아니다.

아담이 죄를 짓지 않았을지라도 그리스도가 내려오셨을까(Utrum Christus venisset si Adam non peccasset)? 이 질문은 성육신의 동인에 대한 것으로서 중세 때부터 논쟁점이 되어 왔다. 하나님의 의지를 강조했던 둔스 스코투스는 이를 인정했으나, 아퀴나스는 이를 반대했다. 스코투스는 하나님이 자신의 말씀(Verbum Dei)을 육신(caro) 가운데 영화롭게 하려는 뜻(voluntas)을 성육신으로 이루었다고 보았다. 그는 성육신의 필연성을 그리스도의 대속에서 찾지 않고 영원하신 말씀이 만물보다 먼저 계셨으며 만물이 그로 말미암아 창조되었다는 사실에서(골 1:16-17) 찾았다. 개혁신학자들은 칼빈의 입장을 계승하여 성육신의 동인을 인간의 타락으로 보았다. 그러나 위에서 살펴본 오시안더와 이성주의 신학자 쏘키누스(Faustus Socinus)는 객관적 대속의 교리를 부정하는 입장에 서서 성육신을 죄와 무관한 것으로 여겼다. 슐라이어마허는 인류는 본래 불완전하게 창조되었으므로 그 완성을 위하여 타락과 무관하게 그리스도의 성육신이 필요하다고 보았다.1712) 정통과 현대주의를 연결시키는 매개신학(Vermittungstheologie)을 자처한 근대 자유주의 신학자들은 철학자 헤겔의 영향으로 죄로부터의 구속이 아니라 인류의 앙양(elevatio)을 위해서 성육신이 필연적이라고 생각했다.1713) "예수는 하나님의 새로운 창조행위를 통하여 성자(聖子)가 되신다"라고 하면서 역사적 예수가 하나님과 창조 사역을 함께 수행하신 것을 성육신의 목적이라고 주장한 헨드릭쿠스 벌코프(Hendrikus Berkhof, 1914-1995)에 의해서 이러한 입장이 극단화되었다.1714) 이러한 입장은 성육신을 예수에 의한 인간의 계시가능성의 첫 번째 성취라고 본 바르트(Karl Barth)나 인성의 자기초월의 시원적 과정이라고 본 라너(Karl Rahner)에 의해서 공유된다.1715)

칼빈은 그리스도의 신인양성의 중보의 필연성을 논하면서 '왜 하나님이 사람이 되셨는가'라는 성육신에 관한 질문에 집중한다.1716) 중보자의 필연성은 인간의 전

1712) Schleiermacher, *The Christian Faith*, §89.1-3, 94.3 (*CG* 2.28-32, 56-58).
1713) 이상의 논의에 관해서 다음 참조. 박형룡,『교의신학 기독론』, 135-137.
1714) Hendrikus Berkhof, *Christian Faith: An Introduction to the Study of the Faith*, tr. Sierd Woudstra (Grand Rapids: Eerdmans, 1979), 286-293.
1715) 이러한 바르트와 라너의 입장에 대해서 후술할 본서 제8장 4. "그리스도의 참 인성을 부인하는 견해들"과 제14장 3. 1. "계시로서의 성육신"에서 자세히 다룬다.
1716) 참조. Calvin, *Commentary*, 출 3:2 (1.61, *CO* 24.35-36); 민 17:8 (4.127, *CO* 25.231); 사 63:17 (4.359,

체적,1717) 인격적 타락으로1718) 말미암는다. 거룩함을 요구하시는 하나님의 명령은 여전하나 이제 사람이 타락하여 도무지 어찌할 수 없으므로 중보자가 그 큰 간격을 메우기 위해서 오셔야 했다.1719) 그러므로 우리의 중보자가 "참 하나님이시자 참 사람이심"(verum esse et Deum et hominem)이 "우리에게 가장 중요한 일"(nostra magnopere)이다. 이것이 신앙의 핵심 조목이자 교리의 요체이다. 하나님이 사람이 되심은 하나님의 "하늘 작정으로부터"(ex coelesti decreto) 기인하였다.1720) 그것은 오직 하나님의 기뻐하심(εὐδοκία)과 뜻하심(θέλημα)과 원하심(βουλή)에 따른, 하나님의 전적인 주권에 속한, 하나님의 일이었다. 성육신은 하나님의 "때를 좇은 자원적 행위"(a voluntary act in time)였다.1721) 그러므로 성육신의 필연성은 성육신 자체가 아니라 하나님의 뜻에서 찾아야 한다. 그것은 삼위일체 하나님이 아들을 통한 대속(代贖)을 구원방식으로 정한 한에 있어서 절대적이기 때문이다.1722)

칼빈은 성육신의 필연성을 다음과 같이 고찰한다.1723)

첫째, 우리에게는 하나님께 올라갈 힘이 없으므로 하나님이 우리에게로 내려 오셔야 했다. 하나님은 예수 그리스도를 우리 가운데 보내셨다. 그리하여 "그의 신성과 우리의 인성이 서로 연결되어 하나가 되게"(ut mutua coniunctione eius divinitas et hominum natura inter se coalescerent) 하셨다. 하나님의 아들이 사람이 되심이 우리의 구원을 위하여 "최선의 것"(quid optimum)이 되었다. 하나님이신 사람이 아니라

CO 37.405); 딤후 1:5 (292, CO 52.348); *Sermons of M. Iohn Calvin upon the Fifth Booke of Moses called Deuteronomeie*, tr. Arthur Golding (London: Henry Middleton, 1583; facsimile repr. Edinburgh: Banner of Truth, 1993), 32:11-15 (1122a-1127b, CO 28.696-708).

1717) Calvin, *Institutio*, 2.1.9 (CO 2.184): "……인간 전체가 마치 홍수를 만난 듯이 머리로부터 발끝에 이르기까지 압도되어 죄를 면한 부분은 하나도 없으며"(totum hominem quasi diluvio a capite ad pedes sic fuisse obrutum, ut nulla pars a peccato sit immunis)…….

1718) Calvin, *Institutio*, 2.2.1 (CO 2.185): "죄가 처음 인간을 노예로 만든 후, 죄의 지배력은 모든 인류에게 미쳤을 뿐 아니라 각 개인의 영혼도 완전히 점령당했다"(Postquam……peccati dominatum, ex quo primum hominem sibi obligatum tenuit, non solum in toto genere grassari, sed in solidum etiam occupare singulas animas).

1719) 참조. Calvin, *Institutio*, 2.12.6; 3.11.5, 10 (CO 2.345, 536-537, 540-541).

1720) Calvin, *Institutio*, 2.12.1 (CO 2.340).

1721) Warfield, "The Person of Christ," *WBW* 2.192.

1722) 따라서 다음 글에서와 같이 성육신을 단지 구원에 대한 경험적 인식으로 접근하는 것은 바람직하지 않다. 이종성, 『그리스도론』, 326-330.

1723) 이하 세 가지 논의는 문병호, 『30 주제로 풀어 쓴 기독교 강요』, 138-143에서 일부분을 첨삭, 수정, 가필하고 라틴어를 첨가하여 인용.

면 아무도 "평화를 회복할 중보자"(pacis restituendae interpres)가 될 수 없다. 사람과 천사는 중보자가 될 수 없다. 하나님의 아들 외에는 그 누구에게도 그의 아버지께 "충분히 다가서는 친밀함이나 충분히 붙들리는 동질성이 없기"(nec satis propinqua vicinitas nec affinitas satis firma) 때문이다. 그러므로 오직 유일한 중보자는 하나님이시며 사람이신 예수 그리스도밖에 없으시다(딤전 2:5). 그는 "모든 일에 우리와 똑같이 시험을 받으신 이로되 죄는 없으시다"(히 4:15).[1724]

인류는 타락하지 않았더라도 중보자 없이는 하나님께 스스로 나아갈 수 없었다. 죄성이 없다고 하더라도 피조물은 본질상 조물주를 향한 의존성(dependentia)을 지니고 있기 때문이다. 인류는 가장 고상한 피조물이었음에도 불구하고 다른 피조물과 다를 바 없이 중보자 없이는 스스로 창조주에게 나아갈 수 없을 만큼 "낮았다"(humilior).[1725] 인류는 타락으로 인하여 이러한 본질적 비천함에다 죄로 인한 비참함까지 더하게 되었다. 그리하여 이제는 속죄(expiatio)와 용서(propitiatio)와 화목(reconciliatio)을 위한 중보자가 필요하게 되었다. 주님이 구원중보자가 되심으로 이 일을 감당하셨다. 하나님의 아들이 사람의 아들이 되시지 않았다면 아무도 이러한 중보자의 임무를 다할 수 없었다. 그러므로 성육신이 우리의 구원의 "보증"(arrha)이 된다. 그리스도가 우리와 "동일하신 분"(idem)이 되심은 "자신이 고유하게 가지셨던 것"(quod proprium ipse habebat)을 우리에게 속하게 하려 하심이셨다. 그러므로 구속자가 참 하나님이시며 참 사람이심이 우리에게 "가장 유익한 것"이 되었다.[1726]

둘째, 하나님의 아들이 사람의 아들이 되어서 구원주가 되셔야 함은 신인양성의 중보 사역을 이루기 위함이셨다.

> 참으로 우리 주님은 아담의 자리에서 하나님께 복종하기 위해서 참 사람으로 나타나셨고, 아담의 인격을 입으셨고, 그의 이름을 취하셨다. 이는 우리의 육체를 하나님의 의로운 심판을 위한 무릎의 값으로 제시하시면서, 우리가 마땅히 받아야 할 죄의 값을 동일한 육체 가운데서 지불하고자 하심이었다. 요약하면, 하나님으로서 홀로 죽음을 느낄 수 없고, 사람으로서 홀로 그것을 이길 수 없기 때문에, 인간의 본성에 하나님의 본성을

[1724] Calvin, *Institutio*, 2.12.1 (CO 2.340-341).
[1725] Calvin, *Institutio*, 2.12.1 (CO 2.340-341).
[1726] Calvin, *Institutio*, 2.12.2 (CO 2.341).

연합하사 죄를 대속하기 위해서 인성의 약함을 죽음에 내어 주고자 했으며, 신성의 능력으로 우리를 위해서 죽음과 씨름하면서 승리를 얻고자 하셨다.[1727]

그리스도께서 영원하신 하나님의 아들로서 "사람의 참 본성 가운데 자신을 비우셨음"(exinanitum)은 육체 가운데 죽임을 당하심으로써 우리를 대속하기 위함이셨다 (빌 2:7-8; 벧전 3:18). "그가 몸과 영혼을 입고 사람으로 나시지 않았다면" 우리를 위하여 고난당하심과 부활하심이 무의미할 것이다(고후 13:4; 고전 15:12-20).

제2위 성자 하나님은 타락 전 자연 질서 가운데서도 천사와 사람들의 "머리" (caput)가 되셨으므로, 사도 바울은 그를 "모든 피조물보다 먼저 나신 이"(골 1:15) 라고 불렀다. 그가 사람이 되셔서 대제사장이자 제물로서 죄의 값을 치르고자 하셨다. "피가 없이는"(sine sanguine) 사함이 없다(레 17:11; 히 9:22). 율법이 공포되기 전에도 "피가 없이는" 중보자가 약속된 일이 없었다. 주님의 오심이 하나님과 사람 사이에 계신 "중보자"(medius)로서의 "화목을 위함이 아니었다면"(nisi ad reconciliandum) 그에게 "제사장에게 합당한 영예"(honor sacerdotii)를 돌릴 수 없을 것이다. 주님은 "사람들의 죄를 정결케 하고자 하시는 영원한 계획 가운데"(aeterno Dei consilio purgandis hominum sordibus) 사람으로 오셔서 고난을 받으셨다. 그리하여 "하나님의 진노를 진정시킴으로써 우리를 죽음에서 생명으로"(placato Deo nos a morte in vitam) 이끄셨다. 건강한 자에게 의원이 쓸데없듯이(마 9:12) 타락이 없었다면 성육신이 없었을 것이다. "피흘림이 속죄의 표징이기 때문이다"(quia piaculi signum est sanguinem fundi). 이 진리를 교훈하기 위하여 사도 요한은 성육신(요 1:14)을 다루기 전에 타락을 먼저 전한다(요 1:9-11).[1728]

"하나님의 영원한 작정에 따라서"(aeterno Dei decreto) 예수 그리스도가 우리와 "동일한 본성의 동참자"(eiusdem naturae particeps)가 되셨다(딤후 1:9). "그리스도 예수께

1727) Calvin, *Institutio*, 2.12.3 (CO 2.341-342): "Prodiit ergo verus homo, Dominus noster, Adae personam induit, nomen assumpsit, ut eius vices subiret patri obediendo, ut carnem nostrum in satisfactionis pretium iusto Dei iudicio sisteret; ac in eadem carne poenam quam meriti eramus persolveret. Quum denique mortem nec solus Deus sentire, nec solus homo superare posset, humanam naturam cum divina sociavit, ut atrerius imbecillitatem morti subiiceret, ad expianda, peccata alterius virtute luctam cum morte suscipiens nobis victoriam acquireret."

1728) Calvin, *Institutio*, 2.12.4 (CO 2.342-343).

서 죄인을 구원하시려고 세상에 임하셨다"(딤전 1:15). 우리는 만세 전에 그 분 안에서 택함을 받아서 "그의 피로 말미암아 속량 곧 죄사함"을 받았다(엡 1:4, 7). 그리스도는 우리와 다를 바 없이 영혼과 육체로 이루어진 몸을 지니시고 우리의 자리에서 우리를 위한 대속의 의를 이루시게끔 영원히 작정되셨다. 그러므로 이러한 "불변하는 하나님의 명령을"(immutabili Dei ordinatione) 우리는 즐거워해야 한다.[1729]

셋째, 영원하신 하나님의 아들이 사람이 되신 것은 우리를 그와 함께 하나가 되게 하심으로 하나님의 자녀이자 상속자로 삼으시기 위함이셨다(롬 8:17). 이는 그가 다 이루신 의의 전가(轉嫁)로 말미암는다. 의의 전가의 방식은 보혜사 성령의 임재이다(롬 8:9, 15; 요 14:17; 15:7). 성육신은 주님이 우리와 함께 하시는 임마누엘 하나님으로서(마 1:23; 사 7:14; 8:8) 그의 신성과 우리의 인성이 서로 연결되어 함께 자라도록 하시기 위함이었다.[1730]

성육신은 성도의 그리스도와의 연합(unio cum Christo)의 길을 연 역사적 사건이었다. 그리스도가 육신을 입으시고 우리와 "공통된 본성"(communem naturam)을 지니신 것은 우리가 하나님의 아들과 하나가 된다는 "연합체의 보증"(pignus societatis)이 된다. 이로써 우리는 자신을 제물로 바쳐서 죽음과 죄를 정복하신 그의 승리가 "우리의 것"(nostra)이 됨을 확신하게 된다.[1731] 칼빈은 예수님의 인성을 다루면서 다음 네 가지를 강조하고 있다. 첫째, 예수님은 사람의 아들(filius hominis)로서 나셨다. 둘째, 그에게 영원한 "왕좌"(thronus aeternus)가 약속되었다. 셋째, 그리스도는 중보자로서 "우리의 본성"(natura nostra)을 지니셨다. 그리하여 우리와 형제라 불리셨다(히 2:11). 그는 우리를 위한 "자비하고 충성스러운 중재자"(misercors ac fidelis intercessor)가 되셨다. 넷째, 우리의 인성을 취하셔서 대속하시므로 "아버지께서 그리스도께 주신 것이 모두 우리에게 속하였다"(ad nos pertinet quidquid Christo contulit pater).[1732] 이와 같이 그리스도의 의가 전체 구원 과정에서 역사하듯이, 성육신의 필연성도 그에 상응한다.[1733]

[1729] Calvin, *Institutio*, 2.12.5 (CO 2.343-344). 이런 점에서 칼빈은 기본적으로 전택설에 서 있다.

[1730] Calvin, *Institutio*, 2.12.1-2 (CO 2.340-341).

[1731] Calvin, *Institutio*, 2.12.3 (CO 2.341-342).

[1732] Calvin, *Institutio*, 2.13.1 (CO 2.347-348).

[1733] 구원의 전 과정에 미치는 성육신의 필연성과 가치에 대해서 다음을 참조. 문병호, "개혁주의 신학을 통해 본 성육

그리스도가 성육신하심으로 "우리의 본성과 연합체가"(ad naturae societatem) 되셨다. 이러한 관점에서 우리가 원(原)복음이라고 부르는 창세기 3:15은 그리스도가 여자의 "후손"(씨, semen)으로 오셔서(갈 4:4) 인류를 구원하실 유일하신 분이라는 사실과(갈 3:16) 그 분께서 성도와 연합하여 한 몸을 이루신다는 사실을 함께 내포하고 있는 것으로 읽어야 한다.[1734] "둘째 사람"(고전 15:47) 예수 그리스도는 "죄 있는 육신의 모양으로"(롬 8:3) 이 땅에 오셨으나 죄는 전혀 없으시다(히 4:15). 죄를 알지도 못하는 그가 죄인의 죽음을 죽으심으로-그 "한 사람의 의"로(롬 5:15) 말미암아-인류 구속의 역사가 다 이루어졌다(요 19:30).[1735]

6. 성육신의 비하성(卑下性)

하나님의 아들의 성육신은 "자기 자신의 본성보다 무한히 더 낮은 본성을 자기 자신에게 인격적이고 영원히 연합시키는 그의 낮아지심이다"(his stooping to take into personal and perpetual union with Himself a nature infinitely lower than his own).[1736] 루터파 신학자들은 성육신이 비하의 시작이라는 것을 부인하며, 그리스도의 비하는 성육신으로 말미암는 것이지만 성육신 자체가 비하는 아니라고 본다. 이는 그가 사람이 되심에 있어서 존귀를 버리셨다는 성경의 가르침에 배치된다(빌 2:7). 현대 사변주의자들이나 관념주의자들은 성육신을 인성의 통상적인 발전의 최고점이라고 말한다. 그들에게 있어서 타락과 구속은 단지 우연한 사건들일 뿐이며, 자연인의 자기고양(自己高揚)과 자기초극(自己超克)이 있을 뿐이다. 이 경우 그리스도의 신성 자체가 부인된다.

루터파 신학자들은 그리스도의 인격에 관한 정통적인 가르침으로부터 멀어졌다. 루터가 그랬듯이 그들은 성찬에 있어서 그리스도의 살과 피가 인성에 따라서도 모든 곳에 현존한다고 보았다. 이는 위격적 연합으로 말미암아 신성의 속성들이 인성

신 이해", 『신학지남』 76/2 (2009), 131-136.
1734) Calvin, Institutio, 2.13.2-3 (CO 2.348-352).
1735) Calvin, Institutio, 2.13.4 (CO 2.347-352).
1736) Hodge, Systematic Theology, 2.611.

과 교통하여 그리스도의 인성조차 전지, 전능, 편재하다고 보는 전제 가운데 개진되었다. 그들에 따르면, 이러한 속성교통은 그리스도의 인성이 존재하기 시작할 때부터 있었으므로 처음부터 그것에 모든 신적인 완전함이 교통되었다. 그럼에도 불구하고 그는 출생으로부터 죽음에 이르는 지상의 전 생애 동안 여느 사람과 다를 바 없는 평범한 사람의 삶을 사셨다. 간혹 행하셨던 기적들은 그의 신성이나 그가 충만히 받은 성령의 영향으로 말미암아 행해진 것들이었지, 인성 자체로부터 기인하지 않았다. 이러한 입장에 서서 그들은 성육신은 비하가 아닐 뿐더러 오히려 인성의 고양을 의미하며 비하는 인성에 부여되고 스며든 신적인 속성들을 사용하고 드러내는 것을 자발적으로 금한 데 있다고 주장한다. 루터파의 일치신조는 이를 뚜렷이 천명하였다. 일치신조에 따르면, 그리스도의 인성은 성령잉태로 말미암은 인격적 연합(unio personalis)에 따라 그것이 형성될 때부터 신적인 엄위(majestas divina)를 지녔으나 비하의 상태(status humiliationis)에서는 그것을 비웠다(exinanivit)가 부활 후 그 엄위의 충만한 사용(plenaria usurpatio)이 있었는데 그것이 승귀(exaltatio)를 의미한다.[1737] 웨스트민스터 소요리문답 제27문답과 대요리문답 제46문답에서 말하듯이, 그리스도가 천한 상태로 나신 것("in his being born, and that in a low condition")이 비하의 출발이 됨에도 불구하고,[1738] 루터파 신학자들이 성육신 자체를 비하로 여기지 않는 것은 성육신의 주체가 하나님의 아들이시라는 사실과 그가 하나님의 아들이신 채로 사람의 아들을 "신격의 존재방식"(a modus existendi of the Deity)으로 취하셨다는 사실에 대한 올바른 인식이 그들에게 결여되어 있었기 때문이다.[1739]

17세기에 루터파 신학자들 가운데서는 성육신한 그리스도의 비하가 단순히 그의 인성에 교통된 신적인 엄위를 숨김(κρύψις)인지 아니면 비움(κένωσις)인지에 대한 논란이 뜨거웠다. 전자를 지지하는 입장에 따르면, 그리스도는 잉태 때부터 사람으로서―곧 인성에 따라서―모든 곳에 편재하시고, 전능하시며, 전지하시고, 실제로 만물을 다스렸으나 다만 그 엄위를 부활 이후 승귀의 때까지 숨겼을 뿐이다. 후자를 지지하는 입장에 따르면, 인성이 잉태 때부터 취한 신성의 속성들과 대권들이 지상에 있을 동안에는 작용되지 않았다. 비록 속성들의 소유(κτῆσις)는 있었지만 사용

[1737] 참조. Hodge, *Systematic Theology*, 2.622-623.

[1738] Schaff, *The Creeds of Christendom*, 3.681.

[1739] Hodge, *Systematic Theology*, 2.611.

(χρῆσις)은 없었다. 결과적으로 이 기간 동안 그는 사람으로서 전능하지도, 전지하지도, 편재하지도 않았다. 이 경우 승귀는 신적인 속성들과 대권들이 비로소 사용되는 시점으로 여겨진다. 전자는 브렌쯔를 계승한 튀빙겐(Tübingen) 학파, 후자는 켐니쯔를 계승한 기센(Giessen) 학파의 견해였다.[1740]

양 학파가 대척점에 선 사안의 핵심은 "하나님에게로 취해지신 사람이신 그리스도가 비움의 상태에서 현존하는 왕으로서 모든 것들을 은밀하게나마 다스리셨는가"(An homo Christus in Deum assumptus in statu exinanitionis tanquam rex praesens cuncta licet latenter gubernarit)에 있었다. 전자는 이를 인정했으며 후자는 부인했다. 전자는 위격적 연합으로 말미암은 그리스도의 인성에 따른 편재와 만물의 통치가 필연적이라고 본 반면에 후자는 신적인 속성들을 사용함에는 하나님의 뜻이 필요하다고 여겼다.[1741] 그러나 두 입장 모두 위격적 연합으로 신성의 속성들의 소유(κτῆσις)가 인성에 있었다고 보는 점에 있어서는 서로 일치했다. 루터파의 근본적인 문제가 여기에 있었다. 이러한 잘못된 전제를 공유하면서 전달된 속성들의 사용(κρῆσις)이나 숨김(κρύψις)이나 비움(κένωσις)에 대해서 다툰다는 자체가 부질없는 것이다.

인성에 신성의 속성들이 직접적으로 전달된다고 보는 이상 양성의 혼합과 변화는 불가피하다. 제3의 길이 있다면, 그것은 칼케돈 공의회에서 정죄된 유티케스에 이르게 할 뿐이다. 루터파 신학자 게르하르트(Johann Gerhart, 1582-1637)는 튀빙겐 학파의 입장을 대변하지만 기센 학파의 입장도 받아들여서, "부분이 부분에 대한 것이 아니라 전체 로고스가 전체 육체에 그리고 전체 육체가 전체 로고스와 하나가 된 것이다. ……이렇듯 육체에 대해서 로고스가 현존하듯이 로고스에 대해서 육체가 현존한다. 그리하여 육체 밖에는 로고스가 없고 로고스 밖에는 육체가 없다"라고 말하였다.[1742] 이는 육체 안에 주님이 계시듯이 육체 밖에도(extra carnem) 주님이 계신다는 칼빈의 소위 초(超)칼빈주의와는 전적으로 궤를 달리한다. 이렇듯 루터파 신학자들은 인성의 신화(divinization)를 말하려고 하다가 신성의 인화(humanization)

[1740] 이에 대해서 본서에서 전술한 제3장 9. "루터파 신경들: 루터파 속성교통론에 주목하여"와 후술할 제9장 2. 4. "루터파 속성교통론 비판" 참조.

[1741] Hodge, *Systematic Theology*, 2.623.

[1742] "Neque enim pars parti, sed totus λόγος toti carni et tota caro toti λόγῳ est unita,……λόγος ita praesens est carni et caro ita praesens est τῷ λόγῳ, ut nec λόγος sit extra carnem nec caro extra λόγον……." Hodge, *Systematic Theology*, 2.624에서 재인용.

라는 함정에 빠지고 말았다. 이 경우 그리스도의 비하와 승귀의 상태를 논한다는 자체가 무의미해진다.

성경의 가르침에 충실한 정통적인 입장은 성육신 전후 신성의 불변성을 철저히 견지한다. 신성은 본질상 자존성, 무한성(영원성과 무변성), 완전성을 지닌다. 제한된 신성은 신성이 아니다. 그러므로 신성 자체는 물론이거니와 그 속성이나 작용도 절대 불변한다. 신성의 제한이나 포기를 말하는 이상 엘랑겐(Erlangen) 학파에 속한 에브라르드(J. H. August Ebrard, 1818-1888)의 극단적인 오류는 피할 수가 없다. 에브라르드에 따르면, 영원하신 하나님의 아들이신 그리스도가 문자 그대로 한 사람이 되셨다. 즉 하나님이시기를 포기하셨다. 달리 말하면, 자신을 사람으로 제한하셨다. 곧 사람으로 변장하셨다. 에브라르드는 이러한 본질적 제한을 비움(κένωσις)으로, 그 가운데 당하신 고통, 수치, 죽음을 낮추심(ταπείνωσις)으로 성경에서 전하고 있다고 주장한다(빌 2:6-8).[1743]

개혁신학자들과는 달리 루터파 신학자들은 위격을 주체로 하지 않는 양성 상호 간의 연합과 결합을 말하였다. 그들은 성육신 자체가 아니라 신성과 교통한 인성이 그것을 사용하지 않는 것을 비하로 여겼다. 그들은 육체를 취하는 것과 마리아 몸 안에서의 잉태를 구별한다. 전자는 성육신으로서 그 주체가 성자이시나, 후자는 비우심(exinanitio)으로서 그 주체가 신인(神人, God-man)이라고 보았다. 그들은 이 둘을 "시간이 아니라 논리적으로"(not temporally but logically) 구별한다.[1744] 그러므로 그들에게 있어서 성육신은 주체가 하나님으로부터 신인으로 바뀌는 사건이 된다. 이 경우 필히 네스토리우스나 유티케스의 오류에 빠지게 된다.[1745] 네스토리우스와 같이 연합(ἕνωσις)을 결합(συνάφεια)로 대체하거나[1746] 유티케스와 같이 그것을 섞임(μίξις) 혹은 혼합(ἀνακρᾶσις)을 통하여 "제3의 종"(種, tertium genus)을 형성하는 과정으로 보게 된다.[1747]

[1743] Hodge, *Systematic Theology*, 2.625.

[1744] Bavinck, *Reformed Dogmatics*, 3.257-258.

[1745] Bavinck, *Reformed Dogmatics*, 3.301-303.

[1746] Bavinck, *Reformed Dogmatics*, 3.301.

[1747] Bavinck, *Reformed Dogmatics*, 3.254, 303.

7. 성육신에 관한 성경의 증언

1세기 후반 늦어도 2세기 중반에 이르기까지 성령으로 잉태하여 동정녀 마리아에게서 나셨다는 신앙고백이 형성되었다. 오르(James Orr, 1844-1913)가 말하듯이 성육신을 신앙의 고백에서 뺀다면 성경을 불구로 만드는 것이다.[1748] 성육신은 믿음에 장애가 되기는커녕 본질적인 대상이 된다. 성육신은 성경 전체의 맥락에서 "유기적으로" 바라보아야 한다.[1749] 성육신에 관한 마태복음과 누가복음의 기사들은 이전의 전승들에 따른 것이 아니라 처음 나타나는 고유한 것이며, 서로 모순되지 않고, 주님의 사역을 전한 마가복음과 조화되고, 요한복음의 전제가 된다. 사도 요한과 마찬가지로 사도 바울도 주님의 기적적 잉태와 탄생에 굳게 서서 말씀을 기록하였다. 정통교회는 말씀에 따라 성육신을 믿었으며 그 가운데 중보자 그리스도의 대속의 의가 인류의 구원의 값이 됨을 천명하였다.[1750]

성경에 나타나는 이단인 기독교 영지주의자들은 헬라 철학을 계승하여 영혼은 고상하나 육체는 저급하다는 사상에 빠져서 성육신과 육체의 부활을 모두 부인하였다. 요한일서 4:2-3에서는 "예수 그리스도께서 육체로 오신 것을 시인하는 영마다 하나님께 속한 것이요 예수를 시인하지 아니하는 영마다 하나님께 속한 것이 아니니 이것이 곧 적그리스도의 영이니라"(πᾶν πνεῦμα ὃ ὁμολογεῖ Ἰησοῦν Χριστὸν ἐν σαρκὶ ἐληλυθότα ἐκ τοῦ θεοῦ ἐστιν, καὶ πᾶν πνεῦμα ὃ μὴ ὁμολογεῖ τὸν Ἰησοῦν ἐκ τοῦ θεοῦ οὐκ ἔστιν καὶ τοῦτό ἐστιν τὸ τοῦ ἀντιχρίστου)고 하여 이를 극명하게 배척하고 있다.

비록 동정녀탄생을 직접적으로 언급하는 말씀은 마태복음과 누가복음에 국한되어 있으나 성경은 많은 부분에서 이를 계시하고 있다. 다음과 같이 참 사람이신 그리스도가 영원하신 하나님의 아들로서 참 하나님이시라는 사실을 전하는 말씀은 모두 성육신에 관한 증거구절들이라고 볼 수 있다. 첫째, 예수는 우리와 동일한 사람(man, ἄνθρωπος)이시다. 그는 다윗의 자손(υἱὸς Δαυίδ), 다윗의 씨(σπέρμα Δαυίδ), 다윗의 뿌리(ῥίζα Δαυίδ) 등으로 칭해지는 유대 지파의 계보에 속한 다윗의 후손이다 (마 1:1, 20; 9:27; 12:23; 15:22; 20:30-31; 21:9, 15; 22:42-45; 막 10:47; 11:10; 12:35-37; 눅

[1748] James Orr, *The Virgin Birth of Christ* (New York: Charles Scribner's Sons, 1921), 229.

[1749] J. Gresham Machen, *The Virgin Birth of Christ* (Grand Rapids: Baker, 1965), 382.

[1750] 참조. Orr, *The Virgin Birth of Christ*, 227-229.

1:27, 32, 69; 18:38-39; 20:40-44; 요 7:42; 행 2:30; 13:23; 롬 1:3; 9:5; 딤후 2:8; 히 7:14; 계 3:7; 5:5; 22:16). 둘째, 예수는 선천적 죄가 없을 뿐 아니라 죄를 지을 수도 죄를 알지도 못하는 거룩한 분으로서, 고유하고 유일한 사람(the man, ὁ ἄνθρωπος)이시다(마 7:11; 11:29; 12:50; 막 1:24; 눅 1:35; 요 4:34; 6:38; 8:29, 46; 15:10; 17:4; 행 3:14; 22:14; 롬 5:12-21; 고전 15:45; 고후 5:21; 히 4:15; 7:26; 벧전 1:19; 2:21; 3:18; 요일 2:1; 3:5). 셋째, 육신을 입고 이 땅에 오신 분은 영원하신 하나님의 아들이시다(요 1:1; 8:58; 17:5; 롬 8:3; 고후 8:9; 갈 4:4; 빌 2:6; 골 1:15; 히 1:3). 아버지가 보내셨지만 아들이 친히 내려오셨다(요 3:13; 6:38).

성육신 사건과 그 대속적 의의는 성경 전체를 통하여 증거된다. 행위언약을 위반한(창 3:1-7; 호 6:7) 인류를 구속하기 위해서 아브라함의 씨(זֶרַע, 창 13:15; 17:8; 갈 3:16)에서 하나님의 어린 양(요 1:29)이 원(原)복음(창 3:15)에서 예언한 대로 번제물이 되어서(창 22:8, 13) 뱀의 머리를 상하게 하셨다(창 3:15; 롬 16:20). 성육신은 이미 구약에 예언되어 있다. 이사야 7:14, 미가 5:2은 처녀가 잉태하여 베들레헴에서 주를 낳을 것을, 이사야 9:6은 그 "한 아기"(יֶלֶד), "한 아들"(בֵּן)의 이름이 "기묘자라, 모사라, 전능하신 하나님이라, 영존하시는 아버지라, 평강의 왕이라"(פֶּלֶא יוֹעֵץ אֵל גִּבּוֹר אֲבִי־עַד שַׂר־שָׁלוֹם) 할 것을, 예레미야 23:5-6은 "여호와의 말씀이니라 보라 때가 이르리니 내가 다윗에게 한 의로운 가지를 일으킬 것이라 그가 왕이 되어 지혜롭게 다스리며 세상에서 정의와 공의를 행할 것이며 그의 날에 유다는 구원을 받겠고 이스라엘은 평안히 살 것이며 그의 이름은 여호와 우리의 공의(יְהוָה צִדְקֵנוּ)라 일컬음을 받으리라"고 하여 그가 구원의 의를 이루실 메시아이심을 예언하고 있다.

하나님이 이스라엘 백성들에게 나타나서 계시한 사건들은 성육신의 진정한 기초가 된다. 야곱의 꿈에 나타난 하늘에 닿은 사닥다리 위에서 오르락내리락한 하나님의 사자(מַלְאֲכֵי אֱלֹהִים, 창 28:12), 모세에게 나타났던 여호와의 사자(מַלְאַךְ יְהוָה, 출 3:2), 삼손의 아버지 마노아에게 나타나서 자신의 이름을 "기묘자"(פֶּלִאי; 참고. 사 9:6, פֶּלֶא)라고 알린 여호와의 사자(אֶל־מַלְאַךְ, 삿 13:15-20)는 육신으로 오실 중보자의 현존(praesentia)을 계시한다. 칼빈은 이러한 말씀들에 나오는 "여호와의 사자"(angelus Dei)를 "하나님의 말씀"으로 여기고, "이미 그 당시에 하나님의 말씀은, 일종의 예표로서(praeludio quodam), 중보자의 사역을 이루기 시작하셨으며" "비록 비하의 시간이 아직 이르지 않았지만 그 영원하신 말씀은 그리스도께서 행하도록 작정된 사역

의 형상(figura)을 이미 드러내었다"고 하였다.[1751]

"여호와의 사자" 혹은 "하나님의 사자"라는 칭호는 보스(Geerhardus Vos, 1862-1949)가 말하듯이 구약 족장 시대에 있어서 예수 그리스도의 현존을 드러내는 가장 중요한 계시를 담고 있다.

창세기 24:7, 40에서 아브라함이 종 엘리멜렉에게 하나님이 사자를 앞서서 보내고 또한 함께 보낸다고 하는 경우, 출애굽기 23:20-23에서 하나님이 사자를 앞서 보내서 길을 보호하시겠다고 모세에게 말씀하시는 경우, 출애굽기 32:34에서 "내 사자가 내 앞서 가리라"고 하시는 경우 등에서는 그것들이 문자 그대로 단지 천사를 가리키지만, 다음 말씀들에서는 여호와 하나님, 특히 그의 현존으로서 성자 하나님을 지칭한다.

창세기 16:7-13에서 하갈이 샘에서 만난 후 "나를 살피시는 하나님"이라고 부르고 그 샘 이름을 "브엘라해로이"라고 부른 경우, 창세기 22:11-18에서 "네가 네 아들 네 독자까지도 내게(מִמֶּנִּי) 아끼지 아니하였으니 내가 이제야 네가 하나님을 경외하는 줄을 아노라"고 하신 경우, 창세기 28:10-18과 31:11-13에서 야곱의 꿈에 나타나셔서 "나는 벧엘의 하나님이라"고 하신 경우(호 12:4, "하나님은 벧엘에서 그를 만나셨고"), 창세기 32:24-30에서 "어떤 사람"으로 나타나셔서 야곱과 씨름하신 후 "네가 하나님과 및 사람들과 겨루어 이겼음이니라"고 하신 분으로서 야곱이 그를 보고 그 곳 이름을 브니엘이라 짓고 "내가 하나님과 대면하여 보았으나 내 생명이 보전되었다"라고 하신 경우(호 12:3-4, "하나님과 겨루되 천사와 겨루어 이기고"), 창세기 48:15-16에서 야곱이 요셉을 축복하며 "나의 출생으로부터 지금까지 나를 기르신 하나님, 나를 모든 환난에서 건지신 여호와의 사자께서"라고 부른 경우, 출애굽기 3:1-15에서 모세에게 "하나님이……이르시되"(אֱלֹהִים וַיֹּאמֶר)라는 말씀을(특히 4절) 반복하시면서 자신을 "아브라함의 하나님, 이삭의 하나님, 야곱의 하나님," 애굽에서 이스라엘을 건져내실 여호와, "스스로 있는 자"로 계시하신 경우, 출애굽기 23:21에서 하나님께서 "내 이름이(שְׁמִי) 그에게 있음이니라"고 지칭하신 경우, 출애굽기 33:14에서 "내가 친히 가리라"고 하신 경우(참조. 사 63:9), 사사기 13:18-22에서 삼손의 아버지 마노아에게 자신의 이름을 "기묘자"로 계시하신 분으로서 마노아가 그의 아내

1751) Calvin, *Institutio*, 1.13.10 (CO 2.98).

에게 "우리가 하나님을 보았으니 반드시 죽으리로다"고 한 경우 등이다.[1752]

성육신에 관한 신약의 증거는 위에서 일별하였다. 그 가운데 직접적으로 하나님의 아들이 사람의 아들이 되심을 선포하는 구절은 요한복음 1:14의 "말씀이 육신이 되어 우리 가운데 거하시매"(ὁ λόγος σὰρξ ἐγένετο καὶ ἐσκήνωσεν ἐν ἡμῖν), 디모데전서 3:16의 "그는 육신으로 나타난 바 되시고"(ἐφανερώθη ἐν σαρκί), 히브리서 2:14의 "그도 또한 같은 모양으로 혈과 육을(τῶν αὐτῶν [αἵματος καὶ σαρκός]) 함께 지니심은", 빌립보서 2:6-7의 "그는 근본 하나님의 본체시나 하나님과 동등됨을 취할 것으로 여기지 아니하시고 오히려 자기를 비워 종의 형체를 가지사 사람들과 같이 되셨고"(ὃς ἐν μορφῇ θεοῦ ὑπάρχων οὐχ ἁρπαγμὸν ἡγήσατο τὸ εἶναι ἴσα θεῷ, ἀλλὰ ἑαυτὸν ἐκένωσεν μορφὴν δούλου λαβών, ἐν ὁμοιώματι ἀνθρώπων γενόμενος· καὶ σχήματι εὑρεθεὶς ὡς ἄνθρωπος), 고린도후서 8:9의 "부요하신 이로서 너희를 위하여 가난하게 되심은"(ἐπτώχευσεν πλούσιος ὢν) 등이 대표적이다.

무엇보다 아버지의 품속에 영원히 독생하신 제2위 성자 하나님이 이 땅에 사람의 아들로서 보냄을 받으신 메시아 곧 그리스도시라는 사실을 전하는 마태복음 26:63-64의 "네가 하나님의 아들 그리스도(χριστὸς ὁ υἱὸς τοῦ θεοῦ)인지 우리에게 말하라 예수께서 이르시되 네가 말하였느니라(Σὺ εἶπας)", 누가복음 3:22의 "너는 내 사랑하는 아들"(ὁ υἱός μου ὁ ἀγαπητός), 마태복음 11:27의 "내 아버지께서 모든 것을 내게 주셨으니"(Πάντα μοι παρεδόθη ὑπὸ τοῦ πατρός μου), 요한복음 1:18의 "아버지 품속에 있는 독생하신 하나님이 나타내셨느니라"(μονογενὴς θεὸς ὁ ὢν εἰς τὸν κόλπον τοῦ πατρὸς ἐκεῖνος ἐξηγήσατο), 요한일서 4:9의 "하나님이 자기의 독생자를 세상에 보내심은"(τὸν υἱὸν αὐτοῦ τὸν μονογενῆ ἀπέσταλκεν ὁ θεὸς εἰς τὸν κόσμον), 마태복음 21:33-46의 "후에"(ὕστερον) 포도원 주인이신 아버지의 보냄을 받으신 "아들"(υἱός)이자 "상

1752) 이상의 논의는 다음에 기초. Vos, *Biblical Theology*, 72-76; Reymond, *Jesus Divine Messiah*, 72-75. 여기에서 보스는 성례적 관점에서 여호와의 사자라는 이름의 그리스도의 현존을 다루는 데 중점을 둔다. 구약의 그리스도의 현존은 '한 보통 사람'(an ordinary man)을 통하여 만인이 추구해야 할 전형적인 인간상을 보여준 것이 아니라 성자 자신을 특정하며 그가 오실 메시아 바로 그 분이심을 증거함에도 불구하고, 다음 글은 이러한 맹점에서 벗어나지 못하고 있다. David M. Carr, "Ordinary Christology: Reflections from an Old Testament Perspective on the Theological Significance of Jesus," *Union Seminary Quarterly Review* 56/3-4 (2002), 43-47. 다음 글에서 저자는 구약시대의 성자의 존재는 몇몇 구약의 말씀들을 통하여 삼위일체론적으로 유추될 뿐 기독론적으로 직접 증거되는 것은 아니라고 주장한다. 이 경우 여기에 소개한 보스의 입장은 사실상 거부된다. Brent A. Strawn, "And These Three Are One: A Trinitarian Critique of Christological Approaches to the Old Testament," *Perspectives in Religious Studies* 31/2 (2004), 205-208.

속자"(κληρονόμος) 등의 말씀이 대표적이다. 주목할 만하게도 히브리서 기자는 주님을 "우리가 믿는 도리의 사도"(τὸν ἀπόστολον……τῆς ὁμολογίας ἡμῶν)라고 부르고 있다(히 3:1).

8. 성육신의 의의와 가치

속사도 이그나티우스를 효시로 많은 교부들과 칼빈 등에게서 보듯이 성육신은 육체가 되신 하나님(Deus in carne, Deus incarnatus)을 뜻한다. 육신이 되신 분은 삼위일체 하나님이 아니라 제2위격이신 성자 로고스(ὁ λόγος, Verbum Dei, 요 1:1)이시다. "아버지 품 속에 있는 독생하신 하나님"(μονογενὴς θεὸς ὁ ὢν εἰς τὸν κόλπον τοῦ πατρὸς)이(요 1:18) 영혼과 육체로 이루어진 인간의 전(全) 본성(tota natura hominis)을 취하셨다. 사람의 아들로 나신 하나님의 아들은 참 하나님으로서(롬 9:5; 요일 5:20; 요 20:28; 행 20:28; 딛 2:13) 창조주시고(요 1:3; 히 1:2; 골 1:16), 창조중보자이시다(롬 11:36; 고전 8:6). 성자의 위격적 특성상, 그리스도는 니케아 신경에서와 같이 "빛으로부터 나신 빛, 참 하나님으로부터 나신 참 하나님, 나셨으나 지음을 받지 않으신 분"(φῶς ἐκ φωτός, θεὸν ἀληθινὸν ἐκ θεοῦ ἀληθινοῦ, γεννηθέντα, οὐ ποιηθέντα, lumen de lumine, Deum verum de Deo vero, natum[genitum], non factum)이라고 불리신다. 같은 맥락에서 성경은 그가 살아있고 명백하고 완전한 형상(imago viva et expressa et perfecta)으로서 "하나님의 형상"(εἰκὼν τοῦ θεοῦ)(고후 4:4), "보이지 아니하는 하나님의 형상"(εἰκὼν τοῦ θεοῦ τοῦ ἀοράτου)(골 1:15), "종의 형체"(μορφὴν δούλου)(빌 2:7), "하나님의 영광의 광채시요 그 본체의 형상"(ἀπαύγασμα τῆς δόξης καὶ χαρακτὴρ τῆς ὑποστάσεως αὐτοῦ)(히 1:3)이시라고 전한다.[1753]

하나님의 아들이 육신을 입고 이 땅에 오심은 임마누엘 하나님(עִמָּנוּ אֵל, 사 7:14)에 대한 구약 예언의 목표였으며 새로운 역사의 시발이었다. 모세에게 "내가 반드시 너와 함께 있으리라"(כִּי־אֶהְיֶה עִמָּךְ)고 하신(출 3:12) 하나님이 아들을 보내심으로 그

1753) 히브리서 1:3은 성자가 성부와 동일본질이심과 위격에 있어서 구별되심을 동시에 계시한다. 이에 대해서, Scott D. Mackie, "Confession of the Son of God in the Exordium of Hebrews," *Journal for the Study of the New Testament* 30/4 (2008), 441-445.

약속을 이루셨다. 성육신은 삼위일체 하나님의 존재와 경륜에 기초한다. 제2위 하나님의 아들이 사람이 되셨다. 그가 참 하나님이시자 참 사람으로서 대속의 역사를 이루셨다. 참 사람으로서 죽으심으로 자기 자신을 주셨고 참 하나님으로서 그 죽음의 의가 우리의 것이 되게 하셔서 우리를 자신과 함께 하나님의 자녀로 삼으셨다. 그러므로 성육신이 없이는 그리스도의 중보도, 비하와 승귀도 없다. 그러므로 혹자는 삼위일체론과 더불어 성육신론을 기독교의 두 축이라고 칭했다.[1754]

웨스터민스터 소요리문답 제21문답은 성육신의 신비를 가장 정확하고, 완전하며, 간결하고, 적절하게 표현하고 있다. "하나님의 택함을 받은 자들의 구속주는 누구인가?"라고 질문한 후 다음과 같이 답한다.

> 하나님의 택함을 받은 자들의 유일한 구속주는 주 예수 그리스도, 하나님의 영원하신 아들로서 사람이 되셨다. 그리하여 영원히 두 구별된 본성 가운데 한 인격의 신인(神人)이셨으며, 이시며, 이실 것이다(fuit, est, eritque Θεάνθρωπος, e naturis duabus distinctis persona unica in sempiternum).[1755]

그리스도는 영원하신 하나님의 아들로 계시면서("ὑπάρχων", being, 빌 2:6) 사람이 되셨다("γενόμενος", became, 빌 2:7). 성육신으로 인성의 특성이 신성으로 이전된 것이 있다면 그리스도는 참 하나님이심을 멈추셨을 것이다. 역으로, 신성의 특성이 인성으로 이전한 것이 있다면 그는 참 사람이심을 멈추셨을 것이다. 부활 이후 승귀에 의해서 그리스도의 인성이 초월적인 영역과 영화롭게 된 상태에 신령하게 맞추어졌다고 해서 신적 속성이 인성에 부여되었다고 보아서는 안 된다. 주님의 부활은 성도의 부활의 소망이 된다. 주님은 부활하심으로 인성을 버리신 것이 아니라 완전한 인성을 취하셨다.[1756] 그리하여 사도 바울은 "[회개하라] 이는 정하신 사람으로 하여금(ἐν ἀνδρὶ ᾧ ὥρισεν) 천하를 공의로 심판할 날을 작정하시고 이에 그를

1754) Brian Hebblethwaite, *The Incarnation: Collected Essays in Christology* (Cambridge: Cambridge University Press, 1987), 21.

1755) Schaff, *The Creeds of Christendom*, 3,680.

1756) 참조. John Murray, "The Living Saviour," in *Collected Writings of John Murray*, vol. 1. *The Claims of Truth* (Edinburgh: Banner of Truth, 1976), 42-43.

죽은 자 가운데서 다시 살리신 것으로 모든 사람에게 믿을 만한 증거를 주셨음이니라"고(행 17:31) 아레오바고에서 선포하였다. 이렇듯 성육신이 없으면 주님의 죽음도 부활도 있을 수 없고, 성도의 부활도 있을 수 없다. 그리하여 사도 바울은 "그는 만물을 자기에게 복종하게 하실 수 있는 자의 역사로 우리의 낮은 몸을 자기 영광의 몸의 형체와 같이 변하게 하시리라"(ὃς μετασχηματίσει τὸ σῶμα τῆς ταπεινώσεως ἡμῶν σύμμορφον τῷ σώματι τῆς δόξης αὐτοῦ κατὰ τὴν ἐνέργειαν τοῦ δύνασθαι αὐτὸν καὶ ὑποτάξαι αὐτῷ τὰ πάντα)(빌 3:21)고 편지하였다.

성육신은 본질상 유일하신 삼위일체 하나님이신 제2위 성자 하나님이 우리와 같은 영혼과 육체의 참 사람이 되신 것이므로 범신론(Hegel, Schelling, Hartmann)과 가현설이나 성부고난설과는(Praxeas, Noetus, Sabellius) 양립할 수 없다. 삼위일체 하나님은 창세 전에 성자를 구속자로, 대속을 구속방식으로, 택한 자를 구속백성으로 작정하셨다. 성육신은 이에 따른 것이므로 타락이 없어도 성육신이 있었을 것이라는 주장은 그릇되다. 성육신의 동인은 창조의 완성이 아니라 죄이며 죄에 대한 긍휼히 여기심이다(마 1:21; 9:13; 20:28; 눅 1:68; 2:30; 요 1:29; 3:16; 롬 8:3; 갈 4:4-5; 딤전 3:16; 히 2:14; 요일 3:8 등). 성육신 없이는 그리스도의 죽음도 부활도 승천도 재위도, 재위에 따른 보혜사 성령의 임재도 있을 수 없다. 주님이 육신으로 나시고, 사시고, 대속의 죽음을 죽으심으로, 그의 영을 통한 교제와 교통의 길이 열리게 되었다. 성육신으로써 그리스도와의 신비한 연합(unio mystica cum Christo)의 길이 열렸다. 그리고 아버지와 하나이신 아들과 연합함으로 아버지와 연합하는—하나가 되는—길이 열리게 되었다(요 10:30; 14:10; 17:21).

성육신의 구속적 가치는 세 가지 차원의 의미를 갖는다. 첫째, 에베소서 1:7의 "우리는 그리스도 안에서 그의 은혜의 풍성함을 따라 그의 피로 말미암아 속량 곧 죄 사함을 받았느니라"(τὴν ἀπολύτρωσιν διὰ τοῦ αἵματος αὐτοῦ, τὴν ἄφεσιν τῶν παραπτωμάτων)는 말씀에서 보듯이 개인 구원적 혹은 인격적 차원, 둘째, 에베소서 1:22의 "또 만물을 그의 발 아래에 복종하게 하시고 그를 만물 위에 교회의 머리로(κεφαλὴν ὑπὲρ πάντα τῇ ἐκκλησίᾳ) 삼으셨느니라"는 말씀에서 보듯이 교회적 차원, 셋째, 에베소서 1:10의 "[때가 찬 경륜을 위하여(εἰς οἰκονομίαν τοῦ πληρώματος τῶν καιρῶν)] 하늘에 있는 것이나 땅에 있는 것이 다 그리스도 안에서 통일되게 하려 하심이라(ἀνακεφαλαιώσασθαι τὰ πάντα ἐν τῷ Χριστῷ)"는 말씀에서 보듯이 우주적 차원이 그것이다. 이 셋은 골로새서 1:20의 "그의 십자가의 피로 화평을 이루사 (εἰρηνοποιήσας) 만물 곧 땅에 있는 것들이나 하늘에 있는 것들이 그로 말미암아 자기와 화목하게 되기를(ἀποκαταλλάξαι) 기뻐하심이라"는 말씀에 함의되어 있다.

성육신의 비밀은 그 주체인 제2위 성자 하나님 로고스(λόγος) 곧 말씀(Verbum, Sermo)에 있다. 말씀은 하나님과 동일한 본질에 속하나, "하나님의 영원한 지혜(sapientia)와 의지(voluntas)"로서 아버지와 구별되는 위격(hypostasis)이시다.[1757] "하나님 안에 있는 계획은 참으로 하나님이시다."[1758] 말씀은 "생명을 주는 빛"으로서 계시되는데 이는 하나님의 아들인 그리스도가 구원의 중보자이심을 의미한다.[1759] 말씀에 "하나님을 아는 지식에 의해서 조명되는(luce intelligentiae) 생명"이 있다.[1760] 구약의 백성들에게도 하나님의 영원한 말씀에 의해서 구원지식이 알려졌다. "그리스도에 의해서 단번에 드러난 구원의 권능과 효력은 사실상 모든 세대들에 의해서 공유되었다."[1761] 성육신의 주체인 말씀의 고유한 속성은 그리스도가 율법의 실체(substantia)와 진리(veritas)라는 사실에 특징적으로 나타난다. 요한복음 1:17의 "율법은 모세로 말미암아 주어진 것이요 은혜와 진리는 예수 그리스도로 말미암아 온 것이라"(ὅτι ὁ νόμος διὰ Μωϋσέως ἐδόθη, ἡ χάρις καὶ ἡ ἀλήθεια διὰ Ἰησοῦ Χριστοῦ ἐγένετο)는 말씀을 칼빈은 다음과 같이 주석한다.

> 복음서 기자는 단지 형상만으로 율법 가운데 예표된(adumbratam) 영적인 축복들이 그리스도 안에서 확고하게(solide) 계시된다고 확신한다. 그러므로 만약 당신이 율법을 그리스도로부터 분리한다면 공허한 형상들(inanes figuras) 외에 아무 것도 남지 않을 것이다. 이것이 바울이 골로새서 2:17에서 율법 안에 그림자(umbras)가 있으며 그리스도 안에 몸(corpus)이 있다고 말한 이유이다. 그러나 율법에 계시된 것은 어떤 그릇된 것이 아니다. 왜냐하면 그리스도는 그가 없이는 율법 가운데 죽을 수밖에 없는 것들을 살리

[1757] Calvin, *Commentary*, 요 1:1 (1.7-9, *CO* 47.1, 3).
[1758] Calvin, *Sermon*, 요 1:1-5 (20, *CO* 47.470-471): "le conseil qui est en Dieu, il est vrayement Dieu."
[1759] Calvin, *Commentary*, 눅 1:78 (1.50, *CO* 45.52): "nihil esse vivificae lucis in mundo extra Christum."
[1760] Calvin, *Commentary*, 요 1:4 (1.11, *CO* 47.5).
[1761] Calvin, *Commentary*, 눅 1:68 (1.45, *CO* 45.46): "[Respondeo], vim et effectum huius redemptionis, quae semel in Christo fuit exhibita, saeculis omnibus fuisse communem."

는(vivificat) 영(anima)이시기 때문이다.1762)

칼빈은 성육신을 다루면서 그것이 하나님의 아들이 구원의 중보자이심을 명확히 계시할 뿐만 아니라 그 계시를 성취하는 첫 단계가 된다는 사실을 부각시키면서,1763) "예수"라는 이름은 율법의 형상 가운데 예표된 실체가 완성되었음을,1764) "임마누엘"이라는 이름은 그 완성된 의가 성도에게 적용됨을 지시한다고1765) 강조한다. 이와 관련하여 성육신으로 말미암아 교회가 예수님의 인격(persona) 가운데 "갱생된다"(instauratur)는 점이 또한 중요하게 다루어진다.1766)

성육신은 하나님이 스스로 기뻐하신 뜻에 따라 작정하신 창세 전의 구원협약을 이루시기 위한 역사적 사건이다. 타락한 인류는 전적으로 무능하고 부패함으로 더 이상 언약의 조건인 행위를 할 수 없게 되었다. 그러나 하나님은 이 언약을 스스로 준수하시기로 하시고 자신에게 책임을 지우셨으니, 이는 하나님이 사람이 되셔서 인류의 죄 값을 다 치르시고 파기된 법을 다시 지키심으로써 성취되었다. 그것은 단지 모범을 보이거나 도덕적, 정치적 감화를 끼치는 것이 아니라 속전을 지불하는 대리적 무름(satisfactio vicaria)을 통한 회복(restitutio)으로서의 완성을 의미한다. 그러므로 회복은 이전보다 나아지는 것이다. 죄는 피로써, 곧 생명으로써 속량되므로(레 17:11; 히 9:22), 성육신이 없이는 주님의 "예"(ναί)가 우리의 "아멘"(ἀμήν)이 될 수 없다(고후 1:20). 주님은 친히 제사장으로서 제물이 되셔서 자신을 단번에 영원히 드리신 "큰 대제사장"이셨다(히 4:14; 7:27; 9:12, 26; 10:10, 12; 롬 6:10). 십자가의 보혈로 유월절(출 12:1-14; 레 23:5; 신 16:1-8)의 피 제사가 완성되었다. 그가 "우리의 유월절 양"(τὸ πάσχα ἡμῶν)이시다(고전 5:7). 그의 피의 공로로 우리가 그것에 연합하는 세례와 성찬을 받는다(고전 10:1-4; 11:23-26).1767) 예수는 "새언약의 중보자(διαθήκης καινῆς μεσίτης)시니 이는 첫 언약 때에 범한 죄에서 속량하려고 죽으사 부

1762) Calvin, Commentary, 요 1:17 (1.24-25, CO 47.18).
1763) Calvin, Commentary, 눅 1:32 (1.24-25, CO 45.27-28).
1764) Calvin, Commentary, 눅 1:31 (1.24, CO 45.27). 이와 관련하여 칼빈은 아리우스와 유대신비주의자들(Cabbalists)을 비판한다. Commentary, 마 1:21 (1.64, CO 45.64-65); 요 1:1 (1.8-9, CO 47.2-3).
1765) Calvin, Commentary, 마 1:23 (1.69, CO 45.69); 눅 1:26 (1.21, CO 45.24).
1766) Calvin, Commentary, 눅 1:32-33 (1.25-26, CO 45.28-29); 눅 1:35 (1.29, CO 45.31).
1767) 이와 관련하여 다음을 참조. 문병호, "칼빈의 기독론적 출애굽 이해", 『칼빈신학: 근본 성경교리 해석』, 315-317.

르심을 입은 자로 하여금 영원한 기업의 약속을 얻게 하려 하심이라"(히 9:14-15). "새언약의 중보자"로서 성육신한 그리스도가 "더 좋은 언약의 중보자"(κρείττονός διαθήκης μεσίτης)이신 것은 "더 좋은 약속"이 그 가운데 수립되었기 때문이다(히 8:6-7). "오실 자의 모형"(τύπος τοῦ μέλλοντος)으로서 처음 아담에 의해서 예표된(롬 5:14) 그리스도는 "약속하신 자손"(τὸ σπέρμα ᾧ ἐπήγγελται)으로서(갈 3:16, 19) 성령으로 잉태되셨으며 죽고 부활하셔서 "살려 주는 영"(πνεῦμα ζῳοποιοῦν)(고전 15:45)이 되셨다. 그러므로 "그 아들의 영"(τὸ πνεῦμα τοῦ υἱοῦ)을 받는 자마다 하나님을 "아빠 아버지"(αββα ὁ πατήρ)라고 부르게 된다(갈 4:6; 롬 8:15). "누구든지 그리스도의 영이 없으면 그리스도의 사람이 아니라"(εἰ δέ τις πνεῦμα Χριστοῦ οὐκ ἔχει, οὗτος οὐκ ἔστιν αὐτοῦ)(롬 8:9), 그리스도는 "몸인 교회의 머리"(ἡ κεφαλὴ τοῦ σώματος τῆς ἐκκλησίας)가 되신다(골 1:18).[1768]

성육신은 말씀이 육신이 되신("ἐγένετο", 요 1:14), 아버지가 보낸 아들이 여자에게서 나게 되신("γενόμενον", 갈 4:4) 사건이다. 영원하신 하나님의 아들이 자신을 마리아의 몸에서 준비하셔서 인간이 되셨고, 종이 되셨고, 어린 양이 되셨다. 성육신에 있어서 성자의 인격은 인간 인격을 입으신 것이 아니라 인성을 입으신 것이다. 하나님의 인격이 인성을 취하셨는데, 그 때 하나님의 인격의 신성도 동참하였다. 그리하여 그의 인격 안에서 신성의 모든 충만이 육체로 거하셨다("ὅτι ἐν αὐτῷ κατοικεῖ πᾶν τὸ πλήρωμα τῆς θεότητος σωματικῶς", 골 2:9). 성육신의 비밀과 의의와 가치는 그 인격 자체에 있다. 바빙크는 이에 대해서 다음과 같이 말한다.

> 하나님과 사람은 가장 긴밀한 사랑 가운데 하나가 되었을지라도 본질에 있어서 다르게 남는다. 그러나 그리스도 안에서 사람은 태초에 하나님과 함께 계셨으며 하나님이셨던 말씀과 동일한 주체가 된다. 이것은 고유하고, 비교할 수 없으며, 상상할 수 없는 하나님과 사람의 연합이다. 모든 지혜의 시작과 끝이 여기에 있다. "말씀이 육신이 되어 우리 가운데 거하시매 우리가 그의 영광을 보니 아버지의 독생자의 영광이요 은혜와 진리가 충만하더라"(요 1:14).[1769]

1768) 이와 관련해서 다음 참조. 서철원, 『기독론』, 27-30.

1769) Bavinck, *Our Reasonable Faith*, 327.

동정녀탄생은 성육신을 실체적이며 역사적으로 지시한다. 동정녀탄생은 성육신 하신 그리스도의 신인양성의 위격적 연합뿐만 아니라 하나님의 구원 사역의 본질과 목적과 성취를 제시한다. 동정녀탄생을 통해서 인류의 비참한 상태와 하나님의 주권적인 대속의 은총을 배우게 된다. 이로써 약속의 자녀는 위로부터 오시는 성령에 의해서 거듭나야 함을 깨닫게 된다. 주님께서 성령으로 잉태하사 동정녀 마리아에게서 나신 것과 같이 우리도 믿음을 통해서 은혜로 거듭나야 함을 이로부터 배우게 된다.1770) 그러므로 성육신의 역사성과 구속사적 의미를 올바로 조명하지 않고 단지 이를 관념적으로나 의미적으로만 다루고자 하는 다양한 접근방식들은 성경의 가르침과 이를 견지하는 정통적인 기독론의 입장과 양립할 수 없다.1771)

9. 성령잉태를 부정함으로 성육신을 부인하는 견해들

판넨베르그는 그리스도의 신성은 사람 예수로부터만 파악될 수 있다고 하여 상승기독론을 분명히 천명한다.1772) 루니아(Klaas Runia, 1926-2006)는 초대교회는 메시아로서, 주로서, 하나님의 아들로서, 이 땅의 '예수'를 고백했다는 근거를 제시하면서, 같은 입장에 선다.1773) 이러한 입장에 따르면 그리스도를 아는 지식은 예수에 관한 우리 자신의 지식에 불과할 뿐이다. 브라운(Raymond E. Brown)은 "동정녀잉태"를 "virgin conception"(처녀잉태)으로 받아들이는 것을 거부하고 단지 "virginal conception"(처녀다운 잉태)만을 말할 수 있을 뿐이라고 하면서, 이를 문자 그대로 믿는 것은 그리스도의 선재와 조화되지 않을 뿐만 아니라 그리스도의 참 인성을 인

1770) 참조. Edward J. Carnell, "The Virgin Birth of Christ," *Christianity Today*, 7 December 1959, 9-10; Carl F. H. Henry, "Our Lord's Virgin Birth," *Christianity Today*, 7 December 1959, 20-22. 이 두 학자는 성육신의 필요성을 언급하지만 그 역사적 사건성에 대해서는 엄격한 입장이 아니라 중도적인 입장을 취하는 신복음주의자들로 분류된다.

1771) 참조. Millard J. Erickson, *The Word Became Flesh: A Contemporary Incarnational Christology* (Grand Rapids: Baker, 1991). 여기에서는 칼케돈 신경에 배치되는 성육신 기독론을 다음과 같이 열한 가지로 소개한다. 비평적 기독론, 실존적 기독론, 해방 기독론, 흑인 기독론, 여성 기독론, 기능 기독론, 과정 기독론, 다원 기독론, 포스트모던 기독론, 신화(神話) 기독론, 네러티브 기독론.

1772) Pannenberg, *Jesus-God and Man*, 35 (*GC* 29).

1773) Runia, *The Present-day Christological Debate*, 37.

정하는 데도 장애가 된다고 주장한다. 그리고 예수 자신도 자신이 그러한 태생을 지녔음에 대한 명확한 인식을 보이지 않고 있다는 점을 가장 중요한 근거로 제시한다.[1774] 브라운은 예수의 무죄성(sinlessness), 마리아의 거룩성(sanctity), 예수의 하나님의 아들이심(神的 子性, the divine sonship)이 일견 동정녀잉태를 지지하는 근거가 되는 듯이 여겨지기도 하지만 그것들 자체를 인정하는 데 있어서도 논란이 많으며 설혹 그것들을 인정할 수 있다고 하더라도 그것과 아무 관련성이 없다고 단언한다.[1775]

그리스도는 영원하신 말씀이신 제2위 성자 하나님이시다(요 1:1). 그는 영원히 아버지와 함께 계신 아들로서 은혜와 진리가 충만하셨다(요 1:14, 17-18). 아들은 아버지가 말할 것과 이를 것을 명령하신 대로 말씀하셨다(요 12:49). 아들은 그를 "보내신 아버지의 말씀"(ὁ λόγος……τοῦ πέμψαντός με πατρός)을 하셨다(요 14:24). 아버지께 있는 것은 모두 아들의 것이다(요 16:15). 아버지는 아들에게 모든 것을 다 주셨다(마 11:27). 그러므로 아들은 스스로 이르는 것이 아니라 그 안에서 아버지가 그리하시는 것이며(요 14:10), 아버지가 이르시는 것 역시 아들의 것이다(요 16:14). 그러므로 "영생은 곧 유일하신 참 하나님과 그가 보내신 자 예수 그리스도를 아는 것이니이다"(αὕτη δέ ἐστιν ἡ αἰώνιος ζωὴ ἵνα γινώσκωσιν σὲ τὸν μόνον ἀληθινὸν θεὸν καὶ ὃν ἀπέστειλας Ἰησοῦν Χριστόν)라는 말씀은(요 17:3), 아버지와 아들은 그 지식뿐만 아니라 존재도 하나라는 사실을 증거한다(요 10:30). 그러므로 그리스도의 선재를 부인하고 지상의 예수에 관한 지식으로부터 성육신을 말하는 것은 사실상 성육신을 부인하는 것과 다를 바 없다. 성육신은 영원하신 말씀이 육신이 되신("ὁ λόγος σὰρξ ἐγένετο", Verbum caro factum est, 요 1:14) 사건이기 때문이다.

성경은 요셉과 약혼한 마리아가 "동거하기 전에 성령으로 잉태된 것이 나타났더니"(πρὶν ἢ συνελθεῖν αὐτοὺς εὑρέθη ἐν γαστρὶ ἔχουσα ἐκ πνεύματος ἁγίου)라고 함으로써(마 1:18), 그 잉태가 자연적인 것이 아니었음을 분명히 밝히고 있다. 그리고 성령의 작용이 단지 도구적인 원인(도구인, causa instrumentalis)이 아니라 효과적인 원인(효력인, causa efficiens)이 됨을 분명히 전하고 있다. "성령이 네게 임하시고 지극히

[1774] Raymond E. Brown, "Problem of the Virginal Conception of Jesus," *Theological Studies* 33/1 (1972), 17-19.

[1775] Brown, "Problem of the Virginal Conception of Jesus," 14-16.

높으신 이의 능력이 너를 덮으시리니 이러므로 나실 바 거룩한 이는 하나님의 아들이라 일컬어지리라"(Πνεῦμα ἅγιον ἐπελεύσεται ἐπὶ σέ, καὶ δύναμις ὑψίστου ἐπισκιάσει σοι· διὸ καὶ τὸ γεννώμενον ἅγιον κληθήσεται υἱὸς θεοῦ)(눅 1:35). 이렇듯 나실 분이 "거룩한 이"시며 "하나님의 아들"이시라는 사실이 계시됨과 더불어 그의 영원한 선재가 증거된다. '되리라'고 하지 않고 "일컬어지리라"(κληθήσεται)고 했으므로 이후에 그러한 분이 되실 것이라고 알린 것이 아님이 분명하다. 주의 사자는 요셉에게는 "그에게 잉태된 자는 성령으로 된 것"(τὸ γὰρ ἐν αὐτῇ γεννηθὲν ἐκ πνεύματός ἐστιν ἁγίου)이라는 사실과 함께(마 1:20), 그의 이름을 "예수"로 할 것과 이는 "보라 처녀가 잉태하여 아들을 낳을 것이요 그의 이름은 임마누엘이라 하리라"는 이사야 7:14의 말씀을 이루려 하신 일이라는 사실까지 알렸다(마 1:23). 구약은 이삭과 사무엘이 불임의 몸에서 잉태되었음을 전하고 있다(창 21:1-7; 롬 4:18-19; 히 11:11). 이사야는 "처녀"(עַלְמָה)가 잉태하여 아들을 낳을 것과 그의 이름이 "임마누엘"(עִמָּנוּאֵל)이 될 것을 "징조"(אוֹת)라고 부름으로써, 주님의 성령잉태를 예언하고 있다(사 7:11, 14). 이와 같이 성경은 주님의 성령잉태가 예언된 말씀의 성취이며 그 분이 영원하신 "하나님의 아들"이시라는 사실에 그 비밀이 있음을 분명히 전하고 있다.

영원하신 하나님의 아들이 사람이 되심을 부인했던 에비온주의자들과 말씨온은 이 부분의 기사를 각각 마태복음과 누가복음에서 삭제해버렸다. 전자는 그리스도가 참 하나님이심을, 후자는 참 사람이심을 부인했기 때문에 당연한 귀결이라고도 여겨진다. 영혼은 고급스러우나 육체는 저급하다고 여긴 이원론에 서 있었던 헬라 철학자들과 영지주의자들에게 있어서 성육신은 그들의 사상과 양립할 수 없는 것이었다. 소위 역사적 예수 연구를 개창한 슈트라우스(David F. Strauss, 1808-1874)는 성육신에 관한 마태복음과 누가복음의 말씀을 이사야 7:14의 말씀과 연결짓는 것은 말씀을 역사적이 아니라 신비주의적으로 해석하는 과정에서 생긴 오류라고 일축(一蹴)했다.[1776] 이러한 입장은 구원을 창조의 완성으로 보고 타락이 없어도 구원의 주로서 예수의 성육신이 필요한 것은 그가 처음으로 완전한 신의식을 지니심으

[1776] 슈트라우스는 초자연적인 정통주의에 서 있는 학자들은 복음서들이 예수의 역사를 담고 있으며 그 역사는 초자연적인 역사라고 여기는 오류를 범하고 있다고 비판하고 초자연적인 것들에 대해 "신화적 해석"(mythical interpretation)을 할 것을 제안하였다. 참조. Klooster, "Jesus Christ: History and Kerygma, Part 1," 31-33.

로 인성의 가능태를 현실태로 바꾼 점에 있다고 본 슐라이어마허의 신학에[1777] 터 잡아 서 있는 자유주의 신학자들인 카임(Karl Theodor Keim), 롭스타인(Paul Lobstein), 하르낙 등에 의해 계승되었다. 그들은 성육신에 관한 말씀은 시적인 표현에 불과하다거나, 이방의 신화(神化) 사상을 채색시킨 것이라거나, 그리스, 로마 신화(神話)에 기원을 둔 것이라거나, 하는 여러 의견을 개진하지만, 그리스도의 선재(先在)와 성육신은 양립할 수 없는 것으로 보고, 마태복음, 누가복음, 요한복음의 서장(序章)을 문자 그대로 받아들여서는 안 된다고 주장한 점에서는 일치한다.[1778] 하르낙은 하나님의 아들의 성령잉태가 기독교의 기초로서 모든 세상의 지혜를 파(跛)한다고 선포한 루터파를 비판하면서, "만약 그렇다면 마가를 아주 병들게 하고, 바울을 병들게 하고, 요한을 병들게 하고, 기독교를 병들게 한다"고 반박하였다.[1779]

성육신을 인정하면서도 주님의 잉태에 관한 마태복음과 누가복음의 말씀을 증거구절로 삼기를 거부하는 학자들은, 이러한 복음서의 기사들이 그리스도의 선재와 양립할 수 없다는 점을 근거로 내세운다.[1780] 로마 가톨릭 신학자 큉(Hans Küng, 1928-)은 누가복음 1:35에서 "일컬어지리라"고 한 것은 "나실 바 거룩한 이"가 "하나님의 아들"이 아니라 앞으로 그렇게 되실 것이라고 말하고 있다고 본다.[1781] 루터파 신학자 알트하우스(Paul Althaus, 1888-1966)는 성령잉태를 부정하면서, 이를 인정하게 되면 인간의 부성을 신성에 배치되는 것으로서 거부하게 되고, 예수의 무죄성(sinlessness)을 선천적인 것으로 보아 로마 가톨릭이 주장하는 마리아 무흠잉태설과 같은 오류에 빠지며, 잉태와 부활을 같은 선상에서 다루는 잘못에 이른다고 지적한다.[1782]

브룬너(Emil Brunner)는 동정녀잉태와 관련하여 두 가지 큰 오해에 빠져 있다. 첫째, 동정녀잉태를 인정하게 되면 그리스도의 참 인성을 부정하게 되므로 필히 가현

1777) Schleiermacher, *The Christian Faith*, §89.2-3, 93.3-5 (CG 2.29-32, 45-52).

1778) 참조. Orr, *The Virgin Birth of Christ*, 1-181. 여기에 초대교회에서부터 근대 철학자들과 신학자들에 이르기까지 성육신을 부정했던 사람들과 그들의 이론이 일목요연하게 소개되어 있다.

1779) *Das apostolische Glaubensbekenntnis*, 39. Orr, *The Virgin Birth of Christ*, 17에서 재인용.

1780) 참조. Dunn, *Christology in the Making*, 51.

1781) Küng, *On Being a Christian*, 456. 큉은 그리스도의 하나님의 아들되심을 그가 자신의 삶을 통하여 주어진 운명을 헤쳐 나가는 역사적 실제 혹은 활동 가운데서 찾는다. 성도의 구원과 교회의 본질도 이러한 차원에서 고찰한다. 이에 대해서, McDermott, "Roman Catholic Christology: Two Recurring Themes," 350-352.

1782) Paul Althaus, *Die christliche Wahrheit, Lehrbuch der Dogmatik* (Gütersloh: G. Mohn, 1969), 443.

설의 폐해에 빠지게 된다고 경고하면서, 설혹 마태와 누가가 성령의 감동으로 성령잉태에 관한 말씀을 기록했다손 치더라도 그것을 문자적으로 믿어서는 안 된다고 단언한다. 복음서는 사람 예수-그가 메시아든, 구주든, 하나님이든-에 관한 말씀인데 동정녀잉태를 인정하게 되면 그것의 서장을 열기도 전에 닫아야 한다고 역설한다.[1783] 둘째, 동정녀잉태를 말하게 되면 그 때 비로소 그리스도의 인격이 존재하는 것이 되어 영원하신 하나님의 아들의 선재를 부인할 수밖에 없게 되어 성경의 가르침에 위배된다고 주장한다.[1784] 이러한 오해는 성육신 곧 성령잉태가 신인양성의 위격적 연합을 뜻한다는 것에 대해서 브룬너가 무지했음을 반증한다. 성육신은 영원하신 하나님의 아들이 사람의 아들이 되신 사건으로서 신성과 인성의 상징적 연합(symbolic union)이나 도덕적 연합(moral union)을 통한 자기초월이나 자기극복을 의미하는 것이 아니기 때문이다.[1785]

[판넨베르그의 오류 : 역사적 관념으로서 성육신을 이해]

판넨베르그는 성육신은 부활에 대한 지식으로부터 역추지(逆推知)되는 것이지 처녀의 몸에서 신성이 인성과 연합하는 그런 종류의 것으로 볼 수 없다고 주장하면서 성육신에 관한 지식만을 보편사적-일반사적-관점에서 다룰 뿐 그 지식의 대상이 되는 사건인 동정녀잉태 자체는 부정한다. 그의 입장은 다음과 같이 요약된다.

예수가 영원으로부터 영원까지 존재하시는 하나님과 하나가 됨은 하나님의 아들로서 예수가 선재하신다는 사상을 우리가 개념적으로 받아들일 수밖에 없게 한다. 비록 우리가 선재를 신화(神話)적인 개념이라고 여긴다고 하더라도 그러하다. 바울은 하나님의 아들의 선재를 전제했다(갈 4:4; 롬 8:3). 이러한 사상에 힘입어 바울은 예수가 구속자로서 하늘의 처소를 떠나 땅으로 내려오셨으며 다시 하늘로 올라가셨다고 생각했다. 이러

1783) Brunner, *The Mediator*, 322-325.

1784) Brunner, *The Christian Doctrine of Creation and Redemption*, 353.

1785) 다음 글은 "상징적 연합"을 주장하는 라너(Karl Rahner)와 "도덕적 연합"을 주장하는 풀러신학교의 변증학 교수였던 카넬(Edward John Carnell)의 입장을 비교하고 있다. Kern R. Trembath, "Was the Incarnation Redundant: A Catholic and an Evangelical Respond," *Horizons* 13/1 (1986), 43-66.

한 내려오심과 올라가심은 빌립보서 2:6-11이 보여주듯이 바울 이전의 헬라 공동체의 사상과 일치한다. 이러한 사상의 기원은 영지주의의 구원자 개념을 넘어서서 헬라의 신(神) 존재 개념으로까지 나아간다. 그것은 또한 마지막에 오실 인자가 영원히 선재하시는 하나님의 아들이라고 보는 유대인들의 전통과도 밀접히 관련되며, 그들이 말하는 영원히 존재하는 지혜 개념과도 통한다. 그러나 마태복음과 누가복음은 이러한 두 가지 전통과 예수의 선재를 연결시키지는 않는다. 이는 오직 요한복음의 로고스 개념에서 나타난다(요 1:1-2). 아마 이는 필로(Philo)와 관계될 것이다. 성경에서 보듯이, 하나님의 아들의 선재 개념은 처음에는 예수의 보내어지심 곧 나심에 오직 관련되었다(갈 4:4; 롬 8:3). 그것이 예수의 하나님의 아들이심 곧 신성을 확정하는 개념으로 발전된 것은 그 이후였다.

주님의 신성은 그가 메시아의 주권 가운데 다시 오신 부활의 때에 확정되었다. 예수의 부활을 통한 확정(Bestätigung)이 그가 이전에-심지어 성육신 전에-하나님과 함께 계셨음을 계시한다. 그렇지 않다면, 예수는 하나님과 동일한 하나의 계시를 지닌 영원한 신성 가운데 계시지 못할 것이다. 성경에서 말하는 예수의 내려오심은 영지주의나 철학적 개념에 영향을 받은 것이 아니라 올라가심에 대한 대적(對的) 개념으로 사용되었다고 볼 것이다. 곧 성육신은 성경에 고유한 개념으로서 부활 이후의 올라가심으로부터 기원했다고 볼 것이다. 부활하신 주님이 하나님과 한 분이시라는 사실로부터 선재에 이르고 이로부터 보내심과 내려오심이 도출되는 것이다.

만약 하나님이 자신을 예수 안에서 계시하셨다면 예수와 하나님과의 하나됨과 그의 아들됨은 영원에 속한다고 할 것이다. 이러한 입장은 예수의 선재와 현재의 나타나심을 이원론적으로 보지 않는다. 단지 신화(神話)적으로 추구된 성육신 기독론이 이 양자를 분리시킨다. 이 둘은 예수의 행위(Auftreten)와 운명(Geschick)[1786] 가운데 다시 하나로 묶여야 한다. 그것은 하나님의 아들이 사람과 하나가 된 예수의 역사적 실존과 관계된다.

1786) 판넨베르그가 자주 사용하는 "운명"(Geschick, 간혹 Bestimmung)이라는 단어는 그가 말하는 부활 이전의 "예기"(Vorgriff)와 부활의 "확정"(Bestätigung) 사이의 긴밀성과 관계된다.

계시와 관련하여, 하나님의 본질이 사람과 하나가 되는 것은 하나님 자신이 이 땅에 타자(Jenseitigkeit)로-사람으로-나타나심의 방식을 취한다. 성육신은 이렇듯 오직 계시적 관점에서 추구되어야 한다. 가장 초창기의 초대교회는 성육신을 구약의 종말론적 묵시 즉 메시아적 승귀와 연결시켰다. 이러한 연결이 단절된 것은 헬라의 철학의 영향이었다. 특히 2세기의 로고스 기독론이 이를 말해준다.

성경의 기독론은 "나사렛 예수의 운명 안에 있는 하나님의 종말론적 계시"(der eschatologischen Offenbarung Gottes im Geschick Jesu von Nazareth)를 담고 있다. 나사렛의 사람 예수 안에서 하나님과의 연합의 길이 가장 구체적으로 마련되었다, 그 길은 사실상 그 사람이 존재하기 전에 있었다. 이미 있었던 것이 나타나게 되었다. 그 "됨"(ein Werden)은 "종말의, 예수의 역사 안에서의 예기적 현현"(der proleptischen Erscheinung des Eschaton in der Geschichte Jesu)을 뜻한다. 이러한 "종말의 예기성"(der Prolepse des Eschaton) 자체가 모순과 같이 들리기도 하지만, 이러한 모순은 키엘케골(Kierkegaard)이 일컫는 극복될 수 없는 모순이 아니다. 그것은 모순된 현현을 넘어선다. 그것은 계시의 지평을 얻는다. 진정한 의미의 성육신은 오직 구약으로부터, 묵시적 대망으로부터, 예수의 지상의 행로로부터 수립된다. 오직 예수의 부활의 개념이 성육신의 개념에 앞서는 한에 있어서 하나님 사상은 성경의 기독론에 의해서 지지된다. 오직 그 기독론이 역사로서의 성경적 인간 이해와 세계 이해에 맞닿아 있는 한에 있어서만 그러하다.1787)

판넨베르그는 초대교회 신경들의 동정녀탄생에 대한 고백은 양자론과 가현설을 비판하기 위한 제의(祭儀)적인 의미만을 지닐 뿐이라고 여기고, 그리스도의 신성에 대한 변증은 동정녀탄생이 아니라 성육신 교리에 더욱 뚜렷하게 나타나므로 동정녀탄생을 굳이 말할 바가 없다고 단언한다.1788) 이상의 요약에서 보듯이, 판넨베르그는 상승이 있으니 하강이 있었을 것이라는 변증법적 인식 자체에서 성육신의 의미를 찾을 뿐이므로, 그에게는 동정녀탄생을 인정할 여지가 없다. 판넨베르그는 동

1787) Pannenberg, *Jesus-God and Man*, 150-158 (*GC* 150-158). 본문의 인용은 판넨베르그의 입장을 필자가 논점별로 요약, 정리한 것이다.

1788) Pannenberg, *Jesus-God and Man*, 150 (*GC* 150).

정녀탄생이 바울과 요한의 신학에서 발견되는 그리스도의 선재와 양립할 수 없다고 보고, 하나님의 아들은 선재했으며 선재한 존재는 자신을 인간 예수에게 묶어 놓았다는 점을 지적한다. 그리고 이러한 의미에서 "때가 차매, 하나님이 여자에게서 태어났으며 율법 아래서 태어난 그의 아들을 보냈다"고 말한다. 이 경우 성육신은 고유한 신의식을 가진 한 인간의 출생을 의미할 뿐이며, 그의 선재는 단지 선재의식에 불과할 뿐이다.[1789] 이는 인성 가운데서 신의식이 신이 된다고 보는 슐라이어마허의 입장을 상기시킨다.[1790]

이러한 입장에서 판넨베르그는 성육신과 함께 동정녀탄생을 예수 그리스도의 신성의 기원을 알리는 두 가지 방식으로 본 바르트를 비판한다. 판넨베르그는 자기와 다를 바 없이 바르트가 동정녀탄생을 인식론적 측면에서 고찰한 것은 옳았으나 그것을 예수 자신보다 그의 어머니인 마리아에 정향(定向)된 것으로 본 것은 로마 가톨릭의 오류를 답습하는 것이라고 비판한다. 바르트에 따르면, 하나님이 자신의 행위뿐만 아니라 그 행위에 대한 우리의 이해의 시작이라는 사실을—곧 오직 하나님 자신이 계시의 저자라는 사실을—마리아에게 드러내셨다는 측면에서 그것이 그 몸에서 잉태된 그리스도의 신성의 기원을 증거하는 표가 된다고 보았는데, 이는 마리아와 예수를 분명히 구별하는 정통신학에 배치된다는 것이다.[1791] 판넨베르그는 바르트에 대한 이견을 표출하지만, 양자는 모두 성육신과 동정녀탄생을 인식론적 측면에서만 접근하고 그 가운데 양자를 엄격히 구별한다는 점에서는 다르지 않다. 다만 판넨베르그는 동정녀탄생 자체를 부인하는 반면 바르트는 그것을 성령이 충만하여 하나님의 계시를 받아들인 마리아와 관련짓는다는 점에서는 차이가 있다.

[바르트의 오류 : 실존적 인식으로서 성육신을 이해]

바르트는 성육신을 계시사건으로 여기고 전체 기독론의 중심에 둔다. 십자가와

1789) Pannenberg, *Jesus-God and Man*, 143 (*GC* 142).

1790) Schleiermacher, *The Christian Faith*, §94.2 (*CG* 2,54-56).

1791) Pannenberg, *Jesus-God and Man*, 147-148 (*GC* 147-148). 판넨베르그에 따르면, 순교자 저스틴(Justin Martyr)이 한 군데에 말한 것을 제외하면 이레네우스(Irenaeus)가 새로운 인류의 표상으로서 마리아가 독자적인 의미를 가진다고 주장한 첫 번째 교부였다.

부활은 성육신을 증거할 뿐 구원의 실체는 성육신 자체에 있다고 봄으로 그리스도의 신인양성의 중보에 따른 의가 대속의 값이 된다는 의의 전가에 대한 인식이 결여되어 있다. 바르트에게 있어서 성육신은 한 사람 예수가 신성을 자각하는 인식의 고양이라는 측면에서만 실체적 의의를 지닌다. 동정녀잉태는 마리아가 이러한 아들의 성육신에 대하여 인식하고 이를 받아들였다는 점에서 성육신의 표(表)가 될 뿐이다. 이하 성육신에 관한 바르트의 사상을 고찰하고 각각을 비판한다.

[바르트] 하나님의 계시는 아버지로부터 흘러나온다. 아들은 그것을 "우리를 위하여 객관적으로"(objektiv für uns), 성령은 그것을 "우리 안에서 주관적으로"(subjektiv in uns) 이루신다.[1792] 하나님의 말씀의 성육신(Fleischwerdung)은 신학의 서론이자 기독교 교의학의 기초가 된다. 그것은 두 가지 의미가 있다. 첫째는 어떻게 하나님의 계시가 인간과 "실제적"(wirklich) 관계를 가지게 되는가? 둘째는 그것이 어떻게 인간 안에서 "가능한"(möglich) 사건이 될 수 있는가? 전자는 계시의 실체, 후자는 계시의 가능성,[1793] 전자는 "사실의 문제"(Tatsachenfrage), 후자는 "해석의 문제"(Verständnisfrage)와 관계된다.[1794] 예수 그리스도가 계시의 "실제"(Wirklichkeit)이다.[1795] 계시는 하나님이 그러하시듯이, "유례가 없다"(einmalig). 계시사건은 반복되지 않는 사건으로서 역사이다. 예수는 구약에 의해서 예언되고 신약에 의해서 입증된다. 예수가 "시간의 중간점"(die Mitte der Zeit)이시다.[1796]

[비판] 바르트에게 있어서, 성육신은 영원하신 하나님의 아들이 사람이 되신 사건 자체가 아니라, 사람의 아들이 하나님을 아버지로 인식하는 사건에 관계된다. 그러한 인식의 실제가 구원의 창시자인 그리스도로 말미암은 의이며 그 의로 말미암아 그와 동일한 사건을 체험하게 되는 사건이 성도의 구원이 된다. 이런 의미에서 그리스도를 "시간의 중간점"이라고 칭한다. 이 경우 그리스도는 우리보다 앞서 간 한 사람으로서 하나님과 우리 사이에 서실 뿐이다.

[바르트] 기독론 교리는 삼위일체 교리와 마찬가지로 텍스트 자체가 아니라 "텍

1792) Barth, *Church Dogmatics*, I/2.1 (*KD* I/2.1).
1793) Barth, *Church Dogmatics*, I/2.3 (*KD* I/2.3).
1794) Barth, *Church Dogmatics*, I/2.7 (*KD* I/2.8).
1795) Barth, *Church Dogmatics*, I/2.10 (*KD* I/2.11).
1796) Barth, *Church Dogmatics*, I/2.12 (*KD* I/2.13).

스트에 대한 주석"(Kommentar zu einem Text)이다.[1797] 신약성경은 선포와 증거의 "도구"(Organ)일 뿐 그 자체로 역사적인 해석도 아니며 조직적인 논문도 아니다.[1798] 예수 그리스도는 "유례없는 실제"(einmaligen Wirklichkeit)이다. 그것은 "계시의 객관적 실제"로서 "그의 신인(神人)의 진리"(die Wahrheit seiner Gottmenschheit)이다.[1799]

[비판] 바르트에 따르면, 성경은 계시가 아니라 계시의 "도구"로서, 실제가 아니라 실제의 근거나 자료로서 작용한다. 계시는 성경"으로부터"(von) 단지 시작될 뿐이다. 성육신은 우리에게 받아들여지는 한에 있어서 비로소 고유한 의미를 지니므로, 그 "객관적 실제"는 우리의 "해석"에 후속(後續)하는 모종의 의미가 될 뿐이다. 달리 말하면, 성육신의 실제성은 실제 자체가 아니라 실제에 관한 인식의 여하함에 관계되므로, 계시가 계시하는 계시 이전의 실제의 문제가 아니라 계시의-계시 후의-문제가 된다. 성육신은 계시를 받아들이는 것이 아니라 수립하는 일과 관계된다.

[바르트] 그리스도 자신이 유례가 없는 계시라는 측면에서 하나님의 아들 혹은 말씀이 인간 나사렛 예수라는 것과 나사렛 예수가 하나님의 아들 혹은 말씀이라는 것, 두 "명제"(These)가 "종합"(Synthese)을 이룬다. 예수 그리스도의 이름이 그것이다.[1800] 예수는 하나님의 아들이라는 사실과 말씀이 육신이 되셨다는 사실은 서로 간에 "대적"(對的, entgegengesetzte)이므로 그만큼 "확고한"(feststehender) 진술이다. 이와 관련하여 어떤 분석적이거나 종합적인 진술도 우리에게 불가하다.[1801] "마지막 말씀"(das letzte Wort)은 실제적으로 지시된 예수 그리스도 자신이다. 신약이 담고 있는 하나님과 사람에 관한 "마지막 바로 이전의 말씀들"(die vorletzten Worte)—곧 그가 참 하나님이시며 참 사람이라는 "신성과 인성 사이의 반(反)명제"(des Gegensatzes von Gottheit und Menschheit)—은 궁극적으로 그것들 너머의 실제 곧 마지막 말씀을 제시한다.

[비판] 바르트는 성경의 진술이 담고 있는 신인양성의 연합에 주목하지 않고 신

1797) Barth, *Church Dogmatics*, I/2.13 (*KD* I/2.15).

1798) Barth, *Church Dogmatics*, I/2.14 (*KD* I/2.16).

1799) Barth, *Church Dogmatics*, I/2.14-15 (*KD* I/2.16-17).

1800) Barth, *Church Dogmatics*, I/2.23-24 (*KD* I/2.26).

1801) Barth, *Church Dogmatics*, I/2.22 (*KD* I/2.24).

성과 인성에 관한 각각의 진술이 그 너머의 한 이름-예수 그리스도-을 실제적으로 제시하고 있다는 사실만 말하고 있다. 여기서 그가 말하는 "실제적"이라는 말은 "변증법적"이라는 말과 다르지 않다. 성육신의 비밀이 변증법적 "반(反)명제"에 함몰되고 만다. 확고한 것은 성경의 계시에 따른 성육신의 역사성이 아니라 변증법적 "대적" 논리라고 바르트는 보고 있다.

[바르트] 계시의 객관적 가능성이 다음과 같이 다루어진다. 예수 그리스도는 참 하나님이시며 참 사람이시다. 이 두 가지 사실이 하나가 되는 점-"사람을 위한 하나님의 자유"(Gottes Freiheit für den Menschen)-에 하나님의 계시의 객관적 실제가 있다. 이러한 계시의 객관적 실제에 그 객관적 가능성에 대한 전제와 근거가 있다.[1802] 이러한 가능성은 그 실제를 인식하면서 믿는 데 있다. "믿는 것"(credere)은 "아는 것"(intelligere)을 통하여 가능하다. 계시의 실제 혹은 계시된 실제는 우리 편에서 볼 때, "우리에 대한 하나님의 관계"(Gottes Beziehung zu uns)를 의미한다. 그것은 "사실의 문제"로부터 연유하는 "해석의 문제"이다.[1803] 한 분 신인(神人) 실제이신 예수 그리스도가 얼마만큼 계시의 실제가 되는 "능력"(potestas, virtus, δύναμις)이 있는지는 성경이 그것에 대해 우리에게 입증하는 정도에 달려있다.[1804] 계시는 하나님이 숨어계시고 우리는 눈이 멀어 있다는 사실을 알려준다. 계시는 하나님과 사람을 함께 묶음으로써 실제로, 궁극적으로 하나님과 사람을 분리시킨다.[1805] 예수 그리스도의 실제는 하나님의 계시가 얼마나 우리에게 요구되는지를 말해준다.[1806] 그것을 통하여 우리는 다음을 "추론한다"(entnehmen).

[비판] 바르트에 따르면, 하나님은 계시가 아니라 계시를 향한 자유를 우리에게 부여하신다. 그것은 해석의 가능성, 그 가능성을 이루는 지적 능력과 관계된다. 그것은 계시를 받아들이는 것이 아니라 추론하는 것이다. 이렇듯 성경은 종국적 계시가 아니라 계시화(啓示化)의 과정에 놓여있다. 바르트는 계시의 객관적 가능성을 객관적 실제라고 말하고, 그 가능성이 주관적 자유에 맡겨져 있기 때문이라는 논거를

1802) Barth, *Church Dogmatics*, I/2.25 (*KD* I/2.28).
1803) Barth, *Church Dogmatics*, I/2.26 (*KD* I/2.29).
1804) Barth, *Church Dogmatics*, I/2.27-28 (*KD* I/2.30-31).
1805) Barth, *Church Dogmatics*, I/2.29 (*KD* I/2.32).
1806) Barth, *Church Dogmatics*, I/2.31 (*KD* I/2.34).

든다. 객관적 가능성이 주관적으로 구현됨으로 객관적인 실제가 된다고 보는 것이다. 그러나 주관적으로 구현된 실제는 주관적일 뿐 그 자체로 객관적일 수 없다. 객관은 구현되어야 할 바이지 구현된 바가 아니기 때문이다. 이렇듯 바르트는 주관과 객관의 변증법을 말하고 있는데, 그것은 그 자체로 모순되거나 최소한 상대적이다. 주관과 객관은 합을 이루어 객관을 창출하는 것이 아니라 객관을 함몰시켜 주관화할 뿐이기 때문이다. 바르트는 이러한 주관화를 객관화로 오해하고 있다.

[바르트] 첫째, 우리는 예수 그리스도의 실제를 통하여 하나님이 우리와의 관계에서 얼마나 자유롭게 "그 자신 가운데"(in sich selber) 계실 뿐만 아니라 "우리 안에 그리고 우리 가운데"(bei und unter uns) 계시는지를 추론한다. "하나님이 이 사람이라는 사실과 이 사람이 하나님이시라는 사실 가운데 놓여있는 예수 그리스도의 실제는 하나님이 그 자신과 우리 사이의 경계(die Grenze)를-일상적인 말로 표현한다면, 그 자신의 존재와 그 자신과 동일시될 수 없는 존재 사이의 경계를-넘어설 수 (überschreiten) 있으시다는 점을 변함없이 주장한다." 우리에게는 불가능하나 하나님에게는 불가능해 보이는 것이 가능하다. 하나님이 우리의 하나님이 되는 가능성은 그 분의 자유에 있다.[1807] 하나님은 자신을 버리지 아니하시고 우리의 본성을 취하셨다. 하나님은 자신과 우리를 중재하시기 위해서 자신이 우리에게 중보자가 되셨다. 그 자신이 "우리의 우주에 한 실제"(Wirklichkeit in unserem Kosmos)가 되셨다. 하나님은 하나님과 사람이 되실 수 있다. 이러한 가능성은 그의 계시의 가능성이다. 이것이 "하나님의 말씀, 예수 그리스도의 이름, 그의 하나님이심(Gottseins)과 사람이심(Menschseins)의 성육신에 대한 가장 일반적인 의미"이다.[1808]

[비판] 여기에서 바르트는 하나님의 자유라는 명목으로-계시의 자유라는 명분으로-스스로 계신 하나님이 아들 안에 계신 것과 같이 우리 안에도 계시므로 우리도 아들과 같이 계시사건의 주체가 될 수 있다고 말하고 있다. 하나님과 아들의 동일본질을 염두에 두고 그가 이 말을 했다면 우리도 아들과 같이 신이 된다는 결론에 이르게 되고, 그렇지 않다면 아들도 우리와 다를 바 없는 단지 한 사람일 뿐이나 계시사건을 처음 체험한 사람으로서 우리의 모범이 될 뿐이라는 결론에 이르게 된

1807) Barth, *Church Dogmatics*, I/2.31 (*KD* I/2.35).
1808) Barth, *Church Dogmatics*, I/2.32 (*KD* I/2.35-36).

다. 그러므로 바르트의 이러한 논법은 여하한 경우든 받아들일 수 없다. 우리는 하나님의 말씀을 계시로서 인식할 수 있을 뿐 예수 그리스도와 같이 말씀 자체로서 계시의 주체가 될 수 없다. 주님의 실제는 우리의 인식의 대상일 뿐 우리가 존재적으로 참여하는 대상일 수 없다. 성육신은 아버지가 열어 놓으신 가능성의 문을 열고 들어가신 예수와 같이 우리도 그러한 가능성을 구현할 기회를 제공하는 선구적 사건이 아니라, 오직 하나님의 아들에게만 고유한 역사적, 단회적 사건이다.

[바르트] 둘째, 우리는 하나님이 우리를 위하여 자유롭게 되시는 예수의 실제로부터 하나님의 아들 혹은 하나님의 말씀이 한 사람이 되셨음을 추론한다. 하나님이 사람이 되셨음은—성부와 성령과 구별되는 성자로서 그러하셨으나—"그[하나님]의 전체 신성 가운데"(in seiner ganzen Gottheit) 그러하셨음을 말해준다. 사람이 되신 분은 "아들의 존재방식 가운데 계신 하나님의 하나의 본질"(das eine Wesen Gottes in der Seinsweise des Sohnes)[1809]이시다. 성육신은 삼위일체 하나님의 일이다. 말하자면 성부는 "누구"(Wer), 성자는 "무엇"(Was), 성령은 "어떻게"(Wie)로서 존재방식을 지닌다. 그러므로 하나님이 인성을 취하심의 사건은 성자에게 돌려진다.[1810]

신성과 비신성의 완전한 "차이점"(Unähnlichkeit)이 있음에도 불구하고 하나님의 말씀과 그 말씀으로 지어진 세상 사이에는 "유사점"(Ähnlichkeit)이 있다. 무엇보다 독생자와 하나님이 은혜로 자녀로 삼은 우리 사이에는 훨씬 더한 유사함이 있다. 이 유사점을 통하여 우리는 하나님의 계시의 가능성을 인식하게 된다.[1811] 이러한 가능성을 통하여 하나님은 우리에게 자신을 드러내실 수 있다. 삼위일체 교리는 계시의 "텍스트"가 아니라 "그것에 대한 주석"이다. 성경의 입증을 통하여 우리는 이 땅에 사람으로 오신 예수 그리스도를 성자 하나님으로 지정하는 "특점"(特占, Appropriation)을 발견하게 된다. 성경의 입증은 최소한 "상대적으로"(relativ) 나타난다. 우리는 그것에 만족해야 한다.[1812]

[비판] 여기에서 바르트는 성육신을 "아들의 존재방식 가운데 계신 하나님의 한

1809) 여기의 "Wesen"을 영어번역에서는 "nature"(본성)라고 번역했는데 이는 합당하지 않다. 이는 "본질"(essence)이라는 의미에 가깝다.
1810) Barth, *Church Dogmatics*, I/2.33-34 (*KD* I/2.36-37).
1811) Barth, *Church Dogmatics*, I/2.34 (*KD* I/2.38).
1812) Barth, *Church Dogmatics*, I/2.34-35 (*KD* I/2.38-39).

본질"에 돌리면서 우리에게도 그 "본질"과 유사함이 있다는 점을 부각시키면서 계시의 가능성으로서의 성육신의 가능성을 말한다. 여기에서 "본질"은 신성을 지칭함이 분명한 바, 바르트는 그것과 우리 인성이 유사하다고 말함으로써, 그가 신성의 인화(人化)를 통한 인성의 신화(神化)가 성육신 가운데 실체적으로 일어남을 전제하고 있음을 추론하게 한다.

여기에서 우리는 바르트가 제2위 성자 하나님의 위격적 특성인 자성(子性)과 인성을 혼동하고 있음을 발견하게 된다. 영원하신 하나님의 아들은 우리를 위하여 인성을 취하신 것이지, 자기 구현을 통하여 우리를 그 자리에 동참시키고자 그리하신 것이 아니셨다. 그는 우리와 같이 사람이 되셨지만 오직 유일하신 하나님의 아들이시다. 우리는 그와 함께 인성을 지니지만 그의 신성에는 존재적으로 동참할 수 없다. 우리는 그의 자리에서 동일한 체험을 할 수가 없다. 그것이 단지 인식의 체험이라고 할지라도 그러하다. 왜냐하면 그러한 인식은 존재의 교통을 전제하기 때문이다. 이 점에서 우리는 바르트가 성육신의 계시를 성자와 우리 사이의 존재의 유비(analogia entis)로 다루고 있음을 단정할 수 있다. 그가 사용하는 "특점"이라는 단어도 이에 대한 주요한 근거가 된다. 바르트는 성경이 "상대적으로" 입증한다고 하지만, 상대적인 성경 혹은 성경의 계시는 없다. 다만 상대적인 신학자가 있을 뿐이다.

[바르트] 셋째, 우리는 예수 그리스도의 실제를 통하여, 하나님은 최소한 우리에게 알려진 다른 형태들과 유비가 되는 것들을 통하여—곧 계시의 방식으로, 곧 그의 "사람이심"(Menschsein)으로—자신을 인식할 수 있게끔 자신을 우리에게 알리셨다는 것을 추론한다. 예수 그리스도는 우리와 같이 특정한 시간과 공간 가운데서 살고 죽으셨다. 하나님의 말씀이 이러한 인성 가운데 우리에게 계시된다. 하나님이 자신을 우리에게 보이시는 이러한 가시성은 실제로 그가 자신의 영원한 말씀을 감추심과 그 영원한 말씀이 비움(κένωσις)과 고난에 이르렀다는 것을 의미한다. 그런데 이러한 감추심과 비움과 고난은 궁극적으로 그가 자신을 드러내고 높아지시는 데 목적이 있다. 이러한 계시는 이미 우리에게 알려진 그 무엇으로 드러나지 않는다. 이런 측면에서 "존재의 유비"는 없다. 다만 우리에게 계시되는 예수 그리스도의 여하함은 세상의 만물이 하나님의 아들과 이미 맺고 있는 관계를 드러낸다. 다만 이러한 관계는 본성의 유사성을 의미하지 않는다. 왜냐하면 타락이 그 가

운데 있었기 때문이다.[1813]

[비판] 여기에서 바르트는 예수 안에 숨겨진 하나님의 뜻을 우리가 다 알 수는 없다는 인식론적 차원에서 존재의 유비는 없다고 말한다. 그러나 만약 타락이 없다면 신성과 우리의 인성 사이에 유사함이 있었을 것이라고 하여 사실상 존재의 교통(communicatio entis)을 통하여 존재의 유비로 나아가는 길을 열어놓고 있다. 바르트가 존재의 유비가 없다고 말하는 것은 인식의 영역에 국한된다. 하나님과 사람의 존재에 관한 한, 그는 존재의 유비를 인정하고 있다. 그에 따르면, 신인(神人)이신 그리스도가 존재의 유비의 대상으로서 우리 앞에 나타나신다. 그러한 존재의 유비를 경험하는 것이 우리의 구원이다. 그렇다면 어떻게 존재의 유비를 경험하는가? 그것은 아는 것 곧 계시사건을 경험하는 것이다. 그렇다면 어떻게 계시사건을 경험하는가? 그것은 숨김과 드러남을 통하여 숨김과 드러남의 존재를 파악하는 변증법에 맡겨져 있다. 결국 인식의 영역에서도 신앙의 유비(analogia fidei)는 자리할 곳이 없다.

[바르트] 넷째, 예수 그리스도의 실제로부터 우리는 하나님이 그대로 계시면서 사람이 되시는 일이 그 자신의 자유 가운데 가능함을 유추한다. 육체가 되심으로 하나님의 말씀은 자신을 숨기신다. 비움과 고난의 "감추심"(Verhüllung)은 부활의 "드러내심"(Enthüllung)으로 나아간다. 그렇다고 해서 하나님이 변하는 것은 아니다. 구유의 하나님과 부활의 하나님은 동일하다. 말씀이 육신이 되셨으나, "말씀이심"(Word-ness, Wortsein)과 "육신이심"(flesh-ness, Fleischsein)이 동시에 함께 있다. 비록 신성이 베일에 갇히고 인성의 실제가 하나님과 다르다고 해서 신성이 변하는 것은 아니다.[1814]

[비판] 이 부분을 다루기 위해서는 이어지는 다섯째 측면을 먼저 고려해야 한다. 바르트에게 있어서 하나님의 아들이 사람의 아들이 되심은 사람의 아들이 하나님의 아들이 되심이다. 성육신은 인성이 신성을 담지하는 것이다. 인성에는 신성을 담지할 가능성이 있다. 신성은 어떤 변화도 겪지 않고 인성에 담지될 수 있다. 그리하여 사람 예수는 "말씀이심"과 "육신이심"을 변함없이 지니고 계신다. "말씀이

1813) Barth, *Church Dogmatics*, I/2.35-37 (*KD* I/2.39-41).
1814) Barth, *Church Dogmatics*, I/2.37-39 (*KD* I/2.41-43).

심"과 "육신이심"은 변화를 겪지 않는다. 왜냐하면 "말씀이심"과 "육신이심" 자체가 변화의 가능성을 지니고 있기 때문이다. 바르트가 신성과 인성이 변화되지 않는다고 말하는 것은 각 본성 자체가 아니라 변화의 가능성이 변하지 않는다는 뜻이다. 바르트에 있어서 이러한 변화는 신성과 인성의 변증법으로 나타난다. 그가 말하는 "감추심"과 "드러내심"의 변증법은 이러한 과정을 뜻한다. 이런 측면에서, 우리는 바르트의 신학에는 참 하나님과 참 사람이신 신인양성의 중보자의 인격이나 그 인격 가운데서의 사역 개념이 있을 수 없다고 단언할 수 있다.

[바르트] 다섯째, 예수 그리스도의 실제로부터 우리는 하나님의 계시가 하나님의 아들 혹은 말씀이 사람이 되는 방식으로 가능해짐을 유추한다. "그는 어떤 본성적 존재(Naturwesen)도 아닌 우리 자신의 존재(war wir selbst sind)가 되신다." 우리는 육신이다. 육신은 하나님의 말씀 자신이 그의 계시 가운데 되신 무엇이다. 요한복음 1:14의 말씀에서 "육신"(Fleisch)은 "인성"(Menschheit) 혹은 "사람이심"(manness, Menschsein)을 뜻한다. 그것은 이미 있었던 무엇이 아니라 처음으로 있게 되는 무엇-"그가 하나님 앞에 서 계신 방식"(wie er vor Gott steht)-이다. 우리가 우리 자신을 여기서 말하는 "육체"로 여기는 것은 "계시된 하나님의 말씀과 하나님의 판단(Urteil)"에 따른 것이다. 우리는 죽음 가운데 살고 있으나 예수 그리스도를 통하여 영원한 구속에 "이미 맞닥뜨려 있다"(schon entgegengehen). 예수 그리스도는 영원히 하나님과 함께 계시지만 우리와 함께, 우리 가운데 거하신다. 뿐만 아니라 그는 우리 자신과 같이, 육체셨다. 다만 죄가 없으셨다. 이것 하나를 제외하고 나머지 모든 본성적 문제들은-죄의 저주들은-우리와 공유하셨다. 이러한 관점에서, 그는 "하나님 앞에 선 사람, 실제로, 진정한, 참 사람"(wirklicher, echter, waher Mensch, vor Gott stehender Mensch)이셨다.[1815]

[비판] 바르트는 육체로 오신 예수가 영원히 하나님과 함께 계신다는 표현을 사람이 영원한 신성을 품는다는 뜻에서 사용한다. 예수가 그러하듯이 우리도 하나님과 영원히 함께 존재한다고 일컫는 것도 같은 맥락에서이다. 바르트에게 있어서 성육신은 영원하신 하나님의 아들이 사람이 되신 사건이 아니라, 사람의 인성이 신성-곧 인성의 신성-을 담지하는 변증법적 과정-곧 모든 사람에게 부여된 인성의

1815) Barth, *Church Dogmatics*, I/2.39-40 (*KD* I/2.44-45).

잠재성(Potentialität)과 가능성(Möglichkeit)을 구현하는 과정-에 불과하다.

[바르트] 이상의 논의를 마무리하면서 바르트는 다음과 같이 말한다.

한 사람 하나님의 말씀, 하나님의 말씀 한 사람-이것은 계시의 객관적 가능성이다. 그것이 실제이므로 우리는 그것이 그렇다고 이해할 수 있다. 하나님은 사람이 되시므로 자신을 감추시기를 원하신다. 그리하여 그 감춤을 돌파함으로 사람으로서 자신을 드러내시고자 하신다. 그는 침묵하기 원하시며 또한 말씀하기 원하신다. 그것은 분명 우리에게 문젯거리이나 또한 문제들을 푸는 해결책이 된다. 그의 인성은 분명 장애물이나 또한 열려있는 문이 된다. 그는 참 사람으로서 죽으심으로 동일한 참 사람으로 사흘 만에 죽은 자들 가운데서 일어나시고자 하신다. 하나님의 계시가 예수 그리스도의 실제 가운데 수행된다는 사실은 항상 한 점에서 다른 점으로 옮겨가는 행위 가운데, 처음으로부터 둘째가 산출되는 결정 가운데 있다. 그가 둘 다가 될 수 있었던 것은 사람으로서 자신을 계시하심으로 말미암았다. 인류라는 의미에서가 아니라 자신에 대한 이해가 하나님의 평결에 새겨진 사람, 하나님과 마주선 사람, 육체인 사람, 그 사람이 여기에서 문제가 되는 두 가지를 모두 하실 수 있다. 그는 하나님의 결정 가운데 이러한 자리를 차지하신다. 그는 하나님이 육체 가운데 있는 자신을 감추기도 드러내기도 하실 수 있다는 것을 이해한다.[1816)]

"말씀의 성육신으로서 그것은 계시가 될 수 있다. 계시가 되기 위하여 그것은 하나의 성육신이 되어야 했다." "사람의 고유한 선"(ursprünglichen Güte des Menschen)은 사람이 하나님의 계시의 도구가 될 때 구현된다. 말씀이 사람이 되는 이러한 형태의 계시 곧 성육신은 이러한 고유한 선에 대한 "확정"(Bestätigung)이며 "회복"(Wiederherstellung)이다. 이는 이미 있었던 하나님의 계시행위에 대한 "존재의 유비"(analogia entis)의 현존이 아니다. 성육신을 통하여 우리는 하나님의 말씀이 "일반적인 인성"(allgemeinen Menschlichkeit)이 되었다고 볼 수는 없다. 하나님의 계시가 육신이 되는 가능성은 예수 그리스도 자신의 가능성이기 때문이다. 그러므로 육신인 인간은 이를 감추기도 하고 드러내기도 한다. 요약하건대, 이러한 계시의 객관적 가

1816) Barth, *Church Dogmatics*, I/2,41 (KD I/2,45).

능성을 우리는 다음에서 찾을 수 있다: "1) 하나님이 예수 그리스도 안에서 자기 자신과 다른 실제와 동일해지는 낮아지심 가운데, 2) 예수 그리스도가 하나님 혹은 말씀과 동일하시다는 사실 가운데, 3) 예수 그리스도가 실제로 우리와 익숙한 우주의 실제에 속함 가운데, 4) 예수 그리스도가 자신을 감(減)함 없이 하나님 자신에게 속함 가운데 5) 예수 그리스도의 사람이심 곧 육체이심 가운데." 이것이 "왜 하나님은 사람이 되셨나"(Cur Deus homo)?에 대한 답변이다. 그리고 여기에 "이해에 이르기 위하여 믿는다"(Credo ut intelligam)는 고백이 있다.

[비판] 바르트에 따르면 말씀은 성육신으로써 비로소 계시가 될 수 있고, 계시는 필히 성육신이 되어야 한다. 말씀의 성육신의 가능성은 예수 그리스도의 가능성이다. 이를 통하여 인성의 고유한 선이 확정되고 회복된다. 성육신은 인성의 가능성을 말한다. 그것은 예수 그리스도의 인성의 가능성을 말하며 동시에 우리의 가능성을 말한다. 바르트는 말씀이 육신이 되심으로써 비로소 신성과 인성 모두에 대한 계시의 가능성이 열렸음을 말한다. 여기에 데카르트의 순환이 있다. 하나님의 존재는 인간의 사고로부터, 그 사고하는 인간의 존재는 하나님으로부터 기원한다는 순환. 하나님이 사람이 되신 것이 단지 이러한 순환을 확정하기 위해서인가? 계시는 단지 이러한 순환을 원활하게 하기 위한 촉매로 주어지는가? 바르트에 의하면, 성육신은 한 사람 예수가 하나님을 아는 지식을 획득함으로써 우리도 존재의 교통을 통하여 그와 하나가 되어 하나님을 알게 되는 길을 연 사건이다. 그것은 자기 안에서의 계시의 가능성을 우리와 함께 공유하신 예수가 그 가능성을 먼저 실현한 사건이다. 우리는 그 사건으로부터 비롯된 의의 전가로 구원받는 것이 아니라 그 사건에 동참함으로 말미암아 잠재성과 가능성을 구현할 기회를 얻게 된다. 바르트는 자신이 존재의 유비를 거부하고 신앙의 유비를 지지한다고 말하지만, 그가 말하는 신앙의 유비는 존재의 유비에 대한 신앙일 뿐이다. 그가 말하는 신앙은 하나님의 말씀인 성경을 계시로 믿는 하나님이 주신 신적 신앙(fides divina)—곧 구원의 신앙(fides salvifica)—이 아니라 단지 인식적 기능을 할 뿐인 일반적인 믿음에 불과하기 때문이다. 바르트는 성경이 계시로서 이미 존재한다고 믿지 않고 성육신 사건을 통하여 비로소 성경이 우리 안에서 계시가 된다고 여긴다. 이는 계시를 믿는 것이 아니라 계시를 체험하고 해석하고 적용하는 자기 자신을 믿는 것에 다름 아니다. 바르트에 따르면, 성경은 계시의 객관적 준비로서 우리가 하나님을 만나는 도구일 뿐이

다. 계시는 성경이 아니라, 성경을 통하여 하나님을 만나는 사건과 직접적으로 관계된다. 그것은 그리스도와 함께, 그리스도와 같이, 하나님과의 존재의 교통을 체험하는 사건, 곧 존재의 유비를 인식론적으로 체험하는 사건이다. 성육신은 그 첫 사건이 된다. 동정녀탄생은 마리아가 그러한 계시를 받아들인(눅 1:38), 성육신의 한 표징일 뿐이다.

[바르트] 바르트에 따르면, 인간을 향한 하나님의 계시는 곧 인간과의 화해를 의미한다. 이러한 화해가 이미 크리스마스의 기적에 나타난다.[1817] 동정녀탄생(conceptus de Spiritu sancto, natus ex virgine)은 "참 하나님이시고 참 사람이신 분"(vere Deus vere homo)에 대한 지적인 접근을 불허한다. 그것은 오직 하나님의 사역으로서 하나님의 관점에서 "영적인 이해"(geistliche Verständnis)에 이르게 된다.[1818] 동정녀탄생은 "하나의 표징"(ein Zeichen)이다. "분명, 표징은 필히 의미한다"(Das Zeichen soll ja bezeichnen). 동정녀탄생은 빈 무덤의 표징과 함께 예수의 생애를 열고 닫는다. 부활(tertia die resurrexit)의 의미는 동정녀탄생(natus ex virgine)의 의미에 기초한다.[1819] 동정녀탄생의 비밀은 "그리스도의 인격의 비밀"이다. 그것은 표징에 의해 의미되는 "실체"(Sache)와 관계된다.[1820] 성경의 모든 기적들과 마찬가지로 동정녀탄생은 "표징"이다. 그것은 하나님의 말씀이 사람이 되심 곧 "은혜가 분여됨"(wird Gnade zuteil)을 의미한다.[1821] 마리아에게 특별한 은혜가 분여되었음을 성경이 말하고 있음도 이와 관련된다.[1822] 성령으로 잉태되었음은 성령의 작용으로 사람에게 특별한 하나님의 계시가 작용함을 뜻한다. 이는 동정녀탄생의 표징에 대한 의미를 확증시켜 준다.[1823] 그것은 사람의 불가능을 가능하게 해주는 계시에 숨겨진 하나님 자신의 비밀을 계시한다. 이러한 불가능으로부터 가능에 이르는 은혜에 화해가 있다.[1824] 성령으로 잉태되심(conceptus de Spiritu sancto)은 동정녀탄생(natus ex virgine)

1817) Barth, *Church Dogmatics*, I/2.173 (KD I/2.188).
1818) Barth, *Church Dogmatics*, I/2.177 (KD I/2.194).
1819) Barth, *Church Dogmatics*, I/2.182-183 (KD I/2.183).
1820) Barth, *Church Dogmatics*, I/2.184 (KD I/2.201).
1821) Barth, *Church Dogmatics*, I/2.187 (KD I/2.204-205).
1822) Barth, *Church Dogmatics*, I/2.188-196 (KD I/2.205-214).
1823) Barth, *Church Dogmatics*, I/2.196 (KD I/2.214-215).
1824) Barth, *Church Dogmatics*, I/2.199-200 (KD I/2.218).

의 비밀을 더욱 깊이 감춘다. 성령으로 잉태되심은 인식론적으로는 하나님의 아들이 이 땅에 오셨음을 드러내는 표징이 되며, 존재론적으로는 성령으로 잉태되고 동정녀로부터 나실 수밖에 없는 존재 곧 하나님의 아들의 존재를 계시한다. 곧 "비밀"(Geheimnis)이 "기적"(Wunder)에 따른 것이 아니라 기적이 비밀에 따른다는 사실을 말해준다.[1825]

[비판] 바르트는 동정녀탄생을 표징으로 보고―그는 다른 모든 기적도 표징이라고 한다―그 의미를 은혜의 분여에서 찾는다. 그리고 동정녀 마리아가 받은 은혜를 이러한 의미를 설명하기 위하여 특별히 언급한다. 동정녀탄생과 성령잉태와 관련해서 바르트는 인식론적인 드러남이 존재론적인 감춤을 더욱 심화시킨다고 말하고 있다. 여기에서 우리는 바르트가 추구하는 인식론적이며 존재론적인 "이중적 신학"(einer zweifachen Theologie)이 무엇을 의미하는지 뚜렷한 실례를 발견할 수 있다. 바르트에 따르면, 존재는 단지 알 수 없는 그 무엇에 불과하다. 그것은 성경에서 입증되는 계시의 주체가 된다고 정의되지만 단지 관념적으로 그렇게 인정될 뿐이다. 결론적으로, 바르트에게 있어서 계시에서 존재방식으로, 존재방식에서 인격으로 나아가는 구도는 단지 계시의 계시작용, 곧 인식론에 머물 뿐이다. 그것이 존재에 대해서 말할 때, 그것은 단지 비밀을 말하고 있을 뿐이다. 그것은 비밀이 있다고 말할 뿐, 비밀에 대해서는 말하지 않는다. 바르트에게 있어서 인식적인 드러냄(Enthüllung)은 존재적인 감춤(Verhüllung)을 말할 뿐이다. 그가 말하는 "이중적 신학"은 계시와 존재의 이중적 변증법을 말할 뿐이다. 이러한 바르트의 입장은 삼위일체의 존재와 그 존재에 따른 성자의 위격 가운데서의 신인양성의 위격적 연합을 말하는 정통 교리와는 괴리되어 있다. 바르트에게 있어서 성육신은 말씀이 사람이 되신 역사적 사건이 아니라, 그러한 관념의 관념적 실현에 불과하다. 그가 비밀이 기적에 앞선다고 말한 것은 이러한 뜻에서이다.

[1825] Barth, *Church Dogmatics*, I/2.202 (*KD* I/2.221).

성육신하신 그리스도는 성부와 성령과 함께 영원하신 삼위일체 하나님이시다. 성부와 성령과 다름없이 성자는 스스로 존재하시며 완전하시고 무한하시다. 성자는 본질상 성부와 동일하시나 아버지로부터 영원히 나신 아들이시며, 본질상 성령과 동일하시나 영원히 그에게서 성령이 출래하신다. 아들은 아버지와 하나이시므로 그가 아버지 안에 아버지가 그 안에 계신다. 그리하여 아버지의 것은 다 아들의 것이며 아들의 것은 다 아버지의 것이다. 아버지는 아들을 사랑하사 모든 것과 더불어 자신에게 속한 백성을 아들에게 다 주셨다. 아버지는 그 속에 생명이 있음같이 아들에게도 생명을 주셔서 그가 아버지의 인치신 자로서 그에게 속한 자녀들에게 영생하도록 있는 양식이 되게 하셨다. 이렇듯 아들은 아버지와 하나이시되 지식에 있어서도 그러하셔서 그의 말을 듣고 그를 보는 것이 아버지께 하는 것이며 그를 믿고 영접하는 것이 아버지를 믿고 영접하는 것이다.

제7장

그리스도의 신성

1. 그리스도의 신격(deitas)과 선재(praeexsistentia)

영원하신 하나님의 아들이 사람의 아들로 이 땅에 오셔서 참 하나님이시자 참 사람으로서 인류 구속의 역사(役事)를 다 이루셨다. 주님은 제2위 성자 하나님으로서 영원히 존재하신다. 그가 역사상 성육신으로 사람이 되셨다.[1826] 그러므로 성육신에 대한 논의는 그리스도의 하나님이심 곧 신격(θεότης)으로부터 시작해야 한다. 중보자 그리스도의 하나님의 아들이시자 사람의 아들이심 곧 자성(子性, υἱότης, sonship)은 그의 영원한 신격을 논외로 하고는 다루어질 수 없기 때문이다. 따라서 삼위일체론이 기독론의 출발점에 서야 한다. 학자들은 이를 그리스도의 선재(preexistence)라는 주제(locus)로 인식하였다. 이러한 관점을 견지하는 가운데 중보자 그리스도는 "단지 한 사람"(ψιλὸς ἄνθρωπος)이 아니라 참 하나님이시고 참 사람이시라는 인식이 최소한 2세기 초대교회 가운데 싹트기 시작하였고 그에 대한 변증이 뒤따랐다. 성자의 신격을 부정하는 동력적 단일신론이나 중보자 그리스도의 신성

[1826] 그러므로 "예수 자신이 하느님의 말씀이라고 하는 것은 하느님 자신이 예수 안에 유일무이한 방식으로 임재하시고 행하신다는 뜻이다"라고 보는 다음과 같은 경우 성육신을 객관적 사건으로 말할 여지가 없어진다. 김광식, 『조직신학(II)』, 290.

을 부정하는 양자론에 맞섰던 히폴리투스나 터툴리안 등이 그 선구자들이었다.[1827)

사도신경과 니케아 신경은 모두 예수 그리스도의 나심을 두 가지로 고백한다.

첫째, 그가 영원하신 하나님의 아들이심 곧 그의 영원한 나심이다. 사도신경은 "그 외아들", 니케아 신경은 "영원 전에 아버지로부터 나신 독생자"라고 고백한다.

둘째, 그가 하늘로부터 내려오심 곧 그의 역사상 나심으로서 성육신이다. 사도신경은 "성령으로 잉태되사 동정녀 마리아에게서 나시고"라고 그 자체만 고백한 반면, 니케아 신경은 그가 "하늘로부터 내려와 성육신하시고" "사람이 되신" "분"이시라는 사실을 덧붙여 고백하였다.[1828)

하르낙은 그리스도의 선재를 반대하면서, 이는 모든 것의 진정한 가치는 하늘에 있다고 여기는 유대사상과[1829) 영혼과 육체, 무한과 유한의 이분법에 사로잡힌 헬라철학의 영향에서 비롯된 것이라고 말하였다.[1830) 그러나 기독론에서 신학적 주제(locus theologicus)로 다루는 그리스도의 선재는 인성(humanitas)이 아니라 영원하신 하나님의 아들의 인격(persona)과 관계된다. 그러므로 초대교회 오리겐으로부터 제기된 인성의 선재의 문제는 이와는 무관하다.[1831)

매킨토시(H. R. Mackintosh)는 그리스도의 선재를 영원과 역사를 연결시키는 "경계지식"(Grenzbegriff)이라고 하면서, 그것은 오직 하나님의 아들만이 인류의 구속자가 되신다는 신성의 필연성을 전제하는 개념이라고 보았다.[1832) 그러므로 중보자 그리스도의 대리적 무름을 인정하지 않는 주관주의자들이나 윤리주의자들이 그리스도의 선재를 경원시하는 것은 당연하다. 그들은 지상의 사람 예수가 그리스도의 "거룩한 실제"이므로 이로부터 기독론이 시작되어야 한다고 주장한다. 영원한 존재로서의 그리스도의 신격(deitas)에 선험적 관심을 가질 것이 아니라 지상의 사람 예수의 신성(divinitas)에 후험적 관심을 가져야 한다고 보는 것이다. 결국 그들에게 있어

1827) 참조. Daley, "'One Thing and Another': The Persons in God and the Person of Christ in Patristic Theology," 22-29.

1828) 이상의 인용. Schaff, *The Creeds of Christendom*, 2.57-59.

1829) 하르낙은 땅에 있는 것은 "하늘에 있는 것의 모형"이라고 한 히브리서 9:23이 이러한 경향을 드러내는 말씀이라고 여긴다.

1830) Harnack, *History of Dogma*, 1.319, 327, 328.

1831) 인성의 선재에 관해서, Bloesch, *Jesus Christ: Savior & Lord*, 134-138.

1832) Mackintosh, *The Doctrine of the Person of Jesus Christ*, 456-462.

서, 예수의 신격이 아니라 신성만이 신화(神化)와 관련하여 문제시될 뿐이다.[1833]

오늘날 그리스도의 선재를 부인하는 신학자들은 그것이 그리스도의 참 인성과 양립할 수 없다거나(John Knox), 하나의 철학적 이데아(idea)에 불과하다거나(John Macquarrie), 아담 기독론을 저해한다거나(James D. G. Dunn), 위기에 처한 신앙의 공동체에 의해서 고안된 것이라거나(Karl-Josef Kuschel), 하는 이유를 든다. 그들의 공통점은 모두 신인양성의 중보자 그리스도의 대리적 속죄를 믿지 않는다는 데 있다.[1834] 그리스도의 실제적 선재를 믿지 아니하고 그것을 하나의 은유와 같이 여기는 한(John Hick),[1835] 그리스도의 나심도 죽으심도 부활하심도 모두 헛될 뿐이다.

삼위일체론을 통하여 그리스도의 신격(deitas)과 그의 성자 하나님으로서의 인격(persona), 위격(hypostasis), 위격적 존재(subsistentia)를 전제하지 않고는 기독론이 존립할 수 없다. 요한복음 1:1에서 보듯이 그리스도의 선재와 삼위일체 하나님의 존재는 함께 증거된다. "태초에 말씀이 계시니라"(Ἐν ἀρχῇ ἦν ὁ λόγος). 여기에 사용된 미완료 과거 동사 "ἦν"은 태초 이전의 말씀의 존재를 계시한다. "이 말씀이 하나님과 함께 계셨으니"(καὶ ὁ λόγος ἦν πρὸς τὸν θεόν). 여기에 사용된 전치사 "πρὸς"는 성부와 성자의 두 위격적 존재를 계시한다. "이 말씀은 곧 하나님이시니라"(καὶ θεὸς ἦν ὁ λόγος). 이는 성부와 성자의 동일본질(consubstantialitas)을 계시한다. 세례 요한은 그리스도가 자기 뒤에 오신 "사람"이지만 자기보다 앞서신다고 하여 그의 선재를 알렸다.

내가 전에 말하기를 내 뒤에 오는 사람이 있는데 나보다 앞선 것은 그가 나보다 먼저 계심이라 한 것이 이 사람을 가리킴이라(οὗτός ἐστιν ὑπὲρ οὗ ἐγὼ εἶπον, Ὀπίσω μου ἔρχεται ἀνὴρ ὃς ἔμπροσθέν μου γέγονεν, ὅτι πρῶτός μου ἦν)(요 1:30. 참조. 요 1:15).

그리스도는 "아브라함이 나기 전부터 내가 있느니라"(πρὶν Ἀβραὰμ γενέσθαι ἐγὼ

1833) 헤링(G. J. Heering), 반 홀크(L. J. Van Holk), 메니히(C. W. Mönnich) 등이 이러한 주장을 하였다. 참조. Berkouwer, *The Person of Christ*, 157-161.

1834) 참조. Douglas McCready. "'He Came Down From Heaven': The Preexistence of Christ Revisited."*Journal of the Evangelical Theological Society* 40/3 (1997), 421-428.

1835) McCready. "'He Came Down From Heaven': The Preexistence of Christ Revisited." 428.

εἰμί)고 하심으로(요 8:58) 자신의 영원한 존재를 알리셨다. 여기에서 현재형 동사 "εἰμί"는 과거, 현재, 미래의 영원한 존재를 뜻한다. "그리스도의 존재의 영원한 열린 종국성"(the ageless open-endedness of Christ's existence)이 이로써 계시된다.[1836] "아버지여 창세 전에 내가 아버지와 함께 가졌던 영화로써 지금도 아버지와 함께 나를 영화롭게 하옵소서"(νῦν δόξασόν με σύ, πάτερ, παρὰ σεαυτῷ τῇ δόξῃ ᾗ εἶχον πρὸ τοῦ τὸν κόσμον εἶναι παρὰ σοί)라는 주님의 대제사장적 기도는(요 17:5) "아버지 품 속에 있는 독생하신 하나님"(μονογενὴς θεὸς ὁ ὢν εἰς τὸν κόλπον τοῦ πατρὸς)의 영광 곧 "독생자의 영광"(δόξαν ὡς μονογενοῦς)이 영원함을 뜻한다(요 1:14, 18). 그리스도는 "내 아버지께서 이제까지 일하시니 나도 일한다"(Ὁ πατήρ μου ἕως ἄρτι ἐργάζεται, κἀγὼ ἐργάζομαι)고 말씀하심으로(요 5:17) 아버지와 아들의 영원한 동사(同事)를 또한 알리셨다. 주님이 아버지의 보내심을 받았다는 말씀도 선재에 대한 증거구절이 된다. "나를 보내신 이가 나와 함께 하시도다"(ὁ πέμψας με μετ' ἐμοῦ ἐστιν)(요 8:29). "내가 하나님께로부터 나와서 왔음이라 나는 스스로 온 것이 아니요 아버지께서 나를 보내신 것이니라"(ἐγὼ [γὰρ] ἐκ τοῦ θεοῦ ἐξῆλθον καὶ ἥκω· οὐδὲ γὰρ ἀπ' ἐμαυτοῦ ἐλήλυθα, ἀλλ' ἐκεῖνός με ἀπέστειλεν)(요 8:42. 참조 요 7:28).[1837] 주님은 "위로부터 오시는 이"(ὁ ἄνωθεν ἐρχόμενος), "하늘로부터 오시는 이"(ὁ ἐκ τοῦ οὐρανοῦ ἐρχόμενος)로 증거되었다(요 3:31). 주님은 자신을 "하늘에서 내려온 떡"(ὁ ἄρτος ὁ ἐξ οὐρανοῦ καταβάς)이라고 칭하시고(요 6:58. 참조. 요 6:32, 35, 50-51), 그의 승천을 가리켜 그가 "이전에 있던 곳"(ὅπου ἦν τὸ πρότερον)으로 올라가신다고 하셨다(요 6:62). 사도 요한은 서신에서 이러한 그리스도가 "태초부터 있는 생명의 말씀"(Ὃ ἦν ἀπ' ἀρχῆς……περὶ τοῦ λόγου τῆς ζωῆς)이시라고 불렀다(요일 1:1).

히브리서는 그리스도의 선재에 관하여 그가 영원히 계신 창조중보자로서 마지막 때에 이 땅에 오신 멜기세덱의 반차에 따른 구속중보자이심을 강조한다. 그리스도는 단지 선지자들 중의 하나가 아니라 하나님의 아들이셨다. "아들을 통하여"(ἐν υἱῷ) 자신을 드러내신 하나님이 그를 "만유의 상속자"(κληρονόμον πάντων)로 세우

1836) MacLeod, *The Person of Christ*, 46.

1837) 그러므로 성자가 보내심을 받은 것을 종속설의 근거로 삼는 것은 그릇되다. 다음 글은 이러한 입장에 서 있다. Christopher Cowan, "The Father and Son in the Fourth Gospel: Johannine Subordination Revisited," *Journal of the Evangelical Theological Society* 49/1 (2006), 117-122.

시고 "그로 말미암아 모든 세계를"(δι' οὗ καὶ ἐποίησεν τοὺς αἰῶνας) 지으셨다(히 1:2).
여기에서 "모든 세계를"(τοὺς αἰῶνας)이라 함은 단지 모든 피조물이 아니라 시간 자체를 의미한다. "주여 태초에 주께서 땅의 기초를 두셨으며 하늘도 주의 손으로 지으신 바라"(Σὺ κατ' ἀρχάς, κύριε, τὴν γῆν ἐθεμελίωσας, καὶ ἔργα τῶν χειρῶν σού εἰσιν οἱ οὐρανοί)는 시편 102:25에 기초한 인용(히 1:10) 역시 이러한 의미를 지니고 있다. 그가 만물을 지으셨으므로(미완료 과거형) 지금 "그의 능력의 말씀으로 만물을 붙드시고"("φέρων τε τὰ πάντα τῷ ῥήματι τῆς δυνάμεως αὐτοῦ") 계신다(현재분사형, 히 1:3). 주님의 영원한 선재는 그가 멜기세덱의 반차에 따른 영원한 제사장(히 5:6, 10; 7:21)으로서 구속중보자가 되심을 통하여 또한 계시된다. "예수 그리스도는 어제나 오늘이나 영원토록 동일하시니라"(Ἰησοῦς Χριστὸς ἐχθὲς καὶ σήμερον ὁ αὐτὸς καὶ εἰς τοὺς αἰῶνας) (히 13:8).

예수는 영원히 계시므로 그 제사장 직분도 갈리지 아니하느니라(ὁ δὲ διὰ τὸ μένειν αὐτὸν εἰς τὸν αἰῶνα ἀπαράβατον ἔχει τὴν ἱερωσύνην). 그러므로 자기를 힘입어 하나님께 나아가는 자들을 온전히 구원하실 수 있으니 이는 그가 항상 살아 계셔서 그들을 위하여 간구하심이라(πάντοτε ζῶν εἰς τὸ ἐντυγχάνειν)(히 7:24-25).

이 외에도 성경은 그리스도의 선재에 관하여 여러 곳에서 증거하고 있다(마 16:16; 18:11[1838]; 20:28; 22:41-46; 26:63-64; 막 1:1; 12:1-12; 14:61-62; 행 20:28; 롬 8:3; 고전 2:8; 10:4; 고후 8:8-9; 갈 4:4; 빌 2:6-11; 골 1:13-20; 딤전 1:15; 3:16; 딤후 1:10; 벧전 1:20; 딛 1:13). 이러한 말씀들은 그리스도가 영원하신 하나님의 아들이시라는 사실, 인류 대속을 위하여 보내심을 받으셨다는 사실, 이 땅에서 아버지의 뜻을 이루셨다는 사실, 영화롭게 되셔서 하나님의 보좌 우편에서 다스리신다는 사실, 영광 가운데 다시 오실 것이라는 사실과 함께 그의 선재에 관하여 증거하고 있다. 무엇보다도 현저하게, 주님의 선재는 그의 영원한 존재와 함께 종말론적으로 다루어진다. "나는 알파와 오메가요 처음과 마지막이요 시작과 마침이라"(ἐγώ [εἰμί][1839] τὸ Ἄλφα

1838) 어떤 사본에는 없음.
1839) 사본에 따라서 이 단어가 생략된 경우도 있으나, 사도 요한의 어법과 문맥에 비추어 볼 때 차이는 없다.

καὶ τὸ Ὦ, ὁ πρῶτος καὶ ὁ ἔσχατος, ἡ ἀρχὴ καὶ τὸ τέλος)(계 22:13. 참조. 계 1:17; 21:6). 여기에서도 영원한 현재를 뜻하는 신적(神的)인 단어인 "εἰμί"가 사용된 것이 주목된다.

그러므로 그리스도의 선재가 그의 인성과는 양립하지 않는다거나,[1840] 그의 인성을 약화시킨다거나,[1841] 그리스도의 선재를 변증법적으로 이해하여 성육신 전의 인성과 관련시키거나,[1842] 그리스도는 시간의 범주에서만 논할 수 있으므로 선재를 말하는 자체가 영지주의 구속자 신화(a gnostic Redeemer-myth)의 영향이라고 하거나,[1843] 역사비평적 관점에 서서 그리스도의 선재는 요한복음을 중심으로 전개되는 철학적 관념의 산물로서 역사를 중시하는 공관복음에서는 이를 다루지 않는다거나,[1844] 하는 견해는 받아들일 수 없다.

그리스도의 선재는 한 사람으로서 고유한 그의 지상의 삶의 전제가 된다. 그의 영원한 존재-영원한 나심-가 전제되지 않는다면, 비하와 승귀의 두 상태를 말하는 것이 아무 의미가 없게 된다. 그의 잉태와 나심과 사심과 죽으심과 부활하심과 이후의 승천하시고 재위하심이 그리고 앞으로 있을 그의 재림이 그의 선재에 터 잡고 있다. 그리하여 그의 선재가 그의 낮아지심과 높아지심을 노래한 찬송시의 서두를 장식하고(빌 2:6), 그의 영원한 부요하심을 계시하고(고후 8:9), "한 사람"으로서 다 이루신 그의 의가 만인을 살리는 공로가 되는 비밀을 담고 있다(롬 5:15-17).[1845]

[1840] Knox, *The Humanity and Divinity of Christ*, 73. 이에 대한 비판, MacLeod, *The Person of Christ*, 64-67. 신약신학자 녹스는 "단지 한 사람"(a mere man)으로서 예수를 자신의 기독론의 출발점으로 삼는다. 그에게는 성육신의 역사성 자체가 부인된다.

[1841] G. K. W. Lampe, *God as Spirit* (London: SCM Press, 1977), 144. 이에 대한 비판, MacLeod, *The Person of Christ*, 67-70. 람페는 그리스도의 신성을 성령의 충만한 역사로 대체하려는 경향을 띤다. 그래야 사람 예수의 진정한 실재를 고찰할 수 있다고 여긴다. 이러한 입장을 취하게 되면 그리스도가 영원한 하나님의 말씀이시라는 사실이 부인되고 만다.

[1842] 이러한 입장은 성육신을 그리스도가 존재하시기 전부터 자신의 존재를 계시하신 사건으로 여긴 바르트(Karl Barth)에 의해서 주목할 만하게 개진된다. 참조. Bloesch, *Jesus Christ: Savior & Lord*, 138-143. 이에 대해서 후술할 본서 제14장 3. "성육신과 삼위일체"에서 자세히 다룬다.

[1843] 불트만(Rudolf Bultmann)이 이를 주장하였다. 참조. Berkouwer, *The Person of Christ*, 166, 183-184.

[1844] 부셋(W. Bousset)이 이를 주장하였다. 참조. Berkouwer, *The Person of Christ*, 167.

[1845] 이 세 가지 본문에 대해서, Brendan Byrne, "Christ's Pre-Existence in Pauline Soteriology," *Theological Studies* 58/2 (1997), 314-330.

[칼빈의 이해]

칼빈은 그리스도의 신격을 다룸에 있어서 그가 "하나님의 말씀"(λόγος)이심에 특히 주목한다. "그 자신이 영원하고 본질적인 아버지의 말씀"(ipse aeternus et essentialis est patris sermo)이시다. 그는 창세 전에 아버지로부터 "나셨다"(genitus). 말씀은 영원히 하나님과 함께 계시며 하나님 자신이시다(요 1:1, 14, 18). 칼빈은 "λόγος"를 주로 "sermo"로 번역하지만 "verbum"으로도 종종 사용한다. 말씀은 아버지로부터 "영원 전에 나신 지혜"(sapientia ante saecula genita)시다. "영원한 지혜"(perpetua sapientia)가 되시는 "그로부터 모든 언사(言辭)들(oracula)과 예언들이 나온다." 모든 하나님의 음성은 아들을 통하여 들려진다. 아들은 영원히 아버지와 함께 일하신다(요 5:17). 그는 창조의 "중재자"(intermedium)셨다. 구약의 예언자들과 신약의 사도들은 모두 "말씀의 영"(sermonis spiritus)이신 "그리스도의 영으로"(spiritu Christi) 사역했다.[1846] 그는 "항상"(semper) 계신 하나님으로서 "이후에 세상의 조성자"(mundi opifex)가 되셨다. 그러므로 그에게는 "시작"(principium)이 없으시다. 항상 아버지와 함께 일하시는 그리스도는 함께 영광도 받으신다(요 17:5). 그러므로 그의 "영원성"(aeternitas), "참 본질"(vera essentia), "신성"(divinitas)은 함께 확증된다.[1847]

그리스도의 영원한 신격을 논함에 있어서 칼빈은 그의 현현과 함께 성도의 전체 구원 과정에 있어서의 역사(役事)를 강조한다. 그리스도는 구원을 주실 뿐만 아니라 "구원 자체시며"(ipse salus), 은사를 중재하실 뿐만 아니라 은사의 "조성자"(autor) 되신다. "구원을 얻기 위하여 우리는 그리스도의 이름을 부른다. 그가 여호와시기 때문이다." 그리스도는 의로우실 뿐만 아니라 의(iustitia) 자체시며, 선을 베푸실 뿐만 아니라 선(bonitas) 자체시다.[1848] "육신 가운데 오신 중보자"(mediator in carne)는 구약의 예언의 성취로서(딤전 3:16), "참 하나님이시요 영생이시라"(요일 5:20). 그가 천지를 지으셨으며(시 101:26), 시온에 긍휼을 베푸시며(시 102:14), 모든 무릎을 그 앞에 꿇게 하신다(사 45:23). 그리스도는 영원하신 말씀(요 1:1, 14)으로서 이사야의 환

1846) Calvin, *Institutio*, 1.13.7 (CO 2.94-95).
1847) Calvin, *Institutio*, 1.13.8 (CO 2.95-96).
1848) Calvin, *Institutio*, 1.13.13 (CO 2.100-101).

상을 통해서 계시된 바로 그 분이시다(요 12:41; 사 6:1).[1849]

칼빈은 인격(persona)을 한 본질(essentia unica)을 가지나 고유한 특성(proprietas)에 있어서 구별되는 위격적 존재(subsistentia)라고 정의한다.[1850] 하나님의 한 본질 안에 세 인격이 있다.[1851] 각각의 인격은 서로 관계하나(relata) 교통되지 않는(incommunicabilis) "고유한 것"(aliquid proprium)을 특성으로 가진다는 점에서 구별된다.[1852] 성부, 성자, 성령 사이에는 "실제적인 구별"(vera distinctio)이 있다. 그러나 그것은 "구별이지 분리가 아니다"(distinctio non divisio).[1853] 성부, 성자, 성령은 각각 고유한 특성을 지니신 하나님이시다. 성부, 성자, 성령은 모두 동일한 "신격"(deitas)을 지니신다. 그것이 "하나님의 유일성"(Dei unitas)과 배치되지 않는다.[1854] 세 인격은 각각 고유한 특성에 따라서 '위격적으로 존재한다'(subsistere). 그러나 한 분 하나님으로서 '존재한다'(esse). 위격적 존재(subsistentia)는 셋이나 존재(ens)는 하나이다. 성부, 성자, 성령은 "전체 본성"(tota natura)에 있어서 동일하신 하나님이시다. 곧 동일한 신성이시다.[1855] 이러한 위격적 존재(subsistentia)로 계시는 인격(persona)을 칼빈은 "위격"(hypostasis)이라고 부른다. 이를 설명함에 있어서 히브리서 1:3의 그리스도는 "하나님의 영광의 광채시요 그 본체의 형상이시라"(ἀπαύγασμα τῆς δόξης καὶ χαρακτὴρ τῆς ὑποστάσεως αὐτοῦ)는 말씀을 가장 중요하게 거론한다.[1856] 그리고 요한복음 14:10의 말씀에 비추어 한 본질로 동일하신 성부와 성자는 각각의 위격적 특성에서는 구별되나 "전"(全, totus) 위격이 서로가 서로 안에 계시다고 함으로 이를 확증한다.[1857]

1849) Calvin, *Institutio*, 1.13.11 (CO 2.98–100).

1850) Calvin, *Institutio*, 1.13.6 (CO 2.94): "Personam igitur voco subsistentiam in Dei essentia, quae ad alios relata, proprietate incommuincabili distinguitur."

1851) Calvin, *Institutio*, 1.13.16 (CO 2.103): "······in Dei essentia residere tres personas in quibus Deus unus cognoscitur."

1852) Calvin, *Institutio*, 1.13.6 (CO 2.94): "······quidquid singulis proprium est incommunicabile esse······."

1853) Calvin, *Institutio*, 1.13.17 (CO 2.104).

1854) Calvin, *Institutio*, 1.13.19–20 (CO 2.105–107).

1855) Calvin, *Institutio*, 1.13.19 (CO 2.105).

1856) Calvin, *Institutio*, 1.13.2 (CO 2.90–91).

1857) Calvin, *Institutio*, 1.13.19 (CO 2.105): "Pater totus in filio est, totus in patre filius, quemadmodum ipse quoque accerit."

칼빈에게 있어서 존재적 삼위일체라고도 불리는 내재적 삼위일체(the immanent Tritnity)와 경륜적 삼위일체(the economic Trinity)는 서로 지향하며 역동적으로 관련된다. 초대교회 이후 아타나시우스 신경에서 뚜렷이 제시되고[1858] 웨스트민스터 신앙고백서 제2장 3조에서 수립된 "실로 아버지는 아무로부터도 아니시니 분명 나시지도 아니하셨으며 나오시지도 아니하신다. 그러나 아들은 아버지로부터 영원히 나셨다. 또한 성령은 아버지와 아들로부터 영원히 나오신다"는[1859] 내재적 삼위일체에 대한 고백을 칼빈도 공유한다. 그리하여 "아들은 오직 아버지로부터, 성령은 아버지로부터 그리고 동시에 아들로부터 위격적으로 존재하신다"고 말한다.[1860] 이러한 입장에 서서 경륜적 삼위일체로 나아간다.

일하심의 시작 그리고 모든 것들의 기초와 원천이 아버지께, 지혜와 계획 그리고 일들을 행하심에 있어서의 경륜이 아들께, 행위의 능력과 작용이 성령께 돌려진다.[1861]

칼빈은 성도가 말씀을 믿음으로 수납함에 있어서 말씀의 확실성(certitudo)과 주관적 확신(fiducia)이 그리스도 안에서 한 고리로 묶인다는 점을 강조한다.[1862] 하나님의 말씀과 하나님의 영이(사 59:21) 영원한 언약 가운데 그리스도에 의해서 하나로 묶인다.[1863] 그러므로 "그리스도의 영"으로 조명되지 않으면 "그리스도의 말씀"

1858) "21. Pater a nullo est factus: nec creatus, nec genitus. 22. Filius a Patre solo est: non factus, nec creatus: sed genitus. 23. Spiritus Sanctus a Patre et Filio: non factus, nec creatus, nec genitus: sed precedens." Schaff, *The Creeds of Christendom*, 2.67-68.

1859) "Pater quidem a nullo est, nec genitus nempe nec procedens: Filius autem a Patre est aeterne genitus: Spiritus autem Sanctus aeterne procedens a Pater Filioque." Schaff, *The Creeds of Christendom*, 3.608. 이러한 고백은 초대교회 니케아-콘스탄티노플 신경과 아타나시우스 신경의 삼위일체 이해와 톨레도 제3차 회의(589)에서 확정되어 서방교회가 고백해온 성령의 성부와 성자로부터의 나오심, 즉 필리오케(Filioque) 교리를 견지하고 있다. 이에 대해서 전술한 본서 제3장 3. "사도신경과 니케아 신경" 참조.

1860) Calvin, *Institutio*, 1.13.18 (*CO* 2.105): "……a patre duntaxat exsistere dicitur filius, a patre simul et filio spiritus."

1861) Calvin, *Institutio*, 1.13.18 (*CO* 2.105): "……patri principium agendi, rerumque omnium fons et scaturigo attribuitur; filio sapientia, consilium, ipsaque in rebus agendis dispensatio; at spiritui virtus et efficacia assignatur actionis."

1862) Calvin, *Institutio*, 1.9.3 (*CO* 2.71): "Mutuo enim quodam nexu Dominus verbi spiritusque sui certitudinem inter se copulavit……."

1863) Calvin, *Commentary*, 요 15:27 (2.110-111, *CO* 47.355). 이러한 말씀과 성령의 거룩한 고리(sacer nexus)로부터 기독교인의 자유가 논해진다. 성령의 자유는 말씀으로부터가 아니라 말씀을 위해서이다. Balke, "Calvin's

을 받을 수 없다. 오직 성령이 가르치는 것은 "그리스도 자신의 입에서 나오는"(ex ore ipsius Christi) 말씀이다.[1864] 이로부터 말씀의 신격이 분명해진다. 같은 맥락에서, "하나님의 영"을 "그리스도의 영"이라고 부르는 로마서 8:9이 다음과 같이 주석된다.

> 우리의 독자들은 이곳에서 성령은 때때로 하나님 아버지의 영을 때때로 그리스도의 영을 구별 없이 지칭하고 있다는 것을 기억해야 한다. 이것은 그 영의 충만함이 우리의 중보자이시자 머리이신 그리스도께 부어져서 우리 각자가 그로부터 각자의 분량을 받는다는 것 때문만이 아니라 같은 영이 같은 본질과 같은 영원한 신격을 가진 아버지와 아들에게 공통되기 때문이다. 그리스도가 없으면 우리가 하나님과 교통할 수 없으므로, 사도는 좀 더 멀리 떨어져 계신 듯한 아버지로부터 그리스도에게로 내려온다.[1865]

칼빈은 교회의 역사적이며 종말론적인 의의를 "우리의 머리가 되시는 한 중보자의 인격 가운데 성부 하나님과 함께 계신 분"으로 자신을 계시하시는 우리 주님의 역사적인 현존과 마지막 날 영원히 받으시는 영광의 관점에서 바라본다.[1866] 이와 같이 교회의 기원이 중보자 그리스도로서 사역하시는 성자의 선재라는 개념에 근거해서 설명된다. 칼빈은 예수의 탄생에 관한 미가서 5:2의 말씀을 다음과 같이 주석한다.

> 그리스도는 그로 말미암아 지음을 받은 모든 피조물보다 먼저 나신 이(primogenitus)라 불리신다(골 1:15). ……세상을 창조하신 바로 그 하나님의 말씀이 교회의 머리(caput

---

Concept of Freedom," 36.

[1864] Calvin, *Commentary*, 요 16:25 (2.128-129, CO 47.370). 그리스도와 성경의 권위에 관해서, John Murray, *Calvin on Scripture and Divine Sovereignty* (Grand Rapids: Baker, 1960), 35-51.

[1865] Calvin, *Commentary*, 롬 8:9 (164-165, CO 49.145). 여기 논의는 다음을 수정하고 라틴어를 첨가해서 인용. 문병호, "칼빈의 기독론," 『칼빈신학: 근본 성경교리 해석』, 284.

[1866] Calvin, *Commentary*, 요 17:21 (2.148, CO 47.387). 참조. S. H. Russell, "Calvin and the Messianic Interpretation of the Psalms," *Scottish Journal of Theology* 21 (1968), 37-47. 시편 기자가 노래하는 "다윗, 그리스도, 교회"의 세 가지 측면과 연관해서, 저자는 "시편에 나타난 칼빈의 메시아적 해석의 열쇠는 성육신 전과 후의 그리스도와 지체들의 연합"이며 또한 다윗의 왕국이 "단지 그리스도의 표상"(representation)일 뿐만 아니라 "어떤 방식으로 현재하는(present) 그의 왕국의 실체(substance)를" 보여준다고 주장한다(41-42).

ecclesiae)가 되셔야 한다. 상실된 모든 것들이 그에 의해서 회복되어야 한다. 이로써 우리는 선지자가 그리스도의 나오심이 영원하다(egressus Christi esse aeternos)고 말하는 것이 무엇을 의미하는지 이해하게 된다. ……우리는 하나님의 교회를 구속(救贖)하기 위해서 육체 가운데 나타나신 그리스도는 그로 말미암아 세상을 창조하신 영원한 말씀이었다는 사실과, 그의 은혜와 능력에 의해서 세상을 회복시키기 위해서 영원한 하나님의 경륜에 의해서 모든 피조물의 첫 열매로서, 특히 교회의 머리로서 정해져 있었다는 사실을 주목해야 한다.1867)

2. 그리스도의 신성(divinitas) : 영원하신 성자 하나님이 사람의 아들이 되심

그리스도는 제2위 성자 하나님으로서 영원히 성부와 함께 계시고 함께 일하신다(요 1:1, 18; 5:17). 성부와 성자는 동일하신 하나님이시다. "나와 아버지는 하나이니라"(ἐγὼ καὶ ὁ πατὴρ ἕν ἐσμεν)(요 10:30). 구약시대의 메시아 대망은 선지자들에 의해서 명확하게 계시되었다. 그들은 영원하신 하나님의 아들이 사람의 아들로 이 땅에 오셔서 인류구속의 역사를 완성하고 이스라엘을 회복하실 것을 믿었다(시 45:6; 사 9:6; 단 7:13; 시 2편; 110편; 미 5:2; 렘 23:6; 슥 13:7; 말 3:1). 이러한 가르침이 랍비들과 서기관들에게서 단절되었는데, 주님은 자주 선지자들의 말씀을 상기시키시면서 자신이 누구신지를 밝히셨다. 메시아가 왕이자 목자로서 섬기는 종으로 오심(יָבוֹא)은 이스라엘 백성에게 소망이 되었다. 그들은 메시아의 오심과 그가 나심을 같은 의미로 사용하였다(창 49:10; 민 24:17; 슥 9:9; 사 7:14; 9:6; 11:1; 미 5:2; 렘 23:5; 겔 34:23; 슥 3:8 단 7:13).1868)

여호와의 말씀이니라 보라 때가 이르리니 내가 다윗에게 한 의로운 가지를(צֶמַח צַדִּיק) 일으킬 것이라 그가 왕이 되어 지혜롭게 다스리며 세상에서 정의와 공의를(מִשְׁפָּט וּצְדָקָה)

1867) Calvin, *Commentary*, 미 5:2 (298–301, *CO* 43. 367–369).
1868) Warfield, "The Divine Messiah in the Old Testament," *WBW* 3.3–49.

행할 것이며 그의 날에 유다는 구원을 받겠고 이스라엘은 평안히 살 것이며 그의 이름은 여호와 우리의 공의라(יְהוָה צִדְקֵנוּ) 일컬음을 받으리라(렘 23:5-6).

규가 유다를 떠나지 아니하며 통치자의 지팡이가 그 발 사이에서 떠나지 아니하기를 실로가 오시기까지([שִׁילֹה] שִׁילוֹ כִּי־יָבֹא) 이르리니 그에게 모든 백성이 복종하리로다(창 49:10).

내가 한 목자를(רֹעֶה אֶחָד) 그들 위에 세워 먹이게 하리니 그는 내 종 다윗(עַבְדִּי דָוִיד)이라 그가 그들을 먹이고 그들의 목자가 될지라(겔 34:23).

대제사장 여호수아야 너와 네 앞에 앉은 네 동료들은 내 말을 들을 것이니라 이들은 예표의 사람들이라 내가 내 종 싹을(עַבְדִּי צֶמַח) 나게 하리라(슥 3:8).

신약은 도처에서 그리스도가 참 하나님이시라는 사실을 증언한다. 베드로는 그리스도를 "살아 계신 하나님의 아들"(ὁ υἱὸς τοῦ θεοῦ τοῦ ζῶντος)(마 16:16), 도마는 "나의 주님이시요 나의 하나님"(Ὁ κύριός μου καὶ ὁ θεός μου)(요 20:28), 바울은 "세세에 찬양을 받으실 하나님"(θεὸς εὐλογητὸς εἰς τοὺς αἰῶνας)(롬 9:5)이시라고 전한다. 그가 이 땅에 오셔서 모든 의를 다 이루셨으므로(요 19:30), 우리는 그의 은혜를 간구하고(살후 1:12), 그의 이름으로 축복한다(고후 13:13).

아들은 아버지와 동등하시며 아버지와 하나이시다. 그러나 아들은 "아버지는 나보다 크심이라"(ὁ πατὴρ μείζων μού ἐστιν) 하시고(요 14:28), 자신은 아버지의 보내심을 받은 자로서 스스로 아무 것도 할 수 없으며 아버지의 뜻대로 하려 하실 뿐이라고 말씀하신다(요 4:34; 5:19-20). 일견 그리스도의 선재와 그가 보내심을 받았다는 사실이 양립할 수 없는 듯이 여겨지기도 한다. 그런데 성경은 아버지가 아들을 보내셨다고 전한다(요 5:36-38; 7:28-29; 8:29, 42). 주님은 아버지와 자신이 항상 함께 일한다고 하심으로 사역에 있어서도 아버지와 동등하심을 드러내시나(요 5:17-18), 그가 행하신 기적은 위에 계신 아버지가 그의 말을 들으셨기 때문이라고 하신다(요 11:41-42). 아들은 아버지가 명령하신 것을 말한다고 하신다(요 12:49-50). 그렇다고 해서 이러한 구절들에 비추어 성자가 성부보다 열등하시다거나, 성자는 성부에 종속되신다거나, 성자는 성부와 동일하시지도 동등하시지도 않다거나, 하는 주장을 하는 것은 그릇되다. 이러한 구절들은 신인양성의 인격 가운데 중보하시는 그리스도의 비하를 증거하고 있을 뿐이기 때문이다.

아버지와 아들은 위격적 특성에 있어서는 구별되나 동일하시고 동등하신 분이시다. 아들은 아버지에게 종속되지 아니하신다.

첫째, 아버지와 다름없이 아들은 스스로 존재하신다. 주님의 자존(自存, αὐτο-οὐσία, self-existence)은 그가 자신의 존재(요 8:24, 58; 18:5-6; 눅 22:67, 70)를 알리시고 자신의 어떠하심을 "나는……이다"라는 형식으로 드러내실 때(요 6:35, 51; 10:7, 11, 14; 8:12; 11:25; 14:6; 15:1) 반복해서 사용하셨던 "에고 에이미"(ἐγώ εἰμι)라는 표현에 현저하게 드러난다. 이는 하나님이 모세에게 자신의 이름을 "스스로 있는 자"(אֶהְיֶה אֲשֶׁר אֶהְיֶה) 곧 '야훼'로 계시하신 말씀과 일맥상통한다. 히브리 어법대로 이를 번역하면 '나는 나다'라는 뜻이 된다(출 3:14). 이러한 용례는 신명기 32:39의 "나 곧 내가 그인 줄(כִּי אֲנִי אֲנִי הוּא) 알라"라는 말씀에도 나타난다.

둘째, 아들의 영원한 나심(generatio aeterna) 곧 제2위 성자되심은 아버지와 아들의 동등함과 하나됨을 뜻한다. 아들을 "독생하신 하나님"(ὁ μονογενὴς υἱός)이라고 부르신 말씀이 이러한 특성을 가장 현저하게 드러낸다(요 1:18; 3:16; 요일 4:9). 사람들은 주님이 하나님을 "자기의 친 아버지"(πατέρα ἴδιον)라 하셨다고 비난했다(요 5:18). "독생하신 하나님"이나 "독생자"라는 말은 단지 숫자적인 의미만 갖는 것이 아니라(참조. 삿 11:34), 성부와 성자의 삼위일체 내적 혹은 내(內)삼위일체적 관계(intra-Trinitarian relation)를 지칭한다. 아들이 아버지 안에 아버지가 아들 안에 한 영광 가운데 계신다(요 10:38; 14:20; 17:21-26). 아들의 나심 자체가 "만유의 상속자"(κληρονόμον πάντων)로서의 그리스도의 권세를 뜻한다(히 1:2, 5). 그리하여 그를 믿는 자마다 "하나님의 자녀가 되는 권세"(ἐξουσίαν τέκνα θεοῦ γενέσθαι)를 얻게 되었다(요 1:12).

셋째, 아버지의 것은 다 아들의 것이며 아들의 것은 다 아버지의 것이다(요 16:15; 17:10). 아버지는 아들을 사랑하사 만물을 다 그에게 주셨다(마 11:27; 28:18; 요 3:35). 아버지는 자신에게 속한 백성을 아들에게 다 주셨다(요 17:9). 아버지는 "모든 충만으로" 아들 안에 거하게 하신다(골 1:19). 아들은 "부요하신 이"(πλούσιος)로서 우리를 위하여 가난하게 되셨다(고후 8:9).

넷째, 아버지 속에 생명이 있음같이 아들에게도 생명을 주어 그 속에 있게 하셨다(요 5:26). 아들은 아버지의 "인치신 자"(ἐσφράγισεν)이시므로 "영생하도록 있는 양식"(τὴν βρῶσιν τὴν μένουσαν εἰς ζωὴν αἰώνιον)이 되신다(요 6:27). 영원하신 말씀이신 그리스도 안에 생명이 있었고 그 생명이 사람들의 빛이다(요 1:4). 그리스도는 이 땅에 나타나신 "생명의 빛"(τὸ φῶς τοῦ κόσμου)이 되신다(요 8:12; 요일 1:2). 그리하여 아버지가 죽은 자들을 일으켜 살리심같이 아들도 자기가 원하는 자들을 살리신다(요 5:21). 아버지가 그러하시듯(사 43:25; 44:22), 아들도 "죄를 사하는 권능을"(ἐξουσίαν ……ἀφιέναι ἁμαρτίας) 지니신다(마 9:6).

다섯째, 아들은 아버지의 지식이 되신다. 아들은 아버지의 "영광의 광채시요 그 본체의 형상"이시다(히 1:3). 목자가 양을 알고 목숨을 내주듯이 아버지는 아들을 아시고 아들은 아버지를 아신다(요 10:15). 아버지는 아들을 사랑하사 자기가 행하시는 것을 아들에게 다 보이신다(요 5:20). 그리하여 아들은 아버지의 말씀을 하신다(요 3:34). 아들은 아버지가 자신에게 하신 말씀 그대로 말씀하신다(요 12:49-50). 그러므로 아들을 보면 아버지를 보고, 아들을 알면 아버지를 안다(요 12:45; 14:7, 9). 우리가 받는 "하나님의 영"은 "그리스도의 영"으로서 "진리의 영"이시다(롬 8:9; 요 14:16-17, 26; 15:26). 보혜사 성령은 주님이 "내 것"(ἐμά)이라고 하신 것을 우리에게 알리신다(요 16:14). 보내심을 받은 아들은 보내신 아버지의 영광을 구하시고(요 7:18), 보내신 아버지는 아들을 위하여 증언하신다(요 8:18). 그러므로 아들의 성육신이 아버지의 계시의 정점(culmen revelationis)이 된다.[1869]

여섯째, 아들을 믿고 영접하는 것이 아버지를 믿고 영접하는 것이다(요 12:44; 13:20). 믿음의 대상으로서 아버지와 아들은 서로 분리되지 않으신다. "하나님께서 보내신 이를 믿는 것이 하나님의 일"(τὸ ἔργον τοῦ θεοῦ, ἵνα πιστεύητε εἰς ὃν ἀπέστειλεν ἐκεῖνος)이다(요 6:29). 성도는 아버지와 아들을 함께 믿어야 한다(요 14:1). 그러므로 아들을 믿지 않는 것이 죄이며, 아들을 믿지 않는 자에게는 생명이 없다(요 16:9; 8:24). 그리스도의 기도는 제자들과 그들의 말로 말미암아 그를 믿는 자들을 위한 것이다(요 17:20). "너희는 마음에 근심하지 말라 하나님을 믿으니 또 나를 믿으라"(요 14:1). 이러한 그리스도의 계시의 말씀을 믿음에 실족하지 않는 자가 복이 있다

[1869] 이에 대해서 다음을 참조. 문병호, "칼빈의 계시론: 삼위일체론적-기독론적 이해", 『칼빈신학: 근본 성경교리 해석』, 103-108, 113-115.

(마 11:6). 예수에 대한 이러한 믿음과 고백을 주시는 분은 하늘에 계신 그의 아버지시다(마 16:17). 그리하여 아들은 "우리가 믿는 도리의 사도"(τὸν ἀπόστολον……τῆς ὁμολογίας ἡμῶν),[1870] "믿음의 주"(εἰς τὸν τῆς πίστεως ἀρχηγὸν)라고 불리신다(히 3:1; 12:2). 그러므로 우리는 아버지를 믿듯이 아들을 믿고, 아버지를 공경하듯이 아들을 공경해야 한다(요 5:23).

이 땅에 오신 주님의 신성은 여호와 하나님께 돌려진 구약의 칭호들과 말씀들이 그에게 돌려졌다는 점에서 뚜렷이 증거된다. 브루스(F. F. Bruce)와 마틴(W. J. Martin)은 이를 다음과 같이 조목별로 다루고 있다.[1871]

1) "처음이요 나중"(ראשׁון אחרון)(사 41:4; 44:6; 48:12)이라는 칭호가 요한계시록에서 그리스도에게 돌려진다(1:17; 2:8; 22:13). 2) "우리 하나님의 말씀"(דבר־אלהינו)은 영원히 서리라는 이사야의 예언과 다를 바 없이(사 40:8) 주님은 하나님의 율법과 자신의 "말"(οἱ λόγοι)이 영원히 없어지지 않을 것이라고 말씀하셨다(마 5:18; 24:35). 3) 구약에서 "빛"(אור)은 여호와 하나님(시 27:1; 사 60:19, 20)과 오실 메시아(사 9:2[마 4:16]; 49:6[눅 2:32]; 60:1)를 칭한다. 신약에서 "빛"(φῶς)은 많은 경우 예수 그리스도에게 돌려진다(요 1:4,5,7,8,9; 요일 2:8). 4) 구약백성에게 "바위"(צור)는 여호와를 의미한다(시 18:2; 95:1). 사도 바울은 광야의 이스라엘 백성이 "신령한 반석으로부터"(ἐκ πνευματικῆς……πέτρας) 물을 마셨던 것을 기억하면서(출 17:6), 그 반석을 그리스도라고 칭한다(고전 10:4). 사도 베드로는 시온에 기초를 놓은 "한 돌"(אבן)을(사 28:16) 교회의 "머릿돌"(κεφαλή)이라고 부른다(벧전 2:4-8). 5) 구약에서 "남편"(אישׁ)(호 2:16) 혹은 "신랑"(חתן)은(사 62:5) 명시적으로 혹은 암시적으로 여호와를 뜻한다. 신약에서 "남편"(ἀνήρ)(계 21:2) 혹은 "신랑"(νυμφίος)은(막 2:19; 마 25:1-13) 그리스도를 지칭한다. 6) 구약에서 여호와를 지칭하는 "목자"(רעה)가(시 23:1; 겔 34:15, 23; 슥 13:7) 신약에서는 "ποιμήν"이라는 단어로 주님께 사용되었다(요 10:14; 벧전 2:25; 벧전 5:4; 히 13:20). 7) 구약에서 죄와 허물을 기억하지 아니하고 사하는 권세는 오직 여호

1870) 문자적으로 이는 "우리 고백의 주"라는 의미를 지닌다.

1871) F. F. Bruce and William J. Martin, *The Deity of Christ* (Manchester, UK: North of England Evangelical Trust, 1964), 7-14. 저자들은 본래 이를 열두 가지로 논한다. "the 'I Am'"이라는 한 항목을 차지하고 우리가 여덟 번째로 소개하고 있는 "구주" 부분이 "구속주"(Redeemer)와 "구원자"(Savior)라는 두 항목으로 다루어지기 때문이다. 여기에서는 "the 'I Am'" 곧 "ἐγώ εἰμι"는 이미 위에서 논했으므로 제외시키고 "구속주"와 "구원자"는 내용상 중복되므로 하나로 다룬다.

께 있었다(사 43:25; 44:22; 렘 31:34; 시 130:4). 신약에는 "죄를 사하는 권능"(ἐξουσία ἀφιέναι ἁμαρτίας)이 아들에게 부여되었다(마 9:6; 눅 5:21; 행 5:31; 골 2:13; 3:13). 8) 구약에서 구원은 오직 여호와께 속한 것으로 전한다(호 13:14; 시 130:7; 사 43:3; 45:22; 겔 34:22). 신약에서는 그리스도를 "구주"(σωτήρ)로 칭한다(마 1:21; 요 10:16, 17; 갈 3:13; 빌 2:10-11; 딛 2:13; 히 5:9; 계 5:9). 9) 구약에서 하늘의 지극한 영광이 하나님께 돌려졌다(사 6:3; 48:11). 신약에서 주님은 아버지와 함께 영광을 지니신 분 혹은 "영광의 주"(ὁ κύριος τῆς δόξης)로 나타나신다(요 17:1, 5; 고전 2:8; 약 2:1). 10) 구약에서 여호와는 만국의 심판자가 되신다(창 18:25; 욜 3:12). 신약에서 "심판하는 권한"(ἐξουσία κρίσιν ποιεῖν)이 예수 그리스도께 부여된다(요 5:27; 마 25:31-46; 딤후 4:1; 고후 5:10).

만약 여호와가 우리를 거룩하게 하시는 분이시고(출 31:13), 전능하시고(시 139:7-10), 우리의 평강이시고(사 6:24), 우리의 의(義)시고(렘 23:6), 우리의 승리시고(출 17:8-16), 우리의 치료자시라면(출 15:26), 그리스도 역시 이 모두시다(고전 1:30; 골 1:27; 엡 2:14). 만약 복음이 하나님께 속한다면(살전 2:2, 6-9; 갈 3:8), 동일한 복음이 또한 그리스도께 속한다(살전 3:2; 갈 1:7). 만약 교회가 하나님의 것이라면(갈 1:13; 고전 15:9), 같은 교회가 또한 그리스도의 것이다(롬 16:16). 하나님의 왕국이(살전 2:12) 그리스도의 것이며(엡 5:5), 하나님의 사랑이(엡 1:3-5) 그리스도의 것이며(롬 8:35), 하나님의 말씀이(골 1:25; 살전 2:13) 그리스도의 것이며(살전 1:8; 4:15), 하나님의 영이(살전 4:8) 그리스도의 것이며(빌 1:19), 하나님의 평강이(갈 5:22; 빌 4:9) 그리스도의 것이며(골 3:15; 참조. 골 1:2; 빌 1:2; 4:7), 하나님의 심판의 날이(사 13:6) 그리스도의 심판의 날이며(빌 1:6, 10; 2:16; 고전 1:8), 하나님의 은혜가(엡 2:8, 9; 골 1:6; 갈 1:15) 그리스도의 은혜며(살전 5:28; 갈 1:6; 6:18), 하나님의 구원이(골 1:13) 그리스도의 구원이며(살전 1:10), 하나님의 뜻이(엡 1:11; 살전 4:3; 갈 1:4) 그리스도의 뜻이다(엡 5:17; 참조. 살전 5:18). 그러므로 바울이 자신을 하나님의 종(롬 1:9)이자 그리스도의 종(롬 1:1; 갈 1:10)이라고, 자신이 하나님의 영광과(롬 5:2; 갈 1:24) 그리스도의 영광을(고후 8:19, 23; 참조. 고후 4:6) 위하여 산다고, 자신의 믿음은 하나님과(살전 1:8, 9; 롬 4:1-5) 그리스도 예수를(갈 3:22) 믿는 데 있다고, 구원이신 하나님을 아는 것이(갈 4:8; 살전 4:5) 그리스

도를 아는 것이라고(고후 4:6) 칭하는 것이 이상한 일은 아니다.[1872]

3. 주님의 신성(divinitas)을 통한 신격(deitas) 변증[1873]

3. 1. 그리스도의 신격의 중심성

여기에서는 워필드(Benjamin B. Warfield)의 신학적 변증을 통하여 이 땅에 오신 중보자 그리스도의 신격이 그의 신성을 통하여 어떻게 계시되고 있는지를 살펴본다. 핫지가 세 권으로 이루어진 대작(opus magnum) 『조직신학』을 탈고하여 간행한 이후, 그의 신학의 맥을 이은 프린스턴 신학교 구학파(Old School)에 속하였거나 이후 웨스트민스터 신학교에서 가르쳤던 조직신학자들은 별도로 조직신학 책을 저술하지 않았다.[1874] 이는 마치 칼빈의 『기독교 강요』가 있으므로 베자(Theodore Beza)를 비롯한 그의 제자들이 동종의 책을 쓸 필요를 느끼지 않았던 것과 다르지 않다. 핫지의 충실한 계승자로서 워필드 역시 변증학과 조직신학에 관한 방대한 작품들을 남겼지만 전체 기독교 교리를 종합적이고 체계적으로 정리한 조직신학 책을 따로 남기지는 않았다. 기독론에 관한 그의 저술로는 소책자로 나온 『영광의 주님』이[1875] 있을 뿐이며 역시 소책자로 나온 『구원의 계획』이[1876] 구속사적 경륜이라는 측면에서 기독론과 관련하여 거론되는 정도이다.

워필드는 그리스도가 모든 신지식의 보고(寶庫)이므로 오직 그 안에서만 진리의 완전함이 발견될 수 있다고 믿고,[1877] 그리스도의 신격에 주안점을 두고 칼케돈 신경, 어거스틴, 칼빈, 웨스트민스터 신앙고백서에 개진된 정통기독론의 핵심을 파악

1872) David F. Wells, *The Person of Christ* (Westchester, IL: Crossway, 1984), 64–65.
1873) 여기에서는 다음 논문을 본제의 성격에 맞추어 첨삭, 수정, 가필하여 수록한다. 문병호, "워필드의 그리스도의 신격(deitas) 이해", 『신학지남』 75/3 (2008), 92–115.
1874) 다만 아들 핫지가 아버지의 작품을 가르치기에 용이하도록 정리한 책이 있다. A. A. Hodge, *Outlines of Theology* (London: Thomas Nelson and Sons, 1883).
1875) Benjamin B. Warfield, *The Lord of Glory: A Study of the Destinations of Our Lord in the New Testament with Especial Reference to His Deity* (Grand Rapids: Baker, 1974, rep.).
1876) Warfield, *The Plan of Salvation*.
1877) Warfield, "The Idea of Systematic Theology," *WBW* 9.62.

하고 그 진리를 변증하고자 했다.[1878] 워필드의 주요 작품들은 열 권으로 편집된 그의 전집 속에 대다수 망라되어 있다. 그 중에서 기독론에 관한 작품들은 제2, 3, 9권에 집중되어 있다. 워필드는 이들 작품들을 통해서 기독론의 주요 주제들을 다양한 관점에서 다양한 취지로 파악하고 있다. 그것들은 대체로 다음과 같이 분류될 수 있다.

우선 변증적인 기독론 작품들이 확연히 드러난다. 성경 가운데 어떤 구절들은 예수님의 신적인 존귀하심과 능력을 부정하거나 모독하고 있으므로 제거되어야 한다고 주장한 자유주의 신학자 폴 슈미델(Paul W. Schmiedel)을 비판한 글,[1879] 그리스도가 하나님이 아니라 단지 하나님을 알게 되는 도구에 불과하다고 본 리츨주의자들의 "윤리적-종교적 관념"(ethico-religious idea)을 비판한 글,[1880] 자유주의 신학자들이 성경에 제시된 예수의 역사성을 단지 이성적으로만 파악하고 그 가운데서 기독교 윤리를 세우고자 했음을 비판하면서 기독교는 예수 그리스도의 성육신과 속죄가 중심이 되는 구속 종교, 십자가 종교라고 강조한 글,[1881] 그리스도의 인격에 관한 교리는 도외시하고 다만 그의 삶을 통한 인격적 감화만을 거론함으로써 종교적 이상을 도덕적이거나, 문화적이거나, 역사적으로 추구한, 그리스도가 없는 기독론을 전개한 학자들을 비판한 글,[1882] 신약성경에 대해서 양식비평을 가하거나 칼케돈 신경의 공식이 예수의 역사성을 파괴했다고 보는 자유주의 신학자들을 비판하는 글[1883] 등이 여기에 속한다.

워필드는 역사적 예수를 탐구한다는 명분하에 그리스도의 사역을 그의 인격과 무관한 것으로서 파악하고자 했던 슈트라우스(David F. Strauss)와 그의 후예들, 진정한 성경적 기독론을 수립한다는 미명하에 성경을 난도질한 바이쓰(Johannes Weiss)

1878) 참조. 칼케돈 신경의 공식과 관련해서, Warfield, "The Person of Christ," *WBW* 2.208.

1879) Warfield, "Concerning Schmiedel's 'Pillar Passages'," *WBW* 3.181-255, 특히 189-190. 슈미델이 성경에서 삭제되어야 한다고 주장한 다음 아홉 구절을 워필드는 다룬다: 막 10:17ff.; 마 12:31ff.; 막 3:21; 막 13:32; 막 15:34, 마 27:46; 막 8:12; 막 6:5ff.; 막 8:14-21; 마 11:5; 눅 7:22.

1880) Warfield, "The Twentieth-Century Christ," *WBW* 3.371-389, 특히 386-387.

1881) Warfield, "The Essence of Christianity and the Cross of Christ," *WBW* 3.393-444, 특히 395-396, 441-442, 444.

1882) Warfield, "Christless Christianity," *WBW* 3.313-367, 특히 318, 333, 351, 353, 363, 366.

1883) Warfield, "The 'Two Natures' and Recent Christological Speculation," 211-262, 특히 210-212, 245, 257.

를 위시한 양식학파 학자들, 슐라이어마허에 의해서 개창된 주관주의와 이를 공동체의 신앙이라는 이름으로 포장한 리츨을 여러 방면으로 계승한 소위 중재신학자들에 대항해서, 그리스도의 신격에 대한 진리를 변호했을 뿐만 아니라 성경해석을 통해서 그것을 교리로서 수립했다. 구약에 계시된 그리스도의 신격을 메시아 대망(待望)의 종말론적 구조에서 파악한 글,[1884] 주님이 우리의 모범이자 대속자로 오셔서 모든 고난을 당하셨을 뿐만 아니라 모든 율법에 순종하여 의를 다 이루셨으므로 그 의를 전가받은 언약의 자녀들이 은혜 가운데 율법을 지키고 살 수 있도록 하신 것을 율법의 완성으로 본 글,[1885] 바울 서신들의 서문에 나타나는 "주"라는 칭호를 통해서 그리스도의 신인양성의 중보가 지금도 계속되고 있음을 강조한 글,[1886] 그리스도가 삼위 하나님의 "영원한 협약에 따라서 마땅히 행해야 하실 일"(the δεῖ of the Divine counsel)을 미리 예견하시고 수행하셨음을 신인양성의 중보사역으로 파악한 글,[1887] 그리스도의 신격과 신적인 엄위를 부인하는 듯이 자주 오해되는 성경구절들에 대한 자세한 해석을 가한 글[1888] 등이 이에 속한다.

그리스도의 신격에 대한 워필드의 신학적 이해는 구원론적 관점에서 더욱 심화된다. 삼위일체 교리가 구원론과 더불어서 발전해 왔음을 지적하면서 십자가에서 다 이루신 그리스도의 의가 그의 신인양성의 위격에서 비롯됨을 고찰한 글,[1889] 그리스도가 친히 자신을 제물로 삼아 제사를 드리심으로써 우리를 위한 속전이 되셨음에 관한 논지를 초대교회 이후의 다양한 신경(信經)들을 중심으로 수립하고자 한 글,[1890] 그리스도의 대리적 무릎이 죄사함과 의의 전가의 은총을 아우르는 것은 그

[1884] Warfield, "The Divine Messiah in the Old Testament," *WBW* 3.3–49, 특히 19–24, 47–49.

[1885] Warfield, "Jesus' Mission, According to His Own Testimony," *WBW* 2.255–324, 특히 298–299, 323–324.

[1886] Warfield, "God Our Father and the Lord Jesus Christ," *WBW* 2.213–231, 특히 229–231; "The Christ that Paul Preached," *WBW* 2.235–252, 특히 236–237, 242, 250–252.

[1887] Warfield, "The Foresight of Jesus," *WBW* 2.71–97, 특히 72, 83.

[1888] Warfield, "Misconception of Jesus, and Blasphemy of the Son of Man," *WBW* 3.53–94. 여기에서는 예수님의 권속들이 주님을 미쳤다고 말한 마가복음 3:20–21과 성령을 훼방하는 자는 사함을 받지 못한다고 주님이 말씀하신 마가복음 3:28–30, 누가복음 12:10, 마태복음 12:31–32이 중심적으로 논의된다. 그리고 다음 글에서는 오직 하늘에 계신 아버지만이 선하시다고 하신 주님의 말씀을 전하는 마가복음 10:18, 누가복음 18:19이 다루어진다. Warfield, "Jesus's Alleged Confession of Sin," *WBW* 2.97–145.

[1889] Warfield, "The Biblical Doctrine of the Trinity," *WBW* 2.133–172, 특히 165–169.

[1890] Warfield, "'Redeemer' and 'Redemption'," *WBW* 2.375–398; "Christ Our Sacrifice," 2.401–435.

가 다 이루신 의가 당하신 순종(obedientia passiva)과 행하신 순종(obedientia activa)에 미치기 때문이라고 주장한 글,[1891] 개혁신학자들의 입장에 서서 잘못된 속죄론을 비판한 글[1892] 등이 여기에 속한다.

이와 같이 워필드의 글들을 개략적으로 조망해보는 가운데 우리는 그가 견실한 성경주해에 기초해서 그리스도의 신격을 변증하는 데 주안점을 두고 기독론을 전개하고 있음을 발견하게 된다. 이하에서 우리는 먼저 그리스도의 신격(deitas)이 삼위일체론적 관점에서 어떻게 전개되고 있는지 고찰한다. 이는 그가 영원하신 하나님의 아들 곧 그의 영원한 선재와 관련된다. 이어서 성육신한 그리스도의 신성(divinitas)이 위격적 연합 교리와 관련하여 어떻게 다루어지고 있는지 기술한다. 이와 관련하여 성경이 전하는 그리스도에 관한 여러 칭호에 주목한다. 마지막으로 그리스도의 사역과 관련하여 그의 신격이 어떻게 설명되고 있는지 파악한다. 전통적으로 그리스도의 신격은 삼위일체론에서, 그의 신성은 기독론에서 그의 인격과 관련하여 다루어진다. 삼위일체론적 관점에서 성자의 영원한 신격을 신인양성의 위격적 연합을 말하는 정통기독론의 전제로 여기고 먼저 다루는 것은 마땅하다. 여기에서 우리도 이러한 순서를 취한다. 그러나 우리가 아래에서 고찰하게 되듯이, 워필드는 그리스도의 신격을 단지 형이상학적이거나 관념적이거나 사변적으로 다루지 않고 이 땅에 오신 중보자 그리스도의 인격과 사역을 함께 논의하는 가운데 먼저 신성을 확정하고 그로부터 이를 논의한다. 이는 우리를 사랑하시는 하나님 아버지의 뜻과 그 뜻에 따른 아들의 공로를 언약의 두 요소로 파악함에 있어서 아들의 순종 가운데 아버지의 사랑을 헤아리고자 한 칼빈과 그를 잇는 개혁신학자들의 입장에 정확히 부응한다.

3. 2. 하나님의 영원하신 아들이심

워필드는 신격(deitas, θεότης)이라는 말을 사람이 되신 제2위 성자 하나님의 위격적 존재(subsistere, subsistentia)가 그 존재(esse)에 있어서[1893] 하나님의 본질 혹은 실

1891) Warfield, "Atonement," *WBW* 9.261-280, 특히 264-265.
1892) Warfield, "Modern Theories of the Atonement," *WBW* 9.283-297.
1893) 여기에서 "존재"(esse)는 한 분 하나님을 지칭하고, "위격적 존재"(subsistentia)는 성부, 성자, 성령을 지칭한다.

체(essentia, substantia, οὐσία)시라는 사실을 설명하기 위해서 사용한다. 워필드는 성육신한 그리스도의 신성(divinitas, φύσις θεία)을 통해서 자존하시는 본질(αὐτοούσια)로 계신 자존하시는 하나님(αὐτο-θεός) 곧 자존하시는 신격(αὐτο-θεότης)을 변증한다.[1894] 이는 칼빈의 입장과 유사하다.[1895] 워필드는 삼위일체를 정의하면서 함께 영원하시고 함께 동등하신 세 위격들이 실체에 있어서는(in substantia) 동일하나 위격적 존재(in subsistentia)에서는 구별된다는 점을 부각시키고,[1896] 삼위일체는 어떤 피조물을 통해서도 유비가 되지 않기 때문에 성경적 이해를 떠난 신론은 삼신론(tritheism)이나 단일신론(monotheism)에 이를 수밖에 없다고 단언한다. 워필드에 따르면, 성경은 신구약을 불문하고 삼위일체 하나님을 동일하게 다룬다. 다만 신약시대에는 그 계시가 드러났으나(patent) 구약시대에는 아직 잠재적(latent)이었다. 구약시대에는 "풍부하게 갖춰졌으나 아직 희미한 방"과 같았다.[1897]

워필드는 내재적 삼위일체와 경륜적 삼위일체에 대한 칼빈의 입장을 견지하면서도, 성부, 성자, 성령을 한 실체의 존재, 나타남, 작용이라는 측면에서 파악하고자 한 조나단 에드워즈(Jonathan Edwards, 1703-1758)의 입장에도 공감하여, 성자의 위격을 하나님의 절대적 관념 혹은 완전한 자기 형상이라는 측면에서, 성령의 위격을 그 작용이라는 측면에서 다루는 경향을 보이기도 하는 바, 성자와 성령을 각각 하나님의 영원한 자기의식(eternal self-consciousness)과 영원한 사랑(eternal love)이라고 지칭하는 데서도 그것이 상기된다.[1898]

문자적으로 보면 "essentia"가 "esse"의 명사형으로서 "존재"를 뜻하는 원래의 단어이지만 이를 헬라어 "οὐσία"와 동의어로 여기는 것이 상례이므로 여기서는 부정사형 "esse"만을 "존재"를 뜻하는 단어로 다룬다.

1894) Warfield, "The Biblical Doctrine of the Trinity," WBW 2.171. 특히 이 부분의 논의에 대해서, Warfield, Calvin and Augustine, 257-258.

1895) 다만 워필드와는 달리 칼빈은 그리스도의 신격(deitas)과 신성(divinitas)을 더욱 엄정하게 구별한다. 참조. Moon, Christ the Mediator of the Law, 86-88.

1896) Warfield, "The Biblical Doctrine of the Trinity," WBW 2.133: "……in the unity of the Godhead there are three coeternal and coequal Persons, the same in substance but distinct in subsistence."

1897) Warfield, "The Biblical Doctrine of the Trinity," WBW 2.139-142.

1898) Warfield, "The Biblical Doctrine of the Trinity," WBW 2.137-139. 다만 워필드는 에드워즈의 기본 입장을 수용하되 에드워즈가 견지하였던 심미적(aesthetic) 관점으로까지는 나아가지 않는다. 에드워즈는 칼케돈 신경에 서있지만 중보자 그리스도의 인격에 있어서의 신인양성의 위격적 연합과 그 가운데서의 사역에 대한 정치(精緻)한 전개는 지양하고 다만 그리스도의 위대함과 아름다움에 대한 찬탄과 그것으로 인한 정서(affectus)와 감화(persuasio)를 개진하는 데 집중한다. 다음 글에서 저자는 이러한 측면은 에드워즈가 플라톤의 관념주의와 데카르트의 이성주의와 근대의 과학정신에 받은 영향의 일단(一端)을 보여준다고 주장한다. Daniel L. Pals, "Several Christologies of the

이러한 경향은 삼위일체 하나님은 단지 한 단자(monad)나 추상적인 일체에 불과한 것이 아니라 살아 계시고 참되신 "사실상 삼위일체"(the Trinity in fact)로서 육신이 되신 말씀과 보혜사 성령으로 오신 말씀으로 실제적으로 자신을 계시하시고, 실제로 자신이 일하신다는 워필드의 이해와 동일한 맥락에 있다.[1899] 이러한 이해는 "아버지는 무슨 일이든지 성령으로 아들을 통해서 일하신다"는 워필드의 말에[1900] 함축되어 있다. 구약시대에 있어서도 삼위일체 하나님은 이렇게 역사하셨으나 그 때에는 신정국가의 수립과 언약의 백성을 준비하기 위하여 그가 한 분으로 존재하심이 세 인격으로 위격적으로 존재하심보다 더욱 부각되었다.[1901]

삼위 하나님의 동사(同事)는 제2위 성자 하나님의 성육신과 비하와 승귀의 삶 전체를 통해서 가장 명확하게 계시된다. 삼위일체 안에서 아들이 파악되듯이, 아들 가운데 삼위일체가 파악된다. 이와 관련하여 마가의 다락방 강화에서 주님이 자신을 보혜사 성령을 아버지께 간구하시는 분으로서, 친히 그 영을 보내시는 분으로서, 나아가서 그 영 자체이신 분으로서 알리셨음이(요 14:16-26) 부각된다.[1902] 또한 바울이 "주"를 "그리스도의 삼위일체적 이름"(Trinitarian name for Christ)으로 사용함으로써 성부, 성자, 성령 하나님이 모두 예배의 대상이 됨을 증거했다는 점도 주목된다.[1903]

워필드는 특히 삼위일체의 위격적 존재방식(modus subsistendi)을 언약을 성취하는 과정에 있어서 작용하는 각 위격의 사역의 방식(modus operandi)을 통해서 역동적으로 이해한다. 아버지가 아들보다 크시다거나(요 14:28) 하나님이 그리스도의 머리시라는(고전 11:3) 말씀은 위격 상호 간의 관계에 있어서의 전후차서(前後次序)나 종속(從屬)을 드러내고자 함이 아니라 고유한 위격적 특성에 따라서 아버지의 뜻에 복종하는 아들의 "활동"(activity)을 표현한다고 본다.[1904] 이와 관련하여 성경은 성

Great Awakening," *Anglican Theological Review* 72/4 (1990), 417-423.

1899) Warfield, "The Biblical Doctrine of the Trinity," *WBW* 2.146.

1900) Warfield, "The Biblical Doctrine of the Trinity," *WBW* 2.165: "Whatever the Father does, He does through the Son by the Spirit."

1901) Warfield, "The Spirit of God in the Old Testament," *WBW* 2.104, 127-129.

1902) Warfield, "The Biblical Doctrine of the Trinity," *WBW* 2.150-152.

1903) Warfield, "The Biblical Doctrine of the Trinity," *WBW* 2.161-162.

1904) Warfield, "The Biblical Doctrine of the Trinity," *WBW* 2.164-167.

부, 성자, 성령 하나님의 순서를 항상 일의적으로 다루고 있지는 않으며(마 28:19; 고전 12:4-6; 엡 4:4-6; 고후 13:13), 이러한 순서는 성부, 성자, 성령 하나님 서로 간의 관계보다 우리를 향한 관계에 주안점을 두기 때문이라는 점이 지적된다.[1905]

워필드는 하나님의 위격 혹은 인격에 있어서의 셋임(trinitas)과 본질 혹은 실체에 있어서의 하나임(unitas) 그 자체뿐만 아니라 살아 계신 삼위일체 하나님을 경험하고 되돌리는 성도의 "메아리"(an echo)를 주목한다. "구원받은 모든 사람은 아들을 통해서 하나님과 화목하게 된 자기 자신을 발견하고, 하나님의 영에 의해서 새로운 생명으로 거듭나서, 자신의 입술로 '나의 주, 나의 하나님'이라는 경배의 찬미를 토로하며 아버지와 아들과 성령께 동일하게 나아간다."[1906] 그러므로 삼위일체는 "구속자를 보내는 부성적 사랑으로서, 구속을 이루는 구속적 사랑으로서, 구속을 적용하는 구원하는 사랑으로서"(as Fatherly love sending a Redeemer, as redeeming love executing redemption, as saving love applying redemption) 경험된다.[1907]

워필드는 삼위일체에 따른 성자의 위격적 존재는 창세 전의 구원협약(consilium salutis)을 이루는 위격적 사역과 분리해서 논의할 수 없음을 강조한다. 삼위일체 하나님의 자기계시(自己啓示, 원형계시, revelatio archetypa)가 태초에는 말씀으로, 때가 차매 육신으로, 지금은 영으로 우리 가운데, 우리에게 맞추어 계시된다(모형계시, revelatio ectypa). 삼위일체 하나님의 계시의 정점이 그리스도의 성육신이다. 그가 육신으로 오심 없이는 죽으심도 하늘에 오르심도 다시 우리 가운데 내려와 우리 속에 거하심도 있을 수 없기 때문이다. "그러므로 삼위일체 교리와 구속의 교리는 역사상 함께 서고 넘어진다."[1908] 이와 같이 성육신하신 그리스도의 신인양성의 인격과 그 가운데서의 사역을 아는 것이 영원하신 하나님의 아들로서의 그의 신격을 아는 지식을 얻는 최고의 길이 된다고 워필드는 확신하고 있다. 그리하여 역사상 이 땅에 오신 중보자의 인격과 사역을 무시하는 사변적이거나 관념적인 입장을 배제하고 동시에 영원하신 하나님의 아들의 신격을 무시하는 기능기독론의 입장도 거부한다.

1905) Warfield, "The Biblical Doctrine of the Trinity," *WBW* 2.162.
1906) Warfield, "The Biblical Doctrine of the Trinity," *WBW* 2.167.
1907) Warfield, "The Biblical Doctrine of the Trinity," *WBW* 2.168.
1908) Warfield, "The Biblical Doctrine of the Trinity," *WBW* 2.168.

3. 3. 참 하나님이시자 참 사람이신 분의 신성

그리스도께서 하나님으로서 사람이 되셨으며 영원히 동일하신 하나님으로서 사람으로 자신을 계시하시고 역사(役事)하신다. 워필드는 빌립보서 2:5-9이 성육신한 중보자 그리스도의 인격을 가장 잘 드러낸다고 말한다. 그는 여기에서 "하나님의 본체"(ἐν μορφῇ θεοῦ)와 "종의 형체"(μορφήν δούλου)라는 말이 함께 사용된 것은 영원하신 하나님으로서("ὑπάρχων") 인성을 취하신("λαβών") 그리스도가 '형상에 있어서'(in forma) 뿐만 아니라 '본질 혹은 실체에 있어서'(in essentia sive substantia)도 참 하나님이시자 참 사람으로서 자신을 낮추시고 죽기까지 복종하셨음—곧 그의 비하(卑下, humiliatio)—을 적확(的確)하게 드러내기 위함이었다고 해석한다. 그리스도가 비우심은 신성을 버리심이 아니라 인성을 취하심(assumptio)을 뜻한다. 하나님은 완전하시며 더 이상 채워지실 수 없는 분이시므로, 취하심이 곧 자신을 비우심을 뜻한다. 그러므로 성육신이 비하의 시작이 된다.[1909] 이 땅에 오신 그리스도는 창세 전에 아버지로부터 독생하신 하나님으로서, 칼케돈 신경에서 말하듯이, "신성에 따라서"(κατὰ τὴν θεότητα) 아버지와 "동일본질"(ὁμοούσιος)이시다. 칼케돈 신경은 성부와 성자의 "동일본질"(ὁμοούσια)에 관한 고백을 니케아 신경과 공유하되, 다만 중보자 그리스도의 인격으로부터 그의 신격으로 나아가는 순서를 취하고 있다는 점에서 니케아 신경과 구별된다. 이러한 점을 상기시키면서, 워필드는 성자의 존재와 사역은 위격적 특성에 있어서 성부의 존재와 사역과 구별은 되나 동등하며 종속되지 않는다는 점을 분명히 한다.[1910]

워필드는 그의 책 『영광의 주』(The Lord of Glory)에서 그리스도의 신격에 대한 신약의 기독론적 이해를 상세하게 전개하고 있다. 책의 서두에서 밝히는 바와 같이, 저자는 신약의 고유한 주제를 그리스도로 보고, 그곳에는 마치 바다의 소금기와 같이 예수님의 신성이 녹아있다고 여긴다.[1911] 특히 주목되는 것은 주님의 신격을 지

1909) Warfield, "The Person of Christ," *WBW* 2.176-182; "The 'Two Natures' and Recent Christological Speculation," 222-224. 칼빈은 "μορφή"를 "forma"로 번역하나 그 뜻은 워필드의 경우와 다를 바 없이 단지 형상에 머물지 않고 "본질 혹은 실체"에 미친다고 여긴다(*CO* 52.25). 참조. Reymond, *Jesus Divine Messiah*, 448.

1910) Warfield, "The Person of Christ," *WBW* 2.208; "The Biblical Doctrine of the Trinity," *WBW* 2.169-171.

1911) Warfield, *The Lord of Glory*, 1. 참조. Warfield, "The Deity of Christ," in *Selected Short Writings of Benjamin B. Warfield*, 1.153. 여기에서 워필드는 그리스도의 신격 교리가 신약의 모든 페이지에 녹아 있다고 말한다.

시하는 신약의 칭호들이 여기에서 체계적으로 다루어지고 있다는 점이다. '순수한 지시적 칭호'(pure designatory)로서 "예수", "말씀", "주"가, '일반적 영예적 칭호'(generally honorific)로서 "랍비", "선생", "주"가, '특별한 메시아적 칭호'(specifically Messianic)로서 "그리스도", "예수 그리스도", "유대인의 왕", "이스라엘의 왕", "하나님의 아들", "인자" 등이 주로 거론된다.[1912] 이를 통하여 우리는 이 땅에 오신 중보자 그리스도를 칭하는 다양한 칭호들이 영원하신 하나님의 아들의 신격을 여러모로 계시하고 있음을 알게 된다.

[순수한 지시적 칭호들]

대체로 마태, 마가, 누가의 공관복음에는 "예수"라는 이름이 이러한 종류의 칭호로 나타난다. 여기에서 "예수"는 기름부음받은 '메시아'의 의미를 지닌 "그리스도"와 비견하게 혹은 동시에 사용된다. 주목할 만하게도, 요한복음에는 "말씀"이, 사도행전과 서신서들에서는 "주"가 순수한 지시적 칭호로 자주 나타난다. 말할 나위도 없이 "예수"는 주님을 지시하는 가장 일반적인 칭호이다.[1913] 그러나 그것은 단지 호칭에 머물지 않고 구속사적 의미를 지니고 있다. "예수"라는 이름과 함께 "그가 자기 백성을 그들의 죄에서 구원할 자"라는 그 이름의 뜻이 천사에 의해서 요셉에게 전해짐으로써(마 1:21), "예수"가 기름부음받은 메시아 곧 "그리스도"이심이 계시되었다.[1914] 주님을 "그리스도라 하는 예수"('Ιησοῦν τόν λεγόμενον χριστόν)라고 본디오 빌라도가 일컫는 경우에서 보듯이, "예수"라는 칭호는 "그리스도"라는 칭호와 함께 사용됨으로, 그가 언약의 백성을 위한 구주가 되신다는 사실을 계시한다(마 27:17, 22; 참고. 마 1:1, 16, 18; 11:1-2; 16:21). 구약의 메시아 사상은 영원하신 하나님의 아들이 사람의 아들로 이 땅에 오셔서 언약의 자녀를 구원하고 이스라엘을 회복시키시리라는 대망이었다. 그러므로 이 땅에 오신 예수가 기름부음받은 메시아인 그리스도가 되심은 그가 영원히 계신 하나님의 아들이심, 곧 그의 신격에 대한 최고의 증거가 된다. 우리가 기억할 것은 "예수"는 십자가에서 죽임을 당하시기 전에

1912) Warfield, *The Lord of Glory*, 3-4.
1913) Warfield, *The Lord of Glory*, 5-6, 57, 97-99, 179-180, 203-205.
1914) Warfield, *The Lord of Glory*, 57-59.

이미 "그리스도"로 불리셨고 제자들과 무리들은 그를 그렇게 인식하고 있었다는 사실이다.[1915)

"말씀"(ὁ λόγος)은 독생하신 영원하신 하나님의 아들로서(요 1:14, 18; 3:16, 18; 요일 4:9) 이 땅에 오신 주님의 신격을 표현하는 칭호이다. 그럼에도 불구하고 사도 요한이 "말씀"을 주님을 지칭하는 일상적 이름과 같이 사용한 것은(요 1:1; 요일 1:1; 계 19:13), 그것이 주님의 인격과 본질적 속성을 가장 직접적으로 드러내는 칭호라고 보았기 때문이다.[1916)

한편, 사도행전과 사도 바울의 서신들에는 "주"(κύριος)라는 칭호가 순수하게 지시하는 이름으로 자주 나타난다. "주"는 단지 예수의 신격을 드러낼 뿐만 아니라 그가 하나님의 권능을 행하시는 분이라는 의미에서 사용되었다. 초대교회의 성도들은 승천하셔서 하나님의 보좌 우편에 계신 분이며(행 2:34) "만유의 주"로서(행 10:36) 우리의 마음을 아시고 죄를 사하시고 우리의 사후도 주장하신다고 믿고, 그에게 기도드렸다. "그리스도 예수"(Χριστός Ἰησοῦς)라는 칭호는 그러한 믿음의 고백이었다(행 3:20; 5:42; 24:24).[1917)

사도 바울의 서신들에 있어서, "예수"라는 칭호는 현격히 줄어들고 대신 "주"라는 이름이 대체로 순수한 지시적 칭호로서 중심적으로 사용되었다. 사도 바울은 승귀하신 주님의 권능뿐만 아니라(빌 2:11; 롬 10:12) 그의 지상통치를 표현하기 위해서도 이 이름을 사용했다(빌 2:9; 롬 14:9). 그리하여 세상 사람들이 "영광의 주님을"(τὸν κύριον τῆς δόξης) 십자가에 못 박은 것은 그들이 그를 바로 알지 못하였기 때문이라고 선포되었다(고전 2:8). "주"의 영광은 그리스도의 비하와 승귀를 통해서 전체적으로 증거되었다. 예수가 "주"라는 사실로 복음의 핵심 요체가 전파되었다(롬 10:9; 고후 4:5; 고전 12:3; 빌 2:11). 우리의 주로서 그가 우리의 전부가 되심으로 그의 부요하심으로써 우리의 가난함이 채워진다는 위로가 널리 선포되었다(롬 10:12; 약 2:5). 특히 이 점에 주목하여, 워필드는 "주"라는 칭호의 포괄적 의미를 부각시킨다.[1918)

1915) Warfield, *The Lord of Glory*, 59–66.
1916) Warfield, *The Lord of Glory*, 177–178.
1917) Warfield, *The Lord of Glory*, 207–211.
1918) Warfield, *The Lord of Glory*, 222–226.

우리 주 예수 그리스도의 은혜를 너희가 알거니와 부요하신 이로서 너희를 위하여 가난하게 되심은 그의 가난함으로 말미암아 너희를 부요하게 하려 하심이라(고후 8:9).

"주"가 그리스도를 지시하는 전유적인 칭호로 사용될 때, 그것은 성부와 함께 계신 성자의 신격을 드러낸다. 만물과 우리가 한 하나님 아버지와 한 "주" 예수 그리스도로 말미암아 났으므로, 성부와 성자가 동일한 창조주시다(고전 8:6). "주"는 교회의 머리시며(엡 4:15) 만유의 "주"로서(롬 10:12) 산 자와 죽은 자를 다스리시므로(롬 14:9) 누구든지 "주의 이름"을 부르기만 하면 구원을 얻는다(롬 10:13; 참조. 욜 2:32). 그가 영원한 주로서 보좌 우편에서 다스리신다. 그가 항상 계시므로 우리는 그의 이름으로 기도해야 하며(롬 15:30) 축복해야 한다(고후 13:13).[1919]

예수가 우리의 "주"가 되심은 그가 우리의 "중보자"가 되심으로 나타난다. 성경은 우리에게 맞추어서 교훈하기 위하여 마치 아들이 아버지께 종속되신 듯이 표현하는 경우가 많다. 그러나 그러한 경우에 있어서 주님의 신격은 오히려 더욱 분명히 부각된다. 그것은 아들이 아버지와 동등하시나 아버지로부터 나셨음을 말하는 경우와 다르지 않기 때문이다(요 10:30; 히 1:5). 교회의 머리는 그리스도시며 그리스도의 머리는 하나님이시라는 말씀(고전 11:3), 우리가 그리스도의 것이라면 그리스도는 하나님의 것이라는 말씀(고전 3:23) 등은 모두 제2위 성자 하나님이 아버지의 품 속에 계신 영원히 독생하시는 하나님이심을 계시한다(요 1:18). 하나님이 우리 주 예수 그리스도의 하나님이시라는 말씀(엡 1:17), 그리스도는 하나님이 그 안에서 일하심으로 일하신다는 말씀(롬 3:25; 5:10; 8:3; 고후 5:18; 엡 1:6, 12, 14, 19; 3:19; 골 1:19) 등도 마찬가지이다. 그리스도는 우리의 "주"로서 본질상 영원하신 하나님이시며(빌 2:7), 본질상 부요하신 분으로서 우리를 채우신다(고후 8:9). 그는 "신성의 모든 충만이 육체로 거하시는"(골 2:9) "세세에 찬양을 받으실 하나님이시다"(롬 9:5). 그가 자신을 낮추심은 우리를 위한 중보자가 되셔서 우리를 구속하시기 위해서이다.[1920] 이러한 의미에서 다른 서신서들에서도 하나님의 아들이시자 중보자로서의 예수님의 영광을 드러내기 위해서 "주"라는 칭호가 자주 사용되고 있다.[1921]

1919) Warfield, *The Lord of Glory*, 229–232.
1920) Warfield, *The Lord of Glory*, 232–238.
1921) Warfield, *The Lord of Glory*, 264–270.

[일반적 영예적 칭호들]

　마가복음에 나타나는 예수님을 부르는 칭호로서 "랍비", "선생", "주[인]" 등은 (ῥαββί, διδάσκαλε, ἐπιστάτα, κύριε) 단순한 높임말 이상의 의미를 지닌다. "선한 선생님"(διδάσκαλε ἀγαθέ)은 영생에 대한 가르침을 베푸시는 분으로서 드러난다(막 10:17; 참고. 4:38; 9:38; 10:35).[1922] 특히, "주"(κύριος)는 신적 권위를 함의하는 칭호였다.[1923] 그리스도는 "안식일에도 주인"(κύριός……τοῦ σαββάτου)이시며(막 2:28) 하나님의 "집주인"(ὁ κύριος τῆς οἰκίας)으로서(막 13:35) 선지자 이사야와 말라기의 예언을 이루신 메시아이셨다(사 40:3; 말 1:6). 그리스도는 다윗의 "주"(κύριος)이시자 "자손"(υἱός)으로서(막 12:36-37) 이 땅에 오신 하나님이셨다(막 1:3). 마가복음에 나타나는 이러한 칭호들 외에, 마태복음에서 그리스도는 "집주인"(οἰκοδεσπότης)(마 10:25; 24:43), "지도자"(καθηγητής)(마 23:10) 등으로 불리신다. 이들 칭호들은 예수님의 신적 권위를 더욱 심오하고 역동적으로 드러냄으로써 그가 하나님이실 뿐만 아니라 상속자로서 아들이 되심을 계시한다(마 21:33).[1924] 누가복음에서는 "주"라는 칭호가 예수를 대체할 정도로 광범위하게 사용되는데, 성육신과 관련하여 그것은 구약에서 여호와를 일컫는 단어인 "아돈"(אָדוֹן, אֲדֹנִי) 혹은 그 강조형인 "아도나이"(אֲדֹנָי)를 직접적으로 지시한다(눅 1:17, 76).[1925] 요한복음에서 "주"라는 칭호는 몇몇 구약 인용들에 사용되는 경우를 제외하고는(요 12:13, 38) 예수님을 순수하게 지시하는 것으로만 나타난다.[1926] 이러한 영예적인 칭호들은 복음서에 한정되어 나타난다. 위에서 고찰한 바와 같이, "주"가 지시적인 칭호로서 주님의 고유한 이름과 같이 사용된 것은 사도행전 이후였다. 복음서의 영예적인 칭호들을 통해서 우리는 예수님을 따르던 제자들과 무리들이 이미 그의 공생애 때 그를 하나님의 아들로서 인식하고 있었음을 알 수 있다.[1927]

1922) Warfield, *The Lord of Glory*, 6-9.
1923) Warfield, *The Lord of Glory*, 11, 36, 47.
1924) Warfield, *The Lord of Glory*, 66-73.
1925) Warfield, *The Lord of Glory*, 101-106.
1926) Warfield, *The Lord of Glory*, 180-182.
1927) Warfield, *The Lord of Glory*, 140-145.

[특별한 메시아적 칭호들]

워필드가 이에 해당하는 것으로 본 칭호들은 광범위하다. 그리스도를 지시하는 어떤 칭호들도 메시아적 이름이 아닌 것이 없다고 워필드는 단언한다. "선지자", "목자", "하나님의 양", "교회의 머리", "신랑", "이스라엘의 왕", "다윗의 아들", "하나님의 택하신 자", "거룩하신 분" 등 주님에 관한 여러 칭호들은 그가 택함받은 자들의 생명을 구원하셔서 그들을 하나님의 백성으로 삼으시는 메시아이심을 드러낸다.[1928] 이러한 칭호들은 기름부음을 받으신 주님이 하나님의 아들이시자 사람의 아들이심을 드러내는 "그리스도", "하나님의 아들", "인자"라는 이름들의 의미를 더욱 구체적이며 실제적으로 드러내고 있다.

"그리스도"는 사람들이 주님을 메시아로 여기고 부르거나(막 8:29; 12:35; 13:21; 14:61; 15:32), 주님이 자신을 메시아로 계시하시던(막 8:30, 14:62) 칭호로서 그가 우리 구원의 주가 되심을(눅 2:11, 26) 가장 직접적으로 알려준다.[1929] "예수 그리스도"라는 형태로 이 칭호가 사용될 때는 주님의 인격적인 면과 사역적인 면이 동시에 부각되는데(마 1:1, 18; 막 1:1; 마 16:21; 요 1:17; 17:3), 초대교회 성도들은 마치 고유한 성명과 같은 이를 부르면서 자신들의 신앙을 고백했다(행 2:38; 3:6; 4:10; 8:12; 10:36, 48; 11:17; 15:26; 16:18; 20:21; 28:31).[1930] 구약시대에 여호와의 이름이 그러했듯이 초대교회에서도 이 "이름"(ὄνομα)이 존귀하게 여겨졌다(행 2:21; 3:6, 16; 4:12; 5:41).[1931] 그것을 부름으로써 신약의 성도들은 주님이 구약에 예언된 오실 자(ὁ ἐρχόμενος)로서(마 11:3; 말 3:1; 시 40:7) 보내심을 받았다는 사실을 고백했다(요 3:17; 4:34).[1932] "그리스도"라는 이름을 가장 빈번하게 사용한 사도는 바울이었다. 그는 이 이름을 고유한 이름으로 여겼을 뿐만 아니라 지시적인 칭호로서 "주", "구주"(σωτήρ)라는 칭호와 함께 빈번히 사용했다(롬 1:4, 7; 5:1, 11, 21; 고전 1:3; 6:11; 고후 1:2, 3; 4:5; 13:13; 갈 6:14, 18; 엡 1:2-3, 17; 빌 1:2; 2:11; 3:8, 20; 4:23; 골 1:3; 2:6; 3:24; 살전 1:1, 3; 5:9, 23,

---

1928) Warfield, *The Lord of Glory*, 12–13, 73, 77–78, 113–117, 192–194.
1929) Warfield, *The Lord of Glory*, 15–17, 74–76, 107–111.
1930) Warfield, *The Lord of Glory*, 14–15, 183–186, 205, 214.
1931) Warfield, *The Lord of Glory*, 218–219.
1932) Warfield, *The Lord of Glory*, 76–77, 190–191.

28; 살후 1:1-2; 2:1, 14, 16; 3:6, 12, 18; 딤전 1:1, 2, 12, 14; 6:3, 14; 딤후 1:2, 10; 딛 1:4; 2:13; 3:6; 몬 1:3).[1933]

주님이 "하나님의 아들"이시라는 칭호는(막 1:1; 3:11) 그의 신격을 본질적으로 드러낸다. 이스라엘 백성들은 다윗언약에 따라서 아들됨을 왕됨으로 알았다(삼하 7:14; 막 12:35; 15:32). 아들은 아버지로부터 났으며 보내심을 받았으므로 "하나님의 거룩한 자"이시며(막 1:24) 그 보내신 분을 "아빠 아버지"라고 부르시며 그 분의 뜻을 행하신다(막 14:36). 아들은 지식조차도 아버지께 돌리신다(막 13:32). 마지막 때 아들은 천사와 함께 아버지의 영광 가운데 인자로 오신다(막 18:38).[1934] 주님은 아버지의 유업을 이을 "상속자"이시며(막 12:7) "찬송받으실 아들"로서 아버지의 우편에서 다스리신다(막 14:61-62). 그리스도는 "살아 계신 하나님의 아들"로서 아버지의 기뻐하심을 입으셨다(마 16:16; 3:17; 17:5). 아들이 아버지의 뜻을 이루시므로 아버지는 아들을 기뻐하신다. 아들은 아버지의 뜻을 이루시고 "하나님의 아들"로서 백주에 나무에 달리셨다(마 27:40, 43). "이 사람은 진실로 하나님의 아들이었도다"(Ἀληθῶς οὗτος ὁ ἄνθρωπος υἱὸς θεοῦ ἦν)라고 고백되었다(막 15:39).[1935] 그에게 모든 하늘과 땅과 인생을 다스릴 권세가 부여되었다. 그리하여 그가 우주적인 왕권을 행사하시며 아버지가 맡기신 자녀들을 다스리신다(마 28:18-20).[1936] 아버지가 아들에게 모든 것을 주셨으므로 아들 외에는 아버지를 아는 자가 없으며 이제 아들을 알지 못하면 아버지를 알 자가 없다(눅 10:21-22; 마 11:27).[1937]

공관복음에서는 주님의 신격에 대한 가르침이 그의 생애를 통해서 "암시적으로"(implicitly) 나타난다. 반면에 요한복음에서는 그것이 그의 자기의식을 통해서 "명확하게"(explicitly) 드러난다(요 5:25; 9:35; 10:36; 11:4). 아들의 신성에 있어서, 아버지와 아들은 하나이다(요 10:30). 그러나 아들의 인성에 있어서, 아버지는 아들보다 크시다(요 14:28). 영원히 독생하신 하나님이 이 땅에 사람의 아들로 오셨다(요 1:14, 18; 3:16). 그리하여 도마는 죽으시고 부활하신 주님을 "나의 하나님"이라고 고백하

1933) Warfield, *The Lord of Glory*, 240-245.
1934) Warfield, *The Lord of Glory*, 17-23.
1935) Warfield, *The Lord of Glory*, 42-45.
1936) Warfield, *The Lord of Glory*, 78-83.
1937) Warfield, *The Lord of Glory*, 119.

였다.1938) 사도 요한은 그의 서신서와 요한계시록에서도 이 땅에 오신 하나님의 아들이 하나님 자신이었음을 누차 선포한다(요일 5:20; 계 1:18; 22:13).1939) 사도 바울은 주님을 보이지 아니하시는 하나님에 대한 보이는 형상이라고 부른다(골 1:15; 고후 2:4). 아들의 얼굴에는 하나님의 영광을 아는 빛이 비친다(고후 4:4). 하나님은 "자기 아들"을 "죄 있는 육신의 모양으로" 보내시고 "우리 모든 사람을 위하여 내주셨다"(롬 8:3, 32).

우리가 하나님을 아빠 아버지라고 부르는 것은 우리에게 임한 보혜사 성령이 하나님의 "아들의 영"(τὸ πνεῦμα τοῦ υἱοῦ) 곧 "그리스도의 영"(πνεῦμα Χριστοῦ)이시기 때문이다(롬 8:9, 15, 17; 엡 3:6; 갈 4:4). 이러한 구속적 은총을 베푸시는 중보자로서 그리스도는 "만물 위에 계셔서 세세에 찬양을 받으실 하나님"(롬 9:5)-"우리의 크신 하나님"(딛 2:13)이시다.1940) 히브리서 기자는 멜기세덱의 반차에 따른 "큰 대제사장"으로서(히 4:14) "구원의 창시자"시며 "구원의 근원"이 되시는 그리스도가(히 2:10; 5:9) 하나님의 아들로서(히 1:2, 5-14) 아버지의 "영광의 광채"시며 "본체의 형상"이심을(히 1:3) 강조한다.1941) 이와 같이 성경은 이 땅에 오신 주님이 '큰 대제사장'(ἀρχιερεὺς μέγας)으로서 '크신 하나님'(θεός μέγας)이 되심을 선포함으로써 그의 신격을 증거하고 있다.

그리스도의 신격을 계시하는 칭호로서 가장 주목해야 할 것은 "인자"(ὁ υἱὸς τοῦ ἀνθρώπου)라는 삼인칭 명사이다. 주님은 이를 거의 전유(專有)적으로 마치 일인칭 대명사 "나"와 같이 자신을 지칭하는 데 사용하신다.1942) 이 칭호는 그리스도의 비하와 승귀의 두 상태와 그 가운데서 수행된 사역의 구원론적이며 종말론적인 의의를 부각시킨다. "인자"는 우리를 위한 "대속물"(λύτρον)로서(막 10:45), 죽기까지 고난당하시고(막 8:31; 9:12, 31; 10:33; 14:21, 41), 부활하시고(막 8:31; 9:9, 31; 10:34), 장차 다시 오실 때까지 하나님의 보좌 우편에서 다스리실 것이다(막 13:26; 14:62). "인자"에

1938) Warfield, *The Lord of Glory*, 195-201.
1939) Warfield, *The Lord of Glory*, 270-274, 295-296.
1940) Warfield, *The Lord of Glory*, 250-255.
1941) Warfield, *The Lord of Glory*, 277, 279-280.
1942) 오직 사도행전 7:56에서만 "인자"는 다른 사람이 주님을 일컫는 칭호로 사용되었다. Warfield, *The Lord of Glory*, 212-213.

대한 다니엘의 예언은(단 7:13) 성육신을 통한 주님의 강림으로 성취되었으며, 그의 재림으로 종말에 완성될 것이다.[1943] "인자"는 섬김을 받음이 아니라 섬김으로써(마 20:28), 잃어버린 사람들을 찾고 구하기 위해서(눅 19:10) 이 땅에 오셨다. "인자"는 나무에 들리셔서 저주의 죽음을 당하심으로(요 3:15) 영광으로 들어가셨다(요 12:23; 13:31).[1944] 워필드가 말하듯이, 아들의 낮아지심은 "수치"(a humility)가 아니라 "비하"(a humiliation)였으며 "자발적인 자기-부정"(a voluntary self-abnegation)이었다.[1945] 그러므로 사도 바울이 주님의 인성을 부각시키기 위하여 "사람"이라는 칭호를 특정해서 사용하는 경우에 있어서조차(롬 5:15; 딤전 2:5) 우리는 그가 참 하나님으로서 참 사람이심을 망각해서는 안 된다.[1946]

3. 4. 그리스도의 중보로 계시된 그리스도의 신격

이상에서 우리는 워필드를 통해서 주님이 자신을 지시하신 칭호들이나 사도들이나 제자들이 그를 부르던 칭호들이 모두 그의 신격에 대한 계시를 담고 있음을 살펴보았다. 이러한 칭호들은 아들이 아버지와 "완전하고 절대적인 상호교제의 관계"에 있음을 보여준다. 이와 관련하여, 워필드는 아들이 단지 "중보적인"(mediatorial) 기능을 감당했을 뿐만 아니라 아버지와 "형이상학적인"(metaphysical) 관계에 있어서 일방이 일방에 종속되거나 서로 차별되지 않고 하나가 된다는 사실을 강조한다. 이러한 "동등함"(equality)은 단지 "상호내주"(interpenetration)의 양상을 말하는 데 그치지 않고 본질에 있어서의 동일함을 드러낸다.[1947] 주님의 신격은 그가 구속의 의를 다 이루신 새언약의 중보자로서 자신의 백성을 위하여 "영원한 중재를"(eternal intercession) 감당하신다는 점에서 가장 현저하게 계시된다.[1948] 이런 점에서 사도 요한은 주님이 "인자 같은 이"(ὅμοιον υἱόν)로 나타나셨다고 말씀할 때(계 1:13; 14:14)

1943) Warfield, The Lord of Glory, 24-31.

1944) Warfield, The Lord of Glory, 84-88, 119-122, 194-195. 특히 "인자"의 대속 사역의 의미에 대해서, Warfield, "Jesus' Mission, According to His Own Testimony," WBW 2.304-318.

1945) Warfield, The Lord of Glory, 135.

1946) Warfield, The Lord of Glory, 247-249.

1947) Warfield, The Lord of Glory, 93-94.

1948) Warfield, The Lord of Glory, 282-285.

관계부사 "ὡς" 대신에 형용사 "ὅμοιος"를 사용하여 그 자체가 전체로 고유한 칭호가 됨을 부각시키고 있다.1949)

그리스도의 중보는 신인양성의 연합 가운데 수행되었다. 부활 전후에 있어서 주님의 위격적 존재방식은 변하지 않았다. 성육신한 그리스도는 인성에 따라서는 시작이 있으시나 영원하신 사람이시며, 신성에 따라서는 언제나 영원하신 하나님이시다.1950) "주는 영이시니"(ὁ δὲ κύριος τὸ πνεῦμά ἐστιν)라는 말씀은(고후 3:17) 인성에 따라서 자기 자신을 드리심으로 메시아의 직분을 감당하신 그가 신성에 따라서 죽음을 이기신 하나님의 아들이심을 계시한다. 하나님의 아들은 단지 인성만의 사람이 될 수 없으며 단지 인성만의 사람이 하나님의 아들이 될 수도 없다. 성육신 이후 제2위 성자 하나님의 인격은 오로지 신인양성의 위격적 연합으로서만 존재하신다.1951) 주님의 오심은 단순한 오심이 아니라 보내심을 받으심이다. 그가 오셨다 함과 같이 보내심을 받으셨다 함은 다르지 않다.1952)

주님은 율법을 제정하신 분으로서 또한 율법을 준수하셨다. 율법을 완성하셨다 함은 율법 자체를 완성하였다 함이 아니라 율법을 지킬 백성을 조성하셨다 함이다. 이는 오직 다 이루신 그리스도의 의의 전가로 말미암는다. 우리에게 전가되는 그리스도의 의는 단지 우리의 죄 값을 치르는 데 그치지 않고 우리가 거듭난 생명으로 다시 살아나 거듭난 삶을 다시 살도록 하는 데 미친다.1953) 주님이 우리의 대속물이 되심은 개혁신학자들이 당하신 순종(obedientia passiva)이라고 부르는 고난과 죽으심과 행하신 순종(obedientia activa)이라고 부르는 율법에의 순종을 포함한다.1954) 주님은 우리의 대속물이실 뿐만 아니라 우리의 본(本)이 되신다.1955) 하나님의 아들이 사람의 아들의 일을 행하신 것이 아니라, 하나님의 아들이 사람의 아들이 되셔서 사람의 아들의 일을 감당하셨다. 그러므로 그 일은 사람의 일이자 하나님의 일이다. 그가 사람으로서 행하신 일이자 하나님으로서 행하신 일이다. 그것은 사람이시자

1949) Warfield, *The Lord of Glory*, 289.
1950) Warfield, "The Christ that Paul Preached," *WBW* 2.245-248.
1951) Warfield, "The Christ that Paul Preached," *WBW* 2.249-251.
1952) Warfield, "Jesus' Mission, According to His Own Testimony," *WBW* 2.269-270, 320-321.
1953) Warfield, "Jesus' Mission, According to His Own Testimony," *WBW* 2.295-299.
1954) Warfield, "Jesus' Mission, According to His Own Testimony," *WBW* 2.318.
1955) Warfield, "Jesus' Mission, According to His Own Testimony," *WBW* 2.323-324.

하나님이신 한 분 그리스도의 일이다. 이렇듯 중보자 그리스도의 '[신인양성의] 연합 가운데 [인격의] 하나임'(unitas in unio)의 지평이 '사역'으로부터 '존재'로 나아간다. 그렇다고 해서 이러한 워필드의 입장을 마치 그가 후대의 기능기독론을 선구적으로 전개하기라도 하듯이 여겨서는 안 된다. 왜냐하면 워필드가 말하는 '사역'과 '존재'는 모두 신인양성의 연합을 전제하는 '위격적 사역'이며 '위격적 존재'이기 때문이다.

인류를 대속하신 메시아는 그저 초월자가 아니라 하나님이셨다. 메시아의 "오심"은 "나심"으로 말미암는다는 사실이 이미 예언되었다(사 7:14; 11:1; 9:6; 미 5:2).[1956] 워필드에 따르면, 주님의 오심(יבוא)에 대한 구약의 예언들은 단지 "은유적으로" (metaphorically) 행해진 것이 아니라 아버지와 아들이 "형이상학적으로 하나이심" (the metaphysical oneness)을 실제로 계시한다.[1957] 중보자 그리스도의 대제사장적 사역과 관련하여 신약에서 주로 인용되는 시편의 구절들은(시 2:7; 45:6; 110:1) 그의 신격과 함께 그의 사역을 함께 예언한다.[1958] 기독교와 그리스도의 인격은 분리할 수 없다. 또한 그리스도의 인격은 그의 사역과 분리될 수 없다. 신인양성의 중보 사역에 대한 믿음이 없는 기독교는 "그리스도가 없는 기독교"(Christless Christianity)와 다름없다고 워필드는 간파한다. "그리스도가 없는 기독교"는 구원이 없는 기독교이다. 소위 역사적 예수 연구가들과 슐라이어마허, 리츨, 트뢸취 (Ernst Troeltsch, 1865-1923)와 같이 그리스도의 제사장직과 왕직을 부인하고 오직 그리스도의 선지자 직분만을 인정하고 그의 대리적 속죄를 무시하는 경우,[1959] 그리스도의 복음은 그 자체로는 아무 능력도 없으며 단지 가능성 정도로만 남는다.[1960] 기독교의 중심은 구속이며, 구속을 이루시는 성육신과 속죄이다. 그것은 사람의 아들이 되신 하나님의 아들이 참 하나님이시자 참 사람으로서 매달리신 십자

1956) Warfield, "The Divine Messiah in the Old Testament," *WBW* 3.21-22.

1957) Warfield, "The Divine Messiah in the Old Testament," *WBW* 3.30-31.

1958) Warfield, "The Divine Messiah in the Old Testament," *WBW* 3.5-6, 9-10.

1959) Warfield, "Christless Christianity," 3.350-351, 366; "The Twentieth-Century Christ," *WBW* 3.385-387. 다음에서 저자가 말하듯이, 트뢸취에 의하면 예수는 "기독교 공동체의 심리적이고 상징적인 중심"이 될 뿐이다. Nestlehutt, "Chalcedonian Christology: Modern Criticism and Contemporary Ecumenism," 185.

1960) 이러한 입장은 철학자 레씽(G. E. Lessing)에 의해서 대변된다. Warfield, "Christless Christianity," *WBW* 3.365-367.

가에 있다.[1961] 여기에 왜 하나님이 사람이 되셨는가(Cur Deus homo)에 대한 질문의 답이 있다.

3. 5. 결론적 고찰 : 신격, 신인양성의 위격, 신성, 신인양성의 교통의 상관성

결론적으로, 워필드가 말하듯이, 성육신으로 신인양성의 인격을 이루심-곧 위격적 연합-에 대한 지식이 없이는 그리스도의 중보사역을 올바로 파악할 수 없으며, 그리스도의 중보사역에 대한 분명한 인식이 없이는 그리스도의 신격에 대한 참 증언에 이를 수 없다.[1962] 우리가 예수 그리스도를 "영광의 주"로 찬미함이(고전 2:8) 이러한 인식과 고백으로 말미암는다. 워필드 역시 칼빈이나 바빙크와[1963] 다를 바 없이 "말씀이 육신이 되셨다"("ὁ λόγος σὰρξ ἐγένετο")는 성육신 사건(요 1:14)에 기초하여 한 분(unus) 그리스도의 인격의 하나임(unitas personae)과 신격(deitas)을 함께 조명한다. 성경은 그리스도의 신격을 전제하되, 사변적으로나 관념적으로 논증하는 것이 아니라 신인양성의 위격적 연합과 그 가운데 수행되는 위격적 사역을 통하여 계시한다.[1964] 이러한 이해 가운데 워필드는 신약의 모든 가르침들이-전체적으로 그리고 부분마다-그리스도의 양성 교리에 집중되어 있다고 본다. 그리고 이로부터 그리스도에 관한 모든 구약의 말씀들도 그의 양성적 중보를 예표한다는 인식에 이른다.[1965]

워필드는 칼케돈 신경과 개혁파 속성교통론의 입장을 견지하는 가운데 중보자 그리스도의 신성을 파악하고 나아가서 그리스도의 신격을 변증하는 데 이른다.[1966]

1961) Warfield, "The Essence of Christianity and the Cross of Christ," in *The Person and Work of Christ*, 441-442, 444.

1962) 이런 관점에서 워필드는 성육신을 기독교 초자연주의의 중심점으로 부르고 이 교리로부터 전적 타락론과 속죄론 등이 타당하게 설명될 수 있다고 본다. Warfield, "The Supernatural Birth of Jesus," *WBW* 3.453-458.

1963) Calvin, *Institutio*, 2.14.1 (*CO* 2. 353); Bavinck, *Reformed Dogmatics*, 3.302.

1964) 칼케돈 신경은 이를 천명한다. 참조. Grillmeier, *Christ in the Christian Tradition*, 1.552: "칼케돈의 관점은 그리스도께서 단지 신적인 사람(*homo deifer*)이시거나 신성을 지니신 한 인간 주체(a human subject, *habens deitatem*)가 아니라 인성을 지니신-실로 신성과 인성을 모두 지니신-로고스 하나님(the God-Logos, *habens humanitatem*, or rather, *habens et deitatem et humanitatem*)이시라는 데 있다. 그리스도의 인격은 하나님과 사람 혹은 신성과 인성이 하나가 되어 처음으로 존재하는 것이 아니라 선재하는 로고스의 인격으로 이미 현존한다."

1965) Warfield, "The 'Two Natures' and Recent Christological Speculation," 3.285, 303.

1966) 이와 관련하여 바빙크는 그리스도가 언약의 머리가 되심에 특히 주목한다. Bavinck, *Reformed Dogmatics*,

워필드의 입장은 다음과 같이 정리된다. 아들은 아버지의 영원한 경륜이 자신을 통하여 이루어져야 함을 아셨다;[1967] 본질상 아들은 아버지와 동일하시나 아버지의 보냄을 받으셨다; 본질상 아들은 아버지와 동등하시나 아버지께 모든 선함을 돌리셨다;[1968] 참 사람으로서 우리와 동일하신 아들은 참 하나님으로서 아버지와 동일하신 분으로서 우리를 위한 대속물이 되실 뿐 아니라 우리의 본이 되신다.[1969]

지금까지 고찰한 워필드의 입장은 다음과 같이 몇 가지로 요약할 수 있다.

첫째, 그리스도의 신성은 신인양성의 위격적 연합 가운데 파악된다. 칼케돈 신경에서 보듯이, 그리스도의 인격은 양성의 연합 가운데 위격의 하나됨으로(unity in union, unitas in unione) 규정된다. 중보자의 인격에 관한 이러한 이해에 기초해서 그의 신성이 확증된다. 워필드는 이를 다루면서 특히 주님을 일컫는 여러 칭호들에 관심을 갖는다.

둘째, 이러한 주님의 신성은 관념적이거나 사변적으로가 아니라 위격적 연합에 따른 위격적 사역에 비추어 실제적으로 추구된다. 위격적 사역은 위격적 연합을 전제한다. 그러므로 인격을 도외시하고 사역만을 강조하는 기능기독론이나 사역의 내외적 가치만을 강조하는 내재주의나 윤리주의는 모두 거부된다. 또한 사역에 맞추어 인격을 왜곡하는 근대 케노시스 이론도 거부된다.[1970]

셋째, 그리스도의 신격은 이러한 중보자의 신성에 대한 계시로부터 변증된다. 이 땅에 오신 그리스도가 참 사람이시면서 참 하나님이시라는 사실로부터 그가 영원하신 하나님의 아들이시자 하나님이시라는 신격이 확증된다. 이런 관점에서 워필드는 예수님의 신격은 삼위일체 교리의 "조건"(condition)이지 "결과"(result)가 아니라고 말한다. 삼위일체에 대한 전제가 없이는 중보자 그리스도의 신성을 논한다는 자체가 불가하나, 그러한 전제 역시 성경의 계시를 떠나서는 있을 수 없기 때문이다.[1971]

3.305-308.

1967) Warfield, "The Foresight of Jesus," *WBW* 2.71-84.
1968) Warfield, "Jesus' Alleged Confession of Sin," *WBW* 3.119-139.
1969) Warfield, "Jesus' Mission, According to His Own Testimony," *WBW* 2.319-324.
1970) Warfield, "The Twentieth-Century Christ," *WBW* 3.338.
1971) Warfield, "The Divine Messiah in the Old Testament," *WBW* 3.3-4.

넷째, 그리스도의 신격과 신성을 분리하여 신성을 인성의 신화(神化)의 산물로 여기는 상승기독론의 입장은 받을 수 없다. 이 경우 신격은 신성이 고양된 인성으로 여기는 이방의 신관(神觀)에 머물 뿐이기 때문이다. 그리스도의 신성은 삼위일체 하나님의 본성을 뜻하며, 그리스도의 신격은 삼위일체 하나님의 존재를 뜻한다. 특정한 본성은 특정한 존재의 본성이다. 하나님의 존재는 유일하므로, 하나님의 본성 역시 유일하다. 그러므로 하나님의 존재와 본성은 항상 함께 계시된다. 이 땅에 오신 그리스도를 통하여 우리는 확실히 알게 된다.

다섯째, 그리스도의 신성이 인성과 연합하므로, 우리는 인성에 따라서 그를 보고, 만지고, 영접하고, 그에게서 듣게 되었다. 그것이 하나님을 보고, 만지고, 영접하고, 하나님께 듣는 것이 되었다(요 12:44; 13:20; 요일 1:1). 그리스도는 참 하나님이시며 참 사람이시기 때문이다. 그는 하나님도 사람도 아닌 제3의 중개자가 아니라 신인(神人)이신 중보자이시기 때문이다.[1972] 주님은 자기 자신을(ἑαυτὸν) 우리에게 주시기 위하여 우리와 같이 되셨다(갈 1:4; 막 10:45; 엡 5:2, 25; 딛 2:14; 히 7:27; 9:14, 26; 10:10). 그는 우리를 위하셨을 뿐만 아니라 우리 중 하나가 되셨다. 우리와 같으셨다. 다만 우리와 같되 죄는 없으시다. 그는 우리의 죄를 사해주셨다. 뿐만 아니라 우리 자신을 사셨다. 그리하여 우리가 주님을 모시고 살게 하셨다. 그가 참 하나님과 참 사람으로서 우리를 위한 모든 대속의 의를 다 이루셨기 때문에 우리가 그와 "한 근원에서" 나고(히 2:11), 그와 함께 아버지의 품 속에 영원히 거하고(요 1:18), 그와 함께 하나님과 하나가 되고(요 17:21-26), 하나님의 자녀와 상속자가 된다(롬 8:17; 엡 3:6). 워필드는 이러한 모든 은혜가 이 땅에 혈과 육으로 오신 주님이(히 2:14) 영원하신 하나님의 아들이시자 하나님이시라는 사실, 곧 그의 신격으로부터 비롯된다는 사실을 기독론의 제일 주제(locus primarius)로 삼고 있는 것이다.

4. 그리스도의 신성을 부인하는 견해들

위에서 고찰한 바와 같이, 그리스도의 하나님으로서의 신격(deitas)은 중보자로

1972) Warfield, "Jesus Christ," *WBW* 3,149-177, 특히 151.

서의 그의 신성(divinitas)과 구별되나 분리되지는 않는다. 신격과 신성은 모두 '하나님이심'을 뜻하지만, 신격은 '존재 자체'에 관계되는 반면에 신성은 '존재의 본성'에 관계되기 때문이다. 신격과 신성은 구별되나 실체에 있어서는 동일하다. 하나님은 어느 범주에도 속하지 않는 오직 유일한 한 존재로서 동일한 한 본성을 지니시기 때문이다. 영어권에서는 "deitas"와 "divinitas"가 구별 없이 사용되어 전자가 "divinity"로 후자가 "deity"로 번역되기도 하며 두 단어 모두 "godhead"로 번역되기도 한다.[1973] 그리스도의 신격(deity)을 다룬 획기적인 작품으로 여겨지는 리돈(H. P. Liddon, 1829-1890)이 쓴 『우리 주와 구원자의 신성』(The Divinity of Our Lord and Savior)이라는 서명(書名)도 이를 시사한다.[1974] 교리사(敎理史)가 말하듯이, 그리스도의 신성을 부인하는 대부분의 이단들은 그리스도의 신성을 신격과 분리시키고 신격을 부인하는 가운데 신성만을 거론하면서도 정작 자신들이 그리스도의 신격을 믿고 있다고 호도한다. 그러나 위에서 고찰한 바, 신격을 전제함 없이 신성을 말한다는 것 자체가 모순이다. 이러한 그릇된 경향은 근대 자유주의 신학자들에게 현저히 나타난다.[1975]

[초기 이단들]

그리스도를 믿는다고 하면서도 그의 신성을 "시인하지 않는"(μὴ ὁμολογεῖ)[1976] 이 단들은(요일 4:3) 대체로 인간 예수의 탁월성을 신성과 동일시하고 하나님의 아들이 사람의 아들이 되신 성육신이 아니라 사람의 아들이 하나님의 아들이 되신 신화(神化)를 말한다.[1977] 극단적인 유대 기독교 분파였던 2세기의 에비온주의자들(Ebionites)은 예수의 신성, 선재, 동정녀탄생을 모두 부인한다. 그들은 성육신에 관

1973) 예컨대, 웨스트민스터 신앙고백서 제2장 3조에서는 "deitas"가 "godhead"로 번역됨. Schaff, *The Creeds of Christendom*, 3.607. 그리고 칼케돈 신경과 아타나시우스 신경(제33, 35조)에서는 "divinitas"가 "godhead"로 번역됨. Schaff, *The Creeds of Christendom*, 2.62, 69.

1974) H. P. Liddon, *The Divinity of Our Lord and Savior Jesus Christ: Eight Lectures Preached before the Oxford* (London: Rivingstons, 1875, 7th ed.).

1975) 이에 대해서, Ramm, *An Evangelical Christology*, 39-40.

1976) "μὴ ὁμολογεῖ"를 70인경과 다른 곳에서는 "λύει"로 쓰고 있다. 그리하여 라틴 불가타에서는 "시인하지 않다"는 의미로 "solvere"가 사용된다. 참조. Grillmeier, *Christ in Christian Tradition*, 1.79.

1977) 참조. Berkouwer, *The Person of Christ*, 155-161.

한 마태복음 1-2장의 말씀을 허구로 여긴다. 예수는 세례를 통한 성령의 충만한 임재로 비로소 신적인 권능을 부여받아 대제사장과 천사장(天使長)의 직분을 동시에 감당한, 특별한 지혜와 은사와 의와 능력을 지닌, 한 사람으로 간주될 뿐이다. 그들은 유대주의의 단일신론에 빠져 성자의 영원한 나심을 부인한다. 하나님의 아들은 나신 것이 아니라 지음을 받으셨다고 그들은 주장한다.[1978] 그들은 예수가 그리스도시라고 고백하지 않고, 예수 안에 그리스도가 임하셨다가 죽음 직전 어느 시점에 떠나가셨다고 주장한다.[1979] 이러한 "인본주의적 자세"(a humanitarian position)는[1980] 2세기 말경 무두장이 테오도투스에 의해 주창되어 사모사타의 바울에 의해서 3세기에 널리 유포된 동력적 단일신론이나 양자론의 한 형태를 제시할 뿐이다.[1981] 유대주의 분파 중 그리스도의 기적적인 잉태를 인정하는 나사렛주의자들(the Nazarenes)이 있었으나, 그의 신성을 부인했다는 점에서는 에비온주의자들과 다르지 않다.[1982]

예수의 완전한 신성(divinitas)을 믿는다고 하지만 신격(deitas)을 인정하지 않으므로 성자로서의 그의 위격(hypostasis)을 부인하는 양태론은 2세기 말에서 3세기 초에 서머나의 노에투스(Noetus of Smyrna), 프락세아스(Praxeas), 사벨리우스(Sabellius) 등에 의해서 급격히 퍼져나갔는데, 그들은 하나님의 신격을 단자(monad, υἱοπάτωρ)와 같이 여겨 한 단자에 세 가지 작용이 있다고 주장할 뿐, 한 본질(essentia) 혹은 실체(substantia)에 세 위격(hypostasis) 혹은 인격(persona)이 있음을 말하는 정통적인 삼위일체론은 거부한다. 그들은 만약 그리스도가 하나님이시라면 그는 아버지와 동일하시므로 아들이실 수 없다고 주장하면서, 아버지가 태양이시라면 아들은 아버지로부터 나온 빛과 같으시므로, 아버지와 아들은 다르시나, 아버지는 아들의 근원이 되시며 아들 가운데 일하신다고 하여, 성부고난설을 주장하는 데 이른다.[1983] 이는

1978) Grillmeier, *Christ in Christian Tradition*, 1.76-77.

1979) Millard J. Erickson, *Christian Theology* (Grand Rapids: Baker, 1993), 694.

1980) Shedd, *A History of Christian Doctrine*, 1.106; Berkouwer, *The Person of Christ*, 187.

1981) 참조. Kelly, *Early Christian Doctrines*, 116-118. 사모사타의 바울을 공격한 자들은 삼위일체를 주장하기는 했지만 종속설에 서 있었던 오리겐주의자들이 주를 이루었다. 아폴리나리우스도 그 중 하나로 헤아려진다. Daley, "One Thing and Another': The Persons in God and the Person of Christ in Patristic Theology," 30-32.

1982) Hodge, *Systematic Theology*, 2.398-399.

1983) 참조. Kelly, *Early Christian Doctrines*, 119-123.

신인동형론(神人同形論, anthropomorphism)과 신인동고론(神人同苦論, anthropopathism)을 말하는 헬라 철학의 영향에 기인한다.[1984]

이러한 입장은 그리스도의 인성 가운데 가장 고급스러운 부분인 영(πνεῦμα)을 하나님으로부터 흘러나온 지(知, νοῦς)라고 여기고 이를 로고스(λόγος)와 동일시하는 기독교 영지주의와 일맥상통한다. 이렇게 보는 경우, 로고스가 "하나님의 형상에 따른 사람"(ὁ κατ' εἰκόνα θεοῦ ἄνθρωπος)과 동일시되므로, 그리스도의 참 신성과 참 인성이 모두 부인되고, 그는 "구속받아야 할 구속자"(Salvator salvandus)로 남게 된다. 성경의 가르침에 따르면, 주님의 신성과 인성은 분리되지는 않으나 구별되며, 그 인성은 우리의 인성과 동일하다. 알렉산드리아의 필로(Philo of Alexandria, BC 25-AD 50)의 입장은 주님의 신성과 인성은 분리되지도 구별되지도 않으므로 그 인성은 우리의 인성과 동일하지 않다고 보는 바, 이러한 가르침에 정면으로 배치된다.[1985] 이는 그가 그리스도의 인성에 대해서 말하면서도 그의 신격을 전제하지 않기 때문이다.

[아리우스]

이러한 입장을 극단적으로 주장한 사람이 알렉산드리아의 장로 아리우스였다. 아리우스의 입장은 일종의 삼단논법을 취한다. 하나님은 창조되시지도, 나시지도, 무엇으로부터 비롯되지도 않으신다; 아들은 아버지로부터 나셨다; 그러므로 아들은 피조물이다.[1986] 아리우스에 따르면, "아버지는 시작이 없으므로 그 존재에 있어서 아들과 이질적이다. 아들이 존재하기 전에는 두 개체가 없었으며 아버지의 단자만 있었다."[1987] 아리우스는 하나님의 고유한 삼위일체 존재를 부인하고 하나님

1984) 참조. Gavrilyuk, *The Suffering of the Impassible God*, 43ff.

1985) Grillmeier, *Christ in Christian Tradition*, 1.79-84.

1986) Edmund J. Fortman, *The Triune God: A Historical Study of the Doctrine of the Trinity* (Grand Rapids: Baker, 1972), 63.

1987) "ξένος τοῦ υἱοῦ κατ' οὐσίαν ὁ πατήρ, ὅτι ἄναρχος ὑπάρχει. σύνες ὅτι ἡ δύας δὲ οὐκ ἦν, πρὶν ὑπάρξῃ." 아리우스의 Thaleia에 나오는 말로 아타나시우스가 인용한 것을 다음에서 재인용. Grillmeier, *Christ in Christian Tradition*, 1.224.

을 단지 하나의 단자(μονάς)로서 파악한다.1988) 오직 한 분 하나님만 "나시지 않으셨다"(ἀγένητος)고 여기고 아들은 "시간과 세대가 있기 전에 아버지의 뜻에 따라 피조되셨다(κτισθέντα)"는 점에서 "나셨다"(γεννηθείς)고 주장한다. 그러므로 아들에게는 "시작"(ἀρχή)이 있다. 본질적이고 실제적인 존재, 지혜, 능력은 아버지께 있다. 아들은 "참여를 통하여"(per participationem), 곧 "창조를 통하여"(per creationem) 그것들을 지닌다. 아리우스는 이렇듯 아들의 신격 자체를 부인한다. 이 점에서 아들이 본질에 있어서 아버지와 동일하시나 아버지께 종속된다고 본 오리겐과는 구별된다. 오리겐은 아들이 아버지 '안에' 영원하시다고 본 반면에, 아리우스는 아들은 시간 전(前)에 아버지 '밖에' 계신다고 본다.1989)

아리우스에 따르면, 말씀은 시간과 세대를 지었으므로 "시간이 있기 전에 나셨다"(ἀχρόνως γεννηθείς). 그럼에도 불구하고, "피조물"(κτίσμα, ποίημα)로서 "존재하지 않으신 적이 있었다"(ἦν ποτε ὅτε οὐκ ἦν).1990) 곧 "무로부터"(ἐξ οὐκ ὄντων) 피조되셨다. 말씀은 스스로 계실 수 없기 때문에 "나셨으며"(γεννητός) "우유(偶有)성에 종속되신다(γενητός)." 즉 "변화될 수 있으시다"(τρεπτός).1991) 혹자는 이러한 입장을 아리우스와 그를 추종하는 반(半)아리우스주의자들이—비록 그들이 아리우스의 입장을 완화하여 아버지와 아들의 유사본질(ὁμοιουσίος)을 주장했음에도 불구하고—견지하는1992) 근본적인 이유는 그들이 고난당하시고 십자가에서 죽으실 수 있는 하나님을 원했기 때문이라고 주장한다.1993) 아리우스주의자들에게 있어서 그리스도의 선재는 그의 영원한 존재가 아니라 하나님이 피조물과 같이 되셔서 피조물을 구원하시

1988) 참조. Robert C. Gregg and Dennis E. Groh, *Early Arianism-A View of Salvation* (Philadelphia: Fortress Press, 1981), 87-91.

1989) Grillmeier, *Christ in Christian Tradition*, 1.224-227.

1990) 이렇듯 아리우스는 그리스도를 시간 전의 피조물로서 모호하게 규정한다. 이러한 입장에 서서 아리우스는 성육신한 그리스도가 인간의 영혼을 지니셨음을 부인한다. 이는 오히려 이를 중요하게 여긴 오리겐의 입장과는 완전히 상반된다. Letham, *The Holy Trinity in Scripture, History, Theology, and Worship*, 114.

1991) Kelly, *Early Christian Creeds*, 232-234; Mackintosh, *The Person of Jesus Christ*, 177. 다음 글에서 저자는 아리우스주의자들이 이러한 "우유성"을 말하는 것이 아버지와 아들은 본질이 아니라 의지에 있어서 하나라고 본 그들의 입장에서 비롯되었다고 여긴다. Gregg and Groh, *Early Arianism-A View of Salvation*, 91-101.

1992) Kelly, *Early Christian Doctrines*, 237-240; Shedd, *A History of Christian Doctrine*, 1.308-315.

1993) 참조. Gavriluyk, *The Suffering God of the Impassible God*, 121-129. 이러한 입장은 다음 책에서 처음으로 제기되었다. Hanson, *The Search for the Christian Doctrine of God*.

고자 한 사역과 관계되는 개념이었다고 보는 입장도 이와 같은 맥락에 서 있다.1994) 여기에서 우리는 그리스도의 신성을 인정한다고 하면서도 그의 신격을 인정하지 않는 경우 필히 그가 참 하나님이시라는 사실을 부인할 뿐만 아니라 그가 참 사람 이심도 부인하는 데 이르러 가현설이나 성부고난설을 대안으로 삼게 될 수밖에 없음을 보게 된다.

아리우스는 철학적 사변이나 선험적 논증이 아니라 몇몇 성경구절들을 인용함으로써 자신의 이러한 입장을 변호하는 데 주력했다. 그것들은 아타나시우스가 그리했듯이 많은 경우 반(反)아리우스의 입장에 서 있는 교부들이 아리우스를 비판하기 위한 일종의 증거구절들과 같이 사용되었다.1995)

첫째, 아리우스는 그리스도를 하나의 피조물로 여긴다. "여호와께서 그 조화의 시작 곧 태초에 일하시기 전에 나를 가지셨으며 만세 전부터, 태초부터, 땅이 생기기 전부터 내가 세움을 받았나니"라는 잠언 8:22-23의 말씀이 지칭하는 "지혜"(חָכְמָה)는 구약백성에게 있어서 하나님의 한 속성이나 피조물을 지칭하는 데 그칠 뿐이라는 점을 지적한다. 그러나 "지혜"(sapientia)야말로 성자 하나님의 위격적 특성을 가장 현저하게 계시한다.1996) 그리고 본문은 그것의 선재를 분명히 말해주고 있다. 이는 골로새서 1:15의 "모든 피조물보다 먼저 나신 이"(πρωτότοκος πάσης κτίσεως)라는 말씀과 일맥상통한다. 아리우스는 이 구절을 거론하면서 그리스도가 한 피조물에 불과하다고 하였지만 바로 이어지는 16절에서는 만물이 "그에게서"(ἐν αὐτῷ), "그로 말미암고 그를 위하여"(δι᾽ αὐτοῦ καὶ εἰς αὐτὸν) 지음을 받았다고 하고, 17절에서는 "그가 만물보다 먼저 계시고 만물이 그 안에 함께 섰느니라"(αὐτός ἐστιν πρὸ πάντων καὶ τὰ πάντα ἐν αὐτῷ συνέστηκεν)고 함으로써, 그가 피조물이 아니라 창조주시며 창조중보자시라는 사실을 분명히 증거하고 있다. 아리우스는 상승기독론자들이 가장 즐겨 인용하는 구절인 사도행전 2:36의 "너희가 십자가에 못 박은 이 예수를 하나님이 주와 그리스도가 되게 하셨느니라"(καὶ κύριον αὐτὸν καὶ Χριστὸν ἐποίησεν ὁ θεός, τοῦτον τὸν Ἰησοῦν ὃν ὑμεῖς ἐσταυρώσατε)는 말씀 또한 주님의 피조성을

1994) Gregg and Groh, *Early Arianism-A View of Salvation*, 5ff.
1995) 아타나시우스의 『아리우스주의자들 반박문』은 이를 잘 보여준다.
1996) 참조. Calvin, *Institutio*, 1.13.18 (CO 2.105): "······filio sapientia, consilium, ipsaque in rebus agendis dispensatio······."

증거하는 구절로 삼는다. 그러나 이는 "오늘 다윗의 동네에 너희를 위하여 구주가 나셨으니 곧 그리스도 주시니라"(ἐτέχθη ὑμῖν σήμερον σωτὴρ ὅς ἐστιν Χριστὸς κύριος ἐν πόλει Δαυίδ)는 누가복음 2:11의 말씀과 다름없이 '되게 하심'보다 '어떠하심'을 드러낼 뿐이다. 아리우스는 같은 명분으로 "하나님이 미리 아신 자들을 또한 그 아들의 형상을 본받게 하기 위하여……그로 많은 형제 중에서 맏아들이 되게 하려 하심이니라(εἰς τὸ εἶναι αὐτὸν πρωτότοκον)"는 로마서 8:29의 말씀과 "그[예수]는 자기를 세우신 이에게 신실하시기를(πιστὸν ὄντα τῷ ποιήσαντι αὐτὸν) 모세가 하나님의 온 집에서 한 것과 같이 하셨으니"라는 히브리서 3:2의 말씀을 인용하나, 이는 같은 논법으로 반박된다.

둘째, 아리우스는 아버지와 아들을 동일하신 하나님이라고 여기지 않는다. "태초에 말씀이 계시니라 이 말씀이 하나님과 함께 계셨으니 이 말씀은 곧 하나님이시니라"(Ἐν ἀρχῇ ἦν ὁ λόγος, καὶ ὁ λόγος ἦν πρὸς τὸν θεόν, καὶ θεὸς ἦν ὁ λόγος)는 요한복음 1:1의 말씀 가운데, "태초에 말씀이 계시니라"를 태초에 말씀이 비로소 시작되었다고 번역한다. 그리고 "이 말씀은 곧 하나님이시니라"에서 "하나님"(θεός) 앞에 정관사가 없다고 주장하면서 예수의 신격을 부정하려고 한다. 그러나 성경은 정관사가 없이 "하나님"(θεός)이라는 단어만으로도 신격을 분명히 계시하는 경우가 없지 않다(요 1:6, 12, 13, 18). 주님이 잡히시던 밤에 저녁을 드시던 중 "자기가 하나님께로부터 오셨다가 하나님께로 돌아가실 것을(ἀπὸ θεοῦ ἐξῆλθεν καὶ πρὸς τὸν θεὸν ὑπάγει) 아시고" 제자들의 발을 씻기신 일을 전하는 요한복음 13:3에서는 같은 "하나님"을 지칭하면서도 한 번은 정관사를 사용하지 않고 한 번은 정관사를 사용함으로써 정관사의 유무가 본질적인 차이를 가져오지 않는다는 사실을 우리에게 알려주고 있다. 아리우스는 또한 "영생은 곧 유일하신 참 하나님과 그가 보내신 자 예수 그리스도를(τὸν μόνον ἀληθινὸν θεὸν καὶ ὃν ἀπέστειλας Ἰησοῦν Χριστόν) 아는 것이니이다"라는 요한복음 17:3의 말씀을 거론하며, "유일하신 참 하나님"은 한 분이시므로 아들을 하나님이라고 부른다면 그것은 아들을 거짓 하나님이라고 하는 것이 된다고 주장한다. 그러나 "아버지께서 자기 속에 생명이 있음같이 아들에게도 생명을 주어 그 속에 있게 하셨고"라고 하면서도(요 5:26), 아들 안에 생명이 있으며 그 생명이 사람들의 빛인데(요 1:4), 그 빛을 "참 빛"(τὸ φῶς τὸ ἀληθινόν)이라고 부르는 경우에서와 같이(요 1:9), "참"이라는 말은 아버지와 아들 중 어느 한 쪽을 지시하는 것으로 여길 수 없다. 또한 아리우스는 "아버지는 나보다 크심이라"(ὁ πατὴρ μείζων μού ἐστιν)는 요한복음 14:28의 말씀, "그리스도의 머리는 하나님이시라"(κεφαλὴ τοῦ Χριστοῦ ὁ θεός)는 고린도전서 11:3의 말씀, "만물을 그에게 복종하게 하실 때에는 아들 자신도 그 때에 만물을 자기에게 복종하게 하신 이에게 복종하게 되리니 이는 하나님이 만유의 주로서 만유 안에 계시려 하심이라"는 고린도전서 15:28의 말씀을 거론하면서 성부와 성자를 차별하고 성자가 성부에게 종속됨(subordinatio)을 말하나, 이러한 말씀들은 동일하시고 동등하신 성부와 성자의 내적 관계인 성자의 자성(子性, υἱότης, filiatio)을 드러낼 뿐이다. 주님은 "하나님을 자기의 친 아버지라(πατέρα ἴδιον) 하여 자기를 하나님과 동등으로(ἴσον) 삼으셨으며"(요 5:18) "나와 아버지는 하나이니라"(ἐγὼ καὶ ὁ πατὴρ ἕν ἐσμεν)고 말씀하심으로써(요 10:30) 이를 분명히 계시하신다.

셋째, 아리우스는 "하나님 한 분 외에는 선한 이가 없느니라"(οὐδεὶς ἀγαθὸς εἰ μὴ εἷς ὁ θεός)는 주님의 말씀과(막 10:18) "그러나 그 날과 그 때는 아무도 모르나니 하늘의 천사들도, 아들도 모르고 오직 아버지만 아시느니라"(Περὶ δὲ τῆς ἡμέρας ἐκείνης καὶ ὥρας οὐδεὶς οἶδεν, οὐδὲ οἱ ἄγγελοι τῶν οὐρανῶν οὐδὲ ὁ υἱός, εἰ μὴ ὁ πατὴρ μόνος)는 주님의 말씀(마 24:36)에서 보듯이, 이로써 하나님의 속성을 결여한 주님의 불선(不善)과 무지(無知)가 드러난다고 주장한다. 그러나 이는 삼위 하나님의 경륜적 질서를 보여 주는 것이지 예수님의 신성을 부인하는 것이 아니다. 왜냐하면 주님은 참 사람이시자 참 하나님으로서 제자들의 마음(눅 9:47), 자신을 대적한 사람들의 생각(눅 6:8), 나다나엘의 속(요 1:47), 사마리아 여인의 과거(요 4:29), 사람의 속에 있는 것을 아신(요 2:25) 전지하신 분이시며,[1997] 우리를 위한 "선한 목자"로서 그의 선성(善性)이 절대적이시기 때문이다.[1998]

아리우스의 사상은 두위격론(the dyohypostatic theology)과 단일위격론(the miahypostatic theology)이라고 불리는 두 유파로 계승된다. 전자는 가이사랴의 유세비우스로 대변되는 바, 성부와 더불어 성자의 위격을 인정한다고는 하지만 성부와 성자의 동일본질을 부인하고 성자를 그 원천(ἀρχή)이 되는 성부로부터 나온 하위의

1997) 참조. Leon Morris, *The Lord from Heaven* (Grand Rapids: Eerdmans, 1964, rep.), 47.
1998) 여기에 소개된 아리우스가 인용한 본문들에 대해서 다음을 볼 것. Fortman, *The Triune God*, 64; Erickson, *Christian Theology*, 696-698; Berkouwer, *The Person of Christ*, 187. 그리고 성부와 성자의 관계에 대해서 아리우스가 개진한 입장 전반과 그가 인용한 본문들에 대해서, Gregg and Groh, *Early Arianism-A View of Salvation*, 77-118.

위격이라고 여긴다. 후자는 안키라의 마르켈루스로 대변되는 바, 성부의 위격만 인정하고 성자와 성령은 그 형상이나 작용 정도로 여긴다. 이러한 두 유파는 니케아 신경(325) 이후의 기독론 이단의 골격을 이루었다.1999)

지금까지 살펴본 아리우스가 인용한 말씀들은 그리스도의 신격을 부인하는 자들이 자주 거론하는 말씀들이다. 이러한 말씀들은 그리스도의 신격을 부인하거나 아들의 피조성이나 종속성을 드러내기는커녕 오히려 동일하시며 동등하신 성부와 성자의 내적 관계와 이 땅에 오신 중보자 그리스도의 신인양성의 인격의 비밀을 증거하고 있다.2000) 아리우스가 언급한 이러한 말씀들은 성자의 영원한 신격을 부인하며 칼빈과 삼위일체 논쟁을 벌였던 유니테리언의 조상 세르베투스(Michael Servetus, 1511-1553)에 의해서도 자주 언급되었다.2001)

[세르베투스]

세르베투스의 이단성은 그의 작품들에서 문제가 되는 부분을 취택해서 칼빈이 비판한 38개조의 선고문(Sententiae vel propositiones)에 뚜렷이 드러난다.2002) 세르베

1999) 이에 대해서, Lienhard, "The 'Arian' Controversy: Some Categories Reconsidered," 422-427.

2000) 참조. Warfield, "Concerning Schmiedel's 'Pillar Passages'," *WBW* 3.181-255. 이 작품에서 워필드는 극단적인 자유주의 신학자 슈미델(Paul W. Schmiedel)이 예수의 신성을 부인하기 위해서 제시한 성경구절들을 살핀다 (막 10:17ff.; 마 12:31ff.; 막 3:21; 막 13:32; 막 15:34[마 27:46]). 그리고 이에 더하여서 예수의 기적을 부정하는 구절들을 다룬다(막 8:12; 막 6:5ff.; 막 8:14-21; 막 11:5[눅 7:22]). *Encyclopaedia Biblica* (1899-1903), II, cols. 1761-1898, 특히 cols. 1881-1883에 있는 Paul W. Schmiedel, 'Gospels.' 슈미델과 아리우스가 그리스도의 신격을 부인하는 증거구절들로 삼고 있는 성경본문들은 장절에 있어서나 내용에 있어서 많이 겹친다. 다음 글은 아타나시우스와 아리우스의 논쟁에 있어서 첨예한 대립을 보였던 성경구절들에 대해서 다루고 있다. Wilken, "Tradition, Exegesis, and the Christological Controversies," 127-129.

2001) 다음 세르베투스의 초창기 두 작품에는 아리우스가 인용한 본문들이 중요하게 다루어지고 있다. *De Trinitatis Erroribus libri septem* (Hagenau, 1531; facsimile rep. Frankfurt a. M.: Minerva G.M.B.H., 1965). *Dialogorum de Trinitate* (Hagenau, 1532; facsimile rep. Frankfurt a. M.: Minerva G. M. B. H., 1965). 이 두 작품에 대한 영역은, Michael Servetus, *The Two Treatises of Servetus on the Trinity*, tr. Earl Morse Wilbur (Cambridge, MA: Harvard University Press, 1932). 세르베투스의 대작이라고 여겨지는 다음 책은 가히 유니테리언의 모판이라고 불릴 만하다. *Christianismi Restitutio* (Vienne, 1553).

2002) *Sententiae vel propositiones excerptae ex libris Michaelis Serveti, quas ministri ecclesiae Genevensis……*, *CO* 8.501-508. 38개조에 대한 세르베투스의 답변들과 그것들에 대한 설명은, *Brevis cavillatonum refutatio, quibus Servetus errores sibi a nobis obiectos diluere tentavit*, *CO* 8.535-554. 그리고 그를 심문한 14인의 제네바 목사장로회(Consistoire)의 서론적 고찰은, *Brevis refutatio errorum et impietatum Michaelis Serveti a ministris ecclesiae Genevensis magnifico senatui sicuti iussi fuerant oblata*, *CO* 8.519-522.

투스는 그리스도의 성육신을 하나님의 신격(deitas)이 인간의 육신과 혼합되어 인간적 요소가 신적 요소로 변형된 사건으로서, 신성(divinitas)과 인성(humanitas)이 한 인격 안에서 연합하는 것이 아니라, 문자 그대로 하나가 되는 것을 의미한다고 여긴다. 성육신의 결과 그리스도는 한 본성을 지닌 한 인격으로서 그 양태가 둘로 나타날 뿐이라고 보는 것이다. 세르베투스는 예수의 신성을 인정한다고 하나 신격에 대해서는 부정한다. 그리하여 사실상 신성을 부인한다. 그가 말하는 예수의 신성은 단지 가시적인 그림자에 불과할 뿐이다. 이러한 관점에서, 아브라함과 아론과 모세에게 말했던 분은 하나님의 아들이자 하나님의 말씀으로서 예수 자신이 가시적 형체로 나타났던 것이라고 그는 주장한다.[2003] 세르베투스는 인격(persona)이라는 말을 "인격적인 표상"(personalis repraesentatio)과[2004] "위격 가운데 현재 비치고 있는 그리스도의 얼굴"(Christi facies iam hypostatice relucens)이라고[2005] 기술하는데, 인격을 동일한 하나님의 본질을 지닌 성부, 성자, 성령 하나님의 위격적 존재라고 여기지 않고 하나님의 현현양상(顯現樣相, forma 혹은 species) 정도로 생각하기 때문에 그러하다. 이러한 맥락에서 세르베투스는 성자와 성령이 신성을 지닌 기체(基體, suppositum)이심을 인정하지 않는다. 그는 요한복음 1:1의 "태초에 말씀이 계시니라"를 "태초에 예수 그리스도를 표상하는 신격 안에서(in deitate repraesentans Iesum Christum) 선포가 있었다"고 해석하고,[2006] 그리스도의 영원성은 "사람의 진실한 형상"(forma vera hominis)으로서 그러할 뿐이라고 주장한다.[2007] 그리스도의 성육신은 "하나님이 자신을 보여 주신 그리스도의 얼굴이 지금 같은 모양으로 보여진 것이다"라고 말하는 것도 같은 맥락에서이다.[2008]

칼빈의 세르베투스 비판은 1559년 마지막 판 『기독교 강요』에 더욱 체계적이고 일목요연하게 나타난다. 칼빈은 그리스도의 영원한 신격을 부인한 세르베투스를 비판하면서 그리스도는 "항상"(semper) 하나님이셨으며 "이후에는 세상의 조성자"

[2003] *Michaelis Serveti Responsio ad Articulos Ioannis Calvini*, CO 8.508, 512.
[2004] *Michaelis Serveti Responsio ad Articulos Ioannis Calvini*, CO 8.507.
[2005] *Michaelis Serveti Responsio ad Articulos Ioannis Calvini*, CO 8.509.
[2006] *Michaelis Serveti Responsio ad Articulos Ioannis Calvini*, CO 8.512.
[2007] *Michaelis Serveti Responsio ad Articulos Ioannis Calvini*, CO 8.510.
[2008] *Michaelis Serveti Responsio ad Articulos Ioannis Calvini*, CO 8.512.

(mundi opifex) 되셨음을 강조한다. 그는 그러므로 "시작"(principium)이 없다. 항상 아버지와 함께 일하시는 아들은 함께 영광도 받으신다(요 17:5). 그러므로 아들의 "영원성"(aeternitas)과 "참 본질"(vera essentia) 그리고 "신성"(divinitas)은 함께 확증된다.[2009] 세르베투스는 그리스도가 영원하신 하나님의 아들이심을 부인하면서, 그가 하나님의 아들이심은 성령으로 인하여 처녀의 태중에서 나셨다는 의미 이상은 없다고 주장한다. 그리스도는 약간의 신적인 요소가 인간적 요소에 가미된 "혼합체"(permixtum)이지 참 하나님과 참 사람이 아니라고 보며, 육체로 오기 전의 그리스도는 단지 "그림자 같은 형상들"(umbratiles figuras)에 불과했으며 그의 오심은 단지 그것들의 "실제 혹은 효과"(veritas aut effectus)가 나타났음과 다르지 않다고 한다. 칼빈은 이러한 세르베투스의 그릇된 견해를 비판하면서 성육신은 성자 하나님이 "위격적 연합 가운데"(unione hypostatica) 인성을 취하심으로 "두 본성이 한 인격을 이루신"(personam unam constituit ex naturis duabus) 사건이므로 하나님의 아들의 "영원한 나심으로부터"(ab aeterna genitura) 기인됨을 강조한다.[2010]

칼빈이 지적하는 바와 같이, 세르베투스는 그리스도의 신성을 하나님의 본질로부터 기원하는 육신이 변하여 된 것으로서 만물에 의해서 공유되는 무엇이라고 여긴다. 세르베투스에 의하면, 성육신은 하나님의 "관념"(idea)의 "형상화"(figuratio)에 다름 아니다.[2011] 그리스도는 육신을 입기 전에는 인격이 아니라 단지 "형상 아래"(sub figura) 계셨을 뿐이다.[2012] 곧 만물이 공유하는 신적 본성인 신성을 지니고는 있었으나 신격은 없었다. 달리 말하면, 인격적이었으나 인격은 아니었다. 성육신 전의 그리스도는 인격이 없는 그림자(umbra)가 인격적으로(personaliter) 존재할 뿐이었다. 곧 위격이 아니라 "하나님 안에 위격적으로 존재하는 것(id quod in Deo hypostatice subsistit)의 가시적인 환영(幻影, visibile spectrum)"에 불과했다.[2013] 성부와 성자의 구별은 "실제적이지 않고 인격적일"(non realis sed personalis) 뿐이었다.[2014]

2009) Calvin, *Institutio*, 1.13.8 (CO 2.95–96).

2010) Calvin, *Institutio*, 2.14.5 (CO 2.356–357).

2011) Calvin, Institutio, 2.14.8 (CO 2.360–361).

2012) Calvin, *Institutio*, 2.14.7 (CO 2.358–359).

2013) *Michaelis Serveti Responsio ad Articulos Ioannis Calvini*, CO 8.505, 517; *Brevis Refutatio*, CO 8.546.

2014) *Michaelis Serveti Responsio ad Articulos Ioannis Calvini*, CO 8.515.

하나님은 스스로 존재하신다. 자존성(自存性)은 하나님의 절대적인 존재성(存在性)을 의미한다. 하나님의 자존성을 부인하게 되면 하나님의 존재를 부인하게 된다. 그러므로 그리스도의 인격적 혹은 위격적 속성은 말하되 인격 혹은 위격은 부인하고, 그리스도의 신적 속성 곧 신성을 말하되 신격은 부인하는 세르베투스는 사실상 그의 신성 자체를 부인하는 것이다.

[쏘키누스주의]

쏘키누스주의자들은 성경이 "성령의 충동과 받아쓰기로"(divino Spiritu impulsi eoque dictante) 기록되었다고는 말하나, 사실상 구술(口述)과 기록에 있어서의 성령의 영감을 믿지 않으며 성경이 이성에 배치되지 않는다고 본다. 그들은 삼위일체론을 원천적으로 부정하고, 그리스도의 신격과 신성을 믿지 않으며, 객관적 속죄론을 하나님의 사랑에 배치되는 것으로서 거부한다. 그리스도는 본성상 단지 한 사람일 뿐이며 마리아의 몸에서 나기 전에 존재하지 않았다고 그들은 주장한다. 이러한 입장은 파우스투스 쏘키누스(Faustus Socinus, 1539-1604)의 글 "간략한 개요"(Brevissima Institutio)(1656)에[2015] 일목요연하게 개진된다. 핫지(Charles Hodge)는 쏘키누스주의자들이 다음과 같은 일곱 가지 점에서 그리스도를 일반 사람과 구별하지만 철저히 그의 신성을 부인하고 있다고 비판한다.

첫째, 그리스도는 남자의 도움 없이 동정녀의 몸에서 성령의 능력으로 잉태되시고 조성되시고 태어나셨으나(롬 5:15; 마 1:20-23; 눅 1:35) 본질상 사람으로서 고통을 느낄 수 있으셨으며 죽을 수 있으셨다("patibilem ac mortalem")(고후 13:4). 그러나 하나님의 명령을 수행한 후 하늘로 승천한 때부터는 고통을 느낄 수 없으셨으며 불멸하게 되셨다("impatibilem et immortalem factum")(롬 6:9).[2016]

둘째, 비록 죄를 지을 수 있으셨고 유혹을 받기 쉬우셨지만, 그는 전적으로 죄로부터 자유로우셨다.

셋째, 그는 신적인 효력이 있는 성령의 특별한 세례를 받았다.

[2015] 이 글은 파우스투스 쏘키누스의 작품집 *Bibliotheca Fratrum Polonorum*의 제1권에 수록되어 있다(651-676).
[2016] *Bibliotheca Fratrum Polonorum*, 1.654.

넷째, 그는 공생애를 시작하시기 전 어느 때에 하늘로 들려 하나님을 보시고 직접 가르침을 받으셨다. 그러므로 요한복음 3:13과 4:62의 관계대명사 "ὤν"은 과거로, 즉 "하늘에"(in coelo) "qui est"(계시는 분)가 아니라 "qui erat"(계셨던 분)로 해석해야 한다.[2017]

다섯째, 그는 부활과 승천 후 천지의 모든 권세를 위탁받으셨다.[2018]

여섯째, 이러한 높아지심으로 말미암아 그는 하나님이라고 불리시며 예배를 받으신다.[2019]

일곱째, 사람의 구원은 그에게 있다. 그는 진리를 가르치시는 선지자와 중재하시는 제사장으로서 뿐만 아니라 신적인 절대적인 능력을 행하시는 왕으로서 보호하고 도우신다. 그러나 객관적인 의의 전가로 말미암는 것이 아니라 주관적인 감화로 말미암아 그리하신다.

이와 같이, 쏘키누스주의자들은 그리스도의 신성을 부인하고 그의 인성에만 천착하여 기독론을 이성주의 신관과 속죄론에 가두어버렸다.[2020]

[기능기독론]

오직 그리스도의 사역을 통하여 신적 속성을 유추할 수 있을 뿐 그의 신격은 알 수도 이해할 수도 없다고 여기는 쿨만(Oscar Cullmann)에 의하여 주도면밀하게 개진된 기능기독론(Functional Christology)은 그리스도의 인격과 사역을 분리시키는 데 그치지 않고 인격에 대한 논의 자체를 거부한다. 쿨만은 기독론의 과제는 역사상 그리스도가 무엇을 했는지에 있지 이를 초월하는 이론들에 있지 않으므로[2021] '본성의 교리'가 아니라 '사건의 교리'에 집중해야 한다고 주장한다.[2022] 쿨만은 구속

2017) *Bibliotheca Fratrum Polonorum*, 1.674.

2018) *Bibliotheca Fratrum Polonorum*, 1.656.

2019) *Bibliotheca Fratrum Polonorum*, 1.655.

2020) 이상 일곱 가지에 대한 소개와 *Bibliotheca Fratrum Polonorum*으로부터의 재인용은, Hodge, *Systematic Theology*, 2.418–421.

2021) 쿨만은 초대교회가 그리스도의 인격에 관한 추상적이거나 형이상학적인 담론을 가지고 있지 않았으나 후대의 종교회의들을 통하여 그것이 비성경적으로 추구되었다고 여긴다. Cullmann, *The Christology of the New Testament*, 3–4.

2022) Cullmann, *The Christology of the New Testament*, 9. 이러한 논의에 관해서, Erickson, *Christian Theol-*

사(Heilsgeschichte)를 신약성경이 우리 앞에 펼쳐놓은 객관적 사실에 대하여 우리가 부여하는 실존적인 의미와 다르지 않다고 여긴다. 그리스도의 사역으로부터 그의 인격을 추구하고자 한 것은 "그리스도를 아는 것은 그의 은혜를 아는 것이다. 그것은 혹자들이 가르치는 바, 그의 본성들 곧 성육신의 방식들을 헤아리는 것이 아니다"라고 한 멜랑흐톤의 말에 주로 터를 잡고 있다.[2023] 그러나 멜랑흐톤이 이 말을 한 취지는 그리스도의 인격을 도외시하고 그의 사역을 우선적으로 논하고자 함이 아니라 그의 사역에 의해서 전제되는 인격을 말하고자 함에 있었다.[2024] 이를 곡해하고 극단화시켜 슐라이어마허, 리츨, 브루너(Emil Brunner), 본회퍼(Dietrich Bonhoeffer) 등은 그리스도의 인격을 전제하지 않는 사역에 대한 고찰로부터 기독론을 수립하고자 하였다.[2025] 본회퍼의 다음 말에서 보듯이, 이러한 경우 인격으로부터 사역으로 나아가는 것은 물론 사역으로부터 인격으로 나아가는 것조차 거부하는 귀결에 이르고 만다. "1) 예수는 인간이며 사역으로부터 인격으로 소급하는 논쟁은 모호하다. 2) 예수는 하나님이며 역사에서 하나님으로 소급하는 논쟁은 불가능하다."[2026]

그리스도의 신격과 신성에 관한 성경구절들은 예외 없이 그가 영원하신 하나님이심과 하나님의 아들이심을 전제한다. 성경은 그리스도가 '어떠하심'으로 '어떤 일'을 하신 것으로 기록한다. '어떤 일'은 '어떠하심'을 전제하고 확증한다. 무엇보다 그리스도의 의의 전가를 통한 대리적 속죄를 강조하는 초대교회 이후의 정통적인 입장은 구원을 자질의 주입(infusio)이 아니라고 보기 때문에, 그리스도가 주신 무엇이 아니라 그리스도 자신이 함께 계심에서 그 본질을 찾는다. 그러므로 중요한 것은 '무엇'(id, what)보다 '누가'(is, who)이다. 성경적 구원관에 서는 한, '누가'를 전제하는

---

ogy, 699-700.

[2023] Melanchthon, *Loci Communes* (1521) in *Corpus Reformatorum*, 21.85: "hoc est Christum cognoscere, beneficia eius cognoscere, non quod isti docent eius naturas, modos incarnationis contueri."

[2024] 이와 관련해서 후술할 본서 제10장 2. "신인양성적 중보의 필연성" 참조.

[2025] 이러한 논의에 관해서, Reymond, *Jesus Divine Messiah*, 21-26; Erickson, *The Christian Theology*, 700-703.

[2026] Dietrich Bonhoeffer, *Christology*, tr. John Bowden (New York: Harper & Row, 1966), 39. 다음 글은 이러한 맥락 가운데 본회퍼가 상승기독론적 입장에서 "윤리적 케노시스주의"(an ethical kenoticism)를 추구했음을 지적하고 있다. Ronald A. Carson, "Motifs of Kenosis and Imitatio in the Work of Dietrich Bonhoeffer, with an Excursus on the Communicatio Idiomatum," *Journal of the American Academy of Religion* 43/3 (1975), 547-553, 특히 552-553.

한에서만 '무엇' 자체와 '무엇'의 가치가 논해질 수 있다.

[판넨베르그의 오류]

1) 존재를 역사적 인식에 예속 : "존재"와 "지식"의 혼동

판넨베르그(Wolfhart Pannenberg)는 초대교회의 성도들이 사용한 "하나님의 아들"과 "주"와 같은 이름을 통하여 우리는 그들이 그리스도를 하나님과 동일하신 분으로 믿고 있었다는 사실을 추론할 수 있는 바, 특히, "하나님의 아들"이라는 이름이 그리스도가 이 땅에 오심으로부터 다시 오심에까지 광범위하게 사용되어, 그가 그렇게 오셨으며(눅 1:32, 35; 막 14:61-62), 세례받으실 때 그렇게 인정되셨으며(막 1:9-11), 변형되사 제자들에게 그렇게 자신을 드러내셨으며(막 9:2-8), 부활 후 높아지셔서 그 권세를 나타내셨으며(롬 1:3-4), 그렇게 다시 오실 것(살전 1:9-10)이라고 성경에 기록되어 있다고 지적한 후, 그 가운데 부활이 그 진정성이나 의미에 있어서 그리스도의 신성에 관한 성경계시의 역사적 의미를 확정짓는 가장 결정적인 사건이라고 논증한다.

이를 위하여 판넨베르그는 다음 몇 가지에 주목한다. 첫째, 그리스도의 부활은 그가 가까운 미래에 다시 오실 인자(人子)에 대한 대망(待望)을 낳았다는 사실이다. 성찬을 받을 때에 함께 기원하는 "우리 주여 오시옵소서"(Maranatha)(고전 16:22; Didache 10:6)는 이를 알려준다. 둘째, 초대교회 성도들은 예수의 부활로 그가 높아지셔서 자신들의 주가 되심을 노래하였다는(빌 2:9-10) 사실이다. 셋째, 예수의 부활은 로마서 1:3-4의 "육신으로는"(κατὰ σάρκα)과 "성결의 영으로는"(κατὰ πνεῦμα ἁγιωσύνης)이라는 표현으로 자리매김되는 "두 단계 기독론"(two-stage Christology)으로 전개되어 부활 전의 "다윗의 아들"과 부활 후의 "하나님의 아들"을 연결시키는 고리가 된다는 사실이다.2027) 판넨베르그는 무엇보다 이 셋째 부분에 천착해서, 예

2027) 판넨베르그의 "두 단계 기독론"에 대해서, Paul D. Molnar, *Incarnation & Resurrection: Toward a Comtemporary Understanding* (Grand Rapids: Eerdmans, 2007), 282-288. 여기에서 저자는 판넨베르그의 "두 단계 기독론"이 사람(人)으로부터 하나님-사람(神人)으로 나아가는 길을 모색하고 있는 바, 이런 식의 "하나님을 향한 인간적인 열림"(human openness to God)을 통하여 판넨베르그는 펠라기우스(Pelagius)와 밀담을 나누고 있다고("flirts with") 신랄하게 비판한다(288).

수의 부활이 "소급력"(rückwirkende Kraft)을 지녀 그가 부활 이전에도 하나님의 아들이셨음에 대한 "확정"(Bestätigung)이 된다고 주장한다. 여기에는 그리스도의 신성을 증거하는 부활 이전의 사건들과 선포들은 모두 부활 이후의 초대교회의 신앙이 역으로 투사된 것이라는 지론이 숨어있다. 판넨베르그는 이러한 "소급력"이 단지 "지식"(Erkenntnis)에 그치는 것이 아니라 "존재"(Sein)와 "실제"(Wirklichkeit)에까지 미친다고 여기는 바,2028) "부활 전 예수의 삶"은 부활로 확정된 그의 신성에 대한 "예기"(Vorgriff)였다고 단언한다.2029) 그리고 "예수가 자신을 드러내기 위한 첫 번째 예기적인 사건"으로서 요한이 주님께 베푼 세례를 거론한다.2030) 이러한 점에 있어서 판넨베르그는 계시-혹은 인식-로써 존재를 해석할 뿐만 아니라 대체하려고 한 바르트와 동일한 궤에 서 있다.2031)

이러한 판넨베르그의 입장은 "계시적 정체성"(Offenbarungsidentität)이라는 개념으로써 역사와 계시의 문제, 곧 "실체적 현존"(substantielle Gegenwart)과 "드러남으로서의 현존"(Erscheinungsgegenwart)의 문제를 변증법적으로 풀어내고자 한 그의 발상에서 비롯된 것이다.2032) 이러한 시도는 인식론에 존재론을 종속시키고 그 과정에서 발생되는 근원적인 문제를 변증법적으로 풀어내고자 한 바르트를 답습한 점이 없지 않다. 다만 판넨베르그는 관념의 서술로서의 역사가 아니라 관념에 이르는 역사로서의 서술에 치중하고 있다는 점에서 바르트와 뚜렷이 구별된다. 바르트는 성육신이라는 관념을 전제하는 가운데 죽음과 부활의 역사적 변증법을 풀어가고자 한 반면에, 판넨베르그는 부활이라는 역사를 전제하는 가운데 성육신 이전으로부터 성육신을 거쳐 죽음과 부활에 이르는 수사(修辭)적 변증법을 풀어가고자 한다.2033) 바르트에 있어서, 예수의 역사는 성육신이라는 한 가정된 관념에 철저히 역사적으로 종속되는 반면, 판넨베르그에 있어서, 예수의 역사는 부활이라는 한 가정된 역

2028) Pannenberg, *Jesus-God and Man*, 133-136 (*GC* 131-135).

2029) Pannenberg, *Jesus-God and Man*, 136-137 (*GC* 135-136).

2030) Pannenberg, *Jesus-God and Man*, 139 (*GC* 137-138).

2031) 판넨베르그는 이러한 부활을 보편사적으로 확정할 수 있다고 보는 가운데 이러한 "소급력"을 말하는데 그 전제 자체가 한계를 안고 있다. 이를 비판한 다음 글 참조. McDermott, "Pannenberg's Resurrection Christology: A Critique," 711-717.

2032) Pannenberg, *Jesus-God and Man*, 132 (*GC* 131).

2033) 한편 몰트만은 성육신에 있어서의 위격적 연합 자체를 부인하는 가운데 부활은 역사적으로 확정할 수 없는 종말론적 소망의 구현 양태라고 본다. 참조. Moltmann, "Resurrection as Hope," 137.

사에 철저히 관념적으로 종속된다. 바르트에 의하면, 성육신 이후의 예수의 삶에는 단지 이전의 자신을 회고하는 한 사람의 역사만이 있을 뿐이나, 판넨베르그에 의하면, 부활 이전의 예수의 삶에는 단지 미래를 소망하는 한 사람의 관념만이 있을 뿐이다. 결론적으로, '바르트의 예수'는 신적 관념이 체화된 한 인간으로, '판넨베르그의 예수'는 신적 관념을 조성 혹은 조장하는 한 인간으로 그려진다. 판넨베르그가 자신을 철저한 상승기독론자라고 칭하면서 바르트를 하강기독론자라고 비판한 것은 이러한 점에 연유한다. 바르트를 '하강적'이라고 하니, 판넨베르그는 얼마나 '상승적'인가.

2) 본질을 드러남에 예속 : "존재"와 "현존"의 혼동

판넨베르그는 성경에 기록된 그리스도 사건의 계시적 성격은 '예수의 현존'(現存, presence)을 '예수 안의 하나님의 현현'(顯現, epiphany)과 동일시하는 종말론적 지평에서만 올바르게 파악될 수 있다고 주장하고, 자신의 입장을 구체적으로 개진하기에 앞서서 기독론의 제 유형을 다음과 같이 다섯 가지 관점에서 분류한다. 판넨베르그를 합당하게 비판하기 위해서는 이에 대한 개략적인 일고가 선행(先行)되어야 한다.

첫째, "성령의 현존"(Geistgegenwart)을 단지 인자, 하나님의 종, 메시아의 상(像)뿐만 아니라 그리스도의 신성과 직접적으로 연결시키는 입장으로서, 일차적으로는 구약과 유대의 전통에 근거해서, 이차적으로는 구약과 유대의 용어를 변형시켜 사용했던 헬라적 사고의 관점에서 고찰되었다. 예수가 세례를 받을 시 하나님의 영이 임한 사건은(막 1:11) 종말의 선지자로서의 예수와 구원의 그리스도를 연결시키는 고리가 되었다. 주님께 임한 성령의 현존은 더 거슬러 올라가 그의 잉태에도 분명히 나타난다. 누가는 예수가 하나님의 아들이심을 그의 어머니에게 작용한 성령의 역사와 관련시킨다(눅 1:35). 마태 역시 초자연적인 잉태를 이러한 측면에서 강조하고 있다(마 1:18). 주님의 잉태, 수세, 부활은 모두 하나님의 영의 선재(先在)를 전제하고 있다. 로마서 1:3-4의 "두 단계 기독론"도 이를 반영한다. 동일한 맥락의 말씀이 디모데전서 3:16과 "육체로는 죽임을 당하시고 영으로는 살리심을 받으셨으니"라는 베드로전서 3:18에도 나타난다. 이러한 "두 단계 기독론"이 "두 상태 기독론"

(two-state Christology)으로 변모해간 것은 헬라철학의 영향으로 말미암은 것이었다. 이로부터 "하나님의 아들"이라는 이름이 신성을 공유하시는 분을 의미하게 되었다. 이러한 경향은 이그나티우스, 터툴리안, 이레네우스에게서 뚜렷이 나타난다.

이러한 교리사적 고찰과 더불어, 판넨베르그는 예수의 신적 존재를 성령의 현존과 동일시하는 성경이 전하는 "두 상태 기독론"에 선다고 해서 하나님의 아들의 선재(先在)를 부인하는 양자론에 필히 이르게 되는 것은 아니라는 점을 지적한다. 예수는 성령을 통하여 동정녀 마리아에게서 나시기는 했으나 하나님의 영이 충만한 사람일 뿐 하나님은 아니라고 본 무두장이 테오도투스와 예수의 생애를 하나님을 닮아가는 점진적인 동화의 과정으로 본 사모사타의 바울, 삼위일체를 부인하였던 16세기 르네상스기의 이탈리아 신학자들, 18-19세기의 칸트, 슐라이어마허, 리츨, 하르낙 등이 이와 관련하여 비판된다.[2034]

둘째, 알렉산드리아 학파에 의해서 개진된 초대교회를 압도했던 성육신론으로서, 하나님 자신이 충만하고도 완전하게 예수 안에 현존하시므로, 예수는 단지 한 사람에 그치지 않고 신격을 지니신, 하나님의 "실체적 현존"(Substanzgegenwart)이라고 보는 입장이다. 여기에서는 하나님의 존재가 예수라는 사람 가운데 드러났다는 점과 그에게 주(κύριος)라는 칭호가 돌려졌다는 점이 특히 강조된다. 요한복음의 도입부(요 1:1), 예수가 하나님과 하나라는 선포(요 10:30), 도마의 고백(요 20:28)이 관련된 성경구절로 거론된다. 이러한 입장은 예수가 본질적으로 하나님이시라는 사실을 부인하고 성령의 능력에 따른 하나님의 현존만을 인정하는 양자론과는 구별된다. 그렇다고 해서, 예수를 단지 계시자로서 하나님이라고 여겨 유대주의자들의 기능적 이해의 일단(一端)을 보여주는 속사도 이그나티우스의 경우와 선재하는 영이 예수 안에서 육체를 취하셨다고 하여 영-기독론(Spirit Christology)의 일단(一端)을 드러내는 허마의 목자(Shepherd of Hermas)나 소위 제2 클레멘트(the so-called Second Clement)의 경우에서 보듯이, 그 구별이 항상 용이한 것은 아니다. 이러한 입장은 예수의 신격을 확립하는 데 도움이 되는 것은 사실이지만 예수의 신화(神化)를 극단화시켜 그의 인성을 부정하는 데 이르는 단성론(Monophysitism)의 폐해에 빠질 위험

[2034] Pannenberg, *Jesus-God and Man*, 116-121 (GC 114-119).

을 크게 지니고 있다.2035)

셋째, "중보자 기독론"(Mittelerchristologie)은 중간자를 통한 하나님과 사람 사이의 연합을 말하기는 하지만 예수 안의 하나님의 현존 자체에는 그것이 우유(偶有)적이든 실체적이든 관심을 기울이지 않는다. 그리스도는 사람보다는 뛰어나지만 하나님께 종속된 제3의 존재로서 가정된다. 이러한 입장은 천사의 중보를 주장한 유대 기독교 사상으로부터 기인하였다. 알렉산드리아의 필로는 로고스가 사람보다는 뛰어나나 존재와 본질에 있어서 하나님보다는 열등하다고 여겼으며, 순교자 저스틴을 비롯한 변증가들은 로고스가 하나님의 뜻에 따라서 지음을 받은 첫 번째 피조물이라고 여겼다. 로고스를 하나님과 피조물의 중간에 위치해 있다고 본 오리겐 역시 이러한 입장을 공유하였다. 아리우스주의자들은 오리겐의 사상에 서 있었으나 로고스의 영원한 발생에 대해서는 회의적이었다. "중보자 기독론"을 지지하는 신학자들은 이러한 맥락에 서서 모세의 중보자의 직분이(갈 3:20) 그리스도께 돌려졌다는 사실을 성경 여러 군데서(히 8:6; 9:15; 12:24; 딤전 2:5) 증거하고 있다고 주장하기도 하나, 그리스도의 인격을 그의 사역에 부수하는 것으로 여겼다는 점에서 분명한 한계를 노정한다.2036)

넷째, "현현으로서 현존"(Erscheinunsgegenwart)을 말하는 입장으로서, 예수 안에는 비인격적인 신적인 능력뿐만 아니라 하나님의 위격도 존재하지만 완전히 하나가 되지는 않고 그렇게 드러날 뿐이라고 주장한다. "하나님의 아들"이라는 이름을 헬라철학의 이원론적 관점에서 해석하는 과정에서 이러한 사상이 배태되었다. 하나님이 일시적으로 예수의 몸과 연결되었으나 그의 죽음 이전에 그 몸을 떠나갔다고 주장하는 기독교 영지주의를 비롯한 가현설이 이에 속한다. 기독교 영지주의는 한 하나님이 예수의 출생 때까지는 창조주로, 출생 이후 승천 때까지는 구속주로, 승천 이후로는 성령으로 작용하신다고 본 사벨리우스(Sabellius, ?-[260])의 양태론과도 맥이 닿아 있다. 슐라이어마허는 사람 예수는 하나님을 드러내기보다 감추는 베일과 같다고 하면서 이러한 사벨리우스의 견해가 성경의 구속사적(heilsgeschichtliche) 성격에 부합한다고 주장한다. 예수 안의 하나님의 현존을 단지

2035) Pannenberg, *Jesus-God and Man*, 121-123 (GC 119-121).
2036) Pannenberg, *Jesus-God and Man*, 123-125 (GC 121-123).

상징이나 암호로 보는 틸리히(Paul Tillich)나 부리(Fritz Buri, 1907-1995)의 입장도 이러한 "현현으로서의 현존"을 대변한다. 틸리히는 예수 안에서 "새로운 존재"(the New Being)가 공표된다고 여길 뿐, 예수의 하나님 계시는 오히려 하나님의 본질을 오히려 숨기고 있다고 주장한다. 그러므로 하나님을 보려면 예수를 넘어서야 한다는 것이다. 틸리히는 이런 측면에서 모든 종교는 다르지 않다고 본다. 판넨베르그는 이러한 입장은 변형된 하강기독론으로서 전제 자체가 상승기독론에서 벗어나 있다고 하면서, 상승기독론에 서 있는 자신의 입장과 분명한 선을 긋는다.[2037]

다섯째, "계시적 현존"(Offenbarungsgegenwart)을 말하는 판넨베르그 자신의 입장으로서, 단순한 현현으로서의 하나님의 현존이 아니라 실체적 임재, 곧 예수가 하나님과 실체적으로 하나가 되심을 주장하되, 하나님의 "자기계시"(Selbstoffenbarung)를 통하여 그리되심을 말한다. 판넨베르그는 이러한 하나님의 자기계시는 본질과 현현을 포함하는 것으로서 구약시대로부터 신약시대에 이르기까지 하나님의 역사상 활동에 의해서 드러났으며 그 완성은 역사의 마지막 때에 있게 될 것이라고 주장하면서, 자신의 본질을 스스로 계신 분으로서 역사상 드러내신(출 3:14) 하나님의 자기계시의 완성이 예수 안에서 예기(豫期)되었던 바, 그것이 그의 부활이었다는 점을 적시한다.[2038] 판넨베르그는 이와 관련하여 세 가지 논지를 추구한다. 이를 요약하여 제시하면 다음과 같다.

1) 그리스도 사건은 그것이 만물의 마지막의 시작을 가져오는 한에 있어서 하나님의 자기계시-예수의 얼굴에 있는 하나님의 영광의 현현(고후 4:6)-이다. 예수의 부활에 마지막에 일어날 모든 사람의 부활이 미리 정위(定位)된다. 예수의 부활 사건이 모든 사람이 맞이할 마지막의 시작이기 때문에, 그것이 없다면 그 안에서의 하나님의 자기계시는 근거가 무너지고 말 것이다.

2) 하나님의 자기계시는 오직 하나의 계시만이 있다는 사실을 계시한다. 하나님은 영원에서 영원까지 동일하신 분이시므로 자신을 이 모양 저 모양으로 다르게 계시하지 않으신다. 처음과 끝이 되신 하나님은 처음과 끝이 동일하게 자신을 계시하신다. 다만

2037) Pannenberg, *Jesus-God and Man*, 125-126 (GC 123-124).
2038) Pannenberg, *Jesus-God and Man*, 127-129 (GC 124-127).

가장 분명하고 완전한 계시는 마지막에 있게 될 것이다. 처음 계시는 동일하기는 하나 단지 부분적일 것이다.

3) 하나님은 스스로 자기를 계시하시므로 계시자(啓示者)로서 계시물(啓示物)이시다. 계시자와 계시물은 동일한 하나님의 본질에 속한다. 그리스도를 통한-혹은 그리스도 안에서의-하나님의 자기계시는 그리스도가 하나님이심을 드러내는 사건, 곧 그리스도 사건이다. 그리스도 사건이 예수의 부활로-인간적인 사건으로서-성취되었다. 그 가운데 우리 모두의 부활이-우리의 운명으로서-선취(先取)되었다.[2039]

판넨베르그는 자신의 이러한 입장이 바르트로부터 비롯되었음을 밝힌다. 하나님은 우리가 그의 계시와 관계되는 한에 있어서 우리와 관계되신다는 전제 가운데 예수 안에 계시된 하나님의 계시 위에 삼위일체와 예수의 신성 교리를 정초시킨 첫 번째 신학자가 바르트였다고 평가하면서, 역사상 예수 사건을 통하여 이전의 계시가 예비적인 무엇으로서 미래의 계시에 대한 예기가 된다는 자신의 입장에 대한 인식론적 전거(典據)를 바르트가 부여했다고 천명한다.

판넨베르그는 비록 바르트가 '역사로서의 계시'를 넘어 '계시로서의 역사'로 나아가는 지평을 확보하지는 못했다고 할지라도, 그것의 변증법적 토대를 구축한 것은 분명하다고 평가한다. 바르트가 그리스도의 선재(先在)와 성육신이라는 하강기독론의 전제에 서서 그리스도 안에 감추어진 계시를 출발점으로 삼고 있다는 점은 비판하지만, 그리스도의 역사적 사건 가운데 그 감추어진 계시가 열린 계시가 되는 과정을 변증법적으로 파악하고 있다는 점은 높이 산다. 단지 높이 살 뿐만 아니라 이를 상승기독론을 전개함에 있어서 필히 전(前) 단계적으로 고려해야 할 무엇이라고 여긴다.[2040]

이러한 관점을 견지하는 가운데 판넨베르그는 초대교회가 "아래로부터"(von unten her)의 기독론으로부터 "위로부터 아래로"(von oben nach unten)의 기독론으로 무게 추를 옮김으로써 '역사의 계시성'은 차치하고 '계시의 역사성'에만 매달리는 심각한 오류에 빠지게 되었다고 지적하면서, 중세와 종교개혁 그리고 근대로부터 현

[2039] Pannenberg, *Jesus-God and Man*, 129–130 (*GC* 127–128).
[2040] 이와 관련하여, Molnar, *Incarnation & Resurrection*, 302–310.

재에 이르기까지 대세를 점해 온 이러한 하강기독론을 지양하기 위하여 바르트의 혜안(慧眼)을 빌리되 철저히 상승기독론의 관점에서 기독론을 재편해야 한다고 제안한다. 지상의 사람 예수의 역사로부터 시작하되, 그것에 대한 "계시적 현존"을 그의 존재 혹은 인격 자체로 보자는 것이다.[2041]

여기에 노정된 판넨베르그의 모호성은 존재와 인식의 역사적 변증법을 논구한 철학자 헤겔의 관념론을 상기시킨다. 헤겔은 절대적 인식에는 존재적 변화를 통한 존재의 변화를 수반한다고 보았으며, 신(神)을 정반합(正反合)의 역사상 과정을 거쳐 완성된 절대이성-바르트로 말하자면 '계시된 계시'-으로 여겼다. 지금까지 보았듯이, 판넨베르그는 자신이 양자론을 배척하고 그리스도의 신성을 인정하며, 가현설을 배척하고 그의 인성을 인정하며, 양태론을 배척하고 그의 신격을 인정한다고 주장한다. 그러나 판넨베르그가 말하는 그리스도의 신격과 신성은 전제되는 것이 아니라 괄호 안에 갇혀있으며, 그것들에 대한 계시 혹은 그것들의 계시적 현존은 갇혀있는 계시이며 계시적 현존이다. 판넨베르그는 그 괄호가 인성의 자기구현으로써만 벗겨질 수 있다고 여긴다.[2042]

이 점에 있어서 판넨베르그는 바르트와 입장을 같이한다. 다만 판넨베르그가 사람 예수 혹은 예수의 인성으로 그 괄호를 벗기려고 한다면, 바르트는 그것조차 괄호 안에 집어넣고 방치하고 있다는 점에서 구별된다. 판넨베르그가 상승기독론의 전(前) 단계로 삼는 바르트의 괄호는 열리지 않는 괄호이다. 그것은 열 수 없는 괄호이다. 판넨베르그는 그 열 수 없는 괄호를 받아들이면서도 그것을 열 수 있다고 보고 자신의 이론을 개진한다. 그러나 그가 할 수 있는 일은 괄호 너머의 신격이나 신성을 인성의 인식으로 전달하는 데 그칠 뿐이다. 판넨베르그 신학의 모호성 혹은 무능이 여기에 있다. 그가 말하는 예기나 선취 등의 개념들은 모두 괄호 너머 엿보기에 불과하다. 우리는 여기에서 계시적 현존을 존재와 동일시하는 입장의 한계를 분명히 인식하게 된다.

[2041] Pannenberg, *Jesus-God and Man*, 127-133 (GC 124-131).
[2042] 이런 측면에서 판넨베르그는 헤겔과 입장을 공유하고 있다. 참조. Roger E. Olson, "The Human Self-Realization of God: Hegelian Elements in Pannenberg's Christology," *Perspectives in Religious Studies* 13/3 (1986), 207-223.

3) 신격이 없는 신성을 주장 곧 신격과 신성을 부인 : 예기(豫期)와 선취(先取)

판넨베르그는 예수 안에 발견되는 계시적 현존을 그의 신격과 동일시함으로 자신이 헬라의 신화(神化) 사상을 극복했다고 주장한다. 그러나 예수의 생애에 드러난 신적인 현존을 통하여 그의 신성을 추지(推知)한다고 해서 그의 신격이 담보되는 것은 아니다. 아래에서 보듯이, 판넨베르그는 예수의 역사를 강조함으로 이방의 신화(神話)와 계시를 구별하고자 하나, 성육신의 출발점을 하나님의 아들이 아니라 사람의 아들로 여기는 상승기독론에 서 있는 이상 신화(神化)를 말하는 신화(神話)의 굴레에서 자유롭지 못하다.

> 신화(神話)는 원형적이며 신적인 실제를 지상적이거나 인간적인 만물의 기원으로 여기지만 기독론은 하나님을 사람 예수 안에서 발견한다(die Christologie Gott *in* dem Menschen Jesus). 신화(神話)는 사람과 세상에 대하여 신격(神格)이 어떤 관계를 맺고 있는지에 중점을 두고 위로부터 아래로(von oben nach unten) 내려오는 사고구조를 취하지만, 기독론적 진술은 처음부터 심리적으로 뿐만 아니라……논리적으로도 사람 예수로부터—신앙고백에 비추어 말하자면, 예수 안에서 일어난 일로부터—시작한다. 오늘날은 양자의 구별이 강조되지만, 초대교회에서는 그것이 첨예하게 다루어지지 않았다.[2043]

판넨베르그는 자신의 입장을 변호하기 위하여 슐링크(Edmund Schlink, 1903-1984)의 예(例)를 좇아 예수 안에 계시된 하나님의 계시가 표현되는 방식을 "선포적 진술"(Kerygmatische Aussagen)과 "송영적 진술"(Doxologische Aussagen)로 나눈다. 전자는 하나님에 의해서 수행되는 지상의 사건들, 즉 하나님의 행위들을 대상으로 하는 반면에, 후자는 하나님의 영원한 본질을 대상으로 한다. 전자는 구체적인 일을 행하시는 하나님에 대한 삶 속의 경험으로 나타나는 반면에, 후자는 무한하신 하나님에 대한 경배로 나타난다. 전자는 "역사적인"(geschichtliche) 반면, 후자는 "예기적"(proleptische)이다. 그러므로 전자는 후자에 대한 최후의 진술이 된다.

[2043] Pannenberg, *Jesus-God and Man*, 186 (GC 187–188).

만약 어떤 진술이 송영적 구조를 취하고 있다면, 기독론적 진술의 송영적 요소는 그 예기적 요소에 기초하고 있다. 왜냐하면 하나님에 관한 진술은 오직 실제의 전체성(das Ganze alles Wirklichen)이라는 관점에서만 형성되며, 그것은 오직 역사의 마지막에 대한 선취(先取)를 통해서(durch Vorwegnahme des Endes in den Blick) 시야에 드러나기 때문이다.[2044]

판넨베르그는 부활에 관한 말씀은 "절대적 은유"(absoluten Metapher)로서 그것을 예기하는 "송영적 진술"과 함께 초대교회 선포의 핵심이 된다고 주장하면서, "절대적 은유"는 특정한 대상을 고유하게 표현하는 유일한 수사(修辭)를 말하는 것으로서 신화(神話)와는 구별되어야 한다는 점을 환기시킨다.[2045] 판넨베르그에 따르면, "송영적 진술"이 부활에 대한 예기적 진술로서 부활과 함께 그리스도의 신성을 표현하는 "절대적 은유"가 된다. 아버지와 아들의 관계에 대한 다음 진술이 이에 대한 가장 현저한 예(例)로서 제시된다.

만약 예수의 역사와 그의 인격이 하나님의 본질인 신성에 속한다면, 예수가 주장했던 자신과 아버지 사이의 구별 또한 하나님의 신성에 속한다. 초대교회의 용례에 따르면 아들 예수의 아버지에 대한 관계는 "순종"(Gehorsam)이라는 말로 요약될 수 있을 것이다. 그것은 하나님 자신의 본질에 고유한 관계를 함의한다. 하나님은 "아버지"이실 뿐만 아니라 예수의 부활을 통하여 계시된 하나님으로서 본질상 "아들"이시다. 그러므로 "아버지"와 "아들"이라는 표현이 나사렛 사람 예수의 하나님에 대한 관계에 엄정하게 적용되어 있다. 여기에서 "아버지"는 구약의 하나님이셨던 예수의 하나님을 뜻한다. 그 분에게 예수는 기도를 드리셨으며, 그 분의 손으로부터 예수는 자신의 운명을 받아들이셨다. "아들"은 신약의 다른 곳들에서와는 달리 인류와 우주에 대조되는 예수의 영예로운 위치가 아니라 주로 아버지에 대한 그 자신의 관계, 곧 순종과 "사명"의 관계를(sein Verhältnis zum Vater, ein Verhältnis des Gehorsams und "Sendung") 지시한다(롬 8:3; 갈 4:4; 요 3:17 등; 요일 4:9).[2046]

2044) Pannenberg, *Jesus-God and Man*, 184–186 (GC 185–187), 인용, 185–186 (GC 187).

2045) Pannenberg, *Jesus-God and Man*, 187 (GC 189).

2046) Pannenberg, *Jesus-God and Man*, 159 (GC 159).

이와 같이 판넨베르그는 사람이신 아들 예수와 하나님이신 아버지의 "관계"를 통해서 예수의 신격에 관한 논의를 전개한다. 판넨베르그는 요한복음의 말씀에 기초해서 개진되어 온 로고스 기독론이 지혜의 위격을 믿는 구약, 하나님의 형상의 담지자로서의 인간의 영적 속성을 강조하는 유대주의, 말씀을 사물의 생성과 교통의 원리로 파악하는 헬라철학을 두루 만족시키는 장점을 지니고 있지만, 그 배면에는 범신론적이고 물활론적이며 이원론적인 한계와 오류가 도사리고 있다고 지적한다. 판넨베르그는 로고스 기독론이 요한복음 이전에 있었던 영지주의자들의 구속주 신화(救贖主 神話)로부터 기원한다고 주장하는 비평학자들의 입장을 거부하면서, 그것이 하나님도 사람도 아닌 제3자를 중보자로 여기지 않고 하나님 자신을 중보자로 여긴다는 점과 단지 우주론적이지 않으며 동시에 구원론적이라는 점에 주목한다. 그럼에도 불구하고 로고스 기독론이 안고 있는 맹점을 그것의 논리가 그리스도의 선재를 말하는 아타나시우스가 아니라 그리스도를 창세 전에 지음받은 첫 번째 피조물로 보는 아리우스의 입장에 더욱 근접하다는 사실, 그리스도의 신성을 그의 인성에 제대로 연결시키지 못하므로 역사적 계시적 현존에 대한 이해를 결여하고 있다는 사실, 유일하신 하나님으로서 세 위격을 말하는 성경적 신관 곧 삼위일체론에 배치된다는 사실을 들어 거론한다.[2047]

판넨베르그는 로고스 기독론이 지닌 이러한 맹점은 일차적으로 그것이 그리스도의 신성을 형이상학적이며 정태적(情態的)으로 파악하는 데 기인한다고 여기고, 그리스도 안에서의 하나님이신 아버지와 사람이신 아들의 만남을 올바르게 조명하는 개선된 로고스 기독론을 제안한다. 여기에서 하나님의 말씀을 "담화"(Anrede)-"하나님이 침묵을 깨뜨리는 말씀"-로 정의하는 브룬너(Emil Brunner)와 사람의 본질을 나와 너의 인격적 관계에서 찾고 그 가운데 그리스도의 신인의 인격에 접근하고자 하는 에브너(Ferninand Ebner)와 부버(Martin Buber)의 입장이 언급된다.[2048] 판넨베르그는 이러한 입장이 관계를 중시하기는 하되 그것을 역사적 예수 사건으로 파악하는 데까지는 이르지 못하고 있다고 비판하고, 이 점에 있어서는 바르트도 브룬너와

[2047] Pannenberg, *Jesus-God and Man*, 160-166 (GC 160-166). 이러한 맹점은 헤라클레이투스(Heraclitus), 순교자 저스틴(Justin Martyr), 안디옥의 테오필루스(Theophilus of Antioch), 타티안(Tatian), 알렉산드리아의 필로(Philo of Alexandria) 등에 의해서 노정되었다. 이들은 요한복음의 로고스 개념을 헬라철학이나 영지주의나 스토아주의의 관점에서 다루었다. 이와 관련하여 같은 책 161-163 (GC 161-163).

[2048] Pannenberg, *Jesus-God and Man*, 161 (GC 161).

다를 바 없다고 지적한다.2049)

결론적으로, 판넨베르그는 하나님으로서의 아버지와 사람으로서의 아들의 만남 혹은 아버지와 아들의 관계를 단지 형이상학적이거나 관념적으로만 바라보지 말고 지상의 예수 사건으로부터 그 역사적 완성을 논하는 종말론적 전망을 갖자고 제안한다.2050) 하나님의 말씀을 단지 하나의 은유가 아니라 "절대적 은유"(absoluten Metapher)로 보자는 것이다. 곧 단지 "선포적 진술"이 아니라 "송영적 진술"을 함의하는 것으로 보자는 것이다. 여기에, 역사적 예수의 계시적 현존으로써 그의 신격에 관한 논의를 대체하고 그 가운데 '그 사람'의 신성을 말하고자 하는 판넨베르그 상승기독론의 핵심이 있다.

이는 다음과 같이 정리된다. 첫째, 그것은 단지 인식론적이다. 곧 비실제적이다. 둘째, 그것은 보편사적이다. 곧 세속적이다. 셋째, 그것은 은유로서는 절대적일 수 있으나, 실체로서는 단지 상대적이다. 넷째, 그것은 계시가 담지하는 고유한 구속사를 부인한다. 그리하여 모든 역사를 계시로 보는 데 이른다. 다섯째, 그것은 대상이 없는 인식을 추구한다. 단지 인식의 대상화에만 관심을 갖는다. 판넨베르그가 말하는 "관계"(Verhältnis)는 헤겔이 말하는 "상호성"(Zueinander)에 불과하다.2051) "송영적 진술"에는 "나"가 주체로 참여하지 않기 때문에 헤겔의 변증법으로부터 자유롭다고 하여 여지를 남겨두지만 별 의미가 없다.2052) "선포적 진술"이든 "송영적 진술"이든 인식에 존재가 함몰되기는 마찬가지이기 때문이다.

2049) Pannenberg, *Jesus-God and Man*, 166-168 (GC 166-168).
2050) Pannenberg, *Jesus-God and Man*, 168-169 (GC 169).
2051) Pannenberg, *Jesus-God and Man*, 181 (GC 183).
2052) Pannenberg, *Jesus-God and Man*, 184 (GC 185).

한 사람 아담으로 말미암은 죄가 한 사람 예수 그리스도의 은혜로 대속되었다. 그리스도는 영혼과 육체로 이루어진 인성을 취하셨다. 그러므로 영혼의 고상한 부분은 신성으로 치부하고 저급한 부분만 인성에 돌리거나, 육체를 환영(幻影)과 같이 여겨서는 안 된다. 그는 우리와 동일한 본질을 취하셨으나 죄는 없으시다. 그가 사람으로 오시지 않으셨다면 우리를 위한 그의 수난과 부활이 헛되었을 것이다. 그는 동정녀 마리아에게서 성령으로 잉태되셨으나 그 나심은 여느 사람과 다를 바 없었다. 즉 잉태는 초자연적이었으나 출생은 자연적이었다. 그는 우리와 같이 물과 피로 임하셨으며 범사에 우리와 같이 되셔서 우리와 다를 바 없이 사람의 생애를 사셨다. 그는 우리와 같이 시험을 받고 고난을 당하셨으나, 그 모든 것을 근원적으로 물리치시고 이기셨다. 무엇보다 그의 인성은 부활 이후의 숱한 증거들을 통하여 뚜렷이 증거된다. 그는 사람들이 보는 가운데 올려져 가셨으며 본 그대로 다시 오실 것이다.

제8장

그리스도의 인성

1. 인성에 따라서 우리와 동일본질이심

칼케돈 신경이 천명하듯이 위격적 연합으로 말미암아 중보자 그리스도의 인성은 신성과 혼합되거나, 변화되거나, 분할되거나, 분리되지 않는다. 신인양성의 중보자 그리스도의 인격은 비하와 승귀의 상태에 무관하게 동일하다. 주님은 "살아있고 명확한 하나님의 형상"(imago Dei viva et expressa)으로서[2053] 우리와 동일한 인성을 자신의 인격 가운데 지니시고, 계시하신다. 하나님의 아들이 사람의 아들이 되심은 사람을 하나님으로 신화(神化)시키고자 하심이 아니라, 사람 속의 하나님의 형상을 회복시켜 자신의 완전한 자녀요 상속자 삼으시고자 하심이다(롬 8:17; 엡 3:6). 곧 영생을 얻게 하려 하심이다(골 3:3-4). 하나님의 형상은 사람이 이루어가야 할 이데아가 아니라 하나님이 수여하신 그 자신의 형상이다(창 1:26-27; 5:1; 창 9:6; 골 3:10; 약

[2053] 이 표현으로써 칼빈은 일차적으로 그리스도의 성자되심 곧 그의 신격을(히 1:3; 고후 4:4) 제시한다. 그리고 나아가서 그가 이 땅에 오신 하나님의 아들로서 우리와 동일한 인성을 지니신 분이시므로 우리가 그를 보고, 만지고, 듣고, 영접함으로써 그와 함께 하나님과 하나가 되는 언약의 자녀로서의 영생을 누리게 됨을 부각시킨다. 참조. Calvin, *Commentary*, 창 28:12 (2.112, CO 23.391); 출 20:3 (1.419, CO 24.262); 사 6:1 (1.201, CO 36.126); 요 1:18 (1.25, CO 46.19); 요 14:10 (2.78, CO 46.326); 고후 4:4 (55-56, CO 50.51); 골 1:15 (308-309, CO 46.84-85); 히 1:5 (10-12, CO 55.14); *Sermon*, 신 5:17 (165, CO 26.333).

3:9).[2054] 하나님의 형상은 하나님이 부여하신 사람의 사람됨, 곧 인성을 뜻한다. 하나님은 그것을 사람의 영혼과 육체 가운데 새겨주셨다. 다만 그 주요한 자리(座所, sedes primaria)를 영혼으로 삼으셨다. 영혼은 피조된 영적 실체(substantia spiritualis creata)로서 육체와 함께 사람을 구성한다.[2055]

하나님이 자신의 형상으로 사람을 지으신 것은 진리, 의(義), 거룩함 가운데 지, 정, 의(意)를 다한 그들의 인격적 순종으로써 영적 찬미와 예배를 받기 위해서였다(엡 4:24; 롬 12:1). 하나님이 최초의 인류에게 생기를 불어넣어 생령이 되게 하신 것은 생기를 지닌 자마다 자신을 찬양하게 하시기 위함이셨다(창 2:7; 시 150:6). 그러나 아담의 죄가 실존적이 아니라 언약적으로 전가되어 모든 사람이 사망의 형벌에 속하고 하나님 앞에서 전적으로 무능하고 전적으로 부패하게 되었다.[2056] 누구나 예외없이 더러워져서 선을 행하는 자가 하나도 없게 되었다(시 14:3). 그러므로 타락한 인류는 스스로 자기를 구원할 수 없게 되었다. 남을 도울 힘은 더더욱 없게 되었다(시 146:3). 그리하여 하나님의 아들이 사람의 아들이 되심으로 죽으실 수 없는 분이 죽으셨다. 죄가 없으신 분이 죄의 삯인 사망의 형벌을 치르셨다(히 2:14-15; 4:15; 5:7-9). 우리와 동일하시므로 우리의 자리에 서시고, 죄가 없으시기 때문에 우리의 죄를 가져가셨다. 이렇듯 사람의 비참한 상태는 은혜의 지고함을 역설적으로 계시하였다(롬 5:20).

"한 사람으로 말미암아"(δι' ἑνὸς ἀνθρώπου) 죄와 사망이 세상에 들어왔으며(롬 5:12) "한 사람 예수 그리스도의 은혜로"(ἐν χάριτι τῇ τοῦ ἑνὸς ἀνθρώπου Ἰησοῦ Χριστοῦ) 구원의 선물이 많은 사람에게 임하였다(롬 5:15). 벨직 신앙고백서 제19조는 중보자 그

[2054] 예수 그리스도를 "하나님의 형상"(고후 4:4), "보이지 아니하는 하나님의 형상"(골 1;15), "[하나님의] 본체의 형상"(히 1:3)이라고 칭할 때 이는 제2위 성자 하나님의 위격적 특성을 드러낸다. 그러므로 이러한 구절들을 인용하면서 그리스도의 중보가 "하나님의 형상"을 완성하기 위함이라고 논지를 전개하는 것은 앞뒤가 맞지 않다. 다음 글은 이러한 경향을 보인다. Stanley J. Grenz, "Jesus as the Imago Dei: Image-Of-God Christology and the Non-Linear Linearity of Theology," *Journal of the Evangelical Theological Society* 47/4 (2004), 620. 한편, 다음 글은 하나님의 형상이라는 관점에서 성육신을 파악하는 바, 성육신을 하나님의 의인화(擬人化, anthropomorphism)로 보고 이를 통한 사람의 신형화(神形化, theomorphism)를 구원으로 여기는 극단적인 오류에 빠져 있다. Ulrich W. Mauser, "Image of God and Incarnation," *Interpretation* 24/3 (1970), 336-356.

[2055] 이와 관련해서 다음을 참조. 문병호, "하나님의 형상의 좌소: 칼빈의 영혼의 실체 이해," 『칼빈신학: 근본 성경교리 해석』, 435-436.

[2056] 리쾨르는 "가장 시원적이며 가장 비신화적인 언어는 이미 상징적 언어"라는 명제 가운데 죄를 언어의 상징으로부터 파악하고자 하였다. Paul Ricoeur, *The Symbolism of Evil*, tr. Emerson Buchanan (Boston: Beacon Press, 1967), 9.

리스도의 신인양성의 위격적 연합은 그가 죽으신 이후에도 계속되어 "참 몸 가운데"(à un vrai corps) 변함이 없는 "인성의 실제"(la vérité de sa nature humaine)를 지니시므로 "우리의 구원과 부활이 그것에 달려있다"(notre salut et résurrection dépendent)고 천명한다.2057) 웨스트민스터 신앙고백서 제8장 4조는 주님이 "자신의 영혼으로 가장 극심한 형벌을 직접 감내하셨을 뿐만 아니라 자신의 육체로 최고로 극악한 고통을 겪으셨다"(immediate in anima sua gravissimos subiit cruciatus, in corpore vero perpessiones quam maxime dolorificas)고 하였다.2058) 하이델베르크 신앙교육서 제16문답은 그리스도가 "참되고 죄 없는 사람"(ein mahrer und gerechter Mensch)이 되신 것은 죄인의 자리에서 "하나님의 의"(die Gerechtigkeit)를 이루시기 위함이었음을 가르친다.2059)

주님은 신인양성의 인격을 지니신 중보자로서 신성에 따라서는 하나님과 동일본질이시며 인성에 따라서는 범사에 우리와 같이 되셔서 우리와 형제라 불리시기를 부끄러워 아니하셨다(히 2:11, 17). 하나님은 대제사장 가야바의 입을 발람의 입과 같이 사용하셔서 그리스도의 인성의 필연성이 증거되게 되었다. 가야바는 무리에게 "한 사람이 백성을 위하여 죽어서 온 민족이 망하지 않게 되는 것이 너희에게 유익한 줄을"(ἵνα εἷς ἄνθρωπος ἀποθάνῃ ὑπὲρ τοῦ λαοῦ καὶ μὴ ὅλον τὸ ἔθνος ἀπόληται) 생각하라고 했다(요 11:50). 이는 마치 본디오 빌라도를 사용하셔서 "보라 이 사람이로다"(Ἰδοὺ ὁ ἄνθρωπος)라고 선포하게 하신 것과(요 19:5) 다를 바 없다.

니케아 신경은 성육신한 그리스도가 "참 하나님으로부터 나신 참 하나님"(θεὸν ἀληθινὸν ἐκ θεοῦ ἀληθινοῦ)이시라고는 하였지만 그가 참 사람이시라고는 하지 않았다. 그리스도를 "참 하나님이시자 참 사람"(vere homo vere deus)으로 처음으로 칭한 교부는 이레네우스였다.2060) 칼케돈 신경은 그리스도가 "이성적인 영혼과 육체로 이루어진 참 사람이시며······인성에 따라서 우리와 동일본질이시며, '모든 것에 있어서 우리와 같으시되 오히려 죄는 없으시며'"(ἄνθρωπον ἀληθῶς τὸν αὐτόν, ἐκ ψυχῆς λογικῆς καὶ σώματος······ὁμοούσιον τὸν αὐτὸν ἡμῖν κατὰ τὴν ἀνθρωπότητα, κατὰ πάντα

2057) Schaff, *The Creeds of Christendom*, 3.404.
2058) Schaff, *The Creeds of Christendom*, 3.620-621.
2059) Schaff, *The Creeds of Christendom*, 3.312.
2060) Van Genderen and Velema, *Concise Reformed Dogmatics*, 455.

ὅμοιον ἡμῖν χωρὶς ἁμαρτίας, hominem verum eundem ex anima rationali et corpore······ consubstantialem nobis eundem secundum humanitatem; 'per omnia nobis similem, absque peccato')라고 고백한다.2061) 여기에서 세 가지가 분명히 천명되었다.

첫째, 그리스도는 영혼과 육체로 이루어진 인성을 취하셨다. 그러므로 영혼의 고상한 부분은 신성에 돌리고 저급한 부분만 인성에 돌리거나, 육체를 환영(幻影)과 같이 여겨서는 안 된다.

둘째, 그리스도는 우리와 동일본질을 취하셨다. 그러므로 우리의 인성에 속한 속성들과 동일한 속성들을 지니신다.

셋째, 그리스도는 모든 것에 있어서 우리와 동일하시나 죄는 없으시다. 죄가 없으실 뿐만 아니라 죄를 지을 수도 없으시다. 왜냐하면 신성은 인성의 연약함은 용납하나 인성의 사악함은 그 가능성조차도 용납하지 않기 때문이다.

칼빈은 그리스도가 "중보자의 역할"(partes mediatoris)을 다하기 위하여 우리와 동일한 인성을 취하셨음을 강조한다. 주님의 인성을 부인한 말씨온주의자들은 그를 "유령"(spectrum)에 지나지 않는다고 보았으며 마니주의자들(Manicheans)은 그가 "천상적인 육체로"(coelesti carne) 오셨다고 했다. 그러나 성경은 주님이 아브라함과 야곱의 후손이며 "사람의 씨로부터"(ex hominis semine) 난 사람이라고 분명히 전하고 있다(마 1:1; 갈 3:16; 창 13:15; 17:8).2062) 말씨온(Marcion, 85-160)은 주님이 "육체 대신에 환상을"(phantasma pro corpore) 입고 오셨다고 말한다. 그러나 주님이 "사람과 같이"(in similitudinem hominis) 되셨고 사람의 "모양"(figura)으로 나타나셨다는 말씀은 (빌 2:7-8) 그가 영원하신 하나님의 아들로서 "사람의 참 본성 가운데 자신을 비우셨음"(in vera hominis natura exinanitum)을 의미한다. 주님이 자신을 비우심(exinanisse)은 육체 가운데 죽임을 당하심으로써(벧전 3:18) 우리를 대속하기 위함이셨다. "그가 몸과 영혼 가운데 사람으로 나시지 않으셨다면"(nisi in hominem carne et anima), 우리를 위한 그의 수난과 부활이 무의미할 것이다(고후 3:14; 고전 5:12-20). 마니(Mani, 216-274)는 주님이 하늘에서 나시고 하늘에 속한 이의 형상을 입으셨다는 말씀을 곡해하여(고전 15:47-48), 그가 "천상적인 몸의 본질을"(essentiam corporis coelestem) 지니

2061) Schaff, *The Creeds of Christendom*, 2.62-63.

2062) Calvin, *Institutio*, 2.13.1 (CO 2.347-348).

셨다고 주장한다. 그러나 이 말씀은 주님의 육체가 우리와 다른 무엇이라는 것을 말하고자 함이 아니라 주님 안에 우리에게 부어주시는 "영적인 힘"(vim spiritualem)이 있음을 뜻한다.

이러한 논의 가운데 칼빈은 주님이 우리와 동일한 인성을 지니심을 부각시키기 위하여 그와 우리가 "본성의 연합체"(ad naturae societatem)가 됨을 강조한다. 여기에서 "societas"(연합체)라는 단어는 본래 '한 몸'(corpus unum)이라는 의미를 지니고 있다. 이러한 "연합체"에 대한 강조는 칼빈이 창세기 3:15의 "여자의 후손"이 일차적으로는 여자에게서 나실 그리스도를 지칭하지만 나아가서는 그에게 속한 모든 언약백성을 지칭한다고 해석하는 경우에도 현저하게 나타난다.[2063] 이 말씀은 주님이 여자의 "씨"(semen)로서 오셔서(갈 4:4) 인류를 구원하실 유일하신 분이심을(갈 3:16) 증거하고 있다. 이에 대한 이견이 있을 수 없다. 그런데 칼빈은 단지 여기에 머물지 않고 그리스도의 대속을 통하여 주님과 언약백성이 하나가 됨을 또한 부각시키고 있다.[2064]

칼빈은 이와 같이 말씨온과 마니의 오류를 지적하고 난 후 "여자는 씨를 담을 수 없다"(Mulieres contendunt esse ἀσπόρους)라고 주장하면서 그리스도의 동정녀탄생을 부인한 새로운 말씨온주의자 메노 시몬스(Menno Simons, 1496-1561)를 비판한다. 칼빈은 주님이 마리아의 몸을 "도관(導管)과 같이"(quasi canalem) 거쳐 간 것이 아니라 "마리아의 씨로부터 나셨음"(procreatum ex eius semine)을 천명하고, 이는 "그리스도가 그녀를 통해서 다윗의 씨로부터 나셨다는 사실"(quod per eam ex semine Davidis genitus fuerit Christus)을 의미한다고 설명한다.[2065] 주님은 원죄에 속한 마리아의 몸에서 잉태되시고 나셨으나 "악이나 부패"(vitio et corruptela)가 없으셨다. 그의 나심은 아담의 타락 전의 출생과 같이 순결하고 오염이 없었다. 이러한 "순수한 출생"(generatio pura)은 성령잉태로 말미암았다.[2066]

초대교회 영지주의자들과 말씨온 등이 주장한 가현설은 극단적인 이원론에 빠져 고급스러운 영적 존재만이 저급한 물질적 세계로부터 영혼을 해방시킬 수 있

2063) Calvin, Institutio, 2.13.2 (CO 2.348-350).
2064) Calvin, Institutio, 2.13.3 (CO 2.350).
2065) Calvin, Institutio, 2.13.3 (CO 2.351-352).
2066) Calvin, Institutio, 2.13.4 (CO 2.352). 이에 대해서 전술한 본서 제6장 4. "성육신의 방식: 성령잉태" 참조.

다고 보고, 예수는 육체 가운데 오감을 지니고 느끼고, 행하고, 고난을 받았지만, 몸은 단지 외양일 뿐 실체는 존재하지 않는 것으로 여겼다. 가현설주의자들(Docetists)은 하나님이 "자기 아들을 죄 있는 육신의 모양으로"(ἐν ὁμοιώματι σαρκὸς ἁμαρτίας)(롬 8:3) 보내셨다는 말씀과 그가 "사람들과 같이"(ἐν ὁμοιώματι ἀνθρώπων)(빌 2:7) 되셨다는 말씀을 들어 자신들의 입장을 변명하고자 한다. 그러나 이 두 말씀은 문맥상 성육신이 역사적 사건이라는 사실과 그리스도가 참 인성을 취하셨다는 사실을 오히려 뚜렷이 드러내고 있다. 가현설을 반박하며, 이그나티우스는 성육신과 육체의 고난이 실제적이었음을 처음으로 신학적으로 주장하였으며, 터툴리안은 그리스도의 육체와 부활에 대한 몇 편의 글을 작성하여 가현설에 따르면 우리를 위한 대속의 역사가 헛됨을 변증하였다. 하나님의 현존과 역사(役事)에는 물질이 수반된다는 것이 터툴리안의 주요 논지였다. 이레네우스는 총괄갱신(recapitulation)을 주장하며 그리스도의 인성을 변호하였다. 기독교사(基督敎史)에 있어서 가현설은 지속적으로 제기되어 왔된 바, 아폴리나리우스는 주님의 인성 가운데 가장 고상한 부분인 영은 신성이라고 주장하였으며, 칼케돈 신경에 반(反)하여 단성론(Monophysitism)과 단의론(Monotheletism)을 주장한 학자들은 비록 인성 자체를 부인하지는 않았으나 그것이 신성에 의해서 압도당하며 흡수된다고 보는 경향이 있었다.[2067]

한편, 근대 자유주의 신학으로부터 배태된 상승기독론은 예수의 지상 사건으로부터 시작하여 그의 신적인 인격을 논하는 데로 나아간다. 상승기독론의 기수(旗手)를 자처하는 판넨베르그는 계시적 현존과 실제적 존재를 혼동하여 예수 사건에 대한 역사적 의미를 역사와 동일시하는 오류를 범하고 있다. 판넨베르그는 다음과 같이 정의한다.

예수는 하나님의 계시로서 동시에 인성의 계시이며 사람의 운명의 계시이다(Als Offenbarung Gottes ist Jesus zugleich die Offenbarung des menschlichen Wesens, der Bestimmung des Menschen).[2068]

[2067] 참조. Berkouwer, *The Person of Christ*, 195-203.
[2068] Pannenberg, *Jesus-God and Man*, 191 (*GC* 195).

판넨베르그에 따르면, 부활절 사건을 통하여 예수가 인자(人子)로서 마지막 심판자가 되심이 드러났다. 사람 예수 안에서 "하나님을 향한 사람들의 궁극적인 운명"(die endgültige Bestimmung des Menschen für Gott)인 죽음 후 다시 살아나 영원히 사는 삶이 성취되었다. 오직 이러한 측면에서 예수는 하나님의 권능과 영광을 드러내셨으며, 사람들은 그를 사람이시되 하나님으로서 믿게 되었다.2069) 판넨베르그는 "하나님을 향한 열림에"(in der Offenheit für Gott) 예수의 인성이 있다고 주장한다. 그것은 하나님 안에서 자신의 운명을 예기하고 확신함으로써 구원에 이르는 사람의 역사적 실존과 동일시된다. 곧 하나님의 계시가 사람의 구원, 사람의 운명의 완성, 사람의 본질의 완성이다. 그 때 비로소 사람의 본질이 드러난다. 예수의 삶 혹은 역사적 예수 사건이 이를 말해준다. 판넨베르그는 이러한 측면에서 자신이 리츨(Albrecht Ritschl)을 넘어서서 사람의 윤리적 성격과 종말론적 성격을 함께 다루었다고 주장한다.2070)

판넨베르그는 예수가 다양한 형태로 하나님 앞에 사람의 대표로 나타난다고 하면서 다음과 같이 신학자들의 다양한 관점을 제시한다. 예수를 로고스를 충만히 소유하신 분으로서 보는 이레네우스와 아타나시우스 그리고 알렉산드리아 학파의 관점, 신적인 불변성에 동참한 완전한 인간으로 보는 사모사타의 바울과 안디옥 학파의 관점, 아담 이후의 인류의 죄 값을 치르신 대속자로 보는 안셈의 관점, 죄인의 자리로 낮아지셔서 의로움을 보이심으로 믿음의 대상이 되셨다고 보는 루터의 관점, 인류 보편의 잠재적 신의식의 원형이라고 보는 슐라이어마허의 관점, 하나님께 완전한 순종을 보이신 원형적인 사람으로서 인류를 위하여 헌신한 인류의 대표가 된다고 보는 바르트의 관점, 만물의 주권이 부여된 통치자의 원형이라고 보는 고가르텐(Friedrich Gogarten)의 관점, 자신의 미래를 하나님께 맡긴 믿음의 증인이라고 보는 에벨링(Gerhard Ebeling)의 관점, 자기를 초월하는 인간실현이라고 보는 라너의 관점, 등. 판넨베르그는 이러한 기독론에 관한 제 이론과 자신의 입장을 구별하면서, 예수를 자신의 인격 가운데 인간의 운명을 예기적으로 선취하신 분으로서 부각시킨다.2071) 판넨베르그의 이러한 입장은 주관적인 감정이나 정서나 객관적인 사역

2069) Pannenberg, *Jesus-God and Man*, 191-193 (GC 195-197).
2070) Pannenberg, *Jesus-God and Man*, 193-195 (GC 197-199).
2071) Pannenberg, *Jesus-God and Man*, 195-208 (GC 199-214).

등 다양한 측면에서 추구되어 온 상승기독론을 인간의 운명이라는 모호한 개념으로 재차 술회(述懷)하고 있을 뿐이다. 주목되는 것은 이러한 논의에 있어서 신인양성의 위격적 연합을 선포하는 칼케돈 신경의 가르침은 고려조차 되지 않고 있다는 사실이다.

2. 우리와 동일한 인성의 속성들을 지니심

성경은 그리스도의 인성을 분명히 전하고 있다. 주님은 친히 자신을 "사람"(ἄνθρωπος)이라고 지시하셨으며(마 4:4; 요 8:40), 사도들도 그를 그렇게 칭하였다(롬 5:15, 19; 고전 15:21, 47; 딤전 2:5). 본디오 빌라도는 자색 옷을 입고 가시관을 쓰신 주님을 무리 앞에 세우고 "보라 이 사람이로다"라고 하였다(요 19:5).

첫째, 예수는 동정녀 마리아에게서 성령으로 잉태되셨으나 그 나심은 여느 사람과 다를 바 없었다. 즉 잉태는 초자연적이었으나 출생은 자연적이었다(마 1:25, 눅 2:7). "말씀이 육신이(σὰρξ) 되셨다"(요 1:14; 참조. 딤전 3:16; 요일 4:2-3; 히 10:5; 갈 4:4; 눅 24:39). 주님은 "여자에게서"(ἐκ γυναικός)(갈 4:4) "육신으로"(ἐν σαρκί)(딤전 3:16) 나셨다. 그가 육체로 오신 것을 시인하는 영은 하나님께 속한 것이나 그렇지 않은 영은 적그리스도의 영이다(요일 2:18-19; 4:2-3). 그는 우리와 같이 혈과 육을 지니시고(히 2:14), 사람들과 같이 되셨다(빌 2:7). 그리하여 "물과 피로 임하신 이"(ὁ ἐλθὼν δι' ὕδατος καὶ αἵματος)로 불리신다(요일 5:5-6). 그가 육신으로 오셨기 때문에 사람들은 그의 말씀을 듣고, 그를 보고, 자세히 보고, 손으로 만질 수 있었다(요일 1:1).

둘째, 예수는 우리와 같이 사람의 생애를 사셨다. 그는 범사에 우리와 같이 되셨다(히 2:17). 하나님의 은혜 가운데 자라시고 지혜가 충만해지셔서 하나님과 사람에게 사랑스러워지셨다(눅 2:40, 52). 성전에서 듣기도 하고 묻기도 하셨다. 그리고 대답도 하셨다. 사람들은 그의 지혜에 놀랐다(눅 2:46-47). 그는 이 땅의 부모에게 순종하셨다(눅 2:51). 제자들은 바다 위로 걸어오시는 주님을 보고 "유령"이라고 생각했으나 주님은 "내니"(ἐγώ εἰμι)라고 말씀하심으로써 자신이 그들과 함께 거하시고 함께 마시고 드시는 분이심을 드러내셨다(막 6:49-50). 그는 국가에 세금을 내시고(마 17:24-27), 귀신들린 아들이 언제부터 그랬는지 그 아비에게 물으신 것과 같이(막 9:21) 간혹 다른 사람들에게 질문을 던지셨다(요 11:34). 그는 정기적으로 회당의 예배에 참석하셨으며(눅 4:16) 개인적으로 기도하기를 잊지 않으셨다(마 14:23; 막 1:35; 6:46; 눅 3:21; 6:12 등). 그는 육체의 한계를 지니시고 배고픔(마 4:2; 21:18; 눅 4:2), 목마름(요 19:28), 곤하심(요 4:6)을 느끼시고, 기뻐하시고(요 15:11), 슬퍼하시고(마 26:37), 다른 사람을 사랑하시고(막 10:21), 민망히 여기시고(마 9:36), 제자들의 믿지 않음을 이상히 여기시고(막 6:6), 백부장의 믿음을 놀랍게 여기셨다(눅 7:9). 어린아이들이 오는 것을 막는 제자들을 보시고 분히 여기셨으며(막 10:14) 안식일에 손 마른 자를 고쳤다고 송사하는 바리새인들의 완악함에 노하셨다(막 3:5). 나사로의 죽음으로 울고 있는 무리들을 보고 비통히 여기시고 불쌍히 여기시고 눈물을 흘리셨다(요 11:33, 35, 38).[2072)]

셋째, 그는 우리와 똑같이 시험을 받고 고난을 당하셨다(히 2:18; 4:15). 죽음의 고통을 바라보시고 민망히 여기시고(요 12:27) 답답해하셨으며(눅 12:50) 고민하고 슬퍼하셨다(마 26:37-38). 그리고 고난을 받으시고 순종하심으로 우리의 구원이 되셨다(히 5:8-9). "그는 육체에 계실 때에 자기를 죽음에서 능히 구원하실 이에게 심한 통곡과 눈물로 간구와 소원을 올렸고 그의 경건하심으로 말미암아 들으심을 얻었느니라"(히 5:7). 인성에 따른 연약함이 그에게 있었기 때문에 겟세마네에서 기도하실 때 천사가 힘을 더하였다(눅 22:43). 그는 십자가에서 죽으셨으며(마 27:45-50; 막 15:33-37; 눅 23:44-46; 요 19:28-30), "죽음을 통하여" 우리를 죽음에서 해방하셨다(히 2:14-15). 죽은 그의 옆구리를 한 군인이 창으로 찌르자 피와 물이 나왔다(요 19:34, 36). 사도 바울은 "우리 주 예수 그리스도의 십자가"가 없다면 자랑할 것이 없다고 했다. "십자가"의 복종과 "주"의 다스림은 서로 배치되는 듯하지만, "십자가"가 없이는 "주"가 계실 수 없다.[2073)]

넷째, 주님의 인성은 부활 이후의 숱한 증거들을 통하여 더욱 뚜렷이 제시된다. 영에는 살과 뼈가 없으나 부활하신 그에게는 그것들이 있었다(눅 24:39). 제자들은 부활하신 주님의 손과 옆구리를 보았다(요 20:20). 주님은 도마에게 그곳에 손을 넣어 보라고 하셨다(요 20:27). 부활하신 주님을 만난 여자들은 그의 발을 붙잡고 경배

2072) 이러한 주님이 지니신 인간의 정서에 관해서, Morris, *The Lord from Heaven*, 44-45; Warfield, "On the Emotional Life of Our Lord," in *The Person and Work of Christ*, 93-145.

2073) 참조. Macleod, *The Person of Christ*, 114.

하였다(마 28:9). 부활하신 주님의 몸이 단지 환영에 불과했다면 주님은 막달라 마리아에게 자신의 몸을 붙들지 말라고 하시지 않으셨을 것이다(요 20:17). 부활하신 주님은 숨을 내쉬셨으며(요 20:22), 하늘로 올라가시기 전에 손을 들어 제자들을 축복하셨다(눅 24:50). 그리고 사람들이 "보는데"(βλεπόντων) 올려져 가셨으며(행 1:9) "본 그대로"([ἐμ]βλέποντες) 다시 오실 것이다(행 1:9, 11).

바빙크는 주님의 인성을 다음과 같이 기술한다.

> 아브라함과 유다와 다윗의 계보에 속한 한 여자의 후손으로 오실 메시아로서 구약에 약속된 바와 같이, 그는 때가 차매 성령으로 마리아에게서 잉태되시고(마 1:20) 그 여자에게서 나셨다(갈 4:4). 그는 그녀의 몸에서 난 첫 아들(ὁ πρωτότοκος)이시고(눅 1:42; 2:7), 육체로는 다윗과 이스라엘의 후손이시고(행 2:30; 롬 1:3; 9:5), 모든 것에 있어서 우리와 다를 바 없어 혈과 육을 지니시나 다만 죄는 없으시고(히 2:14, 17-18; 4:15; 5:1), 참 사람 곧 인자(人子)시며(롬 5:15; 고전 15:21; 딤전 2:5), 유아로서 자라셨으며(눅 2:40, 52), 굶주림(마 4:2), 목마름(요 19:28), 눈물(눅 19:41; 요 11:35)을 경험하시고, 마음의 괴로움을 겪으시고(요 12:27), 슬픔을 느끼시고(마 26:38), 노하시고(요 2:17), 죽음을 당하셨다. 성경에는 그리스도가 육체 가운데 오셨다는 사실이 마치 하나의 정식과 같이 수립되었다. 그리하여 그것을 부인하는 자들을 적그리스도라고 부른다(요일 2:22).[2074]

[인성에 따른 지식의 한계]

주님은 재림의 날에 대해서, "그 날과 그 때는 아무도 모르나니 하늘에 있는 천사들도, 아들도 모르고 아버지만 아시느니라"고 하셨다(막 13:32; 참조. 마 24:36). 위격적 연합 교리에 있어서 정통적인 입장을 견지한다고 자처하는 신학자들도 이 사안만큼은 예외적으로 다루고자 하는 경향이 있다.

알렉산드리아의 키릴은 성년이 되셔서도 주님께 무지가 있었으므로 지혜가 계속 자라셨음을 설명하면서 물질적인 영역에서의 그의 비우심은 실제적이나 지식의 영

[2074] Bavinck, *Reformed Dogmatics*, 3.296. 그리스도의 인성의 특성을 영혼, 육체, 정서, 의지, 사람과의 관계라는 측면에서 파악한 다음 글 참조. Macleod, *The Person of Christ*, 161-180.

역에서는 단지 가현적(docetic)이라고 보았다.2075)

아퀴나스는 본문과 사도행전 1:7의 "때와 시기는 아버지께서 자기의 권한에 두셨으니 너희가 알 바 아니요"라는 말씀은 그리스도의 무지가 아니라 우리의 무지를 드러낸다고 여겼다. 그리스도는 그 날을 알고 계시지만 그 지식이 우리에게 공유될 수 없는 것이기 때문에 그렇게 말씀하셨다는 것이다.2076)

로마 가톨릭은 신인양성의 위격적 연합 교리를 거론하는 가운데 아퀴나스의 이러한 입장을 받아들여 하늘과 땅의 모든 권세를 부여받으신 그리스도는(마 28:18) 아버지와 동등하신 삼위일체 하나님이시기(마 28:19) 때문에 심지어 그의 인성에 있어서조차도 지식에 제한이 없다고 주장한다. 그들은 이러한 지식을 "상대적 전지"(相對的 全知, a relative omniscience)라고 여겨 신성에 본질적인 "절대적 전지"(絶對的 全知, an absolute omniscience)와 구별하기도 하지만, '전지'인 이상 상대적일 수 없으므로 그 개념 자체가 모순을 드러낸다.2077)

주님의 영혼은 이미 이 땅에서 "하나님에 대한 직관"(visio Dei) 곧 "지복직관"(至福直觀, visio beata)의 상태에 있으며 "지복지식"(至福知識, scientia beata)을 지니게 된다고 로마 가톨릭은 믿고 있지만, 지상의 주님은 "나그네"(viator)로서 "지복직관자"(至福直觀者, comprehensor)가 아니셨다.2078) 로마 가톨릭은 지상의 예수는 그 인성에 있어서조차 이미 견신(見神)의 상태에 계시다고 여기기 때문에 그 가운데서 당하신 그의 고난(passio)을 설명하기에 난점이 있다.2079) 이를 무마하기 위해서 주님은 영혼의 저급한 부분만 고난을 당하셨으며 고급스러운 부분은 고난으로부터 자유로우셨다고 변명을 하기도 하지만, 그 경우 대속의 의는 오직 저급한 영혼에만 관계되는 것이 되어 속죄론에 있어서 치명적인 흠결을 남기게 된다.2080) 그리스도의 고난은 지식에 있어서조차도 비하의 상태에 부합한다. 우리가 겟세마네의 기도와(마 11:37-39) 십자가에서의 외치심을 통하여(마 27:46) 보듯이, 주님의 인성에 따른 고난은 영

2075) Alex B. Bruce, *The Humiliation of Christ: In Its Physical, Ethical, and Official Aspects* (Grand Rapids: Eerdmans, 1955, 4th ed. rep.), 52–58, 특히 55.

2076) Aquinas, *Summa Theologiae*, III.10.2. Berkouwer, *The Person of Christ*, 213에서 재인용.

2077) Berkouwer, *The Person of Christ*, 213–215.

2078) 참조. Bavinck, *Reformed Dogmatics*, 3.312.

2079) 참조. Bruce, *The Humiliation of Christ*, 79–81.

2080) 참조. Berkouwer, *The Person of Christ*, 218–219.

혼과 육체의 전 실체와 작용에 미치기 때문이다.

개혁신학자들은 칼케돈 신경에 충실하게 양성의 연합을 다룬다. 로마 가톨릭의 비난과는 달리, 그들은 결코 예수의 인성을 폄하하거나 무시하지 않는다. 다만 양성의 연합의 비밀을 강조할 뿐이다. 주님이 죽음을 바라보시면서 순종의 기도를 올리셨다는 사실에서(히 5:7) 우리는 'visio'(직관)와 'passio'(고난)의 어울림을 볼 뿐 어떤 모순도 발견할 수 없다.[2081] 그리스도는 인성에 따라서는 모르는 것이 있을 수 있으시나 신성에 따라서는 모든 것을 다 아신다. 인성에 따라서는 자신의 재림의 날과 시를 알지 못하시나, 신성에 따라서는 그것을 모르실 수 없으시다. 그러므로 인성에 따른 지식의 제한을 근거로 삼아 신성의 전지성에 제한을 가하는 근대 케노시스 교리는 용납되지 않는다.[2082]

주님은 인성에 따른 지식의 한계를 지니시나 신성에 따라서는 전지하시다. 주님의 인성은-한 인격 안에서 신성과 연합함으로써-고유한 고상함과 우월함을 지니고 있으나, 속성상 전지하지는 않다. 신성에 따라서 주님은 모든 것을 다 아시고 모든 것을 스스로 계시하신다. 다만 외계적으로 자신을 드러내실 때에는 그 대상에 맞추어서 그렇게 하신다. 신인양성의 위격적 연합으로 말미암아 신성에 따른 속성이 제한되거나 포기되지 않는다. 성경에서 전하는 그리스도의 비밀(μυστήριον)은(골 1:27; 2:2; 고전 2:1, 7; 골 1:27; 딤전 3:6) 하나님의 자기계시 곧 원형계시(revelatio archetypa)가 계시된, 중보된, 맞추어진 계시(revelatio revelata et mediata et accommodata)로서 곧 모형계시(revelatio ectypa)로서 우리에게 드러나는 경륜을 뜻한다.[2083] 하나님의 계시는 우리의 실존적 경험이 아니라 성령의 조명과 감화에 의해서, 그리스도의 중보에 따른 것이나 즉각적으로, 우리에게 계시된다. 그러므로 바르트(Karl Barth)나 브룬너(Emil Brunner)로 대변되는 신정통주의자들이 그리스도의 계시를 그의 인성의 속성들에 대한 실존적 인식체험에 국한시키고 신성의 전지(全

2081) 참조. Berkouwer, *The Person of Christ*, 219-223.

2082) 예컨대 고어(Charles Gore)는 그리스도의 지식을 기본적으로 인성에 의해서 제한된 지식으로 본다. 이는 그가 신성에 따른 전지성의 제한 혹은 포기를 주장하는 근대 케노시스주의자들의 입장에 서 있기 때문에 파생되는 당연한 귀결이다. 참조. Baillie, *God Was in Christ*, 12.

2083) 개혁신학자들은 이를 신학 혹은 계시의 원리(principia theologiae sive revelationis)로 개진한다. 이에 대해서 전술한 본서 제2장 3. "성경과 신학: 신학의 원리와 삼위일체론적-기독론적 관점" 참조.

知)는 단지 그것에 대한 변증법적 유추에 불과하다고 여기는 것은 그릇되다.[2084]

브룬너는 "계시는 일시적인 것에 대한 영원자의, 유한한 것에 대한 무한자의, 인격에 대한 절대자의 취함이다"라고 정의하면서,[2085] 이러한 계시는 필히 인성의 베일 아래 감추어지는데 그 베일을 벗겨내는 신비한 일을 우리가 믿음으로 감당하게 된다고 주장한다.[2086] 이러한 의미에서 믿음이 "진정한 결단"으로서[2087] "가장 간접적인 자기교통의 형상"이라고 일컬어진다.[2088] 그 믿음의 대상이 그리스도, "그의 인격적인 실존 가운데 하나님의 인격이 믿음을 통하여 우리를 만나는 이 사람이다"라고[2089] 브룬너는 말한다.

브룬너에 따르면, 계시는 "예수 그리스도의 인격의 비밀"으로서,[2090] 오직 믿는 자의 실존적 결단을 통하여 역사적, 보편적, 우주적 의미를 드러낸다.[2091] 주님이 이 땅에 오신 목적에 계시의 핵심이 있다. "예수의 인격의 비밀은 그의 명분의 비밀과 일치한다." 그러므로 아버지의 뜻에 순종하여 자신의 일을 수행하고자 하신 예수의 자의식(自意識)이 우리가 계시의 비밀에 가닿는 결정적인 요소가 된다.[2092] 브룬너는 그리스도의 인성은 이러한 자의식의 초월과 관련하여 역사적으로 논의될 수 있을 뿐이라고 주장하면서, 오직 역사적인 것만이 인격적인 것이기 때문에[2093] 정통교회의 입장으로 여겨져 온 그리스도의 신인양성의 인격에 대한 "형이상학적인 오해"는 지양되어야 한다고 단언한다.[2094] 이러한 입장에 서게 되면 결국 인성에 따른 신성의 유추 혹은 신성을 변증법적 지양의 대상으로 삼은 인성의 고양만이 남을 뿐이다.

이러한 브룬너의 입장을 다음과 같이 정리해볼 수 있다.

2084) 참조. Berkouwer, *The Person of Christ*, 348–349.
2085) Brunner, *The Mediator*, 332.
2086) Brunner, *The Mediator*, 333–334.
2087) Brunner, *The Mediator*, 338.
2088) Brunner, *The Mediator*, 336.
2089) Brunner, *The Mediator*, 345.
2090) Brunner, *The Mediator*, 349.
2091) Brunner, *The Mediator*, 348–349.
2092) Brunner, *The Mediator*, 352–353.
2093) Brunner, *The Mediator*, 348.
2094) Brunner, *The Mediator*, 343.

1) 모든 사람의 인성에는 드러나는 부분과 감추어진 부분이 있다. 2) 그리스도의 인성도 그러하다. 3) 그 드러나는 부분으로 그리스도를 다 알 수는 없다. 4) 믿음으로써, 그 드러나는 부분을 통하여 그 감추어진 부분을 발굴할 때, 그 감추어진 부분을 통해 그리스도의 신성이 드러난다. 5) 인식론적으로, 그리스도의 신성은 인성에 종속된다. 6) 그리스도를 통하여, 우리는 하나님이 아니라 우리 자신에 대해서 일차적으로 알게 된다. 신성에 관한 지식인 하나님을 아는 지식은 인성에 관한 지식인 우리 자신을 아는 지식에 후속하며 수반된다. 7) 그리스도의 계시의 비밀은 인성에 감추어진 신성의 드러남에 있다. 달리 말하면, 인성이 신성을 담고 있다는 자체가 그리스도의 계시의 비밀이다. 8) 그러므로 인성에 따른 유한한 지식과 신성에 따른 무한한 지식—곧 전지—은 한 인격 안에 공존할 수 없다. 따라서 위격적 연합을 통한 신인양성의 교통은 이와 무관하다. 9) 결론적으로, 그리스도의 계시의 비밀은 인성 자체나 신성 자체가 아니라 오직 신성에 이르는 인성의 역사적 고양 혹은 초월에서 변증법적으로 드러난다.

이러한 브룬너의 이해는 바르트에 의해서도 기본적으로 공유된다. 다만 바르트는 인식과 존재의 변증법을 더욱 극단화하고 있다는 점에서 차이가 있을 뿐이다. 바르트에 따르면, 하나님의 말씀은 궁극적으로 "세속성"(Welthafitigkeit) 가운데 비밀로 남는다. 설교와 성례, 성경 자체가 모두 그러하다.[2095] 이 비밀과 관련하여 이중적 "간접성"(Indirektheit)이 고려된다.

첫째, 우리가 만나는 하나님의 말씀의 "형태"(Gestalt)는 그 "내용"(Gehalt)과 구별되어야 한다.

둘째, 그럼에도 불구하고, 그 "내용"과 다를 바 없이 그 "형태"에 있어서도 하나님의 말씀을 "감춤"(Verhüllung) 곧 "수수께끼"(Rätsel)로 여겨야 한다. 피조물의 형태는 조물주인 하나님의 자기현시를 위한 적합한 매체가 아니다. 그러나 하나님은 그것을 취하셨다. 그리고 그것과 관련하여 말씀하시므로 그것에 대해서 알 길을 열어 놓으셨다.[2096] 바르트는 이러한 길이 인성에 따른 신성의 인식체험이라고 보고, 그리스도의 육체에 감추어진 하나님의 지식을 우리가 믿음의 눈으로 발굴해내지 않

[2095] Barth, *Church Dogmatics*, I/1.165 (*KD* I/1.171).
[2096] Barth, *Church Dogmatics*, I/1.166-167 (*KD* I/1.172-173).

으면 그것은 결코 스스로 실체를 드러내지 않는다고 주장한다. 그리스도는 그 자신이 진리가 아니라 우리 안에서 비로소 진리가 되신다고 여기는 것이다. 달리 말하면, 그리스도에 관한 말씀을 담고 있는 성경은 그 자체로 계시가 아니라 우리 안에서 계시가 된다고 본 것이다.

동일하신 그리스도가 인성에 따라서는 지혜와 지식이 자라가고 신성에 따라서는 전지하시다. 신성에 따른 전지가 인성의 한계에 의해서 제한되거나 모호해지지 않는다. 그러므로 지식에 있어서도, 참 신성과 참 인성이 서로 충돌되지 않는다. 오히려 [신성에 따라서] 모든 것을 아시는 분이 [인성에 따라서] 묻기도 하시고 모른다고도 하시니, 그 비하가 우리의 공로로 족한 것이다. 주님의 감추심(occultatio)은 실체적이거나 본성적이지 않고 경륜적이다. 그것은 케노시스주의자들이 말하는 신성 자체의 포기가 아닐 뿐만 아니라 신성의 사용의 포기도 아니다. 바르트나 브룬너의 입장에 서게 되면 주님의 참된 비하를 거부하고 유사(quasi) 비하를 인정하는 형국이 되고 만다.[2097]

주님은 자신의 어떠하심을 아이들에게도 숨기지 않으셨다(마 11:25). 주님은 자신을 감추지 않고 드러내셨다. 그리하여 듣고, 보고, 만지게 하셨다(요일 1:1). 주님은 부활 후 수많은 사람들에게 자신을 드러내셨다(요 20-21장; 고전 15장). 주님에 대한 기사가 일부만 기록된 것은(요 21:25) 숨기고자 함이 아니라 맞추어서 알리고자 함이다.[2098] 성경은 그리스도에 관한 지식이 아니라 그리스도 자신을 비밀이라고 칭한다. "지식에까지", 그리스도의 비밀은 신인양성의 위격적 연합에 있다.[2099] 그리하여 우리가 그 가운데 다 이루신 의로 말미암아 "자기를 창조하신 이의 형상을 따라 지식에까지 새롭게 하심을 입은 자"(τὸν νέον τὸν ἀνακαινούμενον εἰς ἐπίγνωσιν κατ' εἰκόνα τοῦ κτίσαντος αὐτόν)가 된다(골 3:10). 그러므로 우리는 마지막 날 심판주로 다시 오실 [신성에 따라서] 전지하신 주님이 [인성에 따라서] 그 날과 그 시를 모른다고 하신 말씀을 역설이나 모순이 아니라 비밀로 받고 찬미하게 된다. 주님이 높은 산에 올라가셔서 자신의 변형된 모습을 제자들에게 보이신 것은 자신을 감추고자 하심이(incognito) 아니라 큰 영광 가운데 드러내고자(revelato) 하심이셨다(마 17:1-8).

2097) 참조. Berkouwer, *The Person of Christ*, 359.
2098) Cf. Berkouwer, *The Person of Christ*, 362.
2099) 참조. Berkouwer, *The Person of Christ*, 354, 356-357.

우리 주 예수 그리스도의 능력과 강림하심을 너희에게 알게 한 것이 교묘히 만든 이야기를 따른 것이 아니요 우리는 그의 크신 위엄을 친히 본 자라(ἐπόπται) 지극히 큰 영광 중에서 이러한 소리가 그에게 나기를 이는 내 사랑하는 아들이요 내 기뻐하는 자라 하실 때에 그가 하나님 아버지께 존귀와 영광을 받으셨느니라 이 소리는 우리가 그와 함께 거룩한 산에 있을 때에 하늘로부터 난 것을 들은 것이라(벧후 1:16-18).[2100]

3. 그리스도의 인성의 무죄성

주님은 우리와 동일하시되, 성령잉태로 동정녀 마리아에게서 나셨다는 사실과 죄가 없으시다는 사실에 있어서 우리와 다르시다.[2101] 주님은 "[나의] 의로운 종"(צַדִּיק עַבְדִּי)으로서(사 53:11) 무죄한 가운데 시험을 받으시고(사 53:9; 히 4:15; 요일 3:5) 저주의 죽음을 당하셨다(갈 3:13; 신 21:23; 고후 5:21; 롬 8:3). 아무도 그를 정죄할 수 없으나 모든 사람이 그를 정죄하는 자리에 섰다. 헤롯과 빌라도는 서로 원수였으나 그를 죽이는 일에는 친구가 되었다(눅 23:12). 그들과 이방인과 이스라엘인이 합세하여 주님을 십자가에 못 박았다(행 4:27). 주님의 무죄성이 절대적인 것처럼 주님이 당한 죽음의 비참함과 무고(無故)함도 절대적이었다. 주님이 죄가 없는 가운데 죄인으로 죽으심은 하나님의 창세 전의 작정에 따른 비밀스러운 경륜인 역사상 섭리였다. "너희는 의인을(τὸν δίκαιον) 정죄하고 죽였으나 그는 너희에게 대항하지 아니하였느니라"(약 5:6).

주님은 자신이 항상 자신을 보내신 분을 기쁘시게 하시는 일을 감당하시므로 아무도 자신을 책잡을 수 없다고 말씀하셨다(요 8:46; 요 8:29). 자신을 가리켜 "아버지께서 거룩하게 하사 세상에 보내신 자"(ὃν ὁ πατὴρ ἡγίασεν καὶ ἀπέστειλεν εἰς τὸν κόσμον)라고 하셨다(요 10:36). 예수를 판 유다는 예수의 피는 "무죄한 피"(αἷμα ἀθῷον)(마 27:4)라고 하였다. 빌라도의 아내는 예수를 심문하고 있는 자기의 남편에

[2100] 다음 글에서는 본문과 관련하여 오히려 숨겨진 그리스도를 논의한다. 참조. Ramm, *An Evangelical Christlology*, 59.

[2101] C. F. D. Moule, "The Manhood of Jesus in the New Testament," in *Christ, Faith and History*, ed. S. W. Sykes and J. P. Clayton (Cambridge: Cambridge University Press, 1972), 102.

게 "저 옳은 사람에게(τῷ δικαίῳ ἐκείνῳ) 아무 상관도 하지 마옵소서"라고 당부하였다(마 27:19). 빌라도는 "나는 그에게서 죄를 찾지 못하였노라"(ἐγὼ γὰρ οὐχ εὑρίσκω ἐν αὐτῷ αἰτίαν)고 대제사장들과 무리들에게 선포하였다(요 19:6). 더러운 귀신들린 사람도 그를 "하나님의 거룩한 자"(ὁ ἅγιος τοῦ θεοῦ)로 알았다(눅 4:34). 그리스도는 "거룩하고 의로운 이"(ἅγιον καὶ δίκαιον)로서(행 3:14), "거룩한 종"(ὁ ἅγιος παῖς)으로서(행 4:27, 30) 초대교회의 찬미를 받으셨다. 그는 "모든 일에 우리와 똑같이 시험을 받으신 이로되 죄는 없으신" 분("πεπειρασμένον δὲ κατὰ πάντα καθ' ὁμοιότητα χωρὶς ἁμαρτίας")으로서(히 4:15), "거룩하고 악이 없고 더러움이 없고 죄인에게서 떠나 계시고 하늘보다 높이 되신 이"(ὅσιος ἄκακος ἀμίαντος, κεχωρισμένος ἀπὸ τῶν ἁμαρτωλῶν καὶ ὑψηλότερος τῶν οὐρανῶν γενόμενος)시다(히 7:26). 그리하여, "영원하신 성령으로 말미암아 흠 없는 자기를 하나님께 드린 그리스도의 피가"(τὸ αἷμα τοῦ Χριστοῦ, ὃς διὰ πνεύματος αἰωνίου ἑαυτὸν προσήνεγκεν ἄμωμον τῷ θεῷ) 우리를 구원하고 깨끗하게 하신다(히 9:14).

베드로는 주님을 "하나님의 거룩하신 자"(ὁ ἅγιος τοῦ θεοῦ)라고 믿었고(요 6:69), "죄를 범하지 아니하시고 그 입에 거짓도 없으시며"(ἁμαρτίαν οὐκ ἐποίησεν οὐδὲ εὑρέθη δόλος ἐν τῷ στόματι αὐτοῦ)(벧전 2:22) "의인으로서 불의한 자를 대신"(δίκαιος ὑπὲρ ἀδίκων)하신 분이라고(벧전 3:18) 전한다. 요한은 주님의 무죄함이 우리의 죄를 가져가신 표가 됨을 다음과 같이 선포한다. "그가 우리 죄를 없애려고 나타나신 것을 너희가 아나니 그에게는 죄가 없느니라"(οἴδατε ὅτι ἐκεῖνος ἐφανερώθη, ἵνα τὰς ἁμαρτίας ἄρῃ, καὶ ἁμαρτία ἐν αὐτῷ οὐκ ἔστιν)(요일 3:5). 바울이 전하듯이, 주님은 "죄를 알지도 못하신 이"(τὸν μὴ γνόντα ἁμαρτίαν)셨다(고후 5:21). 천사는 이 사실을 주님이 잉태되시기도 전에, "나실 바 거룩한 이"(τὸ γεννώμενον ἅγιον)는 "하나님의 아들"(υἱὸς θεοῦ)이라 일컬어질 것이라고 알렸다(눅 1:35). 주님은 성령으로 잉태되셔서 거룩하지 않으신 적이 없으시다. 그의 거룩함은 천상의 몸을 받아서도 아니며 그를 잉태하고 낳은 마리아가 무흠해서도 아니다. 이런 측면에서 성경은 그를 "하늘에 속한 이"(ὁ ἐπουράνιος)라고 부르고 그가 "하늘에서 나셨느니라"(ἐξ οὐρανοῦ)고 전한다(고전 15:47-49).

예수님의 무죄성에 관하여, 어거스틴의 전통에 서 있는 학자들은 주님은 아담과 다를 바 없이 죄를 짓거나 짓지 않을 수 있는(posse sive peccare sive non peccare) 인성을 취하셨음에도 불구하고[2102] 그 인성이 무죄한 신성과 연합하여 있으므로 죄를 지을 수 없는(non posse peccare) 분이셨다고 여기고,[2103] 신성은 죄행(罪行)뿐만 아니라 죄성(罪性)이나 죄향(罪向)조차도 용납할 수 없고 그것들과 공존할 수도 없으므로 주님의 인성은 내적으로 유혹을 받으실 가능성조차도 없으셨다고 주장한다.[2104]

그러나 몹수에스티아의 테오도레와 네스토리우스로 대변되는 안디옥 학파에 속한 교부들과 슐라이어마허를 필두로 하는 근대 자유주의 신학자들은 주님의 무죄성을 인정한다고 하면서도 그것을 "경험적 무죄성"(an empirical sinlessness)과 "필연적 무죄성"(a necessary sinlessness)으로 나누고 그중에서도 전자만 인정하는 경향을 보인다. 그리스도의 신성을 인정하지 않는 아리우스, 성부의 뜻(意志, voluntas)을 성자의 인격보다 절대시하는 둔스 스코투스와 그의 영향을 받은 비엘(Gabriel Biel, 1410-1495)과 같은 유명론자들, 인성에 따른 행위의 공로를 강조하는 펠라기우스주의자들 등이 이러한 입장에 선다. 그러나 바빙크가 말하듯이, 어떤 경우이든 주님께 죄를 지을 가능성이 있었다고 본다면, 우리는 하나님 자신이 죄를 지으실 수 있다고 인정하게 되거나 신인양성의 위격적 연합을 부인하게 되거나 하는 둘 중 어느 한 자리에 서게 된다.[2105]

한편, 19세기 스코틀랜드 신학자 어빙(Edward Irving, 1792-1834)은 예수는 타락한 인성을 지니셨지만 성령을 충만히 받으셔서 무죄한 삶을 사셨다는 입장을 개진하였다.[2106] 원죄에 속하여 죄를 지을 가능성은 있었으나 실제적인 죄인 본죄(本罪)는 짓지 않았다는 데 그 요지가 있다.[2107]

유사한 맥락에서 바르트는 성육신을 다음과 같이 변증법적으로 진술한다. "하나님의 말씀에 의해서 취택된 거룩하지 않은 우리 인간의 실존이 하나의 거룩해

[2102] 이는 타락 전 아담과 하와의 상태에 관한 칼빈의 입장을 대변한다. 참조. Calvin, *Institutio*, 1.15.8 (*CO* 2.143); Anthony N. S. Lane, "Did Calvin Believe in Free Will?" *Vox Evangelica* 12 (1981), 72-75.

[2103] 참조. Crisp, *Divinity and Humanity*, 95-96.

[2104] Macleod, *The Person of Christ*, 221-222.

[2105] Bavinck, *Reformed Dogmatics*, 3.313-314.

[2106] 참조. Jim Purves, "The Interaction of Christology & Pneumatology in the Soteriology of Edward Irving," *Pneuma* 14/1 (1992), 82-83.

[2107] Edward Irving, *The Orthodox and Catholic Doctrine of Our Lord's Human Nature* (London: Baldwin and Cradock, 1830). 이에 대해서, Colin E. Gunton, "Two Dogmas Revisited: Edward Irving's Christology," *Scottish Journal of Theology* 41 (1988), 359-376.

진 실존이 되고, 죄 없는 인간의 실존이 된다."2108) 바르트는 예수의 인성 자체의 어떠함이 아니라 그가 타락한 인류의 인성을 받아들였다는 점에 천착하여 "무죄성"(Sündlosigkeit)을 거론하고 있는 바, 아담과 달리 자신의 자리를 벗어나 하나님과 같이 되고자 하지 아니하시고 자신이 취하신 타락한 사람의 상태와 위치를 인정하셨다는 점에서 예수는 죄가 없으셨다고 말할 뿐이다.2109) 이렇게 보면 예수는 죄가 없으신 적이 없지 않게 되신다. 이러한 입장은 바르트의 신학에 영향을 받은 학자들에 의해서 지지된다.2110) 예수의 인성은 신적 초월과 임재가 실존적으로 경험되는 자리로서 그것을 공유하는 모든 인류는 전적 타자(全的他者)인 하나님과 즉자대자(卽者對者)로 마주서게 된다는 발상 역시 이와 맥이 닿아있다.2111)

예수는 타락한 인성을 취하셨으나 죄는 없으시다는 이러한 주장은 취함이 없이는 사함이 없다는 나지안주스의 그레고리의 말을 왜곡되게 비추어 예수가 우리와 동일한 인성을 취하지 않으셨다면 우리를 구원하실 수 없으셨을 것이라는 점, 주님의 인성은 타락한 마리아의 인성으로부터 조성되었으므로 타락한 인성이라는 점, 주님이 타락한 인성을 취하지 않으셨다면 우리와 같이 되실 수 없으셨을 것이라는 점, 등의 논거로 주장된다.2112) 그러나 예수가 타락한 인성을 지니셨다면 먼저 자신이 사함을 받으셔야 하므로 우리를 위한 그의 공로가 족할 수 없을 것이다.

중세 로마 가톨릭은 원죄에는 "선천적 오염"(corruptio hereditaria)과 "선천적 죄과"(罪科, culpa hereditaria)가 포함되며 후자는 "죄책"(罪責, reatus culpae)과 "벌책"(罰責, reatus poenae)으로 이루어진다고 보고, "오염"과 "죄책"은 주님의 대속으로 없어지나 "벌책"은 그렇지 않다고 주장한다. 곧 주님이 취함에는 선천적 오염과 죄책이 포

2108) Barth, *Church Dogmatics*, I/2.155-156 (*KD* I/2.170).

2109) Barth, *Church Dogmatics*, I/2.157-158 (*KD* I/2.172). 이러한 바르트의 입장에 대해서, Crisp, *Divinity and Humanity*, 90-91, 111.

2110) 특히 어빙과 바르트의 관점에서 "그리스도의 대리적 인성"(the vicarious humanity of Christ)이라는 개념을 개진하고 있는 토렌스 형제들의 다음 글들을 참조할 것. T. F. Torrance, *The Mediation of Christ* (Grand Rapids: Eerdmans, 1983); J. B. Torrance, "The Vicarious Humanity of Christ," in *The Incarnation*, ed. T. F. Torrance (Edinburgh, Handel Press, 1981), 127-147. 이를 과도하게 칼빈의 신학에 적용한 예(例로, J. B. Torrance, "The Vicarious Humanity and the Priesthood of Christ in the Theology of John Calvin," in *Calvinus Ecclesiae Doctor*, ed. W. Neuser (Kampen: J. H. Kok, 1978), 69-84.

2111) 이러한 입장을 견지하는 글로서, Harold H. Ditmanson, "New Insights on the Nature of Man and Implications for Christology," *Lutheran Quarterly* 23/4 (1971), 335-355.

2112) Macleod, *The Person of Christ*, 224-225.

함되고 벌책은 포함되지 않으므로 주님의 인성도 선천적 오염과 죄책만 가지고 있을 뿐 벌책은 가지고 있지 않다고 보는 것이다. 그러나 개혁신학자들은 원죄를 언약에 따라서 어떤 매개도 없이 직접적으로 전가된 죄(peccatum imputatum)로 여기고 "죄책"에는 필히 "벌책"이 수반된다고 보기 때문에 이러한 로마 가톨릭의 구별을 거부한다. 로마 가톨릭의 눈에는 개혁신학자들이 주님의 인성을 "선천적 오염"과 "선천적 죄과"인 "죄책"과 "벌책"을 모두 포함하는 타락하고 죄 있는 인성으로 여기는 듯이 보일 수도 있을 것이다. 그러나 개혁신학자들은 주님이 타락한 인류를 구원하기 위하여 사람이 되신 것은 타락한 인성을 지니시고 죽음에 삼키고자 하심이 아니라 순전한 인성을 지니시고 죽음을 이기고자 하심에 있다는 사실에 착안하여, 오염된 죄성(罪性)과 관련된 "잠재적 죄과"(reatus potentialis)와 죄행(罪行)과 관련된 "실제적 죄과"(reatus actualis)를 나누고, 이 둘 모두에 대한 값을 치르기 위하여 당하신 순종(obedientia passiva)뿐만 아니라 행하신 순종(obedienta activa)을 모두 수행했다고 주장한다.[2113] 취함이 없이는 사함이 없다는 나지안주스의 그레고리의 원리에서, '취함'의 대상은 '죄성'이 아니라 '인성'임을 분명히 한 것이다. 그러므로 주님의 인성이 타락한 인류의 연약함(imbecillitas)을 지녔다고 해서, 타락한 본성을 지녔다는 것이 아니므로, 그것이 죄를 지을 수 없음, 곧 불가범죄성(不可犯罪性, impeccabilitas)에 배치되는 것은 아니다.[2114]

주님은 우리와 같은 연약함을 지니셨으므로 인성에 따라서는 "시험을 받으신 이"(πεπειρασμένον κατὰ πάντα καθ' ὁμοιότητα)시다(히 4:15).[2115] 그러나 "하나님은 악에게 시험을 받지도 아니하시고(ἀπείραστός)" "변함도 없으시고 회전하는 그림자도 없으시니라"고 성경에서 전하는 바와 같이(약 1:13, 17), 신성에 따라서는 시험에 동요되

2113) 이러한 입장은 원죄의 직접적 전가를 전제한다. 참조. Berkhof, *Systematic Theology*, 245-246.

2114) 이를 개진함에 있어서 필자는 다음을 참조. Crisp, *Divinity and Humanity*, 96-101. 여기에서 저자가 이른 결론은 다음과 같다. "그리스도는 타락한 인성의 연약함을 취하셨으나 타락성(墮落性)의 조건을 취하지는 아니하셨다"(116).

2115) 예수는 실제로 시험을 받으셨다. 하나님의 영에 이끌리어 예수는 마귀에게 시험을 받으러 광야로 나가셨다(마 4:1). 누가는 예수가 성령의 충만함을 입었다고 전한다(눅 4:1). 마귀의 시험은 단지 광야에서 끝나지 않았다. 마귀는 모든 시험을 다 한 후에 잠시 떠났다(눅 4:13). 주님은 자신이 승천한 이후에는 세상의 임금이 자신과 무관하다고 하심으로써(요 14:30) 세상에 계실 동안 마귀의 시험이 계속되었음을 간접적으로 드러내신다. 주님은 잡히시던 밤에 제자들이 당한 모든 시험 중에 항상 함께 있었다고 하셨다(눅 22:28). 성경은 예수가 무죄하다는 사실과 그가 당한 시험이 실제적이라는 사실을 함께 전한다. 이에 대해서, Berkouwer, *The Person of Christ*, 251-252.

거나 빠지기는커녕 시험으로 말미암아 마음의 유혹조차 느낄 수 없으시다. 그러므로 시험은 죄를 지을 가능성을 의미하므로, 참 사람으로서 시험을 받으신 예수는 "죄를 지을 수 없는 상태"(non posse peccare)에 계시되 "절대적인 불가범죄성"을 지니실 수는 없다고 말하는 것은 그릇되다.2116) 주님이 시험을 받으신 것은 무죄한 이로서 "강한 자"(ὁ ἰσκυρός), 곧 공중의 권세 잡은 악한 영을 묶으시기 위함이셨다(마 12:29; 막 3:27; 눅 11:21-22).2117) 주님은 참 사람이시되 참 하나님이시므로 죄를 짓지 않을 수 있으셨을(potuit non peccare) 뿐만 아니라 죄를 지을 수도 없으셨다(non potuit peccare).2118) 그러므로 죄를 지을 가능성을 전제하고 가능성이 곧 유혹이라고 말하는 경우가 있는데 이는 예수의 본질적 무죄성을 부인하는, 받아들일 수 없는 입장이다.2119) 죄가 없으신 주님이 죄인의 죽음을 죽기까지 고난을 당하신 것은 우리의 죄를 사하시고 우리를 의롭다 하시기 위함이셨다. "하나님이 죄를 알지도 못하신 이를 우리를 대신하여 죄로 삼으신 것은 우리로 하여금 그 안에서 하나님의 의가 되게 하려 하심이라"(τὸν μὴ γνόντα ἁμαρτίαν ὑπὲρ ἡμῶν ἁμαρτίαν ἐποίησεν, ἵνα ἡμεῖς γενώμεθα δικαιοσύνη θεοῦ ἐν αὐτῷ)(고후 5:21).

주님은 신성에 따라서 뿐만 아니라 인성에 따라서도 죄가 없으시다. 그는 죄의식을 지니지 않으신다. 그는 단점을 고백하신 적이 없으시다. 그가 행하고, 생각하고, 말한 것은 정확하게 하나님의 뜻에 부합한 것으로서, 그 뜻에 따른 모든 의를 다 이루셨다(마 3:15; 요 19:30). 주님은 원죄가 없으시다. 그에게는 죄책과 오염을 찾을 수 없다. 사탄은 그 속에 자리를 잡을 수 없다. 그에게는 죄를 닮은 부분이 없고, 죄에 대한 성향도 없다. 그의 속으로부터 유혹이 작용할 가능성도 없다. 어떤 면에 있어서도 그리스도는 타락하지 않았고, 부패하지 않았다.

주님의 무죄성과 관련해서 영생을 얻는 길을 묻는 부자 청년에게 하신 "네가 어찌하여 나를 선하다 일컫느냐 하나님 한 분 외에는 선한 이가 없느니라"(τί με λέγεις ἀγαθόν; οὐδεὶς ἀγαθὸς εἰ μὴ εἷς ὁ θεός)는 대답에(막 10:18; 참조. 마 19:17; 눅 18:19) 대한 해석이 분분했다. 워필드는 여기에서 주님이 비교하고 계신 것은 성자 하나님이신

2116) 참조. Hodge, *Systematic Theology*, 2, 457.

2117) 참조. Reymond, *Jesus Divine Messiah*, 312-313.

2118) 참조. Berkhof, *Systematic Theology*, 318-319.

2119) Tillich, *Systematic Theology*, 117ff.

자신과 성부 하나님이 아니라 삼위일체 하나님과 다른 사람들이라고 하면서, 주님이 선하지 않으셨다면 스스로를 랍비, 선생, 지도자로 칭하시고(마 23:8-10) 선생과 주로 불리신 것을(막 14:14; 마 26:18; 눅 22:11; 막 11:3; 마 21:3; 눅 19:31) 용납하지 않았으리라는 논거를 든다. 본문에서 주님이 말씀하고자 하신 것은 인성에 따른 "선함"(ἀγαθός)과 구별되는 신성에 따른 "스스로 선함"(ἀυτοάγαθος, Good-of-Himself)이었다는 점을 워필드는 부각시킨다. 주님은 아버지가 "신격의 원천"(Fons Deitatis)이심을 언급하심으로써 결국 스스로 선하신 아버지와 하나가 되시는 아들의 선하심을 드러내고 계시다는 것이 그 요점이다.[2120]

결론적으로, 본문은 주님이 '신성에 따른 스스로 선함'과 '인성에 따른 선함'을 함께 지니고 계심을 말하고 있다. 바빙크는 동일한 맥락에서 주님의 '인성에 따른 선함'은 주어지고 새겨진 것으로서 신적이고 원래적인 선함의 존재를 전제한다고 말한다. 이러한 선함은 죄가 없으신 분이 죄에 대해서 "안으로부터"(from within)가 아니라 "밖으로부터"(from without) 겪으신 광야에서와 겟세마네에서와 십자가 위에서 현저히 드러나는 실제적인 시험을 이기시고 획득하신 것이라는 점에서 '신성에 따른 스스로 선함'과 구별된다고 여긴다.[2121] 주님은 이 땅에서 아버지의 뜻을 행하시는 데 자신의 의로우심을 찾으신다. 이러한 측면에서 오직 선하신 분은 위에 계신 아버지라고 하신 것이다. 아들과 아버지는 하나라는 말씀을(요 10:30) 상기해본다면 본문은 결국 그리스도 자신의 절대적 선을 계시하는 것이라고 볼 것이다.[2122]

그리스도의 무죄성에 대한 이러한 개혁신학자들의 이해는 위격적 연합에 따른 신인양성의 교통의 관점에서 이를 바라보고자 한 어거스틴으로부터 비롯되었다. 초대교회의 교부들은 예수가 우리와 동일한 본성을 취하셨으나 죄는 없으시다는 일견 양립할 수 없는 듯이 보이는 사실을 다각적으로 설명해내고자 하였다. 이레네우스는 주님이 취한 육체는 죄가 없으나 우리의 육체와 다르지 않음을 천명했다. 터툴리안은 예수의 본성은 그것의 특별한 성향이 아니라 그것이 무죄한 하나님과 하나이기 때문에 죄가 없다고 하였다. 오리겐은 예수의 영혼은 무한한 하나님의 사랑에 의존해 있기 때문에 그것으로부터 돌이킬 가능성조차 없으며 죄를 지을 가능

2120) Warfield, "Jesus' Alleged Confession of Sin," *WBW* 3, 97-145, 특히 105-108, 119-127.

2121) Bavinck, *Reformed Dogmatics*, 3. 314-315.

2122) Berkouwer, *The Person of Christ*, 242-244.

성도 더 이상 존재하지 않는다고 주장하여 교리적이라기보다 윤리적으로 이를 다루었다. 가이사랴의 바실은 예수는 타락한 인성의 연약함도 여러모로 취하셨으나 신성의 속성상 용납될 수 없는 것은 그렇게 하지 않으셨다고 하였다. 알렉산드리아의 키릴은 예수는 어떤 경우에도 실제로 죄를 짓지 않았으므로 그에게 죄를 지을 수 있는 가능성을 돌리는 자체가 무의미하다고 보았는데, 이는 "오직 예수만이 죄 없이 나셨다"는 어거스틴과 칼케돈 신경의 입장에 충실한 것이었다. 동일한 맥락에서 553년 제2차 콘스탄티노플 공의회에서는 주님은 잉태되실 때부터 죄를 지을 가능성이 없었다고 하는 "impeccabilitas"(불가범죄성)를 공표하였다.[2123]

판넨베르그는 이러한 입장을 예수의 무죄성을 그의 신성으로부터 이끌어낸 "구(舊)교리"라고 명명하면서, 이러한 오류가 루터파에 의해서 더욱 관념화되었고 슐라이어마허와 하르낙이나 리츨에 의해서 더욱 내재화 혹은 윤리화되었다고 지적한 후, 예수의 출생에 의해서 죄에 대한 승리가 이미 쟁취된 듯이 여기는 바르트도 동일한 오류 가운데 빠져 있다고 비판한다.[2124] 그리고 철저히 상승기독론의 입장에서 예수의 무죄성은 부활에서 완성되는 그의 지상의 삶을 통해서 파악해야 한다는 자신의 입장을 다음과 같이 주장한다. 여기에서는 예수의 선재와 성령잉태와 지상의 삶이 부활에 의해서 역으로 확정될 뿐이며, 주님의 무죄성은 그의 부활을 따옴표로 인용하는 가운데 인식될 뿐, 결코 전제되지 않는다. 주님의 무죄성이 처음부터 주어진 것(a priori datum)이라는 것을 부인하는 것이다.

이렇듯 예수의 무죄성은(die Sündlosigkeit Jesu) 자연적으로 그의 인성에 속했던 악에 대한 무능함이(eine seinem Menschsein naturhaft eignende Unfähigkeit zum Bösen) 아니라 오직 그의 삶 전체 과정으로부터(aus dem Ganzen des Lebensprozesses Jesus) 초래된다. 오직 그의 부활로 정점을 찍는 예수의 존재의 전체 과정을 통해서만 죄는 죄 있는 육체에서 극복된다. 이 과정에서 십자가에 못 박히심은—부활의 관점에서—결정적인 단계가 된다. 왜냐하면 그리스도의 십자가를 통해서 죄 있는 육체는 여하한 경우이든 하나님의 아들이셨던 그 안에서 저주받고 소멸되었기 때문이다. 그 십자가가 이를 증거하

[2123] 이러한 논의에 대한 교리사적 배경에 대해서 다음을 참조. Pannenberg, *Jesus-God and Man*, 356-359 (GC 369-371).

[2124] Pannenberg, *Jesus-God and Man*, 359-362 (GC 371-377).

듯이 말이다. 그러므로 예수는 이 심판에 의해서 자신을 파괴하지 않으셨다. 오히려 그는 승리자로 나타나셨다. 곧 죄에 대한 심판으로부터 새로운 사람이 그 속에서 솟아올랐다. 오직 그 안에서. 왜냐하면 다른 모든 사람들은 자신들의 죄로 모두 파괴되었으므로.[2125]

예수의 무죄성을 다룸에 있어서 우리는 먼저 그의 인격에 주목해야 한다. 다만 그것이 단지 사변적이거나 추상적이어서는 안 되므로, 하나님과 동등하시나 종의 자리로 내려오신 그리스도의 사역의 의의와 가치에도 주목해야 한다. 뻴카우어는 사역을 인격에 앞세우는 잘못을 범했다. 그러나 주님이 죄를 지을 수 없으셨음은 종속이나 예속이 아니라 아버지의 뜻에 순종하는 아들의 자유를, 그가 죄인의 죽음을 죽으셨으나 "죄를 짓지 않으셨음"(not-having-sinned)은 그가 "죄를 지을 수 없으심"(not-being-able-to-sin)을 전제한다고 보고 그 비밀을 그리스도의 인격에 있어서의 신인양성의 위격적 연합의 비밀에서 찾은 것은 합당하다. 그리스도의 무죄성은 개혁신학을 무너뜨리는 아킬레스건이 아니라 오히려 그것을 성경의 계시에 세우는 핵심 주제가 된다고 본 그의 평가 역시 합당하다.[2126] 칼빈이 주님이 광야에서 시험을 당하신 사건에 관한 말씀을 두고 주석하듯이, "그리스도는 모든 성도들의 대표자(persona)로서 시험을 당하셨다."[2127]

[세례를 받으심]

주님의 무죄성과 관련하여 그가 세례 요한에게 세례를 받으신 사건이 주요하게 논의된다. 이 사건 자체는 공관복음서에만 기록되어 있으나(마 3:13-17; 막 1:9-11; 눅 3:21-22), 요한복음에도 문맥과 정황상 이를 암시하고 있다(요 1:29-34). 주님이 세

2125) Pannenberg, *Jesus-God and Man*, 363 (GC 378).

2126) Berkouwer, *The Person of Christ*, 263-264. 이러한 입장은 카위퍼(Abraham Kuyper)에 의해서 다음과 같이 개진되었다. 그리스도의 인성은 타락 전의 아담과 같이 죄의 가능성을 지닌다. "그러나 그리스도는 인간적인 인격, 즉 한 '사람'(homo)이 아니라 인성을 취하였으므로, 그 안에는 죄를 지을 가능성(possibilitas)을 실현하고자 하는 어떤 인간적인 자아(human ego)도 있을 수 없다. 인성이 삼위일체의 제2인격에 영원히 연합하여 있기 때문에, 이 신적인 인격의 통제로 말미암아 그 가능성이 실현될 가능성은 절대적으로 없다." 같은 책, 259.

2127) Calvin, *Commentary*, 마 4:1-2 (1.133-136, CO 45.128-131).

례를 받으심으로 하나님의 성령이 비둘기같이 그 위에 강림하셨다(마 3:16; 막 1:10; 눅 3:22; 요 1:32). 누가는 세례를 받으신 후 기도하실 때 이러한 일이 일어났다고 기록한다(눅 3:21). 이로써 "성령의 충만함을 입어"(πλήρης πνεύματος ἁγίου) 주님은 공생애를 시작하셨다(눅 4:1). 이러한 성령의 충만한 강림은 "여호와의 영 곧 지혜와 총명의 영이요 모략과 재능의 영이요 지식과 여호와를 경외하는 영이 강림하시리니"라는 예언의(사 11:2) 성취였다. 주님은 세례를 통하여 성령으로 기름부음을 받으시고 메시아의 직임을 감당하실 자리에 서셨다. 그는 이를 나사렛의 회당에서 이사야 61:1-2의 말씀을 읽으심으로써 친히 증거하셨다(눅 1:17-18, 21).

세례 요한은 "죄사함을 받게 하는 회개의 세례"(βάπτισμα μετανοίας εἰς ἄφεσιν ἁμαρτιῶν)를 전파하였다(막 1:4; 눅 3:3). 세례는 죄 없는 주님에게는 합당하지 않은 것이었다. 그리하여 세례 요한은 주님이 자신에게 세례를 받고자 하실 때 "내가 당신에게서 세례를 받아야 할 터인데 당신이 내게로 오시나이까"라고 하면서 말렸다(마 3:14). 세례 요한이 주님께 세례를 베푼 것은 주님이 "우리가 이와 같이 하여 모든 의를 이루는 것이 합당하니라"(οὕτως γὰρ πρέπον ἐστὶν ἡμῖν πληρῶσαι πᾶσαν δικαιοσύνην)고 하심으로(마 3:15) 그 의미를 알게 하셨기 때문이다. "보라 세상 죄를 지고 가는 하나님의 어린 양이로다"(Ἴδε ὁ ἀμνὸς τοῦ θεοῦ ὁ αἴρων τὴν ἁμαρτίαν τοῦ κόσμου)는 세례 요한의 선포가(요 1:29; 참조. 요 1:36) 이와 관련된다.

주님의 세례와 관련하여 세 가지가 특히 주목된다.

첫째, 세례를 받으시는 그는 세례 요한보다 늦게 나셨으나 먼저 계신 "하나님의 아들"이시라는 사실이다(요 1:15, 30, 34). 주님께 성령이 강림하실 때 "하늘로부터 소리가 있어" "이는 내 사랑하는 아들이요 내 기뻐하는 자라"(ὁ υἱός μου ὁ ἀγαπητός, ἐν ᾧ εὐδόκησα)고 했다(마 3:17; 병행. 막 1:11; 눅 3:22).

둘째, 주님이 세례를 받으신 것은 이 땅에서 대속의 역사(役事)를 다 이루시기 위함이셨다. 그것은 하나님의 아들로서 입양되신 것이 아니라 하나님의 아들의 직분을 선포하신 것이다.[2128] 칼빈은 이에 대해서 다음과 같이 주석한다.

그리스도가 세례를 받으신 이유는 아버지께 전적으로 복종하기 위함이셨다. 좀 더 구체

2128) 참조. Reymond, *Jesus Divine Messiah*, 300.

적인 이유를 말하자면, 그는 자신의 몸 안에서 그 세례를 거룩하게 하심으로써 그와 우리가 그것을 공유할 수 있게끔 하셨다.[2129]

동일한 맥락에서 칼빈은 주님이 할례를 받으신 것 역시 그가 율법 아래 속하여 하나님의 모든 의를 죽기까지 복종하심으로 다 이루시고 부활하심으로 우리가 그의 죽음과 부활에 연합하도록 하시기 위함이었다고 주석한다.[2130]

"이는 내 사랑하는 아들이요"라는 말씀은 일차적으로는 주님의 영원하신 자성(子性, υἱότης)을 계시하지만 동시에 그가 메시아로서 감당하실 왕직을 선포한다. 하나님은 나단 선지자를 통해서 다윗의 집과 나라가 영원하며 그의 왕위가 영원히 견고할 것이라는 사실을 예언하게 하셨다. 하나님은 다윗의 "씨"를 세워 왕조의 언약을 이루실 것을 말씀하시면서 "나는 그에게 아버지가 되고 그는 내게 아들이 되리니"라고 하심으로써(삼하 7:14; 참조. 대상 17:13), 아들됨을 "왕위"와 동일시하셨다(삼하 7:13, 16). 그러므로 "이는 내 사랑하는 아들이요"라는 소리는 주님이 메시아로서 왕이 되심을 선포하는 일종의 임직과 다를 바 없다. 주님이 물로 세례를 받으심은 자신이 "성령과 불로"(ἐν πνεύματι ἁγίῳ καὶ πυρί)(마 3:11) 세례를 베푸심으로 하나님의 언약의 자녀들을 그의 왕국에서 다스리실 분이심을 인치시기 위함이셨다.[2131]

"내 기뻐하는 자"라는 말씀은 아들이 죄인의 자리에서 세례를 받으심으로 대속의 사역을 감당하실 신분을 갖추게 되는 것이 아버지의 뜻에 따른 것이라는 선포이다. 이는 아들이 메시아로서 감당하실 제사장의 직분과 관계된다. 그러므로 "이는 내 사랑하는 아들이요 내 기뻐하는 자라"는 말씀은 주님이 멜기세덱의 반차에 따른 '왕-제사장' 혹은 '제사장-왕'으로서 자기 자신을 아버지께 드리심으로(제사장직) 우리에게 주시는(왕직) 자리에 서심을 선포하는 말씀이라고 볼 것이다(히 4:14-15; 7:1-28).[2132] 이와 같이 세례는 죄인의 자리에 서심과 아버지의 뜻에 순종하심의 의미를

2129) Calvin, *Commentary*, 마 3:13 (1.130, *CO* 45.125): "……baptismi ratio fuit Christo, ut plenam obedientiam praestaret patri: specialis autem, ut baptismum consecraret in suo ipsius corpore, ut nobis communis cum eo esset."

2130) Calvin, *Commentary*, 눅 2:21 (1.81, *CO* 45.80).

2131) 참조. R. Alastair Campbell, "Jesus and His Baptism," *Tyndale Bulletin* 47/2 (1996), 200-209.

2132) "내 사랑하는 아들"은 왕직을, "내 기뻐하는 자"는 제사장직을 뜻한다고 보는 필자와는 달리 스톤하우스는 전자는 신분을, 후자는 직분을 지칭한다고 여긴다. Ned B. Stonehouse, *The Witness of Matthew and Mark to Christ*

함께 지니고 있다.[2133]

셋째, 주님이 세례를 받으심으로 성령이 "그의 위에 머물렀다"("ἔμεινεν ἐπ' αὐτόν", 요 1:32). 그리하여 성령을 충만히 담지하시고(요 1:33; 눅 4:1), 십자가에서 자신을 제물로 드리신 후(히 9:14), 부활하시고, 승천하셔서, 하나님의 보좌의 우편에서 성령을 파송하셨다(행 2:33; 요 15:26). 알렉산드리아의 키릴은 이와 관련하여 주님이 세례받으실 때 임하신 성령은 항속(恒續)적으로 그 속에 머무셨으며 그 임재로 말미암아 그의 영을 받은 성도는 새생명을 얻을 뿐만 아니라 거룩한 삶을 살게 된다는 점을 강조하면서, 성육신으로 우리와 같은 영혼과 육체의 전인(全人)의 본성을 취하신 주님이 우리의 자리에서 세례를 받으심으로써 그의 대리적 속죄가 우리 각자의 전인에 미친다는 것을 인치셨다는 점을 부각시킨다.[2134] 이렇듯, 주님의 세례로 아버지의 뜻을 이루고자 죄인의 자리에 서시는 성자, 이를 기뻐하시는 성부, 능력으로 이를 도우시는 성령의 삼위일체 하나님이 계시되신다.[2135] 성령의 효과적인 역사로 아들은 아버지의 뜻을 이루신다.

> 하나님이 나사렛 예수에게 성령과 능력을 기름 붓듯 하셨으매 그가 두루 다니시며 선한 일을 행하시고 마귀에게 눌린 모든 사람을 고치셨으니 이는 하나님이 함께 하셨음이라 (행 10:38).[2136]

성령으로 세례를 베푸심은 보좌 우편에서의 성령의 파송과 다르지 않다.[2137] 그리하여 보혜사 성령은 "그리스도의 영"(롬 8:9; 참조. 빌 1:19), 우리가 그리스도와 함께 자녀이자 상속자가 되어 하나님을 "아빠 아버지"라고 부르게 되는 "양자의 영"(롬

(Philadelphia: Presbyterian Guardian, 1944), 18-19.

2133) 참조. Mackintosh, *The Person of Jesus Christ*, 36-37.

2134) 참조. Daniel A. Keating, "The Baptism of Jesus in Cyril of Alexandria: The Re-Creation of the Human Race," *Pro Ecclesia* 8/2 (1999), 203, 211.

2135) 참조. Kilian McDonnell, "Jesus' Baptism in the Jordan," *Theological Studies* 56/2 (1995), 214-217.

2136) 성령으로 기름부음을 받은 메시아의 권능과 사역에 관해서, Bruce A. Ware, *The Man Jesus Christ: Theological Reflections on the Humanity of Christ* (Wheton, IL: Crossway, 2013), 33-43. 특히 여기에서는 성령의 충만한 임재가 그리스도의 인성에 능력을 부여하였음에 대해서 중점적으로 고찰한다.

2137) 서철원, 『기독론』, 101-103. "성령 세례는 성령을 부어주심과 같다(행 2:17-18; 10:45). 또 성령 세례는 성령받음(행 10:47; 19:2), 성령을 주심(행 11:17; 15:8), 성령이 임함(행 1:8)과 같은 것을 뜻한다"(103).

8:15) 혹은 "그 아들의 영"(갈 4:6), "주의 영"(고후 3:17-18), 진리이신 그리스도에 대해서 증언하고(요 15:26) 그가 우리 안에 거하심을 알게 되고(요 14:20) 그가 말한 것을 생각나게 하는(요 14:26) "진리의 영"이라고(요 14:17; 15:26; 16:13) 일컬어지신다. 주님의 세례는 그가 수행하실 선지자, 제사장, 왕의 직분을 기름부어 인칠 뿐만 아니라 우리도 그와 함께 세례를 받아(롬 6:5-6) 그 은혜에 동참하게 한다.[2138] 주님이 하나님의 아들이시자 기름부음받은 메시아 곧 그리스도로서 이러한 삼중직을 감당하심이 세 제자들 앞에서 변형된 사건을 통하여 재확인되었다. "이는 내 사랑하는 아들이요(왕직) 내 기뻐하는 자니(제사장직) 너희는 그의 말을 들으라(선지자직)"(마 17:5). "[그의 말을] 들으라"(ἀκούετε [αὐτοῦ])는 말씀이 복음서에서 거듭 사용되는 것은(마 13:9, 18, 43; 21:33 등) 자신이 말씀하신 바를 친히 이루시는 그리스도의 권위를 드러내기 위함이다(마 7:29).[2139]

주님은 무죄한 인성을 지니셨으나 우리의 자리에서, 우리를 대신하여, 친히, 대속의 의를 다 이루시기 위하여 죄인의 자리에서 고난을 당하셨다. 주님이 세례를 받으심은 이러한 비하의 한 과정이라고 여김이 합당하다. 이와 관련하여 세 가지가 정통교부들과 신학자들에 의해서 주목되었다.

첫째, 주님은 무죄한 인성을 지니셨으므로 회개가 필요치 않으셨다는 점이다.

둘째, 주님이 회개의 세례를 받으심으로써 자기를 낮추셨다는 점이다.

셋째, 그리하여 그가 죄 가운데 있는 우리와 하나가 되고자 하셨다는 점이다.

초대 교부 이레네우스는 주님이 완전한 한 사람으로서 세례를 받으셔서 구주의 직분과 함께 충만한 성령의 능력을 지니게 되셨음과 언약의 백성과 성육신적 연합을 이루게 되셨음을 동시에 강조하지만, 자신의 지론인 총괄갱신설과 관련하여 여러 난맥상을 드러낸다.[2140] 한편, 주님이 세례를 받으신 것은, 그에게 실제로 죄가 있었기 때문에 회개의 표를 드러내기 위함이었다는 슈트라우스(David F. Strauss), 회개를 해야 천국에 갈 수 있다는 세례 요한의 선포를 확정하기 위한 하나의 의식적

2138) 참조. Randall E. Otto, "Baptism and the Munus Triplex," *Evangelical Quarterly* 76/3 (2004), 217-225.

2139) 참조. Herbert W. Bateman IV, "Defining the Titles 'Christ' and 'Son of God'" in Mark's Narrative Presentation of Jesus," *Journal of the Evangelical Theological Society* 50/3 (2007), 549.

2140) 참조. Daniel A. Smith, "Irenaeus and the Baptism of Jesus," *Theological Studies* 58/4 (1997), 621, 623, 625-626, 629, 633-640.

행위에 불과했다는 슐라이어마허, 주님이 타락한 본성을 지녔기 때문이라는 어빙과 바르트, 주님이 자신의 몸에 접촉하므로 세례의 물을 거룩하게 하시려고 했다는 아퀴나스의 입장은 성경적 근거가 없거나 비성경적인 것으로서 받아들일 수 없다.[2141] 우리는 주님이 받으신 세례를 통하여 중보자의 한 인격 가운데 신성과 연합되어 있는 인성의 비밀에 대해서 돌아보게 된다. 그것을 이스라엘에 "나타내려"(φανερωθῇ) 세례 요한은 주님께 세례를 베풀었다(요 1:31). 주님이 받으신 세례에 "십자가의 그림자"가 드리워 있다고 한 어느 학자의 말은 이런 측면에서 시사하는 바가 크다.[2142]

4. 그리스도의 참 인성을 부인하는 견해들

그리스도의 인성을 부인하는 견해는 헬라 철학의 영향을 받은 영지주의자들에 의해서 활발하게 전개되었다. 영지주의자들에 따르면, 사람은 하나님의 실체로부터 나온 영(πνεῦμα, νοῦς)에 결합된 물질적인 몸(σῶμα)과 동물의 혼(ψυχή)으로 구성된다. 사람의 영은 혼과 육과 연합되어 있으므로 필연적으로 오염되는데, 그 영을 구원하기 위해서 그리스도가 이 땅에 오셨다. 그런데 구약의 조물주인 데미우르구스(Δεμιουργός)는 저급하나 그리스도는 가장 고급스러운 아이온(ὁ αἰών)으로부터 나온 로고스(λόγος)이시므로 세상의 피조물에 제한되거나 종속될 수 없으시다. 그들에게 있어서 구원은 몸으로부터 영이 해방되는 것이었다. 이는 크게 세 가지 입장으로 나누어진다.[2143]

첫째, 그리스도는 사람의 실제적인 몸이나 영혼이 아니라 환영(幻影)만 취했다고 보는 말씨온(Marcion)과 사투르니우스(Saturnius)가 주장한 가현설이 있다. 이는 가히 첫 번째 기독론 이단이라고 할 만하였다.[2144] 이들은 단일신론에 서서 하나님의 유

2141) 이러한 논의 전반에 대해서, Murray A. Rae, "The Baptism of Christ," in *The Person of Christ*, ed. Stehen R. Holms and Murray A. Rae (London: T & T Clark International, 2005), 123-136.
2142) Archibald M. Hunter, *The Work and Words of Jesus* (Philadelphia: Westminster Press, 1950), 37.
2143) 참조. Bavinck, *Reformed Dogmatics*, 3,295; Macleod, *The Person of Christ*, 157-158.
2144) Mackintosh, *The Person of Jesus Christ*, 383.

일한 현현이 그리스도라고 여겼다.[2145]

둘째, 그리스도가 이 땅에 계실 동안은 땅에 속한 원소들로 이루어진 예수의 몸을 지니고 고난을 당하셨으나 하늘로 돌아가시면서 그것을 버렸다고 보는 아펠레스(Apelles)나 그리스도가 세례받으실 때 일시적으로 사람 예수에게 머물렀으나 고난을 받으시기 전이나 구레네 시몬에게 십자가를 넘겨주실 때 떠났다고 보는 케린투스(Cerinthus)와 바실리데스(Basilides)의 입장이 있다. 이들은 그리스도와 예수를 엄격히 분리해서 다룬다.[2146]

셋째, 그리스도가 하늘로부터 가지고 내려오신 영화로운 영적인 몸은 마리아의 몸을 마치 물이 수로를 흐르듯 지나갔을 뿐이라고 보는 발렌티누스(Valentinus)의 입장이 있다. 발렌티누스에 따르면, 그리스도는 신적인 몸을 지니고 신적인 삶을 살았다. 그는 먹고 마시는 것이 특별했으며 스스로 자기 안에서 영양을 취하셨으며 그것으로 말미암아 썩음을 보지 않았다.[2147] 이는 그리스도는 실제적인 몸을 취했으나 그 몸은 물질적이지 않고 천상적이었다고 보는 마니(Mani)의 입장과 궤를 같이한다. 이들은 그리스도의 몸이 성육신 전에 이미 선재(先在)했다고 여긴다.

기독교 역사상 예수의 인성에 관한 논쟁은 그 유무보다 그 완전성에 주로 관계되었다. 알렉산드리아 학파의 극단을 보이는 아폴리나리우스와 안디옥 학파의 극단을 보이는 네스토리우스가 논쟁의 두 축이 되었다.[2148] 근대에 와서 이와 관련하여 큰 논란이 되었던 것이 스베덴보리(Emanuel Swedenborg, 1688-1772)와 왓츠(Isaac Watts, 1674-1748)의 입장이었다. 스베덴보리에 따르면, 하나님은 오직 한 인격 가운데 세 원리를 지니신 한 분으로서, 사람이라는 영적인 형상을 지닌 "영원한 신인(神人)"이시다. 하나님이 이러한 가운데 물질적인 육체를 취하고 오셨으니, 그것이 성

[2145] 참조. E. C. Blackman, *Marcion and His Influence* (London: S. P. C. K, 1948), 98. 이와 관련하여 말씨온에 대한 터툴리안의 다음 비판을 저자는 소개한다. "우리의 하나님은, 처음이 없고, 지음을 통하지 않으시고, 영원히 자신 가운데 예수 그리스도 안에서 계시되신다"(Deus noster, etsi non ab initio, etsi non per conditionem, sed per semetipsum revelatus est in Christo Jesu).

[2146] 참조. Matti Myllykoski, "Cerinthus," in *A Companion to Second-Century Christian "Heretics"*, ed. Marjanen and Luomannen, 233-236; Birger A. Pearson, "Basilides the Gnostic," in *A Companion to Second-Century Christian "Heretics,"* ed. Marjanen and Luomannen, 21-24.

[2147] 참조. Dunderberg, "The School of Valentinus," 73-76.

[2148] 주님의 완전한 인성에 관한 교리적 논쟁에 대해서, Mackintosh, *The Person of Jesus Christ*, 196-222, 383-406.

육신이다. 그리스도의 육체적인 몸은 영적인 몸과 하나가 될 때까지 점차적으로 새롭고 영화롭게 된다. 구원은 우리의 영적인 육체가 그리스도의 영적인 육체-곧 신적인 육체-와 지각적으로 교감하는 것이다.[2149] 이러한 입장에는 말씨온과 마니의 사상을 아우르는 기독교 영지주의자들의 단일신론, 천상의 육체, 그리스도의 몸의 선재 등의 개념이 고스란히 녹아들어가 있다.

왓츠는 이러한 스베덴보리의 입장에 그리스도를 모든 만물보다 먼저 지음받은 첫 번째 피조물로 여기는 아리우스와 그리스도의 인성은 혼과 육으로 이루어졌으며 영은 신성에 의해서 대체되었다고 보는 아폴리나리우스의 사상을 가미하였다. 스베덴보리와 다를 바 없이 왓츠 역시 그리스도를 영적 육체를 지니신 영원한 신인(神人)으로서 성령의 특별한 작용으로 때가 되어 사람의 육체를 지니게 되신 분이라고 여겼다. 그리스도의 신성은 인성과 영원히 연합되어 있는 바, 처음에는 영혼에 있어서만 그리하였으나 성육신 때로부터는 영혼과 육체 모두에 있어서 그리하였다는 주장이 이로부터 파생된다. 이 경우 성육신은 하나님의 아들이 사람의 아들이 되시는 신인양성의 위격적 연합이 아니라 선재하는 영혼이 육체를 만나는 단지 인성에 관한 일이 될 뿐이다. 성경의 가르침은 이러한 이방의 사상과는 양립할 수 없다.[2150]

[케노시스 기독론(Kenotic Christology)]

"케노시스"(κένωσις)는 "비우다"는 의미의 동사 "κενόω"의 미완료 과거형이 사용되고 있는 빌립보서 2:7의 "자기를 비워"(虛己, ἑαυτὸν ἐκένωσεν)라는 말씀으로부터 유래하는 명사로서, 동사 "타페이노오"(ταπεινόω)의 미완료 과거형이 사용되고 있는 바로 이어지는 2:8의 "자기를 낮추시고"(卑己, ἐταπείνωσεν ἑαυτὸν)라는 말씀으로부터 유래하는 명사 "타페이노시스"(ταπείνωσις)와 밀접하게 관계된다. 본문의 문맥상 "케노시스"(비우심)는 "타페이노시스"(낮추심)로 설명되는 바, 영원하신 하나님의 아들이 사람의 아들이 되신 성육신의 비하(卑下, humiliatio)를 뜻한다. 초대교회 교부

2149) Hodge, *Systematic Theology*, 2.421-423.

2150) Hodge, *Systematic Theology*, 2.423-428; Donald Macleod, *Jesus is Lord: Christology Yesterday and Today* (Ross-shire, UK: Mentor, 2000), 92-94.

들과 이후의 신학자들은 "케노시스"(exinanitio)를 성육신과 동일시하여, 물질적, 윤리적, 사역적 관점에서 다양하게 접근하였다. 그들은 주로 그리스도의 비하와 승귀를 다룬 빌립보서 2:5-11과 그가 무죄한 자신을 제물로 삼아 단번에 영원한 제사를 드리셨음을 강조한 히브리서 10:10, 14과 "그 날과 그 때는 아무도 모르나니 하늘에 있는 천사들도, 아들도 모르고 아버지만 아시느니라"는 말씀(막 13:32; 참조. 마 24:36)을 해석하는 가운데 이에 대한 다양한 논지를 펼쳤다.[2151] 주목할 것은 아타나시우스, 나지안주스의 그레고리, 알렉산드리아의 키릴 등은 인성이 신성의 불가수난성(impassibilitas)과 불변성(immutabilitas)을 지니게 되는 신화(神化)의 근거로서 "케노시스"를 다루고 있다는 점이다.[2152]

우리가 "케노시스 기독론"이라고 할 때에, 이는 19세기 초반 이후 독일 루터파를 중심으로 제기되어 영국 등지로 확산된 특정한 신학적 사조 혹은 유파를 칭한다. 엘랑겐(Erlangen) 학파의 거두로 알려진 토마시우스가 단연 첫 자리에 서고 그의 영향을 받은 에브라르드, 말텐센, 게쓰 등이 뒤를 이었다. 포싸이쓰, 고어, 매킨토시, 브루스 등 영국의 신학자들은 이 주제를 독일의 신학자들만큼 면밀하게 다루지는 않았으나 그것이 성육신의 의의와 가치를 논하는 데 있어서 핵심 논제가 된다고 여겼다. 이 주제에 대한 논란은 오늘날도 끊이지 않고 있다.[2153]

토마시우스(Gottfried Thomasius, 1802-1875)는[2154] 브렌쯔를 따르는 튀빙겐 학파

2151) 참조. Bruce, *The Humiliation of Christ*, 4-81.

2152) 참조. Lucian Richard, *Christ the Self-Emptying of God* (New York: Paulist Press, 1997). 73-83. 다음 글에서 저자는 이러한 점에서 키릴로 대변되는 알렉산드리아 학파의 신학자들이 몹수에스티아의 테오도레나 네스토리우스로 대변되는 안디옥 학파의 신학자들보다 예수의 참 인성을 변증하는 데 더욱 충실했다고 주장한다. John J. O'Keefe, "Impassible Suffering? Divine Passion and Fifth-Century Christology," *Theological Studies* 58/1 (1997), 57-60.

2153) 참조. Hans Urs von Balthasar, *Mysterium Paschale: The Mystery of Easter*, tr. Aidan Nichos (Edinburgh: T & T Clark, 1990); *Theo-Drama III: The Dramatis Personae: The Person in Christ*, tr. Graham Harrison (San Francisco: San Francisco Press, 1992); *Theo-Drama IV: The Action*, tr. Graham Harrison (San Francisco: Ignatius Press, 1994); Donald G. Dawe, *The Form of a Servant: A Historical Analysis of the Kenotic Motif* (Philadelphia: Westminster Press, 1963); Richard, *Christ the Self-Emptying of God*. 이상의 논의와 관련해서, Thomas R. Thompson, "Nineteenth-Century Kenotic Christology: The Waxing, Waning, and Weighing of a Quest for a Coherent Orthodoxy," in *The Self-Emptying of God*, ed. C. Stephen Evans (Vancouver: Regent College Publishing, 2006), 76-78; Mackintosh, *The Person of Jesus Christ*, 264-266; Stephen T. Davis, "Is Kenosis Orthodox?" in *The Self-Emptying of God*, ed. Evans, 114-115.

2154) 이하 입장은 다음 작품에 근거함. Gottfried Thomasius, "The Person and the Mediator," in *God and Incarnation in Mid-Nineteenth Century*, ed. and tr. Claude Welch (New York: Oxford University Press, 1965), 23-100. 이는 다음 작품 제3-4장의 번역이다. Gottfried Thomasius, *Christi Person und Werk. Darstellung*

나 켐니쯔를 따르는 기센 학파 막론하고 케노시스의 주체를 성육신하실 하나님 (Deus incarnandus, the Logos asarkos)이 아니라 성육신하신 하나님(Deus incarnatus, the Logos ensarkos)으로 보는 이상 그것이 신성의 "은밀한 사용"(κρύψις, occulta usurpatio) 인지 "비움"(κένωσις, evacuatio, exinanitio)인지를 두고 다투는 자체가 부질없다고 생각한다.2155) 이미 인성에 신성이 연합한 이상 그것의 속성들을 일부 버린다거나 그 사용을 제한한다는 것은 불가능하다고 여기는 까닭이다. 토마시우스는 빌립보서 2:6-8을 언급하면서 인성을 취함(assumptio humani)만으로는 성육신이라고 할 수 없고 "하나님의 본체"(μορφή θεοῦ)인 신성을 비움이 수반되어야 한다고, 곧 하나님의 아들이 사람의 아들이 되심으로 영원(永遠)하고 무변(無邊)한 신적 존재방식과 영광을 버리고 시간적이고 공간적인 실존이 되는 것이어야 한다고 주장한다. 이러한 논법 가운데 "인성은 신성을 받아들일 수 있다"(natura humana capax divinae)는 전제를 취하고 성육신한 그리스도의 모든 행동과 현존은 인성 안에 제한된다고 보는 루터파의 입장을 고수한다.2156) 이는 개혁신학자들이 주장하는 "유한은 무한을 받아들일 수 없다"(finitum non capax infiniti)는 원리와 소위 초(超)칼빈주의에 정면으로 배치된다.

토마시우스에 의하면, "세 위격의 내재적 삶의 동향이 이제 어떤 의미로 신인적 (神人的)이 되었다. ……그리스도의 인격 안의 인성이 삼위일체의 영역으로 아주 깊게 취하여졌다. 그것은 단지 일시적이지 않으며 영원하다. 왜냐하면 아들은 영원히 사람이기 때문이다."2157) 이로써, 인성(das menschliche Geschlecht) 혹은 사람됨 (Menschsein)이 하나님의 아들의 영원한 존재 양식이 되었다. 그것은 "하나님과 완전히 동일하게 고양되었다"(schlecht Gott selbst gleichgesetzt).2158) 이러한 견해는 인성이 신성의 모든 완전함과 절대적인 속성을 취할 수 있다는 전제가 없다면 지지될 수 없다.

---

der evangelish-lutherischen Dogmatik vom Mittelpunkte der Christologie aus (Erlangen, 1857).

2155) 참조. 서철원, 『기독론』, 41; 박형룡, 『교의신학 기독론』, 86-87.

2156) 이러한 입장은 개혁신학자들이 개진하는 소위 초(超)칼빈주의(the so-called extra Calvinisticum)와 배치된다. 이상의 논의와 관련해서, Thompson, "Nineteenth-Century Kenotic Christology: The Waxing, Waning, and Weighing of a Quest for a Coherent Orthodoxy," 78-82; Mackintosh, *The Person of Jesus Christ*, 266-267.

2157) Thomasius, *Christi Person und Werk*, 2.295. Hodge, *Systematic Theology* 2.432에서 재인용.

2158) Thomasius, *Christi Person und Werk*, 2.299. Hodge, *Systematic Theology* 2.432에서 재인용.

토마시우스는 다음과 같이 말한다.

사람은 그의 본성상 신적인 영광에 완전히 동참할 수 있다. 그는 하나님의 사랑이 전적으로 충만하게 부어지는 기관임에 틀림이 없다. 그를 통하여 그 사랑이 작용한다. 그렇지 않다면 우리는 어떻게 하나님이 인성을 자신의 영원한 존재 양식으로 사용하실 수 있으신지 결코 이해할 수 없을 것이다.[2159]

토마시우스는 성육신으로 하나님이 사람이 되셨다는 사실은 그 삶과 작용과 지식과 현존과 능력이 인성 밖에서나 인성을 떠나서는 있을 수 없다는 것을 의미한다고 본다. 성육신한 로고스의 행위는 사람의 행위이며, 모든 경험은 사람의 경험이다. 곧 모든 슬픔, 연약함, 고통이 로고스의 경험이라는 것이다. 아래에 이러한 입장이 개진되어 있다.

하나님의 존재가 되는 절대적인 삶은 지상 인간의 삶에 국한된다. ……하나님의 아들은 자신을 위한 특별한 존재양식(ein besonderes Fürsichseyn), 특별한 의식, 특별한 행위 영역이나 능력을 지니고 있지 않으시다. 그는 육체 밖에는 어디에도 존재하지 않으신다(nec Verbum extra carnem nec caro extra Verbum, 육체 밖에 말씀 없고 말씀 밖에 육체 없다). 그는 그의 존재 전체에 있어서 사람이 되셨다. 그의 존재와 삶의 양식은 영혼과 육체로 이루어진 인간의 것이다. 그것은 시간과 공간의 제한에 종속된다. 말씀과 별개인 특별한 인간의 의식과 특별한 인간의 의지 행위는 없다. 사람에게 속하지 않은 말씀이 없듯이, 사람의 생각, 뜻, 행위 가운데, 말씀은 생각하고, 뜻하고, 행한다. 모든 신적이고 인적인 경험 양식, 신적이고 인적인 의식, 신적이고 인적인 행위의 병존(竝存)과 같은 이원론은 필히 배제된다. 뿐만 아니라, 하나가 다른 하나에 전달하는 식의 계속적인 교통(Hineinbildung) 역시 그러하다. 그것은 동일한 삶, 행위, 지각, 그리고 발

[2159] Thomasius, *Christi Person und Werk*, 2.296. Hodge, *Systematic Theology* 2.432에서 재인용. 다음 책은 이러한 하나님의 사랑 개념을 극단화하여 케노시스 신정론(神正論, theodicy)을 논한다. Geddes MacGregor, *He Who Lets Us Be: A Theology of Love* (New York: Seabury Press, 1975). 본서에 관한 논평은, Warren McWilliams, "A Kenotic God and the Problem of Evil," *Encounter* 42/1 (1981), 15-27. 여기에서 저자는 하나님은 창조주로서 비록 죄의 조성자는 아니지만 죄에 대한 책임을 지시고 그것에 대한 형벌의 일부를 감당하시고 인류의 죄는 경감시켜 주신다고 주장한다. 일종의 윤리적 케노시스가 있다고 보는 바, 그것은 죄에 대한 허여(許與)와 관계될 뿐 죄를 없애는 일에는 무관하게 그려진다.

달이다. 그것은 한 자아, 한 신인(神人) 인격성이다(unio, communio, communicatio, naturarum).2160)

톰슨(Thomas R. Thompson)은 토마시우스의 이러한 입장을 다음과 같이 정리한다.

첫째, 신성을 규정하는 신적인 본질과 속성을 엄격하게 구별하여, 일부 속성을 제한하거나 부정하는 것은 오히려 신적 본질에 부합한다고 주장한다.

둘째, "실제"(Aktuosität)와 "잠재"(Potenz)를 엄격하게 구별하여, 하나님의 말씀은 실제로 신적 영광을 버리셨으나, 여전히 그것을 잠재적으로 지니고 계시다고 주장한다.

셋째, 하나님의 내재적 속성과 상대적 속성을 엄격하게 구별하여, 자기결정의 절대 권세, 진리, 거룩, 선과 같은 전자에 속한 속성은 본질적이므로 언제나 보유되어야 하지만, 전능, 전지, 편재와 같은 후자에 속한 속성은 비본질적이며 가변적이므로 포기될 수 있다고 주장한다.2161)

이러한 토마시우스의 입장은 다음과 같은 점에서 비판을 면할 수 없다.

첫째, 이렇게 본다면 주님의 성육신이 지상의 생애에 국한될 수밖에 없게 된다.2162) 토마시우스는 주님이 승천과 재위 후에 전능, 전지, 편재와 같은 상대적 속성들을 회복했을 때에도 인성은 이것들과 교통할 수 있었기 때문에 그는 여전히 참 사람이었다고 주장한다.2163) 그러나 이는 이율배반적이다. 인성이 그러한 상대적 속성들을 담을 수 없다고 전제하고 케노시스 이론을 주장한 것이 그 자신이기 때문이다.

둘째, 빌립보서 2:6-8의 비우심과 낮추심은 단지 현상적, 부분적, 명목적이지 않고, 본질적, 전체적, 실제적이다. 그러므로 신성과 인성 자체에 관계되는 말씀으로 받아들여야 한다. 그러므로 토마시우스와 같이 이를 신성과 인성에 속한 속성들의 면면에 따라서 우유(偶有)적이거나 부수적인 것으로 다루어서는 안 된다. 이는 참

2160) Thomasius, *Christi Person und Werk*, 2.201-202. Hodge, *Systematic Theology* 2.432-433에서 재인용.

2161) Thompson, "Nineteenth-Century Kenotic Christology: The Waxing, Waning, and Weighing of a Quest for a Coherent Orthodoxy," 82-84.

2162) 성육신과 케노시스를 분리하는 것은 루터파의 입장에 기원하는 것으로서 이 경우 사실상 성육신을 파괴하게 된다. 참조. Berkhof, *Systematic Theology*, 326.

2163) 참조. Davis, "Is Kenosis Orthodox?" 114-115.

하나님이시자 참 사람이 되신 그리스도의 인격에 관한 문제이기 때문이다.[2164]

셋째, 토마시우스의 입장에 따르면 예수의 참 신성은 물론 참 인성을 부정하게 된다. 벌코프가 비판하듯이, 그곳에는 삼위일체도 참 하나님도 없고 오직 "인간화된 아들"(the humanized Son)이 있을 뿐이다.[2165]

케노시스 이론의 가장 큰 맹점은 "인성은 신성을 받아들일 수 있다"는 전제를 상정하는 데 있다. 여기에서 인성을 고양시키기 위해서 신성에 제한이 가해진다. 결국 신화(神化)를 위하여 성육신을 포기하는 것이다. 하나님의 형상으로 지음을 받은 사람은 하나님의 속성을 그 속에 지닐 수 있다고 이를 변명하기도 하나,[2166] 이는 전혀 비성경적인 발상이다. 사람에게 부여된 하나님의 "형상"은 영혼과 육체를 지닌 인격적인 피조물로서 사람됨 곧 인성을 뜻할 뿐이기 때문이다(창 1:26-27; 2:7; 9:6). 인성은 신성이 아님은 물론 신성을 담을 잠재성조차 가지지 못한다. 인성이 모든 만물 중에서 뛰어난 것은 사실이지만, 그것은 피조성을 넘어설 수 없기 때문이다.

에브라르드(J. H. August Ebrard, 1818-1888)는 개혁신학자로서 토마시우스의 입장을 완화하여 성육신한 그리스도는 신성의 모든 속성들을 그대로 지니고 계시나 선재하는 영원한 존재방식(Ewigkeitsform)이 아니라 일시적 존재방식(Zeitlichkeitsform)으로-곧 인성의 존재방식으로-그리하신다고 주장한다. 토마시우스가 상대적 속성이라고 말한 전능, 전지, 편재도 인성의 속성과 충돌하지 않는 한에 있어서 보유된다고 보는 것이다. 예컨대, 영원과 시간은 서로 양립할 수 없는 개념이 아니기 때문에 이 둘의 속성은 모두 성육신한 그리스도에게 돌려진다고 여긴다. "아들로서 하나님의 영화는 사람의 정상적인 발달의 극점(極點)이다"라는 그의 말에서 보듯이, 이러한 입장을 개진함에 있어서 에브라르드는 신성의 속성들을 받아들이는 인성의 고양(高揚)에 주안점을 두고 있다.[2167] 이 경우, 신인양성의 위격적 연합 가운데 있는 그리스도의 인격이 아니라 그의 인성을 성육신의 주체로 보게 되며, 그 가운데 하나님의 아들이 사람의 아들이 되신 성육신이 아니라 한 사람의 인성이 신성의 속성들을 취하여 하나님과 같이 되신 신화(神化)를 말하게 되고, 로고스가 육체를 취

2164) 이에 대한 토마시우스의 입장에 대해서, Davis, "Is Kenosis Orthodox?" 115-121.
2165) Berkhof, *Systematic Theology*, 329.
2166) 참조. Davis, "Is Kenosis Orthodox?" 121-122.
2167) Hodge, *Systematic Theology*, 2.435.

하는 동시에 영혼의 가장 고상한 부분을 대체하게 된다고 여기게 되어, 결국 그리스도의 참 인성을 부인하는 데 이르고 만다.[2168]

덴마크의 로마 가톨릭 신학자 말텐센(H. Martensen, 1808-1884)도 이와 유사한 입장을 개진하는데, 다만 헬라 철학에 심취하여 케노시스 교리를 우주론적 지평에서 다루고자 시도한 점에서 에브라르드와 구별된다. 말텐센은 모든 세계에 충만한 로고스는 성육신 이후에도 동일하게 존재하나 그 신성의 속성들이 인성의 존재방식과 연약함에 의해서 제한된다고 주장한다. 이러한 입장에 따르면, 그리스도는 하나님의 아들의 인격과 사람의 아들의 인격을 지니고 이중적 삶을 살게 된다. 이는 케노시스 이론의 또 다른 맹점이다.[2169]

게쓰(W. F. Gess, 1819-1991)에 따르면, 성육신으로 하나님의 말씀은 성자로서의 신격 자체를 일시적으로 포기하셨다.[2170] 선재하신 말씀이 문자 그대로 육신이 되셨다. 영원하신 말씀이 단지 한 사람으로서 창조주이신 하나님 앞에 서게 되셨다.[2171] 성부와 성자의 교통이 일시적으로 유예됨으로, 성자의 신적인 삶이 그치게 되었다. 성자의 신성은 인성의 한계 내로 제한되었으며 필요에 따라서만 성부의 초자연적인 능력과 교통하게 되었다. 성자의 모든 신적 속성들이 마리아의 몸에서 일시적으로 유예되었다. 성부와 성자와 성령의 상호 내주가 완전히 해소된 것은 아니었으나, 그 고유한 계시와 작용과 관계가 모두 중지되었다.[2172] 이러한 게쓰의 입장은 성육신에 있어서 그리스도의 영이 신성에 의해서 대체된다고 본 아폴리나리우스나 인성과 신성이 섞여 제3의 본성이 된다고 본 유티케스와는 구별된다. 그러나 성육신한 그리스도를 "영적 몸을 가진 무한한 하나님"(the Infinite God with a spiritual body)이라고 부를 때, 게쓰 역시 아폴리나리우스나 유티케스와 다를 바 없이 참 신성도

2168) Thompson, "Nineteenth-Century Kenotic Christology: The Waxing, Waning, and Weighing of a Quest for a Coherent Orthodoxy," 86; Berkhof, *Systematic Theology*, 327.

2169) Thompson, "Nineteenth-Century Kenotic Christology: The Waxing, Waning, and Weighing of a Quest for a Coherent Orthodoxy," 86-87; Berkhof, *Systematic Theology*, 328.

2170) Macleod, *The Person of Christ*, 206.

2171) Thompson, "Nineteenth-Century Kenotic Christology: The Waxing, Waning, and Weighing of a Quest for a Coherent Orthodoxy," 87.

2172) W. F. Gess, *The Scripture Doctrine of the Person of Christ*, tr. J. A. Reubelt (Andover, MA: W. F. Draper, 1870), 343-344. 이에 관하여, Hodge, *Systematic Theology*, 2.435-437.

참 인성도 아닌 제3의 본성을 지닌 생소한 기체(基體)를 지칭하고 있다.[2173)

이러한 점을 비판하며 도르너(I. A. Dorner, 1809-1884)는 성육신을 신성이 인성을 그 잉태 때부터 부활에 이르기까지의 전 생애를 통하여 받아들이는 과정으로 여기는 소위 점진적 성육신론을 개진한다. 이에 따르면 성육신은 신성이 그것에 속한 속성들을 버리고 인성과 연합하는 것이 아니라 신성이 인성에 속한 속성들을 취하여 완전해지는 것을 의미한다. 도르너는 신성은 성육신 전부터 인성과 연합해 있으나 성육신 때부터 그것이 비로소 영혼과 육체와 실체적으로 하나가 된다고 본다. 이렇게 본다면, 그리스도의 신성과 인성은 성육신 전에는 서로 분리되며, 성육신 과정에는 서로 혼합된다. 이는 칼케돈 신경에 정면으로 배치된다. 그러므로 게쓰의 오류를 더욱 심화시킬 뿐만 아니라 그것에 새로운 오류를 덧붙이는 결과를 낳게 된다.[2174) 정도의 차이는 있을지언정, 게쓰와 도르너는 인성의 신화(神化, divinization)에 비례해서 신성의 인화(humanization)가 일어난다고 보는 점에서는 공통된다.[2175)

영국의 케노시스주의자들은 토마시우스의 텍스트에 나름대로의 해석을 가하면서 이에 대한 각자의 입장을 피력한다.

포싸이쓰(P. T. Forsyth, 1848-1921)는 영원하신 하나님의 아들의 도덕적 능력과 그것에 대한 의식(意識)과 의지(意志)와 관련하여 케노시스를 논하였다. 이는 자신의 주관적 속죄론과도 부합하는 것이었다.[2176)

고어(Charles Gore, 1853-1932)의 입장은 좀 더 내재적이고 경험적이다. 그는 토마시우스의 입장과 칼케돈 신경은 서로 배치되지 않는다고 주장한다. 성경이 전하는 바와 같이 성육신한 그리스도는 신성을 지니고 계셨으나 신성을 사용하지는 않았다는 근거를 중점적으로 내세운다. 그러나 이 경우 비하가 본성이 아니라 본성의 사용(χρῆσις)에만 관계되어 빌립보서 2:6-8이 전하는 바와는 어긋난다.[2177)

매킨토시(H. R. Mackintosh, 1870-1936)는 성육신을 다룸에 있어서 중요한 것은 주

2173) Hodge, *Systematic Theology*, 2.437-440, 인용 440.

2174) 참조. Mackintosh, *The Person of Jesus Christ*, 273-275.

2175) 참조. Bavinck, *Reformed Dogmatics*, 3.263-264. 다음 글에서 저자는 토마시우스는 신성을 나누었으며, 에브라르드는 신격을 변장시켰으며, 게쓰는 "신적 자살"을 주장했다고 이들의 견해를 요약한다. Charles L. Feinberg, "The Hypostatic Union," *Bibliotheca Sacra* 92/368 (Oct. 1935), 416-417.

2176) 참조. Macleod, *The Person of Christ*, 207-208.

2177) 참조. Macleod, *The Person of Christ*, 206-207.

체의 새로운 조건이라고 여긴다. 하나님의 아들을 그 속에 품고 신성에 속한 모든 자질들을 함양하는 자람의 조건으로서, "현실"(actuality)보다는 "잠재"(potency)에, "작용"(ἐνεργείᾳ)보다는 "권능"(δυνάμει)에 성경이 말하는 케노시스의 핵심이 있다고 보고, 그리스도가 하나님 아버지와의 관계와 그가 미칠 수 있는 신적인 지식의 범위 내에서 주어진 사역을 감당하시게 되는 조건으로서 이를 거론한다.2178) 매킨토시에 따르면, 성육신한 주님의 신성은 전능함 그 자체가 아니라 인성의 한계 안에 취택된 신적 능력을 뜻하는 바, 이러한 의미에서 주님은 "내 아버지께서 모든 것을 내게 주셨으니"라고 말씀하셨다(마 11:27; 참조. 요 16:15; 마 28:18).2179) 이러한 매킨토시의 입장은 "성육신하신 분은 결국 그의 성육신을 떠나지 않는다"고 한 모벌리(R. C. Moberly, 1845-1903)의 말을 상기시킨다.2180) 매킨토시는 칼케돈 신경을 빌려 위격적 연합에 관한 자신의 입장을 개진하기도 하지만, 성육신한 로고스의 구속사역은 물론 창조사역도 육체를 넘어서(extra carnem) 수행될 수 없다는 점을 분명히 한다.2181) 그리고 "예수 안에서의 실제와 함께 하지 않고 떠나있는 로고스의 실존에 대해서 우리는 아는 바가 없다"고 결론적으로 언급한다.2182) 토마시우스와 다를 바 없이 매킨토시 역시 신성의 불변성과 케노시스를 함께 설명해내야 하는 신학적 과제를 의식하였다. 다만 토마시우스가 이 문제를 본성과 본성에 속한 속성들을 나누는 가운데 이원론적으로 접근했다면, 매킨토시는 윤리적 영역에서 "신성과 인성의 인격적 대칭성"(the personal commensurability between the divine and the human)이라는 관점에서 이를 다루었다.2183) 이 경우 하나님의 사랑이라는 윤리적 당위성 혹은 하나님의 뜻이 역사와 계시의 진리를 무마하는 과오를 범하게 된다. 이러한 오류는 중세의 둔스 스코투스와 근대의 리츨(Albrecht Ritschl)에 있어서 현저히 나타난다.

19세기 초 독일로부터 시작된 케노시스 기독론은 성경이 가르치는 "참 케노시스"에 배치된다. 빌립보서 2:5-11은 그리스도가 영원하신 하나님의 아들이시라는 신

2178) Mackintosh, *The Person of Jesus Christ*, 477.

2179) Mackintosh, *The Person of Jesus Christ*, 478.

2180) Moberly, *Atonement and Personality*, 97. Mackintosh, *The Person of Jesus Christ*, 480에서 재인용.

2181) Mackintosh, *The Person of Jesus Christ*, 484.

2182) Mackintosh, *The Person of Jesus Christ*, 485.

2183) Thompson, "Nineteenth-Century Kenotic Christology: The Waxing, Waning, and Weighing of a Quest for a Coherent Orthodoxy," 93.

격과 선재(先在), 그가 사람이 되셨다는 성육신, 그가 참 하나님이시자 참 사람으로서 대속의 사역을 다 이루시고 하나님의 보좌 우편에서 다스리고 계시다는 사실을 노래한다.[2184] "참 케노시스"는 성육신을 신인양성의 위격적 연합과 동일시하는 시각으로부터 전개되어야 한다. 성육신하신 그리스도를 비하의 주체로 보는 루터파 신학자들이나 성육신하실 그리스도를 그렇게 여기는 케노시스주의자들은 모두 그릇되다. 성경이 증거하는 "참 케노시스"는 성육신 전도 후도 아닌 성육신 자체를 비하로 여기고 그 가운데 케노시스를 그 요체로 다룬다.[2185] 개혁신학자들은 이러한 입장을 견지한다.

맥레오드(Donald Macleod)는 근대 케노시스 기독론에 따르면 다음과 같은 맹점이 있음을 지적한다.

첫째, 주님이 신성의 일부 혹은 전부를 포기하시고 지상의 사역을 감당하신다고 보기 때문에 그가 제2위 성자 하나님으로서 수행하시는 창조와 섭리에 관한 사역은 설명할 길이 없다.

둘째, 신인양성의 위격적 연합이 부인되므로 참 하나님과 참 사람의 중보를 인정할 수 없다.

셋째, 선재하신 하나님의 아들과 성육신하신 그리스도 사이에 단절이 생긴다.

넷째, 역사의 예수와 믿음의 그리스도가 서로 분리된다.

다섯째, 그리스도가 역사적으로는 오류를 범할 수 있으나 영적으로나 도덕적으로는 그렇지 않다고 하는 자의적인 이원론에 빠진다.[2186]

브루스(A. B. Bruce, 1831-1899)는 케노시스 기독론이 안고 있는 이러한 문제점들에 대한 경각심을 가지고 신인양성의 위격적 연합에 대한 정통적인 입장을 고수하고자 하였다. 그럼에도 불구하고 케노시스는 그리스도가 단지 비움에 대해서 경험하시는 것이 아니라 자기 자신을 비우시는 것이므로 절대적이든 상대적이든 '하나님의 본체'(μορφή θεοῦ)가 '사람의 본체'(μορφή δούλου)로 바뀌는 변화를 수반해야 된다

2184) 참조. Macleod, *The Person of Christ*, 216-217; Gordon D. Fee, "The New Testament and Kenosis Christology," in *The Self-Emptying of God*, ed. Evans, 30-35; Bruce, *The Humiliation of Christ*, 14-22.

2185) Fee, "The New Testament and Kenosis Christology," 30-42; Richard, *Christ the Self-Emptying of God*, 43-72.

2186) Macleod, *The Person of Christ*, 209-211.

고 주장한다. 그렇지 않다면 대리적 속죄를 설명할 수 없다고 말한다.[2187] 그러나 이는 진리에 완전히 역행한다.[2188]

케노시스 기독론이 안고 있는 근본적인 문제점은 인성이 신성의 비움에 주도적으로 참여하게 된다는 전제로부터 비롯된다.[2189] 이러한 전제는 성육신을 인성을 취하는 것이 아니라 신성을 비워 인성에 채움으로써 인성의 고양과 초월에 이르게 되는 것이라고 본 라너(Karl Rhaner)의 입장과 맥을 같이한다.[2190] 하나님의 아들이 필멸성(必滅性, mortality)의 한계 내에서 지상의 거룩한 삶을 충만히 사셨다는 사실에 착안하여 성육신을 윤리적이고 종교적인 가치의 관점에서 다루고자 하는 신학자들은 속성의 분배와 귀속(ἰδιοποίησις)에 대한 정통적인 입장을 거부하고 예수가 인성에 따라서–곧 사람으로서(qua homo)–하나님의 삶을 살았다고 주장함으로 사실상 브루스와 라너의 입장에 서 있다.[2191] 성경이 전하는 "참 케노시스"는 신의 인간화–곧 인화(人化)–를 통한 인간의 신화(神化)를 노래하는 신화(神話)가 아니라, 참 하나님이시자 참 사람이신 성육신한 그리스도의 인격을 계시하는 성경의 계시이다.[2192] 많은 경우 케노시스 기독론은 그리스도의 참 신성을 부인하는 견해의 일종으로 분류되지만, 그의 참 인성을 부인하는 데 그 동기와 유래와 본질이 있다. 필자가 이를 이곳에서 다루는 까닭이 여기에 있다.

[라너의 초월적 기독론]

라너의 상승기독론은 삼위일체에 대한 그의 이해에서부터 비롯된다. 라너는 "삼위일체는 그 역설적인 성격이 사람의 실존의 역설적인 성격에 전제되어 있는 비밀

2187) Bruce, *The Humiliation of Christ*, 22–23, 289ff.

2188) 왜냐하면 그리스도의 대속은 오직 신인양성이 한 인격 안에서 혼합 없이, 변화 없이, 분할 없이, 분리 없이 연합되어 있다는 칼케돈 신경에 충실할 때에만 지지될 수 있기 때문이다. 이에 대해서 전술한 본서 제3장 5. "칼케돈 공의회"와 제11장 1. "이중적 상태"(status duplex) 참조.

2189) 참조. Swinburne, *The Christian God*, 232–233.

2190) 참조. Richard, *Christ the Self-Emptying of God*, 94–95.

2191) 참조. Hebblethwaite, *The Incarnation*, 27–44, 특히 31. 이러한 입장은 그리스도는 형이상학적으로는 하나님이 아니시나 하나님의 자리와 가치를 점하고 있기 때문에 하나님이시라고 본 리츨(Albrecht Ritschl)에 의해서 가장 현저하게 개진되었다. 참조. Bavinck, *Reformed Dogmatics*, 3.264–265.

2192) 참조. Bavinck, *Reformed Dogmatics*, 3.263–264; Ramm, *An Evangelical Christlology*, 57.

이다"라고 말한다.2193) "이러한 비밀은 하나님이 그리스도 안의 자신의 영 안에서 우리와 자기교통을 하시는 비밀과 본질적으로 동일하다."2194) 그러므로 하나님이 우리와 교통하시는 방식인 그리스도의 사역이 삼위일체의 비밀을 푸는 열쇠가 된다.2195) 그리스도를 통하여 성도는 하나님이 우리에게 자신을 계시하심과 자기 자신을 우리에게 나누어주심이 다르지 않음을 믿음으로 인식하게 된다. 이것이 구원의 역사이며 은혜이다.2196)

라너에 따르면, 사람은 이러한 인식을 하는 영적 존재로서 궁극적으로 하나이다.2197) "비밀을 위하여 지음을 받은 사람은 그 비밀이 하나님과 사람 사이의 관계를 조성하는 바대로 존재함이 분명하다. 따라서 인성의 완성은 그 가운데 내재하는 비밀에 대한 경향의 성취이다."2198) 하나님에 관한 모든 지식은 이러한 비밀에 대한 "초월경험"(the experience of transcendence)으로부터 비롯된다. 왜냐하면 그 비밀의 "목적지"(the Whither)가 곧 하나님이시기 때문이다.2199) 이러한 "초월경험"은 그 자체로 "주관적 초월"(the subjective transcendence)에 근거한다. 그것은 바깥에서 주어지지 않고 우리 안에서 기원하고 우리가 바라보는 "목적지"인 하나님에게로 정향(定向)된다. 그것은 계시신학이 아니라 오히려 자연신학을 추구한다.2200) "그러므로 사람의 실제적인 존재는 영(靈)으로서 초월 곧 거룩한 비밀의 존재이다."2201) 사람은

2193) Karl Rahner, "The Mystery of the Trinity," in *Theological Investigations*, vol. 16, tr. D. Morland (New York: Crossroad, 1976), 47.

2194) Rahner, "The Mystery of the Trinity," 46.

2195) Rahner, "The Mystery of the Trinity," 48. 라너는 어거스틴주의자들이 삼위일체 하나님의 존재와 경륜을 양분하는 과오를 범했음을 지적하면서 존재로부터 경륜을 분리할 수 없지만 경륜으로부터 존재로 나아가야 한다고 주장한다. 여기에 삼위일체론의 어려움이 있다고 생각하고 그것을 푸는 것이 신학적 과제라고 여긴다. 라너는 이러한 난제를 푸는 답으로서 그리스도의 자기초월의 경험-인식과 고난과 속죄-에 중점을 둔 기독론을 제안한다. 이에 대해서, Benner, "Augustine and Karl Rahner on the Relationship between the Immanent Trinity and the Economic Trinity," 24-38.

2196) Karl Rahner, "The Concept of Mystery in Catholic Theology," in *Theological Investigations*, vol. 4, tr. K. Smith (New York: Crossroad, 1982), 38-39.

2197) Rahner, "The Concept of Mystery in Catholic Theology," 44-47.

2198) Rahner, "The Concept of Mystery in Catholic Theology," 49.

2199) Rahner, "The Concept of Mystery in Catholic Theology," 50.

2200) Rahner, "The Concept of Mystery in Catholic Theology," 51-53.

2201) Rahner, "The Concept of Mystery in Catholic Theology," 53.

자기가 의식하지 못하는 경우에도 그 자체로 거룩한 비밀의 삶을 살고 있다.2202) 우리는 우리 자신의 비밀스러운 삶을 통하여 하나님을 그의 "불가해성"과 동일자(同一者)로 인식한다.2203) 이러한 "초월경험"이 인류에게 부여되어 있음 자체가 은혜다. "은혜와 지복직관(the beatific vision)은 거룩한 비밀에 대한 즉각적 현존 가능성과 그 개별적 실제로서만 이해될 수 있기 때문이다."2204)

라너에게 있어서, 하나님은 "자기교통의 절대적인 근접성을 지니신 하나님"(as the God of the absolute proximity of self-communication)이시다. 그러므로 그의 이름은 "거룩한 비밀"이라고 일컬어짐이 마땅하다.2205) 이러한 비밀이 우리 안에 내재한 원초적 비밀과 교통되는 것이 계시에 대한 실존적 체험이다. 곧 "초월경험"이다. 그것은 하나님 자신의 것인 신성을 우리의 것인 인성에 분여하시는 존재적 합일의 경험이다. 그것은 우리 안의 비밀을 우리가 넘어서는 자기 속에서 하나님을 발견하는 경험 곧 자기가 자기 너머의 자기를 발견하는 경험이다. 그것은 우연한 경험이지만 본질적인 실존경험이다.2206)

라너는 우리의 "거룩한 비밀"이자 자기초월의 "목적지"가 되시는 하나님에 대한 실제적 경험에 대한 계시로서 영원하신 하나님의 아들이 사람의 아들이 되셔서 우리 가운데 오셨다고 주장한다. 그리스도는 초월의 "목적지"가 아니라 "목적지"를 지향하는 초월자로 오셨다. 그의 신성은 그 자체로서가 아니라 신성을 추구하는 그의 인성으로서 계시되었다. 오직 이 가운데-하나님의 그 아들이 아니라 한 아버지의 한 아들로서-그는 삼위일체 하나님의 계시가 되셨다.2207) 라너에 의하면, 하나님의 비밀은 우리의 실존적 경험을 통하여 계시적 실제가 되므로,2208) "하나님의 불가해성은 오직 우리에게만 계시를 통하여 알려지시는 하나님에 대한 직접적 직관의 가

2202) Rahner, "The Concept of Mystery in Catholic Theology," 54.
2203) Rahner, "The Concept of Mystery in Catholic Theology," 56.
2204) Rahner, "The Concept of Mystery in Catholic Theology," 55.
2205) Rahner, "The Concept of Mystery in Catholic Theology," 61.
2206) Rahner, "The Concept of Mystery in Catholic Theology," 67-73. 이에 대한 전반적인 논의로, Molnar, "Can We Know God Directly: Rahner's Solution From Experience," 228-261.
2207) Karl Rahner, "Theos in the New Testament," in *Theological Investigations*, vol. 1, 79-148, 특히 89-114, 138-148.
2208) Karl Rahner, "An Investigation of the Incomprehensibility of God in St. Thomas Aquinas," in *Theological Investigations*, vol. 16, 246-247.

능성 가운데 항상 고려되어야 한다."2209) 삼위일체 하나님의 관계에 대한 존재론적 전제를 앞세우고 그것에 대한 계시나 그 계시에 따른 지식을 뒤따르게 하는 것은 하나님의 비밀에 대한 우리의 직접적 직관을 부인하기 때문에 그릇되다. 이러한 발상은 초자연적이라기보다 형이상학적인 것으로서 자연신학의 가능성을—하나님이 주신 자연계시의 은총 자체를—부정하는 데 이르기 때문이다. 그러므로 인성 가운데 하나님에 대한 지복직관의 가능성이 있음을 말하기는 하지만 그것을 존재론적 전제에 부속시키는 아퀴나스의 입장은 사실상 그 가능성을 관념적인 것으로만 여기는 철학적 한계를 드러내므로 받아들일 수 없다.2210) 아퀴나스가 은혜를 내재적 성향으로 여긴 것은 뛰어난 점이지만 그 성향 자체에 가둔 것은 미흡하다. 은혜는 내재적 성향이 아니라 내재적 성향의 구현 곧 자기초월에 있기 때문이다.2211) 사람에게 있어서 내적인 비밀을 받아들인다는 것은 단지 그것을 인식하는 데 그치는 것이 아니라 그것을 인식한 대로 이루는 것을 포함하기 때문이다.2212) 결론적으로, 라너에 따르면, 하나님을 향한 인성의 자기초월의 인식이 신성의 계시가 된다. 그리스도는 이러한 측면에서 인성과 신성의 인격을 지니신 분으로 여겨진다.

그렇기 때문에, 라너에 의하면, 그리스도의 신성은 자신이 영원하신 하나님의 아들이라는 신자(神子)의식이 아니라 자신의 인성이 지닌 영원한 의미에 대한 인자(人子)의식에 일차적으로 관련된다. 그것은 나사렛 사람 예수의 삶의 정황(sitz im Leben)으로 추구되는 무엇이다.2213) 그리스도의 신성은 그가 한 사람으로서, 성령의 역사로 인한 은혜로,2214) 하나님과 직접적으로 교통하여 얻게 된 지복직관의 상태를 의미한다.2215) 오직 이렇게 보는 경우에 있어서만 삼위일체와 존재와 경륜은 함께 논해질 수 있다.2216) 이러한 라너의 입장에 따르면 삼위일체 하나님은 전제되는 것이 아니라 이 땅에 오신 그리스도의 계시에 후속하며, 이 경우 그리스도의 인

2209) Rahner, "An Investigation of the Incomprehensibility of God in St. Thomas Aquinas," 246.
2210) Rahner, "An Investigation of the Incomprehensibility of God in St. Thomas Aquinas," 249-254.
2211) Rahner, "An Investigation of the Incomprehensibility of God in St. Thomas Aquinas," 251-252.
2212) Rahner, "An Investigation of the Incomprehensibility of God in St. Thomas Aquinas," 254.
2213) Karl Rahner, "The Mystery of the Trinity," in *Theological Investigations*, vol. 16, 256-257.
2214) 참조. Coffey, "The 'Incarnation' of the Holy Spirit in Christ," *Theological Studies* 45/3 (1984), 469-474.
2215) Rahner, "The Mystery of the Trinity," 257-258.
2216) Rahner, "The Mystery of the Trinity," 259.

격은 사역에 종속된다. 라너는 우리 안에 의롭다고 여겨지는 내적 자질인 "피조된 은사"(donum increatum)가 있음을 강조하고, 우리가 소유한 "우리의 영적 존재"(our pneumatic being), 곧 "하나님의 인격적인 영"(the personal Pneuma of God)이 바로 그것이라는 사실을 지적한다.[2217] 그리고 다음과 같은 논법을 제시한다. 사람에게는 고유한 "피조된 은사"가 있으며 그것으로써 하나님과 직접적이고 실체적인 교통을 하게 된다. 사람에게 주어진 신적인 소여는 그 자체로서가 아니라 사람의 뜻에 따른 실존적 구현을 통하여 실체화된다.[2218] 하나님에 대해서 직관하는 것은 단지 우유(偶有)적 사건이 아니라 신적 잠재성, 곧 "새겨진 무엇"(impressa)의 발현 혹은 완성을 뜻한다.[2219]

라너는 그리스도의 신성에 대해서 논하면서 그가 우리와 다를 바 없이 이러한 인성의 보편적 특성을 공유하고 계심에 일차적으로 착안하여, 사람으로서 그는 피조물이 지닌 조물주와의 관계 가운데 유한한 존재로 계시면서도 무한하고 영원하신 분으로서 살아 계신 하나님에 대해서 항속(恒續)적으로 열려 계시다는 점에서 우리와 구별된다고 주장한다.[2220] 이러한 점에 주목하여 로마 가톨릭 신학자 라쿠나(Catherine M. LaCugna, 1952-1997)는 라너의 삼위일체론의 가장 현저한 특성으로 "사역과 출래의 균형성"(a commensurability between mission and procession)을 든다.[2221] 여기에서 말하는 "균형성"은 삼위일체 하나님의 존재와 경륜에 대한 후험적, 귀납적, 관계적, 상대적, 역사적 인식을 말하는 것으로서, 한 분 하나님의 세 위격적 존재를 전제하는 정통삼위일체론에 정면으로 배치된다. 라너가 하나님은 오직 "우리를 위한 하나님"(Deus pro nobis)으로서만 계시된다고 말할 때,[2222] 그것은 삼위일체 하나님의 페리코레시스가 전제되지 않고 중보자 그리스도의 신인양성의 페리코레

2217) Karl Rahner, "Some Implications of the Scholastic Concept of Uncreated Grace," in *Theological Investigations*, vol. 1, 321-322.

2218) Rahner, "Some Implications of the Scholastic Concept of Uncreated Grace," 324-325.

2219) Rahner, "Some Implications of the Scholastic Concept of Uncreated Grace," 327.

2220) Karl Rahner, "The Eternal Significance of the Humanity of Jesus for our relationship with God," in *Theological Investigations*, vol. 3, tr. Karl H. and Boniface Kruger (New York: Crossroad, 1967), 38-39, 44.

2221) Catherine M. LaCugna, *God For Us: The Trinity and Christian Life* (San Francisco: HarperSanFrancisco, 1973), 213.

2222) LaCugna, *God For Us: The Trinity and Christian Life*, 217-224.

시스로부터 유추되는 무엇이라는 것을 암시할 뿐이다. 달리 말하면, 그것은 하나님에 대한 우리의 즉각적 인식 가운데 그렇게 체험되는 하나님의 "의미", 곧 그가 말하는 "비밀"을 지칭할 뿐이다.[2223]

라너에 따르면, 우리는 그리스도의 인성 가운데, 그리고 그것을 통하여, 성령의 역사로 말미암아 하나님과 관계를 맺으며 우리 자신을 넘어서는 삶을 지향하며 살아간다. 그리스도는 이러한 삶의 종착지를 제시하시는 동시에 완성된 가능성으로서 우리 안에 내재된 잠재적 가능성을 일깨워주신다. 십자가의 죽음도 그 과정의 사건이었다. 그것은 단지 소극적이거나 수동적이지 않으며 능동성을 지닌다. 그것은 수난을 넘어서는 자유의 영역의 일이다.[2224] 그리스도와 우리가 공유하는 이러한 가능성을 라너는 "하나님의 비밀"이라고 부른다.[2225] 라너에게 있어서, 그리스도의 구원은 이러한 비밀을 인식하고 구현하는 데 있다. 그것은 자기초월의 경험을 의미한다. 신성은 인성의 잠재성으로서 그리스도 안에서 처음으로 현실태가 된 신적 본성을 의미할 뿐이다. 그것은 존재론적으로 규정될 수 없고, 오직 인식론적으로만 파악되며, 경험적으로 구현될 뿐이다. 이러한 인성의 하나님에 대한 경험, 혹은 신성화, 혹은 신화(神化)에 기독론을 정초시키며 궁극적으로 삼위일체론을 그 위에 세우고자 한 것이 라너 신학의 핵심이라고 할 것이다. 이렇듯 라너는 그리스도의 인성으로 신성까지 말하고자 했으나, 인성을 말하는 것조차 실패하고 말았다. 인성에 관한 한, 오히려 아폴리나리우스 쪽으로 후퇴하고 말았다.

2223) LaCugna, *God For Us: The Trinity and Christian Life*, 228-229.
2224) 참조. John P. Galvin, "The Death of Jesus in Contemporary Theology: Systematic Perspectives and Historical Issues," *Horizons* 13/2 (1986), 242-243; "Jesus' Approach to Death: An Examination of Some Recent Studies," *Theological Studies* 41/4 (1980), 739-740.
2225) Rahner, "The Eternal Significance of the Humanity of Jesus for our relationship with God," 46.

성육신한 그리스도의 신성과 인성은 '위격 안에서', '위격을 통하여', '위격에로' 간접적으로 교통하는 바, 그 결과가 은사와 속성과 사역에 두루 미친다. 한 동일하신 분이 신성에 따라서 성부와 동일본질이시고, 인성에 따라서 우리와 동일본질이시며, 모든 것에 있어서 우리와 같으시되 오히려 죄는 없으시며, 창세 전에 신성에 따라서 아버지에게서 나셨고, 때가 차매 우리와 우리의 구원을 위하여 인성에 따라서 동정녀 마리아에게서 나셨다. 이렇듯 한 인격에 신성에 따른 영원한 나심과 인성에 따른 역사적 나심이 모두 돌려진다. 그리스도의 두 본성은 성경 말씀을 좇아 그 각각에 속한 속성들이 모두 한 위격에 돌려진다는 점에 있어서, 그것들의 혼합이나 변화나 분할이나 분리 없이, 축자적(逐字的)으로 서로 교통한다. 오직 이 경우에만 그 교통이 실제적이다. 이로부터 신성에 따라서 죽으실 수 없는 분이 인성에 따라서 죽으신 그 무한한 죽음의 값이 헤아려진다.

제9장

위격적 연합에 따른
신인양성의 속성교통

1. 교리사적 배경

초대교회의 교부들은 여러 비유들을 사용하여 성육신한 그리스도의 인격을 신성과 인성의 관계에 집중하여 표현하려고 하였다.[2226] 그러나 그들의 논쟁은 주로 개념 정리나 용어 및 용례에 집중되어 있었을 뿐, 아직 양성의 교통의 형태나 양상에 대한 구체적인 탐구에는 이르지 않았다.[2227] 위격적 연합에 따른 신인양성의 속성의 교통은 물리적이거나 화학적으로 이해될 수 없다. 그것은 오직 성경에 고유한 성경적 진리이다.

신인양성의 속성교통(κοινωνία ἰδιωμάτων, communicatio idiomatum)의 기원은 위격적 연합에 있다. 위격적 연합의 주체는 영원하신 하나님의 말씀이다. 말씀이 육신을 취함과 동시에 말씀의 신성과 인성이 연합된다. 위격적 연합은 모든 곳에서 일어난다. 그러나 인성은 자체의 고유한 장소에 한정된다. 오직 양성의 교통으로 각 성은 고유한 속성에 부합하는 정도에서 교통한다. 부활하신 주님은 사람의 몸을 버리신 것이 아니셨다.[2228]

[2226] Chemnitz, *The Two Natures in Christ*, 287–311.
[2227] Chemnitz, *The Two Natures in Christ*, 395–402.
[2228] 참조. Vermigli, *Dialogue on the Two Natures in Christ*, 80–83.

초대교회 신경들은 그리스도의 신격과 신인양성의 중보자의 위격을 다룸에 있어서 위격적 연합을 통한 속성의 교통을 천명하였다.[2229] 니케아 신경에서는 만세 전에 독생하신 제2위 하나님께서 성육신하여 사람이 되셨음을, 곧 영원한 나심과 역사상 나심을 선포하고 있다.[2230] 에베소 공의회는 위격적 연합에 따른 속성교통을 그리스도의 성육신뿐만 아니라 일생 전체로까지 확장한다.

> 그[그리스도]는 거룩한 동정녀로부터 평범한 사람으로 먼저 나신 후 말씀이 자신 속으로 내주하게 된 것이 아니라, 바로 그 처녀의 태와 자궁 안에서 육체를 자신과 결합시키시고 그 육체 가운데서 육체적인 발생을 겪고 나셨다. 그리하여 우리는 그가 고난당하셨고 일어나셨다고 말한다. 말씀이신 하나님이 그 자신의 본성(신성) 가운데서 고난당하셨고 때림과 못에 찔림과 다른 상처들을 참으셨기 때문이 아니라(비육체적인 하나님은 고난을 넘어서 계신다), 그가 자신의 것으로 삼으신 그 몸으로 이것을 참으심으로 그 자신이 우리를 위하여 이 모든 고난을 당하셨다고 일컬어지기 때문이다. 왜냐하면 고난당하신 육체 가운데 고난당하실 수 없는 하나님이 계시기 때문이다. 말씀이신 하나님은 본성상 불멸하시며 불후하셨다. 그는 생명이시며 또한 생명의 수여자셨다. 그러나 하나님의 은혜에 의해서 그 자신의 고유한 몸이, 바울의 말씀대로, 모든 사람들을 위하여 죽음을 맛보았기 때문에(히 2:9) 우리를 위하여 죽음의 고통을 당하셨다고 일컬어진다. 이는 그가 자신의 본성에 따라서 죽음을 경험하셨다는 것이 아니라(그렇게 생각하거나 말하는 것은 미친 짓이다), 우리가 말했듯이, 그 자신의 참 육체가 죽음을 맛보았다는 것이다. 이렇듯 그의 육체가 일어났을 때, 우리는 또한 그의 부활에 대해서 말한다. 이는 그가 부패로 떨어졌기 때문이 아니라(결코 그럴 수 없다) 그의 육체가 일어났기 때문이다.[2231]

칼케돈 신경에서는 동일하신 그리스도가 신성에 따라서는 아버지와 동일본질이

2229) 참조. Grillmeier, *Christ in Christian Tradition*, 1.447-554.

2230) 니케아 신경(325)과 이를 확인한 콘스탄티노플 신경(381)은 성자와 성령의 신위격을 선포함에 주안점이 있는데, 특히 기독론과 관련해서 성자와 성부와의 동일본질, 만세 전에 잉태되심, 참 하나님으로부터 나신 참 하나님, 나셨으며 창조되지 않으신 분이라는 사실이 공교회의 이름으로 처음 선포되었다. Schaff, *The Creeds of Christendom*, 1.24.

2231) Vermigli, *Dialogue on the Two Natures in Christ*, 73-74에서 재인용. 원문은 *PG* 76.312.

시고 인성에 따라서는 영혼과 육체의 전인(全人)에 있어서 우리와 동일본질이심과 양성이 "혼합 없이, 변화 없이, 분할 없이, 분리 없이" 연합되어 있음을 확정하였다. 무엇보다 이러한 연합에도 불구하고 한 분 그리스도는 언제나 동일하시며, 한 인격 가운데 두 본성, 두 본성 가운데 한 인격, 곧 한 분이심 가운데 연합, 연합 가운데 한 분이심이 천명되었다.[2232]

초대교회 교부들은 신약이 신적인 영광을 사람 예수께-특히 부활하신 예수께-돌리는 반면에 인간의 불완전함을 또한 하나님의 아들에게 돌리고 있다는 사실에서 그의 신성과 인성이 서로 교통한다는 속성교통(communicatio idiomatum)에 대한 문제점을 의식하였다. 속사도 이그나티우스에게서도 이에 대한 인식이 나타나나, 4세기 갑바도기아 교부들이 아폴리나리우스의 기독론을 반박하는 가운데 그 논의가 본격화되었다. 나지안주스의 그레고리는 삼위일체의 위격적 관계를 설명하기 위하여 페리코레시스(περιχώρησις)라는 말을 처음 사용하였는데,[2233] 그것이 그리스도의 신인양성의 교통에도 적용되었다. 그러나 구체적인 신학적 고찰에까지는 나아가지 않았으며 예수의 신성은 마치 불이 철을 작열(灼熱)하게 하듯이, 한 방울의 식초가 무한한 바다에 떨어지듯이 인성에 스며든다고 하는 정도의 비유를 제시하는 데 그쳤다.

동방신학과 서방신학을 대표하는 알렉산드리아의 키릴과 어거스틴은 이와 관련하여 좀 더 교리적인 접근을 시도하였다. 키릴은 주님이 하늘에서 내려오셨다 함은 신성이 실제로 인성과 교통했다는 것이 아니라 우리가 이해하기 쉬운 단어와 어귀로 맞추어주신 표현이라고 보았다. 위격적 연합에 따른 속성교통으로 예수 그리스도를 예배하시는 분이시자 예배를 받으시는 분으로서 키릴이 인식한 것은 주목할 만하다.[2234]

어거스틴은 주님이 이전에 계시던 곳을 떠나지 아니하시고 오셨으며 우리를 떠나지 아니하시고 돌아가셨다고 말한다. 보이는 인성으로는 지금 이곳에 계시지 아니하시고 떠나가셨다. 그러므로 우리는 그를 볼 수도 없고 그가 계신 곳-곧 하나님

2232) 칼케돈 신경의 본문. Schaff, *The Creeds of Christendom*, 2.62-63.

2233) 참조. John P. Egan, "Toward Trinitarian Perichoresis: Saint Gregory the Theologian, (Oration) 31.41," *Greek Orthodox Theological Review* 39/1-2 (1994), 87.

2234) 참조. Vermigli, *Dialogue on the Two Natures in Christ*, 87-89.

의 보좌 우편-에 갈 수도 없다(요 7:34; 17:33). 참 사람으로서 그는 지상을 떠나셔서 어느 곳에 계신다. 그러나 참 하나님으로서 그는 모든 곳에 계신다.[2235] 이러한 어거스틴의 통찰은 신인양성의 교통의 핵심을 제시하고 있다.

속성교통에 관한 알렉산드리아 학파와 안디옥 학파는 뚜렷한 이견을 노정했다. 키릴로 대변되는 알렉산드리아 학파는 신성으로부터 인성으로 흘러들어가는 본성들의 페리코레시스를 강조한 반면, 몹수에스티아의 테오도레로 대변되는 안디옥 학파는 신성과 인성이 인격 안에서 공유된다는 측면에서 내주(ἐνοίκησις)를 강조하였다.

유티케스는 전자를 극단화하여 신성과 인성의 혼합으로 형성된 제3의 본성이 성육신한 그리스도의 인격을 이룬다고 하여 단성론(單性論)의 길을 열었고, 네스토리우스는 후자를 극단화하여 신성과 인성은 각각의 인격을 지닌 가운데 연합함으로써 제3의 인격을 형성한다고 보아 양위론(兩位論)의 길을 열었다.

이렇듯 초대교회의 교부들은 양성의 연합을 통한 한 위격의 형성에 치중한 반면, 종교개혁자들은 성찬론을 전개하는 과정에서 양성의 속성들이 어떻게 교통하는지에 대한 구체적인 관심을 표출하였다.

'공재설'을 주장한 루터는 양성의 실제적인 교통을 가르쳤으며 불과 철에 대한 비유를 좋아하였다.

'상징설'을 주장한 츠빙글리는 속성교통은 언어의 형상에 불과할 뿐 실제적이지 않다고 여겼다.

'영적 임재설'을 주장한 칼빈은 그것이 단지 축자적 교통(communicatio verbalis)에 그치지 않고 실제적이라고 보았는데, 양성의 속성들은 자체로 교통하지 않고 한 인격에 모두 돌려진다는 전제 가운데 그리하였다. 이렇듯 알렉산드리아 학파와 안디옥 학파의 대척점은 여전히 확연하였다.[2236]

[2235] 참조. Vermigli, *Dialogue on the Two Natures in Christ*, 84-87. 어거스틴의 이러한 입장은 죽음 후 부활 전에 주님의 영혼이 지옥에 내려가게 되었다는 루터파의 지옥강하 이론을 뒷받침하는 근거로 사용되기도 한다.

[2236] 한편, '화체설'(化體說)을 주장한 로마 가톨릭은 신성의 속성들이 주입되어 지복직관(至福直觀)의 상태에 이른 고양된 인성에 주목하였던 바, 속성교통을 논하면서 성향적 은혜(gratiae habituales)에 집중했던 것은 이러한 까닭에서이다.

2. 속성교통의 종류와 원리 :
   루터파 속성교통론과 개혁파 속성교통론

2. 1. 세 가지 종류의 교통 : 개혁파

대체로 개혁신학자들은 성육신한 중보자의 인격에 있어서 위격적 연합에 따른 신인양성의 교통을 "연합의 결과"(effecta unionis)에 따라 다음과 같이 세 가지로 다룬다.

첫째 종류(genus)는 '은혜의 교통'(communicatio gratiarum) 혹은 '은사의 교통'(communicatio charismatum)이다. 성육신으로 인성이 얻는 '연합의 은혜'(gratia unionis)로서, 인성이 모든 피조물보다 높아지므로 '탁월함의 은혜'(gratia eminentiae)라고도 하고, 성령을 충만히 받아 지식이나 의지나 행위 등 모든 부분에 있어서 자연인이 가질 수 없는 능력을 지니게 됨으로 '성향적 은혜'(gratiae habituales)라고도 한다.

둘째 종류는 '속성의 교통'(communicatio idiomatum) 혹은 '특성의 교통'(communicatio proprietatum)이다. 그리스도의 성육신으로 그의 신성과 인성에 속한 모든 속성들이 그의 한 인격(una persona) 곧 한 기체(基體, suppositum)에 교통된다. 그리하여, 비록 신성과 인성에 속한 속성들 자체로는 양립할 수 없는 특성들을 지니고 있지만, 그것들이 모두 한 분 동일하신 주님께 '고유하게 속한 것'(propria)이 되며 그것들을 표현하는 술어들이 모두 그 분께 합당하게 돌려진다.

셋째 종류는 '사역의 교통'(communicatio apotelesmatum) 혹은 '작용의 교통'(communicatio operationum)이다. 그리스도의 중보사역은 신성과 인성에 따라서 각각의 의지(θέλημα)와 활동(ἐνέργεια)으로 수행되지만 모두 한 인격 곧 한 기체에 교통된다. 그리하여, 비록 신성과 인성에 따른 일들은 자체로는 서로 양립할 수 없지만 모두 한 분 동일하신 그 분께 '고유하게 속한 것'(propria)이 되며 그것들을 표현하는 술어들이 모두 그 분께 합당하게 돌려진다.[2237]

뚤레틴은 이러한 세 가지 종류의 교통에 대한 시각을 공유하고 있다. 그러나 그

[2237] 참조. Bavinck, *Reformed Dogmatics*, 3.308; Richard A. Muller, *Dictionary of Latin and Greek Theological Terms: Drawn Principally from Protestant Scholastic Theology* (Grand Rapids: Baker, 1985), 72–76; Moon, "Bavinck's Understanding of Christ the Mediator's Hypostatic Union," 187–190.

의 분류법은 독특한 점이 있다. 그는 먼저 영향을 받는 대상을 두 가지로 대별(大別) 한 후 그 양상을 세부적으로 나눈다.

첫째는 그리스도의 인성과 관계된다. "탁월함의 은혜"(gratia eminentiae)와 "성향적 은혜"(gratiae habituales)가 여기에 속한다. 전자는 인성이 신성과 연합하여 누리는 "고귀함"(dignitas)으로서, "육신이 하나님의 아들의 고유한 소유"(caro Filii Dei propria)가 되는 경우이다. 후자는 신성이 인성에 부여한 "선물들"(dotes)로서, "하나님이 성령을 한량 없이 주심이니라"는 말씀(요 3:34)이 이를 뜻한다.[2238]

둘째는 양성 가운데 있는 인격과 관계된다. 여기에는 세 가지가 있다. "각각의 본성이 인격에 대하여" 갖는 관계와 관련된 "속성과 특성의 교통"(communicatio idiomatum et proprietatum). "양성에 따라서 인격에" 돌려지는 중보의 사역과 관계된 "직분과 사역의 교통"(communio officii et apotelesmatum). "신인"(Θεανθρώπῳ)에 돌려지는" "영예와 예배의 교통"(communio honoris et cultus).[2239] 여기에서 주목되는 것은 우리가 첫 번째 종류로 분류한 '은혜의 교통'에 해당하는 "탁월함의 은혜"와 "성향적 은혜"를 인성에 관한 것으로 따로 분류하고, 인격에 관한 것에 "영예와 예배의 교통"을 첨가하고 있다는 점이다. 그런데 개혁신학자들이 그러하듯이 뚤레틴 역시 "영예와 예배의 교통"을 인성이 인격 안에서 신성과 연합함으로 누리는 '연합의 은혜'의 한 양상으로 보고 있으므로,[2240] 사실상 여느 입장과 다를 바가 없다. 굳이 뚤레틴이 이렇게 분류한 것은 '은혜의 교통'을 신성의 속성들이 인성에 주입되어 인성이 신성과 혼합되어 변화된다고 보는 루터파의 폐해에 대해서 경종을 울리기 위함이라고 여겨진다. 성육신으로 인한 인성의 고귀함은 연합 자체의 은혜와 성령의 충만한 임재에 따른 은사로 말미암은 것이지 본성의 혼합(confusio)이나 주입(infusio)이나 섞임(mixtio)에 따른 것이 아니라는 사실을 상기시키려는 의도에서라는 것이다.

한편, 뻘카우어는 속성의 교통과 사역의 교통을 굳이 나눌 필요가 없다고 본다. 그의 요지는 이렇다. 신인양성은 한 인격 안에 연합되어 있다. 그리스도의 인성은 신성과 연합되지 않은 적이 없다. 인성은 신성으로부터 빠져나와 존재하지 않으며

[2238] Turretin, *Institutio Theologiae Elencticae*, 13.8.1 (2.283).
[2239] Turretin, *Institutio Theologiae Elencticae*, 13.8.2 (2.283).
[2240] 참조. Bavinck, *Reformed Dogmatics*, 3.318.

인격 안에서 신성과 언제나 함께 있다. 이것이 양성의 교통이다. 그것은 한 인격 안에 함께 있는 것이다. 이러한 하나인 인격이 성육신과 사역의 주체가 된다. 신성이나 인성이 추상적으로(abstracte)-추상적인 것으로서(in abstracto)-독자적으로 존재하거나 활동할 수 없다. 그러므로 양자론이나 가현설은 모두 거부된다. 따라서 사역의 교통은 속성의 교통의 한 양상으로 보면 된다. 그것은 또 다른 무엇이 아니다.[2241] 뻴카우어의 이러한 입장은 속성의 교통과 사역의 교통이 각각 일어남을 부정하는 것이 아니라 양자가 함께 일어남을 말하는 것으로서 이를 구분하는 입장과 본질적으로 다른 것은 아니다.

2. 2. 세 가지 종류의 교통 : 루터파

일치신조에서 보듯이, 루터파는 한 인격 안의 양성의 위격적 연합(unio hypostatica) 혹은 인격적 연합(unio personalis)로부터 본성의 교통(communicatio naturarum)을, 본성의 교통으로부터 속성의 교통(communicatio idiomatum)을, 속성의 교통으로부터 그리스도의 육체의 무소부재(ubiquitas) 혹은 편재(omnipraesentia)를 이끌어낸다. 여기에는 17세기 루터파 정통주의(Lutheran Orthodoxy)에 의해서 교리적으로 체계화된 다음 세 가지 종류의 속성교통(communicatio idiomatum)이 이미 논해지고 있다. 이를 구체적으로 다룬 제8조는 켐니쯔(Martin Chemnitz)의 1578년 작품 『그리스도의 두 본성』(De Duabus Naturis in Christo)에 기초하여 작성되었다.

첫째 종류는 속성적 교통(genus idiomaticum)이다. 신성과 인성은 한 인격 가운데 연합되어 있다. 각각의 본성에 속한 속성들이 모두 전(全) 인격에 교통되어 속하게 되며, 그렇게 서술된다. 이는 실제적이다. 이러한 교통은 오직 인격 안에서 인격에로 일어나며 본성들 상호 간에는 일어나지 않는다. 그러므로 각각의 본성은 연합 후에도 본래의 속성들을 그대로 지닌다. 양 본성의 구체(具體, concretum)는 한 인격이다. 각각의 본성은 각각의 구체를 지니지 않는다. 신인(神人, Θεανθρώπος)의 한 인격이 구체이며 주체이다. 신인이신 한 분이 고난당하시고 죽으셨으므로, 하나님이 고난당하셨다고 말하기도 하고 사람이 고난당하셨다고 말하기도 한다. 고난당하

2241) Berkouwer, *The Person of Christ*, 293.

신 분이 하나님이시라고도 하고 사람이시라고도 한다.[2242] 츠빙글리는 이를 "변화"(ἀλλοίωσις)라고 하여 루터의 비난을 샀다.[2243] 개혁신학자 피스카토르(Piscator)는 이를 부분으로 전체를 표현하는 "제유법"(synecdochae)이라고 하였다.[2244] 다메섹의 요한은 이를 "교체"(交替, ἀντίδοσις) 혹은 "교체의 방식"(πρόπος ἀντιδόσεως), 몹수에스티아의 테오도레는 "명칭의 변화와 교통"(ἐναλλαγὴ καὶ κοινωσία ὀνομάτων), 알렉산드리아의 키릴은 "분배와 귀속"(ἰδιοποιία καὶ ἰδιοποίησις)이라고 부른다.[2245]

여기에는 세 가지 경우가 있다. 첫째, 주어인 구체는 신성, 술어인 추상은 인성에 따른 경우로서 "귀속"(ἰδιοποίησις) 혹은 "내주"(οἰκείωσις)라고 불린다(행 3:15; 20:28; 고전 2:8; 갈 2:20). 둘째, 주어인 구체는 인성, 술어인 추상은 신성에 따른 경우로서 "신성에로의 교통"(κοινωνία τῶν θείων)이라고 불린다(요 6:62; 8:58; 고전 15:47). 셋째, 주어인 구체가 신성과 인성 모두에 따른 경우로서 "교체"(ἀντίδοσις)나 "호환"(συναμφοτερισμός)이라고 불린다(히 13:8; 롬 9:5; 고후 13:4; 벧전 3:18).[2246]

둘째 종류는 엄위적 교통(genus majestaticum) 혹은 영광의 교통(genus auchematicum)[2247]이다. 위격적 연합으로 신성의 속성들이 인성에 교통되어 인성이 고양되는 것을 말하는 것으로서,[2248] 속성적 교통이 추상적으로 일어난다고 전제하지는 않으며, 제2위 성자 하나님의 인격과 인성 사이의 실제적 교통의 양상에 주목한다.[2249] 그러므로 인성이 신성의 전능성, 전지성, 편재성 등에 참여한다고 해

[2242] Heinrich Schmid, *Doctrinal Theology of the Evangelical Lutheran Church: The Classic Collection of Lutheran Theological Writers*, tr. Charles A. Hay and Henry E. Jacobs (Minneapolis: Augsburg Publishing House, 1961, rep., 3rd rev. of 1889), 313-314; Chemnitz, *The Two Natures in Christ*, 171, 177.

[2243] "ἀλλοίωσις"는 "변화" 혹은 "양자택일"이라는 의미가 있다. 츠빙글리는 성경에서 그리스도의 전(全) 인격이 무엇을 행하셨다고 기록되어 있을 때 실제로 그의 어느 한 본성만이 그리하셨다는 의미로 받아들여야 한다고 하면서 이를 표현하기 위하여 이 단어를 사용한다. 예컨대, 그리스도가 우리를 위하여 고난을 당하셨다는 말씀에서 주어는 신인의 인격이 아니라 오직 인성만이라는 것이다. 루터는 이 단어가 마귀의 가면을 뜻한다고 부르고 그것은 기독교인이 따를 수 없는 두 인격의 그리스도를 만들고 있다고 비난했다. 참조. Berkouwer, *The Person of Christ*, 276-277.

[2244] Schmid, *Doctrinal Theology of the Evangelical Lutheran Church*, 326.

[2245] Schmid, *Doctrinal Theology of the Evangelical Lutheran Church*, 327.

[2246] Schmid, *Doctrinal Theology of the Evangelical Lutheran Church*, 314. David Hollaz, *Examen Theologicum Acroamaticum* (1707), 694에서 재인용. 켐니쯔는 이를 세분해서 일곱 가지로 다룬다. Chemnitz, *The Two Natures in Christ*, 176.

[2247] "영광"이라는 단어 "αὔχημα"에서 비롯되었다.

[2248] 그리하여 βελτίωσις, ὑπερύψωσις, μετάδοσις, θέωσις, ἀποθεοσία, θεοποίησις, unctio 등으로 불린다. 참조. Schaff, *The Creeds of Christendom*, 1.319, n.3.

[2249] 참조. Muller, *Dictionary of Latin and Greek Theological Terms*, 73.

서, 그것의 고유한 속성들이 폐기되거나 신성의 고유한 속성들이 그것에 부여된다고 보지는 않는다.[2250] 신성의 속성들을 취하여 고양된 인성은–마치 불과 철이 고유하게 남아 있으나 철이 달구어져 붉고 뜨겁게 변화되듯이–그것들을 완전히, 자발적으로 비추기는 하되, 자신의 고유한 속성들 가운데 고유하게 남아있기 때문이다.[2251] 다만 인성의 속성들이 신성에 참여한다고 보지는 않는 것은, 신성은 본질상 불변하다고 여기기 때문이다.[2252]

엄위적 교통은 루터파와 개혁파 사이에서 뿐만 아니라 루터파 내의 기독론 논쟁의 화약고가 되었다. 왜냐하면 그것이 성례적 연합(unio sacramentalis)과 직결되는 핵심적인 논제로 여겨졌기 때문이다. 루터파 내의 첫 번째 기독론 논쟁은 성육신으로 인성이 신성의 속성들을 취한 소유(κτῆσις)를 어떻게 볼 것인가에 관계되었다. 이를 신화(神化, θέωσις)로 여겨 절대적 편재성을 주장한 브렌쯔와 상호내주(περιχώρησις)로 여겨 상대적 편재성을 주장한 켐니쯔의 대립이 팽팽했다. 일치신조에서 양자의 대립이 극적으로 타협되었다. 위격적 연합에 관한 칼케돈 신경의 정통적인 가르침을 견지하는 가운데 양성의 교통이 "실제로, 곧 참으로 사실상"(realiter, hoc est, vere et reipsa) 일어난다는 것을 인정하자는 데 타협의 명분이 있었다.

제8조 Affirmativa의 제10항 후반부에서부터 11항에 걸쳐서 일치신조는 성육신으로 그리스도의 인성은 형성되는 순간부터 신성의 속성들을 취하였다는 사실, 비하의 상태에서는 그것들이 사용되지 않았다는 사실, 부활 이후 높임을 받으신 그는 "이제 하나님으로서 뿐만 아니라 사람으로서 모든 것을 알고, 모든 것을 할 수 있고, 모든 만물에 현존하신다"(jam non tantum ut Deus, verum etiam ut homo, omnia novit, omnia potest, omnibus creturis praesens est)는 사실을 천명하여,[2253] 비록 이견이 있을지라도 브렌쯔와 켐니쯔는 모두 성육신 자체가 아니라 성육신 이후로부터 그리스도의 비하가 시작됨과 그리스도의 육체의 인성에 따른 편재(遍在)가 성육신 때부터 있었으나 그 사용을 감추었을 뿐이라는 사실에 동의하고 있음

[2250] Schmid, *Doctrinal Theology of the Evangelical Lutheran Church*, 330.

[2251] Schmid, *Doctrinal Theology of the Evangelical Lutheran Church*, 314-315; Schaff, *The Creeds of Christendom*, 1.319-320.

[2252] 이를 넷째 종류의 교통으로 보는 경우도 있으나 루터파 정통주의자들은 이를 거부한다. 참조. Schaff, *The Creeds of Christendom*, 1.320.

[2253] Schaff, *The Creeds of Christendom*, 3.151-152.

을 반증하고 있다.[2254]

루터의 친구였던 브렌쯔는 그의 작품 『인격적 연합』(De Personali Unione)에서 "진정, 인간 그리스도는 말씀이 없이는 결코 존재할 수도 일할 수도 없었다는 사실뿐만 아니라 말씀은 그가 취한 사람이 없이는 결코 존재할 수도 일할 수도 없었다는 사실에 성육신이 자리 잡고 있다. 이는 오직 인성이 높아져 말씀과 동일한 고귀함을 취함으로써 가능하였다. 성육신은 이러한 고양(高揚)에 정확히 자리 잡고 있다. 즉 인성이 말씀과 동일하다는 사실에"라고 말하였다. 역설적이게도, 이와 관련하여 "유한과 무한 사이에는 어떤 유비(類比)도 없으나 하나님의 철학에 있어서는 유한한 인성이 또한 무한해질 수 있다"는 츠빙글리의 말을 인용하고 있다.[2255]

켐니쯔는 『그리스도의 두 본성』(De Duabus Naturis in Christo)에서 "물질적이고 본성적인 교통"(physica, naturalis communicatio) 혹은 "속성의 혼합"(transfusio idiomatum)을 극력 반대했다. 인성은 신성을 받아들일 수 없다고 본 후기 루터의 입장을 추종한 비텐베르크(Wittenberg) 신학자들 가운데서도 켐니쯔는 누구보다도 열성적이었다. 그는 "유한한 본성"(natura finita)의 "능력"(capacitas)은 "무한"(infinitum)을 안을 수 없음을 갈파했으며, 그리스도의 몸의 편재에 관해서는 더욱 분명한 이견(異見)을 드러내었다. 심지어 그는 인자(人子)는 "하나님에 의해서 움직이는 기관(機關)"이라고까지 보았는데 이는 비텐베르크 신학자들에게도 받아들이기 어려운 것이었다.[2256]

켐니쯔는 본서에서 가장 많은 지면을 할애할 만큼 엄위적 교통을 중요하게 다루고 있다. 그에 의하면, 엄위적 교통은 인성과 신성이 하나가 되는 것이 아니라 신성이 "인성 안에서", "인성과 함께", "인성을 통하여" 작용하고 드러나는 것을 의미한다.[2257] 신성의 속성들이 인성에 전달되어 인성이 고양되었다고 하더라도—전능성과 전지성과 편재성 등을 취했다고 하더라도—그것은 인성이 "자신 안에서 그리고 자신에 따라서"(ἐν ἑαυτῇ καὶ καθ' ἑαυτήν) 그것들을 받아들이는 것을 의미할 뿐 신성과 본성 및 실체에 있어서 동일해지는 것은 아니다. 그러므로 그것은 "본성적"이거

2254) 켐니쯔 역시 브렌쯔와 다를 바 없이 성육신을 하나님의 아들의 비하가 아니라 인성의 고양이라는 측면에서 파악하고 있다. 참조. Chemnitz, *The Two Natures in Christ*, 491-492.

2255) Hodge, *Systematic Theology*, 2.409-410에서 재인용.

2256) Hodge, *Systematic Theology*, 2.410-411.

2257) Chemnitz, *The Two Natures in Christ*, 165.

나 "실체적"이지 않다. 왜냐하면 "고유한 것(ἰδιότης)은 침해될 수 없는 것(ἀκίητος)이 기 때문이다."2258) 인성의 변화는 인성에 따른 것이지 신성에 따른 것이 아니다.2259) 인성이 신성의 속성들을 받아들이는 것은 "사람으로서(ut), 사람의 능력 가운데 (qua), 사람인 한(quatenus)"에 있어서이다.2260) 양성의 연합은 인성을 대상으로 볼 때는 "육체를 입는 것"(σάρχωσις)이고 "사람을 입는 것"(ἐνανθρώπησις)이지만, 신성을 대상으로 볼 때는 "하나님을 입는 것"(θέωσις)이고 "로고스를 입는 것"(λόγωσις)이다. 마치 철과 불이 만나서 "타는 것"(πύρωσις)과 같이 이 두 가지는 동시에 일어난다. 이러한 측면에서 그것은 '실제적'이지만 '실체적'이지 않으며, 본성 상호 간에 일어 나지만 '본성적'이지 않다. 켐니쯔는 이를 "페리코레시스"(περιχώρησις, 상호내주)라고 부르고, 이를 순교자 저스틴의 "ἀποθέωσις", 유세비우스의 "συναποθέωσις", 나지 안주스의 그레고리의 "θέωσις", 아타나시우스의 "θεοσποιης, θεολόγωσις", 에피 파니우스의 "ἔνθεον", 다메섹의 요한의 "λόγωσις"와 동일시한다. 그 가운데 초대 교회의 신화 개념은 브렌쯔보다 자신의 신학에 부합함을 역설하고 있다.2261)

이러한 켐니쯔의 중도적 입장과 일치신조에 드리워진 브렌쯔의 극단적 입장을 어떻게 바라보아야 하는가? 혹자는 켐니쯔의 이러한 입장을 일치신조에 역투사해 서 그것을 설명하려고 하나, 오히려 그의 진의를 일치신조에서 찾으려고 해야 할 것이다. 켐니쯔가 브렌쯔에서 멀다고 하나 우리와 켐니쯔의 사이보다 훨씬 가깝기 때문이다.

셋째 종류는 사역적 교통(genus apotelesmaticum) 혹은 활동적 교통(genus operationum)이다. 사역적 교통은 속성적 교통과 엄위적 교통을 전제한다. 곧 위격 적 연합 가운데 신성의 속성들이 인성에 실제적으로 전달된 가운데서의 신인양성 의 중보사역으로 파악된다.2262) 엄위적 교통의 영향은 신성으로부터 인성에로 일방 적으로 나타나는 반면에 사역적 교통은 신성과 고양된 인성 모두에 따라서 작용한

2258) Chemnitz, *The Two Natures in Christ*, 269-271. 여기에 인용된 문장은 다메섹의 요한(John of Damascus) 의 말이다.

2259) Chemnitz, *The Two Natures in Christ*, 339.

2260) Chemnitz, *The Two Natures in Christ*, 342.

2261) Chemnitz, *The Two Natures in Christ*, 396.

2262) Schmid, *Doctrinal Theology of the Evangelical Lutheran Church*, 315-316.

다.[2263] 그렇지 않다면 주님의 사역은 무한한 가치를 지니지 못하게 될 것이다(고전 15:3; 갈 1:4; 3:17; 요일 3:8; 눅 9:56).[2264] 개혁파가 신성과 인성 각각에 따른 사역을 한 인격에 돌리는 데 중점을 두고 그 가운데 그리스도의 비하와 승귀의 은혜를 논하는 반면에, 루터파는 그것이 고양된 인성을 지닌 신인의 사역이라는 데 방점을 찍고 있다.[2265] 그러나 인성의 고양으로 신성을 대체하고자 할 때-최소한 그러한 경향을 보일 때-주님의 사역의 절대적 가치는 희석될 수밖에 없다.[2266]

2. 3. 개혁파 속성교통론

칼케돈 신경에 의해서 수립된 중보자 그리스도의 신인양성의 위격적 연합에 따른 신성과 인성의 속성교통을 다루면서 칼빈과 개혁신학자들은 그것이 위격 안에서(in), 위격을 통하여(through), 위격에로(unto) 간접적으로(indirecte) 일어난다고 보았다. 그리하여 그것이 직접적으로(directe) 교통한다고 본 루터파와 대척점에 섰다. 칼케돈 신경은 그리스도의 인격(persona)만이 구체(具體, concretum)로서 기체(suppositum)가 되며 신성과 인성의 두 본성(natura)은 추상(抽象, abstractum)으로서 실체(substantia)가 될 뿐 자체로 기체는 될 수 없다고 보았다. "구체"는 개별자 곧 "기체"를 의미한다. 이는 고유하다. 그러나 "구체"가 소유하는 본성은 공유된다. 그것이 "추상"이다. "추상은 신성과 인성과 같이 본질적으로나 우연히 다른 것에 포함되어 있는 어느 것의 본성(natura)이나 형상(forma)의 이름이다. 구체는 그 형상이나 본성을 지니고 있는 인격(persona) 혹은 주체(subjectum)이다."[2267]

그리하여 "한 동일하신 분"(ἕνα καὶ τὸν αὐτόν, unum eundemque)이 "신성에 따라서 성부와 동일본질이시고, 인성에 따라서 우리와 동일본질이시며, 모든 것에 있어

2263) Chemnitz, *The Two Natures in Christ*, 216–217.
2264) Schaff, *The Creeds of Christendom*, 1.319.
2265) 참조. Chemnitz, *The Two Natures in Christ*, 165, 230.
2266) 이러한 점에서 신인양성의 속성교통에 관한 켐니쯔의 이해는 다메섹의 요한(John of Damascus)을 기점으로 체계를 갖추어 간 동방교회의 입장과 궤를 같이한다. 이에 대해서, J. Francis Watson, "Martin Chemnitz and the Eastern Church: A Christology of the Catholic Consensus of the Fathers," *St Vladimir's Theological Quarterly* 38/1 (1994), 81–86.
2267) Heppe, *Reformed Dogmatics*, 444.

서 우리와 같으시되 오히려 죄는 없으시며, 실로 창세 전에 신성에 따라서 아버지에게서 나셨고, 후일에 동일하신 분이 우리와 우리의 구원을 위하여 인성에 따라서 하나님의 어머니 동정녀 마리아에게서 나셨으며"라고 천명하였다.2268) 여기에 사용된 "신성에 따라서"(κατὰ τὴν θεότητα, secundum deitatem)와 "인성에 따라서"(κατὰ τὴν ἀνθρωπότητα, secundum humanitatem)는 위격적 연합 가운데 있는 양성의 속성교통의 방식을 드러내는 결정적인 표현으로서 본성은 위격 안에 있으나(ἐνυπόστασις, enhypostasis) 위격은 아니라는(ἀνυπόστασις, anhypostasis) 정통적인 관점을 견지하고 있다.2269)

칼빈과 개혁신학자들은 각각의 본성에 따른 속성들이 모두 한 인격에 돌려진다는 점에서만 속성교통을 인정하였다. 그들은 위격 안에서, 위격을 통하여, 위격에로 간접적으로 일어나는 이러한 교통을 성경이 전하는 바에 따른 축자적 교통(communicatio verbalis)이라고 여겼다. 그것은 "단지"(tantum) 하나의 언술 방식(modus loquendi)에 그치는 것이 아니라 실제적으로(realiter) 일어나는 것으로 다루어졌다. 이는 성찬에 있어서의 그리스도의 "영적 그러나 실제적 현존"(praesentia spiritualis sed realis)을 말한 칼빈의 성례론에 부합한다. 여기에서 "영적"이라 함은, 인성에 따라서는 어느 곳에 계시는 한 분 동일하신 주님이 신성에 따라서 모든 곳에 계신다는 축자적 교통의 비밀(μυστήριον)을 함의하고 있다. 성례의 비밀(sacramentum)은 한 분 그리스도께 인성에 따른 localitas(지역성)와 신성에 따른 ubiquitas(편재성)를 모두 돌릴 때, 온전히 작용한다.2270)

루터는 주님이 취하신 인성이 구체(concretum)가 아니라 추상(abstractum)이라는 점을 인식했으나2271) 신성과 인성의 속성들이 서로 양립할 수 없다고 여겨질 경우

2268) Schaff, *The Creeds of Christendom*, 2.62-63.
2269) 죽산 박형룡도 위격적 연합에 대한 개혁신학자들의 입장에 서서 중보자 그리스도의 신인양성의 속성교통이 간접적으로 일어남을 천명한다. 문병호, "박형룡의 그리스도의 위격적 연합 교리 이해: 구속사적-구원론적 관점에서." 125-128.
2270) 이러한 칼빈의 입장은 그와 함께 소위 제2세대 종교개혁자들로 분류되는 불링거(Heinrich Bullinger), 부쩌(Martin Bucer), 버미글리(Peter Martyr Vermigli), 크랜머(Thomas Cranmer), 주월(John Jewel)에게서도 일단(一端)의 유사함이 나타난다. 이에 대해서, Gordon E. Pruett, "Protestant Doctrine of the Eucharistic Presence," *Calvin Theological Journal* 10/2 (1975), 142-174.
2271) 루터는 이러한 점을 혼동한 신비주의자 슈뱅크펠트(Caspar Schwenckfeld, 1489-1561)를 1540년에 출간된 자신의 글 "그리스도의 신성과 인성에 관한 논쟁"(Disputation Concerning the Divinity and Humanity of Christ)에서 비판한다. 이에 대한 논점을 적시하고 그 텍스트를 소개한 다음 글 참조. Mitchell Tolpingrud, ed., and tr.,

그것들을 묶는 모종의 개념을 상정해서 제3의 길로 이해하려고 드는 경향을 보였다. 후기 루터에 있어서는 이러한 입장이 철회되지만 그의 제자들은 오히려 스승의 초기 입장을 강화해서 일치신조에서는 그리스도가 자신의 인성으로써 모든 곳에 현존하신다는 인성의 편재(遍在)를 거론하기에 이르고 말았다. 그들은 이를 "신앙의 유비"(analogia fidei)에 충실한 루터의 입장이라고 말하고 있지만 이는 오히려 그것에 역행된다.2272) 이와는 대조적으로, 칼빈은 서로 양립할 수 없다고 여겨지는 듯한 신성과 인성의 모든 속성들을 한 인격에 속한 것으로 보아 축자적으로 서술하는 가운데서 그 비밀을 오히려 부각시키고자 한다. 루터는 축자적인 것을 넘어서서 실제적인 것을 찾으려고 하지만, 칼빈은 축자적인 것이야말로 실제적이라고 여기는 것이다.

이하 뚤레틴의 경우에서 보듯이 개혁신학자들은 그리스도의 인격에 관한 정통적인 입장에 서서 위격적 연합에 따른 신인양성의 교통을 다음과 같은 관점에서 다룬다. 여기에서는 '속성의 교통'을 중심으로 거론하지만 '사역의 교통'과 '은사의 교통'에도 마찬가지로 적용된다.

첫째, "속성의 교통은 양성의 특성들이 인격에 공유되는 연합의 결과이다"(effectus unionis, quo utriusque naturae proprietates personae sunt factae communes). 양성에 속한 속성들-혹은 특성들-이 인격에 돌려지는 "서술"(phrasaeologia)의 양식은 두 가지로 나타난다. 첫째, "직접적으로"(directe), 신성에 속한 특성들이 하나님으로 돌려지고 인성에 속한 특성들이 사람으로 돌려지는 경우이다. 태초에 계신 말씀이 하나님이시라거나(요 1:1), 인자가 십자가에서 죽임을 당하리라는(눅 9:22) 말씀이 이에 속한다. 둘째, "간접적으로"(indirecte), 위와는 반대로 고난을 하나님께 돌리며(행 20:28), 편재(遍在, ubiquitas)를 인자에게 돌리는(요 3:13) 경우이다.2273)

둘째, "이러한 교통은 본성들의 측면에서(respectu naturarum)가 아니라 인격의 측면에서(respectu personae), 축자적일(verbalis) 뿐만 아니라 실제적(realis)이라고 불림이 마땅하다. 그러므로 한 본성에 속한 특성들이 사실상(reipsa) 다른 본성에 교통

"Luther's Disputation Concerning the Divinity and Humanity of Christ," *Lutheran Quarterly* 10/2 (1996), 151-178 (서론, 151-152).

2272) 일치신조, 제7조 "affirmativa" 5; 제8조 "affirmativa" 12. Schaff, *The Creeds of Christendom*, 3.139, 153.

2273) Turretin, *Institutio Theologiae Elencticae*, 13.8.3 (2.284).

되었다고 여겨서는 안 되며, 인격에 실제로(realiter) 연합된 양성의 특성들이 그 인격 자체에 속한다고 주장되어야 한다." 이로써, 양성의 "실제적 연합"(realis unio)을 말한다고 해서 양성 자체의 속성교통을 인정해야 함은 아니라는 사실을 분명히 한다.2274)

셋째, 그러므로 이러한 교통은 "추상적으로"(in abstracto) 일어나는 것이 아니라 "구체적으로"(in concreto) 일어난다. "추상"(抽象, abstractum)은 "본질적으로나 우유(偶有)적으로 다른 것 안에 있는 한 본성이나 한 형상을 칭하는 이름이다"(nomen naturae seu formae alicuius, quae alteri sive essentialiter, sive accidentaliter inest). "구체"(具體, concretum)는 "이러한 형상이나 본성을 지닌 인격 혹은 주체로서 '하나님'이나 '사람' 등 구체적인 이름으로 표현된다." 양성은 인격 안에서 구체적으로 교통할 뿐, 양성의 추상적 교통이 인격을 이루는 것은 아니다. 양성의 교통은 구체적이므로 실제적이다. 루터파는 "추상"을 신격으로부터 분리된 인성이라 여기고 그 가운데서의 실제적 교통을 말하고자 하지만, 이는 내(內)위격성(enhypostasia)에 정면으로 배치된다.2275)

이에 근거해서 루터파 속성교통론이 비판된다. 루터파는 공재설의 교리적 기초가 되는 그리스도의 몸의 인성에 따른 편재(ubiquitas)를 설명하기 위하여 위격적 연합에 따라서 신성의 어떤 특성들이 인성에 주입되었다고 주장하였다. 그러나 추상적 교통을 실제적이라고 여기는 루터파의 입장은 그 정도를 신화(神化, θέωσις)로 보든(브렌쯔) 상호내주(περιχώρησις)로 보든(켐니쯔) 일치신조를 거쳐 줄곧 견지되었다.2276)

여기에서 우리는 루터파 속성교통론과 양립할 수 없는 개혁파 속성교통론의 특징을 간파할 수 있다. 첫째, 양성의 교통은 구체적 곧 위격적이므로 실제적이다. 둘째, 속성의 교통과 사역의 교통으로 신성과 인성에 속한 특성들과 신성과 인성에 따른 사역들이 모두 인격에 돌려진다. 셋째, "영예와 예배의 교통"의 주체는 "신인"(Θεανθρώπος)의 인격이시다. 인성은 신성의 특성이 부여되어 영예롭게 되거나 예배의 대상이 되는 것이 아니라 인격 안에 신성과 함께 있으므로 그러하다. 그것은 구

2274) Turretin, *Institutio Theologiae Elencticae*, 13.8.4 (2.284).

2275) Turretin, *Institutio Theologiae Elencticae*, 13.8.4 (2.284).

2276) Turretin, *Institutio Theologiae Elencticae*, 13.8.6-7 (2.284-285).

체적-실제적 연합으로 말미암은 것이지 추상적-실제적 신화나 상호내주로 말미암은 것이 아니다.

루터파와 같이 '추상적' 교통이 '실제적으로'(realiter) 일어난다고 보게 되면 신성과 인성에 "인격성"(personalitas)이 부여되어 두 인격 혹은 두 위격의 그리스도, 곧 두 그리스도를 낳게 되며, 결과적으로 한 위격 양성의 위격적 연합 자체를 부정하게 된다. 이 경우 "말씀이 육신이 되어"라는 말씀(요 1:14)은 단성론에 근거해서만 이해될 뿐이다. 그리고 "신성한 성품에 참여하는 자"라는 말씀(벧후 1:4)을 "[신앙]유비적으로"(analogice)가 아니라 "형상적으로"(formaliter) 받아들이게 된다.[2277] 루터파는 양성의 교통이 "참여에 따라서"(κατὰ μέθεσιν)가 아니라 "양 주체가 함께 겹치는"(in subjectis συνδεδυασμένοις) "연합에 따라서"(κατὰ συνδύασιν) 일어난다는 점을 들어 이에 대해서 항변한다. 그러나 양 본성을 두 주체로 가정한다는 자체가 이미 그릇되다. 위격적 연합에 따른 양성의 교통의 주체는 신인(神人)의 인격이시다. 위격적 연합으로 말미암아 부여된 인성의 고귀함은 "은혜를 통한"(per gratiam) 것이지 "본성을 통한"(per naturam) 것이 아니다.[2278]

루터파는 "은사의 교통"과 관련해서 신성의 인성에로의 교통만 인정하고 인성의 신성에로의 교통은 부정한다. 그리고 신적 속성들의 일부만의 교통을 주장한다. 그러나 일부의 교통은 전부의 교통을 의미하는 것과 다르지 않으며, 신성이 인성에 교통된다면, 인성 역시 신성에 교통된다고 볼 것이다. 왜냐하면 인성이 신성을 받을 만하다고 본다면 신성 역시 인성을 받을 만하다고 보아야 할 것이기 때문이다.[2279] 그러므로 "추상적" 속성교통이 "실제적으로" 일어난다고 보는 이상 양성의 "혼합"(confusio)은 피할 수 없으며 유티케스의 오류를 벗어날 수 없다.[2280]

위격적 연합에 있어서 양성의 구별은 완화되는 것이 아니라 더욱 뚜렷해진다. 신

2277) Turretin, *Institutio Theologiae Elencticae*, 13.8.9 (2.285).

2278) Turretin, *Institutio Theologiae Elencticae*, 13.8.10 (2.285).

2279) Turretin, *Institutio Theologiae Elencticae*, 13.8.11-12 (2.285-286).

2280) Turretin, *Institutio Theologiae Elencticae*, 13.8.13 (2.286). 일치신조에서 루터파는 유티케스를 정죄하고 있지만 사실상 유티케스의 영향 아래에 있다. 인성에 교통된 것은 "본래적 신성"이 아니라 "유래적 신성"이라고 하면서 이를 모면하려고 하는 것도 그 교통을 "실제로, 곧 참으로 사실상"(realiter, hoc est, vere et reipsa) 일어나는 것이라고 보는 이상 무의미하다. 이에 대해서 전술한 본서 제3장 9.의 "일치신조"(Formula Concordiae) 부분 참조. "본래적 신성"과 "유래적 신성"에 대해서, Chemnitz, *The Two Natures in Christ*, 269ff. 참조.

인양성의 연합은 인격 안에서 "구체적"으로 일어남으로 "실제적"(realis)이다. 실제적이라고 해서 양성의 구별 없이 "실제로 하나가 되었다"(actu unita)는 것을 의미하지는 않는다.2281) 성육신한 그리스도는 언제나 신성과 인성의 인격 가운데 "전(全) 그리스도"(the whole Christ)-"totus"-로 계신다. 그러나 한 본성에 고유한 속성들은 동일한 인격에 속한 다른 본성에 고유하다고 할 수 없다는 측면에서, "전부"(全部, totum)-곧 "그리스도 전부"(the whole of Christ)-로 계시지는 않는다.2282) 본성은 위격이 아니나(ἀνυπόστατος) 위격 안에(ἐνυπόστατος) 있다. 양성의 교통은 위격 안에서, 위격에 의해서 "참되고 인격적으로"(vere et personaliter) 일어난다. 양성의 연합은 본성에 따른 "형상적 교통"(communicatio formalis)이 아니라 위격에 따른 위격적 교통으로 일어난다. "신성의 모든 충만이 육체로 거하시고"라는 말씀이(골 2:9) 이를 제시한다.2283)

그리스도의 인성은 신성과 연합했다고 해서 신성과 함께 어디에나 존재하지 않는다. 하나님의 보좌 우편에 계심은 주님의 왕직을 뜻한다. 루터파가 주장하는 바와 같이, 하나님이 모든 곳에 계시듯이 보좌 우편도 그러하고 주님도 "모든 곳에 계심"(πανταχουσίαν)을 말하고자 함이 아니다. 이 땅에 오신 주님은 특정한 시점에 특정한 곳에 계셨으며, 오심과 가심과 같이 장소의 이동을 수시로 말씀하셨다. 이는 인성에 따른 것이다. 신성은 "지역성"이 없기 때문이다("illocalitas"). 주님은 인성에 따라서 이 땅을 떠나 아버지께로 가신다고 했으며(요 16:28), 이 세상에 더 이상 있지 아니하시리라고 미리 말씀하셨다(요 17:11). 인성에 따라서 지금 주님은 모든 곳에 계시지 않고 하늘에 계신다(엡 1:20; 히 8:1).2284)

루터파는 주님의 승천 이후 어느 시점에 신성의 편재성이 인성에 주입되어 육체로도 모든 곳에 있게 된다고 주장한다.2285) 이에 대한 뚤레틴의 비판을 다음과 같이 몇 가지로 정리할 수 있다.

첫째, 신성과 인성은 항상 함께 있으며 각각의 특성을 그대로 보존한다. 비록 부

2281) Turretin, *Institutio Theologiae Elencticae*, 13.8.22 (2.288).

2282) Turretin, *Institutio Theologiae Elencticae*, 13.8.23 (2.288).

2283) Turretin, *Institutio Theologiae Elencticae*, 13.8.24-25 (2.289).

2284) Turretin, *Institutio Theologiae Elencticae*, 13.8.15-18 (2.286-288).

2285) 참조. Turretin, *Institutio Theologiae Elencticae*, 13.19.10-16 (2.325-326).

활 후 신령한 몸이 되셨지만 인성에 따른 속성은 여전하여 육체로는 어느 시점에 어느 곳에만 계신다.[2286]

둘째, 보좌 우편에서의 통치는 단지 어느 특정한 본성에 따른 것이 아니라 양성 가운데서의 신인의 다스림이다. 그것은 "추상적"이지 않고 "구체적"이다.[2287]

셋째, 그리스도의 중보와 관련하여 특별히 부여된 성령의 충만(요 1:16; 3:34), 지혜와 지식의 모든 보화(골 2:3), 심판의 권세(마 25:31-46; 요 5:27), "하늘과 땅의 모든 권세"(마 28:18)는 성부로부터 성자에게 부여된 것으로 보아야 하며 신성으로부터 인성에 교통되어 혼합된 것으로 여겨서는 안 된다. 즉 루터파 신학자들이 말하는 "은사적 교통"으로 볼 수 없다.[2288]

넷째, 그리스도의 살이 "생명의 떡"이라는 말씀은(요 6:48) 그것 자체가 "효과적으로"(efficienter) 그러한 일을 감당한다는 것이 아니라 그리스도의 "공로로 말미암아"(meritorie) 그러한 역사가 일어난다는 것을 의미한다. 즉 인성이 아니라 신인양성의 위격이 주체이다. 부분으로 전체를 표현하는 "제유법"(synecdochae)이 여기에 사용되었다.[2289]

다섯째, 신성과 인성에 따른 중보자 그리스도의 사역은 모두 한 위격에 돌려진다. 그리하여 수난을 당하실 수 없는 하나님이 자기 피로 교회를 사셨다는 말씀이 진리가 된다(행 20:28).[2290] 연합의 양상이나 효과가 "물리적이거나 초(超)물리적이거나"(modi physici et hyperphysici) "장소적이거나 장소적이지 않거나"(locale, illocale) 위격적 연합은 변함이 없다.

양성의 연합으로 인성에 신성의 존귀함이 돌려지거나, 주님이 지상이나 천상에 육체로 계심이 위격적 연합을 해소하지 않는다.[2291] "소유"(κτῆσιν)와 "사용"(χρῆσιν)을 구별하여 신성은 "자체로"(per se) 편재성을 지니고 있으나 인성은 "다른 것으로서"(κατ' ἄλλο) 그것을 사용할 뿐이라는 구별은 헛되다. 왜냐하면 신성과 인성은 한

2286) Turretin, *Institutio Theologiae Elencticae*, 13.8.26-28 (2.289).

2287) Turretin, *Institutio Theologiae Elencticae*, 13.8.29 (2.289-290).

2288) Turretin, *Institutio Theologiae Elencticae*, 13.8.30-34 (2.290-291).

2289) Turretin, *Institutio Theologiae Elencticae*, 13.8.36 (2.291).

2290) Turretin, *Institutio Theologiae Elencticae*, 13.8.37 (2.291).

2291) Turretin, *Institutio Theologiae Elencticae*, 13.8.39-40 (2.291-292).

인격을 이루며, 그 안에서 "구체적"으로 교통하기 때문이다.2292) 양성적 연합을 설명하기 위하여 영혼과 육체의 비유와 불에 달궈진 철의 비유를 드는 것은 적절하지 않다. 왜냐하면 육체의 생명은 영혼이 주는 것이 아니며, 철에 열과 빛을 주는 것은 잠재적인 불과 철의 기공(氣孔)이기 때문이다.2293)

존 오웬도 이러한 풀레틴의 입장을 공유한다. 오웬은 양성의 연합을 "구별된 그리스도의 본성들이 위격적으로 하나가 된 교제"(the communion of the distinct natures of Christ hypostatically united)라고 정의한 후, 위격적 연합에 따른 삼중적 교통에 대해서 말한다.

첫째, "[그것은] 아들의 인격 안에서 즉각적(immediate)이다." 인성은 "그 자체로 비위격적"(ἀνυπόστατος)이나 "아들의 인격 안에서 자신의 위격적 존재(subsistence)를 가진다." "신성은 그 아들의 인격 안에 있으므로 그것의 기체(基體, suppositum)가 된다."

둘째, "성령에 의해서" 인성은 "본래의 은혜의 완전한 충만"으로 채워진다.

셋째, "신성에 따라서 행해진 모든 사역의 가치와 존귀가 인성에 따라서 행해진 것에로 교통된다."2294)

이 세 가지는 각각 속성의 교통, 은사의 교통, 사역의 교통에 관련된다고 볼 것이다.2295) 여기에서 문제가 되는 것은 마치 신성과 인성이 인격 안에서 "기체"와 "위격적 존재"가 되듯이 말하고 있는 부분인데, 이를 두고 그가 몹수에스티아의 테오도레와 같이 위격적 연합에 따른 양성의 교통을 "내주"(ἐνοίκησις, inhabitatio) 정도로 보았다고 속단해서는 안 된다.2296) 오웬은 이를 다음과 같이 보고 있기 때문이다.

첫째, "하나님의 아들의 인격 가운데 있는 인성의 위격적 존재는 그것 자체의 위격적 존재를 가지고 있지 않다."

2292) Turretin, *Institutio Theologiae Elencticae*, 13.8.41 (2.292). 이러한 논법으로 신성이 인성으로 "추상적" 교통을 하지만 양성이 혼합되지는 않는다고 루터파는 주장한다.
2293) Turretin, *Institutio Theologiae Elencticae*, 13.8.42 (2.292). 이 두 비유는 일치신조에 나타남.
2294) Owen, "The Person of Christ," *WJO* 1.233-234.
2295) 참조. Spence, *Incarnation and Inspiration*, 35-37; Richard Daniels, *The Christology of John Owen* (Grand Rapids: Reformation Heritage Books, 2004), 275.
2296) 오웬이 그리스도의 신성과 인성의 인격성을 강조하고 무엇보다 인성에 미친 성령의 작용을 부각시키는 것은 위격적 연합을 단지 공허하고 은유적인 것이 아니라 실체적인 것으로 부각시키고자 한 동기에서 비롯되었다.

둘째, "인격 안에서의 속성의 교통(κοινωνία ἰδιομάτων)은 어느 본성에 속한 것이든 간에 그것이 하나님 혹은 사람이라는 이름으로 불릴지라도(행 20:28; 3:21) 구별 없이 그리스도의 인격을 지칭한다."

셋째, "그의 중보자의 직분의 수행은 그의 유일한 인격 가운데 양성에 따라서 일어난다." 그 "주체"(ὁ ἐνεργῶν, agens)는 하나님이시자 사람이신 그리스도시다. 그 자신이 생명을 주시고 모든 일을 이루시는 "방식의 원리"(ἐνεργητικὸν, principium quo)이시다. 한 인격 가운데 연합되어 있는 양 본성은 이를 "수행하는 원리"(principium quod)이다. 이러한 위격적 연합에 따라서 각 본성의 "효과적인 작용"(ἐνέργεια 혹은 δραστικὴ τῆς φύσεως κίνησις)이 일어나며, 그 "사역"(ἐνέργημα 혹은 ἀποτέλεσμα)이 산출된다.[2297]

요컨대 오웬은 중보사역의 주체는 언제든 주님의 "전(全) 인격"(the whole person) 곧 totum이 아니라 totus이심을 분명히 개진하고 있다.[2298]

2. 4. 루터파 속성교통론 비판

위에서 보았듯이, 개혁파에 우호적이었던 멜랑흐톤의 제자들과 루터를 엄격히 따르고자 했던 비텐베르크(Wittenberg) 신학자들과의 논쟁을 중재하고자 한 멜랑흐톤의 제자 켐니쯔(Martin Chemnitz)는 불과 철의 비유와 영혼과 육체의 비유를 좇아 그리스도의 신인양성의 실제적인 페리코레시스가 일어나며 그 가운데 각각의 본성에 속한 속성들은 서로 교통한다고 보았다. 주목할 것은 이 경우 인성의 연약함이 사실상 고려되지 않으므로 그리스도의 실제적 비하를 말하기가 어렵고 그 결과 그의 대속의 의도 합당하게 다룰 수 없다는 점이다.

신인양성의 교통은 "연합의 경륜에 따라서"(κατ' οἰκονομίαν ἑνώσεως) 일어난다. 속성의 전이나 혼합은 없다. 그러므로 신성이 인화(人化)되거나 인성이 신화(神化)되지 않는다. 베자(Theodore Beza, 1519-1605)가 인성에 실제로 교통되는 것은 공유적이며 습성적인 피조적 은사들이라고 한 것은 이러한 뜻에서였다. 한 인격 가운데 양성

[2297] Owen, "On Communion with God," *WJO* 2.51.
[2298] Owen, "The Person of Christ," *WJO* 1.234.

의 교통은 각각에 속한 고유한 속성들(idiomata)을 보존하는 가운데 일어난다. 프란시스 뚤레틴과 함께 제네바의 칼빈신학을 지키는 데 힘을 합한 하이덱거(Johannes-Henricus Heidegger, 1633-1698)는 다음과 같이 말하였다.

> 만약 신성은 그 자체의 본성에 따라(κατ' αὐτὸ) 본질적으로(οὐσιωδῶς) 전능하고 전지한 반면 인성은 다른 본성에 따라(κατ' ἄλλο) 위격적으로(ὑποστατικῶς) 그러하다고 규정하는 것들이 있다면 그것들은 무화과 잎사귀에 불과하다. 전능하고 전지한 것은 오직 하나님에게만 속한다. 그 자체의 본성에 따라 본질적인 하나님과 다른 본성에 따른 또 다른 하나님이 존재하지 않듯이, 자신에 따라(secumdum se) 혹은 본질적으로 전능하고 전지한 하나님과 다른 것에 따라(secundum aliud) 인격적으로 그러한 하나님이 따로 존재하지 않는다.2299)

그러므로 그리스도의 인성의 편재성을 주장하는 루터파의 교리는 마땅히 거부되어야 한다.2300) 루터파는 "속성교통"(communio idiomatum)을 "본성의 교통"(communicatio naturarum)으로 곡해한다. 여기에서 말하는 "본성"(natura)은 "실체"(substantia) 혹은 "본질"(essentia)을 뜻한다. 그들은 "natura, seu substantia, seu essentia"(본성, 혹은 실체, 혹은 본질)라는 말을 하나의 공식과 같이 여기고, 비록 양성이 한 실체 혹은 본질이 되는 것은 아니고 둘로 남지만 한 본성이 있는 곳에 다른 본성이 있으며 한 본성이 하는 것을 다른 본성도 한다고 본다. 이견이 없지 않지만 그들에 따르면, 속성교통으로 한 본성이 다른 본성에 침투하여 양성이 "섞이게 된다"(commiscentur). 이러한 섞임은 신성으로부터 인성으로만 일어난다. 인성은 모든 신성의 속성들을 받아들여 하나님의 영원한 본질과 다름없이 신적이 된다. 다만 "그 자체로부터"(ex se)가 아니라 교통에 의해서 그렇게 된다는 점에서만 신성과 다를 뿐이다. 그러므로 그리스도의 인성은 영혼과 육체 모두에 있어서 전능하고, 전지하며, 편재(遍在)한다. 이러한 교통은 성육신이 시작될 때 동정녀의 몸에서 시작된다. 그리스도의 비하는 이러한 신적인 완전함을 지닌 인성이 그것을 감추거나 사

2299) Heppe, *Reformed Dogmatics*, 446-447. 인용, 447.

2300) Heppe, *Reformed Dogmatics*, 447.

용하지 않는 데 있다. 반면에 그리스도의 승귀는 이렇듯 인성이 처음부터 지닌 신적인 영광을 드러내는 데 있다.[2301]

개혁파는 속성교통의 주체를 그리스도의 두 본성이 아니라 한 인격에서 찾는다. 이는 초대교회 이래의 정통기독론의 입장에 부합된다. 반면에 루터파에 의하면 인성이 사실상 속성교통의 주체가 된다. 그들은 성육신으로 하나님의 아들이 사람의 아들이 되심을 인성이 신성의 속성들을 받아들여 신화(神化)되는 것으로 여긴다. 그렇지 않다면 우리의 본성을 옷 입은 그리스도는 예배의 대상이 될 수 없다는 점이 근거로 제시된다. 그러나 개혁파는 동정녀 마리아에게서 나신 그리스도는 신적인 인격을 지니시지만 그의 인성이 신적이라는 것은 부인한다.[2302]

루터파 일치신조는 부활 후 높아지신 주님의 인성에 대해서 다음과 같이 말한다.

> 그는 이제 하나님으로서 뿐만 아니라 사람으로서 모든 것을 알고, 모든 것을 할 수 있고, 모든 피조물에 현존하시며, 하늘과 땅과 땅 아래의 모든 것을 그의 발아래와 수중(手中)에 두신다(jam non tantum ut Deus, verum etiam ut homo, omnia novit, omnia potest, omnibus creturis praesens est, et omina, quae in caelis, in terris, et sub terra sunt, sub pedibus suis, et in manu sua habet).[2303]

"사람으로서" 이러한 신성의 속성들을 지니게 된다는 것은 하나님이 된다는 것과 다르지 않다. 루터파는 이러한 상태가 "경이로운 잉태"를 통하여 일어난다고 보아, 잉태가 곧 높아짐(ascension)이라고 부른다. 그들은 진리를 왜곡하여 '말씀 밖의 육체'(caro extra λόγον)가 있을 수 없듯이 '육체 밖의 말씀'(λόγος extra carnem)도 있을 수 없다고 주장한다. 그들에 따르면, 신화(神化)된 인성과 인화(人化)된 신성만 남게 된다. 신성의 인화의 대가로 인성의 신화가 일어난다. 그리하여 신성이 인성으로 옮겨가게 된다.

> 동일한 기초 위에 사람의 아들(Filium hominis)이 실제로, 곧 참으로 사실상(realiter, hoc

---

2301) 참조. 일치신조, 제8조 "affirmativa" 11. Hodge, *Systematic Theology*, 2.407-408.
2302) Hodge, *Systematic Theology*, 2.409.
2303) 일치신조, 제8조 "affirmativa" 11. 이상의 논의는 Hodge, *Systematic Theology*, 2.409-410.

est, vere et reipsa) 자신의 인성에 따라서(secundum humanam suam naturam) 하나님의 전능하신 엄위와 능력의 우편으로 높아지셨다. 왜냐하면 그 사람은 그의 어머니의 몸 안에서 성령으로 잉태되셨을 때 하나님께 취해지셨으며 그의 인성은 가장 존귀하신 하나님의 아들과 인격적으로 하나가 되었기(personaliter unita) 때문이다.[2304]

이 경우 그리스도의 지상의 삶 전체가 하나의 환상이 되어버린다. 그는 태어나기 전의 태아일 때부터 인성에 있어서도 전능하고 전지하기 때문에 지식이 자라셨다는 것이 이치에 맞지 않게 된다. 심지어 그의 겟세마네의 기도와 십자가의 죽음의 순간에도 그 인성이 가장 복된 상태에 있게 된다. 그리고 장사되셨을 때에도 영혼과 육체는 살아 계시게 된다.

이러한 결정적인 난점을 극복하기 위하여 루터파 내에서 여러 견해가 제시되는 바, 주님의 부활 이전에는 말씀이 오직 그리스도 안에 잠재적으로만 계셔서 신성의 "물러남 혹은 쉼"(retractio, ἡσυχάζειν, quiescence)이 있었으므로 그 본질과 속성들이 인성에 실제적으로 교통하지는 않았다고 보거나, 그리스도의 인성에 받아들여진 신성의 속성들과 신적인 영광에 자발적인 감춤이(a voluntary κρύψις) 있었다고 보거나, 신인(神人)은 경우에 따라서 때때로 인성이 신성이라는 사실을 드러낼 뿐이라고 보거나, 한다. 그러나 여하한 경우이든 신인양성의 연합이 위격을 주체로 위격적으로 일어난다고 인정하지 않는 이상 루터파의 난점은 해결될 수 없다. 왜냐하면 신인양성이 자체로 연합하는 이상 각각의 본성이 고유한 속성을 유지하면서 교통한다는 자체가 불가하며 모순되기 때문이다. 전지와 편재를 비롯한 하나님의 속성들은 소유(κτῆσις)와 사용(χρῆσις)을 나눌 수 없기 때문이다.[2305]

핫지는 이러한 루터파의 입장이 다음과 같은 오류에 빠져있다고 비판한다.

첫째, 복음의 단순성에 위배된다. 성경은 한 위격 양성의 정통교리를 가르치고 있기 때문이다.

둘째, 성찬에 있어서의 몸의 실체적이고 지역적인 편재(遍在)를 말하는 공재설은 성경의 가르침에 배치된다.

2304) 일치신조, 제8조 "affirmativa" 10.
2305) Hodge, *Systematic Theology*, 2.410-413.

셋째, 루터파는 신성은 인성의 속성들을 결코 받아들이지 않는다고 하면서도 말씀(λόγος)이 육체 밖에(extra carnem) 있을 수 없다고 하여 모순을 드러낸다. 결국 이를 극복하기 위한 방책을 찾다가 오히려 케노시스(κένωσις) 이단의 나락으로 빠져들어 갔다.

넷째, 그리스도의 인성의 순수함이 파괴된다. 육체는 무한할 수 없으며, 영혼은 전지하고 편재할 수 없다.

다섯째, 그리스도의 양성적 중보를 말할 수 없다. 신성이 섞인 인성으로는 우리를 대신하는 제물이 될 수 없으며, 하나님과 사람 사이의 중보도 있을 수 없다.

여섯째, 한 본성과 그것에 속한 속성들이 분리된다. 본성의 연합에 관련해서는 유티케스를 거부한다고 하면서, 속성과 교통에 관련해서는 혼합과 변화를 말하는 모순에 빠진다.2306)

루터파는 인성이 신성이 되지 않고도 신성에 고유한 속성들을 취할 수 있는 길이 마치 성찬에 의해서 열리기라도 하듯 미몽에 빠져 있는 바, 그들의 왜곡된 기독론이 이러한 비성경적인 성찬론으로부터 비롯되었다. 이러한 점에서 확고하게 수립된 성경적 기독론을 성찬론에 적용하고자 한 칼빈과 개혁신학자들과는 극명한 차이가 있다.

2. 5. 그릇된 대안

판넨베르그는 루터파든 개혁파든 입장 여하를 불문하고 성육신을 모태에서 잉태될 때부터 하나님의 아들이 인성을 취하여 신인(神人)의 한 인격이 되신 것으로 전제하는 가운데 속성교통에 접근하는 이상, 양성 상호 간에 실제적인 연합이 일어났다면 인성은 처음부터 참 인성일 수 없었을 것이고 그렇지 않았더라면 인성은 단지 주어진 은사나 은혜로 신성과 우유(偶有)적으로 결합되었을 뿐이었을 것이라는 딜레마에 빠질 수밖에 없다고 지적하면서, 예수의 존재를 부활로부터 회고적으로 보지 않는 한 이러한 딜레마에서 벗어날 수 없다고 단언한다.2307)

2306) Hodge, *Systematic Theology*, 2.413–418.

2307) Pannenberg, *Jesus-God and Man*, 301–302 (*GC* 310–311).

그리고 바르트(Karl Barth)를 거론하면서, 비록 그가 "하나님의 은혜에 의한 그리스도의 인성의 완전한 결정"(völlige Bestimmung der menschlichen Natur Christi durch die Gnade Gottes)을 강조함으로써 역사적 역동성을 가미하기는 하였으나 "[인격적] 상태가 아니라 [실존적] 사건"(Ereignis und nicht Zustand)의 차원에 그쳤을 뿐, 그 역시 루터파 정통주의의 입장에 서서 인성에 신성의 속성들이 교통하는 것만 인정하고 신성에 인성의 속성들이 교통한다는 것은 부인하고 있다고 비판한다. 바르트는 개혁파 속성교통론을 표방하지만 "예수에게 부여된 전체 하나님의 은혜의 본질과 뿌리"가 이러한 위[신성]로부터 아래[인성]의 일방적인 교통에 있다고 말하고 있으므로, 그에게 있어서 은사의 교통(communicatio gratiarum)은 사실상 루터파가 말하는 엄위적 교통(genus maiestaticum)과 다를 바가 없다는 점이 여기에서 지적된다. 이러한 바르트의 경향이 신인양성의 연합의 역설적 성격을 비밀이라고 치부할 뿐 그것에 대한 구체적인 신학적 답을 주지 못하고 있는 알트하우스(Paul Althaus)나 베버(Otto Weber)에게도 나타난다고 판넨베르그는 보고 있다.[2308]

판넨베르그는 이와 관련하여 점진적 성육신론을 주장한 도르너(I. A. Dorner)를 주목한다. 도르너는 성육신을 단번에 완성되는 것이 아니라 하나님의 말씀이 역사적인 삶의 국면에 적합하게 작용하심으로 "계속적이며 계속적으로 자라가는 것"으로 규정한다. 하나님의 말씀이 사람이 되신 단회적 사건이 아니라 사람이 하나님의 말씀을 의식적이며 자발적으로 받아들이는 과정이 성육신이라는 것이다. 도르너는 이러한 받아들임이 단지 수동적이지 않으며 인성이 신성에 참여하는 데 그치지 않고 신성에 영향을 미치는 데까지 나아간다고 여긴다. 판넨베르그는 도르너의 이러한 입장이 그리스도의 인격에 관한 이전의 교리가 그의 비하와 승귀의 역사적인 삶을 수용하지 못한 단점을 극복하는 장점이 있다고 평가한 후, "인격의 고유함과 정체성은 단지 너(汝)를 향한 관념(Vorstellung von einem Du)에 관련된 추상적인 의식(ein abstraktes Ichbewußtsein)이 아니라 그 삶의 역사의 개별적이고 특수한 특성에 의해서 구성된다"고 말한다.[2309]

그럼에도 불구하고, 판넨베르그는 도르너 역시 부활하신 주님을 기준으로 삼지

2308) Pannenberg, *Jesus-God and Man*, 302-304 (GC 311-313).

2309) Pannenberg, *Jesus-God and Man*, 304 (GC 314).

않고 그의 인격을 다룬 한계를 노정했다고 비판한다. 그리고 초대교회의 교부들에게 눈을 돌려서 그들이 부활을 예수 안에서 하나님과 사람이 하나가 되는 주요한 사건이 됨을 인식하였다는 사실에 주목한다. 판넨베르그에 따르면, 아타나시우스는 예수의 인성에 대한 말씀의 교통이 되어감의 과정으로서 부활에서 종결되었다고 보았다. 닛사의 그레고리는 예수의 승귀로 인성이 하나님의 말씀에 완전히 흡수되었다고 보았다. 알렉산드리아의 키릴은 둘째 아담으로서 예수의 부활이 갖는 의미에 대해서 아타나시우스의 입장을 공유하였다. 안디옥의 세베루스는 부활의 때에 예수의 인성이 신적인 속성들로 말미암아 영화롭게 되었다고 하였다. 심지어 키릴과 대척점에 서 있었던 몹수에스티아의 테오도레도 예수 안에 있는 로고스의 내주가 점차 더해가다가 마지막에는 부활로 완성된다고 보았다. 이러한 입장을 두루 소개한 후, 판넨베르그는 예수의 신인양성의 인격이 부활의 때에 완전하게 된다고 보는 시각에는, 인성이 그 때 비로소 완전한 신성을 받아들이게 된다고 하면 이전의 인성은 불완전한 것이 될 것이며 신성이 그 때 비로소 완전한 인성을 받아들이게 된다고 하면 이전의 신인양성의 인격 자체가 부정될 수밖에 없게 되는 또 다른 딜레마가 도사리고 있다는 점을 지적한다.[2310]

이러한 딜레마를 벗어나고자 판넨베르그는 부활에 고유한 소급력을 거론한다. 판넨베르그의 논법은 다음과 같다. 부활은 성육신의 완성이 아니라, 성육신의 의미를 완전하게 확정한다. 부활은 예수의 부활 전의 활동에 대한 확정으로서 처음부터 계속되는 전체 예수의 인격에 부합하는 진리가 무엇인지를 알려준다. 예수의 부활이 지닌 회고적 의미는 예수가 하나님과 하나가 되시는 것이 처음부터 완성되었는지 아니면 그의 삶 가운데 일어나는 일련의 일들을 통하여 완성되어 가고 있었는지에 무관하다. 결론적으로, "성육신에 대한 주장은 예수의 삶의 시작에 배타적으로 관련되지 않을 뿐더러 계속되는 사건에만 그러한 것도 아니다. 그것은 부활의 관점에서 시야에 포착되는 예수의 생애와 인격 전체에 모두 관계된다."[2311]

판넨베르그는 위격적 연합에 따른 속성교통의 '비밀'을 '딜레마'로 여기고 그것에

2310) Pannenberg, *Jesus-God and Man*, 304–307 (GC 314–317).

2311) Pannenberg, *Jesus-God and Man*, 307 (GC 317): "Die Aussage der Inkarnation ist nicht exklusiv auf den Anfang des Weges Jesu zu Beziehen, aber auch nicht erst auf ein späteres Eriegnis, sondern auf das Ganze dieses Weges und der Person Jesu, wie beides im Lichte seiner Auferstehung ins Blickfeld tritt."

대한 해결점을 제시한다고 하나 부활의 소급력을 전제하면서도 도르너와 같이 성육신의 점진성을 붙들고자 하는 그 자신이야말로 헤어날 수 없는 딜레마에 빠져 있다. 판넨베르그는 루터파의 엄위적 교통을 신성과 인성 서로 간의 양방향에 모두 적용하자고 제안하지만, 그것은 이러한 딜레마를 모면하기 위한 방편에 불과하다. 이러한 딜레마는 내적 관념의 변증법적 고양을 통하여 이성적 신 혹은 이성으로서의 신에 이르고자 한 철학자 헤겔에게서도 현저히 드러난다.[2312] 이러한 판넨베르그의 입장에 서게 되면, 성육신에 따른 신인양성의 연합 자체가 불확실해지며, 부활 이전의 주님의 신인양성의 중보에 따른 대속사역이 부정될 수밖에 없다. 대속의 값(pretium redemptionis)은 참 하나님이시자 참 사람이신 예수 그리스도의 비하에서만 찾을 수 있기 때문이다.

3. 속성의 교통(Communicatio Idiomatum)

3. 1. 축자적 그러나 실제적 교통

성육신 이후 신성과 인성은 항상 함께 있다. 신성과 인성에 속한 속성은 위격 안에서(in), 위격을 통하여(through), 위격에로(unto) 교통한다. 인성과 신성의 고유한 속성에 따른 작용은 모두 위격에 돌려진다. 이는 한 본성이 다른 본성의 속성들에 참여함을 뜻한다. 인격이 양 본성의 속성들에 참여하는 동참자(κοινωνός)이다. 각각의 본성에 속한 것은 인격에 속한 것으로 확정된다. 그리하여 그리스도는 유한하며 무한하고, 죽어야 하며 죽지 않으며(mortal and immortal), 무지하며 전지하고, 하나님보다 못하며 하나님과 동등하고, 영원히 존재하시며 시간 가운데 나셨고, 모든 것을 창조하셨으며 비애의 인간으로 나셨다. 여기에, "각각의 본성에 해당하는 것은 인격에 해당한다"(what is true of either nature is true of the person)[2313]는 원리가 적용된다.

2312) 이에 대해서 전술한 본서 제7장 4. "판넨베르그의 오류" 부분 참조.
2313) Hodge, *Systematic Theology*, 2.392.

마스트리히트(Petrus van Mastricht, 1630-1706)에 따르면, 속성의 교통은 "인격적 연합(unio personalis)의 결과 양성에 속한 각 속성들이 하나의 동일한 인격 가운데 공존하고 또한 그 인격을 서술하게 되는 것이다." 양성은 그 실체를 오직 그리스도의 인격 가운데서만 지니게 되므로 각각에 속한 속성들 역시 그러하다. 따라서 어느 한 속성은 "구별되게"(distincte) 어느 한 본성에만 속하지만, 어느 본성에 속한 속성이든 "구별 없이"(indistincte) 동일한 한 인격에 속하게 된다.2314)

속성의 교통은 신인양성에 속한 속성들을 서술하는 이름들의(ὀνομάτων) 교류(ἐπίζευξις), 나눔(κοινωτὴς), 교체(ἀντίδοσις), 혹은 교체 방식(τρόπος ἀντιδόσεως)이라고 할 수 있다. 이는 각각의 속성들이 동일한 인격에 속함을 표현하는 다양한 서술이라고 할 것이다. 이러한 서술은 두 인격이 아니라 한 인격에 돌려지는 두 본성(ἄλλο καὶ ἄλλο)을 나타낸다. 이는 상호 혼합이나 변질, 감소 등을 뜻하지 않으며, 한 본성에 속한 속성으로 전체를 서술하는 제유법에 따른(κατὰ συνεκδοχὴν) 것이다. 이와 같이 완전한 하나님과 완전한 사람이 한 인격에 돌려지게 된다. 피스카토르(Johannes Piscator, 1546-1625)에 따르면, "속성교통은 그리스도 안에 있는 한 본성에 고유한 속성을 다른 본성에 따른 이름으로 불리고 있는 인격 자체에 돌리는 제유법에 다름 아니다."2315)

양성에 속한 속성들이 한 인격에 돌려지는 귀속은 본성들의 측면에서는 "축자적"(verbalis)이나 인격의 측면에서는 "실제적"(realis)이다. 헤페(Heinrich Heppe, 1820-1879)는 다음과 같이 말한다.

> 속성의 교통(communicatio idiomatum)은 그리스도의 신인 인격에 관해서는 실제적(realis)이다. 엄격한 자구적 의미에서 우리는 다윗의 아들 그리스도가 전능하고 편재하고 전지하다고 말해야 한다. 한편, 본성들에 관해서는 그 교통은 축자적 교통(communicatio verbalis) 혹은 서술(praedictio)이다. 축자적 교통은 그것에 부합하는 실제적인 관계가 아무 것도 따르지 않는 공허한 언술 방식(modus loquendi)이 결코 아니다. 그것은 참 서술(praedictio vera)이다. 속성들의 연합체가 양성 사이에 자체적으로나

2314) Heppe, *Reformed Dogmatics*, 439.
2315) Heppe, *Reformed Dogmatics*, 440-441.

자발적으로 존재하는 것이 불가함은 말할 나위도 없다. 한 본성에 속한 속성들이 다른 본성에 교통되고 있다면 그것들은 그것의 속성들이기를 그칠 것이다. 왜냐하면 고유한 것(proprium)은 공유적이라고 불릴 수 없기 때문이다. 반면에 본성들이 인격 안에 연합해 있음으로 제유법에 의해서 한 본성에 속한 속성들이 다른 본성의 구체(concretum, 具體)를 서술할 수 있게 됨은 물론이다. 인격은 양성과 그것들의 속성들을 포함한다. 그러므로 마리아가 하나님의 어머니라고 불리는 것이 지극히 합당하다.[2316]

추상(abstractum, 抽象)은 신성과 인성과 같이 본질적으로나 우연히 다른 것에 포함되어 있는 어느 것의 본성이나 형상의 이름이다. 구체(concretum, 具體)는 그 형상이나 본성을 지니고 있는 인격 혹은 주체로서, 하나님과 사람이라는 구체적인 이름들로 표현된다. 그리스도의 본성들—추상들(abstracta)—은 서로 간에 맞바꾸어 서술될 수 없다. '신성이 그리스도의 인성이다'라고 말해서는 안 된다. 또한 한 본성의 추상(abstractum)은 다른 본성의 구체(concretum)에 돌려질 수 없으며 그 역도 마찬가지다. 예컨대, '신성이 사람이다'라거나 '인성이 하나님이다'라고 일컬어져서는 안 된다. 오직 본성들의 구체들(concreta)만이 서로 간에 서술될 수 있다. '인간 예수는 하나님이다'라고 하듯이.[2317]

속성의 교통은 본성의 측면에서는 추상적이며 인격의 측면에서는 구체적이다. 그러므로 구체적인 명칭들을 상호 교호적으로 사용하는 것은 참되고 실제적이지만 추상적인 명칭들은 그렇지 못하다. 그리하여 하나님이 사람이시라고는 말할 수 있으나, 신성이 인성이라고 말할 수는 없다. 속성의 교통은 단지 축자적이지 않으며 실제적이다. 왜냐하면 그리스도는 신성이 그 인격 안에 있으므로 참 하나님이시며, 인성이 그 인격 안에 있으므로 참 사람이시므로, 인격 안에서 구체화된 하나의 추상적 본성은 다른 본성을 구체적으로 드러내는 명칭에 돌려질 수 있기 때문이다. 양성의 구체는 유일하며 동일하다. 그러므로 "전(全) 그리스도"(totus Christus)는 편재하시지만 "그리스도가 전부로는"(totum Christus) 편재하시지 않으신다. 전자는 인격의 구체를, 후자는 양성의 추상을 표현한다. 그리스도는 참 하나님이시

2316) Heppe, *Reformed Dogmatics*, 441-442.
2317) Heppe, *Reformed Dogmatics*, 444.

며 참 사람이시나 신성이 인성이 되거나 인성이 신성이 될 수는 없다. 속성의 교통은 인격의 측면에서는 실제적이지만 본성의 측면에서는 축자적이다. 따라서 마리아는 인성에 따라서 주님의 어머니가 되셨지만 인격에 있어서는 하나님의 어머니(Θεοτόκος)로도 마땅히 불려야 한다. 루터파는 이러한 속성 교통을 오해하여 말씀에 연합된 인성이 구체이고 말씀에 연합된 신성으로부터 추출된 인성이 추상이라고 말한다. 이에 따르면 인성의 신화(神化)와 비하만 있을 뿐 위격적 연합 자체가 부인된다.[2318]

성찬론에 있어서의 그리스도의 현존과 그리스도의 위격적 연합에 따른 신인양성의 교통을 심도 있게 추구한 버미글리(Peter Martyr Vermigli)는 성경에는 신성과 인성을 지시하는 주어나 술어를 혼용하는 표현들이 많음을 지적하면서 성경에 표현된 속성교통을 "축자적"(逐字的, verbalis)이라고 정의한다. 그리고 위격적 연합 자체가 그렇듯이 그 교통에 대한 표현도 성경에 고유하다는 점을 상기시킨다.[2319] 버미글리는 양성에 속한 모든 속성들이 서로 간에 직접 교통되는 것은 아님을 천명하는 가운데, 성경의 말씀에 따른 축자적 교통만이 실제적임을 강조함으로써,[2320] 자신의 입장과 루터파의 입장을 분명히 구별한다.

버미글리는 속성교통에 관한 말씀들을 읽을 때 먼저 그것들 가운데 그리스도의 인격이 어떻게 표현되어 있는지를 파악한 후 양성에 속한 속성들이 각각 어떻게 분배되어 나타나는지를 주의 깊게 고찰해야 한다고 강조하는 가운데, 세례 요한이 주님이 자신보다 뒤에 오시나 자신보다 앞선다고 한 말씀(요 1:27, 30), "아브라함이 나기 전부터 내가 있느니라"고 하신 주님의 말씀(요 8:58), "인자"를 "하늘에서 내려온 자"라고 칭한 말씀(요 3:13), 영광의 주께서 십자가에 못 박히셨다는 말씀(고전 2:8), 주님이 자신의 피로 우리를 속량하셨으며 대속하시고 교회를 구원하셨다는 말씀(엡 1:7), 인자가 나시기 전에 계시던 곳으로 오르신다는 말씀(요 6:62), 이 땅에 오신 하나님의 아들이 우리의 형제가 되신다는 말씀(막 3:35) 등을 거론하면서, 성육신하

[2318] Heppe, *Reformed Dogmatics*, 442-444.

[2319] 이와 관련하여 버미글리는 형상(forma)과 표상(signum)과 실체(res)를 구별하고, 형상에 은혜가 더하여서 표상으로써 실체를 의미하게 된다고 본다. 그리고 이러한 성례적 작용이 성경에 형상적으로 제시된 바 이를 "축자적"이라고 칭한다. 참조. Peter Martyr Vermigli, *Oxford Treatise and Disputation on the Eucharist*, 1549, tr. Joseph C. McLelland (Kirksville, MO: Sixteenth Century Essays & Studies, 2000), 66, n. 180.

[2320] Vermigli, *Dialogue on the Two Natures in Christ*, 75.

신 그리스도의 인격과 사역을 전하는 말씀 가운데 한 본성에 고유한 속성으로 다른 본성을 지칭하는 경우에도-그 다른 본성이 동일한 한 인격 속에 연합되어 있기 때문에-위격적 연합의 비밀을 드러낼 뿐 결코 모순되거나 거짓되지 않다고 주장한다.[2321]

3. 2. 초대교회 교부들의 전개

초대교회의 교부들은 신인양성의 위격적 연합에 따른 속성의 교통을 성경의 서술에 따라 여러 양상으로 전개하였다. 이하 버미글리의 고찰을 통하여 그들의 입장을 살펴본다.

알렉산드리아의 키릴은 그리스도의 두 본성 가운데 "한 본성은 땅으로부터 나온 땅의 것이며 다른 본성은, 비록 그가 여인으로부터 나셨을지라도, 하늘로부터 왔다"라고 하면서, "둘째 사람" 그리스도가 하늘에서 나셨다고 하거나(고전 15:47) "인자"가 "하늘에서 내려온 자"라고 불리시는 것은 그가 신성과 인성 모두에 있어서 완전하신 한 인격의 존재이시기 때문이라고 주장한다.[2322]

몹수에스티아의 테오도레는 사람들이 "영광의 주"를 십자가에 못 박은 것은(고전 2:8) 그들이 미혹에 빠져서 그를 단지 사람으로만 여겼기 때문이라고 함으로써 위격적 연합에 따른 속성교통에 대한 이해가 신앙의 참 지식이 됨을 강조하면서, "나무에 못 박힌 것은 영광의 주님의 몸이었다. 그것은 단지 어떤 보통 사람의 몸이 아니었다"는 점을 환기시킨다. 같은 맥락에서, 인자가 마리아의 몸에서 나셨지만 나시기 전에도 계신 분으로서(요 6:62) 하늘로부터 생명의 떡으로 내려오셨다는 말씀을(요 6:33, 51) 다룬다.[2323]

어거스틴은 성육신한 그리스도의 인격 안에서 한 본성에 고유한 속성들이 다른 본성에도 축자적으로 돌려진다고 주장한다. 늦게 오신 분이 먼저 계심(요 1:15, 17), 나시기 전에 계시던 곳으로 오르심(요 6:62), 아버지와 영원히 함께 계시는 분이 아버지께로 가심(요 16:28), 아버지께서 아들의 것으로 아들의 영광을 드러내심

2321) Vermigli, *Dialogue on the Two Natures in Christ*, 50-51, 74-75.
2322) Vermigli, *Dialogue on the Two Natures in Christ*, 51-53.
2323) Vermigli, *Dialogue on the Two Natures in Christ*, 55-57.

(요 16:4), 영광의 주가 십자가에 못 박히심(고전 2:8) 등이 그 전거들로서 제시된다. 이러한 입장에 서서 어거스틴은 그리스도의 고난은 인성에 따른 것이지만 그 주체는 신인양성의 인격임을 다음과 같이 천명한다. "우리가 장사되신 하나님의 아들을 믿는다고 고백할 때, 분명 우리는 하나님의 아들과 그 분의 육체를 뜻한다. 오직 그 육체만이 장사되었다."2324)

비길리우스(Vigilius, 537-555)는 성육신 자체가 신성과 인성의 속성교통에 따른다고 보는 바, 말씀은 신성에 속하므로 인성에 따른 출생과 부합되지 않으나 성경은 말씀이 육신이 되셨다고 전하고 있음을(요 1:14) 들어 이를 변증한다. 십자가에 못 박히신 그리스도라는 말씀도(고전 1:23) 같은 취지로 해석된다.2325)

암브로스(Ambrose, 340-397)는 주님께서 인자로서 나심은 승천하셔서 권능의 우편에 앉아서 다스리기 위함이었다고 지적하면서(마 26:64; 요 18:37; 시 110:2), 사람의 아들로서 다스림의 권능을 가지게 됨을 속성의 교통으로 설명한다.2326)

초대교회의 교부들은 속성교통을 하나의 신학적 개념으로서 추구한 것이 아니라 성경의 서술에 따라 축자적으로 그것을 드러냈을 뿐이다. 그들의 주요 관심사는 양성이 연합하여 한 위격을 이룬다는 위격적 연합 자체에 있었다. 그들에게는 아직 양성의 교통 방식이나 양상에 대한 깊은 인식은 없었다. 그러나 양성은 혼합되거나 변화되지 않는다는 전제 가운데, 성경에서 양성을 표현하는 이름들과 그것들의 속성들과 작용들을 표현하는 구절들이 자체로는 양립되지 않는 듯이 여겨질 때에도 위격적 연합에 따른 속성교통의 관점에서 모두 한 인격에 돌려져야 한다는 점을 분명히 했다.2327)

이렇듯 신인양성의 속성들을 고유하게 표현하는 성경 구절들이 한 인격에 돌려지는 귀속을 표현하기 위하여 나지안주스의 그레고리로부터 고백자 막시무스를 거쳐 다메섹의 요한에 의해서 체계화된 페리코레시스(περιχώρησις, circuminsessio 혹은 circumincessio) 개념이 사용되었다.2328)

2324) Vermigli, *Dialogue on the Two Natures in Christ*, 58, 66.
2325) Vermigli, *Dialogue on the Two Natures in Christ*, 57-58.
2326) Vermigli, *Dialogue on the Two Natures in Christ*, 58.
2327) Vermigli, *Dialogue on the Two Natures in Christ*, 68-69.
2328) 이와 관련해서, Michael G. Lawler, "Perichoresis: New Theological Wine in an Old Theological

이는 한 분 하나님의 존재와 성부, 성자, 성령의 세 위격적 존재를 함께 고백하는 삼위일체 하나님의 비밀에 대한 교리적 진술을 담고 있는 바, 한 위격적 존재와 신성과 인성의 두 본성을 함께 고백하는 위격적 연합의 비밀에 대한 교리적 진술과 분리해서 다룰 수 없다.

이것은 결국 성자의 영원한 나심과 역사상 나심의 두 나심의 문제로 귀결되는 바, 그 답은 삼위일체 하나님의 비밀과 위격적 연합의 비밀을 연결시키는 고리가 되시는 "믿음의 주"가 되시는 (히 12:2) 성자 예수 그리스도 자신에게 있다. 그 답은 우리를 불가해성에 대한 고백에-고백적 이해에-머물게 할 뿐, 불가해성을 넘어서는-부인하거나 파괴하는-이해에 이르게 하지 않는다.[2329]

3. 3. 속성교통의 여러 양상들

칼빈은 대리적 속죄에 대한 루터의 이론이 그리스도의 양성의 속성 간의 "위격적 교통"(a hypostatic communication)이 아니라 "실제적 교환"(a real exchange)에[2330] 기초함으로써 오류에 빠져 있었다는 것을 간파하면서,[2331] 성육신한 중보자 그리스도의 인격과 사역에 관하여 다양하게 기술된 성경의 본문들은 위격적 연합에 따른 "속성교통"이라는 관점에서 일관성 있게 읽어야 한다고 주장한다. 칼빈에 따르면, "속성 혹은 특성의 교통"(communicatio idiomatum sive proprietatum)은 다음과 같은 양상으로

Wineskin," *Horizons* 22/1 (1995), 50.

[2329] 참조. Lane G. Tipton, "The Function of Perichoresis and the Divine Incomprehensibility," *Westminster Theological Journal* 64/2 (2002), 289-306. 여기에서는 반 틸(Cornelius Van Til)이 페리코레시스에 대한 잘못된 이해에 경종을 울리며 "우리는 하나님 곧 전체 신격은 한 인격이라고 주장한다"라고 한 것이(289) 과연 핫지(Charles Hodge) 등에 의해서 견지되어 온 정통기독론에 부합하는가에 대해서 다루고 있다. 결론적으로 저자는 반 틸이 이렇게 말한 것은 인격(person) 혹은 인격성(personality)에 대한 이성적 접근의 한계를 노정하고 하나님의 불가해성을 드러내기 위함에 있다고 본다. 재인용. Cornelius Van Til, *An Introduction to Systematic Theology* (Phillipsburg, NJ: Presbyterian & Reformed, 1974), 229.

[2330] Gerhard O. Forde, "The Work of Christ," in *Christian Dogmatics*, vol. 2, ed. Carl E. Braaten and Robert W. Jenson (Philadelphia: Fortress Press, 1984), 53.

[2331] 참조. Robert A. Peterson, *Calvin's Doctrine of Atonement* (Phillipsburg, NJ: Presbyterian and Reformed Publishing, 1983), 11-26; Henri Blocher, "The Atonement in John Calvin's Theology," in *The Glory of Atonement: Biblical, Historical & Practical Perspectives*, ed. Charles E. Hill and Frank A. James III (Downers Grove, IL: IVP, 2004), 279-303.

나타난다.[2332] 이러한 구별은 성경의 서술에 따른 축자적인 것이다.[2333]

첫째, 성자께서 아브라함이 나기 전에 계셨으며(요 8:58), 모든 피조물보다 먼저 나셨으며(골 1:15, 17), 영원히 아버지와 함께 영광을 받으시며(요 17:5), 언제나 아버지와 함께 일하시는 분이라는(요 5:17) 말씀들 가운데서 보듯이, 신성에 고유한 속성만을 표현하는 경우에도 양성의 위격적 연합의 관점에서 읽어야 한다. 영원히 성부와 함께 계시고 일하시는 분으로서 예수 그리스도는 참 하나님이시지만 동시에 이 땅에 오신 참 사람이시라는 사실을 함께 새겨야 한다.

둘째, 인성의 고유한 속성만을 표현하는 말씀들도 양성의 위격적 연합의 관점에서 읽어야 한다. 이와 관련해서 성자의 낮아지심과 육체 가운데 오심이 자주 증거된다. 성자는 "아버지의 종"이시라는 말씀(사 42:1), 그는 자신의 영광을 구하지 않으시고(요 8:50), 자신의 뜻을 행하려 하지 않으시며(요 6:38), 지혜와 키가 자라 가는 분이며(눅 2:52), 사람들이 보고 만질 수 있는 분이시라는 말씀(눅 24:39), 주님이 자신이 하는 말은 스스로 하는 것이 아니라고 하신 말씀(요 14:10), 마지막 날과 때는 자신도 모른다고 하신 말씀(막 13:32; 마 24:36) 등 다수의 예(例)가 있다. 우리는 그리스도의 인성만을 표현하는 이러한 구절들을 읽을 때에도 그의 신성을 깊이 묵상함으로써 대속의 진정한 비밀을 깨닫게 되며, 언제나 완전하시고 불변하시는 하나님이 우리와 다름없이 연약함을 지니시고 시간에 따라서 지혜와 키가 자라셨음을 새기게 되며, 그 비하에 경탄하게 된다.

셋째로, 신성에 고유한 속성과 인성에 고유한 속성이 함께 표현되는 다음 본문들은 오직 위격적 연합에 따른 속성교통의 관점에서만 합당하게 이해할 수 있다: "하나님이(신성) 자기 피로(인성) 사신 교회"(행 20:28), "영광의 주를(신성) 십자가에 못 박지(인성) 아니하였으리라"(고전 2:8), "생명의 말씀에 관하여는(신성) 우리가 들은 바요 눈으로 본 바요 자세히 보고 우리의 손으로 만진 바라(인성)"(요일 1:1), "그가

2332) 이하에 논의된 네 가지는 Calvin, *Institutio*, 2.14.2-3 (CO 2.354-355)에서 개진된 것으로서 라틴어를 첨가하고 내용을 일부 수정해서 다음으로부터 재인용. 문병호, 『30 주제로 풀어 쓴 기독교 강요』, 147-150.

2333) 성경해석에 있어서 칼빈은 "원전[성경]의 의미에 충실한 것을 첫 번째 원리로 삼았다." Archibald M. Hunter, "Calvin as a Preacher," *Expository Times* 30/12 (1919), 563. 성경의 참 의미-혹은 본래적 의미-에 대해서, T. H. L. Parker, *Calvin's New Testament Commentaries* (Edinburgh: T.&T. Clark, 1993, 2nd ed.), 93-108. 칼빈이 축자적인 성경해석을 함에 있어서 원어에 충실했음에 대해서, John D. Currid, *Calvin and the Biblical Language* (Ross-shire, UK: Mentor, 2006), 31-43.

[하나님이](신성) 우리를 위하여 목숨을 버리셨으니(인성)"(요일 3:16) 등.

복음서의 많은 구절들은 주어는 신성을 술어는 인성을 제시하거나, 혹은 그 반대 경우, 혹은 주어는 인성을 술어는 신인양성을, 혹은 그 반대 경우 등 다양하지만 언제든 신인양성의 위격적 교통이라는 관점에서 읽어야 한다. 십자가에서 피 흘려 죽으심은 인성에 따라서 그리하셨으나 참 하나님이시자 참 사람이신 주님께 그 사역이 돌려진다. 그러므로 하나님이 자기 피로 교회를 사셨다는 말씀과 영광의 주께서 십자가에 달리셨다는 말씀이 모순된 것이 아니라 오히려 위격적 연합의 비밀을 심오하게 제시하고 있다.

> 참 하나님이시며 참 사람이신 그리스도께서 우리를 위하여 십자가에서 피를 흘리셨다는 말씀으로 그가 인성 가운데 하신 일을 신성으로 돌린다. 그리스도의 죽으심이 신성에 고유하지는 않다. 그러나 이치에 맞지 않는 것은 아니다.[2334]

넷째로, 중보자로서의 "그리스도의 참 실체를"(veram Christi substantiam) 신성이나 인성에 속한 특정한 속성들로 특정할 수 없는 경우 한 단어, 구, 문장을 전체적으로 위격적 연합에 따른 속성교통의 관점에서 읽어야 한다. 이에 해당하는 본문은 요한복음에 많이 나타나는 바, 주님께 죄를 사하는 권능이 있다는 말씀(요 1:29; 막 2:10), 그가 마지막 날 오실 산 자와 죽은 자의 심판주시라는 말씀(요 5:21-23), 그를 "세상의 빛"(요 8:12; 9:5), "선한 목자"(요 10:11), 구원의 "문"(요 10:9), "참 포도나무"(요 15:1)라고 칭한 말씀 등이 이에 해당한다. 이와 관련하여 무엇보다 주목할 것은 "중보자"(딤전 2:5)와 "주"(고전 8:6)와 같이, 그 단어의 의미 자체가 신인양성의 인격을 지칭하고 있는 경우이다.

이러한 분류가 칼빈에게만 고유한 것은 아니나,[2335] 그가 부각되는 것은 그것이 신학적 사변의 산물이 아니라 성경 언어와 역사와 문맥에 충실한 주석의 열매라는

[2334] Calvin, *Institutio*, 2.14.2(*CO* 2.353-354): "quoniam is qui verus erat Deus et homo, Christus, sanguinem suum pro nobis crucifixus fudit, quae in humana eius natura peracta sunt, ad divinitatem improprie, licet non sine ratione, transferuntur."

[2335] 참조. Schmid, *Doctrinal Theology of the Evangelical Lutheran Church*, 314.

점에 있다.2336) 스코틀랜드의 신학자 맥고완(A. T. B. McGowan)은 칼빈의 설교를 다루면서, 그것이 성경의 권위에 기초하고, 강해적, 체계적, 교리적이며, 목회와 예배의 일환으로 행해졌다는 점 다섯 가지를 지적하는 바, 2337) 우리는 이를 칼빈의 주석에도 적용해볼 수 있을 것이다. 2338) 칼빈은 위격적 연합에 있어서의 신인양성의 속성의 교통을 축자적이나 실제적인 것으로 파악함을 고려할 때, 이를 그의 주석을 통하여 고찰하는 것은 단지 "강해적"일 뿐만 아니라 그 자체로 "체계적"이고 "교리적"인 접근이 될 것이다.

속성의 교통은 한 인격 안에서 한 본성에 속한 속성들이 다른 본성에 "돌려지는"(transfertur, aptetur) 것을 의미한다. "하나님이 자기 피로 사신 교회"라는 말씀을(행 20:28) 주석하면서, 칼빈은 "여기에서 바울이 피를 하나님께 돌린 것은 우리를 위하여 자신의 피를 흘리신 사람 예수 그리스도는 또한 하나님이셨기 때문이다. 교부들은 한 본성의 속성이 다른 본성에 돌려지므로 이러한 형태의 어법을 속성의 교통이라고 불렀다"라고 하여 이를 피력한다.2339)

같은 맥락에서, "나실 바 거룩한 이는 하나님의 아들이라 일컬어지리라"는 말씀(눅 1:35)을 주석하면서, 칼빈은 본문이 단지 그리스도의 인격이 하나라는 사실을 전하는 데 그치지 않고 하나님의 아들이 인성을 취하여 행하실 일의 성격이 무엇인지를 알려준다고 말한다. "처음부터 하나님의 아들이라는 이름은 그리스도의 신적 본질에 속하였다. 이제 그것이 동시에 두 본성 모두에 공히 적용된다. 왜냐하면 은밀하고 천상적인 그의 나심의 방식은(arcana et coelestis generationis ratio) 사람들이 겪는 일상적인 과정에 그를 묶어두지 않기 때문이다."2340) 칼빈에 따르면, "하늘에서 내려온 자 곧 인자 외에는 하늘에 올라간 자가 없느니라"는 말씀에서(요 3:13) "인자"는 인성에 따른 표현이고 "하늘에 올라간 자"는 신성에 따른 표현이나 "인격

2336) 참조. Puckett, *John Calvin's Exegesis of the Old Testament*, 52-81.

2337) A. T. B. McGowan, *The Divine Spiration of Scripture: Challenging Evangelical Perspectives* (Nottingham, UK: Apollos, 2007), 192-205.

2338) Calvin, *Institutio*, 2.14.2 (CO 2.353-354).

2339) Calvin, *Commentary*, 행 20:28 (2.184, CO 48.469): "Sicuti hoc loco sanguinem Deo tribuit Paulus: quia homo Iesus Christus, qui suum pro nobis sanguinem fudit, etiam Deus erat. Haec loquendi figura veteribus dicta est idiomatum communicatio, quod naturae unius proprietas alteri aptetur."

2340) Calvin, *Commentary*, 눅 1:35 (1.31, CO 45.31).

의 하나됨으로 인하여 한 본성에 속한 특성이 다른 본성의 특성에 돌려지는 것은 (transferri) 자주 있는 일이며 통상적이다."[2341]

"그러면 너희는 인자가 이전에 있던 곳으로 올라가는 것을 본다면 어떻게 하겠느냐"는 주님의 말씀을(요 6:62) 칼빈은 다음과 같이 주석한다. "비록 그가 인자에 대해서 말씀하고 계심에도 불구하고, 그가 이전에 하늘에 계셨다는 말씀은 엄격히 말해서 그의 인성과 조화되지 않는다. 그러나 그리스도 안에서 두 본성이 한 인격을 이루므로 한 본성에 고유한 것을 다른 본성에 돌리는 것은(transferre) 낯선 일이 아니다." 여기에서는 주님의 신인양성의 위격적 연합과 그에 따른 속성의 교통이 함께 다루어지고 있음이 주목된다.[2342]

주님이 자라고 지혜가 충만해지신 것은(눅 2:40) 인성과 관련된다. 신성은 그 무엇으로도 더하여지지 않는다. 주님이 우리와 같이 사람이 되셨음은(히 4:15) "그의 영혼이 무지에 속하여 있었다"(anima subiecta fuerit ignorantiae)는 사실을 예외로 삼지 않는다. 다만 그는 원죄는 물론 어떤 죄의 오염과도 무관하기 때문에 "필연적으로 우리를 예속하는 연약함을 자발적으로, 자기 자신의 뜻에 따라, 받아들이셨다" (infirmitates, quae nos necessitate constringunt, sponte et propria voluntate suscepit). 이와 관련하여 "신성이 쉬고 있는 동안에"(quiescente divinitate) 인성은 죽음을 죽으셨다는 이레네우스의 말이 광범위하게 적용될 수 있다고 지적함으로써, 칼빈은 신인양성의 속성의 교통을 거론하고 있다.[2343]

같은 맥락에서, 칼빈은 주님이 풍랑이 이는 바다를 미리 막지 아니하신 것도 "그의 신적 엄위가 쉬고 있는 방식"(quodammodo quievit divina eius maiestas)이라고 주석한다.[2344] 그리고 그 날과 그 때는 아버지만 아신다는 말씀과 관련해서도 "신성이 쉬고 있었다"(quievit divinitas)는 사실을 칼빈은 본문에 대한 주석에서 부각시킨다.[2345]

무엇보다 이와 관련하여 주님의 겟세마네 기도에 관한 칼빈의 주석이 주목된다.

2341) Calvin, *Commentary*, 요 3:13 (1.72, *CO* 47.62).
2342) Calvin, *Commentary*, 요 6:62 (1.174, *CO* 47.159).
2343) Calvin, *Commentary*, 눅 2:40 (1.106-107, *CO* 45.104).
2344) Calvin, *Commentary*, 마 14:23 (2.151, *CO* 45.440-441).
2345) Calvin, *Commentary*, 마 24:36 (3.99, *CO* 45.672).

주님은 인성에 따라서 "죽음의 공포에"(metu mortis) 휩싸여 계셨지만 "신적인 영광의 엄위"를 버리지 아니하셨다. 그에게는 "경건과 엄위"(pietas et maiestas)가 함께 있었다. 다만 신성에 따른 능력이 "마치 숨은 듯 일시적으로 쉬고 있었다"(quasi abscondita ad tempus quievisse). 그러나 고통당하고 두려워하는 동안에도 인성은 그것과 연합되어 있는 말씀의 권능에 의지하였다. 그리스도의 뜻은 인성에 따른 자발적인 것으로 성부의 뜻에 일치하였다. 그러므로 단의론자들(Monothelites)의 주장은 잘못되었다.2346) 무죄하신 주님이 자신의 인성에 따라서는 자발적으로 스스로를 형벌의 두려움에 종속시키셨으나 신성에 따라서는 그것을 참으심으로써 "중보자의 사역"을 감당하셨음에 주안점을 두고,2347) "내 마음이 괴로우니 무슨 말을 하리요 아버지여 나를 구원하여 이 때를 면하게 하여 주옵소서"라는 주님의 기도를(요 12:27) "그리스도의 신성이 감춰졌으며 그 능력을 사용하지 않았다. 어떤 의미에서 그것은 쉬고 있었다. 그리하여 속죄의 자리를 마련하였다"라고 칼빈은 주석하는 바, 이를 뚜렷이 변증하고 있다.2348)

같은 맥락에서, 다윗이 시편 110편에서 자신의 후손으로 오실 그리스도를 "주"라고 칭한 것을 바리새인들에게 상기시키면서 주님이 자신이 누구시라는 것을 드러내신 말씀을 주석하면서, 칼빈은 이로써 주님은 자신이 "육체의 연약함"(carnis infirmitas)과 함께 "하나님의 엄위"(Dei maiestas)를 지니시고 대속의 사역을 이루심을 계시하여 언약의 자녀들이 그에 대한 믿음을 확고하게 가지게 하셨다고 하였다.2349) 또한 주님께서 "지금 인자가 영광을 받았고 하나님도 인자로 말미암아 영광을 받으셨도다"라고 하신 말씀을(요 13:31) 주석하면서, 칼빈은 다음 세 가지를 말한다.

첫째, 그리스도의 인성에 따른 십자가의 죽음이 신성에 따른 "영광"을 전혀 감하지 않는다.

둘째, 십자가의 "가장 눈부신 극장에서"(in splendidissimo theatro) 비교할 수 없는

2346) Calvin, *Commentary*, 마 26:37-39 (3.147-148, 151, *CO* 45.719-720, 723).

2347) Calvin, *Commentary*, 요 12:27 (2.39, *CO* 47.291).

2348) "Divinitas enim occulta, neque viam suam exserens, quodammodo quievit ut locum expiationi faceret."

2349) Calvin, *Commentary*, 마 22:42-43 (3.42-43, *CO* 45.616-617).

하나님의 선하심이 역사한다. 그리하여 저주가 생명으로 바뀌는 "만물의 놀라운 역전"(逆轉, admirabilis rerum conversio)이 일어난다.

셋째, 이렇듯 아버지는, 동일한 영광을 지니신 아들의 십자가의 순종을 받아들임으로써 영광을 받으시는 동시에, 동일한 영광에 아들도 참여하게 하신다.[2350]

이로써 신인양성의 중보가 없다면 우리의 구원도, 아버지께 영광을 올림도, 그 동일한 영광으로 아들이 높아짐 곧 승귀도 없다는 점이 분명히 적시된다.

> 우리의 복은 죄로 말미암아 지워진 하나님의 형상을 우리 안에서 회복하고 갱신하는 것에 있다. 그리스도는 영원하신 하나님의 말씀으로서 하나님의 살아있는 형상(viva imago)이실 뿐만 아니라 그가 우리와 함께 지니신 그의 인성에 있어서도 아버지의 영광이 새겨진 영상(影像, effigies)이시다. 그리하여 그는 우리를 변화시켜 그의 지체로 삼으신다.[2351]

우리가 기억할 것은 이러한 논법 가운데서도 칼빈은 신성과 인성의 "구별"(distinctio)을 강조하고 있다는 사실이다. 신성과 인성은 "하나가 되어 그리스도의 인격 자체를 이루지만"(uniantur in ipsam Christi personam), "구분된다"(distinguuntur). 그는 "육신으로 하면" 조상들에게서 나셨으나, "만물 위에 계셔서 세세에 찬양을 받으실 하나님"이시다(롬 9:5).[2352]

존 오웬은 기본적으로 칼빈의 분류를 그대로 따르나, 한 본성에 속한 진술이 다른 본성에 돌려지는 경우를 더욱 세분해서 다룬다. 오웬은 위격적 연합 가운데 일어나는 속성 교통을 이성적으로나 인위적으로 다루는 것을 거부하고 성경의 말씀에 따라 서술하는 데 그친다. 그리하여 루터파 속성교통론과 분명한 선을 긋는다.

첫째, 성경은 그리스도의 인격을 말하면서 오직 신성이나(요 1:1; 8:58; 히 1:3) 인성(사 9:6; 사 55:3) 가운데 특정한 한 본성에 따른 서술을 하기도 한다.

둘째, 때때로 인격을 지칭하지만 어느 본성에 따른 것으로 특정하기가 어려울 때

2350) Calvin, *Commentary*, 요 13:31 (2,68, CO 47,316-317).
2351) Calvin, *Commentary*, 요 17:22 (2,149, CO 47,388). 이 부분은 다음에 기초하여 작성. 문병호, "성경, 교리, 교리적 주석: 칼빈의 중보자 그리스도의 위격적 연합 교리에 비추어", 333-334.
2352) Calvin, *Commentary*, 롬 8:9 (196, CO 49,174).

가 있다. 오직 양성의 연합에 기초해서만 가능한 서술들로서 그리스도를 교회의 머리, 왕, 제사장, 선지자 등으로 부르는 경우가 이러하다.

셋째, 어느 한 본성에 속한 것으로 지정되는 그리스도의 인격이 그 속성과 사역에 있어서는 다른 본성에 돌려지는 경우이다. 주어는 신성이나 술어는 인성의 경우(행 20:28), 그 역으로 주어는 인성이나 술어는 신성인 경우(요 3:13)가 그러하다.

넷째, 주어는 어느 한 본성에 속하나 술어는 양성에 모두 해당하거나 그 반대로 주어는 양 본성에 속하나 술어는 한 본성에만 속하는 경우이다(롬 9:5; 마 22:42).[2353]

성경은 이러한 네 가지 방식으로 성육신한 그리스도를 서술하고 있다. 어느 경우이든 동일한 한 인격으로서 영원하신 하나님의 말씀이신 주 예수 그리스도가 그 주체이시다. 그는 성육신 전에는 신성으로 계시며 성육신 이후에는 항상 신성과 인성 가운데 계신다.[2354] 오직 위격적 연합 가운데서 한 분 그리스도가 대속의 사역을 다 이루셨기 때문에 그 공로가 완전하며 우리에게 온전히 전가된다.[2355] 뿐만 아니라, 그 가운데 만물이 전체적으로 "갱신"(recapitulation)된다.[2356]

핫지는 내용은 칼빈과 대동소이하나 주부(主部)와 술부(述部)를 더욱 구체적으로 나누어 다루고 있다.

첫째, 서술어가 전체 인격에 속하는 경우이다. 여기에는 가장 많은 종류가 포함된다. 그리스도가 "우리의 구속주, 우리의 주, 우리의 왕, 선지자, 혹은 제사장, 우리의 목자 등"으로 불리는 경우, 이 모든 명칭들은 하나님의 아들이나 사람의 아들을 특정하지 않고 "신인"(Θεάνθρωπος, God-man)을 지칭한다. 마찬가지로, "그가 낮아지셨다고 하거나, 자신을 우리를 위하여 주셨다고 하거나, 우리의 생명, 우리의 지혜, 의, 거룩함, 구원이 되셨다고 하거나, 언제든 이는 한 인격으로서 그리스도에 해당한다." "그가 모든 정사들과 권세들보다 위에 올리셨다고 하거나, 하나님의 우편에 앉으셨다고 하거나, 세상을 심판하러 오실 것이라고 할 때에도" 그러하다.[2357]

2353) Owen, "The Person of Christ," *WJO* 1.234-235.

2354) Owen, "The Person of Christ," *WJO* 1.309-333.

2355) John Owen, *The Death of Death in the Death of Christ* (Edinburgh: Banner of Truth, 1959), 62-65.

2356) Owen, "The Person of Christ," *WJO* 1.367-374. 참조. Daniels, *The Christology of John Owen*, 224-228.

2357) Hodge, *Systematic Theology*, 2.392.

둘째, 인격이 주어이며 술어는 신성에만 해당하는 경우이다. "아브라함이 나기 전부터 내가 있느니라"(요 8:58), "창세 전에 내가 아버지와 함께 가졌던 영화로써"(요 17:5), "주여 태초에 주께서 땅의 기초를 두셨으며 하늘도 주의 손으로 지으신 바라"(히 1:10; 시 102:25)는 말씀이 이에 속한다. 특히 주목할 것은 주어인 인격이 인성으로 지정되는 경우이다. 인자가 하늘에서 내려온 떡이라고 하신 말씀(요 6:58), 인자가 이전에 있던 곳 곧 하늘로 오르실 것이라고 하신 말씀(요 6:62), 아브라함과 다윗의 후손으로 나신 이를 "만물 위에 계셔서 세세에 찬양을 받으실 하나님"(롬 9:5)이라고 전하는 말씀이 그러하다.[2358]

셋째, 인격이 주어이며 술어는 인성에만 해당하는 경우이다. 주님께서 목마르시고, 마음이 심히 고민되시고(막 14:34), 우시고, 걸으시고, 드시고, 주무시고, 만진 바 되신다. 특히 주목할 것은 주어인 인격이 신성으로 지정되는 경우로서, "하나님이 자기 피로 사신 교회"(행 20:28), "영광의 주를 십자가에 못 박지 아니하였으리라"(고전 2:8), "그 날과 그 때는…… 아들도 모르고"(막 13:32)라는 말씀이 이에 해당한다. 성경은 성육신하신 그리스도를 칭하면서, "하나님의 피"라든지 "전능하신 하나님이 죽으셨다"는 말씀을 상례로 사용한다. 같은 맥락에서, "동정녀 마리아에게서 나신 인격은 하나님이신 인격이다. 그는 하나님의 아들이셨다. 그러므로 마리아가 하나님의 어머니셨다고 말하는 것은 올바르다."[2359] 이와 관련하여 뚤레틴의 다음 말이 인용된다.

> 만약 하나님의 음성이 로고스의 인격과 인성으로 구성된 인격적인 전(全) 그리스도를 (pro toto personali Christi) 구체적으로(concrete) 칭하고 있다는 점이 받아들여진다면, 마리아는 참 하나님의 어머니(θεοτόκος 혹은 Mater Dei, Deipara)로 불릴 수 있다. 이러한 의미에서 그녀는 "주의 어머니"(ἡ μάτηρ τοῦ κυρίου)라고 일컬어진다(눅 1:43). 그러나 단적이며 추상적으로 신성에 따라서 그리한 것은 아니다(non precise et abstracte ratione Deitatis).[2360]

2358) Hodge, *Systematic Theology*, 2.392-393.
2359) Hodge, *Systematic Theology*, 2.393.
2360) Turretin, *Institutio Theologiae Elencticae*, 13.5.18 (2.273-274).

넷째, 인격은 신성으로 지정되나 술어가 신인(Θεάνθρωπος)에 해당하는 경우이다. "아들 자신도 그 때에 만물을 자기에게 복종하게 하신 이에게 복종하게 되리니"(고전 15:28)와 "아버지는 나보다 크심이라"(요 14:28)는 말씀이 이에 해당한다. 여기에서 하나님을 아버지라 부르시는 아들은 신성으로 지정되며, 그 아버지가 자신보다 크다고 하심은 단지 신성이나 인성 어느 한 성에 국한시킬 수 없다. "그가 경륜적으로 아버지께 속함은 신인으로서이다"(It is as God-man that He is economically subject to the Father). 같은 맥락에서, "아버지께서 자기 속에 생명이 있음같이 아들에게도 생명을 주어 그 속에 있게 하셨고"(요 5:26)라는 말씀을 '성부로부터 성자에게 이르는' "영원한 생명의 교통"(the eternal communication of life)으로 이해할 수도 있으나 이를 '하나님으로부터 신인에게 이르는' 생명의 교통이라고 볼 수도 있다.[2361] 히브리서 1:2-3에서 보듯이 성경은 이러한 속성의 교통을 "용이하게 그리고 자연스럽게"(easily and naturally) 사용하고 있다. 아들은 만유의 상속자시며 그로 말미암아 세계가 지어졌다. 그는 하나님의 영광의 광채시며 본체의 광채시다. 그가 능력으로 만물을 붙드신다(신성). 그런데 그가 자신을 주심으로써 죄를 정결하게 하시는 일을 하셨다(인성). 그리고 이제 신인(the God-man)으로서 지극히 크신 이의 우편에 앉으셨다.[2362]

4. 사역의 교통(Communicatio Apotelesmatum)

중보자 그리스도의 신성과 인성의 속성이 그러하듯이 각각의 본성에 따른 사역 역시 그의 위격 안에서, 위격을 통하여, 위격에로 교통한다. 창조와 보존과 같은 순수한 신성에 속한 행위이든, 먹고 마심과 같은 순수한 인성에 속한 행위이든, 구속에 있어서와 같이 신성과 인성에 속한 행위이든, 그리스도의 모든 행위는 그의 전(全) 인격에 돌려진다. 고유한 속성에 있어서 어느 한 본성에 속한 것으로 여겨지는 행위의 주체가 다른 본성으로 지정되기도 한다. 예컨대, 신성은 불역(不易)하며

[2361] Hodge, *Systematic Theology*, 2.393-394.

[2362] Hodge, *Systematic Theology*, 2.394.

(immutable) 수난당할 수 없으나(impassible), 복종과 고통이 "한 신적인 인격"(a divine person)에 돌려진다. "이러한 방식으로 그리스도의 순종은 하나님의 의였으며, 그리스도의 피는 하나님의 피였다. 그의 행위의 무한한 공로와 효과는 이러한 사실에 부합한다." "그리스도가 자신을 한 번 드리심으로써 거룩함을 입는 자들을 영원히 완전하게 하신 것은 그가 영원한 성령을 지니셨기 때문이다."[2363]

초대교회에서 사도 요한을 이어 '그 신학자'(the theologian)라고 불리는 나지안주스의 그레고리는 중보자 그리스도의 신인양성의 위격적 연합 교리에 기초해서 그의 인격과 사역을 긴밀하게 다루어 "취해지지 않은 것은 치유되지 않았다. 하나님께 연합된 바로 그것이 또한 구원을 받는다"고 주장하는 바, 그것이 다음과 같이 사역의 교통의 양상으로 나타난다.[2364]

그는 사람으로서(ut homo) 세례를 받으셨다. 그러나 하나님으로서(ut Deus) 죄를 사하셨다. 이는 그가 자신을 위하여 정결한 의식을 필요로 하셨기 때문이 아니라, 그 물의 요소를 거룩하게 하시기 위해서였다. 그는 사람으로서 시험을 받으셨다. 그러나 하나님으로서 그것을 이기셨다. 그가 세상을 이기셨으므로 우리에게 달콤한 격려가 되셨다. 그는 주리셨다. 그러나 수천을 먹이셨다. 그는 생명을 주는 떡, 하늘의 떡이시다. 그는 목마르셨다. 그러나 누구든지 목마르거든 내게로 와서 마시라고 외치셨다. 그는 샘물이 믿는 자들로부터 솟아나리라고 약속하셨다. 그는 지치셨다. 그러나 수고하고 무거운 짐을 진 자들의 쉼이 되셨다. 그는 곤히 잠드셨다. 그러나 바다 위로 가볍게 걸어오셨다. 그는 바람을 꾸짖으셨다. 그러나 베드로가 물에 빠져갈 때 그를 가볍게 하셨다. 그는 세금을 바치셨다. 그러나 그것은 물고기로부터 나온 것이었다. 그는 그것을 요구한 사람들의 왕이셨다. 그는 사마리아 사람이라고, 귀신들린 사람이라고 불리셨다. 그러나 예루살렘으로부터 내려와 강도들에게 당하여 쓰러진 사람을 구하셨다. 귀신들이 그를 알아보았다. 그는 그 귀신들을 내쫓으셨다. 더러운 영들인 군대 귀신들을 바다 속으로 빠뜨리셨다. 그리고 귀신들의 왕이 번개와 같이 떨어지는 것을 보셨다. 그는 돌에 맞게 되셔도 잡히지 않으셨다. 그는 기도하셨으나 기도를 들으셨다. 그는 우셨으나 울음을 그

2363) Hodge, *Systematic Theology*, 2.395.

2364) Gregory of Nazianzus, "Letters," 101 (*CLF* 218-219, PG 37.182-183). 참조. Bouteneff, "St Gregory Nazianzen and Two-Nature Christology," 257-265.

치게 하셨다. 그는 사람이셨으므로 나사로가 어디에 있는지 물으셨다. 그러나 하나님 이셨으므로 나사로를 일으키셨다. 그는 매우 값싼 은화 삽 십에 팔리셨다. 그러나 그 큰 값으로 세상을 구원하셨다. 그 값은 그 자신의 피였다. 양으로서 도살자에게로 이끌려 가신 그가 이스라엘의 목자이셨으며, 이제는 또한 전 세계의 목자이시다. 양으로서 그는 침묵하셨다. 그러나 그는 말씀이셨다. 광야에서 외치는 자의 소리에 의해서 선포되셨다. 그는 맞으시고 상하셨다. 그러나 모든 질병과 연약함을 치료하셨다. 그는 끌어올려져 나무에 못 박히셨다. 그러나 생명나무로서 우리를 회복하셨다. 심지어 그와 함께 못 박힌 강도를 구원하셨다. 그 때 그는 보이는 세상을 어둠으로 둘러싸셨다. 그는 쓸개즙과 섞어 먹도록 신포도주를 받으셨다. 누가? 물을 포도주로 변화시킨 분, 쓴 맛을 없애시는 분, 달콤함과 모든 사람들의 여망이 되시는 분. 그가 생명을 버리셨다. 그러나 그것을 다시 취할 능력을 지니셨다. 휘장이 갈라졌다. 신비한 하늘의 문이 열렸다. 바위가 터졌다. 죽은 자가 일어났다. 그는 죽으셨다. 그러나 생명을 주셨다. 죽음으로써 죽음을 파괴하셨다. 그는 매장되셨다. 그러나 다시 일어나셨다. 그는 지옥으로 내려가셨다. 그러나 영들을 먹이셨다. 그는 하늘로 올라가셨다. 그리고 산 자와 죽은 자를 심판하고 당신의 말을 시험하러 오실 것이다. 만약 한 말로 오류가 시작되거든 다른 말들로 그것을 막도록 하라.[2365]

이와 같이 나지안주스의 그레고리는 하나님의 아들이 아버지와 동일하신 분으로서 사람의 아들이 되신 것은 우리를 그의 은혜 가운데 구원하기 위하심이라는 사실을 설명하면서, 성경은 이러한 아들의 권세와 함께 그가 우리에게 구원의 공로를 전가해주셨음을 계시하기 위하여 그를 "말씀"(Verbum), "지혜"(Sapientia), "능력"(Potentia), "진리"(Veritas), "형상"(Imago), "빛"(Lux), "생명"(Vita), "의"(Iustitia), "거룩함"(Sanctificatio), "구원"(Redemptio), "부활"(Resurrectio)이라고 부르고 있다는 점을 강조한다.[2366] 특히 그가 인자로 오셔서 우리를 위하여 기름부음받으신 그리스도가 되신 것은 우리의 선한 목자로서 자신을 양으로 주시기 위함이었음에 주목하면서, 그가 우리의 왕이 되신 것은 친히 자신을 주신 제사장이셨기 때문이라는 사실과 그

[2365] Gregory of Nazianzus, "The Theological Orations," 29.20 (CLF 190-192, PG 36.99, 192).
[2366] Gregory of Nazianzus, "The Theological Orations," 30.20 (CLF 190-192, PG 36.130, 131-132).

가 멜기세덱의 반차에 따른 '왕-제사장'이시라는 사실을 함께 부각시킨다.[2367]

그리스도의 죽음이 무한한 값과 가치를 지니는 것은 그 주체가 신인양성의 인격이기 때문이다. 인성에 따라서 십자가의 목마름에 절규하시는 분은 신성에 따라서 세상의 모든 물이 그에게서 창조되고, 그로 말미암고, 그를 위하여 있는 바로 그 분이시다(골 1:16). 그리하여 그 분의 목마름의 값은 실제로 만인의 갈함을 채움에 있어서 부족함이 없다. 친히 생명이시며, 생명을 속에 두신, 빛 되신 분이 흑암 가운데 죽임을 당하셨으므로 그 죽음은 실제로 만인의 생명을 위한 속전이 된다(요 1:4, 9; 14:6; 요일 1:1-7; 5:12). 도르트 신경은 제한속죄를 다룬 장에서 그리스도의 위격적 연합에 따른 속성교통으로 말미암아 "하나님의 아들의 죽음은 죄에 대한 유일하고 가장 완전한 희생이며 배상이다. 그것은 무한히 값지고 가치가 있으며, 세상의 죄를 속하기에 충분하리 만큼 넘친다(unica et perfectissima pro peccatis victima et satisfactio, infiniti valoris et pretii)"고 선포하였다.[2368]

그리스도의 사역은 그 인격과 구별되어 논의될 수 없다. 그리스도의 죽음의 무한한 가치는 화란의 신학자 스킬더(Klass Schilder, 1890-1952)가 지적하듯이 단지 한 본성 "안에서" 혹은 한 본성을 "따라서" 생겨날 수 없다. 한 인격이 모든 행위의 주체이며 예배와 경배의 대상이 된다. 오직 신인양성의 인격을 우리가 묵상할 때 우리를 위해서 다 이루신 중보자의 의가 바로 보인다. 우리는 그것을 믿고 고백하고 경배한다.[2369]

중보자 그리스도의 사역(apotelesma, ἀποτέλεσμα)의 고유한 효력은 신인양성의 인격으로부터 나온다. 중보사역의 효과적인 원인은 그 작용의 주체(ἐνεργῶν)이신 그리스도의 신인 인격(θεάνθρωπος person)에 있으며, 신성과 인성은 그것의 원리들(ἐνεργητικά)이 된다. 이러한 원리들에 따라서 수행되는 각각의 활동(ἐνέργεια)은 활동자(ἐνεργούμενον)이신 중보자의 한 인격에 돌려진다. 그리하여 그것은 신인의 사역(ἀποτέλεσμα θεανδρικὸν)이라고 불린다. 인성은 죽음을 가능하게 함으로써, 신성은 그 죽음에 가치를 돌림으로써 중보사역이 수행된다. 중보사역은 양성에 고유한 행위들이 동시에 하나로 일어나는 고유한 인격적 사역이다. 중보사역에 있어서 각각의

2367) Gregory of Nazianzus, "The Theological Orations," 29.20 (CLF 174-175, PG 36.99,102).

2368) 도르트 신경, 제2장 3, 4조. Schaff, *The Creeds of Christendom*, 3.561, 586.

2369) Berkouwer, *The Person of Christ*, 294에서 재인용.

본성은 고유한 활동(ἐνέργεια)을 한다. 중보자의 모든 사역에는 신성과 인성이 항상 함께 작용한다. 그러므로 그것은 "신인적"(θεανδρικαὶ)이다. 마치 사람의 일에 있어서 영혼이 주관하고 육체가 도구가 되듯이, 신인의 사역에 있어서 신성이 주된 원인으로, 인성이 보조적 원인으로 작용한다. 신인의 사역은 인격에 속한 것이되, 성경은 자주 신성의 작용을 성령 혹은 영의 역사로서 표현한다(롬 1:3-4; 벧전 3:18; 막 2:8; 히 9:14).[2370]

하나님은 고난을 받으실 수 없으시다. 하나님은 영원하시므로 죽을 수도 죽음에 머무실 수도 없으시다. 영혼과 육체 가운데 고난당할 수 있음(受難性, passibilitas)은 오직 인성에게만 고유한 속성이다. 그런데 인성에 속한 일이 한 분 위격 안에서 신성에도 돌려지기 때문에 그리스도를 "하나님"이나 "영광의 주"라고 칭하면서 그가 우리를 위하여 십자가에 못 박혀 피를 흘리시고 죽으셨다고 전하는 것이다(행 20:28; 고전 2:8). 칼빈은 다음과 같이 말한다.

> 동일하신 그 분 자신이 하나님이시자 사람이셨으므로, 양성의 연합으로 말미암아 한 본성에 속한 것을 다른 본성에 주시고자 하셨다(quia ipse idem erat Deus et homo, propter duplicis naturae unionem alteri dabat quod erat alterius).[2371]

성육신 이후 중보자 그리스도께서는 언제든지 참 하나님이시자 참 사람으로 위격적으로 존재하시며 일하신다. 참 하나님이시며 참 사람이신 그리스도께서 우리를 위하여 십자가에 못 박혀 피를 흘리고 죽으셨다. 고난당하심은 인성에 따른 것이었다. 그러나 위격적 연합에 따른 양성의 교통으로 신성에도 그것이 "돌려진다" (transferuntur). 왜냐하면 고난을 느끼는 성은 인성이나 고난당하시는 분은 예수 그리스도 자신, 즉 위격이며 그 위격 안에는 신성이 그 인성과 연합되어 있기 때문이다. 그러므로 우리는 다음과 같이 말해야 한다. "참 하나님이시자 참 사람이신 예수 그리스도께서, 인성에 따라서,[2372] 나시고 고난을 당하셨다."

2370) Heppe, *Reformed Dogmatics*, 445-446.

2371) Calvin, *Institutio*, 2.14.2 (CO 2.354).

2372) "secundum humanitatem," "따라서"(κατὰ, secundum 혹은 ad)라는 표현은 위격적 연합 교리에서 신성과 인성에 고유한 속성을 지시할 때 사용하는 전치사이다. 칼케돈 신경은 동정녀 마리아가 인성에 따라서 하나님의 어머니

그리스도의 중보의 은혜를 바로 알기 위해서는 그가 참 하나님이시자 참 사람으로서 위격적 연합 가운데서 자신의 사역을 이루셨다는 사실을 우선적으로 인식해야 한다. 그리하여 칼빈은, 예수 그리스도가 하나님의 한 "관념"(idea)으로서만 이전부터 존재했으며 성육신은 이 관념이 "형상화된 것"(figuratio)에 불과하다고 주장한 세르베투스(Michael Servetus)를 비판하면서, 이렇게 보면 성자의 신성은 인성의 "그림자"(umbra) 혹은 "예지"(praecognitio)에 불과하기 때문에 그의 고난이나 죽음으로는 한 사람의 죗값을 치르기에도 부족할 것이라고 날카롭게 지적한다.2373) 그러므로 중보자 그리스도는 신성에 따라서는 하나님과 동일본질이시며 인성에 따라서는 사람과 동일본질이시라는 칼케돈 신경을2374) 전제하지 않는 이상 양성적 중보를 통한 대속이라는 개념 자체가 공허할 뿐이다.

사역의 교통에 대한 이러한 칼빈의 입장은 성경 주석에도 여실히 반영되어 나타난다. 칼빈은 다음과 같은 논법으로 그리스도의 대리적 속죄가 위격적 연합에 따른 신인양성의 교통으로 말미암음을 강조한다. 첫째, 영원하신 하나님의 말씀이 육신이 되셔서 신인양성의 중보자로서 대속의 사역을 다 이루셨다. 둘째, "생명이시자 생명의 근원"(vita et fons vitae)이 되시는 영원하신 하나님의 아들이 영혼과 육체의 사람이 되시고 그 인성에 따라서 십자가에 죽으심으로 그리하셨다. 셋째, 신성에 따라서 영원한 생명이신 분이 인성에 따라서 죽으셨다.2375)

"하나님을 믿으니 또 나를 믿으라"는 말씀을(요 14:1) 주석하면서, 칼빈은 믿음의 주초(柱礎)가 그리스도의 성육신과 양성의 위격적 연합에 따른 중보에 있음을 다음과 같이 설명한다. "교만한 사람들은 그리스도의 비하를 부끄러워하고 하나님의 불가해한 신령(神靈)으로 날아올라간다. 그러나 믿음은 하나님으로서, 우리가 보기에 낮은 곳에 처하신 그리스도께 의탁하지 않는 한 결코 하늘에 이를 수 없다. 뿐만 아니라 그리스도의 연약함에서 기초를 찾지 않는 한 그것은 결코 확

("ex Maria virgine, Dei genitrice secundum humanitatem")가 된다고 분명히 천명하였다. 후에 로마 가톨릭은 마리아론을 전개하면서 "인성에 따라서"라는 부분을 모호하게 다룸으로써 마리아가 마치 "신성에 따라서"도 주님의 어머니가 되듯이 여겼다.

2373) Calvin, *Institutio*, 2.14.2, 5-8 (CO 2.353-354, 356-361).

2374) "consubstantialem Patri secundum deitatem, consubstantialem nobis eundem secundum humanitatem." Schaff, *The Creeds of Christendom*, 2.63.

2375) Calvin, *Commentary*, 요일 1:2 (235, CO 55.301).

고해질 수 없다."2376)

"하나님을 자기의 친 아버지라 하여 자기를 하나님과 동등으로 삼으심"으로(요 5:18) 사람이 되신 주님이 자신의 신성을 드러내신 것은 그가 "그리스도의 직분을 수행하는" "구원의 저자"(salutis autorem)가 되심을 알리시기 위해서였다. 2377) "아들이 아버지께서 하시는 일을 보지 않고는 아무 것도 스스로 할 수 없나니 아버지께서 행하시는 그것을 아들도 그와 같이 행하느니라"는 말씀을(요 5:19) 주석하면서 칼빈은 본문이 그리스도가 하나님이시라는 사실이나 그가 성부와 구별되는 성자의 위격을 지니고 계시다는 사실을 말하는 데 그치는 것이 아니라, 그리스도의 신성을 믿지 않는 유대인들에게 그의 인성이 아니라 "그의 가시적인 육체 아래 숨겨진 하나님의 능력으로"(divina virtute, quae sub carne visibili latebat) 병자가 치유되었음을 부각시켜 그의 사역이 신성과 인성의 양성적 중보로 말미암은 것이라는 사실을 알리고자 기록되었다는 점을 강조한다. 그리고 이로부터 주님의 일은 "하나님의 일"(opera divina)이기 때문에 안식일에도 금할 수 없을 뿐만 아니라 오히려 안식일에 더욱 적극적으로 수행되어야 한다는 결론을 이끌어낸다. 2378) 같은 맥락에서, "내가 아무 것도 스스로 할 수 없노라"는 말씀의(요 5:30) 일차적인 목적이 "단지 그 자신의 신성 자체에 관련하여"(de nuda sua divinitate) 아들의 신격이나 성부와 성자의 관계를 말하고자 함이 아니라 육체를 입으신 그가 참 하나님과 참 사람으로서 신인양성의 인격 가운데 중보를 행하신다는 사실을 알리고자 함에 있다고 주석된다. 2379)

칼빈은 그리스도가 육체에 계실 때에 받으신 고난으로 순종을 배워 모든 자에게 영원한 구원이 되셨다는 말씀을(히 5:7-9) 주석하면서 그리스도의 고난의 의미를 세 가지로 다룬다.

첫째, "근인"(近因, proxima causa)은 순종을 배우기 위함이셨다.

2376) Calvin, *Commentary*, 요 14:1 (2.74, *CO* 47.322): "Pudet superbos homines humilitatis Christi: ideo ad incomprehensibile Dei numen evolant. Atqui nunquam in coelum perveniet fides, nisi quae Christo, qui humilis in speciem Deus apparet, se submittat neque unquam stabilis erit, nisi fulturam quaerat in Christi infirmitate."

2377) Calvin, *Commentary*, 요 5:17 (1.124, *CO* 47.111-112).

2378) Calvin, *Commentary*, 요 5:19 (1.125-126, *CO* 47.112-113). 참조. *Commentary*, 마 12:11 (2.32, *CO* 45.328). 이 부분은 다음에 기초하여 작성. 문병호, "성경, 교리, 교리적 주석: 칼빈의 중보자 그리스도의 위격적 연합 교리에 비추어", 335-336.

2379) Calvin, *Commentary*, 요 5:30 (1.72, *CO* 47.62).

둘째, "궁극적 원인"(ultima causa)은 우리의 구원을 위한 제사장이 되시기 위함이셨다.

셋째, "궁극적 혹은 최종적 목적"(finis ultimus vel remotior)은 제사장이 되심으로 "영원한 구원의 근원"이 되시기 위함이셨다.

여기에서 "복된 불멸이 부여된"(beata immortalitate praeditum) 주님과 "인간적인 시련과 연약함에 종속된"(obnoxium humanis aerumnis et infirmitatibus) 주님이 한 분 그리스도시라는 사실과 함께 그의 죽음이 죄 값을 다 치른 신인양성의 중보자의 대속의 죽음이었다는 사실이 부각된다.[2380] 주님은 우리의 대속을 위하여 "육체의 본질과 정서"(essentia carnis et affectus)를 지니시고 연약함 가운데 대속의 죽음을 죽으셨다.[2381] "신격이 육체의 연약함에 여지를 허락하신 방식으로"(quomodo deitas locum cesserit carnis infirmitati) 대속의 죽음의 역사가 일어났다. 그리하여 영혼과 육체의 전인적 죽음에 복종하신 분이 죽음에 대한 "승리자"(victor)가 되셨다.[2382]

그러므로 속성의 교통과 사역의 교통이 별개로 여겨져서는 안 된다. 중보자의 인격(persona)과 사역(officium)은 함께 다루어져야 한다. 인격을 도외시하고 사역에만 집중하는 기능기독론과, 사역은 부수적으로 여기고 인격에만 치중하는 관념적 기독론은 모두 그릇되다. "그 안에는 신성의 모든 충만이 육체로 거하시고"(골 2:9)라는 말씀은 중보자의 인격과 사역에 모두 돌려진다. 이러한 인식 가운데 우리는 양성 가운데 계신 신인(神人, Θεανθρώπος)의 인격을 예배의 대상으로 여기게 된다. 인성은 예배의 근거가 되지 못하나, 그것이 모든 곳에서 영원히 경배를 받으셔야 할 인격을 구성하는 요소가 되기 때문이다.[2383]

그리스도는 우리의 연약함을 지니시고 우리를 위하여 시험을 받으시고, 범법한 우리를 거룩하게 하시기 위하여 모든 율법에 순종하시고, 우리로 말미암아 야기된 형벌을 모두 감당하셨다. 그리고 하나님으로서 모든 곳에 계시며, 전능하심과 무한하심 가운데 구원하시고 축복하신다. 모든 의를 다 이루신 그가(요 19:30) 여전히 신인양성의 인격으로 우리를 위하여 중보하신다. 다 이루셨으므로 여전히 중보하신

2380) Calvin, *Commentary*, 히 5:7-9 (63-67, *CO* 55.61-64).

2381) Calvin, *Commentary*, 히 2:17 (32-33, *CO* 55.34).

2382) Calvin, *Commentary*, 마 27:46 (3.207-208, *CO* 45.779).

2383) Hodge, *Systematic Theology*, 2.396.

다. 사역의 교통은 이러한 역동성 가운데서만 합당하게 이해될 수 있다.

5. 은사의 교통(Communicatio Gratiarum)

위격적 연합의 결과 인성은 신성과 연합하여 그 고귀함, 가치, 그리고 능력에 있어서 헤아릴 수 없을 만큼 높아진다. 그렇다고 해서 신성과 구별되지 않을 정도로 인성이 고양되지는 않는다. 마찬가지로 인성이 신성에 흡수되는 것도 아니다.[2384] 속성의 교통과 사역의 교통이 특정한 요소에 관심을 갖는다면 은사의 교통은 성육신에 있어서 영원한 말씀의 인격에 취해진 인성이 그 인격 안에서 신성과 연합하는 양상 자체에 주목한다. 그것은 아버지가 아들에게 모든 것을 주셨다는 말씀에 착안한다(마 11:27; 요 16:15).

은사의 교통은 그리스도가 아버지의 뜻을 다 이루기 위하여 자격을 갖추는 것을 의미하는 것이지 인성에 초자연적인 능력을 부여해주는 것을 뜻하지 않는다. 그것은 칼케돈 신경을 충실히 따르고 있다. 은사의 교통은 인성이 신성의 속성들을 받아 변화되는 것을 의미하지 않고, 한 인격 안에서 인성이 인성인 채로 충실하게 신성과 연합함으로써 인성에 따른 고유한 사역을 감당하게 되는 그 어떠함을 드러낸다. 이러한 측면에서 루터파의 엄위적 교통과는 분명히 구별된다.

개혁신학자들은 은사의 교통을 다음 두 가지로 이해한다.

첫째, "로고스의 인격과 하나가 되는 연합의 은혜"이다. 이는 "로고스의 위격 안에 있으므로"(ἐνυπόστατος τῷ λόγῳ) 인성이 누리는 모든 만물을 뛰어넘는 탁월함과 그로 인한 경배와 영예를 포함한다. 신성만이 예배를 받을 만한 고유한 속성들을 지니나 위격적 연합 때문에 인성을 포함한 전 인격이 예배된다. 즉 중보자로서 예수는 인성을 입은 하나님으로서 예배의 대상이 된다. 이러한 연합의 은혜는 비(非)위격적(ἀνυπόστατος) 인성이 내(內)위격적(ἐνυπόστατος)이 되므로 누리는 것이다.[2385]

둘째, 성령의 역사로 말미암아 인성에 부여되는 "성향적 은혜와 은사"이다. 이러

2384) Hodge, *Systematic Theology*, 2.397.
2385) Heppe, *Reformed Dogmatics*, 434. 435, 438-439.

한 교통은 비하의 기간 동안 계속해서 일어난다. 초대교회 교부들은 이를 "육체의 신화(神化)"라는 개념으로 접근하기도 하였다. 이러한 은사는 그 자체로 인성의 본질적 요소가 되지는 않으나 그 작용으로 인성을 고양시키는 효과가 나타난다. 범죄 불가능성(non posse peccare)도 그 가운데 하나로 논해진다. 이러한 교통으로 인성에 따라서 그리스도는 삼중적 지식을 지니신다.

그 첫 번째는 "증여적 지식"(donative knowledge)으로서, 연합으로 인성이 신성을 아는 것이다. 다만 유한은 무한을 파악할 수 없으므로 전(全) 하나님—그 자신—을 알되 그 전부—하나님께 속한 모든 것—를 볼 수는 없다("ὅλον, ἀλλ' οὐχ ὅλως").

그 두 번째는 "주입된 지식"(infused knowledge)으로서, 성령의 역사로 인성이 천상적인 것을 알게 된다. 다만 은혜의 빛이 비치지 않으면 그리할 수 없다.

그 세 번째는 "실험적 지식"(experimental knowledge)으로서, 자연의 빛에 의해서 원인에서 결과를, 결과에서 원인을 아는 것이다. 실험적 지식은 진보한다.

"증여적 지식"과 "주입된 지식"에 있어서 인성은 천사보다도 뛰어나다. 그렇다고 해서 신성에 고유한 전지성(omniscientia)을 인성이 지니는 것은 아니다. 왜냐하면 로고스의 신성이 인성과 혼합되는 것이 아니며 인성이 신성으로 변화되는 것도 아니기 때문이다. 연합 가운데 인성에 부여된 은혜는 완전하다. 그러나 그 결과는 점진적으로 "정점"(ἀκμή)을 향해 나아간다. 그 은혜는 천사에게보다도 크다. 그럼에도 불구하고 그것은 "상대적으로"(secundum quid) 이해되어야 한다. 왜냐하면 그것을 받아들이는 인성에는 유한함이 있기 때문이다. 그렇다고 해서 그것이 우리의 구원을 위하여 불충분하지는 않다.[2386]

개혁신학자들은 이러한 은사의 교통을 전개함에 있어서 "유한은 무한을 받아들일 수 없다"(finitum non est capax infiniti)는 원리에 부착(附着)하여 그리스도의 참 인성을 조명함으로써 수세(受洗) 때와 그 이후의 성령의 무한한 임재, 지혜와 키가 자라감, 비하와 승귀의 상태, 대속의 값, 영원한 신인양성의 중보를 위격적 연합에 대한 정통적인 가르침에 따라서 설명하고 있다. 그러나 루터파는 "사람은 신성을 받아들일 수 있다"(homo divinae naturae capax)는 전제에 서서 엄위적 교통(genus majestaticum)을 전개함으로써 인성의 고유한 속성들을 신화(神化)의 그늘에 가리고

2386) Heppe, *Reformed Dogmatics*, 434–438.

그리스도의 생애 전반을 관념화, 형해(形骸)화시킨다.2387) 이와 관련하여 정도만 다를 뿐 로마 가톨릭의 입장도 루터파와 동일한 궤에 서 있다. 로마 가톨릭에 따르면, 주님은 성육신 때 받은 충만한 은사로 인성이 신화(神化)되어 지식과 지혜가 완전하셨으며 더 이상 자람이 없으셨으며 이 땅에서 이미 지복의 지식(scientia beata; 지복직관, 至福直觀, visio beatifica)을 지니시고 단지 나그네(viator)가 아니라 지복직관자(comprehensor)로 사셨으므로 주님의 인성 자체가 경배의 대상이 된다고 주장한다.2388)

이러한 개혁신학자들의 입장은 그 효시가 칼빈에게서 발견된다. 특히 중보자 그리스도의 인격과 사역에 대한 복음서와 히브리서 주석에서 이러한 점이 뚜렷이 부각된다. 성육신으로 인한 신성과 인성의 연합이 그리스도의 "고유한 영예를"(peculiarem honorem) 손상시키지 않는다. 그가 참 하나님이시며 참 사람으로서 "참 중보자"(verus mediator)가 되심으로 우리가 그 영예에 참여하게 된다.2389) 그리스도는 "성령의 능력"으로 "마치 신적인 인간과 같이"(quasi divinum hominem) "그의 인격에 속하여" "인성에 있어서" "하늘의 능력"(coelestis virtus)을 지니신다. 인성은 신성의 고유한 속성을 그대로 지닐 수는 없으나, 신성과 연합함으로 그 고귀함을 누리게 된다.2390) 오직 그리스도 안에서 "하나님의 엄위가 육체에 결속된다"(Dei maiestas cum carne coniuncta).2391) "우리가 하나님과 결속되는 유일한 고리는 그리스도와의 결속이다"(unicum esse vinculum nostrae cum Deo coniunctionis, si Christo coniuncti sumus)."2392) "머리가 없이는"(sine capite) "하나님과의 결속"(cum Deo coniunctio)도 없다.2393) 그러므로 "주"라는 이름이 "육체 가운데 나타나신 하나님의 아들에게"(filio Dei in carne manifestato) 돌려진다.2394)

2387) Bavinck, *Reformed Dogmatics*, 3.257-258, 277, 312; Berkouwer, *The Person of Christ*, 287.

2388) Bavinck, *Reformed Dogmatics*, 3.256-257. 309. 이러한 로마 가톨릭의 입장에 대해서, Berkouwer, *The Person of Christ*, 213-223.

2389) Calvin, *Commentary*, 눅 1:35 (1.31, *CO* 45.31).

2390) Calvin, *Commentary*, 마 3:16 (1.131, *CO* 45.126).

2391) Calvin, *Commentary*, 마 9:8 (1.261, *CO* 45.247).

2392) Calvin, *Commentary*, 요 16:27 (2.130, *CO* 47.371).

2393) Calvin, *Commentary*, 마 17:5 (2.201, *CO* 45.488).

2394) Calvin, *Commentary*, 눅 1:43 (1.33, *CO* 45.35).

"임마누엘"이라는 이름은(마 1:23) 그리스도가 "하나님과 사람들 사이의 교통의 방식"이 되신다는 점을 지시한다. "그리스도를 통하여 우리는 하나님의 호의를 얻을 뿐만 아니라 효과적으로 그와 하나가 된다(unum cum eo efficimur)." 그리스도 안에서 신성과 인성의 "나눌 수 없는 연결"(individua connexio)로 말미암아 우리가 하나님과 하나가 된다. 이러한 "중보자의 직분"(officium mediatoris)이 "육체 가운데 나타나신 하나님"(Deus manifestatus in carne)의 "인격"(persona)을 지니신 그리스도에 의해서 수행되었다. 그가 "모든 부분의 인류 구원을"(omnes humanae salutis partes) 다 이루셨다.[2395]

그리하여 "신성의 모든 충만이 육체로" 거하시는(골 2:9) "그리스도 안에서 하나님은 자신을 전부 우리에게 교통하신다(totum se nobis communicat)."[2396]

"하늘에서 내려온 자 곧 인자 외에는 하늘에 올라간 자가 없느니라"는 말씀을(요 3:13) 주석하면서, 칼빈은 그가 하늘에 오르신 것은 "우리의 지도자요 안내자로서" 우리가 그와 함께 모든 은혜를 누리게 하시기 위함이었음을 강조하고, "육체를 입으신 분으로서 하늘에 계신 그리스도는 우리에게 형제의 손을 펼쳐서 그와 함께 우리도 하늘에 끌어올리고자 하셨다"고 이를 부각시킨다.[2397] 주님이 세례를 받으셨을 때 성령이 충만히 임하셨음이 같은 맥락에서 주석된다. 성령이 그리스도께 무한히 임하셨다. 그것은 은사의 종류 여하에 따라서 제한적으로 부여된 것이 아니다. 아버지는 자신의 영의 무한한 부요함을 아들에게 부어주셨다. 그리하여 그 충만함에 모든 구원받은 자녀들이 동참하게 하셨다.[2398] 보혜사 성령을 부어주심으로 그리하셨다.[2399]

"아버지께서 자기 속에 생명이 있음같이 아들에게도 생명을 주어 그 속에 있게 하셨고"라는 말씀을(요 5:26) 주석하면서, 칼빈은 하나님이 스스로 생명이시며 만물에 생명을 주시는 근원이 되심은 성부와 마찬가지로 성자의 신성에 동등하게 돌려

[2395] Calvin, *Commentary*, 마 1:23 (1.68–69, *CO* 45.68–69).

[2396] Calvin, *Commentary*, 골 2:9 (331, *CO* 52.104). 이 부분은 다음에 기초하여 작성. 문병호, "성경, 교리, 교리적 주석: 칼빈의 중보자 그리스도의 위격적 연합 교리에 비추어", 332–333.

[2397] Calvin, *Commentary*, 요 3:13 (1.71–72, *CO* 47.62).

[2398] Calvin, *Commentary*, 요 3:34 (1.85, *CO* 47.74–75).

[2399] Calvin, *Commentary*, 히 2:11 (26, *CO* 55.28).

지지만, 이어지는 본문에서 아버지가 아들의 "인자됨으로 말미암아" 아들에게 "심판하는 권한"을 주셨다고 아들이 말씀하고 계시는 점에 비추어, 인자 곧 주님의 인성에 부어진 하나님의 부요한 생명에 동참하여 우리가 영생을 얻게 됨을 본문이 강조하고 있다는 사실을 지적한다.[2400]

같은 맥락에서, "하나님의 떡은 하늘에서 내려 세상에 생명을 주는 것이니라"는 말씀을(요 6:33) 주석하면서, 칼빈은 그리스도가 "생명의 저자"로서 하늘로부터 내려오신 사람이라는 사실과 그리하여 우리가 그 생명에 동참하게 된다는 사실을 함께 강조한다. 그리고 "그리스도가 우리에게 내려오신 것은 아무도 그에게 올라갈 수 없기 때문이다"라고 결론을 내린다.[2401]

칼빈은 주님이 이 땅에 오신 것은 우리를 이와 같이 높이시기 위함이셨음을 줄곧 강조한다. 주님이 자신을 "하늘에서 내려온 살아 있는 떡"이라고 하신 것은(요 6:51) "오직 영원하신 하나님의 말씀만이 생명의 원천(fons vitae)이시고 그의 육체는 그 말씀 안에-곧 그의 신성 안에-내적으로 거하는 생명을 부어주기 위한 수로(canalis)라는" 사실을 전하시기 위해서였다.

"비록 의는 오직 하나님으로부터만 흘러나오지만, 그 완전한 현현은 그리스도의 육체 외에 그 어느 곳에서도 일어나지 않는다. 그의 육체 안에서 사람의 구속이 이루어졌기 때문이다. 그의 육체 안에서 죄를 속하기 위한 희생제물이 드려졌으며, 우리를 하나님과 화목하게 하시기 위한 하나님을 향한 복종이 이루어졌다. 그리하여 마지막에, 죽음을 이기고, 그의 육체는 하늘의 영광 속으로 취해졌다."[2402]

칼빈은 세 가지 종류의 생명의 양상에 대해서 말한다.

첫째, 생명의 "수맥"(scaturigo)이 되시는 "살아 계신 아버지."

둘째, 우리에게 생명이 흘러들어오는 "원천"(fons)이신, 내가 아버지로 말미암아 산다고 하신 아들.

셋째, 우리가 아들로부터 받은 생명.[2403]

그리스도는 "그가 자신의 본성 가운데 지니신 것을 우리를 양자로 삼으심으로 우

[2400] Calvin, *Commentary*, 요 5:26-27 (1.131-132, CO 47.118-119).
[2401] Calvin, *Commentary*, 요 6:33 (1.158, CO 47.143). 참조. *Commentary*, 요일 1:2 (235, CO 55.301-302).
[2402] Calvin, *Commentary*, 요 6:51 (1.167-168, CO 47.152-153).
[2403] Calvin, *Commentary*, 요 6:57 (1.172, CO 47.156).

리에게 교통하신다"(quod natura proprium habet nobis adoptione communicat). 여기에서 "그가 자신의 본성 가운데 지니신 것"은 신성과 연합함으로 누리게 되는 인성의 고귀함을 뜻한다.2404) "그 날에는 내가 아버지 안에, 너희가 내 안에, 내가 너희 안에 있는 것을 너희가 알리라"는 말씀을(요 14:20) 주석하면서 칼빈은 "아버지가 아들에게 모든 충만한 복을(omnem bonorum plenitudinem) 베푸셨고 아들은 자신을 전부(se totum) 우리에게 주셨다"고 하여,2405) 우리가 그리스도와 하나 되는 것은 그의 실체를 우리에게 주입해서가 아니라 그의 영의 능력으로 그가 아버지로부터 받으신 그의 생명과 모든 복을 우리에게 교통하시기 때문이라는 사실을 뚜렷이 천명한다.2406)

지금까지 우리가 고찰한 바와 같이, 위격적 연합에 따른 은사의 교통은 인성이 함몰된 단성(單性)의 그리스도를 제시하고자 함이 아니라, 위격 안에서 신성과 교통하는 그리스도의 인성을 부각시키고자 함에 있다. 주님의 대속이 절대적인 것은 신성에 따라서 하나님과 동일본질이신 분이 인성에 따라서 우리와 우리의 구원을 위하여 당하신 순종(obedientia passiva)과 행하신 순종(obedientia activa)을 다 이루셨기 때문이다.

주님의 인성은 하나님의 은사로 존귀해졌으나 우리의 인성과 동일하다는 점에 그 고유함이 있다. 주님은 타락 전 순전한 상태(status integritatis)에 있었던 아담과는 달리 고난과 죽음에 속하고(히 5:8) 슬픔과 연민과 번민과 체휼을 느끼셨다. 주님은 성육신으로 인성의 연약함(imbecillitas)을 취하셨다. 그러므로 성육신이 곧 비하의 상태(status humiliationis)의 시작이다. 개혁신학자들은 은사의 교통으로 이를 부각시키고 있다. 그리하여 바빙크는 이를 "아름다운 교리"라고 부른다.2407)

6. 결론적 고찰 : 성경적, 축자적–실제적 교통

개혁파 속성교통론에 있어서 사역의 교통은 속성의 교통이 사역에 적용된 것으

2404) Calvin, *Commentary*, 요 8:36 (1.223, CO 47.62).
2405) Calvin, *Commentary*, 요 14:20 (2.84, CO 47.331).
2406) Calvin, *Commentary*, 요 17:21 (2.148, CO 47.387).
2407) Bavinck, *Reformed Dogmatics*, 3.310–311.

로 보아도 무방하다. 위에서 우리가 속성의 교통을 여러 양상으로 설명하면서 예시한 말씀들 중 일부는 사역의 교통에도 그대로 적용된다.

"하나님이 자기 피로 사신 교회"(행 20:28), "영광의 주를 십자가에 못 박지 아니하였으리라"(고전 2:8), "그가[하나님이] 우리를 위하여 목숨을 버리셨으니"(요일 3:16) 등의 말씀이 그러하다.

사역의 교통 역시 축자적 교통(communicatio verbalis)이라는 점에서 속성의 교통과 다를 바 없다. 위에서 보았듯이, 축자적 교통은 공허한 언술이 아니라 성경 말씀에 따른 참 서술(praedictio vera)을 지칭한다.

개혁신학자들이 말하는 축자적 교통은 위격적 연합에 대한 정통적인 입장을 견지하는 가운데 다음 세 가지로 특정된다.

첫째, 신성과 인성의 두 본성은 각각 위격 안에 있으나 위격은 아니다(enhypostasis, anhypostasis).

둘째, 양성은 위격 안에서, 위격을 통하여, 위격에로 간접적으로(indirecte) 교통한다.

셋째, 속성교통의 다양한 양상은 성경의 축자적 서술을 넘어서지 않는다.

이런 관점에서 볼 때, 우리는 은사의 교통도 축자적 교통에 포함시킬 수 있을 것이다. 뚤레틴이 말한 "탁월함의 은혜"와 "성향적 은혜"와 "영예와 예배의 교통"이 모두 은사의 교통에 포함된다고 보는 경우도 마찬가지이다. 개혁파의 은사의 교통은 루터파의 엄위적 교통과 양립할 수 없다. 전자에는 후자의 혼합(confusio)도 섞임(mixtio)도 없다. 오직 성경의 서술만이 있다. 그렇다고 해서 그것을 츠빙글리가 말하는 "변화"(ἀλλοίωσις)와 같이 여겨서는 안 된다.

이러한 이해는 성찬론과 맥을 같이한다. 루터파는 은사의 교통을 엄위적 교통으로 극단화하여 인성의 신화(神化)를 내세워 인성에 따른 육체의 편재를 말하는 공재설을 주장한다.

로마 가톨릭은 루터파의 극단에는 동조하지 않지만 은사의 교통을 통한 인성의 고양을 말함으로써 화체설의 신학적 근거를 삼는다. 반면에 개혁파는 칼빈의 신학을 계승하여 양성의 축자적 교통을 통한 영적 임재설을 견지한다. 그리스도의 현존을 인성의 고양이나 신화에서 찾지 않고 인성의 인성다움 곧 참 인성됨에서 찾는다. 그리하여 "영적 그러나 실제적 임재"(praesentia spiritualis sed realis)에 이른다. 중보자 그리스도의 인격과 관련하여, 이는 신인양성의 '축자적 그러나 실제적 교통'

(communicatio verbalis sed realis)에 부합한다.2408) 이러한 측면에서 바빙크는 칼빈의 성찬론의 핵심이 성도와 그리스도의 신비한 연합(unio mystica)에 있다고 그 구원론적 의미를 갈파하였다.2409)

칼빈으로부터 비롯된 개혁파 속성교통론은 관념적이거나 사변적인 동기나 이상(理想)으로 추구된 것이 아니라 주석이나 설교 등을 통하여 성경을 해석, 선포, 수납하는 과정에서 생긴 고백적 산물이다. 칼빈은 "모든 복음이 그리스도 안에 포함되어 있다"(totum evangelium in Christo contineri)고 여기고, 복음의 핵심을 그리스도의 인격 자체로부터 찾는다. 일례로, 주님이 "육신으로는" 다윗의 혈통으로 나셨고 "성결의 영으로는" 하나님의 아들로 선포되셨다는 말씀이(롬 1:3-4) 위격적 연합에 관한 가르침을 담고 있는 것으로서 다음과 같이 주석된다.

> 만약 우리가 그리스도 안에서 구원을 발견하고자 한다면 그 안에서 두 가지를 찾아야 한다. 신성과 인성이 그것들이다. 그의 신성은 그의 인성에 의해서 우리에게 교통되는 능력, 의, 생명을 지니고 있다. 그러므로 사도는 그리스도가 육체 가운데 사람이 되셨다는 사실과 그 육체 가운데 자기 자신을 하나님의 아들로 나타내셨다는 사실, 이 두 가지 모두를 전함으로써 복음의 총체를 분명히 천명하고 있다.2410)

여기에 은사의 교통과 속성의 교통과 사역의 교통이 모두 제시되어 있다. 칼빈에게 있어서 이 세 가지는 서로 분리되지 않는다. 그것들은 성경말씀에 따른 "축자적 교통"의 세 가지 양상을 뜻할 뿐, 서로 별개가 아니다. 은사의 교통은 신성과 연합한 인성의 고귀함을, 속성의 교통은 신성과 인성의 속성들이 한 인격 안에서 서로가 서로에게 돌려짐을, 사역의 교통은 그 가운데 대속의 사역을 이루심을 뜻한다. 속성의 교통과 사역의 교통으로 말미암아 그리스도의 신인양성의 중보자로서의 사역이 헤아릴 수 없는 대속의 값을 지니게 된다. 은사의 교통은 속성의 교통과 사역의 교통으로 말미암은 그리스도의 인성의 고귀함과 보혜사 성령-곧 그리스도의

2408) 참조. Joseph N. Tylenda, "Eucharistic Sacrifice in Calvin's Theology," *Theological Studies* 37/3 (1976), 456-466.
2409) 참조. Gleason, "Calvin and Bavinck on the Lord's Supper," 293.
2410) Calvin, *Commentary*, 롬 1:3 (15-16, CO 49.15).

영-의 임재로 성도가 그 고귀함에 참여함-곧 성도의 그리스도와의 연합(unio cum Christo)-으로 귀결된다.

성령의 감동으로 기록된 하나님의 말씀은 성령의 조명과 감화로, 믿음으로 수납된다. 성경은 하나님이 그 속에서 친히 말씀하시기 때문에, 믿음으로 수납될 때 교리적 확실성(certitudo)이 담보된다. 이러한 점에 착안하여 칼빈은 오직 신앙의 유비로만 주어진 본문들(dicta probantia)에 부합하는 체계적인 가르침인 교리(doctrina)를 가장 엄정하게 제시할 수 있다고 보았다.[2411] 이와 관련한 가장 첨예한 논쟁이 그리스도의 위격적 연합에 따른 신인양성의 '축자적 교통'과 관련하여 종교개혁기에 일어났다. 칼빈의 성경해석을 특징짓는 "간결성과 유익성"(brevitas et facilitas) 그리고 "하나님의 맞추심"은 단지 문체와 어투의 문제에 그치는 것이 아니라 주어진 본문의 교리적 의미를 추구하는 엄정한 주석의 자세에 일차적으로 관련되어 있음을 본 장을 통하여 우리는 주목하게 되었다.[2412]

그리스도의 인격에 관한 교리를 가르치는 것은 교회가 마땅히 감당해야 할 직분 중에서도 가장 중심이 된다. 초대교부 이레네우스가 이단들을 반박하며 강조했듯이, 그리스도는 "밭에 감추인 보화"와 같으므로(마 13:44) 그를 발굴하여 땅 끝까지 전하는 것이 교회의 직분이다(눅 24:46-47).[2413]

> 그리스도가 일꾼들을 불러 가르치는 직분을 맡기신 것은 그들이 교회를 잠식하거나 지배하도록 하시기 위함이 아니라 그들의 충실한 노고로 교회를 자기 자신에게 연합시키시기(ad eam sibi sociandam) 위해서이다. 사람들에게 교회를 향한 권위가 주어져 하나님의 아들의 인격을 표상하는 것은 위대하고 영예스러운 일이다.[2414]

2411) 참조. Richard A. Muller, *Post-Reformation Reformed Dogmatics, vol. 2, Holy Scripture: The Cognitive Foundation of Theology* (Grand Rapids: Baker, 1993), 63-66.

2412) 그동안 이러한 관점은 거의 무시되었다. 참조. Richard C. Gamble, "Calvin as Theologian and Exegete: Is There Anything New?" *Calvin Theological Journal* 23 (1998), 178-194; Parker, *Calvin's New Testament Commentaries*, 85-93.

2413) Irenaeus, "Against Heresies," 4.26.1. Karlfried Froehlich, tr. and ed., *Biblical Interpretation in the Early Church* (Philadelphia: Fortress Press, 1984), 44-45에 근거해서 재인용.

2414) Calvin, *Commentary*, 요 3:29 (1.81, *CO* 47.71).

칼빈의 주석과 마찬가지로 그의 설교 역시 이러한 기독론적 관점이 시종 견지된다. 칼빈의 설교는 하나님의 존재와 속성, 우리의 필요를 채우시는 하나님의 사랑, 우리를 자녀 삼아주시는 하나님의 부성적(父性的) 은총에 집중되는 바, 이에 대한 계시가 예수 그리스도의 인격과 사역에 대한 선포로 뚜렷하게 나타난다. 설교는 기독론적 범주에서 성경의 가르침에 대한 순수한 교리를 심화시키고 그 부요함을 추구할 때 하나님의 음성(vox Dei)을 온전히 선포할 수 있다는 점을 확신하는 가운데,[2415] 칼빈은 다음과 같이 단언한다. "복음의 실체는 하나님의 아들의 인격 가운데 이해된다"(la substance de l'Evangile est comprinse en la personne du Fils de Dieu).[2416]

일례로, 선지자 이사야의 고난받는 종에 관한 예언을 설교하면서 칼빈은 그리스도가 하나님의 종으로서 육체를 입고 우리와 같이 되셨으나 영원하신 하나님의 아들로서 그의 모든 엄위를 변함없이 지니시기 때문에 우리가 그의 공로로 율법의 저주에서 해방되고 하나님의 말씀의 부요함을 누리게 된다고 설교한다. 선지자가 전하는 말씀의 본질은 우리를 위하여 죽으신 분이 자기 자신을 낮추시되 언제나 동일하신 하나님이라는 사실에 있다고 여기에서 역설된다.[2417]

신약 설교에서는 기독론적 관점이 더욱 체계적으로 전개된다. "태초에 말씀이 계시니라"는 말씀을(요 1:1) 설교하면서 "이러한 시작에는 시작이 없다"(ce commencement n'ha point de commencement)라고 하여 소위 초(超)칼빈주의를 전형적으로 표현한다. 그리고 그리스도가 인성에 따라서는 피조되었으나 신성에 따라서는 영원하신 하나님의 말씀이라는 사실을 강조한다.[2418]

"임마누엘"이라는 이름과 관련된 설교에서도 그리스도가 사람으로서 연약함 가운데 계셨지만 하나님의 엄위를 여전히 지니고 계셨음이 같은 맥락에서 부각된다.[2419]

구약신학자 차일즈(Brevard S. Childs, 1923-2007)는 성경과 기독교 신학의 관계를 다룬 한 근래의 논문에서 양자의 차이는 본질적이지 않으며 정도에 있을 뿐이라고

[2415] T. H. L. Parker, *Calvin's Preaching* (Edinburgh: T&T Clark, 1992), 97-100.
[2416] Calvin, *Sermon*, 요 1:1 (15, *CO* 47.467).
[2417] Calvin, *Sermon*, 사 52:13 (31, *CO* 35.596-597); 사 53:11 (123, *CO* 35.664).
[2418] Calvin, *Sermon*, 요 1:1 (21, 24-25, *CO* 47.472, 476).
[2419] Calvin, *Sermon*, 눅 2:1-14 (36-38, *CO* 46.956-958).

하였다.2420) 그러나 이는 다분히 이상적일 뿐, 현실의 괴리는 크다. 과연 오늘날 성경의 본질과 권위, 나아가 성경해석과 주석, 설교, 혹은 성경신학이 교리적으로 추구되고 있는가? 칼빈은 성경과 교리의 관계에 대한 바람직한 이해를 견지하는 가운데 교리적 주석을 감행하였다. 루터와는 달리 칼빈은 예표적 해석에 함몰되지 않았다.2421) 구약의 기독론을 예표론적 측면에서 다루되 문자적, 역사적, 영적 해석의 근저 위에서 그리하였다.2422)

그러므로 그의 주석은 본문에 충실하면서도 신구약의 경륜에 맞추어진 하나님의 섭리의 역사적 의미를 고려하는 가운데 영적으로 곧 신학적으로 추구되었다. 칼빈에게 있어서 주석은 말씀에 의해서 규범된 교리를 조명하고 적용하는 작업일 뿐만 아니라 말씀의 본래적 의미를 추구하는 과정이기도 하였다.2423) 중보자 그리스도의 인격에 있어서 위격적 연합에 따른 신인양성의 속성교통에 관한 칼빈의 교리는 그 정점에 서 있다고 볼 것이다.2424)

2420) Brevard S. Childs, "On Reclaiming the Bible for Christian Theology," in *Reclaiming the Bible for the Church*, ed. Carl E. Braaten and Robert W. Jenson (Grand Rapids: Eerdmans, 1995), 1-15, 특히 15. 여기에서 저자가 성경신학적 입장에 경도되어 이러한 결론에 이르고 있다.

2421) 참조. John L. Thompson, "Calvin as a Biblical Interpreter," in *John Calvin*, ed. Donald K. McKim (Cambridge: Cambridge University Press, 2004), 64-70.

2422) 이러한 점에서 칼빈은 "중도"(中道, via media)에 서 있었다. 참조. Puckett, *John Calvin's Exegesis of the Old Testament*, 113-132.

2423) 말씀의 순수한 의미는 즉각적으로 주어지는 것인가 하는 문제는 주로 칼빈의 해석학과 관련하여 논의되어 왔다. 다음 책은 이 주제를 칼빈의 신학의 형성과 관련하여 다루고 있다. Thomas F. Torrance, *The Hermeneutics of John Calvin* (Edinburgh: Scottisch Academic Press, 1988). 그러나 성경이 살아있는 하나님의 말씀인 것은 그것이 "말씀하시는 하나님의 인격에 의해서"(a persona loquentis Dei) 말씀되기 때문이라고 보는 입장을 확고하게 견지하는 칼빈에게 있어서 이러한 문제는 별 논란거리가 되지 않는다. Calvin, *Institutio*, 1.7.4 (CO 2.58). 칼빈은 성경에는 고유하고 순수한 의미-개혁신학자들이 말하는 '절대적, 객관적 의미'-가 주어져 있다고 보는 바, 주석은 그 주어진 의미 가운데 수행되는 한에 있어서만 그 주어진 의미를 추구하는 데 도움을 줄 수 있다고 여긴다.

2424) 이 부분 가운데 일부분은 다음 글을 첨삭, 수정, 가필하여 수록. 문병호, "성경, 교리, 교리적 주석: 칼빈의 중보자 그리스도의 위격적 연합 교리에 비추어," 339-340.

제4부

중보자 그리스도의 사역 :
구속주의 직분과 비하와 승귀의 상태

Opera Christi mediatoris :
Officium redemptoris et status humiliationis et exaltationis

그리스도의 중보는 선지자, 제사장, 왕의 직분에 미친다. 선지자는 가르치고, 제사장은 속죄하고 중재하며, 왕은 다스리고 보호한다. 선지자는 하나님의 사자로서 그의 입이 될 뿐만 아니라 손이 되는 사역을 감당하는 바, 단지 대언에 그치지 않고 아버지의 은혜를 시여하는 일을 포함한다. 제사장은 하나님의 백성의 대리인으로서 그들을 위하여 기도하고 그들을 대표해서 제사와 예배를 위로 올려드린다. 주님은 이 직분에 따른 의를 십자가의 피 제사로 다 이루셨다. 왕의 통치는 군림하는 것이 아니라 필요한 것을 채워주는 데 있다. 궁극적인 왕직의 수행은 주님이 제물로 드려진 자기 자신을 보혜사 성령을 통하여 우리에게 주심에 있다. 이러한 삼중직은 서로 구별되지만 함께 작용한다. 곧 한 행위에 세 직분이 모두 돌려진다. 그 모두가 참 하나님이시자 참 사람으로서 구속의 의를 다 이루시고 지금도 그 동일한 위격 가운데서 우리를 위하여 계속적으로 중보하시는 주님께 함께 속하기 때문이다.

제10장

신인양성의 중보자와 삼중적 직분

1. 그리스도의 영원한 중보 :
   천사들과 교회의 머리가 되시는 율법의 중보자

핫지는 우리의 구속을 위한 중보자는 다음과 같아야 한다고 말한다.

첫째, 그는 사람이어야 한다. 그리스도는 "거룩하게 하시는 이"로서 "거룩하게 함을 입은 자들"인 우리와 "같은 모양으로 혈과 육을 함께 지니신다"(히 2:11, 14). 천사는 중보자가 될 수 없다(히 1:4-14).

둘째, 하나님과 사람 사이의 중보자는 죄가 없어야 한다. 죄인은 먼저 자기를 구원해야 한다. 그리스도는 거룩하고 악이 없고 죄인으로부터 떠나 계신다(히 7:26). 그에게는 죄가 없다(히 4:15; 벧전 2:22). 그는 극도의 도발에도 죄를 짓지 않으셨고, 수욕을 당하실 때 축복하셨으며, 고난당하실 때 협박하지 않으셨으며, 도수장의 양과 같이 잠잠하셨다.

셋째, 우리의 중보자는 하나님의 인격이셔야 한다. 오직 하나님만이 사탄을 물리칠 수 있으시며 구속자가 되실 수 있다.[2425]

신약신학자 내쉬(Ronald H. Nash)는 히브리서의 가르침이 알렉산드리아의 필로

2425) Hodge, *Systematic Theology*, 2, 456-457.

(Philo)로 대변되는, 헬라 철학에 영향을 받은 유대주의 사상에서 기원한다는 기존의 이론에 반기를 드는데, 그의 입장을 다음과 같이 몇 가지로 정리할 수 있다. 여기에서 핫지가 개진한 중보자 그리스도의 세 가지 특성이 또 다른 시각에서 조명된다.

첫째, 히브리서는, 알렉산드리아 학파에서 개진되는 지혜기독론과는 달리, 중보자 그리스도를 형이상학적 추상(抽象)이 아니라 특정한 개별자이신 인격으로서 증언한다.

둘째, 히브리서는, 알렉산드리아 학파에서 개진되는 로고스 기독론과는 달리, 영원한 말씀이신 로고스를 만물에 내재한 원리로 여기지 않고 성육신의 주체가 되시는 하나님의 아들로 증언한다.

셋째, 히브리서는, 범신론적 세속철학에 영향을 받아 로고스의 우주적, 인식적 기능에 일차적으로 천착하는 알렉산드리아 학파와는 달리, 죽기까지 고난당하시고 모든 의를 다 이루심으로 언약의 자녀를 구원하여 자신과 형제가 되게 하시는 역사적 구속주서의 그리스도를 계시한다(히 2:11).

넷째, 히브리서는, 철학적 다신론에 터 잡아 일군(一群)의 중보자들의 존재를 전제하는 가운데 세속적 구원관을 추구하는 알렉산드리아 학파와는 달리, 그리스도의 중보의 유일성과 고유함을 그가 하나님의 아들로서 사람의 아들이 되심에서 찾고 이 점에서 그가 천사와 모세보다 뛰어나심을 부각시킨다.

다섯째, 히브리서는, 플라톤을 좇아 존재의 세 가지 양상인 그림자, 지상의 열등한 실체, 천상의 고상한 실체에 부합하는 의가 서로 다르듯이 중보자도 서로 다르다고 여기는 알렉산드리아 학파와는 달리, 중보자 그리스도가 멜기세덱의 반차에 따른 대제사장으로서 유일한 구원의 의를 지상에서 다 이루셨을 뿐만 아니라 그것을 적용해주심으로써 성도를 완전하게 하시는 천상에서의 영원한 중보를 계속하심을 선포한다.[2426]

하나님의 아들이 사람의 아들이 되신 것은 인성에 따라서는 우리를 대신하여 구원의 의를 다 이루시고 신성에 따라서는 그것을 우리의 것으로 삼아주시기 위함이셨다. 그리하여 죽으실 수 없는 분이 인성에 따라서 죽으시고 죽음을 이기실 수 없

[2426] Ronald H. Nash, "Notion of Mediator in Alexandrian Judaism and the Epistle to the Hebrews," *Westminster Theological Journal* 40/1 (1977), 92–100, 105–109.

는 분이 신성에 따라서 죽음을 이기셨다.[2427] 하나님이 외계와 교통하는 방식은 제2위 성자 하나님이시다. 성자의 중보 없이는 창조도 구속도 계시도 없으며, 우리의 예배와 기도와 헌신이 하나님께 올려질 수도 없다. 피조물은 언제든－타락 전 에덴동산에서든 마지막 새하늘과 새땅에서든－성자의 중보 없이는 하나님께 나아갈 수 없다. 성자의 중보는 구약시대에도 계속되었다.[2428]

칼빈은 신구약은 "경륜"에 있어서는 다양하나 "실체"는 그리스도로서 하나라고 보았다.[2429] 칼빈은 신구약의 하나됨(unitas)과 연속성(continuitas)을 중보자 그리스도가 한 분이시고 언제나 동일하시다는 사실에서 찾았다. 무엇보다, 대속의 의를 다 이루신 중보자 그리스도가 지금도 여전히 성도를 위해서 중보하고 계시다는 구속사적 성취와 구원론적 적용의 관점에서 언약을 다루었다. 이러한 접근은 개혁파 언약신학의 요체가 되었다.[2430]

칼빈은 "중보자"(mediator)라는 말을 『기독교 강요』, 주석과 설교들, 그리고 신학적 논문들에서 광범위하게 사용하는데, 주로 단수 형태로 그리스도의 유일한 중보를 표현한다.[2431] 때때로 사람들과 천사들의 중보가 언급되는 경우에도 그리스도가 유일한 중보자로서 그들의 머리(caput)가 되심을 알리기 위해서이다.[2432]

칼빈은 그의 신학적 작품들과 성경 주해 작품들을 통해서 그리스도의 중보가 전체 역사에 미침을 강조한다.[2433] 그리스도는 타락 전에도 중보자로서 역사하셨다.

[2427] Calvin, *Institutio*, 2.12.2 (CO 2.341).

[2428] 성경신학자들은 그리스도의 중보를 제사장직에 한정해서 보거나 몇몇 말씀에 국한해서(딤전 2:5; 갈 3:19-20; 요 14:6; 마 11:25-30 등) 다루는 경향이 강하다. 일례로, D. R. De Lacey, "Jesus as Mediator," *Journal for the Study of the New Testament* 29 (1987), 101-121.

[2429] Calvin, *Institutio*, 2.10.2 (CO 2.313). 이러한 시각은 다음 글에서도 공유된다. Letham, *The Westminster Assembly*, 224-241.

[2430] 이에 대해서 전술한 본서 제4장 2. 2. "칼빈의 언약판" 참조.

[2431] 이하 중보자 그리스도의 인격과 현존과 율법의 중보에 대한 논의는 다음에 기초하며 작성되었다. Moon, *Christ the Mediator of the Law*, 86-89.

[2432] 참조. Calvin, *Commentary*, 창 18:2 (1.470, CO 23.251); 창 20:7 (1.526, CO 23.290); 창 28:12 (2.113, CO 23.391); 출 23:20 (1.403, CO 24.251); 수 5:13, 14 (87-88, CO 25.463-464). 주목할 것은 칼빈이 이 단어를 그리스도를 예표하는 아브라함, 모세, 아론, 다윗, 제사장과 나실인의 직분을 지시하거나 주의 사자(Angelus)의 현현(顯現)을 통해서 중보자의 현존(praesentia)을 표현하기 위해서도 종종 사용한다는 사실이다. 참조. Calvin, *Commentary*, 창 12:3 (1.349, CO 23.117-118); 창 16:10 (1.433, CO 23.228); 창 18:2 (1.470, CO 23.251); 창 22:2 (1.563-565, CO 23.313-314); 출 30:23 (2.224, CO 24.446); 레 16:3 (2.315, CO 24.501-502); 고전 10:9 (209, CO 45.459); 히 1:5 (11, CO 55.15); *Sermon*, 신 9:25-29 (417b-420b, CO 26.724-730).

[2433] 참조. Calvin, *Commentary*, 창 18:13 (1.475, CO 23.254); 출 3:2 (1.61, CO 24.35-36); 사 19:20 (2.75, CO

"확실히 영원한 로고스는 이미 태초로부터, 아담의 타락 전부터, 즉 인류가 하나님 으로부터 소외되고 분리되기 전부터 중보자셨다."[2434] "만약 사람이 어떤 흠도 없이 남아 있었다고 하더라도 그의 위치는 너무나 낮아서 중보자 없이 하나님께 이를 수 없었을 것이다."[2435] "중보자가 없다면 하나님은 인류를 향해서 자비를 보일 수가 없다. 율법 아래에 살았던 믿음의 조상들에게도 그리스도는 그들이 그들의 믿음을 두어야 할 목표(obiectum)였다."[2436]

칼빈은 그리스도가 구약시대에도 중보자로서 현존하시고 그 직분을 수행하셨음을 강조한다. 그는 기드온과 삼손의 아버지 마노아에게 "여호와의 사자"로 나타나셨다(삿 6:11-24; 7:4-8; 13:1-25). "형언할 수 없는 하나님의 영광"을 지니신 하나님의 아들이 천사의 이름으로 오신 것은 그가 하나님과 그의 백성 사이의 "중재"(intercessio)와 "교통"(communicatio)의 길을 여시기 위함이었다. 야곱이 씨름한 "여호와의 사자" 역시 하나님의 아들의 현존을 계시한다. 호세아 선지자의 말씀(호 12:5)과 더불어 "내가 하나님과 대면하여 보았다"는(창 32:30) 야곱의 선포로서 이 사실이 확증된다.

이렇듯 아직 육체로 오시지는 않았지만 자신을 하나님의 아들로 드러내신 그가 광야의 백성을 이끄시던 "지도자"(dux)셨다(고전 10:4). 그가 성전에 임재하시는 구주로서(슥 2:3, 9; 말 3:1), 우리를 구원하실 여호와로서(사 25:9), 선지자들에 의해서 예언되셨다. 이와 관련하여, 그에게는 "신격이 충만히 거하셨다"(plena deitas resideret)라는 골로새서 2:9의 말씀에 상응하는 결론을 지음으로써, 칼빈은 구약시

36,344); 사 63:17 (4,359, *CO* 37,405); 마 1:23 (1,69, *CO* 45,69); 요 5:46 (1,143, *CO* 47,129); 요 16:23-24 (2,125-128, *CO* 47,367-369); 요 16:26 (2,129-130, *CO* 47,371); 히 8:5 (107, *CO* 55,99); *Sermon*, 마 26:36-39 (65, *CO* 46,846); 마 26:67-27:10 (114, *CO* 46,886); John Calvin, *Sermons upon the Epistle of Saint Paul to the Galatians*, tr. Arthur Golding (London, 1574), (Audubon, NJ: Old Paths Publications, 1995, rep.), 3:13-14 (407-408, 412, *CO* 50,515, 518), 3:15-18 (423-437, *CO* 525-534).

2434) Joseph N. Tylenda, "The Controversy on Christ the Mediator: Calvin's Second Reply to Stancaro," *Calvin Theological Journal* 8/1 (1973), 147 (*CO* 9,350): "[Nam] certe λόγος aeternus iam ab initio ante lapsum Adae, et alienationem ac dissidium humani generis a Deo, fuit mediator."

2435) Calvin, *Institutio*, 2,12,1 (*CO* 2,340): "Quamvis ab omni labe integer stetisset homo, humilior tamen erat eius conditio quam ut sine mediatore ad Deum penetraret." 참조. Joseph N. Tylenda, "Christ the Mediator: Calvin versus Stancaro," *Calvin Theological Journal* 8/2 (1973), 12 (*CO* 9,350): "그는 아담의 타락 이후 자신의 중보자 직분을 수행하시기 시작했을 뿐만 아니라 영원한 하나님의 말씀으로서 사람들은 물론 천사들도 썩지 않은 채로 남아있기 위하여 그의 은혜로 하나님과 하나가 되어야 했다."

2436) Calvin, *Institutio*, 2,6,2 (*CO* 2,250).

대에 현존하시고, 역사하시고, 구약으로 계시되신 그리스도가 성부와 동일하신 성자 하나님이심을 강조한다.[2437]

칼빈은 그리스도가 천사들과 교회의 머리(caput angelorum et ecclesiae)가 되심을 통하여 그가 아직 몸(corpus)으로 오시지 않은 구약시대에도 중보자로서의 자신의 인격과 사역을 드러내셨다는 점에 주목한다.

이 천사장은 중보자였으며 교회의 머리였다. 여호와는 항상 동일하시다. 왜냐하면 우리가 알듯이 [이 땅에 오신] 그리스도는 육체로 현존하시는 하나님이시기 때문이다. 그러므로 선지자가 그리스도를 [여호와의] 사자, 여호와, 교회의 중보자, 하나님이라고 차별 없이 부르는 것은 전혀 의아스럽지 않다. 그는 성부와 같은 본질을 지니신 하나님이시며, 비록 아직 우리의 형제가 되기 위해서 육신의 옷을 입지는 않으셨지만 그는 이미 그 때 중보자의 직분을 감당하고 계셨다. 왜냐하면 머리가 없다면 교회는 존재할 수도, 하나님과 합하여 하나가 될 수도 없기 때문이다. 이러하므로, 그리스도는 그의 영원한 본질에 관해서는(respectu aeternae suae essentiae) 하나님이라고 불리시고, 그의 사역에 관해서는(respectu officii) 주의 사자 곧 중보자라고 불리신다.[2438]

칼빈은 그리스도가 천사들의 머리이며 장(長)이라는 사실을 들어 그가 교회의 머리되심을 설명한다.[2439] 그리스도의 몸에 접붙임을 받는(inserimur) 순간 우리는 그의 지체가 되며 하나님의 가족(familia Dei)이자 가정(domesticus)인 교회를 형성하게 된다.[2440] 할례라는 상징(symbolum)이 지시하는 실제(veritas)는 하나님의 가족이 되는 시작을 의미한다.[2441] 그러므로 "교회를 중보자로부터 분리하는 것은 마치 잘려진 머리로부터 떨어져 나간 몸을 죽은 채로 방기(放棄)하는 것과 같다."[2442] 천사들

2437) Calvin, *Institutio*, 1.13.10 (CO 2.97-98).

2438) Calvin, *Commentary*, 슥 1:18-21 (CO 44.152).

2439) Calvin, *Commentary*, 창 18:2 (CO 23.251); 창 19:1 (CO 23.267); 창 28:12 (CO 23.391); 슥 12:8 (CO 44.332).

2440) Calvin, *Commentary*, 시 89:30 (CO 31.822).

2441) Calvin, *Commentary*, 창 17:13 (CO 23.243).

2442) Calvin, *Commentary*, 단 7:27 (CO 41.85): "Ergo quum separant ecclesiam a mediatore, perinde est ac si truncato capite relinquerent corpus mutilum, et mortuum."

은 그들이 그리스도를 머리로 섬길 때에만 권위를 갖는다.[2443] 어떤 중보도 천사들에 의해서 독립적으로 수행될 수 없다.[2444] "그리스도의 중재가 없으면 천사들의 사역이 우리에게 미치는 일이 일어나지 않는다."[2445]

이러한 맥락에서 칼빈은 "고대에 그리스도가 인간의 모습(forma hominis)으로 나타나셨을 때, 그것은 이후에 하나님이 육체 가운데 오셨을 때 보여 주셨던 신비의 서곡(praeludium mysterii)이었다"고 말한다.[2446] 호세아 12:3-5에 대한 칼빈의 주석을 보자.

하나님의 영원한 지혜인 그리스도는 우리의 육신을 입기 전에 중보자의 인격을 입고 계셨다. 그러므로 그는 그 당시에도 중보자이셨으며, 그 능력 가운데 또한 여호와의 사자이셨다. 그 당시에 그는 지금 육체 가운데 현현하신 하나님과 동일하신 여호와이셨다.[2447]

칼빈은 구약시대의 중보자 그리스도의 현존을 소위 초(超)칼빈주의에 해당하는 "praesentia totus ubique, sed non totum"(모든 곳에 전적[全的]인 현존, 그러나 전부[全部]로는 아닌)의 원리로써 설명하기도 한다.[2448] 예컨대, 야곱이 꿈에서 본 사닥다리 위에 서 계신 여호와에 관해서 주석하면서, 칼빈은 이에 대해서 전형적으로 기술한다.

2443) Calvin, *Commentary*, 창 16:10 (*CO* 23.228).

2444) 참조. Calvin, *Commentary*, 출 14:19 (*CO* 24.153); 출 23:20 (*CO* 24.251); 수 5:13 (*CO* 25.463).

2445) Calvin, *Institutio christianae religionis nunc vero demum suo titulo respondens*, 1543, 5.38 (*CO* 1.503); Institutio, 1.14.12 (*CO* 2.126); *Commentary*, 렘 11:13 (*CO* 38.112-113); 단 2:11 (*CO* 40.569). 어거스틴(Augustine)은 다음에서 플라톤(Plato)을 거론하면서 천사의 중보개념을 비판한다. "The City of God." 8.1-27 (*NPNFF* 2.144-165, *AO* 7.307-350).

2446) Calvin, *Commentary*, 수 5:14 (87-88, *CO* 45.464). 참조. Willis, *Calvin's Catholic Christology*, 68-71, 124-125.

2447) Calvin, *Commentary*, 호 12:3-5 (421, *CO* 42.455): "Christus enim aeterna Dei sapientia induit personam mediatoris, antequam induceret carnem nostram. Fuit ergo nunc mediator, et eo respectu fuit etiam angelus. Interea fuit etiam Iehova qui nunc est Deus manifestatus in carne." 참조. *Commentary*, 슥 3:3-4 (87, *CO* 44.171).

2448) 이에 대해서 전술한 본서 제5장 5. 3. "소위 초(超)칼빈주의(the so-called extra Calvinisticum); 서술과 현존과 임재" 참조.

그리스도의 몸이 유한하다는 사실은 그가 땅과 하늘을 가득 채우시는 것을 제한하지 못한다. 왜냐하면 그의 은혜와 능력이 모든 곳에 퍼져 있기 때문이다.[2449]

그리고 여기에서 모세는 "신격의 충만함이 중보자의 인격에 머물렀다"(plenam deitatem residere in mediatoris persona)는 사실과 "그리스도께서 우리의 본성을 입으셨다"(induit naturam nostram)는 사실을 함께 전하고 있다고 주석함으로써 칼빈은 신인양성의 중보가 구약에 예표되어 있음을 부각시킨다.[2450]

칼빈은 그리스도의 중보를 율법의 사역과 용법에 현저하게 적용한다. 구약의 율법은 오실 그리스도에 대한 예표(repraesentatio)가 될 뿐만 아니라 이미 그 당시에 존재하시는 그의 현존(praesentia)을 계시하고 있다는 점이 강조된다. 칼빈은 구약의 제사는 육신으로 오셔서 친히 대제사장이시자 제물이 되심으로 단번에 영원한 제사를 드리신 그리스도를 예표할 뿐만 아니라, 그 제사가 그의 현존 가운데 그의 이름으로 드려졌다는 점을 부각시킨다.[2451] 칼빈은 그리스도의 현존이 여호와의 사자의 나타남이나 선지자들의 환상과 관련될 뿐만 아니라 그가 구약시대 백성들—구약교회—의 머리가 되심에도 관련된다는 점을 여러 곳의 주석에서 밝힌다.[2452]

칼빈은 갈라디아서 3:19-20 설교에서 "우리 주 그리스도는 율법의 중보자였다"(nostre Seigneur Iesus Christ a esté le Mediateur de la Loy)는 사실을 지적하면서, "그리스도의 계속적(tousiours) 중보"가 유대인들과 이방인들에게 미친다는 점과 칭의 과정에서 정죄의 작용을 하고 성화 과정에서 성도가 살아갈 삶의 방식을 교훈하는 율법의 규범적 용법에도 미친다는 점을 강조한다.[2453] 칼빈은 이러한 그리스도의 율

[2449] Calvin, *Commentary*, 창 28:12 (2.113, *CO* 23.391).

[2450] Calvin, *Commentary*, 창 28:12 (2.113, *CO* 23.391). 칼빈은 야곱이 벧엘에서 만난 하나님을 "여호와의 사자"(창 31:11)라고 부른 것에 착안하여 그 분이 그리스도이시라고 본다. 이 부분의 해석에 대해서, Reymond, *Jesus Divine Messiah*, 73.

[2451] Calvin, *Commentary*, 창 4:5 (1.196, *CO* 23.86); 출 29:38-46 (2.295, *CO* 24.490); 레 17:1 (2.260, *CO* 24.468-469); 시 119:108 (4.482, *CO* 32.261); 합 2:5 (84, *CO* 43.535-536); *Sermon*, 신 33:9-11 (1202a-1209b, *CO* 29.142-155); 사 53:12 (140-152, *CO* 35.679-688).

[2452] Calvin, *Commentary*, 창 17:13 (1.456, *CO* 23.243); 출 23:20 (1.403, *CO* 24.251); 수 5:13-14 (87, *CO* 25.463-464); 마 11:2 (2.2, *CO* 45.299); 고전 10:9 (209, *CO* 49.459); *Sermon*, Gal. 1:6-8 (52, *CO* 50.302-303).

[2453] Calvin, *Sermon*, 갈 3:19-20 (452-453, 456, *CO* 50.541, 544): "Il nous a donné sa Loy, il nous a donné son Evangile ne pensons pas qu'en cela il y ait nulle repugnance, mais le tout s'accorde bien."

법의 중보가 구약과 신약시대에 계속된다고 본다.

만약 우리가 어떻게 우리의 주 예수 그리스도가 율법을 발행함에 있어서 중보자(Mediateur pour publier la Loy)가 되셨는지를 진지하게 고려하고 그가 오늘날도 우리를 위한 옹호자(advocat)가 되신다는 사실을 깊이 이해하게 된다면 우리는 그가 얼마나 선하고 완전한 해결책이 되시는지를 깨닫게 될 것이다. 하나님은 우리를 심판하셔서 재난을 주시기도 하시지만, 그것으로 절망하거나 그것으로 인한 슬픔과 고뇌가 우리의 마음을 삼키지 못하도록 해야 한다. 오히려 우리는 우리의 주님이신 예수 그리스도께서 두 가지의 일을 합당하게 계시하시고 감당하심으로써 율법을 통해서 우리가 자신을 부끄러워하는 겸손을 배우게 하시고 동시에 우리의 구원을 확신하게 하신다는 사실을 명심해야 한다. 그러므로 율법을 발행하시기 위해서 우리의 중보자가 되시기로 정해지신 주님을 아는 것 외에는 어떤 다른 방법으로도 우리가 좌절을 극복하고 다시 일어날 수 없다는 사실을 힘써 배우기로 하자. 그가 동일한 일을 위해서 오늘날 우리에게 나타나셨다. 그가 우리가 경험을 통해 이 일을 깨달아 알도록 하신다.[2454]

칼빈은 율법의 수여를 위한 그리스도의 중보를 다룬 갈라디아서 3:19-20 설교 외에 어느 곳에서도 "율법의 중보자 그리스도"(Christus Mediator legis)라는 용어를 사용하지 않았다.[2455] 그러나 이 개념은 칼빈이 율법의 실체적인 연속성(continuitas substantialis)과 계속적인 유효성(validitas)을 기독론적인 관점에서 풀어가는 신학적 기초가 된다.[2456]

그리스도의 구속중보는 그가 "아버지의 대사"(大使, patris legatus)로서의 직분을 다 마칠 때까지 계속된다. 그리스도는 자신의 나라를 아버지께 바칠 때까지 "[구속의] 주라는 이름"(Domini nomen)으로 불리신다(고전 15:24). 성부 하나님이 만유의 주로서 만유 앞에 계시게 되면(고전 15:28) 세상의 주권은 아버지께 이양된다. 아들의 성

[2454] Calvin, *Sermon*, 갈 3:19-20 (454-5, CO 50.543).

[2455] "Christus mediator legis"는 다음에 나오는 불어 "[Christ] le Mediateur de la Loy"에 대한 라틴어 번역이다. Calvin, *Sermon*, 갈 3:19-20 (453, CO 50.543).

[2456] 참조. Calvin, *Institutio*, 1.14.1-3; *Commentary*, 창 28:12 (2.113, CO 23.391); 출 23:20 (1.404, CO 24.252); 행 2:33 (24, CO 48.47).

육신은 사람의 죄를 사하기 위함이시다. 그러므로 아들이 그 일을 다 마친 후 그 영광을 아버지께 돌린 후에는 더 이상 속죄의 중보는 필요하지 않다. 아들은 이제 창세 전에 가졌던 영광으로 계실 것이다(요 17:24). 그렇다고 해서 제2위 하나님으로서의 성자의 중보가 그치는 것은 아니다. 성자는 삼위일체 하나님의 외계와의 교통 방식이므로 그가 없이는 올라감도 내려옴도 없기 때문이다. 구원의 완성은 신화(神化)가 아니므로 새하늘과 새땅에서도 성도는 피조물인 사람으로서 조물주에 대한 의존성(dependentia)을 지니게 된다. 이에 대해서 칼빈은 다음과 같이 확정한다. "진실로 처음이 없는 하나님의 아들의 나라는 끝도 없을 것이다"(Regnum sane filii Dei quod initium nullum habuit, neque finem habiturum est). 이렇듯 그리스도의 중보도 영원하며, 그리스도의 왕국도 영원하다.[2457] 개혁파 언약신학의 지평은 이러한 칼빈의 신학 위에서 펼쳐진다.

중보자 그리스도는 신성에 따라서는 삼위일체 하나님이시며 인성에 따라서는 우리와 같은 사람이시되 죄는 없으시다. 그러므로 인성에 따라서 기도를 드리시면서 신성에 따라서 기도를 받으신다. "그가 신인(神人)으로서 그것을 드리시고 말씀으로서 그것을 받으시며, 중보자로서 그것을 드리시고 심판자로서 그것을 받으신다." 인성에 따라서 자신의 피를 드리신 분이 신성에 따라서 교회를 사신 하나님이셨다(행 20:28).[2458]

신인의 위격으로 구속의 의를 다 이루신 중보자 그리스도가 그 동일한 신인의 위격으로 지금 그 의를 전가해주신다.[2459] 대속을 위하여 신인양성의 중보가 필연적이듯이 중보자의 인격에 있어서의 신인양성의 위격적 연합도 필연적이다.[2460] 이 땅에 오신 하나님의 아들은 하나님이시면서 하나님과 우리 사이를 중보하시는 사람이시다(딤전 2:5). 중보자로서의 그의 "직분"과 그 직분에 따른 "경륜"은 "본질상"(essentialiter) 신인양성적이다. 그는 그 가운데 선지자, 제사장, 왕의 직분을 모두 수행하셨으며, 지금도 수행하신다.[2461]

2457) Calvin, *Institutio*, 2.14.3 (CO 2.354-355).

2458) Turretin, *Institutio Theologiae Elencticae*, 14.11.27-28 (2.383-384).

2459) Turretin, *Institutio Theologiae Elencticae*, 14.15.16 (2.426).

2460) Turretin, *Institutio Theologiae Elencticae*, 14.2.21 (2.338).

2461) Turretin, *Institutio Theologiae Elencticae*, 14.2.6, 14, 20 (2.335, 337-338).

그리스도의 대속사역은 종말에 끝이 나지만 만물의 머리가 되시는 본연의 중보는 계속된다. 아들은 아버지와 성령과 함께 본래의 영광을 누리시지만 여전히 신랑 되신 어린 양으로서 신인의 중보를 계속하신다. 그리하여 그리스도의 왕국은 영원한 것이다(계 21:9-10, 22; 22:3-5).[2462]

2. 신인양성적 중보의 필연성

우리가 빵을 필요로 한다면 그것을 누구에게서 얻는지는 중요하지 않다. 누가 주든지 빵은 빵일 뿐이다. 구속의 은총은 이와 다르다. 누가 그것을 베푸는지가 중요하다. 왜냐하면 그것은 그것을 베푸는 자와 하나가 되어 영원히 함께 사는 영생을 의미하기 때문이다. 자질의 주입(infusio)은 부여된 자질 자체를 헤아리지만, 의의 전가(imputatio)는 그것을 다 이루시고 삼아주시는 분 자신에 먼저 관심을 갖는다. 왜냐하면 의는 그의 소유가 아니라 그 자신 곧 그의 존재와 관계되기 때문이다.

그리스도는 잉태 때부터 죽음의 때까지 우리의 구원을 위한 모든 것을 다 이루셨다(요 19:30). 그것은 우리의 일부가 아니라 전부를 위하여 자기 자신을(ἑαυτὸν) 아버지께 드리심으로 이루신 공로 혹은 값이다(빌 2:7-8; 엡 5:2, 25; 갈 1:4; 벧전 2:24). 그러므로 그것을 우리에게 전가해주심은 그 자신을 우리에게 주심이다. 그리하여 그 자신이 우리 속에 사심이다(갈 2:20; 고후 13:5; 골 1:27; 요일 2:20, 24-27). 보혜사 성령의 임재로 이 일이 이루어졌다. 그리하여 우리에게 임하신 "하나님의 영"은 "그리스도의 영"이라고 불리신다(롬 8:9; 요 14:16; 15:26; 16:7).

따라서 우리는 먼저 우리를 구원하신 그가 누구신지를 알아야 한다. 위격적 연합의 비밀은 위격 자체에 있다. 그리스도 자신이 비밀이시다(골 2:2-3; 3:4). 그가 예언된 "기묘자"시다(사 9:6). 그 "영광의 비밀"이 우리에게 나타났다(히 5:8). 그가 성도의 "믿음의 비밀"이자 "경건의 비밀"이시다(딤전 3:9, 16; 딤후 3:16). 그가, 보혜사 성령의 임재로, 우리 안에 들어와 사신다. "이 비밀은 너희 안에 계신 그리스도시니 곧 영광의 소망이니라"(골 1:27). 그러므로 그의 사역이나 은혜나 은사를 말하기 전

2462) Turretin, *Institutio Theologiae Elencticae*, 14.17.3, 13-15 (2.431, 433-434).

에 먼저 그 자신을 우리의 마음에 비추어야 한다(고후 4:6).

흔히 멜랑흐톤이 "그리스도를 아는 것은 그의 은혜를 아는 것이다. 그것은 혹자들이 가르치는 바, 그의 본성들 곧 성육신의 방식들을 헤아리는 것이 아니다"라고 한 말을 들어 그가 중보자의 인격은 도외시하고 사역에만 집중했다는 점을 부각시키고자 하는 경우에, 그가 바로 이어서 반문한 "만약 당신이 그리스도가 어떤 소용으로 육체를 입으셨으며 십자가에 매달리셨는지 알지 못한다면, 그의 역사를 안들 무슨 유익이 있겠는가?"라는 질문은[2463] 지나치는 경향이 있다. 멜랑흐톤이 이 말을 한 것은 그리스도의 인격에 대한 논의를 무용하다거나 이차적인 것으로 여겼기 때문이 아니라 철학에 경도된 반삼위일체론자들이나 사변적 신학을 하는 자들에게 경종을 울리기 위함이었다. 여하한 의도에서였건 멜랑흐톤의 이 말은 그리스도의 인격보다 사역에 중점을 두는 것이 사실이다. 인격은 사역이 인격적이라는 측면에서 이차적으로 고려될 뿐이다.

칼빈은 "우리는 이렇듯 우리 구원의 전체 대요와 각각의 부분들이 그리스도 안에 포함되어 있음을 보게 된다. 그러므로 가장 작은 파편 같은 것 하나라도 다른 것으로부터 이끌어 와 취하려 하지 말자"(totam salutis nostrae summam ac singulas etiam partes videmus in Christo comprehensas, cavendum ne vel minimam portiunculam alio derivemus)고 하였다.[2464] 우리의 구원은 하나님의 아들(神子, ὁ υἱός τοῦ θεοῦ)로서 사람의 아들(人子, ὁ υἱός τοῦ ἀνθρώπου)이 되신 그리스도 자신과 하나가 되는 신비한 연합(unio cum Christo mystica)에 있다. 그러므로 그에게 속한 것이 아니라 그 자신을, 그의 사역이 아니라 그의 인격을, "믿음의 주요 또 온전하게 하시는 이인 예수를"(히 12:2), "우리가 믿는 도리의 사도이시며 대제사장이신 예수를 깊이 생각해야" 한다(히 3:1).[2465]

그리스도의 위격적 연합에 따른 신인양성의 중보로 말미암아 성취된 대속의 의를 전가받아 성도가 그리스도와의 연합에 이르고 이를 통하여 궁극적으로 하나님과의 연합에 이르는 데 구속사적 성취와 구원론적 적용의 핵심이 있다. 이를 위

[2463] Melanchthon, *Loci Communes* (1521) in *Corpus Reformatorum*, 21,85: "ni scias, in quem usum carnem induerit et cruci affixus sit Christus, quid proderit eius historiam novisse?"

[2464] Calvin, *Institutio*, 2.16.19 (CO 2,385).

[2465] 참조. Berkouwer, *The Person of Christ*, 106-110.

하여 창세 전에 삼위 하나님의 구원협약이 있었다. 그리하여 아들의 대리적 무름(satisfactio vicaria)을 질료인(causa materialis)으로, 이에 대한 성도의 믿음을 형상인(causa formalis) 혹은 도구인(causa instrumentalis)으로 삼은 은혜언약(foedus gratiae)의 토대가 창조와 타락 전에 미리 놓였다.[2466]

첫 언약(foedus prius, testamentum prius)은 아담의 순종을 조건으로 하였다. 아담은 "인류의 대표"였다. 새언약(foedus novum, testamentum novum)은 타락 이후 체결된 다양한 종류의 은혜언약을 성취한 것으로서 이 경우 그리스도는 "인류의 대리"였다.[2467] 새언약은 두 가지 요소로 이루어진다.

첫 번째 요소는 아버지의 뜻을 이루는 아들의 순종이다. 이는 모든 율법을 지켜 행하는 순종(obedientia activa)과 죄의 값을 치르기 위하여 고난과 죽음을 당하는 순종(obedientia passiva)을 포함한다.

두 번째 요소는 아들의 의를 우리에게 전가하심으로 우리의 것으로 삼아주시는 아버지의 사랑이다. 아버지와 아들은 하나이며 영원히 함께 일하신다(요 5:17; 10:30).

그러므로 이를 다음과 같이 위격적 연합에 따른 속성의 교통으로 진술할 수 있다. '참 하나님이시며 참 사람이신 예수 그리스도가 인성에 따라서(secundum humanitatem) 모든 고난을 당하시고 모든 율법에 순종하심으로 대속의 의를 다 이루시고, 신성에 따라서(secundum divinitatem) 자신의 영을 부어주심으로(행 2:33; 롬 8:9; 요 15:26) 그 의를 우리의 것으로 전가해주신다.' 그러므로 대리적 무름 곧 대속을 위하여 양성적 중보는 필연적이다.

참 하나님이시자 참 사람이신 예수 그리스도는 새언약의 "머리"(κεφαλή, caput)로서 그것의 "보증"(ἔγγυος, sponsor)과 "중보자"(μεσίτης, mediator)가 되셨다(히 7:22; 8:6; 12:24). 그는 아버지와의 관계에서는 아버지의 뜻에 따라 모든 의를 다 이루심으로써 행위언약을 성취하셨고, 우리와의 관계에서는 우리가 그를 믿기만 하면 그 의를 우리의 것으로 삼아주심으로써 은혜언약을 성취하셨다. 그러므로 새언약은 순종에 따른 성취와 무조건적 사랑에 따른 전가를 포함하는 "더 좋은 언약"(κρείττων

2466) Bavinck, *Reformed Dogmatics*, 3.405.

2467) Bavinck, *Reformed Dogmatics*, 3.406.

διαθήκη, 히 7:22; 8:6)이었다. 이러한 새언약의 비밀은 "비밀스러운 그리스도"(Christus mysticus)―곧 그의 신인양성의 위격적 연합에 있었다.2468)

그리스도는 신성과 인성의 한 인격 가운데 "연합의 중보"(mediatio unionis)를 수행하셨다. 그의 직분이 영원하듯 그의 왕국 또한 영원하다. 그의 통치는 성령의 구원 역사로 말미암아 인격적, 교회적, 우주적으로 작용한다(엡 1:7, 10, 22-23; 골 1:14-18).2469) 성령의 통치는 본질상 "거룩하게 하시는 이[그리스도]와 거룩하게 함을 입은 자들[성도들]이" 한 자녀요 상속자로서 형제가 되어(히 2:11; 롬 8:17) "성령이 하나 되게 하신 것을(τὴν ἑνότητα τοῦ πνεύματος) 힘써 지키는" 자리에 서게 한다(엡 4:3). 성도는 그리스도와의 연합을 통하여 하나님과의 연합에 이르게 된다(요 17:21, 24).2470)

이러한 신비한 연합은 우리와 "함께" 그리고 우리 "속에" 거하시는 보혜사 성령의 은밀한 역사로 말미암는다(요 14:17). "주"가 한 분이시므로 우리 안에 역사하시는 "성령"도 한 분이시다(엡 4:4). 오직 "예수 그리스도의 성령"의 도움으로 우리가 구원에 이르게 된다(빌 1:19). 보혜사 성령은 그리스도가 가르치시고 말한 것이 생각나게 하신다(요 14:26). "증언하는 이"(τὸ μαρτυροῦν)는 성령이시니, 그가 "아들"과 "영생"에 대하여 알려주신다(요일 5:6, 9, 11). 성령은 "진리"로서 "진리"이신 그리스도를 증언하신다(요일 5:6; 요 14:6). 성령이 임하면 그리스도와 함께 우리가 아버지와 하나가 됨을 알게 된다. "그 날에는 내가 아버지 안에, 너희가 내 안에, 내가 너희 안에 있는 것을 너희가 알리라"(ἐν ἐκείνῃ τῇ ἡμέρᾳ γνώσεσθε ὑμεῖς ὅτι ἐγὼ ἐν τῷ πατρί μου καὶ ὑμεῖς ἐν ἐμοὶ κἀγὼ ἐν ὑμῖν)(요 14:20).

이렇듯 우리는 그리스도가 아버지와 하나라는 사실, 그가 참 하나님이시며 참 사람이시라는 사실, 그가 우리와 하나라는 사실을 동시에 알게 된다. 주의 영, 그리스도의 영, 양자의 영, 자녀의 영은 우리를 구원하신 그가 사람의 아들이 되신 하나님의 아들이시라는 사실을 밝히 알려준다. 이러한 측면에서 우리는 "육신으로는(ἐκ σπέρματος) 다윗의 혈통에서 나셨고 성결의 영으로는(κατὰ πνεῦμα ἁγιωσύνης) 죽은 자들 가운데서 부활하사 능력으로 하나님의 아들로 선포되셨으니"라는 말씀을

2468) 참조. Bavinck, *Reformed Dogmatics*, 3.225, 228

2469) 참조. Bavinck, *Reformed Dogmatics*, 3.479-482.

2470) 참조. Bavinck, *Reformed Dogmatics*, 3.304.

(롬 1:3-4) 축자적이나 실제적인 신인양성의 속성의 교통에 관한 증거구절로 받게 된다. 그리고 성령으로 잉태되시고(눅 1:36), 성령을 한량 없이 충만히 받으시고(눅 4:1; 요 3:34), 부활의 능력으로 하나님의 아들로서 선포되시고(롬 1:4; 행 17:31), 아버지를 영화롭게 함으로 영화롭게 되시고(요 17:1), 하나님의 능력이 되신(고전 1:24) 사람의 아들이 "영광의 주"(τὸν κύριον τῆς δόξης)(고전 2:8)시며, "근본 하나님의 본체"(ἐν μορφῇ θεοῦ)시며(빌 2:6), 만물이 "그에게서"(ἐν αὐτῷ) "그로 말미암고 그를 위하여"(δι' αὐτοῦ καὶ εἰς αὐτὸν) 창조된(골 1:16; 참조. 요 1:3; 히 1:2), "하나님의 비밀"(τοῦ μυστηρίου τοῦ θεου)이시자(골 2:2), "세세에 찬양을 받으실 하나님"(θεὸς εὐλογητὸς εἰς τοὺς αἰῶνας)이시며(롬 9:5), "우리의 크신 하나님"(τοῦ μεγάλου θεοῦ)이심을(딛 2:13) 고백하게 된다.[2471]

칼빈은 중보자의 필연성(necessitas)을 역사적이며 단회적인 통시적(通時的) 성취와 계속적이며 반복적인 공시적(共時的) 적용이라는 측면에서 구속사적[성취]-구원론적[적용] 관점으로 접근하고 있다. 아래 주석에서 칼빈은 이방인들에 의해서 제기된 중보자에 대한 그릇된 입장들을 반박하면서 이러한 입장을 표명하고 있다.

> 중보자로서 그리스도는……오직 그로부터만 구원을 찾아야 한다는 사실, 믿음으로 죄사함을 간구함으로써 그리스도의 죽음 안에서 우리가 하나님과 화목하게 될 수 있다는 사실, 이전에 불결한 죄의 굴레에 사로잡혀 있었던 사람들이 그리스도의 영으로 말미암아 회복되고 갱생되어 의롭고 거룩한 삶을 살게 된다는 사실, 마지막으로 그리스도의 영은 하나님의 왕국이 영적이라는 사실을 밝히 조명해주고 마침내는 우리가 우리의 마음을 높여서 미래의 부활에 소망을 두도록 한다는 사실을 가르치신다.[2472]

칼빈은 중보자가 오셔야 될 필연성에 대해서 언급하면서 "중보자가 없이는"(absque mediatore)이라는 구절을 반복함으로써 수사학적으로 이를 부각시키고 있다.[2473]

2471) 참조. Bavinck, *Reformed Dogmatics*, 3.434-435.
2472) Calvin, *Commentary*, 행 17:18 (2.108, *CO* 48.406).
2473) 이하 논의하는 세 가지는 라틴어를 첨가하고 내용을 수정, 첨가하여 문병호, "칼빈의 기독론", 286-287으로부터 인용.

첫째, 타락으로 말미암아 "중보자가 없이는" 하나님을 아는 지식으로써 구원에 이를 길이 없게 되었음을 강조한다. 하나님의 "부성적인 호의"(paternum favorem)가 만물을 통해서 계시되어 있으나 믿음이 그리스도 안에 계신 아버지를 보여 주지 않으면 볼 수 없게 되었다. 칼빈은 이렇듯 지식의 중보자(mediator doctrinae)로서의 그리스도를 먼저 논하고 있다.[2474]

둘째, "중보자가 없이는" 하나님은 "인류를 용서하실 수 없으시다"(non potest propitius esse)는 사실이 지적된다. 칼빈은 구약시대 백성의 제사가 예수 그리스도의 십자가의 사역을 예표했다는 사실에만 머물지 않고 그들이 그리스도를 바라보고 율법의 규례대로 제사를 드린 것은 "그리스도의 인격에"(in Christi persona) "복되고 즐거운 교회"의 "토대"(fundatum)를 두었기 때문이라고 설명한다. 주님이 모든 민족이 축복을 받게 될 "씨앗"(semen)이시라는(갈 3:14) 관점에서, 칼빈은 하나님이 "처음에 선민을 택하신 것도 중보자 그리스도의 은총으로 말미암았다"고 말한다. 구약시대 언약의 백성들에게 있어서도 "구원의 확신과 소망의 기치(旗幟)가 오직 그리스도 안에서 예시되었다." 다윗의 나라가 영원하리라는 언약은 오직 임마누엘로서 "종"(servus)이자 "목자"(pastor) 되신 그리스도 안에서 수립되었다. 오직 그리스도가 언약의 머리가 되신다. 하나님은 주님을 중보자로 삼아 우리와 영원한 "평화의 언약"(foedus pacis)을 맺으셨다. "구원이 이 머리로부터 전신에 퍼져간다"(ubi salus a capite ad totum corpus extenditur). 여기에서 구원의 전 과정을 중보하시는 화목의 중보자(mediator reconciliationis)로서 그리스도가 제시된다.[2475]

셋째, "중보자가 없이는" 아무도 하나님께 나아갈 수 없음이 지적된다. 하나님께 이르는 유일한 길은 오직 그리스도를 믿는 믿음으로 말미암는다. 그리스도가 "파할 수 없는 견고함 가운데"(in solida firmitate) 중보하심으로 성도의 믿음을 지키신다. 하나님은 그리스도를 자신의 백성들 앞에 세우시고 그들이 "그를 보며 자신을 믿게 하셨다." 하나님은 그리스도 안에서 자신의 긍휼과 자비와 사랑을 자신의 백성에게 계시하신다. 그러므로 "보이지 아니하는 하나님의 형상이신"(골 1:15) 그리스도의 중보가 없다면 아무도 하나님을 아는 지식으로 구원에 이를 수 없다. 그리스도가

[2474] Calvin, *Institutio*, 2.6.1 (CO 2.247-248).
[2475] Calvin, *Institutio*, 2.6.2 (CO 2.248-250).

"율법의 마침"으로써(롬 10:4) 하나님의 은혜를 계시하시므로 성도는 그를 믿음으로 하나님을 믿는 구원의 믿음에 이르게 된다. 성도는 유일한 중보자이신 아들을 통해서 하나님의 부성(父性)적 자비를 맛보게 된다. 그러므로 아들을 머리로 삼지 않는 자에게는 구원의 은혜가 흘러내리지 않는다. 여기에서 칼빈은 양자의 영을 받은 자녀로서 마땅히 하나님을 아빠 아버지라고 부르며 기도하고, 예배드리고, 섬겨야 할 성도의 어떠함을 중재의 중보자(mediator patrocinii)가 되시는 그리스도의 은총으로 돌리고 있다. 칼빈이 초대교부 이레네우스의 말을 인용하는 가운데 그리스도 안에서의 하나님의 맞추심(accommodatio)을 언급하는 것은 이러한 이유에서이다. "하나님 자신은 무한하시지만, 우리의 마음이 그 광대무변한 영광에 압도되지 않도록 아들 안에서 유한하게 되시고 우리의 작은 척도에 자신을 맞추어주셨다."[2476]

이렇듯 중보자 그리스도가 참 하나님과 참 사람으로 오셔야 할 필연성은 아버지의 사랑과 아들의 구속의 은총의 폭과 그것을 누리는 성도의 삶의 부요함을 함께 드러내고 있다. 그리스도의 신인양성의 중보 없이는 대속의 은총이 우리에게 미치지 못한다. 그가 인성에 따라서는 모든 의를 다 이루시고 신성에 따라서는 그것을 우리의 것으로 삼으셨다. 그렇다고 해서 그리스도의 중보가 성육신 때 비로소 시작되었다고 보아서는 안 된다. 신성으로만 계셨던 성육신 전에도 그는 동일한 인격으로 중보하셨기 때문이다.

그러므로 반삼위일체론에 빠져서 "그리스도는 육체에 의하지 않고는 중보자가 될 수 없다"고 주장한 폴란드의 목사들인 스탕카로(Francesco Stancaro, 1501-1574)와 비앙드라타(Giorgio Biandrata, 1515-1588)는 칼빈에 의해서 분명히 거부되었다.[2477] 스탕카로는 아리안주의(Arianism)에 빠져서 그리스도는 만물보다 먼저 계셨으나 나시지 않으시고 지음을 받으셨으므로 아버지와 동일본질이 아니셨으나 성육신으로 인성에 따른 중보를 시작함으로써 아버지와 교통하게 되셨다고 주장하였다. 이에 따르면 그리스도의 인격에는 성육신 전후로 단절이 생기며 그의 중보는 성부와 성자—사실상 성자가 아니지만—사이의 중보, 곧 자기 자신을 위한 중보가 되고 만다.

2476) Calvin, *Institutio*, 2.7.16 (CO 2.264): "……patrem, qui immensus est, in filio esse finitum, quia se ad modulum nostrum accommodavit, ne mentes nostras immensitate suae gloriae absorbeat."

2477) 참조. Calvin, *Institutio*, 2.14.3 (CO 2.354-355). 이들과는 대조적으로 오시안더(Andreas Osiander)는 신성에 따른 중보만 인정하였다.

신인양성의 중보에 관한 증거구절인 디모데전서 2:5을 극도로 왜곡한 궤변일 뿐이다. 이렇게 본다면, 그리스도의 중보는 하나님과 사람 사이의 "교통의 방법"(modus communicationis)이 될 수 없다.2478) 이와 동일한 맥락에서 칼빈은 그리스도의 중보를 신성과는 무관한 것으로 여긴 비앙드라타를 다음과 같이 비판한다.

> 하나님이시자 사람이신 유일하신 중보자는—실로 두 본성의 연합 가운데—하나님의 아들이시다. 그럼에도 불구하고 말씀은 창세 전부터 아버지로부터 말미암기 때문에 신성에 따라서 그러하시다.2479)

3. 그리스도의 삼중적 중보(mediatio triplex)

칼빈은 "율법의 중보자 그리스도"를 전체 구속사를 포괄하는 개념으로 여긴다. 율법에는 언약의 조건으로서 수행되어야 할 하나님의 명령(praeceptum)뿐만 아니라 그것을 이루실 그리스도에 대한 약속이 계시되어 있다(갈 3:16). 율법은 아브라함의 언약을 대체하는 것이 아니라(갈 3:17) 그것을 이루는 조건으로서 "한 중보자의 손으로(ἐν χειρὶ μεσίτου) 베푸신 것"이다(갈 3:19). 칼빈은 다음과 같이 그리스도를 "화목의 중보자"(mediator reconciliationis), "중재의 중보자"(mediator patrocinii), "가르침의 중보자"(mediator doctrinae)라고 칭하면서 이에 대해서 주석한다.

> 화목의 중보자로 말미암아 하나님은 우리를 받아 주시고 중재의 중보자로 말미암아 우리가 아버지께 호소할 수 있는 길을 열어주심과 같이, 항상 우리와 함께 계시는 가르침

2478) Tylenda, "Christ the Mediator: Calvin versus Stancaro," 5. 이 논문은 본문에 대한 다음 번역을 포함한다. "How Christ is the Mediator: A Response to the Polish Brethren to Refute Stancaro's Error," 11–16 (CO 9.337–42); "The Controversy on Christ the Mediator: A Response to the Polish Nobles and to Francesco Stancaro of Mantua," in "The Controversy on Christ the Mediator: Calvin's Second Reply to Stancaro," 146–157 (CO 9.349–58, 인용. CO 9.350).

2479) Joseph N. Tylenda, "The Warning that Went Unheeded: John Calvin on Giorgio Biandrata," in "John Calvin's Response to the Questions of Giorgio Biandrata," *Calvin Theological Journal* 12 (1977), 62 (CO 9.332): "Mediator Deus et homo, vere est filius Dei secundum utramque naturam ratione unionis, proprie tamen divinitatis respectu, quia sermo est ante saecula ex patre."

의 중보자로 말미암아 하나님은 자신을 우리에게 계시하신다.[2480]

"화목의 중보자"는 구원의 세 가지 요소인 '속죄'(expiatio)와 '용서'(propitiatio)와 '화목'(reconciliatio)을 모두 아우르는 이름으로서[2481] 일종의 제유법으로 표현되어 있다. 주님이 죄 값을 치르기 위하여 죽기까지 당하신 순종(obedientia passiva)과 영생의 의를 이루기 위하여 율법에 계시된 하나님의 뜻을 행하신 순종(obedientia activa)을 모두 포함하는 것으로, 이는 제사에 관한 율법의 규례와 법도에 가장 뚜렷하게 예표되어 있다. 이와 관련하여, 칼빈은 만약 조상들이 속죄와 희생의 제물을 드릴 때 "중보자를 향하지 않았다면"-"화목의 중재자"를 바라보지 않았다면-그것은 "단지 추한 도살(屠殺)과 다를 바가 없었을 것"이라고 주석한다.[2482] 칼빈은 율법의 본질과 목적을 그것의 수여자이신 하나님의 본성(natura legislatoris)과 관련하여 설명할 때, 속죄와 용서를 통하여 화목에 이르게 하시는 그리스도의 대리적 중보에 대해서 자주 언급한다.[2483]

"중재의 중보자"는 우리의 것으로 삼으신 자신의 것을, 우리의 자리에서, 우리를 대신해서 하나님께 올려드리시고, 들으심을 받는 대로 우리에게 내려주시는 직분에 관계된 이름으로서(요 17:21-26; 히 5:7-9), 우리를 위한 주님의 대제사장적 기도에 가장 현저히 나타난다.[2484] 이와 관련하여 성찬에 참여하는 성도가 성령의 감화

2480) Calvin, *Commentary*, 갈 3:19 (62, *CO* 50.216-217): "Sicuti ergo mediator est reconciliationis, per quem accepti sumus Deo, mediator patrocinii, per quem accessus nobis patet ad patrem invocandum: ita mediator semper fuit omnis doctrinae: quia per ipsum semper Deus se hominibus patefecit."

2481) '속죄'는 구체적인 죄에 대한 값을 치르는 것, '용서'는 그 죄를 없이 해주는 것, '화목'은 더불어 교제하고 교통하는 것을 의미한다. '속죄' 없이 '용서' 없으며 '용서' 없이 '화목' 없다.

2482) Calvin, *Commentary*, 출 29:38-41 (2.293-295, *CO* 24.489-491). 그리스도의 피 제사를 예표하는 제물들에 관해서, *Commentary*, 레 1:1-17 (2.323-326, *CO* 24.506-508); 레 17:1 (2.260, *CO* 24.468); 창 8:20 (1.281, *CO* 23.138); 시 119:108 (4.482, *CO* 32.261): "의식을 통해서 하나님이 계획하시는 것은 의식과 더불어 드려지는 기도를 통해서 사람들의 마음을 희생제물에 묶고 그들의 마음을 중보자에게 향하도록 하고자 함에 있다."

2483) 참조. Calvin, *Institutio*, 2.8.51, 59; *Commentary*, 신 26:17-19 (1.361, *CO* 24.224); 신 13:5 (2.75, *CO* 24.356); 출 20:4-6 (2.107, *CO* 24.376); 출 34:17 등 (2.117, *CO* 24.283); 신 4:12-18 (2.120, *CO* 24.384-386); 출 25:8-15 (2.150-155, *CO* 24.403-405); 출 25:31-39 (2.163-165, *CO* 24.409-411); 출 26:31-37 (2.175, *CO* 24.417); 출 20:13 등 (3.21, *CO* 24.612-613); 신 24:16 (3.50-51, *CO* 24.631); 신 24:14-15 (3.114, *CO* 24.671); 신 10:17-19 (3.118, *CO* 24.674); 출 20:17 등 (3.187, *CO* 24.718); 신 29:22-28 (3.280, *CO* 25.51).

2484) Calvin, *Institutio*, 3.20.16 (*CO* 2.642). 참조. "John Calvin's Response to the Questions of Giorgio Biandrata," in Joseph N. Tylenda, "The Warning that Went Unheeded: John Calvin on Giorgio Biandrata," *Calvin Theological Journal* 12/1 (1977), 59-60, 62 (*CO* 9.329-330); *Institutio*, 3.20.1 (*CO* 2.625); *Commen-*

에 전적으로 복종함으로 자신을 거룩하게 구별하여 하나님 앞에 세우는 자세를 지칭하는 "우리의 마음을 높인다"라는 뜻의 "sursum corda"와 관련된 언급이 자주 나타난다.[2485]

그리스도는 "영원한 중재자"(deprecator)로서 하나님의 자녀가 이미 받은 은혜에 합당한 자리에 서도록 이끌어 올리시며 그 수준에 맞추어 하나님이 내려오심으로 은혜를 베푸시게끔 중재하신다. 이는 성도가 거룩한 삶을 살아가는 데 있어서 첫 번째 방편이 된다. 하나님이 자신을 낮추셔서 맞추어주시지 않는 한 아무도 하나님께 나아갈 자 없으며, 하나님께 나아가지 않고는 아무도 그를 기쁘시게 할 수 없기 때문이다(히 11:6; 요 6:35). [하나님의] 'accommodatio'와 [우리의] 'sursum corda' 사이에 그리스도의 중재가 있다. 언약의 자녀가 하나님의 면전에서 누리는 모든 복락이 이로부터 기원한다. 이러한 "중재의 중보자"가 없었다면 구약의 모든 제사와 절기와 헌신과 순종이 헛되었을 것이다.[2486]

"가르침의 중보자"로서 그리스도는 자신의 현존과 말씀을 통하여 하나님의 존재와 속성과 뜻을 알리신다. 성자는 삼위일체 하나님의 교통방식이시다. 그러므로 "그리스도 밖에는"(extra Christum) 어떠한 하나님의 지식도 없다.[2487] 구약의 제사장

---

tary, 시 50:14-15 (2.269-274, CO 31.500-503); 단 9:23 (2.194, CO 41.166); 마 6:9 (206, CO 45.196); *Sermon*, 사 53:12 (140-152, CO 35.679-687); 신 11:26-32 (482a-488b, CO 27.135-149); *Forms of Prayer for the Church*, in *Tracts and Treatises*, 2.101 (CO 6.175); *The Catechism of the Church of Geneva* (1542/1545), 2.73 (CO 6.89-90); *Catechismus, sive christianae religionis institutio*……1538, 27 (CO 5.343). 본서는 1537년에 불어로 먼저 출판되었다.

2485) Calvin, *Institutio*, 4.17.18, 36 (CO 2.1016-1017, 1039); 2.7.1 (CO 2.253): "그러나 바로 그 표상이 보여 주는 바는 하나님은 그를 예배하는 사람들이 세상적인 의식들로 분주해하는 것을 보시려고 제사를 명하셨던 것이 아니라는 것이다. 오히려 하나님은 그들의 마음을 위로 들어올리기 위해서(altius erigeret eorum mentes) 그렇게 하셨다." 또한, *Commentary*, 출 12:21-22 (1.221, CO 24.221): "우리는 다른 곳에서 유월절 어린 양이 그리스도의 표상이라는 것을 논했다. ……하나님은 가시적인 이 징표로 우리의 마음을 들어 올리셔서 천상에 계신 진실하신 모범을 향하도록 하셨다는 것은(extulerit ad verum et coeleste exemplar) 의심할 바가 없다. 이 모범으로부터 분리된다면 율법에 명한 의식들은 불합리하고 불결하게 될 것이다."

2486) Calvin, *Institutio*, 2.15.6 (CO 2.367). 참조. *Commentary*, 출 28:1-43 (2.191-193, CO 24.426-427); 출 30:23-24 (2.222-224, CO 24.445-446); 레 21:17-21 (2.239-240, CO 24.456); 레 16:3-6 (2.315-316, CO 24.501-502); 호 8:4 (283, CO 42.364).

2487) 참조. Calvin, *Commentary*, 요 5:27 (1.132, CO 46.118); 요 6:45 (1.165, CO 46.150); 요 10:7 (1.260, CO 46.238); 요 10:15 (1.266, CO 46.243); 요 17:3 (2.136-137, CO 46.376-377); 요 17:8 (2.139-140, CO 46.379-380). 윌리스(Willis)는 소위 초(超)칼빈주의(the so-called extra Calvinisticum)에 기반한 totus [sed] non totum 원리에 따라서 "칼빈은 '그리스도 밖에는'(extra Christum) 하나님을 아는 어떤 지식도 있을 수 없음을 말하고 있을 뿐, 이를 '[그의] 육체 밖에는'(extra carnem)이라고 여겨서는 안 된다"고 지적하고 있다. 신인양성의 위격적 연합 가운데 이를 이해해야 한다는 말이다. *Calvin's Catholic Christology*, 109, 114. 어거스틴(Augustine) 또한

들은 하나님의 메세지를 전달하는 사자(使者)와 율법을 풀어서 백성들에게 알리는 해석자의 역할을 함께 감당했다. 구약의 백성들에게도 주님은 "믿는 도리의 사도이시며 대제사장"(τὸν ἀπόστολον καὶ ἀρχιερέα τῆς ὁμολογίας ἡμῶν)이셨다(히 3:1).[2488] 이하에서 칼빈은 어떻게 레위 제사장이 진정한 중보자의 표상이 되는지를 논증하고 있다.

우림과 둠밈을 통해서 하나님의 뜻을 구하는 것과 관련해서 성경이 우리에게 가르쳐 주는 바와 같이 하나님은 자신이 택하신 구약시대 백성들의 야만성에(ruditati) 자신을 양보해주셨다. 하나님의 전능하신 경륜의 사자이시고 모든 계시의 원천이시며 밝히 드러난 하나님의 형상이신 그리스도의 영으로 모든 선지자들이 하나님의 뜻을 선포했으며, 제사장들이 그의 장식으로 꾸민 의복을 입고 말씀의 사자(internuncius)이신 예표된 제사장(umbratilis sacerdos)의 사역을 본받아 하나님의 뜻을 사람에게 전하는 일을 감당했다. 이와 같이 심지어 그 때에도 신자들은 형상(figura) 가운데서 그리스도가 하나님에게 이르는 길이며 아버지의 신비한 가슴(arcano patris sinu)으로부터 우리의 구원에 필요한 모든 지식을 가져다주시는 분이라는 것을 배워서 알고 있었다.[2489]

칼빈은 교사로서의 중보를 묘사함에 있어서 그리스도 안에서 살아있고 명확하며 영원한 하나님의 형상(imago Dei viva et expressa et aeterna)이 계시된다는 사실을 특히 강조한다.[2490] 고린도후서 4:4의 "그리스도는 하나님의 형상이니라"는 부분을 주석하면서, 칼빈은 "그리스도가 보이지 아니하시는 하나님의 형상이라고 일컬어

중보자 그리스도 밖에는 하나님을 아는 지식을 얻을 방법이 없음을 말하고 있다. 참고. Robert E. Cushman, "Faith and Reason," in *A Companion to the Study of St. Augustine*, ed. Battenhouse, 304-310.

[2488] 그리스도가 율법의 해석자(interpres legis)라는 사실에 그리스도의 가르침의 중보가 가장 특징적으로 나타난다. 참조. Calvin, *Commentary*, 레 10:9-11 (2.235, CO 24.453); 민 35:1-3 (2.249, CO 24.462); 요 3:13 (1.71-72, CO 47.62).

[2489] Calvin, *Commentary*, 출 28:4-8 (2.198, CO 24.430-431).

[2490] 참조. Calvin, *Commentary*, 창 28:12 (2.112, CO 23.391); 출 20:3 (1.419, CO 24.262); 골 1:15 (308-309, CO 46.84-85); 요 1:18 (1.25, CO 46.19); 요 14:10 (2.78, CO 46.326); 히 1:5 (10-12, CO 55.14); 사 6:1 (1.201, CO 36.126). 하나님의 형상에 관한 칼빈의 기독론적 이해에 관해서, Hans Helmut Esser, "Zur Anthtopologie Calvins Menschenwürde-Imago dei Zwischen Humanistischem und Theologischem Ansatz," *Hervormde Theologiese Studies* 35/1-2 (1979), 33-34, 38-39; Faber, "Imago Dei in Calvin," 264-267; Randall C. Zachman, "Jesus Christ as the Image of God in Calvin's Theology," *Calvin Theological Jounal* 15/1 (1990), 45-62.

지는 것은 단지 그의 본질(essentia)이 아니라—그는 하나님과 동일본질(coessentialis) 이시다—우리에게 있어서(ad nos) 그의 의미가 무엇인지를 말해준다. 그는 우리에게 하나님을 보여 주시기 때문이다"라고 말한다. 여기에서 칼빈은 성부와 성자의 관계보다 우리를 위한 성자의 중보자로서의 인격(persona)에 주안점을 두고 있다.[2491]

이러한 삼중적 중보(mediatio triplex) 개념은 선지자, 제사장, 왕의 삼중직(munus triplex)보다 그리스도와 율법의 관계를 더욱 본질적으로 다룸으로써 복음이 율법의 완성이라는 구속사적 전망을 더욱 심층적으로 제시한다. 1542년 제2차 『제네바 신앙교육서』에서 칼빈은 이러한 삼중적 중보 가운데 처음 두 형태를 제사장 직분과, 세 번째 형태를 선지자 직분과 관련시킨다.[2492]

『기독교 강요』에서는 비록 공공연히 그렇게 하지는 않지만 삼중적 중보와 삼중직이 더욱 긴밀하게 논해진다. 『기독교 강요』에 있어서 삼중직에 대한 논의는 1539년에 출판된 제2판 『기독교 강요』로부터 비롯되었으나,[2493] 1559년의 최종판에서 오늘날 인구에 회자되는 형식으로 체계적으로 다루어졌다.[2494] 여기에서 칼빈은 "그리스도의 선지자적 존엄성이 우리로 하여금 그가 우리에게 주신 교리의 대요(summa doctrinae)에 모든 종류의 완전한 지혜(omnes perfectae sapientiae numerus)가 포함되어 있다는 사실을 아는 데 이르게 한다"고 하여 그리스도의 선지자직을 가르침의 중보와 연관시킨다.[2495] 그리고 그리스도의 인격 안에서 제사장(sacerdos)과 제물(sacrificium)이 하나가 된다는 점에 착안하여 제사장직을 화목의 중보와 중재의 중보를 아울러 표상하는 것으로 이해한다.[2496]

[2491] Calvin, *Commentary*, 고후 4:4 (55-56, CO 50.51). 참조. *Sermon*, 신 5:17 (165, CO 26.333). 칼빈은 여기서 우리는 "하나님의 형상으로 지어졌다는 사실"뿐만 아니라 "우리 주님 예수 그리스도의 지체들로서 세상 가운데서의 어떤 사람들과의 연합보다 더 긴밀하고 신성한 연합이 우리 가운데 존재한다"는 사실을 명심해야 한다고 말한다.

[2492] Calvin, *The Catechism of the Church of Geneva* (1542/1545), 96 (CO 6.21-22). 칼빈은 1536년에 출판된 초판 『기독교 강요』와 1537/1538년에 출판된 초판 『신앙교육서』에서는 중보자 그리스도의 왕직과 제사장직의 이중직만 직접적으로 거론한다. John Hesselink, *Calvin's First Catechism, A Commentary: Featuring Ford Lewis Battles' Translation of the 1538 Catechism* (Louisville: Westminster/John Knox, 1997), 22 (CO 5.338). 이하 본서는 *First Catechism*으로 표기.

[2493] Calvin, *Institutio christianae religionis nunc vero demum suo titulo respondens*, 1539, 4.2 (CO 1.513-514).

[2494] 중보자 그리스도의 삼중직에 관해서, Klauspeter Blaser, *Calvins Lehre von den drei Ämtern Christi*, Theologische Studien 105 (Zürich: EVZ Verlag, 1970), 7-23.

[2495] Calvin, *Institutio*, 2.15.2 (CO 2.363).

[2496] Calvin, *Institutio*, 2.15.6 (CO 2.366-377).

한편, 그리스도의 왕직은 세 가지 중보에 모두 관련되는 것으로 여겨진다.2497) 왕직은 단순히 군림하는 것이 아니라 자기 자신을 나눠주는 것이므로 이는 대속의 전(全) 과정을 포괄한다고 보기 때문이다. 칼빈은 그리스도의 통치가 전체 교회의 몸과 개개인의 지체들에게 미친다는 사실을 지적하면서 "교회의 영원성"(ecclesiae perpetuitatem)과 성도들의 "은혜로운 영생"(beatae immortalitatis)을 강조하는 바,2498) 특히 기독교인의 경건하고 올바른 삶을 위해서 계속적으로 중보하시는 그리스도의 은혜에 깊은 관심을 표한다.2499) 그리스도가 천사들과 교회의 머리(caput angelotum et ecclesiae)라는 사실도 이러한 차원에서 논의된다.2500)

갈라디아서 3:19-20의 주석과 설교에서 칼빈은 그리스도의 중보가 율법의 형성, 발행, 해석, 용법에 모두 작용한다고 본다. 그리고 이를 언약의 자녀들에게 전가해 주시는 다 이루신 그리스도의 의에 부합하는 것으로 여긴다.2501) 이런 측면에서 그리스도의 삼중직은 그리스도의 삼중적 중보와 포괄적이며 역동적인 관련성을 지니고 있다.2502)

칼빈은 이러한 그리스도의 율법의 중보가 구약시대에도 역사하기 때문에 구약 백성들에게 있어서도 그리스도가 율법의 실체(substantia), 영(anima), 빛(lumen), 진

2497) 세 번째 형태의 중보는 윌리스(Willis)가 "mediation as sustenance"라고 부른 것과 상응한다. 왜냐하면 "그리스도가 계속되는 중보 사역을 수행하신다는 것은 영원하신 아들이 전(全) 본성에 있어서 아버지와 동등하심이 단지 아버지가 아들을 통해서 우주의 창조와 운행을 명한다는 사실에 의해서 감소될 수 없다는 것을 의미하기 때문이다." *Calvin's Catholic Christology*, 70.

2498) Calvin, *Institutio*, 2.15.3 (CO 2.363-364).

2499) Calvin, *Institutio*, 2.5.14 (CO 2.364-365).

2500) 칼빈은 타락 전의 그리스도의 중보를 설명하기 위해서 천사들의 머리로서의 그리스도의 직분을 강조한다. 참조. "Christ the Mediator: Calvin versus Stancaro," 13 (CO 9.338); "The Controversy on Christ the Mediator: Calvin's Second Reply to Stancaro," 147 (CO 9.350).

2501) 참조. Calvin, *Sermon*, 갈 3:19-20 (448-455, CO 50.539-544). 여기에서 율법의 중보자 그리스도와 관련해서 다음과 같은 사실들이 강조된다. "유일한 중보자"는 구약시대 때 여호와의 사자로서 자신을 드러내신 그리스도를 지시하는 것으로 보아야 한다. 그리스도의 중보사역은 화목하게 하시는 사역뿐만 아니라 율법을 자원해서 순종하고자 하는 성도의 삶 전체에 미친다. "계속적인 그리스도의 중보"는 구약시대의 유대인들뿐만 아니라 오늘날 이방인들에게도 적용된다. 그리스도의 율법의 중보의 범위는 율법의 발행, 가르침, 완성 모두에 미친다.

2502) 블라젤(Blaser)에 의하면 칼빈의 『기독교 강요』에서 그리스도의 중보사역은 다음과 같이 세 가지 방식으로 표현된다—진리로 우리를 자유롭게 하는 말씀(Wort)을 지시하는 자유의 직분(das Freiheitsamt), 자기 자신을 낮추어서 우리와 같이 되시고 죽음에까지 복종함으로써 하나님과 우리를 중재하시는 그리스도의 인격(Wesen)을 지시하는 복종의 직분(das Gehorsamsamt), 그리고 우리에게 자신의 의를 전가하심으로써 우리를 의롭다고 받으시고 영생에 이르게 하시는 그리스도의 사역(Werk)을 지시하는 생명의 직분(das Lebensamt). *Calvins Lehre von den drei Ämtern Christi*, 24-44.

리(veritas)로서 뿐만 아니라 율법의 마침(finis)으로서 계시되셨다고 주장하면서,2503) 다만 형상(forma)에 있어서는 몸(corpus)으로서가 아니라 그림자(umbra)로서 그리했지만(골 2:17) 실체(substantia)에 있어서는 언제나 다를 바가 없었다는 점을 적시한다. 하나님은 구약의 백성들이 "그들의 마음을 더 높이 들어 올려서"(ut allius erigeret eorum mentes) 그리스도를 보게 하시려고 "예표"(typus)로서 율법의 가르침을 베푸셨다. 그러므로 율법에 계시된 "법적 형상들"(legales figurae)과 "그림자들"(umbras)을 그 "목적"(finem)으로부터 분리하는 것은 허망하다. 구약시대의 율법을 하나님을 섬기는 "종교의 형태"(forma religionis)라고 정의하면서,2504) 이 율법이 그리스도를 "앙망하는 가운데"(in exspectatione) 있는 구약 백성들이 지치지 않게 한다고 말하는 칼빈의 뜻이 여기에 있다.2505)

비록 구약 백성들은 아직 예수 그리스도를 "친숙하게"(familiariter) 알지 못하는 어린아이들과 같았지만, 그가 오셔서 이루실 온전한 구원을 바라보았다. 그가 오셔서 율법의 의를 다 이루심으로써 율법은 이제 "죽이는 조문 자체로"(literam per se mortiferam) 작용하지 아니하고 그의 영 가운데 살리는 역사를 감당한다(고후 3:6, 7). 그리스도가 율법의 "마침"(finem) 혹은 "완성"(complectum)이 되심은(마 5:17; 롬 10:4) 그의 의를 전가받아 율법의 저주로부터 해방되어 율법을 기꺼이(libenter), 뜻을 다하여(volenter) 순종하는 자리에 서는 새로운 백성을 조성하심을 지시한다. 이는 '율법'이 아니라 '율법의 저주'를 파하심을 뜻한다. 곧 율법이 거룩하고, 의롭고, 선하고, 신령한 것으로 사용되게 하심을 뜻한다(롬 7:12, 14). 그리스도가 율법의 마침이 되신다는 말씀은 그가 자신의 "의"(iustitiam)를 "값없는 전가와 중생의 영으로"(gratuita imputatione et spiritu regenerationis) 베푸시므로 율법의 "교훈들"(praeceptis)이 성도에게 본질적으로 작용함을 의미한다. "율법은 그저 그 자체로"(nudam legem) 사용될 때도 없지 않으나, 본질상 "양자(養子)의 은혜의 언약"(gratiae adoptionis foedere)으로 "옷 입혀진"(vestitia) 규범으로서 역사한다. 이러한 이해는 율법이 그리스도의

2503) Calvin, Institutio, 2.7.16 (CO 2.264). 참조. Commentary, 출 28:42 (2.205-206, CO 24.435-436); 사 29:11-12 (2.322, CO 38.492); 겔 16:61 (2.176-178, CO 40.395-396).

2504) 칼빈이 말하는 "종교"(religio)는 언약백성이 하나님과 갖는 삶과 예배의 모든 양상으로서 "경건"(pietas)과 의미가 일맥상통한다. 참조. Calvin, Institutio, 1.2.1; 1.4.4 CO 2.34, 40).

2505) Calvin, Institutio, 2.7.1 (CO 2.252-254).

성취를 전제하는 언약의 법(lex foederis)이며 은혜의 법(lex gratiae)이라는 사실을 제시한다. 이런 측면에서 칼빈이 율법과 관련하여 전개한 삼중적 중보는 그리스도의 삼중직을 구속사적 예표와 성취의 관점에서 바라보게 하는 유익함이 있다.[2506]

4. 그리스도의 삼중직(munus triplex)

그리스도의 삼중직은 칼빈에 의해서 체계적으로 정리되었다.[2507] 주님은 삼중직을 수행하심으로써 택함받은 인류를 하나님과 화목하게 하셨을 뿐만 아니라(고후 5:18-19; 골 1:20; 엡 2:16) 하늘과 땅의 모든 피조물을(요 1:3; 골 1:16-17) 새롭게 하셨다.[2508] 개혁신학자들은 언약신학을 전개함에 있어서 대속의 의를 단번에 영원히 다 이루신 주님이, 부활하시고 승천하심으로 영화롭게 되셔서, 하나님의 보좌 우편에서 보혜사 성령을 부어주심으로 그 의를 계속적으로 전가해주시는 계속적 중보를 여전히 삼중적으로 감당하신다는 사실을 강조하였다.[2509] 이는 구속사적[성취]–구원론적[적용]의 관점에 부합한다.[2510]

선지자, 제사장, 왕의 직분을 의미하는 그리스도의 삼중직은 성경의 가르침에 근거한다. 선지자는 가르치고, 제사장은 속죄하고 중재하며, 왕은 다스리고 보호한다. 이 세 직분은 긴밀히 연결된다. 모세에게 선지자와 제사장직이, 다윗에게 선지자와 왕직이 돌려지듯이, 두 직분이 한 사람에게 돌려지기도 한다. 그러나 세 직분이 모두 한 사람에게 돌려지는 경우는 없다.[2511] 툴레틴이 말하는 바, 그리스도의 삼

2506) Calvin, *Institutio*, 2.7.2 (CO 2.309–310).

2507) Calvin, *Institutio*, 2.15.1–6 (CO 2.361–367). 이에 관하여 칼빈은 부써(Martin Bucer)의 지대한 영향을 받았다. 루터는 선지자직은 논외로 하고 제사장직과 왕직만 다루었다.

2508) "그리스도 안에서 하나님이 세상과 화목하게 되시는 길은 창조와 구속의 형언할 수 없는 연대(連帶)를 전제한다." Spykman, *Reformational Theology*, 406.

2509) 참조. Spykman, *Reformational Theology*, 408–416. 저자는 여기에서 그리스도의 삼중직을 다룬 후 바로 이어서 그리스도의 영에 대해서 논함으로써(418–429), 단번에 모든 의를 다 이루신 지상에서의 그리스도의 중보와 보혜사 성령을 부어주심으로 그 의를 전가해주시는 천상에서의 계속적 중보를 함께 강조함이 개혁신학의 장점임을 부각시킨다.

2510) 참조. Bavinck, *Reformed Dogmatics*, 3.475–482.

2511) Hodge, *Systematic Theology*, 2.459–461.

중직은 서로 구별되지만 함께 작용한다. 곧 한 행위에 세 직분이 모두 돌려진다.

> 그리스도의 십자가는 제사장의 제단이다. 그곳에서 그는 자신을 하나님께 희생제물로 드리셨다. 그곳은 또한 선지자의 학교이다. 그곳에서 구원의 비밀이 가르쳐진다. 그리하여 복음은 십자가의 말씀이라고 일컫는다. 그곳은 또한 왕의 월계관이다. 실로 그곳에서 그는 정사들과 권세들을 이기셨다(골 2:15).[2512]

뚤레틴은 그리스도의 삼중직을 다루면서 대부분의 논의를 그리스도의 무릎(satisfactio)에 할애하고 있다. 이는 그리스도의 제사장직에 해당한다. 그리스도의 무릎은 다시금 협의의 그리스도의 무릎과 중재(intercessio)로 나누어 이해된다. 전자는 십자가에서 다 이루신 그리스도의 공로를, 후자는 지금도 천상에서 계속되는 그리스도의 중보를 의미한다.[2513] 전자는 구원의 의의 획득(acquisitio)과 적용(applicatio)에, 후자는 그것의 보존(conservatio)에 관련된다.[2514] 그리스도의 천상에서의 중보는 단순히 "탄원의 방식"(per modum suffragii)이 아니라 "사법적인 방식으로"(per modum iurisdictionis) 수행된다. 그리스도는 이러한 중재를 통해서 한 번 흘리신 자신의 피의 "능력과 작용"(vi et efficacia)으로 하나님이 자신의 백성을 의롭게 하실 것을 간구하신다.[2515]

이러한 그리스도의 중재는 제사장 직분에 국한된 것이 아니라 선지자직과 왕직과 함께 수행된다. 친히 자신을 제물로 삼아 단번에 영원한 제사를 드려 구속의 의를 다 이루신 주님이 그 의를 전가해주심으로써 지식에까지 새롭게 하시며(골 3:10; 엡 4:13-15, 24) 모든 것을 더하셔서 구원의 전 과정을 통하여 성도와 교회의 머리로서 다스리시기 때문이다(롬 8:30, 32; 엡 1:22-23).[2516] 이러한 그리스도의 계속적 중

2512) Turretin, *Institutio Theologiae Elencticae*, 14.5.13 (2.347-348): "Sic Crux Christi, quae est Altare sacerdotis, in quo se in victimam Deo obtulit, est etiam schola prophetae, in qua nos docet mysterium saltis, unde Evangelium vocatur verbum crucis, et Trophaeum regis, in qua scil. triumphavit de principatibus et potestatibus. Col. ii. 15."

2513) Turretin, *Institutio Theologiae Elencticae*, 14.15.2 (2.424).

2514) Turretin, *Institutio Theologiae Elencticae*, 14.17.4 (2.431); 14.15.2 (2.424).

2515) Turretin, *Institutio Theologiae Elencticae*, 14.15.11 (2.425).

2516) Turretin, *Institutio Theologiae Elencticae*, 14.17.7 (2.432).

보로 말미암아 "우리의 하나님과의 영원한 교제"(perpetuae nostrae communionis cum Deo)가 있게 되는데,2517) 이는 오직 우리가 지체들로서 머리이신 그리스도와 연합하여 있기 때문이다(엡 4:15-16; 5:30). 이렇듯이 우리의 구원은 그리스도의 계속적 중보로서 보증되며, 그리스도의 계속적 중보는 "성도들의 그리스도와의 연합의 본질로부터 확증된다"(confirmatur ex natura unionis fidelium cum Christo).2518)

4. 1. 선지자직(propheticum munus)

선지자직은 '생명의 말씀'(ὁ λόγος τῆς ζωῆς)이신 제2위 성자 하나님의 위격적 특성과 고유하게 관련되는 직분이다(요일 1:1). "만세 전부터, 태초부터, 땅이 생기기 전부터" 계시던(잠 8:23) 영원하신 말씀 "안에" 생명이 있으며 그 생명이 "사람들의 빛"으로(요 1:4) "육신"이 되어(요 1:14) "나타내신 바"(ἐφανερώθη) 되었다(요일 1:2). "주는 하늘을 가르고 강림하셨다"(사 64:1). "주 외에는 자기를 앙망하는 자를 위하여 이런 일을 행한 신(אֱלֹהִים)을 옛부터 들은 자도 없고 귀로 들은 자도 없고 눈으로 본 자도 없었다"(사 64:4).

옛적에 선지자들을 통하여 말씀하신 하나님이 "이 모든 날 마지막에는 아들을 통하여(ἐν υἱῷ) 우리에게 말씀하셨다"(히 1:1-2). "그의 위에 여호와의 영 곧 지혜와 총명의 영이요 모략과 재능의 영이요 지식과 여호와를 경외하는 영이(וְנָחָה עָלָיו רוּחַ יְהוָה רוּחַ חָכְמָה וּבִינָה רוּחַ עֵצָה וּגְבוּרָה רוּחַ דַּעַת וְיִרְאַת יְהוָה) 강림하셨다"(사 11:2). "주 여호와의 영"(רוּחַ אֲדֹנָי יְהוִה, πνεῦμα κυρίου)이 그에게 임하여 그가 "여호와의 은혜의 해"를 선포하셨다(사 61:1-2; 눅 4:18-19). 그는 모세가 예언했던 "선지자"(נָבִיא)이셨으며(신 18:15), 사무엘 이후 모든 선지자가 그가 오실 때를 예언하였다(행 3:22-26). 그가 예언된 "이방의 빛"(אוֹר גּוֹיִם)으로서(사 49:6), "모든 것"을 알려주시려 오신 "메시아"(Μεσσίας) 곧 "그리스도"(Χριστός)이셨다(요 4:25). 그가 이 땅에 오셔서 "천국 복음을" "가르치시며" "전파하셨다"("διδάσκων······καὶ κηρύσσων τὸ εὐαγγέλιον τῆς βασιλείας", 마 4:23). 그러나 사람들은 그의 선지자적 가르침을 조롱했다(마 26:67-68). 그들은 그

2517) Turretin, *Institutio Theologiae Elencticae*, 14.17.8 (2.432).

2518) Turretin, *Institutio Theologiae Elencticae*, 15.16.16-18 (2.527-528). 인용, 15.16.17 (2.527).

자신뿐만 아니라 그가 가르치신 진리를 모욕했다(마 27:39-44; 눅 11:35-37; 12:39). 아들이 이 땅에 오셔서 "아버지에 대한 것을 밝히" 말씀하셨으나(요 16:25), 그들은 이를 깨닫지 못하였다(요 1:5).

하나님은 뜻하시면, 이루시고, 이루신즉 모든 일이 다 선하다. 하나님은 "항상 미쁘시니"(πιστός) 스스로 "자기를 부인하실 수 없으시다"(딤후 2:13). 하나님은 "변개함이 없으시다"(삼상 15:29). 하나님의 뜻은 항상 동일하다. "하나님과 함께" 계신 "하나님"이신(요 1:1), "아버지 품 속에 있는 독생하신 하나님"이 이 땅에 "참 빛"(τὸ φῶς τὸ ἀληθινόν)으로 오셨다(요 1:9). 그리하여 자신을 "나타내셨다"("ἐξηγήσατο," 요 1:18). 그가 육신으로 오셔서 자신을 나타내신 바, 우리가 그의 영광을 보니 "은혜와 진리가 충만하셨다"("πλήρης χάριτος καὶ ἀληθείας", 요 1:14). "진리"(ἀλήθεια)가 약속, 명령, 계시, 말씀과 관계된다면, "은혜"(χάρις)는 성취, 완성, 전가, 견인과 관계된다. "은혜와 진리가 충만하신" 성육신한 그리스도가 "우리 가운데 거하신다." '거하심'은 현존 곧 쉐키나(שְׁכִינָה)를 뜻한다. 이는 성자를 통한 삼위일체 하나님의 현존을 뜻한다.[2519] "독생자의 영광"은 말씀하신 분이 이루시고, 명령하신 분이 수행하시고, 드러내신 분이 되게 하시는, 길과 진리이신 분이 생명이 되시는(요 14:6) 미쁘심 곧 신실하심을 나타내신다. 그리하여 "그 가르치시는 것이 권위 있는 자와 같고" 서기관들과는 같지 않았다(마 7:29).

선지자로서 그리스도는 하나님의 말씀을 대언하실 뿐만 아니라(요 7:16-17) 그의 뜻을 행하시며 그의 사역을 온전히 이루신다(요 4:34). 성자는 성부께서 하신 일을 본 것만 행하신다(요 5:19). 성자 안에서 행하시는 분은 성부 자신이시다(요 14:10). 그리스도는 자신을 선지자라고 말씀하신 적이 있으며(눅 4:24; 13:33), 자신의 가르침이 위에 계신 아버지로부터 들은 것이며 온 것임을 주장하셨다(요 8:26-28; 12:49-50; 14:10, 24; 15:15; 17:8, 17-20). 그리스도는 미래 일을 예언하셨으며(마 24:3-35; 눅 19:41-44), 보혜사 성령을 부어주심으로 우리가 "장래 일"을 알게 하신다(요 16:13). 그리스도의 중보를 통하지 않는 참 지식은 없다. "예수의 증언은 예언의 영"(ἡ γὰρ μαρτυρία Ἰησοῦ ἐστιν τὸ πνεῦμα τῆς προφητείας)이다(계 19:10). "그리스도의 영"은 구약 시대 선지자들에게 작용하셨으며(벧전 1:11), 영광 가운데 있는 성도들에게 "아버지

[2519] 참조. Macleod, "The Incarnation of the Word: John 1:14," 77.

에 대한 것"을 밝히 이르신다(요 16:25; 17:24-26; 고전 13:12; 사 64:4). 주님의 선지자직은 세 단계로 수행되었다.

첫째, 세례 요한에 의해서 세례를 받으실 때까지는 주님은 영원한 중보자로서 선지자들을 자신의 손으로 사용하셔서 말씀하셨다(히 1:1).

둘째, 세례를 받으신 후 승천 때까지는 이 땅에 오셔서 육신 가운데 가르치시고 선포하셨다(히 1:2; 마 4:23). 그리하여 사람들이 "생명의 말씀"을 듣고, 보고, 자세히 보고, 손으로 만지게 되었다(요일 1:1).

셋째, 보좌 우편에 오르신 주님은 보혜사 성령을 부어주심으로써(행 2:33; 요 15:26) 진리를 알게 하셨다(요 14:17; 요일 5:6). "보혜사" 성령은(요 14:16, 26; 15:26; 16:7) "진리"이신(요 1:14, 17; 14:6) "주의 영"(고후 3:17-18) 곧 "그리스도의 영"이므로(롬 8:9; 빌 1:19) "진리의 영"이라고(요 14:17; 15:26; 16:12) 일컫는다. 그러므로 보혜사 성령을 받으면 "지혜와 계시의 영"(πνεῦμα σοφίας καὶ ἀποκαλύψεως)의(엡 1:17) 가르침으로 영적인 것을 영적으로 분별하게 되고(고전 2:13), 그리스도가 우리 안에 계신 것을 알게 되며(요 14:20), 그가 가르치시고 말씀하신 것을 생각하고(요 14:26), 모든 진리 가운데로 인도함을 받게 된다(요 16:12-15).[2520] 보혜사 성령은 이렇듯 진리이신 "그리스도의 영"이시므로, "성령은 진리니라"고 전한다(요일 5:6).

하나님은 선지자들을 통해서 "유익한 가르침과 구원에 충분한 것들"(utili doctrina et quae ad salutem sufficeret)을 알려 주셨다. 그들은 "종국에 메시아가 오시면 그로부터 지식에 충만한 빛을 받아야 한다"(adventu Messiae demum plenam intelligentiae lucem sperandam esse)고 믿었다.[2521] 주님의 선지자직은 그가 우리 안에 들어오시고 계속적으로 중보하심으로 여전히 수행된다.[2522]

칼빈이 말하듯이, "예수님이 기름부음을 받으신 것은 가르치는 역할을 하실 뿐 아니라 자신의 모든 몸으로 복음이 계속 전파되는 일에 성령의 능력이 작용하게 하려 하심이셨다." 주님은 이 땅에 오셔서 대리적 속죄를 위한 가르치고 전하는 직분을 모두 감당하셨다. 그리하여 보혜사 성령의 임재로 그 의를 전가받은 자마다 하나님과 그의 보내신 자를 앎으로 영생에 이르게 하신다(요 17:3). 그러므로 "그

2520) 이러한 세 단계의 구분에 관하여, Dabney, *Lectures in Systematic Theology*, 484.

2521) Calvin, *Institutio*, 2.15.1 (CO 2.361-362).

2522) 참조. Bavinck, *Reformed Dogmatics*, 3.475-476.

리스도 밖에서"(extra ipsum) 지식을 구하는 것은 "복음의 단순성을 넘어서는"(ultra evangelii simpliciatem) 것이다. 왜냐하면 그리스도 안에 "모든 종류의 완전한 지혜"(omnes perfectae sapientiae numerus)가 있기 때문이다.[2523]

예수는 "말과 일에 능하신 선지자"(προφήτης δυνατὸς ἐν ἔργῳ καὶ λόγῳ)라고 일컫는다(눅 24:19). 선지자는 하나님이 그의 백성과 인격적 교통을 하는 "입"이다(출 4:16; 7:1; 렘 15:19). 하나님은 예레미야에게 자신이 "입"이 될 것이라고 하셨다(렘 15:19). 하나님은 모세에게 그와 같은 "선지자"를 하나 세우셔서 자신의 "말"을 그 "입"에 두실 것이니 누구든지 그의 "이름"으로 전하는 "말"을 듣지 않으면 벌을 받으리라고 하셨다(신 18:15, 18-19). 선지자는 하나님의 말씀을 전하는 입이다. 그는 "하나님의 직접적인 기관"(the immediate organ of God)으로서 성령의 영감 가운데 그와 교통한다. 이러한 측면에서 선지자는 교사와 구별된다. 그리스도를 선지자라고 부르는 것은 그가 하나님의 마음과 뜻을 사람들에게 전하는 위대한 기관이 되시기 때문이다. 그리스도는 그를 "보내신 아버지의 말씀"(ὁ λόγος……τοῦ πέμψαντός με πατρός)을 전하신다(요 14:24). 아버지는 아들을 세상에 보내시고 아들은 우리를 세상에 보내셔서 "진리"인 "아버지의 말씀"을 전하게 하신다(요 17:17-18, 25). 선지자와 사도들에 의해서 증거되시는 주님도 보내심을 받았다. 그리하여 그가 "우리가 믿는 도리의 사도"(τὸν ἀπόστολον……τῆς ὁμολογίας ἡμῶν)시라고 일컬음받으신다(히 3:1). 그리스도는 영원한 말씀(λόγος)으로서, "드러나시고 드러내시는 여호와"(the manifested and manifesting Jehovah)시다. "그 안에는 지혜와 지식의 모든 보화가 감추어져 있느니라"(ἐν ᾧ εἰσιν πάντες οἱ θησαυροὶ τῆς σοφίας καὶ γνώσεως ἀπόκρυφοι)(골 2:3).[2524]

이상의 고찰을 통하여 우리는 그리스도의 선지자직이 갖는 의미를 다음과 같이 몇 가지로 정리할 수 있다.

첫째, 그리스도는 하나님의 말씀 자체(Verbum Dei ipsum)로서, 모든 계시의 원천이시다. 그러므로 우리는 "그의 말을" 들어야 한다(마 17:5).

둘째, 그 말씀 속에 생명이 있다. 말씀이 육신이 되심으로 은혜와 진리가 충만하신 독생자의 영광이 나타났다. 그리스도는 "생명의 말씀"으로 오셨다. 그는 "큰 대

2523) Calvin, *Institutio*, 2.15.2 (CO 2.362-363).
2524) 참조. Hodge, *Systematic Theology*, 2.462-463.

제사장"이셨듯이(히 4:14), 생명이시자 생명의 심판주로 오신 '큰 대선지자'셨다(요 5:24-27; 7:16-18; 12:8-12, 47-50). 그는 말씀의 해석자(interpres)이실 뿐만 아니라 구원의 길(via salutis)이셨다.

셋째, 그리스도는 구약의 선지자들이 예언한 바로 그 선지자셨다(눅 24:25-27, 44-47; 요 5:45-47; 벧전 1:10-12). 사람들은 그를 두고 엘리야가 다시 돌아왔다고 여기기도 하였다(마 16:14).

넷째, 그리스도의 선지자직은 천국 복음에 대한 가르침과 선포에 그치지 않고 전해진 말씀대로 이루어지는 역사(役事)를 함의한다. 그리하여 사도 바울은 "믿음은 들음에서 나며 들음은 그리스도의 말씀으로 말미암았느니라"(ἄρα ἡ πίστις ἐξ ἀκοῆς ἡ δὲ ἀκοὴ διὰ ῥήματος χριστοῦ)라고 전한다(롬 10:17).

다섯째, 주님은 진리의 영이신 보혜사 성령을 부어주심으로 사람들의 마음을 조명하고 감화하심으로(illuminatione et persuasione mentis hominum) 지금도 선지자직을 계속 수행하신다.

여섯째, 주님은 제자들을 사도와 교사로 파송하심으로써 여호와를 아는 지식이 땅 끝까지 편만해지도록 하신다(마 28:18-20; 행 1:8). 주님이 그 "터"(θεμέλιον)가 되신다(고전 3:11). 이를 위하여 주님은 숨을 내쉬며 제자들에게 성령을 부여하셨고(요 20:22), 그들을 영접하는 것이 자신을 영접하는 것과 같다고 하시면서 그들에게 특별한 권세를 부여하셨다(마 10:40; 마 9:37; 눅 10:16; 요 13:20). 그러나 이러한 '열쇠의 권한'(clavium potestas)이 사람이 아니라 복음에 있음을 분명히 하셨다. 베드로의 고백조차도 하늘에 계신 아버지가 알게 하신 것이라고 하셨는데 어찌 주님이 베드로를 교회의 반석으로 삼으실 수 있겠는가? 땅에서 매면 하늘에서도 매이고 땅에서 풀면 하늘에서도 풀리게 되는 "천국 열쇠"를 맡기심은 복음을 맡기심에 다름없다. 이는 비록 사도들과 제자들이 가르치고 전하는 일을 감당하기는 하나 선지자직을 궁극적으로 감당하시는 분은 주님이시라는 것을 말해주고 있다(마 16:17-19). 우리는 주님의 말을 들어야 한다(마 17:5). 귀가 열린 후가 아니고서야 혀가 풀려 분명한 말을 할 수가 없기 때문이다(막 7:35).2525)

결론적으로, 그리스도에 의해서 성경 계시는 완성되었으나, 그의 선지자적 중보

2525) 이 부분의 논의와 관련해서 다음을 일부 참조할 것. Letham, *The Work of Christ*, 91-102.

사역은 계속된다. "오직 주의 말씀은 세세토록 있도다"(τὸ δὲ ῥῆμα κυρίου μένει εἰς τὸν αἰῶνα)(벧전 1:25).

4. 2. 제사장직(sacerdotale munus)

하나님은 "흠 없고 점 없는 어린양 같은 그리스도의 보배로운 피로"(벧전 1:19) 우리의 죄 값을 삼으시고, 우리의 죄를 용서하시고, 우리와 화목하게 되신다. 속죄(expiatio)와 용서(propitiatio)와 화목(reconciliatio)이 십자가에서 다 이루신 그리스도의 의로 말미암는다(요 19:30). 구약의 제사장은 "상징적"(symbolical)이며 "모형적"(typical)이나, 그리스도는 "실제적"(real)이다. 아론의 직은 "그림자"(shadow)이나, 그리스도의 직은 "실체"(substance)이다.2526) 우리가 그 의로 "값 없이 의롭다 하심을 얻은 자"(δικαιούμενοι δωρεὰν)가 되었다(롬 3:24). 하나님이 아들을 "화목제물"(ἱλαστήριον)로 삼으시고 그 안에 있는 "속량으로 말미암아"(διὰ τῆς ἀπολυτρώσεως) 우리를 구원하셨다(롬 3:24-25). 그리스도가 "영원히"(εἰς τὸν αἰῶνα)(히 7:21) "멜기세덱의 반차에 따른"(κατὰ τὴν τάξιν Μελχισέδεκ)(히 5:6, 10; 7:11, 17; 시 110:4) "큰 대제사장"(ἀρχιερέα μέγαν)으로서(히 4:14) "더 좋은 언약의 보증"(κρείττονος διαθήκης……ἔγγυος)이자 "중보자", 곧 "새언약의 중보자"(διαθήκης καινῆς μεσίτης)가 되셨다(히 7:22; 8:6; 9:15; 12:24). 그리스도는 이 땅에 오셔서 "흠 없는 자기"(ἑαυτὸν……ἄμωμον)를, 곧 자기의 "몸"(τοῦ σώματος)을 "단번에 제물로 드려"(ἅπαξ[ἐφάπαξ]……διὰ τῆς θυσίας αὐτοῦ) "죄를 위하여 한 영원한 제사"(μίαν ὑπὲρ ἁμαρτιῶν……θυσίαν εἰς τὸ διηνεκὲς)를 올리셨다(히 9:14, 26, 28; 10:10, 12). 그리하여 "거룩하게 된 자들을 한 번의 제사로 영원히 온전하게 하셨다"(히 10:14).

주님은 자기 자신을 거룩하고 온전하게 하셔서(요 17:19; 히 5:7-9) "속죄"(piaculum)를 위한 "희생제물"(sacrificium)로 삼으시고 그것으로 십자가에서 제사를 드리신 "제사장"(sacerdos)으로서, 사람의 손으로 짓지 아니한 하늘의 참 성소-"참 장막", "더 크고 온전한 장막"-에 들어가셔서(히 8:1-2; 9:11) "하나님 앞에"(τῷ προσώπῳ τοῦ θεοῦ) 나타나셔서(히 9:24) 우리를 위하여 기도하시는 "중재자"(deprecator)가 되셨다.

2526) 참조. Hodge, *Systematic Theology*, 2.464-466; Letham, *The Work of Christ*, 139-148.

그리스도는 "영원한 화목의 법에 따라서"(aeterna reconciliationis lege) 우리를 위한 "제물"(hostia)이 되시고 "영원한 중재자"(aeternus deprecator)로서 우리를 자신과 "한 몸으로"(in societatem) 삼으심으로써 우리가 하나님의 나라를 위하여 제사장과 나라가 되게 하신다(계 1:6).[2527]

이렇듯 주님은 멜기세덱의 반차에 따른 제사장으로서 구약의 제사장들과는 구별된다. 또한 "제사장인 제물"(hostia qui sacerdos)이 되심으로 멜기세덱과도 구별된다. 멜기세덱은 살렘 왕으로서 모든 택한 백성의 아비인 아브라함을 축복한 제사장이라는 점에서 레위 지파의 아론의 반차에 따른 제사장들과는 구별되지만(히 7:1-10), 그 역시 자기 자신을 제물로 삼은 적은 없었기 때문이다.[2528]

선지자가 백성을 향한 하나님의 대리자라면, 제사장은 하나님을 향한 백성의 대리자다. 제사장의 직무는 크게 두 가지이다.

첫째, "하나님께 속한 일에 사람을 위하여(ὑπὲρ ἀνθρώπων) 예물과 속죄하는 제사를 드리는" 일이다(히 5:1). 주님은 자기 자신을 제물로 삼아 단번에 영원한 제사를 드리셨다(히 5:1-10; 7:1-28; 9:11-15, 24-28; 10:11-14, 19-22; 12:24). "그의 영혼을 속건 제물로(אָשָׁם) 드리셨다"(사 53:10).

사도 바울은 여러 서신에서 그리스도가 "화목제물로 세우신" 바 되셨고(롬 3:25) "우리의 유월절 양"(τὸ πάσχα ἡμῶν)으로 "희생이 되셨고"(고전 5:7) "우리 죄를 위하여 죽으시고"(고전 15:3) "우리를 위하여 자신을 버리사 향기로운 제물과 희생제물로 (ἑαυτὸν ὑπὲρ ἡμῶν προσφορὰν καὶ θυσίαν τῷ θεῷ εἰς ὀσμὴν εὐωδίας) 하나님께 드리셨느니라"(엡 5:2)고 전한다.

사도 요한은 그리스도가 "세상 죄를 지고 가는 하나님의 어린 양"(ὁ ἀμνὸς τοῦ θεοῦ ὁ αἴρων τὴν ἁμαρτίαν τοῦ κόσμου)(요 1:29)으로서 "우리 죄를 위한 화목제물"(ἱλασμός ……περὶ τῶν ἁμαρτιῶν ἡμῶν)(요일 2:2; 4:10)이 되셨음을 선포하고 "광야에서 뱀을 든 것같이 인자도 들려야 하리니"라고 전했다(요 3:14).

베드로에 의하면 그리스도는 "친히 나무에 달려 그 몸으로 우리 죄를 담당하셨으니"(벧전 2:24) "단번에(ἅπαξ) 죄를 위하여 죽으사 의인으로서 불의한 자를 대신하셨

[2527] Calvin, *Institutio*, 2.15.6 (CO 2.366-367).

[2528] 참조. Turretin, *Institutio Theologiae Elencticae*, 14.9.1-32 (2.358-367).

다"(벧전 3:18).

둘째, 백성을 위하여 중재하시며 기도하시는 일이다. "아버지 앞에서 우리에게 대언자가(παράκλητον) 있으니 곧 의로우신 예수 그리스도시라"(요일 2:1). 그는 "항상 살아 계셔서" "자기를 힘입어 하나님께 나아가는 자들"과 "범죄자"를 위하여 기도하신다(히 7:25; 사 53:12). 그는 "하나님 우편에 계신 자요 우리를 위하여 간구하시는 자"(ὅς καί ἐστιν ἐν δεξιᾷ τοῦ θεοῦ, ὅς καὶ ἐντυγχάνει ὑπὲρ ἡμῶν)이시다(롬 8:34).

예수 그리스도는 멜기세덱의 반차에 따른 영원한 왕이시며 대제사장이시다. 그의 통치는 만대의 만사에 미친다. 그의 다스리심은 보혜사 성령을 부어주심에 있다. 이를 통하여 그는 친히 "대언자"(παράκλητος)가 되신다(요일 2:1). 그러므로 그는 '왕-제사장' 혹은 '제사장-왕'의 직분을 감당하신다. 이러한 중재와 대언의 사역은 지상에서도 수행되었으나(눅 23:34; 요 17:20; 히 5:7) 승천하신 후 하나님의 보좌 우편에서 본격화되었다. 이제 하나님이 [너희와] 함께"(παρ' ὑμῖν) "[너희] 속에"(ἐν ὑμῖν) '거하시고 계시기'(μένει καὶ……ἔσται) 때문이다(요 14:17). "우리가 그 안에서 그를 믿음으로 말미암아 담대함과 확신을 가지고 하나님께 나아감을 얻느니라"(엡 3:12). 성경은 "파라클레토스"(παράκλητος)라는 이름이 원래 그리스도께 돌려짐을 알린다(요 14:26; 15:26; 16:7; 요일 2:1). 주님은 자신이 부어주실 성령을 "또 다른 보혜사"(ἄλλον παράκλητον)라고 칭하신다(요 14:16). 사도 바울은 "하나님의 영"(πνεῦμα θεοῦ)과 "그리스도의 영"(πνεῦμα Χριστοῦ)(롬 8:9)이라는 이름을 함께 사용한다. 우리에게는 두 "대언자"가 있다. 그리스도는 사탄의 참소를 물리치고 언약의 백성을 위하여 변론하신다(슥 3:1; 히 7:25; 요일 2:1; 계 12:10). 성령은 "죄"와 "의"와 "심판"에 대하여 세상을 책망하시고(요 16:8) 그리스도 자신과 그가 행하신 것과 가르치신 것을 깨닫게 하신다(요 14:16; 15:16; 16:14).

구약의 대제사장은 성소 밖에서 제물을 잡아서 그 피를 향과 함께 지성소로 가져가 속죄소에 뿌려 드린다. 그리스도는 성문 밖에서 죽임을 당하시고 하늘의 보좌로 나아가 우리를 위하여 하나님 앞에서 영원히 중재하신다. 그리스도의 제사장직은 이러한 천상의 중재로 계속된다. "그리스도께서는 참 것의 그림자인 손으로 만든 성소에 들어가지 아니하시고 바로 그 하늘에 들어가사 이제 우리를 위하여 하나님 앞에 나타나시고"(히 9:24). "하나님 앞에 나타나시고"(τῷ προσώπῳ τοῦ θεοῦ ἐμφανισθῆναι)는 하나님의 "면전에 자신을 드러내심"(ἐμφανίζειν ἑαυτόν τινι)을 뜻한다. 그는 "항상 살아 계셔서" "우리를 위하여 간구하시는 자"이시다(롬 8:34; 요 17:9; 히 7:25). 여기에서 '위하여'(ὑπέρ) '간구하다'(ἐντυγχάνειν)는 누구를 대신해서 말하는 것과 만나는 것을 의미한다. 주님의 중재는 엘리야가 "이스라엘을(κατὰ τοῦ Ἰσραήλ) 하나님께 고발한" 것과 같이 잘못된 것을 "거슬러"(κατά) 간구하는 것도 포함된다(롬 11:2). 그리스도의 지상 사역은 천상에서의 중보사역의 준비라고 볼 수 있다. 주님이 제자들과 맺으신 새언약은 하늘의 성소에 들어가서 하나님의 면전에서 친히 간구하심으로써 성도의 구원을 이루심에 대한 약속으로서 제시된다. 주님은 단순히 자신의 "피를 가지고" 하늘의 참 성소에 들어가셔서 한 번 그 피를 드리신 것이 아니라 그 "피를 통해서" 그곳에 들어가셔서 그 공로로 계속적으로 중보하심으로써 다 이루신 그 의를 성도들에게 전가하신다. 바빙크가 그리스도의 제사장직을 "역사적이며 또한 초역사적"이라고 말하는 것은 이러한 관점에서이다.[2529]

머레이는 그리스도가 "지극히 크신 이의 보좌 우편"(히 8:1)에서 행하시는 대제사장적 활동을 다음과 같이 네 가지로 설명한다.

첫째, 그리스도는 우리의 구원을 완성하시기 위해 기도의 중보를 하신다(롬 8:34; 히 7:25). 주님의 중보는 속죄의 공로에 기초한다. 제사장적 직능의 중보적 측면은 화목제물이라는 측면과 결코 분리되어서는 안 된다. 주님의 대제사장적 기도는 엄밀하게 말해서 구원의 효력의 영역 안에 있다. 그 대상은 구원의 상속자들이다(요 17:20-21). 그리스도의 속죄 사역은 다 이루어졌지만 그 의를 전가해서 개인과 교회의 구원을 이루는 과정은 아직 완성되지 않았으므로 그 경륜의 질서는 여전히 작용하고 있다. 이러한 경륜은 삼위일체 하나님의 동사(同事)로 이루어진다. 그리스도는 그와 함께 한 상속자들이(롬 8:17) 자신의 영광을 보기 원하여(요 17:24), 그들에게 또 다른 보혜사—보혜사 성령—를 보내심으로써(요 14:16) 그들이 아들의 이름으로 무엇이든 구하게끔 하신다(요 16:26). 주님의 중보기도는 비하와 승귀를 통해서 지상에서 다 이루신 구원의 의를 언약의 자녀들에게 적용시키는 전(全) 구원서정(救援序程, ordo salutis) 가운데 역사한다. 하늘에서의 중보기도는 화목제사와 마찬가지로 메시아적 직능이다. 그러므로 그것은 구원의 경륜을 좇아 수행된다.

둘째, 그리스도는 우리를 위하여 시험을 받으시고 고난당하셨기 때문에 우리의

[2529] Bavinck, *Reformed Dogmatics*, 3.476-479.

대언자가 되신다(히 2:17-18; 4:14-15; 9:24). 그가 화목제물로 자신을 드려 그 육체가 "새로운 살 길"이 되었다(히 10:20). 그리하여 누구든지 그의 "피를 힘입어" "성소에 들어갈 담력"을 얻게 되었다(히 10:19).

셋째, 그리스도는 하나님의 집을 다스리는 대제사장이시다(히 10:21). 하나님의 집은 소망의 담대함과 자랑을 끝까지 견고하게 잡은 하나님의 백성(히 3:1-6), "산 돌같이 신령한 집"(벧전 2:5), 주님의 "몸"인 교회를(엡 1:23; 5:30) 의미한다.

넷째, 그리스도의 영원한 대제사장적 중보는 구원의 경륜을 최종적으로 완성하는 종말론적 성격을 띤다. 주님의 지상에서의 사역과 하늘에서의 사역은 연속되며 서로 의존한다. 비하와 승귀는 단지 변증법적인 상승의 과정이 아니라 구원의 의를 다 이루시고 그것을 전가해주시는 신인양성의 중보자 그리스도의 이중적 상태(status duplex)를 의미한다. 비하가 없는 승귀는 신화(神化)에 불과하고, 승귀가 없는 비하는 인화(人化)에 불과하다.[2530]

그리스도의 중재에 관해서 상반되는 두 극단적인 견해가 있다.

첫째, 이를 성도들의 구원을 위하여 계속되는 그리스도의 새로운 사역이라고 보는 경우이다. 이렇게 본다면 십자가에서의 다 이루심이 무색해지고, 비하와 승귀의 구별이 무의미하게 된다.

둘째, 그 반대로 그리스도의 천상의 중재는 그가 더 이상 참 인성 가운데 남아있지 않기 때문에 단지 구술적일(vocalis, verbalis, oralis) 뿐이라고 보는 경우이다. 승천 이후 주님의 인성이 신성의 속성들을 받아서 변화된다고 보는 루터파 신학자들은 이를 지지한다. 그들은 혈과 육은 하나님의 나라를 상속할 수 없다는 말씀을(고전 15:50) 증거구절로 제시하고, 그리스도의 중재를 둘로 나누어서, 일반적 중재는(눅 23:34) 모든 사람을 위한 것이고 특별한 중재는(요 17:9, 20) 택함받은 백성만을 위한 것이라고 주장한다. 그리스도의 중재는 삼위 하나님의 영원한 작정에 따라 무조건적 은혜로 베풀어지는 대리적 속죄를 믿는 언약백성들만을 위한 것이므로 이러한 견해는 그릇되다. 한편, 로마 가톨릭의 성인들의 중보(Intercession of Saints)는 사실상 우상숭배이며 미신이다. 우리의 유일하신 중보자는 우리를 위한 대제사장이시

2530) 참조. Murray, "The Heavenly Priestly Activity of Christ," in *Collected Writings of John Murray*, 1.44-58.

다.[2531] 우리에게는 유일하신 대제사장 예수 그리스도가 계신다. 구약의 제사장은 실상 제사장이 아니라 예표이다. 신약에서 제사장이라고 불리는 경우에 그것은 제사장(ιερεύς)이 아니라 말씀을 전하는 장로(πρεσβύτερος)를 뜻한다. 그러므로 로마 가톨릭이 사역자를 제사장이라고 부르면서 열쇠의 권한이 그 가운데 있다고 보는 사제중보주의는 전혀 기독교적이지 않다.[2532]

핫지가 지적하듯이, 개혁신학자들은 이러한 극단론을 피하고 그리스도의 중재가 다음을 포함하는 것으로 여긴다.

첫째, 그리스도는 자신의 사역으로 죄사함과 성령의 은사와 모든 선한 것을 받게 하시려고 우리의 죄를 위한 희생제물이자 대제사장으로서 하나님 앞에 나타나신다. 이는 의의 전가를 뜻한다.

둘째, 하나님 앞에서 우리의 죄사함을 간구하신다. 이는 율법의 선고(sentence)와 사탄의 비난(charges)에 대한 변호에 해당한다.

셋째, 성도의 거룩한 삶을 위하여 기도하신다. 이렇듯 거룩하고 온전한 산 제물로 자신을 드리신 그리스도의 의는 칭의와 성화를 포함한 구원의 전 과정에 미친다.

넷째, 자신의 공로로 구속받은 백성들을 제물로 올려드리고, 그들의 기도와 예배를 거룩하게 하시며, 그것이 하나님 앞에 받아들여질 만하게 하신다. 이는 하나님이 인류를 지으신 본래 목적에 부합한다.[2533]

4. 3. 왕직(regium munus)

구약시대 왕과 제사장은 성격을 달리했다. 왕은 백성을 지키고, 보존하고, 다스리는 권세를 부여받은 반면, 제사장은 백성을 위하여 제사를 드리고 중재하는 역할을 감당하였다. 모두 하나님의 대리인(vicar)으로서 기름부음을 받았지만, 왕은 하나님의 권능과 자비와 은총을 전 영역에 걸쳐서 일반적으로 드러내고 베푼 반면에, 제사장은 하나님이 정하신 바대로 구체적인 제사와 절기와 기도를 올려드리는 일

2531) Hodge, *Systematic Theology*, 2.592-595.
2532) Hodge, *Systematic Theology*, 2.466-468.
2533) Hodge, *Systematic Theology*, 2.593-594.

을 감당하였다.[2534]

주님은 우리를 위하여, 성령으로 잉태되시고 지상의 삶 동안에 거룩하고 온전하게 준비하신 자신의 몸을 제물로 삼아, 단번에 영원한 제사를 하나님께 드리심으로 대속의 모든 의를 다 이루셨다(롬 6:10; 히 2:11; 5:8-9; 7:27; 10:10, 12, 14; 벧전 1:19; 3:18; 요 17:19). 그리고 부활하시고 승천하셔서 하나님 보좌의 우편에서 보혜사 성령을 부어주심으로 다 이루신 그 의를 우리의 것으로 삼아주셨다. 주님은 염소와 송아지가 아니라 자기 자신을 드리심으로 단번에 영원한 속죄를 이루시고 그 의를 우리에게 전가해주시는 "새언약의 중보자"(히 9:15, 12:24), "더 좋은 언약의 보증"과 "중보자"가 되셨다(히 7:22; 8:6).

구원은 소유가 아니라 존재에 관계된다. 그것은 단지 우유(偶有)적(accidentalis)이지 않으며, 인격적(personalis)이다. 주님은 우리 자신을 위하여 '자기 자신'(ἑαυτὸν)을 드리셨다(엡 5:2, 25; 갈 1:4; 딛 2:14; 히 9:12, 14). 그리하여 우리가 그 자신을 받아들여 그와 하나가 되게 하셨다. 십자가에서 다 이루신 주님의 의의 질료(materia)는 주님 자신이며 그 값(pretium)은 영생이다. 그러므로 의의 전가(imputatio iustitiae)가 그리스도와의 연합(unio cum Christo)이라고 일컬어진다.

주님이 '위로' 자기 자신을 아버지께 올려드리심이 제사장직이며, '아래로' 자기 자신을 우리에게 내려주심이 왕직이다. 주님은 죽기까지 복종하심으로 자기 자신을 아버지께 올려드리신 그 의로 자기 자신을 우리에게 내려주셨다. 아버지께 올려드리심이 없으면 우리에게 내려주심이 없다. 곧 제사장직이 없으면 왕직이 없다. 주님이 우리를 다스리시는 방식 혹은 질서(modus sive ratio gubernandi)는 자기 자신을 우리에게 주심에 있다. 보혜사 성령의 임재로 이 일이 이루어졌다. 주님의 통치는 그 자신이 우리 안에 들어와 사심(갈 2:20; 빌 2:13; 골 1:29; 고후 13:5), 우리와 하나가 되심(요 17:21-26), 우리에게 자신의 살과 피를 나누심(고전 11:24-25), 우리를 지체로 삼는 머리가 되심(엡 1:22; 2:16; 4:15; 5:30; 골 1:18), 우리를 빛으로 삼는 참 빛이 되심(요 1:9; 요일 1:5; 엡 5:8), 우리와 형제가 되심(히 2:11), 우리와 함께 자녀 되시며 상속자 되심(롬 8:17), 우리와 함께 지체되고 약속에 참여하는 자 되심(엡 3:6), 우리와 함께 하나님의 보좌 우편에서 다스리심(엡 2:5-6) 등으로 특정된다.

2534) 참조. Turretin, *Institutio Theologiae Elencticae*, 14.8.7 (2.357).

주님은 "자기의 피로 영원한 속죄를 이루사 단번에 성소"에 들어가셨다(히 9:12). 그리고 "하나님 우편"에서(히 10:12), 아버지의 "약속하신 성령"을 부어주셨다(행 2:33; 요 15:26). 주님은 멜기세덱의 반차에 따른 '왕-제사장' 혹은 '제사장-왕'이시다(히 5:10; 7:11; 시 110:4). 면밀히 말해서, "예수"라는 이름이 제사장 직분을 칭한다면, "임마누엘"이라는 이름은 왕의 직분을 칭한다(마 1:21, 23). 주님이 십자가에서 모든 의를 다 이루심으로 "예수"라는 이름이 성취되었다(요 19:30). 이는 그가 자신을 아버지께 드리심을 뜻한다. 그리고 그가 보혜사 성령으로 우리 안에 들어오심으로 "임마누엘"이라는 이름이 성취되었다. 이는 그가 우리에게 자신을 주심을 뜻한다. 이제 그는 우리와 "함께", 우리 "속에" 살고 계신다(요 14:17; 갈 2:20; 골 1:27). "자기 목숨을 많은 사람의 대속물"로 드리심으로 제사장직이(마 20:28), 보혜사 성령으로 자기 자신을 우리에게 주심으로—그리하여 "세상 끝날까지" 우리와 "항상 함께" 계심으로—왕직이 수행되었다(마 28:20). 그는 이 땅에 오신 "평강의 왕"이시다. 우리는 모든 것을 거저 다 받았으니 거저 주어야 한다. 여기에 우리를 "왕 같은 제사장들"로 삼으신(벧전 2:9) 하나님의 뜻이 있다.

칼빈은 그리스도의 왕직을 다루면서 그의 "인격"(persona)의 고유한 "능력"(vis)과 "영원성"(aeternitas)에서 그 근거를 찾는다. 그리스도의 왕권은 "교회의 영구성"(ecclesiae perpetuitas)과 개개인의 "영생의 은혜"(beata immortalitas)에 모두 미친다. 하나님의 자녀의 모임으로서 교회가 그러하듯이 그리스도의 영적인 왕국(regnum spirituale)도 영원하다. 그리스도의 왕국(regnum Christi)은 성도를 "복된 불멸에 대한 소망으로"(in spem beatae immortalitatis) 인도한다.[2535] 세속적 지배와는 달리 그리스도의 왕권은 철권(鐵拳)이 아니라 "내외적으로"(intus et extra) 부여되는 "성령의 은사들에"(donis spiritus) 의해서 작용한다.

> [그리스도의] 통치 질서는 그가 아버지로부터 받은 모든 것이 우리와 교통되게 하심에 있기 때문이다. 지금 그는 자신의 권능으로 우리를 무장시키시고, 자신의 장엄한 아름다움으로 우리를 장식하시고, 자신의 부요하심으로 우리를 부요하게 하시기 때문이다.[2536]

2535) Calvin, *Institutio*, 2.15.3 (CO 2.363-364).

2536) Calvin, *Institutio*, 2.15.4 (CO 2.364): "Quia talis est regnandi ratio ut communicet nobiscum quidquid accepit a patre. Iam quia nos potentia sua armat et instruit, decore et magnificentia ornat, opibus

이러한 사역은 오직 그리스도의 의의 전가로 말미암는다. 그러므로 우리가 "그리스도의 의로 옷 입는다"(iustitia eius vestiti)라는 말로 피치(被治)를 표현하는 것이다.2537) 그리스도의 왕직과 관련해서 칼빈은 성령의 임재로 말미암아 "하늘의 생명"(vita coelestis)이 우리에게 부여되었음을 특히 부각시킨다. 같은 맥락에서, "성령은 그리스도를 거처로 택하시고, 우리에게 필요한 하늘 보화를 그를 통하여 풍부하게 흐르게 하셨다"고 말한다.2538)

하나님과 사람 사이의 그리스도의 중보는 영원하다. "그 후에는……나라를 아버지 하나님께 바칠 때라"고 한 바울의 말을(고전 15:24) 언급하면서 칼빈은 이를 분명히 천명한다. 마지막 때에는 더 이상 거듭남도 거룩해짐도 없기 때문에 그리스도의 구원중보는 끝이 난다. 그럼에도 불구하고 하나님과 사람 사이의 "중보자"(medius)로서의 직분은 그치지 않는다. 하나님의 "대사"(legatus)로서 그리스도가 중보하시지 않는 이상, 피조물은 하나님 속에 거할 수도, 하나님께 영광을 돌릴 수도, 하나님과 함께 영화롭게 됨도 있을 수 없기 때문이다. 이러한 측면에서, 교회와 성도를 다스리는 그리스도의 왕직은 영원하며, 그의 왕국과 왕권도 영원하다. "아들 자신도……복종하게 되리니 이는 하나님이 만유의 주로서 만유 안에 계시려 하심이라"는 말씀은(고전 15:28) 성자의 영원한 중보를 부인하는 것이 아니라 오히려 그 고유성을 부각시키고 있다.2539)

그리스도의 왕직과 가장 밀접한 칭호는 주(主)라고 번역되는 구약의 '아돈'(אָדוֹן, אָדֹן) 혹은 '아도나이'(אֲדֹנָי)와 신약의 '퀴리오스'(κύριος)이다. 그리스도는 절대적인 소유자(absolute proprietor), 주권적인 통치자(sovereign ruler)이시다. 그는 야곱에서 나온 "한 별"(כּוֹכָב)이며 이스라엘에서 일어난 "한 규"(שֵׁבֶט)이시다(민 24:17). 다윗의 가문과 맺은 언약에 따라 그리스도의 왕직은 영원하다(삼하 7:16). 그는 "평강의 왕"(שַׂר־שָׁלוֹם)이시다(사 9:6). "만군의 여호와의 열심이"(קִנְאַת יְהוָה צְבָאוֹת) 그의 일을 이루신다(사 9:7). 하나님은 아들을 거룩한 도성의 왕으로 세우셨다. 그의 왕권은 미

---

locupletat."

2537) Calvin, *Institutio*, 2.15.4 (CO 2.364-365).

2538) Calvin, *Institutio*, 2.15.5 (CO 2.365): "……spiritus sanctus instillat, qui sedem in Christo delegit, ut inde large ad nos scaturirent coelestes divitiae quarum adeo sumus egeni."

2539) Calvin, *Institutio*, 2.15.5 (CO 2.365-366).

치지 않는 곳이 없다.

내가 나의 왕을 내 거룩한 산 시온에 세웠다 하시리로다……너는 내 아들이라 오늘 내가 너를 낳았도다 내게 구하라 내가 이방 나라를 네 유업으로 주리니 네 소유가 땅 끝까지 이르리로다(시 2:6-8).

"인자 같은 이"(כִּדְמוּת בְּנֵי אָדָם)에게 "권세와 영광과 나라"(וִיקָר וּמַלְכוּ וְכֹל עַמְמַיָּא)가 부여된 바, "그의 권세는 소멸되지 아니하는 영원한 권세요 그의 나라는 멸망하지 아니한다"(단 7:13-14; 10:16). "이스라엘을 다스릴 자"(מוֹשֵׁל בְּיִשְׂרָאֵל)의 "근본은 상고에, 영원에"(וּמוֹצָאֹתָיו מִקֶּדֶם מִימֵי עוֹלָם) 있다(미 5:2). "그는 공의로우시며 구원을 베푸시며 겸손하여서"(צַדִּיק וְנוֹשָׁע הוּא עָנִי) 지극히 낮은 곳에서 자기 자신을 드리신(슥 9:9) "기름부음을 받은 자 곧 왕"(מָשִׁיחַ נָגִיד)이셨다(단 9:25). 시편은 오실 그리스도가 정의를 사랑하시고 베푸심으로 만민이 만세에 찬송을 올려드릴 분(45:1-17), 의인을 높이시고 악인을 징계하며 백성의 억울함을 풀어주고 궁핍함을 채워주시는 분(시 72:1-19), 멜기세덱의 반차에 따른 영원한 제사장으로서 하나님의 오른쪽에서 다스리시는 분(시 110:1-7)으로서 "왕"(מֶלֶךְ)이 되심을 노래하고 있다.

신약에 있어서 그리스도의 왕직은 그의 성육신을 알리는 천사의 음성을 통하여 이미 선포된다.

그가 큰 자가 되고 지극히 높으신 이의 아들이라 일컬어질 것이요 주 하나님께서 그 조상 다윗의 왕위를(τὸν θρόνον Δαυὶδ τοῦ πατρὸς αὐτοῦ) 그에게 주시리니 영원히 야곱의 집을 왕으로 다스리실 것이며 그 나라가 무궁하리라(τῆς βασιλείας αὐτοῦ οὐκ ἔσται τέλος)(눅 1:32-33).

세례 요한은 그리스도의 길을 예비한 자로서 "회개하라 천국이(ἡ βασιλεία τῶν οὐρανῶν) 가까이 왔느니라"고 선포하였다(마 3:2).

세례 요한이 전한 "하나님의 복음"(τὸ εὐαγγέλιον τοῦ θεοῦ)은 "하나님의 나라"(ἡ βασιλεία τοῦ θεοῦ)가 임박했다는 소식이었다(막 1:14-15). 요한복음 18:33-38은 빌라도의 심문 과정에서 주님이 자신이 왕이심을 밝히시고 자신의 왕국이 세상에 속한 것이 아니심을 알리신 말씀을 다른 어떤 복음서들보다 자세히 다루고 있다.[2540] 이는 그리스도의 비하가 승귀 이후 왕직을 수행하시기 위함이라는 것을 강조하는 요한복음의 전체 맥락 가운데 있다.[2541] 주님이 죽임을 당하신 죄명은 죄패(罪牌)에 쓰인 대로 "유대인의 왕"(ὁ βασιλεὺς τῶν Ἰουδαίων)을 참칭(僭稱)했다는 것에 있었다(막 15:26; 요 19:19). 서기관과 장로들은 십자가에 달리신 주님을 조롱하면서 "그가 남은 구원하였으되 자기는 구원할 수 없도다 그가 이스라엘의 왕(βασιλεὺς Ἰσραήλ)이로다 지금 십자가에서 내려올지어다 그리하면 우리가 믿겠노라"고 하였고(마 27:42), 군인들은 "네가 만일 유대인의 왕(ὁ βασιλεὺς τῶν Ἰουδαίων)이면 네가 너를 구원하라"고 하면서 가세했다(눅 23:37). 이렇듯 하나님은 악인들의 입을 들어서라도 주님의 왕직을 선포하게 하셨다.

그리스도의 왕권은 왕의 권세와 지배, 그 권세에 속한 사람들, 그 권세의 작용과 영향을 포함한다. 아버지는 아들을 통하여 다스리시므로 '하나님의 왕국'은 '그리스도의 왕국'이라고 불린다. 그리스도의 왕권은 하나님의 신적 왕권과 중보적 왕권으로 구별된다.

신적 왕권은 삼위 하나님으로서 가지시는 왕권으로서 본질적, 절대적, 영원적, 불변적, 비유래적이다. "여호와께서 그의 보좌를 하늘에 세우시고 그의 왕권으로 만유를 다스리시도다"는 말씀은 이를 지칭한다(시 103:19).

중보적 왕권은 중보자 그리스도가 백성의 구원과 은혜언약과 관계해서 갖는 특별한 왕권으로서 하나님의 영광을 위하여 그리고 하나님의 구원 계획을 실행하기 위하여 교회와 성도와 천지만물을 통치하는 직권이라고 할 수 있다. 아버지는 아들에게 모든 것을 주셨다(마 11:27). "하늘과 땅의 모든 권세"가 아들에게 부여되었다(마 28:18). 아버지는 아들에게 "모든 이름 위에 뛰어난 이름을 주사" "하늘에 있는 자들과 땅에 있는 자들과 땅 아래에 있는 자들로 모든 무릎을 예수의 이름에 꿇게 하시고 모든 입으로 예수 그리스도를 주라(κύριος) 시인하게" 하셨다(빌 2:9-11). 하나님이 그를 "하늘에서 자기의 오른편에 앉히사 모든 통치와 권세와 능력과 주권과 이 세상뿐 아니라 오는 세상에 일컫는 모든 이름 위에 뛰어나게 하시고 또 만물을

[2540] 참조. Leo J. O'Donovan, "Approaches to the Passion," *Worship* 48/3 (1974), 139.

[2541] 참조. Victor C. Pfitzner, "Coronation of the King: The Passion in the Gospel of John," *Currents in Theology and Mission* 4/1 (1977), 10-21.

그의 발 아래에 복종하게 하시고 그를 만물 위에 교회의 머리로(κεφαλὴν ὑπὲρ πάντα τῇ ἐκκλησίᾳ) 삼으셨다"(엡 1:20-22).

중보적 왕권은 지상의 예수의 사역 가운데 계속되었는데, 그것의 요체는 베푸심에 있었다. 배고픈 자를 먹이시고, 소외된 자를 돌보시고, 소경의 눈을 뜨게 하시고, 병든 자를 고치시고, 귀신을 내쫓으시고, 죽은 자를 일으켜 세우셨다. 세례 요한은 이러한 일들을 통해서 예수가 왕으로 오실 분으로 예언된 메시아이신 줄 알았다(마 11:3-5). 예수는 귀신이 쫓겨남을 가리키면서 하나님의 나라가 이미 제자들 "안에" 임하였음을 선포하셨다. 그리하여 자신의 왕직이 이미 계시되었음을 우회적으로 드러내셨다(눅 11:20; 17:20-21).[2542] 주님은 부활하신 후 40일 동안 사람들에게 보이시며 "하나님 나라의 일"(τὰ περὶ τῆς βασιλείας τοῦ θεοῦ)을 말씀하심으로 부활, 승천, 재위로 이어지는 승귀의 의미가 자기 자신을 주심으로 하나님의 백성을 다스리는 왕권에 있음을 알리셨다(행 1:3; 10:40-42; 13:31).[2543]

중보적 왕권은 교회와 성도의 머리로서 다스리시는 영적 왕권과 만물의 보존과 운행과 통치를 주장하시는 우주적 왕권으로 나눌 수 있다. 영적 왕권은 교회의 머리로서(엡 1:22; 4:15; 5:23; 골 1:18; 2:19) 그리스도가 왕의 권위를 가지고 자신과 유기적으로 연합된 지체들을 다스리는 권세를 말한다. 이는 구약과 신약에 모두 미친다. 아들을 유일하신 중보자로 삼아 언약의 백성을 다스림은 영원한 삼위 하나님의 작정에 따른 것이었다. 그리스도는 "만세 전부터, 태초부터, 땅이 생기기 전부터" 계신 영원한 "지혜"(חָכְמָה), 곧 "말씀"(λόγος)이셨다(잠 8:23; 요 1:1). 신구약의 교회는 한 연합체(societas)를 형성한다(행 7:38; 롬 11:11-24; 갈 3:7-9, 29; 엡 2:11-15). 왜냐하면 "교회의 머리"가 유일하시기 때문이다(엡 1:22; 4:5). 그리스도의 영적 왕권은 무형교회(비가시적 교회, ecclesia invisiblis)와 유형교회(가시적 교회, ecclesia visibilis)에 모두 미친다. 그리스도와 교회와의 관계는 또한 신랑과 신부의 관계(요 3:29; 계 21:2), 아내와 남편의 관계(엡 5:25; 계 21:9), 맏아들과 다른 형제들과의 관계(롬 8:29; 히 2:11), 머릿돌과 건물과의 관계(마 21:42; 행 4:11; 벧전 2:4-8), 포도나무와 가지와의 관계(요 15:1-2) 등으로 묘사된다.[2544]

[2542] 참조. 박형룡, 『교의신학 기독론』, 284-285.

[2543] Bavinck, *Reformed Dogmatics*, 3. 444.

[2544] 이와 관련하여 다음을 참조. 문병호, "칼빈의 교회론: 삼위일체론적-기독론적 관점에서", 『칼빈신학: 근본 성경교

핫지는 그리스도의 왕국을 "권능의 왕국"(regnum potentiae), "은혜의 왕국"(regnum gratiae), "영광의 왕국"(regnum gloriae) 셋으로 나누고, 영적 왕권을 "은혜의 왕국"과 관련시킨다. "육체의 일"을 버리고(고전 6:9-10; 갈 5:19-21) "물과 성령으로" 거듭나서(요 3:5) "돌이켜 어린 아이들과 같이"(마 18:3) 되지 않는 한, "하나님의 나라를 유업으로" 받을 수 있는 자는 아무도 없다. 그리스도를 주라 부른다고 해서 모두 천국에 들어가는 것이 아니라(마 7:21), 오직 마음의 할례를 받은 진정한 아브라함의 후손만이 그리할 수 있다(갈 5:6; 벧전 3:21; 롬 2:28; 9:6; 마 3:9). "은혜의 왕국"에는 서기관과 바리새인과 같이 자기의 자질과 공로를 잣대로 삼아 자의(恣意)로 말씀을 가감(加減)하는 외식(外飾)하는 의(δικαιοσύνη)로는 들어갈 수 없으며(마 5:20), 각자를 값 주고 사신 그리스도를 믿는 믿음으로만 들어갈 수 있다(고전 6:19-20; 롬 3:24). 이러한 전적인 은혜 가운데, 자기를 부인하고 십자가를 지고 주님을 따르는 삶의 열매가 맺힌다(마 10:37-39; 16:24; 고전 6:19-20; 살후 3:8; 요일 3:17; 요 15:13).[2545]

영적인 왕권이 이렇듯 그리스도의 구원중보와 관련되는 반면, 우주적 왕권은 그의 창조중보와 관련된다.[2546] "만물이 그에게서……그로 말미암고 그를 위하여 창조되었다"(골 1:16). 그가 만물 위에 계시며 만물을 그 발 아래 다스리신다(시 8:6; 엡 1:22; 고전 15:25, 27; 히 2:8). "하늘과 땅의 모든 권세"가 그에게 부여되었다(마 28:18; 엡 1:20-22; 빌 2:9-11; 히 1:13; 2:6-9). 단번에 영원한 제사를 드리신 주님이 보좌 우편에서 사망을 멸하시기까지 만물을 다스리신다(히 10:12; 고전 15:24-28). "하나님이 그를 지극히 높여 모든 이름 위에 뛰어난 이름을 주사 하늘에 있는 자들과 땅에 있는 자들과 땅 아래에 있는 자들로 모든 무릎을 예수의 이름에 꿇게 하셨다"(빌 2:9-10). 그는 만물의 소유자시며 주권자시다. 그가 "만유의 상속자"라고 불리는 까닭이다(히 1:2).

이러한 우주적 왕권은 핫지가 말한 "권능의 왕국"에 관계되는 것으로서 "통치자들과 권세들과 이 어둠의 세상 주관자들과 하늘에 있는 악의 영들을 상대함이라"(엡 6:12), "모든 통치와 모든 권세와 능력을 멸하시고 나라를 아버지 하나님께 바

리 해석』, 548-551.

2545) 참조. Hodge, *Systematic Theology*, 601-608.

2546) 중보자 그리스도의 우주적 왕권은 하나님의 창조경륜의 종말론적 성취를 의미한다. 참조. Letham, *The Work of Christ*, 203-208.

칠 때"까지(고전 15:24) 계속된다. 그 때에는 "하나님이 만유의 주로서 만유 안에(τὰ πάντα ἐν πᾶσιν)" 계시게 된다(고전 15:28).2547) 여기에서 다루는 우주적 왕권은 영적인 왕권과 다를 바 없이 그 주체가 신인양성의 연합으로 계시는 성자의 인격이다.2548) 그러므로 그리스도의 성육신을 신성 자체와는 무관하게 여기고 단지 "하나님의 우선권(divine initiative)과 참 인성(true humanity)을 함께 연결시키는 것"으로 보아, 한 사람 예수가 하나님이 창조하신 이 세상에서 수행하는 사역 정도로 우주적 왕권을 다루는 것은 합당하지 않다.2549)

이러한 영적인 왕권(은혜의 왕국)과 우주적 왕권(권능의 왕국)은 핫지가 말한 "영광의 왕국"으로 이어진다. 이는 주님이 마지막 때 다시 오심으로 완성된다. 이 때 세계의 기초를 놓을 때부터 작정되었던 왕국이 실현된다. 그 특징은 다음과 같다.

첫째, 그것은 구속받은 사람들로만 구성된다. 악한 자들은 하나님의 나라를 유업으로 받지 못한다(갈 5:21).

둘째, 그 나라에 합당한 자들은 본성에 있어서 완전하며, 고귀함, 능력, 영광에 있어서 충만하다. 그들은 각각 왕과 제사장이 되며, 그리스도와 함께 다스리고, 그의 영광에 동참한다.

셋째, 그 나라는 영원하다.

넷째, 성도의 자연적인 몸이 영적이게 된다. 혈과 육은 하나님의 나라를 유업으로 받을 수 없기 때문에 죽는 것이 죽지 아니하는 것을, 썩는 것이 썩지 아니하는 것을 입는다(고전 15:50). 그들은 "썩지 아니할 것"(ἐν ἀφθαρσίᾳ), "영광스러운 것"(ἐν δόξῃ), "신령한 몸"(σῶμα ψυχικόν)으로 다시 살아난다(고전 15:42-44).

다섯째, 이 왕국의 처소는 분명히 계시되어 있지 않으나 단지 관념적이거나 추상적이지 않으며 실제적이고 구체적으로 존재한다.

여섯째, 언제 이 왕국이 시작될지에 대해서는 아무도 알 수 없다.2550)

히브리서에서는 그리스도의 희생제사가 영원하다는 사실에 근거해서 그의 왕직

2547) 참조. Hodge, *Systematic Theology*, 600-601.

2548) 네스토리우스는 위격적 연합 교리에 대한 그릇된 이해에 기초하여 구속중보와 창조중보를 분리해서 보았다. 이에 대해서, Letham, *The Work of Christ*, 204.

2549) 이러한 입장을 취하는 경우로서, Gunton, *Christ and Creation*, 52-53, 79.

2550) Hodge, *Systematic Theology*, 2.608-609.

의 영원함이 반복해서 증거된다(히 8:1-3; 9:12-14, 24-26).[2551] 이를 확정하기 위하여 멜기세덱의 반차에 따른 대제사장으로서 단번에 영원히 자신을 제물로 드리신 그가 그 영원한 의로써 영원히 다스리신다는 점이 부각된다(히 7:1-28).[2552] 무엇보다 히브리서 8:2의 "참 장막"(ὁ σκηνή ὁ ἀληθινός)을 주님의 참 인성으로 보는 경우, 이 말씀은 그가 신인양성의 중보자로서 영원히 중보하심에 대한 분명한 증거가 된다.[2553]

그리스도가 선포하고 이루신 하나님의 나라는 그가 죽기까지 복종하시고 그 값으로 자기 백성을 사서 나라를 삼으심(계 1:5-6; 5:9-10)으로 성취된다. 현재에 있어서 그것은 언약의 백성들이 흑암으로부터 그리스도의 나라로 옮겨지는 것을—곧 그들 안에 임함을—뜻하며(마 12:28; 눅 17:21-22; 골 1:13), 종말에 있어서 그것은 그리스도의 재림 이후 유형적이고 실제적인 왕국으로 실현되며 그의 완전한 주권을 드러낸다(마 7:21; 19:23; 22:2-14; 25:1-13, 34; 눅 22:29-30; 고전 6:9; 15:50; 갈 5:21; 엡 5:5; 살전 2:12; 딤후 4:18; 히 12:28; 벧후 1:11). 하나님의 나라는 그리스도가 세례를 받으시고 기름부음받아 왕으로 임직됨으로 시작되었다. 그리스도의 왕권은 영원한 왕권이다(눅 1:33; 단 2:44; 7:14, 18, 27; 히 1:8; 계 11:15). 마지막 때에는 "아들 자신도 만물을 복종하게 하신 이에게 복종케 되는데"(고전 15:28) 이는 그리스도의 왕권이 끝남을 말하지 않고 은혜의 통치가 직접적 신적—삼위일체적—통치로 바뀜을 뜻한다.[2554]

이 경우에도 성자는 신성에 따라서는 성부께 종속되지 않는다. 오직 종속은 인성에 따른 것일 뿐이다.[2555] 통치방식의 전환은 경륜의 차이를 말할 뿐, 신인양성의 중보자 그리스도의 존재방식의 변화를 초래하지 않는다.[2556] 그의 왕권이 영원

2551) 참조. Philip E. Hughes, "The Blood of Jesus and His Heavenly Priesthood in Hebrews, Part II. The High-Priestly Sacrifice of Christ," *Bibliotheca Sacra* 130/519 (1973), 195-212, 특히 195-196.

2552) 참조. Walter Edward Brooks, "Perpetuity of Christ's Sacrifice in the Epistle to the Hebrews," *Journal of Biblical Literature* 89/2 (1970), 205-214.

2553) 참조. Philip E. Hughes, "The Blood of Jesus and His Heavenly Priesthood in Hebrews, Part III. The Meaning of 'The True Tent' and 'The Greater and More Perfect Tent'," *Bibliotheca Sacra* 130/520 (1973), 305-309. 저자는 여기에서 오웬(John Owen)의 주석을 이러한 해석의 예로 제시한다.

2554) 참조. Berkhof, *Systematic Theology*, 407-410.

2555) 핫지는 이를 "아들로서의 아들의 종속이 아니라 신인으로서의 아들의 종속이다"고 하였다. Charles Hodge, *An Exposition of the First Epistle to the Corinthians* (Grand Rapids: Eerdmans, 1959), 333-334. Dahms, "The Subordination of the Son," 352에서 재인용.

2556) Richard A. Muller, "Christ and the Eschaton: Calvin and Moltmann on the Duration of the Munus

하므로, 그 왕국도 영원하다. 하나님의 왕국(regnum Dei)은 그리스도의 왕국(regnum Christi)으로서 영원하다. 제1차 콘스탄티노플 공의회(381)에서 "그의 나라는 끝이 없다"(οὗ τῆς βασιλείας οὐκ ἔσται τέλος, cujus regni non erit finis)라고 확정한 것은 이러한 뜻에서였다.[2557] 보혜사 성령은 구속사역을 완성하신 그리스도에 의해서 파송되셨으며(요 7:37-39) 그의 다 이루신 의를 전가해주시는 영이시므로 "그리스도의 영"이라고 불리신다(롬 8:9). 보혜사 성령의 "그리스도의 영"으로서의 임재가 그리스도의 통치이며, 그 통치, 왕권, 왕국은 영원하다.[2558] 교회와 천사들의 머리이신 그리스도의 대리적 속죄의 값은 영원히 역사한다.[2559]

그리스도는 교회의 머리로서 영원히 중보하신다. 그는 영원히 우리의 머리가 되시고, 우리를 축복하시고, 우리를 위하여 중재하신다.[2560] 머리를 떠난 몸은 있을 수 없기 때문이다(엡 1:21-22; 5:22-24). 마지막에 구속을 위한 중보자 직분을 완성했다고 하더라도 그리스도는 하나님과 사람의 연합을 위한 중보를 계속하신다. 중보자로서 그리스도의 위격적 연합은 종말에 해소되지 않는다. 그리스도의 영을 받아서 그와 연합한 사람마다(롬 8:9; 벧전 1:11) 종말에 하나님과의 연합으로 나아간다(계 21:3). 주님은 영화로운 백성들이 영광 가운데 영원히 하나님께 영광을 돌리도록 계속적으로 중보하신다. 그리하여 인간 창조의 본래의 목적을 완성하신다. 이러한 측면에서 그리스도의 구원중보는 궁극적으로 우주적 혹은 우주론적

Regium," *Harvard Theological Review* 74/1 (1981), 31-59, 특히, 40, 44-45, 59. 여기에서 저자는 칼빈의 고린도전서 15:24-28의 주석을(*CO* 49.546-550) 거론하면서 그가 칼빈의 왕국의 유한성과 마지막 때에 성자의 종속을 말했다고 곡해하는 몰트만을 비판한다.

2557) Schaff, *The Creeds of Christendom*, 2,57.

2558) 제1차 콘스탄티노플 공의회는 종말에는 로고스가 단자로 돌아가 인격적 존재임을 그치게 된다고 주장한 안키라의 마르켈루스(Marcellus of Ancyra)를 정죄하였다. 이로써 "성육신 상태를 아들 하나님이 영구히 지속하는 것을 교리화하였다." 서철원, 『교리사』, 378-379.

2559) Bavinck, *Reformed Dogmatics*, 3.481-482. 이러한 영원한 중보를 바빙크는 삼위일체론적으로 "하나됨의 중보직"(the mediatorship of union)이라고 부른다. 이 부분에 대한 각주에서 볼트(John Bolt)는 칼빈(John Calvin)은 하나님 나라의 영원성에 대해서 부정적이었다고 지적한다(3.482, n. 165). 그러나 칼빈의 견해를 그리스도의 나라가 유한하며 "심판 때 하나님 아버지에게 로고스가 나라를 넘겨준다"고 주장하는 안키라의 마르켈루스(Marcellus of Ancyra)의 입장과 동일시해서는 안 된다. 이에 대한 칼빈의 입장은, Calvin, *Institutio*, 2,14,3 (*CO* 2,356).

2560) 다음 글에서 저자는 이러한 하나님의 보좌 우편에서의 그리스도의 계속적 중보를 "대표"(representation), "축복"(benediction), "중재"(intercession)라는 세 가지 관점에서 설명한다. Philip E. Hughes, "The Blood of Jesus and His Heavenly Priesthood in Hebrews, Part IV, The Present Work of Christ in Heaven," *Bibliotheca Sacra* 131/521 (1974), 26-33.

차원을 드러낸다.[2561]

그리스도의 삼중직은 구속사적 성취와 구원론적 적용의 관점에서 계속적 중보로 다루어진다. 개혁신학자들은 의를 다 이루심과 다 이루신 의의 전가라는 두 측면에서 이를 논한다. 그리하여 삼중직이 주님의 비하와 승귀의 두 상태에 모두 관련됨을 강조한다.

판넨베르그는 이러한 입장을 철저히 거부한다. 그는 구약의 기름부음이 삼중직을 설명하는 근거가 될 수 없다고 본다. 선지자를 위한 도유는 열왕기상 19:16을 제외하고는 나타나지 않으며, 제사장직도 말하기는 하나 통상적이지는 않고, 대체로 왕직에 집중되어 있다는 점을 근거로 든다. 판넨베르그는 부활 전 예수의 직분은 오직 선지자직에 국한되었으며 부활 후 비로소 왕직과 제사장직이 수행되었다고 주장한다. 삼중직에 대한 판넨베르그의 이해는 개념에 대한 정의에서부터 지극히 상승기독론적이다. 선지자직과 관련하여, 성경에 기록된 예수의 가르침은 부활의 관점에서 회고적으로 기록되어 있을 뿐이므로 그를 가르치는 교사와 미래에 대한 예언을 전하는 묵시자(默示者)의 역할을 함께 수행했던 구약의 선지자와 비교할 수는 없다고 말하고, 왕직과 관련하여, 이는 부활의 감화 혹은 감화력과 관계될 뿐이라고 여기며, 제사장직과 관련하여, 성경은 헬라철학의 영향을 받아 자기 자신을 제물로 드린 제사장으로서 그가 우리를 위한 의가 되심을 선포하지만(롬 3:25) 그는 단지 자신의 운명에 순응한 한 사람일 뿐이었으므로 이를 속죄와 중재의 두 요소로 파악하는 것은 헛될 뿐이라고 주장한다.

판넨베르그는 성육신으로 주님이 신인양성의 위격적 연합 가운데 중보자의 직분을 수행하셨음을 부인한다. 판넨베르그에 따르면, 예수의 지상 사역은 부활에 비추어 확정됨으로써 비로소 그의 신성에 대한 고백의 증거가 될 뿐이다.

부활의 관점에서, 예수는 부활 전에도 그의 인격에 있어서 하나님과 소급적으로 (rückwirkend) 하나였다는 것은 사실이다. 그러나 예수의 부활 전 삶이 직접적인 의미에

[2561] 참조. Chul-won Suh, *The Creation-Mediatordship of Jesus Christ* (Amsterdam: Rodopi, 1982), 306-310. 이와 관련하여 다음을 참조. 문병호, "중보자 그리스도의 중보론: 서철원 박사 신학의 정수(medulla) I", 「신학지남」74/1 (2007), 26-46; "중보자 그리스도의 중보론: 서철원 박사 신학의 정수(medulla) II", 「신학지남」74/2 (2007), 182-201.

있어서 이미 신인(神人)이었다고 여긴다면, 우리의 생각은 신화(神話)적인 영역을 벗어날 수 없게 될 것이다. 예수의 부활은 그의 신성에 대한 우리의 인식을 위해서 뿐만 아니라 그것의 존재를 위해서도 구성적(構成的)이다(Die Auferweckung Jesu ist eben nicht nur für unsere Erkenntnis seiner Gottheit konstitutiv, sondern auch für ihr Sein). 부활의 관점에서, 예수는 그의 부활 전의 삶 전체에 있어서 하나님과 소급적으로(rückwirkend) 한 분이셨다. 그렇다고 하더라도, 죽은 자로부터의 부활이 없었다면, 예수는 하나님이 아니셨을 것이다.[2562]

이러한 입장에서 보면, 그리스도의 직분이 주는 유익은 그의 사역이 그의 운명과 어떤 관계를 맺고 있는지를 환기시키고 제사장직과 왕직에 대한 모형을 제시하는 정도에 그칠 뿐이다. 그나마 인정되는 선지자직도 미래에 확정될 것에 대한 예기로서 묵시적인 의미를 가질 뿐이다.[2563] 결론적으로, 판넨베르그에 의하면 예수의 삼중직은 사실상 모두 부인되고, 보편사적 관점에서 역사라고 추인된 부활이라는 사건을 중심으로 한 그리스도의 행적이 역사적 의미로서 남을 뿐이다. 상대적인 잣대로 세워진 부활이라는 사건이 절대적인 기준으로 행세할 뿐이다.

2562) Pannenberg, *Jesus-God and Man*, 224 (*GC* 230).
2563) 이상의 논의에 대해서, Pannenberg, *Jesus-God and Man*, 212-225 (*GC* 218-232).

성육신이 위격적 연합이며, 그것이 곧 비하의 시작이다. 그러므로 비하가 없으면 중보도 없고, 대리적 속죄의 공로와 의도 없다. 비하의 신분 가운데 비하의 사역이 수행되었다. 그리하여 비하의 의가 성취되었다. 비하는 승귀에 선행할 뿐만 아니라 그 조건 혹은 공로가 되며, 승귀는 비하에 후속할 뿐만 아니라 그 열매 혹은 목적으로서 나타난다. 비하와 승귀는 위격적 연합 자체가 아니라 그 가운데 일어나는 신인양성의 교통의 양상으로써 구별된다. 그리스도는 인성에 따라서 제한되시고 당하심으로써, 신성에 따라서 참으심으로써 낮아지시는 반면, 인성에 따라서 이전의 연약함을 벗어버리고 영혼과 육체 가운데 수용할 수 있는 최고의 완전함에 이르러 그 영광을 누림으로써, 신성에 따라서 그것과 연합된 종의 형체를 벗어버리고 그것의 신적 위엄을 완전히 드러냄으로써 높아지신다. 이러한 비하와 승귀의 두 상태는 모두 신인양성의 한 분 동일한 인격에 돌려진다. 이로부터 구속사적-구원론적 지평이 열리며 그 종말론적 가치가 추구된다.

제11장

그리스도의 비하와 승귀

1. 이중적 상태(status duplex)

비하(卑下, humiliatio)와 승귀(昇貴, exaltatio)는 기독론에 고유한 개념으로서 하나님의 아들로서 사람의 아들이 되신 신인양성의 중보자 그리스도의 두 상태(status duplex)를 의미한다. "상태"(status)는 "조건"(conditio)과 구별된다. 벌코프(Louis Berkhof, 1873-1957)가 말하듯이, "상태는 누군가의 삶의 지위와 자격 특히 법률적으로 어느 위치에 서 있는 법정적 관계를 뜻하는 반면에, 조건은 누군가의 실존의 방식으로서 특히 삶의 상황에 의해서 결정되어진 무엇을 뜻한다."[2564] "상태"가 어느 상황에 처한 신분을 말한다면 "조건"은 어느 신분에 따른 상황을 말한다고 볼 것이다. "상태"는 "조건"을 규정하고 "조건"은 "상태"를 확정한다. 벌코프가 예를 들 듯이, 피의자(被疑者)의 신분은 "상태"이고 그 신분 가운데 구금(拘禁)된 상황은 "조건"이다. 이러한 관점에서 볼 때, 중보자로서의 주님의 인격(persona)과 사역(officium)이 분리되지 않듯이, "상태"와 "조건"도 엄격히 분리되지 않는다. 주님은 행위언약의 "조건"이 되는 율법 아래에 나서서 율법의 규범에 매이시고 무죄한 가운데 율법

[2564] Berkhof, *Systematic Theology*, 331: "A state is one's position or state in life, and particularly the forensic relationship in which one stands to the law, while a condition is the mode of one's existence, especially as determined by the circumstances of life."

의 명령에 순종하시고 죄인의 형벌을 감당하셨다. 이러한 수행자(遂行者)의 "상태"를 "비하"라 칭한다. 그리고 이로 말미암아 행위언약의 "조건"을 다 이루신 성취자(成就者)의 "상태"를 "승귀"라 칭한다.[2565]

비하와 승귀는 루터파 신학자들이 속성교통론을 다루는 과정에서 하나의 교리로서 개진되었다. 그들은 그리스도의 인격이 아니라 인성을 비하와 승귀의 주체로 보고, 성육신 후에 비로소 비하가 시작되는 것으로 여겼다. 반면에 칼빈과 개혁신학자들은 신인양성의 인격을 비하와 승귀의 주체로 보았고 성육신(ἐνσάρκωσις)을 신인양성의 위격적 연합과 동일시하는 가운데 이를 비하의 출발로 여겼다. 비하와 승귀를 신인(θεάνθρωπος)의 두 상태로 보았던 것이다.[2566]

바빙크는 비하와 승귀를 구속언약(pactum salutis)이라고 불리는 창세 전의 구원협약이 신인양성의 중보자 그리스도의 인격 가운데 성취되는 "경륜"(οἰκονομία)과 관계되는 것으로 여기면서,[2567] 신성이나 인성 자체의 속성이나 품위의 변화가 아니라 동일한 한 인격 안에서 양성이 서로 교통하는 두 양상을 지칭하므로 본성적이지 않고 위격적이라는 점을 강조한다.[2568] 그리고 이러한 입장에 서서, 이를 신성의 포기와 인성의 고양이라는 측면에서 다루는 루터파 신학자들이나 일부 로마 가톨릭주의자들, 하나님을 담지한 사람인 예수(ἔνθεος)가 하나님(θεός)이 되어가는 과정으로 보는 슐라이어마허를 필두로 한 내재주의자들, 신성이 인성으로 체화되는 과정이라고 보는 도르너를 위시한 점진적 성육신론자들, 신적인 계시를 받아서 신적인 기적을 이룬 한 사람 예수의 삶의 진보의 과정이라고 본 쏘키누스주의자들을 비판하면서, 이들에게는 비하와 승귀에 대한 진정한 인식이 결여되어 있으므로 성육신이 관념화되거나 신화(神化)와 혼동되며 결과적으로 대리적 속죄가 부인될 수밖에 없다는 점을 지적한다.[2569]

개혁신학자들이 견지하는 바, 비하와 승귀의 주체는 중보자 그리스도의 인격이

[2565] Berkhof, *Systematic Theology*, 331.

[2566] Heppe, *Reformed Dogmatics*, 488-489; Berkhof, *Systematic Theology*, 331-332.

[2567] Bavinck, *Reformed Dogmatics*, 3.364.

[2568] 참조. Moon, "Bavinck's Understanding of Christ the Mediator's Hypostatic Union," 193-195.

[2569] Bavinck, *Reformed Dogmatics*, 3.406-407, 426-433. 참조. Warfield, "The Humanitarian Christ," 189-208.

며 그 안에서 연합되어 교통하는 신성과 인성에 모두 미친다.[2570] 그러므로 비하와 승귀를 논하기 위해서는 신인양성의 위격적 연합에 대한 올바른 이해가 선행(先行)되어야 한다. 단지 신성에 따른 중보만을 주장하는 오시안더(Andreas Osiander)나, 단지 인성에 따른 중보만을 주장하는 스탕카로(Francesco Stancaro)나, 그리고 주체(quod)는 두 본성으로 이루어진 인격이라고 보기는 하나 작용(qua)은 오직 인성에 따른 중보만을 인정하는 로마 가톨릭과 루터파는 비하와 승귀를 말하기는 하되 사실상 이를 부인하는 것과 다르지 않다.[2571]

성육신이 위격적 연합이며, 그것이 곧 비하의 시작이다. 성육신하신 주님의 신성에 따라서(κατὰ τὴν θεότητα) 참 하나님이시며 인성에 따라서(κατὰ τὴν ἀνθρωπότητα) 참 사람이신 한 동일한 인격의 위격적 존재 자체가 이미 비하를 말해주고 있다. 승귀는 오직 비하 이후의 상태로서만 논해질 수 있다. 내려오심이 없이는 올라가심이 있을 수 없기 때문이다(엡 4:9). 그러므로 성육신 이전의 선재(先在)를 비하와 승귀 외의 제3의 상태로 다루는 것은 무의미하다. 성경은 이러한 두 상태에 대해서 분명히 증거하고 있다(빌 2:6-11; 고후 8:9; 히 2:9; 딤전 3:16; 히 1:3; 롬 1:3-4; 벧전 3:8; 행 3:15; 갈 4:4-5).[2572]

비하와 다를 바 없이 승귀 역시 신인양성의 위격적 연합 가운데 바라보아야 한다. 부활 후 그리스도는 참 하나님으로서 전능한 능력과 완전한 영광을 각 사람의 눈에 비추셨으며, 참 사람으로서 그 신적인 영광에 참여하셨다. 부활하신 그리스도는 인성에 따라서 "신령한 몸으로"(σῶμα πνευματικόν) 다시 살아나셔서, 신성에 따라서 "살려주는 영이"(εἰς πνεῦμα ζῳοποιοῦν) 되셨다(고전 15:44-45).[2573] 바빙크는 이러한 논지를 전개하면서 오직 신인양성의 위격적 연합의 시각에서만 초자연적 기독교는 유일한 역사적 기독교가 된다고 강조하는데,[2574] 이는 그가 비하와 승귀를 역

[2570] 참조. Turretin, *Institutio Theologiae Elencticae*, 13.9.7; 13.12.8; 13.13.15; 13.16.9; 13.17.8-9; 13.18.5; 13.19.4-9 (2.294, 306, 319, 321, 322, 324-325); Hodge, *Systematic Theology*, 2.629-631; Bavinck, *Reformed Dogmatics*, 3.431.

[2571] Bavinck, *Reformed Dogmatics*, 3.430.

[2572] 참조. Berkhof, *Systematic Theology*, 332.

[2573] Bavinck, *Reformed Dogmatics*, 3.432, 434-436.

[2574] 참조. Warfield, "Jesus Christ," *WBW* 3.165: "Supernaturalistic Christianity is the only historical Christianity."

사변증법적 관념화의 과정이 아니라 구속사적 사건으로 여기기 때문이다.2575) 비하는 승귀의 조건 혹은 공로가 된다. 그러므로 비하와 승귀는 한 주체에게 귀속되어야 한다. 그 가운데 비하가 승귀에 선행해야 하고, 승귀가 비하에 후속해야 한다. 후속적인 승귀는 선행하는 비하를 자원적으로 수용하는 것이기 때문이다.2576) 오직 이렇게 이해할 때에만 우리는 한 인격 안에서의 신성과 인성의 속성교통의 두 양상으로서 비하와 승귀를 성경적으로-축자적 그러나 실제적 교통(communicatio verbalis sed realis)의 두 양상으로서-올바르게 파악할 수 있다.

신인양성의 위격적 연합, 즉 성육신 자체가 비하이므로, 비하가 없이는 중보도 있을 수 없으며, 대리적 속죄의 공로와 의도 있을 수 없다. 비하의 완성이 승귀이다. 승귀는 비하의 목적이다. 뚤레틴은 이 점을 언약신학적 관점에서 총체적이며 역동적으로 접근한다. 비하와 승귀의 양상은 중보자의 인격과 사역에 동시에 관계된다. 주님은 참 하나님이시자 참 사람으로서 "우리를 위하여 하나님과 함께"(τα πρὸς τὸν Θεὸν) 일하시며 "하나님을 위하여 우리와 함께"(τα πρὸς ἡμᾶς) 일하신다.2577) "위격적 연합에 의해서"(ab unione hypostatica) 그 일이 수행되었다.2578) 비하의 신분 가운데 비하의 사역이 수행되었다. 그리하여 비하의 의가 성취되었다. 이러한 "경륜 가운데"(oeconomice),2579) 우리를 위하여 "길(via, 제사장)이요 진리(veritas, 선지자)요 생명(vita, 왕)이" 되심으로(요 14:6),2580) 주님은 우리의 구원을 위한 모든 의를 "선포, 획득, 적용"(annunciatio, acquisitio, applicatio)하셨다.2581)

비하가 없이는 승귀가 있을 수 없다.2582) 비하는 자기 자신을 아버지께 드리신 제사장직과, 승귀는 아버지께 드리신 그 자신을 우리에게 주시는 왕직과 주로 관계된다.2583) 그렇다고 해서 비하와 승귀를 어느 한 직분에 획일적으로 돌릴 수는 없다.

2575) 참조. Moon, "Bavinck's Understanding of Christ the Mediator's Hypostatic Union," 196-197.

2576) Heppe, *Reformed Dogmatics*, 494.

2577) Turretin, *Institutio Theologiae Elencticae*, 14.5.10 (2.347); 참조. 14.2 (2.334-339).

2578) Turretin, *Institutio Theologiae Elencticae*, 13.19.12 (2.325-326).

2579) Turretin, *Institutio Theologiae Elencticae*, 13.19.8 (2.325).

2580) Turretin, *Institutio Theologiae Elencticae*, 14.5.7 (2.346).

2581) Turretin, *Institutio Theologiae Elencticae*, 14.5.9 (2.347); 참조. 13.9.5 (2.293).

2582) Turretin, *Institutio Theologiae Elencticae*, 13.19.11 (2.325).

2583) Heppe, *Reformed Dogmatics*, 488.

왜냐하면 그리스도는 멜기세덱의 반차에 따른 '제사장-왕' 혹은 '왕-제사장'으로서 영원하시기 때문이다(히 7:1-28). 이와 같이 비하와 승귀를 결정적으로 구별하는 것은 직분의 여하함도 아닐 뿐더러 인격의 여하함도 아니다. 신인양성의 위격적 연합은 비하와 승귀를 불문하고 변함이 없기 때문이다. 비하와 승귀를 결정적으로 구별하는 것은 하나님의 구속경륜에 달려있다. 개혁신학자들은 비하와 승귀를 구속사적 성취과 구원론적 적용에 각각 돌림으로써 언약신학적 입장을 견지하였다. 아버지를 향하여는 행위언약의 조건을 다 이루고 우리를 향하여는 그 다 이루신 의를 거저 전가해주시는, 행위언약과 은혜언약의 성취로서의 새언약의 지평이 여기에서 확보된다. 뚤레틴이 말하듯이, 그리스도가 우리를 위하여 모든 값을 다 치르신 "보증"(Vas)이시자 우리를 다스리시는 "머리"(Caput)로서 우리와 "이중적인 관계 가운데 계시는 것"(duplicem σχέσιν sustinere)이 바로 비하와 승귀의 요체라고 할 것이다.[2584]

그리스도의 "비하"에 대해서 웨스트민스터 대소요리문답은 다음과 같이 가르치고 있다.

소요리 27문 : 그리스도의 비하는 어디 가운데 있었는가?
답 : 그리스도의 비하는 그의 나심 곧 그 비천한 상태로 율법 아래에 나심, 이생의 비참함, 하나님의 진노, 십자가의 저주의 죽음을 겪으심, 장사되심, 그리고 얼마간 계속해서 죽음의 권세 아래에 계심 가운데 있었다(Christ's humiliation consisted in his being born, and that in a low condition, made under the law, undergoing the miseries of this life, the wrath of God, and the cursed death of the cross; in being buried, and continuing under the power of death for a time).[2585]

대요리 46문 : 그리스도의 비하의 신분은 무엇이었는가?
답 : 그리스도의 비하의 신분은 우리를 위하여 그가 자신의 영광을 비우신, 그의 잉태와 탄생, 삶, 죽음, 그리고 죽음 후 그의 부활에 이르기까지의 그 비천한 상태였

2584) Turretin, *Institutio Theologiae Elencticae*, 13.9.3 (2.293).
2585) Free Presbyterian Publicaions, ed., *Westminster Confession of Faith*, 294.

다(The estate of Christ's humiliation was that low condition, wherein he for our sakes, emptying himself of his glory, took upon him the form of a servant, in his conception and birth, life, death, and after his death, until his resurrection).2586)

이와 같이 그리스도의 비하에 대한 대소요리문답의 가르침은 대동소이하나 대요리문답에는 소요리문답과는 달리 "삶"을 비하의 한 양상으로 첨가하고 있다는 점이 구별된다. 이러한 개론적 언급에 이어서 대요리문답에서는 비하를 그리스도의 잉태와 나심(47문답), 사심(48문답), 죽으심(49문답), 장사되심—곧 죽음 가운데 계심—과 지옥강하(50문답)로 나누어 다루고 있다. 그리하여 대속의 의를 이루시기 위하여 수행하신 그리스도의 당하신 순종(obedientia passiva)과 행하신 순종(obedientia activa)을 모두 아우르고 있다. 이는 비하를 성육신과 출생, 고난의 삶, 죽음, 장사되심과 지옥강하로 다루는 개혁신학자들의 입장과 일치한다.2587)

한편, 그리스도의 "승귀"에 대해서 웨스트민스터 대소요리문답은 다음과 같이 가르치고 있다.

소요리 28문 : 그리스도의 승귀는 어디 가운데 있는가?
답 : 그리스도의 승귀는 사흘 만에 죽은 자들로부터 다시 일어나심, 하늘로 올라가심, 하나님 아버지의 우편에 앉으심, 그리고 마지막 날 세상을 심판하러 오심에 있다(Christ's exaltation consisteth in his rising again from the dead on the third day, in ascending up into heaven, in sitting at the right hand of God the Father, and in coming to judge the world at the last day).2588)

대요리 51문 : 그리스도의 승귀의 신분은 무엇이었는가?
답 : 그리스도의 승귀의 신분은 그의 부활, 승천, 아버지의 우편에 앉으심, 그리고 세상을 심판하기 위하여 다시 오심을 포괄한다(The estate of Christ's exaltation comprehendeth his resurrection, ascension, sitting at the right hand of the Father,

---

2586) Free Presbyterian Publicaions, ed., *Westminster Confession of Faith*, 150.
2587) Heppe, *Reformed Dogmatics*, 490.
2588) Free Presbyterian Publicaions, ed., *Westminster Confession of Faith*, 294-295.

and his coming again to judge the world).[2589]

이와 같이 그리스도의 승귀에 대한 대소요리문답의 가르침은 표현상의 차이는 있지만 내용에 있어서는 동일하다. 여기에서 보듯이, 그리스도의 승귀는 부활(대요리 52), 승천(53), 재위(54-55), 재림(56)으로 이루어진다. 그것은 다 이루신 대속의 의를 우리의 것으로 삼아주시고 우리의 구원을 완성하실 때까지 이끄시는 그리스도의 계속적 중보의 은혜에 부합한다.

2. 구주의 칭호

'이름은 실제이다'(nomina sunt realia)라고 할 때, 이는 인격적 진술이다. 이름은 기체(suppositum)에 부여되지만 본성(natura)을 드러낸다. 이름은 본성에 따른 특성과 특성에 따른 사역이 돌려지는 그 주체(subiectum)에 속한다. 이런 측면에서 이름은 동시에 지시적(denominative)이며 서술적(predicative)이다. 이 땅에 오신 중보자 그리스도께 돌려진 이름 역시 그가 누구시며, 어떠하시며, 어떤 일을 하시는지를 지시하며 서술한다. 그것은 하나님에 관한 사람 예수의 인식이 아니라 그가 하나님이시자 사람이시라는 고백을 담고 있는 칭호이다. 그러므로 예수를 믿음의 대상이 아니라 믿음의 주체가 될 뿐이라고 본 하르낙이 "아들의 이름은 하나님을 아는 지식에 불과하다"라고 한 말은 그릇되다.[2590]

기독론은 주님이 이 땅에 오신 필연성을 삼위일체 하나님의 영원한 구원작정에서 찾는다. 그 필연성은 우리 편에서 논할 바가 아니다. 그것은 삼위일체 하나님의 내적 필연성 혹은 내신적(內神的) 필연성이므로, 굳이 우리 편에서 말한다면, 비(非)필연적이다. 이러한 필연성은 성육신의 필연성으로 다루어진다. 성육신의 필연성은 인류의 타락 혹은 죄, 혹은 그로 말미암은 전적 무능과 전적 부패의 타락상에 있다. 성육신의 필연성은 신인양성의 위격적 연합의 필연성과 일치한다. 구원의 필연

2589) Free Presbyterian Publicaions, ed., *Westminster Confession of Faith*, 153.
2590) Harnack, *What is Christianity?* 128.

성이 성육신의 필연성과 관련해서만 논의될 수 있으므로, 성육신의 필연성을 계시하는 본질적인 이름은 "구주"(σωτήρ)이다.

오늘 다윗의 동네에 너희를 위하여 구주가 나셨으니 곧 그리스도 주시니라(ὅτι ἐτέχθη ὑμῖν σήμερον σωτὴρ ὅς ἐστιν χριστὸς κύριος ἐν πόλει Δαυίδ)(눅 2:11).

그리스도를 고유하게 칭하는 "σωτήρ"는 일반적 용례와는 달리 군왕이나 주인을 의미하지 않고 "죄와 죽음으로부터 꺼내어 의와 생명을 부여하는 구원자"를 뜻한다.[2591] "주의 사자"는 "구주"가 누구시며, 어떠하시며, 어떤 일을 하시는지를 지시하며 서술하는 "그의 이름"(τὸ ὄνομα αὐτοῦ)을 마리아의 남편 요셉에게 전하였으니, "자기 백성을 그들의 죄에서 구원할 자"(σώσει τὸν λαὸν αὐτοῦ ἀπὸ τῶν ἁμαρτιῶν αὐτῶν)라는 뜻의 "예수"(Ἰησοῦς)와(마 1:21) "하나님이 우리와 함께 계시다"(Μεθ' ἡμῶν ὁ θεός)는 뜻의 "임마누엘"(Ἐμμανουήλ)이다(마 1:23). 이 두 이름은 우리의 구주(salvator noster)가 우리의 구원을 위하여(pro salute nostra) 처하신 비하와 승귀의 상태를 드러내 준다. "예수"는 십자가에서 죽기까지 모든 의를 다 이루신 구속사적 성취를, "임마누엘"은 보혜사 성령의 임재로 우리 안에 거하셔서 그 의를 다 우리의 것으로 삼아주시는 구원론적 적용을 계시하기 때문이다. 예수가 기름부음을 받은 메시아로서 선지자직, 제사장직, 왕직을 모두 수행하셨기 때문에, 그 신분 혹은 직분과 관련해서는 "그리스도"(Χριστός)라는 이름이, 그 열매 혹은 은혜와 관련해서는 "주"(Κύριος)라는 이름이 그에게 돌려졌다. 그리하여 '예수는 그리스도시다'라는 고백이 "그리스도 예수"(Χριστός Ἰησοῦς)라는 칭호로, '예수는 주시다'는 고백이 "주 예수"(Κύριος Ἰησοῦς)라는 칭호로 표현되었다. "구주"의 강림의 때에 "주의 사자"가 선포한 것은 이 두 고백이 합쳐진 것으로서, '예수는 그리스도로서 주시다'는 고백을 담고 있다.

이러한 "구주"의 인격이 신인양성의 위격적 연합 가운데 있음을 드러내는 두 이름이 "하나님의 아들"(神子)과 "사람의 아들"(人子)이다. "주의 사자"는 마리아에게 그녀가 낳을 예수를 "큰 자"(μέγας), "지극히 높으신 이의 아들"(υἱὸς ὑψίστου), "하

2591) Bavinck, *Reformed Dogmatics*, 3.242.

나님의 아들"(υἱὸς θεοῦ)이라고 칭하였다(눅 1:32, 35). "하나님의 아들"을 사도 요한
은 "독생자"(μονογενής) 혹은 "독생하신 하나님"(μονογενὴς θεὸς)으로[2592] 표현한다(요
1:14, 18; 3:16; 요일 4:9; 참조. 히 11:17). 이러한 이름은 예수가 "하나님의 아들"이시라
는 영원한 성자(聖子)의 신성과 함께 그가 기름부음받은 "그리스도"시라는 사실을
드러낸다(요 20:31). 그리하여 "아버지의 독생자의 영광"이 "은혜와 진리가 충만"한
"구주"의 영광으로 증거된다. "진리"(ἀλήθεια)는 아버지의 뜻을 다 이루심이며, "은
혜"(χάρις)는 그 다 이루신 의를 우리의 것으로 거저 삼아주심이다. "진리"는 말씀,
약속, 계시, 명령이다. "은혜"는 성취, 완성, 전가, 견인이다. 주님은 약속하신즉 이
루시고, 명령하신즉 친히 행하신다.

> 말씀이 육신이 되어 우리 가운데 거하시매 우리가 그의 영광을 보니 아버지의 독생자
> 의 영광이요 은혜와 진리가 충만하더라(ὁ λόγος σὰρξ ἐγένετο καὶ ἐσκήνωσεν ἐν ἡμῖν,
> καὶ ἐθεασάμεθα τὴν δόξαν αὐτοῦ, δόξαν ὡς μονογενοῦς παρὰ πατρός, πλήρης χάριτος καὶ
> ἀληθείας)(요 1:14).

"하나님의 아들"이 인류의 죄를 대속하기 위하여 이 땅에 오신 "구주"이심이 주님
이 세례를 받으실 때와 높은 산에서 변형되셨을 때 가장 극적으로 선포되었다. 주
님이 세 제자들에게 보여주신 변형된 모습은 인성-얼굴과 옷-과 연합한 신성의 신
적 영광과 엄위를 드러내는 반면에(마 17:2), 죄가 없으신 주님이 세례 요한이 베푸
는 회개의 세례를 받으신 것은 구속의 "의"를 이루기 위하여 우리의 자리에 오신 비
우심과 낮추심을 드러낸다(마 3:15). 이러한 존귀와 비하가 "하나님의 아들"이라는
이름 가운데 동시에 선포된다.

> 이는 내 사랑하는 아들이요 내 기뻐하는 자라(καὶ ἰδοὺ φωνὴ ἐκ τῶν οὐρανῶν λέγουσα,
> Οὗτός ἐστιν ὁ υἱός μου ὁ ἀγαπητός, ἐν ᾧ εὐδόκησα)(마 3:17; 17:5).

이와 같이 "하나님의 아들"의 영광을 보여주신 후 주님은 그 산을 내려오시면서

2592) 어떤 사본에는 "독생자"(ὁ μονογενὴς υἱός).

"인자가 죽은 자 가운데서 살아나기 전에는 본 것을 아무에게도 이르지 말라"(마 17:9), 사람들이 엘리야가 왔으나 임의로 대우한 것과 같이 "인자도 이와 같이 그들에게 고난을 받으리라"고 하심으로(마 17:12), 그가 사람들에게 고난을 당하시고 죽으시고 다시 살아나실 것을 예언하셨다.

"인자"(ὁ υἱὸς τοῦ ἀνθρώπου)라는 이름은 공관복음과 요한복음에 60여 회 이상 나오는데, 요한복음 12:34에서 사람들이 메시아를 칭한 경우 두 번과 누가복음 24:7에서 "찬란한 옷을 입은 두 사람"—곧 두 천사—이 부활하신 주님을 칭한 경우 한 번을 제외하고는, 예외 없이 주님이 자신을 칭하시면서("a self-designation") '나'(ἐγώ) 대신에 사용하신 칭호이다.2593) 본래 삼인칭 명사를 일인칭 대명사와 같이 사용하신 것이다.

이 칭호는 히브리서 기자가 시편 8:4을 인용하는 경우를(히 2:6) 제외하고는 서신서 어디에도 나타나지 않는다. 사도행전에는 스데반이 "하늘이 열리고 인자가 하나님 우편에 서신 것을 보노라"고 한 말씀에 단 한 번만 나온다(7:56). 이는 "인자"가 삼인칭 칭호로 사용된 유일한 경우이다.2594) 이 칭호가 하나님의 아들을 지칭하는 것은 분명하지만 복음서의 어디에서도 "사람의 아들"과 "하나님의 아들"을 직접적으로 동일시한 경우를 찾을 수는 없다.2595)

주님이 "인자"를 이와 같이 자신을 칭하는 일인칭 대명사와 같이 사용하신 것은 다니엘이 환상 가운데 만난 "인자 같은 이"(שְׁמַיָּא כְּבַר אֱנָשׁ,2596 כִּדְמוּת בְּנֵי אָדָם)(단 7:13; 10:16)를 자신과 동일시하시기 위한 특별한 용례로 보아야 한다.2597) 이를 주님이 평소 일상 언어로 사용하시던 아람어 "בר נוש"의 용례에 따른 것이었다고 보는 견해도 없지 않으나 설득력이 떨어진다.2598) 다니엘이 만난 "인자 같은 이"와 사도 요한이 본 "인자 같은 이"(ὅμοιον υἱὸν ἀνθρώπου)는(계 1:13) 모두 고유한 권위를 가지고 하

2593) Mackintosh, *The Person of Jesus Christ*, 20.

2594) Macleod, *Jesus is Lord*, 56.

2595) Seyoon Kim, *The Son of Man as the Son of God* (Grand Rapids: Eerdmans, 1985), 5–6.

2596) 이는 "옛적부터 항상 계신 이"(עַתִּיק יוֹמַיָּא מְטָה וּקְדָמוֹהִי)를 칭한다.

2597) 참조. Raymond, *Jesus Divine Messiah*, 190–193, 198–201; Hunter, *The Work and Words of Jesus*, 85–86; Bavinck, *Reformed Dogmatics*, 3.250; Macleod, *Jesus is Lord*, 74.

2598) Bruce, *Jesus Lord & Savior*, 59–60.

나님의 일을 수행하는 "그(ὁ)" 사람의 아들을 지칭한다.2599) 여호와 하나님이 에스겔을 "인자"(בֶּן־אָדָם)라고 부르셨듯이(겔 2:1; 3:1; 4:1 등), 주님은 자신을 "인자"라고 칭하셨다. 그리하여 선지자 다니엘이 만난 "인자 같은 이"2600), "주의 오른쪽에 있는 자 곧 주를 위하여 힘있게 하신 인자(בֶּן־אָדָם)"(시 80:17), 에스겔이 본 "사람의 모양"(כְּמַרְאֵה אָדָם)(겔 1:26), 하나님의 오른쪽에 계신 "주"(אָדוֹן[אֲדֹנִי], אֲדֹנָי)(시 110:1, 5)가 자기 자신임을 드러내셨다.2601) 천사보다 더한 아들의 권위를 나타내기 위하여 시편 기자가 사용하고 히브리서 기자가 인용한 "인자"(בֶּן־אָדָם)도 이러한 용례로 보아야 한다(시 8:4; 히 2:6).2602) 이 이름은 마지막 때에 새로운 하나님의 백성을 조성하실 하나님의 아들을 지시하고 있다.2603)

주님은 공생애 때부터 빈번히 자신을 "인자"라고 칭하셨다. 그리하여 자신이 이 땅에 오신 목적을 드러내셨다.2604) 그러므로 그의 부활 후 '인자기독론'(the Son of Man Christology)이 등장함에 따라 비로소 이 칭호가 사용되었다고 보는 것은 그릇되다.2605) 이 칭호는 본래 제3자를 지칭하는데, 이를 묵시사상을 지닌 일부 공동체가

2599) 참조. I. Howard Marshall, "The Son of Man and the Incarnation," *Ex Auditu* 7 (1991), 41; Mackintosh, *The Person of Jesus Christ*, 22. 요한계시록 1:13에는 주님이 자신을 칭하시던 경우와는 달리 정관사가 나타나지 않는다. 그러나 예외적으로 요한복음 5:27에도 정관사가 없이 "υἱὸς ἀνθρώπου"로 나타남을 볼 때 이는 헬라어 문법의 문제로서 신학적으로는 문제가 될 것이 없다. Bruce, *Jesus Lord & Savior*, 65.

2600) "인자 같은 이"를 집합명사와 같이 여겨서 그리스도가 아니라 하나님의 택한 백성을 지칭한다고 보는 견해에 대한 비판은 다음을 보라. Macleod, *Jesus is Lord*, 77–83.

2601) 후크마는 구약의 메시아 환상을 다음 일곱 가지로 분류한다. 1) 오실 구세주의 대망(창 3:15; 49:10; 삼하 7:12–13). 그는 인자로서(단 7:13–14) 고난받는 하나님의 종으로서(사 42:1–4; 49:5–7; 52:13–53:12) 선지자직(신 18:15), 제사장직(시 110:4), 그리고 왕직(슥 9:9)을 이룬다. 2) 이스라엘과 전 세계의 하나님의 왕국의 예기(단 2:44–45). 3) 하나님이 그의 백성의 죄와 우상숭배를 용서하시는 새언약의 수립(렘 31:31–34). 4) 포로 생활로부터 이스라엘의 회복(사 11:11; 렘 23:3; 겔 36:24–28). 5) 모든 육체에 성령을 부어주심(욜 2:28–32). 6) 믿지 않는 자들에 대한 심판과 믿는 자들에 대한 구원을 이루는 주의 날의 도래(옵 15–16; 욜 1:15; 2:1–17; 사 13; 암 5:18–20; 습 1:7, 14–16; 말 4:5). 7) 새로운 하늘과 새로운 땅의 창조 (사 11:6–69; 32:15; 35:7; 65:17; 66:22). Anthony Hoekema, *The Bible and the Future* (Grand Rapids: Eerdmans, 1979, rep.), 3–12.

2602) 그리하여 70인경에서는 메시아적 의미를 갖는 단어 "ὁ υἱὸς τοῦ ἀνθρώπου"로 번역되었다. 참조. 서철원, 『기독론』, 62.

2603) Kim, *The Son of Man as the Son of God*, 27–28, 35–37, 60–61; Karl A. Kuhn, "The 'One Like A Son of Man' Becomes the 'Son of God'," *Catholic Biblical Quarterly* 69/1 (2007), 41; Michael B. Shepherd, "Daniel 7:13 and the New Testament Son of Man," *Westminster Theological Journal* 68/1 (2006), 106–111.

2604) 마가복음에서 이 칭호가 사용된 열네 경우 중 열두 번은 베드로의 신앙고백(마 16:16) 이후에 나타난다. Hunter, *The Work and Words of Jesus*, 86.

2605) Bavinck, *Reformed Dogmatics*, 3.251; Macleod, *Jesus is Lord*, 57; Howard M. Teeple, "Origin of the Son of Man Christology," *Journal of Biblical Literature* 84/3 (1965), 237, 242.

예수에 투사시켜 편협하게 사용했다고 보는 것이[2606] 그릇됨은,[2607] 주님이 자기 자신을 "인자"라고 칭하신 다음과 같은 다양한 경우를 보아서 분명하다.

첫째, 주님의 신적 본질과 영원한 존재를 드러내는 동시에 역사상 그가 이 땅에 오신 성육신을 지시하는 경우로서 요한복음에 집중적으로 나타난다. "인자"는 그 위에 하나님의 사자들이 오르락내리락하시는(요 1:51), "하나님께서 인치신 자"(요 6:27)시다. "인자"는 "하늘에서 내려온 자"(요 3:13)시다. 그리고 그곳으로 올라가실 분이시다(요 6:62).[2608]

둘째, 주님이 이 땅에 오셔서 우리와 같은 비천한 삶을 사심을 전한다. "인자"는 세리와 죄인의 친구로서 그들과 함께 먹고 마시기를 즐거워하셨다(눅 7:34). "인자"는 남을 섬기려고 오셨으며(막 10:45), 여우와 새에게는 거처가 있으나 머리 둘 곳이 없으실 만큼 고난의 삶을 사셨다(마 8:20; 눅 9:58).

셋째, 주님의 대리적 죽음과 부활을 전한다. "인자"가 오신 것은 "자기 목숨을 많은 사람의 대속물로 주려 함"에 있다(마 20:28; 참조. 막 10:45; 눅 19:10). "인자"는 자신이 예언하신 바와 같이 사람들에게 넘겨져 죽임을 당하고 사흘 만에 부활하셨다(마 17:22-23; 20:18-19; 막 8:31; 눅 9:44; 18:32; 24:7). 유다가 "인자를" 팔았다(눅 22:48). "인자"는 광야의 뱀과 같이 들려 저주의 죽음을 죽으셨다(요 3:14; 8:28).

넷째, 주님의 승천과 하나님의 보좌 우편에 재위하심의 영광을 나타낸다. 오직 "인자"만이 하늘에서 내려오셔서 "이전에 있던 곳으로" 올라가셨다(요 3:13; 6:62). 그리하여 영광을 얻으셨을 뿐만 아니라 하나님께 영광을 올려드리셨다(요 12:23; 13:31).

다섯째, 주님에게 부여된 신인양성의 중보자로서의 권위와 능력을 드러낸다. "인자"에게는 "땅에서 죄를 사하는 권세"가 있으며(막 2:10), "심판하는 권한"이 부여되었으며(요 5:22, 27), "안식일의 주인"이시다(막 2:27-28).

[2606] 참조. William O. Walker, "The Son of Man: Some Recent Developments," *Catholic Biblical Quarterly* 45/4 (1983), 584–607. 저자는 여기에서 대부분 학자들이 "인자"는 주후 1세기경 유대주의 문건에서 찾아볼 수 없는 칭호로서 예수 자신이나 초대교회 공동체에서 기원한다고 볼 수 없으므로 그것이 포함된 말씀은 여하한 경우이든 진정성을 의심할 수밖에 없다고 여긴다는 점을 지적한다.

[2607] 참조. Teeple, "Origin of the Son of Man Christology," 217–221.

[2608] 다음 글에서는 "인자"의 이러한 하늘로부터 내려오심과 올라가심을 통하여 신인양성의 중보자의 비하와 승귀의 상태와 그 가운데서의 중보가 증거되고 있다고 주장한다. John W. Pryor, "The Johannine Son of Man and the Descent-Ascent Motif," *Journal of the Evangelical Theological Society* 34/3 (1991), 341–351.

여섯째, 올라가심을 본 그대로 다시 오실 주님의 재림을 증거한다. 생각지 않은 때 머지않아 "인자"의 징조가 보이고 영광의 보좌에 앉으신 "인자"가 큰 권능과 영광 가운데 구름을 타고 다시 오시는 것을 우리가 보게 될 것이나, 세상에서 믿음을 찾기가 어렵다(마 10:23; 24:30; 25:31; 26:64; 막 13:26; 14:62; 눅 12:40; 18:8). "인자"가 오실 때 이 땅에서 그를 시인한 자는 하나님의 사자들 앞에서 그도 시인하실 것이며, 그를 부끄러워한 자는 그도 부끄러워하실 것이다(막 8:38; 눅 12:8-10).

일곱째, 지금까지 살펴본 모든 의미를 아우르는 개념으로서, 우리가 주님과 하나가 되는 것을 나타낸다. "인자"는 "영생하도록 있는 양식"(요 6:27)이시므로 "인자의 살"을 먹고 "인자의 피"를 마셔야 생명이 있다(요 6:53). "인자"의 살과 피를 마셔야 한다는 것은 성례적 연합을 뜻한다.

"인자"라는 칭호는 이렇듯 비하와 승귀의 두 상태를 모두 아우르고 있다.[2609] 주님은 "인자"라는 평범한 삼인칭 칭호를 자신을 지칭하는 일인칭 칭호로 사용함으로써 가장 친근한 이름으로 기름부음받은 메시아 곧 그리스도로서 자신의 왕적 권위와 자기 자신을 제물로 드리시는 제사장적 직분을 함께 나타내셨다.[2610] 결론적으로, "인자"라는 칭호는 하나님의 아들이 사람의 아들로 이 땅에 오셔서 자기 자신을 속전으로 바쳐 종의 사역을 감당하시고 그 영광 가운데 높아지심으로 마지막 때 하나님의 왕국을 완성하시게 되는 메시아의 대리적 속죄사역을 지시한다.[2611] 이 칭호에는 정관사가 붙어, 원복음으로 칭하는 창세기 3:15과 아브라함의 언약을 통하여 예언된 바로 그 "한 사람"을 지칭하는 고유명사와 같이 사용된다(창 13:15; 17:8; 갈 3:16).[2612] 그는 천상의 사람이 아니실 뿐더러 '단지 한 사람'에 불과한 것도 아니시다.[2613] 이와 같은 취지에서, 바빙크는 "구주"의 왕국과 왕권에 주안점을 두고 그의 메시아 직분을 다루면서 "인자"라는 칭호를 부각시키고 이와 더불어 "하나님의 아

2609) 참조. Mackintosh, *The Person of Jesus Christ*, 22-25. 저자는 "인자"라는 칭호가 이상적 인간이나 초월적 인간을 지칭하는 것이 아니라 사람이 되신 하나님의 아들의 두 상태와 관련된다는 점을 지적한다.

2610) 참조. Hunter, *The Work and Words of Jesus*, 86-87.

2611) Kim, *The Son of Man as the Son of God*, 43, 52-60, 76-78, 99-102.

2612) 참조. Kersten, *Reformed Dogmatics*, 1.273.

2613) 그리스도의 인격은 도외시하고 그의 사역에만 치중했던 쿨만은 "인자"라는 칭호를 '단지 한 사람'을 칭하는 것으로 여기는 가운데 자신의 입장을 지지하는 근거로 삼는다. 참조. Stanley, "Notes: Cullmann's New Testament Christology: An Appraisal," 414-415.

들"이라는 이름을 논하고 있다.[2614]

예수 그리스도가 "사람의 아들"(人子)이시자 "하나님의 아들"(神子)이심을 슐라이어마허와 리츨의 내재주의와 윤리주의의 영향을 받은 신학자들은 예수 그리스도가 지상의 생애 가운데 자신의 신적 자성(神的 子性, filiatio divina)에 대한 내적 의식을 지니고 그것을 확신하는 가운데 아버지와의 윤리적 일치를 추구하셨으며 궁극적으로 그것을 성취하셨다는 측면에서 논의한다.[2615] 그러나 이는 신인양성의 위격적 연합이라는 관점에서 다루어져야 한다. 우리는 백부장의 고백에서 그 한 전형을 만날 수 있다.

이 사람은 진실로 하나님의 아들이었도다('Αληθῶς οὗτος ὁ ἄνθρωπος υἱὸς θεοῦ ἦν)(막 15:39).

백부장은 주님이 큰 소리를 지르고 숨지신 후 성소 휘장이 위로부터 아래로 찢어져 둘이 되는 것을 보고 이렇게 고백하였다. 이는 "이 사람"의 기원이나 본질에 대한 사유나 통찰의 산물이 아니라, "이 사람이" 행하신 "구주"(σωτήρ)로서의(눅 2:11) 사역에 대한 목도(目睹)의 귀결이었다. 마가복음은 "하나님의 아들 예수 그리스도의 복음의 시작이라"('Αρχὴ τοῦ εὐαγγελίου Ἰησοῦ Χριστοῦ [υἱοῦ θεοῦ])는 말씀으로 서장을 연다(막 1:1). 여기에서 "하나님의 아들 예수 그리스도의 복음"은 '예수 그리스도가 하나님의 아들이시라는 복된 소식'을 의미하는 바, 이는 이러한 백부장의 고백과 "주는 그리스도시요 살아 계신 하나님의 아들이시니이다"(Σὺ εἶ ὁ Χριστὸς ὁ υἱὸς τοῦ θεοῦ τοῦ ζῶντος)는 베드로의 고백(마 16:16)과 의미상 일치한다.

주님은 성령잉태로 동정녀 마리아의 몸에서 나셔서 "하나님의 아들"이라고 일컬어지셨다(눅 1:35). 그는 "예수"로서 "임마누엘"이시다. 즉 우리의 구원자로서 우리와 함께 계시는 하나님이시다(마 1:21, 23). 그는 영원히 독생하신 하나님으로서 은혜와 진리로 그 영광을 충만히 드러내신다(요 1:14, 18; 요일 4:9).[2616] "본래 하나

2614) Bavinck, *Reformed Dogmatics*, 3.242-252. 벌코프도 이와 동일한 순서를 따른다. Berkhof, *Systematic Theology*, 313-314.

2615) 참조. Mackintosh, *The Person of Jesus Christ*, 30.

2616) "아버지 품 속에 있는 독생하신 하나님이 나타내셨느니라"를 주석하면서 칼빈은 예수 그리스도가 "하나님의 명확

을 본 사람이 없으되" "아들"이신 그가 "하나님의 영광의 광채시요 그 본체의 형상"으로서 아버지를 계시하신다(요 1:18; 히 1:2-3). 그가 "보이지 아니하는 하나님의 형상"(εἰκὼν τοῦ θεοῦ τοῦ ἀοράτου)이라고 불리는 까닭이 여기에 있다(골 1:15). 이렇듯 아들은 아버지를 드러내실 뿐만 아니라,[2617] 아버지와 함께 계시고(요 1:1, 18; 8:29; 14:20; 17:21), 모든 것을 함께 지니시고(마 11:27; 요 5:26; 16:15; 17:10), 언제나 함께 일하시고(요 5:19; 8:29; 14:10; 17:4), 창세 전의 영광을 함께 누리신다(요 1:14; 17:1, 5, 24). 그러므로 누구든지 그를 영접하면 "하나님의 자녀가 되는 권세"를 얻고(요 1:12), 그를 "하나님의 아들"(ὁ υἱὸς τοῦ θεοῦ)이라고 시인하는 자 안에는 하나님이 거하신다(요일 4:15). 그는 아버지의 보내심을 받아(요 7:16; 12:44-45, 49; 14:24; 17:18) 아버지의 "뜻"인 대속의 "의"를 이루기 위하여 자기 자신을 유월절 양으로 삼아 향기로운 희생 제물로 아버지께 드리셨다(요 6:40; 마 3:15; 고전 5:7; 엡 5:2). 그가 "마지막 아담"(ὁ ἔσχατος Ἀδὰμ)으로 오셔서 "살려주는 영이"(εἰς πνεῦμα ζῳοποιοῦν) 되셨다(고전 15:45). 이 "둘째 사람"(ὁ δεύτερος ἄνθρωπος)은 하늘에서 나셨다(고전 15:47; 참조. 롬 5:14). 곧 하나님의 아들이시다. 그가 "아들이시면서도" 고난을 받으심으로 순종함을 배우셔서 "구원의 근원"(αἴτιος σωτηρίας)이시자 "구원의 창시자"(ὁ ἀρχηγός τῆς σωτηρίας)가 되셨다(히 2:10; 5:8-9). 그가 "맏아들"로 부활의 "첫 열매"(ἀπαρχή)가 되셨다(롬 8:29; 고전 15:23). 그리하여 그의 죽으심 및 부활과 연합한 우리가(롬 6:5) "양자의 영"(πνεῦμα υἱοθεσίας)을 받아 하나님을 "아빠 아버지"라고 부르는(롬 8:15; 갈 4:6), 그의 형제로서(히 2:11) 하나님의 자녀요 상속자의 자리에 서게 되었다(롬 8:17). 주님이 "하나님의 아들"이심이 이렇듯 "아빠 아버지여"(Ἀββα ὁ πατήρ)라고 부르시면서 아버지의 뜻을 간구하신 겟세마네의 기도와(막 14:36) 부활로(롬 1:4) 선포되었다.

성경은 삼위일체를 관념적으로나 사변적으로 추상(抽象)하지 않고 아들을 통한 아버지에 대한 계시와 증거와 역사로 계시한다. "아들과 또 아들의 소원대로 계시를 받는 자 외에는 아버지를 아는 자가 없다"(마 11:27). 아들을 믿고 영접하는 자가

한 형상"(expressa Dei imago)이 되심을 강조한다. Calvin, *Commentary*, 요 1:18 (1.25, CO 46.19).

2617 다음에서 저자는 마태복음 11:27-28을 해석하면서 아들만이 아버지를 아시고, 자신의 소원에 따라 주권적으로 아버지를 계시하시며, 자신을 통하여 아버지에 관한 지식을 얻도록 사람들을 초대하신다는 점을 들어, 계시에 있어서의 아버지와 아들의 동등하심을 거론하고 있다. Raymond, *Jesus Divine Messiah*, 206-210.

하나님을 믿고 영접한다(요 12:44; 13:20). 이러한 믿고 영접함이 "그리스도의 말씀"으로 말미암는다(롬 10:17). 그리스도는 "구주"로서 자신을 "하나님의 아들"로 계시하신다. 그 가운데 자신이 하나님과 동등하심과 동일하심을 드러내신다.[2618] 주님은 "내 아버지께서 이제까지 일하시니 나도 일한다"고 하시면서, "하나님을 자기의 친 아버지라 하여 자기를 하나님과 동등으로 삼으셨다"(요 5:17-18). 그리고 "내가 그들에게 영생을 주노니 영원히 멸망하지 아니할 것이요 또 그들을 내 손에서 빼앗을 자가 없느니라"고 하시면서, "나와 아버지는 하나이니라"고 하셨다(요 10:28, 30). 주님은 이와 같이 자신이 아버지의 뜻을 이루시는 아들이심을 통하여 자신이 "하나님"(Θεός)이심을 알리신다. 그리스도는 "한 주"로서 "한 하나님"이시다(고전 8:6).[2619] 생명이 아버지에게 있듯이 아들에게 있다(요 1:5; 5:26; 골 3:4; 요일 5:12). 그는 "생명의 빛"(요 8:12)이시며 "생명의 말씀"(요일 1:1)이시다. 곧 그는 "영생"이시며 "참 하나님"이시다(요일 5:20).[2620] 그는 우리를 "자기 백성이 되게" 하시려고 "우리를 대신하여 자신을 주신" "우리의 크신 하나님 구주 예수 그리스도"시다(딛 2:13-14).[2621] 그는 "자기 피로 교회를 사신" "하나님"이시다(행 20:28).[2622] 그는 "만물 위에" 계신 분으로서 우리를 대속하시기 위해서 "육신으로" 오셨으므로, "세세에 찬양을 받으실 하나님"이시다(롬 9:5).[2623]

우리는 지금까지 "사람의 아들"이 "하나님의 아들"로서 "하나님"이심을 그가 "구

[2618] 참조. Raymond, *Jesus Divine Messiah*, 277.

[2619] 칼빈은 로마서 11:36의 창조주 공식이 고린도전서 8:6에서는 성자에게 적용되었다고 하면서, 이 두 구절은 모두 삼위일체 하나님의 경륜을 설명하고 있다고 주석한다. Calvin, *Commentary*, 롬 11:36 (261, CO 49.232); 고전 8:6 (175, CO 49.432).

[2620] 칼빈은 이 말씀이 그리스도가 "진실하고 영원한 하나님"이라는 사실과 "하나님 아버지께 감추어진 영생이 그리스도 안에서 우리에게 주어져서 우리가 영생의 동참자(participes)가 된다는 것"을 의미한다고 주석한다. Calvin, *Commentary*, 요일 5:20 (315, CO 55.376).

[2621] 아리우스주의자들은 "우리의 크신 하나님 구주 예수 그리스도"를 두 부분으로 나누어서 "우리의 크신 하나님"은 성부를 "구주 예수 그리스도"는 성자를 지칭한다고 주장하나, 이는 근거가 없으며 이어지는 14절 및 문맥과도 어울리지 않는다. Calvin, *Commentary*, 딛 2:13-14 (374-375, CO 52.424).

[2622] 칼빈은 "바울이 이 피를 하나님에게 돌린 것은 우리를 위한 피를 흘리신 사람 예수는 또한 하나님이기 때문이다"라고 본문을 주석함으로 위격적 연합에 따른 신인양성의 속성교통을 뚜렷이 개진한다. Calvin, *Commentary*, 행 20:28 (2.184, CO 48.469).

[2623] 칼빈은 이를 "육신으로는 유대인으로 난 그리스도가 영원히 송축받는 하나님"(Christus ex Iudaeis secundum carnem qui Deus est in saecula benedictus)이심을 드러내심으로써 그리스도의 "영원한 영광"을 노래한다고 주석한다. Calvin, *Commentary*, 롬 9:5 (196, CO 49.174).

주"라는 관점에서 살펴보았다. 이 세 칭호에 대한 고백은 필히 한 고백을 수반한다. 그것은 "예수가 주시다"는 의미를 지닌 "주 예수"(Κύριος Ἰησοῦς)에 대한 고백이다. 이는 예수가 하나님으로서 하나님의 아들이시자 사람의 아들이시라는 고백을 전제한다. "예수"라는 이름은 구약에 나타나는 "여호수아"(יְהוֹשֻׁעַ, 신 3:21; יְהוֹשֻׁעַ, 수 1:1; 학 1:1; 슥 3:1)와 그 축약형인 "호세아"(הוֹשֵׁעַ, 민 13:8; 호 1:1; 느 10:23)와 "예수아"(יֵשׁוּעַ, 스 2:2) 등의 이름과 관계 있다고 볼 수 있다. 가장 축약된 형태로 나타나는 "예수"는 "여호와는 우리의 도움—혹은 구원—이시다"는 의미를 지닌(시 116:6, "יְהוֹשִׁיעַ") 이름인 "이사야"(יְשַׁעְיָה 혹은 יְשַׁעְיָהוּ)와도(사 1:1) 관련이 있는 것으로 여겨진다. 이렇게 볼 때 "예수"라는 이름은 이미 그 자체로 "주"라는 이름의 조건을 제시하고 있다고 볼 것이다.2624)

"주"라는 말은 구약에서 여호와(야훼, יהוה)를 지칭하는 "아돈"(אָדוֹן) 혹은 그 강조형인 "아도나이"(אֲדֹנָי)에 대한 신약의 번역으로서 주님을 지칭하는 경우 그의 신성을 전제한다고 여겨야 한다.2625) 그리하여 도마는 "나의 주님이시요 나의 하나님이시니이다"라고 고백하였다(요 20:28). 예수는 기름부음받은 메시아(מְשִׁיחָא, Μεσσίας, 요 1:41; 4:25), 곧 그리스도(Χριστός)로서(요 4:25-26; 11:25-27; 17:3; 막 14:62[마 26:64; 눅 22:67-69]; 마 16:16[막 8:29; 눅 19:20]) 모든 대속의 의를 다 이루시고 그것을 우리에게 전가해주심으로 우리의 주가 되셨다. 예수는 구약에 예언된 주의 "종"(עֶבֶד)으로서(사 42:1; 52:13; 53:11) 이스라엘과 이방인의 죄를 감당하시고 자신을 제물로 드리심으로써(사 42:1-4; 52:13-15; 53:1-12; 61:1-3) 그 말씀을 이루셨다(παῖς, δοῦλος, 행 3:13; 4:27, 30; 빌 2:7). 예수를 주라고 시인하는 고백과 선포는 (롬 10:9; 고전 12:3; 고후 4:5; 빌 2:11; 골 2:6) "[우리] 주 예수", "예수 우리 주", "예수 그리스도 우리 주", "[우리] 주 예수 그리스도", "우리 주 그리스도 예수", "그리스도 예수 우리 주"라는 칭호로 사도들의 서신서 가운데 자주 발견된다(롬 1:4, 7; 5:1, 11, 21; 6:23; 7:25; 8:39; 고전 1:2, 3, 7, 8, 9; 12:3; 고후 1:2, 3; 갈 1:3; 6:17; 엡 1:2, 3, 17; 빌 1:2; 3:8; 골 1:3; 살전 1:1, 3; 살후 1:1, 2; 3:18; 딤전 1:2, 12; 딤후 1:2; 몬 2; 히 13:20; 약 1:1; 2:1; 벧전 1:3; 벧후 1:2; 유 4; 계 22:20, 21). 초대교회 성도들은 유대인이나 헬라인이나 할

2624) 참조. Bavinck, *Reformed Dogmatics*, 3,361–362.

2625) 참조. Berkhof, *Systematic Theology*, 315. 다음에는 "주"라는 칭호가 소유자, 가르치는 자, 권위자(왕), 하나님이라는 측면에서 설명되고 있다. Macleod, *Jesus is Lord*, 46–53.

것 없이 모든 사람이 "주 예수의 은혜로 구원받는 줄을 믿었다"(행 15:11). 그들은 "주 예수를 믿었고"(행 11:17), "주 예수의 이름으로 세례"를 받았고(행 8:16; 19:5), "주 예수의 이름을 높였고"(행 19:17), "주 예수의 부활"을 증언했고(행 4:33), "주 예수의 이름으로 담대히 말했고"(행 9:29), 주님의 명령을 좇아 땅 끝까지 "주 예수를 전파"하는 자리에 섰다(행 11:20). 바나바와 바울은 예루살렘 교회의 대표들이 안디옥 교회에 보낸 편지에서 사도들과 "주 예수 그리스도의 이름을 위하여 생명을 아끼지 아니하는 자"라고 소개되었다(행 15:25). "주 예수를 믿으라 그리하면 너와 네 집이 구원을 받으리라"(οἱ δὲ εἶπαν, Πίστευσον ἐπὶ τὸν κύριον Ἰησοῦν καὶ σωθήσῃ σὺ καὶ ὁ οἶκός σου)는 말씀에(행 16:31)[2626] 그들의 고백과 가르침과 선포의 요체가 들어있다. 그들은 "만유의 주 되신 예수 그리스도로 말미암아(διὰ Ἰησοῦ Χριστοῦ, οὗτός ἐστιν πάντων κύριος) 화평의 복음을 전하였다"(행 10:36). 교회가 서 있으며 교회를 세우는 고백의 요체가 여기에 있다. "예수 그리스도, 그는 만유의 주시다"(Ἰησοῦς Χριστός, οὗτός ἐστιν πάντων κύριος).[2627]

3. 비하의 양상

3. 1. 비하의 신분

비하와 승귀는 신인양성의 중보자 그리스도의 인격과 함께 그가 행하신 사역의 역사성을 전제한다. 그러므로 성경의 계시를 비신화화(非神話化, Entmythologisierung)의 대상으로 여기고 그 케리그마를 역사적 사건이 아니라 정황적 믿음에 따른 실존적 의의를 갖는 선포 정도로 생각하는 불트만(Rudolf Bultmann)과 같은 비평신학자들에게는 비하와 승귀가 계시 자체가 아니라 계시 해석의 문제가 될 뿐이다. 그들이

[2626] 여기에서 보듯이 "주"는 초대교회에서 부활하신 그리스도를 칭하는 고유명사와 같이 빈번히 사용되었다. 그러므로 많은 경우 "주"와 더불어 사용되는 칭호인 "그리스도"가 후기에 첨가된 것으로 보는 것은 그릇되다. 참조. Raymond, *Jesus Divine Messiah*, 176–182.

[2627] 참조. "주 예수"가 고백으로 형성되는 과정과 성경적 근거에 대해서, C. Kavin Rowe, *Early Narrative Christology: The Lord in the Gospel of Luke* (Grand Rapids: Baker, 2006), 202–207.

말하는 비신화화는 필히 "비(非)케리그마"(de-kerygmatizing)를 낳기 때문이다.[2628] 뻴카우어가 말하듯이, 그리스도의 삶의 두 상태–비하와 승귀–가 "역사의 가치"를 표현하는 것은 분명하나, 그것은 정황적 혹은 실존적 의미로 구축된 우유(偶有)적인 한 역사가 아니라, "전적으로 고유한 필연적 특성"(a necessity of an entirely unique character)을 지닌 "이 역사"(this history)이다.[2629]

그리스도의 비하와 승귀는 하나님의 아들이 사람의 아들로 이 땅에 오신 "역사의 가치"를–'가치의 역사'가 아니라–우리를 위한 구원의 "공로"(promeritum, meritum)로 인식하고 그 필연성을 성경의 계시를 통하여 파악하고자 하는 신학적 주제(locus theologicus)이다. 비하는 십자가에서 죽으심으로 다 이루어진 의 자체 혹은 질료를 다루는 반면, 승귀는 그것의 작용, 효과, 적용을 다룬다. 그리스도의 대속의 의는 죄인에게 속한 무엇이 아니라 죄인 자신의 인격 혹은 신분을 무르는 값이 되기 때문에 그의 인격 혹은 신분을 질료로 한다. 구원의 질료인(causa materialis)을 그리스도의 순종, 그리스도의 죽음, 그리스도의 공로라고 주로 칭하지만, 그리스도 자신이라고 말하기도 하는 까닭이 여기에 있다. 그러므로 비하의 양상과 관련하여 행해진 '무엇'에 대한 고찰에 앞서서 행하신 '누구'를 파악해야 한다.[2630]

루터파는 그릇된 속성교통론에 빠져 사실상 그리스도의 비하 자체를 부인하는 데 이르렀다. 그들에 따르면, 그리스도의 인성에는 성육신 때부터 신성에 속한 완전함이 교통되었으나 비하의 상태(status humiliationis)에서 그는 유래된 신적 엄위(maiestas divina)를 비웠으며(exinanivit) 부활 후 승귀의 상태(status exaltationis)에서는 그것에 대한 충만한 사용(plenaria usurpatio)이 있었다. 이와 같이 루터파는 비하와 승귀를 속성의 소유(κτῆσις)가 아니라 사용(κρῆσις)과 관계되는 것으로 여긴다.[2631] 그러나 우리가 비하와 승귀를 말할 때, 그것은 소유나 사용이 아니라 존재 자체와 관련된다. 주님은 '자기를' 비우셨으며("ἑαυτὸν ἐκένωσεν", 빌 2:7), '자기를' 낮추셨다

2628) G. C. Berkouwer, *The Work of Christ*, tr. Cornelius Lambregtse (Grand Rapids: Eerdmans, 1965), 44–50. 이는 부리(Fritz Buri)의 입장으로 개진된다.

2629) Berkouwer, *The Work of Christ*, 51, 53.

2630) 그러므로 아타나시우스(Athanasius)와 이레네우스(Irenaeus)를 비롯한 초대교회 교부들에게와 같이 그리스도의 성육신이 그의 고난보다 먼저 헤아려져야 한다. 참조. John Behr, "The Paschal Foundation of Christian Theology," *St Vladimir's Theological Quarterly* 45/2 (2001), 124–136.

2631) 참조. Hodge, *Systematic Theology*, 2, 621–625.

("ἐταπείνωσεν ἑαυτὸν", 빌 2:8). 비하와 승귀는 주님 자신의 두 상태를 다룬다. 그런데 루터파는 주님 자신의 상태(status)가 아니라 주님이 처한 상황(circumstantia) 혹은 조건(conditio)을 문제시할 뿐이다. 그들은 성육신의 '상태'를 비하라고 여기지 않고 그것을 성육신 '상태'에서 고양된 자질을 사용하지 않고 숨기는 것(κρύψις)으로 여긴다. 그들에 의하면 비하의 두 요소인 비우심(κένωσις)과 낮추심(ταπείνωσις)은 본질적 "본체" 혹은 "형체"(μορφή)가(빌 2:6-7) 아니라 우유(偶有)적 용례가 문제될 뿐이다.

성육신이 비하의 시작이다. 그것은 본성적이지 않으며 위격적 곧 인격적이다. 영원하신 하나님의 아들의 위격 혹은 인격이 인성을 취하심(assumptio)이 비우심(exinanitio)이다. 그 비우심이 낮추심(humiliatio)의 시작이다.[2632] 루터파는 성육신과 비우심과 낮추심을 구별할 뿐만 아니라 분리한다.[2633] 그러나 그리스도의 인격(persona)과 사역(officium)이 분리될 수 없듯이, 비우심과 낮추심의 비하를 성육신으로부터 분리할 수 없다. 왜냐하면 위격적 연합의 비밀이 위격 자체에 있듯이, 비하의 비밀 역시 그러하기 때문이다.[2634] 하나님의 아들이 사람의 아들이 되셔서 사람의 자리에서 세례를 받으실 때 하늘로부터 들린 "이는 내 사랑하는 아들이요 내 기뻐하는 자라"는 "소리"가(마 3:17) 그 표지(標識)와 인(印)이 된다.[2635]

3. 2. 행하신 순종(수법, 守法)과 당하신 순종(수난, 受難)

3. 2. 1. 모든 율법을 행하신 순종(obedientia activa)

언약의 백성에게 전가되는 그리스도의 의는 그의 당하신 순종과 행하신 순종으로 말미암는다. 행하신 순종은 율법에 계시된 하나님의 뜻에 대한 순종-수법(守法)-으로 논의된다.[2636] 주님이 이 땅에 오신 것은, "율법이나 선지자를 폐하려 하심이 아니라 완전하게 하려 하심이었다"("οὐκ ἦλθον καταλῦσαι ἀλλὰ πληρῶσαι",

---

[2632] 참조. Bavinck, *Reformed Dogmatics*, 3.407-408.
[2633] Bavinck, *Reformed Dogmatics*, 3.431; Berkouwer, *The Person of Christ*, 272-281.
[2634] 참조. Bavinck, *Reformed Dogmatics*, 3.310-311.
[2635] Bavinck, *Reformed Dogmatics*, 3.408.
[2636] 참조. 박형룡, 『교의신학 기독론』, 157.

마 5:17)이다. 칼빈에 따르면, 이는 주님이 불완전한 율법을 완전하게 하시겠다거나 새로운 율법을 주시겠다는 말씀이 아니라 "율법 아래에"(ὑπὸ νόμον) 나셔서(갈 4:4) 모든 율법에 순종하신 자신의 의를 전가해주심으로써 "율법 아래에(ὑπὸ νόμον) 있는 자들을 속량하시고" 그들이 "아들의 명분을"(τὴν υἱοθεσίαν) 얻어(갈 4:5) 율법에 "종 노릇"(δουλεύειν) 하지 않고(갈 4:9), "속사람"이 거듭나 그것을 거룩하고("ἁγία"), 의롭고("δικαία"), 선하고("ἀγαθή"), 신령한("πνευματικός") "하나님의 법"으로 여기고 "즐거워하는"("συνήδομαι γὰρ τῷ νόμῳ τοῦ θεοῦ κατὰ τὸν ἔσω ἄνθρωπον") 자리에(롬 7:12, 14, 22) 서도록 하시겠다는 말씀이다.2637) "그리스도는 모든 믿는 자에게 의를 이루기 위하여 율법의 마침이(τέλος νόμου) 되시니라"는 말씀(롬 10:4) 역시 같은 맥락에서 이해된다. 여기에서 "마침"은 '끝으로서의 끝'이 아니라 '완성으로서의 끝'을 의미한다.2638)

핫지가 강조하듯이, 그리스도의 수법은 "자발적"(voluntary)이며 "대리적"(vicarious)이며, 그가 복종한 율법은 행위언약으로 아담에게 주어진 법, 택한 백성을 묶는 모세의 법, 규범의 법칙인 도덕법을 모두 아우른다.2639) 그리스도의 수법이 비하의 한 양상인 것은 동일하신 한 분 그리스도가 신성에 따라서는 율법의 수여자와 보존자가 되시며 인성에 따라서는 율법의 복종자가 되시기 때문이다. 그리스도는 아담의 불순종으로 죄인이 된 인류를 의롭게 하시려고 율법에 복종하셨다(롬 5:19). 그리하여 하나님은 그를 "나의 종"이라고 부르셨다(사 52:13; 53:11).2640) 가장 넓은 의미로 보면 수난도 하나님의 법에 대한 불순종에 대한 값을 치르는 것이므로 수법의 일부로 간주될 수도 있다. 마스트리히트(Petrus van Mastricht)가 비하를 "극도의 겸비로 하나님의 법에 복속하는 것"이라고 정의한 것이 한 예(例)이다.2641) 여기에서 우리는 통상 신학자들이 그러하듯이 수법을 수난과 함께 비하의 일부를 이루는 것으로만 여긴다.

칼빈은 이러한 수법의 비하를 구속사적 성취와 구원론적 적용이라는 언약신학

2637) Calvin, *Commentary*, 마 5:17 (1,179, CO 45,170).

2638) Calvin, *Commentary*, 롬 8:3-4, 10:4 (CO 49,137-140, 196).

2639) Hodge, *Systematic Theology*, 2,612.

2640) Hodge, *Systematic Theology*, 2,613.

2641) Heppe, *Reformed Dogmatics*, 488에서 재인용.

적 관점에서 파악하고자 시도한 효시(嚆矢)가 되었다. 칼빈은 그리스도가 율법에 예언된 메시아로서 이 땅에 오셨음과 율법을 성취하러 이 땅에 오셨음을 함께 강조한다. "예수"라는 이름은 형상 가운데 예표된 율법의 실체가 계시된 것으로,[2642] 성육신은 율법 가운데 약속된 중보자가 역사 속에서 완전하게 현현하신 사건으로 간주한다.[2643] 주님이 할례를 받으신 것은 유대인들의 의식에 따라서 율법에 순종하심으로써 궁극적으로 그 의식(儀式)을 폐지하고 그 뜻을 완성시키고자 하심에 있었다고 여겨진다.[2644] 주님이 세례를 받으신 것은 "아버지에 대한 전적인 순종"(plena obedientia patri)을 통하여 그 세례를 자신의 몸 안에서 거룩하게 하셔서 우리의 세례로 삼고자 하심에 있었다고 여겨진다.[2645] 주님이 광야의 시험을 받은 것 역시 우리의 자리에서 아버지의 뜻에 순종하시는 아들의 모습을 보이신 것으로 여겨진다.[2646] 산상복음 가운데 팔복과 주기도문을 주석하면서 칼빈은 그리스도가 하나님의 아들로서 율법에 계시된 아버지의 뜻에 순종하심으로써 이루신 의를 전가받은 하나님의 자녀의 어떠함에 대해서 강조하고 있다.[2647] 이와 같이 칼빈은 그리스도가 율법에 순종하신 사건들을 직접적으로 전하는 말씀들[2648] 외에 그의 생애와 관련된 여러 말씀들도 수법과 관련하여 다루고 있다.

칼빈에 따르면, 율법은 "경건하고 올바른 삶의 규범"(pie iusteque vivendi regula)으로서 하나님이 아브라함의 후손들과 맺은 은혜언약(foedus gratuitum)에 기초해 있다.[2649] 율법에는 "모든 경건과 사랑의 의무"(omnia pietatis et dilectionis officia)가 규정되어 있다.[2650] 율법은 "모든 의에 대한 가장 완전한 규범"(perfectissima totius iustitiae

---

2642) Calvin, Commentary, 눅 1:31 (1.24, CO 45.27); 마 1:21 (1.64, CO 45.64-65); 요 1:1 (1.8-9, CO 47.2-3).
2643) Calvin, Commentary, 눅 1:26 (1.21, CO 45.24).
2644) Calvin, Commentary, 눅 2:21 (1.81, CO 45.80).
2645) Calvin, Commentary, 마 3:13 (1.130, CO 45.125).
2646) Calvin, Commentary, 마 4:1-2 (1.133-136, CO 45.128-131).
2647) Calvin, Commentary, 마 5:1-12 (1.168-174, CO 45.159-166); 마 6:9, 12 (1.206, 211, CO 45.196, 200-201).
2648) 참조. Calvin, Commentary, 눅 2:22-24 (1.89-90, CO 45.87-89); 눅 2:49 (1.109, CO 45.106-107); 눅 4:16-22 (1.146-147, CO 45.140-143); 마 8:1-4 (1.242-246, CO 45.230-233). 참조. Max Dominicé, L'humanité de Jésus d'après Calvin (Paris: Éditions "Je Sers," 1933), 159-174.
2649) Calvin, Institutio, 2.7.1 (CO 2.252).
2650) Calvin, Institutio, 2.8.51 (CO 2.304).

regula)으로서 하나님의 "영원한 뜻이"(voluntas aeterna) 그곳에 계시되어 있다.[2651] 구속사와 성도의 구원서정을 통하여 작용하는 율법은 "가장 높은 하나님의 의"(iustice plus haute)를 계시한다. 그것은 그리스도가 율법의 실체(substantia)시며 완성(perfectio, completio)이시라는 사실에 있다.[2652] 복음은 그리스도가 이 땅에 오셔서 "율법수여자의 경륜과 목적을"(legislatoris consilium et finem) 다 이루신 복된 소식을 뜻한다.[2653]

칼빈은 중생과 회개와 다를 바 없이 칭의의 두 요소로서 죄사함(remissio peccatorum)과 의의 전가(imputatio iustitiae)를 든다.[2654] 이 둘은 옛사람이 죽고 새사람이 사는 은혜에 각각 부합하는 바(롬 6:6-11), 이중적 은혜(gratia duplex)라고 불린다.[2655] 칭의는 단회적이나 법정적이며, 성화는 반복적이며 계속적이다.[2656] 이러한 이중적 은혜로 말미암아, "오직 믿음에 의해서 우리 자신뿐만 아니라 우리의 행위도 의롭게 된다"(sola fide non tantum nos, sed opera etiam nostra iustificari).[2657] 이러한 이중적 은혜가 작용하는 것은 자기 자신을 드리신 그리스도의 대속의 의가 수난과 수법에 모두 미치기 때문이다. 만약 그리스도의 대속의 의가 수난에 그친다면 그것은 우리를 살리기는 하되 거룩하게 살게 하지는 못할 것이다. 성도가 날마다 거룩해지는 것도 은혜인 것은―성화 단계에서의 성도의 선행(opera bona)도 은혜이며 그것에 대한 상급도 은혜인 것은[2658]―그가 모든 율법에 순종하신 공로를 우리의 것으로 삼아주시기 때문이다. 이러한 취지에서 칼빈은 하나님의 은혜로 말미암아 성도는 "공로를 얻을 기회가 아니라 그리스도의 모든 공로를 얻는다"(non adeptus merendi

---

2651) Calvin, *First Catechism*, 11 (CO 5.327); *Commentary*, 마 5:17 (1.180, CO 45.171).

2652) Calvin, *Sermons of M. Iohn Calvin upon the Booke of Job*, tr. Arthur Golding (London: George Bishop, 1574; facsimile repr. Edinburgh: Banner of Truth, 1993), 10:16-17 (186a-187, CO 33.496-499).

2653) Calvin, *Commentary*, 마 5:17, 19 (1.180-181, CO 45.172-173).

2654) Calvin, *Institutio*, 3.11.2 (CO 2.534).

2655) Calvin, *Institutio*, 3.11.1 (CO 2.533); *Commentary*, 롬 4:6-8, 5:16, 5:17, 6:14 (CO 47.71-73, 99, 100, 112-113).

2656) Calvin, *Commentary*, 요 14:20 (CO 47.331).

2657) Calvin, *1543 Institutio*, 10.70 (CO 1.787). 참조. *Institutio*, 3.11.23 (CO 2.552); 3.17.10 (CO 2.598); *First Catechism*, CO 5.336-337.

2658) Calvin, *Institutio*, 3.17.10 (CO 2.581).

opportunitatem, sed omnia Christi merita)고 말한다.[2659]

그리스도의 의는 단지 그에 속한 소유가 아니라 그 자신을 주신 의이기 때문에(갈 1:4; 엡 5:2, 25; 딛 2:14; 히 9:12, 14; 빌 2:7-8), 그것의 전가는 그 자신과 연합하는 것 곧 그 자신과 하나가 되는 것을 뜻한다(요 17:21-24; 엡 5:32). 그것은 '그리스도와 함께 사는 것', '그리스도가 내 안에 사는 것', '내가 아니라 그리스도가 사는 것'을 의미한다(고후 13:4-5; 갈 2:20; 요일 3:24; 4:13). 이러한 측면에서, 칼빈은 그리스도의 의의 전가를 성찬시 떡과 잔을 통하여 그의 살과 피를 먹고 마시는 것과 동일시한다.[2660] 동일한 맥락에서, "중생의 시작으로부터 영생의 삶에 동참하는 때까지 계속되는 그리스도의 죽음 안에서의 그리스도와의 교제(communio cum morte Christi)"라는 측면에서 칭의의 법정성을 부각시킨다.[2661]

우리가 그리스도의 동참자(participes)가 될 때, 우리 자신이 의로울 뿐만 아니라 우리의 행위도 하나님의 면전에서 의롭다고 여겨진다(non ipsi solum iusti sumus, sed opera iusta reputantur coram Deo). 왜냐하면 우리 행위에 포함되어 있는 어떤 불완전한 부분들도 그리스도의 피에 의해서 모두 지워지기 때문이다. 조건적인(conditionales) 약속들도 또한 같은 은혜에 의해서 완성된다. 왜냐하면 우리 행위의 허물들이 값없는 용서로 가려지는 만큼 하나님은 우리의 행위를 완전한 것으로 보시고 상을 주시기 때문이다.[2662]

성도의 그리스도와의 연합(unio cum Christo)은 "하나님이 우리에게 주신 자질(qualitas)이 아니라", "거저 주신 의의 전가"에 기초한다.[2663] 그리스도의 의는 그와 연합한 성도의 구원의 전(全) 과정 가운데 작용한다(롬 8:30; 살전 5:24; 고전 1:30).[2664] 칭의가 그리스도와의 연합의 시작이라면, 성화는 그 계속을 의미한다. 칭의가 사

2659) Calvin, *Institutio*, 3.15.6 (*CO* 2.584).
2660) Calvin, *Institutio*, 3.11.9 (*CO* 2.539-540).
2661) Calvin, *Commentary*, 롬 6:7 (*CO* 49.108). 참조. *Commentary*, 롬 6:3 (*CO* 49.105).
2662) Calvin, *Commentary*, 롬 3:22 (*CO* 49.60).
2663) Calvin, *Commentary*, 롬 5:17 (*CO* 49.100); 롬 5:19 (118, *CO* 49.101).
2664) Calvin, *Commentary*, 롬 6:22-23 (*CO* 49.118).

귐의 시작으로서 교제(communio)를 뜻한다면 성화는 사귐의 계속으로서 교통(communicatio)을 뜻한다. 그러므로 칭의와 성화는 구별은 되나 서로 분리되지 않는다.[2665] 이는 다 이루신 그리스도의 의가 하나이기 때문이다.

"구주 예수 그리스도의 의를 힘입어" 우리가 사는 바, 그가 "생명과 경건에 속한 모든 것을(πάντα……τὰ πρὸς ζωὴν καὶ εὐσέβειαν) 우리에게 주셨다"(벧후 1:1, 3). 이러한 역사는 오직 보혜사 성령이 우리를 그리스도와 하나가 되게 하는 "띠"(vinculum)로서 작용하기 때문에 일어난다.[2666] 중생의 영(Spiritus regenerationis)으로서 구원의 전(全) 과정에서 역사하시는 보혜사 성령을 "그리스도의 영"(Spiritus Christi)이라고 부르는 것은, 이 경우 제2위 하나님의 다 이루신 의를 대상(obiectum)으로 제3위 하나님의 능력(virtus)과 작용(efficacia)이 있기 때문이다. 이와 같이 보혜사 성령이 칭의와 성화의 영으로서 역사하시는 것은 이러한 기독론적 근거에서이다.[2667] 그리스도의 영은 "죽음을 삼키고 생명을 살리는 능력을(vim vivificandi)" 지니고 있을 뿐만 아니라,[2668] 우리를 "그리스도의 생명 전체에"(ad totam Christi vitam) 속하게 한다.[2669] 여기에서 "생명"(vita)은 생기(생활력)와 생활을 모두 아우르는 개념이다.[2670] 이러한 취지에서 칼빈은 "그리스도를 우리에게 연합시키시는 분은 오직 성령이시다. 그리스도의 영의 은혜와 능력에 의해서 우리가 그의 지체들이 됨으로써 그는 우리를 아우르고(contineat) 우리는 그를 소유하게 된다(possideamus)"고 말한다.[2671]

칼빈은 율법의 본질을 '정죄하는 법'(lex accusans)이 아니라 '삶의 법'(lex vivendi)으로 여긴다. 율법은 "올바르게 살아가는 삶의 길"(via recte vivendi)을 제시한다.[2672] 율

[2665] Calvin, *Commentary*, 롬 8:9 (*CO* 49.144); 롬 8:13 (*CO* 49.147). 이는 "결정적 성화"(decisive sanctification)로 논의된다. 참조. John Murray, "Definitive Sanctification," 그리고 "The Agency in Definitive Sanctification," in *Collected Writings of John Murray*, 2.277-293.

[2666] Calvin, *Institutio*, 3.1.1 (*CO* 2.394).

[2667] Calvin, *Institutio*, 3.1.2, 3.3.19, 3.11.1 (*CO* 2.394-395, 449-450, 2.533).

[2668] Calvin, *Commentary*, 롬 8:10 (*CO* 49.145); 롬 8:2 (*CO* 49.137).

[2669] Calvin, *Commentary*, 요 17:19 (*CO* 47.385).

[2670] 이와 관련하여 다음 글 참조. 문병호, "칼빈의 영생관: 요한문헌 주석을 중심으로", 『칼빈신학: 근본 성경교리 해석』, 477-483.

[2671] Calvin, *Institutio*, 3.1.3 (*CO* 2.396).

[2672] Calvin, *Commentary*, 롬 7:9-12, (143-145, *CO* 49.125-127).

법은 유대인들에게 "참 경건의 도"(道, vera pietatis ratio)를 가르친다.[2673] 율법은 "하나님의 자녀들에게 고유한 학교(peculiaris schola)"이다.[2674] 율법은 언약 백성에게 베푸시는 "하나님의 특별한 축복"이다.[2675] 율법은 구원의 과정에서도 작용한다. 율법은 "하나님과 사람 사이의 화목의 길"을 가르친다.[2676] 율법을 통해서 우리는 그리스도의 은혜를 구하고,[2677] "그리스도의 형상"을 닮으려고 노력한다.[2678] 율법이 하나님의 자녀의 학교라고 한다면 "그리스도는 영혼의 교장(interior magister)"이시다.[2679]

비록 죽음이 "율법을 틈타서(occasione) 죄로 말미암아 들어오지만" 율법은 "죽음의 실체"(mortis materiam)가 아니다.[2680] 율법의 정죄는 본질적이지(originalis) 않으며 우유(偶有)적(accidentalis)이다. 율법의 정죄는 파멸의 나락에 이끌기 위함이 아니라 "새로운 삶"과 "거룩함과 의"를 옷 입히기 위함이다.[2681] 율법은 '정죄하는 법'으로서 작용하는 경우에도 '삶의 법'(lex vivendi)으로서 그리한다. "율법은 하나님의 의-하나님을 기쁘시게 할 만한 유일한 의-를 보임으로써 모든 사람의 불의를 경고하고, 드러내고, 정죄하며, 마침내는 저주한다."[2682] 율법은 정죄하는 경우에 있어서 조차도 언약의 법(lex foederis)으로서의 본질을 잃지 않는다(갈 3:17). 칭의의 단계에 있어서 율법은 우리로 하여금 우리의 삶을 세심히 살펴보게 함으로써 자신에 대해서 절망에 이르게 해서 궁극적으로 그리스도 안에서 구원을 찾게 한다.[2683] 이는 사

[2673] Calvin, *Institutio*, 2.8.1 (*CO* 2.266).

[2674] Calvin, *Institutio*, 1.6.4 (*CO* 2.55).

[2675] Calvin, *Commentary*, 신 5:1-3 (1.340-341,*CO* 24.210).

[2676] Calvin, *Institutio*, 1.6.2 (*CO* 2.54).

[2677] Calvin, *Institutio*, 1.9.3 (*CO* 2.71).

[2678] Calvin, *Institutio*, 2.12.4 (*CO* 2.342).

[2679] Calvin, *Institutio*, 3.1.4 (*CO* 2.397). 참조. Mary Lane Potter, "The 'Whole Office of the Law' in the Theology of John Calvin," *Journal of Law and Religion* 3/1 (1985), 118-123.

[2680] Calvin, *Commentary*, 롬 7:13 (146, *CO* 49.127). 참조. *Commentary*, 고후 3:7-11 (43-45, *CO* 50.41-43).

[2681] Calvin, *Commentary*, 롬 7:4 (139-140, *CO* 49.121).

[2682] Calvin, *Institutio*, 2.7.6 (*CO* 2.257): "……dum iustitiam Dei ostendit, id est, quae sola Deo accepta est, suae unumquemque iniustitiae admoneat, certiorem faciat, convincat denique ac condemnet."

[2683] Calvin, *Sermon*, 창 15:6 (SC 11/2.758): "Ainsi donc voilà comme la Loy nous doit faire entrer en l' examen de toute nostre vie, que nous n'ayons que desespoir en nous, et que par ce moyen nous soyons solicitez de cercher nostre Seigneur Jesus Christ pour le commencement de nostre justice."

람들로 하여금 전적으로 무능하고 전적으로 부패한 그들 자신의 비참함과 더불어 "그리스도의 의가 우리를 의롭게 함에 유효하다"(Christi iustitiam esse efficacem ad nos iustificandos)는 사실을 깨닫게 하는 율법의 사역을 지시한다.2684)

성화의 단계에 있어서 율법은 그리스도의 영이 임하여 그의 의의 전가로 말미암아 거듭난 성도들에게2685) 하나님의 자녀를 향한 하나님의 뜻이 무엇인지를 지시하고 교훈할 뿐만 아니라 그들이 그 뜻을 좇아 살아가도록 자극과 박차를 가한다. 이러한 "가르침"(paedagogia, doctrina)과 "권고"(exhortatio)의 작용은 율법의 본질에 더욱 부합하므로,2686) 칼빈은 이를 "주요하며"(praecipuus) "율법의 고유한 목적에 더욱 가까운"(in proprium legis finem propius) 용법이라고 부른다.2687) 성도들을 위한 율법의 용법을 다루면서, 칼빈은 그리스도가 모든 율법에 순종하심으로 성도들의 거룩한 삶을 위한 모든 의를 다 이루셨다는 사실과 자신의 영을 부어주심으로써 그 의를 전가받은 성도들이 그것에 걸맞은 삶을 살도록 계속해서 중보하신다는 사실을 강조한다. 지상의 성도들은 율법의 요구를 완전히 충족시키는 삶을 살지는 못하나, 율법의 저주 가운데 계속 머물러 있지는 않는다. 왜냐하면 "그리스도는 자신의 영의 띠로(spiritus sui vinculo) 묶인 사람에게 자신의 의(iustitiam)를 나누어 주시기" 때문이다.2688) "그리스도는 의롭게 하심과 동시에 거룩하게 하신다. 이 두 가지 은혜는 영원하며 끊을 수 없는 띠(perpetuo et individuo nexu)에 의해서 함께 묶여 있다. 그리스도는 그의 지혜로 감화를 받은 사람들을 구속(救贖)하신다; 구속한 사람들을 의롭다 하신다; 의롭다 하신 사람들을 거룩하게 하신다."2689)

하나님의 뜻은 택함받은 백성들의 "거룩함"(ἁγιασμὸς)에 있다(살전 4:3). "자유롭게

2684) Calvin, Commentary, 롬 5:18 (117, CO 49.101). 이는 칼빈이 말하는 율법의 제1용법에 해당한다.

2685) Calvin, Commentary, 롬 8:2 (157, CO 49.137); 롬 8:10 (165, CO 49.145); 요 1:17 (1.25, CO 47.18); 고후 3:7 (45, CO 50.43).

2686) Calvin, Institutio, 2.7.12 (CO 2.261-262); 3.19.2 (CO 2.614); Christianae religionis institutio, totam fere pietatis summam, et quidquid est in doctrina salutis cognitu necessarium, complectens; omnibus pietatis studiosis lectu dignissimum opus, ac recens editum, 1536, 6.2 (CO 1.196): "eos officii sui admonendo ad sanctitatis et innocentiae studium excitet······docere et exhortari et stimulare ad bonum."

2687) Calvin, Institutio, 2.7.12 (CO 2.261). 이는 칼빈이 말하는 율법의 제3용법에 해당한다.

2688) Calvin, Commentary, 롬 8:4 (160, CO 49.140). 참조. T. H. L. Parker, Commentaries on Romans 1532-1542 (Edinburgh: T & T Clark, 1986), 196.

2689) Calvin, Institutio, 3.16.1 (CO 2.586).

하는 온전한 율법을(εἰς νόμον τέλειον τὸν τῆς ἐλευθερίας) 들여다보고 있는 자는 듣고 잊어버리는 자가 아니요 실천하는 자"이다(약 1:25). 성도들의 선행은 구원의 공로가 될 수 없다. 창세 전의 선택과 때를 좇은 소명과 칭의와 성화와 영화가 모두 그리스도의 의로 말미암는다. 그렇다고 해서 성도들의 선행이 그저 임의적인 것은 아니다. 하나님은 그것을 구원의 열매로 주시기 때문이다(마 7:20; 약 1:18, 21-22). 이에 대해서 칼빈은 다음과 같이 말한다.

> 실로 지극히 합당한 바는 다음과 같으니, 우리는 행위 없이 의롭다 함을 받는 것이 아니라, 행위를 통하지 않고 의롭다 함을 받는다. 왜냐하면 우리를 의롭게 하시는 그리스도와 연합함으로써 우리는 바로 그 의만큼 거룩해지기 때문이다(Ita liquet quam verum sit nos non sine operibus, neque tamen per opera iustificari; quoniam in Christi participatione, qua iustificamur, non minus sanctificatio continetur quam iustitia).[2690]

그리스도의 수난과 수법의 의를 전가받아 새생명으로 거듭난 하나님의 자녀는 거듭난 새삶을 살게 된다. 주님이 "율법 아래에"(ὑπὸ νόμον) 나심으로 "율법 아래에"(ὑπὸ νόμον) 있는 우리를 속량하심으로(갈 4:4-5) 우리는 더 이상 "법 아래에 있지 아니하고 은혜 아래에(οὐ……ὑπὸ νόμον ἀλλὰ ὑπὸ χάριν) 있다"(롬 6:14-15). 그리하여 이제는 "죄의 종"(δοῦλοι ἁμαρτίας)이 아니라 "순종의 종"([δοῦλοι] ὑπακοῆς)으로서 하나님의 법을 "마음으로 순종하여"(ὑπηκούσατε ἐκ καρδίας) "의에게 종이"(ἐδουλώθητε τῇ δικαιοσύνῃ) 되었다(롬 6:16-18). 이러한 취지에서 칼빈은 "사랑으로써 역사하는 믿음"(πίστις δι᾽ ἀγάπης ἐνεργουμένη)에서(갈 5:6) 그리스도인의 자유의 본질을 찾는다.[2691]

칼빈은 거듭난 성도에게 그리스도는 "율법의 영"(spiritum eius [legis])이며 "율법의 생명"(legis vita)이 된다고 말한다.[2692] 이는 율법을 다 이루시고 그 의를 전가해주시며 지금도 우리를 위하여 중보하시는 그리스도의 은혜로 말미암아 우리가 율법을 온전히 지키는 자리에 서게 되기 때문이다. 그리스도의 영의 내적 조명과 감화

2690) Calvin, *Institutio*, 3.16.1 (CO 2.586).

2691) Calvin, *Commentary*, 갈 5:1-6 (CO 50.243-247).

2692) Calvin, *Commentary*, 고후 3:17 (48-49, CO 50.45-46).

와 능력이 이를 능히 이룬다. 율법은 우리가 할 수 있는 것(quid possimus agere)이 아니라 해야 할 것(quid debeamus agere)을 명령한다. 할 수 없는 가운데 해야 할 것을 명령하심은 저주하고자 하심이 아니라 친히 이루고자 하심이다. 이와 같이 "그리스도의 법"(ὁ νομός τοῦ Χριστοῦ)을 성취하는 것은 모든 법에 순종하신 그리스도의 의로 말미암는다(갈 6:2). 이는 단지 윤리적 모범이 아니라 법정적 의의 전가의 열매이다.[2693] 시편 119편의 "주의 율법에서 놀라운 것을 보게 하소서"(18절)라는 구절을 칼빈은 다음과 같이 주석한다.

> 율법이라는 단어는 십계명과 하나님이 제정하신 영원한 구원의 언약과 그것을 위하여 준비된 모든 것들을 포함한다. 우리가 아는 바와 같이 "지혜와 지식의 모든 보화가 감추어져" 있는 그리스도는 "율법의 마침"이 되시기 때문에 율법이 지닌 장엄한 신비는 이루 다 형언할 수 없다. 그러므로 시편 기자가 이 율법을 권하는 것이 전혀 놀랍지 않다(골 2:3; 롬 10:4).[2694]

칼빈은 시편 119편을 주석하면서 율법에 순종하는 삶은 성령의 내적이고 은밀한 조명과 감화와 능력으로 인한 것임을 반복해서 강조한다. 그리하여 신약시대 성도들에게 그리스도의 영이 임하여 그의 의를 전가받은 성도들이 그의 계속적 중보로 말미암아 율법을 은혜의 법(lex gratiae)으로서 즐거워하며 지키는 자리에 서게 될 것을 미리 지시하고 있다.[2695] 그리스도의 수법의 의의 전가로 말미암아 성도가 자원하여 율법의 규범에 순종하는 삶을 사는 즐거움이 이미 구약에 노래되고 있다고 여긴 것이다. 칼빈은 다음과 같이 이를 확정한다. "[시편에서] 다윗이 특별히 노래한 것은 율법을 통해서 그가 붙잡은 것은 중보자라는 사실이다. 중보자가 없다면 어떤

[2693] 다음 글은 율법에 순종하는 성도의 삶이 율법에 순종하신 그리스도의 공로로 말미암는다고 보지만 그의 행하신 순종의 [법정적] 의의 전가에 대한 인식은 결여되어 있다. Richard B. Hays, "Christology and Ethics in Galatians: The Law of Christ," *Catholic Biblical Quarterly* 49/2 (1987), 268-290.

[2694] Calvin, *Commentary*, 시 119:18 (CO 32.222).

[2695] Calvin, *Commentary*, 시 119:12 (4.410, CO 32.219, "spiritu iudicii"); 119:18 (412, CO 32.221, "singulari spiritus gratia"); 119:26 (420, CO 32.226, "interior magister Dei spiritus"); 119:27, 33 (420, 424, CO 32.226, 228, "intelligentiae spiritu"); 119:34 (425, CO 32.229, "coelestis spiritus luce"); 119:64 (449, CO 32.242, "arcana mentis illustratione spiritus"); 119:125 (5.5, CO 32.270, "arcano spiritus instinctu").

기쁨이나 달콤함(oblectatio vel suavitas)도 없다는 사실이다."2696)

칼빈의 율법관은 그의 언약신학의 일부로 다루어진다. 그리스도가 율법에 순종하신 수법의 의를 율법의 용법과 그리스도인의 자유의 교리와 연결시킨 것은 칼빈의 신학과 그것을 잇는 개혁신학이 삶의 신학으로서의 역동성을 갖는 기저가 되었다. 칼빈에 따르면, 그리스도의 중보로 말미암아 율법은 구원받은 하나님의 백성에게 삶의 규범이 되어서 삶의 길을 가르칠 뿐만 아니라(지적, 知的) 그들이 하나님의 뜻대로 살게 하는 데 이른다(의지적, 意志的). 칼빈의 율법관은 개혁신학자들에게 계승되었다.

핫지는 프린스턴 구학파와 이를 계승한 웨스트민스터 학파의 율법관의 기초를 놓았다. 칼빈과는 달리 핫지는 율법을 기독론의 한 부분으로 보지 않고 구원론의 한 부분으로서 성화를 다룬 후 은혜의 방편인 하나님의 말씀과 성례와 기도를 다루기 전에 논의한다.2697) 핫지는 신구약을 통해서 율법은 "하나님의 뜻의 표현"(the manifestation of the will of God)으로서 하나님이 인류에게 요구하는 "의무에 대한 전체적인 규율"(the whole rule of duty)을 계시한다는 사실을 강조한다.2698) 그리고 종교(religion)는 "하나님과의 인격적인 연합"(the personal union with God)을 추구하며 도덕(morality)은 하나님의 명령과 규례의 목표인 "하나님의 형상에 순응함"(conformity to the divine image)에 있기 때문에 양자는 분리될 수 없다고 보고,2699) 모든 인간의 도덕적인 규율은 스스로 완전하신 하나님 안에서 완전하신 하나님의 말씀에 모두 수립되어 있기 때문에 율법은 율법의 수여자인 하나님을 아는 지식으로부터 나온다는 사실을 강조한다. 그리고 이러한 관점에서 하나님의 본성에 고유한 사랑의 법과 실재하는 모든 것들의 본질을 규정한 하나님의 법은 영원한 것으로서 십계명에 그 모든 것이 함축되어 있다고 주장한다.2700) 무엇보다 핫지는 "인간의 의무에 대한 완전한 규범"(a perfect rule of duty)으로서 율법은 그리스도가 가르치신 사랑의 계시

2696) Calvin, *Institutio*, 2.7.12 (CO 2.262). 율법의 달콤함(*dulcedo*, *suavitas*)에 대해서, I. John Hesselink, "Calvin, Theologian of Sweetness," *Calvin Theological Journal* 37 (2002), 325–327.

2697) Hodge, *Systematic Theology*, 3.259–456.

2698) Hodge, *Systematic Theology*, 3.262, 265–266.

2699) Hodge, *Systematic Theology*, 3.261–262.

2700) Hodge, *Systematic Theology*, 3.259, 267–268.

라는 점과 그리스도의 복음의 비밀 가운데 그 영적인 진리가 내포되어서 흐르고 있으므로 율법의 가르침과 율법을 좇는 삶은 그리스도를 믿는 믿음의 비밀의 계시인 복음 가운데서 여전히 유효하며 완성된다는 점을 부각시킨다.2701)

핫지의 입장은 머레이의 신학에 깊이 반영되어 나타난다. 머레이는 도덕법은 "하나님의 도덕적인 본성의 반영이며 표현"(the reflection and expression of the moral nature of God)이라고 정의하고 그곳에는 "하나님의 도덕적인 완전함이 삶과 행위의 규율로 표현되어 있다"고 말한다.2702) "우리는 율법에 복종함으로써(by obedience to the law) 구원에 이른 것이 아니라 복종에 이르도록(unto it) 구원받았다는 사실"을 지적하면서 머레이는 성령의 거듭나게 하시는 은혜로 말미암아 율법이 삶의 규범으로서 성도들에게도 계속적으로 적용된다는 사실을 강조한다.2703) 머레이는 총체적으로 파악된 기독교인의 신앙은 하나님의 말씀인 성경에 삶의 의무가 완전하고 충족하며 무오하게 규정되어 있다는 사실을 믿음에 다름 아니라는 것을 지적하면서, 복음이 가르치는 "믿음의 법칙"(the rule of faith)은 율법의 가르침을 좇은 "그리스도 안에서의 새로운 삶"(the new life in Christ)에 가장 핵심적으로 나타난다고 강조한다.2704)

벌코프는 율법의 세 가지 용법을 전통적인 구분법에 따라서 "정치적 용법, 신학적 용법, 규범적 용법"(usus politicus, usus elenchticus, usus normativus)으로 나누고 율법의 규범적 용법을 강조한다. 칼빈과 개혁신학자들의 입장에 서서 벌코프는 루터파 신학자들이 성도들을 위한 율법의 제3용법을 말하기는 하지만 거듭난 사람에게도 율법은 여전히 죄에 대한 인식을 증가시키는 작용만을 한다고 여기고 있음을 신랄하게 비판한다.2705)

율법의 규범성을 하나님을 아는 지식에 기반해서 설명하는 칼빈의 입장은 미국 남장로교 신학자 댑니(Robert L. Dabney, 1820-1898)에게서도 발견된다. 댑니는 율법은 하나님의 뜻의 계시이므로 하나님 자신의 계시라고 지적하면서 창조자에게 복

2701) Hodge, *Systematic Theology*, 3.271.
2702) John Murray, "The Sanctity of the Moral Law," in *Collected Writings of John Murray*, 1.196.
2703) Murray, "The Sanctity of the Moral Law," in *Collected Writings of John Murray*, 1.198-199.
2704) Murray, "The Sanctity of the Moral Law," in *Collected Writings of John Murray*, 1.201-204.
2705) Berkhof, *Systematic Theology*, 615.

종하는 것이 피조물의 본성이기 때문에 율법에 대한 부정(否定)은 하나님과 자신에 대한 부정이 된다고 주장한다.2706) 댑니는 율법의 규범성을 강조하면서 그 작용을 폭넓게 다섯 가지로 고찰한다. 1) 율법은 하나님의 특성에 대한 권위 있는 표현이다. 2) 율법은 몽학선생으로서 우리를 그리스도에게로 인도한다. 3) 율법은 성도들의 성화에 있어서 삶의 규범이 된다. 4) 율법은 교회에서 죄가 관영하는 것을 억제한다. 5) 율법을 통해서 하나님은 마지막 심판 날 악인들을 정죄하는 준비를 하신다.2707)

이러한 개혁신학자들의 입장은 율법의 본질을 정죄하는 법(lex accusans)으로 보아서 그 용법을 소극적으로 다루는 루터파의 이해와 구원서정을 '복음—율법—복음'의 구조로 이해해서 율법을 복음에 함몰시키는 바르트(Karl Barth)의 입장과도 현격히 다르다.2708)

루터파 조직신학자 슈바르쯔(Hans Schwarz, 1939-)는 자유하게 하는 복음과 심판과 저주의 도구가 되는 율법을 엄격하게 나누고 칭의 과정에서 율법이 어떻게 신학적인 작용을 감당하는지에 주된 관심을 쏟는다. 슈바르쯔는 성도들을 위한 율법의 용법을 인정은 하지만 이를 성도의 계속적인 회개의 범주에서만 이해한다. 그리하여 율법은 성도들의 삶을 망하게 하는 것은 아니지만 잘못된 것을 고쳐 주는 것 이상의 작용을 하지는 않는다고 소극적인 고찰을 한다.2709)

한편 베버(Otto Weber, 1902-1966)는 바르트의 영향을 받아서 율법의 가르침은 그것이 나의 인격과 배치됨을 계시함으로써 하나님 자신이 나와 배치됨을 가르치는데 이는 말씀이 나 자신에게 실존적으로 부딪힘으로써 그러하다고 주장한다. 베버에 따르면, 율법 가운데서 하나님은 전체적으로 사람과 만나게 되는데 이 때 하나님의 "예"는 우리 자신에게 있어서는 "아니오"가 된다. 이것이 율법을 통한 죄의 인

2706) Dabney, *Lectures in Systematic Theology*, 351–352.

2707) Dabney, *Lectures in Systematic Theology*, 353–354.

2708) 뿐만 아니라 마치 칭의의 요소로서 이미 성화 단계의 선행(善行)이 요구되듯이 여기는 가운데 율법의 의롭게 함과 거룩하게 함을 함께 말하는 로마 가톨릭의 입장과도 다르다. 이러한 입장은 오늘날 소위 바울신학의 새 관점을 주장하는 학자들의 견해와도 맥이 닿아 있다. 이러한 입장을 취하는 다음 글 참조. Georg Braulik, "Law as Gospel: Justification and Pardon According to the Deuteronomic Torah," *Interpretation* 38/1 (1984), 5–14, 특히 10–11.

2709) Hans Schwarz, "The Word," in *Christian Dogmatics*, ed. Braaten and Jenson, 2.269–279.

식이며 이로써 회개에 이르게 된다. 율법을 통한 회개는 죽음(mortificatio)과 살아남(vivificatio)을 동시에 인식하게 함으로써 죽음의 죽음으로서 죽음에 이르게 하는 하나님의 은혜로운 뜻의 계시가 된다. 이러한 이해는 율법의 본질을 정죄하는 법으로 보는 루터파의 입장에 서서 율법을 복음에 이르는 인식론적 변증법의 한 과정으로 여기는 시각을 보여줄 뿐이다. 베버에게 있어서 율법은 "그리스도를 통하여 내 속에서"(through Christ in me) 역사하는 하나의 예비계시일 뿐이다.[2710] 이러한 루터파와 베버의 입장에 서게 되면 수법이 우리를 위한 그리스도의 의가 될 수 없다. 그것에 대한 그리스도의 성취도 없으며 전가도 없게 된다.

3. 2. 2. 죽기까지 당하신 순종(obedientia passiva) : 지옥강하와 더불어

구약은 "여호와의 사자"라는 이름의 용례에서 보듯이[2711] 여러 방면으로 예수 그리스도의 동시대적 현존을 계시할 뿐만 아니라 앞으로 그가 메시아로서 다윗의 동네에서 아브라함의 씨로서 동정녀에게서 나실 것을 예언한다. 구약의 모든 언약과 절기와 제사가 그의 직분과 직임을 지시하거나 예표하고 그것에 부합하는 여러 이름들―"임마누엘", "기묘자", "모사", "전능하신 하나님", "영존하시는 아버지", "평강의 왕", "주(主)", "인자 같은 이"(사 7:14; 9:6; 시 110:1, 5; 단 7:13; 10:16)―이 그에게 돌려진다. 이와 관련하여 가장 주목되는 것은 온갖 고초를 겪으시고 죽기까지 고난 당하시는 "종"에 대한 예언이다(시 22:1, 6-8, 14-18; 사 42:1-4; 49:1-6; 50:4-9; 52:13-53:12;[2712] 슥 12:10[2713]).

죄의 삯인 사망은 영혼과 육체의 분리를 겪는 육체적 죽음, 하나님의 품을 떠나는 영적 죽음, 최후의 심판에 따라 되돌릴 수 없는 지옥의 형벌을 받게 되는 영원한 죽음을 포함한다. 주님은 십자가에서 육체적 죽음을 죽으셨다. 그리하여 영혼과 육체가 분리되었다. 영혼은 육체와 분리된 후에도 물질세계와 초월적인 관계를 유지

2710) Weber, *Foundations of Dogmatics*, 1. 587-592.
2711) 이에 대해서 전술한 본서 제6장 7. "성육신에 관한 성경의 증언"과 제10장 1. "그리스도의 영원한 중보: 천사들과 교회의 머리가 되시는 율법의 중보자" 참조.
2712) 이사야가 전하는 네 가지 종의 노래에 대해서, Reymond, *Jesus The Divine Messiah*, 117-128.
2713) 본문의 "그 찌른 바 그를(אֵת אֲשֶׁר) 바라보고"에서 "그를"을 "나를"로 해석하는 역본이 메시아 예언에 더욱 부합한다고 보는 견해에 대해서, Reymond, *Jesus The Divine Messiah*, 143-148.

하기 때문에 그의 육체와도 그리한다는—즉 죽음 후 육체는 "acosmic"(비우주적)이 아니라 "pancosmic"(범우주적)이 된다는—라너(Karl Rahner)의 입장은[2714] 죽음 후에도 계속되는 영혼의 인성과 신성의 연합과 주님의 부활과 성도의 부활을 설명할 수 없으며 영혼은 피조된 영적 실체라는 진리에도 부합되지 않는다.

성경은 "신적 당위"(a divine must, δεῖ)에 따라서 타락한 인류의 구원을 위해서 그리스도의 전 생애를 통한 전인적인 고난이 요구된다고 가르친다. 엠마오라는 마을로 가시면서 주님이 두 제자들에게 하신, "그리스도가 이런 고난을 받고 자기의 영광에 들어가야 할 것이 아니냐"(οὐχὶ ταῦτα ἔδει παθεῖν τὸν Χριστὸν καὶ εἰσελθεῖν εἰς τὴν δόξαν αὐτοῦ)라는 말씀은(눅 24:26) 이를 환기시킨다. 그리스도는 아들이시면서도 불법자의 동류로 여김을 받아 고난당하시는 가운데 순종함을 배우셔서 온전하게 되심으로써 흠 없는 자기를 아버지께 드리셨다. 그리하여 자신을 대속물로 삼아 그 값으로 잃어버린 자를 찾아 구원하시는(마 20:28; 막 10:45; 눅 19:10; 참조. 요 11:50), 자신에 관한 일을 이루셨다(마 20:28; 눅 22:37; 히 5:8; 9:14). 나무에 달려 저주의 죽음에 이르는 수난이 없었더라면(요 3:14; 12:34; 참조. 신 21:23; 갈 3:13), 성경과 선지자들의 글은 이루어지지 않았을 것이다(마 26:54, 56). 수난에 대한 주님의 예언(마 16:21; 17:22-23; 20:18-19), 십자가의 죽음을 "내 때"라 칭하심(마 26:18), 죄가 없으신 분이 죄인의 자리에서 세례를 받으시면서 "우리가 이와 같이 하여 모든 의를 이루는 것이 합당하니라"고 하신 말씀(마 3:15)이 이러한 신적 당위를 증거한다. 주님은 "자기가 어떠한 죽음을 죽을 것"을 예언하시고 그것에 응한 죽음을 죽으셨다(요 18:32).[2715]

하이델베르크 신앙교육서 제37문답은 주님이 당하신 고난을 "그가 이 세상에 사신 전(全) 생애(die ganze Zeit seines Lebens), 특히 생의 마지막 기간에 온 인류의 죄로 인한 하나님의 진노를 자신의 몸과 영혼에(an Leib und Seele) 짊어지셨다는 것"을 의미하는 것으로 받아들여야 한다는 사실을 천명하고 "그가 유일한 화목제물로 고난을 당하심으로 말미암아 우리의 몸과 영혼을(unsern Leib und Seele) 영원한 저주로부터 구원하셨고 우리를 위해 하나님의 은혜와 의와 영생을 획득하셨다"라고

2714) 참조. John W. Williams, "Karl Rahner on the Death of Christ," *Journal of the Evangelical Theological Society* 14/1 (1971), 42-43, 47.

2715) 참조. Reymond, *Jesus The Divine Messiah*, 146-147, 158-161.

이를 확정한다.[2716]

아들의 생애 자체가 아버지의 뜻을 이루는 것이었다(마 26:42; 요 4:34; 5:30; 6:38). 율법에 약속된 바의 성취로서 복음은 아들에 관한 말씀에 그치는 것이 아니라 아들 자신의 말씀을 담고 있다. 그것은 아들 자신의 인격과 사역과 기적과 말씀을 전한다. 그러므로 바빙크가 말하듯이, 독생하신 아들에게 은혜와 진리가 충만하다는 사실은(요 1:14, 17) "영감"(inspiratio)이 아니라 "성육신"(incarnatio)에 관련된다.[2717] 주님은 고난의 생을 사셨다. 십자가의 '큰 고난'(passio magna)은 그것을 모두 아우른다. 왜냐하면 십자가에서 주님은 자기 자신을 그 본성과 순종에 있어서 전혀 흠이나 티가 없는 완전한 제물로 평생을 준비해서 드리셨기 때문이다. 그러므로 십자가가 계시의 정점(culmen revelationis)이라고 할 때, 그것은 단지 한 사역이 아니라 전체 인격에 이 사건을 관련시킨다.[2718] 이러한 관점에서 바빙크는 십자가의 희생제물이라는 제하에 주님의 비하 전체를 다루고 있다.[2719]

주님은 인생의 한계 내에서 모든 사람이 마땅히 겪는 통상적(通常的)인 고난에 그치지 않고 죄에 대한 형벌까지 치르는 비상적(非常的)인 고난을 당하셨다. 주님이 감당하신 죄과(罪科, reatus)는 인류의 연약함(imbecillitas, infirmitas)에 그치지 않고 사악함(nocentia, malitia)에 미쳤다. 그것이 유일하신 중보자로서 하나님의 아들이신 사람의 아들이 겪으신 대리적 무름의 값이었다. 여기에 십자가의 제유법이 있다. 바빙크의 다음 말은 이에 대한 정곡을 찌른다.

그리스도께 있어서, 특별히 거룩하고 자비로우신 대제사장이신 그에게 있어서, 사람을 불쌍히 여기는 마음은 그가 중하고 고통스러운 고난을 당하신 한 원인이었음을 아무도 부인할 수 없다(마 8:17; 9:36; 14:14 등). 그렇다고 해서 그것만이 유일하거나 최고가 되는 원인은 아니다. 왜냐하면 그것 자체는 배고픔과 목마름, 박해, 사탄의 유혹, 제자들

2716) Schaff, *The Creeds of Christendom*, 3.319. 이에 대한 라틴어 번역은, 황대우 편역, 『문답식 하이델베르크 신앙교육서』, 53: "Eum toto quidem vitae suae tempore, quo in terris egit, praecipuus vero in ejus extremo, iram Dei adversus peccatum universi generis humani corpore et anima sustinuisse, ut sua passione, tanquam unico sacrificio propitiatorio, corpus et animam nostram ab aeterna damnatione liberaret, et nobis gratiam Dei, justitiam et vitam aeternam acquireret."

2717) Bavinck, *Reformed Dogmatics*, 3.337.

2718) 참조. Bruce, *Jesus: Lord & Savior*, 111–113.

2719) Bavinck, *Reformed Dogmatics*, 3.328ff.

에게서 버림받으심과 다를 바 없이, 하나의 고난일지언정 형벌은 아니기 때문이다. 그것에 그친다면, 그는 다른 사람과 그 정도에 있어서만 차이가 나는, 한 목격자, 한 순교자, 한 수난자에 불과하실 것이다. 그러나 그리스도는 자신의 고난을 우리의 죄 때문에 하나님에 의해서 그에게 부과된 형벌이라고 여기셨다(마 20:28; 26:28; 27:46). 그리하여 성경은 그가 우리를 위하여 죄로 삼아지셨으며 저주가 되셨다고 증거한다(고후 5:21; 갈 3:13).[2720]

기독교의 본질은 그리스도를 통하여 윤리적 정화(淨化)를 소개하는 데 있지 않다. 성경은 그리스도의 증거가 아니라 그리스도를 담고 있다. 기독교는 그리스도를 통하여 하나님에 관한 한 시각을 제공하는 것이 아니라, 그리스도 자신이 하나님이시며 하나님의 일을 수행하심을 선포한다. 십자가에서 흘리신 피에 그리스도가 하나님의 아들로서 하나님이시라는 사실과 그가 자신을 제물로 드려 아버지의 뜻인 대속의 역사(役事)를 수행하셨다는 사실이, 곧 성육신과 속죄의 진리가 함께 계시되어 있다. 이러한 논지에 서서 그리스도의 십자가가 기독교의 본질이라는 점을 부각시키면서 워필드는 하르낙, 브레데, 부세, 트뢸취 등의 자유주의 신학자들이 십자가의 의미를 추구한다고 하면서도 정작 십자가 자체를 기독교에서 배제함으로 결국 그리스도가 없는 기독교에 이르게 되었다고 비판한다. 이들에게 있어서 그리스도의 교회는 한 모범적인 교회일 뿐이며 그리스도는 한 모범적인 성도일 뿐이라는 점이 근거로 제시된다.[2721]

[오웬의 삼위일체론적-기독론적 관점]

존 오웬은 주님의 십자가의 죽음은 우리의 죄를 대속해서 우리를 살릴 뿐만 아니라 우리가 거룩하고 흠이 없이 살게 하시려는 아버지의 뜻을 이루는 데 목적이 있다고 여기고(마 18:11; 눅 19:10; 갈 1:4; 엡 5:25; 딛 2:14), 그리스도의 대리적 속죄의 객관성 자체를 부인하는 쏘키누스주의와 그것을 인정하기는 하나 그것이 오직 은혜,

---

2720) Bavinck, *Reformed Dogmatics*, 3.404.
2721) Warfield, "The Essence of Christianity and the Cross of Christ," *WBW* 3.393-444, 특히 441-444.

전적 은혜에 따른 것이라는 사실을 부인하는 보편구원론(알미니우스주의 포함)과 가설적 보편구원론(소뮈르 학파, the school of Saumur)을 비판하면서,2722) 그리스도의 죽음의 효과(effect)를 다섯 가지로 논한다. 1) 화목(reconciliation): 하나님과 우리 자신의 적의(敵意)를 없앰(롬 5:10; 고후 5:18-19; 엡 2:15-16); 2) 칭의(justification): 죄책을 가져감, 죄를 사하고 용서, 저주와 진노로부터 속함(히 9:12; 갈 3:13; 벧전 2:24; 롬 3:23-25; 골 1:14); 3) 성화(sanctification): 죄의 불결과 오염을 제거, 하나님의 형상을 회복(히 9:14; 요일 1:7; 히 1:3; 13:12; 엡 5:25-27), 그리스도를 위하여 고난을 받음(빌 1:29), 하늘에 속한 신령한 복을 누림(엡 1:3); 4) 자녀삼음(adoption): 아들의 명분을 얻음, 아들에 속한 모든 자유와 특권을 누림(갈 4:4-5); 5) 영화(glorification): 영원한 기업을 얻음(상속자 삼음), 영광과 불멸을 누림(엡 1:14; 히 9:15).2723)

이러한 오웬의 입장은 삼위일체 하나님을 대속의 행위자(agens, agent)로 여기는 그의 관점에서 비롯된다. 오웬은 창조주(創造主) 하나님을 성부에, 구속주(救贖主) 하나님을 성자에, 역사주(役事主) 하나님을 성령에 국한시켜서 신론, 기독론, 구원론을 파편과 같이 다루는 것이 지양되어야 함을 강조한다. 이 경우 하나님의 경륜이 셋이 되거나 삼분의 일이 되어서 하나님의 자존(自存)과 자행(自行)에 대한 가르침에 배치된다고 여기기 때문이다. 오웬은 그의 명저『그리스도의 죽음 안에서의 죽음의 죽음』(The Death of Death in the Death of Christ)에서 그리스도의 죽음을 다루면서 그 요체로서 이러한 삼위일체 하나님의 구속의 동사(同事)를 강조한다. 이는 하나님의 주권과 성령이 그리스도의 영이라는 점을 구속사적 관점에서 조명하고자 하는 오웬 신학의 교리적 근간이 된다고 볼 것이다. 이하 이러한 그의 입장을 개괄한다.

먼저, 오웬은 성부에게 아들을 세상에 파송하고 인류의 죄에 대한 형벌을 그에게 부과하신 두 가지 일을 돌린다.

첫째, 아버지는 세상을 구원하시려고 아들을 이 땅에 보내셨다(요 3:16-17). "하나님이 그 아들을 보내사 여자에게서 나게 하신 것은" "육신에 죄를 정하시고" 그 가운데 "율법의 요구가 이루어지게 하려 하셨기" 때문이다(롬 8:3-4; 갈 4:4-5). 아버지는 아들을 "거룩하게 하사 세상에 보내심"으로 "화목제물로 세우셨다"(요 10:36; 롬

2722) Owen, *The Death of Death in the Death of Christ*, 45-46, 참조. 162-182.
2723) Owen, *The Death of Death in the Death of Christ*, 46-47.

3:25). 주님은 성부를 "나를 보내신 아버지"라고 하셨다(요 5:37). "나는 처음이요 또 나는 마지막이라"고 자신을 칭하신 스스로 계신 성자 하나님이(사 48:12) "주 여호와께서 나와 그의 영을 보내셨느니라"고 하셨다(사 48:16). 성부가 성자를 보내심으로 구속을 이루셨으므로, 성부는 "우리 구주 하나님"(θεοῦ σωτῆρος ἡμῶν)이라고도 불리신다(딤전 1:1; 딛 1:3; 참조, 딤전 4:10).2724 그리하여 주님을 잉태한 마리아는 성부를 "하나님 내 구주"라고 불렀다(눅 1:47).2725

오웬은 아버지가 아들을 세상에 보내심을 세 가지 일이라는 측면에서 논한다. 그 첫 번째 일은 아버지가 자신의 고유한 권위로 아들에게 중보자의 사역을 부과하심에 있다. 아들은 아버지와 동등하시나 사람이 되셔서 종으로 섬기셨다(빌 2:6-8). 성육신한 아들에게 구속의 일을 맡기시는 아버지의 경륜은 영원한 작정으로 말미암는다. 아버지는 자신의 아들을 만국을 소유하는 왕이자(시 2:7-8), 상속자(히 1:2), 세상의 심판자(행 10:42), 멜기세덱의 반차에 따른 영원한 제사장(시 110:1, 4)으로, 그를 믿음으로 구원얻을 백성을 미리 정하셨다("προώρισεν", 롬 8:29-30). 그는 창세 전에 "미리 알리신 바 되신 이시며"(벧전 1:20), "능력으로 하나님의 아들로 선포되셨으니(ὁρισθείς)"2726(롬 1:4), "그로 많은 형제 중에서 맏아들이 되게 하려 하심이었다"(롬 8:29).2727

아버지는 아들에게 "심판을 다" 맡기시고(요 5:22), 그를 "주와 그리스도"가 되게 하시고(행 2:36), "하나님의 집을 맡은 아들"로 삼으셨다(히 3:6). "기름부음"이 "지극히 거룩한 이"에게 있었다(단 9:24). "즐거움의 기름"이 "왕"에게 부어졌다(시 45:7). 기름을 바름으로써 회막과 증거궤와 거룩한 기물이 구별되었듯이(출 30:25-28) 아들의 직임도 그리되었다. 아들이 구주로서 나심이 하늘 천사들에 의해서 노래되었다(눅 2:10-11, 14). 그리스도는 아버지의 뜻을 이루는 사랑하는 아들이요 기뻐하는 자이심이 영광 가운데 선포되셨다(마 3:17; 17:5; 벧후 1:17). 성부가 성자에게 자신의 일을 맡기셔서 영화롭게 하심은 세 단계로 증거된다.

2724) 어떤 사본에서는 이를 "θεοῦ καὶ σωτῆρος ἡμῶν"이라고 하여 "구주"를 아들을 지칭하는 것으로만 표현하는데 마땅하지 않다.

2725) Owen, *The Death of Death in the Death of Christ*, 51-52.

2726) "ὁρίζω"는 "인정하다", "임명하다", "결정하다", "공포하다"는 의미가 있다.

2727) Owen, *The Death of Death in the Death of Christ*, 52-53.

첫째 단계, 아들을 사람으로 나게 하셨다. 하나님이 "한 몸을 예비하셨다"(히 10:5). 예언의 말씀에 응하여 "그가 맏아들을 이끌어 세상에 다시 들어오게 하실 때에" 천사들의 경배가 있었다(히 1:6).

둘째 단계, 성령을 비둘기와 같이 아들에게 보내주셨다. 성령의 충만함을 입어 아들은 자신의 직분을 수행하셨다(마 3:16).

셋째 단계, 부활, 승천, 재위 가운데 영광과 존귀의 면류관을 쓰게 하셨다. 그는 시온의 왕으로(시 2:6), 존귀하신 하나님 우편에 앉으셔서(히 1:3), 모든 이름 위에 뛰어난 이름을 지니시고(빌 2:9-11), 모든 권세 가운데(마 28:18), 만물을 자신의 발 아래에 복종하게 하셨다(히 2:8). 하늘의 천사들이 주님의 부활과 승천을 증거했고(눅 24:4; 행 1:10), 사도들과 많은 사람들에게 다시 사신 주님이 나타나셨다(행 2:32; 고전 15:6). 아들은 이렇듯 영광 가운데 다스리시는데, 그 빛이 야곱과 모든 이방에 미친다(사 49:6). 이는 여자의 후손을 중보자로 주시겠다는 하나님의 약속(창 3:15)과 그를 믿는 아브라함의 후손이 구원을 받으리라는 하나님의 약속(창 15:6; 17:3)이 성취되었기 때문이다.[2728]

이와 같이 오웬은 그리스도의 비하조차도 아들이 아버지의 일을 맡으셨다는 측면에서 지극한 영광으로 여긴다. 이는 비하와 승귀를 중보자 그리스도의 두 상태로 보되 삼위일체 하나님의 동사라는 측면에서 파악하는 데 기인하는 귀결이다.

아들을 보내시는 아버지의 두 번째 일은 아들에게 충만한 은혜와 은사를 부여하시는 데 있다. 아들에게는 이중적인 충만함과 완전함이 있다.

한편으로, 아들에게는 신적인 본성에 있어서 아버지와 하나로서 모든 것에 있어서 그와 동등한 완전함, 곧 "그의 신격의 본성적인 모든 충만한 완전함"(the natural all-sufficient perfection of his Deity)이 있다. 그에게는 "아버지의 독생자의 영광"이 충만하였다(요 1:4). "그는 근본 하나님의 본체"(빌 2:6), "만군의 여호와"의 "짝 된 자"(슥 13:7), 영광과 찬송을 돌릴 만군의 여호와시다(사 6:3-5; 요 12:41).

또 한편으로, 아들에게는 아버지의 뜻에 따라서 부여된 완전함, 곧 "교통된 완전함"(a communicated fulness)이 있다. 그는 만군의 여호와로서가 아니라 우리와 함께 계시는 "임마누엘"으로서(마 1:23) "하나님과 사람 사이에 중보자"시다(딤전 2:5).

[2728] Owen, *The Death of Death in the Death of Christ*, 53-54.

하나님이 한 분이시듯 중보자도 한 분이시니 곧 사람이신 예수 그리스도시다(딤전 2:5). 우리에게 "한 아기"가 났으니 "그의 이름은 기묘자라, 모사라, 전능하신 하나님이라, 영존하시는 아버지라, 평강의 왕이라 할 것임이라"(사 9:6). 이는 신격의 본성에 따른 충만함이 아니라 아들에게 부여된 "은혜의 충만함"(a fulness of grace)이다. 그것은 "성향적이며 또 다른 본성[신성]에 인격적으로 연합된 인성에 주입된 것"(that which is habitual and infused into the humanity as personally united to the other)이다. 이러한 은혜는 절대적으로 무한하지는 않지만 그 영역이나 정도에 있어서 한계나 끝이 없다. 그리스도는 좌우의 두 금관으로부터 금 기름이 흘러나오는 "등잔대"이시다(슥 4:12). "그 안에는 지혜와 지식의 모든 보화가 감추어져" 있으며(골 2:3), "신성의 모든 충만이 육체로(σωματικῶς) 거하신다"(골 2:9; 참조. 골 1:18-19; 요 1:16). 이는 "주 여호와의 영"(사 61:1-2), "즐거움의 기름"(시 45:7), "지혜와 총명의 영이요 모략과 재능의 영이요 지식과 여호와를 경외하는 영"이(사 11:2) "한량 없이" 부어졌기 때문이다(요 3:34). "그리스도의 장성한 분량이 충만한 데까지" 이르게 된 것은(엡 4:13) 단번에 일어난 일이 아니다(눅 2:52). 아버지는 아들에게 "하늘과 땅의 모든 권세"(마 28:18)와 "모든 사람에게 영생을 주게 하시려고 만민을 다스리는 권세"를 주셨다(요 17:2).[2729] 여기에서 오웬은 영원하신 성자 하나님께 고유한 신성과 그 신성과 연합한 인성에 부여된 성령의 충만한 은사를 구별하고 후자를 정통적인 신인양성의 위격적 연합 교리에 충실하게 설명하고 있다.

아버지가 아들을 보내시는 세 번째 일은 그가 아들과 언약을 맺어 구속을 수행하심에 있다. 아버지는 아들이 주어진 직분을 수행하고 완성하도록 보호하고 도우신다. 아버지는 아들이 "구원자"로서 "모든 환난에 동참하도록" 하신다(사 63:8-9). 아들을 "목자"로 세워 "칼"을 받게 하셨다(슥 13:7). 아들의 "선혈"이 그의 의복에 튀어 붉어져 포도즙을 밟는 자의 것과 같이 되도록 하셨다(사 63:2-3). 아들이 온갖 고초를 당하시도록(사 53장), 아버지는 아들을 버리셨다(시 22:1). 세상의 군왕들이 "여호와와 그의 기름부음받은 자"를 대적하니(시 2:2), 아버지는 아들을 날카로운 칼과 화살로 사용하셨다(사 49:2-3). "건축자가 버린 돌이 집 모퉁이의 머릿돌이 되게" 하셨다. "이는 여호와께서 행하신 것"으로서 "우리 눈에 기이한 바"가 되었다(시 118:22-

---

2729) Owen, *The Death of Death in the Death of Christ*, 55-56.

23; 마 21:42, 막 12:10; 눅 20:17; 행 4:11-12; 벧전 2:4). 아버지는 아들을 때리는 자들에게 등을 맡기고, 수염을 뽑는 자들에게 뺨을 맡기고, 침을 뱉는 자들에게 얼굴을 가리지 않게 하셨다(사 50:6). 아들이 이러한 고난에 자신을 맡기시고 도수장의 양과 같이 잠잠하셨던 것은 아버지가 자신을 도우실 것이며 자신을 의롭게 하실 것이라고 여기셨기 때문이다(사 50:7-9; 53:7). 아들은 "욕을 당하시되 맞대어 욕하지 아니하시고 고난을 당하시되 위협하지 아니하시고 오직 공의로 심판하시는 이에게 부탁하셨다"(벧전 2:23).[2730]

아버지가 아들과 맺은 언약은 아들이 일을 성취하여 목적을 이루는 데까지 미친다. 아들의 일은 아버지의 뜻 가운데 성취되었다. 아버지는 아들을 "이방의 빛"으로 삼아 자신의 구원("나의 구원")이 땅 끝까지 이르게 하셨다. 그가 아들을 "이방의 언약"으로 삼으셨다. "이스라엘을 긍휼히 여기는 이"가 그의 백성을 "샘물 근원"으로 인도하신다(사 49:6-12). 아들은 고난을 통하여 "여호와께서 기뻐하시는 뜻"을 성취하셨다. 그리하여 그의 "속건제물"로 "씨"를 보게 되었다. 이는 하나님의 아들-"나의 의로운 종"-이 아버지를 아는 지식-"자기 지식"-으로 많은 사람의 죄를 친히 담당하여 그들을 의롭게 하셨기 때문이다. 아버지의 뜻에 따라 아들이 범죄자의 하나로 헤아림을 받아 많은 사람의 죄를 감당하셨다(사 53:10-12). 아버지는 고난을 통하여 아들이 자신의 백성을 구속하는 의를 이루게 하셨다. 아버지는 아들을 "구원의 창시자"로 삼고자 "고난을 통하여 온전하게 하셨다"(히 2:10). 하나님이 자기의 독생자를 세상에 보내신 것은 그로 말미암아 우리를 살리시고(요일 4:9), 우리를 그 안에서 하나가 되게 하시고(요 17:17-21), 우리가 아버지와 아들의 영광을 보게 하심으로써(요 17:24), 영광을 받기 원하셨기 때문이다(요 17:4).[2731] 여기에서 우리는 성자의 모든 대속사역이 아버지의 뜻에 대한 전적인 순종에 있음을 발견하게 된다. 성부는 단지 일의 시작일 뿐만 아니라 일의 전(全) 과정을 주장하신다. 성부는 단지 계획하실 뿐만 아니라, 행위하신다. 다만 아들을 통하여 그리하신다. 이 사실로써 우리는 행위언약의 조건으로 제시되는 '하나님의 뜻에 대한 뜻을 다한 순종'(willing obedience to God's will)이 의미하는 바가 무엇인지를 파악하게 된다.

[2730] Owen, *The Death of Death in the Death of Christ*, 56-58.
[2731] Owen, *The Death of Death in the Death of Christ*, 58-59.

둘째, 아버지는 또한 아들에게 형벌을 부과하셨다. 여호와께서 "우리 모두의 죄악을 그에게 담당시키셨다"(사 53:6). "죄를 알지도 못하신 이를 우리를 대신하여 죄로 삼으셨다"(고후 5:21). "하나님의 권능과 뜻대로 이루려고 예정하신 그것을 행하려고" 헤롯과 본디오 빌라도가 합세하여 예수 그리스도를 거슬러 거역하게 하셨다(행 4:27-28). 아들은 아버지의 뜻에 따라 저주가 되셨다(갈 3:13). 아들의 고난은 단지 육체에 머물지 않고 영혼에도 미쳤다. 아들은 심히 고민하고 슬퍼하는 가운데 죽게 되셨다(마 26:37-38). 그는 이 일로 심히 놀라셨다(막 14:33). "그는 육체에 계실 때에 자기를 죽음에서 능히 구원하실 이에게 심한 통곡과 눈물로 간구와 소원을 올렸고 그의 경건하심으로 말미암아 들으심을 얻었다"(히 5:7). 그는 우리의 죄를 위하여 형벌을 받으셨으며, 우리의 저주를 위하여 징계를 받으셨다. 그는 사망과 지옥의 고통에 매여 계실 수 없으시나 그 고통을 겪으셨다. "그리스도는 우리를 위하여 죽으시는 가운데 우리의 유익을 추구하셨을 뿐만 아니라, 우리 대신 직접 죽으셨다"(in dying for us Christ did not only aim at our good, but also directly died in our stead). "여호와께서 우리 모두의 죄악을 그에게 담당시키셨기" 때문이다(사 53:6).2732) 여기에서 오웬은 아들을 통한 구속의 경륜이 오직 성부의 계획과 그 계획을 이루시는 섭리에 있음을 강조하고 있다. 아들에게 형벌을 부과하는 것은 마귀나 사탄이 아니라 아버지의 일이다. 아버지는 아들에게 저주의 죽음을 요구하셨다. 우리를 향한 요구를 아들에게 돌리셨다. 아버지는 아들에게 단지 죽음을 요구하신 것이 아니라 저주의 죽음을 요구하셨다. 그리하여 아들을 통하여 죽음의 값을 치름으로써 죽음을 죽이는 죽음을 죽게 하셨다.2733)

다음으로, 성자에게는 구속의 사역이 고유하게 돌려진다. 아들은 자신에게 부여된 아버지의 일을 자원해서 받아들이시고 순종하셨다. 아버지는 자신의 "뜻"을 이루고자 "한 몸"을 예비하셨으니, 아들을 그 자리에 세우셨다(히 10:6-7). 아들은 자신의 뜻이 아니라 아버지의 뜻을 이루려고 이 땅에 오셨다(요 4:34; 6:38; 17:4; 눅 2:49). 아버지는 자신의 뜻을 수행하고자 죄인의 자리에서 세례를 받은 아들을 기

2732) Owen, *The Death of Death in the Death of Christ*, 59-62. 인용, 61.

2733) 이러한 점은 어거스틴이 삼위일체론과 기독론을 역동적으로 다룸에 있어서 아버지의 사랑과 아들의 공로로 말미암은 대속의 역사(役事)에 주목한 것과 궤를 같이한다. John Cavadini, "Jesus' Death Is Real: An Augustinian Spirituality of the Cross," in *The Cross in Christian Tradition: From Paul to Bonaventure*, ed. Elizabeth A. Dreyer (Mahwah, NJ: Paulist Press, 2000), 175-180.

뻐하셨다(마 3:17). 이러한 아들의 일은 세 가지로 파악된다. 그중 첫 번째는 나머지 두 가지의 기초가 된다.2734)

첫째, 그의 성육신(incarnation)이다. 말씀이 육신이 되사 우리 가운데 거하셨다(요 1:14). 그가 혈과 육에 속한 사람으로 여자에게서 나셨다(히 2:14; 갈 4:4). "경건의 비밀"이 성육신에 있다(딤전 3:16). 성육신으로 말씀이 다른 인격을 취하신 것이 아니라 우리의 인성을 자기 자신의 인격에 연합시키셨다.2735) 여기에서 오웬은 성육신을 그 주체가 성자라는 측면에서 성자의 사역으로 다루고 있다. 이러한 점이 부각되는 이유는 그가 성육신 역시 삼위일체 하나님의 동사라는 측면을 염두에 두고 있기 때문이다.

둘째, 그의 제사(oblation)이다. 아들은 세상 죄를 지고 가는 하나님의 어린 양으로서 자신을 거룩하고 정결한 흠 없는 제물로 삼아 아버지께 드리심으로 그 피로 죄에서 우리를 해방시키시고 정결하게 하시며(요 1:29; 17:19; 롬 5:6; 히 9:14; 계 1:5), 교회를 깨끗하고 거룩하게 하셨다(엡 5:25-26). 그는 자원해서 자기 자신을 제물로 드리셨다. 스스로 버리거나 취하실 수 있으시나 털 깎는 자 앞의 양과 같이 잠잠히 자신의 목숨을 남을 위해 바치셨다(사 53:7; 요 10:17-18; 갈 2:20). 그리하여 "내가 하나님의 뜻을 행하러 왔나이다"는 말씀이 그에게 응하였다(히 10:9). 그리스도의 제사는 제사장이 "친히 나무에 달려" 영혼과 육체의 "그 몸으로 우리 죄를 담당하신", 자기 자신 전부를 드린 번제로서 속죄와 화목의 제사였다(벧전 2:24). 그 제사의 공로로 그는 "죄를 정결하게 하는 일"을 하시고 보좌 우편에서(히 1:3) 모든 대적이 발등상이 될 때까지 우리의 구원을 이루신다(히 10:13). 이 사실이, "이것은 죄사함을 얻게 하려고 많은 사람을 위하여 흘리는 바 나의 피 곧 언약의 피니라"는 성찬의 제정을 통하여 가시적 표징으로 인쳐지게 되었다(마 26:28).2736)

여기에서 오웬은 그리스도의 제사는 그가 친히 제사장으로서 제물이 되어 단번에 영원히 드려진 것이라는 사실, 그것이 영혼과 육체의 전인(全人)을―전체 인성 자체를―제물로 한다는 사실, 이로써 다 이루신 의를 전가해주시기 위한 주님의 중보가 지금도 하나님의 보좌 우편에서 계속되고 있다는 사실, 이러한 은혜가 성례적

2734) Owen, *The Death of Death in the Death of Christ*, 62.
2735) Owen, *The Death of Death in the Death of Christ*, 62-63.
2736) Owen, *The Death of Death in the Death of Christ*, 63-64.

연합으로 우리 가운데 인쳐진다는 사실을 동시에 역동적으로 다루고 있다. 다 이루신 의의 전가로 말미암은 성도의 그리스도와의 연합이 제사의 지평으로 제시되고 있는 것이다. 그것은 성취, 전가, 연합을 아우른다.

셋째, 그의 중재(intercession)이다. 그리스도의 대속의 공로는 단지 버림받은 자를 구출하신 데 그치지 않는다. 그가 만국을 우리의 소유로 주시니, 그것이 땅 끝에 이른다(시 2:8). 그는 친히 예비하신 하늘 처소에서 우리를 영접하시고 우리가 그와 함께 영원히 거하게 하신다(요 14:2-3). 그는 손으로 만들지 않은 영원한 참 성소인 하늘 성소에 들어가셔서 우리를 위하여 하나님 앞에 나타나심으로 "아버지 앞에서 우리에게 대언자"가 되셨다(히 9:7, 11-12, 9:24; 요일 2:1). 주님의 중재는 그가 "우리 죄를 위한 화목제물(ἱλασμός)"이 되셨기 때문이다(요일 2:2). 그는 자신에게 주신 택함받은 자녀를 위하여 기도하신다(요 17:9). 아들은 아버지의 뜻을 이루시고 아버지는 아들을 기뻐하시기 때문에 "내게 구하라" 하시고(시 2:8) 그 간구의 음성을 들으신다(요 11:42). 구속과 중재는 함께한다. 그는 항상 살아 계셔서 간구하심으로 자기를 힘입어 하나님께 나아가는 자들을 온전히 구원하실 수 있으시다(히 7:25). 그러므로 "하나님께서 택하신 자들"에게는 다시는 정죄함이 없다. 이는 그들을 위하여 자기 자신을 주신 분이 "하나님 우편에 계신 자요 우리를 위하여 간구하시는 자"이시기 때문이다(롬 8:33-34). 그러므로 구원이 보편적이지 않듯이, 중재도 보편적이지 않다. 그리스도는 오직 자신의 무릎과 공로로 인하여 구원받은 백성을 영화롭게 하시기 위하여 하늘의 성소에서 아버지 앞에 나타나신다(요 17:24). 그리스도가 한 번의 제사로 거룩하게 된 자들을 영원히 거룩하게 하심은 그의 영원한 중재로 말미암는다(히 10:14).[2737]

여기에서 오웬은 그리스도의 중보가 구속에 머물지 않고 중재에까지 미친다는 점을 지적하면서, 중재의 중보가 영원하기 때문에 구속의 중보도 그러하다는 논법을 펼치는 가운데, 구속은 아들이 아버지의 뜻을 이룸에 더욱 긴밀히 관계시키고 중재는 그 뜻을 이룬 아들의 의를 우리를 위한 대속의 의로 받아들이고 그것이 우리 안에서 작용하게 하시는 아버지의 인침과 성령의 역사에 더욱 긴밀히 관계시키고 있다. 그리하여 삼위일체 하나님의 동사가 영원히 계속됨을 우리에게 각인시켜 준다.

2737) Owen, *The Death of Death in the Death of Christ*, 64-65.

마지막으로, 성령 하나님께는 다음 세 가지가 돌려진다.

첫째, 마리아의 동정녀잉태는 "성령으로" 된 것이었다(마 1:18). 성령의 임재로 "지극히 높으신 이의 능력"이 마리아를 덮어 "거룩한 이"가 나시고 "하나님의 아들"이라고 일컬음을 받으셨다(눅 1:35). 이는 오직 성령의 능력으로 말미암는다. 창조의 때에 "새싹을 나게 하신"(incubare foetui) 그가 그리스도의 인성을 조성하셨다.[2738]

둘째, 그리스도는 "영원하신 성령으로 말미암아" 자기를 하나님께 드리셨다(히 9:14).[2739]

셋째, "예수를 죽은 자 가운데서 살리신 이의 영이 너희 안에 거하시면 그리스도 예수를 죽은 자 가운데서 살리신 이가 너희 안에 거하시는 그의 영으로 말미암아 너희 죽을 몸도 살리시리라"(롬 8:11)는 말씀에서 보듯이, 성령은 그리스도의 부활과 성도의 부활에 역사하신다.[2740]

여기에서 오웬은 중보자 그리스도의 잉태와 죽음과 부활에 작용하는 성령의 역사를 다루고 있을 뿐, 부활 이후에 관해서는 아무 언급도 하지 않는다. 부활에 이르기까지 비하의 단계에서 그의 인성에 내주하여 작용하던 성령의 역사가 그 이후에도 동일하게 일어난다고 볼 수 없다고 여기기 때문이다. 오웬에 따르면, 비하와 승귀를 통하여 성부와 성자의 관계에 변화가 일어나듯이 성자와 성령의 관계에도 변화가 일어난다. 다만 이러한 변화는 삼위일체 하나님께 본질적이고 영원한 내적 관계와는 무관하고 신인양성의 중보자 그리스도가 성부와 성령과 맺고 있는 구속의 경륜에 따를 뿐이다. 부활 후 승귀의 상태 가운데 있는 주님의 인성은 부활 전 비하 상태 가운데 있는 그것과는 다르므로 승천과 재위를 통하여 주님이 행하시는 성령의 파송과 중재에 있어서는 더 이상 그의 인성에 작용하는 성령의 내적 임재와 충만을 논할 여지가 없다. 그렇다고 해서 이러한 변화가 신인양성의 중보 자체에 변화를 가져오지는 않는다. 왜냐하면 그것은 양성적 중보의 존속이 아니라 그것이 작

2738) Owen, *The Death of Death in the Death of Christ*, 66.

2739) Owen, *The Death of Death in the Death of Christ*, 66. 오웬은 본문에서 "영원하신 성령"을 그리스도의 신성이라고 보는 견해도 있으나 어떤 사본에는 "Πνεύματος αἰωνίου" 대신에 "Πνεύματος ἁγίου"가 나타나기도 한다는 점과 로마서 1:4의 "성결의 영으로는(κατὰ πνεῦμα ἁγιωσύνης) 죽은 자들 가운데서 부활하사"라는 말씀과 베드로전서 3:18의 "영으로는(πνεύματι) 살리심을 받으셨으니"라는 말씀에 비추어 우리가 받는 통상 사본의 말씀 그대로 받음이 적합하다고 주장한다.

2740) Owen, *The Death of Death in the Death of Christ*, 67.

용하는 양상에만 관계되는 문제이기 때문이다. 오웬이 우리에게 교훈하는 바, 우리는 중보자 그리스도의 인격과 사역에 대한 성경 계시로부터 삼위일체의 존재와 경륜으로 나아가되 신인양성의 위격적 연합에 대한 이성적 편견에 사로잡혀서 삼위일체의 신비에서 일탈하는 일이 없도록 해야 한다.

지금까지 우리는 오웬이 구속(救贖)을 성자의 고유한 사역으로서 삼위일체 하나님의 동사(同事) 가운데 파악하고 있음을 살펴보았다. 칼빈은 삼위일체 하나님의 경륜을 다루면서 "일하심의 시작"(principium agendi)을 성부께, "지혜"(sapientia)를 성자께, "능력과 작용"(virtus et efficacia)을 성령께 돌리고 있는 바,[2741] 오웬은 이러한 각각의 위격의 경륜적 특성이 성도의 구원 과정 전체에, 언제나, 동시에, 함께 작용함을 강조하고 있다. 비하와 승귀의 주체는 신인양성의 위격적 연합 가운데 있는 성자 예수 그리스도의 인격이다. 그는 참 하나님이시자 참 사람으로서 성부와 성령과 함께 한 분 하나님이시다. 그러므로 하나님과 동일한 본질의 한 위격이시면서 우리와 동일한 영혼과 육체의 인성을 지니시고 우리를 위한 대속의 역사를 다 이루시고 그 다 이루신 의를 지금도 계속적으로 중보하심으로 우리에게 전가해주신다. 이러한 의의 성취와 의의 전가는 각각 그의 비하와 승귀의 단계에 부합한다. 비하는 아들이 아버지의 뜻에 순종하심이며 승귀는 아버지가 인정하신 그 순종의 열매를 아들이 아버지와 함께 누리는 영광이다. 그러므로 승귀를 전제하지 않는 비하는 무의미하며, 비하가 전제되지 않는 승귀는 헛되다. 비하와 승귀의 두 상태(status duplex)는 모든 언약을 성취하는 한 조건(conditio una)이 된다.[2742] 그것은 성자의 사역이로되 모든 하나님의 사역(opera divina)이 그러하듯이 필히 삼위일체 하나님의 동사(同事) 가운데 시작되고, 수행되고, 성취된다. 이는 오웬이 성자의 구속사역으로 다룬 성육신과 제사와 중재에 각각 부합한다.

여기에서 우리는 오웬이 신인양성의 위격적 연합의 비밀 가운데 제사와 중재를 논하고 있다는 사실을 주목해야 한다. 비하와 승귀의 주체는 신성도 인성도 아닌 성육신하신 성자의 인격이다. 그는 신성에 따라서는 고난을 당하실 수 없으나 인

2741) Calvin, *Institutio*, 1.13.18 (*CO* 2.105).

2742) 오웬은 그리스도는 언약의 조건을 이루는 방편이 될 뿐만 아니라 그 약속의 실체가 된다는 점에서 수단이자 목적이 된다고 말한다. Owen, *The Death of Death in the Death of Christ*, 90.

성에 따라서는 고난을 당하실 수 있는 참 하나님이시자 참 사람이시다.[2743] 그러므로 성육신의 주체는 "그리스도 안에 계신 하나님"(God in Christ)이 아니라 "하나님이신 그리스도"(Christ God)시다.[2744] 비하와 승귀의 상태에 있어서의 그리스도의 모든 중보는 속성교통 중 사역의 교통(communicatio apotelesmatum) 혹은 작용의 교통(communicatio operationum)에 속한다. 성육신하신 중보자 그리스도의 모든 사역은 그것이 인성에 따른 것이든, 신성에 따른 것이든, 신성과 인성에 따른 것이든, 모두 그 분의 인격에 돌려진다. 신인양성의 위격적 연합 가운데서 중보자 그리스도 안에 한량없는 성령의 임재와(요 3:34) 은혜와 진리의 충만함(요 1:14, 17)이 있었다. 그러나 낮아지신 채로 우리를 위한 대리적 고난을 당하시기 위하여 주님은 육신 가운데서는 아직 영화로움을 나타내지 아니하셨다. 이러한 비하는 오직 신인양성의 위격적 연합 가운데서 바라볼 때에만 진정한 의미가 있다.[2745] 뚤레틴은 이에 대해서 다음과 같이 말한다.

> 신성과 더불어, 내재적이고 본질적인 영광과 복이—모든 신적인 완전함과 교제하고 있음을 뜻하는—위격적 연합에 의하여 인격, 즉 신인에 교통되었다. 그러나 인성에는 오직 외부적이고 참여적인 것만이 교통되었다.[2746]

비하와 승귀의 주체는 성육신하신 신인양성의 중보자 그리스도 자신 곧 그의 인격 혹은 위격이다. 위에서 언급했듯이, 비하는 아들이 아버지의 뜻에 순종하는 것을, 승귀는 그 순종의 의를 아버지가 언약의 자녀들을 위한 대속의 의로 인치시고

[2743] 이와 관련하여 히브리서 2장이 특히 주목된다. 여기에서는 그리스도가 영원하신 하나님의 아들이심에도 우리와 같이 되셔서 죽음의 고난을 당하시고 우리를 형제라 부르시는 은혜를 베푸셨음을 강조하고 있다. 참조. Kevin Deyoung, "Divine Impassibility and the Passion of Christ in the Book of Hebrews," *Westminster Theological Journal* 68/1 (2006), 41–50.

[2744] 다음 논문은 고난이 삼위일체 하나님의 동사(同事)라는 사실과 고난의 주체는 삼위일체 하나님이 아니라 제2위 성자 하나님이시라는 사실을 구별하지 못하고 이러한 오류를 범한다. Gabriel J. Fackre, "The Triune God and the Passion of Christ," *Pro Ecclesia* 15/1 (2006), 94.

[2745] Turretin, *Institutio Theologiae Elencticae*, 13.12.1–4, 8 (2.304–306).

[2746] Turretin, *Institutio Theologiae Elencticae*, 13.13.15 (2.309): "Per Unionem hypostaticam Personae Θεανθρώπῳ communicata est, cum natura divina, gloria et beatitas intrinseca et essentialis, quae infert communionem omnium perfectionum divinarum. Sed naturae humanae communicari tantum debuit beatitudo externa et participata……."

아들은 그 의를 그들에게 전가하는 것을 의미한다. 오웬이 주님의 비하와 승귀 상태에서의 사역으로 거론한 제사(oblation)와 중재(intercession)는 이러한 의미를 충실히 반영한다. 오웬은 제사를 그리스도가 자신을 유월절의 제물로 삼아 아버지께 드리신 십자가 사건에 국한하지 않고 그가 자신을 비우시고 낮추셔서 율법에 자원적으로 순종하신 삶 전체를 함의하는 것으로 여김으로, 제사를 당하신 순종과 행하신 순종으로 이루어진 비하(humiliatio)와 동일시한다. 같은 맥락에서, 그리스도가 "율법의 마침"(τέλος νόμου)이시라는 말씀은(롬 10:4) 그가 율법의 규범에 완전히 순종하셨을 뿐만 아니라 아담과 그 이후의 인류의 범법으로 말미암은 율법의 저주와 형벌을 모두 감당하셨다는 것을 뜻한다고 말한다.2747) 이러한 오웬의 입장은 그리스도가 십자가에서 속죄와 화목의 제물이 되셨음을 비하의 전(全) 상태를 표현하는 제유법과 같이 여긴 바빙크의 입장과 일맥상통한다.

한편, 오웬은 중재를 그리스도가 자신을 제물로 삼아 단번에 영원한 제사를 드리신 의를 우리에게 적용하기 위하여 가장 거룩한 하늘 성소에 나타나시는 것뿐만 아니라, 부활로부터 재위와 재림에 이르는 승귀(exaltation)의 모든 양상을 포함하는 것으로 여긴다. 부활은 아들의 의를 대속의 의로 삼아주시는 아버지의 인치심으로서 하늘에 계신 주님이 우리를 위하여 계속적으로 중재하시는 경륜의 출발점이 된다. 부활이 없으면 그리스도의 죽음도 그것을 믿는 믿음도 헛되다(행 2:23; 고전 15:13-14, 17, 19). 죽음이 없으면 부활은 아무 것도 아니다. "예수는 우리가 범죄한 것 때문에 내줌이 되고 또한 우리를 의롭다 하시기 위하여 살아나셨기" 때문이다(롬 4:25).2748) 여기에서 오웬은 특히 후자를 부각시키면서, 죽음이 없는 부활은-비하가 없는 승귀는-실체가 없는 표징과 다를 바 없어, 하나의 상징에 불과할 뿐이라고 역설한다.

이러한 측면에서 오웬은 제사와 중재의 "연합"(union)을 다음과 같이 세 가지로 논한다.

첫째, 양자는 모두 하나님의 자녀를 영화롭게 하여 그의 은혜를 찬미하는 도구가 되는 데 이르게 한다.

둘째, 제사로 얻은 선한 것들은 모두 중재로 적용된다. 이는 그리스도가 자기 자신

2747) Owen, *The Death of Death in the Death of Christ*, 67-68.

2748) Owen, *The Death of Death in the Death of Christ*, 67-68.

을 주심으로 우리를 사신 의의 전가를 의미한다(롬 4:25).

셋째, 그리스도의 제사는 중재의 기초가 된다. 중재에 의해서 주어지는 모든 것은 제사에 의해서 획득된 것이다.2749)

성경은 제사와 중재의 "영속적인 연합"(perpetual union)을 증거하고 있다. 우리의 죄악을 담당하신 "의로운 종"이 "범죄자를 위하여 기도하신다"(사 53:11-12). 그리하여 죽음에서 벗어난 우리가 하나님과 화목하게 된다(롬 5:6, 9-11). 아들의 중재는 아버지의 뜻이다. 아들을 내어 주신 아버지는 그 아들의 간구를 통하여 모든 것을 우리에게 주신다(롬 8:32-35).2750)

오웬은 이러한 "연합"을 다루면서 제사와 중재가 제사장의 두 직임에 해당함에 주목한다. 주님은 "우리 죄를 위한 화목제물(ἱλασμός)"로서 "아버지 앞에서 우리에게 대언자(παράκλητος)"가 되신다(요일 2:1-2). "자기의 피로 영원한 속죄를 이루신" 분이 "항상 살아 계셔서" 하늘의 온전한 성소에서 "간구하신다"(히 7:24-25; 9:11-12). 그리스도의 제사는 그의 중재로 말미암아 "영원한 효력"(perpetual efficacy)을 지닌다. "죽임을 당한 어린 양"이(계 13:8) 그 죽음의 값으로 사신 선한 열매를 자신의 중재를 통하여 우리에게 부여하신다. 아들의 소유가 땅 끝까지 이르게 되는 것은(시 2:8), 그가 대적하는 무리로부터 고난을 당하셨기 때문이다(시 2:2). 그리스도의 중재는 제사에 기초해 있다. 그것은 제사의 공로와 값을 넘어서지 못하며, 제사 외의 새로운 목적을 지향하지도 못한다. 그리스도는 오직 "그가 위하여 죽으신 모든 사람을 위하여"(for all for whom he died) 중재하신다. 달리 말하면, 그의 죽음이 획득하는 모든 선은 그의 중재에 따라서만 부여되는 것이다.2751) 오웬은 제사와 중재의 주체, 대상, 목적, 범위가 같다는 점을 들어서 보편구원론을 주장하는 당대의 알미니우스주의와 토마스 모어(Thomas More, 1478-1535)를 비판하면서, 그리스도의 죽음은 모든 사람을 위한 것이나 그 속전은 일부만 위한 것이라고 말하는 것은 제사와 중재를 나누는 것으로서 온당치 않다고 단언한다. 그리고 그리스도가 만인을 위하여 중보하시는데 믿지 않는 자들에게는 다만 그것이 작용하지 않을 뿐이라고 주장하는 "일반적, 비효과적 중재"(a general, ineffectual intercession)도 거부한다. 제사와

2749) Owen, *The Death of Death in the Death of Christ*, 68-69.

2750) Owen, *The Death of Death in the Death of Christ*, 70-71.

2751) Owen, *The Death of Death in the Death of Christ*, 71-73.

중재는 그리스도의 죽음이라는 동일 실체에 근거해 있다는 점과,[2752] 그 죽음은 성부를 위한 것도 성자를 위한 것도 아닌 우리를 위한 것이라는 점을 그 근거로 제시한다.[2753]

[겟세마네와 골고다에서의 고난]

니케아 신경에서 고백하듯이 주님은 "우리 사람과 우리의 구원을 위하여"(δι' ἡμᾶς τοὺς ἀνθρώπους καὶ διὰ τὴν ἡμετέραν σωτηρίαν, propter nos homines et propter salutem nostram) 성육신하시고 죽기까지 고난당하셨다. 칼케돈 신경도 거의 대동소이하게 "우리와 우리의 구원을 위하여"(δι' ἡμᾶς καὶ διὰ τὴν ἡμετέραν σωτηρίαν, propter nos et propter nostram salutem)라고[2754] 천명하였다. 주님은 우리 자신을 구원하시기 위하여 자기 자신을 주셨다. 주님이 치르신 값은 오직 대속을 위한 것이었다. 그것은 만인을 모두 구원하기 위한 것이 아니었으며, 만인에게 모두 윤리적 교훈을 주기 위한 것도 아니었다. 그것은 오직 택한 백성을 가르쳐서 구원하시기 위한 것이었다. 오직 들을 귀가 있는 자만이 듣고, 오직 가르칠 만한 심령을 가진 자만이 가르침을 받는다. 그리스도의 의는 오직 그 의를 전가받을 사람만을 위한 것이었다. 그리스도는 그가 영원히 중재하실 언약의 자녀들을 위해서만 자기 자신을 제물로 삼아 대속의 제사를 드리셨다. 오직 택함받은 백성만이 아버지께 드려진 아들의 값의 분량에 속한다. 성자의 대속은 성자에 고유한 사역이었지만 성부의 뜻과 성령의 능력 가운데 삼위일체 하나님의 동사(同事)로 시작, 수행, 완성되었다. 아버지의 뜻은 아들에게 주신 자를 하나도 잃어버리지 않고 다시 살리는 것이었다(요 6:39; 엡 1:4). 성령은 오직 "영광받기로 예비하신 바 긍휼의 그릇"만을(롬 9:23) 인침으로 하나님의 영광을 찬송하게 하신다(엡 1:13-14). 그러므로 그리스도께 있어서, 모든 것은 아버지의 뜻에 따른 것이므로, 무효한 제사도 무효한 중재도 없다. 십자가를 의인지 사랑인지, 값인지 은사인지 택일하는 것이 공허한 까닭이 여기에 있다.[2755] 십자가는

2752) Owen, *The Death of Death in the Death of Christ*, 75-88.
2753) Owen, *The Death of Death in the Death of Christ*, 91-96.
2754) Schaff, *The Creeds of Christendom*, 2.62.
2755) 다음 글은 이러한 질문에 대한 택일적 답을 추구하고 있다. 그러나 속죄론에 대한 저자의 입장 자체가 객관설

'사랑의 의'이며 '값의 은사'이기 때문이다.

주님이 영혼과 육체의 전인적 제사를 드리심은 우리의 영혼과 육체 모두를 전인적으로 중재하기 위함이셨다. 로마 가톨릭은 그리스도의 고난을 저급한 육체에만 한정시킨다. 만약 주님이 고급스럽고 이성적인 영혼으로도 고난을 당하셨다고 한다면, 그것은 참 고난이 될 수 없으며 하나님의 진노와 저주에 따른 것이 아닌 유사한 고난이거나("διὰ παράστασιν") 동정적(同情的) 고난에("διὰ συμπάθειαν") 불과할 것이라는 이유를 든다. 그러나 정통신학에 서 있는 자들은 성경의 가르침에 따라 그가 진정 하나님의 진노와 저주 가운데 영혼의 내적 고통도 당하셨다는 것을 인정한다.[2756] 주님은 겟세마네에서 기도하실 때 심중에 심한 슬픔과 고통을 겪으셨다. 성경은 이를 네 단어로 표현하고 있다. 여기에 주님이 겪으신 견디기 어려운 고뇌(ἀγωνία)가 드러나 있다.[2757]

첫째, "심히 놀라시며"(ἐκθαμβεῖσθαι)는(막 14:33) 단지 기이함이 아니라 공포를 느끼는 것을 뜻한다. 극악한 두려움으로 경악스러운 상태에 빠져있음을 표현하는 단어이다. 주님은 죽음 자체뿐만 아니라 신랄한 죽음의 열매를 바라보셨다. 그래서 심히 놀라셨다. 죽음은 하나님에게서 완전히 단절됨을 뜻한다. 부자를 거지에게 가닿을 수 없게 만드는 "큰 구렁텅이"이다(눅 16:26). 영원히 아버지의 품 속에 계신 독생자가(요 1:18) 사람의 아들이 되셔서 우리를 위한 아버지의 뜻을 이루시기 위하여 아버지로부터 단절되는 자신의 모습을 바라보면서 느끼신 극심한 고통이 이 단어에 표현되어 있다.

둘째, "슬퍼하사"(ἀδημονεῖν)는(마 26:37; 막 14:33) 받아들일 수 없는 괴로운 고통을 당하는 것을 뜻한다. 동의할 수 없는 일을 겪을 때 우리는 슬퍼한다. 내가 동의하는

과 주관설 사이의 어느 점에 처하여 모호함을 보이고 있으므로, 그 답을 찾는 일도 요원하다. 무엇보다 문제가 되는 것은 "구속"(redemption)은 객관적으로, "구원"(salvation)은 주관적으로 보고자 하는 저자의 태도이다. Grace Adolphsen Brame, "The Cross: Payment or Gift?" *Perspectives in Religious Studies* 32/2 (2005), 167–181, 171–174.

2756) Turretin, *Institutio Theologiae Elencticae*, 13.14.3 (2.310). 어거스틴 역시 기본적으로 이러한 관점에 서 있다. 다만 그 적용에 있어서 법정적 전가보다 성례적 연합을 강조하는 경향이 강하다. 참조. Cavadini, "Jesus' Death Is Real: An Augustinian Spirituality of the Cross," 169–186.

2757) 겟세마네에서의 고난을 주님의 영혼과 관련지어 신학적으로 설명하고자 시도한 첫 번째 교부는 오리겐이었다. 참조. Peter J. Gorday, "Becoming Truly Human: Origen's Theology of the Cross," in *The Cross in Christian Tradition: From Paul to Bonaventure*, ed. Dreyer, 99–100.

일은 비록 어려움이 있더라도 극심한 슬픔을 낳지는 않는다. 주님은 동의할 수 없는 낯선 일, 자신에게 '생소한 사역'(opus alienum, strange work)을 앞두고 계신다. 주님은 회전하는 그림자도, 죄의 성향은 물론 죄의 의향조차 없으시다. 주님은 죄의 유혹으로부터 자유롭다. 원죄에 속하지 않는 인성을 지니셨기 때문이다. 주님은 죄를 가장 미워하신다. 가장 미워하시는 그것의 값을 치르시려고 죽음의 자리로 나아가시는 것이다. 죄가 없으신 분이 자신의 몸에 죄를 삼으시는 슬픔 가운데(고후 5:21) 그리하신다.

셋째, "고민하고"(λυπεῖσθαι)와(마 26:37) "매우[심히] 고민하여"(περίλυπός)는(마 26:38; 막 14:34) 슬픔, 고통, 한탄, 고뇌를 두루 함의하는 명사 "뤼페"(λύπη)와 관련된 형용사이다. 우리 마음속에 일어나는 모든 고난을 다 모은 말이라고 여기면 된다. 이 단어는 징계를 당하는 상태를 뜻하기도 한다(히 12:11). 주님은 단지 징계에 그치는 것이 아니라 저주의 형벌을 받으셨다. 그리하여 우리가 형벌을 면하고 자녀로서 아버지의 선한 징계를 받는 자리에 서게 하셨다. 징계는 헬라어로 '파이데이아'(παιδεία)이다. 주님이 "징계를 받음으로" 우리가 평화를 누린다(사 53:5). 주님이 받으신 "징계"(מוּסָר)는 우리가 받는 '교육적 징계'가 아니라 '형벌적 징계'였다. 우리는 아버지께 가르침을 받지만, 주님은 빌라도와 헤롯과 가야바와 안나스에게 형벌을 받으셨다. 주님은 "내 마음이 매우 고민하여 죽게 되었으니"라고(마 26:38) 하셨다. 이는 자신이 당하실 죽음의 성격이 저주의 형벌을 치르는 죽음이라는 사실을 바라보셨기 때문이다.

넷째, "지금 내 마음이 괴로우니 무슨 말을 하리요 아버지여 나를 구원하여 이 때를 면하게 하여 주옵소서 그러나 내가 이를 위하여 이 때에 왔나이다"라는 요한복음 12:27을 주님이 겟세마네에서 드리신 기도에 관한 본문으로 본다면, "괴로우니"(τετάρακται)를 주님이 당한 내적 고통을 표현하는 네 번째 단어로 헤아릴 수 있다. 이는 '타랏쏘'(ταράσσω)에서 나온 단어로서 불안해서 요동친다는 뜻을 담고 있다. 베데스다 연못의 물이 '요동치다'라고 할 때에도 나온다(요 5:4). 이 단어는 고통이나 슬픔 자체보다 그것으로 인하여 당하는 공포와 전율을 표현할 때 사용된다. 이러한 네 단어의 어의(語義)는 주님이 앞으로 당하실 죽음을 바라보시면서 "땀이 땅에 떨어지는 핏방울같이" 될 정도로 "힘쓰고 애써 더욱 간절히" 기도하셨다는 말씀 중, "애써"(ἐν ἀγωνίᾳ)라는 단어에 극적으로 표현되어 있다(눅 22:44).

뚤레틴이 지적하듯이, "부분을 나눌 수 없는"(ἀμέριστος) 영혼은 언제나 전체적으로 고통을 겪는다. 그러므로 철학자들과 같이 그 상층부와 하층부를 나누는 것은 부질없다.2758) 우리가 영혼과 육체로 죄를 지었듯이 주님 역시 그 가운데 우리를 위한 대속의 의를 이루셔야 했다. 초대교부 이레네우스는 이에 대해서 다음과 같이 말한다. "주님은 자신의 피로 우리를 대속하셨다. 그는 우리의 영혼을 위하여 자신의 영혼을, 우리의 육체를 위하여 자신의 육체를 주셨다." 그러므로 주님이 우리를 위하여 치르신 속전은 "ἀντίλυτρον"이라고 할 뿐 아니라 "ἀντίψυχs"라고 해야 한다.2759) 주님은 우리를 대속하기 위하여 "저주를 받으셨을"(ἐπικατάρατος, maledictus) 뿐만 아니라 그 자신이 "저주"(κατάρα, maledictio)가 되셨다(갈 3:13).2760) 히브리서 기자는 "예수 그리스도의 몸을 단번에 드리심으로 말미암아 우리가 거룩함을 얻었노라"고 했다(히 10:10). 여기에서 "몸"은 영혼을 포함하는 것으로서 그리스도의 인성 전체를 뜻한다. 일종의 "제유법"이 여기에 사용된 것이다.2761) 겟세마네의 기도는 아버지를 향한 아들의 원망이나 저주가 아니라 아버지의 뜻에 따른 아들의-곧 아들을 향한-저주를 담고 있다. 키프리안(Cyprian)이 말하듯이, "그가 저주를 받으심은 저주받은 자들을 해방시키기 위함이요, 그가 고난을 받으심은 병든 자들을 고치기 위함이며, 그가 두려워하신 것은 우리를 안전하게 하려 하심이다."2762) 주님이 당하신 이러한 영혼의 고통을 인정할 때 우리는 칼빈과 개혁신학자들이 지옥강하를 바라보는 관점을 이해할 수 있다.2763)

주님이 겟세마네에서 드리신 기도는 고난에 대한 "순종"의 절규였다(히 5:8).

첫째, "아빠 아버지여"(Αββα ὁ πατήρ)(막 14:36). "아빠"는 호칭이며, "아버지"는 고백을 담고 있다. '아빠, 당신은 나의 아버지이십니다'라는 뜻이 이 말에 담겨있다. 주님이 이렇게 간절히 아버지를 찾으심은 심중의 답답함을 한탄하거나 호소하려는 것이 아니라, 아들을 통하여 아버지의 뜻을 이루어달라는 기도를 올려드리기 위해

2758) Turretin, *Institutio Theologiae Elencticae*, 13.14.4 (2.310).
2759) Turretin, *Institutio Theologiae Elencticae*, 13.14.5 (2.311). 같은 곳에서 이레네우스(Irenaeus)의 말을 재인용.
2760) Turretin, *Institutio Theologiae Elencticae*, 13.14.7 (2.311).
2761) Turretin, *Institutio Theologiae Elencticae*, 13.14.8, 11 (2.311, 312).
2762) Turretin, *Institutio Theologiae Elencticae*, 13.14.15 (2.313). 같은 곳에서 키프리안(Cyprian)의 말을 재인용.
2763) 참조. Turretin, *Institutio Theologiae Elencticae*, 13.16.1 (2.317).

서였다. "아빠"에는 사랑과 자비와 인애와 돌봄을 표상하는 친근함이 더하다면, "아버지"에는 공의와 정의와 진실과 진리를 표상하는 엄정함이 더하다(시 85:10; 89:14; 101:1; 117:2).

둘째, "만일 아버지의 뜻이거든 이 잔을 내게서 옮기시옵소서"(눅 22:42). 이 부분이 마태복음 26:39에는 "만일(εἰ) 할 만하시거든 이 잔을 내게서 지나가게 하옵소서"라고 기록되어 있다. "아버지의 뜻"은 최고와 최선의 법이다. 하나님의 아들이 사람의 아들로 오신 명분이 "아버지의 뜻"이다. "아버지의 뜻"은 하나님의 아들이 사람의 아들로 존재하는 이유다. 아버지의 뜻을 행하지 아니하면 아들이 이 땅에 오신 어떤 의미와 가치도 없다. 아들을 보내신 아버지의 뜻은 인류의 죄에 대한 대속에 있다. 본문에 나오는 "만일"(εἰ)은 순수한 가정이 아니라 이미 어떠함을 전제하고 그것을 환기시킬 때 사용되는 접속사이다. 아버지의 뜻이 무엇인지 묻고 있는 것도 아니며, 아버지의 뜻을 알고 있으니 철회해 달라는 것도 아니며, 아버지의 뜻이 무엇인지 알고 있으니 그 뜻대로 행하시라는 것이다. 이는 아들이 자기 자신을 거룩한 제물로서 구별하는 기도이다. 마치 제사장이 속죄물의 머리에 기도하듯이, 친히 제사장이시자 제물이 되시는 주님이 자기 자신의 머리 위에 안수하시는 것이다.

셋째, "그러나 나의 원대로 마시옵고 아버지의 원대로 하옵소서 하시고"(막 14:36). 또한 마가복음 14:36에는 "모든 것이 가능하오니 이 잔을 내게서 옮기시옵소서"라고 기록되어 있다. 하나님은 불가능이 없으시다. 그러나 하나님의 전능성은 하나님의 선성(善性)과 공의에 배치될 수 없다. 그것은 무질서한 무소불위(無所不爲)가 아니다. 주님의 간구는 이러한 아버지의 어떠하심을 전제하고 있다. "그들을 진리로 거룩하게 하옵소서"(요 17:17). 주님은 자기 자신을 드리시면서 '진리'와 '거룩'을 중요하게 여기셨다. '아버지의 뜻'이 '진리'이며, '분별하여 드리는 것'이 '거룩'이다. 아들은 진리 가운데 거룩하게 분별된 자기 자신을 아버지께 드리셨다(요 17:19).

넷째, "아버지여 나를 구원하여 이 때를 면하게 하여 주옵소서"(요 12:27). "아버지여 나를 구원하여"는 주님의 기도가 우리를 위한 대속의 중보라는 것을 결정적으로 드러낸다. 주님이 우리의 자리에서, 우리의 목소리로 간구하고 계신다. 그가 우리를 대신하여 부르짖고 계신다. 우리의 슬픔, 번민, 근심, 연약함을 토로하고 계신다. 주님은 목자시나, "세상 죄를 지고 가는 하나님의 어린 양"으로 오셨다(요 1:29). 멜기세덱의 반차에 따른 우리의 큰 대제사장이시나, "향기로운 제물과 희생제물"로 오셨다(히 4:14; 5:6-10; 7:17; 엡 5:2). 그리하여 우리의 죽음의 자리에서 "자기를 죽음에서 능히 구원하실 이에게" 통곡하시면서 간구하심으로 "들으심"을 얻으셨다. 그것은 아버지의 뜻에 따른 죽음이었다. 아들이 진정 간구한 것은 그 죽음이었다.

> 그는 육체에 계실 때에 자기를 죽음에서 능히 구원하실 이에게 심한 통곡과 눈물로 간구와 소원을 올렸고 그의 경건하심으로 말미암아 들으심을 얻었느니라(ὃς ἐν ταῖς ἡμέραις τῆς σαρκὸς αὐτοῦ δεήσεις τε καὶ ἱκετηρίας πρὸς τὸν δυνάμενον σῴζειν αὐτὸν ἐκ θανάτου μετὰ κραυγῆς ἰσχυρᾶς καὶ δακρύων προσενέγκας καὶ εἰσακουσθεὶς ἀπὸ τῆς εὐλαβείας)(히 5:7).[2764]

다섯째, "그러나 내가 이를 위하여 이 때에 왔나이다"(요 12:27). 이 말씀은 "들으심"을 다시 상기시킨다. 주님은 하나님과 우리 사이의 중보자로 이 땅에 오셨다. 주님의 중보는 기도에서 가장 뚜렷한 빛을 발한다. 영원하신 하나님의 아들이 사람의 아들이 되신 것은 자기 자신을 제물로 드려 인류의 구원을 이루시기 위함이었다. 아버지의 뜻은 아들의 존재이유이자 존재가치가 된다. 제사장의 두 직무는 백성을 대신해서 제물을 드리는 것과 백성을 대표해서 기도를 드리는 것이다. 겟세마네의 기도와 십자가의 죽음은 주님이 감당하신 이 두 직무를 잘 드러낸다. 이러한 측면에서 우리는 요한복음 17장의 '대제사장적 기도'와 겟세마네의 기도를 함께 바라보아야 한다. 주님은 우리의 원함까지도 대리적으로 중보하신다. 그리하여 우리의 원함을 "이 때를 면하게 하여 주옵소서"라고 하시면서 아버지께 올리시는 가운데서도 아버지의 원함에 따라 "내가 이를 위하여 이 때에 왔나이다"라고 하시면서 자신을 아버지의 손에 맡기신다. 주님은 우리의 원함 가운데 아버지의 뜻을 이루신다. '우리의 원'과 '아버지의 원'이 부딪힐 때 '아들의 원' 가운데 그 갈등이 해소된다. 즉 중보된다. 궁극적으로 아들은 '아버지의 원'을 이루셔서 '우리의 원'을 '우리의 원' 이상으로 만족시키신다. 주님이 "애써"(ἐν ἀγωνίᾳ) 기도하시니 땀이 땅에 떨어지는 핏방울같이 되었다는 말씀이 이러한 간절함을 드러낸다(눅 22:44).

주님이 임박한 저주의 죽음을 바라보시면서 겟세마네에서 느끼신 놀람과 번민과

[2764] 참조. S. Lewis Johnson, "Agony of Christ," *Bibliotheca Sacra* 124/496 (1967), 308.

슬픔은 "수많은 재앙이 나를 둘러싸고 나의 죄악이 나를 덮치므로 우러러볼 수도 없으며 죄가 나의 머리털보다 많으므로 내가 낙심하였음이니이다"(시 40:12)는 예언의 말씀을 상기시킨다. 여기에서 "나의 죄악"(עֲוֺנֹתַי)과 "재앙"(רָעוֹת)은 서로 상응한다. 주님이 하나님의 진노(ira Dei)로 말미암아 십자가에서 죽으신 것이 그가 "범죄자 중 하나로 헤아림을 받았기" 때문이다(사 53:12). 곧 하나님이 "죄를 알지도 못하신 이를 우리를 대신하여 죄로 삼으신 것" 때문이다(고후 5:21). 핫지가 지적하듯이, 통상 벌을 받을 때 사람들은 아파서 자기 혀를 깨물며 하늘의 하나님을 비방하고 자기의 죄를 회개하지 아니하나(계 16:10-11), 주님은 가장 깊고 어두운 어둠의 고난과 번민 가운데서도 아버지의 얼굴의 빛을 구하며 그의 뜻에 기꺼이 전심으로 순종하셨다.[2765]

주님은 참 하나님이시자 참 사람으로서 인성에 따라서 우리를 위한 모든 고난을 당하셨다. 그가 당하신 영혼과 육체의 전인적 고난의 비밀은 그의 위격 자체에서 찾아야 한다. 죄를 미워하시는 하나님이 아들을 보내셔서 죄인을 대신하여 죄의 값인 사망의 형벌을 안고 저주의 죽음을 죽게 하신 "하나님의 비밀"은 "그리스도" 자신이다(골 1:27; 2:2). 십자가가 인류 대속의 값이 되는 것은 "그가 아들이시면서도" (καίπερ ὢν υἱός) 고난을 당하셨기 때문이다(히 5:8). 그는 하나님의 아들이시자 사람의 아들로서, 참 하나님이시자 참 사람으로서 고난을 당하셨으므로, 그 값이 무한하다. 무한하고 영원하신 분이 유한하고 일시적인 죽음을 죽으셨기 때문이다. 이러한 값이 오직 택함받은 언약의 자녀들에게만 국한되는 것은, 오직 그것을 대리적 무름으로 삼아주시는 아버지의 뜻-그의 기뻐하심-에 달려 있다. 아들은 이러한 아버지의 뜻을 행하시러 이 땅에 오셨다(히 10:7, 9). 주님의 십자가가 "큰 고난"(passio magna)이라고 불리는 것은 세 가지 뜻에서이다.

첫째, 주님이 아버지의 "뜻"에 따라 친히 드리신 자신의 "몸"(σῶμα)(히 10:10) 곧 "육신"(σάρξ)(롬 8:3)은 우리 구원의 단위가 되는 잉태 때부터 죽음의 때까지의 모든 당하신 순종과 행하신 순종으로 준비된 것이었다.

둘째, 주님은 자신의 육체뿐만 아니라 영혼도 우리를 위하여 드리셨다. 인성에 속한 것이 아니라 인성 자체가 제물이 되었다.

2765) Hodge, *Systematic Theology*, 2.614-615.

셋째, 그 인성이 성자의 인격에 취해짐으로 신인양성의 위격적 연합 가운데 주님은 자신을 드리셨다. 그리하여 한 인격 안에서 인성에 따른 그의 죽음이 신성에도 돌려짐으로써, 천지를 지으시고 운행하시고 지키시는 분이 목마르다 하시고, 자존하시고 영원하시고 불변하시고 스스로 생명이신 분이 영혼과 육체의 분리를 겪으시고 죽음에 복종하시니, 그 값이 만대의 만인을 살리고도 남음이 있는 것이다. 주님의 비하의 값은 오직 이러한 위격적 연합의 비밀 가운데서만 논해질 수 있다. 이러한 점에 착안하여, 뻘카우어는 주님의 순종을 "정태적인 자질"(a static quality)이 아니라 "역동적인 실제"(a dynamic reality)라고 부른다.[2766]

신인양성의 중보자 그리스도의 비밀은 "십자가의 도"(ὁ λόγος ὁ τοῦ σταυροῦ)에 밝히 드러난다(고전 1:18; 갈 3:1). 여기서 "도"는 '디다케'(διδαχή) 곧 '지혜'와 '케리그마'(κήρυγμα) 곧 '선포'를 포함하는 개념이다. 주님은 십자가 위에서 일곱 말씀을 하셨다. 가상칠언(架上七言)이라고 하는 것이다.

제1언, "아버지 저들을 사하여 주옵소서 자기들이 하는 것을 알지 못함이니이다"(Πάτερ, ἄφες αὐτοῖς, οὐ γὰρ οἴδασιν τί ποιοῦσιν)(눅 23:34). 주님의 십자가는 권선(勸善)이 아니라 사죄(赦罪)를 위한 것이다. 죄의 본질은 자의적(恣意的) 지식을 추구하는 무지에 있다. 이를 불순종의 지식이라고 부를 수 있을 것이다. 주님은 현자나 지자가 아니라 무식자나 무지자를 위하여 이 땅에 오셨다. 그는 진리를 누리기 위하여 오신 것이 아니라 진리의 빛을 비추기 위하여 오셨다(요 1:1, 14, 17; 14:6). 그 진리의 역사를 십자가에서 다 이루셨다. 십자가가 세상에는 미련하게 보이나 우리에게는 지혜이며, 십자가 외에는 우리가 알고자 하는 바가 없다(고전 1:24; 2:2). 이는 십자가에서 다 이루신 의의 전가로 말미암아 우리가 진리의 그리스도의 영을 받았기 때문이다(롬 8:9; 빌 1:19; 요 14:17, 26; 15:26; 16:12).

제2언, "내가 진실로 네게 이르노니 오늘 네가 나와 함께 낙원에 있으리라"(Ἀμήν σοι λέγω, σήμερον μετ' ἐμοῦ ἔσῃ ἐν τῷ παραδείσῳ)(눅 23:43). 죽음으로 주님의 영혼과 육체가 분리되었다. 죽음은 영혼과 육체로 살던 사람이 영혼으로 살게 되는 것이다. 영혼은 피조된 영적 실체로서, 죽음 후에는 육체 없이 독자적으로 존재한다. 죽음으로 신인양성의 연합이 해소되는 것이 아니라, 연합된 인성의 존재방식이 바뀔 뿐

2766) Berkouwer, *The Person of Christ*, 249.

이다. 주님은 함께 달린 강도가 죽어 함께 낙원에 있을 것이라고 하여, 자신의 죽음이 실제적이며, 대속적이라는 사실을 공표하셨다. 죽음 후 사흘 동안 주님의 영혼은 낙원에 계셨으며, 그 육체는 장사한 일이 없는 한 새무덤에 있었다. 그러므로 죽음 후에 그가 영혼과 육체 가운데 혹은 영혼으로 지옥에 내려가셨다고 하는 것은 그릇되다.

제3언, "여자여 보소서 아들이니이다……보라 네 어머니라"(Γύναι, ἴδε ὁ υἱός σου ……"Ἴδε ἡ μήτηρ σου)(요 19:26-27). 주님의 의는 당하신 순종(obedientia passiva)과 행하신 순종(obedientia activa)을 모두 아우른다. 주님은 이 땅에 계시는 동안 마지막까지 하나님의 말씀에 순종하셨다(출 20:12; 엡 6:2-3). 그리하여 우리를 의롭게 하실 뿐만 아니라 거룩하게 하시는 의를 다 이루셨다. 여기에서 우리는 십자가의 고통 가운데서도 어머니를 염려하시며 제자에게 부양을 당부하시는 주님의 모습을 통하여 그가 율법 준수에 얼마나 온전하셨는지를 깨닫게 된다. 이는 그의 죽음을 주도한 종교지도자들이 "고르반" 하면서 부모 봉양을 회피하고 하나님을 속이는 위선적 행태에(막 7:11) 경종을 울리는 말씀이었다.

제4언, "엘리 엘리 라마 사박다니"(Ἠλί, Ἠλί, λαμὰ σαβαχθανί)(마 27:46; 참조. 시 22:1). 우리 인생의 끝자락까지 대속하시기 위하여 주님은 아버지께 버림받는 자리에까지 낮아지셨다. 아버지의 버림을 받아 아들은 우리를 위한 아버지의 뜻을 이루셨다. 아버지는 사랑하시는 아들을 통하여 자신의 뜻을 이루셨다. 실상 아들을 버리신 것이 아니라 아들을 사랑하시는 자신의 뜻을 이루신 것이다. 그 사랑 가운데 우리를 사랑하신 것이다. 죽음의 본질은 하나님으로부터의 분리를 겪는 고통에 있다. 죽음은 하나님의 '내버려두심' 곧 '유기'(遺棄)의 쓴 열매이다. 죽음이 고통스러운 것은 그것이 돌이킬 수 없는 영원한 '유기'로 들어가는 통로이기 때문이다. 이러한 죽음이 타락한 인류에게 형벌로 들어왔다. 주님은 우리를 위하여 죽음의 고통을 겪으셨다. 죄인의 자리에서 사망의 쏘는 것에 쏘이셨다(고전 15:55). 주님은 버림받는 길, 유기의 길, 사망의 길을 가셨다. 그리하여 우리를 사망의 고통에서 해방시키시고자 하셨다. 주님의 은혜로 영생을 선물로 받은 하나님의 자녀들에게는 죽음이 고통이 아니라 영화의 길이다. 죽음의 고통인 '내버려두심'을 겪지 않기 때문이다(롬 1:24, 26, 28).

"엘리 엘리 라마 사박다니"는 버림받은 인류의 탄식, 신음, 절망, 좌절의 소리이다. 그것은 형벌의 고통을 절규하는 '수형(受刑)의 소리'이다. 주님은 도수장의 양과 같이 잠잠하셨다. 그러나 우리를 위하여 죄의 값을 치르기 위하여 큰 소리로 우리의 절규를 대신하셨다. "엘리"는 아람어 '엘로이'(Ἐλωΐ)를 음역한 것이다(막 15:34). "엘리"와 '엘로이'는 모두 히브리어에서 나온 단어로 같은 의미를 지니고 있다. 주님은 겟세마네에서 기도하실 때 하나님을 "내 아버지여"(마 26:39) 혹은 "아빠 아버지여"라고(막 14:36) 부르셨다. 그런데 고통이 가장 격렬한 이 순간에는 이러한 친근한 호칭을 버리고 "나의 하나님 나의 하나님"이라는 좀 더 객관적이고 엄격하며 공적인 표현을 쓰셨다. 형벌을 가하시는 '심판의 하나님'을 "아빠 아버지"라고 부르실 수는 없었기 때문이다. 하나님은 "아버지"로서는 여전히 아들을 "내 사랑하는 아들이요 내 기뻐하는 자"로 여기신다(마 3:17; 17:5). 아들은 "아버지"로서는 하나님을 여전히 "아빠"라고 부르심이 마땅하나, 인류의 죄의 값을 치르는 버림받은 유기의 자리에서는 "엘리" 곧 "나의 하나님"이라고 부르신 것이다.

하나님이 여전히 사랑하시고 기뻐하시는 아들이 아버지께 버림을 받는 자리에 서셨다. 그리하여 "어찌하여"라는 감탄조의 부사가 나타난다. 아람어로 "라마"가 되는 이 단어는 헬라어로는 "히나티"(ἱνατί) 혹은 "티"(τί)로 번역된다(마 27:46; 막 15:34). "어찌하여"는 반문하거나, 불평하거나, 항의하는 것이 아니라, 온전히 우리의 자리에 서셔서 우리의 비참함을 토로하는 것으로서, 대속의 순종을 공표하는 역설적 외침이라고 보아야 한다. 주님은 겟세마네에서 "내 마음이 매우 고민하여 죽게 되었으니"라고 외치시면서도(마 26:38) "나의 원대로 마시옵고 아버지의 원대로 하옵소서"라고 하셨는데(마 26:39), 그 간절함과 애씀이 "라마" 안에 들어있다. "어찌하여"는 기꺼이 아버지의 뜻을 받아들여 우리의 자리에서 버림을 받으시겠다는 아들의 뜻이 극적으로 표현되어 있다. 죽을 수 없는 분이 죽음을 받아들이시겠다는 것이다. 빛이 어둠에 굴복하겠다는 것이다. 어둠은 결코 빛을 이길 수 없다. 어둠은 빛 앞에서는 무기력하다. 오직 빛 되신 주님만이 어둠에 굴복하실 수 있다. "백주에 땅을 캄캄하게 하시는" 분만이 어둠에 자신을 맡기실 수 있다(암 8:9). 우리는 빛이 될 수 없으며, 빛은 어둠에 굴복할 수 없다. 그러므로 빛 되신 주님이 우리의 자리에서 어둠에 굴복하셨다. 여기에 "어찌하여"의 놀라운 섭리가 있다.

"어찌하여"에 우리 구원의 비밀이 들어있다. "어찌하여"가 세상에는 "거리끼는 것"이며 "미련한 것"이로되 우리에게는 "하나님의 능력이요 하나님의 지혜"가 된다

(고전 1:23-24). 그것은 단순한 의문의 부사가 아니라 감탄과 송영의 부사이다. 주님은 사망을 삼키는 사망을 당하셨고 죽음을 죽이는 죽음을 죽으셨다(고전 15:54-56). 주님은 생명을 다시 얻기 위하여 생명을 버리셨다(요 10:17). 오직 주님만 '스스로' 어둠에 굴복하실 수 있다. 우리는 모두 필연적으로 죽지만 주님은 원하심 가운데 죽으셨다. 우리는 당연히 죽음에 속하지만 주님은 버릴 권세와 취할 권세를 가지신 가운데 죽으셨다(요 10:18).

"나의 하나님, 나의 하나님, 어찌하여 나를 버리셨나이까"(마 27:46). 오직 이 순간에만 빛이 스스로 어둠에 굴복한다. 주님이 우리 안에 있는 어둠뿐만 아니라 어둠 자체를 물리치기 위해서 사망을 쏘는 사망, 사망을 이기는 사망, 사망을 삼키는 사망으로서 죽음을 죽으셨다. 여기에서 "버리셨나이까"는 현재나 미래가 아니라 과거형이 사용되었다. 이는 동일하게 과거형으로 기록된 "십자가에 못 박혀야 하겠나이다"(마 27:23)라는 군중의 외침을 떠올리게 한다. 이러한 용례는 '당위'를 표현한다. '그렇게 되어야 한다'는 뜻이다. 우리를 대속하시기 위해서 주님은 십자가에 못 박히시고 하나님께 버림받으셔야 했다(마 3:15; 요 18:32).

저주는 고문이나 고통을 당하는 것이 아니라 버림을 받는 것이다. 영생은 하나님의 아들이 아버지의 품 속에서 영원히 아버지와 하나가 되시듯이 우리도 아버지와 아들과 함께 영원히 하나가 되는 것이다(요 1:18; 10:30; 17:21). 이러한 의미에서 영생(vita aeterna)에 상대되는 말은 영원한 저주(damnatio aeterna)이다. 하나님은 사람을 자신의 형상으로 지으셔서 함께 인격적인 교제를 하게 하셨는데 사람이 죄를 지음으로 하나님을 먼저 떠나게 되었다. 영원한 저주는 하나님이 그러한 상태로 내버려두시는 것이다. 하나님은 사람 가운데 일부를 창세 전에 선택하셔서 영생을 주시기로 하셨다. 그러므로 영생은 무조건적 은혜로 말미암는다. 그러나 그 나머지는 그냥 내버려 두셨다. 이는 아무 조건도 없이 미워하신 것이 아니라 합당한 보응을 받게 하신 것이다. 그러므로 영생의 선물을 받은 것을 감사해야 할 뿐, 영원한 저주에 속하였다고 하나님을 원망할 수는 없다.

내버려두심이 영원한 저주이다. 밖에 쫓겨나 슬피 울며 이를 가는 상태이다(마 25:30). "의인들의 모임"에 들지 못하고(시 1:5), "거룩한 성 예루살렘"에 거하지 못하며(계 21:10), "주인의 즐거움"에 참여할 수 없는(마 25:21) 상태이다. 그러나 아버지의 품 속에서 영원히 독생하시는 하나님의 아들이(요 1:18) 저주의 죽음을 죽으심으로 우리를 아버지의 품으로 인도하셨다. 그 아들이 "임마누엘"로 오셔서 우리가 그와 함께 영원히 아버지와 함께 거하게 하셨다(마 1:23; 요 14:16; 요일 2:24-27).

제5언, "내가 목마르다"(Διψῶ)(요 19:28). 천지 만물을 지으시고 바다와 강과 지상과 지하와 하늘의 모든 물(水)을 지으시고, 내리시고, 흐르게 하시는 분이 한 방울 물이 없어 "목마르다"고 하신다. 신성에 따라서 모든 만물의 갈함을 채우시는 주님이 인성에 따라서 목말라 하신다. 만물이 그에게서 나오고, 그로 말미암고, 그를 위하여 있음에도(롬 11:36; 골 1:16; 요 1:3; 히 1:2), 그가 만물을 붙들고 계심에도(히 1:3), 인성의 연약함 가운데 목마름을 호소하고 계신다. 주님은 모든 만물을 지으시고, 모든 만물은 "그를 위하여" 존재한다. 모든 나무를 있게 하시고 자라게 하시는 주님이 무화과나무의 열매가 없어서 시장하셨다. 그 나무는 "그를 위하여" 존재하지 않았으므로 저주를 받았다(마 21:19). 주님은 사해(四海)의 모든 물을 주장하신다. 그런데 그 물 한 모금이 없어서 "내가 목마르다" 하시며 죽어가셨다(요 19:28). 만물은 "그를 위하여" 있다. 그러나 주님은 만물의 핍절을 겪으셨다. 그리하여 그의 살과 피가 우리를 위한 "참된 양식"과 "참된 음료"가 되시며(요 6:55), 우리의 부요함이 되신다(고후 8:9). 여기에 신인양성의 위격적 연합에 따른 위격적 사역의 비밀이 있다. 이로써 우리는 헤아릴 수 없는 대리적 속죄의 의가 그리스도의 무한한 비하로부터 비롯됨을 알게 된다.

제6언, "다 이루었다"(Τετέλεσται)(요 19:30). 주님은 이 말씀으로 자신의 죽음이 갖는 의미가 무엇인지를 우리에게 알려주셨다. "다 이루었다"는 단 한 단어로 된 짧은 말씀으로서, 모든 것이 소진되어 가슴을 쪼개며 치밀어 오르는 타는 목마름으로 혀가 말라붙어 움직이지도 않을 때 겨우 뱉어진 가장 작은 "큰 소리"였다(마 27:50; 막 15:37). 주님이 복종하신 것은 '죽음'이 아니라 '아버지의 뜻'이었다. "다 이루었다"는 완료수동형으로 나타난다. 완료가 사용된 것은 임박한 죽음을 이미 된 일로 여기고 그 의미를 미리 확정하시고자 하셨기 때문이다. 수동형이 사용된 것은 아들의 죽음은 그 자체로 우리를 위한 구원의 의가 될 수 없고 그것을 우리의 것으로 삼아주시는 아버지의 인침이 있어야 했기 때문이다. 이렇듯 "다 이루었다"는 주님의 말씀은 자신의 사역의 성취에 대한 선포도 되지만 아버지의 궁극적인 뜻을 구하는 기원도 담고 있다. 그것은 겟세마네에서부터 계속되는 모든 것을 아버지의 뜻하심과 원하심에 맡기는 아들의 겸비를 드러내는 "큰 소리"였다.

주님이 다 이루신 구속의 의는 성도 각자(엡 1:4-5, 7), 교회(엡 1:22-23), 우주 전체에(엡 1:9-10) 미친다. 주님은 구약의 언약과 절기와 제사를 다 이루셨다. 노아, 아브라함, 이삭, 야곱, 모세, 다윗 등과 맺은 구약의 모든 언약이 성취되었다. 주님이 "우리의 유월절 양"(고전 5:7), "세상 죄를 지고 가는 하나님의 어린 양"(요 1:29, 36)이 되셨으며, 그로 인하여 부활하사 오순절, 칠칠절, 맥추절의 "첫 열매"(ἀπαρχή)가 되셨다(고전 15:20). 주님은 또한 초막절의 장막이 되셨다. "성전보다 큰 이"가 자기 자신을 깨뜨려 우리가 영원히 거할 처소가 되심으로(마 12:6), 우리가 그곳에 알곡으로 들여진다(슥 14:16-21). 주님은 모든 절기와 함께 모든 제사를 다 이루셨다. 성령으로 잉태되셔 죄가 있으신 적이 없으실 뿐만 아니라 죄의 성향과 의식도 없으신 주님이 흠 없고 점 없는 어린 양으로서 일생 동안 자신을 거룩하게 준비하셔서 단번에 영원한 제물로 자신을 하나님께 드리셨다(요 17:19; 벧전 1:19; 히 5:8-9; 7:26-27; 10:10-14). 그리하여 거룩하게 하시는 주님이 거룩함을 입은 우리와 하나가 되셨다(히 2:11). 구약의 모든 제사가 십자가에서 다 폐하여졌다. 모든 제사를 폐하심으로, 버리신 것이 아니라 완성하셨다. 주님이 자기 자신 전부를 헌신제인 번제(燔祭)로 드리셨다. 허공에 달리셔서 거제(擧祭)로, 몸을 요동치시며 요제(搖祭)로, 살이 짓이겨져 소제(素祭)로, 물과 피를 다 쏟아내시어 전제(奠祭)로 드리셨다.

아들이 모든 것을 다 이루신 것은, 아버지로부터 모든 것을 다 받으셨기 때문이다(마 11:27; 요 16:15). 모든 것을 다 받았다는 것은 동일하다는 것을 의미한다(요 10:30). 주님은 부요하신 분으로서 우리를 부요하게 하시기 위해서 가난하게 되셨다(고후 8:9). 주님의 부요하심은 완전하심, 충만하심, 만유 가운데 만유를 뜻한다.

> 내가 또 보니 보좌와 네 생물과 장로들 사이에 한 어린 양이 서 있는데 일찍이 죽임을 당한 것 같더라 그에게 일곱 뿔과 일곱 눈이 있으니 이 눈들은 온 땅에 보내심을 받은 하나님의 일곱 영이더라(계 5:6).

"일곱 뿔"은 완전한 권세를, "일곱 눈"은 완전한 헤아림을, "일곱 영"은 완전한 감화와 능력을 말한다. 이 모든 것과 더불어, "죽임을 당하신 어린 양"에게 "능력과 부와 지혜와 힘과 존귀와 영광과 찬송"의 일곱 가지 돌려진다(계 5:12). 또한 그에게 "처음과 끝"이 모두 돌려진다.

또 내게 말씀하시되 이루었도다 나는 알파와 오메가요 처음과 마지막이라 내가 생명수 샘물을 목마른 자에게 값없이 주리니 이기는 자는 이것들을 상속으로 받으리라 나는 그의 하나님이 되고 그는 내 아들이 되리라 (계 21:6-7).

주님이 십자가에서 하신 "다 이루었다"는 말씀은 완료수동형으로 기록된 반면(요 19:30) 본문의 "이루었도다"(Γέγοναν)는 완료능동형이 사용되었다. 십자가에서 외치신 "다 이루었다"는 말씀은 완료와 수동을 사용해서 자신의 일을 통해서 아버지의 뜻을 아버지가 친히 이루어 달라는 기원을 담고 있음을 위에서 살펴보았다. 이것은 "뜻이 하늘에서 이루어진 것같이 땅에서도 이루어지이다(γενηθήτω)"는 마태복음 6:10에 나타나는 수동형을 사용하여 기원을 표현하는 용례와 비슷하다. 하지만 본문에서 주님이 사도 요한에게 완료능동형으로 말씀하신 것은 이미 자신의 모든 일에 대한 아버지의 인치심이 있기 때문에 이제는 그것에 대한 간구의 성격이 아니라 증언의 성격이 강하기 때문이라고 볼 수 있다. 이렇게 본다면, 본문의 "이루었도다"는 십자가의 "다 이루었다"는 말씀을 확정하는 것이 된다.

주님이 다 이루신 의는 우리의 생명을 살릴 뿐만 아니라 우리의 생활을 거룩하게 한다. 우리가 그리스도의 옷을 입고 그리스도의 말씀을 좇아 살게 한다(갈 3:27; 계 19:13). 주님은 피 뿌린 옷을 입고 백마를 타고 가시며, 우리는 세마포를 입고 주님을 따른다. "피 뿌린 옷"은 "하나님의 말씀"이며, "세마포 옷"은 "성도들의 옳은 행실"이다(계 19:8). 우리 안에서 "착한 일"을 시작하신 분이 끝까지 이루신다(빌 1:6). 자기 자신을 우리에게 주신 분이 모든 것을 더불어 주신다(롬 8:32). 주님은 기력이 쇠잔하고 혀가 입천장에 달라붙는 목마름 가운데서도 자신의 죽음으로 인류를 구원하기 위한 대속의 의가 다 이루어졌음을 선포하셨다. 복음은 그리스도의 인격과 사역 전부를 아우른다. 주님의 행적과 가르침뿐만 아니라 주님의 존재 자체가 복음이다. 주님의 잉태, 나심, 사심, 죽으심, 부활, 승천, 재위, 재림이 모두 복음이다. 그리하여 "그리스도의 복음"(τὸ εὐαγγέλιον τοῦ Χριστοῦ)이라고 일컫는다(갈 1:7; 롬 15:19; 고전 9:12; 고후 10:4). "그리스도의 복음"은 '십자가의 복음'이다. 주님의 십자가는 단지 하나의 사건에 불과한 것이 아니라, 모든 의가 그곳에 다 포함되어 있다. 주님은 성령으로 잉태하신 때부터 죽음의 순간까지 흠 없고 점 없는 제물로서 자신을 거룩하게 준비하셨다(벧전 1:19; 히 9:14; 요 17:19). 모든 고난을 당하시되 시험에 들지 아니하시고, 일점일획의 더함도 덜함도 없이 모든 율법에 순종하셨다. 모든 고난을 다 당하시고, 모든 의를 다 행하셨다. 모든 당하신 순종과 행하신 순종으로 평생 자신을 준비하신 유월절 어린 양이 십자가에서 단번에 자신을 드리심으로써 영원한 제사를 아버지께 올리셨다(롬 6:10; 벧전 3:18; 히 10:10, 12). 그리하여 아버지께 드리신 그 자신을 우리에게 주셨다. 이 모든 의를 십자가에서 다 이루셨다.

제7언, "내 영혼을 아버지 손에 부탁하나이다"(Πάτερ, εἰς χεῖράς σου παρατίθεμαι τὸ πνεῦμά μου)(눅 23:46). 주님은 죽음조차도 "아버지 손"에 맡기신다. 아들은 아버지에게서 나셨고 아버지는 아들을 보내셨다(요 7:29). 아들은 스스로 오신 것이 아니셨다(요 7:28). 아들은 아버지의 뜻을 행하심으로 그가 아버지 안에 아버지가 그 안에 계심을 드러내셨다(요 10:38). 아들은 아버지께 간구하여 들으심을 받으시고 죽은 나사로를 다시 살리셨다(요 11:41). 아들의 고난은 아버지의 뜻에 대한 순종에 있었다(히 5:8). 그 정점이 아버지의 뜻에 따른 죽음—아버지의 손에 의탁하는 죽음—이었다. 모든 것을 아버지께 맡기심은 아들이 일하는 방식이 될 뿐 아니라 그 목적이 된다. "아버지 품 속에 있는 독생하신 하나님"이 이 땅에 오신 것은(요 1:18) 우리를 이끌어 아버지 품으로 인도하시고자 하심에 있었다(요 17:21). 우리가 그와 함께 아버지의 자녀가 되므로 그와 함께 형제가 되고 상속자가 되게 하려 하심에 있었다(히 2:11; 롬 8:17). 그리하여 "이는 내 사랑하는 아들이요 내 기뻐하는 자라"는 아버지로부터 내려오는 소리를(마 3:17; 17:5) 우리가 듣게 하려 하심에 있었다.

이와 같이 십자가에 달리신 주님은 고난당하시는 가운데 자신의 고난의 의미를 일곱 말씀으로 들려주셨다. 그 일곱 말씀은 자체로 사건이며, 사건에 대한 주님의 선포이며, 복음이다. 그러므로 방점이 구약의 가르침과 부활의 관점에서 복음서 기록자들이 그렇게 기록했다는 사실에 놓여서는 안 된다.[2767] 성경은 여러 모양으로 주님의 고난과 죽음을 전한다. 예컨대, 십자가 위에서 하신 주님의 말씀과 관련해서, 사도 요한은 다른 증인들이 아니라 자기 자신이 십자가 앞에서 직접 들은 말씀을 기록하고 있으며 "영생하도록 솟아나는 샘물"이 되시는(요 4:14) 주님의 목마름

[2767] 다음 글은 이런 입장에서 '십자가의 말씀'이 아니라 '십자가에 관한 말씀'을 다루고 있다. Walter Kreck, "Word of the Cross: Doctrinal Theses and Definitions Dealing with the Death of Jesus," *Interpretation* 24/2 (1970), 220–242. 여기에서 저자는 십자가의 의미를 주님의 죽음 자체가 아니라 그것을 통하여 계시되는 하나님의 현존에서 찾는다(228–229). 이러한 경향은 바르트(Karl Barth)나 베일리(Donald M. Baillie)에 있어서 현저하다.

에 대해서 자세히 기록하고 있는 반면, 누가는 헬라적 배경이 강했으며 헬라권 사람들을 향하여 복음서를 기록했으므로 마태와 마가와는 달리 그들에게 상대적으로 낯설게 여겨질 시편 22:1은 인용하지 않았으며 겟세마네에서부터 계속되는 영적인 고통에 대해서도 깊게 다루지 않았다. 다만 그가 마지막 말씀을 기도로 기록하고 있음이 주목된다.2768) 하지만 이러한 차이는 저자의 해석이 아니라2769) 성령의 유기적 영감에 따른 것이다.

십자가가 복음의 핵심이다(고전 1:23; 2:2; 갈 6:14).2770) 십자가는 새로운 시대를 여는 여명이며(히 10:20), 십자가를 밝히 바라봄으로 우리는 새로운 지식을 얻게 된다(갈 3:1; 빌 3:8; 골 3:10).2771) 십자가는 우리의 삶의 전망을 새롭게 한다.2772) 우리 옛 사람이 주님과 함께 십자가에 못 박혔다(롬 6:6; 갈 2:20; 5:24). 십자가로 원수 된 것이 소멸되고 하나님의 백성과 이방의 담이 허물어졌다(엡 2:16). 십자가로 우리를 얽어매었던 법조문의 증서를 제하고 통치자들과 권세들을 이기셨다(골 2:14-15). 십자가가 성도들이 나아가야 할 "새로운 살 길"이 되었다(히 10:20). 십자가를 짊어짐이 없이는 주님을 합당하게 따를 수 없다(마 16:24; 눅 9:23). 오직 십자가의 용서, 화목, 칭의, 희생만이 우리의 헛됨, 무지, 소외, 질병과 죽음, 이기심에 대한 답을 지니고 있다.2773) 어둠은 빛을 이길 수 없다. 빛은 오직 자원해서만 어둠에 굴복한

2768) 이 부분의 논의는 다음으로부터, Simon Kistemaker, "Seven Words from the Cross," *Westminster Theological Journal* 38/2 (1976), 188-190.

2769) 콘첼만은 마가복음이 기원이며 마태복음과 누가복음이 이로부터 기록되었는데, 그 상이점은 저자들의 해석에 있다고 주장하면서, 마가복음에는 찾기 어려운 약속과 성취의 구속사적 관점을 마태와 누가가 취했다는 점을 주요하게 고려한다. Hans Conzelmann, "History and Theology in the Passion Narratives of the Synoptic Gospels," *Interpretation* 24/2 (1970), 195-197.

2770) Bavinck, *Reformed Dogmatics*, 3.409. 케제만은 사도 바울이 십자가의 전승을 전하고 기록하는 가운데 그것이 죄인의 저주의 죽음, 하나님의 뜻을 이루는 대리적 죽음, 그것을 믿는 자들을 의롭게 하는 구원의 죽음이라는 사실을 강조했다는 점을 부각시키면서도, 십자가의 죽음은 부활을 인칠 뿐 그 자체로 그리스도를 주라고 부르는 데 이르게 하지는 않았다는 점을 지적한다. 십자가는 교회의 기초가 되며 그것으로 말미암아 우리의 구원이 "예기적으로" (proleptically) 주어진다는 의미에 있어서만 "오직 십자가가 우리의 신학"(Crux sola nostra theologia)이라고 말할 수 있다는 것이다. Ernst Käsemann, "Pauline Theology of the Cross," *Interpretation* 24/2 (1970), 155-161, 174-177.

2771) 참조. Charles B. Cousar, "Paul and the Death of Jesus," *Interpretation* 52/1 (1998), 42-45.

2772) 참조. Cousar, "Paul and the Death of Jesus," 46-47.

2773) 참조. Leon Morris, *The Cross of Jesus* (Grand Rapids: Eerdmans, 1988), 5-10, 27-113. 다음 글에서 마샬은 사도 바울이 전하는 십자가의 의미를 대속, 희생제물, 의의 전가, 화목 네 가지에서 찾는 가운데, 이는 사람이 하나님께 나아가는 길로 제시되지 않고 하나님이 아들을 사람으로 보낸 일로부터 시작된다는 점을 강조한다. 즉 하강기독론의 입장에 서서 이를 전개하고 있다. I. Howard Marshall, "The Death of Jesus in Recent New Testament

다. "참 빛"(τὸ φῶς τὸ ἀληθινόν)이신 주님이 십자가에서 그리하셨다(요 1:9).[2774] 그리고 사흘 동안 죽음 가운데 계시고 부활하심으로써, 우리의 "영광의 주"(ὁ κύριος τῆς δόξης)가 되셨다(고전 2:8). 그러므로 십자가는 또한 송영에 이르는 길이 된다.[2775]

십자가의 죽음은 여느 한 사람의 순교의 죽음이 아니라 유일하신 "구주"의 대리적 속죄의 죽음이다(눅 2:11).[2776] 그것은 단지 세상의 폭력에 항거하는 죽음이 아니라 그 폭력을 낳는 죄를 가져가는 죽음이다.[2777] 주님은 자신이 감당하셔야 할 고난을 가리켜 "나는 받을 세례가 있으니"(βάπτισμα δὲ ἔχω βαπτισθῆναι)라고 하셨다(눅 12:50). 야고보와 요한이 주님의 나라를 오해하여 권좌의 우편과 좌편에 앉기를 구할 때 그들이 자신이 감당하실 십자가를 질 수 있는가 물으시면서, 그 고난을 "내가 마시는 잔"(τὸ ποτήριον ὃ ἐγὼ πίνω), "내가 받는 세례"(τὸ βάπτισμα ὃ ἐγὼ βαπτίζομαι)라고 하셨다(막 10:38; 참고. 눅 12:50).[2778] 보혜사 성령의 임재로 그리스도의 십자가의 의가 전가되어 우리가 새사람이 되었다. 그 의의 전가를 인치는 것이 주님이 베푸시는 성령의 세례이다(요 1:33). 그리하여 사도 바울은 "무릇 그리스도 예수와 합하여 세례를 받은 우리는 그의 죽으심과 합하여 세례를 받은 줄을 알지 못하느냐"고 반문한다(롬 6:3). 그리고 사도 요한은 그리스도의 하나님의 아들이심과 이 땅에 사람의 아들로 오심과 우리 안에 그의 생명이 있음을 증언하는 이가 셋이니 "성령과 물과 피"라고 하였다(요일 5:5-12).

예수의 죽으심과 합하여 세례를 받은 우리는 그와 함께 죽고 "그와 함께 장사되었다"("συνετάφημεν", 롬 6:4). 주님은 십자가의 죽음 후 장사되셨다(마 27:59-60; 눅 23:53; 요 19:40-42). 그리하여 "그의 무덤이 악인들과 함께 있었으며 그가 죽은 후에

Study," *Word & World* 3/1 (1983), 16-18.

2774) 주님의 십자가 순종의 자원성(自願性)에 대해서, Stephen Charnock, *Christ Crucified: A Puritan's View of the Atonement* (Ross-shire, UK: Christian Focus Publications, 1996), 109-193. 여기에서 저자는 자원적 순종은 완전한 순종이 아니며 우리에게 평강의 의가 될 수도 없음을 강조한다.

2775) 참조. Cousar, "Paul and the Death of Jesus," 47-50.

2776) 참조. Stephen J. Patterson, *Beyond the Passion: Rethinking the Death and Life of Jesus* (Minneapolis: Fortress, 2004), 39-68.

2777) 지라르는 다음 글에서 전자에만 치중하고 있다. René Girard, "The Gospel Passion as Victim's Story," tr. Yvonne Freccero, *Cross Currents* 36/1 (1986), 28-38. 이러한 지라르의 입장에 관해서, William C. Placher, "Christ Takes Our Place: Rethinking Atonement," *Interpretation* 53/1 (1999), 7-9.

2778) 참조. Hunter, *The Word and Words of Jesus*, 96-97.

부자와 함께 있었도다"는 이사야 선지자의 말씀이(사 53:9) 응하였다(행 13:29). 주님은 장사되신 후 사흘 동안 무덤 가운데 계셨다. 그리하여 친히 말씀하신 "요나의 표적"(τὸ σημεῖον Ἰωνᾶ)을 이루셨다(마 12:39-40; 눅 11:29). "성경대로 그리스도께서 우리 죄를 위하여 죽으시고 장사지낸 바 되셨다"(고전 15:3-4). 주님의 장사되심은 죄의 값을 치르고 흙으로 돌아가심(창 3:19), 곧 죽음 가운데 계심을 뜻한다. 이는 비하의 마지막 양상을 보여준다. 주님은 죽음 가운데 계셨으되, 썩음을 당하지 않고 다시 살아나셨다(시 16:10; 행 2:27-31; 13:34-37). 주님의 장사되심은 죽임을 당하신 채로 계신 것이므로 어떤 적극적인 행동이 개입되지 않았다. 그러나 이 경우 역시 신인양성의 위격적 연합에 따라서 인성에 따른 당하심과 신성에 따른 참으심이 있었다.2779) 그것이 부활의 때까지 계속되었다.2780)

[지옥강하(地獄降下)]

개혁신학자들은 비하의 한 양상으로서 지옥강하(descensus ad inferos)를 중요하게 다루지만 그것을 문자 그대로 이해하지는 않는다. 그들의 입장은 다음과 같이 정리된다.

첫째, 그들은 주님이 십자가의 죽으심으로 영혼과 육체가 분리된 이후에도 신인양성의 위격적 연합은 해소되지 않고 계속된다는 사실에 주안점을 둔다. 그렇지 않다면 비하가 대리적 속죄의 의가 될 수 없다고 여기기 때문이다.2781)

둘째, 그들은 지옥강하를 지역적 강하로 보지 않을 뿐만 아니라, 그것이 조리에 닿지 않는다고 여긴다. 신성은 편재(遍在)하므로 공간의 이동이 있을 수 없고, 육체는 무덤에 있으므로 내려갈 수 없고, 영혼은 즉시 낙원에 올라갔기 때문이다

2779) 벌코프는 그리스도의 장사되심에는 그가 당하신 다른 고난이나 죽음과는 달리 "그가 자초하신 고난"(His active suffering)은 없었다는 점을 지적한다. 그러나 신인양성의 위격적 연합에 따른 비하라는 측면에서는 이를 다루지 않는다. 이에 대한 언급이 더욱 본질적으로 요구된다고 볼 것이다. Berkhof, *Systematic Theology*, 340.

2780) 최근 성경신학의 경향은 이러한 조직신학의 주제를 접목조차 하려고 시도하지 않는다. 그들은 역사적 예수는 유물이라거나, 단지 복음의 선포만이 규범으로 남는다거나, 오직 내러티브 접근만이 유효하다거나, 속죄와 용서나 화목 등 성경적 주제들에 대한 다양한 인문주의적 접근의 장을 열어야 한다거나, 하는 입장에 머물러 있다. 이에 대해서, Scot McKnight, "Jesus and His Death: Some Recent Scholarship," *Currents in Research* 9 (2001), 219-220.

2781) 이는 올레비아누스(Gaspar Olevianus)의 입장으로 대변된다. Heppe, *Reformed Dogmatics*, 490에서 재인용.

(눅 23:43).[2782]

셋째, 그들은 지역적 강하가 불필요다고 여긴다. 주님은 십자가로 승리하셨다(골 2:14-15). 십자가의 죽음으로 죽음의 세력을 잡은 마귀를 멸하심으로써 죽음에 매여 한평생 종 노릇하는 자들을 놓아주시려고 하셨다(히 2:14-15). 그리고 승천하실 때 사로잡혔던 자들을 사로잡으셨다(엡 4:8-12). 그러므로 마귀를 물리치시려고 지옥에 내려가실 필요가 없으셨다.[2783]

넷째, 그들 가운데 다수는 칼빈을 좇아 지옥강하를, 그리스도가 겟세마네와 십자가에서 겪은 바, 하나님의 징벌적 심판을 받아 일시적으로나마 사망의 권세에 유기되는 극심한 영적 고통으로 이해한다. 이렇게 볼 때, 시간상 지옥강하가 죽으심과 장사되심보다 앞서야 하나, 영혼의 고통이 육체의 고통보다 크고 완전한 의를 채우는 마지막 요소가 되므로, 마지막에 고백하도록 배치하고 있다고 설명한다.[2784]

다섯째, 그들 가운데 일부는 지옥강하를 장사되심으로 이해한다(행 2:26-27).[2785]

여섯째, 그들 가운데 일부는 지옥강하를 사흘 동안 죽음의 권세 아래 복속되어 계셨던 상태로 이해한다.[2786]

일곱째, 넷째로부터 여섯째까지의 입장을 아울러서, 육체로는 무덤으로의 강하(장사되심), 영혼으로는 음부 상태로의 강하(영혼의 고통), 전인적 인격으로는 사망과 통치와 권세로의 강하(사흘간 죽음의 상태에 계심)로 보자는 입장이 있다.[2787]

이와 같이, 지옥강하를 죽음을 겪는 영혼의 고통, 장사되심, 사흘 동안 죽음 가운데 계심으로 보는 세부적인 이견은 있지만 개혁신학자들은 이를 공간적 사건으로

[2782] 이는 마스트리히트(Petrus van Mastricht)의 입장으로 대변된다. Heppe, *Reformed Dogmatics*, 490에서 재인용.

[2783] 이는 마스트리히트(Petrus van Mastricht)의 입장으로 대변된다. Heppe, *Reformed Dogmatics*, 490-491에서 재인용.

[2784] 이는 올레비아누스(Gaspar Olevianus), 폴라누스(Amandus Polanus), 마르키우스(Johannes Marckius), 신학통론(*Synopsis purioris Theologiae*)을 저술한 레이든 대학교 신학자들의 입장으로 대변된다. Heppe, *Reformed Dogmatic*, 491-492, 493에서 재인용.

[2785] 이는 콕체우스(Johannes Cocceius), 베자(Theodor Beza)의 입장으로 대변된다. Heppe, *Reformed Dogmatics*, 492, 493에서 재인용.

[2786] 이는 하이데거(Johannes Henricus Heideggerus), 부르만(Franciscus Burmannus), 쏘니우스(Georgius Sohnius), 아메시우스(Gulielmus Amesius), 펄킨스(William Perkins)의 입장으로 대변된다. Heppe, *Reformed Dogmatics*, 492, 494에서 재인용.

[2787] 이는 다음 저자의 제안이다. Heppe, *Reformed Dogmatics*, 494.

보지 않는다는 점에서는 일치한다.2788) 주님이 치르신 죄의 삯은(롬 6:23) 영혼과 육체가 분리되는 육체적 죽음(창 3:19; 전 12:7; 롬 5:12-21; 고전 15:12-23), 하나님으로부터 유기되는 영적 죽음(마 8:22; 엡 2:1; 딤전 5:6; 계 3:1), 최후의 심판을 받아 불못에 던져지는 영원한 죽음(계 14:11; 20:6-14)을 모두 방면(放免)하기에 족하므로(롬 5:15-21),2789) 그가 당하신 영혼의 고통 역시 마땅히 이 세 가지 죽음과 모두 관계된다. 이렇게 본다면 주님이 죽음을 겪은 영혼의 고통은 장사되심과 사흘 동안 죽음 가운데 계심의 고난을 모두 함의하게 된다. 칼빈이 지옥강하를 영혼의 극심한 고통과 동일시한 것은 이러한 뜻에서이다.2790)

칼빈은 "믿음의 절대적 대요"(absoluta fidei summa)인 사도신경에 담겨있는 지옥강하에 대한 고백에는 구원을 위해서 유용하고 경멸치 못할 "비밀"(mysterium)이 내포되어 있으므로 이를 경시한다면 그리스도의 대리적 속죄의 은총이 많이 상실될 것이라고 지적하면서,2791) 이는 자신의 "몸"(corpus)을 제물로 드리신 주님이 구속의 "값"(pretium)으로서 함께 치르신 "저주받고 버림받은 사람의 영혼의 무서운 고통" (diros in anima cruciatus damnati ac perditi hominis)을 의미한다고 주장한다.2792) 그리고 이렇게 영혼 가운데 "당하신 고통들로써"(implicitum doloribus) 주님은 우리가 마귀의 권세와 사망의 두려움과 지옥의 고통을 이기게 하신다고, 이 고백의 유익에 대해서 거론한다.2793) 지옥강하를 통하여 우리는 그리스도의 대속의 의가 육체뿐만 아

2788) 툴레틴은 개혁신학자들 중 칼빈, 베자, 다나에우스(Danaeus), 얼시누스(Ursius) 등은 영적 고통 혹은 지옥과 같은 고통을 겪으셨다는 의미로, 잔키우스(Zanchius), 피스카토르(Piscator), 피에리우스(Pierius) 등은 매장과 사흘 간 죽음 가운데 계심과 동일한 의미로 보고 있다고 말한다. Turretin, *Institutio Theologiae Elencticae*, 13.16.1 (2.317).

2789) Berkhof, *Systematic Theology*, 258-261.

2790) 이러한 영혼의 고통 역시 그 주체는 신인양성의 연합 가운데 계신 중보자 그리스도의 인격이다. 위격적 연합에 따른 속성교통으로 말미암아 "고통을 느낄 수 없으신 하나님이 고난을 당하실 수 있다"(an impassible God can be passionate). 그리하여 이러한 인성을 취하신 분은 "고난을 당하셨으나 고난을 당하실 수 없는 하나님이신 제2위 인격"(the second person of the impassioned and impassible God)이라고 일컫는다. 헬름은 이와 같이 말하면서도 한 인격 양성의 위격적 연합에 따른 속성교통론에 대해서는 관심을 가지지 않고 신성 자체에 대한 분석에만 몰두한다. 그리고 자신의 입장을 제3의 길로서 제안한다. 그러나 이는 전혀 새로운 것이 아니다. 헬름의 입장에 대해서, Paul Helm, "Benjamin B. Warfield on Divine Passion," *Westminster Theological Journal* 69/1 (2007), 103-104.

2791) Calvin, *Institutio*, 2.16.8 (CO 2.375).

2792) Calvin, *Institutio*, 2.16.10 (CO 2.376-377).

2793) Calvin, *Institutio*, 2.16.11 (CO 2.377-378).

니라 영혼에도 미치는 전인적(全人的)인 것이라는 사실을 고백한다. "참으로 그리스도의 영혼이 형벌에 참여하지 않았다면(nisi poenae fuisset particeps anima) 그는 우리의 몸만을 위한 구속자가 되셨을 것이다." 그러므로 그리스도가 우리와 동일한 영혼을 지니셨음을 부인하는 아폴리나리우스는 지옥강하의 교훈을 알지 못했을 것이다.2794) 칼빈은 십자가에서 "다 이루었다"고 선포된(요 19:30) 주님의 의는 지옥강하로서 마지막으로 채워진다고 여긴다. 그리하여 이에 대한 고백을 "구속의 대요"(summa redemptionis)라고 부른다.2795)

칼빈은 베드로전서 3:19의 "그가 또한 영으로 가서 옥에 있는 영들에게 선포하시니라"는 말씀을 문자적으로 해석하지 않고 영적으로 해석하는 바, 이를 고난당하심의 극치와 그로 말미암은 궁극적인 구속사적 성취와 그 권세의 지배 곧 은혜의 시대의 도래를 알리는 선포를 의미한다고 본다.2796) 이에 따르면 그리스도가 사후(死後)에 지하 깊은 곳(조상연옥, limbus patrum)으로 내려가 구약시대의 믿음의 조상들을 구원하셨다는 로마 가톨릭의 입장이나, 지옥에서 마귀를 제압하시고 인류를 구원하셨다는 동방 교회의 입장이나, 그곳에서 사탄에 대한 승리의 행진을 하셨다는 루터파의 입장이 모두 거부된다. 결국 칼빈은 지옥강하의 요체를 그리스도가 인류의 대속을 위하여 죽음에 삼킴을 당하심으로써 죽음을 온전히 삼키심에서, 주님이 죽음으로 인한 영혼의 고통을 당하셨으나(요 12:27-28; 13:21; 마 26:37-39; 눅 22:43-44; 마 27:46) 그 고통에 매이지 않고 죽음을 이기셨음에서(행 2:24) 찾는다. 이러한 뜻에서 지옥을 장소로 보지 않고 죽음의 고난으로 여긴 초대교부 힐라리(Hilary of Poitiers)의 다음 말이 인용된다. "십자가, 죽음, 지옥—이것들이 우리의 생명이다"(crux, mors, inferi, nostra vita sunt). "하나님의 아들은 지옥에 있으며 사람은 천당으로 이끌려 간다"(filius Dei in infernis est; sed homo refertur ad coelum).2797)

지옥강하를 문자적으로 이해해서 공간적 강하를 주장하는 자신들의 입장을 변호하기 위하여 다음과 같은 성경구절들을 주로 거론한다. 주님이 십자가에서 죽으신 후 무덤들이 열리고 자던 성도의 몸이 많이 일어나고 그가 부활하신 후에는 성

2794) Calvin, *Institutio*, 2.16.12 (CO 2.378-379).

2795) Calvin, *Institutio*, 2.16.8 (CO 2.375).

2796) Calvin, *Institutio*, 2.16.9 (CO 2.375-376).

2797) Calvin, *Institutio*, 2.16.11 (CO 2.377).

의 많은 사람들에게 보였다고 한 말씀(마 27:52-53), 요나가 큰 물고기 뱃속에 있었던 것같이 인자도 밤낮 사흘 동안 땅속에 있으리라는 말씀(마 12:40), 아버지의 내 주심으로 아들이 죽임을 당하셨으나 사망에 매여 있을 수 없으심으로 사망의 고통에서 그를 풀어 살리셨다는 말씀(행 2:22-24), 아들이 죽임을 당하셨으나 음부에 버림이 되지 않고 썩음을 당하지 아니하셨다는 말씀(행 2:29-32; 13:34-37; 시 15:10), 아들이 의인으로서 불의한 자를 대신하여 죽으셨으나 영으로는 살리심을 받아 옥에 있는 영들에게 선포하셨다는 말씀(벧전 3:18-21), 그리하여 죽은 자들에게도 복음이 전파되었다는 말씀(벧전 4:6), 이에 대한 근거로서 하나님은 마음으로 생각하는 것이 항상 악한 사람을 지으셨음을 한탄하시고 근심하시면서도 사람을 멸절시키지는 않는다는 말씀(창 6:5-8), 주님이 올라가셨다 하였은즉 내리셨던 것이 있었다는 말씀(엡 4:9), 주님이 사망을 삼키시고, 무저갱에서 승리하시고, 세상의 통치자들과 권세들을 무력화시켰다는 말씀(고전 15:54-57; 롬 10:7; 골 2:14-15), 마지막에 마귀와 사망과 음부가 불못에 던져진다는 말씀(계 20:10, 14), 주님이 사망과 음부의 열쇠를 가지셨다는 말씀(계 1:17-18) 등이 그것들이다.[2798] 그러나 그중 주님이 실제로 지옥에 내려가셨다는 사실에 대한 결정적인 증거가 되는 말씀은 한 말씀도 없다.[2799]

사도신경을 통하여 "죽고 장사되시고 지옥에 내려가심"(mortuus et sepultus et descensus ad inferos)이 정형적으로 고백된 것은 초대교회의 후기본에서였다. 지옥강하에 대한 로마형(forma Romana)인 아퀼레이안 형(the Aquileian Creed, 390)에 "[그가] 지옥에 내려가셨다"(descendit ad inferna[inferos])는 고백이 처음 나타난다.[2800] 그것이 헬라어 "κατελθόντα εἰς τὰ κατώτατα"로 채택되었다.[2801] 다른 헬라어 본

2798) Hilarion Alfeyen, *Christ the Conqueror of Hell: The Descent into Hades from an Orthodox Perspective*, tr. Basil William Bush, Irina Kukota, and Zinaida Nossova (New York: St Vladimir's Seminary Press, 2009), 17-20.

2799) 참조. Wayne A. Grudem, "He Did Not Descend Into Hell: A Plea for Following Scripture Instead of the Apostles' Creed," *Journal of the Evangelical Theological Societ* 34/1 (1991), 107-112. "그리스도의 지옥강하"(Descensus Christi ad inferos)라는 제목으로 열한 장(章)을 한 부(部)로 할애하여 상세하게 다루고 있는 "니고데모 복음서"(the Gospel of Nicodemus)와 같은 성경 외의 글들이 있지만 이는 논외로 여겨야 한다. 참조. Alfeyen, *Christ the Conqueror of Hell*, 29-34.

2800) 참조. Kelly, *Early Christian Creeds*, 174.

2801) Schaff, *The Creeds of Christendom*, 2.45.

에서는 "지옥"(inferna)이 "하데스"(ᾅδης)로 번역되어 "εἰς ᾅδου"나 "εἰς τὸν ᾅδην"으로 고백되었다.2802) 그 이전의 루피누스의 로마본이나 안키라의 마르켈루스나 예루살렘의 키릴의 헬라본에는 "장사되시고"(ταφέντα)라는 구절만 나타난다. 루피누스는 이 조항이 그리스도의 장사되심과 같은 의미를 지니고 있다고 보았다("vis verbi eadem videtur esse in eo quod sepultus dicitur").2803) 아타나시우스 신경(Symbolum Quicunque)은 제38조에서 지옥강하에 대해서는 "descendit ad inferos"(지옥에 내려가셨다)라고 고백하나 장사되심에 대한 조항은 없다.2804) 이는 이 둘을 동일하게 여겼기 때문이라고 생각해볼 수 있다.

지옥강하에 대한 성경의 가르침을 확정하기가 쉽지 않듯이, 이에 대한 교부들과 신학자들의 입장 또한 일의적으로 다루기가 여의치 않다. 다음과 같이 몇 가지 논점에 따라 그들의 입장을 분류해볼 수 있다.

첫째, 지옥강하를 이전에 죽은 자들 가운데서 이스라엘의 의인들과 선지자들을 구원하기 위한 것이라고 보는 경우이다. 폴리캅은 주님은 죽으신 후 하나님이 그를 자유롭게 하시기 전까지는 지옥에 머무셨다고 여긴다.2805) 이그나티우스는 마태복음 27:52-53을 인용하면서 주님은 지옥에 내려가셔서 많은 구약의 성도들과 선지자들과 자신의 제자들을 일으키셨다고 말한다.2806) 순교자 저스틴은 이스라엘의 죽은 자들을 복음을 전하여 구원하시려고 지옥에 내려가셨다고 말한다.2807) 히폴리투스는 세례 요한이 그리스도보다 앞서 지옥에 내려가 그의 스승의 길을 예비했다고 말한다.2808) 특히 그는 지옥강하의 성례적 의미를 강조한다.2809) 이레네우스는 죽어

2802) Schaff, *The Creeds of Christendom*, 2.46, n.2.

2803) Schaff, *The Creeds of Christendom*, 1.21. n.6. 루피누스는 "inferos"(下界)라는 말을 처음으로 "inferna"(地獄)로 바꾸어 사용하였다. Martin F. Connell, "Descensus Christi ad Inferos: Christ's Descent to the Dead," *Theological Studies* 62/2 (2001), 266-267.

2804) Schaff, *The Creeds of Christendom*, 2.69.

2805) Jared Wicks, "Christ's Saving Descent to the Dead: Early Witnesses from Ignatius of Antioch to Origen," *Pro Ecclesia* 17/3 (2008), 283.

2806) Wicks, "Christ's Saving Descent to the Dead: Early Witnesses from Ignatius of Antioch to Origen," 282-283.

2807) Wicks, "Christ's Saving Descent to the Dead: Early Witnesses from Ignatius of Antioch to Origen," 284-285.

2808) Alfeyen, *Christ the Conqueror of Hell*, 43-47.

2809) Wicks, "Christ's Saving Descent to the Dead: Early Witnesses from Ignatius of Antioch to Origen,"

서 지옥의 티끌에 뒹구는 모든 사람에게 복음을 전하고 그들을 그곳에서 이끌어 내기 위해서 내려가셨다고 주장한다.2810) 터툴리안은 주님은 죽임을 당하신 후 부활하실 때까지 지옥에 머무시며 충실한 성도들을 위로하셨다는 다소 낯선 주장을 한다. 그는 그곳을 "아브라함의 품"이라고(눅 16:22-23) 부른다.2811) 교황 그레고리 1세(Gregory the Great, 540-604)는 지옥에 있는 구약의 의인들은 그리스도의 부활로 구원을 받았다고 주장하는데, 지옥강하는 그 전(前)단계로 여겨진다.2812) 토마스 아퀴나스는 지옥을 죄인들이 형벌을 받는 "연옥"(purgatorium), 구약시대 믿음의 "조상들의 지옥"(infernum patrum), 세례받지 않은 "유아들의 지옥"(infernum puerorum), "저주받은 자들의 지옥"(infernum damnatorum)으로 나누고, 전(全) 그리스도(totus Christus)가 지옥에 내려가셔서 원죄로 감옥에 갇힌 구약의 의인들을 구원하셨다고 주장한다.2813)

둘째, 지옥강하를 통한 구원의 대상을 이방인까지 포함시키고 나아가서 모든 인류가 빠짐없이 구원에 이르게 된다고 보는 경우이다. 이 경우 선택과 유기의 이중예정이 무색해진다.2814) 멜리토(Melito of Sardis, ?-180)는 주님이 지옥에 내려가셔서 죽은 자들에게 보이신 것과 같이 세상의 죽을 자들에게도 모두 보이셨다고 말한다.2815) 그로부터 죽임을 당하신 '주님의 육체는 지상에, 영혼은 지옥에'라는 일종의 원칙이 회자되었다.2816) 알렉산드리아의 클레멘트(Clement of Alexandria, 150-215)는 그리스도는 지옥에서 그를 믿을 수 있었던 모든 사람들에게 말씀을 선포하셨다고

299-301.

2810) Wicks, "Christ's Saving Descent to the Dead: Early Witnesses from Ignatius of Antioch to Origen," 295-298.

2811) Wicks, "Christ's Saving Descent to the Dead: Early Witnesses from Ignatius of Antioch to Origen," 298-299.

2812) 이상의 교부들에 대한 논의는 또한 다음 참조. Bavinck, *Reformed Dogmatics*, 3.412; Alfeyen, *Christ the Conqueror of Hell*, 93-96.

2813) Alfeyen, *Christ the Conqueror of Hell*, 97-98; Connell, "Descensus Christi ad Inferos: Christ's Descent to the Dead," 271-274.

2814) 다음 글은 지옥강하에 대한 초기의 이론이 과격함을 띠는 것은 영지주의의 영향 때문이라고 본다. R. Joseph Hoffman, "Confluence in Early Christian and Gnostic Literature: The Descensus Christi ad Infernos (Acta Pilati Xvii-Xxvii)," *Journal for the Study of the New Testament* 10 (1981), 42-60.

2815) Alfeyen, *Christ the Conqueror of Hell*, 44.

2816) Wicks, "Christ's Saving Descent to the Dead: Early Witnesses from Ignatius of Antioch to Origen," 291-293.

베드로전서 3:18-21을 해석한다.[2817] 이는 지혜기독론의 관점에서 개진된다.[2818] 크리소스톰(John Chrysostom, 349-407)은 주님은 지옥강하로 죽음을 정복하시고 모든 인류를 지옥으로부터 구원하셨으며-그리하여 한 사람도 지옥에 남지 않게 되었으며-지옥을 천국으로 변형시켰다고 주장한다.[2819] 알렉산드리아의 키릴은 주님의 지옥강하로 구속사가 성취되어 지옥과 죽음이 정복되어 의로운 자와 불의한 자가 모두 구원에 이르게 되었으며 지옥에는 오직 마귀만 남게 되었다고 말한다.[2820] 고백자 막시무스는 옥중의 영에게 말씀이 선포되었으므로 누구든지 그 말씀을 행하기만 하면 구원에 이른다고 하였다.[2821] 다메섹의 요한은 신화(神化)된 영혼을 지옥강하의 주체로 여기고 그 빛으로 모든 어둠이 정복되고 모든 사람이 구원에 이른다고 주장한다.[2822] 대상을 한정하지 않고 지옥강하를 통하여 하나님은 인류를 향한 자신의 사랑을 드러내셨다고 주장하는 발타살(Hans Urs von Balthasar, 1905-1988)도 여기에 분류할 수 있다.[2823]

셋째, 지옥강하를 주님이 마귀와 지옥과 죽음을 정복하신 사건으로 보는 경우이다. 오리겐은 그리스도의 죽으심과 지옥강하로 이러한 역사(役事)가 시작되었으며 그의 재림으로 그것이 완성된다고 보았는데, 세례 요한뿐만 아니라 구약의 선지자들이 주님보다 먼저 옥에 내려가 말씀을 선포하였던 바, 주님이 악한 권세를 이기시고 다시 사신 첫 열매가 되셨다고 여긴다.[2824] 죽은 사람들을 감화시켜 구원하기 위하여 주님의 영혼이 지옥에 내려가셨다고 보는 것이다.[2825] 아타나시우스는 지옥강하를 통한 죽음과 지옥에 대한 정복을 말하면서 내려가신 주체를 영혼이 아니라 로고스라고 주장한다. 그리하여 로고스와 영혼의 혼합을 말하는 헬라철학과 영지

2817) Alfeyen, *Christ the Conqueror of Hell*, 47-48.

2818) Wicks, "Christ's Saving Descent to the Dead: Early Witnesses from Ignatius of Antioch to Origen," 301-302.

2819) Alfeyen, *Christ the Conqueror of Hell*, 64-68.

2820) Alfeyen, *Christ the Conqueror of Hell*, 77-78.

2821) Alfeyen, *Christ the Conqueror of Hell*, 78-79.

2822) Alfeyen, *Christ the Conqueror of Hell*, 79-80.

2823) 참조. Connell, "Descensus Christi ad Inferos: Christ's Descent to the Dead," 275-276.

2824) Alfeyen, *Christ the Conqueror of Hel*, 48-51.

2825) Wicks, "Christ's Saving Descent to the Dead: Early Witnesses from Ignatius of Antioch to Origen," 302-307.

주의와 분명한 선을 긋는다.2826) 나지안주스의 그레고리는 성육신을 지상강하로 여겨 지옥강하와 함께 "이중적 강하"라고 부르면서, 지옥강하는 죄의 속박으로부터 무덤을 해방하기 위함이라고 주장한다.2827) 닛사의 그레고리는 사탄배상설을 개진하면서 지옥강하를 사탄의 머리를 깨뜨리는 것으로 본다.2828)

넷째, 지옥강하를 장소적 사건으로 여기지 않고 영적 혹은 은유적으로 접근하는 경우이다. 힐라리는 그리스도는 지옥에 내려가셨으나 여전히 낙원에 현존하셨다고 말한다. 지옥강하를 장소적 현존이 아니라 그리스도 안에서 모든 육체가 살아나는, 지옥과 죽음의 권세를 물리친 사건으로 간주하는 까닭이다.2829) 어거스틴은 베드로전서 3:18-21을 다루면서 주님이 죽으신 후 지옥에 내려가셨다는 것은 의심할 바 없는 사실이라고 주장하면서도,2830) 육체는 죽었지만 영으로 부활하신 주님이 그리하신 것은 그 영의 역사로 복음을 전파하기 위함이셨지 지옥의 고통을 경감시키려거나 구약시대의 거룩한 조상들을 도우시려고 한 것이 아니었음을 적시한다.2831) 그리고 그 대상을 육체의 죽음을 죽은 자들 모두가 아니라 믿음 없이 죽은 자들로 한정하면서,2832) 이 외에 다른 해석은 있을 수 없다고 단정한다.2833) 어거스틴은 이렇듯 그리스도의 영혼이 주체가 되어 죄인들이 고통을 겪고 있는 지옥에 내려가심이 있었다고 말하면서도 이 일로 모든 사람이 구원을 받게 되어 "빈 지옥이 될 것"(exinaniti inferi)이라는 주장에 대해서는 결코 그렇지 않다고 일축한다.2834) 그는 위의 베드로전서의 본문을 풍유적으로 해석하여, 본문은 노아의 시대와 다를 바 없이 패역한 오늘날의 시대를 배경으로 하며, 노아의 때와 같이 그리스도는 영적으로만 현존하며, 노아의 홍수가 교훈하듯이 이는 세례를 통한 구원을 가르치고 있다고 주장

2826) Alfeyen, *Christ the Conqueror of Hell*, 52-55.

2827) Alfeyen, *Christ the Conqueror of Hell*, 57-58.

2828) Alfeyen, *Christ the Conqueror of Hell*, 62-63.

2829) Alfeyen, *Christ the Conqueror of Hell*, 82.

2830) "Letters of St. Augustine," 164.2-3 (1.515, *AO* 2.857-858).

2831) "Letters of St. Augustine," 164.20 (1.521, *AO* 2.868).

2832) "Letters of St. Augustine," 164.21 (1.521, *AO* 2.868).

2833) "Letters of St. Augustine," 164.22 (1.521, *AO* 2.868-869).

2834) Connell, "Descensus Christi ad Inferos: Christ's Descent to the Dead," 270-271.

한다.[2835] 이와 같이, 힐라리와 어거스틴의 경우에 지옥강하는 하나의 실제적 사건으로서 다루어지고 있기는 하지만 그 강조점은 영적 교훈에 있다.[2836]

대체로 처음 셋의 입장은 동방신학을 대변하고 마지막 입장은 서방신학을 대변한다. 이러한 네 가지의 분류는 획일적이지 않다. 크리소스톰, 알렉산드리아의 키릴, 다메섹의 요한, 힐라리 등의 경우에서 보듯이 이들은 둘째와 넷째 입장으로 분류되어 있으나 셋째 입장도 공유하고 있다. 다만 필자가 이렇게 나눈 것은 강조점이 어디에 있느냐를 헤아려서이다. 이를 통하여 알 수 있듯이 종교개혁기의 칼빈이 자신의 입장을 개진하기 전까지는 지옥강하를 우리를 위하여 겪으신 극심한 영혼의 고통으로 보는 입장은 나타나지 않았다. 달리 말하면, 그 때까지는 우리를 위한 대리적 의의 한 부분으로서 지옥강하가 다루어지지는 않았다.

지옥강하에 대한 루터파의 입장은 속성교통론에 대한 오해 때문에 철저히 왜곡되었다. 그들은 그리스도가 부활 전에 실제적으로 소생하신 후 짧은 시간 동안에 그의 신성과 연합한 육체와 영혼의 인성 가운데 지옥에 내려가셔서 거기서 사탄을 정복하시고 자신이 메시아이심과 자신의 승리를 선포하셨다고 주장한다.[2837] 그리고 이를 승귀의 출발로 여긴다.[2838] 이는 부활 전에 또 다른 성육신이 있었다는 것과 다를 바 없이 아주 그릇되며 전혀 비성경적인 궤변에 불과할 뿐이다. 이러한 루터파의 입장은 지옥강하의 주체를 신성과 연합한 영혼이라고 본 동방신학자들과 단지 영혼이라고만 본 로마 가톨릭 신학자들과 구별되고 그 목적에 대한 인식도 상이하다. 그러나 공간적이고 실제적인 강하를 인정했다는 점에서는 다르지 않다.[2839]

2835) Alfeyen, *Christ the Conqueror of Hell*, 20, 87-92.

2836) 이러한 입장에는 일종의 모호성이 있는데 또 다른 서방신학자들인 제롬(Jerome)과 암브로스(Ambrose) 등에 의해서도 그것이 공유된다. Alfeyen, *Christ the Conqueror of Hell*, 83-84.

2837) 참조. Martin H. Scharlemann, "'He Descended Into Hell': An Interpretation of 1 Peter 3:18-20," *Concordia Journal* 15/3 (1989), 320-321.

2838) Hodge, *Systematic Theology*, 620-621. 같은 곳에서 재인용한 다음 참조. "Forma Concordiae [Solida Declaratio](the Solid Declaration of the Formula of Concord)," 9.2: "Simpliciter credimus, quod tota persona (Christi), Deus et homo, post sepulturam, ad inferos descenderit, Satanam devicerit, potestatem inferorum everterit, et Diabolo omnem vim et potentiam eripuerit"(우리는 하나님이시자 사람이신 그리스도의 전(全) 인격이 장사되신 후 지옥으로 내려가셨고, 사탄을 정복하시고, 지옥의 권세를 전복시키시고, 마귀로부터 모든 힘과 권세를 빼앗으셨다고 순수하게 믿는다).

2839) Bavinck, *Reformed Dogmatics*, 3.413-414.

지옥강하와 관련해서 개혁신학자들은 칼빈의 입장을 충실히 따른다. 뚤레틴은 예수 그리스도의 위격적 연합이 사망 후에도 계속된다는 점을 논지로 삼아 실제적이고 지역적인 강하를 말한 로마 가톨릭과 루터파를 모두 비판한다.[2840] 뚤레틴은 지옥강하에 대한 고백을 "그리스도의 영혼의 내적인 고난에 관한"(de internis passionibus animi Christi) 것으로서 장사되심—즉 죽음의 상태의 계속—을 포괄하는 "가장 극심하고 주요한 그리스도의 고난"(gravissimae et praecipuae)을 뜻한다고 여기고,[2841] 그러한 관점에서 베드로전서 3:19은 주님의 사망 후 영혼의 실제적인 강하가 아니라 지옥에서의 성령의 작용을 지시한다고 주장한다.[2842]

바빙크 역시 지옥강하를 장소적 이동이 따르는 실제적인 것이라고 여기지 않는다. 그것은 위격적 연합 가운데 인성에 따라서 당하신 극심한 영혼의 고통—즉 죽으심과 장사되심—과 신성에 따라서 행하신 그 권세의 선포를 뜻한다고 보았다. 대체로 개혁신학자들은 이 둘 중 하나의 의미만을 취하지만 바빙크는 위격적 연합에 따라서 이 둘이 동시에 한 위격에 귀속됨을 강조하였다.[2843] 바빙크는 지옥강하에 대한 로마 가톨릭과 루터파의 그릇된 이해는 위격적 연합에 대한 그들의 오류로부터 기인한다는 점을 분명히 지적하고, 루터파가 지옥강하에 대한 자신들의 입장을 변호하기 위하여 부활 전에 "소생"(reviviscentia, vivificatio)이 있었다고 말하는 것이 이로부터 연유한다고 비판한다.[2844]

핫지는 개혁신학자들의 입장에 서서 지옥강하를 아버지가 얼굴을 숨기신 가운데 아들이 당한 겟세마네와 십자가에서의 "극단적인 고통"(extreme agony)을 의미한다고 본다. 주님이 십자가에서 죽임을 당하신 후 "얼마간 계속해서 죽음의 권세 아래에 계심"이 "그가 지옥에 내려가셨다"는 뜻과 다르지 않으므로(웨스트민스터 소요리문답 제27문답), "descensus ad inferos[inferna]"(지옥에 내려가심)에 대한 신앙고백을

2840) Turretin, *Institutio Theologiae Elencticae*, 13.15.5 (2.313–314); 3.16.9 (2.319).
2841) Turretin, *Institutio Theologiae Elencticae*, 13.16.4–7 (2.318–319).
2842) Turretin, *Institutio Theologiae Elencticae*, 13.15.12 (2.316–317).
2843) Bavinck, *Reformed Dogmatics*, 3.415–417.
2844) Bavinck, *Reformed Dogmatics*, 3.427–428. 루터파는 resurrection을 "external resurrection"(resurrectio externa)으로 부르고 이를 그들이 "internal resurrection"(resurrectio interna)이라고 부른 vivification과 구별한다. 그들에게 있어서 vivification이 승귀의 시작이다. 참조. Bavinck, *Reformed Dogmatics*, 3.414–415.

장소적으로 이해해서는 안 된다는 것이다.[2845]

핫지는 몇 가지를 들어 이를 설명한다.

첫째, 라틴어 "inferus[infernum]"는 "orcus rapax"(맹렬한 지옥)으로 번역되는 경우에도 "하데스"(ᾅδης)와 "스올"(שאול)과 다를 바 없이 "아래의 땅"(下界) 혹은 "보이지 않는 세계"를 뜻하고, 그리로 내려간다는 것은(창 37:35, אֵרֵד שְׁאֹלָה, καταβήσομαι εἰς ᾅδου[70인경], descendam in infernum[불가타]), 무덤에 내려간다는 말, 죽는다는 말, 장사된다는 말과 다르지 않다(시 18:5; 30:3; 116:3)[2846]

둘째, 사도신경의 초기본과 후기본에 있어서 죽으심과 장사되심에 지옥강하가 덧붙여진 것은 새로운 사건을 더하는 것이 아니라 앞의 것을 설명하기 위해서이다.[2847]

셋째, 성경은 그리스도가 지옥에 내려가셨다는 사실을 어디에서도 전하고 있지 않다. 사도행전에서 시편 16:10이 인용되는 것은 죽음의 권세 가운데 계시지 않고 부활하신 주님을 선포하기 위한 것이지 그가 지옥에 내려가셨음을 증거하기 위한 것이 아니다(행 2:27-34; 13:34-37). 주님이 스올에 내려가셨다는 것은 시편에 자주 나타나는 영혼(נֶפֶשׁ)이 무덤이나 곤궁한 상태 혹은 올무에 걸려있다고 하는 것과 다를 바 없이 죽음을 의미한다(시 3:2; 7:3; 11:1; 30:4; 35:7). 에베소서 4:9의 아래로 내려가셨다는 말씀 역시 주님이 실제로 지옥에 내려가셨다는 것을 의미하지 않는다. 문맥상 이는 이 땅에서 우리 짐을 다 지시고 영광스럽게 하늘로 올라가신 주님을 송축할 뿐(특히 18-19절), 지옥강하와는 무관하다.[2848] 또한 디모데전서 3:16의 "천사들에게 보이시고"를 지옥의 사탄과 악한 천사들과 관련짓는 것은 무리다. 성경에서 아무 수식어 없이 천사(ἄγγελος)라고 할 때 결코 악한 천사를 뜻하지 않는다. 본문은 성육신에 관한 구절이지 지옥강하와는 무관하다.

2845) Hodge, *Systematic Theology*, 616.

2846) Hodge, *Systematic Theology*, 616-617. 폴레틴은 성경에서 스올(하데스)은 무덤(시 16:10; 49:15), 저주받은 자들의 땅(눅 16:23), 극심한 고통(시 18:5; 116:3), 극도의 비천함(사 14:15)을 뜻하며, 스올(하데스)에 내려갔다는 말은 매장(창 37:35; 42:38), 저주받은 자들의 땅으로 내려감(민 16:33), 지옥의 고통을 느낌(삼상 2:6), 지극히 비천함에 처함(마 11:23)을 뜻한다고 본다. Turretin, *Institutio Theologiae Elencticae*, 13.16.3 (2.318).

2847) Hodge, *Systematic Theology*, 617.

2848) 다음 글은 기본적으로 핫지와 같은 입장을 견지한다. W. Hall Harris III, "The Ascent and Descent of Christ in Ephesians 4:9-10," *Bibliotheca Sacra* 151/602 (1994), 198-214. 저자는 본문이 그리스도의 승귀를 드러내고 승귀하신 그리스도가 하나님의 성령과 한 분 하나님이시라는 것을 뜻할 뿐 지옥강하와는 전혀 무관하다고 주장한다.

베드로전서 3:18-19의 "육체로는 죽임을 당하시고 영으로는 살리심을 받으셨으니 그가 또한 영으로 가서 옥에 있는 영들에게 선포하시니라"(θανατωθεὶς μὲν σαρκὶ ζῳοποιηθεὶς δὲ πνεύματι· ἐν ᾧ καὶ τοῖς ἐν φυλακῇ πνεύμασιν πορευθεὶς ἐκήρυξεν)라는 말씀도 지옥강하가 실제로 장소적으로 일어났다는 것을 증거하는 결정적인 구절이 되지 못한다. 핫지는 본문을 주님이 육체로는 죽으셨으나-육체의 분리-영혼으로는 계속 사셨으며("ζῳοποιηθεὶς"), 그 가운데 죽은 자들의 영혼에 선포하셨다는 의미로 해석하면서, "옥"(φυλακή)은 "하데스"(ᾅδης) 곧 "스올"(שְׁאוֹל)과 동일한 말로 죽음 혹은 죽음의 상태를 뜻하는 것으로 여기고, "가서……선포하시니라"(πορευθεὶς ἐκήρυξεν)는 베자(Theodore Beza)가 주석하듯이 지옥의 형벌에 대한 값을 치르신 그리스도의 "교회에 대한 돌봄과 경륜을"(ecclesiae curam et administratiom) 일차적으로 지시하고 나아가서 "그의 능력으로 말미암은(virtute)" 부활의 선포를 함의한다고 본다.[2849]

반면에, 지옥강하를 실제적이고 공간적인 사건이라고 주장하는 자들은 이러한 해석을 받아들이지 않고, "육체로는 죽임을 당하시고 영으로는 살리심을 받으셨으니"는 인성에 따라서 죽으신 분이 신성에 따라서 그 죽음을 이기시고 부활 전에 일시적으로 재생하셨다는 뜻으로, "그가 또한 영으로 가서 옥에 있는 영들에게 선포하시니라"는 그러한 상태로 그리스도가 지옥에 내려가서 죽은 자들에게 복음을 선포하셨다거나 마귀를 제압하셨다거나 하는 뜻으로 해석한다. 그러나 본문은 노아의 시대에 이미 은밀히 자신의 능력을 드러내셨던 그리스도의 권세가 십자가에서

[2849] Hodge, *Systematic Theology*, 2.617-619. 바로 이어지는 p. 620에서 핫지는 베자의 다음 글을 인용. Beza, *Novum Testamentum* (Geneva, 1565), "1 Pet. 3:19," 570: "사도는 내가 말한 바와 같이 그리스도가 능력으로 살아나셨다고 전한다. 이미 옛날 노아의 때에 그는 은밀히 하늘로부터 나아오시거나 강림하셨다. 그는 지금에야 비로소 강림하셔서 교회를 돌보시고 다스리시는 일을 처음으로 수행하신 것이 아니셨다. 그 때에 그는 아직 취하지 않은 육체로써가 아니라 그 자신의 능력으로써-이후 그가 부활하시는 그 능력으로써-지금 감옥에서 마땅한 형벌을 치르고 있는 그 영들에게 노아의 때에 선포하셨다. 그러나 그들은 그 한 때 옳은 것들로 경고를 받았음에도 복종하기를 거절하였다." 이러한 입장의 효시(嚆矢)는 어거스틴이며 바빙크도 이를 견지한다. Bavinck, *Reformed Dogmatics*, 3.411. 다음 글에서 저자는 베드로전서 3:18-20을 본문의 문맥에 따라 해석하여, 노아의 때에 "육체로는 죽임을 당하시고 영으로는 살리심을 받으신"(벧전 3:18) 그리스도가 성령을 통하여 옥중에 내려가셔서 노아-"의를 전파하는 노아"(벧후 2:5)-를 통하여 복음을 선포하게 하셨으나(벧전 3:19) 그 가운데 가족들만 말씀을 듣고 구원을 받았던 것과 같이(벧전 3:20; 벧후 2:5), 주님이 당하신 것처럼 사람들의 핍박을 받는 가운데서도 믿음의 백성들은 다시 살리심을 받게 된다는 말씀으로 받는다. 베드로전서 4:6의 "죽은 자들에게도 복음이 전파되었다"는 말씀도 이를 확정하는 말씀으로 여긴다. 그리고 베드로전서 3:18-20은 주님이 지옥에 내려가셨다거나, 복음을 전하셨다거나, 하는 주장과는 전혀 무관하다고 결론을 맺는다. John S. Feinberg, "1 Peter 3:18-20, Ancient Mythology, and the Intermediate State," *Westminster Theological Journal* 48/2 (1986), 335-336. 그루뎀도 이와 유사하나 좀 더 어거스틴에 가깝게 해석한다. Grudem, "He Did Not Descend Into Hell: A Plea for Following Scripture Instead of the Apostles' Creed," 109-112.

죽으심으로써 모든 의를 다 이루심으로 말미암아 미치지 않는 곳이 없다는 사실을 전할 뿐이다.2850)

이와 같이 지옥강하는 성경적 근거가 없을 뿐만 아니라 주님이 이 땅에 오신 목적과도 무관하므로,2851) 고백할 필요가 없을 뿐 아니라,2852) 신앙고백의 조항으로 둘 필요도 없다는 입장이 개혁신학자들 사이에 개진된다.2853) 이들의 입장은 개혁신경들이나 신앙교육서 등에도 반영되어 나타난다. 하이델베르크 신앙교육서 제44문답은 지옥강하의 고백이 죽음과 장사에 뒤따르는 이유에 대해서 "나의 주 그리스도가 그의 영혼으로 십자가에서와 그 이전에 겪으신 형언할 수 없는 고뇌, 참상, 공포로써 우리를 지옥의 고뇌와 고통에서 구원하셨다는 사실"(mein Herr Christus habe mich durch seine unaußsprechliche Angst, Schmerzen und Schrecken, die Er auch an seiner Seele am Creuz und zuvor erlitten, von der höllischen Angst und Pein erlöset)을2854) 환난에 처해 있는 자에게 확신시키기 위함이었다고 천명하고 있다. 웨스트민스터 대요리문답 제50문은 지옥강하에 대해서 다음과 같이 완곡하게 표현하고 있다.

> 문 : 그리스도의 죽음 후 그의 비하는 어디 가운데 있었는가?
>
> 답 : 그리스도의 죽음 후 그의 비하는 그의 장사되심, 사흘째 계속해서 죽은 자의 상태로 죽음의 권세 아래에 계심 가운데 있었다. 이는 다음과 같은 말로 달리 표현되어 왔으니, 그는 지옥에 내려가셨다(Christ's humiliation after his death consisted in his being buried, and continuing in the state of the dead, and under the power of death till the third day; which hath been otherwise expressed in these words, He

---

2850) Hodge, *Systematic Theology*, 2.619-621.

2851) 참조. Michael D. Williams, "He Descended into Hell? An Issue of Confessional Integrity," *Presbyterion* 25/2 (1999), 90.

2852) 참조. Randall E. Otto, "Descendit in Inferna: A Reformed Review of a Creedal Conundrum," *Westminster Theological Journal* 52/1 (1990), 150.

2853) 참조. Grudem, "He Did Not Descend Into Hell: A Plea for Following Scripture Instead of the Apostles' Creed," 113. 그루뎀은 이를 삭제함에 득은 많으나 실은 없다고 단언한다.

2854) Schaff, *The Creeds of Christendom*, 3.321. 이에 대한 라틴어 번역은, 황대우 편역, 『문답식 하이델베르크 신앙교육서』, 58: "……quod Dominus meus Jesus Christus inenarrabilibus animi sui angustiis, cruciatibus, et terroribus, in quod cum antea, tum maxime in cruce pendens, fuerat demersus, me ab angustiis et cruciatibus inferni liberavit."

descended into hell).²⁸⁵⁵⁾

여기에서 보듯이 지옥강하는 지옥에 내려가셨음이 아니라 죽음 가운데 계심 곧 죽음의 고통을 겪으심을 뜻한다. 결론적으로, 바빙크가 언급하듯이,

> 그리스도가 죽음에 복종한 시간은 대적의 때요 어둠의 권세자의 때였다(눅 22:53). 그리스도는 그 시간이 다가옴을 알았고 자신을 자발적으로 넘겨주셨다(요 8:20; 12:23, 27; 13:1; 17:1). 자신의 사랑과 순종의 가장 높은 영적인 권세를 나타냈던 그 시간에(요 10:17-18), 그는 전혀 무기력하게 보였다. 대적들은 그들의 소견대로 그에게 행하였다. 그러나 어둠 위에 영광이 덮이게 되었다. 공간적인 의미가 아니라 영적인 의미에서 참으로 그는 지옥으로 내려가셨다.²⁸⁵⁶⁾

4. 승귀의 양상

비하는 단지 "선행(先行)적으로"(antecedently) 일어날 뿐만 아니라 "공로적으로"(meritoriously) 작용한다. 승귀는 비하에 후속(後續)할 뿐만 아니라 그 열매로서 나타난다.²⁸⁵⁷⁾ 비하와 마찬가지로 승귀의 주체는 성육신한 그리스도의 인격이다. 비하와 승귀는 위격적 연합 자체가 아니라 그 가운데 일어나는 신인양성의 교통의 양상으로써 구별된다. 승귀로 말미암아, 신성은 "그 자체로"(καθ' ἑαυτόν)가 아니라 그것과 연합된 종의 형체를 벗어버리고 그것의 신적 위엄을 완전히 드러냄으로써, 인성은 그것에 속했던 이전의 연약함을 벗어버리고 영혼과 육체 가운데 수용할 수 있는 최고의 완전함에 이르고 그 영광을 누림으로써, 높아진다.²⁸⁵⁸⁾ 개혁신학자 폴라누스(Amandus Polanus, 1561-1610)는 인성의 승귀를 중보자로서의 사역에 요구되는 배고픔과 갈증과 수난성과 가멸성(可滅性) 등을 벗어버린 것과 신적 영광에 동참하여

2855) Free Presbyterian Publicaions, ed., *Westminster Confession of Faith*, 152–153.

2856) Bavinck, *Our Reasonable Faith*, 381.

2857) Heppe, *Reformed Dogmatics*, 494.

2858) Heppe, *Reformed Dogmatics*, 494–495.

영원히 썩지 않고 쇠하지 않는 고귀함을 취하게 된 것이라고 두 가지로 설명한 후, 이는 "본성을 넘어서지만(above nature) 본성에 배치되는 것은(counter nature) 아니다"라고 함으로써 루터파 속성교통론에 분명한 선을 긋는다.2859) 같은 입장에 서서 개혁신학자 부카누스(Gulielmus Bucanus, ?-1603)는 이렇게 부여된 "본성의 통상적인 질서를 상회하고 넘어서는"(over and above the common order of nature) "새로운 자질들" 역시 "피조된"(created) 것들로서, 승귀를 통하여 인성은 통상적인 방법으로 만질 수 있고, 유한하며, 제한적인 인성에 "본질적인 속성들"을 여전히 지니고 있음을 강조한다.2860)

사도신경에서 보듯이 승귀는 부활(resurrectio), 승천(ascensio), 재위(sessio), 재림(parousia)으로 다루어진다. 대체로 신학자들은 이 네 가지를 모두 기독론에서 다루나,2861) 바빙크는 재림을 승귀의 "마지막 최고 단계"라고 칭하지만 초림에 포함되어 있으며 초림에 필연적으로 뒤따르는 것으로 여겨 종말론에서 논하는 바, "종말론은 기독론에 기초하며 그 자체가 기독론이다"고 단언한다.2862) 헤페(Heinrich Heppe) 역시 바빙크와 같이 기독론 부분에서는 재림을 다루지 않는데, 주목되는 것은 종말론에서도 재림의 소망에 관해서만 말할 뿐 그것을 승귀의 한 단계로는 여기지 않는다는 사실이다.2863) 중보자 그리스도의 비하와 승귀의 이중적 상태를 구속사적 관점에서 과거-현재-미래의 연속성에 주목하면서 파악하고자 할 때(참조. 행 3:21) 재림을 승귀의 "마지막 최고 단계"로 여기는 것은 큰 의미가 있다.2864) 이를 부각시키고자 바빙크는, 그리스도가 "이제도 계시고 전에도 계셨고 장차 오실 이"(ὁ ὢν καὶ ὁ ἦν καὶ ὁ ἐρχόμενος) (계 1:4, 8)로서 "오시리니"(ἥξει) (히 10:37) "그가 두 번째 오심은 첫 번째 오심의 완성이다"고 주장한다.2865) 이하 사중적 승귀를 각각 고찰한다.

2859) Heppe, *Reformed Dogmatics*, 495-496. 같은 곳에서 폴라누스의 말을 재인용.

2860) Heppe, *Reformed Dogmatics*, 496. 같은 곳에서 부카누스의 말을 재인용.

2861) Hodge, *Systematic Theology*, 2.626-638; Berkhof, *Systematic Theology*, 344-354; Berkouwer, *The Work of Christ*, 181-252.

2862) Bavinck, *Reformed Dogmatics*, 3.430-447; 4.664-690. 4.685에서 인용.

2863) Heppe, *Reformed Dogmatics*, 497, 686-698.

2864) 참조. Berkouwer, *The Work of Christ*, 242-244.

2865) Bavinck, *Reformed Dogmatics*, 4.686.

4. 1. 부활(resurrectio)

죽은 자들의 부활은 기독교인들의 확신이다. 그것으로 말미암아 우리가 믿고 있다 (Fiducia Christianorum, resurrectio mortuorum. Illa credentes sumus).[2866]

부활은 "그리스도가 그의 신적인 능력으로 그의 죽은 육체를 다시 살리고 그것을 그의 영혼과 연합시켜서 무덤을 떠나신 사건이다."[2867] 부활을 칭하는 헬라어 "ἀνάστασις"는 그리스도에게 뿐만 아니라(행 4:33, 17:32; 롬 1:4; 6:5; 빌 3:10; 벧전 1:3; 3:21) 일반 사람에게 두루 사용된다. 후자의 경우 "죽은 자의 부활"(ἀνάστασις τῶν νεκρῶν 혹은 ἐκ τῶν νεκρῶν)이라는 형태로 자주 나타난다(마 22:31; 행 24:21; 고전 15:13, 21, 42; 히 6:2). 이러한 형태는 그리스도의 부활을 지칭할 때도 사용된다(행 17:32; 롬 1:4).

초대교회 사도들이 전한 복음의 핵심은 사람들이 십자가에 못 박아 죽인 예수가 다시 살아나셔서 인류의 죄를 대속하시는 "생명의 주"가 되셨다는 사실에 있다.

그가 하나님께서 정하신 뜻과 미리 아신 대로 내준 바 되었거늘 너희가 법 없는 자들의 손을 빌려 못 박아 죽였으나 하나님께서 그를 사망의 고통에서 풀어 살리셨으니 이는 그가 사망에 매여 있을 수 없었음이라(행 2:23-24).

너희가 거룩하고 의로운 이를 거부하고 도리어 살인한 사람을 놓아 주기를 구하여 생명의 주를(τὸν ἀρχηγὸν τῆς ζωῆς) 죽였도다 그러나 하나님이 죽은 자 가운데서 그를 살리셨으니 우리가 이 일에 증인이라(행 3:14-15).

십자가에서 죽으신 예수가 부활하심으로 "주와 그리스도"가 되셨다(행 2:36). 이는 상승기독론자들이 생각하듯이 부활의 때에 비로소 그렇게 되셨다는 뜻이 아니라, 기름부음받은 메시아이신 그리스도로서 그가 다 이루신 의가 우리를 위한 대속

[2866] Tertullian, "On the Resurrection of the Flesh," 1.1 (NPNFS 3.545, PL 2.795).
[2867] Bavinck, Reformed Dogmatics, 3.436.

의 의로서 선포되었음을 뜻한다.[2868] "하나님이 죽은 자 가운데서 그를 살리신지라" (행 13:30), "건축자들의 버린 돌로서 집 모퉁이의 머릿돌이 되었으니"(행 4:11), 오직 그의 이름으로 우리가 나음을 받고(행 4:10), "죄 사함"을 받고(행 13:38), "의롭다 하심"을 얻는다(행 13:39). 그러므로 주 예수를 믿는 믿음이 없이는 우리와 우리 가정이 구원을 받을 길이 없다(행 4:12; 16:31). 그리스도의 부활이 없이는 우리의 부활이 있을 수 없다. "사망이 한 사람으로 말미암았으니 죽은 자의 부활도 한 사람으로 말미암는다"(고전 15:21). "주 예수를 다신 살리신 이가 예수와 함께(σὺν 'Ιησοῦ) 우리도 다시 살리신다"(고후 4:14; 참조. 고전 6:14; 딤후 2:11). 그리스도가 "잠자는 자들의 첫 열매가(ἐκ νεκρῶν ἀπαρχὴ) 되셨다"(고전 15:20; 참조. 고전 15:23). 그리스도의 부활이 없으면 우리의 믿음도 헛되고, 우리가 여전히 죄 가운데서 망하였을 것이다(고전 15:17-18). 그리스도의 부활은 죄에 대한 구속을 인치는 세례와 밀접히 관련된다. 세례는 옛사람의 죽음(mortificatio)과 새사람의 삶(vivificatio)을 인친다. 그리하여 물로 씻음이 그리스도의 죽으심과 부활과 연합함에 대한 표징이 된다(롬 6:5). 성도가 믿어서 구원에 이름으로 죄로부터 자유롭게 되는 것은 부활하신 그리스도가 "살려 주는 영이 되셨기" 때문이다(고전 15:17, 45).

초대교회의 아타나시우스는 그리스도가 죽음을 죽으신 동일한 몸으로 부활하심으로,[2869] 사망을 이기시고 부패를 물리치시고 더 이상 허무에 사람들이 굴복하지 않게 하셨다는 사실을 강조한다.[2870] 아타나시우스에 의하면, 그리스도의 부활이 죽음을 죽음에 가두어 허무에 굴복시킴으로써,[2871] "십자가의 표징"이 "죽음과 그 부패를 이기는 승리의 기념비"가 되게 하였다.[2872] 따라서 부활은 "십자가 자체의 열매"(τοῦ ἰδίου σταυροῦ τὸν καρπὸν)라고 불린다.[2873]

모든 사람과 동일한 본성을 공유하는 그리스도의 몸은 비록 인간의 몸이었으나 오직

[2868] 이와 관련하여, John H. Hayes, "Resurrection as Enthronement and the Earliest Church Christology," *Interpretation* 22/3 (1968), 336-338.

[2869] Athanasius, "On the Incarnation," 29 (*CLF* 83, *PG* 25.146).

[2870] Athanasius, "On the Incarnation," 27, 30 (*CLF* 81, 84, *PG* 25.141, 144, 148-149).

[2871] Athanasius, "On the Incarnation," 29, 32 (*CLF* 83, 86, *PG* 25.145, 148, 149, 152).

[2872] Athanasius, "On the Incarnation," 32 (*CLF* 86, *PG* 25.152).

[2873] Athanasius, "On the Incarnation," 56 (*CLF* 109, *PG* 25.196).

동정녀에게서, 비교할 수 없는 기적으로 조성되셨다. 그리스도는 다른 사람들과 다를 바 없이 죽어야 할, 죽게 된 몸을 지니셨다. 그럼에도 불구하고 말씀이 그 몸에 연합함에 따라 그 몸은 더 이상 그 자체의 본성에 따른 부패에 속하지 않게 되었다. 그리스도의 몸은 그 안에 거하는 말씀으로 말미암아 부패로부터 멀어졌다. 그리하여 두 가지 기적이 동시에 일어났다. 모든 사람이 주님의 몸 가운데서 주님과 함께 죽었으며, 그 몸과 연합한 말씀으로 말미암아 죽음과 부패가 완전히 그들의 몸으로부터 제거되었다.[2874]

생명이고 능력이신 영원하신 하나님의 말씀이 사람의 몸으로 오셔서 희생제물로 죽으시고 다시 살아나셨다. 죽으실 수 없는 분이 자신의 죽음이 아니라 우리의 죽음을 죽으심으로 죽음을 이기시고 부패를 가져가셨다. 그는 부패가 없는 생명으로 오셨다. 그리스도의 성육신은 죽음의 길이지만 그 목적은 부활에 있었다. 그것은 영원히 부패하지 않는 생명을 성취하는 것이었다.[2875] 그리하여 부활을 두고 아타나시우스는 다음과 같이 말한다. "어떤 기이하고 놀라운 일이 일어났다. 사람들이 생각하기에 불명예를 당한 죽음이 사실 죽음 자체를 이기는 승리의 기념비가 (θαυμαστὸν καὶ παράδοξον ὃν γὰρ ἐνόμιζον ἄτιμον ἐπιφέρειν θάνατον, οὗτος ἦν τρόπαιον κατ' αὐτοῦ τοῦ θανάτου) 되었다."[2876]

여기에서 보듯이 대리적 속죄를 차치하고는 부활의 의미를 논할 수 없다.[2877] 그리스도의 대리적 무름의 값이 전제되지 않는 부활은, 슐라이어마허(Friedrich Schleiermacher)의 경우에서 보듯이, 전(全) 일자(一者)에 대한 내재적 합일을 경험하는 의식(意識)에 불과할 뿐이다.[2878] 부활의 의의와 가치는 죽어가는 것을 다시 일으켜 세우거나 생명 안에서 하나가 되는 윤리적 사랑에 머물지 않는다.[2879] 예수가 자신을 내어주심으로 모든 의를 다 이루지 아니하셨다면 그 자신의 부활도 없을 것

2874) Athanasius, "On the Incarnation," 20 (*CLF* 74, *PG* 25.132).

2875) Athanasius, "On the Incarnation," 21-22 (*CLF* 75-77, *PG* 25.132-133, 136).

2876) Athanasius, "On the Incarnation," 24 (*CLF* 79, *PG* 25.137).

2877) 참조. Bruce Vawter, "Resurrection and Redemption," *Catholic Biblical Quarterly* 15/1 (1953), 22.

2878) 참조. Robert L. Wilken, "The Resurrection of Jesus and the Doctrine of the Trinity," *Word & World* 2/1 (1982), 18-19.

2879) 이러한 입장을 견지하는 글로서, Wilken, "The Resurrection of Jesus and the Doctrine of the Trinity," 17-28.

이며 그 의로 말미암아 의롭게 되는 우리의 부활도 없을 것이다(롬 4:25).2880) 죽음의 의가 없이는 부활의 인침이 있을 수 없다. 어느 학자는 어거스틴이 삼위일체의 본질을 사랑에서 찾는 것에 주목하여 부활을 '단지' 사랑의 현현 정도로 여기는데, 이는 합당하지 않다. 어거스틴은 "우리가 그[그리스도] 자신의 죽음으로 씨가 뿌려짐같이 그 자신의 부활로 싹이 난다"(morte ipsius seminamur, sic resurrectione ipsius germinamus)고 분명히 천명하고 있기 때문이다.2881) 이와 같이 부활은 구약에 예언된(사 53:4-12) 구속사의 한 과정으로서 일어난 역사적 사건이었다.2882)

그리스도의 부활로 그의 죽음이 죽음을 죽이는 죽음이라는 것이 선포되었다. 죽음의 고통은 새로운 생명을 낳는 진통이었다(행 2:24). 우리가 그리스도를 믿어 그와 함께 죽고 그와 함께 영원히 사는 것은 그가 우리를 대신해서 죽음에 대해서 죽으시고 의에 대해서 다시 살아나셨기 때문이다. 부활로 말미암아 새언약의 머리가 되심으로(엡 1:22; 4:15; 골 1:18; 계 1:5) "한 의로운 행위"(롬 5:18), 곧 "한 사람이 순종하심"(롬 5:19)이 하나님의 자녀를 위한 생명의 값이 되었다. 부활로써 영원하신 창조중보자이신 하나님의 아들이 육신으로 오셔서 구원을 이루심으로써 구속중보자로서 세세에 찬양을 받으실 하나님이 되심이 선포된다(골 1:15-18; 롬 9:5). 부활은 아들의 사역이 자신의 뜻에 합당함을 확정하는 아버지의 선포이다(롬 1:3-4; 행 13:33-39; 빌 2:9-11; 엡 2:5-7). 부활로 하나님은 예수를 인류의 구속을 위한 "주와 그리스도"로 삼으셨다(행 2:36). 그리하여 그가 "약속하신 성령," 곧 그와 함께 자녀가 되고 상속자가 되는(롬 8:17) "양자의 영"을(롬 8:15; 갈 4:6) 언약의 백성에게 부어주게 하심으로써(행 2:33), 그들이 부활의 첫 열매가 되시는 그와 함께 형제라 불리게 하셨다(히 2:11). 신약의 성도들에게 임한 보혜사 성령을 "그리스도의 영"이라고 일컫는 것은(롬 8:9) "신성의 모든 충만이 육체로 거하시는"(골 2:9)-"모든 충만"이 그 안에 거하시는-그리스도가 성령을 통하여 자신과 자신에 속한 백성들과 교통하시기 때문이다.2883) 이 일이 그가 죽으시고 부활하시고 승천하셔서 하나님의 보좌 우

2880) 참조. Vawter, "Resurrection and Redemption."

2881) Vawter, "Resurrection and Redemption," 14-15. Augustine, *Sermones*, 236 (PL 38.1120)에서 재인용.

2882) 참조. A. G. Hebert, "Hope Looking Forward: the Old Testament Passages Used by the New Testament Writers as Prophetic of the Resurrection of Jesus Christ," *Interpretation* 10/3 (1956), 259-269.

2883) Bavinck, *Reformed Dogmatics*, 3.436.

편에 앉으심으로 일어났다(요 16:7). 그리스도는 완전한 자기부정과 절대적인 순종으로 죽음을 정복하셨다. 그리스도는 자기의 때에 자원하여 자기의 목숨을 아버지께 드리심으로써(요 7:30; 8:20; 19:11) 사망을 삼키고 이기셨다(고전 15:54). 그리스도가 죽음을 수단으로 삼아 죽음의 권세와 죽음의 지배권을 가진 사탄에게 승리하셨다. 곧 "죽음을 통하여 죽음의 세력을 잡은 자"를 멸하셨다(히 2:14).[2884] 그러므로 그리스도의 부활은 "우리의 구원을 위하여 필요불가결한 조건"(conditio sine qua non)이 된다.[2885]

칼빈은 죽음을 통해서 죄의 값이 다 지불되었으므로 심판의 요구가 만족되고 저주가 사라지며 온전한 화목으로 구원이 완성된다고 한다면, 부활을 통해서 의가 회복되고 생명의 역사가 일어나며, 죽음을 통해서 죄가 지워지고 죽음이 소멸된다고 한다면, 부활을 통해서 그리스도의 죽음이 우리 안에서 "능력과 효력"(vim efficaciamque)을 갖게 된다고 한다. 부활로 그리스도는 "그의 신성을 비추는 명확한 거울이며 우리의 믿음을 견고하게 붙드는 지주(支柱)인 하늘의 권능"을 선포하신다. 칼빈은 이러한 부활의 권능을 다음과 같이 세 가지로 말한다.

첫째, "그리스도의 죽음에 의해서 죄가 말소되고 죽음이 말살되었으며, 그의 부활에 의해서 의가 회복되며 생명이 소생했다"(per illam peccatum abolitum et mors exstincta, per hanc iustitia reparata et erecta vita). 성도의 구원이 옛사람의 죽음(mortificatio)과 새사람의 삶(vivificatio)에 있듯이, 그 의가 되는 그리스도의 공로도 죽음과 부활로 함께 역사한다. 그러므로 우리는 그리스도의 죽음을 생각할 때마다 부활을, 부활을 생각할 때마다 죽음을 묵상해야 한다.

둘째, 부활의 권능은 우리를 의롭다 하여 거룩한 백성으로 살게 하고자 하심에 있다. 그리스도의 의로 말미암은 성도의 부활의 은총은 단지 생명을 다시 살리는 칭의에 그치지 않고 새로운 삶을 살게 하는 성화에 미친다. 곧 칭의와 성화의 이중적 은혜(gratia duplex)를 함의한다. 이러한 의미에서 칼빈은 그리스도의 부활로 우리가 "거듭나서 의롭게 된다"(regeneremur in iustitiam)고 말한다.

셋째, 그리스도의 부활로 우리 부활에 대한 확신을 우리가 갖게 된다는 점이다.

2884) Bavinck, *Our Reasonable Faith*, 384.
2885) Berkouwer, *The Work of Christ*, 190.

사도 바울은 자기 안에서 주님이 말씀하신다는 사실로 자신의 사도권을 변호하는 가운데(고후 13:3) 그 증거를 다음과 같이 성도의 부활에서 찾는다. "그리스도께서 약하심으로 십자가에 못 박히셨으나 하나님의 능력으로 살아 계시니 우리도 그 안에서 약하나 너희에게 대하여 하나님의 능력으로 그와 함께 살리라"(γὰρ ἐσταυρώθη ἐξ ἀσθενείας, ἀλλὰ ζῇ ἐκ δυνάμεως θεοῦ. καὶ γὰρ ἡμεῖς ἀσθενοῦμεν ἐν αὐτῷ, ἀλλὰ ζήσομεν σὺν αὐτῷ ἐκ δυνάμεως θεοῦ εἰς ὑμᾶς)(고후 13:4). 주님이 "죽은 자 가운데서 부활하게 하심으로 말미암아 우리를 거듭나게 하사 산 소망이(εἰς ἐλπίδα ζῶσαν) 있게 하셨다"(벧전 1:3). 우리가 소망 가운데 담대함을 갖는 것은 우리를 위하여 죽으시고 다시 살아나신 주님이 하나님 우편에서 우리를 위하여 친히 간구하시기 때문이다.[2886] 그러므로 부활은 십자가에서 시작된 것을 완성하며, 십자가가 생명에 이르는 구원의 문이 됨을 계시한다.[2887]

벌코프(Louis Berkhof)는 부활의 의미를 언약의 약속을 이루는 조건인 죄 값이 모두 지불되었다는 아버지의 선포, 그리스도의 몸에 연합한 지체들에게 부여되는 구속의 은총의 표상, 그것을 이루는 도구라는 측면에서 세 가지로 파악하고 있는데,[2888] 이는 순서는 다르지만 칼빈이 말하는 세 가지와 대동소이하다.

부활은 기름부음받은 선지자, 제사장, 왕으로서 다 이루신 아들의 의를 대리적 무릎의 값으로서 우리의 의로 삼아주시는 아버지의 인치심에 그 본질이 있다. 그리스도의 부활로 그에게 "속한" 모든 사람이 "삶"을 얻게 된다(요 11:25; 고전 15:22-23). 달리 말하면, 우리 자신이 "죄에 대하여는 죽은 자요 그리스도 예수 안에서 하나님께 대하여는 살아 있는 자로 여김"을 받게 된다(롬 6:11). "예수는 우리가 범죄한 것 때문에 내어줌이 되고 또한 우리를 의롭다 하시기 위하여 살아나셨느니라"(ὃς παρεδόθη διὰ τὰ παραπτώματα ἡμῶν καὶ ἠγέρθη διὰ τὴν δικαίωσιν ἡμῶν)(롬 4:25). 이러한 부활의 인침이 "우리 기업의 보증"(ὃ ἀλλαβὼν τῆς κληρονομίας ἡμῶν)이 되신 보혜사 성령의 역사로 우리 안에서 일어난다(엡 1:13-14; 4:30; 요 16:7; 롬 8:9-15; 고후 1:22). 그리하여 우리가 그리스도의 부활에 연합하여 그와 함께 다시 살아나고 그 안에서

2886) Calvin, *Institutio*, 2.16.13 (CO 2.380-381).

2887) Paul van Buren, *Christ in Our Place: The Substitutionary Character of Calvin's Doctrine of Reconciliation* (Edinburgh: Oliver and Boyd, 1957), 81, 84.

2888) Berkhof, *Systematic Theology*, 346.

"새생명 가운데서 행하게" 된다(롬 5:4-11). 부활하신 주님의 빛이 아직 사울이었던 바울에게 임하였듯이(행 9:3), 성도는 그의 빛으로 들어가(벧전 2:9), 빛의 자녀로서 (엡 5:8; 살전 5:5), 그가 빛 가운데 계신 것과 같이 빛 가운데 행하게 된다(요일 1:7). 부활의 권능은 그리스도가 다 이루신 의와 일치한다. 그것은 아담의 타락으로 죄를 전가받아 사망의 죄책(reatus)과 오염(corruptio) 가운데 전적으로 무능하고 부패한 인류가 창세 전의 구원협약에 따라서 아들의 의를 전가받아 죄를 사함받고 하나님의 자녀가 되는 권세로 나타나는 바, 구원의 전(全) 과정에 미친다.[2889] 부활하신 주님이 우리 안에 계시고(갈 2:20; 고후 13:5; 빌 1:21) 역사하심으로(빌 2:13; 골 1:29), 우리가 그와 함께 살아나고(칭의), 그와 함께 살아가며(롬 6:10-11), 그를 위해 살아가며(고후 5:15)(성화), 영광의 몸으로 변화되어(빌 3:21) 그를 대면하여 보는 데 이르도록 나아간다(고전 13:12; 요일 3:2)(영화). 그리스도가 우리를 위하여 죽으시고 부활하심으로 우리를 위한 "새언약의 중보자"(διαθήκης καινῆς μεσίτης)가 되셔서 우리가 "영원한 기업의 약속을 얻게" 되었다(히 9:15).[2890]

바빙크는 성경이 그리스도가 부활했다는 사실(quod, "that")과 그가 육체로 부활하셨다는 사실(qua, "how")을 함께 강조하고 있음을 지적하면서, 다음과 같이 여러 구절들을 들어서 그 의의와 가치를 설명하고 있다.

[그리스도의] 부활은 1) 예수의 메시아직의 증거로서 주의 종이 그리스도와 주-생명의 왕이자 심판자—가 되시는 대관(戴冠)(행 2:36; 3:13-15; 5:31; 10:42 등), 2) 그의 영원하신 하나님의 아들이심에 대한 표징(행 13:33; 롬 1:3), 3) 그의 중보사역에 대한 하나님의 추인, 그의 죽음의 권능과 가치에 대한 선포, 아들의 "다 이루었다" 하심에 대한 아버지의 "아멘!"(행 2:23-24; 4:11; 5:31; 롬 6:4, 10 등), 4) 그가 자신의 고난으로 성취하신 승귀의 개시(開始)(눅 24:26; 행 2:33; 롬 6:4; 빌 2:9 등), 5) 우리의 죄 사함과 칭의에 대한 보증(행 5:31; 롬 4:25), 6) 다양한 영적 축복들의 원천: 성령의 은사(행 2:33), 회개(행 5:31), 영적 영생(롬 6:4-5), 구원 전체(행 4:12), 7) 우리의 복되고 영광스러운 부활

[2889] 부활의 구원론적 의미에 대하여 다음을 참조. 문병호, "구원론적 기독론 이해의 기원: 터툴리안의 『육체의 부활론』 중심으로," 『성경과 신학』 61(2012), 287-290, 293-297.

[2890] 그리하여 신약신학자 브루스는 "역사의 예수와 믿음의 그리스도 사이를 잇는 돌쩌귀(hinge)가 부활이다"라고 하였다. Bruce, *Jesus: Lord & Savior*, 126.

의 원리와 약속(행 4:2; 롬 8:11; 고전 6:14 등), 8) 사도적 기독교의 근간(고전 15:12-19) 이다.[2891]

부활은 그리스도의 비하의 의를 우리를 위한 대속의 의로서 인치는 사건으로서, 비하와 다를 바 없이 신인양성의 위격적 연합 가운데 계신 예수 그리스도의 인격을 주체로 한다. 부활은 "신인"(神人, θεάνθρωπος)의 주님이 신성에 따른 능력으로 인성에 따른 영혼과 육체의 재결합을 이루신 사건이었다. 그러므로 성육신한 주님을 "단지 사람"(ψιλὸς ἄνθρωπος)일 뿐이라고 여기는 쏘키누스주의자들은 부활을 부인할 수밖에 없다.[2892]

십자가에서 영혼이 떠났던 몸과 부활한 몸은 상태는 변화되었으나 동일한 몸이었다. 성경은 여러 가지로 이를 증거한다. 부활과 승천 사이의 주님의 몸은 처음에는 동일한 것으로 인식되지 않았다. 막달라 마리아(요 20:15), 엠마오로 가던 제자들은(눅 24:31) 부활하신 주님을 바로 알아차리지 못했다. 제자들은 디베랴 호수에 오신 주님을 그와 함께 조반을 먹을 때까지 몰랐다(요 21:7). 그는 문이 닫힌 가운데 제자들에게 갑자기 나타나셨다(요 20:19, 26; 눅 24:36). 주님은 또한 돌연 사라지기도 하셨다(눅 24:31).[2893] 그러나 제자들은 부활하신 주님을 보고 그를 영으로 생각하여 두려워하고 무서워하였으나, 그는 손과 발을 보고 자신을 만져보라고 하셨다. 그리고 영에는 살과 뼈가 없으나 자신에게는 있다고 하셨다. 그리고 그들과 함께 드셨다(눅 24:36-43). 도마에게는 자신의 손을 보고 자신의 옆구리에 손을 넣어보라고 하셨다(요 20:27). 여자들은 그의 발을 붙잡고 경배하였다(마 28:9).[2894]

사도 바울은 성도의 부활을 주님의 부활에 비추어 설명하면서, 부활의 몸은 "신령한 몸[영의 몸]"(σῶμα πνευματικόν)으로서 "썩을 것", "욕된 것", "약한 것"인 "육의 몸"(σῶμα ψυχικόν)과는 달리 "썩지 아니할 것", "영광스러운 것", "강한 것"이며(고전 15:42-44), "첫 사람 아담"(ὁ πρῶτος ἄνθρωπος Ἀδάμ)은 "육의 사람"으로서 "생령이"(εἰς ψυχὴν ζῶσαν) 된 반면에 "마지막 아담"(ὁ ἔσχατος Ἀδάμ)은 "신령한 사람"으

2891) Bavinck, *Reformed Dogmatics*, 3.442.
2892) Turretin, *Institutio Theologiae Elencticae*, 13.17.2, 8 (2.320, 321).
2893) 참조. James Orr, *The Resurrection of Jesus* (New York: Eaton & Mains, 1923), 198-202.
2894) 참조. Hodge, *Systematic Theology*, 2.627-628.

로서 "살려 주는 영이"(εἰς πνεῦμα ζῳοποιοῦν) 되었다고 전한다(고전 15:45-46). 성도의 부활에 관해서, 사도 바울은, 그리스도가 "우리의 낮은 몸을 자기 영광의 몸의 형체와 같이 변하게 하시리라"(μετασχηματίσει τὸ σῶμα τῆς ταπεινώσεως ἡμῶν σύμμορφον τῷ σώματι τῆς δόξης αὐτοῦ)(빌 3:21)고 했다. 부활하신 몸은 현재의 존재 상태와 다르다. 그것은 썩음과 죽음에 속하지 아니하며(고전 15:50-53), 시집도 장가도 가지 않고 천사와 같다(마 22:30). 그러나 그것은 영화롭고, 썩지 않으며, 죽지 않으며, 영적인 몸이지만, 물질적인 몸으로서, 천사와 달리 육체가 없지 아니하므로, 한정된 장소를 점하며 특정한 형체를 지니며 지각의 대상이 되는 육체적 속성을 보유한다.[2895]

성경에는 부활의 증인들에 대해서 여러 방면으로 기록하고 있다. "열두 제자"(고전 15:5), "열한 제자 및 그들과 함께 한 자들"(눅 24:33-49), "[예수와 함께] 갈릴리로부터 예루살렘에 함께 올라간 사람들"(행 13:31), "제자들"(요 20:19-23; 막 16:7), 도마와 다른 제자들(요 20:26-29), 시몬 베드로와 다른 여섯 제자들(요 21:1-14), "모든 사도"(고전 15:7), "오백여 형제"(고전 15:6), 글로바와 그와 동행한 한 제자(눅 24:13-35), "막달라 마리아와 다른 마리아" 혹은 "막달라 마리아와 야고보의 어머니 마리아와 또 살로메"(마 28:9-10; 막 16:1-8), 막달라 마리아(요 20:11-18; 막 16:9-11), 게바 곧 베드로(고전 15:5; 막 16:7; 눅 24:34), 야고보(고전 15:7), 사울 곧 바울(고전 9:1; 15:8; 행 9:1-9).[2896] 주님은 여러 번 무리들과 특정한 사람에게 "보이셨다"(ὤφθη). 고린도 전서 15:5-8에서 반복해서 사용되고 다른 곳에서도(눅 24:34; 행 13:31) 나타나는 이 단어는 수동태 형태이나 "[누군가에] 의해서 보이게 되셨다"(was seen by)는 의미가 아니라 "그가 나타나셨다"(he appeared) 혹은 "그가 자신을 드러내셨다"(let himself be seen)는 의미로 읽어야 한다.[2897] 이러한 부활하신 주님의 보이심 혹은 나타나심은 신적 개입으로 말미암아 특별한 주관적, 심리적 환상을 특정 사람들에게 심어준 것

2895) 참조. Hodge, *Systematic Theology*, 2.628-629. 벵겔(J. A. Bengel, 1687-1752)은 주님이 우리를 위하여 피를 다 쏟으셨으며 그 공로가 여전히 역사하므로 부활하신 주님의 몸은 피가 없이 살과 뼈로만 이루어졌다고 주장한다. 그러나 이는 성경의 가르침에 배치된다. 왜냐하면 부활하신 주님은 영혼과 육체의 몸을 지니셨으며, 피가 없이는 몸의 생명이 있을 수 없기 때문이다. 참조. Philip E. Hughes, "The Blood of Jesus and His Heavenly Priesthood in Hebrews, Part I, The Significance of the Blood of Jesus," *Bibliotheca Sacra* 130/518 (1973), 99-107.

2896) 참조. Gerald O'Collins, *Believing in the Resurrection: The Meaning and Promise of the Risen Jesus* (New York: Paulist Press, 2012), 61.

2897) 참조. Kirk R. Macgregor, "1 Corinthians 15:3B-6A, 7 and the Bodily Resurrection of Jesus," *Journal of the Evangelical Theological Society* 49/2 (2006), 230; O'Collins, *Believing in the Resurrection*, 62, 64.

이 아니라, 즉 재생이나 환생의 상징이 아니라,[2898] 다시 사신 그 자신을 육체로 현현하신 것이다. 주님의 부활과 다를 바 없이, 성도의 부활에 있어서 "육의 몸"(σῶμα ψυχικόν)이 "신령한 몸"(σῶμα πνευματικόν)으로 변한다고 해서(고전 15:44) 그 정체(identitas)가 달라지는 것은 아니다.[2899] 빈 무덤에 관한 말씀(마 28:6; 막 16:6; 눅 24:6; 요 20:2)도 이러한 주님의 육체적 부활을 증거한다.[2900]

주님은 죽으시고 부활하셨다. 주님은 단지 졸도하신 것이나(혼절이론, the swoon theory), 환영으로 나타나신 것이나(객관적 환상, objective vision), 사람들이 착시를 일으킨 것이(주관적 환상, subjective vision) 아니었다. 부활의 목격자들은 베드로가 황홀한 중에 하늘에서 내려오는 그릇을 본 것이나 바울이 셋째 하늘에 이끌려 간 것과 같이 환상을 본 것이 아니었으며(행 10:9-16; 고후 12:2-4) 주의 사자가 꿈에 나타나 알려 준 것도 아니었다(마 1:20; 2:12-13, 19-20, 22).[2901] 부활은 죽음 후 중간상태(an intermediate state)에서 결정적인 지복상태에 들어간 어떤 양상을 지칭하는 것이 아니며,[2902] 기독교 영지주의자들이 말하는 영적 신화(神化)를 의미하는 것도 아니다. 부활을 부인하는 헬라철학에 터 잡아[2903] 기독교를 받아들인 발렌티누스(Valentinus)를 비롯한 기독교 영지주의자들은 고린도전서 15장을 문자적으로 읽기를 거부하고, 부활을 육체적인 삶이 영적인 삶으로 변화되는 것으로 이해하며, 그 궁극적인 경지를 영적인 지식(γνῶσις)을 얻는 데 두었다.[2904] 이러한 사상은 성경의 가르침과 정면으로 배치된다. 성경이 말하는 부활은 인격 자체와 관계되는 것으로서 단

[2898] 이러한 입장은 큉(Hans Küng)에 의해서 개진되는데, 다음 글은 이를 지지한다. William P. Loewe, "The Appearances of the Risen Lord: Faith, Fact, and Objectivity," *Horizons* 6/2 (1979), 177-192.

[2899] 이와 관련해서 다음 참조. Macgregor, "1 Corinthians 15:3B-6A, 7 and the Bodily Resurrection of Jesus," 232-234.

[2900] 빈 무덤의 역사성을 논증한 다음 글 참조. Robert H. Stein, "Was the Tomb Really Empty," *Journal of the Evangelical Theological Society* 20/1 (1977), 25-27.

[2901] 참조. Bavinck, *Reformed Dogmatics*, 3.440-442; Orr, *The Resurrection of Jesus*, 205-231; O'Collins, *Believing in the Resurrection*, 62, 73-75.

[2902] 이러한 입장은 로마 가톨릭 신학자 그레세이크(Gisbert Greshake)에 의해서 주장되었다. 이에 대해서, Bernard P. Prusak, "Bodily Resurrection in Catholic Perspectives," *Theological Studies* 61/1 (2000), 82-84.

[2903] 예컨대 헬라철학의 영향을 지대하게 받은 오리겐은 육체의 부활을 철저히 부인하였다. 참조. Henry Chadwick, "Origen, Celsus, and the Resurrection of the Human Body," *Harvard Theological Review* 41/2 (1948), 86-91.

[2904] 참조. Elaine H. Pagels, "Mystery of the Resurrection: A Gnostic Reading of 1 Corinthians 15," *Journal of Biblical Literature* 93/2 (1974), 278, 283, 287-288.

지 삶의 변화나 지식적 깨달음을 의미하지 않기 때문이다.2905) 부활은 또한 고대 근동의 신화나 설화가 유대주의에 착색된 무엇도 아니었다.2906) 부활은 중보자 그리스도의 구속사적 성취의 과정이다. 부활은 단지 십자가의 죽음의 의미를 예시하거나 현시하는 인식적 확정(noetic verification)에 그치는 것이 아니다. 또한 동방교회가 강조하듯이 죽음에 대한 승리를 알리는 예전(禮典)적 의미에 그치는 것도 아니다. 그것은 단지 하나의 이데아나 표징이 아니라 친히 "부활이요 생명"이 되시는 그리스도가 죽으시고 다시 사신 역사적 사건이다(요 11:25-26). 씨를 뿌리는 일과 거두는 일이 모두 중요한 일이듯이, 죽음과 부활도 구속사의 두 사건이다. 그러므로 부활에 대한 신앙만을 말하고 부활의 역사성을 차치하며 그것조차 비신화화(非神話化, demythologizing)의 대상으로 여기거나, 부활은 본래 영적이고 관념적인 사상으로서 회자되었으나 추후 육체적인 의미가 가미되어 성경에 기록되었다고 보는 초심리적 해석(parapsychological interpretation)을 하거나, 십자가의 죽음으로 그리스도는 지고한 하나님의 사랑을 행하셨으며 그 공로가 족하므로 부활을 별도의 사건으로 논할 필요가 없다고 여기는 윤리주의(ethicism)는 모두 받아들일 수 없다.2907) 부활은 십자가의 의미를 드러내는 표징에 불과한 것이 아니라 역사적인 실제로서 성도를 다시 살리는 능력이 된다. 성경이 그리스도를 부활의 "첫 열매"(ἀπαρχη)라고 부르는 것은 이러한 의미에서이다(고전 15:20, 23).2908)

주님은 자기가 십자가에서 죽으실 것과 사흘 만에 살아나실 것을 예언하셨으

2905) 그리스도의 부활에 대한 성경의 증거가 기독교 영지주의로부터 비롯되었다고 보는 입장은 다음 글에 의해서 학계에서 부각되었다. James M. Robinson, "Jesus From Easter to Valentinus (or to the Apostles' Creed)," *Journal of Biblical Literature* 101/1 (1982), 5-37. 로빈슨은 여기에서 네 가지 점을 들어 자신의 입장을 논증한다. 첫째, 성경에서 부활하신 주님을 만난 사람들은 그의 천상의 영적인 몸을 보았다. 둘째, 성도의 부활에 대한 소망은 세례 때 가지는 신비한 영적 체험에 기인한다. 셋째, 부활하신 주님에 관한 말씀은 그 이전의 행적을 반추해서 기록된 것이다. 넷째, 이 모든 점에 있어서 성경이 전하는 부활은 기독교 영지주의의 산물이다. 이에 대한 비판적 고찰로서, William Lane Craig, "From Easter to Valentinus and the Apostles' Creed Once More: A Critical Examination of James Robinson's Proposed Resurrection Appearance Trajectories," *Journal for the Study of the New Testament* 52 (1993), 19-39. 다음 글은 로빈슨의 가설을 뒤집어서 기독교 영지주의자들의 자료들이 오히려 성경으로부터 온 후기의 것들이라고 주장한다. Gerald O'Collins, "Luminous Appearances of the Risen Christ," *Catholic Biblical Quarterly* 46/2 (1984), 254.

2906) 참조. Orr, *The Resurrection of Jesus*, 235-261; Berkhof, *Systematic Theology*, 349.

2907) Berkouwer, *The Work of Christ*, 185-191. 여기에서 뻴카우어는 이러한 세 입장을 대변하는 학자들로서 불트만(Rudolf Bultmann), 바닝(W. Banning), 헤링(G. J. Heering)을 각각 거론한다.

2908) Berkouwer, *The Work of Christ*, 193-196, 특히 194.

며(마 16:21; 17:22-23; 20:19), 자기가 목숨을 버릴 권세도 다시 얻을 권세도 지니고 계심을 말씀하셨다(요 10:17-18). 부활하신 주님은 "고난받으신 후에 또한 그들[사도들]에게 확실한 많은 증거로 친히 살아 계심을 나타내사(παρέστησεν ἑαυτὸν ζῶντα) 사십 일 동안 그들에게 보이시며(ὀπτανόμενος) 하나님 나라의 일을 말씀하셨다"(행 1:3). 이와 같이 부활은 하나님의 영원한 구속의 작정을 역사상 이루신 경륜에 대한 하늘 선포이다. 그리하여 그것은 초대교회의 선포와 가르침의 핵심 주제가 되었다. 오순절 성령강림의 때에 베드로는 사람들에게 임한 보혜사 성령에 대해서 설교하면서 주님이 십자가에 달려 죽으셨으나 죽음에 매여 있을 수 없으시므로 다시 살아나셔서 하늘에 오르사 하나님의 보좌 우편에서 약속하신 성령을 부어주신다는 사실을 선포하였다(행 2:22-36). 바울은 소아시아의 비시디아 안디옥에서 복음을 전하면서 예수가 저주의 죽음을 당하셨으나 하나님이 그를 다시 살리셔서 썩음을 당하지 않게 하셨음을 강조하였다(행 13:27-41). 이 두 설교 가운데 공통적으로 시편 16:10이 인용되고 있음이 주목된다. 신약시대 교회의 형성은 보혜사 성령의 강림으로 비롯되었던 바, 그리스도의 성육신과 죽음이 그렇듯이 부활 역시 이를 위해서 없어서는 안 될 사건이었음이 이와 같이 증거되었던 것이다. 다음 베드로의 선포에서 이 사실이 잘 드러난다.

이 예수를 하나님이 살리신지라 우리가 다 이 일에 증인이로다 하나님이 오른손으로 예수를 높이시매 그가 약속하신 성령을 아버지께 받아서 너희가 보고 듣는 이것을 부어 주셨느니라(τοῦτον τὸν Ἰησοῦν ἀνέστησεν ὁ θεός, οὗ πάντες ἡμεῖς ἐσμεν μάρτυρες τῇ δεξιᾷ οὖν τοῦ θεοῦ ὑψωθείς, τήν τε ἐπαγγελίαν τοῦ πνεύματος τοῦ ἁγίου λαβὼν παρὰ τοῦ πατρὸς ἐξέχεεν τοῦτο ὃ ὑμεῖς [καὶ] βλέπετε καὶ ἀκούετε)(행 2:32-33).[2909]

사도 바울은 자신의 사도권을 문제 삼는 고린도 교회의 성도들을 향하여 "내가 자유인이 아니냐 사도가 아니냐 예수 우리 주를 보지 못하였느냐"(οὐχὶ Ἰησοῦν τὸν

[2909] 본문에서 "하나님이 오른손으로 예수를 높이시매 그가"(τῇ δεξιᾷ οὖν τοῦ θεοῦ ὑψωθείς, τήν)에 해당하는 부분은 "하나님의 오른손에 의해서 높임을 받은 그가"로 직역된다. 뜻은 다르지 않지만 이렇게 번역할 때 부활은 삼위일체 하나님의 동사(同事)지만 그 주체가 예수라는 사실과 그가—아버지와 함께—성령을 부어주시는 분이시라는 사실이 더욱 선명하게 부각된다.

κύριον ἡμῶν ἑώρακα)라고 반문함으로써(고전 9:1) 그들에게 그가 다메섹 도상에서 부활하신 주님을 만난 사건을(행 9:3-5) 상기시킨다. 또한 자신이 전하는 복음의 기원이 그 사건에 있음을 암시하듯, 그것이 "사람에게서 받은 것도 아니요 배운 것도 아니요 오직 예수 그리스도의 계시로 말미암은 것이라"고 단언한다(갈 1:12). 그가 그 사건을 "그의 은혜로 나를 부르신 이가 그의 아들을 이방에 전하기 위하여 그를 내 속에 나타내시기를(ἀποκαλύψαι τὸν υἱὸν αὐτοῦ ἐν ἐμοὶ) 기뻐하셨을 때"라고 지칭하고 있음을 볼 때(갈 1:15-16) 분명히 그렇게 여겨진다.[2910]

부활하신 주님에 대한 언급은 사도 바울의 초기 작품에서부터 현저하게 나타난다. 갈라디아서의 인사말에서 그는 자신을 "사람들에게서 난 것도 아니요 사람으로 말미암은 것도 아니요 오직 예수 그리스도와 그를 죽은 자 가운데서 살리신 하나님 아버지로 말미암아 사도 된 바울"이라고 소개한다(1:1). 이는 그가 복음을 "오직 예수 그리스도의 계시로 말미암은 것"이라고 한 말씀과 상응한다(갈 1:12). 여기에서 우리는 사도의 소명과 사도적 복음이 그 본질과 기원에 있어서 둘이 될 수 없다는 사실을 발견하게 된다. 데살로니가전후서에서는 "다시 살리신 그의 아들이 하늘로부터 강림하실 것을" 누차 전하는 바(살전 1:10; 참조. 살후 1:10-2:8), 주님의 재림이 부활과 승천에 후속(後續)하는 구속사적 사건으로 일어날 것임을 강조하고 있다. 주님의 부활에 대한 가장 주목할 만한 증거는 고린도전서 15:1-12에 나타난다. 여기에서 바울은 복음의 요체를 그리스도의 죽으심과 장사되심과 부활로 여기고, 특히 부활을 증거하는 데 중점을 둔다. 갈라디아서에서와 같이 여기에서도 그는 자신이 부활하신 주님을 만난 증인이라는 점을 들어서 자신의 사도권을 변호하고 있다. 이곳에서 먼저 주님의 부활을 다룬 후 이어지는 13절 이하의 말씀에서는 이에 비추어 성도의 부활을 다루고 있다는 점이 주목된다. 고린도후서에서 사도 바울은 "예수 그리스도의 얼굴에 있는 하나님의 영광을 아는 빛"을 성도들의 마음에 비추어 주시기를 기도하는데(고후 4:6), 이 역시 다메섹 도상의 사건을 연상시킨다. 그리고 우리가 "예수의 죽음"을 짊어지고 그와 함께 죽은 것은 "예수의 생명이(ἡ ζωὴ τοῦ Ἰησοῦ) 또한 우리 죽을 육체에 나타나서" 우리가 "빛"에 속하여 살게 하려 하심이라고 하나님의 뜻을 말한 후(고후 4:10-12; 참조. 6:14), 다음과 같이 죽음과 부활을 연결시켜 구

[2910] 사도 바울의 복음의 기원을 다메섹 도상의 사건으로 보는 다음 작품을 참조. Kim, *The Origin of Paul's Gospel*.

속사적 관점에서 선포한다.

한 사람이 모든 사람을 대신하여 죽었은즉 모든 사람이 죽은 것이라 그가 모든 사람을 대신하여 죽으심은 살아 있는 자들로 하여금 다시는 그들 자신을 위하여 살지 않고 오직 그들을 대신하여 죽었다가 다시 살아나신 이를 위하여 살게 하려 함이라(고후 5:14-15).

로마서에서는 그리스도가 "육신으로는 다윗의 혈통에서 나셨고 성결의 영으로는 죽은 자들 가운데서 부활하사"(롬 1:3-4) 우리를 자신의 부활에 연합시킴으로써 우리가 "생명 안에서 왕 노릇"하는 삶을—"자신을 죽은 자 가운데서 다시 살아난 자같이 하나님께 드리는" 삶을—살게 하심을 강조하면서(롬 5:17-21; 6:1-11, 13), 우리가 받은 "그리스도의 영", 곧 "양자의 영"은(롬 8:9, 15) "예수를 죽은 자 가운데서 살리신 이의 영"(τὸ πνεῦμα τοῦ ἐγείραντος τὸν Ἰησοῦν ἐκ νεκρῶν)으로서 우리 안에 거하시며 우리 죽을 몸도 살리시리라는 점을 부각시킨다(롬 8:11). 유사한 맥락에서, 에베소서, 빌립보서, 골로새서는 부활하신 그리스도와 하나가 되어 그와 함께 사는 성도의 신분과 삶을 강조한다. 하나님이 허물로 죽었던 우리를 그리스도와 함께 살리시고(엡 1:20; 2:1, 5), 우리의 생명이 그리스도와 함께 하나님께 감추어지고(골 3:3), "죽은 자들 가운데서 먼저 나신 이"(πρωτότοκος ἐκ τῶν νεκρῶν)이신 그리스도를 머리로 삼는 교회의 지체가 되게 하시며(골 1:18), 우리의 낮은 몸이 "자기 영광의 몸의 형체와 같이 변하게" 하심으로(빌 3:21), 이제 그리스도가 우리 속에 사시니 우리가 죽는 것도 유익하다는 고백 가운데(빌 1:21), 그리스도의 고난과 부활의 권능에 참여하여 죽은 자 가운데서 부활에 이르는 삶을 살게 하신다(빌 3:10-11). 디모데전후서에서는 그리스도에 대한 고백 가운데 그의 부활의 권능과 은혜가 계시된다. 로마서 1:3-4과 베드로전서 3:18에 비추어 볼 때, 디모데전서 3:16의 "그는 육신으로 나타난 바 되시고 영으로 의롭다 하심을 받으시고 천사들에게 보이시고 만국에서 전파되시고 세상에서 믿은 바 되시고"라는 말씀은 그리스도의 성육신과 부활에 대한 고백을 담고 있다고 볼 것이다. "오직 그에게만 죽지 아니함이(ἀθανασίαν) 있다"는 말씀과(딤전 6:16) 그가 "사망을 폐하시고 복음으로써 생명과 썩지 아니할 것을 드러내셨다"는 말씀(딤후 1:10) 역시 그의 부활을 증언하고 있다.

이상에서 보듯이 성경은 그리스도의 부활 자체를 구속사적으로 증거할 뿐만 아니라 그것이 그와 연합한 성도의 생명과 삶에 어떻게 작용하는지를 구원론적 측면에서 계시하고 있다. 부활은 계시에 관한 담론이거나 계시로부터 파생된 담론이 아니다. 그것은 합리적, 논리적, 사변적 추지로 말미암아 구성된 인간의 사상이나 신념이나 관념이 아니다. 부활은 교리로부터 기원하지 않는다. 왜냐하면 교리는 성경에 의해서 규범된 규범(norma normata)이며, 부활은 성경 자체 곧 계시 자체이기 때문이다. 부활은 철학적 전제 위에 서지 않는다. "죽음의 불가역성"(irreversibility of death)을 내세워 부활의 불가능성을 말하거나, 부활을 "사물의 진보적 영화"(靈化, the progressive spiritualization of Matter)의 끝점인 "오메가 포인트"(the Omega Point)로서 사랑이라고 보거나, 부활은 "결코 이성적일 수 없으므로"(never rational) 역사라고 할 수 없다거나, 부활은 십자가의 불명예스러운 죽음을 영예로운 죽음으로 전하고자 하는 동기에서 비롯되었다고 보거나, 부활은 역사적 사건이 아니라 신앙적 체험의 양태라고 보거나, 하는 입장은 모두 그릇되다.2911) 부활은 죽은 자가 범우주적으로 귀일(歸一)하는 것이나, 자아(self)의 정체성을 회복하는 것이나, 부분자(部分者)로서 포괄자(包括者)에 함의되는 것이나, 완전히 새로운 존재방식을 취하는 것을 뜻하지 않는다.2912) 성경은 부활을 역사적 사건으로서 분명히 계시하고 있기 때문이다.2913)

부활의 주체는 성육신하신 제2위 성자 하나님이시다. 영원하신 하나님의 아들이 사람의 아들이 되사 신인양성의 인격 가운데 잉태되시고, 나시고, 사시고, 죽으

2911) O'Collins, *Believing in the Resurrection*, 128-133, 135. 여기에 소개된 각각의 입장은 피콕(Arthur Peacocke), 드 샤르뎅(Pierre Teilhard de Chardin), 흄(David Hume), 큉(Hans Küng), 머거릿지(Malcolm Muggeridge)에 의해서 대변된다.

2912) Prusak, "Bodily Resurrection in Catholic Perspectives," 66-77, 89-92. 이는 라너(Karl Rahner), 라찡거(Joseph Ratzinger), 쉴레벡스(Edward C. Schillebeeckx), 큉(Hans Küng)의 입장을 말한다. 66-77, 89-92.

2913) 핫지는 그리스도의 부활을 "가장 중요하며 최고로 믿을 만한 사실"(the most important, and the best authenticated fact)이라고 하면서 그 근거를 다음과 같이 열 가지로 제시한다. 1) 구약의 예언, 2) 그리스도 자신의 예언, 3) 그것이 은밀하지 않고 쉽게 밝혀낼 수 있는 사실이었다는 점, 4) 그것이 실제적으로 일어난 사건임을 드러내는 풍부하고, 적합하고, 반복적인 증거들, 5) 십자가의 죽음 후 그가 살아 계심을 본 많은 신뢰할 만한 증인들, 6) 이를 위하여 심지어 목숨을 내놓기까지 하는 그들의 진지한 헌신과 증언, 7) "하나님도 표적들과 기사들과 여러 가지 능력과 및 자기의 뜻을 따라 성령이 나누어 주신 것으로써 그들과 함께 증언하셨느니라(συνεπιμαρτυροῦντος τοῦ θεοῦ)"는 말씀에서 보듯이(히 2:4), 그들의 증언에 대한 하나님의 확정, 8) 언제나 동일한 성령의 증언, 9) 매주 첫날을 주일로 삼아 부활을 기념, 10) 그리스도의 죽음과 부활을 요체로 삼는 복음의 작용과 효과. Hodge, *Systematic Theology*, 2.626-627.

시고, 부활하셨다. "부활의 원인"(causa resurrectionis)은 신성에 따른 아들의 능력이다.[2914] "성결의 영으로는 죽은 자들 가운데서 부활하사 능력으로 하나님의 아들로 선포되셨으니 곧 우리 주 예수 그리스도시니라"에서(롬 1:4) "성결의 영으로는"(κατὰ πνεῦμα ἁγιωσύνης)은 그리스도의 신성을 뜻한다. 이는 "육신으로는 다윗의 혈통에서 나셨고"에서 "육신으로는"(κατὰ σάρκα)이 인성을 뜻하는 것과 상응한다(롬 1:3).[2915] 이와 같이 로마서 1:3-4은 주님이 신인양성의 중보자로서 메시아가 되심을 계시한다.[2916] 그것은 단지 연대기적 기술이 아니라, 주님의 인격을 드러낸다. 그는 단지 아들로 입양되신 분이 아니라 영원하신 하나님의 아들로서 사람의 아들이 되셨음을 전한다.[2917]

그리스도는 자신의 신성에 고유한 능력으로 부활하셨다. 어떤 개혁신학자들은 그리스도의 승귀는 그의 비하의 공로와 간구(요 11:42; 히 5:7) 때문이라고 여긴다.[2918] 바빙크도 이러한 입장에 선다. 성경에서 반복해서 그리스도의 비하를 승귀에 이르는 길이라고 증거하고(사 53:10-12; 마 23:12; 눅 24:26; 요 10:17; 17:4-5; 빌 2:9; 히 2:10; 12:2), 히브리서에서 이러한 비하와 승귀의 상관관계가 강조되며(히 1:3; 2:9-10; 5:7-10; 10:12; 12:2), 빌립보서 2:9의 "이러므로"(διό)라는 연결어가 이를 결정적으로 잘 드러낸다고 근거를 든다.[2919] 바빙크는 이러한 자신의 입장과는 달리 칼빈과 어떤 개혁신학자들은[2920] 그리스도의 공로가 그 자신을 위한 것이 아니라 오직 우리를 위한 것이라고 주장함으로(마 1:21; 요 17:19; 고전 1:30; 딤전 1:15 등) 이에 대한

2914) Heppe, *Reformed Dogmatics*, 498.

2915) 참조. Charles Hodge, *A Commentary on Romans* (Edinburgh: Banner of Truth, 1972, rep.), 26, 28; Reymond, *Jesus Divine Messiah*, 372-384.

2916) 다음 글은 로마서 1:3-4가 그리스도의 인성과 신성을 지시하는 것이 아니라 비하와 승귀의 상태를 말할 뿐이라고 주장한다. David J. Macleod, "Eternal Son, Davidic Son, Messianic Son: An Exposition of Romans 1:1-7," *Bibliotheca Sacra* 162/645 (2005), 86.

2917) 참조. Christopher G. Whitsett, "Son of God, Seed of David: Paul's Messianic Exegesis in Romans 1:3-4," *Journal of Biblical Literature* 119/4 (2000), 680-681.

2918) 참조. Bavinck, *Reformed Dogmatics*, 3.433, n. 40. 잔키우스, 피스카토르, 고마루스, 마스트리히트, 하이데거 등이 이러한 입장을 지지하는 개혁신학자들로 거론된다.

2919) Bavinck, *Reformed Dogmatics*, 3.433-434.

2920) Bavinck, *Reformed Dogmatics*, 3.433, n. 39. 칼빈을 포함하여 폴라누스, 유니우스, 마레시우스 등이 이러한 입장을 지지하는 개혁신학자들로 거론된다.

인식을 결여하고 있다고 말한다.[2921] 그러나 이를 마치 대립되는 두 가지 설과 같이 여기는 것은 바람직하지 않다. 그리스도의 비하와 승귀의 두 상태를 대리적 속죄를 위한 중보자 그리스도의 인격과 사역과 관련짓는 이상, 그가 이루신 모든 의가 우리를 위한 것이라는 점에는 이견이 있을 수 없기 때문이다. 우리가 기억할 것은 주님의 승귀는 그의 비하의 의가 대속의 의라는 사실을 인치는 것이지, 그의 비하가 그의 승귀의 조건이 됨을 인치는 것은 아니라는 것이다. 주님의 승귀는 의롭게 되심이 아니라 의롭게 하심에 있다. 주님은 스스로 의로우시므로 자신을 위하여 아무 의도 취하지 않으시기 때문이다.

주님은 자신의 신성에 따른 능력으로 부활하셨다. 주님은 표적을 구하는 유대인들에게 성전을 헐면 사흘 동안에 일으키시겠다고 하심으로 친히 육체의 부활을 이루실 것을 미리 말씀하셨다(요 2:19-22). 또한 목숨을 스스로 버리고 얻을 권세가 자신에게 있다고 하셨다(요 10:17-18).[2922] 앞에서 언급했듯이 로마서 1:4의 "성결의 영으로는"은 신성에 따른 "능동적 부활"(resurrectio activa)을 의미한다. 성경은 몇몇 곳에서 "영으로는"(κατὰ Πνεῦμα)이라는 말로 그리스도의 신성을 지칭한다(벧전 3:18; 딤전 3:16; 막 2:8).[2923] 아들은 "부활이요 생명"으로서, 아버지와 같이 자기도 원하는 자들을 살리신다(요 5:21; 11:25). 그 안에 생명이 있다(요 1:4; 요일 5:11). 그는 영생이시다(요일 1:20). 그는 "스스로 생명"(αὐτοζωή)이시다.[2924] 그는 "죽은 자들 가운데서 먼저 나신 이"시다(골 1:18). 이는 "그 자신이 일어날 권능과 권세를"(ipsius resurgentis virtutem ac potestatem) 지니고 계심을 뜻한다(행 26:23; 고전 15:20).[2925]

이와 같이 그리스도의 부활은 그의 신성에 따른 능력으로 말미암은 것이지만 신성은 삼위일체 하나님께 동일한 본질을 의미하므로, 그 사역은 삼위일체 하나님의 동사(同事)로 여겨진다. 삼위일체 하나님의 외향적 사역(ἀποτέλεσμα)은 분할할 수 없기 때문이다("opera ad extra Trinitatis sunt indivisa").[2926] 그리스도의 부활이 성부

2921) Bavinck, *Reformed Dogmatics*, 3.433.
2922) Turretin, *Institutio Theologiae Elencticae*, 13.17.3 (2.320).
2923) Turretin, *Institutio Theologiae Elencticae*, 13.17.4 (2.320).
2924) Turretin, *Institutio Theologiae Elencticae*, 13.17.5 (2.320).
2925) Turretin, *Institutio Theologiae Elencticae*, 13.17.6 (2.320).
2926) Heppe, *Reformed Dogmatics*, 498.

와의 관계에서 표현될 때 두 가지 형태를 띤다. 첫째, 성부가 주어가 되는 경우에는 "살리다" 혹은 "일으키다"는 뜻의 "ἐγείρω"와 "ἀνίστημι"가 능동형으로 사용된다. 과거형 "ἤγειρεν"(행 3:15; 5:30; 13:37; 고전 6:14; 15:15; 살전 1:10) 혹은 "ἀνέστησεν"(행 2:24, 32), 과거분사형 "ἐγείρας"가 (롬 8:11; 갈 1:1; 엡 1:20; 골 2:12; 벧전 1:21) 그 예들이다. 둘째, 그리스도가 주어가 되는 경우에는 "ἐγείρω"가 수동형으로 사용된다. 주님의 수난예언에 나타나는 과거부정사 "ἐγερθῆναι"와(마 16:21) 미래부정사 "ἐγερθήσεται"(마 17:23; 20:19), 과거형 "ἠγέρθη"(롬 4:25), 완료형 "ἐγήγερται"(고전 15:4, 13, 16), 과거분사형 "ἐγερθείς"가 (롬 8:34) 그 예들이다.[2927] 이와 같이 성자가 부활의 주체이나 능동태와 수동태 모두로 그것이 표현되는 것은 그의 신성에 따라서 삼위일체 하나님의 비밀이 역사하기 때문이다. 루터파는 성육신으로 말미암아 신성의 속성들을 받아서 고양된 인성의 능력에 의해서 부활이 일어난 것으로 보기 때문에 이러한 비밀을 알지 못한다.[2928]

부활하신 주님의 몸은 단지 이전 상태로의 회귀나 소생이 아니라 엄위와 존귀의 영화 상태로 변화되었다. 그 변화는 육체와 영혼에 모두 미치는 것이었다. 이제는 죄로 인하여 초래된 수고와 고통에 놓이지 않게 되었다.[2929] 그의 인성은 온전히 신성의 "현시기관"이 되었다(계 1:13-18). 동일한 인격에 속한 동일한 몸이 동일한 가운데 높아져서 신성의 영광에 온전히 동참하게 되었으므로, 그것은 "새창조"(nova creatio)가 아니라 "재창조"(recreatio)이다.[2930] 그러므로 부활을 주님이 천사와 같은 새로운 존재방식을 가지시는 것으로 여겨서는 안 된다.[2931] 부활은 종(從)의 자리에서 모든 의를 다 이루신 그리스도가 그 의에 대한 아버지의 인침으로 주(主)가 되시는 역사적 사건이다(행 2:33; 5:31). 부활하신 그리스도는 "생명의 주"가 되셨다(행 3:15).

2927) 참조. Berkhof, *Systematic Theology*, 347.
2928) Hodge, *Systematic Theology*, 2.629-630.
2929) 참조. Berkhof, *Systematic Theology*, 346; 박형룡, 『교의신학 기독론』, 192-193.
2930) 서철원, 『기독론』, 149.
2931) 이러한 입장은 슈바이처(Albert Schweitzer)의 제자 베르너(Martin Werner)에 의해서 개진되었다. 베르너는 "인자"와 "주"라는 칭호는 유대주의 배경과 문건들을 비추어 볼 때 천사를 지칭한다고 여겨야 한다고 주장한다. 그러나 히브리서 1-2장에서 보듯이 주님을 천사와 동일시하는 것이야말로 복음을 가로막는 가장 큰 장애가 된다. 이에 대해서, John H. P. Reumann, "Martin Werner and 'Angel Christology'," *Lutheran Quarterly* 8/4 (1956), 349-358.

첫째, 주님의 "부활의 권능"으로 이에 참여하는 인류는 "죄와 사망의 법"에서 해방되어 "생명의 성령의 법"에 처하게 되었다(빌 3:10; 롬 8:2). 이제는 "죄의 종"이 아니라 "의에게 종"이 되어 "법 아래에 있지 아니하고 은혜 아래에 있게" 되었다(롬 6:14-23). 그리하여 "죄에 대하여는 죽은 자"요 "하나님께 대하여는 살아 있는 자"가 되었다(롬 6:1-11). 죽음에서 부활하신 "한 사람"으로 말미암아 "모든 사람이 삶을 얻게" 되었다(고전 15:21-22). 아들 안에 있는 생명이 우리의 생명이 되었기 때문이다(요일 5:11-12). "우리 생명이신 그리스도"와 "함께 다시 살리심을 받았기"("συνηγέρθητε") 때문이다(골 3:1, 4). 크리소스톰(John Chrysostom)은 유월절에 관한 설교에서 주님의 피로 죽음에서 유월한 우리에게 주어진 부활은 먼 과거에 일어난 무엇이 아니라 지금 교회가 경배하는 "현재적 실제"라는 사실을 강조하였다.2932)

둘째, "죽은 자들 가운데서 먼저 나신 이"(πρωτότοκος ἐκ τῶν νεκρῶν)가 "몸인 교회의 머리"(ἡ κεφαλὴ τοῦ σώματος τῆς ἐκκλησίας)가 되셨다(골 1:18). 부활하신 "주"가 한 분이시고 그의 "몸"이 하나이듯이 교회도 하나이다(엡 4:4-5). 교회는 그리스도의 "몸"이니(엡 1:23), "그 몸의 지체"가 되는 "우리의 낮은 몸을 자기 영광의 몸의 형체와 같이 변하게 하신다"(엡 5:30; 빌 3:21). 전에 죽으셨다 다시 살아나신 세세토록 살아 계신 그리스도가 일곱 금 촛대 곧 일곱 교회의 머리가 되신다(계 1:18, 20).

셋째, 부활하신 주님은 우주적 통치 권능을 지니시게 되셨다. 주님은 십자가에서 죽으심으로 통치자들과 권세를 무력하게 하신 바, 자신의 부활로 십자가의 승리를 이루셨다(골 2:15). 만물을 지으시고 만물이 그로 말미암고 그를 위하고 만물보다 먼저 계신 분이 십자가에서 죽으심으로 만물을 자기와 화목하게 하려 하셨다. 만물의 "근본"(ἀρχή)이신 그가 죽으시고 다시 사신 것은 "친히 만물의 으뜸이 되려 하셨기"(γένηται ἐν πᾶσιν αὐτὸς πρωτεύων) 때문이다(골 1:16-18, 20). 그로 말미암아 만물이 마지막 때까지 보존되고 마지막에 회복되고 새롭게 된다(벧후 3:7; 행 3:21; 계 21:5). 이와 같이 그리스도의 부활은 성도가 그와 하나가 되며 마지막 날에 있을 그의 재림의 때에 그와 함께 부활함으로 구원의 완성을 이루는 구속사적, 구원론적, 종말론적 지평을 함께 지닌다.2933)

2932) John Fotopoulos, "John Chrysostom: On Holy Pascha," *Greek Orthodox Theological Review* 37/1-4 (1992), 124.

2933) 참조. William Dykstra, "1 Corinthians 15:20-28, an Essential Part of Paul's Argument against Those

이와 같이 주님의 부활은 개인적, 교회적, 우주적 권능을 지닌다. 그 권능으로 승천과 재위를 통한 통치와 재림을 통한 통치의 완성이 이루어진다. 자신의 책의 결론 부분에서 오르(James Orr)는 부활의 의미를 다음과 같이 개진하는 바, 우리가 지금까지 논의한 부분을 일목요연하게 상기시킨다. 부활은 첫째, 예수 그리스도가 하나님의 아들이시며 그가 우리의 믿음의 대상이 되심을 증거한다. 이와 더불어 그를 믿음으로 우리가 누릴 불멸성 곧 영생을 또한 증거한다.[2934] 둘째, 부활이 예수 그리스도 자신의 대속주로서의 사역이었음을 공표한다. 그리스도의 부활은 대속을 완성하기 위하여 필연적인 일이었음이 이로써 증거된다. 부활은 그리스도의 대리적 속죄의 의를 받아들이시는 아버지의 공식적인 인치심이다. 그것은 그가 교회의 머리로서 만유의 주가 되심에 대한 선포이다. 이를 믿음으로써 성도는 자기 자신도 그리스도와 함께 부활할 것이라는 소망을 지니게 된다. 그러므로 그리스도의 부활은 "대속 교리의 필요불가결한 부분"(an integral part of a doctrine of Redemption)이 된다.[2935]

[사실상 부활을 부인하는 입장]

그리스도의 부활은 역사상 일어났던 구속사적 사건으로서 실제적이며 실체적인 역사성을 지닌다. 그것은 단지 신적 합일(合一)이나 고양(高揚)의 염원이나 의식(意識)을 표출한 역사적 고안이 아니다. 슐라이어마허는 기독교의 핵심을 그리스도의 신의식—그리스도의 자신 안에 계신 하나님의 존재에 대한 의식—이라고 보기 때문에 부활이나 승천이나 재림이 구속의 교리와 어떤 연관도 갖지 않는다고 여김으로 사실상 그리스도의 승귀에 대한 교리를 거부하였다.[2936]

슐라이어마허와 다를 바 없이 바르트 역시 그리스도가 하나님이시라는 사실보다 그리스도 안에 하나님이 계시다는 사실("Gott war in Christus")에 주안점을 두고 부활을 다룬다. 그러나 부활을 특정한 사건으로 여기지 않는 슐라이어마허와는 달

Who Deny the Resurrection," 211.

2934) Orr, *The Resurrection of Jesus*, 268-274.

2935) Orr, *The Resurrection of Jesus*, 274-286, 인용 284.

2936) Schleiermacher, *The Christian Faith*, §99.1 (CG 2.95-97).

리 그것을 "새로운 하나님의 행위"(der neuen Tat Gottes)라고 여긴다. 다만 이를 죽음과 구별되는 것으로 보지 않고 죽음을 "넘어섬"(Jenseits)의 "사건"(Ereignis)으로 파악한다.2937) 여기서 "넘어섬"이라는 말이 사용된 것은 부활이 십자가의 죽음의 실체를 밝히는 "하나님의 판결"(Gottesurteil)이 된다는 사실을 부각시키기 위해서이다.2938) 즉 주님의 부활로써 십자가의 죽음이 성육신을 통한 하나님의 아들의 낮아지심과 사람의 아들의 높아지심을 계시하는 명백하고 포괄적이며 결정적인 "계시사건"(Offenbarungsereignis)이 된다는 사실이 확정된다는 것을 부각시키기 위해서이다.2939)

바르트에 따르면, 성육신의 "비하"(Erniedrigung)는 인간 본질의 "승귀"(Erhöhung)가 된다. 그러나 이 사실이 부활의 "넘어섬"을 예기하며 십자가에서는 감추어진다.2940) 십자가(Kreuz)는 사람 예수의 전체 존재와 그 신적인 유사함과 활동에 대한 묘사이다. 십자가는 전체가 상세히 보이는 "표징"(Vorzeichen)이다.2941) 십자가는 사람의 아들이신 하나님의 아들이 결정적으로 존재하는 사건이다. 골고다의 가장 깊은 어두움 가운데 그는 아버지와 함께 하나가 되는 영광으로 들어가셨다. 하나님에 의해서 버림을 받는 그곳에서 하나님의 사랑을 받게 되셨다. 그것은 예수의 부활에 의해서 계시되는 새로운 비밀이다.2942) 절망의 상징이었던 십자가가 영원한 소망의 "상징"(Zeichen)이 되었다. 그것은 그의 과거의 현현으로부터 미래의 현현으로 나아가는 길, 우리가 그 도상에서 그를 만나는 길이었다.2943) 이와 같이, 부활은 십자가가 "새로운 시작"(Neuanfang)이라는 사실을,2944) 십자가의 어두운 표징이 "왕의 대관식"(戴冠式, Krönung)이라는 사실을 확정한다는 점에서 새로운 사건이다.2945)

이러한 바르트의 입장은 다음과 같은 오류를 담고 있다.

2937) Barth, *Church Dogmatics*, IV/1.297-299, 301 (*KD* IV/1.332, 327-330).
2938) Barth, *Church Dogmatics*, IV/1.309 (*KD* IV/1.341).
2939) Barth, *Church Dogmatics*, IV/2.140-141 (*KD* IV/2.157).
2940) Barth, *Church Dogmatics*, IV/2.100-103 (*KD* IV/2.110-114).
2941) Barth, *Church Dogmatics*, IV/2.249 (*KD* IV/2.276).
2942) Barth, *Church Dogmatics*, IV/2.252 (*KD* IV/2.279-280).
2943) Barth, *Church Dogmatics*, IV/2.254-255 (*KD* IV/2.171).
2944) Barth, *Church Dogmatics*, IV/2.291 (*KD* IV/2.323-324).
2945) Barth, *Church Dogmatics*, IV/2.290 (*KD* IV/2.322).

첫째, 바르트는 위격적 연합을 운운하면서도 그 주체를 제2위 성자 하나님이 아니라 세 존재방식으로 계시는 하나님이라고 여긴다.

둘째, 바르트는 승귀를 인식론적, 변증법적 고양으로 여길 뿐, 비하와 구별되는 역사상 상태(status)라고 보지 않는다. 그에게 있어서 그리스도의 부활은 성육신이 인성의 고양-하나님이 우리 안에 계심으로서의 구원-이 됨을 확정하는 하나님의 판결로서 새로운 사건이 될 뿐이다.

셋째, 바르트에 따르면, 십자가의 죽음이 대리적 무름의 의라는 사실을 인치는 부활의 구속사적 의미가 부인되며, 성도가 그리스도와 연합하여 그와 함께 죽고 그와 함께 사는 객관적 의의 전가가 자리할 곳이 없게 된다. 이는 구원의 의를 대리적 속죄의 값에서 찾지 않고 신적 본질에 참여하는 존재의 고양에서 찾기 때문이다. 바르트는 자신이 신앙의 유비(analogia fidei)에 서 있다고 주장하나 이런 점에서 존재의 유비(analogia entis)에 대한 철학적 전제에 머물러 있다. "하나님을 따라"(κατὰ θεόν) 지음을 받은 "새사람"(neuen Menschen)은 "하나님의 존재에 유비적인 사람으로서 존재한다"(existiert als Mensch analog zur Existenzweise Gottes)는 바르트의 말을 유념해야 한다.2946)

오늘날 부활에 관한 담론으로 가장 많이 인구에 회자되는 신학자 중의 하나인 판넨베르그는 바르트가 부활을 구원에 결정적인 의미를 지닌 새로운 사건이라고 보지 않고 십자가에서 완성된 역사의 계시에 불과한 것으로 여겼다고 비판하면서, 그가 초기 작품인 『로마서 주석』에서 "부활은 예수의 역사적인 전(全) 생애를 그 기원이 되는 하나님께 비역사적으로 관련시키는 것이다"라고 한 점을 들어 부활을 단지 "십자가의 의미의 표현"(der Ansdruck der Bedeutsamkeit des Kreuzes)이라고 본 불트만(Rudolf Bultmann)을 연상시킨다고 지적하고, 비록 후기에 기술된 『교회교의학』에서는 "계시사건"(das Offenbarungsgeschehen)을 언급하지만 그것이 "하나님께 기원을 둔 예수의 생애 전체에 비역사적인 관계"(die unhistorische Beziehung des ganzen Lebens Jesu auf seinen Ursprung in Gott)를 가진다고 하여 초기의 입장과 근본적으로 달라진 것이 없다고 비판한다.2947) 이러한 바르트의 입장은 그리스도의 죽음을 인

2946) Barth, *Church Dogmatics*, IV/2.166 (*KD* IV/2.185).
2947) Pannenberg, *Jesus-God and Man*, 111 (*GC* 109).

성이 영원에 이르는 마지막 행위라고 규정하고 부활은 새로운 사건이 아니라 죽음의 현현일 뿐이라고 본 라너(Karl Rahner)에게서도 발견된다고 또한 언급한다.2948)

판넨베르그는 부활하신 주님의 현현(der Erscheinungen)은 당시의 부활신앙이 투사되어 나타난 것도 아니고 어떤 주관적인 환상도 아니었다는 점을 지적하고, 그 증거들로서 부활하신 주님을 목도(目睹)한 많은 증인들(행 9:1-22; 22:3-21; 26:1-23; 갈 1:12, 16-17; 고전 15:1-11), 다시 사심으로 내려오신 곳으로 다시 올라가셔서 마지막에 다시 오신다는 사실에 대한 증언들(빌 2:9; 행 2:36; 5:30-31; 막 14:62), 빛과 소리를 통한 지각적 인식(갈 1:12; 고후 4:6), 빈 무덤(das leere Grab, 막 16:6)을 제시하면서,2949) 예수의 부활을 "하나의 역사적 사건으로서"(als ein historisches Ereignis) 파악하고자 하는 이상, 그것은 일반역사에 대한 통상의 접근법과 궤를 달리해서는 안 된다는 점을 강조한다. 판넨베르그는 "사도들의 부활절 신앙으로부터 부활절의 현현이 설명되는 것이 아니라, 역으로, 사도들의 부활절 신앙이 그 현현으로써 설명된다"고 말하는데,2950) 이는 성경에 계시된 주님의 부활이 절대적 역사성을 갖는다는 의미가 아니라 그것에 대한 역사적 인식이 그것을 역사화(歷史化)한다는 의미에서이다.

판넨베르그는 성경말씀에 대한 "직관"(Intuition)이나 "무조건적 확신"(das unbedingte Gewißheit)을 거론하면서 역사적 접근을 배제하는 것이 올바르지 않듯이,2951) 그것에 대한 역사적 접근을 하되 자연주의적 전제에 그것을 가두는 것 역시 그릇된 발상이라고 여긴다. 초자연적인 것은 비역사적이라는 전제 자체가 오류라는 것이다.2952) 이로부터, 부활의 "개연성"(Möglichkeit)에 대한 판단은 역사가의 몫이므로 그 가부(可否)를 예단하는 것은 바람직하지 않으며, "오직 종말론적 대망(待望)의 언어로만 표현할 수 있는 사건은 역사적으로 일어난 일로 주장되어야 한다"(Als historisch geschehen ist dann ein Ereignis zu behaupten, das nur in der Sprache der

---

2948) Pannenberg, Jesus-God and Man, 112 (GC 109).
2949) Pannenberg, Jesus-God and Man, 88-105 (GC 85-103).
2950) Pannenberg, Jesus-God and Man, 96 (GC 93).
2951) 판넨베르그는 이를 퀴네쓰(Walter Künneth)와 알트하우스(Paul Althaus)의 오류라고 지적한다.
2952) 판넨베르그는 이를 콘첼만(Hans Conzelmann)과 퀴네쓰(Walter Künneth)와 알트하우스(Paul Althaus)의 오류라고 지적한다.

eschatologischen Erwartung aussabar ist)는 논지가 제기된다.[2953] 역사 혹은 역사적 접근이 절대적이지는 않지만, "적어도 과거의 사건들에 대한 가장 근접하는 확신을(zu wenigstens annähernder Gewißheit) 얻기 위한 유일한 길은 역사적 고찰을 하는 데있다"는 것이 판넨베르그의 신념이다.[2954]

판넨베르그는 그리스도의 부활에 대한 보편사적 접근의 개연성에 기초해서 자신의 상승기독론을 개진하는 바, 무엇보다 그리스도가 부활하시기 전에 그의 부활에 대하여 선포된 말씀의 역사성에 주목한다. 학자들이 예수의 부활 이전의 선포 자체를 역사적 예수 연구의 기초로 삼는 경우,[2955] 그 자체가 아니라 그것이 고백의 형식으로 수립된 교회의 케리그마를 통하여 신앙의 [대상으로서의] 예수를 파악하고자 하는 경우,[2956] 그 선포와 더불어 그것을 이루는 행위를 함께 다룸으로써 묵시론적 전망을 확보하고자 하는 경우가[2957] 있으나, 케리그마와 역사를 함께 읽어내는 데까지는 이르지 못하고 있다고 비판하면서, 예수 자신의 말씀에 선포된 부활에 관한 케리그마는 사도들이 본 환상과는 달리 "미래의 결정(決定)에 대한 예기(豫期)로서"(als Vorwegnahme der künftigen Entscheidung) "선취(先取)적 구조"(die proleptische Struktur)로 나타난다고 강조한다.[2958]

판넨베르그는 예수의 선포에 나타나는 현재와 미래의 긴장은 예수의 주장에 함의된 예기적 성격 때문이라고 하면서, 사람들이 "나"를 인정하면 "인자"도 하나님의 천사들 앞에서 너희들을 인정하리라는 말씀에서 보듯이 미래에 오실 "인자"가 현재의 "나"로 표현되고 있는 경우를(마 10:32-33) 예시로 든다. 이러한 측면에서, "예수와 더불어, 마지막은 묵시적 작품들 가운데에서와 같이 미리 제시되었을 뿐만 아니라, 미리 사건이 되었다(im voraus Ereignis geworden)"고 말한다.[2959] 이렇듯 이러한

[2953] Pannenberg, *Jesus-God and Man*, 98 (GC 95).

[2954] Pannenberg, *Jesus-God and Man*, 99 (GC 97).

[2955] 이와 관련하여 엘러트(Werner Elert), 알트하우스(Paul Althaus), 브룬너(Emil Brunner), 고가르텐(Friedrich Gogarten), 디엠(Hermann Diem)이 거론된다. Pannenberg, *Jesus-God and Man*, 53-55 (GC 47-49).

[2956] 이와 관련하여 케제만(Ernst Käsemann)과 푹스(E. Fuchs)가 거론된다. Pannenberg, *Jesus-God and Man*, 55-58 (GC 49-51).

[2957] 이와 관련하여 보른캄(Günther Bornkamm)과 콘첼만(Hans Conzelmann)이 거론된다. Pannenberg, *Jesus-God and Man*, 58-60 (GC 51-55).

[2958] Pannenberg, *Jesus-God and Man*, 60-61 (GC 55).

[2959] Pannenberg, *Jesus-God and Man*, 61 (GC 56).

"예수의 선포에 대한 미래적 확정"(künftigen Bestätigung des Anspuches Jesu)을 하나님의 "미래의 결정"에 정초시키고,[2960] 그 가운데 예수의 "운명"(Geschick)을 역사적으로 통찰하고자 한다.[2961]

판넨베르그는 자신의 입장을 다음과 같이 정리한다.

요약컨대, 예수의 권위 주장 자체로 그에 대한 믿음이 정당화되었다는 가정은 근거가 없다. 반대로 부활절 이전에 있었던 예수의 권위 주장은 처음부터 자신의 메시지에 대한 미래의 입증 문제와 관계를 맺고 있었다. 그 메시지는 인자가 자신에 대한 사람들의 태도에 따라 행할 미래의 심판을 담고 있었다. 이와 같이 예수의 권위 주장에 대한 예기적 구조(die proleptische Struktur des Vollmachstanspruches Jesu)가 제시되었다. 이는 구약의 예언과 유비가 된다. 예수의 권위 주장 자체는—비록 그것이 그에 대한 "결정"(Entscheidung)을 내포하고 있다고 하더라도—기독론의 기초가 될 수 없다. 그러한 기독론이나 그것에 기초한 설교는 공허한 주장으로 메아리칠 뿐이다. 오히려, 모든 것은 예수의 주장과 그것에 대한 하나님의 확정 사이의 연결점에(nach dem Zusammenhang zwischen dem Anspruch Jesu und seiner Bestätigung durch Gott) 의지하고 있다.[2962]

판넨베르그는 상승기독론에 서서, 그리스도의 인격에 대한 논의는 차치하고, 보편사적 관점에서, 부활을 [역사적] 사건으로서가 아니라 역사[적 의미]로서 파악하고 있다. 그에 따르면, 역사는 사건을 전제하지 않는다. 오히려 역사가 사건의 전제가 된다. 곧 역사화가 아니라 사건화가 문제가 된다. 역사성은 사건이 아니라 사건화와 관련된다. 그의 관심사는 부활사건을 역사로서 파악하는 것이 아니라 부활의 사건화에 대한 역사적 명분을 부여하는 데 있다. 판넨베르그는 예수가 부활하셨다는 사실이 아니라 부활을 거론하는 사람들의 이해가 은유를 넘어서는 실체적인 의미를 지니며(살전 4:13-18; 고전 11:30; 15:6, 20, 51) 이전의 육체가 아니라 새로운 육체에 속한 새로운 삶을 사는 "본질적인 변화"(radikale Verwandlung)를 수반한다고(고전

2960) Pannenberg, *Jesus-God and Man*, 65 (GC 60).

2961) 참조. Pannenberg, *Jesus-God and Man*, 100 (GC 97).

2962) Pannenberg, *Jesus-God and Man*, 66 (GC 61).

15:35-56) 여기고,[2963] 부활하신 예수의 몸은 지각할 수 없고, 보이지 않고, 육체적이지 않으며, 하나의 육체가 아닌, 부활 전후에 있어서 물질적인 일체성을 갖지 않는 몸이라고 주장한다.[2964]

판넨베르그는 부활신앙이 묵시론적 대망에 기원하는 것은 사실이지만 바울의 시대에 이미 그러한 성격이 기독교의 전통에서 배제되었다고 본다. 이제는 부활을 주님의 재림이 아니라 주님과 하나가 되는 삶에 있다고 여기게 되었다는 점이 근거로 제시된다. 성경에 계시된 기독교적 혹은 구원론적 의미의 부활 개념은 영지주의자들이나 이방 철학자들이 말하는 "단지 하나의 재생"(再生, eine bloße Wiederbelebung)에 불과한 것이 아니라 "세상을 향한 개방"(Weltoffenheit) 혹은 "세상으로부터의 해방"(Umweltfreiheit)을 의미한다. 그것은 죽음 이전으로의 회복이 아니라 죽음을 넘어서는 새로운 존재로의 진입—"전인(全人)의 또 다른 실존 방식"(eine andere Daseinsweise des ganzen Menschen)—을 의미한다. 이러한 이해는 소망의 철학자라고 불리는 블로흐(E. Bloch)와 "넘어섬"을 부활의 본질로 본 바르트(Karl Barth)의 영향을 감지하게 한다.[2965] 판넨베르그에 있어서, 그리스도의 부활은 "사람의 숙명"(der menschlichen Bestimmung)이고 "당면한 운명"(betreffendes Geschick)이다.[2966]

이와 같이, 판넨베르그는 역사 혹은 역사에 대한 계시로부터 믿음으로 나아가는 것이 아니라 역사적 당위성에 대한 신뢰 혹은 신념으로부터 역사를 돌아보는 불트만의 궤적을 벗어나지 못하고 있다.[2967] 불트만은 예수를 "하나님의 행동 사건"으로서 그 안에 계신 하나님이 활동하시는 한 인간일 뿐이라고 여겼다.[2968] 판넨베르그는 일반역사를 신학에 도입하여 신학을 상대화함으로써 불트만의 자리에서도 기독교 역사를 신학적으로 논할 여지가 있음을 논증하는 데 몰두했다. 그의 작업은 불

2963) Pannenberg, *Jesus-God and Man*, 76 (GC 71).

2964) 이에 대해서, Norman L. Geisler, "The Significance of Christ's Physical Resurrection," *Bibliotheca Sacra* 146/582 (1989), 151-152.

2965) Pannenberg, *Jesus-God and Man*, 80, 84-85, 87 (GC 76, 80-82, 83).

2966) Pannenberg, *Jesus-God and Man*, 82, 84 (GC 85, 88).

2967) 판넨베르그의 역사비평적 방법론(a historical-critical method)에 대해서, Fred H. Klooster, "Historical Method and the Resurrection in Pannenberg's Theology," *Calvin Theological Journal* 11/1 (1976), 31-33.

2968) Rudolf Bultmann, *Essays Philosophical and Theological*, tr. James C. G. Greig (New York: Macmillan, 1955), 287. 불트만은 성경에 기록된 그리스도의 죽음과 부활은 그것이 지금 나에게 실존적 의미를 지니는 한에 있어서 "하나님의 행동 사건"이 된다고 여긴다. 참조. 김광식, 『조직신학(II)』, 295-296.

트만을 극복한 것도 부인한 것도 아니며, 나름대로 해석한 것이다. 판넨베르그에 따르면, 주님의 부활이 갖는 의미는 그 자체로부터가 아니라 그것에 대한 계시가 "언제나 예기적 요소를"(immer einen proleptischen Zug) 함의하며 "언제나 미래에 대한 개방성"(immer eine Offenheit auf die Zukunft)에 우리를 직면시킨다는 사실로부터 비롯된다.2969) 이러한 관점에서 판넨베르그는 주님의 부활이 지닌 "즉각적이고 고유한 의미"(die unmittelbar innewohnende Bedeutung)를 다음과 같이 개진한다.

a) 만약 예수가 부활하셨다면, 세상의 끝이 시작되었다.
b) 만약 예수가 부활하셨다면, 유대인에게 있어서 이것은 오직 한 가지 하나님 자신이 예수의 부활절 이전의 행위를 인증(認證)하셨다는 사실을 의미한다.
c) 죽은 자들 가운데서 부활하심으로써, 인자가 다름 아닌 다시 오실 사람 예수라는 사실이 명백하게 이해될 수 있으리 만큼, 예수는 인자와 밀접해지셨다.
d) 만약 죽은 자들로부터 부활하신 예수가 하나님께 올려지시고, 그리하여 만약 세상의 끝이 시작되었다면, 하나님은 궁극적으로 예수 안에서 계시되신다.
e) 십자가에 달린 자의 부활로서 예수의 종말론적인 부활이 이방 선교로 관심을 환기시키는 동기가 되었다.
f) 특별히 마지막 결과는 부활하신 주님의 현현과 그에 의해서 선포된 말씀 사이의 관계에 빛을 던져준다. 초대교회의 전통이 부활하신 주님의 말씀이라고 전한 것은 부활 자체의 고유한 의미에 대한 해석으로서 그것이 지닌 내용에 따라서 이해되어야 한다.2970)

여기에서는 그리스도의 부활이 전제되지 않고 가정되어 있다. 그것이 이전의 행위를 인증한다고 하지만 그렇게 인식된다는 뜻일 뿐 어떤 구속사적 의미도 갖지 않는다. 그러므로 신인양성의 위격적 연합에 따른 비하와 승귀를 통한 대리적 속죄 사역이 인정될 여지가 없다. 그리스도의 부활이 역사로도, 사건으로도, 역사적 사건으로도 전제되지 않기 때문에 "역사적 믿음"(fides historica)과 "구원적 믿음"(fides

---

2969) Pannenberg, *Jesus-God and Man*, 108 (GC 105).
2970) Pannenberg, *Jesus-God and Man*, 67-73 (GC 62-69).

salvifica)의 상관관계를 논하는 것이 아무 의미가 없다. 서로가 서로를 전제하는 순환론이 존재할 뿐이기 때문이다. 성경말씀 자체가 역사라는 것을 전제함이 없이 부활의 "역사성"(die Historizität)을 말하는 것 역시 아무 의미가 없다.[2971] 절대적 속성은 절대적 존재를 전제하며, 그 경륜 역시 절대적이기 때문이다.[2972] 그리스도의 부활은 그가 십자가에서 다 이루신 의를 인치는 사건이다. 십자가의 죽음이 그러하듯이 그것은 역사적 사건이며 역사적 계시이다. 그러므로 이를 전제하지 않는다면 십자가의 죽음이 헛되고 복음도 헛되다. 십자가와 부활을 연결하는 "이러므로"(διὸ)는 (빌 2:9) 두 가지 역사적 사건이 함께 구원의 역사를 이룸을 말하고 있기 때문이다. 그러므로 부활의 역사성을 말하고 있지만 부활이 계시로서 역사라는 사실을 사실상 부인하는 판넨베르그에게는 십자가의 대리적 속죄와 부활의 인침이 자리할 곳이 없게 된다.[2973] 이러한 오류는 그가 성육신을 신인양성의 위격적 연합으로 여기지 않고 부활의 때에 가서야 비로소 그리스도의 신성이 확정된다고 보는 상승기독론의 근원적 오류에 빠져 있기 때문이다. 그의 입장이 다음 말에 잘 드러난다.

> 예수는, 이 사람으로서, 이 특별하고 역사적인 사명과 이 특별한 운명을 지닌 이 특별하고 고유한 상황 가운데 있는 사람으로서, (영에 따른, κατὰ πνεῦμα) 죽은 자들 가운데서의 그의 부활이라는 관점에서, 이 사람은 단지 한 사람이 아니므로, 하나님과 함께 계시며, 그리하여 하나님이시다.[2974]

여기에서 판넨베르그는, 부활이 증거하는 바, "이 사람"(dieser Mensch) 예수가 하나님이신 것은 그가 하나님과 함께 계시기 때문이라는 논법을 편다. 곧 예수는 "하나님과 함께 하시는 사람"이시니 하나님이시라는 것이다. 이는 정통적인 가르침에 전적으로 배치된다. 예수가 하나님이신 것은 그가 '하나님과 함께 계시는 하나님'이시기 때문이다(요 1:1). 예수는 하나님이시니 하나님과 함께 계시지, 하나님과 함께

[2971] 다음 글에서 저자는 판넨베르그가 견지하는 순수한 역사적 방법론만으로는 부활의 "실제"(reality)를 파악할 수 없다고 결론을 맺는다. Herbert Burhenn, "Pannenberg's Argument for the Historicity of the Resurrection," *Journal of the American Academy of Religion* 40/3 (1972), 379.

[2972] 이는 삼위일체내적(內神的) 필연성을 의미한다.

[2973] 참조. Pannenberg, *Jesus-God and Man*, 108–114 (GC 106–112).

[2974] Pannenberg, *Jesus-God and Man*, 323 (GC 334).

계시니 하나님이신 것은 아니다. 하나님과 동일본질이신 하나님으로서 예수는 하나님과 함께 계시는 제2위 성자 하나님이시다. 그가 사람이 되셔서 우리를 위하여 죽기까지 고난을 당하시고 부활하셨다. 판넨베르그는 이를 거꾸로 세워, 예수가 부활하셨으니, 하나님과 함께 계시고, 그러하시니 하나님이시라고 여긴다. 판넨베르그는 그리스도의 부활로 상승기독론의 지주(支柱)를 세우고자 하나, 오히려 상승기독론의 막(幕)에 부활조차 질식시켜 버린다.

4. 2. 승천(ascensio)

승천은 마가에 의해서 기록되었으며, 누가는 이를 복음서와 사도행전에서 이중으로 전한다. 그 가운데, 누가복음은 "승천하신(ἀνελήμφθη) 날까지의 일"이, 사도행전은 그 이후의 일이 다루어진다(행 1:2).[2975] 그러나 승천은 '들어 올리다'라는 뜻의 'ἀναλαμβάνω'(막 16:19; 행 1:2, 11, 22), 'ἀναφέρω'(눅 24:51), 'ἐπαίρω'(행 1:9)가 수동형으로 사용되거나, '떠나다'는 뜻의 'διΐστημι'(눅 24:51), '가다'는 뜻의 'πορεύομαι'(요 14:2, 12; 16:28; 벧전 3:22), 'ὑπάγω'(요 16:5, 10, 17), 'ἔρχομαι'(요 17:11, 13; 히 6:20), '올라가다'라는 뜻의 'ἀναβαίνω'(엡 4:8, 9; 요 6:62; 요 20:17), '들어가다'는 뜻의 'εἰσέρχομαι'(히 9:24), 'διέρχομαι'(히 4:14) 등이 능동형으로 사용된다. 그리하여 그것이 아버지의 일이면서 아들 자신의 일이라는 것을 말해준다. 부활과 다를 바 없이 승천은 삼위일체 하나님의 동사(同事)나 그 주체는 제2위 성자 하나님이시다.[2976] 주님은 재위와 재림을 예언하심으로 승천을 전제하셨으며(마 26:64), 제자들에게 자신이 하늘로부터 오셨으며 하늘로 돌아가신다는 사실과 그것이 유익이라는 사실을 반복해서 말씀하셨다. 승천은 '위로 올라가다', '하늘로 올라가다', '[하늘] 성소에 들어가다' 등에서 보듯이 장소를 특정해서 대부분 표현되며, '지극히 높아지시다'(빌 2:9), '지극히 높은 곳[하나님 보좌 우편]에 앉으시다'(히 12:2; 계 14:14; 22:1) 등에서 보듯이 재위의 시작으로서도 자주 드러난다. "만물을 회복하실 때까지는 하늘이 마땅히 그를 받아 두리라"는 말씀도(행 3:21) 이를 전하고 있다.

[2975] 참조. Berkhof, *Systematic Theology*, 350.
[2976] 참조. Bavinck, *Reformed Dogmatics*, 3, 445.

승천의 주안점은 "천상의 영광스러운 상태"(status gloriosus, coelestis)로의 "변화"(μεταβολή)가 아니라 "장소의 이동"(φορά)에 있다. 그것은 "위로"(sursum) 올라감을 뜻하므로, "ἀνάστασις" 혹은 "ἀνάληψις"라고 불린다.2977) 그러므로 승천 후 어느 시점에 신인양성의 속성의 실제적, 실체적 교통을 통하여 그리스도의 몸의 편재가 그의 뜻에 따라 사용되거나("κλῆσις") 사용되지 않거나("χρῆσις") 할 수 있다고 주장하는 루터파의 이해는 성경의 가르침과 양립될 수 없다.2978) 툴레틴(Franscis Turretin)이 말하듯이 주님은 "장소적으로, 가시적으로, 육체적으로"(localiter, visibiliter, et corporaliter) 승천하셨다.2979)

첫째, 그의 승천은 "장소의 이동을 통한"(per motum localem) 것이었다.2980) "참되고 실제적인 장소의 옮김"이 있었다. 주님은 제자들을 "떠나 하늘로 올려지셨다"("διέστη ἀπ᾽ αὐτῶν καὶ ἀνεφέρετο εἰς τὸν οὐρανόν", 눅 24:51). 이를 두고 제자들에게 "다시 세상을 떠나 아버지께로 가노라"(πάλιν ἀφίημι τὸν κόσμον καὶ πορεύομαι πρὸς τὸν πατέρα)고 하셨다(요 16:28). 그는 "모든 하늘 위에 오르신 자"(ὁ ἀναβὰς ὑπεράνω πάντων τῶν οὐρανῶν)(엡 4:10), "하늘보다 높이 되신 이"(ὑψηλότερος τῶν οὐρανῶν γενόμενος)시다(히 7:26). 여기서 말하는 "하늘"은 구체적으로 그 위치를 지정할 수는 없지만 "공간의 특정한 부분"(a definite portion of space)을 뜻한다.2981)

둘째, 주님은 가시적으로 승천하셨다. 주님은 "그들이 보는데(βλεπόντων) 올려져 가셨다." 그들은 그가 구름에 가려 보이지 않게 되었을 때에도 "자세히 하늘을 쳐다 보고(ἀτενίζοντες) 있었다." 그 때 사람들은 그가 "올라가심을 본(ἐθεάσασθε) 그대로 오시리라"고 한 "흰 옷 입은 두 사람"의 소리를 들었다(행 1:9-11).

셋째, 주님은 몸이 승천하셨다. 그가 "어디로부터"(a quo) "어디로"(ad quem) 옮기심은 전인격적인 일이었다. 신인양성의 위격적 연합 가운데 계신 인격이 승천의 주

2977) Heppe, *Reformed Dogmatics*, 500-501.

2978) Heppe, *Reformed Dogmatics*, 502. 마스트리히트(Petrus Van Mastricht)의 비판에서 재인용.

2979) Turretin, *Institutio Theologiae Elencticae*, 13.18.3 (2.322).

2980) Turretin, *Institutio Theologiae Elencticae*, 13.18.1 (2.321).

2981) Hodge, *Systematic Theology*, 2.630-631. 핫지에 따르면, 성경에서 "하늘"은 1) 대기권, 구름과 새가 있는 곳, 비가 오는 곳, 2) 별 곧 천체, 3) 높임을 받은 어떤 상태(엡 2:6), "천국"(빌 3:19-20), 4) 하나님과 천군과 천사가 계신 곳, 주님 오신 곳(요 14:2) 등으로 사용된다. 이를 염두에 두기는 하되 주님이 올라가신 "하늘"을 일의적으로 다룰 수는 없다는 점을 지적하면서, 그것이 장소의 이동이라는 점을 분명히 해야 한다는 것을 강조한다.

체시다. 부활하셔서 영혼과 육체의 몸을 다시 지니신 주님이 또한 신성 가운데 승천하셨다. 그는 인격적이며 실제적으로 공간을 이동하여 올라가셨다. 그가 올라가신 "하늘"(coelum)은 "풍유적"(allegoricum)이지 않으며 "장소적"(locale)이다.[2982]

> 다름 아닌 내려오셨던 분이 본성이 아니라 인격에 따라서 또한 올라가셨다(엡 4:10). 그 가운데, 신성은 내려오셨으며, 인성은 올라가셨다. 실로 전자는 은유적이며 비유적으로 그리하였다. 왜냐하면 이를 달리 표현할 수 없기 때문이다. 그러나 후자는 고유하게 그리고 지역적으로 그리하였다. 그리하여 진정 이전에 없었던 하늘에 있게 되고 이전에 있었던 땅에는 더 이상 없게 된다.[2983]

그리스도가 하늘에 올라가심은 보혜사 성령을 내려주시기 위함이셨다. 그것이 성도에게 유익이 되었다(요 16:7). 그는 거처를 예비하러 하늘에 올라가셨다. 그리하여 그와 함께 우리를 거하게 하시고자 하셨다(요 14:2). 하늘에 오르사 보혜사 성령을 부어주심으로써(행 2:33) 우리가 그를 알고 그와 함께 형제와 자녀와 상속자로 하나가 되어 살게 하고자 하셨다(요 14:20; 고후 13:5; 히 1:21; 롬 8:17; 갈 2:20; 빌 1:21; 2:13; 골 1:29; 요일 4:4). 보혜사 성령을 부어주심이 그리스도의 통치방식이다. 그의 영이 임하여 그 영의 소욕대로 사는 것이 통치를 받는 것, 곧 그의 피치자(被治者)가 되는 것이다. 이 일이 승천으로 시작되었으며, 재위로 계속된다. 이러한 통치의 장(場)이 하나님의 왕국(regnum Dei)이므로, 그것은 또한 그리스도의 왕국(regnum Christi)이라고 일컫는다. 이러한 통치는 그리스도가 하늘 성소에 들어가심으로써, 곧 승천으로써 시작되었다(히 9:11-12, 24; 10:12). 승천하신 그리스도가 내려주신 보혜사 성령의 임재로 우리가 "성소에 들어갈 담력을 얻게" 된다(히 10:19). "그가 항상 살아 계셔서" 우리를 위하여 간구하시기 때문이다(히 7:25). 승천은 이렇듯 그리스도가 우리의 "큰 대제사장"으로서(히 4:14) "구원의 창시자"시자 "구원의 근원"이 되실 뿐만 아니라 우리를 위하여 하늘의 처소를 예비하시고 보혜사 성령을 내려주심

2982) Turretin, *Institutio Theologiae Elencticae*, 13.18.5, 9 (2.322, 323).

2983) Turretin, *Institutio Theologiae Elencticae*, 13.18.9 (2.323): "Idem qui descendit, etiam ascendit, Eph. iv. 10, quoad personam, sed non quoad naturam; Nam divina descendit, sed humana ascendit; illa quidem metaphorice et figurate, quia aliter non potuit, ista vero proprie et localiter; ut sit vere in coelis, ubi antea non erat, ut non amplius est in terris ubi antea fuerat."

으로써 우리를 다스리시는 계속적 중보를 감당하심을 선포한다(히 7:25; 롬 8:34).2984)

승천은 십자가에서 죽으심으로 모든 의를 다 이루신 주님이 부활하신 후 하늘에 오르사 영광 가운데 그 의를 전가해주심으로써 중보적 통치를 시작하심을 뜻한다.2985) 이러한 의미에서 칼빈은 주님이 하늘에 오르사 보혜사 성령을 보내주심으로써 우리 안에 들어오셔서 이전보다 "더욱 현존하는 능력으로"(praesentiore virtute) 우리를 다스리시기 때문에 "그리스도 자신의 왕국이 참으로 복되게 시작되었다"(regnum suum vere auspicatus est)고 말한다.2986)

승천하심으로 그리스도는 세상의 끝까지 우리와 함께 하신다는 그의 약속을 성취하셨다. 그의 몸이 모든 하늘 위에 오르심에 따라서 그의 권능과 힘이 하늘과 땅의 모든 경계 너머로 퍼지고 전파되었다.2987)

여기에서 칼빈은 승천하신 주님이 "만물 위에 교회의 머리"(caput ecclesiae supra omnia)로서 통치를 시작하셨다는 점을 부각시킨다.2988) 승천을 다룸에 있어서 그리스도의 머리되심을 강조하는 것은 칼빈으로부터 비롯된 것이 아니었다. 초대교회

2984) 참조. Berkhof, *Systematic Theology*, 351. 다음 글에서 저자는 승천에 관련한 성경의 증거를 네 가지로 분류하여 소개한다. 첫째, 승천에 대한 구체적인 언급 없이 고양된 주님의 주권을 전하는 경우이다. 대부분의 바울의 증거와(고전 15:25; 살전 4:17; 롬 8:34; 빌 2:9; 골 3:1) 요한계시록에서(계 1:7; 3:21) 이를 발견할 수 있다. 둘째, 승천을 어떤 특정한 시간에 일어난 사건으로 언급하지 않고 순수하게 신학적으로 확정하는 경우이다(행 5:30; 엡 4:8-9; 벧전 3:22; 히 1:3; 6:19; 8:1; 10:12; 딤전 3:16; 요 3:13; 12:32; 6:62). 셋째, 누가가 산에서 변화되신 주님이 "별세하실 것을"(τὴν ἔξοδον αὐτοῦ) 말씀하신 것과(눅 9:31) "승천하실 기약"(τὰς ἡμέρας τῆς ἀναλήμψεως)이 가까워오자 예루살렘으로 올라가고자 결심하셨다는 사실을(눅 9:51) 전하는 경우이다. 넷째, 승천을 특정한 시간에 일어난 사건으로 언급하는 가운데 신학적으로 확정하는 경우이다(막 16:9; 눅 24:51; 행 1:9-11). John F. Jansen, "Ascension, the Church, and Theology," *Theology Today* 16/1 (1959), 19-22.

2985) 다음에서 저자는 승천의 의미를 세 가지로 논한다. 첫째, 주님이 영화로운 상태로 들어가시는 것이다(요 12:23, 28; 13:31-32; 17:1, 4-5, 22, 24). 둘째, 신성의 충만함 가운데 그의 백성을 축복하며(엡 1:22-23) 만물에 충만하셔서 그것들을 운행하고 붙드시는 것이다(엡 1:3, 10, 22-23, 4:9-16; 골 1:15-20; 2:9-10). 셋째, 하나님의 대적을 심판하시고 정복하시는 것이다(마 18:23; 22:11; 눅 14:31; 요 16:8, 11). William Milligan, *The Ascension and Heavenly Priesthood of Our Lord* (London: Macmillan & Co., 1892), 39-40, 43-49. Peter Toon, "Historical Perspectives on the Doctrine of Christ's Ascension, Pt 2: The Meaning of the Ascension for Christ," *Bibliotheca Sacra* 140/560 (1983), 294-296에서 재인용.

2986) Calvin, *Institutio*, 2.16.14 (CO 2.381-382).

2987) Calvin, *Institutio*, 2.16.14 (CO 2.382): "……qua [ascensione] ut corpus supra omnes coelos elevatum est, ita virtus et efficacia ultra omnes coeli ac terrae fines diffusa propagataque est."

2988) Calvin, *Institutio*, 2.16.15 (CO 2.382-383).

이후 크리소스톰, 어거스틴, 고백자 막시무스, 토마스 아퀴나스 등의 주요한 신학자들에게서 또한 이 점이 발견된다.[2989] 닛사의 그레고리는 이러한 주님의 머리되심을 그가 성도들을 열매 맺게 하시는 첫 열매가 되신다는 사실에서 찾는다.[2990] 다만 칼빈에게 있어서 주목되는 것은 승천하신 주님이 선지자, 제사장, 왕의 삼중직(munus triplex)을 지금도 계속적으로 수행하신다는 사실을 강조한 점이다.[2991] 이러한 입장은 칼빈을 잇는 개혁신학자들에게도 전승되었다.[2992] 주님의 승천은 부활로 인침을 받은 십자가의 죽음의 효력이 비로소 작용하는 통치의 시작으로서,[2993] 이로부터 재위의 계속적 통치가 비롯되었다. 재위가 하나님의 보좌 우편에 '앉아계심'이라면 승천은 그곳에 '오르심'이다(마 22:44; 26:64; 막 16:19; 행 2:25; 2:33; 7:55-56; 롬 8:34; 엡 1:20; 골 3:1; 히 1:3, 13; 8:1; 10:12; 12:2; 벧전 3:22; 계 3:21).[2994]

이러한 승천의 특성을 박형룡은 "전위(奠位)의 문자적(文字的), 유형적(有形的), 경역적(境域的), 성질적(性質的), 천계적(天界的) 과도(過渡)였다"고 정리한다. 성육신하신 신인양성의 전(全) 인격이 주체이고, 단지 은유적이거나 비유적이지 않으며, 기록된 말씀 그대로, 가시적 형체로 보는 가운데서, 하늘의 영광에 합당한 모습으로, 장소적 이동을 뜻한다고 본 것이다.[2995] 서철원은 승천으로 "신인위격이 완전한 신

[2989] 참조. Peter Toon, "Historical Perspectives on the Doctrine of Christ's Ascension, Pt 3: The Significance of the Ascension for Believers," *Bibliotheca Sacra* 140/561 (1983), 16-19.

[2990] Toon, "Historical Perspectives on the Doctrine of Christ's Ascension, Pt 2: The Meaning of the Ascension for Christ," 297-298. 다음 글에서 저자는 주님의 하늘에서의 제사장 직분의 핵심이 그가 첫 열매가 되셔서 성도 각자를 열매 맺게 하시는 일에서 찾는다. Boris Bobrinskoy, "Ascension and Liturgy: The Ascension and High Priesthood of Christ in Relation to Worship," *St Vladimir's Seminary Quarterly* 3/4 (1959), 14-15. 그러나 저자는 이러한 직분이 단지 제사장직에 그치지 않고 왕직과 선지자직에 미침을—특히 왕직이 핵심이 됨을—간과하고 있다. 한편 바르트(Karl Barth)는 선지자직에만 관심을 갖고 인식론적 차원에서 승천의 의미를 다루는 데 그치고 만다. 그에게 있어서 승천은 우리가 하나님 자신의 말씀에 마주서는 변증법적 인식 과정의 마지막으로서 나타날 뿐이다. 이러한 비판에 대해서, Douglas Farrow, "Karl Barth on the Ascension: An Appreciation and Critique," *International Journal of Systematic Theology* 2/2 (2000), 127, 142-143.

[2991] 이에 대해서 전술한 본서 제10장 4. "그리스도의 삼중직"(munus triplex) 참조.

[2992] 개혁신학자들의 그리스도의 계속적인 삼중적 중보에 대해서, 참조. Toon, "Historical Perspectives on the Doctrine of Christ's Ascension, Pt 3: The Significance of the Ascension for Believers," 20-26. 여기에서는 왕직, 제사장직을 다루고 다음에서는 선지자직을 다룬다. Peter Toon, "Historical Perspectives on the Doctrine of Christ's Ascension, Pt 4: The Exalted Jesus and God's Revelation," *Bibliotheca Sacra* 140/562 (1983), 112-119.

[2993] Van Buren, *Christ in Our Place*, 82.

[2994] 참조. 서철원, 『기독론』, 161.

[2995] 박형룡, 『교의신학 기독론』, 209.

적 영광에로 복귀하셨음"을 강조한다. 그 영광은 하나님의 보좌 우편에 재위하시는 아들의 엄위를 뜻하는 것으로서, 부활하신 주님의 모습보다 더욱 큰 광채로 밧모섬의 사도 요한에게 현시되었다고(계 1:13-17) 여긴다.[2996]

승천하신 주님의 영광은 루터파가 주장하듯 인성의 신화(神化)로 말미암은 것이 아닐 뿐더러, 화란의 개혁신학자 반 룰러(A. A. van Ruler, 1908-1970)가 주장하듯 그 때에는 그리스도의 메시아직이 끝나고 성육신으로 인한 신인양성의 위격적 연합도 해소된 상태에서 새로운 성령의 사역이 있게 됨으로 말미암은 것도 아니다. 반 룰러는 승천으로 인하여 주님이 떠남으로써 이제는 그가 파송하신 "성령 안에 있는 의와 평강과 희락"으로 "하나님의 나라"가 통치된다는 점을 강조하면서(롬 14:17), 이전에는 그리스도의 통치가 현시되고 성령의 통치가 은닉되었으나 이제는 그 반대가 되었다는 점을 부각시킨다. 이러한 입장은 그리스도의 사역과 성령의 사역을 현상적으로는 연결시키나 보혜사 성령이 그리스도의 영이시라는 사실을 부정하는 그의 신학적 전제로부터 기인한다. 그가 필리오케(Filioque) 교리를 부인하는 것은 이러한 까닭에서이다.[2997]

삼위일체 하나님은 항상 함께 일하시되 성자를 주체로 구속사역을 마지막까지 이루신다. 승천하신 주님이 성령을 파송하심으로 다스리심은 성령을 주체로 삼고자 하심이 아니다. 성경이 보혜사 성령을 "그리스도의 영"(롬 8:9), "예수 그리스도의 성령"(빌 1:19), "주의 영"이라고(고후 3:17-18) 칭하는 것은 주님이 성령을 통하여 일하신다는 것을 의미하는 것임은 재론의 여지가 없다. 하늘에 오르신 주님은 만물을 충만하게 하시며(엡 4:10), 하늘과 땅과 땅 아래에 있는 모든 자들이 그 앞에 무릎을 꿇는다(빌 2:10). 그 안에 "모든 충만"(πᾶν τὸ πλήρωμα)이 있으므로, 그가 세상 만물과 사람들을 화목하게 하시며(골 1:19-22) 그들을 "사랑의 아들의 나라로 옮기셨다"("μετέστησεν εἰς τὴν βασιλείαν τοῦ υἱοῦ τῆς ἀγάπης αὐτοῦ", 골 1:13). 주님이 "떠나셨다"("διέστη", 눅 24:51). 주님이 산에서 변화되셨을 때 영광중에 모세와 엘리야가 나타나 그의 '떠나가심' 혹은 '옮겨가심,' 곧 "별세"(ἔξοδος)에 대해서 미리 말하였다(눅 9:31). 주님이 잡히시던 밤에 제자들에게, "내가 떠나가는 것이(ἵνα ἐγὼ ἀπέλθω) 너희

[2996] 서철원, 『기독론』, 159-160.

[2997] 이에 대한 논의에 관하여, Berkouwer, *The Work of Christ*, 213-222.

에게 유익이라 내가 떠나가지 아니하면 보혜사가 너희에게로 오시지 아니할 것이요 가면(ἐὰν δὲ πορευθῶ) 내가 그를 너희에게로 보내리니"라고 말씀하셨다(요 16:7).

주님이 성령을 파송하신다는 것은 단지 성령을 보내신다는 뜻이 아니라, 성령의 임재로 우리와 "함께"(παρά) 그리고 우리 "안에"(ἐν) 거하시면서 우리를 위로하시고, 우리를 위하여 대언하시며, 우리의 구원을 끝까지 이루신다는 것을 의미한다(요 14:17). 그리하여 바울은 "성령이 하나님의 뜻대로 성도를 위하여 간구하신다"고 하면서(롬 8:27), "죽으실 뿐 아니라 다시 살아나신 이는 그리스도 예수시니 그는 하나님 우편에 계신 자요 우리를 위하여 간구하시는 자시니라"고 선포하고 있다(롬 8:34).

여기에서 주목되는 바, 하늘에 오르셔서 보혜사 성령을 부어주시는 분은 우리를 위하여 죽으시고 부활하신, 한 분 동일하신 예수 그리스도이시라는 사실이다. 우리와 우리의 죄를 위하여 "화목제물"(ἱλασμός)이 되신 분이 우리에게 "대언자"(παράκλητος)-곧 "보혜사"-가 되신다는 사실이다(요일 2:1; 참조. 요 14:16). 주님이 부활하시고 승천하셔서 하나님의 보좌 우편에서 부어주시는 성령을 "또 다른 보혜사"(ἄλλος παράκλητος)라고 부르신 것은 자신이 그 성령을 통하여 일하시는 '원(原) 보혜사'이심을 드러내신 것이다(요 14:16). "우리에게 큰 대제사장이 계시니 승천하신 이 곧 하나님의 아들 예수시라"("Ἔχοντες οὖν ἀρχιερέα μέγαν διεληλυθότα τοὺς οὐρανούς, Ἰησοῦν τὸν υἱὸν τοῦ θεοῦ)고 히브리서 기자가 선포한 것은(히 4:14) 이러한 의미를 담고 있다.

승천은 죽으시고 부활하신 주님이 하늘에 오르사 보혜사 성령을 부어주심으로써 통치를 시작하심을 의미한다. 이러한 통치는 주님의 계속적 중보가 왕직에 미침을 의미한다. 주님의 통치는 신인양성의 위격적 연합 가운데 수행된다. 하나님의 엄위 가운데 영화롭게 되신 그리스도가 참 하나님이시자 참 사람으로서 하나님과 우리 사이를 중보하심이 주님의 통치이다. 주님의 왕직은 제사장직과 분리되지 않는다. 아들은 아버지의 뜻에 따라 모든 의를 다 이루시고 그것을 모두 우리의 것으로 전가해주심으로써 우리를 다스리신다. 주님의 통치방식은 자기 자신을 우리에게 주심에 있다. 주님은 자기 자신을 제물로 삼아 아버지께 드리심으로, 그 제물로 드려진 자기 자신을 우리에게 주셨다. 아버지께 드리심과 우리에게 주심이 각각 제사장직과 왕직의 본질을 대변한다. 주님은 '제사장-왕' 혹은 '왕-제사장'으로서 멜기세덱의 반차에 따르신다(히 7:1-28). 제사장으로서 우리 안에 있는 자신의 것으로써 아버지께 영광을 올리시고, 왕으로서 자신 안에 있는 하나님의 것으로써 우리를 영화롭게 하신다. 이러한 "중보적 송영"(a mediatorial doxology)은 오직 신인양성의 위격적 연합 가운데서, '왕-제사장'으로서, 승천하신 주님에 의해서, 보혜사 성령을 "통하여"(through) 수행된다. 이로 말미암아 우리는 그리스도와 "함께" 자녀이자 상속자 된 자들로서(롬 8:17), 그를 주라 시인하여 하나님 아버지께 영광을 올려드리는 자리에 서게 된다(빌 2:11). 그 가운데, 하나님은 또한 우리를 "그리스도 예수 안에서 함께 하늘에 앉히심"으로써 우리를 이끌어 "영광에 들어가게"(εἰς δόξαν ἀγαγόντα) 하신다(엡 2:6; 히 2:10).2998)

부활로 인침을 받은 죽음의 의가 승천으로 작용하게 되었다. 자질의 주입(infusio)이 아니라 의의 전가(imputatio)의 방식으로 그러하였다. 승천은 보혜사 성령의 파송을 통하여 자신이 우리 안에 영적으로 임재하심으로써 다스리시는 그리스도의 통치의 선포였다. "하나님이 오른손으로 예수를 높이시매"(τῇ δεξιᾷ οὖν τοῦ θεοῦ ὑψωθείς)(행 2:33) 그가 "참 것의 그림자인 손으로 만든 성소에 들어가지 아니하시고 바로 그 하늘에(εἰς αὐτὸν τὸν οὐρανόν) 들어가사([εἰσῆλθεν]) 이제 우리를 위하여 하나님 앞에 나타나시고(νῦν ἐμφανισθῆναι τῷ προσώπῳ τοῦ θεοῦ ὑπὲρ ἡμῶν)"(히 9:24) "약속하신 성령을 아버지께 받아서"(τήν τε ἐπαγγελίαν τοῦ πνεύματος τοῦ ἁγίου λαβὼν παρὰ τοῦ πατρός) "부어 주셨느니라"(ἐξέχεεν)(행 2:33)는 선포였다.

칼빈은 승천을 다루면서 인성의 신화(神化)를 통한 자질의 변화에 중점을 둔 루터와 루터파와는 달리 신인양성의 위격적 연합에 관한 정통적인 입장을 고수하면서 성경 말씀에 따른 '축자적 그러나 실제적 현존'(praesentia verbalis sed realis)에 착념하였다. 승천의 성례적 의미도 이러한 점에서 추구되었다.2999) 이는 어거스틴의 입장을 계승한 것이었다. 어거스틴은 부활하시고 승천하신 그리스도의 몸에는 완전한 "불멸성"(immortalitas)이 부여되었으나 인성에 고유한 "본성"(natura)은 버려지지 않았다고 지적하면서, 인성의 편재성(ubiquitas)을 부인하고 그는 하늘로 올라가실 때

2998) 참조. Sandra Fach, "The Ascended Christ: Mediator of Our Worship," in *The Person of Christ*, ed. Holmes and Rae, 160, 165-174.

2999) 이에 대한 소개로서 다음을 참조. 참조. Douglas Farrow, *Ascension and Ecclesia: On the Significance of the Doctrine of the Ascension for Ecclesiology and Christian Cosmology* (Edinburgh: T&T Clark, 1999), 173-180.

와 "동일한 육체의 형상과 실체 가운데"(in eadem carnis forma et substantia) 재림하실 것이라고 주장함으로써 이를 분명히 하였다. 그리고 "이 형상에 따라서 그것이 모든 곳에 퍼짐을 사유해서는 안 된다"(Secumdum hanc formam non est putandus ubique diffusus)고 단언하였다.3000) 같은 맥락에서, 폴라누스는 다음과 같이 말한다.

> 그리스도의 몸은 이제 땅에 없을 뿐 아니라, 더욱이 모든 곳에 있지 않다. 이제 그리스도는 자신의 몸으로 땅에 계시지 않으시지만 여전히 우리의 몸과 결합되시고 우리의 몸에 현존하신다. 다만 지역적으로 그리하시는 것은 아니다. 마치 각 사람의 머리가 있는 곳에 발들이 있는 것은 아니지만 그 머리는 고유한 방식으로 그 발들과 하나가 되듯이 그러하시다. 그리스도는 이렇듯 신성에 따라서 뿐만 아니라 인성에 따라서도 자신의 교회에 현존하신다. 그러나 머리가 하나가 되어 지체들을 살리듯이 영적으로 그리하신다.3001)

루터파는 승천을 장소적 이동이 아니라 "순수한 상태의 변화"(a mere change of state)에 치중해서 다룬다. 그리스도의 인성이 부활 전에는 신성의 속성들을 지니고 있었으나 이를 사용하거나 드러내지 않았는데 그 때에 비로소 그것들을 완전히 누리고 사용하기 시작하셨다는 점에 착안하여, 승천하신 그리스도는 "하나님으로서 뿐만 아니라 사람으로서 모든 곳에 현존하시며"(ubique non tantum ut Deus, verum etiam ut homo, praesens),3002) 하나님의 우편(dextera Dei)은 "어떤 특정한 장소가 아니다. 그것은 하늘과 땅을 채우는 하나님의 전능하신 능력에 다름 아니다"(non est certus aliquis······locus, sed nihil aliud est, nisi omnipotense Dei virtus, quae coelum et terram

---

3000) Hodge, *Systematic Theology*, 2.632-633. 여기에서 어거스틴의 글 재인용.

3001) *Syntagma Theologiae*, vi. 25 (Francofurti et Hanaviae, 1655), 762, a: "Ideo corpus Christi non est jam in terra, nedum ubique. Etsi autem Christus corpore suo non sit jam in terra, tamen est etiam conjunctus et praesens corpori nostro secundum carnem, sed non loco; sicut caput uniuscujusque hominis non est eo loco quo pedes, et tamen est illis suo modo unitum. Proinde adest Christus ecclesiae suae non tantum secundum divinam sed etiam secundum humanam naturam, verum spiritualiter, sicut caput membris, quibus unitum est et quae vivificat." Hodge, *Systematic Theology*, 2.633-634에서 재인용.

3002) "Forma Concordiae [Solida Declaratio](the Solid Declaration of the Formula of Concord)," 8.26. Hodge, *Systematic Theology*, 2.631에서 재인용.

implet)라고 일치신조에서 선언하였다.3003) 게르하르트(Johann Gerhart, 1582-1637)는 "실로 하나님의 우편은 어떤 유형적이고, 유한하며, 한정적이고, 명확한 장소가 아니라 무한한 하나님의 권세와 하늘과 땅 어디에나 현존하는 그의 엄위이다. 이는 하나님이 모든 것들을 지키시고 통치하시는 그 어디에나 현존하는 다스림이다" (Jam vero dextra Dei non est locus aliquis corporeus, circumscriptus, limitatus, definitus, sed est infinita Dei potestas ac praesentissima ejus majestas in coelo et terra, est praesentissimum illud dominium, quo Deus omnia conservat et gubernat)라고 하였다.3004) 여기에서 루터파가 말하는 ubiquitas는 단지 무한한 영향권을 뜻하는 것이 아니라 인성의 실체적 속성을 지칭한다.3005)

그리스도의 승천으로 성도가 누리는 은총은 그의 의를 전가받아 그와 함께 하나님의 면전에(coram Deo) 서는 데 있는 것이지, 자질의 고양을 통하여 직접적인 신교(神交)에 들어가는 데 있지 않다. 이레네우스의 총괄갱신(ἀνακεφαλαίωσις, recapitulatio) 사상을 교리적 근거로 삼아 심령을 끌어올림(sursum corda)이라는 개념을 편향되게 도입하여 그리스도의 승천을 인성의 신화(神化, divinization)와 신성의 인화(人化, humanization)를 통하여 성도가 하나님과 실체적이며 실제적으로 하나가 되는 길을 연 사건으로 파악하려는 입장이 제기되는 바, 이는 성경의 가르침과 배치되는 것으로 받을 수 없다.3006)

이러한 입장은 성령의 새로운 작용으로 그리스도가 새로운 존재방식을 취하셨듯이 성도도 그로 말미암아 그러한 자리에 서게 된다는 해묵은 영-기독론(Spirit-

---

3003) "Forma Concordiae [Solida Declaratio](the Solid Declaration of the Formula of Concord)," 8.28. Hodge, *Systematic Theology*, 2.632에서 재인용.

3004) Hodge, *Systematic Theology*, 2.632에서 재인용.

3005) Hodge, *Systematic Theology*, 2.631-632.

3006) 이레네우스가 주장하는 총괄갱신설은 다음과 같다. 하나님의 말씀은 그 안에 모든 것들을 내포하고 계신다. 성육신은 다만 그 보이지 않는 것들을 보이게, 그 붙잡을 수 없는 것들을 붙잡을 수 있게, 그 고난받을 수 없는 것들을 고난받을 수 있게, 하나님이 사람이 되셨다는 것을 의미할 뿐이다. 새로운 것은 없으며 이미 있던 것이 그대로 드러나는 새로운 사건이 있을 뿐이다. 재림도 같은 방식으로 설명된다. 이는 마지막 날 주님이 오셔서 이전의 모든 것들을 그대로 드러내신다는 뜻 외에는 없다. 주목할 것은 여기에서 모든 피조물과 다를 바 없이 하나님 말씀 자체도 동일하게 다루어진다는 점이다. 성육신과 재림은 이전의 주님이 동일하신 분으로서 각각의 때에 맞게 드러나심과 관계될 뿐이다. 주님의 경우도 새로운 것은 없고 새로운 사건만 있다. 이와 관련해서 다음 참조. Behr, "The Paschal Foundation of Christian Theology," 134-136.

Christology)의 발상으로서 양자론의 폐해에 고스란히 노출된다.3007) 주님의 승천을 한 인간에 미치는 새로운 단계의 성령의 역사 정도로 치부해서, 단지 "보라 이 사람이로다"(Ἰδοὺ ὁ ἄνθρωπος, Ecce homo)는 빌라도의 말에(요 19:5) 머물러서는 안 된다.3008) 승천의 주체는 참 하나님이시자 참 사람이신 한 분 동일하신 예수 그리스도 자신-곧 인격 혹은 위격-이시기 때문이다. 그러므로 그리스도의 인성에만 치중하여 승천을 그것이 하나님과 교제하고 그의 영광에 동참하는 것으로 여기고,3009) 부활과 승천을 구속사적 성취를 위한 두 가지 사건이 아니라 하나의 동일한 사건에 대한 두 가지 분리할 수 없는 순간들로-즉 원인(terminus a quo)과 결과(terminus ad quem)로-바라보는 바르트(Karl Barth)의 견해는 그릇되다.3010) 역사상 부활이 아니라 부활의 역사적 의미를 신학의 대상으로 여긴 불트만(Rudolf Bultmann) 역시 말할 나위가 없다.3011) 왜냐하면 부활이 없이는 승천이 있을 수 없기 때문이다.

결론적으로, 승천의 의의는 핫지가 말한 다음 네 가지로 그 의미가 환기된다.

첫째, "그는 하늘로부터 오셨다. 하늘은 그의 집이다."

둘째, "우리의 대제사장으로서 그가 자기 자신을 제물로 드리시고 하늘을 통하여 지나가신 후 우리를 위하여 하나님 앞에 나타나시기 위하여 그것이 필요불가결하다."

셋째, "구속이 획득될 뿐만 아니라 적용되기 위하여(not only be acquired but applied) 그것이 필요불가결하다." 주님은 자신이 올라감이 보혜사 성령을 내려주시기 위함이므로 유익하다고 하셨다(요 16:7). 그는 회개와 죄사함을 베푸시고 모든 민족을 마지막 날까지 모으시기 위하여 하늘로 올라가셨다.

넷째, 그는 우리를 위하여 장소를 예비하러 가셨다. 그리하여 자신이 계신 곳에 우리가 있게 하려 하셨다(요 14:2-3). "이렇듯 승천은 그의 사역의 완성을 위하여 필요불가결하다."3012)

3007) 이러한 입장을 개진하는 다음 글 참조. Farrow, *Ascension and Ecclesia*, 52-58, 63-66.

3008) Farrow, *Ascension and Ecclesia*, 267-273.

3009) Barth, *Church Dogmatics*, IV/2.153 (KD IV/2.171).

3010) Barth, *Church Dogmatics*, IV/2.150 (KD IV/2.167-168).

3011) Bultmann, *Theology of the New Testament*, 1.45.

3012) Hodge, *Systematic Theology*, 2.634-635.

4. 3. 재위(sessio)

하나님의 보좌 우편에 앉으심 곧 재위(在位)는 부활, 승천과 연속선상에 있지만 분명히 다른 사건으로서 구별된다(행 2:33, 35; 벧전 3:21-22; 롬 8:34). 주님은 이 일을 미리 알리셨다(마 19:28; 25:31; 막 12:36; 14:62).[3013] 재위는 승천의 연장선에 있으며 시간적으로 그것에 후속(後續)한다. 그러므로 재위를 승천의 본질과 같이 여겨서 주님이 하늘로 올라간 부활 후 40일 만의 사건보다 보혜사 성령의 강림이 있었던 50일 만의 사건이 더욱 중요하다고 주장하는 것은 무의미하다.[3014] 폴라누스는 주님의 재위를 다음과 같이 설명한다.

> 그리스도의 하나님 우편에 앉으심은 그리스도의 인성에 하나님과 동일한 능력과 엄위가 실제로 교통되어 다스림에 있어서 아버지와 동등하다는 것이 아니다. 그것은 신인(神人)으로서 그리스도의 승귀의 최고의 단계이다. 왜냐하면 이제 그가 영광 가운데 선지자, 제사장, 왕의 직분을 수행하기 위하여 모든 천사들과 모든 피조물들 위에 있는 하늘에 위치하고 계시기 때문이다.[3015]

여기에서 다음 네 가지가 제시된다. 첫째, 재위의 주체는 그리스도의 신인양성의 인격이다. 둘째, 그는 선지자, 제사장, 왕의 직분을 계속적으로 수행하신다. 셋째, 재위 가운데서의 다스림은 삼위일체 하나님의 본래의 왕권이 아니라 성육신한 그리스도의 중보적 왕권이다. 넷째, 이는 승귀의 최고의 단계이다.

첫째, 재위의 주체는 성육신하신 그리스도 자신, 곧 신인(神人)의 위격이다. 툴레틴에 따르면, 비하와 승귀의 모든 양상이 그러하듯이 재위도 "본성이 아니라 인격과 관련된"(quoad personam, sed non quoad naturam) 사건이다.[3016] 그것은 "양성에 따른 그리스도의 인격에 고유하게 속한다"(proprie Personae Christi competere secundum

---

[3013] 참조. Bavinck, *Reformed Dogmatics*, 3.446.
[3014] 이러한 입장을 취하는 경우로서. Joseph A. Fitzmyer, "The Ascension of Christ and Pentecost," *Theological Studies* 45/3 (1984), 437-440.
[3015] Heppe, *Reformed Dogmatics*, 503에서 재인용.
[3016] Turretin, *Institutio Theologiae Elencticae*, 13.18.9 (2.323).

utramque naturam).³⁰¹⁷⁾ 재위도 삼위일체 하나님의 동사(同事)지만 "[구속의] 경륜이 [성자의] 중보자 직분에"(Officii Mediatorii administratio) 돌려진다.³⁰¹⁸⁾ 그것은 본성이 아니라 인격과 관련해서 "주체적으로"(subiective) 그리고 "지시적으로"(denominative) 파악되어야 한다. 왜냐하면 그 주체는 본성의 추상(abstractum)이 아니라 인격의 구체(concretum)이기 때문이다.³⁰¹⁹⁾

핫지는 재위를 다루면서 "승귀의 주체는 특별히 구별되는 로고스도 아니고 배타적인 인성도 아닌 신인의 인격이다"(not the Logos specially or distinctively; not the human nature exclusively; but the theanthropic person)라고 단정한다. "모든 이름 위에 뛰어난 이름"을 부여받으신 "하나님의 본체"시자 "종의 형체"를 지니신 분(빌 2:6-11), "하늘과 땅의 모든 권세"를 지니시고 만물을 그 발 아래에 복종하게 하시고 교회의 주요 우주의 통치자가 되시는 분(마 28:18; 엡 1:20-22; 시 2:6-9; 8:6; 45:1-17; 72:1-17; 110:1-6; 사 9:67; 단 7:14; 히 2:8; 고전 15:27), "만물을 붙드시며 죄를 정결하게 하는 일"을 행하시는, "하나님의 영광의 광채시요 그 본체의 형상"이신 제2위 성자 하나님의 위격적 존재(subsistentia), 곧 성육신한 하나님의 아들의 "존재"(ὤν)가(히 1:3) 그 주체이다.³⁰²⁰⁾ 핫지는 이에 대해서 다음과 같이 부연한다.

마찬가지로 우리는 그리스도의 신성의 속성들이 그의 인성에 전이되지 않을 뿐만 아니라 그의 인성의 속성들도 신성에 전이되지 않는다고 알고 있다. 우주의 최고 통치자는 완전한 하나님이실 뿐만 아니라 완전한 사람이시라는 사실을 아는 것으로 우리에게는 충분하다. 그는 여전히 인간적인 동정(同情)과 정서를 지니고 계시며 우리가 우리 자신의 연약함을 지각하듯이 자신의 연약함을 지각하신다. 신성의 충만이 육체로 거하시고 지상의 삶 가운데 보여주셨던 모든 사랑, 유순함, 긍휼, 참으심이 충만하신 그의 인격이 자신의 손에 맡겨진 하늘과 땅의 모든 권세를 지니시고 우리로부터 결코 멀리 떨어져 계시지 않으신다. 이것이 모든 사람들에게 형언할 수 없는 즐거움이다.³⁰²¹⁾

3017) Turretin, *Institutio Theologiae Elencticae*, 13.19.4 (2.324).
3018) Turretin, *Institutio Theologiae Elencticae*, 13.19.5 (2.324).
3019) Turretin, *Institutio Theologiae Elencticae*, 13.19.7 (2.325).
3020) Hodge, *Systematic Theology*, 2.635-636.
3021) Hodge, *Systematic Theology*, 2.635-637.

성경에서 재위는 주로 주님이 친히 '앉으시다'라는 뜻으로 나타난다. 이에 해당하는 'καθίζω'가 과거형으로나(마 16:19; 히 1:3; 8:1) 완료형으로(히 12:2), 'κάθημαι'가 현재분사형으로나(마 26:64; 눅 22:69; 골 3:1) 명령형(히 1:13)으로 사용된다. 그러나 아버지가 아들을 앉게 하셨다는 말씀도 'καθίζω'의 과거형(행 2:30)과 과거분사형(엡 1:20)으로 나온다. 3022) 이러한 용례는 재위하시는 주님이 여전히 신인양성의 인격을 지니고 계심을 비추어주는 면이 있다.

둘째, 부활 후 높아지신 주님은 구속사적으로 십자가에서 다 이루신 의를 성도들에게 적용해주시는 중보를 계속하신다. 대속의 의를 다 이루셨기 때문에 계속적으로 중보하시는 것이다. 이에 대해서는 중보자 그리스도의 삼중직을 다루면서 앞에서 논하였기 때문에 여기에서는 따로 다루지 않는다. 다만 다시금 새길 것은 개혁신학자들은 그리스도의 삼중직을 논하면서 그가 과거에 다 이루신 것에 대한 반추에 그치지 않고 지금도 하나님의 보좌 우편에서 진리의 성령을 부어주시고, 성도들을 구원하시고 중재하시며, 그들을 다스리시는 일을 계속하신다는 사실에 주안점을 두고 있다는 사실이다. 3023)

셋째, 재위는 특별히 보혜사 성령의 파송과 그를 통한 다스림을 의미한다. 칼빈은 "앉는다는 것은 다름 아닌 하늘의 심판좌에서 주재하신다는 것이다"(sedere nihil aliud sit quam coelesti tribunali praesidere)라고 단언하고, 그리스도가 아버지의 뜻에 따라 천지의 주권을 위탁받고 그것을 단번에 소유하여 마지막 날 다시 오실 때까지 다스리심을 재위의 본질로 여기면서, 그 다스리심이 성도의 구원에 있어서 뿐만 아니라 교회와 천지만물에 미침을 지적하는 가운데(고전 15:27; 엡 1:22; 행 2:30-36), 다음 말씀을 인용한다.

[아버지가] 하늘에서 자기의 오른편에 앉히사(καθίσας ἐν δεξιᾷ αὐτοῦ ἐν τοῖς ἐπουρανίοις) 모든 통치와 권세와 능력과 주권과 이 세상뿐 아니라 오는 세상에 일컫는 모든 이름 위에 뛰어나게 하시고 또 만물을 그의 발 아래에 복종하게 하시고 그를 만물

3022) 참조. Bavinck, *Reformed Dogmatics*, 3.446.
3023) 참조. Berkhof, *Systematic Theology*, 352-353. 박형룡은 이 부분을 벌코프와 동일하게 다루고 있다. 다만 세 가지 직분 중 왕직을 별도로 더욱 상론하고 있다는 점이 구별된다. 박형룡,『교의신학 기독론』, 218-222.

위에 교회의 머리로 삼으셨느니라(엡 1:20-22).3024)

그리스도는 중보자로서 구속받은 백성들을 영원히 다스리신다.3025) 부활하신 주님은 장소의 이동을 통하여 경역적으로 승천하셨지만 그곳이 어느 특정한 곳인지 확신하기는 어렵다. 그는 중보자로서 인성을 지니고 계시므로 인성에 따라서는 어느 때에 어느 곳에 계시지만, 하나님은 시간이나 처소에 제한되지 않으시기 때문에 그 분의 우편도 구체적으로 지정하기가 어렵다. 부카누스가 말하듯이, "우리가 알고 있듯이 하나님은 비물질적이시기 때문에, 하나님의 우편을 너무 엄격하게 이해해서는 안 된다."3026) 하나님의 우편이라는 표현은 하나님이 우리가 알 수 없는 비밀스러운 일을 우리의 용어로 계시하심으로(왕상 2:19; 22:19; 시 45:9; 110:1)3027) 우리에게 맞추어주신 것이다(accommodare). 벌코프는 이러한 표현이 "신인동형론적"(anthropomorphic)이므로 "문자적"(literally)으로 해석되어서는 안 된다고 지적한다.3028)

그리스도는 보좌 우편에서 성령을 부어주심으로써 다스리신다(행 2:33). 이러한 다스림은 성령의 우주적, 일반은총적, 특별은총적 역사에 모두 미친다.3029) 몸의 머리가 되시는 분이 우주를 붙드시고 그 운행과 통치를 수행하신다(골 1:13-23). 이러한 권능은 부활로 인쳐지고 재림의 때에도 계속된다. 그리스도는 영원한 중보자이시기 때문이다.3030) 부활과 승천으로 "영광으로 나아가신"(passing into glory) 주님은 재위로 "그 충만한 영광"(full of this glory) 가운데 다스리신다.3031)

승천하신 주님은 인성에 따라서는 특정할 수는 없으나 어느 곳에 장소적으로 계시며, 신성에 따라서는 모든 곳에 편재하시며 충만하시다. 개혁신학자들은 재

3024) Calvin, *Institutio*, 2.16.15 (CO 2.282-283).

3025) Hodge, *Systematic Theology*, 2.637-638.

3026) Heppe, *Reformed Dogmatics*, 503에서 재인용.

3027) Bavinck, *Reformed Dogmatics*, 3.446.

3028) Berkhof, *Systematic Theology*, 352.

3029) 이에 대해서 다음을 참조. 문병호, "칼빈 성령론의 자리와 우주적, 일반은총적 역사", 『칼빈신학: 근본 성경교리 해석』, 496-500.

3030) 이와 관련해서, Letham, *The Work of Christ*, 197-223, 특히 201, 208.

3031) Berkouwer, *The Work of Christ*, 224.

위에 있어서도 승천에서와 다를 바 없이 소위 초(超)칼빈주의(the so-called extra Calvinisticum)를 표명한다. 루터파는 승천하신 주님의 몸의 편재와 그에 따른 통치를 설명하기 위하여 신인양성의 혼합을 말하는 데까지 나아가지만 정작 그들은 주님의 실제적 임재와 통치를 부인하는 데 이르고 만다. 왜냐하면 그들은 영적인 것이 실제적이라는 것을-영적 그러나 실제적 임재와 통치(praesentia et gubernatio spiritualis sed realis)를-받아들이지 않기 때문이다. 그들은 성경을 넘어서서 "인위적인 해법들"(artificial solutions)을 제시하고 있다.3032)

주님의 다스리심은 보혜사 성령을 통하여 자신의 의를 전가해주심으로 말미암는다. 그것은 객관적 의에 대한 법정적 전가이므로 단지 부활 이전의 주님의 행적과 가르치심이 부활을 통하여 확정됨으로써 우리 안에 새겨지는 작용을 하는 데 그치지 않는다. 이러한 오류는 판넨베르그에게 있어서 현저하다. 그는 "예수의 전체 활동과 운명을 특징짓는 종말론적인 긴장"(die eschatologische Spannung, die das ganze Auftreten und Geschick Jesu charakterisiert)을 거론하면서,3033) 부활을 십자가 죽음의 인침이 아니라 가치로 오해한다. 이 경우 십자가의 죽음이 부활을 인치는 격이 된다. 결국 부활에 대한 지식 혹은 관념이 십자가의 대리적 속죄의 공로 혹은 의를 무색하게 하고 만다. 판넨베르그의 다음 말은 이러한 오류를 드러낸다.

> 예수의 부활로 그의 인격 가운데 종말론적인 미래가 성취되었으므로 그의 지상에서의 권위 주장이 확정되었다. 부활 후 예수는 지상에서 활동하실 때와는 달리 더 이상 부활 전과 같이 종말론적 실제를 예기하지 않으셨다. 이제는 예수 자신이 그의 인격 가운데 미래의 종말론적인 구원의 실제가 되셨다. 달리 말하면 부활을 통하여 하나님의 종말론적인 뜻의 계시자가 종말론적인 실제 자체의 성육신이 되셨다. 그리하여 인성과 전체 창조를 위한 하나님의 뜻의 종국적인 실현이 그로부터 대망되게 되었다.3034)

3032) Berkouwer, *The Work of Christ*, 241. 그리스도의 승천을 다루면서 뻴카우어는 루터파 속성교통론의 오류를 지적하고 칼빈과 개혁신학자들의 입장을 지지하고 있다. 그러나 축자적(verbalis)-혹은 영적(spiritualis)-그러나 실제적(realis) 임재와 이에 따른 만유 안에 만유가 되시는 그리스도의 통치에 대한 관점까지는 나아가지 못하고 있다. 같은 책. 233-241.

3033) Pannenberg, *Jesus-God and Man*, 370 (GC 384).

3034) Pannenberg, *Jesus-God and Man*, 367 (GC 381).

이러한 입장을 견지하는 가운데 판넨베르그는 그리스도의 본래적 왕권과 중보적 왕권을 구별하지 않고 하나님의 주권이 그의 중보를 통하여 비로소 수립되고 처음으로 계시되는 듯이 여긴다.3035) 판넨베르그는 그리스도가 자신이 다 이루신 의를 전가해주심으로써 교회의 머리가 되심에 대한 인식을 결여하고, "교회는 그 자체로 그리스도의 왕국이 아니나 승귀하신 주님에 의해서 그의 영을 통하여 다스림을 받고 지상에서 그의 왕국의 미래 계시를 향하여 살게 된다"(So ist die Kirche zwar nicht selbst das Reich Christi, aber sie wird doch von ihrem erhöhten Herrn selbst regiert durch seinen Geist und lebt auf das zukünftige Offenbarwerden seines Reiches aut Erden hin)고 말한다.3036) 이렇게 성도의 구원의 공로가 그리스도의 의가 아니라 그 의에 대한 종말론적 인식에 있게 된다. 이는 상승기독론의 그릇된 전제에 필히 뒤따르는 귀결이라고 여겨진다.

넷째, 재위로 그리스도는 "실제로"(de facto) 통치를 행하신다. 성육신 후 "권리상으로"(de iure) 지니셨던 권세가 만인과 만물과 교회 가운데 역사하게 된다.3037) 그러므로 승천과 재위를 구별해서 고백하는 것이 합당하다.3038) 툴레틴이 지적하듯이 그리스도는 재위하심으로써 십자가에서 다 이루신 의를 자신의 영이라고 부르신 보혜사 성령을 부어주심으로써 전가해주시는 권세를 행하시고3039) 그 의가 우리를 의롭다 하시기 위한 충분한 무름이 됨을 알리신다.3040) 재위의 최상의 고귀함이 여기에 있다. 이러한 고귀함이 재림의 때에도 계속된다. 칼빈은 이러한 재위의 은총을 승천의 은총과 연결시켜 다음과 같이 세 가지로 다룬다.

첫째, 주께서 승천하심으로 아담 이후 닫힌 문을 여셨다.

둘째, 그리스도께서 우리의 중보자로서 하늘 성소에 계신다. 그 분이 화목주로서 역사하심으로 우리가 보좌에 가까이 갈 길을 얻었다(히 7:25; 9:11-12; 롬 8:34).

셋째, 그리스도께서 하늘 성소에서 성령을 내려주셔서 우리를 성결하게 하시고

3035) Pannenberg, *Jesus-God and Man*, 369-372 (GC 384-386).
3036) Pannenberg, *Jesus-God and Man*, 374 (GC 388).
3037) 참조. Heppe, *Reformed Dogmatics*, 505.
3038) 레이몽드는 승천 외에 재위를 따로 다루지 않는다. Reymond, *A New Systematic Theology of the Christian Faith*, 575-581.
3039) Turretin, *Institutio Theologiae Elencticae*, 13.18.7, 8; 19.2, 3 (2.321, 322).
3040) Turretin, *Institutio Theologiae Elencticae*, 13.17.7 (2.321).

각종 은사를 주셔서 성도의 삶을 살게 하신다. 그리하여 종국적으로 "자신의 교회를 세우심을 완성하신다"(ecclesiae suae aedificationem consummarit).3041)

4. 4. 재림(parousia)

재위를 승귀의 최고 단계라고 할 때 그것은 중보자 그리스도가 이 땅에 오셔서 수행하신 대속의 역사가 온전히 적용된다는 점에서 그러하다. 그렇다고 해서 재위를 승귀의 정점 혹은 최후의 단계라고 보아서는 안 된다. 주님은 자신이 아버지께로부터 "심판하는 권한을"(ἐξουσίαν……κρίσιν ποιεῖν) 받아 자신에게 부여된 "생명"을 누릴 "선한 일을 행한 자는 생명의 부활로" 그렇지 않은 "악한 일을 행한 자는 심판의 부활로 나오게" 될 것임을 말씀하셨다(요 5:26-27, 29). 사도신경과 교부들이 진술한 신앙의 규범(regula fidei) 그리고 니케아-콘스탄티노플 신경 등을 통하여 보듯이, 초대교회는 보좌 우편에 계신 그리스도가 산 자와 죽은 자를 심판하러 다시 오실 것이라는 사실("Inde venturus est judicare vivos et mortuos")과 더불어 몸의 부활("carnis resurrectionem")과 영원한 삶("vitam aeternam")을 고백하였다.3042) 비록 신학적 정교함을 보이지는 않았을지라도 초대교회는 종말론의 두 축인 그리스도의 재림에 따르는 부활과 심판을 분명히 믿고 있었다. 이러한 종말의식이 성도의 삶에도 지대한 영향을 미쳤다. 아타나시우스 신경은 이를 잘 표현해준다.

40. Inde venturus est judicare vivos et mortuos(저리로서 산 자와 죽은 자를 심판하러 오시리라).
41. Ad cujus adventum omnes homines resurgere habent cum corporibus suis(그의 오심으로 모든 사람은 자신들의 몸과 함께 일어나게 될 것이다);
42. Et reddituri sunt de factis propriis rationem(그리고 자신들이 행한 일들에 대한 이유를 설명하게 될 것이다).3043)

3041) Calvin, Institutio, 2.16.16 (CO 2.383).
3042) Schaff, The Creeds of Christendom, 2.54-55.
3043) Schaff, The Creeds of Christendom, 2.69.

칼빈은 주님이 "자신의 권능 가운데"(virtutis suis) 승천하신 때와 같이 보이는 모습으로 하늘로부터 내려오시는 바,3044) 그가 심판주로 다시 오심이 우리에게 "놀라운 위로"(egregia consolatio)가 됨은 우리에게 주신 하나님의 약속이 심판의 보좌에서 실행됨으로 인하여 우리가 "[그 자신의] 영예에 동참하는 자들"(honoris consortes)로 삼음을 받기 때문이라고 말한다.3045) 칼빈은 그리스도인의 삶의 교리를 다루면서 "미래의 생(生)에 대한 묵상"(meditatio vitae fururae)을 강조하는데,3046) 그 실체는 다름 아닌 주님의 재림에 수반될 부활의 "은총"(beatitudo)과 "영광"(gloria)과 "복"(felicitas)과 "소망"(spes)에 있다.3047) 우리의 부활이 복된 것은 우리가 이로써 주님의 부활에 참여하게 되기 때문이다. 주님은 제사장으로서 자신의 몸을 제물로 삼아 단번에 영원한 제사를 드리시고 부활하셔서 "우리 부활을 위하여 필요한 모든 것들을 조목조목" 다 이루셨으며, 두 번째 나타나셔서 "그 자체의 마지막까지의 효과로"(ad suum usque effectum) 우리 몸을 속량하신다(롬 8:23; 히 9:28).3048)

그리스도는 부활하심으로써 "완전한 구원을 조성하신 분"이 되셨다. 그의 다시 사심이 없다면 우리의 "양자됨"이나 "우리 구원의 효과"가 모두 헛될 것이다. 그가 썩지 아니하는 "순전한 몸"으로 계시다가(엡 1:20; 시 16:10; 행 2:27) 마지막에 다시 오셔서 "우리의 낮은 몸을 자기 영광의 몸의 형체와 같이 변하게" 하신다(빌 3:21). 그리스도의 재림은 그의 몸의 재림이요, 우리의 몸의 부활(carnis ressurectio)을 위한 것이다. 그리스도의 부활은 단지 관념이 아니라 "우리의 영혼을 떠받치기 위한 확고한 기초"(ad fulciendo animos nostros firma hypostasis)가 된다.3049) 그리고 믿음이 바라는 것들의 실상, 즉 소망의 실상이라면, 그 "소망의 질료"(質料, materia sperandi)는 그리스도의 부활이다.3050) 칼빈신학자 퀴스토릅(Heinrich Quistorp)이 말하듯이, "그리스도 안에서 신적인 연합체를 완성하는 것"이 종말론의 핵심이 된다. 이러한 측면

3044) Calvin, *Institutio*, 2.16.17 (CO 2.383-384).
3045) Calvin, *Institutio*, 2.16.18 (CO 2.384-385).
3046) Calvin, *Institutio*, 3.9.1-6; 3.10.4-6.
3047) Calvin, *Institutio*, 3.25.1 (CO 2.729).
3048) Calvin, *Institutio*, 3.25.2 (CO 2.730).
3049) Calvin, *Institutio*, 3.25.3 (CO 2.730).
3050) Calvin, *Institutio*, 3.25.4 (CO 2.731).

에서 칼빈의 종말론은 본질적으로 기독론적이다.3051)

성경은 그리스도의 재림이 육체적이고 가시적이라고 전한다. 그는 "하늘로 가심을 본 그대로 오신다"(행 1:11). 재림은 단지 관념적이나 영적이지 않다. 우리는 "주 예수 그리스도의 나타나심을(τὴν ἀποκάλυψιν τοῦ κυρίου ἡμῶν Ἰησοῦ Χριστοῦ) 기다린다"(고전 1:7). "그가 오실 때까지"(ἄχρις οὗ ἔλθῃ) 행할 성례로서 성찬이 제정되었다(고전 11:26). 그는 재위하시는 하늘로부터 오신다. 우리의 시민권이 있는 그곳으로부터 오실 그를 우리는 기다린다(빌 3:20). "주께서 호령과 천사장의 소리와 하나님의 나팔 소리로 친히 하늘로부터 강림하시리니(καταβήσεται)"(살전 4:16) "우리 생명이신 그리스도께서 나타나실 그 때에" 우리도 "그와 함께 영광 중에 나타날" 것이다("ὅταν ὁ Χριστὸς φανερωθῇ, ἡ ζωὴ ὑμῶν, τότε καὶ ὑμεῖς σὺν αὐτῷ φανερωθήσεσθε ἐν δόξῃ")(골 3:4). "주 예수께서 자기의 능력의 천사들과 함께 하늘로부터 불꽃 가운데 나타나실 때에(ἀποκαλύψει)"(살후 1:7)—사도 바울은 이러한 재림의 대망을 "우리의 크신 하나님 구주 예수 그리스도의 영광이 나타나심을(ἐπιφάνειαν τῆς δόξης τοῦ μεγάλου θεοῦ καὶ σωτῆρος ἡμῶν Ἰησοῦ Χριστοῦ) 기다리는" 것으로 전하고 있다(딛 2:13)—그것이 승귀의 정점이 됨을 말해주고 있다.3052)

성경에서 재림은 본래 '현존' 혹은 '현현'을 뜻하는 단어로서 "임함"(마 24:3, 27, 37, 39) 혹은 "강림"(고전 15:23; 살전 2:19; 3:13; 4:15; 5:23; 살후 2:1; 약 5:7, 8)으로 대동소이하게 번역되는 "παρουσία", 본래 '계시' 혹은 '현시'를 뜻하는 단어로서 "나타나심"(살후 1:7; 벧전 1:7, 13; 4:13)으로 번역되는 "ἀποκάλυψις", 본래 '현재'(顯在) 혹은 '출현'을 뜻하는 단어로서 "나타나심"(살후 2:8; 딤전 6:14; 딤후 4:1, 8; 딛 2:13)으로 번역되는 "ἐπιφάνεια"가 있다. 히브리서 9:28에서는 이를 "두 번째 나타나시리라"(ἐκ δευτέρου……ὀφθήσεται)로 표현하고 있다.

하나님의 보좌 우편에 재위하시며 다스리시는 중보자의 통치가 그의 강림으로 완성된다(고전 15:24-28). 그리스도의 강림은 오직 두 번, 성육신과 재림 외에는 없

3051) Heinrich Quistorp, *Calvin's Doctrine of the Last Things*, tr. Harold Knight (Richmond: John Knox Press, 1955), 192-193. 다음 글에서 저자는 그리스도의 재림이 그의 부활의 종말론적 의미를 제시한다고 강조하면서, 특히 그것을 성도가 그리스도의 부활에 참여함으로 그와 하나 됨과 그가 만유 안에서 만유가 되시는 새 창조(new creation)에서 찾는다. George Raymond Beasley-Murray, "Resurrection and Parousia of the Son of Man," *Tyndale Bulletin* 42/2 (1991), 300-302.

3052) 참조. Berkhof, *Systematic Theology*, 354.

다. 주님의 재림은 인격적이고, 가시적이며, 영광스러운 것이다. 주님은 언약의 자녀들을 "구원에 이르게 하기 위하여"(εἰς σωτηρίαν) 다시 오신다(히 9:28).3053) 재림은 과거와 영원한 미래를 묶는 사건으로서, 이로써 우리를 위하여 죽임을 당하신 어린 양이 우리의 심판자요 영원한 신랑이 되신다. 요한계시록이 갖는 종말론적 전망의 핵심이 여기에 있다.3054) 구원하심이(계 7:10) 자신의 피로 사람들을 사서 하나님께 드리심으로(계 5:9) 그들을 죄로부터 해방하시고(계 1:5), 자신의 피에 그들의 옷을 씻어 희게 하시고(계 7:14), 그들에게 목자가 되사 생명수로 인도하시고 그들의 눈물을 씻어 주시는(계 7:17) "죽임을 당한 어린 양"(τὸ ἀρνίον τὸ ἐσφαγμένον)(계 5:12)에게 있으니, 그에게 찬송과 존귀와 영광과 권능을 세세토록 돌리고(계 5:13), 순결한 신부요 아내로서(계 19:7; 21:9) 그가 어디로 인도하든지 따라가며(계 14:4), 그에 대한 믿음을 지키고(계 14:12), 옳은 행실로 깨끗한 세마포 옷을 입고 자신을 준비하여(계 19:7-8), "아멘 주 예수여 오시옵소서"('Αμήν, ἔρχου κύριε Ἰησοῦ, amen veni Domine Iesu)-"마라나타"(μαράνα θά[μαρὰν ἀθα], maranatha)-하며 그의 다시 오심을 대망해야 한다(계 22:20; 고전 16:22).3055)

바빙크는 그리스도의 재림을 종말론에서 다루면서 다음과 같이 그 의의와 가치에 대해서 말한다.

그리스도의 재림은 그 이전의 사역을 완성시키고 그것에 면류관을 씌운다. 그것은 그의 승귀 상태에 있어서 마지막이자 최고의 단계이다. 그리스도는 세상의 구주시므로, 언젠가 그 심판자로 다시 오실 것이다. 그의 첫 번째 오심으로 예기된 심판(κρίσις)이 그의 두 번째 오심으로 성취된다. 그가 인자이시므로, 아버지는 그에게 심판하는(κρίσιν ποιεῖν) 권한을 주셨다(요 5:27). 따라서 종말론은 기독론에 기초하고 근거하고 그 자체로 기독론이다. ……아들은 죄로 인한 화목의 중보자(mediator reconciliationis)이실 뿐만 아니라, 죄와 상관없이 하나님과 그의 피조물 사이의 연합의 중보자(mediator unionis)이시다. 그는 창조에 대한 모범적 원인(causa exemplaris)이실 뿐만 아니라 궁극적 원인(causa finalis)이시다. ……그러므로 그리스도의 두 번째 오심은 첫 번째 오심

3053) Turretin, *Institutes of Elenctic Theology*, 3, 575-578; Hodge, *Systematic Theology*, 2, 638.
3054) Berkouwer, *The Work of Christ*, 247.
3055) 요한계시록에 나타난 "어린 양"(ἀρνίον)에 대해서, Reymond, *Jesus Divine Messiah*, 524-528.

에 의해서 요구된다. 두 번째 것은 첫 번째 것에 함의되고, 내적 필연성에 따라서 첫 번째 것에서 나올 것이다. 두 번째 오심은 첫 번째 오심이 완전히 작용하여 완성에 이르도록 하는 바, 구약의 예언을 통해 첫 번째 오심과 함께 오직 한 형상으로 함축되었다. 두 번째 오심은 첫 번째 오심과 관념적이며 논리적으로만 연결되는 것이 아니다. 둘 사이에는 실제적인 결합이 있다. ……그리스도는 구약시대에 장차 오실 분으로 예언되셨으며 실제로 오신 분이실 뿐만 아니라 오시는 분(ὁ ἐρχόμενος)이며 오실 분(ὁ ἐρχόμενος ἥξει)이기도 하시다(히 10:37; 참조. 계 1:4, 8 등). 그가 두 번째 오심은 첫 번째 오심의 완성이다.3056)

보스(Geerhardus Vos)가 말하듯이, 종말론은 그리스도의 사역에 관한 교리를 완성시키는 것이다.3057) 개혁신학자 스픽만(Gordon J. Spykman, 1926-1993)은 다음과 같이 언급한다.

하나님의 중보하시는 말씀으로서 그리스도는 요한의 환상 가운데 반복적으로 알파(시작)와 오메가(끝)로 자신이 누구신지를 드러내신다(계 1:8, 11; 21:6; 22:13). 그는 창조와 구속의 중보자이실 뿐만 아니라 완성의 중보자이시다. 왜냐하면 그 안에서 하나님의 뜻의 비밀로 하늘에 있는 것이나 땅에 있는 모든 것이 통일되는 때가 찬 경륜이 계시되기 때문이다(엡 1:9-10). 그는 "모든 시대를 위한 바로 그 사람"(the Man for all seasons)이시다. 서론(protology)—즉 처음 것들(first things)에 관한 가르침—과 종말론(eschatology)—즉 마지막 것들(last things)에 대한 가르침—이 전우주적 차원으로 모두 그리스도 안에 함의된다. 그 가운데 있는 모든 것들도 마찬가지이다. 언약의 역사상 있었던 모든 격랑과 전이(轉移) 그리고 다가올 왕국에 있을 광범위한 소제(掃除)를 통하여, 그리스도는 하나님과 세상을 위한 하나님의 첫 말씀이자 마지막 말씀으로 남는다.3058)

3056) Bavinck, *Reformed Dogmatics*, 4.685-686.
3057) Geerhardus Vos, *The Pauline Eschatology* (Princeton: Princeton University, 1930), 30.
3058) Spykman, *Reformational Theology*, 520-521.

"모든 시간은 하나님의 시간이다."3059) 구속사와 무관한 종말론은 단지 헛될 뿐이다. 왜냐하면 창조의 목적이 인류를 조성하는 데 있었듯이 종말은 인류를 완성하는 데 그 목적이 있기 때문이다. 보스는 그리스도의 왕국의 현세적 측면과 마지막 때의 측면을 논하면서, 전자를 "영적 유기적"(spiritual-organic), 후자를 "종말론적"(eschatological)이라고 말했다. 현세의 삶을 말세의 일부로 여기면서도 마지막에 있을 하나님의 특별한 주권적 개입을 대망하는 종말의 신앙과 경건이 여기에서 진작된다.

> 유기적 강림은 점진적으로 발전하며, 종말론적인 강림은 마지막 때에 위기를 통해서 갑작스럽게 발전한다. 유기적인 강림은 눈에 보이지 않는 내적인 영역에서 임하므로 그 실현 과정이 감추어져 있다. 그러나 종말론적인 강림은 외적이며 가시적인 영역 속에서 이루어지므로 그 실현을 누구나가 명확하게 볼 수 있다. 하나님의 나라의 종말론적 강림은 그 전부터 이미 존재하고 있는 내적인 것을 그저 외적으로 드러내주는 것만을 의미하는 것이 아니며, 그보다 더한 것을 의미한다. 하나님 나라와 관련한 예수의 말씀은 현재 그 나라가 주는 복을 훨씬 뛰어넘는 복이 그 나라의 종말론적인 강림의 때에 있을 것이라는 사실을 전제한다. 불완전한 것들이 모두 사라질 것이며, 모든 원수들이 제거되며, 알곡과 가라지를 더 이상 한데 뒤섞인 상태로 내버려두지 않으며, 의로 충만한 만족을 얻으며 하나님을 바라보는 특권을 누리게 될 것이다.3060)

재림에는 "놀라운 위로"(egregia consolatio)가 따른다고 칼빈이 말한 것은, 그 때 우리는 우리의 심판자가 곧 구속주시라는 사실을 밝히 알게 되기 때문이다.3061) 우리를 위하여 죽으신 어린 양 예수 그리스도가 우리를 심판하시니, 그 심판조차 은혜이다. 우리를 위하여 오신 그가 어찌 '우리를 위하여' 심판하지 않으시겠는가? 그는 우리의 몸을 취하시고 그 가운데 다시 오셔서 우리를 영원한 생명으로—곧 "아버지

3059) Spykman, *Reformational Theology*, 526.
3060) Geerhardus Vos, "The Kingdom of God," in *Redemptive History and Biblical Interpretation: The Shorter Writings of Geerhardus Vos*, ed. Richard B. Gaffin Jr. (Phillipsburg, NJ: Presbyterian and Reformed Publishing, 1980), 309–310. 조형욱, 『프린스턴 신학의 종말론: 아치볼드 알렉산더부터 박형룡 박사까지』(서울: 히스토리앤러브, 2013), 195에서 재인용.
3061) Calvin, *Institutio*, 2.16.18 (CO 2.384–385).

품 속"으로(요 1:18)-이끄신다. 그리하여 아버지와 아들이 서로 안에 계셔 하나가 되듯이 우리도 그렇게 하나가 되게 하신다(요 17:21). 하나님은 자신의 아들을 사람의 아들로 보내셔서 우리가 그와 형제가 됨으로 함께 자녀이며 상속자의 자리에 서게 하신다(히 2:11; 롬 8:17). 그가 그 신인의 인격 가운데 처음 오시고 다시 오심으로 우리의 구원을 다 이루시고 다 완성하신다. 그러므로 바빙크가 주님의 재림을 다루면서 결론적으로 언급하듯이, 우리는 이 땅에 사람의 아들로 오신 하나님의 아들 자신을 바라보아야 한다.3062)

> 루터파 신학자들은 그들의 승천교리와 관련지어서 그리스도의 재림을 일련의 순간들에 매이지 않는, 단지 승귀의 때에 비가시적이고 편재하게 된 그리스도의 몸이 갑자기 가시적으로 돌아온 것이라고 말했다. ……그러나 개혁신학자들은 그리스도의 재림에 육체적, 장소적, 시간적 성격을 돌렸다. 심지어 그들은 이 재림이 비록 급작스러운 것이었다고 해도 여전히 일련의 순간들에(successiva) 매였음을 인식했다. 또한 그의 승귀의 최고의 단계에서도-심판을 위한 그의 재림에 있어서도-그리스도는 그의 참 인성을 유지하실 것이라 인식했다.3063)

우리가 믿고 확신하는 바, 중보자 그리스도의 비밀스러운 구속 경륜은 마지막 때까지 미친다. 구속사의 완성은 오직 그 안에서, 그를 통하여 일어난다. 그것은 끝으로서의 완성이 아니라 영원한 완성이다.

3062) 뻘카우어는 재림은 그리스도의 인격과 사역이 가장 밀착된 사건이라고 본다. Berkouwer, *The Work of Christ*, 244.

3063) Bavinck, *Reformed Dogmatics*, 4,689-690.

제5부

대리적 무름의 값 :
그리스도의 의의 전가 가치

Pretium satisfactionis vicariae :
Meritum imputationis iustitiae Christi

속죄론이 기독교 신앙의 핵심으로서 인구에 회자되어 온 것은 이 교리가 구속사와 구원론 곧 의의 성취와 적용의 접점이자 전이점에 놓여 있으며 기독론과 구원론의 연결 고리로서 작용하기 때문이다. 기독론이 예수 그리스도의 순종을 통하여 부활과 승천과 재위의 영광으로 나아가는 대속의 실체를, 구원론이 그렇게 다 이루신 공로가 보혜사 성령의 임재로 우리의 의로서 교제되며 교통되는 대속의 실제를 다룬다면, 속죄론은 구원의 필연성과 구원의 성취를 모두 함유한다. 속죄론은 중보자 예수 그리스도가 십자가에서 다 이루신 의 자체나 보좌 우편에 재위하심으로 행하시는 전가 자체가 아니라, 의의 '전가가치'를 다룬다. 속죄론은 제물 자체나 제사 자체가 아니라 제사의 대상인 제물의 가치 즉 제물의 '제사가치'를 범주로 삼는다. 기독론이 전가된 의에, 구원론이 의의 전가에 주목한다면, 속죄론이 다루는 바는 그리스도의 무릎의 대리성에 있다.

제12장

속죄론 : 대리적 무름

1. 속죄론의 의의와 자리와 역사 : 개혁신학의 입장에서

속죄론은 중보자 예수 그리스도의 대속적 공로가 성도에게 전가되는 과정과 그 결과로서의 구원의 가치와 의의를 다룬다.3064) 속죄론이 기독교 신앙의 핵심으로서 인구에 회자되어 온 것은 이 교리가 구속사(historia salvifica)와 구원론(doctrina salutis), 곧 의의 성취와 적용의 접점이자 전이점에 놓여 있으며 그리스도의 인격 자체(persona in se)와 그 자신의 우리를 위한 사역(officium ipsius ad nos)을 동시에 파악하기 때문이다. 속죄론은 기독론과 구원론의 연결 고리(nexus)로서 작용한다. 기독론이 중보자 예수 그리스도의 고난과 죽으심의 순종이 부활과 승천과 재위의 영광으로 나아가는 대속의 실체(實體)를, 구원론이 그렇게 다 이루신 공로가 보혜사 성령의 임재로 우리의 의로서 교제되며 교통되는 대속의 실제(實際)를 다룬다면, 속죄

3064) 속죄론에 대한 제반 이론들을 개관하기 위해서 다음 책들을 참조. George Smeaton, *Christ's Doctrine of Atonement* (Edinburgh: Banner of Truth, 1991, rep. of 1870); J. McLeod Campbell, *The Nature of the Atonement* (Grand Rapids: Eerdmans, 1996, rep. of 1856); Thomas Hywel Hughes, *The Atonement: Modern Theories of the Doctrine* (London: George Allen & Unwin, 1949); A. A. Hodge, *The Atonement* (Grand Rapids: Eerdmans, 1953); Gustaf Aulén, *Christus Victor: An Historical Study of the Three Main Types of the Idea of the Atonement* (New York: Macmillan, 1969); Colin E. Gunton, *The Actuality of Atonement: A Study of Metaphor, Rationality and the Christian Tradition* (Edinburgh: T & T Clark, 1988); Hill and James III, ed., *The Glory of Atonement*.

론은 구원의 필연성(그렇게 되어야 함, ratio)과 구원의 성취(그렇게 되었음, res)를 모두 함유한다.

속죄론은 중보자 예수 그리스도가 십자가에서 다 이루신 의 자체나 보좌 우편에 재위하심으로 행하시는 전가 자체가 아니라, 의의 '전가가치'(轉嫁價値)를 다룬다. 그리스도가 제사장으로서 제물이 되셔서 단번에 영원한 제사를 드리심은 자신이 아니라 우리를 위하심이다. 속죄론은 제물 자체나 제사 자체가 아니라 제사의 대상인 제물의 가치, 즉 제물의 '제사가치'(祭祀價値)를 범주(scopus)로 삼는다. 그러므로 칭의와 성화를 포함하는 구원의 전(全) 과정이 전적인 은혜로 말미암는다는 사실을 밝히는 시금석(試金石)이 된다. 기독론이 전가된 의(iustitia imputata)에, 구원론이 의의 전가(imputatio iustitiae)에 주목한다면, 속죄론은 이 둘을 잇는 주제로서 그리스도의 대리적 무름(satisfactio vicaria Christi)을 다룬다.

무름은 죄의 값 자체를 지불하는 것에 머물지 않는다. 무름은 죄를 짓지 않았던 상태가 아니라 영생의 상태로 회복시키는 것이다. 그것은 회복으로서의 완성을 의미한다. 이 경우 회복(回復, restitutio)은 이전보다 나아지는 것을 의미한다. 무름은 그리스도의 공로를 전가받아 그와 같이 자녀이며 상속자가 되는 것이므로(롬 8:17), 죄사함(remissio peccatorum)과 의의 전가(imputatio iustitiae)를 동시에 수반한다. 참 하나님이시자 참 사람으로서 수행하신 언약의 중보자(mediator foederis) 그리스도의 대리적 속죄의 값 자체 혹은 그것의 작용과 그로 말미암은 효과가 총체적으로 무름으로 표현된다.

무름은 그리스도의 대속의 공로를 대상으로 삼는다. 그것은 다 이루심을 전제하고 전가를 지향한다. 그것은 대리적이며, 죄의 값을 치르는 데 그치지 않고 자녀를 삼는 하나님의 사랑에 상응한다. 그리스도는 아버지의 기뻐하신 뜻에 따라서 우리를 위한 대속제물이 되셨다(사 53:10; 눅 2:14; 갈 1:4; 골 1:19-20). 속죄의 동력적 혹은 동기적 원인은 하나님의 절대적인 주권적 사랑에 있다. 그리스도의 무름은 구속언약(pactum salutis)이라고 불리는 창세 전의 삼위 하나님의 구원협약에 따른 영원한 작정에 기초한다(엡 1:4). 칼빈이 말한 바와 같이, "하나님을 참으로 기쁘게 하시는 것 외에 어떤 다른 공로도 그리스도에게는 있을 수 없었다."[3065] 대속(redemptio)은

[3065] Calvin, *Institutio*, 2.17.1 (CO 2.387): "······nam Christus non nisi ex Dei beneplacito quidquam mereri potuit." 쏘키누스(Laelius Socinus)는 칼빈이 하나님의 의지(voluntas Dei)를 무시하고 그리스도의 공로(meritum

하나님의 사랑(요 3:16)과 공의(롬 3:26)에 따른 그리스도의 무릎에 자리한다. 그것은 죄사함(expiatio)과 용서(propitiatio)로 화목(reconciliatio)을 포함한다.

속죄(atonement, at-one-ment)라는 단어는 문자적으로 죄의 값을 치르고 하나가 된다는 의미를 가지고 있다.3066) 학자들이 그리스도의 속죄 사역을 "satisfacere"로, 속죄의 의의와 가치를 "satisfactio"로 표현해온 것은 속죄의 실체를 대리적 무릎으로 파악했기 때문이었다.3067) 부정사형 "satisfacere"는 satis(충분히)+facere(행하다)에서 나온 말로서 일반적으로 "만족시키다"라는 뜻으로 해석되며, "빚을 지불하다. 혹은 되갚다" 그리고 "용서를 구하다. 혹은 사죄하다"라는 의미로 특수하게 사용된다. 여기에서 나온 명사형 satisfactio는 "만족"이라는 일반적 뜻 외에 "빚 갚기, 보석금 내기", 그리고 "사죄, 사과, 탄원"이라는 의미로 사용된다. 그것은 배상(賠償), 보상(補償), 속상(贖償) 등 값을 지불하는 행위와 그 결과 수반되는 흡족함을 함께 칭한다.3068)

믿음으로 수납(受納)된 계시에 의존하는 신학에 있어서, [신학적] 용어는 [성경적] 의미를 제한할 수도 의미에 앞설 수도 없다. 속죄의 성경적 어의는 포괄적이다. 그것은 '속죄제-물(物)'에 머무르지 아니하며 '속죄제-사(祀)'를 아우른다. 예수 그리스도의 대속은 제사장이 제물로서 제사됨으로써 제사의 주체와 객체가 하나가 되어 더 이상의 제사가 없게 됨, 곧 다 이루심이다. 하나님은 구약시대를 통하여 제물만을 열납하셨으나 이제는 제물이 된 제사장을 제물과 함께 열납하셔서 누구든지 그와 연합한 자마다 산 제물로서 열납되게 하셨다.

신학자들은 이렇듯 광의적이고 신비한 대속의 비밀을 satisfacere, satisfactio로

Christi)만을 강조한다고 비판하였다. 이를 반박하면서 칼빈은 이같이 말하였다. 참조. *Responsio ad aliquot Laelii Socini senensis quaestiones*, CO 10/1.160. David Willis, "The Influence of Laelius Socinus on Calvin's Doctrines of the Merits of Christ and the Assurance of Faith," in *Italian Reformation Studies in Honor of Laelius Socinus*, ed. John A. Tedeschi (Firenze: F. Le Monnier, 1965), 235.

3066) 참조. H. A. Hodges, *The Pattern of Atonement* (London: SCM Press, 1955), 9-10. 본래 이 단어는 "at onement"로서 사용되었다. 1599년에 작성된 어느 한 문건에 이런 말이 발견된다. "the redemption, reconciliation, and at onement of mankinde with God the father." Leanne Van Dyk, *Believing in Jesus Christ* (Louisville: Foundations of Christian Faith, 2002), 64에서 재인용.

3067) 이를 어원상 로마법에서 찾는 입장에 대해서, Robert Mackintosh, *Historic Theories of Atonement: With Comments* (London: Hodder and Stoughton, 1920), 99-101.

3068) Charlton T. Lewis, *A Latin Dictionary, Founded on Andrews' Edition of Freund's Latin Dictionary, Revised, Enlarged, and in Great Part Rewritten* (Oxford: Clarendon Press, 1998), 1634.

묘사하고자 했으니, 이들을 성경적 어의에 충실하게 "무르다"(גָאַל), "무름"(גְאֻלָּה)으로 번역함이 합당하다. 그리스도가 "기업 무를 자"(גֹּאֵל)가 되시기 때문이다(룻 3:12; 4:6, 14; 레 25:23-28). 이러한 단어들은 가족 혹은 동족 간의 인격적 관계를 전제하는 바, 그것이 가장 적극적으로 표현된 것이 보아스가 룻에게 그리했듯이 하나님이 이스라엘의 남편이 되시는 경우이다(렘 3:1-25; 31:32; 겔 16:1-63; 사 54:1-8; 61:10; 62:4-5; 호 2:16, 19-20).3069) "satisfactio"가 속죄론의 핵심적인 개념으로 여겨진 것은 터툴리안과 키프리안 등의 서방신학자들에 의해서였다.3070) 그들은 "satisfactio"와 "meritum"(공로)을 같은 의미로 다루고, 율법에의 불순종으로 말미암은 형사적 책벌과 회개의 요소로서 이를 고려하였다. 그것은 법정적 개념으로서 단지 사안적이지 않고 신분적인 의미를 지니고 있었다.3071)

속죄(atonement)를 총체적 구원이라는 관점에서 무름(satisfactio)으로 보고 신학을 전개한 뚜렷한 효시(嚆矢)는 제네바의 개혁신학을 사수했던 뚤레틴에게서 발견된다. 뚤레틴은 그리스도의 제사장직을 무름과 계속적 중보라는 관점에서 고찰하고, 무름을 다 이루신 그리스도의 의와 동일시하였다.3072) 대체로 뚤레틴의 입장은 다른 개혁신학자들에 의해서 공유되었다. 그들 역시 그리스도의 제사장직을 무름과 계속적 중보로 보고, 무름을 율법 준수로 대변되는 행하신 순종(obedientia activa)과 십자가의 죽음으로 대변되는 당하신 순종(obedientia passiva)을 포함하는 것으로 여겼다. 칼빈의 신학을 계승해서 무름을 예수의 전 생애를 통한 모든 순종으로 이해했던 것이다.3073) 뚤레틴의 영향을 지대하게 받았던 핫지는 그의 조직신학 책에서 뚤레틴과 동일한 가르침의 순서(ordo docendi)로 속죄론을 다루고 있다. 다만 무름의 목적을 "그리스도는 누구를 위하여 죽었는가?"(For Whom did Christ die?)라는 제하의 독립된 장으로 다루고 학자들의 속죄 이론들을 다룬 장을 별도로 첨가한 것만이 다르다.3074)

3069) 참조. T. F. Torrance, *Atonement: The Person and Work of Christ*, ed. Robert T. Walker (Milton Keynes, UK: Paternoster, 2009), 44-50.

3070) 참조. T. Vincent Tymms, *The Christian Idea of Atonement* (London: Macmillan, 1904), 25-28.

3071) 참조. Aulén, *Christus Victor*, 81-84.

3072) Turretin, *Institutio Theologiae Elencticae*, 14.10.1-14.14.54 (2.368-423).

3073) Heppe, *Reformed Dogmatics*, 458-479, 특히 459.

3074) Hodge, *Systematic Theology*, 2.480-591. 중보자의 직분(munus mediatoris)을 다루면서 핫지는 거의 그대

칼빈의 신학이 툴레틴을 거쳐서 핫지에 의해서 조직신학적으로 체계화되는 과정에 있어서 속죄론은 무름(satisfactio)이라는 개념 하에 정립되었다.3075) 핫지는 "atonement"는 그리스도의 대리적 속죄를 기술하기에는 부적합한 단어라고 여겼다. 어원상 '하나가 되게 함' 혹은 '화목'을 뜻하는 이 단어는 죄과(罪科)나 죄책(罪責)과 관련하여 주로 사용되는데, 신약에는 로마서 5:11의 "화목하게 하신"(τὴν καταλλαγὴν ἐλάβομεν)의 "καταλλαγή"에 대한 흠정역(KJV) 번역에만 한 번 나오지만, 구약에는 '덮음'을 의미하는 "כָּפַר" 형태로 다수 나타난다.3076) 이 단어는 "화목"이라는 "결과"(effect)뿐만 아니라(출 30:15; 레 4:20; 16:6; 겔 45:17) "화목의 결과에 이르게 되는 수단"(that by which the reconciliatiion is effected)을(레 4:26; 5:16; 출 32:30; 민 6:11) 모두 지칭하는 바, 언약에 기초하여 물질적이거나, 육체적이거나, 영적인 모든 차원에서 율법에 부여된 의식과 규범을 다 행하여 만족시키는 것을 뜻한다.3077) 곧 "무름"(satisfaction) 혹은 "보상"(compensation)을 지시한다. 어떤 용례로 사용되든 "atonement"는 어의(語義)상 그리스도가 자신을 제물로 드리신 것을 제시하는 데 그칠 뿐, 그가 우리를 대신하여 모든 율법에 순종한 사실을 함의하는 데까지 이르지는 못한다.3078)

개혁신학자들이 'satisfaction' 대신 'atonement'를 주로 사용한 것은 핫지(Charles Hodge)의 아들인 A. A. 핫지(Archibald Alexander Hodge)가 동명의 『속죄론』(Atonement)을 출판한 데서 비롯되었다. 그러나 A. A. 핫지는 비록 대중적인 선호도에 따라서 'atonement'라는 말을 자신이 사용하기는 하지만, 'satisfaction'이 모호하지도 않으며 완전하고 포괄적인 지불을 뜻하는 데 더욱 적합하다고 여긴다. 그리

로 툴레틴의 순서를 따른다. 툴레틴은 먼저 중보자의 사역을 개관하고 선지자직과 제사장직을 차례로 다룬다. 그리스도의 무름(satisfactio)은 그의 중재(intercessio)와 함께 제사장직의 일부로서 논한다. 그리고 마지막으로 왕직을 그리스도의 왕국의 영원성에 중점을 두고 설명한다. Turretin, *Institutio Theologiae Elencticae*, 14.1.1–14.18.19 (2.331–438). 핫지도 위에서 언급한 차이점을 제외하고는 동일한 순서를 따른다. Hodge, *Systematic Theology*, 2.455–609.

3075) 헤페(Heinrich Heppe)는 개혁신학자들의 무름에 대한 입장을 설명함에 있어서 예수 그리스도의 당하신 순종(고난받으심과 죽으심)으로 말미암는 소극적 의의 전가(죄사함)와 행하신 순종(율법 준수)으로 말미암는 적극적 의의 전가(거룩한 삶)를 함께 강조한다. *Reformed Dogmatics*, 458–459, 463.

3076) 이 단어의 어원과 어의와 구약의 용례 전반에 관해서, T. Vincent Tymns, *The Christian Idea of Atonement* (London: Macmillan, 1904), 191–250.

3077) 참조. Torrance, *Atonement: The Person and Work of Christ*, 33–44.

3078) Hodge, *Systematic Theology*, 2.469–470.

고 'satisfaction'은 당하신 순종인 그리스도의 고난과 행하신 율법에의 순종을 포함하며 그 속성상 금전적(pecuniary)일 뿐만 아니라 형벌적(penal)이라는 점도 덧붙인다. 'satisfaction'은 죄의 값 자체(ipso facto)뿐만 아니라 누가 그것을 지불하는 자인지에 대해서도 문의(問議)하며, 대리적 속상(贖償, vicarious substitution)으로서 죄사함(expiation)과 용서(propitiation)를 내포한다는 점을 또한 거론한다. 'atonement'라는 말을 사용하기는 하되 'satisfaction'이라는 의미에서 그리하자는 것이다.[3079] 이러한 입장은 워필드에 의해서 다시금 천명된다.

> 본질상 죄인들을 구원하는 그리스도의 사역을 지칭하는 "satisfaction"이라는 단어를 현재 더욱 통상적으로 사용하고 있는 "atonement"라는 단어로 대체하는 것에는 유감이 없지 않다. "satisfaction"이 더욱 포괄적이며, 더욱 명확하며, 덜 모호하고, 더욱 정확한 단어이기 때문이다. "atonement"는 영어 신약 성경(롬 5:11, 개역[RV]이 아니라 흠정역[KJV])에 단 한 번 나타난다. 이 경우 "화목"(reconciliation)이라는 고전적 의미로 사용되며, 헬라어 *katallagē*와 같은 의미를 지닌 번역이 된다. 영어 구약 성경에서 이 단어는 "용서"(propitiation)와 "속죄"(expiation)를 뜻하는 히브리어 *kipper*, *kippurim*에 대한 번역으로서 매우 자주 발견된다. "atonement"가 현재 "속죄"의 의미로 그리스도의 사역을 지칭하는 단어로서 사용되고 있으나, 그리스도의 사역은 자신을 속죄제로 드려 진노하신 하나님이 우리를 용서하실 뿐만 아니라 우리와 화목하게 되시도록 하는 데 본질이 있다는 점을 기억해야 한다.[3080]

대체로 A. A. 핫지와 워필드와 다름없이 개혁신학자들은 'atonement'의 어의(語義)를 폭넓게 이해하여 'satisfaction'과 동의어로 사용하였다. 미국 남부 장로교의

[3079] Hodge, *The Atonement*, 33-41. 아퀴나스(Thomas Aquinas)는 "meritum"과 "satisfactio"를 구별하고 전자는 "형벌적 순종"(penal obedience)에, 후자는 "거룩한 순종"(holy obedience)에 관련시킨다. 같은 책, 43-44. 이러한 입장은 스트롱(Augustus H. Strong)에게서도 발견된다. 다만 그는 무름(satisfaction)이 속죄(atonement)의 실체이기는 하나 속상(substitution)과 더불어 속죄의 한 요소를 구성하는 데 불과하다고 여긴다. *Systematic Theology*, 713-771. 이에 대해서 스트롱의 제자였던 부스웰(James Oliver Buswell Jr.)은 자기 스승이 예수 그리스도는 죄와 부패 가운데 있는 인성을 취한 인류의 전형(archetype)이자 대표(representative)로서 대속제물이 되었다고 하는 "동일화"(identification) 이론을 주장했으며 이로부터 "윤리적 일원론"(Ethical Monism)에 이르렀다고 비판한다. *A Systematic Theology of the Christian Religion*, 2.97-102.

[3080] Warfield, "Atonement," *WBW* 9.261.

신학적 체계를 수립한 댑니는 'satisfaction'을 "대리적 속죄"(a vicarious atonement)라고 부름으로써 양자를 사실상 동일시한다.3081) 그리스도의 대리적 속죄의 본질을 대속적 회개에서 찾고자 한 쉐드(William G. T. Shedd) 역시 'atonement'를 광의로 보아서 'satisfaction'과 일맥상통하는 것으로서 이해한다.3082) 이후의 신학자 머레이는 'atonement'를 죄사함에 국한하지 아니하고 율법으로부터 자유하게 함으로써 사랑의 법에 매이게 하는 그리스도의 대속의 은총이 구원의 전(全) 과정에 역사함을 뜻하는 단어로 사용한다.3083)

바빙크는 속죄론을 '무름'(satisfactio)이라고 통칭하면서 화목(reconciliation, καταλλαγή)에 그 본질이 있음을 강조한다. 그리스도는 화목제(ἱλασμός, 요일 2:2; 4:10)로 자신을 드리셨으므로 그 의가 죄사함(ἱλαστήριον, 롬 3:25)에 머물지 않고 유화(宥和) 곧 용서와 화목에 이른다(롬 5:9-10; 고후 5:18-19; 갈 3:13). 왜냐하면 하나님이 진노를 돌이키시고 (민 8:19; 16:46) 용서하심으로(ἱλάσκεσθαι) 우리의 죄와 허물이 가림을 받게 되기 때문이다(כָּפַר;, 레 1:3; 6:7; 10:17; 15:15, 30; 19:22; 신 15:28; 31:50).3084)

벌코프는 툴레틴과 A. A. 핫지와 매우 유사한 어의(語義)로 'atonement'를 사용한다. 그 역시 이 단어가 경제적 의미의 '속상'(substitution)에 머물지 않고 '대리-형벌적인'(vicarious-penal) 무름에까지 미친다고 여긴다.3085) 오늘날 신학자들은 그루뎀(Wayne Grudem)의 경우에서 보듯이, 'atonement'를 "우리의 구원을 위한 예수 그리스도의 생애와 죽음"을 포괄하는 개념으로 사용한다.3086) 다만 레이몬드는 'atonement'라는 말을 사용하지 않고 이와 관련된 여러 전통적인 주제들을 망라해서 다룬다.3087)

대리적 무름에 관한 언급은 초대교회의 신앙의 규범(regula fidei)이나 신조(symbolum)에 벌써 나타난다. 그것의 단초(端初)는 그리스도가 우리와 우리의 구원을 위해서 나셨으며 고난당하셨다는 조목에서 발견된다. 니케아-콘스탄티노플 신

3081) Dabney, *Lectures in Systematic Theology*, 485-535.
3082) Shedd, *Dogmatic Theology*, 2.690-760.
3083) John Murray, *Redemption Accomplished and Applied* (Grand Rapids: Eerdmans, 1955), 9-78.
3084) Bavinck, *Reformed Dogmatics*, 2.447-451.
3085) Berkhof, *Systematic Theology*, 373-391.
3086) Wayne Grudem, *Systematic Theology* (Leicester, UK: IVP, 1994), 568.
3087) Reymond, *A New Systematic Theology of the Christian Faith*, 623-669.

경은 예수 그리스도가 "우리 사람과 우리의 구원을 위하여"(δί ἡμᾶς τοὺς ἀνθρώπους καὶ διὰ τὴν ἡμετέραν σωτηρίαν, propter nos homines et [propter] salutem nostram) 성육신 하셨으며, "우리를 위해서"(ὑπὲρ ἡμῶν, pro nobis) 십자가에 달리셨다고 고백한다.3088) 거의 유사한 표현이 칼케돈 신경에 위격적 연합에 대한 소위 칼케돈 공식(formula, μονογενή, ἐκ δυο φυσεων, ἀσυγχυτως, ἀτρεπτως, ἀδιαιρετως, ἀχωριστως)을 포함하는 성육신의 고백 가운데 나타난다("δι' ἡμᾶς καὶ διὰ τὴν ἡμετέραν σωτηρίαν").3089) 아타나시우스 신경(Symbolum Quicunque)은 제38조에서 그리스도가 "우리의 구원을 위하여 고난당하셨다"(passus est pro nostra salute)고 선언함으로써 사도신경의 주님의 십자가에 못 박히심에 대한 고백 부분을 대신하고 있다.3090) 이와 관련하여 초대교회의 많은 신앙의 규범 가운데 이레네우스의 것이 주목된다. 그는 어느 한 곳에서 주님의 탄생에 대한 고백에 "우리의 구원을 위해서"(ὑπὲρ τῆς ἡμετέρας σωτηρίας)라는 말을 첨가함으로써 성육신의 구원론적 의미를 제시하였다.3091) 그리고 또 다른 곳에서 이를 "그의 피조물을 향한 자신의 놀라운 사랑으로 말미암아"(propter eminentissimam erga figmentum suum dilectionem)라는 말로 바꾸어 더욱 구체적으로 표현함으로써 그리스도의 비하의 공로와 승귀의 권능을 죄사함(expitiatio)과 용서(propitiatio)라는 측면에서 파악하고 있다.3092)

초대교회의 정통신경들을 충실히 물려받은 종교 개혁자들은 여러 신경적 작품들을 작성함으로써 속죄론을 더욱 구체적으로 교리화시켰다. 아우구스부르크 신앙고백서 제1부 제3조에서는 그리스도가 "아버지와 우리를 화목하게 하시려고 원죄와 사람의 모든 실제적인 죄를 위한 희생제물이 되셨다"(reconciliaret nobis Patrem, et hostia esset non tantum pro culpa originis, sed etiam pro omnibus actualibus hominum peccatis)고 하였으며,3093) 제1부 제4조에서는 그리스도가 "자신의 죽음으로 우리의

3088) Schaff, *The Creeds of Christendom*, 2.57.

3089) Schaff, *The Creeds of Christendom*, 2.62.

3090) Schaff, *The Creeds of Christendom*, 2.69.

3091) Schaff, *The Creeds of Christendom*, 2.13.

3092) Schaff, *The Creeds of Christendom*, 2.15. 이상의 논의는 다음 논문을 첨삭, 수정, 가필하여 수록. 문병호, "그리스도의 무름(satisfactio Christi) I: 개혁주의 속죄론의 형성", 「신학지남」73/4 (2006), 326-335.

3093) Schaff, *The Creeds of Christendom*, 3.9.

죄를 무르셨다"(sua morte pro nostris peccatis satisfecit)고 하였다.3094) 또한 아우구스 부르크 신앙고백서에 대한 변해서 제6조에서는 "그리스도의 죽음은 죄뿐만 아니라 영원한 죽음을 위한 무름이다"(Mors Christi non est solum satisfactio pro culpa, sed etiam pro aeterna morte)라고 하였다.3095) 루터파 일치신조 제3조에서는("Affirmativa I") "그리스도가 진정 우리의 의이시다. ……그가 하나님과 사람으로서 죽기까지 아버지께 올려드린 유일하고 절대적인 순종은 우리의 모든 죄에 대한 사함과 영생을 위한 공로가 되었다"(Christus vers sit nostra justitia.……in sola videlicet obedientia sua, quam Patri ad mortem usque absolutissimam Deus et homo praestitit, eaque nobis peccatorum omnium remissionem et vitam aeternam promeruit)고 하였다.3096) 그리고 제5조에서는 ("Affirmativa IV") 그리스도가 율법의 모든 요구를 만족시키시고("satisfecisse") 모든 죄를 속하셨음("expiasse")을 말하였다.3097) 그리고 그 마지막에서는("Affirmativa VIII"), 죄의 삯을 치르고 죽임을 당하신 "그리스도의 생소한 사역(alienum opus)"을 통하여 "그 자신의 고유한 사역"(proprium suum officium)이 수행되었음을 천명하였다.3098)

칼빈의 맥을 잇는 개혁신경에서는 그리스도의 속죄가 더욱 확연하게 드러난다. 제2차 헬베틱 신경에서는 "그리스도는 자신 가운데 세상의 죄를 받아들이시고 가져가셨다. 그리고 하나님의 의를 만족시키셨다"(Christus peccata mundi in se recepit et sustulit, divinaeque justitiae satisfecit)고 하였다.3099) 벨직 신앙고백서에서는 "그[예수 그리스도]는 우리의 이름으로 아버지 앞에서 제물을 드려 완전한 무름으로써 그의 진노를 누그러뜨리시고 자기 자신을 십자가의 제단 위에 올리시고 값진 자신의 피를 뿌려 우리 죄인들을 정결하게 하셨다"(s'est présenté en notre nom devant son Père, pour apaiser sa colère avec pleine satisfaction, en s'offrant lui-même sur l'autel de la croix, et répandant son précieux sang pour la purification de nos péchés)고 하였다.3100) 하이델베르크 신앙교육서는 제12문답에서 "하나님은 의가 만족되기를 바라신다. 그러므로

3094) Schaff, *The Creeds of Christendom*, 3.10.
3095) Hodge, *Systematic Theology*, 3.480에서 재인용.
3096) Schaff, *The Creeds of Christendom*, 3.115.
3097) Schaff, *The Creeds of Christendom*, 3.127.
3098) Schaff, *The Creeds of Christendom*, 3.130.
3099) Schaff, *The Creeds of Christendom*, 3.266, 863.
3100) Schaff, *The Creeds of Christendom*, 3.406.

우리가 혹은 우리를 통해서나 혹은 다른 사람을 통하여 그것을 만족시켜야 한다"
(Deus vult justitiae satisfieri; quocirca necesse est, vel per nos, vel per alium satisfaciamus)고 무릎의 당위성을 말하고 난 후, 제40문답에서 "그러므로 우리의 죄를 위한 하나님의 의와 진리는 하나님의 아들의 죽음 그 자체 외에 어떤 다른 언약으로도 만족될 수 없었다"(Propterea quod justitiae et veritati Dei nullo alio pacto pro nostris peccatis potuit satisfieri, quam ipsa morte filii Dei)라고 하며 그 방법이 신인양성의 그리스도의 대속 외에는 있을 수 없음을 지적하였다.3101) 갈리칸 신앙고백서 제13조에서는 "우리 구원을 위하여 필요한 모든 것은 그리스도 안에서 우리에게 부여되고 교통된다"(en icelui Jésus-Christ tout ce qui était requis à été offert et communiqué)고 하였다.3102) 헬베틱 일치 공식(Formula Consensus Helvetica) 제15조에서는 "그리스도는 택자들을 대신해서 자신의 죽음의 순종으로 하나님 아버지를 만족시키셨다." 그리고, "그 자신의 생의 전 과정을 통한"(per totius vitae suae curriculum) "지극히 거룩한 삶으로 우리를 위하여 율법과 하나님의 의를 만족시키셨다"(sanctissima vita legi et justitiae divinae pro nobis satisfecisse)고 하여 그리스도의 의가 당하신 순종과 행하신 순종에 모두 미침을 분명히 하였다.3103) 제1차 스코틀랜드 신앙고백서 제9조에서는 그리스도가 십자가에서 당한 것은 "잔혹한 죽음"(mortem atrocem)뿐만 아니라 "아버지의 진노"(iram patris)였다는 것을 지적하면서, "그는 사람의 죄에 대한 완전한 값을 치르기 위하여 공히 영혼과 육체 가운데 고난당하셨다"(animo pariter et corpore pertulit ut peccata hominum plene lueret)고 하였다.3104) 웨스트민스터 신앙고백서 제8장 4조에서는 "율법 아래에 나신"(factus est sub Lege) 그리스도가 자신에게 부여된 "직분"(munus)을 "완성하기 위하여"(expleret) "그의 영혼으로 가장 극심한 형벌을 직접 감내하셨고, 실로 그의 육체로 최고 극악한 고통을 겪으셨다"(immediate in anima sua gravissimos subiit cruciatus, in corpore vero perpessiones quam maxime dolorificas)고 한 후, 이어지는 5조에서는 "주 예수는 그의 완전한 순종과 그가 영원한 성령을 통하여 단번에 올

3101) Schaff, *The Creeds of Christendom*, 3.311, 320; Hodge, *Systematic Theology*, 3.481; 황대우,「문답식 하이델베르크 신앙교육서」, 22-23, 54-57.

3102) Schaff, *The Creeds of Christendom*, 3.367.

3103) Hodge, *Systematic Theology*, 3.481에서 재인용.

3104) Schaff, *The Creeds of Christendom*, 3.447.

려드린 자신의 제물로 그의 아버지의 의를 다 만족시키셨다. 그리고 화목뿐만 아니라 아버지가 그에게 주신 모든 사람들을 위한 하늘나라의 영원한 기업을 값 주고 사셨다"(Dominus Jesus obedientia sua perfecta, suique ipsius sacrificio; quod per aeternum Spiritum Deo semel obtulit, justitiae Patris plene satisfecit, ac omnibus ei a Patre datis non modo reconciliationem; verum etiam aeternam haereditatem in regno caelorum acquisivit)고 하였다.3105)

대체로 루터파와 개혁파 신경들은 중보자 그리스도의 신인양성의 인격을 다루면서 속죄론을 더불어 논하고 있다. 두 진영은 양성의 속성교통에 관해서는 뚜렷한 이견을 가지고 있음에도 불구하고 대리적 속죄에 관한 신경적 선포에 있어서는 외견상 서로 별 차이가 없어 보인다. 그러나 개혁신학자들이 성도에게 전가되는 그리스도의 의만이 유일한 구원의 공로가 된다고 보는 데 일치한 반면에, 루터파 신학자들 가운데 일부는 그리스도의 의를 거부하지 않고 받아들이는 믿음을 향한 성향(affectus ad fidem) 혹은 멜랑흐톤이 말하듯이 "자신을 은혜에 맡기는 능력"(facultas applicandi se ad gratiamtem)은 각자의 자유의지(liberum arbitrium)에 맡겨져 있다고 보아야 한다고 주장함으로써3106) 오직 은혜와 전적 은혜의 원리에서 벗어난 입장을 견지하기도 한다.3107) 로마 가톨릭 역시 대리적 무름을 천명은 하지만3108) 그리스도의 의는 오직 성화의 전(前) 단계에 합력적 공로(meritum de congruo)로만 작용하는 데 그친다고 보아, 사실상 칭의의 법정성을 거부한다. 그들에게 있어서 칭

3105) Schaff, *The Creeds of Christendom*, 3.620-621.

3106) Schaff, *The Creeds of Christendom*, 1.262-263.

3107) 루터파 일치신조 제2조에서는("Affirmativa IX") 사람의 회심을 위한 "오직 두 가지 효과적 요소"(duae efficientes causae)로서 "성령과 성령의 도구인 하나님의 말씀"(Spiritus Sanctus, et verbum Dei, quod est instrumentum Spiritus Sancti)만을 인정한다. Schaff, *The Creeds of Christendom*, 3.113.

3108) 참조. Hodge, *Systematic Theology*, 2.482. 로마 가톨릭은 트렌트 종교회의(1545-1563)에서 채택한 문서 제6장 7조에서 "예수 그리스도는 우리가 원수 되었을 때 우리를 사랑하신 그 놀라운 사랑을 보이사 십자가 나무에서 당하신 지극히 거룩한 자신의 고난으로 우리의 의가 되시는 공로를 이루시고 우리를 위하여 하나님 아버지께 배상하셨다"(Jesus Christus, cum essemus inimici, propter nimiam caritatem qua dilexit nos, sua sanctissima passione in ligno crucis nobis justificationem meruit, et pro nobis Deo patri satisfecit)고 하였다. 그리고 제14장 8조에서는 "그리스도 예수, 그는 우리의 죄를 위하여 배상하셨다"(Christus Jesus, qui pro peccatis nostris satisfecit)고 하였다. 로마 가톨릭의 신앙고백서 제1장 5조 11항에서는 그리스도가 "모든 세대의 죄를"(omnium aetatum pecca) "아버지께"(Patri) "대속하시기 위하여"(redimeret) "십자가에서 우리의 죄 값을 지불하심으로써 아버지께 충분하게 배상하셨다"(qui in cruce, pretio pro peccatis nostris soluto, plenissime Deo satisfecit)고 하였다. 여기서는 안셈(Anselmus)의 용례에 따라서 "satisfacere"를 "배상하다"로 번역하였다.

의(iustificatio)는 성화에 이르는 사전적 양상(事前的 樣相)에 불과할 뿐이다. 칭의가 의화(義化)라고 칭해지는 까닭이 여기에 있다. 이렇게 본다면 속죄론 자체가 무색해진다. 이 경우 그리스도의 공로는 그 자체로 절대적이며 최종적인 질료인(causa materialis)이 되지 못하기 때문이다.3109)

2. 어거스틴의 대리적 속죄론

어거스틴은 그리스도의 대속의 본질이 그의 의의 전가에 있음을 다음과 같이 분명히 천명한다.

> 우리를 의로 삼고자 그[그리스도] 자신이 죄가 되셨다. 우리의 것이 하나님의 것으로, 우리 안에서가 아니라 그 자신 안에서. 이렇듯, 그 자신이 자신의 것이 아니라 우리의 것으로 죄가 되셨다(Ipse ergo peccatum, ut nos justitia; nec nostra, sed Dei; nec in nobis, sed in ipso: sicut ipse peccatum, non suum, sed nostrum).3110)

어거스틴은 그리스도가 세례를 받으신 것은 단지 어떤 불의를 씻어버리시려는 것이 아니라 언약의 백성을 구원하고자 하시는 하나님의 뜻을 이루기 위해서 그것에 순종하는 "자신의 큰 겸비함을 드러내고자"(magna commendaretur humilitas) 하심에 있음을 주목하고,3111) 그리스도로 말미암아 우리도 그와 같은 덕성을 갖추어 하나님의 호의를 얻어 하나님과 하나가 되는 은총을 누리게 됨을 강조한다.3112) 그렇다고 해서 이를 두고 어거스틴의 속죄론이 윤리적 경향에 경도되었다고 보아서는 안 된다. 하나님의 은혜가 우리의 공로로 말미암아 주어진다고 여기는 펠라기우스

3109) 이와 관련하여 다음을 참조. 문병호, "그리스도의 의(義)의 유일성과 객관성: 칼빈의 트렌트 회의 비판의 요지(要旨)와 요체(要諦)", 『칼빈신학: 근본 성경교리 해석』, 371, 379-380, 396-387, 402.

3110) Augustine, "Enchiridion," 41 (*NPNFF* 3.251, *AO* 6.368).

3111) Augustine, "Enchiridion," 49 (*NPNFF* 3.253, *AO* 6.371).

3112) Augustine, "Of the Morals of the Catholic Church," 11.18-15.25 (*NPNFF* 3.46-48, *AO* 1.1125-1129).

주의자들과는 달리 어거스틴은 무조건적 은혜를 말하고 있기 때문이다.3113)

펠라기우스주의자들은 모든 사람이 저주 가운데 있으며 죄를 짓는 것은 "타고날 때부터 부착된 원죄에 따른 것이 아니라 모방에 따른"(non propter peccatum nascendi orgine attractum, sed propter imitationem) 것이라고 주장한다.3114) 그들은 하나님은 가능한 것을 명령하시기 때문에 그 명령이 곧 자질의 척도가 된다고 본다.3115) 그러나 어거스틴이 변증하듯이, 타락으로 말미암아 인류는 선을 행하기 위해서는 치료자가 필요하다. 그리스도는 "그 자신이 전적(全的)으로 의사(醫師)이시다"(ipse est totus medicus).3116) 그가 "다소 쓰고 쏘는 약으로"(amaris aliquantum et acribus medicamentis) 고치신다.3117) 타락한 인류의 "자유의지는 그 자체로 죄로 빠져드는 데 충분하다"(sufficit ei liberum arbitrium, quo se ipse vitiavit).3118) 그들의 의지는 "자유로우나 자유롭게 되지 못했다. 의에 대해서는 자유로우나 죄에 대해서는 종이 되었다"(liberum, sed non liberatum; liberum justitiae, peccati autem servum).3119)

어거스틴은 "주는 죄 없이 죽을 수 있었다"(Dominum sine peccato mori potuisse)는 마르켈리누스(Marcellinus of Carthage, ?-413)의 말을 떠올리면서, "그에게 있어서 나심은 자비의 권세였지 본성의 조건이 아니었다. 그는 심지어 그 권세로(potestate) 죽으셨다. 그것이 그가 우리를 죽음으로부터 대속하기 위하여 치르신 우리의 값(pretium nosturm, quo nos a morte redimeret)이다"라고 하여 그리스도의 대리적 속죄를 뚜렷이 천명한다.3120) 은혜는 우리의 공로와 무관하다. 우리의 선한 뜻이 있다고 한들 그것에는 어떤 공로도 없다.3121) 우리가 뜻하는 것조차 우리 안에서 역사하시

3113) Augustine, "On Grace and Free Will," 10 (*NPNFF* 5.448, *AO* 10-1.1237).

3114) Augustine, "On Nature and Grace," 10 (*NPNFF* 5.124, *AO* 10-1.376).

3115) Augustine, "On Grace and Free Will," 32 (*NPNFF* 5.457, *AO* 10-1.1253). 참조. Augustine, "On Nature and Grace," 8 (*NPNFF* 5.123-124, *AO* 10-1.374); "On the Proceedings of Pelagius," 16 (*NPNFF* 5.190, *AO* 10-1.485).

3116) Augustine, "On the Gospel of St. John," 3.3 (*NPNFF* 7.19, *AO* 3-2.1700).

3117) Augustine, "On the Gospel of St. John," 3.14 (*NPNFF* 7.23, *AO* 3-2.1706-1707).

3118) Augustine, "On Nature and Grace," 25 (*NPNFF* 5.129-130, *AO* 10-1.385).

3119) Augustine, "On Rebuke and Grace," 42 (*NPNFF* 5.489, *AO* 10-1.1313).

3120) Augustine, "On Nature and Grace," 26 (*NPNFF* 5.130, *AO* 10-1.386).

3121) Augustine, "On Grace and Free Will," 30 (*NPNFF* 5.456, *AO* 10-1.1251-1252).

는 하나님이 기뻐하심에 따른 것이기 때문이다(빌 2:13).[3122] "은혜의 도움을 구하고자 하는 갈망이 은혜의 시작이다"(desiderare auxilium gratiae, initium gratiae est).[3123] "감추어진 감동으로 우리 안에"(intrinsecus occulta inspiratione) 의지를 갖게 하시는 분은 하나님이시다.[3124] 하나님의 도움 없이는 인류가 처음부터 지닌 자유의지는 죄를 짓기에만 충분하다.[3125] 거듭난 사람은 이제 하나님의 은혜로 말미암아 "죄를 지을 수 없다"(non posse peccare). 즉 "죽을 수 없다"(non posse mori). 이는 자신의 뜻이 아니라 아버지의 뜻으로 말미암는다.[3126] 이와 관련하여 어거스틴은 키프리안(Cyprian)의 다음 말을 인용한다. "아무 것도 자랑해서는 안 된다. 왜냐하면 아무 것도 우리의 것이 아니기 때문이다"(In nullo gloriandum, quando nostrum nihil sit).[3127]

하나님의 법은 우리의 능력이 아니라 무능의 척도가 된다. 하나님의 법은 거룩하고, 선하고, 의롭지만(롬 7:12-13), 타락한 인류는 이제 "행위의 법"(lex operum)이 아니라 "믿음의 법"(lex fidei)으로만 의롭다 함을 받게 된다.[3128]

> 행위의 법에 따르면 하나님은 "내가 명령한 것을 행하라"(Fac quod jubeo)고 말씀하신다. 그러나 믿음의 법에 따르면 우리는 "당신이 명령하신 것을 주시옵소서"(Da quod jubes)라고 하나님께 말한다. 율법이 명령하는 것은 믿음이 행하는 것을 권고하기 위함이기 때문이다.[3129]

심지어 믿음 자체도 하나님의 은혜 없이는 지닐 수 없다. 그것은 "하나님의 선물"(donum Dei)이기 때문이다.[3130] 우리의 선행, 믿음, 사랑, 영생, 이 모든 것들이 하나

3122) Augustine, "On Grace and Free Will," 32-33 (NPNFF 5.457-458, AO 10-1.1253-1255).
3123) Augustine, "On Rebuke and Grace," 2 (NPNFF 5.472, AO 10-1.1283).
3124) Augustine, "On Rebuke and Grace," 9 (NPNFF 5.475, AO 10-1.1287).
3125) Augustine, "On Rebuke and Grace," 31-32 (NPNFF 5.484-485, AO 10-1.1305-1306).
3126) Augustine, "On Rebuke and Grace," 33 (NPNFF 5.485, AO 10-1.1307).
3127) Augustine, "On the Predestination of the Saints," 7 (NPNFF 5.500, AO 10-1.1350).
3128) Augustine, "On the Spirit and the Letter," 21 (NPNFF 5.91-92, AO 10-1.324-326).
3129) Augustine, "On the Spirit and the Letter," 22 (NPNFF 5.92, AO 10-1.326).
3130) Augustine, "On Grace and Free Will," 17 (NPNFF 5.450, AO 10-1.1242): "On the Predestination of the Saints." 3 (5.499, AO 10-1.1347).

님의 은혜이다.[3131] 율법으로 자유하게 되는 것은 은혜로 말미암는다. 이 은혜는 그리스도를 믿는 믿음을 통해서 역사한다.[3132] "은혜에 의해서 믿음을 통하여 당신은 구원을 받는다"(Gratia salvi facti estis per fidem).[3133] "믿음이 은혜라면 영생은 믿음의 보수이다"(Si enim fides gratia est, et vita aeterna quasi merces est fidei).[3134]

펠라기우스는 타락 후에도 사람이 죄가 없을 수 있으며 만약 원하기만 한다면 하나님의 명령을 지킬 수 있다고 본다. 왜냐하면 그 능력이 하나님에 의해서 부여되었기 때문이라는 것이다. 이 경우 그리스도의 공로는 무용해진다.[3135] 펠라기우스는 "가능성"(possibilitas)은 하나님이 주시나 "뜻"(voluntas)을 가지고 "행함"(actio)은 사람에게 달렸다고 보았다. 이 경우 "가능성"조차 우리 편의 능력에 기인한다. 어거스틴은 하나님의 은혜가 아니고서야 이러한 것들은 다 공허하다고 단언한다.[3136] 그리고 부연해서 설명하기를, "율법의 지식"(legis agnitio)은 "은혜의 도움"(gratiae opitulatio) 없이는 그저 범법을 더할 뿐이라고 지적한다.[3137] "율법이 은혜에 의해서 성취되도록, 은혜는 율법에 의해서 제시된다"(Pro inde per legem gratia demonstratur, ut lex per gratiam compelatur)고 그는 또한 말한다.[3138]

궁극적으로 율법은 그 자체의 의가 아니라 "하나님으로 나온 의"(iustitia ex Deo)를 드러냄으로써 구원과정에 작용한다.[3139] 그러므로 우리는 "수행가능성"(possibilitatis profectus)과 더불어 "정서적 뜻"(voluntatis affectus)과 "행위의 결과"(actionis effectus)도 하나님의 은혜 가운데서 찾아야 한다.[3140] 이러한 은혜가 하나님과 사람 사이의 중보자 예수 그리스도의 성육신, 죽음, 부활로 말미암는다. 그를 믿는 믿음이 우리 편에 주어져 있을 뿐이다.[3141] 그리스도가 "빛이 아니라 자신의 뜻"(non debitam, sed

---

3131) Augustine, "On Grace and Free Will," 18 (*NPNFF* 5.451, *AO* 10-1.1243).

3132) Augustine, "On Grace and Free Will," 24 (*NPNFF* 5.453-454, *AO* 10-1.1247-1248).

3133) Augustine, "On Grace and Free Will," 28 (*NPNFF* 5.455, *AO* 10-1.1250).

3134) Augustine, "On the Gospel of St. John," 3.9 (*NPNFF* 7.22, *AO* 3-2.1704).

3135) Augustine, "On the Proceedings of Pelagius," 20 (*NPNFF* 191-192, *AO* 10-1.487-488).

3136) Augustine, "On Grace of Christ, and on Original Sin," 1.4-7 (*NPNFF* 5.218-220, *AO* 10-1.531-534).

3137) Augustine, "On Grace of Christ, and on Original Sin," 1.9 (*NPNFF* 5.220, *AO* 10-1.535).

3138) Augustine, "On Grace of Christ, and on Original Sin," 1.10 (*NPNFF* 5.221, *AO* 10-1.536).

3139) Augustine, "On Grace of Christ, and on Original Sin," 1.14 (*NPNFF* 5.223, *AO* 10-1.539).

3140) Augustine, "On Grace of Christ, and on Original Sin," 1.15 (*NPNFF* 5.223, *AO* 10-1.540).

3141) Augustine, "On Grace of Christ, and on Original Sin," 1.28 (*NPNFF* 5.247, *AO* 10-1.582).

voluntariam)으로 행하여 성전의 휘장이 찢어졌다.3142) 그리하여 아담 안에서 죽은 모든 사람에게 그리스도는 "생명의 중보자"(mediator ad vitam)가 되신다.3143) 우리가 그리스도를 선택한 것이 아니라, "선택하시는 하나님의 은혜가 선행(先行)한다"(eos eligentis gratia Dei praeveniret).3144)

> 그리스도는 생명이 아니신가? 그러나 그는 죽으셨다. 그러나 그리스도의 죽음 안에서 죽음이 죽었다. 죽은 생명이 죽음을 죽였다. 생명의 충만이 죽음을 삼켰다. 죽음이 그리스도의 몸으로 섭취되었다.3145)

어거스틴은 그리스도가 우리를 위한 속전을 마련하시고자 자신의 십자가로 덫을 놓고 자신의 피로 미끼를 삼았다고 함으로 사탄배상설의 흔적을 보인다. 그러나 그것은 십자가가 죽음을 이기셨음을 설명하기 위한 한 표현에 불과할 뿐, 그가 말하고자 한 바는 '그리스도는 무죄한 피를 흘리시고 그 달콤함으로 우리의 쓰라림을 가져가셨다. 그는 자신이 쏟으신 달콤함을 스스로 취할 것으로 여기지 아니하셨다. 그 달콤함을 우리가 맛보게 하셨다'(시 33:8)는 사실에 있다.3146)

어거스틴에 따르면, 성례는 성도가 이러한 달콤함에 참여하도록 제정된 예식이다. "성례 가운데 가시적으로 취해지는 것은 영적으로 먹고, 영적으로 마신 진리 그 자체 가운데 있다"(quod in Sacramento visibiliter sumitur, in ipsa veritate spiritualiter manducetur, spiritualiter bibatur).3147) 그리스도는 우리가 구원을 위하여 그의 육체를 먹도록 이곳에 오셨다. 그 육체가 우리를 살린다. 분명 이것은 영적으로 이해해야 한다.3148) 여기에서 어거스틴은 성찬에서 제시되는 은혜를 설명하고 있다. 이러한

3142) Augustine, "On Grace of Christ, and on Original Sin," 1.29 (*NPNFF* 5.248, *AO* 10-1.583-584).

3143) Augustine, "On Grace of Christ, and on Original Sin," 1.33 (*NPNFF* 5.249, *AO* 10-1.586).

3144) Augustine, "On Grace and Free Will." 38 (*NPNFF* 5.460, *AO* 10-1.1258).

3145) Augustine, "On the Gospel of St. John," 12.11 (*NPNFF* 7.85, *AO* 3-2.1822): "Nonne vita Christus? et tamen mortuus Christus. Sed in morte Christi mors mortua est; quia vita mortua occidit mortem, plenitudo vitae deglutivit mortem: absorpta est mors in Christi corpore."

3146) Augustine, "Sermons on New Testament Lessons," 80.2-3 (*NPNFF* 6.499, *AO* 5-1.920).

3147) Augustine, "Sermons on New Testament Lessons," 81.1 (*NPNFF* 6.501, *AO* 5-1.924).

3148) Augustine, "On the Psalms," 99.8 (*NPNFF* 8.485-486, *AO* 4-2.1769-1773).

성찬의 은혜는 말씀으로 우리가 마음의 문을 열 때 날마다 경험하는 "잔치"(epulas)며 "축제"(festivitas)다.3149) 이와 관련하여 우리의 구원이 본성에 따른 것이 아니라 자녀 삼으심의 은혜에 따른 것이라는 점이 부각된다. 어거스틴은 이러한 점에서 자신의 입장이 아리우스나 플라톤주의자들과는 분명히 구별됨을 천명한다.3150)

3. 칼빈의 언약적 이해 : 아버지의 사랑과 아들의 공로의 두 축

바빙크가 말했듯이, 칼빈은 그리스도의 사역을 구원론 교리에 이르는 "통상의 문"으로 여기고 신학의 체계를 세웠다.3151) 칼빈의 속죄론을 통하여 우리는 개혁파 속죄론의 실체를 파악할 수 있다. 그 특징은 다음과 같이 몇 가지로 정리된다.

첫째, 칼빈은 구속의 본질이 대리적 무릎에 있음을 천명한다. 하나님의 진노를 "푸는 방식과 방법"(placandi modum ac rationem)으로서 주님의 "무릎"(satisfactio)이 요구된다. 우리가 주님께 구할 "목표"(scopus)는 "그 자신 안의 의와 해방과 생명과 구원"(iustitiam in ipso, liberationem, vitam et salutem)이다. "구속자의 직분"(redemptoris munus)이 그에게 맡겨졌다. 그가 "구원의 종점까지 끝까지 이끄심으로"(per continues progressus ad ultimam usque salutis metam) 우리를 구속하신다.3152) "하나님의 의로운 심판을 위한 무릎의 값"(satisfactionis pretium iusto Dei iudicio)은 예수 그리스도 자신을 드리심에 있다. 그는 참 하나님이시자 참 사람으로서 이 일을 행하셨다.3153)

그리스도는 자기 자신을 "제물"(hostia)로 삼아 단번에 영원한 제사를 드리신, 멜기세덱의 반차에 따른 "제사장"(sacerdos)이셨다. 그는 "영원한 화목의 법에 따라"(aeterna reconciliationis lege) 자기 자신을 "속죄제"(piaculum)와 "희생제물"(sacrificium)로 아버지께 드리심으로써 "우리의 죄를 무르셨다"(satisfecit pro peccatis). 그리하여

3149) Augustine, "Sermons on New Testament Lessons," 82.1 (*NPNFF* 6.504, *AO* 5-1.931).
3150) Augustine, "Sermons on New Testament Lessons," 89.1-2 (*NPNFF* 6.527, *AO* 5-1.977).
3151) Bavinck, *Our Reasonable Faith*, 332.
3152) Calvin, *Institutio*, 2.16.1 (*CO* 2.367-368).
3153) Calvin, *Institutio*, 2.12.3 (*CO* 2.341). 참조. Philip Walker Butin, *Revelation, Redemption, & Response: Calvin's Trinitarian Understanding of the Divine-Human Relationship* (Oxford: Oxford University Press, 1995), 62-75.

우리를 위한 "영원한 중재자"(aeternus deprecator)가 되셨다. 그리스도는 "화목하게 하시는"(conciliare) "직분"(munus)을 "다 수행하심으로"(implere)(고후 5:18) 우리를 향한 하나님의 "진노"(ira)를 "호의"(favor)로 바꾸셨다.3154) 우리가 하나님의 "호의로"(in favorem) 나아가는 것은 오직 그리스도의 무릎으로 말미암는다.3155)

영원하신 하나님의 아들이 사람의 아들이 되셔서 "우리를 대신하여 자신을 주셨다"("ἔδωκεν ἑαυτὸν ὑπὲρ ἡμῶν", 딛 2:14). 이를 위하여 우리와 같이 사람으로 잉태되셨고, 나셨고, 죽으셨고, 부활하셨다. "우리를 위한 생명의 질료가 그리스도의 죽음에 있다"(in morte Christi statuitur nobis vitae materia). "완전한 구원의 대요"(perfectae salutis summa)는 생명을 버리신 죽음과 다시 생명을 취하신 부활에 있다. 그리스도는 자신의 목숨을 우리를 위한 "대속물로"(in redemptionem) 드리셨다(마 20:28). 그리하여 하나님과 우리 사이의 "화목자"(reconciliator)로 세움을 받으심으로 우리가 하나님과 "화목하게"(reconciliatos) 되도록 하셨다(롬 3:25; 5:10). 죄는 물론 죄성(罪性)과 죄향(罪向)도 없으신 분이 죄인의 죽음을 죽으셨다. "무죄(無罪)가 아니라 유죄(有罪)의 명분으로 죽음을 당하셨다"(non innocentiae sed peccati causa mortem oppetebat). 그리스도가 당한 "죽음의 종류"(genus mortis)는 우리를 구속하는 "값을 무르기 위한"(satisfaceret) 죽음이었다. 그것은 "자신에게 정죄(定罪)를 돌리고 그 형벌을 자신이 수용하심으로써 우리 각자를 해방시키는"(et damnationem ad se traducens, et piaculum in se recipiens, utroque nos liberaret) 죽음이었다. 그러므로 그리스도가 우리를 "대신하심"(compensatio)이 없다면 우리의 구원은 헛된 망상일 뿐이다.3156)

둘째, 이와 같이 칼빈은 속죄의 본질이 대리적 무릎에 있음을 말하면서, 그리스도의 공로(meritum, promeritum)와 더불어 하나님의 사랑(dilectio, caritas, amor)이 그 요소가 됨을 강조한다.3157) 하나님의 "기꺼이, 거저 베푸시는"(sponte ac gratuita) "호의"(favore)와 "관용으로"(indulgentia) 우리에게 구원이 임한다. 하나님의 "자비와 부성적 사랑이"(benevolentia et caritas paterna) 그리스도의 대속의 유일한 동기이다.3158)

3154) Calvin, *Institutio*, 2.15.6 (CO 2.366-367).

3155) Calvin, *Institutio*, 2.17.3 (CO 2.388).

3156) Calvin, *Institutio*, 2.16.5 (CO 2.371-372).

3157) 여기에서 이 세 단어는 구별 없이 사용된다.

3158) Calvin, *Institutio*, 2.16.2 (CO 2.368-369).

하나님은 먼저 우리를 사랑하셔서(요일 4:19) 그리스도 안에서 모든 것을 베푸시고, "우리 안에 있는 자신의 것"(quod suum in nobis)을 찾으려고 하신다. 어거스틴의 말과 같이 우리는 하나님이 짓지 아니하신 것으로 그 분을 거역했지만 그 분은 우리에게 남은 자신의 형상의 불씨를 자신의 것으로 여기시고 사랑하신다. "우리를 향한 순수하고 거저 베푸시는 사랑으로"(mera et gratuita nostri dilectione) 그리하신다.3159)

칼빈은 그리스도의 공로에는 관심 없이 하나님의 사랑만을 강조하는 궤변론자들을 비판하면서도,3160) 그리스도의 공로의 시초는 하나님의 사랑에 있음을 분명히 지적한다. 하나님은 "순수한 기뻐하심으로"(mero beneplacito) 아들을 주시기까지 우리를 사랑하셨다. 아들의 공로를 우리의 것으로 삼아주시는 것은 오직 "하나님의 긍휼"(misericordia Dei)로 말미암는다. 그러므로 "하나님의 그저 베푸시는 호의"(gratuitus Dei favor)와 "그리스도의 순종"(obedientia Christi)은 서로 대립되거나 배치되는 것이 아니라 하나로 함께 역사한다.3161) 대리적 속죄에 있어서, "지고한 원인 혹은 기원"(summa causa vel origo)은 "하나님의 사랑"(dilectio Dei)에 있다. 그리스도 자신 혹은 그의 공로나 의가 "우리 구원의 질료"(salutis nostrae materia)가 되며, 우리의 믿음은 "형상인"(formalis causa)으로서 "이차적이며 근접한 원인"(causa secunda et propior)으로 작용한다.3162) 하나님은 우리를 사랑하심으로 그리스도의 제사를 우리를 위한 속죄제와 화목제로 받으셨다. 하나님의 "사랑에"(caritati) 그리스도의 "은혜"(gratia)가 부착된다. 아버지의 사랑으로, 아들은 "자기 자신으로부터 얻으신 것"(eum de suo quo acquisivit)을 우리에게 나누어 주신다. 아버지의 사랑은 역사하는 사랑이며, 아들의 역사는 아버지의 사랑의 성취, 곧 의(義)이다. 그러므로 "사랑의 시

3159) Calvin, *Institutio*, 2.16.3-4 (CO 2.369-370).

3160) 칼빈의 이러한 비판은 동시대인 라엘리우스 쏘키누스(Laelius Socinus, 1525-1562)를 겨냥한 것이라고 여겨진다. 라엘리우스의 신학은 그의 조카 파우스투스(Faustus Socinus, 1539-1604)에 의해서 체계화되어 일가(一家)를 이루었다. 이들은 삼위일체론과 그리스도의 양성적 중보를 반대하였으며 모범설로 대변되는 주관적 속죄론을 전개하여 그리스도의 대속의 객관적인 공로-값-를 부인하였다. 참조. Kersten, *Reformed Dogmatics*, 260-261.

3161) Calvin, *Institutio*, 2.17.1 (CO 2.386-387).

3162) 칼빈은 철학자들의 논법을 빌려 영생의 네 가지 원인을 설명함에 있어서, 동력인(causa efficiens)을 우리를 향한 성부 하나님의 값없는 사랑(dilectio gratuita)으로, 질료인(materialis)을 우리를 의롭게 하시는 예수 그리스도의 순종(obedientia)으로, 형상인(formalis)을 믿음(fides)으로, 그리고 목적인(finalis)을 하나님의 선하심(bonitas)에 대한 영광(gloria)으로 본다. 이러한 구원의 네 가지 원인에 대해서, Calvin, *Institutio*, 3.11.12-13; 3.14.17, 21 (CO 2.550-552, 575, 578); *Commentary*, 롬 3:24; 5:19 (75, 117-118, CO 49.61, 101-102).

작은 의이다"(principium amoris est iustitia). 3163)

하나님은 "표현할 수 없는 어떤 방식으로"(ineffabili quodam modo)－"놀라운 신적인 방식으로"(miro et divino modo)－언약 백성들의 구원을 창세 전에 작정하셨다. 아버지의 "영원한 뜻"(voluntas aeterna)은 아들을 희생제물로 삼아서 택한 백성들을 자녀 삼는 것이었다. 3164) 그와 같이 아들 안에서의 화목이 아버지의 사랑에 의해서 예기(豫期)되었다. 3165) 여기에 "표현할 수 없는 신비"(mysterium ineffabile)가 있다. 아버지는 아들 안에서 우리와 화목하시기 전에는 우리를 향한 "진노를"(infensus) 거두지 아니하신다. 오직 아들의 피 가운데서만 아버지는 죄인인 우리와 "화목하신다"(reconciliatus est). 오직 아들로 말미암아 우리가 죄사함을 받고 하나님의 호의를 얻어서 그와 화목하게 되는 것이 "하나님의 의"(iustitia Dei)이다(엡 1:4-6; 고후 5:19; 골 1:19-20). 그러므로 사랑의 동기는 처음부터 의의 디딤돌을 딛고 있다. 하나님의 사랑으로 말미암아 아들의 죽음은 심판의 조건이 아니라 화목의 질료가 되었다. 3166)

셋째, 칼빈은 주님의 대리적 무름의 의가 전(全) 생애의 의로서 성도의 구원의 전(全) 과정에 미침을 강조한다. "전(全) 역정(歷程)의 그리스도의 복종"(toto obedientia suae cursu)이 "하나님이 우리에게 호의와 자비를 베풀도록 하시는 의"(iustitiam ......quae eum nobis faventem ac benevolum redderet)다. "그리스도는 종의 인격을 취하신 때부터 우리를 구속하시려고 해방의 값을 치르기 시작하셨다"(ex quo induit personam servi, coepit ad nos redimendos pretium liberationis solvere). 3167) 주님은 자신을 "죄를 무르는 속죄의 제물"(satisfactoriam peccati hostiam, אָשָׁם)로 드리심으로(사 53:10) 우리의 "구속, 속전, 죄사함"(ἀπολύτρωσιν καὶ ἀντίλυτρον καὶ ἱλαστήριον)이 되셨다. 3168) "전가(轉嫁)로 우리의 죄를 옮겨받으심"(per translatitiam imputationem)이 주님께 있었다. 주님의 피는 "죄 값을 치르는 제물로서"(ad litationem) 뿐만 아니라 부패한 죄성

3163) Calvin, *Institutio*, 2.17.2 (*CO* 2.387-388). 참조. Berkouwer, *The Work of Christ*, 54-56.

3164) Calvin, *Institutio*, 2.16.4 (*CO* 2.370).

3165) Calvin, *Institutio*, 2.16.3 (*CO* 2.506): "Proinde sua dilectione praevenit ac antevertit Deus pater nostram in Christo reconciliationem."

3166) 참조. Calvin, *Institutio*, 2.17.2 (*CO* 2.387-388).

3167) Calvin, *Institutio*, 2.16.5 (*CO* 2.370-371).

3168) A. A. 핫지는 ἱλάσχεσθαι를 속죄(expiation)와 용서(propiation)의 의미를 모두 포함하는 것으로 본다. 이에 비추어 ἱλαστήριον도 양자를 포함하는 의미가 있는 것으로 볼 수 있다. *The Atonement*, 39-40.

을 씻어내는 "정화(淨化)로서"(lavacri) 작용했다. 여기서 칼빈은 그리스도의 무릎이 원죄로 말미암은 죄책(reatus)—죄의 형벌인 사망—을 면하게 할 뿐만 아니라 전적으로 무능하고 전적으로 오염된 타락한 본성에도 미침을 말한다.3169)

아들의 의가 "생명의 실체"(substantia vitae)로서 구원의 질료인(causa materialis)이 된다. 우리가 구속 곧 죄사함을 받은 것은 "그의 아들 안에서"였다(골 1:14). 이는 하나님께서 우리를 의롭다 하시고 죄를 방면하시기 위해서 아들의 피를 우리를 위한 무릎으로 받으셨다는 것을 의미한다.3170) 그리스도가 우리를 위한 "구속의 값"(pretium redemptionis)을 지불하셨다(고전 6:20; 벧전 1:18-19; 롬 3:24-25). 유일하신 중보자가 자신을 "속전"(ἀντίλυτρον)으로 삼아 죄를 무르셨다(딤전 2:15-16). 그는 "자기의 피로"(διὰ τοῦ ἰδίου αἵματος) "단번에"(ἐφάπαξ) "영원한 제사를"(θυσίαν εἰς τὸ διηνεκὲς) 드리사 "영원한 속죄를"(αἰωνίαν λύτρωσιν) 이루셨다(히 9:12; 10:12). 칼빈은 그리스도의 대속의 공로를 무릎, 용서, 죄사함으로 보고 이들을 점강적으로3171) 혹은 점층적으로 표현함으로써3172) 무릎의 폭을 수사적으로 강조한다.3173)

그리스도의 대속의 의는 거듭난 생명과 거듭난 생활에 모두 미친다. 그 공로로 성도는 새생명을 부여받을 뿐만 아니라 새생활력—생기—을 얻는다. 대리적 무릎은 단지 죄사함에 그치지 않고 성도의 삶 전체에 역사한다. 주님이 치르신 "속전"(ἀντίλυτρον)은 "화목제물"(ἱλαστήριον)로 작용한다. 화목(reconciliatio)은 속죄(expiatio)와 용서(propitiatio)를 포괄하는 개념으로서, 성도가 그리스도와 함께 하나님의 자녀이자 상속자로서 살아가는 신분과 삶을 모두 지칭한다(요 17:21-26; 롬 8:17). 주님은 이 땅에 오셔서 모든 고난을 "당하신 순종"(obedientia passiva)과 모든 율법을 "행하신 순종"(obedientia activa)을 모두 수행하셨다. 그러므로 "우리는 그리스도의 은혜를

3169) Calvin, Institutio, 2.16.6 (CO 2.374). 배틀즈(Ford Lewis Battles)는 여기의 "litatio"를 "satisfactio"와 동일하게 "satisfaction"으로 번역하나 이는 잘못된 것이다. "satisfactoria hostia"라는 말에서 보듯이 칼빈은 "satisfactio"를 넓게 이해하고 있다. 그러므로 "litatio"는 "satisfactio"의 한 측면으로 여기는 것이 합당하다.

3170) "Ideo idem apostolus redemptionem in sanguine Christi definit remissioem peccatorum (Col. 1, 14), ac si diceret, iustificari nos vel absolvi coram Deo, quia sanquis ille in satisfactionem respondet." 여기서 "absolvere"는 헬라어 "ἀφίημι"와 같은 뜻으로 읽힌다.

3171) "……si pro peccatis nostris Christus satisfecit, si poenam nobis debitam persolvit, si obedientia sua Deum placavit……".

3172) "……nimis extenuari Christi gratiam nisi eius sacrificio vim expiandi, placandi et satisfaciendi concedimus……".

3173) Calvin, Institutio, 2.17.3-5 (CO 2.388-90).

통하여 하나님께서 율법 가운데 우리의 행위들에 대해서 약속하신 것을 얻게 된다" (nos consequi per Christi gratiam quod Deus operibus nostris in lege promisit). 우리를 위한 그리스도의 "지불"(solutio)과 "보상"(compensatio)은 우리의 영혼과 육체 그리고 우리의 생명과 생활에 모두 미친다.[3174]

그리스도는 언약의 머리로서 구속사적으로 구속의 의를 단번에 영원히 이루시고 구원론적으로 그 의를 언약의 자녀들에게 전가해주신다. 아들에게 속한 것이 모두 아버지께 속한 것이며, 모두 아버지로부터 나왔으므로, 아들과 함께 아버지와 하나가 된 성도는 아버지 앞에서 아들의 신분을 얻고, 아들의 삶을 살고, 아들의 일을 행하는 자리에 선다. 무릎의 공로는 아버지의 자녀의 자리에 세우는 의에 그치지 아니하고 자녀로서 살아가는 의에까지 확장된다. 여기에서 하나님은 우리의 죄를 사해주셨을 뿐만 아니라 우리의 인격을 의롭다 하시고 우리의 부족한 행위조차 의로운 것으로 삼아 주신다는 이중적 은혜를 상기하게 된다.[3175]

넷째, 칼빈은 대리적 속죄의 은혜로 성도의 그리스도와의 신비한 연합(unio cum Christo mystica)을 강조한다. 성도가 그리스도와 하나가 되는 것은 신비주의자들이 주장하는 것과 같은 실체적인 하나됨이 아니라 의의 전가를 뜻한다. 그리스도의 의는 그 자신을 아버지께 드리심으로 그 자신이 우리 안에 들어오시는 데 있다. 그것은 자질의 주입(infusio qualitatis)이 아니라, 하나님의 아들이신 주님이 함께 계심으로 하나님의 자녀가 되고, 참 빛이신 주님이 함께 계시므로 빛을 비추는 빛의 자녀가 되는 것이다. 이러한 관점에서 칼빈은 "죄에 합당한 무릎"(pro peccatis idonea

---

3174) Calvin, *Institutio*, 2.17.5 (CO 2.389-390).

3175) 참조. Calvin, *Institutio*, 3.17.3, 10 (CO 2.591-2, 597-8). 칼빈은 칭의(iustificatio)를 "그리스도의 의의 전가"(imputatio iustitiae Christi)로 말미암아 하나님에 의해서 받아들여지는 것이라고 정의한다. *Institutio*, 3.11.2 (CO 2.534). 칭의는 "그리스도와 교제(communio)하는 자리로 받아들여지고" "그리스도의 의로 옷 입은(vestitus)" 사람의 상태를 말한다. *Institutio*, 3.17.8 (CO 2.596). 이와 같은 이해 하에 하나님이 우리 자신뿐만 아니라 우리의 행위까지 받아 주신다는 이중적인 은혜가 논의된다. 초판『기독교 강요』에서는 "행위는 그 자체로서 가치가 있어서가(merentur) 아니라 하나님의 선하심이 그것을 가치 있게 하시기 때문에 하나님이 받으시고 기뻐하실 만한 것이 된다"고 기술하였다. *1536 Institutio*, CO 1.53. 칼빈의 초판『신앙교육서』에서는 이에 대해서 더욱 구체적으로 언급하고 있다. *First Catechism*, 19 (CO 5.336-337). 제3판『기독교 강요』에서는 "오직 믿음에 의해서 우리 자신뿐만 아니라 우리의 행위도 의롭다 함을 받는다"(sola fide non tantum nos, sed opera etiam nostra iustificari)고 이를 확정하였다. *1543 Institutio*, 10.70 (CO 1.787). 이와 관련하여, *Institutio*, 3.17.10 (CO 2.598); *Commentary*, 롬 4:6-8 (85-87, CO 49.71-73), 5:16 (116, CO 49.99), 5:17 (116-117, CO 49.99-100), 6:14 (130-131, CO 49.112-113).

satisfactio)이 우리를 그리스도와 "한 몸이"(in societatem) 되게 했다고 말한다.3176)

그리스도의 대리적 무릎의 공로로 말미암아 성도는 그리스도와 연합한다. 칼빈은 믿음을 "우리를 그리스도의 의와 교통할 수 있게끔 끌어들이는"(in communicationem iustitiae Christi nos inducit) 도구라고 정의하면서,3177) 우리가 칭의 과정에서 뿐만 아니라 성화 과정에서도 하나님의 은혜를 받지 못한다면 우리는 단지 "불구(不具)가 된 믿음"(mutila fide)만을 가지게 된다고 말한다.3178) 그리스도의 무릎의 공로가 택한 백성에게 작용하는 것은 보혜사 성령의 임재로 말미암은 그리스도의 의와의 교제(communio)와 교통(communicatio)에서 비롯된다. 성도가 하나님과 하나가 되는 것은 오직 그리스도와의 신비한 연합을 통해서이다.3179)

그리스도는 자신과 연합한 지체들(membra) 각각에게 그들의 분량에 따라서 자신의 은혜를 나눠주시는 머리(caput)가 되신다.3180) 속죄의 은혜는 아들의 성취로 말미암는 것이지만 아버지의 사랑으로 시작되며 역사한다.3181) 그리스도는 이 땅에 오셔서 이루신 그 무엇도 자신의 공로로 삼지 않으신다. 성부는 그 아들을 아끼지 아니하시고 세상을 위하여 주셨다(롬 8:32; 요 3:16). 주님은 우리를 위하여 자신을 거룩하게 하셨다(요 17:19). 주님의 높아지심은 자신의 공로를 자신이 취하셨기 때문이 아니다. 아버지가 아들을 높여서 지극히 뛰어난 이름을 주신 것은(빌 2:9) 아들의 공로를 아들에게가 아니라 우리에게 돌리심으로 말미암았다. 아버지는 아들이 아버지의 뜻을 이루신 것을 기뻐하셨다(마 3:15). 그 뜻은 아들이 우리를 위한 제물이 되시는 것이었다. 아들에게 돌려지는 바울의 찬송시는 아들이 자신의 공로를 취하여 영광에 이르게 되었음을 노래하고자 한 것이 아니라 "오직 그 결과를 보여줌으로써"(consequentiam duntaxat ostendere) 그의 은혜로 말미암아 우리가 어떻게 될 것인

3176) Calvin, *Institutio*, 2.15.6 (CO 2.367): "Iam sacerdotis personam sustinet Christus, non modo ut aeterna reconciliationis lege patrem asciscat in societatem tanti honoris (Apoc. 1, 6)."

3177) Calvin, *Institutio*, 3.11.20 (CO 20.550).

3178) 칼빈의 구원론-혹은 구원서정(ordo salutis)-이 그리스도와의 연합에 기초하고 있음은 그의 로마서 주석에서 빈번히 거론된다. Calvin, *Commentary*, 롬 3:22 (73, CO 49.60); 롬 8:13 (167, CO 49.147).

3179) Calvin, *Institutio*, 3.14.1-6, 9-11 (CO 2.564-8, 570-2).

3180) Calvin, *Institutio*, 2.17.1 (CO 2.386).

3181) Calvin, *Institutio*, 2.17.2 (CO 2.387): "……quoties Dei caritati adiungitur Christi gratia, unde sequitur, eum de suo quod acquisivit, nobis largiri; quia non aliter quadraret seorsum a patre ei adscribi hanc laudem, quod gratia eius sit, et ab ipso proveniat."

지에 대한 "모범을"(exemplum) 제시하시기 위함이었다. 그리하여 다른 곳에서 사도는 "허물로 죽은 우리를 그리스도와 함께 살리셨고……또 함께 일으키사 그리스도 예수 안에서 함께 하늘에 앉히시니"라고 증거하였다(엡 2:5-6). 주님의 대속은 그가 창세 전에 지니셨던 영광을 우리로 보게 하심에 미친다(요 17:24). 우리도 그와 함께 "아들을 영화롭게 하사 아들로 아버지를 영화롭게 하게 하소서"라고(요 17:1) 기도하는 자리에 세우는 데 미친다. 그러므로 엠마오 길에서 만난 두 제자에게 주님은 "그리스도가 이런 고난을 받고 자기의 영광에 들어가야 할 것이 아니냐"고 반문하셨다(눅 24:26). [3182] 이렇듯 주님의 대리적 무릎의 의는 성도가 그리스도와 온전히 하나가 되는 영화의 상태에까지 미친다.

속죄론은 그리스도의 의의 전가가치를 다룬다. 칼빈은 그것을 그리스도와의 신비한 연합이라는 관점에서 총체적으로 파악한다. [3183] 하나님이자 하나님의 아들이신 주님이 오직 자신에게 속한 것(quod proprium ipsi)을 주시려고 우리에게 속한 것(quod proprium nobis)을 취하셨다. 주님의 공로는 등가적 배상이나 단순히 하나님의 존영의 회복을 넘어선다. 주님은 우리의 대리인(vicar)이 되셔서 우리의 죄를 무르심으로 우리를 그와 함께 한 자녀이자 상속자로 삼으셨다. 이는 우리가 그와 함께 영광을 받기 위해서 고난도 받게 하려 하심이다(롬 8:17; 엡 2:5-6; 3:6). 자질의 주입이 아니라 의의 전가에 따른 이러한 "함께"(σύν, cum)에 무릎의 값(pretium satisfactionis)의 비밀이 있다. [3184] 교회는 무릎을 받은 백성들의 모임으로서 "그리스도와 함께"를 통해서 "우리 서로 간에 함께"를 이루어가는 곳이다. [3185] 세례는 "함께"에 들어가는 교제의 표이며 성찬은 계속적 "함께"의 교통의 표이다. 세례와 성찬의 지고한 신비

3182) Calvin, *Institutio*, 2.17.6 (CO 2.391).

3183) 중보자의 오심이 필연적임을 설명하기 위해서 칼빈은 지식과 의지로 이루어진 인간의 영적인 능력을 철학적이거나 형이상학적이 아니라 구원론적으로 다룬다. 참조. Richard A. Muller, "*Fides* and *Cognitio* in Relation to the Problem of Intellect and Will in the Theology of John Calvin," *Calvin Theological Journal* 25/2 (1990), 215-216.

3184) 칼빈에게 있어서, 중보자로서의 그리스도의 편재(遍在)는 그 자신의 편재이며, 이러한 자신의 편재를 통해서 성도의 그리스도와의 성례적인 연합이 신학적으로 설명된다. 승천 후 중보자의 인격적인 현존에는 어떤 변형(transformatio)도 일어나지 않는다. 여전히 양성적 중보를 행하시는 그리스도의 영적이나 실제적인 임재는 소위 초(超)칼빈주의에 심오하게 전개된다. 이러한 이해에 근거해서, 교회의 연속이 옛언약과 새언약을 통해서 계속되는 교회의 머리이신 그리스도의 중보의 연속으로 설명된다. Calvin, *Sermon*, 엡 4:10 (353-360, CO 51.546-554).

3185) 칼빈은 "교회의 교제"(communio ecclesiae)는 "온전한 교리에의 일치와 형제적인 사랑"(consensio sanae doctrinae et fraterna caritatis)이라는 두 고리 "그리스도 안에서 혹은 그리스도에 의하여서"(in Christo vel secundum Christum) 하나로 연결되어 있는 것이라고 본다. Calvin, *Institutio*, 4.2.5 (CO 2.771-772).

(μυστήριον)는 그리스도께서 물과 피를 흘리신 십자가에 있다.[3186]

칼빈은 주님의 고난에 대한 복음서 설교 서두에서 구원의 세 가지 목적을 아버지의 사랑을 아는 지식, 우리의 연약함을 깨닫는 겸손, 그리고 세상에 매이지 아니하고 하나님의 유업을 즐거워하는 삶이라고 전하면서 주님의 고난의 값이 성도의 삶 전체에 미침을 강조했다.[3187] 칼빈은 이사야 52장 후반부로부터 53장에 걸친 고난 받는 종에 대한 설교에서 지금까지 살펴본 속죄론에 대한 이해를 포괄적으로 개진하고 있다. 전체적으로 이 설교는 그리스도의 "무름"(la satisfaction)을 다룬 52:13-53:11과 "중재"(l'intercession)를 다룬 53:12로 나누어져 있다. 이는 제사장직의 두 요소와 부합한다. 여기에서 칼빈은 "אשם"(속건제물, 사 53:10)을 "무름"으로 번역하고, 그것이 우리의 죄 값을 대신할 뿐만 아니라 우리가 하나님을 즐거워하게 하는 자리에 세운다는 것을 계속해서 부각시킨다.[3188] 무엇보다 주님이 보혜사 성령을 부어주심으로 그가 다 이루신 의를 우리의 것으로 삼아주시고[3189] 우리가 그와 하나가 되게 하신다는 것을 여기에서 강조한다.[3190]

이상에서 네 가지로 살펴본 바와 같이, 칼빈은 속죄론을 다루면서 아버지의 사랑과 아들의 공로를 그 두 요소로 제시한다. 아버지의 뜻은 아들의 공로를 통하여 대속의 은총을 베푸시는 데 있다. 아들은 하나님의 아들로서 사람의 아들이셔야 했다. 홀로 하나님으로서는 죽을 수 없고 홀로 사람으로서는 죽음을 이길 수 없기 때문이다. 그러므로 주의주의(主意主義)에 빠져 하나님의 절대적인 뜻 혹은 권세(voluntas sive potentia absoluta)를 내세워 하나님의 아들이 당나귀로 오셨더라도 구원의 사역을 이루었으리라고 본 중세 말기의 유명론자들의 입장은 받아들일 수 없다. 아들의 대리적 무름을 통한 아버지의 용서와 화목은 자의적인 뜻에 따른 것이 아니

3186) Calvin, *Institutio*, 4.14.22 (*CO* 2.958): "Sublime istud mysterium praeclare nobis in Christi cruce ostensum est, quum aqua et sanguis effluxerunt ex sacro eius latere(Ioann. 19, 34)."

3187) Calvin, *Sermon*, 마 26:36-39 (51, *CO* 46.833). 칼빈은 사도행전 설교 가운데서 승천의 은총을 다루면서 예수 그리스도의 머리되심을 강조하고 보혜사 성령의 임재를 "주님께서 그의 손을 펼치신다"고 반복해서 묘사한다. *Sermon*, 행 1:9-11 (232-242, *CO* 48.613-622).

3188) Calvin, *Sermon*, 사 53:4-6 (69, 74, *CO* 35.623, 627); 사 53:9-10 (110, 112, *CO* 35.654, 656); 사 53:11 (122, 132, *CO* 35.664, 673).

3189) Calvin, *Sermon*, 사 53:4-6 (83, 이 부분은 *CO*에 나타나지 않음). 계속적 증보에 관해서, *Sermon*, 사 53:12 (137-152, *CO* 35.675-688).

3190) Calvin, *Sermon*, 사 53:11 (134, *CO* 35.674): "……que maintenant il fait encores office de Mediateur: et qu'il nous veut faire tellement participans de sa iustice……."

라 하나님의 본질 자체로부터 흘러나오는 것이다.3191) 삼위일체 하나님은 구속언약(pactum salutis)이라고 불리는 구원협약을 통하여 아들을 구주로 삼아 택한 백성을 위하여 대속의 의를 이루실 것을 창세 전에 작정하셨다. 그러한 구원협약의 역사적 성취경륜이 언약이다. 칼빈은 기독론과 구원론을 잇는 지점에 위치한 『기독교 강요』 제2권의 마지막 장인 제17장을 그리스도의 대리적 무름을 다루는 속죄론에 할애한 바, 그곳에서 강조한 아버지의 사랑과 아들의 공로가 곧 언약의 두 요소가 된다고 볼 것이다. 여기에서 우리는 두 가지를 놓치지 말아야 한다.

첫째, 아버지의 사랑은 그리스도의 공로 혹은 의를 출발점으로 삼는다는 점이다.

둘째, 그리스도의 의는 참 하나님과 참 사람이신 그의 인격 가운데 수행되어야 한다는 점이다.

중세 말기의 유명론의 오류가 전자와 관계된다면, 후자의 관련해서는 루터파의 오류가 심각하다.

루터는 satisfactio라는 단어가 중세 신학자들의 단선적(單線的) 이해로 말미암아 너무나 빈약한 개념으로 곡해되었으며 이로부터 모든 혐오스러운 이론들이 난무하게 되었다고 보고 대리적 무름에 대한 역동적이며 실제적인 이해를 추구하였다. 죄가 없으실 뿐더러 죄의 삯인 사망에는 더욱 속하실 수 없는 주님이 십자가 죽음이라는 생소한 사역(opus alienum)을 통하여 인류를 사랑하시는 아버지의 뜻을 이루시는 아들의 본래적 사역(opus proprium)을 감당하셨다는 십자가 신학(theologia crucis)이 이로부터 개진되었다.3192)

하나님의 사랑과 그리스도의 공로를 함께 강조한 이러한 측면에 있어서 루터는 전적으로 칼빈과 일치하였다. 그러나 루터는 대속의 주가 되시는 신인양성의 위격적 연합 가운데 참 하나님이시자 참 사람으로 계신 그리스도의 인격에 대한 이해에 있어서는 칼빈과 입장을 달리하였다. 루터는 정통적인 입장을 떠나 양성의

3191) 참조. Kersten, *Reformed Dogmatics*, 1, 262.

3192) 루터에 따르면, 십자가에서 비로소 우리는 "숨어계신 하나님"(Deus absconditus)과 "계시되신 하나님"(Deus revelatus)이시자 "숨어계신 사람"(Homo absconditus)과 "계시되신 사람"(Homo revelaus)이신 그리스도를 만나게 되고 그 가운데 그의 속죄가 실제적임을 발견하게 된다. 그러므로 십자가 신학이 없다면 "조롱거리 신학"(theologia illusoria)이 남을 뿐이다. Robert Kolb, "Luther on the Theology of the Cross," *Lutheran Quarterly* 16/1 (2002), 449–454; Timothy J. Wengert, "'Peace, Peace……Cross, Cross': Reflections on How Martin Luther Relates the Theology of Cross to Suffering," *Theology Today* 59/2 (2002), 199–201.

속성교통으로 말미암아 신성에 속한 속성들이 인성에 직접 전달된다고 볼 여지를 남겼으며, 이는 그를 잇는 루터파 신학자들에 의해서 더욱 극단화되었다.3193) 루터파의 이러한 기독론적 오류는 공재설(共在說)을 지지하고 있는 그들의 성찬론의 오류와 직접적으로 맥이 닿아 있다.3194) "그리스도가 우리의 죄를 무르셨으므로 우리가 그로 말미암아 믿음을 통해서 값없이 의롭게 되었고 하나님의 호의를 얻었으며 죄를 용서받았다"는 아우구스부르크 신앙고백서 제1부 4조도 이러한 배경 가운데 이해되어야 한다.3195)

칼빈은 이러한 루터파의 오류가 그리스도의 양성의 속성교통을 인격을 통한 간접적인 교통—즉 "위격적 교통"(a hypostatic communication)—이 아니라 본성 서로 간의 "실제적 교환"(a real exchange)으로 말미암은 직접적인 교통으로 본 데 기인함을 간파했다. 칼빈은 중보자 그리스도가 초대교회의 속사도 이그나티우스가 사용한 이래 교부들에 의해서 널리 사용되던 말인 "육신으로 오신 하나님"(Deus [manifestatus] in carne)이심을 강조했다. 무름의 값은 영원하신 하나님의 아들이 인성을 취하심으로 사람의 아들이 되시되, 혼합 없이, 변함 없이, 분할 없이, 분리 없이 양성이 연합한 가운데, 참 하나님과 참 사람으로서 자기 자신을 드리신 공로이지, 단지 양성의 속성을 서로 교환 혹은 변형시킴으로써 획득한 대가가 아니라고 본 것이었다. 이러한 점에서 소위 초(超)칼빈주의(the so-called extra Calvinisticum)가 적실성을 가진다.

칼빈은 속죄론을 다룸에 있어서 대리적 무름의 값이 실제적이며 객관적으로 성도에게 전가됨을 강조한다. 그 근저에는 양성의 교통이 축자적이나 실제적으로 일어난다는 속성교통에 대한 성경적 이해가 놓여있다. 루터파는 양성이 섞여 제3의 무엇이 되어야 실제적이라고 보지만, 그것이야말로 관념적이고, 사변적이며, 비실제적이다. 이와 관련해서도 칼빈의 신학은 성경적인 것이 실제적임을 변증하

3193) 이에 대해서 전술한 본서 제9장 2. 4. "루터파 속성교통론 비판" 참조.

3194) 참조. Forde, "The Work of Christ," 47-99; Walter von Loewenich, *Luther's Theology of the Cross*, tr. Herbert J. A. Bouman (Minneapolis: Augsburg Publishing House, 1976), 17-24; Timothy George, "The Atonement in Martin Luther's Theology," in *The Glory of Atonement*, ed. Hill and James III, 263-278.

3195) Schaff, *The Creeds of Christendom*, 3.10: "……sed gratis justificentur propter Christum per fidem, cum credunt se in gratiam recipi, et peccatu remitti propter Christum, qui sua morte pro nostris peccatis satisfecit."

고 있다.3196) 오직 이러한 성경적 이해 가운데서만 속죄론의 우주적 차원(cosmic dimension)도 확보된다. 신성과 인성이 섞여 신화(神化, divinization)되거나 인화(人化, humanization)되는 이상, 그리스도는 참 하나님도 참 사람도–참 조물주도 참 피조물도–아니시기 때문이다.

칼빈에 따르면, 그리스도의 무릎의 공로는 그의 전 생애의 순종을 포괄하므로, 그 의는 성도의 구원 전체에 미친다. 그리스도는 구속사적으로 아버지의 뜻을 다 이루심으로 중보를 완수하셨으며, 그 의를 전가해주시기 위하여 여전히 중보를 계속하신다. 무릎은 한 사람의 순종으로 많은 사람이 의인이 되어서 생명에 이르는 삼위 하나님의 영원한 구원협약에 따른 역사적 언약에 기초한다(롬 5:19).3197) 그리스도가 "새언약의 중보자"(διαθήκης καινῆς μεσίτης)가 되심으로(히 9:15) 모든 당하신 순종과 행하신 순종의 의를 우리에게 전가해주신다. 그리하여 그의 백성으로 죄 사함을 얻게 하고 칭의로부터 영화에 이르는 은혜를 누리도록 하신다(롬 8:30, 32). 하나님의 약속은 죄를 사하고 의를 전가해서 우리의 속사람까지 새롭게 함으로써 마지막 날 완전한 자녀를 삼으시는 것, 곧 영생이다. "언약의 열매"(fructus foederis)가 여기에 있다.3198)

그리스도의 무릎의 값은 창세 전의 구원협약에 따른 그의 대속의 공로와 다르지 않고, 새언약의 은총과 다르지 않다. 대리적 무릎의 값은 속죄와 용서와 화목에 모두 미치고, 이를 위해 성도에게 전가되는 그리스도의 의와 다르지 않다. 그리스도의 계속적 중보는 새로운 공로가 아니라 이미 다 이루신 공로의 적용이라는 관점에서 파악되어야 한다. 그런 측면에서, 그리스도의 다 이루신 중보와 지금의 계속적 중보가 모두 우리를 위한 무릎의 값이 된다. 하나님의 대속의 의가 무릎에 있다. 제사장이 제물이 되신 구원의 정점(culmen salutis)에 역사하는 하나님의 사랑이 무릎의 유일한 동기가 된다. 이러한 하나님의 사랑과 그리스도의 공로를 두 축으로 삼는 대리적 무릎에 대한 칼빈의 언약적 이해는 그의 후예들에 의해서 개혁파 언약신학

3196) 참조. Peterson, *Calvin's Doctrine of Atonement*, 11–26; Blocher, "The Atonement in John Calvin's Theology," 279–303.

3197) Calvin, *Institutio*, 2.17.3 (CO 2.388).

3198) Calvin, *Commentary*, 히 8:10 (110–112, CO 55.103): "Hic fructus est foederis, quod nos Deus in populum cooptat, seque salutis nostrae fore praesidem asserit."

으로 충실히 계승되었다.3199)

칼빈은 다음과 같이 그리스도의 다 이루신 의의 전가의 은총을 절묘한 수사법을 구사하여 극적으로 노래한다. 그것은 대리적 무름의 공로를 찬미함과 다르지 않다.

우리는 전체 구원과 그 모든 부분이 예수 그리스도 안에 포함되어 있다는 것을 안다(행 4:12). 그러므로 우리는 가장 작은 한 부분이라도 다른 곳에서 끌어오려고 하지 말아야 할 것이다. 만약 우리가 구원을 구한다면, 우리는 바로 예수의 이름으로 인해서 그것이 "그 안에" 있음을 배우게 될 것이다(고전 1:30). 만약 우리가 성령의 다른 은사들을 구한다면, 그것들은 그의 기름부음 가운데 발견될 것이다. 만약 우리가 능력을 구한다면, 그것은 그의 주권에; 순결함을 구한다면, 그의 잉태에; 온유함을 구한다면, 그의 나심에서 찾을 수 있을 것이다. 왜냐하면 나심으로 그는 모든 면에서 우리와 같이 되셔서(히 2:17) 우리의 고난을 느끼셨기 때문이다. 만약 우리가 구원을 구한다면, 그것은 그의 수난에 있다. 형벌로부터 방면(放免)을 구한다면, 그의 징계에; 저주로부터 사함을 구한다면, 그의 십자가에(갈 3:13); 무름을 구한다면, 그의 희생제물에; 정결함을 구한다면, 그의 피에; 화목을 구한다면, 그의 지옥강하에3200); 육신의 죽음을 구한다면, 그의 무덤에; 삶의 새로움을 구한다면, 그의 부활에; 영생을 구한다면, 또한 그 곳에; 하늘 왕국의 유업을 구한다면, 그의 하늘로 들어가심에; 만약 보호, 안전, 모든 선한 것들의 부함과 넘침을 구한다면, 그의 왕국에; 떨림 없는 심판을 구한다면, 그것은 그에게 주어진 능력에 있다. 요약하면, 모든 종류의 선한 것들로 충만한 곳간이 그에게 있으니, 다른 곳이 아니라, 이 샘에서 우리를 가득 채우도록 하자.3201)

3199) 참조. Heppe, *Reformed Dogmatics*, 457-481.

3200) 칼빈은 지옥강하(descensus ad inferos)를 문자적이 아니라 영적으로 이해하여 영혼의 극심한 고통당하심으로 해석한다. 이러한 맥락에서 화목을 구하거든 지옥강하를 생각하라고 하는 것이다. 참조. Calvin, *Institutio*, 2.16.10 (CO 2.376-377).

3201) Calvin, *Institutio*, 2.16.19 (CO 2.385-6): "Quando autem totam salutis nostrae summam ac singulae etiam partes videmus in Christo comprehensas, cavendum ne vel minimam portinuculam alio derivemus. Si salus quaeritur, ipso nomine Iesu docemur penes eum esse; si spiritus alia quaelibet dona, in eius unctione reperientur; si fortitudo, in eius dominio; si puritas, in eius conceptione; si indulgentia, in eius nativitate se profert, qua factus est nobis per omnia similis, ut condolescere discerет; si redemptio, in eius passione; si absolutio, in eius damnatione; si maleditionis remissio, in eius cruce; si satisfactio, in eius sacrificio; si purgatio, in eius sanguine; si reconciliatio, in descensu ad inferos; si mortificatio carnis, in eius sepulcro; si vitae novitas, in eius resurrectione; si immortalitas, in eadem; si haereditas regni coelestis, in coeli ingressu; si praesidium, si securitas, si bonorum omnium copia et facultas, in

주님이 "만유의 후사"(κληρονόμος πάντων)로서 우리를 위하여 합당히 기업을 무를 자(גאל)이심으로, 그의 무르심으로써, 우리가 자녀로서 그와 함께 한 상속자(συνκληρονόμος)가 되었다(히 1:2, 21; 롬 8:17).[3202] 모든 의는 유일하다. 유일하나 다 이루었다. 이루지 않은 것으로서 우리가 구할 것은 없다. 그가 다 이루었다. 그러므로 우리는 오직 그에게 다 구해야 한다.

"무름을 구한다면, 그의 희생제물에!"(si satisfactio, in eius sacrificio)

4. 칼빈신학의 계승과 심화 : 개혁신학자들의 이해

4. 1. 형벌적 무름(satisfactio poenalis)

그리스도의 대리적 무름의 의는 멜기세덱의 반차에 따른 대제사장 그리스도의 피 제사의 공로-혹은 값-와 동일시된다. 그것은 아론의 반차를 좇는 제사장의 직분에만 국한되는 것이 아니라 선지자직과 왕직을 포함한 전체 중보자 직분에 관련된다. 그리하여 우리는 예수의 전(全) 생애를 '피 제사'로 부른다.

뚤레틴이 말한 바와 같이, 그리스도의 대리적 무름(satisfactio vicaria)은 삼중적 의미를 지닌다.

첫째, 일(res)과 관련해서 그의 피로 죄의 "값"(pretium) 자체를 민사적으로 치르는 것이었다(고전 6:20; 벧전 1:18-19; 딛 2:14; 엡 1:7; 마 1:21; 20:28). "값"은 "분배적 정의"(ad iustitiam distributivam)를 이루는 것이다. 즉 어떤 것을 다른 것으로 대체하는 것이다. 그러므로 "올바른 무름"(iusta satisfactio)이 되어야 한다.

둘째, 인격(persona)과 관련해서, 단지 우리의 선과 유익을 위한 것이 아니라 우리를 위하여(ὑπὲρ, 롬 9:3; 고전 1:13; 골 1:24), 우리를 "대신하여"(ἀντὶ)(마 20:28) 우리 자신은 아니지만 우리 자신"으로서"(καθὼς), 우리 자신과 "같이"(ὡς, 마 5:48; 6:12) 드리

---

eius regno; si secura iudicii exspectatio, in potestate iudicandi illi tradita. Denique in ipso thesauri omne genus bonorum quum sint, inde ad satietatem hauriantur, non aliunde."

3202) "κληρονόμος"는 넓게는 "제비뽑아서 선택된 자", "기업 무를 자"라는 의미를 내포한다.

는 "속상"(贖償, substitutio)이었다(롬 5:6-7; 8:32; 벧전 3:18; 딤전 2:6). 그리하여 그것은 단지 값을 치르는 것이 아니라 하나님의 진노를 누그러뜨리는 것이었다.

셋째, 대상(obiectum)과 관련해서, 그것은 민사적 배상에 그치는 것이 아니라 형사적 형벌을 치르는 것이었다(벧전 2:24). 그리스도는 "속건제물"(אָשָׁם)로 드려지셨다(사 53:10). 그의 죽음은 죄와 허물을 가져가는 "동력적이며 공로적인 조건"(causa impulsiva et meritoria)이 되었다. 그가 우리를 대신해서 죄의 짐을 지셨다(סָבַר). 그것을 가져가셨다(נָשָׂא, 출 34:7; 민 14:18). 그것은 우리의 불의와 죄를 아들에게 맡기는 "재판관이신 하나님의 전가"(Dei judicis imputatio)였다.[3203] 그리스도의 대속적 공로는 단지 우리의 죄를 사함에 그치지 아니하고 우리를 하나님의 백성으로 삼음에 미친다. 은혜언약은 죄사함과 영생의 선물을 포함한다.[3204] 그리스도가 달리신 것은 단지 우리가 그를 달았기 때문만도 아니며 그가 어떤 목적을 달성하고자 하셨기 때문만도 아니다. 그것은 그가 우리를 위한 의가 되고자 하셨기 때문이다. 그것은 "사안에 합당하게"(occasionaliter), "목적에 합당하게"(finaliter), "공로에 합당하게"(meritorie) 수행되었다.[3205] "그는 무르심으로써 공로를 취하셨고 공로를 취하심으로써 무르셨다"(Meruit ergo satisfaciendo, et merendo satisfecit).[3206]

같은 맥락에서, 핫지는 무름(satisfactio)이 뜻하는 자구적 의미인 "충분한 행위"(Genugtuung, the doing enough)는 그리스도의 대속과 관련해서 그가 죄 값을 다 치르셨을 뿐만 아니라 율법의 의를 모두 만족시켰다는 사실을 뜻함을 지적하면서 이를 다음과 같이 설명한다. 그것은 단지 "금전적"(pecuniary) 혹은 "상사(商事)적"(commercial)인 것이 아니다. 그것은 "같은 값의 것을 같은 값으로"(a quid pro quo) 사는 "호환(互換)적 의"(commutative justice)를 만족시키는 것이 아니다. 이 경우에는 채권자와 채무자의 신분이나 서로 간의 관계가 전혀 문제가 되지 않고, 값만 적절히 치르면 된다. 이와는 달리, 그리스도의 무름은 "형벌적"(penal) 혹은 "법정적"(forensic)인 것으로서 형사적 범죄와 관련된다. 이 경우 가해지는 형벌은 범죄의 종류나 성격이나 정도에 그치지 않고 범죄자의 신분이나 상태나 정황을 따진다. 형벌

3203) Turretin, *Institutio Theologiae Elencticae*, 14.10.6–12 (2.368–371).

3204) Turretin, *Institutio Theologiae Elencticae*, 14.13.10–11 (2.393–394).

3205) Turretin, *Institutio Theologiae Elencticae*, 14.11.13 (2.379).

3206) Turretin, *Institutio Theologiae Elencticae*, 14.13.12 (2.394).

은 지불 "자체로"(ipso facto) 정당시되지 않는다. 그것은 꼭 본인이 감당하여야 한다. "대리자"(substitute)가 있을 수 없다. 오직 한 가지 예외가 있으니, 그것은 "언약"(covenant)의 대표성에 따를 때이다.3207)

이러한 입장을 견지하는 가운데 핫지는 그리스도의 대속을 다음과 같이 네 가지로 정리한다.

첫째, 십자가에서 다 이루신 그리스도의 의는 죄에 대한 "실제적이고 적합한 보상"(a real and adequate compensation)이 된다. 그 열매는 죄사함과 의의 전가를 포함한다. 그리하여 옛사람이 죽고 새사람이 살게 된다. 그리스도의 무름의 가치는 언약을 제정하시고 아들을 보내셔서 그 언약을 성취하시는 하나님의 뜻에 부합한다.

둘째, 아버지의 사랑만이 그리스도의 대리적 무름의 동기가 된다. 아버지는 어떤 외적 인과관계에도 매이지 않고 오직 자신의 기뻐하심에 따라 자기의 아들을 인류를 대속하는 제물로 내어주셨다. 그리하여 교만을 버리고 겸손한 마음으로 우리가 그의 부름에 응하게 하셨다.

셋째, 당하신 순종과 행하신 순종을 모두 아우르는 그리스도의 의가 우리를 위한 속전이 된다. 아버지의 의는 이러한 아들의 의를 우리의 것으로 삼아주시는 무조건적 사랑에 있다.

넷째, 그리스도의 대속은 영원한 구원협약에 따라서 아들이 아버지의 뜻을 다 이루신 구속사적 사건이다. 그것은 단지 채무자의 채무이행이 아니라 대속의 영원한 작정(decretum aeternum)을 역사상 성취한 사건이었다.3208)

하나님의 법을 어긴 형벌은 영원한 사망(mors aeterna)이다. 그러므로 그리스도는 영원한 사망을 겪어야 하는가? 이와 관련하여 부르만(Franz Burman, 1628-1679)은 "인격의 무한한 고귀함이 시간의 무한함을 보상하였다"(temporis……infinitatem, infinita personae dignitas recomepnsavit)라고 하였다.3209) 뚤레틴은 "참으시는 인격의 무한한 고귀함 때문에"(propter personae patientis infinitam dignitatem) 영원한 죽음이 아니라 "일시적인 사흘간의 죽음"(mors temporalis et triduana)으로 영원한 죽음의 값을 치

3207) Hodge, *Systematic Theology*, 2.470-471.

3208) Hodge, *Systematic Theology*, 2.470-471.

3209) Hodge, *Systematic Theology*, 2.473에서 재인용.

르셨다고 하였다.3210) 주님이 감당하신 형벌은 "하나님의 온당한 진노를"(justam Dei iram) 누그러뜨리는 것이어야 했다. 그것은 단지 고통의 성격이나 양에 좌우되는 것이 아니었다. 그것은 우리를 자녀 삼으시기 위한 아버지의 뜻을 아들이 다 이루셨다는 점에서, 충족되었다. 그것은 율법의 의를 성취하기 위하여 나타난 "율법 외에 한 의"(χωρὶς νόμου δικαιοσύνη)였다(롬 3:21). 그것은 "의의 무름"(the satisfaction of justice)이었다. 곧 우리를 의롭다 하여 영원한 하나님의 자녀를 삼기 위한 것, 영생을 부여하기 위한 것이었다. 그것은 그 자체의 양상이나 정도가 아니라 하나님의 뜻과 작정과 그것을 수행하는 아들의 고귀함에 따라 고유하게 역사한다.3211)

죄에 대한 방면(放免)은 오직 하나님의 뜻에 따른 것이다. 하나님이 자신의 법을 어긴 자를 "용서하시는 것"(propitium facio, ἱλάσκομαι)이 화목의 길이다. 이를 위하여 "화목제물"(ἱλασμός, ἱλαστήριον)이 드려진다. 하나님은 자신의 뜻에 따른 대속에 의해서만 "화목하게 하시는 분"(ἵλαος)이 되신다. "화목하게 하시는 분"은 허물과 죄를 가려주시는 분이다. 그리하여 ἱλάσκομαι가 כפר와 함께 한 어의를 형성한다. 그가 허물을 가리는 제물(כֹּפֶר)이며 허물을 가리는 일(כִּפֶּר)을 하셨다. 대리적 무름은 오직 하나님의 정하신 바에 따른 것이다. 그것은 "인간의 논리"(the reason of human)가 아니라 "하나님의 논리"(the reason of God)를 따른 것이다. 구약의 제사법이 이를 예표한다. 아들이 인류의 "죄책"(reatus, Schuld)인 사망의 형벌을 대신 감당하셨다. 그것이 그에게 대리적으로 전가되었다. 그리하여 그가 "속전" 곧 "λύτρον"(마 20:28; 막 10:45) 혹은 "ἀντίλυτρον"이(딤전 2:6) 되어 우리를 노예와 죄수의 사슬로부터 해방시키셨다.3212) "대속" 곧 "ἀπολύτρωσις"나(눅 21:28; 롬 3:24; 8:23; 고전 1:30; 엡 1:7, 14; 4:30; 골 1:14; 히 9:15; 11:35; [λύτρωτής] 행 7:35) "λύτρωσις"는(눅 1:68; 2:38; 히 9:12) '풀어주다', '놓아주다', '해방시키다'는 의미를 지닌 "λύειν"에서 나온 명사로서([λυτροῦσθαι] 눅 24:21; 딛 2:14; 벧전 1:18) 대리적 무름의 본질을 그 의(義)와 목적과 관련하여 잘 드러내준다. 이는 속량의 행위 자체를 뜻하는 "ἀγοράζω"나(고전 6:20; 7:23; 벧후 2:1; 계 5:9; 14:3-4) "ἐξαγοράζω"나(갈 3:13; 4:5) "περιποιέομαι"와는(행

3210) Turretin, *Institutio Theologiae Elencticae*, 14.11.28 (2.384).

3211) Hodge, *Systematic Theology*, 2.473-475.

3212) Hodge, *Systematic Theology*, 2.475-479.

20:28) 구별된다.3213)

이와 같이 그리스도의 대리적 무름은 "형벌적 무름"(satisfactio poenalis)이다. 그것은 친히 제사장이 되셔서 자기 자신을 제물로 드리신 "속죄적 중보"(piacular mediation)이다.3214) 그러므로 그것을 단지 고상한 가치를 표상하는 상징으로 여기거나, 하나님을 기쁘시게 하는 선물로 여기거나, 축제의 헌상물로 여기거나, 이러한 세 가지 관점을 단지 죄에 투사시키거나, 하는 견해는 받아들일 수 없다. 주님의 중보는 언약을 이루는 대리적 속죄의 사역으로서, 그 요체는 등가적 교환이 아니라 아들의 공로를 통하여 자신의 뜻을 이루시는 아버지의 무조건적 은총에 있기 때문이다.3215)

아들은 이 땅에 오셔서 아버지의 뜻을 이루셨다. 아버지의 뜻은 창세 전에 택하신 자신의 자녀들을 아들 안에서 구원하시는 데 있다(엡 1:4). 그리스도의 공로는 택함받은 자들을 위한 것이다. 그러므로 선택이 대속에 앞선다. 그렇다고 해서 이를 오해해서 그리스도의 공로를 "숫자만큼의 양(量)"이라고 여겨서는 안 된다. 한 사람을 위하여 충분한 것은 모든 사람을 위하여 충분하기 때문이다. 그리스도가 "모든 사람을 위하여 충분히, 오직 택함받은 사람들을 위하여 효과적으로"(sufficienter pro omnibus, efficaciter tantum pro electis) 죽으셨다고 말하는 것은 이러한 뜻에서이다.3216)

성경은 여러 곳에서 그리스도가 교회(엡 5:25; 행 20:28), 그의 양(羊)(요 10:15), 친구(요 15:13), 하나님의 자녀(요 11:52)를 위하여 자신을 주셨다고 분명히 증거하고 있다. 하나님의 사랑은 보편적 인류애가 아니라 언약적 특수성에 따라 역사한다. 영생은 그리스도가 자신의 생명으로 값을 치르고 산 특별한 자들에게만 부여된다(요 15:13; 요일 3:16; 4:10; 롬 5:8; 8:32, 35-39). 구원은 오직 머리이신 그리스도에 접붙임을 받은 언약의 백성에게만 주어진다(롬 5:12-21). 이는 오직 하나님이 그리스도께 "주신 자들"에 국한된다(요 17:9).3217) 그리스도의 죽음은 오직 하나님의 백성을 위한 것이다(마 1:21).3218)

3213) Warfield, "The New Testament Terminology of 'Redemptiom'," *WBW* 2,327-372. 인용은 327, n.3.

3214) Warfield, "Christ Our Sacrifice," *WBW* 2,420.

3215) 참조. Warfield, "Christ Our Sacrifice," *WBW* 2,411-417.

3216) Hodge, *Systematic Theology*, 2,544-546.

3217) Hodge, *Systematic Theology*, 2,547-553.

3218) 참조. Roger R. Nicole, "The Case for Definite Atonement," *Bulletin of the Evangelical Theological Society* 10/4 (1967), 201-204.

그리스도의 구속은 단지 "금전적"이거나 "상사(商事)적"인 것이 아니라 "형벌적" 혹은 "법정적"인 것이다.3219) 그러므로 배상이나 보상이 있다고 당연히 면책이 되는 것이 아니라, 그것을 받아들이는 당사자의 합의가 있어야 한다. 그리스도의 의의 대속은 그 자체로서가 아니라 그것을 전가받을 사람을 정한 영원한 삼위 하나님의 선택에 따라서 작용한다. 즉 "선택이 구속에 선행한다"(election precedes redemption). 달리 말하면, 선택된 자들을 위한 구속이다. 성경은 제한속죄(limited atonement 혹은 definite atonement)를 명문으로 드러내는 경우도 있으나,3220) 보편속죄(universal atonement)를 전하고 있는 듯한 경우도 없지 않다. 그러나 문맥에 비추어 보면 예외 없이 어느 곳에서나 제한속죄를 말하고 있다(롬 5:18; 8:32; 고전 15:22; 엡 1:10; 골 1:20; 히 2:9).3221)

칼빈은 하나님의 선택의 사랑과 그리스도의 공로를 언약의 두 축으로 이해하는 가운데 제한속죄를 주장하고 있다.3222) 제한속죄는 도르트 신경에서 천명되었으며,3223) 웨스트민스터 신앙고백서도 동일한 입장을 뚜렷이 견지했다.3224) 그러나 그리스도의 사역은 모든 사람들에게 동일하게 관계된다고 보는 반(半)펠라기우스주의자들(Semi-Pelagians)과 항변론자들(Remonstrants), 그리고 그것이 성령의 은사로 모든 사람의 죄책과 오염을 가져가기 위한 것이되 받은 은혜를 어떻게 발전시키는가는 각자에게 달려있다고 보는 웨슬리안 알미니안주의자들(Wesleyan Arminians)은

3219) 이에 대한 전반적인 고찰을 위하여, James I. Packer, "What Did the Cross Achieve: The Logic of Penal Substitution," *Tyndale Bulletin* 25 (1974), 3-45.

3220) 보편구원론을 주장하는 사람들은 하나님의 뜻이 그러하다거나(겔 8:23; 33:11; 딤전 2:4; 벧후 3:9), 그리스도의 사역이 모든 사람이나(사 53:6; 롬 5:18; 8:32; 고후 5:14; 딤전 2:6; 딛 2:11; 히 2:9) 세상을 구원하기 위하여(요 3:16; 4:42; 요일 2:2) 계획된 것이라거나, 하는 명문을 제시한다. Nicole, "The Case for Definite Atonement," 204-207.

3221) Hodge, *Systematic Theology*, 2.559-561.

3222) 참조. Roger R. Nicole, "John Calvin's View of the Extent of the Atonement," *Westminster Theological Journal* 47/2 (1985), 220-225. 칼빈이 베자를 비롯하여 그를 잇는 개혁신학자들과는 달리 보편속죄론을 주장했다는 입장이 소뮈르 학파에 속한 아미라우트(Moyse Amyraut, 1596-1664)와 이후 여러 학자들에 의해서 개진되어 왔으나, 이는 칼빈과 칼빈주의의 불연속성을 지나치게 과장하는 켄달(R. T. Kendall)과 같은 자들의 과도한 발상에서 비롯되었다고 니콜은 주장한다(197-220).

3223) 참조. Stephen Strehle, "The Extent of the Atonement and the Synod of Dort," *Westminster Theological Journal* 51/1 (1989), 1-23.

3224) 참조. A. Craig Troxel, "Amyraut 'At' the Assembly: The Westminster Confession of Faith and the Extent of the Atonement," *Presbyterion* 22/1 (1996), 54-55. 본고에서 저자는 웨스트민스터 신앙고백서가 아미라우트(Moyse Amyraut)의 보편속죄론을 지지하는 입장에서 작성되었다는 주장을 전체 맥락에 비추어 근거가 없는 것으로서 일축한다.

이에 대한 뚜렷한 이견을 표출했다.[3225] 루터파는 그리스도의 의는 모든 사람을 위한 것이되 복음을 듣는 자에게만 작용한다고, 보편속죄(universal atonement)와 제한선택(limited election)을 주장하였다.[3226] 유사하게도, 소뮈르(Saumur) 신학자들은 그리스도는 모든 사람의 구원을 위하여 필요한 모든 사역을 다 행하셨으나 하나님은 모두가 이를 거부할 것을 미리 아시고 어떤 사람을 선택하셔서 믿음과 회개에 이르게 하셨다는 입장에 서 있었다. 하나님이 먼저 모든 사람을 구속하시고 그중 어떤 사람들을 선택하신다는 것이다. 이 경우 선택이 구속에 부수하는 종(從)개념이 되고 만다.[3227]

하나님은 자신의 백성을 창세 전에 선택하시고 때가 되면 구원하시나, 구원의 복음은 모든 사람에게 보편적으로 전해지기를 원하신다(행 1:8). 제한선택과 제한속죄 가운데, 효과적인 부름(內召)은 제한적이나 보편적 부름(外召)이 있게 하신 것이다. 이를 곡해하여 보편적 부름을 보편적 속죄라고 여겨서는 안 된다.[3228] 오늘날 그리스도의 속죄의 의미를 실존적 삶의 변화를 통한 새존재의 추구에서 찾고 보편적인 가능성이라는 측면에서 보편속죄론을 제기하는 입장도 본질적으로 이러한 오해와 맥이 닿아 있다.[3229] 이를 더욱 극단화하여 속죄를 "사회적 체현"(social embodiment)이라고 보는 입장에서 동일한 주장이 제기되기도 한다.[3230]

바빙크의 경우에서 보듯이, 대리적 무름은 죄를 사하는 것에 그치지 않고 하나님의 자녀로서 영생을 누리며 살아가는 자격을 갖추는 전(全) 생애의 의와 관계된다.

3225) 웨슬리안의 보편속죄론에 대해서, William S. Sailer, "The Nature and Extent of the Atonement: A Wesleyan View," *Bulletin of the Evangelical Theological Society* 10/4 (1967), 189-198. 이들은 제한속죄를 말하는 듯한 성경구절들도 그 보편적 적용을 지시하고 있다고 주장한다.

3226) 참조. David P. Scaer, "The Nature and Extent of the Atonement in Lutheran Theology," *Bulletin of the Evangelical Theological Society* 10/4 (1967), 179-187, 특히 187.

3227) Hodge, *Systematic Theology*, 2.546-547.

3228) 참조. Roger R. Nicole, "Covenant, Universal Call and Definite Atonement," *Journal of the Evangelical Theological Society* 38/3 (1995), 410.

3229) 참조. Edward Jeremy Miller, "Inclusivist and Exclusivist Issues in Soteriology: To Whom Does Jesus' Saving Power Extend?" *Perspectives in Religious Studies* 12/2 (1985), 131-133. 여기에서 틸리히(Paul Tillich), 라너(Karl Rahner), 카스퍼(Walter Kasper) 등이 언급된다.

3230) George A. Lindbeck, "Atonement and the Hermeneutics of Social Embodiment," *Pro Ecclesia* 5/2 (1996), 144-160.

그것은 단지 제사장 직분에 국한되지 않는다.3231) 그리스도의 비하는 물론3232) 승귀를 다룸에도 주안점은 속죄론적 의의와 가치에 주어져야 한다. 이런 측면에서 비하와 승귀는 서로 구별되지만 함께 고찰되어야 한다. 그리하여 바빙크는 다음과 같이 말한다. "죽음이 생명에 이르는 길이다."3233) "승귀의 상태는 그리스도의 인격과 본성이 아니라 그의 중보 사역의 영광에 관계된다."3234) 그리스도의 대속의 의는 죄사함과 의의 전가에 모두 미친다. 옛사람이 죽고 새사람이 사는 길이, 마치 빛이 들어오면 어둠이 물러가듯이, 동시에 열린다. 이러한 은혜의 질료(質料, materia)가 그리스도의 대리적 무릎에 있다. 그리스도의 은혜는 아버지의 사랑과 배치되는 것이 아니라 오히려 그것을 드러내고 성취한다. "아버지의 사랑의 계시가 아들의 무릎이다."3235)

    칼빈과 다름없이 바빙크 역시 그리스도의 대속을 언약적 관점에서 파악한다. 은혜언약은 행위언약과 배치되는 것이 아니라 그것을 성취하는 것이다. 은혜언약은 행위언약을 어긴 사망의 형벌을 방면받는 소극적 죄사함에 머물지 않고 영생이라는 행위언약의 약속을 얻게 되는 적극적 의의 전가를 아우른다. 그러므로 태초의 아담보다 더 나아지는 회복(restitutio)이 있게 된다. [의의] '전가'(imputatio)는 [자질의] '주입'(infusio)이 아니므로, 그것으로 말미암아 우리가 스스로 비추는 빛이 되거나 스스로 사는 영생의 존재가 되는 것이 아니다. 그것은 그리스도가 영원히 함께 계심으로, 그를 비추는 빛으로, 그의 생명을 누리는 생명으로 영원히 사는 것이다(요일 5:12; 갈 2:20; 롬 8:17; 딛 3:7; 엡 5:8; 요 1:4; 3:36; 5:24-26; 15:21-26). 이러한 은혜는 모든 의를 다 이루신 그리스도가 계속적으로, 영원히, 중보하심으로 말미암는다.

> 은혜언약이 행위언약을 능가하는 만큼 복음이 율법을 능가하고, 그만큼 그리스도가 아담을 능가한다. 그리스도의 대리적 무릎은 행위언약의 기초에서는 이해되지 않는다. 그것은 율법에 어긋나지는 않지만 율법을 능가한다. 그것은 우리의 모든 사고와 관념을

3231) 뚤레틴과 핫지는 속죄론을 제사장 직분을 논하는 가운데 다룬다. Turretin, *Institutio Theologiae Elencticae*, 14.10.1-14.14.54 (2.368-423); Hodge, *Systematic Theology*, 2.480-591.

3232) Bavinck, *Reformed Dogmatics*, 3.327-361.

3233) Bavinck, *Reformed Dogmatics*, 3.421-424, 인용 421.

3234) Bavinck, *Reformed Dogmatics*, 3.419.

3235) Bavinck, *Reformed Dogmatics*, 3.391.

넘어선다. 대리적 속죄는 흔들리지 않는 삼위 하나님의 협약에 기초한다. 그것은 최상의 완전하고 영원한 사랑을 계시한다.3236)

우리를 위한 대속의 의를 다 이루신 주님이 여전히 중보하심은 그가 자신을 제물로 삼아 단번에 영원한 제사를 드리신 "큰 대제사장"이시기 때문이다(히 4:14). 바빙크는 그리스도의 중보의 필연성을 인류 일반의 보편적 요구라는 측면에서 접근한다.3237) 창조를 구속의 준비라고 부르기도 한다. 그렇다고 해서 타락이 없어도 그리스도의 성육신이 필요하다고 본 오시안더나 일부 중세 신학자들에 동조하지는 않는다. 오히려 오직 타락을 전제할 때에만 그리스도는 아담의 모범이 된다고 함으로써 구원을 타락으로부터의 회복이 아니라 자연적 완성이라고 보는 입장과는 분명히 선을 긋는다.3238) 바빙크는 일반은총은 특별은총을 예비하나 특별은총에 앞서는 것은 아니라고 지적하면서, 그리스도의 대속 없이는 일반은총의 온전한 역사도(롬 1:20-23)3239) 창조의 온전한 회복도 있을 수 없다고 단언한다(골 1:12-20).3240)

이상의 논의를 다음과 같이 다섯 가지로 정리해볼 수 있다. 처음 네 가지는 핫지를 중심으로, 마지막은 스미톤(George Smeaton, 1814-1889)을 중심으로 고찰한다.

첫째, "그리스도의 무름의 완전성"(the perfection of Christ's satisfaction)이 논해진다. 이는 그리스도가 당한 고난의 "종류나 정도"가 아니라 "그의 인격의 무한한 고귀함"에 따른 것이다. 고난과 죽음의 주체는 참 하나님이시자 참 사람이신 "하나님의 인격"(a divine person)이시다. 그러므로 가현설이나 양자론이나 성부고난설은 이와 관련하여 거론할 가치조차 없다. 참 하나님이시자 참 사람이신 그리스도가 인성에 따라서 죽기까지 고난을 당하셨고, 신성에 따라서 그것을 끝내 참으시고 이기셨기 때

3236) Bavinck, *Reformed Dogmatics*, 3.405-406.
3237) 참조. Bavinck, *Reformed Dogmatics*, 3.17-19. 서철원은 바빙크가 창조의 완성으로서 구원을 바라봄으로써 창조중보자와 구속중보자를 바르게 연결하지 못한 오류를 범했다고 지적한다. Suh, *The Creation-Mediatordship of Jesus Christ*, 194-197.
3238) Bavinck, *Reformed Dogmatics*, 3.277-280. 참조. Andreas Osiander, *An Filius Dei fuerit incarnandus*……, 1550.
3239) 이는 일반은총이 불완전하다는 것이 아니라 구원의 특별은총이 없는 한 그 은총을 누리기는 하되 하나님께 감사하지도, 하나님을 영화롭게도 하지 않고, 오히려 미련한 마음에 우상을 섬기는 데 분주하기 때문이다. 거듭나지 않은 사람은 가을의 추수가 풍요할수록 산과 들에 절하는 일이 더 많아진다.
3240) Bavinck, *Reformed Dogmatics*, 3.470-473.

문에, 그 공로는 창세 전에 작정된 택함받은 모든 언약의 백성을 살리기에 족하다. 천지 만물이 그로 인하고, 말미암고, 그에게 돌아가는 "만유의 상속자"가 되시는 하나님의 아들이(히 1:2) "혈과 육"을 지닌 사람으로 오셔서(히 2:14) "구원의 창시자"며 "구원의 근원"이 되심으로(히 2:10; 5:9) 아버지의 뜻을 온전히 다 이루셨다. 그러므로 신인양성의 위격적 연합에 대한 선(先)이해가 없이는 대리적 무름을 올바로 논할 수 없다. 핫지는 이를 다음과 같이 변증한다.

> 그리스도는 두 구별된 본성을 지닌 오직 한 인격이시다. 그리하여 한 본성에 관하여 기술될 수 있는 것은 무엇이든지 그 인격에 대해서 기술될 것이다. 한 사람의 육체에 돌려진 비천함이 그 자신에게 돌려진다. 만약 이 원리가 옳지 않다고 한다면, 그리스도를 십자가의 형에 처한 것이 한 평범한 인간에게 부당한 죽음의 손상을 입히는 것보다 더 큰 범죄가 되지 않을 것이다.[3241]

"하나님이 자기 피로 사신 교회"라는 말씀과(행 20:28) "영광의 주를 십자가에 못 박지 아니하였으리라"는 말씀(고전 2:8)은 고난당하신 분이 참 하나님이시고 참 사람이시라는 사실과 그가 다 이루신 의는 헤아릴 수 없이 크다는 사실을 계시한다. "하나님의 죽음"(Dei mors), "하나님의 피"(Dei sanguis), "하나님의 고난"(Dei passio)과 같은 표현들은 단지 신학적 용례가 아니라 성경의 용례이다. 참 하나님이시자 참 사람이신 주님이 이 땅에 오셔서 행하시고 당하신 모든 의가 다 우리를 위한 무름의 값이 된다. 그의 피가 우리를 살릴 뿐 아니라 우리의 행실을 돌이켜 거룩하게 한다(히 9:13-14). 그것은 우리의 생명과 삶과 건덕과 영광에 미친다.[3242]

스미톤은 속죄론을 다루면서 중보자의 공로가 무한한 가치를 지니는 것은 그가 하나님의 아들로서 육신으로 오셔서 죽으셨기 때문이라는 점을 뚜렷이 부각시킨다.[3243] 스미톤은 "atonement"와 "satisfaction"을 구별해서 사용하지 않으므로 속

[3241] Hodge, *Systematic Theology*, 2.483: "Christ is but one person, with two distinct natures, and therefore whatever can be predicated of either nature may be predicated of the person. An indignity offered to a man's body is offered to himself. If this principle be not correct there was no greater crime in the crucifixion of Christ than in unjustly inflicting death on an ordinary man."

[3242] Hodge, *Systematic Theology*, 2.482-484.

[3243] Smeaton, *Christ's Doctrine of the Atonement*, 48.

죄론의 본질이 대리적 무름에 있음을 시사한다. 그에 따르면, "사람을 지으신 분"(the Maker of man)만이 "사람의 회복자"(the Restorer of man)가 되신다. 하나님이 아들을 보내심으로 하나님과 사람이 다시 연합할 길을 여셨다. 그러므로 그리스도의 신성을 부인하는 아리우스나, 그의 인격을 부인하는 사벨리우스나, 양성의 연합 가운데 한 인격을 지니심을 부인하는 네스토리우스에게는 대리적 무름의 교리가 있을 수 없다. 그리스도의 의의 무한한 가치나 공로는 그의 행위 자체가 아니라 그의 신인(神人)의 인격에 있다. 이는 마치 영혼과 육체의 일을 모두 한 사람에게 돌리는 것과 같다.3244)

둘째, 그리스도의 무름은 "하나님의 의에 대한 무름"(a satisfaction to the justice of God)이다.3245) "의로운"(צַדִּיק, δίκαιος, justus)이라는 말은 배분적(distributive) 혹은 응보적(retributive)인—선행에는 상을, 악행에는 벌을 주는—도덕적 우월함을 뜻한다. 죄에 대하여 벌을 과하시는 하나님의 의는 "보복적"(vindicative)이지 않으며 "징벌적"(vindicatory)이다. 여기에서 문제가 되는 것은 "징벌적 의"이다. 하나님은 본성상 의로우시다. 하나님의 의는 그의 사역 가운데 나타난다. 이는 창조와 섭리에 모두 미친다. 최초의 언약은 죄를 지으면 죽게 된다는 하나님의 의를 드러낸다. 그것은 "피흘림이 없은즉 사함이 없느니라"(χωρὶς αἱματεκχυσίας οὐ γίνεται ἄφεσις)는(히 9:22) 하나님의 의에 수반한다. 족장들과 모세 등과 맺은 구약의 언약들과 신약의 가르침은 하나님은 의로우시다는 사실을 전제하고 있다. 하나님의 구원의 계획(the plan of salvation)이 이를 잘 말해준다. 구원은 깨달음으로만 오지 않는다. 그것은 "지식적으로(didactically) 작용하는 것"이 아니다. 하나님은 "불경건한 자들을 의롭다 하심에 있어서 의로우시다"(just in justifying the ungodly). 그리하여 의의 요구를 아들을 통하여 만족시키게 하신다.3246)

셋째, 그리스도의 사역은 "하나님의 율법에 대한 무름"(a satisfaction to the divine law)이다. 여기에서 말하는 "하나님의 율법"은 바로 앞에서 살펴본 "하나님의 의"(justice of God)보다 더 포괄적인 개념이다. 하나님의 율법이 요구하는 것은 단지 "징

3244) Smeaton, *Christ's Doctrine of the Atonement*, 69–79.

3245) 여기에서 "의"는 "justice"에 대한 번역이다. 이는 좀 더 규범적인 성격이 강하다. 반면 동일하게 "의"라고 번역되지만 "righteousness"는 그 열매(果實)를 좀 더 부각시킨다.

3246) Hodge, *Systematic Theology*, 2.489–493.

벌적 의"에 머물지 않기 때문이다. 하나님의 율법은 불변한다. 하나님이 거룩하시듯이 그의 법이 요구하는 것도 거룩하다. 그는 거룩하시므로 죄와 죄책 가운데 있는 자들을 저주하신다. 우리가 율법과 맺고 있는 관계는 이중적이다. 즉 "언약적"(federal)이며 "도덕적"(moral)이다. 율법에는 명령이 있으며 약속이 있다. 그것은 순종하면 살고 불순종하면 죽는 것이다. 이러한 율법에 대한 언약적 관계로부터 우리는 복음 아래에서 구원을 받는다. 율법으로부터의 구원은 그것의 폐지나 그것의 요구를 경감시키는 데 있지 않다. 그리스도의 사역은 본성상 "율법의 요구에 대한 무름"(a satisfaction to the demands of the law)에 있다. 그리스도의 의는 당하는 것(passive) 외에 행하는 것(active)을 포함한다. 그러므로 그 의를 전가받은 사람은 전체 본성이 하나님의 형상으로 새롭게 되는 은혜를 누린다.3247)

율법은 불변한다. 그것의 요구는 만족되어야 한다. 타락 후 이것이 불능하므로 하나님은 그리스도를 "대리자"(substitute)로 삼으셨다. 율법은 완전한 순종을 요구하나 타락한 사람은 아무도 그 요구를 만족시킬 수 없다. 그리하여 사람의 아들이 되신 영원하신 하나님의 아들이 우리를 위하여 율법에 대한 무름이 되셨다. 그리스도가 죄인의 자리에서 율법에 계시된 하나님의 의를 다 이루심으로 우리를 위한 "완전한 의"(a perfect righteousness)가 되셨다.3248) 이러한 입장은 전적 타락을 부인하거나, 하나님의 뜻을 내세워 그리스도의 대리적 속죄의 필연성을 부인하거나, 하나님의 사랑을 곡해하여 죄 값에 대한 무름을 부인하는 초대교회의 영지주의자들(the Gnostics), 신플라톤주의자들(Neo Platonists), 중세의 스코투스주의자들(Scotists), 프란시스주의자들(Franciscans), 이후의 쏘키누스주의자들(Socinians), 항변주의자들(Remonstrants), 이성주의자들(Rationalists), 사변적 철학에 빠져 있는 자들에 의해서는 거부된다.3249)

넷째, 그리스도의 무름은 전(全) 구원서정(救援序程, ordo salutis)과 관계된다(롬 8:30). 그리스도는 자기 자신을 주셨으므로, 그 의를 전가받는 자마다 그와 연합하여 하나가 된다. 이러한 연합은 그리스도 안의 구속을 작정한 창세 전 구원협약에 따른 언약의 성취로 역사상 실현된다. 그리스도는 머리로서 그와 연합한 모든 지체

3247) Hodge, *Systematic Theology*, 2.493-494.
3248) Hodge, *Systematic Theology*, 2.494-495.
3249) Hodge, *Systematic Theology*, 2.495.

들의 일을 대리적으로 감당하신다. 이러한 연합은 칭의와 성화의 관점에서 파악된다. 칭의는 법정적 선포이며 성화는 계속적인 "은혜의 사역"(a work of grace)이다. 성화의 완성인 영화를 포함하는 구원의 모든 과정은 모두 무름의 의로 말미암는다. 보혜사 성령의 임재로 그 의가 우리 안에 역사한다.3250)

다섯째, 그리스도의 무름의 의는 우주적 차원에서 역사한다. 이제 그의 몸이 성전이 된다(요 2:19-22). 세상에 심판이 임하였고 세상의 임금은 쫓겨난다(요 12:31). 그가 세상을 이기셨다(요 16:33). 그가 사망을 삼키시고 죄의 권능을 물리치셨다(고전 15:54-57). 그가 목자로 오셔서 세상의 방황하는 양들을 자기의 품에 모두 들이신다(요 10:11-18). 보혜사 성령의 임재로, 그가 우리 속에 살며 기동하실 뿐만 아니라(요 15:16-17; 16:7; 행 17:28) 천사들의 수종을 받으시며 천하를 다스리신다(요 1:51).3251) 이는 그가 참 하나님으로서 참 사람이 되셔서 모든 구원을 이루셨기 때문이다. 만물을 지으신 분이(골 1:16-17; 고전 8:6; 요 1:3; 히 1:2) 만물의 회복자가 되셨다. "올라가셨다 하였은즉 땅 아래 낮은 곳으로 내리셨던 것이 아니면 무엇이냐 내리셨던 그가 곧 모든 하늘 위에 오르신 자니 이는 만물을 충만하게 하려 하심이라"(엡 4:9-10). 이렇듯, 그리스도의 죽음은 대리적 무름의 죽음으로서 사망의 값을 치름으로써 사망의 세력을 궤멸시키고 의를 도입한(요일 3:5; 롬 5:9), 영원한 구원경륜을 이루는 언약적 성취의 죽음이었다.3252)

4. 2. 신인양성의 중보 가운데 다 이루신 의 : 당하신 순종(obedienia passiva)과 행하신 순종(obedientia activa)3253)

그리스도의 비하와 승귀는 이분법적으로 논해질 수 없다. 승귀는 비하에 대한 "상급"(a reward)이었다. 내리심이 없으면 오르심이 없고(엡 4:9-10), 낮아지심이 없으면 높아지심이 없다(빌 2:6-11). 부활, 승천, 재위, 재림으로 나타나는 "중보자적

3250) Hodge, *Systematic Theology*, 2,520-527.

3251) Smeaton, *Christ's Doctrine of the Atonement*, 283-364.

3252) 참조. 서철원, 『기독론』, 138-139.

3253) 많은 경우 "obedientia activa"를 "능동적 순종"으로, "obedientia passiva"를 "수동적 순종"으로 번역한다. 그러나 이 경우 마치 "수동적 순종"은 주님이 자원하지 않은 것과 같이 여겨지기가 쉽다. 그러나 라틴어의 어의(語義)를 좇아 "행하신 순종"과 "당하신 순종"으로 문자적으로 번역하는 것이 옳다.

인 영광"(the mediatorial glory)은 수치와 멸시와 고난과 죽음에 따르는 열매였다(마 16:21; 17:22-23; 20:18-19).³²⁵⁴⁾ 구원의 은총을 누리는 성도는 그리스도의 승귀로 말미암아 그와 함께 살아나고, 함께 일으킴을 받고, 함께 하늘에 앉힘을 받는다(엡 2:5-6). 부활하신 그리스도가 "살려주는 영이"(εἰς πνεῦμα ζῳοποιοῦν) 되심으로 이러한 역사가 일어난다(고전 15:45). 그러므로 삼위일체 하나님의 영원한 경륜에 따라서 아들과 하나가 됨으로 아버지와 하나가 되는 성도의 영화로움을 알기 위해서는 아들이 이 땅에서 행하신 사역이 어떤 의(義), 공로, 가치가 있는지를 알아야 한다.³²⁵⁵⁾

하나님의 아들이 사람의 아들이 되셔서 영혼과 육체의 전인적 고통을 당하셨으며 그 가운데 율법에 온전히 순종하셨다. 그리스도의 순종은 "속상(贖償)적이며 공로적"(satisfactoriam et meritoriam)이다.³²⁵⁶⁾ "속상적"이라 함은 대리적 무름을 뜻하며, "공로적"이라 함은 그리하여 아버지의 의를 이룸을 뜻한다. 개혁신학자들은 그리스도의 공로가 "당하신 순종"과 "행하신 순종"을 포함한다는 사실을 분명히 천명한다. 이러한 입장은 그리스도의 전 생애의 공로가 우리를 위한 의로서 전가된다고 본 칼빈에 의해서 본격적으로 개진되었다.³²⁵⁷⁾

뚤레틴은 이러한 그리스도의 이중적 순종이 "무죄함의 의"(iustitia innocentiae)와 "견인의 의"(perseverantiae)에 부합한다고 보며, 율법의 이중적인 작용과 관련시킨다.³²⁵⁸⁾ 즉 그리스도의 의는 율법의 형벌에 대한 값으로 뿐만 아니라 율법의 규범을 준수함에 있어서도 역사한다고 본다.³²⁵⁹⁾ 그리스도의 계속적 중보로 말미암아, 이러한 그의 의는 구원의 전체 과정을 통해서 작용한다. 그리스도가 언약의 제3의 당사자로 불리는 까닭이 여기에 있다. 세 당사자가 있다: "범법함을 당한 하나님, 범법한 사람, 그리고 범법한 사람을 범법함을 당한 하나님과 화목하게 하는 중보자 그리스도."³²⁶⁰⁾

이와 같이 개혁신학자들은 그리스도의 대리적 무름이 "당하신 순종"과 "행하신 순종"을 모두 포괄한다는 사실과 '죄'(peccatum)의 '삯'(reatus)인 '형벌'(poena)을 치르기

3254) 참조. Bavinck, *Reformed Dogmatics*, 3.433-434.

3255) 참조. Hodge, *Systematic Theology*, 2.470-473.

3256) Turretin, *Institutio Theologiae Elencticae*, 14.13.10 (2.393).

3257) Turretin, *Institutio Theologiae Elencticae*, 14.13.32 (2.399).

3258) Turretin, *Institutio Theologiae Elencticae*, 14.13.28 (2.398).

3259) Turretin, *Institutio Theologiae Elencticae*, 14.13.29 (2.398-399).

3260) Turretin, *Institutio Theologiae Elencticae*, 12.2.9 (2.157).

위해서는 "신인(神人)의 무름"이 필수적이라는 사실을 강조한다. 참 하나님이시자 참 사람이신 그리스도의 대속을 통한 언약적 전가 없이는 그것이 불가능하다고 여기기 때문이다. 바빙크의 기독론에는 이러한 입장이 가장 체계적으로 전개되어 있다.

바빙크는 이러한 하나님의 구속경륜이 창세 전에 영원히 작정되었다는 점을 지적하면서 이에 대한 논의를 전개한다.[3261] 그리스도의 죽음이 '순종의 완성'(consummatio obedientiae)이 되는 것은 그가 영원하신 하나님의 아들로서 사람이 되셨기 때문이다.[3262] 그리스도의 순종은 대리적 무름의 값이다. 그것은 단지 죄와 허물을 사하는 것에 머무는 것이 아니라 영생의 의를 전가하여 성도가 "신앙 안에서" "죄를 지을 수 없고"(non posse peccare) "죽을 수 없는"(non posse mori) 상태에 이르게 한다.[3263] 이러한 의는 "당하신 순종"과 "행하신 순종"을 다 이루셨기 때문이다. 이 둘은 분리되지 않는다. "당하신 순종"뿐만 아니라 (히 5:8-9) "행하신 순종"으로 말미암아 일생동안 자신을 흠과 점이 없이 준비한 주님이 준비된 양(羊)으로 대속의 죽임을 당하셨기 때문이다(벧전 1:19; 히 7:26-28; 9:14).[3264] 그러므로 "행하신 순종"은 잉여적인 공로가 아니라 마땅한 공로이다. 대속의 공로는 그리스도의 인격에서 그 값을 찾아야 한다. 대속의 원리는 "계수(計數)적 셈법"으로 헤아릴 수 없다.[3265] 그리스도의 대속은 단지 죄의 값을 치르는 데 그치지 않고 행위언약의 조건인 모든 율법을 준수하는 순종을 포함한다. "그리스도의 전체 삶과 사역이, 그의 잉태로부터 그의 죽음에 이르기까지, 본성상 대리적이다." 주님이 십자가에서 "다 이루었다"(Τετέλεσται)고 선포하신 것은(요 19:30) 잉태로부터 죽음에 이르기까지의 전(全) 생애의 순종을 포함한다. 성도가 "의롭다 하심을 받아 생명에"(εἰς δικαίωσιν ζωῆς) 이르게 됨은(롬 5:18) 그리스도의 "생명의 순종"(obedientia vitae)과 "죽음의 순종"(obedientia mortis)의 의를 모두 전가받기 때문이다.[3266]

그리스도의 신인양성의 중보로 말미암아 성도는 그와의 신비한 연합을 통하여

3261) Bavinck, *Reformed Dogmatics*, 3.364-366.
3262) Bavinck, *Reformed Dogmatics*, 3.385.
3263) 이는 법정적 신분을 말하는 것으로서, 그 완성은 영화롭게 된 후에 된다.
3264) Bavinck, *Reformed Dogmatics*, 3.394-396.
3265) Bavinck, *Reformed Dogmatics*, 3.402.
3266) Bavinck, *Reformed Dogmatics*, 3.378-380.

하나님과 화목하게 된다. 그리스도는 연합의 중보(mediatio unionis)를 이루셨다. 그는 자기 자신을 화목제물(ἱλασμός, ἱλαστήριον)로 삼아 제사를 드리심으로 하나님과 우리 사이의 화목(καταλλαγή)이 되셨다. 제물을 드리는(ἱλασκέσθαι) 주체는 아들이시나 궁극적으로 화목하게 하시는(καταλλασσέιν) 분은 아버지시다. 화목(Versühnung)에 이르기 위하여는 속죄(Versöhnung)가 요구된다. 하나님은 속죄의 값을 아들 자신으로 삼으셨다. 속죄의 주체는 성자시지만, 그것은 삼위일체 하나님의 동사(同事)로 말미암는다. 그러므로 신인양성의 위격적 연합을 부인하게 되면 대속이 관념이나 사변에 불과하게 되며 그 모든 유익이 단지 허상이 될 뿐이다.[3267]

바빙크는 그리스도의 의가 사망의 죄책을 포함하여 전체 죄 현상에 미치는 것으로 여긴다. 그것의 공로가 되는 "행하신 순종"과 "당하신 순종"은 그리스도의 삼중직(munus triplex)에 모두 관련된다.[3268] 그리스도의 중보는 '경륜에 의해서'(dispensatione)만이 아니라 '공식적으로'(formaliter) 신인양성의 인격으로 수행된다.[3269] "그리스도는 양편 사이에 계신 것이 아니라 한 인격 가운데 양편이시다."[3270] 아버지와 동일하신 아들이 사람이 되사 우리를 위한 모든 의를 이루셨다. 그러므로 그의 의는 아버지의 사랑과 배치되지 않을 뿐더러, 오히려 그것으로부터 기원한다. 그러므로 성부의 사랑과 성자의 은총을 분리하려는 쏘키누스주의자들의 입장은 받아들일 수 없다.[3271]

그리스도는 우리를 위해서 '죄'(peccatum)와 '저주'(damnatio)가 되셨다. 그는 단지 인류의 고난에 동참하신 것이 아니라, 인류의 고난을 자신의 것으로 삼아 겪으셨다. 그리스도는 죄의 값을 "객관적으로" 지불하셨으며, 그것을 성도 각자에게 "주관적으로" 전가하심으로 그들이 자신과 하나가 되게 하셨다.[3272] 이러한 연합의 은혜(gratia unionis)는 그리스도의 계속적 중보로 역사한다. 그는 지금도 하나님의 보좌

3267) Bavinck, *Reformed Dogmatics*, 3.447-452. 이 부분은 다음을 첨삭, 수정, 가필하여 수록. Moon, "Bavinck's Understanding of Christ the Mediator's Hypostatic Union," 196-197.

3268) Bavinck, *Reformed Dogmatics*, 3.345.

3269) Bavinck, *Reformed Dogmatics*, 3.363-364. 로마 가톨릭 신학자들은 그리스도의 중보는 공식적으로는 인성에 속하며 다만 경륜적으로만 신성에도 해당하는 것으로 볼 수 있다고 말한다.

3270) Bavinck, *Reformed Dogmatics*, 3.363.

3271) Bavinck, *Reformed Dogmatics*, 3.374-377.

3272) Bavinck, *Reformed Dogmatics*, 3.404-405.

우편에서 선지자, 제사장, 왕직을 계속 수행하신다. 단번에 영원히 다 무르신 의로 말미암아 그리하신다.3273) 이와 같이 그리스도의 죽음은 "잠재적이 아니라 실제적으로" 역사한다. 그것은 단지 "구원의 가능성"을 열어놓은 것이 아니라 "구원의 실제"이다. 그는 우리의 죄를 "있는 그대로 두고 치유하시는" 은혜가 아니라 "대신해서 사하여 주시는" 은혜를 베푸신다.3274) 죽음의 공로로 우리에게 새생명을 주실 뿐만 아니라, 새삶을 주시는 중보를 여전히 수행하신다.3275)

그리스도의 계속적 중보는 그가 이 땅에 오셔서 영혼과 육체 가운데 전인적으로 당하시고 행하신 전적인 순종을 통한 대리적 무름의 공로로 말미암는다. 그리하여 우리는 부르심으로부터 영화에 이르는 구원의 전(全) 과정에 있어서 우리 자신뿐만 아니라 행위도 의롭다 함을 받게 된다.3276) 아래에서 보듯이 구원의 모든 의가 그리스도의 무름으로 말미암는다. 이렇듯 바빙크는 칼빈의 입장을 철저히 계승, 심화시키고 있다.

참으로 그리스도로부터 모든 은총들, 전체 구원(σωτηρία, 마 1:21; 눅 2:11; 요 3:17; 12:47)이 흘러나온다. 좀 더 구체적으로 말한다면, 죄 용서(마 26:28; 엡 1:7), 죄를 없애심(요 1:29; 요일 3:5), 나쁜 양심을 씻으심 혹은 구원하심(히 10:22), 칭의(롬 4:25), 의(고전 1:30), 아들됨(갈 3:26; 4:5-6; 엡 1:5), 하나님께 이르는 확신(엡 2:18; 3:12), 그리스도의 희생제사, 즉 무름으로 말미암아 하나님이 진노를 거두심(롬 3:25; 요일 2:2; 4:10; 히 2:17), 하나님 안에서 이전의 사악함을 화목(καταλλαγή)으로 바꾸어서 세상에 대하여 화목의 직분을 감당하고자 하는 성향(롬 5:10-11; 고후 5:18-20), 하나님과 더불어 누리고자 하는 성향(롬 5:1), 나아가서, 성령의 은사(요 15:26; 행 2; 갈 4:6), 중생 그리고 하나님의 자녀가 되는 권세(요 1:12-13), 성화(고전 1:30), 그리스도의 죽음에의 참여(롬 6:3-4), 죄에 대해서 죽음(롬 6:6-7; 갈 2:20), 세상에 대해서 못 박힘(갈 6:14), 정결하게 됨(엡 5:26; 요일 1:7, 9) 그리고 그리스도의 피 뿌림으로(히 9:22; 12:24; 벧전 1:2) 말미암은 죄 씻음(고전 6:11; 계 1:5; 7:14), 성령으로 행하고 새삶을 사는 것(롬 6:4),

---

3273) Bavinck, *Reformed Dogmatics*, 3.473-475.
3274) Bavinck, *Reformed Dogmatics*, 3.385-386.
3275) Bavinck, *Reformed Dogmatics*, 3.384.
3276) Bavinck, *Reformed Dogmatics*, 3.399-402.

그리스도의 부활과 승천에의 참여(롬 6:5; 엡 2:6; 빌 3:20), 그리스도를 본받음(마 10:38; 벧전 2:21-22), 율법의 저주로부터의 자유를 더함(롬 6:14; 7:1-6; 갈 3:13; 골 2:14), 옛 언약의 성취와 새언약의 출발(막 14:24; 히 7:22; 9:15; 12:24), 사탄의 세력으로부터의 구속(눅 11:22; 요 14:30; 골 2:15; 요일 3:8; 골 1:13), 세상을 이김(요 16:33; 요일 4:4; 5:4), 죽음과 죽음의 공포로부터의 구원(롬 5:12-21; 고전 15:55-56; 히 2:15), 심판을 벗어남(히 10:27-28), 마지막으로, 마지막 날의 부활(요 11:25; 고전 15:21), 승천(엡 2:6), 영화(요 17:24), 하늘의 유업(요 14:2; 벧전 1:4), 믿음을 품음으로 이곳에서 이미 시작되며(요 3:15, 36) 언젠가 영광 가운데 충만하게 드러나는(막 10:30; 롬 6:22) 영생; 새로운 하늘과 땅(벧후 3:13; 계 21:1, 5), 그리고 모든 것들의 회복(행 3:21; 고전 15:24-28).[3277]

바빙크는 그리스도의 승귀를 그가 자신을 화목제물(ἱλαστήριον, ἱλασμός)로 드려 우리의 죄 값을 치름으로써 우리가 하나님의 용서를 받는 자리에 서게 하시는 권능으로 본다. 성부 하나님이 아들의 무릎을 받으시고 그 값을 우리의 것으로 삼으심이 화목(καταλλαγή)이다.[3278] 하나님은 사랑이시나 죄에 대해서는 진노하신다. 하나님의 진노와 그의 의는 서로 상반되지 않고 그의 지고한 사랑으로 조화된다. 피조물들의 죄에 대한 진노는 그들을 향한 사랑과 부합한다. 여기에서 바빙크는 칼빈을 인용하며, 하나님께서는 죄 때문에 우리에게 진노하시지만 스스로 사랑이시므로 우리를 사랑하신다고 강조한다. 성부는 오직 독생자 예수 그리스도 안에서 화목을 이루심으로써 자기 자신을 자기 자신과 화목하게 하셨다. 그리스도 안에서 속전을 정하시고 제공하시는 분이 곧 그리스도 안에서 그 속전을 취하시는 분이시다. 이러한 측면에서 바빙크는 화목을 "하나님의 생의 내재적 과정"이라고 부른다.[3279]

바빙크는 화목제물(ἱλασμός)이 그렇듯이 그것으로 말미암은 화목(καταλλαγή)도 객관적이라고 주장한다. 다만 ἱλασκέσθαι는 그리스도가 중보자로서 자신을 제물로 드려 성도들의 죄를 속량하고 하나님의 진노를 돌이킴으로써 자신의 공로를 그들에게 전가하시는 주체가 됨을 말하는 반면에, καταλλάσσειν은 하나님 자신이 독생자 그리스도를 제물로 드려서 자기 자신과 세상 사이에 화목한 관계를 수립함을

3277) Bavinck, *Reformed Dogmatics*, 3.339-340.
3278) Bavinck, *Reformed Dogmatics*, 3.447-448.
3279) Bavinck, *Reformed Dogmatics*, 3.448-449, 인용 449.

의미한다고 본다.3280) 그리스도의 무름이 삼위일체론적-기독론적으로 이해되어야 하는 소이가 여기에 있다.

지금까지 고찰한 바와 같이 바빙크는 무름(καταλλαγή)이라는 단어를 죄사함(expiatio)과 용서(propitiatio)로 말미암은 화목(reconcilatio)이라는 의미로 사용한다. 그는 그리스도의 대리적 무름의 전 과정-예수 그리스도의 비하와 승귀의 전 생애 혹은 그의 삼중적 사역 전체-이 아론의 반차가 아니라 멜기세덱의 반차에 따른 대제사장 예수 그리스도의 피 제사의 공로로써 역사한다고 주장한다. 바빙크는 그리스도의 무름의 공로를 다음과 같이 다의적으로 제시한다.

첫째, 그것은 사법적이다. 무름의 공로로 죄 용서, 칭의, 수양, 그리고 구속(ἀπολύτρωσις)에 이른다.

둘째, 신비적이다. 무름의 공로로 그리스도와 함께 십자가에 달리고, 죽고, 부활하고, 우편에 앉는다.

셋째, 윤리적이다. 무름의 공로로 거듭나고 거룩하게 된다.

넷째, 도덕적이다. 무름의 공로로 그리스도를 모범으로 바라보며 산다.

다섯째, 경륜적이다. 새언약의 성취로 말미암은 무름의 공로로 이스라엘과 이방인이 구원에 이른다.

여섯째, 실체적이다. 무름의 공로로 세상, 죽음, 지옥, 그리고 사탄에 대해서 승리한다. 그리하여 궁극적으로 그리스도께서 만유 안에 만유가 되신다.3281)

4. 3. 제사장(sacerdos)이시자 제물(sacrificium)이신 구속주(redemptor)

우리는 지금까지 신인양성의 중보자 예수 그리스도가 다 이루신 의가 당하신 순종과 행하신 순종을 모두 아우르는 전 생애의 공로에 따른 것이라는 사실을 살펴보았다. 여기서는 그가 친히 자신을 제물로 삼아 단번에 영원한 제사를 드리신 제사장으로서 우리의 구속주가 되심을 고찰한다. 그리스도의 대리적 무름이 객관적인 것은 그가 참 하나님이시자 참 사람으로서 인성에 따라서는 죽기까지 복종하심으

3280) Bavinck, *Reformed Dogmatics*, 3.450.

3281) Bavinck, *Reformed Dogmatics*, 3.451.

로 자신을 아버지께 드리시고 신성에 따라서는 보혜사 성령의 임재 가운데 자신을 우리에게 주셨기 때문이다. 이러한 측면에서 워필드는 기독교 신학을 "피의 신학" (blood theology)이라고 부른다.3282)

핫지는 그리스도의 대리적 무름이 우리를 위한 객관적 의가 되려면 그가 제사장이시자 제물로서 자신을 드리셔야 하며, 그 의를 우리에게 전가해주시는 구속주가 되셔야 함을 강조한다. 제사장과 제물은 중보자의 인격과 사역 자체에, 구속주는 그 작용과 효과에 더욱 깊이 관련된다. 이는 구속사적 성취와 구원론적 적용을 함께 파악하고자 하는 칼빈과 그를 잇는 개혁신학자들의 언약관과 맥이 닿아 있다. 이하 이러한 제사장, 제물, 구속주에 대한 핫지의 입장을 중심으로 고찰한 후, 바빙크를 중심으로 이러한 입장이 속죄, 용서, 화목이라는 구원의 세 요소에 어떻게 부합하는지를 살펴본다.

4. 3. 1. 큰 대제사장이신 그리스도

그리스도는 자신의 능력을 보이거나, 교훈이나 지식을 조명하거나, 객관적인 규범을 제시하여 도덕적인 감화를 시키거나, 어떤 자연적이거나 초자연적인 내적 정서나 신비를 조장하기 위해서가 아니라, 우리의 "대표"(representative), "대리자" (substitute), "속죄자"(propitiator),3283) "중재자"(intercessor)로 이 땅에 오셨다. 타락 후 사람들은 사망의 죄책(reatus)에 매이고 헤어날 수 없는 오염(pollution)에 빠져 전적으로 무능하고 전적으로 부패하게 되었다. 그러므로 아무도 하나님께 나아갈 수 없게 되었다. 그리하여 '자신을' 드릴 수 없을 뿐더러 '자신이' 드릴 수도 없는 비참한 상태로 전락하였다. 그런데 그 무엇으로도 제사를 드리는 자를 "온전하게 할 수" (τελειῶσαι) 없었다(히 9:9). 그리하여 영원하신 하나님의 아들이 우리의 본성을 취하시고 자비롭고 신실하신 "큰 대제사장"(ἀρχιερεύς μέγας)이 되셔야 했다(히 4:14). 구

3282) Warfield, "Christ Our Sacrifice," *WBW* 2.433.

3283) propitiatio는 "용서" 혹은 "용서를 구함"이라는 뜻으로 사용된다고 볼 때, 주님을 "propitiator"라고 할 때 이는 "아버지의 용서를 구하는 자" 혹은 "아버지가 용서하도록 자신을 속죄의 제물로 드리는 자"라는 의미가 있다고 볼 것이다. 이런 의미에서 propitiatio는 expiatio(속죄)와 유사한 의미를 갖는다. 다만 propitiatio는 좀 더 주관적이며 expiatio는 좀 더 객관적인 측면을 주목한다고 여겨진다.

약에서 "죄를 가리다"라는 의미로 사용되었던 "כָּפַר"가 "속죄하다"(propitium reddere)라는 의미의 "ἱλάσκομαι"로 70인경에 번역되면서 그의 직무를 가리키게 되었다. 이 단어는 "화목하다"라는 의미의 "ἀποκαταλλάττεσθαι"와는 구별되었다. 전자가 그 실체를 뜻한다면 후자는 결과를 지칭한다. 그리스도는 멜기세덱의 반차에 따른 대제사장으로서 자기 자신을 제물로 드리심으로 "영원한 구원의 근원"(αἴτιος σωτηρίας αἰωνίου)이 되셨다(히 5:1-11). 그는 "자기의 피로"(διὰ τοῦ ἰδίου αἵματος) "단번에"(ἐφάπαξ, ἅπαξ) "영원한 제사를"(θυσίαν εἰς τὸ διηνεκὲς) 드리사 "영원한 속죄를"(αἰωνίαν λύτρωσιν) 이루셨다(히 9:12, 28; 10:12). "그가 거룩하게 된 자들을 한 번의 제사로 영원히 온전하게 하셨느니라"(μιᾷ γὰρ προσφορᾷ τετελείωκεν εἰς τὸ διηνεκὲς τοὺς ἁγιαζομένους)(히 10:14). 이 제사는 모든 것보다 뛰어난 것으로서 다른 어떤 것으로도 이를 대체할 수 없다. 이를 거절하는 사람은 필히 멸망한다. 그들에게는 "속죄하는 제사"(περὶ ἁμαρτιῶν······θυσία)가 없기 때문이다.[3284]

그리스도는 대제사장으로서 자기 자신을 제물로 드리셨다. 구약의 제사는 짐승이나 곡식으로 정기적이거나 부정기적으로 반복해서 드려졌기 때문에 제사장이 제물일 수 없었다(히 7:27; 9:25; 10:3-4). 오직 이삭만이 제단 위에서 칼을 받은 제물이 되었고 이후에는 제단을 쌓은 제사장이 됨으로써(창 22:9-13; 26:25) 그리스도의 제사장직을 예표한다. 그리스도는 아론의 반차가 아니라 멜기세덱의 반차에 따른 '왕-제사장' 혹은 '제사장-왕'이셨다(히 5:6-10; 6:20; 7:1-17). 영원하신 하나님의 아들이(히 1:2-3; 2:10; 3:6; 4:14; 5:8; 7:28) 사람이 되셔서 자기 자신을 내어주심으로 "구원의 창시자"며 "구원의 근원"이 되셨다(히 2:10; 5:9). 그리하여 "영원히 제사장이라" 일컬음을 받으시며(히 7:21), "영원히 계시므로 그 제사장 직분도 갈리지 아니한다"(히 7:24).

그리스도는 자기 자신의 "혈과 육"의 몸을 제물로 드리신 "자비하고 신실한 대제사장"이셨다(히 2:14, 17). 죄가 없으시며 죄인에게서 떠나 계신 분이(히 4:15; 7:26) 우리와 똑같이 시험을 받고 고난을 당함으로 순종함을 배워서 온전하게 된(히 2:10; 4:15; 5:8-9) 흠 없는 자기를 단번에 드려(히 7:27; 9:12, 14, 28; 10:10) 영원한 제사를 이루셨다(히 10:12). 그리하여 단번에 하늘의 참 성소에 들어가 하나님 앞에 나타나

3284) Hodge, *Systematic Theology*, 2.495-498.

(히 9:12, 24) 성도들을 영원히 온전하게 하시는 일을 하시고 그들이 성소에 들어갈 담력을 갖게 하셨다(히 10:14, 19).[3285]

4.3.2. 거룩하고 온전한 제물이신 그리스도

그리스도는 죄를 위한 제물이 되셨다. 구약의 제물은 단지 벌금이나, 제의나, 감사의 표시나, 하나님께 복종하는 증표로 드려진 것이 아니다. 그것은 구체적인 목적을 지닌 것이었다. 특히 대속죄일에 드려진 피 제사는 이러한 성격을 뚜렷이 보여준다. 그것은 죄 값을 치름으로 하나님의 의를 만족시키고, 그의 용서를 구하며, 화목에 이르기 위하여, "대리적 형벌"(vicarious punishment)로서 드려졌다.[3286]

구약의 제사는 생명으로써 생명을 가리는 것(כָּפַר)에 대한 예표(adumbratio)였다. 이를 위하여 피가 뿌려진다. "육체의 생명이 피에 있기" 때문이다.

육체의 생명은 피에 있음이라 내가 이 피를 너희에게 주어 제단에 뿌려 너희의 생명을 위하여 속죄하게 하였나니 생명이 피에 있으므로 피가 죄를 속하느니라(כִּי נֶפֶשׁ הַבָּשָׂר בַּדָּם הִוא וַאֲנִי נְתַתִּיו לָכֶם עַל־הַמִּזְבֵּחַ לְכַפֵּר עַל־נַפְשֹׁתֵיכֶם כִּי־הַדָּם הוּא בַּנֶּפֶשׁ יְכַפֵּר)(레 17:11).

"너희의 생명을 위하여 속죄하게 하였나니"(לְכַפֵּר עַל־נַפְשֹׁתֵיכֶם), 이 부분은 70인경에는 "ἐξιλάσκεσθαι περὶ τῶν ψυχῶν ὑμῶν"으로, 라틴 불가타에는 "Ut super altare in eo expietis pro animabus vestris"로 번역되었다. 여기에서 "כָּפַר"(to cover guilt)가 "ἱλάσκομαι"(to propitiate)로 번역되고 있다. 그리고 "생명이 피에 있으므로 피가 죄를 속하느니라"(כִּי־הַדָּם הוּא בַּנֶּפֶשׁ יְכַפֵּר)는 라틴 불가타에 "sanguis pro animae piaculo sit"로 번역되었다. 이를 직역하면, '피가 그 속에 있는 생명으로 죄를 사한다'거나 '피가 생명을 통하여 죄를 사한다'는 뜻이 된다. 전치사 בְּ와 כָּפַר를 하나의 숙어로 보기 때문에 이러한 해석이 가능하다.[3287]

3285) 참조. 서철원, 『기독론』, 132-136.

3286) Hodge, *Systematic Theology*, 2.498-499.

3287) 이에 따라서 라틴어로 번역하면 다음과 같이 된다. "Sanguis anima, quae sibi inest, expiat." Hodge, *Systematic Theology*, 2.501-502.

그리스도가 허물을 가리는 제물(כֹּפֶר)이며 허물을 가리는 일(כִּפֶּר)을 하셨다. 출애굽기 30:12-16에서는 이스라엘 자손이 생명을 "대속하기 위하여"(לְכַפֵּר) 여호와께 드려야 할 "속전"(כֹּפֶר, 70인경, ἐξιλάσασθαι)에 대하여 말씀하고 있다. 말씀에 따라서 드려지는 반 세겔은 단지 헌신의 표상이 아니라 "규정된 속전"(a stipulated ransom)이다. 곧 "무름"(satisfaction)이다. 민수기 35:31-33에서는 고의로 살인한 자는 "속전"(כֹּפֶר; 70인경, λυτρα; 불가타, pretium)으로 죄를 사함받지 못한다. 그렇기 때문에 "그 피를 흘리게 한 자의 피가 아니면 속함을 받을 수 없느니라"(לֹא־יְכֻפַּר; 70인경, ἐξιλασθησεται; 불가타, nec aliter expiari potest)고 하였다. 살인자를 찾지 못하였을 때에는 아직 부리지 아니하고 멍에를 메지 아니한 암송아지를 목을 꺾어 드려야 한다. 그렇게 해서 "그 피 흘린 죄가 사함을 받으리니"(וְנִכַּפֵּר לָהֶם הַדָּם; 70인경, και εξιλασθησεται αυτοις το αιμα; 불가타, Et auferetur ab eis reatus sanguinis), 여기에서도 무름은 범법자 자신이나 아니면 그를 대신하여 지정한 자가 지정한 방식으로 드려야 함을 알려주고 있다.3288)

구약의 의식법은 명령된 희생제물에는 속죄물의 성격이 있음을 말해준다. 제물은 사람의 생명을 대신할 것으로서 정결한 짐승 가운데 택했다. 범법자 자신이 제물을 제단에 가지고 가야 했다. 죄책을 이전하고 대신한다는 의미에서 범법자의 손을 제물에 얹었다. 하나님의 일꾼인 제사장에 의해서 베인 제물의 피는 제단에 뿌려졌다. 대속죄일에는 여호와의 임재의 터인 지성소에서 언약궤 꼭대기에 뿌려졌다. 이는 그것이 하나님께 화목을 구하고, 그의 의를 만족시키며, 값 없는 죄 용서의 길을 열고자 함에 있다. 안수는 교통(communication)의 손 얹음이었다. 이는 직분을 부여할 때, 즉 권위를 이전할 때, 어떤 영적인 은사를 부여할 때, 하나를 다른 하나로 대체할 때 행해졌다. 속죄일에 제비 뽑은 두 염소―"여호와를 위하여"(לַיהוָה) 한 마리, "아사셀을 위하여"(לַעֲזָאזֵל) 한 마리―는 결국 한 제사를 위한 것이다. 이는 한 마리를 희생양(scape-goat)으로 삼아 하나님께 "모든 불의와 그 범한 모든 죄"를 용서받기 위한 것이다(레 16:8, 21-22). 우리 주님은 친히 자신을 제물로 안수하셨다.3289)

이사야 53장의 말씀은 그리스도의 고난이 대리적이라는 사실을 잘 드러낸다.

3288) Hodge, *Systematic Theology*, 2.502-503.

3289) Hodge, *Systematic Theology*, 2.503-504.

"그가 징계를 받으므로 우리는 평화를 누리고"라는 말씀에(사 53:5) "대리적 형벌"(poena vicaria)이 가장 잘 그려져 있다. "우리 모두의 죄악을 그에게 담당시키셨도다"라는 말씀(사 53:6)은 구약 제사에서 범법자의 죄책을 제물에 감당시키고 죽일 때 사용하는 말이다. 그리스도가 자신의 영혼을 "속건제물"(אָשָׁם)로 드리신다는 말씀은(사 53:10), 그가 우리를 위한 "속전"(λύτρον) 혹은 "무름"(satisfactio)이 되심을 뜻한다.3290)

제물로써 죄책과 죄의 형벌을 담당하고 이를 가져가는 것은 "נָשָׂא"라는 단어로 자주 표현된다. 본래 이 단어는 무엇을 '들어 올린다'거나 '든다'는 뜻으로 사용된다. 이로부터 나무가 '열매를 맺다', '고난이나 슬픔을 당하다', '짐이나 부담을 지다', '형벌을 감당하다'는 의미가 도출된다. 이 단어는 또한 '제거하다', '없애다', '가지고 달아나다'는 의미로도 사용된다(삼상 17:34; 삿 16:31). 성경에서 이는 '죄를 없애다', '정결하게 하다', '거룩하게 하다'는 의미로(καθαίρειν, καθαρισμόν ποιεῖν, ἁγιάζειν) 사용된다. 이 경우 '불의 혹은 죄를 없앤다'는 "נָשָׂא עָוֹן"의 뜻이 있다. 그런데 기억할 것은 이 경우 "נָשָׂא"는 '없앤다'거나 '차치한다'는 것이 아니라 '진다'거나 '지닌다'는 뜻이 있다. 즉 '감당한다'는 의미로 사용된다(민 9:13; 14:34; 18:22, 32; 레 5:1, 17; 7:18; 17:16; 19:8; 20:17; 22:9; 겔 4:4-5; 18:20). 이 경우 "נָשָׂא"는 "סָבַר"와 같은 의미가 된다. 이 단어는 "נָשָׂא הַחַטָּאת"로 사용되어서 용서한다는 의미를 지니기도 한다(출 10:17; 34:7; 시 32:5; 85:3). 이는 도덕적 혹은 정서적으로 죄의식을 없앤다는 것이 아니라 죄책을 감당한다는 의미가 있다. 이로부터 우리는 "נָשָׂא"라는 단어가 그리스도의 대리적 무름을 지시하고 있음을 알 수 있다.3291)

신약에서는 주님이 자기 자신을 주시기까지 하신 십자가의 대속을 구약의 제물에 비추어 증거하는 경우가 많다. 로마서 3:25에서 그리스도는 "그의 피로써 믿음으로 말미암는 화목제물로" 세움을 받으셨다고 전한다. 여기의 "화목제물"(ἱλαστήριον)은 "용서를 구하는"(propitiatory) 혹은 "속죄하는"(expiatory)이라는 의미를 지닌 형용사 "ἱλαστήριος"의 명사형이다. 이는 곧 "속죄제"(an expiatory sacrifice)를 뜻한다. 이 말은 문맥상 죄에 대한 값을 치르는 것, 곧 "하나님의 의"(δικαιοσύνη)

3290) Hodge, *Systematic Theology*, 2.498-508.
3291) Hodge, *Systematic Theology*, 2.505-506.

를 만족시키는 것을 의미한다. 그것은 살인자의 죄가 그의 죽음으로 속해지듯이 형벌로써 죄가 "속해진다"(יְכֻפַּר)는 성경의 가르침을 드러낸다. 이는 "징벌적 의"(der strafenden Gerechtigkeit)를 제시한다. 그리스도의 육신은 "죄로 말미암아"(περὶ ἁμαρτίας) 드려진 제물이었다(롬 8:3; 참조. 히 10:6). 그리스도는 "우리 죄를 대속하기 위하여(ὑπὲρ τῶν ἁμαρτιῶν ἡμῶν) 자기 몸을(ἑαυτὸν)" 주셨다(갈 1:4). 여기에 그리스도의 중보의 '실상'(Sachverhältnis)이 드러난다. 그리스도는 "우리를 위하여(ὑπὲρ ἡμῶν) 자신(ἑαυτὸν)을 버리사" "희생제물"(θυσίαν)로 하나님께 드려지셨다(엡 5:2). 여기에서 우리가 주목해야 할 것은 제물로 드려지신 그리스도 "자신"이 누구신가에 주목해야 한다. 대속의 질료(質料, materia)는 "영원하신 성령으로 말미암아 흠 없는 자기를 하나님께 드린 그리스도의 피"(τὸ αἷμα τοῦ Χριστοῦ, ὃς διὰ πνεύματος αἰωνίου ἑαυτὸν προσήνεγκεν ἄμωμον τῷ θεῷ)이다(히 9:14). 그리스도는 "많은 사람의 죄를 담당하시려고 단번에 드리신 바"(ἅπαξ προσενεχθεὶς εἰς τὸ πολλῶν ἀνενεγκεῖν ἁμαρτίας) 되셨다(히 9:28). 그리스도가 우리의 죄를 지고 가기 위해 죄인의 자리에 서셨다.

하나님이 죄를 알지도 못하신 이를 우리를 대신하여 죄로 삼으신 것은 우리로 하여금 그 안에서 하나님의 의가 되게 하려 하심이라(τὸν μὴ γνόντα ἁμαρτίαν ὑπὲρ ἡμῶν ἁμαρτίαν ἐποίησεν, ἵνα ἡμεῖς γενώμεθα δικαιοσύνη θεοῦ ἐν αὐτῷ)(고후 5:21).

"대리적 형벌"(poena vicaria)을 치르기 위하여 주님은 "[자신의] 몸을 단번에 드리심으로"(히 10:10) 우리를 죄책으로부터 방면하시고 오염으로부터 건지셨다. 그가 "죄를 위하여 한 영원한 제사를 드리시고"(μίαν ὑπὲρ ἁμαρτιῶν προσενέγκας θυσίαν εἰς τὸ διηνεκὲς) 보좌 우편에 앉으셨다(히 10:12). "그가 거룩하게 된 자들을 한 번의 제사로 영원히 온전하게 하셨다"(히 10:14). 그리스도의 대리적 속죄는 하나님의 의를 만족시키는 유일한 제사이다. 이로부터 하나님의 용서가 뒤따르며 성도가 거룩한 삶에 이르고 그와의 온전한 화목이 이루어진다. 속죄는 "하나님과의 이러한 내적이고 주관적인 화목에 이르는 절대적으로 본질적인 전(前) 단계"(the absolutely essential preliminary to this inward subjective reconciliation with God)이다.3292)

3292) Hodge, *Systematic Theology*, 2,508–511.

사도 바울의 가르침은 사도 요한에 의해서도 증거된다. 그리스도는 "우리 죄를 위한 화목제물"(ἱλασμός……περὶ τῶν ἁμαρτιῶν ἡμῶν)이시다(요일 2:2). "화목제물"은 동사 "ἱλάσκομαι"에서 나온 명사로서 "용서"(propitiation), "속죄"(expiation)를 뜻한다.3293) "사랑은 여기 있으니 우리가 하나님을 사랑한 것이 아니요 하나님이 우리를 사랑하사 우리 죄를 속하기 위하여 화목제물로(ἱλασμὸν περὶ τῶν ἁμαρτιῶν ἡμῶν) 그 아들을 보내셨음이라"(요일 4:10). 이렇듯 하나님의 사랑과 예수 그리스도의 대속은 서로 배치되지 않는다.3294) 성경은 여러 형태의 표현으로 예수 그리스도의 제사장 직분을 다룬다. 히브리서 9:28의 "그리스도도 많은 사람의 죄를 담당하시려고 단번에 드리신 바 되셨고(προσενεχθεὶς)"에서 사용된 동사 "προσφέρω"는 이사야 53:12의 "죄를 담당하며"(נָשָׂא)에 대한 70인경 번역에도 동일하게 사용되었다. 성경에서 이와 같은 뜻으로 사용되는 "ἀναφέρω"라는 동사는 그리스도가 "우리의 죄를 지심"(ἀνενεγκεῖν τὰς ἁμαρτίας ἡμῶν)이라는 개념으로 특정화된다.3295) 이 단어는 "친히 나무에 달려 그 몸으로 우리 죄를 담당하셨으니(ἀνήνεγκεν)"라는 베드로전서 2:24의 말씀에서 보듯이, "견디다"(sufferre), "위로 지고 가다"(sursum ferre) 등의 뜻이 있다. 그리스도는 우리의 죄책을 지고 십자가로 올라가셨다. 이사야 53:11의 "그들의 죄악을 친히 담당하리로다(יִסְבֹּל)"라는 말씀이 70인경에서 "τὰς ἁμαρτίας αὐτῶν αὐτὸς ἀνοίσει"로 번역된 것은 이러한 뜻에서이다. 여기에서 "ἀνοίσει"는 "ἀναφέρω"와 같은 뜻이다. 이 단어는 민수기 14:33의 "너희 반역한 죄를 지고"의 70인경 번역에도 나타난다. 칼빈은 베드로전서 2:24을 다음과 같이 주석한다.3296)

3293) 도드(C. H. Dodd)는 이 단어가 항상 어떤 죄에 대한 용서를 뜻하지는 않는다고 주장하면서 하나님의 사랑은 굳이 죄를 문제 삼지 않는다고 입장을 개진한다. 다음 글은 이에 대한 비판을 담고 있다. Roger R. Nicole, "C. H. Dodd and the Doctrine of Propitiation," *Westminster Theological Journal* 17/2 (1955), 117-157.

3294) 사도 요한이 하나님의 사랑을 강조한 것은 주지의 사실이지만 그 핵심 주제는 죄, 심판, [예수의] 죽음, [우리의] 영생, [우리를] 대신하심, 다섯 가지에 있다고 다음 글에서 저자는 주장한다. Leon Morris, "The Atonement in John's Gospel," *Criswell Theological Review* 3 (1988), 50-64.

3295) 여기에서 핫지는 슈미트(Sebastian Schmidt, 1617-1696)의 주석에서 다음과 같이 인용한다. "죽음이 사람에게 형벌이므로, 그리스도는 죽으심으로써 제물로 드려지셨다. 그리하여 자신의 죽음으로 사람의 죄를 가져가셨다. 즉 무르심으로써 모든 죄의 형벌을 충당시키셨다"(Quia mors in hominibus poena est, Christus oblatus est moriendo, ut morte sua portaret omnium hominum peccata h[oc]. e[st]. omnes peccatorum poenas exaequaret satisfaciendo). Hodge, *Systematic Theology*, 2.512에 원문으로 인용됨.

3296) Hodge, *Systematic Theology*, 2.511-513.

율법 아래에서 죄인이 죄책을 지불하기 위해서 희생제물로 자신의 자리를 대체했듯이, 그리스도는 우리가 죄로 말미암아 빚진 저주를 자신 속으로 받아들이셔서 그것을 하나님 면전에서 속하고자 하셨다.3297)

구약의 대제사장은 하나님의 백성이 죄를 속함받고 하나님의 호의를 받는 자리로 회복될 수 있도록 제사를 드렸다. 그리스도는 이 일을 위하여 새언약의 중보자가 되셨다. 헬라어 "ἰλάσκομαι" 혹은 "ἐξιλάσκομαι"는 이러한 의미를 지니고 있다. 그것은 죄를 사함받아서 용서에 이르게 되는 것, 곧 "propitium reddere"를 뜻한다. 이는 "백성들의 죄를 속하기 위하여"(εἰς τὸ ἱράσκεσθαι τάς ἁμαρτίας τοῦ λαοῦ)라는 말로 전형적으로 표현된다. 시편 79:9의 "우리 죄를 사하소서"라는 말씀에 대한 70인경의 번역에서도 이 단어가 사용된다. 이는 우리의 죄를 사하는 것, 라틴어로는 "expiare", 히브리어로는 "כָּפַר"를 뜻한다. 그리하여 그리스도는 하나님이 우리를 용서하도록 하시는 분이라는 의미에서 "우리 죄를 위한 화목제물"(ἱλασμός……περὶ τῶν ἁμαρτιῶν ἡμῶν)(요일 2:2), 그리고 "화목제물"(ἱλαστήριον)(롬 3:25)이라고 불리신다.3298)

죄를 속함은 그리스도의 죽음으로 인한 하나님과 우리의 화목으로 성경에 증거된다. 이는 "καταλλάσσειν"으로(롬 5:10; 고후 5:18, 19, 20), 그리고 그 강조 형태인 "ἀποκαταλλάττειν"으로(엡 2:16; 골 1:20, 21) 표현된다. 이 단어는 하나님과 우리 사이의 적의(敵意)를 제거하고 그의 의를 만족시킨다는 의미를 내포하고 있다. 로마서 5:10의 "우리가 원수 되었을 때에 그의 아들의 죽으심으로 말미암아 하나님과 화목하게 되었은즉(κατηλλάγημεν)"이라는 말씀에서 보듯이, 이 단어는 하나님의 의가 만족됨으로써 하나님이 호의를 베푸시고 그와 화목하게 된다는 사실을 분명히 말씀하고 있다. 에베소서 2:16의 "십자가로 이 둘을 한 몸으로 하나님과 화목하게 하려 하심이라(ἀποκαταλλάξῃ)"는 말씀은 죄를 사함받아 이제 하나님의 사랑을 누리는 상태를 전하고 있다. 이러한 의미는 고린도후서 5:18의 "그가 그리스도로 말미암아 우리를 자기와 화목하게 하시고(καταλλάξαντος) 또 우리에게 화목하게 하는 직

3297) "Sicuti sub lege peccator, ut reatu solveretur, victimam substituebat suo loco: ita Christus maledictionem peccatis nostris debitam in se suscepit, ut ea coram Deo expiaret." Hodge, *Systematic Theology*, 2.513에 원문으로 인용됨.

3298) Hodge, *Systematic Theology*, 2.513.

분을(τὴν διακονίαν τῆς καταλλαγῆς) 주셨으니"라는 말씀에도 나타난다. 여기에서 하나님의 구속의 은혜가 그리스도의 "대리적 죽음"(vicarious death)에 근거하고 있음을 분명히 전하고 있다.[3299]

4. 3. 3. 우리를 위한 구속주이신 그리스도

그리스도는 제사장이시자 제물로서 자신을 드리심으로 다 이루신 의를 우리에게 전가하시고 우리를 위한 계속적 중보를 감당하신다. 창세 전에 작정된 구원의 경륜은 대리적 무름(satisfactio vicaria)의 구속(redemptio)으로 역사하였다. 서철원에 따르면, 구속은 두 방면으로 역사한다.

첫째, 그것은 이미 팔린 것을 값을 지불하고 되사는 것(레 25:23-38; 27:13, 19, 27, 28-29, 31), 곧 무르는 것을 말한다(룻 3:9-13; 4:1-12). 그리스도가 자신의 보배로운 피로(벧전 1:19; 엡 1:7; 골 1:20) 값을 지불하시고 사람들과 교회를 사내셨다(계 5:9; 행 20:28). 그리하여 율법의 저주 아래에 있는 자들이 "속량 곧 죄사함을"(τὴν ἀπολύτρωσιν……τὴν ἄφεσιν τῶν παραπτωμάτων) 얻게 하시고(엡 1:7, 14; 갈 3:13; 4:5), "헛된 행실에서 대속함을 받게"(ἐλυτρώθητε ἐκ τῆς ματαίας ὑμῶν") 하셨다(벧전 1:18). 이와 같이 구속은 그리스도가 자신의 피로 생명의 속전을 치르심으로 우리가 "영원한 기업의 약속을"(τὴν ἐπαγγελίαν……τῆς αἰωνίου κληρονομίας) 얻게 하시고(히 9:15) "구원의 날까지 인치심을 받게"(ἐσφραγίσθητε εἰς ἡμέραν ἀπολυτρώσεως") 하시는(엡 4:30) 것을 뜻한다.

둘째, 구속은 그리스도가 "그의 피로 우리 죄에서 우리를 해방하시고"(λύσαντι ἡμᾶς ἐκ τῶν ἁμαρτιῶν ἡμῶν ἐν τῷ αἵματι αὐτοῦ)(계 1:5; 롬 6:18, 22), 우리가 더 이상 "죄의 종"(δοῦλοι……τῆς ἁμαρτίας)의 자리에 머물지 않게 하시며(롬 6:20), 이제는 "종의 멍에에"(ζυγῷ δουλείας) 메이지 않고 주님의 "멍에를"(τὸν ζυγόν) 메게 하시는 것을 뜻한다(갈 5:1; 마 11:29).[3300]

이러한 두 가지 구속 개념이 '속량하다', '인도해내다', '구해내다' 등으로 번역되는

3299) Hodge, *Systematic Theology*, 2, 514-515.

3300) 서철원, 『기독론』, 120-122.

"פָּדָה"에 잘 함의되어 있다. 이 단어는 출애굽 사건을 지칭하거나(출 13:14-15; 신 9:26; 13:5; 15:15; 21:8; 24:18; 사 29:22), 하나님의 백성이 식민지나 노예의 압제나 스올의 권세로부터 풀려나 새로운 왕국의 통치에 속하게 됨을 전할 때 사용된다(시 49:15; 130:7-8; 사 35:10; 렘 31:32-33; 호 13:14). 신약에서는 이러한 의미가 구원의 의를 다 이루신 승리자 그리스도(Christus Victor)의 통치를 드러낼 때 부각된다(요일 3:8; 계 1:5; 엡 4:8).3301)

핫지는 자신을 제물로 드린 제사장으로서 그 값으로 우리를 사내신(λυτρόω, ἀγοράζω, ἐξαγοράζω) 그리스도가 구속주(redemptor)로서 베푸시는 은총을 다음과 같이 다섯 가지로 고찰한다.

첫째, 율법의 형벌인 사망으로부터 구속하신다. 율법에 대한 위반은 하나님의 저주와 정죄를 낳는다. 저주는 하나님이 주시는 생명과 삶으로부터 소외되는 것이다. 로마서 6-7장은 이를 잘 말해주고 있다. 그리스도는 율법의 저주로부터 하나님의 백성을 구속하신다. 그것은 단지 도덕적 회복에 불과한 것이 아니다. "그리스도께서 우리를 위하여 저주를 받은 바 되사 율법의 저주에서 우리를 속량하셨으니(ἐξηγόρασεν) 기록된 바 나무에 달린 자마다 저주 아래에 있는 자라(ἐπικατάρατος) 하였음이라"(갈 3:13). 그리스도의 죽음은 형벌적이다. 그것은 재난이나 징계가 아니며, 상징적이거나 교훈적인 전시(展示)도, 진리를 입증하기 위하여 고안된 것도, 도덕을 강화시키기 위한 것도 아니다. 그는 우리의 죄를 지셨다. 그리고 그것을 무르시기 위하여 속전이 되셨다.3302)

둘째, 율법의 속박으로부터 구속하신다. 하나님은 율법의 모든 명령을 완전히 순종하기를 원하신다. 그러나 타락한 인류는 아무도 이를 행할 수 없다. 하나님이 그 아들을 "율법 아래에 나게 하신 것은 율법 아래에 있는 자들을 속량하시고(ἐξαγοράσῃ) 우리로 아들의 명분을 얻게 하려 하심이다"(갈 4:4-5). 언약의 백성들은 "법 아래에 있지 아니하고 은혜 아래에" 있다(롬 6:14). 우리는 모두 "한 의로운 행위로 말미암아", "한 사람이 순종하심으로" 의인이 되었다(롬 5:18, 19). 그리고 "그리스도의 몸으로 말미암아 율법에 대하여 죽임을 당하였다"("ἐθανατώθητε τῷ νόμῳ διὰ τοῦ σώματος τοῦ Χριστοῦ", 롬 7:4). 그리스도가 "율법의 저주에서 우리를 속량하셨다"

3301) 참조. Torrance, *Atonement: The Person and Work of Christ*, 27-33.

3302) Hodge, *Systematic Theology*, 2.516-517.

("ἡμᾶς ἐξηγόρασεν ἐκ τῆς κατάρας τοῦ νόμου", 갈 3:13).[3303]

셋째, 죄의 권세로부터 구속하신다. 그리스도의 은혜로 죄의 권세로부터 벗어난 자는 율법의 속박에서 자유롭고, 뜻을 다하여 선한 일에 힘쓰며, 하나님의 호의를 얻고, 그와 화목하게 된다. 구원은 죄의 지배와 통치로부터 건져내심을 의미한다. 그리스도는 "이 악한 세대에서 우리를 건지시려고(ἐξέληται) 우리 죄를 대속하기 위하여 자기 몸을 주셨다"(갈 1:4). "그가 우리를 대신하여 자신을 주심은 모든 불법에서 우리를 속량하시기" 위해서였다(딛 2:14). 우리가 "대속함을 받은 것은" "오직 흠 없고 점 없는 어린 양 같은 그리스도의 보배로운 피로 된 것이다"(벧전 1:18-19). "인자가 온 것은……자기 목숨을 많은 사람의(ἀντὶ πολλῶν) 대속물로 주려 함이다"(마 20:28; 막 10:45). 그리스도의 피는 "죄사함을 얻게 하려고 많은 사람을 위하여 흘리는 바" 된 것이다(마 26:28). 그리스도의 피는 단지 형벌을 치를 뿐만 아니라 의를 이루는 값이 된다. 곧 법에 매이는 것이 아니라 법을 누리게 한다. 그러므로 죄사함은 죄를 지워버리는 것에 머물지 않고-단지 죄에 관한 것에("ὑπὲρ") 머물지 않고-의로써 죄를 대신하는 것("ἀντὶ")이다.[3304]

비록 어원상 구별되기는 해도 "ὑπὲρ"와 "ἀντὶ"는 "περί"와 함께 대리적 속죄를 표현하는 전치사로 사용된다. "περί"는 "인하여" "위하여"로 해석되어 죄를 제거 혹은 속량하기 위하여(마 26:28; 롬 8:3; 고전 1:13; 갈 1:4; 살전 5:10; 벧전 3:18; 요일 2:2; 4:10)라는 뜻으로 해석되며, "ὑπὲρ"는 "περί"와 마찬가지로 "인하여"라고도 사용되나(고전 15:3; 갈 1:4) 그리스도의 대속적 사역을 좀 더 직접적으로 표현하는 "위하여"와 "대신해서"라는 뜻으로 사용된다(눅 22:19, 20; 요 15:13; 롬 5:6, 8; 고후 5:14, 15, 20, 21; 갈 3:13; 딤전 2:6; 딛 2:14; 벧전 3:18). 이 경우 "ἀντὶ"와(마 20:28; 막 10:45) 의미가 다르지 않다. "διά"도 이러한 용례로 사용된다(롬 3:25; 4:25; 고전 8:11).[3305]

넷째, 사탄의 권세로부터 구속하신다. 타락한 인류는 "마귀의 올무"에 매여 산다(딤후 2:26). 그리스도는 사람을 혼미하게 하는 "세상의 신"-"통치자들과 권세들"-을 십자가로 이기셨다(고후 4:4; 골 2:15). 그리스도는 "죽음의 세력을 잡은 자 곧 마

3303) Hodge, *Systematic Theology*, 2. 517-518.

3304) Hodge, *Systematic Theology*, 2. 518.

3305) 참조. Berkhof, *Systematic Theology*, 377-378; Rupert E. Davies, "Christ in Our Place-The Contribution of the Prepositions," *Tyndale Bulletin* 21 (1970), 72-90, 특히 72.

귀"를 물리치고 그 가운데 매여 사는 자들을 해방시키고자 오셨다(히 2:14-15). 율법에 매인 자들은 그 저주 가운데 있고 곧 사탄의 지배 가운데 있다. "사망이 쏘는 것은 죄요 죄의 권능은 율법이라"(고전 15:56). 성도는 "값으로 산 것이 되었으니"(고전 6:20), 율법의 속박과 그 저주 그리고 그것을 주장하는 사탄의 권세로부터 해방되었다. 그가 "자기 피로" 교회를 사셨다(행 20:28). 우리가 "대속함을 받은 것은"(ἐλυτρώθητε) "오직 흠 없고 점 없는 어린 양 같은 그리스도의 보배로운 피로 된 것이다"(벧전 1:18-19). 우리가 부를 "새노래"는 그리스도가 "사람들을 피로 사서 (ἠγόρασας) 하나님께 드리셨다"는 찬미이다(계 5:9).3306)

다섯째, 모든 죄로부터 구속하신다. 이는 궁극적인 하나님 나라의 완성과 성도의 영화를 뜻한다. 그리스도는 모든 악을 가져가심으로써 우리로 하여금 하나님의 의를 만족하게 하신다. 주님은 "너희 속량이 가까웠느니라"(ἐγγίζει ἡ ἀπολύτρωσις ὑμῶν)고 하시며 마지막 때에 있을 구원의 완성을 말씀하셨다(눅 21:28). 주님은 "우리 기업의 보증"이 되신다(엡 1:14). 그가 "영원한 속죄를"(αἰωνίαν λύτρωσιν) 이루셨다(히 9:12). 그리스도의 공로로 성도는 죄를 사함받고 그의 형상으로 거룩하게 빚어지며 마지막에 하나님의 자녀로서 온전한 존귀와 영화를 누리게 된다. 이러한 "몸의 속량을"(τὴν ἀπολύτρωσιν τοῦ σώματος ἡμῶν) 우리는 기다린다(롬 8:23).3307)

4. 3. 4. 속죄(expiatio), 용서(propitiatio), 화목(reconciliatio)

그리스도의 대리적 무름의 가치는 구원의 은총에 상응한다. 아들은 자신을 드리심으로 죄의 값을 치르셨으며, 아버지는 그것을 받으시고 죄와 함께 죄인을 용서하셨을 뿐만 아니라, 죄인과 화목하게 되심으로 함께 더불어 먹고 마시는 교제와 교통의 길을 여셨다. 이러한 속죄와 용서와 화목의 은총은 그 질료가 되는 오직 그리스도의 순종으로 말미암는다. 바빙크는 이러한 세 가지 측면에서 그리스도의 대속의 공로를 논하면서, 속죄의 객관성을 부각시킨다. 앞에서 핫지가 말한 다섯 가지의 구속주의 은총이 열매(fructus) 혹은 결과(effectus)와 관계된다면, 이하 바빙크의

3306) Hodge, *Systematic Theology*, 2.518-520.
3307) Hodge, *Systematic Theology*, 2.520.

논의는 그 실체(substantia) 혹은 질료(materia)에 해당한다고 할 것이다.3308)

첫째, 그리스도의 무릎은 속죄를 위한 것이다. 주님은 많은 일들이 아니라 한 일(ἔργον)을 이루셨으니, 잉태 때부터 죽음의 때까지 일생동안 자신을 거룩하고 온전하게 준비하여 제물로 드리셨다. 그는 자신의 피를 새언약의 피로서 쏟으셨다. 우리의 죄를 위한 희생제물(θυσία, זֶבַח)과 예물(προσφορά, δῶρον, מִנְחָה קׇרְבָּן)이 되심으로, 생명의 속전(λύτρον, ἀντίλυτρον, כֹּפֶר, פְּדוּיִם, גְּאֻלָּה)을 지불하셨다. 그리스도는 우리의 죄를 자신의 것으로 전가받으셔서 그 값(τιμή)을 치르셨다. 그는 "우리의 유월절 양", "세상 죄를 지고 가는 하나님의 어린 양"이셨다(고전 5:7; 요 1:29, 36). 그는 죗값을 치르는 제물(ἱλαστήριον)이 되심으로써 우리의 저주(κατάρα)를 친히 감당하셨다. 우리가 죽어야 하는데, 그가 우리를 대신하여 속죄제물(θῦμα)이 되셨다.3309) "그리스도가 전한 교훈의 기원은 자기 자신이다. 그것은 영감이 아니라 성육신이다."3310) 여기에서 바빙크는 그리스도의 생애 자체를 단번에 영원한 제물로서 드려지는 전체 과정으로 파악하고 있다.

영원한 삼위 하나님의 작정에 따라 "우리의 유월절 양"이(고전 5:7; 출 12:1-28; 레 23:5-14; 신 16:1-8; 벧전 1:19; 계 5:6, 9-10, 12-13; 13:8) 구약에 예언된 바대로(사 53:7-12) 십자가에서 죽임을 당하심으로 대속의 모든 의가 다 이루어졌다(요 19:30). 하나님은 아브라함과 언약을 맺으시고 그의 "씨"(זֶרַע)(창 21:12) 이삭을 바치게 하심으로 이를 미리 알리셨다(창 22:1-18). 이로써 여럿이 아닌 아브라함의 "씨"에서 나신 한 분 그리스도가 구속주가 되실 것이 계시되었다(갈 3:16; 행 3:25-26; 13:23; 롬 9:7; 히 11:18; 마 1:1, 17). 그리스도가 단번에 영원한 제사를 드려서 죄를 완전히 제거하셔서 더 이상의 속죄제사가 필요없게 하셨다(히 10:1-18). 예수의 피가(벧전 1:18-19; 딤전 2:6; 히 9:12-14; 10:19; 12:24; 계 1:5; 계 5:9) 죄를 속량(贖良)하는 속전(贖錢)이 되었다. 생명이 피에 있은즉 피가 생명을 속한다(레 17:11). 그러므로 피흘림이 없은즉 죄사함이 없다(히 9:22).3311)

3308) 이하 바빙크의 논의는 다음 부분에 기초해서 작성되었다. 문병호, "Expiatio, Propitiatio, Reconciliatio(속죄, 용서, 화목): 바빙크의 그리스도의 무릎 이해", 「신학지남」 75/2 (2008), 330-335.

3309) Bavinck, Reformed Dogmatics, 3.337-339.

3310) Bavinck, Reformed Dogmatics, 3.337.

3311) 참조. 서철원, 「기독론」, 129-132.

둘째, 그리스도의 무릎은 용서를 위한 것이다. 제물은 죄사함(expiatio)을 바라며 드려진다. 죄사함은 객관적 보상 혹은 배상의 등가성(等價性)에 기초한다. 그러나 죄사함이 있다고 해서 죄로 말미암아 손상된 하나님의 영예(honor)는 원상회복될 수 없다. 죄사함은 갚음 그 자체로 되지 않고 그것을 받아들이고 이전의 일을 없는 것으로 덮어주는 용서(propitiatio)가 있어야 한다. 주님은 모든 고난을 당하시고 모든 율법에 순종하셔서 죄 값을 다 치르심으로써 우리가 죄사함을 받게 하셨을 뿐만 아니라 용서를 받아서 원형상을 회복하고 나아가서 첫 언약의 상급인 영생에 이르게 하셨다. 용서는 하나님의 백성으로 삼아주심, 곧 영생을 수여하심을 뜻한다. 어둠이 물러감과 빛이 들어옴이 두 가지 일이 아니듯이, 죄사함과 의의 전가가 별도로 일어나지 않는다. 빛이 들어오면 어둠을 보내고 빛에 머물 수밖에 없듯이, 그리스도의 의가 전가되면 옛것은 지나가고 새것이 되어 그와 교제하며 교통하지 않을 수 없게 된다. 곧 의롭다 함을 받은 자는 필히 성화와 영화의 길로 나아간다. 이는 아들로 말미암아 우리를 받아들이시는 아버지의 사랑, 곧 용서로 말미암는다.3312)

셋째, 그리스도의 무릎은 화목을 위한 것이다. 바빙크는 제사라는 개념으로써 만세 전의 구원협약에 따른 성자의 대속(redemptio)과 이로 말미암은 성부의 화목(reconciliatio)을 함께 고찰한다. 제사는 하나님으로부터 받은 선물을 하나님 앞에 되돌려드림에 다름 아니다. 제사를 칭하는 이름들은(מִנְחָה עֹלָה זֶבַח אָשָׁם; δῶρον, ἱερεῖον, προσφορά, θυσία, τελευτή; oblatio, sacrificium) 대체로 이러한 뜻을 내포하고 있다. 제사에는 죄사함이라는 소극적 요소와 의의 전가라는 적극적 요소가 함의된다. 그것에는 자녀가 아버지와 교제하고 교통하며 누리는 존귀함이 포함된다.3313) 바빙크는 어거스틴이 제사를 "하나님과의 거룩한 연합 가운데 우리를 그와 하나가 되게 하는 모든 일"이라고 정의한 것을 인용하면서 제사의 기원을 감사와 용서와 연합에서 찾는다. 하나님은 우리를 아들과 연합하게 하셔서 아들과 함께 자녀로 삼으셨다. 죄

3312) Bavinck, *Reformed Dogmatics*, 3.329-330.
3313) Bavinck, *Reformed Dogmatics*, 3.328. 바빙크는 여기서 다음과 같은 구약의 제사 전체를 그리스도의 피 제사가 함의함을 제시하고 있다: עוֹלָה(봉헌제물), שְׁלָמִים(화목제), מִנְחָה(서원제), חַפָּאת(속죄제), אָשָׁם(속건제). Bavinck, *Reformed Dogmatics*, 3.338, n. 27. Franz Delitzsch, *Biblical Commentary on the Prophecies of Isaiah*, 2 vols., tr. James Martin (Grand Rapids: Eerdmans, 1949), 2.299에서 재인용.

사함이 속죄에 따르듯이, 하나님의 호의는 화목으로 시혜(施惠)된다.3314) 제사장(כֹּהֵן, ἱερεύς, sacerdos)이 드리는 제물은 스스로 준비될 수 없는 것으로서 "선물"이라는 의미의 "מִנְחָה"라고 불렸다(창 4:3).

바빙크는 선물로서 주어진 제물을 되돌려 드리는 제사 자체가 가장 주요한 화목의 표(表)라고 여긴다. 제물은 단지 형벌을 치름에 머물지 않고 완전한 속죄로 말미암은 용서로, 용서로 말미암은 화목에 이르게 한다. 제사는 단순히 소유를 드리는 것이 아니라 피를 뿌려서-생명을 드려서-생명을 속하는 약속된 하나님의 명령이다(레 17:11). 단순히 속죄제뿐만 아니라 번제와 화목제를 드릴 때에도 짐승의 머리에 안수하는 것은 모든 제물이 속죄의 무릎에 기초하고 있음을 의미한다고 바빙크는 지적한다. 이러한 관점에서 그는 속죄일의 제사가 모든 제사를 아우른다고 본다. 그 날에 대제사장이 민족과 자신의 죄를 전가시킨 제물의 피를 제단에 뿌리고, 각을 떠서 제사를 드린 후, 하나님의 면전에 서는 것은(כִּפֶּר) 하나님이 허물과 죄를 가리는 제물(כֹּפֶר, λύτρον)로 받으시고 죄를 용서하실 뿐만 아니라 자신의 백성과 하나가 되심을 뜻한다고 강조한다(레 5:13; 10:17; 15:15).3315) 이와 같이 화목은 당하신 순종과 행하신 순종의 값으로 치른 속죄와 용서를 전제하는 개념으로서 그리스도의 삼중직과 구속의 모든 양상을 함의한다. 그러므로 구약에 나타나는 "속죄"를 뜻하는 히브리어로서 어의(語義)의 차이는 있으나 같은 의미로 사용되는 다음 세 단어를 엄밀하게 나누어서 "파다(פָּדָה)-그리스도의 왕직-행하신 순종", "키페르(כִּפֶּר)-제사장직-당하신 순종", "고엘(גָּאַל)-그리스도의 선지자직-성육신적 취하심"으로 여기는 것은3316) 그릇되다.3317)

3314) Bavinck, *Reformed Dogmatics*, 3.331-332, 334. 어거스틴의 인용, *De civitate Dei* X.6 (331).

3315) Bavinck, *Reformed Dogmatics*, 3.333-334.

3316) Torrance, *Atonement: The Person and Work of Christ*, 60.

3317) 다음 글에서 반 아셀은 희생제사의 의의와 가치를 표현하는 세 가지 단어인 "ἱλασμός"(placatio, 요일 2:2; 4:10), "ἱλαστήριον"(롬 3:25), "καταλλαγή"(롬 5:10-11)로써 이를 다루는데 전체 내용에 있어서 이상 우리가 다룬 세 가지와 다르지 않다. W. J. van Asselt, "Christ's Atonement: A Multi-Dimensional Approach," *Calvin Theological Journal* 38/1 (2003), 57-59.

5. 안셈의 배상(satisfactio)[3318] 이론 : 전개와 한계

안셈은 초대교회 아타나시우스를 효시로 삼는 '왜 하나님이 사람이 되셨는가?'라는 질문에 대한 답을 하는 형식으로 저술된 동명(同名)의 작품 『Cur Deus Homo』로[3319] 속죄론에 한 획을 그었다는 평가를 받는다. 본서에서 안셈은 그리스도의 신인양성의 인격을 다루고, 그 가운데서의 중보의 필연성을 논한 후, 그리스도의 공로의 가치를 다룸으로써 기독론 전반에 대한 논의를 시도한다.[3320] 그 가운데 초대교회 때부터 제기되었던 사탄배상설에 이의를 제기하고 죄 값을 치를 대상은 하나님이심을 확정한다. 그리고 그리스도의 대속은 단지 주관적이 아니라 하나님의 존영(尊榮, honor Dei)을 해친 것에 대한 객관적인 값을 치르는 것임을 분명히 한다.[3321]

아울렌(Gustaf Aulén)이 말하듯이 속죄론은 사실상 안셈으로부터 시작되었다고 해도 과언이 아니다.[3322] 안셈은 이레네우스와 닛사의 그레고리 등 동방의 교부들에 의해서 개진되어 온 총괄갱신에 따른 사탄배상설과 어거스틴의 작품에서 현저하게 드러나는 하나님의 사랑에 주안점을 두는 입장을 비판하고,[3323] 터툴리안과 키프리안 등에 의해서 수립되어 온 서방신학의 전통에 서서 하나님의 율법에 계시된 뜻에 대한 불순종으로서의 죄에 대한 값을 치르는 것이 속죄론의 핵심이라는 사실을 "배상"(satisfactio)이라는 개념을 가지고 개진하였다.[3324]

루터는 하나님의 사랑과 진노의 이분법이 하나님 자신에 의해서 마련된 제물로

3318) 안셈은 본서에서 그리스도의 대리적 속죄를 다루면서 죄사함을 위한 고난당하심에—즉 당하신 순종(obedientia passiva)에—치중하고 성도의 거룩함을 위한 행하신 순종(obedientia activa)에는 미치지 못한다. 그러므로 안셈이 말하는 "satisfactio"는 불법에 대한 형벌로서의 "배상"에 국한된다고 볼 것이다. 필자의 용례가 이에 기인한다.

3319) Anselmus, *Cur Deus Homo*, PL 158.361-432. 이에 대한 영어 번역. Anselm, *Why God Became Man, in A Scholastic Miscellany: Anselm to Ockham*, ed. and tr. Eugene R. Fairweather (Philadelphia: Westminster Press, 1956): 100-183.

3320) 본서의 전체적인 내용에 대해서, John McIntyre, *St. Anselm and His Critics: A Re-interpretation of the Cur Deus Homo* (Edinburgh: Oliver and Boyd, 1954), 117-153.

3321) 참조. Jasper Hopkins, *A Companion to the Study of St. Anselm* (Minneapolis: University of Minnesota Press, 1972), 188-212, 특히 196.

3322) Aulén, *Christus Victor*, 1.

3323) Aulén, *Christus Victor*, 28-35, 45-46, 48-49.

3324) Aulén, *Christus Victor*, 81-92.

해소되었다고 본 점에서 안셈의 입장을 심화시켰다.3325) 그러나 안셈의 입장이 개신교 신학자들에 의해서 그대로 수용된 것은 아니었다. 17세기 루터파와 개혁파 정통신학자들은 이를 공격하였지만 그들이 그만큼 그것에 의지하고 있음을 반증하는 측면도 없지 않았다. 칼빈이 율법에 대한 불순종의 죄책과 속죄를 강조했다는 점에서 안셈의 이론에 충실히 따랐다고 보는 견해가 없지 않지만,3326) 양자의 입장에는 분명한 차이가 있다.

안셈의 『Cur Deus Homo』는 그리스도의 공로의 의의 및 가치와 관련하여 객관적 이론(objective theory)을 전개한 효시(嚆矢)로 여겨진다. 두 권으로 이루어진 본서는 왜 그리스도가 하나님으로서 사람이 되셔서 죽기까지 복종하심으로 구원을 이루셔야 했는지에 대한 하나님의 뜻과 필연성 그리고 그 가치에 답하고자 저술되었다.3327) 여기에서 우리는 본서에 나타난 안셈의 기독론을 크게 두 가지 주제로 나누어 살펴본다. 먼저, 예수 그리스도의 성육신에 따른 신인양성의 위격적 연합에 대해서 다룬다. 이어서, 그리스도의 공로의 가치로서 "배상"의 의미를 다룬다.

5. 1. 취하심(assumptio) : 신인양성의 위격적 연합

본서에서 안셈은 성육신한 중보자 예수 그리스도의 인격에 대해서 정면으로 다루고 있지는 않다. 그러나 여러 곳에서 자신이 칼케돈 신경에 충실한 정통기독론에 서 있다는 점을 밝히고 한 인격 가운데 신성과 인성이 교통한다는 사실을 누누이 강조하고 있다. 안셈은 우리를 대속하시고자 하는 하나님의 뜻을 비록 우리가 다 알 수는 없어도 그것은 결코 비이성적이지 않음을 다음과 같이 설명한다.

우리는 의심할 바 없이 다음을 확정한다. 신성은 고난을 당하실 수 없다. 그것은 결코 그 고상함을 버리고 낮아질 수 없으며 그렇게 하려고 한다면 그 수고는 헛될 뿐일 것

3325) Aulén, *Christus Victor*, 121.

3326) Aulén, *Christus Victor*, 84. 대체로 안셈에 의해서 주창된 형벌적 보상(penal substitution) 이론은 그것에 동의하는 로마 가톨릭 신학자들과 루터와 칼빈과 그들을 잇는 루터파와 개혁파 신학자들에 의해서 충실히 계승되어 온 것으로 아무 비판 없이 일의적으로 다루어지는 경향이 있다. 참조. George Baker Stevens, *The Christian Doctrine of Salvation* (Edinburgh: T. & T. Clark, 1905), 151-156; Van Dyk, *Believing in Jesus Christ*, 77-78.

3327) Anselm, *Why God Became Man*, "preface," 100.

이다. 다만 우리는 주 예수 그리스도가 참 하나님이시고 참 사람, 곧 두 본성 가운데 한 인격 그리고 한 인격 가운데 두 본성이라고 말한다. 이렇듯 하나님이 낮음 혹은 연약함을 지니고 계신다고 말할 때 우리는 이를 고난을 당하실 수 없는 본성의 존귀함이 아니라 그가 취하신 인간 실체의 연약함에 돌린다(Quapropter, cum dicimus Deum aliquid humile aut infirmum pati, non hoc intelligimus secundum sublimitatem impassibilis naturae; sed secundum infirmitatem humanae substantiae quam gerebat). 여기에는 우리의 믿음에 배치되는 어떤 요소도 발견되지 않는다. 왜냐하면 우리는 어떤 낮아짐을 하나님의 실체에 돌리지 않고, 하나님과 사람의 한 인격이 있음을 제시하고 있기 때문이다. 그러므로 하나님의 성육신을 말하면서 우리는 그가 어떤 낮아짐을 겪으셨다고 가정하지 않고, 인간의 본성이 높아졌다고 믿는다(Sic enim nullam divinae substantiae significamus humilitatem; sed unam Dei et hominis monstramus esse personam. Non ergo in incarnatione Dei humilitas ejus ulla intelligitur facta; sed natura hominis creditur exaltata).[3328]

여기에서 안셈은 위격이 인성에 따라서 "낮아짐"과 "연약함"을 겪었지만 신성 자체에 "낮아짐"을 돌려서는 안 된다고 말하고 있다. 양성의 교통으로 인성의 고양이 따를 뿐, 양성에 어떤 변화나 혼합이 일어나지는 않는다고 여기기 때문이다.

안셈은 구속을 위하여 "신인"(神人, Deus homo)의 "배상"(satisfactio)이 필요함을 다음과 같은 논법으로 설명한다. 1) 인간의 죄를 위하여 하나님보다는 덜하나 어떤 존재보다 더한 값을 지불할 누군가가 있어야 한다. 2) 만약 누군가가 하나님보다는 아래에 있으나 모든 것을 능가하는 무엇을 드리고자 하면, 그는 필히 하나님이 아닌 모든 것보다 뛰어나야 한다. 3) 그러나 하나님 외에는 하나님이 아닌 모든 것 위에 아무 것도 없다. 4) 그러므로 오직 하나님만 이 배상을 할 수 있다. 5) 그러나 사람 외에는 아무도 이를 행할 필요가 없다. 그렇지 않다면 사람이 배상을 하려고 하지 않을 것이다. 6) 하나님 외에는 누구도 이를 행할 수 없고, 사람 외에는 누구도 이를 행할 필요가 없다. 그러므로 필히 신인(神人)이 이를 행하여야 한다.[3329]

3328) *Cur Deus Homo*, 1.8 (110, PL 158.369). 여기에서 1. 8은 역서에 따른 권장을, 110은 역서의 페이지를 나타낸다.
3329) *Cur Deus Homo*, 2.6 (150-151, PL 158.403-404).

안셈은 신인의 인격을 다룸에 있어서 칼케돈 신경에 충실하다.

첫째, 신성과 인성은 서로 변화되지 않는다. 신성이 인성이 되거나 인성이 신성이 되지 않는다. 만약 그렇게 된다면 사람이 아닌 하나님이거나 하나님이 아닌 사람으로 남을 것이다.

둘째, 신성과 인성이 섞여서 제3의 본성을 형성하지 않는다. 만약 그렇게 된다면-남녀로부터 제3의 존재가 태어나듯이-하나님도 사람도 아니게 될 것이다. 이 두 가지 경우에서 보듯이 두 본성은 변화되거나 소멸되지 않는다.

셋째, 하나님과 사람의 두 인격이 되지 않는다. 만약 그렇게 된다면 양성의 연합이 없으므로, 하나님은 빚진 것이 없으시므로 값을 지불하지 않으시려고 할 것이며, 사람은 값을 지불할 수 없으므로 값을 지불하지 않으려고 할 것이다. 그러므로 영혼과 육체가 사람을 이루듯이,3330) 완전한 두 본성이 한 인격으로-즉 완전한 하나님과 완전한 사람의 인격으로-계시는 주님만이 사람의 죄에 대한 값을 치를 수 있다.3331)

구원을 위하여 말씀과 사람이 한 인격 가운데 연합해야 한다.3332) 만약 성자 외에 다른 인격이 성육신하신다면 삼위일체 가운데 하나님의 아들이 둘이 될 것이며 이 경우 성부가 그 주체가 된다면 하나님의 손자가 둘이 될 것이다. 그러므로 성육신의 주체가 되는 아들의 인격은 하나여야 한다. 그리고 아들이 아버지께 기도하신다는 점과, 타락한 천사와 사람이 하나님의 형상을 지닌 아들을 거역했다는 점을 고려할 때 그 한 인격은 아들에게 돌려지는 것이 더욱 합당하다. 그러므로 한 인격 가운데 말씀이신 하나님과 사람이 만나야 한다.3333)

본서에서 안셈은 신성과 인성의 "뜻"(voluntas)이 어떻게 작용하는지에 주안점을 두고 신인양성의 교통에 관한 입장을 개진한다. 그 특징을 다음과 같이 몇 가지로 정리할 수 있다. 첫째, 인격 안에 있는 인성의 고유한 독자성이 강조된다. 안셈은 사람이신 예수 그리스도는 필연적으로가 아니라 자유롭게 모든 선(善)을 지니시고 스스로 의로우시므로 찬양을 받으셔야 한다고 한다. 다만 이는 인성이 신성으로

3330) 여기서 안셈은 남녀로부터 난 자식의 비유와 영혼과 육체가 사람을 이루는 비유를 대조적으로 사용하고 있다.
3331) *Cur Deus Homo*, 2.7 (151-152; *PL* 158.404-405).
3332) 이는 안셈의 편지 *Epistolas de Incarnatione Verbi*, 6-11에 잘 나타난다.
3333) *Cur Deus Homo*, 2.9 (154-155, *PL* 158.407-408).

부터 취할 수 있는 무엇을 그 자아(自我)인 하나님의 인격 안에서 누리기 때문이라고 단언한다. 인성에 따른 "뜻"은 "자유"(libertas) 가운데 있으나 신성에 따른 "필연성"(necessitas) 혹은 "영원한 불변성"(aeterna immutabilitas)에 배치될 수 없다는 것이다.[3334]

둘째, 하나님의 인격에로 취해진 인성이 그 인격 안의 신성과 연합하여 고양됨이 강조된다. 그리스도의 인성에 따른 일도 "최고의 지혜에 의해서"(a summa sapientia) 수행되므로,[3335] 그의 죽음의 값으로 "하나님은 그것[인성]을 지으셨을 때보다 더욱 놀랍게 회복시키셨다"(mirabilius Deus illum restituit quam instituit).[3336]

진정 그리스도 안에서의 본성의 다양함과 인격의 하나됨은 인성이 인류를 회복하기 위하여 요구되는 것을 할 수 없었을 때 신성이 그것을 행한 반면 그것이 신성에 적합하지 않았을 때 인성이 그것을 행했다는 사실을 뜻한다. 그러나 먼저 한 인격이 행한 후 다른 인격이 뒤따라 행하는 것이 아니라, 두 본성 가운데 완전하게 존재하는 동일한 존재가 인성에 따라서는 그것에 부과된 값을 지불하고자 했으며 신성에 따라서는 필요한 것을 할 수 있고자 하셨다(Ad hoc enim valuit in Christo diversitas naturarum et unitas personae, ut, quod opus erat fieri ad hominum restaurationem, si humana non posset natura, faceret divina; et si divinae minime conveniret, exhiberet humana; et non alius atque alius, sed idem ipse esset, qui utrumque existens perfecte per humanam solveret, quod illa debebat; et per divinam posset, quod expediebat).[3337]

본서에서 안셈은 이러한 한 인격 가운데서의 양성의 교통을 그의 사역에 치중하여 설명하고 있다. "인격의 하나됨으로 말미암아 사람이 한 것을 하나님이 하셨다고 일컫는다"(quod homo ille fecit Deus dicatur fecisse propter unitatem personae)라는 말로 그것이 전형적으로 표현된다.[3338] 여기에서 안셈은 그리스도가 인성에 따라서는 하고자 하셨고 신성에 따라서는 할 수 있고자 하셨다는 점을 부각시키면서 신

3334) Cur Deus Homo, 2.10 (157-158, PL 158.409-410). 이러한 논의는 은사의 교통과 관련된다.
3335) Cur Deus Homo, 2.13 (162, PL 158.413).
3336) Cur Deus Homo, 2.16 (166, PL 158.417).
3337) Cur Deus Homo, 2.17 (174, PL 158.423).
3338) Cur Deus Homo, 2.19 (181, PL 158.429-430).

인(神人)의 두 뜻을 말하되, 하나님의 지혜와 능력 가운데 사람이 할 수 있는 일 이상을 인성에 따라서 감당하신 주님의 역사(役事)를 설명하고 있다. 이러한 측면에서, 부활의 은혜가 처음 창조 때보다 더 나은 인성으로 회복되는 데 있다고 일컬어진다.[3339]

셋째, 한 인격 가운데서의 양성의 연합으로 하나님의 뜻과 사람의 뜻이 배치되지 않을 뿐만 아니라 일치함을 강조한다.

> 하나님의 뜻은 필연성이 아니라 그 자체의 능력에 의해서 어떤 일을 행하므로 이 사람[예수 그리스도]의 뜻은 하나님의 뜻이었다. 그는 필연성이 아니라 그 자신의 능력에 의해서 죽으셨다(Quoniam ergo voluntas Dei nulla necessitate facit aliquid, sed sua poteatate et voluntas illius fuit voluntas Dei, nulla necessitate mortuus est, sed sua potestate).[3340]

성자는 자신의 뜻이 아니라 아버지의 뜻을 이루기 위해서 이 땅에 오셨다. 그리스도의 의로운 뜻은 신성으로부터 기인한다. 아들은 인성의 자연적 정서상 죽음을 면(免)하고자 하셨으나 자원하여 아버지의 뜻에 순종하셨다. 하나님의 뜻과 사람의 뜻이 그리스도 안에 함께 존재했다. 그 두 뜻은 서로 다르지 않았다. 아버지의 뜻을 따르고자 한 것이 아들의 뜻이었기 때문이다(마 26:42).[3341] 안셈은 성육신한 그리스도의 인격 안에 신성과 인성이 함께 존재한다는 사실로부터 인성은 신성으로부터 인성과 다른 것도 받아들인다는 점을 주목한다. 일례로, 성육신한 그리스도는 신성에 따라 스스로 충족하시고 뜻한 것은 모두 베푸시듯이 인성에 따라서도 뜻한 것은 모두 스스로 수행한다고 말한다.[3342] 이렇듯 안셈은 신성과 인성 각각에 고유한 뜻과 그 뜻에 따른 고유한 사역이 있음을 인정하면서도 서로 간에 실체적인 긴밀한 교통이 있음을 역설하고 있다.[3343]

3339) *Cur Deus Homo*, 2.1-3 (146-148, *PL* 158.399-402).
3340) *Cur Deus Homo*, 2.16 (171, *PL* 158.420-421).
3341) *Cur Deus Homo*, 1.9 (114-115, *PL* 158.372-373).
3342) *Cur Deus Homo*, 2.18 (179, *PL* 158.427-428).
3343) 다만 아리스토텔레스의 영향을 받아 신성을 형상, 인성을 질료로 여기고 양자의 연합을 추구한 아퀴나스와 같은 신학적 전개가 이곳에서는 나타나지 않는다.

넷째, 성자의 인격 안에서 인성과 연합한 신성이 성부와 성령과 동일본질이라는 사실로부터 하나님의 영예를 위하여 자신을 드리신 그리스도에게도 그 동일한 영예가 돌려진다는 사실을 강조한다. 이로써 안셈은 성육신과 속죄의 주체가 신성이나 인성이 아니라 하나님의 인격이라는 사실을 부각시킨다.3344) 위에서 보았듯이 그 인격은 제2위 성자 하나님으로 특정된다.3345)

5. 2. 배상(satisfactio)

구속하는 죄의 값은 사탄에게 치르는 것이 아니다.3346) 구속은 인류의 멸절이 아니라 창조주 자신에 의한 회복에 있기 때문이다.3347) 사람의 불순종으로 말미암아 인류에 죽음이 들어왔기 때문에 사람의 순종을 통하여 생명이 회복되어야 한다. 한 여자로부터 저주의 원인이 도입되었듯이 우리의 의와 구원의 조성자는 여자로부터 나셔야 했다. 사람을 유혹할 때 나무 열매의 맛을 이용한 마귀가 이제는 나무 위에서 고난을 겪으시는 사람에 의해서 정복되어야 했다.3348) 하나님께 불순종한 사람은 그에게 순종의 빚을 지고 있다. 아들의 인성은 신성에 이 빚을 지고 있다. 아들은 "죽음에 의해서"(propter) "죽음 이후"(post mortem)에 높아지셨다.3349) 아들의 높아지심은 아버지의 뜻에 따른 그의 자원적 순종에 기인한다. 아들은 마음과 뜻과 힘과 생명을 다하여 아버지의 뜻에 순종하셨다. 처음 인류와는 달리 아들은 아버지의 명령에 순종하셨다. 그리하여 인류의 영생의 의를 다 이루셨다.3350)

"이성적인 피조물의 모든 뜻이 하나님의 뜻에 복종되어야 한다"(Omnis voluntas rationalis creaturae subjecta debet esse voluntati Dei). 여기에 "하나님께 돌릴 유일하고 전적인 영예"(solus et totus honor)가 있다. 우리가 갈취한 하나님의 영예를 되돌리는

3344) *Cur Deus Homo*, 2.18 (179, *PL* 158.428).

3345) *Cur Deus Homo*, 2.9 (154–155, *PL* 158.407–408).

3346) *Cur Deus Homo*, 1.7 (107–110, *PL* 158.367–368).

3347) *Cur Deus Homo*, 1.4 (105, *PL* 158.365).

3348) *Cur Deus Homo*, 1.3 (104–105, *PL* 158.364).

3349) *Cur Deus Homo*, 1.9 (112, 114, *PL* 158.370, 372).

3350) *Cur Deus Homo*, 1.8 (111, *PL* 158.370).

것이 모든 사람이 하나님께 해야 할 "배상"(satisfactio)이다.3351) 하나님의 영예는 하나님 자신과 다를 바 없는 "최고의 공의"(summa iustitia)이다.3352) "하나님은 그가 원하시는 것을 행하셔야 한다. 왜냐하면 그가 원하시는 것은 존재해야 하기 때문이다"(debere facere quod vult; quoniam quod vult, debet esse).3353) 하나님의 뜻(意)은 그의 의(義)와 다르지 않다. "하나님이 이것을 뜻하시면, 그것은 옳다. 왜냐하면 하나님이 원하시는 것 가운데 부적합한 것은 없기 때문이다"(Si Deus hoc vult, justum est; quae Deum velle non est inconveniens). 하나님은 인류를 그의 뜻(意), 의(義), 곧 법 아래에 두셨다. 그리하여 죄에는 벌이 따르게 하셨다.3354) 그리스도의 배상은 죄의 정도에 따라서 곧 죄로 인해 손상된 하나님의 영예로서 측량된다.3355) 그리스도는 하나님의 영예를 함께 지니신 성자로서 사람으로 자기 자신의 몸을 드리시기 위하여 이 땅에 오셨다.3356)

안셈의 속죄론에는 죄의 영향과 작용으로 하나님의 영예가 어떻게 손상되었으며 그리스도의 공로로 그것이 어떻게 회복되었는지에 일차적인 관심이 주어질 뿐, 죄의 본질과 대속의 의와 값 자체에 대한 본질적인 인식은 결여되어 있다. 그 결과 형벌(poena)이 없는 배상(satisfactio),3357) 속죄(expiatio)가 없는 화목(reconciliatio)이라는 귀결에 이르게 된다. 이렇게 본다면 의의 전가에 따른 칭의의 법정성도 자리할 곳이 없게 된다.3358)

위에서 보았듯이, 안셈은 인류의 죄로 말미암아 손상된 하나님의 영예를 대상화하고 그것에 대한 배상으로서 속죄를 논한다는 점에서 객관적 속죄론을 교리적으로 개진한 효시(嚆矢)가 된다.3359) 아울렌이 평가하듯이, 그럼에도 불구하고, 성도에

3351) *Cur Deus Homo*, 1.11 (119, PL 158.376).

3352) *Cur Deus Homo*, 1.13 (122, PL 158.379). 여기에서 "summa"는 '최고'이면서도 '대요'라는 뜻이 있다.

3353) *Cur Deus Homo*, 2.18 (178, PL 158.427).

3354) *Cur Deus Homo*, 1.12 (120-121, PL 158.377-378, 인용은 378). 인용된 부분은 Augustine, *De Symbolo*, 1.2 가 출처로 여겨짐. Anselm, *Why God Became Man*, 121, n. 81.

3355) *Cur Deus Homo*, 1.20-21 (136-139, PL 158.392-394).

3356) *Cur Deus Homo*, 2.18 (179, PL 158.428).

3357) Van Asselt, "Christ's Atonement: A Multi-Dimensional Approach," 60.

3358) 이 점에 대한 고찰로, Symeon Rodger, "The Soteriology of Anselm of Canterbury, an Orthodox Perspective," *Greek Orthodox Theological Review* 34/1 (1989), 29-34, 37.

3359) 참조. J. Patout Burns, "Concept of Satisfaction in Medieval Redemption Theory," *Theological Studies*

게 전가되는 그리스도의 의 자체가 구원의 질료인이 된다는 점에는 생각이 미치지 않으며,3360) 하나님의 영예를 손상한 죄에 대한 죽음의 값을 치르기 위한 그리스도의 당하신 순종(obedientia passiva)에 대해서만 거론할 뿐 성도의 거룩함을 위한 행하신 순종(obedientia activa)에 대해서는 별다른 언급이 없다. 3361) 뿐만 아니라 그리스도의 수난이 육체의 죽음에 미친다는 점은 누누이 강조되지만 그것이 그의 영혼에도 미친다는 언급은 찾아볼 수 없다. 다만 구원의 회복이 단지 이전으로 돌아가는 것이 아니라 이전보다 더 나은 생명을 얻는 것이라는 점을 위격적 연합을 통하여 부각시키고 있는 점은 주목된다.

안셈에 따르면, 한 인격 안에서 신성을 받아들인 인성은 고난을 통하여 이전보다 나아지는 데 이르게 된다. 즉 영생의 사람이 된다.3362) 이는 "죄에 대한 완전한 배상을 통하여"(per integram peccati satisfactionem) 인성을 "완전하게 하기"(perficiat) 때문이다.3363) 마지막 날에 있을 성도의 부활은 이에 대한 가장 명확한 증거가 된다.3364) 아울렌(Gustaf Aulén)은 안셈의 이러한 입장이 터툴리안에 의해서 처음으로 제기된 사법(司法)적 의미를 속죄론에 도입한 공은 있지만, 교부들의 정통적인 입장에서 벗어나 그리스도가 죄와 사망과 사탄의 권세를 물리치셨다는 측면은 배제시키고 있다고 비판한다. 그리하여 안셈에 따르면 자기 자신의 구원을 이루는 주체는 성도 자신이며 그리스도의 배상은 그 자체로 구원을 이루는 능력이 되지 못한다는 것이다. 이렇게 볼 때, 안셈의 속죄론은 여전히 주관설의 난국에 빠져 그 난점을 해결하지 못하고 있다.3365)

안셈은 그리스도의 공로가 당하신 순종과 행하신 순종, 육체의 고난과 영혼의 고난을 모두 아우른다는 점에 대한 정치한 논의에까지 이르지 못했다. 뿐만 아니라

36/2 (1975), 286-289.

3360) 참조. John D. Hannah, "Anselm on the Doctrine of Atonement," *Bibliotheca Sacra* 135/ 540 (1978), 338-342.

3361) 참조. Hannah, "Anselm on the Doctrine of Atonement," 343-345.

3362) 참조. *Cur Deus Homo*, 2.16 (166-167, *PL* 158.416-417).

3363) *Cur Deus Homo*, 2.4 (148, *PL* 158.402).

3364) *Cur Deus Homo*, 2.3 (147-148, *PL* 158.401-402).

3365) 이러한 아울렌의 비판이 자의적임을 역으로 비판한 다음 글 참조. Ted Peters, "Atonement in Anselm and Luther, Second Thoughts about Gustaf Aulen's Christus Victor," *Lutheran Quarterly* 24/3 (1972), 303-304, 313-314.

한 인격 안에서 일어나는 신인양성의 교통에 대한 이후의 전문적인 논의도 치밀하게 전개하지 않았다. 자신이 칼케돈 신경에 충실히 서 있다는 점은 분명히 했으나 양성의 혼합을 인정하는 듯한 표현을 하는 경우도 있음을 위에서 우리는 살펴보았다. 뿐만 아니라 안셈에게는 사법적 성격을 넘어서서 이성적 논변을 통하여 우주적 정의를 도출해내고자 하는 일종의 법률주의가 나타나기도 한다. 그는 하나님의 의(iustitia)보다 진노(ira)에 더욱 치중한 감이 없지 않다. 이러한 점은 우리가 위에서 살펴 본 칼빈의 입장과는 분명히 배치된다. 칼빈에 있어서 하나님의 의는 그의 진노보다 사랑에 본질적으로 관련되기 때문이다.3366)

그럼에도 불구하고 안셈이 칼케돈 신경의 한 인격 양성론에 서서 속죄론을 전개하고 있음이 분명하다. 비록 인성을 독자적인 인격과 같이 여기고 그것의 신화(神化)를 말하는 듯이 보이는 부분이 없지 않아 마치 네스토리우스주의자와 같이 비춰지기도 하지만, 단지 용어의 용례와 관련해서 그러할 뿐 그의 기본 입장은 칼케돈 신경의 가르침에 서서 그리스도의 대속의 은혜를 설명하고자 한 어거스틴주의를 뚜렷이 견지하고 있다.3367) 안셈은 그리스도가 이 땅에 죄의 값을 치르기 위해서 오셨다는 속죄의 객관성을 뚜렷이 천명했다. 그가 주님이 "진리를 위하여 용감하게 죽음을 감내하는 합당한 모범(exemplum)"을 보이셨다고 말했다고 해서,3368) 그의 오심이 단지 모범을 보이시기 위함이라고 주장했다고 보아서는 안 된다. 그는 값을 치르기 위해서 이 땅에 오신 것이기 때문이다. "만약 그의 공로에 참여하는 자들이 되지 않는다면 실로 헛되이 그를 모방하는 자들이 될 것이다"(frustra quippe imitatores ejus erunt, si meritii ejus participes non erunt).3369)

안셈과 기본적으로 그를 추종하는 로마 가톨릭 신학자들과 루터파 신학자들은 우리에게 전가되는 그리스도의 의를 오직 고난당하심과 죽음에 국한시킨다. 그들은 그리스도께서 율법에 순종하신 것은 우리가 아니라 자기 자신을 위한 것이었다

3366) 참조. F. W. Dillistone, "Biblical and Historical Appraisal of Theories of the Atonement," *Theology Today* 10/2 (1953), 193; Katherine Sonderegger, "Anselm, Defensor Fidei," *International Journal of Systematic Theology* 9/3 (2007), 352, 359.

3367) 참조. Oliver Herbel, "Anselm the Neo-Nestorian? Responding to the Accusation in Light of on the Incarnation of the Word," *St Vladimir's Theological Quarterly* 52/2 (2008), 194-195.

3368) *Cur Deus Homo*, 2.18 (177, PL 158.426).

3369) *Cur Deus Homo*, 2.19 (180, PL 158.429).

고 여긴다.3370) 안셈은 그리스도의 성육신과 무름이 구원에 있어서 필수적이라는 것을 천명함으로써 그리스도의 의의 객관적인 전가를 합당하게 주장한 공은 있으나, 무름을 죄로 말미암아 모욕을 당한 영예의 회복으로 봄으로써 그리스도의 대속적 사역을 단지 그의 죽음에만 한정한 잘못을 범했다.3371) 속죄의 대상을 다루면서 하나님의 법에 대한 불순종 자체가 아니라 그것으로 말미암아 야기된 하나님의 영예의 손상에 치중하는 가운데, 그것을 복구시키는 회개의 보속만 부각시켰을 뿐3372) 정작 구원의 가치가 되는 성도의 칭의-성화-영화에는 큰 관심을 기울이지 않았다.3373) 이와는 대조적으로 아퀴나스는 무름을 그리스도의 죽음에 한하지 않고 그의 고난과 율법에의 순종에까지 미치는 것으로 보았다는 측면에서는 합당하나, 객관적인 의의 전가를 말하지 않고 대속의 공로를 단지 그리스도께서 자신을 덕과 겸손의 모범으로 제시하시면서 우리를 감동해서 그를 닮도록 하시는 은혜 정도로 보았다.3374) 이렇듯 안셈과 아퀴나스는 모두 중세적 한계를 뚜렷이 노정하고 있다.

6. 대리적 무름을 부인하거나 사실상 부인하는 견해들

그리스도의 의의 전가가치를 다루는 속죄론은 이신칭의 교리와 상응한다. 우리를 위하여 다 이루신 그리스도의 의가 유일하고 충족한 속죄의 값이 되므로, 성도는 오직 믿음으로(sola fide), 그리고 오직 그리고 전적인 은혜로(gratia sola et tota) 의

3370) 참조. Bavinck, *Reformed Dogmatics*, 3.377-378.

3371) 참조. Bavinck, *Reformed Dogmatics*, 3.343-344.

3372) 로마 가톨릭은 고해성사의 세 요소로 마음의 통회(contritio cordis)와 입술의 고백(confessio oris)과 행위의 보속(satisfactio operis)을 요구한다. 안셈이 하나님의 존영(honor)을 강조한 것은 이러한 회개의 보속(補贖)의 차원에 서이다. 그러므로 "satisfactio"를 "보속"으로 번역하는 것이 합당하나, 여기에서는 그리스도의 대속의 공로를 일반적으로 논하고 있으므로 이를 "배상"으로 번역한다.

3373) 판넨베르그는 안셈이 예수의 배상이 무한한 가치를 지니고 있다는 점을 변호하기 위해서 예수의 무죄성과 함께 그의 신성을 거론하고 있을 뿐 그의 인성의 신화(神化)나 하나님 나라의 선포에 무관심하여 성화의 역동성을 회개의 의식(儀式)에 매몰시켜 버렸으며 예수의 죽음을 부활의 관점에서 바라보지 못했다고 비판한다. 그러나 이러한 비판 자체가 판넨베르그는 상승기독론에 기초하고 있음을 반증한다. 참조. Pannenberg, *Jesus-God and Man*, 42-43, 277 (GC 36-37, 285).

3374) Bavinck, *Reformed Dogmatics*, 3.343-344. 안셈과 아퀴나스는 모두 죄의 용서와 화목의 공로를 분리해서 다루는 경향을 보였다. 다만 안셈은 화목을 강조한 반면 아퀴나스는 대속을 강조했다.

롭다 칭함을 받게 된다.3375) 그러므로 그리스도의 무릎의 값은 구원의 전(全) 양상으로 파악된다. 그것은 하나님과의 교제의 회복, 인성의 회복, 고유한 가치의 회복, 사탄으로부터 건져냄, 담을 허물고 하나됨의 은총을 망라한다.3376)

이신칭의 교리에 있어서 구원의 믿음(fides salvifica)은 그리스도가 우리를 위하여 자기 자신을 드리신 제물 자체와 그 제사를 제정하신 하나님의 뜻을 포함한다. 절대적이고 객관적인 의의 전가가치 혹은 제물의 제사가치가 하나님의 뜻에 계시된다. 하나님의 뜻에 따라 그리스도의 의가 우리를 자녀와 상속자 삼는 권세로 역사한다(요 1:14; 롬 8:17). 우리의 믿음이 형상적 혹은 도구적 원인(causa formalis sive instrumentalis)이 되어 그러한 역사가 일어나지만, 그 가치는 우리의 뜻 혹은 감화의 성향이나 정서와는 무관하게 객관적으로 정해진다. 그렇다고 해서 하나님의 뜻을 자의적인 것으로 여겨서는 안 된다. 왜냐하면 아들을 대속의 제물로 내어주신 분이 하나님이시기 때문이다. 칼빈의 말을 다시 상기하면, 아버지의 사랑은 아들의 의로부터 시작되기 때문이다.

이로부터 경계해야 할 세 가지 입장이 고려된다.

첫째, 그리스도의 대속을 단지 응보(應報)적인 것으로만 여기고 성도의 구원서정(救援序程, ordo salutis)과는 무관하게 다루는 입장으로서, 그리스도가 값을 치르고 성도를 사내신 것은 그를 온전하게 하여 아들과 함께 영원히 "아버지 품 속에" 거하게 하려는 데 있다는 점에는(요 1:18; 17:21) 관심을 두지 않는다. 초대교회 이후 전개되어 온 사탄배상설이나 총괄갱신설이 이러한 입장을 대변한다.

둘째, 무릎의 가치를 제물 자체의 어떠함에서만 찾고자 하는 입장으로서, 하나님이 제정하신 약속된 말씀에 따른 언약적 전가가 무의미해지고 그리스도는 인류의 모범이 되는 전형(典型)으로만 남을 뿐이다. 모범설이나 대신통회설이나 신비설로 대변되는 주관설이 이러한 오류를 지니고 있다.

셋째, 둘째와는 반대로, 무릎의 가치를 제물 자체와는 무관하게 하나님의 뜻에만 맡기는 입장으로서, 그리스도가 성도를 위해서(ὑπέρ) 제물이 되심은 인정하나 성도를 대신해서(ἀντὶ) 제물이 되신 것은 부정하는 경우이다. 하나님의 주권을 곡해한

3375) 참조. Hodges, *The Pattern of Atonement*, 60-101.

3376) 참조. Hodges, *The Pattern of Atonement*, 30-41.

둔스 스코투스를 개조(開祖)로 삼는 중세 주의주의(主意主義), 대리적 무릎 교리를 부인하는 알미니우스주의, 성도의 구원이 아니라 사회의 정치적 질서를 이루는 것이 하나님의 뜻이라고 여기는 통치설 등이 이러한 오류에 빠져 있다.3377)

이러한 세 가지 입장을 살펴보기 전에 이 세 가지 가운데 어느 하나로 분류하기는 어렵지만 그 모든 난점들을 안고 있는 틸리히(Paul Tillich)의 이론을 일고할 필요가 있다. 실존주의 철학에 영향을 받아 죄의 본질을 소외(estrangement)로 여기고 구원을 그것을 뛰어넘은 새존재(the New Being)인 그리스도와 실존적인 관계를 맺는 것으로 보는 틸리히는 속죄의 객관적 측면을 소외의 극복에서, 그 주관적 측면을 그것에 대해서 반응하는 가능성으로 정의하고,3378) 중생을 새존재에 참여하는 것, 칭의를 새존재를 받아들이는 것, 성화를 새존재에 의해서 변화되는 것으로 여긴다.3379)

여기에는 그리스도의 의의 전가 개념을 찾아볼 수 없다. 구원에 대한 이러한 관점은 속죄론과도 연결된다. 틸리히는 속죄론의 원리를 다음과 같이 다섯 가지로 논한다.

첫째, 대속의 과정은 오직 하나님에 의해서 마련되었다. 이를 가장 결정적인 원리라고 부른다. 인류의 타락으로 말미암아 죄가 들어오고 죄로 말미암아 대속의 역사가 일어났다는 것을 인정하지 않는다. 그러므로 타락이 문제시되지 않는다.

둘째, 속죄에 있어서 하나님의 화해시키시는 사랑과 그의 응보적 정의는 서로 충돌되지 않는다. 구원은 소외를 제거하는 것이 아니라 소외를 전제하는 개념이라고 보는 것이다. 여기에는 그리스도가 죄의 값을 치르셨다는 사실이 자리할 곳이 없다.

셋째, 하나님이 죄책과 형벌을 없앤다고 해서 실존적 소외를 간과하지 않는다. 인간은 본래 소외 가운데 던져진 존재이므로 구원은 소외를 넘어서는 무엇이 되어

3377) 밀리오리의 고찰은 일고를 요한다. 그는 속죄론을 크게 우주적 갈등론("the cosmic conflict", 혹은 승리자 그리스도론, "Christ the Victor"), 배상설("theory of satisfaction"), 도덕적 감화설("moral influence")로 삼분하고 칼빈의 중보자의 삼중직을 이에 맞추어 해석한다. "예언자로서 그리스도는 다가오는 하나님의 통치를 선포함으로 우리에게 그 나라에 합당한 삶을 살도록 권면한다(도덕적 감화설). 제사장으로서의 그리스도는 우리를 대신하여 하나님께 완전한 사랑과 순종의 제사를 드린다(배상설). 왕으로서의 그리스도는 왕의 세력의 완악함에도 불구하고 이 세계를 다스리며, 하나님의 공의와 평화의 다스림이 궁극적으로 승리할 것을 약속하신다(우주적 갈등론)." Daniel Migliore, *Faith Seeking Understanding: An Introduction to Christian Theology* (Grand Rapids: Eerdmans, 1991), 152-154.

3378) Tillich, *Systematic Theology*, 2.170.

3379) Tillich, *Systematic Theology*, 2.176-180.

야 한다는 것이다. 여기에는 소외의 원인이 죄라는 인식이 결여되어 있다.

넷째, 속죄는 필히 실존적 소외에 참여하고 그 자기파멸의 결과를 함께 나누는 데 있다. 소외를 가져가는 것이 아니라 소외에 동참함이 속죄의 본질이라는 것이다. 소외를 극복하는 길은 소외에 동참하는 것이라고 보는 것이다. 그러나 주님이 막힌 담을 헐고 자신의 육체를 위로부터 아래로 찢으셔서 우리의 살 길이 되셨음이 여기에서는 도외시된다.

다섯째, 십자가에서 이러한 소외의 극복이 드러나게 되었다. 십자가는 그 대리적 공로로 우리를 살리는 의가 되는 것이 아니라 단지 우리에게 소외에 동참하는 한 모상을 보여줄 뿐이다. 이는 또 다른 형태의 주관설 혹은 모범설에 불과하다. 3380)

6. 1. 사탄배상설과 총괄갱신설

첫째, 흔히 사탄배상설(Ransom-to-Satan Theory)로 지칭되는 속전(贖錢)설(ransom theory)은 속죄론을 죄로부터의 구속이 아니라 죄의 통치로부터의 해방이라는 측면에서 접근한다. 그것은 대리적 무릎이 아니라 승리에 관심을 갖는다. 3381) 그러므로 죄책(reatus)과 오염(corruptio)의 제거와 회복된 성도의 거룩한 삶에 대해서는 관심을 두지 않는다. 유사한 여러 주장이 있지만 그 요지는 다음과 같다. 사탄은 아담을 정복하고 그와 그의 후손을 소유하는 권리를 지녔다. 그리스도는 자신을 사탄에 대한 속전으로 드리셨고, 사탄은 이를 받아들여 인류에 대한 그의 권리를 포기했다. 그런데 그리스도는 하나님으로서 무죄하시기 때문에 사탄에 매여 있을 수 없으시므로, 결국 사탄의 결박을 깨뜨려 버리셨다. 이레네우스, 3382) 오리겐, 몹수에스티아의 테오도레, 가이사랴의 바실, 닛사의 그레고리, 예루살렘의 키릴, 어거스틴, 3383) 제롬,

---

3380) Tillich, *Systematic Theology*, 2.173-176.

3381) 사탄배상설에 대해서, Nicholas Constas, "The Last Temptation of Satan: Divine Deception in Greek Patristic Interpretations of the Passion Narrative," *Harvard Theological Review* 97/2 (2004), 139-163.

3382) 켈리는 이레네우스를 사탄배상설과 연결시키는 것은 무모하다고 본다. Kelly, *Early Christian Doctrines*, 174.

3383) 다만 어거스틴은 그리스도의 죽음이 속전이 되어 사탄을 물리친 것이 아니라 그의 의로 그리하셨다고 함으로써, 고전적 의미의 사탄배상설에서는 완전히 벗어났다. Tymms, *The Christian Idea of Atonement*, 31-32. 한편, 어거스틴은 한 설교에서(Sermon 130) 주님의 죽음이 "쥐덫"이 되어서 사탄을 파멸시켰다고 했다. Constas, "The Last

힐라리, 교황 레오 1세 등 많은 교부들이 직간접적으로 이를 주장하고 표명한다.3384)

그리스도가 "죽음을 통하여 죽음의 세력을 잡은 자 곧 마귀를 멸하신" 것은 사실이다(히 2:14). 그렇다고 해서 이것이 사탄에게 인류를 종으로 다스릴 어떤 권세가 합당하게 주어졌다는 것을 의미하지는 않는다. 사탄배상설을 처음으로 신학적으로 주장한 오리겐조차도3385) "하나님은 의로우시다. 그는 의로우신 분으로서 불의한 자들을 의롭게 하실 수 없으셨다. 그리하여 화목케 하는 자의 중재로 말미암아, 그를 믿는 믿음을 통하여, 자신의 행위를 통해서는 의롭게 될 수 없었던 자들이 의롭게 되기를 원하셨다"(Deus enim justus est, et justus justificare non poterat injustos, ideo interventum voluit esse propitiatoris, ut per ejus fidem justificarentur qui per opera propria justificari non poterant)고 하였다. 오리겐은 그리스도가 "자신의 몸의 제물을 통하여 하나님이 인류를 용서하도록 하시기 위하여"(per hostiam sui corporis propitium hominibus faceret Deum) 이 땅에 오셨음을 분명히 한다. 그리고 구약시대에 율법에 따라 송아지의 머리에 안수하였음을 거론하면서, 그리스도가 "자신의 몸인 교회의 머리"(caput corporis ecclesiae suae)라는 사실을 강조한다.3386)

닛사의 그레고리는 알렉산드리아 학파의 선구로 알려진 오리겐의 영향을 받아 말씀-육신 기독론을 추구한 나지안주스의 그레고리와는 달리 안디옥 학파의 말씀-사람 기독론에 영향을 받았음에도 불구하고,3387) 알렉산드리아 학파의 경향을 현저하게 노정하고 있는데, 그가 개진한 사탄배상설이 그 분명한 예(例)가 된다. 사탄이 낚시 고리, 즉 신격을 보지 못하고 미끼로 던져진 그리스도의 육체를 무는 바람에 결국 그 고리에 걸려 삼켜졌다는 것이 그의 주장이다.3388) 이러한 소위 낚시 고리 이론은 심지어 사탄조차도 포함하는 타락한 피조물 전반에 대한 회복을 말하기 위하여 제안되었다.3389) 우리가 주목할 것은 이러한 주장을 하면서도 닛사의 그

Temptation of Satan: Divine Deception in Greek Patristic Interpretations of the Passion Narrative," 147.

3384) Hodge, *Systematic Theology*, 2,564-565.

3385) Tymms, *The Christian Idea of Atonement*, 24-25.

3386) 이 부분의 오리겐의 말은 Hodge, *Systematic Theology*, 2,566에서 재인용.

3387) *LCF*, "Introduction," 14-15.

3388) "Address on Religious Instruction," 21-24 (*CLF* 297-301, *PG*. 45,59, 63). 이러한 주장은 속사도 이그나티우스(Ignatius)의 편지에서 처음 발견된다.

3389) Kelly, *Early Christian Doctrines*, 483-484.

레고리는 그리스도가 "전능하신 지혜"(παντοδύναμος σοφία)라는 사실을 강조하면서 그의 인격에 있어서의 신인양성의 위격적 연합을 개진하고 있다는 사실이다.[3390]

> 우리는 숭고한 것이 낮은 상태에 처하였지만……높은 곳을 떠나지 않았던 그 방식에 경탄한다. 우리는 신성이 인간의 본성과 얽혔으나, 사람이 되신 가운데, 하나님이심을 그치지 않으셨던 그 방식에 경탄한다.[3391]

사탄배상설은 사탄이 죄 가운데 있는 인류에 대하여 가진 지배권이 마치 정당하기라도 한 것인 양 여겨 그리스도가 속전을 그 사탄에게 지불했다고 보는데, 이는 전혀 비성경적이다.

첫째, 죄의 본질과 기원은 언약의 조건을 불이행한 데 있다. 언약은 하나님이 인류의 조상 아담과 맺은 것이다. 그러므로 죄의 삯은 하나님께 치러야 한다. 오직 명령하시는 분이 심판하시며, 용서하거나 화목하게 하실 수 있기 때문이다.

둘째, 그리스도가 자신의 생명을 사탄에게 내어주었다는 것은 어불성설이다. 그것은 마치 이삭이 아버지 아브라함의 손이 아니라 사탄의 손에 이끌리어 모리아 땅의 한 산에서 제물로 드려졌다고 말하는 것과 다름없다. 그리스도는 이삭과 같이 아들로서 드려지셨다. 이삭은 "내 아버지여"라고 불렀으며, 아브라함은 "내 아들아 내가 여기 있노라"고 했다(창 22:7). 이는 십자가에서 주님이 하늘에 계신 아버지를 부르시는 음성을 상기시킨다(마 27:46).

셋째, 그리스도의 대속은 의의 전가로 말미암은 영생에 이르는 은혜를 주시는 데 있다. 죄의 권세를 물리치는 것은 결과적인 것이며 본질적인 목적이 될 수 없다. 이러한 이론에 따르면 성도의 전(全) 구원과정에 역사하는 그리스도의 의를 설명할 수가 없다.

넷째, 속죄론의 본질을 사탄의 통치로부터의 해방이라고 볼 경우 성도의 성화 과정에서의 여전한 곤고함을 설명할 수가 없다.

한편, 이레네우스는 로고스가 유출하여 사람과 피조물에 퍼졌다는 철학적 이론을

3390) Constas, "The Last Temptation of Satan: Divine Deception in Greek Patristic Interpretations of the Passion Narrative," 144.

3391) "Address on Religious Instruction," 24 (CLF 301, PG 45.63).

반박하면서 역사적 예수로부터 기독론을 전개한다. 그는 특히 로마서 5:12-21에 주목하는 가운데, 인류는 신비한 동질성과 일체성을 지니므로 에덴에서 첫 번째 아담이 잃어버린 하나님의 형상과 모양은 모든 사람의 모든 것을 잃어버린 것이며, 두 번째 아담(ὁ δεύτερος Ἀδάμ)이 회복시키신 것은 그 모든 것을 모든 사람에게 되돌린 것이라고 본다. 아담의 불순종과 예수의 순종이 실제로 인류 전체에게 돌려진다. '그리스도가 우리와 같이 되신 것은 우리가 그와 같이 되게 하려 하심이었다'는 신화(神化)의 개념이 이와 관련하여 거론된다.3392)

무엇보다 이레네우스는 그리스도와 인류의 연합에 주목하였다. 그리스도는 모태에서 잉태되시고, 육체적, 지적, 도덕적 성장을 경험하시고, 마지막 죽음에 이르기까지 우리와 동일한 삶을 사셨다. 그럼에도 불구하고 그는 단지 "좀 더 고상한 신적 현존"을 지니신 사람이 아니라 하나님이셨다. "아버지의 기뻐하심에 따라 그 안에서 하나님과 사람의 연합과 교제가 일어났다"(commixtio et communio Dei et hominis secundum palcitum patris fucta est). 그리스도는 조물주와 피조물이 만나는 장소가 된다. 그러므로 그가 사람으로서 행하신 일은 하나님의 일이 된다.3393)

이레네우스는 그리스도가 인류를 대속하기 위하여 아담의 생애를 전체적으로 재현하셨다고 보았다. 그리스도의 동정녀탄생은 아담이 처녀지(處女地)인 땅에서 난 것과 같다고 보거나, 그리스도가 아담까지도 포함하는 모든 인류를 순종의 자녀로 삼으신 것은 아담이 자신의 몸속에 모든 후손을 배태하고 있었던 것과 같다고 본다.

그러므로 이러한 총괄갱신(ἀνακεφαλαίωσις, recapitulatio)을 주장한 이레네우스의 속죄론을 "본성적(physical) 이론"이라고 일컫기도 하는 것이다.3394) 이에 따르면, 신성 가운데 계신 그리스도는 최초의 아담과 그 이후의 모든 인류의 인성 전부를 마치 한 단위와 같이 자신 속에 지니시고 구원의 사역을 이루셨으므로 그들 모두를 인격적으로 구원하셨을 뿐만 아니라 동시에 우주적으로 그 인성을 완성하셨다.3395) 이

3392) Kelly, *Early Christian Doctrines*, 483-484; William P. Loewe, "Irenaeus' Soteriology: Christus Victor Revisited," *Anglican Theological Review* 67/1 (1985), 3: John I. Hochban, "St. Irenaeus on the Atonement," *Theological Studies* 7/4 (1946), 539-542.

3393) 참조. Mackintosh, *The Doctrine of the Person of Christ*, 146-147.

3394) Kelly, *Early Christian Doctrines*, 173.

3395) Hochban, "St. Irenaeus on the Atonement," 534-539, 542-548, 557.

는 철학적 신화(神化) 개념에 근접하는 바가 없지 않다.3396)

이레네우스는 그리스도의 성육신이 일차적으로 배교의 통치를(dominion of apostasy) 일삼는 사탄을 물리치고 사망의 노예가 된 인류를 생명으로 인도하기 위함이었다고 말함으로써 자신이 사탄배상설에 서 있음을 내비친다. 그러나 그의 주안점은 그리스도의 대속이 공중의 권세 잡은 악한 영을 물리치고 하나님 나라의 도래를 이루었다는 우주적 왕권을 논하는 데 있었으며, 이전의 사탄배상설의 논법을 그대로 따른 것이 아니었다. 그가 말하는 우주적 회복은 단지 실물적이지 않고 영적이며 종말론적인 전망을 갖는다.3397) 이레네우스는 성육신의 의의를 사람의 아들을 도구로 삼아 하나님의 아들이 일하신다는 신인(神人)의 사역으로 구원의 역사를 파악했다는 점과 그것을 사탄을 정복하는 일과 우주적인 회복을 이루는 일에까지 확장해서 보았다.3398) 그러나 여전히 그리스도와의 연합을 구원의 전(全) 과정에 역사하는 의의 전가로 보는 데까지는 이르지 못하고 있다.3399) 즉 철학적 창조론을 벗어나기는 했으되 신학적 구원론에는 이르지 못했다.

6. 2. 주관설

둘째, 그리스도의 대속을 인정하기는 하나 그것을 구원의 값으로 여기지 않고 단지 주관적 감화를 일으키는 요소 정도로 여기는 자들은 대체로 하나님의 무조건적 사랑은 값을 요구하지 않는다는 전제에 서서 나름대로의 입장을 개진한다. 이들의 입장은 중세의 아벨라르(Peter Abelard)에게서 보듯이 그리스도의 공로를 그리스도인의 종교적 삶이나 성례적 연합에 관련시키는 데 치중하는 반면에, 그것에 법정적 의미를 부여하려고 하지는 않는다.3400) 아벨라르는 그리스도의 대속은 죄의 속박

3396) 참조. Dai Sil Kim, "Irenaeus of Lyons and Teilhard De Chardin: A Comparative Study of 'Recapitulation' and 'Omega'," *Journal of Ecumenical Studies* 13/1 (1976), 82–90.

3397) 참조. Aulén, *Christus Victor*, 18–22; Loewe, "Irenaeus' Soteriology: Christus Victor Revisited," 6–15.

3398) 참조. Aulén, *Christus Victor*, 34.

3399) 사탄배상설과 총괄갱신설로 대변되는 초대교회의 속죄론은 "씻음"(cleansing), "속전"(ransom), "승리"(victory), "신화"(神化, divinization)에 관심을 둔 반면 "율법"(law)과 "사랑"(love)에 대한 합당한 인식에는 아직 미치지 못하였다. 참조. Van Dyk, *Believing in Jesus Christ*, 59–88.

3400) 참조. Mackintosh, *Historic Theories of Atonement*, 139–148.

으로부터 자유롭게 하는 것 이상의 의미가 있다고 하면서, 그리스도의 영인 보혜사 성령을 우리의 심령에 부어주셔서 우리도 그와 같이 신적인 사랑을 베푸는 자리에 서게 하는 데 그 목적이 있다고 주장한다. 그것이 하나님의 사랑이 확산되는 유일한 증례(證例)라는 것이다.3401) 구원은 심령과 의지와 삶의 성격에 일차적으로 관계되는 것이며, 그리스도가 십자가에서 회개와 사랑을 간구했듯이, 그의 공로도 성도에게 그러한 차원에서 역사한다고 보고,3402) 그리스도의 의는 부여되거나 전가되는 것이 아니라 내적 자유와 사랑으로 경험되는 것이라고 믿는다.3403)

흔히 신애(神愛)설(theory of God's love)이라고 일컫는 이러한 아벨라르의 입장에 주목하되 그 요체가 그리스도를 통한 죄에 대한 회개에 있다고 본 것이 캠벨(J. McLeod Campbell, 1800-1872)이었다. 캠벨은 그리스도의 대속은 하나님의 사랑의 원인이 아니라 결과라고 여긴다. 대속의 실체는 아들의 고난이 아니라 아버지의 의에 있다고 보고, 아들은 죄에 대한 통회로 아버지의 심판에 대하여 순응하였으므로, 인류 구원의 길을 여셨다고 주장한다.3404) 캠벨은 십자가의 본질이 아버지의 용서를 구하는 아들의 희생에 있다고 보고, 아들의 그 "희생적 맛봄"에 성도가 동참하는 것을 대리적 속죄의 의의로 삼는다.3405) 이 경우 그리스도의 대리적 속죄가 부인된다. 그리스도는 우리를 향한 하나님의 뜻을 이루기 위한, 우리를 위한 대리인이 아니라 우리에게 하나님의 어떠하심과 뜻을 알리는 증인으로 나타난다.3406) 그리스도는 하나님 앞에서 죄의 값을 치르는 모습을 우리에게 보이심으로 법적으로가 아니라 윤리적으로나 영적으로 우리가 하나님께 의롭다 인정을 받을 길이 무엇인지 깨닫게 한다. 그가 당하신 형벌이 우리에게 회개의 열매를 맺게 하신다. 그가 우리의

3401) 로마서 5:8을 상기시키면서 아벨라르는 다음과 같이 말한다. "나는 우리 심장에 사랑이 퍼져있다고 합당하게 말했다. 실로 그것이 우리 안에 젖어든 하나님의 사랑이 아니라면, 다른 무엇 때문이라는 것인가?"(Merito dixi caritatem diffusam in cordibus nostris. Nam propter quid aliud, nisi videlicet ut in nobis dilataretur caritas Dei?). R. C. Moberly, *Atonement and Persoanlity* (New York: Longmans, Green, & CO, 1911), 375에서 재인용.

3402) Moberly, *Atonement and Persoanlity*, 376, 380.

3403) 참조. John N. Suggit, "Freedom to Be: Peter Abelard's Doctrine of Atonement," *Journal of Theology for Southern Africa* 8 (1974), 31-37.

3404) Moberly, *Atonement and Persoanlity*, 393-394.

3405) 참조. 차재승, 『7인의 십자가 사상』(서울: 새물결플러스, 2014), 264-272.

3406) Campbell, *The Nature of the Atonement*, 200-212.

자리에서 먼저 회개하신 것이다.3407) 이러한 입장은 오직 그리스도에게만 하나님이 받으실 만한 회개와 통회가 있었다고 보고 그것으로부터 속죄의 의미를 추구하는 에드워즈(Jonathan Edwards)의 영향을 반영한다.3408) 캠벨은 자신의 입장을 다음과 같이 함축적으로 표현한다.

> 우리 주님만이 홀로 진정 죽음을 맛보셨다. 그리하여 오직 그에게만 죽음이 죄의 값으로서 완전한 의미를 지니게 되었다. 왜냐하면 그 값은 오직 그 안에서만 하나님의 마음에 완전히 흡족한 것이 되고 그 마음과 완전히 합치되기 때문이다. ……우리의 죄에 대한 완전한 고백만이 거룩을 완성시키는 유일한 가능성이었다. ……죽음을 맛보시면서 몰수시키시는 것이 생명을 주시는 하나님이 추심(推尋)하시는 것을 완전히 실현하는 거룩을 완성시키는 유일한 가능성이었다.3409)

캠벨의 대리적 통회설(theory of vicarious penitence)은 죄에 대한 값은 사망이 아니라 십자가에서 외친 아들의 절규에 있다고 본 데일(Robert W. Dale, 1829-1895)의 입장과 일맥상통한다. 데일은 "하나님이 죄를 알지도 못하신 이를 우리를 대신하여 죄로 삼으신 것은 우리로 하여금 그 안에서 하나님의 의가 되게 하려 하심이라"(고후 5:21)는 말씀을 인용하면서 복음은 그리스도가 우리의 자리를 대신했다는 데 있지 않고 그가 친히 간청하심으로 우리가 하나님과 화목할 기회를 얻게 하신 데 있다고 주장한다.3410)

모벌리(R. C. Moberly, 1845-1903)는 이러한 관점을 공유하여 주님의 회개를 대속의 요체로 여기되, 진정한 속죄의 완성은—달리 말하면 참된 객관적 속죄는—그리스도와 성도가 주관적으로 하나가 되어 인격적 일치에 이르게 될 때 비로소 주어진다는 점을 강조하였다.3411) 모벌리에 따르면, 그리스도의 공로는 그 자체로 완성된 것이

3407) Campbell, *The Nature of the Atonement*, 222-224.
3408) 참조. Oliver D. Crisp, "Non-Penal Substitution," *International Journal of Systematic Theology* 9/4 (2007), 427-433. 결론적으로 저자는 캠벨이 에드워즈의 영향으로 "하나님의 응보적 정의"(divine retributive justice)를 강조했다는 점을 지적한다(433).
3409) Campbell, *The Nature of the Atonement*, 216.
3410) Moberly, *Atonement and Persoanlity*, 382-396.
3411) Moberly, *Atonement and Persoanlity*, 319-323.

아니라 우리 안에서 점진적으로 완성되어 간다.3412) 그러므로 그것의 객관성은 그 자체에 있지 않고 그것에 대한 성도의 인격적 경험에 있다.3413) 그것은 과거의 그리스도가 아니라 현재의 그리스도의 현존을 체험하는 것이다.3414) 이러한 모벌리의 입장에는 그리스도의 대속이 궁극적으로 하나님 나라의 도덕적 통치에 있다고 본 그로티우스(Hugo Grotius)의 영향이 감지되기도 한다.3415) 이와 같이 캠벨에서 모벌리에 이르는 신학자들은 회개를 중심으로 속죄론을 전개하고 있다.

한편 포싸이쓰(P. T. Forsyth, 1848-1921)는 모벌리와 다름없이 그리스도의 십자가의 죽음으로 말미암아 예수라는 한 사람의 인격성(personality)이 완성되며 그의 속죄는 은혜로 말미암은 것이며 그의 속죄가 은혜를 낳는 것은 아니라고 주장하면서도,3416) 죄에 대한 회개를 문제 삼지 않고 하나님이 자신의 거룩함에 동참하게 하시는 은혜를 아들에게 베푸셨다는 측면에서 이를 다룬다.3417)

포싸이쓰에 따르면, 속죄의 본질은 사망으로부터 생명에 이르는 영생의 자녀됨을 획득하는 데 있는 것이 아니라 하나님과의 관계에서 극적으로 구현되는 사회적이고 윤리적인 도덕성을 갖추는 데 있다.3418) 그리스도의 십자가는 그 자체로 공로를 갖지 못하며 우리의 양심을 자극하고 만족시키는 역할을 한다는 점에서, 내적인 도덕적 실제가 된다.3419) 그리스도가 화목하게 하는 일을 하신 것은(고후 5:19, 21) 하나님과 인류 사이의 도덕적 관계의 변화를 뜻하는 것이지 각자의 성향이나 신분의 변화를 뜻하는 것이 아니다.3420) 그러므로 예수가 행하신 일보다 그의 의식과 윤리적인 정서를 중시해야 한다.3421) 결론적으로, 제사는 그 자체가 아니라 자기를 불사르는 고통으로 표현되는 사랑으로서, 그것은 아버지와 아들 사이의 관계에서 제시

3412) Moberly, *Atonement and Persoanlity*, 129-133.
3413) Moberly, *Atonement and Persoanlity*, 143-148.
3414) 참조. Marilyn McCord Adams, *Christ and Horrors: The Coherence of Christology* (Cambridge: Cambridge University Press, 2006), 144-148.
3415) Mackintosh, *Historic Theories of Atonement*, 205.
3416) P. T. Forsyth, *The Cruciality of the Cross* (London: Independent Press, 1948, 2nd ed.), 41, 44.
3417) Forsyth, *The Cruciality of the Cross*, 23, 38-39.
3418) Forsyth, *The Cruciality of the Cross*, 23, 25, 47, 84.
3419) Forsyth, *The Cruciality of the Cross*, 44, 60-65.
3420) Forsyth, *The Cruciality of the Cross*, 67-68.
3421) Forsyth, *The Cruciality of the Cross*, 78-79.

되는 거룩함의 정점을 제시한다고 포싸이쓰는 주장한다.3422) 이 경우, 그리스도의 속죄는 한 사람의 인격이 내면적으로 완성되어 가는 과정에 있어서 가장 극적인 한 동기가 될 뿐이므로, 대리적 속죄의 객관성은 자리할 곳이 없어진다.

이러한 입장은 칭의의 근저에 하나님 나라의 공동체 의식이 있다고 보고 속죄를 전체의 부분으로서 각자가 전체의 도덕성을 만족시켜 가는 내적 과정으로 본 리츨(Albrecht Ritschl, 1822-1889)의 사상과 일맥상통한다.3423) 다음과 같은 리츨의 세 가지 결론은 그의 입장이 포싸이쓰의 입장과 거의 다를 바 없으나 하나님 나라를 더욱 강조하고 있다는 점에서만 차이가 있음을 말해주고 있다.

첫째, 그리스도를 통한 하나님과의 직접적인 화해는 아들의 겸손과 인내와 간구의 덕성들을 받아들이시는 부성적 사랑의 섭리를 드러낸다. 이러한 측면에서 종교는 세상을 다스린다.

둘째, 모든 삶의 정황에서 하나님을 향한 이러한 덕성들을 추구하는 가운데 성도 각자는 인격적인 화해에 대한 확신을 얻게 된다. 여기에 칭의와 용서가 자리한다.

셋째, 특별한 도덕적 소명에 따른 행위의 자유는 하나님 나라에서 우주적인 목적을 성취한다.3424) 그것은 전체의 부분으로서 개별자가 자신을 완성시켜 가는 유일한 길이다.

리츨에게 있어서 그리스도의 대속은 종교적 의미는 가질지언정 구원의 의미는 갖지 못한다. 그것은 하나님의 진노와는 전혀 무관하다.3425) 그리스도의 대속으로 우리가 공유하는 것은 하나님을 향한 의식(意識)일 뿐이다.3426) 그것이 내적 감정이 아니라 공동체의 정서를 지향한다는 점에서 슐라이어마허와 다를 뿐, 양자는 모두 지극히 내재적이며 주관적이다.3427)

부쉬넬(Horace Bushnell, 1802-1876)은 이러한 속죄의 주관적 측면에 주안점을 두

3422) Forsyth, *The Cruciality of the Cross*, 97-104.
3423) Ritschl, *The Christian Doctrine of Justification and Reconciliation*, 1-192.
3424) Ritschl, *The Christian Doctrine of Justification and Reconciliation*, 670.
3425) 이에 대해서 특히 다음 참조. Ritschl, *The Christian Doctrine of Justification and Reconciliation*, 609-670.
3426) 참조. Stevens, *The Christian Doctrine of Salvation*, 224-225.
3427) 슐라이어마허는 그리스도의 신의식에 대한 살아있는 교제에 구속의 본질이 있다고 보았다. 그것은 그리스도 안에 계신 하나님이 우리 안에도 계신다는 내적 확신을 뜻한다. 말씀을 영접하는 것 곧 신성에 동참하는 것은 이러한 내적 감정의 영역에서 일어나는 고양을 뜻한다. Schleiermacher, *The Christian Faith*, §89-90, 93, 96 (*GC* 2.27-34, 41-45, 66).

면서도 그 객관적 측면을 아울러 고찰하고자 한다. 주관적인 측면에서, 그리스도는 인류의 역사와 사상과 영과 인종적이며 민족적인 운명을 모두 그 자신 속에 안고 있는 사람이었다.3428) 그리스도의 고난과 죽음에 대한 우리의 신학적, 인류학적, 심리적 인식은 우리를 의롭다 여기시는 하나님의 사랑에 대한 소망을 우리 가운데 새기게 한다.3429) 그리스도 안에서 하나님과 사람은 하나이므로, 그를 통하여 신성에 대한 의식이 우리 안에 도입된다. 우리는 그와 하나가 되면서 하나님과 하나가 된다.3430) 객관적인 측면에서, 그리스도는 우리를 대신한다. 그렇다고 해서 그의 죽음이 우리를 위하여 대리적으로 드려진 것은 아니다. 그것은 단지 사변적인 신학자들이 만들어낸 수사적 표현에 불과하다. 그것이 갖는 의미는 제의(liturgy) 혹은 의식(儀式, rite)으로서 사람들에게 종교적 의식(意識) 혹은 종교적 감정을 고취시킬 뿐이다.3431)

이러한 주관적이고 객관적인 측면을 함께 고려하여, 부쉬넬은 성령의 내적 감화로 말미암아 그리스도의 제의적 죽음에 대해서 우리가 가지게 되는 영혼의 정서에 속죄론의 본질이 있다고 주장한다.3432) 이 경우 그리스도의 죽음은 또 다른 제의 혹은 의식일 뿐이다. 그것은 우리를 확신시킬 수는 있을지 모르나 변화시킬 수는 없다. 부쉬넬은 그리스도의 속죄는 형벌을 방면하는 데 있지 않고 그것을 낳는 원인을 제거하는 데 있다고 하는데,3433) 그것은 형벌의 방면과 함께 원인의 제거를 포함해야 한다. 즉 죄사함과 의의 전가를 아울러야 한다. 그러나 아벨라르의 주관설에 자신의 입장을 정초시킨3434) 부쉬넬에게 이를 기대할 수는 없다.

이상에서 보듯이, 그리스도의 대리적 무름을 인정하지 않으면서 주관적 속죄론을 벗어난다는 것은 그 전제부터가 한계를 지니고 있다. 무름을 객관적으로 파악하지 않는 이상, 쏘키누스주의자들의 입장을 극복하려는 시도 자체가 무모함을 우리

3428) Horace Bushnell, *God in Christ: Three Discourses* (New York: Charles Scribner's Sons, 1887), 205.

3429) Bushnell, *God in Christ: Three Discourses*, 215.

3430) Bushnell, *God in Christ: Three Discourses*, 243-245.

3431) Bushnell, *God in Christ: Three Discourses*, 258-259.

3432) Bushnell, *God in Christ: Three Discourses*, 265.

3433) 참조. Hodge, *Systematic Theology*, 2.568.

3434) 참조. David F. Wells, "The Debate over the Atonement in 19th-Century America, Part 3, The Collision of Views on the Atonement," *Bibliotheca Sacra* 144/576 (1987), 374-376.

는 지금까지 고찰하였다.

쏘키누스(Faustus Socinus)는 던즈 스코투스의 영향을 받아 그리스도의 대리적 무름을 반대하였다. 하나님의 의는 오직 그 자신의 공정과 공평에 있으며 벌을 가한다든지 용서하는 것은 어떤 대가에 따른 것이 아니라 그의 선택에 따른 것이라고 본다.3435) 쏘키누스는 배상(satisfaction)과 죄사함(remissio peccatorum)은 서로 모순된다고 보았다. 그의 논법은 이렇다. '배상이 행해졌다면 더 이상 용서는 필요없다. 용서가 필요하다면 무름은 주어진 것이 아니다.' 우리가 고대 게르만법이나 로마법에서 보듯이 형사적 책벌은 타인에게 전가할 수 없으므로 지불이 있을지라도 사면은 없다. 만약 선한 사람이 죄 값을 치른다면 그것은 형벌을 치른 것이 아니다. 그리스도의 고난과 죽음은 영광에 이르는 것이었으므로, 우리가 죄의 값을 치르는 것과는 다르다. 그리스도의 고난은 그의 부활에 따른 불멸을 통하여 우리가 그와 함께 즐거움과 영광을 나누게 될 때에만 우리에게 의미가 있다. 그러므로 그 의미는 "지극히 개인적인"(ultra-individualistic) 것이다.3436) 이와 같은 쏘키누스의 입장은 하나님의 언약을 부정하는 그의 이성주의에 기초한 궤변이다. 쏘키누스와 같은 입장에 선다면 사실상 성경에 고유한 죄와 형벌에 대한 개념 전체가 부정될 수밖에 없다. 대리적 속죄가 비이성적이므로 받을 수 없다고 한다면, 죄에 대한 언약적 전가 곧 원죄도 부정될 수밖에 없기 때문이다.

중세의 아벨라르 이후 전개되어온 주관설은 여러 양상을 띠지만 모두 그리스도의 무름의 객관성 곧 값(pretium)을 부인하고 그것이 우리의 마음에 미치는 영향을 다룰 뿐이다. 속죄의 동기로서 사랑을 말할 뿐 속죄의 질료가 되는 그리스도의 공로 혹은 의에는 무관심하다.3437) 핫지는 이러한 주관설은 세 가지 양상을 띤다고 본다.

첫째, 그리스도의 사역은 그의 가르치는 직분에 국한된다. 그리스도의 희생제물

3435) 참조. Stevens, *The Christian Doctrine of Salvation*, 65-161.

3436) Auguste Sabatier, *The Doctrine of the Atonement and Its Historical Evolution and Religion and Modern Culture* (New York: Williams & Norgate, 1904), 83-88. 형벌적 보상(penal substituion)을 반대하는 쏘키누스의 입장에 관해서, Garry J. Williams, "penal substitution: A Response to Recent Criticisms," *Journal of the Evangelical Theological Society* 50/1 (2007), 72-73.

3437) 다음 글은 속죄의 주관적 측면인 사랑이 객관적 측면인 그리스도의 대리적 공로와 별개로 논의될 수 없음을 지적한다. Hugh T. Kerr, "Love's Intention: The Motive of the Atonement," *Interpretation* 4/2 (1950), 131-142, 특히 141.

이나 속전에 대해서 말하는 성경은 객관적인 속죄가 아니라 모종의 실물교사를 제시할 뿐이다.

둘째, 그리스도의 구원은 희생제물로서가 아니라 순교자로서 우리를 구원하신다. 그의 죽음에 의해서 그의 교리가 피로 인쳐진다.

셋째, 죄로부터 인류를 구원하는 그리스도의 권세는 자기희생적 사랑을 우리에게 일깨우는 감화력에 있다. 이러한 사랑이 여러 제의적 요소들로 표현되어 있다.[3438]

결론적으로, 주관설은 그리스도가 제사장이시며 제물이라는 사실을 부인한다. 타락한 인류의 죄책(reatus)인 사망의 형벌은 부인하고 오염(corruptio)만을 원죄로 인정할 뿐이다.[3439] 그리스도의 대리적 속죄가 부인되고, 다만 그는 "한 도덕적인 개혁자, 한 모범, 한 선생, 혹은 심지어 한 순교자"(a moral reformer, an example, a teacher, or even a martyr)가 될 뿐이다.[3440]

이러한 주관설이 극대화되어 단순한 도덕적 감화를 넘어서서 하나님과 사람 사이의 실체적 연합에 중점을 두는 신비설(mystical theory)이 제기된다. 이 경우 대체로 성육신에 있어서의 그리스도의 인성의 신화(神化)를 말하고 그것을 성도에게 적용시키는 논법을 취한다. 그들은 성도의 그리스도와의 '신비한' 연합을 '신비주의적'으로 이해하고 있다. 그리하여 '그리스도와의 연합을 통한 하나님과의 연합'이 아니라 '그리스도의 연합을 모범으로 한 하나님과의 직접적 연합'을 추구한다. 그들은 하나됨을 간구하신 주님의 기도(요 17:21-26)와 하나님의 "신성한 성품에 참여하는 자"로서의 성도의 어떠함에 대한 말씀을(벧후 1:4) 자신들의 입장을 변호하는 주요한 구절로 삼고 있다.

초대교부 오리겐 이후 그를 따르는 신학자들은 로고스 철학에 기초해서 하나님과의 신비주의적 합일(合一)을 추구하였다. 그들은 구속(redemption)과 화목(reconciliation)을 구별하였다. 전자는 율법의 저주와 사탄의 권세로부터 우리를 구하는 그리스도의 객관적 사역을, 후자는 그 사역의 주관적 적용을 의미하는 것으로 보았다. 전자는 그리스도가 저주를 지고 가신 십자가와 모든 율법에 대한 순종의 의를 포함한다. 후자는 그것으로 말미암아 하나님의 형상을 회복하고 그와 교제

[3438] Hodge, *Systematic Theology*, 2.568-569.

[3439] Bavinck, *Reformed Dogmatics*, 3.347-349.

[3440] Hodge, *Systematic Theology*, 2.572.

하는 것을 의미한다. 후자와 관련하여 신적인 주입(infusio divina)이 논의되면서 신비주의가 전개되었다.3441) 이러한 입장을 신학적으로 체계화한 신학자는 중세의 에리게나(John Scotus Erigena, 815-877)였다. 그는 "창조주와 피조물은 하나이다. 하나님은 모든 것이며, 모든 것은 하나님이다"(Creator et creatura unum est. Deus est omnia, et omnia Deus)라는3442) 원리를 세워 이후 철학자 셸링(Friedrich W. J. Schelling, 1775-1854)과 헤겔의 전조를 보였다. 중세의 신비주의는 에리게나와 유사하게 철학을 뜻하는 참 이성(recta ratio)과 계시를 뜻하는 참 권위(vera auctoritas)를 모두 신적이라고 여기고 사실상 신학을 철학에 복속시킨 철학적 신비주의와 신화(神化)를 강조하는 신학적 신비주의로 전개되었다.3443)

종교개혁 시대의 신비주의는 그리스도의 양성론에 대한 오해로부터 비롯되었다. 양성의 직접적 교통의 여지를 남긴 루터는 그리스도의 대리적 속죄의 객관성을 인정하면서도 그리스도의 사역이 그의 백성의 영혼에 미치는 내적 작용에 더욱 관심을 쏟았다. 루터는 자신의 일부 저술 특히 『독일신학』(Die Deutsche Theologie)에서 그리스도의 공로로 말미암은 영혼의 내적 변화가 성령의 역사가 아니라 그의 신성이 우리의 인성과 연합하는 성육신 때문이라고 강조하였다.3444) 오시안더(Andreas

---

3441) 참조. Hodge, *Systematic Theology*, 2.581-584.

3442) Hodge, *Systematic Theology*, 2.584에서 재인용.

3443) Hodge, *Systematic Theology*, 2.584-585. 학자들이 중세의 경건을 "그리스도 중심적"(Christocentric)이라고 말하는 것은 이러한 의미에서이다. 참조. Tavard, "The Christology of the Mystics," 561-570. 저자는 이러한 중세 로마 가톨릭의 "그리스도 중심적" 신비주의가 독일을 중심으로 명맥을 유지해 오다가 근대에 얀센주의(Jansenism)로 표출되었다고 주장한다(570-579).

3444) Hodge, *Systematic Theology*, 2.585-586. 판넨베르그는 루터가 십자가 사건을 우리와 다를 바 없는 유죄한 한 사람의 죽음이라는 측면에 주안점을 두고 다루고 있음을 지적한다. 루터는 시편을 다룬 초창기 작품에서 "예수는 양심상 자신이 하나님으로부터 저주를 받았다는 것을 느꼈다"(A Deo se maledictum sentiat in conscientia)라고 말하고, 갈라디아서 주석에서 예수를 "무죄한 개인적인 인격"(innocentem et privatam personam)이라고 상상해서는 안 될 것이라고 경종을 울린다. 그리고 예수가 자기 자신 속에 죄책을 안으시고 십자가에서 돌아가셨다는 점을 다음과 같이 강조한다. "그는 자신을 꿰뚫고 들어오는 양심의 격랑과 공포를 영원한 진노를 맛보시면서 겪으셨다"(Ipsum fuisse passum pavorem horroremque conscientiae perturbatae et iram aeternam gustantis). 이러한 논의를 한 후 판넨베르그는 루터가 사람 예수로부터 시작한 반면 안셈은 성육신한 신인 예수로부터 시작한 점이 다르다고 하여, 아울렌(Gustaf Aulén)이 자신의 작품 『승리자 그리스도』(Christus Victor)에서 개진한 안셈-루터의 정식을 전혀 근거가 없는 이론으로서 비판한다. 그리고 안셈-칼빈의 정식을 제안한다. 칼빈이 관념적으로 신인양성의 위격적 연합에 접근하여 그리스도의 인성을 강조하지 않았다는 편견에서 그러한다. Pannenberg, *Jesus-God and Man*, 278-279 (GC 286-287). 그러나 이러한 주장에는 심각한 자기모순이 존재한다. 루터가 인성을 강조하는 듯이 보이는 것은 인성이 신성의 속성들을 받아들여 고양된다는 점에 착안하여 인성을 마치 성육신의 주체라도 되는 듯이 다루는 경향이 있기 때문이다. 반면에 칼빈이 인성을 덜 강조하는 듯이 보이는 것은 정통적인 입장에서서 신인양성의 위격적 연합을 말함으로 인성보다 인격이 더욱 자주 거론되기 때문이다. 그러나 예수의 참 인성을 올

Osiander, 1498-1552)와 슈벵크펠트(Caspar Schwenkfeld, 1489[1490]-1561)는 사람의 인성과 신성의 본성적 연합(physical union)을 통하여 우리가 구원을 받게 된다고 보았다. 오시안더는 다음과 같이 자신의 논지를 내세운다. 사람의 인성에는 본래 신성이 함께 있다. 인성은 신성을 나르는 수레와 같은 것이다. 칭의는 의의 전가(imputatio)가 아니라 의의 주입(infusio)인데, 주입된 의는 그리스도가 이 땅에서 행하신 의가 아니라, 그의 신성을 지칭한다. 오시안더가 이렇듯 인성을 신성의 용기(容器)와 같이 여겼다면 슈벵크펠트는 인성은 하나님의 실체로부터 형성된 것으로서 지상에서 육체 가운데 머물면서 완전히 신성이 된다는 점을 강조하였다.3445)

이러한 신학적 신비주의에 대해서 외팅거(Friedrich Christopher Oetinger, 1702-1782)는 철학적 신비주의를 주장하였다. 그는 세속적인 철학을 거룩한 철학(philosophia sacra)으로 대체하고자 하였으며, 이전 시대의 신지학자(theosophist)였던 뵈메(Jacob Böhme, 1575-1624)를 추종하였다. 외팅거는 고대 플라톤의 이데아 사상을 받아들여 다음과 같이 말한다. "[로고스 안에는] 이미 사물들의 원래 형상들이 존재했다. 그것들이 모든 것들을 그 자체의 원형 혹은 행위 가운데 조성하였다"(originales rerum antequam exstiterunt formae. omnia constiterunt in ipso archetypice sive actu).3446) 그리스도의 양성의 위격적 연합은 그리스도와 그의 백성 사이의 신비한 연합의 규범이 된다. "로고스 안에서 위격에의 동참을 통하여"(ἐν λόγῳ per participationem ὑποστάσεως)—"그리스도 안에서 은혜와 신적 본성에의 참여를 통하여"(per consortium gratiae et θείας φύσεως)—사람은 그 인성이 하나님의 신성과 하나가 된다. 이 경우 신성과 인성은 결국 동질적인 무엇이 된다. 외팅거에 의하면, "우리는 우리를 위한 그리스도의 사역이 아니라 우리 안에서의 그의 사역으로 말미암아 구원을 받는다. 영원한 아들은 사람 그리스도 예수 안에서 성육신하신 것이 아니라 교회 안에서 그리

바로 견지하는 자는 참 하나님이시자 참 사람이신 예수 그리스도가 '인성에 따라서' 고난당하시고 죽으셨음을 고백하는 칼빈이다. 루터에게는 신성과 혼합되거나 신성에 의해서 변화된 그리스도의 인성이 남을 뿐이기 때문이다. 이렇게 볼 때, 안셈의 약점을 안고 있는 것은 칼빈이 아니라 루터이며, 안셈-루터의 정식이 적실하다. 우리가 주목할 것은 이러한 입장을 개진하는 판넨베르그는 속죄를 외계의 누군가에게—곧 그리스도께—다 맡기는 것이 아니라 함께 이루어가는 무엇이라고 여기는 "포괄적 보상"(inclusive substitution)을 주장하고 있다는 점이다. 이에 관해서, Wolfhart Pannenberg, "A Theology of the Cross," *Word & World* 8/2 (1988), 171-172.

3445) Hodge, *Systematic Theology*, 2.585-587; Bavinck, *Reformed Dogmatics*, 3.345-347.

3446) Hodge, *Systematic Theology*, 2.588에서 재인용.

하셨다."3447)

이러한 신비주의자들은 슐라이어마허가 그러했듯이 하나님과 개개인의 신비한 화해를 우선시하고 대속은 단지 그러한 내적 화해의 열매 정도로 생각했다.3448) 이 경우, 대속의 특수성이 화해의 보편성에 매몰되고 만다.3449) 도덕설이 그리스도의 대속이 미치는 내적 영향으로서의 화해에 주목한다면, 신비설은 대속 자체가 내적 화해의 열매로 치부된다. 그러므로 사실상 그리스도의 죽음을 중심 논제로 삼는 속죄론이 논의될 여지가 없다. 그러므로 신학적이라고 여겨지는 경우에도 모든 신비설은 궁극적으로 철학적일 뿐이다.

6. 3. 하나님의 뜻에 대한 자의적 해석 : 주의주의와 통치설

우리가 위에서 고찰했듯이, 칼빈은 하나님의 사랑(amor, caritas, dilectio)－혹은 뜻(voluntas)－과 그리스도의 공로(promeritum, meritum)－혹은 의(iustitia)－를 속죄론의 두 축으로 삼는다. 그러나 양자는 서로 별개의 것으로 여겨지지 않는다. 하나님의 사랑은 하나님의 뜻으로 여겨지는 바, 그것은 아들을 주시기까지 하시는 사랑이며, 그리스도의 공로는 그 아버지의 뜻에 대한 순종의 공로가 되기 때문이다.3450) 이러한 입장에 대한 인식을 결(缺)한 쏘키누스는 칼빈이 그리스도의 공로에만 편향되어 있으며 하나님의 사랑을 무시했다고 비판하였다. 이를 반박하면서, 칼빈은 그리스도의 공로와 무관하게 하나님의 사랑만을 강조한 쏘키누스 자신이야말로 둔스 스코투스(Duns Scotus, 1266-1308)의 "부채청산"(負債淸算, acceptilatio) 이론에서 헤어나지 못하고 있다는 점을 시사하였다.3451)

프란시스칸 수도회의 주의주의(主意主義) 신학의 기초를 정립한 스코투스는 구속의 공로가 예수 그리스도의 고난 자체보다 그것을 받으시는 하나님의 의지에 달

3447) Hodge, *Systematic Theology*, 2.587-589.
3448) Bavinck, *Reformed Dogmatics*, 3.353-354.
3449) 참조. Bavinck, *Reformed Dogmatics*, 3.354-361.
3450) 이에 대해서 전술한 본서 제12장 3. "칼빈의 언약적 이해: 아버지의 사랑과 아들의 공로의 두 축" 참조.
3451) 참조. Sabatier, *The Doctrine of the Atonement and Its Historical Evolution and Religion and Modern Culture*, 90.

려있다고 여긴다. 하나님이 받지 아니하시면 그리스도의 죽음은 성도의 구원을 위한 합력적 공로(meritum de congruo)로서 역사할 수 없다고 보는 것이다.3452) 스코투스가 주장하는 바는 이러하다. 하나님은 창조 자체에 타락의 가능성을 부여하셨기 때문에 구속을 위하여 그리스도의 죽음이 필연적이라고 말하는 것은 그릇되다.3453) 그리스도의 고난이 불순종의 형벌을 제하고 은혜 가운데 화목하게 하는 원인이 되기는 되지만 예정의 원인이 되는 것은 아니기 때문이다. 아들에 대한 작정은 타락에 대한 하나님의 예지(豫知)에 후속한다. 그러므로 그리스도의 죽음의 필연성(necessitas mortis Christi)을 말하는 것은 헛되다.3454) 그리스도의 대속으로 말미암아 우리에게 임하는 "의의 감화"(affectio justitiae)는 그의 영혼의 하부(下部)에 속한 일이다. 그의 영혼의 상부(上部)에 속한 의지(voluntas)는 하나님과 완전히 결합되어 있다.3455) 하나님이 지극한 영광(summa gloria)을 받기 위해서 자신의 영원한 의지에 따라서 자신이 아들의 영혼과 연합하여 아들과 하나의 의지를 지니고자 하셨다. 그러므로 타락이 없어도 그리스도는 그 작정에 따라서 성육신하셨을 것이다. 인류의 완성은 구속이 아니라 창조의 경륜에 따른 것이기 때문이다.3456) 따라서 "구속이 행해짐이 없었더라도"(nisi redemptio fuisset facienda) 말씀은 성육신하셨을 것이다.3457) 아무도, 심지어 그리스도의 영혼조차도, 하나님의 의지에 따른 사랑을 넘어설 수 없기 때문이다.3458) 이와 같이 스코투스는 구원의 역사(役事)에 있어서의 그리스도

3452) Suh, *The Creation-Mediatorship of Jesus Christ*, 31. Duns Scotus, *Liber III Sententiarum*, d.19, q.1: "……sic talis passio praecise fuit meritoria de congruo, quia sic accepta."

3453) Suh, *The Creation-Mediatorship of Jesus Christ*, 30–31.

3454) Suh, *The Creation-Mediatorship of Jesus Christ*, 26. Scotus, *Liber III Sententiarum*, d.19, q.1: "……et ideo passio, ut praevisa, post praevisionem lapsus, potuit esse ratio remittendi offensam, et conferendi gratiam reconciliantem, non autem potuit esse ratio praedestinationis."

3455) Suh, *The Creation-Mediatorship of Jesus Christ*, 29.

3456) Suh, *The Creation-Mediatorship of Jesus Christ*, 23–25.

3457) Suh, *The Creation-Mediatorship of Jesus Christ*, 22. 이와 같은 스코투스의 입장은 오시안더(Andreas Osiander)의 입장과 흡사한 부분이 많다. 오시안더는 하나님의 본질은 인성을 취할 수 없다는 전제에 서서, 하나님의 아들의 존재를 성육신 전후를 통해서 불변하는 하나님의 본질의 영원한 현존으로 이해한다. 그리스도의 형상(imago Christi)으로 창조된 인류는 본질적인 의(justitia essentialis)를 지녔으며 하나님의 본질을 주입받음으로써(infusa) 그리스도를 닮아 간다. 구원이 여기에 있으므로, 비록 사람이 타락하지 않았더라도 그리스도는 육신을 입었을 것이다. 오시안더에 따르면, 우리가 의롭다 함을 받는 것은 그리스도의 의의 전가로 인한 것이 아니라 "우리가 하나님과 더불어 의롭다"(nos una cum Deo iustos esse)는 사실에 기반한다. 그러므로 중보자 그리스도의 대속의 필연성은 부인된다. 이러한 오시안더의 입장에 대한 칼빈의 비판은, Calvin, *Institutio*, 3.6.3 (*CO*, 2.503).

3458) Scotus, *Liber III Sententiarum*, d.7, q.3: "……quod loquendo de merito de condigno nullus meruit

의 "머리되심"(primatus, primacy, 首位權)을 모든 피조물을 향한 하나님의 사랑이 사람에게 작용하는 방식으로 이해했다.3459)

스코투스는 성육신은 말씀이 인간의 영혼과 육체를 취한 것이지 인간의 인격을 취한 것은 아니라고 하여 이와 관련된 칼케돈 신경의 가르침을 계승하는 듯하지만, 의지를 담고 있는 영혼의 상부는 말씀과 결합하고 영혼의 하부는 육체를 취했다고 함으로써 아폴리나리우스의 오류에 빠져있다.3460) 스코투스에 따르면, 대속의 공로는 인류와 피조물을 구속하기 위한 "하나님의 예정의 의지"(voluntas divina praedestinationis)에 일차적으로 주어진다. "인간의 본성이 말씀에 의해서 취해짐"(naturam humanam assumendam a Verbo), 곧 성육신에는 그것을 수행하기 위한 부수적 의가 있을 뿐이다.3461) 그러므로 그리스도의 공로 혹은 의와 무관한 하나님의 공로 혹은 의가 우리의 대속을 위하여 존재하게 된다.3462)

이러한 입장을 견지하는 가운데 스코투스는 안셈에 반대해서 다음과 같은 원리를 제시한다. "피조된 모든 제물은 하나님이 받아주시는 만큼 가치가 있다"(Tantum valet omne creatum oblatum, pro quanto Deus acceptat). "그리스도의 공로는 유한했다. 왜냐하면 그것은 처음부터 본질적으로 유한한 것에 의존하고 있었기 때문이다. 진정 그리스도는 하나님이 아니라 사람이 미치는 한에 있어서 공로가 있었다"(Meritum Christi fuit finitum, quia a principio finito essentialiter dependens. Non enim Christus quatenus

---

praedestinari, nec etiam anima Christi……." Suh, *The Creation-Mediatorship of Jesus Christ*, 22에서 재인용.

3459) 참조. Ilia Delio, "Revisiting the Franciscan Doctrine of Christ," *Theological Studies* 64/1 (2003), 7-15. 여기에서 저자는 이러한 스코투스의 입장을 "그리스도 중심적 혹은 그리스도적 우주"(a Christ-centered or Christic universe)라는 관점에서 그리스도의 수위권을 논한 보나벤투라(Bonaventura, 1221-1274)의 입장과 일맥상통한다고 주장한다. 다음 글에서 동일한 저자는 보나벤투라가 스스로 교제하시는 삼위일체 하나님의 자기 사랑과 예수 그리스도의 대속의 우주론적 의의를 형이상학적으로 고양시켰다고 주장한다. Ilia Delio, "Theology, Metaphysics, and the Centrality of Christ," *Theological Studies* 68/2 (2007), 254-273.

3460) Suh, *The Creation-Mediatorship of Jesus Christ*, 15-19.

3461) Suh, *The Creation-Mediatorship of Jesus Christ*, 20-21.

3462) Suh, *The Creation-Mediatorship of Jesus Christ*, 31-33. 참조. Hodge, *Systematic Theology*, 485. 중세 말기 이후 더욱 고착화된 로마 가톨릭 신학에 의하면, 그리스도의 의는 오직 세례 전의 죄 용서에만 관계된다. 세례 이후의 죄는 용서받을 수 없다거나 죄인 자신이 이를 해결해야 한다고 여긴다. '그리스도의 배상'(the satisfaction of Christ)은 영원한 죽음을 사하는 공로만 있으며 일시적인 형벌이나 사후 연옥의 고통은 교회에 제공된 "보속"(補贖, supplementary satisfaction)으로 말미암는다. 그러나 이는 그리스도의 의의 완전성과 충족성을 말하는 성경(갈 2:21; 3:21; 눅 24:26; 히 2:10)과 배치된다.

Deus meruit, sed quatenus homo).³⁴⁶³⁾

스코투스에게는 말씀이 육신이 되셨다는 사실과 하나님의 뜻만이 남게 된다. 성육신의 필연성은 오직 결과적 필연성을 지닐 뿐이다. 그러함으로 그렇게 작정된 것이라는 진술만이 남는다.³⁴⁶⁴⁾ 스코투스에 따르면, 하나님의 의지는 그의 본성(natura)조차 거스를 수 있다. 그러므로 그리스도의 사역의 필연성이 부인된다. 만약 다른 방법이 있다면 그리스도는 헛되이 죽은 것이 될 것이다. 이 경우, 소와 양과 같은 짐승의 피도 하나님이 사람의 생명의 값으로 받으시기만 한다면 구속의 의를 지니게 된다.³⁴⁶⁵⁾ 이러한 스코투스의 입장은 타락을 성육신의 동인으로 보지 않고 인간의 구원을 신화(神化)를 통한 창조의 완성으로 보는 영지주의적인 범신론의 요소를 지니고 있다. 그리스도의 대속적 공로의 필연성조차 하나님의 절대 의지에 종속되는 것으로 본 중세 후기 유명론자들의 왜곡된 언약신학의 맹아가 여기에서 발견된다.³⁴⁶⁶⁾

이러한 스코투스의 입장은 알미니우스(Jacob Arminus, 1560-1609)를 추종하는 림보르크(Philipp van Limborch, 1633-1712)와 쿠르켈라에우스(Stephan Curcellaeus, 1586-1659) 등의 항변론자들(Remonstrants)에게 계승되었다. 그들은 그리스도의 대리적 속죄를 원천적으로 거부하였다. 그리스도가 아담의 불순종에 대한 형벌을 가져가셨다는 사실과 그가 모든 율법의 요구를 다 이루셨다는 사실을 모두 부인한다. 그들은 구약의 의식법에 있어서 제사가 죄에 대한 용서를 구하는 조건이 되었듯이, 그리스도의 죽음은 복음 아래에서 그 조건이 될 뿐이라고 여긴다. 쿠르켈라에우스가 말하듯이, "희생제물들은 빚을 지불하는 것이 아니다. 그리스도는 우리가 빚진 형벌인 영원한 죽임을 당하지 않으셨다. 그는 단지 불과 몇 시간 십자가에 달리셨고 사흘 만에 죽음에서 부활하셨다"(Sacrificia enim non sunt solutiones debitorum ……Christus non est passus mortem aeternam quae erat poena peccato debita, nam paucis tantum horis in cruce pependit, et tertia die resurrexit ex mortuis).³⁴⁶⁷⁾ 이렇게 볼 때, 그리스도의 죽음은 구원의 질료(materia)가 되지 못하고 조건(causa)에 불과하기 때

3463) Hodge, *Systematic Theology*, 2.486에서 재인용.
3464) 참조. Adams, *Christ and Horrors*, 124-128.
3465) Hodge, *Systematic Theology*, 2.487-488.
3466) 이에 대해서 전술한 본서 제4장 2. 2. "칼빈의 언약관" 참조.
3467) Hodge, *Systematic Theology*, 2.486에서 재인용. 핫지 인용에는 "prependit"로 되어 있으나 "pependit"에 대한 오기가 분명하다.

문에 그 효과(effectus)는 하나님의 의지(voluntas) 곧 "받아들임"(acceptatio)에 달려 있다는 결론에 이른다. 림보르크가 말하듯이, "그리스도가 지불한 값은 하나님 편의 평가에 걸맞게 지불된 만큼이었다"(pretium, quod Christus persolvit, juxta Dei partis aestimationem persolutum est).3468)

그리스도의 무름은 그의 인격의 고귀함으로 말미암아 그 공로가 무한하다. 그러나 중세의 스코투스주의자들(Scotists)과 항변론자들은 이를 부정한다. 그들은 그리스도의 의는 본질적이 아니라 "값없이 받아지는 한에 있어서"(acceptione gratuita) 하나님의 의를 만족시킨다고 주장한다. 이는 안셈이 『Cur Deus Homo』에서 개진한 다음 명제들과 상충된다.

(1) 사람은 구속되어야 할 필요가 있었다는 사실(Quod necessariam fuit hominem redimi). (2) 무름이 없이는 구속될 수 없었다는 사실(Quod non potuit redimi sine satisfactione). (3) 사람이신 하나님에 의해서 무름이 행해져야 했다는 사실(Quod facienda erat satisfactio a Deo homine). (4) 무엇보다 적합한 방법이 여기에 있었으니, 그것은 분명 그리스도의 고난을 통한 것이었다는 사실(Quod convenientior modus fuit hic, scilicet per passionem Christi).3469)

안셈의 『Cur Deus Homo』 이후로 속죄론과 관련하여 가장 많이 회자된 한 권의 책을 꼽으라면 단연 그로티우스(Hugo Grotius, 1583-1645)의 『그리스도의 무름에 관한 보편 신앙의 수호』(Defensio fidei catholicae de satisfactione Christi)를 들 수 있을 것이다. 본서에서 저자는 쏘키누스(Faustus Socinus)에 대한 반박에 주안점을 둔다. 그로티우스는 이 책이 출판된 2년 후에 있었던 도르트 회의(the Synod of Dort)에 항변론자들의 일원으로 참여했으나 그들의 입장에 기본적으로 동조하지는 않았다. 본서에서 그로티우스는 그리스도의 대속이 형벌적이며 객관적이라는 사실과 그것이 죄 값을 치르며 용서에 이르게 한다는 사실을 인정한다. 그는 연좌제를 금지한 신명기 24:16의 말씀이 있기는 하나 그것은 행형(行刑)에 관계되는 것이며, 형벌을 누

3468) Hodge, *Systematic Theology*, 2.575-576. 576에서 재인용.

3469) Hodge, *Systematic Theology*, 2.485-486. 486에서 재인용. 이에 대해서 전술한 본서 제12장 5. "안셈의 배상 (satisfactio) 이론: 전개와 한계" 참조.

가 치르는지는 본질적인 문제가 아니라고 주장한다. 이와 관련하여 일반법적인 원리가 거론된다. 그로티우스는 안셈이 그리스도의 공로의 객관성을 파악한 것은 옳다고 보나, 그 공로가 하나님의 존영을 해친 것에 대한 값이라는 것에는 동의하지 않는다. 죄는 공적인 하나님의 법에 대한 위반이며 그의 통치에 대한 거역이다. 징벌은 하나님의 존영을 지키는 데 일차적인 목적이 있는 것이 아니라 "하나님의 통치의 고상함"이 효과적으로 선포되고 확정되는 데 있다. 그러므로 그리스도의 고난은 "부수적으로 징벌적"(vice-penal)이며 "유사적으로 징벌적"(quasi-penal)이다. 그 의는 "배분적 의"가 아니라 "통치자의 의"(iustitia rectoris)이기 때문이다.3470)

그로티우스는 성경은 모든 율법에 대한 위반이 사망이라고 하지만, 모든 경우에 엄격하지는 않고 어떤 경우에는 유화(宥和)적으로 적용된다고 본다. 이러한 입장에서, "법은 하나님 안에 내재적인 무엇이거나 하나님의 뜻 자체가 아니고 단지 그 뜻의 영향이다"라고 말한다.3471) 여기에서 우리는 그로티우스의 입장이 기본적으로는 객관적 속죄론을 견지하고 있으나 그리스도의 다 이루신 의가 성도의 구원을 위하여 완전하다는 사실을 부인하고, 비록 스코투스의 입장을 직접 따르지는 않지만 최소한 거부는 하지 않고 있음을 발견할 수 있다.

그로티우스는 그리스도의 대속에 있어서 하나님은 "피해자"(an offended party)도, "채권자"(a creditor)도, "주인"(a master)도 아닌, "도덕적 통치자"(a moral governor)라고 여긴다.3472) 하나님은 피해자로서 가해자를 용서하는 것이 아니며, 채권자나 주인과 같이 임의로 채무를 소멸시켜 주거나 징계를 철회하는 것도 아니다. 그것은 하나님이 자신의 권세 아래에 있는 사람들의 이익을 위해서 행하는 통치이다. 그것은 "통치자로서의"(ut rectorem) 행위이다. 징벌은 통치의 일부로서 범죄를 예방하거나 질서를 유지하고 공동체의 최고의 이익을 증진시키는 데 있다. 모든 형벌은 "공동선"(bonum commune)을 위하여 부과된다. 그리스도의 고난과 죽음 역시 그 고유한 가치는 통치를 위한 본보기를 보이는 데 있다. 그것은 피해를 채우는 것도 의를 만족시키는 것도 아니며, 오직 하나님의 도덕적 통치를 위한 것이다.3473) 십자가가

3470) Stevens, *The Christian Doctrine of Salvation*, 161-165.
3471) Stevens, *The Christian Doctrine of Salvation*, 166-169. 167에서 인용.
3472) Hodge, *Systematic Theology*, 2.573.
3473) Hodge, *Systematic Theology*, 2.574.

갖는 의미는 죄 값이 지불되었다는 사실이 아니라 하나님이 죄를 싫어하셔서 그 값을 요구하셨다는 사실과 "우리를 향한 최고의 사랑과 자비를 드러내셨다"(patefecit summum erga nos amorem ac benevolentiam)는 사실에 있다. 그로티우스에 의하면, "그리스도의 사역은 순수하게 교훈적(purely didactic)이었다. 그것은 죄에 대한 하나님의 미움을 예를 들어서 가르치고자 고안되었다. 십자가는 단지 상징이었다."3474) 그로티우스는 객관적 속죄를 말하면서도 죄와 벌에 대한 연결고리를 끊어버렸다.3475) 그리스도의 의가 징벌적이라고 해도 그 죄가 자체로 유화될 수 있는 무엇이라고 본다면, 그 의에 대한 절대성도 사라지고 만다. 이러한 모순은 통치라는 객관적인 명분을 내걸기는 했으나 스코투스의 "부채청산"(負債淸算, acceptilatio) 이론을 넘어서지 못한 한계를 여실히 노정하고 있다. 이러한 모호성으로 말미암아 후대에 이와 유사한 이론들이 많이 나타났다.3476)

6. 4. 결론적 고찰

반 아셀(Willem J. van Asselt)은 다음과 같이 네 가지 모델로 속죄론을 분류하는 바, 주님의 사역의 의미에 주안점을 두고 있다는 점에서 주목된다.

첫째, "속전-승리 모델"(the ransom-victory model)이다. 사탄에 대한 속전을 치름으로써 총괄적으로 전 인류의 역사를 갱신했다는 이레네우스의 입장, 주님의 죽음을 미끼로 사탄이 죽음에 삼켜지게 되었다는 닛사의 그레고리의 입장, 승리자 그리스도(Christus victor)가 세상의 악한 권세들을 이기고 전 우주적인 구원을 이루었다는 아울렌의 입장이 이에 속한다.

3474) Hodge, *Systematic Theology*, 2,575, 라틴어 원문은 재인용.

3475) 참조, Letham, *The Work of Christ*, 168.

3476) 그로티우스의 이론(Grotian theory)은 알미니우스주의자들, 세대주의자들 등을 통하여 확산되었으며, 조나단 에드워즈(1703-1758)와 그를 계승한 뉴잉글랜드 신학도 이를 받아들였다. 참조, Stevens, *The Christian Doctrine of Salvation*, 171-172. 에드워즈는 의의 전가를 주장하기는 했으나 그 가치를 도덕적 정의 관념에서 우선적으로 찾았다. 이에 대해서, Bruce M. Stephens, "An Appeal to the Universe: The Doctrine of the Atonement in American Protestant Thought from Jonathan Edwards to Edwards Amasa Park," *Encounter* 60/1 (1999), 58-61; Crisp, "Non-Penal Substitution," 419-427. 이런 측면을 더욱 부각시켜 다음 글에서 저자는 에드워즈가 속죄의 본질을 그리스도가 보여준 도덕적 삶의 모범에서 찾았다고 주장한다. Elizabeth Agnew Cochran, "Creaturely Virtues in Jonathan Edwards: The Significance of Christology for the Moral Life," *Journal of the Society of Christian Ethics* 27/2 (2007), 73-95.

둘째, "희생제사 모델"(the sacrifice model)이다. 주님이 단번에 영원한 제사를 드려 속죄(expiatio)와 용서(propitiatio, placatio)와 화목(reconciliatio)을 이루셨다는 입장이다. 이는 사탄이 아니라 하나님을 향한다는 측면에서 "속전-승리 모델"과 구별된다.

셋째, "보상 모델"(the substitution model)이다. 이는 형벌(poena)에 대한 배상(satisfactio)을 속죄의 본질로 여긴다. 개혁신학자들은 이를 개진함에 있어서 당하신 순종과 행하신 순종을 모두 아우르는 대리적 무름(satisfactio vicaria)을 강조하였다. 그러나 안셈은 배상(satisfactio)을 말하기는 했으나 그것을 형벌(poena)이 아니라 공로(meritum)의 측면에서 논함으로 형벌적 배상(satisfactio poenalis)에 대한 인식에는 미치지 못하였다. 곧, "희생제사 모델"은 넘어섰으나 "보상 모델"에는 온전히 이르지 못하였다.

넷째, "모범 모델"(the exemplarist model)이다. 이는 그리스도의 십자가 죽음이 인류에 대한 하나님의 사랑의 계시라는 점을 강조한다. 이 경우 의의 전가(imputatio)보다 모범을 본받음(immitatio)이 강조된다. 아벨라르, 쏘키누스, 슐라이어마허, 리츨 등이 이 입장에 서 있다.[3477]

본서에서 우리는 주님의 대리적 무름의 의가 사법(司法)적으로 수행되었으며 그 전가가 언약적으로 이루어진다는 형벌적 보상(penal substitution) 이론이 성경적임을 고찰한 후, 여러 방면으로 추구된 다양한 속죄론에 대해서 살펴보았다. 이를 통하여 우리는 속죄론의 주요 쟁점이 죄, 벌, 대속에 있음을 확인하였다. 죄에 관하여, 객관설은 죄책(罪責)에, 주관설은 죄성(罪性)에 방점을 찍고 있음을 알게 되었다. 벌에 대하여, 객관설은 그 목적을 보응 혹은 보상, 곧 무름에서 찾는 반면, 주관설은 윤리적이거나 도덕적인 삶의 회복에 더욱 주목하고 있으며, 통치설은 하나님의 나라의 질서에 제일의 가치를 두고 있음을 살펴보았다. 대속에 관하여, 언약에 따른 그리스도의 대리적 무름의 절대적인 가치를 인정하는 객관설과 이를 부인하고 하나님의 뜻, 각자의 내적 체험, 사회적 동기 등에서 상대적인 가치를 찾는 주관설이나 통치설의 상이점을 인식하였다. 근대 이후 속죄론은 이러한 요소들이 복합적으

[3477] Van Asselt, "Christ's Atonement: A Multi-Dimensional Approach," 55-62. 다음 글에서 저자는 속죄론을 "진정한 지식을 가르치는 교사로서 예수", "우리의 도덕적 모범과 감화로서 예수", "승리자 그리스도로서 예수", "우리의 배상으로서 예수", "우리의 복된 보상으로서 예수", "마지막 희생양으로서 예수 그리스도", 여섯 모델로 다룬다. Ted Peters, "Atonement and the Final Scapegoat," *Perspectives in Religious Studies* 19/2 (1992), 155-180.

로 얽혀 더욱 다양하게 전개되어 왔다.

예컨대 하나님의 의의 절대성은 인정하나 그의 자비를 자원적이며 선택적인 것으로 여겨 대리적 속죄의 원리를 느슨하게 고찰한 쉐드(William G. T. Shedd, 1820-1894)나 하나님은 자비로우심에 있어서는 사랑이 의보다 고상하게 작용하나 거룩하심에 있어서는 사랑은 의에 종속된다고 본 스트롱(Augustus H. Strong, 1836-1921)의 예(例)가 그러하다. 이들은 칼빈주의의 영향을 강하게 받아 제한속죄를 엄격하게 주장한 핫지(Charles Hodge)와는 달리 어느 한 이론을 철저하게 개진하고 있지는 않다. 그리하여 그리스도의 의의 전가에 따른 구원의 절대적인 가치가 윤리적, 통치적 이념으로 상대화되는 난맥상을 보인다.3478) 핫지와 속죄론에 관한 논쟁을 벌였던 테일러도 그러한 한 경우였다(William Taylor, 1786-1858).3479)

그리스도의 대속은 창세 전에 정하신 하나님의 작정에 따른 것이었다. 하나님은 외계적으로는 필연성에 매이지 않으시므로 창조와 계시와 구속이 비필연적이듯이, 대속의 방식도 비필연적이다. 그러나 이러한 비필연성은 하나님의 경륜이 거룩하심이나 의로우심과 같은 속성에 필연적으로 매이지 않는다는 의미는 아니다. 칼빈이 우리의 중보자가 하나님이시고 사람이셔야 할 것이 "단순하거나 절대적인 필연성에"(necessitate simplex vel absoluta) 따른 것이 아니라 "하늘의 작정으로부터 나온"(ex coelesti decreto) 것이라고 한 것이 이를 뜻한다.3480) 그러므로 마치 어거스틴, 루터, 칼빈, 바빙크 등이 속죄가 "상대적이거나 가설적으로 필요한"(relatively or hypothetically necessary) 것이라고 여기는 것은 바람직하지 않다.3481) 하나님의 의와 다를 바 없이 하나님의 사랑 역시 비필연적이지만 절대적이고 불변하기 때문이다. 칼빈이 던즈 스코투스의 영향을 받은 쏘키누스를 반박하며 "사랑의 시작은 의이다"

3478) 이 세 신학자의 비교와 관련해서, 참조. Stevens, *The Christian Doctrine of Salvation*, 174-186.

3479) 참조. Wells, "The Debate over the Atonement in 19Th-Century America, Part 3, The Collision of Views on the Atonement," 366, 373-374. 테일러는 원죄의 실제를 믿지 않고 내적인 의지가 아니라 외적 행태에 중점을 두고 이를 다루었다는 측면에서 비록 에드워즈(Jonathan Edwards)의 영향을 받았다고 하나 이를 수정하는 정도를 넘어서서 전복시키는 수준에 이르렀다고 다음 글은 주장한다. David F. Wells, "The Debate over the Atonement in 19th-Century America, Part 4. Aftermath and Hindsight of the Atonement Debate," *Bibliotheca Sacra* 145/577 (1988), 9-10.

3480) Calvin, *Institutio*, 2.12.1 (*CO* 2.340).

3481) Berkhof, *Systematic Theology*, 369-370.

라고 한 것은3482) 이러한 뜻을 부각시키기 위해서이다.

오늘날, 속죄론에 관한 다양한 입장들을 하나로 묶어서 총합적으로 파악하려고 하는 시도가 여러모로 전개되나, 실상 그 축이 되는 형벌적 보상이론을 전제하지 않는 취약함을 드러낸다.3483) 예컨대, 혹자는 보상 이론과 모범 이론을 결합시켜 주님이 죄 값을 치르신 것은 우리에게 인과응보의 사법(司法)적 당위성을 깨우쳐 우리가 그와 같은 일을 하는 데 도움을 주시기 위함이셨다고 하기도 하고,3484) 혹자는 "규범적 이론"(a normative theory)을 제안하면서 주님의 중보는 우리가 그를 믿는 믿음을 갖도록 하는 것이 아니라 그와 같이 아버지의 뜻대로 행하는 믿음을 갖도록 하는 데 있다고 하기도 하고,3485) 혹자는 그리스도의 희생제물이 우리가 심리적 억압으로부터 벗어나 진정한 자유에 이르게 되는 기제(機制)의 역할을 한다고 여기기도 한다.3486)

그리스도의 객관적 대속은 주관적 적용을 제한하지 않는다. 마치 칭의가 단회적이나 법정적이므로 성화의 다양한 역사가 그 신분 가운데 일어나듯이, 그리스도의 다 이루신 의가 완전하고 충족하므로(요 19:30; 마 5:17; 롬 10:4; 고후 8:9; 엡 1:7, 18; 3:8, 18-19; 골 1:19-20), 그것은 사망의 형벌을 가져가고 죄의 저주를 제거할 뿐만 아니라, 우리의 내면이 신령한 지혜와 지식으로 감화되어 부요해지고 우리의 삶이 거듭난 형상에 따라 거룩해지게 한다. 그것은 성도 각자가 그리스도와 함께 죽고 그와 함께 사는 신비한 연합에 이르게 됨으로 온전해지게 한다(롬 6:1-11; 고후 4:10; 5:17; 8:9; 13:3-5; 갈 2:20; 엡 2:5-6; 4:24; 골 3:10; 살전 4:3; 히 2:11; 10:14; 요일 3:24; 4:13; 5:11-12). 이렇듯 다양한 열매 가운데 어느 특정한 것을 취하여 그 질료가 되는 그리스

3482) Calvin, *Institutio*, 2.17.2 (CO 2.387-388).

3483) 참조. Van Asselt, "Christ's Atonement: A Multi-Dimensional Approach," 67.

3484) 이러한 입장에 대해서 주님의 속죄에 대해 도덕적이면서도 법철학적인 접근을 시도한 스윈번(Richard Swinburne)의 다음 책 참조. Richard Swinburne, *Responsibility and Atonement* (Oxford: Clarendon Press, 1989). 참조. Tommi Lehtonen, "'Christus Victor'-the Meaning of Atonement," *Studia Theologica* 55/2 (2001), 120-122.

3485) 이러한 입장은 소위 바울신학의 새관점을 주장하는 학자들 가운데 현저하다. 다음 글은 라이트(N. T. Wright)의 입장을 소개하고 있다. Alan Spence, "A Unified Theory of the Atonement," *International Journal of Systematic Theology* 6/4 (2004), 408-411, 417-419.

3486) 이러한 입장은 속죄를 폭력으로부터의 해방이라는 측면에서 바라보는 지라르(René Girard)에 의해서 제기되었다. 그의 입장에 대해서, Lehtonen, "'Christus Victor'-the Meaning of Atonement," 123-124; Peters, "Atonement and the Final Scapegoat," 172-180.

도의 공로 혹은 의를 대체하려는 것은 결국 하나님의 은총을 축소하려는 것과 다를 바 없다. 그러므로 대속의 본질을 도덕적 감화나 의지적 성향이나 통치적 동기 등으로 돌리려는 시도는 "열린 문"을(계 3:8) 닫으려는 것과 같이 무모하고 어리석다. 하나님과의 사랑의 교제는 법정적 칭의의 열매이지 구속의 조건이 되지 못한다. 화목은 객관적인 무릎과 그 의의 전가와 인침으로부터 비롯되므로 회개와 믿음을 항상 수반한다. 그러므로 우리 편에서의 심령의 회개나 변화나 동의를 대속의 조건으로 삼을 수는 없다.3487)

아들을 주시기까지 하신 하나님의 사랑은 그 폭이 자신을 드리신 아들의 의(義)와 동일하다. 아버지의 의(義)가 아들의 대속에 있다. 그러므로 아버지의 사랑도 의와 다를 바 없이 절대적이며 변개될 수 없다. 이를 거부하는 가운데, 아버지의 사랑과 다를 바 없이 아버지의 의도 상대적이 되지 않는 이상 아들의 의로 말미암은 형벌적 보상은 있을 수 없다고 보는 입장은 성경이 아니라 이성적 전제에 매여 스스로 모순에 빠진 그로티우스를 답습하고 있을 뿐이다.3488)

성경은 그리스도가 속죄의 제물로서, 사법(司法)에 따라 형벌의 죽음을 죽으셨으며, 그 속전으로, 사탄을 이기시고, 우리의 유월절 양이 되셔서 우리에게서 죽음이 지나가게 하셨음을 분명히 천명하고 있다.3489) 로마서 3:24-26의 말씀을 통하여 보듯이 그리스도의 피는 단지 모범이거나, 모상이거나, 상징이거나, 징표가 아니라, 대리적 속죄의 실체이자 질료가 된다. 그것에 대한 내적 반응은 의의 전가에 후속하는 것이지 그것이 구원에 이르는 의가 될 수는 없다.3490)

그리스도 예수 안에 있는 속량으로 말미암아 하나님의 은혜로 값 없이 의롭다 하심을 얻

3487) 이러한 입장에 서 있는 경우로서, Vincent Brümmer, *Atonement, Christology and the Trinity: Making Sense of Christian Doctrine* (Burlington, VT: Ashgate, 2005), 78-79.

3488) 이러한 입장에 서 있는 경우로서, Oliver D. Crisp, "The Logic of Penal Substitution Revisited," in *The Atonement Debate: Papers from the London Symposium on the Theology of Atonement*, ed. Derek Tidball et al. (Grand Rapids: Zondervan, 2008), 208-227.

3489) Henri Blocher, "Biblical Metaphors and the Doctrine of the Atonement," *Journal of the Evangelical Theological Society* 47/4 (2004), 629-630. 다음 글에서 저자는 그리스도의 객관적 대속을 성경은 "시장", "되사 냄", "법정", "희생제물", "거저 주어진 선물"의 다섯 가지 유비(analogia)로 설명한다. Walter T. Conner, "Theories of Atonement," *Review & Expositor* 44/3 (1947), 302-306.

3490) 참조. Blocher, "Biblical Metaphors and the Doctrine of the Atonement," 640-645.

은 자 되었느니라 이 예수를 하나님이 그의 피로써 믿음으로 말미암는 화목제물로 세우셨으니 이는 하나님께서 길이 참으시는 중에 전에 지은 죄를 간과하심으로 자기의 의로우심을 나타내려 하심이니 곧 이 때에 자기의 의로우심을 나타내사 자기도 의로우시며 또한 예수 믿는 자를 의롭다 하려 하심이라(δικαιούμενοι δωρεὰν τῇ αὐτοῦ χάριτι διὰ τῆς ἀπολυτρώσεως τῆς ἐν Χριστῷ Ἰησοῦ· ὃν προέθετο ὁ θεὸς ἱλαστήριον διὰ [τῆς] πίστεως ἐν τῷ αὐτοῦ αἵματι εἰς ἔνδειξιν τῆς δικαιοσύνης αὐτοῦ διὰ τὴν πάρεσιν τῶν προγεγονότων ἁμαρτημάτων ἐν τῇ ἀνοχῇ τοῦ θεοῦ, πρὸς τὴν ἔνδειξιν τῆς δικαιοσύνης αὐτοῦ ἐν τῷ νῦν καιρῷ, εἰς τὸ εἶναι αὐτὸν δίκαιον καὶ δικαιοῦντα τὸν ἐκ πίστεως Ἰησοῦ).

첫째, 본문은 "아들의 의로우심"(δικαιοσύνη)에 대해서 말하고 있다. 그는 "화목제물"(ἱλαστήριον)로 자신을 드리셨다. 그 안에 "속량"(ἀπολύτρωσις)이 있다.

둘째, 본문은 '하나님의 사랑'에 대해서 말하고 있다. "하나님의 은혜(χάρις)"와 "길이 참으시는 중에 전에 지은 죄를 간과하심(πάρεσις)"이 이를 말하고 있다.

셋째, 본문은 "아들의 의로우심" 가운데 베푸시는 '하나님의 사랑'이 하나님의 "의로우심"(δικαιοσύνη)이라는 사실을 말하고 있다.

넷째, 이렇듯 "아들의 의로우심"에 따라 '자신의 사랑'을 베푸시는 "하나님의 의로우심"으로 성도는 "값 없이 의롭다 하심을 얻은 자 되었다"(δικαιούμενοι δωρεὰν, δικαιοῦντα).

다섯째, "예수를 믿는 자"(ὁ ἐκ πίστεως Ἰησου)는 이러한 은혜를 "값 없이"(δωρεὰν) 누린다. 이는 오직 삼위일체 하나님의 자기사역(自己事役)으로 역사하므로,[3491] 이로써 우리는 오직 믿음으로만 구원에 이른다는 사실, 믿음 외에는 아무 공로도 없다는 사실, 믿음조차도 선물로서 택함받은 사람들에게 주어진다는 사실을 확정하게 된다. 그러므로 그리스도의 대리적 무릎이 없으면 아버지의 무조건적 사랑도 없다. 그 역도 마찬가지다.[3492]

[3491] 구속이 삼위일체 하나님의 동사(同事)이듯 속죄도 그 가운데 이해되어야 한다. 이와 관련한 여러 제안에 대해서, Ian A. McFarland, "Christ, Spirit and Atonement," *International Journal of Systematic Theology* 3/1 (2001), 90-93; David H. McIlroy, "Towards a Relational and Trinitarian Theology of Atonement," *Evangelical Quarterly* 80/1 (2008), 24-31; Van Asselt, "Christ's Atonement: A Multi-Dimensional Approach," 61-62.

[3492] 이와 관련하여 로마서 3:25-26에 대한 분석을 통하여 형벌적 보상(penal substitution)을 옹호하는 다음 글 참조. Rohintan K. Mody, "Penal Substitutionary Atonement in Paul: An Exegetical Study of Romans 3:25-26," in *The Atonement Debate: Papers from the London Symposium on the Theology of Atonement*, ed. Tidball et al., 115-135.

제6부

정통적 교리의 수호 :
두 신학자의 오류를 반박

**Defensio orthodoxae doctrinae :
Adversus errores duorum theologorum**

슐라이어마허는 그리스도의 신성을 신적으로 고양된 인성의 상태 혹은 인성의 신적 고양 상태로 규정하고 절대적 신의식 혹은 신에 대한 절대의존감정이 그 실체나 본질이 된다고 주장한다. 이는 즉각적 자의식으로서 신과 하나가 되는 내적 합일의 체험을 의미한다. 이 경우, 그리스도는 믿어서 구원에 이르게 되는 객관적 대상이 아니라 본받아 구원을 이루어야 하는 주관적 원형으로서 제시된다. 그리스도의 신성이 보편적 인성의 가능성으로서 가늠되며 그것이 속한 인격의 속성과는 무관하게 단지 그 신적인 활동과 관련해서만 논의되므로, 그 정도에 있어서만 우리와 구별될 뿐이다. 그리하여 신인양성의 위격적 연합으로서의 성육신이 부인되고, 내적 동화와 합일의 정서만이 구원의 요소로서 남을 뿐, 대리적 속죄 자체가 거부된다. 객관적 대속의 역사적 사건성이 무색해지고 그리스도의 비하와 승귀는 단지 내적 관념의 대상이 될 뿐이다.

제13장

슐라이어마허의 기독론 비판[3493]

[3493] 본장은 다음 논문을 번역하고 일부 수정, 첨삭, 가필하여 실었음. Byung-Ho Moon, "A Criticism of Schleiermacher's Mystical and Pantheistic Christology," *Chongshin Theological Journal* 16/1(2011), 50-81.

1. 서론 : 슐라이어마허 신학의 기독론적 동기

일찍이 하버드 신학교의 교수 니이버(Richard R. Niebuhr)는 슐라이어마허(Friedrich Schleiermacher)가 아래로부터의 신학(theology from below)을 추구하면서, 여느 사람과 다를 바 없는 인성을 지녔으나-그 인성으로만 계셨으나-오직 자신에게만 고유했던 주님의 절대의존감정(絶對依存感情, Abhänggigkeitsgefühl)이 성도에게 투사되어 나타나는 정서적 감화를 구원의 핵심이라고 여겼으며 그 가운데 성도의 "그리스도-화"(化, Christo-morphic)를 추구했다는 점을 지적하였다.[3494] 슐라이어마허의 사상적 기저를 가장 깊이 숙고할 수 있는 책인 『종교론』에서는 이러한 "그리스도-화"에 대한 직접적 언급을 많이 찾아 볼 수가 없다. 그러나 우리가 그의 대작(opus magnum)인 『기독교 신앙』에 비추어서 『종교론』을 다시 보게 되면 그것이 이후에 개진된 "그리스도-화"를 이미 깊이 암시하고 있음을 발견할 수 있다.[3495]

[3494] Richard R. Niebuhr, *Schleiermacher on Christ and Religion: A New Introduction* (New York: Charles Scribner's Sons, 1964), 210-214, 233-237.

[3495] 슐라이어마허 신학의 중심을 신의식과 기독론에서 찾는 입장은 다음 논문을 참조. William C. Martin, "Religion for Its Cultured Despisers: A Study in the Theological Method of Schleiermacher," *Restoration Quarterly* 13/2 (1970): 91-105; Jack Forstman, "Barth, Schleiermacher and the Christian Faith," *Union Seminary Quarterly Review* 21/3 (1966), 315-319.

슐라이어마허는 『그리스도의 생애』라는 이름으로 출판된 자신의 강연에서 그리스도의 신성을 그의 인성 가운데서 작용하는 성령의 능력 정도로 이해하였다. 성령의 능력을 "우리의 자기의식 속에 있는 신성의 요소"([the] element of the divine in our self-consciousness)라고 칭하면서, 이러한 관점에서 모든 사람에게는 인성과 신성이 함께 결합되어 있다고 말하기도 하였다.3496) 예수의 신성을 그가 세례받으실 때 충만하게 임하신 성령의 능력 정도로 여기고 우리도 본질적으로 그러한 성령을 받았다는 측면에서 그와 함께 신성에 동참한다고 보는 이러한 입장에 서게 되면, 그리스도의 의를 구속의 값(pretium)으로 삼아 그 의의 전가를 통하여 역사상 구원을 이루시는 하나님의 경륜을 논하는 정통적인 언약신학과 대속의 교리가 자리할 여지가 없게 된다.3497) 슐라이어마허의 이해에 따르면 주님은 뛰어난 하나의 모범(Vorbild)으로서 우리의 원형(Urbild)이 되실 뿐, 우리의 자리에서 우리를 위한 대리적 속죄를 이루시고 그 의를 전가하심으로 우리를 구원하시는 진정한 중보자가 되실 필연성이 존재하지 않는다.

이러한 논조는 성육신에 관한 강화를 담고 있는 슐라이어마허의 『성탄절 전야』에서도 그대로 유지된다. 여기에서 슐라이어마허는 그리스도 사건이 속죄론적 의미를 가지게 되는 것은 우리가 그것을 상징으로 삼아서 구원을 즉각적으로 의식할 수 있기 때문이라고 보고, 교회를 이러한 의식을 경험하는 공동체로 간주하며, 예수님의 탄생, 죽음, 부활, 승천 등은 역사적 사건으로서 가치를 갖기보다는 이러한 내적 경험의 원형적 자료가 된다는 측면에서 의의가 있다고 주장한다. 성육신이 단지 본래적이고 신적인 지혜가 사람 예수 안에서 나타난 것으로 치부되는 바, 주님의 신성은 주님 안에서 역사하는 성령의 능력, 즉 헌신과 사랑으로 이해될 뿐이다. 슐라이어마허는 이러한 성령의 역사로 말미암은 즉각적인 출생의 경험을 자신의 존재에 대한 의식과 자신이 그리스도와 함께 그리스도와 같이 되어감에 대한 의식을 통하여 구원에 이르는 경험, 즉 성육신 경험이라고 부른다.3498)

3496) Friedrich Schleiermacher, *The Life of Jesus*, Lecture 13, in *Friedrich Schleiermacher: Pioneer of Modern Theology*, ed. Keith Clements (Minneapolis: Fortress Press, 1991), 209.

3497) 은혜언약의 조건에 관해서, 참조. Lillback, *The Binding of God*; Baker, *Heinrich Bullinger and the Covenant*.

3498) Friedrich Schleiermacher, *Christmas Eve: Dialogue on the Incarnation*, tr. Terrence N. Tice (Richmond: John Knox Press, 1967), 72-73, 78-80, 82-85.

슐라이어마허의 『그리스도의 생애』와 『성탄절 전야』를 통해서 우리는 그가 『종교론』에서 종교의 본질로서 감정(Gefühl)을 강조한 것이 그리스도와 성도가 동일한 신적인 본질을 공유하고 있음을 변호하기 위함이었음을 알게 된다. 이러한 과정을 거쳐서 저술된 『신앙론』에서 슐라이어마허는 종교를 절대의존감정이라고 개진하면서 전체 기독교 신학을 기독론적으로 풀어가고자 하였다. 여기에서는 이와 같이 신학을 심리화한[3499] 슐라이어마허 신학의 근본동기가 되는 기독론을 비판적으로 고찰함으로써 이후 그와 그를 잇는 자유주의 신학자들의 사상적 근간이 무엇인지를 파악해본다.

이어지는 제2절에서는 그리스도의 절대의존감정을 함께 나누는 것을 구속이라고 보는 슐라이어마허의 내재적 구원관이 무엇인지 파악하고 이에 기초하여 구속자 그리스도의 필연성을 논하는 그의 입장을 고찰한다.

제3절에서는 이러한 관점에 서서 모든 사람이 모든 사람에게 중보자가 된다고 주장하는 슐라이어마허의 주장에 대해서 논한다. 여기에서는 그리스도의 신성이 모든 사람에게 일반적이라고 여기는 슐라이어마허의 입장에 주목한다.

제4절에서는 그리스도의 중보가 모든 사람의 모든 사람을 위한 중보의 가장 탁월한 모범으로서 원형이 될 뿐이라고 보는 슐라이어마허의 입장을 고찰한다. 여기에서는 슐라이어마허가 그리스도의 대리적 속죄를 대속적 값을 치른 것으로 여기지 아니하고 단지 내적 의식에 미치는 주관적 영향으로 본다는 점을 지적한다.

제5절에서는 중보자 그리스도의 인격과 사역에 대한 슐라이어마허의 관점을 다룬다. 여기에서는 슐라이어마허가 그리스도의 인격을 인성과 구별하지 않고 신성을 단지 인성의 신적인 능력 정도로 파악함으로써 정통적인 신인양성의 위격적 연합 교리를 파괴하고 있으며 그 가운데 그리스도의 사역을 단지 내적 감화력의 수준에서 다루고 있음을 지적한다.

제6절에서는 슐라이어마허의 기독론이 신비주의적이며 범신론적으로 추구된 상승기독론이라는 사실을 위에서 논의한 부분들을 종합적으로 정리함으로써 비판한다.

[3499] 참조. Mackintosh, *Types of Modern Theology*, 45.

2. 구속 : 절대의존감정의 공유

경건(Frömmigkeit)은 슐라이어마허의 신학을 이해하는 데 있어서 핵심 주제가 된다. 슐라이어마허는 종교적인 삶이란 마음을 고양시켜 전체 영혼이 "무한자와 영원자에 대한 즉각적인 감정"(ein unmittelbares Gefühl des Unendlichen und Ewigen)에 녹아듦으로써 그와 "교제함"(Gemeinschaft)에 있다고 여기고, 3500) 그러한 삶 가운데서의 경건을 "감정, 즉 즉각적 자의식의 양상"(eine Bestimmtheit des Gefühls order des unmittelbaren Selbstbewuβtseins), "절대적으로 의존하고 있다는 의식(意識)", "하나님과 관계하고 있다는 의식" 등으로 정의한다. 3501) 이러한 의식은 하나님을 나를 포함하는 전체이자 기원으로서—내가 그 분을 소유함으로써 내가 되는 그러한 존재로서—느끼는 내적 정서를 의미한다. 하나님은 이러한 의식의 대상으로 여겨지는 바, "자아로부터 기원하지 않은 무엇"(ein Sichselbstnichtsogesetzthaben)으로서 "자아에 부착되어 실현된 존재"(ein Irgendwiegewordensein)라고 정의된다. 3502)

신(神)은 기원(Ursprung)이며 일자(一者, eins)이자 전체(Ganze)이시므로 신에 대한 의식 곧 신의식(Gottesbeβustsein)은 자신이 전적으로 그 분에 의지하고 있다는 절대의존감정으로 나타난다. 이는 우리 존재에 필연적인 것으로서 신이라는 개념이 내 속에서 내적으로 구현될 때 즉각적으로 일어난다. 3503) 이러한 관점에서 슐라이어마허는 경건을 안에 머물고자 하면서(Insichbleiben) 밖으로 나가고자 하는(Aussichheraustreten) 자아가 신 안에서, 신을 향하여 결단하는 의식이라고 여긴다. 3504)

슐라이어마허는 절대의존감정을 신에 대한 자의식으로서 각자에게 고유하기는 하나 개별적이지는 않은 "무리 의식"(類意識, Gattungsbewuβtsein)이라고 본다. 3505)

3500) *On Religion*, 16 (*Über die Religion* 15). 영어 번역에는 "교제함"에 관한 부분이 빠져있다.
3501) Schleiermacher, *The Christian Faith*, §4 (*CG* 1.32). 제목.
3502) Schleiermacher, *The Christian Faith*, §4.1 (*CG* 1.33).
3503) Schleiermacher, *The Christian Faith*, §4.4 (*CG* 1.38–40).
3504) Schleiermacher, *The Christian Faith*, §3.3; 3.5 (*CG* 1.26, 1.30–32). 인성의 내면적이며 외향적인 성격으로부터 절대의존감정을 다루고 이로부터 신 개념을 도출하는 슐라이어마허의 입장에 대해서, 참조. Martin, "Religion for Its Cultured Despisers: A Study in the Theological Method of Schleiermacher," 96–97.
3505) Schleiermacher, *The Christian Faith*, §6.2 (*CG* 1.55).

그것은 서로 교통되며, 하나로서 공유되며, 서로 지향하며 스스로를 형성시켜 가는데, 그러한 성향이 "종교성"(Religiosität)이며,3506) 그러한 교제가 교회라고 하였다.3507) 슐라이어마허에게 있어서, 유한자는 서로 하나가 되는 일자(一者)로서 신을 의식하는 바, 신은 하나로서 하나가 아니라 부분에 대한 전부로서 하나가 되는 최고의 존재가 된다.3508) 신은 전체의 목적에 따라서 규정되며, 전체의 조화를 그 속성으로서 드러낸다. 이러한 신에 대한 의식의 공동체로서 기독교는 "합목적적" (teleologischer), "심미적"(ästhetische)이다.3509) 기독교는 또한 "실정적"(實定的, positiv)이어야 하는데,3510) 이는 각자의 내적인 일치가 전체의 일치를 현실적으로 이루어 가기 때문이다. 그러므로 계시와 영감은 상호적인 경건을 외적이자 내적으로 표현하는 양식에 다름 아니다.3511)

슐라이어마허는 기독교를 실제의 삶에서 그리스도와의 교제를 통하여 신에 대한 자의식(自意識)을 느끼는 합목적적인 구원 종교라고 정의한다.3512)

기독교는 합목적적인 경건의 형태를 지닌 단일신론적 믿음의 양식이다. 기독교 안에서는 모든 것이 나사렛 예수에 의해서 성취된 구속과 관계된다. 이러한 사실로 말미암아 기독교는 본질적으로 다른 믿음들과는 구별된다.3513)

슐라이어마허에 의하면, 예수 그리스도가 구속자이신 것은 교회의 구성원들이

3506) Schleiermacher, *The Christian Faith*, §6 (*CG* 1.58). Postscript (Zusaz).
3507) Schleiermacher, *The Christian Faith*, §6.4 (*CG* 1.58).
3508) Schleiermacher, *The Christian Faith*, §8.1 (*CG* 1.66).
3509) Schleiermacher, *The Christian Faith*, §9.1 (*CG* 1.77-78).
3510) 슐라이어마허에게 있어서 "실정적"이라는 말은 "한 종교적인 공동체 안에서 일어나는 모든 순간의 종교적인 삶 각각의 실체를 의미한다. 이 실체는 일련의 역사적 현상으로서 공동체 자체가 기원하는 본래의 사실에 의존하는 한 그러하다." Schleiermacher, *The Christian Faith*, §10 (*CG* 89). Postscript(Zusaz).
3511) Schleiermacher, *The Christian Faith*, §10 (*CG* 1.80). 제목.
3512) Schleiermacher, *The Christian Faith*, §11.2 (*CG* 1.95-97).
3513) Schleiermacher, *The Christian Faith*, §11 (*CG* 1.93). 제목. "Das Christenthum ist eine der teleologischen Richtung der Frömmigkeit angehörige monotheistische Glaubensweise, und unterscheidet sich von andern solchen wesentlich dadurch, daß alles in derselben bezogen wird auf die durch Jesum von Nazareth vollbrachte Erlösung." 참조. Catherine L. Kelsey, *Thinking about Christ with Schleiermacher* (Louisville: Westminster John Knox, 2003), 14-15.

그를 통해서 자신이 구속을 받았음을 의식하기 때문이다. 이러한 의미에서 그는 기독교 공동체의 창시자이시다. 그의 구속은 그가 절대의존감정을 지니신 가운데 무능의 굴레로부터 벗어나셔서 의식의 해방을 누리셨기 때문이다.3514) 그는 자신의 자의식을 전하시며 조성하신다는 측면에서 출생 때부터 "구속 활동"(erlösenden Thätigkeit)을 하셨다. 구속은 그리스도와 같은 신의식을 체험하는 것이므로, 그를 "통해서"(durch) 뿐만 아니라 그"로부터"(von) 나온다.3515)

슐라이어마허에게 있어서, 구속은 예수 그리스도를 모범으로 삼아서 '그와 같이', '그와 같은' 신의식을 느끼는 경지에 이르는 것을 의미한다. 즉 구속은 신성을 자신 속에 받아들일 수 있는 잠재적 가능성을 실제로 이루는 것이다. 모든 사람에게 이러한 가능성이 있다.3516) 사람은 완전하지 않으나 "신적인 영"(göttliche Geist)의 작용으로 말미암아3517) 자신을 고양시켜 완전함에 이르는 가능성을 가진다.3518) 그러므로 원죄는 부인된다.

슐라이어마허에 의하면, 구속은 종교적 자의식을 조성하는 영향력과 관계될 뿐이다. 모든 사람에게는 그리스도와 같은 신적인 체험을 할 자질, 즉 신성이 자연적으로 배태되어 있다.3519) 이러한 자질은 그리스도를 믿는 성향과 "일반적인 영"(gemeinsamen Geiste)의 역사에 따라서 신의식을 체험하는 자리로 고양된다. 이러한 체험을 공유하는 것이 기독교 공동체이다. 교회는 이러한 의식을 함께 나누는 곳이며, 설교는 이러한 의식을 전달하는 행위이다.3520)

왜냐하면 그리스도의 구속은 "그 자신의 자의식의 교통가능성을 통하여"(durch die Mittheilbarkeit seines Selbstbewusstsein) 우리 속에서 주관적으로 작용하기 때문이

3514) Schleiermacher, *The Christian Faith*, § 11.3 (*CG* 1.97-98).
3515) Schleiermacher, *The Christian Faith*, § 11.4 (*CG* 1.99-100).
3516) Schleiermacher, *The Christian Faith*, § 13.1 (*CG* 1.107-110).
3517) Schleiermacher, *The Christian Faith*, § 13.2 (*CG* 1.111).
3518) 참조. David N. Duke, "Schleiermacher: Theology without a Fall," *Perspectives in Religious Studies* 9/1 (1982), 21-37.
3519) Schleiermacher, *The Christian Faith*, § 13 (*CG* 1.111-114). Postscript (Zusaz).
3520) Schleiermacher, *The Christian Faith*, § 14.1 (*CG* 1.117). 참조. § 14.3; 15.2; 18.1, 3; 19.1; 93.5 (*CG* 1.118; 1.129; 1.140; 1.142; 1.144; 2.51). 슐라이어마허는 설교를 진리의 선포라는 측면에서보다 내적 감정의 교통으로 본다. 이에 대해서, Dawn DeVries, *Jesus Christ in the Preaching of Calvin and Schleiermacher* (Louisville: Westminster John Knox, 1996), 48-52.

다.3521) 슐라이어마허는 "진정한 교리"(wirklichen Glaubenssatz)는 이러한 신의식의 교통을 시적으로, 수사학적으로, 변증법적으로 서술하는 데 있다고 본다.3522)

슐라이어마허에게 있어서, 하나님의 말씀이 절대적이며 객관적인 계시라는 개념은 전무하다.3523) 믿음은 계시를 수납하는 것이 아니라 신의식에 대한 확신에 다름 아니다. 믿음은 그리스도가 누리신 신적인 즐거움을 공유하는 것이다.3524) 이런 의미에서 슐라이어마허는 구속자로서 그리스도를 믿는 믿음 외에는 기독교 공동체에 참여할 길이 없다고 말한다.3525) 교리는 이러한 의식을 가르치는 것이며, 교리의 교회적 가치는 오직 종교적 감정에 있다.3526) 교리는 그리스도의 본원적 감정을 공유하기 위한 설교와 훈육의 교훈이 된다.3527)

슐라이어마허는 교리는 그 진술이 변증법적이라는 의미에서 과학적이며, 그 대상이 지식 자체가 아니라 지식의 교감에 관계된다는 의미에서 변증법적이라고 여긴다.3528) 기독교인의 경건이 터 잡고 있는 교리는 그리스도 자신에 관한 지식이 아니라 그리스도의 경건에 관한 지식을 다룬다고 본다.3529) 슐라이어마허에 의하면 경건은 전체로서 하나님을 의식하는 감정과 다르지 않다. 경건은 서로 간의 의존감정을 하나님 안에서 절대적으로 느끼는 것이다. 이러한 감정을 본원적으로 지니신 분이 그리스도이시다. 우리는 그를 통해서 그러한 절대의존감정을 갖게 된다는 측면에서 그를 구속자로 여긴다. 교회는 이러한 감정을 공유하는 사람들의 모임이

3521) Schleiermacher, *The Christian Faith*, §15.2 (*CG* 1.129).

3522) Schleiermacher, *The Christian Faith*, §15.1 (*CG* 1.128). 슐라이어마허의 신학과 설교와 해석학의 관계에 대해서, 참조. Catherine L. Kelsey, *Schleiermacher's Preaching, Dogmatics, and Biblical Criticism* (Eugene, OR: Pickwick Publications, 2007), 1–8.

3523) 참조. Gregory A. Thornbury, "A Revelation of the Inward: Schleiermacher's Theology and the Hermeneutics of Interiority," *Southern Baptist Journal of Theology* 3/1 (1999), 4–26.

3524) Schleiermacher, *The Christian Faith*, §120.3 (*CG* 2.271–273). 하나님의 기쁨에 동참하는 의식으로서의 믿음에 관해서, 참조. Niebuhr, *Schleiermacher on Christ and Religion*, 248–259.

3525) Schleiermacher, *The Christian Faith*, §14 (*CG* 1.115). 제목: "Es giebt keine andere Art an der christlichen Gemeinschaft Antheil zu erhalten, als durch den Glauben an Jesum als den Erlöser."

3526) Schleiermacher, *The Christian Faith*, §17 (*CG* 1.136–139).

3527) Schleiermacher, *The Christian Faith*, §18 (*CG* 1.139–143).

3528) Schleiermacher, *The Christian Faith*, §28.1 (*CG* 1.183).

3529) Schleiermacher, *The Christian Faith*, §29.3 (*CG* 1.193).

며, 교리는 그러한 감정에 대한 교회적 진술이다.3530)

슐라이어마허에게 있어서, 구속은 구속자 그리스도를 통해서 하나님과 우리 자신이 절대적으로 하나가 되는 즉각적인 내적 체험을 하는 것이다. 그리스도는 신자가 믿는 믿음의 대상이 아니라, 믿는 신자의 원형이 되신다. 절대의존감정은 신의 일부로서 신에게 의존하는 감정을 뜻한다. 이는 신적 감정이며 그리스도에 의해서 본원적으로 체험되었다. 신자는 이러한 그리스도를 모범으로 삼아서 동일한 체험을 하게 된다.3531) 이러한 신과의 일자(一者) 체험이 각자의 자의식에 즉각적으로 일어난다. 이러한 자의식은 모든 인류에게 보편적이며 자연적이다.3532) 성경은 이러한 자의식의 자료가 될 뿐, 교리 자체는 아니다. 오직 구속의 진리는 자의식으로부터만 생겨난다.3533)

절대의존감정을 구원의 자의식이라고 보는 슐라이어마허에 의하면 예수 그리스도는 단지 한 모범으로서 원형이 되실 뿐, 제사장이시자 제물로서 우리의 대속자가 되실 수는 없다. 그는 우리가 가진 신의식을 공유하셨으나 다만 그 정도가 절대적이었다는 측면에서 우리와 구별되실 뿐이다. 그리스도가 구속자가 되심은 그가 본원적으로 절대의존감정을 느끼신 분으로서 우리에게 제시된다는 점에서 그러하다. 여기에는 그리스도의 의의 전가와 대리적 속죄에 기초한 언약 개념이 자리할 곳이 없다. 오직 내적 초월의식, 곧 자신이 신의 일부로서 신이 된다는 의식 혹은 감정만이 남게 된다.

3530) Schleiermacher, *The Christian Faith*, §30.1 (CG 1.193-194).

3531) Schleiermacher, *The Christian Faith*, §32.1-2 (CG 1.201-203). 참조. Richard R. Niebuhr, "Schleiermacher: Theology as Human Reflection," *Harvard Theological Review* 55/1 (1962): 20-49. 본고는 이후 그의 책에서 정정되어 게재되었다. Niebuhr, *Schleiermacher on Christ and Religion*, 137-173.

3532) Schleiermacher, *The Christian Faith*, §33.1 (CG 1.206-207).

3533) Schleiermacher, *The Christian Faith*, §33.3 (CG 1.209-211). 슐라이어마허는 다음 설교에서 "주님은 성도들의 영혼에 미친 영향에 있어서 그가 자신을 말씀 가운데 계시한 것과 다르지 않다고 하였다." 이렇듯 그는 성경의 영향을 그 진리 자체보다 중하게 보고 있다. Friedrich Schleiermacher, *A Servant of the Word: Selected Sermons of Friedrich Schleiermacher*, tr. with an intro. by Dawn DeVries, "The Effects of Scripture and the Immediate Effects of the Redeemer," *Fortress Texts in Modern Theology* (Philadelphia: Fortress Press, 1987), 100-106.

3. 모든 사람의 모든 사람을 위한 중보

슐라이어마허에 따르면, 그리스도는 우리에게 "새로운 총제적 생명"(neue Gesammtleben)을 제시한 원형으로서 구속자가 되신다. 그리스도로부터 이러한 새로운 생명을 끌어와서 하나님으로부터 부여받은 육체적인 생명을 고양시키는 것이 구원의 본질이다.3534) 그리스도를 통해서 새로운 육체적 생명의 완전함을 의식함으로써 그와 즉각적으로 하나가 된 사람은3535) 서로가 서로에게 중보자의 역할을 감당해야 할 필연성을 동시에 의식하게 된다.3536) 그리스도가 신의 일부이자 신으로서 자신을 의식하는 절대의존감정을 성도가 공유하는 바, 신은 기원이며 일자이자 전체이시므로 절대의존감정은 부분의 부분에 대한 의존 감정이 없이는 있을 수 없기 때문이다. 이러한 관점에서 슐라이어마허는 인류에게 타락이 없었더라도 이러한 고양은 필요했다고 여기고 그리스도는 인류의 타락과 무관하게 이미 구속자로 계셨다고 주장한다. 그리스도를 구속자로서 의식함으로써, 그러함을 인정하고 믿음으로써, 인류는 자의식을 끌어올려 자기완성의 길에 서게 된다고 보기 때문이다.3537)

구속을 타락과 무관한 창조의 완성으로서 내적 고양을 통하여 일자의식(一者意識)을 공유하는 것으로 여기는 슐라이어마허에 있어서 성도 상호 간의 중보는 오히려 당연한 귀결이라고 볼 것이다. 슐라이어마허의 이러한 입장에 대한 자세한 설명은 『기독교 신앙』보다 그의 초기 작품 『종교론』에 상세히 제시되어 있다. 그 요지는 이러하다.

사람은 자기 자신의 독자성과 더불어서 자기 자신이 전체의 부분이라는 사실을 함께 의식함으로써 서로가 서로에게 중보자(Mittler)로서 제사장적인 작용을 한다. 부분은 일자를 형성한다. 사람은 각자 일자인 하나님의 존재와 사역을 고유하게 해석한다. 그들은 일자 가운데 부분으로서 일자를 "창조적으로" 조성하고 해석한다. "그들의 바로 그 존재로 그들은 자신들이 하나님의 대사들이며 유한한 사람과 무

3534) Schleiermacher, *The Christian Faith*, §87.3 (CG 2.20).
3535) Schleiermacher, *The Christian Faith*, §88.2 (CG 2.23–24).
3536) Schleiermacher, *The Christian Faith*, §89.3 (CG 2.31–32).
3537) Schleiermacher, *The Christian Faith*, §89 (CG 2.28–32).

한한 인성 사이의 중보자들이라는 것을 증명한다."3538) "가장 고상한 인성의 본성"은 "모든 것 가운데 일자 그리고 일자 가운데 모든 것"(das eine in allem und alles in einem)을 함께 내적으로 의식함에 있다. 진정한 제사장은 이러한 고상한 의식을 지니고 중재하는 사람이다. 그 사람은 자기 자신의 내적인 감정을 영감으로 고양시키는 사람이다. 슐라이어마허에게 있어서 "영감"(Eingebung)은 유한이 무한을 무한의 일부로서 의식하는 감정 작용으로서 영적인 비밀에 대하여 제사장적인 중보를 하는 사람의 내적 정서를 드러낸다.3539)

슐라이어마허는 "세계-영"(Weltsgeist)의 작용으로 모든 피조물은 그 자체로 "종교적인 감각적 지식들의 전시관"(eine Galerie religiöser Ansichten)이 되며 부분은 전체 가운데서 훈련받으며 전체는 부분으로 인하여 완성되어 간다고 주장한다.3540) 우주는 "스승됨"(Meistertum)과 "제자됨"(Jüngerschaft)이 공존하는 유기체와 같다. 사람은 다른 사람과 함께 종교적 교제를 하는 존재로 지음을 받았는데 이는 각자가 "연약함"(Unvermögens)과 "한계"(Endlichkeit)를 느끼는 감정을 "근원적 본질"(Urwesen)로서 공유함으로 서로 교제하는 길이 열려 있기 때문이다. 이러한 사람의 본성은 항상 진보되어 왔다고 한다.3541) 슐라이어마허는 하나님의 창조행위는 인정하지 않고 창조로 말미암은 관계에만 집착한다. 그는 하나님의 뜻이 피조물의 인식과 의식과 더불어 존재한다고 여기고 타락은 피조물의 하나인 인간이 이러한 내적 능력을 고양해가는 과정에 있었던 한 시행착오에 불과하다고 여긴다.3542)

슐라이어마허에 따르면, 사람의 본성 가운데 현저한 즉각적 의식능력이 사람과 사람 사이를 하나로 맺어주고 나아가서 무한한 우주적 법칙과 유한한 개별자를 중보하는 역할을 한다. 각자가 서로를 위하여 중보자가 되는 이러한 즉각적인 의식은 영감으로 고양된 경건한 감정과 다르지 않다. 각자가 전체 가운데 일부로 존재하는

3538) Schleiermacher, *On Religion*, 6 (ÜR 7).

3539) Schleiermacher, *On Religion*, 7-8 (ÜR 8-9).

3540) Schleiermacher, *On Religion*, 123 (ÜR 115). 이에 관하여 다음을 참조. 문병호, "자유주의 신학의 기원: 슐라이어마허의 기독교의 본질 이해 비판",「조직신학 연구」13 (2010), 233-237.

3541) Schleiermacher, *On Religion*, 123-125 (ÜR 116-118).

3542) 슐라이어마허는 창조의 의미를 성도가 지금 가지고 있는 창조의식에서 찾는다. 참조. Brian A. Gerrish, "Nature and the Theater of Redemption: Schleiermacher on Christian Dogmatics and the Creation Story," *Ex Auditu* 3 (1987), 124-128, 132-136. 특히 126.

양식이 곧 직관이며 즉자적 의식이다. 그리고 각자가 다른 사람을 향해서 전체 안에 서 있다는 대자적(對者的) 의식이 이에 맞선다. 이러한 양자의 의식이 함께 동시에 작용하여 중보의 기능을 한다.[3543]

전체는 개별자들이 서로 관계를 맺는 가운데서 서로를 의식하는 공동의 존재양식을 의미한다. 부분은 전체의 일부이며 전체는 부분의 총합이므로 부분은 전체를 즉각적으로 의식하며 타자를 전체의 또 다른 부분으로서 느끼게 된다. "모든 종교적 감정들을 받아들이는 일반적인 수용성"(eine allgemeine Erregbarkeit für alle religiösen Gefühle)이 경건한 사람에게 있다.[3544] 이러한 능력이 전체를 일자로 묶는 본질적 요소가 된다. "세계-영"이 작용하므로 개별자가 변하지 않는 전체를 바라보고 나아가는 가운데서 전체는 변화하게 된다.[3545] 이러한 우주의 구조와 작용이 일자와 무한자로서 신으로 나타나고 그렇게 작용한다. 신은 우주와 자연의 신이므로, 철학과 윤리와 과학과 예술을 통한 인류의 "유기적인 삶"(des organischen Lebens)이 그 안에서 추구된다.[3546] 그러므로 구원의 특별은총은 자연적인 일반은총과 구별되지 않는다.

슐라이어마허는 인간의 사회성을 함께 감정을 나누는 존재라는 측면에서 이해한다. 사람의 마음은 "동일한 감정을 나누는 공통된 자리"이다. 서로가 서로를 느끼는 "자연적이고 영원한 연합"은 "하늘의 유대"로서 언제든 변함이 없다. 다른 사람을 종교적인 감정 가운데 자신에게로 끌어들이고 또한 자신을 다른 사람을 향하여 내보낼 때 사람은 서로에게 "제사장"이 된다. 하나님은 일자로서 부분인 우리의 마음을 감동시키고 각자가 이 마음을 나눔으로써 하나가 될 때 서로 일자 안에서 자신을 완성시켜 가게 된다.[3547] 인간의 사회성은 공통된 본성 가운데서 서로 종교적인 관계를 맺는 데 있다.[3548] 슐라이어마허는 고대의 설화는 진정한 영웅의 삶을 이러한 종교적 감화 가운데 사람들을 하나로 묶는 표상으로서 그리고 있다고 말한다.[3549]

[3543] Schleiermacher, *On Religion*, 74–76 (ÜR 68–69).
[3544] Schleiermacher, *On Religion*, 130 (ÜR 121).
[3545] Schleiermacher, *On Religion*, 135 (ÜR 125).
[3546] Schleiermacher, *On Religion*, 141–142 (ÜR 130–131).
[3547] Schleiermacher, *On Religion*, 151–154 (ÜR 139–142).
[3548] Schleiermacher, *On Religion*, 148–149 (ÜR 137–138).
[3549] Schleiermacher, *On Religion*, 156–159 (ÜR 144–145).

슐라이어마허는 다른 사람을 거울삼아서 자신의 삶을 사는 것, "살면서, 남을 살리는" 것이 종교적 삶의 핵심이라고 본다. 진정한 경건은 단지 "외계적으로"(von außen, from without) 무엇을 받아들이는 것이 아니라 자신에게 고유한 것을 "내부에서 밖으로"(von innen heraus, from within) 나누는 데 있다고 여긴다.3550) 사제가 따로 있지 않으며 자신 안에서 종교적 감정을 고양해서 전체적 합일에 이르는 사람은 모두 종교적 지도자가 된다.3551) 이러한 의미에서, 모든 사람은 다른 사람에게 중보자가 된다고 한다.

슐라이어마허는 성도들이 서로 간에 중보자가 되는 일을 게을리할 때 교회는 종교적 모임으로서의 특징을 상실하게 된다고 지적한다.3552) 각각의 성도가 무한자와 전체로서 하나님을 의식하고 자신의 자질과 능력 가운데서 전체에 봉사하게 될 때에만 각자가 고유한 의미를 갖게 된다. 이러한 의미에서 신비한 것은 과학적인 것과 분리되지 않는다. 달리 말해서 사람은 동시에 신비적이고 동시에 과학적일 수는 있으나, 혹 신비적이거나 혹 과학적일 수만은 없다.3553) 슐라이어마허는 여기에서 일반은총과 특별은총의 구별을 무시하고 모든 것을 종교적 관계와 영향력으로 읽어 내고자 하는 자신의 입장을 철저히 개진하고 있다. 하나님은 단지 "되어가는 덩어리"(Masse wird)로서3554) 이미 그렇게 계신 분이 아니라 어느 과정 가운데 계신 분이 된다. 하나님의 존재 자체 역시 다른 피조물과 다를 바 없이 모든 것이 상호 중보하고 함께 일자를 이루어가는 과정에 있게 된다.

슐라이어마허에 따르면, 거룩한 사람에게는 모든 일이 의미가 있으며 경건한 종교의 제사장으로서 행하는 일은 곧 "정경(正經)적인 의미"를 가진다.3555) 종교적 감정을 가진 경건한 사람은 서로에게 중보자가 되며 이것이 곧 성경적임을 담보한다. 이러한 상호 중보를 슐라이어마허는 세계-영의 작용으로 설명한다. 세계-영의 작용으로 사람, 가족, 공동체는 각각 서로의 중보 가운데서 스스로가 지성소가 된다.

3550) Schleiermacher, *On Religion*, 48, 160-161 (ÜR 44, 150-151).
3551) Schleiermacher, *On Religion*, 163 (ÜR 152).
3552) Schleiermacher, *On Religion*, 168-169 (ÜR 156-157).
3553) Schleiermacher, *On Religion*, 172-173 (ÜR 161-162).
3554) Schleiermacher, *On Religion*, 175 (ÜR 160).
3555) Schleiermacher, *On Religion*, 176-177 (ÜR 161-162).

각자는 세계-영을 받아들이는 지성소로서, 그곳에서 철학과 윤리와 문화와 예술은 고유한 종교적 의미를 갖게 되며, 그러한 총체적인 삶이 서로에게 전달된다. 그리하여 다음과 같은 결론에 이른다.

인간적인 모든 것은 거룩하다. 왜냐하면 모든 것은 신적이기 때문이다.[3556]

슐라이어마허는 우리의 몸이 성령의 전이라는 성경적 가르침을 곡해하고 있다. 그는 우리가 신적인 일을 감당함으로써 신의 본성에 참여하게 된다는 의미에서 우리 각자가 지성소라고 한다. 이러한 견해에 따르면, 우리가 지성소로서 신의 자리가 되듯이, 신은 자신에게 지성소가 되어야 한다. 그렇다면, 신은 실체가 아니라 자리에 불과하다. 신은 아직 완성되지 않은 거룩한 그림자에 불과하다.

슐라이어마허에게 있어서, 중보는 미완성인 채로 완성을 향하여 가는 서로가 서로를 보충하는 동등한 상호 작용을 뜻한다.[3557] 하나님과 사람 사이의 그리스도의 중보의 유일성이 부인되고 모든 자연적인 관계가 중보로 여겨진다. 대리적 속죄와 값을 치른 제사장으로서 우리의 머리가 되신 주님이 참 하나님과 참 사람으로서 우리를 위하여 중보하신다는 성경적 가르침이 무시되고, 서로가 서로의 것을 수평적으로 나누는 일반적 교제만이 중보의 영역에 남는다.[3558] 슐라이어마허에게 있어서 구속 중보의 개념은 없다. 창조 중보의 개념이 나타나기는 하나 철저히 왜곡된다. 왜냐하면 그 중보자를 피조물의 하나로 여기기 때문이다. 슐라이어마허는 그리스도의 신성을 그리스도의 인성이 신이 될 가능성과 동일시한다. 이러한 가능성이 모든 사람에게 주어져 있다고 보는 데서 범신론적 오류에 빠진다. 그리스도의 중보는 우리 모두가 서로 간에 중보자가 된다는 측면에서만 원형적 의미를 가질 뿐이다.

당신은 인성의 총합이다. 어떤 의미에서 당신의 고유한 본성이 모든 인간적 본성을 아우르고 있다. 더욱 고양되고 더욱 명확하게 그려진 당신의 자아는 가장 작고 가장 빠른

3556) Schleiermacher, *On Religion*, 178-180 (*ÜR* 162-164).

3557) Schleiermacher, *On Religion*, 76 (*ÜR* 69).

3558) 슐라이어마허에 있어서 주님의 구속은 그 분의 특별한 신의식으로부터 도출된다. 참조. Clements, ed., *Friedrich Schleiermacher: Pioneer of Modern Theology*, 40-42.

모든 변화들 가운데서 인간의 본성을 드러내면서 불멸하게 된다. 이것을 보게 되는 순간 당신은 순수하고 흠 없는 사랑으로 자신을 사랑하게 될 것이다. 겸손은 인성의 전체가 당신 안에서 살고 역사한다는 감정을 갖게 될 때 그 감정과 함께 짝이 되어서 일어난다. 심지어 통회도 즐거운 자족감으로 달콤하게 된다. 이것은 이러한 측면에서의 종교의 완성이다. 종교는 그 길을 돌이켜 심장으로 향하고, 그곳에서 무한자를 발견한다. 그 안에서 이러한 일이 성취된 사람은 어떤 인성의 직관을 위해서라도 중보자가 필요하지 않다. 오히려 자기 자신이 많은 사람을 위한 중보자가 된다.[3559]

4. 중보자 그리스도 : 단지 모범으로서 이상적인 중보자가 되심

슐라이어마허는 하나님의 은총 가운데 있는 성도의 상태를 다음과 같이 표현한다.

> 우리는 오직 구속자와의 살아있는 교제 가운데서 하나님과의 교제를 가진다. 그 가운데서, 그리스도의 무죄한 완전함과 은총이 자유롭고 자발적인 활동을 표상한다. 한편, 구속을 수용하는 자의 필요는 자유롭고 동화된 수용을 표상한다.[3560]

슐라이어마허는 구원을 그리스도의 신의식에 대한 성도의 감화로 본다. 그 영향은 성도 가운데 이미 존재하나 여전히 계속된다. 이러한 영향은 자기내적으로 의식된다는 측면에서 즉각적(unmittelbar, immediate)이나, 그리스도의 본원적 의식을 모상(模像)으로 삼는다는 측면에서 중보적(mittelbar, mediate)이 된다.[3561] 주님이 중보자로서 고유한 품위를 지니심은 이와 같이 자신의 신의식을 타자에게 매개하는 독특한 작용을 하시기 때문이다. 중보자의 인격은 이러한 사역에 따른 그의 영향으로만 논해질 수 있다. 그러므로 그리스도의 인격은 그의 사역과 마찬가지로 오직 합

[3559] Schleiermacher, *On Religion*, 79 (ÜR 72).

[3560] Schleiermacher, *The Christian Faith*, §91 (CG 2.35). 제목: "Wir haben die Gemeinschaft imt Gott nur in einer solchen Lebensgemeinschaft mit dem Erlöser, worin seine schlechthin unsündliche Vollkommenheit und Seligkeit die freie aus sich herausgehende Thätigkeit darstellt, die Erlösungsbedürftigkeit des Begnadigten aber die freie in sich aufnehmende Empfänglichkeit."

[3561] Schleiermacher, *The Christian Faith*, §91 (CG 2.35-37).

목적적으로만 논해질 수 있다.3562) 이러한 입장은 『종교론』에서도 뚜렷이 개진된다. 슐라이어마허에게 있어서, 그리스도의 중보는 대리적 속죄가 아니라 그것에 따른 정서적 감응과 관계될 뿐이다. 그것은 고유하게 기독교적이라기보다 일반적이며 종교적이다.3563) 이 땅에 오신 메시아는 최고의 존재를 의식하고, 그 의식 가운데 일자와 부분의 괴리를 인식하고, 그 괴리를 중개하는 한 모범이 될 뿐이다.3564)

슐라이어마허는 주님의 신성은 그가 자신을 중보자로서 의식하는 의식에 다름 아니라고 여긴다. 그리스도는 하나님에 이르는 유일한 길로서(마 11:27), 하나님 안에 있는 자신의 존재를 의식하신 하나님이시다. 그리스도는 자신의 영적인 필요를 스스로 채우시기 때문에 자신을 위한 중보가 필요하지 않으신 하나님이시다. 모든 신이 그러하듯이 그리스도 역시 우리의 일부로서 우리의 즉각적인 의식 속에서 신으로 작용하실 뿐이다.3565)

슐라이어마허에게 있어서 그리스도의 중보는 부분자로서 일자 안에서 겪는 갈등, 필연적인 우주적 갈등의 한 양상일 뿐이다.

> 기독교 본래의 직관은 더욱 영화롭고, 더욱 고상하며, 더욱 성숙한 인성에 가치가 있으며, 조직화된 종교의 심층부로 파고 들어가며, 전체 우주 가운데 더욱 멀리 퍼져간다. 그것은 단지 유한한 것들이 전체의 일치에 대항하는 우주적인 저항에 대한 직관이며 신이 이러한 저항을 다스린다는 사실에 대한 직관이다. 기독교는 어떻게 신이 자신을 자신의 악의와 화해시키고 유한하고 무한하며 신적이고 인간적인 전 영역에 걸쳐서 첨병들을 분산 배치함으로써 계속 증가하는 소외를 경계 내에 억제시키려고 하는지 보게 한다. 부패와 구속, 악의와 중보는 이러한 감정을 갖게 하는, 하나됨으로 나눌 수 없고 근본적인 두 요소들이다. 이것들에 의해서 기독교의 전체 양식과 그 속에 담긴 모든 종교적인 문제들의 양상이 결정된다.3566)

3562) Schleiermacher, *The Christian Faith*, §92 (CG 2.38–41). 참조. §86.1 (CG 2.13–14).
3563) Schleiermacher, *On Religion*, 240 (ÜR 223).
3564) Schleiermacher, *On Religion*, 240–243 (ÜR 223–226).
3565) Schleiermacher, *On Religion*, 247 (ÜR 228).
3566) Schleiermacher, *On Religion*, 241 (ÜR 223).

슐라이어마허에 의하면, 예수 그리스도는 "중보의 중심"에 있다. 좀 더 경건한 사람은 다른 사람을 위한 중보자가 된다. 모든 중보자들은 근원적인 중보를 감당한 그리스도께 붙들려 있다. 모든 사람들은 전체의 부분으로서, 신의 부분으로서 영적인 삶을 산다. 그들은 모두 그리스도와 함께 "하나의 논리적인 중보자"(ein logisch Mittler), "하나의 윤리적인 중보자"(ein ethisch Mittler)가 된다. 모든 사람은 유한으로서 무한과 하나가 된다. 모든 사람은 하나님과 교제하는 만큼, 하나님이 된다.[3567] 그리스도는 한 모범적인 중보자에 불과하시다.[3568] 그리스도는 단지 우리에게 중보자로서 인식되시고, 중보자로서 윤리적 교사가 되심으로써 중보자가 되실 뿐이다. 그는 단지 우리의 모범(Vorbild)으로서 원형(Urbild)이 되실 뿐이다.[3569]

『기독교 신앙』에서 슐라이어마허는 그리스도의 "품위"(würde)는 "공동체를 형성시키는 활동"(der Gemeinschaftstiftenden Wirksamkeit)에 있다고 주장한다.[3570] 기독교 공동체로서 교회는 그리스도를 통해서 구속을 의식한다는 측면에서 그를 교회의 창시자로 여긴다.[3571] 슐라이어마허에게 있어서, 그리스도는 종교의식의 기원으로서 교회의 머리가 되실 뿐이다.[3572] 성도는 그리스도를 통해서 "새로운 육체적 삶의 자발성"(die Selbstthätigkeit des neuen Gesammtlebens)을 의식하게 된다.[3573] 교회의 정체성은 이러한 영향을 "계속해서 받아들이는 수용성"(der regebleibenden Empfänglichkeit für seine Einwirkung)에서 찾아야 한다. 그리스도가 우리에게 "모범이 되시는(vorbildliche) 품위"를 가지심은 "이상이 되심"(Urbildlichkeit), 즉 "절대적인 완전성"(die schlechthinige Vollkommenheit)을 지니심을 항상 의미하는 것은 아니다. 왜냐하면 성도는 그리스도를 통해서 심지어 그리스도를 뛰어 넘고자 하는 가능성을 추구하기 때문이다. 그런데 이러한 뛰어넘음은 결국 "그리스도에 대한 계속적 이해

[3567] Schleiermacher, *On Religion*, 248-252 (ÜR 230-234).

[3568] 이러한 입장에서 그리스도의 신인양성적 중보는 거부된다. 참조. Lori Pearson, "Schleiermacher and the Christologies behind Chalcedon," *Harvard Theological Review* 96/3 (2003): 349-367.

[3569] 참조. Kelsey, *Thinking about Christ with Schleiermacher*, 51-53.

[3570] Schleiermacher, *The Christian Faith*, §93.1 (CG 2.42).

[3571] Schleiermacher, *The Christian Faith*, §11.5 (CG 1.97-98).

[3572] 슐라이어마허가 성도의 교제를 강조하여 교회 중심의 신학을 세웠다고 보는 견해에 대해서, 참조. Dennis M. Doyle, "Möhler, Schleiermacher, and the Roots of Communion Ecclesiology," *Theological Studies* 57/3 (1996), 467-480.

[3573] Schleiermacher, *The Christian Faith*, §93 (CG 2.41). 제목.

의 심화"(an ever-deepening understanding of Christ)와 다르지 않다. 왜냐하면 그리스도는 그 뛰어넘음의 자의식을 보여주셨으며, 성도의 구원은 그의 영향 가운데 각자가 자신을 의식함에 있기 때문이다.3574) 슐라이어마허는 구원을 다룸에 있어서 피조물의 자기성취로서의 자발성을 중요하게 여긴다.3575) 비록 신성의 능동성에 비해서 인성에는 수동성이 있다고 하나 인성을 신성을 내포한 자연적인 속성이라는 측면에서 보기 때문이다.

슐라이어마허는 중보자의 완전한 이상을 그리스도의 신의식에서 찾는다. 그 가운데 성도의 경건이 그리스도의 신의식에 대한 살아있는 교제에 있음을 강조한다.3576) 그리고 주님에게도 최소한 죄의 가능성이 실제적으로 현존하고 있었으나 그가 그것을 뛰어넘으신 것은 절대의존감정을 완전하게 지니셨기 때문이라는 사실을 부각시킨다. 그리스도는 "한 인격으로 계신 구속자시며 구속된 분"(Erlöser und Erlöster in einer Person)으로서 우리와 마찬가지로 육체적 삶에 있어서 죄를 이기실 수 없으신 분이셨다. 그런데 그는 신의식을 지니신 영적인 삶을 사심으로써 "하나의 기적적인 역사"(eine wunderbare Erscheinung)를 이루셨다. 이러한 영적인 삶을 사는 본성은 하나님으로부터 모든 사람에게 우주적으로 주어진 것인데, 주님은 이를 역사상 처음으로 실제로 구현하셨다는 점에서 이상이 되신다.3577) 중보자 그리스도는 절대적 신의식이 근원적으로 새겨진 인성을 지니셨다는 점에서 신성을 가지셨다. 그의 신성은 단지 순수한 영적인 능력을 충만히 소유한 인성의 상태를 의미할 뿐이었다.3578)

슐라이어마허에 의하면, 죄 없는 삶에 대한 가능성이 모든 사람에게 자연적으로 주어진다. 죄가 없지는 않으나 그것이 인성의 본질에 미치는 영향은 그렇게 본질적이지 않다. 최초의 인류는 죄의 영향에 오염받지 않았다는 측면에서 순수하였다. 이러한 측면에서 그리스도는 최초의 인류와 다르지 않았다.3579) 모든 인류는 스

3574) Schleiermacher, *The Christian Faith*, § 93.2 (CG 2.42–43).
3575) 참조. Mackintosh, *Types of Modern Theology*, 33.
3576) Schleiermacher, *The Christian Faith*, § 93.5 (CG 2.51–52).
3577) Schleiermacher, *The Christian Faith*, § 93.3 (CG 2.46, 48).
3578) Schleiermacher, *The Christian Faith*, § 93.4 (CG 2.48–51).
3579) Schleiermacher, *The Christian Faith*, § 94.1 (CG 2.52–54).

스로 죄로부터 벗어날 수 없었다. 오직 그리스도만이 영적인 신의식으로 죄를 이기셨다. 슐라이어마허는 이러한 기적적 능력, 즉 "절대적으로 강력한 신의식"(ein schlechthin kräftiges Gottesbewußtsein)을 그리스도가 지니셨다고 말하는 것은 "그 안에 하나님의 존재"(ein Sein Gottes in ihm)가 계셨음을 말하는 것과 다르지 않다고 본다. 그리스도의 신성은 이러한 신의식의 존재와 다르지 않다. 그리스도를 모범으로 삼아서 그와 함께 절대의존감정을 공유함이 "우리 안에 계시는 하나님의 존재"(ein Sein Gottes in uns)를 의미한다. 모든 사람에게 이러한 신성이 있다. 그리스도의 중보로 인류가 새로운 피조물이 되는 것은 그와 마찬가지로 인성 가운데 이러한 신성을 가지게 되는 것을 의미한다.3580) 슐라이어마허는 예수 그리스도의 신성을 죄에 영향받지 않은, 그의 인성에 심겨진 신의식이라고 본다. 그리스도가 우리의 중보자 되심은 우리가 그와 함께 신의식을 나누며 그것으로 말미암아 부양(扶養)되기 때문이라고 여긴다. 결국 그리스도의 신의식을 공유함으로써 성도는 각자가 신성을 소유하게 된다.3581) 여기에서 우리는 구원을 범신론적 신화(神化) 개념으로 이해하는 슐라이어마허의 입장을 명확히 바라볼 수 있다.

5. 중보자 그리스도의 인격과 사역

슐라이어마허는 성육신한 중보자 그리스도의 인격에 있어서의 신인양성의 위격적 연합에 대한 칼케돈 신경의 고백을 부인한다. 첫째, 슐라이어마허는 예수 그리스도의 영원한 선재(先在)를 말하는 것, 곧 그가 성육신 전에 신성으로 계셨음을 말하는 것은 성경적 근거가 없다고 한다. 성육신의 주체가 창세 전에 계신 하나님의 아들 로고스이시라는 것을 부인하는 것이다. 둘째, 슐라이어마허는 "본성"(die Natur)이라는 단어는 신성에는 쓸 수 없다고 한다. 본성은 이미 어느 특정한 제한된 특성을 제시하는데, 신성은 그러하지 않다는 것이다. 셋째, 양성의 연합은 한 위격에 배치되므로, 이를 주장하면 필히 유티케스와 네스토리우스와 같은 오류에 이르게

3580) Schleiermacher, *The Christian Faith*, §94.2 (CG 2.55–56).
3581) Schleiermacher, *The Christian Faith*, §94.3 (CG 2.56–58).

될 것이라고 한다. 넷째, 신인양성의 위격적 연합을 말하면 한 뜻을 가진 한 존재를 부인하게 된다고 비판한다. 이에 기초한 이의설(二意說)은 물론 일의설(一意說)도 동일한 난점을 가지고 있다고 지적한다. 다섯째, 위격적 연합을 말하면 삼위일체 교리를 설명할 수 없다고 한다. "본질의 연합"(Einheit des Wesens) 외에 "본성의 연합"(Einheit der Natur)을 별도로 인정하게 되면 삼위 각각의 신성이 서로 섞이게 되며, 그렇게 되면 동일한 본질 가운데 세 본성이 있게 되므로 한 위격이 다른 위격을 포함하게 되기 때문이라는 것이다. 3582)

슐라이어마허는 신인양성의 위격적 연합교리를 주장하게 되면 가현설이나 에비온주의(Ebionism)에 빠질 수밖에 없다고 주장하면서, 3583) "말씀이 육신이 되셨다"는 구절에서, 말씀을 "의식(意識)이라는 양식으로 표현된 하나님의 활동"으로, 육신을 "도구에 관한 일반적인 표현"이라고 해석한다. 그리고 성육신은 하나님의 역사로 말미암아 육신이 의식 작용을 하는 것과 다르지 않다고 말한다. 슐라이어마허에 따르면, 그리스도 안에서의 신의식이 매순간 절대적으로 명백하고 결정적인 것은 그에게는 "내적이고 근본적인 능력"이 있기 때문이다. 이러한 능력이 그의 신성이다. 그리스도가 매순간 "새롭게 하나님의 사람이 되심 그리고 하나님의 사람으로 되어지심"(ein neues solches Menschwerden und Menschgewordensein Gottes)은 이러한 신의식의 작용이 그 안에서 항구적으로 일어나기 때문이다. 그러므로 "언제나 모든 곳에서 그 안의 인성에 속한 모든 것은 신성으로부터 나온다"(immer und überall alles menschliche in ihm aus jedem göttlichen wird). 3584) 이러한 입장은 슐라이어마허가 신성을 인성의 신적인 작용 정도로 이해하고 있음을 분명히 보여준다. 그에게 있어서 신성은 영원히 선재(先在)하는 것이 아닌, 인성에 내재한, 인성으로 제한된 신적인 속성에 불과할 따름이다.

슐라이어마허에 의하면, 그리스도의 인격에 있어서의 신인양성의 연합은 부인되고 신적이며 인간적인 "연합함의 활동"(den Act der Vereinigung)과 "연합하고 있음의 상태"(den Zustand des Vereintseins)가 있을 뿐이다. 인격의 시작은 활동의 시작을 의

3582) Schleiermacher, *The Christian Faith*, §96.1 (CG 2.62, 66).
3583) Schleiermacher, *The Christian Faith*, §96.2 (CG 2.68).
3584) Schleiermacher, *The Christian Faith*, §96.3 (CG 2.69–70).

미한다. 이러한 활동은 새로운 신의식의 발현을 의미한다.3585) 성육신은 인성이 신성을 수용하는 활동이다. 신성은 하늘로부터 내려온 것이 아니라 완전한 인성의 즉각적 의식 속에 내포된다.3586) 이러한 입장에 따르면, 성육신은 타락한 인류를 회복하기 위한 것이 아니라 인류의 창조를 완성하기 위한 것으로 타락과 무관하게 작정된 것이 된다.3587) 그것은 예수가 사람의 대표로서 신적인 활동을 하는 것 곧 신성을 가지게 되는 것, 달리 말하면, 모든 사람이 하나님이 되는 길을 여는 것이 된다.

슐라이어마허는 본성은 위격 안에 있으나(enhypostasis) 위격은 아니라는 (anhypostasis) 정통적인 가르침을 정면으로 반박한다. 초대교회 이후 신학자들이 거론하고 있는 인성의 비(非)인격성(Unpersönlichkeit)은 매우 어리석고 모호한 개념이라고 일축하면서, 인성은 "일체로서의 삶의 형태"(Lebensform als Einheit)를 의미하는 것으로서 단지 신의식의 맹아가 아니라 주체가 된다고 강조한다. 슐라이어마허는 동정녀잉태 교리는 자연적이고 초자연적인 실체인 인성과 신성이 모두 한 인격에 공존한다고 보는 모순적 상황을 모면하기 위한 궁여지책의 산물이라고 비판한다. 신성은 신적인 활동으로서 인성이 새로운 육체의 생명을 얻게 되는 순간 인성 가운데 연합된 신적인 특성일 뿐이기 때문에, 이를 마치 동정녀잉태를 통한 생리적 출생으로 인한 것과 같이 여겨서는 안 된다는 입장을 시종 견지한다.3588)

이러한 입장은 신성을 단지 영적인 감정이나 내적으로 생성되는 신적인 화해에 대한 발현에 불과한 것으로 여기는 슐라이어마허에게 있어서 당연히 예견되는 논리적인 귀결이다. 슐라이어마허에 있어서, 그리스도의 신성은 "그리스도 안에 있는 신적인 본질", 즉 신적인 활동을 의미할 뿐이다. 인성은 이러한 신적인 활동을 수동적으로 받아들이게 되는데, 그것이 신인양성의 연합으로 간주된다. 이는 인성 안에서 일어나는 자기고양의 단계를 지시하는 바, "그리스도 자신 안에서 원래적으로 수용된 신적인 활동과 연합 동안에 있는 신적인 활동은 구별되어서는 안 된다. 시간에 따라서 구별이 가능한 모든 활동들은 단지 인간적인 활동들의 발전일 뿐이

3585) Schleiermacher, *The Christian Faith*, §97.1 (*CG* 2.70-72).

3586) Schleiermacher, *The Christian Faith*, §97.2 (*CG* 2.73-75). 전반부.

3587) 참조. Niebuhr, *Schleiermacher on Christ and Religion*, 247-248. 저자는 이러한 슐라이어마허의 경향을 "창조론과 구속론의 긴장"이라고 부른다.

3588) Schleiermacher, *The Christian Faith*, §97.2 (*CG* 2.75-81). 후반부.

다." 이러한 의미에서 신인양성은 함께 존재하지 않고 함께 작용할 뿐이다.3589)

슐라이어마허는 그리스도가 신인양성의 위격적 연합 가운데 참 하나님과 참 사람으로서 대속의 중보를 감당하셨음을 인정하지 않고,3590) 그가 인성 가운데 행하신 신적인 일을 우리에게 보여주심에 그의 사역의 본질이 있다고 여긴다. 신성은 "그리스도 안의 하나님의 존재"일 뿐, 달리 특정한 한 신적 실체를 지닌 것으로 보지 않는다. 위격을 통한 양성의 교통을 주장한 개혁신학자들의 입장에는 분리된 양성을 병렬시키는 오류가 있다고 비판하고, 서로 다른 양성의 직접적이고 실체적인 교통을 주장한 루터파 신학자들의 입장은 단지 관념적일 뿐이라고 비판한다. 슐라이어마허는 이 땅에 오신 중보자 그리스도가 신인양성의 위격 가운데서 "신성에 따라서" 혹은 "인성에 따라서" 행하신 고유한 사역을 부인한다.3591) 이러한 입장은 인성 가운데 신성이 섞임을 인정한다는 측면에서 루터파 속성교통론과 유사한 면이 없지 않다. 그러나 양성의 고유한 속성을 인정하되 위격을 통한 간접적 교통만을 인정하는 개혁신학자들의 입장과는 전혀 판이하다.

그리고 우리는 다음 공식을 더욱 올바른 준칙으로 삼는다: 사람의 창조는 그리스도 안에서 처음으로 완성된다. 그리스도를 다른 사람들과 구별하는 것은 그 안에 있는 내적인 무엇이다. 그 안에 내주하는 하나님의 존재는 모든 사람의 본성에 내적인 것이 관계되듯이 전인(全人)의 구조에 관계된다. 이러한 유비는 비록 명확하게 표현되지는 않더라도 주체와 관련하여 펼쳐지는 서술 전체에 미친다.3592)

슐라이어마허는 신인양성의 위격적 연합에 있어서의 신인양성의 속성교통을 사

3589) Schleiermacher, *The Christian Faith*, §97.3 (CG 2.82-85).

3590) 참조. Forstman, "Barth, Schleiermacher and the Christian Faith," 319. 저자는 여기에서 슐라이어마허는 성육신을 중요하게 여기지 않은 반면에 칼 바르트는 성육신을 신학의 중심으로 삼았다는 일반적인 견해를 반박하며 슐라이어마허는 성육신의 뜻을 새긴 반면에 칼 바르트는 그 진리를 추구하였다고 주장한다.

3591) Schleiermacher, *The Christian Faith*, §97.5 (CG 2.87-89).

3592) Schleiermacher, *The Christian Faith*, §97.4 (CG 2.87): "Und wir haben einen weit besseren Kanon an der Formel, daβ in Christo erst die Schöpfung des Menschen vollendet ist. Denn da das ihn von allen Andern unterscheidende sein Innerstes ist: so muβ nun das ihm einwohnende Sein Gottes sich zu der gesammten menschlichen Natur verhalten, wie das vorher innerste zu dem gesammten menschlichen Oranismus, welche Analogie sich auch schon, wenngleich nicht deutlich ausgesprochen, durch die ganze bisherige Darstellung gezogen hat."

실상 부정하고 그것을 단지 유비로만 여긴다. 슐라이어마허는 그리스도의 무죄성을 "인격"(Persönlichkeit)의 완전성에서 찾는 바, 그가 죄를 지을 수 없으셨던(non potuit peccare) 분이 아니라 죄를 짓지 않을 수 있으셨던(potuit non peccare) 분으로서 언제나 신적인 보호 아래에 변함없는 신의식을 가지고 계셨다는 측면에서만 그러하며 오직 이 점에 있어서만 우리와 구별된다고 지적하였다. 슐라이어마허는 그리스도와 우리의 차이는 본질적(essential)이라기보다는 사안적(accidental)인 것이라고 여긴다.3593) 슐라이어마허는 그리스도의 무죄성을 그가 완전히 하나님께 열려 계심, 곧 그가 완전한 하나님 의식을 지니셨음에서 찾는다.3594) 주님의 무죄성을 신학적으로가 아니라 합목적적으로 이해하고자 하는 근대정신을 여기에서 확인할 수 있다.

신인양성의 위격적 연합을 부인하는 가운데 슐라이어마허는 예수님의 사역을 모두 신의식이라는 관점에서 해석한다. 신의식은 예수 안에 하나님이 계신다는 사실에 대한 즉각적 인식과 다르지 않다. 주님은 죄를 짓지 않을 수 있으신 분으로서 죄를 짓지 않으셨기 때문에 죄의 형벌인 사망에 속할 수 없으셨으나 스스로 사망에 매이실 수 있었던 것은 그 안에 머무시는 하나님의 기적적인 역사 때문이었다.3595) 부활과 승천이 역사적인 것은 그리스도 안에 계신 하나님이 그것에 대한 의식(意識)을 즉각적으로 일으키셨기 때문이었다. 지옥강하(地獄降下)는 그리스도는 그가 나타나시기 전에 죄를 지은 사람들에게도 감화의 대상이 되었다는 사실을 알리는 사건이었다.3596) 이와 같이 슐라이어마허는 그리스도의 구속을 내적 정서에 속한 일로 파악한다.

이러한 슐라이어마허의 오해는 그리스도의 삼중직을 다룸에 있어서도 현저히 나타나는 바, 그것은 동일한 한 신의식에서 비롯되므로 동시에 고찰해야 한다고 주장한다.3597) 그리스도의 선지자직은 그의 신의식을 알리는 것이다. 그리스도는 우리와 동일한 사람이나 특별한 영적인 기관을 지니셔서 하나님의 지식을 처음으로 받

3593) Schleiermacher, *The Christian Faith*, § 98.1 (*CG* 2.90-91).
3594) Schleiermacher, *The Christian Faith*, § 66.2; 63 (*CG* 1.407-408, 1.262-264).
3595) Schleiermacher, *The Christian Faith*, § 98.1-2 (*CG* 2.90-94).
3596) Schleiermacher, *The Christian Faith*, § 99.1 (*CG* 2.95-97).
3597) Schleiermacher, *The Christian Faith*, § 102 (*CG* 2.120-123).

아들이셨으며 그것을 전파하셨다. 그리스도의 신의식이 "그리스도 안에 계신 하나님의 본래적 계시"(ursprüngliche Offenbarung Gottes in ihm)였다. 기적은 그 신의식의 발현이었다. 그것은 선지자직을 수행하는 일환으로서 역사적으로 일어났다.3598) 제사장직은 그리스도가 "우리를 위해서" 자신의 삶을 사신 것과 관계된다. 그가 자신과 교제하는 우리를 위하여 고난을 당하시고 율법에 순종하셨는데 그 영향이 성도에게 미친다는 측면에서 그것은 "대리적 배상"(stellvertretende Genugthuung, vicarious satisfaction)이 된다.3599) 그리스도가 "우리를 위하여 배상하시는 대리인"(unsern genungthuenden Stellvertreter)이 되시는 것은 그가 우리의 죄에 대한 값을 치르셨기 때문이 아니라 단지 그 자신의 절대의존감정이 우리의 경건에 영향을 미친다는 측면에서 그러하다. 이러한 뜻에서 그리스도의 사역은 우리의 구원의 시작일 뿐만 아니라 "마르지 않는 자원"(unerschöpfliche Quelle)이 된다고 슐라이어마허는 말한다.3600) 왕직은 그가 우리에게 필요한 것을 주심으로 미치는 영향력으로 파악된다. 그것은 주님이 완전한 신의식을 지니심으로 신적인 성품을 끌어올리셨듯이 우리도 그를 전형으로 삼아서 그 자리에 서게 됨에 있다고 여겨진다.3601)

이와 같이, 슐라이어마허에 의하면, 그리스도의 삼중직은 결국 그리스도의 자기완성에 불과하며, 성도에게 한 모범이 된다는 측면에서만 여전히 유효할 뿐이다. 그리스도의 제사장 직분은 대리적 속죄에 관계되는 것이 아니라 우리의 효시(嚆矢)가 된다는 측면에서 선지자 직분과 다르지 않으며, 왕직도 단지 감화의 영향에 불과하기 때문에, 오직 선지자 직분만이 사실상 인정되고 있을 뿐이다.

그리스도의 인격과 사역에 대한 슐라이어마허의 이해는 그가 성경을 해석하는 입장으로부터 연유한다. 일례로, 슐라이어마허는 그리스도는 자신을 "하나님-사람"(神人, Gottmensch, God-man)으로 의식하지 않았다는 점을 지적하면서, 이러한 칭호가 성경에는 없다는 점을 그 근거로 제시한다. 그리고 주님이 "인자"(人子)라는 3인칭 칭호를 자신을 지칭하는 것으로 전유(專有)적으로 사용하신 것은 하나님

3598) Schleiermacher, *The Christian Faith*, §103 (*CG* 2.123-129).

3599) Schleiermacher, *The Christian Faith*, §104.4 (*CG* 2.145). 결국 슐라이어마허에게 있어서 배상이라는 개념은 아들이 아버지의 뜻을 이루어서 그것을 우리로 알게 하신다는 측면에서 가치가 있을 뿐이다. 참조. Niebuhr, *Schleiermacher on Christ and Religion*, 258-259.

3600) Schleiermacher, *The Christian Faith*, §104 (*CG* 2.145-146).

3601) Schleiermacher, *The Christian Faith*, §105 (*CG* 2.152-164).

께서 자신 안에 계시다는 것을 나타내려고 했다는 점을 부각시킨다. 같은 맥락에서 요한이 로고스라는 칭호를 사용한 것이나, 히브리서 기자가 그리스도를 하나님의 본체의 형상으로 본 것이나, 바울이 그를 새로운 인성을 조성하시는 분으로 기록한 것을 다룬 후, 그리스도 안에는 "고양된 인성"(die erhöhtes menschliches)만이 있을 뿐이라고 성경은 말하고 있는데 단지 신학자들이 이러한 측면을 편향되게 과장하여 신성이라는 개념을 고안했다고 비판한다.3602) 그리함으로써 그리스도의 영원한 신격과 성육신 이후의 참 하나님과 참 사람으로서의 인격을 단지 합목적적으로, 사안적으로, 상징적으로 여길 뿐인 자신의 입장을 확실하게 표명한다.

6. 결론 :
객관적 의의 전가를 부인하는 신비주의적-범신론적 견해

구속자는 성도들을 그의 신의식의 능력으로 끌어들인다. 이것이 그의 구속 활동이다
(Der Erlöser nimmt die Gläubigen in die Kräftigkeit seines Gottesbewußtseins auf, und dies ist seine erlösende Thätigkeit).3603)

슐라이어마허는 이러한 관점에서 "기독교 경건의 합목적적 성격"(des teleologischen Charakters der christlichen Frömmigkeit)을 찾는다. 슐라이어마허에게 있어서, 그리스도는 구속자이시며 구속을 받은 존재이시다. 그 안에서 처음으로 "새로운 총체적 존재"(das neue Gesammtleben der Ort)가 형성되었으며 그것이 신의식으로서 우리에게 전달된다. 구원은 그리스도의 일생과 활동, 즉 그의 신의식과 교통하는 것이다. 그리하여서 그의 것을 우리의 것으로 삼는 것이다.3604) 그리스도의 신적인 의식은 그 안에 계신 하나님의 활동으로 말미암는다. 신성은 그리스도 안에 계신 하나님의 능력을 의미한다. 그리스도는 하나님께 항상 변함없이 절대적으로 의지하심으로써 하나님의 영향 가운데 자신의 삶을 사셨다. 그 영향이 그의 신의식으로서 나타난

3602) Schleiermacher, *The Christian Faith*, § 99 (*CG* 2.101, 103). Postscript.
3603) Schleiermacher, *The Christian Faith*, § 100 (*CG* 2.104). 제목.
3604) Schleiermacher, *The Christian Faith*, § 100.1 (*CG* 2.105).

다. 이러한 신의식의 자질은 모든 사람에게 자연적으로 주어지며, 하나님은 그리스도 안에서와 같이 우리 안에서도 동일한 일을 행하실 수 있다. 그리스도는 우리 안에 계신 하나님을 일깨워서 자신과 같은 의식에 이르게 하는 작용을 하신다는 측면에서 우리의 중보자가 되신다. 이를 슐라이어마허는 "영의 수여"(Beseelung)라고 부른다.3605)

슐라이어마허에게 있어서, 구원은 사람이 신의 일부로서 자신을 자각하는 깨달음에 지나지 않는다. 사람에게는 자연적으로 신성이 새겨져 있으므로, 그리스도의 도움을 받아서 그 신성을 일깨워 신의 일부로서 자신을 의식하는 것이 전체, 일자, 영원자로서 신을 의식하게 되는 것이다. 이러한 의식의 공유가 그리스도와 교제하는 것이며 그것은 범신론적 신교(神交)와 다르지 않다. 슐라이어마허는 자신의 이러한 입장을 신비적 방법이라고 부르고, 이 방법이야말로 사람이 사람다워지는 합목적적인 길을 제시한다고 말한고,3606) 자신의 입장이 그리스도를 단지 외부적인 모범으로만 여기는 경험적 방법과 그리스도의 의를 전가받아서 구원에 이른다는 불가사의적 방법의 중간에 위치한다고 설명한다.3607)

슐라이어마허는 신비적 방법은 그리스도와 살아있는 교제를 함으로써 "인격을 형성하는 것"(personbildend, die Personbildung)을 추구한다고 말한다.3608) 이는 그리스도를 원형으로 바라볼 뿐만 아니라 그를 모범으로 삼아서 그의 자리로 나아가고, 궁극적으로 그와 같이 되는 것을 말한다. 그것은 그리스도에게 있어서와 같이 이미 주어진 신성을 활용해서 새로운 생명을 내적으로 형성하는 체험을 지향한다.3609) 슐라이어마허는 신성이 신의존 감정을 통하여 작용한다는 데 그치지 않고 그 감정 자체를 신성의 활동이라고 여긴다. 그리스도가 우리의 중보자 되심을 그의 신의식을 우리에게 도입하신다는 측면에서 논한다. 그리스도의 대속은 자기를 부인하는 죽음과 그 가운데서 영원히 사는 부활에 대한 의식을 우리에게 즉각적으로 부여하

3605) Schleiermacher, *The Christian Faith*, §100.2 (*CG* 2.108).
3606) Schleiermacher, *The Christian Faith*, §101.1 (*CG* 2.112–113).
3607) Schleiermacher, *The Christian Faith*, §100.3; 101.3 (*CG* 2.108–112; 2.115–117).
3608) 즉 구속을 통한 새로운 인격의 형성을 자의식의 초극이라고 보는 것이다. 참조. Niebuhr, *Schleiermacher on Christ and Religion*, 214–216.
3609) Schleiermacher, *The Christian Faith*, §101.2, 4 (*CG* 2.113–115; 2.117–120).

는데, 이러한 "신의식의 능력"(die Kräftigkeit des Gottesbewuβtseins)이 곧 배상이 되며 성도는 그것과 교제하는 것이라고 여긴다. 이렇듯, 그리스도와 신의식을 공유하는 것이 그의 사역과 인격을 함께 공유하는 것으로 간주되며, 구원의 핵심인 화해가 여기에 있음이 역설된다.3610) 슐라이어마허가 『성탄절 전야』의 담화에서 그리스도의 죽음을 속죄와 화해의 상징이라고 본 것은 이러한 뜻에서이다.3611)

이상에서 살펴본 바와 같이, 슐라이어마허의 기독론은 다음과 같은 오류에 빠져 있다.

첫째, 슐라이어마허에 의하면 그리스도의 참 사람이심과 참 하나이심이 부인된다. 그는 정통적인 신인양성의 위격적 연합 교리를 거부한다. 그리스도는 참 사람이 아니다. 그의 인성에는 이미 신성이 새겨져 있기 때문이다. 그리스도는 참 하나님이 아니다. 성육신 전에 그리스도가 하나님으로서 하나님의 아들이셨음이 부인되기 때문이다.

둘째, 슐라이어마허는 또한 우리 인간의 참 인성도 곡해한다. 모든 사람의 인성에는 자연적으로 신성이 새겨져 있다고 본다. 그러나 사람은 하나님의 형상으로 지음 받았을 뿐 하나님으로서 지음받은 것은 아니다.

셋째, 슐라이어마허는 구속을 창조의 완성으로 여기고, 타락이 없었더라도 그리스도가 구속자의 역할을 하셨을 것이라고 주장한다. 그리하여 그리스도의 구속을 창조의 일반적인 질서에 함몰시킨다.3612)

넷째, 슐라이어마허는 그리스도의 대속 사역을 단지 우리 안에서의 자기완성과 유사한 것으로 유비한다. 구원을 그리스도의 의의 전가로 보지 않고 단지 그리스도를 원형으로 모범 삼아서 자아를 성취하는 것이라고 여긴다. 슐라이어마허에게 있어서는 대속의 값의 개념이 없다. 단지 주관적 감동만이 있을 뿐이다.

다섯째, 슐라이어마허는 그리스도의 중보의 유일성을 부인한다. 모든 사람은 모든 사람을 위하여 중보자가 된다고 한다. 하나님을 일자 혹은 전체로 보아서 서로가 서로에게 의지하는 것이 곧 하나님께 의지하는 것이라고 여긴다. 그리스도는 유

3610) Schleiermacher, *The Christian Faith*, § 101.4 (*CG* 2.119).

3611) Schleiermacher, *Christmas Eve: Dialogue on the Incarnation*, 72-73.

3612) Gerrish, "Nature and the Theater of Redemption: Schleiermacher on Christian Dogmatics and the Creation Story," 136.

일한 중보자가 아니라 한 탁월한 중보자로서 단지 중보자의 원형이 될 뿐이다.3613) 이러한 발상은 그리스도의 신성을 그에게와 같이 우리에게도 동일하게 역사하는 성령의 능력 정도로 파악하는 데서 비롯된다.3614)

여섯째, 슐라이어마허는 성경에 기초한 기독론을 전개한 것이 아니라 종교적 합목적성에 맞추어 모든 진리를 곡해한다. 그리스도의 대속은 단지 자연적 필요에 부응하여 우리의 주관적 자의식을 채울 뿐이다.3615) 이러한 발상은 우리에게 의미 있는 사역을 전제하지 않는 그리스도의 선재나 인격 개념은 무용하다고 여기는 데서 비롯된다.

슐라이어마허에게 있어서 구원은 그리스도의 고유한 사역으로 말미암은 것이 아니라 그를 통하여 세계 안에서나 교회 안에서 하나님의 존재를 즉각적으로 의식하는 감정 자체를 의미한다. 그것은 영의 일반적인 작용에 다름 아니다.3616) 슐라이어마허의 기독론에서는 대속의 값 혹은 속전이라는 객관적 의의 개념을 찾아 볼 수 없다. 그가 말하는 배상(Satisfaktion)은 그리스도를 모범으로 삼아 그와 더불어 내 속에서 신을 느끼게 되는 정서적 가치와 관계될 뿐이다. 그것이 그가 그리스도의 중보의 본질로 내세우는 원형됨(Urbildlichkeit)의 의미이다.3617) 그는 원형됨을 모형됨(Vorbildlichkeit)과 분리하지 않을 뿐 아니라 혼동하고 있다.3618) 그리스도와의 연합을 그의 의의 전가로 여기지 않고 그와 실체적인 하나가 되는 것으로 보는 것은 범신론적인 발상으로서 전혀 비성경적이다. 그리스도는 신인양성의 중보자로서 우리를 위하여 구속사역을 다 이루시고 그 의를 전가해주시는 중보자시지 단지 우리의 원형으로서 우리와 같은 하나의 모범을 제시해주신 분이 아니시기 때문이다. 학자

3613) 이러한 슐라이어마허의 입장은 중보의 다수성에 기초해서 성도의 연합을 가시적 교제로만 파악하는 로마 가톨릭의 교회관과 일맥상통한다. 참조. Doyle, "Möhler, Schleiermacher, and the Roots of Communion Ecclesiology," 467-468.

3614) 다음 글에서 저자는 초대교회의 이레네우스와 아타나시우스 이래로 삼위일체를 성도의 구원 경험에 유비하여 파악하는 경향이 슐라이어마허에게도 나타난다고 한다. Khaled Anatolios, "The Immediately Triune God: A Patristic Response to Schleiermacher," *Pro Ecclesia* 10/2 (2001), 159-178.

3615) 참조. Clinton Curle, "The Schleiermacher Redemption: Subjective Experience as a Starting Point for Evangelical Theology," *Didaskalia* 9/2 (1998), 17-36. 본고에서 저자는 슐라이어마허의 내재적(인류학적) 접근이 성경적이며 복음적인 관점에 배치되는 것이 아니라 오히려 그러한 입장의 폭을 확장한 공이 있다고 본다.

3616) 참조. Kelsey, *Thinking about Christ with Schleiermacher*, 97-100.

3617) 참조. Kelsey, *Thinking about Christ with Schleiermacher*, 51-52.

3618) 참조. Niebuhr, *Schleiermacher on Christ and Religion*, 226-228.

들은 슐라이어마허가 기독교 신학을 현대적으로 변증한 공이 있다고 말하기도 한다.3619) 그러나 그의 의도는 변증적이라기보다는 오히려 인간의 자연적 필요, 특히 내재적 필요를 채우기 위한 합목적성을 추구함에 있었다고 보는 것이 옳을 것이다. 이와 같이, 슐라이어마허의 신학은 그 처음과 끝이 상승신학으로서의 한계와 모순을 고스란히 노정하고 있다.

3619) 이러한 입장에 대해서, Forstman, "Barth, Schleiermacher and the Christian Faith," 305-315.

바르트는 성육신을 하나님이 사람에게 자신을 알리심으로써 사람이 자신과 하나가 되게 하시는, 예수 그리스도 안에서 일어난 첫 번째 계시사건이라고 규정한다. 이 경우, 삼위일체 하나님의 존재와 경륜과 계시는 전제되는 것이 아니라 이러한 인식론적 마주침의 사건에 수반해서 논리적으로 귀결될 뿐이다. 성육신이 구원론적 의의와 가치를 갖는 것은 그것이 그 때 예수 그리스도 안에서 일어났듯이 지금 또한 우리 안에서 일어나고 있음을 유추해서 아는 지식을 우리에게 부여하고 있다는 사실에 기인할 뿐, 객관적 의의 전가 개념과는 전혀 무관하게 다루어진다. 이러한 입장이 '변증법적 병행'이라는 구실로 변명되지만, 끊을 수 없는 해석학적 순환의 고리에 갇혀, 사실상 삼위일체를 인정하면 성육신을 부인하는 데 이르고 성육신을 인정하면 삼위일체를 부인하는 데 이른다. 결국 여기에는 존재의 유비를 신앙의 유비로 포장하는 화술만 남을 뿐이다.

제14장

칼 바르트의 기독론 비판[3620]

[3620] 본장은 다음 논문을 번역하고 일부 수정, 첨삭, 가필하여 실었음. Byung-Ho Moon, "A Critique of Karl Barth's Dialectical Understanding of the Person and Work of Jesus Christ," *Chongshin Theological Journal* 16/1(2011), 80-118.

1. 서론 : 그리스도의 인격과 사역-역사와 계시의 문제

바르트 신학의 주제는 '하나님'이라고 회자되는 바,[3621] 그 '하나님'은 그리스도 안에서 자신을 계시하신 하나님, 곧 신인(神人)으로서 하나님(God as God-man)이다.[3622] 바르트는 계시(Offenbarung)를 하나님의 말씀의 실제(Wirklichkeit)로서 그리스도와 동일시하며, 계시의 실제화(Verwirklichung)를 계시사건(das Ereignis der Offenbarung, Offenbarungsereignis)으로 여기고 성육신(Fleischwerdung)과 동일시하는 가운데,[3623] 다음을 자신이 견지하고 있는 신학적 대명제로 삼는다.

> 하나님의 아들의 말씀이 한 사람이 되셨으며 나사렛 예수라 불리셨다. 그러므로 이 사람 나사렛 예수는 하나님의 말씀 혹은 하나님의 아들이셨다.[3624]

[3621] Karl Barth, *Church Dogmatics: A Selection with Introduction*, ed. Helmut Gollwitzer, tr. G. W. Bromiley (Louisville: Westminster John Knox, 1994), "introduction," 1, 87.

[3622] Karl Barth, "Biblical Questions, Insights, and Vistas," in *The Word of God and the Word of Man*, tr. Douglas Horton (New York: Harper & Row, 1957), 73.

[3623] Barth, *Church Dogmatics*, I/2.10, 14-16 (KD I/2.11, 16-18).

[3624] Barth, *Church Dogmatics*, I/2.13 (KD I/2.15).

오늘날 미국을 대표하는 바르트 신학자들인 헌씽거(George Hunsinger)와 맥코르막(Bruce L. McCormack)은 주목할 만한 작품들을 통하여 칼케돈 신경에 대한 바르트의 입장을 중점적으로 논함으로써 그의 기독론에 대한 자신들의 입장을 개진해왔다.3625) 헌씽거(Hunsinger)는 어떻게 바르트가 칼케돈 신경의 부정(否定)적으로 서술된 네 가지 공식—혼합 없이(inconfuse), 변화 없이(immutabiliter), 분할 없이(indivise), 분리 없이(inseparabiliter)—을 뛰어넘어 예수 그리스도의 성육신 사건을 적극적으로 설명하고 있는지를 조명하면서, 바르트를 가현설의 맹점을 지닌 알렉산드리아 학파(Alexandrian school)와 네스토리우스주의(Nestorianism)의 맹점을 지닌 안디옥 학파(Antiochian school)의 두 자극(磁極)의 균형을 성경의 가르침에 따라서 취한 기독교 교리사에 있어서 첫 번째 신학자라고 치켜세운다.3626) 헌씽거는 여기에서 바르트의 기독론 방법론을 "변증법적 병존"(dialectical juxtaposition)이라는 이름으로 특정하고,3627) 그리스도의 "교제의 중보"(the mediation of communion)를 핵심으로 하는 바르트의 성령론도 이로써 설명한다.3628)

반면에 맥코르막은 바르트가 예수 그리스도의 존재를 단지 관념적으로만 파악하고자 했던 초대교회 이후의 정통적인 관점과 구(舊)개신교 신학자들의 오류를 비판하면서, 그 존재를 그의 사역과 동일시하는 데 주력했다는 점을 부각시킨다.3629) 맥코르막은 바르트가 다양한 계시적 관점—삼위일체, 선택, 화해—에서 성육신을 역사적 사건으로 파악한 것 자체가 그리스도의 인성에 관한 논의가 약했던 칼케돈 신경의 약점을 탁월하게 극복하고 있다고 긍정적인 평가를 내린다.3630)

이 두 학자의 관심은 판넨베르그가 신학의 주요 논제로 부각시킨 계시와 역사(歷

3625) 참조. Cornelius Van Til, "Karl Barth on Chalcedon," *Westminster Theological Journal* 22/2 (1960), 147-166. 여기에서 저자는 칼케돈 신경에 대한 바르트의 입장을 전체적으로 개괄하고 간단한 비평을 가하였다.

3626) 이런 입장은 다음 논문에서도 발견된다. Hans Boersma, "Alexandrian or Antiochian: A Dilemma in Barth's Christology," *Westminster Theological Journal* 52/2 (1990), 279-280.

3627) Hunsinger, "Karl Barth's Christology: Its Basic Chalcedonian Character," 139. 본 논문은 다음 책에도 수록되었다. George Hunsinger, *Disruptive Grace: Studies in the Theology of Karl Barth* (Grand Rapids: Eerdmans, 2000), 131-147.

3628) George Hunsinger, "The Mediator of Communion: Karl Barth's Doctrine of the Holy Spirit," in *Disruptive Grace: Studies in the Theology of Karl Barth* (Grand Rapids: Eerdmans, 2000), 148-185.

3629) Bruce L. McCormack, "Karl Barth's Historicized Christology: Just How 'Chaldedonian' Is It?" in *Orthodox and Modern: Studies in the Theology of Karl Barth* (Grand Rapids: Baker Academy, 2008), 201-233.

3630) McCormack, "Karl Barth's Historicized Christology: Just How 'Chaldedonian' Is It?" 203-206, 229-233.

史)의 문제를 우리에게 상기시킨다. 판넨베르그는 바르트가 이룬 최고의 신학적 업적은 하나님의 아들이 인간 예수와 연합하는 "역사"를 통하여 "사람의 아들의 승귀"를 변증법적(dialectical)으로 추구하고 있다는 점,3631) 곧 하나님의 자기계시의 역사에 인류를 동참시켜 그 가운데 인류의 고양을 읽어낸 점에 있다고 여기면서,3632) 자신의 주요 관심사인 "그리스도에 관한 공동체의 고백을 실체화하는 것"에 대한 답을 바르트가 선구적으로 제시하고 있다는 점을 부각시킨다.3633)

헌씽거와 맥코르막에 따르면, 바르트가 추구한 "변증법적 병존"은 그리스도의 사역이 지닌 역사적 의미를 실체적으로 파악하는 인식론적 장치로서 하나님의 말씀에 대한 인간의 반응을 탐색하는 도구가 되는 바, 계시와 그리스도의 현존(praesentia Christi)의 문제를 넘어서서 현존하는 그리스도(Christus praesens)의 문제로 귀결된다. 그것은 인식론으로써 존재론을 추구할 뿐만 아니라, 인식론이 존재론을 대체하기에 이른다.3634) 정통적인 입장을 견지하는 학자들이 계시로써 그리스도의 역사적 현존을 파악하고자 한 반면에, 바르트는 그리스도의 현존 자체가 역사적 계시이며 그 계시적 현존이 그리스도 자신이라고 보고 있다는 사실을 이 두 학자는 부각시키고 있다. 이러한 예를 통하여 보듯이, 바르트의 기독론이 안고 있는 문제점은 그 전제와 방법에서 뿐만 아니라 그 실체에까지 미친다.

본장에서는 이러한 점에 주목하면서 바르트의 기독론을 그의 주저『교회교의학』을 중심으로 비판하고자 한다. 제2절에서는 그리스도와 계시 그리고 역사(歷史)에 대해서 다룬다. 바르트는 하나님의 행위인 한, 계시는 역사를 의미하며, 역사는 그 주체의 존재를 의미한다고 보았다. 과연 그리스도를 계시와 동일시할 수 있는가? 과연 계시사건을 그리스도의 사역과 역사상 동일시할 수 있는가? 제3절에서는 제2절에 근거해서 그리스도를 계시와 동일시하는 바르트에게 있어서 그리스도의 인격 혹은 인격성이 사실상 부인되고 있다는 점을 비판한다. 여기에서는 삼위일체와 성육신에 관한 교리에 주안점을 둔다. 바르트는 성육신을 삼위일체 하나님의 계

3631) Pannenberg, *Jesus-God and Man*, 33 (GC 27).
3632) Pannenberg, *Jesus-God and Man*, 127, 130, 312-315 (GC 125, 128-129, 322-326).
3633) Pannenberg, *Jesus-God and Man*, 28-29 (GC 22).
3634) 참조. Kurt Anders Richardson, "*Christus Praesens*: Barth's Radically Realist Christology and Its Necessity for Theological Method," in *Karl Barth and Evangelical Theology: Convergences and Divergences*, ed. Sungwook Chung (Grand Rapids: Baker, 2006), 140-148.

시사건이라고 보기 때문에 삼위일체론과 기독론을 나누는 자체가 무의미하다. 제4절은 제3절에 근거해서 바르트에게 있어서 예수 그리스도의 대리적 무름의 의(the vicarious righteousness of satisfaction)가 부인되고 있다는 점을 비판한다. 이곳에서는 바르트의 계시론이 사실상 존재의 유비의 방식으로 전개되고 있다는 점을 중점적으로 거론한다. 그리고 제5절 결론에서는 이러한 바르트의 신학의 오류가 그의 "변증법적 병행"에서 기인한다는 점을 상기시키면서 위의 논의를 정리한다.

2. 그리스도와 계시 : 인식론적 오류

2. 1. 계시와 실제

바르트는 성경 자체를 계시(Offenbarung)라고 여기지 않는다. 계시는 "성경 말씀이 하나님의 말씀이 되는 때와 장소에서 한 사건으로서 일어난다."3635) 바르트에 따르면, 계시는 성경 자체가 아니라 성경을 통하여 말씀하시는 하나님의 말씀이다. "하나님이 말씀하셨다"(Deus dixit)는 사실과 "하나님이 우리와 함께 계셨다"(Gott war mit uns)는 사실이 다르지 않으므로, 성육신은 하나님의 말씀의 "사건"(Ereignis, Geschehen)으로 여겨진다. "그는 우리 중 하나로서 우리와 함께 계셨다. 그의 말씀이 우리의 육체로부터 육체가, 우리의 피로부터 피가 되셨다."3636) 바르트는 성경이 스스로 자증한다는 사실을 인정하지 않는다.3637) 성경은 오직 "하나님의 말씀은 예수 그리스도의 사건이다"라는 사실을 말할 뿐이다.3638) 바르트에게 있어서, 성경은 계시의 시작일 뿐 계시 자체이거나 그 종결이 아니다.3639)

초대교회 이래로 개진되어 온 정통기독론은 영원하신 하나님의 아들이 인성

3635) Barth, *Church Dogmatics*, I/1.113 (KD I/1.116): "Sie findet als Ereignis statt, wenn und wo da Bibelwort Gottes Wort wird."

3636) Barth, *Church Dogmatics*, I/1.115, 149-150, 175 (KD I/1.118, 155, 182).

3637) Klass Runia, *Karl Barth's Doctrine of Holy Scripture* (Grand Rapids: Eerdmans, 1962), 7-10.

3638) Barth, *Church Dogmatics*, I/2.49 (KD I/2.54).

3639) 참조. Runia, *Karl Barth's Doctrine of Holy Scripture*, 48-49.

을 "취하심"(asssumptio)-성육신-자체가 아니라 그 가운데 모든 것에 "순종하심"(obedientia)을 구속의 의의 완성으로 여기는 반면에, 바르트는 성육신을 "때가 찬 시간에 완성된"(das abgeschlossenen, die erfüllte Zeit) "절대적인 사건"(schlechthin Geschehene)으로서 그 가운데 모든 것이 "다 이루어졌다"(Es ist vollbracht)고 선포되었다고 본다.3640) 바르트는 "하나님이 말씀하셨다"(Deus dixit)는 사실이 "하나님과 사람이 함께하는 전체 역사 내의 사건"(Ereignis in der Mitte der sonstigen Geschichte des Zusammenseins von Gott und Mensch)으로서, 불변하는 "양식"(樣式, Gestalt)을 제시하는, 성경이 증거하는 "구속사"(Heilsgeschichte)라고 말한다.3641)

바르트는 성육신이 구원의 시작이자 마침이 되는 것은 그 "양식"을 좇아 예수 그리스도의 계시사건이 완성되었을 뿐만 아니라 오늘날 우리 가운데도 그 사건이 일어나기 때문이라고 말한다. 계시는 "하나님의 말씀의 실제"(der Wirklichkeit des Wottes Gottes)로서 "실현되어져야 할 가능성을 향하는"(zu verwirklichenden Möglichkeit) 무엇이다.3642) 이런 의미에서 계시는 "있음"(Wahrsein)과 "되어감"(Wahrwerden)을 포함한다. 교회는 "과거의 계시"(der geschehenen Offenbarung)를 기억하고 "미래의 계시"(der künftiger Offenbarung)를 선포한다. 성경은 이러한 "하나님의 행위"(göttlicher Akt)를 입증하고 전망한다.3643)

하나님은 자신을 하나님으로서 계시하실 때 말씀 가운데 말씀하시는 분으로서 그리하신다. 하나님은 자신의 말씀을 통하여-예수 그리스도의 계시사건을 통하여-"되심"(행위, Werden) 가운데 계시는 "이심"(존재, Sein)이다.3644) 이러한 관점에서 바르트는 예수 그리스도를 유례가 없는(einmalig) 계시의 객관적 실제라고 부르고, "그의 신인(神人)의 진리"(die Wahrheit seiner Gottmenschheit)가3645) "우리와 함께 하시는 하나님"(Gott mit uns)의 "화해"(Versöhnung)라고 말한다.3646)

이러한 바르트의 입장은 "작은 교의학"(Little Dogmatics)이라고 불리는 그의 1930년

3640) Barth, Church Dogmatics, I/1.116 (KD I/1.119).
3641) Barth, Church Dogmatics, IV/1.8-9 (KD IV/1.7).
3642) Barth, Church Dogmatics, I/1.118 (KD I/1.121).
3643) Barth, Church Dogmatics, I/1.120 (KD I/1.123).
3644) Runia, Karl Barth's Doctrine of Holy Scripture, 129, 132-134.
3645) Barth, Church Dogmatics, I/2.10-12, 14-15 (KD I/2.11-13, 16-17).
3646) Barth, Church Dogmatics, I/1.119 (KD I/1.122).

대 책 『행하시는 하나님』에서 이미 개진되었다. 여기에서 그는 루터파 신학자들과 칼빈주의자들을 포함한 개신교 교리는 니케아 신경을 좇아 "하나님 자신이 그의 계시의 내용이다"라는 사실을 순수하게 믿었다는 점을 상기시키면서,3647) 그로부터 한걸음 더 나아가 "계시는 하나님 자신이다"라고 천명한다.3648) 그리고 그 의미를 다음과 같이 설명한다. "계시는 오직 하나님이 그것을 뜻하실 때와 장소에서 심지어 성경 가운데 말씀하신다."3649)

다음과 같은 이유에서 우리는 이러한 바르트의 입장을 받아들일 수 없다.

첫째, 계시에는 역사성(historicity)이 있다. 그렇다고 해서 계시됨(Offenbarsein)이 곧 역사(Geschichte)는 아니다. 역사는 객관적 사건을 뜻하는 것이지 사건에 대한 표명이나 그것에 대한 인식을 의미하지 않기 때문이다. 그러므로 계시됨을 계시와 동일시할 수는 없다.

둘째, 성육신은 역사적, 단회적 사건이다. 말씀이 육신이 되셨다("ἐγένετο", 요 1:14). 예수 그리스도가 여자에게서 나셨다("γενόμενον", 갈 4:4). 바르트는 성육신이 때가 찬 경륜에 따른 절대적인 사건으로서 반복되지 않는다고 말하나, 다만 그것이 전형적인 "양식"(Gestalt)을 최초로 제시했다는 의미에서 그러하다고 본다. 이는 사실상 성육신의 고유한 역사성을 부인하는 것이다.

셋째, 이러한 관점에서 바르트는 계시사건이 여전히 우리 안에서, 우리에 의해서 진행되고 있다고 주장한다. 그가 "계시됨"(Offenbarsein)을 "계시되고 있음"(Offenbarwerden)과 동일시하는 이유가 여기에 있다.3650) 이렇게 보면 성육신의 역사적 단회성은 부인될 수밖에 없다.

넷째, 바르트는 이러한 계시사건에 동참하는 것을 "화해"라고 여긴다. 이렇게 본다면, 예수 그리스도가 우리의 구원을 위하여 무릎의 값(pretium satisfactionis)을 다 치르셨다는 것이 부인될 수밖에 없으며, 필히 구원의 본질이 그리스도의 다 이루신 의의 전가(imputatio)에 있다고 보는 대신 의의 주입(infusio)을 말하는 오시안더

3647) Karl Barth, *God in Action*, tr. E. G. Homrighausen and Karl J. Ernst (Manhasset, NY: Round Table Press, 1963), 15.
3648) Barth, *God in Action*, 13.
3649) Barth, *God in Action*, 52.
3650) Barth, *Church Dogmatics*, I/1.119 (KD I/1.122).

(Andreas Osiander)와 반펠라기우스주의(Semi-Pelagianism)의 입장에 서게 된다.[3651]

이 경우 이 땅에 오신 하나님의 아들과 이 땅의 사람 사이의 존재의 유비(analogia entis)가 문제가 된다.[3652] 바르트가 제안하는 "유비적 은유"(analogische Metapher)의 해석학은 "신인동형론적"(anthropomorphisch) 관점에서 "은유적 상응"(metaphorische Entsprechung)을 읽어냄으로써[3653] '그곳에서 그 때'(illic et tunc) 일어난 성육신한 하나님의 아들의 계시사건과 '이곳에서 지금'(hic et nunc) 우리에게 일어나는 계시사건 사이의 "동시성"(Gleichzeitigkeit)을 추구하는 바, 이는 존재의 유비의 전형적인 특성을 드러내고 있다.

바르트는 자신이 "존재의 유비"가 아니라 "신앙의 유비"(analogia fidei)를 추구하고 있다고 말하고,[3654] 이를 "계시의 유비"(analogia revelationis)와 동일시한다. 그런데, 그가 말하는 "계시의 유비"는 성경이 제시하거나 입증하고 있는 존재와 비존재, 빛과 어두움, 시간과 영원, 자연과 은총에 대한 변증법적 이해에 이르는 인식적 도구로서, 실체를 결여한 "관계의 유비"(analogia relationis)를 말할 뿐이다.[3655] 바르트는 관계의 총합이나 정점을 하나님과 세계를 함의하는 하나님과 인간의 관계에서 찾는다. 그가 말하는 "신인동형론적" "동시성"이 이렇게 추구되는 바, "존재의 유비"의 핵심적 특성이 여기에 잠재해 있다. 이와 같이 바르트는 계시의 직접적 조명과 감화를 받아들이지 않고,[3656] 신적 인간 혹은 인간적 신에 대한 변증법적 모색의 일환으로 "존재의 유비"를 추구함으로써, 기독론적 보편주의(Christologischer Universalismus)에 이르고자 한다.

[3651] 참조. Wilhelm Niesel, "Calvin wider Osianders Rechtfertigungslehre," *Zeitschrift für Kirchengeschichte* 46 (1927), 410-430.

[3652] 참조. Kenneth Oakes, "The Question of Nature and Grace in Karl Barth: Humanity as Creature and as Covenant-Partner," *Modern Theology* 23/4 (2007), 611.

[3653] 참조. 김재진, 『바르트신학의 해부』(서울: 한들, 1998), 54.

[3654] 바르트는 "존재의 유비"는 모든 피조물과 사람이 하나님의 형상을 지닌 존재로서 하나님의 존재에 참여하여 하나님을 필연적이고 내재적으로 경험하는 것으로 보는 것이라 여긴다. Karl Barth, "Fate and Idea in Theology," tr. George Hunsinger, in *The Way of Theology in Karl Barth*, ed. H. Martin Rumscheidt (Allison Park, PA: Pickwick Publications, 1986) 32, 86-87. Clifford Green, ed., *Karl Barth: Theologian of Freedom* (Minneapolis: Fortress Press, 1991), 27에서 재인용.

[3655] 참조. Christopher B. Kaiser, *The Doctrine of God* (Westchester, IL: Crossway Books, 1985), 117; 김영한, 『바르트에서 몰트만까지: 현대신학사상의 개혁주의적 조명』(서울: 대한기독교서회, 1982), 51-54.

[3656] Cornelius Van Til, "Has Karl Barth Become Orthodox?" *Westminster Theological Journal* 16/2 (1954), 144.

2. 2. 계시와 인격

바르트에 따르면, 말씀이 육신(Fleisch)이 되심은 그가 우리와 동일한 사람의 본질(Wesen)과 존재(Dasein), 동일한 본성(Natur)과 형상(Gestalt), 그리고 동일한 역사성(Geschichtlichkeit)에 동참하셨다는 것을 의미한다.3657) 여기에서 육신은 "인간의 본질과 존재, 인간의 행위와 본성, 인성(Menschheit, humanitas)"을 뜻한다. 말씀이 육신이 되어 인간의 본질적 존재에 동참하기 위해서는 "한 사람의 구체적인 실제 가운데"(in der konkreten Wirklichkeit eines Menschen) 계셔야 하므로 하나님의 말씀이 사람이 되었다. 그 사람 안에 인간의 육신의 "잠재성"(Potentialität)이 있으며, 그것이 모든 사람에게 부여된 "가능성"(Möglichkeit)이다. 말씀은 처음으로 이 가능성을 예수 안에서 실현하였다.3658)

바르트는 성육신을 하나님이 사람으로서 사람의 본질과 존재의 잠재적 가능성을 실현하심으로써 그 가능성이 모든 사람 안에 보편적으로 내재한다는 사실을 알리시고 그것의 실제를 모범으로 보이신 사건이라고 여긴다. 하나님이 역사상 "이 사람"(dieser Mensch)이 되신 것은 "사람으로서의 가능성"(Möglichkeit als Mensch)을 지니시고 그것을 실현하기 위하심이셨다는 점을 부각시키는 소이가 여기에 있다.3659)

예수 그리스도의 실제는 인격 가운데 계시는 하나님 자신이(Gott selbst in Person) 육체 가운데 활동적으로 현존하신다는 사실이다. 인격 가운데 계시는 하나님 자신이 참 인간 존재와 행위의 주체이시다. 하나님이 그 인격의 주체이시라는 바로 그 이유 때문에 이 존재와 행위는 참되다. 그것들은 진정 참 인간 존재와 행위이다.3660)

바르트에 있어서, 제2위 성자 하나님이 아니라 삼위일체 하나님이 성육신의 주체가 된다. 하나님 자신이 우리와 동일한 예수 그리스도 안에서 자신의 일을 이루셨다. 예수 그리스도는 그 안에 하나님이 계시고, 하나님이 일하시는 "한 사람"으로서

3657) Barth, *Church Dogmatics*, I/2.147 (KD I/2.161).

3658) Barth, *Church Dogmatics*, I/2.149 (KD I/2.163-164).

3659) Barth, *Church Dogmatics*, I/2.150 (KD I/2.164).

3660) Barth, *Church Dogmatics*, I/2.151 (KD I/2.165).

우리에게 전형(Urbild)을 보이실 뿐이다.3661) 이런 측면에서, 예수 그리스도는 "계시의 중보자"(Offenbarungsmittler)로서 "화해주"(Versöhner)가 되시고, 그의 계시는 화해(Versöhnung)가 된다.3662)

바르트는 "한 사람" 예수 그리스도의 신성이 구원론적 의미를 갖는 것은 그 자신 안의 하나님의 존재와 행위를 통하여 모든 인간이 자신에게 고유한 본질적 잠재성을 깨닫게 하는 데 있다고 여기고, 성경이 아버지와 아들의 하나됨을 중보자의 계시로써 입증하는 한에 있어서 예수의 신격(deity)은 "명백하고, 참되며, 본질적인"(definitive, authentic and essential, endgültige, eigentliche und wesentliche) 것이 된다고 말하고,3663) 이런 맥락에서, 그리스도를 "화해주"로 부르는 반면에, 성령을 "구속주"(Erlöser)라고 부른다. 바르트에게 있어서, 이 두 이름은 계시의 존재방식(modus essendi, Seinsweise)의 차이를 드러낼 뿐, "존재론적으로"(ontologisch) 구별되는 것은 아니다.3664)

이와 같이, 바르트는 성육신을 계시사건으로 여기고, 그 사건의 양상을 논하는 가운데, 자신의 삼위일체론을 개진하고 있다. 성육신은 하나님이 자신을 한 사람-"이 사람"-에게 알리신 사건이다. 하나님의 말씀이 "한 사람"이 되셔서 죄인의 저주와 형벌 가운데 계시지 않으셨다면-곧 육신 가운데 우리와 동일하게 오시지 않으셨다면-'그 사람'은 우리를 위한 계시가 되실 수 없었을 것이다.3665) 바르트는 예수의 "무죄성"(Sündlosigkeit)이 본래적이지 않으며 하나님과 사람 사이의 화해를 통하여 이루어진 것이라고 여긴다.3666) "하나님의 말씀에 의해서 취해지고 받아들여진 우리의 거룩하지 않은 인간 존재는 하나의 거룩한, 그리하여 죄가 없는 인간 존재이다"라고3667) 그가 말하는 것은 이러한 뜻에서이다. 이러한 입장에 따르면 계시

3661) 참조. Moon, "A Criticism of Schleiermacher's Mystical and Pantheistic Christology," 61–64.

3662) Barth, *Church Dogmatics*, I/1.399 (*KD* I/1.415–419).

3663) Barth, *Church Dogmatics*, I/1.400 (*KD* I/1.420).

3664) Barth, *Church Dogmatics*, I/1.362 (*KD* I/1.382). 참조. Charles T. Waldrop, "Karl Barth's Concept of the Divinity of Jesus Christ," *Harvard Theological Review* 74/3 (1981), 259–260. 여기에서 저자는 바르트가 "인격"을 "존재방식"으로 대체한 것은 예수 그리스도의 신성보다 인성을 중요하게 다루는 그의 신학이 안디옥 학파(Antiochian School)의 경향을 더욱 많이 지니고 있기 때문이라고 본다.

3665) Barth, *Church Dogmatics*, I/2.151–152 (*KD* I/2.166).

3666) Barth, *Church Dogmatics*, I/2.157–158 (*KD* I/2.172). 참조. IV/2.92–93 (*KD* IV/2.101–103).

3667) Barth, *Church Dogmatics*, I/2.155–156 (*KD* I/2.170).

는 인간 존재의 여하함에 실존적으로 던져지는 무엇이 될 뿐, 그 영원한 절대적, 객관적 존재가 부인될 수밖에 없다.3668)

다음에서 보듯이, 바르트는 성육신의 주체를 성자 예수 그리스도가 아니라 그 안에서 존재하시고 행하시는 하나님 자신, 곧 "말씀하시는 하나님의 인격"(persona Dei loquentis)3669)이라고 여긴다.

확실히 하나님의 말씀은 단지 신적인 언술(言述)의 형상적 가능성(die formale Möglichkeit)에 지나지 않는 것이 아니다. 그것은 성취된 실제(die gefüllte Wirklichkeit)이다. 그것은 언제나 매우 특정적인 내용을 지닌다. 하나님은 언제나 가장 구체적인 것을 (concretissimum) 말씀하신다. 그러나 이 가장 구체적인 것은 예기될 수도 없으며 반복될 수도 없다. 하나님이 말씀하시는 것은 하나님 자신으로부터 함의되지 않는 한 도무지 알려지지도 참되지도 않다. 그것은 그 자신이 말씀하신다는 사실 가운데, 그 사실을 통하여, 알려지며 참되다. 그것은 그가 인격 가운데 그에 의해서 말씀되신 것 가운데, 그것과 함께, 현존하신다는 사실이다.3670)

바르트에 의하면, "한 사람" 예수 그리스도는 스스로 계시의 주체가 될 수 없으며, 하나님이 주체가 되는 '그 사람'으로서 하나님의 계시의 한 존재방식을 계시할 뿐이다.

정확하게 말해서, 하나님은 그의 말씀 가운데 인격이시다. 실로 이것이 구체적으로 의미하는 바는 그는 그의 말씀을 말씀하시는 주(主, der Herr der Wörtlichkeit seines Wortes)시라는 사실이다. 그는 말씀에 매이시지 않으나, 그것은 그에게 매인다. 그는 성경이 말하는 것을 자유롭게 통제하신다. 그는 그것을 사용하거나 하지 않을 수 있으시다. 그는 성경이 말하기를 넘어서서 새로운 말하기를(über die Wörtlichkeit der

---

3668) 여기에서 개혁신학자들이 전개하는 신학의 "존재의 원리"(principium essendi)가 부인된다. 참조. Bavinck, *Reformed Dogmatics*, 1.89, 207ff.; Kuyper, *Principles of Sacred Theology*, 341ff.

3669) 이를 직역하면 "by the person of God who is speaking"이 된다. 그러므로 번역본에 "God's speaking person"이라고 번역된 것은 부적절하다.

3670) Barth, *Church Dogmatics*, I/1.136-137 (*KD* I/1.141).

Heiligen Schrift hinaus neue Wörtlichkeit) 선택할 수 있으시다. 성경이 그의 말씀으로서 선포하는 것은 새로운 말하기 가운데-이 말하기 가운데 말씀하시는 분이 그 자신이신 한에 있어서-그의 말씀으로서 선포될 수 있다.3671)

여기에서 바르트는 "persona Dei loquentis," 곧 계시의 "주체"(Subjekt)를 하나님 자신(Deus ipsus)에게 돌린다.3672) 또한 같은 취지에서 다음과 같이 말한다. "하나님은 그의 계시의 행위 가운데 계시는 분이시다."3673) "하나님은 그의 행위 가운데 계시는 분이시다"(Gott ist, der er ist, in seinen Werken).3674) 하나님의 행위는 "순수한 행위"(actus purus)로서 "고유한"(singularis) 것이다.3675) "하나님의 말씀은 그 자체로 하나님의 행위이다."3676)

만약 인격의 존재(das Sein einer Person)가 행위 가운데 있는 한 존재(ein Sein in der Tat)라면, 그리고 만약 엄격하고 고유한 의미에서, 행위 가운데 계심이 오직 하나님께만 돌려진다면, 그리하여 만약 인격의 존재의 개념이 그것에 뒤따른다면, 엄격하고 고유한 의미에서, 우리는 오직 하나님의 존재만을 이해할 수 있다. 그 자체의 의식적이고, 의지되고, 수행된 결정 가운데 있는 존재, 곧 인격적 존재(Personsein)는 아버지와 아들과 성령의 존재방식(Seinsweise) 가운데 계신 하나님의 존재이다.3677)

여기에서 보듯이 바르트는 인격을 오직 하나님 자신에게 돌리고 성부, 성자, 성령의 위격은 하나님의 행위, 곧 계시의 존재방식 정도로만 여겨서, 성육신을 "말씀의 인격 가운데 있는 하나님의 행위"(ein Handeln Gottes in der Person des Wortes)라고

3671) Barth, *Church Dogmatics*, I/1.139 (KD I/1.143).
3672) Barth, *Church Dogmatics*, II/1.260 (KD II/1.291).
3673) Barth, *Church Dogmatics*, II/1.257 (KD II/1.288).
3674) Barth, *Church Dogmatics*, II/1.262-263 (KD II/1.294).
3675) Barth, *Church Dogmatics*, II/1.264 (KD II/1.296).
3676) Barth, *Church Dogmatics*, I/1.143 (KD I/1.148): "Das Wort Gottes ist selbst die Tat Gottes."
3677) Barth, *Church Dogmatics*, II/1.271 (KD II/1.304-305). 영어번역본에는 "Seinsweise"가 "nature"로 되어 있는데 이는 "mode of being"으로 수정되어야 한다.

정의한다.3678) 이 경우에도 "말씀의 인격"은 "그 인격"이신 하나님의 존재와 행위의 존재방식을 의미할 뿐이다.

> 그[그 사람 예수 그리스도]의 실제, 실존, 존재는 전적이며 절대적으로 하나님—그의 말씀 가운데 행하시는 그 하나님(des in seinem Wort handelnden Gottes)—자신에게 속한 것이다. 그의 인성은 오직 그의 신격의 서술어이다. 혹은 좀 더 나아가서 좀 더 구체적으로 말하면, 그것은 오직 우리에게 작용하시는 주(主) 되신 말씀의 상상할 수 없는 낮아지심 가운데 취해진 단지 그 술어이다.3679)

바르트에 따르면, 신인양성의 연합은—말씀이 육신이 됨은—하나님의 말씀이 인성의 술어로, 인간에게 작용한다는 것을 의미한다. 그것은 인간 예수 그리스도가 말씀의 술어가 "됨"(Werden), 곧 그 실제와 실존과 존재에 있어서 하나님이 "됨"을 뜻한다. 바르트는 이러한 "됨"의 주체를 "말씀의 인격 가운데 계신 하나님"이라고 칭한다. 이는 말씀의 존재방식을 취하고 있는 '하나님의 인격'을 지시한다. 바르트는 제2위 성자 하나님의 '말씀의 인격'이 성육신의 주체라고 여기지 않는다. 말씀은 하나님의 행위—계시행위—의 방식일 뿐이다.3680)

바르트는 자신이 "persona loquentis Dei"와 관련하여 칼빈의 영향을 지대하게 받았다고 말한다. 그러나 두 가지 측면에서 칼빈과 입장을 전적으로 달리한다.

첫째, 칼빈과 달리 바르트는 성경을 그 자체로 의미가 완결된 계시로 보지 않고 하나님의 행위를 통하여 비로소 계시가 되는 인간의 실존적 해석을 기다리는 책으로 여긴다.

둘째, 칼빈과 달리 바르트는 "인격"(persona)이라는 말이 삼위의 위격적 존재(subsistentia)가 아니라 일체의 존재(esse[ntia])를 지시한다고 여긴다. 사실상 삼위일체가 부정되는 것이다.3681)

3678) Barth, *Church Dogmatics*, I/2.162 (KD I/2.177).
3679) Barth, *Church Dogmatics*, I/2.162 (KD I/2.178). 참조. I/1.144 (KD I/1.149).
3680) 참조. Barth, *Church Dogmatics*, I/1.304 (KD I/1.320-321).
3681) 이에 대한 칼빈의 입장은, Calvin, *Institutio*, 1.6.1; 1.7.4 (CO 2.53-54, 58-60).

3. 성육신과 삼위일체

3. 1. 계시로서의 성육신

정통신학과 정통신경들은 한 본질 세 위격의 삼위일체를 다룬 후 성자의 성육신을 논한다. 그러나 바르트는 역순을 취한다. 바르트는 성육신을 중요시하지만 정작 그 주체가 되는 제2위 성자 하나님의 위격에 대해서는 별 관심을 쏟지 않고 다만 현대적 관념주의(Idealism)와 자유주의 신화(神化, deification) 사상을 배격하기 위하여 예수 그리스도의 계시사건 자체에 주목해야 한다는 점을 부각시킬 뿐이다.3682)

바르트는 "성육신 사건"(das Ereignis der Fleischwerdung)을 "위격적 연합"(unio hypostatica)으로 "완성된 사건"(ein vollendetes Geschehen)이라고 부른다. 그러나 성육신이 "객관적인 사실"(ein objektiver Sachverhalt)로서 의미를 갖는 것은 하나님의 말씀이 사람들의 귀에 임하여 그들이 하나님과 화목하게 되었다는 점에 있을 뿐이라고 여긴다. 바르트가 기독론을 다루면서 "존재론적 관심"(ontisches Interesse)을 갖는 것은 여기에 국한된다.3683)

바르트는 성육신이라는 역사적 사건의 실제를 규명하고, 그로부터 위격적 연합을 논한 후, 그것에 존재론적 의의를 부여한다. 사실상 그의 주안점은 위격의 존재 자체가 아니라 사역에 대한 위격적 진술에 놓여있다. 바르트가 말하는 기독론의 존재론적 지평은 예수 그리스도의 존재에 관한 계시경험의 진술에 불과하다. "예수 그리스도의 현존 사건에 있어서 하나님의 계시는 우리를 위한 하나님의 시간이다. 그것은 이 사건 자체 가운데 완성된 시간이다." 이런 의미에서 바르트는 성육신을 계시를 통하여 그의 존재가 우리에게 실제적이 되는 시간, 곧 우리에게 알려지는 "계시 시간"(die Offenbarungszeit)이라고 부른다.3684) 이렇게 볼 때, "말씀이 육신이 되셨다"는 것은 "말씀이 시간이 되셨다"는 것과 다르지 않으며, 그것은 단지 말씀이 역사상 인식되었다는 것을 의미할 뿐이다.3685)

3682) David L. Mueller, *Karl Barth* (Waco, TX: Word Books, 1972), 71-72.
3683) Barth, *Church Dogmatics*, I/2.165 (*KD* I/2.181).
3684) Barth, *Church Dogmatics*, I/2.45 (*KD* I/2.50).
3685) Barth, *Church Dogmatics*, I/2.50 (*KD* I/2.55).

바르트에게 있어서 말씀이 육신이 "되셨다"(ἐγένετο)는 것은 "완성된 사건으로서, 완성된 한 행위로서"(als ein vollendetes Geschehen, als einen perfekten Tatbestand), 예수 그리스도의 실제가 무엇인지를 제시한다. 그것은 성경의 "증거"(Zeugnis) 가운데 하나님의 말씀이 우리에게 구현되었음, 곧 알려지고 이루어졌음을 뜻하는 바, 성육신의 "인식론적 성격"(einen noetischen Charakter)을 제시한다.3686)

바르트에 의하면, "육체적 사건이 없다면"(ohne physisches Geschehen) 하나님의 계시도 없다. 성경에 기록된 문자의 귀착점은 "인간 예수의 육체성"(die Leiblichkeit des Menschen Jesus Christus)에 있다.3687) 이러한 육체적 계시 혹은 육체의 계시 가운데 "하나님의 인격과 사람의 인격, 하나님의 이성과 사람의 이성이"(göttliche Vernunft der menschlichen, göttliche Person der menschlichen) 서로 "교통한다"(communicates, mitteilt). 이러한 의미에서 육체적 계시사건은 "이성적인 사건"(a rational event, ein rationales Geschehen)이라고 불린다.3688) 바르트에게 있어서, 성육신은 하나님이 사람을 만나는 사건이다. 하나님은 계시의 방식-말씀을 들려주는 것-으로 사람을 만나신다. 그 만남 가운데 하나님은 자신을 삼위일체로 알리신다. 성육신은 하나님의 말씀이 사람이 되신 것이 아니라 하나님과 사람의 "교통"이다. 그것은 하나님의 말씀이 사람이 되신 것이 아니라 사람이 하나님의 말씀이 되는 것-말씀을 듣는 것-이다. 여기에 하나님과 사람 사이의 존재의 유비가 나타난다.

> 하나님의 말씀이 육신이 되심으로 그의 신적 존재에 인간 존재를 취하시거나, 들이시거나, 결합시키신다. 그리하여 이 인간 존재가, 그것이 존재하게 됨에 따라, 한 인간 존재로서 하나님의 말씀의 존재가 된다.3689)

바르트가 말하는 "동시성"(Gleichzeitigkeit)과 "적합성"(Kontingenz)이 이에 관계된다.3690) 그것은 계시사건을 통하여 "특정한 그곳과 그 때(illic et tunc)가 특정한 이곳

3686) Barth, *Church Dogmatics*, I/2.167 (*KD* I/2.183).
3687) Barth, *Church Dogmatics*, I/1.133 (*KD* I/1.138).
3688) Barth, *Church Dogmatics*, I/1.135 (*KD* I/1.139).
3689) Barth, *Church Dogmatics*, I/2.160 (*KD* I/2.175).
3690) Barth, *Church Dogmatics*, I/1.145 (*KD* I/1.150).

과 이 때(hic et nunc)가 되는 것(werde)"을 의미한다.3691) 이러한 "됨"(Werden)은 일종의 인식론적 동화(noetic assimilation)를 의미할 뿐인데,3692) 바르트는 이를 존재론적으로 다루고 있는 것이다.

여기에는 다음과 같은 오류가 있다.

첫째, 바르트는 성자의 위격적 존재를 전제하지 않는 가운데 성자 가운데서 일어나는 위격적 연합에 대해서 말하고 있다. 이는 삼위일체를 전제하지 않고 기독론을 논하고자 하는 경험적, 귀납적, 내재적, 상승신학적 입장을 노정할 뿐이다.

둘째, 바르트는 성육신을 하나님의 말씀이 사람이 되신 하나님의 아들의 사건이 아니라 우리가 하나님의 말씀을 통하여 하나님의 존재를 인식하게 되는 사람의 아들의 사건으로 치부한다. 이 경우 성육신은 내적으로 신의 관념(idea)을 형성하는 한 과정이 될 뿐이다.

셋째, 바르트가 말하는 성육신은 예수 그리스도의 계시사건을 통하여 하나님과 사람이 하나가 되는 종교적 경험을 지칭할 뿐이다. 그것은 예수 안의 하나님과 우리 안의 하나님을 동일하게 여기면서 하나님의 아들과 우리가 본질적으로 교통한다고 보는 존재의 유비의 인식론적 양상을 노정한다.

3. 2. 성육신 가운데 계시된 세 존재방식으로서의 삼위일체

바르트는 "계시사건"을 "하나님이 우리와 함께 하심"(Mitunssein Gottes)과 동일시하고 그것을 "삼위일체론의 뿌리"(die Wurzel der Trinitätslehre)라고 여기면서,3693) 다음과 같이 말한다. "'하나님'은 자신을 계시하신다. 그는 '자신을 통하여' 자신을 계시하신다. 그는 '자신을' 계시하신다." 여기에서 계시의 "주체"(Subjekt), "행위"(Tat), "작용"(Wirkung)이 각각 성부, 성자, 성령 하나님으로서 지시된다.3694)

바르트는 다음 명제로부터 삼위일체를 도출한다.

3691) Barth, *Church Dogmatics*, I/1.149 (KD I/1.154-155).
3692) 참조. Van Til, "Has Karl Barth Become Orthodox?" 148.
3693) Barth, *Church Dogmatics*, I/1.307 (KD I/1.324).
3694) Barth, *Church Dogmatics*, I/1.296 (KD I/1.312).

성경의 계시는 본성상 사람들에게 드러날 수 없으신 것으로서, 사람들에게 분여된(die Menschen zuteil werdende), 하나님의 자기-드러내심(Selbstenthüllung)을 뜻한다.[3695]

바르트는 계시를 하나님이 "형태를 취하심"(sein Gestalthaben) 곧 "자기-드러내심"을 통하여 "다른 자아"(Doppelgänger)를 지니시는 "사건"(ein Ereignis)으로 이해한다. 그것은 "하나님의 자기 자신으로부터의 구별"(ein sich Unterscheiden Gottes von sich selbst)이라거나, "숨어있는 첫째 존재방식"(ersten, verborgenen Seinsweise)에 종속되지는 않지만 그것과 구별되는 "다른 존재방식"(anderen Seinsweise)을 취하는 것이라거나, 하는 등으로 설명된다.[3696] 하나님은 성육신을 통하여 동일하게 머무시면서 "자기 자신과 다르게 될 자유"(Freiheit sich selber ungleich zu sein)를 보여주셨는데, 그 "다른 자아"가 성자 곧 제2위격이라는 것이다.[3697]

바르트는 이 "다른 자아"를 하나의 인격(persona)이 아니라 하나님이 존재하시는 하나의 방식(Seinsweise)으로 여긴다. 인격은 오직 한 분 하나님 자신에게만 돌려진다. 삼위가 아니라 하나님 그 자신이 "인격적인 주권"(persönlich Herrschaft)을 지니고 계신다는 점과 삼위일체론의 핵심은 "한 분 인격적인 하나님"(eine persönliche Gott)이 세 특별한 존재방식으로 계신다는 점이 이런 측면에서 강조된다.[3698]

바르트는 서방교회가 인격(persona, πρόσωπον)을 위격(hypostasis, ὑπόστασις)과 동의어로 사용하면서 성부, 성자, 성령 각각의 위격적 존재(subsistentia)보다 공통된 하나의 본질(οὐσία, Wesen)에 편향된 관심을 기울였다는 점을 지적하면서,[3699] "단일성"(Einfachheit)을 전제하는 가운데 다양성을 지시하는 "인격성"(personalitas, Persönlichkeit)이라는 단어를 "인격"(persona, Person)과 동의어로 여겨서는 안 된다고 주장한다. 삼위일체는 인격이나 위격이 셋이라는 것보다 하나님의 "실체"(substantia)와 "주권"(Herrschaft)이 하나라는 것을 중점적으로 논의하는 교리이므로,

---

3695) Barth, *Church Dogmatics*, I/1.315, 320, 324 (KD I/1.332, 337, 342).

3696) Barth, *Church Dogmatics*, I/1.315–316 (KD I/1.332–334).

3697) Barth, *Church Dogmatics*, I/1.319–320 (KD I/1.337–338).

3698) Barth, *Church Dogmatics*, I/1.358–359 (KD I/1.378–379). 바르트는 그가 말하는 "존재방식"(Seinsweise)이 동방교부들이나 아퀴나스나 칼빈이 말하는 "위격적 존재"(subsistentia)와 다를 바 없다고 하나, 칼빈은 "위격적 존재"를 인격 혹은 위격과 동의어로 여긴다는 점에서 바르트와 상이하다. 참조. I/1.359–361 (KD I/1.379–381).

3699) Barth, *Church Dogmatics*, I/1.355–358 (KD I/1.374–378).

"인격"(persona)을 세 위격이 아니라 한 하나님의 신격(Gottheit)에 돌리는 것이 합당하다고 역설한다.3700) 그리고 이러한 명분 가운데, "성부, 성자, 성령의 이름은 하나님이 삼중적 반복 가운데 계시는 한 하나님이심을 의미한다"(daβ Gott in dreimaliger Wiederholung der eine Gott ist)는 극단적인 결론에 이른다. 이렇게 이해하는 경우에만 성부, 성자, 성령 하나님이 "alius-alius-alius"로서 동일본질(Wesensgleichheit, ὁμοούσια), 동일한 주체(Subjekt), 동일한 인격(Person)이시라는 사실을 드러내고3701) 하나님의 "한 분이심"(Einheit)을 확증하는 데 이르게 된다는 점을 또한 부각시킨다.3702) 바르트는 이러한 자신의 입장이 "계시의 신화"(神化, deificatio, Vergötzung)와 삼위 서로 간의 종속을 막을 수 있다고 보지만,3703) 삼위 하나님의 고유한 특성이 부인되며, 결국 삼위일체 자체를 부인하는 데 이르고 만다. 정작 "계시의 신화"는 바르트 자신에 의해서 전제되고 있는 것이다.

이러한 바르트의 입장은 성경의 가르침과 정면으로 배치된다. 삼위일체는 단지 "반복"에 불과한 것이 아니며, 성부, 성자, 성령의 각 위격을 단지 진술의 다양성이나 호환성 혹은 상대성으로 갈음할 수 없으며, 위격(hypostasis)은 어떤 위격적 양상이나 형태가 아니라 위격적 존재(subsistentia)를 의미하기 때문이다. 융엘(Eberhard Jüngel)은 바르트를 옹호하려고 하지만 정작 자기 자신의 맹점을 드러내는 결과에 이르고 말았다. 융엘은 바르트가 "하나님의 존재는 되어가고 있는 과정에 있다"(God's being is in becoming)는 사실을 명제시(命題視)하고 하나님은 그 자신이 우리에게 아버지가 되듯이 계시 가운데-삼위가 서로에게 관계를 맺어가는 존재로서-"스스로 관계된 존재"(self-related being)가 된다는 점에 주목하고,3704) 그 관계 가운데서의 "되어감"을 "변증적 초월"(a dialectical transcendence)의 "사건"으로 여기고 그것만이 역사상 우리에게 체험되는 삼위일체 하나님의 내적 관계에 대한 계시의 유일한 가능성의 소여가 된다는 점을 견지하고 있음을 강조한다.3705) 그러나 하나님과 사

3700) Barth, Church Dogmatics, I/1.348-349 (KD I/1.369-370).
3701) Barth, Church Dogmatics, I/1.350-351 (KD I/1.369-370).
3702) Barth, Church Dogmatics, I/1.353 (KD I/1.373).
3703) Barth, Church Dogmatics, I/1.350 (KD I/1.369).
3704) Jüngel, God's Being is in Becoming, 77-78.
3705) Jüngel, God's Being is in Becoming, 79; Barth, Church Dogmatics, II/1.264 (KD II/1.296). 참조. Hunsinger, "Karl Barth's Christology: Its Basic Chalcedonian Character," 81-82.

람과의 관계로 하나님의 내적 관계를 유추하는 것은 그릇되다. 그리스도의 인격에 대한 정통적인 입장은 그가 성부와 성령과 동일하신 하나님으로서 또한 사람이시라는 사실을 견지한다. 그러므로 무엇보다 먼저 그의 위격적 존재 곧 위격 혹은 인격에 대해서 말해야 한다. 위격적 연합의 비밀은 그 주체가 되시는 영원한 하나님의 아들의 위격에 있기 때문이다.

바르트는 아들은 아버지를 계시하시는 가운데 자신을 계시하신다는 점을 들어 "계시의 내용"(Offenbarungsihhalt)과 "계시자의 인격"(Offenbarer-Person)은 하나이며 "계시자의 인격은 예수 그리스도의 인격이다"라고 말함으로써 성부와 성자가 서로 구별되는 위격적 존재임을 사실상 부인하고 있다.3706) 바르트가 말하는 삼위의 존재방식의 차이는 우리가 하나님의 계시를 유비적으로 받아들이게끔 하는 "특정한 발생적 관계"(eigentümlichen genetischen Beziehungen), 곧 "기원의 관계"(Ursprungsverhältnissen)를 의미할 뿐이다. 그렇기 때문에, 바르트는 "부성"(父性, Vaterschaft)과 "자성"(子性, Sohnschaft)과 "같은"(wie) 무엇—"낳으심"(Erzeugen)과 "나심"(Erzeugstein)과 "같은"—이 있다거나, 낳으심과 나심 둘 모두로부터 "나오심"(Hervorbringung)과 "같은" 무엇이 있다고 말할 뿐이다.3707) 바르트가 말하는 "존재방식"이나 "반복"은 이와 같이 "같은"(wie)을 표상할 뿐이다.

바르트는 삼위일체 하나님이 "한 인격적 하나님"(eine persönliche Gott)으로서 한 분 동일한 "주체"(Subjekt)시나 자기 반복 가운데 세 존재방식으로 계신다고 여기므로,3708) 성부와 성자와 성령은 세 존재방식으로서 한 본질을 이루나 각각이 동일한 본질이라고 볼 수는 없다고 주장한다. 그리하여 성부와 성자 사이에는 "신적인 우월"(göttliche Überordnung)과 "신적인 종속"(göttliche Unterordnung)이 있다고 말하는 데 이른다.3709) 이와 같이 삼위의 동등함이 파괴되는 것은 바르트 신학이 안고 있는 필연적인 결과물이다.3710)

바르트의 삼위일체론은 사실상 반(反)삼위일체론을 지향하고 있다.

3706) Barth, *Church Dogmatics*, I/1.411-412 (*KD* I/1.432-433).

3707) Barth, *Church Dogmatics*, I/1.363, 370 (*KD* I/1.382-383, 390).

3708) Barth, *Church Dogmatics*, IV/1.205 (*KD* IV/1.224).

3709) Barth, *Church Dogmatics*, IV/1.209 (*KD* IV/1.228-229). 인용, IV/1.209 (*KD* IV/1.229).

3710) 참조. Barth, *Church Dogmatics*, IV/2.65 (*KD* IV/2.70).

첫째, 바르트는 성육신 곧 계시사건에 의해서 하나님이 비로소 삼위일체로 계시된다고 여긴다. 그러나 삼위의 존재와 경륜과 계시는 하나님의 본질과 더불어 전제되는 것이지 역사적 사건을 통하여 비로소 계시되는 것이 아니다. 삼위일체를 전제하지 않고 계시를 우선적으로 논할 수는 없다. 계시의 여하함(계시 주체, 계시 자체, 계시 작용)과 그 세 가지 양상(계시, 성경, 선포)에 비추어 비로소 삼위일체가 도입되는 것이 아니다. 그러므로 바르트의 입장은 성경의 가르침을 전체적으로 거꾸로 세우는 것이다.

둘째, 성자가 고유한 인격을 지니시고 개별적 위격으로 계시는 위격적 존재라는 사실을 받아들이지 않는 바르트에게 있어서 성육신은 역사적 사건이 아니라 관념 자체 혹은 관념의 산물일 뿐이다. 바르트는 자신의 입장을 "변증법적 병행"이라고 변호하지만 그것은 결코 해석학적 순환의 고리를 끊을 수 없는 관념적 사변일 뿐이다. 성육신의 계시사건으로부터 삼위일체를 설명하고 있지만, 사실상 성육신이 부인되며, 삼위일체도 부인된다.[3711]

셋째, 바르트는 삼위의 위격에 인격성(人格性)을 부여할 수 없다고 누차 강조하는데, 이는 그가 내재적 삼위일체를 부인하고 있음을 보여주는 반증이 된다.

넷째, 바르트는 삼위 각각은 동일본질이나 그 위격적 특성에 있어서 "내적", "존재적" 차이가 있음을 부정하고, 각각의 위격들 상호 간의 발생적 차이를 계시와 관련하여 문제 삼을 뿐이다. 이러한 경향은 그가 성부, 성자, 성령을 낳으심, 나심, 나오심으로 특정하여 다루는 경우에도 동일하게 나타나는 바, 세 인격의 위격적 존재 자체를 거론함 없이 계시된 경륜에 따른 상호 관계를 셋으로 제시할 뿐이다. 그리하여 결국 삼위를 인정함 없이 삼위의 관계만 말하는 형색이 되고 만다.

다섯째, 바르트가 말하는 성부, 성자, 성령의 위격은 "외향적인"(ad extra, nach außen) "변증법적 상대"(eines dialektischen Gegenstücks)로서의 "존재방식"을 의미하는 것으로서 계시의 양상에 따른 "특점(特占)을 통하여"(per appropriationem) 각각에 돌려지는 모종의 속성일 뿐 인격의 위격적 존재를 뜻하는 것이 아니다.[3712]

3711) 바르트는 기독교 신학과 기독교 신앙에 있어서 성경 해석의 "논리적 순환"(logical circle)이 오히려 계시의 역사성을 담보한다고 본다. 참조. Runia, *Karl Barth's Doctrine of Holy Scripture*, 10–11.

3712) Barth, *Church Dogmatics*, I/1.374–375 (KD I/1.394–395).

4. 그리스도의 사역과 두 상태

4.1. 계시적 참여

우리는 위에서 바르트가 성육신을 계시사건으로 다루면서—그의 부인에도 불구하고—존재의 유비의 방식을 도입하고 있음을 살펴보았다. 그렇다면 이러한 성육신의 계시—그리스도의 계시, 즉 그리스도 자신—가 우리에게 갖는 의미는 무엇인가? 바르트는 그것을 "추론"(Entnehmen)이라는 개념에서 찾는다. 그것은 예수 그리스도의 실제를 통하여 하나님이 "그 자신 가운데"(in sich selber) 뿐만 아니라 "우리 안에 그리고 우리 가운데"(bei und unter uns) 계심을 유비해서 아는 지식을 뜻한다.

> 하나님이 이 사람이시며 이 사람이 하나님이시라는 사실에 근거하는 예수 그리스도의 실제는 하나님이 그 자신과 우리 사이의—일반적인 말로 표현해서, 그 자신의 존재와 그 자신과 동일시되지 않는 존재 사이의—경계를(die Grenze) 가로지를 수(überschreiten) 있으시다는 사실을 어김없이 주장한다.[3713]

바르트는 예수 그리스도의 실제를 통하여 우리는 하나님이 우리에게 알려진 형태들과 유비가 되는 다른 것들로써—달리 말해서, 계시의 방식으로, 곧 그의 "사람이심"(Menschsein)으로—자신을 우리에게 알리셨음을 추론하게 된다고 말한다.[3714] 바르트에 따르면, 예수 그리스도는 그의 행위를 통하여 "실제적인 사람"(der wirkliche Mensch)이 되시면서 동시에 하나님과 하나가 되신다.[3715] "행위자인(Täter) 그와 그의 행위(Tat)는 불가분리하게 하나이다."[3716] 그 예수 그리스도 안에서 인간의 존재가 하나님의 존재와 "즉각적이며 직접적으로" 관계를 맺게 된다. 성경은 한 사람—하나님에 의해서 버려지고 취함받은—의 행위를 통하여 모든 사람들에 대해

3713) Barth, *Church Dogmatics*, I/2.31 (KD I/2.35).
3714) Barth, *Church Dogmatics*, I/2.35-37 (KD I/2.39-41).
3715) Barth, *Church Dogmatics*, III/2.63-64 (KD III/2.73-74).
3716) Barth, *Church Dogmatics*, III/2.61 (KD III/2.71).

서 말하고 있다.3717) 한 사람 예수 그리스도의 인격을 통하여 모든 사람이 "신적인 타자"(göttliche Gegenüber)와 직면하게 된다. 예수 그리스도가 이웃, 동료, 친구로서 신적인 타자가 되어서 모든 사람 앞에 현존하신다.3718) 인간의 본질은 신적인 타자인 예수 그리스도를 통하여 하나님의 말씀을 듣는 데 있다. 그것은 예수 그리스도를 하나님의 말씀으로 받아들이는 것과 다르지 않다.3719)

그것은 창조주와 피조물의 동일화이다. 피조물에게 있어서, 창조주는 전적으로 새로운 타자이시다. 만약 사람 예수 그 자신이 피조물이 되신 창조주시라면, 그는 어떤 상태로든 다 묘사될 수 없는 방식으로 존재하실 것이다. 그러나 그 안에서 우리는 엄격한 역사 개념의 성취에 마주서게 될 것이다.3720)

바르트에 의하면, "상태"(Zustand)가 아니라 "사건"(Ereignis)으로써 하나님은 우리와 함께 계신다.3721) 하나님은 우리와 한 역사를 공유하신다.3722) "구원"(Heil)은 "하나님의 존재에 참여함"(in der Teilnahme am göttlichen Sein)이다.3723) 구속사를 통한 하나님의 뜻의 성취는 곧 우리 자신의 존재의 가능성을 구현하는 사건이다.3724) 그것은 "우리와 함께 계시는 하나님"(Gott mit uns)이 "하나님과 함께 하는 우리"(Wir mit Gott)가 되어가는 과정이다.3725) 그것은 타락과 무관하게 예수 그리스도가 그 자신과 사람과의 교제를 통하여 창조의 목적을 이루어가는 과정으로서의 화해를 뜻한다.3726) 이러한 바르트의 구원관은 "피조성"(Geschöpflichkeit)과 "죄성"(Sündigkeit)을 혼동하는 데서 기인한다.3727)

3717) Barth, *Church Dogmatics*, III/2.132–133 (*KD* III/2.158–159).
3718) Barth, *Church Dogmatics*, III/2.134–135 (*KD* III/2.160–161).
3719) Barth, *Church Dogmatics*, III/2.147 (*KD* III/2.176).
3720) Barth, *Church Dogmatics*, III/2.159 (*KD* III/2.190).
3721) Barth, *Church Dogmatics*, IV/1.6 (*KD* IV/1.4).
3722) Barth, *Church Dogmatics*, IV/1.7 (*KD* IV/1.5–6).
3723) Barth, *Church Dogmatics*, IV/1.8–9 (*KD* IV/1.7).
3724) Barth, *Church Dogmatics*, IV/1.14–15 (*KD* IV/1.14–15).
3725) Barth, *Church Dogmatics*, IV/1.18–20 (*KD* IV/1.18–20).
3726) 참조. Barth, *Church Dogmatics*, IV/1.41–44 (*KD* IV/1.46).
3727) 참조. Barth, *Church Dogmatics*, I/1.436–437 (*KD* I/1.459–460).

이와 같은 바르트의 입장은 초기 그의 저술에서도 현저하게 나타나는 바, 다음에서 우리는 그리스도의 죽음으로부터 생명에 이르는 길을 "예"와 "아니오"의 변증법으로 모색하는 가운데 구원의 계시를 통하여 창조를 설명하고자 하는 전형적인 바르트의 방법론을 발견하게 된다.

> 신약의 '예'를 '아니오'에 포함된 '예'가 아닌 어떤 것으로 이해하는 것은 그것을 전혀 이해하지 않은 것이다. 생명은 죽음으로부터 온다! 죽음은 모든 것들의 원천이다. 그곳으로부터 하나님을 아버지, 기원, 하늘과 땅의 창조주로 아는 신약의 지식이 온다. 그곳으로부터 소외된 인성에 대한 왕이시자 정복하시는 분이신 아버지의 관계를 드러내는 처음이자 마지막 말씀, 결정적이고, 완전하고, 표현할 수 없는 말씀의 은혜가 온다.[3728]

바르트는 여기에서 예수 그리스도의 의를 통한 구속이 아니라 존재론적인 연합을 말하고 있다. 죄의 본질을 하나님의 뜻에 대한 불순종, 구원의 본질을 그 죄에 대한 값을 치르는 것으로 이해하지 않고 있다. 바르트가 구원으로서 상정하는 것은 예수 그리스도와 피조물의 본질적, 본래적 연합, 곧 "존재의 교통"(communication of being)에 있다. 그것은 죄나 타락의 문제가 아니라 자연적인 문제이다. 바르트는 창조의 일반역사와 구속사를 성격상 구별하지 않는다. 그는 은혜언약을 타락 이전의 창조와 연결시킨다.[3729] 구속사는 그것이 고유한 사건이라는 측면에서 특별할 뿐이다. 하나님이 우리와 함께 하심이 창조의 완성으로 미래적으로 설정되고, 구원은 그것을 성취하는 과정의 사건으로 제시될 뿐이다.[3730] "새로운 타자"인 예수 그리스도가 피조물인 인간으로 오셔서 전체 역사—창조—를 완성하셨다는 관점, 곧 그가 창조주시며 피조물이라는 관점에서 우리 안에서의 신인(神人)의 연합을 말하는 것은 범신론이나 그에 기초한 신화(神化, ἀποθέωσις) 사상을 지지하는 것이다.[3731] 이와

3728) Barth, "Biblical Questions, Insights, and Vistas," 49–96, 인용은 80–81. 이 글은 한 강연에서 1920년에 발표되었다.

3729) Barth, *Church Dogmatics*, III/1.231–232 (KD III/1.262).

3730) Barth, *Church Dogmatics*, III/1.322 (KD III/1.369).

3731) 그러나 다음 학자들은 바르트 신학에는 신화(神化) 사상이 발견되지 않는다고 주장한다. Jüngel, *God's Being is in Becoming*, 75; Bruce L. McCormack, "Participation in God, Yes; Deification, No: Two Modern Protestant Responses to an Ancient Question," in *Orthodox and Modern: Studies in the Theology of Karl Barth* (Grand Rapids: Baker Academy, 2008), 235–260; Adam Neder, *Participation in Christ: An Entry into*

같이, 바르트 자신이 신앙의 유비와 은총의 승리를 강조함에도 불구하고 그의 신학은 존재의 유비와 자연신학을 벗어나지 못하고 있다.

바르트는 칼빈의 1536년 『기독교 강요』 초판을 다루면서 하나님을 아는 두 가지 지식인 창조주 하나님과 구속주 하나님에 관한 지식의 관계에 대한 자신의 입장을 다음과 같이 개진한다.

> 칼빈은 하나님을 구속주로 정의하는 성경적 계시가 없이는 창조주 하나님에 관한 어떤 실제적인 지식도 알려고 하지 않는다. 역으로 말해서, 구속주 하나님을 아는 지식은 단지 창조주 하나님에 관한 계시를 더욱 날카롭고 명확하게 아는 것이다. 질료적으로, 두 형태의 지식은 정확하게 같다. 우리는 그것들의 본질적인 하나됨을 더욱 참되게 파악하기 위하여 오직 한 차례 그것들을 구별한다.[3732]

여기에서 우리는 바르트가 칼빈을 깊이 읽기에 앞서서 자신의 신학적 입장을 개진하기 위하여 칼빈을 이용하고 있음을 발견할 수 있다.[3733] 바르트에게 미친 칼빈의 영향은 지대하다. 그러나 바르트는 칼빈이 아닌 칼빈을 받아들였다. 칼빈은 창조와 구속, 일반계시와 특별계시, 일반은총과 특별은총을 분명히 구별해서 다루었다. 복음과 율법도 마찬가지였다. 복음이 그리스도에 의한 율법의 완성이라는 점을 칼빈이 강조한 것은 사실이다. 그러나 바르트와 달리 칼빈은 율법을 복음의 한 양태 정도로 여기지도 않았으며, 바르트와 같이 복음—율법—복음의 구조를 취하지도 않았다.[3734] 바르트는 칼빈의 글을 자신의 신학을 역투사하는 장으로 여겼을 뿐이다. 예컨대, 바르트는 칼빈이 성경을 "그 언술(言述)이 최종적 결정을 기다리는 법서(法書, a legal book whose wording must always have the final decision)"와 같다고 했는데,

---

Karl Barth's Church Dogmatics (Louisville: Westminster John Knox, 2009), 65–69, 86–92.

[3732] Karl Barth, The Theology of John Calvin, tr. Geoffrey W. Bromiley (Grand Rapids: Eerdmans, 1995), 164.

[3733] Richard A. Muller, The Unaccommodated Calvin: Studies in the Formation of a Theological Tradition (Oxford: Oxford University Press, 2000), 188. 이러한 멀러의 입장에 대한 반론은 다음 참조. Stephen Edmondson, Calvin's Christology (Cambridge: Cambridge University Press, 2004), 29–39.

[3734] Barth, Church Dogmatics, II/2.511 (KD II/2.567): "Eben das Evangelium selbst und als solches hat die Form und Gestalt des Gesetzes.······Es ist Evangelium nach seinem Inhalt, Gesetz nach seiner Form und Gestalt."

이는 성경을 실존적 해석을 기다리는 책 정도로 여기는 바르트의 입장일 뿐 칼빈의 성경관과는 무관하다.3735) 이렇듯 자의적인 바르트의 칼빈 해석은 기독론과 관련하여 특히 현저하게 나타난다. 무엇보다 자신과 다를 바 없이 칼빈도 "변증법적 병존"의 방식으로 그리스도가 빛을 비추시나 감추시고, 심판을 수행하는 일과 은혜를 베푸는 일을 동시에 수행하시며, 규범을 각인시키시면서 그 규범으로부터 자유롭게 하시는 분으로 묘사하고 있다고 여기는 데서 오류의 극을 달리고 있다.3736)

4. 2. 계시적 분여와 두 상태

바르트는 성육신 사건이 "분여"(Mitteilung)에 기초하는 것으로 여긴다. 이와 관련하여 인적 본질을 신성에 분여하는 것, 신적 본질을 인성에 분여하는 것, 분여에 기초한 인적 본질과 신적 본질의 "공통 실제화"(gemeinsame Verwirklichung)가 논의된다.3737) 바르트는 분여에 의해서 신인양성의 실제적인 속성교통(communicatio idiomatum)이 "구체적으로"(konkret) 일어난다고 본다.3738) 바르트는 속성교통에 있어서 "행하시는 주체"(das handelnde Subjekt)는 "아들의 존재방식으로 계신 하나님 자신"(Gott selber in der Existenzweise des Sohnes)이라고 보고,3739) 그리스도의 인성의 내(內)위격성(enhypostasis) 혹은 비(非)위격성(anhypostasis)을 논한다.3740) 여기에서 바르트는 인성에 신성의 속성들이 관통한다는 루터파의 입장에 서서 모종의 역사적 역동성을 그 교리에 부여하고 있다.3741)

바르트 신학의 기독론 중심성(Christological concentration)은 그가 고착되어 있었던 인식론적 관점이나 전제 가운데서만 논의될 수 있다. 바르트는 성경 안에 제시

3735) Barth, *The Theology of John Calvin*, 167.

3736) Barth, *The Theology of John Calvin*, 164-167.

3737) Barth, *Church Dogmatics*, IV/2.73 (*KD* IV/2.79).

3738) Barth, *Church Dogmatics*, IV/2.73-75 (*KD* IV/2.79-82).

3739) Barth, *Church Dogmatics*, IV/2.84 (*KD* IV/2.91-92).

3740) Barth, *Church Dogmatics*, IV/2.91 (*KD* IV/2.100). 참조. T. F. Torrance, "The Place of Christology in Biblical and Dogmatic Theology," in *Essays in Christology for Karl Barth*, ed. T. H. L. Parker (London: Lutterworth, 1956), 16-17, 36-37.

3741) 참조. Pannenberg, *Jesus-God and Man*, 302-303 (*GC* 311-312).

된 성경 밖의 그리스도,3742) 곧 감추어진 하나님의 계시를 강조하는데, 이는 그에게 미친 루터와 루터파의 영향을 짐작하게 한다. 바르트는 루터 사상의 핵심이 "하나님의 가면"(larva Dei)에 있다고 여기고,3743) 루터파 속성교통론이 인식론적으로 파악된 가면 속의 하나님을 좀 더 존재론적으로 설명하고자 한 시도였다고 긍정적으로 평가한다.3744) 그러나 성자의 인격의 위격적 존재성을 부인하는 가운데 신인양성의 속성교통을 말한다는 자체가 역설이고 모순이다. 위격을 통하지 않은 양성의 연합은 필히 방법론적으로는 존재의 유비에, 실체적으로는 신화(神化)에 이를 수밖에 없기 때문이다. 그러므로 신인양성의 속성교통에 대한 이러한 바르트의 이해는 "변증법적 병행"으로 치장한 사변적 관념에 불과한 것이다.3745)

바르트는 하나님의 본질이 인성을 취하심, 곧 성육신의 "비하"(Erniedrigung)는 인간 본질의 "승귀"(Erhöhung)가 된다고 말한다. 바르트는 이를 은사의 교통(communicatio gratiarum)으로 설명하는 가운데, 예수 그리스도가 신인양성 가운데 예배의 대상이 됨이 우리가 "신성한 성품"(θεία φύσις)에 참여함을 말해주는 가장 확실한 표가 된다고 강조한다(벧후 1:4).3746) 바르트가 말하는 사역의 교통(communicatio operationum) 역시 단지 관념적일 뿐이다. 그는 비하와 승귀를 일련의 사건으로 볼 것이 아니라 한 사건으로 함께 파악해야 한다고 강조한다.3747) 바르트는 이를 "공통 실제화"라는 개념으로 전개한다.3748) 성육신의 의미가 이러한 관점에서 논의된다.3749) 명백하고 포괄적이며 결정적인 "계시사건"으로서 십자가의 죽음에서 말씀의 성육신이 완성되며 하나님의 아들의 낮아지심과 사람의 아들의 높아지심이 동시에 완성된다고 말한다.3750)

3742) 참조. Runia, *Karl Barth's Doctrine of Holy Scripture*, 49–56.

3743) Barth, *Church Dogmatics*, I/1.167 (KD I/1.173).

3744) 참조. Neder, *Participation in Christ: An Entry into Karl Barth's Church Dogmatics*, 3, 6–7. 이는 바르트가 개혁파 속성교통론이 아니라 루터파 속성교통론에 더욱 치우쳤음을 말해준다.

3745) 참조. Crisp, *Divinity and Humanity*, 73–74; Richard A. Muller, "Directions in the Study of Barth's Christology," *Westminster Theological Journal* 48/1 (1986), 122: 119–134.

3746) Barth, *Church Dogmatics*, IV/2.100–103 (KD IV/2.110–114).

3747) Barth, *Church Dogmatics*, IV/2.104ff. (KD IV/2.115ff.).

3748) Barth, *Church Dogmatics*, IV/2.115–116 (KD IV/2.128–129).

3749) Barth, *Church Dogmatics*, IV/2.119–120 (KD IV/2.131–132).

3750) Barth, *Church Dogmatics*, IV/2.140–141 (KD IV/2.157).

여기에서 우리는 바르트가 말하는 "공통 실제화"가 단지 성육신의 계시사건에 나타난 신인양성의 "변증법적 병존"에 불과하다는 것을 발견하게 된다. 바르트는 신인양성의 교통의 주체가 위격이라는 점은 도외시하고, 단지 성경에 증거된 계시의 양상을 논하고 있을 뿐이다. 이러한 경향은 그가 동정녀탄생이나 십자가나 부활을 "표징"(Vorzeichen)으로 여기는 데 극단적으로 나타난다. 동정녀탄생의 "표징"은 하나님의 말씀이 사람이 되심, 곧 "은혜가 분여됨"(wird Gnade zuteil)을 의미한다.3751) 십자가의 "표징"은 신적인 유사함을 보이는 사람 예수의 존재와 활동에 대한 묘사로서,3752) 육체 가운데 계신 그리스도가 "하나님을 따라"(κατὰ θεόν) 지음을 받은 "새사람"(neuen Menschen)으로서 "하나님의 존재방식에 유비적으로" 참여하는 길이 되심을 뜻한다.3753) 부활의 "표징"은 "하나님이 [죽임을 당하신] 그리스도 안에 계셨다"(Gott war in Christus)는 사실을 의미하는 것으로서, "새로운 하나님의 행위"(der neuen Tat Gottes)를 제시한다.3754) 무엇보다 현저한 것은, 예수 그리스도의 비하와 승귀가 "먼 나라에 이르는 하나님의 아들의 길"(der Weg des Sohnes Gottes in die Fremde)과 "아들의 귀가"(die Heimkehr des Menschensohnes)라는 두 표징으로 그려짐에 있다. 바르트는 그리스도의 죽음과 부활이 두 역사적 사건으로서 일련의 시간적인 순서 가운데 일어났음을 중요하게 여기지 않고 그것들이 관념적으로 하나라는 점에만 착념한다.3755) "부활의 빛은 십자가의 빛이었다"는 그의 말이 이러한 그의 입장을 잘 대변한다.3756)

바르트는 성육신을 계시사건으로 보고 동정녀탄생과 십자가의 죽음과 부활은 하나님이 예수 그리스도 안에서 사람과 하나가 되셨으니 우리에게도 그러한 하나됨이 있다는 것을 제시하는 표징이라고 여긴다. 바르트에게 있어서, 역사적 성육신은 부인되고 그것이 단지 해석을 기다리는 자료와 같이 여겨지기 때문에 신인양성의 연합에 따른 진정한 비하와 승귀는 있을 수가 없다. 그리스도가 지불한 구속의 값

3751) Barth, *Church Dogmatics*, I/2.187 (*KD* I/2.204-205).

3752) Barth, *Church Dogmatics*, IV/2.249 (*KD* IV/2.276).

3753) Barth, *Church Dogmatics*, IV/2.166 (*KD* IV/2.185).

3754) Barth, *Church Dogmatics*, IV/1.301 (*KD* IV/1.332).

3755) Barth, *Church Dogmatics*, IV/2.21, 29 (*KD* IV/2.21, 30).

3756) Barth, *Church Dogmatics*, IV/2.295 (*KD* IV/2.328).

(pretium)이 부인되고 예수 그리스도는 하나의 교사나 선지자에 불과하게 된다.[3757] 그러므로 의의 전가로 인한 대리적 속죄가 부인되고 공허한 변증법적 서술만이 무성하다. 우리를 위하여 모든 의를 다 이루신 구속자는 없고 관념적인 중간자(Mitte)만 남게 된다.

5. 결론 :
변증법적 병행으로 정통적인 기독론과 삼위일체론을 대체

바르트는 칼케돈 신경에 충실했는가? 최근에 회자되는 이러한 질문에 답하기 위해서 우리는 먼저 바르트가 중보자 그리스도의 위격 자체에 대해서 어떻게 이해하고 있는지를 살펴야 한다. 많은 신학자들이 문제를 제기해 왔듯이[3758] 바르트가 양태론(Modalism)이나 사벨리우스주의(Sabellianism) 혹은 사벨리우스주의적 양태론(Sabellian Modalism)에 편승하고 있다는 점을 인정하게 되면 칼케돈 신경을 거론하는 것 자체가 무의미하기 때문이다. 그동안 사회적 삼위일체론(Social Trinitarianism)을 주장하는 학자들은 바르트가 성부, 성자, 성령의 고유한 존재방식(mode of being)을 뜻하는 말로 사용한 "Seinsweise"가 개념상 정통적인 기독론과 상치되는 점이 없음을 변호해 왔다. 그러나 바르트의 영향 가운데 삼위일체론을 개진하고 있는 라너(Karl Rahner)조차도 이에 대해서 회의를 표한다.[3759] 자신이 성경적 혹은 정통적 삼위일체론을 견지하는 가운데 온건한 사회적 삼위일체론을 견지하고 있다고 믿는 플란팅가(Cornelius Plantinga Jr.)는 바르트의 입장이 "기이한"(eccentric) 것이라고 비판한다.[3760]

제11차 톨레도(Toledo) 회의(675)는 다음과 같이 하나님의 실체와 삼위의 인격을 구별하는 고백을 하고 있다.

3757) 참조. Van Til, "Has Karl Barth Become Orthodox?" 170; Kenneth S. Kantzer, "The Christology of Karl Barth," *Bulletin of the Evangelical Theological Society* 1/2 (1958), 27.

3758) Alan Torrance, "The Trinity," 81-82.

3759) Hunsinger, "Karl Barth's Christology: Its Basic Chalcedonian Character," 82-83.

3760) Cornelius Plantinga, Jr., "Social Trinity and Tritheism," in *Trinity, Incarnation, and Atonement: Philosophical and Theological Essays*, ed. Ronald J. Feenstra and Cornelius Plantinga Jr. (Notre Dame: University of Notre Dame Press, 1989), 32.

비록 우리가 세 인격을 고백한다고 해서 우리는 세 실체가 아니라 한 실체와 세 인격을 고백한다. ……만약 우리에게 개별적인 인격에 대해서 묻는다면, 우리는 그는 하나님이시라고 대답해야 한다. 그러므로 우리는 성부, 성자, 성령을 말할 것이나, 그들은 세 하나님이 아니라 한 하나님이시다. ……각각의 고유한 인격은 그 자신 가운데 전(全) 하나님이시고……세 인격은 모두 한 하나님이시다.[3761]

여기에서 "개별적인 인격"이 "하나님"이시라고 한 부분을 들어서, 삼위의 "인격"(person)을 일체의 "인격"(the Person)과 차별화하는 가운데 사실상 성자의 인격성(personality)을 부정하는 바르트의 입장이 온건한 사회적 삼위일체론을 견지하는 학자들 가운데서 지지되고 있다. 그들은 자신들의 입장이 성경과 초대교부 이후의 정통신학의 가르침에 충실하게 서 있다고 주장한다.[3762] 그러나 이러한 입장은 삼위의 위격적 존재(subsistence)를 가르치는 정통적인 삼위일체론과 그것에 기초하여 성육신을 신인양성의 위격적 연합과 동일시하는 정통적인 기독론과 양립할 수 없다.[3763] 다음과 같이 바르트는 사실상 성부, 성자, 성령의 인격 자체를 부인하고 있기 때문이다.

성부, 성자, 성령으로써 우리는 "인격들"이라는 말로 일반적으로 제시되는 것을 의미하지 않는다. ……여하튼, 하나님 안에 세 가지 다른 인격성들, 각각 특별한 자기의식, 인식, 의지, 활동, 작용, 계시, 이름을 지닌 자존하는 세 가지 개별자들이 있다는 것을 주류 신학 전통이 의도한 것은 결코 아니었다. 한 하나님의 한 이름이 아버지, 아들, 성령의 삼중적 이름이다. 하나님의 한 "인격성," 활동하시고 말씀하시는 한 신적 자아가 성부, 성자, 성령이시다.[3764]

[3761] Karl Rahner, ed., *The Teaching of the Catholic Church*, comp. Josef Neuner and Heinrich Roos, tr. Geoffrey Stevens (New York: Alba House, 1967), 94-95. Plantinga, "Social Trinity and Tritheism," 41에서 재인용.

[3762] Plantinga, Jr., "Social Trinity and Tritheism," 42-43. 다음 저자는 초대교회 교부들이 persona, hypostasis와 같은 용어들을 삼위의 개별적 위격적 존재를 지시하기 위하여 엄격하게 사용하고 있지 않았다고 주장한다. Claude Welch, *In This Name: The Doctrine of the Trinity in Contemporary Theology* (New York: Charles Scribner's Sons, 1952), 269.

[3763] 참조. Daniélou, *The Origins of Latin Christianity*, 396.

[3764] Barth, *Church Dogmatics*, IV/1.204-205 (*KD* IV/1.224). 이러한 바르트의 입장은 삼위의 각 위격을 인격이라

지금까지 우리는 바르트의 기독론을 크게 세 부분으로 비판하였다.

첫째, 바르트는 그리스도의 인격과 사역을 모두 계시의 인식 혹은 계시사건이라는 측면에서 파악하고 있음을 살펴보았다. 여기에서 바르트가 성육신을 그리스도 사건의 시작이며 완성이라고 본 것은 그의 편향된 인식론적 이해로부터 비롯되었음을 지적하였다.

둘째, 바르트는 그리스도의 인격을 부인한다는 사실을 살펴보았다. 그는 오직 삼위일체 하나님 한 분 자신에게만 인격성을 돌린다. 그러므로 삼위일체나 성육신 혹은 위격적 연합과 속성교통이 사실상 부인되고 단지 관념적인 변증법적 서술만이 남게 된다.

셋째, 바르트는 신인양성의 연합을 하나님과 사람 사이의 존재의 유비로 읽고 있다는 점을 확인하였다. 바르트는 자신이 자연신학자들이 사용하는 신학적 방법론인 존재의 유비를 반대하고 있다는 사실을 천명하지만, 단지 계시의 작용 혹은 수용의 측면에서만 그러하며, 사실상 존재의 유비로 자신의 신학을 개진하고 있다. 성육신으로 하나님과 사람이 함께 하나가 됨으로 오히려 하나님은 자신을 더욱 깊이 감추신다는 발상은 이러한 입장으로부터 귀결된다.

바르트는 자신이 아리우스주의자들의 "아래로부터의 반신"(半神, Halbgottes von unten), 오리겐의 "위로부터의 반신"(半神, Halbgottes von oben),[3765] "인간의 개념으로"(von einem menschlichen Begriff) 기독론을 전개하는 가현설(Docetism), "인간의 경험으로"(von einer menschlichen Erfahrung) 기독론을 전개하는 에비온주의(Ebionitism)를[3766] 모두 거부한다고 밝히고 있으나, 그의 입장은 원리적이거나 실체적이라기보다 변증법적 사색이 낳은 관념의 결과일 뿐이다. 예컨대, 참 하나님이시며 참 사람이시라는 "신성과 인성 사이의 반명제"(des Gegensatzes von Gottheit und Menschheit)는 궁극적으로 그것들 너머의 실체와 실제를 제시한다고 바르트가 말할 때, 사실상 이 진술이 말하는 실체적 진실은 아무 것도 없다. 바르트에게 있어서, 계시는 곧 실제이며, 그 이상도 이하도 아니다. 그에게 있어서, 계시의 실제성은 실제 자체가 아니

고 부르거나 인격성을 부여하게 되면 그 각각이 일부의 신성을 가지는 것이 될 것이므로 자체 모순이 된다고 여긴 다음 입장에 의해서 지지된다. Baillie, *God Was in Christ*, 141.

[3765] Barth, *Church Dogmatics*, I/1.438-441 (KD I/1.460-463).

[3766] Barth, *Church Dogmatics*, I/2.20 (KD I/2.22).

라 실제에 관한 계시의 여하함에 관계될 뿐이다. 바르트는 자신의 이러한 변증법적 방법이 "신화"(神化, Vergottung)가 아니라 "하나님에 대한 순응(順應, Gottförmigkeit)"을 의미한다고 변호한다.3767) 그러나 이 역시 또한 변증법적 변명일 뿐이다.3768)

바르트가 말하는 신앙의 유비는 단지 변증법적 호소거나 변명일 뿐이며, 실상 그는 그 전제로 존재의 유비를 가정하고 있다. 신앙의 유비는 믿음으로 하나님의 말씀을 받아들이는 것이지, 그러한 자격을 갖추는 것이 아니다. 그것은 주체와 객관의 변증법으로 논할 바가 못 된다. 바르트는 신앙의 유비를 말하지만, 그리스도와 성도 사이의 존재의 교통을 말함으로써 사실상 아래로부터의 신학을 전개하고 있다. 계시의 가능성과 실제에 관한 논의가 이를 잘 말해준다. 예수의 실제를 모형(Vorbild)으로 삼아 그것으로써 원형(Urbild)을 지향하는 것과 주님의 계시사건에 동참함으로써 그와 함께 하나님과 하나가 되는 성육신을 체험하는 것으로부터 구원의 본질을 추구하려는 발상이 그 현저한 예(例)가 된다.

바르트는 정통 삼위일체론과 기독론을 변증법적 병행으로 대체함으로써 결국 그것을 부인하는 데 이르렀다. 바르트는 칼케돈 신경은 부정적인 진술만을 하고 있을 뿐이지만, 자신의 신학은 적극적이며 능동적이라고 말한다. 그러나 그의 방법은 적극적이라기보다는 방치에 가까우며, 능동적이라기보다는 모호함이 가득하다. 그에게는 칼케돈 신경의 '부정'(否定)조차도3769) 찾아볼 수 없다.3770) 반 틸(Cornelius van Til)이 비판하듯이, "그의 그리스도는 성경의 그리스도가 아니다."3771)

3767) Barth, *Church Dogmatics*, I/1.237-238 (*KD* I/1.250-251).

3768) 참조. Van Til, "Has Karl Barth Become Orthodox?" 181. 이러한 변증법적 신학이 어떤 이단보다 위험하다고 여기에 지적된다.

3769) "분할 없이, 변화 없이, 분리 없이, 혼합 없이"(ἀδιαιρέτως, ἀτρέπτως, ἀμερίστως, ἀσυγχύτως). Schaff, *The Creeds of Christendom*, 2.62.

3770) Muller, "Directions in the Study of Barth's Christology," 132.

3771) Van Til, "Karl Barth on Chalcedon," 166.

영원히 오직 하나님께만 영광을 올립니다!
Soli Deo gloria in aeternum!

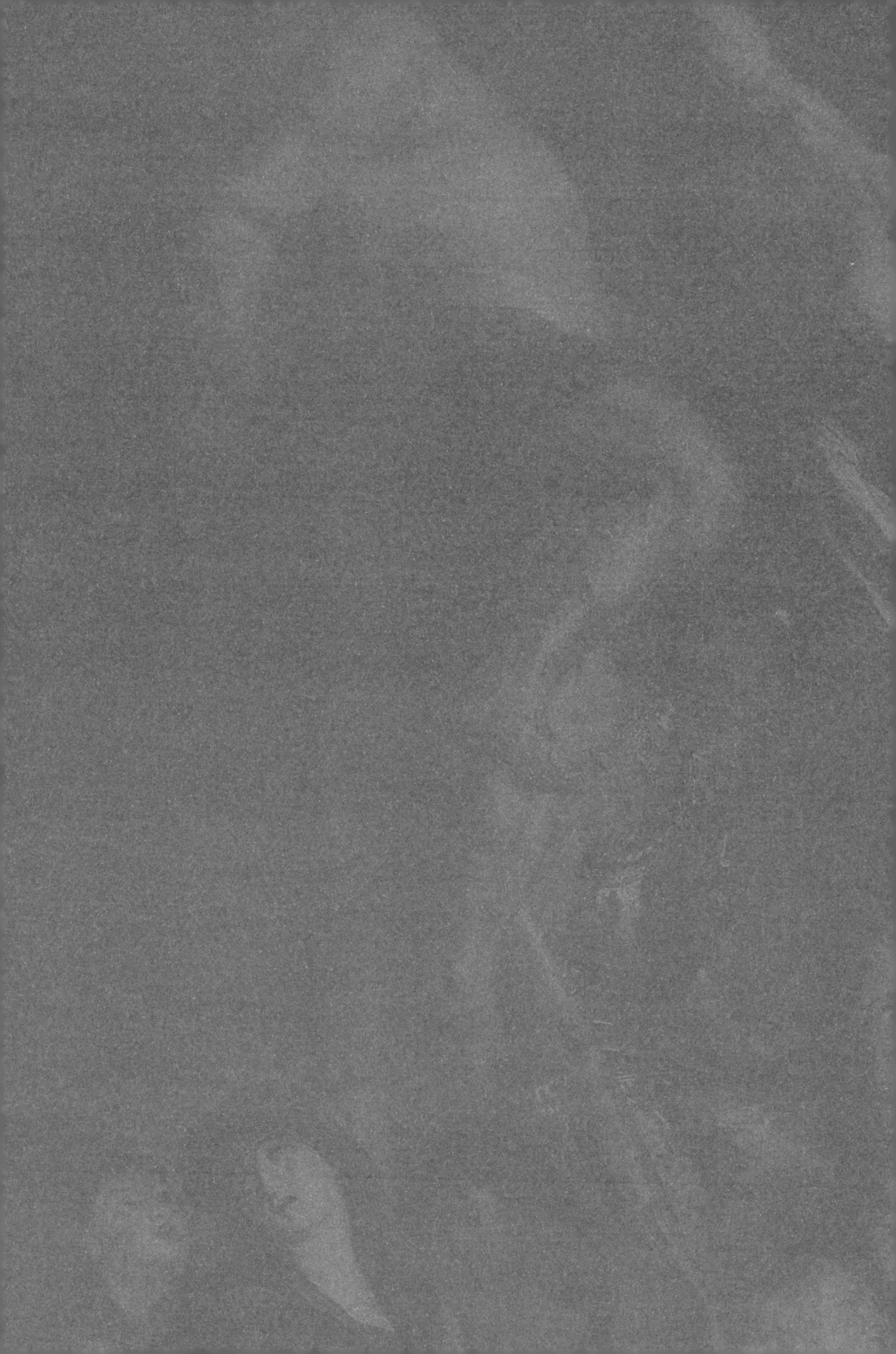

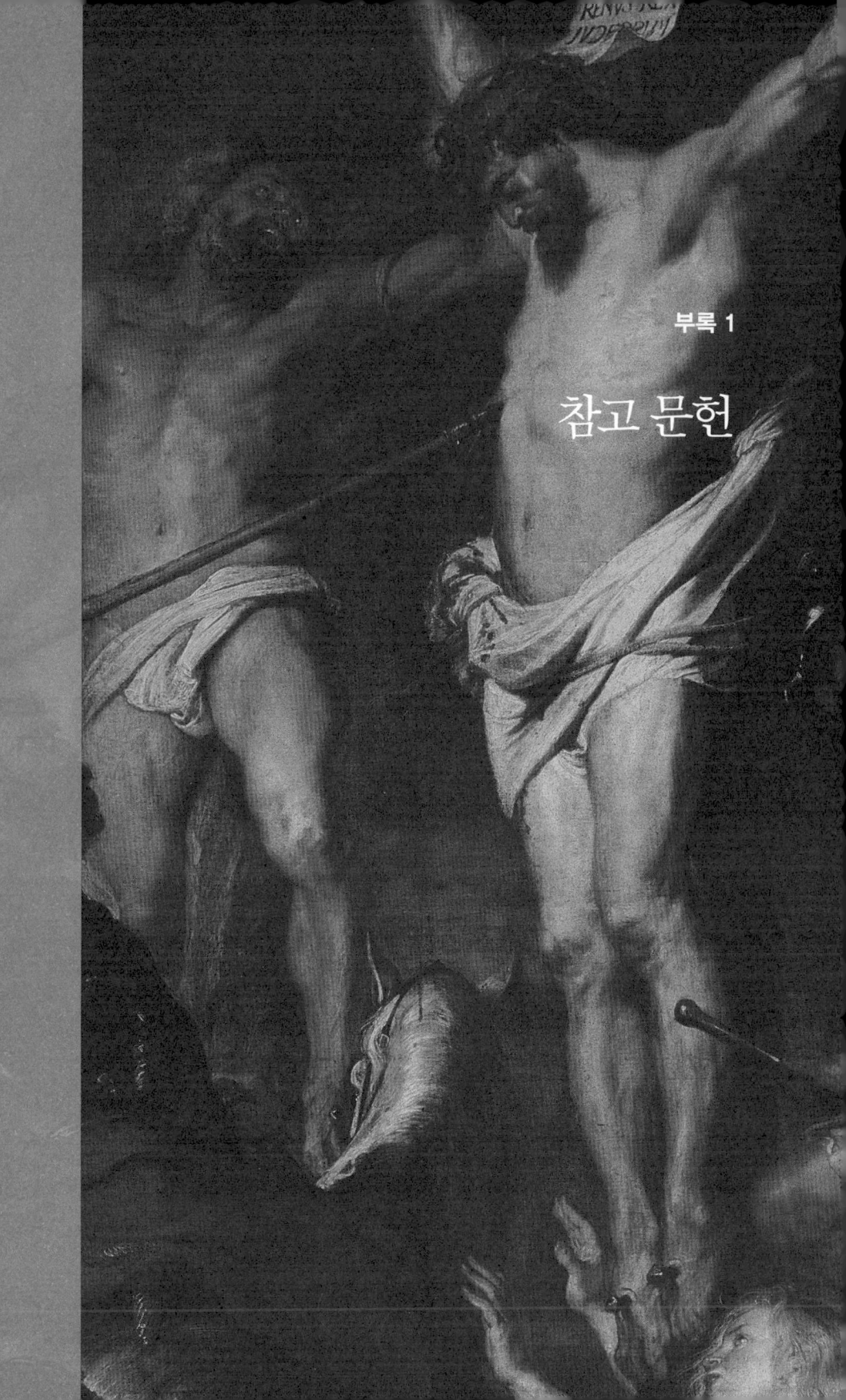

부록 1

참고 문헌

Adams, Marilyn McCord. *Christ and Horrors: The Coherence of Christology*. Cambridge: Cambridge University Press, 2006.

Aghiorgoussis, Maximos. "Applications of the Theme 'Eikon Theou' (Image of God) according to Saint Basil the Great." *Greek Orthodox Theological Review* 21/3 (1976): 265–288.

Alfeyen, Hilarion. *Christ the Conqueror of Hell: The Descent into Hades from an Orthodox Perspective*. Tr. Basil William Bush, Irina Kukota, and Zinaida Nossova. New York: St Vladimir's Seminary Press, 2009.

Allison Jr., Dale C. "Jesus and the Covenant: A Response to E. P. Sanders." *Journal for the Study of the New Testament* 29 (1987): 57–78.

Althaus, Paul. *Die christliche Wahrheit, Lehrbuch der Dogmatik*. Gütersloh: G. Mohn, 1969.

Ames, William. *The Marrow of Theology*. Tr. John D. Eusden. Durham, NC: Labyrinth Press, 1983.

Anatolios, Khaled. "The Immediately Triune God: A Patristic Response

De Persona et Operibus Christi Mediatoris

to Schleiermacher."*Pro Ecclesia* 10/2 (2001): 159-178.

_____. "Oppositional Pairs and Christological Synthesis: Rereading Augustine's *De Trinitate*." *Theological Studies* 68 (2007): 231-253.

Anselm. *Why God Became Man. In A Scholastic Miscellany: Anselm to Ockham*. Ed. and Tr. Eugene R. Fairweather. Philadelphia: Westminster Press, 1956: 100-183. 원문. Anselmus. *Cur Deus Homo*. PL 158.361-432.

Apollinarius of Laodicea. "Fragments." *CC* 107-111. 원문. "Fragmenta." *AP* 204-242.

_____. "On the Union in Christ of the Body with the Godhead." *CC* 103-107. 원문. "De unione." *AP* 185-193.

Aquinas, Thomas. *Summa Theologiae*. Vol. 1. *Christian Theology*. London: Eyre & Spottiswoode, 1963.

_____. *Summa Theologiae*. Vol. 48. *The Incarnate Word*. London: Eyre & Spottiswoode, 1975.

Athanasius. "On the Incarnation." *CLF* 55-110. 원문. "De Incarnatione Verbi Dei." *PG* 25.95-198.

_____. "Orations against the Arians." *CC* 83-101. 원문. "ΚΑΤΑ ΑΡΕΙΑΝΩΝ ΛΟΓΟΣ"

(Oratio adversus Arianos). *PG* 26.11–526.

_____. "Vita Antoni." 원문. "ΒΙΟΣ ΚΑΙ ΠΟΛΙΤΕΙΑ"(Vita et conversatio). *PG* 26.835–978.

Augustine of Hippo. "On the Trinity." *NPNFF* 17–228. 원문. "De trinitate." *AO* 8.1153–1516.

_____. "Against Two Letters of the Pelagians." *NPNFF* 5.377–434. 원문. "Duas epistolas Pelagianorum." *AO* 10–1.797–908.

_____. "The City of God." *NPNFF* 2.1–511. 원문. "De civitate Dei." *AO* 7.1–1116.

_____. "The Confessions of St. Augustin." *NPNFF* 1.45–207. 원문. "Confessionum." *AO* 1.133–410.

_____. "Enchiridion." *NPNFF* 3.237–276. 원문. "Enchiridion." *AO* 6.341–410.

_____. "Letters of St. Augustine." *NPNFF* 1.219–593. 원문. "Epistolae." *AO* 2.1–1370.

_____. "Of the Morals of the Catholic Church." *NPNFF* 4.41–63. 원문. "De moribus ecclesiae." *AO* 1.1113–1198.

_____. "On Christian Doctrine." *NPNFF* 2.519–597. 원문. "De doctrina Christiana." *AO* 3–1.13–152.

_____. "On the Creed." *NPNFF* 3.369–375. 원문. "De symbolo." *AO* 6.917–976.

_____. "On Faith and the Creed." *NPNFF* 3.321–333. 원문. "De fide et symbolo." *AO* 6.261–280.

_____. "On Forgiveness of Sins, and Baptism." *NPNFF* 5.15–79. 원문. "Peccatorum meritis et remissione et de baptismo parvulorum." *AO* 10–1.189–302.

_____. "On the Gospel of St. John." *NPNFF* 7.7–529. 원문. "In Joannis evangelium." *AO* 3–2.1677–2592.

_____. "On Grace and Free Will." *NPNFF* 5.443–465. 원문. "Gratia et libero arbitrio." *AO* 10–1.1229–1268.

_____. "On Grace of Christ, and on Original Sin." *NPNFF* 5.217–236. 원문. "De gratia Christi et de peccato originali." *AO* 10–1.529–596.

_____. "On Nature and Grace." *NPNFF* 5.121–151. 원문. "De natura et gratia." *AO* 10–1.369–424.

_____. "On the Predestination of the Saints." *NPNFF* 5.497–519. 원문. "De praedestinatione sanctorum." *AO* 10–1.1345–1386.

_____. "On the Proceedings of Pelagius." *NPNFF* 5.183–212. 원문. "De gestis Pelagii." *AO* 10–1.473–524.

_____. "On the Psalms." *NPNFF* 8.1-683. 원문. "Enarrationes in Psalmos." *AO* 4-2.1225-2418.

_____. "On Rebuke and Grace." *NPNFF* 5.471-491. 원문. "Correptione et gratia." *AO* 10-1.1281-1381.

_____. "On the Spirit and the Letter." *NPNFF* 5.83-114. 원문. "De spiritu et littera." *AO* 10-1.309-364.

_____. "Reply to Faustus The Manichaean." *NPNFF* 4.155-345. 원문. "Contra Faustum Manichaeum." *AO* 8.313-718.

_____. "Sermons on New Testament Lessons." *NPNFF* 6.245-545. 원문. "Sermones." *AO* 5-1.5-1616.

Auén, Gustaf. *Christus Victor: An Historical Study of the Three Main Types of the Idea of the Atonement*. New York: Macmillan, 1969.

Baillie, Donald M. *God Was in Christ: An Essay on Incarnation and Atonement*. New York: Charles Scribner's Sons, 1948.

Baker, J. Wayne. *Heinrich Bullinger and the Covenant: The Other Reformed Tradition*. Athens, OH: Ohio University Press, 1980.

_____. "Heinrich Bullinger, the Covenant, and the Reformed Tradition in Retrospect." *Sixteenth Century Journal* 29/2 (1998): 359-376.

Balke, W. "Calvin's Concept of Freedom." In *Freedom*. Ed. A. van Egmond and D. van Keulen. Verspreiding, Belgium: Uitgeverij Callenbach, 1996: 25-54.

Barnes, Michel R. "The Visible Christ and the Invisible Trinity: Mt. 5:8 in Augustine's Trinitarian Theology of 400." *Modern Theology* 19 (2000): 329-355.

Barth, Karl. *Church Dogmatics: A Selection with Introduction*. Ed. Helmut Gollwitzer. Tr. G. W. Bromiley. Louisville: Westminster John Knox, 1994.

_____. *Die kirchliche Dogmatik*. 5 Bde. in 13 Teilb nden. Zollikon, Switzerland: Verlag der Evangelischen Buchhandlun, 1932-1970. 영역본. Barth, Karl. *Church Dogmatics*. Ed. Geoffrey Bromiley and Thomas F. Torrance. Tr. G. T. Thomson. 5 Vols. in 14 Parts. Edinburgh: T. & T. Clark, 1936-1977.

_____. *God in Action*. Tr. E. G. Homrighausen and Karl J. Ernst. Manhasset, NY: Round Table Press, 1963.

_____. *The Knowledge of God and the Service of God According to the Teaching of the Reformation*. Tr. J. L. Haire and Ian Henderson. London: Hodder and Stoughton, 1938.

_____. *The Word of God and the Word of Man*. Tr. Douglas Horton. New York: Harper & Row, 1957.

_____. *The Theology of John Calvin*. Tr. Geoffrey W. Bromiley. Grand Rapids: Eerdmans, 1995.

Basil of Caesarea. "Letters." *LCF* 62-84. 원문. "ΕΠΙΣΤΟΛΑΙ(Epistolae)." *PG* 32.219-1114.

Bartholomew, Craig G. "Covenant and Creation: Covenant Overload or Covenantal Deconstruction." *Calvin Theological Journal* 30/1 (1995): 11-33.

Bateman IV, Herbert W. "Defining the Titles "Christ" and "Son of God" in Mark's Narrative Presentation of Jesus." *Journal of the Evangelical Theological Society* 50/3 (2007): 537-559.

Battles, Ford Lewis. "God Was Accommodating Himself to Human Capacity." *Interpretation* 31/1 (1977): 19-38.

Bauckham, Richard. *God Crucified: Monotheism and Christology in the New Testament*. Grand Rapids: Eerdmans, 1998.

_____. "Monotheism and Christology in the Gospel of John." In *Contours of Christology in the New Testament*. Ed. Richard N. Longenecker. Grand Rapids: Eerdmans, 2005: 148-166.

Bavinck, Herman. *The Holy Spirit's Work in Calling and Regeneration*. Tr. Nelson D. Kloosterman. Grand Rapids: Reformation Heritage, 2008.

_____. *Reformed Dogmatics*. 4 Vols. Ed. John Bolt. Tr. John Vriend. Grand Rapids: Baker, 2003-2008.

_____. *The Philosopy of Revelation*. London: Longmans, Green, 1909.

_____. *Our Reasonable Faith*. Tr. Henry Zylstra. Grand Rapids: Eerdmans, 1956.

Beach, J. Mark. *Christ and the Covenant: Francis Turretin's Federal Theology as a Defense of the Doctrine of Grace*. Göttingen: Vandenhoeck & Ruprecht, 2007.

Beardslee III, John W. (Ed.) and (Tr.) *Reformed Dogmatics*. New York: Oxford University Press, 1965.

Beasley-Murray, George Raymond. "Resurrection and Parousia of the Son of Man." *Tyndale Bulletin* 42/2 (1991): 296-309.

Beeke, Joel R. "Did Beza's Supralapsarianism Spoil Calvin's Theology?" *Reformed Theological Journal* 13 (1997): 58-69.

_____. "Theodore Beza's Supralapsarian Predestination." *Reformation and Revival Journal*

12/2 (2003): 68-84.

Beggiani, Seely J. "Case for Logocentric Theology." *Theological Studies* 32/3 (1971): 371-406.

Behr, John. "The Paschal Foundation of Christian Theology." *St Vladimir's Theological Quarterly* 45/2 (2001): 115-136.

Benner, Drayton C. "Augustine and Karl Rahner on the Relationship between the Immanent Trinity and the Economic Trinity." *International Journal of Systematic Theology* 9/1 (2007): 24-38.

Berkhof, Hendrikus. *Christian Faith: An Introduction to the Study of the Faith*. Tr. Sierd Woudstra. Grand Rapids: Eerdmans, 1979.

Berkhof, Louis. *Systematic Theology, New Edition containing the full text of Systematic Theology and the original Introductory Volume to Systematic Theology*. Grand Rapids: Eerdmans, 1996.

Berkouwer, G. C. *The Person of Christ*. Tr. John Vriend. Grand Rapids: Eerdmans, 1954.

_____. *Sin*. Tr. Philip C. Holtrop. Grand Rapids: Eerdmans, 1971.

_____. *The Work of Christ*. Tr. Cornelius Lambregtse. Grand Rapids: Eerdmans, 1965.

Berry, Donald L. "Filioque and the Church." *Journal of Ecumenical Studies* 5/3 (1968): 535-554.

Bettenson, Henry. *The Later Christian Fathers: A Selection from the Writings of the Fathers from St. Cyril of Jerusalem to St. Leo the Great*. Oxford: Oxford University Press, 1973.

Bierma, Lyle D. "Federal Theology in the Sixteenth Century: Two Traditions?" *Westminster Theological Journal* 45 (1983): 304-321.

_____. *German Calvinism in the Confessional Age: The Covenant Theology of Caspar Olevianus*. Grand Rapids: Baker, 1996.

Bindley, T. Herbert. (Ed.) *The Oecumenical Documents of the Fatih: The Creed of Nicaea. Three Epistles of Cyril The Tome of Leo. The Chalcedonian Definition*. London: Methuen & Co, 1906, 2nd ed.

Blackman, E. C. *Marcion and His Influence*. London: S. P. C. K, 1948.

Blaser, Klauspeter. *Calvins Lehre von den drei Ämtern Christi*. Theologische Studien 105. Zürich: EVZ Verlag, 1970.

Blocher, Henri. "The Atonement in John Calvin's Theology." In *The Glory of Atonement: Biblical, Historical & Practical Perspectives*. Ed. Charles E. Hill and Frank A. James III.

Downers Grove, IL: IVP, 2004: 279-303.

_____. "Biblical Metaphors and the Doctrine of the Atonement." *Journal of the Evangelical Theological Society* 47/4 (2004): 629-645.

Bloesch, Donald G. *Jesus Christ: Savior and Lord*. Downers Grove, IL: IVP, 1997.

Bobrinskoy, Boris. "Ascension and Liturgy: The Ascension and High Priesthood of Christ in Relation to Worship." *St Vladimir's Seminary Quarterly* 3/4 (1959): 11-28.

_____. "The Indwelling of the Spirit in Christ: 'Pneumatic Christology' in the Cappadocian Fathers." *St Vladimir's Theological Quarterly* 28/1 (1984): 49-65.

Boersma, Hans. "Alexandrian or Antiochian: A Dilemma in Barth's Christology." *Westminster Theological Journal* 52/2 (1990): 263-280.

Bolt, John. "Christ and the Law in the Ethics of Herman Bavinck." *Calvin Theological Journal* 28/1 (1993): 45-73.

Bonhoeffer, Dietrich. *Christology*. Tr. John Bowden. New York: Harper & Row, 1966.

Bouteneff, Peter. "St Gregory Nazianzen and Two-Nature Christology." *St Vladimir's Theological Quarterly* 38/3 (1994): 255-270.

Boyd, Glenn E. "A Brief Background to Recent Christology." *Restoration Quarterly* 26/3 (1983): 129-143.

Braaten, Carl E. "Modern Interpretations of Nestorius." *Church History* 32/3 (1963): 251-267.

Braaten, Carl E. and Jenson, Robert W. (Ed.) *Christian Dogmatics*. Vol. 2. Philadelphia: Fortress Press, 1984.

Braulik, Georg. "Law as Gospel: Justification and Pardon According to the Deuteronomic Torah." *Interpretation* 38/1 (1984): 5-14.

Bray, Gerald L. "The Filioque Clause in History and Theology." *Tyndale Bulletin* 34 (1983): 91-144.

Breck, John. "'The Two Hands of God': Christ and the Spirit in Orthodox Theology." *St Vladimir's Theological Quarterly* 40/4 (1996): 231-246.

Brooks, Walter Edward. "Perpetuity of Christ's Sacrifice in the Epistle to the Hebrews." *Journal of Biblical Literature* 89/2 (1970): 205-214.

Brown, Colin. "Ernst Lohmeyer's Kyrios Jesus." In *Where Christology Began: Essays on Philippians 2*. Ed. Ralph P. Martin and Brian J. Dodd. Louisville: Westminster John Knox, 1998: 6-42.

_____. "Trinity and Incarnation: In Search of Contemporary Orthodoxy." *Ex Auditu* 7 (1991): 83-100.

Brown, Raymond E. *An Introduction to New Testament Christology*. Mahwah, NJ: Paulist Press, 1994.

_____. "Problem of the Virginal Conception of Jesus." *Theological Studies* 33/1 (1972): 3-34.

Bruce, Alex B. *The Humiliation of Christ: In Its Physical, Ethical, and Official Aspects*. Grand Rapids: Eerdmans, 1955, 4th ed. rep.

Bruce, F. F. and Martin, William J. *The Deity of Christ*. Manchester, UK: North of England Evangelical Trust, 1964.

Brümmer, Vincent. *Atonement, Christology and the Trinity: Making Sense of Christian Doctrine*. Burlington, VT: Ashgate, 2005.

Brunner, Emil. *Dogmatics II: The Christian Doctrine of Creation and Redemption*. Tr. Olive Wyon. Philadelphia: Westminster Press, 1952.

_____. *The Mediator: A Study of the Central Doctrine of the Christian Faith*. Tr. Olive Wyon. Philadelphia: Westminster, 1947.

Brunner, Emil and Barth, Karl. *Natural Theology*. "Nature and Grace" by Brunner and the Reply "No" by Barth. Tr. P. Fraenkel. London: Centenary, 1946.

Bultmann, Rudolf. *Essays Philosophical and Theological*. Tr. James C. G. Greig. New York: Macmillan, 1955.

_____. *Jesus Christ and Mythology*. New York: Charles Scribner's Sons, 1958.

_____. "New Testament and Mythology." In *Kerygma and Myth*. Ed. Hans Bartsch. New York: Harper, 1961: 1-44.

_____. "The Problem of a Theological Exegesis of the New Testament." In *The Beginnings of Dialectic Theology*. Tr. K. Crim. Richmond: John Knox, 1968.

_____. *Theology of the New Testament*. 2 Vols. Tr. K. Grobel. London: SCM Press, 1955.

Burhenn, Herbert. "Pannenberg's Argument for the Historicity of the Resurrection." *Journal of the American Academy of Religion* 40/3 (1972): 368-379.

Burns, J. Patout. "Concept of Satisfaction in Medieval Redemption Theory." *Theological Studies* 36/2 (1975): 285-304.

Burrell, David B. "Incarnation and Creation: The Hidden Dimension." *Modern Theology* 12/2 (1996): 211-220.

Bushnell, Horace. *God in Christ: Three Discourses*. New York: Charles Scribner's Sons, 1887.

Buswell Jr., James Oliver. *Systematic Theology*. Grand Rapids: Zondervan, 1962.

Byrne, Brendan. "Christ's Pre-Existence in Pauline Soteriology." *Theological Studies* 58/2 (1997): 308-330.

Calvin, John (Calvinus, Ioaness). *A tous amateurs de Iésus Christ, et de son S. Evangile, salut*, 1535: CO 9.791-822. 편집본, *Épitre a tous amateurs de Jésus-Christ: Préface à la traduction française du Nouveau Testament par Robert Olivetan (1535)......avec Introduction sur une édition française de l'Institution dès 1537?* Ed. Jacques Pannier. Paris: Fishbacher, 1929.

_____. *Catechismus ecclesiae Genevensis, hoc est, formula erundiendi pueros in doctrina Christi*, 1545: CO 6.1-146. 영역본. *The Catechism of the Church of Geneva That is a Plan for Instructing Children in the Doctrine of Christ. In Calvin: Theological Treatises*. Tr. & Intro. & Notes. J. K. S. Reid. Philadelphia: Westminster, 1954: 88-139.

_____. *Christianae religionis institutio, totam fere pietatis summam, et quidquid est in doctrina salutis cognitu necessarium, complectens; omnibus pietatis studiosis lectu dignissimum opus, ac recens editum*, 1536: CO 1.1-252. 영역본. *Institutes of the Christian Religion* (1536). Tr. & Annot. Ford Lewis Battles. Rev. ed. Grand Rapids: Eerdmans, 1986.

_____. *The Commentaries of John Calvin*. 46 Vols. Calvin Translation Society Edition. Grand Rapids: Eerdmans, 1948-1950.

_____. *Confession de la foy laquelle tous bourgeois et habitans de Geneve et subiects du pays*......[1536 혹은 1537]: CO 22.77-96. 영역본. *Confession of Faith. In Calvin: Theological Treatises*, Tr. and Annot. J. K. S. Reid. Philadelphia: Westminster, 1954: 26-33.

_____. *Forms of Prayer for the Church, In John Calvin's Tracts and Treatises*. Vol. 2. Tr. Henry Beveridge. Edinburgh: Calvin Translation Society, 1844-1851; Repr. Grand Rapids: Eerdmans, 1958: 100-112.

_____. *Institutio christianae religionis, in libros quatuor nunc primum digesta, certisque distincta capitibus, ad aptissimam methodum: aucta etiam tam magna accessione ut propemodum opus novum haberi possit*, 1559: CO 2.1-1118. 영역본. *Institutes of the Christian Religion*. Ed. John T. McNeill. Tr. Ford Lewis Battles. Philadelphia: Westminster

Press, 1960.

_____. *Institutio christianae religionis nunc vero demum suo titulo respondens*, 1539: *CO* 1.253–1152.

_____. *Institutio christianae religionis nunc vero demum suo titulo respondens*, 1543: *CO* 1.253–1152.

_____. *John Calvin's Sermons on Isaiah's Prophecy of the Death and Passion of Jesus Christ*. Tr. T. H. L. Parker. London: James Clake, 1956.

_____. *John Calvin's Sermons on the Deity of Christ*. Tr. Leroy Nixon. Grand Rapids: Eerdmans, 1950; 2nd ed. Audubon, NJ: Old Paths Publications, 1997.

_____. *Last Admonition to Joachim Westphal*, In *John Calvin's Tracts and Treatises*. Vol. 2. Tr. Henry Beveridge. Edinburgh: Calvin Translation Society, 1844–1851; Repr. Grand Rapids: Eerdmans, 1958: 346–494.

_____. *New Testament Commentaries*. Ed. D. W. Torrance and T. F. Torrance. Grand Rapids: Eerdmans, 1960–1972.

_____. *Sermons of Maister Iohn Calvin upon the Booke of Job*. Tr. Arthur Golding: London: George Bishop, 1574; Facsimile repr. Edinburgh: Banner of Truth, 1993.

_____. *Sermons of M. Iohn Calvin upon the Fifth Booke of Moses called Deuteronomeie*. Tr. Arthur Golding. London: Henry Middleton, 1583; Facsimile repr. Edinburgh: Banner of Truth, 1993.

_____. *Sermons on the Epistle to the Ephesians*. Tr. Arthur Golding, London, 1577; Rev. tr. Leslie Rawlinson, S. M. Houghton. Edinburgh: Banner of Truth, 1973.

_____. *Sermons upon the Epistle of Saint Paul to the Galatians*. Tr. Arthur Golding. London, 1574; Rep. Audubon, NJ: Old Paths Publications, 1995.

_____. *Supplementa Calviniana. Sermons inédits*. Ed. Erwin Mühlhaupt et. al. Neukirchen: Neukirchener Verlag, 1936–.

Campbell, John C. "In a Son: The Doctrine of Incarnation in the Epistle to the Hebrews." *Interpretation* 10/1 (1956): 24–38.

Campbell, J. McLeod. *The Nature of the Atonement*. Grand Rapids: Eerdmans, 1996, rep. of 1856.

Campbell, R. Alastair. "Jesus and His Baptism." *Tyndale Bulletin* 47/2 (1996): 191–214.

Canlis, Julie. "Calvin, Osiander, ane Participation in God." *International Journal of systemetic Theology* 6/2(2004) : 169–184.

Carnell, Edward J. "The Virgin Birth of Christ." *Christianity Today*. 7 December 1959: 9–10.

Carpenter, Craig B. "A Question of Union with Christ? Calvin and Trent on Justification." *Westminster Theological Journal* 64/2 (2002): 363–386.

Carr, Anne E. "The God Who Is Involved." *Theology Today* 38/3 (1981): 314–328.

Carr, David M. "Ordinary Christology: Reflections from an Old Testament Perspective on the Theological Significance of Jesus." *Union Seminary Quarterly Review* 56/3–4 (2002): 30–47.

Carson, D. A. *The Gospel According to John*. Grand Rapids: Eerdmans, 1991.

Carson, Ronald A. "Motifs of Kenosis and Imitatio in the Work of Dietrich Bonhoeffer, with an Excursus on the *Communicatio Idiomatum*." *Journal of the American Academy of Religion* 43/3 (1975): 542–553.

Cavadini, John. "Jesus' Death Is Real: An Augustinian Spirituality of the Cross." In *The Cross in Christian Tradition: From Paul to Bonaventure*. Ed. Elizabeth A. Dreyer. Mahwah, NJ: Paulist Press, 2000: 169–191.

Chadwick, Henry. *The Early Church: The Story of Emergent Christianity from the Apostolic Age to the Dividing of the Ways between the Greek East and the Latin West*. London: Penguin Books, 1993, rev.

_____. "Origen, Celsus, and the Resurrection of the Human Body." *Harvard Theological Review* 41/2 (1948): 83–102.

Charnock, Stephen. *Christ Crucified: A Puritan's View of the Atonement*. Ross–shire, UK: Christian Focus Publications, 1996.

Chemnitz, Martin. *The Two Natures in Christ*. Tr. J. A. O. Preus. Saint Louis: Concordia Publishing House, 1971.

Cherry, Conrad. "The Puritan Notion of the Covenant in Jonathan Edwards' Doctrine of Faith." *Church History* 34/3 (1965): 328–341.

Childs, Brevard S. "On Reclaiming the Bible for Christian Theology." In *Reclaiming the Bible for the Church*. Ed. Carl E. Braaten and Robert W. Jenson. Grand Rapids: Eerdmans, 1995: 1–17.

Clements, Keith. (Ed.) *Friedrich Schleiermacher: Pioneer of Modern Theology*. Minneapolis: Fortress Press, 1991.

Cochran, Elizabeth Agnew. "Creaturely Virtues in Jonathan Edwards: The Significance of Christology for the Moral Life." *Journal of the Society of Christian Ethics* 27/2 (2007):

73-95.

Coffey, David. "The 'Incarnation' of the Holy Spirit in Christ." *Theological Studies* 45/3 (1984): 466-480.

_____. "The Theandric Nature of Christ." *Theological Studies* 60/3 (1999): 405-431.

Colle, Ralph Del. *Christ and the Spirit: Spirit-Christology in a Trinitarian Perspective*. Oxford: Oxford University, 1994.

_____. "Reflections on the Filioque." *Journal of Ecumenical Studies* 34/2 (1997): 202-217.

Connell, Martin F. "*Descensus Christi ad Inferos*: Christ's Descent to the Dead." *Theological Studies* 62/2 (2001): 262-282.

Conner, Walter T. "Theories of Atonement." *Review & Expositor* 44/3 (1947): 301-311.

Constas, Nicholas. "The Last Temptation of Satan: Divine Deception in Greek Patristic Interpretations of the Passion Narrative." *Harvard Theological Review* 97/2 (2004): 139-163.

Conzelmann, Hans. "History and Theology in the Passion Narratives of the Synoptic Gospels." *Interpretation* 24/2 (1970): 178-197.

Cousar, Charles B. . "Paul and the Death of Jesus." *Interpretation* 52/1 (1998): 38-52.

Cowan, Christopher. "The Father and Son in the Fourth Gospel: Johannine Subordination Revisited." *Journal of the Evangelical Theological Society* 49/1 (2006): 115-135.

Craig, William Lane. "From Easter to Valentinus and the Apostles' Creed Once More: A Critical Examination of James Robinson's Proposed Resurrection Appearance Trajectories." *Journal for the Study of the New Testament* 52 (1993): 19-39.

Crisp, Oliver D. *Divinity and Humanity: The Incarnation Reconsidered*. Cambridge: Cambridge University Press, 2007.

_____. "The Logic of Penal Substitution Revisited." In *The Atonement Debate: Papers from the London Symposium on the Theology of Atonement*. Ed. Derek Tidball et al. Grand Rapids: Zondervan, 2008: 208-227.

_____. "Non-Penal Substitution." *International Journal of Systematic Theology* 9/4 (2007): 415-433.

Cross, Richard. "Catholic, Calvinist, and Lutheran Doctrines of Eucharistic Presence: A Brief Note towards a Rapprochement." *International Journal of Systematic Theology* 4/3 (2002): 301-318.

Cullmann, Oscar. *The Christology of the New Testament*. Tr. Shirley G. Guthrie and Charles

A. M. Hall. London: SCM Press, 1959.

Cunningham, Lawrence S. "Mary in Catholic Doctrine and Practice." *Theology Today* 56/3 (1999): 307-318.

Curle, Clinton. "The Schleiermacher Redemption: Subjective Experience as a Starting Point for Evangelical Theology." *Didaskalia* 9/2 (1998): 17-36.

Currid, John D. *Calvin and the Biblical Language*. Ross-shire, UK: Mentor, 2006.

Cushman, Robert E. "Faith and Reason." In *A Companion to the Study of St. Augustine*. Ed. Roy W. Battenhouse. New York: Oxford University Press, 1955: 287-314.

Cyril of Alexandria. "Against the Blasphemies of Nestorius." *LCF* 252-266. 원문. "ΤΩΝ ΝΕΣΤΟΡΙΟΥ ΛΥΣΦΗΜΙΩΝ"(Adversus Nestorii blasphemias). *PG* 76.9-249.

_____. "Cyril of Alexandria's Second Letter to Nestorius." *CC* 131-135. 원문. "ἘΠΙΣΤΟΛΗ ΤΡΙΠΗ ΤΟΥ ΑΓΙΟΥ ΚΥΡΙΛΛΥ ΠΡΟΣ ΝΕΣΤΟΡΙΟΝ." In *The Oecumenical Documents of the Fatih: The Creed of Nicaea. Three Epistles of Cyril The Tome of Leo. The Chalcedonian Definition*. Ed. T. Herbert Bindley. London: Methuen & Co, 1906, 2nd ed.: 104-107.

_____. "Easter Sermons." *LCF* 252-266. 원문. "ΟΜΙΛΙΑΙ ΕΟΡΤΑΣΤΙΚΑΙ"(Homiliae paschales). *PG* 77.401-982.

_____. "The Formula of Union of 433." *CLF* 355-358. 원문. ΕΠΙΣΤΟΛΗ ΤΟΥ ΑΓΙΟΥ ΚΥΡΙΛΛΥ ΠΡΟΣ ΙΩΑΝΝΗΝ ΕΠΙΣΚΟΠΟΝ ΑΝΤΙΟΧΕΙΑΕ. In *The Oecumenical Documents of the Fatih: The Creed of Nicaea. Three Epistles of Cyril The Tome of Leo. The Chalcedonian Definition*. Ed. T. Herbert Bindley. London: Methuen & Co, 1906, 2nd ed.: 166-172.

_____. "Letters." *LCF* 252-266. 원문. "ἘΠΙΣΤΟΛΑΙ"(Epistolae). *PG* 77.9-392.

_____. "On the Unity of Christ." Tr. and Intro. John Anthony McGuckin. Crestwood, NY: St. Vladimir's Seminary Press, 1995: 49-133. 원문. "ΟΤΙ ΕΙΣ Ο ΧΡΙΣΤΟΣ"(Quod unus sit Christus) *PG* 75.1253-1362.

_____. "On Right Belief." *LCF* 252-266. 원문. "ΛΟΓΟΣ ΔΕΥΤΕΡΟΣ ΠΡΟΣΦΩΝΗΤΙΚΟΣ" (Oratio altera). *PG* 76.1335-1420.

_____. "The Third Letter of Cyril to Nestorius." *CLF* 349-354. 원문. "ἘΠΙΣΤΟΛΗ ΤΡΙΠΗ ΤΟΥ ΑΓΙΟΥ ΚΥΡΙΛΛΥ ΠΡΟΣ ΝΕΣΤΟΡΙΟΝ." In *The Oecumenical Documents of the Fatih: The Creed of Nicaea. Three Epistles of Cyril The Tome of Leo. The Chalcedonian Definition*. Ed. T. Herbert Bindley. London: Methuen & Co, 1906, 2nd ed.: 121-133.

Dabney, Robert L. *Lectures in Systematic Theology*. Grand Rapids: Zondervan, 1972, rep.

Dahms, John V. "The Subordination of the Son." *Journal of the Evangelical Theological Society* 37/3 (1994): 351-364.

Daley, Brian E. "Divine Transcendence and Human Transformation: Gregory of Nyssa's Anti-Apollinarian Christology." *Modern Theology* 18/4 (2002): 497-506.

_____. "'One Thing and Another': The Persons in God and the Person of Christ in Patristic Theology." *Pro Ecclesia* 15/1 (2006): 17-46.

_____. "Revisiting the 'Filioque': Roots and Branches of an Old Debate. Pt. One." *Pro Ecclesia* 10/1 (2001): 31-62.

Daniélou, Jean. *The Origins of Latin Christianity. A History of Early Christian Doctrine before the Council of Nicaea*. Vol. 3. Tr. David Smith and John Austin Baker. London: Darton, Longan & Todd, 1977.

Daniels, Richard. *The Christology of John Owen*. Grand Rapids: Reformation Heritage Books, 2004.

Darwish, Linda. "The Concept of the Mediator in Augustine's Understanding of the Trinity." *Didaskalia* (Otterburne, Man.) 13/1 (2001): 61-86.

Davies, Rupert E. "Christ in Our Place: The Contribution of the Prepositions." *Tyndale Bulletin* 21 (1970): 71-91.

Davis, Stephen T. "Is Kenosis Orthodox?" In *The Self-Emptying of God*. Ed. C. Stephen Evans. Vancouver: Regent College Publishing, 2006: 112-138.

Dawe, Donald G. "Christology in Contemporary Systematic Theology." *Interpretation* 26/3 (1972): 259-277.

_____. *The Form of a Servant: A Historical Analysis of the Kenotic Motif*. Philadelphia: Westminster Press, 1963.

De Lacey, D. R. "Jesus as Mediator." *Journal for the Study of the New Testament* 29 (1987): 101-121.

Delitzsch, Franz. *Biblical Commentary on the Prophecies of Isaiah*. 2 Vols. Tr. James Martin. Grand Rapids: Eerdmans, 1949.

Delio, Ilia. "Revisiting the Franciscan Doctrine of Christ." *Theological Studies* 64/1 (2003): 3-23.

_____. "Theology, Metaphysics, and the Centrality of Christ." *Theological Studies* 68/2 (2007): 254-273.

DeVries, Dawn. *Jesus Christ in the Preaching of Calvin and Schleiermacher*. Louisville: Westminster John Knox, 1996.

DeWeese, Garrett J. "One Person, Two Natures: Two Metaphysical Models of the Incarnation." In *Jesus in Trinitarian Perspective*. Ed. Fred Sanders and Klaus Issler. Nashville: B & H Academic, 2007: 114-152.

Deyoung, Kevin. "Divine Impassibility and the Passion of Christ in the Book of Hebrews." *Westminster Theological Journal* 68/1 (2006): 41-50.

Dillistone, F. W. "Biblical and Historical Appraisal of Theories of the Atonement." *Theology Today* 10/2 (1953): 185-195.

Ditmanson, Harold H. "New Insights on the Nature of Man and Implications for Christology." *Lutheran Quarterly* 23/4 (1971): 335-355.

Dominicé, Max. *L'humanité de Jésus d'après Calvin*. Paris: Éditions "Je Sers," 1933.

Doyle, Dennis M. "Möhler, Schleiermacher, and the Roots of Communion Ecclesiology." *Theological Studies* 57/3 (1996): 467-480.

Dragas, George D. "The Anti-Apollinarist Christology of St Gregory of Nyssa: A First Analysis." *Greek Orthodox Theological Review* 42/3-4 (1997): 299-314.

_____. "The Eighth Ecumenical Council: Constantinople IV (879/880) and the Condemnation of the Filioque Addition and Doctrine." *Greek Orthodox Theological Review* 44/1-4 (1999): 357-369.

_____. "Exchange or Communication of Properties and Deification: Antidosis or Communicatio Idiomatum and Theosis." *Greek Orthodox Theological Review* 43/1-4 (1998): 377-399.

_____. "The Incarnation and the Holy Trinity: An Introduction to the Theme." *Greek Orthodox Theological Review* 43/1-4 (1998): 257-280.

Duke, David N. "Schleiermacher: Theology without a Fall." *Perspectives in Religious Studies* 9/1 (1982)1: 21-37.

Dunderberg, Ismo. "The School of Valentinus." Ed. Antti Marjanen and Petri Luomannen. Leiden: Brill, 2005: 64-97.

Dunn, Geoffrey D. "Divine Impassibility and Christology in the Christmas Homilies of Leo the Great." *Theological Studies* 62/1 (2001): 71-85.

Dunn, James D. G. "Christ, Adam, and Preexistence." In *Where Christology Began: Essays on Philippians 2*. Ed. Ralph P. Martin and Brian J. Dodd. Louisville: Westminster John

Knox, 1998: 74-83.

_____. *Christology in the Making: A New Testament Inquiry into the Origins of the Doctrine of the Incarnation*. London: SCM Press, 1980.

_____. "Judaism and Christianity: One Covenant or Two?" In *Covenant Theology: Contemporary Approaches*. Ed. Mark J. Cartledge and David Mills. Carlisle, UK: Paternoster, 2001: 33-55.

Dykstra, William. "1 Corinthians 15:20-28, An Essential Part of Paul's Argument against Those Who Deny the Resurrection." *Calvin Theological Journal* 4/2 (1969): 195-211.

Ebeling, Gerhard. "On the Doctrine of the *Triplex Usus Legis* in the Theology of the Reformation." In *Word and Faith*. Tr. James W. Leitch. London: SCM Press, 1963: 62-78.

Edmondson, Stephen. *Calvin's Christology*. Cambridge: Cambridge University Press, 2004.

Egan, John P. "Toward Trinitarian Perichoresis: Saint Gregory the Theologian, (Oration) 31.41." *Greek Orthodox Theological Review* 39/1-2 (1994): 83-93.

Eichrodt, Walther. "Covenant and Law." *Interpretation* 20/3 (1966): 302-321.

Emerson, Everett H. "Calvin and Covenant Theology." *Church History* 25/2 (1956): 136-144.

Engel, Mary Potter. "The 'Whole Office of the Law' in the Theology of John Calvin." *Journal of Law and Religion* 3/1 (1985): 117-139.

Erickson, Millard J. *Christian Theology*. Grand Rapids: Baker, 1993.

_____. *The Word Became Flesh: A Contemporary Incarnational Christology*. Grand Rapids: Baker, 1991.

Esser, Hans Helmut. "Zur Anthtopologie Calvins Menschenwürde—Imago dei Zwischen Humanistischem und Theologischem Ansatz." *Hervormde Theologiese Studies* 35/1-2 (1979): 22-40.

Faber, J. "Imago Dei in Calvin: Calvin's Doctrine of Man as the Image of God by Virtue of Creation." In *Essays in Reformed Doctrine*. Tr. J. D. Wielenga. Alberta, Canada: Inheritance Publications, 1990: 234-239.

Fach, Sandra. "The Ascended Christ: Mediator of Our Worship." In *The Person of Christ*. Ed. Stehen R. Holms and Murray A. Rae. London: T & T Clark International, 2005: 155-181.

Fackre, Gabriel J. "The Triune God and the Passion of Christ." *Pro Ecclesia* 15/1 (2006): 87-99.

Fairbairn, Donald. *Grace and Christology in the Early Church*. Oxford: Oxford University

Press, 2003.

_____. "The One Person Who is Jesus Christ: The Patristic Perspective." In *Jesus in Trinitarian Perspective*. Ed. Fred Sanders and Klaus Issler. Nashville: B & H Academic, 2007: 80–111.

Farrow, Douglas. *Ascension and Ecclesia: On the Significance of the Doctrine of the Ascension for Ecclesiology and Christian Cosmology*. Edinburgh: T&T Clark, 1999.

_____. "Confessing Christ Coming." In *Nicene Christianity: The Future for a New Ecumenism*. Ed. Christopher Seitz. Grand Rapids: Brazos Press, 2001: 133–148.

_____. "Karl Barth on the Ascension: An Appreciation and Critique." *International Journal of Systematic Theology* 2/2 (2000): 127–150.

Fee, Gordon D. "The New Testament and Kenosis Christology." In *The Self-Emptying of God*. Ed. C. Stephen Evans. Vancouver: Regent College Publishing, 2006: 25–44.

_____. *Pauline Christology: An Exegetical-Theological Study*. Peabody: Hendrickson, 2007.

Feinberg, Charles L. "The Hypostatic Union." *Bibliotheca Sacra* 92/367 (Jul. 1935): 261–276.

_____. "The Hypostatic Union." *Bibliotheca Sacra* 92/368 (Oct. 1935): 412–426.

Feinberg, John S. "1 Peter 3:18–20, Ancient Mythology, and the Intermediate State." *Westminster Theological Journal* 48/2 (1986): 303–336.

Ficek, Jerome L. "The Christology of Paul Tillich: The New Being in Jesus as the Christ." *Bulletin of the Evangelical Theological Society* 1/2 (1958): 15–23.

Fitzmyer, Joseph A. "The Ascension of Christ and Pentecost." *Theological Studies* 45/3 (1984): 409–440.

_____. "The Biblical Commission and Christology." *Theological Studies* 46/3 (1985): 407–479.

Forsyth, P. T. *The Cruciality of the Cross*. London: Independent Press, 1948, 2nd ed.

Fotopoulos, John. "John Chrysostom: On Holy Pascha." *Greek Orthodox Theological Review* 37/1–4 (1992): 123–134.

Forstman, Jack. "Barth, Schleiermacher and the Christian Faith." *Union Seminary Quarterly Review* 21/3 (1966): 305–319.

Fortman, Edmund J. *The Triune God: A Historical Study of the Doctrine of the Trinity*. Grand Rapids: Baker, 1972.

Fowl, Stephen E. *The Story of Christ in the Ethics of Paul: An Analysis of the Hymnic Material in the Pauline Corpus*. Scheffield: Scheffield Academic Press, 1990.

Free Presbyterian Publicaions. (Ed.) *Westminster Confession of Faith*. Glasgow: Free Presbyterian Publications, 1994.

Frend, W. H. C. "Immaculate Conception: A Centenary Retrospect." *Modern Churchman* 44/2 (1954): 107-119.

_____. *The Rise of Christianity*. Philadelphia: Fortress Press, 1984.

Froehlich, Karlfried. Tr. and Ed. *Biblical Interpretation in the Early Church*. Philadelphia: Fortress Press, 1984.

Fuller, R. H. *The Foundations of New Testament Christology*. New York: Scribner, 1965.

Gaffin, Richard B. "The Holy Spirit." *Westminster Theological Journal* 43/1 (1980): 58-78.

Galvin, John P. "The Death of Jesus in Contemporary Theology: Systematic Perspectives and Historical Issues." *Horizons* 13/2 (1986): 239-252.

_____. "From the Humanity of Christ to the Jesus of History: A Paradigm Shift in Catholic Christology." *Theological Studies* 55/2 (1994): 252-273.

_____. "Jesus' Approach to Death: An Examination of Some Recent Studies." *Theological Studies* 41/4 (1980): 713-744.

Gamble, Richard C. "Calvin as Theologian and Exegete: Is There Anything New?" *Calvin Theological Journal* 23 (1998): 178-194.

Ganoczy, Alexandre. *Ecclesia Ministrans: dienende Kirche und kirchlicher Dienst bei Calvin*. Freiburg: Herder, 1968.

Garcia, Mark A. "Imputation and the Christology of Union with Christ: Calvin, Osiander, and the Contemporary Quest for A Reformed Model." *Westminster Theological Journal* 68/2 (2006): 219-251.

Gassman, Günther. (Ed.) *Documentary History of Faith and Order 1963-1993*. Geneva: WCC, 1993).

Gavrilyuk, Paul L. *The Suffering of the Impassible God: The Dialectics of Patristic Thought*. Oxford: Oxford University Press, 2004.

Geanakoplos, Deno John. "The Second Ecumenical Synod of Constantinople (381): Proceedings and Theology of the Holy Spirit." *Greek Orthodox Theological Review* 27/4 (1982): 407-429.

Geisler, Norman L. "The Significance of Christ's Physical Resurrection." *Bibliotheca Sacra* 146/582 (1989): 148-170.

George, Timothy. "Evangelicals and the Mother of God." *First Things* 170 (2007): 20–25.

Gerrish, Brian A. "Nature and the Theater of Redemption: Schleiermacher on Christian Dogmatics and the Creation Story." *Ex Auditu* 3 (1987): 120–136.

Gess, W. F. *The Scripture Doctrine of the Person of Christ*. Tr. J. A. Reubelt. Andover, MA: W. F. Draper, 1870.

Girard, René. "The Gospel Passion as Victim's Story." Tr. Yvonne Freccero. *Cross Currents* 36/1 (1986): 28–38.

Gleason, Ronald N. "Calvin and Bavinck on the Lord's Supper." *Westminster Theological Journal* 45/2 (1983): 273–303.

Gorday, Peter J. "Becoming Truly Human: Origen's Theology of the Cross." In *The Cross in Christian Tradition: From Paul to Bonaventure*. Ed. Elizabeth A. Dreyer. Mahwah, NJ: Paulist Press, 2000: 93–125.

Grabill, Stephen J. *Rediscovering the Natural Law in Reformed Theological Ethics*. Grand Rapids: Eerdmans, 2006.

Grabowski, Stanislaus J. "The Holy Ghost in the Mystical Body of Christ According to St. Augustine Part I." *Theological Studies* 5/4 (1944): 453–483.

_____. "The Holy Ghost in the Mystical Body of Christ According to St. Augustine Part II." *Theological Studies* 6/1 (1945): 62–84.

Gray, Donald P. "Incarnation: God's Giving and Man's Receiving." *Horizons* 1/1 (1974):1–13.

Green, Brad. "The Protomodern Augustine? Colin Gunton and the Failure of Augustine." *International Journal of Systematic Theology* 9/3 (2007): 328–341.

Green, Bradley G. (Ed.) *Shapes of Christian Orthodoxy: Engaging with Early and Medieval Theologians*. Downers Grove, IL: IVP, 2010.

Green, Clifford. (Ed.) *Karl Barth: Theologian of Freedom*. Minneapolis: Fortress Press, 1991.

Greenwood, David. "The Lord Is the Spirit: Some Considerations of 2 Cor 3:17." *Catholic Biblical Quarterly* 34/4 (1972): 467–472.

Gregg, Robert C. and Groh, Dennis E. *Early Arianism-A View of Salvation*. Philadelphia: Fortress Press, 1981.

Gregory of Nazianzus. "Letters." *CLF* 215–232. 원문. "ΕΠΙΣΤΟΛΑΙ"(Epistolae). *PG* 37.21–386.

_____. "The Theological Orations." *CLF* 128–214; *LCF* 103–120. 원문. "ΛΟΓΟΙ"

(Orationes). *PG* 36.9–623.

Gregory of Nyssa. "Address on Religious Instruction." *CLF* 268–325. 원문. "ΛΟΓΟΣ ΚΑΤΗΧΗΤΙΚΟΣ"(Oratio catechetica magna). *PG* 45.9–106.

_____. "Against the Macedonians." *LCF* 134–158. 원문. "ΚΑΤΑ ΜΑΔΟΝΙΑΝΩΝ ΤΩΝ ΠΝΕΥΜΑΤΟΜΑΧΩΝ"(Adversus Pneumatomachos Macedonianos). *PG* 45.1301–1334.

_____. "Against Eunomius." *LCF* 134–158. 원문. "ΠΡΟΣ ΕΥΝΟΜΙΟΝ ΑΝΤΙΡΡΗΤΙΚΟΣ ΛΟΓΟΣ"(Libri contra Eunomium). *PG* 45.243–1122.

_____. "A Refutation of Apollinaris." *LCF* 134–158. 원문. "ΠΡΟΣ ΤΑ ΑΠΟΛΙΝΑΡΙΟΥ" (Adversus Apollinarem). *PG* 45.1123–1278.

_____. "On not Three Gods." *CLF* 256–267. 원문. "ΠΕΡΙ ΤΟΥ ΜΗ ΕΙΝΑΙ ΤΡΕΙΣ ΘΕΟΥΣ"(Quod non sint tres dii). *PG* 45.115–136.

_____. "On the Lord's Prayer." *LCF* 134–158. "ΕΙΣ ΤΗΝ ΠΡΟΣΕΥΧΗΝ"(De oratione dominica). *PG* 44.1119–1194.

Grenz, Stanley J. "Jesus as the *Imago Dei*: Image–Of–God Christology and the Non–Linear Linearity of Theology." *Journal of the Evangelical Theological Society* 47/4 (2004): 617–628.

Grillmeier, Aloys. *Christ in Christian Tradition*. Vol. 1. *From the Apostolic Age to Chalcedon (451)*. Tr. John Bowden. Atlanta: John Knox Press, 1975.

_____. *Christ in Christian Tradition*. Vol. 2. Part one. *From Chalcedon to Justinian*. Tr. Pauline Allen and John Cawte. Atlanta: John Knox Press, 1985.

_____. "The Understanding of the Christological Definition of Both (Oriental Orthodox and Roman Catholic) Traditions in the Light of the Post–Chalcedonian Theology (Analysis of Terminologies in a Conceptual Framework)." In *Christ in East and West*. Ed. Paul Fries and Tiran Nersoyan. Macon, GA: Mercer University, 1987: 28–45.

Grin, Edmond. "L'unité des deux Testaments selon Calvin." *Theologische Zeitschrift* 17 (1961): 175–186.

Grudem, Wayne A. "He Did Not Descend Into Hell: A Plea for Following Scripture Instead of the Apostles' Creed." *Journal of the Evangelical Theological Society* 34/1 (1991): 103–113.

Gundry, Robert H. "Style and Substance in 'The Myth of God Incarnate' According to Philippians 2:6–11." In *Crossing the Boundaries: Essays in Biblical Interpretation in Honour of Michael D. Goulder*. Ed. Stanley E. Porter, Paul Joyce, and David E. Orton.

Leiden: Brill, 1994: 271-293.

Gunton, Colin E. "And in One Lord Jesus Christ······Begotten Not Made." *Pro Ecclesia* 10/3 (2001): 261-274.

_____. *The Actuality of Atonement: A Study of Metaphor, Rationality and the Christian Tradition*. Edinburgh: T & T Clark, 1988.

_____. "And in One Lord, Jesus Christ······Begotten, Not Made." In *Nicene Christianity: The Future for a New Ecumenism*. Ed. Christopher Seitz. Grand Rapids: Brazos Press, 2001: 35-48.

_____. *Christ and Creation*. Grand Rapids: Eerdmans, 1992.

_____. "Two Dogmas Revisited: Edward Irving's Christology." *Scottish Journal of Theology* 41 (1988): 359-376.

_____. *Yesterday & Today: A Study of Continuities in Christology*. Grand Rapids: Eerdmans, 1983.

Habets, Myk. "'Reformed Theosis?' A Response to Gannon Murphy." *Theology Today* 65/4 (2009): 489-498.

Hagner, Donald A. "The Son of God as Unique Hight Priest: The Christology of the Epistle to the Hebrews." In *Contours of Christology in the New Testament*. Ed. Richard N. Longenecker. Grand Rapids: Eerdmans, 2005: 247-267.

Hahn, F. *The Titles of Jesus in Christology: Their History in Early Christianity*. London: Lutterworth, 1969.

Haight, Roger. "The Case for Spirit Christology." *Theological Studies* 15/2 (1992): 257-287.

Hannah, John D. "Anselm on the Doctrine of Atonement." *Bibliotheca Sacra* 135/ 540 (1978): 333-344.

Hanson, A. T. "Two Consciousness: The Modern Version of Chalcedon." *Scottish Journal of Theology* 37 (1984): 471-483.

Hanson, R. P. C. *The Search for the Christian Doctrine of God: The Arian Controversy*, 318-381. Edinburgh: T&T Clark, 1988.

Hardy, Edward Rochie. (Ed.) *Christology of the Later Fathers*. Philadelphia: Westminster Press, 1954.

Harnack, Adolf von. *History of Dogma*. 7 Vols. Tr. Neil Buchanan. New York: Dover Publications, 1961.

_____. *Marcion: Das Evangelium vom fremden Gott. Eine Monographie zur Geschichte* der Grundlegung der katholischen Kirche. Neue Studien zu Marcion. Darmstadt: Wissenschaftliche Buchgesellschaft, 1996.

_____. What is Christianity. Tr. Thomas Bailey Saunders. Philadelphia: Fortress, 1986.

Harris III, W. Hall. "The Ascent and Descent of Christ in Ephesians 4:9-10." Bibliotheca Sacra 151/602 (1994): 198-214.

Harrison, Verna. "Some Aspects of Saint Gregory the Theologian's Soteriology." Greek Orthodox Theological Review 34/1 (1989): 11-18.

Hart, David B. "The Mirror of the Infinite: Gregory of Nyssa on the Vestigia Trinitatis." Modern Theology 18/4 (2002): 541-561.

Haugaard, William P. "Arius: Twice A Heretic? Arius and the Human Soul of Jesus Christ." Church History 29/3 (1960): 251-263.

Hawthorne, Gerald F. "In the Form of God and Equal with God (Philippians 2:6)." In Where Christology Began: Essays on Philippians 2. Ed. Ralph P. Martin and Brian J. Dodd. Louisville: Westminster John Knox, 1998: 96-110.

Hayes, John H. "Resurrection as Enthronement and the Earliest Church Christology." Interpretation 22/3 (1968): 333-345.

Hays, Richard B. "Christology and Ethics in Galatians: The Law of Christ." Catholic Biblical Quarterly 49/2 (1987): 268-290.

Hebblethwaite, Brian. The Incarnation: Collected Essays in Christology. Cambridge: Cambridge University Press, 1987.

Hebert, A. G. "Hope Looking Forward: the Old Testament Passages Used by the New Testament Writers as Prophetic of the Resurrection of Jesus Christ." Interpretation 10/3 (1956): 259-269.

Hegel, G. W. Friedrich. The Christian Religion: Lectures on the Philosophy of Religion. Ed. and Tr. Peter Hodgson. Missoula, MT: Scholars, 1979.

Heim, S. Mark. "Thinking about Theocentric Christology." Journal of Ecumenical Studies 24/1 (1987): 1-16.

Helm, Paul. "B. B. Warfield on Divine Passion." Westminster Theological Journal 69/1 (2007): 95-104.

_____. Calvin and the Calvinists. Edinburgh: Banner of Truth, 1982.

_____. "Calvin and the Covenant: Unity and Continuity." Evangelical Quarterly 55/2 (1983): 65-81.

Helyer, Larry R. "Cosmic Christology and Col 1:15-20." *Journal of the Evangelical Theological Society* 37/2 (1994): 235-246.

Henry, Carl F. H. "Our Lord's Virgin Birth." *Christianity Toda*, 7 December 1959: 20-22.

Heppe, Heinrich. *Reformed Dogmatics: Set out and Illustrated from the Sources*. Tr. G. T. Thomson. London: George Allen & Unwin, 1950. 독일어 원문. Heppe, Heinrich. *Schriften für reformirten Theologie*. Bd. 2. *Die Dogmatik der evangelisch-reformirten Kirche*. Elberfeld: Verlag von R. L. Friderichs, 1861.

Herbel, Oliver. "Anselm the Neo-Nestorian? Responding to the Accusation in Light of on the Incarnation of the Word." *St Vladimir's Theological Quarterly* 52/2 (2008): 173-197.

Herbert, R. T. *Paradox and Identity in Theology*. Ithaca, NY: Cornell University Press, 1979.

Heron, Alasdair I. C. "*Communicatio Idiomatum* and *Deificatio* of Human Nature: A Reformed Perspective." *Greek Orthodox Theological Review* 43/1-4 (1998): 367-376.

_____. (Ed.) *The Westminster Confession in the Church Today*. Edinburgh: Saint Andrew Press, 1982.

Hick, John. *The Metaphor of God Incarnate: Christology in a Pluralistic Age*. Louisville: Westminster John Knox, 2005, 2nd ed.

Hinlicky, Paul R. "Theological Anthropology: Toward Integrating Theosis and Justification by Faith." *Journal of Ecumenical Studies* 34/1 (1997): 38-73.

Hochban, John I. "St. Irenaeus on the Atonement." *Theological Studies* 7/4 (1946): 525-557.

Hodge, A. A. *The Atonement*. Grand Rapids: Eerdmans, 1953.

_____. *Outlines of Theology*. London: Thomas Nelson and Sons, 1883.

Hodge, Charles. *A Commentary on Romans*. Edinburgh: Banner of Truth, 1972, rep.

_____. *Justification by Faith Alone*. Hobbs, NM: The Trinity Foundation, 1995.

_____. *Systematic Theology*. 3 Vols. Grand Rapids: Eerdmans, 1995, rep.

Hodges, H. A. *The Pattern of Atonement*. London: SCM Press, 1955.

Hodgson, Peter C. "Hegel's Christology: Shifting Nuances in the Berlin Lectures." *Journal of the American Academy of Religion* 53/1 (1985): 23-40.

Hoekema, Anthony A. *The Bible and the Future*. Grand Rapids: Eerdmans, 1979, rep.

_____. "The Covenant of Grace in Calvin's Teaching." *Calvin Theological Journal* 2/2 (1967): 133-161.

_____. *Created in God's Image*. Grand Rapids: Eerdmans, 1986.

Hoeksema, Herman. *Reformed Dogmatics*. Grand Rapids: Reformed Free Publishing Association, 1966.

Hoffman, R. Joseph. "Confluence in Early Christian and Gnostic Literature: The *Descensus Christi ad Infernos* (Acta Pilati Xvii–Xxvii)." *Journal for the Study of the New Testament* 10 (1981): 42–60.

Hopkins, Jasper. *Companion to the Study of St. Anselm*. Minneapolis: University of Minnesota Press, 1972.

Horbury, William. "Jewish Messianism and Early Christology." In *Contours of Christology in the New Testament*. Ed. Richard N. Longenecker. Grand Rapids: Eerdmans, 2005: 3–24.

Horton, Michael S. *Covenant and Eschatology: The Divine Drama*. Louisville: Westminster John Konx, 2002.

_____. *Covenant and Salvation: Union with Christ*. Louisville: Westminster John Konx, 2007.

_____. "Law, Gospel, and Covenant: Reassessing Some Emerging Antitheses." *Westminster Theological Journal* 4/2 (2002): 279–287.

_____. *Lord and Servant: A Covenant Christology*. Louisville: Westminster John Konx, 2005.

Hughes, Philip E. "The Blood of Jesus and His Heavenly Priesthood in Hebrews. Part I. The Significance of the Blood of Jesus." *Bibliotheca Sacra* 130/518 (1973): 99–109.

_____. "The Blood of Jesus and His Heavenly Priesthood in Hebrews. Part II. The High-Priestly Sacrifice of Christ." *Bibliotheca Sacra* 130/519 (1973): 195–212.

_____. "The Blood of Jesus and His Heavenly Priesthood in Hebrews. Part III. The Meaning of 'The True Tent' and 'The Greater and More Perfect Tent'." *Bibliotheca Sacra* 130/520 (1973): 305–314.

_____. "The Blood of Jesus and His Heavenly Priesthood in Hebrews. Part IV. The Present Work of Christ in Heaven." *Bibliotheca Sacra* 131/521 (1974): 26–33. Philip E. Hughes. "The Blood of Jesus and His Heavenly Priesthood in Hebrews. Part IV. The Present Work of Christ in Heaven." *Bibliotheca Sacra* 131/521 (1974): 26–33.

Hughes, Thomas Hywel. *The Atonement: Modern Theories of the Doctrine*. London: George Allen & Unwin, 1949.

Hulsbosch, A. "Jesus Christus, gekend als mens, beleden als Zoon Gods." *Tijdschrift voor Theologie* 6 (1966): 250–273.

Hultgren, Stephen J. "The Origin of Paul's Doctrine of the Two Adams in 1 Corinthians 15.45–49." *Journal for the Study of the New Testament* 25/3 (2003): 343–370.

Hunsinger, George. "Karl Barth's Christology: Its Basic Chalcedonian Character." In *Karl Barth*. Ed. John Webster. Cambridge: Cambridge University Press, 2000: 127–142.

_____. *Disruptive Grace: Studies in the Theology of Karl Barth*. Grand Rapids: Eerdmans, 2000.

Hunter, Archibald M. "Calvin as a Preacher." *Expository Times* 30/12 (1919): 562–564.

_____. *The Work and Words of Jesus*. Philadelphia: Westminster Press, 1950.

Hunter, Jim Ernest. "Blessed Art Thou among Women: Mary in the History of Christian Thought." *Review & Expositor* 83/1 (1986): 35–49.

Hurst, Lincoln D. "Christ, Adam, and Preexistence Revisited." In *Where Christology Began: Essays on Philippians 2*. Ed. Ralph P. Martin and Brian J. Dodd. Louisville: Westminster John Knox, 1998: 84–95.

Irish, Jerry A. "Moltmann's Theology of Contradiction." *Theology Today* 32/1 (1975): 21–31.

Irving, Edward. *The Orthodox and Catholic Doctrine of Our Lord's Human Nature*. London: Baldwin and Cradock, 1830.

Jamros, Daniel P. "Hegel on the Incarnation: Unique or Universal?" *Theological Studies* 56/2 (1995): 276–300.

Jansen, John F. "Ascension, the Church, and Theology." *Theology Today* 16/1 (1959): 17–29.

Jenson, Robert W. "Conceptus······De Spiritu Sancto." *Pro Ecclesia* 15/1 (2006): 100–107.

Joest, Wilfried. *Gesetz und Freiheit: Das Problems des tertius usus legis bei Luther und die Neutestementiliche Parainess*. Göttingen: Vandenhoeck & Ruprecht, 1956, 2nd ed.

John of Damascus. "On the Orthodox Faith." 원문. "ΟΡΘΟΛΟΞΘΥ ΠΙΣΤΕΩΣ"(De Fide Orthodoxa). *PG* 94.790–1228.

Johnson, Douglas W. *The Great Jesus Debates: 4 Early Church Battles about the Person and Work of Jesus*. Saint Louis: Concordia Publishing House, 2005.

Johnson, Elizabeth A. "The Ongoing Christology of Wolfhart Pannenberg." *Horizons* 9/2 (1982): 237–250.

Johnson, S. Lewis. "Agony of Christ." *Bibliotheca Sacra* 124/496 (1967): 303–313.

Jüngel, Eberhard. *God's Being is in Becoming*. Edinburgh: T&T Clark, 2001.

Kähler, Martin. *The So-Called Historical Jesus and the Historic, Biblical Christ*. Tr. C. E.

Braaten. Philadelphia: Fortress, 1964.

Kaiser, Christopher B. *The Doctrine of God*. Westchester, IL: Crossway Books, 1985.

_____. "The Incarnation and the Trinity: Two Doctrines Rooted in the Offices of Christ." *Greek Orthodox Theological Review* 43/1-4 (1998): 221-255.

Kantzer, Kenneth S. "The Christology of Karl Barth." *Bulletin of the Evangelical Theological Society* 1/2 (1958): 25-28.

Kärkkäinen, Veli-Matti. *One with God: Salvation as Deification and Justification*. Collegeville, MN: Liturgical Press, 2004.

_____. "Trinity As Communion in the Spirit: Koinonia, Trinity, and Filioque in the Roman Catholic-Pentecostal Dialogue." *Pneuma* 22/2 (2000): 209-230.

Käsemann, Ernst. "Kritische Analyse von Phil. 2,5-11." *Zeitschrift für Theologie und Kirche* 47 (1950): 313-360.

_____. "Pauline Theology of the Cross." *Interpretation* 24/2 (1970): 151-177.

_____. "The Problem of the Historical Jesus." In *Essays on New Testament Themes*. Tr. W. J. Montague. Naperville, IL: Alec R. Allenson, 1964: 15-47.

Kasper, Walter. *The God of Jesus Christ*. Tr. Matthew J. O'Connell. New York: Crossroad, 1997.

_____. *Jesus the Christ*. London: Burns & Oates, 1976.

Kay, James F. *Christus Praesens: A Reconsideration of Rudolf Bultmann's Christology*. Grand Rapids: Eerdmans, 1994.

Kearsley, Roy. "The Impact of Greek Concepts of God on the Christology of Cyril of Alexandria." *Tyndale Bulletin* 43/2 (1992): 307-329.

Keating, Daniel A. "The Baptism of Jesus in Cyril of Alexandria: The Re-Creation of the Human Race." *Pro Ecclesia* 8/2 (1999): 201-222.

Kelly, J. N. D. *Early Christian Doctrines*. London: Adam & Charles Black, 1968, 4th ed.

_____. *Early Christian Creeds*. London: Longman, 1972, 3rd ed.

Klem, Arthur W. "D. M. Baillie on the Person of Christ." *Bulletin of the Evangelical Theological Society* 7/2 (1964): 45-52.

Kelsey, Catherine L. *Schleiermacher's Preaching, Dogmatics, and Biblical Criticism*. Eugene, OR: Pickwick Publications, 2007.

_____. *Thinking about Christ with Schleiermacher*. Louisville: Westminster John Knox, 2003.

Kendall, R. T. *Calvin and English Calvinism to 1649*. New York: HarperSanFrancisco, 1978.

Kerr, Hugh T. "Love's Intention: The Motive of the Atonement." *Interpretation* 4/2 (1950): 131–142.

Kersten, G. H. *Reformed Dogmatics: A Systematic Treatment of Reformed Doctrine*. Grand Rapids: Netherlands Reformed Book and Publishing Committee, 1980.

Kevan, Ernest F. *The Grace of Law: A Study in Puritan Theology*. London: Carey Kingsgate Press, 1964.

Khella, Karam Nazir. "Theological Approach to the Mia-Physis Christology in the Fifth Century." *Greek Orthodox Theological Review* 10/2 (1964–1965): 137–145.

Kim, Dai Sil. "Irenaeus of Lyons and Teilhard De Chardin: A Comparative Study of 'Recapitulation' and 'Omega'." *Journal of Ecumenical Studies* 13/1 (1976): 69–93.

Kim, Seyoon. The Origin of Paul's Gospel. T bingen: Mohr Siebeck, 1981.

_____. *Paul and the New Perspective: Second Thoughts on the Origin of Paul's Gospel*. Grand Rapids: Eerdmans, 2002.

_____. *The Son of Man as the Son of God*. Grand Rapids: Eerdmans, 1985.

Kistemaker, Simon. "Seven Words from the Cross." *Westminster Theological Journal* 38/2 (1976): 182–191.

Klauber, Martin I. *Between Reformed Scholasticism and Pan-Protestantism: Jean-Alphonse Turretin(1671-1737) and Enlightened Orthodoxy at the Academy of Geneva*. London: Associated University Presses, 1994.

Kline, Meredith G. *By Oath Consigned: A Reinterpretation of the Covenant Signs of Circumcision and Baptism*. Grand Rapids: Eerdmans, 1968.

_____. "Law Covenant." *Westminster Theological Journal* 27/1 (1964): 1–20.

_____. "Old Testament Origins of the Gospel Genre." *Westminster Theological Journal* 38/1 (1975): 1–27.

Klooster, Fred H. "Historical Method and the Resurrection in Pannenberg's Theology." *Calvin Theological Journal* 11/1 (1976): 5–33.

_____. "Jesus Christ: History and Kerygma. Part 1." *Presbyterion* 1/1 (1975): 23–50.

_____. "Jesus Christ: History and Kerygma. Part 2." *Presbyterion* 1/2 (1975): 80–110.

Knitter, Paul F. "Theocentric Christology." *Theology Today* 40/2 (1983): 130–149.

_____. "Theocentric Christology: Defended and Transcended." *Journal of Ecumenical Studies* 24/1 (1987): 41–52.

Knox, John. *The Humanity and Divinity of Christ*. Cambridge: Cambridge University, 1992, rep.

Kolb, Robert. "Luther on the Theology of the Cross." *Lutheran Quarterly* 16/1 (2002): 443–466.

Kovach, Stephen D. "A Defense of the Doctrine of the Eternal Subordination of the Son." *Journal of the Evangelical Theological Society* 42/3 (1999): 461–476.

Kreck, Walter. "Word of the Cross: Doctrinal Theses and Definitions Dealing with the Death of Jesus." *Interpretation* 24/2 (1970): 220–242.

Kreeft, Peter. *The Philosophy of Jesus*. South Bend, IN: St. Augustine's Press, 2007.

Kreitzer, Beth. "Luther Regarding the Virgin Mary." *Lutheran Quarterly* 17/3 (2003): 249–266.

Kuehn, Evan F. "The Johannine Logic of Augustine's Trinity: A Dogmatic Sketch." *Theological Studies* 68/3 (2007): 572–594.

Kuhn, Karl A. "The 'One Like A Son of Man' Becomes the 'Son of God'." *Catholic Biblical Quarterly* 69/1 (2007): 22–42.

Küng, Hans. *On Being a Christian*. Tr. Edward Quinn. New York: Doubleday, 1976.

Kuyper, Abraham. *Principles of Sacred Theology*. Tr. J. Hendrik De Vries. Grand Rapids: Eerdmans, 1980.

Kyle, Richard G. "Nestorius: The Partial Rehabilitation of a Heretic." *Journal of the Evangelical Theological Society* 32/1 (1989): 73–83.

LaCugna, Catherine M. *God For Us: The Trinity and Christian Life*. San Francisco: HarperSanFrancisco, 1973.

La Due, William J. *Jesus Among the Theologians: Contemporary Interpretations of Christ*. Harrisburg, PA: Trinity Press International, 2001.

Laird, John. "The Philosophy of Incarnation." *Harvard Theological Review* 33/2 (1940): 131–149.

Lampe, G. K. W. *God as Spirit*. London: SCM Press, 1977.

Lane, Anthony N. S. "Christology beyond Chalcedon." In *Christ the Lord*. Leicester, UK: IVP, 1982: 257–281.

_____. "Did Calvin Believe in Free Will?" *Vox Evangelica* 12 (1981): 72–90.

Lawler, Michael G. "Perichoresis: New Theological Wine in an Old Theological Wineskin." *Horizons* 22/1 (1995): 49–66.

Lehtonen, Tommi. "'Christus Victor'······The Meaning of Atonement." *Studia Theologica* 55/2 (2001): 118-128.

Leigh, Ronald W. "Jesus: The One-Natured God-Man." *The Christian Scholar's Review* 11 (1981-1982): 124-137.

Leith, John H. "Creation and Redemption: Law and Gospel in the Theology of John Calvin." In *Marburg Revisited: A Re-examination of Lutheran and Reformed Traditions*. Ed. Paul C. Empie, James I. McCord. Minneapolis: Augsburg Pub., 1966: 141-152.

Leithart, Peter J. "Old Covenant and New in Sacramental Theology New and Old." *Pro Ecclesia* 14/2 (2005): 174-190.

Leontius of Byzantium. "Extracts from Leontius of Byzantium." *CLF* 376-377. 원문. "ΛΕΟΝΤΙΟΥ ΜΟΝΑΧΟΥ"(Leontii Monachi). *PG* 86.1267-1358.

Letham, Robert. "Faith and Assurance in Early Calvinism: A Model of Continuity and Diversity." In *Later Calvinism: International Perspectives*. Ed. W. Fred Graham. Kirksville, MO: Sixteenth Century Essays & Studies, 1994: 355-384.

_____. *The Holy Trinity in Scripture, History, Theology, and Worship*. Phillipsburg, NJ: P&R Publishing, 2004.

_____. *The Westminster Assembly: Reading Its Theology in Historical Context*. Phillipsburg, NJ: P&R, 2009.

_____. *The Work of Christ*. Downers Grove, IL: IVP, 1993.

Lewis, Charlton T. *A Latin Dictionary, Founded on Andrews' Edition of Freund's Latin Dictionary, Revised, Enlarged, and in Great Part Rewritten*. Oxford: Clarendon Press, 1998.

Liddon, H. P. *The Divinity of Our Lord and Savior Jesus Christ: Eight Lectures Preached before the Oxford*. London: Rivingstons, 1875, 7th ed.

Lienhard, Joseph T. "The 'Arian' Controversy: Some Categories Reconsidered." *Theological Studies* 48/3 (1987): 415-437.

Lietzmann, Hans. *A History of the Early Church*. Tr. Betram Lee Woolf. New York: Meridian Books, 1961.

_____. *Apollinaris von Laodicea und seine Schule: Texte und Untersuchungen*. Tübingen: J. C. B. Mohr (Paul Siebeck), 1904.

Lillback, Peter A. *The Binding of God: Calvin's Role in the Development of Covenant Theology*. Grand Rapids: Baker, 2001.

_____. "Ursinus' Development of the Covenant of Creation: A Debt to Melanchthon or Calvin?" *Westminster Theological Journal* 43/2 (1981): 247-288.

Lindbeck, George A. "Atonement and the Hermeneutics of Social Embodiment." *Pro Ecclesia* 5/2 (1996): 144-160.

Link, Christian. "Incarnation and Creation: Interpreting the World through the Theology of the Trinity." Tr. Christoph W. Stenschke. *Greek Orthodox Theological Review* 43/1-4 (1998): 327-338.

Loewe, William P. "The Appearances of the Risen Lord: Faith, Fact, and Objectivity." *Horizons* 6/2 (1979): 177-192.

_____. "Irenaeus' Soteriology: *Christus Victor* Revisited." *Anglican Theological Review* 67/1 (1985): 1-15.

Lohmeyer, Ernst. *Kyrios Jesus: Eine Untersuchung zu Phil. 2,5-11*. Sitzungsberichte der Heidelberger Akademie der Wissenschaften, Philosophisch-historische Klasse, Jahrgang 1927/1928, 4. Abhandlung. Heidelberg: Carl Winter, Universitätsverlag, 2. Auflage 1961.

Lynch, John J. "Leontius of Byzantium: A Cyrillian Christology." *Theological Studies* 36/3 (1975): 455-471.

MacGregor, Geddes. *He Who Lets Us Be: A Theology of Love*. New York: Seabury Press, 1975.

Macgregor, Kirk R. "1 Corinthians 15:3B-6A, 7 and the Bodily Resurrection of Jesus." *Journal of the Evangelical Theological Society* 49/2 (2006): 225-234.

Machen, J. Gresham. *The Virgin Birth of Chrsit*. Grand Rapids: Baker, 1965.

Mackie, Scott D. "Confession of the Son of God in the Exordium of Hebrews." *Journal for the Study of the New Testament* 30/4 (2008): 437-453.

Mackintosh, H. R. *The Doctrine of the Person of Jesus Christ*. Edinburgh: T. & T. Clark, 1913, 2nd ed.

_____. *Types of Modern Theology: Schleiermacher to Barth*. London: Nisbet, 1937.

Macleod, David J. "The Eternality and Deity of the Word: John 1:1-2." *Bibliotheca Sacra* 160/637 (2003): 48-64.

_____. "Eternal Son, Davidic Son, Messianic Son: An Exposition of Romans 1:1-7." *Bibliotheca Sacra* 162/645 (2005): 76-94.

_____. "The Exaltation of Christ: An Exposition of Philippians 2:9-11." *Bibliotheca Sacra* 158/632 (2001): 437-450.

_____. "Imitating the Incarnation of Christ: An Exposition of Philippians 2:5-8." *Bibliotheca Sacra* 158/631 (2001): 308-330.

_____. "The Incarnation of the Word: John 1:14." *Bibliotheca Sacra* 161/641 (2004): 72-88.

Macleod, Donald. *Jesus is Lord: Christology Yesterday and Today*. Ross-shire, UK: Mentor, 2000.

_____. *The Person of Christ*. Downers Grove, IL: IVP, 1998.

Mackintosh, Robert. *Historic Theories of Atonement: With Comments*. London: Hodder and Stoughton, 1920.

Macquarrie, John. *Jesus Christ in Modern Thought*. London: SCM Press, 1990.

_____. *Principles of Christian Theology*. New York: Charles Scribner's Sons, 1966.

Marshall, I. Howard. "The Christology of Luke's Gospel and Acts." In *Contours of Christology in the New Testament*. Ed. Richard N. Longenecker. Grand Rapids: Eerdmans, 2005: 122-147.

_____. "The Death of Jesus in Recent New Testament Study." *Word & World* 3/1 (1983): 12-21.

_____. *The Origins of New Testament Christology*. Leicester, UK; 1990, updated edition.

_____. "The Son of Man and the Incarnation." *Ex Auditu* 7 (1991): 29-43.

Meyer, Boniface. "Calvin's Eucharistic Doctrine, 1536-39." *Journal of Ecumenical Studies* 4/1 (1967): 47-65.

Miller, Edward Jeremy. "Inclusivist and Exclusivist Issues in Soteriology: To Whom Does Jesus' Saving Power Extend?" *Perspectives in Religious Studies* 12/2 (1985): 123-137.

Martin, Ralph P. *Carmen Christi: Philippians ii. 5-11 in Recent Interpretation and in the Setting of Early Christian Worship*. Cambridge: Cambridge University Press, 1967.

_____. "The Christology of the Prison Epistles." In *Contours of Christology in the New Testament*. Ed. Richard N. Longenecker. Grand Rapids: Eerdmans, 2005: 193-218.

Martin, William C. "Religion for Its Cultured Despisers: A Study in the Theological Method of Schleiermacher." *Restoration Quarterly* 13/2 (1970): 91-105.

Maschke, Timothy. "Chalcedon: Renewed, Restored, or Rejected? A Comparative Study of Two Contemporary Lutheran Christologies with Implications for Worship." *Concordia Journal* 17/1 (1991): 49-62.

Mauser, Ulrich W. "Image of God and Incarnation." *Interpretation* 24/3 (1970): 336-356.

Maximus the Confessor. "Ambiguum." 원문. "Ambiguorum." *PG* 91.1031-1418.

―――――. *On the Cosmic Mystery of Jesus Christ: Selected Writings from St Maximus the Confessor*. Tr. Paul M. Blowers and Robert Louis Wilken. Crestwood, NY: St. Vladimir's Seminary Press, 2003.

McCormack, Bruce L. "For Us and Our Salvation: Incarnation and Atonement in the Reformed Tradition." *Greek Orthodox Theological Review* 43/1-4 (1998): 281-316.

―――――. "Karl Barth's Version of an 'Analogy of Being': A Dialectical No and Yes to Roman Catholicism." In *The Analogy of Being: Invention of the Antichrist of the Wisdom of God?* Ed. Thomas Joseph White. Grand Rapids: Eerdmans, 2011: 88-144.

―――――. *Orthodox and Modern: Studies in the Theology of Karl Barth*. Grand Rapids: Baker Academy, 2008.

McCoy, Charles S. and J. Wayne Baker. *Fountainhead of Federalism: Heinrich Bullinger and the Covenant Tradition with a Translation of De testamento seu foedere Dei unico et aeterno (1534) by Heinrich Bullinger*. Louisville: Westminster/John Knox, 1991.

McCready, Douglas. "'He Came Down From Heaven': The Preexistence of Christ Revisited." *Journal of the Evangelical Theological Society* 40/3 (1997): 419-432.

McDermott, Brian O. "Roman Catholic Christology: Two Recurring Themes." *Theological Studies* 41/2 (1980): 339-367.

―――――. "Pannenberg's Resurrection Christology: A Critique." *Theological Studies* 35/4 (1974): 711-721.

McDonnell, Kilian. "The Baptism of Jesus in the Jordan and the Descent Into Hell." *Worship* 69/2 (1995): 98-109.

―――――. "Jesus' Baptism in the Jordan." *Theological Studies* 56/2 (1995): 209-236.

McDonough, Thomas. *The Law and Gospel in Luther: A Study of Martin Luther's Confessional Writings*. Oxford: Oxford University Press, 1963.

McFarland, Ian A. "Christ, Spirit and Atonement." *International Journal of Systematic Theology* 3/1 (2001): 83-93.

McGiffert, Michael. "From Moses to Adam: The Making of the Covenant of Works." *Sixteenth Century Journal* 19/2 (1988): 129-155.

―――――. "Grace and Works: The Rise and Division of Covenant Divinity in Elizabethan Puritanism." *Harvard Theological Review* 75 (1982): 463-502.

McGowan, A. T. B. *The Divine Spiration of Scripture: Challenging Evangelical Perspectives*.

Nottingham, UK: Apollos, 2007.

McGrath, Alister E. *The Intellectual Origins of the European Reformation*. Grand Rapids: Baker, 1987.

_____. "Justification and Christology: the Axiomatic Correlation between the Historical Jesus and the Proclaimed Christ." *Modern Theology* 1/1 (1984): 45-54.

McIlroy, David H. "Towards a Relational and Trinitarian Theology of Atonement." *Evangelical Quarterly* 80/1 (2008): 13-32.

McIntosh, Mark A. *Christology from within: Spirituality and the Incarnation in Hans Urs von Balthasar*. Nortre Dame, IN: University of Nostre Dame Press, 2000.

McIntyre, John. *St. Anselm and His Critics: A Re-interpretation of the Cur Deus Homo*. Edinburgh: Oliver and Boyd, 1954.

_____. *The Shape of Christology: Studies in the Doctrine of the Person of Christ*. Edinburgh: T&T Clark, 1998, 2nd ed.

McLeod, Frederick G. "Theodore of Mopsuestia Revisited." *Theological Studies* 61/3 (2000): 447-480.

McKnight, Scot. "Jesus and His Death: Some Recent Scholarship." *Currents in Research* 9 (2001): 185-228.

McWilliams, David B. "A Kenotic God and the Problem of Evil." *Encounter* 42/1 (1981): 15-27.

_____. "The Covenant Theology of the Westminster Confession of Faith and Recent Criticism." *Westminster Theological Journal* 53/1 (1991): 109-124.

McWilliams, Warren. "Christic Paradigm and Cosmic Christ: Ecological Christology in the Theologies of Sallie McFague and Jürgen Moltmann." *Perspectives in Religious Studies* 25/4 (1998): 341-355.

_____. "Spirit Christology and Inclusivism: Clark Pinnock's Evangelical Theology of Religions." *Perspectives in Religious Studies* 24/3 (1997): 325-336.

_____. "Why All the Fuss About Filioque? Karl Barth and Jürgen Moltmann on the Procession of the Spirit." *Perspectives in Religious Studies* 22/2 (1995): 167-181.

Meier, John P. *A Marginal Jew: Rethinking the Historical Jesus*. 3 Vols. New York: Doubleday, 1991, 1994, 2001.

Meyendorff, John. "Chalcedonians and Monophysites after Chalcedon." *Greek Orthodox Theological Review* 10/2 (1964-1965): 16-36.

_____. "Christ's Humanity: The Paschal Mystery." *St Vladimir's Theological Quarterly* 31/1 (1987): 5-40.

Migliore, Daniel. *Faith Seeking Understanding: An Introduction to Christian Theology*. Grand Rapids: Eerdmans, 1991.

Milligan, William. *The Ascension and Heavenly Priesthood of Our Lord*. London: Macmillan & Co., 1892.

Moberly, R. C. *Atonement and Persoanlity*. New York: Longmans, Green, & CO, 1911.

Mody, Rohintan K. "Penal Substitutionary Atonement in Paul: An Exegetical Study of Romans 3:25-26." In *The Atonement Debate: Papers from the London Symposium on the Theology of Atonement*. Ed. Derek Tidball et al. Grand Rapids: Zondervan, 2008: 115-135.

Molnar, Paul D. "Can We Know God Directly: Rahner's Solution From Experience." *Theological Studies* 46/2 (1985): 228-261.

_____. *Incarnation & Resurrection: Toward a Comtemporary Understanding*. Grand Rapids: Eerdmans, 2007.

Moltmann, Jürgen. "Crucified God." *Theology Today* 31/1 (1974): 6-18.

_____. "The 'Crucified God': A Trinitarian Theology of the Cross." *Interpretation* 26/3 (1972): 278-299.

_____. "The Presence of God's Future: the Risen Christ." *Anglican Theological Review* 89/4 (2007): 577-588.

_____. "Reconciliation with Nature." *Word & World* 11/2 (1991): 117-123.

_____. "Resurrection as Hope." *Harvard Theological Review* 61/2 (1968): 129-147.

_____. *The Way of Jesus Christ*. Tr. Margaret Kohl. London: SCM Press, 1990.

Moo, Douglas J. "The Christology of the Early Pauline Letters," In *Contours of Christology in the New Testament*. Ed. Richard N. Longenecker. Grand Rapids: Eerdmans, 2005: 169-192.

Moon, Byung-Ho. *Christ the Mediator of the Law: Calvin's Christological Understanding of the Law as the Rule of Living and Life-Giving*. Milton Keynes, UK: Paternoster, 2006.

_____. "A Criticism of Schleiermacher's Mystical and Pantheistic Christology." *Chongshin Theological Journal* 16/1(2011): 50-81.

_____. "A Critique of Karl Barth's Dialectical Understanding of the Person and Work of Jesus Christ." *Chongshin Theological Journal* 16/1(2011): 80-118.

_____. "Bavinck's Understanding of Christ the Mediator's Hypostatic Union." *Chongshin Review* 18 (2013): 172-209.

Moorhead, John. "Mary and the Incarnation." *Greek Orthodox Theological Review* 34/4 (1989): 347-355.

Morgan, Robert. "Christology through Scriptural Interpretation through New Testament Theology." In *Christology and Scripture: Interdisciplinary Perspectives*. Ed. Andrew T. Lincoln and Angus Paddison. London: T&T Clark, 2007.

_____. "Incarnation, Myth, and Theology: Ernst Käsemann's Interpretation of Philippians 2:5-11." In *Where Christology Began: Essays on Philippians 2*. Ed. Ralph P. Martin and Brian J. Dodd. Louisville: Westminster John Knox, 1998: 43-73.

Morris, Leon. "The Atonement in John's Gospel." *Criswell Theological Review* 3 (1988): 49-64.

_____. *The Cross of Jesus*. Grand Rapids: Eerdmans, 1988.

_____. *The Gospel According to John*. Grand Rapids: Eerdmans, 1971.

_____. *The Lord from Heaven*. Grand Rapids: Eerdmans, 1964, rep.

Leon Morris,

Morris, Thomas V. *The Logic of God Incarnate*. Itacha, NY: Cornell University Press, 1986.

Moulder, James. "Is a Chalcedonian Christology Coherent." *Modern Theology* 2/4 (1986): 285-307.

Moule, C. F. D. "The Manhood of Jesus in the New Testament." In *Christ, Faith and History*. Ed. S. W. Sykes and J. P. Clayton. Cambridge: Cambridge University Press, 1972.

_____. *The Origin of Christology*. Cambridge: Cambridge University Press, 1977.

Moule, H. C. G. *Colossian Studies*. London: Hodder & Stoughton, 1902.

Mozley, J. B. *A Treatise on the Augustinian Doctrine of Predestination*. London: John Murray, 1855.

Müller, Jac. J. *The Epistle of Paul to the Philippians*. Grand Rapids: Eerdmans, 1955.

Muller, Richard A. *After Calvin: Studies in the Development of a Theological Tradition*. Oxford: Oxford University Press, 2003.

_____. "A Note on 'Christocentrism' and the Imprudent Use of Such Terminology." *Westminster Theological Journal* 68/2 (2006): 253-260.

_____. "Christ and the Eschaton: Calvin and Moltmann on the Duration of the Munus Regium." *Harvard Theological Review* 74/1 (1981): 31-59.

_____. "The Covenant of Works and the Stability of Divine Law in Seventeenth-Century Reformed Orthodoxy: A Study in the Theology of Herman Witsius and Wilhelmus Brakel." *Calvin Theological Journal* 29 (1994): 75-100.

_____. *Dictionary of Latin and Greek Theological Terms: Drawn Principally from Protestant Scholastic Theology*. Grand Rapids: Baker, 1985.

_____. "Directions in the Study of Barth's Christology." *Westminster Theological Journal* 48/1 (1986): 119-134.

_____. "Incarnation, Immutability, and the Case for Classical Theism." *Westminster Theological Journal* 45/1 (1983): 22-40.

_____. *Post-Reformation Reformed Dogmatics*. Vol. 2. *Holy Scripture: The Cognitive Foundation of Theology*. Grand Rapids: Baker, 1993.

_____. *The Unaccommodated Calvin*. Oxford: Oxford University Press, 2000.

Murphy, Gannon. "Reformed Theosis?" *Theology Today* 65/2 (2008): 191-212.

Murray, John. *Calvin on Scripture and Divine Sovereignty*. Grand Rapids: Baker, 1960.

_____. *Collected Writings of John Murray*. Vol. 1. *The Claims of Truth*. Edinburgh: Banner of Truth, 1976.

_____. *Collected Writings of John Murray*. Vol. 2. *Select Lectures in Systematic Theology*. Edinburgh: Banner of Truth, 1977.

_____. *Collected Writings of John Murray*. Vol. 4. *Studies in Theology*. Edinburgh: Banner of Truth, 1982.

Musurillo, Herbert. "The Recent Revival of Origen Studies." *Theological Studies* 24/2 (1963): 250-263.

Myllykoski, Matti. "Cerinthus." In *A Companion to Second-Century Christian "Heretics."* Ed. Antti Marjanen and Petri Luomannen. Leiden: Brill, 2005: 213-245.

Nash, Ronald H. "Notion of Mediator in Alexandrian Judaism and the Epistle to the Hebrews." *Westminster Theological Journal* 40/1 (1977): 89-115.

Neder, Adam. *Participation in Christ: An Entry into Karl Barth's Church Dogmatics*. Louisville: Westminster John Knox, 2009.

Neve, J. L. *History of Christian Doctrine*. Vol 2. *History of Protestant Theology*. Philadelphia: Muhlenberg, 1946.

Newman, Barbara. "Sergius Bulgakov and the Theology of Divine Wisdom." *St Vladimir's Theological Quarterly* 22/1 (1978): 39-73.

Nicole, Roger R. "The Case for Definite Atonement." *Bulletin of the Evangelical Theological Society* 10/4 (1967): 199-207.

_____. "C. H. Dodd and the Doctrine of Propitiation." *Westminster Theological Journal* 17/2 (1955): 117-157.

_____. "Covenant, Universal Call and Definite Atonement." *Journal of the Evangelical Theological Society* 38/3 (1995): 403-411.

_____. "John Calvin's View of the Extent of the Atonement." *Westminster Theological Journal* 47/2 (1985): 197-225.

Niebuhr, Richard R. "Schleiermacher: Theology as Human Reflection." *Harvard Theological Review* 55/1 (1962): 20-49.

_____. *Schleiermacher on Christ and Religion: A New Introduction*. New York: Charles Scribner's Sons, 1964.

Niesel, Wilhelm. "Calvin wider Osianders Rechtfertigungslehre." *Zeitschrift für Kirchengeschichte* 46 (1927): 410-430.

Nobuhara, Tokiyuki. "*Analogia Actionis*: A New Proposal for Christology 'From Below'." *Union Seminary Quarterly Review* 39/4 (1984): 269-285.

Norris Jr., Richard A. (Ed.) *The Christological Controversy*. Philadelphia: Fortress, 1980.

North, Robert Grady. "Soul-Body Unity and God-Man Unity." *Theological Studies* 30/1 (1969): 27-60.

Oakes, Kenneth. "The Question of Nature and Grace in Karl Barth: Humanity as Creature and as Covenant-Partner." *Modern Theology* 23/4 (2007): 595-616.

Oberman, Heiko A. "The 'Extra' Dimension in the Theology of Calvin." In *The Dawn of the Reformation: Essays in Late Medieval and Early Reformation Thought*. Grand Rapids: Eerdmans, 1986: 239-258.

_____. *The Harvest of Medieval Theology*. Grand Rapids: Baker, 2000, 3rd ed.

_____. "Virgin Mary in Evangelical Perspective." *Journal of Ecumenical Studies* 1/2 (1964): 271-298.

_____. "Wir Sein Pettler. Hoc Est Verum. Covenant and Grace in the Theology of the Middle Ages and Reformation." In *The Reformation: Roots and Ramifications*. Tr. Andrew Colin Gow. Grand Rapids: Eerdmans, 1994: 91-115.

O'Brien, P. T. *The Epistle to the Philippians*. Grand Rapids: Eerdmans, 1991.

O'Collins, Gerald. *Believing in the Resurrection: The Meaning and Promise of the Risen*

Jesus. New York: Paulist Press, 2012.

_____. *Christology: A Biblical, Historical, and Systematic Study of Jesus*. Oxford: Oxford University Press, 1995.

_____. *Jesus Our Redeemer: A Christian Approach to Salvation*. Oxford: Oxford University Press, 2007.

_____. "Luminous Appearances of the Risen Christ." *Catholic Biblical Quarterly* 46/2 (1984): 247–254.

O'Connor, Jerome Murphy. "Christological Anthropology in Phil. 2.6–11." *Revue Biblique* 83 (1976): 25–50.

O'Donovan, Leo J. "Approaches to the Passion." *Worship* 48/3 (1974): 130–142.

Ogden, Schubert M. *Christ without Myth: A Study Based on the Theology of Rudolf Bultmann*. New York: Harper & Brothers, 1961.

O'Keefe, John J. "Impassible Suffering? Divine Passion and Fifth-Century Christology." *Theological Studies* 58/1 (1997): 39–60.

Olson, Roger E. "The Human Self-Realization of God: Hegelian Elements in Pannenberg's Christology." *Perspectives in Religious Studies* 13/3 (1986): 207–223.

Origen. "On First Principles." *CC* 73–81. 원문. *De Principiis*. Leipzig: Dyk, 1836.

Ormerod, Neil. "Two Points or Four? Rahner and Lonergan on Trinity, Incarnation, Grace, and Beatific Vision." *Theological Studies* 68/3 (2007): 661–673.

Orr, James. *The Resurrection of Jesus*. New York: Eaton & Mains, 1923.

_____. *The Virgin Birth of Christ*. New York: Charles Scribner's Sons, 1921.

Osterhaven, M. Eugene. *The Spirit of the Reformed Tradition*. Grand Rapids: Eerdmans, 1971.

Otto, Randall E. "Baptism and the Munus Triplex." *Evangelical Quarterly* 76/3 (2004): 217–225.

_____. "*Descendit in Inferna*: A Reformed Review of a Creedal Conundrum." *Westminster Theological Journal* 52/1 (1990): 143–150.

_____. "Moltmann and the Anti-Monotheism Movement." *International Journal of Systematic Theology* 3/3 (2001): 293–308.

Outler, Albert C. "The Person and Work of Christ." In *A Companion to the Study of St. Augustine*. Ed. Roy W. Battenhouse. New York: Oxford University Press, 1955: 343–370.

Owen, John. *The Death of Death in the Death of Christ*. Edinburgh: Banner of Truth, 1959.

_____. *The Works of John Owen*. Vol. 1. *The Glory of Christ*. Edinburgh: Banner of Truth Trust, 1965, rep.

_____. *The Works of John Owen*. Vol. 2. *Communion With God*. Edinburgh: Banner of Truth, 1965, rep.

_____. *The Works of John Owen*. Vol. 3. *Discourse on the Holy Spirit*. Edinburgh: Banner of Truth, 1965, rep.

Packer, James I. "What Did the Cross Achieve: The Logic of Penal Substitution." *Tyndale Bulletin* 25 (1974): 3-45.

Pagels, Elaine H. "Mystery of the Resurrection: A Gnostic Reading of 1 Corinthians 15." *Journal of Biblical Literature* 93/2 (1974): 276-288.

Pals, Daniel L. "Several Christologies of the Great Awakening." *Anglican Theological Review* 72/4 (1990): 412-427.

Pannenberg, Wolfhart. "A Theology of the Cross." *Word & World* 8/2 (1988): 162-172.

_____. *Grundzüge der Christologie*. Gütersloh: Gütersloher Verlagshaus Gerd Mohn, 1966, Zweite, veränderte Auflage. 영역본. Pannenberg, Wolfhart. *Jesus-God and Man*. Tr. Lewis L. Wilkins and Duane A. Priebe. Philadelphia: Westminst Press, 1968.

_____. *Systematic Theology*. Vol. 1, 2. Tr. Geoffrey W. Bromiley. Grand Rapids: Eerdmans, 1991, 1994.

Pappas, Harry S. "Theodore of Mopsuestia's Commentary of Psalm 44 (Lxx): A Study of Exegesis and Christology." *Greek Orthodox Theological Review* 47/1-4 (2002): 55-79.

Parker, David. "Evangelicals and Mary: Recent Theological Evaluations." *Evangelical Review of Theology* 30/2 (2006): 121-140.

Parker, T. H. L. *Calvin's New Testament Commentaries*. Louisville: Westminster/John Knox, 1993, 2nd ed.

_____. *Calvin's Old Testament Commentaries*. Edinburgh: T.&T. Clark, 1986, 2nd ed.

_____. *Calvin's Preaching*. Edinburgh: T & T Clark, 1992.

_____. *Commentaries on Romans 1532-1542*. Edinburgh: T & T Clark, 1986.

Patterson, Stephen J. *Beyond the Passion: Rethinking the Death and Life of Jesus*. Minneapolis: Fortress, 2004.

Payne, David F. "The Everlasting Covenant." *Tyndale House Bulletin* 7-8 (1961): 10-16.

Pearson, Birger A. "Basilides the Gnostic." In *A Companion to Second-Century Christian "Heretics."* Ed. Antti Marjanen and Petri Luomannen. Leiden: Brill, 2005: 1-29.

Pearson, Lori. "Schleiermacher and the Christologies behind Chalcedon." *Harvard Theological Review* 96/3 (2003): 349–367.

Pelikan, Jaroslav. *The Christian Tradition: A History of the Development of Doctrine I. The Emergence of the Catholic Tradition (100-600)*. Chicago: University of Chicago Press, 1971.

Perry, Tim. "Evangelicals and Mary." *Theology Today* 65/2 (2008): 226–238.

Peters, Ted. "Atonement and the Final Scapegoat." *Perspectives in Religious Studies* 19/2 (1992): 151–181.

_____. "Atonement in Anselm and Luther, Second Thoughts about Gustaf Aulen's Christus Victor." *Lutheran Quarterly* 24/3 (1972):301–314.

Peterson, Robert A. *Calvin's Doctrine of Atonement*. Phillipsburg, NJ: Presbyterian and Reformed Publishing, 1983.

Pétrement, Simone. *A Separate God: The Origins and Teachings of Gnosticism*. Tr. Carol Harrison. New York: HarperSanFrancisco, 1984.

Pfitzner, Victor C. "Coronation of the King: The Passion in the Gospel of John." *Currents in Theology and Mission* 4/1 (1977): 10–21.

Pittenger, Norman. *Christology Reconsidered*. London: SCM Press, 1970.

_____. *The Word Incarnate*. London: Nisbet, 1959.

Placher, William C. "Christ Takes Our Place: Rethinking Atonement." *Interpretation* 53/1 (1999): 5–20.

_____. *Jesus the Savior: The Meaning of Jesus Christ for Christian Faith*. Louisville: Westminster John Knox Press, 2001.

Plantinga, Alvin. *The Nature of Necessity*. Oxford: Oxford University Press, 1974.

Plantinga Jr., Cornelius. "Social Trinity and Tritheism." In *Trinity, Incarnation, and Atonement: Philosophical and Theological Essays*. Ed. Ronald J. Feenstra and Cornelius Plantinga Jr. Notre Dame: University of Notre Dame Press, 1989: 21–47.

Pöhlmann, H. G. *Abriß der Dogmatik*. Gütersloh: Gütersloher Verlagshaus Mohn, 1980.

Prenter, Regin. "Doctrine of the Real Presence." *Lutheran Quarterly* 3/2 (1951): 156–166.

Pruett, Gordon E. "Protestant Doctrine of the Eucharistic Presence." *Calvin Theological Journal* 10/2 (1975): 142–174.

Prusak, Bernard P. "Bodily Resurrection in Catholic Perspectives." *Theological Studies* 61/1 (2000): 64–105.

Pryor, John W. "The Johannine Son of Man and the Descent-Ascent Motif." *Journal of the Evangelical Theological Society* 34/3 (1991): 341-351.

Puckett, David L. *John Calvin's Exegesis of the Old Testament*. Louisville: Westminster John Knox Press, 1995.

Pugliese, Marc A. "How Important Is the Filioque for Reformed Orthodoxy?" *Westminster Theological Journal* 66/1 (2004): 159-177.

Purves, Jim. "The Interaction of Christology & Pneumatology in the Soteriology of Edward Irving." *Pneuma* 14/1 (1992): 81-90.

Quistorp, Heinrich. *Calvin's Doctrine of the Last Things*. Tr. Harold Knight. Richmond: John Knox Press, 1955.

Rahner, Karl. *Foundations of Christian Faith: An Introduction to the Idea of Christianity*. Tr. William V. Dych. New York: Crossroad, 1978.

_____. *Theological Investigations*. Vol. 1. Tr. Cornelius Ernst. London: Darton, Longman & Todd, 1961.

_____. *Theological Investigations*. Vol. 3. Tr. Karl H. and Boniface Kruger. New York: Crossroad, 1967.

_____. *Theological Investigations*. Vol. 4. Tr. K. Smith. New York: Crossroad, 1982.

_____. *Theological Investigations*. Vol. 16. Tr. D. Morland. New York: Crossroad, 1976.

Rae, Murray A. "The Baptism of Christ." In *The Person of Christ*. Ed. Stehen R. Holms and Murray A. Rae. London: T & T Clark International, 2005: 121-137.

Räisänen, Heikki. "Marcion." In *A Companion to Second-Century Christian "Heretics."* Ed. Antti Marjanen and Petri Luomannen. Leiden: Brill, 2005: 100-122.

Ramm, Bernard L. *An Evangelical Christology: Ecumenic & Historic*. Nashville: Thomas Nelson, 1985.

Rattigan, Mary T. "The Christology of John Cobb." *Encounter* 47/3 (1986): 205-218.

Rausch, Thomas P. *Who is Jesus?: An Introduction to Christology*. Collegeville, MN: Liturgical Press, 2003.

Raven, Charles. *Apollinarianism: An Essay on the Christology of the Early Church*. Cambridge: Cambridge University Press, 1923.

Rawlinson, A. E. J. *The New Testament Doctrine of the Christ: The Bampton Lectures for 1926*. London: Longmans Green, 1929.

Reimarus, Herman Samuel. *The Goal of Jesus and His Disciples*. Tr. George W. Buchanan.

Leiden: E. J. Brill, 1970.

Reist, Irwin W. "The Christology of Irenaeus." *Journal of the Evangelical Theological Society* 13/4 (1970): 241–251.

Relton, Herbert M. *A Study in Christology: The Problem of the Relation of the Two Natures in the Person of Christ*. London: Society for Promoting Christian Knowledge, 1917.

Reumann, John H. P. "Martin Werner and 'Angel Christology'." *Lutheran Quarterly* 8/4 (1956): 349–358.

_____. "Oikonomia='Covenant': Terms for Heilsgeschichte in Early Christian Usage." *Novum Testamentum* 3/4 (1959): 282–292.

Reymond, Robert L. *Jesus Divine Messiah: The New and Old Testament Witness*. London: Mentor, 2003.

_____. *A New Systematic Theology of the Christian Faith*. Nashville: Thomas Nelson Publishers, 1998, 2nd ed.

Richard, Lucian. *Christ the Self-Emptying of God*. New York: Paulist Press, 1997.

Richardson, Kurt Anders. "*Christus Praesens*: Barth's Radically Realist Christology and Its Necessity for Theological Method." In *Karl Barth and Evangelical Theology: Convergences and Divergences*. Ed. Sungwook Chung. Grand Rapids: Baker, 2006: 136–148.

Ricoeur, Paul. *The Symbolism of Evil*. Tr. Emerson Buchanan. Boston: Beacon Press, 1967.

Ritschl, Albrecht. *The Christian Doctrine of Justification and Reconciliation: The Positive Development of the Doctrine*. Ed. H. R. Mackintosh and A. B. Macaulay. Edinburgh: T. & T. Clark, 1900.

Robertson, O. Palmer. *The Christ of the Covenants*. Phillipsburgh, NJ: Presbyterian and Reformed Publishing, 1980.

_____. "Current Reformed Thinking on the Nature of the Divine Covenants." *Westminster Theological Journal* 40/1 (1977): 63–76.

Robinson, James M. "Jesus From Easter to Valentinus (or to the Apostles' Creed." *Journal of Biblical Literature* 101/1 (1982): 5–37.

Robinson, John A. T. *The Human Face of God*. Philadelphia: Westminster Press, 1973.

Rodger, Symeon. "The Soteriology of Anselm of Canterbury, An Orthodox Perspective." *Greek Orthodox Theological Review* 34/1 (1989): 19–43.

Rolston III, Homes. *John Calvin versus the Westminster Confession*. Richmond: John Knox, 1972.

Romanides, John S. "Highlights in the Debate over Theodore of Mopsuestia's Christology and Some Suggestions for a Fresh Approach." *Greek Orthodox Theological Review* 5/2 (1959-1960): 140-185.

Rosato, Philip J. "Spirit Christology: Ambiguity and Promise." *Theological Studies* 38/3 (1977): 423-449.

Rowe, Kavin. *Early Narrative Christology: The Lord in the Gospel of Luke*. Grand Rapids: Baker, 2006.

Rumscheidt, H. Martin. (Ed.) *The Way of Theology in Karl Barth*. Allison Park, PA: Pickwick Publications, 1986.

Runia, Klass. *Karl Barth's Doctrine of Holy Scripture*. Grand Rapids: Eerdmans, 1962.

_____. *The Present-day Christological Debate*. Leicester, UK: IVP, 1984.

Russell, Norman. *The Doctrine of Deification in the Greek Patristic Tradition*. Oxford: Oxford University Press, 2004.

_____. "Theosis and Gregory Palamas: Continuity or Doctrinal Change?" *St Vladimir's Theological Quarterly* 50/4 (2006): 357-379.

Russell, S. H. "Calvin and the Messianic Interpretation of the Psalms." *Scottish Journal of Theology* 21 (1968): 37-47.

Sabatier, Auguste. *The Doctrine of the Atonement and Its Historical Evolution and Religion and Modern Culture*. New York: Williams & Norgate, 1904.

Sailer, William S. "The Nature and Extent of the Atonement: A Wesleyan View." *Bulletin of the Evangelical Theological Society* 10/4 (1967): 189-198.

Sanders, Fred. "Introduction to Christology: Chalcedonian Categories for the Gospel of Narrative." In *Jesus in Trinitarian Perspective*. Ed. Fred Sanders and Klaus Issler. Nashville: B & H Academic, 2007: 1-40.

Scaer, David P. "The Nature and Extent of the Atonement in Lutheran Theology." *Bulletin of the Evangelical Theological Society* 10/4 (1967): 179-187.

Schaff, Philip. *The Creeds of Christendom*. 3 Vols. Grand Rapids: Baker, 1996, rep.

_____. *History of the Christian Church*. 8 Vols. Grand Rapids: Eerdmans, 1960, rev.

_____. *A Select Library of the Nicene and Post-Nicene Fathers of the Christian Church*. First Series. 14 Vols. Grand Rapids: Eerdmans, 1978-1979, rep.

Schaff, Philip and Wace, Henry. (Ed.) *A Select Library of the Nicene and Post-Nicene Fathers of the Christian Church*. Second Series. 14 Vols. Grand Rapids: Eerdmans, 1997, rep.

Scharlemann, Martin H. "'He Descended Into Hell': An Interpretation of 1 Peter 3:18–20." *Concordia Journal* 15/3 (1989): 311–322.

Schillebeeckx, Edward C. "I Believe in Jesus of Nazareth: The Christ, the Son of God the Lord." *Journal of Ecumenical Studies* 17/1 (1980): 18–32.

_____. *Jesus: An Experiment in Christology*. Tr. Hubert Hoskins. New York: Seabury Press, 1979.

Schleiermacher, Friedrich. *Christmas Eve: Dialogue on the Incarnation*. Tr. Terrence N. Tice. Richmond: John Knox Press, 1967.

_____. *Der christliche Glaube nach den Grundsätzen der evangelischen Kirche in Zusamenhange dargestellt*, Band 1 und Band 2. Berlin: Georg Reimer, 1821, 1822. 영역본. Schleiermacher, Friedrich. *The Christian Faith*. Ed. and Tr. H. R. Mackintosh and J. S. Stewart. Edinburgh: T. & T. Clark, 1928.

_____. *A Servant of the Word: Selected Sermons of Friedrich Schleiermacher*. Tr. Dawn DeVries. Philadelphia: Fortress Press, 1987.

_____. *Über die Religion. Reden an die Gebildeten unter ihren Verächten* (Leipzig: F. A. Brockhaus, 1868), 영역판. Schleiermacher, Friedrich. *On Religion: Speeches to Its Cultured Despisers*. Tr. John Oman. Louisville: Westminster/John Knox, 1994, rep. 원서, Friedrich Schleiermacher, *Über die Religion. Reden an die Gebildeten unter ihren Verächten*, mit einer Einleitung von D. Carl Schwarz (Leipzig: F. A. Brockhaus, 1868), 34, 65, 84–85, 91. 이하 본서는 *ÜR*로 표기.

Schmid, Heinrich. *Doctrinal Theology of the Evangelical Lutheran Church: The Classic Collection of Lutheran Theological Writers*. Tr. Charles A. Hay and Henry E. Jacobs. Minneapolis: Augsburg Publishing House, 1961, rep. 3rd rev. of 1889.

Schoonenberg, Piet. *The Christ*. Tr. Drella Couling. New York: Herder and Herder, 1971.

Schwarz, Hans. *Christology*. Grand Rapids: Eerdmans, 1998.

Schweitzer, Albert. *The Mystery of the Kingdom of God: The Secret of Jesus' Messiahship and Passion*. Tr. Walter Lowrie. New York: Macmillan, 1950.

_____. *The Quest of the Historical Jesus: A Critical Study of Its Progress from Reimarus to Wrede*. Tr. W. Montgomery. London: Adam & Charles Balck, 1963, 2nd ed.

Schweitzer, Don. *Contemporary Christologies*. Minneapolis: Fortress Press, 2010.

Segal, Alan F. "Pre-Existence and Incarnation: A Response to Dunn and Holladay." *Semeia* 30 (1984): 83–95.

Sellers, Robert V. *Two Ancient Christologies: A Study in the Christological Thought of the Schools of Alexandria and Antioch in the Early History of Christian Doctrine*. London: SPCK, 1954.

Servetus, Michael. *The Two Treatises of Servetus on the Trinity*. Tr. Earl Morse Wilbur. Cambridge, MA: Harvard University Press, 1932. 이에 대한 원문. *De Trinitatis Erroribus libri septem*. Hagenau, 1531. facsimile rep. Frankfurt a. M.: Minerva G. M. B. H., 1965. *Dialogorum de Trinitate*. Hagenau, 1532. facsimile rep. Frankfurt a. M.: Minerva G. M. B. H., 1965.

Shedd, William G. T. *Dogmatic Theology*. Ed. Alan W. Gomes. Phillipsburg, NJ: Presbyterian and Reformed Publishing, 2003. 3rd ed. rep.

_____. *A History of Christian Doctrine*. Vol. 1. New York: Scribner and Sons, 1864.

Shepherd, Michael B. "Daniel 7:13 and the New Testament Son of Man." *Westminster Theological Journal* 68/1 (2006): 99–111.

Shepherd, William C. "Hegel as a Theologian." *Harvard Theological Review* 61/4 (1968): 583–602.

Shults, F. Leron. "A Dubious Christological Formula From Leontius of Byzantium to Karl Barth." *Theological Studies* 57/3 (1996): 431–446.

Silas Rees. "Leontius of Byzantium and His Defence of the Council of Chalcedon." *Harvard Theological Review* 24/2 (1931): 111–119.

Smeaton, George. *Christ's Doctrine of Atonement*. Edinburgh: Banner of Truth, 1991, rep. of 1870.

Smith, Daniel A. "Irenaeus and the Baptism of Jesus." *Theological Studies* 58/4 (1997): 618–642.

Smith, J. Warren. "Suffering Impassibly: Christ's Passion in Cyril of Alexandria's Soteriology." *Pro Ecclesia* 11/4 (2002): 463–483.

Sonderegger, Katherine. "Anselm, *Defensor Fidei*." *International Journal of Systematic Theology* 9/3 (2007): 342–359.

Spence, Alan. "A Unified Theory of the Atonement." *International Journal of Systematic Theology* 6/4 (2004): 404–420.

_____. *Incarnation and Inspiration: John Owen and the Coherence of Christology*. London: T&T Clark, 2007.

Spencer, Stephen R. "Francis Turretin's Concept of the Covenant of Nature." In *Later*

Calvinism: International Perspectives. Ed. W. Fred Graham. Kirksville, MO: Sixteenth Century Essays & Studies, 1994: 71–91.

Spoerl, Kelley M. "The Liturgical Argument in Apollinarius: Help and Hindrance on the Way to Orthodoxy." *Harvard Theological Review* 91/2 (1998): 127–152.

Spykman, Gordon J. *Reformational Theology: A New Paradigm for Doing Dogmatics*. Grand Rapids: Eerdmans, 1992.

Stanley, David Michael. "Notes: Cullmann's New Testament Christology: An Appraisal." *Theological Studies* 20/3 (1959): 409–421.

Stein, Robert H. "Was the Tomb Really Empty." *Journal of the Evangelical Theological Society* 20/1 (1977): 23–29.

Stek, John H. "'Covenant' Overload in Reformed Theology." *Calvin Theological Journal* 29/1 (1994): 12–41.

Stephens, Bruce M. "An Appeal to the Universe: The Doctrine of the Atonement in American Protestant Thought from Jonathan Edwards to Edwards Amasa Park." *Encounter* 60/1 (1999): 55–72.

Stevens, George Baker. *The Christian Doctrine of Salvation*. Edinburgh: T. & T. Clark, 1905.

Stonehouse, Ned B. *The Witness of Matthew and Mark to Christ*. Philadelphia: Presbyterian Guardian, 1944.

Strawn, Brent A. "And These Three Are One: A Trinitarian Critique of Christological Approaches to the Old Testament." *Perspectives in Religious Studies* 31/2 (2004): 191–210.

Strehle, Stephen. "Calvinism, Augustinianism, and the Will of God." *Theologische Zeitschrift* 48/2 (1992): 221–237.

_____. *Calvinism, Federalism, and Scholasticism: A Study of the Reformed Doctrine of Covenant*. New York: Peter Lang, 1988.

_____. "The Extent of the Atonement and the Synod of Dort." *Westminster Theological Journal* 51/1 (1989): 1–23.

Strimple, Robert B. "Philippians 2:5–11 in Recent Studies: Some Exegetical Conclusions." *Westminster Theological Journal* 41/2 (1979): 247–268.

Strong, Augustus H. *Systematic Theology*. Philadelphia: Judson Press, 1907.

Suggit, John N. "Freedom to Be: Peter Abelard's Doctrine of Atonement." *Journal of Theology for Southern Africa* 8 (1974): 31–37.

Suh, Chul-won. "A New Thought on Covenant Doctrine." *Chongshin Theological Journal* 1 (1997): 98-127.

_____. *The Creation-Mediatorship of Jesus Christ* (Amsterdam: Rodopi, 1982).

Swinburne, Richard. *The Christian God*. Oxford: Oxford University Press, 1994.

_____. *Responsibility and Atonement*. Oxford: Clarendon Press, 1989.

Tavard, George H. "The Christology of the Mystics." *Theological Studies* 42/4 (1981): 561-579.

Teeple, Howard M. "Origin of the Son of Man Christology." *Journal of Biblical Literature* 84/3 (1965): 213-250.

Temple, William. *Nature, Man and God*. London: Pan MacMillan, 1934.

Tertullian. "Against Praxeas." *NPNFS* 3.597-627. 원문. "Liber adversus Praxeam." *PL* 2.153-196.

_____. "Against the Valentinians." *NPNFS* 3.503-520. 원문. "Adversus Valentinianos." *PL* 2.523-596.

_____. "[The Five Books] Against Marcion." *NPNFS* 3.269-474. 원문. "Adversus Marcionem." *PL* 2.239-524.

_____. "On the Flesh of Christ." *NPNFS* 3.521-542. 원문. "De carne Christi." *PL* 2.751-792.

_____. "On the Resurrection of the Flesh." *NPNFS* 3.545-594. 원문. "De resurrectione carnis." *PL* 2.795-886.

_____. "The Prescription against Heretics." *NPNFS* 3.243-265. 원문. "De praescriptionibus adversus Haereticos." *PL* 2.9-74.

Thomasius, Gottfried. "The Person and the Mediator." In *God and Incarnation in Mid-Nineteenth Century*. Ed. and Tr. Claude Welch. New York: Oxford University Press, 1965: 23-100. 다음 원본 중 제3-4장. Thomasius, Gottfried. *Christi Person und Werk. Darstellung der evangelish-lutherischen Dogmatik vom Mittelpunkte der Christologie aus*. Erlangen, 1857.

Thompson, John L. "Calvin as a Biblical Interpreter." In *John Calvin*. Ed. Donald K. McKim. Cambridge: Cambridge University Press, 2004.

Thompson, Thomas R. "Nineteenth-Century Kenotic Christology: The Waxing, Waning, and Weighing of a Quest for a Coherent Orthodoxy." In *The Self-Emptying of God*. Ed. C. Stephen Evans. Vancouver: Regent College Publishing, 2006: 74-111.

Thornbury, Gregory A. "A Revelation of the Inward: Schleiermacher's Theology and the Hermeneutics of Interiority." *Southern Baptist Journal of Theology* 3/1 (1999): 4–26.

Tillich, Paul. *Systematic Theology*. Three volumes in one. Chicago: Chicago University Press, 1967.

Tipton, Lane G. "The Function of Perichoresis and the Divine Incomprehensibility." *Westminster Theological Journal* 64/2 (2002): 289–306.

Toon, Peter. "Historical Perspectives on the Doctrine of Christ's Ascension, Pt 2: The Meaning of the Ascension for Christ." *Bibliotheca Sacra* 140/560 (1983): 291–301.

_____. "Historical Perspectives on the Doctrine of Christ's Ascension, Pt 3: The Significance of the Ascension for Believers." *Bibliotheca Sacra* 140/561 (1983): 16–27.

_____. "Historical Perspectives on the Doctrine of Christ's Ascension, Pt 4: The Exalted Jesus and God's Revelation." *Bibliotheca Sacra* 140/562 (1983): 112–119.

Torrance, Alan. "The Trinity." In *Karl Barth*. Ed. John Webster. Cambridge: Cambridge University Press, 2000: 72–91.

Torrance, Iain R. *Christology after Chalcedon: Severus of Antioch and Sergius the Monophysite*. Eugene, OR: Wipf and Stock Publishers, 1988.

_____. "Creation and Incarnation." *Greek Orthodox Theological Review* 43/1–4 (1998): 353–363.

_____. "*Mysterium Christi* and *Mysterium Ecclesiae*: The Christological Ecclesiology of John Calvin." *Greek Orthodox Theological Review* 43/1–4 (1998): 459–467.

Torrance, James B. "The Concept of Federal Theology—Was Calvin a Federal Theologian?" In *Calvinus Sacrae Scripturae Professor: Calvin as Confessor of Holy Scripture*. Ed. Wilhelm H. Neuser. Grand Rapids: Eerdmans, 1994: 15–40.

_____. "The Vicarious Humanity and the Priesthood of Christ in the Theology of John Calvin." In *Calvinus Ecclesiae Doctor*. Ed. W. Neuser. Kampen: J. H. Kok, 1978: 69–84.

_____. "The Vicarious Humanity of Christ." In *The Incarnation*. Ed. T. F. Torrance. Edinburgh, Handel Press, 1981: 127–147.

Torrance, T. F. *Atonement: The Person and Work of Christ*. Ed. Robert T. Walker. Milton Keynes, UK: Paternoster, 2009.

_____. *The Mediation of Christ*. Grand Rapids: Eerdmans, 1983.

_____. "The Place of Christology in Biblical and Dogmatic Theology." In *Essays in Christology for Karl Barth*. Ed. T. H. L. Parker. London: Lutterworth, 1956: 11–37.

_____. *Theology in Reconciliation*. Grand Rapids: Eerdmans, 1975.

Trembath, Kern R. "Was the Incarnation Redundant: A Catholic and an Evangelical Respond." *Horizons* 13/1 (1986): 43-66.

Troxel, A. Craig. "Amyraut 'At' the Assembly: The Westminster Confession of Faith and the Extent of the Atonement." *Presbyterion* 22/1 (1996): 43-55.

Trueman, Carl R. *The Claims of Truth: John Owen's Trinitarian Theology*. Carlisle, UK: Paternoster, 1998.

Trumper, Tim. "Covenant Theology and Constructive Calvinism." *Westminster Theological Journal* 64/2 (2002): 387-404.

Turretin, Francis. *De satisfactione Christi disputationes*, Genevae, 1667.

_____. *Institutes of Elenctic Theology*. 3 Vols. Tr. George Musgrave Giger. Ed. James T. Dennison, Jr. Phillipsburg, NJ: Presbyterian and Reformed Publishing, 1994. 원문. *Institutio Theologiae Elencticae*. New York: University Press, 1847.

Tymms, T. Vincent. *The Christian Idea of Atonement*. London: Macmillan, 1904.

Tylenda, Joseph N. "Christ the Mediator: Calvin versus Stancaro." *Calvin Theological Journal* 8/1 (1973): 5-16.

_____. "The Controversy on Christ the Mediator: Calvin's Second Reply to Stancaro." *Calvin Theological Journal* 8/2 (1973): 131-57.

_____. "Eucharistic Sacrifice in Calvin's Theology." *Theological Studies* 37/3 (1976): 456-466.

_____. "The Warning that Went Unheeded: John Calvin on Giorgio Biandrata." *Calvin Theological Journal* 12/1 (1977): 24-62.

Van Buren, Paul. *Christ in Our Place: The Substitutionary Character of Calvin's Doctrine of Reconciliation*. Edinburgh: Oliver and Boyd, 1957.

Van Dyk, Leanne. *Believing in Jesus Christ*. Louisville: Foundations of Christian Faith, 2002.

Van Genderen, J. and Velema, W. H. *Concise Reformed Dogmatics*. Tr. Gerrit Bilkes and Ed M. van der Mass. Phillipsburg, NJ: P&R Publishing, 2008.

Van Asselt, W. J. "Christ's Atonement: A Multi-Dimensional Approach." *Calvin Theological Journal* 38/1 (2003): 52-67.

Van Til, Cornelius. "Has Karl Barth Become Orthodox?" *Westminster Theological Journal* 16/2 (1954): 135-181.

_____. "Karl Barth on Chalcedon." *Westminster Theological Journal* 22/2 (1960): 147-

166.

Van't Spijker, Willem. " 'Extra Nos' and 'In Nobis' by Calvin in a Pneumatological Light." In *Calvin and the Holy Spirit*. Ed. Peter De Klerk. Grand Rapids: Calvin Studies Society, 1989: 39-70.

Vawter, Bruce. "Resurrection and Redemption." *Catholic Biblical Quarterly* 15/1 (1953): 11-23.

Verkhovskoy, Serge S. "Procession of the Holy Spirit According to Orthodox Doctrine of the Trinity." Tr. Alexander Romanoff. *St Vladimir's Seminary Quarterly* 2/1 (1953): 12-26.

Vermigli, Peter Martyr. *Dialogue on the Two Natures in Christ*. Tr. and Ed. John Patrick Donnelly, S. J. Kirksville, MO: Sixteenth Century Essays & Studies, 1995.

_____. *Oxford Treatise and Disputation on the Eucharist*, 1549. Tr. Joseph C. McLelland. Kirksville, MO: Sixteenth Century Essays & Studies, 2000.

Von Balthasar, Hans Urs. *Mysterium Paschale: The Mystery of Easter*. Tr. Aidan Nichos. Edinburgh: T & T Clark, 1990.

_____. *Theo-Drama III: The Dramatis Personae: The Person in Christ*. Tr. Graham Harrison. San Francisco: San Francisco Press, 1992.

_____. *Theo-Drama IV: The Action*. Tr. Graham Harrison. San Francisco: Ignatius Press, 1994.

Von Rohr, John R. "Covenant and Assurance in Early English Puritanism." *Church History* 34/2 (1965): 195-203.

Vos, Geerhardus. *Biblical Theology: Old and New Testaments*. Edinburgh, UK: Banner of Truth, 1975, rep.

_____. *The Pauline Eschatology*. Princeton: Princeton University, 1930.

_____. *Redemptive History and Biblical Interpretation: The Shorter Writings of Geerhardus Vos*, Ed. Richard B. Gaffin Jr. Phillipsburg, NJ: Presbyterian and Reformed Publishing, 1980.

Voulgaris, Christos S. "The Holy Trinity in Creation and Incarnation." *Greek Orthodox Theological Review* 42/3-4 (1997): 245-258.

Waldrop, Charles T. "Karl Barth's Concept of the Divinity of Jesus Christ." *Harvard Theological Review* 74/3 (1981): 241-263.

Walker, William O. "The Son of Man: Some Recent Developments." *Catholic Biblical Quarterly* 45/4 (1983): 584-607.

Ware, Bruce A. *The Man Jesus Christ: Theological Reflections on the Humanity of Christ*. Wheton, IL: Crossway, 2013.

Warfield, Benjamin B. *Calvin and Augustine*. Philadelphia: The Presbyterian and Reformed Publishing Company, 1956.

_____. *The Lord of Glory: A Study of the Destinations of Our Lord in the New Testament with Especial Reference to His Deity*. Grand Rapids: Baker, 1974, rep.

_____. *The Person and Work of Christ*. Ed. Samuel G. Craig. Phillipsburg, NJ: Presbyterian and Reformed Publishing, 1950.

_____. *The Plan of Salvation: A Classical Study of the Basic and Essential Differences between Various Interpretations of the Christian Religion*. Grand Rapids: Eerdmans, 1977.

_____. *Selected Short Writings of Benjamin B. Warfield*. Vol. 1. Ed. John E. Meeter. Phillipsburg, NJ: Presbyterian and Reformed Publishing, 1970.

_____. *The Westminster Confession and Its Work*. New York: Oxford University Press, 1931.

_____. *The Works of Benjamin B. Warfield*. 10 Vols. New York: Oxford University Press, 1932.

Watson, J. Francis. "Martin Chemnitz and the Eastern Church: A Christology of the Catholic Consensus of the Fathers." *St Vladimir's Theological Quarterly* 38/1 (1994): 73–86.

Weber, Otto. *Foundations of Dogmatics*. 2 Vols. Tr. and Annot. Darrell L. Guder. Grand Rapids: Eerdmans, 1981, 1983.

Webster, J. B. "Jesus in the Theology of Eberhard Jüngel." *Calvin Theological Journal* 32/1 (1997): 43–71.

Weir, David A. *The Origins of the Federal Theology in Sixteenth-Century Reformation Thought*. Oxford: Clarendon Press, 1990.

Weiss, Johannes. *Christus: Die Anfänge des Dogmas*. Tübingen: J. C. B. Mohr, 1909.

Welch, Lawrence J. "Logos–Sarx? Sarx and the Soul of Christ in the Early Thought of Cyril of Alexandria." *St Vladimir's Theological Quarterly* 38/3 (1994): 271–292.

Welker, Michael. *God the Spirit*. Tr. John F. Hoffmeyer. Minneapolis: Fortress Press, 1994.

Wells, David F. "The Debate over the Atonement in 19th–Century America, Part 3." *Bibliotheca Sacra* 144/576 (1987): 363–376.

_____. "The Debate over the Atonement in 19th–Century America, Part 4." *Bibliotheca Sacra* 145/577 (1988): 3–14.

_____. *The Person of Christ*. Westchester, IL: Crossway, 1984.

Wengert, Timothy J. *Law and Gospel: Philip Melanchthon's Debate with John Agricola of Eisleben over Poenitentia*. Grand Rapids: Baker, 1997.

_____. "'Peace, Peace······Cross, Cross.' Reflections on How Martin Luther Relates the Theology of Cross to Suffering." *Theology Today* 59/2 (2002): 190–205.

Wesche, Kenneth P. "'Mind' and 'Self' in the Christology of Saint Gregory the Theologian: Saint Gregory's Contribution to Christology and Christian Anthropology." *Greek Orthodox Theological Review* 39/1–2 (1994): 33–61.

_____. "The Union of God and Man in Jesus Christ in the Thought of Gregory of Nazianzus." *St Vladimir's Theological Quarterly* 28/2 (1984): 83–98.

_____. "The Christology of Leontius of Jerusalem Monophysite or Chalcedonian?" *St Vladimir's Theological Quarterly* 31/1 (1987): 65–95.

Westerholm, Stephen. *Perspectives Old and New on Paul: The "Lutheran" Paul and His Critics*. Grand Rapids: Eerdmans, 2004.

White, Thomas Joseph. "Dyotheletism and the Instrumental Human Consciousness of Jesus." *Pro Ecclesia* 17/4 (2008): 396–422.

Whitsett, Christopher G. "Son of God, Seed of David: Paul's Messianic Exegesis in Romans 1:3–4." *Journal of Biblical Literature* 119/4 (2000): 661–681.

Wicks, Jared. "Christ's Saving Descent to the Dead: Early Witnesses from Ignatius of Antioch to Origen." *Pro Ecclesia* 17/3 (2008): 281–309.

Wildman, Wesley J. "Basic Christological Distinctions." *Theology Today* 64/3 (2007): 285–304.

Wilken, Robert L. "The Resurrection of Jesus and the Doctrine of the Trinity." *Word & World* 2/1 (1982): 17–28.

Williams, Garry J. "Penal Substitution: A Response to Recent Criticisms." *Journal of the Evangelical Theological Society* 50/1 (2007): 71–86.

Williams, John W. "Karl Rahner on the Death of Christ." *Journal of the Evangelical Theological Society* 14/1 (1971): 41–50.

Williams, Michael D. "He Descended into Hell? An Issue of Confessional Integrity." *Presbyterion* 25/2 (1999): 80–90.

Willis, David E. *Calvin's Catholic Christology: The Function of the So-Called Extra Calvinisticum in Calvin's Theology*. Leiden: E. J. Brill, 1966.

_____. "The Influence of Laelius Socinus on Calvin's Doctrines of the Merits of Christ and the Assurance of Faith." In *Italian Reformation Studies in Honor of Laelius Socinus*. Ed. John A. Tedeschi. Firenze: F. Le Monnier, 1965: 231-241.

Wilken, Robert L. "Tradition, Exegesis, and the Christological Controversies." *Church History* 34/2 (1965): 123-145.

Witherington III, Ben. "The Christology of Jesus." In *Who Do You Say That I Am: Essays on Christology*. Ed. Mark Allan Powell and David R. Bauer. Louisville: Westminster John Knox, 1999: 1-13.

Witsius, Herman. *The Economy of the Covenants between God and Man: Comprehending A Complete Body of Divinity*. 2 Vols. Tr. William Crookshank. London: R. Baynes, 1990.

Wrede, William. *The Messianic Secret*. Tr. J. C. G. Greig. Cambridge: Clarke, 1971.

_____. "The Task and Method of New Testament Theology So-Called." In *The Nature of New Testament Theology*. Ed. and Tr. Robert Morgan. London: SCM Press, 1973: 68-116.

Wright, David F. "Calvin's 'Accommodation' Revisited." In *Calvin as Exegete*. Ed. Peter De Klerk. Grand Rapids: Calvin Studies Society, 1995: 171-190.

Wright, N. T. *The Climax of the Covenant: Christ and the Law in Pauline Theology*. Minneapolis: Fortress, 1992.

Wyatt, Peter. *Jesus Christ and Creation in the Theology of John Calvin*. Allison Park, PA: Pickwick Publications, 1996.

Yeago, David S. "The Bread of Life: Patristic Christology and Evangelical Soteriology in Martin Luther's Sermons on John 6." *At Vladimir's Theological Quarterly* 39/3 (1995): 257-279.

_____. "Crucified Also for Us under Pontius Pilate: Six Propositions on the Preaching of the Cross." In *Nicene Christianity: The Future for a New Ecumenism*. Ed. Christopher Seitz. Grand Rapids: Brazos Press, 2001: 87-106.

_____. "Jesus of Nazareth and Cosmic Redemption: the Relevance of St Maximus the Confessor." *Modern Theology* 12/2 (1996): 163-193.

Young, Edward J. "The Immanuel Prophecy: Isaiah 7:14-16." *Westminster Theological Journal* 15/2 (May 1953): 97-124.

_____. "The Immanuel Prophecy: Isaiah 7:14-16." *Westminster Theological Journal* 16/1 (Nov. 1953): 23-50.

Young, Frances M. *From Nicaea to Chalcedon: A Guide to the Literature and Its Background*. Philadelphia: Fortress, 1983.

Zachman, Randall C. "Jesus Christ as the Image of God in Calvin's Theology." *Calvin Theological Journal* 15/1 (1990): 45–62.

Zimany, Roland D. "Meaning of the Crucifixion and the Resurrection in Moltmann's the Crucified God." *Modern Churchman* 21/1 (1977): 6–10.

김광식. 『조직신학(II)』. 서울: 대한기독교서회, 1990.

김균진. 『기독교 신학 II: 하나님 나라의 메시아적 신학을 향해』. 서울: 연세대학교 출판부, 2009.

김영규. "칼빈에게 있어서 신구약 실체의 통일성." 개혁주의 학술원 편. 『칼빈과 성경』. 부산: 고신대학교 출판부, 2008: 89–126.

김영한. 『바르트에서 몰트만까지: 현대신학사상의 개혁주의적 조명』. 서울: 대한기독교서회, 1982.

김재진. 『바르트신학의 해부』. 서울: 한들, 1998.

떼르뚤리아누스. 『그리스도의 육신론』. 이형우 역. 왜관: 분도출판사, 1975.

문병호. 『교회의 '하나됨'과 교리의 '하나임': WCC의 '비(非)성경적,' '반(反)교리적' 에큐메니즘 비판: 정통 개혁주의 조직신학적 관점에서』. 서울: 지평서원, 2012.

_____. 『30 주제로 풀어 쓴 기독교 강요: 성경교리정해』. 서울: 생명의말씀사, 2013, 수정증보판.

_____. 『칼빈신학: 근본 성경교리 해석』. 서울: 지평서원, 2015. 본서는 저자가 그동안 칼빈에 대해서 한글이나 영어로 저술한 글들을 첨삭, 수정, 가필하여 편집한 책으로서, 그 가운데 다음 논문들이 여기에서 인용되었다. "칼빈의 계시론: 삼위일체론적-기독론적 이해"; "그리스도와 율법: 칼빈의 기독론적 율법관"; "칼빈의 기독론"; "칼빈의 기독론적 출애굽 이해"; "성경, 교리, 교리적 주석: 칼빈의 중보자 그리스도의 위격적 연합 교리에 비추어"; "그리스도의 의(義)의 유일성과 객관성: 칼빈의 트렌트 회의 비판의 요지(要旨)와 요체(要諦)"; "구원의 정점(Culmen Salutis): 칼빈이 설교한 기독론"; "하나님의 형상의 좌소: 칼빈의 영혼의 실체 이해"; "칼빈의 영생관: 요한복음 주석을 중심으로"; "칼빈 성령론의 자리와 우주적, 일반은총적 역사"; "보혜사 성령의 구원 역사: 칼빈의 '중보자 그리스도의 영' 이해를 중심으로"; "칼빈의 교회론: 삼위일체론적-기독론적 관점에서."

_____. "개혁주의 신학을 통해 본 성육신 이해." 『신학지남』 76/2 (2009): 123–144.

_____. "구원론적 기독론 이해의 기원: 터툴리안의 『육체의 부활론』 중심으로." 『성경과 신학』 61(2012): 275-297.

_____. "그리스도의 무름(satisfactio Christi) I: 개혁주의 속죄론의 형성." 『신학지남』 73/4 (2006): 326-350.

_____. "박형룡의 그리스도의 위격적 연합 교리 이해: 구속사적-구원론적 관점에서." 『신학지남』 80/4 (2013): 112-132.

_____. "Expiatio, Propitiatio, Reconciliatio(속죄, 용서, 화목): 바빙크의 그리스도의 무름 이해." 『신학지남』 75/2 (2008): 325-346.

_____. "언약의 실체 그리스도(Christus Substantia Foederis): 프란시스 뚤레틴이 은혜언약의 일체성 이해." 『개혁논총』 9 (2008): 119-143.

_____. "워필드의 그리스도의 신격(deitas) 이해." 『신학지남』 75/3 (2008): 92-115.

_____. "자유주의 신학의 기원: 슐라이어마허의 기독교의 본질 이해 비판." 『조직신학 연구』 13 (2010): 220-240.

_____. "죽산 박형룡의 언약신학." 『신학지남』 80/2 (2013): 83-102.

_____. "중보자 그리스도의 중보론: 서철원 박사 신학의 정수(medulla) I." 『신학지남』 74/1 (2007): 26-46.

_____. "중보자 그리스도의 중보론: 서철원 박사 신학의 정수(medulla) II." 『신학지남』 74/2 (2007): 182-201.

_____. "차알스 핫지의 그리스도의 양성의 위격적 연합 교리 I: 영원한 작정과 역사적 언약에 관한 성경적 사실들." 『신학지남』 80/1 (2013): 81-104.

_____. "터툴리안의 기독론적 변증: 『그리스도의 육체론』을 중심으로." 『신학지남』 78/4 (2011): 94-119.

박형룡. 『박형룡박사 저작전집 II. 교의신학 신론』. 서울: 한국기독교교육연구원, 1981.

_____. 『박형룡박사 저작전집 III. 교의신학 인죄론』. 서울: 한국기독교교육연구원, 1983.

_____. 『박형룡박사 저작전집 IV. 교의신학 기독론』. 서울: 한국기독교교육연구원, 1983.

서철원. 『기독론』. 서울: 총신대학교 출판부, 2000.

_____. 『교리사』. 서울: 총신대학교출판부, 2002.

_____. 『성령신학』. 서울: 총신대학교출판부, 2006, 개정판.

_____. 『인간, 하나님의 형상』. 서울: 총신대학교 출판부, 2007.

슈미트, P. B. 『교부학 개론』. 정기환 역. 서울: 컨콜디아사, 1987.,

윤철호. 『예수 그리스도 상』. 서울: 한국장로교출판사, 2008.

이종성. 『그리스도론』. 서울: 대한기독교출판사, 1984.

조형욱. 『프린스턴 신학의 종말론: 아치볼드 알렉산더부터 박형룡 박사까지』. 서울: 히스토리앤러브, 2013.
차재승. 『7인의 십자가 사상』. 서울: 새물결플러스, 2014.
칼빈, 존. 『라틴어 직역 기독교 강요: 경건에 대한 순수한 가르침』. 문병호 역. 서울: 생명의말씀사, 2009.

부록 2

주제별 색인

가르침의 순서(ordo docendi) 22, 37, 248, 392, 940, 959

가현설(Docetism) 58, 59, 75, 86주, 109, 119, 124, 154, 200, 221, 327, 331, 341, 383, 424, 433, 434-435, 491, 524-525, 633, 646, 649, 660-661, 684, 710, 993, 1080, 1120

갈리칸 신앙고백서 170, 237-238, 239, 965

값없는 은혜(gratia immerita)와 합당한 형벌(poena debita) 258-259

개혁인식론(Reformed Epistemology) 420-421

결합(συνάφεια, conjunctio) 혹은 결속(σχετικῶς, conjuctum) 180, 339, 340, 559

계속적 중보 49-50, 55-56, 170, 297, 308, 310, 455, 791, 793, 813-814, 824, 846, 863, 931, 934, 959, 980주, 983, 998, 1000-1002

계시사건(Das Ereignis der Offenbarung, Offenbarungsereignis) 86-87, 423-424, 477-479, 482, 577-578, 581, 584, 921, 1092-1096, 1100-1101, 1104-1106, 1110-1112, 1116-1117, 1120-1121

계시의 정점(culmen revelationis) 38-39, 70, 112-113, 140-141, 148, 262-263, 371-372, 538, 605, 614

고양(elevatio) 89, 455, 507, 556, 691, 713, 919

교체(ἀντίδοσις) 711, 731

교통된 완전함(a communicated fulness) 956-857

교환공식(exchange formula) 446, 456, 461, 465

구속사적-구원론적 관점 51-54, 55, 90, 236, 243, 311, 313, 778, 781, 791, 814, 825, 838-839, 1004; 구속사적 성취 40-44, 887, 910, 938; 구원론적 적용 44-51

구원서정(救援序程, ordo salutis) 38, 55, 170, 241, 277, 473, 801, 840, 849, 996, 1030

구원의 정점(culmen salutis) 983

구원협약(consilium salutis)으로서 구속언약(pactum salutis) 36-37, 248-256, 846

구주(σωτήρ) 825

구체(具體, concretum)와 추상(抽象, abstractum) 86-89, 370, 376-377, 400, 403, 419-429, 430, 442-443, 461, 470, 477, 478, 529, 539, 710-711, 715-716, 718-721, 732-733, 744, 1115

귀속(ἰδιοποιία, ἰδιοποίησις, appropriatio) 345, 696, 711, 735, 821, 894

그리스도(Χριστός) 620-621

그리스도 없는 기독교(Christless Christianity) 78

그리스도 예수(Χριστός Ἰησοῦς) 617, 825, 834

그리스도의 세례받으심 99, 132, 153, 211, 352, 466, 630, 639, 642-644, 679-686, 746-747, 756, 795, 812, 826, 837, 839, 851, 859, 883, 967, 1063

그리스도의 영 44-45, 50, 73-74, 132-133, 170-172, 241, 243, 296-297, 299, 382, 409-410, 537, 548, 569, 598, 600-601, 622, 682-683, 780-781, 787, 794-795, 800, 813, 842, 845-846, 854, 874, 903, 913, 933, 1036-1037

그리스도의 학교(schola Christi) 361, 416

그리스도인의 삶 50, 946

기능기독론(Functional Christology) 59-60, 81, 124, 375주, 614, 625, 627, 640-642, 752

기독론의 주제 36-37, 38-39; 위치 38-39; 동향 56-63

기독론적 보편주의(Christologischer Universalismus) 1098

기센(Giessen) 학파 229, 232, 558, 688

기체(基體, suppositum) 63, 88주, 136-137, 173, 196, 204, 223, 370, 373, 376, 386, 396-397, 399, 430, 432, 509, 540, 637, 693, 708, 715, 722

내재주의(Internalism) 84, 627, 819, 831, 1065-1089

내주(ἐνοίκησις 혹은 οἰκείωσις, inhabitatio) 180, 367, 178-181, 707

네스토리우스주의(Nestorianism) 173-175, 180-188, 190, 194, 198, 199, 202, 204, 207,

208, 225주, 226, 230-231, 232, 324, 331, 338-345, 363, 367-368, 384-388, 396-400, 429, 433, 434, 453, 461-464, 473주, 559, 685, 995, 1028, 1080; 유사(類似) 네스토리우스주의(Quasi-Nestorianism) 396

니케아-콘스탄티노플 신경 57, 156, 158, 160-161, 163-173, 181-182, 194, 200, 223, 237, 238, 327, 372, 564, 593, 600주, 615, 636, 658-659, 705, 867, 945, 962-963, 1097

다중현존(multipraesentia) 223

단성론(Monophysitism) 175, 194주, 197, 198, 201-209, 212, 326주, 342, 400-401, 433-434, 460, 464, 645, 661, 707, 719

단의론(Monothelitism) 197, 209, 426, 661, 741

단일신론(Monarchianism, Monotheism) 108, 130, 172, 487, 592-593, 612, 684-685, 1066; 동력적 단일신론(Dynamic Monarchianism) 327, 592, 630; 세르베투스(Michael Servetus)의 반(反)삼위일체론 636-639; 유대 단일신론 127-129, 488, 630

단일위격론(the miahypostatic theology)과 두위격론(the dyohypostatic theology) 635-636

당하신 순종(obedientia passiva)과 행하신 순종(obedientia activa) 53, 254, 294, 296, 316, 473, 530, 610-611, 624, 758, 785, 823, 837, 850, 865, 873, 875, 881, 959-961, 965, 976, 983, 987, 997-1003, 1018, 1026-1029, 1053; 무죄함의 의(iustitia innocentiae)와 견인의 의(iustitia perseverantiae) 298; 생명의 순종(obedientia vitae)과 죽음의 순종(obedientia mortis) 999

대리적 무름(satisfactio vicaria) 254, 256, 263, 276, 309, 438-439, 568, 593, 610, 779, 852, 873, 902, 905, 921, 958, 962, 966, 972-985, 997-1005, 1012-1013, 1015-1018, 1095

대리적 통회설(Theory of Vicarious Penitence) 1038-1041

도구인(causa instrumentalis) 혹은 형상인(causa formalis)으로서 믿음 285, 302, 779

독생자($\mu o \nu o \gamma \epsilon \nu \acute{\eta} s$) 혹은 독생하신 하나님($\mu o \nu o \gamma \epsilon \nu \grave{\eta} s \ \theta \epsilon \grave{o} s$) 65, 128, 134, 226주, 371, 515, 518, 531, 538, 563, 564, 595, 604, 615, 621, 794, 826, 831, 881

동시성(Gleichzeitigkeit)과 적합성(Kontingenz) 1098, 1105-1106

[삼위의] 동일본질($\acute{o} \mu o o \acute{u} \sigma \iota a$, consubstantialis) 130-131, 136, 161-162, 166, 172, 189, 196-197, 202-203, 206, 325-327, 328, 346, 350-352, 417, 418, 507, 581, 584, 635, 1110

[그리스도의] 두 나심($\delta \acute{u} o \ \gamma \epsilon \nu \nu \acute{\eta} \sigma \epsilon \iota s$, duplex generatio) 즉 영원한 나심과 역사상 나심(generatio aeterna et historica) 157, 183, 203, 220, 346, 517, 520-521, 736

두 본성에 있어서($\epsilon \nu \ \delta \acute{u} o \ \phi \acute{u} \sigma \epsilon \iota \nu$, in duabus naturis)와 두 본성으로부터($\epsilon \kappa \ \delta \acute{u} o \ \phi \acute{u} \sigma \epsilon \omega \nu$, ex duabus naturis) 198, 368-369

뒤섞이는 연합과 관계적 연합 204

떼오토코스($\Theta \epsilon o \tau \acute{o} \kappa o s$, Mater Dei, Deipara) 논쟁 173-174, 180-181, 183-184, 186, 189, 196, 198, 203, 205, 227, 229, 330-331, 342-343, 368, 378, 384-386, 399, 449, 460주, 464, 732, 749주

로고스 기독론(Logos-Christology) 73

루터파 속성교통론 223-236, 407, 465, 472주, 556-559, 710-715, 723-727, 819, 836-837, 893, 943주, 966, 981-982, 1082, 1115-1116

마니주의(Manichaeism) 331, 414, 659

마리아론(Mariology) 173, 384-385, 571, 573

말씀($\acute{o} \ \lambda \acute{o} \gamma o s$) 617

말씀-사람 기독론 444, 513주

말씀-육신 기독론 327, 444, 504, 1033

말씨온주의(Marcionism) 167, 231, 659, 660

멜기세덱의 반차 39, 43, 295, 361, 595-596, 622, 681, 748, 769, 799, 800, 805, 807, 812, 822, 855, 871, 934, 985, 1003, 1005

명시적 기독론(Explicit Christology)과 암시

적 기독론(Implicit Christology) 125-126

명칭의 변화와 교통(ἐναλλαγὴ καὶ κοινωσία ὀνομάτων) 711

무소부재(ubiquitas) 혹은 편재(omnipraesentia) 222-223, 226, 229-230, 233-234, 439, 557-558, 690-691, 710-713, 716-718, 720-721, 724-727, 732, 759, 884, 929, 935, 942-943, 951, 979주

무죄성(sinlessness) 479-480, 548, 571, 573, 671-679, 1029주, 1083, 1100, 1112; 불가범죄성(impeccabilitas) 675, 678; 경험적 무죄성(an empirical sinlessness)과 필연적 무죄성(a necessary sinlessness) 673

물러남 혹은 쉼(ἡσυχάζειν, retractio) 726

[소위] 바울신학의 새 관점 300, 313, 473주, 1055주

밖으로부터의 기독론(Christology From Without) 124

반신학(反神學) 137

반(半) 자유주의 119-120

벌거벗은 법(lex nuda)과 은혜로 옷 입혀진 법(lex vestita cum gratia) 283

벨직 신앙고백서 170, 215, 238-239, 433-434, 440, 657-658, 964

변증법적 병행 1110, 1118-1121

변증법적 초월 86

병존(μετουσία) 173, 186-187, 200, 205주, 233, 339, 405, 453, 473주

병행구조(parallelismus membrorum) 103

보증인(fideiussor)이자 지불자(expromissor) 311

보혜사 성령 44-49

본성(φύσις, natura) 173, 190, 192, 202, 208-209, 223, 331, 333, 388, 395, 401, 403, 411, 419, 452, 477, 531, 540, 715, 1049

본성적 연합(ἕνωσις φυσική) 223, 342, 379, 1045

본질 혹은 실체(οὐσία, essentia, substantia) 168주, 172, 190, 203, 209, 219, 327, 328, 333, 370, 376, 380, 395, 396, 477, 504-505, 531, 540, 630, 788, 1107, 1108

본체 혹은 형체(μορφή, forma) 103-104, 106-109, 111, 130, 137, 213, 347, 384, 563, 564, 615, 688, 695, 781, 837

[그리스도의] 부활 42, 60, 65, 70-71, 77, 86, 99, 100, 124, 153, 192, 228, 238, 304, 328, 344, 360-361, 384, 428, 450-451, 458-460, 466, 469, 475, 477, 478, 482, 497, 499-500, 513-517, 527, 538, 548, 554, 557, 560, 565-566, 569, 574-578, 584, 588, 594, 597, 624, 642-653, 658-662, 664-665, 670, 678, 681, 705, 725-727, 727-730, 780-781, 809, 814-815, 900-928, 1042, 1086-1087, 1117

불트만적 실존주의(Bultmannian Existentialism) 61, 106, 116-117, 125, 126주, 275주, 597주, 835, 925, 938

비신화화 56, 61, 62, 835-836, 910

비움(κένωσις) 557, 558, 559, 583

비(非)위격(ἀνυπόστατος, anhypostasis)과 내(內)위격(ἐνυπόστατος, enhypostasis) 57, 88, 208-209, 234, 375-376, 392, 395-406, 419-424, 427, 430-436, 438-439, 482, 753, 1115

비하(humiliatio) 75, 86, 101, 102, 109-110, 120, 124, 167주, 227-229, 232, 234-235, 236, 239, 254, 350, 351, 439, 462, 529-530, 533, 536-559, 565, 597, 604, 613, 615, 617, 622, 656, 666, 670, 683, 686-687, 693, 695, 712-714, 723-724, 728, 733, 737, 754, 758, 801-802, 808, 814, 818-824, 835-837, 852, 856, 862-865, 992, 997, 1003, 1116-1117

빌립보 찬송시(the Philippian hymn) 97, 100, 110, 123, 410, 597, 978

사도신경(Symbolum Apostolicum) 162-173, 593, 886, 888, 895, 899, 945, 963

사신(死神)신학(Death of God Theology) 56

사역과 출래의 균형성(a commensurability between mission and procession) 700

사역의 교통(Communicatio Apotelesmatum) 436, 708-709, 745-753, 864, 1116

사용(χρῆσις, usurpatio) 557, 558, 693, 726, 836

사제중보주의 57

사탄배상설(Ransom-to-Satan Theory) 혹은 속전설(Ransom Theory) 892, 971, 1019, 1032-1036

삼위일체론적-기독론적 관점(기독론과 삼위일체론의 관계) 54-56, 66, 76, 79, 88, 90, 131, 147-148, 171-172, 219, 313, 328, 346-353, 362-373, 390, 451, 457, 487-489, 504-505, 539-530, 535, 592, 652, 700-701, 783, 813주, 853-867, 1003, 1100, 1109

삼중적 중보(가르침의 중보, 중재의 중보, 화목의 중보) 784-791

삼중적 지식(증여적 지식, 주입된 지식, 실험적 지식) 754

삼중직(munus triplex, 선지자, 제사장, 왕) 788, 792, 825, 828주, 932주, 959-960, 985, 1018

상승기독론(Aufstiegschristologie, Christology From Below) 65-66, 78-91, 103, 135-137, 481, 628, 641주, 644, 647-653, 661-663, 678, 696, 814, 900, 923-928, 944, 1029주

새로운 존재(the New Being) 73주, 548, 646

새로운 총체적 존재(das neue Gesammtleben der Ort) 1085

새언약(foedus novum) 41-42, 52, 113, 123, 238, 295-314, 533-534, 548, 550-551, 561, 568-569, 616, 621, 623, 681, 779-780, 798, 801, 804, 806-807, 818-819, 830-831, 838, 857-858, 860, 863, 879, 903, 906, 957, 986-987, 989, 992-994, 997-999, 1002-1003, 1011, 1016-1017

선지자직(propheticum munus) 683, 788, 792, 793-798, 814-815, 821, 825, 1001, 1083-1084

성경비평 62-63

성경적 사실들(Biblical facts) 129, 134, 138, 260-263, 371-373

성도의 그리스도와의 연합(unio cum Christo) 280주, 314, 362, 367, 389, 408, 423, 428, 472-473, 555, 761, 778, 804, 841, 861, 977, 1043

성령의 나오심(ἐκπορεύσις, spiratio) 157, 346, 535, 1109

성령잉태 85, 228, 254, 480, 542-549, 557, 570-589, 660, 671, 678, 831

성례적 연합(unio sacramentalis) 222, 224, 229, 230, 233, 280주, 385, 407, 473, 712, 830, 868주, 1036

성부고난설(Patripassianism) 156, 486, 518, 566, 630, 632, 993

성육신(incarnatio, ἐνσάρκωσις) 38-39, 58-60, 62-64, 67-77, 81주, 83-89, 111, 123, 131, 136, 155, 157-158, 160, 166-167, 172-174, 180, 182, 185-188, 191-193, 197, 200, 210, 220, 228-229, 282, 322-323, 325, 337, 340-342, 346, 351-359, 363-364, 370-372, 375-376, 381, 383-385, 390-391, 398, 422-429, 432, 436, 441-444, 446, 452, 462, 474-483, 487-589, 615, 629, 636-638, 643, 661, 673, 682-683, 686-688, 690-696, 712-713, 724-725, 728-730, 743, 750, 755, 758, 811, 814, 819, 820-821, 824-825, 836-837, 852-853, 860, 864, 907, 917, 920-921, 927, 963, 993, 1016, 1024, 1029, 1036, 1047-1049, 1063, 1080-1081, 1092, 1095-1103

성육신의 주체 183, 197, 220, 234, 383, 398, 423, 443, 477, 479, 483, 501, 521, 524, 534, 538-542, 557, 567, 691, 864, 1044주, 1079, 1099, 1101, 1103

성육신하신 말씀(logos incarnatus)과 성육신하실 말씀(logos incarnandus) 85, 373, 688

세계교회협의회(WCC, World Council of Churches) 132-133

세계-영(Weltsgeist) 1071-1074

소망의 질료(materia sperandi) 946

소위 바울의 유대주의(the so-called Pauline Judaism) 95

소위 초(超)칼빈주의(the so-called extra

Calvinisticum) 200주, 239-240, 375주, 387, 407-415, 558, 688, 762, 733, 786주, 943, 982

소유(κτῆσις) 557, 558, 712, 726, 836

속성교통(κοινωνία ἰδιωμάτων, communicatio idiomatum, 개혁파 관점에서) 57-58, 73주, 167, 173, 190, 193-194, 196, 198-200, 207, 208, 212, 214, 220, 235-236, 238, 240, 242, 248주, 353-359, 361, 378, 380, 397, 402-403, 412, 416, 422주, 436, 441, 443, 470, 473, 482, 503, 505, 556-559, 626-627, 704-707, 715-723, 758-763, 820-821, 833주, 886주, 899, 982, 1120

속성들의 배분(distributio) 436-444

속성의 교통(Communicatio Idiomatum) 235, 390, 399주, 436, 470, 708-709, 736-745

속죄(expiatio), 용서(propitiatio), 화목(reconciliatio) 254, 1015-1018

숨김(κρύψις) 557, 558, 726

스코틀랜드 신앙고백서 170주, 240-241, 965.

승귀(exaltatio) 86, 101-102, 106, 109-110, 120, 124, 167주, 227, 228, 232, 234, 236-237, 239, 254, 360-361, 365, 439, 447주, 529-530, 546-547, 556-559, 565, 576, 587, 729, 742, 754, 801-802, 808-809, 814, 818-824, 825, 830, 898-899, 963, 992, 997-998, 1002-1003, 1094, 1116-1117

승천 361, 408, 523, 538, 595, 639-640, 646, 720, 795, 802, 928-938, 980주, 1002, 1083

신격(θεότης, deitas) 165, 203, 333, 373, 430, 592-594, 611-612, 626, 629, 630, 650, 1100, 1108

신(新) 리츨학파(the New Ritschlian School) 84, 87주

신비설(Mystical Theory) 1043-1046

신앙의 규범(κανών τῆς ἀληθείας, κανών τῆς πίστεως, regula fidei, regula veritatis) 110, 154-162, 378, 395, 491주, 505, 945, 962-963

신앙의 유비(analogia fidei) 148-149, 225, 230, 412, 584, 587, 717, 761, 921, 1098, 1121

신애설(神愛說, Theory of God's Love) 1036-1037

신(新) 연구(the New Quest) 106

신인(神人, Θεάνθρωπος, Deus-homo) 63, 209, 366-367, 373, 375, 385, 422, 427, 439, 480, 525, 541, 559, 565, 579, 580, 628, 690, 710, 719, 726, 745, 752, 776, 815, 819, 939, 995, 999, 1021, 1036, 1092, 1096, 1113

신(神)인격화 406, 423, 428

신성에 따라서(κατὰ τὴν θεότητα, secundum deitatem) 184, 189, 196-198, 206, 220, 226주, 229, 231, 232-234, 241, 355, 358, 368-369, 374, 378, 384-385, 399, 400, 412, 416, 418, 436, 444, 525, 546, 624, 658, 667, 670, 675-676, 705-706, 716, 722, 741, 744, 748, 749주, 762, 769, 776, 779, 783, 813, 838, 863, 878, 894, 896, 936, 942, 993, 1004, 1023

신(神)수난설 신조(Theopaschite formula) 207

신적 당위(δεῖ, a divine must) 851

신학(θεολογία, theologia) 138, 140

신학의 원리(principia theologiae) 혹은 계시의 원리(principia revelationis) 39주, 112-114, 141-149, 285, 371

신화(神化, θέωσις, ἀποθέωσις, deificatio, 구속적 신화에 중점) 62, 68-69, 73, 79, 87주, 89, 102-103, 105주, 107, 123, 135, 167주, 174, 209-214, 221주, 222-223, 238-239, 329, 331주, 336-337, 338-339, 355-356, 369, 385, 397, 403, 406, 428-429, 443, 444-474, 514주, 528주, 558-559, 573, 583, 594, 628, 645, 649-650, 687, 691, 693, 701, 712, 714, 718-719, 723, 725, 733, 754-755, 759, 776, 802, 891, 909, 933, 935, 937, 983, 1028, 1029주, 1035-1036, 1043-1044, 1049, 1079, 1104, 1108, 1113-1114, 1116, 1121; 우주적 신화 465-467; 이교적 신화 62, 355, 385; 초자연적인 신화 468

쏘키누스주의(Socinianism) 265, 285, 383-384, 551, 639-640, 819, 853, 907, 957주, 974주, 996, 1000, 1041-1042, 1046, 1050, 1053, 1054

씨 혹은 후손(עֶרַז, σπέρμα, semen) 40-41

아리우스주의(Arianism) 161, 166, 168, 181주, 194, 197, 207, 231, 232, 324, 327, 336, 346, 366, 373, 447, 506-508, 510, 518, 520, 631-636, 646, 652, 673, 686, 972, 995, 1120; 반(半)아리우스주의(Semi-Arianism) 632

아버지와 동일본질(ὁμοούσιον τῷ πατρί, consubstantialis Patri) 63, 72, 74, 76, 79, 80, 89, 128, 130-131, 136, 160-162, 166, 172, 189, 196-197, 202-203, 206, 328, 346, 350-352, 364, 368, 378, 385, 417, 418, 507, 531, 541, 564주, 594, 615, 635, 705-706, 715, 750, 758, 783, 788, 928, 1025, 1108, 1110

아우구스부르크 신앙고백서 58주, 222, 229, 963-964, 982

아타나시우스 신경(Symbolum Quicunque) 162, 214-221, 223, 237, 238, 381, 383, 533, 600, 889, 945

아폴리나리우스주의(Apollinarianism) 174, 189, 194, 198, 202, 204, 207, 238주, 324-327, 329-332, 335, 341, 345주, 404, 420-422, 433, 444, 452, 453, 455, 456, 461-462, 464, 467, 526, 561, 630주, 661, 685, 686, 692, 701, 706, 887, 1048

안디옥 학파 81주, 87주, 173-181, 192, 199, 204, 208, 330-331, 338, 387-389, 397-398, 425, 428-429, 444, 460-461, 469, 662, 673, 685, 707, 1033, 1093

안으로부터의 기독론(Christology From Within) 81, 124

알렉산드리아 학파 87주, 181, 189-190, 192, 202, 204, 327, 329, 338, 389, 397-398, 425-426, 428-429, 444, 460-465, 469, 470-471, 645-646, 662, 685, 706-707, 769, 890-891, 1033, 1093

알미니우스주의(Arminianism) 252주, 257, 289-290, 294, 854, 990, 1031, 1049-1050, 1052주

약한 속성교통과 강한 속성교통 194, 226, 228, 403

양의론(Duothelitism) 209, 426

양자론(Adoptionism) 132, 160, 172, 327, 385, 424, 434-435, 462, 592, 630, 645, 649, 710, 938, 993

양태론(Modalism) 86주, 487, 502, 630, 646, 649, 1118

어거스틴주의(Augustinianism) 260-262, 353, 697주, 1028

언약(foedus, pactum, testamentum) 52-54, 90, 126-127, 134, 243, 315-317, 412주, 490, 600, 611, 613, 790-791, 822, 850, 960

언약신학 132, 236, 241, 243, 791, 821-822, 838-839, 847, 1004, 1049, 1063

언약의 머리(κεφαλή, caput) 99, 254, 286, 770, 772, 789, 978

언약의 법(lex foederis, 토라, תּוֹרָה, תֹּרָה) 52-53, 293, 791, 843

언약의 보증(ἔγγυος, pignus) 254, 311, 906

언약의 상호성(mutuality) 252, 277, 290

언약의 실체(substantia) 248, 280, 303, 305, 306

언약의 조건성(conditionality) 277-290, 312

언약적 신율주의(covenantal nomism) 300

에베소 공의회 공표 173-190, 237, 705

에비온주의(Ebionism) 424, 433, 488, 572, 629-630, 1120

[소위] 역사적 예수 연구 56, 106, 114-122, 572-625

연합(ἕνωσις, unio) 180, 203, 204, 335주, 339, 471, 559

영국 성공회 39개조 170, 215

영 기독론(Spirit-Christology) 73-75, 80, 132, 488주, 504, 529, 547주, 645, 937-938

영생(vita aeterna) 266, 842

영원한 선재(先在) 70, 82주, 86주, 100, 131,

465, 573, 592-597, 644, 648, 685, 695, 820, 1079-1080

[그리스도의] 영원한 왕국(통치) 168, 805-806, 812-813, 930-931, 942, 959주

영지주의(Gnosticism) 61, 106-107, 154, 156, 167, 291, 373, 487-489, 496-501, 504, 506, 507, 544주, 560, 572, 575, 597, 631, 646, 652, 660, 684, 890주, 909, 910주, 925, 996, 1049

영혼과 육체의 비유 220, 226, 366, 378-382, 430주, 722, 723

영혼과 육체의 전인(全人)이 사람이 되심 316, 330, 354, 458, 467, 682, 706, 851, 868, 872, 885, 887, 998, 1001

예기(豫期)와 선취(先取) 70, 72주, 649-653, 662, 923

예수(Ἰησοῦς) 616-617, 834

예수 세미나 120

왕직(regium munus) 99, 681, 683, 720, 789, 803-815, 934, 941주, 1001, 1084

우리와 동일본질(ὁμοούσιον ἡμῖν, consubstantialis nobis) 63, 76, 80, 189, 196-197, 206, 325-327, 368, 378, 656-663, 705-706, 715, 750, 758

우유(偶有)적인 은유적 연합 368

원 본질(πρώτη οὐσία)과 이차적 본질(δευτέρα οὐσία) 612

원형계시(revelatio archetypa)와 모형계시(revelatio ectypa) 133-136, 144-145, 537

원형(Urbild)과 모범(Vorbild) 82, 107, 1063, 1086, 1088, 1121

웨스트민스터 표준문서 : 신앙고백서 50주, 170, 241-243, 250주, 253주, 264, 270주, 271주, 273, 286, 312, 314, 369, 441, 565, 600, 658, 847, 894, 897-898, 965-966, 990; 대소요리 문답 251, 264-265, 269주, 286, 557, 822-823

위격적 관계(relatio hypostatica) 128주, 172, 453

위격적 사역(opera hypostatica) 36, 614, 625-627, 752, 878

위격적 연합 혹은 인격적 연합(ἕνωσις ὑποστατική, unio hypostatica sive personalis) 36, 38, 50, 56, 63, 64, 66, 68, 72, 73주, 75, 76-78, 80-81, 86, 88, 97, 110, 112, 122주, 124, 131, 137, 160, 167, 172-173, 177주, 180, 182, 185-186, 192, 196-200, 201, 203, 205, 207-209, 211-214, 220, 222-228, 231, 233-235, 238, 240, 242-243, 289, 322-382, 430-436, 474-483, 486, 505, 506, 508-512, 530, 532, 543, 556, 558, 574, 589, 612주, 624, 626-627, 658, 663, 666-667, 669, 670, 673, 677, 679, 686, 691, 694, 695, 776-780, 813, 814, 819-821, 824-825, 831, 833주, 837, 857, 863-864, 874, 878, 884, 886주, 894, 907, 926-927, 929, 933, 934-935, 963, 994, 1000, 1020, 1034, 1044주, 1045, 1080, 1082-1083, 1104, 1106, 1109, 1119, 1120; 연합 가운데 한 분이심(unitas in unione)과 한 분이심 가운데 연합(unio in unitate) 57, 199, 373-378, 627

위격적 존재(subsistentia) 197, 199, 219주, 322, 370, 375, 405, 430-431, 594, 599, 611-612, 940, 1103, 1107, 1108

유대주의(Judaism) 56주, 61, 95, 105, 114주, 115, 120-121, 127-129, 131-132, 265, 291, 299, 300-301, 488, 630, 645, 651, 769, 829주, 910, 917주

유사본질(ὁμοιούσιος) 632

유월절 양 42, 568, 799, 832, 879, 1016, 1056

유티케스주의(Eutychianism) 181주, 191-192, 194, 198, 202, 204, 206, 207, 225, 230-234, 338, 341, 363, 366, 386-387, 399-400, 558-559, 692, 707, 727, 1080

유한은 무한을 받아들일 수 없다(Finitum est non capax infiniti) 221, 235, 386-388, 688, 713, 754

윤리주의(Ethicism) 83-84, 87주, 609-610, 694, 696주, 831, 1040

율법의 규범적 본질과 용법 52-53, 276-285, 293, 839-840, 842, 850, 969-970

율법의 명령(praeceptum)과 약속(promissio) 53, 293, 784

율법의 중보자 그리스도(Christus mediator legis, 율법과 그리스도의 관계) 53-54, 113, 131, 241-242, 273-275, 299, 305-307, 351, 359-361, 514-515, 567-568, 610, 624-625, 752, 774-775, 784-791, 837-839, 854-855, 865, 992-993, 995-996, 1013-1015, 1028-1029, 1084, 1114-1115

은사의 교통(Communicatio Gratiarum) 97, 214주, 356, 422주, 436, 444, 464, 708, 709, 753-758, 1023주, 1116

은혜언약(foedus gratiae) 40-41, 99-100, 242, 285-295, 1113

은혜언약의 무조건성 297

은혜(χάρις)와 진리(ἀλήθεια) 39, 564-565, 568, 572, 617, 756, 805, 825, 831, 834, 605

의의 전가(轉嫁) 38, 39주, 49, 50, 53, 54-56, 60, 82, 256, 266, 275, 279, 289, 295, 297, 305, 310-314, 316-317, 439, 445, 454, 461, 463, 473-474, 514, 555, 578, 587, 610, 624, 641, 777, 803-806, 814, 840-842, 844-846, 861, 863, 866, 874, 883, 921, 935, 957, 960주, 967, 977, 979-980, 984-985, 987, 992, 1017, 1026, 1029, 1041, 1045, 1047주, 1052주, 1053, 1054-1056, 1063, 1069, 1085-1089, 1097-1098, 1118

[비하와 승귀의] 이중적 상태(duplex status) 236, 447주, 597, 622, 644-645, 814, 818-824, 830, 836-837, 856, 863, 916, 1111-1118

이중적 신학(einer zweifachen Theologie) 482-483, 589

인간숭배자(anthropolatra)와 육체숭배자(sarcolatra) 332

인격(πρόσωπον, persona) 36, 168주, 173, 202, 223, 352, 370, 373-375, 599, 637, 1107-1108

인격과 인격(ἄλλος καὶ ἄλλος, alius et alius)이 아닌 본성과 본성(ἄλλο καὶ ἄλλο, aliud et aliud) 331, 370

인격성(personalitas) 202, 377, 392, 401, 403, 422, 424, 426, 430, 736주, 1039, 1110

인성에 따라서(κατὰ τὴν ἀνθρωπότητα, secundum humanitatem) 183, 184, 186, 189, 196-198, 206, 209, 220, 223, 226주, 228, 229, 230, 232-234, 239-240, 241, 328, 351, 355, 358, 368-369, 374, 377-378, 384, 387, 389, 408-409, 412, 416, 436-444, 467, 544, 546, 556-557, 624, 628, 656-663, 667, 670, 675, 676, 706, 708, 715-716, 720, 722, 726, 733, 738, 741, 748-750, 754, 758, 762, 769, 776, 779, 820, 838, 863-864, 873, 878, 894, 896, 936, 942, 1003-1024, 1044주, 1082

인자(ὁ υἱὸς τοῦ ἀνθρώπου) 350, 622-623, 826-831, 825

일치신조(Formula Concordiae) 215, 226-236, 557, 710-718, 719주, 722주, 725-726, 936-937, 964, 966

임마누엘(Ἐμμανουήλ) 39, 44-45, 564-565, 568, 572, 756, 805, 825, 831

자성(子性, υἱότης) 172, 372, 583, 592, 635, 681, 831

자연 기독론(Natural Christology) 75-76

자존하시는 본질(αὐτοουσία) 57, 612

자증성(αὐτοπίστια) 113-114

재림 38, 158, 361, 597, 623, 812, 945-951

재세례파 963

재위(在位, sessio) 39, 44, 49, 65, 237, 256, 296, 361, 409, 566, 939-945, 957

저주문(anathema) 184, 185, 188, 201, 202, 214, 215, 223, 338

전적(全的)으로 그러나 전부(全部)는 아닌(totus sed non totum) 400주, 408, 773, 786주

절기 42-43, 879

절대의존감정(Abhänggigkeitsgefühl) 122주, 1065-1069, 1078-1079, 1084

점진적 성육신론(Progressive Incarnation) 471, 693, 728, 819

정도(程度)기독론(Degree Christology) 68

정칙 규범(canonica regula) 350

제사 43, 879

제사장직(sacerdotale munus) 251, 374, 625,

681, 683, 770주, 798–983, 814–815, 934, 1005, 1011

존재의 유비(analogia entis) 60, 85주, 583–584, 586–588, 1095, 1098, 1105–1106, 1111, 1113, 1116, 1120–1121

종속설(Subjection Theory) 128주, 161, 219, 327, 346–353, 595주, 630주, 1109

주(κύριος) 95, 617, 619, 834

주관설(Subjective Theory) 혹은 모범설(Model Theory) 974주, 1030, 1032, 1041–1043

주의주의(Voluntarism) 276, 285, 312, 426, 980, 1031, 1046–1052

주입(infusio) 82, 222, 445, 473주, 641, 777, 935, 1045, 1097

주체(subjectum) 362, 370, 376, 386, 399, 509, 715, 824

[그리스도의] 죽음 42–43, 86주, 175–176, 182–183, 188, 207, 220, 238–241, 268–271, 355, 360–361, 438, 440–441, 456–459, 482, 495, 509, 511–516, 525, 527, 538, 549, 553, 556, 565–566, 623, 643, 664–665, 671, 681, 701, 705, 741–742, 747–752, 757–758, 769, 777, 781, 841–884, 962–965, 968, 970–971, 973, 975, 980–981, 985–1029, 1033, 1035, 1038, 1039, 1041–1043, 1047–1052, 1086–1097, 1113, 1116–1117

중보자 기독론(Mittelerchristologie) 645–646

즐기는 것(frui)와 사용하는 것(uti) 522

지옥강하(descensus ad inferos) 162, 220–221, 707주, 823, 870, 884–898, 984, 1083

지혜기독론(Wisdom Christology) 97, 100, 132주, 891

직접적 연합(unio immediata)와 간접적 연합(unio mediata) 385, 393, 540, 759

질료인(causa materialis)으로서 그리스도의 공로 285, 292, 302, 779, 836, 967, 974, 976

참 신학(theologia vera) 148

철과 불의 비유 337, 367, 714

초월적 기독론(Transcendental Christology) 68, 81주, 429, 465, 696–701

총괄갱신(ἀνακεφαλάιωσις, recapitulatio) 167주, 466, 468, 469, 491, 505, 661, 683, 743, 937, 1019, 1030, 1035–1036

축자적 그러나 실제적 교통(communicatio verbalis sed realis) 224주, 226, 231, 234–235, 358, 362, 379, 412, 420, 436, 441, 420, 436, 441, 470, 473, 707, 716–717, 730–734, 734–735, 737, 758–763, 781, 821, 935, 943주, 982

취하심(assumptio) 323, 328, 352, 355, 363, 367, 374–375, 381, 382–395, 398, 411, 427, 433–434, 442, 454, 463, 480, 524, 541, 582, 615, 638, 837, 1018, 1020–1025, 1096, 1107, 1116

칼케돈 신경 194–200, 221, 225, 226, 229, 233–234, 237, 338, 353, 358, 368–369, 372–373, 378, 384–389, 393, 397–399, 400–403, 406, 421, 427, 430–431, 434–435, 439, 472–473, 506, 508, 512, 530, 546, 608, 612주, 615, 626–627, 656, 658–659, 661, 663, 667, 678, 693–694, 705–706, 712, 715, 749–750, 753, 867, 963, 1020–1021, 1028, 1048, 1079, 1093, 1118, 1121

칼케돈 이전의 칼케돈주의자(a Chalcedonian before Chalcedon) 362

케노시스(κένωσις, exinanitio, evacuatio) 344–345, 557–559, 583, 686–687

케노시스 기독론(Kenotic Christology, 근대 케노시스 이론) 232, 375주, 406, 627, 641주, 667주, 670, 686–696, 727

타락전예정설(Supralapsarianism)과 타락후예정설(Infralapsarianism) 256–264

탁월함의 은혜(gratia eminentiae)와 성향적 은혜(gratiae habituales) 709, 753–754

통치설(Governmental Theory) 1050–1052

튀빙겐(Tübingen) 학파 229, 232, 558, 687

특성(ἰδιοτής, proprietas) 166, 534, 559

페리코레시스(περιχώρησις, circuminsessio, circumincessio, 상호내주) 167주, 333–334, 406, 419, 623, 712, 714, 718–719

펠라기우스주의(Pelagianism) 53주, 57, 84주, 188, 252주, 289, 486, 642주, 673, 967-968, 970; 반(半)펠라기우스주의(Semi-Pelagianism) 990, 1098

포괄적 기독론(Inclusive Christology) 74

필리오케(Filioque) 교리 132-133, 158-159, 163, 168-172, 219, 346, 352, 358-359, 600주, 933

하강기독론(Abstiegschristologie, Christology From Above) 64, 66, 78-91, 135-137, 644, 647-648

하나님의 맞추심(accommodatio divina) 135, 416-419, 439주, 761, 783

하나님의 아들(υἱὸς θεοῦ) 350, 621-622, 825-826, 831-833

하나됨(unitas)과 연속됨(continuitas) 290, 313

하나됨의 신학(The ologia Unionis) 146

저(低)기독론(Low Christology)과 고(高)기독론(High Christology) 124

하이델베르크 신앙교육서 239-240, 658, 851-852, 897

행위언약(foedus operum) 51, 264-276

헬베틱 신앙고백서 : 제1차 237-237; 제2차 215, 237, 964; 일치공식 965

현존(praesentia)과 예표(repraesentatio) 148, 774

형벌적 무름(satisfactio poenalis) 985-997

혼합(κρᾶσις, σύγχυσις, ἀνακρᾶσις, κατάκρασις, confusio) 혹은 섞임(μίξις, mixtio, mixtura) 335주, 336-337, 354, 369, 380, 388, 390, 404, 445, 453, 456-457

활동(ἐνέργεια) 209, 212-213, 395, 708, 748-749

부록 3

성구 색인

구약

창세기
1:1 99, 349
1:1-4 127
1:26 252
1:26-27 51, 99, 104, 656, 691
1:27 105
2:7 51, 132주, 266, 657, 691
2:15-17 265
2:16 278-279주
2:17 51
3:1-5 270
3:1-7 561
3:6-27 270
3:8 279주
3:10 271
3:15 40, 255, 556, 561, 660, 828주, 830, 856
3:16-17 271
3:16-19 40
3:17 271
3:19 884-886
3:23 271
4:3 1018
4:5 774주
5:1 104, 656
5:3 104
6:5 271
6:5-8 888
8:20 785주
8:20-9:17 294
8:21-22 41, 293
9:6 104, 656, 691
9:8-11 292
9:9-17 293
12:1-3 293
12:3 770주
13:15 41, 292, 561, 659
15:6 293, 843주, 856
15:8-11 287
15:18 287, 289
16:7-13 562
16:10 770주, 773주
17:1 292
17:1-2 288
17:2 293
17:3 856
17:4-8 293
17:7-8 41
17:8 292, 561, 659, 830
17:13 287, 289, 772주, 774주
18:2 770주, 772주
18:3 412주, 770주
18:5 275
18:19 294
18:25 607
19:1 772주
19:1-6 287
20:3 787주
20:7 770주
21:1-3 42
21:1-7 572
21:7 289
21:12 1016
21:22-34 287
21:27 287
22:2 770주
22:7 1034
22:8 561
22:1-18 1016
22:11-18 562
22:13 561
22:16 289
24:7 562
24:40 562
26:26-33 287
28:10-18 562
28:12 411주, 474, 656주, 770주, 772주, 774주, 775주, 787주
28:15 287
31:11-13 562
31:44-54 287
32:24-30 562
32:30 771
35:9-15 287
48:15-16 562
49:10 602-603, 828주

출애굽기
3:1-5 190
3:1-15 562
3:2 412주, 551주, 561, 770주
3:6 304
3:12 45, 412주, 564
3:13-15 109
3:14 45, 122, 364, 604
4:16 796
7:1 796
10:17 1008
12:1-14 568
12:1-28 1016
12:7 42
12:21-22 786주
12:43-51 43
13:2 42
13:12 42
13:4-15 1013
14:19 773주
15:26 607
17:6 606
18:8-16 607
19:1-2 278주
19:4-6 294
19:5-6 288, 292-293
19:6 268
19:8 288
20:2 292-293
20:2-3 152
20:3 656주
20:4-6 785주
20:12 875
20:13 785주
20:17 785주
22:9-13 1005
23:20 307, 770주, 774주, 775주
23:20-23 562, 773주
23:21 307, 562
24:3 288
24:7 288
25:8-15 785주
25:31-39 785주
26:25 1005
26:31-37 785주

28:1-43 786주
28:4-8 787주
28:42 279주, 790주
29:38-41 785주
29:38-46 774주
30:12-16 1007
30:15 960
30:23 770주
30:23-24 786주
30:25-28 855
31:13 607
32:30 960
32:34 562
33:14 562
34:7 986, 1008
34:10 288
34:17 785주
34:19-20 42
37:35 895
40:34 545
42:38 895주

레위기
1:1-17 785주
1:1-7:38 43
1:3 962
4:20 960
4:26 960
5:1 1008
5:13 1018
5:16 960
5:17 1008
6:7 962
7:18 1008
10:9-11 787주
10:17 962, 1018
11:45 268
15:15 962, 1018
15:30 962
16:3 770주
16:3-6 786주
16:6 960
17:1 774주, 785주
17:11 41, 287, 554, 568, 1016-1018

17:16 1008
18:4-5 267
18:5 274, 295
19:8 1008
19:22 962
20:17 1008
20:26 268
21:17-21 786주
22:9 1008
23:1-44 43
23:5 568
23:5-14 1016
23:20 412주
25:23-28 959, 1012
26:9 293
26:14-20 288
26:40-44 288
27:13 1012
27:19 1012
27:27-29 1012
27:31 1012

민수기
6:11 960
8:16 42
8:19 962
9:13 1008
9:15 545
13:8 834
14:8 986
14:33 1010
14:34 1008
16:33 895주
16:46 962
17:11 1006
18:8 551주
18:22 1008
18:32 1008
24:17 602
35:1-3 787주
35:31-33 1007

신명기
3:21 834
4:12-18 785주

4:31 288, 293
4:35 152
4:39 152
5:17 656주, 787주
5:29 288
6:4 109
6:4-5 51, 152
6:25 267
9:25-29 770주
9:26 1013
10:12-13 51, 269
10:17-19 785주
11:26-32 786주
12:5 109
12:11 109
13:5 785주, 1013
15:15 1013
15:28 962
16:1-8 568, 1016
16:1-17 43
18:15 793, 796, 828주
18:18-19 307, 796
21:8 1013
21:23 671, 851
24:14-15 785주
24:16 785주
24:17 806
24:18 1013
26:1-11 42
26:17-19 785주
27:9-30:20 288
27:26 268, 295
29:13 292
29:22-28 785주
30:1-20 288
30:15 267
31:50 962
32:26-43 293
32:36-40 288
32:39 604
33:9-11 774주

여호수아
1:1 834
3:16 274

5:13 773주
5:13-14 770주, 774주
5:14 411주, 773주
24:21-25 292
24:25 287, 289

사사기
2:1 288
6:11-24 771
7:4-8 771
11:34 604
13:1-25 771
13:18-22 562
13:50-20 561
16:31 1008

룻기
2:20 37
3:9 37
3:9-13 1012
3:12 959
4:1-12 1012
4:4 37
4:6 959
4:14 37, 959

사무엘상
2:6 895주
15:29 794
17:34 1008
18:3 287, 289
20:16 287, 289

사무엘하
7:8-16 294
7:12-13 828주
7:13 681
7:14 99, 292, 621, 681
7:16 681, 806
7:18 99
7:22 152
22:32 152

열왕기상
2:19 942
8:60 152
9:3-5 294
20:34 287, 289
22:19 942

열왕기하
11:17-18 292
13:23 288
23:2-3 292

역대상
17:7-14 294
17:13 681
17:20 152

역대하
23:16-17 292
34:30-32 292

에스라
2:2 834

느헤미야
10:23 834

욥기
9:33 292주
19:25 305

시편
1:5 877
2:2 857, 866
2:6 856
2:6-8 807
2:6-9 940
2:7 520, 535, 625
2:7-8 855
2:8 861, 866
2:12 307
3:2 895
7:3 895
8:4 827-828
8:6 810, 940
11:1 895
14:3 657

15:10 888
16:10 884, 895, 911, 946
18:2 606
18:5 895
18:31 152
19:5 349, 523
22:1 850, 857, 875, 882
22:6-8 850
22:14-18 850
23:1 606
27:1 606
30:3 895
32:5 1008
30:4 895
33:8 971
35:7 895
40:7 620
40:12 873
45:1:17 940
45:6 602, 625
45:7 528, 855, 857
45:9 942
49:15 895주, 1013
50:14-15 786주
57:11 523
72:1-17 940
72:1-19 807
79:9 1011
80:17 828
81:8 288
81:11 288
85:3 1008
85:10 871
86:10 152
89:1-5 288, 293
89:14 871
89:19-37 274
89:27 99주
89:30 772주
95:1 606
101:1 871
101:26 598
102:7 527
102:14 598
102:25 596, 744

103:19 808
105:8-10 288, 293
106:45 288
110:1 625, 828, 850, 855, 942
110:1-6 940
110:1-7 807
110:2 735
110:4 39, 798, 805, 828주, 855
111:5 288, 293, 828, 850
110:3 349
116:3 895
116:6 834
117:2 871
118:22-23 857-858
119:12 846주
119:18 846
119:26 846주
119:27 846주
119:33 846주
119:34 846주
119:64 846주
119:108 774주, 785주
119:125 846주
130:4 607
130:7 607
130:7-8 1013
132:10 412주
139:7-10 607
146:3 657
147:10-11 48
150:6 51, 266, 657

잠언
8:22 349-350
8:22-23 633
8:23 793, 809
8:25 349
16:4 142

전도서
12:7 270, 886

이사야
1:1 834
1:3 288

5:1 307
5:5 307
5:13 288
6:1 599, 656주
6:3 607
6:3-5 856
6:24 607
7:11 572
7:14 45, 542, 555, 561, 564, 572, 602, 625, 850
8:8 555
9:2 606
9:6 561, 602, 625, 742, 777, 806, 850, 857
9:7 806
9:67 940
11:1 602, 625
11:2 680, 793, 857
11:6-69 828주
11:11 828주
13:6 607
14:15 895주
19:20 412주, 770주
25:9 771
28:16 606
29:11-12 279주, 790주
29:22 1013
32:6 279주
32:15 828주
35:7 828주
35:10 1013
40:3 619
41:4 606
42:1 737, 834
42:1-4 828주, 834, 850
43:3 607
43:10-12 152
43:25 605, 607
44:6 152, 606
44:8 152
44:22 605, 607
45:18 110
45:22 607
45:23 110, 598
48:11 607

48:12 606, 855
48:16 855
49:1-6 850
49:2-3 857
49:5-7 828주
49:6 606, 793, 856
49:6-12 858
50:4-9 850
50:6 858
50:7-9 858
52:13 167, 762주, 834, 838
52:13-15 834
52:13-53:12 828주, 850, 980
53:6 859
53:1-12 834
53:4 511
53:4-6 980주
53:4-12 903
53:5 48, 869, 1008
53:6 990주, 1008
53:7 858, 860
53:9 671, 884
53:9-10 980주
53:10 799, 957, 980, 986, 1008
53:10-12 858, 915
53:11 671, 762주, 834, 838, 980주, 1010
53:11-12 866
53:12 774주, 786주, 800, 873, 980주, 1010
55:3 742
53:7-12 1016
54:1-8 959
54:10 288, 293
59:21 288, 600
60:1 606
60:19-20 606
61:1-2 680, 793, 857
61:1-3 834
61:8 282
61:10 959
62:4-5 959
62:5 606
63:2-3 857
63:8-9 857

63:9 562
63:17 551주, 770주
64:1 793
64:4 793
65:17 828주
66:22 828주

예레미야
3:1-25 959
11:13 773주
15:19 796
18:5-10 288
23:3 828주
23:5 602
23:5-6 561, 603
23:6 602, 607
31:31 282, 292
31:31-33 294, 296
31:31-34 272, 607, 828주
31:32 959
31:32-33 1013
31:36 288
32:40 282
34:13 288
34:18 287
33:20 288
51:14 289

에스겔
1:26 828
2:1 828
3:1 828
4:1 828
4:4-5 1008
8:23 990주
16:1-63 959
16:60 282
16:61 279-280주, 790주
18:20 275, 1008
20:11 267
33:10-16 288
33:11 990주
34:15 606
34:22 607
34:23 602-603, 606

36:24-28 828주
37:24-28 295
45:17 960

다니엘
2:11 773주
2:31 104
2:32 104
2:34 104
2:35 104
2:44 812
2:44-45 828주
3:19 104
7:13 412주, 602, 623, 827, 850
7:13-14 807, 828주
7:14 812, 940
7:18 812
7:27 772주, 812
8:15 412주
9:23 786주
9:24 855
9:25 807
10:16 807, 827, 850

호세아
1:1 834
2:16 606, 959
2:19-20 959
6:1-3 288
6:7 272, 274, 287, 561
8:4 786주
11:7-9 288
12:3-4 562
12:3-5 773
12:4 562
12:5 771
13:14 607, 1013
14:2-9 288

요엘
1:15 828주
2:1-17 828주
2:12-14 288
2:27 152
2:28-32 828주

2:32 618
3:12 607

아모스
5:18-20 828주
6:8 289
8:9 876

오바댜
15-16 828주

미가
5:2 562, 601-602, 625, 807

하박국
2:5 774주

스바냐
1:7 828주
1:14-16 828주

학개
1:1 834

스가랴
1:18-21 772주
2:3 771
2:9 771
3:1 800, 834
3:8 602-603
4:12 857
6:13 251
9:9 602, 807, 828주
12:8 772주
12:10 850
13:7 602, 606, 856-857
14:9 152
14:16-21 43, 879

말라기
1:6 619
3:1 602, 620, 771
4:5 828주

신약

마태복음

1:1 40, 99, 560, 616, 620, 659, 1016
1:1–17 40
1:16 616
1:17 1016
1:18 545, 571, 616, 620, 644, 862
1:20 543, 545, 560, 572, 909
1:20–23 639, 665
1:21 39, 533, 545, 566, 568주, 607, 616, 805, 825, 831, 915, 985, 989, 1001
1:23 39, 45, 542, 545, 555, 568주, 572, 756, 770주, 805, 825, 831, 856, 878
1:25 663
2:12–13 909
2:19–20 909
2:22 909
3:2 807
3:9 810
3:11 681
3:13 681주, 839주
3:13–17 679
3:14 680
3:15 383, 440, 676, 680, 826, 832, 851, 877, 978
3:16 680, 755주, 856
3:17 99, 621, 680, 826, 837, 855, 860, 876, 881
4:1–2 679주, 839주
4:2 439, 664–665
4:4 663
4:16 606
4:23 793, 795
5:1–12 839주
5:17 50, 53, 790, 837–838, 840주, 1055
5:18 606
5:19 278주, 840주
5:20 54, 810
5:48 985
6:9 786주, 839주
6:10 880
6:12 839주, 985
7:11 561
7:16–17 794
7:20 845
7:21 810, 812
7:29 683, 794
8:1–4 839주
8:17 852
8:20 829
8:22 270, 886
9:6 605, 607
9:8 755주
9:13 566
9:27 560
9:36 664, 852
9:37 797
10:23 830
10:25 619
10:32–33 923
10:37–39 810
10:38 1002
10:40 797
11:1–2 616
11:2 774주
11:3 620
11:3–5 809
11:5 609주
11:6 606
11:23 895주
11:25 142, 670
11:25–30 770주
11:26 142
11:27 140, 563, 571, 604, 621, 694, 753, 808, 832, 879
11:28 50
11:29 561, 1012
11:29–30 48
11:37–39 666
12:6 42, 879
12:23 560
12:28 812
12:29 676
12:31 609주
12:31–32 610주
12:39–40 884
12:40 888
12:48 495
12:50 561
13:9 683
13:17 290
13:18 683
13:26 622
13:43 683
13:44 761
13:55 549
14:14 852
14:23 664, 740주
14:62 622
15:22 560
16:14 797
16:15 79, 113
16:15–16 153
16:16 113, 125, 193, 596, 603, 621, 831, 834
16:17 606
16:17–19 797
16:19 941
16:21 616, 620, 851, 911, 917, 998
16:24 50, 810, 882
17:1–8 670
17:2 826
17:5 144–145, 147, 149, 621, 683, 755주, 796–797, 826, 855, 876, 881
17:9 827
17:12 827
17:22–23 829, 851, 911, 998
17:23 917
17:24–27 663
18:3 810
18:11 596, 853
18:23 931주
19:17 267, 676
19:23 812
19:28 939
20:18–19 829, 851, 998

20:19 911, 917
20:23 349
20:28 39, 566, 596, 623, 805, 829, 851, 853, 973, 985, 988, 1014
20:30-31 560
21:3 677
21:9 560
21:15 560
21:18 664
21:19 878
21:33 619, 683
21:33-46 563
21:42 858
22:2-14 812
22:11 931주
22:30 908
22:31 900
22:32 290, 304
22:37-40 50
22:41-46 596, 596
22:42 743, 809
22:42-43 741주
22:42-45 560
22:43 437
22:43-46 113
22:44 932
23:10 619
23:12 915
24:3 947
24:3-35 794
24:27 947
24:30 830
24:35 606
24:36 635, 665, 687, 737, 740주
24:37 947
24:39 947
24:43 619
25:1-13 812
25:10-13 606
25:21 877
25:30 877
25:31 410주, 830, 939
25:31-46 607, 721
25:34 812

26:18 677, 851
26:26-28 296, 408주
26:28 52, 275, 408주, 853, 860, 1001, 1014
26:36-39 770-771주, 980주
26:37 664, 868-869
26:37-38 664
26:37-39 741주, 887
26:38 665, 869
26:38-39 348, 876
26:39 210, 871, 876
26:42 852, 1024
26:45-50 664
26:53 438
26:54 851
26:56 851
26:63-64 563, 596
26:64 735, 830, 834, 928, 932, 941
26:67-68 793
26:67-27:10 771주
27:4 671
27:17 616
27:19 672
27:22 616
27:23 877
27:39-44 794
27:40 438, 621
27:42 808
27:43 621
27:46 609주, 666, 752주, 853, 876-877, 887, 1034
27:50 878
27:52-53 888, 889
27:59-60 883
28:6 909
28:9 665, 875, 907
28:9-10 908
28:18 412주, 604, 666, 694, 721, 808, 810, 856-857, 940
28:18-20 621, 797
28:19 153, 614, 666
28:20 39, 45, 805

마가복음
1:1 65, 596, 620-621, 831
1:3 619
1:4 680
1:9-11 642, 679
1:10 680
1:11 644, 680
1:14-15 807
1:24 153, 561, 621
1:35 664
2:8 749, 916
2:10 738, 829
2:19 606
2:27-28 829
2:28 619
3:11 621
3:20-21 610주
3:21 609주
3:27 676
3:28-30 610주
3:35 733
4:38 619
6:5 609주
6:6 664
6:46 664
6:49-50 663
7:11 875
7:35 797
8:14-21 609주
8:29 620
8:30 620
8:31 167주, 622, 829
8:38 830
9:2-8 642
9:9 622
9:12 622
9:21 664
9:31 167주, 622
9:38 619
10:17 609주, 619
10:18 610주, 635, 676
10:21 664
10:30 1002
10:33 622
10:33-34 167주

10:34 622
10:35 619
10:38 883
10:45 622, 628, 829, 851, 988, 1014
10:47 560
11:3 677
11:10 560
11:12-14 439
11:20-21 439
12:1-12 596
12:7 621
12:10 858
12:35 620-621
12:35-37 560
12:36 939
12:36-37 619
13:21 620
13:26 830
13:32 609주, 621, 665, 687, 737, 744
13:35 619
14:14 677
14:21 622
14:22-24 296
14:24 1002
14:33 868
14:34 744
14:36 48, 123, 621, 832, 870, 871, 876
14:41 622
14:61 620
14:61-62 596, 621, 642
14:62 620, 830, 834, 922, 939
15:26 808
15:32 620-621
15:33-37 664
15:34 609주, 876
15:37 878
15:39 621, 831
16:1-8 908
16:6 909, 922
16:7 908
16:9 928, 931주
16:9-11 908

16:12 103
16:16 621
16:19 928, 932
18:38 621

누가복음

1:17 619
1:17-18 680
1:21 680
1:26 568주, 839주
1:27 560-561
1:28 545
1:29 566
1:30 545
1:31 533, 568주, 839주
1:32 545, 561, 568주, 642, 826
1:32-33 568주, 807
1:33 812
1:35 399, 502, 543, 545, 561, 568주, 572-573, 639, 642, 644, 672, 739, 755주, 826, 831, 862
1:36 781
1:37-38 545
1:42 665
1:43 545, 744, 755주
1:45 545
1:47 855
1:48 545
1:49 545
1:52 545
1:68 566, 567주, 988
1:68-79 290
1:69 561
1:75 279주
1:76 619
1:78 567주
2:1-14 762주
2:7 663, 665
2:10-11 855
2:11 620, 634, 831, 883, 1001
2:14 855, 957
2:21 681주, 839주
2:22-24 839주
2:26 620

2:30 566
2:32 606
2:38 988
2:40 663, 665, 740
2:46-47 663
2:49 254-255, 839주, 859
2:51 663
2:52 663, 665, 737, 857
3:3 680
3:5 664
3:16 566
3:21 664, 680
3:21-22 679
3:22 563, 680, 680
3:23-38 40
4:1 675주, 680, 682, 781
4:2 664
4:7 635
4:13 675주
4:16 664
4:16-22 839주
4:18-19 793
4:24 794
4:34 672
5:21 607
6:8 635
6:12 664
7:9 664
7:22 609주
7:34 829
8:12 609
8:29 834
9:22 717
9:23 882
9:31 931주, 933
9:34 545
9:44 829
9:51 931주
9:56 715
9:58 829
10:14 664
10:16 797
10:21-22 621
11:20 809
11:21-22 676

11:22 1002
11:29 884
11:35-37 794
12:8-10 830
12:10 610주
12:39 794
12:40 830
12:50 664, 883
13:33 794
14:31 931주
16:22-23 890
16:23 895주
16:26 868
17:10 266
17:20-21 809
17:21-22 812
18:18 830
18:19 610주, 676
18:32 829
18:38-39 561
19:10 623, 829, 851, 853
19:20 834
19:31 677
19:41-44 794
20:17 858
20:40-44 561
21:28 988, 1015
22:11 677
22:15-20 296
22:19-20 1014
22:20 274, 297
22:28 675주
22:29-30 812
22:37 851
22:42 400, 871
22:43 664
22:43-44 887
22:44 869, 872
22:48 829
22:53 898
22:67 604
22:67-69 834
22:69 941
22:70 604
23:12 671

23:34 800, 802, 874
23:37 808
23:43 885
23:44-46 664
23:46 881
23:53 883
24:4 856
24:6 440, 909
24:7 827, 829
24:13-35 908
24:19 796
24:21 988
24:25-27 797
24:26 851, 906, 915, 979
24:31 907
24:33-49 908
24:34 908
24:36-43 907
24:39 663, 664, 737
24:43 874
24:44-47 797
24:46-47 761
24:49 296
24:50 665
24:51 928-929, 931주, 933

요한복음
1:1 45, 64-65, 95주, 100, 127, 127주, 128, 143, 290, 356, 358, 383, 519, 531, 536, 538, 561, 564, 567-568주, 571, 594, 598, 602, 617, 634, 637, 645, 717, 742, 762, 794, 809, 832, 874, 924
1:1-2 127주, 575
1:1-5 127, 567주
1:1-14 377
1:3 156, 348, 538, 564, 781, 791, 878, 997
1:4 55, 65, 382, 536, 567주, 605-606, 634, 748, 793, 856, 916, 992
1:5 536, 606, 794, 833
1:6 634
1:7 606

1:8 382, 606
1:9 38, 55, 65, 148, 536, 606, 634, 748, 794, 804, 883
1:9-11 554
1:12 55, 123, 143, 148, 604, 634, 832
1:12-13 1001
1:13 634
1:14 38, 44, 49, 75, 146-148, 166주, 184, 290, 363, 382-383, 410, 417, 432, 437, 462, 476, 515, 524-526, 531, 540-541, 563, 569, 569, 571, 571, 585, 595, 598, 617, 621, 626, 663, 719, 735, 793-794, 826, 831-832, 852, 860, 864, 874, 1030
1:15 594, 680, 734
1:16 721, 857
1:17 38, 515, 567, 568주, 620, 734, 844주, 852, 864, 874
1:17-18 571
1:18 45, 52, 65, 95주, 128, 134, 166주, 371, 437, 531, 538, 563, 564, 595, 598, 602, 604, 617-618, 621, 628, 634, 656주, 787주, 794, 826, 831-832, 868, 877, 881, 951, 1030
1:27 733
1:29 41-42, 561, 680, 738, 799, 860, 871, 879, 1001, 1016
1:29-34 679
1:30 594, 680, 733
1:31 684
1:32 680, 682
1:33 682, 883
1:34 680
1:36 680, 879, 1016
1:38 65
1:40 65
1:41 65, 834
1:47 635
1:51 829, 997
2:17 665

2:19-22 916, 996
2:25 635
3:1 417주
3:5 316, 810
3:6 42
3:11 417주
3:12 417주
3:13 167주, 193, 399, 411, 417주, 418, 561, 640, 717, 733, 739, 740주, 743, 756, 787주, 829, 931주
3:14 799, 829, 851
3:15 623, 1002
3:16 54, 166주, 604, 617, 621, 826, 958, 978, 990주
3:16-17 854
3:17 620, 651, 1001
3:18 166주, 617
3:29 761주, 809
3:31 411, 595
3:34 605, 721, 756주, 781, 857, 864
3:35 604
3:36 992, 1002
4:6 664
4:9 65
4:14 881
4:21 291
4:25 65, 793, 834
4:25-26 834
4:26 128
4:29 65, 635
4:34 561, 603, 620, 794, 852
4:42 990주
4:62 640, 859
5:4 869
5:17 54, 595, 598, 602, 737, 751주, 779
5:17-18 148, 603, 833
5:18 54, 635, 751
5:19 351, 751, 794, 832
5:19-20 603
5:20 605
5:21 605, 916
5:21-23 738

5:22 351, 829, 855
5:23 606
5:24-26 992
5:24-27 797
5:25 621
5:26 348, 351, 605, 634, 745, 756, 832, 833
5:26-27 757주
5:27 351, 607, 721, 786주, 829, 948
5:30 751, 852
5:36-38 603
5:37 855
5:41 288
5:45-47 797
5:46 144, 147, 770주
5:58 437
6:20 128
6:27 605, 829, 830
6:29 605
6:32 595
6:33 734, 757
6:35 128, 407, 595, 604, 786
6:38 417주, 561, 737, 852, 859
6:38-39 348
6:39 867
6:40 832
6:41 128
6:45 786주
6:47 407주
6:48 128, 418주
6:50-51 595
6:51 604, 734, 757
6:53 830
6:55 878
6:57 364, 418, 757주
6:58 595, 744
6:62 377, 595, 711, 733-734, 740, 744, 829, 928, 931주
6:68 46
6:69 153, 672
7:16 349, 351, 832
7:16-18 797
7:18 605
7:28 595, 881

7:28-29 603
7:29 881
7:30 904
7:34 44, 707
7:37-39 813
7:42 561
8:9 409
8:12 128, 409, 604-605, 738, 833
8:17 418, 976
8:18 605
8:20 898, 904
8:24 128, 604-605
8:25 349, 525
8:26-28 794
8:27 934
8:28 128, 829, 832
8:29 148, 561, 595, 603, 671, 832
8:32 46, 148
8:34 934
8:36 758주
8:40 663
8:42 595, 603
8:46 561, 671
8:50 737
8:56 281, 290
8:58 100, 125, 128, 290, 364, 561, 595, 604, 711, 733, 737, 742, 744
9:5 128, 738
9:35 621
10:7 128, 604, 786주
10:9 128, 738
10:11 128, 604, 738
10:11-18 997
10:14 128, 604, 606
10:15 605, 786주, 989
10:16-17 607
10:17 915
10:17-18 860, 877, 898, 911, 916
10:28 833
10:30 45, 54, 100, 113, 144, 146, 148, 174-175, 193, 348,

351–352, 364, 371, 383, 452, 566, 571, 602, 618, 621, 635, 645, 677, 779, 833, 877, 879
10:36 621, 671, 854
10:38 365, 604, 881
11:4 621
11:25 128, 604, 905, 916, 1002
11:25–26 910
11:25–27 834
11:33 664
11:34 664
11:35 664–665
11:38 664
11:41 416, 881
11:41–42 603
11:42 861, 915
11:50 658, 851
12:8–12 797
12:13 619
12:23 623, 829, 898, 931주
12:24 41
12:27 664–665, 741, 869, 871–872, 898
12:27–28 887
12:28 931주
12:31 270, 997
12:32 931주
12:34 827, 851
12:38 619
12:41 599, 856
12:44 144, 605, 628, 833
12:44–45 55, 832
12:45 144, 531, 605
12:47 1001
12:47–50 797
12:49 571, 832
12:49–50 603, 605, 794
13:1 898
13:3 634
13:19 128
13:20 55, 144, 605, 628, 797, 833
13:21 887
13:31 623, 741, 742주, 829
13:31–32 931주

14:1 605, 751주
14:2 928, 929주, 930, 1002
14:2–3 861, 938
14:6 49, 55, 122, 128, 134, 290, 298, 349, 474, 604, 748, 770주, 780, 794, 821, 874
14:7 605
14:9 531, 605
14:10 566, 571, 599, 656주, 737, 787주, 794, 832
14:12 411주, 928
14:13 47
14:14 47
14:16 44, 46, 29, 777, 800–801, 878, 934
14:16–17 46, 141, 297, 605
14:16–26 613
14:17 45, 54, 134, 143, 146, 555, 683, 780, 795, 800, 805, 874, 934
14:20 46, 409, 604, 683, 758, 780, 832, 840주, 930
14:24 418, 571, 794, 796, 832
14:26 45, 55, 141, 296, 358, 605, 683, 780, 800, 874
14:28 193, 347, 351, 365, 603, 613, 621, 635, 745
14:30 675주, 1002
15:1 128, 604, 738
15:1–2 809
15:7 48, 555
15:7–17 50
15:10 561
15:11 664
15:13 810, 989, 1014
15:15 144, 794
15:16 800
15:16–17 997
15:21–26 992
15:26 46, 54, 134, 141, 146, 159주, 296–297, 358, 605, 682–683, 777, 779, 795, 800, 805, 874, 1001
16:4 735
16:5 928
16:7 44, 134, 146, 296, 777,

800, 904–905, 930, 934, 938, 997
16:8 800, 931주
16:9 605
16:10 928
16:11 931주
16:12 874
16:13 46, 683, 794
16:13–15 141
16:14 409주, 571, 605, 800
16:14–15 296
16:15 146, 148, 348, 571, 604, 694, 753, 832, 879
16:23–24 770주
16:25 601주, 794–795
16:26 770주, 801
16:27 755주, 928
16:28 440, 720, 734, 928–929
16:33 997, 1002
17:1 607, 781, 832, 898, 931주, 979
17:2 857
17:3 55, 145, 571, 620, 634, 786주, 795, 834
17:4 254–255, 561, 832, 858–859
17:4–5 915, 931주
17:5 125, 561, 595, 598, 607, 638, 744, 832
17:8 255, 786주, 794
17:9 604, 801–802, 861, 989
17:10 349, 604, 832
17:11 720, 928
17:13 928
17:15 108
17:17 46, 148, 871
17:17–18 796
17:17–19 141
17:17–20 794
17:17–21 858
17:18 254, 832
17:19 43, 268, 544, 798, 804, 842주, 860, 871, 879–880, 915, 978
17:20 605, 800, 802

17:20−21 801
17:20−22 352
17:21 45, 146, 474, 566, 601주,
    758주, 780, 832, 877, 881,
    951, 1030
17:21−24 841
17:21−26 54, 604, 628, 785,
    804, 976, 1043
17:22 742주, 931주
17:23 52
17:24 100, 148, 364주, 776,
    780, 801, 832, 858, 861, 931
    주, 979, 1002
17:24−26 795
17:25 796
17:33 707
18:5 128
18:5−6 604
18:6 128
18:8 12
18:32 851, 877
18:33−38 807
18:37 735
19:5 113, 658, 663, 938
19:6 672
19:11 904
19:19 808
19:26−27 875
19:28 235, 438, 664−665, 878
19:28−30 664, 878
19:30 39, 41, 113, 124, 275, 556,
    603, 676, 777, 798, 805,
    878, 880, 887, 1016, 1055
19:34 664
19:36 664
19:40−42 883
19:41 665
20:2 909
20:11−18 908
20:15 907
20:17 665, 928
20:19−23 908
20:20 664
20:22 665, 797
20:23 358

20:26−29 908
20:27 664, 907
20:28 129, 153, 531, 538, 564,
    603, 645, 834
20:31 65, 129, 826
21:1−14 908
21:25 670

사도행전
1:2 928
1:3 809, 911
1:4 296
1:7 666
1:8 545, 682주, 797, 991
1:9 665, 928
1:9−11 929, 931주, 980주
1:10 856
1:11 665, 928, 947
1:22 928
2:11 41
2:21 620
2:22−24 167주, 888
2:22−36 911
2:23 865
2:23−24 900, 906
2:23−36 103
2:24 887, 903, 917
2:25 932
2:26−27 885
2:27 946
2:27−31 884
2:27−34 895
2:29−32 888
2:30 561, 665, 941
2:30−36 941
2:32 856, 917
2:32−33 911
2:33 39, 124, 159주, 296−297,
    682, 775주, 779, 795, 805,
    903, 906, 917, 930, 932,
    935, 939, 942
2:34 617
2:35 939
2:36 64, 75, 102, 336, 628, 855,
    900, 903, 906, 922

2:38 620
2:39 290
3:6 620
3:13 834
3:13−15 167주, 906
3:14−15 900
3:14 561, 672
3:15 123, 711, 820, 917
3:16 620
3:20 290, 617
3:21 899, 918, 928, 1002
3:22−26 793
3:25−26 1016
4:2 907
4:10 901
4:11 809, 901, 906
4:11−12 858
4:12 901, 906
4:19 620
4:12 290, 305, 620, 984
4:27 671, 672, 834
4:27−28 859
4:30 672, 834
4:33 835, 900
5:30 917, 931주
5:30−31 922
5:31 906, 917
5:42 617
7:35 988
7:38 809
7:55−56 932
7:56 622
8:12 620
8:16 835
8:37−38 153
9:1−9 908
9:1−22 922
9:3 65, 906
9:3−5 912
9:29 835
10:9−16 909
10:35 291
10:36 617, 620, 835
10:38 682
10:40−42 809

10:42 855, 906
10:43 290
10:47 682주
10:48 620
11:17 620, 682주, 835
11:20 835
13:23 561, 1016
13:27-41 911
13:29 884
13:30 901
13:31 809, 908
13:32 291, 305
13:33 906
13:33-39 903
13:34-37 888, 895
13:37 917
13:38 901
13:39 901
14:16 291
15:8 682주
15:11 290, 835
15:25 835
15:26 620
16:18 620
16:31 153, 835, 901
17:18 781주
17:28 466, 997
17:31 566, 781
17:32 900
19:2 682주
19:5 835
19:17 835
20:21 620
20:28 377, 399, 437, 538, 564, 596, 711, 717, 737, 739, 743-744, 759, 776, 833, 988-989, 994, 1012, 1015
22:3-21 922
22:14 561
24:21 900
24:24 617
26:1-23 922
26:23 916
28:31 620

로마서
1:1 607
1:2-5 377
1:2 290-291
1:3 364, 400, 561, 665, 760주, 906, 915
1:3-4 167주, 384, 399, 642, 644, 749, 760, 781, 820, 903, 913, 915
1:4 296, 620, 781, 832, 834, 855, 862주, 900, 915-916
1:7 620, 834
1:9 607
1:16-17 131
1:20-23 993
1:24 875
1:25 95-96
1:26 875
1:28 875
2:6-7 267
2:28 810
2:29 40
3:15 279
3:20 279
3:21 53, 113, 131, 283, 986, 988
3:22 113, 841주, 978주
3:22-31 131
3:23-25 854
3:24 798, 810, 988
3:24-25 798, 976
3:24-26 1056
3:25 618, 799, 854-855, 973, 1001, 1008, 1011, 1014, 1018주
3:26 349, 958
3:30 40
3:31 307
4:1-5 607
4:5 349
4:6 113
4:6-8 840주
4:11 290, 305, 311
4:12 307
4:18-19 572
4:22 290

4:25 865-866, 903, 905-906, 917, 1001, 1014
5:1 620, 834, 1001
5:2 607
5:4-11 906
5:5-9 99
5:6 860, 866, 1014
5:6-7 986
5:8 989, 1014
5:9 997
5:9-11 866
5:10 618, 854, 973, 1011
5:10-11 1001, 1018주
5:11 620, 834, 960-961
5:12 51, 271, 657
5:12-19 274
5:12-21 131, 254-255, 295, 561, 886, 989, 1002, 1034
5:13 279
5:14 832
5:14-21 441, 569
5:15 113, 556, 623, 639, 657, 663, 665
5:15-17 597
5:15-21 254, 886
5:16-17 840주
5:17 841주
5:17-21 913
5:18 844주, 903, 990, 999
5:18-19 275, 1013
5:19 113, 251, 663, 838, 841주, 903, 983
5:20 279, 657
5:21 620, 834
5:31 607
5:41 620
6:1-11 913, 918, 1055
6:13 913
6:3 841주, 883
6:3-4 1001
6:4 883, 906, 1001
6:4-5 906
6:5 832, 900-901, 1002
6:5-6 683
6:6 882

6:6-7 1001
6:6-11 840
6:7 841주
6:9 639
6:10 43, 568, 804, 881, 906
6:10-11 906
6:11 905
6:14 840주, 1002, 1013
6:14-15 845
6:14-23 918
6:16 382
6:16-18 845
6:18 1012
6:20 382-383, 1012
6:22 383, 1002, 1012
6:22-23 841주
6:23 270, 382, 834, 886
7:1-6 1002
7:4 843주, 1013
7:7 279
7:7-11 279
7:9-12 842주
7:10 267, 274
7:11 278주
7:12 53, 279, 790, 838
7:12-13 969
7:14 53, 279, 790, 838
7:12-14 53
7:13 843주
7:16 279
7:22 838
7:25 834
7:56 827
8:2 844주, 918
8:3 290, 556, 561, 574-575, 596, 618, 622, 651, 661, 671, 873, 1009, 1014
8:3-4 838주, 854
8:4 50, 844주
8:9 44, 132, 141, 296, 382, 548, 555, 569, 601, 605, 622, 682, 742주, 777, 779-800, 813, 842주, 874, 903, 913, 933
8:9-15 905

8:10 361, 842주, 844주
8:11 361, 548, 862, 907, 913, 917
8:13 842주, 978주
8:14-16 141
8:15 46, 123, 242, 291, 382, 427, 555, 569, 622, 682-683, 832, 903, 913
8:16 54
8:17 43, 45, 50, 123, 292, 297, 474, 622, 628, 656, 780, 801, 804, 832, 881, 903, 930, 935, 951, 979, 985, 992, 1030
8:18-21 105
8:20 271
8:21 451
8:22 271
8:23 946, 988, 1015
8:29 266, 634, 809, 832, 855
8:29-30 855
8:30 50, 349, 474, 792, 841, 983, 996
8:32 622, 792, 880, 978, 983, 986, 989-990
8:32-34 167주
8:32-35 866
8:33-34 861
8:34 800-801, 917, 931-932, 939, 944
8:35 607
8:35-39 989
8:39 834
9:3 985
9:5 95-97, 129, 437, 538, 561, 564, 603, 618, 622, 665, 711, 742, 743, 744, 781, 833, 903
9:6 810
9:7 1016
9:15-16 52
9:23 867
9:27 52
10:4 50, 53, 113, 131, 305, 783, 790, 838, 846, 865, 1055
10:5 267, 274-275

10:7 888
10:8 146
10:9 103, 617, 834
10:9-10 145, 153
10:12 617-618
10:13 145, 618
10:17 145, 149, 797, 833
11:1-2 293
11:2 801
11:11-24 809
11:36 42, 142, 438, 538, 564, 833주, 878
12:1 51, 657
14:9 617-618
14:17 410, 933
14:26 410
15:19 880
15:26 410
15:30 618
16:12 410
16:16 607
16:20 561

고린도전서
1:1-4 131
1:2 834
1:3 620, 834
1:7 834, 947
1:8 607, 834
1:9 834
1:13 985, 1014
1:18 874
1:23 131, 735, 882
1:23-24 877
1:24 97, 131, 781, 874
1:30 97, 146, 607, 841, 915, 984, 988, 1001
2:1 667
2:2 874, 882
2:7 667
2:8 193, 235, 349, 399, 596, 607, 617, 626, 711, 733-735, 737, 744, 759, 781, 883, 994
2:10-13 140
3:11 797

3:23 618
5:7 42, 568, 799, 832, 879, 1016
5:12-20 659
6:9 812
6:9-10 810
6:11 620, 1001
6:14 901, 907, 917
6:19-20 810
6:20 976, 985, 988, 1015
7:23 988
8:6 8, 23, 42, 97-98, 131, 142, 618, 738, 833, 997
8:11 1014
9:1 908, 912
9:12 880
10:1-4 568
10:4 284, 290, 311, 596, 606, 771
10:9 770주, 774주
10:11 131
11:3 347, 613, 618, 635
11:23-25 296
11:23-26 568
11:24-25 804
11:25 41, 52, 275
11:26 947
11:30 924
12:3 103, 617, 834
12:4-6 614
13:12 50, 795, 906
13:34-37 884
15:1-11 922
15:1-13 912
15:3 715, 799, 1014
15:3-4 167주, 884
15:4 917
15:4-5 998
15:5 908
15:5-8 908
15:6 856, 908, 924
15:7 908
15:8 908
15:9 607
15:12-19 907
15:12-20 554
15:12-23 886
15:13 900, 917
15:13-14 865
15:14 124
15:15 917
15:16 917
15:17 865, 901
15:17-18 901
15:19 865
15:20 42, 879, 901, 910, 916, 924
15:21 255, 663, 665, 900-901, 1002
15:21-22 918
15:22 254-255, 274, 990
15:22-23 905
15:23 99, 832, 901, 910, 947
15:24 775, 806, 811
15:24-28 810, 947, 1002
15:25 810, 931주
15:27 810, 940-941
15:28 635, 745, 775, 806, 811-812
15:35-56 924-925
15:40 266
15:42 900
15:42-44 811, 907
15:44 361, 548, 909
15:44-45 820
15:45 131-132, 548, 561, 569, 832, 901
15:45-46 908
15:45-49 274
15:47 131, 255, 266, 503, 556, 663, 711, 734, 832
15:47-48 659
15:47-49 672
15:49 255, 266
15:50 802, 811-812
15:50-53 908
15:51 924
15:53 361
15:53-57 441
15:54 904
15:54-56 877
15:54-57 888, 997
15:55 361
15:55-56 1002
15:56 1015
16:22 642, 948

고린도후서
1:2-3 620, 834
1:20 48, 265, 269, 293, 568
1:22 905
2:4 622
3:6-7 790
3:6-11 290
3:7 844주
3:7-8 295
3:7-11 843주
3:7-4:6 97
3:13 962
3:14 272, 659
3:17 280주, 296, 409주, 624, 845주
3:17-18 296, 548, 683, 933
3:18 548
4:4 548, 622, 656주, 656주, 657주, 787주, 1014
4:5 617, 620, 834
4:6 548, 607-608, 778, 912, 922
4:10 1055
4:10-12 912
4:14 901
5:5 297
5:10 607
5:14 990주
5:14-15 913, 1014
5:15 311, 906
5:17 1055
5:18 973, 1011
5:18-19 854, 962
5:18-20 1001, 1011
5:19 975
5:20-21 1014
5:21 311, 561, 671-672, 676, 873, 1009, 1038
6:14 912

6:16 290
7:1 275
7:4 843주
8:6 539, 564
8:9 48, 65, 290, 439, 561, 563, 597, 604, 618, 820, 878–879, 1055
8:19 607
8:23 607
10:4 880
11:10 46
11:31 95–96
12:2–4 909
13:3 905
13:3–5 1055
13:4 554, 639, 711
13:4–5 841
13:5 804, 906, 930
13:13 603, 614, 618, 620

갈라디아서
1:1 917
1:3 834
1:3–4 167주
1:4 43, 123, 131, 607, 628, 715, 777, 804, 841, 853, 957, 1009, 1014
1:6–8 774주
1:6–10 134
1:7 607, 880
1:10 607
1:12 912, 922
1:13 607
1:15 607
1:16 65, 607
1:16–17 922
1:24 607
2:20 39, 44, 54, 141, 146, 297, 711, 804–805, 841, 860, 882, 906, 930, 992, 1001, 1055
2:21 549
3:1 46, 874, 882
3:6–7 290
3:7–9 809
3:8 290, 607

3:10 268
3:12 267, 274
3:13 131, 274–275, 462, 607, 671, 851, 853–854, 859, 870, 984, 988, 1002, 1012–1014
3:13–14 771주
3:14 782
3:15–17 293
3:15–18 291, 771주
3:15–4:7 131
3:16 41, 292, 523, 556, 561, 569, 659, 660, 784, 830, 1016
3:17 52, 304, 715, 784
3:17–18 289
3:18 290
3:19 569, 784, 784주
3:19-20 770주, 774–775, 789
3:20 646
3:21 549
3:22 607
3:24 305
3:26 1001
3:27 880
3:29 292, 809
4:1 292
4:1–7 291
4:3–4 105
4:4 65, 254, 290, 348, 399, 532, 556, 561, 564, 569, 574–575, 596, 622, 651, 660, 663, 665, 787, 838, 860
4:4–5 291, 820, 845, 854, 1013
4:5 838, 988, 1012
4:5–6 427, 1001
4:6 46, 123, 141, 569, 683, 832, 903, 1001
4:7 292
4:8 607
4:9 838
4:22–31 291
5:1 1012
5:1–6 845주
5:4 131
5:6 310, 810, 845

5:11 131
5:18 618
5:18–19 791
5:19–21 810
5:21 50, 461–462, 474, 811–812, 853, 859
5:22 607
5:24 882
6:2 846
6:14 620, 882, 1001
6:15 291
6:17 834
6:18 607, 620
8:8–9 596

에베소서
1:2–3 620, 834
1:3 854, 931주
1:3–5 607
1:3–6 260
1:3–14 101, 252
1:4 52, 555, 867, 957, 989
1:4–5 879
1:4–6 975
1:5 1001
1:6 52, 618
1:7 555, 566, 733, 780, 879, 985, 988, 1001, 1012, 1055
1:9–10 879, 949
1:10 566, 780, 931주, 990
1:11 43, 607
1:12 52, 618
1:13 474
1:13–14 297, 867, 905
1:14 43, 52, 618, 854, 988, 1012, 1015
1:15 279주
1:17 618, 620, 834
1:18 43, 1055
1:19 618
1:20 566, 720, 913, 917, 932, 941, 946
1:20–22 809–810, 940, 942
1:21–22 813
1:22 566, 804, 809–810, 903,

941
1:22–23 780, 792, 879, 931주
1:23 802, 918
2:1 270, 886, 913
2:5 913
2:5–6 50, 297, 804, 979–998, 1055
2:5–7 903
2:6 929주, 935, 1002
2:8 290
2:8–9 607
2:11–15 809
2:14 291, 607
2:14–15 882
2:15–16 854
2:16 549, 804, 882, 1011
2:18 1001
3:6 43, 45, 49–50, 123, 291, 297, 622, 628, 656, 804, 979
3:8 1055
3:11 252
3:12 800, 1001
3:18–19 1055
3:19 618
4:3 780
4:4 134, 255, 780
4:4–6 614
4:4–5 918
4:5 809
4:6 550
4:8 1013
4:8–9 928, 931주
4:8–12 885
4:9 820, 888, 895
4:9–10 997
4:9–16 931주
4:10 929–930, 933, 979주
4:13 857
4:13–15 792
4:15 618, 804, 809, 903
4:15–16 793
4:24 266, 657, 792, 1055
4:30 905, 988, 1012
5:2 43, 123, 628, 777, 799, 804, 832, 841, 872, 1009

5:5 607, 812
5:8 55, 804, 906, 992
5:14 55
5:17 607
5:18 44
5:22–24 813
5:23 809
5:25 628, 777, 804, 809, 841, 853, 989
5:25–26 860
5:25–27 854
5:26 1001
5:30 793, 802, 804, 918
5:32 841
6:2–3 875
6:12 270, 810

빌립보서
1:2 607, 620, 834
1:6 607, 880
1:10 607
1:19 49, 132, 296, 548, 607, 682, 780, 874, 933
1:21 39, 44, 906, 913, 930
1:29 50, 854
2:5 104
2:5–8 108주
2:5–9 615
2:5–11 75, 106–107주, 167주, 410, 687, 694
2:6 108, 290, 347, 351, 410, 561, 565, 597, 781, 856
2:6–7 103–104, 130, 137, 351, 383, 400, 411주, 563, 837
2:6–8 559, 690, 693, 855
2:6–11 8, 23, 65, 94, 100, 105–106, 108, 110–112, 123, 134, 377, 575, 596, 820, 940
2:7 347, 411, 437, 546, 556, 564–565, 618, 661, 663, 834, 836, 997
2:7–8 113, 532, 554, 659, 686, 777, 841
2:7–9 399
2:8 251, 348, 837

2:9 617, 906, 915, 922, 927–928, 931주, 978
2:9–10 642, 810
2:9–11 808, 810, 856, 903
2:10 933
2:10–11 607
2:11 103, 400, 617, 620, 834, 935
2:13 804, 906, 930, 969
2:16 607, 791
3:8 620, 834
3:10 900, 918
3:10–11 913
3:19–20 929주
3:20 620, 947, 1002
3:21 104, 566, 908, 913, 918, 946
4:7 607
4:9 607
4:13 50
4:23 620

골로새서
1:2 607
1:3 620, 834
1:6 607
1:12–20 8, 23, 98, 993
1:13 607, 812, 933, 1002
1:13–18 437
1:13–20 55, 596
1:13–23 942
1:14 854, 976, 988
1:14–18 780
1:15 65, 88–89, 349, 535, 548, 554, 561, 564, 601, 622, 656주, 737, 782, 787주, 832
1:15–16 550
1:15–17 94, 633
1:15–18 903
1:15–20 931주
1:16 42, 235, 438, 538, 564, 748, 781, 810, 878
1:16–17 551, 791, 997
1:16–18 918

1:17 349, 737, 805
1:18 349, 550, 569, 804, 809, 903, 913, 916, 918
1:18-19 857
1:19 548, 604, 618
1:19-20 957, 975, 1055
1:19-22 933
1:20 567, 791, 918, 990, 1012
1:20-21 1011
1:24 985
1:25 113, 607
1:26 467
1:27 39, 44, 607, 667, 777, 873
1:28 123
1:29 804, 906, 930
2:2 153, 323, 436, 537, 667, 781, 873
2:2-3 113, 122, 146, 777
2:3 721, 796, 846, 857
2:6 620, 834
2:9 184, 437, 540, 548, 569, 618, 720, 756, 771, 903, 915
2:9-10 931주
2:10-11 345
2:12 917
2:13 607
2:14 1002
2:14-15 885, 888
2:15 792, 1002, 1014
2:17 290, 567, 790
2:19 809
2:20 146, 291
3:1 918, 931주, 932
3:1-4 297
3:3 913
3:3-4 656
3:4 50, 777, 833, 918, 947
3:8 882
3:10 146, 656, 670, 792, 882, 1055
3:13 607
3:15 607
3:17 142
3:21 906

3:24 620
4:3 436, 537

데살로니가전서
1:1 620, 834
1:3 620, 834
1:8 607
1:8-9 607
1:9-10 642
1:10 607, 912, 917
2:2 607
2:6-9 607
2:12 607, 812
2:13 607
2:15 918
2:19 947
3:1 941
3:2 607
3:13 947
4:3 275, 607, 844, 1055
4:5 607
4:8 607
4:13-18 924
4:15 607, 947
4:16 947
5:5 906
5:9 620
5:10 1014
5:18 607
5:23 620, 947
5:24 841
5:28 607, 621

데살로니가후서
1:1 834
1:1-2 621
1:2 834
1:7 947
1:10-2:8 912
1:12 95주, 603
2:1 621, 947
2:8 947
2:13 252
2:14 621
2:16 621

3:6 621
3:8 810
3:12 621
3:18 621, 834

디모데전서
1:1 855
1:1-2 621
1:2 834
1:12 621, 834
1:14 621
1:15 555, 596, 915
2:4 990주
2:5 55, 113, 290, 440, 527, 553, 623, 646, 663, 665, 738, 770주, 776, 784, 856-857
2:6 43, 123, 986, 988, 990주, 1014, 1016
2:13 270
2:15-16 976
3:6 667
3:9 777
3:15 153
3:16 153, 364주, 371, 377, 384, 532, 563, 596, 598, 644, 663, 777, 820, 860, 895, 913, 916, 931주
4:6 146
4:10 855
4:17 931주
5:6 270, 886
6:3 621
6:14 947
6:15 621
6:16 55, 913

디모데후서
1:2 621
1:4 451
1:5 412주, 552주
1:9 252, 554
1:10 596, 621, 913
2:8 561
2:11 901
2:13 794

2:15 42
3:15 290
3:16 777
4:1 607, 947
4:8 947
4:18 812

디도서
1:3 855
1:4 621
1:13 596
2:11 97, 990주
2:13 95-97, 129, 538, 564, 607, 621-622, 781, 947
2:13-14 833
2:14 628, 804, 841, 853, 973, 985, 988, 1014
2:26 1014
3:6 621
3:7 50, 292, 992

빌레몬서
1:2 834
1:3 621

히브리서
1:1 795
1:1-2 793
1:1-3 549, 812
1:2-3 745, 832, 1005
1:2 50, 144, 538, 564, 596, 604, 622, 781, 795, 810, 855, 878, 985, 994, 997
1::2-3 65
1:3 100, 144, 437, 521, 561, 564, 596, 599, 605, 622, 656주, 742, 820, 854, 856, 860, 878, 931주, 932, 940-941
1:13 932, 941
1:4-14 51, 768
1:5 535, 604, 618, 656주, 770주, 787주
1:5-14 622
1:6 856

1:8 812
1:10 596, 744
1:13 810
1:21 930, 985
1:24 50
2:5-9 104
2:6 827-828
2:6-9 810
2:6-11 377
2:8 810, 856, 940
2:9 705, 820, 990
2:10 549, 622, 832, 858, 915, 935, 994, 1005
2:11 43, 45, 49, 51, 123, 535, 555, 628, 658, 756주, 768-769, 780, 804, 809, 832, 879, 881, 903, 951, 1055
2:14 65, 271, 377, 437, 531, 563, 566, 628, 663, 665, 768, 904, 994, 1033
2:14-15 270-271, 383, 441, 657, 664, 860, 885, 1005, 1015
2:15 272, 1002
2:16 546
2:17 658, 663, 752주, 984, 1001, 1005
2:17-18 665, 802
2:18 65, 664
3:1 564, 606, 778, 786주, 796
3:1-6 802
3:2 634
3:6 43, 855, 1005
4:2 290
4:14 568, 622, 797-798, 872, 928, 930, 934, 993, 1005
4:14-15 681, 802
4:15 65, 271, 461, 553주, 556, 561, 657, 664-665, 671-672, 675, 740, 768, 1005
5:1 665, 799
5:1-10 799
5:1-11 1005
5:2 65
5:6 596, 798
5:6-10 872, 1005

5:7 664, 667, 800, 872, 915
5:7-9 65, 441, 657, 751, 752주, 785, 798
5:8 251, 758, 777, 851, 870, 873, 881, 1005
5:8-9 43, 268, 664, 804, 832, 879, 999, 1005
5:9 549, 607, 622, 994, 1005
5:10 39, 596, 798, 805
5:46 113
6:2 290, 900
6:17 288-289, 292
6:19 931주
6:20 928, 1005
7:1-10 799
7:1-17 1005
7:1-28 681, 799, 812, 822, 935
7:11 39, 798, 805
7:14 561
7:17 798, 872
7:21 596, 798, 1005
7:22 41, 113, 296, 311, 779-780, 798, 804, 1002
7:24 1005
7:24-25 49, 596, 866
7:25 800-801, 861, 930-931, 944
7:26 43, 268, 293, 561, 672, 768, 929, 1005
7:26-27 43, 879
7:26-28 999
7:27 568, 628, 804, 1005
7:27-28 113
7:28 1005
8:1 720, 801, 931주, 932, 941
8:1-2 798
8:2 812
8:5 412주, 770주
8:6 41, 52, 94, 113, 296, 412주, 646, 779-780, 798, 804
8:6-7 569
8:6-8 123
8:7 272
8:8 41, 282
8:10 292, 983주

8:13 41, 113, 123, 272, 282
8:34 800
8:58 113
9:7 861
9:11 798
9:11–12 861, 866, 930, 944
9:11–15 799
9:12 43, 568, 804–805, 841, 854, 976, 988, 1005–1006, 1015
9:12–14 812, 1016
9:13–14 994
9:14 43, 296, 549, 628, 672, 682, 749, 798, 804, 851, 854, 860, 862, 880, 999, 1005, 1009
9:14–15 569
9:15 37, 41, 52, 274, 282, 290, 646, 798, 804, 854, 906, 983, 988, 1002, 1012
9:16–17 289
9:18 272
9:18–22 113
9:22 41, 287, 296, 554, 568, 1001, 1016
9:23 593주
9:24 798, 800, 802, 861, 928, 930, 935, 1006
9:24–26 812
9:24–28 799
9:25 1005
9:26 43, 568, 628, 798
9:26–27 549
9:28 43, 798, 946, 948, 1005, 1009–1010
10:1–18 1016
10:3–4 1005
10:5 544, 663, 856
10:6 1009
10:6–7 859
10:7 873
10:9 44, 860, 873
10:10 43, 52, 113, 254, 568, 628, 687, 798, 804, 870, 873, 881, 1005

10:10–14 43, 879
10:10–18 296
10:11–14 799
10:12 549, 568, 798, 804–805, 810, 881, 930, 931주, 932, 976, 1005, 1009
10:13 860
10:14 43, 52, 113, 687, 798, 804, 861, 1005–1006, 1009, 1055
10:19 802, 930, 1006, 1016
10:19–22 799
10:20 42, 298, 802, 882
10:21 802
10:22 1001
10:27–28 1002
10:37 899, 949
11:1 295
11:6 786
11:7 292
11:10 290
11:11 572
11:13 50
11:17 826
11:18 1016
11:25 123
11:35 988
11:40 297
12:1 307
12:2 307, 606, 736, 778, 915, 928, 932, 941
12:11 869
12:18–24 291
12:24 37, 296, 646, 779, 798–799, 804, 1001–1002, 1016
12:28 812
13:8 281, 290, 292, 364, 596, 711
13:12 854
13:20 296, 606, 834

야고보서
1:1 834
1:13 675
1:17 675

1:18 845
1:21–22 845
2:1 607, 834
2:5 48, 252, 292, 617
2:10 268
5:7–8 947

베드로전서
1:2 193, 252, 1001
1:3 834, 900, 905
1:4 50, 1002
1:7 947
1:10–12 797
1:11 290, 794, 813
1:13 947
1:17 50
1:18 988, 1012
1:18–19 976, 985, 1015–1016
1:19 43, 561, 798, 804, 879–880, 999, 1012, 1016
1:19–20 193
1:20 252, 596, 855
1:21 394, 917
1:25 798, 845
2:4 858
2:4–8 606
2:5 802
2:9 55, 805, 906
2:21 561
2:21–22 1002
2:22 672, 768
2:23 858
2:24 799, 854, 860, 986, 1010
2:25 606
3:8 820
3:9 656–657
3:18 43, 400, 554, 561, 644, 659, 672, 711, 800, 862주, 881, 913, 916, 986, 1012, 1014
3:18–19 895–896
3:18–20 893주, 896주
3:18–21 888, 891–892
3:19 290, 894
3:21 810, 900

3:21-22　939
3:22　931주, 932
4:1　436
4:6　888, 896주
4:13　947
5:4　606
5:6　671

베드로후서
1:1　129, 842
1:2　834
1:3　842
1:4　719, 1043
1:11　812
1:16-18　671
1:17　855
2:1　988
3:7　918
3:9　990주

요한1서
1:1　44, 531, 595, 617, 628, 663, 670, 737, 793, 795, 833
1:1-3　377
1:1-7　748
1:2　605, 750, 793
1:5　804
1:7　42, 193, 437, 854, 906, 1001
1:9　1001
1:15　113
1:20　916
1:30　113
2:1　46, 561, 800, 861, 934
2:1-2　866
2:2　799, 861, 962, 990주, 1001, 1010-1011, 1014, 1018주
2:4-8　809
2:5　896주
2:8　606
2:18-19　663
2:20　46, 777
2:22　665
2:22-23　364
2:24-25　45
2:24-27　777, 878

2:27　46
3:2　906
3:5　561, 671-672, 997, 1001
3:8　566, 715, 1002, 1013
3:13　1002
3:13-4:21　50
3:16　738, 759, 989
3:17　810
3:18　749, 804
3:19　887
3:22　928
3:24　841, 1055
3:25　962
4:2　45, 531
4:2-3　560, 663
4:3　629
4:4　39, 44, 930, 1002
4:9　563, 604, 617, 651, 826, 831, 858
4:9-10　54, 166주, 254-255
4:10　799, 962, 989, 1001, 1010, 1014, 1018주
4:13　54, 841, 1055
4:15　832
4:16　54
4:19　974
5:4　1002
5:5-6　663
5:5-8　193
5:5-12　883
5:6　780, 795
5:9　780
5:9-10　962
5:11　780, 916
5:11-12　918, 1055
5:12　748, 833, 992
5:18　604
5:20　129, 348, 538, 564, 598, 622, 833

유다서
1:4　834

요한계시록
1:1　123

1:4　949
1:5　349, 860, 903, 948, 1001, 1012-1013, 1016
1:5-6　812
1:6　799
1:7　931주
1:8　949
1:11　949
1:13　623, 827
1:13-17　933
1:13-18　917
1:17　597, 606
1:17-18　888
1:18　622, 918
1:20　918
2:7　270, 275
2:8　606
3:1　270, 886
3:7　561
3:8　1056
3:14　535
3:21　931주, 932
5:5　561
5:6　879, 1016
5:9　607, 948, 988, 1012, 1015-1016
5:9-10　812, 1016
5:12　879, 948
5:12-13　1016
5:13　948
7:10　948
7:14　948, 1001
7:17　948
11:15　812
12:10　800
13:8　866, 1016
14:3-4　988
14:4　948
14:11　886
14:12　948
14:14　623, 928
16:10-11　873
19:7　948
19:7-8　948
19:10　794

19:13 617, 880
19:18 880
20:6-14 270, 886
20:10 888
20:14 888
21:1 1002
21:2 606, 809
21:3 290, 813

21:5 918, 1002
21:6 597, 949
21:6-7 880
21:9 809, 948
21:9-10 777
21:10 877
21:22 777
22:1 928

22:2 270
22:3-5 777
22:4 270
22:13 597, 606, 622, 949
22:16 561
22:20 948
22:20-21 834

부록 4

인명 색인

Abelard, Peter 137, 1036, 1037주
Adams, Marilyn McCord 90주, 1039주, 1049주
Aghiorgoussis, Maximos 328주
Alfeyen, Hilarion 888-893주
Allison Jr., Dale C 300주
Alypius of Thagaste 526
Althaus, Paul 426, 573, 728, 922-923주
Altizer, Thomas J. J 56
Ambrose, 105주, 735, 893주
Ames, William 253주, 278주
Anatolios, Khaled 529주, 1088주
Andreae, Jakob 222
Anselm 169, 966주, 1019-1029
Apelles 489, 685
Apollinarius of Laodicea 57, 174, 207, 324-327
Aquinas, Thomas 81주, 138, 169, 294주, 408주, 422주, 432, 666주, 698주, 699, 961주
Aristotle 202주, 396, 431
Arius 57, 161, 166, 207
Arminus, Jacob 1049
Athanasius 330주, 373, 412, 446-452, 506-517, 836주, 901, 902주
Augustine of Hippo 87주, 138, 346-362, 408주, 414-415, 416주, 470주, 427, 517-530, 612주, 697주, 773주, 786-787주, 892, 903, 967-972, 1026주
Aulen, Gustaf 956주, 959주, 1019, 1020주, 1027, 1036주, 1044주

Baillie, Donald M 87주, 389주, 421-423, 446, 667주, 881주, 1120주
Baker, J. Wayne 249주, 278주, 1063주
Balke, W 410주, 600주
Barnes, Michel R 529주
Barth, Karl 19, 39주, 60, 67, 82주, 85주, 86-88, 106, 125주, 133주, 401주, 422-424, 428, 431, 442-444, 473주, 475-483, 540주, 551, 577-589, 597주, 667, 669, 674, 728, 849, 881주, 920-921, 925, 932주, 938, 1062주, 1082주, 1089주, 1091-1121
Basil of Caesarea 327-328, 398주
Basilides 685
Bartholomew, Craig G 294주
Bateman IV, Herbert W 683주

Battles, Ford Lewis 37주, 416주, 788주, 976주
Bauckham, Richard 127-129
Bauer, Bruno 115, 121주
Bavinck, Herman 37주, 79주, 83-84주, 131주, 141-143, 198주, 248주, 250-252주, 254, 256, 259-260주, 272주, 274주, 286-297주, 369주, 370-371주, 385주, 432, 436-437주, 444주, 471주, 473주, 532주, 533-549, 559주, 569, 626, 665, 666주, 673주, 677, 684주, 693주, 696주, 708-709주, 755주, 758주, 760, 779-781주, 791주, 795주, 801, 809주, 813주, 819-820, 821주, 825주, 827-828주, 831주, 834주, 837주, 852-853, 882주, 890주, 893주, 894, 896주, 898-899, 900주, 903-904주, 906-907, 909주, 915-916, 928주, 939주, 941-942주, 948-949, 951, 962, 972, 992-993, 998주, 999-1018, 1029주, 1043주, 1045-1046주, 11
Beach, J. Mark 302주, 314주, 536주
Beardslee III, John W 253주, 301주
Beasley-Murray, G. R 947주
Beeke, Joel R 254주, 260주
Beggiani, Seely J 445주
Behr, John 836주, 937주
Benner, Drayton C 530주, 697주
Bernard of Clairvaux 379
Berkhof, Hendrikus 551
Berkhof, Louis 82주, 252주, 256주, 259주, 272주, 675-676주, 690주, 691, 692주, 812주, 818-819, 820주, 831주, 834주, 848, 884주, 886주, 889주, 905, 910주, 917주, 928주, 931주, 941주, 942, 947주, 962, 1014주, 1054주
Berkouwer, G. C 194주, 221주, 225주, 272주, 381주, 385주, 388주, 424주, 431주, 433주, 434-435, 531주, 594주, 597주, 629주, 630주, 635주, 661주, 666-668주, 670주, 675주, 677주, 679주, 709-710, 711주, 748주, 755주 778주, 836, 837주, 874, 899주, 904주, 910주, 933주, 942-943주, 948주, 951주, 975주
Berry, Donald L 172주
Bettenson, Henry 19, 175주
Biandrata, Giorgio 783, 784-785주
Bierma, Lyle D 276-277주, 313주
Bindley, T. Herbert 181주, 184주, 189주, 191주, 203주, 213주, 340주

Blackman, E. C 685주
Blaser, Klauspeter 788-789주
Bloch, E 925
Blocher, Henri 736주, 983주, 1056주
Bloesch, Donald G 531주, 593주, 1842주
Bobrinskoy, Boris 171주, 504주, 932주
Boersma, Hans 1093주
Boethius, A 426
Bohme, Jacob 1045
Bolt, John 83주, 293주
Borg, Marcus 120, 125주
Bonhoeffer, Dietrich 641
Bornkamm, G 63, 119, 923주
Bousset, Wilhelm 62, 114주, 118, 597주
Bouteneff, Peter 331-332주, 746주
Boyd, Glenn E 115주, 117주
Braaten, Carl E 118주, 180주, 200주, 736주, 763주, 849주
Braulik, Georg 849주
Bray, Gerald L 171주, 489주
Breck, John 166-167주, 171주, 447주
Brenz, John 222, 388, 443
Brooks, Walter Edward 812주
Brown, Colin 103주, 375주
Brown, Raymond E 59, 124, 126주, 129주, 570-571
Bruce, Alex B 666주, 687주, 695, 696주
Bruce, F. F 606
Bullinger, Heinrich 224, 249주, 277-278, 716주, 1063주
Buber, Martin 427, 652
Buri, Fritz 646, 836주
Brummer, Vincent 1056주
Brunner, Emil 85, 125주, 422주, 573-574, 641, 652, 667, 668-669, 923주
Bucanus, Gulielmus 899
Bultmann, Rudolf 61-62, 81주, 101주, 106, 116-117, 125, 275주, 597주, 835, 910주, 921, 925, 938
Burhenn, Herbert 927주
Burns, J. Patout 1026주
Burrell, David B 532주
Burton, E. D 62
Bushnell, Horace 1040-1041
Buswell Jr., James Oliver 397주, 961주

Byrne, Brendan 597주

Calvin, John 17, 37, 53주, 54주, 112, 126-127, 141주, 157주, 168주, 169-170, 224주, 226주, 236-237, 241-242주, 253, 258-260, 276-285, 290, 294, 300-301, 306, 312, 314, 317, 322-323, 353주, 363-365, 379, 385주, 386-387, 407-412, 416-419, 438, 472-473, 482, 536주, 541-542, 544주, 550-556, 562주, 567-568, 598-602, 612, 626, 633주, 637-638, 656주, 659-660, 673주, 674주, 679, 681, 716, 736-742, 749-752, 755-763, 769주, 770-776, 778, 781-791, 795-796, 799주, 805-806, 812-813주, 832-833주, 838-847, 863, 886-887, 905, 931, 942주, 945주, 946-947, 950주, 957, 958주, 972-984, 990, 1047주, 1054-1055, 1067주, 1098주, 1114-11
Campbell, John C 549주
Campbell, J. McLeod 956주, 1037-1038
Campbell, R. Alastair 681주
Carnell, Edward J 570주, 574주
Carpenter, Craig B 473주
Carr, Anne E 532주
Carr, David M 563주
Carson, D. A 95주
Carson, Ronald A 641주
Cavadini, John 859주, 868주
Cerinthus 685
Chadwick, Henry 487주, 909주
Charnock, Stephen 883주
Chemnitz, Martin 222-223, 226주, 379-380주, 704주, 710, 711주, 713-715, 719주, 723
Cherry, Conrad 277주
Childs, Brevard S 762, 763주
Chrysostom, John 891, 918
Clement of Alexandria 105주, 890
Clements, Keith 1063주
Cobb, John 75, 90주
Cocceius, Johannes 249, 272, 885주
Cochran, Elizabeth Agnew 1052주
Coffey, David 73주, 699주
Colle, Ralph Del 132주, 171주, 547주
Connell, Martin F 889-892주
Conner, Walter T 1056주

Constas, Nicholas 1032주, 1034주
Conzelmann, Hans 63, 119, 882주, 922-923주
Cousar, Charles B 882주
Cowan, Christopher 595주
Craig, William Lane 910주
Crisp, Oliver D 167주, 194주, 197주, 200주, 419-420주, 421, 423주, 452주, 673주, 674-675, 1038주, 1052주, 1056주, 1116주
Cross, Richard 236주
Crossan, John Dominic 120, 125주
Cullmann, Oscar 81, 82주, 120, 126주, 640, 830주
Cunningham, Lawrence S 549주
Cupitt, Don 62
Curcellaeus, Stephan 1049
Curle, Clinton 1088주
Currid, John D 737주
Cushman, Robert E 787주
Cyprian 870, 969
Cyril of Alexandria 175, 177, 181, 183-185, 188-189, 338-345, 401, 461-403, 682
Cryil of Jerusalem 19, 183

Dabney, Robert L 258주, 272주, 795주, 848-849, 962주
Dahms, John V 128주, 812주
Dale, Robert W 1038
Daley, Brian E 168-169, 181주, 457주, 488주, 502주, 593주, 630주
Danielou, Jean 489주, 502-502주, 505주, 1119주
Daniels, Richard 722주, 743주
Darwish, Linda 351주, 355주, 415-416주
Davies, Rupert E 1014주
Davis, Stephen T 687주, 690주
Dawe, Donald G 56주, 687주
De Lacey, D. R 770주
Delitzsch, Franz 1017주
Delio, Ilia 1048주
DeVries, Dawn 1067주, 1069주
DeWeese, Garrett J 396-397주
Deyoung, Kevin 864주
Dibelius, Martin 62, 125주
Dillistone, F. W 1028주
Diocorus 198
Diodore of Tarsus 174

Ditmanson, Harold H 674주
Dodd, C. H 63, 126주, 1010주
Dominice, Max 839주
Dorner, I. A 194주, 426, 471
Doyle, Dennis M 1077주, 1088주
Dragas, George D 171주, 335주, 375주, 472주
Duke, David N 1067주
Dunderberg, Ismo 498주, 685주
Dunn, Geoffrey D 194주
Dunn, James D. G 59, 101주, 104-105, 299, 312, 573주, 594
Dykstra, William 918주

Ebeling, Gerhard 119, 280주, 662
Edmondson, Stephen 1114주
Ebner, Ferdinand 427, 652
Ebrard, J. H. August 550, 559, 691
Edwards, Jonathan 277, 612, 1038, 1052주, 1054주
Egan, John P 706주
Eichrodt, Walther 281주
Emerson, Everett H 277주
Engel, Mary Potter 843주
Epiphanius of Salamis 161, 546주
Erickson, Millard J 570주, 630주, 635주, 640주
Erigena, John Scotus 1044
Esser, Hans Helmut 787주
Eunomius 207, 337주, 457주
Eusebius of Caesarea 161
Eutyches 57, 191, 207

Faber, J 550주, 787주
Fach, Sandra 935주
Fackre, Gabriel J 864주
Fairbairn, Donald 177-178주, 196주, 338주, 345주, 397주, 452주, 464-465주
Farrow, Douglas 168주, 932주, 935주, 938주
Fee, Gordon D 94, 96-97주, 99-101주, 105주, 110주, 695주
Feinberg, Charle L 323주, 693주
Feinberg, John S 896주
Ficek, Jerome L 548주
Fitzmyer, Joseph A 56주, 64주, 939주
Flavian 190, 191-193주, 374주
Forsyth, P. T 693, 1039, 1040주

Fotopoulos, John 918주
Forstman, Jack 1062주, 1082주, 1089주
Fortman, Edmund J 631주, 635주
Fowl, Stephen E 100주
Frend, W. H. C 189주, 545주
Froehlich, Karlfried 761주
Fuchs, E 119, 923주
Fulgentius, Fabius Planciades 436
Fuller, R. H 60, 63, 114주, 126주
Funk, Robert 120

Gabler, J. P 116
Gaffin, Richard B 297주, 950주
Galvin, John P 119주, 701주
Gamble, Richard C 301주, 761주
Ganoczy, Alexandre 410주
Garcia, Mark A 473주
Gassman, Gunther 133주
Gavrilyuk, Paul L 345주, 631-632주
Geanakoplos, Deno John 171주
Geisler, Norman L 925주
Gelasius I 442
George, Timothy 200주, 546주, 982주
Gerhart, Johann 558, 937
Gerrish, Brian A 1071주, 1087주
Gess, W. F 692
Girard, Rene 883주, 1055주
Gleason, Ronald N 385주, 760주
Gogarten, Friedrich 428, 662, 923주
Gore, Charles 667주, 693
Goulder, Michael 59, 103주
Gorday, Peter J 868주
Grabill, Stephen J 301주
Grabowski, Stanislaus J 529주
Gray, Donald P 532주
Green, Brad 530주
Green, Bradley G 489주
Green, Clifford 1098주
Greenwood, David 296주
Gregg, Robert C 632주, 635주
Gregory of Nazianzus 105주, 171주, 176주, 213주, 238주, 328주, 329-332, 437, 438주, 452-456, 462, 706, 746-747, 748주
Gregory of Nyssa 105주, 171주, 333-337, 456-460

Gregory Thaumaturgus 160, 161주
Gregory the Great 890
Grenz, Stanley J. 657주
Grillmeier, Aloys 161주, 166주, 170주, 173-174주, 181주, 190주, 194주, 197주, 200-202주, 345주주, 379주, 401주, 448주, 513주, 626주, 629-630주, 632주, 705주
Grin, Edmond 281주
Groh, Dennis E 632-633주, 635주
Grotius, Hugo 1039, 1050
Grudem, Wayne A 888주, 896-897주, 962
Gundry, Robert H 103주
Gunton, Colin E 68-71주, 76주, 89주, 117주, 132주, 166주, 431주, 530, 535주, 540주, 673주, 811주

Habets, Myk 473주
Hagner, Donald A 134주
Hahn, F 120주, 126주
Haight, Roger 72주, 74, 89주
Hamilton, William 56
Hannah, John D 1027주
Hanson, A. T 396주, 506주, 632주
Hardy, Edward Rochie 18, 173주
Haring, T 84
Harnack, Adolf von 115, 116주, 172주, 194주, 434, 488-491주, 506, 593주, 824주
Harris III, W. Hall 895주
Harrison, Verna 332주
Hart, David B 456주, 532주
Haugaard, William P 166주
Hawthorne, Gerald F 108주
Hayes, John H 901주
Hays, Richard B 846주
Hebblethwaite, Brian 565주, 696주
Hebert, A. G 903주
Hegel, G. W. Friedrich 69, 122주, 566
Heim, S. Mark 74주
Helm, Paul 278주, 886주
Helyer, Larry R 101주
Henry, Carl F. H 275주, 570주
Hepp, Valentijn 433
Heppe, Heinrich 249-250주, 253주, 276-277주, 731, 898주, 899, 960주
Herbel, Oliver 1028주

Herbert, R. T 136주
Hermann, W 84
Heron, Alasdair I. C 314주, 473주
Hick, John 58, 59주, 62, 74주, 136주, 594
Hinlicky, Paul R 472주
Hippolytus of Rome 488
Hochban, John I 1035주
Hodge, A. A 250주, 608주, 956주, 960, 961주
Hodge, Charles 37-38주, 82주, 87주, 139주, 220주, 248주, 250-252주, 254-263, 266주, 272주, 289-290주, 301, 370주, 371-374, 376-378주, 380, 395주, 396주, 430주, 440주, 538주, 549주, 556-559주, 630주, 639, 640주, 676주, 686주, 688-693주, 713주, 725-727주, 730주, 736주, 743-746주, 752-753주, 768주, 791주, 796주, 798주, 803주, 810-812주, 820주, 836주, 838, 847-848, 873주, 893주, 895, 896-897주, 899주, 907-908주, 914-915주, 917주, 929주, 936-938주, 940, 942주, 948주, 959-960, 965-966주, 987-998, 1005-1015주, 1030주, 1033주, 1041주, 1043-1046주, 1048-1052주, 1054
Hodges, H. A 958주
Hodgson, Peter C 69주, 122주
Hoekema, Anthony A 272주, 276주, 283주, 285, 290주, 828주
Hoeksema, Herman 272주
Hoffman, R. Joseph 890주
Hopkins, Jasper 1019주
Horbury, William 132주
Horton, Michael S 273주, 313
Hughes, Philip E 812-813주, 908주
Hughes, Thomas Hywel 956주
Hulsbosch, A 533주
Hultgren, Stephen J 132주
Hunsinger, George 88주, 1093, 1098주, 1108주, 1118주
Hunter, Archibald M 684주, 737주, 827-828주, 830주, 883주
Hunter, Jim Ernest 546주
Hurst, Lincoln D 105주

Ignatius of Andioch 154, 889-891주, 1033주
Irenaeus of Lyons 155-156, 167, 292주, 446, 506주, 577주, 683주, 761주, 836주, 870주, 1035-1036
Irish, Jerry A 77주
Irving, Edward 673

Jamros, Daniel P 69주
Jansen, John F 931주
Jenson, Robert W 73주, 736주, 763주, 849주
Jeremias, Joachim 63, 126주
Jerome 893주
Joest, Wilfried 280주
John of Antioch 181, 189
John of Damascus 171, 211, 212주, 404, 405주, 406, 714-715주
Johnson, Douglas W 160주, 166-167주
Johnson, Elizabeth A 70주, 90주
Johnson, S. Lewis 872주
Jungel, Eberhard 86주, 1108, 1113주
Justin Martyr 154, 577주, 652주

Kaftan, J 84
Kahler, Martin 117-118
Kaiser, Christopher B 375주, 1098주
Kantzer, Kenneth S 1118주
Karkkainen, Veli-Matti 132주, 445주, 474주
Kasemann, Ernst 63, 106-107, 118-119, 129, 882주, 923주
Kasper, Walter 60, 68-69주, 73-74, 89-90주, 991주
Kay, James F 81주
Kearsley, Roy 345주
Keating, Daniel A 682주
Keim, Karl Theodor 573
Kelly, J. N. D 154-156주, 162주, 168-169주, 172주, 444주, 446주, 452-453주, 460-461주, 488주, 491주, 504, 509주, 513주, 529주, 630주, 632주, 888주, 1032-1033주, 1035주
Klem, Arthur W 423주
Kelsey, Catherine L 1066주, 1068주, 1077주, 1088주
Kendall, R. T 253주, 278주, 312주, 990주
Kerr, Hugh T 1042주
Kersten, G. H 252주, 830주, 974주, 981주
Kevan, Ernest F 253주
Khella, Karam Nazir 198주
Kierkegaard, Søren 117, 576

Kim, Dai Sil 1036주
Kim, Seyoon 100주, 104주, 132주, 300주, 827-828주, 830주, 912주
Kistemaker, Simon 882주
Klauber, Martin I 301주
Kline, Meredith G 272-273주, 294주
Klooster, Fred H 61주, 106주, 115주, 572주, 925주
Knitter, Paul F 74
Knox, John 75, 594, 597주
Kolb, Robert 981주
Kovach, Stephen D 128주
Kreck, Walter 881주
Kreeft, Peter 123주
Kreitzer, Beth 544주
Kuehn, Evan F 358주
Kuhn, Karl A 828주
Kunneth, Walter 922주
Kung, Hans 59, 72주, 119, 573, 909주, 914주
Kuschel, Karl-Josef 594
Kuyper, Abraham 138주, 144-147, 434, 679주, 1101주
Kyle, Richard G 180주

LaCugna, Catherine M 700, 701주
La Due, William J 68주, 71-72주, 75주, 81주, 115주
Laird, John 532주
Lampe, G. K. W 59, 597주
Lane, Anthony N. S 58주, 60, 429주, 673주
Lawler, Michael G 735주
Lehtonen, Tommi 1055주
Leigh, Ronald W 136주
Leith, John H 281주
Leithart, Peter J 280주
Leo the Great 19, 175주, 190-194
Leontius of Byzantium 57, 208, 401-403, 423주
Lessing, G. E 435, 625주
Letham, Robert 169주, 242주, 278주, 547주, 632주, 770주, 797-798주, 810-811주, 942주, 1052주
Lewis, Charlton T 958주
Liddon, H. P 629
Lienhard, Joseph T 168주, 636주

Lietzmann, Hans 324주, 488-489주
Lillback, Peter A 276주, 281, 282주, 286주, 1063주
Limborch, Philipp van 1049
Lindbeck, George A 991주
Link, Christian 375주
Lobstein, Paul 573
Loewe, William P 909주, 1035-1036주
Lohmeyer, Ernst 102, 103주
Lucian of Antioch 161, 471
Lynch, John J 401주

Macedonius 207
MacGregor, Geddes 689주
Macgregor, Kirk R 908주
Machen, J. Gresham 560주
Mackie, Scott D 564주
Mackintosh, H. R 58주, 82-84주, 87주, 178주, 200주, 202주, 209-211주, 401주, 404주, 406주, 422주, 461주, 464주, 593주, 632주, 682주, 684-685주, 687주, 688주, 693, 694주, 827-828주, 830-831주, 1035-1036주, 1039주, 1064주, 1078주
Macleod, David J 108-109주, 127주, 383주, 794주, 915주
Macleod, Donald 65주, 362주, 422주, 531주, 595주, 597주, 664-665, 673-674주, 684주, 686주, 692-693주, 695, 827주, 828주, 834주
Mackintosh, Robert 958주
Macquarrie, John 72주, 397주, 532주, 594
Mani 685
Mannermaa, Tuomo 445
Marcellinus of Carthage 968
Marcellus of Ancyra 162, 813주
Marcion 167, 487주, 489-491, 494주, 502-503주, 659, 684, 685주
Marshall, I. Howard 103주, 118주, 120주, 828주, 882주
Martensen, H 692
Marxsen, Willi 63, 119
Mastricht, Petrus van 731, 838, 885주, 929주
Meyer, Boniface 236주
Miller, Edward Jeremy 991주
Martin, Ralph P 103-104주
Martin, William C 1062주, 1065주

Maschke, Timothy 200주
Mauser, Ulrich W 657주
Maximus the Confessor 18, 171주, 209–212, 465–469
McCormack, Bruce L 439주, 1093, 1113주
McCoy, Charles S 249주
McCready, Douglas 594주
McDermott, Brian O 71–72주, 573주, 643주
McDonnell, Kilian 682주
McDonough, Thomas 280주
McFarland, Ian A 1057주
McGiffert, Michael 253주
McGowan, A. T. B 739
McGrath, Alister E 118주, 276주
McIlroy, David H 1057주
McIntosh, Mark A 81주
McIntyre, John 81주, 90주, 137주, 369주, 1019주
McLeod, Frederick G 174–175주, 178주
McKnight, Scot 884주
McWilliams, David B 241주, 273주
McWilliams, Warren 74주, 78주, 133주, 689주
Meier, John P 120
Melanchthon, Philip 222, 280주, 282주, 641, 778
Melito of Sardis 890
Meyendorff, John 202주, 209주, 211주, 377주
Migliore, Daniel 1031주
Milligan, William 931주
Moberly, R. C 422주, 694, 1037주, 1038–1039
Mody, Rohintan K 1057주
Molnar, Paul D 68주, 642주, 648주, 698주
Moltmann, Jurgen 76–77, 78주, 133주, 547주, 643주, 812주
Moo, Douglas J, 132주
Moon, Byung-Ho 54주, 276주, 371주, 407주, 437주, 533주, 548주, 612주, 708주, 770주, 819주, 821주, 1000주, 1061주, 1091주, 1100주
Moorhead, John 549주
More, Thomas 866
Morgan, Robert 107주, 116주, 118주
Morris, Leon 97주, 635주, 664주, 882주, 1010주
Morris, Thomas V 136주
Moulder, James 202주, 511주
Moule, C. F. D 78, 79주, 671주
Moule, H. C. G 100주

Mozley, J. B 529주
Muller, Richard A 39주, 253주, 277–278주, 314주, 383주, 708주, 711주, 761주, 812주
Murphy, Gannon 473주
Murphy-O'Connor, Jerome 104주
Murray, John 272–273, 437주, 529주, 565주, 601주, 684주, 802주, 842주, 848, 962
Musurillo, Herbert 89주
Myllykoski, Matti 685주

Nash, Ronald H 769주
Neder, Adam 1113주, 1116주
Nestorius 57, 173, 180–181, 184, 185주, 188, 207, 339–340, 341–342주, 343, 462, 473주
Neve, J. L 84주
Newman, Barbara 132주
Nicole, Roger R 989–991주, 1010주
Niebuhr, Richard R 1062, 1068–1069주, 1081주, 1084주, 1086주, 1088주
Niesel, Wilhelm 1098주
Nobuhara, Tokiyuki 72주
Noetus of Smyrna 566, 630
Norris Jr., Richard A 18, 174주
North, Robert Grady 533주

Oakes, Kenneth 1098주
Oberman, Heiko A 276주, 410주, 419주, 546주
O'Brien, P. T 107주
O'Collins, Gerald 59, 68–69주, 80–81주, 105주, 132주, 908–910주, 914주
O'Donovan, Leo J 808주
Oetinger, Friedrich Christopher 1045
Ogden, Schubert M 56, 61, 532주
Olevianus, Caspar 276, 884주
Olson, Roger E 649주
Origen 88, 105주, 160, 202, 208, 507, 868주, 889–891주, 909주
Ormerod, Neil 81주
Orr, James 560, 919
Osiander, Andrea 473주, 535, 550, 783주, 820, 993주, 1045, 1047주, 1098
Osterhaven, M. Eugene 285주
Otto, Randall E 76주, 683주, 89주
Outler, Albert C 346주, 362주, 530주
Owen, John 19, 365–368, 389–394, 722주,

723, 743주, 812주, 854-867

Packer, James I 990주
Pagels, Elaine H 909주
Palamas, Gregory 171, 474
Pals, Daniel L 612주
Pannenberg, Wolfhart 18, 59-61, 64, 66, 70-71, 72주, 88주, 119, 424-429, 471주, 532주, 570, 576-577, 642-653, 661-662, 678, 679주, 727-730, 815, 921-928, 943-944, 1029주, 1044-1045주, 1094주, 1115주
Pappas, Harry S 175주
Parker, David 546주
Parker, T. H. L 279주, 412주, 416주, 737주, 761-762주, 884주, 1115주
Patterson, Stephen J 883주
Paul of Samosata 160
Payne, David F 282주
Pearson, Birger A 685주
Pearson, Lori 1077주
Pelikan, Jaroslav 353주, 358주
Perrin, N. Nestorius 63, 126주
Perry, Tim 546주
Peters, Ted 1027주, 1053주, 1055주
Peterson, Robert A 983주
Petrement, Simone 497-498주
Pfitzner, Victor C 808주
Pfleiderer, O 62
Philo of Alexandria 575, 631, 652주, 769
Photinus of Sirmium 518, 526
Pinnock, Clark 74, 383주
Piscator 711, 731, 886주
Pittenger, Norman 90
Placher, William C 79주, 883주
Plantinga, Alvin 420
Plantinga Jr., Cornelius 1118, 1119주
Pohlmann H. G, 81주
Polanus, Amandus 142주, 885주, 898
Polycarp of Smyrna 155
Porphyry 525
Praxeas 156, 502, 504-505, 566, 630
Prenter, Regin 234주
Pruett, Gordon E 716주
Prusak, Bernard P 909주, 914주
Pryor, John W 829주

Puckett, David L 416주, 739주, 763주
Pugliese, Marc A 169주
Purves, Jim 673주

Quistorp, Heinrich 946, 947주

Rahner, Karl 59, 66, 67-69, 73주, 75주, 81주, 89주, 396주, 429, 431, 530, 532주, 551, 574주, 696-701, 851, 914주, 922, 991주, 1118, 1119주
Rae, Murray A 684주
Raisanen, Heikki 490주
Ramm, Bernard L 531주, 629주, 671주, 696
Rattigan, Mary T 75주
Rausch, Thomas P 114주, 120주
Raven, Charles 420주
Rawlinson, A. E. J 114주
Reimarus, Herman Samuel 115, 117주
Reist, Irwin W 155주, 167주
Relton, Herbert M 178주, 180주, 191주, 208-209주, 371주, 401-402주, 404-406주
Renan, Ernst 115
Reumann, John H. P 289주, 917주
Reymond, Robert L 59, 60-63주, 100주, 126주, 129주, 274, 301주, 563주, 615주, 641주, 676주, 680주, 774주, 850-851주, 915주, 944주, 948주, 962주
Richard, Lucian 687주
Richardson, Kurt Anders 1094주
Ricoeur, Paul 657주
Ritschl, Albrecht 83-84, 117, 662, 694, 696주, 1040
Robertson, O. Palmer 273, 287주
Robinson, James M 910주
Robinson, John A. T 56, 59, 75
Rodger, Symeon 1026주
Rolston III, Homes 241주
Romanides, John S 174주
Rosato, Philip J 73주, 132주
Rowe, Kavin 835주
Rumscheidt, H. Martin 1098주
Runia, Klass 64주, 570, 1095주, 1096주, 1110주, 1116주
Russell, Norman 421주, 446-447주, 452-453주, 455-456주, 460-461주, 474주, 528주

Russell, S. H 601주

Sabatier, Auguste 1042주, 1046주
Sabellius 566, 630, 646
Sailer, William S 991주
Sanders, E. P 120, 300
Sanders, Fred 196주, 200주, 396주
Saturnius 684
Scaer, David P 200주, 991주
Schaff, Philip 19, 50주, 57주, 63, 130주, 138주, 152, 153-171주, 174주, 195주, 197주, 202주, 215, 222-225주, 229주, 236-243주, 250주, 264-265주, 269-271주, 286주, 314주, 369주, 378주, 381주, 383주, 398주, 433주, 439-441주, 533주, 540주, 546주, 557주, 565주, 593주, 600주, 629주, 658-659주, 705-706주, 711-712주, 715-717주, 748주, 750주, 813주, 852주, 867주, 888-889주, 897주, 945주, 963-966주, 982주, 1121주
Scharlemann, Martin H 893주
Schelling, Friedrich W. J 566, 1044
Schilder, Klass 748
Schillebeeckx, Edward C 59, 72주, 119, 532주, 914주
Schleiermacher, Friedrich 18-19, 58, 82-83, 122주, 551주, 573, 577, 902, 919, 1040주, 1061-1089, 1100주
Schlink, Edmund 650
Schmid, Heinrich 711-712주, 714주, 738주
Schmiedel, Paul W 62, 435, 609, 636주
Schnackenburg, R 119
Schoonenberg, Piet 59, 72
Schwarz, Hans 115-116주, 118주, 120주, 122주, 849
Schweitzer, Albert 117, 125주, 917주
Schweitzer, Don 90주
Schwenkfeld, Caspar 1045
Scotus, John Duns 276, 550, 1046-1047
Segal, Alan F 105주
Sellers, Robert V 389주
Servetus, Michael 237, 363, 636, 750
Severus of Antioch 205, 206주
Shedd, William G. T 173주, 250주, 272주, 630주, 632주, 962, 1054
Shepherd, Michael B 828주

Shepherd, William C 69주
Shults, F. Leron 401-402주, 423주
Silas Rees 208주
Simons, Menno 660
Smeaton, George 956주, 993-994, 995주, 997주
Smith, Daniel A 683주
Smith, J. Warren 344주
Socinus, Faustus 550-551, 639, 957-958주, 974주, 1042, 1050
Sonderegger, Katherine 1028주
Spence, Alan 389-390, 391주, 722주, 1055주
Spencer, Stephen R 253주, 301주
Spoerl, Kelley M 326주
Spykman, Gordon J 49주, 791주, 949, 950주
Stancaro, Francesco 771주, 783, 784주, 789주, 820
Stanley, David Michael 82주, 830주
Stein, Robert H 909주
Stek, John H 294주
Stephens, Bruce M 1052주
Stevens, George Baker 1020주, 1040주, 1042주, 1051-1052주, 1054주
Strauss, David F 115, 572, 609, 683
Strawn, Brent A 563주
Streeter, B. H 62
Strimple, Robert B 107주
Strong, Augustus H 397주, 961주, 1054
Suggit, John N 1037주
Suh, Chul-won 298주, 814주, 993주, 1047-1048주
Swedenborg, Emanuel 685
Swinburne, Richard 136-137주, 696주, 1055주

Tavard, George H 1060주, 1044주
Taylor, William 1054
Teeple, Howard M 828-829주
Temple, William 69주, 423주
Tertullian 156, 157주, 159주, 171주, 487-506, 900주
Theodore of Mopsuestia 173-181
Theodoret of Cyrus 174, 338, 436
Theodotus the Tanner 327
Thomasius, Gottfried 687-691
Thompson, John L 763주
Thompson, Thomas R 687-688주, 690, 692

주, 694주
Thornbury, Gregory A 1068주
Tillich, Paul 59, 73주, 473, 474주, 548, 646, 676주, 991주, 1031, 1032주
Tipton, Lane G 736주
Toon, Peter 931-932주
Torrance, Alan 86주, 1118주
Torrance, Iain R 206주, 281주, 532주
Torrance, James B 276주, 312주, 674주
Torrance, T. F 18, 67주, 278주, 431, 451주, 510주, 514주, 674주, 763주, 959-960주, 1013주, 1018주, 1115주
Troeltsch, Ernst 625
Trembath, Kern R 574주
Troxel, A. Craig 990주
Trueman, Carl R 390주
Trumper, Tim 273주
Turretin, Francis 37주, 138, 139주, 248주, 250주, 253주, 256주, 265주, 297-314, 370-371주, 374-376주, 377, 383주, 384주, 398-400주, 440주, 543-544주, 553주, 709주, 717-722주, 744, 776-777주, 792, 793주, 799주, 804주, 820주, 821-822, 864, 868주, 870, 886주, 894, 895주, 907주, 916주, 929, 930주, 939, 940주, 944, 948주, 959-960, 985, 986주, 987, 988주, 992주, 998
Tymms, T. Vincent 959주, 1032-1033주
Tylenda, Joseph N 760주, 771주, 784-785주

Valentinus 490, 497-498, 685, 909, 910주
Van Asselt, W. J 1018주, 1026주, 1052, 1053주, 1055주, 1057주
Van Buren, Paul 56, 905주, 932주
Van Dyk, Leanne 958주, 1020주, 1036주
Van Genderen, J 249주, 251주, 658주
Van Ruler, A. A 933
Van Til, Cornelius 736주, 1093주, 1098주, 1106주, 1118주, 1121
Van't Spijker, Willem 410주
Vawter, Bruce 902-903주
Velema, W. H 249주, 251주, 658주
Verkhovskoy, Serge S 171주
Vermigli, Peter Martyr 370주, 373주, 382주, 388, 399-400주, 437주, 440주, 441, 442주, 704-707주, 716주, 733, 734-735주

Vigilius 735
Vollenhoven, D. H. Th 433
Von Balthasar, Hans Urs 81주, 687주, 891
Von Rohr, John R 277주
Vos, Geerhardus 134, 250주, 562, 563주, 949-950
Voulgaris, Christos S 375주

Wace, Henry 19, 174주
Waldrop, Charles T 1100주
Walker, William O 829주
Ware, Bruce A 682주
Warfield, Benjamin B 19, 78, 79-80주, 84주, 108주, 139, 140-141주, 241주, 253주, 263, 274주, 353주, 435, 531주, 533주, 552주, 602주, 608-628, 636주, 664주, 677, 819-820주, 853, 886주, 961, 989주, 1004
Watson, J. Francis 715
Watts, Isaac 685
Weber, Otto 49주, 84-85주, 87주, 117-118주, 728, 849, 850주
Webster, J. B 86주
Weir, David A 253주
Weiss, Johannes 78, 115, 125주, 435, 609
Welch, Lawrence J 345주
Welker, Michael 69주, 73주
Wells, David F 608주, 1041주, 1054주
Wengert, Timothy J 280주, 981주
Wesche, Kenneth P 328주, 331주, 332주, 402-403주
Westerholm, Stephen 301주
White, Thomas Joseph 210주
Whitsett, Christopher G 915주
Wicks, Jared 889-891주
Wildman, Wesley J 56주, 64주
Wilken, Robert L 18, 181주, 210주, 636주, 902주
William of Ockham 396, 1019주
Williams, Garry J 1042주
Williams, John W 851주
Williams, Michael D 897주
Willis, David E 408주, 410주, 773주, 786주, 789주, 958주
Witherington III, Ben 120, 121주
Witsius, Herman, 250, 251주, 253주, 302, 314주

Wrede, William 116, 117주
Wright, David F 416주
Wright, N. T 100, 106, 120, 1055주
Wyatt, Peter 550주

Yeago, David S 167주, 221주, 465주
Young, Edward J 542주
Young, Frances M 181주, 183주, 188주
Zachman, Randall C 787주
Zimany, Roland D 77주
Zwingli, Urich 224

김광식 90주, 592주, 925주
김균진 91주
김영규 313주
김영한 1098주
김재진 1098주

문병호 132주, 145주, 241주, 255주, 257주, 260주, 263주, 285주, 297주, 299주, 316주, 365주, 371주, 408주, 410주, 417주, 487주, 544주, 555주, 568주, 601주, 605주, 608주, 657주, 716주, 737주, 742주, 751주, 756주, 763주, 809주, 814주, 842주, 906주, 942주, 963주, 967주, 1016주, 1071주
박형룡 257주, 266주, 316주, 371주, 544주, 551주, 688주, 716주, 809주, 837주, 917주, 932, 941주, 950주
서철원 133, 168주, 297-298주, 569주, 682주, 688주, 813-814주, 828주, 917주, 932-933, 993주, 997주, 1006주, 1012, 1016주
윤철호 91주, 114주
이종성 47주, 91주, 552주
조형욱 950주
차재승 1037주

사명선언문

너희가 흠이 없고 순전하여……세상에서 그들 가운데 빛들로
나타내며 생명의 말씀을 밝혀 _ 빌 2:15-16

1. 생명을 담겠습니다
만드는 책에 주님 주신 생명을 담겠습니다.
그 책으로 복음을 선포하겠습니다.

2. 말씀을 밝히겠습니다
생명의 근본은 말씀입니다.
말씀을 밝혀 성도와 교회의 성장을 돕겠습니다.

3. 빛이 되겠습니다
시대와 영혼의 어두움을 밝혀 주님 앞으로 이끄는
빛이 되는 책을 만들겠습니다.

4. 순전히 행하겠습니다
책을 만들고 전하는 일과 경영하는 일에 부끄러움이 없는
정직함으로 행하겠습니다.

5. 끝까지 전파하겠습니다
모든 사람에게, 땅 끝까지, 주님 오시는 그날까지
복음을 전하는 사명을 다하겠습니다.

서점 안내

광화문점 서울시 종로구 새문안로 69 구세군회관 1층
02)737-2288 / 02)737-4623(F)

강남점 서울시 서초구 신반포로 177 반포쇼핑타운 3동 2층
02)595-1211 / 02)595-3549(F)

구로점 서울시 동작구 시흥대로 602, 3층 302호
02)858-8744 / 02)838-0653(F)

노원점 서울시 노원구 동일로 1366 삼봉빌딩 지하 1층
02)938-7979 / 02)3391-6169(F)

일산점 경기도 고양시 일산서구 중앙로 1391 레이크타운 지하 1층
031)916-8787 / 031)916-8788(F)

의정부점 경기도 의정부시 청사로47번길 12 성산타워 3층
031)845-0600 / 031)852-6930(F)

인터넷서점 www.lifebook.co.kr